D1705931

Martin
Sachversicherungsrecht

Sachversicherungsrecht

Kommentar
zu den Allgemeinen Versicherungsbedingungen
für Hausrat, Wohngebäude, Feuer,
Einbruchdiebstahl und Raub, Leitungswasser,
Sturm einschließlich Sonderbedingungen und Klauseln

von

Dr. Anton Martin †

3., völlig neubearbeitete Auflage

C.H.BECK'SCHE VERLAGSBUCHHANDLUNG
MÜNCHEN 1992

Zitiervorschlag:

Martin SVR, 3. Aufl., ... (z. B.: Q III 2)

Die Deutsche Bibliothek – CIP-Einheitsaufnahme

Martin, Anton:
Sachversicherungsrecht : Kommentar zu den Allgemeinen
Versicherungsbedingungen für Hausrat (VHB 74 und VHB
84), Wohngebäude (VGB 88), Feuer (AFB 87), Einbruch-
diebstahl und Raub (AERB 87), Leitungswasser (AWB 87),
Sturm (AStB 87) einschließlich Sonderbedingungen und
Klauseln / von Anton Martin. – 3., völlig neubearb. Aufl. –
München : Beck, 1992
ISBN 3 406 33521 7

ISBN 3 406 33521 7

Druck der C. H. Beck'schen Buchdruckerei, Nördlingen
Gedruckt auf alterungsbeständigem (säurefreiem) Papier
gemäß der ANSI-Norm für Bibliotheken

Vorwort zur 3. Auflage

Vertragspraxis und Rechtsprechung haben sich auch nach Fertigstellung der zweiten Auflage des Kommentars im Frühjahr 1986 so rasch fortentwikkelt, daß erneut schon nach wenigen Jahren eine Neuauflage erforderlich wurde. Diese dritte Auflage berücksichtigt die Rechtsprechung sowie neue oder geänderte Bedingungs- und Klauseltexte bis zum 30. April 1990 noch vollständig, darüber hinaus (bis September 1991) jedoch nur teilweise. Im übrigen wurden auch die Teile des Buches neu bearbeitet, zu denen es einen aktuellen Anlaß nicht gab.

Herr Dr. Anton Martin ist am 14. Mai 1990 überraschend verstorben. Zu diesem Zeitpunkt waren die Rohfassung des gesamten Manuskripts zur 3. Auflage und etwa fünfzig Prozent der insgesamt ins Auge gefaßten Feinbearbeitung fertiggestellt. Der Verlag hat alle erreichbaren Arbeitsunterlagen zusammengefaßt, einige durch ein bedauerliches Mißgeschick entstandene Lücken bestmöglich ausgefüllt und die technische Herstellung des Werks zu Ende gebracht. Da dem Verlagslektorat während der gesamten inhaltlichen Nacharbeit und technischen Fertigstellungsphase der Rat des genialen Autors und sein unerreichter Überblick über zu kommentierende vier Gesetze, zweiunddreißig Allgemeine Versicherungsbedingungen und fast zwanzig Formulare etc. fehlte, waren gewisse Unstimmigkeiten und Lücken in der Kommentierung nicht zu vermeiden. Hierfür wird der Benutzer des Werks um Verständnis gebeten.

Beibehalten wurde die Methode der gemeinsamen Kommentierung aller AVB und Klauseln der klassischen Sachversicherungszweige, geordnet nach Sachgebieten. Diese Systematik ermöglicht es, Überlegungen und gerichtliche Urteile zu einzelnen Zweigen auch für die Arbeit in allen übrigen Bereichen nutzbar zu machen. Auch die Stoffaufteilung auf die Abschnitte A bis Z sowie auf die durch römische Ziffern bezeichneten Unterabschnitte ist gegenüber der 2. Auflage im wesentlichen unverändert geblieben, wie schon den Überschriften dieser Abschnitte und Unterabschnitte zu entnehmen ist. Allerdings sind einige Texte und Unterabschnitte neu hinzugekommen (AFB 87, AERB 87, AWB 87, AStB 87, VGB 88, ABM 89 u.a.).

Wegen des erweiterten Umfangs war es leider nicht möglich, die arabischen Randziffern der 2. Auflage unverändert in der Weise beizubehalten, daß unter einer Randziffer der 3. Auflage jeweils dieselbe Frage wie unter derselben Randziffer der 2. Auflage behandelt worden wäre. Ein solcher Versuch hätte entweder die zu den Randziffern gehörigen Absätze oft zu stark verlängert, oder er hätte Unterziffern mit Buchstaben neben den arabischen Ziffern erforderlich gemacht. Beides hätte die Übersicht und das Zitieren sehr erschwert. Statt dessen mußte nun allerdings in Kauf genommen werden, daß 80 bis 90% der Randziffern nicht mehr mit denjenigen der 2. Auflage oder gar der 1. Auflage übereinstimmen, daß also insbesondere Gerichtsurteile, in denen die 2. Auflage zitiert ist, überwiegend nicht mehr denselben Randziffern der 3. Auflage zugeordnet werden können. Umgekehrt werden sich Zitate der

Vorwort

3. Auflage größtenteils nicht mehr auf die Randziffern der 1. oder 2. Auflage beziehen lassen. Dies ist zwar nachteilig, aber doch wohl von geringerem Gewicht als die andernfalls drohende Unübersichtlichkeit. Jedenfalls wurde darauf geachtet, daß jeweils klar zum Ausdruck kommt, wo die 3. Auflage sachlich zu anderen Ergebnissen als die 2. Auflage gelangt (ebenso deutlich war dies bei der 2. Auflage im Verhältnis zur Erstauflage gesagt worden; bei gegenüber der 1. Auflage abweichender Auffassung muß hierauf verwiesen werden).

Eine Übersicht über die behandelten AVB findet sich in Ziffer 3 der Einführung für den Benutzer (vor Nr. 1 der Texte). Neu behandelt werden insbesondere die VGB 88, die ABM 89 und die anderen neu eingefügten bzw. korrigierten oder ergänzten AVB.

Auch die übrigen erläuterten AVB und Klauseln wurden in zahlreichen Punkten geändert und ergänzt. Die Textänderungen in AVB und Klauseln sind überwiegend auf das Bestreben des Bundesaufsichtsamts für das Versicherungswesen zurückzuführen, die Texte von Verstößen gegen das AGB-Gesetz zu befreien. Allerdings sind die Versicherungsnehmer bisher nicht über alle geänderten Texte informiert worden. Außerdem werden die Textänderungen, soweit sie von den ursprünglich vereinbarten Texten stärker als nur durch das Eliminieren von unwirksamen Bestimmungen oder Teilen von Bestimmungen abweichen, nicht schon allein durch ein Informationsschreiben des Versicherers, sondern nur durch Zustimmung des Versicherungsnehmers zum Bestandteil bestehender Verträge. Endgültig entschieden wird über die Vereinbarkeit von AVB-Bestimmungen mit dem AGB-Gesetz nicht durch das Bundesaufsichtsamt, sondern nur durch die Gerichte. Auch in bereits einmal bereinigten oder in jüngst neu formulierten AVB-Texten können also durchaus noch Verstöße gegen das AGB-Gesetz enthalten sein.

Aus diesen Gründen wird seit der 2. Auflage die Kontrolle von AVB nach dem AGB-Gesetz in einem besonderen Abschnitt (A V) zusammenfassend behandelt. Die dortigen Unterabschnitte (wie Nr. 1 a zum Überraschungsverbot, Nr. 2 zur primären Risikoabgrenzung, Nr. 3 zur Teilunwirksamkeit von AVB – unter besonderer Berücksichtigung von Prämienanpassungsklauseln – und Nr. 4 a zur Informations- und Schadenersatzpflicht des Versicherers) wurden umfangreich erneuert. Am Ende dieses Abschnitts findet sich ein Verzeichnis derjenigen Fundstellen, unter denen in anderen Teilen des Kommentars die Vereinbarkeit einzelner AVB-Bestimmungen mit dem AGB-Gesetz untersucht wird.

Endlich wird auch im Sachverzeichnis versucht, bis zu einem gewissen Grad einen Ersatz dafür zu schaffen, daß das Werk nicht als Lehrbuch des Versicherungsvertragsrechts, sondern als Kommentar zu den Sachversicherungsbedingungen gestaltet ist. Themen, die in einem Lehrbuch des Versicherungsvertragsrechts Gegenstand eines besonderen Kapitels sein könnten, werden im Sachverzeichnis möglichst in so zahlreiche Stichpunkte aufgegliedert, daß der Benutzer den systematischen Zusammenhang zwischen den Erörterungen in verschiedenen Teilen des Kommentars vielfach selbst herstellen kann. Erwähnt seien die Stichworte „Beweislast", „Beweiserleichterung", „Kausalitätsgegenbeweis", „Vertragsgefahr", „Beratungspflicht des Versicherers", „Eigenleistungen des Versicherungsnehmers", „Obliegenheitsverletzungen vor und nach dem Versicherungsfall", „Kundeneigentum", „Repräsentant", „Verschlußvorschriften", „Zeitpunkt der Beurteilung" und „bloße Teilunwirksamkeit von AVB-Bestimmungen" (im Gegensatz zu völliger Unwirksamkeit) wegen des AGB-Gesetzes.

Auch sonst wurde weiter versucht, das Sachverzeichnis gegenüber der 2. Auflage noch zu verbessern, insbesondere durch zusätzliche Stichworte zu Problemen, für die sich dem Benutzer nicht sofort ein ganz bestimmtes Stichwort aufdrängt, sondern die er, abhängig von seiner eigentlichen rechtlichen Betrachtungsweise und von der Lage des zu entscheidenden Einzelfalles, möglicherweise unter verschiedenen Stichworten sucht.

Darüber hinaus findet sich auf den Seiten XIII bis LVIII ein systematisches Inhaltsverzeichnis, das mit den Übersichten zu Beginn jedes kommentierenden Abschnitts übereinstimmt.

Da die 3. Auflage in allen Teilen neu bearbeitet wurde, ist es im übrigen nicht möglich, alle zusätzlich oder vertieft behandelten Probleme aufzuzählen.

Weitere einschneidende Neukommentierung befindet sich bei A II 3 (AVB gebündelter Verträge), C II (Blitzschäden), D IX (insbesondere zum Vandalismus und zum Begriff des Eindringens nach den AERB 87; vgl. dazu neuerdings auch D XVI 3), E II (Sturm und Hagel als Gefahrengruppe nach den VGB 88; vgl. dazu auch E V 2f „Schaufensterscheiben"), G II (Versicherungsort bei AFB 87, AWB 87, AStB 87 und AERB 87), G IV 9 (Versicherungsschutz nach Trennung von Ehegatten), M III 5 (Verhüllte Anzeigeobliegenheiten nach § 16 VGB 88), O I 1–5 (Vorsatz und Grobfahrlässigkeit sowie Beweislastfragen; vgl. auch O II zum Fehlverhalten Dritter), Q I 3 (Versicherungswert nach den VGB 88; vgl. Q IV 1 zum Wiederbeschaffungspreis), X II 6, 7 (zu den Aufklärungsobliegenheiten) und Z I 4 (zum Sachverständigenverfahren).

Die Neuauflage wurde wiederum durch zahlreiche Fehlerhinweise, Kritiken und Darstellung von Problemfällen seitens der Benutzer sehr gefördert; wenn nicht jeder Leserhinweis in einer für den Benutzer subjektiv erwünschten Weise eingearbeitet werden konnte, so lag das sicher auch an dem unerwarteten Ableben des Autors Dr. Anton Martin. Der Verlag wäre gleichwohl dankbar, wenn diese Art von Aufmerksamkeit auch der 3. Auflage geschenkt würde. Gerade eine Vielzahl unterschiedlicher Ansichten fördert den wünschenswerten Gesamtüberblick und ermöglicht angemessene Problemlösungen.

München, im Januar 1992   VERLAG C. H. BECK

Aus dem Vorwort zur 1. Auflage

... Die gemeinsame Kommentierung aller dieser AVG entspricht dem neuesten Stand der Vertrags- und Schadenregulierungstechnik. Versicherungspraktiker haben sich gegenwärtig fast immer abwechselnd mit allen genannten AVB zu beschäftigten; die früher übliche weitergehende Spezialisierung innerhalb der erwähnten Versicherungszweige gibt es kaum noch. Für gemeinsame Kommentierung spricht ferner die grundsätzliche Gleichheit der Rechtsprobleme und der Terminologie aller genannten AVB; Wiederholungen in der Kommentierung sollen und können dadurch vermieden werden. Andererseits stößt die gemeinsame Kommentierung auch auf gewisse Schwierigkeiten. Da die Systemaik der erläuterten AVB uneinheitlich ist, kann die Kommentierung nicht allen, sondern im Gegenteil keiner der AVB-Gliederungen genau entsprechen. Vielmehr muß nach Sachgebieten gegliedert werden. Dem Leser ist daher dringend zu empfehlen, die folgende „Einführung für den Benutzer" und vor allem auch deren Ziffer 10 ... zu lesen, wenn er von dem Werk mit vollem Nutzen Gebrauch machen will.

München, im September 1982   Anton Martin

Inhaltsübersicht

Texte

Kommentierung

---

* Auf die noch nicht berücksichtigte Erhöhung der Versicherungsteuer und auf das nach § 8
Abs. 4 VVG eingeführte Widerrufsrecht wird zusätzlich hingewiesen.

Inhaltsübersicht

Inhaltsverzeichnis

Texte

Abdruck (voll oder auszugsweise) von Gesetzen, von Allgemeinen Versicherungsbedingungen einschließlich Sonder- und Zusatzbedingungen und Klauseln sowie von Druckstücken der Sachversicherungspraxis.
Jeder Text trägt im folgenden eine *Nummer*. Diese Nummer erscheint jeweils auch in der oberen äußeren Ecke jeder Seite, die diesen Text enthält. Die Texte sind dadurch leicht auffindbar. Zusätzlich sind im folgenden Verzeichnis die *Seitenzahlen* genannt. Überdies erscheint ein *Kurztitel* oder eine Abkürzung der Überschrift des Textes jeweils als *Seitenüberschrift*.

  1. bis 4. Gesetze
  5. bis 36.
37. bis 53. Formulare usw.*

---

* Auf die noch nicht berücksichtigte Erhöhung der Versicherungsteuer und auf das nach § 8 Abs. 4 VVG eingeführte Widerrufsrecht wird zusätzlich hingewiesen.

Inhalt

Inhalt

Kommentierung

Inhalt

Inhalt

Inhalt

Inhalt

Inhalt

Inhalt

Inhalt

Inhalt

Inhalt

Inhalt

XXV

Inhalt

XXVI

Inhalt

Inhalt

Inhalt

XXIX

Inhalt

Inhalt

Inhalt

Inhalt

Inhalt

Inhalt

Inhalt

Inhalt

XXXVII

Inhalt

Inhalt

XXXIX

Inhalt

Inhalt

XLI

Inhalt

Inhalt

XLIII

Inhalt

Inhalt

Inhalt

Inhalt

Inhalt

XLIX

Inhalt

L

Inhalt

Inhalt

Inhalt

Inhalt

Inhalt

Inhalt

Inhalt

LVII

Inhalt

Abkürzungs- und Literaturverzeichnis

Abkürzungen

Abkürzungen

LXI

Einführung für den Benutzer

Übersicht

Vorliegender Kommentar wendet sich gleichermaßen an Juristen und Nichtjuristen. Er erläutert nebeneinander acht verschiedene Bedingungswerke einschließlich Sonder- und Zusatzbedingungen nebst Klauseln, ferner auszugsweise die Vorgänger dieser Bedingungswerke und schließlich die Entwürfe für Neufassungen der vier wichtigsten Bedingungswerke. Diese umfassende Zielsetzung erfordert eine etwas gründlichere Einführung für den Benutzer.

1. **„Sachversicherungsrecht"** bezeichnet das Recht der Versicherung von Sachen gegen Sachschäden (Zerstörungen oder Beschädigungen) und Abhandenkommen. **Nicht** „Sachversicherung" ist selbstverständlich die Personenversicherung, gleichgültig ob als Summen- oder als Schadenversicherung genommen. **Nicht** „Sachversicherung" ist ferner die Versicherung gegen reine Vermögensschäden, also z.B. die Haftpflichtversicherung. Grenzfall ist eine Haftpflichtversicherung, die nur gegen die Haftung für Schäden an ganz bestimmten Sachen genommen wird, was aber bisher nur ausnahmsweise geschieht, nämlich in der sog. Feuerhaftungsversicherung. Andererseits bilden Sachversicherungsschutz und Schutz gegen Vermögensschäden keine begrifflichen Gegensätze. Auch der Sachsubstanzschaden, gegen den die Sachversicherung genommen wird, äußert sich letztlich als Vermögensschaden, nämlich in Form von nicht geplanten Aufwendungen für Wiederherstellung oder Wiederbeschaffung.

Nur die sog. *reinen Vermögensschäden* bilden einen Gegensatz zur Sachversicherung. Dabei wiederum ist fraglich, ob man zu den reinen Vermögensschäden auch Schäden rechnen muß, die zwar auf einem Sachschaden beruhen, aber nicht in Wiederherstellungs- oder Wiederbeschaffungskosten bestehen, sondern durch den Verlust der Gebrauchsmöglichkeit der beschädigten oder zerstörten Sachen verursacht werden. Diese begriffliche Frage kann hier offen bleiben, denn die *Betriebsunterbrechungsversicherung* nach den **FBUB** behandelt vorliegender Kommentar schon deshalb **nicht,** weil die dort auftretenden Rechtsprobleme von denen der hier kommentierten AVB der Sachversicherung im engeren Sinn stark abweichen. Auch die ABM 88 für Mietverlustversicherung im gewerblichen Bereich werden – in Abschnitt W VIII – nur kurz erörtert.

§ 53 VVG erwähnt ausdrücklich die Mitversicherung von *entgangenem Gewinn* neben dem Sachwert (§ 52 VVG) und spricht daher für einen erweiterten Begriff der Sachversicherung, der die Betriebsunterbrechungsversicherung mindestens dann einschließen würde, wenn sie innerhalb eines Sachversicherungsvertrages genommen ist, also durch eine Verkaufspreisklausel oder nach den ZKBU 87. Die ZKBU 87 verzichten auf eine Versicherungssumme und auf eine Prämienbemessungsgrundlage in Höhe des Jahresertrags; sie übernehmen die Unterversicherungsregelung der Sachversicherung auch für den Vermögensschaden. Trotzdem werden im Interesse einer Beschrän-

1

Einführung

kung des Buchumfangs auch die **ZKBU 87 nicht** erläutert. Erläutert werden nur die *Verkaufspreisklauseln*, die lediglich den Versicherungswert und die Entschädigungshöhe modifizieren.

2. Entgegen dem etwas zu weiten Titel „Sachversicherungsrecht" wird nur die „klassische" Sachversicherung gegen *bestimmte einzelne Gefahren* behandelt. Dazu gehören **nicht** die sog. **Allgefahrenversicherungen,** also vor allem nicht die technischen Versicherungszweige (Maschinen- einschließlich Baugeräte-, Schwachstromanlagen-, Montage- und Bauleistungsversicherung), nicht die Versicherung nach den Allgemeinen Bedingungen zur All-Gefahrenversicherung für Industrie und Gewerbe (ABAG) gemäß VerBAV 89, 55, nicht die Transportversicherung einschließlich der mit ihr verwandten Sachversicherungszweige (Reisegepäckversicherung und Versicherung von Schmuck und Pelzen im Privatbesitz) und nicht die Kraftfahrzeug-Kaskoversicherung nach den AKB, mögen auch einige der genannten Zweige gewisse Parallelen mit der klassischen Sachversicherung aufweisen, so vor allem die Reisegepäck- und die Valorenversicherung, die in ihren Verschlußvorschriften der Hausratversicherung sehr vergleichbar sind. Jedenfalls wäre nämlich der dort als Leser angesprochene Personenkreis weitgehend verschieden von den Lesern, die sich mit der klassischen Sachversicherung zu befassen haben.

Ein Grenzfall ist die **Glasbruchversicherung.** Einerseits handelt es sich um eine Allgefahrenversicherung (gedeckt ist Bruch aus jeder Ursache), deren Rechtsprobleme von denen der Sachversicherung stark verschieden sind. Andererseits war das Glasbruchrisiko in die Hausratversicherung nach den VHB 74 einbezogen, und für die Glasbruchversicherung nach den AGlB sind bei Versicherern und gewerblichen Versicherungsnehmern oft dieselben Betriebsabteilungen und Sachbearbeiter zuständig wie für die klassische Sachversicherung. Vorliegender Kommentar hatte daher zu wählen zwischen völliger Einbeziehung der Glasversicherung oder aber deren *Ausschluß auch bei Erläuterung der VHB 74.* Entscheidend für die letztere Möglichkeit sprach schon in der 1. Aufl. ein ähnlicher Gesichtspunkt wie für den Ausschluß der ZKBU 87: Um den Umfang des Buches nicht zu stark anwachsen zu lassen, bleiben diese Bereiche ausgeklammert, zumal die Glasbruchversicherung im Kurzkommentar Prölss-Martin zum VVG seit der 22. Aufl. ausführlich erläutert wird, vgl. die Fundstellenhinweise in A II 5. Seit der 2. Aufl. des vorliegenden Kommentars ist es ein zusätzliches Argument gegen eine Behandlung des Glasbruchrisikos, daß die VHB 84 dieses Risiko nicht mehr einschließen.

3. **„Kommentar zu den Allgemeinen Versicherungsbedingungen"** lauten die folgenden Worte des Buchtitels. Damit werden üblicherweise Erläuterungen zu einem ganz bestimmten Bedingungswerk angekündigt. Vorliegend handelt es sich dagegen um die Erläuterung von *13 verschiedenen Bedingungswerken*, die überdies nicht nacheinander, sondern *zusammengefaßt und parallel* kommentiert werden. Welche Gesichtspunkte waren für diese Methode der Bearbeitung maßgebend?

Die AFB 87 und früher die AFB 30 für die Feuerversicherung, die AERB 87, AERB sowie früher die AEB mit den SBR für die Einbruchdiebstahl- einschließlich der Raubversicherung, die AWB 87 und früher die AWB 68 für die Leitungswasserversicherung, die AStB 87 und früher die AStB 87 für die Sturmversicherung sowie für die kombinierte Versicherung gegen diese Gefahren die VHB 74 und die VHB 84 (Hausrat) sowie die VGB 62 und die VGB 88 (Wohngebäude) behandeln zwar selbstverständlich unterschiedliche Rechtsstoffe, soweit es um die verschiedenen versicherten Gefahren und Sachen geht, sie stimmen aber in allen übrigen Teilen mindestens in den Grundzügen überein. Getrennte Kommentierungen dieser 13 Bedingungswerke müßten zu 60 bis 80% wortgleich oder mindestens inhaltsgleich lauten. Zudem würden getrennte Kommentierungen leicht dazu verführen, die Bedeutung der zu einem Zweig ergangenen gerichtlichen Entscheidungen oder der zu einem Zweig angestellten rechtlichen Erwägungen zu Unrecht auf diesen einen Zweig zu beschränken, statt ihre weitergehende Bedeutung für die gesamte klassische Sachversicherung in Betracht zu ziehen, so etwa bei gerichtlichen Entscheidungen zum Versicherungswert, zum Versicherungs-

2

ort, zur groben Fahrlässigkeit, zur Kündigung im Schadenfall usw. Tatsächlich müssen für alle Zweige der klassischen Sachversicherung in 60 bis 80% der in der Praxis auftauchenden Fragen **gleichartige** rechtliche Überlegungen angestellt werden. Daran hat sich auch durch die zuletzt in die Praxis eingeführten und in vorliewgender 3. Aufl. erstmals behandelten AFB 87, AERB 87, AWB und AStB 87 sowie VGB 88 nichts geändert. Erklärtes Ziel dieser Bedingungswerke war es vielmehr, die rechtliche Ausgestaltung der Zweige der klassischen Sachversicherung soweit wie irgend möglich zu vereinheitlichen.

Getrennt zu kommentieren sind nur die (primäre, sekundäre usw.) *Risikoabgrenzung* hinsichtlich der versicherten Sachen und Gefahren sowie die sonstigen AVB- und VVG-Vorschriften, die sich unmittelbar auf die einzelnen *Gefahren* und deren *Erhöhung* oder *Verminderung* beziehen. So unterscheiden sich von AVB zu AVB sowie auch innerhalb der kombinierten Versicherungen nicht nur die versicherten Gefahren selbst, sondern auch die Tatbestände, die eine Gefahrerhöhung sein können, und die in den AVB vorgesehenen gefahrmindernden Obliegenheiten. Am deutlichsten wird dies in den VHB 74, VHB 84, VGB 62 und VGB 88, wo die einschlägigen Vorschriften meist selbst sagen, für welche versicherbaren oder versicherten Gefahren sie gelten. Soweit darüber hinaus die AVB unterschiedliche Regelungen enthalten, ohne daß dies durch Unterschiede hinsichtlich der versicherten Sachen und Gefahren erzwungen würde, werden selbstverständlich auch diese Regelungen erläutert, jedoch im Rahmen der nach Sachgebieten geordneten Gliederung, vgl. Ziffer 5 der vorliegenden Einleitung.

Abgedruckt (als „Texte", vgl. dort 5 bis 36) **und kommentiert** werden in erster Linie die AFB 87, die AERB 87, die AERB von 1980, die AWB 87, die AStB 87, die VHB 84, die VGB 62 und die VGB 88. Allerdings liegen dem gegenwärtigen Gesamtbestand an Versicherungsverträgen allerdings teilweise auch noch ältere AVB zugrunde, nämlich die AFB 30, die AEB von 1938, die AWB 68 und die AStB 68, die VGB von 1951, die VHB von 1942 und 1966 sowie vor allem die VHB 74 und die VGB 62. Alle diese Bedingungswerke sind im Abschnitt „Texte" abgedruckt. Auch in den Fällen der AFB 30, VGB 62, AWB 68 und AStB 68 weist die Zahl in der abgekürzten Überschrift auf das Entstehungsjahr hin, ist allerdings nicht Teil des aufsichtlich genehmigten Textes.

In den Erläuterungen sind von den älteren AVB am stärksten, und zwar nahezu vollständig, noch die VHB 74 berücksichtigt. Es wird noch etwa 10 Jahre dauern, ehe die praktische Bedeutung der VHB 74 spürbar zurückgeht. Die VHB von 1966 bleiben hingegen nur noch im Hinblick auf den Begriff der verhüllten Obliegenheit in die Erläuterungen einbezogen, weil nur so die Bedeutung der älteren Rechtsprechung für die Verschlußvorschriften in den VHB 74 und in den VHB 84 herausgearbeitet werden kann.

Auch die AFB 30, die AEB und SBR, die AWB 68 und AStB 68 sind in den Erläuterungen noch weitgehend berücksichtigt. Die Zusatzbedingungen und Klauseln zu diesen älteren Bedingungswerken werden hingegen nur noch bruchstückweise behandelt, insbesondere wo dies zum Verständnis der neueren Bedingungswerke beiträgt, in welche die Zusatzbedingungen und Klauseln inzwischen großenteils eingearbeitet worden sind.

4. Die Klauseln zu den AVB sind größtenteils ebenfalls als „Texte" *abgedruckt* und, soweit sie Rechtsfragen aufwerfen, auch *erläutert*, allerdings mit der soeben bereits erwähnten Ausnahme bei den Klauseln zu den AFB 30, AEB, AWB 68 und AStB 68. Insoweit wird auf die 2. Aufl. verwiesen.

Ausgeklammert bleiben dagegen z.B. die **ECB 87,** also die Bedingungen für die Versicherung zusätzlicher Gefahren (insbesondere politischer Risiken) zur Feuerversicherung von Industrie- und Handelsbetrieben (abgedruckt in Texte 9). Diese ECB 87 werfen zwar schwierige Rechtsfragen auf, vgl. Prölss-Martin 24. Aufl. § 1 AFB 30 Anm. 7, liegen aber nur einer recht kleinen Stückzahl von Verträgen zugrunde. Gemessen an der geringen Häufigkeit des praktischen Gebrauchs und der nach den ECB 87

Einführung

versicherten Schäden würde der Kommentar durch diese Rechtsfragen unverhältnismäßig stark belastet.

Das im allgemeinen Sprachgebrauch abwertend klingende Wort „Klausel" erscheint in den gebräuchlichen Klauseltexten kaum noch, sondern wird jeweils durch „Vereinbarung........" ersetzt, bleibt jedoch als Bezeichnung für diese Gattung von Vertragsbestimmungen in der Sprache des Versicherungsrechts gleichwohl unentbehrlich. Unter Klauseln versteht man Formulierungen, die von den AVB abweichen, die aber auch ihrerseits gleichlautend in einer Mehrzahl oder Vielzahl von Verträgen oder sogar (als sog. Standardklauseln, was praktisch einer Änderung der AVB entspricht, wobei jedoch deren Neufassung und Neudruck aus Kostengründen aufgeschoben wird) in sämtlichen Verträgen verwendet werden, *aufsichtlicher Genehmigung* bedürfen und ihrer Rechtsnatur nach auch selbst „Allgemeine Versicherungsbedingungen" sind. Soweit Klauseln größeren Umfang haben, werden sie – mehr oder weniger willkürlich – *Zusatzbedingungen* (so z. B. die ZKBU 87) oder *Sonderbedingungen* (so z. B. die SGlN 88) genannt, was ihre Rechtsnatur als Allgemeine Versicherungsbedingungen unterstreicht.

Man kann *nicht* generell sagen, die Klauseln enthielten – gemessen an den oben in Ziffer 3 zitierten AVB – besonders wichtigen oder besonders unwichtigen Rechtsstoff. Es gibt einerseits Klauseln, und zwar auch unter den zu jedem Vertrag verwendeten sog. Standardklauseln, die nur Nebenpunkte, und andererseits Klauseln, die ganz entscheidende Fragen der versicherten Gefahren oder der Höhe der Entschädigung regeln, so z. B. die schon erwähnten SGlN 88 (Texte 36) den Versicherungswert in der Gleitenden Neuwertversicherung. Nicht ihr Inhalt, sondern *Zufälligkeiten der Entstehungsgeschichte* entscheiden leider darüber, ob bestimmte Vertragsbestimmungen Teil der AVB oder nur Klauseln oder gar nur Teil der in Texte 37 bis 53 abgedruckten **Formulare der Vertragspraxis** sind.

Ein für Praktiker bestimmter Kommentar muß sich daher auch auf die Klauseln zu den erläuterten AVB erstrecken. Diese Tatsache spricht übrigens ebenfalls für die hier gewählte Methode der zusammengefaßten und parallelen Kommentierung der sämtlichen oben in Ziffer 3 genannten AVB der klassischen Sachversicherung: Ebenso wie die AVB selbst, so stimmen nämlich auch eine Reihe von Klauseln für mehrere oder – ausnahmsweise – sogar sämtliche erläuterten AVB inhaltlich oder wörtlich überein.

In Zusammenhang mit der Einführung der AFB 87, AERB 87, AWB 87 und AStB 87 war ein zweifacher praktischer Fortschritt auch hinsichtlich der Klauseln zu verzeichnen, die deren Kommentierung und Anwendung erleichtert. Die Anzahl der Klauseln wurde wesentlich vermindert, weil der Inhalt vieler älterer Klauseln in die Bedingungswerke eingearbeitet wurde. Außerdem wurde für die gewerbliche Feuerversicherung die Unterscheidung zwischen Klauseln für industrielle und Klauseln für nichtindustrielle Risiken aufgegeben. Alle Klauseln der in Texte 34 abgedruckten Sammlung sind numehr ebenso wie die AFB 87 selbst für sämtliche gewerblichen Risiken verwendbar. In vielen Fällen handelt es sich um Klauseln, die zu mehreren Bedingungswerken anwenbar sind, also z. B. auch für die Diebstahlversicherung nach den AERB 87. Dies wird in der Klauselsammlung durch die Gliederung, durch die Numerierung und durch Zwischenüberschriften kenntlich gemacht.

Diesem versicherungstechnischen Fortschritt stehen andererseits Schwierigkeiten gegenüber, die sich erst in den letzten Jahren und mit zunehmender Tendenz ergeben haben und deren Ursache letztlich in der demnächst einzuführenden Dienstleistungsfreiheit nach EG-Recht liegt. Das BAV achtet wegen dieser Dienstleistungsfreiheit auch auf nationaler Ebene weit **weniger** als in früheren Jahren auf **Markttransparenz,** sondern genehmigt immer häufiger Klauseln, die nur einige wenige Versicherer verwenden oder die ein und dasselbe versicherte Risiko **von Versicherer zu Versicherer** in unterschiedlichem Umfang in die Deckung einbeziehen und daher **unterschiedlich** lauten. Solche Klauseln werden durch das BAV teils überhaupt nicht, teils ohne Nummer und teils mit Nummer – letzteres gelegentlich sogar in Fällen, in denen nur ein einziger Versicherer die Klausel verwendet – in VerBAV veröffentlicht. Insbesondere das als Texte 34 abgedruckte „Klauselheft" enthält daher eine Reihe von Klauseln, die nur

4

durch einen oder nur durch einige wenige Versicherer verwendet werden. Teilweise sind diese Klauseln daran zu erkennen, daß sie **keine Nummer** tragen. Sowohl bei der Auswahl der nur beschränkt verwendeten Klauseln für den Abdruck in Texte 34 wie bei deren Erläuterung mußte manche Kompromißlösung in Kauf genommen werden. Am weitesten fortgeschritten ist die Rechtszersplitterung vorerst bei den Klauseln zu den VHB 74 und VHB 84, also in der **Hausratversicherung.** Nach Einführung der Dienstleistungsfreiheit wird sich diese Entwicklung aber vor allem in der industriellen und gewerblichen Versicherung verstärkt fortsetzen. Die Zersplitterung wird auch vor den Bedingungswerken nicht haltmachen. Insbesondere ist mit der Einführung von Allgefahrenversicherungsmodellen im Anschluß an die – wenig gut gelungenen – AB-AG gemäß VerBAV 89, 55 zu rechnen. Die Tendenz geht dahin, statt getrennter Verträge nach den AFB 87 usw., nach den ECB und nach den AMB (Maschinenversicherung) nur noch einen einzigen Vertrag für die gesamte Betriebseinrichtung und die gesamten Vorräte des Betriebes nach neu entwickelten AVB für die **Allgefahrenversicherung** abzuschließen.

5. Die Kommentierung von 13 verschiedenen AVB nebst Klauseln wirft die Frage auf, **in welcher Reihenfolge** die Vorschriften erläutert werden sollen. Da Wiederholungen vermieden werden müssen, andererseits aber der Inhalt und die Gliederung der AVB nicht übereinstimmen, kann sich die Kommentierung *nicht* an die Reihenfolge der Vorschriften in *allen* AVB, sondern allenfalls an die in *einem* oder *einigen* der Bedingungswerke gewählte Reihenfolge halten.

Hier drängte sich schon seit der 1. Aufl. die Gliederung der AERB von 1980 auf. Sie entspricht auch gegenwärtig noch dem jüngsten Stand der Formulierungsmethode der Versicherer und der Genehmigungspraxis des BAV. In den AFB 87, AERB 87, AWB 87, AStB 87, VHB 84 und VGB 88 wurde nämlich die Gliederung der AERB von 1980 im wesentlichen unverändert übernommen. Zudem waren die AERB von 1980 an die Stelle der AEB getreten, die ihrerseits Gegenstand der bewährten und seit langem vergriffenen Kommentierung von Erich Prölss („Recht der Einbruchdiebstahlversicherung", 3. Aufl. 1966) gewesen waren. Schließlich entsprechen die AERB von 1980 auch am besten den Vorstellungen des Verfassers über eine sachlich und logisch gebotene optimale Gliederung von AVB in der Sachversicherung.

Genau besehen eignet sich allerdings auch nicht die Gliederung der AERB von 1980, sondern vielmehr überhaupt keines der erläuterten 13 Bedingungswerke für eine völlig unveränderte Übernahme als Kommentargliederung. Da nämlich Einbruchdiebstahl und Raub nur *eine* der in der klassischen Sachversicherung versicherbaren Gefahrengruppen darstellen, würde es für die Gefahren Feuer, Leitungswasser und Sturm in den AERB 1980 an einem Anknüpfungspunkt für die Erläuterung fehlen. Außerdem ist es weitgehend historischer Zufall und wird überdies in den verschiedenen AVB nicht einheitlich gehandhabt, was in den AVB selbst und was in den Klauseln steht.

Der entscheidende Grund, warum die Kommentierung sich äußerlich nicht an eines der Bedingungswerke anschließt, liegt indessen nicht in diesem Mangel der AVB, sondern in der gewählten Methode einer zusammengefaßten und parallelen Kommentierung von 13 verschiedenen AVB. Die verschiedenen AVB sollen „gleichberechtigt" und daher **gegliedert nach Sachfragen** behandelt werden.

6. Das **praktische Bedürfnis** für vorliegenden Kommentar ergibt sich aus der *Stückzahl der bestehenden Versicherungsverträge.* Sie liegt in der Größenordnung von 30 bis 40 Millionen und ist mit der Zahl der Verträge in der Kraftfahrtversicherung nach dem AKB vergleichbar. Die Zahl der gerichtlichen Entscheidungen und auch der literarischen Abhandlungen war demgegenüber bis etwa 1970 in der klassischen Sachversicherung verhältnismäßig gering. In den letzten 20 Jahren sind dagegen auch die Literatur und die Zahl der gerichtlichen Entscheidungen zur klassischen Sachversicherung stark angewachsen.

Schon allein der Versuch einer *zusammengefaßten Wiedergabe bisheriger Erkenntnisse in Rechtsprechung und Literatur* zur klassischen Sachversicherung „lohnt" vorliegende Arbeit: Gerichtliche Urteile ergehen naturgemäß immer nur zu *einem der Be-*

Einführung

dingungswerke, weil dem Vertrag, zu dem gestritten wird, nur ganz bestimmte AVB zugrunde liegen. Aus solchen Urteilen lassen sich jedoch, soweit sie nicht nur eine bestimmte Gefahr betreffen, meist zu mehreren oder *sämtlichen* AVB der klassischen Sachversicherung rechtliche Konsequenzen ziehen. Mangels einer zusammengefaßten und parallelen Kommentierung aller AVB hat ein Interessent, dem nur beschränkte Bearbeitungszeit zur Verfügung steht, bisher kaum die Chance, zu einer bestimmten Frage eines einzelnen Bedingungswerks immer auch auf Erkenntnisse in Literatur und Rechtsprechung zu den 12 anderen Bedingungswerken zu stoßen, aus denen sich Schlüsse auf die jeweilige Zweifelsfrage zu dem gerade vorliegenden Bedingungswerk ziehen lassen. Am ehesten bestünde diese Möglichkeit noch mit Hilfe von VVG-Kommentaren. Aber die Zuordnung eines AVB-Problems zu einem bestimmten VVG- § ist oft unmöglich (z. B. bei Leistungsfreiheit wegen arglistiger Täuschung, die das VVG nicht erwähnt) oder mindestens unsicher und schon für einen Juristen, noch mehr aber für einen Nichtjuristen schwierig. Überdies geben die VVG-Kommentare oft keinen Hinweis auf die AVB, zu denen eine dort zitierte Entscheidung ergangen ist, so daß der Leser dies unter großem Zeitaufwand selbst feststellen muß.

Die zusammengefaßte Darstellung der bisherigen Erkenntnisse in Literatur und Rechtsprechung ist aber weder das alleinige noch das wichtigste Anliegen des Kommentars. Der Kommentar bemüht sich vielmehr auch vor allem um die rechtliche Einordnung und Lösung von *Fragen der Sachversicherung*, zu denen es keine gerichtlichen Entscheidungen gibt. Das ist in der Sachversicherung auch heute noch die Mehrzahl aller insgesamt in der Praxis auftauchenden Probleme. Die „Betroffenen" vergleichen sich bei Meinungsverschiedenheiten meist durch gegenseitiges Nachgeben, weil andernfalls Zeit, Mühe und Prozeßkosten aufgewendet werden müßten, was für beide Seiten ein Risiko bedeuten würde. Daher ist die zugleich wissenschaftliche und praktische Behandlung von Problemen, zu denen es weder Literatur noch Rechtsprechung gibt, ein **Hauptanliegen** des vorliegenden Kommentars.

7. Ein weiterer wichtiger Gegenstand der Erläuterung ist das **Zusammenwirken zwischen den AVB** der klassischen Sachversicherung **und den Gesetzen**, insbesondere dem VVG und dem AGB-Gesetz.

Die AVB sind in weiten Teilen nur eine inhaltsgleiche oder mehr oder weniger modifizierte Wiedergabe der gesetzlichen Vorschriften des VVG in §§ 1 bis 107 c. Selbstverständlich bleibt aber die Erläuterung des Gesetzes den *VVG-Kommentaren* und der sonstigen Literatur zum Versicherungsvertragsrecht vorbehalten. Wo die AVB auf das Gesetz ausdrücklich oder stillschweigend verweisen oder es nur wiederholen, verweist meist auch vorliegender Kommentar auf die VVG-Literatur. Es wäre unrationell, in einem Spezialwerk zur Sachversicherung zu wiederholen, was in gleicher Weise auch für andere Zweige gilt, so etwa Rechtsausführungen zum Verzug mit der Folgeprämie (§ 39 VVG) oder zur Vollmacht des Agenten oder zur Vertrauenshaftung des Versicherers für den Agenten (§§ 43 ff. VVG) usw.

Aber es gibt eine Reihe von **Nahtstellen zwischen den AVB und dem VVG**, und zwar so, daß die einschlägigen Probleme nur in der Sachversicherung auftauchen, weil die AVB anderer Zweige abweichend lauten. Insoweit findet der Leser in den VVG-Kommentaren oft keine Lösung und noch weniger eine Abwägung von Argumenten speziell aus der Sachversicherungspraxis. Diese Lücke will vorliegender Kommentar füllen.

Nahtstellen zwischen AVB und VVG ergeben sich insbesondere,

a) wo wegen der *Besonderheiten der versicherten Gefahren* die VVG-Kommentare nicht erschöpfend sein können, so z. B. bei der Gefahrerhöhung (§§ 23 ff. VVG), bei gefahrmindernden Obliegenheiten (§§ 32, 6 Abs. 2 VVG), bei dem Begriff der groben Fahrlässigkeit (§ 61 VVG) sowie bei Rettungspflicht und Rettungskosten (§§ 62, 63 VVG);

b) wo allgemeine Begriffe des VVG auszufüllen sind, und zwar mit Hilfe von Überlegungen, die sich von Versicherungszweig zu Versicherungszweig stark unterschei-

6

Einführung

den; man denke etwa an den Begriff des Versicherungswerts im Sinn von § 52 VVG in der Neuwert- und in den verschiedenen Formen der „Zeitwert"-Versicherung;

c) wo die AVB das *Gesetz* nur teilweise wiederholen, darüber hinaus aber *ergänzen und ändern*, z. b. in den verschiedenen Fassungen von Einlösungsklauseln (§§ 2, 38 VVG), durch ergänzende Regelungen, welche eine Unterversicherung (§ 56 VVG) vermeiden sollen, oder durch Modifikationen zu §§ 58 bis 60 VVG (mehrfache Versicherung und Subsidiarität);

d) wo die Möglichkeit eines *Verstoßes der AVB gegen zwingende VVG-Normen* in Betracht kommt, z. B. gegen §§ 68a, 68 VVG (Interessewegfall), 34a, 23 ff. VVG (Gefahrerhöhung) und §§ 15a, 6 Abs. 1 bis 3 VVG (verhüllte Obliegenheiten vor dem Versicherungsfall sowie Alles-oder-Nichts-Prinzip bei Obliegenheiten nach dem Versicherungsfall);

e) wo wegen *§ 9 des Gesetzes zur Regelung des Rechts der Allgemeinen Geschäftsbedingungen (AGBG)* möglicherweise AVB-Vorschriften wegen Abweichungen von Grundgedanken einer dispositiven gesetzlichen Regelung oder wegen Widerspruchs zum Vertragszweck unwirksam sind. Diese Frage stellt sich erst, seit 1976 das AGBG in Kraft getreten ist; sie wird in den Kommentaren zum AGBG nur am Rande behandelt, weil die AVB nur eines von sehr vielen Anwendungsbereichen des AGBG sind, in der VVG-Literatur jedoch ebenfalls nur am Rande, weil das Problem genau besehen nicht zum VVG, sondern nur zu den jeweils betroffenen AVB besteht.

Vereinzelt ergeben sich *Berührungspunkte* der AVB auch *mit anderen Gesetzen,* insbesondere mit dem BGB und dem HGB, nämlich z. B. bei den Begriffen des Gebäudebestandteils und des Zubehörs (§§ 93, 94, 95, 97 BGB), bei den Voraussetzungen und Rechtsfolgen des Verzuges des Versicherers mit der Entschädigung (§§ 285, 286, 288 BGB, 352 HGB), insbesondere in Zusammenhang mit §§ 11 VVG, 271 BGB und den AVB-Vorschriften über Fälligkeit und Verzinsung, sowie bei der Wiederherbeischaffung abhandengekommener und bereits entschädigter oder jedenfalls entschädigungspflichtiger Sachen (§ 812 BGB); diese letztere Frage ist in den AFB 87, AERB 87, AWB 87, AStB 87, AERB, AEB und VHB 74 mehr oder weniger klar und mehr oder weniger stark geregelt von § 812 BGB geregelt, kann aber auch zu den AFB 30, AWB 68 und AStB 68 sowie vor allem zu den VHB 84 auftauchen, wo es unverständlicherweise überhaupt nicht geregelt ist.

Der Kommentar geht damit in vielen Teilen über das hinaus, was er durch den Titel „Kommentar zu den AVB" ankündigt. Er erstreckt sich auch auf den Zusammenhang mit gesetzlichen Vorschriften des VVG, AGBG, BGB und HGB, die auszugsweise in Texte 1 bis 4 abgedruckt sind. Die AVB sind zwar selbst wie Gesetze formuliert und objektiv auszulegen, bleiben jedoch begrifflich Vertragsbestandteil und sind daher nicht nur Rechtsquellen, sondern zugleich nach den Gesetzen als höherrangigen Rechtsquellen zu beurteilen, insbesondere auf ihre Rechtswirksamkeit zu prüfen.

8. Der umfangreichen Zielsetzung des Kommentars müssen auch gewisse **Beschränkungen** gegenüberstehen, wenn sein Umfang nicht unhandlich und unübersichtlich werden soll. Die Beschränkungen betreffen nicht nur den Gegenstand der Kommentierung, also den in Ziffern 1, 2 und 4 behandelten Ausschluß gewisser AVB und Sonderbedingungen, sondern auch die Art und Weise der Kommentierung.

Verzichtet wird insbesondere auf die Wiedergabe von „Entscheidungsketten", also ganzer Serien von Fundstellen zu öfter wiederkehrenden Rechtsfragen, wie sie in Kommentaren zum VVG, zum BGB usw. leider unvermeidlich sind. Literatur wird nur sehr beschränkt zitiert, nämlich nur, soweit dem Praktiker empfohlen werden muß, die Fundstelle nachzulesen, und soweit andernfalls nicht der Kommentar überlastet würde.

Die neuartige Methode der Kommentierung eröffnet auch zusätzliche *Fehlerquellen,* für die der Leser um Verständnis gebeten werden muß. Anregungen und Kritik sowie Hinweise auf Fehler sind jederzeit willkommen. Andererseits wäre es aber mit dem Zweck des Kommentars unvereinbar, bestimmte Fragen etwa nur deshalb überhaupt nicht anzusprechen, um Fehlern oder Kritik auszuweichen. Ein solches Verfahren

7

Einführung

würde vielmehr nur das Risiko einer falschen Beurteilung aus dem Kommentar auf den Benutzer verlagern. Von Fehlern und Lücken der Darstellung zu unterscheiden sind die Fälle, in denen **abweichende Rechtsansichten** vertretbar erscheinen und in denen deshalb auch das Ergebnis eines Rechtsstreits nicht zuverlässig vorauszusagen ist. Wie jeder andere Kommentar, so muß auch vorliegendes Werk diese Tatsache als gegeben hinnnehmen und bezeichnet deshalb vielfach auch selbst das Ergebnis als *„zweifelhaft"* oder schränkt die gefundene Lösung mit entsprechenden Formulierungen ein, z.B. durch das Wort „wohl" oder dgl. Selbstverständlich wird der kundige Leser aber auch in vielen anderen Fällen mit guten Gründen auf dem Standpunkt stehen können, daß die im Kommentar gebotene nicht die einzig mögliche Lösung ist. Darin liegt freilich keine Besonderheit des Sachversicherungsrechts oder des Versicherungsrechts überhaupt, sondern dies gilt gleichermaßen auf allen Rechtsgebieten.

9. Eine Besonderheit des Versicherungsrechts ist es, daß die **AVB zugleich die „Ware" und die Leistungsbeschreibung des Versicherers** sind.

Der Versicherer „verkauft" ein Zahlungsversprechen, das Versprechen nämlich, unter der aufschiebenden Bedingung des Eintritts eines zukünftigen ungewissen Ereignisses einen Geldbetrag zu zahlen. Hauptinhalt der AVB ist die genaue *Definition* jenes *zukünftigen Ereignisses.* Die AVB haben damit innerhalb des Versicherungsvertrags ein weit größeres Gewicht als in anderen Wirtschaftszweigen die Allgemeinen Geschäftsbedingungen, welche zwar ebenfalls Vertragsinhalt sind, aber gleichsam am Rande neben der verkauften Ware oder neben den geleisteten Diensten und der vertraglichen Beschreibung dieser Waren oder Dienste. Die AVB entsprechen *nebeneinander* der *Leistungsbeschreibung* sowie den *Allgemeinen Geschäftsbedingungen* bei Verträgen in anderen Wirtschaftszweigen und unterliegen daher auch in allen Teilen der gerichtlichen Inhaltskontrolle nach dem AGB-Gesetz.

Wenn nun aber die AVB zugleich Ware und Leistungsbeschreibung des Versicherers sind, darf es dann über den Inhalt der AVB überhaupt *„Zweifel"* geben, die vielleicht sogar den Ausgang eines Deckungsprozesses ungewiß erscheinen lassen, und zwar selbst nach sorgfältiger und objektiver Würdigung der Argumente? Muß der Vertrag die Voraussetzungen, unter denen der Versicherer nach Grund und Höhe entschädigungspflichtig wird, nicht für jeden denkbaren Fall so eindeutig festlegen, daß nach einem Schaden keine Zweifel mehr möglich sind? Haben nicht die Versicherer als Verfasser der AVB und das BAV als Genehmigungsbehörde ihre Aufgabe verfehlt, wenn man einen „Kommentar" benötigt, um die Entschädigungspflicht des Versicherers nach Grund und Höhe zu beurteilen, wenn selbst der Kommentar oft nicht oder nur unvollkommen oder nur mit einem Fragezeichen versehen Aufschluß geben kann und wenn schließlich gar gerichtliche Entscheidungen zu ein und derselben AVB-Auslegungsfrage einander widersprechen? Ist es nicht vor allem bei der Versicherung des „kleinen Mannes" ein Gebot des Verbraucherschutzes, daß der Versicherungsnehmer seine Ansprüche anhand des Vertrages, also vor allem des AVB-Textes, abschließend beurteilen kann, ohne Jurist sein oder wie ein Jurist Fachbücher studieren zu müssen?

Sieht man näher zu, so muß man alle diese Fragen verneinen. Die Zahl der möglichen Fälle, in denen der Versicherer Entschädigung schuldet oder nicht schuldet, ist unendlich groß, die möglichen *Sachverhalte* sind *unendlich vielgestaltig.* Selbst wenn AVB sehr viel ausführlicher gehalten würden, als sie es tatsächlich sind, müßten sie doch immer mit mehr oder weniger *abstrakten Merkmalen* arbeiten und könnten nicht jeden konkreten Sachverhalt in voraus zweifelsfrei zuordnen. Für AVB gilt das gleiche wie für Gesetze, die ebenfalls nicht für sich allein durch ihren Text, und auch nicht immer mit Hilfe von Kommentaren, sondern nur in Verbindung mit *Auslegungsregeln* und deren verbindlicher Anwendung durch *staatliche Gerichte* jeden denkbaren Sachverhalt behandeln können. Auch jene Auslegungsregeln selbst sind notwendig abstrakt, so daß es immer Fälle geben wird, in denen das Ergebnis eines Rechtsstreits nicht vorauszusagen ist oder – konkreter und auf den Versicherungsvertrag bezogen – in denen der

Versicherungsnehmer als Vertragspartner nicht ohne Inanspruchnahme gerichtlicher Hilfe genau feststellen kann, ob und in welcher Höhe er Entschädigung zu beanspruchen hat oder nicht.

Indessen ist der *prozentuale Anteil der Fälle*, in denen solche Zweifel auftauchen und auch durch sorgfältiges Studium der AVB sowie von Rechtsprechung und Literatur nicht zu beseitigen sind, ziemlich klein. In der weitaus überwiegenden Mehrzahl aller Schadenfälle läßt sich mit oder sogar ohne solches Studium klar sagen, ob der Versicherer Zahlung schuldet oder nicht. Zu den 30 bis 40 Millionen Verträgen der Sachversicherung entstehen in Deutschland pro Jahr über eine Million Schäden. Weit über 90% dieser Schäden werden ohne Streit reguliert. Nur in einigen wenigen Prozent aller Schäden entstehen Streit oder Meinungsverschiedenheiten, und nur einen Bruchteil von 1‰ beträgt der Anteil der gerichtlichen Auseinandersetzungen, der sog. Deckungsprozesse, mag auch durch zunehmende Verbreitung der Rechtsschutzversicherung die Zahl der Deckungsstreitfälle in den letzten 20 Jahren stark zugenommen haben.

Diese kleine, wenn auch für den betroffenen Versicherungsnehmer im Einzelfall vielleicht schwerwiegende „Grauzone" läßt sich durch gut formulierte AVB noch ein wenig weiter verkleinern, aber nie völlig beseitigen, letzteres unter anderem deshalb nicht, weil „genauere" Regelungen zu einer unverhältnismäßigen Zunahme des äußeren Umfangs des AVB-Textes führen würden. Einem längeren AVB-Text würden dann aber die Nachteile eines Kommentars anhaften: Die Fehlerquellen und möglichen Widersprüche würden zunehmen, Lesbarkeit und Übersichtlichkeit für den Versicherungsnehmer würden vermindert. Diese Nachteile würden gegenüber dem erstrebten und erzielten positiven Effekt der „genaueren" Regelung weit überwiegen. Zwar würde die „Grauzone" zusätzlich verkleinert, aber der Versicherungsnehmer hätte größere Mühe, den Versicherungsschutz in seinen *Grundzügen* aus den AVB herauszulesen, also den Bereich der zweifelsfrei versicherten und der zweifelsfrei nicht versicherten Schäden. Gerade auf die leichte Erkennbarkeit dieser Grundzüge kommt es aber entscheidend an, wenn der Versicherungsnehmer die Notwendigkeit des Versicherungsvertrags und die Angemessenheit der Prämie leicht und richtig beurteilen soll.

Die AVB müssen eine *zweckmäßige Mitte* halten zwischen den Geboten der Kürze und Übersichtlichkeit einerseits und der Genauigkeit andererseits. Dies gilt nicht nur für den *Umfang*, sondern auch für die *Sprache*, in denen AVB abgefaßt werden. Einerseits sollen sie nicht zu sehr in der Amts- und Rechtsprache, sondern „volkstümlich" abgefaßt sein, damit der Versicherungsnehmer sie leichter versteht; andererseits würde eine zu volkstümliche Sprache auf Kosten der Genauigkeit und damit der Rechtssicherheit gehen, denn nur die aus der Gesetzessprache geläufige Art der Begriffsbildung und Systematik ermöglicht im Streitfall die Anwendung der auch für Gesetze maßgebenden Auslegungsregeln und damit ein Höchstmaß an Voraussehbarkeit gerichtlicher Entscheidungen.

Zusammenfassend läßt sich sagen: Die optimale Sprache, Länge und Gliederung von AVB ist eine schwierige Aufgabe. Aber auch wenn diese Aufgabe gut gelöst ist, werden rechtliche Auslegungsgrundsätze, die Kenntnis von gerichtlichen Entscheidungen und der Gebrauch von Literatur nicht immer überflüssig, sondern sind notwendig, um in der geschilderten und unvermeidlichen „Grauzone" der Versicherungsverträge und der AVB zu richtigen Ergebnissen zu kommen.

10. Abschließend seien die **Hinweise für den Benutzer** zusammengefaßt, die sich aus der gewählten Methode der Kommentierung ergeben, nämlich aus der nach Sachgebieten gegliederten und parallelen Kommentierung von acht verschiedenen Bedingungswerken:

Der *Nachteil* dieser Methode ist, daß die Erläuterung sich nicht jeweils an den Abdruck jeder einzelnen Bestimmung der verschiedenen AVB anschließen kann. Vielmehr werden die Bedingungswerke und anschließend daran die gebräuchlichen Sonderbedingungen, Zusatzbedingungen und Klauseln zu diesen AVB nebst einigen praktisch und rechtlich wichtigen Druckstücken der Vertragspraxis im Zusammenhang wiedergegeben, und zwar im Abschnitt „Texte". Dann folgen, gegliedert nach Sachge-

Einführung

bieten, die Erläuterungen; vgl. dazu oben Ziffer 5. Zu einer bestimmten AVB-Vorschrift gewonnene Erkenntnisse oder zitierte gerichtliche Entscheidungen lassen sich jeweils auch auf parallele Vorschriften der übrigen AVB anwenden und in den Erläuterungen leicht auffinden. Darin liegt der *Vorzug* der gewählten Methode der Kommentierung.

Sucht der Benutzer Erläuterungen zu einer bestimmten Sachfrage, so muß er die Fundstelle(n) im Kommentar entweder

a) im Inhaltsverzeichnis oder

b) im alphabetischen Sachverzeichnis am Ende des Buches

aufsuchen. *Die* 25 **Hauptabschnitte** des Kommentars sind mit Buchstaben (A bis Z) bezeichnet und mit ihren Überschriften im Anschluß an das Vorwort in einer **Gliederungsübersicht** zusammengestellt. Das folgende **Inhaltsverzeichnis** enthält eine *Untergliederung* der Hauptabschnitte und verweist auf die (römischen und arabischen) Randnummern. Die Untergliederung wird zu Beginn jedes Hauptabschnitts beschränkt auf diesen Hauptabschnitt wiederholt.

Außerdem enthält das Inhaltsverzeichnis die mit 1 bis 53 numerierten Titel aller ganz oder auszugsweise abgedruckten **Texte**, nämlich von Gesetzen, AVB, Zusatzbedingungen, Klauseln und Formularen der Vertragspraxis. Wegen einiger älterer AVB- oder Klauselfassungen wird auf den Abschnitt „Texte" der 1. Aufl. oder der 2. Aufl. verwiesen. Schon nicht bei den abgedruckten AVB usw. (vgl. dazu oben Ziffer 5), noch weniger aber bei den abgedruckten Formularen aus der Versicherungspraxis ist deren einheitlicher Gebrauch durch alle deutschen Sachversicherer gewährleistet. Mit der Auswahl der abgedruckten Texte und Formulare verbindet sich keinerlei Qualitätsurteil.

Gleichwohl haben die abgedruckten Texte für das Verständnis der im Kommentar erörterten Rechtsfragen und damit für den praktischen Gebrauch des Buches ganz besondere Bedeutung. Diese Texte wurden nämlich in den letzten 20 Jahren wiederholt und einschneidend geändert, leider jedoch nicht im Zuge einer Gesamtreform, sondern in kleinen und kleinsten Teilstücken ohne die notwendige Vorausschau auf den jeweils nächsten oder gar übernächsten Schritt und ohne die notwendige Koordinierung mit den jeweils entsprechenden Passagen in allen übrigen Texten. Selbst für den Fachmann war und ist es nicht leicht, einen gewissen Überblick zu behalten. Der Abdruck zahlreicher Texte ist daher Voraussetzung für einen Erfolg der gewählten Methode der gemeinsamen Kommentierung verschiedener AVB der klassischen Sachversicherung, mag durch diesen Abdruck auch der Umfang des Buches stark zugenommen haben.

Texte 1

Gesetz über den Versicherungsvertrag

Vom 30. Mai 1908 (RGBl I S. 263)

geändert durch Gesetz vom 30. Dezember 1911 (RGBl. S. 985), Gesetz vom 12. Februar 1924 (RGBl. I S. 65), Gesetz vom 7. November 1939 (RGBl. I S. 2223), Verordnung vom 19. Dezember 1939 (RGBl. I S. 2443), Verordnung vom 3. November 1942 (RGBl. I S. 636), Verordnung vom 28. Dezember 1942 (RGBl. I S. 740), Verordnung vom 6. April 1943 (RGBl. I S. 178), Gesetz vom 5. April 1965 (BGBl. I S. 213), Gesetz vom 30. Juni 1967 (BGBl. I S. 609), Gesetz vom 28. Juni 1990 (BGBl. I S. 1249), Gesetz vom 12. September 1990 (BGBl. I S. 2002) und Gesetz vom 17. 12. 1990 (BGBl. I S. 2864).

(Auszug)

Gesetzesübersicht

Erster Abschnitt. Vorschriften für sämtliche Versicherungszweige

Erster Titel. Allgemeine Vorschriften

§ 1 [Pflichten des Versicherers und des Versicherungsnehmers]

(1) Bei der Schadensversicherung ist der Versicherer verpflichtet, nach dem Eintritt des Versicherungsfalls dem Versicherungsnehmer den dadurch verursachten Vermögensschaden nach Maßgabe des Vertrags zu ersetzen. Bei der Lebensversicherung und der Unfallversicherung sowie bei anderen Arten der Personenversicherung ist der Versicherer verpflichtet, nach dem Eintritt des Versicherungsfalls den vereinbarten Betrag an Kapital oder Rente zu zahlen oder die sonst vereinbarte Leistung zu bewirken.

(2) Der Versicherungsnehmer hat die vereinbarte Prämie zu entrichten. Als Prämien im Sinne dieses Gesetzes gelten auch die bei Versicherungsunternehmungen auf Gegenseitigkeit zu entrichtenden Beiträge.

11

§ 2 [Vereinbarte Rückwirkung]

(1) Die Versicherung kann in der Weise genommen werden, daß sie in einem vor der Schließung des Vertrags liegenden Zeitpunkt beginnt.

(2) Weiß in diesem Falle der Versicherer bei der Schließung des Vertrags, daß die Möglichkeit des Eintritts des Versicherungsfalls schon ausgeschlossen ist, so steht ihm ein Anspruch auf die Prämie nicht zu. Weiß der Versicherungsnehmer bei der Schließung des Vertrags, daß der Versicherungsfall schon eingetreten ist, so ist der Versicherer von der Verpflichtung zur Leistung frei; dem Versicherer gebührt, sofern er nicht bei der Schließung von dem Eintritt des Versicherungsfalls Kenntnis hatte, die Prämie bis zum Schluß der Versicherungsperiode, in welcher er diese Kenntnis erlangt.

(3) Wird der Vertrag durch einen Bevollmächtigten oder einen Vertreter ohne Vertretungsmacht geschlossen, so kommt in den Fällen des Absatzes 2 nicht nur die Kenntnis des Vertreters, sondern auch die des Vertretenen in Betracht.

§ 3[1] [Versicherungsschein]

(1) Der Versicherer ist verpflichtet, eine von ihm unterzeichnete Urkunde über den Versicherungsvertrag (Versicherungsschein) dem Versicherungsnehmer auszuhändigen. Eine Nachbildung der eigenhändigen Unterschrift genügt.

(2) Ist ein Versicherungsschein abhanden gekommen oder vernichtet, so kann der Versicherungsnehmer von dem Versicherer die Ausstellung einer Ersatzurkunde verlangen. Unterliegt der Versicherungsschein der Kraftloserklärung, so ist der Versicherer erst nach der Kraftloserklärung zur Ausstellung verpflichtet.

(3) Der Versicherungsnehmer kann jederzeit Abschriften der Erklärungen fordern, die er mit Bezug auf den Vertrag abgegeben hat. Der Versicherer hat ihn bei der Aushändigung des Versicherungsscheins auf dieses Recht aufmerksam zu machen. Bedarf der Versicherungsnehmer der Abschriften für die Vornahme von Handlungen gegenüber dem Versicherer, die an eine bestimmte Frist gebunden sind, und sind sie ihm nicht schon früher vom Versicherer ausgehändigt worden, so ist der Lauf der Frist von der Stellung des Verlangens bis zum Eingang der Abschriften gehemmt.

(4) Die Kosten der Ersatzurkunde sowie der Abschriften hat der Versicherungsnehmer zu tragen und auf Verlangen vorzuschießen.

(5) Wird der Vertrag nicht durch eine Niederlassung des Versicherers im Geltungsbereich dieses Gesetzes abgeschlossen, so ist im Versicherungsschein die Anschrift des Versicherers und der Niederlassung, über die der Vertrag abgeschlossen worden ist, anzugeben.

§ 4 [Versicherungsschein auf den Inhaber]

(1) Wird ein Versicherungsschein auf den Inhaber ausgestellt, so treten die in § 808 des Bürgerlichen Gesetzbuchs bestimmten Wirkungen ein.

(2) Ist im Vertrag bestimmt, daß der Versicherer nur gegen Rückgabe des Versicherungsscheins zu leisten hat, so genügt, wenn der Versicherungsnehmer behauptet, zur Rücklabe außerstande zu sein, das öffentlich beglaubigte Anerkenntnis, daß die Schuld erloschen sei. Diese Vorschrift findet keine Anwendung, wenn der Versicherungsschein der Kraftloserklärung unterliegt.

§ 5[2] [Billigungsklausel]

(1) Weicht der Inhalt des Versicherungsscheins von dem Antrag oder den getroffenen Vereinbarungen ab, so gilt die Abweichung als genehmigt, wenn der Versiche-

---

[1] § 3 neu gefaßt durch VO vom 19. 12. 1939 (RGBl. I S. 2443), Abs. 5 ferner eingefügt durch Gesetz vom 28. 6. 1990 (BGBl. I S. 1249).
[2] § 5 neu gefaßt durch VO vom 19. 12. 1939 (RGBl. I S. 2443).

rungsnehmer nicht innerhalb eines Monats nach Empfang des Versicherungsscheins schriftlich widerspricht.

(2) Diese Genehmigung ist jedoch nur dann anzunehmen, wenn der Versicherer den Versicherungsnehmer bei Aushändigung des Versicherungsscheins darauf hingewiesen hat, daß Abweichungen als genehmigt gelten, wenn der Versicherungsnehmer nicht innerhalb eines Monats nach Empfang des Versicherungsscheins schriftlich widerspricht. Der Hinweis hat durch besondere schriftliche Mitteilung oder durch einen auffälligen Vermerk in dem Versicherungsschein, der aus dem übrigen Inhalt des Versicherungsscheins hervorgehoben ist, zu geschehen; auf die einzelnen Abweichungen ist besonders aufmerksam zu machen.

(3) Hat der Versicherer den Vorschriften des Absatzes 2 nicht entsprochen, so ist die Abweichung für den Versicherungsnehmer unverbindlich und der Inhalt des Versicherungsantrags insoweit als vereinbart anzusehen.

(4) Eine Vereinbarung, durch welche der Versicherungsnehmer darauf verzichtet, den Vertrag wegen Irrtums anzufechten, ist unwirksam.

§ 6[3] [Obliegenheitsverletzung]

(1) Ist im Vertrag bestimmt, daß bei Verletzung einer Obliegenheit, die vor dem Eintritt des Versicherungsfalls dem Versicherer gegenüber zu erfüllen ist, der Versicherer von der Verpflichtung zur Leistung frei sein soll, so tritt die vereinbarte Rechtsfolge nicht ein, wenn die Verletzung als eine unverschuldete anzusehen ist. Der Versicherer kann den Vertrag innerhalb eines Monats, nachdem er von der Verletzung Kenntnis erlangt hat, ohne Einhaltung einer Kündigungsfrist kündigen, es sei denn, daß die Verletzung als eine unverschuldete anzusehen ist. Kündigt der Versicherer innerhalb eines Monats nicht, so kann er sich auf die vereinbarte Leistungsfreiheit nicht berufen.

(2) Ist eine Obliegenheit verletzt, die von dem Versicherungsnehmer zum Zweck der Verminderung der Gefahr oder der Verhütung einer Gefahrerhöhung dem Versicherer gegenüber zu erfüllen ist, so kann sich der Versicherer auf die vereinbarte Leistungsfreiheit nicht berufen, wenn die Verletzung keinen Einfluß auf den Eintritt des Versicherungsfalls oder den Umfang der ihm obliegenden Leistung gehabt hat.

(3) Ist die Leistungsfreiheit für den Fall vereinbart, daß eine Obliegenheit verletzt wird, die nach dem Eintritt des Versicherungsfalls dem Versicherer gegenüber zu erfüllen ist, so tritt die vereinbarte Rechtsfolge nicht ein, wenn die Verletzung weder auf Vorsatz noch auf grober Fahrlässigkeit beruht. Bei grobfahrlässiger Verletzung bleibt der Versicherer zur Leistung insoweit verpflichtet, als die Verletzung Einfluß weder auf die Feststellung des Versicherungsfalls noch auf die Feststellung oder den Umfang der dem Versicherer obliegenden Leistung gehabt hat.

(4) Eine Vereinbarung, nach welcher der Versicherer bei Verletzung einer Obliegenheit zum Rücktritt berechtigt sein soll, ist unwirksam.

§ 7 [Beginn der Versicherung]

Ist die Dauer der Versicherung nach Tagen, Wochen, Monaten oder nach einem mehrere Monate umfassenden Zeitraum bestimmt, so beginnt die Versicherung am Mittag des Tages, an welchem der Vertrag geschlossen wird. Sie endigt am Mittag des letzten Tages der Frist.

---

[3] § 6 neu gefaßt durch VO vom 7. 11. 1939 (RGBl. I S. 2223). Abs. 3 Satz 2 neu gefaßt durch VO vom 28. 12. 1942 (RGBl. I S. 740), Abs. 5 aufgehoben durch VO vom 19. 12. 1939 (RGBl. I S. 2443).

§ 8[4] [Stillschweigende Verlängerung; dauernde Versicherung]

(1) Eine Vereinbarung, nach welcher ein Versicherungsverhältnis als stillschweigend verlängert gilt, wenn es nicht vor dem Ablauf der Vertragszeit gekündigt wird, ist insoweit nichtig, als sich die jedesmalige Verlängerung auf mehr als ein Jahr erstrecken soll.

(2) Ist ein Versicherungsverhältnis auf unbestimmte Zeit eingegangen (dauernde Versicherung), so kann es von beiden Teilen nur für den Schluß der laufenden Versicherungsperiode gekündigt werden. Die Kündigungsfrist muß für beide Teile gleich sein und darf nicht weniger als einen Monat, nicht mehr als drei Monate betragen. Auf das Kündigungsrecht können die Parteien in gegenseitigem Einverständnis bis zur Dauer von zwei Jahren verzichten.

(3) Der Versicherungsnehmer kann ein Versicherungsverhältnis, das für eine Dauer von mehr als drei Jahren eingegangen ist, zum Ende des dritten Jahres oder jedes darauf folgenden Jahres unter Einhaltung einer Frist von drei Monaten kündigen, es sei denn, daß der Versicherer dem Versicherungsnehmer schriftlich vor Abschluß des Vertrages auch Verträge für die Dauer von einem Jahr, drei, fünf und zehn Jahren angeboten hat und dabei auf Verträge mit einer Dauer von fünf und mehr Jahren einen Prämiennachlaß einräumt, dessen Vomhundertsatz mindestens der Dauer der Laufzeit entspricht.

(4) Wird ein Versicherungsvertrag mit einer längeren Laufzeit als ein Jahr abgeschlossen, so kann der Versicherungsnehmer innerhalb einer Frist von zehn Tagen ab Unterzeichnung des Versicherungsantrages seine auf den Vertragsabschluß gerichtete Willenserklärung schriftlich widerrufen. Maßgeblich für die Wahrung der Frist ist der Eingang der schriftlichen Widerrufserklärung bei dem Versicherer. Das Widerrufsrecht besteht nicht, wenn der Versicherungsnehmer Vollkaufmann ist oder wenn der Versicherer auf Wunsch des Versicherungsnehmers sofortigen Versicherungsschutz gewährt. Der Versicherungsnehmer ist über das Widerrufsrecht schriftlich zu belehren.

§ 9 [Versicherungsperiode]

Als Versicherungsperiode im Sinne dieses Gesetzes gilt, falls nicht die Prämie nach kürzeren Zeitabschnitten bemessen ist, der Zeitraum eines Jahres.

§ 10 [Wohnungsänderung]

(1) Hat der Versicherungsnehmer seine Wohnung geändert, die Änderung aber dem Versicherer nicht mitgeteilt, so genügt für eine Willenserklärung, die dem Versicherungsnehmer gegenüber abzugeben ist, die Absendung eines eingeschriebenen Briefes nach der letzten dem Versicherer bekannten Wohnung. Die Erklärung wird in dem Zeitpunkt wirksam, in welchem sie ohne die Wohnungsänderung bei regelmäßiger Beförderung dem Versicherungsnehmer zugegangen sein würde.

(2) Hat der Versicherungsnehmer die Versicherung in seinem Gewerbebetrieb genommen, so finden bei einer Verlegung der gewerblichen Niederlassung die Vorschriften des Absatzes 1 entsprechende Anwendung.

§ 11[5] [Fälligkeit der Geldleistungen des Versicherers]

(1) Geldleistungen des Versicherers sind mit Beendigung der zur Feststellung des Versicherungsfalls und des Umfangs der Leistung des Versicherers nötigen Erhebungen fällig.

---

[4] § 8 Abs. 2 angefügt durch VO vom 19. 12. 1939 (RGBl. I S. 2443) mit Abs. 3 und 4 erweitert durch Ges. v. 17. 12. 1990 (BGBl. I S. 2864); § 8 Abs. 3 ist nicht anzuwenden auf Versicherungsverträge, die vor dem 1. Januar 1991 geschlossen worden sind, s. Art. 4 Ges. v. 17. 12. 1990 (BGBl. I S. 2864).
[5] § 11 neu gefaßt durch VO vom 19. 12. 1939 (RGBl. I S. 2443).

(2) Sind diese Erhebungen bis zum Ablauf eines Monats seit der Anzeige des Versicherungsfalls nicht beendet, so kann der Versicherungsnehmer in Anrechnung auf die Gesamtforderung Abschlagszahlungen in Höhe des Betrages verlangen, den der Versicherer nach Lage der Sache mindestens zu zahlen hat.

(3) Der Lauf der Frist ist gehemmt, solange die Beendigung der Erhebungen infolge eines Verschuldens des Versicherungsnehmers gehindert ist.

(4) Eine Vereinbarung, durch welche der Versicherer von der Verpflichtung, Verzugszinsen zu zahlen, befreit wird, ist unwirksam.

§ 12[6] [Verjährung; Klagefrist]

(1) Die Ansprüche aus dem Versicherungsvertrag verjähren in zwei Jahren, bei der Lebensversicherung in fünf Jahren. Die Verjährung beginnt mit dem Schluß des Jahres, in welchem die Leistung verlangt werden kann.

(2) Ist ein Anspruch des Versicherungsnehmers bei dem Versicherer angemeldet worden, so ist die Verjährung bis zum Eingang der schriftlichen Entscheidung des Versicherers gehemmt.

(3) Der Versicherer ist von der Verpflichtung zur Leistung frei, wenn der Anspruch auf die Leistung nicht innerhalb von sechs Monaten gerichtlich geltend gemacht wird. Die Frist beginnt erst, nachdem der Versicherer dem Versicherungsnehmer gegenüber den erhobenen Anspruch unter Angabe der mit dem Ablauf der Frist verbundenen Rechtsfolge schriftlich abgelehnt hat.

§ 13[7] [Konkurs des Versicherers]

Wird über das Vermögen des Versicherers der Konkurs eröffnet, so endigt das Versicherungsverhältnis mit dem Ablauf eines Monats seit der Eröffnung; bis zu diesem Zeitpunkt bleibt es der Konkursmasse gegenüber wirksam. Soweit das Versicherungsaufsichtsgesetz besondere Vorschriften über die Wirkungen der Konkurseröffnung enthält, bewendet es bei diesen Vorschriften.

§ 14[8] [Konkurs- oder Vergleichsverfahren des Versicherungsnehmers]

(1) Der Versicherer kann sich für den Fall der Eröffnung des Konkurses oder des Vergleichsverfahrens über das Vermögen des Versicherungsnehmers die Befugnis ausbedingen, das Versicherungsverhältnis mit einer Frist von einem Monat zu kündigen.

(2) Das gleiche gilt für den Fall, daß die Zwangsverwaltung des versicherten Grundstücks angeordnet wird.

§ 15 [Unpfändbare Sachen]

Soweit sich die Versicherung auf unpfändbare Sachen bezieht, kann die Forderung aus der Versicherung nur an solche Gläubiger des Versicherungsnehmers übertragen werden, die diesem zum Ersatz der zerstörten oder beschädigten Sachen andere Sachen geliefert haben.

§ 15a[9] [Schutz des Versicherungsnehmers]

Auf eine Vereinbarung, durch welche von den Vorschriften des § 3 Abs. 3, § 5 Abs. 1 bis 3, § 6 Abs. 1 bis 3, § 8 Abs. 2 bis 4, § 11 Abs. 2 bis 4, §§ 12, 14 zum Nachteil des Versicherungsnehmers abgewichen wird, kann sich der Versicherer nicht berufen.

---

[6] § 12 neu gefaßt durch VO vom 19. 12. 1939 (RGBl. I S. 2443).
[7] § 13 neu gefaßt durch VO vom 19. 12. 1939 (RGBl. I S. 2443).
[8] § 14 neu gefaßt durch VO vom 19. 12. 1939 (RGBl. I S. 2443).
[9] § 15a eingefügt durch VO vom 19. 12. 1939 (RGBl. I S. 2443), geändert durch Ges. v. 17. 12. 1990 (BGBl. I S. 2864).

Zweiter Titel. Anzeigepflicht. Gefahrerhöhung

§ 16[10] [Anzeigepflicht des Versicherungsnehmers]

(1) Der Versicherungsnehmer hat bei der Schließung des Vertrags alle ihm bekannten Umstände, die für die Übernahme der Gefahr erheblich sind, dem Versicherer anzuzeigen. Erheblich sind die Gefahrumstände, die geeignet sind, auf den Entschluß des Versicherers, den Vertrag überhaupt oder zu dem vereinbarten Inhalt abzuschließen, einen Einfluß auszuüben. Ein Umstand, nach welchem der Versicherer ausdrücklich und schriftlich gefragt hat, gilt im Zweifel als erheblich.

(2) Ist dieser Vorschrift zuwider die Anzeige eines erheblichen Umstandes unterblieben, so kann der Versicherer von dem Vertrag zurücktreten. Das gleiche gilt, wenn die Anzeige eines erheblichen Umstandes deshalb unterblieben ist, weil sich der Versicherungsnehmer der Kenntnis des Umstandes arglistig entzogen hat.

(3) Der Rücktritt ist ausgeschlossen, wenn der Versicherer den nicht angezeigten Umstand kannte oder wenn die Anzeige ohne Verschulden des Versicherungsnehmers unterblieben ist.

§ 17 [Unrichtige Anzeige]

(1) Der Versicherer kann von dem Vertrag auch dann zurücktreten, wenn über einen erheblichen Umstand eine unrichtige Anzeige gemacht worden ist.

(2) Der Rücktritt ist ausgeschlossen, wenn die Unrichtigkeit dem Versicherer bekannt war oder die Anzeige ohne Verschulden des Versicherungsnehmers unrichtig gemacht worden ist.

§ 18[11] [Rücktritt des Versicherers]

(1) *(aufgehoben)*

(2) Hatte der Versicherungsnehmer die Gefahrumstände an Hand schriftlicher, von dem Versicherer gestellter Fragen anzuzeigen, so kann der Versicherer wegen unterbliebener Anzeige eines Umstandes, nach welchem nicht ausdrücklich gefragt worden ist, nur im Fall arglistiger Verschweigung zurücktreten.

§ 19 [Vertragsabschluß durch Vertreter]

Wird der Vertrag von einem Bevollmächtigten oder von einem Vertreter ohne Vertretungsmacht geschlossen, so kommt für das Rücktrittsrecht des Versicherers nicht nur die Kenntnis und die Arglist des Vertreters, sondern auch die Kenntnis und die Arglist des Versicherungsnehmers in Betracht. Der Versicherungsnehmer kann sich darauf, daß die Anzeige eines erheblichen Umstandes ohne Verschulden unterblieben oder unrichtig gemacht ist, nur berufen, wenn weder dem Vertreter noch ihm selbst ein Verschulden zur Last fällt.

§ 20 [Rücktritt]

(1) Der Rücktritt kann nur innerhalb eines Monats erfolgen. Die Frist beginnt mit dem Zeitpunkt, in welchem der Versicherer von der Verletzung der Anzeigepflicht Kenntnis erlangt.

(2) Der Rücktritt erfolgt durch Erklärung gegenüber dem Versicherungsnehmer. Im Fall des Rücktritts sind, soweit dieses Gesetz nicht in Ansehung der Prämie ein anderes bestimmt, beide Teile verpflichtet, einander die empfangenen Leistungen zurückzugewähren; eine Geldsumme ist von der Zeit des Empfangs an zu verzinsen.

---

[10] § 16 Abs. 1 neu gefaßt durch VO vom 19. 12. 1939 (RGBl. I S. 2443).
[11] § 18 Abs. 1 aufgehoben durch VO vom 19. 12. 1939 (RGBl. I S. 2443).

§ 21 [Leistungspflicht trotz Rücktritts]

Tritt der Versicherer zurück, nachdem der Versicherungsfall eingetreten ist, so bleibt seine Verpflichtung zur Leistung gleichwohl bestehen, wenn der Umstand, in Ansehung dessen die Anzeigepflicht verletzt ist, keinen Einfluß auf den Eintritt des Versicherungsfalls und auf den Umfang der Leistung des Versicherers gehabt hat.

§ 22 [Anfechtung wegen arglistiger Täuschung]

Das Recht des Versicherers, den Vertrag wegen arglistiger Täuschung über Gefahrumstände anzufechten, bleibt unberührt.

§ 23 [Gefahrerhöhung nach Vertragsabschluß]

(1) Nach dem Abschluß des Vertrags darf der Versicherungsnehmer nicht ohne Einwilligung des Versicherers eine Erhöhung der Gefahr vornehmen oder deren Vornahme durch einen Dritten gestatten.

(2) Erlangt der Versicherungsnehmer Kenntnis davon, daß durch eine von ihm ohne Einwilligung des Versicherers vorgenommene oder gestattete Änderung die Gefahr erhöht ist, so hat er dem Versicherer unverzüglich Anzeige zu machen.

§ 24 [Fristlose Kündigung wegen Gefahrerhöhung]

(1) Verletzt der Versicherungsnehmer die Vorschrift des § 23 Abs. 1, so kann der Versicherer das Versicherungsverhältnis ohne Einhaltung einer Kündigungsfrist kündigen. Beruht die Verletzung nicht auf einem Verschulden des Versicherungsnehmers, so braucht dieser die Kündigung erst mit dem Ablauf eines Monats gegen sich gelten zu lassen.

(2) Das Kündigungsrecht erlischt, wenn es nicht innerhalb eines Monats von dem Zeitpunkt an ausgeübt wird, in welchem der Versicherer von der Erhöhung der Gefahr Kenntnis erlangt, oder wenn der Zustand wiederhergestellt ist, der vor der Erhöhung bestanden hat.

§ 25 [Leistungsfreiheit wegen Gefahrerhöhung]

(1) Der Versicherer ist im Fall einer Verletzung der Vorschrift des § 23 Abs. 1 von der Verpflichtung zur Leistung frei, wenn der Versicherungsfall nach der Erhöhung der Gefahr eintritt.

(2) Die Verpflichtung des Versicherers bleibt bestehen, wenn die Verletzung nicht auf einem Verschulden des Versicherungsnehmers beruht. Der Versicherer ist jedoch auch in diesem Fall von der Verpflichtung zur Leistung frei, wenn die in § 23 Abs. 2 vorgesehene Anzeige nicht unverzüglich gemacht wird und der Versicherungsfall später als einen Monat nach dem Zeitpunkt, in welchem die Anzeige dem Versicherer hätte zugehen müssen, eintritt, es sei denn, daß ihm in diesem Zeitpunkt die Erhöhung der Gefahr bekannt war.

(3) Die Verpflichtung des Versicherers zur Leistung bleibt auch dann bestehen, wenn zur Zeit des Eintritts des Versicherungsfalls die Frist für die Kündigung des Versicherers abgelaufen und eine Kündigung nicht erfolgt ist oder wenn die Erhöhung der Gefahr keinen Einfluß auf den Eintritt des Versicherungsfalls und auf den Umfang der Leistung des Versicherers gehabt hat.

§ 26 [Ausnahmen]

Die Vorschriften der §§ 23 bis 25 finden keine Anwendung, wenn der Versicherungsnehmer zu der Erhöhung der Gefahr durch das Interesse des Versicherers oder durch ein Ereignis, für welches der Versicherer haftet, oder durch ein Gebot der Menschlichkeit veranlaßt wird.

§ 27 [Ungewollte Gefahrerhöhung]

(1) Tritt nach dem Abschluß des Vertrags eine Erhöhung der Gefahr unabhängig von dem Willen des Versicherungsnehmers ein, so ist der Versicherer berechtigt, das Versicherungsverhältnis unter Einhaltung einer Kündigungsfrist von einem Monat zu kündigen. Die Vorschriften des § 24 Abs. 2 finden Anwendung.

(2) Der Versicherungsnehmer hat, sobald er von der Erhöhung der Gefahr Kenntnis erlangt, dem Versicherer unverzüglich Anzeige zu machen.

§ 28 [Leistungsfreiheit wegen unterlassener Anzeige]

(1) Wird die in § 27 Abs. 2 vorgesehene Anzeige nicht unverzüglich gemacht, so ist der Versicherer von der Verpflichtung zur Leistung frei, wenn der Versicherungsfall später als einen Monat nach dem Zeitpunkt eintritt, in welchem die Anzeige dem Versicherer hätte zugehen müssen.

(2) Die Verpflichtung des Versicherers bleibt bestehen, wenn ihm die Erhöhung der Gefahr in dem Zeitpunkt bekannt war, in welchem ihm die Anzeige hätte zugehen müssen. Das gleiche gilt, wenn zur Zeit des Eintritts des Versicherungsfalls die Frist für die Kündigung des Versicherers abgelaufen und eine Kündigung nicht erfolgt ist oder wenn die Erhöhung der Gefahr keinen Einfluß auf den Eintritt des Versicherungsfalls und auf den Umfang der Leistung des Versicherers gehabt hat.

§ 29 [Unerhebliche Gefahrerhöhung]

Eine unerhebliche Erhöhung der Gefahr kommt nicht in Betracht. Eine Gefahrerhöhung kommt auch dann nicht in Betracht, wenn nach den Umständen als vereinbart anzusehen ist, daß das Versicherungsverhältnis durch die Gefahrerhöhung nicht berührt werden soll.

§ 29a[12] [Gefahrerhöhung zwischen Stellung und Annahme des Antrags]

Die Vorschriften der §§ 23 bis 29 finden auch Anwendung auf eine in der Zeit zwischen Stellung und Annahme des Versicherungsantrags eingetretene Gefahrerhöhung, die dem Versicherer bei der Annahme des Antrags nicht bekannt war.

§ 30 [Teilrücktritt]

(1) Liegen die Voraussetzungen, unter denen der Versicherer nach den Vorschriften dieses Titels zum Rücktritt oder zur Kündigung berechtigt ist, in Ansehung eines Teils der Gegenstände oder Personen vor, auf welche sich die Versicherung bezieht, so steht dem Versicherer das Recht des Rücktritts oder der Kündigung für den übrigen Teil nur zu, wenn anzunehmen ist, daß für diesen allein der Versicherer den Vertrag unter den gleichen Bestimmungen nicht geschlossen haben würde.

(2) Macht der Versicherer von dem Recht des Rücktritts oder der Kündigung in Ansehung eines Teiles der Gegenstände oder Personen Gebrauch, so ist der Versicherungsnehmer berechtigt, das Versicherungsverhältnis in Ansehung des übrigen Teiles zu kündigen; die Kündigung kann nicht für einen späteren Zeitpunkt als den Schluß der Versicherungsperiode geschehen, in welcher der Rücktritt des Versicherers oder seine Kündigung wirksam wird.

(3) Liegen in Ansehung eines Teiles der Gegenstände oder Personen, auf welche sich die Versicherung bezieht, die Voraussetzungen vor, unter denen der Versicherer wegen einer Verletzung der Vorschriften über die Gefahrerhöhung von der Verpflichtung zur Leistung frei ist, so findet auf die Befreiung die Vorschrift des Absatzes 1 entsprechende Anwendung.

---

[12] § 29a eingefügt durch VO vom 19. 12. 1939 (RGBl. I S. 2443).

§ 31[13] [Kündigung bei Entgelterhöhung]

Erhöht der Versicherer aufgrund einer Prämienanpassungsklausel das Entgelt, ohne daß sich der Umfang der Versicherung ändert, so kann der Versicherungsnehmer bis und zum Zeitpunkt des Inkrafttretens der Änderung kündigen, sofern das Entgelt pro Jahr um mehr als 5 vom Hundert des zuletzt gezahlten Beitrages oder um mehr als 25 vom Hundert des Erstbeitrages steigt.

§ 32[14] [Verminderung der Gefahr]

Eine Vereinbarung, durch welche der Versicherungsnehmer bestimmte Obliegenheiten zum Zweck der Verminderung der Gefahr oder zum Zweck der Verhütung einer Gefahrerhöhung übernimmt, wird durch die Vorschriften dieses Titels nicht berührt.

§ 33 [Anzeige des Versicherungsfalls]

(1) Nach dem Eintritt des Versicherungsfalls hat der Versicherungsnehmer, sobald er von dem Eintritt Kenntnis erlangt, dem Versicherer unverzüglich Anzeige zu machen.

(2) Auf eine Vereinbarung, nach welcher der Versicherer von der Verpflichtung zur Leistung frei sein soll, wenn der Pflicht zur Anzeige des Versicherungsfalls nicht genügt wird, kann sich der Versicherer nicht berufen, sofern er in anderer Weise von dem Eintritt des Versicherungsfalls rechtzeitig Kenntnis erlangt hat.

§ 34[15] [Auskunftspflicht]

(1) Der Versicherer kann nach dem Eintritt des Versicherungsfalls verlangen, daß der Versicherungsnehmer jede Auskunft erteilt, die zur Feststellung des Versicherungsfalls oder des Umfanges der Leistungspflicht des Versicherers erforderlich ist.

(2) Belege kann der Versicherer insoweit fordern, als die Beschaffung dem Versicherungsnehmer billigerweise zugemutet werden kann.

§ 34a[16] [Schutz des Versicherungsnehmers]

Auf eine Vereinbarung, durch welche von den Vorschriften der §§ 16 bis 29a, des § 31 und des § 34 Abs. 2 zum Nachteil des Versicherungsnehmers abgewichen wird, kann sich der Versicherer nicht berufen. Jedoch kann für die dem Versicherungsnehmer obliegenden Anzeigen die schriftliche Form bedungen werden.

Dritter Titel. Prämie

§ 35 [Fälligkeit der Prämie]

Der Versicherungsnehmer hat die Prämie und, wenn laufende Prämien bedungen sind, die erste Prämie sofort nach dem Abschluß des Vertrags zu zahlen. Er ist zur Zahlung nur gegen Aushändigung des Versicherungsscheins verpflichtet, es sei denn, daß die Ausstellung eines Versicherungsscheins ausgeschlossen ist.

§ 35a[17] [Leistung durch Dritte]

(1) Fällige Prämien oder sonstige ihm auf Grund des Vertrags gebührende Zahlungen muß der Versicherer vom Versicherten bei der Versicherung für fremde

---

[13] § 31 aufgehoben durch VO vom 19. 12. 1939 (RGBl. I S. 2443), neuer § 31 eingefügt durch Ges. v. 17. 12. 1990 (BGBl. I S. 2864), § 31 ist nicht anzuwenden auf Versicherungsverträge, die vor dem 1. Januar 1991 geschlossen worden sind, s. Art. 4 Ges. v. 17. 12. 1990 (BGBl. I S. 2864).
[14] § 32 früherer Satz 2 aufgehoben durch VO vom 7. 11. 1939 (RGBl. I S. 2223).
[15] § 34 Abs. 2 früherer Satz 2 aufgehoben durch VO vom 19. 12. 1939 (RGBl. I S. 2443).
[16] § 34a eingefügt durch VO vom 19. 12. 1939 (RGBl. I S. 2443), geändert durch Ges. v. 17. 12. 1990 (BGBl. I S. 2864).
[17] § 35a eingefügt durch VO vom 7. 11. 1939 (RGBl. I S. 2223).

Rechnung, ferner vom Bezugsberechtigten, der ein Recht auf die Leistung des Versicherers erworben hat, sowie vom Pfandgläubiger auch dann annehmen, wenn er nach den Vorschriften des bürgerlichen Rechts die Zahlung zurückweisen könnte.

(2) Ein Pfandrecht an der Versicherungsforderung kann auch wegen der Beträge und ihrer Zinsen geltend gemacht werden, die der Pfandgläubiger zur Entrichtung von Prämien oder sonstigen dem Versicherer auf Grund des Vertrags gebührenden Zahlungen verwendet hat.

§ 35 b[18] [Aufrechnung gegenüber Dritten]

Der Versicherer kann den Betrag einer fälligen Prämienforderung oder einer anderen ihm aus dem Vertrag zustehenden Forderung von der ihm nach diesem Vertrag obliegenden Leistung in Abzug bringen, auch wenn er die Leistung nicht dem Versicherungsnehmer, sondern einem Dritten schuldet.

§ 36 [Leistungsort]

(1) Leistungsort für die Entrichtung der Prämie ist der jeweilige Wohnsitz des Versicherungsnehmers; der Versicherungsnehmer hat jedoch auf seine Gefahr und seine Kosten die Prämie dem Versicherer zu übermitteln.

(2) Hat der Versicherungsnehmer die Versicherung in seinem Gewerbebetrieb genommen, so tritt, wenn er seine gewerbliche Niederlassung an einem anderen Ort hat, der Ort der Niederlassung an die Stelle des Wohnsitzes.

§ 37 [Regelmäßige Einziehung]

Ist die Prämie regelmäßig bei dem Versicherungsnehmer eingezogen worden, so ist dieser zur Übermittlung der Prämie erst verpflichtet, wenn ihm schriftlich angezeigt wird, daß die Übermittlung verlangt werde.

§ 38[19] [Verspätete Zahlung der ersten Prämie]

(1) Wird die erste oder einmalige Prämie nicht rechtzeitig gezahlt, so ist der Versicherer, solange die Zahlung nicht bewirkt ist, berechtigt, vom Vertrag zurückzutreten. Es gilt als Rücktritt, wenn der Anspruch auf die Prämie nicht innerhalb von drei Monaten vom Fälligkeitstage an gerichtlich geltend gemacht wird.

(2) Ist die Prämie zur Zeit des Eintritts des Versicherungsfalls noch nicht gezahlt, so ist der Versicherer von der Verpflichtung zur Leistung frei.

§ 39[20] [Fristbestimmung für Folgeprämie]

(1) Wird eine Folgeprämie nicht rechtzeitig gezahlt, so kann der Versicherer dem Versicherungsnehmer auf dessen Kosten schriftlich eine Zahlungsfrist von mindestens zwei Wochen bestimmen; zur Unterzeichnung genügt eine Nachbildung der eigenhändigen Unterschrift. Dabei sind die Rechtsfolgen anzugeben, die nach den Absätzen 2, 3 mit dem Ablauf der Frist verbunden sind. Eine Fristbestimmung, die ohne Beachtung dieser Vorschriften erfolgt, ist unwirksam.

(2) Tritt der Versicherungsfall nach dem Ablauf der Frist ein und ist der Versicherungsnehmer zur Zeit des Eintritts mit der Zahlung der Prämie oder der geschuldeten Zinsen oder Kosten im Verzuge, so ist der Versicherer von der Verpflichtung zur Leistung frei.

(3) Der Versicherer kann nach dem Ablauf der Frist, wenn der Versicherungsnehmer mit der Zahlung im Verzuge ist, das Versicherungsverhältnis ohne Einhaltung

---

[18] § 35 b eingefügt durch VO vom 7. 11. 1939 (RGBl. I S. 2223).
[19] § 38 gefaßt durch VO vom 19. 12. 1939 (RGBl. I S. 2443).
[20] § 39 gefaßt durch VO vom 19. 12. 1939 (RGBl. I S. 2443).

einer Kündigungsfrist kündigen. Die Kündigung kann bereits bei der Bestimmung der Zahlungsfrist dergestalt erfolgen, daß sie mit Fristablauf wirksam wird, wenn der Versicherungsnehmer in diesem Zeitpunkt mit der Zahlung im Verzuge ist; hierauf ist der Versicherungsnehmer bei der Kündigung ausdrücklich hinzuweisen. Die Wirkungen der Kündigung fallen fort, wenn der Versicherungsnehmer innerhalb eines Monats nach der Kündigung oder, falls die Kündigung mit der Fristbestimmung verbunden worden ist, innerhalb eines Monats nach dem Ablauf der Zahlungsfrist die Zahlung nachholt, sofern nicht der Versicherungsfall bereits eingetreten ist.

(4) Soweit die in den Absätzen 2, 3 bezeichneten Rechtsfolgen davon abhängen, daß Zinsen oder Kosten nicht gezahlt worden sind, treten sie nur ein, wenn die Fristbestimmung die Höhe der Zinsen oder den Betrag der Kosten angibt.

§ 40[21] [Prämie trotz Aufhebung des Versicherungsverhältnisses]

(1) Wird das Versicherungsverhältnis wegen Verletzung einer Obliegenheit oder wegen Gefahrerhöhung auf Grund der Vorschriften des zweiten Titels durch Kündigung oder Rücktritt aufgehoben oder wird der Versicherungsvertrag durch den Versicherer angefochten, so gebührt dem Versicherer gleichwohl die Prämie bis zum Schluß der Versicherungsperiode, in der er von der Verletzung der Obliegenheit, der Gefahrerhöhung oder von dem Anfechtungsgrund Kenntnis erlangt hat. Wird die Kündigung erst in der folgenden Versicherungsperiode wirksam, so gebührt ihm die Prämie bis zur Beendigung des Versicherungsverhältnisses.

(2) Wird das Versicherungsverhältnis wegen nicht rechtzeitiger Zahlung der Prämie nach § 39 gekündigt, so gebührt dem Versicherer die Prämie bis zur Beendigung der laufenden Versicherungsperiode. Tritt der Versicherer nach § 38 Abs. 1 zurück, so kann er nur eine angemessene Geschäftsgebühr verlangen. Ist mit Genehmigung der Aufsichtsbehörde in den Versicherungsbedingungen ein bestimmter Betrag für die Geschäftsgebühr festgesetzt, so gilt dieser als angemessen.

(3) Endigt das Versicherungsverhältnis nach § 13 oder wird es vom Versicherer auf Grund einer Vereinbarung nach § 14 gekündigt, so kann der Versicherungsnehmer den auf die Zeit nach der Beendigung des Versicherungsverhältnisses entfallenden Teil der Prämie unter Abzug der für diese Zeit aufgewendeten Kosten zurückfordern.

§ 41[22] [Höhere Prämie]

(1) Ist die dem Versicherungsnehmer bei der Schließung des Vertrags obliegende Anzeigepflicht verletzt worden, das Rücktrittsrecht des Versicherten aber ausgeschlossen, weil dem andern Teil ein Verschulden nicht zur Last fällt, so kann der Versicherer, falls mit Rücksicht auf die höhere Gefahr eine höhere Prämie angemessen ist, von dem Beginn der laufenden Versicherungsperiode an die höhere Prämie verlangen. Das gleiche gilt, wenn bei der Schließung des Vertrags ein für die Übernahme der Gefahr erheblicher Umstand dem Versicherer nicht angezeigt worden ist, weil er dem andern Teil nicht bekannt war.

(2) Wird die höhere Gefahr nach den für den Geschäftsbetrieb des Versicherers maßgebenden Grundsätzen auch gegen eine höhere Prämie nicht übernommen, so kann der Versicherer das Versicherungsverhältnis unter Einhaltung einer Kündigungsfrist von einem Monat kündigen. § 40 Abs. 1 gilt sinngemäß.

(3) Der Anspruch auf die höhere Prämie erlischt, wenn er nicht innerhalb eines Monats von dem Zeitpunkt an geltend gemacht wird, in welchem der Versicherer von der Verletzung der Anzeigepflicht oder von dem nicht angezeigten Umstand Kenntnis erlangt. Das gleiche gilt von dem Kündigungsrecht, wenn es nicht innerhalb des bezeichneten Zeitraums ausgeübt wird.

---

[21] § 40 neu gefaßt durch VO vom 19. 12. 1939 (RGBl. I S. 2443).
[22] § 41 Abs. 2 Satz 2 eingefügt durch VO vom 19. 12. 1939 (RGBl. I S. 2443).

§ 41 a[23] [Herabsetzung der Prämie]

(1) Ist wegen bestimmter, die Gefahr erhöhender Umstände eine höhere Prämie vereinbart, so kann der Versicherungsnehmer, wenn diese Umstände in der Zeit zwischen Stellung und Annahme des Antrags oder nach Abschluß des Vertrags wegfallen oder ihre Bedeutung verlieren, verlangen, daß die Prämie für die künftigen Versicherungsperioden angemessen herabgesetzt wird.

(2) Das gleiche gilt, wenn die Bemessung der höheren Prämie durch irrtümliche Angaben des Versicherungsnehmers über einen solchen Umstand veranlaßt worden ist.

§ 42[24] [Schutz des Versicherungsnehmers]

Auf eine Vereinbarung, durch welche von den Vorschriften der §§ 37 bis 41a zum Nachteil des Versicherungsnehmers abgewichen wird, kann sich der Versicherer nicht berufen.

Vierter Titel. Versicherungsagenten

§ 43[25] [Vollmacht des Agenten]

Ein Versicherungsagent gilt, auch wenn er nur mit der Vermittlung von Versicherungsgeschäften betraut ist, als bevollmächtigt, in dem Versicherungszweig, für den er bestellt ist,

1. Anträge auf Schließung, Verlängerung oder Änderung eines Versicherungsvertrags sowie den Widerruf solcher Anträge entgegenzunehmen;
2. die Anzeigen, welche während der Versicherung zu machen sind, sowie Kündigungs- und Rücktrittserklärungen oder sonstige das Versicherungsverhältnis betreffende Erklärungen von dem Versicherungsnehmer entgegenzunehmen;
3. die von dem Versicherer ausgefertigten Versicherungsscheine oder Verlängerungsscheine auszuhändigen;
4. Prämien nebst Zinsen und Kosten anzunehmen, sofern er sich im Besitz einer vom Versicherer unterzeichneten Prämienrechnung befindet; zur Unterzeichnung genügt eine Nachbildung der eigenhändigen Unterschrift.

§ 44 [Kenntnis des Vermittlungsagenten]

Soweit nach den Vorschriften dieses Gesetzes die Kenntnis des Versicherers von Erheblichkeit ist, steht die Kenntnis eines nur mit der Vermittlung von Versicherungsgeschäften betrauten Agenten der Kenntnis des Versicherers nicht gleich.

§ 45 [Abschlußagent]

Ist ein Versicherungsagent zum Abschluß von Versicherungsverträgen bevollmächtigt, so ist er auch befugt, die Änderung oder Verlängerung solcher Verträge zu vereinbaren sowie Kündigungs- und Rücktrittserklärungen abzugeben.

§ 46 [Bezirksagent]

Ist der Versicherungsagent ausdrücklich für einen bestimmten Bezirk bestellt, so beschränkt sich seine Vertretungsmacht auf Geschäfte und Rechtshandlungen, welche sich auf Versicherungsverträge über die in dem Bezirk befindlichen Sachen oder mit den im Bezirk gewöhnlich sich aufhaltenden Personen beziehen. In Ansehung der von ihm vermittelten oder abgeschlossenen Verträge bleibt der Agent

---

[23] § 41a eingefügt durch VO vom 19. 12. 1939 (RGBl. I S. 2443).
[24] § 42 neu gefaßt durch VO vom 19. 12. 1939 (RGBl. I S. 2443).
[25] § 43 Nr. 4 Halbsatz 2 neu gefaßt durch VO vom 19. 12. 1939 (RGBl. I S. 2443).

ohne Rücksicht auf diese Beschränkung zur Vornahme von Geschäften und Rechtshandlungen ermächtigt.

§ 47 [Beschränkung der Vertretungsmacht]

Eine Beschränkung der dem Versicherungsagenten nach den Vorschriften der
§§ 43 bis 46 zustehenden Vertretungsmacht braucht ein Dritter nur dann gegen sich
gelten zu lassen, wenn er die Beschränkung bei der Vornahme des Geschäfts oder
der Rechtshandlung kannte oder infolge grober Fahrlässigkeit nicht kannte. Auf
eine abweichende Vereinbarung kann sich der Versicherer nicht berufen.

§ 48 [Gerichtsstand der Agentur]

(1) Hat ein Versicherungsagent den Vertrag vermittelt oder abgeschlossen, so ist
für Klagen, die aus dem Versicherungsverhältnis gegen den Versicherer erhoben
werden, das Gericht des Ortes zuständig, wo der Agent zur Zeit der Vermittlung oder
Schließung seine gewerbliche Niederlassung oder in Ermangelung einer gewerblichen Niederlassung seinen Wohnsitz hatte.

(2) Die nach Absatz 1 begründete Zuständigkeit kann durch Vereinbarung nicht
ausgeschlossen werden.

Zweiter Abschnitt. Schadensversicherung

Erster Titel. Vorschriften für die gesamte Schadensversicherung

I. Inhalt des Vertrags

§ 49 [Schadensersatz in Geld]

Der Versicherer hat den Schadensersatz in Geld zu leisten.

§ 50 [Versicherungssumme]

Der Versicherer haftet nur bis zur Höhe der Versicherungssumme.

§ 51[26, 27] [Überversicherung]

(1) Ergibt sich, daß die Versicherungssumme den Wert des versicherten Interesses (Versicherungswert) erheblich übersteigt, so kann sowohl der Versicherer als
auch der Versicherungsnehmer verlangen, daß zur Beseitigung der Überversicherung die Versicherungssumme, unter verhältnismäßiger Minderung der Prämie mit
sofortiger Wirkung, herabgesetzt wird.

(2) Ist die Überversicherung durch ein Kriegsereignis oder durch eine behördliche
Maßnahme aus Anlaß eines Krieges verursacht oder ist sie die unvermeidliche Folge
eines Krieges, so kann der Versicherungsnehmer das Verlangen nach Absatz 1 mit
Wirkung vom Eintritt der Überversicherung ab stellen.

(3) Schließt der Versicherungsnehmer den Vertrag in der Absicht, sich aus der
Überversicherung einen rechtswidrigen Vermögensvorteil zu verschaffen, so ist der
Vertrag nichtig; dem Versicherer gebührt, sofern er nicht bei der Schließung des
Vertrags von der Nichtigkeit Kenntnis hatte, die Prämie bis zum Schluß der Versiche-
rungsperiode, in welcher er diese Kenntnis erlangt.

---

[26] § 51 neu gefaßt durch VO vom 6. 4. 1943 (RGBl. I S. 178).
[27] Nach Art. 1 Dritte Verordnung zur Ergänzung und Änderung des Gesetzes über den Versicherungsvertrag vom 25. 10. 1944 (RGBl. I S. 278) sind in den Fällen des § 51 Abs. 1 und 2 VVG die
dem Versicherungsnehmer zurückzuerstattenden Prämienteile erst am Schluß der Versicherungsperiode zu zahlen.

§ 52 [Versicherungswert]

Bezieht sich die Versicherung auf eine Sache, so gilt, soweit sich nicht aus den Umständen ein anderes ergibt, der Wert der Sache als Versicherungswert.

§ 53 [Entgehender Gewinn]

Die Versicherung umfaßt den durch den Eintritt des Versicherungsfalls entgehenden Gewinn nur, soweit dies besonders vereinbart ist.

§ 54 [Inbegriff von Sachen]

Ist die Versicherung für einen Inbegriff von Sachen genommen, so umfaßt sie die jeweils zu dem Inbegriff gehörigen Sachen.

§ 55 [Nur Ersatz des Schadens]

Der Versicherer ist, auch wenn die Versicherungssumme höher ist als der Versicherungswert zur Zeit des Eintritts des Versicherungsfalls, nicht verpflichtet, dem Versicherungsnehmer mehr als den Betrag des Schadens zu ersetzen.

§ 56 [Unterversicherung]

Ist die Versicherungssumme niedriger als der Versicherungswert zur Zeit des Eintritts des Versicherungsfalls (Unterversicherung), so haftet der Versicherer für den Schaden nur nach dem Verhältnis der Versicherungssumme zu diesem Wert.

§ 57 [Taxe]

Der Versicherungswert kann durch Vereinbarung auf einen bestimmten Betrag (Taxe) festgesetzt werden. Die Taxe gilt auch als der Wert, den das versicherte Interesse zur Zeit des Eintritts des Versicherungsfalls hat, es sei denn, daß sie den wirklichen Versicherungswert in diesem Zeitpunkt erheblich übersteigt. Ist die Versicherungssumme niedriger als die Taxe, so haftet der Versicherer, auch wenn die Taxe erheblich übersetzt ist, für den Schaden nur nach dem Verhältnis der Versicherungssumme zur Taxe.

§ 58 [Mehrere Versicherungen]

(1) Wer für ein Interesse gegen dieselbe Gefahr bei mehreren Versicherern Versicherung nimmt, hat jedem Versicherer von der anderen Versicherung unverzüglich Mitteilung zu machen.

(2) In der Mitteilung ist der Versicherer, bei welchem die andere Versicherung genommen worden ist, zu bezeichnen und die Versicherungssumme anzugeben.

§ 59[28] [Doppelversicherung]

(1) Ist ein Interesse gegen dieselbe Gefahr bei mehreren Versicherern versichert und übersteigen die Versicherungssummen zusammen den Versicherungswert oder übersteigt aus anderen Gründen die Summe der Entschädigungen, die von jedem einzelnen Versicherer ohne Bestehen der anderen Versicherung zu zahlen wären, den Gesamtschaden (Doppelversicherung), so sind die Versicherer in der Weise als Gesamtschuldner verpflichtet, daß dem Versicherungsnehmer jeder Versicherer für den Betrag haftet, dessen Zahlung ihm nach seinem Vertrage obliegt, der Versicherungsnehmer aber im ganzen nicht mehr als den Betrag des Schadens verlangen kann.

(2) Die Versicherer sind im Verhältnis zueinander zu Anteilen nach Maßgabe der Beträge verpflichtet, deren Zahlung ihnen dem Versicherungsnehmer gegenüber

---

[28] § 59 Abs. 1 und § 60 neu gefaßt durch VO vom 19. 12. 1939 (RGBl. I S. 2443).

vertragsmäßig obliegt. Findet auf eine der Versicherungen ausländisches Recht Anwendung, so kann der Versicherer, für den das ausländische Recht gilt, gegen den
anderen Versicherer einen Anspruch auf Ausgleichung nur geltend machen, wenn
er selbst nach dem für ihn maßgebenden Recht zur Ausgleichung verpflichtet ist.

(3) Hat der Versicherungsnehmer eine Doppelversicherung in der Absicht genommen, sich dadurch einen rechtswidrigen Vermögensvorteil zu verschaffen, so ist
jeder in dieser Absicht geschlossene Vertrag nichtig; dem Versicherer gebührt, sofern er nicht bei der Schließung des Vertrags von der Nichtigkeit Kenntnis hatte, die
Prämie bis zum Schluß der Versicherungsperiode, in welcher er diese Kenntnis
erlangt.

§ 60²⁹ [Beseitigung der Doppelversicherung]

(1) Hat der Versicherungsnehmer den Vertrag, durch welchen die Doppelversicherung entstanden ist, ohne Kenntnis von dem Entstehen der Doppelversicherung
geschlossen, so kann er verlangen, daß der später geschlossene Vertrag aufgehoben oder die Versicherungssumme unter verhältnismäßiger Minderung der Prämie
auf den Teilbetrag herabgesetzt wird, der durch die frühere Versicherung nicht
gedeckt ist.

(2) Das gleiche gilt, wenn die Doppelversicherung dadurch entstanden ist, daß
nach Abschluß der mehreren Versicherungen der Versicherungswert gesunken ist.
Sind jedoch in diesem Falle die mehreren Versicherungen gleichzeitig oder im Einvernehmen der Versicherer geschlossen worden, so kann der Versicherungsnehmer
nur verhältnismäßige Herabsetzung der Versicherungssummen und Prämien verlangen.

(3) Die Aufhebung oder Herabsetzung wird erst mit dem Ablauf der Versicherungsperiode wirksam, in der sie verlangt wird. Das Recht, die Aufhebung oder die
Herabsetzung zu verlangen, erlischt, wenn der Versicherungsnehmer es nicht unverzüglich geltend macht, nachdem er von der Doppelversicherung Kenntnis erlangt
hat.

§ 61 [Schuldhafte Herbeiführung des Versicherungsfalls]

Der Versicherer ist von der Verpflichtung zur Leistung frei, wenn der Versicherungsnehmer den Versicherungsfall vorsätzlich oder durch grobe Fahrlässigkeit
herbeiführt.

§ 62³⁰ [Abwendung und Minderung des Schadens]

(1) Der Versicherungsnehmer ist verpflichtet, bei dem Eintritt des Versicherungsfalls nach Möglichkeit für die Abwendung und Minderung des Schadens zu sorgen
und dabei die Weisungen des Versicherers zu befolgen; er hat, wenn die Umstände
es gestatten, solche Weisungen einzuholen. Sind mehrere Versicherer beteiligt und
sind von ihnen entgegenstehende Weisungen gegeben, so hat der Versicherungsnehmer nach eigenem pflichtmäßigen Ermessen zu handeln.

(2) Hat der Versicherungsnehmer diese Obliegenheiten verletzt, so ist der Versicherer von der Verpflichtung zur Leistung frei, es sei denn, daß die Verletzung weder
auf Vorsatz noch auf grober Fahrlässigkeit beruht. Bei grobfahrlässiger Verletzung
bleibt der Versicherer zur Leistung insoweit verpflichtet, als der Umfang des Schadens auch bei gehöriger Erfüllung der Obliegenheiten nicht geringer gewesen wäre.

---

²⁹ § 60 neu gefaßt durch VO vom 19. 12. 1939 (RGBl. I S. 2443).
³⁰ § 62 Abs. 2 eingefügt durch VO vom 19. 12. 1939 (RGBl. I S. 2443).

§ 63 [Aufwendungen für Minderung des Schadens]

(1) Aufwendungen, die der Versicherungsnehmer gemäß § 62 macht, fallen, auch wenn sie erfolglos bleiben, dem Versicherer zur Last, soweit der Versicherungsnehmer sie den Umständen nach für geboten halten durfte. Der Versicherer hat Aufwendungen, die in Gemäßheit der von ihm gegebenen Weisungen gemacht worden sind, auch insoweit zu ersetzen, als sie zusammen mit der übrigen Entschädigung die Versicherungssumme übersteigen. Er hat den für die Aufwendungen erforderlichen Betrag auf Verlangen des Versicherungsnehmers vorzuschießen.

(2) Bei einer Unterversicherung sind die Aufwendungen nur nach dem in den §§ 56, 57 bezeichneten Verhältnis zu erstatten.

§ 64 [Feststellungen durch Sachverständige]

(1) Sollen nach dem Vertrag einzelne Voraussetzungen des Anspruchs aus der Versicherung oder die Höhe des Schadens durch Sachverständige festgestellt werden, so ist die getroffene Feststellung nicht verbindlich, wenn sie offenbar von der wirklichen Sachlage erheblich abweicht. Die Feststellung erfolgt in diesem Fall durch Urteil. Das gleiche gilt, wenn die Sachverständigen die Feststellung nicht treffen können oder wollen oder sie verzögern.

(2) Sind nach dem Vertrag die Sachverständigen durch das Gericht zu ernennen, so ist für die Ernennung das Amtsgericht zuständig, in dessen Bezirk der Schaden entstanden ist. Durch eine ausdrückliche Vereinbarung der Beteiligten kann die Zuständigkeit eines anderen Amtsgerichts begründet werden. Eine Anfechtung der Verfügung, durch welche dem Antrag auf Ernennung der Sachverständigen stattgegeben wird, ist ausgeschlossen.

(3) Eine Vereinbarung, durch welche von der Vorschrift des Absatzes 1 Satz 1 abgewichen wird, ist nichtig.

§ 65 [Vertretung des Versicherungsnehmers]

Auf eine Vereinbarung, nach welcher sich der Versicherungsnehmer bei den Verhandlungen zur Ermittlung und Feststellung des Schadens nicht durch einen Bevollmächtigten vertreten lassen darf, kann sich der Versicherer nicht berufen.

§ 66 [Ermittlungskosten]

(1) Der Versicherer hat die Kosten, welche durch die Ermittlung und Feststellung des ihm zur Last fallenden Schadens entstehen, dem Versicherungsnehmer insoweit zu erstatten, als ihre Aufwendung den Umständen nach geboten war.

(2) Die Kosten, welche dem Versicherungsnehmer durch die Zuziehung eines Sachverständigen oder eines Beistandes entstehen, hat der Versicherer nicht zu erstatten, es sei denn, daß der Versicherungsnehmer nach dem Vertrag zu der Zuziehung verpflichtet war.

(3) Bei einer Unterversicherung sind die dem Versicherer zur Last fallenden Kosten nur nach dem in den §§ 56, 57 bezeichneten Verhältnis zu erstatten.

§ 67 [Gesetzlicher Forderungsübergang]

(1) Steht dem Versicherungsnehmer ein Anspruch auf Ersatz des Schadens gegen einen Dritten zu, so geht der Anspruch auf den Versicherer über, soweit dieser dem Versicherungsnehmer den Schaden ersetzt. Der Übergang kann nicht zum Nachteil des Versicherungsnehmers geltend gemacht werden. Gibt der Versicherungsnehmer seinen Anspruch gegen den Dritten oder ein zur Sicherung des Anspruchs dienendes Recht auf, so wird der Versicherer von seiner Ersatzpflicht insoweit frei, als er aus dem Anspruch oder dem Recht hätte Ersatz erlangen können.

(2) Richtet sich der Ersatzanspruch des Versicherungsnehmers gegen einen mit ihm in häuslicher Gemeinschaft lebenden Familienangehörigen, so ist der Übergang ausgeschlossen; der Anspruch geht jedoch über, wenn der Angehörige den Schaden vorsätzlich verursacht hat.

§ 68[31] [Mangel des Interesses]

(1) Besteht das versicherte Interesse bei dem Beginn der Versicherung nicht oder gelangt, falls die Versicherung für ein künftiges Unternehmen oder sonst für ein künftiges Interesse genommen ist, das Interesse nicht zur Entstehung, so ist der Versicherungsnehmer von der Verpflichtung zur Zahlung der Prämie frei; der Versicherer kann eine angemessene Geschäftsgebühr verlangen.

(2)[32] Fällt das versicherte Interesse nach dem Beginn der Versicherung weg, so gebührt dem Versicherer die Prämie, die er hätte erheben können, wenn die Versicherung nur bis zu dem Zeitpunkt beantragt worden wäre, in welchem der Versicherer von dem Wegfall des Interesses Kenntnis erlangt.

(3)[33] Fällt das versicherte Interesse nach dem Beginn der Versicherung durch ein Kriegsereignis oder durch eine behördliche Maßnahme aus Anlaß eines Krieges weg oder ist der Wegfall des Interesses die unvermeidliche Folge eines Krieges, so gebührt dem Versicherer nur der Teil der Prämie, welcher der Dauer der Gefahrtragung entspricht.

(4) Fällt das versicherte Interesse weg, weil der Versicherungsfall eingetreten ist, so gebührt dem Versicherer die Prämie für die laufende Versicherungsperiode.

§ 68a[34] [Schutz des Versicherungsnehmers]

Auf eine Vereinbarung, durch welche von den Vorschriften des § 51 Abs. 1, 2 und der §§ 62, 67, 68 zum Nachteil des Versicherungsnehmers abgewichen wird, kann sich der Versicherer nicht berufen.

II. Veräußerung der versicherten Sache

§ 69 [Eintritt des Erwerbers]

(1) Wird die versicherte Sache von dem Versicherungsnehmer veräußert, so tritt an Stelle des Veräußerers der Erwerber in die während der Dauer seines Eigentums aus dem Versicherungsverhältnis sich ergebenden Rechte und Pflichten des Versicherungsnehmers ein.

(2) Für die Prämie, welche auf die zur Zeit des Eintritts laufende Versicherungsperiode entfällt, haften der Veräußerer und der Erwerber als Gesamtschuldner.

(3) Der Versicherer hat in Ansehung der durch das Versicherungsverhältnis gegen ihn begründeten Forderungen die Veräußerung erst dann gegen sich gelten zu lassen, wenn er von ihr Kenntnis erlangt; die Vorschriften der §§ 406 bis 408 des Bürgerlichen Gesetzbuchs finden entsprechende Anwendung.

§ 70[35] [Kündigungsrecht]

(1) Der Versicherer ist berechtigt, dem Erwerber das Versicherungsverhältnis unter Einhaltung einer Frist von einem Monat zu kündigen. Das Kündigungsrecht er-

---

[31] § 68 neu gefaßt durch VO vom 6. 4. 1943 (RGBl. I S. 178).
[32] Nach Art. 1 Dritte Verordnung zur Ergänzung und Änderung des Gesetzes über den Versicherungsvertrag vom 25. 10. 1944 (RGBl. I S. 278) sind in den Fällen des § 68 Abs. 2 die dem Versicherungsnehmer zurückzuerstattenden Prämienteile erst nach Kriegsende zu zahlen.
[33] Nach Art. 1 Dritte Verordnung zur Ergänzung und Änderung des Gesetzes über den Versicherungsvertrag vom 25. 10. 1944 (RGBl. I S. 278) sind in den Fällen des § 68 Abs. 3 die dem Versicherungsnehmer zurückzuerstattenden Prämienteile erst nach Kriegsende zu zahlen.
[34] § 68a eingefügt durch VO vom 19. 12. 1939 (RGBl. I S. 2443) und neu gefaßt durch VO vom 6. 4. 1943 (RGBl. I S. 178).
[35] § 70 Abs. 2 Satz 1 neu gefaßt durch VO vom 19. 12. 1939 (RGBl. I S. 2443).

27

lischt, wenn der Versicherer es nicht innerhalb eines Monats von dem Zeitpunkt an ausübt, in welchem er von der Veräußerung Kenntnis erlangt.

(2) Der Erwerber ist berechtigt, das Versicherungsverhältnis zu kündigen; die Kündigung kann nur mit sofortiger Wirkung oder auf den Schluß der laufenden Versicherungsperiode erfolgen. Das Kündigungsrecht erlischt, wenn es nicht innerhalb eines Monats nach dem Erwerb ausgeübt wird; hatte der Erwerber von der Versicherung keine Kenntnis, so bleibt das Kündigungsrecht bis zum Ablauf eines Monats von dem Zeitpunkt an bestehen, in welchem der Erwerber von der Versicherung Kenntnis erlangt.

(3) Wird das Versicherungsverhältnis auf Grund dieser Vorschriften gekündigt, so hat der Veräußerer dem Versicherer die Prämie zu zahlen, jedoch nicht über die zur Zeit der Beendigung des Versicherungsverhältnisses laufende Versicherungsperiode hinaus; eine Haftung des Erwerbers für die Prämie findet in diesen Fällen nicht statt.

§ 71 [Anzeige der Veräußerung]

(1) Die Veräußerung ist dem Versicherer unverzüglich anzuzeigen. Wird die Anzeige weder von dem Erwerber noch von dem Veräußerer unverzüglich gemacht, so ist der Versicherer von der Verpflichtung zur Leistung frei, wenn der Versicherungsfall später als einen Monat nach dem Zeitpunkt eintritt, in welchem die Anzeige dem Versicherer hätte zugehen müssen.

(2) Die Verpflichtung des Versicherers zur Leistung bleibt bestehen, wenn ihm die Veräußerung in dem Zeitpunkt bekannt war, in welchem ihm die Anzeige hätte zugehen müssen. Das gleiche gilt, wenn zur Zeit des Eintritts des Versicherungsfalls die Frist für die Kündigung des Versicherers abgelaufen und eine Kündigung nicht erfolgt ist.

§ 72 [Keine Schlechterstellung des Erwerbers]

Auf eine Bestimmung des Versicherungsvertrags, durch welche von den Vorschriften der §§ 69 bis 71 zum Nachteil des Erwerbers abgewichen wird, kann sich der Versicherer nicht berufen. Jedoch kann für die Kündigung, zu der nach § 70 Abs. 2 der Erwerber berechtigt ist, sowie für die Anzeige der Veräußerung die schriftliche Form bedungen werden.

§ 73 [Zwangsversteigerung]

Bei einer Zwangsversteigerung der versicherten Sache finden die Vorschriften der §§ 69 bis 72 entsprechende Anwendung.

III. Versicherung für fremde Rechnung

§ 74 [Begriff]

(1) Die Versicherung kann von demjenigen, welcher den Vertrag mit dem Versicherer schließt, im eigenen Namen für einen anderen, mit oder ohne Benennung der Person des Versicherten, genommen werden (Versicherung für fremde Rechnung).

(2) Wird die Versicherung für einen anderen genommen, so ist, auch wenn der andere benannt wird, im Zweifel anzunehmen, daß der Vertragschließende nicht als Vertreter, sondern im eigenen Namen für fremde Rechnung handelt.

§ 75 [Rechte des Versicherten]

(1) Bei der Versicherung für fremde Rechnung stehen die Rechte aus dem Versicherungsvertrage dem Versicherten zu. Die Aushändigung eines Versicherungsscheins kann jedoch nur der Versicherungsnehmer verlangen.

(2) Der Versicherte kann ohne Zustimmung des Versicherungsnehmers über seine Rechte nur verfügen und diese Rechte nur gerichtlich geltend machen, wenn er im Besitz eines Versicherungsscheins ist.

§ 76 [Verfügung des Versicherungsnehmers]

(1) Der Versicherungsnehmer kann über die Rechte, welche dem Versicherten aus dem Versicherungsvertrag zustehen, im eigenen Namen verfügen.

(2) ist ein Versicherungsschein ausgestellt, so ist der Versicherungsnehmer ohne Zustimmung des Versicherten zur Annahme der Zahlung sowie zur Übertragung der Rechte des Versicherten nur befugt, wenn er im Besitz des Scheines ist.

(3) Der Versicherer ist zur Zahlung an den Versicherungsnehmer nur verpflichtet, wenn dieser ihm gegenüber nachweist, daß der Versicherte seine Zustimmung zu der Versicherung erteilt hat.

§ 77 [Auslieferung des Versicherungsscheins]

Der Versicherungsnehmer ist nicht verpflichtet, dem Versicherten oder, falls über das Vermögen des Versicherten der Konkurs eröffnet ist, der Konkursmasse den Versicherungsschein auszuliefern, bevor er wegen der ihm gegen den Versicherten in bezug auf die versicherte Sache zustehenden Ansprüche befriedigt ist. Er kann sich für diese Ansprüche aus der Entschädigungsforderung gegen den Versicherer und nach der Einziehung der Forderung aus der Entschädigungssumme vor dem Versicherten und dessen Gläubigern befriedigen.

§ 78[36] (aufgehoben)

§ 79[37] [Kenntnis und Verhalten des Versicherungsnehmers und des Versicherten]

(1) Soweit nach den Vorschriften dieses Gesetzes die Kenntnis und das Verhalten des Versicherungsnehmers von rechtlicher Bedeutung ist, kommt bei der Versicherung für fremde Rechnung auch die Kenntnis und das Verhalten des Versicherten in Betracht.

(2) Auf die Kenntnis des Versicherten kommt es nicht an, wenn der Vertrag ohne sein Wissen geschlossen worden ist oder eine rechtzeitige Benachrichtigung des Versicherungsnehmers nicht tunlich war.

(3) Hat der Versicherungsnehmer den Vertrag ohne Auftrag des Versicherten geschlossen und bei der Schließung den Mangel des Auftrags dem Versicherer nicht angezeigt, so braucht dieser den Einwand, daß der Vertrag ohne Wissen des Versicherten geschlossen ist, nicht gegen sich gelten zu lassen.

§ 80 [Vermutung der Eigenversicherung; Versicherung für Rechnung „wen es angeht"]

(1) Ergibt sich aus den Umständen nicht, daß die Versicherung für einen anderen genommen werden soll, so gilt sie als für eigene Rechnung genommen.

(2) Ist die Versicherung für Rechnung „wen es angeht" genommen oder ist sonst aus dem Vertrag zu entnehmen, daß unbestimmt gelassen werden soll, ob eigenes oder fremdes Interesse versichert ist, so kommen die Vorschriften der §§ 75 bis 79 zur Anwendung, wenn sich ergibt, daß fremdes Interesse versichert ist.

---

[36] § 78 aufgehoben durch VO vom 19. 12. 1939 (RGBl. I S. 2443).
[37] § 79 neu gefaßt durch VO vom 19. 12. 1939 (RGBl. I S. 2443) und Abs. 1 neu gefaßt durch VO vom 28. 12. 1942 (RGBl. I S. 740).

Zweiter Titel. Feuerversicherung

§ 81 [Erlöschen des Antrags]

(1) Bei der Feuerversicherung erlischt ein dem Versicherer gemachter Antrag auf Schließung, Verlängerung oder Änderung des Vertrags, wenn er nicht binnen zwei Wochen angenommen wird. Die Vorschriften des § 149 des Bürgerlichen Gesetzbuchs bleiben unberührt.

(2) Wird der Antrag einem Abwesenden gemacht, so beginnt die Frist mit der Absendung des Antrags.

(3) Abweichende Bestimmungen sind nichtig. An die Stelle der Frist von zwei Wochen kann jedoch eine andere festbestimmte Frist gesetzt werden.

§ 82 [Umfang der Haftung]

Der Versicherer haftet für den durch Brand, Explosion oder Blitzschlag entstehenden Schaden.

§ 83 [Zu ersetzender Schaden]

(1) Im Falle eines Brandes hat der Versicherer den durch die Zerstörung oder die Beschädigung der versicherten Sachen entstehenden Schaden zu ersetzen, soweit die Zerstörung oder die Beschädigung auf der Einwirkung des Feuers beruht oder die unvermeidliche Folge des Brandereignisses ist. Der Versicherer hat auch den Schaden zu ersetzen, der bei dem Brand durch Löschen, Niederreißen oder Ausräumen verursacht wird; das gleiche gilt von einem Schaden, der dadurch entsteht, daß versicherte Sachen bei dem Brand abhanden kommen.

(2) Auf die Haftung des Versicherers für den durch Explosion oder Blitzschlag entstehenden Schaden finden diese Vorschriften entsprechende Anwendung.

§ 84 [Haftungsausschluß]

Der Versicherer haftet nicht, wenn der Brand oder die Explosion durch ein Erdbeben oder durch Maßregeln verursacht wird, die im Kriege oder nach Erklärung des Kriegszustandes von einem militärischen Befehlshaber angeordnet worden sind.

§ 85[38] [Fremdversicherung bei häuslicher Gemeinschaft]

Ist die Versicherung für einen Inbegriff von Sachen genommen, so erstreckt sie sich auf die Sachen der zur Familie des Versicherungsnehmers gehörenden sowie der in einem Dienstverhältnis zu ihm stehenden Personen, sofern diese Personen in häuslicher Gemeinschaft mit dem Versicherungsnehmer leben oder an dem Ort, für den die Versicherung gilt, ihren Beruf ausüben. Die Versicherung gilt insoweit als für fremde Rechnung genommen.

§ 86 [Versicherungswert beweglicher Gegenstände]

Als Versicherungswert gilt bei Haushalts- und sonstigen Gebrauchsgegenständen, bei Arbeitsgerätschaften und Maschinen derjenige Betrag, welcher erforderlich ist, um Sachen gleicher Art anzuschaffen, unter billiger Berücksichtigung des aus dem Unterschied zwischen alt und neu sich ergebenden Minderwerts.

§ 87 [Taxe bei beweglichen Sachen]

Ist bei der Versicherung beweglicher Sachen eine Taxe vereinbart, so gilt die Taxe als der Wert, den das versicherte Interesse zur Zeit der Schließung des Vertrags hat,

---

[38] § 85 neu gefaßt durch VO vom 19. 12. 1939 (RGBl. I S. 2443).

es sei denn, daß sie den wirklichen Versicherungswert in diesem Zeitpunkt erheblich übersteigt. Eine Vereinbarung, nach welcher die Taxe als der Wert gelten soll, den das versicherte Interesse zur Zeit des Eintritts des Versicherungsfalls hat, ist nichtig.

§ 88 [Versicherungswert von Gebäuden]

Als Versicherungswert gilt bei Gebäuden der ortsübliche Bauwert unter Abzug eines dem Zustand des Gebäudes, insbesondere dem Alter und der Abnutzung entsprechenden Betrags.

§ 89 [Entgehender Gewinn]

(1) Bei der Versicherung des durch den Eintritt des Versicherungsfalls entgehenden Gewinns kann eine Taxe nicht vereinbart werden.

(2) Bestimmungen über die Berechnung des entgehenden Gewinns können mit Genehmigung der Aufsichtsbehörde in den Versicherungsbedingungen getroffen werden. Übersteigt das Ergebnis der Berechnung den der wirklichen Sachlage entsprechenden Betrag, so hat der Versicherer nur diesen Betrag zu ersetzen.

§ 90 [Doppelversicherung]

(1) Wer in Ansehung derselben Sache bei dem einen Versicherer für entgehenden Gewinn, bei einem anderen Versicherer für sonstigen Schaden Versicherung nimmt, hat jedem Versicherer von der anderen Versicherung unverzüglich Mitteilung zu machen.

(2) In der Mitteilung ist der Versicherer, bei welchem die andere Versicherung genommen worden ist, zu bezeichnen und die Versicherungssumme anzugeben.

§ 91 [Zahlungsfrist bei Gebäudeversicherung]

Bei der Gebäudeversicherung muß die im Falle einer nicht rechtzeitigen Zahlung der Prämie nach § 39 zu bestimmende Zahlungsfrist mindestens einen Monat betragen.

§ 92[39] [Anzeigefrist]

(1) Der Pflicht zur Anzeige des Versicherungsfalls wird genügt, wenn die Anzeige binnen drei Tagen nach dem Eintritt des Versicherungsfalls erfolgt. Durch die Absendung der Anzeige wird die Frist gewahrt.

(2) Auf eine Vereinbarung, durch welche die Dauer oder die Berechnung der Frist zum Nachteil des Versicherungsnehmers anders bestimmt ist, kann sich der Versicherer nicht berufen.

§ 93 [Änderungen vor Feststellung des Schadens]

Bis zur Feststellung des an einem Gebäude entstehenden Schadens darf der Versicherungsnehmer ohne Einwilligung des Versicherers nur solche Änderungen vornehmen, welche zur Erfüllung der ihm nach § 62 obliegenden Pflicht oder im öffentlichen Interesse geboten sind.

§ 94[40] [Verzinsung der Entschädigung]

(1) Die Entschädigung ist nach dem Ablauf eines Monats seit der Anzeige des Versicherungsfalls mit vier vom Hundert für das Jahr zu verzinsen, soweit nicht aus besonderen Gründen eine weitergehende Zinspflicht besteht.

---

[39] § 92 Abs. 1 neu gefaßt durch VO vom 19. 12. 1939 (RGBl. I S. 2443).
[40] § 94 neu gefaßt durch VO vom 19. 12. 1939 (RGBl. I S. 2443).

(2) Der Lauf der in Absatz 1 bezeichneten Frist ist gehemmt, solange infolge eines Verschuldens des Versicherungsnehmers die Festsetzung des Schadens nicht erfolgen kann.

§ 95 [Gegenseitige Ansprüche nach Versicherungsfall]

Der Versicherer haftet nach dem Eintritt eines Versicherungsfalls für den durch einen späteren Versicherungsfall verursachten Schaden nur bis zur Höhe des Restbetrags der Versicherungssumme. Für die künftigen Versicherungsperioden gebührt ihm nur ein verhältnismäßiger Teil der Prämie.

§ 96 [Kündigung nach Versicherungsfall]

(1) Nach dem Eintritt eines Versicherungsfalls ist jeder Teil berechtigt, das Versicherungsverhältnis zu kündigen.

(2) Die Kündigung ist nur bis zum Ablauf eines Monats seit dem Abschluß der Verhandlungen über die Entschädigung zulässig. Der Versicherer hat eine Kündigungsfrist von einem Monat einzuhalten. Der Versicherungsnehmer kann nicht für einen späteren Zeitpunkt als den Schluß der laufenden Versicherungsperiode kündigen.

(3) Kündigt der Versicherungsnehmer, so gebührt dem Versicherer gleichwohl die Prämie für die laufende Versicherungsperiode. Kündigt der Versicherer, so gilt das gleiche in Ansehung desjenigen Teiles der Prämie, welcher auf den dem Schaden entsprechenden Betrag der Versicherungssumme entfällt; von der auf den Restbetrag der Versicherungssumme entfallenden Prämie gebührt dem Versicherer nur der Teil, welcher der abgelaufenen Versicherungszeit entspricht.

§ 97 [Wiederherstellung des Gebäudes]

Ist der Versicherer nach den Versicherungsbestimmungen nur verpflichtet, die Entschädigungssumme zur Wiederherstellung des versicherten Gebäudes zu zahlen, so kann der Versicherungsnehmer die Zahlung erst verlangen, wenn die bestimmungsmäßige Verwendung des Geldes gesichert ist.

§ 98 [Abtretungsverbot]

Im Falle des § 97 kann die Forderung des Versicherungsnehmers auf die Entschädigungssumme vor der Wiederherstellung des Gebäudes nur an den Erwerber des Grundstücks oder an solche Gläubiger des Versicherungsnehmers übertragen werden, welche Arbeiten oder Lieferungen zur Wiederherstellung des Gebäudes übernommen oder bewirkt haben. Eine Übertragung an Gläubiger des Versicherungsnehmers, die bare Vorschüsse zur Wiederherstellung gegeben haben, ist wirksam, wenn die Verwendung der Vorschüsse zur Wiederherstellung erfolgt.

§ 99[41] [Zahlung ohne Sicherung der bestimmungsmäßigen Verwendung]

(1) Im Falle des § 97 ist eine Zahlung, welche ohne die Sicherung der bestimmungsmäßigen Verwendung des Geldes geleistet wird, dem Hypothekengläubiger gegenüber nur wirksam, wenn ihm der Versicherer oder der Versicherungsnehmer angezeigt hat, daß ohne Sicherung geleistet werden soll, und seit dem Empfang der Anzeige ein Monat verstrichen ist.

(2) Soweit die Entschädigungssumme nicht zu einer den Versicherungsbestimmungen entsprechenden Wiederherstellung verwendet werden soll, kann der Versicherer mit Wirkung gegen den Hypothekengläubiger erst zahlen, wenn er oder der Versicherungsnehmer die Absicht, von der bestimmungsmäßigen Verwendung ab-

---

[41] § 99 Abs. 3 neu gefaßt durch VO vom 19. 12. 1939 (RGBl. I S. 2443).

zuweichen, dem Hypothekengläubiger angezeigt hat und seit dem Empfang der
Anzeige ein Monat verstrichen ist.

(3) Der Hypothekengläubiger kann bis zum Ablauf der Frist dem Versicherer gegenüber der Zahlung widersprechen. Die Anzeige darf unterbleiben, wenn sie un-
tunlich ist; in diesem Fall wird der Monat von dem Zeitpunkt an berechnet, in welchem die Entschädigungssumme fällig wird.

§ 100⁴² [Wirksamkeit der Zahlung gegenüber Hypothekengläubiger]

Hat im Falle des § 97 der Hypothekengläubiger seine Hypothek dem Versicherer
angemeldet, so ist eine Zahlung, welche ohne die Sicherung der bestimmungsgemäßen Verwendung des Geldes geleistet wird, dem Hypothekengläubiger gegenüber nur wirksam, wenn dieser schriftlich der Zahlung zugestimmt hat.

§ 101⁴³ [Mitteilungen an Hypothekengläubiger]

(1) Bei der Gebäudeversicherung hat der Versicherer einem Hypothekengläubiger
der seine Hypothek angemeldet hat, unverzüglich schriftlich Mitteilung zu machen,
wenn dem Versicherungsnehmer für die Zahlung einer Folgeprämie eine Frist bestimmt wird. Das gleiche gilt, wenn das Versicherungsverhältnis nach dem Ablauf
der Frist wegen unterbliebener Prämienzahlung gekündigt wird.

(2) Der Versicherer hat binnen einer Woche nach Kenntnis von dem Eintritt eines
Versicherungsfalls dem Hypothekengläubiger, der seine Hypothek angemeldet hat,
schriftlich Mitteilung zu machen, es sei denn, daß der Schaden unbedeutend ist.

§ 102⁴⁴ [Haftung gegenüber Hypothekengläubiger trotz Leistungsfreiheit des Versicherers]

(1) Ist bei der Gebäudeversicherung der Versicherer wegen des Verhaltens des
Versicherungsnehmers von der Verpflichtung zur Leistung frei, so bleibt gleichwohl
seine Verpflichtung gegenüber einem Hypothekengläubiger bestehen. Das gleiche
gilt, wenn der Versicherer nach dem Eintritt des Versicherungsfalls von dem Vertrag
zurücktritt oder den Vertrag anficht.

(2) Absatz 1 Satz 1 findet keine Anwendung, wenn der Versicherer leistungsfrei
ist, weil die Prämie nicht gezahlt worden ist. Hat jedoch der Hypothekengläubiger
seine Hypothek dem Versicherer angemeldet, so bleibt im Falle der nicht rechtzeitigen Zahlung einer Folgeprämie die Verpflichtung des Versicherers gegenüber dem
Hypothekengläubiger bis zum Ablauf eines Monats von dem Zeitpunkt an bestehen,
in welchem dem Hypothekengläubiger die Bestimmung der Zahlungsfrist oder,
wenn diese Mitteilung unterblieben ist, die Kündigung mitgeteilt worden ist.

§ 103⁴⁵ [Fortdauer der Haftung gegenüber Hypothekengläubiger]

(1) Hat im Falle der Gebäudeversicherung ein Hypothekengläubiger seine Hypothek dem Versicherer angemeldet, so wirkt eine Kündigung, ein Rücktritt, ein Fristablauf oder eine sonstige Tatsache, welche die Beendigung des Versicherungsverhältnisses zur Folge hat, gegenüber dem Hypothekengläubiger erst mit dem Ablauf
von drei Monaten, nachdem die Beendigung und, sofern diese noch nicht eingetreten war, der Zeitpunkt der Beendigung ihm durch den Versicherer mitgeteilt worden
oder in anderer Weise zu seiner Kenntnis gelangt ist. Dies gilt jedoch nicht, wenn
das Versicherungsverhältnis wegen unterbliebener Prämienzahlung durch Rücktritt
oder Kündigung des Versicherers endigt oder wenn es mit Zustimmung des Hypothekengläubigers durch den Versicherungsnehmer gekündigt wird.

---

⁴² § 100 neu gefaßt durch VO vom 28. 12. 1942 (RGBl. I S. 740).
⁴³ § 101 neu gefaßt durch VO vom 28. 12. 1942 (RGBl. I S. 740).
⁴⁴ § 102 neu gefaßt durch VO vom 28. 12. 1942 (RGBl. I S. 740).
⁴⁵ § 103 neu gefaßt durch VO vom 28. 12. 1942 (RGBl. I S. 740).

(2) Absatz 1 Satz 1 gilt sinngemäß für die Wirksamkeit einer Vereinbarung zwischen dem Versicherer und dem Versicherungsnehmer, durch welche die Versicherungssumme oder der Umfang der versicherten Gefahr gemindert wird, sowie für die Wirksamkeit einer Vereinbarung, nach welcher der Versicherer nur verpflichtet ist, die Entschädigungssumme zur Wiederherstellung des versicherten Gbäudes zu zahlen.

(3) Die Nichtigkeit des Versicherungsvertrags kann gegenüber einem Hypothekengläubiger, der seine Hypothek angemeldet hat, nicht geltend gemacht werden. Das Versicherungsverhältnis endigt jedoch ihm gegenüber mit dem Ablauf von drei Monaten, nachdem ihm die Nichtigkeit durch den Versicherer mitgeteilt worden oder in anderer Weise zu seiner Kenntnis gelangt ist.

§ 104[46] [Übergang der Hypothek]

Soweit der Versicherer auf Grund der Vorschriften der §§ 102, 103 den Hypothekengläubiger befriedigt, geht die Hypothek auf ihn über. Der Übergang kann nicht zum Nachteil eines gleich- oder nachstehenden Hypothekengläubigers geltend gemacht werden, dem gegenüber die Verpflichtung des Versicherers zur Leistung bestehen geblieben ist.

§ 105[47] [Hypothekeninteresseversicherung]

Im Falle des § 102 Abs. 1 Satz 2, Abs. 2 Satz 2, § 103 ist der Versicherer verpflichtet, bis zur anderweitigen Versicherung der Gebäude mit dem Hypothekengläubiger für dessen Interesse eine Gebäudeversicherung abzuschließen oder die Versicherung fortzusetzen, wenn der Hypothekengläubiger dies bis zum Ablauf der in diesen Vorschriften bezeichneten Fristen schriftlich bei dem Versicherer beantragt und sich zur Zahlung der Prämie verpflichtet. Die Versicherung muß das berechtigte Interesse des Hypothekengläubigers gewährleisten.

§ 106[48] [Kündigung durch den Versicherungsnehmer]

(1) Hat im Falle der Gebäudeversicherung ein Hypothekengläubiger seine Hypothek dem Versicherer angemeldet, so ist die Kündigung der Versicherung durch den Versicherungsnehmer, unbeschadet der Vorschriften des § 70 Abs. 2, § 96, nur wirksam, wenn dieser mindestens einen Monat vor Ablauf des Versicherungsvertrags nachgewiesen hat, daß in dem Zeitpunkt, in dem die Kündigung spätestens zulässig war, das Grundstück nicht mit der Hypothek belastet war oder daß der Hypothekengläubiger der Kündigung der Versicherung zugestimmt hat.

(2) Die Zustimmung darf nicht ohne ausreichenden Grund verweigert werden.

§ 107[49] [Bestätigungs und Auskunftspflicht des Versicherers]

Der Versicherer ist verpflichtet, einem Hypothekengläubiger, der seine Hypothek angemeldet hat, die Anmeldung zu bestätigen und auf Verlangen Auskunft über das Bestehen von Versicherungsschutz sowie über die Höhe der Versicherungssumme zu erteilen.

§ 107a[50] [Wohnungsänderung des Hypothekengläubigers]

Hat der Hypothekengläubiger seine Wohnung geändert, die Änderung dem Versicherer aber nicht mitgeteilt, so genügt für eine Mitteilung der in den §§ 101 bis 103 bezeichneten Art die Absendung eines eingeschriebenen Briefes nach der letzten

---

[46] § 104 neu gefaßt durch VO vom 28. 12. 1942 (RGBl. I S. 740).
[47] § 105 neu gefaßt durch VO vom 28. 12. 1942 (RGBl. I S. 740).
[48] § 106 neu gefaßt durch VO vom 28. 12. 1942 (RGBl. I S. 740).
[49] § 107 neu gefaßt durch VO vom 28. 12. 1942 (RGBl. I S. 740).
[50] § 107a eingefügt durch VO vom 28. 12. 1942 (RGBl. I S. 740).

dem Versicherer bekannten Wohnung. Die Mitteilung wird in dem Zeitpunkt wirksam, in welchem sie ohne die Wohnungsänderung bei regelmäßiger Beförderung dem Hypothekengläubiger zugegangen sein würde.

§ 107 b[51] [Reallast, Grundschuld oder Rentenschuld]

Ist das Grundstück mit einer Reallast, Grundschuld oder Rentenschuld belastet, so finden die Vorschriften der §§ 99 bis 107 a entsprechende Anwendung.

§ 107 c[52] [Eigentümergrundpfandrechte]

Die durch die Vorschriften der §§ 101 bis 107 b begründeten Rechte können nicht zugunsten solcher Hypotheken, Grundschulden oder Rentenschulden geltend gemacht werden, die dem Versicherungsnehmer zustehen.

(§§ 108–194 nicht abgedruckt)

Texte 2

Gesetz zur Regelung des Rechts der Allgemeinen Geschäftsbedingungen (AGB-Gesetz)

Vom 9. Dezember 1976 (BGBl. I S. 3317)

geändert durch Gesetze vom 29. März 1983 (BGBl. I S. 377), vom 25. September 1986 (BGBl. I S. 1142), vom 6. Juni 1989 (BGBl. I S. 1026) und vom 22. Dezember 1989 (BGBl. I S. 2486)

(Auszug)

Gesetzesübersicht

<table>
<tr><td>Erster Abschnitt. Sachlich-rechtliche Vorschriften §§ 1–11</td><td>Zweiter Abschnitt. Kollisionsrecht § 12</td></tr>
<tr><td>1. Unterabschnitt. Allgemeine Vorschriften §§ 1–7</td><td>Dritter Abschnitt. Verfahren §§ 13–22</td></tr>
<tr><td>2. Unterabschnitt. Unwirksame Klauseln §§ 8–11</td><td>Vierter Abschnitt. Anwendungsbereich §§ 23, 24</td></tr>
<tr><td></td><td>Fünfter Abschnitt. Schluß- und Übergangsvorschriften §§ 25–30</td></tr>
</table>

Der Bundestag hat das folgende Gesetz beschlossen:

Erster Abschnitt. Sachlich-rechtliche Vorschriften

1. Unterabschnitt. Allgemeine Vorschriften

§ 1 Begriffsbestimmung

(1) Allgemeine Geschäftsbedingungen sind alle für eine Vielzahl von Verträgen vorformulierten Vertragsbedingungen, die eine Vertragspartei (Verwender) der anderen Vertragspartei bei Abschluß eines Vertrages stellt. Gleichgültig ist, ob die Bestimmungen einen äußerlich gesonderten Bestandteil des Vertrages bilden oder in die Vertragsurkunde selbst aufgenommen werden, welchen Umfang sie haben, an welcher Schriftart sie verfaßt sind und welche Form der Vertrag hat.

(2) Allgemeine Geschäftsbedingungen liegen nicht vor, soweit die Vertragsbedingungen zwischen den Vertragsparteien im einzelnen ausgehandelt sind.

---

[51] § 107 b eingefügt durch VO vom 28. 12. 1942 (RGBl. I S. 740).
[52] § 107 c eingefügt durch VO vom 28. 12. 1942 (RGBl. I S. 740).

§ 2 Einbeziehung in den Vertrag

(1) Allgemeine Geschäftsbedingungen werden nur dann Bestandteil eines Vertrages, wenn der Verwender bei Vertragsabschluß

1. die andere Vertragspartei ausdrücklich oder, wenn ein ausdrücklicher Hinweis wegen der Art des Vertragsabschlusses nur unter unverhältnismäßigen Schwierigkeiten möglich ist, durch deutlich sichtbaren Aushang am Ort des Vertragsabschlusses auf sie hinweist und

2. der anderen Vertragspartei die Möglichkeit verschafft, in zumutbarer Weise von ihrem Inhalt Kenntnis zu nehmen,

und wenn die andere Vertragspartei mit ihrer Geltung einverstanden ist.

(2) Die Vertragsparteien können für eine bestimmte Art von Rechtsgeschäften die Geltung bestimmter Allgemeiner Geschäftsbedingungen unter Beachtung der in Absatz 1 bezeichneten Erfordernisse im voraus vereinbaren.

§ 3 Überraschende Klauseln

Bestimmungen in Allgemeinen Geschäftsbedingungen, die nach den Umständen, insbesondere nach dem äußeren Erscheinungsbild des Vertrags, so ungewöhnlich sind, daß der Vertragspartner des Verwenders mit ihnen nicht zu rechnen braucht, werden nicht Vertragsbestandteil.

§ 4 Vorrang der Individualabrede

Individuelle Vertragsabreden haben Vorrang vor Allgemeinen Geschäftsbedingungen.

§ 5 Unklarheitenregel

Zweifel bei der Auslegung Allgemeiner Geschäftsbedingungen gehen zu Lasten des Verwenders.

§ 6 Rechtsfolgen bei Nichteinbeziehung und Unwirksamkeit

(1) Sind Allgemeine Geschäftsbedingungen ganz oder teilweise nicht Vertragsbestandteil geworden oder unwirksam, so bleibt der Vertrag im übrigen wirksam.

(2) Soweit die Bestimmungen nicht Vertragsbestandteil geworden oder unwirksam sind, richtet sich der Inhalt des Vertrages nach den gesetzlichen Vorschriften.

(3) Der Vertrag ist unwirksam, wenn das Festhalten an ihm auch unter Berücksichtigung der nach Absatz 2 vorgesehenen Änderung eine unzumutbare Härte für eine Vertragspartei darstellen würde.

§ 7 Umgehungsverbot

Dieses Gesetz findet auch Anwendung, wenn seine Vorschriften durch anderweitige Gestaltungen umgangen werden.

2. Unterabschnitt, Unwirksame Klauseln

§ 8 Schranken der Inhaltskontrolle

Die §§ 9 bis 11 gelten nur für Bestimmungen in Allgemeinen Geschäftsbedingungen, durch die von Rechtsvorschriften abweichende oder diese ergänzende Regelungen vereinbart werden.

§ 9 Generalklausel

(1) Bestimmungen in Allgemeinen Geschäftsbedingungen sind unwirksam, wenn sie den Vertragspartner des Verwenders entgegen den Geboten von Treu und Glauben unangemessen benachteiligen.

(2) Eine unangemessene Benachteiligung ist im Zweifel anzunehmen, wenn eine Bestimmung

1. mit wesentlichen Grundgedanken der gesetzlichen Regelung, von der abgewichen wird, nicht zu vereinbaren ist, oder

2. wesentliche Rechte oder Pflichten, die sich aus der Natur des Vertrages ergeben, so einschränkt, daß die Erreichung des Vertragszwecks gefährdet ist.

§ 10 Klauselverbote mit Wertungsmöglichkeit

In Allgemeinen Geschäftsbedingungen ist insbesondere unwirksam

1. (Annahme- und Leistungsfrist)
eine Bestimmung, durch die sich der Verwender unangemessen lange oder nicht hinreichend bestimmte Fristen für die Annahme oder Ablehnung eines Angebots oder die Erbringung einer Leistung vorbehält;

2. (Nachfrist)
eine Bestimmung, durch die sich der Verwender für die von ihm zu bewirkende Leistung entgegen § 326 Abs. 1 des Bürgerlichen Gesetzbuchs eine unangemessen lange oder nicht hinreichend bestimmte Nachfrist vorbehält;

3. (Rücktrittsvorbehalt)
die Vereinbarung eines Rechts des Verwenders, sich ohne sachlich gerechtfertigten und im Vertrag angegebenen Grund von seiner Leistungspflicht zu lösen; dies gilt nicht für Dauerschuldverhältnisse;

4. (Änderungsvorbehalt)
die Vereinbarung eines Rechts des Verwenders, die versprochene Leistung zu ändern oder von ihr abzuweichen, wenn nicht die Vereinbarung der Äderung oder Abweichung unter Berücksichtigung der Interessen des Verwenders für den anderen Vertragsteil zumutbar ist;

5. (Fingierte Erklärungen)
eine Bestimmung, wonach eine Erklärung des Vertragspartners des Verwenders bei Vornahme oder Unterlassung einer bestimmten Handlung als von ihm abgegeben oder nicht abgegeben gilt, es sei denn, daß
a) dem Vertragspartner eine angemessene Frist zur Abgabe einer ausdrücklichen Erklärung eingeräumt ist und
b) der Verwender sich verpflichtet, den Vertragspartner bei Beginn der Frist auf die vorgesehene Bedeutung seines Verhaltens besonders hinzuweisen;

6. (Fiktion des Zugangs)
eine Bestimmung, die vorsieht, daß eine Erklärung des Verwenders von besonderer Bedeutung dem anderen Vertragsteil als zugegangen gilt;

7. (Abwicklung von Verträgen)
eine Bestimmung, nach der der Verwender für den Fall, daß eine Vertragspartei vom Vertrage zurücktritt oder den Vertrag kündigt,
a) eine unangemessen hohe Vergütung für die Nutzung oder den Gebrauch einer Sache oder eines Rechts oder für erbrachte Leistungen oder
b) einen unangemessen hohen Ersatz von Aufwendungen verlangen kann.

§ 11 Klauselverbote ohne Wertungsmöglichkeit

In Allgemeinen Geschäftsbedingungen ist unwirksam

1. (Kurzfristige Preiserhöhungen)
eine Bestimmung, welche die Erhöhung des Entgelts für Waren oder Leistungen vorsieht, die innerhalb von vier Monaten nach Vertragsabschluß geliefert oder erbracht werden sollen; dies gilt nicht bei Waren oder Leistungen, die im Rahmen von Dauerschuldverhältnissen geliefert oder erbracht werden;

2. (Leistungsverweigerungsrechte)
   eine Bestimmung, durch die
   a) das Leistungsverweigerungsrecht, das dem Vertragspartner des Verwenders
      nach § 320 des Bürgerlichen Gesetzbuchs zusteht, ausgeschlossen oder ein-
      geschränkt wird, oder
   b) ein dem Vertragspartner des Verwenders zustehendes Zurückbehaltungs-
      recht, soweit es auf demselben Vertragsverhältnis beruht, ausgeschlossen
      oder eingeschränkt, insbesondere von der Anerkennung von Mängeln durch
      den Verwender abhängig gemacht wird;
3. (Aufrechnungsverbot)
   eine Bestimmung, durch die dem Vertragspartner des Verwenders die Befugnis
   genommen wird, mit einer unbestrittenen oder rechtskräftig festgestellten
   Forderung aufzurechnen;
4. (Mahnung, Fristsetzung)
   eine Bestimmung, durch die der Verwender von der gesetzlichen Obliegenheit
   freigestellt wird, den anderen Vertragsteil zu mahnen oder ihm eine Nachfrist zu
   setzen;
5. (Pauschalierung von Schadensersatzansprüchen)
   die Vereinbarung eines pauschalierten Anspruchs des Verwenders auf Schadensersatz oder Ersatz einer Wertminderung, wenn
   a) die Pauschale den in den geregelten Fällen nach dem gewöhnlichen Lauf der
      Dinge zu erwartenden Schaden oder die gewöhnlich eintretende Wertminde-
      rung übersteigt, oder
   b) dem anderen Vertragsteil der Nachweis abgeschnitten wird, ein Schaden oder
      eine Wertminderung sei überhaupt nicht entstanden oder wesentlich niedri-
      ger als die Pauschale;
6. (Vertragsstrafe)
   eine Bestimmung, durch die dem Verwender für den Fall der Nichtabnahme oder
   verspäteten Abnahme der Leistung, des Zahlungsverzugs oder für den Fall, daß
   der andere Vertragsteil sich vom Vertrag löst, Zahlung einer Vertragsstrafe versprochen wird;
7. (Haftung bei grobem Verschulden)
   ein Ausschluß oder eine Begrenzung der Haftung für einen Schaden, der auf
   einer grob fahrlässigen Vertragsverletzung des Verwenders oder auf einer vorsätzlichen oder grob fahrlässigen Vertragsverletzung eines gesetzlichen Vertreters oder Erfüllungsgehilfen des Verwenders beruht; dies gilt auch für Schäden
   aus der Verletzung von Pflichten bei den Vertragsverhandlungen;
8. (Verzug, Unmöglichkeit)
   eine Bestimmung, durch die für den Fall des Leistungsverzugs des Verwenders
   oder der von ihm zu vertretenden Unmöglichkeit der Leistung
   a) das Recht des anderen Vertragsteils, sich vom Vertrag zu lösen, ausgeschlos-
      sen oder eingeschränkt oder
   b) das Recht des anderen Vertragsteils, Schadensersatz zu verlangen, ausge-
      schlossen oder entgegen Nummer 7 eingeschränkt wird;
9. (Teilverzug, Teilunmöglichkeit)
   eine Bestimmung, die für den Fall des teilweisen Leistungsverzugs des Verwenders oder bei von ihm zu vertretender teilweiser Unmöglichkeit der Leistung das
   Recht der anderen Vertragspartei ausschließt, Schadensersatz wegen Nichterfüllung der ganzen Verbindlichkeit zu verlangen oder von dem ganzen Vertrag
   zurückzutreten, wenn die teilweise Erfüllung des Vertrages für ihn kein Interesse
   hat;
10. (Gewährleistung)
    eine Bestimmung, durch die bei Verträgen über Lieferungen neu hergestellter
    Sachen und Leistungen
    a) (Ausschluß und Verweisung auf Dritte)
       . . . .

b) (Beschränkung auf Nachbesserung)
....
c) (Aufwendungen bei Nachbesserung)
....
d) (Vorenthalten der Mängelbeseitigung)
....
e) (Ausschlußfrist für Mängelanzeige)
....
f) (Verkürzung von Gewährleistungsfristen)
....
11. (Haftung für zugesicherte Eigenschaften)
eine Bestimmung, durch die bei einem Kauf-, Werk- oder Werklieferungsvertrag Schadensersatzansprüche gegen den Verwender nach den §§ 463, 480 Abs. 2, § 635 des Bürgerlichen Gesetzbuchs wegen Fehlens zugesicherter Eigenschaften ausgeschlossen oder eingeschränkt werden;
12. (Laufzeit bei Dauerschuldverhältnissen)
bei einem Vertragsverhältnis, das die regelmäßige Lieferung von Waren oder die regelmäßige Erbringung von Dienst- oder Werkleistungen durch den Verwender zum Gegenstand hat,
a) eine den anderen Vertragsteil länger als zwei Jahre bindende Laufzeit des Vertrags,
b) eine den anderen Vertragsteil bindende stillschweigende Verlängerung des Vertragsverhältnisses um jeweils mehr als ein Jahr oder
c) zu Lasten des anderen Vertragsteils eine längere Kündigungsfrist als drei Monate vor Ablauf der zunächst vorgesehenen oder stillschweigend verlängerten Vertragsdauer;
13. (Wechsel des Vertragspartners)
eine Bestimmung, wonach bei Kauf-, Dienst- oder Werkverträgen ein Dritter an Stelle des Verwenders in die sich aus dem Vertrag ergebenden Rechte und Pflichten eintritt oder eintreten kann, es sei denn, in der Bestimmung wird
a) der Dritte namentlich bezeichnet, oder
b) dem anderen Vertragsteil das Recht eingeräumt, sich vom Vertrag zu lösen;
14. (Haftung des Abschlußvertreters)
eine Bestimmung, durch die der Verwender einem Vertreter, der den Vertrag für den anderen Vertragsteil abschließt,
a) ohne hierauf gerichtete ausdrückliche und gesonderte Erklärung eine eigene Haftung oder Einstandspflicht oder
b) im Falle vollmachtsloser Vertretung eine über § 179 des Bürgerlichen Gesetzbuchs hinausgehende Haftung
auferlegt;
15. (Beweislast)
eine Bestimmung, durch die der Verwender die Beweislast zum Nachteil des anderen Vertragsteils ändert, insbesondere indem er
a) diesem die Beweislast für Umstände auferlegt, die im Verantwortungsbereich des Verwenders liegen;
b) den anderen Vertragsteil bestimmte Tatsachen bestätigen läßt.
Buchstabe b gilt nicht für gesondert unterschriebene Empfangsbekenntnisse;
16. (Form von Anzeigen und Erklärungen)
eine Bestimmung, durch die Anzeigen oder Erklärungen, die dem Verwender oder einem Dritten gegenüber abzugeben sind, an eine strengere Form als die Schriftform oder an besondere Zugangserfordernisse gebunden werden.

Dritter Abschnitt. Verfahren

§ 13 Unterlassung- und Widerrufsanspruch

(1) Wer in Allgemeinen Geschäftsbedingungen Bestimmungen, die nach §§ 9 bis 11 dieses Gesetzes unwirksam sind, verwendet oder für den rechtsgeschäftlichen Verkehr empfiehlt, kann auf Unterlassung und im Fall des Empfehlens auch auf Widerruf in Anspruch genommen werden.

(2) Die Ansprüche auf Unterlassung und auf Widerruf können nur geltend gemacht werden

1. von rechtsfähigen Verbänden, zu deren satzungsgemäßen Aufgaben es gehört, die Interessen der Verbraucher durch Aufklärung und Beratung wahrzunehmen, wenn sie in diesem Aufgabenbereich tätige Verbände oder mindestens fünfundsiebzig natürliche Personen als Mitglieder haben,

2. von rechtsfähigen Verbänden zur Förderung gewerblicher Interessen oder

3. von den Industrie- und Handelskammern oder den Handwerkskammern.

(3) Die in Absatz 2 Nr. 1 bezeichneten Verbände können Ansprüche auf Unterlassung und auf Widerruf nicht geltend machen, wenn Allgemeine Geschäftsbedingungen gegenüber einem Kaufmann verwendet werden und der Vertrag zum Betriebe seines Handelsgewerbes gehört oder wenn Allgemeine Geschäftsbedingungen zur ausschließlichen Verwendung zwischen Kaufleuten empfohlen werden.

(4) Die Ansprüche nach Absatz 2 verjähren in zwei Jahren von dem Zeitpunkt an, in welchem der Anspruchsberechtigte von der Verwendung oder Empfehlung der unwirksamen Allgemeinen Geschäftsbedingungen Kenntnis erlangt hat, ohne Rücksicht auf diese Kenntnis in vier Jahren von der jeweiligen Verwendung oder Empfehlung an.

§ 14 Zuständigkeit

(1) Für Klagen nach § 13 dieses Gesetzes ist das Landgericht ausschließlich zuständig, in dessen Bezirk der Beklagte seine gewerbliche Niederlassung oder in Ermangelung einer solchen seinen Wohnsitz hat. Hat der Beklagte im Inland weder eine gewerbliche Niederlassung noch einen Wohnsitz, so ist das Gericht des inländischen Aufenthaltsorts zuständig, in Ermangelung eines solchen das Gericht, in dessen Bezirk die nach §§ 9 bis 11 dieses Gesetzes unwirksamen Bestimmungen in Allgemeinen Geschäftsbedingungen verwendet wurdem.

(2) Die Landesregierungen werden ermächtigt, zur sachdienlichen Förderung oder schnelleren Erledigung der Verfahren durch Rechtsverordnung einem Landgericht für die Bezirke mehrerer Landgerichte Rechtsstreitigkeiten nach diesem Gesetz zuzuweisen. Die Landesregierungen können die Ermächtigung durch Rechtsverordnung auf die Landesjustizverwaltungen übertragen.

(3) Die Parteien können sich vor den nach Absatz 2 bestimmten Gerichten auch durch Rechtsanwälte vertreten lassen, die bei dem Gericht zugelassen sind, vor das der Rechtsstreit ohne die Regelung nach Absatz 2 gehören würde.

(4) Die Mehrkosten, die einer Partei dadurch erwachsen, daß sie sich nach Absatz 3 durch einen nicht beim Prozeßgericht zugelassenen Rechtsanwalt vertreten läßt, sind nicht zu erstatten.

§ 15 Verfahren

(1) Auf das Verfahren sind die Vorschriften der Zivilprozeßordnung anzuwenden, soweit sich aus diesem Gesetz nicht etwas anderes ergibt.

(2) Der Klageantrag muß auch enthalten:

1. den Wortlaut der beanstandeten Bestimmungen in Allgemeinen Geschäftsbedingungen;

2. die Bezeichnung der Art der Rechtsgeschäfte, für die die Bestimmungen beanstandet werden.

§ 16 Anhörung

Das Gericht hat vor der Entscheidung über eine Klage nach § 13 zu hören

1. die zuständige Aufsichtsbehörde für das Versicherungswesen, wenn Gegenstand der Klage Bestimmungen in Allgemeinen Geschäftsbedingungen sind, die von ihr nach Maßgabe des Versicherungsaufsichtsgesetzes zu genehmigen sind, oder
2. das Bundesaufsichtsamt für das Kreditwesen, wenn Gegenstand der Klage Bestimmungen in Allgemeinen Geschäftsbedingungen sind, die das Bundesaufsichtsamt für das Kreditwesen nach Maßgabe des Gesetzes über Bausparkassen, des Gesetzes über Kapitalgesellschaften, des Hypothekenbankgesetzes oder des Gesetzes über Schiffspfandbriefbanken zu genehmigen hat.

§ 17 Urteilsformel

Erachtet das Gericht die Klage für begründet, so enthält die Urteilsformel auch:

1. die beanstandeten Bestimmungen der Allgemeinen Geschäftsbedingungen im Wortlaut;
2. die Bezeichnung der Art der Rechtsgeschäfte, für die die den Unterlassungsanspruch begründenden Bestimmungen der Allgemeinen Geschäftsbedingungen nicht verwendet werden dürfen;
3. das Gebot, die Verwendung inhaltsgleicher Bestimmungen in Allgemeinen Geschäftsbedingungen zu unterlassen;
4. für den Fall der Verurteilung zum Widerruf das Gebot, das Urteil in gleicher Weise bekanntzugeben, wie die Empfehlung verbreitet wurde.

§ 18 Veröffentlichungsbefugnis

Wird der Klage stattgegeben, so kann dem Kläger auf Antrag die Befugnis zugesprochen werden, die Urteilsformel mit der Bezeichnung des verurteilten Verwenders oder Empfehlers auf Kosten des Beklagten im Bundesanzeiger, im übrigen auf eigene Kosten bekanntzumachen. Das Gericht kann die Befugnis zeitlich begrenzen.

§ 19 Einwendung bei abweichender Entscheidung

Der Verwender, dem die Verwendung einer Bestimmung untersagt worden ist, kann im Wege der Klage nach § 767 ZPO einwenden, daß nachträglich eine Entscheidung des Bundesgerichtshofs oder des Gemeinsamen Senats der Obersten Gerichtshöfe des Bundes ergangen ist, welche die Verwendung dieser Bestimmung für dieselbe Art von Rechtsgeschäften nicht untersagt, und daß die Zwangsvollstreckung aus dem Urteil gegen ihn in unzumutbarer Weise seinen Geschäftsbetrieb beeinträchtigen würde.

§ 20 Register

(1) Das Gericht teilt dem Bundeskartellamt von Amts wegen mit

1. Klagen, die nach § 13 oder nach § 19 anhängig werden,
2. Urteile, die im Verfahren nach § 13 oder nach § 19 ergehen, sobald sie rechtskräftig sind,
3. die sonstige Erledigung der Klage.

(2) Das Bundeskartellamt führt über die nach Absatz 1 eingehenden Mitteilungen ein Register.

(3) die Eintragung ist nach zwanzig Jahren seit dem Schluß des Jahres zu löschen, in dem die Eintragung in das Register erfolgt ist. Die Löschung erfolgt durch Eintragung eines Löschungsvermerks; mit der Löschung der Eintragung einer Klage ist die Löschung der Eintragung ihrer sonstigen Erledigung (Absatz 1 Nr. 3) zu verbinden.

(4) Über eine bestehende Eintragung ist jedermann auf Antrag Auskunft zu erteilen. Die Auskunft enthält folgende Angaben:

1. für Klagen nach Absatz 1 Nr. 1
   a) die beklagte Partei,
   b) das angerufene Gericht samt Geschäftsnummer,
   c) den Klageantrag;
2. für Urteile nach Absatz 1 Nr. 2
   a) die verurteilte Partei,
   b) das entscheidende Gericht samt Geschäftsnummer,
   c) den Klageantrag;
3. für die sonstige Erledigung nach Absatz 1 Nr. 3 die Art der Erledigung.

§ 21 Wirkungen des Urteils

Handelt der verurteilte Verwender dem Unterlassungsgebot zuwider, so ist die Bestimmung in den Allgemeinen Geschäftsbedingungen als unwirksam anzusehen, soweit sich der betroffene Vertragsteil auf die Wirkung des Unterlassungsurteils beruft. Er kann sich jedoch auf die Wirkung des Unterlassungsurteils nicht berufen, wenn der verurteilte Verwender gegen das Urteil die Klage nach § 19 erheben könnte.

§ 22 Streitwert

Bei Rechtsstreitigkeiten auf Grund dieses Gesetzes darf der Streitwert nicht über 500000 Deutsche Mark angenommen werden.

Vierter Abschnitt. Anwendungsbereich

§ 23 Sachlicher Anwendungsbereich

(1) Dieses Gesetz findet keine Anwendung bei Verträgen auf dem Gebiet des Arbeits-, Erb-, Familien- und Gesellschaftsrechts.

(2) Keine Anwendung finden ferner
. . . .
6. § 11 Nr. 12 für Verträge über die Lieferung als zusammengehörig verkaufter Sachen, für Versicherungsverträge sowie für Verträge zwischen den Inhabern urheberrechtlicher Rechte und Ansprüche und Verwertungsgesellschaften im Sinne des Gesetzes über die Wahrnehmung von Urheberrechten und verwandten Schutzrechten.

(3) Ein Bausparvertrag, ein Versicherungsvertrag sowie das Rechtsverhältnis zwischen einer Kapitalgesellschaft und einem Anteilinhaber unterliegen den von der zuständigen Behörde genehmigten Allgemeinen Geschäftsbedingungen der Bausparkasse, des Versicherers sowie der Kapitalanlagegesellschaft auch dann, wenn die in § 2 Abs. 1 Nr. 1 und 2 bezeichneten Erfordernisse nicht eingehalten sind.

§ 24 Persönlicher Anwendungsbereich

Die Vorschriften der §§ 2, 10, 11 und 12 finden keine Anwendung auf Allgemeine Geschäftsbedingungen,
1. die gegenüber einem Kaufmann verwendet werden, wenn der Vertrag zum Betriebe seines Handelsgewerbes gehört;

2. die gegenüber einer juristischen Person des öffentlichen Rechts oder einem öffentlich-rechtlichen Sondervermögen verwendet werden.

§ 9 ist in den Fällen des Satzes 1 auch insoweit anzuwenden, als dies zur Unwirksamkeit von in den §§ 10 und 11 genannten Vertragsbestimmungen führt; auf die im Handelsverkehr geltenden Gewohnheiten und Gebräuche ist angemessen Rücksicht zu nehmen.

§ 28 Übergangsvorschrift

(1) Dieses Gesetz gilt vorbehaltlich des Absatzes 2 nicht für Verträge, die vor seinem Inkrafttreten geschlossen worden sind.

(2) § 9 gilt auch für vor Inkrafttreten dieses Gesetzes abgeschlossene Verträge über die regelmäßige Lieferung von Waren, die regelmäßige Erbringung von Dienst- oder Werkleistungen sowie die Gebrauchsüberlassung von Sachen, soweit diese Verträge noch nicht abgewickelt sind.

(3) Auf Verträge über die Versorgung mit Wasser und Fernwärme sind die Vorschriften dieses Gesetzes erst drei Jahre nach seinem Inkrafttreten anzuwenden.

Texte 3

Bürgerliches Gesetzbuch

Vom 18. August 1896 (RGBl. S. 195)

zuletzt geändert durch Gesetz vom 5. April 1991 (BGBl. I S. 854)

(Auszug)

§ 93 [Wesentliche Bestandteile]

Bestandteile einer Sache, die von einander nicht getrennt werden können, ohne daß der eine oder der andere zerstört oder in seinem Wesen verändert wird (wesentliche Bestandteile), können nicht Gegenstand besonderer Rechte sein.

§ 94 [Wesentliche Bestandteile eines Grundstücks oder Gebäudes]

(1) Zu den wesentlichen Bestandteilen eines Grundstücks gehören die mit dem Grund und Boden fest verbundenen Sachen, insbesondere Gebäude, sowie die Erzeugnisse des Grundstücks, solange sie mit dem Boden zusammenhängen. Samen wird mit dem Aussäen, eine Pflanze wird mit dem Einpflanzen wesentlicher Bestandteil des Grundstücks.

(2) Zu den wesentlichen Bestandteilen eines Gebäudes gehören die zur Herstellung des Gebäudes eingefügten Sachen.

§ 95 [Vorübergehende Verbindung]

(1) Zu den Bestandteilen eines Grundstücks gehören solche Sachen nicht, die nur zu einem vorübergehenden Zwecke mit dem Grund und Boden verbunden sind. Das gleiche gilt von einem Gebäude oder anderen Werke, das in Ausübung eines Rechts an einem fremden Grundstücke von dem Berechtigten mit dem Grundstück verbunden worden ist.

(2) Sachen, die nur zu einem vorübergehenden Zwecke in ein Gebäude eingefügt sind, gehören nicht zu den Bestandteilen des Gebäudes.

§ 97 [Zubehör]

(1) Zubehör sind bewegliche Sachen, die, ohne Bestandteile der Hauptsache zu sein, dem wirtschaftlichen Zwecke der Hauptsache zu dienen bestimmt sind und zu ihr in einem dieser Bestimmung entsprechenden räumlichen Verhältnisse stehen. Eine Sache ist nicht Zubehör, wenn sie im Verkehre nicht als Zubehör angesehen wird.

(2) Die vorübergehende Benutzung einer Sache für den wirtschaftlichen Zweck einer anderen begründet nicht die Zubehöreigenschaft. Die vorübergehende Trennung eines Zubehörstücks von der Hauptsache hebt die Zubehöreigenschaft nicht auf.

§ 269 [Leistungsort]

(1) Ist ein Ort für die Leistung weder bestimmt noch aus den Umständen, insbesondere aus der Natur des Schuldverhältnisses, zu entnehmen, so hat die Leistung an dem Orte zu erfolgen, an welchem der Schuldner zur Zeit der Entstehung des Schuldverhältnisses hatte.

(2) Ist die Verbindlichkeit im Gewerbebetriebe des Schuldners entstanden, so tritt, wenn der Schuldner seine gewerbliche Niederlassung an einem anderen Orte hatte, der Ort der Niederlassung an die Stelle des Wohnsitzes.

(3) Aus dem Umstand allein, daß der Schuldner die Kosten der Versendung übernommen hat, ist nicht zu entnehmen, daß der Ort, nach welchem die Versendung zu erfolgen hat, der Leistungsort sein soll.

§ 270 [Zahlungsort]

(1) Geld hat der Schuldner im Zweifel auf seine Gefahr und seine Kosten dem Gläubiger an dessen Wohnsitz zu übermitteln.

(2) Ist die Forderung im Gewerbebetriebe des Gläubigers entstanden, so tritt, wenn der Gläubiger seine gewerbliche Niederlassung an einem anderen Orte hat, der Ort der Niederlassung an die Stelle des Wohnsitzes.

(3) Erhöhen sich infolge einer nach der Entstehung des Schuldverhältnisses eintretenden Änderung des Wohnsitzes oder der gewerblichen Niederlassung des Gläubigers die Kosten oder die Gefahr der Übermittlung, so hat der Gläubiger im ersteren Falle die Mehrkosten, im letzteren Falle die Gefahr zu tragen.

(4) Die Vorschriften über den Leistungsort bleiben unberührt.

§ 271 [Leistungszeit]

(1) Ist eine Zeit für die Leistung weder bestimmt noch aus den Umständen zu entnehmen, so kann der Gläubiger die Leistung sofort verlangen, der Schuldner sie sofort bewirken.

(2) Ist eine Zeit bestimmt, so ist im Zweifel anzunehmen, daß der Gläubiger die Leistung nicht vor dieser Zeit verlangen, der Schuldner aber sie vorher bewirken kann.

§ 284 [Verzug des Schuldners]

(1) Leistet der Schuldner auf eine Mahnung des Gläubigers nicht, die nach dem Eintritte der Fälligkeit erfolgt, so kommt er durch die Mahnung in Verzug. Der Mahnung steht die Erhebung der Klage auf die Leistung sowie die Zustellung eines Mahnbescheids im Mahnverfahren gleich.

(2) Ist für die Leistung eine Zeit nach dem Kalender bestimmt, so kommt der Schuldner ohne Mahnung in Verzug, wenn er nicht zu der bestimmten Zeit leistet.

Das gleiche gilt, wenn der Leistung eine Kündigung vorauszugehen hat und die Zeit für die Leistung in der Weise bestimmt ist, daß sie sich von der Kündigung ab nach dem Kalender berechnen läßt.

§ 285 [Kein Verzug ohne Verschulden]

Der Schuldner kommt nicht in Verzug, solange die Leistung infolge eines Umstandes unterbleibt, den er nicht zu vertreten hat

§ 286 [Verzugsschaden]

(1) Der Schuldner hat dem Gläubiger den durch den Verzug entstehenden Schaden zu ersetzen.

(2) Hat die Leistung infolge des Verzugs für den Gläubiger kein Interesse, so kann dieser unter Ablehnung der Leistung Schadensersatz wegen Nichterfüllung verlangen. Die für das vertragsmäßige Rücktrittsrecht geltenden Vorschriften der §§ 346 bis 356 finden entsprechende Anwendung.

§ 288 [Verzugszinsen]

(1) Eine Geldschuld ist während des Verzugs mit vier vom Hundert für das Jahr zu verzinsen. Kann der Gläubiger aus einem anderen Rechtsgrunde höhere Zinsen verlangen, so sind diese fortzuentrichten.

(2) Die Geltendmachung eines weiteren Schadens ist nicht ausgeschlossen.

§ 812 [Grundsatz]

(1) Wer durch die Leistung eines anderen oder in sonstiger Weise auf dessen Kosten etwas ohne rechtlichen Grund erlangt, ist ihm zur Herausgabe verpflichtet. Diese Verpflichtung besteht auch dann, wenn der rechtliche Grund später wegfällt oder der mit einer Leistung nach dem Inhalte des Rechtsgeschäfts bezweckte Erfolg nicht eintritt.

(2) Als Leistung gilt auch die durch Vertrag erfolgte Anerkennung des Bestehens oder des Nichtbestehens eines Schuldverhältnisses.

§ 813 [Erfüllung trotz Einrede]

(1) Das zum Zwecke der Erfüllung einer Verbindlichkeit Geleistete kann auch dann zurückgefordert werden, wenn dem Anspruch eine Einrede entgegenstand, durch welche die Geltendmachung des Anspruchs dauernd ausgeschlossen wurde. Die Vorschrift des § 222 Abs. 2 bleibt unberührt.

(2) Wird eine betagte Verbindlichkeit vorzeitig erfüllt, so ist die Rückforderung ausgeschlossen; die Erstattung von Zwischenzinsen kann nicht verlangt werden.

§ 814 [Kenntnis der Nichtschuld; Anstands- und Sittenpflicht]

Das zum Zwecke der Erfüllung einer Verbindlichkeit Geleistete kann nicht zurückgefordert werden, wenn der Leistende gewußt hat, daß er zur Leistung nicht verpflichtet war, oder wenn die Leistung einer sittlichen Pflicht oder einer auf den Anstand zu nehmenden Rücksicht entsprach.

§ 815 [Nichteintritt des Erfolges]

Die Rückforderung wegen Nichteintritts des mit einer Leistung bezweckten Erfolges ist ausgeschlossen, wenn der Eintritt des Erfolges von Anfang an unmöglich war und der Leistende dies gewußt hat oder wenn der Leistende den Eintritt des Erfolges wider Treu und Glauben verhindert hat.

§ 816 [Verfügung eines Nichtberechtigten]

(1) Trifft ein Nichtberechtigter über einen Gegenstand eine Verfügung, die dem Berechtigten gegenüber wirksam ist, so ist er dem Berechtigten zur Herausgabe des durch die Verfügung Erlangten verpflichtet. Erfolgt die Verfügung unentgeltlich, so trifft die gleiche Verpflichtung denjenigen, welcher auf Grund der Verfügung unmittelbar einen rechtlichen Vorteil erlangt.

(2) Wird an einen Nichtberechtigten eine Leistung bewirkt, die dem Berechtigten gegenüber wirksam ist, so ist der Nichtberechtigte dem Berechtigten zur Herausgabe des Geleisteten verpflichtet.

§ 817 [Verstoß gegen Gesetz oder gute Sitten]

War der Zweck einer Leistung in der Art bestimmt, daß der Empfänger durch die Annahme gegen ein gesetzliches Verbot oder gegen die guten Sitten verstoßen hat, so ist der Empfänger zur Herausgabe verpflichtet. Die Rückforderung ist ausgeschlossen, wenn dem Leistenden gleichfalls ein solcher Verstoß zur Last fällt, es sei denn, daß die Leistung in der Eingehung einer Verbindlichkeit bestand; das zur Erfüllung einer solchen Verbindlichkeit Geleistete kann nicht zurückgefordert werden.

§ 818 [Umfang des Bereicherungsanspruchs]

(1) Die Verpflichtung zur Herausgabe erstreckt sich auf die gezogenen Nutzungen sowie auf dasjenige, was der Empfänger auf Grund eines erlangten Rechtes oder als Ersatz für die Zerstörung, Beschädigung oder Entziehung des erlangten Gegenstandes erwirbt.

(2) Ist die Herausgabe wegen der Beschaffenheit des Erlangten nicht möglich oder ist der Empfänger aus einem anderen Grunde zur Herausgabe außerstande, so hat er den Wert zu ersetzen.

(3) Die Verpflichtung zur Herausgabe oder zum Ersatze des Wertes ist ausgeschlossen, soweit der Empfänger nicht mehr bereichert ist.

(4) Von dem Eintritte der Rechtshängigkeit an haftet der Empfänger nach den allgemeinen Vorschriften.

§ 819 [Verschärfte Haftung bei Bösgläubigkeit und bei Gesetzes- oder Sittenverstoß]

(1) Kennt der Empfänger den Mangel des rechtlichen Grundes bei dem Empfang oder erfährt er ihn später, so ist er von dem Empfang oder der Erlangung der Kenntnis an zur Herausgabe verpflichtet, wie wenn der Anspruch auf Herausgabe zu dieser Zeit rechtshängig geworden wäre.

(2) Verstößt der Empfänger durch die Annahme der Leistung gegen ein gesetzliches Verbot oder gegen die guten Sitten, so ist er von dem Empfange der Leistung an in der gleichen Weise verpflichtet.

§ 820 [Verschärfte Haftung bei ungewissem Erfolgseintritt]

(1) War mit der Leistung ein Erfolg bezweckt, dessen Eintritt nach dem Inhalte des Rechtsgeschäfts als ungewiß angesehen wurde, so ist der Empfänger, falls der Erfolg nicht eintritt, zur Herausgabe so verpflichtet, wie wenn der Anspruch auf Herausgabe zur Zeit des Empfanges rechtshängig geworden wäre. Das gleiche gilt, wenn die Leistung aus einem Rechtsgrunde, dessen Wegfall nach dem Inhalte des Rechtsgeschäfts als möglich angesehen wurde, erfolgt ist und der Rechtsgrund wegfällt.

(2) Zinsen hat der Empfänger erst von dem Zeitpunkt an zu entrichten, in welchem er erfährt, daß der Erfolg nicht eingetreten oder daß der Rechtsgrund weggefallen ist; zur Herausgabe von Nutzungen ist er insoweit nicht verpflichtet, als er zu dieser Zeit nicht mehr bereichert ist.

§ 1357. [Geschäfte zur Deckung des Lebensbedarfs]

(1) Jeder Ehegatte ist berechtigt, Geschäfte zur angemessenen Deckung des Lebensbedarfs der Familie mit Wirkung auch für den anderen Ehegatten zu besorgen. Durch solche Geschäfte werden beide Ehegatten berechtigt und verpflichtet, es sei denn, daß sich aus den Umständen etwas anderes ergibt.

(2) Ein Ehegatte kann die Berechtigung des anderen Ehegatten, Geschäfte mit Wirkung für ihn zu besorgen, beschränken oder ausschließen; besteht für die Beschränkung oder Ausschließung kein ausreichender Grund, so hat das Vormundschaftsgericht sie auf Antrag aufzuheben. Dritten gegenüber wirkt die Beschränkung oder Ausschließung nur nach Maßgabe des § 1412.

(3) Absatz 1 gilt nicht, wenn die Ehegatten getrennt leben.

Texte 4

Handelsgesetzbuch

Vom 10. Mai 1897 (RGBl. S. 219)

zuletzt geändert durch Gesetz vom 17. Dezember 1990 (BGBl. I S. 2847)

(Auszug)

§ 352 [Gesetzlicher Zinssatz]

(1) Die Höhe der gesetzlichen Zinsen, mit Einschluß der Verzugszinsen, ist bei beiderseitigen Handelsgeschäften fünf vom Hundert für das Jahr. Das gleiche gilt, wenn für eine Schuld aus einem solchen Handelsgeschäfte Zinsen ohne Bestimmung des Zinsfußes versprochen sind.

(2) Ist in diesem Gesetzbuche die Verpflichtung zur Zahlung von Zinsen ohne Bestimmung der Höhe ausgesprochen, so sind darunter Zinsen zu fünf vom Hundert für das Jahr zu verstehen.

§ 353 [Fälligkeitszinsen]

Kaufleute untereinander sind berechtigt, für ihre Forderungen aus beiderseitigen Handelsgeschäften vom Tage der Fälligkeit an Zinsen zu fordern. Zinsen von Zinsen können auf Grund dieser Vorschrift nicht gefordert werden.

Texte 5

Allgemeine Feuerversicherungs-Bedingungen (AFB 30)

Texte 6

Allgemeine Einbruchsdiebstahlversicherungs-Bedingungen (AEB)

§ 1 Versicherte Gefahren und Schäden

(1) Der Versicherer gewährt Versicherungsschutz

a) gegen Brand und Blitzschlag,

b) gegen Explosion von Leuchtgas ohne Unterschied seiner Verwendung und von Beleuchtungskörpern, bei Versicherungen von Wohngebäuden und Hausrat gegen Explosionen aller Art.

gegen Schäden durch Einbruchdiebstahl (also nicht durch einfachen Diebstahl), bei Hausratversicherungen gemäß den beigefügten Sonderbedingungen für die Beraubungsversicherung auch gegen Schäden durch Beraubung und räuberische Erpressung (Gewalt gegen eine Person oder Drohung mit Gefahr für Leib oder Leben).

(2) Als Brand gilt ein Feuer, das ohne einen bestimmungsmäßigen Herd entstanden ist oder ihn verlassen hat und sich aus eigener Kraft auszubreiten vermag (Schadenfeuer). Sengschäden, die nicht durch einen Brand entstanden sind, sowie Schäden, die an den versicherten Sachen dadurch entstehen, daß sie einem Nutzfeuer oder der Wärme zur Bearbeitung oder zu sonstigen Zwecken (z. B. zum Räuchern, Rösten, Kochen, Braten, Trocknen, Plätten) ausgesetzt werden, fallen nicht unter den Versicherungsschutz.

(2) Einbruchdiebstahl im Sinne der Versicherungsbedingungen liegt vor,

a) wenn ein Dieb in ein Gebäude oder den Raum eines Gebäudes einbricht, einsteigt oder mittels falscher Schlüssel oder anderer nicht zum ordnungsmäßigen Öffnen bestimmter Werkzeuge eindringt,

b) wenn er in einem Gebäude oder dem Raum eines Gebäudes Türen oder Behältnisse erbricht oder zum Öffnen von Türen oder Behältnissen falsche Schlüssel oder andere zum ordnungsmäßigen Öffnen nicht bestimmte Werkzeuge verwendet,

c) wenn er den Diebstahl zur Nachtzeit in einem Gebäude oder dem Raum eines Gebäudes begeht, in das er sich in diebischer Absicht eingeschlichen oder worin er sich in dieser Absicht verborgen hatte,

d) wenn er den Diebstahl unter Anwendung der richtigen Schlüssel ausführt, sofern er diese durch Diebstahl im Sinne der Bestimmungen zu a) bis c), durch Beraubung oder räuberische Erpressung an sich gebracht hat.

(3) Der Versicherer haftet für die Schäden, die in Zerstörung oder Beschädigung der versicherten Sachen bestehen, wenn sie

(3) Der Versicherer ersetzt den Wert der durch den Einbruchdiebstahl entwendeten oder beim Einbruch zerstörten sowie die Wertminderung der dabei beschädigten Sachen.

a) auf der unmittelbaren Einwirkung der in (1) genannten Schadenereignisse beruhen oder

b) die unvermeidliche Folge eines solchen Ereignisses sind und das Ereignis auf dem Grundstück, auf dem sich die versicherten Sachen befinden, oder auf einem Nachbargrundstück eingetreten ist, oder

c) durch Löschen, Niederreißen oder Ausräumen verursacht werden.

(4) Der Versicherer ersetzt den Wert der versicherten Sachen, die bei einem der in (1) genannten Schadenereignisse abhanden gekommen sind.

(5) Der Versicherer ersetzt Aufwendungen, die der Versicherungsnehmer im Schadenfalle (Versicherungsfalle) gemacht hat, nach Maßgabe des § 14.

(6) Für einen weiteren Schaden, insbesondere für entgangenen Gewinn und Aufräumungskosten, haftet der Versicherer nur, wenn es besonders vereinbart ist.[1]

(4) Der Versicherer ersetzt nach Maßgabe des § 14 auch Aufwendungen, die der Versicherungsnehmer im Schadenfalle (Versicherungsfalle) gemacht hat.

(5) Für einen weiteren Schaden, insbesondere für entgangenen Gewinn und Aufräumungskosten, haftet der Versicherer nur, wenn es besonders vereinbart ist.[1]

(6) Der Versicherer haftet nicht

a) für Schäden, die bei dem Einbruch durch Brand oder Explosion entstehen. Bei Anwendung von Sprengmitteln haftet er jedoch für den Schaden an Geldschränken und ihrem Inhalt sowie an Stahlkammern und ihrem Inhalt;

b) für Einbruchstahlschäden, die von einer in häuslicher Gemeinschaft mit dem Versicherungsnehmer lebenden oder bei ihm wohnenden Person vorsätzlich herbeigeführt werden. Bei Geschäftsversicherungen haftet der Versicherer ferner nicht für Schäden, die durch einen Angestellten vorsätzlich herbeigeführt werden, wenn der Versicherungsnehmer nicht nachweist, daß der Angestellte den Schaden, während das Geschäft für ihn geschlossen war, herbeigeführt hat.

(7) Der Versicherer haftet nicht für Schäden, die durch Krieg, innere Unruhen, Erdbeben und Kernenergie verursacht werden. Ist nicht festzustellen, ob eine dieser Ursachen vorliegt, so entscheidet die überwiegende Wahrscheinlichkeit (§ 287 ZPO).

---

[1] Satz 2 gemäß VerBAV **87**, 174 (vgl. A II 35): § 66 Abs. 1 VVG bleibt unberührt.

Anhang zu § 1 Abs. 7 AFB:

Schäden durch abstürzende bemannte Flugkörper

Unbeschadet der Bestimmung des § 1 Abs. 7 AFB sind Schäden an den versicherten Sachen durch Anprall oder Absturz eines bemannten Flugkörpers, seiner Teile oder seiner Ladung eingeschlossen, und zwar ohne Rücksicht darauf, ob es sich um Brand-, Explosions- oder Trümmerschäden handelt.

§ 2 Versicherte Sachen

(1) Soweit nichts anderes vereinbart ist, sind nur die dem Versicherungsnehmer gehörigen Sachen versichert. Versichert sind auch Sachen, die vom Versicherungsnehmer unter Eigentumsvorbehalt erworben und ihm übergeben sind, sowie Sachen, die er sicherungshalber übereignet hat und für die gemäß § 71 Abs. 1 Satz 2 VVG dem Erwerber ein Entschädigungsanspruch nicht zusteht. Die Versicherung von Hausrat und von Arbeitsgerät erstreckt sich auch auf die Sachen solcher Familienangehörigen und Arbeitnehmer des Versicherungsnehmers, die in häuslicher Gemeinschaft mit dem Versicherungsnehmer leben oder an dem Orte, für den die Versicherung gilt, ihren Beruf ausüben.

(2) Bargeld, Wertpapiere, Urkunden, Gold- und Silberbarren, ungefaßte Edelsteine sowie ungefaßte echte Perlen sind nur dann versichert, wenn es besonders vereinbart ist.

(2) Bei der Versicherung gegen Zerstörung oder Beschädigung von Gebäuden gilt die Zerstörung oder Beschädigung der Schaufensterscheiben von Geschäftsräumen nicht eingeschlossen.

(3) Nur in verschlossenen Behältnissen, die eine erhöhte Sicherheit, und zwar auch gegen die Wegnahme der Behältnisse selbst gewähren, sind folgende Sachen versichert:

1. Bargeld, Wertpapiere, Sparkassenbücher, Urkunden, ungefaßte Edelsteine, ungemünzte Metalle und ungefaßte echte Perlen, Münzen- und Briefmarkensammlungen,

2. nicht in Gebrauch befindliche Schmuck-, Gold- und Silbersachen, sofern es sich nicht um die Versicherung von Geschäften mit Schmuck-, Gold- und Silbersachen handelt.

Liegt eine Vereinbarung über die Aufbewahrung solcher Sachen vor, so sind sie nur versichert, wenn sie sich unter dem vereinbarten Verschluß befinden.

Soweit sich danach Sachen, die nicht zum Haushalt gehören, in Geldschränken befinden müssen, haftet der Versicherer abweichend von § 1 (2) d) nur, wenn die Geldschränke erbrochen oder durch falsche Schlüssel oder andere zum ordnungsgemäßigen Öffnen nicht bestimmte Werkzeuge geöffnet werden. Der Versicherungsnehmer hat Verzeichnisse zu führen und gesondert unter Verschluß aufzubewahren über Wertpapiere, sonstige Urkunden und Sammlungen, wenn diese insgesamt den Wert von 3000 DM übersteigen. Diese Bestimmung findet keine Anwendung auf Banken und Bankgeschäfte, Sparkassen und andere öffentliche Kassenverwaltungen.

§ 3 Ersatzwert. Unterversicherung	**§ 3 Ersatzwert. Unterversicherung. Versicherung auf „Erstes Risiko". Bruchteilversicherung**

(1) Die Versicherung darf nicht zu einer Bereicherung führen. Maßgebend für die Entschädigung ist der Versicherungswert zur Zeit des Eintritts des Schadenfalles (Ersatzwert), und zwar bei beschädigten Sachen der Unterschied zwischen diesem Wert und dem Wert der Reste, bei dessen Ermittlung die Verwendbarkeit der Reste für die Wiederherstellung zu berücksichtigen ist.

Satz 2:
Auf die Bewertung von Gebäuderesten bleiben behördliche Wiederaufbaubeschränkungen ohne Einfluß, soweit nichts anderes vereinbart ist.

(2) Maßgebend für den Ersatzwert sind:

a) bei Hausrat, Gebrauchsgegenständen, Arbeitsgeräten und Maschinen: der Wiederbeschaffungspreis unter billiger Berücksichtigung des aus dem Unterschied zwischen alt und neu sich ergebenden Minderwertes; bei Gebäuden: der ortsübliche Bauwert unter Abzug eines dem Zustand des Gebäudes, insbesondere dem Alter und der Abnutzung entsprechenden Betrages. Ergibt sich bei Gebäuden und Maschinen ein geringerer Wert aus dem Umstande, daß sie vor Eintritt des Schadenfalles schon dauernd entwertet waren, so gilt der geringere Wert als Ersatzwert;

a) bei Hausrat, Gebrauchsgegenständen, Arbeitsgeräten und Maschinen: der Wiederbeschaffungspreis unter billiger Berücksichtigung des aus dem Unterschied zwischen alt und neu sich ergebenden Minderwertes. Ergibt sich bei Maschinen ein geringerer Wert aus dem Umstande, daß sie vor Eintritt des Schadenfalles schon dauernd entwertet waren, so gilt der geringere Wert als Ersatzwert;

b) bei Waren, die der Versicherungsnehmer herstellt (in Arbeit befindlichen und fertigen Fabrikaten): die Kosten der Neuherstellung, soweit sie den Preis nicht überschreiten, der bei dem Verkauf erzielt worden wäre, abzüglich der an dem etwa noch nicht fertigen Erzeugnis ersparten Kosten;

c) bei Waren, mit denen der Versicherungsnehmer handelt, bei Rohstoffen, die der Versicherungsnehmer für die Erzeugung von Waren beschafft hat, sowie bei Naturerzeugnissen: der Wiederbeschaffungspreis, soweit er den Preis nicht überschreitet, der bei dem Verkauf erzielt worden wäre, abzüglich der an dem etwa noch nicht fertigen Erzeugnis ersparten Kosten.

Maßgebend sind die Preise (soweit sich Marktpreise gebildet haben, die Marktpreise) zur Zeit des Eintritts des Schadenfalles sowie die Kosten der Neuherstellung zur Zeit des Schadenfalles.

Satz 3:
Als Ersatzwert von Wertpapieren mit amtlichem Kurs gilt der Kurs (Einheitskurs) der letzten vor dem Schadenfall erfolgten Notierung. Der Versicherer kann bei Wertpapieren auch andere Stücke gleicher Art liefern.

(3) Ein persönlicher Liebhaberwert (Affektionswert) darf bei Ermittlung des Ersatzwertes nicht berücksichtigt werden.

(4) Ist die Versicherungssumme niedriger als der Ersatzwert (Unterversicherung), so wird nur derjenige Teil des Schadens ersetzt, der sich zum ganzen Schaden verhält wie die Versicherungssumme zum Ersatzwert. Ob Unterversicherung vorliegt, ist für jede Gruppe (Position) des Versicherungsscheins besonders festzustellen; außerhalb des Versicherungsortes (§ 4) befindliche Sachen sind hierbei nur dann zu berücksichtigen, wenn der Versicherer auch außerhalb des Versicherungsortes für sie haftet. Hausrat und Arbeitsgerät gelten mangels anderer Vereinbarung als in einer Gruppe versichert.

(4) Ist die Versicherungssumme niedriger als der Ersatzwert (Unterversicherung), so wird nur der Teil des Schadens ersetzt, der sich zum ganzen Schaden verhält wie die Versicherungssumme zum Ersatzwert. Ob Unterversicherung vorliegt, ist für jede Gruppe (Position) des Versicherungsscheins besonders festzustellen. Außerhalb der Versicherungsräumlichkeit (§ 4) befindliche Sachen sind hierbei nur dann zu berücksichtigen, wenn der Versicherer auch außerhalb der Versicherungsräumlichkeit für sie haftet. Hausrat und Arbeitsgeräte gelten mangels anderer Vereinbarung als in einer Gruppe versichert. Ist eine Gruppe auf „Erstes Risiko" versichert, so wird die Entschädigung dafür ermittelt, ohne daß die Bestimmung des § 3 (4.) Abs. 1 über Unterversicherung Anwendung findet. Ist als Versicherungssumme ein Bruchteil der Gesamtwertsumme der zu einer Gruppe (Position) gehörigen Sachen genommen, so tritt bei Feststellung einer Unterversicherung an Stelle der Versicherungssumme die Gesamtwertsumme.

§ 4 Versicherungsort

§ 4 Versicherungsräumlichkeit

(1) Bewegliche Sachen sind nur in den Räumen versichert, die in der Versicherungsurkunde bezeichnet sind (Versicherungsort). Werden sie daraus entfernt, so ruht der Versicherungsschutz. Ist die Entfernung nicht nur vorübergehend, so erlischt insoweit auch der Versicherungsvertrag.

(2)[1] Im Falle der Versicherung des Hausrats und Arbeitsgeräts bleibt jedoch bei einem Wohnungswechsel der Versicherungsvertrag auch während des Umzugs und für die neue Wohnung bestehen, wenn sie innerhalb der Bun-

(2) Im Falle der Versicherung des Hausrats und Arbeitsgeräts bleibt jedoch bei einem Wohnungswechsel der Versicherungsvertrag auch während des Umzuges und für die neue Wohnung bestehen, wenn sie innerhalb des

[1] Siehe Fußnote[2] (nächste Seite)

desrepublik und West-Berlins liegt. Der Versicherungsnehmer hat aber dem Versicherer unverzüglich schriftlich Anzeige zu erstatten. Der Anzeigepflicht hat er genügt, wenn er die Anzeige innerhalb zweier Wochen nach Beendigung des Umzuges erstattet. Verletzt er diese Pflicht und ist mit dem Wohnungswechsel eine Gefahrerhöhung verbunden, so finden die Vorschriften der §§ 28 bis 30 des Gesetzes über den Versicherungsvertrag (VVG) entsprechende Anwendung.[2]

(3) Die Versicherung von Hausrat und Arbeitsgerät umfaßt auch Sachen, die sich vorübergehend außerhalb des Versicherungsortes in Europa befinden. Die Entschädigung darf aber nicht mehr als 10 vom Hundert der Versicherungssumme für Hausrat und Arbeitsgerät zusammen, höchstens 3000 DM betragen. Diese Außenversicherung gilt nur dann als auf „Erstes Risiko" geschlossen, wenn es besonders vereinbart ist.[2]

Deutschen Reiches liegt. Der Versicherungsnehmer hat aber dem Versicherer unverzüglich schriftlich Anzeige zu erstatten. Der Anzeigepflicht hat er genügt, wenn er die Anzeige innerhalb zweier Wochen nach Beendigung des Umzuges erstattet. Verletzt er diese Pflicht und ist mit dem Wohnungswechsel eine Gefahrerhöhung verbunden, so finden die Vorschriften der §§ 28 bis 30 des Gesetzes über den Versicherungsvertrag (VVG) entsprechende Anwendung.

(3) Die Versicherung von Hausrat umfaßt auch Sachen, die sich vorübergehend außerhalb der Versicherungsräumlichkeit im Deutschen Reich in fremden, ständig bewohnten Haushaltungen befinden und dort von einem Schadenereignis im Sinne des § 1 (2) betroffen werden, soweit nicht aus anderen Versicherungen (z. B. Reisegepäck-, Schmucksachenversicherung) eine Entschädigung beansprucht werden kann. Die Entschädigung darf aber nicht mehr als 5 v. H. der Versicherungssumme für Hausrat und Arbeitsgerät, zusammen höchstens 1000 DM betragen. Diese Außenversicherung gilt nur dann als auf „Erstes Risiko" geschlossen, wenn es besonders vereinbart ist.

§ 5 Anzeige von Gefahrumständen bei Vertragsschluß

Der Versicherungsnehmer hat bei Vertragsschluß alle ihm bekannten Umstände, die für die Übernahme der Gefahr erheblich sind, insbesondere alle Umstände, nach denen er schriftlich gefragt wird, schriftlich anzuzeigen. Bei schuldhafter Verletzung dieser Pflicht kann der Versicherer nach Maßgabe der §§ 16 bis 21 VVG vom Vertrage zurücktreten und damit von der Entschädigungspflicht frei sein.

§ 6 Gefahrerhöhung

(1) Nach dem Vertragsschluß darf der Versicherungsnehmer ohne Einwilligung des Versicherers keine Gefahrerhöhung vornehmen oder gestatten. Erlangt der Versicherungsnehmer Kenntnis davon, daß eine Gefahrerhöhung ohne sein Wissen oder ohne seinen Willen eingetreten ist, so hat er dem Versicherer unverzüglich schriftlich Anzeige zu erstatten.

(2) Tritt nach dem Vertragsschluß eine Gefahrerhöhung ein, so kann der Versicherer kündigen. Verletzt der Versicherungsnehmer eine der in (1) ge-

(2) Als Gefahrerhöhung gelten insbesondere die Beseitigung oder Verminderung von Sicherungen, die in der Versicherungsurkunde angegeben sind.

---

[2] Durch VerBAV **87**, 174 (vgl. A II 35) wurden die Absätze Nr. 2 zu Nr. 3 und Nr. 3 zu Nr. 4. Abs. Nr. 2 wurde eingefügt:
2. Nr. 1 gilt nicht für Sachen, die infolge eines eingetretenen oder bevorstehenden Versicherungsfalles aus dem Versicherungsort entfernt und in zeitlichem und örtlichem Zusammenhang in diesem Vorgang beschädigt oder zerstört werden oder abhanden kommen.

nannten Pflichten, so ist der Versicherer außerdem nach Maßgabe der gesetzlichen Bestimmungen von der Entschädigungspflicht frei.

(3) Die näheren Vorschriften über Gefahrerhöhung sind in den § 23 bis 30 VVG enthalten.

(4) Die Bestimmungen in den vorstehenden Absätzen finden auch Anwendung auf eine in der Zeit zwischen Stellung und Annahme des Versicherungsantrags eingetretene Gefahrerhöhung, die dem Versicherer bei Annahme des Antrags nicht bekannt war.

Bei Hausratversicherungen liegt die Gefahrerhöhung auch dann vor, wenn die Wohnung länger als 60 Tage ununterbrochen unbewohnt und unbeaufsichtigt ist. Für die Vermeidung dieser Gefahrerhöhung ist mindestens erforderlich, daß die Aufsicht durch eine erwachsene Person ausgeübt wird, die sich wenigstens während der Nacht in der Versicherungsräumlichkeit aufhält.

(3) Tritt nach dem Vertragsschluß eine Gefahrerhöhung ein, so kann der Versicherer kündigen. Verletzt der Versicherungsnehmer eine der in (1) genannten Pflichten, so ist der Versicherer außerdem nach Maßgabe der gesetzlichen Bestimmungen von der Entschädigungspflicht frei.

(4) Die näheren Vorschriften über Gefahrerhöhung sind in den §§ 23–30 VVG enthalten.

(5) Die Bestimmungen in den vorstehenden Absätzen finden auch Anwendung auf eine in der Zeit zwischen Stellung und Annahme des Versicherungsantrages eingetretene Gefahrerhöhung, die dem Versicherer bei der Annahme des Antrages nicht bekannt war.

§ 7 Sicherheitsvorschriften

Verletzt der Versicherungsnehmer gesetzliche, polizeiliche oder vereinbarte Sicherheitsvorschriften oder duldet er ihre Verletzung, so kann der Versicherer innerhalb eines Monats, nachdem er von der Verletzung Kenntnis erlangt hat, die Versicherung mit einmonatiger Frist kündigen.

Satz 2 und 3:
Er ist von der Entschädigungspflicht frei, wenn der Schadenfall nach der Verletzung eintritt und die Verletzung auf Vorsatz oder grober Fahrlässigkeit des Versicherungsnehmers beruht. Die Entschädigungspflicht bleibt bestehen, wenn die Verletzung keinen Einfluß auf den Eintritt des Schadenfalles oder auf den Umfang der Entschädigung gehabt hat oder wenn zur Zeit des Schadenfalles trotz Ablauf der Frist die Kündigung nicht erfolgt war.

Satz 2 bis 5:
Das Kündigungsrecht erlischt, wenn der Zustand wiederhergestellt ist, der vor der Verletzung bestanden hat. Der Versicherer ist von der Entschädigungspflicht frei, wenn der Schadenfall nach der Verletzung eintritt und die Verletzung auf Vorsatz oder grober Fahrlässigkeit des Versicherungsnehmers beruht. Die Entschädigungspflicht bleibt bestehen, wenn die Verletzung keinen Einfluß auf den Eintritt des Schadenfalles oder auf den Umfang der Entschädigung gehabt hat oder wenn zur Zeit des Schadenfalles trotz Ablauf der Frist die Kündigung nicht erfolgt war. Ist mit der Verletzung einer Sicherheitsvorschrift eine Gefahrerhöhung verbunden, so finden die Bestimmungen des § 6 Anwendung.

§ 8 Prämie, Beginn der Haftung

(1) Der Versicherungsnehmer hat die erste Prämie gegen Aushändigung der Versicherungsurkunde, Folgeprämien bei Beginn jeder Versicherungsperiode zu zahlen. Mit der Prämie sind die aus der Versicherungsurkunde oder der Prämienrechnung ersichtlichen Kosten (öffentliche Abgaben, Ausfertigungs- und Hebegebühren, Auslagen) zu entrichten.[3]

(2) Die Haftung des Versicherers beginnt mit der Einlösung der Versicherungsurkunde, jedoch nicht vor dem in der Versicherungsurkunde bezeichneten Zeitpunkt.

(3)[4] Für die Folgen nicht rechtzeitiger Prämienzahlung gelten die §§ 38, 39, 91 VVG. Eine gerichtliche Einziehung rückständiger Folgeprämien darf nur innerhalb eines Jahres seit Ablauf der nach §§ 39, 91 VVG gesetzten Zahlungsfristen erfolgen.

(3)[4] Für die Folgen nicht rechtzeitiger Prämienzahlung gelten die §§ 38, 39 VVG. Eine gerichtliche Einziehung rückständiger Folgeprämien darf nur innerhalb eines Jahres seit Ablauf der nach § 39 VVG gesetzten Zahlungsfrist erfolgen.

(4)[4] Endigt das Versicherungsverhältnis vor Ablauf der Vertragszeit, so gebührt dem Versicherer die Prämie für die laufende Versicherungsperiode.

Im Falle der Anfechtung des Versicherungsvertrages oder seiner Aufhebung wegen Verletzung einer Obliegenheit oder wegen Gefahrerhöhung gebührt dem Versicherer die Prämie bis zum Schluß lediglich der Versicherungsperiode, in der er von dem Anfechtungs- oder Aufhebungsgrund Kenntnis erlangt hat. Wird die Kündigung erst in der folgenden Versicherungsperiode wirksam, so gebührt ihm die Prämie bis zur Beendigung des Versicherungsverhältnisses.

Tritt der Versicherer nach § 38 Abs. 1 VVG zurück, so kann er nur eine angemessene Geschäftsgebühr verlangen.

Kündigt nach dem Eintritt eines Schadens der Versicherer [§ 18 (2)], so hat er die Prämie, die auf die nach Abzug der Entschädigung verbleibende Versicherungssumme entfällt, nach Verhältnis der noch nicht abgelaufenen Versicherungszeit zurückzuzahlen.

War die Prämie für mehrere Jahre vorausgezahlt, so wird der Betrag einbehalten, den der Versicherer bei Abschluß der Versicherung für die abgelaufene Zeit berechnet haben würde; der Mehrbetrag wird zurückerstattet.

§ 9 Mehrfache Versicherung. Vereinbarte Selbstversicherung

(1) Nimmt der Versicherungsnehmer für versicherte Sachen eine andere Feuerversicherung,

(1) Nimmt der Versicherungsnehmer für versicherte Sachen eine andere Einbruchdiebstahlversicherung,

auch gegen mittelbare Schäden, so hat er dem Versicherer unverzüglich den Namen des anderen Versicherers und die Versicherungssumme schriftlich anzugeben. Der

---

[3] Durch VerBAV 87, 174 (vgl. A II 35) wurde Abs. Nr. 1 neu gefaßt:
Der Versicherungsnehmer hat die erste Prämie (Beitrag) bei Aushändigung des Versicherungsscheines zu zahlen, Folgeprämien am Ersten des Monats, in dem ein neues Versicherungsjahr beginnt. Die Folgen nicht rechtzeitiger Zahlung der ersten Prämie oder der ersten Rate der ersten Prämie ergeben sich aus § 38 VVG; im übrigen gilt § 39 VVG. Rückständige Folgeprämien dürfen nur innerhalb eines Jahres seit Ablauf der nach § 39 VVG für sie gesetzten Zahlungsfrist eingezogen werden.
Vorstehende Bestimmungen gelten auch für die vereinbarten Nebenkosten.

[4] Neufassung gemäß VerBAV 84, 389 und 87, 174 (vgl. A II 35):
(3) Endet das Versicherungsverhältnis vor Ablauf der Vertragszeit oder wird es nach Beginn rückwirkend aufgehoben oder ist es von Anfang an nichtig, so gebührt dem Versicherer Prämie oder Geschäftsgebühr gemäß den gesetzlichen Bestimmungen (z. B. §§ 40, 68 VVG).
Kündigt nach Eintritt eines Versicherungsfalls (§ 18 Nr. 2) der Versicherungsnehmer, so gebührt dem Versicherer die Prämie für die laufende Versicherungsperiode. Kündigt der Versicherer, so hat er die Prämie für die laufende Versicherungsperiode nach dem Verhältnis der noch nicht abgelaufenen zu der gesamten Zeit der Versicherungsperiode zurückzuzahlen.

Versicherer kann innerhalb eines Monats, nachdem er von der anderen Versicherung Kenntnis erlangt hat, die Versicherung mit dreimonatiger Frist kündigen. Ist die andere Versicherung nicht angezeigt oder dem Versicherer sonst nicht bekannt geworden und tritt nach Ablauf von drei Monaten seit dem Zeitpunkt, zu dem die Anzeige dem Versicherer hätte zugehen müssen, ein Schaden ein, so wird der Versicherer von der Entschädigungspflicht frei. Die Entschädigungspflicht bleibt bestehen, wenn zur Zeit des Schadenfalls trotz Ablauf der Frist eine Kündigung nicht erfolgt war.

(2) Ist vereinbart, daß der Versicherungsnehmer einen Teil des Schadens selbst zu tragen hat (vereinbarte Selbstversicherung), so darf er für diesen Teil keine andere Versicherung nehmen. Andernfalls wird die Entschädigung so ermäßigt, daß der Versicherungsnehmer den vereinbarten Teil des Schadens selbst trägt.

§ 10 Überversicherung. Doppelversicherung

(1) Übersteigt die Versicherungssumme den Wert der versicherten Sachen erheblich, so kann sowohl der Versicherungsnehmer wie der Versicherer nach Maßgabe des § 51 VVG die Herabsetzung der Versicherungssumme und Prämie verlangen.

Satz 2:

Eine tariflich festgelegte Mindestprämie oder eine bei sinkender Versicherungssumme vorgesehene Steigerung des Prämiensatzes bleiben unberührt.

(2) Hat der Versicherungsnehmer den Vertrag, durch den die Doppelversicherung entstanden ist, ohne Kenntnis von dem Entstehen der Doppelversicherung geschlossen oder ist die Doppelversicherung durch Sinken des Versicherungswertes nach Abschluß mehrerer Versicherungen entstanden, so kann der Versicherungsnehmer nach Maßgabe des § 60 VVG Aufhebung des später geschlossenen Vertrags, gegebenenfalls Herabsetzung der Versicherungssumme verlangen.

§ 11 Veräußerung der versicherten Sachen

Veräußert der Versicherungsnehmer die versicherten Sachen, so geht die Versicherung gemäß § 69 VVG auf den Erwerber über. Veräußerer oder Erwerber haben die Veräußerung unverzüglich schriftlich anzuzeigen. Der Erwerber oder der Versicherer können die Versicherung nach §§ 70, 71 VVG kündigen. Bei Verletzung der Anzeigepflicht wird der Versicherer nach Maßgabe des § 71 VVG von der Entschädigungspflicht frei.

§ 12 Versicherung für fremde Rechnung

(1) Bei der Versicherung für fremde Rechnung kann der Versicherungsnehmer über die Rechte des Versicherten im eigenen Namen verfügen. Der Versicherungsnehmer ist ohne Zustimmung des Versicherten zur Annahme der Entschädigungszahlung sowie zur Übertragung der Rechte des Versicherten befugt, auch wenn er nicht im Besitz des Versicherungsscheins ist. Der Versicherer kann vor Auszahlung der Entschädigung den Nachweis verlangen, daß der Versicherte seine Zustimmung zu der Versicherung und zur Empfangnahme der Entschädigung erteilt hat.

(2) Der Versicherte kann über seine Rechte nicht verfügen, selbst wenn er im Besitze des Versicherungsscheins ist; er kann die Zahlung der Entschädigung nur mit Zustimmung des Versicherungsnehmers verlangen.

(3) Die für den Versicherungsnehmer geltenden Bestimmungen der §§ 6, 13, 14, 16 und 17 finden auf den Versicherten entsprechende Anwendung. § 79 VVG bleibt unberührt.

§ 13 Pflichten des Versicherungsnehmers im Schadenfall

(1) Der Versicherungsnehmer hat im Falle eines Schadens, für den er Ersatz verlangt, folgende Pflichten:

a) Er hat innerhalb dreier Tage, nachdem er von dem Schaden Kenntnis erlangt hat, dem Versicherer oder dem Agenten sowie der Polizeibehörde schriftlich oder mündlich Anzeige zu machen. Durch die Absendung der Anzeige wird die Frist gewahrt. Eine Aufstellung etwa abhanden gekommener Sachen hat er der Polizeibehörde innerhalb dreier Tage nach Feststellung ihres Verlustes einzureichen;

a) er hat unverzüglich, nachdem er von dem Schaden Kenntnis erlangt hat, dem Agenten oder dem Versicherer sowie der Polizeibehörde schriftlich oder mündlich Anzeige zu machen. Sind[5] Sachen im Gesamtwert von mehr als 2000 DM entwendet, so ist, abgesehen von der Mitteilung an die Polizeibehörde, der Schaden telegraphisch oder fernmündlich der zuständigen Generalagentur oder dem Vorstand des Versicherers anzuzeigen. Eine Aufstellung der entwendeten Sachen ist der Polizeibehörde innerhalb dreier Tage nach Feststellung des Verlustes einzureichen;

b) er hat nach Möglichkeit für die Abwendung oder Minderung des Schadens zu sorgen und dabei die Weisung des Versicherers oder des Agenten zu befolgen. Gestatten es die Umstände, so hat er solche Weisung einzuholen. Wegen des Ersatzes der Aufwendungen siehe § 14;

b) er hat nach Möglichkeit für die Abwendung oder Minderung des Schadens zu sorgen und dabei die Weisung des Versicherers oder seines Agenten zu befolgen und alle zur Entdeckung des Täters und zur Wiedererlangung der entwendeten Sachen geeigneten Maßnahmen zu treffen. Gestatten es die Umstände, so hat er solche Weisungen einzuholen. Wegen des Ersatzes der Aufwendungen siehe § 14;

c) er hat dem Versicherer, soweit es ihm billigerweise zugemutet werden kann, jede Untersuchung über Ursache und Höhe des Schadens und über den Umfang der Entschädigungspflicht zu gestatten, jede hierzu dienliche Auskunft, auf Verlangen zu Protokoll oder schriftlich, zu erteilen und Belege beizubringen.

Satz 2 und 3:

Auf Verlangen muß er ferner innerhalb einer angemessenen Frist, die mindestens zwei Wochen betragen muß, ein von ihm unterschriebenes Verzeichnis der am Schadentage vorhandenen, der vom Schaden betroffenen und der abhanden gekommenen Sachen, und zwar nach Möglichkeit unter Angabe ihres Wertes unmittelbar vor dem Schadenfall, auf seine Kosten[6] vorlegen. Bei Gebäu-

Satz 2:

Auf Verlangen muß er ferner innerhalb einer angemessenen Frist, die mindestens zwei Wochen betragen muß, ein von ihm unterschriebenes Verzeichnis der am Schadentage vorhandenen sowie der entwendeten und beschädigten Sachen, und zwar nach Möglichkeit unter Angabe ihres Wertes unmittelbar vor dem Schadenfalle, auf seine Kosten[6] vorlegen.

---

[5] Neufassung von Satz 2 gemäß VerBAV **84,** 389 (vgl. A II 35):
Bei Schäden über 2000,– DM soll die Anzeige dem Versicherer gegenüber fernmündlich, fernschriftlich oder telegrafisch erfolgen; einer zusätzlichen schriftlichen Anzeige bedarf es dann nicht.

[6] Durch VerBAV **87,** 175 (vgl. A II 35) werden die Worte „auf seine Kosten" gestrichen.

deschäden muß er auf Verlangen einen beglaubigten Grundbuchauszug auf seine Kosten[6] beibringen.

(2) Verletzt der Versicherungsnehmer eine der vorstehenden Obliegenheiten, so ist der Versicherer von der Verpflichtung zur Leistung frei, es sei denn, daß die Verletzung weder auf Vorsatz noch auf grober Fahrlässigkeit beruht. Bei grobfahrlässiger Verletzung der unter (1) a) und c) bestimmten Obliegenheiten bleibt der Versicherer zur Leistung insoweit verpflichtet, als die Verletzung keinen Einfluß auf die Feststellung des Schadenfalles oder auf die Feststellung oder den Umfang der Entschädigungsleistung gehabt hat. Bei grobfahrlässiger Verletzung der unter (1) b) bestimmten Rettungspflicht bleibt der Versicherer insoweit verpflichtet, als der Umfang des Schadens auch bei gehöriger Erfüllung der Obliegenheit nicht geringer gewesen wäre. Ist die Anzeige des Schadens bei der Polizeibehörde unterblieben, so kann die Entschädigung nur bis zur Nachholung dieser Anzeige verweigert werden. Sind abhanden gekommene Sachen der Polizeibehörde nicht oder nicht rechtzeitig angezeigt, so kann die Entschädigung nur für diese Sachen verweigert werden.

Satz 3:
Durch die Absendung der Anzeige (Ziffer (1) a) oder des Verzeichnisses (Ziffer (1) c) wird die Frist gewahrt.

(2) Verletzt der Versicherungsnehmer eine der vorstehenden Obliegenheiten mit Ausnahme der unter (1) a) geforderten telegrafischen oder fernmündlichen Anzeige, so ist der Versicherer von der Verpflichtung zur Leistung frei, es sei denn, daß die Verletzung weder auf Vorsatz noch auf grober Fahrlässigkeit beruht. Bei grobfahrlässiger Verletzung der unter (1) a) und c) bestimmten Obliegenheiten bleibt der Versicherer zur Leistung insoweit verpflichtet, als die Verletzung keinen Einfluß auf die Feststellung des Schadenfalles oder auf die Feststellung oder den Umfang der Entschädigungsleistung gehabt hat. Bei grobfahrlässiger Verletzung der unter (1) b) bestimmten Rettungspflicht bleibt der Versicherer insoweit verpflichtet, als der Umfang des Schadens auch bei gehöriger Erfüllung der Obliegenheit nicht geringer gewesen wäre. Sind abhanden gekommene Sachen der Polizeibehörde nicht oder nicht rechtzeitig angezeigt, so kann die Entschädigung nur für diese Sachen verweigert werden.

§ 14 Ersatz der Aufwendungen

Aufwendungen, auch erfolglose, die der Versicherungsnehmer im Schadenfalle zur Abwendung oder Minderung des Schadens für geboten halten durfte, hat der Versicherer zu ersetzen. Zu Vorschüssen ist der Versicherer nicht verpflichtet.[7] Der Ersatz für Aufwendungen und die Entschädigung dürfen zusammen die Versicherungssumme nicht übersteigen, soweit die Aufwendungen nicht auf Weisung des Versicherers erfolgt sind. Bei einer Unterversicherung sind die Aufwendungen nur in demselben Verhältnis zu ersetzen wie der Schaden.

Satz 5:
Für Leistungen der im öffentlichen Interesse bestehenden Feuerwehren oder anderer zur Löschhilfe Verpflichteter wird ein Ersatz nicht gewährt.

---

[6] Vgl. Fußn. auf S. 57.
[7] Satz 2 wurde durch VerBAV **87**, 175 (vgl. A II 35) gestrichen.

§ 15 Sachverständigenverfahren[8]

(1) Jede Partei kann verlangen, daß die Höhe des Schadens durch Sachverständige festgestellt wird. Die Ausdehnung des Sachverständigenverfahrens auf sonstige Festellungen, insbesondere einzelne Voraussetzungen des Entschädigungsanspruchs, bedarf besonderer Vereinbarung. Die Feststellung, die die Sachverständigen im Rahmen ihrer Zuständigkeit treffen, ist verbindlich, wenn nicht nachgewiesen wird, daß sie offenbar von der wirklichen Sachlage erheblich abweicht.

(2) Für das Sachverständigenverfahren gelten folgende Grundsätze:

a) Jede Partei ernennt zu Protokoll oder sonst schriftlich einen Sachverständigen. Jede Partei kann die andere unter Angabe des von ihr gewählten Sachverständigen zur Ernennung des zweiten Sachverständigen schriftlich auffordern. Erfolgt diese Ernennung nicht binnen zwei Wochen nach Empfang der Aufforderung, so wird auf Antrag der anderen Partei der zweite Sachverständige durch das für den Schadenort zuständige Amtsgericht ernannt. In der Aufforderung ist auf diese Folge hinzuweisen. Beide Sachverständige wählen zu Protokoll oder sonst schriftlich vor Beginn des Feststellungsverfahrens einen dritten als Obmann. Einigen sie sich nicht, so wird der Obmann auf Antrag einer Partei oder beider Parteien durch das für den Schadenort zuständige Amtsgericht ernannt.

---

[8] Neufassung gemäß VerBAV **84**, 389 (vgl. A II 36 und A V 28):

1. Versicherungsnehmer und Versicherer können nach Eintritt des Versicherungsfalles vereinbaren, daß die Höhe des Schadens durch Sachverständige festgestellt wird. Das Sachverständigenverfahren kann durch Vereinbarung auf sonstige tatsächliche Voraussetzungen des Entschädigungsanspruchs sowie der Höhe der Entschädigung ausgedehnt werden. Der Versicherungsnehmer kann ein Sachverständigenverfahren auch durch einseitige Erklärung gegenüber dem Versicherer verlangen.

2. Für das Sachverständigenverfahren gilt:

a) Jede Partei benennt schriftlich einen Sachverständigen und kann dann die andere unter Angabe des von ihr benannten Sachverständigen schriftlich auffordern, den zweiten Sachverständigen zu benennen. Wird der zweite Sachverständige nicht binnen zwei Wochen nach Empfang der Aufforderung benannt, so kann ihn die auffordernde Partei durch das für den Schadenort zuständige Amtsgericht ernennen lassen. In der Aufforderung ist auf diese Folge hinzuweisen.

b) Beide Sachverständige benennen schriftlich vor Beginn des Feststellungsverfahrens einen dritten Sachverständigen als Obmann. Einigen sie sich nicht, so wird der Obmann auf Antrag einer Partei durch das für den Schadenort zuständige Amtsgericht ernannt.

c) Der Versicherer darf als Sachverständige keine Personen benennen, die Mitbewerber des Versicherungsnehmers sind oder mit ihm in dauernder Geschäftsverbindung stehen, ferner keine Personen, die bei Mitbewerbern oder Geschäftspartnern angestellt sind oder mit ihnen in einem ähnlichen Verhältnis stehen.

Dies gilt entsprechend für die Benennung eines Obmannes durch die Sachverständigen.

3. Die Feststellungen der Sachverständigen müssen enthalten

a) ein Verzeichnis der zerstörten, beschädigten oder abhandenkommenen Sachen sowie deren Versicherungswert zum Zeitpunkt des Versicherungsfalles;

a) ein Verzeichnis der abhandengekommenen, zerstörten oder beschädigten Sachen sowie deren Versicherungswert zum Zeitpunkt des Versicherungsfalles;

b) alle sonstigen gemäß § 3 Nr. 1 maßgebenden Tatsachen, insbesondere die Restwerte der von dem Schaden betroffenen Sachen;

c) entstandene Kosten, die gemäß § 1 Nr. 5 und Nr. 6 versichert sind.

c) entstandene Kosten, die gemäß § 1 Nr. 4 und Nr. 5 versichert sind.

4. Die Sachverständigen übermitteln beiden Parteien gleichzeitig ihre Feststellungen. Weichen die Feststellungen voneinander ab, so übergibt der Versicherer sie unverzüglich dem Obmann. Dieser entscheidet über die streitig gebliebenen Punkte innerhalb der durch die Feststellungen der Sachverständigen gezogenen Grenzen und übermittelt seine Entscheidung beiden Parteien gleichzeitig.

5. Jede Partei trägt die Kosten ihres Sachverständigen. Die Kosten des Obmannes tragen beide Parteien je zur Hälfte.

6. Die Feststellungen der Sachverständigen oder des Obmannes sind verbindlich, wenn nicht nachgewiesen wird, daß sie offenbar von der wirklichen Sachlage erheblich abweichen. Aufgrund dieser verbindlichen Feststellungen berechnet der Versicherer gemäß § 3 die Entschädigung.

7. Durch das Sachverständigenverfahren werden die Obliegenheiten des Versicherungsnehmers gemäß § 13 Nr. 1 c nicht berührt.

b) Die Feststellung der beiden Sachverständigen muß den Versicherungswert der Sachen unmittelbar vor und nach dem Schaden enthalten. Die Sachverständigen reichen ihre Feststellung gleichzeitig dem Versicherer und dem Versicherungsnehmer ein. Fertigen die Sachverständigen voneinander abweichende Feststellungen an, so übergibt der Versicherer sie unverzüglich dem Obmann. Dieser entscheidet über die streitig gebliebenen Punkte innerhalb der Grenzen beider Feststellungen und reicht seine Feststellung gleichzeitig dem Versicherer und dem Versicherungsnehmer ein.

b) Die Feststellung der beiden Sachverständigen muß ein Verzeichnis der entwendeten Sachen mit ihrem Ersatzwert sowie ein Verzeichnis der zerstörten und beschädigten Sachen mit ihrem Ersatzwert und ihrem Wert unmittelbar nach dem Schaden enthalten. Die Feststellung muß auf Verlangen einer der beiden Parteien auch ein Verzeichnis der vom Schaden nicht betroffenen Sachen mit ihrem Ersatzwert enthalten. Die Sachverständigen reichen ihre Feststellung gleichzeitig dem Versicherer und dem Versicherungsnehmer ein. Weichen die Ergebnisse der Feststellungen voneinander ab, so übergibt der Versicherer sie unverzüglich dem Obmann. Dieser entscheidet über die streitig gebliebenen Punkte innerhalb der Grenzen beider Feststellungen und reicht seine Feststellung gleichzeitig dem Versicherer und dem Versicherungsnehmer ein.

c) Jede Partei trägt die Kosten ihres Sachverständigen; die Kosten des Obmanns tragen beide je zur Hälfte.

(3) Auf Grund der Feststellung der Sachverständigen oder des Obmannes wird die Entschädigung nach den Bestimmungen des § 3 (1) und (4) berechnet.

(4) Durch das Sachverständigenverfahren werden die Pflichten des Versicherungsnehmers nach § 13 (1) c) nicht berührt.

§ 16 Besondere Verwirkungsgründe

Wenn der Versicherungsnehmer den Schaden vorsätzlich oder grob fahrlässig herbeiführt oder sich bei den Verhandlungen über die Ermittlung der Entschädigung einer arglistigen Täuschung schuldig macht, so ist der Versicherer dem Versicherungsnehmer gegenüber von jeder Entschädigungspflicht aus diesem Schadenfalle frei.

Wenn der Versicherungsnehmer den Schaden vorsätzlich oder grob fahrlässig herbeiführt oder sich bei den Verhandlungen über die Ermittlung der Entschädigung einer arglistigen Täuschung schuldig macht, so ist der Versicherer dem Versicherungsnehmer gegenüber von jeder Entschädigungspflicht aus diesem Schadenfall frei, auch wenn die Täuschungshandlung sich auf Gegenstände bezieht, die durch einen anderen zwischen den Vertragsteilen abgeschlossenen Vertrag gegen Schäden durch Einbruchdiebstahl versichert sind.

§ 17 Zahlung der Entschädigung

(1)[9] Die Entschädigung ist zwei Wochen nach ihrer vollständigen Feststellung fällig; jedoch kann einen Monat nach Anzeige des Schadens als Teilzahlung der

---

[9] Neufassung gemäß VerBAV **84**, 389 (vgl. A II 36 und A V 28):
(1) Ist die Leistungspflicht des Versicherers dem Grunde und der Höhe nach festgestellt, so hat die Auszahlung der Entschädigung binnen zwei Wochen zu erfolgen. Jedoch ...

Betrag verlangt werden, der nach Lage der Sache mindestens zu zahlen ist. Die Entschädigung ist nach Ablauf eines Monats seit der Anzeige des Schadens mit 1 v. H. unter dem Diskontsatz derjenigen Zentralnotenbank, in deren Währung zu leisten ist, aber mit nicht mehr als 6 v. H. und mit nicht weniger als 4 v. H. für das Jahr zu verzinsen. Der Lauf der vorgenannten Fristen ist gehemmt, solange infolge eines Verschuldens des Versicherungsnehmers die Ermittlung oder Zahlung der Entschädigung nicht erfolgen kann.

Satz 4 und 5:
Soweit der Anspruch auf die Entschädigung erst bei Wiederherstellung der Sache entsteht, ermäßigt sich der Mindestzinssatz auf 3 v. H., jedoch nicht vor dem Zeitpunkt der vollständigen Feststellung der Entschädigung. Zinsen sind erst fällig, wenn die Entschädigungssumme selbst fällig ist.

(2) Der Versicherer ist berechtigt, die Zahlung aufzuschieben:
a) wenn Zweifel über die Berechtigung des Versicherungsnehmers zum Zahlungsempfang bestehen, bis zur Beibringung der erforderlichen Nachweisung;
b) wenn eine polizeiliche oder strafgerichtliche Untersuchung aus Anlaß des Schadens gegen den Versicherungsnehmer eingeleitet ist, bis zur Erledigung dieser Untersuchung.

(3) Für Gebäude, die zur Zeit des Schadenfalles mit Hypotheken, Reallasten, Grund- oder Rentenschulden belastet sind, wird die Entschädigung nur gezahlt, soweit ihre Verwendung zur Wiederherstellung gesichert ist. Die Zahlung wird vorbehaltlos geleistet, soweit die am Schadentage eingetragenen Realgläubiger sich schriftlich einverstanden erklären oder selbst zur Empfangnahme der Entschädigung berechtigt sind. Eine mit dem Versicherungsnehmer besonders getroffene Wiederherstellungsvereinbarung wird hierdurch nicht berührt.

(3) Werden entwendete Sachen wieder herbeigeschafft, so hat der Versicherungsnehmer unverzüglich dem Versicherer Anzeige zu machen und ihm auf Verlangen seine Rechte an den Sachen abzutreten.

Sind wiederherbeigeschaffte Sachen mit ihrem vollen Wert entschädigt worden, so hat der Versicherungsnehmer die Entschädigung zurückzuzahlen oder die Sachen dem Versicherer zur Verfügung zu stellen. Der Versicherungsnehmer hat sich auf Verlangen des Versicherers innerhalb zweier Wochen nach Aufforderung hierüber zu entscheiden; nach fruchtlosem Ablauf dieser Frist geht das Wahlrecht auf den Versicherer über.

Sind die wiederherbeigeschafften Sachen nur mit einem Teil ihres Wertes entschädigt worden, so kann der Versicherungsnehmer sie unter Rückzahlung der Teilentschädigung behalten. Erklärt er sich hierzu innerhalb zweier Wochen nach Aufforderung des Versicherers nicht bereit, so sind die Sachen im Einvernehmen mit dem Versicherer öffentlich meistbietend zu verkaufen. Von dem Erlös abzüglich der Verkaufskosten erhält der Versicherer den Anteil, welcher der von ihm geleisteten Teilentschädigung entspricht.

(4) Wenn der Entschädigungsanspruch nicht innerhalb einer Frist von sechs Monaten gerichtlich geltend gemacht wird, nachdem der Versicherer ihn unter Angabe der mit dem Ablauf der Frist verbundenen Rechtsfolge schriftlich abgelehnt hat, so ist der Versicherer von der Enschädigungspflicht frei.

§ 18 Rechtsverhältnis nach dem Schadenfall

(1) Vom Schadentage an vermindert sich die Versicherungssumme für den Rest der Versicherungsperiode um den Betrag der Entschädigung. Für spätere Versicherungsperioden gelten wieder die ursprüngliche Versicherungssumme und Prämie, wenn sich nicht aus den Umständen ein anderes ergibt.[10]

(2)[11] Nach dem Eintritt eines Schadenfalles können beide Parteien jeden zwischen ihnen bestehenden Feuerversicherungsvertrag kündigen, der Versicherungsnehmer jedoch nur dann, wenn er den Schaden dem Versicherer oder dem Agenten in der vorgeschriebenen Frist (§ 13 (1) a) angezeigt hat. Die Kündigung hat spätestens zwei Wochen nach Auszahlung oder Ablehnung schriftlich zu erfolgen. Wird kein Schadenersatz beansprucht, so ist die Kündigung nur zulässig, sofern der Schadenfall länger als ein Jahr zurückliegt, und hat spätestens einen Monat, nachdem die Partei von dem Schaden Kenntnis erlangt hat, schriftlich zu erfolgen. Der Vertrag endigt einen Monat nach der Kündigung, soweit nichts anderes vereinbart ist.

(2)[12] Nach dem Eintritt eines ersatzpflichtigen Schadenfalles können beide Parteien jede zwischen ihnen bestehende Einbruchdiebstahl- und Beraubungsversicherung kündigen, der Versicherungsnehmer jedoch nur dann, wenn er die ihm gemäß § 13 (1) a) obliegenden Anzeigen gemacht hat. Die Kündigung hat spätestens zwei Wochen nach Auszahlung oder Ablehnung schriftlich zu erfolgen. Wird für einen ersatzpflichtigen Schadenfall kein Schadenersatz beansprucht, so ist die Kündigung nur zulässig, sofern der Schadenfall nicht länger als ein Jahr zurückliegt; sie ist spätestens einen Monat, nachdem die Partei von dem Schaden Kenntnis erlangt hat, schriftlich zu erklären. Der Vertrag endigt einen Monat nach der Kündigung, soweit nichts anderes vereinbart ist.

§ 19 Schriftliche Form der Erklärung des Versicherungsnehmers

Versicherungsanträge sowie sämtliche Anzeigen und Erklärungen des Versicherungsnehmers mit Ausnahme der Schadenanzeige müssen schriftlich erfolgen.

---

[10] Abs. Nr. 1 lautet seit VerBAV **87**, 174 (vgl. A II 35):
(1) Die Versicherungssumme vermindert sich nicht dadurch, daß eine Entschädigung geleistet wird.

[11] Neufassung gemäß VerBAV **84**, 389 (vgl. A II 35):
(2) Nach dem Eintritt eines Schadenfalles können Versicherer und Versicherungsnehmer jeden zwischen ihnen bestehenden Feuerversicherungsvertrag kündigen.
Die Kündigung ist schriftlich zu erklären.
Sie muß spätestens einen Monat nach dem Abschluß der Verhandlungen über die Entschädigung zugehen.
Die Kündigung wird einen Monat nach ihrem Zugang wirksam. Der Versicherungsnehmer kann bestimmen, daß seine Kündigung sofort oder zu einem späteren Zeitpunkt wirksam wird, jedoch spätestens zum Schluß des laufenden Versicherungsjahres.

[12] Neufassung gemäß VerBAV **84**, 389 (vgl. A II 35):
Nach dem Eintritt eines Versicherungsfalles können Versicherer und Versicherungsnehmer den Versicherungsvertrag kündigen.
Die Kündigung ist schriftlich zu erklären.
Sie muß spätestens einen Monat nach dem Abschluß der Verhandlungen über die Entschädigung zugehen.
Die Kündigung wird einen Monat nach ihrem Zugang wirksam. Der Versicherungsnehmer kann bestimmen, daß seine Kündigung sofort oder zu einem späteren Zeitpunkt wirksam wird, jedoch spätestens zum Schluß des laufenden Versicherungsjahres.

§ 20 Verlängerung des Versicherungsvertrages

Versicherungsverträge von ein- oder mehrjähriger Dauer verlängern sich, wenn nichts anderes vereinbart ist, um ein Jahr und weiter von Jahr zu Jahr, wenn sie nicht drei Monate vor dem jeweiligen Ablauf von einem der beiden Teile schriftlich gekündigt werden.

Sonderbedingungen für die Beraubungsversicherung.

§ I. Der Versicherer gewährt Versicherungsschutz gegen Schäden durch Beraubung und räuberischer Erpressung (Gewalt gegen eine Person oder Drohung mit Gefahr für Leib oder Leben).

§ II. Für die Beraubungsversicherung gelten die Allgemeinen Einbruchdiebstahlversicherungs-Bedingungen (AEB) sinngemäß mit folgenden Ausnahmen:

a) Bargeld, Wertpapiere, Sparkassenbücher, Urkunden, ungefaßte Edelsteine, ungemünzte Metalle, ungefaßte echte Perlen, Münzen- und Briefmarkensammlungen, Schmuck-, Gold- und Silbersachen sind auch versichert, während sie sich nicht unter Verschluß befinden.

b) In Erweiterung des § 16 ist der Versicherer dem Versicherungsnehmer gegenüber von jeder Entschädigungspflicht aus einem Schadenfall auch dann frei, wenn die beraubte Person den Schaden vorsätzlich oder grobfahrlässig herbeiführt.

c) Bei Hausratversicherungen haftet der Versicherer in Erweiterung des § 4 auch für Schäden durch Beraubung des Versicherungsnehmers und der in häuslicher Gemeinschaft mit ihm lebenden erwachsenen Personen auf Wegen und Fahrten innerhalb des Deutschen Reiches. Die nach § 3 (4) zu ermittelnde Entschädigung darf jedoch 10 v. H. der Versicherungssumme, höchstens 2000 DM, nicht übersteigen.

§ III. Eine weitere Ausdehnung der Beraubungsversicherung bedarf besonderer Vereinbarung.

Texte 7

Zusatzbedingungen für die Feuerversicherung landwirtschaftlicher Betriebe (LZB 87)
mit Klauseln

(Grundlage: AFB 87)

Text der bis 1987 gebräuchlichen „Zusatzbedingungen für die Feuerversicherung landwirtschaftlicher Betriebe (ZFIB)" vgl. Texte 7 der 2. Aufl.

Versicherte Gefahren und Schäden; Gefahrerhöhung

§ 1 Räucher- und Trocknungsanlagen; Räucher- und Trocknungsgut
§ 2 Schäden durch Stromschlag
§ 3 Nutzungsänderungen

Versicherte Sachen und Interessen

§ 4 Tiere
§ 5 Ernteerzeugnisse
§ 6 Fremdes Eigentum

Versicherungsort

§ 7 Versicherungsort
§ 8 Feld- und Reihenscheunen; Schober (Diemen); Großballenlager
§ 9 Abhängige Außenversicherung

Versicherungswert

§ 10 Versicherungswert von beweglichen Sachen
§ 11 Versicherungswert und Entschädigungsberechnung bei landwirtschaftlichen Gebäuden

Es gelten die Allgemeinen Feuerversicherungs-Bedingungen (AFB 87), soweit sich nicht aus den folgenden Bestimmungen etwas anderes ergibt.

Versicherte Gefahren und Schäden; Gefahrerhöhung

§ 1 Räucher- und Trocknungsanlagen; Räucher- und Trocknungsgut

Brandschäden an versicherten Räucher- und Trocknungsanlagen sowie an deren versicherten Inhalt werden bis zu den vereinbarten Entschädigungsgrenzen auch dann ersetzt, wenn der Brand innerhalb der Anlagen ausgebrochen ist.

§ 2 Schäden durch Stromschlag

Die Versicherung erstreckt sich auch auf Schäden an versicherten Tieren durch Stromschlag.

§ 3 Nutzungsänderungen

1. Nutzungsänderungen sind dem Versicherer unverzüglich anzuzeigen. Dies gilt insbesondere für die Aufnahme einer Intensiv-Tierhaltung, für eine nicht landwirtschaftliche Nutzung sowie für das Leerstehenlassen von Gebäuden.

2. Ist mit der Nutzungsänderung eine Gefahrerhöhung verbunden, so gelten die §§ 23 bis 30 VVG.

3. Der Versicherer hat von dem Tag der Nutzungsänderung an Anspruch auf die aus einem etwa erforderlichen höheren Prämiensatz errechnete Prämie. Dies gilt nicht, soweit der Versicherer in einem Versicherungsfall wegen Gefahrerhöhung leistungsfrei geworden ist.

Versicherte Sachen und Interessen

§ 4 Tiere

1. Die Versicherung des Tierbestandes umfaßt den gesamten jeweils vorhandenen Bestand an Tieren aller Gattungen.

2. Tiere in Intensiv-Haltung sowie Sport- und Zuchttiere von außergewöhnlichem Wert sind jedoch nur dann mitversichert, wenn dies besonders vereinbart ist.

Als Sport- und Zuchttiere von außergewöhnlichem Wert gelten Tiere mit mindestens doppeltem Marktwert, gemessen an den örtlichen Marktpreisnotierungen für Tiere der normalen Nutzungsklasse.

§ 5 Ernteerzeugnisse

1. Die Versicherung von Ernteerzeugnissen umfaßt den gesamten jeweils vorhandenen Bestand an geernteten, noch nicht geernteten und zugekauften Erzeugnissen einschließlich Saat, ausgenommen Hackfrüchte und Obst, die sich im Freien befinden.

2. In der Versicherungssumme zu berücksichtigen sind die gesamten Ernteerzeugnisse einschließlich der älteren Bestände und des Zukaufs, ausgenommen Hackfrüchte und Obst im Freien, mit dem vollen Wert für die Zeit des ganzen Erntejahres, gleichgültig ob die Sachen in die Gebäude gebracht werden oder nicht.

3. Der Bestand an Ernteerzeugnissen zur Zeit des Versicherungsfalls ist durch ordnungsgemäß geführte Wirtschaftsbücher, durch Belege oder auf sonstige zuverlässige Weise nachzuweisen. Ist dies nicht möglich, dann wird höchstens der Betrag entschädigt, der sich ergäbe, wenn die Vorräte sich gleichmäßig vermindert hätten, und zwar bei Druschfrucht und Stroh vom 1. September an täglich um 1/300, bei Futtergewächsen vom 1. November an täglich um 1/240.

4. Für die Wertberechnung sind die Erzeugerabgabepreise des nächsten Marktortes maßgebend, für Ernteerzeugnisse, die zur Fortführung des Betriebes zugekauft werden müssen, die Wiederbeschaffungspreise.
Der Preis für Saatgut ist nur für solche Ernteerzeugnisse maßgebend, die ausdrücklich als Saatgut durch eine zuständige Stelle anerkannt sind. Bei noch nicht geernteten Ernteerzeugnissen werden vom Erzeugerabgabepreis die ersparten Erntebergungskosten abgezogen.

§ 6 Fremdes Eigentum

Der Einschluß des fremden Eigentums gemäß § 2 Nr. 4 AFB 87 gilt nur, wenn dies besonders vereinbart wurde.

Versicherungsort

§ 7 Versicherungsort

1. Versicherungsort für Tiere, Betriebseinrichtung, Ernteerzeugnisse und sonstige Vorräte der Landwirtschaft sind
a) alle vom Versicherungsnehmer zu landwirtschaftlichen Zwecken genutzten Gebäude auf den im Versicherungsvertrag bezeichneten Grundstücken;
b) alle Hofräume und Ländereien des Betriebes einschließlich der dorthin führenden Wege;
c) deutsche Marktplätze, Ausstellungs- und Ablieferungsorte einschließlich der dorthin führenden Wege und der Unterkunftsstellen.

2. Die in Nr. 1 genannten versicherten Sachen sind innerhalb der Bundesrepublik Deutschland einschließlich des Landes Berlin und der Verbindungswege auch dann versichert, wenn sie sich vorübergehend außerhalb des Versicherungsorts befinden. Darüber hinaus besteht Versicherungsschutz nur, soweit Außenversicherung besonders vereinbart ist.

3. Hackfrüchte und Obst sind nur in Gebäuden versichert.

4. Die Bestimmungen der Nr. 1 bis Nr. 3 gelten nicht für Sachen in Feld- und Reihenscheunen sowie für Schober (Diemen) und Großballenlager (§ 8).

§ 8 Feld- und Reihenscheunen; Schober (Diemen); Großballenlager

Für Sachen in Feld- und Reihenscheunen sowie für Schober (Diemen) und Großballenlager besteht Versicherungsschutz nur, wenn dies besonders vereinbart ist, und nur bis zu der vereinbarten Entschädigungsgrenze.

§ 9 Abhängige Außenversicherung

1. Sachen, für die Außenversicherung vereinbart ist, sind bis zu der hierfür vereinbarten besonderen Versicherungssumme auch außerhalb des Versicherungsorts versichert. Dies gilt jedoch, soweit nicht etwas anderes vereinbart ist, nur innerhalb der Bundesrepublik Deutschland einschließlich des Landes Berlin und der Verbindungswege.

2. Wenn nichts anderes vereinbart ist, besteht kein Versicherungsschutz, soweit Entschädigung aus einem anderen Versicherungsvertrag beansprucht werden kann. Ist danach die Entschädigung oder eine Teilentschädigung gemäß § 17 Nr. 1 AFB 87 nur deshalb noch nicht fällig, weil ohne Verschulden des Versicherungsnehmers die Entschädigungspflicht aus dem anderen Versicherungsvertrag ganz oder teilweise noch nicht geklärt ist, so wird der Versicherer unter Vorbehalt der Rückforderung mit Zinsen 1 v. H. unter dem jeweiligen Diskontsatz der Deutschen Bundesbank eine vorläufige Zahlung leisten.

3. Ist der Prämiensatz für die besondere Versicherungssumme gemäß Nr. 1 höher als für die Position, zu der die Außenversicherung vereinbart ist, so gilt § 11 Nr. 3 AFB 87 (Unterversicherung) auch für diese besondere Versicherungssumme.

4. Bei Berechnung einer Unterversicherung für die Position, zu der die Außenversicherung vereinbart ist, sind auch die gemäß Nr. 1 außerhalb des Versicherungsorts versicherten Sachen zu berücksichtigen.

5. Nr. 3 und Nr. 4 sind nicht nebeneinander anzuwenden. Anzuwenden ist diejenige Bestimmung, die zu der niedrigeren Entschädigung führt.

Versicherungswert

§ 10 Versicherungswert von Ernteerzeugnissen und beweglichen Sachen

1. Für den Versicherungswert von Ernteerzeugnissen gilt § 5 Nr. 2 bis Nr. 4.

2. Versicherungswert von sonstigen beweglichen Sachen ist entweder der Zeitwert gemäß § 5 Nr. 2b Abs. 2 AFB 87 oder unter den dort genannten Voraussetzungen der gemeine Wert gemäß § 5 Nr. 2c AFB 87.

§ 11 Versicherungswert und Entschädigungsberechnung bei landwirtschaftlichen Gebäuden*

1. Beträgt unmittelbar vor Eintritt des Versicherungsfalles der Zeitwert eines gemäß § 5 Nr. 1 AFB 87 zum Neuwert versicherten landwirtschaftlichen Gebäudes weniger als 80 Prozent, aber noch mindestens 50 Prozent des Neuwertes, so wird, soweit nicht etwas anderes vereinbart ist, die gemäß § 11 Nr. 1a oder 1b AFB 87 berechnete Entschädigung gekürzt. Sie beträgt bei einem Zeitwert

a) unter 80 Prozent bis 75 Prozent des Neuwertes 97,5 Prozent,
b) unter 75 Prozent bis 70 Prozent des Neuwertes 95 Prozent,
c) unter 70 Prozent bis 65 Prozent des Neuwertes 92,5 Prozent,
d) unter 65 Prozent bis 60 Prozent des Neuwertes 90 Prozent,
e) unter 60 Prozent bis 55 Prozent des Neuwertes 85 Prozent,
f) unter 55 Prozent bis 50 Prozent des Neuwertes 80 Prozent
des Betrages gemäß § 11 Nr. 1a oder 1b AFB 87.

* § 11 ist in manchen Bedingungswerken nicht enthalten.

2. Abweichend von § 11 Nr. 5a AFB 87 genügt Wiederherstellung des Gebäudes an anderer Stelle nur, wenn sie auf dem Gebiet derselben oder einer angrenzenden Gemeinde erfolgt.

Klauseln

Summenanpassung für die Versicherung beweglicher Sachen – Kl. 1701

1. Die Versicherungssumme für Positionen, zu denen dies besonders vereinbart ist, erhöht oder vermindert sich zur Anpassung an Wertänderungen der versicherten Sachen mit Beginn eines jeden Versicherungsjahres entsprechend dem Vomhundertsatz, um den sich der Index der Erzeugerpreise gewerblicher Produkte im vergangenen Kalenderjahr gegenüber dem davor liegenden Kalenderjahr verändert hat. Der Vomhundertsatz wird auf eine Stelle hinter dem Komma gerundet. Maßgebend ist der vom Statistischen Bundesamt jeweils für den Monat September festgestellte und veröffentlichte Index.

2. Die gemäß Nr. 1 berechnete Versicherungssumme wird auf volle 1000 DM aufgerundet. Die neue Versicherungssumme und die geänderte Prämie werden dem Versicherungsnehmer jeweils bekanntgegeben.

3. Die Versicherungssumme bleibt unverändert, wenn der gemäß Nr. 1 Satz 1 maßgebende Vomhundertsatz unter 3 liegt. Jedoch ist dann für die nächste Veränderung ein Vergleich zwischen dem vergangenen Kalenderjahr und demjenigen Kalenderjahr maßgebend, das zuletzt für eine Summenänderung berücksichtigt wurde.

4. Die aus der Versicherungssumme gemäß Nr. 2 sich ergebende erhöhte Prämie darf die im Zeitpunkt der Erhöhung geltende Tarifprämie nicht übersteigen. Diese Grenze gilt jedoch nur, wenn sich die neue Tarifprämie auf eine unveränderte Gruppe versicherbarer Risiken bezieht.

5. Solange Anpassung der Versicherungssumme nach vorliegenden Bestimmungen vereinbart ist, erhöht sich vom Zeitpunkt dieser Vereinbarung an die jeweilige Versicherungssumme um einen Vorsorgebetrag von 5 Prozent.

6. § 56 VVG und die Bestimmungen über Unterversicherung in den dem Vertrag zugrunde liegenden Versicherungsbedingungen bleiben unberührt.

7. Innerhalb eines Monats nach Zugang der Mitteilung über die geänderte Versicherungssumme kann der Versicherungsnehmer durch schriftliche Erklärung die ihm mitgeteilte Veränderung rückwirkend aufheben. Will der Versicherungsnehmer zugleich die Erklärung gemäß Nr. 8 abgeben, so muß dies deutlich zum Ausdruck kommen.

8. Versicherungsnehmer und Versicherer können unter Einhaltung einer Frist von drei Monaten zum Ende des laufenden Versicherungsjahres durch schriftliche Erklärung verlangen, daß die Bestimmungen über die Summenanpassung für die Versicherung von beweglichen Sachen künftig nicht mehr anzuwenden sind.

9. Das Recht auf Herabsetzung der Versicherungssumme wegen erheblicher Überversicherung (§ 51 Abs. 1 VVG) bleibt unberührt.

Verzicht auf den Einwand der Unterversicherung – Kl. 1702

1. § 56 VVG und die Bestimmungen über Unterversicherung in den dem Vertrag zugrunde liegenden Allgemeinen Versicherungsbedingungen sind nicht anzuwenden, wenn der Schaden 1 Prozent des Gesamtbetrages der Versicherungssummen nicht übersteigt und nicht mehr als den vereinbarten Betrag beträgt.

2. Der Unterversicherungsverzicht gilt nicht für Vorräte, für die Stichtagsversicherung vereinbart ist, und nicht für die Außenversicherung.

3. Versicherungssummen auf Erstes Risiko, für Vorräte, für die Stichtagsversicherung vereinbart ist, und für die Außenversicherung werden bei Feststellung des Gesamtbetrages der Versicherungssummen gemäß Nr. 1 nicht berücksichtigt.

Vereinbarung zu Nr. 1: keine zusätzliche Begrenzung in DM.

Summenausgleich in der landwirtschaftlichen Feuerversicherung – Kl. 3701

1. Für die im Versicherungsvertrag besonders bezeichneten Positionen ist Summenausgleich vereinbart.

2. Soweit die Versicherungssummen der einzelnen Positionen die dazugehörenden Versicherungswerte übersteigen, werden die überschießenden Summenanteile auf die anderen genannten Positionen aufgeteilt, bei denen Unterversicherung besteht und für die gleich hohe und niedrigere Prämiensätze vereinbart sind.

3. Für die Aufteilung ist das Verhältnis der Beträge maßgebend, um die die Versicherungswerte der einzelnen Positionen die Versicherungssummen übersteigen, und zwar ohne Rücksicht darauf, welche Positionen durch den Versicherungsfall betroffen sind.

4. Vom Summenausgleich ausgenommen sind Versicherungssummen auf Erstes Risiko (Erste Gefahr).

5. Sind für mehrere Grundstücke gesonderte Versicherungssummen vereinbart, so erfolgt der Summenausgleich nur zwischen den Positionen der einzelnen Grundstücke.

Anmerkung: Gilt für alle Positionen, sofern nicht durch Nr. 4 ausgeschlossen.

Abschlagszahlung – Kl. 1901

Der Versicherungsnehmer kann verlangen, daß eine Abschlagszahlung in Höhe des Betrages, der nach Lage der Sache mindestens zu zahlen ist, abweichend von § 11 Abs. 2 VVG und von den dem Vertrag zugrunde liegenden Allgemeinen Versicherungsbedingungen schon drei Wochen nach Anzeige des Versicherungsfalls erfolgt.

Anerkennung – Kl. 2601

1. Hat der Versicherer das versicherte Wagnis besichtigt und liegt ein Besichtigungsbericht vor, so erkennt der Versicherer an, daß ihm durch diese Besichtigung alle Umstände bekanntgeworden sind, welche in diesem Zeitpunkt für die Beurteilung des Risikos erheblich waren.

2. Das gilt jedoch nicht für Umstände, die arglistig verschwiegen worden sind.

Versicherungsort für die Feuerversicherung landwirtschaftlicher Betriebe – Kl. 3406

Abweichend von §§ 7, 9 LZB 87 ist Versicherungsort die Bundesrepublik Deutschland einschließlich des Landes Berlin und der Verbindungswege.

Texte 8

Zusatzbedingungen für Fabriken und gewerbliche Anlagen (ZFgA)

(vgl. den Abdruck in Texte 8 der 1. Aufl. sowie die Änderung von Nr. 29 ZFgA durch VerBAV **85,** 261; von einem erneuten Abdruck in der 2. und 3. Aufl. wurde aus Raumgründen abgesehen). (vgl. auch die Neufassung als ZFgA 81 b, abgedruckt in Texte 11 der 2. Aufl.).

Texte 9

Bedingungen für die Versicherung zusätzlicher Gefahren zur Feuerversicherung für Industrie- und Handelsbetriebe (ECB 87)

A. Allgemeine Bestimmungen

§ 1 Vertragsgrundlage

Es gelten die

Allgemeinen Feuerversicherungs-Bedingungen (AFB 87);

vereinbarten Klauseln für die Feuerversicherung, für die Leitungswasser-Versicherung und für die Sturm-Versicherung;

vereinbarten Sicherheitsvorschriften;

soweit sich nicht aus den folgenden Bestimmungen etwas anderes ergibt.

§ 2 Versicherte Schäden und Gefahren

1. Der Versicherer leistet Entschädigung für versicherte Sachen, die zerstört oder beschädigt werden durch

a) Innere Unruhen, böswillige Beschädigung, Streik oder Aussperrung;

b) Fahrzeuganprall, Rauch, Überschallknall;

c) Sprinkler-Leckage;

d) Leitungswasser;

e) Sturm;

f) Hagel.

2. Der Versicherer leistet keine Entschädigung für Schäden an Montageobjekten und Montageausrüstungen, Bauleistungen und Bauausrüstungen, Verglasungen, Transportgütern und zulassungspflichtigen Kraftfahrzeugen, Kraftfahrzeuganhängern und Zugmaschinen, es sei denn, sie entstehen durch Brand oder Explosion infolge von Inneren Unruhen, böswilliger Beschädigung, Streik oder Aussperrung.

3. Jede der Gefahrengruppen gemäß Nr. 1 a–b oder der Gefahren gemäß Nr. 1 c–f ist nur versichert, wenn dies vereinbart ist. Sie können selbständig gekündigt werden, ohne daß die übrigen Vereinbarungen davon berührt werden.

4. Bei den Versicherungen gemäß Nr. 1 a–f handelt es sich um rechtlich selbständige Verträge.

5. Nicht versichert sind ohne Rücksicht auf mitwirkende Ursachen Schäden

a) durch Krieg, kriegsähnliche Ereignisse, Bürgerkrieg, Revolution, Rebellion, Aufstand oder Verfügung von hoher Hand; ist nicht festzustellen, ob eine dieser ausgeschlossenen Ursachen vorliegt, so entscheidet die überwiegende Wahrscheinlichkeit;

b) durch Brand oder Explosion, soweit diese Gefahren durch eine Feuerversicherung gedeckt werden können.

§ 3 Selbstbeteiligung

1. Der Versicherungsnehmer trägt je Schadenereignis von der bedingungsgemäß errechneten Entschädigung einschließlich der ersatzpflichtigen Aufwendungen für Abwehr oder Minderung des Schadens die vertraglich gesondert vereinbarten Selbstbeteiligungen für die Gefahrengruppen Innere Unruhen, böswillige Beschädi-

gung, Streik oder Aussperrung und Fahrzeuganprall, Rauch, Überschallknall sowie die Gefahren Sprinkler-Leckage, Leitungswasser, Sturm und Hagel.

2. Unter einem Schadensereignis im Sinne dieser Bedingungen sind alle Schäden zu verstehen, die aus ein und derselben Ursache in zeitlichem Zusammenhang innerhalb von 72 Stunden anfallen. Schadenereignisse, die innerhalb von 72 Stunden zeitlich unabhängig voneinander auftreten, fallen nicht unter diese Bestimmung, sondern gelten jeweils als ein gesondertes Schadenereignis.

B. Innere Unruhen, böswillige Beschädigung, Streik oder Aussperrung

§ 4 Abgrenzung zur Staatshaftung

1. Ein Anspruch auf Entschädigung für Schäden durch Innere Unruhen, böswillige Beschädigung, Streik oder Aussperrung besteht nicht, soweit die Voraussetzungen für einen unmittelbaren oder subsidiären Schadenersatzanspruch aufgrund öffentlich-rechtlichen Entschädiungsrechts gegeben sind.

2. Ein Anspruch auf Entschädigung in den Fällen von Nr. 1 erstreckt sich nur auf den Teil des Schadens, der die Höchstgrenzen aufgrund öffentlich-rechtlichen Entschädigungsrechts überschreitet.

§ 5 Innere Unruhen

1. Der Versicherer leistet Entschädigung für versicherte Sachen, die unmittelbar durch Gewalthandlungen im Zusammenhang mit Inneren Unruhen zerstört oder beschädigt werden.

2. Eingeschlossen sind unmittelbare Schäden durch Wegnahme bei Plünderungen in unmittelbarem Zusammenhang mit Inneren Unruhen.

§ 6 Böswillige Beschädigung

1. Als böswillige Beschädigung gilt jede vorsätzliche, unmittelbare Beschädigung und Zerstörung von versicherten Sachen.

2. Die Versicherung erstreckt sich nicht auf

a) Schäden, die im Zusammenhang mit einem Einbruchdiebstahl entstehen, mit Ausnahme von Schäden an versicherten Gebäuden;

b) Schäden, die von dem Versicherungsnehmer selbst oder seinen Repräsentanten verursacht werden;

c) Schäden durch Betriebsangehörige und fremde im Betrieb tätige Personen;

3. Eine Gefahrenerhöhung liegt vor, wenn Gebäude dauernd oder vorübergehend unbenutzt sind.

§ 7 Streik oder Aussperrung

1. Als Streik gilt die gemeinsam planmäßig durchgeführte, auf ein bestimmtes Ziel gerichtete Arbeitseinstellung einer verhältnismäßig großen Zahl von Arbeitnehmern. Aussperrung ist die auf ein bestimmtes Ziel gerichtete planmäßige Ausschließung einer verhältnismäßig großen Zahl von Arbeitnehmern.

2. Der Versicherer leistet Entschädigung für versicherte Sachen, die unmittelbar durch Handlungen der streikenden oder ausgesperrten Arbeitnehmer im Zusammenhang mit einem Streik oder beim Widerstand gegen eine Aussperrung zerstört oder beschädigt werden.

3. Die Versicherung erstreckt sich nicht auf Schäden an Sachen der Betriebsangehörigen.

§ 8 Jahreshöchstentschädigung

1. Die Entschädigung für die Gefahren Innere Unruhen, böswillige Beschädigung, Streik oder Aussperrung ist auf die vertraglich vereinbarte Jahreshöchstentschädigung begrenzt. Alle Schäden, die im laufenden Versicherungsjahr beginnen, fallen insgesamt unter die Jahreshöchstentschädigung.

2. Aufwendungen, die der Versicherungsnehmer zur Abwehr oder Minderung des Schadens macht, werden nur insoweit ersetzt, als sie mit der Entschädigung zusammen die Höchstentschädigung nicht übersteigen, es sei denn, daß sie auf einer Weisung des Versicherers beruhen.

§ 9 Besondere Kündigungsfrist

Die Versicherung der Gefahrengruppe Innere Unruhen, böswillige Beschädigung, Streik oder Aussperrung kann jederzeit gekündigt werden. Die Kündigung wird eine Woche nach Zugang wirksam.

C. Fahrzeuganprall, Rauch, Überschallknall

§ 10 Fahrzeuganprall

1. Als Fahrzeuganprall gilt jede unmittelbare Zerstörung oder Beschädigung der versicherten Sachen durch die Berührung eines Schienen- oder Straßenfahrzeuges.

2. Die Versicherung erstreckt sich nicht auf

a) Schäden, die von Fahrzeugen verusacht werden, die vom Versicherungsnehmer, dem Benutzer der versicherten Gebäude oder deren Arbeitnehmer betrieben werden,

b) Schäden an Fahrzeugen;

c) Schäden durch Verschleiß;

d) Schäden an Zäunen, Straßen und Wegen.

§ 11 Rauch

1. Als Rauchschaden gilt jede unmittelbare Zerstörung oder Beschädigung versicherter Sachen durch Rauch, der plötzlich bestimmungswidrig aus den auf dem Versicherungsgrundstück befindlichen Feuerungs-, Heizungs-, Koch- oder Trockenanlagen austritt.

2. Die Versicherung erstreckt sich nicht auf Schäden, die durch dauernde Einwirkung des Rauches entstehen.

§ 12 Überschallknall

Als Schäden durch Überschallknall gibt jede unmittelbare Zerstörung oder Beschädigung versicherter Sachen, die direkt auf der durch den Überschallknall eines Fahrzeuges entstehenden Druckwelle beruhen.

D. Sprinkler-Leckage

§ 13 Bestimmungswidriger Wasseraustritt aus Sprinkleranlagen

1. Der Versicherer leistet auch Entschädigung für versicherte Sachen, die durch Wasser zerstört oder beschädigt werden, das aus einer auf dem Versicherungsgrundstück installierten Sprinkleranlage bestimmungswidrig austritt. Zur Sprinkler-

anlage gehören Sprinkler, Wasserbehälter, Verteilerleitungen, Ventile, Alarmanlagen, Pumpenanlagen, sonstige Armaturen und Zuleitungsrohre, die ausschließlich dem Betrieb der Sprinkleranlage dienen.

2. Die Versicherung erstreckt sich nicht auf Schäden
a) an der Sprinkleranlage selbst,
b) anläßlich von Druckproben,
c) infolge Umbauten oder Reparaturarbeiten an Gebäuden oder an der Sprinkleranlage,
d) durch Erdsenkung oder Erdrutsch oder Schwamm.

3. Der Versicherungsschutz nach Nr. 1 erstreckt sich nur auf Sprinkleranlagen, die von der Technischen Prüfstelle des Verbandes der Sachversicherer e.V. abgenommen sind und regelmäßig durch eine von den Versicherern anerkannte Überwachungsstelle überprüft werden. Im übrigen gelten die zur Feuerversicherung vereinbarten Bestimmungen der Klausel 1403 Brandschutzanlagen.

E. Besondere Bestimmungen für Leitungswasser

§ 14 Leitungswasser

1. Als Leitungswasser gilt Wasser, das aus den festverlegten Zu- oder Ableitungsrohren, den sonstigen mit dem Rohrsystem festverbundenen Einrichtungen der Wasserversorgung oder aus den Anlagen der Warmwasser- oder Dampfheizung bestimmungswidrig ausgetreten ist.

2. Der Versicherer leistet Entschädigung für versicherte Sachen, die durch Leitungswasser zerstört oder beschädigt werden.

3. Die Versicherung von Gebäuden schließt ein:
a) Innerhalb der versicherten Gebäude
1. Schäden durch Rohrbruch oder Frost (einschließlich der Kosten der Nebenarbeiten und des Auftauens) an den Zu- und Ableitungsrohren der Wasserversorgung und den Rohren der Warmwasser- oder Dampfheizungsanlage.
2. Schäden durch Frost (einschließlich der Kosten der Nebenarbeiten und des Auftauens) an Badeeinrichtungen, Waschbecken, Spülklosetts, Wasserhähnen, Geruchsverschlüssen, Wassermessern, Heizkörpern, Heizkesseln, Boilern, Herdschlangen, gleichartigen Anlagen der Warmwasser- oder Dampfheizung und Sprinkler- oder Berieselungsanlagen.
b) Außerhalb der versicherten Gebäude
Schäden durch Rohrbruch oder Frost (einschließlich der Kosten der Nebenarbeiten und des Auftauens) an den Zuleitungsrohren der Wasserversorgung und an den Rohren der Warmwasser- oder Dampfheizung, soweit diese Rohre der Versorgung der versicherten Gebäude dienen und sich auf dem Versicherungsgrundstück befinden.

4. Die Versicherung erstreckt sich nicht auf
a) Schäden an Gebäuden, die nicht bezugsfertig sind und an den in diesen Gebäuden befindlichen Sachen;
b) Schäden durch Wasserdampf, durch Plansch- oder Reinigungswasser und durch Wasser aus Sprinklern oder offenen Düsen bei Berieselungsanlagen;
c) Schäden durch Grundwasser, durch stehendes oder fließendes Gewässer, Hochwasser oder Witterungsniederschläge und den durch sie verursachten Rückstau;
d) Schäden durch Erdsenkung oder Erdrutsch;
e) Schäden durch Schwamm.

5. Der Versicherungsnehmer hat

a) für Instandhaltung der Wasserleitungsanlagen und, soweit Schäden durch sonstige wasserführende Anlagen in die Versicherung eingeschlossen sind, auch für Instandhaltung dieser Anlagen zu sorgen. Sind nach sachverständigem Ermessen oder gesetzlicher oder polizeilicher Vorschrift Neubeschaffungen oder Abänderungen von Wasserleitungsanlagen und sonstigen wasserführenden Anlagen oder Maßnahmen gegen Frost erforderlich, so müssen sie unverzüglich, spätestens aber innerhalb einer von dem Versicherer zu bestimmenden angemessenen Frist ausgeführt werden;

b) in nicht benutzten Gebäuden oder Gebäudeteilen mit abtrennbarer Wasserversorgung die Wasserleitungsanlagen abzusperren, zu entleeren und entleert zu halten. Das gleiche gilt für stillgelegte Anlagen und Maschinen;

c) in Räumen unter Erdgleiche aufbewahrte versicherte Sachen mindestens 12 cm über dem Fußboden zu lagern.

Diese Verpflichtung ist eine vereinbarte Sicherheitsvorschrift im Sinne von § 7 AFB 87.

F. Besondere Bestimmungen für Sturm

§ 15 Sturm

1. Als Sturm gilt eine wetterbedingte Luftbewegung von mindestens Windstärke 8. Ist diese Windstärke für den Schadenort nicht feststellbar, so wird sie unterstellt, wenn der Versicherungsnehmer nachweist, daß die Luftbewegung in der Umgebung des Versicherungsgrundstücks Schäden an einwandfrei beschaffenen Gebäuden oder ebenso widerstandsfähigen anderen Sachen angerichtet hat, oder daß der Schaden bei der einwandfreien Beschaffenheit des versicherten Gebäudes, in dem sich versicherte Sachen befinden, nur durch Sturm entstanden sein kann.

2. Der Versicherer leistet Entschädigung für versicherte Sachen, die durch Sturm zerstört oder beschädigt werden, wenn die Zerstörung oder Beschädigung

a) auf der unmittelbaren Einwirkung des Sturmes beruht oder

b) dadurch hervorgerufen wird, daß der Sturm Gebäudeteile, Bäume oder andere Gegenstände auf die versicherten Sachen oder auf Gebäude, in denen sich diese Sachen befinden, wirft oder

c) die Folge eines Sturmschadens an versicherten Sachen oder an Gebäuden, in denen sich versicherte Sachen befinden, ist.

3. Die Versicherung erstreckt sich nicht auf

a) Schäden an Gebäuden, die noch nicht bezugsfertig sind, und die in diesen Gebäuden befindlichen Sachen;

b) Schäden durch Sturmflut und Lawinen;

c) Schäden durch Eindringen von Regen, Hagel, Schnee oder Schmutz in nicht geschlossene Fenster oder andere vorhandene Öffnungen, es sei denn, daß diese Öffnungen durch den Sturm entstanden sind;

d) Schäden an im Freien befindlichen Sachen;

e) Schäden an Sachen, die an der Außenseite des Gebäudes angebracht sind (z. B. Schilder, Leuchtröhrenanlagen, Markisen, Blendläden, Antennenanlagen), elektrische Freileitungen einschließlich Ständer und Masten sowie Einfriedungen.

4. Der Versicherungsnehmer hat für die Instandhaftung der versicherten Sachen, insbesondere der Dächer zu sorgen.

Diese Verpflichtung ist eine vereinbarte Sicherheitsvorschrift im Sinne von § 7 AFB 87.

G. Besondere Bestimmungen für Hagel

§ 16 Hagel

1. Der Versicherer leistet nach dem Eintritt des Versicherungsfalles Entschädigung für zerstörte oder beschädigte versicherte Sachen, wenn die Zerstörung oder Beschädigung auf der unmittelbaren Einwirkung des Hagels beruht.

2. Die Versicherung erstreckt sich nicht auf
a) Gebäude, die noch nicht bezugsfertig sind und die in diesen Gebäuden befindlichen Sachen;
b) Schäden durch Eindringen von Regen, Hagel, Schnee oder Schmutz in nicht geschlossene Fenster oder andere Öffnungen, es sei denn, daß diese Öffnungen durch den Hagel entstanden sind;
c) Schäden an im Freien befindlichen Sachen;
d) Schäden an Sachen, die an der Außenseite des Gebäudes angebracht sind (z. B. Schilder, Leuchtröhrenanlagen, Markisen, Blendläden, Antennenanlagen), elektrische Freileitungen einschließlich Ständer, und Masten sowie Einfriedungen.

3. Der Versicherungsnehmer hat für die Instandhaltung der versicherten Sachen, insbesondere der Dächer zu sorgen.

Diese Verpflichtung ist eine vereinbarte Sicherheitsvorschrift im Sinne von § 7 AFB 87.

Texte 10

Feuer-Klauseln

(überholt durch Neufassungen, vgl. Texte 12 der 2. Aufl. für die Industrie-FeuerV und Texte 33 der 2. Aufl. für die nichtindustrielle FeuerV; sowohl bei der ursprünglichen Fassung wie bei den Neufassungen handelt es sich um Klauseln zu den AFB 30; wegen der ursprünglichen Fassung vgl. Texte 10 der 2. Aufl.; von einem erneuten Abdruck in der 3. Aufl. wurde aus Raumgründen abgesehen)

Texte 11

Zusatzbedingungen für Fabriken und gewerbliche Anlagen (ZFgA 81 b)

(die ZFgA 81 b waren nur zu den AFB 30 in Gebrauch; auf den Abdruck in Texte 11 der 2. Aufl. wird verwiesen; in der 3. Aufl. wird aus Raumgründen nachfolgend nur noch die §§-Übersicht abgedruckt; bis VerBAV 83, 380 waren die in Texte 11 der 1. Aufl. abgedruckten „ZFgA 81" in Gebrauch)

Übersicht

Versicherte Gefahren und Schäden	Versicherte Sachen und Interessen
§ 1 Folgeschäden	§ 4 Fremdes Eigentum
§ 2 Betriebs- und Blitzschäden an elektrischen Einrichtungen	§ 5 Gebrauchsgegenstände von Betriebsangehörigen
§ 3 Schäden durch Explosion	

Texte 12

Klauseln für die Industrie-Feuerversicherung

(es handelt sich um Klauseln zu den AFB 30, vgl. den Abdruck in Texte 12 der 2. Aufl. und in Texte 11/12/33 des Ergänzungshefts Juni 1987; in der 3. Aufl. wird aus Raumgründen nachfolgend nur noch die Inhaltsübersicht wiedergegeben)

	unverändert	geändert	weggefallen
1302 Erweiterte Bewegungs- und Schutzkosten	–	1.11	–
1303 Preisdifferenz-Versicherung	–	–	–
1304 Ersatzwert für Mehraufwendungen in der Zuckerindustrie	2.06 g	–	–
1305 Sachverständigenkosten	–	–	–
– Abbruch-, Aufräumungs- Abführ- und Isolierungskosten für radioaktiv verseuchte, nach Klausel 1104 versicherte Sachen	–	–	1.05

1400 – Gefahrerhöhung; Obliegenheiten

	unverändert	geändert	weggefallen
1401 Erweiterte Anerkennung	–	3.11	–
1402 Prüfung von elektrischen Anlagen	–	3.01 a	–
1403 Brandschutzanlagen	–	3.02, 3.03, – 3.03 a, 3.09	
1404 Überwachung von Anlagen zur Erzeugung von elektrischem Starkstrom	3.01	–	–
1405 Vorübergehende Abweichung von Sicherheitsvorschriften	3.06	–	–
1406 Gefahrerhöhung (Versehensklausel)	3.07	–	–
1407 Anzeige von Gefahrerhöhungen	3.07 a	–	–
1408 Bezugnahme auf die Feuer- oder FBU-Versicherung	3.07 b	–	–
– Aufstellung weiterer Holzbearbeitungsmaschinen	–	–	3.05 b
– Betriebsstillegung	–	–	3.04 (§ 17 ZFgA 81 b)
– Betriebseröffnung	–	–	3.05 (§ 16 ZFgA 81 b)

1500 – Versicherungsort

	unverändert	geändert	weggefallen
1501 Neu hinzukommende Betriebsgrundstücke	–	3.05 a	–
1502 Kraftfahrzeuge (ruhend und fahrend)	1.03 a	–	–
1503 Kraftfahrzeuge (ruhend)	1.03 b	–	–
1504 Kraftfahrzeuge in Verkaufs- und Ausstellungsräumen	1.03 c	–	–
1505 Kraftfahrzeug-Fahrgestelle	1.03 d	–	–
1506 Triebwerkflugzeuge in der Luftfahrt-Industrie (ruhend)	1.06	–	–
1507 Abhängige Außenversicherung bei Heimarbeitern	–	–	–
– Kraftfahrzeuge von Betriebsangehörigen und Besuchern	–	–	1.03 (§ 23 ZFgA 81 b)

1600 – Versicherungswert

	unverändert	geändert	weggefallen
1601 Stichtagsversicherung für Vorräte	–	5.01	–
1602 Stichtagsversicherung und Sicherungsübereignung	–	–	–
1603 Gleitende Vorratsversicherung mit nachträglicher Prämienverrechnung für Speditionsgüter der Besorgungs-Auftraggeber	–	5.02	
1604 Verkaufspreis für lieferungsfertige eigene Erzeugnisse	–	2.05 c	–
1605 Verkaufspreisklausel für Rohtabakhandlungen	2.05 b	–	–
1606 Verkaufspreisklausel für Großhandelsgeschäfte	2.05 a	–	–
1607 Versicherung von Steuer und Zoll	2.03 a	–	–
1608 Versicherungssumme für Steuer und Zoll	–	2.03 b	–
1609 Vorschätzungen	5.05	–	–
1610 Ersatzwert für Biervorräte der Brauereien	2.06 c	–	–
1611 Ersatzwert für Malzvorräte der Brauereien	2.06 d	–	–
1612 Ersatzwert für Malzvorräte der Handelsmälzereien	2.06 e	–	–
– Graphische Gewerbe	–	–	2.01 (NwIG 80)

	unverändert	geändert	weggefallen
– Negativfilme	–	–	2.04 a (§ 25 ZFgA81 b)
– Positivfilme	–	–	2.04 b (§ 25 ZFgA81 b)
– Ersatzwert für ausrangierte Maschinen, Apparate und Maschinenteile	–	–	2.06 a (NwIG 80)
– Ersatzwert für geliehene oder gemietete Schuhmaschinen	–	–	2.06 b (§ 4 Nr. 2 ZFgA 81 b
– Tabakversicherung für fremde Rechnung	–	–	2.06 f (§ 4 Nr. 2 Satz 2 ZFgA 81 b)

1700 – Versicherungssumme; Unterversicherung

	unverändert	geändert	weggefallen
1701 Unterversicherungsverzicht	–	2.07	–
1702 Nachzeichnung für Vorräte	5.03	–	–
1703 Wertzuschlag mit Einschluß von Bestandserrichtungen	–	6.00	–
1704 Wertzuschlag ohne Einschluß von Bestandserhöhungen	–	6.01	–
1705 Vorsorgeversicherung für Bestandserhöhungen	–	6.06	–
1706 Selbstbehalt bei ungekürzter Versicherungssumme	–	2.09	–
– Wiederauffüllung der Versicherungssumme	–	–	2.08 (§ 30 ZFgA81 b)

1800 – Sachverständigenverfahren; Entschädigung

1801 Wiederherstellung und Wiederbeschaffung	–	5.04	–

1900 – Sonstige Bestimmungen

1901 Änderung von Vertragsgrundlagen	–	1.07	–
1902 Makler	–	1.08	–
1903 Ratenzahlung	–	1.10	–
1904 Vertragsbeendigung bei Kündigung des Versicherers nach einem Versicherungsfall	–	23 ZFgA	–
Zusatz-Bedingungen für die Versicherung gegen Minderwertbarkeit von Rohzucker oder Raffinerien	–	–	7.01
Besondere Bedingungen für die Versicherung des Preisunterschiedes bei der Rübenverwertung	–	–	7.03
Bedingungen für die Versicherung von Preisdifferenzen im Zuckerhandel	–	–	7.05

Texte 13

Klauseln zu den AEB

(vgl. den Abdruck in Texte 13 der 2. Aufl.)

Texte 14

Allgemeine Bedingungen für die Feuerversicherung (AFB 87)

§ 1 Versicherte Gefahren und Schäden

1. Der Versicherer leistet Entschädigung für versicherte Sachen, die durch

a) Brand,

b) Blitzschlag,

c) Explosion,

d) Anprall oder Absturz eines bemannten Flugkörpers, seiner Teile oder seiner Ladung,

e) Löschen, Niederreißen oder Ausräumen infolge eines dieser Ereignisse

zerstört oder beschädigt werden oder abhandenkommen.

2. Brand ist ein Feuer, das ohne einen bestimmungsgemäßen Herd entstanden ist oder ihn verlassen hat und das sich aus eigener Kraft auszubreiten vermag.

3. Blitzschlag ist der unmittelbare Übergang eines Blitzes auf Sachen.

4. Explosion ist eine auf dem Ausdehnungsbestreben von Gasen oder Dämpfen beruhende, plötzliche verlaufende Kraftäußerung. Eine Explosion eines Behälters (Kessel, Rohrleitung usw.) liegt nur vor, wenn seine Wandung in einem solchen Umfang zerrissen wird, daß ein plötzlicher Ausgleich des Druckunterschieds innerhalb und außerhalb des Behälters stattfindet. Wird im Innern eines Behälters eine Explosion durch chemische Umsetzung hervorgerufen, so ist ein dadurch an dem Behälter entstehender Schaden auch dann zu ersetzen, wenn seine Wandung nicht zerrissen ist. Schäden durch Unterdruck sind nicht versichert.

5. Die Versicherung erstreckt nicht sich auf

a) Brandschäden, die an versicherten Sachen dadurch entstehen, daß sie einem Nutzfeuer oder der Wärme zur Bearbeitung oder zu sonstigen Zwecken ausgesetzt werden; dies gilt auch für Sachen, in denen oder durch die Nutzfeuer oder Wärme erzeugt, vermittelt oder weitergeleitet wird;

b) Sengschäden, außer wenn diese dadurch verursacht wurden, daß sich eine versicherte Gefahr gemäß Nr. 1 verwirklicht hat;

c) Schäden, die an Verbrennungskraftmaschinen durch die im Verbrennungsraum auftretenden Explosionen, sowie Schäden, die an Schaltorganen von elektrischen Schaltern durch den in ihnen auftretenden Gasdruck entstehen;

d) Schäden, die durch die Wirkung des elektrischen Stromes an elektrischen Einrichtungen mit oder ohne Feuererscheinung entstehen (z. B. durch Überstrom, Überspannung, Isolationsfehler, wie Kurz-, Windungs-, Körper- oder Erdschluß, unzureichende Kontaktgabe, Versagen von Meß-, Regel- oder Sicherheitseinrichtungen);

e) Blitzschäden an elektrischen Einrichtungen, es sei denn, daß der Blitz unmittelbar auf diese Sachen übergegangen ist.

6. Folgeschäden sind durch Nr. 5a und 5c nicht ausgeschlossen. Durch Nr. 5d und 5e sind Folgeschäden nicht ausgeschlossen, soweit sie Folgeschäden von Brand- oder Explosionsschäden sind.

Die Ausschlüsse gemäß Nr. 5a bis 5d gelten nicht für Schäden, die dadurch verursacht wurden, daß sich an anderen Sachen eine versicherte Gefahr gemäß Nr. 1 verwirklicht hat.

7. Die Versicherung erstreckt sich ohne Rücksicht auf mitwirkende Ursachen außerdem nicht auf Schäden an versicherten Sachen und nicht auf versicherte Kosten, die durch Kriegsereignisse jeder Art, innere Unruhen, Erdbeben oder Kernenergie verursacht werden.

Ist der Beweis, für das Vorliegen einer dieser Ursachen nicht zu erbringen, so genügt die überwiegende Wahrscheinlichkeit, daß der Schaden auf eine dieser Ursachen zurückzuführen ist.

§ 2 Versicherte Sachen

1. Versichert sind die in dem Versicherungsvertrag bezeichneten
a) Gebäude und sonstigen Grundstücksbestandteile;
b) beweglichen Sachen.

2. Gebäude sind mit ihren Bestandteilen, aber ohne Zubehör versichert, soweit nicht etwas anderes vereinbart ist.

3. Bewegliche Sachen sind nur versichert, soweit der Versicherungsnehmer
a) Eigentümer ist;
b) sie unter Eigentumsvorbehalt erworben hat;
c) sie sicherungshalber übereignet hat und soweit für sie gemäß § 71 Abs. 1 Satz 2 VVG dem Erwerber ein Entschädigungsanspruch nicht zusteht.

4. Über Nr. 3 hinaus ist fremdes Eigentum versichert, soweit es seiner Art nach zu den versicherten Sachen gehört und dem Versicherungsnehmer zur Bearbeitung, Benutzung oder Verwahrung oder zum Verkauf in Obhut gegeben wurde und soweit nicht der Versicherungsnehmer nachweislich, insbesondere mit dem Eigentümer, vereinbart hat, daß die fremden Sachen durch den Versicherungsnehmer nicht versichert zu werden brauchen.

5. Die Versicherung gemäß Nr. 3b, Nr. 3c und Nr. 4 gilt für Rechnung des Eigentümers und des Versicherungsnehmers. Für die Höhe des Versicherungswertes ist jedoch, soweit nicht etwas anderes vereinbart ist, nur das Interesse des Eigentümers maßgebend.

6. Ist Versicherung der Betriebseinrichtung vereinbart, so fallen hierunter nicht
a) Bargeld;
b) Urkunden, wie z.B. Sparbücher und sonstige Wertpapiere;
c) Akten, Pläne, Geschäftsbücher, Karteien, Zeichnungen, Lochkarten, Magnetbänder, Magnetplatten und sonstige Datenträger;
d) Muster, Anschauungsmodelle, Prototypen und Ausstellungsstücke, ferner typengebundene, für die laufende Produktion nicht mehr benötigte Fertigungsvorrichtungen;
e) zulassungspflichtige Kraftfahrzeuge, Kraftfahrzeuganhänger und Zugmaschinen;
f) Automaten mit Geldeinwurf (einschließlich Geldwechsler) samt Inhalt sowie Geldausgabeautomaten, soweit nicht der Einschluß besonders vereinbart ist.

7. Ist Versicherung von Gebrauchsgegenständen der Betriebsangehörigen vereinbart, so sind nur Sachen versichert, die sich üblicherweise oder auf Verlangen des Arbeitgebers innerhalb des Versicherungsortes befinden. Bargeld, Wertpapiere und Kraftfahrzeuge sind nicht versichert.

Entschädigung wird nur geleistet, soweit Entschädigung nicht aus einem anderen Versicherungsvertrag beansprucht werden kann. Ist danach die Entschädigung oder eine Abschlagszahlung gemäß § 16 Nr. 1 nur deshalb noch nicht fällig, weil ohne Verschulden des Versicherungsnehmers oder des versicherten Betriebsangehörigen die Entschädigungspflicht aus dem anderen Versicherungsvertrag ganz oder teilweise noch nicht geklärt ist, so wird der Versicherer unter Vorbehalt der Rückforderung mit Zinsen 1 Prozent unter dem jeweiligen Diskontsatz der Deutschen Bundesbank, mindestens jedoch 4 Prozent und höchstens 6 Prozent pro Jahr, eine vorläufige Zahlung leisten.

§ 3 Versicherte Kosten

1. Aufwendungen, auch erfolglose, die der Versicherungsnehmer zur Abwendung oder Minderung des Schadens (§ 13 Nr. 1c und 1d) für geboten halten durfte, hat der Versicherer zu ersetzen. Der Ersatz dieser Aufwendungen und die Entschädigung für versicherte Sachen betragen zusammen höchstens die Versicherungssumme je vereinbarter Position; dies gilt jedoch nicht, soweit Maßnahmen auf Weisung des Versicherers erfolgt sind. Besteht Unterversicherung, so sind die Aufwendungen ohne Rücksicht auf Weisungen des Versicherers nur in demselben Verhältnis zu ersetzen wie der Schaden.

Aufwendungen für Leistungen der Feuerwehren oder anderer im öffentlichen Interesse zur Hilfeleistung Verpflichteter werden nicht ersetzt.

2. Für die Kosten der Ermittlung und Feststellung des Schadens gilt § 66 VVG.

3. Soweit dies vereinbart ist und soweit diese Kosten nicht durch eine Monopolanstalt entschädigt werden, ersetzt der Versicherer auch die infolge eines Versicherungsfalles notwendigen Aufwendungen
a) für das Aufräumen der Schadenstätte einschließlich des Abbruchs stehengebliebener Teile, für das Abfahren von Schutt und sonstigen Resten zum nächsten Ablagerungsplatz und für das Ablagern oder Vernichten (Aufräumungs- und Abbruchkosten);
b) die der Versicherungsnehmer zur Brandbekämpfung für geboten halten durfte (Feuerlöschkosten) einschließlich Kosten im Sinn von Nr. 1, die nach jener Bestimmung nicht zu ersetzen sind;
freiwillige Zuwendungen des Versicherungsnehmers an Personen, die sich bei der Brandbekämpfung eingesetzt haben, sind nur zu ersetzen, wenn der Versicherer vorher zugestimmt hatte;
c) die dadurch entstehen, daß zum Zweck der Wiederherstellung oder Wiederbeschaffung von Sachen, die durch vorliegenden Vertrag versichert sind, andere Sachen bewegt, verändert oder geschützt werden müssen (Bewegungs- und Schutzkosten);
Bewegungs- und Schutzkosten sind insbesondere Aufwendungen für De- oder Remontage von Maschinen, für Durchbruch, Abriß oder Wiederaufbau von Gebäudeteilen oder für das Erweitern von Öffnungen;
d) für die Wiederherstellung von Akten, Plänen, Geschäftsbüchern, Karteien, Zeichnungen, Lochkarten, Magnetbändern, Magnetplatten und sonstigen Datenträgern einschließlich des Neuwertes (§ 5 Nr. 2a) der Datenträger;
soweit die Wiederherstellung nicht notwendig ist oder nicht innerhalb von zwei Jahren seit Eintritt des Versicherungsfalles sichergestellt wird, leistet der Versicherer Entschädigung nur in Höhe des gemäß § 5 Nr. 5 berechneten Wertes des Materials.

§ 4 Versicherungsort

1. Versicherungsschutz für bewegliche Sachen besteht nur innerhalb des Versicherungsortes.
Diese Beschränkung gilt nicht für Sachen, die infolge eines eingetretenen oder unmittelbar bevorstehenden Versicherungsfalles aus dem Versicherungsort entfernt und in zeitlichem und örtlichem Zusammenhang mit diesem Vorgang beschädigt oder zerstört werden oder abhandenkommen. Unberührt bleibt jedoch § 14 Nr. 1.

2. Versicherungsort sind die in dem Versicherungsvertrag bezeichneten Gebäude oder Räume von Gebäuden oder die als Versicherungsort bezeichneten Grundstükke.

Gebrauchsgegenstände von Betriebsangehörigen sind in deren Wohnräumen nicht versichert.

3. Nur in verschlossenen Räumen oder Behältnissen der im Versicherungsvertrag bezeichneten Art sind versichert
a) Bargeld;
b) Urkunden, z. B. Sparbücher und sonstige Wertpapiere;
c) Briefmarken;
d) Münzen und Medaillen;
e) unbearbeitete Edelmetalle sowie Sachen aus Edelmetall, ausgenommen Sachen, die dem Raumschmuck dienen;
f) Schmucksachen, Perlen und Edelsteine;
g) Sachen, für die dies besonders vereinbart ist.

Dies gilt, soweit nicht etwas anderes vereinbart ist, bei Versicherung von Juwelier-, Uhrmacher- und Bijouteriegeschäften nicht für Schmucksachen und Sachen aus Edelmetallen.

4. Registrierkassen, Rückgeldgeber und Automaten mit Geldeinwurf (einschließlich Geldwechsler) gelten nicht als Behältnisse im Sinn von Nr. 3.

Jedoch ist im Rahmen einer für Bargeld in Behältnissen gemäß Nr. 3 vereinbarten Versicherungssumme Bargeld auch in Registrierkassen versichert. Die Entschädigung ist auf 50 DM je Registrierkasse und außerdem auf 500 DM je Versicherungsfall begrenzt, soweit nicht andere Beträge vereinbart sind.

5. Bis zu der vereinbarten besonderen Versicherungssumme oder einer vereinbarten Entschädigungsgrenze ist Bargeld während der Geschäftszeit oder während vereinbarter sonstiger Zeiträume auch ohne Verschluß gemäß Nr. 3 versichert.

§ 5 Versicherungswert

1. Versicherungswert von Gebäuden ist
a) der Neuwert;
Neuwert ist der ortsübliche Neubauwert einschließlich Architektengebühren sowie sonstiger Konstruktions- und Planungskosten;
b) der Zeitwert, falls er weniger als 40 Prozent, bei landwirtschaftlichen Gebäuden weniger als 50 Prozent, des Neuwertes beträgt oder falls Versicherung nur zum Zeitwert vereinbart ist;
der Zeitwert ergibt sich aus dem Neuwert des Gebäudes durch einen Abzug entsprechend seinem insbesondere durch den Abnutzungsgrad bestimmten Zustand;
c) der gemeine Wert, falls das Gebäude zum Abbruch bestimmt oder sonst dauernd entwertet oder falls Versicherung nur zum gemeinen Wert vereinbart ist; eine dauernde Entwertung liegt insbesondere vor, wenn das Gebäude für seinen Zweck allgemein oder im Betrieb des Versicherungsnehmers nicht mehr zu verwenden ist;
gemeiner Wert ist der für den Versicherungsnehmer erzielbare Verkaufspreis für das Gebäude oder für das Altmaterial.

2. Versicherungswert der technischen und kaufmännischen Betriebseinrichtung und der Gebrauchsgegenstände von Betriebsangehörigen ist
a) der Neuwert;
Neuwert ist der Betrag, der aufzuwenden ist, um Sachen gleicher Art und Güte in neuwertigem Zustand wiederzubeschaffen oder sie neu herzustellen; maßgebend ist der niedrigere Betrag;
b) der Zeitwert, falls er weniger als 40 Prozent des Neuwertes beträgt oder falls Versicherung nur zum Zeitwert vereinbart ist;

der Zeitwert ergibt sich aus dem Neuwert der Sache durch einen Abzug entsprechend ihrem insbesondere durch den Abnutzungsgrad bestimmten Zustand;
c) der gemeine Wert, soweit die Sache für ihren Zweck allgemein oder im Betrieb des Versicherungsnehmers nicht mehr zu verwenden ist;
gemeiner Wert ist der für den Versicherungsnehmer erzielbare Verkaufspreis für die Sache oder für das Altmaterial.

3. Versicherungswert
a) von Waren, die der Versicherungsnehmer herstellt, auch soweit sie noch nicht fertiggestellt sind,
b) von Waren, mit denen der Versicherungsnehmer handelt,
c) von Rohstoffen und
d) von Naturerzeugnissen
ist der Betrag, der aufzuwenden ist, um Sachen gleicher Art und Güte wiederzubeschaffen oder sie neu herzustellen; maßgebend ist der niedrigere Betrag.

Der Versicherungswert ist begrenzt durch den erzielbaren Verkaufspreis, bei nicht fertiggestellten eigenen Erzeugnissen durch den erzielbaren Verkaufspreis der fertigen Erzeugnisse. § 55 VVG (Bereicherungsverbot) bleibt unberührt.

4. Versicherungswert von Wertpapieren ist
a) bei Wertpapieren mit amtlichem Kurs der mittlere Einheitskurs am Tag der jeweils letzten Notierung aller amtlichen Börsen der Bundesrepublik Deutschland einschließlich des Landes Berlin;
b) bei Sparbüchern der Betrag des Guthabens;
c) bei sonstigen Wertpapieren der Marktpreis.

5. Versicherungswert von Grundstücksbestandteilen, die nicht Gebäude sind, ist, soweit nicht etwas anderes vereinbart wurde, entweder der Zeitwert gemäß Nr. 2b oder unter den dort genannten Voraussetzungen der gemeine Wert gemäß Nr. 2c.

Dies gilt auch für Muster, Anschauungsmodelle, Prototypen und Ausstellungsstücke, ferner für typengebundene, für die laufende Produktion nicht mehr benötigte Fertigungsvorrichtungen sowie für alle sonstigen, in Nr. 2 bis Nr. 4 nicht genannten beweglichen Sachen.

§ 6 Gefahrumstände bei Vertragsabschluß und Gefahrerhöhung

1. Bei Abschluß des Vertrages hat der Versicherungsnehmer alle ihm bekannten Umstände, die für die Übernahme der Gefahr erheblich sind, dem Versicherer anzuzeigen. Bei schuldhafter Verletzung dieser Obliegenheit kann der Versicherer nach Maßgabe der §§ 16 bis 21 VVG vom Vertrag zurücktreten, wodurch die Entschädigungspflicht entfallen kann.

2. Nach Antragstellung darf der Versicherungsnehmer ohne Einwilligung des Versicherers keine Gefahrerhöhung vornehmen oder gestatten.

Der Versicherungsnehmer hat jede Gefahrerhöhung, die ihm bekannt wird, dem Versicherer unverzüglich anzuzeigen, und zwar auch dann, wenn sie ohne seinen Willen eintritt.

Im übrigen gelten die §§ 23 bis 30 VVG. Danach kann der Versicherer zur Kündigung berechtigt oder auch leistungsfrei sein.

3. Für vorschriftsmäßige Anlagen des Zivilschutzes und für Zivilschutzübungen gelten Nr. 2 und die §§ 23 bis 30 VVG nicht.

4. Die Aufnahme oder Veränderung eines Betriebes, gleich welcher Art und welchen Umfangs, ist dem Versicherer unverzüglich anzuzeigen.

Ist mit der Aufnahme oder Veränderung des Betriebes eine Gefahrerhöhung verbunden, so gelten die §§ 23 bis 30 VVG.

Der Versicherer hat von dem Tag der Aufnahme oder Veränderung des Betriebes an Anspruch auf die aus einem etwa erforderlichen höheren Prämiensatz errechnete Prämie. Dies gilt nicht, soweit der Versicherer in einem Versicherungsfall wegen Gefahrerhöhung leistungsfrei geworden ist.

5. Gefahrerhöhende Umstände werden durch Maßnahmen des Versicherungsnehmers oder durch sonstige gefahrmindernde Umstände ausgeglichen, insbesondere soweit diese mit dem Versicherer vereinbart wurden.

§ 7 Sicherheitsvorschriften

1. Der Versicherungsnehmer hat
a) alle gesetzlichen, behördlichen oder in dem Versicherungsvertrag vereinbarten
Sicherheitsvorschriften zu beachten;
b) über Wertpapiere und sonstige Urkunden, über Sammlungen und über sonstige
Sachen, für die dies besonders vereinbart ist, Verzeichnisse zu führen und diese
so aufzubewahren, daß sie im Versicherungsfall voraussichtlich nicht gleichzeitig
mit den versicherten Sachen zerstört oder beschädigt werden oder abhandenkommen können;
Abs. 1 gilt nicht für Wertpapiere und sonstige Urkunden sowie für Sammlungen,
wenn der Wert dieser Sachen insgesamt 5.000 DM nicht übersteigt; Abs. 1 gilt
ferner nicht für Briefmarken;
Abs. 1 und Abs. 2 gelten nicht für Banken und Sparkassen.

2. Verletzt der Versicherungsnehmer eine der Obliegenheiten gemäß Nr. 1 a, so ist
der Versicherer nach Maßgabe des § 6 Abs. 1 und Abs. 2 VVG zur Kündigung berechtigt oder auch leistungsfrei. Eine Kündigung des Versicherers wird einen Monat
nach Zugang wirksam. Leistungsfreiheit tritt nicht ein, wenn die Verletzung weder
auf Vorsatz noch auf grober Fahrlässigkeit beruht.
Führt die Verletzung zu einer Gefahrerhöhung, so gelten die §§ 23 bis 30 VVG.
Danach kann der Versicherer zur Kündigung berechtigt oder auch leistungsfrei sein.

3. Verletzt der Versicherungsnehmer die Bestimmung der Nr. 1 b, so kann er Entschädigung für Sachen der dort genannten Art nur verlangen, soweit er das Vorhandensein, die Beschaffenheit und den Versicherungswert der Sachen auch ohne das
Verzeichnis nachweisen kann.

§ 8 Prämie; Beginn und Ende der Haftung

1. Der Versicherungsnehmer hat die erste Prämie (Beitrag) gegen Aushändigung
des Versicherungsscheins, Folgeprämien am Ersten des Monats zu zahlen, in dem
ein neues Versicherungsjahr beginnt. Die Folgen nicht rechtzeitiger Zahlung der
ersten Prämie oder der ersten Rate der ersten Prämie ergeben sich aus § 38 VVG in
Verbindung mit Nr. 3; im übrigen gelten §§ 39, 91 VVG. Rückständige Folgeprämien
dürfen nur innerhalb eines Jahres seit Ablauf der nach § 39 VVG für sie gesetzten
Zahlungsfrist eingezogen werden.

2. Ist Ratenzahlung vereinbart, so gelten die ausstehenden Raten bis zu den vereinbarten Zahlungsterminen als gestundet.
Die gestundeten Raten des laufenden Versicherungsjahres werden sofort fällig,
wenn der Versicherungsnehmer mit einer Rate ganz oder teilweise in Verzug gerät
oder soweit eine Entschädigung fällig wird.

3. Die Haftung des Versicherers beginnt mit dem vereinbarten Zeitpunkt, und
zwar auch dann, wenn zur Prämienzahlung erst später aufgefordert, die Prämie aber
unverzüglich gezahlt wird. Ist dem Versicherungsnehmer bei Antragstellung bekannt, daß ein Versicherungsfall bereits eingetreten ist, so entfällt hierfür die Haftung.

4. Die Haftung endet mit dem vereinbarten Zeitpunkt. Versicherungsverträge von
mindestens einjähriger Dauer verlängern sich jedoch von Jahr zu Jahr, wenn sie
nicht spätestens drei Monate vor Ablauf schriftlich gekündigt werden.

5. Endet das Versicherungsverhältnis vor Ablauf der Vertragszeit oder wird es
nach Beginn rückwirkend aufgehoben oder ist es von Anfang an nichtig, so gebührt
dem Versicherer Prämie oder Geschäftsgebühr gemäß dem Versicherungsvertragsgesetz (z. B. §§ 40, 68).

Kündigt nach Eintritt eines Versicherungsfalles (§ 19 Nr. 2) der Versicherungsnehmer, so gebührt dem Versicherer die Prämie für das laufende Versicherungsjahr.

Kündigt der Versicherer, so hat er die Prämie für das laufende Versicherungsjahr nach dem Verhältnis der noch nicht abgelaufenen zu der gesamten Zeit des Versicherungsjahres zurückzuzahlen.

§ 9 Mehrfache Versicherung; Überversicherung

1. Nimmt der Versicherungsnehmer für versicherte Sachen eine weitere Versicherung gegen eine der versicherten Gefahren, so hat er den anderen Versicherer und die Versicherungssumme dem Versicherer unverzüglich schriftlich mitzuteilen. Dies gilt nicht für Allgefahrenversicherung.
Verletzt der Versicherungsnehmer die Obliegenheit gemäß Abs. 1, so ist der Versicherer nach Maßgabe des § 6 Abs. 1 VVG zur Kündigung berechtigt oder auch leistungsfrei. Eine Kündigung des Versicherers wird einen Monat nach Zugang wirksam. Die Leistungsfreiheit tritt nicht ein, wenn die Verletzung weder auf Vorsatz noch auf grober Fahrlässigkeit beruht oder wenn der Versicherer vor dem Versicherungsfall Kenntnis von der anderen Versicherung erlangt hat.

2. Ist ein Selbstbehalt vereinbart und besteht mehrfache Versicherung, so kann abweichend von § 59 Abs. 1 VVG als Entschädigung aus den mehreren Verträgen nicht mehr als der Schaden abzüglich des Selbstbehaltes verlangt werden.

3. Erlangt der Versicherungsnehmer oder der Versicherte aus anderen Versicherungsverträgen Entschädigung für denselben Schaden, so ermäßigt sich der Anspruch aus vorliegendem Vertrag in der Weise, daß die Entschädigung aus allen Verträgen insgesamt nicht höher ist, als wenn der Gesamtbetrag der Versicherungssummen, aus denen Prämie errechnet wurde, nur in dem vorliegenden Vertrag in Deckung gegeben worden wäre.

4. Wird wegen Überversicherung oder Doppelversicherung die Versicherungssumme vermindert, so ist von diesem Zeitpunkt an für die Höhe der Prämie der Betrag maßgebend, den der Versicherer berechnet haben würde, wenn der Vertrag von vornherein mit dem neuen Inhalt geschlossen worden wäre.

§ 10 Versicherung für fremde Rechnung

1. Soweit die Versicherung für fremde Rechung genommen ist, kann der Versicherungsnehmer, auch wenn er nicht im Besitz des Versicherungsscheins ist, über die Rechte des Versicherten ohne dessen Zustimmung im eigenen Namen verfügen, insbesondere die Zahlung der Entschädigung verlangen und die Rechte des Versicherten übertragen. Der Versicherer kann jedoch vor Zahlung der Entschädigung den Nachweis verlangen, daß der Versicherte seine Zustimmung dazu erteilt hat.

2. Der Versicherte kann über seine Rechte nicht verfügen, selbst wenn er im Besitz des Versicherungsscheins ist. Er kann die Zahlung der Entschädigung nur mit Zustimmung des Versicherungsnehmers verlangen.

3. Soweit Kenntnis oder Verhalten des Versicherungsnehmers von rechtlicher Bedeutung ist, kommt auch Kenntnis oder Verhalten des Versicherten in Betracht. Im übrigen gilt § 79 VVG.

§ 11 Entschädigungsberechnung; Unterversicherung

1. Ersetzt werden
a) bei zerstörten oder infolge eines Versicherungsfalles abhandengekommenen Sachen der Versicherungswert (§ 5) unmittelbar vor Eintritt des Versicherungsfalles;
b) bei beschädigten Sachen die notwendigen Reparaturkosten zur Zeit des Eintritts des Versicherungsfalles zuzüglich einer durch den Versicherungsfall etwa entstandenen und durch die Reparatur nicht auszugleichenden Wertminderung, höchstens jedoch der Versicherungswert unmittelbar vor Eintritt des Versiche-

rungsfalles; die Reparaturkosten werden gekürzt, soweit durch die Reparatur der Versicherungswert der Sache gegenüber dem Versicherungswert unmittelbar vor Eintritt des Versicherungsfalles erhöht wird.

Restwerte werden angerechnet.

Behördliche Wiederherstellungsbeschränkungen bleiben unberücksichtigt.

2. Für Kosten gemäß § 3 Nr. 3 oder für Betriebsunterbrechungsschäden leistet der Versicherer Entschädigung nur, soweit dies besonders vereinbart ist.

3. Ist die Versicherungssumme niedriger als der Versicherungswert unmittelbar vor Eintritt des Versicherungsfalles (Unterversicherung), so wird nur der Teil des gemäß Nr. 1 ermittelten Betrages ersetzt, der sich zu dem ganzen Betrag verhält wie die Versicherungssumme zu dem Versicherungswert.

Ist die Entschädigung für einen Teil der in einer Position versicherten Sachen auf bestimmte Beträge begrenzt (§ 12 Abs. 1 Nr. 2), so werden bei Ermittlung des Versicherungswertes der davon betroffenen Sachen höchstens diese Beträge berücksichtigt. Ergibt sich aus dem so ermittelten Versicherungswert eine Unterversicherung, so wird der Gesamtbetrag des Schadens entsprechend gekürzt; danach ist § 12 Abs. 1 Nr. 2 anzuwenden.

Ob Unterversicherung vorliegt, ist für jede vereinbarte Gruppe (Position) gesondert festzustellen.

4. Bei der Versicherung auf Erstes Risiko (Erste Gefahr) gelten § 56 VVG und die Bestimmungen über Unterversicherung (Nr. 3) nicht. Versicherung auf Erstes Risiko besteht

a) für Kosten gemäß § 3 Nr. 3;

b) soweit dies zu sonstigen Versicherungssummen besonders vereinbart ist.

5. Ist der Neuwert (§ 5 Nr. 1 a und Nr. 2 a) der Versicherungswert, so erwirbt der Versicherungsnehmer auf den Teil der Entschädigung, der den Zeitwertschaden (Abs. 2) übersteigt, einen Anspruch nur, soweit und sobald er innerhalb von drei Jahren nach Eintritt des Versicherungsfalles sichergestellt hat, daß er die Entschädigung verwenden wird, um

a) Gebäude in gleicher Art und Zweckbestimmung an der bisherigen Stelle wiederherzustellen; ist dies an der bisherigen Stelle rechtlich nicht möglich oder wirtschaftlich nicht zu vertreten, so genügt es, wenn das Gebäude an anderer Stelle innerhalb der Bundesrepublik Deutschland einschließlich des Landes Berlin wiederhergestellt wird;

b) bewegliche Sachen oder Grundstücksbestandteile, die zerstört worden oder abhandengekommen sind, in gleicher Art und Güte und in neuwertigem Zustand wiederzubeschaffen; nach vorheriger Zustimmung des Versicherers genügt Wiederbeschaffung gebrauchter Sachen; anstelle von Kraft- oder Arbeitsmaschinen können Kraft- oder Arbeitsmaschinen beliebiger Art beschafft werden, wenn deren Betriebszweck derselbe ist;

c) bewegliche Sachen oder Grundstücksbestandteile, die beschädigt worden sind, wiederherzustellen.

Der Zeitwertschaden wird bei zerstörten oder abhandengekommenen Sachen gemäß § 5 Nr. 1 b, Nr. 2 b und Nr. 5 festgestellt. Bei beschädigten Sachen werden die Kosten einer Reparatur um den Betrag gekürzt, um den durch die Reparatur der Zeitwert der Sache gegenüber dem Zeitwert unmittelbar vor Eintritt des Versicherungsfalles erhöht würde.

6. Für Muster, Anschauungsmodelle, Prototypen und Ausstellungsstücke, ferner für typengebundene, für die laufende Produktion nicht mehr benötigte Fertigungsvorrichtungen (§ 5 Nr. 5 Abs. 2), erwirbt der Versicherungsnehmer auf den Teil der Entschädigung, der den gemeinen Wert (§ 5 Nr. 2 c) übersteigt, einen Anspruch nur, soweit für die Verwendung der Entschädigung die Voraussetzungen gemäß Nr. 5 b oder 5 c erfüllt sind und die Wiederherstellung notwendig ist.

§ 12 Entschädigungsgrenzen

Der Versicherer leistet Entschädigung je Versicherungsfall höchstens
1. bis zu der je Position vereinbarten Versicherungssumme;
2. bis zu den Entschädigungsgrenzen, die in § 4 Nr. 4 Abs. 2 Satz 2 vorgesehen oder zusätzlich vereinbart sind.
Maßgebend ist der niedrigere Betrag.

§ 13 Obliegenheiten des Versicherungsnehmers im Versicherungsfall

1. Der Versicherungsnehmer hat bei Eintritt eines Versicherungsfalles
a) den Schaden dem Versicherer unverzüglich anzuzeigen, das Abhandenkommen versicherter Sachen auch der zuständigen Polizeidienststelle; gegenüber dem Versicherer gilt diese Anzeige noch als unverzüglich, wenn sie innerhalb von drei Tagen abgesandt wird;
bei Schäden über 10.000 DM sollte die Anzeige dem Versicherer gegenüber fernmündlich, fernschriftlich oder telegraphisch erfolgen;
b) der Polizeidienststelle unverzüglich ein Verzeichnis der abhandengekommenen Sachen einzureichen;
c) den Schaden nach Möglichkeit abzuwenden oder zu mindern und dabei die Weisungen des Versicherers zu befolgen; er hat, soweit die Umstände es gestatten, solche Weisungen einzuholen;
d) für zerstörte oder abhandengekommene Wertpapiere oder sonstige aufgebotsfähige Urkunden unverzüglich das Aufgebotsverfahren einzuleiten und etwaige sonstige Rechte zu wahren, insbesondere abhandengekommene Sparbücher und andere sperrfähige Urkunden unverzüglich sperren zu lassen;
e) dem Versicherer auf dessen Verlangen im Rahmen des Zumutbaren jede Untersuchung über Ursache und Höhe des Schadens und über den Umfang seiner Entschädigungspflicht zu gestatten, jede hierzu dienliche Auskunft – auf Verlangen schriftlich – zu erteilen und die erforderlichen Belege beizubringen, bei Gebäudeschäden auf Verlangen insbesondere einen beglaubigten Grundbuchauszug;
f) Veränderungen der Schadenstelle möglichst zu vermeiden, solange der Versicherer nicht zugestimmt hat;
g) dem Versicherer auf dessen Verlangen innerhalb einer angemessenen Frist von mindestens zwei Wochen ein von ihm unterschriebenes Verzeichnis aller abhandengekommenen, zerstörten oder beschädigten Sachen vorzulegen; soweit nicht Versicherung auf Erstes Risiko vereinbart ist, kann der Versicherer auch ein Verzeichnis aller unmittelbar vor Eintritt des Versicherungsfalles vorhandenen Sachen verlangen; in den Verzeichnissen ist der Versicherungswert der Sachen unmittelbar vor Eintritt des Versicherungsfalles anzugeben.

2. Verletzt der Versicherungsnehmer eine der vorstehenden Obliegenheiten, so ist der Versicherer nach Maßgabe des Versicherungsvertragsgesetzes (§§ 6 Abs. 3, 62 Abs. 2 VVG) von der Entschädigungspflicht frei. Dies gilt nicht, wenn nur die fernmündliche, fernschriftliche oder telegraphische Anzeige gemäß Nr. 1 a unterbleibt.
Sind abhandengekommene Sachen der Polizeidienststelle nicht oder nicht rechtzeitig angezeigt worden, so kann der Versicherer nur für diese Sachen von der Entschädigungspflicht frei sein.

3. Hatte eine vorsätzliche Obliegenheitsverletzung Einfluß weder auf die Feststellung des Versicherungsfalles noch auf die Feststellung oder den Umfang der Entschädigung, so entfällt die Leistungsfreiheit gemäß Nr. 2, wenn die Verletzung nicht geeignet war, die Interessen des Versicherers ernsthaft zu beeinträchtigen, und wenn außerdem den Versicherungsnehmer kein erhebliches Verschulden trifft.

§ 14 Besondere Verwirkungsgründe

1. Führt der Versicherungsnehmer den Schaden vorsätzlich oder grob fahrlässig herbei, so ist der Versicherer von der Entschädigungspflicht frei.
Ist die Herbeiführung des Schadens gemäß Abs. 1 durch ein rechtskräftiges Strafurteil wegen vorsätzlicher Brandstiftung festgestellt, so gelten die Voraussetzungen von Abs. 1 als bewiesen.

2. Versucht der Versicherungsnehmer, den Versicherer arglistig über Tatsachen zu täuschen, die für den Grund oder für die Höhe der Entschädigung von Bedeutung sind, so ist der Versicherer von der Entschädigungspflicht frei.
Ist eine Täuschung gemäß Abs. 1 durch rechtskräftiges Strafurteil wegen Betruges oder Betrugsversuchs festgestellt, so gelten die Voraussetzungen von Abs. 1 als bewiesen.

3. Wird der Entschädigungsanspruch nicht innerhalb einer Frist von sechs Monaten gerichtlich geltend gemacht, nachdem der Versicherer ihn unter Angabe der mit dem Ablauf der Frist verbundenen Rechtsfolge schriftlich abgelehnt hat, so ist der Versicherer von der Entschädigungspflicht frei. Durch ein Sachverständigenverfahren (§ 15) wird der Ablauf der Frist für dessen Dauer gehemmt.

§ 15 Sachverständigenverfahren

1. Versicherungsnehmer und Versicherer können nach Eintritt des Versicherungsfalles vereinbaren, daß die Höhe des Schadens durch Sachverständige festgestellt wird. Das Sachverständigenverfahren kann durch Vereinbarung auf sonstige tatsächliche Voraussetzungen des Entschädigungsanspruchs sowie der Höhe der Entschädigung ausgedehnt werden.
Der Versicherungsnehmer kann ein Sachverständigenverfahren auch durch einseitige Erklärung gegenüber dem Versicherer verlangen.

2. Für das Sachverständigenverfahren gilt:
a) Jede Partei benennt schriftlich einen Sachverständigen und kann dann die andere unter Angabe des von ihr benannten Sachverständigen schriftlich auffordern, den zweiten Sachverständigen zu benennen. Wird der zweite Sachverständige nicht binnen zwei Wochen nach Empfang der Aufforderung benannt, so kann ihn die auffordernde Partei durch das für den Schadenort zuständige Amtsgericht ernennen lassen. In der Aufforderung ist auf diese Folge hinzuweisen.
b) Beide Sachverständige benennen schriftlich vor Beginn des Feststellungsverfahrens einen dritten Sachverständigen als Obmann. Einigen sie sich nicht, so wird der Obmann auf Antrag einer Partei durch das für den Schadenort zuständige Amtsgericht ernannt.
c) Der Versicherer darf als Sachverständige keine Personen benennen, die Mitbewerber des Versicherungsnehmers sind oder mit diesem in Geschäftsverbindung stehen, ferner keine Personen, die bei Mitbewerbern oder Geschäftspartnern angestellt sind oder mit ihnen in einem ähnlichen Verhältnis stehen.
Dies gilt entsprechend für die Benennung eines Obmannes durch die Sachverständigen.

3. Die Feststellungen der Sachverständigen müssen enthalten
a) ein Verzeichnis der zerstörten, beschädigten und abhandengekommenen Sachen sowie deren Versicherungswert zum Zeitpunkt des Versicherungsfalles; in den Fällen von § 11 Nr. 5 ist auch der Zeitwert, in den Fällen von § 11 Nr. 6 auch der gemeine Wert anzugeben;
b) bei beschädigten Sachen die Beträge gemäß § 11 Nr. 1 b;
c) alle sonstigen gemäß § 11 Nr. 1 maßgebenden Tatsachen, insbesondere die Restwerte der von dem Schaden betroffenen Sachen;
d) entstandene Kosten, die gemäß § 3 versichert sind.

4. Die Sachverständigen übermitteln beiden Parteien gleichzeitig ihre Feststellungen. Weichen die Feststellungen voneinander ab, so übergibt der Versicherer sie unverzüglich dem Obmann. Dieser entscheidet über die streitig gebliebenen Punkte innerhalb der durch die Feststellungen der Sachverständigen gezogenen Grenzen und übermittelt seine Entscheidung beiden Parteien gleichzeitig.

5. Jede Partei trägt die Kosten ihres Sachverständigen. Die Kosten des Obmannes tragen beide Parteien je zur Hälfte.

6. Die Feststellungen der Sachverständigen oder des Obmannes sind verbindlich, wenn nicht nachgewiesen wird, daß sie offenbar von der wirklichen Sachlage erheblich abweichen. Aufgrund dieser verbindlichen Feststellungen berechnet der Versicherer gemäß den §§ 11, 12 die Entschädigung.

7. Durch das Sachverständigenverfahren werden die Obliegenheiten des Versicherungsnehmers gemäß § 13 Nr. 1 nicht berührt.

§ 16 Zahlung der Entschädigung

1. Ist die Leistungspflicht des Versicherers dem Grunde und der Höhe nach festgestellt, so hat die Auszahlung der Entschädigung binnen zwei Wochen zu erfolgen. Jedoch kann einen Monat nach Anzeige des Schadens als Abschlagszahlung der Betrag beansprucht werden, der nach Lage der Sache mindestens zu zahlen ist.

2. Die Entschädigung ist seit Anzeige des Schadens mit 1 Prozent unter dem Diskontsatz der Deutschen Bundesbank zu verzinsen, mindestens jedoch mit 4 Prozent und höchstens mit 6 Prozent pro Jahr, soweit nicht aus anderen Gründen ein höherer Zins zu entrichten ist.

Die Verzinsung entfällt, soweit die Entschädigung innerhalb eines Monats seit Anzeige des Schadens gezahlt wird.

Zinsen werden erst fällig, wenn die Entschädigung fällig ist.

3. Der Lauf der Fristen gemäß Nr. 1 und Nr. 2 Abs. 1 ist gehemmt, solange infolge Verschuldens des Versicherungsnehmers die Entschädigung nicht ermittelt oder nicht gezahlt werden kann.

4. Bei Schäden an Gebäuden, an der technischen oder kaufmännischen Betriebseinrichtung oder an Gebrauchsgegenständen von Betriebsangehörigen ist für die Zahlung des über den Zeitwertschaden hinausgehenden Teils der Entschädigung der Zeitpunkt maßgebend, in dem der Versicherungsnehmer den Eintritt der Voraussetzungen von § 11 Nr. 5 dem Versicherer nachgewiesen hat.

Abs. 1 gilt entsprechend für die in § 11 Nr. 6 genannten Sachen, soweit die Entschädigung den gemeinen Wert übersteigt. Das gleiche gilt, soweit aufgrund einer sonstigen Vereinbarung ein Teil der Entschädigung von Voraussetzungen abhängt, die erst nach dem Versicherungsfall eintreten.

Zinsen für die Beträge gemäß Abs. 1 und Abs. 2 werden erst fällig, wenn die dort genannten zusätzlichen Voraussetzungen der Entschädigung festgestellt sind.

5. Der Versicherer kann die Zahlung aufschieben,
a) solange Zweifel an der Empfangsberechtigung des Versicherungsnehmers bestehen;
b) wenn gegen den Versicherungsnehmer oder einen seiner Repräsentanten aus Anlaß des Versicherungsfalles ein behördliches oder strafgerichtliches Verfahren aus Gründen eingeleitet worden ist, die auch für den Entschädigungsanspruch rechtserheblich sind, bis zum rechtskräftigen Abschluß dieses Verfahrens.

6. Die gesetzlichen Vorschriften über die Sicherung des Realkredits bleiben unberührt.

§ 17 Repräsentanten

Soweit nicht etwas anderes vereinbart ist, stehen dem Versicherungsnehmer im Rahmen von §§ 6, 7, 9, 13, 14 Nr. 1 und Nr. 2 als Repräsentanten gleich

1. Personen, die in dem Geschäftsbereich, zu dem die versicherten Sachen gehören, aufgrund eines Vertretungs- oder eines ähnlichen Verhältnisses anstelle des Versicherungsnehmers die Obhut über diese Sachen ausüben;

2. Personen, die damit betraut sind, rechtserhebliche Tatsachen anstelle des Versicherungsnehmers zur Kenntnis zu nehmen und dem Versicherer zur Kenntnis zu bringen;

3. Personen, denen die versicherten Sachen aufgrund eines Miet-, Pacht- oder ähnlichen Verhältnisses für längere Zeit in alleinige Obhut gegeben worden sind.

§ 18 Wiederherbeigeschaffte Sachen

1. Wird der Verbleib abhandengekommener Sachen ermittelt, so hat der Versicherungsnehmer dies dem Versicherer unverzüglich schriftlich anzuzeigen.

2. Hat der Versicherungsnehmer den Besitz einer abhandengekommenen Sache zurückerlangt, bevor die volle bedingungsgemäße Entschädigung für diese Sache gezahlt worden ist, so behält er den Anspruch auf die Entschädigung, falls er die Sache innerhalb von zwei Wochen dem Versicherer zur Verfügung stellt. Andernfalls ist eine für diese Sache gewährte Abschlagszahlung oder eine gemäß § 11 Nr. 5 oder Nr. 6 vorläufig auf den Zeitwertschaden oder auf den gemeinen Wert beschränkte Entschädigung zurückzuzahlen.

3. Hat der Versicherungsnehmer den Besitz einer abhandengekommenen Sache zurückerlangt, nachdem für diese Sache eine Entschädigung in voller Höhe ihres Versicherungswertes gezahlt worden ist, so hat der Versicherungsnehmer die Entschädigung zurückzuzahlen oder die Sache dem Versicherer zur Verfügung zu stellen. Der Versicherungsnehmer hat dieses Wahlrecht innerhalb von zwei Wochen nach Empfang einer schriftlichen Aufforderung des Versicherers auszuüben; nach fruchtlosem Ablauf dieser Frist geht das Wahlrecht auf den Versicherer über.

4. Hat der Versicherungsnehmer den Besitz einer abhandengekommenen Sache zurückerlangt, nachdem für diese Sache eine Entschädigung gezahlt worden ist, die bedingungsgemäß weniger als der Versicherungswert betragen hat, so kann der Versicherungsnehmer die Sache behalten und muß sodann die Entschädigung zurückzahlen. Erklärt er sich hierzu innerhalb von zwei Wochen nach Empfang einer schriftlichen Aufforderung des Versicherers nicht bereit, so hat der Versicherungsnehmer die Sache im Einvernehmen mit dem Versicherer öffentlich meistbietend verkaufen zu lassen. Von dem Erlös abzüglich der Verkaufskosten erhält der Versicherer den Anteil, welcher der von ihm geleisteten bedingungsgemäßen Entschädigung entspricht.

5. Dem Besitz einer zurückerlangten Sache steht es gleich, wenn der Versicherungsnehmer die Möglichkeit hat, sich den Besitz wieder zu verschaffen.

Ist ein Wertpapier in einem Aufgebotsverfahren für kraftlos erklärt worden, so hat der Versicherungsnehmer die gleichen Rechte und Pflichten, wie wenn er das Wertpapier zurückerlangt hätte. Jedoch kann der Versicherungsnehmer die Entschädigung behalten, soweit ihm durch Verzögerung fälliger Leistungen aus den Wertpapieren ein Zinsverlust entstanden ist.

6. Hat der Versicherungsnehmer dem Versicherer zurückerlangte Sachen zur Verfügung zu stellen, so hat er dem Versicherer den Besitz, das Eigentum und alle sonstigen Rechte zu übertragen, die ihm mit Bezug auf diese Sachen zustehen.

7. Sind wiederherbeigeschaffte Sachen beschädigt worden, so kann der Versicherungsnehmer Entschädigung gemäß § 11 Nr. 1b auch dann verlangen oder behalten, wenn die Sachen gemäß Nr. 2 bis Nr. 4 bei ihm verbleiben.

§ 19 Rechtsverhältnis nach dem Versicherungsfall

1. Die Versicherungssummen vermindern sich nicht dadurch, daß eine Entschädigung geleistet wird.

2. Nach dem Eintritt eines Versicherungsfalles kann der Versicherer oder der Versicherungsnehmer den Versicherungsvertrag kündigen.
Die Kündigung ist schriftlich zu erklären. Sie muß spätestens einen Monat nach Auszahlung der Entschädigung zugehen. Der Zahlung steht es gleich, wenn die Entschädigung aus Gründen abgelehnt wird, die den Eintritt des Versicherungsfalles unberührt lassen.
Die Kündigung wird einen Monat nach ihrem Zugang wirksam. Der Versicherungsnehmer kann bestimmen, daß seine Kündigung sofort oder zu einem anderen Zeitpunkt wirksam wird, jedoch spätestens zum Schluß des laufenden Versicherungsjahres.

§ 20 Schriftliche Form; Zurückweisung von Kündigungen

1. Anzeigen und Erklärungen bedürfen der Schriftform. Dies gilt nicht für die Anzeige eines Schadens gemäß § 13 Nr. 1 a.

2. Ist eine Kündigung des Versicherungsnehmers unwirksam, ohne daß dies auf Vorsatz oder grober Fahrlässigkeit beruht, so wird die Kündigung wirksam, falls der Versicherer sie nicht unverzüglich zurückweist.

§ 21 Agentenvollmacht

Ein Agent des Versicherers ist nur dann bevollmächtigt, Anzeigen und Erklärungen des Versicherungsnehmers entgegenzunehmen, wenn er den Versicherungsvertrag vermittelt hat oder laufend betreut.

§ 22 Schlußbestimmung

1. Soweit nicht in den Versicherungsbedingungen Abweichendes bestimmt ist, gelten die gesetzlichen Vorschriften.

2. Ein Auszug aus dem Gesetz über den Versicherungsvertrag (VVG), der insbesondere die in den AFB 87 erwähnten Bestimmungen enthält, ist dem Bedingungstext beigefügt.

Texte 15

Allgemeine Bedingungen für die Versicherung gegen Schäden durch Einbruchdiebstahl und Raub (AERB)

§ 1 Versicherte Gefahren

1. Der Versicherer leistet Entschädigung für versicherte Sachen, die
a) durch Einbruchdiebstahl,
b) durch Raub innerhalb eines Gebäudes oder Grundstücks,
c) durch Raub auf Transportwegen
oder durch den Versuch einer solchen Tat abhandenkommen, zerstört oder beschädigt werden.
Jede der in a bis c genannten Gefahren ist nur versichert, wenn dies vereinbart ist.

2. Einbruchdiebstahl liegt vor, wenn der Dieb
a) in einen Raum eines Gebäudes einbricht, einsteigt oder mittels falscher Schlüssel oder anderer Werkzeuge eindringt; ein Schlüssel ist falsch, wenn die Anfertigung desselben für das Schloß nicht von einer dazu berechtigten Person veranlaßt oder gebilligt worden ist; der Gebrauch eines falschen Schlüssels ist nicht schon dann bewiesen, wenn feststeht, daß versicherte Sachen abhandengekommen sind;
b) in einem Raum eines Gebäudes ein Behältnis aufbricht oder falsche Schlüssel oder andere Werkzeuge benutzt, um es zu öffnen; in Räumen, die neben dem Versicherungsnehmer auch ein Dritter zu gewerblichen oder beruflichen Zwecken benutzt, besteht Versicherungsschutz für solche Schäden nur, wenn dies besonders vereinbart ist;
c) aus einem verschlossenen Raum eines Gebäudes Sachen entwendet, nachdem er sich in das Gebäude eingeschlichen oder dort verborgen gehalten hatte;
d) in einem Raum eines Gebäudes bei einem einfachen Diebstahl auf frischer Tat angetroffen wird und eines der Mittel gemäß Nr. 3a oder 3b anwendet, um sich den Besitz des gestohlenen Gutes zu erhalten;
e) in einen Raum eines Gebäudes mittels richtiger Schlüssel eindringt oder dort ein Behältnis mittels richtiger Schlüssel öffnet, die er durch Einbruchdiebstahl oder außerhalb des Versicherungsortes durch Raub an sich gebracht hatte; werden jedoch Sachen entwendet, die gegen Einbruchdiebstahl nur in Behältnissen mit zusätzlichen Sicherheitsmerkmalen gemäß § 3 Nr. 4, z. B. nur in Tresorräumen, Geldschränken, mehrwandigen Stahlschränken oder eingemauerten Stahlwandschränken mit mehrwandiger Tür, versichert sind, so gilt dies als Einbruchdiebstahl nur, wenn der Dieb die richtigen Schlüssel des Behältnisses erlangt hat durch
aa) Einbruchdiebstahl gemäß § 1 Nr. 2 b aus einem Behältnis, das mindestens die gleiche Sicherheit wie die Behältnisse bietet, in denen die Sachen versichert sind;
bb) Einbruchdiebstahl, wenn die Behältnisse, in denen die Sachen versichert sind, zwei Schlösser besitzen und alle zugehörigen Schlüssel, Schlüssel zu verschiedenen Schlössern voneinander getrennt, außerhalb des Versicherungsortes verwahrt werden;
cc) Raub außerhalb des Versicherungsortes;
f) in einen Raum eines Gebäudes mittels richtiger Schlüssel eindringt, die er – auch außerhalb des Versicherungsortes – durch einfachen Diebstahl an sich gebracht hatte, vorausgesetzt, daß weder der Versicherungsnehmer noch der Gewahrsamsinhaber den Diebstahl der Schlüssel durch fahrlässiges Verhalten ermöglicht hatte.

3. Raub liegt vor, wenn
a) gegen den Versicherungsnehmer oder einen seiner Arbeitnehmer Gewalt angewendet wird, um dessen Widerstand gegen die Wegnahme versicherter Sachen auszuschalten;

b) der Versicherungsnehmer oder einer seiner Arbeitnehmer versicherte Sachen herausgibt oder sich wegnehmen läßt, weil eine Gewalttat mit Gefahr für Leib oder Leben angedroht wird, die innerhalb des Versicherungsortes – bei mehreren Versicherungsorten innerhalb desjenigen Versicherungsortes, an dem auch die Drohung ausgesprochen wird – verübt werden soll;

c) dem Versicherungsnehmer oder einem seiner Arbeitnehmer versicherte Sachen weggenommen werden, weil sein körperlicher Zustand infolge eines Unfalls oder infolge einer nicht verschuldeten sonstigen Ursache beeinträchtigt und dadurch seine Widerstandskraft ausgeschaltet ist.

Einem Arbeitnehmer stehen volljährige Familienangehörige des Versicherungsnehmers gleich, denen dieser die Obhut über die versicherten Sachen vorübergehend überlassen hat.

4. Für Raub auf Transportwegen gilt abweichend von Nr. 3:

a) Dem Versicherungsnehmer stehen sonstige Personen gleich, die in seinem Auftrag den Transport durchführen; dies gilt jedoch nicht, wenn der Transportauftrag durch ein Unternehmen durchgeführt wird, das sich gewerbsmäßig mit Geldtransporten befaßt.

b) Die den Transport durchführenden Personen, gegebenenfalls auch der Versicherungsnehmer selbst, müssen älter als 18 und jünger als 65 Jahre sowie im Vollbesitz körperlicher und geistiger Kräfte sein; im übrigen gilt § 11 Nr. 3 und 4.

c) In den Fällen von Nr. 3 b liegt Raub nur vor, wenn die angedrohte Gewalttat an Ort und Stelle verübt werden soll.

5. Sind Schäden durch Raub auf Transportwegen versichert, so leistet der Versicherer, wenn der Versicherungsnehmer bei der Durchführung des Transports nicht persönlich mitwirkt, Entschädigung bis zu 25000 DM je Versicherungsfall auch für Schäden, die ohne Verschulden einer der den Transport durchführenden Personen entstehen

a) durch Erpressung gemäß § 253 StGB, begangen an diesen Personen;

b) durch Betrug gemäß § 263 StGB, begangen an diesen Personen;

c) durch Diebstahl von Sachen, die sich in unmittelbarer körperlicher Obhut dieser Personen befinden;

d) dadurch, daß diese Personen nicht mehr in der Lage sind, die ihnen anvertrauten Sachen zu betreuen.

6. Die Versicherung erstreckt sich ohne Rücksicht auf mitwirkende Ursachen nicht auf Schäden an versicherten Sachen und nicht auf versicherte Kosten, die entstehen

a) durch vorsätzliche Handlungen von Personen, die mit dem Versicherungsnehmer in häuslicher Gemeinschaft leben oder bei ihm wohnen;

b) durch vorsätzliche Handlungen von Arbeitnehmern des Versicherungsnehmers, es sei denn, daß der Einbruchdiebstahl oder der Raub nur zu einer Zeit vorbereitet und begangen worden ist, zu der die als Versicherungsort vereinbarten Räume für diese Arbeitnehmer geschlossen waren;

c) durch Raub auf Transportwegen, wenn und solange eine größere als die vereinbarte Zahl von Transporten gleichzeitig unterwegs ist oder wenn der Schaden durch vorsätzliche Handlung einer der mit dem Transport beauftragten Personen entstanden ist;

d) durch Brand, Explosion oder austretendes Leitungswasser, auch wenn diese Schäden infolge eines Einbruchdiebstahls oder Raubes entstehen; für Schäden gemäß Nr. 5 d gilt dies nicht;

e) durch Kriegsereignisse jeder Art, innere Unruhen, Erdbeben oder Kernenergie; ist der Beweis für das Vorliegen einer dieser Ursachen nicht zu erbringen, so genügt

für den Ausschluß der Haftung des Versicherers die überwiegende Wahrscheinlichkeit, daß der Schaden auf eine dieser Ursachen zurückzuführen ist.

§ 2 Versicherte Sachen und Kosten

1. Versichert sind die in dem Versicherungsvertrag bezeichneten Sachen.

2. Soweit nichts anderes vereinbart ist, sind nur Sachen versichert,

a) die dem Versicherungsnehmer gehören;

b) die er unter Eigentumsvorbehalt erworben hat;

c) die er sicherungshalber übereignet hat und für die gemäß § 71 Abs. 1 Satz 2 VVG
dem Erwerber ein Entschädigungsanspruch nicht zusteht.

3. Ist Versicherung der Betriebseinrichtung vereinbart, so fallen hierunter nicht

a) Bargeld;

b) Urkunden, wie z. B. Sparbücher und sonstige Wertpapiere;

c) Akten. Pläne, Geschäftsbücher, Karteien, Zeichnungen, Lochkarten, Magnetbänder, Magnetplatten und sonstige Datenträger;

d) Muster, Anschauungsmodelle, Prototypen und Ausstellungsstücke, ferner typengebundene, für die laufende Produktion nicht mehr benötigte Fertigungsvorrichtungen;

e) Kraftfahrzeuge;

f) verschlossene Registrierkassen sowie Rückgeldgeber, solange der Geldbehälter
nicht entnommen ist;

g) Automaten mit Geldeinwurf (einschließlich Geldwechsler) samt Inhalt, sowie
Geldausgabeautomaten.

4. Ist Versicherung von Gebrauchsgegenständen der Betriebsangehörigen vereinbart, so sind nur Sachen versichert, die sich in Zusammenhang mit der Erfüllung
der Dienstverträge üblicherweise innerhalb des Versicherungsortes befinden. Nicht
versichert sind Kraftfahrzeuge, Bargeld und Wertpapiere.

Entschädigung wird nicht geleistet, soweit Entschädigung aus einem anderen
Versicherungsvertrag beansprucht werden kann. Ist danach die Entschädigung
oder eine Teilentschädigung gemäß § 16 Nr. 1 nur deshalb noch nicht fällig, weil
ohne Verschulden des Versicherungsnehmers oder des versicherten Betriebsangehörigen die Entschädigungspflicht aus dem anderen Versicherungsvertrag ganz
oder teilweise noch nicht geklärt ist, so wird der Versicherer unter Vorbehalt der
Rückforderung mit Zinsen 1 v.H. unter dem jeweiligen Diskontsatz der Deutschen
Bundesbank eine vorläufige Zahlung leisten.

5. Soweit dies vereinbart ist, sind die Kosten versichert, die aufzuwenden sind,

a) weil nach einem Versicherungsfall die Schadenstätte aufgeräumt oder Schutt
oder sonstige Reste zum nächsten Ablagerungsplatz abgefahren und abgelagert
werden müssen (Aufräumungskosten);

b) weil nach einem Versicherungsfall zum Zweck der Wiederherstellung oder Wiederbeschaffung von Sachen, die durch vorliegenden Vertrag versichert sind, andere Sachen bewegt, verändert oder geschützt werden müssen (Bewegungs- und
Schutzkosten);

Bewegungs- und Schutzkosten sind insbesondere Aufwendungen für De- oder
Remontage von Maschinen, für Durchbruch, Abriß oder Wiederaufbau von Gebäudeteilen oder für das Erweitern von Öffnungen;

c) für die Beseitigung von Schäden, die durch einen Versicherungsfall entstanden
sind

aa) an Dächern, Decken, Wänden, Fußböden, Türen, Schlössern, Fenstern (ausgenommen Schaufensterverglasungen), Rolläden und Schutzgittern der als
Versicherungsort vereinbarten Räume (Gebäudeschäden);

bb) an Schaukästen und Vitrinen (ausgenommen Verglasungen) außerhalb des Versicherungsortes, aber innerhalb des Grundstücks, auf dem der Versicherungsort liegt, und in dessen unmittelbarer Umgebung;

d) für Schloßänderungen an den Türen der als Versicherungsort vereinbarten Räume, um eine Gefahrerhöhung abzuwenden, die dadurch entstanden ist, daß Schlüssel zu diesen Türen anläßlich eines Versicherungsfalls abhandengekommen sind; dies gilt nicht für Türen von Tresorräumen;

e) für die Wiederherstellung von Akten, Plänen, Geschäftsbüchern, Karteien, Zeichnungen, Lochkarten, Magnetbändern, Magnetplatten und sonstigen Datenträgern, wenn die Wiederherstellung notwendig ist und innerhalb von zwei Jahren seit Eintritt des Versicherungsfalls sichergestellt wird; andernfalls leistet der Versicherer Entschädigung in Höhe des entsprechend § 4 Nr. 4 Abs. 1 ermittelten Werts des Materials.

§ 3 Versicherungsort

1. Versicherungsschutz besteht nur, wenn versicherte Sachen abhandengekommen, beschädigt oder zerstört worden sind, während sie sich innerhalb des Versicherungsortes befunden haben, und wenn alle Voraussetzungen eines Einbruchdiebstahls (§ 1 Nr. 2) oder eines Raubes (§ 1 Nr. 3 und 4) innerhalb des Versicherungsortes – bei mehreren Versicherungsorten innerhalb desselben Versicherungsortes – verwirklicht worden sind. Bei Raub auf Transportwegen ist der Ort maßgebend, an dem die transportierten Sachen sich bei Beginn der Tat befunden haben.

Nicht versichert sind Sachen, die an den Ort der Herausgabe oder Wegnahme erst auf Verlangen des Täters herangeschafft werden, es sei denn, das Heranschaffen erfolgt nur innerhalb des Versicherungsortes, an dem auch die Drohung ausgesprochen worden ist.

2. Versicherungsort für Schäden durch Einbruchdiebstahl (§ 1 Nr. 1a) sind die Räume eines Gebäudes, die in dem Versicherungsvertrag als Versicherungsort bezeichnet sind. Gebrauchsgegenstände von Betriebsangehörigen sind in deren Wohnräumen nicht versichert.

3. Bargeld, Urkunden, wie z. B. Sparbücher und sonstige Wertpapiere, Brief- und Wertmarken, Münzen und Medaillen, ungemünzte Edelmetalle, ungefaßte echte Perlen und Edelsteine, Schmucksachen und Sachen aus Edelmetallen, ferner Sachen, für die dies besonders vereinbart ist, sind gegen Schäden durch Einbruchdiebstahl nur versichert, wenn und solange sie sich in verschlossenen Behältnissen befinden, die erhöhte Sicherheit auch gegen Wegnahme des Behältnisses selbst gewähren.

Bei Versicherung von Juwelier-, Uhrmacher- und Bijouteriegeschäften gilt diese Bestimmung für Schmucksachen und Sachen aus Edelmetallen nur, soweit dies besonders vereinbart ist.

4. Wenn dies vereinbart ist, muß das Behältnis gemäß Nr. 3 zusätzliche Sicherheitsmerkmale aufweisen, z. B. die eines Tresorraums, Geldschranks, mehrwandigen Stahlschranks oder eingemauerten Stahlwandschranks mit mehrwandiger Tür.

5. Registrierkassen, Rückgeldgeber und Automaten mit Geldeinwurf (einschließlich Geldwechsler) gelten nicht als Behältnisse im Sinn von Nr. 3.

Jedoch ist im Rahmen einer für Bargeld in Behältnissen gemäß Nr. 3 vereinbarten Versicherungssumme Bargeld auch in Registrierkassen versichert, wenn und solange diese geöffnet sind. Die Entschädigung ist auf 50 DM je Registrierkasse und außerdem auf 500 DM je Versicherungsfall begrenzt.

6. Versicherungsort für Schäden durch Raub innerhalb eines Gebäudes oder Grundstücks (§ 1 Nr. 1b) ist über die in dem Versicherungsvertrag als Versicherungsort bezeichneten Räume hinaus das gesamte Grundstück, auf dem der Versicherungsort liegt, soweit es allseitig umfriedet ist und ausschließlich durch den Versicherungsnehmer benutzt wird.

7. Versicherungsort für Schäden durch Raub auf Transportwegen (§ 1 Nr. 1c) ist, soweit nicht etwas anderes vereinbart ist, die Bundesrepublik Deutschland einschließlich des Landes Berlin und der Verbindungswege. Der Transportweg beginnt mit der Übernahme versicherter Sachen für einen unmittelbar anschließenden Transport und endet an der Ablieferungsstelle mit der Übergabe.

§ 4 Versicherungswert

1. Versicherungswert

a) von Waren, die der Versicherungsnehmer herstellt, auch soweit sie noch nicht fertiggestellt sind,

b) von Waren, mit denen der Versicherungsnehmer handelt,

c) von Rohstoffen, die der Versicherungsnehmer für die Erzeugung von Waren beschafft hat, und

d) von Naturerzeugnissen

ist der Betrag, der aufzuwenden ist, um Sachen gleicher Art und Güte wiederzubeschaffen oder sie neu herzustellen (Wiederbeschaffungspreis); der niedrigere Betrag ist maßgebend. Der Versicherungswert ist jedoch begrenzt durch den erzielbaren Verkaufspreis, bei nicht fertiggestellten eigenen Erzeugnissen durch den erzielbaren Verkaufspreis der fertiggestellten Erzeugnisse abzüglich der noch nicht aufgewendeten Kosten.

2. Versicherungswert der technischen und kaufmännischen Betriebseinrichtung und der Gebrauchsgegenstände von Betriebsangehörigen ist

a) der Wiederbeschaffungspreis von Sachen gleicher Art und Güte in neuwertigem Zustand (Neuwert);

b) der Zeitwert, falls er weniger als 40 v.H., bei Gebrauchsgegenständen von Betriebsangehörigen weniger als 50 v.H., des Neuwerts beträgt; der Zeitwert ergibt sich aus dem Neuwert der Sachen durch einen Abzug entsprechend ihrem insbesondere durch Alter und Abnutzung bestimmten Zustand;

c) der gemeine Wert, falls Sachen für ihren Zweck allgemein oder im Betrieb des Versicherungsnehmers nicht mehr zu verwenden sind; gemeiner Wert ist der für den Versicherungsnehmer erzielbare Verkaufspreis für die gebrauchte Sache oder für das Altmaterial.

3. Versicherungswert von Wertpapieren ist

a) bei Wertpapieren mit amtlichem Kurs der mittlere Einheitskurs am Tag der jeweils letzten Notierung aller amtlichen Börsen der Bundesrepublik Deutschland einschließlich des Landes Berlin;

b) bei Sparbüchern der Betrag des Guthabens;

c) bei sonstigen Wertpapieren der Marktpreis.

4. Versicherungswert aller sonstigen Sachen ist, soweit nicht etwas anderes vereinbart ist, der Zeitwert, der sich aus dem Neuwert der Sachen durch einen Abzug entsprechend ihrem insbesondere durch Alter und Abnutzung bestimmten Zustand ergibt. An die Stelle des Zeitwerts tritt der gemeine Wert, soweit Sachen für ihren Zweck allgemein oder im Betrieb des Versicherungsnehmers nicht mehr zu verwenden sind (Nr. 2c Abs. 2).

Abs. 1 gilt auch für Muster, Anschauungsmodelle, Prototypen und Ausstellungsstücke, ferner für typengebundene, für die laufende Produktion nicht mehr benötigte Fertigungsvorrichtungen.

§ 5 Gefahrumstände bei Vertragsabschluß und Gefahrerhöhung

1. Bei Abschluß des Vertrages hat der Versicherungsnehmer alle ihm bekannten Umstände, die für die Übernahme der Gefahr erheblich sind, dem Versicherer schriftlich anzuzeigen. Bei schuldhafter Verletzung dieser Obliegenheit kann der

Versicherer nach Maßgabe der §§ 16 bis 21 VVG vom Vertrag zurücktreten, wodurch die Entschädigungspflicht entfallen kann.

2. Nach Antragstellung darf der Versicherungsnehmer ohne Einwilligung des Versicherers keine Gefahrerhöhung vornehmen oder gestatten.

Der Versicherungsnehmer hat jede Gefahrerhöhung, die ihm bekannt wird, dem Versicherer unverzüglich schriftlich anzuzeigen, und zwar auch dann, wenn sie ohne seinen Willen eintritt.

Im übrigen gelten die §§ 23 bis 30 VVG. Danach kann der Versicherer zur Kündigung berechtigt oder leistungsfrei sein.

3. Für die Versicherung gegen Einbruchdiebstahl liegt eine Gefahrerhöhung insbesondere vor, wenn

a) bei Antragsstellung vorhandene oder im Versicherungsvertrag zusätzlich vereinbarte Sicherungen beseitigt oder vermindert werden;

b) an dem Gebäude, in dem der Versicherungsort liegt, oder an einem angrenzenden Gebäude Bauarbeiten durchgeführt, Gerüste errichtet oder Seil- oder andere Aufzüge angebracht werden;

c) Räumlichkeiten, die oben, unten oder seitlich an den Versicherungsort angrenzen, dauernd oder vorübergehend nicht mehr benutzt werden;

d) der Betrieb dauernd oder vorübergehend, z. B. während der Betriebsferien, stillgelegt wird;

e) nach Verlust eines Schlüssels für einen Zugang zum Versicherungsort oder für ein Behältnis gemäß § 3 Nr. 4 das Schloß nicht unverzüglich durch ein gleichwertiges anderes ersetzt wird; im übrigen gilt § 1 Nr. 2e.

4. Gefahrerhöhende Umstände werden durch Maßnahmen des Versicherungsnehmers oder durch sonstige gefahrmindernde Umstände ausgeglichen, wenn dies mit dem Versicherer besonders vereinbart wird, nachdem die gefahrerhöhenden Umstände dem Versicherungsnehmer bekannt geworden sind.

§ 6 Sicherheitsvorschriften

1. Der Versicherungsnehmer hat

a) alle gesetzlichen, behördlichen oder in dem Versicherungsvertrag vereinbarten Sicherheitsvorschriften zu beachten;

b) solange die Arbeit – von Nebenarbeiten abgesehen – in dem Betrieb ruht,

aa) die Türen und alle sonstigen Öffnungen des Versicherungsortes stets ordnungsgemäß verschlossen zu halten;

bb) alle bei Antragstellung vorhandenen und alle zusätzlich vereinbarten Sicherungen voll gebrauchsfähig zu erhalten und zu betätigen;

ruht die Arbeit nur in einem Teil des Versicherungsortes, so gelten diese Vorschriften nur für Öffnungen und Sicherungen der davon betroffenen Räume; vertragliche Abweichungen bedürfen der Schriftform;

c) über Wertpapiere, sonstige Urkunden und Sammlungen, wenn der Versicherungswert dieser Sachen insgesamt 5000 DM übersteigt, Verzeichnis mit den für ein Aufgebotsverfahren notwendigen Angaben zu führen und gesondert unter Verschluß aufzubewahren; dies gilt nicht für Banken und Sparkassen.

2. Verletzt der Versicherungsnehmer diese Vorschriften, so ist der Versicherer nach Maßgabe des § 6 VVG zur Kündigung berechtigt und leistungsfrei. Führt die Verletzung zu einer Gefahrerhöhung, so gelten die §§ 23 bis 30 VVG; danach kann der Versicherer zur Kündigung berechtigt oder leistungsfrei sein.

3. Verletzt der Versicherungsnehmer die Bestimmung der Nr. 1 c, so kann er Entschädigung für Sachen der dort genannten Art nur verlangen, soweit er das Vorhandensein, die Beschaffenheit und den Versicherungswert der Sachen auch ohne das Verzeichnis nachweisen kann.

§ 7 Prämie; Beginn und Ende der Haftung

1. Der Versicherungsnehmer hat die erste Prämie (Beitrag) gegen Aushändigung des Versicherungsscheins, Folgeprämien am Ersten des Monats zu zahlen, in dem eine neue Versicherungsperiode beginnt. Für die Folgen nicht rechtzeitiger Prämienzahlung gelten die §§ 38, 39 VVG. Vorstehende Bestimmungen gelten auch für die vereinbarten Nebenkosten.

2. Ist für die Jahresprämie Ratenzahlung vereinbart, so gelten die ausstehenden Raten bis zu den vereinbarten Zahlungsterminen als gestundet. Die gestundeten Raten des laufenden Versicherungsjahres werden sofort fällig, wenn der Versicherungsnehmer mit einer Rate ganz oder teilweise in Verzug gerät oder soweit eine Entschädigung fällig wird.

3. Die Haftung des Versicherers beginnt mit der Einlösung des Versicherungsscheins, jedoch nicht vor dem vereinbarten Zeitpunkt.

4. Die Haftung endet mit dem vereinbarten Zeitpunkt. Versicherungsverträge von mindestens einjähriger Dauer verlängern sich jedoch von Jahr zu Jahr, wenn sie nicht jeweils spätestens drei Monate vor Ablauf durch eine Partei schriftlich gekündigt werden.

5. Endet das Versicherungsverhältnis vor Ablauf der Vertragszeit oder wird es nach Beginn rückwirkend aufgehoben oder ist es von Anfang an nichtig, so gebührt dem Versicherer Prämie oder Geschäftsgebühr gemäß den gesetzlichen Bestimmungen (z. B. §§ 40, 68 VVG).

Kündigt nach Eintritt eines Versicherungsfalls (§ 19 Nr. 2) der Versicherungsnehmer, so gebührt dem Versicherer die Prämie für die laufende Versicherungsperiode.

Kündigt der Versicherer, so hat er die Prämie für die laufende Versicherungsperiode nach dem Verhältnis der noch nicht abgelaufenen zu der gesamten Zeit der Versicherungsperiode zurückzuzahlen, und zwar im Fall von § 19 Nr. 1 Abs. 1 nur aus der verminderten Versicherungssumme.[1]

6. Wird die Versicherungssumme für Schäden durch Raub auf Transportwegen (§ 1 Nr. 1 c) auf Antrag des Versicherungsnehmers geändert oder schließt der Versicherungsnehmer mit demselben oder einem anderen Versicherer einen zusätzlichen Versicherungsvertrag für denselben Transport, so wird von diesem Zeitpunkt an der niedrige oder höhere Prämiensatz zugrunde gelegt, der dem versicherten Gesamtbetrag entspricht.

§ 8 Mehrfache Versicherung; Überversicherung

1. Nimmt der Versicherungsnehmer für versicherte Sachen eine weitere Versicherung gegen Einbruchdiebstahl oder Raub, so hat er den anderen Versicherer und die Versicherungssumme dem Versicherer unverzüglich schriftlich mitzuteilen. Verletzt der Versicherungsnehmer diese Obliegenheit, so ist der Versicherer nach Maßgabe des § 6 VVG zur Kündigung berechtigt und leistungsfrei.

2. Soweit ein Selbstbehalt des Versicherungsnehmers vereinbart ist, darf er eine andere Versicherung nicht nehmen. Besteht mehrfache Versicherung und ist ein Selbstbehalt vereinbart, so darf abweichend von § 59 Abs. 1 VVG die Entschädigung aus den mehreren Verträgen den Schaden abzüglich des Selbstbehalts nicht übersteigen.

3. Übersteigt die Versicherungssumme oder der Gesamtbetrag der Versicherungssummen mehrerer Versicherungsverträge mit demselben Versicherer den Versicherungswert (§ 4) erheblich, so kann nach Maßgabe des § 51 VVG Herabsetzung der Versicherungssumme verlangt werden. Im Fall einer Doppelversicherung gelten die §§ 59, 60 VVG.

---

[1] Durch VerBAV **87**, 174 (vgl. A II 35) ab „und zwar" gestrichen.

4. Erlangt der Versicherungsnehmer oder der Versicherte aus anderen Versicherungsverträgen Entschädigung für denselben Schaden, so ermäßigt sich der Anspruch aus vorliegendem Vertrag in der Weise, daß die Entschädigung aus allen Verträgen insgesamt nicht höher ist, als wenn der Gesamtbetrag der Versicherungssummen, aus denen Prämie errechnet wurde, nur in dem vorliegenden Vertrag in Deckung gegeben worden wäre.

5. Wird wegen Überversicherung oder Doppelversicherung die Versicherungssumme vermindert, so ist von diesem Zeitpunkt an für die Höhe der Prämie der Betrag maßgebend, den der Versicherer berechnet haben würde, wenn der Vertrag von vornherein mit dem neuen Inhalt geschlossen worden wäre.

§ 9 Versicherung für fremde Rechnung

1. Soweit die Versicherung für fremde Rechnung genommen ist, kann der Versicherungsnehmer über die Rechte des Versicherten im eigenen Namen verfügen. Der Versicherungsnehmer ist ohne Zustimmung des Versicherten berechtigt, die Entschädigung entgegenzunehmen oder die Rechte des Versicherten zu übertragen, auch wenn er nicht im Besitz des Versicherungsscheins ist. Der Versicherer kann jedoch vor Auszahlung der Entschädigung den Nachweis verlangen, daß der Versicherte seine Zustimmung zu der Auszahlung der Entschädigung erteilt hat.

2. Der Versicherte kann über seine Rechte nicht verfügen, selbst wenn er im Besitz des Versicherungsscheins ist; er kann die Zahlung der Entschädigung nur mit Zustimmung des Versicherungsnehmers verlangen.

3. Soweit Kenntnis oder Verhalten des Versicherungsnehmers von rechtlicher Bedeutung ist, kommt auch Kenntnis oder Verhalten des Versicherten in Betracht. Im übrigen gilt § 79 VVG.

§ 10 Entschädigungsberechnung; Unterversicherung

1. Ersetzt werden

a) bei entwendeten oder infolge eines Versicherungsfalls sonst abhandengekommenen oder bei zerstörten Sachen der Versicherungswert (§ 4) unmittelbar vor Eintritt des Versicherungsfalls;

b) bei beschädigten Sachen und bei Aufwendungen gemäß § 2 Nr. 5c bis 5e die notwendigen Reparaturkosten zur Zeit des Eintritts des Versicherungsfalls zuzüglich einer durch den Versicherungsfall etwa entstandenen und durch die Reparatur nicht auszugleichenden Wertminderung, höchstens jedoch der Versicherungswert unmittelbar vor Eintritt des Versicherungsfalls; die Reparaturkosten werden gekürzt, soweit durch die Reparatur der Versicherungswert der Sache unmittelbar vor Eintritt des Versicherungsfalls erhöht wird.

Restwerte werden angerechnet.

2. Für weitere Schäden, insbesondere für Aufräumungs-, Bewegungs- und Schutzkosten (§ 2 Nr. 5a und 5b) und für entgangenen Gewinn, leistet der Versicherer Entschädigung nur, soweit dies besonders vereinbart ist.[2]

3. Ist die Versicherungssumme niedriger als der Versicherungswert zur Zeit des Eintritts des Versicherungsfalls (Unterversicherung), so wird nur der Teil des gemäß Nr. 1 ermittelten Betrages ersetzt, der sich zu dem ganzen Betrag verhält wie die Versicherungssumme zu dem Versicherungswert. Bei der Bruchteilversicherung tritt an die Stelle der Versicherungssumme der Betrag, aus dem der Bruchteil berechnet wurde.

---

[2] Durch VerBAV **87**, 174 (vgl. A II 35) wurde als Satz 2 angefügt:
§ 66 Abs. 1 VVG bleibt unberührt.

Ist die Entschädigung auf bestimmte Beträge begrenzt (§ 11), so werden bei Ermittlung des Versicherungswerts der dort genannten Sachen höchstens diese Beträge berücksichtigt. Der bei Unterversicherung nur teilweise zu ersetzende Gesamtbetrag des Schadens wird ohne Rücksicht auf Entschädigungsgrenzen ermittelt; für die Höhe der Entschädigung gelten jedoch die Grenzen gemäß § 11.

Ob Unterversicherung vorliegt, ist für jede vereinbarte Gruppe (Position) gesondert festzustellen.

4. Bei der Versicherung auf Erstes Risiko (Erste Gefahr) gelten die Bestimmungen über Unterversicherung (Nr. 3) nicht. Versicherung auf Erstes Risiko besteht

a) für Schäden durch Raub (§ 1 Nr. 4 und 5);

b) für Kosten gemäß § 2 Nr. 5;

c) soweit dies zu sonstigen Versicherungssummen besonders vereinbart ist.

5. Ist der Neuwert (§ 4 Nr. 2a) der Versicherungswert, so erwirbt der Versicherungsnehmer auf den Teil der Neuwertentschädigung, der den Zeitwertschaden übersteigt, einen Anspruch nur, sobald und soweit er innerhalb von drei Jahren nach Eintritt des Versicherungsfalls sichergestellt hat, daß die Entschädigung verwendet wird, um Sachen gleicher Art und Güte in neuwertigem Zustand wiederzubeschaffen oder um die beschädigten Sachen wiederherzustellen. Anstelle von Kraft–oder Arbeitsmaschinen können Kraft- oder Arbeitsmaschinen beliebiger Art beschafft werden, wenn deren Betriebszweck derselbe ist.

Der Zeitwertschaden wird bei abhandengekommenen oder zerstörten Sachen gemäß § 4 Nr. 2b, bei beschädigten Sachen in der Weise berechnet, daß die Kosten einer Reparatur um den Betrag gekürzt werden, um den durch die Reparatur der Zeitwert der Sache gegenüber dem Zeitwert unmittelbar vor Eintritt des Versicherungsfalls erhöht würde.

Für Muster, Anschauungsmodelle, Prototypen und Ausstellungsstücke, ferner für typengebundene, für die laufende Produktion nicht mehr benötigte Fertigungsvorrichtungen (§ 4 Nr. 4), erwirbt der Versicherungsnehmer auf den Teil der Zeitwertentschädigung, der den gemeinen Wert übersteigt, einen Anspruch nur, soweit für die Verwendung der Entschädigung die Voraussetzungen des Abs. 1 erfüllt sind und die Wiederherstellung notwendig ist.

§ 11 Entschädigungsgrenzen

1. Der Versicherer leistet Entschädigung je Versicherungsfall höchstens

a) bis zu der je Gruppe (Position) vereinbarten Versicherungssumme;

b) bis zu den Entschädigungsgrenzen, die in diesen Bedingungen (§§ 1 Nr. 5, 11 Nr. 3) vorgesehen oder die besonders vereinbart sind.

Der niedrigere Betrag ist maßgebend.

2. Für Schäden, die – insbesondere an Schaufensterinhalt – durch Einbruchdiebstahl verursacht werden, ohne daß der Täter das Gebäude betritt, ist die Entschädigung je Versicherungsfall auf den vereinbarten Betrag begrenzt.

3. Für Schäden durch Raub auf Transportwegen (§ 1 Nr. 1c) leistet soweit nicht etwas anderes vereinbart ist, der Versicherer Entschädigung

a) über 25 000 DM nur, wenn der Transport durch mindestens eine männliche oder durch mindestens zwei weibliche Personen durchgeführt wurde;

b) über 50 000 DM nur, wenn der Transport durch mindestens zwei männliche Personen durchgeführt wurde;

c) über 100 000 DM nur, wenn der Transport durch mindestens zwei männliche Personen und mit Kraftwagen durchgeführt wurde;

d) über 250 000 DM nur, wenn der Transport durch mindestens drei männliche Personen und mit Kraftwagen durchgeführt wurde;

e) über 500000 DM nur, wenn der Transport durch mindestens drei männliche Personen mit Kraftwagen und außerdem unter polizeilichem Schutz oder unter besonderen, mit dem Versicherer vorher für den Einzelfall oder für mehrere Fälle schriftlich vereinbarten Sicherheitsvorkehrungen durchgeführt wurde.

4. Soweit Nr. 3 Transport durch mehrere Personen voraussetzt, muß gemeinschaftlicher Gewahrsam dieser Personen an den versicherten Sachen bestehen. Gewahrsam haben nur Personen, die sich unmittelbar bei den Sachen befinden. Soweit Nr. 3 Transport mit Kraftwagen voraussetzt, zählt der Fahrer nicht als den Transport durchführende Person. Jedoch muß der Fahrer männlich sein; außerdem müssen in seiner Person die Voraussetzungen gemäß § 1 Nr. 4 b vorliegen. Gewahrsam an Sachen in Kraftwagen haben nur die Personen, die sich in oder unmittelbar bei dem Kraftwagen befinden.

§ 12 Schadenabwendungs- und Schadenminderungskosten

1. Aufwendungen, auch erfolglose, die der Versicherungnehmer im Versicherungsfall zur Abwendung oder Minderung des Schadens (§ 13 Nr. 1c und 1d) für geboten halten durfte, hat der Versicherer zu ersetzen. Der Ersatz dieser Aufwendungen und die Entschädigung für versicherte Sachen betragen zusammen höchstens die Versicherungssumme je vereinbarte Gruppe (Position); dies gilt jedoch nicht, soweit die Aufwendungen auf Weisung des Versicherers erfolgt sind. Besteht Unterversicherung, so sind die Aufwendungen ohne Rücksicht auf Weisungen des Versicherers nur in demselben Verhältnis zu ersetzen wie der Schaden.

2. Für Aufwendungen, die infolge von Gesundheitsschäden in der Person des Versicherungsnehmers oder Dritter erforderlich werden, wird Ersatz nicht geleistet.

§ 13 Obliegenheiten des Versicherungsnehmers im Versicherungsfall

1. Der Versicherungsnehmer hat bei Eintritt eines Versicherungsfalls

a) den Schaden dem Versicherer und der zuständigen Polizeibehörde unverzüglich anzuzeigen;
bei Schäden über 10000 DM sollte die Anzeige dem Versicherer gegenüber fernmündlich, fernschriftlich oder telegraphisch erfolgen; einer zusätzlichen schriftlichen Anzeige (§ 20) bedarf es dann nicht;

b) der Polizeibehörde unverzüglich ein Verzeichnis der abhandengekommenen Sachen einzureichen;

c) den Schaden nach Möglichkeit abzuwenden oder zu mindern und dabei die Weisungen des Versicherers zu befolgen; er hat, soweit die Umstände es gestatten, solche Weisungen einzuholen;

d) für abhandengekommene Wertpapiere unverzüglich das Aufgebotsverfahren einzuleiten, abhandengekommene Sparbücher und andere sperrfähige Urkunden unverzüglich sperren zu lassen;

e) dem Versicherer jede zumutbare Untersuchung über Ursache und Höhe des Schadens und über den Umfang seiner Entschädigungspflicht zu gestatten, jede hierzu dienliche Auskunft – auf Verlangen schriftlich – zu erteilen und Belege beizubringen;

f) innerhalb einer angemessenen Frist, die mindestens zwei Wochen beträgt, auf eigene Kosten[3] dem Versicherer ein von ihm unterschriebenes Verzeichnis aller abhandengekommenen, zerstörten oder beschädigten und – soweit nicht Versicherung auf Erstes Risiko vereinbart ist – auf Verlangen aller unmittelbar vor Eintritt des Versicherungsfalls vorhandenen Sachen vorzulegen. Der Versicherungswert der Sachen unmittelbar vor Eintritt des Versicherungsfalls ist anzugeben.

---

[3] Durch VerBAV **87**, 174 (vgl. A II 35) wurden die Worte „auf eigene Kosten" gestrichen.

2. Verletzt der Versicherungsnehmer eine der vorstehenden Obliegenheiten, so ist der Versicherer nach Maßgabe der gesetzlichen Bestimmungen (§§ 6 Abs. 3, 62 Abs. 2 VVG) von der Entschädigungspflicht frei. Dies gilt nicht, wenn nur die fernmündliche, fernschriftliche oder telegraphische Anzeige gemäß Nr. 1 a unterbleibt. Sind abhandengekommene Sachen der Polizeibehörde nicht oder nicht rechtzeitig angezeigt worden, so ist der Versicherer nur für diese Sachen von der Entschädigungspflicht frei.

§ 14 Besondere Verwirkungsgründe

1. Führt der Versicherungsnehmer den Schaden vorsätzlich oder grob fahrlässig herbei, so ist der Versicherer von jeder Entschädigungspflicht frei. Bei Schäden durch Raub steht die beraubte Person dem Versicherungsnehmer auch dann gleich, wenn sie nicht Versicherter oder Repräsentant des Versicherungsnehmers ist.

2. Versucht der Versicherungnehmer den Versicherer arglistig über Tatsachen zu täuschen, die für den Grund oder für die Höhe der Entschädigung von Bedeutung sind, so ist der Versicherer von jeder Entschädigungspflicht frei. Dies gilt auch, wenn die arglistige Täuschung sich auf einen anderen zwischen den Parteien über dieselbe Gefahr abgeschlossenen Versicherungsvertrag bezieht.

3. Wird der Entschädigungsanspruch nicht innerhalb einer Frist von sechs Monaten gerichtlich geltend gemacht, nachdem der Versicherer ihn unter Angabe der mit dem Ablauf der Frist verbundenen Rechtsfolge schriftlich abgelehnt hat, so ist der Versicherer von der Entschädigungspflicht frei. Wird ein Sachverständigenverfahren (§ 15) beantragt, so wird der Ablauf der Frist für dessen Dauer gehemmt.

§ 15 Sachverständigenverfahren[4]

1. Versicherer und Versicherungsnehmer können verlangen, daß die Höhe des Schadens durch Sachverständige festgestellt wird.

---

[4] Neufassung gemäß VerBAV **84**, 389 (vgl. A II 36 und A V 28):
1. Versicherungsnehmer und Versicherer können nach Eintritt des Versicherungsfalles vereinbaren, daß die Höhe des Schadens durch Sachverständige festgestellt wird. Das Sachverständigenverfahren kann durch Vereinbarung auf sonstige tatsächliche Voraussetzungen des Entschädigungsanspruchs sowie der Höhe der Entschädigung ausgedehnt werden. Der Versicherungsnehmer kann ein Sachverständigenverfahren auch durch einseitige Erklärung gegenüber dem Versicherer verlangen.
2. Für das Sachverständigenverfahren gilt:
a) Jede Partei benennt schriftlich einen Sachverständigen und kann dann die andere unter Angabe des von ihr benannten Sachverständigen schriftlich auffordern, den zweiten Sachverständigen zu benennen. Wird der zweite Sachverständige nicht binnen zwei Wochen nach Empfang der Aufforderung benannt, so kann ihn die auffordernde Partei durch das für den Schadenort zuständige Amtsgericht ernennen lassen. In der Aufforderung ist auf diese Folge hinzuweisen.
b) Beide Sachverständige benennen schriftlich vor Beginn des Feststellungsverfahrens einen dritten Sachverständigen als Obmann. Einigen sie sich nicht, so wird der Obmann auf Antrag einer Partei durch das für den Schadenort zuständige Amtsgericht ernannt.
c) Der Versicherer darf als Sachverständige keine Personen benennen, die Mitbewerber des Versicherungsnehmers sind oder mit ihm in dauernder Geschäftsverbindung stehen, ferner keine Personen, die bei Mitbewerbern oder Geschäftspartnern angestellt sind oder mit ihnen in einem ähnlichen Verhältnis stehen.
Dies gilt entsprechend für die Benennung eines Obmannes durch die Sachverständigen.
3. Die Feststellungen der Sachverständigen müssen enthalten
a) ein Verzeichnis der abhandengekommenen, zerstörten oder beschädigten Sachen, deren Versicherungswert sowie gegebenenfalls (§ 4 Nr. 2) deren Zeitwert zum Zeitpunkt des Versicherungsfalles; in den Fällen von § 10 Nr. 5 Abs. 1 und 2 ist auch der Zeitwert, in den Fällen von § 10 Nr. 5 Abs. 3 auch der gemeine Wert anzugeben;
b) bei beschädigten Sachen die Beiträge gemäß § 10 Nr. 1 b;
c) alle sonstigen gemäß § 10 Nr. 1 maßgebenden Tatsachen, insbesondere die Restwerte der von dem Schaden betroffenen Sachen;
d) Kosten gemäß § 2 Nr. 5 und sonstige versicherte Kosten.

(Fortsetzung siehe nächste Seite)

2. Für die Sachverständigenverfahren gilt:

a) Jede Partei benennt schriftlich einen Sachverständigen und kann dann die andere unter Angabe des von ihr benannten Sachverständigen schriftlich auffordern, den zweiten Sachverständigen zu benennen. Wird der zweite Sachverständige nicht binnen zwei Wochen nach Empfang der Aufforderung benannt, so kann ihn die auffordernde Partei durch das für den Schadensort zuständige Amtsgericht ernennen lassen. In der Aufforderung ist auf diese Folge hinzuweisen.

b) Beide Sachverständige benennen schriftlich vor Beginn des Feststellungsverfahrens einen dritten Sachverständigen als Obmann. Einigen sie sich nicht, so wird der Obmann auf Antrag einer Partei durch das für den Schadenort zuständige Amtsgericht ernannt.

c) Der Versicherer darf als Sachverständige keine Personen benennen, die Mitbewerber des Versicherungsnehmers sind oder mit ihm in dauernder Geschäftsverbindung stehen, ferner keine Personen, die bei Mitbewerbern oder Geschäftspartnern angestellt sind oder mit ihnen in einem ähnlichen Verhältnis stehen. Abs. 1 gilt entsprechend für die Benennung eines Obmanns durch die Sachverständigen.

d) Die Feststellungen der Sachverständigen müssen enthalten

aa) ein Verzeichnis der abhandengekommenen, zerstörten und beschädigten Sachen, deren Versicherungswert gemäß § 4 unmittelbar vor Eintritt des Versicherungsfalls sowie gegebenenfalls (§ 4 Nr. 2) deren Zweitwert;

bb) bei beschädigten Sachen die Beträge gemäß § 10 Nr. 1 b;

cc) auf Verlangen einer Partei auch alle sonstigen gemäß § 10 für die Höhe der Entschädigung maßgebenden Tatsachen, insbesondere alle unmittelbar vor Eintritt des Versicherungsfalls vorhandenen Sachen und deren Versicherungswert sowie die Restwerte der von dem Schaden betroffenen Sachen;

dd) Kosten gemäß § 2 Nr. 5 und sonstige versicherte Kosten.

e) Die Sachverständigen übermitteln beiden Parteien gleichzeitig ihre Feststellungen. Weichen diese Feststellungen voneinander ab, so übergibt der Versicherer sie unverzüglich dem Obmann, Dieser entscheidet über die streitig gebliebenen Punkte innerhalb der durch die Feststellungen der Sachverständigen gezogenen Grenzen und übermittelt seine Entscheidung beiden Parteien gleichzeitig.

f) Jede Partei trägt die Kosten ihres Sachverständigen. Die Kosten des Obmanns tragen beide Parteien je zur Hälfte.

3. Die Feststellungen der Sachverständigen oder des Obmanns sind verbindlich, wenn nicht nachgewiesen wird, daß sie offenbar von der wirklichen Sachlage erheblich abweichen. Aufgrund dieser verbindlichen Feststellungen berechnet der Versicherer gemäß den §§ 10, 11 die Entschädigung.

4. Durch das Sachverständigenverfahren werden die Obliegenheiten des Versicherungsnehmers gemäß § 13 Nr. 1 c bis 1 f nicht berührt.

---

4. Die Sachverständigen übermitteln beiden Parteien gleichzeitig ihre Feststellungen. Weichen die Feststellungen voneinander ab, so übergibt der Versicherer sie unverzüglich dem Obmann. Dieser entscheidet über die streitig gebliebenen Punkte innerhalb der durch die Feststellungen des Sachverständigen gezogenen Grenzen und übermittelt seine Entscheidung beiden Parteien gleichzeitig.

5. Jede Partei trägt die Kosten ihres Sachverständigen. Die Kosten des Obmannes tragen beide Parteien je zur Hälfte.

6. Die Feststellungen der Sachverständigen oder des Obmannes sind verbindlich, wenn nicht nachgewiesen wird, daß sie offenbar von der wirklichen Sachlage erheblich abweichen. Aufgrund dieser verbindlichen Feststellungen berechnet der Versicherer gemäß den §§ 10, 11 die Entschädigung.

7. Durch das Sachverständigenverfahren werden die Obliegenheiten des Versicherungsnehmers gemäß § 13 Nr. 1 c bis 1 f nicht berührt.

§ 16 Zahlung der Entschädigung

1. Ist die Leistungspflicht des Versicherers dem Grunde und der Höhe nach festgestellt, so hat die Auszahlung der Entschädigung binnen zwei Wochen zu erfolgen. Jedoch kann einen Monat nach Anzeige des Schadens als Abschlagszahlung der Betrag beansprucht werden, der nach Lage der Sache mindestens zu zahlen ist.

2. Die Entschädigung ist nach Ablauf eines Monats seit Anzeige des Schadens mit 1 v. H. unter dem Diskontsatz der Deutschen Bundesbank zu verzinsen, mindestens jedoch mit 4 v. H. und höchstens mit 6 v. H. pro Jahr. Zinsen werden erst fällig, wenn die Entschädigung fällig ist.

3. Der Lauf der Fristen gemäß Nr. 1 und Nr. 2 Satz 1 ist gehemmt, solange infolge Verschuldens des Versicherungsnehmers die Entschädigung nicht ermittelt oder nicht gezahlt werden kann.

4. Bei Schäden an der technischen oder kaufmännischen Betriebseinrichtung oder an Gebrauchsgegenständen von Betriebsangehörigen ist für die Auszahlung des über den Zeitwertschaden hinausgehenden Teils der Entschädigung der Zeitpunkt maßgebend, in dem der Versicherungsnehmer den Eintritt der Voraussetzungen von § 10 Nr. 5 dem Versicherer nachgewiesen hat.
Abs. 1 gilt entsprechend für die in § 10 Nr. 5 Abs. 3 genannten Sachen, soweit die Entschädigung den gemeinen Wert übersteigt. Das gleiche gilt, soweit aufgrund einer sonstigen Vereinbarung ein Teil der Entschädigung von Voraussetzungen abhängt, die erst nach dem Versicherungsfall eintreten.
Die Verzinsung der Beträge gemäß Abs. 1 und Abs. 2 beginnt erst, wenn die Voraussetzungen der Entschädigung vollständig festgestellt sind.

5. Der Versicherer kann die Zahlung aufschieben
a) wenn Zweifel an der Empfangsberechtigung des Versicherungsnehmers bestehen, bis der erforderliche Nachweis erbracht ist;
b) wenn gegen den Versicherungsnehmer oder einen seiner Repräsentanten aus Anlaß des Versicherungsfalls ein behördliches oder strafgerichtliches Verfahren aus Gründen eingeleitet worden ist, die auch für den Entschädigungsanspruch rechtserheblich sind, bis zum rechtskräftigen Abschluß dieses Verfahrens.

§ 17 Wiederherbeigeschaffte Sachen

1. Wird der Verbleib abhandengekommener Sachen ermittelt, so hat der Versicherungsnehmer dies dem Versicherer unverzüglich schriftlich anzuzeigen.

2. Hat der Versicherungsnehmer den Besitz einer abhandengekommenen Sache zurückerlangt, bevor die volle bedingungsgemäße Entschädigung für diese Sache gezahlt worden ist, so behält er den Anspruch auf die Entschädigung, falls er die Sache innerhalb von zwei Wochen dem Versicherer zu Verfügung stellt. Andernfalls ist eine für diese Sache gewährte Abschlagszahlung oder eine gemäß § 10 Nr. 5 vorläufig auf den Zeitwertschaden oder auf den gemeinen Wert beschränkte Entschädigung zurückzuzahlen.

3. Hat der Versicherungsnehmer den Besitz einer abhandengekommenen Sache zurückerlangt, nachdem für diese Sache eine Entschädigung in voller Höhe ihres Versicherungswertes gezahlt worden ist, so hat der Versicherungsnehmer die Entschädigung zurückzuzahlen oder die Sache dem Versicherer zur Verfügung zu stellen. Der Versicherungsnehmer hat dieses Wahlrecht innerhalb von zwei Wochen nach Empfang einer schriftlichen Aufforderung des Versicherers auszuüben; nach fruchtlosem Ablauf dieser Frist geht das Wahlrecht auf den Versicherer über.

4. Hat der Versicherungsnehmer den Besitz einer abhandengekommenen Sache zurückerlangt, nachdem für diese Sache eine Entschädigung gezahlt worden ist, die bedingungsgemäß weniger als den Versicherungswert betragen hat, so kann der Versicherungsnehmer die Sache behalten und muß sodann die Entschädigung zu-

rückzahlen. Erklärt er sich hierzu innerhalb von zwei Wochen nach Empfang einer schriftlichen Aufforderung des Versicherers nicht bereit, so hat der Versicherungsnehmer die Sache im Einvernehmen mit dem Versicherer öffentlich meistbietend verkaufen zu lassen. Von dem Erlös abzüglich der Verkaufskosten erhält der Versicherer den Anteil, welcher der von ihm geleisteten bedingungsgemäßen Entschädigung entspricht.

5. Dem Besitz einer zurückerlangten Sache steht es gleich, wenn der Versicherungsnehmer die Möglichkeit hat, sich den Besitz wieder zu verschaffen.

Ist ein Wertpapier in einem Aufgebotsverfahren für kraftlos erklärt worden, so hat der Versicherungsnehmer die gleichen Rechte und Pflichten, wie wenn er das Wertpapier zurückerlangt hätte.

6. Hat der Versicherungsnehmer dem Versicherer zurückerlangte Sachen zur Verfügung zu stellen, so hat er dem Versicherer den Besitz, das Eigentum und alle sonstigen Rechte zu übertragen, die ihm mit Bezug auf diese Sachen zustehen.

7. Sind wiederherbeigeschaffte Sachen beschädigt worden, so kann der Versicherungsnehmer Entschädigung gemäß § 10 Nr. 1 b auch dann verlangen oder behalten, wenn die Sachen gemäß Nr. 2 bis 4 bei ihm verbleiben.

§ 18 Repräsentanten

Dem Versicherungsnehmer stehen als Repräsentanten gleich

1. Personen, die in dem Geschäftsbereich, zu dem die versicherten Sachen gehören, aufgrund eines Vertretungs– oder eines ähnlichen Verhältnisses anstelle des Versicherungsnehmers die Obhut über diese Sachen ausüben;

2. Personen, die damit betraut sind, rechtserhebliche Tatsachen anstelle des Versicherungsnehmers zur Kenntnis zu nehmen und dem Versicherer zur Kenntnis zu bringen.

§ 19 Rechtsverhältnis nach dem Versicherungsfall

1. Versicherungssummen vermindern sich ab Eintritt des Versicherungsfalls für den Rest der laufenden Versicherungsperiode nur dann um den Betrag der Entschädigung, wenn eine Partei dies nach Eintritt des Versicherungsfalls unverzüglich verlangt.

Wird dies nicht verlangt, so hat der Versicherungsnehmer aus dem Teil der Versicherungssumme, der der Entschädigung entspricht, Prämie für die Zeit zwischen dem Versicherungsfall und dem Ende der laufenden Versicherungsperiode zeitanteilig nachzuentrichten. Der Versicherer ist berechtigt, diese Prämie von der Entschädigung einzubehalten.

Abs. 1 und Abs. 2 gelten auch für Entschädigungsgrenzen (§ 11).[5]

2. Nach dem Eintritt eines Versicherungsfalls können Versicherer und Versicherungsnehmer den Versicherungsvertrag kündigen.

Die Kündigung ist schriftlich zu erklären. Sie muß spätestens einen Monat nach dem Abschluß der Verhandlungen über die Entschädigung zugehen.

Die Kündigung wird einen Monat nach ihrem Zugang wirksam. Der Versicherungsnehmer kann bestimmen, daß seine Kündigung sofort oder zu einem späteren Zeitpunkt wirksam wird, jedoch spätestens zum Schluß des laufenden Versicherungsjahres.

§ 20 Schriftliche Form

Sämtliche Anzeigen und Erklärungen bedürfen der Schriftform.

---

[5] Nr. 1 lautet seit VerBAV **87**, 174 (vgl. A II 35) nur noch:
„1. Die Versicherungssumme vermindert sich nicht dadurch, daß eine Entschädigung geleistet wird."

§ 21 Einschränkung der Agentenvollmacht

Ein Agent des Versicherers ist nur dann bevollmächtigt, Anzeigen und Erklärungen des Versicherungsnehmers entgegenzunehmen, wenn er den Versicherungsvertrag vermittelt hat oder laufend betreut.

Texte 16

Allgemeine Bedingungen für die Einbruchdiebstahl- und Raubversicherung (AERB 87)

§ 1 Versicherte Gefahren und Schäden

1. Der Versicherer leistet Entschädigung für versicherte Sachen, die durch

a) Einbruchdiebstahl,
b) Raub innerhalb eines Gebäudes oder Grundstücks,
c) Raub auf Transportwegen,
d) Vandalismus nach einem Einbruch

oder durch den Versuch einer solchen Tat abhandenkommen, zerstört oder beschädigt werden.

Jede der in a bis d genannten Gefahren ist nur versichert, wenn dies vereinbart ist, Vandalismus nach einem Einbruch jedoch nur in Verbindung mit Einbruchdiebstahl.

2. Einbruchdiebstahl liegt vor, wenn der Dieb

a) in einen Raum eines Gebäudes einbricht, einsteigt oder mittels falscher Schlüssel oder anderer Werkzeuge eindringt; ein Schlüssel ist falsch, wenn die Anfertigung desselben für das Schloß nicht von einer dazu berechtigten Person veranlaßt oder gebilligt worden ist; der Gebrauch eines falschen Schlüssels ist nicht schon dann bewiesen, wenn feststeht, daß versicherte Sachen abhandengekommen sind;
b) in einem Raum eines Gebäudes ein Behältnis aufbricht oder falsche Schlüssel oder andere Werkzeuge benutzt, um es zu öffnen;
c) aus einem verschlossenen Raum eines Gebäudes Sachen entwendet, nachdem er sich in das Gebäude eingeschlichen oder dort verborgen gehalten hatte;
d) in einem Raum eines Gebäudes bei einem Diebstahl auf frischer Tat angetroffen wird und eines der Mittel gemäß Nr. 3a oder 3b anwendet, um sich den Besitz des gestohlenen Gutes zu erhalten;
e) in einen Raum eines Gebäudes mittels richtiger Schlüssel eindringt oder dort ein Behältnis mittels richtiger Schlüssel öffnet, die er durch Einbruchdiebstahl oder außerhalb des Versicherungsortes durch Raub an sich gebracht hatte;

werden jedoch Sachen entwendet, die gegen Einbruchdiebstahl nur unter vereinbarten zusätzlichen Voraussetzungen gemäß § 4 Nr. 4 versichert sind, so gilt dies
als Einbruchdiebstahl nur, wenn der Dieb die richtigen Schlüssel des Behältnisses erlangt hat durch

aa) Einbruchdiebstahl gemäß Nr. 2b aus einem Behältnis, das mindestens die
gleiche Sicherheit wie die Behältnisse bietet, in denen die Sachen versichert
sind;

bb) Einbruchdiebstahl, wenn die Behältnisse, in denen die Sachen versichert
sind, zwei Schlösser besitzen und alle zugehörigen Schlüssel, Schlüssel zu
verschiedenen Schlössern voneinander getrennt, außerhalb des Versicherungsortes verwahrt werden;

cc) Raub außerhalb des Versicherungsortes;
bei Türen von Behältnissen oder Tresorräumen gemäß § 4 Nr. 4 mit einem
Schlüsselschloß und einem Kombinationsschloß steht es dem Raub des
Schlüssels gleich, wenn der Täter gegenüber dem Versicherungsnehmer oder
einem seiner Arbeitnehmer eines der Mittel gemäß Nr. 3a oder 3b anwendet,
um sich die Öffnung des Kombinationsschlosses zu ermöglichen;

f) in einen Raum eines Gebäudes mittels richtiger Schlüssel eindringt, die er – auch
außerhalb des Versicherungsortes – durch Diebstahl an sich gebracht hatte, vorausgesetzt, daß weder der Versicherungsnehmer noch der Gewahrsamsinhaber
den Diebstahl der Schlüssel durch fahrlässiges Verhalten ermöglicht hatte.

3. Raub liegt vor, wenn

a) gegen den Versicherungsnehmer oder einen seiner Arbeitnehmer Gewalt angewendet wird, um dessen Widerstand gegen die Wegnahme versicherter Sachen
auszuschalten;

b) der Versicherungsnehmer oder einer seiner Arbeitnehmer versicherte Sachen
herausgibt oder sich wegnehmen läßt, weil eine Gewalttat mit Gefahr für Leib
oder Leben angedroht wird, die innerhalb des Versicherungsortes – bei mehreren
Versicherungsorten innerhalb desjenigen Versicherungsortes, an dem auch die
Drohung ausgesprochen wird – verübt werden soll;

c) dem Versicherungsnehmer oder einem seiner Arbeitnehmer versicherte Sachen
weggenommen werden, weil sein körperlicher Zustand infolge eines Unfalls oder
infolge einer nicht verschuldeten sonstigen Ursache beeinträchtigt und dadurch
seine Widerstandskraft ausgeschaltet ist.

Einem Arbeitnehmer stehen volljährige Familienangehörige des Versicherungsnehmers gleich, denen dieser die Obhut über die versicherten Sachen vorübergehend
überlassen hat. Das gleiche gilt für Personen, die durch den Versicherungsnehmer
mit der Bewachung der als Versicherungsort vereinbarten Räume beauftragt sind.

4. Für Raub auf Transportwegen gilt abweichend von Nr. 3:

a) Dem Versicherungsnehmer stehen sonstige Personen gleich, die in seinem Auftrag den Transport durchführen. Dies gilt jedoch nicht, wenn der Transportauftrag durch ein Unternehmen durchgeführt wird, das sich gewerbsmäßig mit Geldtransporten befaßt.

b) Die den Transport durchführenden Personen, gegebenenfalls auch der Ver-
sicherungsnehmer selbst, müssen älter als 18 und jünger als 65 Jahre sowie im
Vollbesitz körperlicher und geistiger Kräfte sein. Im übrigen gilt § 12 Nr. 3 und
Nr. 4.

c) In den Fällen von Nr. 3b liegt Raub nur vor, wenn die angedrohte Gewalttat an Ort
und Stelle verübt werden soll.

5. Sind Schäden durch Raub auf Transportwegen versichert, so leistet der Versicherer, wenn der Versicherungsnehmer bei der Durchführung des Transports nicht
persönlich mitwirkt, Entschädigung bis zu 25.000 DM je Versicherungsfall auch für
Schäden, die ohne Verschulden einer der den Transport durchführenden Personen
entstehen

a) durch Erpressung gemäß § 253 StGB, begangen an diesen Personen;

b) durch Betrug gemäß § 263 StGB, begangen an diesen Personen;

c) durch Diebstahl von Sachen, die sich in unmittelbarer körperlicher Obhut dieser Person befinden;

d) dadurch, daß diese Personen nicht mehr in der Lage sind, die ihnen anvertrauten Sachen zu betreuen.

6. Vandalismus nach einem Einbruch liegt vor, wenn der Täter auf eine der in Nr. 2a, 2e oder 2f bezeichneten Arten in den Versicherungsort eindringt und versicherte Sachen vorsätzlich zerstört oder beschädigt.

7. Die Versicherung erstreckt sich ohne Rücksicht auf mitwirkende Ursachen nicht auf Schäden an versicherten Sachen und nicht auf versicherte Kosten, die verursacht werden

a) durch vorsätzliche Handlungen von Personen, die mit dem Versicherungsnehmer in häuslicher Gemeinschaft leben oder bei ihm wohnen, es sei denn, daß dadurch die Tat weder ermöglicht noch erleichtert wurde;

b) durch vorsätzliche Handlungen von Arbeitnehmern des Versicherungsnehmers, es sei denn, daß die Tat nur außerhalb des Versicherungsortes oder nur zu einer Zeit vorbereitet und begangen worden ist, zu der die als Versicherungsort vereinbarten Räume für diese Arbeitnehmer geschlossen waren;

c) durch Raub auf Transportwegen, wenn und solange eine größere als die vereinbarte Zahl von Transporten gleichzeitig unterwegs ist oder wenn der Schaden durch vorsätzliche Handlung einer der mit dem Transport beauftragten Personen entstanden ist;

d) durch Brand, Explosion oder bestimmungswidrig austretendes Leitungswasser, auch wenn diese Schäden infolge eines Einbruchdiebstahls oder Raubes entstehen; für Schäden gemäß Nr. 5d gilt dieser Ausschluß nicht;

e) durch Kriegsereignisse jeder Art, innere Unruhen, Erdbeben oder Kernenergie; ist der Beweis für das Vorliegen einer dieser Ursachen nicht zu erbringen, so genügt die überwiegende Wahrscheinlichkeit, daß der Schaden auf eine dieser Ursachen zurückzuführen ist.

§ 2 Versicherte Sachen

1. Versichert sind die in dem Versicherungsvertrag bezeichneten Sachen.

2. Die Sachen sind nur versichert, soweit der Versicherungsnehmer

a) Eigentümer ist;

b) sie unter Eigentumsvorbehalt erworben hat;

c) sie sicherungshalber übereignet hat und soweit für sie gemäß § 71 Abs. 1 Satz 2 VVG dem Erwerber ein Entschädigungsanspruch nicht zusteht.

3. Über Nr. 2 hinaus ist fremdes Eigentum versichert, soweit es seiner Art nach zu den versicherten Sachen gehört und dem Versicherungsnehmer zur Bearbeitung, Benutzung oder Verwahrung oder zum Verkauf in Obhut gegeben wurde und soweit nicht der Versicherungsnehmer nachweislich, insbesondere mit dem Eigentümer, vereinbart hat, daß die fremden Sachen durch den Versicherungsnehmer nicht versichert zu werden brauchen.

4. Die Versicherung gemäß Nr. 2b, Nr. 2c und Nr. 3 gilt für Rechnung des Eigentümers und des Versicherungsnehmers. Für die Höhe des Versicherungswertes ist jedoch, soweit nicht etwas anderes vereinbart ist, nur das Interessse des Eigentümers maßgebend.

5. Ist Versicherung der Betriebsreinrichtung vereinbart, so fallen hierunter nicht

a) Bargeld;

b) Urkunden, wie z.B. Sparbücher und sonstige Wertpapiere;

c) Akten, Pläne, Geschäftsbücher, Karteien, Zeichnungen, Lochkarten, Magnetbänder, Magnetplatten und sonstige Datenträger;

d) Muster, Anschauungsmodelle, Prototypen und Ausstellungsstücke, ferner typengebundene, für die laufende Produktion nicht mehr benötigte Fertigungsvorrichtungen;

e) zulassungspflichtige Kraftfahrzeuge, Kraftfahrzeuganhänger und Zugmaschinen;

f) Automaten mit Geldeinwurf (einschließlich Geldwechsler) samt Inhalt sowie Geldausgabeautomaten, soweit nicht der Einschluß besonders vereinbart ist.

g) verschlossene Registrierkassen sowie Rückgeldgeber, solange der Geldbehälter nicht entnommen ist;

6. Ist Versicherung von Gebrauchsgegenständen der Betriebsangehörigen vereinbart, so sind nur Sachen versichert, die sich üblicherweise oder auf Verlangen des Arbeitgebers innerhalb des Versicherungsortes befinden. Bargeld, Wertpapiere und Kraftfahrzeuge sind nicht versichert.

Entschädigung wird nur geleistet, soweit Entschädigung nicht aus einem anderen Versicherungsvertrag beansprucht werden kann. Ist danach die Entschädigung oder eine Abschlagszahlung gemäß § 16 Nr. 1 nur deshalb noch nicht fällig, weil ohne Verschulden des Versicherungsnehmers oder des versicherten Betriebsangehörigen die Entschädigungspflicht aus dem anderen Versicherungsvertrag ganz oder teilweise noch nicht geklärt ist, so wird der Versicherer unter Vorbehalt der Rückforderung mit Zinsen 1 Prozent unter dem jeweiligen Diskontsatz der Deutschen Bundesbank, mindestens jedoch 4 Prozent und höchstens 6 Prozent pro Jahr, eine vorläufige Zahlung leisten.

§ 3 Versicherte Kosten

1. Aufwendungen, auch erfolglose, die der Versicherungsnehmer zur Abwendung oder Minderung des Schadens (§ 13 Nr. 1 c und 1 d) für geboten halten durfte, hat der Versicherer zu ersetzen. Der Ersatz dieser Aufwendungen und die Entschädigung für versicherte Sachen betragen zusammen höchstens die Versicherungssumme je vereinbarter Position; dies gilt jedoch nicht, soweit Maßnahmen auf Weisung des Versicherers erfolgt sind. Besteht Unterversicherung, so sind die Aufwendungen ohne Rücksicht auf Weisungen des Versicherers nur in demselben Verhältnis zu ersetzen wie der Schaden.

2. Für die Kosten der Ermittelung und Feststellung des Schadens gilt § 66 VVG.

3. Soweit dies vereinbart ist, ersetzt der Versicherer auch die infolge eines Versicherungsfalles notwendigen Aufwendungen

a) für das Aufräumen der Schadenstätte, für das Abfahren von Schutt und sonstigen Resten zum nächsten Ablagerungsplatz und für das Ablagern oder Vernichten (Aufräumungskosten);

b) die dadurch entstehen, daß zum Zweck der Wiederherstellung oder Wiederbeschaffung von Sachen, die durch vorliegenden Vertrag versichert sind, andere Sachen bewegt, verändert oder geschützt werden müssen (Bewegungs- und Schutzkosten);
Bewegungs- und Schutzkosten sind insbesondere Aufwendungen für De- oder Remontage von Maschinen, für Durchbruch, Abriß oder Wiederaufbau von Gebäudeteilen oder für das Erweitern von Öffnungen;

c) für die Beseitigung von Schäden, die durch einen Versicherungsfall oder durch den Versuch einer Tat gemäß § 1 Nr. 1 a, 1 b oder 1 d entstanden sind

aa) an Dächern, Decken, Wänden, Fußböden, Türen, Schlössern, Fenstern (ausgenommen Schaufensterverglasungen), Rolläden und Schutzgittern der als Versicherungsort vereinbarten Räume (Gebäudeschäden);

bb) an Schaukästen und Vitrinen (ausgenommen Verglasungen) außerhalb des Versicherungsortes, aber innerhalb des Grundstücks, auf dem der Versicherungsort liegt, und in dessen unmittelbarer Umgebung;

d) für Schloßänderungen an den Türen der als Versicherungsort vereinbarten Räume, wenn Schlüssel zu diesen Türen durch einen Versicherungsfall oder durch eine außerhalb des Versicherungsortes begangene Tat gemäß § 1 Nr. 1a bis 1c abhandengekommen sind; dies gilt nicht für Türen von Tresorräumen;

e) für die Wiederherstellung von Akten, Plänen, Geschäftsbüchern, Karteien, Zeichnungen, Lochkarten, Magnetbändern, Magnetplatten und sonstigen Datenträgern einschließlich des Neuwertes (§ 5 Nr. 1a) der Datenträger;

soweit die Wiederherstellung nicht notwendig ist oder nicht innerhalb von zwei Jahren seit Eintritt des Versicherungsfalles sichergestellt wird, leistet der Versicherer Entschädigung nur in Höhe des gemäß § 5 Nr. 4 berechneten Wertes des Materials.

§ 4 Versicherungsort

1. Versicherungsschutz besteht nur, wenn versicherte Sachen abhandengekommen, beschädigt oder zerstört worden sind, solange sie sich innerhalb des Versicherungsortes befinden, und wenn alle Voraussetzungen eines Einbruchdiebstahls (§ 1 Nr. 2), eines Raubes (§ 1 Nr. 3 und Nr. 4) oder eines Vandalismus nach einem Einbruch (§ 1 Nr. 6) innerhalb des Versicherungsortes – bei mehreren Versicherungsorten innerhalb desselben Versicherungsortes – verwirklicht worden sind. Bei Raub auf Transportwegen ist der Ort maßgebend, an dem die transportierten Sachen sich bei Beginn der Tat befunden haben.

Nicht versichert sind Sachen, die an den Ort der Herausgabe oder Wegnahme erst auf Verlangen des Täters herangeschafft werden, es sei denn, das Heranschaffen erfolgt nur innerhalb des Versicherungsortes, an dem auch die Drohung ausgesprochen worden ist.

2. Versicherungsort für Schäden durch Einbruchdiebstahl (§ 1 Nr. 1a) oder Vandalismus nach einem Einbruch (§ 1 Nr. 1d) sind die in dem Versicherungsvertrag bezeichneten Räume eines Gebäudes.

Gebrauchsgegenstände von Betriebsangehörigen sind in deren Wohnräumen nicht versichert.

3. Nur in verschlossenen Behältnissen, die erhöhte Sicherheit auch gegen Wegnahme des Behältnisses gewähren, oder in Tresorräumen sind versichert

a) Bargeld;

b) Urkunden, z.B. Sparbücher und sonstige Wertpapiere;

c) Briefmarken;

d) Münzen und Medaillen;

e) unbearbeitete Edelmetalle sowie Sachen aus Edelmetall, ausgenommen Sachen, die dem Raumschmuck dienen;

f) Schmucksachen, Perlen und Edelsteine;

g) Sachen, für die dies besonders vereinbart ist.

Dies gilt, soweit nicht etwas anderes vereinbart ist, bei Versicherung von Juwelier-, Uhrmacher- und Bijouteriegeschäften nicht für Schmucksachen und Sachen aus Edelmetallen.

4. Wenn dies vereinbart ist, sind über Nr. 3 hinaus zusätzliche Sicherheitsmerkmale für das Behältnis oder den Tresorraum erforderlich.

5. Registrierkassen, Rückgeldgeber und Automaten mit Geldeinwurf (einschließlich Geldwechsler) gelten nicht als Behältnisse im Sinn von Nr. 3.

Jedoch ist im Rahmen einer für Bargeld in Behältnissen gemäß Nr. 3 vereinbarten Versicherungssumme Bargeld auch in Registrierkassen versichert, solange diese geöffnet sind. Die Entschädigung ist auf 50 DM je Registrierkasse und außerdem auf 500 DM je Versicherungsfall begrenzt, soweit nicht andere Beträge vereinbart sind.

6. Versicherungsort für Schäden durch Raub innerhalb eines Gebäudes oder Grundstücks (§ 1 Nr. 1b) ist über die in dem Versicherungsvertrag als Versicherungsort bezeichneten Räume hinaus das gesamte Grundstück, auf dem der Versicherungsort liegt, soweit es allseitig umfriedet ist.

7. Versicherungsort für Schäden durch Raub auf Transportwegen (§ 1 Nr. 1 c) ist, soweit nicht etwas anderes vereinbart ist, die Bundesrepublik Deutschland einschließlich des Landes Berlin und der Verbindungswege. Der Transportweg beginnt mit der Übernahme versicherter Sachen für einen unmittelbar anschließenden Transport und endet an der Ablieferungsstelle mit der Übergabe.

§ 5 Versicherungswert

1. Versicherungswert der technischen und kaufmännischen Betriebseinrichtung und der Gebrauchsgegenstände von Betriebsangehörigen ist
a) der Neuwert;
   Neuwert ist der Betrag, der aufzuwenden ist, um Sachen gleicher Art und Güte in neuwertigem Zustand wiederzubeschaffen oder sie neu herzustellen; maßgebend ist der niedrigere Betrag;
b) der Zeitwert, falls er weniger als 40 Prozent des Neuwertes beträgt oder falls Versicherung nur zum Zeitwert vereinbart ist;
   der Zeitwert ergibt sich aus dem Neuwert der Sache durch einen Abzug entsprechend ihrem insbesondere durch den Abnutzungsgrad bestimmten Zustand;
c) der gemeine Wert, soweit die Sache für ihren Zweck allgemein oder im Betrieb des Versicherungsnehmers nicht mehr zu verwenden ist;
   gemeiner Wert ist der für den Versicherungsnehmer erzielbare Verkaufpreis für die Sache oder für das Altmaterial.

2. Versicherungswert
a) von Waren, die der Versicherungsnehmer herstellt, auch soweit sie noch nicht fertiggestellt sind,
b) von Waren, mit denen der Versicherungsnehmer handelt,
c) von Rohstoffen und
d) von Naturerzeugnissen
ist der Betrag, der aufzuwenden ist, um Sachen gleicher Art und Güte wiederzubeschaffen oder sie neu herzustellen; maßgebend ist der niedrigere Betrag.
Der Versicherungswert ist begrenzt durch den erzielbaren Verkaufspreis, bei nicht fertiggestellten eigenen Erzeugnissen durch den erzielbaren Verkaufspreis der fertigen Erzeugnisse. § 55 VVG (Bereicherungsverbot) bleibt unberührt.

3. Versicherungswert von Wertpapieren ist
a) bei Wertpapieren mit amtlichem Kurs der mittlere Einheitskurs am Tag der jeweils letzten Notierung aller amtlichen Börsen der Bundesrepublik Deutschland einschließlich des Landes Berlin;
b) bei Sparbüchern der Betrag des Guthabens;
c) bei sonstigen Wertpapieren der Marktpreis.

4. Versicherungswert von Mustern, Anschauungsmodellen, Prototypen und Ausstellungsstücken, ferner von typengebundenen, für die laufende Produktion nicht mehr benötigten Fertigungsvorrichtungen sowie aller sonstigen Sachen ist, soweit nicht etwas anderes vereinbart wurde, entweder der Zeitwert gemäß Nr. 1 b oder unter den dort genannten Voraussetzungen der gemeine Wert gemäß Nr. 1 c.

§ 6 Gefahrumstände bei Vertragsabschluß und Gefahrerhöhung

1. Bei Abschluß des Vertrages hat der Versicherungsnehmer alle ihm bekannten Umstände, die für die Übernahme der Gefahr erheblich sind, dem Versicherer anzuzeigen. Bei schuldhafter Verletzung dieser Obliegenheit kann der Versicherer nach Maßgabe der §§ 16 bis 21 VVG vom Vertrag zurücktreten, wodurch die Entschädigungspflicht entfallen kann.

2. Nach Antragstellung darf der Versicherungsnehmer ohne Einwilligung des Versicherers keine Gefahrerhöhung vornehmen oder gestatten.

Der Versicherungsnehmer hat jede Gefahrerhöhung, die ihm bekannt wird, dem Versicherer unverzüglich anzuzeigen, und zwar auch dann, wenn sie ohne seinen Willen eintritt.

Im übrigen gelten die §§ 23 bis 30 VVG. Danach kann der Versicherer zur Kündigung berechtigt oder auch leistungsfrei sein.

3. Für vorschriftsmäßige Anlagen des Zivilschutzes und für Zivilschutzübungen gelten Nr. 2 und die §§ 23 bis 30 VVG nicht.

4. Für die Versicherung gegen Einbruchdiebstahl liegt eine Gefahrerhöhung insbesondere vor, wenn

a) bei Antragstellung vorhandene oder im Versicherungsvertrag zusätzlich vereinbarte Sicherungen beseitigt oder vermindert werden;

b) an dem Gebäude, in dem der Versicherungsort liegt, oder an einem angrenzenden Gebäude Bauarbeiten durchgeführt, Gerüste errichtet oder Seil- oder andere Aufzüge angebracht werden;

c) Räumlichkeiten, die oben, unten oder seitlich an den Versicherungsort angrenzen, dauernd oder vorübergehend nicht mehr benutzt werden;

d) der Betrieb dauernd oder vorübergehend, z.B. während der Betriebsferien, stillgelegt wird;

e) nach Verlust eines Schlüssels für einen Zugang zum Versicherungsort oder für ein Behältnis gemäß § 4 Nr. 4 das Schloß nicht unverzüglich durch ein gleichwertiges ersetzt wird; im übrigen gilt § 1 Nr. 2 e.

5. Die Aufnahme oder Veränderung eines Betriebes, gleich welcher Art und welchen Umfangs, ist dem Versicherer unverzüglich anzuzeigen.

Ist mit der Aufnahme oder Veränderung des Betriebes eine Gefahrerhöhung verbunden, so gelten die §§ 23 bis 30 VVG.

Der Versicherer hat von dem Tag der Aufnahme oder Veränderung des Betriebes an Anspruch auf die aus einem etwa erforderlichen höheren Prämiensatz errechnete Prämie. Dies gilt nicht, soweit der Versicherer in einem Versicherungsfall wegen Gefahrerhöhung leistungsfrei geworden ist.

6. Gefahrerhöhende Umstände werden durch Maßnahmen des Versicherungsnehmers oder durch sonstige gefahrmindernde Umstände ausgeglichen, insbesondere soweit diese mit dem Versicherer vereinbart wurden.

§ 7 Sicherheitsvorschriften

1. Der Versicherungsnehmer hat

a) alle gesetzlichen, behördlichen oder in dem Versicherungsvertrag vereinbarten Sicherheitsvorschriften zu beachten;

b) solange die Arbeit – von Nebenarbeiten abgesehen – in dem Betrieb ruht,

aa) die Türen und alle sonstigen Öffnungen des Versicherungsortes stets ordnungsgemäß verschlossen zu halten;

bb) alle bei Antragstellung vorhandenen und alle zusätzlich vereinbarten Sicherungen voll gebrauchsfähig zu erhalten und zu betätigen;

ruht die Arbeit nur in einem Teil des Versicherungsortes, so gelten diese Vorschriften nur für Öffnungen und Sicherungen der davon betroffenen Räume; vertragliche Abweichungen bedürfen der Schriftform;

c) über Wertpapiere und sonstige Urkunden, über Sammlungen und über sonstige Sachen, für die dies besonders vereinbart ist, Verzeichnisse zu führen und diese so aufzubewahren, daß sie im Versicherungsfall voraussichtlich nicht gleichzeitig mit den versicherten Sachen zerstört oder beschädigt werden oder abhanden kommen können;

Abs. 1 gilt nicht für Wertpapiere und sonstige Urkunden sowie für Sammlungen, wenn der Wert dieser Sachen insgesamt 5.000 DM nicht übersteigt; Abs. 1 gilt ferner nicht für Briefmarken;

Abs. 1 und Abs. 2 gelten nicht für Banken und Sparkassen.

2. Verletzt der Versicherungsnehmer eine der Obliegenheiten gemäß Nr. 1a oder 1b, so ist der Versicherer nach Maßgabe des § 6 Abs. 1 und Abs. 2 VVG zur Kündigung berechtigt oder auch leistungsfrei. Eine Kündigung des Versicherers wird einen Monat nach Zugang wirksam.

Führt die Verletzung zu einer Gefahrerhöhung, so gelten die §§ 23 bis 30 VVG. Danach kann der Versicherer zur Kündigung berechtigt oder auch leistungsfrei sein.

3. Verletzt der Versicherungsnehmer die Bestimmung der Nr. 1c, so kann er Entschädigung für Sachen der dort genannten Art nur verlangen, soweit er das Vorhandensein, die Beschaffenheit und den Versicherungswert der Sachen auch ohne das Verzeichnis nachweisen kann.

§ 8 Prämie; Beginn und Ende der Haftung

1. Der Versicherungsnehmer hat die erste Prämie (Beitrag) gegen Aushändigung des Versicherungsscheins, Folgeprämien am Ersten des Monats zu zahlen, in dem ein neues Versicherungsjahr beginnt. Die Folgen nicht rechtzeitiger Zahlung der ersten Prämie oder der ersten Rate der ersten Prämie ergeben sich aus § 38 VVG in Verbindung mit Nr. 3; im übrigen gelten §§ 39, 91 VVG. Rückständige Folgeprämien dürfen nur innerhalb eines Jahres seit Ablauf der nach § 39 VVG für sie gesetzten Zahlungsfrist eingezogen werden.

2. Ist Ratenzahlung vereinbart, so gelten die ausstehenden Raten bis zu den vereinbarten Zahlungsterminen als gestundet.

Die gestundeten Raten des laufenden Versicherungsjahres werden sofort fällig, wenn der Versicherungsnehmer mit einer Rate ganz oder teilweise in Verzug gerät oder soweit eine Entschädigung fällig wird.

3. Die Haftung des Versicherers beginnt mit dem vereinbarten Zeitpunkt, und zwar auch dann, wenn zur Prämienzahlung erst später aufgefordert, die Prämie aber unverzüglich gezahlt wird. Ist dem Versicherungsnehmer bei Antragstellung bekannt, daß ein Versicherungsfall bereits eingetreten ist, so entfällt hierfür die Haftung.

4. Die Haftung endet mit dem vereinbarten Zeitpunkt. Versicherungsverträge von mindestens einjähriger Dauer verlängern sich jedoch von Jahr zu Jahr, wenn sie nicht spätestens drei Monate vor Ablauf schriftlich gekündigt werden.

5. Endet das Versicherungsverhältnis vor Ablauf der Vertragszeit oder wird es nach Beginn rückwirkend aufgehoben oder ist es von Anfang an nichtig, so gebührt dem Versicherer Prämie oder Geschäftsgebühr gemäß dem Versicherungsvertragssgesetz (z. B. §§ 40, 68).

Kündigt nach Eintritt eines Versicherungsfalls (§ 19 Nr. 2) der Versicherungsnehmer, so gebührt dem Versicherer die Prämie für das laufende Versicherungsjahr. Kündigt der Versicherer, so hat er die Prämie für das laufende Versicherungsjahr nach dem Verhältnis der noch nicht abgelaufenen zu der gesamten Zeit des Versicherungsjahres zurückzuzahlen.

6. Wird die Versicherungssumme für Schäden durch Raub auf Transportwegen (§ 1 Nr. 1c) auf Antrag des Versichungsnehmers geändert oder schließt der Versicherungsnehmer mit demselben oder einem anderen Versicherer einen zusätzlichen Versicherungsvertrag für denselben Transport, so wird von diesem Zeitpunkt an der niedrigere oder höhere Prämiensatz zugrunde gelegt, der dem versicherten Gesamtbetrag entspricht.

§ 9 Mehrfache Versicherung; Überversicherung

1. Nimmt der Versicherungsnehmer für versicherte Sachen eine weitere Versicherung gegen eine der versicherten Gefahren, so hat er den anderen Versicherer und die Versicherungssumme dem Versicherer unverzüglich schriftlich mitzuteilen. Dies gilt nicht für Allgefahrenversicherungen.

Verletzt der Versicherungsnehmer die Obliegenheit gemäß Abs. 1, so ist der Versicherer nach Maßgabe des § 6 Abs. 1 VVG zur Kündigung berechtigt oder auch leistungsfrei. Eine Kündigung des Versicherers wird einen Monat nach Zugang wirksam. Die Leistungsfreiheit tritt nicht ein, wenn die Verletzung weder auf Vorsatz noch auf grober Fahrlässigkeit beruht oder wenn der Versicherer vor dem Versicherungsfall Kenntnis von der anderen Versicherung erlangt hat.

2. Ist ein Selbstbehalt vereinbart und besteht mehrfache Versicherung, so kann abweichend von § 59 Abs. 1 VVG als Entschädigung aus den mehreren Verträgen nicht mehr als der Schaden abzüglich des Selbstbehalts verlangt werden.

3. Erlangt der Versicherungsnehmer oder der Versicherte aus anderen Versicherungsverträgen Entschädigung für denselben Schaden, so ermäßigt sich der Anspruch aus vorliegendem Vertrag in der Weise, daß die Entschädigung aus allen Verträgen insgesamt nicht höher ist, als wenn der Gesamtbetrag der Versicherungssummen, aus denen Prämie errechnet wurde, nur in dem vorliegenden Vertrag in Deckung gegeben worden wäre.

4. Wird wegen Überversicherung oder Doppelversicherung die Versicherungssumme vermindert, so ist von diesem Zeitpunkt an für die Höhe der Prämie der Betrag maßgebend, den der Versicherer berechnet haben würde, wenn der Vertrag von vornherein mit dem neuen Inhalt geschlossen worden wäre.

§ 10 Versicherung für fremde Rechnung

1. Soweit die Versicherung für fremde Rechnung genommen ist, kann der Versicherungsnehmer, auch wenn er nicht im Besitz des Versicherungsscheins ist, über die Rechte des Versicherten ohne dessen Zustimmung im eigenen Namen verfügen, insbesondere die Zahlung der Entschädigung verlangen und die Rechte des Versicherten übertragen. Der Versicherer kann jedoch vor Zahlung der Entschädigung den Nachweis verlangen, daß der Versicherte seine Zustimmung dazu erteilt hat.

2. Der Versicherte kann über seine Rechte nicht verfügen, selbst wenn er im Besitz des Versicherungsscheins ist. Er kann die Zahlung der Entschädigung nur mit Zustimmung des Versicherungsnehmers verlangen.

3. Soweit Kenntnis oder Verhalten des Versicherungsnehmers von rechtlicher Bedeutung ist, kommt auch Kenntnis oder Verhalten des Versicherten in Betracht. Im übrigen gilt § 79 VVG.

§ 11 Entschädigungsberechnung; Unterversicherung

1. Ersetzt werden
a) bei entwendeten oder infolge eines Versicherungsfalles sonst abhandengekommenen oder bei zerstörten Sachen der Versicherungswert (§ 5) unmittelbar vor Eintritt des Versicherungsfalles;
b) bei beschädigten Sachen und bei Aufwendungen gemäß § 3 Nr. 3c und 3d die notwendigen Reparaturkosten zur Zeit des Eintritts des Versicherungsfalles zuzüglich einer durch den Versicherungsfall etwa entstandenen und durch die Reparatur nicht auszugleichenden Wertminderung, höchstens jedoch der Versicherungswert unmittelbar vor Eintritt des Versicherungsfalles; die Reparaturkosten werden gekürzt, soweit durch die Reparatur der Versicherungswert der Sache gegenüber dem Versicherungswert unmittelbar vor Eintritt des Versicherungsfalles erhöht wird.
Restwerte werden angerechnet.

2. Für Kosten gemäß § 3 Nr. 3 oder für Betriebsunterbrechungsschäden leistet der Versicherer Entschädigung nur, soweit dies besonders vereinbart ist.

3. Ist die Versicherungssumme niedriger als der Versicherungswert unmittelbar vor Eintritt des Versicherungsfalles (Unterversicherung), so wird nur der Teil des

gemäß Nr. 1 ermittelten Betrages ersetzt, der sich zu dem ganzen Betrag verhält wie die Versicherungssumme zu dem Versicherungswert.

Bei der Bruchteilversicherung tritt an die Stelle der Versicherungssumme der Betrag, aus dem der Bruchteil berechnet wurde.

Ist die Entschädigung für einen Teil der in einer Position versicherten Sachen auf bestimmte Beträge begrenzt (§ 12 Nr. 1 b), so werden bei Ermittlung des Versicherungswertes der davon betroffenen Sachen höchstens diese Beträge berücksichtigt.

Ergibt sich aus dem so ermittelten Versicherungswert eine Unterversicherung, so wird der Gesamtbetrag des Schadens entsprechend gekürzt; danach ist § 12 Nr. 1 b anzuwenden.

Ob Unterversicherung vorliegt, ist für jede vereinbarte Gruppe (Position) gesondert festzustellen.

4. Bei der Versicherung auf Erstes Risiko (Erste Gefahr) gelten § 56 VVG und die Bestimmungen über Unterversicherung (Nr. 3) nicht. Versicherung auf Erstes Risiko besteht

a) für Schäden durch Raub (§ 1 Nr. 3 bis Nr. 5);

b) für Kosten gemäß § 3 Nr. 3;

c) soweit dies zu sonstigen Versicherungssummen besonders vereinbart ist.

5. Ist der Neuwert (§ 5 Nr. 1 a) der Versicherungswert, so erwirbt der Versicherungsnehmer auf den Teil der Entschädigung, der den Zeitwertschaden (Abs. 2) übersteigt, einen Anspruch nur, soweit und sobald er innerhalb von drei Jahren nach Eintritt des Versicherungsfalles sichergestellt hat, daß er die Entschädigung verwenden wird, um Sachen gleicher Art und Güte in neuwertigem Zustand wiederzubeschaffen oder um die beschädigten Sachen wiederherzustellen. Nach vorheriger Zustimmung des Versicherers genügt Wiederbeschaffung gebrauchter Sachen. Anstelle von Kraft- oder Arbeitsmaschinen können Kraft- oder Arbeitsmaschinen beliebiger Art beschafft werden, wenn deren Betriebszweck derselbe ist.

Der Zeitwertschaden wird bei abhandengekommenen oder zerstörten Sachen gemäß § 5 Nr. 1 b und Nr. 4 festgestellt. Bei beschädigten Sachen werden die Kosten einer Reparatur um den Betrag gekürzt, um den durch die Reparatur der Zeitwert der Sache gegenüber dem Zeitwert unmittelbar vor Eintritt des Versicherungsfalles erhöht würde.

6. Für Muster, Anschauungsmodelle, Prototypen und Ausstellungsstücke, ferner für typengebundene, für die laufende Produktion nicht mehr benötigte Fertigungsvorrichtungen (§ 5 Nr. 4), erwirbt der Versicherungsnehmer auf den Teil der Entschädigung, der den gemeinen Wert (§ 5 Nr. 1 c) übersteigt, einen Anspruch nur, soweit für die Verwendung der Entschädigung die Voraussetzungen gemäß Nr. 5 Abs. 1 erfüllt sind und die Wiederherstellung notwendig ist.

§ 12 Entschädigungsgrenzen

1. Der Versicherer leistet Entschädigung je Versicherungsfall höchstens

a) bis zu der je Position vereinbarten Versicherungssumme;

b) bis zu den Entschädigungsgrenzen, die in §§ 1 Nr. 5, 4 Nr. 5 Abs. 2 Satz 2, 12 Nr. 3 und 4 vorgesehen oder zusätzlich vereinbart sind.

Maßgebend ist der niedrigere Betrag.

2. Für Schäden, die – insbesondere an Schaufensterinhalt – durch Einbruchdiebstahl verursacht werden, ohne daß der Täter das Gebäude betritt, ist die Entschädigung je Versicherungsfall auf den vereinbarten Betrag begrenzt.

3. Für Schäden durch Raub auf Transportwegen (§ 1 Nr. 1 c) leistet, soweit nicht etwas anderes vereinbart ist, der Versicherer Entschädigung

a) über 50.000 DM nur, wenn der Transport durch mindestens zwei männliche Personen durchgeführt wurde;

b) über 100.000 DM nur, wenn der Transport durch mindestens zwei männliche Personen und mit Kraftwagen durchgeführt wurde;

c) über 250.000 DM nur, wenn der Transport durch mindestens drei männliche Personen und mit Kraftwagen durchgeführt wurde;

d) über 500.000 DM nur, wenn der Transport durch mindestens drei männliche Personen mit Kraftwagen und außerdem unter polizeilichem Schutz oder unter besonderen, mit dem Versicherer vorher für den Einzelfall oder für mehrere Fälle schriftlich vereinbarten Sicherheitsvorkehrungen durchgeführt wurde.

4. Soweit Nr. 3 Transport durch mehrere Personen voraussetzt, muß gemeinschaftlicher Gewahrsam dieser Personen an den versicherten Sachen bestehen. Gewahrsam haben nur Personen, die sich unmittelbar bei den Sachen befinden. Soweit Nr. 3 Transport mit Kraftwagen voraussetzt, zählt der Fahrer nicht als den Transport durchführende Person. Jedoch müssen in seiner Person die Voraussetzungen gemäß § 1 Nr. 4 b vorliegen.

Gewahrsam an Sachen in Kraftwagen haben nur die Personen, die sich in oder unmittelbar bei dem Kraftwagen befinden.

§ 13 Obliegenheiten des Versicherungsnehmers im Versicherungsfall

1. Der Versicherungsnehmer hat bei Eintritt eines Versicherungsfalles

a) den Schaden dem Versicherer und der zuständigen Polizeidienststelle unverzüglich anzuzeigen; gegenüber dem Versicherer gilt diese Anzeige noch als unverzüglich, wenn sie innerhalb von drei Tagen abgesandt wird;
bei Schäden über 10.000 DM sollte die Anzeige dem Versicherer gegenüber fernmündlich, fernschriftlich oder telegraphisch erfolgen;

b) der Polizeidienststelle unverzüglich ein Verzeichnis der abhandengekommenen Sachen einzureichen;

c) den Schaden nach Möglichkeit abzuwenden oder zu mindern und dabei die Weisungen des Versicherers zu befolgen; er hat, soweit die Umstände es gestatten, solche Weisungen einzuholen;

d) für abhandengekommene oder zerstörte Wertpapiere oder sonstige aufgebotsfähige Urkunden unverzüglich das Aufgebotsverfahren einzuleiten und etwaige sonstige Rechte zu wahren, insbesondere abhandengekommene Sparbücher und andere sperrfähige Urkunden unverzüglich sperren zu lassen;

e) dem Versicherer auf dessen Verlangen im Rahmen des Zumutbaren jede Untersuchung über Ursache und Höhe des Schadens und über den Umfang seiner Entschädigungspflicht zu gestatten, jede hierzu dienliche Auskunft – auf Verlangen schriftlich – zu erteilen und die erforderlichen Belege beizubringen;

f) dem Versicherer auf dessen Verlangen innerhalb einer angemessenen Frist von mindestens zwei Wochen ein von ihm unterschriebenes Verzeichnis aller abhandengekommenen, zerstörten oder beschädigten Sachen vorzulegen; soweit nicht Versicherung auf Erstes Risiko vereinbart ist, kann der Versicherer auch ein Verzeichnis aller unmittelbar vor Eintritt des Versicherungsfalles vorhandenen Sachen verlangen; in den Verzeichnissen ist der Versicherungswert der Sachen unmittelbar vor Eintritt des Versicherungsfalles anzugeben.

2. Verletzt der Versicherungsnehmer eine der vorstehenden Obliegenheiten, so ist der Versicherer nach Maßgabe des Versicherungsvertragsgesetzes (§§ 6 Abs. 3, 62 Abs. 2 VVG) von der Entschädigungspflicht frei. Dies gilt nicht, wenn nur die fernmündliche, fernschriftliche oder telegrafische Anzeige gemäß Nr. 1 a unterbleibt.

Sind abhandengekommene Sachen der Polizeidienststelle nicht oder nicht rechtzeitig angezeigt worden, so kann der Versicherer nur für diese Sachen von der Entschädigungspflicht frei sein.

3. Hatte eine vorsätzliche Obliegenheitsverletzung Einfluß weder auf die Feststellung des Versicherungsfalles noch auf die Feststellung oder den Umfang der Entschädigung, so entfällt die Leistungsfreiheit gemäß Nr. 2, wenn die Verletzung nicht geeignet war, die Interessen des Versicherers ernsthaft zu beeinträchtigen, und wenn außerdem den Versicherungsnehmer kein erhebliches Verschulden trifft.

§ 14 Besondere Verwirkungsgründe

1. Führt der Versicherungsnehmer den Schaden vorsätzlich oder grob fahrlässig herbei, so ist der Versicherer von der Entschädigungspflicht frei.

2. Versucht der Versicherungsnehmer, den Versicherer arglistig über Tatsachen zu täuschen, die für den Grund oder für die Höhe der Entschädigung von Bedeutung sind, so ist der Versicherer von der Entschädigungspflicht frei.
Ist eine Täuschung gemäß Abs. 1 durch rechtskräftiges Strafurteil wegen Betruges oder Betrugsversuchs festgestellt, so gelten die Voraussetzungen von Abs. 1 als bewiesen.

3. Wird der Entschädigungsanspruch nicht innerhalb einer Frist von sechs Monaten gerichtlich geltend gemacht, nachdem der Versicherer ihn unter Angabe der mit dem Ablauf der Frist verbundenen Rechtsfolge schriftlich abgelehnt hat, so ist der Versicherer von der Entschädigungspflicht frei. Durch ein Sachverständigenverfahren (§ 15) wird der Ablauf der Frist für dessen Dauer gehemmt.

§ 15 Sachverständigenverfahren

1. Versicherungsnehmer und Versicherer können nach Eintritt des Versicherungsfalles vereinbaren, daß die Höhe des Schadens durch Sachverständige festgestellt wird. Das Sachverständigenverfahren kann durch Vereinbarung auf sonstige tatsächliche Voraussetzungen des Entschädigungsanspruchs sowie der Höhe der Entschädigung ausgedehnt werden.
Der Versicherungsnehmer kann ein Sachverständigenverfahren auch durch einseitige Erklärung gegenüber dem Versicherer verlangen.

2. Für das Sachverständigenverfahren gilt:
a) Jede Partei benennt schriftlich einen Sachverständigen und kann dann die andere unter Angabe des von ihr benannten Sachverständigen schriftlich auffordern, den zweiten Sachverständigen zu benennen. Wird der zweite Sachverständige nicht binnen zwei Wochen nach Empfang der Aufforderung benannt, so kann ihn die auffordernde Partei durch das für den Schadenort zuständige Amtsgericht ernennen lassen. In der Aufforderung ist auf diese Folge hinzuweisen.
b) Beide Sachverständige benennen schriftlich vor Beginn des Feststellungsverfahrens einen dritten Sachverständigen als Obmann. Einigen sie sich nicht, so wird der Obmann auf Antrag einer Partei durch das für den Schadenort zuständige Amtsgericht ernannt.
c) Der Versicherer darf als Sachverständige keine Personen benennen, die Mitbewerber des Vesicherungsnehmers sind oder mit diesem in Geschäftsverbindung stehen, ferner keine Personen, die bei Mitbewerbern oder Geschäftspartnern angestellt sind oder mit ihnen in einem ähnlichen Verhältnis stehen.
Dies gilt entsprechend für die Benennung eines Obmannes durch die Sachverständigen.

3. Die Feststellungen der Sachverständigen müssen enthalten:
a) ein Verzeichnis der abhandengekommenen, zerstörten und beschädigten Sachen sowie deren Versicherungswert zum Zeitpunkt des Versicherungsfalles; in den Fällen von § 11 Nr. 5 ist auch der Zeitwert, in den Fällen von § 11 Nr. 6 auch der gemeine Wert anzugeben;
b) bei beschädigten Sachen die Beträge gemäß § 11 Nr. 1 b;
c) alle sonstigen gemäß § 11 Nr. 1 maßgebenden Tatsachen, insbesondere die Restwerte der von dem Schaden betroffenen Sachen;
d) entstandene Kosten, die gemäß § 3 versichert sind.

4. Die Sachverständigen übermitteln beiden Parteien gleichzeitig ihre Feststellungen. Weichen die Feststellungen voneinander ab, so übergibt der Versicherer sie unverzüglich dem Obmann. Dieser entscheidet über die streitig gebliebenen Punkte innerhalb der durch die Feststellungen der Sachverständigen gezogenen Grenzen und übermittelt seine Entscheidung beiden Parteien gleichzeitig.

5. Jede Partei trägt die Kosten ihres Sachverständigen. Die Kosten des Obmannes tragen beide Parteien je zur Hälfte.

6. Die Feststellungen der Sachverständigen oder des Obmannes sind verbindlich, wenn nicht nachgewiesen wird, daß sie offenbar von der wirklichen Sachlage erheblich abweichen. Aufgrund dieser verbindlichen Feststellungen berechnet der Versicherer gemäß den §§ 11, 12 die Entschädigung.

7. Durch das Sachverständigenverfahren werden die Obliegenheiten des Versicherungsnehmers gemäß § 13 Nr. 1 nicht berührt.

§ 16 Zahlung der Entschädigung

1. Ist die Leistungspflicht des Versicherers dem Grunde und der Höhe nach festgestellt, so hat die Auszahlung der Entschädigung binnen zwei Wochen zu erfolgen. Jedoch kann einen Monat nach Anzeige des Schadens als Abschlagszahlung der Betrag beansprucht werden, der nach Lage der Sache mindestens zu zahlen ist.

2. Die Entschädigung ist seit Anzeige des Schadens mit 1 Prozent unter dem Diskontsatz der Deutschen Bundesbank zu verzinsen, mindestens jedoch mit 4 Prozent und höchstens mit 6 Prozent pro Jahr, soweit nicht aus anderen Gründen ein höherer Zins zu entrichten ist.

Die Verzinsung entfällt, soweit die Entschädigung innerhalb eines Monats seit Anzeige des Schadens gezahlt wird.

Zinsen werden erst fällig, wenn die Entschädigung fällig ist.

3. Der Lauf der Fristen gemäß Nr. 1 und Nr. 2 Abs. 2 ist gehemmt, solange infolge Verschuldens des Versicherungsnehmers die Entschädigung nicht ermittelt oder nicht gezahlt werden kann.

4. Bei Schäden an der technischen oder kaufmännischen Betriebseinrichtung oder an Gebrauchsgegenständen von Betriebsangehörigen ist für die Zahlung des über den Zeitwertschaden hinausgehenden Teils der Entschädigung der Zeitpunkt maßgebend, in dem der Versicherungsnehmer den Eintritt der Voraussetzungen von § 11 Nr. 5 dem Versicherer nachgewiesen hat.

Abs. 1 gilt entsprechend für die in § 11 Nr. 6 genannten Sachen, soweit die Entschädigung den gemeinen Wert übersteigt. Das gleiche gilt, soweit aufgrund einer sonstigen Vereinbarung ein Teil der Entschädigung von Voraussetzungen abhängt, die erst nach dem Versicherungsfall eintreten.

Zinsen für die Beträge gemäß Abs. 1 und Abs. 2 werden erst fällig, wenn die dort genannten zusätzlichen Voraussetzungen der Entschädigung festgestellt sind.

5. Der Versicherer kann die Zahlung aufschieben,
a) solange Zweifel an der Empfangsberechtigung des Versicherungsnehmers bestehen;
b) wenn gegen den Versicherungsnehmer oder einen seiner Repräsentanten aus Anlaß des Versicherungsfalles ein behördliches oder strafgerichtliches Verfahren aus Gründen eingeleitet worden ist, die auch für den Entschädigungsanspruch rechtserheblich sind, bis zum rechtskräftigen Abschluß dieses Verfahrens.

§ 17 Repräsentanten

Soweit nicht etwas anderes vereinbart ist, stehen dem Versicherungsnehmer im Rahmen von §§ 6, 7, 9, 13, 14 Nr. 1 und Nr. 2 als Repräsentanten gleich
1. Personen, die in dem Geschäftsbereich, zu dem die versicherten Sachen gehören, aufgrund eines Vertretungs- oder eines ähnlichen Verhältnisses anstelle des Versicherungsnehmers die Obhut über diese Sachen ausüben;
2. Personen, die damit betraut sind, rechtserhebliche Tatsachen anstelle des Versicherungsnehmers zur Kenntnis zu nehmen und dem Versicherer zur Kenntnis zu bringen;

3. Personen, denen die versicherten Sachen aufgrund eines Miet-, Pacht- oder ähnlichen Verhältnisses für längere Zeit in alleinige Obhut gegeben worden sind;

4. Personen, denen Sachen im Sinn von § 4 Nr. 3 in Obhut gegeben worden sind.

§ 18 Wiederherbeigeschaffte Sachen

1. Wird der Verbleib abhandengekommener Sachen ermittelt, so hat der Versicherungsnehmer dies dem Versicherer unverzüglich schriftlich anzuzeigen.

2. Hat der Versicherungsnehmer den Besitz einer abhandengekommenen Sache zurückerlangt, bevor die volle bedingungsgemäße Entschädigung für diese Sache gezahlt worden ist, so behält er den Anspruch auf die Entschädigung, falls er die Sache innerhalb von zwei Wochen dem Versicherer zur Verfügung stellt. Andernfalls ist eine für diese Sache gewährte Abschlagszahlung oder eine gemäß § 11 Nr. 5 oder Nr. 6 vorläufig auf den Zeitwertschaden oder auf den gemeinen Wert beschränkte Entschädigung zurückzuzahlen.

3. Hat der Versicherungsnehmer den Besitz einer abhandengekommenen Sache zurückerlangt, nachdem für diese Sache eine Entschädigung in voller Höhe ihres Versicherungswertes gezahlt worden ist, so hat der Versicherungsnehmer die Entschädigung zurückzuzahlen oder die Sache dem Versicherer zur Verfügung zu stellen. Der Versicherungsnehmer hat dieses Wahlrecht innerhalb von zwei Wochen nach Empfang einer schriftlichen Aufforderung des Versicherers auszuüben; nach fruchtlosem Ablauf dieser Frist geht das Wahlrecht auf den Versicherer über.

4. Hat der Versicherungsnehmer den Besitz einer abhandengekommenen Sache zurückerlangt, nachdem für diese Sache eine Entschädigung gezahlt worden ist, die bedingungsgemäß weniger als den Versicherungswert betragen hat, so kann der Versicherungsnehmer die Sache behalten und muß sodann die Entschädigung zurückzahlen. Erklärt er sich hierzu innerhalb von zwei Wochen nach Empfang einer schriftlichen Aufforderung des Versicherers nicht bereit, so hat der Versicherungsnehmer die Sache im Einvernehmen mit dem Versicherer öffentlich meistbietend verkaufen zu lassen. Von dem Erlös abzüglich der Verkaufskosten erhält der Versicherer den Anteil, welcher der von ihm geleisteten bedingungsgemäßen Entschädigung entspricht.

5. Dem Besitz einer zurückerlangten Sache steht es gleich, wenn der Versicherungsnehmer die Möglichkeit hat, sich den Besitz wieder zu verschaffen.
Ist ein Wertpapier in einem Aufgebotsverfahren für kraftlos erklärt worden, so hat der Versicherungsnehmer die gleichen Rechte und Pflichten, wie wenn er das Wertpapier zurückerlangt hätte. Jedoch kann der Versicherungsnehmer die Entschädigung behalten, soweit ihm durch Verzögerung fälliger Leistungen aus den Wertpapieren ein Zinsverlust entstanden ist.

6. Hat der Versicherungsnehmer dem Versicherer zurückerlangte Sachen zur Verfügung zu stellen, so hat er dem Versicherer den Besitz, das Eigentum und alle sonstigen Rechte zu übertragen, die ihm mit Bezug auf diese Sachen zustehen.

7. Sind wiederherbeigeschaffte Sachen beschädigt worden, so kann der Versicherungsnehmer Entschädigung gemäß § 11 Nr. 1b auch dann verlangen oder behalten, wenn die Sachen gemäß Nr. 2 bis Nr. 4 bei ihm verbleiben.

§ 19 Rechtsverhältnis nach dem Versicherungsfall

1. Die Versicherungssummen vermindern sich nicht dadurch, daß eine Entschädigung geleistet wird.

2. Nach dem Eintritt eines Versicherungsfalles kann der Versicherer oder der Versicherungsnehmer den Versicherungsvertrag kündigen.
Die Kündigung ist schriftlich zu erklären. Sie muß spätestens einen Monat nach Auszahlung der Entschädigung zugehen. Der Zahlung steht es gleich, wenn die

Entschädigung aus Gründen abgelehnt wird, die den Eintritt des Versicherungsfalles unberührt lassen.

Die Kündigung wird einen Monat nach ihrem Zugang wirksam. Der Versicherungsnehmer kann bestimmen, daß seine Kündigung sofort oder zu einem anderen Zeitpunkt wirksam wird, jedoch spätestens zum Schluß des laufenden Versicherungsjahres.

§ 20 Schriftliche Form; Zurückweisung von Kündigungen

1. Anzeigen und Erklärungen bedürfen der Schriftform. Dies gilt nicht für die Anzeige eines Schadens gemäß § 13 Nr. 1 a.

2. Ist eine Kündigung des Versicherungsnehmers unwirksam, ohne daß dies auf Vorsatz oder grober Fahrlässigkeit beruht, so wird die Kündigung wirksam, falls der Versicherer sie nicht unverzüglich zurückweist.

§ 21 Agentenvollmacht

Ein Agent des Versicherers ist nur dann bevollmächtigt, Anzeigen und Erklärungen des Versicherungsnehmers entgegenzunehmen, wenn er den Versicherungsvertrag vermittelt hat oder laufend betreut.

§ 22 Schlußbestimmung

1. Soweit nicht in den Versicherungsbedingungen Abweichendes bestimmt ist, gelten die gesetzlichen Vorschriften.

2. Ein Auszug aus dem Gesetz über den Versicherungsvertrag (VVG), der insbesondere die in den AERB 87 erwähnten Bestimmungen enthält, ist dem Bedingungstext beigefügt.

Texte 17   **Texte 18**

Allgemeine Bedingungen für die Versicherung gegen

Leitungswasserschäden (AWB 68)

Sturmschäden (AStB 68)

§ 1 – Versicherte Gefahren

(1) Der Versicherer leistet nach dem Eintritt des Versicherungsfalles Entschädigung für versicherte Sachen, die durch Leitungswasser zerstört oder beschädigt werden. Als Leitungswasser im Sinne dieser Bedingungen gilt Wasser, das aus den fest verlegten Zu- oder Ableitungsrohren, den sonstigen mit dem Rohrsystem fest verbundenen Einrichtungen der Wasserversorgung oder aus den Anlagen der Warmwasser- oder Dampfheizung bestimmungswidrig ausgetreten ist.

§ 1 – Versicherte Gefahren

(1) Der Versicherer leistet nach dem Eintritt des Versicherungsfalles Entschädigung für versicherte Sachen, die durch Sturm zerstört oder beschädigt werden, wenn die Zerstörung oder Beschädigung

a) auf der unmittelbaren Einwirkung des Sturmes beruht oder

b) dadurch hervorgerufen wird, daß der Sturm Gebäudeteile, Bäume oder andere Gegenstände auf die versicherten Sachen oder auf Gebäude, in denen sich diese Sachen befinden, wirft oder

c) die Folge eines Sturmschadens an versicherten Sachen oder an Gebäuden, in denen sich versicherte Sachen befinden, ist.

(2) Die Versicherung von Gebäuden schließt ein:

a) innerhalb der versicherten Gebäude

1. Schäden, durch Rohrbruch oder Frost (einschließlich der Kosten der Nebenarbeiten und des Auftauens) an den Zu- und Ableitungsrohren der Wasserversorgung und den Rohren der Warmwasser- oder Dampfheizungsanlage,

2. Schäden durch Frost (einschließlich der Kosten der Nebenarbeiten und des Auftauens) an Badeeinrichtungen, Waschbecken, Spülklosetts, Wasserhähnen, Geruchsverschlüssen, Wassermessern, Heizkörpern, Heizkesseln, Boilern, Herdschlangen, gleichartigen Anlagen der Warmwasser- oder der Dampfheizung und Sprinkler- oder Berieselungsanlagen,

b) außerhalb der versicherten Gebäude Schäden durch Rohrbruch oder Frost (einschließlich der Kosten der Nebenarbeiten und des Auftauens) an den Zuleitungsrohren der Wasserversorgung und an den Rohren der Warmwasser- oder Dampfheizung, soweit diese Rohre der Versorgung der versicherten Gebäude dienen und sich auf dem Versicherungsgrundstück befinden.

(2) Als Sturm gilt eine wetterbedingte Luftbewegung von mindestens Windstärke 8. Ist diese Windstärke für den Schadensort nicht feststellbar, so wird sie unterstellt, wenn der Versicherungsnehmer nachweist, daß die Luftbewegung in der Umgebung des Versicherungsgrundstücks Schäden an einwandfrei beschaffenen Gebäuden oder ebenso widerstandsfähigen anderen Sachen angerichtet hat oder daß der Schaden bei der einwandfreien Beschaffenheit des versicherten Gebäudes oder des Gebäudes, in dem sich versicherte Sachen befinden, nur durch Sturm entstanden sein kann.

(3) Der Versicherer leistet auch Entschädigung für

a) versicherte Sachen, die durch Niederreißen oder Ausräumen zerstört oder beschädigt werden oder die bei einem der in den Absätzen 1 und 2 genannten Schadensereignissen abhanden kommen,

a) versicherte Sachen, die durch Niederreißen oder Ausräumen zerstört oder beschädigt werden oder die bei einem der in Absatz 1 genannten Schadensereignisse abhanden kommen,

b) Aufwendungen des Versicherungsnehmers zur Abwendung oder Minderung des Schadens nach Maßgabe des § 13.

(4) Die Versicherung erstreckt sich nicht auf

a) Schäden durch Wasserdampf, durch Plansch- oder Reinigungswasser und durch Wasser aus Sprinklern oder offenen Düsen bei Berieselungsanlagen,

a) Schäden durch Sturmflut und Lawinen,

b) Schäden durch Eindringen von Regen, Hagel, Schnee oder Schmutz in nicht geschlossene Fenster oder an-

b) Schäden durch Grundwasser, durch stehendes oder fließendes Gewässer, Hochwasser oder Witterungsniederschläge und den durch sie verursachten Rückstau,

c) Schäden durch Erdsenkung oder Erdrutsch,

d) Schäden durch Schwamm,

e) Schäden durch Brand, Blitzschlag oder Explosion, auch dann nicht, wenn der Brand oder die Explosion die Folge von ausgetretenem Leitungswasser ist,

f) Schäden, die durch Kriegsereignisse jeder Art, innere Unruhen, Erdbeben oder Kernenergie verursacht werden. Ist der Beweis für das Vorliegen einer dieser Ursachen nicht zu erbringen, so genügt für den Ausschluß der Haftung des Versicherers die überwiegende Wahrscheinlichkeit, daß der Schaden auf eine dieser Ursachen zurückzuführen ist.

dere vorhandene Öffnungen, es sei denn, daß diese Öffnungen durch den Sturm entstanden sind.

c) Schäden durch Brand, Blitzschlag oder Explosion, auch dann nicht, wenn der Brand oder die Explosion die Folge eines Sturmes ist.

d) Schäden, die durch Erdbeben oder Kernenergie verursacht werden. Ist der Beweis für das Vorliegen einer dieser Ursachen nicht zu erbringen, so genügt für den Ausschluß der Haftung des Versicherers die überwiegende Wahrscheinlichkeit, daß der Schaden auf eine dieser Ursachen zurückzuführen ist.

§ 2 – Versicherte Sachen, Versicherungsort

(1) Versichert sind die im Versicherungsschein aufgeführten Sachen oder Sachgesamtheiten des Versicherungsnehmers. Fremdes Eigentum ist für Rechnung des Eigentümers insoweit mitversichert, als es seiner Art nach zu den versicherten Sachen gehört und dem Versicherungsnehmer zur Bearbeitung, Benutzung oder Verwahrung oder zu einem sonstigen Zweck in Obhut gegeben wurde, es sei denn, daß vereinbarungsgemäß bestimmte Sachen von der Versicherung ausgeschlossen sind.

(2) Gebäude sind mit ihren Bestandteilen, aber ohne Zubehör, jedoch mit den in § 1 Abs. 2a Ziff. 2 aufgeführten Sachen versichert.

(3) Nicht versichert sind

a) Gebäude, die nicht bezugsfertig sind, und die in diesen Gebäuden befindlichen Sachen,

b) Kessel-, Maschinen- und elektrische Kraftanlagen, die gewerblichen Zwecken dienen. Anlagen dieser Art, die ausschließlich oder überwiegend der Warmwasserversorgung oder der Heizung der versicherten Gebäude oder der Räume, in denen sich versicherte Sachen befinden, dienen, sind jedoch bei der Versicherung von Gebäuden mitversichert,

c) Lochkartenanlagen, elektronische Datenverarbeitungsanlagen mit den

(2) Gebäude sind mit ihren Bestandteilen, aber ohne Zubehör, versichert.

(3) Nur aufgrund besonderer Vereinbarung sind versichert:

a) Laden- und Schaufensterscheiben, künstlerisch bearbeitete Scheiben, Kirchenfenster und Scheiben in einer Einzelgröße von mehr als 3 Quadratmetern. Das gleiche gilt für die Rahmen und Profile dieser Verglasungen;

b) an der Außenseite des Gebäudes angebrachten Sachen (z.B. Schilder, Leuchtröhrenanlagen, Markisen, Blendläden, Antennenanlagen), elektrische Freileitungen einschließlich Ständer und Masten sowie Einfriedungen.

Ein- und Ausgabegeräten und den
elektronischen Steuerungsanlagen.

(4) Bewegliche Sachen sind nur in
den im Versicherungsschein als Versicherungsort bezeichneten Gebäuden
oder Räumen eines Gebäudes versichert.[1]

(4) Nicht versichert sind Gebäude, die
nicht bezugsfertig sind und die in diesen Gebäuden befindlichen Sachen.

(5) Bewegliche Sachen sind nur in
den im Versicherungsschein als Versicherungsort bezeichneten Gebäuden
oder Räumen eines Gebäudes versichert.[1]

§ 3 – Versicherungswert, Versicherungsfall

(1) a) Versicherungswert eines Gebäudes ist der Zeitwert, der sich aus dem ortsüblichen Neubauwert unter Berücksichtigung von Alter und Abnutzung ergibt.

b) Versicherungswert von Waren, die der Versicherungsnehmer herstellt, sind die
Kosten der Neuherstellung, soweit sie den Preis nicht überschreiten, der bei
Verkauf erzielt worden wäre abzüglich der an den etwa noch nicht fertigen Er-
zeugnissen ersparten Kosten.

c) Versicherungswert von Waren, mit denen der Versicherungsnehmer handelt, von
Rohstoffen, die der Versicherungsnehmer für die Erzeugung von Waren beschafft
hat und von Naturerzeugnissen ist der Wiederbeschaffungspreis, soweit er den
Preis nicht überschreitet, der bei Verkauf erzielt worden wäre abzüglich der an
noch nicht fertigen Erzeugnissen ersparten Kosten.

d) Versicherungswert der übrigen Sachen ist der Zeitwert, der sich aus dem Wiederbeschaffungspreis unter Berücksichtigung von Alter, Abnutzung und Gebrauch
ergibt.

e) Sind versicherte Sachen für den Zweck, für den sie bestimmt sind, nicht mehr
verwendbar oder dauernd entwertet, so ist der sich daraus ergebende geringere
Wert der Versicherungswert.

(2) Der Versicherungsfall tritt in dem Zeitpunkt ein, in dem sich eine versicherte
Gefahr an versicherten Sachen zu verwirklichen beginnt.

| § 4 – Entschädigungsberechnung, Unterversicherung | § 4 – Entschädigungsberechnung, Unterversicherung, Selbstbehalt |

(1) Ersetzt werden

a) bei zerstörten oder abhanden gekommenen Sachen ihr Versicherungswert (§ 3
Abs. 1) zur Zeit des Eintritts des Versicherungsfalles;

b) bei beschädigten Sachen die Reparaturkosten zur Zeit des Eintritts des Versicherungsfalles zuzüglich eines Betrages für die durch das Schadensereignis entstandene und durch die Reparatur nicht ausgeglichene Wertminderung, höchstens
jedoch der Versicherungswert (§ 3 Abs. 1). Ergibt sich durch die Reparatur eine
Wertsteigerung gegenüber dem Versicherungswert zur Zeit des Eintritts des Versicherungsfalles, werden die Reparaturkosten um diesen Betrag gekürzt.

Restwerte werden dem Versicherungsnehmer angerechnet. Dabei bleiben behördliche Wiederherstellungsbeschränkungen ohne Einfluß.

---

[1] Als Nr. 5 zu den AWB und als Nr. 6 zu den AStB wurde durch VerBAV **87**, 174 (vgl. A II 35)
angefügt:

(5) Nr. 4 gilt nicht für Sachen, die infolge
eines eingetretenen oder bevorstehenden Versicherungsfalles aus dem Versicherungsort
entfernt und in zeitlichem und örtlichem Zusammenhang mit diesem Vorgang beschädigt
oder zerstört werden oder abhandenkommen.

(6) Nr. 5 gilt nicht für Sachen, die infolge eines eingetretenen oder bevorstehenden Versicherungsfalles aus dem Versicherungsort entfernt und in zeitlichem und örtlichem Zusammenhang mit diesem Vorgang beschädigt
oder zerstört werden oder abhandenkommen.

(2) a) Der nach Absatz 1 errechnete Schaden wird nur dann voll ersetzt, wenn die Versicherungssumme mindestens dem Versicherungswert (§ 3 Abs. 1) entspricht. Ist die Versicherungssumme niedriger als der Versicherungswert zur Zeit des Eintritts des Versicherungsfalles (Unterversicherung), so wird nur derjenige Teil des Schadens ersetzt, der sich zum ganzen Schaden verhält wie die Versicherungssumme zum Versicherungswert.

b) Ob Unterversicherung vorliegt, ist für jede Position gesondert zu errechnen.

(3) Bei der Versicherung von Gebäuden trägt der Versicherungsnehmer von der nach (1) und (2) errechneten Entschädigungen, soweit nichts anderes vereinbart ist, für jeden Schaden an jedem Gebäude 200 DM selbst.

§ 5 – Anzeige von Gefahrumständen bei Schließung des Vertrages, Gefahrerhöhung

(1) Der Versicherungsnehmer hat bei Schließung des Vertrages alle ihm bekannten Umstände, die für die Übernahme der Gefahr erheblich sind, dem Versicherer schriftlich anzuzeigen. Bei schuldhafter Verletzung dieser Obliegenheiten kann der Versicherer nach Maßgabe der §§ 16 bis 21 VVG vom Vertrag zurücktreten, wodurch die Entschädigungspflicht entfallen kann.

(2) Nach Antragstellung darf der Versicherungsnehmer ohne Einwilligung des Versicherers keine Gefahrerhöhung vornehmen oder gestatten. Erlangt der Versicherungsnehmer Kenntnis davon, daß eine Gefahrerhöhung eingetreten ist, so hat er dem Versicherer unverzüglich schriftlich Anzeige zu erstatten. Tritt eine Gefahrerhöhung ein, so kann der Versicherer in den gesetzlich vorgesehenen Fällen kündigen. Verletzt der Versicherungsnehmer eine der ihm nach Satz 1 und 2 auferlegten Obliegenheiten, so kann der Versicherer außerdem nach Maßgabe der gesetzlichen Bestimmungen leistungsfrei sein. Die näheren Vorschriften über die Gefahrerhöhung sind in §§ 23 bis 30 VVG enthalten.

§ 6 – Sicherheitsvorschriften

(1) Verletzt der Versicherungsnehmer schuldhaft gesetzliche, behördlich angeordnete oder vereinbarte Sicherheitsvorschriften oder duldet er ihre Verletzung, so kann der Versicherer innerhalb eines Monats nach Kenntnis mit einmonatiger Frist kündigen. Er ist von der Entschädigungspflicht frei, wenn der Versicherungsfall nach der Verletzung eintritt und die Verletzung auf Vorsatz oder grober Fahrlässigkeit des Versicherungsnehmers beruht. Die Entschädigungspflicht bleibt bestehen, wenn die Verletzung keinen Einfluß auf den Eintritt des Versicherungsfalles oder auf den Umfang der Entschädigung gehabt hat oder wenn zur Zeit des Versicherungsfalles trotz Ablaufes der Frist die Kündigung nicht erfolgt war. Ist mit der Verletzung einer Sicherheitsvorschrift eine Gefahrerhöhung verbunden, so findet § 5 Abs. 2 Anwendung.

(2) Der Versicherungsnehmer hat

a) für Instandhaltung der Wasserleitungsanlagen und, soweit Schäden durch sonstige wasserführende Anlagen in die Versicherung eingeschlossen sind, auch für Instandhaltung dieser Anlagen zu sorgen. Sind nach sachverständigem Ermessen oder gesetzlicher oder polizeilicher Vorschrift Neubeschaffungen oder Abänderungen von Wasserleitungsanla-

(2) Der Versicherungsnehmer hat für die Instandhaltung der versicherten Sachen, insbesondere der Dächer und der außen angebrachten Sachen zu sorgen.

gen und sonstigen wasserführenden Anlagen oder Maßnahmen gegen Frost erforderlich, so müssen sie unverzüglich, spätestens aber innerhalb einer von dem Versicherer zu bestimmenden angemessenen Frist ausgeführt werden;

b) in nicht benutzten Gebäuden oder Gebäudeteilen mit abtrennbarer Wasserversorgung die Wasserleitungsanlagen anzusperren, zu entleeren und entleert zu halten. Das gleiche gilt für stillgelegte Anlagen und Maschinen;

c) in Räumen unter Erdgleiche aufbewahrte versicherte Sachen mindestens 20 cm über dem Fußboden zu lagern.

Diese Verpflichtungen sind vereinbarte Sicherheitsvorschriften gemäß Abs. 1.

Diese Verpflichtung ist eine vereinbarte Sicherheitsvorschrift gemäß Abs. 1.

§ 7 – Prämie, Beginn der Haftung

(1)[2] Der Versicherungsnehmer hat die erste Prämie gegen Aushändigung des Versicherungsscheines, Folgeprämien bei Beginn jeder Versicherungsperiode zu zahlen. Für die Folgen nicht rechtzeitiger Prämienzahlung gelten §§ 38 und 39 VVG; die nach § 39 VVG zu bestimmende Zahlungsfrist beträgt bei Gebäudeversicherungen mindestens einen Monat. Rückständige Folgeprämien dürfen nur innerhalb eines Jahres seit Ablauf der Zahlungsfrist gerichtlich geltend gemacht werden. Die vorstehenden Bestimmungen gelten auch für Nebenkosten, die aus der Versicherungsurkunde oder der Prämienrechnung ersichtlich sind.

(2) Die Haftung des Versicherers beginnt mit der Einlösung des Versicherungsscheines, jedoch nicht vor dem darin festgesetzten Zeitpunkt. Wird die erste Prämie erst nach diesem Zeitpunkt eingefordert, alsdann aber ohne Verzug gezahlt, so beginnt die Haftung des Versicherers schon in dem festgesetzten Zeitpunkt. Unter dieser Voraussetzung haftet der Versicherer auch für Versicherungsfälle, die nach dem festgesetzten Zeitpunkt, aber vor Annahme des Antrages eintreten. Ist jedoch dem Versicherungsnehmer bei Stellung des Antrages bekannt, daß der Versicherungsfall schon eingetreten ist, entfällt die Haftung.

(3) Endet das Versicherungsverhältnis vor Ablauf der Vertragzeit oder wird es nach Beginn der Versicherung rückwirkend aufgehoben oder ist es von Anfang an nichtig, so gebührt dem Versicherer Prämie oder Geschäftsgebühr nach Maßgabe der gesetzlichen Bestimmungen (z. B. §§ 40 und 68 VVG). Kündigt nach Eintritt eines Versicherungsfalles der Versicherungsnehmer, so gebührt dem Versicherer die Prämie für die laufende Versicherungsperiode; kündigt der Versicherer, so hat er die Prämie, die auf die nach Abzug der Entschädigung verbleibende Versicherungssumme entfällt, nach dem Verhältnis der noch nicht abgelaufenen Versicherungszeit zur gesamten Versicherungszeit zurückzuzahlen.[2] Im Falle der Kündigung nach § 8

---

[2] § 7 Abs. 1 neu gefaßt durch VerBAV **87**, 175:
Der Versicherungsnehmer hat die erste Prämie (Beitrag) bei Aushändigung des Versicherungsscheines zu zahlen, Folgeprämien am Ersten des Monats, in dem ein neues Versicherungsjahr beginnt. Die Folgen nicht rechtzeitiger Zahlung der ersten Prämie oder der ersten Rate der ersten Prämie ergeben sich aus § 38 VVG; im übrigen gilt § 39 VVG. Rückständige Folgeprämien dürfen nur innerhalb eines Jahres seit Ablauf der nach § 39 VVG für sie gesetzten Zahlungsfrist eingezogen werden.
Vorstehende Bestimmungen gelten auch für die vereinbarten Nebenkosten.

Satz 2 steht dem Versicherer die Prämie für die laufende Versicherungsperiode zu. War die Prämie für mehrere Jahre vorausgezahlt, so wird bei vorzeitiger Beendigung des Versicherungsverhältnisses der Betrag einbehalten, den der Versicherer bei Abschluß der Versicherung für die Zeit berechnet haben würde, für die ihm Prämie zusteht.[2a]

§ 8 – Mehrfache Versicherung

Nimmt der Versicherungsnehmer für versicherte Sachen noch eine weitere Leitungswasserversicherung auch gegen mittelbare Schäden, so hat er dem Versicherer unverzüglich den anderen Versicherer und die Versicherungssumme schriftlich anzugeben. Der Versicherer kann innerhalb eines Monats, nachdem er von der anderen Versicherung Kenntnis erlangt hat, die Versicherung mit dreimonatiger Frist kündigen. Ist die andere Versicherung nicht angezeigt oder dem Versicherer sonst nicht bekannt geworden, und tritt nach Ablauf von drei Monaten seit dem Zeitpunkt, zu dem die Anzeige dem Versicherer hätte zugehen müssen, ein Versicherungsfall ein, so wird der Versicherer von der Entschädigungspflicht frei. Die Entschädigungspflicht bleibt bestehen, wenn der Versicherungsnehmer nachweist, daß er die Anzeige nicht schuldhaft versäumt hat oder wenn zur Zeit des Versicherungsfalles trotz Ablaufs der Frist eine Kündigung nicht erfolgt war.

§ 9 – Überversicherung, Doppelversicherung

(1) Übersteigt die Versicherungssumme den Wert der versicherten Sachen erheblich, so kann sowohl der Versicherungsnehmer, als auch der Versicherer nach Maßgabe des § 51 VVG die Herabsetzung der Versicherungssumme und der Prämie verlangen. Eine tariflich vorgesehene Mindestprämie oder Steigerung des Prämiensatzes bei sinkender Versicherungssumme ist dabei zu berücksichtigen.

(2) Im Falle einer Doppelversicherung gelten §§ 59, 60 VVG.

§ 10 – Veräußerung der versicherten Sachen

Veräußert der Versicherungsnehmer die versicherten Sachen, so geht die Versicherung gemäß § 69 VVG auf den Erwerber über. Der Veräußerer oder der Erwerber hat die Veräußerung unverzüglich schriftlich anzuzeigen. Der Erwerber oder der Versicherer kann das Versicherungsverhältnis nach §§ 70, 71 VVG kündigen. Bei Verletzung der Anzeigepflicht wird der Versicherer nach Maßgabe des § 71 VVG von der Entschädigungspflicht frei.

§ 11 – Versicherung für fremde Rechnung

(1) Bei der Versicherung für fremde Rechnung kann der Versicherungsnehmer über die Rechte des Versicherten im eigenen Namen verfügen. Der Versicherungsnehmer ist ohne Zustimmung des Versicherten zur Annahme der Entschädigungszahlung sowie zur Übertragung der Rechte des Versicherten befugt, auch wenn er nicht im Besitz des Versicherungsscheines ist. Der Versicherer kann vor Auszahlung der Entschädigung den Nachweis verlangen, daß der Versicherte seine Zustimmung zu der Versicherung und zur Empfangnahme der Entschädigung erteilt hat.

(2) Der Versicherte kann über seine Rechte nicht verfügen, selbst wenn er im Besitz des Versicherungsscheines ist; er kann die Zahlung der Entschädigung nur mit Zustimmung des Versicherungsnehmers verlangen.

(3) Soweit in diesen Bedingungen Kenntnis und Verhalten des Versicherungsnehmers von rechtlicher Bedeutung ist, kommen auch Kenntnis und Verhalten des Versicherten in Betracht. Im übrigen findet § 79 VVG Anwendung.

[2a] Der Relativsatz „die auf ... entfällt" wurde durch VerBAV **87**, 174 (vgl. A II 35) gestrichen.

§ 12 – Obliegenheiten des Versicherungsnehmers im Versicherungsfalle

(1) Der Versicherungsnehmer hat bei Eintritt eines Versicherungsfalles, aus dem er Entschädigung verlangt, folgende Obliegenheiten:

a) Er hat innerhalb dreier Tage nach Kenntniserlangung den Eintritt des Versicherungsfalles dem Versicherer oder dessen Agenten schriftlich oder mündlich anzuzeigen und über etwa abhanden gekommene Sachen der Polizeibehörde eine Aufstellung einzureichen,

b) er hat die Möglichkeit für die Abwendung oder Minderung des Schadens zu sorgen und dabei die Weisung des Versicherers oder dessen Beauftragten zu befolgen. Gestatten es die Umstände, so hat er solche Weisung einzuholen. Der Ersatz der Aufwendungen bestimmt sich nach § 13,

c) er hat dem Versicherer, soweit es ihm billigerweise zugemutet werden kann, jede Untersuchung über Ursache und Höhe des Schadens und über den Umfang seiner Entschädigungspflicht zu gestatten, jede hierzu dienliche Auskunft, auf Verlangen schriftlich, zu erteilen und Belege beizubringen. Auf Verlangen muß er ferner innerhalb einer angemessenen Frist, die mindestens zwei Wochen betragen muß, ein von ihm unterschriebenes Verzeichnis der am Schadenstag vorhandenen, der von dem Schaden betroffenen und der ihm entwendeten oder sonst abhanden gekommenen Sachen, und zwar nach Möglichkeit unter Angabe ihres Wertes unmittelbar vor dem Versicherungsfall, auf seine Kosten[3] vorlegen. Bei Gebäudeschäden muß er auf Verlangen einen beglaubigten Grundbuchauszug auf seine Kosten[3] beibringen.

(2) Durch die Absendung der Anzeige nach Absatz 1 a) oder der Verzeichnisse gemäß Absatz 1 c) wird die Frist gewahrt.

(3) Verletzt der Versicherungsnehmer eine der vorstehenden Obliegenheiten, so ist der Versicherer nach Maßgabe der gesetzlichen Bestimmungen (§§ 6 Abs. 3, 62 Abs. 2 VVG) von der Entschädigungspflicht frei. Sind abhanden gekommene Sachen der Polizeibehörde nicht oder nicht rechtzeitig angezeigt, so kann die Entschädigung nur für diese Sachen verweigert werden.

§ 13 – Ersatz der Aufwendungen

(1) Aufwendungen, auch erfolglose, die der Versicherungsnehmer im Versicherungsfall zur Abwendung oder Minderung des Schadens für geboten halten durfte, hat der Versicherer zu ersetzen. Zu Vorschüssen ist der Versicherer nicht verpflichtet.[4] Der Ersatz für Aufwendungen und die Entschädigung dürfen zusammen die Versicherungssumme nicht übersteigen, soweit die Aufwendungen nicht auf Weisung des Versicherers erfolgt sind. Bei einer Unterversicherung sind die Aufwendungen nur in demselben Verhältnis zu ersetzen wie der Schaden.

(2) Für Aufwendungen, die durch Gesundheitsschäden verursacht sind, und für Leistungen der im öffentlichen Interesse bestehenden Feuerwehren oder anderer zur Hilfeleistung Verpflichteter wird ein Ersatz nicht gewährt.

§ 14 – Sachverständigenverfahren[5]

(1) Versicherer und Versicherungsnehmer können verlangen, daß die Höhe des Schadens durch Sachverständige festgestellt wird. Die Ausdehnung des Sachver-

---

[3] Durch VerBAV **87**, 174 (vgl. A II 35) wurden die Worte „auf seine Kosten" gestrichen.

[4] Satz 2 wurde durch VerBAV **87**, 174 (vgl. A II 35) gestrichen.

[5] Neufassung gemäß VerBAV **84**, 389 (vgl. A II 35):
1. Versicherungsnehmer und Versicherer können nach Eintritt des Versicherungsfalles vereinbaren, daß die Höhe des Schadens durch Sachverständige festgestellt wird. Das Sachverständigenverfahren kann durch Vereinbarung auf sonstige tatsächliche Voraussetzungen des Entschädigungsanspruchs sowie die Höhe der Entschädigung ausgedehnt werden. Der Versicherungsnehmer kann ein Sachverständigenverfahren auch durch einseitige Erklärung gegenüber dem Versicherer verlangen. *(Fortsetzung siehe nächste Seite)*

ständigenverfahrens auf sonstige Feststellungen, insbesondere einzelne Voraussetzungen des Entschädigungsanspruchs, bedarf besonderer Vereinbarung.

(2) Für das Sachverständigenverfahren gelten folgende Grundsätze:

a) Jede Partei benennt zu Protokoll oder sonst schriftlich einen Sachverständigen.
Jede Partei kann die andere unter Angabe des von ihr benannten Sachverständigen zur Benennung des zweiten Sachverständigen auffordern. Die Aufforderung
bedarf der Schriftform. Wird der zweite Sachverständige nicht binnen zwei Wochen nach Empfang der Aufforderung benannt, so kann ihn die auffordernde
Partei durch das für den Schadensort zuständige Amtsgericht ernennen lassen.
In der Aufforderung ist auf diese Folge hinzuweisen.

b) Beide Sachverständige benennen zu Protokoll oder sonst schriftlich vor Beginn
des Feststellungsverfahrens einen Dritten als Obmann. Einigen sie sich nicht, so
wird der Obmann auf Antrag einer Partei oder beider Parteien durch das für den
Schadensort zuständige Amtsgericht ernannt.

c) Die Feststellungen der beiden Sachverständigen müssen zur Ermittlung der
Schadenshöhe nach § 4 Abs. 1 insbesondere auch, abgestellt auf die Zeit des
Eintritts des Versicherungsfalles, den Versicherungswert (§ 3 Abs. 1) der versicherten Sachen enthalten. Auf Verlangen einer der beiden Parteien müssen sie
auch ein Verzeichnis der vom Schaden nicht betroffenen Sachen mit ihrem Versicherungswert zur Zeit des Eintritts des Versicherungsfalles enthalten.

d) Die Sachverständigen legen beiden Parteien gleichzeitig ihre Feststellungen vor.
Weichen diese voneinander ab, so übergibt der Versicherer sie unverzüglich dem
Obmann. Dieser entscheidet über die streitig gebliebenen Punkte innerhalb der
Grenzen beider Feststellungen und legt seine Entscheidung beiden Parteien
gleichzeitig vor.

---

2. Für das Sachverständigenverfahren gilt:

a) Jede Partei benennt schriftlich einen Sachverständigen und kann dann die andere unter Angabe des von ihr benannten Sachverständigen schriftlich auffordern, den zweiten Sachverständigen zu benennen. Wird der zweite Sachverständige nicht binnen zwei Wochen nach Empfang
der Aufforderung benannt, so kann ihn die auffordernde Partei durch das für den Schadenort
zuständige Amtsgericht ernennen lassen. In der Aufforderung ist auf diese Folge hinzuweisen.

b) Beide Sachverständige benennen schriftlich vor Beginn des Feststellungsverfahrens einen
dritten Sachverständigen als Obmann. Einigen sie sich nicht, so wird der Obmann auf Antrag
einer Partei durch das für den Schadenort zuständige Amtsgericht ernannt.

c) Der Versicherer darf als Sachverständige keine Personen benennen, die Mitbewerber des
Versicherungsnehmers sind oder mit ihm in dauernder Geschäftsverbindung stehen, ferner
keine Personen, die bei Mitbewerbern oder Geschäftspartnern angestellt sind oder mit ihnen in
einem ähnlichen Verhältnis stehen.
Dies gilt entsprechend für die Benennung eines Obmannes durch die Sachverständigen.

3. Die Feststellungen der Sachverständigen müssen enthalten

a) ein Verzeichnis der zerstörten, beschädigten oder abhandengekommenen Sachen sowie deren Versicherungswert zum Zeitpunkt des Versicherungsfalles;

b) bei beschädigten Sachen die Beiträge gemäß § 4 Nr. 1 b;

c) alle sonstigen gemäß § 4 Nr. 1 maßgebenden Tatsachen, insbesondere die Restwerte der von
dem Schaden betroffenen Sachen;

d) entstandene Kosten, die gemäß § 1 Nr. 2　　d) entstandene Kosten, die gemäß § 1 Nr. 3 b
und Nr. 3 b versichert sind.　　　　　　　　　versichert sind.

4. Die Sachverständigen übermitteln beiden Parteien gleichzeitig ihre Feststellungen. Weichen
die Feststellungen voneinander ab, so übergibt der Versicherer sie unverzüglich dem Obmann.
Dieser entscheidet über die streitig gebliebenen Punkte innerhalb der durch die Feststellungen
des Sachverständigen gezogenen Grenzen und übermittelt seine Entscheidung beiden Parteien
gleichzeitig.

5. Jede Partei trägt die Kosten ihres Sachverständigen. Die Kosten des Obmannes tragen beide
Parteien je zur Hälfte.

6. Die Feststellungen der Sachverständigen oder des Obmannes sind verbindlich, wenn nicht
nachgewiesen wird, daß sie offenbar von der wirklichen Sachlage erheblich abweichen. Aufgrund dieser verbindlichen Feststellungen berechnet der Versicherer gemäß den §§ 10, 11 die
Entschädigung.

7. Durch das Sachverständigenverfahren werden die Obliegenheiten des Versicherungsnehmers gemäß § 12 Nr. 1 b bis 1 c nicht berührt.

e) Jede Partei trägt die Kosten ihres Sachverständigen; die Kosten des Obmanns tragen beide je zur Hälfte.

(3) Die Feststellungen der Sachverständigen und des Obmannes sind verbindlich, wenn nicht nachgewiesen wird, daß sie offenbar von der wirklichen Sachlage erheblich abweichen. Aufgrund dieser Feststellungen wird die Entschädigung nach § 4 berechnet.

(4) Durch das Sachverständigenverfahren werden die Obliegenheiten des Versicherungsnehmers nach § 12 Abs. 1 b) und c) nicht berührt.

§ 15 – Besondere Verwirkungsgründe

(1) Führt der Versicherungsnehmer den Schaden vorsätzlich oder grobfahrlässig herbei, so ist der Versicherer von jeder Entschädigungspflicht frei.

(2) Macht der Versicherungsnehmer sich bei den Verhandlungen über die Ermittlung der Entschädigung einer arglistigen Täuschung schuldig, so ist der Versicherer von jeder Entschädigungspflicht frei, und zwar auch dann, wenn die arglistige Täuschung sich auf Sachen bezieht, die durch einen anderen zwischen den Parteien über dieselbe Gefahr abgeschlossenen Vertrag versichert sind.

(3) Ist der Versicherungsnehmer, weil er den Schaden vorsätzlich herbeigeführt hat, wegen Betruges oder wegen eines bei Ermittlung der Entschädigung begangenen Betruges oder Betrugsversuches rechtskräftig verurteilt worden, so gelten die Voraussetzungen für den Wegfall der Entschädigungspflicht als festgestellt.

§ 16 – Zahlung der Entschädigung

(1)[6] Die Entschädigung ist zwei Wochen nach ihrer vollständigen Feststellung fällig; jedoch kann einen Monat nach Anzeige des Schadens als Abschlagszahlung der Betrag verlangt werden, der nach Lage der Sache mindestens zu zahlen ist. Die Entschädigung ist nach Ablauf eines Monats seit der Anzeige des Schadens mit 1 vom Hundert unter dem Diskontsatz der Deutschen Bundesbank, aber mit nicht mehr als 6 vom Hundert und mit nicht weniger als 4 vom Hundert für das Jahr zu verzinsen. Der Lauf der Frist ist gehemmt, solange infolge Verschuldens des Versicherungsnehmers die Entschädigung nicht ermittelt oder nicht gezahlt werden kann. Soweit die Zahlung der Entschädigung von der Wiederherstellung oder deren Sicherstellung abhängt, wird sie zwei Wochen nach Eintritt dieser Voraussetzung fällig. Die Verzinsung erfolgt nach den Bestimmungen des Satzes 2. Zinsen sind erst fällig, wenn die Entschädigungssumme selbst fällig ist.

(2) Der Versicherer ist berechtigt, die Zahlung aufzuschieben,

a) wenn Zweifel an der Berechtigung des Versicherungsnehmers zum Zahlungsempfang bestehen, bis zur Beibringung des erforderlichen Nachweises;

b) wenn eine polizeiliche oder strafgerichtliche Untersuchung aus Anlaß des Schadens gegen den Versicherungsnehmer eingeleitet ist, bis zum Abschluß dieser Untersuchung.

(3) Für Gebäude, die zur Zeit des Versicherungsfalles mit Hypotheken, Reallasten, Grund- oder Rentenschulden belastet sind, wird die Entschädigung nur gezahlt, soweit ihre Verwendung zur Wiederherstellung gesichert ist. Die Zahlung wird vorbehaltlos geleistet, soweit die am Schadenstag eingetragenen Realgläubiger sich schriftlich einverstanden erklären oder selbst zur Empfangnahme der Entschädigung berechtigt sind. Eine mit dem Versicherungsnehmer besonders getroffene Wiederherstellungsvereinbarung wird hierdurch nicht berührt.

---

[6] Neufassung gemäß VerBAV **84**, 389 (vgl. A II 35):
(1) Ist die Leistungspflicht des Versicherers dem Grunde und der Höhe nach festgestellt, so hat die Auszahlung der Entschädigung binnen zwei Wochen zu erfolgen. Jedoch ...

17/18–Texte

(4) Wenn der Entschädigungsanspruch nicht innerhalb einer Frist von sechs Monaten gerichtlich geltend gemacht wird, nachdem der Versicherer ihn unter Angabe der mit dem Ablauf der Frist verbundenen Rechtsfolge schriftlich abgelehnt hat, ist der Versicherer von der Entschädigungspflicht frei.

§ 17 – Rechtsverhältnisse nach dem Versicherungsfall

(1)[7] Vom Schadenstage an vermindert sich die Versicherungssumme für den Rest der Versicherungsperiode um den Betrag der Entschädigung. Für spätere Versicherungsperioden gelten wieder die ursprüngliche Versicherungssumme und Prämie, wenn sich nicht aus den Umständen etwas anderes ergibt.

(2)[8] Nach dem Eintritt eines ersatzpflichtigen Versicherungsfalles können beide Parteien den Versicherungsvertrag kündigen, der Versicherungsnehmer jedoch nur dann, wenn er die Anzeige nach § 12 Abs. 1 a) gemacht hat. Die Kündigung hat spätestens zwei Wochen nach Auszahlung oder Ablehnung schriftlich zu erfolgen. Wird für einen ersatzpflichtigen Versicherungsfall keine Entschädigung beansprucht, so ist die Kündigung nur zulässig, sofern der Versicherungsfall nicht länger als ein Jahr zurückliegt; sie ist spätestens einen Monat, nachdem die Partei von dem Schaden Kenntnis erlangt hat, schriftlich zu erklären. Der Vertrag endet einen Monat nach der Kündigung.

§ 18 – Schriftliche Form der Erklärungen des Versicherungsnehmers

Versicherungsanträge sowie sämtliche Anzeigen und Erklärungen des Versicherungsnehmers mit Ausnahme der Schadensanzeigen bedürfen der Schriftform.

§ 19 – Verlängerung des Versicherungsvertrages

Versicherungsverträge von ein- oder mehrjähriger Dauer verlängern sich um ein Jahr und weiter von Jahr zu Jahr, wenn sie nicht drei Monate vor dem jeweiligen Ablauf von einem der beiden Teile schriftlich gekündigt werden.

Texte 19

Klauseln zu den AWB 68

(vgl. Abdruck in Texte 17 der 2. Aufl.)

---

[7] Nr. 1 lautet seit VerBAV **87**, 174 (vgl. A II 35):
Die Versicherungssumme vermindert sich nicht dadurch, daß eine Entschädigung geleistet wird.
[8] Nr. 2 lautet seit VerBAV **84**, 389 (vgl. A II 35):
Nach dem Eintritt eines Versicherungsfalles können Versicherer und Versicherungsnehmer den Versicherungsvertrag kündigen.
Die Kündigung ist schriftlich zu erklären. Sie muß spätestens einen Monat nach dem Abschluß der Verhandlungen über die Entschädigung zugehen.
Die Kündigung wird einen Monat nach ihrem Zugang wirksam. Der Versicherungsnehmer kann bestimmen, daß seine Kündigung sofort oder zu einem späteren Zeitpunkt wirksam wird, jedoch spätestens zum Schluß des laufenden Versicherungsjahres.

Texte 20

Klauseln zu den AStB 68

(vgl. Abdruck in Texte 18 der 2. Aufl.)

<table>
<tr><td>

Texte 21

Allgemeine Bedingungen für die Leitungswasserversicherung (AWB 87)

§ 1 Versicherte Gefahren und Schäden
§ 2 Versicherte Sachen
§ 3 Versicherte Kosten
§ 4 Versicherungsort
§ 5 Versicherungswert
§ 6 Gefahrumstände bei Vertragsabschluß und Gefahrerhöhung
§ 7 Sicherheitsvorschriften
§ 8 Prämie: Beginn und Ende der Haftung
§ 9 Mehrfache Versicherung; Überversicherung
§ 10 Versicherung für fremde Rechnung
§ 11 Entschädigungsberechnung; Unterversicherung
§ 12 Entschädigungsgrenzen
§ 13 Obliegenheiten des Versicherungsnehmers im Versicherungsfall
§ 14 Besondere Verwirkungsgründe
§ 15 Sachverständigenverfahren
§ 16 Zahlung der Entschädigung
§ 17 Repräsentanten
§ 18 Wiederherbeigeschaffte Sachen
§ 19 Rechtsverhältnis nach dem Versicherungsfall
§ 20 Schriftliche Form; Zurückweisung von Kündigungen
§ 21 Agentenvollmacht
§ 22 Schlußbestimmung

</td><td>

Texte 22

Allgemeine Bedingungen für die Sturmversicherung (AStB 87)

§ 1 Versicherte Gefahren und Schäden
§ 2 Versicherte Sachen
§ 3 Versicherte Kosten
§ 4 Versicherungsort
§ 5 Versicherungswert
§ 6 Gefahrumstände bei Vertragsabschluß und Gefahrerhöhung
§ 7 Sicherheitsvorschriften
§ 8 Prämie; Beginn und Ende der Haftung
§ 9 Mehrfache Versicherung; Überversicherung
§ 10 Versicherung für fremde Rechnung
§ 11 Entschädigungsberechnung; Unterversicherung
§ 12 Entschädigungsgrenzen; Selbstbehalt
§ 13 Obliegenheiten des Versicherungsnehmers im Versicherungsfall
§ 14 Besondere Verwirkungsgründe
§ 15 Sachverständigenverfahren
§ 16 Zahlung der Entschädigung
§ 17 Repräsentanten
§ 18 Wiederherbeigeschaffte Sachen
§ 19 Rechtsverhältnis nach dem Versicherungsfall
§ 20 Schriftliche Form; Zurückweisung von Kündigungen
§ 21 Agentenvollmacht
§ 22 Schlußbestimmung

</td></tr>
</table>

§ 1 Versicherte Gefahren und Schäden

1. Der Versicherer leistet Entschädigung für versicherte Sachen, die durch Leitungswasser zerstört oder beschädigt werden.

2. Leitungswasser im Sinn dieser Bestimmungen ist Wasser, das
a) aus den fest verlegten Zu- oder Ableitungsrohren der Wasserversorgung,
b) aus den sonstigen mit dem Rohrsystem fest verbundenen Einrichtungen der Wasserversorgung,

1. Der Versicherer leistet Entschädigung für versicherte Sachen, die durch Sturm zerstört oder beschädigt werden.

2. Sturm im Sinn dieser Bedingungen ist eine wetterbedingte Luftbewegung von mindestens Windstärke 8.

Ist die Windstärke für den Versicherungsort nicht feststellbar, so wird Windstärke 8 unterstellt, wenn der Versicherungsnehmer nachweist, daß

c) aus den Anlagen der Warmwasser-
oder Dampfheizung
bestimmungswidrig ausgetreten ist.

3. Die Versicherung von Gebäuden
umfaßt auch
a) innerhalb des versicherten Gebäudes
aa) Frost- und sonstige Bruchschäden an den Zu- oder Ableitungsrohren der Wasserversorgung
oder an Rohren der Warmwasser-
oder Dampfheizung;
bb) Frostschäden an Badeeinrichtungen, Waschbecken, Spülklosetts,
Wasserhähnen, Geruchsver-
schlüssen, Wassermessern, Heizkörpern, Heizkesseln oder Boilern
oder an vergleichbaren Anlagen
der Warmwasser- oder Dampfheizung oder an Sprinkler- oder Berieselungsanlagen;
b) außerhalb des versicherten Gebäudes Frost- und sonstige Bruchschäden an den Zuleitungsrohren der
Wasserversorgung oder an Rohren
der Warmwasser- oder Dampfheizung, soweit
aa) die Rohre der Versorgung des
versicherten Gebäudes dienen
und
bb) die Rohre sich innerhalb des
Grundstücks befinden, auf dem
das versicherte Gebäude steht,
und außerdem
cc) die Reparaturkosten nicht durch
das Versorgungsunternehmen zu
tragen sind.
4. Der Versicherer leistet ferner Entschädigung für versicherte Sachen, die
infolge eines Versicherungsfalles nach
Nr. 1 bis Nr. 3
a) abhandenkommen oder
b) durch Niederreißen oder Ausräumen
zerstört oder beschädigt werden.
5. Von der Versicherung ausgeschlossen sind ohne Rücksicht auf mitwirkende Ursachen Schäden durch

a) die Luftbewegung in der Umgebung
des Versicherungsortes Schäden an
Gebäuden in einwandfreiem Zustand
oder an ebenso widerstandsfähigen
anderen Sachen angerichtet hat oder
daß
b) der Schaden wegen des einwandfreien Zustandes des versicherten Gebäudes oder des Gebäudes, in dem
sich die versicherten Sachen befunden haben, nur durch Sturm entstanden sein kann.
3. Die Sturmversicherung erstreckt
sich auf Schäden, die entstehen
a) durch unmittelbare Einwirkung des
Sturmes auf die versicherten Sachen;
b) dadurch, daß der Sturm Gebäudeteile, Bäume oder andere Gegenstände
auf die versicherten Sachen wirft;
c) als Folge eines Sturmschadens gemäß a oder b an versicherten Sachen
oder an Gebäuden, in denen sich versicherte Sachen befinden;
d) durch Niederreißen oder Ausräumen
infolge eines Ereignisses gemäß a bis
c;
e) durch Abhandenkommen versicherter Sachen infolge eines Ereignisses
gemäß a bis d.

4. Von der Versicherung ausgeschlossen sind ohne Rücksicht auf mitwirkende Ursachen Schäden durch

a) Wasserdampf;
b) Plansch- oder Reinigungswasser;
c) Wasser aus Sprinklern oder aus Düsen von Berieselungsanlagen;
d) Grundwasser, stehendes oder fließendes Gewässer, Hochwasser oder Witterungsniederschlag oder einen durch diese Ursachen hervorgerufenen Rückstau;
e) Schwamm;
f) Erdsenkung oder Erdrutsch, es sei denn, daß Leitungswasser (Nr. 2) die Erdsenkung oder den Erdrutsch verursacht hat;
g) Brand, Blitzschlag, Explosion, Anprall oder Absturz eines bemannten Flugkörpers, seiner Teile oder seiner Ladung, ferner durch Löschen, Niederreißen oder Ausräumen bei diesen Ereignissen.
Die Ausschlüsse gemäß a bis e gelten nicht für Schäden gemäß Nr. 3. Die Ausschlüsse gelten ferner nicht für Schäden gemäß Nr. 1, soweit sie Folgeschäden eines Schadens gemäß Nr. 3 sind.

6. Die Versicherung erstreckt sich ohne Rücksicht auf mitwirkende Ursachen außerdem nicht auf Schäden an versicherten Sachen und nicht auf versicherte Kosten, die durch Kriegsereignisse jeder Art, innere Unruhen, Erdbeben oder Kernenergie[1] verursacht werden.

a) Sturmflut;
b) Lawinen;
c) Eindringen von Regen, Hagel, Schnee oder Schmutz durch nicht ordnungsgemäß geschlossene Fenster, Außentüren oder andere Öffnungen, es sei denn, daß diese Öffnungen durch den Sturm entstanden sind und einen Gebäudeschaden darstellen;
d) Brand, Blitzschlag, Explosion, Anprall oder Absturz eines bemannten Flugkörpers, seiner Teile oder seiner Ladung, ferner durch Löschen, Niederreißen oder Ausräumen bei diesen Ereignissen.

5. Die Versicherung erstreckt sich ohne Rücksicht auf mitwirkende Ursachen außerdem nicht auf Schäden an versicherten Sachen und nicht auf versicherte Kosten, die durch Kriegsereignisse jeder Art, innere Unruhen, Erdbeben oder Kernenergie[1] verursacht werden.

Ist der Beweis für das Vorliegen einer dieser Ursachen nicht zu erbringen, so genügt die überwiegende Wahrscheinlichkeit, daß der Schaden auf eine dieser Ursachen zurückzuführen ist.

§ 2 Versicherte Sachen

1. Versichert sind die in dem Versicherungsvertrag bezeichneten
a) Gebäude und sonstigen Grundstücksbestandteile;
b) beweglichen Sachen.

2. Gebäude sind mit ihren Bestandteilen und mit den Sachen gemäß § 1 Nr. 3a, aber ohne sonstiges Zubehör versichert, soweit nicht etwas anderes vereinbart ist.

Nicht versichert sind Gebäude, die nicht bezugsfertig sind, und die in diesen Gebäuden befindlichen Sachen.

Nur aufgrund besonderer Vereinbarung sind versichert
a) Laden- und Schaufensterscheiben, künstlerisch bearbeitete Scheiben, Kirchenfenster, Mehrscheiben-Isolierverglasungen, Sicherheitsglasscheiben, Blei- und Messingvergla-

---

[1] Der Ersatz von Schäden durch Kernenergie richtet sich in der Bundesrepublik Deutschland einschließlich des Landes Berlin nach dem Atomgesetz. Die Betreiber von Kernanlagen sind zur Deckungsvorsorge verpflichtet und schließen hierfür Haftpflichtversicherungen ab.

sungen, Glasbausteine, Profilbaugläser, Dachverglasungen sowie alle
Glas- und Kunststoffscheiben von
mehr als vier Quadratmetern Einzelgröße, ferner die Rahmen und Profile
aller genannten Verglasungen und
der Kunststoffscheiben;
b) an der Außenseite des Gebäudes angebrachte Antennenanlagen, Markisen, Leuchtröhrenanlagen, Schilder,
Transparente, Überdachungen,
Schutz- und Trennwände; andere an
der Außenseite des Gebäudes angebrachte Sachen sind mitversichert;
c) elektrische Freileitungen, Ständer,
Masten und Einfriedungen.

3. Bewegliche Sachen sind nur versichert, soweit der Versicherungsnehmer
a) Eigentümer ist;
b) sie unter Eigentumsvorbehalt erworben hat;
c) sie sicherungshalber übereignet hat und soweit für sie gemäß § 71 Abs. 1 Satz 2
VVG dem Erwerber ein Entschädigungsanspruch nicht zusteht.

4. Über Nr. 3 hinaus ist fremdes Eigentum versichert, soweit es seiner Art nach zu
den versicherten Sachen gehört und dem Versicherungsnehmer zur Bearbeitung,
Benutzung oder Verwahrung oder zum Verkauf in Obhut gegeben wurde und soweit
nicht der Versicherungsnehmer nachweislich, insbesondere mit dem Eigentümer,
vereinbart hat, daß die fremden Sachen durch den Versicherungsnehmer nicht versichert zu werden brauchen.

5. Die Versicherung gemäß Nr. 3b, Nr. 3c und Nr. 4 gilt für Rechnung des Eigentümers und des Versicherungsnehmers. Für die Höhe des Versicherungswertes ist
jedoch, soweit nicht etwas anderes vereinbart ist, nur das Interesse des Eigentümers
maßgebend.

6. Ist Versicherung der Betriebseinrichtung vereinbart, so fallen hierunter nicht
a) Bargeld;
b) Urkunden, wie z. B. Sparbücher und sonstige Wertpapiere;
c) Akten, Pläne, Geschäftsbücher, Karteien, Zeichnungen, Lochkarten, Magnetbänder, Magnetplatten und sonstige Datenträger;
d) Muster, Anschauungsmodelle, Prototypen und Ausstellungsstücke, ferner typengebundene, für die laufende Produktion nicht mehr benötigte Fertigungsvorrichtungen;
e) zulassungspflichtige Kraftfahrzeuge, Kraftfahrzeuganhänger und Zugmaschinen;
f) Automaten mit Geldeinwurf (einschließlich Geldwechsler) samt Inhalt sowie Geldausgabeautomaten, soweit nicht der Einschluß besonders vereinbart ist.

7. Ist Versicherung von Gebrauchsgegenständen der Betriebsangehörigen vereinbart, so sind nur Sachen versichert, die sich üblicherweise oder auf Verlangen
des Arbeitgebers innerhalb des Versicherungsortes befinden. Bargeld, Wertpapiere
und Kraftfahrzeuge sind nicht versichert.
Entschädigung wird nur geleistet, soweit Entschädigung nicht aus einem anderen
Versicherungsvertrag beansprucht werden kann. Ist danach die Entschädigung
oder eine Abschlagszahlung gemäß § 16 Nr. 1 nur deshalb noch nicht fällig, weil
ohne Verschulden des Versicherungsnehmers oder des versicherten Betriebsangehörigen die Entschädigungspflicht aus dem anderen Versicherungsvertrag ganz
oder teilweise noch nicht geklärt ist, so wird der Versicherer unter Vorbehalt der
Rückforderung mit Zinsen 1 Prozent unter dem jeweiligen Diskontsatz der Deutschen Bundesbank, mindestens jedoch 4 Prozent und höchstens 6 Prozent pro Jahr,
eine vorläufige Zahlung leisten.

§ 3 Versicherte Kosten

1. Der Versicherer ersetzt auch notwendige Aufwendungen für Nebenarbeiten nach Versicherungsfällen gemäß § 1 Nr. 3.

2. Aufwendungen, auch erfolglose, die der Versicherungsnehmer zur Abwendung oder Minderung des Schadens (§ 13 Nr. 1c und 1d) für geboten halten durfte, hat der Versicherer zu ersetzen. Der Ersatz dieser Aufwendungen und die Entschädigung für versicherte Sachen betragen zusammen höchstens die Versicherungssumme je vereinbarter Position; dies gilt jedoch nicht, soweit Maßnahmen auf Weisung des Versicherers erfolgt sind. Besteht Unterversicherung, so sind die Aufwendungen ohne Rücksicht auf Weisungen des Versicherers nur in demselben Verhältnis zu ersetzen wie der Schaden.

Aufwendungen für Leistungen der Feuerwehren oder anderer im öffentlichen Interesse zur Hilfeleistung Verpflichteter werden nicht ersetzt.

3. Für die Kosten der Ermittlung und Feststellung des Schadens gilt § 66 VVG.

4. Soweit dies vereinbart ist, ersetzt der Versicherer auch die infolge eines Versicherungsfalles notwendigen Aufwendungen

1. Aufwendungen, auch erfolglose, die der Versicherungsnehmer zur Abwendung oder Minderung des Schadens (§ 13 Nr. 1c und 1d) für geboten halten durfte, hat der Versicherer zu ersetzen. Der Ersatz dieser Aufwendungen und die Entschädigung für versicherte Sachen betragen zusammen höchstens die Versicherungssumme je vereinbarter Position; dies gilt jedoch nicht, soweit Maßnahmen auf Weisung des Versicherers erfolgt sind. Besteht Unterversicherung, so sind die Aufwendungen ohne Rücksicht auf Weisungen des Versicherers nur in demselben Verhältnis zu ersetzen wie der Schaden.

Aufwendungen für Leistungen der Feuerwehren oder anderer im öffentlichen Interesse zur Hilfeleistung Verpflichteter werden nicht ersetzt

2. Für die Kosten der Ermittelung und Feststellung des Schadens gilt § 66 VVG.

3. Soweit dies vereinbart ist und soweit diese Kosten nicht durch eine Monopolanstalt entschädigt werden, ersetzt der Versicherer auch die infolge eines Versicherungsfalles notwendigen Aufwendungen

a) für das Aufräumen der Schadenstätte einschließlich des Abbruchs stehengebliebener Teile, für das Abfahren von Schutt und sonstigen Resten zum nächsten Ablagerungsplatz und für das Ablagern oder Vernichten (Aufräumungs- und Abbruchkosten);

b) die dadurch entstehen, daß zum Zweck der Wiederherstellung oder Wiederbeschaffung von Sachen, die durch vorliegenden Vertrag versichert sind, andere Sachen bewegt, verändert oder geschützt werden müssen (Bewegungs- und Schutzkosten);

Bewegungs- und Schutzkosten sind insbesondere Aufwendungen für De- oder Remontage von Maschinen, für Durchbruch, Abriß oder Wiederaufbau von Gebäudeteilen oder für das Erweitern von Öffnungen;

c) für die Wiederherstellung von Akten, Plänen, Geschäftsbüchern, Karteien, Zeichnungen, Lochkarten, Magnetbändern, Magnetplatten und sonstigen Datenträgern einschließlich des Neuwertes (§ 5 Nr. 2a) der Datenträger;

soweit die Wiederherstellung nicht notwendig ist oder nicht innerhalb von zwei Jahren seit Eintritt des Versicherungsfalles sichergestellt wird, leistet der Versicherer Entschädigung nur in Höhe des gemäß § 5 Nr. 5 berechneten Wertes des Materials.

§ 4 Versicherungsort

1. Versicherungsschutz für bewegliche Sachen besteht nur innerhalb des Versicherungsortes.

Diese Beschränkung gilt nicht für Sachen, die infolge eines eingetretenen oder unmittelbar bevorstehenden Versicherungsfalles aus dem Versicherungsort entfernt und in zeitlichem und örtlichem Zusammenhang mit diesem Vorgang beschädigt oder zerstört werden oder abhandenkommen. Unberührt bleibt jedoch § 14 Nr. 1.

2. Versicherungsort sind die in dem Versicherungsvertrag bezeichneten Gebäude oder Räume von Gebäuden oder die als Versicherungsort bezeichneten Grundstücke.

Gebrauchsgegenstände von Betriebsangehörigen sind in deren Wohnräumen nicht versichert.

3. Nur in verschlossenen Räumen oder Behältnissen der im Versicherungsvertrag bezeichneten Art sind versichert.

a) Bargeld;

b) Urkunden, z. B. Sparbücher und sonstige Wertpapiere;

c) Briefmarken;

d) Münzen und Medaillen;

e) unbearbeitete Edelmetalle sowie Sachen aus Edelmetall, ausgenommen Sachen, die dem Raumschmuck dienen;

f) Schmucksachen, Perlen und Edelsteine;

g) Sachen, für die dies besonders vereinbart ist.

Dies gilt, soweit nicht etwas anderes vereinbart ist, bei Versicherung von Juwelier-, Uhrmacher- und Bijouteriegeschäften nicht für Schmucksachen und Sachen aus Edelmetallen.

4. Registrierkassen, Rückgeldgeber und Automaten mit Geldeinwurf (einschließlich Geldwechsler) gelten nicht als Behältnisse im Sinn von Nr. 3.

Jedoch ist im Rahmen einer für Bargeld in Behältnissen gemäß Nr. 3 vereinbarten Versicherungssumme Bargeld auch in Registrierkassen versichert. Die Entschädigung ist auf 50 DM je Registrierkasse und außerdem auf 500 DM je Versicherungsfall begrenzt, soweit nicht andere Beträge vereinbart sind.

5. Bis zu der vereinbarten besonderen Versicherungssumme oder einer vereinbarten Entschädigungsgrenze ist Bargeld während der Geschäftszeit oder während vereinbarter sonstiger Zeiträume auch ohne Verschluß gemäß Nr. 3 versichert.

§ 5 Versicherungswert

1. Versicherungswert von Gebäuden ist

a) der Neuwert;

Neuwert ist der ortsübliche Neubauwert einschließlich Architektengebühren sowie sonstiger Konstruktions- und Planungskosten;

b) der Zeitwert, falls er weniger als 40 Prozent, bei landwirtschaftlichen Gebäuden weniger als 50 Prozent, des Neuwertes beträgt oder falls Versicherung nur zum Zeitwert vereinbart ist;

der Zeitwert ergibt sich aus dem Neuwert des Gebäudes durch einen Abzug entsprechend seinem insbesondere durch den Abnutzungsgrad bestimmten Zustand;

c) der gemeine Wert, falls das Gebäude zum Abbruch bestimmt oder sonst dauernd entwertet oder falls Versicherung nur zum gemeinen Wert vereinbart ist; eine dauernde Entwertung liegt insbesondere vor, wenn das Gebäude für seinen Zweck allgemein oder im Betrieb des Versicherungsnehmers nicht mehr zu verwenden ist;

gemeiner Wert ist der für den Versicherungsnehmer erzielbare Verkaufspreis für das Gebäude oder für das Altmaterial.

2. Versicherungswert der technischen und kaufmännischen Betriebseinrichtung und der Gebrauchsgegenstände von Betriebsangehörigen ist
a) der Neuwert;

Neuwert ist der Betrag, der aufzuwenden ist, um Sachen gleicher Art und Güte in neuwertigem Zustand wiederzubeschaffen oder sie neu herzustellen; maßgebend ist der niedrigere Betrag;

b) der Zeitwert, falls er weniger als 40 Prozent des Neuwertes beträgt oder falls Versicherung nur zum Zeitwert vereinbart ist;

der Zeitwert ergibt sich aus dem Neuwert der Sache durch einen Abzug entsprechend ihrem insbesondere durch den Abnutzungsgrad bestimmten Zustand;

c) der gemeine Wert, soweit die Sache für ihren Zweck allgemein oder im Betrieb des Versicherungsnehmers nicht mehr zu verwenden ist;

gemeiner Wert ist der für den Versicherungsnehmer erzielbare Verkaufspreis für die Sache oder für das Altmaterial.

3. Versicherungswert
a) von Waren, die der Versicherungsnehmer herstellt, auch soweit sie noch nicht fertiggestellt sind,
b) von Waren, mit denen der Versicherungsnehmer handelt,
c) von Rohstoffen und
d) von Naturerzeugnissen

ist der Betrag, der aufzuwenden ist, um Sachen gleicher Art und Güte wiederzubeschaffen oder sie neu herzustellen; maßgebend ist der niedrigere Betrag.

Der Versicherungswert ist begrenzt durch den erzielbaren Verkaufspreis, bei nicht fertiggestellten eigenen Erzeugnissen durch den erzielbaren Verkaufspreis der fertigen Erzeugnisse. § 55 VVG (Bereicherungsverbot) bleibt unberührt.

4. Versicherungswert von Wertpapieren ist
a) bei Wertpapieren mit amtlichem Kurs der mittlere Einheitskurs am Tag der jeweils letzten Notierung aller amtlichen Börsen der Bundesrepublik Deutschland einschließlich des Landes Berlin;
b) bei Sparbüchern der Betrag des Guthabens;
c) bei sonstigen Wertpapieren der Marktpreis.

5. Versicherungswert von Grundstücksbestandteilen, die nicht Gebäude sind, ist, soweit nicht etwas anderes vereinbart wurde, entweder der Zeitwert gemäß Nr. 2b oder unter den dort genannten Voraussetzungen der gemeine Wert gemäß Nr. 2c.

Dies gilt auch für Muster, Anschauungsmodelle, Prototypen und Ausstellungsstücke, ferner für typengebundene, für die laufende Produktion nicht mehr benötigte Fertigungsvorrichtungen sowie für alle sonstigen, in Nr. 2 bis Nr. 4 nicht genannten beweglichen Sachen.

§ 6 Gefahrumstände bei Vertragsabschluß und Gefahrerhöhung

1. Bei Abschluß des Vertrages hat der Versicherungsnehmer alle ihm bekannten Umstände, die für die Übernahme der Gefahr erheblich sind, dem Versicherer anzuzeigen. Bei schuldhafter Verletzung dieser Obliegenheit kann der Versicherer nach Maßgabe der §§ 16 bis 21 VVG vom Vertrag zurücktreten, wodurch die Entschädigungspflicht entfallen kann.

2. Nach Antragstellung darf der Versicherungsnehmer ohne Einwilligung des Versicherers keine Gefahrerhöhung vornehmen oder gestatten.

Der Versicherungsnehmer hat jede Gefahrerhöhung, die ihm bekannt wird, dem Versicherer unverzüglich anzuzeigen, und zwar auch dann, wenn sie ohne seinen Willen eintritt.

Im übrigen gelten die §§ 23 bis 30 VVG. Danach kann der Versicherer zur Kündigung berechtigt oder auch leistungsfrei sein.

3. Für vorschriftsmäßige Anlagen des Zivilschutzes und für Zivilschutzübungen gelten Nr. 2 und die §§ 23 bis 30 VVG nicht.

4. Die Aufnahme oder Veränderung eines Betriebes, gleich welcher Art und welchen Umfangs, ist dem Versicherer unverzüglich anzuzeigen.

Ist mit der Aufnahme oder Veränderung des Betriebes eine Gefahrerhöhung verbunden, so gelten die §§ 23 bis 30 VVG.

Der Versicherer hat von dem Tag der Aufnahme oder Veränderung des Betriebes an Anspruch auf die aus einem etwas erforderlichen höheren Prämiensatz errechnete Prämie. Dies gilt nicht, soweit der Versicherer in einem Versicherungsfall wegen Gefahrerhöhung leistungsfrei geworden ist.

5. Gefahrerhöhende Umstände werden durch Maßnahmen des Versicherungsnehmers oder durch sonstige gefahrmindernde Umstände ausgeglichen, insbesondere soweit diese mit dem Versicherer vereinbart wurden.

§ 7 Sicherheitsvorschriften

1. Der Versicherungsnehmer hat

a) alle gesetzlichen, behördlichen oder in dem Versicherungsvertrag vereinbarten Sicherheitsvorschriften zu beachten;

b) alle wasserführenden Anlagen stets in ordnungsgemäßem Zustand zu erhalten,
Störungen, Mängel oder Schäden an diesen Anlagen unverzüglich beseitigen zu lassen und
notwendige Neubeschaffungen oder Änderungen dieser Anlagen oder Maßnahmen gegen Frost unverzüglich durchzuführen;

c) während der kalten Jahreszeit alle Gebäude und Gebäudeteile genügend zu beheizen und genügend häufig zu kontrollieren oder dort alle wasserführenden Anlagen und Einrichtungen abzusperren, zu entleeren und entleert zu halten;

d) nicht benutzte Gebäude oder Gebäudeteile genügend häufig zu kontrollieren oder dort alle wasserführenden Anlagen und Einrichtungen abzusperren, zu entleeren und entleert zu halten;

e) in Räumen unter Erdgleiche aufbewahrte Sachen mindestens 12 cm oder mindestens eine vereinbarte andere Höhe über dem Fußboden zu lagern;

f) über Wertpapiere und sonstige Urkunden, über Sammlungen und über sonstige Sachen, für die dies besonders vereinbart ist, Verzeichnisse zu führen und diese so aufzubewahren, daß sie im Versicherungsfall voraussichtlich nicht gleichzeitig mit den versicherten Sachen zerstört oder beschädigt werden oder abhanden kommen können;
Abs. 1 gilt nicht für Wertpapiere

b) die versicherten Gebäude oder die Gebäude, in denen sich die gegen Sturm versicherten Sachen befinden, insbesondere die Dächer, sowie Sachen, die gemäß § 2 Nr. 2b und 2c versichert sind, stets in ordnungsgemäßem Zustand zu erhalten;

c) über Wertpapiere und sonstige Urkunden, über Sammlungen und über sonstige Sachen, für die dies besonders vereinbart ist, Verzeichnisse zu führen und diese so aufzubewahren, daß sie im Versicherungsfall voraussichtlich nicht gleichzeitig mit den versicherten Sachen zerstört oder beschädigt werden oder abhanden kommen können;
Abs. 1 gilt nicht für Wertpapiere und sonstige Urkunden sowie für Sammlungen, wenn der Wert dieser Sachen insgesamt 5.000 DM nicht übersteigt;
Abs. 1 gilt ferner nicht für Briefmarken;
Abs. 1 und Abs. 2 gelten nicht für Banken und Sparkassen.

und sonstige Urkunden sowie für Sammlungen, wenn der Wert dieser Sachen insgesamt 5.000 DM nicht übersteigt; Abs. 1 gilt ferner nicht für Briefmarken;

Abs. 1 und Abs. 2 gelten nicht für Banken und Sparkassen.

2. Verletzt der Versicherungsnehmer eine der Obliegenheiten gemäß Nr. 1 a bis 1 e, so ist der Versicherer nach Maßgabe des § 6 Abs. 1 und Abs. 2 VVG zur Kündigung berechtigt oder auch leistungsfrei. Eine Kündigung des Versicherers wird einen Monat nach Zugang wirksam. Leistungsfreiheit tritt nicht ein, wenn die Verletzung weder auf Vorsatz noch auf grober Fahrlässigkeit beruht.

Führt die Verletzung zu einer Gefahrerhöhung, so gelten die §§ 23 bis 30 VVG. Danach kann der Versicherer zur Kündigung berechtigt oder auch leistungsfrei sein.

3. Verletzt der Versicherungsnehmer die Bestimmung der Nr. 1 f, so kann er Entschädigung für Sachen der dort genannten Art nur verlangen, soweit er das Vorhandensein, die Beschaffenheit und den Versicherungswert der Sachen auch ohne das Verzeichnis nachweisen kann.

2. Verletzt der Versicherungsnehmer eine der Obliegenheiten gemäß Nr. 1 a oder 1 b, so ist der Versicherer nach Maßgabe des § 6 Abs. 1 und Abs. 2 VVG zur Kündigung berechtigt oder auch leistungsfrei. Eine Kündigung des Versicherers wird einen Monat nach Zugang wirksam. Leistungsfreiheit tritt nicht ein, wenn die Verletzung weder auf Vorsatz noch auf grober Fahrlässigkeit beruht.

Führt die Verletzung zu einer Gefahrerhöhung, so gelten die §§ 23 bis 30 VVG. Danach kann der Versicherer zur Kündigung berechtigt oder auch leistungsfrei sein.

3. Verletzt der Versicherungsnehmer die Bestimmung der Nr. 1 c, so kann er Entschädigung für Sachen der dort genannten Art nur verlangen, soweit er das Vorhandensein, die Beschaffenheit und den Versicherungswert der Sachen auch ohne das Verzeichnis nachweisen kann.

§ 8 Prämie: Beginn und Ende der Haftung

1. Der Versicherungsnehmer hat die erste Prämie (Beitrag) gegen Aushändigung des Versicherungsscheins, Folgeprämien am Ersten des Monats zu zahlen, in dem ein neues Versicherungsjahr beginnt. Die Folgen nicht rechtzeitiger Zahlung der ersten Prämie oder der ersten Rate der ersten Prämie ergeben sich aus § 38 VVG in Verbindung mit Nr. 3; im übrigen gelten §§ 39, 91 VVG. Rückständige Folgeprämien dürfen nur innerhalb eines Jahres seit Ablauf der nach § 39 VVG für sie gesetzten Zahlungsfrist eingezogen werden.

2. Ist Ratenzahlung vereinbart, so gelten die ausstehenden Raten bis zu den vereinbarten Zahlungsterminen als gestundet.

Die gestundeten Raten des laufenden Versicherungsjahres werden sofort fällig, wenn der Versicherungsnehmer mit einer Rate ganz oder teilweise in Verzug gerät oder soweit eine Entschädigung fällig wird.

3. Die Haftung des Versicherers beginnt mit dem vereinbarten Zeitpunkt, und zwar auch dann, wenn zur Prämienzahlung erst später aufgefordert, die Prämie aber unverzüglich gezahlt wird. Ist dem Versicherungsnehmer bei Antragstellung bekannt, daß ein Versicherungsfall bereits eingetreten ist, so entfällt hierfür die Haftung.

4. Die Haftung endet mit dem vereinbarten Zeitpunkt. Versicherungsverträge von mindestens einjähriger Dauer verlängern sich jedoch von Jahr zu Jahr, wenn sie nicht spätestens drei Monate vor Ablauf schriftlich gekündigt werden.

5. Endet das Versicherungsverhältnis vor Ablauf der Vertragzeit oder wird es nach Beginn rückwirkend aufgehoben oder ist es von Anfang an nichtig, so gebührt dem Versicherer Prämie oder Geschäftsgebühr gemäß dem Versicherungsvertragsgesetz (z. B. §§ 40, 68).

Kündigt nach Eintritt eines Versicherungsfalles (§ 19 Nr. 2) der Versicherungsnehmer, so gebührt dem Versicherer die Prämie für das laufende Versicherungsjahr. Kündigt der Versicherer, so hat er die Prämie für das laufende Versicherungsjahr nach dem Verhältnis der noch nicht abgelaufenen zu der gesamten Zeit des Versicherungsjahres zurückzuzahlen.

§ 9 Mehrfache Versicherung; Überversicherung

1. Nimmt der Versicherungsnehmer für versicherte Sachen eine weitere Versicherung gegen eine der versicherten Gefahren, so hat er den anderen Versicherer und die Versicherungssumme dem Versicherer unverzüglich schriftlich mitzuteilen. Dies gilt nicht für Allgefahrenversicherungen.

Verletzt der Versicherungsnehmer die Obliegenheit gemäß Abs. 1, so ist der Versicherer nach Maßgabe des § 6 Abs. 1 VVG zur Kündigung berechtigt oder auch leistungsfrei. Eine Kündigung des Versicherers wird einen Monat nach Zugang wirksam. Die Leistungsfreiheit tritt nicht ein, wenn die Verletzung weder auf Vorsatznoch auf grober Fahrlässigkeit beruht oder wenn der Versicherer vor dem Versicherungsfall Kenntnis von der anderen Versicherung erlangt hat.

2. Ist ein Selbstbehalt vereinbart und besteht mehrfache Versicherung, so kann abweichend von § 59 Abs. 1 VVG als Entschädigung aus den mehreren Verträgen nicht mehr als der Schaden abzüglich des Selbstbehaltes verlangt werden.

3. Erlangt der Versicherungsnehmer oder der Versicherte aus anderen Versicherungsverträgen Entschädigung für denselben Schaden, so ermäßigt sich der Anspruch aus vorliegendem Vertrag in der Weise, daß die Entschädigung aus allen Verträgen insgesamt nicht höher ist, als wenn der Gesamtbetrag der Versicherungssummen, aus denen Prämie errechnet wurde, nur in dem vorliegenden Vertrag in Deckung gegeben worden wäre.

4. Wird wegen Überversicherung oder Doppelversicherung die Versicherungssumme vermindert, so ist von diesem Zeitpunkt an für die Höhe der Prämie der Betrag maßgebend, den der Versicherer berechnet haben würde, wenn der Vertrag von vornherein mit dem neuen Inhalt geschlossen worden wäre.

§ 10 Versicherung für fremde Rechnung

1. Soweit die Versicherung für fremde Rechnung genommen ist, kann der Versicherungsnehmer, auch wenn er nicht im Besitz des Versicherungsscheins ist, über die Rechte des Versicherten ohne dessen Zustimmung im eigenen Namen verfügen, insbesondere die Zahlung der Entschädigung verlangen und die Rechte des Versicherten übertragen. Der Versicherer kann jedoch vor Zahlung der Entschädigung den Nachweis verlangen, daß der Versicherte seine Zustimmung dazu erteilt hat.

2. Der Versicherte kann über seine Rechte nicht verfügen, selbst wenn er im Besitz des Versicherungsscheins ist. Er kann die Zahlung der Entschädigung nur mit Zustimmung des Versicherungsnehmers verlangen.

3. Soweit Kenntnis oder Verhalten des Versicherungsnehmers von rechtlicher Bedeutung ist, kommt auch Kenntnis oder Verhalten des Versicherten in Betracht. Im übrigen gilt § 79 VVG.

§ 11 Entschädigungsberechnung: Unterversicherung

1. Ersetzt werden
a) bei zerstörten oder infolge eines Versicherungsfalles abhandengekommenen Sachen der Versicherungswert (§ 5) unmittelbar vor Eintritt des Versicherungsfalles;

b) bei beschädigten Sachen die notwendigen Reparaturkosten zur Zeit des Eintritts des Versicherungsfalles zuzüglich einer durch den Versicherungsfall etwa entstandenen und durch die Reparatur nicht auszugleichenden Wertminderung, höchstens jedoch der Versicherungswert unmittelbar vor Eintritt des Versicherungsfalles; die Reparaturkosten werden gekürzt, soweit durch die Reparatur der Versicherungswert der Sache gegenüber dem Versicherungswert unmittelbar vor Eintritt des Versicherungsfalles erhöht wird.

Restwerte werden angerechnet.

Behördliche Wiederherstellungsbeschränkungen bleiben unberücksichtigt.

2. Beträgt der Zeitwert eines gemäß § 5 Nr. 1 a zum Neuwert versicherten landwirtschaftlichen Gebäudes weniger als 80 Prozent, aber noch mindestens 50 Prozent des Neuwerts, so wird, soweit nicht etwas anderes vereinbart ist, die gemäß Nr. 1 a oder 1 b berechnete Entschädigung gekürzt. Sie beträgt bei einem Zeitwert
a) unter 80 Prozent bis 75 Prozent des Neuwerts 97,5 Prozent,
b) unter 75 Prozent bis 70 Prozent des Neuwerts 95 Prozent,
c) unter 70 Prozent bis 65 Prozent des Neuwerts 92,5 Prozent,
d) unter 65 Prozent bis 60 Prozent des Neuwerts 90 Prozent,
e) unter 60 Prozent bis 55 Prozent des Neuwerts 85 Prozent,
f) unter 55 Prozent bis 50 Prozent des Neuwerts 80 Prozent
des Betrages gemäß Nr. 1 a oder 1 b.

3. Für Kosten gemäß § 3 Nr. 4 oder für Betriebsunterbrechungsschäden leistet der Versicherer Entschädigung nur, soweit dies besonders vereinbart ist.	3. Für Kosten gemäß § 3 Nr. 3 oder für Betriebsunterbrechungsschäden leistet der Versicherer Entschädigung nur, soweit dies besonders vereinbart ist.

4. Ist die Versicherungssumme niedriger als der Versicherungswert unmittelbar vor Eintritt des Versicherungsfalles (Unterversicherung), so wird nur der Teil des gemäß Nr. 1 und Nr. 2 ermittelten Betrages ersetzt, der sich zu dem ganzen Betrag verhält wie die Versicherungssumme zu dem Versicherungswert.

Bei der Bruchteilversicherung tritt an die Stelle der Versicherungssumme der Betrag, aus dem der Bruchteil berechnet wurde.

Ist die Entschädigung für einen Teil der in einer Position versicherten Sachen auf bestimmte Beträge begrenzt (§ 12 Abs. 1 Nr. 2), so werden bei Ermittlung des Versicherungswertes der davon betroffenen Sachen höchstens diese Beträge berücksichtigt. Ergibt sich aus dem so ermittelten Versicherungswert eine Unterversicherung, so wird der Gesamtbetrag des Schadens entsprechend gekürzt; danach ist § 12 Abs. 1 Nr. 2 anzuwenden.

Ob Unterversicherung vorliegt, ist für jede vereinbarte Gruppe (Position) gesondert festzustellen.

5. Bei der Versicherung auf Erstes Risiko (Erste Gefahr) gelten § 56 VVG und die Bestimmungen über Unterversicherung (Nr. 4) nicht. Versicherung auf Erstes Risiko besteht

a) für Kosten gemäß § 3 Nr. 4;	a) für Kosten gemäß § 3 Nr. 3;
b) soweit dies zu sonstigen Versicherungssummen besonders vereinbart ist.	b) soweit dies zu sonstigen Versicherungssummen besonders vereinbart ist.

6. Ist der Neuwert (§ 5 Nr. 1 a und Nr. 2 a) der Versicherungswert, so erwirbt der Versicherungsnehmer auf den Teil der Entschädigung, der den Zeitwertschaden (Abs. 2) übersteigt, einen Anspruch nur, soweit und sobald er innerhalb von drei Jahren nach Eintritt des Versicherungsfalles sichergestellt hat, daß er die Entschädigung verwenden wird, um
a) Gebäude in gleicher Art und Zweckbestimmung an der bisherigen Stelle wiederherzustellen; ist dies an der bisherigen Stelle rechtlich nicht möglich oder wirtschaftlich nicht zu vertreten, so genügt es, wenn das Gebäude an anderer Stelle

innerhalb der Bundesrepublik Deutschland einschließlich des Landes Berlin wiederhergestellt wird;

b) bewegliche Sachen oder Grundstücksbestandteile, die zerstört worden oder abhandengekommen sind, in gleicher Art und Güte und in neuwertigem Zustand wiederzubeschaffen; nach vorheriger Zustimmung des Versicherers genügt Wiederbeschaffung gebrauchter Sachen; anstelle von Kraft- oder Arbeitsmaschinen können Kraft- oder Arbeitsmaschinen beliebiger Art beschafft werden, wenn deren Betriebszweck derselbe ist;

c) bewegliche Sachen oder Grundstücksbestandteile, die beschädigt worden sind, wiederherzustellen.

Der Zeitwertschaden wird bei zerstörten oder abhandengekommenen Sachen gemäß § 5 Nr. 1 b, Nr. 2 b und Nr. 5 festgestellt. Bei beschädigten Sachen werden die Kosten einer Reparatur um den Betrag gekürzt, um den durch die Reparatur der Zeitwert der Sache gegenüber dem Zeitwert unmittelbar vor Eintritt des Versicherungsfalles erhöht würde.

7. Für Muster, Anschauungsmodelle, Prototypen und Ausstellungsstücke, ferner für typengebundene, für die laufende Produktion nicht mehr benötigte Fertigungsvorrichtungen (§ 5 Nr. 5 Abs. 2), erwirbt der Versicherungsnehmer auf den Teil der Entschädigung, der den gemeinen Wert (§ 5 Nr. 2 c) übersteigt, einen Anspruch nur, soweit für die Verwendung der Entschädigung die Voraussetzungen gemäß Nr. 6 b oder 6 c erfüllt sind und die Wiederherstellung notwendig ist.

§ 12 Entschädigungsgrenzen

Der Versicherer leistet Entschädigung je Versicherungsfall höchstens
1. bis zu der je Position vereinbarten Versicherungssumme:
2. bis zu den Entschädigungsgrenzen, die in § 4 Nr. 4 Abs. 2 Satz 2 vorgesehen oder zusätzlich vereinbart sind, z. B. für Schäden an Sachen in Räumen unter Erdgleiche.

Maßgebend ist der niedrigere Betrag.

§ 12 Entschädigungsgrenzen; Selbstbehalt

1. Der Versicherer leistet Entschädigung je Versicherungsfall höchstens
a) bis zu der je Position vereinbarten Versicherungssumme;
b) bis zu den Entschädigungsgrenzen, die in § 4 Nr. 4 Abs. 2 Satz 2 vorgesehen oder zusätzlich vereinbart sind.

Maßgebend ist der niedrigere Betrag.

2. Bei Schäden an versicherten Gebäuden wird der nach §§ 11, 12 Nr. 1 ermittelte Betrag je Versicherungsfall um einen Selbstbehalt von 200 DM gekürzt, sofern nicht etwas anderes vereinbart ist.

§ 13 Obliegenheiten des Versicherungsnehmers im Versicherungsfall

1. Der Versicherungsnehmer hat bei Eintritt eines Versicherungsfalles
a) den Schaden dem Versicherer unverzüglich anzuzeigen, das Abhandenkommen versicherter Sachen auch der zuständigen Polizeidienststelle; gegenüber dem Versicherer gilt diese Anzeige noch als unverzüglich, wenn sie innerhalb von drei Tagen abgesandt wird;
bei Schäden über 10.000 DM sollte die Anzeige dem Versicherer gegenüber fernmündlich, fernschriftlich oder telegraphisch erfolgen;
b) der Polizeidienststelle unverzüglich ein Verzeichnis der abhandengekommenen Sachen einzureichen;
c) den Schaden nach Möglichkeit abzuwenden oder zu mindern und dabei die Weisungen des Versicherers zu befolgen; er hat, soweit die Umstände es gestatten, solche Weisungen einzuholen;
d) für zerstörte oder abhandengekommene Wertpapiere oder sonstige aufgebotsfähige Urkunden unverzüglich das Aufgebotsverfahren einzuleiten und etwaige

sonstige Rechte zu wahren, insbesondere abhandengekommene Sparbücher und andere sperrfähige Urkunden unverzüglich sperren zu lassen;

e) dem Versicherer auf dessen Verlangen im Rahmen des Zumutbaren jede Untersuchung über Ursache und Höhe des Schadens und über den Umfang seiner Entschädigungspflicht zu gestatten, jede hierzu dienliche Auskunft – auf Verlangen schriftlich – zu erteilen und die erforderlichen Belege beizubringen, bei Gebäudeschäden auf Verlangen insbesondere einen beglaubigten Grundbuchauszug;

f) Veränderungen der Schadenstelle möglichst zu vermeiden, solange der Versicherer nicht zugestimmt hat;

g) dem Versicherer auf dessen Verlangen innerhalb einer angemessenen Frist von mindestens zwei Wochen ein von ihm unterschriebenes Verzeichnis aller abhandengekommenen, zerstörten oder beschädigten Sachen vorzulegen; soweit nicht Versicherung auf Erstes Risiko vereinbart ist, kann der Versicherer auch ein Verzeichnis aller unmittelbar vor Eintritt des Versicherungsfalles vorhandenen Sachen verlangen; in den Verzeichnissen ist der Versicherungswert der Sachen unmittelbar vor Eintritt des Versicherungsfalles anzugeben.

2. Verletzt der Versicherungsnehmer eine der vorstehenden Obliegenheiten, so ist der Versicherer nach Maßgabe des Versicherungsvertragsgesetzes (§§ 6 Abs. 3, 62 Abs. 2 VVG) von der Entschädigungspflicht frei. Dies gilt nicht, wenn nur die fernmündliche, fernschriftliche oder telegraphische Anzeige gemäß Nr. 1a unterbleibt.

Sind abhandengekommene Sachen der Polizeidienststelle nicht oder nicht rechtzeitig angezeigt worden, so kann der Versicherer nur für diese Sachen von der Entschädigungspflicht frei sein.

3. Hatte eine vorsätzliche Obliegenheitsverletzung Einfluß weder auf die Feststellung des Versicherungsfalles noch auf die Feststellung oder den Umfang der Entschädigung, so entfällt die Leistungsfreiheit gemäß Nr. 2, wenn die Verletzung nicht geeignet war, die Interessen des Versicherers ernsthaft zu beeinträchtigen, und wenn außerdem den Versicherungsnehmer kein erhebliches Verschulden trifft.

§ 14 Besondere Verwirkungsgründe

1. Führt der Versicherungsnehmer den Schaden vorsätzlich oder grob fahrlässig herbei, so ist der Versicherer von der Entschädigungspflicht frei.

2. Versucht der Versicherungsnehmer, den Versicherer arglistig über Tatsachen zu täuschen, die für den Grund oder für die Höhe der Entschädigung von Bedeutung sind, so ist der Versicherer von der Entschädigungspflicht frei.

Ist eine Täuschung gemäß Abs. 1 durch rechtskräftiges Strafurteil wegen Betruges oder Betrugsversuchs festgestellt, so gelten die Voraussetzungen von Abs. 1 als bewiesen.

3. Wird der Entschädigungsanspruch nicht innerhalb einer Frist von sechs Monaten gerichtlich geltend gemacht, nachdem der Versicherer ihn unter Angabe der mit dem Ablauf der Frist verbundenen Rechtsfolge schriftlich abgelehnt hat, so ist der Versicherer von der Entschädigungspflicht frei. Durch ein Sachverständigenverfahren (§ 15) wird der Ablauf der Frist für dessen Dauer gehemmt.

§ 15 Sachverständigenverfahren

1. Versicherungsnehmer und Versicherer können nach Eintritt des Versicherungsfalles vereinbaren, daß die Höhe des Schadens durch Sachverständige festgestellt wird. Das Sachverständigenverfahren kann durch Vereinbarung auf sonstige tatsächliche Voraussetzungen des Entschädigungsanspruchs sowie der Höhe der Entschädigung ausgedehnt werden.

Der Versicherungsnehmer kann ein Sachverständigenverfahren auch durch einseitige Erklärung gegenüber dem Versicherer verlangen.

2. Für das Sachverständigenverfahren gilt:

a) Jede Partei benennt schriftlich einen Sachverständigen und kann dann die andere unter Angabe des von ihr benannten Sachverständigen schriftlich auffordern, den zweiten Sachverständigen zu benennen. Wird der zweite Sachverständige nicht binnen zwei Wochen nach Empfang der Aufforderung benannt, so kann ihn die auffordernde Partei durch das für den Schadenort zuständige Amtsgericht ernennen lassen. In der Aufforderung ist auf diese Folge hinzuweisen.

b) Beide Sachverständige benennen schriftlich vor Beginn des Feststellungsverfahrens einen dritten Sachverständigen als Obmann. Einigen sie sich nicht, so wird der Obmann auf Antrag einer Partei durch das für den Schadenort zuständige Amtsgericht ernannt.

c) Der Versicherer darf als Sachverständige keine Personen benennen, die Mitbewerber des Versicherungsnehmers sind oder mit diesem in Geschäftsverbindung stehen, ferner keine Personen, die bei Mitbewerbern oder Geschäftspartnern angestellt sind oder mit ihnen in einem ähnlichen Verhältnis stehen.

Dies gilt entsprechend für die Benennung eines Obmannes durch die Sachverständigen.

3. Die Feststellungen der Sachverständigen müssen enthalten

a) ein Verzeichnis der zerstörten, beschädigten und abhandengekommenen Sachen sowie deren Versicherungswert zum Zeitpunkt des Versicherungsfalles; in den Fällen von § 11 Nr. 6 ist auch der Zeitwert, in den Fällen von § 11 Nr. 7 auch der gemeine Wert anzugeben;

b) bei beschädigten Sachen die Beträge gemäß § 11 Nr. 1 b;

c) alle sonstigen gemäß § 11 Nr. 1 maßgebenden Tatsachen, insbesondere die Restwerte der von dem Schaden betroffenen Sachen;

d) entstandene Kosten, die gemäß § 3 versichert sind.

4. Die Sachverständigen übermitteln beiden Parteien gleichzeitig ihre Feststellungen. Weichen die Feststellungen voneinander ab, so übergibt der Versicherer sie unverzüglich dem Obmann. Dieser entscheidet über die streitig gebliebenen Punkte innerhalb der durch die Feststellungen der Sachverständigen gezogenen Grenzen und übermittelt seine Entscheidung beiden Parteien gleichzeitig.

5. Jede Partei trägt die Kosten ihres Sachverständigen. Die Kosten des Obmannes tragen beide Parteien je zur Hälfte.

6. Die Feststellungen der Sachverständigen oder des Obmannes sind verbindlich, wenn nicht nachgewiesen wird, daß sie offenbar von der wirklichen Sachlage erheblich abweichen. Aufgrund dieser verbindlichen Feststellungen berechnet der Versicherer gemäß den §§ 11, 12 die Entschädigung.

7. Durch das Sachverständigenverfahren werden die Obliegenheiten des Versicherungsnehmers gemäß § 13 Nr. 1 nicht berührt.

§ 16 Zahlung der Entschädigung

1. Ist die Leistungspflicht des Versicherers dem Grunde und der Höhe nach festgestellt, so hat die Auszahlung der Entschädigung binnen zwei Wochen zu erfolgen. Jedoch kann einen Monat nach Anzeige des Schadens als Abschlagszahlung der Betrag beansprucht werden, der nach Lage der Sache mindestens zu zahlen ist.

2. Die Entschädigung ist seit Anzeige des Schadens mit 1 Prozent unter dem Diskontsatz der Deutschen Bundesbank zu verzinsen, mindestens jedoch mit 4 Prozent und höchstens mit 6 Prozent pro Jahr, soweit nicht aus anderen Gründen ein höherer Zins zu entrichten ist.

Die Verzinsung entfällt, soweit die Entschädigung innerhalb eines Monats seit Anzeige des Schadens gezahlt wird.

Zinsen werden erst fällig, wenn die Entschädigung fällig ist.

3. Der Lauf der Fristen gemäß Nr. 1 und Nr. 2 Abs. 1 ist gehemmt, solange infolge Verschuldens des Versicherungsnehmers die Entschädigung nicht ermittelt oder nicht gezahlt werden kann.

4. Bei Schäden an Gebäuden, an der technischen oder kaufmännischen Betriebseinrichtung oder an Gebrauchsgegenständen von Betriebsangehörigen ist für die Zahlung des über den Zeitwertschaden hinausgehenden Teils der Entschädigung der Zeitpunkt maßgebend, in dem der Versicherungsnehmer den Eintritt der Voraussetzungen von § 11 Nr. 6 dem Versicherer nachgewiesen hat. Abs. 1 gilt entsprechend für die in § 11 Nr. 7 genannten Sachen, soweit die Entschädigung den gemeinen Wert übersteigt. Das gleiche gilt, soweit aufgrund einer sonstigen Vereinbarung ein Teil der Entschädigung von Voraussetzungen abhängt, die erst nach dem Versicherungsfall eintreten.

Zinsen für die Beträge gemäß Abs. 1 und Abs. 2 werden erst fällig, wenn die dort genannten zusätzlichen Voraussetzungen der Entschädigung festgestellt sind.

5. Der Versicherer kann die Zahlung aufschieben,
a) solange Zweifel an der Empfangsberechtigung des Versicherungsnehmers bestehen;
b) wenn gegen den Versicherungsnehmer oder einen seiner Repräsentanten aus Anlaß des Versicherungsfalles ein behördliches oder strafgerichtliches Verfahren aus Gründen eingeleitet worden ist, die auch für den Entschädigungsanspruch rechtserheblich sind, bis zum rechtskräftigen Abschluß dieses Verfahrens.

6. Die gesetzlichen Vorschriften über die Sicherung des Realkredits bleiben unberührt.

§ 17 Repräsentanten

Soweit nicht etwas anderes vereinbart ist, stehen dem Versicherungsnehmer im Rahmen von §§ 6, 7, 9, 13, 14 Nr. 1 und Nr. 2 als Repräsentanten gleich.

1. Personen, die in dem Geschäftsbereich, zu dem die versicherten Sachen gehören, aufgrund eines Vertretungs- oder eines ähnlichen Verhältnisses anstelle des Versicherungsnehmers die Obhut über diese Sachen ausüben;
2. Personen, die damit betraut sind, rechtserhebliche Tatsachen anstelle des Versicherungsnehmers zur Kenntnis zu nehmen und dem Versicherer zur Kenntnis zu bringen;
3. Personen, denen die versicherten Sachen aufgrund eines Miet-, Pacht- oder ähnlichen Verhältnisses für längere Zeit in alleinige Obhut gegeben worden sind.

§ 18 Wiederherbeigeschaffte Sachen

1. Wird der Verbleib abhandengekommener Sachen ermittelt, so hat der Versicherungsnehmer dies dem Versicherer unverzüglich schriftlich anzuzeigen.

2. Hat der Versicherungsnehmer den Besitz einer abhandengekommenen Sache zurückerlangt, bevor die volle bedingungsgemäße Entschädigung für diese Sache gezahlt worden ist, so behält er den Anspruch auf die Entschädigung, falls er die Sache innerhalb von zwei Wochen dem Versicherer zur Verfügung stellt. Andernfalls ist eine für diese Sache gewährte Abschlagszahlung oder eine gemäß § 11 Nr. 6 oder Nr. 7 vorläufig auf den Zeitwertschaden oder auf den gemeinen Wert beschränkte Entschädigung zurückzuzahlen.

3. Hat der Versicherungsnehmer den Besitz einer abhandengekommenen Sache zurückerlangt, nachdem für diese Sache eine Entschädigung in voller Höhe ihres Versicherungswertes gezahlt worden ist, so hat der Versicherungsnehmer die Entschädigung zurückzuzahlen oder die Sache dem Versicherer zur Verfügung zu stellen. Der Versicherungsnehmer hat dieses Wahlrecht innerhalb von zwei Wochen nach Empfang einer schriftlichen Aufforderung des Versicherers auszuüben; nach fruchtlosem Ablauf dieser Frist geht das Wahlrecht auf den Versicherer über.

4. Hat der Versicherungsnehmer den Besitz einer abhandengekommenen Sache zurückerlangt, nachdem für diese Sache eine Entschädigung gezahlt worden ist, die bedingungsgemäß weniger als den Versicherungswert betragen hat, so kann der Versicherungsnehmer die Sache behalten und muß sodann die Entschädigung zurückzahlen. Erklärt er sich hierzu innerhalb von zwei Wochen nach Empfang einer schriftlichen Aufforderung des Versicherers nicht bereit, so hat der Versicherungsnehmer die Sache im Einvernehmen mit dem Versicherer öffentlich meistbietend verkaufen zu lassen. Von dem Erlös abzüglich der Verkaufskosten erhält der Versicherer den Anteil, welche der von ihm geleisteten bedingungsgemäßen Entschädigung entspricht.

5. Dem Besitz einer zurückerlangten Sache steht es gleich, wenn der Versicherungsnehmer die Möglichkeit hat, sich den Besitz wieder zu verschaffen.

Ist ein Wertpapier in einem Aufgebotsverfahren für kraftlos erklärt worden, so hat der Versicherungsnehmer die gleichen Rechte und Pflichten, wie wenn er das Wertpapier zurückerlangt hätte. Jedoch kann der Versicherungsnehmer die Entschädigung behalten, soweit ihm durch Verzögerung fälliger Leistungen aus den Wertpapieren ein Zinsverlust entstanden ist.

6. Hat der Versicherungsnehmer dem Versicherer zurückerlangte Sachen zur Verfügung zu stellen, so hat er dem Versicherer den Besitz, das Eigentum und alle sonstigen Rechte zu übertragen, die ihm mit Bezug auf diese Sachen zustehen.

7. Sind wiederherbeigeschaffte Sachen beschädigt worden, so kann der Versicherungsnehmer Entschädigung gemäß § 11 Nr. 1 b auch dann verlangen oder behalten, wenn die Sachen gemäß Nr. 2 bis Nr. 4 bei ihm verbleiben.

§ 19 Rechtsverhältnis nach dem Versicherungsfall

1. Die Versicherungssummen vermindern sich nicht dadurch, daß eine Entschädigung geleistet wird.

2. Nach dem Eintritt eines Versicherungsfalles kann der Versicherer oder der Versicherungsnehmer den Versicherungsvertrag kündigen.

Die Kündigung ist schriftlich zu erklären. Sie muß spätestens einen Monat nach Auszahlung der Entschädigung zugehen. Der Zahlung steht es gleich, wenn die Entschädigung aus Gründen abgelehnt wird, die den Eintritt des Versicherungsfalles unberührt lassen.

Die Kündigung wird einen Monat nach ihrem Zugang wirksam. Der Versicherungsnehmer kann bestimmen, daß seine Kündigung sofort oder zu einem anderen Zeitpunkt wirksam wird, jedoch spätestens zum Schluß des laufenden Versicherungsjahres.

§ 20 Schriftliche Form; Zurückweisung von Kündigungen

1. Anzeigen und Erklärungen bedürfen der Schriftform. Dies gilt nicht für die Anzeige eines Schadens gemäß § 13 Nr. 1 a.

2. Ist eine Kündigung des Versicherungsnehmers unwirksam, ohne daß dies auf Vorsatz oder grober Fahrlässigkeit beruht, so wird die Kündigung wirksam, falls der Versicherer sie nicht unverzüglich zurückweist.

§ 21 Agentenvollmacht

Ein Agent des Versicherers ist nur dann bevollmächtigt, Anzeigen und Erklärungen des Versicherungsnehmers entgegenzunehmen, wenn er den Versicherungsvertrag vermittelt hat oder laufend betreut.

§ 22 Schlußbestimmung

1. Soweit nicht in den Versicherungsbedingungen Abweichendes bestimmt ist, gelten die gesetzlichen Vorschriften.

2. Ein Auszug aus dem Gesetz über den Versicherungsvertrag (VVG), der insbesondere die in den AWB 87 erwähnten Bestimmungen enthält, ist dem Bedingungstext beigefügt.

2. Ein Auszug aus dem Gesetz über den Versicherungsvertrag (VVG), der insbesondere die in den AStB 87 erwähnten Bestimmungen enthält, ist dem Bedingungstext beigefügt.

Texte 23

Bedingungen für die Versicherung gegen Mietverlust infolge von Brand, Blitzschlag oder Explosion (BVM)

§ 1

1. Der Versicherer haftet nach Maßgabe der nachfolgenden Bestimmungen für den Entgang an Mietzins aus den im Versicherungsschein verzeichneten Gebäuden, der dadurch entsteht, daß diese Gebäude durch Brand, Blitzschlag oder durch Explosion von Leuchtgas, von Haushaltsheizeinrichtungen und von Beleuchtungskörpern zerstört oder beschädigt werden, soweit in dem Falle des Eintritts dieser Ereignisse der Mieter kraft Gesetzes oder nach dem Mietvertrag von der Leistung des Mietzinses befreit wird. Die Haftung des Versicherers für den durch Explosionen anderer Art entstehenden Mietentgang bedarf der besonderen Vereinbarung.

2. Als versichertes Interesse gilt der Betrag eines Jahresmietzinses aus allen jeweils vermieteten Räumen der im Versicherungsschein bezeichneten Gebäude. Etwaige Nebenleistungen, zu denen der Mieter verpflichtet ist, gehören zum Mietzins nur, soweit dies mit dem Versicherer besonders vereinbart ist.

§ 2

Hat der Versicherungsnehmer Gebäude oder Räume in eigenem Gebrauch oder ohne Entgelt an andere Personen gegeben, so finden auf die Haftung des Versicherers für den Entgang ihrer Mietwerte die für den Fall des Entgangs eines Mietzinses geltenden Bestimmungen entsprechende Anwendung, wenn diese Haftung des Versicherers unter Angabe der Jahresmietwerte besonders vereinbart ist.

§ 3

1. Nach dem Eintritt eines Versicherungsfalles hat der Versicherungsnehmer dem Versicherer die Auskünfte zu erteilen, die zur Feststellung des Umfangs der Leistungspflicht des letzteren erforderlich sind. Er ist insbesondere verpflichtet, dem Versicherer auf dessen Verlangen eine Einzelaufstellung der Mietverträge aus allen im Versicherungsschein bezeichneten Gebäuden zu geben.

2. Der Versicherungsnehmer hat mit tunlichster Beschleunigung die vom Schaden betroffenen Gebäude und Räume wiederherzustellen und für deren Wiederverwertung zu sorgen.

§ 4

1. Der Versicherer hat nicht mehr zu ersetzen als den Entgang an Mietzins für die Zeit bis zu dem nächsten ortsüblichen Umzugstermine nach dem Zeitpunkt der Wiederherstellung der Gebäude oder Räume, oder in Ermangelung eines ortsüblichen Umzugstermins für die Zeit bis zum Schlusse des Kalendervierteljahres, in dem die Wiederherstellung der Gebäude oder Räume erfolgt ist. An die Stelle dieser Zeiten, für welche der Versicherer den Entgang an Mietzins zu ersetzen hat, tritt die

Zeit bis zum Schluß des Kalendermonats, in dem die Wiederherstellung der Gebäude oder Räume erfolgt ist, wenn die Kündigung des Mietvertrages für den Schluß eines Kalendermonats oder einer Kalenderwoche vereinbart war. Die Zeit, für welche nach dem ersten Satz der Entgang an Mietzins zu ersetzen ist, verlängert sich um ein Vierteljahr, und die Zeit, für welche nach dem zweiten Satz der Entgang an Mietzins zu ersetzen ist, verlängert sich um einen Monat, wenn die Gebäude oder Räume von dem Versicherungsnehmer trotz Anwendung der im Verkehr erforderlichen Sorgfalt von dem Ablauf der Zeiten an nicht vermietet werden konnten. Der Versicherer hat jedoch höchstens den Entgang an Mietzins für die Dauer eines Jahres seit dem Eintritt des Versicherungsfalles zu ersetzen. Für Gebäude oder Räume, die zur Zeit des Eintritts des Versicherungsfalles nicht vermietet oder im Falle des § 2 nicht in Gebrauch waren, wird entgehender Mietzins nur insoweit vergütet, als vor Eintritt des Versicherungsfalles vertragliche Abmachungen über Vermietung zu einem späteren Termin getroffen waren.

2. Verringert sich der nach Absatz 1 ersatzpflichtige Verlust dadurch, daß die Gebäude oder Räume vor Ablauf der Zeiten, für welche nach Absatz 1 die Entschädigung erfolgen soll, verwertet werden, oder verringert er sich durch Zugeständnisse der Mieter oder aus anderen Gründen, so ermäßigt sich entsprechend die Leistungspflicht des Versicherers.

3. Für Vergütungen, welche der Versicherungsnehmer freiwillig den Mietern, insbesondere für den Verzicht auf vermietete Räume oder für die mit der Reparatur verbundenen Belästigungen bewilligt, haftet der Versicherer nur, soweit er vor der Bewilligung sein Einverständnis erklärt hat.

4. Werden die vom Schaden betroffenen Gebäude oder Räume nicht mit tunlichster Beschleunigung wiederhergestellt, so hat der Versicherer den Mietverlust nur bis zu dem auf den Ablauf eines Monats seit dem Eintritt des Schadensereignisses folgenden Schlusse des Kalendervierteljahres zu ersetzen.

§ 5

Ist die Versicherungssumme niedriger als der Betrag des Jahresmietzinses zur Zeit des Eintritts des Versicherungsfalles (Unterversicherung), so haftet der Versicherer für den Mietentgang nur nach dem Verhältnis der Versicherungssumme zu diesem Jahresmietzins.

§ 6*

Eine Verzinsung der Entschädigung kann nur im Falle des Zahlungsverzugs des Versicherers beansprucht werden.

§ 7

Wenn besonders vereinbart ist, daß sich die Versicherung auch auf den durch Wasserleitungsschäden entstehenden Mietverlust erstreckt, so haftet der Versicherer unter entsprechender Anwendung der Bestimmungen in den vorstehenden Paragraphen auch für den Entgang an Mietzins, der dadurch entsteht, daß die Gebäude nach dem Beginn der Mietverlustversicherung durch das Leitungswasser zerstört

---

* Neufassung gemäß VerBAV **84**, 389 (400), vgl. Y IV 3:
Die Entschädigung ist mit 1 v. H. unter dem Diskontsatz der Deutschen Bundesbank zu verzinsen, mindestens jedoch mit 4 v. H. und höchstens mit 6 v. H. pro Jahr. Die Verzinsung beginnt mit dem Zeitpunkt, von dem ab ein versicherter Unterbrechungsschaden nicht mehr entsteht. Zinsen werden erst fällig, wenn die Entschädigung fällig ist.

oder beschädigt werden, das aus Wasserleitungsanlagen austritt, die sich innerhalb der im Versicherungsschein bezeichneten Gebäude oder eines anstoßenden Nachbargebäudes befinden und das häusliche Verbrauchswasser zu- und ableiten. Diese Versicherung erstreckt sich jedoch insbesondere nicht auf Schäden, die die Gebäude dadurch treffen, daß durch Hochwasser, Witterungsniederschläge, Rückstau von Regengüssen oder Grundwasser Wasser durch die zu- oder ableitenden Wasserleitungsanlagen in die Gebäude tritt.

§ 8

Auf die Versicherung gegen Mietverlust finden die dem Versicherungsnehmer ausgehändigten Allgemeinen Versicherungsbedingungen für Feuerversicherungen entsprechende Anwendung, soweit sie nicht durch die vorstehenden Bedingungen oder durch besondere Vereinbarungen ersetzt, geändert oder ergänzt werden.

Texte 24

Klausel zu den BVM

Erweiterte Mietverlustversicherung

Ergänzend zu § 1 Nr. 1 und § 7 der Bedingungen für die Versicherung gegen Mietverlust infolge von Brand, Blitzschlag oder Explosion haftet der Versicherer bei den im Versicherungsschein bezeichneten Gebäuden auch für Verluste an Mietzins infolge von Gebäudeschäden durch

a) Explosionen aller Art, außer durch Kernenergie;

b) Leitungswasser, das aus den Zu- oder Ableitungsrohren, den sonstigen Einrichtungen der Wasserversorgung oder aus den Anlagen der Warmwasser- oder der Dampfheizung bestimmungswidrig ausgetreten ist;

c) die unmittelbare Einwirkung des Sturmes oder durch Gebäudeteile, Bäume oder andere Gegenstände, die vom Sturm auf die im Versicherungsschein bezeichneten Gebäude geworfen worden sind; eingeschlossen sind Verluste an Mietzins durch Gebäudeschäden, die Folge eines Sturmschadens an den im Versicherungsschein bezeichneten Gebäuden sind.

Als Sturm gilt eine wetterbedingte Luftbewegung von mindestens Windstärke 8. Ist diese Windstärke für den Schadenort nicht feststellbar, so wird sie unterstellt, wenn der Versicherungsnehmer nachweist, daß die Luftbewegung in der Umgebung des Versicherungsgrundstückes Schäden an einwandfrei beschaffenen Gebäuden oder ebenso widerstandsfähigen anderen Sachen angerichtet hat oder daß der Schaden bei der einwandfreien Beschaffenheit des versicherten Gebäudes nur durch Sturm entstanden sein kann.

Jede der in a) bis c) genannten Gefahren ist nur versichert, wenn dies besonders vereinbart ist.

Texte 25

Allgemeine Bedingungen für die Mietverlustversicherung (ABM 89)

§ 1 Versicherte Gefahren

1. Der Versicherer leistet Entschädigung für versicherten Mietverlust für die im Versicherungsvertrag bezeichneten Gebäude und sonstige Grundstücksbestandteile, die durch

a) Brand, Blitzschlag, Explosion, Anprall oder Absturz eines bemannten Flugkörpers, seiner Teile oder seiner Ladung

b) Leitungswasser oder Rohrbruch

c) Sturm

zerstört oder beschädigt werden. Das gilt auch für Schäden durch Löschen, Niederreißen oder Ausräumen infolge eines dieser Ereignisse.

Jede der in a bis c genannten Gefahrengruppen ist nur versichert, wenn dies vereinbart ist.

2. Brand ist ein Feuer, das ohne einen bestimmungsgemäßen Herd entstanden ist oder ihn verlassen hat und das sich aus eigener Kraft auszubreiten vermag.

3. Blitzschlag ist der unmittelbare Übergang eines Blitzes auf Sachen.

4. Explosion ist eine auf dem Ausdehnungsbestreben von Gasen oder Dämpfen beruhende, plötzlich verlaufende Kraftäußerung. Eine Explosion eines Behälters (Kessel, Rohrleitung usw.) liegt nur vor, wenn seine Wandung in einem solchen Umfang zerrissen wird, daß ein plötzlicher Ausgleich des Druckunterschiedes innerhalb und außerhalb des Behälters stattfindet. Wird im Innern eines Behälters eine Explosion durch chemische Umsetzung hervorgerufen, so gilt dies als Explosion auch dann, wenn die Wandung des Behälters nicht zerrissen ist. Schäden durch Unterdruck sind nicht versichert.

5. Leitungswasser im Sinne dieser Bedingungen ist Wasser, das

a) aus den fest verlegten Zu- oder Ableitungsrohren der Wasserversorgung,

b) aus den sonstigen mit dem Rohrsystem fest verbundenen Einrichtungen der Wasserversorgung,

c) aus den Anlagen der Warmwasser- oder Dampfheizung

bestimmungswidrig ausgetreten ist.

6. Als Rohrbruch im Sinne dieser Bedingungen gelten

a) innerhalb der im Versicherungsvertrag bezeichneten Gebäude

aa) Frost- und sonstige Bruchschäden an den Zu- oder Ableitungsrohren der Wasserversorgung oder an Rohren der Warmwasser- oder Dampfheizung, bb) Frostschäden an Badeeinrichtungen, Waschbecken, Spülklosetts, Wasserhähnen, Geruchsverschlüssen, Wassermessern, Heizkörpern, Heizkesseln oder Boilern oder an vergleichbaren Anlagen der Warmwasser- oder Dampfheizung oder an Sprinkler- oder Berieselungsanlagen,

b) außerhalb der im Versicherungsvertrag bezeichneten Gebäude Frost- und sonstige Bruchschäden an den Zuleitungsrohren der Wasserversorgung oder an Rohren der Warmwasser- oder Dampfheizung, soweit

aa) die Rohre der Versorgung der Gebäude dienen und

bb) die Rohre sich innerhalb des Grundstücks befinden, auf dem die Gebäude stehen.

7. Sturm im Sinne dieser Bedingungen ist eine wetterbedingte Luftbewegung von mindestens Windstärke 8.

Ist die Windstärke für den Versicherungsort nicht feststellbar, so wird Windstärke 8 unterstellt, wenn der Versicherungsnehmer nachweist, daß

a) die Luftbewegung in der Umgebung des Versicherungsortes Schäden an Gebäuden in einwandfreiem Zustand oder an ebenso widerstandsfähigen anderen Sachen angerichtet hat oder

b) der Schaden wegen des einwandfreien Zustandes der Gebäude nur durch Sturm entstanden sein kann.

8. Die Sturmversicherung erstreckt sich nur auf Schäden,

a) die entstehen durch unmittelbare Einwirkung des Sturmes auf die im Versicherungsvertrag bezeichneten Gebäude oder sonstigen Grundstücksbestandteile;

b) die dadurch entstehen, daß der Sturm Gebäudeteile, Bäume oder andere Gegenstände auf die im Versicherungsschein bezeichneten Gebäude oder sonstigen Grundstücksbestandteile wirft;

c) die Folge eines Sturmschadens gemäß a oder b sind.

§ 2 Nicht versicherte Gefahren

1. Die Versicherung gemäß § 1 Nr. 1 a erstreckt sich nicht auf Mietverlust durch

a) Brandschäden, die an Sachen dadurch entstehen, daß sie einem Nutzfeuer oder der Wärme zur Bearbeitung oder zu sonstigen Zwecken ausgesetzt werden. Dies gilt auch für Sachen, in denen oder durch die Nutzfeuer oder Wärme erzeugt, vermittelt oder weitergeleitet wird;

b) Sengschäden, außer wenn diese dadurch verursacht wurden, daß sich eine versicherte Gefahr gemäß § 1 Nr. 1 a verwirklicht hat;

c) Schäden, die an Verbrennungskraftmaschinen durch die im Verbrennungsraum auftretenden Explosionen, sowie Schäden, die an Schaltorganen von elektrischen Schaltern durch den in ihnen auftretenden Gasdruck entstehen;

d) Schäden, die durch die Wirkung des elektrischen Stromes an elektrischen Einrichtungen mit oder ohne Feuererscheinung entstehen (z. B. durch Überstrom, Überspannung, Isolationsfehler, wie Kurz-, Windungs-, Körper- oder Erdschluß, unzureichende Kontaktgabe, Versagen von Meß-, Regel- oder Sicherheitseinrichtungen);

e) Blitzschäden an elektrischen Einrichtungen, es sei denn, daß der Blitz unmittelbar auf diese Sachen übergegangen ist.

2. Folgeschäden sind durch Nr. 1 a und 1 c nicht ausgeschlossen.

Durch Nr. 1 d und 1 e sind Folgeschäden nicht ausgeschlossen, soweit sie Brand- oder Explosionsschäden sind.

Die Ausschlüsse gemäß Nr. 1 a bis 1 d gelten nicht für Schäden, die dadurch verursacht wurden, daß sich an anderen Sachen eine versicherte Gefahr gemäß § 1 Nr. 1 a verwirklicht hat.

3. Die Versicherung gemäß § 1 Nr. 1 b erstreckt sich ohne Rücksicht auf mitwirkende Ursachen nicht auf Mietverlust durch

a) Wasserdampf,

b) Plansch- oder Reinigungswasser,

c) Wasser aus Sprinklern oder aus Düsen von Berieselungsanlagen,

d) Grundwasser, stehendes oder fließendes Gewässer, Hochwasser oder Witterungsniederschlag oder einen durch diese Ursachen hervorgerufenen Rückstau,

e) Schwamm,

f) Erdsenkung oder Erdrutsch, es sei denn, daß Leitungswasser die Erdsenkung oder den Erdrutsch verursacht hat,

g) Brand, Blitzschlag, Explosion, Anprall oder Absturz eines bemannten Flugkörpers, seiner Teile oder seiner Ladung, ferner durch Löschen, Niederreißen oder Ausräumen infolge dieser Ereignisse.

Die Ausschlüsse gemäß a bis e gelten nicht für Schäden gemäß § 1 Nr. 6 (Rohrbruch). Die Ausschlüsse gelten ferner nicht für Schäden gemäß § 1 Nr. 5 (Leitungswasser), soweit sie Folgeschäden eines Rohrbruchs gemäß § 1 Nr. 6 sind.

4. Die Versicherung gemäß § 1 Nr. 1 c erstreckt sich ohne Rücksicht auf mitwirkende Ursachen nicht auf Mietverlust durch

a) Sturmflut,

b) Lawinen,

c) Eindringen von Regen, Hagel, Schnee oder Schmutz durch nicht ordnungsgemäß geschlossene Fenster, Außentüren oder andere Öffnungen, es sei denn, daß diese Öffnungen durch den Sturm entstanden sind und einen Gebäudeschaden darstellen,

d) Brand, Blitzschlag, Explosion, Anprall oder Absturz eines bemannten Flugkörpers, seiner Teile oder seiner Ladung, ferner durch Löschen, Niederreißen oder Ausräumen infolge eines dieser Ereignisse.

5. Nicht versichert sind ohne Rücksicht auf mitwirkende Ursachen Schäden, die durch Kriegsereignisse jeder Art, Innere Unruhen, Erdbeben oder Kernenergie* entstehen. Ist der Beweis für einen dieser Ausschlüsse nicht zu erbringen, so genügt die überwiegende Wahrscheinlichkeit, daß der Schaden auf eine dieser Ursachen zurückzuführen ist.

§ 3 Versicherte Schäden

1. Versicherter Mietverlust ist

a) der Mietausfall, der dadurch entsteht, daß der Mieter infolge eines Versicherungsfalles gemäß § 1 kraft Gesetzes oder nach dem Mietvertrag berechtigt ist, die Zahlung der Miete ganz oder teilweise zu verweigern;

b) der Nutzungsausfall in Höhe des ortsüblichen Mietwerts der Räume, die der Versicherungsnehmer selbst nutzt oder unentgeltlich Dritten überlassen hat und die infolge eines Versicherungsfalles unbenutzbar geworden sind, falls dem Versicherungsnehmer die Beschränkung auf etwa benutzbar gebliebene Räume nicht zugemutet werden kann;

c) etwaige fortlaufende Nebenkosten.

2. Für Gebäude oder Räume, die zur Zeit des Eintritts des Versicherungsfalles nicht vermietet waren, wird Mietausfall ersetzt, sofern Vermietung zu einem späteren, in der Wiederherstellungszeit liegenden Termin nachgewiesen wird.

---

* Der Ersatz von Schäden durch Kernenergie richtet sich in der Bundesrepublik Deutschland einschließlich des Landes Berlin nach dem Atomgesetz. Die Betreiber von Kernanlagen sind zur Deckungsvorsorge verpflichtet und schließen hierfür Haftpflichtversicherungen ab.

Texte–25

§ 4 Versicherungswert

Versicherungswert ist, soweit nichts anderes vereinbart ist,

a) für vermietete Räume der Wert einer Jahresmiete

b) für selbst genutzte oder unentgeltlich Dritten überlassene Räume der ortsübliche Jahresmietwert

c) die Summe der fortlaufenden Nebenkosten für die Dauer eines Jahres

der im Versicherungsvertrag bezeichneten Gebäude.

§ 5 Gefahrumstände bei Vertragsabschluß und Gefahrerhöhung

1. Bei Abschluß des Vertrages hat der Versicherungsnehmer alle ihm bekannten Umstände, die für die Übernahme der Gefahr erheblich sind, dem Versicherer anzuzeigen. Bei schuldhafter Verletzung dieser Obliegenheit kann der Versicherer nach Maßgabe der §§ 16 bis 21 VVG vom Vertrag zurücktreten, wodurch die Entschädigungspflicht entfallen kann.

2. Nach Antragstellung darf der Versicherungsnehmer ohne Einwilligung des Versicherers keine Gefahrerhöhung vornehmen oder gestatten.

Der Versicherungsnehmer hat jede Gefahrerhöhung, die ihm bekannt wird, dem Versicherer unverzüglich anzuzeigen, und zwar auch dann, wenn sie ohne seinen Willen eintritt.

Im übrigen gelten die §§ 23 bis 30 VVG. Danach kann der Versicherer zur Kündigung berechtigt oder auch leistungsfrei sein.

3. Für vorschriftsmäßige Anlagen des Zivilschutzes und für Zivilschutzübungen gelten Nr. 2 und die §§ 23 bis 30 VVG nicht.

4. Die Aufnahme oder Veränderung eines Betriebes, gleich welcher Art und welchen Umfangs, ist dem Versicherer unverzüglich anzuzeigen.

Ist mit der Aufnahme oder Veränderung des Betriebes eine Gefahrerhöhung verbunden, so gelten die §§ 23 bis 30 VVG.

Der Versicherer hat von dem Tag der Aufnahme oder Veränderung des Betriebes an Anspruch auf die aus einem etwa erforderlichen höheren Prämiensatz errechnete Prämie. Dies gilt nicht, soweit der Versicherer in einem Versicherungsfall wegen Gefahrerhöhung leistungsfrei geworden ist.

5. Gefahrerhöhende Umstände werden durch Maßnahmen des Versicherungsnehmers oder durch sonstige gefahrmindernde Umstände ausgeglichen, insbesondere soweit diese mit dem Versicherer vereinbart wurden.

§ 6 Sicherheitsvorschriften

1. Der Versicherungsnehmer hat

a) alle gesetzlichen, behördlichen oder in dem Versicherungsvertrag vereinbarten Sicherheitsvorschriften zu beachten,

b) bei einer Versicherung gegen Schäden durch Leitungswasser

aa) alle wasserführenden Anlagen stets in ordnungsgemäßem Zustand zu erhalten; Störungen, Mängel oder Schäden an diesen Anlagen unverzüglich beseitigen zu lassen und notwendige Neubeschaffungen oder Änderungen dieser Anlagen oder Maßnahmen gegen Frost unverzüglich durchzuführen;

bb) während der kalten Jahreszeit alle Gebäude und Gebäudeteile genügend zu beheizen und genügend häufig zu kontrollieren, oder dort alle wasserführenden Anlagen und Einrichtungen abzusperren, zu entleeren und entleert zu halten;

cc) nicht benutzte Gebäude oder Gebäudeteile genügend häufig zu kontrollieren oder dort alle wasserführenden Anlagen und Einrichtungen abzusperren, zu entleeren und entleert zu halten;

c) bei Versicherung gegen Schäden durch Sturm die Gebäude, insbesondere die Dächer, stets in ordnungsgemäßem Zustand zu erhalten.

2. Verletzt der Versicherungsnehmer eine der Obliegenheiten gemäß Nr. 1, so ist der Versicherer nach Maßgabe des § 6 Abs. 1 und Abs. 2 VVG zur Kündigung berechtigt oder auch leistungsfrei. Eine Kündigung des Versicherers wird einen Monat nach Zugang wirksam. Leistungsfreiheit tritt nicht ein, wenn die Verletzung weder auf Vorsatz noch auf grober Fahrlässigkeit beruht.

Führt die Verletzung zu einer Gefahrerhöhung, so gelten die §§ 23 bis 30 VVG. Danach kann der Versicherer zur Kündigung berechtigt oder auch leistungsfrei sein.

§ 7 Prämie; Beginn und Ende der Haftung

1. Der Versicherungsnehmer hat die erste Prämie (Beitrag) gegen Aushändigung des Versicherungsscheins, Folgeprämien am Ersten des Monats zu zahlen, in dem ein neues Versicherungsjahr beginnt. Die Folgen nicht rechtzeitiger Zahlung der ersten Prämie oder der ersten Rate der ersten Prämie ergeben sich aus § 38 VVG in Verbindung mit Nr. 3; im übrigen gilt § 39 VVG. Rückständige Folgeprämien dürfen nur innerhalb eines Jahres seit Ablauf der nach § 39 VVG für sie gesetzten Zahlungsfrist eingezogen werden.

2. Ist Ratenzahlung vereinbart, so gelten die ausstehenden Raten bis zu den vereinbarten Zahlungsterminen als gestundet.

Die gestundeten Raten des laufenden Versicherungsjahres werden sofort fällig, wenn der Versicherungsnehmer mit einer Rate ganz oder teilweise in Verzug gerät oder soweit eine Entschädigung fällig wird.

3. Die Haftung des Versicherers beginnt mit dem vereinbarten Zeitpunkt, und zwar auch dann, wenn zur Prämienzahlung erst später aufgefordert, die Prämie aber unverzüglich gezahlt wird. Ist dem Versicherungsnehmer bei Antragstellung bekannt, daß ein Versicherungsfall bereits eingetreten ist, so entfällt hierfür die Haftung.

4. Die Haftung endet mit dem vereinbarten Zeitpunkt. Versicherungsverträge von mindestens einjähriger Dauer verlängern sich jedoch von Jahr zu Jahr, wenn sie nicht spätestens drei Monate vor Ablauf schriftlich gekündigt werden.

5. Endet das Versicherungsverhältnis vor Ablauf der Vertragzeit oder wird es nach Beginn rückwirkend aufgehoben oder ist es von Anfang an nichtig, so gebührt dem Versicherer Prämie oder Geschäftsgebühr gemäß dem Versicherungsvertragsgesetz (z. B. §§ 40, 68 VVG).

Kündigt nach Eintritt eines Versicherungsfalles (§ 15 Nr. 2) der Versicherungsnehmer, so gebührt dem Versicherer die Prämie für das laufende Versicherungsjahr.

Kündigt der Versicherer, so hat er die Prämie für das laufende Versicherungsjahr nach dem Verhältnis der noch nicht abgelaufenen zu der gesamten Zeit des Versicherungsjahres zurückzuzahlen.

§ 8 Mehrfache Versicherung; Überversicherung

1. Nimmt der Versicherungsnehmer für versicherten Mietverlust eine weitere Versicherung gegen eine der versicherten Gefahren, so hat er den anderen Versicherer und die Versicherungssumme dem Versicherer unverzüglich schriftlich mitzuteilen.

Verletzt der Versicherungsnehmer die Obliegenheit gemäß Abs. 1, so ist der Versicherer nach Maßgabe des § 6 Abs. 1 VVG zur Kündigung berechtigt oder auch leistungsfrei. Eine Kündigung des Versicherers wird einen Monat nach Zugang wirksam. Die Leistungsfreiheit tritt nicht ein, wenn die Verletzung weder auf Vorsatz noch auf grober Fahrlässigkeit beruht oder wenn der Versicherer vor dem Versicherungsfall Kenntnis von der anderen Versicherung erlangt hat.

2. Ist ein Selbstbehalt vereinbart und besteht mehrfache Versicherung, so kann abweichend von § 59 Abs. 1 VVG als Entschädigung aus den mehreren Verträgen nicht mehr als der Schaden abzüglich des Selbstbehaltes verlangt werden.

3. Erlangt der Versicherungsnehmer oder der Versicherte aus anderen Versicherungsverträgen Entschädigung für denselben Schaden, so ermäßigt sich der Anspruch aus vorliegendem Vertrag in der Weise, daß die Entschädigung aus allen Verträgen insgesamt nicht höher ist, als wenn der Gesamtbetrag der Versicherungssummen, aus denen Prämie errechnet wurde, nur in dem vorliegenden Vertrag in Deckung gegeben worden wäre.

4. Wird wegen Überversicherung oder Doppelversicherung die Versicherungssumme vermindert, so ist von diesem Zeitpunkt an für die Höhe der Prämie der Betrag maßgebend, den der Versicherer berechnet haben würde, wenn der Vertrag von vornherein mit dem neuen Inhalt geschlossen worden wäre.

§ 9 Entschädigungsberechnung; Unterversicherung

1. Ersetzt wird der Mietverlust längstens bis zu dem Zeitpunkt, in dem die Räume wieder benutzbar sind.
Behördliche Wiederherstellungsbeschränkungen bleiben unberücksichtigt.

2. Endet das Mietverhältnis infolge des Schadens und sind die Räume trotz Anwendung der im Verkehr erforderlichen Sorgfalt zum Zeitpunkt der Wiederherstellung nicht zu vermieten, wird der Mietverlust bis zur Neuvermietung über diesen Zeitpunkt hinaus ersetzt, höchstens jedoch für die Dauer von 3 Monaten.

3. Mietverlust wird höchstens für die Dauer von 12 Monaten seit dem Eintritt des Versicherungsfalles ersetzt, soweit nichts anderes vereinbart ist.

4. Ist die Versicherungssumme niedriger als der Versicherungswert unmittelbar vor Eintritt des Versicherungsfalles (Unterversicherung) so wird nur der Teil des gemäß Nr. 1 und 2 ermittelten Betrages ersetzt, der sich zu dem ganzen Betrag verhält, wie die Versicherungssumme zu dem Versicherungswert.

§ 10 Obliegenheiten des Versicherungsnehmers im Versicherungsfall

1. Der Versicherungsnehmer hat bei Eintritt eines Versicherungsfalles

a) den Schaden dem Versicherer unverzüglich anzuzeigen; diese Anzeige gilt noch als unverzüglich, wenn sie innerhalb von drei Tagen abgesandt wird;

b) den Schaden nach Möglichkeit abzuwenden oder zu mindern und dabei die Weisungen des Versicherers zu befolgen; er hat, soweit die Umstände es gestatten, solche Weisungen einzuholen;

c) dem Versicherer auf dessen Verlangen im Rahmen des Zumutbaren jede Untersuchung über Ursache und Höhe des Schadens und über den Umfang seiner Entschädigungspflicht zu gestatten, jede hierzu dienliche Auskunft – auf Verlangen schriftlich – zu erteilen und auf Verlangen die Mietverträge und sonstige die Mietverhältnisse betreffenden Unterlagen für alle im Versicherungsvertrag bezeichneten Gebäude vorzulegen;

d) Veränderungen der Schadenstelle möglichst zu vermeiden, solange der Versicherer nicht zugestimmt hat.

2. Verletzt der Versicherungsnehmer eine der vorstehenden Obliegenheiten, so ist der Versicherer nach Maßgabe des Versicherungsvertragsgesetzes (§§ 6 Abs. 3, 62 Abs. 2 VVG) von der Entschädigungspflicht frei.

3. Hatte eine vorsätzliche Obliegenheitsverletzung Einfluß weder auf die Feststellung des Versicherungsfalles noch auf die Feststellung oder den Umfang der Entschädigung, so entfällt die Leistungsfreiheit gemäß Nr. 2, wenn die Verletzung nicht geeignet war, die Interessen des Versicherers ernsthaft zu beeinträchtigen, und wenn außerdem den Versicherungsnehmer kein erhebliches Verschulden trifft.

§ 11 Besondere Verwirkungsgründe

1. Führt der Versicherungsnehmer den Schaden vorsätzlich oder grob fahrlässig herbei, so ist der Versicherer von der Entschädigungspflicht frei.
Ist die Herbeiführung des Schadens gemäß Abs. 1 durch ein rechtskräftiges Strafurteil wegen vorsätzlicher Brandstiftung festgestellt, so gelten die Voraussetzungen von Abs. 1 als bewiesen.

2. Versucht der Versicherungsnehmer, den Versicherer arglistig über Tatsachen zu täuschen, die für den Grund oder für die Höhe der Entschädigung von Bedeutung sind, so ist der Versicherer von der Entschädigungspflicht frei.
Ist eine Täuschung gemäß Abs. 1 durch rechtskräftiges Strafurteil wegen Betruges oder Betrugsversuchs festgestellt, so gelten die Voraussetzungen von Abs. 1 als bewiesen.

3. Wird der Entschädigungsanspruch nicht innerhalb einer Frist von sechs Monaten gerichtlich geltend gemacht, nachdem der Versicherer ihn unter Angabe der mit dem Ablauf der Frist verbundenen Rechtsfolge schriftlich abgelehnt hat, so ist der Versicherer von der Entschädigungspflicht frei. Durch ein Sachverständigenverfahren (§ 12) wird der Ablauf der Frist für dessen Dauer gehemmt.

§ 12 Sachverständigenverfahren

1. Versicherungsnehmer und Versicherer können nach Eintritt des Versicherungsfalles vereinbaren, daß die Höhe des Schadens durch Sachverständige festgestellt wird. Das Sachverständigenverfahren kann durch Vereinbarung auf sonstige tatsächliche Voraussetzungen des Entschädigungsanspruchs sowie der Höhe der Entschädigung ausgedehnt werden.
Der Versicherungsnehmer kann ein Sachverständigenverfahren auch durch einseitige Erklärung gegenüber dem Versicherer verlangen.

2. Für das Sachverständigenverfahren gilt:

a) Jede Partei benennt schriftlich einen Sachverständigen und kann dann die andere unter Angabe des von ihr benannten Sachverständigen schriftlich auffordern, den zweiten Sachverständigen zu benennen. Wird der zweite Sachverständige nicht binnen zwei Wochen nach Empfang der Aufforderung benannt, so kann ihn die auffordernde Partei durch das für den Schadenort zuständige Amtsgericht ernennen lassen. In der Aufforderung ist auf diese Folge hinzuweisen.

b) Beide Sachverständige benennen schriftlich vor Beginn des Feststellungsverfahrens einen dritten Sachverständigen als Obmann. Einigen sie sich nicht, so wird der Obmann auf Antrag einer Partei durch das für den Schadenort zuständige Amtsgericht ernannt.

c) Der Versicherer darf als Sachverständige keine Personen benennen, die Mitbewerber des Versicherungsnehmer sind oder mit diesem in Geschäftsverbindung stehen, ferner keine Personen, die bei Mitbewerbern oder Geschäftspartnern angestellt sind oder mit ihnen in einem ähnlichen Verhältnis stehen.

Dies gilt entsprechend für die Benennung eines Obmannes durch die Sachverständigen.

3. Die Sachverständigen übermitteln beiden Parteien gleichzeitig ihre Feststellungen. Weichen die Feststellungen voneinander ab, so übergibt der Versicherer sie unverzüglich dem Obmann. Dieser entscheidet über die streitig gebliebenen Punkte innerhalb der durch die Feststellungen der Sachverständigen gezogenen Grenzen und übermittelt seine Entscheidung beiden Parteien gleichzeitig.

4. Jede Partei trägt die Kosten ihres Sachverständigen. Die Kosten des Obmannes tragen beide Parteien je zur Hälfte.

5. Die Feststellungen der Sachverständigen oder des Obmannes sind verbindlich, wenn nicht nachgewiesen wird, daß sie offenbar von der wirklichen Sachlage erheb-

lich abweichen. Aufgrund dieser verbindlichen Feststellungen berechnet der Versicherer gemäß § 9 die Entschädigung.

6. Durch das Sachverständigenverfahren werden die Obliegenheiten des Versicherungsnehmers gemäß § 10 Nr. 1 nicht berührt.

§ 13 Zahlung der Entschädigung

1. Ist die Leistungspflicht des Versicherers dem Grunde und der Höhe nach festgestellt, so hat die Auszahlung der Entschädigung binnen zwei Wochen zu erfolgen. Jedoch kann einen Monat nach Anzeige des Schadens als Abschlagszahlung der Betrag beansprucht werden, der nach Lage der Sache mindestens zu zahlen ist.

2. Die Entschädigung ist mit 1 Prozent unter dem Diskontsatz der Deutschen Bundesbank zu verzinsen, mindestens jedoch mit 4 Prozent und höchstens mit 6 Prozent pro Jahr, soweit nicht aus anderen Gründen ein höherer Zins zu entrichten ist.

Die Verzinsung beginnt mit dem Zeitpunkt, von dem ab ein versicherter Mietverlust nicht mehr entsteht.

Zinsen werden erst fällig, wenn die Entschädigung fällig ist.

3. Der Lauf der Fristen gemäß Nr. 1 und Nr. 2 ist gehemmt, solange infolge Verschuldens des Versicherungsnehmers die Entschädigung nicht ermittelt oder nicht gezahlt werden kann.

4. Der Versicherer kann die Zahlung aufschieben,

a) solange Zweifel an der Empfangsberechtigung des Versicherungsnehmers bestehen;

b) wenn gegen den Versicherungsnehmer oder einen seiner Repräsentanten aus Anlaß des Versicherungsfalles ein behördliches oder strafgerichtliches Verfahren aus Gründen eingeleitet worden ist, die auch für den Entschädigungsanspruch rechtserheblich sind, bis zum rechtskräftigen Abschluß dieses Verfahrens.

§ 14 Repräsentanten

Soweit nicht etwas anderes vereinbart ist, stehen dem Versicherungsnehmer im Rahmen von §§ 5, 6, 8, 10, 11 als Repräsentant gleich

1. Personen, die in dem Geschäftsbereich, zu dem die im Versicherungsvertrag bezeichneten Gebäude gehören, aufgrund eines Vertretungs- oder eines ähnlichen Verhältnisses anstelle des Versicherungsnehmers die Obhut darüber ausüben;

2. Personen, die damit betraut sind, rechtserhebliche Tatsachen anstelle des Versicherungsnehmers zur Kenntnis zu nehmen und dem Versicherer zur Kenntnis zu bringen;

3. Personen, denen die Gebäude aufgrund eines Miet-, Pacht- oder ähnlichen Verhältnisses für längere Zeit in alleinige Obhut gegeben worden sind.

§ 15 Rechtsverhältnis nach dem Versicherungsfall

1. Die Versicherungssumme vermindert sich nicht dadurch, daß eine Entschädigung geleistet wird.

2. Nach dem Eintritt eines Versicherungsfalles kann der Versicherer oder der Versicherungsnehmer den Versicherungsvertrag kündigen.

Die Kündigung ist schriftlich zu erklären. Sie muß spätestens einen Monat nach Auszahlung der Entschädigung zugehen. Der Zahlung steht es gleich, wenn die Entschädigung aus Gründen abgelehnt wird, die den Eintritt des Versicherungsfalles unberührt lassen.

Die Kündigung wird einen Monat nach ihrem Zugang wirksam. Der Versicherungsnehmer kann bestimmen, daß seine Kündigung sofort oder zu einem anderen

Zeitpunkt wirksam wird, jedoch spätestens zum Schluß des laufenden Versicherungsjahres.

§ 16 Schriftliche Form; Zurückweisung von Kündigungen

1. Anzeigen und Erklärungen bedürfen der Schriftform. Dies gilt nicht für die Anzeige eines Schadens gemäß § 10 Nr. 1a.

2. Ist eine Kündigung des Versicherungsnehmers unwirksam, ohne daß dies auf Vorsatz oder grober Fahrlässigkeit beruht, so wird die Kündigung wirksam, falls der Versicherer sie nicht unverzüglich zurückweist.

§ 17 Agentenvollmacht

Ein Agent des Versicherers ist nur dann bevollmächtigt, Anzeigen und Erklärungen des Versicherungsnehmers entgegenzunehmen, wenn er den Versicherungsvertrag vermittelt hat oder laufend betreut.

§ 18 Schlußbestimmung

1. Soweit nicht in den Versicherungsbedingungen Abweichendes bestimmt ist, gelten die gesetzlichen Vorschriften.

2. Ein Auszug aus dem Gesetz über den Versicherungsvertrag (VVG), der insbesondere die in den Allgemeinen Bedingungen für die Mietverlustversicherung (ABM 89) erwähnten Bestimmungen enthält, ist dem Bedingungstext beigefügt.

Texte 26

Allgemeine Bedingungen für die Versicherung gegen Schäden durch bestimmungswidrigen Wasseraustritt aus Sprinkler-Anlagen (AWSB)

(vgl. den Abdruck in Texte 21 der 1. Aufl. sowie die Änderungen gemäß A II 35 durch VerBAV **84**, 389 und **87**, 174; die AWSB ermöglichen die V eines Ausschnitts aus dem nach den AWB versicherbaren Leitungswasserrisiko; wegen der geringen praktischen Bedeutung der AWSB wurde von einem erneuten Abdruck in der 2. und 3. Aufl. aus Raumgründen abgesehen)

Texte 27

Sonderbedingungen für die Neuwertversicherung von Industrie und Gewerbe

Soweit Sachen zum Neuwert versichert sind, wird in Abweichung von den Allgemeinen Versicherungsbedingungen für die versicherten Gefahren folgendes vereinbart:

§ 1 Versicherungswert

(1) Versicherungswert eines Gebäudes ist der ortsübliche Neubauwert; Versicherungswert der beweglichen Sachen ist der Wiederbeschaffungspreis (Neuwert).

(2) Ist der Zeitwert (§ 3 Abs. 2) von Sachen, die Hausrat und Gebrauchsgegenstände von Betriebsangehörigen sind, niedriger als 50 v.H. des Neuwertes, von

sonstigen beweglichen Sachen und Gebäuden niedriger als 40 v. H. des Neuwertes, so ist der Versicherungswert der Zeitwert.

(3) Sind versicherte Sachen für den Zweck, für den sie bestimmt sind, nicht mehr verwendbar oder dauernd entwertet, so ist der sich daraus ergebende geringere Wert der Versicherungswert.

§ 2 Entschädigungsberechnung, Unterversicherung

(1) Ersetzt werden

a) bei zerstörten oder abhanden gekommenen Sachen ihr Versicherungswert (§ 1) zur Zeit des Eintritts des Versicherungsfalles,

b) bei beschädigten Sachen die Reparaturkosten zur Zeit des Eintritts des Versicherungsfalles zuzüglich eines Betrages für eine durch das Schadensereignis entstandene und durch die Reparatur nicht ausgeglichene Wertminderung, höchstens jedoch der Versicherungswert (§ 1). Ergibt sich durch die Reparatur eine Wertsteigerung gegenüber dem Versicherungswert zur Zeit des Eintritts des Versicherungsfalles, werden die Reparaturkosten um diesen Betrag gekürzt.

Restwerte werden dem Versicherungsnehmer angerechnet. Dabei bleiben behördliche Wiederherstellungsbeschränkungen ohne Einfluß.

(2) a) Der nach Absatz 1 errechnete Schaden wird nur dann voll ersetzt, wenn die Versicherungssumme mindestens dem Versicherungswert (§ 1) entspricht. Ist die Versicherungssumme niedriger als der Versicherungswert zur Zeit des Eintritts des Versicherungsfalles (Unterversicherung), so wird nur derjenige Teil des Schadens ersetzt, der sich zum ganzen Schaden verhält wie die Versicherungssumme zum Versicherungswert.

b) Ob Unterversicherung vorliegt, ist für jede Position gesondert zu errechnen.

§ 3 Zahlung der Entschädigung

(1) Der Versicherungsnehmer erwirbt den Anspruch auf den Teil der nach § 2 Abs. 2 errechneten Entschädigung, der den Zeitwertschaden übersteigt, nur, wenn und soweit er Gebäude an der bisherigen Stelle wiederhergestellt, sonstige Sachen wiederbeschafft oder die Verwendung der Entschädigung zur Wiederherstellung oder Wiederbeschaffung sichergestellt hat. Weist der Versicherungsnehmer nach, daß die Wiederherstellung von Gebäuden an der bisherigen Stelle behördlich verboten oder wirtschaftlich nicht zu vertreten ist, so genügt die Wiederherstellung an anderer Stelle. Für zerstörte oder entwendete Kraft- oder Arbeitsmaschinen können wieder Kraft- oder Arbeitsmaschinen beschafft werden, die dem gleichen Betriebszweck dienen. Unterbleibt, gleichviel aus welchem Grunde, die Wiederherstellung oder Wiederbeschaffung innerhalb einer Frist von drei Jahren nach dem Versicherungsfall, oder erklärt vor Ablauf der Frist der Versicherungsnehmer dem Versicherer schriftlich, daß er nicht wieder herstellen oder beschaffen wolle, so beschränkt sich der Anspruch auf den Teil der Entschädigung, der dem Zeitwertschaden entspricht.

(2) Zur Errechnung des Zeitwertschadens wird der Versicherungswert (§ 1) zur Zeit des Eintritts des Versicherungsfalles auf den Betrag herabgesetzt, der dem Zustand, insbesondere dem Alter und der Abnutzung (Zeitwert) entspricht.

(3) Die Vorschriften über die Sicherung des Realkredits bleiben unberührt.

§ 4 Sachverständigenverfahren

Im Falle eines Sachverständigenverfahrens müssen die Feststellungen der beiden Sachverständigen zur Ermittlung der Schadenshöhe nach § 2 Abs. 1 und § 3 insbesondere auch, abgestellt auf die Zeit des Eintritts des Versicherungsfalles, den Versicherungswert (§ 1) sowie den Zeitwert (§ 3 Abs. 2) der versicherten Sachen enthalten. Auf Verlangen einer der beiden Parteien müssen sie auch ein Verzeichnis der vom Schaden nicht betroffenen Sachen mit ihrem Versicherungswert und ihrem Zeitwert zur Zeit des Eintritts des Versicherungsfalles enthalten.

Texte 28

Sonderbedingungen für die Neuwertversicherung landwirtschaftlicher Gebäude

Soweit landwirtschaftliche Gebäude zum Neuwert versichert sind, wird in Abweichung von den Allgemeinen Versicherungsbedingungen für die versicherten Gefahren folgendes vereinbart:

§ 1 Versicherungswert

(1) Versicherungswert eines Gebäudes ist der ortsübliche Neubauwert.

(2) Ist der Zeitwert (§ 3 Absatz 2) eines Gebäudes niedriger als 50 v. H. des Neubauwertes, so ist der Versicherungswert der Zeitwert.

(3) Ist ein Gebäude für den Zweck, für den es bestimmt ist, nicht mehr verwendbar oder dauernd entwertet, so ist der sich daraus ergebende geringere Wert der Versicherungswert.

§ 2 Entschädigungsberechnung, Unterversicherung

(1) Ersetzt werden

a) bei zerstörten oder abhanden gekommenen Sachen ihr Versicherungswert (§ 1) zur Zeit des Eintritts des Versicherungsfalles,

b) bei beschädigten Sachen die Reparaturkosten zur Zeit des Eintritts des Versicherungsfalles zuzüglich eines Betrages für eine durch das Schadensereignis entstandene und durch die Reparatur nicht ausgeglichene Wertminderung, höchstens jedoch der Versicherungswert (§ 1). Ergibt sich durch die Reparatur eine Wertsteigerung gegenüber dem Versicherungswert zur Zeit des Eintritts des Versicherungsfalles, werden die Reparaturkosten um diesen Betrag gekürzt.
Restwerte werden dem Versicherungsnehmer angerechnet. Dabei bleiben behördliche Wiederaufbaubeschränkungen ohne Einfluß.

(2) Ist der Zeitwert eines Gebäudes niedriger als 80 v. H., aber noch mindestens 50 v. H. des Neubauwertes, so werden Schaden (§ 2 Abs. 1 a)) und Reparaturkosten (§ 2 Abs. 1 b)) bei einem Zeitwert
unter 80 v. H. – 75 v. H. des Neuwertes mit 97,5 v. H.
unter 75 v. H. – 70 v. H. des Neuwertes mit 95 v. H.
unter 70 v. H. – 65 v. H. des Neuwertes mit 92,5 v. H.
unter 65 v. H. – 60 v. H. des Neuwertes mit 90 v. H.
unter 60 v. H. – 55 v. H. des Neuwertes mit 85 v. H.
unter 55 v. H. – 50 v. H. des Neuwertes mit 80 v. H.
ersetzt.

(3) a) Der nach Abs. 1 und 2 errechnete Schaden wird nur dann voll ersetzt, wenn die Versicherungssumme mindestens dem Versicherungswert (§ 1) entspricht. Ist die Versicherungssumme niedriger als der Versicherungswert zur Zeit des Eintritts des Versicherungsfalles (Unterversicherung), so wird nur derjenige Teil des Schadens ersetzt, der sich zum ganzen Schaden verhält wie die Versicherungssumme zum Versicherungswert.

b) Ob Unterversicherung vorliegt, ist für jede Position gesondert zu errechnen.

§ 3 Zahlung der Entschädigung

(1) Der Versicherungsnehmer erwirbt den Anspruch auf den Teil der nach § 2 Abs. 3 errechneten Entschädigung, der den Zeitwertschaden übersteigt, nur, wenn und soweit er Gebäude an der bisherigen Stelle wiederhergestellt oder die Verwendung der Entschädigung zu diesem Zweck sichergestellt hat. Weist der Versicherungsnehmer nach, daß die Wiederherstellung von Gebäuden an der bisherigen Stelle behördlich verboten oder wirtschaftlich nicht zu vertreten ist, so genügt die Wiederherstellung innerhalb derselben oder einer angrenzenden Gemeinde. Unterbleibt, gleichviel aus welchem Grunde, die Wiederherstellung innerhalb einer Frist von drei Jahren nach dem Versicherungsfall, oder erklärt vor Ablauf der Frist der Versicherungsnehmer dem Versicherer schriftlich, daß er nicht wieder herstellen wolle, so beschränkt sich der Anspruch auf den Teil der Entschädigung, der dem Zeitwertschaden entspricht.

(2) Zur Errechnung des Zeitwertschadens wird der Versicherungswert (§ 1) zur Zeit des Eintritts des Versicherungsfalles auf den Betrag herabgesetzt, der dem Zustand, insbesondere dem Alter und der Abnutzung (Zeitwert) entspricht.

(3) Die Vorschriften über die Sicherung des Realkredits bleiben unberührt.

§ 4 Sachverständigenverfahren

Im Falle eines Sachverständigenverfahrens müssen die Feststellungen der beiden Sachverständigen zur Ermittlung der Schaden- und Entschädigungshöhe nach § 2 Abs. 1, 2 und 3 und § 3 Abs. 1 insbesondere auch, abgestellt auf die Zeit des Eintritts des Versicherungsfalles, den Versicherungswert (§ 1) sowie den Zeitwert (§ 3 (2)) der Gebäude enthalten. Auf Verlangen einer der beiden Parteien müssen sie auch ein Verzeichnis der vom Schaden nicht betroffenen Gebäude mit ihrem Versicherungswert und ihrem Zeitwert zur Zeit des Eintritts des Versicherungsfalles enthalten.

Texte 29

Sonderbedingungen für die Neuwertversicherung von Industrie und Gewerbe (NwIG 80)

Soweit Sachen zum Neuwert versichert sind, gilt abweichend von den vereinbarten Allgemeinen Versicherungsbedingungen folgendes:

§ 1 Versicherungswert von Gebäuden

Versicherungswert von Gebäuden ist

1. der Neuwert (§ 3 Nr. 1) oder
2. der Zeitwert (§ 4), falls er weniger als 40 v.H. des Neuwerts beträgt, oder
3. der gemeine Wert (§ 5), falls das Gebäude zum Abbruch bestimmt oder sonst dauernd entwertet ist. Eine dauernde Entwertung liegt auch vor, wenn das Gebäude für seinen Zweck allgemein oder im Betrieb des Versicherungsnehmers nicht mehr zu verwenden ist.

§ 2 Versicherungswert beweglicher Sachen

Versicherungswert beweglicher Sachen ist

1. der Neuwert (§ 3 Nr. 2) oder
2. der Zeitwert (§ 4), falls er weniger als 40 v.H. des Neuwerts, bei Gebrauchsgegenständen von Betriebsangehörigen weniger als 50 v.H. des Neuwerts, beträgt, oder

3. der gemeine Wert (§ 5), falls die Sache für ihren Zweck allgemein oder im Betrieb des Versicherungsnehmers nicht mehr zu verwenden ist.

§ 3 Neuwert

1. Neuwert von Gebäuden ist der ortsübliche Neubauwert einschließlich Architektengebühren sowie sonstiger Konstruktions- und Planungskosten.

2. Neuwert beweglicher Sachen ist der Betrag, der aufzuwenden ist, um Sachen gleicher Art und Güte in neuwertigem Zustand wieder zu beschaffen oder sie neu herzustellen (Wiederbeschaffungspreis).

§ 4 Zeitwert

Der Zeitwert von Gebäuden und von beweglichen Sachen ergibt sich aus deren Neuwert durch einen Abzug entsprechend ihrem insbesondere durch Alter und Abnutzung bestimmten Zustand.

§ 5 Gemeiner Wert

Der gemeine Wert ist der für den Versicherungsnehmer erzielbare Verkaufspreis für die gebrauchte Sache oder für das Altmaterial.

§ 6 Entschädigungsberechnung: Unterversicherung

1. Ersetzt werden nach Maßgabe von § 7

a) bei zerstörten oder abhandengekommenen Sachen der Versicherungswert unmittelbar vor Eintritt des Versicherungsfalls;

b) bei beschädigten Sachen die notwendigen Reparaturkosten zur Zeit des Eintritts des Versicherungsfalls zuzüglich einer durch den Versicherungsfall etwa entstandenen und durch die Reparatur nicht auszugleichenden Wertminderung, höchstens jedoch der Versicherungswert unmittelbar vor Eintritt des Versicherungsfalls; die Reparaturkosten werden gekürzt, soweit durch die Reparatur der Versicherungswert der Sache gegenüber dem Versicherungswert unmittelbar vor Eintritt des Versicherungsfalls erhöht wird.

Restwerte werden angerechnet. Behördliche Wiederherstellungsbeschränkungen bleiben unberücksichtigt.

2. Ist die Versicherungssumme niedriger als der Versicherungswert zur Zeit des Eintritts des Versicherungsfalls (Unterversicherung), so wird nur der Teil des gemäß Nr. 1 ermittelten Betrages ersetzt, der sich zu dem ganzen Betrag verhält wie die Versicherungssumme zum Versicherungswert.

Ob Unterversicherung vorliegt, ist für jede vereinbarte Gruppe (Position) gesondert festzustellen.

§ 7 Wiederherstellung und Wiederbeschaffung

1. Ist der Neuwert der Versicherungswert, so erwirbt der Versicherungsnehmer auf den Teil der gemäß § 6 Nr. 1 und 2 errechneten Entschädigung, der den Zeitwertschaden übersteigt, einen Anspruch nur, sobald und soweit er innerhalb von drei Jahren nach Eintritt des Versicherungsfalls sichergestellt hat, daß er die Entschädigung verwenden wird, um

a) Gebäude in gleicher Art und Zweckbestimmung an der bisherigen Stelle wiederherzustellen; ist dies an der bisherigen Stelle rechtlich nicht möglich oder wirtschaftlich nicht zu vertreten, so genügt es, wenn das Gebäude an anderer Stelle wiederhergestellt wird;

b) bewegliche Sachen, die zerstört worden oder abhandengekommen sind, in gleicher Art und Güte in neuwertigem Zustand wiederzubeschaffen; anstelle von

Kraft- oder Arbeitsmaschinen können Kraft- oder Arbeitsmaschinen beliebiger Art beschafft werden, wenn deren Betriebszweck derselbe ist;

c) bewegliche Sachen, die beschädigt worden sind, wiederherzustellen.

Der Zeitwertschaden wird bei abhandengekommenen oder zerstörten Sachen gemäß § 4, bei beschädigten Sachen in der Weise berechnet, daß die Kosten einer Reparatur um den Betrag gekürzt werden, um den durch die Reparatur der Zeitwert der Sache gegenüber dem Zeitwert unmittelbar vor Eintritt des Versicherungsfalls erhöht würde.

2. Werden die Voraussetzungen gemäß Nr. 1, gleichgültig aus welchem Grund, innerhalb der Frist von drei Jahren nach dem Versicherungsfall nicht erfüllt, so entfällt endgültig der Anspruch auf eine den Zeitwertschaden übersteigende Entschädigung.

3. Die Vorschriften über die Sicherung des Realkredits bleiben unberührt.

§ 8 Sachverständigenverfahren

1. Ist Versicherungswert der Neuwert, so müssen im Sachverständigenverfahren die Feststellungen der beiden Sachverständigen den Neuwert und den Zeitwert unmittelbar vor und nach Eintritt des Versicherungsfalls enthalten.

2. Auf Verlangen einer Partei müssen die Feststellungen der Sachverständigen auch ein Verzeichnis der durch den Schaden nicht betroffenen Sachen mit ihrem Versicherungswert unmittelbar vor Eintritt des Versicherungsfalls enthalten.

<table>
<tr><td style="text-align:center">Texte 30</td><td style="text-align:center">Texte 31</td></tr>
</table>

Allgemeine Bedingungen für die Neuwertversicherung des Hausrats gegen Feuer-, Einbruchdiebstahl-, Beraubungs-, Leitungswasser-, Sturm- und Glasbruchschäden

Soweit die Versicherung gegen eine oder mehrere dieser Gefahren nicht genommen ist, entfallen die diese Gefahren betreffenden Bestimmungen

<table>
<tr><td style="text-align:center">(VHB 74)</td><td style="text-align:center">(VHB von 1966)</td></tr>
</table>

§ 1 Versicherte Gefahren

1. Der Versicherer leistet nach dem Eintritt des Versicherungsfalles Entschädigung für versicherte Sachen, die durch

a) Brand, Blitzschlag, Explosion oder durch Anprall oder Absturz eines bemannten Flugkörpers, seiner Teile oder seiner Ladung zerstört oder beschädigt werden (Feuerversicherung – § 3 A),

b) Einbruchdiebstahl oder durch Raub entwendet oder bei einem solchen Ereignis zerstört oder beschädigt werden (Einbruchdiebstahl- und Beraubungsversicherung – § 3 B),

c) Leitungswasser zerstört oder beschädigt werden (Leitungswasserversicherung – § 3 C),

d) Sturm zerstört oder beschädigt werden (Sturmversicherung – § 3 D),

e) Glasbruch zerstört oder beschädigt werden (Glasversicherung – § 2 Nr. 10, § 3 E).	e) Glasbruch zerstört oder beschädigt werden (Glasversicherung – § 2 Abs. 6, § 3 E)

2. Der Versicherer leistet bei einem Schadensereignis nach Nr. 1 auch Entschädigung für

(2) Der Versicherer leistet bei einem Schadensereignis nach Absatz 1 auch Entschädigung für

a) versicherte Sachen, die durch Löschen, Niederreißen oder Ausräumen zerstört oder beschädigt werden oder die abhanden kommen,

b) Aufräumungskosten, soweit sie die versicherten Sachen betreffen, mit Begrenzung der Entschädigung auf 500 DM. Aufräumungskosten für die notwendigen Aufwendungen für das Aufräumen der Schadensstätte und das Abfahren von Schutt und Trümmern zur nächsten Ablagerungsstätte,

c) Abhebungen Unberechtigter auf Sparbücher, die entwendet worden oder abhanden gekommen sind, mit Begrenzung der Entschädigung auf 5000 DM. Die Bestimmungen über die Unterversicherung (§ 5 Abs. 2 Satz 2) finden keine Anwendung,

c) Aufwendungen des Versicherungsnehmers zur Abwendung oder Minderung des Schadens nach Maßgabe des § 14.

d) Aufwendungen des Versicherungsnehmers zur Abwendung oder Minderung des Schadens nach Maßgabe des § 14.

3. Der Versicherer haftet nicht für Schäden, die durch Kriegsereignisse jeder Art, innere Unruhen, Erdbeben oder Kernenergie verursacht werden. Ist der Beweis für das Vorliegen einer dieser Ursachen nicht zu erbringen, so genügt für den Ausschluß der Haftung des Versicherers die überwiegende Wahrscheinlichkeit, daß der Schaden auf eine dieser Ursachen zurückzuführen ist.

§ 2 Versicherte Sachen

1. Versichert ist der gesamte Hausrat. Zum Hausrat gehören alle Sachen, die in einem Haushalt zur Einrichtung, zum Gebrauch oder zum Verbrauch dienen, außerdem Bargeld, Goldmünzen, Barrengold, Urkunden einschließlich Wertpapiere, Sammlungen und Campingausrüstungen, in der Wohnung befindliches Kraftfahrzeugzubehör, Falt-, Schlauch-, Kunststoffboote und Kanus. Nicht zum Hausrat gehören sonstige Wasserfahrzeuge, Kraftfahrzeuge aller Art und deren Anhänger, Gebäudebestandteile, ungefaßte Edelsteine und ungefaßte Perlen. Mitversichert sind:

a) Badewannen, Badeöfen, Waschbecken und sonstige wasserführende Installationen mit den Zu- und Ableitungsrohren, die der Versicherungsnehmer als Mieter auf seine Kosten beschafft hat und für die er die Gefahr trägt,

b) Arbeitsgeräte und Einrichtungsgegenstände, die dem Beruf oder dem Gewerbe dienen,

c) Kleinvieh, Futter- und Streuvorräte auf dem Versicherungsgrundstück – mit Ausnahme landwirtschaftlicher oder gewerblicher Kleinviehhaltung – bis zu 500 DM. Die Bestimmungen über Unterversicherung (§ 5 Nr. 2 Satz 2) finden keine Anwendung.

2. Die in Nr. 1 genannten Sachen sind auch versichert, wenn sie fremdes Eigentum sind, ausgenommen Eigentum der Untermieter.

3. Für Bargeld, Versicherungsmarken und Barrengold sowie für Goldmünzen und -medaillen ist die Entschädigung begrenzt

a) auf insgesamt 10000 DM für Sachen in verschlossenen mehrwandigen Stahlschränken (Mindestgewicht

(3) Bargeld – inbegriffen Goldmünzen und Barrengold – ist versichert

a) bis 500 DM unverschlossen,

b) bis 1000 DM in verschlossenen Behältnissen, die eine erhöhte Sicherheit auch gegen die Wegnahme der Behältnisse selbst gewähren. Dieser

200 kg) oder eingemauerten Stahlwandschränken mit mehrwandiger
Tür;

b) auf insgesamt 1000 DM für Sachen
außerhalb der in a genannten Behältnisse.

4. Für Urkunden einschließlich Wertpapiere, ausgenommen Sparbücher, ist
die Entschädigung ebenso begrenzt wie
für Bargeld (Nr. 3).

5. Für Sparbücher ist die Entschädigung bei Abhebung Unberechtigter auf
insgesamt 5000 DM je Versicherungsfall
gemäß § 1 Nr. 1 begrenzt.

Die Entschädigungsgrenze beträgt jedoch nur 1000 DM je Versicherungsfall,
soweit sich Sparbücher nicht in verschlossenen Behältnissen befinden, die
erhöhte Sicherheit auch gegen Wegnahme des Behältnisses selbst gewähren.

6. Für Sammlungen von Münzen – außer Münzen, die gesetzliche Zahlungsmittel sind, Goldmünzen und -medaillen
– sowie von Briefmarken ist die Entschädigung begrenzt

a) auf insgesamt 20000 DM für Sachen
in verschlossenen Behältnissen, die
erhöhte Sicherheit auch gegen Wegnahme des Behältnisses selbst gewähren;

b) auf insgesamt 1000 DM für Sachen
außerhalb der in a genannten Behältnisse;

c) außerdem auf 350 DM je Einzelstück.

Der Minderwert von Sammlungen
durch Verlust von Einzelstücken wird
nicht entschädigt.

7. Über Sammlungen und Wertpapiere hat der Versicherungsnehmer Verzeichnisse zu führen und gesondert unter Verschluß aufzubewahren, wenn der
Wert dieser Sachen insgesamt 5000 DM
übersteigt.

8. Für Gold-, Silber- und Schmucksachen sowie für Pelze ist die Entschädigung auf insgesamt 20000 DM begrenzt.

Für Gold-, Silber- und Schmucksachen, die sich nicht in verschlossenen
Behältnissen befinden, die erhöhte Sicherheit auch gegen Wegnahme des
Behältnisses selbst gewähren, ist die
Betrag erhöht sich bei Versicherungssummen von mehr als
50000 DM auf 2 vom Hundert der Versicherungssumme, höchstens auf
5000 DM. In dem Höchstbetrag ist die
nach a) versicherte Summe enthalten,

c) ohne Summenbegrenzung unter Verschluß im Geldschrank oder eingemauerten Stahlwandschrank mit
Geldschrankverschluß.

Auf die Versicherung des Bargeldes
nach a) und b) finden die Bestimmungen über Unterversicherung (§ 5 Abs. 2
Satz 2) keine Anwendung.

(4) a) Urkunden, Sparbücher, Wertpapiere, Briefmarken- und Münzensammlungen, soweit der Versicherungswert sämtlicher Urkunden oder
der einzelnen Sammlung 1000 DM
übersteigt,

b) außer Gebrauch befindliche
Schmuck-, Gold- und Silbersachen
mit einem Versicherungswert über
1000 DM je Sache

sind nur in verschlossenen Behältnissen versichert, die eine erhöhte Sicherheit auch gegen die Wegnahme der Behältnisse selbst gewähren. Über Urkunden, Wertpapiere und Sammlungen aller Art, deren Wert insgesamt 5000 DM
übersteigt, hat der Versicherungsnehmer Verzeichnisse zu führen und gesondert unter Verschluß aufzubewahren.

(5) Die Beschränkungen der Ersatzleistung nach Absatz 3 und 4 gelten nicht
für Beraubungsschäden.

Entschädigung außerdem auf 1500 DM je Einzelsache begrenzt.

9. Bei Beraubungsschäden ist für Sachen gemäß Nr. 3 und 4 die Entschädigung auf jeweils insgesamt 10000 DM, für Sachen gemäß Nr. 5 auf insgesamt 5000 DM, Für Sachen gemäß Nr. 6 und 8 auf jeweils insgesamt 20000 DM begrenzt.

10. Versicherte Sachen in der Glasversicherung:

a) Gegen Glasbruch sind versichert alle Scheiben in Fenstern und Türen der Versicherungsräume, auch soweit sie Gebäudebestandteile sind, Schrank- und Bilderverglasungen, Stand-, Wand- und Schranksspiegel sowie Glasplatten jeder Art, wenn die einzelne Scheibe nicht größer als drei Quadratmeter ist. Zu den Versicherungsräumen gehörende Wintergartenverglasungen sind mitversichert, auch soweit sie Gebäudebestandteile sind, wenn deren Gesamtfläche drei Quadratmeter nicht übersteigt. Das gleiche gilt für Verandenverglasungen.

b) Nicht versichert sind Dachverglasungen, Mehrscheiben-Isolierverglasungen, Sicherheitsgläser jeder Art, Blei-, Messing- und Elektrolytverglasungen, alle künstlerisch bearbeiteten Gläser, optische Gläser, Aquarien, Hohlgläser, Beleuchtungskörper und Handspiegel.

(6) Versicherte Sachen in der Glasversicherung:

a) Gegen Glasbruch sind versichert alle Scheiben in Fenstern und Türen der Versicherungsräume, auch soweit sie Gebäudebestandteile sind, Schrank- und Bilderverglasungen, Stand-, Wand- und Schranksspiegel sowie Glasplatten jeder Art, wenn die einzelne Scheibe nicht größer als drei Quadratmeter ist. Zu den Versicherungsräumen gehörende Wintergartenverglasungen sind mitversichert, auch soweit sie Gebäudebestandteile sind, wenn deren Gesamtfläche drei Quadratmeter nicht übersteigt. Das gleiche gilt für Verandenverglasungen.

b) Nicht versichert sind Dachverglasungen, Mehrscheiben-Isolierverglasungen, Sicherheitsgläser jeder Art, Blei-, Messing- und Elektrolytverglasungen, alle künstlerisch bearbeiteten Gläser, optische Gläser, Aquarien, Hohlgläser, Beleuchtungskörper und Handspiegel.

§ 3 Umfang der Versicherung

A Feuerversicherung

1. Als Brand gilt ein Feuer, das ohne einen bestimmungsgemäßen Herd entstanden ist oder ihn verlassen hat und sich aus eigener Kraft auszubreiten vermag (Schadenfeuer).

2. Als Blitzschlag gilt der unmittelbare Übergang eines Blitzes auf Sachen.

3. Die Versicherung erstreckt sich nicht auf

a) Schäden, die an den versicherten Sachen dadurch entstehen, daß sie einem Nutzfeuer oder der Wärme zur Bearbeitung oder zu sonstigen Zwecken (z.B. zum Räuchern, Rösten, Kochen, Braten, Trocknen, Plätten) ausgesetzt werden,

b) Sengschäden, die nicht durch einen Brand entstanden sind,

c) Kurzschluß- und Überspannungsschäden, die an elektrischen Einrichtungen mit oder ohne Feuererscheinung entstehen, außer wenn sie die Folge eines Brandes oder einer Explosion sind.

B Einbruchdiebstahl- und Beraubungsversicherung

1. Einbruchdiebstahl im Sinne dieser Bedingungen liegt vor, wenn ein Dieb

a) in ein Gebäude oder den Raum eines Gebäudes einbricht, einsteigt oder mittels falscher Schlüssel oder anderer nicht zum ordnungsmäßigen Öffnen bestimmter Werkzeuge eindringt,

b) in einem Gebäude oder dem Raum eines Gebäudes Türen oder Behältnisse erbricht oder zum Öffnen von Türen oder Behältnissen falsche Schlüssel oder andere zum ordnungsmäßigen Öffnen nicht bestimmte Werkzeuge verwendet,

c) den Diebstahl zur Nachtzeit in einem Gebäude oder dem Raum eines Gebäudes begeht, in das er sich in diebischer Absicht eingeschlichen oder in dem er sich in dieser Absicht verborgen hatte,

d) in ein Gebäude oder den Raum eines Gebäudes mittels richtiger Schlüssel eindringt oder sie in einem Gebäude oder dem Raum eines Gebäudes zum Öffnen von Türen oder Behältnissen verwendet, falls er die Schlüssel durch Diebstahl nach a bis c oder durch Raub an sich gebracht hat,

e) in ein Gebäude oder den Raum eines Gebäudes mittels richtiger Schlüssel eindringt, falls er die Schlüssel durch Diebstahl an sich gebracht hat, und der Versicherungsnehmer glaubhaft macht, daß weder er noch der Gewahrsamsinhaber den Diebstahl der Schlüssel durch fahrlässiges Verhalten begünstigt haben.

2. Raub ist die Entwendung unter Anwendung von Gewalt gegen eine Person oder unter Drohung mit Gefahr für Leib oder Leben oder unter Verwendung von Mitteln zur Ausschaltung der Widerstandskraft. Dem Raub stehen gleich die räuberische Erpressung und die Entwendung bei Ausfall der Widerstandskraft durch Unfall oder andere, jedoch unverschuldete Ursachen.

3. Die Versicherung schließt ein den Ersatz der durch Einbruch oder Beraubung erforderlichen Aufwendungen für

a) die Beseitigung der bei einem solchen Ereignis entstehenden Beschädigungen der Versicherungsräume,

b) die zur Abwendung einer Gefahrerhöhung notwendigen Schloßänderungen und Beschaffung neuer Schlüssel für die Versicherungsräume, wenn die Schlüssel bei einem solchen Ereignis abhanden gekommen sind.

Die in a und b genannten Aufwendungen sind auch dann zu ersetzen, wenn sie durch einen Einbruchdiebstahl- oder Beraubungsversuch erforderlich werden.

Die Bestimmungen über Unterversicherung (§ 5 Nr. 2 Satz 2) finden keine Anwendung.

4. Haben Personen, die beim Versicherungsnehmer wohnen, oder Hausangestellte den Versicherungsfall durch Einbruchdiebstahl oder Beraubung herbeigeführt, wird Entschädigung bis zu 1000 DM einmal je ausführende Person geleistet.

5. Entschädigung wird auch geleistet für versicherte Sachen, die dem Versicherungsnehmer oder einer mit ihm in häuslicher Gemeinschaft lebenden Person gehören oder ihrem persönlichen Gebrauch dienen, wenn sie sich vorübergehend außerhalb der Wohnung befinden und innerhalb Deutschlands durch Erbrechen verschlossener Kraftfahrzeuge, nicht aber Kraftfahrzeuganhänger, entwendet oder bei diesem Ereignis zerstört oder beschädigt werden. Dem Erbrechen steht die Verwendung falscher Schlüssel oder anderer zum ordnungsmäßigen Öffnen nicht bestimmter Werkzeuge zum Öffnen der Türen oder Behältnisse des Fahrzeuges gleich.

Nach beendetem Gebrauch werden in der Zeit von 22 Uhr bis 6 Uhr eintretende Schäden nur ersetzt, wenn das Kraftfahrzeug auf einem bewachtem Parkplatz oder einem verschlossenen Hofraum abgestellt war.

Keine Entschädigung wird geleistet für Bargeld, Gold-, Silber- und Schmucksachen, Wertpapiere, Sparbücher, Sammlungen und Kunstgegenstände. Die Entschädigung für den einzelnen Schadensfall ist auf 2 vom Hundert ver Versicherungssumme, höchstens 500 DM begrenzt.

6. Der Versicherer leistet auch im Falle der Entwendung durch einfachen Diebstahl Entschädigung für

a) Wäsche, die sich tagsüber zum Waschen, Trocknen oder Bleichen außerhalb der Versicherungsräume auf dem Versicherungsgrundstück befindet,

b) Gartenmöbel und Gartengeräte außerhalb der Versicherungsräume auf dem eingefriedigten Versicherungsgrundstück,

c) innerhalb der Bundesrepublik Deutschland einschließlich des Landes Berlin in Gebäuden oder im Freien aufgestellte Fahrräder und die mit ihnen fest verbundenen Sachen, z. B. Laternen, Dynamo, Sattel, Gepäckhalter, Befreiung. Lose mit Fahrrädern verbundene, regelmäßig ihrer Benutzung dienende Sachen, z. B. Satteltasche, Werkzeug, Luftpumpe, Gepäcktasche, werden nur ersetzt, wenn sie zusammen mit dem Fahrrad entwendet worden sind. In unverschlossenen Räumen oder im Freien abgestellte Fahrräder werden nur ersetzt, wenn sie in verkehrsüblicher Weise durch ein Schloß gesichert sind. Von 22 Uhr bis 6 Uhr sind Fahrräder nach beendetem Gebrauch nur in einem verschlossenen Raum versichert.

In den Versicherungsfällen nach a bis c ist die Entschädigung für den einzelnen Schadensfall auf je 500 DM begrenzt.

7. Die Versicherung umfaßt nicht Schäden durch Brand, Blitzschlag oder Explosion, auch dann nicht, wenn der Brand oder die Explosion die Folge eines Einbruchdiebstahls oder einer Beraubung ist.

C Leitungswasserversicherung

1. Als Leitungswasser im Sinne dieser Bedingungen gilt Wasser, das aus den Zu- oder Ableitungsrohren der Wasserversorgung, den sonstigen mit dem Rohrsystem verbundenen Einrichtungen oder aus den Anlagen der Warmwasser- oder Dampfheizung bestimmungswidrig ausgetreten ist. Wasserdampf wird in diesen Bedingungen dem Leitungswasser gleichgestellt.

2. Mitversichert sind die durch ein unter die Versicherung fallendes Schadensereignis entstandenen Schäden an Fußböden, Verputz, Anstrich und Tapeten der gemieteten Wohnung. Liegt für den Hausrat eine Unterversicherung im Sinne des § 5 Nr. 2 Satz 2 vor, so wird auch dieser Schaden nur im Verhältnis der Versicherungssumme zum Wert des Hausrats ersetzt. Die Entschädigung wird auf 10 vom Hundert der Versicherungssumme, höchstens 5000 DM begrenzt.

3. Die Versicherung umfaßt einschließlich der Kosten der Nebenarbeiten und des Auftauens Schäden

a) durch Bruch an den Zu- und Ableitungsrohren.

b) durch Frost an Badewannen, Badeöfen, Waschbecken und sonstigen wasserführenden Installationen mit den Zu- und Ableitungsrohren,

wenn der Versicherungsnehmer die Anlagen als Mieter auf seine Kosten beschafft hat und für sie die Gefahr trägt.

4. Die Versicherung erstreckt sich nicht auf

a) Schäden durch Grundwasser, durch stehendes oder fließendes Gewässer, Hochwasser oder Witterungsniederschläge und den durch sie verursachten Rückstau,

b) Schäden durch Plansch- oder Reinigungswasser und durch Sprinkler- oder Berieselungsanlagen,

c) Schäden durch Schwamm,

d) Schäden durch Brand, Blitzschlag oder Explosion, auch dann nicht, wenn der Brand oder die Explosion die Folge von ausgetretenem Leitungswasser ist.

D Sturmversicherung

1. Als Sturm gilt eine wetterbedingte Luftbewegung von mindestens Windstärke 8. Ist diese Windstärke für den Schadensort nicht feststellbar, so wird sie unterstellt, wenn der Versicherungsnehmer nachweist, daß die Luftbewegung in der Umgebung des Schadensortes Schäden an einwandfrei beschaffenen Gebäuden oder ebenso widerstandsfähigen anderen Sachen angerichtet hat oder daß der Schaden bei der einwandreien Beschaffenheit des Gebäudes, in dem sich die versicherten Sachen befinden, nur durch Sturm entstanden sein kann.

2. Die Zerstörung oder Beschädigung einer versicherten Sache fällt nur dann unter die Versicherung, wenn sie

a) auf der unmittelbaren Einwirkung des Sturmes beruht oder

b) dadurch hervorgerufen wird, daß der Sturm Gebäudeteile, Bäume oder andere Gegenstände auf die versicherten Sachen oder auf Gebäude, in denen sich diese Sachen befinden, wirft oder

c) die Folge eines Sturmschadens von versicherten Sachen oder an Gebäuden, in denen sich versicherte Sachen befinden, ist.

3. An der Außenseite von Gebäuden angebrachte Antennenanlagen, Markisen und Schilder sind nur aufgrund besonderer Vereinbarungen versichert.

4. Die Sturmversicherung erstreckt sich nicht auf

a) Schäden durch Sturmflut und Lawinen,

b) Schäden durch Eindringen von Regen, Hagel, Schnee oder Schmutz in nicht geschlossene Fenster oder andere vorhandene Öffnungen, es sei denn, daß diese Öffnungen durch den Sturm entstanden sind,

c) Schäden durch Brand, Blitzschlag oder Explosion, auch dann nicht, wenn der Brand oder die Explosion die Folge eines Sturmes ist.

E Glasversicherung

Die Versicherung erstreckt sich

a) auf Bruchschäden an den nach § 2 Nr. 10 versicherten Sachen,   a) auf Bruchschäden an den nach § 2 Absatz 6 versicherten Sachen,

b) nicht auf Schäden durch Brand, Blitzschlag oder Explosion.

§ 4 Versicherungswert, Versicherungsfall

1. Versicherungswert ist der Wiederbeschaffungspreis (Neuwert). Ist der sich aus Alter, Abnutzung und Gebrauch ergebende Zeitwert einer Sache niedriger als 50 vom Hundert des Wiederbeschaffungspreises (Neuwert), so ist Versicherungswert nur der Zeitwert. Bei den nicht mehr zum Gebrauch bestimmten Sachen ist der Versicherungswert ebenfalls nur der Zeitwert.

2. Der Versicherungsfall tritt in dem Zeitpunkt ein, in dem sich eine versicherte Gefahr an versicherten Sachen zu verwirklichen beginnt.

§ 5 Entschädigungsberechnung, Unterversicherung

1. Ersetzt werden

a) bei zerstörten oder abhanden gekommenen Sachen ihr Versicherungswert (§ 4 Nr. 1) zur Zeit des Eintritts des Versicherungsfalles,

b) bei beschädigten Sachen die Reparaturkosten zur Zeit des Eintritts des Versicherungsfalles zuzüglich eines Betrages für die durch das Schadensereignis entstandene und durch die Reparatur nicht ausgeglichene Wertminderung, höchstens jedoch der Versicherungswert.

Restwerte werden dem Versicherungsnehmer angerechnet.

2. Der nach Nr. 1 errechnete Schaden wird nur dann voll ersetzt, wenn die Versicherungssumme mindestens dem Versicherungswert (§ 4 Nr. 1) entspricht. Ist die Versicherungssumme niedriger als der Versicherungswert zur Zeit des Eintritts des Versicherungsfalles (Unterversicherung), so wird nur derjenige Teil des Schadens ersetzt, der sich zum ganzen Schaden verhält wie die Versicherungssumme zum Versicherungswert.

3. a) Der Versicherungsnehmer erwirbt bei den zum Wiederbeschaffungspreis versicherten Sachen den Anspruch auf den Teil der nach Nr. 2 errechneten Entschädigung, der den Zeitwertschaden übersteigt, nur insoweit, als die Verwendung der Entschädigung für Wiederbeschaffung oder Wiederherstellung von Hausrat oder den sonst betroffenen Sachen innerhalb von zwei Jahren nach dem Versicherungsfall sichergestellt ist.

b) Zur Errechnung des Zeitwertschadens wird der Versicherungswert (§ 4 Nr. 1) zur Zeit des Eintritts des Versicherungsfalles auf den Betrag herabgesetzt, der dem Zustand, insbesondere dem Alter und der Abnutzung (Zeitwert), entspricht. Reparaturkosten werden gegebenenfalls um den Betrag gekürzt, um den sich durch die Reparatur eine Wertsteigerung gegenüber diesem Zeitwert ergeben würde.

4. Bei einem Glasschaden hat der Versicherer die Wahl, den früheren Zustand wieder herzustellen (Naturalersatz) oder Entschädigung in Geld zu leisten. Der Versicherungsnehmer ist, unbeschadet der nach § 13 Nr. 1a erforderlichen Anzeige, berechtigt, zerbrochene Fenster- und Türscheiben sofort selbst ersetzen zu lassen.

§ 6 Versicherungsort, Außenversicherung

1. Die Versicherung gilt innerhalb der Bundesrepublik Deutschland einschließlich des Landes Berlin in der im Versicherungsschein bezeichneten Wohnung des Versicherungsnehmers, bei einem Wohnungswechsel innerhalb dieses Gebietes auch während des Umzuges und in der neuen Wohnung. Für Antennenanlagen gilt das Versicherungsgrundstück als Versicherungsort. In der Einbruchdiebstahlversicherung (§ 1 Nr. 1b, § 3 B Nr. 1) wird während des Umzuges ein verschlossener Möbelwagen einem Gebäude gleichgestellt. Einen Wohnungswechsel hat der Versicherungsnehmer dem Versicherer innerhalb zweier Wochen nach Beendigung des Umzuges schriftlich anzuzeigen. Ist mit dem Wohnungswechsel eine Gefahrerhöhung verbunden, so finden die Vorschriften der §§ 27 bis 30 VVG entsprechende Anwendung.

2.[1] Nach § 2 versicherte Sachen, die dem Versicherungsnehmer oder einer mit ihm in häuslicher Gemeinschaft lebenden Person gehören oder ihrem persönlichen Gebrauch dienen, sind bis zu 10 vom Hundert der Versicherungssumme, höchstens 10000 DM, nach Maßgabe der §§ 1 bis 3 innerhalb Europas auch dann versichert, wenn sie sich vorübergehend außerhalb der Wohnung befinden. In der Einbruchdiebstahlversicherung müssen die Voraussetzungen nach § 1 Nr. 1 b, § 3 B Nr. 1 für die fremde Wohnung oder die Räume gegeben sein, in denen sich die Sachen befinden. Als vorübergehend außerhalb der Wohnung befindlich werden auch die Sachen der zur Berufsausbildung auswärts weilenden oder zur Erfüllung ihrer Wehrpflicht eingezogenen Familienangehörigen angesehen, soweit sie nicht einen eigenen Haushalt gegründet haben. Die Außenversicherung gilt für Beraubungsschäden nur, wenn der Raub an dem Versicherungsnehmer oder einer in häuslicher Gemeinschaft mit ihm lebenden Person verübt wird.

3. Werden versicherte Sachen aus der Wohnung des Versicherungsnehmers dauernd entfernt, ohne daß ein Wohnungswechsel vorliegt, so sind sie nicht mehr Gegenstand des Versicherungsvertrages.

---

[1] Durch VerBAV **87**, 174 (vgl. A II 35) wurden die Absätze Nr. 2 zu Nr. 3 und Nr. 3 zu Nr. 4. Abs. Nr. 2 wurde eingefügt:
Nr. 1 gilt nicht für Sachen, die infolge eines eingetretenen oder bevorstehenden Versicherungsfalles aus dem Versicherungsort entfernt und in zeitlichem und örtlichem Zusammenhang mit diesem Vorgang beschädigt oder zerstört werden oder abhandenkommen.

§ 7 Anzeige von Gefahrumständen bei Schließung des Vertrages, Gefahrerhöhung

1. Der Versicherungsnehmer hat bei Schließung des Vertrages alle ihm bekannten Umstände, die für die Übernahme der Gefahr erheblich sind, dem Versicherer schriftlich anzuzeigen. Bei schuldhafter Verletzung dieser Obliegenheit kann der Versicherer nach Maßgabe der §§ 16 bis 21 VVG vom Vertrag zurücktreten, wodurch die Entschädigungspflicht entfallen kann.

2. Nach Antragstellung darf der Versicherungsnehmer ohne Einwilligung des Versicherers keine Gefahrerhöhung vornehmen oder gestatten. Erlangt der Versicherungsnehmer Kenntnis davon, daß eine Gefahrerhöhung eingetreten ist, so hat er dem Versicherer unverzüglich schriftlich Anzeige zu erstatten. Für die Einbruchdiebstahlversicherung wird es als eine Gefahrerhöhung angesehen, wenn die Wohnung länger als 60 Tage ununterbrochen unbewohnt und unbeaufsichtigt bleibt. Beaufsichtigt ist eine Wohnung nur, wenn sich in dieser während der Nacht eine hierzu berechtigte erwachsene Person aufhält. Tritt eine Gefahrerhöhung ein, so kann der Versicherer in den gesetzlich vorgesehenen Fällen kündigen. Verletzt der Versicherungsnehmer eine der ihm nach Satz 1 und 2 auferlegten Obliegenheiten, so kann der Versicherer außerdem nach Maßgabe der gesetzlichen Bestimmungen leistungsfrei sein. Die näheren Vorschriften über die Gefahrerhöhung sind in §§ 23 bis 30 VVG enthalten.

§ 8 Prämie, Beginn der Haftung

1.[2] Der Versicherungsnehmer hat die erste Prämie gegen Aushändigung des Versicherungsscheines, Folgeprämien bei Beginn jeder Versicherungsperiode zu zahlen. Für die Folgen nicht rechtzeitiger Prämienzahlung gelten §§ 38 und 39 VVG. Rückständige Folgeprämien dürfen nur innerhalb eines Jahres seit Ablauf der nach § 39 VVG gesetzten Zahlungsfrist gerichtlich eingezogen werden. Die vorstehenden Bestimmungen gelten auch für Nebenkosten, die aus dem Versicherungsschein oder der Prämienrechnung ersichtlich sind.

2. Die Haftung des Versicherers beginnt mit der Einlösung des Versicherungsscheines, jedoch nicht vor dem darin festgesetzten Zeitpunkt. Wird die erste Prämie erst nach diesem Zeitpunkt eingefordert, alsdann aber ohne Verzug gezahlt, so beginnt die Haftung des Versicherers schon in dem festgesetzten Zeitpunkt. Unter dieser Voraussetzung haftet der Versicherer auch für Versicherungsfälle, die nach dem festgesetzten Zeitpunkt, aber vor Annahme des Antrages eintreten. Ist jedoch dem Versicherungsnehmer bei Stellung des Antrages bekannt, daß der Versicherungsfall schon eingetreten ist, entfällt die Haftung.

3. Endet das Versicherungsverhältnis vor Ablauf der Vertragszeit oder wird es nach Beginn der Versicherung rückwirkend aufgehoben oder ist es von Anfang an nichtig, so gebührt dem Versicherer Prämie oder Geschäftsgebühr nach Maßgabe der gesetzlichen Bestimmungen (z. B. §§ 40 und 68 VVG). Kündigt nach Eintritt eines Versicherungsfalles der Versicherungsnehmer, so gebührt dem Versicherer die Prämie für die laufende Versicherungsperiode; kündigt der Versicherer, so hat er die Prämie, die auf die nach Abzug der Entschädigung verbleibende Versicherungssumme entfällt, nach dem Verhältnis der noch nicht abgelaufenen Versicherungszeit zur

---

[2] Durch VerBAV **87**, 174 (vgl. A II 35) wurde § 8 Abs. 1 neu gefaßt:
Der Versicherungsnehmer hat die erste Prämie (Beitrag) bei Aushändigung des Versicherungsscheines zu zahlen, Folgeprämien am Ersten des Monats, in dem ein neues Versicherungsjahr beginnt. Die Folgen nicht rechtzeitiger Zahlung der ersten Prämie oder der ersten Rate der ersten Prämie ergeben sich aus § 38 VVG; im übrigen gilt § 39 VVG. Rückständige Folgeprämien dürfen nur innerhalb eines Jahres seit Ablauf der nach § 39 VVG für sie gesetzten Zahlungsfrist eingezogen werden.
Vorstehende Bestimmungen gelten auch für die vereinbarten Nebenkosten.

gesamten Versicherungszeit zurückzuzahlen.[3] War die Prämie für mehrere Jahre vorausgezahlt, so wird bei vorzeitiger Beendigung des Versicherungsverhältnisses der Betrag einbehalten, den der Versicherer bei Abschluß der Versicherung für die Zeit berechnet haben würde, für die ihm Prämie zusteht.

§ 9 Entschädigungsgrenzen und Mehrfachversicherung

1. Soweit die Entschädigung durch § 2 auf bestimmte Beträge begrenzt ist, werden bei Ermittlung des Versicherungswertes der dort genannten Sachen höchstens diese Beträge berücksichtigt. Soweit die Entschädigungsgrenzen für die versicherten Gefahren (§ 1 Nr. 1) unterschiedlich hoch sind, ist die höhere Entschädigungsgrenze maßgebend.

Der gemäß § 5 Nr. 2 Satz 2 bei Unterversicherung nur teilweise zu ersetzende Gesamtbetrag des Schadens wird ohne Rücksicht auf Entschädigungsgrenzen ermittelt. Für die Höhe der Entschädigung gelten jedoch die Grenzen gemäß § 2.

2. Bei mehrfacher Versicherung des Hausrats ermäßigen sich die Ansprüche, für die Entschädigungsgrenzen gelten, in der Weise, daß der Versicherungsnehmer aus allen Versicherungsverträgen insgesamt nicht mehr erhält, als wenn er die gesamte Versicherungssumme in einem Vertrag bei einem Versicherer in Deckung gegeben hätte.

§ 9 Mehrfachversicherung und Entschädigungsbegrenzung

Soweit Entschädigungsbegrenzungen vereinbart sind, ermäßigt sich bei mehrfacher Versicherung des Hausrats der Entschädigungsanspruch für Sachen, die der Entschädigungsbegrenzung unterliegen, in der Weise, daß der Versicherungsnehmer aus allen Versicherungsverträgen insgesamt nicht mehr erhält, als wenn er die Gesamtversicherungssumme in einem Vertrag bei einem Versicherer in Deckung gegeben hätte.

§ 10 Überversicherung, Doppelversicherung

1. Übersteigt die Versicherungssumme den Wert der versicherten Sachen erheblich, so kann sowohl der Versicherungsnehmer als auch der Versicherer nach Maßgabe des § 51 VVG die Herabsetzung der Versicherungssumme und der Prämie verlangen. Eine tariflich vorgesehene Mindestprämie oder Steigerung des Prämiensatzes bei sinkender Versicherungssumme ist dabei zu berücksichtigen.

2. Im Falle einer Doppelversicherung gelten §§ 59, 60 VVG.

§ 11 Veräußerung der versicherten Sachen

Veräußert der Versicherungsnehmer die versicherten Sachen in ihrer Gesamtheit, so geht die Versicherung gemäß § 69 VVG auf den Erwerber über. Der Veräußerer oder der Erwerber hat die Veräußerung unverzüglich schriftlich anzuzeigen. Der Erwerber oder der Versicherer kann das Versicherungsverhältnis nach §§ 70, 71 VVG kündigen. Bei Verletzung der Anzeigepflicht wird der Versicherer nach Maßgabe des § 71 VVG von der Entschädigungspflicht frei.

§ 12 Versicherung für fremde Rechnung

1. Bei der Versicherung für fremde Rechnung kann der Versicherungsnehmer über die Rechte des Versicherten im eigenen Namen verfügen. Der Versicherungs-

---

[3] Der Relativsatz „die auf ... entfällt" wurde durch VerBAV **87**, 174 (vgl. A II 35) gestrichen.

nehmer ist ohne Zustimmung des Versicherten zur Annahme der Entschädigungszahlung und zur Übertragung der Rechte des Versicherten befugt, auch wenn er
nicht im Besitz des Verischerungsscheines ist. Der Versicherer kann vor Auszahlung
der Entschädigung den Nachweis verlangen, daß der Versicherte seine Zustimmung
zu der Versicherung und zur Empfangnahme der Entschädigung erteilt hat.

2. Der Versicherte kann über seine Rechte nicht verfügen, selbst wenn er im
Besitz des Versicherungsscheines ist; er kann die Zahlung der Entschädigung nur
mit Zustimmung des Versicherungsnehmers verlangen.

3. Soweit in diesen Bedingungen Kenntnis und Verhalten des Versicherungsnehmers von rechtlicher Bedeutung sind, kommen auch Kenntnis und Verhalten des
Versicherten in Betracht. Im übrigen findet § 79 VVG Anwendung.

§ 13 Obliegenheiten des Versicherungsnehmers im Versicherungsfalle

1. Der Versicherungsnehmer hat bei Eintritt eines Versicherungsfalles, aus dem er
Entschädigung verlangt, folgende Obliegenheiten:

a) Er hat unverzüglich den Eintritt des Versicherungsfalles dem Versicherer oder
   dessen Agenten schriftlich oder mündlich anzuzeigen, einen Feuer-, Explosions-,
   Diebstahl- oder Beraubungsschaden außerdem der Polizeibehörde zu melden
   und über etwa abhanden gekommene Sachen der Polizeibehörde eine Aufstellung einzureichen;

b) er hat nach Möglichkeit für die Abwendung oder Minderung des Schadens zu
   sorgen und dabei die Weisung des Versicherers oder dessen Beauftragten zu
   befolgen. Gestatten es die Umstände, so hat er solche Weisung einzuholen. Der
   Ersatz der Aufwendungen bestimmt sich nach § 14;

c) er hat bei Verlust von Sparbüchern oder anderen sperrfähigen Urkunden diese
   unverzüglich sperren zu lassen;

d) er hat dem Versicherer, soweit es ihm billigerweise zugemutet werden kann, jede
   Untersuchung über Ursache und Höhe des Schadens und über den Umfang seiner Entschädigungspflicht zu gestatten, jede hierzu dienliche Auskunft, auf Verlangen schriftlich zu erteilen und Belege beizubringen. Auf Verlangen muß er
   ferner innerhalb einer angemessenen Frist, die mindestens zwei Wochen betragen muß, ein von ihm unterschriebenes Verzeichnis der am Schadenstag vorhandenen, der von dem Schaden betroffenen und der ihm entwendeten oder sonst
   abhanden gekommenen Sachen, und zwar nach Möglichkeit unter Angabe ihres
   Wertes unmittelbar vor dem Versicherungsfall, auf seine Kosten[4] vorlegen.

2. Durch die Versendung der Anzeige nach Nr. 1 a oder der Verzeichnisse gemäß
Nr. 1 d wird die Frist gewahrt. In der Feuerversicherung hat der Versicherungsneh-
mer den Versicherungsfall rechtzeitig angezeigt, wenn er die Anzeige binnen drei
Tagen nach Kenntnisnahme absendet.

3. Verletzt der Versicherungsnehmer eine der vorstehenden Obliegenheiten, so
ist der Versicherer nach Maßgabe der gesetzlichen Bestimmungen (§§ 6 Abs. 3, 62
Abs. 2 VVG) von der Entschädigungspflicht frei. Ist die Anzeige eines Feuer-, Explo-
sions-, Diebstahl- oder Beraubungsschadens bei der Polizeibehörde unterblieben,
so kann die Entschädigung nur bis zur Nachholung dieser Anzeige verweigert werden. Sind abhanden gekommene Sachen der Polizeibehörde nicht oder nicht rechtzeitig angezeigt, so kann die Entschädigung nur für diese Sachen verweigert werden.

§ 14 Ersatz der Aufwendungen

1. Aufwendungen, auch erfolglose, die der Versicherungsnehmer im Versicherungsfall zur Abwendung oder Minderung des Schadens für geboten halten durfte,
hat der Versicherer zu ersetzen. Zu Vorschüssen ist der Versicherer nicht verpflich-

---

[4] Durch VerBAV **87**, 174 wurden die Worte „auf seine Kosten" gestrichen.

tet.[5] Der Ersatz für Aufwendungen und die Entschädigung dürfen zusammen die Versicherungssumme nicht übersteigen, soweit die Aufwendungen nicht auf Weisung des Versicherers erfolgt sind. Bei einer Unterversicherung sind die Aufwendungen nur in demselben Verhältnis zu ersetzen wie der Schaden.

2. Für Aufwendungen, die durch Gesundheitsschädigungen verursacht sind, und für Leistungen der im öffentlichen Interesse bestehenden Feuerwehren oder anderer zur Hilfeleistung Verpflichteter wird ein Ersatz nicht gewährt.

§ 15 Sachverständigenverfahren[5a]

1. Jede Partei kann verlangen, daß die Höhe des Schadens durch Sachverständige festgestellt wird. Die Ausdehnung des Sachverständigenverfahrens auf sonstige Feststellungen, insbesondere einzelne Voraussetzungen des Entschädigungsanspruches, bedarf besonderer Vereinbarung.

2. Für das Schverständigenverfahren gelten folgende Grundsätze:

a) Jede Partei ernennt zu Protokoll oder sonst schriftlich einen Sachverständigen. Jede Partei kann die andere unter Angabe des von ihr gewählten Sachverständigen zur Ernennung des zweiten Sachverständigen auffordern. Die Aufforderung

---

[5] Satz 2 wurde durch VerBAV **87**, 174 (vgl. A II 35) gestrichen.

[5a] Neufassung gemäß VerBAV **84**, 389 (vgl. A II 35):

1. Versicherungsnehmer und Versicherer können nach Eintritt des Versicherungsfalles vereinbaren, daß die Höhe des Schadens durch Sachverständige festgestellt wird. Das Sachverständigenverfahren kann durch Vereinbarung auf sonstige tatsächliche Voraussetzungen des Entschädigungsanspruchs sowie der Höhe der Entschädigung ausgedehnt werden. Der Versicherungsnehmer kann ein Sachverständigenverfahren auch durch einseitige Erklärung gegenüber dem Versicherer verlangen.

2. Für das Sachverständigenverfahren gilt:

a) Jede Partei benennt schriftlich einen Sachverständigen und kann dann die andere unter Angabe des von ihr benannten Sachverständigen schriftlich auffordern, den zweiten Sachverständigen zu benennen. Wird der zweite Sachverständige nicht binnen zwei Wochen nach Empfang der Aufforderung benannt, so kann ihn die auffordernde Partei durch das für den Schadenort zuständige Amtsgericht ernennen lassen. In der Aufforderung ist auf diese Folge hinzuweisen.

b) Beide Sachverständige benennen schriftlich vor Beginn des Feststellungsverfahrens einen dritten Sachverständigen als Obmann. Einigen sie sich nicht, so wird der Obmann auf Antrag einer Partei durch das für den Schadenort zuständige Amtsgericht ernannt.

c) Der Versicherer darf als Sachverständige keine Personen benennen, die Mitbewerber des Versicherungsnehmers sind oder mit ihm in dauernder Geschäftsverbindung stehen, ferner keine Personen, die bei Mitbewerbern oder Geschäftspartnern angestellt sind oder mit ihnen in einem ähnlichen Verhältnis stehen.

Dies gilt entsprechend für die Benennung eines Obmannes durch die Sachverständigen.

3. Die Feststellungen der Sachverständigen müssen enthalten

a) ein Verzeichnis der zerstörten, beschädigten oder abhandengekommenen Sachen, deren Versicherungswert sowie gegebenenfalls (§ 4 Nr. 1) deren Zeitwert zum Zeitpunkt des Versicherungsfalles;

b) bei beschädigten Sachen die Beträge gemäß § 5 Nr. 1 b;

c) alle sonstigen gemäß § 5 Nr. 1 maßgebenden Tatsachen, insbesondere die Restwerte der von dem Schaden betroffenen Sachen;

d) entstandene Kosten, die gemäß § 1 Nr. 2 b und 2 c versichert sind.   d) entstandene Kosten, die gemäß § 1 Nr. 2 versichert sind.

4. Die Sachverständigen übermitteln beiden Parteien gleichzeitig ihre Feststellungen. Weichen die Feststellungen voneinander ab, so übergibt der Versicherer sie unverzüglich dem Obmann. Dieser entscheidet über die streitig gebliebenen Punkte innerhalb der durch die Feststellungen des Sachverständigen gezogenen Grenzen und übermittelt seine Entscheidung beiden Parteien gleichzeitig.

5. Jede Partei trägt die Kosten ihres Sachverständigen. Die Kosten des Obmannes tragen beide Parteien je zur Hälfte.

6. Die Feststellungen der Sachverständigen oder des Obmannes sind verbindlich, wenn nicht nachgewiesen wird, daß sie offenbar von der wirklichen Sachlage erheblich abweichen. Aufgrund dieser verbindlichen Feststellungen berechnet der Versicherer gemäß den §§ 10, 11 die Entschädigung.

7. Durch das Sachverständigenverfahren werden die Obliegenheiten des Versicherungsnehmers gemäß § 13 Nr. 1 b bis 1 d nicht berührt.

bedarf der Schriftform. Wird der zweite Sachverständige nicht binnen zwei Wochen nach Empfang der Aufforderung ernannt, so kann ihn die auffordernde Partei durch das für den Schadensort zuständige Amtsgericht ernennen lassen. In der Aufforderung ist auf diese Folge hinzuweisen.

b) Beide Sachverständige ernennen zu Protokoll oder sonst schriftlich vor Beginn des Feststellungsverfahrens einen Dritten als Obmann. Einigen sie sich nicht, so wird der Obmann auf Antrag einer Partei oder beider Parteien durch das für den Schadensort zuständige Amtsgericht ernannt.

c) Die Feststellungen der beiden Sachverständigen müssen zur Ermittlung der Schadenshöhe nach § 5 Nr. 1 und 3 insbesondere auch, abgestellt auf die Zeit des Eintritts des Versicherungsfalles, den Wiederbeschaffungspreis und den Zeitwert (§ 4 Nr. 1) der versicherten Sachen enthalten. Auf Verlangen einer der beiden Parteien müssen sie auch ein Verzeichnis der vom Schaden nicht betroffenen Sachen mit ihrem Versicherungswert und ihrem Zeitwert zur Zeit des Eintritts des Versicherungsfalles enthalten.

d) Die Sachverständigen reichen ihre Feststellungen gleichzeitig dem Versicherer und dem Versicherungsnehmer ein. Weichen die Ergebnisse der Feststellungen voneinander ab, so übergibt der Versicherer sie unverzüglich dem Obmann. Dieser entscheidet über die streitig gebliebenen Punkte innerhalb der Grenzen beider Feststellungen und reicht seine Feststellung gleichzeitig dem Versicherer und dem Versicherungsnehmer ein.

e) Jede Partei trägt die Kosten ihres Sachverständigen; die Kosten des Obmanns tragen beide je zur Hälfte.

3. Die Feststellungen der Sachverständigen und des Obmanns sind verbindlich, wenn nicht nachgewiesen wird, daß sie offenbar von der wirklichen Sachlage erheblich abweichen. Auf Grund dieser Feststellungen wird die Entschädigung nach § 5 berechnet.

4. Durch das Sachverständigenverfahren werden die Obliegenheiten des Versicherungsnehmers nach § 13 Nr. 1 b und d nicht berührt.

§ 16 Besondere Verwirkungsgründe

1. Führt der Versicherungsnehmer den Schaden vorsätzlich oder grobfahrlässig herbei, so ist der Versicherer von jeder Entschädigungspflicht frei.

2. Macht der Versicherungsnehmer sich bei den Verhandlungen über die Ermittlung der Entschädigung einer arglistigen Täuschung schuldig, so ist der Versicherer von jeder Entschädigungspflicht frei, und zwar auch dann, wenn die arglistige Täuschung sich auf Sachen bezieht, die durch einen anderen zwischen den Parteien über dieselbe Gefahr abgeschlossenen Vertrag versichert sind.

3. Ist der Versicherungsnehmer wegen vorsätzlicher Brandstiftung oder wegen eines bei Ermittlung der Entschädigung begangenen Betruges oder Betrugsversuches rechtskräftig verurteilt worden, so gelten die Voraussetzungen für den Wegfall der Entschädigungspflicht als festgestellt.

§ 17 Zahlung der Entschädigung

1.[6] Die Entschädigung für den Zeitwertschaden ist zwei Wochen nach ihrer vollständigen Feststellung fällig; jedoch kann einen Monat nach Anzeige des Schadens als Abschlagszahlung der Betrag verlangt werden, der nach Lage der Sache mindestens zu zahlen ist. Die Entschädigung für den Zeitwertschaden ist nach Ablauf

---

[6] Neufassung gemäß VerBAV **84**, 389 (Vgl. A II 35):
1. Ist die Leistungspflicht des Versicherers dem Grunde und der Höhe nach festgestellt, so hat die Auszahlung der Entschädigung binnen zwei Wochen zu erfolgen. Jedoch kann einen Monat nach Anzeige des Schadens als Abschlagszahlung der Betrag verlangt werden, der nach Lage der Sache mindestens zu zahlen ist. Die Entschädigung ist nach Ablauf eines Monats ...

eines Monats seit der Anzeige des Schadens mit 1 vom Hundert unter dem Diskontsatz der Deutschen Bundesbank, aber mit nicht mehr als 6 vom Hundert und mit nicht weniger als 4 vom Hundert für das Jahr zu verzinsen. Der Lauf der Fristen ist gehemmt, solange infolge des Verschuldens des Versicherungsnehmers die Entschädigung nicht ermittelt oder nicht gezahlt werden kann. Soweit die Zahlung der Entschädigung von der Sicherstellung der Wiederbeschaffung oder Wiederherstellung abhängt, wird sie zwei Wochen nach Eintritt dieser Voraussetzung fällig. Die Verzinsung erfolgt nach den Bestimmungen des Satzes 2. Zinsen sind erst fällig, wenn die Entschädigungssumme selbst fällig ist.

2. Der Versicherer ist berechtigt, die Zahlung aufzuschieben

a) wenn Zweifel an der Berechtigung des Versicherungsnehmers zum Zahlungsempfang bestehen, bis zur Beibringung des erforderlichen Nachweises;

b) wenn eine polizeiliche oder strafgerichtliche Untersuchung aus Anlaß des Schadens gegen den Versicherungsnehmer eingeleitet ist, bis zum Abschluß dieser Untersuchung.

3. Wenn der Entschädigungsanspruch nicht innerhalb einer Frist von sechs Monaten gerichtlich geltend gemacht wird, nachdem der Versicherer ihn unter Angabe der mit dem Ablauf der Frist verbundenen Rechtsfolge schriftlich abgelehnt hat, ist der Versicherer von der Entschädigungspflicht frei.

§ 18 Wiederherbeigeschaffte Sachen

1. Wird der Verbleib entwendeter oder sonst abhanden gekommener Sachen ermittelt, so hat der Versicherungsnehmer dem Versicherer unverzüglich schriftlich Anzeige zu machen und ihm auf Verlangen seine Rechte an den Sachen abzutreten.

2. Sind wiederherbeigeschaffte Sachen mit ihrem vollen Wert entschädigt worden, so hat der Versicherungsnehmer die Entschädigung zurückzuzahlen oder die Sachen dem Versicherer zur Verfügung zu stellen. Der Versicherungsnehmer hat sich auf Verlangen des Versicherers innerhalb zweier Wochen nach Aufforderung hierüber zu entscheiden; nach fruchtlosem Ablauf dieser Frist geht das Wahlrecht auf den Versicherer über.

3. Sind die wiederherbeigeschafften Sachen nur mit einem Teil ihres Wertes entschädigt worden, so kann der Versicherungsnehmer sie unter Rückzahlung der Teilentschädigung behalten. Erklärt er sich hierzu innerhalb zweier Wochen nach Aufforderung des Versicherers nicht bereit, so sind die Sachen im Einvernehmen mit dem Versicherer öffentlich meistbietend zu verkaufen. Von dem Erlös abzüglich der Verkaufskosten erhält der Versicherer den Anteil, welcher der von ihm geleisteten Teilentschädigung entspricht.

§ 19 Rechtsverhältnisse nach dem Versicherungsfall

1.[6a] Vom Schadenstage an vermindert sich die Versicherungssumme für den Rest der Versicherungsperiode um den Betrag der Entschädigung. Für spätere Versicherungsperioden gelten wieder die ursprüngliche Versicherungssumme und Prämie, wenn sich nicht aus den Umständen etwas anderes ergibt.

2.[7] Nach dem Eintritt eines ersatzpflichtigen Versicherungsfalles können beide

---

[6a] Nr. 1 lautet seit VerBAV **87**, 174 (vgl. A II 35):
Die Versicherungssumme vermindert sich nicht dadurch, daß eine Entschädigung geleistet wird.

[7] Neufassung von Nr. 2 gemäß VerBAV **84**, 389 (vgl. A II 35):
Nach dem Eintritt eines Versicherungsfalles können Versicherer und Versicherungsnehmer den Versicherungsvertrag kündigen.
Die Kündigung ist schriftlich zu erklären. Sie muß spätestens einen Monat nach dem Abschluß der Verhandlungen über die Entschädigung zugehen.
Die Kündigung wird einen Monat nach Zugang wirksam. Der Versicherungsnehmer kann bestimmen, daß seine Kündigung sofort oder zu einem späteren Zeitpunkt wirksam wird, jedoch spätestens zum Schluß des laufenden Versicherungsjahres.

Parteien den Versicherungsvertrag kündigen; der Versicherungsnehmer jedoch nur dann, wenn er die Anzeige nach § 13 Nr. 1a gemacht hat. Die Kündigung ist nur für den ganzen Vertrag zulässig. Sie hat spätestens zwei Wochen nach Auszahlung oder Ablehnung schriftlich zu erfolgen. Wird für einen ersatzpflichtigen Versicherungsfall keine Entschädigung beansprucht, so ist die Kündigung nur zulässig, sofern der Versicherungsfall nicht länger als ein Jahr zurückliegt; sie ist spätestens einen Monat, nachdem die Partei von dem Schaden Kenntnis erlangt hat, schriftlich zu erklären. Der Vertrag endet einen Monat nach der Kündigung.

§ 20 Schriftliche Form der Erklärungen des Versicherungsnehmers

Versicherungsanträge und sämtliche Anzeigen und Erklärungen des Versicherungsnehmers mit Ausnahme der Schadensanzeigen bedürfen der Schriftform.

§ 21 Verlängerung des Versicherungsvertrages

Versicherungsverträge von ein- oder mehrjähriger Dauer verlängern sich um ein Jahr und weiter von Jahr zu Jahr, wenn sie nicht drei Monate vor dem jeweiligen Ablauf von einem der beiden Teile schriftlich gekündigt werden.

Texte 32

Allgemeine Hausratversicherungsbedingungen (VHB 84)

§ 1 Versicherte Sachen

1. Versichert ist der gesamte Hausrat. Dazu gehören alle Sachen, die einem Haushalt zur Einrichtung oder zum Gebrauch oder zum Verbrauch dienen, außerdem Bargeld. Für Wertsachen einschließlich Bargeld gelten Entschädigungsgrenzen (§ 19).

2. Versichert sind auch

a) Rundfunk- und Fernsehantennenanlagen sowie Markisen, soweit diese Sachen nicht mehreren Wohnungen oder gewerblichen Zwecken dienen;

b) in das Gebäude eingefügte Sachen, die der Versicherungsnehmer als Mieter auf seine Kosten beschafft oder übernommen hat und für die er die Gefahr trägt, insbesondere sanitäre Anlagen und leitungswasserführende Installationen mit deren Zu- und Ableitungsrohren;

c) Kanus, Ruder-, Falt- und Schlauchboote, Surfgeräte und Flugdrachen; Motoren sind jedoch nicht versichert.

d) Arbeitsgeräte und Einrichtungsgegenstände, die dem Beruf oder dem Gewerbe des Versicherungsnehmers oder einer mit ihm in häuslicher Gemeinschaft lebenden Person dienen. Die Einschränkung gemäß § 10 Nr. 2 Satz 3 bleibt unberührt.

3. Die in Nr. 1 und Nr. 2 genannten Sachen sind auch versichert, soweit sie fremdes Eigentum sind.

4. Nicht versichert sind

a) Gebäudebestandteile, es sei denn, sie sind in Nr. 2a und 2b genannt;

b) Kraftfahrzeuge aller Art und deren Anhänger;

c) Wasserfahrzeuge, es sei denn, sie sind in Nr. 2c genannt;

d) Hausrat von Untermietern, soweit er diesen nicht durch den Versicherungsnehmer überlassen worden ist;

e) Sachen, die durch einen Versicherungsvertrag für Schmucksachen und Pelze im Privatbesitz versichert sind.

§ 2 Versicherte Kosten

1. Versichert sind Kosten

a) für das Aufräumen versicherter Sachen sowie für das Wegräumen und den Abtransport von Resten versicherter Sachen nach einem Versicherungsfall (Aufräumungskosten);

b) die aufzuwenden sind, weil nach einem Versicherungsfall zur Wiederherstellung oder Wiederbeschaffung versicherter Sachen andere Sachen bewegt, verändert oder geschützt werden müssen (Bewegungs- und Schutzkosten);

c) für Maßnahmen, auch erfolglose, die der Versicherungsnehmer im Versicherungsfall zur Abwendung oder Minderung des Schadens für geboten halten durfte (Schadenabwendungs- oder Schadenminderungskosten);

d) für Schloßänderungen, wenn Schlüssel für Türen der Wohnung durch einen Versicherungsfall abhanden gekommen sind (Schloßänderungskosten);

e) für Reparaturen von Gebäudebeschädigungen, die im Bereich der Wohnung (§ 10) durch Einbruchdiebstahl, Raub oder den Versuch einer solchen Tat oder innerhalb der Wohnung durch Vandalismus nach einem Einbruch (§ 6) entstanden sind (Raparaturkosten für Gebäudebeschädigungen);

f) für Reparaturen in gemieteten Wohnungen, um durch einen Versicherungsfall entstandene Leitungswasserschäden an Bodenbelägen, Innenanstrichen oder Tapeten der Wohnung (§ 10) zu beseitigen (Reparaturkosten für gemietete Wohnungen).

2. Nicht versichert sind Aufwendungen für Leistungen der Feuerwehren oder anderer im öffentlichen Interesse zur Hilfeleistung Verpflichteter, wenn diese Leistungen im öffentlichen Interesse erbracht werden.

§ 3 Versicherte Gefahren und Schäden

Entschädigt werden versicherte Sachen, die durch

1. Brand, Blitzschlag, Explosion, Anprall oder Absturz eines bemannten Flugkörpers, seiner Teile oder seiner Ladung,

2. Einbruchdiebstahl, Raub oder den Versuch einer solchen Tat,

3. Vandalismus nach einem Einbruch,

4. Leitungswasser,

5. Sturm

zerstört oder beschädigt werden oder infolge eines solchen Ereignisses abhanden kommen.

§ 4 Brand; Blitzschlag; Explosion

1. Brand ist ein Feuer, das ohne einen bestimmungsgemäßen Herd entstanden ist oder ihn verlassen hat und sich aus eigener Kraft auszubreiten vermag.

2. Blitzschlag ist der unmittelbare Übergang eines Blitzes auf Sachen.

3. Explosion ist eine auf dem Ausdehnungsbestreben von Gasen oder Dämpfen beruhende, plötzlich verlaufende Kraftäußerung.

§ 5 Einbruchdiebstahl; Raub

1. Einbruchdiebstahl liegt vor, wenn der Dieb

a) in einem Raum eines Gebäudes einbricht, einsteigt oder mit einem falschen Schlüssel oder anderen nicht zum ordnungsgemäßen Öffnen bestimmten Werkzeugen eindringt;
ein Schlüssel ist falsch, wenn seine Anfertigung für das Schloß nicht von einer dazu berechtigten Person veranlaßt oder gebilligt worden ist;
der Gebrauch eines falschen Schlüssels ist nicht schon dann bewiesen, wenn feststeht, daß versicherte Sachen abhanden gekommen sind;

b) in einem Raum eines Gebäudes ein Behältnis aufbricht oder falsche Schlüssel oder andere nicht zum ordnungsgemäßen Öffnen bestimmte Werkzeuge benutzt, um es zu öffnen;

c) aus der verschlossenen Wohnung Sachen entwendet, nachdem er sich dort eingeschlichen oder verborgen gehalten hatte;

d) in einem Raum eines Gebäudes bei einem Diebstahl angetroffen wird und eines der Mittel gemäß Nr. 2 anwendet, um sich den Besitz gestohlener Sachen zu erhalten;

e) in einem Raum eines Gebäudes ein Behältnis mit einem richtigen Schlüssel öffnet, den er – auch außerhalb der Wohnung – durch Einbruchdiebstahl oder Raub an sich gebracht hatte;

f) in einen Raum eines Gebäudes mit einem richtigen Schlüssel eindringt, den er – auch außerhalb der Wohnung – durch Raub oder ohne fahrlässiges Verhalten des berechtigten Besitzers durch Diebstahl an sich gebracht hatte.

2. Raub liegt vor, wenn

a) gegen den Versicherungsnehmer Gewalt angewendet wird, um dessen Widerstand gegen die Wegnahme versicherter Sachen auszuschalten;

b) der Versicherungsnehmer versicherte Sachen herausgibt oder sich wegnehmen läßt, weil eine Gewalttat mit Gefahr für Leib oder Leben angedroht wird, die innerhalb des Versicherungsortes verübt werden soll;

c) dem Versicherungsnehmer versicherte Sachen weggenommen werden, weil sein körperlicher Zustand infolge eines Unfalls oder infolge einer nicht verschuldeten sonstigen Ursache beeinträchtigt und dadurch seine Widerstandskraft ausgeschaltet ist.

Dem Versicherungsnehmer stehen Personen gleich, die mit seiner Zustimmung in der Wohnung anwesend sind.

§ 6 Vandalismus nach einem Einbruch

Vandalismus liegt vor, wenn der Täter auf eine der in § 5 Nr. 1 a oder f bezeichneten Arten in die Wohnung eindringt und versicherte Sachen vorsätzlich zerstört oder beschädigt.

§ 7 Leitungswasser

1. Leitungswasser ist Wasser, das aus den Zu- oder Ableitungsrohren der Wasserversorgung, sonstigen mit dem Rohrsystem verbundenen Einrichtungen, Anlagen der Warmwasser- oder Dampfheizung oder Einrichtungen von Klima-, Wärmepumpen- oder Solarheizungsanlagen bestimmungswidrig ausgetreten ist.

2. Versichert sind auch Frostschäden an sanitären Anlagen und leitungswasserführenden Installationen sowie Frost- und sonstige Bruchschäden an deren Zu- und Ableitungsrohren, soweit der Versicherungsnehmer als Mieter diese Anlagen oder

Rohre auf seine Kosten beschafft oder übernommen hat und für sie die Gefahr trägt.

3. Wasserdampf steht Leitungswasser gleich.

§ 8 Sturm

1. Sturm ist eine wetterbedingte Luftbewegung von mindestens Windstärke 8.

2. Kann die Windstärke für den Versicherungsort nicht festgestellt werden, so wird Sturm unterstellt, wenn der Versicherungsnehmer nachweist, daß
a) die Luftbewegung in der Umgebung des Versicherungsortes Schäden an Gebäuden in einwandfreiem Zustand oder an ebenso widerstandsfähigen anderen Sachen angerichtet hat oder
b) der Schaden wegen des einwandfreien Zustandes des Gebäudes, in dem sich die versicherten Sachen befunden haben, nur durch Sturm entstanden sein kann.

3. Versichert sind nur Schäden, die entstehen
a) durch unmittelbare Einwirkung des Sturmes auf versicherte Sachen;
b) dadurch, daß der Sturm Gebäudeteile, Bäume oder andere Gegenstände auf versicherte Sachen wirft;
c) als Folge eines Sturmschadens gemäß a oder b oder an Gebäuden, in denen sich versicherte Sachen befinden.

§ 9 Nicht versicherte Schäden

1. Nicht versichert sind ohne Rücksicht auf mitwirkende Ursachen Schäden,
a) die der Versicherungsnehmer oder eine mit ihm in häuslicher Gemeinschaft lebende volljährige Person vorsätzlich oder grob fahrlässig herbeiführt; bei Schäden durch Raub steht die beraubte Person dem Versicherungsnehmer gleich; ist die Herbeiführung des Schadens gemäß Abs. 1 durch ein rechtskräftiges Strafurteil wegen vorsätzlicher Brandstiftung festgestellt, so gelten die Voraussetzungen von Abs. 1 als bewiesen;
b) die durch Kriegsereignisse jeder Art, innere Unruhen oder Erdbeben entstehen; ist der Beweis für einen dieser Ausschlüsse nicht zu erbringen, so genügt die überwiegende Wahrscheinlichkeit, daß der Schaden auf eine dieser Ursachen zurückzuführen ist;
c) durch Kernenergie;[1]

2. Der Versicherungsschutz gegen Brand, Blitzschlag und Explosion erstreckt sich ohne Rücksicht auf mitwirkende Ursachen nicht auf
a) Brandschäden, die an versicherten Sachen dadurch entstehen, daß sie einem Nutzfeuer oder der Wärme zur Bearbeitung oder zu sonstigen Zwecken ausgesetzt werden;
b) Sengschäden, die nicht durch einen Brand entstanden sind;
c) Kurzschluß- und Überspannungsschäden, die an elektrischen Einrichtungen mit oder ohne Feuererscheinung entstanden sind, außer wenn sie die Folge eines Brandes oder einer Explosion sind;

3. Der Versicherungsschutz gegen Einbruchdiebstahl und Raub erstreckt sich ohne Rücksicht auf mitwirkende Ursachen nicht auf
a) Einbruchdiebstahl- oder Raubschäden durch vorsätzliche Handlungen von Hausangestellten oder von Personen, die bei dem Versicherungsnehmer wohnen;
b) Schäden durch Raub gemäß § 5 Nr. 2 an Sachen, die an den Ort der Wegnahme oder Herausgabe erst auf Verlangen des Täters herangeschafft werden.

4. Der Versicherungsschutz gegen Leitungswasser erstreckt sich ohne Rücksicht auf mitwirkende Ursachen nicht auf Schäden
a) durch Plansch- oder Reinigungswasser;

---

[1] Der Ersatz von Schäden durch Kernenergie richtet sich in der Bundesrepublik Deutschland einschließlich des Landes Berlin nach dem Atomgesetz. Die Betreiber von Kernanlagen sind zur Deckungsvorsorge verpflichtet und schließen hierfür Haftpflichtversicherungen ab.

b) durch Grundwasser, stehendes oder fließendes Gewässer, Hochwasser oder Witterungsniederschläge oder durch den in diesen Fällen verursachten Rückstau;

c) durch Schwamm;

d) durch Austritt von wärmetragenden Flüssigkeiten, wie Sole, Ölen, Kühlmitteln, Kältemitteln und dergleichen, aus Klima-, Wärmepumpen- oder Solarheizungsanlagen.

5. Der Versicherungsschutz gegen Sturm erstreckt sich ohne Rücksicht auf mitwirkende Ursachen nicht auf Schäden

a) durch Sturmflut;

b) durch Lawinen oder Schneelast;

c) durch Eindringen von Niederschlägen oder Schmutz durch nicht ordnungsgemäß geschlossene Fenster, Außentüren oder andere Öffnungen, es sei denn, daß diese Öffnungen durch den Sturm entstanden sind und einen Gebäudeschaden darstellen.

§ 10 Versicherungsort

1. Versicherungsschutz besteht für versicherte Sachen innerhalb des Versicherungsortes.

Diese Beschränkung gilt nicht für Sachen, die infolge eines eingetretenen oder unmittelbar bevorstehenden Versicherungsfalles aus dem Versicherungsort entfernt und in zeitlichem und örtlichem Zusammenhang mit diesem Vorgang beschädigt oder zerstört werden oder abhandenkommen. Unberührt bleibt jedoch § 9 Nr. 1 a.

2. Versicherungsort ist die im Versicherungsvertrag bezeichnete Wohnung des Versicherungsnehmers. Zur Wohnung gehören auch Räume in Nebengebäuden auf demselben Grundstück. Nicht zur Wohnung gehören Räume, die ausschließlich beruflich oder gewerblich genutzt werden. Für Rundfunk- und Fernsehantennenanlagen sowie für Markisen gilt als Versicherungsort das gesamte Grundstück, auf dem die versicherte Wohnung liegt.

3. Bei Schäden durch Einbruchdiebstahl oder Raub oder durch Vandalismus nach einem Einbruch müssen alle Voraussetzungen gemäß § 5 oder § 6 innerhalb des Versicherungsortes verwirklicht worden sein.

4. Stirbt der Versicherungsnehmer, so bleibt dessen Wohnung Versicherungsort. Das Versicherungsverhältnis endet jedoch zwei Monate nach dem Tod, wenn nicht spätestens zu dieser Zeit ein Erbe die Wohnung in derselben Weise wie der frühere Versicherungsnehmer nutzt.

§ 11 Wohnungswechsel; Prämienänderung

1. Im Falle eines Wechsels der in § 10 Nr. 2 genannten Wohnung des Versicherungsnehmers geht der Versicherungsschutz auf die neue Wohnung über. Behält der Versicherungsnehmer in diesem Falle die in § 10 Nr. 2 genannte Wohnung bei, so liegt ein Wohnungswechsel nur vor, wenn er die neue Wohnung in derselben Weise wie die bisherige nutzt.

Während des Wohnungswechsels besteht Versicherungsschutz in beiden Wohnungen. Der Versicherungsschutz in der bisherigen Wohnung erlischt jedoch spätestens zwei Monate nach Umzugsbeginn.

Liegt die neue Wohnung nicht innerhalb der Bundesrepublik Deutschland einschließlich des Landes Berlin, so ist Abs. 1 nicht anzuwenden. Das Versicherungsverhältnis endet, sobald gemäß Abs. 2 der Versicherungsschutz für die bisherige Wohnung erlischt.

2. Ein Wohnungswechsel ist dem Versicherer spätestens bei Umzugsbeginn unter Angabe der neuen Wohnfläche in Quadratmetern schriftlich anzuzeigen.

3. Liegt nach einem Umzug die neue Wohnung an einem Ort, für den der Tarif des Versicherers einen anderen Prämiensatz vorsieht, so ändert sich ab Umzugsbeginn die Prämie entsprechend diesem Tarif.

4. Der Versicherungsnehmer kann den Vertrag kündigen, wenn sich die Prämie gemäß Nr. 3 erhöht. Die Kündigung hat schriftlich spätestens einen Monat nach Zugang der Mitteilung über die erhöhte Prämie zu erfolgen. Sie wird einen Monat nach Zugang wirksam.

Der Versicherer kann in diesem Fall die Prämie nur zeitanteilig bis zur Wirksamkeit der Kündigung beanspruchen. Ist die Anzeige gemäß Nr. 2 erfolgt, so wird diese Prämie nur in der für die bisherige Wohnung maßgebenden Höhe geschuldet.

§ 12 Außenversicherung

1. Versicherte Sachen, die Eigentum des Versicherungsnehmers oder einer mit ihm in häuslicher Gemeinschaft lebenden Person sind oder deren Gebrauch dienen, sind innerhalb Europas im geographischen Sinn auch versichert, solange sie sich vorübergehend außerhalb der Wohnung befinden. Zeiträume von mehr als drei Monaten gelten nicht als vorübergehend.

2. Hält sich der Versicherungsnehmer oder ein mit ihm in häuslicher Gemeinschaft lebender Familienangehöriger zur Ausbildung, zur Erfüllung von Wehrpflicht oder Zivildienst außerhalb der Wohnung auf, so gilt dies so lange als vorübergehend, wie er nicht dort einen eigenen Haushalt gegründet hat.

3. Für Sturmschäden besteht Außenversicherungsschutz nur, wenn sich die Sachen in Gebäuden befinden.

4. Bei Raub besteht Außenversicherungsschutz
a) auch dann, wenn der Raub an einer Person begangen wird, die mit dem Versicherungsnehmer in häuslicher Gemeinschaft lebt;
b) in den Fällen des § 5 Nr. 2 b nur dann, wenn die angedrohte Gewalttat an Ort und Stelle verübt werden soll.

5. Es gelten die Entschädigungsgrenzen gemäß § 19. Die Entschädigung für die Außenversicherung ist jedoch insgesamt auf 10 Prozent der Versicherungssumme, höchstens 15 000 DM, begrenzt.

§ 13 Gefahrumstände bei Vertragsabschluß und Gefahrerhöhung

1. Der Versicherungsnehmer hat alle Antragsfragen wahrheitsgemäß zu beantworten. Bei schuldhafter Verletzung dieser Obliegenheit kann der Versicherer nach Maßgabe der §§ 16 bis 21 VVG vom Vertrag zurücktreten und leistungsfrei sein.

2. Eine Gefahrerhöhung ist dem Versicherer unverzüglich schriftlich anzuzeigen. Bei einer Gefahrerhöhung kann der Versicherer aufgrund der §§ 23 bis 30 VVG zur Kündigung berechtigt oder auch leistungsfrei sein.

3. Eine Gefahrerhöhung nach Antragstellung liegt insbesondere vor, wenn
a) sich anläßlich eines Wohnungswechsels oder aus sonstigen Gründen ein Umstand ändert, nach dem im Antrag gefragt worden ist;
b) die ansonsten bewohnte Wohnung länger als 60 Tage oder über eine für den Einzelfall vereinbarte längere Frist hinaus unbewohnt bleibt und auch nicht beaufsichtigt wird; beaufsichtigt ist eine Wohnung nur dann, wenn sich während der Nacht eine dazu berechtigte volljährige Person darin aufhält;
c) bei Antragstellung vorhandene oder zusätzlich vereinbarte Sicherungen beseitigt oder vermindert werden. Das gilt auch bei Wohnungswechsel.

§ 14 Sicherheitsvorschriften

1. Der Versicherungsnehmer hat
a) alle gesetzlichen, behördlichen oder vereinbarten Sicherheitsvorschriften zu beachten;
b) in der kalten Jahreszeit entweder die Wohnung ausreichend zu beheizen oder alle wasserführenden Anlagen und Einrichtungen zu entleeren und entleert zu halten;
c) solange sich in der Wohnung niemand aufhält, Türen, Fenster und alle sonstigen

Öffnungen der Wohnung ordnungsgemäß verschlossen zu halten, sowie alle bei Antragstellung vorhandenen und zusätzlich vereinbarten Sicherungen – insbesondere Einbruchmeldeanlagen – voll gebrauchsfähig zu erhalten und sie zu betätigen, soweit nicht etwas anderes vereinbart wurde.

2. Verletzt der Versicherungsnehmer oder eine mit ihm in häuslicher Gemeinschaft lebende volljährige Person eine dieser Obliegenheiten, so kann der Versicherer gemäß § 6 VVG zur Kündigung berechtigt oder auch leistungsfrei sein.

Führt die Verletzung zu einer Gefahrerhöhung, so gelten die §§ 23 bis 30 VVG. Danach kann der Versicherer zur Kündigung berechtigt oder auch leistungsfrei sein.

§ 15 Prämie; Beginn und Ende der Haftung

1. Der Versicherungsnehmer hat die erste Prämie (Beitrag) bei Aushändigung des Versicherungsscheines zu zahlen, Folgeprämien am Ersten des Monats, in dem ein neues Versicherungsjahr beginnt.

Die Folgen nicht rechtzeitiger Zahlung der ersten Prämie oder der ersten Rate der ersten Prämie ergeben sich aus § 38 VVG; im übrigen gilt § 39 VVG. Rückständige Folgeprämien dürfen nur innerhalb eines Jahres seit Ablauf der nach § 39 VVG für sie gesetzten Zahlungsfrist eingezogen werden.

2. Ist Ratenzahlung vereinbart, so gelten ausstehende Raten als gestundet. Sie werden sofort fällig, wenn der Versicherungsnehmer in Verzug gerät oder soweit eine Entschädigung fällig ist.

3. Die Haftung des Versicherers beginnt zum vereinbarten Zeitpunkt, und zwar auch dann, wenn zur Prämienzahlung erst später aufgefordert, die Prämie aber ohne Verzug gezahlt wird. Ist dem Versicherungsnehmer bei Antragstellung bekannt, daß ein Versicherungsfall bereits eingetreten ist, so entfällt dafür die Haftung.

4. Versicherungsverträge von mindestens einjähriger Dauer verlängern sich von Jahr zu Jahr, wenn sie nicht spätestens drei Monate vor Ablauf durch eine Partei schriftlich gekündigt werden.

5. Endet das Versicherungsverhältnis vor Ablauf der Vertragszeit oder wird es rückwirkend aufgehoben oder ist es von Anfang an ungültig, so gebührt dem Versicherer die Prämie oder die Geschäftsgebühr gemäß dem Versicherungsvertragsgesetz (z.B. §§ 40, 68 VVG).

Kündigt nach Eintritt eines Versicherungsfalles (§ 26) der Versicherungsnehmer, so hat der Versicherer Anspruch auf die Prämie für das laufende Versicherungsjahr. Kündigt der Versicherer, so hat er die Prämie für das laufende Versicherungsjahr nach dem Verhältnis der noch nicht abgelaufenen zu der gesamten Zeit des Versicherungsjahres zurückzuzahlen.

§ 16 Anpassung der Versicherungssumme und des Prämiensatzes

1. Anpassung der Versicherungssumme

a) Die Versicherungssumme erhöht oder vermindert sich mit Beginn eines jeden Versicherungsjahres entsprechend dem Prozentsatz, um den sich der Preisindex für „Andere Verbrauchs- und Gebrauchsgüter ohne Nahrungsmittel und ohne normalerweise nicht in der Wohnung gelagerte Güter" aus dem Preisindex der Lebenshaltungskosten aller privaten Haushalte im vergangenen Kalenderjahr gegenüber dem davorliegenden Kalenderjahr verändert hat. Der Veränderungsprozentsatz wird auf eine ganze Zahl abgerundet. Maßgebend ist der vom Statistischen Bundesamt jeweils für den Monat September veröffentlichte Index.

Die neue Versicherungssumme wird auf volle Tausend DM aufgerundet und dem Versicherungsnehmer bekanntgegeben.

Die Prämie wird aus der neuen Versicherungssumme berechnet.

b) Die vereinbarte oder nach a angepaßte Versicherungssumme erhöht sich um einen Vorsorgebetrag von 10 Prozent.

c) Innerhalb eines Monats nach Zugang der Mitteilung über die angepaßte Versicherungssumme kann der Versicherungsnehmer durch schriftliche Erklärung die Anpassung mit Wirkung für den Zeitpunkt aufheben, in dem die Anpassung wirksam werden sollte.

d) Das Recht auf Herabsetzung der Versicherungssumme wegen erheblicher Überversicherung (§ 51 Abs. 1 VVG) bleibt unberührt.

2. Anpassung des Prämiensatzes

a) Die Prämie pro Tausend DM Versicherungssumme, auch soweit sie für erweiterten Versicherungsschutz vereinbart ist (Prämiensatz), kann zu Beginn eines jeden Versicherungsjahres erhöht oder muß vermindert werden, wenn sich das Verhältnis der Summe aller Schadenzahlungen aus Hausratversicherungen (ohne Schadenregulierungskosten) zum Gesamtbetrag der Hausratversicherungssummen im Durchschnitt der gemäß b maßgebenden drei Jahre um mindestens 5 Prozent erhöht oder vermindert hat.

b) Die Berechnung wird durch einen unabhängigen Treuhänder vorgenommen, und zwar für das vorletzte, drittletzte und viertletzte Kalenderjahr vor Beginn des Versicherungsjahres im Verhältnis zu dem jeweils davor abgelaufenen Kalenderjahr. Hierbei werden jeweils die Gesamtbeträge der Hausratversicherungssummen an jedem 31. Dezember der zu vergleichenden Jahre berücksichtigt. Aus diesen drei Veränderungssätzen berechnet der Treuhänder den gemäß a maßgebenden Durchschnitt. Bei den Berechnungen wird auf zwei Stellen hinter dem Komma gerundet.

Wurde die Grenze von 5 Prozent gemäß a nicht erreicht, so wird der ermittelte Veränderungssatz in die Berechnung für das folgende Kalenderjahr einbezogen.

c) Der Veränderungssatz wird so abgerundet, daß sich eine ganze Zahl ergibt, wenn er durch 2,5 geteilt wird. Er wird dem Versicherungsnehmer bekanntgegeben.

d) Der Prämiensatz verändert sich entsprechend dem gemäß b und c ermittelten durchschnittlichen Veränderungssatz. Der geänderte Prämiensatz wird auf zwei Stellen hinter dem Komma abgerundet.

Er darf den im Zeitpunkt der Änderung geltenden Tarifprämiensatz nicht übersteigen. Diese Grenze gilt jedoch nur, wenn sich die Tarifprämie auf eine unveränderte Gruppe versicherbarer Risiken bezieht.

e) Erhöht sich der Prämiensatz gemäß a bis d um mehr als 10 Prozent, so kann der Versicherungsnehmer innerhalb eines Monats, nachdem ihm die Erhöhung mitgeteilt wurde, den Versicherungsvertrag mit Wirkung für den Zeitpunkt kündigen, in dem die Erhöhung wirksam werden sollte.

Das Kündigungsrecht entsteht auch, wenn sich innerhalb von drei aufeinanderfolgenden Versicherungsjahren der Prämiensatz mehrfach gemäß a bis d erhöht hat, und zwar auf einen Satz, der mehr als 20 Prozent über dem Prämiensatz zu Beginn dieses Zeitraums liegt.

Kündigungen sind schriftlich zu erklären.

§ 17 Versicherung für fremde Rechnung

1. Soweit die Versicherung für fremde Rechnung genommen ist, kann der Versicherungsnehmer über die Rechte des Versicherten im eigenen Namen verfügen. Der Versicherungsnehmer ist ohne Zustimmung des Versicherten berechtigt, die Entschädigung entgegenzunehmen oder die Rechte des Versicherten zu übertragen, auch wenn er nicht im Besitz des Versicherungsscheines ist. Der Versicherer kann jedoch vor Auszahlung der Entschädigung den Nachweis verlangen, daß der Versicherte seine Zustimmung zu der Auszahlung der Entschädigung erteilt hat.

2. Der Versicherte kann über seine Rechte nicht verfügen, selbst wenn er im Besitz des Versicherungsscheines ist. Er kann die Zahlung der Entschädigung nur mit Zustimmung des Versicherungsnehmers verlangen.

3. Soweit Kenntnis oder Verhalten des Versicherungsnehmers von rechtlicher Bedeutung ist, kommt auch Kenntnis oder Verhalten des Versicherten in Betracht. Im übrigen gilt § 79 VVG.

§ 18 Entschädigungsberechnung; Versicherungswert; Versicherungssumme; Unterversicherung

1. Ersetzt werden

a) bei zerstörten oder abhanden gekommenen Sachen der Versicherungswert zum Zeitpunkt des Versicherungsfalles;

b) bei beschädigten Sachen die notwendigen Reparaturkosten zum Zeitpunkt des Versicherungsfalles zuzüglich einer etwa verbleibenden Wertminderung, höchstens jedoch der Versicherungswert.

Restwerte werden angerechnet.

2. Versicherungswert ist der Wiederbeschaffungspreis von Sachen gleicher Art und Güte in neuwertigem Zustand (Neuwert).

Falls Sachen für ihren Zweck im Haushalt des Versicherungsnehmer nicht mehr zu verwenden sind, ist Versicherungswert der für den Versicherungsnehmer erzielbare Verkaufspreis (gemeiner Wert).

3. Ist die Versicherungssumme niedriger als der Versicherungswert der versicherten Sachen zum Zeitpunkt des Versicherungsfalles (Unterversicherung), so wird nur der Teil des gemäß Nr. 1 und Nr. 2 ermittelten Betrages ersetzt, der sich zu dem ganzen Betrag verhält wie die Versicherungssumme zu dem Versicherungswert.

4. Nr. 1 bis Nr. 3 gelten entsprechend für die Berechnung der Entschädigung versicherter Kosten gemäß § 2.

5. Ist die Entschädigung gemäß § 19 auf bestimmte Beträge begrenzt, so werden bei Ermittlung des Versicherungswertes der dort genannten Sachen höchstens diese Beträge berücksichtigt. Der bei Unterversicherung nur teilweise zu ersetzende Gesamtbetrag des Schadens wird ohne Rücksicht auf Entschädigungsgrenzen ermittelt; für die Höhe der Entschädigung gelten jedoch die Grenzen gemäß § 19.

6. Die Gesamtentschädigung für versicherte Sachen und Kosten ist je Versicherungsfall auf die Versicherungssumme begrenzt. Satz 1 gilt jedoch nicht für Schadenabwendungs- und Schadenminderungskosten, soweit diese auf Weisung des Versicherers verursacht wurden.

Versicherte Kosten werden bis 10 Prozent der Versicherungssumme auch darüber hinaus ersetzt. Dies gilt nicht, soweit für den Versicherungsnehmer oder für eine Person, die von ihm Ersatz ihrer Aufwendungen verlangen kann, Versicherungsschutz aus einem anderen privaten oder öffentlich-rechtlichen Versicherungsverhältnis besteht; Hausratversicherungsverträge sind hiervon ausgenommen.

§ 19 Entschädigungsgrenzen für Wertsachen einschließlich Bargeld

1. Wertsachen sind

a) Bargeld;

b) Urkunden einschließlich Sparbücher und sonstige Wertpapiere;

c) Schmucksachen, Edelsteine, Perlen, Briefmarken, Münzen und Medaillen sowie alle Sachen aus Gold oder Platin;

d) Pelze, handgeknüpfte Teppiche und Gobelins, Ölgemälde, Aquarelle, Zeichnungen, Graphiken und Plastiken sowie nicht in c genannte Sachen aus Silber;

e) sonstige Sachen, die über 100 Jahre alt sind (Antiquitäten), jedoch mit Ausnahme von Möbelstücken.

2. Die Entschädigung für Wertsachen ist je Versicherungsfall auf insgesamt 20 Prozent der Versicherungssumme begrenzt, soweit nicht etwas anderes vereinbart wurde.

3. Ferner ist für Wertsachen, die sich außerhalb verschlossener mehrwandiger Stahlschränke mit einem Mindestgewicht von 200 kg oder eingemauerter Stahlwandschränke mit mehrwandiger Tür oder besonders vereinbarter sonstiger verschlossener Behältnisse mit zusätzlichen Sicherheitsmerkmalen befinden, die Entschädigung je Versicherungsfall begrenzt auf

a) 1500 DM für Bargeld, ausgenommen Münzen, deren Versicherungswert den Nennbetrag übersteigt;

b) insgesamt 5000 DM für Wertsachen gemäß Nr. 1 b;

c) insgesamt 40 000 DM für Wertsachen gemäß Nr. 1 c.

§ 20 Entschädigungsgrenze bei mehrfacher Versicherung

Bestehen für versicherte Sachen mehrere Hausratversicherungsverträge desselben oder verschiedener Versicherungsnehmer, so ermäßigt sich der Anspruch gemäß §§ 12 oder 19 Nr. 3 aus diesem Vertrag in der Weise, daß aus allen Verträgen insgesamt keine höhere Entschädigung geleistet wird, als wenn der Gesamtbetrag der Versicherungssummen im vorliegenden Vertrag in Deckung gegeben worden wäre.

§ 21 Obliegenheiten des Versicherungsnehmers im Versicherungsfall

1. Bei Eintritt eines Versicherungsfalles hat der Versicherungsnehmer unverzüglich

a) den Schaden dem Versicherer anzuzeigen;

b) einen Schaden durch Brand, Explosion, Einbruchdiebstahl, Vandalismus oder Raub der zuständigen Polizeidienststelle anzuzeigen und dieser ein Verzeichnis der abhandengekommenen Sachen einzureichen;

c) abhandengekommene Sparbücher und andere sperrfähige Urkunden sperren zu lassen sowie für abhandengekommene Wertpapiere das Aufgebotsverfahren einzuleiten;

d) ein von ihm unterschriebenes Verzeichnis aller abhandengekommenen, zerstörten oder beschädigten Sachen dem Versicherer vorzulegen. Der Versicherungswert der Sachen oder der Anschaffungspreis und das Anschaffungsjahr sind dabei anzugeben.

2. Der Versicherungsnehmer hat auch

a) den Schaden nach Möglichkeit abzuwenden oder zu mindern und dabei die Weisungen des Versicherers zu befolgen, die der Versicherungsnehmer, soweit die Umstände es gestatten, einholen muß;

b) dem Versicherer jede zumutbare Untersuchung über Ursache und Höhe des Schadens und über den Umfang der Entschädigungspflicht zu gestatten, jede hierzu dienliche Auskunft – auf Verlangen schriftlich – zu erteilen und Belege beizubringen.

3. Verletzt der Versicherungsnehmer oder eine mit ihm in häuslicher Gemeinschaft lebende volljährige Person eine dieser Obliegenheiten, so kann der Versicherer gemäß §§ 6 Abs. 3, 62 Abs. 2 VVG leistungsfrei sein.
Wurden bestimmte abhandengekommene Sachen der Polizeidienststelle nicht angezeigt, so kann die Entschädigung nur für diese Sachen verweigert werden.

4. Hatte eine vorsätzliche Obliegenheitsverletzung Einfluß weder auf die Feststellung des Versicherungsfalls noch auf die Feststellung oder den Umfang der Entschädigung, so entfällt die Leistungsfreiheit gemäß Nr. 3, wenn die Verletzung nicht geeignet war, die Interessen des Versicherers ernsthaft zu beeinträchtigen und wenn außerdem den Versicherungsnehmer kein erhebliches Verschulden trifft.

§ 22 Wegfall der Entschädigungspflicht

1. Versucht der Versicherungsnehmer, den Versicherer arglistig über Tatsachen zu täuschen, die für den Grund oder für die Höhe der Entschädigung von Bedeutung sind, so ist der Versicherer von der Entschädigungspflicht frei. Dies gilt auch, wenn die arglistige Täuschung sich auf einen anderen zwischen den Parteien über dieselbe Gefahr abgeschlossenen Versicherungsvertrag bezieht.
Ist eine Täuschung gemäß Absatz 1 durch ein rechtskräftiges Strafurteil wegen

Betruges oder Betrugsversuches festgestellt, so gelten die Voraussetzungen von Absatz 1 als bewiesen.

2. Wird ein Entschädigungsanspruch nicht innerhalb von sechs Monaten gerichtlich geltend gemacht, nachdem der Versicherer ihn unter Angabe der mit dem Ablauf der Frist verbundenen Rechtsfolge schriftlich abgelehnt hat, so ist der Versicherer von der Entschädigungspflicht frei. Wird ein Sachverständigenverfahren (§ 23) vereinbart, so wird der Ablauf der Frist für dessen Dauer gehemmt.

§ 23 Sachverständigenverfahren

1. Versicherungsnehmer und Versicherer können nach Eintritt des Versicherungsfalles vereinbaren, daß die Höhe des Schadens durch Sachverständige festgestellt wird. Das Sachverständigenverfahren kann durch Vereinbarung auf sonstige tatsächliche Voraussetzungen des Entschädigungsanspruches sowie der Höhe der Entschädigung ausgedehnt werden. Der Versicherungsnehmer kann ein Sachverständigenverfahren auch durch einseitige Erklärung gegenüber dem Versicherer verlangen.

2. Für das Sachverständigenverfahren gilt:
a) Jede Partei benennt schriftlich einen Sachverständigen und kann dann die andere unter Angabe des von ihr benannten Sachverständigen schriftlich auffordern, den zweiten Sachverständigen zu benennen. Wird der zweite Sachverständige nicht binnen zwei Wochen nach Empfang der Aufforderung benannt, so kann ihn die auffordernde Partei durch das für den Schadenort zuständige Amtsgericht ernennen lassen. In der Aufforderung ist auf diese Folge hinzuweisen.
b) Beide Sachverständige benennen schriftlich vor Beginn des Feststellungsverfahrens einen dritten Sachverständigen als Obmann. Einigen sie sich nicht, so wird der Obmann auf Antrag einer Partei durch das für den Schadenort zuständige Amtsgericht ernannt.
c) Der Versicherer darf als Sachverständige keine Personen benennen, die Mitbewerber des Versicherungsnehmers sind oder mit ihm in dauernder Geschäftsverbindung stehen, ferner keine Personen, die bei Mitbewerbern oder Geschäftspartnern angestellt sind oder mit ihnen in einem ähnlichen Verhältnis stehen.
   Dies gilt entsprechend für die Benennung eines Obmannes durch die Sachverständigen.

3. Die Feststellungen der Sachverständigen müssen enthalten
a) ein Verzeichnis der zerstörten, beschädigten oder abhandengekommenen Sachen sowie deren Versicherungswert zum Zeitpunkt des Versicherungsfalles;
b) bei beschädigten Sachen die Beträge gemäß § 18 Nr. 1 b;
c) die Restwerte der von dem Schaden betroffenen Sachen;
d) entstandene Kosten, die gemäß § 2 versichert sind.

4. Die Sachverständigen übermitteln beiden Parteien gleichzeitig ihre Feststellungen. Weichen diese Feststellungen voneinander ab, so übergibt der Versicherer sie unverzüglich dem Obmann. Dieser entscheidet über die streitig gebliebenen Punkte innerhalb der durch die Feststellungen der Sachverständigen gezogenen Grenzen und übermittelt seine Entscheidung beiden Parteien gleichzeitig.

5. Jede Partei trägt die Kosten ihres Sachverständigen. Die Kosten des Obmannes tragen beide Parteien je zur Hälfte.

6. Die Feststellungen der Sachverständigen oder des Obmannes sind verbindlich, wenn nicht nachgewiesen wird, daß sie offenbar von der wirklichen Sachlage erheblich abweichen. Aufgrund dieser verbindlichen Feststellungen berechnet der Versicherer gemäß §§ 18 bis 20 die Entschädigung.

7. Durch das Sachverständigenverfahren werden die Obliegenheiten des Versicherungsnehmers gemäß § 21 nicht berührt.

§ 24 Zahlung der Entschädigung

1. Ist die Leistungspflicht des Versicherers dem Grunde und der Höhe nach festgestellt, so hat die Auszahlung der Entschädigung binnen zwei Wochen zu erfolgen. Jedoch kann ein Monat nach Anzeige des Schadens als Abschlagszahlung der Betrag beansprucht werden, der nach Lage der Sache mindestens zu zahlen ist.

2. Die Entschädigung ist seit Anzeige des Schadens mit 1 Prozent unter dem Diskontsatz der Deutschen Bundesbank zu verzinsen, mindestens jedoch mit 4 Prozent und höchstens mit 6 Prozent pro Jahr.
Die Verzinsung entfällt, soweit die Entschädigung innerhalb eines Monats seit Anzeige des Schadens gezahlt wird. Zinsen werden erst fällig, wenn die Entschädigung fällig ist.

3. Die Entstehung des Anspruchs auf Abschlagszahlung und der Beginn der Verzinsung verschieben sich um den Zeitraum, um den den die Feststellung der Leistungspflicht des Versicherers dem Grunde oder der Höhe nach durch Verschulden des Versicherungsnehmers verzögert wurde.

4. Der Versicherer kann die Zahlung aufschieben, solange
a) Zweifel an der Empfangsberechtigung des Versicherungsnehmers bestehen;
b) gegen den Versicherungsnehmer oder eine mit ihm in häuslicher Gemeinschaft lebende volljährige Person aus Anlaß des Versicherungsfalles ein behördliches oder strafrechtliches Verfahren läuft.

§ 25 Wiederherbeigeschaffte Sachen

Wird der Verbleib abhanden gekommener Sachen ermittelt, so hat der Versicherungsnehmer dies dem Versicherer unverzüglich schriftlich anzuzeigen.

§ 26 Kündigung nach dem Versicherungsfall

1. Nach dem Eintritt eines Versicherungsfalles können sowohl der Versicherungsnehmer als auch der Versicherer den Versicherungsvertrag kündigen.

2. Die Kündigung ist schriftlich zu erklären. Sie muß spätestens einen Monat nach dem Abschluß der Verhandlungen über die Entschädigung zugehen.

3. Die Kündigung wird einen Monat nach ihrem Zugang wirksam. Der Versicherungsnehmer kann bestimmen, daß seine Kündigung sofort oder zu einem anderen Zeitpunkt wirksam wird, jedoch spätestens zum Schluß des laufenden Versicherungsjahres.

§ 27 Versicherungssumme nach dem Versicherungsfall

Die Versicherungssumme vermindert sich nicht dadurch, daß eine Entschädigung geleistet wird.

§ 28 Schriftliche Form; Zurückweisung von Kündigungen

1. Anzeigen und Erklärungen bedürfen der Schriftform.

2. Ist eine Kündigung des Versicherungsnehmers unwirksam, so wird die Kündigung wirksam, falls der Versicherer sie nicht unverzüglich zurückweist.

§ 29 Schlußbestimmung

1. Soweit nicht in den Versicherungsbedingungen Abweichendes bestimmt ist, gelten die gesetzlichen Vorschriften.

2. Ein Auszug aus dem Gesetz über den Versicherungsvertrag (VVG), der insbesondere die in den VHB 84 erwähnten Bestimmungen enthält, ist dem Bedingungstext beigefügt.

Texte 33

Allgemeine Bedingungen für die Neuwertversicherung von Wohngebäuden gegen Feuer-, Leitungswasser- und Sturmschäden (VGB 62)

Soweit die Versicherung gegen eine oder mehrere dieser Gefahren nicht genommen ist, entfallen die diese Gefahren betreffenden Bestimmungen.

§ 1 Versicherte Gefahren

(1) Der Versicherer leistet nach dem Eintritt des Versicherungsfalles Entschädigung für versicherte Sachen, die zerstört oder beschädigt werden durch

a) Brand, Blitzschlag, Explosion oder durch Anprall oder Absturz eines bemannten Flugkörpers, seiner Teile oder seiner Ladung (Feuerversicherung – § 3),

b) Leitungswasser, Rohrbruch oder Frost (Leitungswasserversicherung – § 4),

c) Sturm (Sturmversicherung – § 5).

(2) Der Versicherer leistet auch Entschädigung für

a) versicherte Sachen, die durch Löschen, Niederreißen oder Ausräumen zerstört oder beschädigt werden,

b) versicherte Sachen, die bei einem der in Absatz 1 genannten Schadensereignisse abhanden kommen,

c) Aufräumungs- und Abbruchskosten, soweit sie die versicherten Gebäude betreffen, bis zu 1 vom Hundert der Versicherungssumme. Aufräumungskosten sind die notwendigen Aufwendungen für das Aufräumen der Schadensstätte und das Abfahren von Schutt und Trümmern zur nächsten Ablagerungsstätte. Abbruchskosten sind die dem Versicherungsnehmer entstehenden Kosten für einen im Versicherungsfall notwendig werdenden Abbruch stehengebliebener Gebäudeteile und das Abfahren zur nächsten Ablagerungsstätte;

d) die Aufwendungen des Versicherungsnehmers zur Abwendung oder Minderung des Schadens nach Maßgabe des § 16.

(3) Der Versicherer ersetzt ferner

a) den Mietverlust, falls Mieter von Wohnräumen infolge eines ersatzpflichtigen Schadens berechtigt sind, die Zahlung der Miete ganz oder teilweise zu verweigern;

b) den ortsüblichen Mietwert für Wohnräume, die der Versicherungsnehmer selbst bewohnt und die infolge eines ersatzpflichtigen Schadens unbenutzbar geworden sind, falls dem Versicherungsnehmer die Beschränkung auf einen etwa benutzbar gebliebenen Teil der Wohnung nicht zugemutet werden kann.

Miete oder Mietwert werden nur bis zum Schluß des Monats ersetzt, in dem die Wohnung wieder benutzbar geworden ist, höchstens jedoch für sechs Monate seit dem Eintritt des Versicherungsfalles. Die Entschädigung wird nur insoweit geleistet, als der Versicherungsnehmer die Möglichkeit der Wiederbenutzung nicht schuldhaft verzögert.

(4) Der Versicherer haftet nicht für Schäden, die durch Kriegsereignisse jeder Art, innere Unruhen, Erdbeben oder Kernenergie verursacht werden. Ist der Beweis für das Vorliegen einer dieser Ursachen nicht zu erbringen, so genügt für den Ausschluß der Haftung des Versicherers die überwiegende Wahrscheinlichkeit, daß der Schaden auf eine dieser Ursachen zurückzuführen ist.

§ 2 Versicherte Sachen

Versichert sind, soweit nichts anderes vereinbart ist, die im Versicherungsschein aufgeführten Gebäude mit ihren Bestandteilen, aber ohne Zubehör.

§ 3 Umfang der Feuerversicherung

(1) Als Brand gilt ein Feuer, das ohne einen bestimmungsgemäßen Herd entstanden ist oder ihn verlassen hat und sich aus eigener Kraft auszubreiten vermag (Schadenfeuer).

(2) Die Versicherung erstreckt sich nicht auf Schäden, die an den versicherten Sachen dadurch entstehen, daß sie einem Nutzfeuer oder der Wärme zur Bearbeitung oder zu sonstigen Zwecken ausgesetzt werden.

§ 4 Umfang der Leitungswasserversicherung

(1) Als Leitungswasser im Sinne dieser Bedingungen gilt Wasser, das aus den Zu- oder Ableitungsrohren, den sonstigen Einrichtungen der Wasserversorgung oder aus den Anlagen der Warmwasser- oder der Dampfheizung bestimmungswidrig ausgetreten ist. Wasserdampf wird im Rahmen dieser Bedingungen dem Leitungswasser gleichgestellt.

(2) Die Versicherung nach § 1 Abs. 1 b) schließt ein
a) innerhalb der versicherten Gebäude
1. Schäden durch Rohrbruch oder Frost (einschl. der Kosten der Nebenarbeiten und des Auftauens) an den Zu- und Ableitungsrohren der Wasserversorgung und den Rohren der Warmwasser- oder Dampfheizungsanlage,
2. Schäden durch Frost (einschl. der Kosten der Nebenarbeiten und des Auftauens) an Badeeinrichtungen, Waschbecken, Spülklosetts, Wasserhähnen, Geruchsverschlüssen, Wassermessern, Heizkörpern, Heizkesseln, Boilern, Herdschlangen und gleichartigen Anlagen der Warmwasser- oder der Dampfheizung,
b) außerhalb der versicherten Gebäude
Schäden durch Rohrbruch oder Frost (einschl. der Kosten der Nebenarbeiten und des Auftauens) an den Zuleitungsrohren der Wasserversorgung und an den Rohren der Warmwasser- oder Dampfheizung, soweit diese Rohre der Versorgung der versicherten Gebäude dienen und sich auf dem Versicherungsgrundstück befinden.

(3) Die Leitungswasserversicherung erstreckt sich nicht auf
a) Geäude, die noch nicht bezugsfertig sind,
b) Schäden an Kessel-, Maschinen- und elektrischen Kraftanlagen, die gewerblichen Zwecken dienen,
c) Schäden durch Erdeinsenkung oder Erdrutsch,
d) Schäden durch Grundwasser, durch stehendes oder fließendes Gewässer, Hochwasser oder Witterungsniederschläge und den durch sie verursachten Rückstau,
e) Schäden durch Plansch- oder Reinigungswasser sowie durch Sprinkler- oder Berieselungsanlagen,
f) Schäden durch Schwamm,
g) Schäden durch Brand, Blitzschlag oder Explosion, auch dann nicht, wenn der Brand oder die Explosion die Folge von ausgetretenem Leitungswasser ist.

§ 5 Umfang der Sturmversicherung

(1) Als Sturm gilt eine atmosphärisch bedingte Luftbewegung von mindestens Windstärke 8. Ist diese Windstärke für den Schadensort nicht feststellbar, so wird sie unterstellt, wenn der Versicherungsnehmer nachweist, entweder daß die Luftbewegung in der Umgebung des Versicherungsgrundstückes Schäden an einwandfrei

beschaffenen Gebäuden oder ebenso widerstandsfähigen anderen Sachan angerichtet hat oder daß der Schaden bei der einwandfreien Beschaffenheit des versicherten Gebäudes nur durch Sturm entstanden sein kann.

(2) Die Zerstörung oder Beschädigung einer versicherten Sache fällt nur dann unter die Versicherung, wenn sie

a) auf der unmittelbaren Einwirkung des Sturmes beruht oder

b) dadurch hervorgerufen wird, daß der Sturm Gebäudeteile, Bäume oder andere Gegenstände auf die versicherte Sache wirft oder

c) die Folge eines Sturmschadens an versicherten Sachen ist.

(3) Nur aufgrund besonderer Vereinbarung sind versichert

a) Laden- und Schaufensterscheiben, künstlerisch bearbeitete Scheiben, Kirchenfenster und Scheiben in einer Einzelgröße von mehr als 3 Quadratmetern. Das gleiche gilt für die Rahmen und Profile dieser Verglasungen;

b) an der Außenseite des Gebäudes angebrachte Sachen (z. B. Schilder, Leuchtröhrenanlagen, Markisen, Blendläden, Antennenanlagen), elektrische Freileitungen einschließlich Ständer und Masten sowie Einfriedigungen.

(4) Der Versicherungsnehmer trägt, soweit nichts anderes vereinbart ist, von der errechneten Entschädigung für jeden Sturmschaden an jedem Gebäude 80 Deutsche Mark selbst.

(5) Die Sturmversicherung erstreckt sich nicht auf

a) Gebäude, die noch nicht bezugsfertig sind,

b) Schäden durch Sturmflut und Lawinen,

c) Schäden durch Eindringen von Regen, Hagel, Schnee oder Schmutz in nicht geschlossene Fenster oder andere vorhandene Öffnungen, es sei denn, daß diese Öffnungen durch den Sturm entstanden sind,

d) Schäden durch Brand, Blitzschlag oder Explosion, auch dann nicht, wenn der Brand oder die Explosion die Folge eines Sturmes ist.

§ 6 Versicherungswert, Versicherungsfall

(1) Versicherungswert eines Gebäudes ist der ortsübliche Neubauwert; Versicherungswert der sonstigen Sachen ist der Wiederbeschaffungspreis (Neuwert). Sind jedoch versicherte Sachen für den Zweck, für den sie bestimmt sind, nicht mehr verwendbar, so ist der sich daraus ergebende geringere Wert der Versicherungswert.

(2) Der Versicherungsfall tritt in dem Zeitpunkt ein, in dem sich eine versicherte Gefahr an versicherten Sachen zu verwirklichen beginnt.

§ 7 Entschädigungsberechnung, Unterversicherung

(1) Ersetzt werden vorbehaltlich der nachstehenden Bestimmungen

a) bei zerstörten oder abhandengekommenen Sachen ihr Versicherungswert (§ 6 Abs. 1) zur Zeit des Eintritts des Versicherungsfalles,

b) bei beschädigten Sachen die Reparaturkosten zur Zeit des Eintritts des Versicherungsfalles, höchstens jedoch ihr Versicherungswert.

Restwerte werden dem Versicherungsnehmer angerechnet. Dabei bleiben behördliche Wiederaufbaubeschränkungen ohne Einfluß.

(2) a) Der nach Absatz 1 oder nach § 1 Abs. 3 errechnete Schaden wird nur dann voll ersetzt, wenn die Versicherungssumme mindestens dem Versicherungswert (§ 6 Abs. 1) entspricht. Ist die Versicherungssumme niediger als der Versicherungswert zur Zeit des Eintritts des Versicherungsfalles (Unterversicherung), so wird nur derjenige Teil des Schadens ersetzt, der sich zum ganzen Schaden verhält wie die Versicherungssumme zum Versicherungswert.

b) Ob Unterversicherung vorliegt, ist für jede Position gesondert zu errechnen; jedoch gelten alle Positionen mit gleichen Prämiensätzen als eine Position,

c) eine Unterversicherung wird nur insoweit berücksichtigt, als sie 3 vom Hundert der Versicherungssumme der betreffenden Position oder Positionen übersteigt.

(3) a) Der Versicherungsnehmer erwirbt den Anspruch auf den Teil der nach Absatz 2 errechneten Entschädigung, der den Zeitwertschaden übersteigt, nur, wenn und soweit er das Gebäude an der bisherigen Stelle wiederhergestellt oder die Verwendung der Entschädigung zu diesem Zweck sichergestellt hat. Weist der Versicherungsnehmer nach, daß die Wiederherstellung an der bisherigen Stelle behördlich verboten oder wirtschaftlich nicht zu vertreten ist, so genügt die Wiederherstellung innerhalb derselben oder einer angrenzenden Stadt oder Gemeinde. Ist das Gebäude bis zum Ablauf von drei Jahren nach dem Versicherungsfall, gleichviel aus welchem Grunde, nicht wiederhergestellt worden oder erklärt vor Ablauf dieser Frist der Versicherungsnehmer dem Versicherer schriftlich, daß er es nicht wieder herstellen wolle, so beschränkt sich der Anspruch auf den Teil der Entschädigung, der dem Zeitwertschaden entspricht.

b) Zur Errechnung des Zeitwertschadens wird der Versicherungswert (§ 6 Abs. 1) zur Zeit des Eintritts des Versicherungsfalles auf den Betrag herabgesetzt, der dem Zustand, insbesondere dem Alter und der Abnutzung (Zeitwert) entspricht. Reparaturkosten werden gegebenenfalls um den Betrag gekürzt, um den sich durch die Reparatur eine Wertsteigerung gegenüber diesem Zeitwert ergeben würde.

c) Die Vorschriften über die Sicherung des Realkredites (§ 19 Abs. 3) bleiben unberührt.

§ 8 Anzeige von Gefahrumständen bei Schließung des Vertrages, Gefahrerhöhung

(1) Der Versicherungsnehmer hat bei Schließung des Vertrages alle ihm bekannten Umstände, die für die Übernahme der Gefahr erheblich sind, dem Versicherer schriftlich anzuzeigen. Bei schuldhafter Verletzung dieser Obliegenheit kann der Versicherer nach Maßgabe der §§ 16 bis 21 VVG vom Vertrag zurücktreten, wodurch die Entschädigungspflicht entfallen kann.

(2) Nach Antragstellung darf der Versicherungsnehmer ohne Einwilligung des Versicherers keine Gefahrerhöhung vornehmen oder gestatten. Erlangt der Versicherungsnehmer Kenntnis davon, daß eine Gefahrerhöhung eingetreten ist, so hat er dem Versicherer unverzüglich schriftlich Anzeige zu erstatten. Tritt eine Gefahrerhöhung ein, so kann der Versicherer in den gesetzlich vorgesehenen Fällen kündigen. Verletzt der Versicherungsnehmer eine der ihm nach Satz 1 und 2 auferlegten Obliegenheiten, so kann der Versicherer außerdem nach Maßgabe der gesetzlichen Bestimmungen leistungsfrei sein. Die näheren Vorschriften über die Gefahrerhöhung sind in §§ 23 bis 30 VVG enthalten.

§ 9 Sicherheitsvorschriften

(1) Verletzt der Versicherungsnehmer schuldhaft gesetzliche, behördlich angeordnete oder vereinbarte Sicherheitsvorschriften oder duldet er ihre Verletzung, so kann der Versicherer innerhalb eines Monats nach Kenntnis mit einmonatiger Frist kündigen. Er ist von der Entschädigungspflicht frei, wenn der Versicherungsfall nach der Verletzung eintritt, und die Verletzung auf Vorsatz oder grober Fahrlässigkeit des Versicherungsnehmers beruht. Die Entschädigungspflicht bleibt bestehen, wenn die Verletzung keinen Einfluß auf den Eintritt des Versicherungsfalles oder auf den Umfang der Entschädigung gehabt hat oder wenn zur Zeit des Versicherungsfalles trotz Ablaufes der Frist die Kündigung nicht erfolgt war. Ist mit der Verletzung einer Sicherheitsvorschrift eine Gefahrerhöhung verbunden, so findet § 8 Abs. 2 Anwendung.

(2) Bei der Leitungswasserversicherung hat der Versicherungsnehmer

a) für Instandhaltung der Wasserleitungsanlagen und, soweit Schäden durch sonstige wasserführende Anlagen in die Versicherung eingeschlossen sind, auch für Instandhaltung dieser Anlagen zu sorgen. Sind nach sachverständigem Ermessen oder gesetzlicher oder polizeilicher Vorschrift Neubeschaffungen oder Abänderungen von Wasserleitungsanlagen und sonstigen wasserführenden Anlagen oder Maßregeln gegen Frost erforderlich, so müssen sie unverzüglich, spätestens aber innerhalb einer von dem Versicherer zu bestimmenden angemessenen Frist ausgeführt werden;

b) in nicht benutzten Gebäuden die Wasserleitungsanlagen abzusperren, zu entleeren und entleert zu halten. Das gleiche gilt für vorübergehend außer Betrieb gesetzte Anlagen.

(3) Bei der Sturmversicherung hat der Versicherungsnehmer für Instandhaltung der versicherten Sachen, insbesondere der Dächer und außen angebrachten Sachen, zu sorgen.

§ 10 Prämie, Beginn der Haftung

(1) Der Versicherungsnehmer hat die erste Prämie gegen Aushändigung der Versicherungsurkunde, Folgeprämien bei Beginn jeder Versicherungsperiode zu zahlen. Für die Folgen nicht rechtzeitiger Prämienzahlung gelten §§ 38 und 39 VVG; die nach § 39 VVG zu bestimmende Zahlungsfrist beträgt mindestens einen Monat. Rückständige Folgeprämien dürfen nur innerhalb eines Jahres seit Ablauf der Zahlungsfrist gerichtlich eingezogen werden. Die vorstehenden Bestimmungen gelten auch für Nebenkosten, die aus der Versicherungsurkunde oder der Prämienrechnung ersichtlich sind.

(2) Die Haftung des Versicherers beginnt mit der Einlösung des Versicherungsscheines, jedoch nicht vor dem darin festgesetzten Zeitpunkt. Wird die erste Prämie erst nach diesem Zeitpunkt eingefordert, alsdann aber ohne Verzug gezahlt, so beginnt die Haftung des Versicherers schon in dem festgesetzten Zeitpunkt. Unter dieser Voraussetzung haftet der Versicherer auch für Versicherungsfälle, die nach dem festgesetzten Zeitpunkt, aber vor Annahme des Antrags eintreten. Ist jedoch dem Versicherungsnehmer bei Stellung des Antrages bekannt, daß der Versicherungsfall schon eingetreten ist, so entfällt die Haftung.

(3) Endet das Versicherungsverhältnis vor Ablauf der Vertragzeit oder wird es nach Beginn der Versicherung rückwirkend aufgehoben oder ist es von Anfang an nichtig, so gebührt dem Versicherer Prämie oder Geschäftsgebühr nach Maßgabe der gesetzlichen Bestimmungen (z. B. §§ 40 und 68 VVG). Kündigt nach Eintritt eines Versicherungsfalles der Versicherungsnehmer, so gebührt dem Versicherer die Prämie für die laufende Versicherungsperiode; kündigt der Versicherer, so hat er die Prämie, die auf die nach Abzug der Entschädigung verbleibende Versicherungssumme entfällt, nach dem Verhältnis der noch nicht abgelaufenen Versicherungszeit zur gesamten Versicherungszeit zurückzuzahlen.[1] Im Falle der Kündigung nach § 11 Satz 2 steht dem Versicherer die Prämie für die laufende Versicherungsperiode zu. War die Prämie für mehrere Jahre vorausgezahlt, so wird bei vorzeitiger Beendigung des Versicherungsverhältnisses der Betrag einbehalten, den der Versicherer bei Abschluß der Versicherung für die Zeit berechnet haben würde, für die ihm Prämie zusteht.

§ 11 Mehrfache Versicherung

Nimmt der Versicherungsnehmer für versicherte Sachen noch eine weitere Feuer-, Leitungswasser- oder Sturmversicherung (auch gegen mittelbare Schäden, z. B. Betriebsunterbrechung oder Mietverlust), so hat er dem Versicherer unverzüglich

---

[1] Der Relativsatz „die auf ... entfällt" wurde durch VerBAV **87**, 174 (vgl. A II 35) gestrichen.

den anderen Versicherer und die Versicherungssumme schriftlich anzugeben. Der Versicherer kann innerhalb eines Monats, nachdem er von der anderen Versicherung Kenntnis erlangt hat, die Versicherung mit dreimonatiger Frist kündigen. Ist die andere Versicherung nicht angezeigt oder dem Versicherer sonst nicht bekannt geworden, und tritt nach Ablauf von drei Monaten seit dem Zeitpunkt, zu dem die Anzeige dem Versicherer hätte zugehen müssen, ein Versicherungsfall ein, so wird der Versicherer von der Entschädigungspflicht frei. Die Entschädigungspflicht bleibt bestehen, wenn der Versicherungsnehmer nachweist, daß er die Anzeige nicht schuldhaft versäumt hat oder wenn zur Zeit des Versicherungsfalles trotz Ablaufs der Frist eine Kündigung nicht erfolgt war.

§ 12 Überversicherung, Doppelversicherung

(1) Übersteigt die Versicherungssumme den Wert der versicherten Sachen erheblich, so kann sowohl der Versicherungsnehmer als auch der Versicherer nach Maßgabe des § 51 VVG die Herabsetzung der Versicherungssumme und der Prämie verlangen. Eine tariflich vorgesehene Mindestprämie oder Steigerung des Prämiensatzes bei sinkender Versicherungssumme ist dabei zu berücksichtigen.

(2) Im Falle einer Doppelversicherung gelten §§ 59, 60 VVG.

§ 13 Veräußerung der versicherten Sachen

Veräußert der Versicherungsnehmer die versicherten Sachen, so geht die Versicherung gemäß § 69 VVG auf den Erwerber über. Der Veräußerer oder der Erwerber hat die Veräußerung unverzüglich schriftlich anzuzeigen. Der Erwerber oder der Versicherer kann das Versicherungsverhältnis nach §§ 70, 71 VVG kündigen. Bei Verletzung der Anzeigepflicht wird der Versicherer nach Maßgabe des § 71 VVG von der Entschädigungspflicht frei.

§ 14 Versicherung für fremde Rechnung

(1) Bei der Versicherung für fremde Rechnung kann der Versicherungsnehmer über die Rechte des Versicherten im eigenen Namen verfügen. Der Versicherungsnehmer ist ohne Zustimmung des Versicherten zur Annahme der Entschädigungszahlung sowie zur Übertragung der Rechte des Versicherten befugt, auch wenn er nicht im Besitz des Versicherungsscheines ist. Der Versicherer kann vor Auszahlung der Entschädigung den Nachweis verlangen, daß der Versicherte seine Zustimmung zu der Versicherung und zur Empfangnahme der Entschädigung erteilt hat.

(2) Der Versicherte kann über seine Rechte nicht verfügen, selbst wenn er im Besitz des Versicherungsscheines ist; er kann die Zahlung der Entschädigung nur mit Zustimmung des Versicherungsnehmers verlangen.

(3) Soweit in diesen Bedingungen Kenntnis und Verhalten des Versicherungsnehmers von rechtlicher Bedeutung sind, kommen auch Kenntnis und Verhalten des Versicherten in Betracht. Im übrigen findet § 79 VVG Anwendung.

§ 15 Obliegenheiten des Versicherungsnehmers im Versicherungsfalle

(1) Der Versicherungsnehmer hat bei Eintritt eines Versicherungsfalles, aus dem er Entschädigung verlangt, folgende Obliegenheiten:
a) Er hat innerhalb dreier Tage nach Kenntniserlangung
den Eintritt des Versicherungsfalles dem Versicherer oder dessen Agenten schriftlich oder mündlich anzuzeigen,
einen Feuer- oder Explosionsschaden außerdem der Polizeibehörde zu melden und
über etwa abhandengekommene Sachen der Polizeibehörde eine Aufstellung einzureichen;

b) er hat nach Möglichkeit für die Abwendung oder Minderung des Schadens zu sorgen und dabei die Weisung des Versicherers oder seines Beauftragten zu befolgen. Gestatten es die Umstände, so hat er solche Weisung einzuholen. Der Ersatz der Aufwendungen bestimmt sich nach § 16;

c) er hat dem Versicherer, soweit es ihm billigerweise zugemutet werden kann, jede Untersuchung über Ursache und Höhe des Schadens und über den Umfang seiner Entschädigungspflicht zu gestatten, jede hierzu dienliche Auskunft, auf Verlangen schriftlich, zu erteilen und Belege beizubringen. Auf Verlangen muß er ferner innerhalb einer angemessenen Frist, die mindestens zwei Wochen betragen muß, ein von ihm unterschriebenes Verzeichnis der am Schadenstag vorhandenen, der von dem Schaden betroffenen und der ihm entwendeten oder sonst abhandengekommenen Sachen, und zwar nach Möglichkeit unter Angabe ihres Wertes unmittelbar vor dem Versicherungsfall, auf seine Kosten[2] vorlegen. Auch einen beglaubigten Grundbuchauszug muß er auf Verlangen auf seine Kosten[2] beibringen.

(2) Durch die Absendung der Anzeige nach Absatz 1 a) oder der Verzeichnisse gemäß Absatz 1 c) wird die Frist gewahrt.

(3) Verletzt der Versicherungsnehmer eine der vorstehenden Obliegenheiten, so ist der Versicherer nach Maßgabe der gesetzlichen Bestimmungen (§§ 6 Abs. 3, 62 Abs. 2 VVG) von der Entschädigungspflicht frei. Ist die Anzeige eines Brand- oder Explosionsschadens bei der Polizeibehörde unterblieben, so kann die Entschädigung nur bis zur Nachholung dieser Anzeige verweigert werden. Sind abhandengekommene Sachen der Polizeibehörde nicht oder nicht rechtzeitig angezeigt, so kann die Entschädigung nur für diese Sachen verweigert werden.

§ 16 Ersatz der Aufwendungen

(1) Aufwendungen, auch erfolglose, die der Versicherungsnehmer im Versicherungsfall zur Abwendung oder Minderung des Schadens für geboten halten durfte, hat der Versicherer zu ersetzen. Zu Vorschüssen ist der Versicherer nicht verpflichtet.[3] Der Ersatz für Aufwendungen und die Entschädigung dürfen zusammen die Versicherungssumme nicht übersteigen, soweit die Aufwendungen nicht auf Weisung des Versicherers erfolgt sind. Bei einer Unterversicherung sind die Aufwendungen nur in demselben Verhältnis zu ersetzen wie der Schaden.

(2) Für Aufwendungen, die durch Gesundheitsschädigung verursacht sind, und für Leistungen der im öffentlichen Interesse bestehenden Feuerwehren oder anderer zur Hilfeleistung Verpflichteter wird ein Ersatz nicht gewährt.

§ 17 Sachverständigenverfahren[4]

(1) Jede Partei kann verlangen, daß die Höhe des Schadens durch Sachverständige festgestellt wird. Die Ausdehnung des Sachverständigenverfahrens auf sonstige

---

[2] Durch VerBAV **87**, 174 (vgl. A II 35) wurden die Worte „auf seine Kosten" gestrichen.

[3] Satz 2 wurde durch VerBAV **87**, 174 gestrichen.

[4] Neufassung gemäß VerBAV **84**, 389 (vgl. A II 35):

1. Versicherungsnehmer und Versicherer können nach Eintritt des Versicherungsfalles vereinbaren, daß die Höhe des Schadens durch Sachverständige festgestellt wird. Das Sachverständigenverfahren kann durch Vereinbarung auf sonstige tatsächliche Voraussetzungen des Entschädigungsanspruchs sowie der Höhe der Entschädigung ausgedehnt werden. Der Versicherungsnehmer kann ein Sachverständigenverfahren auch durch einseitige Erklärung gegenüber dem Versicherer verlangen.

2. Für das Sachverständigenverfahren gilt:

a) Jede Partei benennt schriftlich einen Sachverständigen und kann dann die andere unter Angabe des von ihr benannten Sachverständigen schriftlich auffordern, den zweiten Sachverständigen zu benennen. Wird der zweite Sachverständige nicht binnen zwei Wochen nach Empfang der Aufforderung benannt, so kann ihn die auffordernde Partei durch das für den Schadenort zuständige Amtsgericht ernennen lassen. In der Aufforderung ist auf diese Folge hinzuweisen.

(Fortsetzung nächste Seite)

Feststellungen, insbesondere einzelne Voraussetzungen des Entschädigungsanspruchs, bedarf besonderer Vereinbarung.

(2) Für das Sachverständigenverfahren gelten folgende Grundsätze:

a) Jede Partei ernennt zu Protokoll oder sonst schriftlich einen Sachverständigen. Jede Partei kann die andere unter Angabe des von ihr gewählten Sachverständigen zur Ernennung des zweiten Sachverständigen auffordern. Die Aufforderung bedarf der Schriftform. Wird der zweite Sachverständige nicht binnen zwei Wochen nach Empfang der Aufforderung ernannt, so kann ihn die auffordernde Partei durch das für den Schadensort zuständige Amtsgericht ernennen lassen. In der Aufforderung ist auf diese Folge hinzuweisen.

b) Beide Sachverständige ernennen zu Protokoll oder sonst schriftlich vor Beginn des Feststellungsverfahrens einen Dritten als Obmann. Einigen sie sich nicht, so wird der Obmann auf Antrag einer Partei oder beider Parteien durch das für den Schadensort zuständige Amtsgericht ernannt.

c) Die Feststellung der beiden Sachverständigen muß neben der Ermittlung der Schadenshöhe nach § 7 Abs. 1 und Abs. 3 insbesondere auch, abgestellt auf die Zeit des Eintritts des Versicherungsfalles, den Versicherungswert (§ 6 Abs. 1) sowie den Zeitwert (§ 7 Abs. 3b)) der versicherten Sachen enthalten. Auf Verlangen einer der beiden Parteien muß sie auch ein Verzeichnis der vom Schaden nicht betroffenen Sachen mit ihrem Versicherungswert und ihrem Zeitwert zur Zeit des Eintritts des Versicherungsfalles enthalten.

d) Die Sachverständigen reichen ihre Feststellungen gleichzeitig dem Versicherer und dem Versicherungsnehmer ein. Weichen die Ergebnisse der Feststellungen voneinander ab, so übergibt der Versicherer sie unverzüglich dem Obmann. Dieser entscheidet über die streitig gebliebenen Punkte innerhalb der Grenzen beider Feststellungen und reicht seine Feststellung gleichzeitig dem Versicherer und dem Versicherungsnehmer ein.

e) Jede Partei trägt die Kosten ihres Sachverständigen; die Kosten des Obmanns tragen beide je zur Hälfte.

---

b) Beide Sachverständige benennen schriftlich vor Beginn des Feststellungsverfahrens einen dritten Sachverständigen als Obmann. Einigen sie sich nicht, so wird der Obmann auf Antrag einer Partei durch das für den Schadenort zuständige Amtsgericht ernannt.

c) Der Versicherer darf als Sachverständige keine Personen benennen, die Mitbewerber des Versicherungsnehmers sind oder mit ihm in dauernder Geschäftsverbindung stehen, ferner keine Personen, die bei Mitbewerbern oder Geschäftspartnern angestellt sind oder mit ihnen in einem ähnlichen Verhältnis stehen.

Dies gilt entsprechend für die Benennung eines Obmannes durch die Sachverständigen.

3. Die Feststellungen der Sachverständigen müssen enthalten

a) ein Verzeichnis der zerstörten, beschädigten oder abhandengekommenen Sachen sowie deren Versicherungswert und deren Zeitwert zum Zeitpunkt des Versicherungsfalles;

b) bei beschädigten Sachen die Beiträge gemäß § 7 Nr. 1 b;

c) alle sonstigen gemäß § 7 Nr. 1 maßgebenden Tatsachen, insbesondere die Restwerte der von dem Schaden betroffenen Sachen;

d) entstandene Kosten, die gemäß § 1 Nr. 2 c und 2 d versichert sind.

4. Die Sachverständigen übermitteln beiden Parteien gleichzeitig ihre Feststellungen. Weichen die Feststellungen voneinander ab, so übergibt der Versicherer sie unverzüglich dem Obmann. Dieser entscheidet über die streitig gebliebenen Punkte innerhalb der durch die Feststellungen des Sachverständigen gezogenen Grenzen und übermittelt seine Entscheidung beiden Parteien gleichzeitig.

5. Jede Partei trägt die Kosten ihres Sachverständigen. Die Kosten des Obmannes tragen beide Parteien je zur Hälfte.

6. Die Feststellungen der Sachverständigen oder des Obmannes sind verbindlich, wenn nicht nachgewiesen wird, daß sie offenbar von der wirklichen Sachlage erheblich abweichen. Aufgrund dieser verbindlichen Feststellungen berechnet der Versicherer gemäß den § 7 die Entschädigung.

7. Durch das Sachverständigenverfahren werden die Obliegenheiten des Versicherungsnehmers gemäß § 15 Nr. 1 b und 1 c nicht berührt.

195

(3) Die Feststellungen der Sachverständigen und des Obmanns sind verbindlich, wenn nicht nachgewiesen wird, daß sie offenbar von der wirklichen Sachlage erheblich abweichen. Auf Grund dieser Feststellung wird die Entschädigung nach § 7 berechnet.

(4) Durch das Sachverständigenverfahren werden die Obliegenheiten des Versicherungsnehmers nach § 15 Abs. 1b) und c) nicht berührt.

§ 18 Besondere Verwirkungsgründe

(1) Führt der Versicherungsnehmer den Schaden vorsätzlich oder grobfahrlässig herbei, so ist der Versicherer von jeder Entschädigungspflicht frei.

(2) Macht der Versicherungsnehmer sich bei den Verhandlungen über die Ermittlung der Entschädigung einer arglistigen Täuschung schuldig, so ist der Versicherer von jeder Entschädigungspflicht frei, und zwar auch dann, wenn die arglistige Täuschung sich auf Sachen bezieht, die durch einen anderen zwischen den Parteien über dieselbe Gefahr abgeschlossenen Vertrag versichert sind.

(3) Ist der Versicherungsnehmer wegen vorsätzlicher Brandstiftung oder wegen eines bei Ermittlung der Entschädigung begangenen Betruges oder Betrugsversuches rechtskräftig verurteilt worden, so gelten die Voraussetzungen für den Wegfall der Entschädigungspflicht als festgestellt.

§ 19 Zahlung der Entschädigung

(1)[5] Die Entschädigung für den Zeitwertschaden ist zwei Wochen nach ihrer vollständigen Feststellung fällig; jedoch kann einen Monat nach Anzeige des Schadens als Teilzahlung der Betrag verlangt werden, der nach Lage der Sache mindestens zu zahlen ist. Die Entschädigung für den Zeitwertschaden ist nach Ablauf eines Monats seit der Anzeige des Schadens mit 1 vom Hundert unter dem Diskontsatz der Deutschen Bundesbank, aber mit nicht mehr als 6 vom Hundert und mit nicht weniger als 4 vom Hundert für das Jahr zu verzinsen. Der Lauf der Fristen ist gehemmt, solange infolge des Verschuldens des Versicherungsnehmers die Entschädigung nicht ermittelt oder nicht gezahlt werden kann. Soweit die Zahlung der Entschädigung von der Wiederherstellung oder deren Sicherstellung abhängt, wird sie zwei Wochen nach Eintritt dieser Voraussetzung fähig. Die Verzinsung erfolgt nach den Bestimmungen des Satzes 2. Zinsen sind erst fällig, wenn die Entschädigungssumme selbst fällig ist.

(2) Der Versicherer ist berechtigt, die Zahlung aufzuschieben,

a) wenn Zweifel an der Berechtigung des Versicherungsnehmers zum Zahlungsempfang bestehen, bis zur Beibringung des erforderlichen Nachweises;

b) wenn eine polizeiliche oder strafgerichtliche Untersuchung aus Anlaß des Schadens gegen den Versicherungsnehmer eingeleitet ist, bis zum Abschluß dieser Untersuchung.

(3) Für Gebäude, die zur Zeit des Versicherungsfalles mit Hypotheken, Reallasten, Grund- oder Rentenschulden belastet sind, wird die Entschädigung nur gezahlt, soweit ihre Verwendung zur Wiederherstellung gesichert ist. Die Zahlung wird unbeschadet der Bestimmung des § 7 Abs. 3a) vorbehaltlos geleistet, soweit die am Schadenstag eingetragenen Realgläubiger sich schriftlich einverstanden erklären oder selbst zur Empfangnahme der Entschädigung berechtigt sind. Eine mit dem Versicherungsnehmer besonders getroffene Wiederherstellungsvereinbarung wird hierdurch nicht berührt.

---

[5] Neufassung gemäß VerBAV **84**, 389 (vgl. A II 35):
(1) Ist die Leistungspflicht des Versicherers dem Grunde und der Höhe nach festgestellt, so hat die Auszahlung der Entschädigung binnen zwei Wochen zu erfolgen. Jedoch kann einen Monat nach Anzeige des Schadens als Teilzahlung der Betrag verlangt werden, der nach Lage der Sache mindestens zu zahlen ist. Die Entschädigung ist nach Ablauf eines Monats …

(4) Wenn der Entschädigungsanspruch nicht innerhalb einer Frist von sechs Monaten gerichtlich geltend gemacht wird, nachdem der Versicherer ihn unter Angabe der mit dem Ablauf der Frist verbundenen Rechtsfolge schriftlich abgelehnt hat, ist der Versicherer von der Entschädigungspflicht frei.

§ 20 Rechtsverhältnisse nach dem Versicherungsfall

(1)[6] Vom Schadenstage an vermindert sich die Versicherungssumme für den Rest der Versicherungsperiode um den Betrag der Entschädigung. Für spätere Versicherungsperioden gelten wieder die ursprüngliche Versicherungssumme und Prämie, wenn sich nicht aus den Umständen etwas anderes ergibt.

(2)[7] Nach dem Eintritt eines ersatzpflichtigen Versicherungsfalles können beide Parteien den Versicherungsvertrag kündigen, der Versicherungsnehmer jedoch nur dann, wenn er die Anzeige nach § 15 Abs. 1 a) gemacht hat. Die Kündigung hat spätestens zwei Wochen nach Auszahlung oder Ablehnung schriftlich zu erfolgen. Wird für einen ersatzpflichtigen Versicherungsfall keine Entschädigung beansprucht, so ist die Kündigung nur zulässig, sofern der Versicherungsfall nicht länger als ein Jahr zurückliegt; sie ist spätestens einen Monat, nachdem die Partei von dem Schaden Kenntnis erlangt hat, schriftlich zu erklären. Der Vertrag endet einen Monat nach der Kündigung.

§ 21 Schriftliche Form der Erklärungen des Versicherungsnehmers

Versicherungsanträge sowie sämtliche Anzeigen und Erklärungen des Versicherungsnehmers mit Ausnahme der Schadensanzeigen bedürfen der Schriftform.

§ 22 Verlängerung des Versicherungsvertrages

Versicherungsverträge von ein- oder mehrjähriger Dauer verlängern sich um ein Jahr und weiter von Jahr zu Jahr, wenn sie nicht drei Monate vor dem jeweiligen Ablauf von einem der beiden Teile schriftlich gekündigt werden.

---

[6] Nr. 1 lautet seit VerBAV **87**, 174 (vgl. A II 35):
Die Versicherungssumme vermindert sich nicht dadurch, daß eine Entschädigung geleistet wird.

[7] Neufassung von Nr. 2 gemäß VerBAV **84**, 389 (vgl. A II 35):
Nach dem Eintritt eines Versicherungsfalles können Versicherer und Versicherungsnehmer den Versicherungsvertrag kündigen.
Die Kündigung ist schriftlich zu erklären. Sie muß spätestens einen Monat nach dem Abschluß der Verhandlungen über die Entschädigung zugehen.
Die Kündigung wird einen Monat nach ihrem Zugang wirksam. Der Versicherungsnehmer kann bestimmen, daß seine Kündigung sofort oder zu einem späteren Zeitpunkt wirksam wird, jedoch spätestens zum Schluß des laufenden Versicherungsjahres.

Texte 34

Klauseln für die

Glas-Versicherung, Verbundene Hausrat-Versicherung, Verbundene Wohngebäude-Versicherung, Feuer-Versicherung, Einbruchdiebstahl- und Raub-Versicherung, Leitungswasser-Versicherung, Sturm-Versicherung, Feuer-Betriebsunterbrechungs-Versicherung und Feuerhaftungs-Versicherung

---

[1] Durch VerBAV **87**, 176 (vgl. A II 35) gestrichen.

2302 Mehrkosten durch behördliche Wiederherstellungsbeschränkungen (ohne Restwerte)

2303 Berücksichtigung von behördlichen Wiederherstellungsbeschränkungen für Restwerte

2400 – **Versicherungsort**
2401 Neu hinzukommende Betriebsgrundstücke

2600 – **Vorvertragliche Anzeige; Gefahrerhöhung; Obliegenheiten**
2601 Anerkennung

2700 – **Entschädigung (Versicherungssumme; Unterversicherung; Selbstbehalte; Entschädigungsgrenzen)**
2701 Mehrwertsteuer bei Gleitender Neuwertversicherung
2702 Spediteure

2800 – **Verhaltens- und Wissenszurechnung; Vertretung**
2801 Teil- oder Wohnungseigentum in gewerblich genutzten Gebäuden

3000 – **Klauseln für die Feuer-Versicherung**

3100 – **Versicherte Gefahren und Schäden**
3101 Brandschäden an Räucher-, Trocken- und sonstigen Erhitzungsanlagen
3102 Brandschäden an Räucher-, Trocknungs- und ähnlichen Erhitzungsanlagen sowie an deren Inhalt
3103 Bestimmungswidriger Wasseraustritt aus Sprinkleranlagen
3104 Ausschluß von Betriebs- und Blitzschäden an elektrischen Einrichtungen
3105 Fermentationsschäden an Ernteerzeugnissen
3106 Fermentationsschäden in der Zuckerindustrie
3107 Bestimmungswidriges Ausbrechen glühendflüssiger Schmelzmassen
3108 Unbemannte Flugkörper
3109 Schwelzersetzungsschäden in der landwirtschaftlichen Feuerversicherung
3110 Eingeschränkte Mitversicherung von Fermentationsschäden in der Zuckerindustrie
3111 Überspannungsschäden durch Blitz in landwirtschaftlichen Betrieben unter Einschluß von Folgeschäden

3301 Kosten für die Dekontamination von Erdreich

3200 – **Versicherte Sachen**
3201 Bargeld an Lohn- und Gehaltszahlungstagen
3202 Ruhende und fahrende Kraftfahrzeuge
3203 Ruhende Kraftfahrzeuge
3204 Kraftfahrzeuge in Verkaufs- und Ausstellungsräumen
3205 Kraftfahrzeug-Fahrgestelle
3206 Triebwerkflugzeuge in der Luftfahrt-Industrie
3207 Hopfen
3208 Hopfengarteneinrichtung

3400 – **Versicherungsort**
3401 Abhängige Außenversicherung
3402 Selbständige Außenversicherung
3403 Feuerversicherung für Transporte
3404 Anschlußgleise und Wasseranschlüsse
3405 Kraftfahrzeuge von Betriebsangehörigen und Besuchern
3406 Versicherungsort für die Feuerversicherung landwirtschaftlicher Betriebe
3407 Feuerversicherung von Sparschränken mit Inhalt

3500 – **Versicherungswert**
3501 Mehraufwendungen in der Zuckerindustrie
3502 Versicherungswert der Betriebseinrichtung in landwirtschaftlichen Betrieben
3503 Neuwertversicherung für einzeln bezeichnete landwirtschaftliche Maschinen und Geräte

3600 – **Vorvertragliche Anzeige; Gefahrerhöhung; Obliegenheiten**
3601 Verantwortlichkeit für Verstöße gegen Sicherheitsvorschriften
3602 Elektrische Anlagen
3603 Prüfung von elektrischen Anlagen
3604 Nichtanwendung von Sicherheitsvorschriften
3605 Vorübergehende Abweichung von Sicherheitsvorschriften
3606 Gefahrerhöhung – Versehensklausel
3607 Betriebsstillegung
3608 Verzicht auf Ersatzansprüche
3609 Elektrische Anlagen in landwirtschaftlichen Betrieben

0000 – Klauseln für die Verbundene Hausrat-, die Verbundene Wohngebäude- und Glas-Versicherung

0700 – Klauseln für die Glas-Versicherung

710 – Versicherte Gefahren

711 Brand, Blitz, Explosion

1. Der Versicherer leistet auch Ersatz für Schäden durch Zerbrechen (§ 1 Nr. 1 AGIB), die durch Brand, Blitz oder Explosion oder durch Lösch- oder Rettungsmaßnahmen verursacht werden. Dies gilt nicht für Gebäudebestandteile, für die ein Versicherungsmonopol besteht.

2. Schäden durch Krieg, innere Unruhen, insbesondere Landfriedensbruch, Erdbeben oder Kernenergie sind ausgeschlossen.

712 Schäden durch Farbanstriche, Lichtfilterlacke oder Folien

Der Versicherer leistet auch Ersatz für Schäden durch Zerbrechen (§ 1 Nr. 1 AGIB), die durch Farbanstriche, Lichtfilterlacke oder Folien an den Scheiben verursacht werden.

713 Innere Unruhen

1. Der Versicherer leistet auch Ersatz für Schäden durch Zerbrechen (§ 1 Nr. 1 AGIB), die durch innere Unruhen, insbesondere durch Landfriedensbruch, verursacht werden. Schäden durch Brand, Explosion und Kernenergie oder durch Lösch- oder Rettungsmaßnahmen sind jedoch ausgeschlossen, und zwar auch dann, wenn solche Schäden, soweit sie ohne Mitwirkung innerer Unruhen entstehen, abweichend von § 1 Nr. 2 Abs. 2 AGIB durch besondere Vereinbarung mitversichert sind.

2. Ein Anspruch auf Entschädigung für Schäden gemäß Nr. 1 besteht nicht, soweit die Voraussetzungen für einen unmittelbaren oder subsidiären Schadenersatzanspruch aufgrund öffentlich-rechtlichen Entschädigungen gegeben sind.

3. Der Versicherungsschutz gemäß Nr. 1 kann jederzeit gekündigt werden. Die Kündigung wird eine Woche nach Zugang wirksam.

714 Wandplatten

Ausgeschlossen sind Schäden durch Zerbrechen (§ 1 Nr. 1 AGIB) von Wand- und sonstigen Platten, wenn sich diese unversehrt gelöst haben.

720 – Versicherte Sachen

721 Ausschluß beschädigter Scheiben

1. Die im Versicherungsvertrag als beschädigt bezeichneten Scheiben sind nicht versichert.

2. Wird eine der beschädigten Scheiben durch eine unbeschädigte Scheibe ersetzt, so ist die unbeschädigte Scheibe versichert, sobald der Versicherungsnehmer dies dem Versicherer schriftlich angezeigt hat.

722 Mitversicherung beschädigter Scheiben

1. Die im Versicherungsvertrag als beschädigt bezeichneten Scheiben sind mitversichert, soweit ein Eigenanteil des Versicherungsnehmers an den Wiederherstellungskosten vereinbart und die Art der Beschädigung skizziert ist.

2. Die Versicherung erstreckt sich nur auf neue Schäden durch Zerbrechen (§ 1 Nr. 1 AGIB), die mit den skizzierten Beschädigungen nicht in ursächlichem Zusammenhang stehen. Schäden an abgesprungenen Eckstücken sind nicht versichert.

3. Wird Naturalersatz geschuldet, so erteilt der Versicherer den Ersatzauftrag erst, nachdem der Versicherungsnehmer den Eigenanteil gemäß Nr. 1 an den Versicherer gezahlt hat.

4. Wird eine der Scheiben ohne Eintritt eines Versicherungsfalls durch eine unbeschädigte ersetzt, so ist die unbeschädigte Scheibe versichert, sobald der Versicherungsnehmer dies dem Versicherer schriftlich angezeigt hat.

730 – Sachen und Sachteile nicht aus Glas

731 Mehrscheiben-Isolierverglasungen

Der Versicherer leistet bei Mehrscheiben-Isolierverglasungen Ersatz für Beschädigungen der Randverbindungen oder für ein Undichtwerden nur, wenn gleichzeitig ein ersatzpflichtiger Schaden durch Zerbrechen (§ 1 Nr. 1 AGIB) der Scheibe vorliegt.

732 Blei-, Messing, Elektrolyt- oder Eloxalverglasungen, transparentes Glasmosaik

Der Versicherer leistet Ersatz für Schäden an nicht aus Glas bestehenden Teilen von Blei-, Messing-, Elektrolyt- oder Eloxalverglasungen oder von transparentem Glasmosaik nur, wenn gleichzeitig ein ersatzpflichtiger Schaden durch Zerbrechen (§ 1 Nr. 1 AGIB) an der zugehörigen Scheibe vorliegt und entweder beide Schäden auf derselben Ursache beruhen oder der Schaden an der Scheibe den anderen Schaden verursacht hat. Die Rahmen der Verglasungen sind nicht Gegenstand der Versicherung.

733 (83) Entschädigung für Umrahmungen, Mauerwerk und Schutzeinrichtungen

Der Versicherer leistet bis zu dem vereinbarten Betrag Entschädigung auch für Schäden an Umrahmungen, Mauerwerk und Schutzeinrichtungen, wenn gleichzeitig ein ersatzpflichtiger Schaden durch Zerbrechen (§ 1 Nr. 1 AGIB) an der versicherten Scheibe selbst vorliegt und entweder beide Schäden auf derselben Ursache beruhen oder der Schaden an der Scheibe den anderen Schaden verursacht hat. Dies gilt auch für Umrahmungen, Mauerwerk und Schutzeinrichtungen von versicherten Sachen, die nicht aus Glas bestehen.

734 (83) Entschädigung für Anstriche, Malereien, Schriften, Verzierungen, Lichtfilterlacke und Folien

Der Versicherer leistet bis zu dem vereinbarten Betrag Entschädigung auch für Schäden an Anstrichen, Malereien, Schriften, Verzierungen, Lichtfilterlacken und Folien, wenn gleichzeitig ein ersatzpflichtiger Schaden durch Zerbrechen (§ 1 Nr. 1 AGIB) der versicherten Scheibe selbst vorliegt.

735 (83) Waren und Dekorationsmittel

1. Der Versicherer leistet bis zu dem vereinbarten Betrag auf Erstes Risiko Entschädigung auch für Schäden an Waren oder Dekorationsmitteln hinter versicherten Scheiben von Schaufenstern, Schaukästen oder Vitrinen, wenn gleichzeitig ein ersatzpflichtiger Schaden durch Zerbrechen (§ 1 Nr. 1 AGIB) der Scheibe vorliegt und die Waren oder Dekorationsmittel durch Glassplitter oder durch Gegenstände zerstört oder beschädigt worden sind, die beim Zerbrechen der Scheibe eingedrungen sind.

2. Ersetzt werden

a) bei zerstörten Sachen der Wiederbeschaffungspreis unmittelbar vor Eintritt des Versicherungsfalls; die Reste der zerstörten Sachen stehen dem Versicherer zu, wenn nicht der Versicherungsnehmer den Wert der Reste an den Versicherer zahlt;

b) bei beschädigten Sachen die notwendigen Reparaturkosten zur Zeit des Eintritts des Versicherungsfalls zuzüglich einer durch den Versicherungsfall etwa entstandenen und durch die Reparatur nicht auszugleichenden Wertminderung, höchstens jedoch der Wiederbeschaffungspreis unmittelbar vor Eintritt des Versicherungsfalls.

736 (83) Raster und Schriftscheiben

1. Ersetzt werden versicherte Raster oder Schriftscheiben, wenn sie innerhalb der Geschäftsräume des Versicherungsnehmers zerbrechen. Für Schäden, die durch die Vornahme von Reparaturen an Rastern oder Schriftscheiben entstehen, leistet der Versicherer keinen Ersatz.

2. Im Schadensfall hat der Versicherungsnehmer den zerbrochenen Gegenstand, insbesondere das mit der Fabrik-Nummer versehene Bruchstück, dem Versicherer auf Verlangen zuzusenden.

3. Liegt dem Vertrag die Vereinbarung „Naturalersatz für gewerbliche Risiken" zugrunde, so gilt sie für Raster und Schriftscheiben nicht.

4. Der Versicherungsnehmer erwirbt auf den Teil der Entschädigung, der den gemeinen Wert übersteigt, einen Anspruch nur, soweit er einen entsprechenden Betrag für die Wiederherstellung oder für die Wiederbeschaffung von Sachen gleicher Anzahl, Art und Güte verwendet hat.

737 (87) Werbeanlagen

1. Versichert sind die gesamten im Versicherungsvertrag näher bezeichneten Werbeanlagen, und zwar

Leuchtröhrenanlagen (Hochspannungsanlagen),

Firmenschilder,

Transparente.

2. Der Versicherer leistet Ersatz

a) bei Leuchtröhrenanlagen (Hochspannungsanlagen)
für Schäden durch Zerbrechen (§ 1 Nr. 1 AGIB) der Röhren (Systeme) und an den übrigen Teilen der Anlage für alle Beschädigungen oder Zerstörungen, soweit sie nicht eine unmittelbare Folge der durch den Betrieb der Anlage verursachten Abnutzung sind;

b) bei Firmenschildern und Transparenten
für Schäden durch Zerbrechen (§ 1 Nr. 1 AGIB) der Glas- und Kunststoffteile.
Schäden an Leuchtkörpern oder nicht aus Glas oder Kunststoff bestehenden Teilen (z. B. Metallkonstruktion, Bemalung, Beschriftung, Kabel) sind mitversichert, wenn gleichzeitig ein ersatzpflichtiger Schaden durch Zerbrechen (§ 1 Nr. 1 AGIB) am Glas oder Kunststoff vorliegt und entweder beide Schäden auf derselben Ursache beruhen oder der Schaden am Glas oder Kunststoff den anderen Schaden verursacht hat.

3. Abweichend vom § 1 Nr. 2 AGIB sind Schäden, soweit nichts anderes vereinbart ist, durch Brand, Blitzschlag oder Explosion mitversichert.

4. Kosten für Farbangleichungen unbeschädigter Systeme oder für sonstige Änderungen oder Verbesserungen sowie für Überholungen sind nicht entschädigungspflichtig.

5. Wird anläßlich eines ersatzpflichtigen Schadens an den übrigen Teilen der Anlage eine vorläufige Reparatur durch einen Nichtfachmann vorgenommen, so sind die Kosten hierfür sowie die daraus entstehenden Folgen vom Versicherungsnehmer zu tragen.

740 – Höhe der Entschädigung

741 Sonderkosten

Abweichend von § 2 Nr. 2 und 3 AGIB leistet der Versicherer nach einem ersatzpflichtigen Versicherungsfall bis zu dem vereinbarten Betrag Entschädigung auch für die Kosten, um die sich das Liefern und Einsetzen von Scheiben oder anderen Gegenständen gleicher Art und Güte durch deren Lage verteuert, z. B. für die Kosten der Verwendung eines Gerüstes oder Kranes oder für die Beseitigung von Hindernissen.

742 (87) Unterversicherung bei Positionen ohne Versicherungssumme

1. Hängt die erforderliche Jahresprämie aufgrund von Antragsfragen erkennbar von der Wohnungsfläche ab, so hat der Versicherungsnehmer während der Vertragsdauer Abweichungen zwischen den Angaben im Antrag und den tatsächlichen vorhandenen Flächen dem Versicherer unverzüglich schriftlich anzuzeigen.

2. Sind die zur Zeit des Versicherungsfalls vorhandenen Flächen dem Versicherer weder durch den Antrag noch durch spätere Anzeigen bekannt geworden (Unterversicherung), so hat er von der Entschädigung oder den Kosten des Naturalersatzes nur den Teil zu tragen, der sich zu dem bedingungsgemäß errechneten Gesamtbetrag verhält wie die zuletzt geschuldete Jahresprämie zu der Jahresprämie, die bei Kenntnis aller Umstände vereinbart worden wäre. Anzeigen, die ohne Verschulden des Versicherungsnehmers dem Versicherer noch nicht zugegangen sind, gelten als rechtzeitig erfolgt.

Den vereinbarten Naturalersatz braucht der Versicherer erst zu leisten, nachdem der Versicherungsnehmer den sich ergebenden Unterschiedsbetrag vor Erteilung des Ersatzauftrages hinzugezahlt hat.

3. Werden dem Versicherer während der Vertragsdauer Flächen angezeigt, für die eine höhere oder geringere Jahresprämie vereinbart worden wäre, so schuldet der Versicherungsnehmer von dem Zeitpunkt der Absendung der Anzeige an die geänderte Jahresprämie.

4. Nr. 1 bis Nr. 3 sind entsprechend anzuwenden, wenn die Prämie aufgrund von Antragsfragen erkennbar von sonstigen Umständen abhängt. Dies gilt insbesondere, wenn ein Gebäudewert maßgebend ist und dieser Wert entweder im Antrag zu niedrig angegeben wurde oder später durch Um-, An- oder Ausbauten gestiegen ist.

743 Erstrisikoversicherung

Soweit Versicherung auf Erstes Risiko (Erste Gefahr) vereinbart ist, gelten § 9 Nr. 2 AGIB und § 56 VVG nicht.

744 Selbstbehalt

1. Der bedingungsgemäß als entschädigungspflichtig errechnete Betrag einschließlich Aufwendungsersatz gemäß § 63 VVG wird je Versicherungsfall um den vereinbarten Selbstbehalt gekürzt.

2. Eine vereinbarten Naturalersatz braucht der Versicherer erst zu leisten, nachdem der Versicherungsnehmer den Selbstbehalt gemäß Nr. 1 vor Erteilung des Ersatzauftrages hinzugezahlt hat.

750 – Versicherung mit vereinbarter Prämienänderung

751 Naturalersatz für gewerbliche Risiken

1. Abweichend von § 9 Nr. 1 AGIB werden ersatzpflichtige Schäden in natura durch Liefern und Montieren von Scheiben oder anderen Gegenständen gleicher Art und Güte reguliert, soweit eine Ersatzbeschaffung zu den ortsüblichen Wiederherstellungskosten möglich ist. Jedoch trägt der Versicherer die Sonderkosten, um die sich das Liefern und Montieren von Scheiben oder anderen Gegenständen gleicher Art und Güte durch deren Lage verteuert, z.B. die Kosten der Verwendung eines Gerüstes oder Kranes oder für die Beseitigung von Hindernissen, nur bis zu dem vereinbarten Betrag.

2. Die Prämie kann durch den Versicherer jährlich um den Vomhundertsatz erhöht werden, um den sich der Preisindex für Verglasungsarbeiten des Statistischen Bundesamtes geändert hat; falls der Index gesunken ist, hat der Versicherer die Prämie entsprechend zu vermindern. Maßgebend ist – gerundet auf eine Stelle hinter dem Komma – das Mittel aus dem Index für gemischt genutzte Gebäude, Bürogebäude und gewerbliche Betriebsgebäude für Mai des vor Beginn des Versicherungsjahres abgelaufenen Kalenderjahres.

Die Prämie bleibt unverändert, wenn der – ungerundete – Veränderungssatz nach Abs. 1 unter 5 v.H. läge. Jedoch ist dann für die nächste Veränderung der Vomhundertsatz maßgebend, um den sich der Preisindex gegenüber dem Zeitpunkt geändert hat, der für die letzte Prämienfestsetzung maßgebend war.

Die gemäß Abs. 1 geänderte Prämie darf die im Zeitpunkt der Änderung geltende Tarifprämie nicht übersteigen. Diese Grenze gilt jedoch nur, wenn sich die neue Tarifprämie auf eine unveränderte Gruppe versicherbarer Risiken bezieht.

3. Erhöht sich die Prämie gemäß Nr. 2 um mehr als 15 v.H., so kann der Versicherungsnehmer innerhalb eines Monats, nachdem ihm die Prämienerhöhung mitgeteilt wurde, den Versicherungsvertrag mit Wirkung für den Zeitpunkt kündigen, in dem die Prämienerhöhung wirksam werden sollte. Die Kündigung ist schriftlich zu erklären.

Das Kündigungsrecht entsteht auch, wenn sich innerhalb von drei aufeinanderfolgenden Versicherungsjahren die Prämie mehrfach gemäß Nr. 2 erhöht, und zwar auf einen Betrag, der mehr als 30 v.H. über dem Ausgangsbetrag liegt.

4. Ist für die versicherten Gegenstände eine Versicherungssumme vereinbart, so sind die Vorschriften über Unterversicherung (§§ 9 Nr. 2 AGIB, 56 VVG) nur anzuwenden, soweit im Zeitpunkt des Beginns der Versicherung Unterversicherung vorgelegen hat. In diesem Fall braucht der Versicherer den Naturalersatz erst zu leisten, nachdem der Versicherungsnehmer den Unterschiedsbetrag vor Erteilung des Ersatzauftrages hinzugezahlt hat; gleiches gilt, wenn der Betrag für Sonderkosten gemäß Nr. 1 Satz 2 oder eine andere Versicherungssumme auf Erstes Risiko nicht ausreicht.

752 Naturalersatz für Wohnungen, Einfamilien- und Mehrfamiliengebäude

1. Abweichend von § 9 Nr. 1 AGIB werden ersatzpflichtige Schäden in natura durch Liefern und Montieren von Scheiben oder anderen Gegenständen gleicher Art und Güte reguliert, soweit eine Ersatzbeschaffung zu den ortsüblichen Wiederherstellungskosten möglich ist. Jedoch trägt der Versicherer die Sonderkosten, um die sich das Liefern und Montieren von Scheiben oder anderen Gegenständen gleicher Art und Güte durch deren Lage verteuert, z.B. die Kosten der Verwendung eines Gerüstes oder Kranes oder für die Beseitigung von Hindernissen, nur bis zu dem vereinbarten Betrag.

2. Die Prämie kann durch den Versicherer jährlich um den Vomhundertsatz erhöht werden, um den sich der Preisindex für Verglasungsarbeiten des Statistischen

Bundesamtes geändert hat; falls der Index gesunken ist, hat der Versicherer die Prämie entsprechend zu vermindern. Maßgebend ist – gerundet auf eine Stelle hinter dem Komma – das Mittel aus den Indizes für Einfamilien- und Mehrfamiliengebäude für Mai des vor Beginn des Versicherungsjahres abgelaufenen Kalenderjahres.

Die Prämie bleibt unverändert, wenn der – ungerundete – Veränderungssatz nach Abs. 1 unter 5 v.H. läge. Jedoch ist dann für die nächste Veränderung der Vomhundertsatz maßgebend, um den sich der Preisindex gegenüber dem Zeitpunkt geändert hat, der für die letzte Prämienfestsetzung maßgebend war.

Die gemäß Abs. 1 geänderte Prämie darf die im Zeitpunkt der Änderung geltende Tarifprämie nicht übersteigen. Diese Grenze gilt jedoch nur, wenn sich die neue Tarifprämie auf eine unveränderte Gruppe versicherbarer Risiken bezieht.

3. Erhöht sich die Prämie gemäß Nr. 2 um mehr als 15 v.H., so kann der Versicherungsnehmer innerhalb eines Monats, nachdem ihm die Prämienerhöhung mitgeteilt wurde, den Versicherungsvertrag mit Wirkung für den Zeitpunkt kündigen, in dem die Prämienerhöhung wirksam werden sollte. Die Kündigung ist schriftlich zu erklären.

Das Kündigungsrecht entsteht auch, wenn sich innerhalb von drei aufeinanderfolgenden Versicherungsjahren die Prämie mehrfach gemäß Nr. 2 erhöht, und zwar auf einen Betrag, der mehr als 30 v.H. über dem Ausgangsbetrag liegt.

4. Ist für die versicherten Gegenstände eine Versicherungssumme vereinbart, so sind die Vorschriften über Unterversicherung (§§ 9 Nr. 2 AGIB, 56 VVG) nur anzuwenden, soweit im Zeitpunkt des Beginns der Versicherung Unterversicherung vorgelegen hat. In diesem Fall braucht der Versicherer den Naturalersatz erst zu leisten, nachdem der Versicherungsnehmer den Unterschiedsbetrag vor Erteilung des Ersatzauftrages hinzugezahlt hat; gleiches gilt, wenn der Betrag für Sonderkosten gemäß Nr. 1 Satz 2 oder eine andere Versicherungssumme auf Erstes Risiko nicht ausreicht.

753 Werbeanlagen

1. Versichert sind die gesamten im Versicherungsvertrag näher bezeichneten Werbeanlagen, und zwar

Leuchtröhrenanlagen (Hochspannungsanlagen);

Firmenschilder;

Transparente.

2. Der Versicherer leistet Ersatz

a) bei Leuchtröhrenanlagen (Hochspannungsanlagen)
für Schäden durch Zerbrechen (§ 1 Nr. 1 AGIB) der Röhren (Systeme) und an den übrigen Teilen der Anlage für alle Beschädigungen oder Zerstörungen, soweit sie nicht eine unmittelbare Folge der durch den Betrieb der Anlage verursachten Abnutzung sind;

b) bei Firmenschildern und Transparenten
für Schäden durch Zerbrechen (§ 1 Nr. 1 AGIB) der Glas- und Kunststoffteile.
Schäden an Leuchtkörpern oder nicht aus Glas oder Kunststoff bestehenden Teilen (z.B. Metallkonstruktion, Bemalung, Beschriftung, Kabel) sind mitversichert, wenn gleichzeitig ein ersatzpflichtiger Schaden durch Zerbrechen (§ 1 Nr. 1 AGIB) am Glas oder Kunststoff vorliegt und entweder beide Schäden auf derselben Ursache beruhen oder der Schaden am Glas oder Kunststoff den anderen Schaden verursacht hat.

3. Abweichend von § 1 Nr. 2 AGIB sind Schäden, soweit nichts anderes vereinbart ist, durch Brand, Blitzschlag oder Explosion mitversichert.

4. Ausgeschlossen sind Schäden durch Konstruktions-, Guß- oder Materialfehler, soweit der Lieferant hierfür zu haften hat. Bestreitet der Lieferant seine Eintrittspflicht, so leistet der Versicherer zunächst Entschädigung. § 67 VVG gilt nicht. Der

Versicherungsnehmer hat seinen Anspruch auf Kosten und nach den Weisungen des Versicherers außergerichtlich und erforderlichenfalls gerichtlich geltend zu machen.

Die Entschädigung ist zurückzuzahlen, wenn der Versicherungsnehmer einer Weisung des Versicherers nicht folgt oder soweit die Eintrittspflicht des Dritten unstreitig oder rechtskräftig festgestellt wird und realisierbar ist.

5. Kosten für Farbangleichungen unbeschädigter Systeme oder für sonstige Änderungen oder Verbesserungen sowie für Überholungen sind nicht entschädigungspflichtig.

6. Abweichend von § 9 Nr. 1 AGIB werden ersatzpflichtige Schäden in natura durch Liefern und Montieren von Gegenständen gleicher Art und Güte reguliert. Jedoch trägt der Versicherer die Sonderkosten, um die sich die Montage durch die Lage der zu ersetzenden Sachen verteuert, z. B. die Kosten der Verwendung eines Gerüstes oder Kranes oder für die Beseitigung von Hindernissen, nur bis zu dem vereinbarten Betrag.

7. Ein unabhängiger Treuhänder ermittelt vor dem 1. Januar eines jeden Kalenderjahres unter Berücksichtigung der Lohn- und Materialkostenentwicklung einen Vomhundertsatz, um den der Versicherer die Prämie für das in diesem Kalenderjahr beginnende Versicherungsjahr erhöhen kann oder zu vermindern hat. Bei den erforderlichen Berechnungen wird auf zwei Stellen hinter dem Komma gerundet; der Veränderungssatz wird auf eine Stelle hinter dem Komma gerundet.

Die Prämie bleibt unverändert, wenn der – ungerundete – Veränderungssatz nach Abs. 1 unter 5 v. H. läge. Jedoch ist dann für die nächste Veränderung der Vomhundertsatz maßgebend, um den sich der Preisindex gegenüber dem Zeitpunkt geändert hat, der für die letzte Prämienfestsetzung maßgebend war.

Die gemäß Abs. 1 geänderte Prämie darf die im Zeitpunkt der Änderung geltende Tarifprämie nicht übersteigen. Diese Grenze gilt jedoch nur, wenn sich die neue Tarifprämie auf eine unveränderte Gruppe versicherbarer Risiken bezieht.

8. Erhöht sich die Prämie gemäß Nr. 7 um mehr als 15 v. H., so kann der Versicherungsnehmer innerhalb eines Monats, nachdem ihm die Prämienerhöhung mitgeteilt wurde, den Versicherungsvertrag mit Wirkung für den Zeitpunkt kündigen, in dem die Prämienerhöhung wirksam werden sollte. Die Kündigung ist schriftlich zu erklären.

Das Kündigungsrecht entsteht auch, wenn sich innerhalb von drei aufeinanderfolgenden Versicherungsjahren die Prämie mehrfach gemäß Nr. 7 erhöht, und zwar auf einen Betrag, der mehr als 30 v. H. über dem Ausgangsbetrag liegt.

9. Die Vorschriften über Unterversicherung (§§ 9 Nr. 2 AGIB, 56 VVG) sind nur anzuwenden, soweit im Zeitpunkt des Beginns der Versicherung Unterversicherung vorgelegen hat. In diesem Fall braucht der Versicherer den Naturalersatz erst zu leisten, nachdem der Versicherungsnehmer den Unterschiedsbetrag vor Erteilung des Ersatzauftrages hinzugezahlt hat; gleiches gilt, wenn der Betrag für Sonderkosten gemäß Nr. 6 Satz 2 oder eine andere Versicherungssumme auf Erstes Risiko nicht ausreicht.

10. Wird anläßlich eines ersatzpflichtigen Schadens an den übrigen Teilen der Anlage eine vorläufige Reparatur durch einen Nichtfachmann vorgenommen, so sind die Kosten hierfür sowie die daraus entstehenden Folgen vom Versicherungsnehmer zu tragen.

754 Reparaturauftrag für Fenster- und Türscheiben durch den Versicherungsnehmer

1. Für zerbrochene Fenster- und Türscheiben der Versicherungsräume kann der Versicherungsnehmer, um die Wiederherstellung zu beschleunigen, abweichend von Nr. 1 Satz 1 der Vereinbarung „Naturalersatz für Wohnungen, Einfamilien- und Mehrfamiliengebäude" (Klausel 752) den Reparaturauftrag an einen Verglasungsbetrieb selbst erteilen. Dies gilt nicht für Mehrscheiben-Isolierverglasungen.

2. Unberührt bleiben die Obliegenheiten,

a) den Schaden unverzüglich dem Versicherer anzuzeigen (§ 7 Nr. 1 a AGIB),

b) die Reparatur kostengünstig durchführen zu lassen (§ 7 Nr. 1 b AGIB).

760 – Pauschalversicherung nach Quadratmetern

761 Industriebauten

1. Versichert sind alle jeweils vorhandenen und fertig eingesetzten und eingebauten Scheiben der im Versicherungsvertrag bezeichneten Industriebauten, jedoch beschränkt auf die je Glasart und je Quadratmeter vereinbarten Versicherungssummen.

Ändert sich durch Neu-, An- und Umbauten der Bestand an Scheiben hinsichtlich der versicherten Glasarten oder der Quadratmeterflächen, so hat der Versicherungsnehmer dies dem Versicherer unverzüglich schriftlich anzuzeigen.

2. Ist die vereinbarte oder angezeigte oder ohne Verschulden noch nicht angezeigte Quadratmeter-Zahl für eine Glasart niedriger als die zur Zeit des Eintritts des Versicherungsfalls vorhandene Quadratmeter-Fläche, so wird die Entschädigung für diese Glasart nach dem Verhältnis der vereinbarten Quadratmeter-Zahl zu der vorhandenen Quadratmeter-Fläche berechnet.

Einen vereinbarten Naturalersatz braucht der Versicherer erst zu leisten, nachdem der Versicherungsnehmer den Unterschiedsbetrag zwischen der nach Abs. 1 berechneten Entschädigung und den Aufwendungen für den Naturalersatz vor Erteilung des Ersatzauftrags hinzugezahlt hat.

3. Diese Bestimmungen gelten entsprechend, wenn statt Glasscheiben andere Gegenstände versichert werden.

762 Gewächshäuser, Früh- und Mistbeete

1. Versichert sind alle jeweils vorhandenen gerahmten Scheiben von Gewächshäusern, Früh- und Mistbeeten, gleichgültig ob sie sich in Gebrauch befinden oder nicht, jedoch beschränkt auf das im Versicherungsschein genannte Grundstück und auf die je Glasart und je Quadratmeter vereinbarte Versicherungssumme. Die Rahmen sind nicht Gegenstand der Versicherung.

Ändert sich der Bestand an Scheiben hinsichtlich der versicherten Glasarten oder der Quadratmeterflächen, so hat der Versicherungsnehmer dies dem Versicherer unverzüglich schriftlich anzuzeigen.

2. Ist die vereinbarte oder angezeigte oder ohne Verschulden noch nicht angezeigte Quadratmeter-Zahl für eine Glasart niedriger als die zur Zeit des Eintritts des Versicherungsfalls vorhandene Quadratmeter-Fläche, so wird die Entschädigung für diese Glasart nach dem Verhältnis der vereinbarten Quadratmeter-Zahl zu der vorhandenen Quadratmeter-Fläche berechnet.

Einen vereinbarten Naturalersatz braucht der Versicherer erst zu leisten, nachdem der Versicherungsnehmer den Unterschiedsbetrag zwischen der nach Abs. 1 berechneten Entschädigung und den Aufwendungen für den Naturalersatz vor Erteilung des Ersatzauftrags hinzugezahlt hat.

3. Diese Bestimmungen gelten entsprechend, wenn statt Glasscheiben andere Gegenstände versichert werden.

763 Hagel

1. Der Versicherer leistet nur Ersatz für Schäden durch Zerbrechen (§ 1 Nr. 1 AGIB), die durch Hagel oder gleichzeitig eintretende Wetterereignisse verursacht werden.

2. Versichert sind alle jeweils vorhandenen gerahmten Scheiben, gleichgültig ob sie sich in Gebrauch befinden oder nicht, jedoch beschränkt auf das im Versicherungsschein genannte Grundstück und auf die je Glasart und je Quadratmeter vereinbarte Versicherungssumme. Die Rahmen sind nicht Gegenstand der Versicherung.

Ändert sich der Bestand an Scheiben hinsichtlich der versicherten Glasarten oder der Quadratmeterflächen, so hat der Versicherungsnehmer dies dem Versicherer unverzüglich schriftlich anzuzeigen.

3. Ist die vereinbarte oder angezeigte oder ohne Verschulden noch nicht angezeigte Quadratmeter-Zahl für eine Glasart niedriger als die zur Zeit des Eintritts des Versicherungsfalls vorhandene Quadratmeter-Fläche, so wird die Entschädigung für diese Glasart nach dem Verhältnis der vereinbarten Quadratmeter-Zahl zu der vorhandenen Quadratmeter-Fläche berechnet.

Einen vereinbarten Naturalersatz braucht der Versicherer erst zu leisten, nachdem der Versicherungsnehmer den Unterschiedsbetrag zwischen der nach Abs. 1 berechneten Entschädigung und den Aufwendungen für den Naturalersatz vor Erteilung des Ersatzauftrags hinzugezahlt hat.

4. Beschädigungen, die nicht auf Hagel oder gleichzeitig eintretende Wetterschäden zurückzuführen sind, hat der Versicherungsnehmer dem Versicherer unverzüglich schriftlich anzuzeigen und auf eigene Kosten beseitigen zu lassen.

5. Diese Bestimmungen gelten entsprechend, wenn statt Glasscheiben andere Gegenstände versichert werden.

770 – Wohnungswechsel

771 (84) Wohnungswechsel

1. Bei einem Wohnungswechsel innerhalb der Bundesrepublik Deutschland einschließlich des Landes Berlin gilt die Versicherung auch während des Umzugs und in der neuen Wohnung. Nach Ablauf von zwei Monaten ab Beginn des Umzugs besteht Versicherungsschutz nur noch in der neuen Wohnung.

2. Der Versicherungsnehmer hat den Wohnungswechsel nach Beendigung des Umzugs dem Versicherer unverzüglich schriftlich anzuzeigen.

3. Die Prämie wird gegebenenfalls ab Beginn des Umzugs dem neuen Versicherungsschein angepaßt.

780 – Vertretung; Ratenzahlung; Wohnungseigentum

781 Führung

Der führende Versicherer ist bevollmächtigt, Anzeigen und Willenserklärungen des Versicherungsnehmers für alle beteiligten Versicherer entgegenzunehmen.

782 Prozeßführung

Soweit die vertraglichen Grundlagen für die beteiligten Versicherer die gleichen sind, ist folgendes vereinbart:

1. Der Versicherungsnehmer wird bei Streitfällen aus diesem Vertrag seine Ansprüche nur gegen den früheren Versicherer und nur wegen dessen Anteil gerichtlich geltend machen.

2. Die beteiligten Versicherer erkennen die gegen den führenden Versicherer rechtskräftig gewordene Entscheidung sowie die von diesem mit dem Versicherungsnehmer nach Rechtshändigkeit geschlossenen Vergleiche als auch für sich verbindlich an.

3. Falls der Anteil des führenden Versicherers die Berufungs- oder Revisionssumme nicht erreicht, ist der Versicherungsnehmer berechtigt und auf Verlangen des führenden oder eines mitbeteiligten Versicherers verpflichtet, die Klage auf einen zweiten, erforderlichenfalls auf weitere Versicherer auszudehnen, bis diese Summe erreicht ist. Wird diesem Verlangen nicht entsprochen, so gilt Nr. 2 nicht.

783 Makler

Der den Versicherungsvertrag betreuende Makler ist bevollmächtigt, Anzeigen und Willenserklärungen des Versicherungsnehmers entgegenzunehmen. Er ist durch den Maklervertrag verpflichtet, diese unverzüglich an den Versicherer weiterzuleiten.

784 Ratenzahlung

1. Ist für die Jahresprämie Ratenzahlung vereinbart, so gelten die ausstehenden Raten bis zu den vereinbarten Zahlungsterminen als gestundet.

2. Die gestundeten Raten des laufenden Versicherungsjahres werden sofort fällig, wenn der Versicherungsnehmer mit einer Rate ganz oder teilweise in Verzug gerät oder soweit eine Entschädigung fällig wird.

785 Wohnungseigentum in der Glasversicherung

Für den Versicherungsvertrag mit sämtlichen Wohnungseigentümern gilt folgendes:

1. Ist der Versicherer nach §§ 4 bis 8 AGlB wegen des Verhaltens einzelner Wohnungseigentümer leistungsfrei, so kann er sich hierauf zunächst nicht berufen.

Er kann jedoch Ersatz seiner Aufwendungen von den Wohnungseigentümern verlangen, denen gegenüber er leistungsfrei ist. Dieser Ersatzanspruch ist auf den Teil der Aufwendungen beschränkt, der auf das Sondereigentum und die Miteigentumsanteile (§ 1 Abs. 2 des Wohnungseigentumsgesetzes) dieser Wohnungseigentümer entfällt, falls zwischen dem die Leistungsfreiheit begründenden Verhalten und dem Schaden durch Zerbrechen kein Ursachenzusammenhang besteht.

2. Nr. 1 gilt entsprechend für die Versicherung bei Teileigentum (§ 1 Abs. 3 des Wohnungseigentumsgesetzes).

0800 – Klauseln für die Hausrat-Versicherung

Klauseln zu den VHB 84:

0810 – Versicherte Gefahren und Schäden

817 (89) Klima-, Wärmepumpen- und Solarheizungsanlagen

Abweichend von § 9 Nr. 4 d VHB 84 erstreckt sich der Versicherungsschutz auch auf Schäden durch wärmetragende Flüssigkeiten wie Sole, Öle, Kühlmittel, Kältemittel und dergleichen, die aus Klima-, Wärmepumpen- oder Solarheizungsanlagen bestimmungswidrig ausgetreten sind.

833 Fahrraddiebstahl

1. Für Fahrräder erstreckt sich der Versicherungsschutz auch auf Schäden durch Diebstahl, wenn nachweislich

a) das Fahrrad zur Zeit des Diebstahls in verkehrsüblicher Weise durch ein Schloß gesichert war und außerdem

b) der Diebstahl zwischen 6 Uhr und 22 Uhr verübt wurde oder sich das Fahrrad zur Zeit des Diebstahls in Gebrauch oder in einem gemeinschaftlichen Fahrradabstellraum befand.

2. Für die mit dem Fahrrad lose verbundenen und regelmäßig seinem Gebrauch dienenden Sachen besteht Versicherungsschutz nur, wenn sie zusammen mit dem Fahrrad abhandengekommen sind.

3. Die Entschädigung ist je Versicherungsfall auf 1 Prozent der Versicherungssumme für den Hausrat begrenzt. Eine höhere Entschädigungsgrenze kann vereinbart werden.

4. Der Versicherungsnehmer hat Unterlagen über den Hersteller, die Marke und die Rahmennummer der versicherten Fahrräder zu beschaffen und aufzubewahren. Verletzt der Versicherungsnehmer diese Bestimmung, so kann er Entschädigung nur verlangen, wenn er die Merkmale anderweitig nachweisen kann.

5. Der Versicherungsnehmer hat den Diebstahl unverzüglich der zuständigen Polizeidienststelle anzuzeigen und dem Versicherer einen Nachweis dafür zu erbringen, daß das Fahrrad nicht innerhalb von drei Wochen seit Anzeige des Diebstahls wieder herbeigeschafft wurde.
Verletzt der Versicherungsnehmer eine dieser Obliegenheiten, so kann der Versicherer gemäß §§ 6 Abs. 3, 62 Abs. 2 VVG zur Kündigung berechtigt oder auch leistungsfrei sein.

6. Versicherungsnehmer und Versicherer können unter Einhaltung einer Frist von drei Monaten zum Ende des laufenden Versicherungsjahres durch schriftliche Erklärung verlangen, daß dieser erweiterte Versicherungsschutz für Fahrräder mit Beginn des nächsten Versicherungsjahres entfällt.
Macht der Versicherer von diesem Recht Gebrauch, so kann der Versicherungsnehmer den Vertrag innerhalb eines Monats nach Zugang der Erklärung des Versicherers zum Ende des laufenden Versicherungsjahres kündigen.

837 (88) Überspannungsschäden durch Blitz unter Einschluß von Folgeschäden

1. Abweichend von § 9 Nr. 2c VHB 84 ersetzt der Versicherer auch Überspannungsschäden durch Blitz.

2. Die Entschädigung ist je Versicherungsfall auf 5 Prozent der Versicherungssumme begrenzt. Eine höhere Entschädigungsgrenze kann vereinbart werden.

838 Schäden durch Hagel

1. Wenn dies besonders vereinbart ist, erstreckt sich die Sturmversicherung auch auf Schäden durch Hagel. In diesem Fall brauchen bei Schäden durch Hagel die Voraussetzungen von § 8 Nr. 1 VHB 84 (Sturm) nicht gegeben zu sein.

2. § 8 Nr. 3 und § 9 Nr. 5c VHB 84 gelten sinngemäß auch für Schäden durch Hagel gemäß Nr. 1. Jedoch genügt es in den Fällen von § 9 Nr. 5c VHB 84 für den Versicherungsschutz, daß die Öffnung durch Hagel entstanden ist.

0820 – Versicherte Sachen

811 (84) Gegenstände von besonderem Wert

Abweichend von § 1 VHB 84 sind die im Versicherungsvertrag bezeichneten Gegenstände von besonderem Wert nicht mitversichert.

812 (84) Arbeitsgeräte

Abweichend von § 1 Nr. 2d VHB 84 sind Arbeitsgeräte und Einrichtungsgegenstände, die dem Beruf oder Gewerbe dienen, nicht mitversichert.

813 (84) In das Gebäude eingefügte Sachen

1. Die im Versicherungsvertrag besonders bezeichneten Sachen, z. B. Einbaumöbel, Bodenbeläge, Innenanstriche und Tapeten, sind auch versichert, soweit sie Gebäudebestandteile sein könnten.

2. Soweit gemäß Nr. 1 sanitäre Anlagen und leitungswasserführende Installationen versichert sind, erstreckt sich die Versicherung auch auf Frostschäden an diesen Sachen sowie auf Frost- und sonstige Bruchschäden an deren Zu- und Ableitungsrohren.

3. Pflicht- und Monopolrechte bleiben unberührt.

814 (84) Hausrat außerhalb der ständigen Wohnung

Abweichend von § 1 VHB 84 sind nicht versichert:

1. in Wochenend-, Ferien-, Land-, Jagd-, Garten- und Weinberghäusern sowie in sonstigen nicht ständig bewohnten Gebäuden:
Bargeld, Urkunden einschließlich Sparbücher und sonstige Wertpapiere, Schmucksachen, Edelsteine, Perlen, Briefmarken, Münzen und Medaillen sowie alle Sachen aus Silber, Gold oder Platin, Pelze, handgeknüpfte Teppiche und Gobelins, Ölgemälde, Aquarelle, Zeichnungen, Graphiken und Plastiken, Schußwaffen, Foto- und optische Apparate sowie sonstige Sachen, die über 100 Jahre alt sind (Antiquitäten), jedoch mit Ausnahme von Möbelstücken;

2. in Zweitwohnungen in ständig bewohnten Gebäuden:
Bargeld, Urkunden einschließlich Sparbücher und sonstige Wertpapiere, Schmucksachen, Edelsteine, Perlen, Briefmarken, Münzen und Medaillen sowie alle Sachen aus Gold oder Platin, Pelze, handgeknüpfte Teppiche und Gobelins.

815 (84) Eingelagerte Hausratgegenstände

Von eingelagerten Hausratgegenständen sind nicht versichert:
Bargeld, Urkunden einschließlich Sparbücher und sonstige Wertpapiere, Schmucksachen, Edelsteine, Perlen, Briefmarken, Münzen und Medaillen sowie alle Sachen aus Silber, Gold oder Platin, Pelze, handgeknüpfte Teppiche und Gobelins, Ölgemälde, Aquarelle, Zeichnungen, Graphiken und Plastiken, Schußwaffen, Foto- und optische Apparate sowie sonstige Sachen, die über 100 Jahre alt sind (Antiquitäten), jedoch mit Ausnahme von Möbelstücken.

835 Aquarien in der Hausrat-Versicherung

Abweichend von § 7 Nr. 1 VHB 84 gilt als Leitungswasser auch Wasser, das aus Aquarien bestimmungswidrig ausgetreten ist.

Einfacher Diebstahl von Kleidung und Gartenmöbel

Abweichend von den §§ 3 und 5 VHB 84 leistet der Versicherer auch im Falle der Entwendung durch einfachen Diebstahl Entschädigung für

a) Wäsche und Kleidung – ausgenommen Pelze, Leder- und Alcantarawaren – die sich tagsüber zum Waschen, Trocknen, Bleichen oder Lüften außerhalb der Versicherungsräume auf dem Versicherungsgrundstück befinden;

b) Gartenmöbel und Gartengeräte außerhalb der Versicherungsräume auf dem eingefriedigten Versicherungsgrundstück.

Gegenstände in Kraftfahrzeugen

1. In Erweiterung von § 5 VHB 84 wird auch Entschädigung geleistet für versicherte Sachen (§ 1 VHB 84), die dem Versicherungsnehmer oder einer mit ihm in häuslicher Gemeinschaft lebenden Person gehören oder ihrem persönlichen Gebrauch dienen, wenn sie sich vorübergehend außerhalb der Wohnung befinden und inner-

halb Deutschlands durch Aufbrechen verschlossener Kraftfahrzeuge, nicht aber Kraftfahrzeuganhänger, entwendet oder bei diesem Ereignis zerstört oder beschädigt werden. Dem Aufbrechen steht die Verwendung falscher Schlüssel oder anderer zum ordnungsmäßigen Öffnen nicht bestimmter Werkzeuge zum Öffnen der Türen oder Behältnisse des Fahrzeuges gleich.

2. Der Versicherer haftet nur, wenn nachweislich

a) der Schaden tagsüber zwischen 6 Uhr und 22 Uhr eingetreten ist oder

b) das Kraftfahrzeug in einer abgeschlossenen Garage – Parkhäuser oder Tiefgaragen, die zur allgemeinen Benützung offenstehen, genügen nicht – abgestellt war oder

c) der Schaden während einer Fahrtunterbrechung von nicht länger als zwei Stunden eingetreten ist.

3. Keine Entschädigung wird geleistet für Wertsachen gemäß § 19 Nr. 1 a–e VHB 84 sowie für Foto, Film- und Videogeräte und deren Zubehör.

4. Die Entschädigung für den einzelnen Schadenfall ist, soweit nicht etwas anderes vereinbart ist, auf 1% der Versicherungssumme, höchstens jedoch 1000,– DM begrenzt.

5. Versicherungsnehmer und Versicherer können unter Einhalt einer Frist von drei Monaten zum Ende des laufenden Versicherungsjahres durch schriftliche Erklärung verlangen, daß diese Bestimmungen mit Beginn des nächsten Versicherungsjahres entfallen.

Macht der Versicherer von diesem Recht Gebrauch, so kann der Versicherungsnehmer den Vertrag innerhalb eines Monats nach Zugang der Erklärung des Versicherers zum Ende des laufenden Versicherungsjahres kündigen.

0830 – Versicherte Kosten

Hotelkosten (VerBAV 89, 190; Alternative: VerBAV 89, 5)

1. In Erweiterung von § 2 Nr. 1 a) bis f) VHB 84 sind auch Kosten für Hotel oder ähnliche Unterbringung mitversichert, wenn die Wohnung infolge eines Versicherungsfalles nach § 3 VHB 84 oder durch Hagel unbewohnbar wurde und dem Versicherungsnehmer auch die Beschränkung auf einen etwa bewohnbar gebliebenen Teil nicht zuzumuten ist.

2. Nicht versichert sind Nebenkosten, z. B. Frühstück, Telefon-, Beförderungs- und Transportkosten.

3. Die Entschädigung ist je Versicherungsfall auf den pro Tag vereinbarten Betrag begrenzt bis zu dem Zeitpunkt, in dem die Wohnung wieder bewohnbar ist, längstens für 100 Tage seit dem Eintritt des Versicherungsfalles.

Kosten für Hotel und sonstige ähnliche Unterbringung im Schadenfall (VerBAV 89, 5)

In Ergänzung zu § 2 Nr. 1 a) bis f) VHB 84 sind bis zur vereinbarten Entschädigungsgrenze auch Kosten für Hotel oder sonstige ähnliche Unterbringung mitversichert, wenn die Wohnung durch Feuer, Sturm oder Leitungswasser unbewohnbar wurde und/oder die Nutzung von Teilen der Wohnung unzumutbar ist. Anfallende Nebenkosten (z. B. für Frühstück, Telefon etc.) werden nicht erstattet.

0840 – Versicherungsort

836 Wohnsitz im Ausland

1. Abweichend von § 11 Nr. 1 Abs. 3 VHB 84 besteht Versicherungsschutz bei Wohnungswechsel auch in der neuen Wohnung, wenn diese innerhalb des vereinbarten ausländischen Staates liegt.

2. Die Versicherungssumme wird in Deutscher Mark (DM) vereinbart. Die Leistungen der Vertragsparteien sind ebenfalls in DM zu erbringen.

3. Abweichend von § 23 Nr. 2a und b VHB 84 gilt als zuständiges Amtsgericht für die Ernennung des zweiten Sachverständigen oder des Obmannes das Amtsgericht des letzten inländischen Wohnsitzes des Versicherungsnehmers.

839 Dauer der Außenversicherung

Abweichend von § 12 Nr. 1 Satz 2 VHB 84 gilt der vereinbarte Zeitraum so lange als vorübergehend gemäß § 12 Nr. 1 Satz 1 wie der Versicherungsnehmer nicht außerhalb der Wohnung (§ 10 Nr. 2 VHB 84) einen eigenen Haushalt gegründet hat.

Erweiterung des Versicherungsortes

1. Abweichend von § 10 Nr. 2 Satz 2 VHB 84 besteht Versicherungsschutz auch in der im Versicherungsschein bezeichneten Garage, soweit sie ausschließlich vom Versicherungsnehmer und einer mit ihm in häuslicher Gemeinschaft lebenden Person genutzt wird.

2. Die Entschädigung ist je Versicherungsfall auf 5% der Versicherungssumme begrenzt. Eine höhere Entschädigungsgrenze kann vereinbart werden.

Erhöhte Entschädigungsgrenze für die Außenversicherung

1. Abweichend von § 12 Nr. 5 Satz 2 VHB 84 gilt die im Versicherungsvertrag vereinbarte höhere Entschädigungsgrenze.

2. Die Entschädigungsgrenzen gemäß § 19 werden hiervon nicht berührt und gelten unverändert.

Erweiterte Außenversicherung

Abweichend von § 12 Nr. 1 VHB 84 gilt die Außenversicherung nicht auf Europa begrenzt.

0870 – Entschädigung
(Versicherungssumme; Unterversicherung; Selbstbehalte; Entschädigungsgrenzen)

827 Selbstbehalt bei ungekürzter Hausrat-Versicherungssumme

Der bedingungsgemäß als entschädigungspflichtig errechnete Betrag einschließlich Aufwendungsersatz gemäß § 63 VVG wird je Versicherungsfall um den vereinbarten Selbstbehalt gekürzt.

832 Sachen mit gesondert vereinbarter Versicherungssumme

1. Sachen mit gesondert vereinbarter Versicherungssumme sind als besondere Gruppen (Positionen) versichert. Sie gelten abweichend von § 1 Nr. 1 VHB 84 nicht als Teil des Hausrats.

2. §§ 18 Nr. 3 und 27 VHB 84 sind auf die Versicherungssummen gemäß Nr. 1 anzuwenden. Ein vereinbarter Unterversicherungsverzicht gilt für diese Gruppen (Positionen) nicht, soweit nicht etwas anderes vereinbart wurde.

3. Die Versicherungssummen gemäß Nr. 1 verändern sich entsprechend § 16 Nr. 1 VHB 84; jedoch ist § 16 Nr. 1 b VHB 84 nicht anzuwenden.

Liegt die Versicherungssumme danach über der ursprünglich vereinbarten Versicherungssumme, so wird der Mehrbetrag für die Berechnung der Entschädigung verdoppelt.

4. Der Prämiensatz verändert sich gemäß § 16 Nr. 2 VHB 84.

5. Außenversicherungsschutz gemäß § 12 VHB 84 besteht nicht.

834 Kein Abzug wegen Unterversicherung

1. Der Versicherer nimmt abweichend von §§ 18 Nr. 3 und Nr. 4 VHB 84, 56 VVG keinen Abzug wegen Unterversicherung vor.

2. Nr. 1 gilt nur, solange nicht ein weiterer Hausratversicherungsvertrag desselben Versicherungsnehmers für denselben Versicherungsort ohne Vereinbarung gemäß Nr. 1 besteht.

3. Versicherungsnehmer und Versicherer können unter Einhaltung einer Frist von drei Monaten zum Ende des laufenden Versicherungsjahres durch schriftliche Erklärung verlangen, daß diese Bestimmungen mit Beginn des nächsten Versicherungsjahres entfallen.

Macht der Versicherer von diesem Recht Gebrauch, so kann der Versicherungsnehmer den Vertrag innerhalb eines Monats nach Zugang der Erklärung des Versicherers zum Ende des laufenden Versicherungsjahres kündigen.

0880 – Verhaltens- und Wissenszurechnung; Vertretung

871 Führung

Der führende Versicherer ist bevollmächtigt, Anzeigen und Willenserklärungen des Versicherungsnehmers für alle beteiligten Versicherer entgegenzunehmen.

872 Prozeßführung

Soweit die vertraglichen Grundlagen für die beteiligten Versicherer die gleichen sind, ist folgendes vereinbart:

1. Der Versicherungsnehmer wird bei Streitfällen aus diesem Vertrag seine Ansprüche nur gegen den führenden Versicherer und nur wegen dessen Anteil gerichtlich geltend machen.

2. Die beteiligten Versicherer erkennen die gegen den führenden Versicherer rechtskräftig gewordene Entscheidung sowie die von diesem mit dem Versicherungsnehmer nach Rechtshängigkeit geschlossenen Vergleiche als auch für sich verbindlich an.

3. Falls der Anteil des führenden Versicherers die Berufungs- oder Revisionssumme nicht erreicht, ist der Versicherungsnehmer berechtigt und auf Verlangen des führenden oder eines mitbeteiligten Versicherers verpflichtet, die Klage auf einen zweiten, erforderlichenfalls auf weitere Versicherer auszudehnen, bis diese Summe erreicht ist. Wird diesem Verlangen nicht entsprochen, so gilt Nr. 2 nicht.

873 Makler

Der den Versicherungsvertrag betreuende Makler ist bevollmächtigt, Anzeigen und Willenserklärungen des Versicherungsnehmers entgegenzunehmen. Er ist durch den Maklervertrag verpflichtet, diese unverzüglich an den Versicherer weiterzuleiten.

Klauseln zu den VHB 74:

811 Gegenstände von besonderem Wert

Abweichend von § 2 VHB 74 sind die im Versicherungsvertrag bezeichneten Gegenstände von besonderem Wert nicht mitversichert.

812 Arbeitsgeräte

Abweichend von § 2 Nr. 1 b VHB 74 sind Arbeitsgeräte und Einrichtungsgegenstände, die dem Beruf oder Gewerbe dienen, nicht versichert.

813 Einbaumöbel und Teppichböden

Die im Versicherungsvertrag besonders vereinbarten Gegenstände, z. B. Einbaumöbel und Teppichböden, sind auch versichert, soweit sie Gebäudebestandteile sein könnten.

814 Hausrat außerhalb der ständigen Wohnung

Von der Versicherung sind ausgeschlossen

1. in Wochenend-, Ferien-, Land-, Jagd-, Garten- und Weinberghäusern sowie in sonstigen nicht ständig bewohnten Gebäuden:
Bargeld, Versicherungsmarken, Barrengold, Goldmünzen und -medaillen, Urkunden einschließlich Sparbücher und sonstige Wertpapiere, Sammlungen, Gold-, Silber- und Schmucksachen, Kunstgegenstände, Schußwaffen, Foto- und optische Apparate, Pelze und echte Teppiche;

2. in Zweitwohnungen in ständig bewohnten Gebäuden:
Bargeld, Versicherungsmarken, Barrengold, Goldmünzen und -medaillen, Urkunden einschließlich Sparbücher und sonstige Wertpapiere, Sammlungen, Gold- und Schmucksachen sowie Pelze.

815 Zeitweise eingelagerte Hausratgegenstände

Bargeld, Versicherungsmarken, Barrengold, Goldmünzen und -medaillen, Urkunden einschließlich Sparbücher und sonstige Wertpapiere, Sammlungen, Gold-, Silber- und Schmucksachen, Kunstgegenstände, Schußwaffen, Foto- und optische Apparate, Pelze und echte Teppiche sind von der Versicherung zeitweise eingelagerter Hausratgegenstände ausgeschlossen.

816 Sturmschäden an außen angebrachten Sachen
in der Hausrat-Versicherung

1. Antennenanlagen und Markisen sind gegen Sturmschäden (§ 3 D VHB 74) mitversichert, soweit sie Alleineigentum des Versicherungsnehmers und nicht durch eine Monopolanstalt versichert sind.

2. Soweit diese Sachen mehreren Wohnungen oder gewerblichen Zwecken dienen, z. B. Gemeinschaftsantennen, sind sie von der Versicherung ausgeschlossen, auch wenn sie dem Versicherungsnehmer gehören.

817 Klimaanlagen in der Hausrat-Versicherung

1. Als Leitungswasser im Sinne von § 3 C Nr. 1 VHB 74 gilt auch Wasser, das aus Heiz-, Kühl- und Kaltwasserumlaufsystemen sowie den fest damit verbundenen Einrichtungen von Klimaanlagen bestimmungswidrig austritt.

2. Nicht versichert sind Schäden durch den Austritt von Kühlmitteln und Schäden an Leitungen für Kühlmittel.

818 Wärmepumpen-Anlagen in der Hausrat-Versicherung

1. Als Leitungswasser im Sinne von § 3 C Nr. 1 VHB 74 gilt auch Wasser, das aus einer Wärmepumpen-Anlage bestimmungswidrig austritt.

2. Nicht versichert sind Schäden durch Austritt von anderen wärmetragenden Flüssigkeiten, wie Sole, Öle, Kühlmittel, Kältemittel und dgl.

819 Solarheizungs-Anlagen in der Hausrat-Versicherung

1. Als Leitungswasser im Sinne von § 3 C Nr. 1 VHB 74 gilt auch Wasser, das aus einer Solarheizungs-Anlage bestimmungswidrig austritt.

2. Nicht versichert sind Schäden durch Austritt von anderen wärmetragenden Flüssigkeiten, wie Sole, Öle, Kühlmittel, Kältemittel und dgl.

820 Erhöhte Entschädigungsgrenzen gemäß § 2 Nrn. 3a, 3b, 4, 5, und 9 VHB 74

1. Die Entschädigungsgrenzen gemäß § 2 Nr. 3a oder Nr. 3b oder Nr. 4 oder Nr. 5 Abs. 1 und Nr. 9 VHB 74 erhöhen sich auf den im Versicherungsvertrag bezeichneten Betrag.

2. Wenn die Entschädigungsgrenze gemäß § 2 Nr. 3a oder Nr. 4 VHB 74 erhöht ist, können für das dort vorgesehene Behältnis zusätzliche Sicherheitsmerkmale vereinbart werden.

821 Erhöhte Entschädigungsgrenzen für Gold-, Silber- und Schmucksachen sowie für Pelze (§ 2 Nrn. 8 und 9 VHB 74)

1. Die Entschädigungsgrenze gemäß § 2 Nr. 8 Abs. 1 und Nr. 9 VHB 74 erhöht sich auf den im Versicherungsvertrag genannten Betrag. Wenn dies besonders vereinbart ist, gelten für Gold-, Silber- und Schmucksachen einerseits und für Pelze andererseits gesonderte Entschädigungsgrenzen.

2. Als Behältnis gemäß § 2 Nr. 8 Abs. 2 VHB 74 gilt, wenn nicht eine besondere Vereinbarung getroffen ist, nur ein verschlossener mehrwandiger Stahlschrank (Mindestgewicht 200 kg) oder ein eingemauerter Stahlwandschrank mit mehrwandiger Tür.

822 Erhöhte Entschädigungsgrenzen für Sammlungen von Münzen und Briefmarken (§ 2 Nrn. 6a oder 6c und 9 VHB 74)

1. Die Entschädigungsgrenzen gemäß § 2 Nr. 6a oder Nr. 6c und Nr. 9 VHB 74 erhöhen sich auf den im Versicherungsvertrag jeweils genannten Betrag.

2. Als Behältnis gemäß § 2 Nr. 6a VHB 74 gilt, wenn nicht eine besondere Vereinbarung getroffen ist, nur ein verschlossener mehrwandiger Stahlschrank (Mindestgewicht 200 kg) oder ein eingemauerter Stahlwandschrank mit mehrwandiger Tür.

823 Erhöhte Entschädigungsgrenze für die Außenversicherung

Die Entschädigungsgrenze gemäß § 6 Nr. 2 VHB 74 erhöht sich auf den im Versicherungsvertrag bezeichneten Betrag. Die Begrenzung auf 10 v. H. der Versicherungssumme gilt nicht.

824 Erweiterte Neuwertversicherung

Anstelle von § 4 Nr. 1 VHB 74 gilt:

1. Versicherungswert ist der Wiederbeschaffungspreis (Neuwert).

2. Für technische Geräte, die älter sind als fünf Jahre sowie für Bekleidung und Wäsche, die älter sind als drei Jahre, ist der Versicherungswert nur der Zeitwert, wenn der durch einen Abzug für Alter, Abnutzung und Gebrauch sich ergebende Wert unter 50 v. H. des Wiederbeschaffungspreises „(Neuwert)" liegt.

Technische Geräte sind insbesondere Haushalts- und Küchengeräte, Foto-, Phono-, Radio- und Fernsehgeräte, Fahrräder, Camping- und Sportgeräte. Zu Bekleidung und Wäsche rechnen auch Schuhe und Pelzwerk.

3. Bei den nicht mehr zum Gebrauch bestimmten Sachen ist der Versicherungswert stets nur der Zeitwert.

825 Summenanpassung

1. Gleitende Summenanpassung:
Zur Anpassung an Wertänderungen der versicherten Sachen erhöht oder vermindert sich die Versicherungssumme mit Beginn eines jeden Versicherungsjahres ent-

sprechend dem Prozentsatz, abgerundet auf eine ganze Zahl, um den sich der Preisindex für „Andere Verbrauchs- und Gebrauchsgüter ohne Nahrungsmittel und ohne normalerweise nicht in der Wohnung gelagerte Güter" aus dem Preisindex der Lebenshaltungskosten aller privaten Haushalte im vergangenen Kalenderjahr gegenüber dem vorvergangenen Jahr verändert hat. Maßgebend ist der vom Statistischen Bundesamt jeweils für den Monat September festgestellte und veröffentlichte Index.

2. Vereinbarte Summenanpassung:
Zur Berücksichtigung von Wertsteigerungen des Hausrats durch Zukauf, Geschenke oder sonstigen Erwerb erhöht sich die nach Nr. 1 geänderte Versicherungssumme mit Beginn eines jeden Versicherungsjahres ferner um den Prozentsatz, der von den Vertragspartnern vereinbart worden ist.

3. Gemeinsame Bestimmungen:
a) Die sich aus Nr. 1 und Nr. 2 ergebende Versicherungssumme wird auf volle Tausend DM aufgerundet. Die neue Versicherungssumme und die geänderte Prämie werden dem Versicherungsnehmer mit der Prämienrechnung bekanntgegeben.

b) Zusätzlich zu der jeweiligen Versicherungssumme nach Nr. 3a gewährt der Versicherer eine Vorsorgeversicherung von 10 v.H. der Versicherungssumme.

c) Ist die Versicherungssumme einschließlich der Vorsorgesumme niedriger als der Versicherungswert zur Zeit des Eintritts des Versicherungsfalls, so finden die Bestimmungen über die Unterversicherung (§ 5 VHB 74) Anwendung.

d) Unberührt bleiben Bestimmungen, wonach der Versicherer nur den Zeitwert einer Sache ersetzt, wenn dieser weniger als 50 v.H. des Wiederbeschaffungspreises (Neuwert) beträgt, und zwar
aa) § 4 Nr. 1 Satz 2 VHB 74 oder
bb) Nr. 2 der Vereinbarung „Erweiterte Neuwertversicherung", falls diese dem Vertrag zugrunde liegt.

e) Versicherungsnehmer und Versicherer können unter Einhaltung einer Frist von drei Monaten zum Ende des laufenden Versicherungsjahres durch schriftliche Erklärung verlangen, daß
aa) die Summenanpassungen nach Nr. 1 und Nr. 2 künftig entfallen und die Versicherung mit der letztgültigen Versicherungssumme bestehen bleibt oder
bb) lediglich die Summenanpassung nach Nr. 2 künftig entfällt oder
cc) der gemäß Nr. 2 vereinbarte Prozentsatz auf einen in der Erklärung bezeichneten niedrigeren Prozentsatz herabgesetzt wird.

f) Das Recht auf Herabsetzung der Versicherungssumme wegen Überversicherung (§ 51 Abs. 1 VVG) bleibt unberührt.

826 Selbstbehalt bei gekürzter Hausrat-Versicherungssumme

1. Die Versicherungssumme ist um den vereinbarten Selbstbehalt gekürzt.

2. Bei Berechnung einer Unterversicherung ist die ungekürzte Versicherungssumme zugrunde zu legen.

3. Der bedingungsgemäß als entschädigungspflichtig errechnete Betrag einschließlich Aufwendungsersatz gemäß § 63 VVG wird je Versicherungsfall um den vereinbarten Selbstbehalt gekürzt.

827 Selbstbehalt bei ungekürzter Hausrat-Versicherungssumme

Der bedingungsgemäß als entschädigungspflichtig errechnete Betrag einschließlich Aufwendungsersatz gemäß § 63 VVG wird je Versicherungsfall um den vereinbarten Selbstbehalt gekürzt.

828 Einbruchsicherungen und Einbruchmeldeanlagen

1. Der Versicherungsnehmer hat vereinbarte zusätzliche Einbruchsicherungen und Einbruchmeldeanlagen unverzüglich anbringen zu lassen. Diese sowie die bei

Vertragsschluß bereits vorhandenen Einbruchsicherungen und Einbruchmeldeanlagen hat er stets in voll gebrauchsfähigem Zustand zu erhalten und nach den Vorschriften des Herstellers zu bedienen. Störungen, Mängel oder Schäden sind unverzüglich beseitigen zu lassen.

2. Zwischen 22 Uhr und 6 Uhr müssen alle Einbruchsicherungen angewendet und Einbruchmeldeanlagen scharf geschaltet sein. Auch außerhalb der genannten Zeit müssen, solange in der Wohnung niemand anwesend ist, Einbruchmeldeanlagen scharf geschaltet und alle Schlösser von Zugangstüren betätigt sein.

3. Verletzt der Versicherungsnehmer oder sein Ehegatte oder eine sonstige im Versicherungsfall bezeichnete Person diese Bestimmungen, so ist der Versicherer nach Maßgabe des § 6 VVG zur Kündigung berechtigt und leistungsfrei.

829 Versicherungssummen und Entschädigungsgrenzen nach einem Versicherungsfall

1. Abweichend von §§ 95 VVG, 19 VHB 74 vermindern sich die Versicherungssummen ab Eintritt des Versicherungsfalls für den Rest der laufenden Versicherungsperiode nur dann um den Betrag der Entschädigung, wenn eine Partei dies nach Eintritt des Versicherungsfalls unverzüglich verlangt.

2. Wird dies nicht verlangt, so hat der Versicherungsnehmer, soweit nicht etwas anderes vereinbart ist, aus dem Teil der Versicherungssumme, der dem Betrag der Entschädigung entspricht, Prämie für die Zeit zwischen dem Versicherungsfall und dem Ende der laufenden Versicherungsperiode zeitanteilig nachzuentrichten. Der Versicherer ist berechtigt, diese Prämie von der Entschädigung einzubehalten.

3. Nr. 1 und Nr. 2 gelten entsprechend für Entschädigungsgrenzen.

830 Kunstgegenstände

Versicherungswert von Kunstgegenständen ist der Preis für das Anfertigen einer qualifizierten Kopie.

831 Entschädigungsgrenzen für Gold-, Silber- und Schmucksachen, Pelze, Teppiche, Kunstgegenstände und Antiquitäten (§ 2 Nrn. 8 und 9 VHB 74)

1. Abweichend von § 2 Nr. 8 Abs. 1 und Nr. 9 VHB 74 ist die Entschädigung auf insgesamt 20000 DM begrenzt für Gold-, Silber- und Schmucksachen, Pelze, echte Teppiche und Gobelins, Ölgemälde, Aquarelle, Zeichnungen, Graphiken, Plastiken und für Sachen, die über 100 Jahre als sind (Antiquitäten), jeodch mit Ausnahme von Möbelstücken.

2. Wenn dies besonders vereinbart ist, erhöht sich die Entschädigungsgrenze gemäß Nr. 1 auf den im Versicherungsvertrag genannten Betrag.

3. Für Gold-, Silber- und Schmucksachen einerseits und für die übrigen in Nr. 1 genannten Sachen andererseits können gesonderte Entschädigungsgrenzen vereinbart werden.

4. In den Fällen von Nr. 2 und Nr. 3 gilt als Behältnis gemäß § 2 Nr. 8 Abs. 2 VHB 74, wenn nicht eine besondere Vereinbarung getroffen ist, nur ein verschlossener mehrwandiger Stahlschrank (Mindestgewicht 200 kg) oder ein eingemauerter Stahlwandschrank mit mehrwandiger Tür.

Fahrraddiebstahl (VHB 74)

In Erweiterung von § 3 B 6 VHB 74 wird die Entschädigung für den einfachen Diebstahl von Fahrrädern je Versicherungsfall auf 1% der Vericherungssumme, maximal auf 1000,– DM erhöht.

Für den Fall, daß 1% der Versicherungssumme kleiner ist als DM 500,– gilt § 3 B 6 unverändert.

Überspannungsschäden durch Blitz und Einschluß von Folgeschäden (VHB 74)

1. Abweichend von § 3 A Nr. 3 c VHB 74 ersetzt der Versicherer auch überspannungsschäden durch Blitz.

2. Die Entschädigung ist je Versicherungsfall auf 5 Prozent der Versicherungssumme begrenzt. Eine höhere Entschädigungsgrenze kann vereinbart werden.

Hotel und sonstige ähnliche Unterbringung im Schadenfall (VHB 74)

In Ergänzung zu § 1 Nr. 2 a–c VHB 74 sind bei dem Schadenereignis nach § 1 Nr. 1 a, c und d VHB 74 bis zur vereinbarten Entschädigungsgrenze auch Kosten für Hotel oder sonstige ähnliche Unterbringung mitversichert; wenn die Wohnung durch Feuer, Leitungswasser oder Sturm unbewohnbar wurde und/oder die Nutzung von Teilen der Wohnung unzumutbar ist. Anfallende Nebenkosten (z. B. Frühstück, Telefon etc.) werden nicht erstattet.

Vandalismus (VHB 74)

Der Versicherer leistet Entschädigung auch, wenn der Täter auf eine der in § 3 B Nr. 1 a, d oder e VHB 74 bezeichneten Arten in die Wohnung eindringt und versicherte Sachen vorsätzlich zerstört oder beschädigt.

871 Führung

Der führende Versicherer ist bevollmächtigt, Anzeigen und Willenserklärungen des Versicherungsnehmers für alle beteiligten Versicherer entgegenzunehmen.

872 Prozeßführung

Soweit die vertraglichen Grundlagen für die beteiligten Versicherer die gleichen sind, ist folgendes vereinbart:

1. Der Versicherungsnehmer wird bei Streitfällen aus diesem Vertrag seine Ansprüche nur gegen den führenden Versicherer und nur wegen dessen Anteil gerichtlich geltend machen.

2. Die beteiligten Versicherer erkennen die gegen den führenden Versicherer rechtskräftig gewordene Entscheidung sowie die von diesem mit dem Versicherungsnehmer nach Rechtshängigkeit geschlossene Vergleiche als auch für sich verbindlich an.

3. Falls der Anteil des führenden Versicherers die Berufungs- oder Revisionssumme nicht erreicht, ist der Versicherungsnehmer berechtigt und auf Verlangen des führenden oder eines mitbeteiligten Versicherers verpflichtet, die Klage auf einen zweiten, erforderlichenfalls auf weitere Versicherer auszudehnen, bis diese Summe erreicht ist. Wird diesem Verlangen nicht entsprochen, so gilt Nr. 2 nicht.

873 Makler

Der den Versicherungsvertrag betreuende Makler ist bevollmächtigt, Anzeigen und Willenserklärungen des Versicherungsnehmers entgegenzunehmen. Er ist durch den Maklervertrag verpflichtet, diese unverzüglich an den Versicherer weiterzuleiten.

874 Ratenzahlung

1. Ist für die Jahresprämie Ratenzahlung vereinbart, so gelten die ausstehenden Raten bis zu den vereinbarten Zahlungsterminen als gestundet.

2. Die gestundeten Raten des laufenden Versicherungsjahres werden sofort fällig, wenn der Versicherungsnehmer mit einer Rate ganz oder teilweise in Verzug gerät oder soweit eine Entschädigung fällig wird.

Klausel für Hotel und sonstige ähnliche Unterbringung im Schadenfall (VHB 74)

In Ergänzung zu § 1 Nr. 2a–c VHB 74 sind bei dem Schadenereignis nach § 1 Nr. 1a, c und d VHB 74 bis zur vereinbarten Entschädigungsgrenze auch Kosten für Hotel oder sonstige ähnliche Unterbringung mitversichert; wenn die Wohnung durch Feuer, Leitungswasser oder Sturm unbewohnbar wurde und/oder die Nutzung von Teilen der Wohnung unzumutbar ist. Anfallende Nebenkosten (z. B. Frühstück, Telefon etc.) werden nicht erstattet.

Sonderbedingungen für die Versicherung von Kunstgegenständen, Antiquitäten und vergleichbaren Sachen von besonderem Wert im Haushalt (SVHB 74)

Die „Allgemeinen Bedingungen für die Neuwertversicherungen des Hausrats gegen Feuer-, Einbruchdiebstahl-, Leitungswasser-, Sturm- und Glasbruchschäden (VHB 74) – Fassung Dezember 1986 –" werden wie folgt geändert:

1. Anstelle von § 1 Nr. 1 bis Nr. 3 VHB 74 – Versicherte Gefahren – gilt:

1. Der Versicherer leistet nach dem Eintritt des Versicherungsfalles Entschädigung für versicherte Sachen, die durch

a) Brand, Blitzschlag, Explosion oder durch Anprall oder Absturz eines bemannten Flugkörpers, seiner Teile oder seiner Ladung zerstört oder beschädigt werden (Feuerversicherung – § 3 A),

b) Einbruchdiebstahl oder durch Raub entwendet oder bei einem solchen Ereignis zerstört oder beschädigt werden (Einbruchdiebstahl- und Beraubungsversicherung – § 3 B),

c) Leitungswasser zerstört oder beschädigt werden (Leitungswasserversicherung – § 3 C),

d) Sturm zerstört oder beschädigt werden (Sturmversicherung – § 3 D).

2. Der Versicherer leistet bei einem Schadenereignis nach Nr. 1 auch Entschädigung für

a) versicherte Sachen, die durch Löschen, Niederreißen oder Ausräumen zerstört oder beschädigt werden oder die abhanden kommen,

b) Aufräumungskosten, soweit sie die versicherten Sachen betreffen. Aufräumungskosten sind die notwendigen Aufwendungen für das Aufräumen der Schadensstätte und das Abfahren von Schutt und Trümmern zur nächsten Ablagerungsstätte,

c) Aufwendungen des Versicherungsnehmers zur Anwendung oder Minderung des Schadens nach Maßgabe des § 14.

3. Der Versicherer haftet nicht für Schäden, die verursacht werden durch

a) Kriegsereignisse jeder Art,

b) innere Unruhen,

c) Erdbeben,

d) Kernenergie,

e) Frost, Hitze, Temperatur- und Druckschwankungen, Luftfeuchtigkeit,

f) die natürliche oder mangelhafte Beschaffenheit der versicherten Gegenstände, Abnutzung und Verschleiß,

g) Beschädigungen an Rahmen und Schutzverglasungen von gerahmten Bildern, es sei denn, daß diese Schäden unmittelbare Folge eines Ereignisses gemäß Nrn. 1a) bis d) sind,

h) Schädlinge und Ungeziefer aller Art.

Ist der Beweis für das Vorliegen einer dieser Ursachen nicht zu erbringen, so genügt für den Ausschluß der Haftung des Versicherers die überwiegende Wahrscheinlichkeit, daß der Schaden auf eine dieser Ursachen zurückzuführen ist.

2. Anstelle von § 2 Nr. 1 bis Nr. 10 VHB 74 – Versicherte Sachen – gilt:

Versichert sind die im Versicherungsvertrag einzeln bezeichneten Sachen.

3. Zu § 3 Abschnitt B Nr. 5 und Nr. 6 sowie zu Abschnitt E VHB 74 – Umfang der Versicherung – gilt:

Abschnitt B Nrn. 5 und 6 (einfacher Diebstahl) sowie Abschnitt E (Glasversicherung) finden keine Anwendung.

4. Anstelle von § 4 Nr. 1 VHB 74 – Versicherungswert, Versicherungsfall – gilt:

1. Als Versicherungswert gilt der Wiederbeschaffungspreis und in dessen Ermangelung der für den Versicherungsnehmer erzielbare Verkaufspreis (gemeiner Wert), den der einzelne versicherte Gegenstand zum Zeitpunkt des Beginns der Versicherung hat. Dieser Versicherungswert wird gemeinsam vom Versicherungsnehmer und Versicherer festgelegt (Versicherungssumme) und alle 3 Jahre überprüft.

Künftige Werterhöhungen sind bis zu 20% der Versicherungssumme des einzelnen Gegenstands mitversichert.

Das Recht auf Herabsetzung der Versicherungssumme (§ 10 VHB 74) bleibt auch innerhalb des Zeitraums von 3 Jahren unberührt.

5. Anstelle von § 5 Nr. 1 bis Nr. 4 VHB 74 – Entschädigungsberechnung, Unterversicherung – gilt:

1. Ersetzt werden

a) bei zerstörten oder abhanden gekommenen Sachen ihr Versicherungswert (Nr. 4 dieser Sonderbedingungen) zur Zeit des ERintritts des Versicherungsfalles,

b) bei beschädigten Sachen die Reparaturkosten zur Zeit des Eintritts des Versicherungsfalles zuzüglich eines Betrages für die durch das Schadensereignis entstandene und durch die Reparatur nicht ausgeglichene Wertminderung, höchstens jedoch der Versicherungswert.
Restwerte werden dem Versicherungsnehmer angerechnet.

2. Bezogen auf den einzelnen versicherten Gegenstand gilt folgendes:

a) Der nach Nr. 1 errechnete Schaden wird voll ersetzt, wenn die Versicherungssumme zuzüglich 20% mindestens dem Versicherungswert zur Zeit des Eintritts des Versicherungsfalles entspricht.

b) Ist der Versicherungswert zur Zeit des Eintritts des Versicherungsfalles infolge Wertsteigerung höher als die Versicherungssumme, wird Entschädigung bis zur Höhe von 120% der Versicherungssumme geleistet. Dies gilt sowohl bei Zerstörung und Abhandenkommen als auch für Reparaturkosten einschließlich durch die Reparatur nicht ausgeglichene Wertminderung.

c) Ist der Versicherungswert zur Zeit des Eintritts des Versicherungsfalles infolge Wertschwankungen niedriger als die Versicherungssumme und ist die Verwendung der Entschädigung zur Wiederbeschaffung von Kunstgegenständen, Antiquitäten und vergleichbaren Sachen von besonderem Wert gesichert, werden bei Zerstörung und Abhandenkommen der am Schadentag maßgebliche Versicherungswert, jedoch nicht weniger als 80% der dokumentierten Versicherungssumme ersetzt. Reparaturkosten einschließlich durch die Reparatur nicht ausgeglichene Wertminderung werden in festgestellter Höhe, maximal mit der für Zerstörung und Abhandenkommen in Frage kommenden Entschädigung ersetzt.

d) Ist der Versicherungswert zur Zeit des Eintritts des Versicherungsfalles deshalb niedriger als die Versicherungssumme, weil bei deren Festlegung von unzutreffenden Bewertungsfaktoren ausgegangen worden ist, wird abweichend von Nr. 2c) nur der Versicherungswert zur Zeit des Eintritts des Versicherungsfalles ersetzt.

3. Der Minderwert von Sammlungen der Zerstörung, Beschädigung oder Abhandenkommen von Einzestücken wird nicht entschädigt.

6. Anstelle von § 6 VHB 74 – Versicherungsort, Außenversicherung – gilt:

Die Versicherung gilt in der im Versicherungsschein bezeichneten Wohnung des Versicherungsnehmers. Änderungen dieser Bestimmung bedürfen besonderer Vereinbarung.

7. § 9 Nr. 1 und Nr. 2 VHB 74 – Entschädigungsgrenzen und Mehrfachversicherung –
finden keine Anwendung.

0900 – Klauseln für die Wohngebäude-Versicherung

Klauseln zu den VGB 88:

0910 – Versicherte Gefahren und Schäden

0911 Überspannungsschäden durch Blitz unter Einschluß von Folgeschäden

1. Abweichend von § 9 Nr. 2c VGB 88 ersetzt der Versicherer auch Überspannungsschäden durch Blitz.

2. Die Entschädigung ist, soweit nichts anderes vereinbart ist, je Versicherungsfall begrenzt

a) in der Gleitenden Neuwertversicherung auf 1 Prozent der Versicherungssumme 1914, multipliziert mit dem im Zeitpunkt des Versicherungsfalles für den Vertrag geltenden gleitenden Neuwertfaktor (§ 13 Nr. 5 VGB 88),

b) in den Fällen des § 14 VGB 88 auf 1 Prozent der Versicherungssumme.

Feuernutzwärme-Schäden in der Wohngebäude-Versicherung

Abweichend von § 9 Nr. 2a) VGB 88 wird bis zur vereinbarten Entschädigungsgrenze auch Ersatz geleistet für Brandschäden, die an versicherten Sachen dadurch entstehen, daß sie einem Nutzfeuer oder der Wärme zur Bearbeitung oder zu sonstigen Zwecken ausgesetzt werden.

0920 – Versicherte Sachen

0921 Aquarien in der Wohngebäude-Versicherung

Abweichend von § 6 Nr. 1 VGB 88 gilt als Leitungswasser auch Wasser, das aus Aquarien bestimmungswidrig ausgetreten ist.

0922 Klima-, Wärmepumpen- und Solarheizungsanlagen

1. Der Versicherungsschutz erstreckt sich auch auf Schäden durch Wasser oder sonstige wärmetragende Flüssigkeiten wie Sole, Öle, Kühlmittel, Kältemittel und dergleichen, die aus Klima-, Wärmepumpen- oder Solarheizungsanlagen bestimmungswidrig ausgetreten sind.

2. Innerhalb versicherter Gebäude sind versichert

a) Frost- und sonstige Bruchschäden an den Rohren der in Nr. 1 genannten Anlagen

b) Bruchschäden durch Frost an sonstigen Einrichtungen der in Nr. 1 genannten Anlagen.

3. Außerhalb versicherter Gebäude sind versichert Frost- und sonstige Bruchschäden an Rohren der in Nr. 1 genannten Anlagen, soweit diese Rohre der Versorgung der versicherten Gebäude oder Anlagen dienen und sich auf dem Versicherungsgrundstück befinden.

0923 Erweiterte Versicherung von Wasserzuleitungs- und Heizungsrohren auf dem Versicherungsgrundstück

1. In Erweiterung von § 7 Nr. 3 VGB 88 sind versichert Frost- und sonstige Bruchschäden an Wasserzuleitungs- und Heizungsrohren, die auf dem Versicherungsgrundstück verlegt sind, aber nicht der Versorgung versicherter Gebäude oder Anlagen dienen.

2. Ziffer 1 gilt nicht für Rohre, die ausschließlich gewerblichen Zwecken dienen.

3. Die Entschädigung ist, soweit nichts anderes vereinbart ist, je Versicherungsfall begrenzt

a) in der Gleitenden Neuwertversicherung auf 1 Prozent der Versicherungssumme 1914, multipliziert mit dem im Zeitpunkt des Versicherungsfalles für den Vertrag geltenden gleitenden Neuwertfaktor (§ 13 Nr. 5 VGB 88),

b) in den Fällen des § 14 VGB 88 auf 1 Prozent der Versicherungssumme.

0924 Erweiterte Versicherung von Wasserzuleitungs- und Heizungsrohren außerhalb des Versicherungsgrundstücks

1. Versichert sind Frost- und sonstige Bruchschäden an Wasserzuleitungs- und Heizungsrohren, die außerhalb des Versicherungsgrundstücks verlegt sind und der Versorgung versicherter Gebäude oder Anlagen dienen, soweit der Versicherungsnehmer dafür die Gefahr trägt.

2. Ziffer 1 gilt nicht für Rohre, die ausschließlich gewerblichen Zwecken dienen.

3. Die Entschädigung ist, soweit nichts anderes vereinbart ist, je Versicherungsfall begrenzt

a) in der Gleitenden Neuwertversicherung auf 1 Prozent der Versicherungssumme 1914, multipliziert mit dem im Zeitpunkt des Versicherungsfalles für den Vertrag geltenden gleitenden Neuwertfaktor (§ 13 Nr. 5 VGB 88),

b) in den Fällen des § 14 VGB 88 auf 1 Prozent der Versicherungssumme.

0925 Erweiterte Versicherung von Ableitungsrohren auf dem Versicherungsgrundstück

1. Versichert sind Frost- und sonstige Bruchschäden an Ableitungsrohren der Wasserversorgung außerhalb versicherter Gebäude auf dem Versicherungsgrundstück, soweit diese Rohre der Entsorgung versicherter Gebäude oder Anlagen dienen.

2. Ziffer 1 gilt nicht für Rohre, die ausschließlich gewerblichen Zwecken dienen.

3. Die Entschädigung ist, soweit nichts anderes vereinbart ist, je Versicherungsfall begrenzt

a) in der Gleitenden Neuwertversicherung auf 1 Prozent der Versicherungssumme 1914, multipliziert mit dem im Zeitpunkt des Versicherungsfalles für den Vertrag geltenden gleitenden Neuwertfaktor (§ 13 Nr. 5 VGB 88),

b) in den Fällen des § 14 VGB 88 auf 1 Prozent der Versicherungssumme.

0930 – Versicherte Kosten

0931 Mehrkosten infolge behördlicher Wiederherstellungsbeschränkungen für Restwerte

1. Abweichend von § 15 Nr. 3 Abs. 2 VGB 88 sind bei der Anrechnung des Wertes wiederverwertbarer Reste versicherter und vom Schaden betroffener Sachen behördliche Wiederherstellungsbeschränkungen zu berücksichtigen. Die Entschädigung ist jedoch begrenzt mit dem Betrag, der sich vertragsgemäß ergeben würde,

wenn die versicherte und vom Schaden betroffene Sache zerstört worden wäre, gekürzt um den Altmaterialwert abzüglich Aufräumungs- und Abbruchkosten.

2. Die Berücksichtigung von behördlichen Wiederherstellungsbeschränkungen für Restwerte erfolgt nur, soweit sie auf der Grundlage vor Eintritt des Versicherungsfalles erlassener Gesetze und Verordnungen beruhen. Soweit behördliche Auflagen mit Fristsetzung vor Eintritt des Versicherungsfalles erteilt wurden, werden sie für die Restwerte nicht berücksichtigt.

Kosten für Hotel oder sonstige ähnliche Unterbringung im Schadenfall

Zusätzlich zu § 3 Nr. 1 b) VGB 88 sind bis zur vereinbarten Entschädigungsgrenze auch Kosten für Hotel oder sonstige ähnliche Unterbringung mitversichert, wenn die eigengenutzte Wohnung durch Feuer, Leitungswasser oder Sturm/Hagel unbewohnbar wurde und/oder die Nutzung von Teilen der Wohnung unzumutbar ist. Anfallende Nebenkosten (z. B. Frühstück, Telefon etc.) werden nicht erstattet.

0970 – Entschädigung
(Versicherungssumme; Unterversicherung; Selbstbehalte; Entschädigungsgrenzen)

0971 Mehrwertsteuer bei Gleitender Neuwertversicherung

Ein Anspruch auf Erstattung der Mehrwertsteuer besteht im Schadenfall nicht, soweit die Versicherungssumme 1914 entsprechend niedriger festgesetzt wurde als der Versicherungswert 1914.

0972 Selbstbehalt bei ungekürzter Wohngebäude-Versicherungssumme

Der bedingungsgemäß als entschädigungspflichtig errechnete Betrag einschließlich Aufwendungsersatz gemäß § 63 VVG wird je Versicherungsfall um den vereinbarten Selbstbehalt gekürzt.

0980 – Verhaltens- und Wissenszurechnung; Vertretung

871 Führung

Der führende Versicherer ist bevollmächtigt, Anzeigen und Willenserklärungen des Versicherungsnehmers für alle beteiligten Versicherer entgegenzunehmen.

872 Prozeßführung

Soweit die vertraglichen Grundlagen für die beteiligten Versicherer die gleichen sind, ist folgendes vereinbart:

1. Der Versicherungsnehmer wird bei Streitfällen aus diesem Vertrag seine Ansprüche nur gegen den führenden Versicherer und nur wegen dessen Anteil gerichtlich geltend machen.

2. Die beteiligten Versicherer erkennen die gegen den führenden Versicherer rechtskräftig gewordene Entscheidung sowie die von diesem mit dem Versicherungsnehmer nach Rechtshängigkeit geschlossenen Vergleiche als auch für sich verbindlich an.

3. Falls der Anteil des führenden Versicherers die Berufungs- oder Revisionssumme nicht erreicht, ist der Versicherungsnehmer berechtigt und auf Verlangen des führenden oder eines mitbeteiligten Versicherers verpflichtet, die Klage auf einen zweiten, erforderlichenfalls auf weitere Versicherer auszudehnen, bis diese Summe erreicht ist. Wird diesem Verlangen nicht entsprochen, so gilt Nr. 2 nicht.

873 Makler

Der den Versicherungsvertrag betreuende Makler ist bevollmächtigt, Anzeigen und Willenserklärungen des Versicherungsnehmers entgegenzunehmen. Er ist durch den Maklervertrag verpflichtet, diese unverzüglich an den Versicherer weiterzuleiten.

Klauseln zu den VGB 62:

841 Wohnungseigentum

Für den Versicherungsvertrag mit sämtlichen Wohnungseigentümern gilt folgendes:

1. Ist der Versicherer nach §§ 8, 9, 10, 15, 17 VGB wegen des Verhaltens einzelner Wohnungseigentümer leistungsfrei, so kann er sich hierauf gegenüber den übrigen Wohnungseigentümern wegen deren Sondereigentums und wegen deren Miteigentumsanteilen (§ 1 Abs. 2 des Wohnungseigentumsgesetzes) nicht berufen.

2. Die übrigen Wohnungseigentümer können verlangen, daß der Versicherer Ihnen auch hinsichtlich des Miteigentumsanteils des Wohnungseigentümers, der den Entschädigungsanspruch verwirkt hat, Entschädigung leistet, jedoch nur soweit diese zusätzliche Entschädigung zur Wiederherstellung des gemeinschaftlichen Eigentums (§ 1 Abs. 5 des Wohnungseigentumsgesetzes) verwendet wird. Der Wohnungseigentümer, in dessen Person der Verwirkungsgrund vorliegt, ist verpflichtet, dem Versicherer diese Mehraufwendung zu erstatten.

3. Kann im Falle der Feuerversicherung ein Realgläubiger hinsichtlich des Miteigentumsanteils des Wohnungseigentümers, der den Entschädigungsanspruch verwirkt hat, Leistung aus der Feuerversicherung an sich selbst gemäß § 102 VVG verlangen, so entfällt die Verpflichtung des Versicherers nach Nr. 2 Satz 1. Der Versicherer verpflichtet sich, auf eine nach § 104 VVG auf ihn übergegangene Gesamthypothek (Gesamtgrundschuld) gemäß § 1168 BGB zu verzichten und dabei mitzuwirken, daß der Verzicht auf Kosten der Wohnungseigentümer in das Grundbuch eingetragen wird. Der Wohnungseigentümer, in dessen Person der Verwirkungsgrund vorliegt, ist im Falle von Satz 2 verpflichtet, dem Versicherer die für seinen Miteigentumsanteil und sein Sondereigentum an den Realgläubiger erbrachten Leistungen zu erstatten.

4. Für die Gebäudeversicherung bei Teileigentum (§ 1 Abs. 3 des Wohnungseigentumsgesetzes) gelten Nr. 1 bis 3 entsprechend.

842 Erweiterte Versicherung der Aufräumungs- und Abbruchkosten

Abweichend von § 1 Nr. 2 c VGB werden Aufräumungs- und Abbruchkosten bis zu dem vereinbarten höheren Prozentsatz ersetzt.

843 Bewegungs- und Schutzkosten

1. Soweit dies vereinbart ist und soweit diese Kosten nicht durch eine Monopolanstalt entschädigt werden, ersetzt der Versicherer auch die infolge eines Versicherungsfalles notwendigen Bewegungs- und Schutzkosten.

2. Bewegungs- und Schutzkosten sind Aufwendungen, die dadurch entstehen, daß zum Zweck der Wiederherstellung oder Wiederbeschaffung von Sachen, welche durch vorliegenden Vertrag versichert sind, andere Sachen bewegt, verändert oder geschützt werden müssen.

3. Bewegungs- und Schutzkosten sind insbesondere Aufwendungen für De- oder Remontage von Maschinen, für Durchbruch, Abriß oder Wiederaufbau von Gebäudeteilen oder für das Erweitern von Öffnungen.

844 Feuerlöschkosten

1. Soweit dies vereinbart ist und soweit diese Kosten nicht durch eine Monopolanstalt entschädigt werden, ersetzt der Versicherer auch die infolge eines Versicherungsfalls notwendigen Feuerlöschkosten.

2. Feuerlöschkosten sind Aufwendungen, die der Versicherungsnehmer zur Brandbekämpfung für geboten halten durfte.

3. Freiwillige Zuwendungen des Versicherungsnehmers an Personen, die sich bei der Brandbekämpfung eingesetzt haben, sind nur zu ersetzen, wenn der Versicherer vorher zugestimmt hatte.

845 Verlängerte Mietverlustversicherung

Abweichend von § 1 Nr. 3 VGB werden Mietverlust und ortsüblicher Mietwert für den vereinbarten längeren Zeitraum ersetzt.

846 Zeitwertversicherung

1. Abweichend von § 6 Nr. 1 Satz 1 VGB ist Versicherungswert der Zeitwert.

2. Der Zeitwert ergibt sich aus dem Nennwert der Sachen durch einen Abzug entsprechend ihrem insbesonders durch Alter und Abnutzung bestimmten Zustand.

3. Ergibt sich durch Reparatur eine Wertsteigerung gegenüber dem Versicherungswert unmittelbar vor Eintritt des Versicherungsfalls, so werden abweichend von § 7 Nr. 1 b VGB die Reparaturkosten um diese Wertsteigerung gekürzt.

847 Erstrisikoversicherung

Soweit Versicherung auf Erstes Risiko (Erste Gefahr) vereinbart ist, gelten die §§ 56 VVG, 7 Nr. 2 VGB (Unterversicherung) nicht.

848 Wasseraustritt aus Sprinkleranlagen

1. Versichert sind auch Schäden an versicherten Sachen, die durch Wasser zerstört oder beschädigt werden, das aus Sprinkleranlagen bestimmungswidrig austritt.

2. Ausgeschlossen sind Schäden, die durch bestimmungsgemäßes Öffnen der Sprinkler, durch Druckproben, durch Umbauten oder Reparaturarbeiten am Gebäude oder an der Sprinkleranlage verursacht werden. Zur Sprinkleranlage gehören Sprinkler, Wasserbehälter, Verteilerleitungen, Ventile, Alarmanlagen, Pumpenanlagen sowie sonstige Armaturen und Zuleitungsrohre, die ausschließlich dem Betrieb der Sprinkleranlage dienen.

3. Der Versicherungsschutz nach Nr. 1 erstreckt sich nur auf Sprinkleranlagen, die innerhalb der letzten 6 Monate vor Vertragsabschluß von der Technischen Prüfstelle des Verbandes der Sachversicherer e. V. abgenommen oder revidiert worden sind. Der Versicherungsschutz beginnt erst, wenn die Durchführung der Prüfung und die Beseitigung etwa dabei festgestellter Mängel durch ein Zeugnis schriftlich nachgewiesen worden sind und der Versicherer dies bestätigt hat.

4. Der Versicherungsnehmer hat die gesamte Anlage auf seine Kosten halbjährlich durch die Technische Prüfstelle des Verbandes der Sachversicherer e. V. prüfen und etwaige Mängel durch eine anerkannte Installationsfirma unverzüglich beseitigen zu lassen.

Diese Verpflichtungen sind vereinbarte Sicherheitsvorschriften gemäß § 9 Nr. 1 VGB.

849 (84) Klimaanlagen

1. Als Leitungswasser im Sinne von § 4 Nr. 1 VGB gilt auch Wasser, das aus Heiz-, Kühl- und Kaltwasserumlaufsystemen sowie den fest damit verbundenen Einrichtungen von Klimaanlagen bestimmungswidrig austritt.

2. Schäden durch Rohrbruch oder Frost (einschließlich der Kosten der Nebenarbeiten und des Auftauens) an Rohrleitungen von Heiz-, Kühl- und Kaltwasserumlaufsystemen einer Klimaanlage sind eingeschlossen.

3. Nicht versichert sind Schäden durch den Austritt von Kühlmitteln und Schäden an Leitungen für Kühlmittel.

850 (84) Wärmepumpen-Anlagen

1. Als Leitungswasser im Sinne von § 4 Nr. 1 VGB gilt auch Wasser, das aus einer Wärmepumpen-Anlage bestimmungswidrig austritt.

2. Die Wasserzu- und Wasserableitungsrohre einer Wärmepumpen-Anlage werden den Zu- und Ableitungsrohren der Wasserversorgung im Sinne von § 4 Nr. 2 VGB gleichgestellt.

3. Nicht versichert sind

a) Schäden durch Austritt von anderen wärmetragenden Flüssigkeiten, wie Sole, Öle, Kühlmittel, Kältemittel und dgl.;

b) Bruch- und Frostschäden an Rohren, Pumpem, Verdichtern, Verdampfern und sonstigen Einrichtungen, die solche Flüssigkeiten enthalten;

c) Bruch- und Frostschäden an den außerhalb des Gebäudes verlegten Rohren einer Wärmequellen-Anlage.

851 (84) Solarheizungs-Anlagen

1. Als Leitungswasser im Sinne von § 4 Nr. 1 VGB gilt auch Wasser, das aus einer Solarheizungs-Anlage bestimmungswidrig austritt.

2. Schäden durch Rohrbruch oder Frost (einschließlich der Kosten der Nebenarbeiten und des Auftauens) an den Rohren sowie Frostschäden am Wärmespeicher und an sonstigen Einrichtungen der Solarheizungs-Anlage sind eingeschlossen.

3. Nicht versichert sind

a) Schäden durch Austritt von anderen wärmetragenden Flüssigkeiten, wie Sole, Öle, Kühlmittel, Kältemittel und dgl.;

b) Bruch- und Frostschäden an Rohren, Pumpen und sonstigen Einrichtungen der Solarheizungs-Anlage, die solche Flüssigkeiten enthalten.

852 Erweiterte Versicherung von Rohrleitungen

Soweit dies vereinbart ist, sind Schäden durch Rohrbruch oder Frost an Wasserzuleitungs- und Heizungsrohren mitversichert,

1. die zwar auf dem Versicherungsgrundstück verlegt sind, jedoch nicht der Versorgung eines versicherten Gebäudes dienen;

2. die außerhalb des Versicherungsgrundstückes verlegt sind, soweit der Versicherungsnehmer zur Unterhaltung dieser Anlagen verpflichtet ist.

853 Kessel-, Maschinen- und elektrische Kraftanlagen

Abweichend von § 4 Nr. 3 b VGB sind Kessel-, Maschinen- und elektrische Kraftanlagen, die gewerblichen Zwecken dienen, gegen Schäden durch Leitungswasser oder, sofern diese Gefahr mitversichert ist, gegen Schäden durch bestimmungswidrigen Wasseraustritt aus Sprinkleranlagen mitversichert.

854 Sturmschäden an außen angebrachten Sachen
in der Wohngebäude-Versicherung

1. Nur aufgrund ausdrücklicher Vereinbarung sind

a) an der Außenseite des Gebäudes angebrachte Antennenanlagen, Markisen, Leuchtröhrenanlagen, Schilder und Transparente, Überdachungen, Schutz- und Trennwände und

b) elektrische Freileitungen, Ständer, Masten und Einfriedungen gegen Sturmschäden mitversichert.

Soweit eine solche Vereinbarung erfolgt ist, entfällt bei Schäden an diesen Sachen der Selbstbehalt.

2. Andere an der Außenseite des Gebäudes angebrachte Sachen sind abweichend von § 5 Nr. 3 b VGB ohne ausdrückliche Vereinbarung mitversichert. Der Versicherungsnehmer trägt bei diesen Sachen jedoch – soweit nichts anderes vereinbart ist – den Selbstbehalt gemäß § 5 Nr. 4 VGB.

855 Wegfall des Selbstbehalts für Gebäudeverglasung

Soweit Laden- und Schaufensterscheiben, künstlerisch bearbeitete Scheiben, Kirchenfenster und Scheiben in einer Einzelgröße von mehr als drei Quadratmetern sowie Rahmen und Profile dieser Verglasung ausdrücklich mitversichert sind, entfällt bei Schäden an diesen Sachen der Selbstbehalt gemäß § 5 Nr. 4 VGB.

856 Repräsentanten

Dem Versicherungsnehmer stehen als Repräsentanten gleich

1. Personen, die in dem Geschäftsbereich, zu dem die versicherten Sachen gehören, aufgrund eines Vertretungs- oder eines ähnlichen Verhältnisses anstelle des Versicherungsnehmers die Obhut über diese Sachen ausüben;

2. Personen, die damit betraut sind, rechtserhebliche Tatsachen anstelle des Versicherungsnehmers zur Kenntnis zu nehmen und dem Versicherer zur Kenntnis zu bringen;

3. Personen, denen die versicherten Sachen aufgrund eines Miet-, Pacht- oder ähnlichen Verhältnisses für längere Zeit in alleinige Obhut gegeben worden sind.

857 Zivilschutzeinrichtungen

Für vorschriftsmäßige Anlagen des Zivilschutzes sowie für Zivilschutzübungen gelten §§ 23 ff. VVG, 8 VGB nicht.

858 Auswahl der Sachverständigen

1. Der Versicherer darf als Sachverständige keine Personen benennen, die Mitbewerber des Versicherungsnehmers sind oder mit ihm in dauernder Geschäftsverbindung stehen, ferner keine Personen, die bei Mitbewerbern oder Geschäftspartnern angestellt sind oder mit ihnen in einem ähnlichen Verhältnis stehen.

2. Nr. 1 gilt entsprechend für die Benennung eines Obmanns durch die Sachverständigen.

859 Teilzahlung

Der Versicherungsnehmer kann verlangen, daß eine Teilzahlung in Höhe des Betrages, der nach Lage der Sache mindestens zu zahlen ist, abweichend von den §§ 11 VVG, 19 VGB schon drei Wochen nach Anzeige des Versicherungsfalls erfolgt.

**860 Versicherungssummen und Entschädigungsgrenzen
nach einem Versicherungsfall**

1. Abweichend von §§ 95 VVG, 20 VGB vermindern sich die Versicherungssummen ab Eintritt des Versicherungsfalls für den Rest der laufenden Versicherungsperioden nur dann um den Betrag der Entschädigung, wenn eine Partei dies nach Eintritt des Versicherungsfalls unverzüglich verlangt.

2. Wird dies nicht verlangt, so hat der Versicherungsnehmer, soweit nicht etwas anderes vereinbart ist, aus dem Teil der Versicherungssumme, der dem Betrag der Entschädigung entspricht, Prämie für die Zeit zwischen dem Versicherungsfall und dem Ende der laufenden Versicherungsperiode zeitanteilig nachzuentrichten. Der Versicherer ist berechtigt, diese Prämie von der Entschädigung einzubehalten.

3. Nr. 1 und 2 gelten entsprechend für Entschädigungsgrenzen.

861 Mehrwertsteuer bei Gleitender Neuwertversicherung

Ein Anspruch auf Erstattung der Mehrwertsteuer besteht im Schadenfall nicht, da die Versicherungssumme 1914 entsprechend niedriger festgesetzt wurde als der Versicherungswert 1914.

862 Selbstbehalt bei ungekürzter Wohngebäude-Versicherungssumme

Der bedingungsgemäß als entschädigungspflichtig errechnete Betrag einschließlich Aufwendungsersatz gemäß § 63 VVG wird je Versicherungsfall um den vereinbarten Selbstbehalt gekürzt.

863 Aquarien in der Wohngebäude-Versicherung

Abweichend von § 4 Nr. 1 VGB gilt als Leitungswasser auch Wasser, das aus Aquarien bestimmungswidrig ausgetreten ist.

864 Ratenzahlung

1. Ist für die Jahresprämie Ratenzahlung vereinbart, so gelten die ausstehenden Raten bis zu den vereinbarten Zahlungsterminen als gestundet.

2. Die gestundeten Raten des laufenden Versicherungsjahres werden sofort fällig, wenn der Versicherungsnehmer mit einer Rate ganz oder teilweise in Verzug gerät oder soweit eine Entschädigung fällig wird.

865 Schäden durch Hagel

1. Wenn dies besonders vereinbart ist, erstreckt sich die Sturmversicherung auch auf Schäden durch Hagel. In diesem Fall brauchen bei Schäden durch Hagel die Voraussetzungen von § 5 Nr. 1 VGB (Sturm) nicht gegeben zu sein.

2. § 5 Nr. 2 bis Nr. 5 VGB gilt sinngemäß auch für Schäden durch Hagel gemäß Nr. 1. Jedoch genügt es in den Fällen von § 5 Nr. 5c VGB für den Versicherungsschutz, daß die Öffnung durch Hagel entstanden ist.

3. § 9 Nr. 1 und Nr. 3 VGB (Sicherheitsvorschriften) gilt auch für die Hagel-Versicherung gemäß Nr. 1.

**866* Kein Abzug wegen Unterversicherung
in der Wohngebäude-Versicherung**

1. Der Versicherer nimmt abweichend von § 56 VVG, § 7 Nr. 2 VGB und § 2 Nrn. 2 und 4 SGIN 79a keinen Abzug wegen Unterversicherung vor, wenn die Versiche-

---

* Vor der Genehmigung der Unterversicherungsverzichts-Klausel ist folgende **Geschäftsplanmäßige Erklärung** abzugeben:
„Wir werden uns bei Vereinbarung der Klausel 866 nicht auf Vorsatz oder grobe Fahrlässigkeit

rungssumme 1914 nach den dem Versicherungsantrag beigefügten Wertermitt-lungsrichtlinien des Versicherers ermittelt wurde.

2. Ergibt sich im Schadenfall, daß die Beschreibungen des Gebäudes und seiner Ausstattung nicht den tatsächlichen Verhältnissen entsprechen und ist dadurch die Versicherungssumme 1914 zu niedrig bemessen, berechnet sich die Entschädigung nach § 2 Nrn. 2 und 4 SGIN 79a, § 7 Nr. 2 VGB und § 56 VVG, soweit die Abweichung auf Vorsatz oder grober Fahrlässigkeit beruht.

3. Nr. 1 gilt

a) für wertsteigernde Um-, An- oder Ausbauten nur, soweit diese innerhalb von drei Monaten nach Abschluß der Arbeiten angezeigt wurden;
vom Zeitpunkt der Werterhöhung an ist die entsprechende Prämie zu entrichten;

b) solange nicht ein weiterer Gebäude-Versicherungsvertrag desselben Versiche-rungsnehmers für dasselbe Objekt und gegen dieselbe Gefahr besteht.

4. Versicherungsnehmer und Versicherer können unter Einhaltung einer Frist von drei Monaten zum Ende des laufenden Versicherungsjahres durch schriftliche Er-klärung verlangen, daß diese Bestimmungen mit Beginn des nächsten Versiche-rungsjahres entfallen.
Macht der Versicherer von diesem Recht Gebrauch, so kann der Versicherungs-nehmer den Vertrag innerhalb eines Monats nach Zugang der Erklärung des Versi-cherers zum Ende des laufenden Versicherungsjahres kündigen.

867 Mehrkosten

1. Abweichend von § 7 VGB und § 2 Nr. 1 SGIN 79a sind Erhöhungen des Schadenaufwands durch Mehrkosten infolge Preissteigerungen mitversichert.
Ersetzt werden bis zu der hierfür vereinbarten Versicherungssumme die tatsäch-lich entstandenen Mehrkosten durch Preissteigerungen zwischen dem Eintritt des Versicherungsfalles und der Wiederherstellung oder Wiederbeschaffung.
Wenn der Versicherungsnehmer nicht unverzüglich die umgehende Wiederher-stellung oder Wiederbeschaffung veranlaßt, werden die Mehrkosten nur in dem Umfang ersetzt, in dem sie bei umgehender Wiederherstellung oder Wiederbeschaf-fung entstanden wären.

2. Ersetzt werden bis zu der hierfür vereinbarten Versicherungssumme Mehrko-sten, die nach einem Schadenfall daraus entstehen, daß aufgrund von geänderten gesetzlichen oder behördlichen Vorschriften zwingend bauliche Veränderungen bzw. Verbesserungen vorgeschrieben werden. Die Ersatzleistungen für diese Mehr-kosten beziehen sich ausschließlich auf vom Schaden betroffene Gebäudeteile.
Mehrkosten infolge von außergewöhnlichen Ereignissen, behördlichen Wieder-aufbau- oder Betriebsbeschränkungen oder Kapitalmangel werden nicht ersetzt.
Die Versicherung gilt auf Erstes Risiko. Die §§ 56 VVG, 7 Nr. 2 VGB (Unterversi-cherung) finden keine Anwendung.

3. Versicherungsnehmer und Versicherer können unter Einhaltung einer Frist von drei Monaten zum Ende des laufenden Versicherungsjahres durch schriftliche Er-klärung verlangen, daß diese Bestimmungen mit Beginn des nächsten Versiche-rungsjahres entfallen.
Macht der Versicherer von diesem Recht Gebrauch, so kann der Versicherungs-nehmer den Vertrag innerhalb eines Monats nach Zugang der Erklärung des Versi-cherers zum Ende des laufenden Versicherungsjahres kündigen.

868 Überspannungsschäden in der Wohngebäude-Versicherung

1. Ergänzend zu § 1 Nr. 1a VGB wird auch Ersatz geleistet für Überspannungs-schäden an nach § 2 VGB versicherten elektrischen Geräten oder Einrichtungen, die

berufen, wenn Fehler zur Wertermittlung auf nicht eindeutige oder gar fehlerhafte Druckstücke zurückzuführen sind und/oder durch Mitwirkung unseres (Außendienst-)Mitarbeiters verursacht wurden."

infolge atmosphärischer Elektrizität durch Induktion, Influenz oder Blitzstromwanderwellen entstehen.

2. Kein Ersatz wird für Schäden geleistet, die ausschließlich durch elektrischen Strom entstehen, z.B. durch Kurzschluß, übermäßige Steigerung der Stromstärke, Bildung von Lichtbögen und anderer Betriebsschäden; es sei denn, sie sind Folge eines nach Nr. 1 oder bedingungsgemäß unter den Versicherungsschutz fallenden vorangegangenen Ereignisses.

3. Für Brand- und Explosionsschäden, die durch in Nr. 1 genannte Ereignisse entstehen, wird nach den §§ 1 und 3 VGB Ersatz geleistet. Die Bestimmungen der §§ 4 Nr. 3g und 5 Nr. 5d bleiben davon unberührt.

Erweiterte Versicherung von Wasserableitungsrohren

In Erweiterung von § 4b VGB sind Ableitungsrohre der Wasserentsorgung auf und außerhalb des Versicherungsgrundstückes versichert, soweit diese Rohre der Entsorgung des versicherten Gebäudes oder versicherter Anlagen dienen und der Versicherungsnehmer zur Unterhaltung dieser Rohre verpflichtet ist.

871 Führung

Der führende Versicherer ist bevollmächtigt, Anzeigen und Willenserklärungen des Versicherungsnehmers für alle beteiligten Versicherer entgegenzunehmen.

872 Prozeßführung

Soweit die vertraglichen Grundlagen für die beteiligten Versicherer die gleichen sind, ist folgendes vereinbart:

1. Der Versicherungsnehmer wird bei Streitfällen aus diesem Vertrag seine Ansprüche nur gegen den führenden Versicherer und nur wegen dessen Anteil gerichtlich geltend machen.

2. Die beteiligten Versicherer erkennen die gegen den führenden Versicherer rechtskräftig gewordene Entscheidung sowie die von diesem mit dem Versicherungsnehmer nach Rechtshängigkeit geschlossenen Vergleiche als auch für sich verbindlich an.

3. Falls der Anteil des führenden Versicherers die Berufungs- oder Revisionssumme nicht erreicht, ist der Versicherungsnehmer berechtigt und auf Verlangen des führenden oder eines mitbeteiligten Versicherers verpflichtet, die Klage auf einen zweiten, erforderlichenfalls auf weitere Versicherer auszudehnen, bis diese Summe erreicht ist. Wird diesem Verlangen nicht entsprochen, so gilt Nr. 2 nicht.

873 Makler

Der den Versicherungsvertrag betreuende Makler ist bevollmächtigt, Anzeigen und Willenserklärungen des Versicherungsnehmers entgegenzunehmen. Er ist durch den Maklervertrag verpflichtet, diese unverzüglich an den Versicherer weiterzuleiten.

1000 – Gemeinsame Klauseln für die Feuer-, Einbruchdiebstahl- und Raub-, Leitungswasser- und Sturm-Versicherung

1100 – Versicherte Gefahren und Schäden

1101 Schäden durch radioaktive Isotope

1. Versichert sind auch Schäden an den versicherten Sachen, die als Folge einer versicherten Gefahr durch auf dem Versicherungsgrundstück befindliche radioaktive Isotope entstehen, insbesondere Schäden durch Verseuchung.

2. Versicherte Kosten werden nur ersetzt, soweit sie auch ohne die Verseuchung angefallen wären. Zusätzliche Kosten für Abbruch, Aufräumung, Abfuhr und Isolierung radioaktiv verseuchter Sachen werden nur ersetzt, soweit dies besonders vereinbart ist und soweit die Maßnahmen gesetzlich geboten sind.

Schaden durch innere Unruhen

1. In Abweichung von § 1 Nr. 7 AFB 87, § 1 Nr. 7e AERB 87, § 1 Nr. 2f AVFE 76 Fassung August 86, § 1 Nr. 6 AWB 87, § 1 Nr. 5 AStB 87 sowie § 2 Nr. 4a FBUB, soweit jeweils vereinbart, leistet der Versicherer Entschädigung für versicherte Sachen, die unmittelbar durch Gewalthandlungen im Zusammenhang mit Inneren Unruhen zerstört oder beschädigt werden.

Eingeschlossen sind unmittelbare Schäden durch Wegnahme bei Plünderungen in unmittelbarem Zusammenhang mit Inneren Unruhen.

2. Nicht versichert sind ohne Rücksicht auf mitwirkende Ursachen Schäden durch Krieg, kriegsähnliche Ereignisse, Bürgerkrieg, Revolution, Rebellion, Aufstand oder Verfügung von hoher Hand; ist nicht festzustellen, ob eine dieser ausgeschlossenen Ursachen vorliegt, so entscheidet die überwiegende Wahrscheinlichkeit.

3. Ein Anspruch auf Entschädigung für Schäden durch Innere Unruhen besteht nicht, soweit die Voraussetzungen für einen unmittelbaren oder subsidiären Schadenersatzanspruch aufgrund öffentlich-rechtlichen Entschädigungsrechts gegeben sind.

4. Ein Anspruch auf Entschädigung in den Fällen von Nr. 3 erstreckt sich nur auf den Teil des Schadens, der die Höchstgrenzen aufgrund öffentlich-rechtlichen Entschädigungsrechts überschreitet.

5. Der Versicherungsnehmer trägt je Schadenereignis von der bedingungsgemäß errechneten Entschädigung einschließlich der ersatzpflichtigen Aufwendungen für Abwehr oder Minderung des Schadens die vertraglich vereinbarte Selbstbeteiligung.

6. Als Jahreshöchstentschädigung gilt das Doppelte der vertraglich vereinbarten Versicherungssumme für technische und kaufmännische Betriebseinrichtung inkl. Gebrauchsgegenstände der Betriebsangehörigen sowie für Vorräte vereinbart.

Alle Schäden, die im laufenden Versicherungsjahr beginnen, fallen insgesamt unter die Jahreshöchstentschädigung.

7. Aufwendungen, die der Versicherungsnehmer zur Abwehr oder Minderung des Schadens macht, werden nur insoweit ersetzt, als sie mit der Entschädigung zusammen die Höchstentschädigung nicht übersteigen, es sei denn, daß sie auf einer Weisung des Versicherers beruhen.

8. Die Versicherung dieser Gefahr kann jederzeit gekündigt werden. Die Kündigung wird eine Woche nach Zugang wirksam.

Zur „Klausel Schäden durch Innere Unruhen" haben die Versicherer folgende Geschäftsplanmäßige Erklärung abzugeben:

Wir verpflichten uns, den Versicherungsunternehmern mit Klauseltext folgenden Hinweis zu geben:

Innere Unruhen sind nach der höchstrichterlichen Rechtsprechung gegeben wenn:

– zahlenmäßig nicht erheblich Teile des Volkes
– in einer die öffentliche Ruhe und Ordnung störenden Weise in Bewegung geraten und Gewalttätigkeiten gegen Personen oder Sachen verüben.

Im Einzelfall wird das Vorliegen des Tatbestandes der Inneren Unruhe letztlich nur durch ein ordentliches Gericht festgestellt werden können.

1200 – Versicherte Sachen

1201 Ausschluß von fremdem Eigentum

Abweichend von den dem Vertrag zugrunde liegenden Allgemeinen Versicherungsbedingungen entfällt der Einschluß fremden Eigentums, das dem Versicherungsnehmer zur Bearbeitung, Benutzung oder Verwahrung oder zum Verkauf in Obhut gegeben wurde.

1202 Fremdes Eigentum – weisungsgemäße Versicherung

Abweichend von den dem Vertrag zugrunde liegenden Allgemeinen Versicherungsbedingungen ist fremdes Eigentum nur mitversichert, soweit es seiner Art nach zu den versicherten Sachen gehört und dem Versicherungsnehmer zur Bearbeitung, Benutzung oder Verwahrung oder zum Verkauf oder zu sonstigen Zwecken in Obhut gegeben wurde, und soweit dieser gegenüber dem Eigentümer nachweislich zum Abschluß der Versicherung verpflichtet ist.

1203 Ausstellungsware in fremdem Eigentum

Abweichend von den dem Vertrag zugrunde liegenden Allgemeinen Versicherungsbedingungen ist fremdes Eigentum auch versichert, soweit es seiner Art nach zu den versicherten Sachen gehört und dem Versicherungsnehmer zu sonstigen Zwecken in Obhut gegeben wurde. Dies gilt nicht, soweit der Versicherungsnehmer nachweislich, insbesondere mit dem Eigentümer vereinbart, daß die fremden Sachen durch den Versicherungsnehmer nicht versichert zu werden brauchen.

1204 Pfandleihen

1. Der Versicherer leistet Entschädigung für Pfandsachen nur, soweit der Versicherungsnehmer dem Verpfänder Schadenersatz leisten muß oder soweit er seine Ansprüche auf Darlehensrückzahlung, Zinsen oder Lagerspesen verloren hat.

2. Versicherungswert und Grenze der Entschädigung ist der in einem Pfandbuch eingetragene Schätzwert der Pfandsachen. §§ 55, 87 Satz 2 VVG (Bereicherungsverbot) bleiben unberührt.

3. Der Versicherungsnehmer hat die Pfandbücher nach Geschäftsschluß so aufzubewahren, daß sie im Versicherungsfall voraussichtlich nicht gleichzeitig mit den Pfandsachen zerstört oder beschädigt werden oder abhandenkommen können.

4. Im übrigen gelten für Pfandsachen Vereinbarungen über die Versicherung fremden Eigentums nicht.

1205 Bauunternehmer-Arbeitsgemeinschaften

1. Sachen, die im Eigentum einer Arbeitsgemeinschaft stehen oder deren Betrieb dienen und die unter die versicherten Positionen fallen, sind abweichend von den dem Vertrag zugrunde liegenden Allgemeinen Versicherungsbedingungen auch versichert, wenn sie sich nicht in der Obhut des Versicherungsnehmers befinden. Soweit nicht der Versicherungsnehmer die Sachen beigestellt hat, sind sie jedoch nur in Höhe der Beteiligung des Versicherungsnehmers an der Arbeitsgemeinschaft versichert. Sachen, die andere Teilhaber der Arbeitsgemeinschaft beigestellt haben, sind nicht versichert.

2. Sind Bargeld oder Urkunden auf Baustellen gegen Einbruchdiebstahl oder Raub versichert, so ermäßigt sich für Baustellen von Arbeitsgemeinschaften die vereinbarte Versicherungssumme im Verhältnis der Beteiligung des Versicherungsnehmers an der Arbeitsgemeinschaft.

1206 Eingelagerte Hausratgegenstände

Soweit nicht etwas anderes vereinbart ist, sind von der Versicherung eingelagerter Hausratgegenstände ausgeschlossen

a) Bargeld;

b) Urkunden, z. B. Sparbücher und sonstige Wertpapiere;

c) Briefmarken;

d) Münzen und Medaillen;

e) unbearbeitete Edelmetalle sowie Sachen aus Edelmetallen, ausgenommen Sachen, die dem Raumschmuck dienen;

f) Schmucksachen, Perlen und Edelsteine;

g) Sammlungen.

1207 Edelmetalle in Zahnpraxen und Zahnlabors

Abweichend von den dem Vertrag zugrunde liegenden Allgemeinen Versicherungsbedingungen sind bis zu der vereinbarten Entschädigungsgrenze verarbeitete und unverarbeitete Edelmetalle in Zahnpraxen und Zahnlabors auch dann versichert, wenn sich die Sachen nicht in einem Behältnis befinden.

1208 Geldausgabeautomaten

Sind abweichend von den dem Vertrag zugrunde liegenden Allgemeinen Versicherungsbedingungen Geldausgabeautomaten versichert, so erstreckt sich die Versicherung nicht auf die elektronische Ausrüstung. Dies gilt jedoch nicht für Rückgeldgeber und Geldwechsler, die nur für den Einwurf und die Ausgabe von Münzen bestimmt sind.

1300 – Versicherte Kosten

1301 Preisdifferenz-Versicherung

1. Abweichend von den dem Vertrag zugrunde liegenden Allgemeinen Versicherungsbedingungen sind Erhöhungen des Schadensaufwands durch Mehrkosten infolge Preissteigerungen mitversichert.

2. Ersetzt werden bis zu der hierfür vereinbarten Versicherungssumme die tatsächlich entstandenen Mehrkosten durch Preissteigerungen zwischen dem Eintritt des Versicherungsfalles und der Wiederherstellung oder Wiederbeschaffung.

3. Wenn der Versicherungsnehmer die Wiederherstellung oder Wiederbeschaffung nicht unverzüglich veranlaßt, werden die Mehrkosten nur in dem Umfang ersetzt, in dem sie auch bei unverzüglicher Wiederherstellung oder Wiederbeschaffung entstanden wären.

4. Mehrkosten infolge von außergewöhnlichen Ereignissen, behördlichen Wiederaufbau- oder Betriebsbeschränkungen oder Kapitalmangel werden nicht ersetzt.

5. Ist der Zeitwert Versicherungswert, so werden auch die Mehrkosten nur im Verhältnis des Zeitwerts zum Neuwert ersetzt; dies gilt nicht bei beschädigten Sachen. Ist nach einer vertraglichen Wiederherstellungsvereinbarung nur der Zeitwertschaden zu erstatten, so werden die Mehrkosten nicht ersetzt.

6. Besteht Unterversicherung für eine vom Schaden betroffene Position, für welche die Mehrkosten durch Preissteigerungen nach Nr. 1 versichert sind, so wird der nach Nr. 2 bis Nr. 5 ermittelte Betrag nur anteilig ersetzt.

1302 Sachverständigenkosten

Übersteigt der entschädigungspflichtige Schaden den vereinbarten Betrag, so ersetzt der Versicherer bis zu der hierfür vereinbarten Versicherungssumme von den nach den dem Vertrag zugrunde liegenden Allgemeinen Versicherungsbedingungen durch den Versicherungsnehmer zu tragenden Kosten des Sachverständigenverfahrens den vereinbarten Anteil.

1303 Erweiterte Bewegungs- und Schutzkostenversicherung

Abweichend von den dem Vertrag zugrunde liegenden Allgemeinen Versicherungsbedingungen sind auch Bewegungs- und Schutzkosten versichert, die der Wiederherstellung oder Wiederbeschaffung von Sachen dienen, welche durch einen anderen Vertrag gegen dieselbe Gefahr versichert sind.

1400 – Versicherungsort

1401 Freizügigkeit zwischen Versicherungsorten mit je einer Versicherungssumme

1. Zwischen den Versicherungsorten besteht Freizügigkeit.

2. Dies gilt nicht für Versicherungssummen auf Erstes Risiko und nicht für Entschädigungsgrenzen.

1402 Freizügigkeit zwischen Versicherungsorten mit gemeinsamer Versicherungssumme

Sind Versicherungssummen auf Erstes Risiko oder Entschädigungsgrenzen als Vomhundertsätze der gemeinsamen Versicherungssumme vereinbart, so werden diese Versicherungssummen und Entschädigungsgrenzen je Versicherungsort aus einem Durchschnittsbetrag errechnet, der durch Teilung der gemeinsamen Versicherungssumme durch die Anzahl der Versicherungsorte zu ermitteln ist.

1403 Abhängige Außenversicherung bei Heimarbeitern

1. Sachen, die der Versicherungsnehmer Heimarbeitern übergibt, sind bis zu der hierfür vereinbarten besonderen Versicherungssumme auch in den Räumen der Heimarbeiter versichert.

2. § 56 VVG und die Bestimmungen über Unterversicherung in den dem Vertrag zugrunde liegenden Allgemeinen Versicherungsbedingungen gelten auch für die besondere Versicherungssumme gemäß Nr. 1.

3. Bei Berechnung einer Unterversicherung für die gesamte Position, zu der die Außenversicherung vereinbart ist, sind auch die gemäß Nr. 1 in den Räumen der Heimarbeiter versicherten Sachen zu berücksichtigen.

4. Nr. 2 und Nr. 3 sind nicht nebeneinander anzuwenden. Anzuwenden ist diejenige Bestimmung, die zu der niedrigeren Entschädigung führt.

5. Der Versicherungsnehmer hat über die in den Räumen der Heimarbeiter versicherten Sachen (Nr. 1) Verzeichnisse mit Wertangabe zu führen. Bei Sachen, die der Heimarbeiter herstellt oder verarbeitet, ist der Wert der bearbeiteten Erzeugnisse anzugeben.

Verletzt der Versicherungsnehmer diese Obliegenheit, so kann er Entschädigung nur verlangen, soweit er das Vorhandensein, die Beschaffenheit und den Versicherungswert der Sachen auch ohne das Verzeichnis nachweisen kann.

6. Ein Verhalten der Heimarbeiter, das einen Schaden an den Sachen gemäß Nr. 1 verursacht, steht einem Verhalten des Versicherungsnehmers gleich.

1500 – Versicherungswert

1501 Verkaufspreis für verkaufte lieferungsfertige eigene Erzeugnisse

1. Soweit dies vereinbart wurde, ist Versicherungswert der vom Versicherungsnehmer ganz oder teilweise selbst hergestellten lieferungsfertigen Erzeugnisse, die

verkauft, dem Käufer aber noch nicht übergeben sind, der vereinbarte Verkaufspreis abzüglich der durch Nichtlieferung ersparten Kosten. Satz 1 gilt nicht, soweit der Käufer die Abnahme verweigern kann.

2. Wenn der Versicherungsnehmer den Käufer trotz des Versicherungsfalls in Erfüllung des Kaufvertrages zum vereinbarten Preis beliefert, so werden für den Versicherungswert die dem Versicherungsnehmer entstehenden Kosten der Neuherstellung oder bei Ankauf auf dem Markt der Marktpreis zugrunde gelegt, beide berechnet auf den Zeitpunkt des Eintritts des Versicherungsfalls, jedoch mindestens der Verkaufspreis gemäß Nr. 1.

3. Ist nur ein Teil der Erzeugnisse einer bestimmten Gattung verkauft und war dieser Teil bei Eintritt des Versicherungsfalls noch nicht ausgesondert, so wird der Versicherungswert nur für diesen Teil der Gesamtmenge nach Nr. 1 und Nr. 2 ermittelt. Schäden an einem Teil der Gesamtmenge werden anteilig dem verkauften und dem nicht verkauften Teil der Gesamtmenge zugerechnet.

4. § 55 VVG (Bereicherungsverbot) bleibt unberührt.

1502 Verkaufspreis für lieferungsfertige eigene Erzeugnisse

1. Versicherungswert der vom Versicherungsnehmer ganz oder teilweise selbst hergestellten, lieferungsfertigen, aber noch nicht verkauften Erzeugnisse ist der erzielbare Verkaufspreis abzüglich der durch Nichtlieferung ersparten Kosten. Satz 1 gilt jedoch nur, soweit die Erzeugnisse ihrer Art nach bereits eingeführt und voll marktgängig sind.

2. Überpreise, die nur aufgrund besonderer Verbundenheit von Unternehmen erzielbar sind, bleiben unberücksichtigt.

1503 Verkaufspreis bei Großhandelsbetrieben

Versicherungswert von Großhandelsware, die verkauft, dem Käufer aber noch nicht übergeben ist, ist der vereinbarte Verkaufspreis abzüglich der durch Nichtlieferung ersparten Kosten, falls der Versicherungsnehmer Ware in gleicher Art und Güte weder aus unversehrt gebliebenen Beständen liefern noch auf dem Markt erhalten kann. Satz 1 gilt nicht, soweit der Käufer die Abnahme verweigern kann.

1504 Verkaufspreis für Tabake

1. Versicherungswert von Tabaken, die durch den Versicherungsnehmer verkauft, dem Käufer aber noch nicht übergeben sind, ist der vereinbarte Verkaufspreis abzüglich der durch Nichtlieferung ersparten Kosten. Satz 1 gilt nicht, soweit der Käufer die Abnahme verweigern kann.
Bei Verkauf von Tabaken vor Beendigung der Fermentation werden Zusatzvereinbarungen im Kaufvertrag für den Versicherungswert berücksichtigt.

2. Ist nur ein Teil der im Versicherungsort vorhandenen Tabake verkauft und war dieser Teil bei Eintritt des Versicherungsfalls noch nicht ausgesondert, so wird der Versicherungswert nur für diesen Teil der Gesamtmenge nach Nr. 1 ermittelt. Schäden an einem Teil der Gesamtmenge werden anteilig dem verkauften und dem noch nicht verkauften Teil der Gesamtmenge zugerechnet.

3. § 55 VVG (Bereicherungsverbot) bleibt unberührt.

1505 Biervorräte von Brauereien

1. Wenn der Versicherungsnehmer wegen eines Versicherungsfalls Ersatz in gleicher Art und Güte für selbst hergestellte Biervorräte auf dem Markt beschaffen muß, um seine Kunden beliefern zu können, wird für den Versicherungswert der gesamten vom Schaden betroffenen und der gesamten vom Schaden nicht betroffenen Biervorräte der Einkaufspreis am Tag des Schadens zugrunde gelegt.

2. Soweit die Biervorräte bereits verkauft sind, gilt die Vereinbarung „Verkaufspreis für verkaufte lieferungsfertige eigene Erzeugnisse".

1506 Malzvorräte von Brauereien

Wenn der Versicherungsnehmer wegen eines Versicherungsfalls Ersatz in gleicher Art und Güte für selbst hergestellte Malzvorräte auf dem Markt beschaffen muß, um den ungestörten Weiterbetrieb seiner Brauerei zu ermöglichen, wird für den Versicherungswert der gesamten vom Schaden betroffenen und der gesamten vom Schaden nicht betroffenen Malzvorräte der Einkaufspreis am Tag des Schadens zugrunde gelegt.

1507 Malzvorräte von Handelsmälzereien

1. Wenn der Versicherungsnehmer wegen eines Versicherungsfalls Ersatz in gleicher Art und Güte für selbst hergestellte Malzvorräte auf dem Markt beschaffen muß, um seine Kunden beliefern zu können, wird für den Versicherungswert der gesamten vom Schaden betroffenen und der gesamten vom Schaden nicht betroffenen Malzvorräte der Einkaufspreis am Tag des Schadens zugrunde gelegt.

2. Soweit die Malzvorräte bereits verkauft sind, gilt die Vereinbarung „Verkaufspreis für verkaufte lieferungsfertige eigene Erzeugnisse".

1508 Kunstgegenstände

1. Versicherungswert von Kunstgegenständen ist der Preis für das Anfertigen einer qualifizierten Kopie.

2. Für den Versicherungswert von Gebäuden sind Kunstgegenstände nur mit dem Preis für das Anfertigen qualifizierter Kopien zu berücksichtigen.

1509 Steuer und Zoll als Teil des Versicherungswerts

Steuer und Zoll werden für den Versicherunsgwert nur bei Vorräten berücksichtigt, die vor Eintritt des Versicherungsfalls versteuert oder verzollt waren oder für die wegen des Versicherungsfalls Steuer oder Zoll zu entrichten ist.

1510 Versicherungssumme für Steuer und Zoll

1. Versicherungswert der Position für Steuer und Zoll ist der volle Betrag, der für die unter einer besonders bezeichneten Position versicherten Vorräte bei ihrer Versteuerung oder Verzollung zu entrichten sein würde.

2. Entschädigung wird jedoch nur geleistet, soweit wegen des Versicherungsfalls Steuer oder Zoll zu entrichten ist.

1511 Vorschätzungen

1. Eine Schätzung versicherter Gebäude oder Maschinen durch einen Sachverständigen, dessen Gutachten zum Gegenstand des Versicherungsvertrages gemacht worden ist, gilt als Nachweis des Versicherungswertes nur bis zu dem vereinbarten Tag.

2. Bei Versicherungsfällen nach diesem Tag ist insbesondere zu prüfen, ob sich der Versicherungswert geändert hat durch

a) Zu- oder Abgänge von Gegenständen;

b) Veränderungen von Arbeitslöhnen oder Materialpreisen;

c) Alter oder Abnutzung;

d) sonstige Umstände, die nach den dem Vertrag zugrunde liegenden Allgemeinen Versicherungsbedingungen für den Versicherungswert von Bedeutung sind.

1512 Video-Mietkassetten

1. Versicherungswert für Video-Kassetten, die gewerbsmäßig vermietet werden, ist der Zeitwert.

2. Der Versicherungsnehmer hat über den jeweiligen Bestand an versicherten Video-Kassetten ein Gesamtverzeichnis zu führen.

3. Der Versicherungsnehmer hat außerdem die Anzahl der Vermiet-Vorgänge je Kassette in einem Verzeichnis festzuhalten.

4. Die Verzeichnisse sind so aufzubewahren, daß sie im Versicherungsfall voraussichtlich nicht gleichzeitig mit den Kassetten zerstört oder beschädigt werden oder abhandenkommen können.

5. Nr. 2 bis Nr. 4 sind Obliegenheiten im Sinne von § 7 AFB 87, AERB 87, AWB 87 und AStB 87.

1600 – Vorvertragliche Anzeige; Gefahrerhöhung; Obliegenheiten

1601 Erweiterte Anerkennung

1. Der Versicherer erkennt an, daß ihm alle Umstände bekannt geworden sind, die im Zeitpunkt der Antragstellung gegeben und für die Übernahme der Gefahr erheblich waren.

2. Dies gilt jedoch nicht für Umstände, die arglistig verschwiegen worden sind.

1602 Büchereien

1. Der Versicherungsnehmer hat für den jeweiligen Bestand der versicherten Bücher ein Gesamtverzeichnis zu führen.

2. Außerdem hat er je ein Verzeichnis der verliehenen und der geliehenen Bücher zu führen.

3. Die Verzeichnisse sind so aufzubewahren, daß sie im Versicherungsfall voraussichtlich nicht gleichzeitig mit den Büchern zerstört oder beschädigt werden oder abhandenkommen können.

1603 Anzeige von Gefahrerhöhungen bei Bestehen einer Versicherungsabteilung

Hat der Versicherungsnehmer eine Versicherungsabteilung eingerichtet, die Gewähr dafür bietet, daß vertragserhebliche Tatsachen regelmäßig erfaßt werden, so gilt die Anzeige von Gefahrerhöhungen als rechtzeitig, wenn sie unverzüglich erstattet wird, nachdem die Versicherungsabteilung des Versicherungsnehmers Kenntnis von der Erhöhung der Gefahr erlangt hat. Der Versicherungsnehmer hat dafür zu sorgen, daß die jeweils zuständigen Stellen des Betriebes die erforderlichen Meldungen an die Versicherungsabteilung unverzüglich erstatten.

1700 – Entschädigung
(Versicherungssumme; Unterversicherung; Selbstbehalte; Entschädigungsgrenzen)

1701 Summenanpassung für die Versicherung beweglicher Sachen

1. Die Versicherungssumme für Positionen, zu denen dies besonders vereinbart ist, erhöht oder vermindert sich zur Anpassung an Wertänderungen der versicherten Sachen mit Beginn eines jeden Versicherungsjahres entsprechend dem Vomhundertsatz, um den sich der Index der Erzeugerpreise gewerblicher Produkte im vergangenen Kalenderjahr gegenüber dem davor liegenden Kalenderjahr verändert

hat. Der Vomhundertsatz wird auf eine Stelle hinter dem Komma gerundet. Maßgebend ist der vom Statistischen Bundesamt jeweils für den Monat September festgestellte und veröffentlichte Index.

2. Die gemäß Nr. 1 berechnete Versicherungssumme wird auf volle 1000 DM aufgerundet. Die neue Versicherungssumme und die geänderte Prämie werden dem Versicherungsnehmer jeweils bekanntgegeben.

3. Die Versicherungssumme bleibt unverändert, wenn der gemäß Nr. 1 Satz 1 maßgebende Vomhundertsatz unter 3 liegt. Jedoch ist dann für die nächste Veränderung ein Vergleich zwischen dem vergangenen Kalenderjahr und demjenigen Kalenderjahr maßgebend, das zuletzt für eine Summenänderung berücksichtigt wurde.

4. Die aus der Versicherungssumme gemäß Nr. 2 sich ergebende erhöhte Prämie darf die im Zeitpunkt der Erhöhung geltende Tarifprämie nicht übersteigen. Diese Grenze gilt jedoch nur, wenn sich die neue Tarifprämie auf eine unveränderte Gruppe versicherbarer Risiken bezieht.

5. Solange Anpassung der Versicherungssumme nach vorliegenden Bestimmungen vereinbart ist, erhöht sich vom Zeitpunkt dieser Vereinbarung an die jeweilige Versicherungssumme um einen Vorsorgebetrag von 5 Prozent.

6. § 56 VVG und die Bestimmungen über Unterversicherung in den dem Vertrag zugrunde liegenden Versicherungsbedingungen bleiben unberührt.

7. Innerhalb eines Monats nach Zugang der Mitteilung über die geänderte Versicherungssumme kann der Versicherungsnehmer durch schriftliche Erklärung die ihm mitgeteilte Veränderung rückwirkend aufheben. Will der Versicherungsnehmer zugleich die Erklärung gemäß Nr. 8 abgeben, so muß dies deutlich zum Ausdruck kommen.

8. Versicherungsnehmer und Versicherer können unter Einhaltung einer Frist von drei Monaten zum Ende des laufenden Versicherungsjahres durch schriftliche Erkärung verlangen, daß die Bestimmungen über die Summenanpassung für die Versicherung von beweglichen Sachen künftig nicht mehr anzuwenden sind.

9. Das Recht auf Herabsetzung der Versicherungssumme wegen erheblicher Überversicherung (§ 51 Abs. 1 VVG) bleibt unberührt.

1702 Verzicht auf den Einwand der Unterversicherung*

1. § 56 VVG und die Bestimmungen über Unterversicherung in den dem Vertrag zugrunde liegenden Allgemeinen Versicherungsbedingungen sind nicht anzuwenden, wenn der Schaden 1 Prozent des Gesamtbetrages der Versicherungssummen nicht übersteigt und nicht mehr als den vereinbarten Betrag beträgt.

2. Der Unterversicherungsverzicht gilt nicht für Vorräte, für die Stichtagsversicherung vereinbart ist, und nicht für die Außenversicherung.

3. Versicherungssummen auf Erstes Risiko, für Vorräte, für die Stichtagsversicherung vereinbart ist, und für die Außenversicherung werden bei Feststellung des Gesamtbetrages der Versicherungssummen gemäß Nr. 1 nicht berücksichtigt.

1703 Vorsorgeversicherungssumme

1. Die Vorsorgeversicherungssumme verteilt sich auf die Versicherungssummen der Positionen, für die sie vereinbart ist und bei denen Unterversicherung besteht oder bei denen die Versicherungssumme wegen entstandener Aufwendungen für Abwendung oder Minderung des Schadens nicht ausreicht.

2. Für die Aufteilung ist das Verhältnis der Beträge maßgebend, um die die Versicherungswerte der einzelnen Positionen die Versicherungssummen übersteigen,

---

* Vgl. auch VerBAV **89**, 5: Klausel 1702a („10 Prozent" statt „1 Prozent").

und zwar ohne Rücksicht darauf, welche Positionen durch den Versicherungsfall betroffen sind.

1704 Summenausgleich

1. Soweit die Versicherungssummen der einzelnen Positionen die dazugehörenden Versicherungswerte übersteigen, werden die überschießenden Summenanteile auf diejenigen Positionen aufgeteilt, bei denen nach Aufteilung einer Vorsorgeversicherungssumme Unterversicherung besteht oder bei denen die Versicherungssumme wegen entstandener Aufwendungen für Abwendung oder Minderung des Schadens nicht ausreicht. Die Aufteilung findet nur zugunsten von Positionen statt, für die gleich hohe oder niedrigere Prämiensätze vereinbart sind.

2. Für die Aufteilung ist das Verhältnis der Beträge maßgebend, um die die Versicherungswerte der einzelnen Positionen die Versicherungssummen übersteigen, und zwar ohne Rücksicht darauf, welche Positionen durch den Versicherungsfall betroffen sind.

3. Bei Positionen, zu denen eine Wertzuschlagsklausel vereinbart ist, gilt als Versicherungssumme die Grundsumme zuzüglich des einfachen Wertzuschlags.

4. Vom Summenausgleich ausgenommen sind

a) Vorräte, für die Stichtagsversicherung vereinbart ist;

b) Versicherungssummen gemäß der Vereinbarung „Vorsorgeversicherung für Bestandserhöhungen";

c) Versicherungssummen auf Erstes Risiko (Erste Gefahr).

5. Sind für mehrere Grundstücke gesonderte Versicherungssummen vereinbart, so erfolgt der Summenausgleich nur zwischen den Positionen der einzelnen Grundstücke.

1705 Stichtagsversicherung für Vorräte

1. Entschädigungsgrenze für die versicherten Vorräte ist die vereinbarte Versicherungssumme.

2. Der Versicherungswert, den die versicherten Vorräte an dem vereinbarten Stichtag eines jeden Monats haben (Stichtagswert), ist dem Versicherer jeweils innerhalb von 10 Tagen oder innerhalb einer vereinbarten anderen Frist nach diesem Stichtag zu melden (Stichtagssumme).

Solange für einen Stichtag trotz Fristablaufs keine Meldung erfolgt ist, gilt auch für diesen Stichtag die zuletzt gemeldete Stichtagssumme. Geht bereits die erste Stichtagsmeldung dem Versicherer nicht rechtzeitig zu, so sind die Vorräte ab Fristablauf bis zum Eingang der Meldung nur mit der Hälfte der Versicherungssumme versichert.

3. Der Versicherungsnehmer hat eine infolge Schreib-, Rechen- oder Hörfehlers versehentlich falsch erstattete Meldung unverzüglich zu berichtigen. Ist inzwischen ein Versicherungsfall eingetreten, so hat er das Versehen nachzuweisen.

4. Ist die letzte vor Eintritt des Versicherungsfalls gemeldete Stichtagssumme niedriger als der Stichtagswert, für den die Stichtagssumme gemeldet wurde oder gemäß Nr. 2 Abs. 2 Satz 1 als gemeldet gilt, so wird nur der Betrag ersetzt, der sich zu dem ganzen Schaden verhält wie die gemeldete Stichtagssumme zum Stichtagswert.

5. Der Stichtagswert ist auch dann in voller Höhe zu melden, wenn er die Versicherungssumme übersteigt. Die Meldung gilt, wenn der Versicherungsnehmer nicht etwas anderes bestimmt hat, als Antrag auf Erhöhung der Versicherungssumme auf den gemeldeten Betrag ab Zugang der Meldung.

Der Versicherungsnehmer ist an den Antrag zwei Wochen gebunden. Lehnt der Versicherer den Antrag nicht innerhalb dieser Frist ab, so gilt er als angenommen.

6. Soweit in den Fällen von Nr. 5 der Versicherungsnehmer erklärt, eine höhere Versicherungssumme werde nicht beantragt, oder soweit der Versicherer den Antrag abgelehnt hat, wird bei Versicherungsfällen bis zur nächsten Stichtagsmeldung nur der Betrag ersetzt, der sich zu dem ganzen Schaden verhält wie die Versicherungssumme zum Stichtagswert.

7. Neben Nr. 4 und Nr. 6 sind § 56 VVG und die Bestimmungen über Unterversicherung in den dem Vertrag zugrunde liegenden Allgemeinen Versicherungsbedingungen nicht anzuwenden.

8. Auf die Prämie ist eine Vorauszahlung aus der Hälfte der Versicherungssumme für das ganze Versicherungsjahr zu leisten. Die endgültige Prämie wird zum Ende des Versicherungsjahres aus dem Durchschnitt der gemeldeten Stichtagssummen und dem diesem Durchschnitt entsprechenden Prämiensatz berechnet; eine tarifliche Mindestprämie ist zu berücksichtigen. Soweit bei den Fällen von Nr. 5 der Versicherungsnehmer erklärt, eine höhere Versicherungssumme werde nicht beantragt, oder soweit der Versicherer den Antrag ablehnt, bleibt der die Versicherungssumme übersteigende Teil der gemeldeten Stichtagssummen für die Prämie unberücksichtigt.

Ergibt sich während des Versicherungsjahres, daß die Vorauszahlung verbraucht ist, so kann der Versicherer eine weitere angemessene Vorauszahlung verlangen, jedoch nicht mehr als die Hälfte der ersten Vorauszahlung.

1706 Stichtagsversicherung für Speditionsgüter

1. Entschädigungsgrenze für die versicherten Speditionsgüter ist die vereinbarte Versicherungssumme.

2. Der Versicherungswert, den die versicherten Speditionsgüter an dem vereinbarten Stichtag eines jeden Monats haben (Stichtagswert), ist dem Versicherer jeweils innerhalb von 10 Tagen oder innerhalb einer vereinbarten anderen Frist nach diesem Stichtag zu melden (Stichtagssumme).

Solange für einen Stichtag trotz Fristablaufs keine Meldung erfolgt ist, gilt auch für diesen Stichtag die zuletzt gemeldete Stichtagssumme. Geht bereits die erste Stichtagsmeldung dem Versicherer nicht rechtzeitig zu, so sind die Speditionsgüter ab Fristablauf bis zum Eingang der Meldung nur mit der Hälfte der Versicherungssumme versichert.

3. Der Versicherungsnehmer hat eine infolge Schreib-, Rechen- oder Hörfehlers versehentlich falsch erstattete Meldung unverzüglich zu berichtigen. Ist inzwischen ein Versicherungsfall eingetreten, so hat er das Versehen nachzuweisen.

4. Ist die letzte vor Eintritt des Versicherungsfalls gemeldete Stichtagssumme niedriger als der Stichtagswert, für den die Stichtagssumme gemeldet wurde oder gemäß Nr. 2 Abs. 2 Satz 1 als gemeldet gilt, so wird nur der Betrag ersetzt, der sich zu dem ganzen Schaden verhält wie die gemeldete Stichtagssumme zum Stichtagswert.

5. Der Stichtagswert ist auch dann in voller Höhe zu melden, wenn er die Versicherungssumme übersteigt. Die Meldung gilt, wenn der Versicherungsnehmer nicht etwas anderes bestimmt hat, als Antrag auf Erhöhung der Versicherungssumme auf den gemeldeten Betrag ab Zugang der Meldung.

Der Versicherungsnehmer ist an den Antrag zwei Wochen gebunden. Lehnt der Versicherer den Antrag nicht innerhalb dieser Frist ab, so gilt er als angenommen.

6. Soweit in den Fällen von Nr. 5 der Versicherungsnehmer erklärt, eine höhere Versicherungssumme werde nicht beantragt, oder soweit der Versicherer den Antrag abgelehnt hat, wird bei Versicherungsfällen bis zur nächsten Stichtagsmeldung nur der Betrag ersetzt, der sich zu dem ganzen Schaden verhält wie die Versicherungssumme zum Stichtagswert.

7. Neben Nr. 4 und Nr. 6 sind § 56 VVG und die Bestimmungen über Unterversicherung in den dem Vertrag zugrunde liegenden Allgemeinen Versicherungsbedingungen nicht anzuwenden.

8. Auf die Prämie ist eine Vorauszahlung aus der Hälfte der Versicherungssumme für das ganze Versicherungsjahr zu leisten. Die endgültige Prämie wird zum Ende des Versicherungsjahres aus dem Durchschnitt der gemeldeten Stichtagssummen und dem diesem Durchschnitt entsprechenden Prämiensatz berechnet; eine tarifliche Mindestprämie ist zu berücksichtigen. Soweit in den Fällen von Nr. 5 der Versicherungsnehmer erklärt, eine höhere Versicherungssumme werde nicht beantragt, oder soweit der Versicherer den Antrag ablehnt, bleibt der die Versicherungssumme übersteigende Teil der gemeldeten Stichtagssummen für die Prämie unberücksichtigt.

Ergibt sich während des Versicherungsjahres, daß die Vorauszahlung verbraucht ist, so kann der Versicherer eine weitere angemessene Vorauszahlung verlangen, jedoch nicht mehr als die Hälfte der ersten Vorauszahlung.

1707 Wertzuschlag mit Einschluß von Bestandserhöhungen

1. Die Versicherungssummen für Positionen, zu denen dies besonders vereinbart ist, werden gebildet aus den Werten der versicherten Sachen auf der Preisbasis des Jahres 1970 (Grundsumme) und den Wertzuschlägen für Preissteigerungen.

2. Der Versicherungsnehmer überprüft zu Beginn jedes Versicherungsjahres die Wertzuschläge. Veränderungen gelten rückwirkend vom Beginn des Versicherungsjahres an, wenn sie innerhalb der ersten drei Monate des Versicherungsjahres beantragt wurden.
Solange kein Antrag gemäß Abs. 1 Satz 2 gestellt ist, gilt hilfsweise folgende Regelung:
Die Wertzuschläge verändern sich ab Beginn jedes Versicherungsjahres um die Prozentpunkte, um die sich der Preisindex für gewerbliche Betriebsgebäude aus der Fachserie 17, Reihe 4, und der Index für gewerbliche Arbeitsmaschinen aus der Fachserie 17, Reihe 2, gegenüber dem Vorjahr verändert haben.

3. Soweit sie angewendet werden, sind für Nr. 2 die vom Statistischen Bundesamt vor Beginn des Versicherungsjahres zuletzt veröffentlichten Preisindizes maßgebend.

4. Nachversicherungen von Bestandserhöhungen gelten rückwirkend, wenn sie innerhalb von drei Monaten beantragt wurden.

5. Der Versicherer haftet bis zur Grundsumme zuzüglich doppeltem Wertzuschlag, sofern der Gesamtbetrag aus Grundsumme und Wertzuschlag bei Beginn des Versicherungsjahres ausreichend war und Bestandserhöhungen rechtzeitig ausreichend nachversichert worden sind. Grundsumme und Wertzuschlag gelten als richtig bemessen, wenn sie durch eine dem Versicherer eingereichte Schätzung eines Sachverständigen festgesetzt worden sind.
Falls diese Voraussetzungen nicht erfüllt sind, haftet der Versicherer für den Schaden nur im Verhältnis der Versicherungssumme im Zeitpunkt ihrer gemäß Nr. 2 und Nr. 4 letztmalig erforderlichen Festsetzung zum Versicherungswert am gleichen Tag.

6. Die Vertragsparteien können die vorstehenden Vereinbarungen durch Kündigung mit sechswöchiger Frist außer Kraft setzen.

1708 Wertzuschlag ohne Einschluß von Bestandserhöhungen

1. Die Versicherungssummen für Positionen, zu denen dies besonders vereinbart ist, werden gebildet aus den Werten der versicherten Sachen auf der Preisbasis des Jahres 1970 (Grundsumme) und den Wertzuschlägen für Preissteigerungen.

2. Der Versicherungsnehmer überprüft zu Beginn jedes Versicherungsjahres die Wertzuschläge. Veränderungen gelten rückwirkend vom Beginn des Versicherungsjahres an, wenn sie innerhalb der ersten drei Monate des Versicherungsjahres beantragt wurden.

Solange kein Antrag gemäß Abs. 1 Satz 2 gestellt ist, gilt hilfsweise folgende Regelung:

Die Wertzuschläge verändern sich ab Beginn jedes Versicherungsjahres um die Prozentpunkte, um die sich der Preisindex für gewerbliche Betriebsgebäude aus der Fachserie 17, Reihe 4, und der Index für gewerbliche Arbeitsmaschinen aus der Fachserie 17, Reihe 2, gegenüber dem Vorjahr verändert haben.

3. Soweit sie angewendet werden, sind für Nr. 2 die vom Statistischen Bundesamt vor Beginn des Versicherungsjahres zuletzt veröffentlichten Preisindizes maßgebend.

4. Der Versicherer haftet bis zur Grundsumme zuzüglich doppeltem Wertzuschlag, sofern der Gesamtbetrag aus Grundsumme und Wertzuschlag bei Beginn des Versicherungsjahres ausreichend war.

Grundsumme und Wertzuschlag gelten als richtig bemessen, wenn sie durch eine dem Versicherer eingereichte Schätzung eines Sachverständigen festgesetzt worden sind.

Falls diese Voraussetzungen nicht erfüllt sind, haftet der Versicherer für den Schaden nur im Verhältnis der Versicherungssumme im Zeitpunkt ihrer gemäß Nr. 2 letztmalig erforderlichen Festsetzung zum Versicherungswert am gleichen Tag.

5. Die Vertragsparteien können die vorstehenden Vereinbarungen durch Kündigung mit sechswöchiger Frist außer Kraft setzen.

1709 Vorsorgeversicherung für Bestandserhöhungen

1. Bestandserhöhungen des laufenden Versicherungsjahres, die nicht durch Nachtrag in die Versicherungssumme übernommen worden sind, sind im Rahmen der Vorsorge-Positionen des Versicherungsvertrages unter der Voraussetzung versichert, daß

a) die Vereinbarung „Wertzuschlag ohne Einschluß von Bestandserhöhungen" getroffen ist und

b) das Versicherungsjahr dem Geschäftsjahr entspricht.

2. Die Versicherungssummen für Positionen, zu denen dies besonders vereinbart ist, erhöhen sich ohne besonderen Antrag jeweils mit Beginn des nächsten Versicherungsjahres vorübergehend um den entsprechenden Betrag der Vorsorgeversicherungssumme. Die Erhöhungen sind sobald als möglich durch die festgestellten endgültigen Summen zu ersetzen.

3. Für die Umrechnung der in die Positionen gemäß Nr. 2 Satz 1 zu übernehmenden Vorsorgeversicherungssummen auf den Wert 1970 ist der Index des Anschaffungsjahres maßgebend.

4. Die Vorsorgeversicherung bleibt, soweit nicht der Versicherungsnehmer eine Änderung beantragt, in der bisherigen Höhe bestehen und gilt jeweils für die Bestandszugänge des nächsten Jahres.

5. Für diese Vorsorgeversicherung wird eine Vorauszahlung in Höhe eines Drittels der Jahresprämie aus den Vorsorgeversicherungssummen erhoben. In der Schlußabrechnung wird die halbe Jahresprämie aus den im abgelaufenen Jahr in Anspruch genommenen Teilen der Vorsorgeversicherungssumme berechnet. Die so ermittelte Differenz ist nachzuentrichten oder zurückzugewähren.

6. Mit der Erhöhung der Positionen gemäß Nr. 2 Satz 1 ist die Jahresprämie für die hinzutretenden Versicherungssummen fällig. Abschließend abgerechnet wird die Jahresprämie bei Aufgabe der endgültigen Versicherungssumme.

1710 Briefmarken- und Münzenhandel

1. Für Briefmarken, Postkarten, Briefumschläge, Münzen und Notgeld ist die Entschädigung auf den vereinbarten Betrag je Stück begrenzt.

2. Für einen Minderwert von Sammlungen oder Serien durch Verlust einzelner Stücke wird kein Ersatz geleistet.

3. Der Versicherungsnehmer hat über den jeweiligen Bestand der Sachen Verzeichnisse zu führen. Nach Geschäftsschluß sind die Verzeichnisse so aufzubewahren, daß sie voraussichtlich nicht gleichzeitig mit den Sachen zerstört oder beschädigt werden oder abhandenkommen können.

1711 Manuskripte bei Verlagen und Druckereien

1. Für Manuskripte leistet der Versicherer Entschädigung in Höhe des Betrages, den der Versicherungsnehmer einem Vertragspartner, insbesondere dem Autor, nach den gesetzlichen Bestimmungen als Schadenersatz zahlen muß oder zahlen müßte, wenn er den Eintritt des Versicherungsfalls zu vertreten hätte. Vertragliche Sonderabreden bleiben unberücksichtigt.

2. Der Versicherer leistet Entschädigung auch für den Betrag, den der Versicherungsnehmer dem Vertragspartner für das Manuskript gezahlt hat. Die Entschädigung darf jedoch nicht zu einer Bereicherung des Versicherungsnehmers führen; sie kann sich insbesondere vermindern, wenn das Manuskript nur teilweise verloren ist oder wenn die Drucklegung bereits begonnen hatte oder wenn die Wiederherstellung weniger als den Betrag gemäß Satz 1 erfordert.

1712 Krankenkassen-Rezepte und Krankenscheine

1. Für Krankenkassen-Rezepte und Krankenscheine leistet der Versicherer bis zu der hierfür vereinbarten Versicherungssumme Entschädigung in Höhe des Ausfalls, den der Versicherungsnehmer infolge des Versicherungsfalls bei der nächsten Abrechnung mit der Krankenkasse erleidet.

2. Soweit der Versicherungsnehmer die Anzahl und den Abrechnungswert der durch den Versicherungsfall zerstörten oder abhandengekommenen Rezepte nicht nachweisen kann, sind die Durchschnittswerte während der letzten 24 Monate vor Eintritt des Versicherungsfalls maßgebend.

1713 Selbstbehalt bei gekürzter Versicherungssumme

1. Die Versicherungssumme der im Versicherungsvertrag besonders gekennzeichneten Positionen ist um den vereinbarten Selbstbehalt gekürzt.

2. Bei Berechnung einer Unterversicherung ist die ungekürzte Versicherungssumme zugrunde zu legen.

3. Der bedingungsgemäß als entschädigungspflichtig errechnete Betrag einschließlich Aufwendungsersatz gemäß § 63 VVG und Ersatz für sonstige versicherte Kosten wird je Versicherungsfall um den vereinbarten Selbstbehalt gekürzt.

1714 Selbstbehalt bei ungekürzter Versicherungssumme

Der bedingungsgemäß als entschädigungspflichtig errechnete Betrag einschließlich Aufwendungsersatz gemäß § 63 VVG und Ersatz für sonstige versicherte Kosten wird je Versicherungsfall um den vereinbarten Selbstbehalt gekürzt.

1715 Stichtagsversichrung und Sicherungsübereignung

1. Für den dem Kreditinstitut sicherungshalber übereigneten Teil der gemäß (Sammel-)Versicherungsschein versicherten Vorräte wird eine im Vertrag besonders aufgeführte Versicherungssumme für die vereinbarte Zeit festgesetzt.

2. Will der Versicherungsnehmer für die in Nr. 1 genannte Versicherung die Versicherungssumme vermindern oder will er diese Versicherung aufheben oder bei Ablauf nicht fortsetzen, so bedarf es hierzu der schriftlichen Einwilligung des Kreditinstitutes, für das der Versicherer einen Sicherungsschein erteilt hat.

Die Einwilligung muß bei dem Versicherer spätestens einen Monat vor dem Zeitpunkt eingegangen sein, in dem die Vertragsänderung oder der Vertragsablauf wirksam werden soll.

3. Im Versicherungsfall ist zunächst der Entschädigungsbetrag für den dem Kreditinstitut sicherungshalber übereigneten Teil der Vorräte unter Berücksichtigung der hierfür gemäß Nr. 1 festgesetzten besonderen Versicherungssumme zu ermitteln.

Die Entschädigung gemäß Abs. 1 ist in voller Höhe auf den Betrag der Entschädigung anzurechnen, die für die Gesamtheit der Vorräte festgestellt wird.

4. Bleibt die in Nr. 2 der Vereinbarung „Stichtagsversicherung für Vorräte" genannte Stichtagssumme unter der in vorliegendem Vertrag besonders festgesetzten Versicherungssumme, so tritt für diese Vorräte die besondere Versicherungssumme an die Stelle der Stichtagssumme.

1716 Wiederherstellung und Wiederbeschaffung

1. Bei Schäden an den im Versicherungsvertrag besonders bezeichneten Sachen erwirbt der Versicherungsnehmer einen Anspruch über zwei Drittel des bedingungsgemäß als entschädigungspflichtig errechneten Betrages hinaus nur, soweit und sobald er innerhalb von drei Jahren nach Eintritt des Versicherungsfalls sichergestellt hat, daß er die Entschädigung verwenden wird, um

a) Gebäude in gleicher Art und Zweckbestimmung an der bisherigen Stelle wiederherzustellen; ist dies an der bisherigen Stelle rechtlich nicht möglich oder wirtschaftlich nicht zu vertreten, so genügt es, wenn das Gebäude an anderer Stelle innerhalb der Bundesrepublik Deutschland einschließlich des Landes Berlin wiederhergestellt wird;

b) bewegliche Sachen, die zerstört worden oder abhandengekommen sind, in gleicher Art und Güte in neuwertigem Zustand wiederzubeschaffen; nach vorheriger Zustimmung des Versicherers genügt Wiederbeschaffung gebrauchter Sachen; anstelle von Kraft- oder Arbeitsmaschinen können Kraft- oder Arbeitsmaschinen beliebiger Art beschafft werden, wenn deren Betriebszweck derselbe ist;

c) bewegliche Sachen oder Grundstücksbestandteile, die beschädigt worden sind, wiederherzustellen.

2. Die Vorschriften über die Sicherung des Realkredits bleiben unberührt.

1717 Kundenschließfächer und Verwahrstücke bei Banken und Sparkassen

1. Für den Inhalt von Kundenschließfächern bei Banken und Sparkassen ist die Entschädigung auf den je Fach vereinbarten Betrag begrenzt.

2. Entsteht durch ein und denselben Versicherungsfall sowohl ein eigener Schaden des Versicherungsnehmers wie auch ein Schaden an dem Inhalt von Kundenschließfächern oder an Sachen, die dem Versicherungsnehmer durch dessen Kunden in Verwahrung gegeben wurden (Verwahrstücke), und übersteigt der Schaden die Versicherungssumme oder eine sonstige Entschädigungsgrenze, so wird Entschädigung für das fremde Eigentum nur in Höhe der Differenz geleistet, die nach voller Entschädigung des eigenen Schadens des Versicherungsnehmners verbleibt.

Unterversicherungsverzicht bei Umrechnung der Anlagenkartei

1. Der Versicherungsnehmer stellt dem Versicherer die Anlagenkartei oder einen Ausdruck davon für Gebäude und/oder Betriebseinrichtung zur Verfügung. Der Versicherer ermittelt auf eigene Verantwortung an Hand der in der Anlagenkartei erfaß-

ten Anschaffungskosten am Anschaffungstag den Wert der zu versichernden Sachen. Als Grundlage für die Umrechnung werden die in Fachserie 17, Reihe 2 und 4 vom Statistischen Bundesamt veröffentlichten Indexreihen „gewerbliche Betriebsgebäude und/oder gewerbliche Arbeitsmaschinen bzw. Büromaschinen" oder andere mit dem Versicherungsnehmer vereinbarte Indexreihen verwendet. Liegt dem Vertrag eine Wertzuschlagsklausel zugrunde, so errechnet sich der Versicherer die Werte der zu versichernden Sachen auf der Preisbasis 1970 (Grundsumme) und die Wertzuschläge für Preissteigerungen.

2. Die Verantwortung für die richtige Umrechnung zur Ermittlung der Versicherungssumme übernimmt der Versicherer. Abweichend von den dem Vertrag zugrundeliegenden Allgemeinen Versicherungsbedingungen wird auf die Feststellung und Anrechnung einer Unterversicherung insoweit verzichtet. Die Verantwortung für die Richtigkeit und Vollständigkeit der Daten (Gegenstand, Anschaffungsjahr und Anschaffungskosten) der Anlagenkartei verbleibt bei dem Versicherungsnehmer.

3. Der Unterversicherungsverzicht gilt nur für die in der Deklaration des Versicherungsscheines als Position „Gebäude zum Neuwert oder nach der Wertzuschlagsklausel zum Neuwert" und/oder als Position „Betriebseinrichtung zum Neuwert oder nach der Wertzuschlagsklausel zum Neuwert" erfaßten Gegenstände, soweit sie in der dem Versicherer vorgelegten Anlagenkartei des Versicherungsnehmers ausgewiesen sind und soweit hierfür kein Zwangs- und/oder Monopolversicherungsrecht besteht.

4. Diese Vereinbarung kann von beiden Seiten mit einer Frist von 6 Wochen zum Ende eines Monats gekündigt werden.

Unterversicherungsverzicht bei Umrechnung der vereinbarten Anlagenkartei

1. Der Versicherungsnehmer stellt dem Versicherer die Anlagenkartei oder einen Ausdruck davon für Gebäude und/oder Betriebseinrichtung zur Verfügung. Voraussetzung für die Anerkennung der Anlagenkartei durch den Versicherer ist, daß sie entsprechend dem vom Versicherer vorgegebenen System vom Versicherungsnehmer aufgebaut und fortgeschrieben wird.

2. Der Versicherer ermittelt auf eigene Verantwortung an Hand der in der Anlagenkartei erfaßten Anschaffungskosten am Anschaffungstag den Wert der zu versichernden Sachen. Als Grundlage für die Umrechnung werden die in Fachserie 17, Reihe 2 und 4 vom Statistischen Bundesamt veröffentlichten Indexreihen „gewerbliche Betriebsgebäude und/oder gewerbliche Arbeitsmaschinen bzw. Büromaschinen" oder andere mit dem Versicherungsnehmer vereinbarte Indexreihen verwendet. Liegt dem Vertrag eine Wertzuschlagsklausel zugrunde, so errechnet der Versicherer die Werte der zu versichernden Sachen auf der Preisbasis 1970 (Grundsumme) und die Wertzuschläge für Preissteigerungen.

3. Die Verantwortung für die Richtigkeit der Systematik der Anlagenkartei und die richtige Umrechnung zur Ermittlung der Versicherungssumme übernimmt der Versicherer. Abweichend von den dem Vertrag zugrunde liegenden Allgemeinen Versicherungsbedingungen wird auf die Feststellung und Anrechnung einer Unterversicherung insoweit verzichtet. Die Verantwortung für die Richtigkeit und Vollständigkeit der Daten (Gegenstand, Anschaffungsjahr und Anschaffungskosten) der Anlagenkartei verbleibt bei dem Versicherungsnehmer.

4. Der Unterversicherungsverzicht gilt nur für die in der Deklaration des Versicherungsscheines als Position „Gebäude zum Neuwert oder nach der Wertzuschlagsklausel zum Neuwert" und/oder als Position „Betriebseinrichtung zum Neuwert oder nach der Wertzuschlagsklausel zum Neuwert" erfaßten Gegenstände, soweit sie in der dem Versicherer vorgelegten Anlagenkartei des Versicherungsnehmers ausgewiesen sind und soweit hierfür kein Zwangs- und/oder Monopolversicherungsrecht besteht.

5. Diese Vereinbarung kann von beiden Seiten mit einer Frist von 6 Wochen zum Ende eines Monats gekündigt werden.

Unterversicherungsverzicht nach Wertfestsetzung durch Versicherer

1. Abweichend von dem Vertrag zugrunde liegenden Allgemeinen Versicherungsbedingungen wird auf die Feststellung und Anrechnung der Unterversicherung verzichtet, wenn der Versicherer eine körperliche Erfassung der Gebäude und/oder der Betriebseinrichtung vornimmt und entsprechende Wertgutachten erstellt. Die durch die Gutachten ermittelten Werte bilden die Versicherungssumme für die Position Gebäude und/oder Betriebseinrichtung.

2. Liegt dem Vertrag eine Wertzuschlagsklausel zugrunde, so errechnet der Versicherer die Werte der zu versichernden Sachen auf der Preisbasis 1970 (Grundsumme) und die Wertzuschläge für Preissteigerungen.

3. Der Unterversicherungsverzicht gilt nur für die in der Deklaration des Versicherungsscheines als Position „Gebäude zum Neuwert oder nach der Wertzuschlagsklausel zum Neuwert" und/oder als Position „Betriebseinrichtung zum Neuwert oder nach der Wertzuschlagsklausel zum Neuwert" erfaßten Gegenstände, soweit hierfür kein Zwangs- und/oder Monopolversicherungsrecht besteht.

4. Diese Vereinbarung kann von beiden Seiten mit einer Frist von 6 Wochen zum Ende eines Monats gekündigt werden.

1800 – Verhaltens- und Wissenszurechnung; Vertretung

1801 Führung

Der führende Versicherer ist bevollmächtigt, Anzeigen und Willenserklärungen des Versicherungsnehmers für alle beteiligten Versicherer entgegenzunehmen.

1802 Prozeßführung

Soweit die vertraglichen Grundlagen für die beteiligten Versicherer die gleichen sind, ist folgendes vereinbart:

1. Der Versicherungsnehmer wird bei Streitfällen aus diesem Vertrag seine Ansprüche nur gegen den führenden Versicherer und nur wegen dessen Anteil gerichtlich geltend machen.

2. Die beteiligten Versicherer erkennen die gegen den führenden Versicherer rechtskräftig gewordene Entscheidung sowie die von diesem mit dem Versicherungsnehmer nach Rechtshängigkeit geschlossenen Vergleiche als auch für sich verbindlich an.

3. Falls der Anteil des führenden Versicherers die Berufungs- oder Revisionssumme nicht erreicht, ist der Versicherungsnehmer berechtigt und auf Verlangen des führenden oder eines mitbeteiligten Versicherers verpflichtet, die Klage auf einen zweiten, erforderlichenfalls auf weitere Versicherer auszudehnen, bis diese Summe erreicht ist. Wird diesem Verlangen nicht entsprochen, so gilt Nr. 2 nicht.

1803 Makler

Der den Versicherungsvertrag betreuende Makler ist bevollmächtigt, Anzeigen und Willenserklärungen des Versicherungsnehmers entgegenzunehmen. Er ist durch den Maklervertrag verpflichtet, diese unverzüglich an den Versicherer weiterzuleiten.

1804 Repräsentanteneigenschaft

Schließt der Versicherungsnehmer im Rahmen seines Gewerbes laufend eine Vielzahl von Miet- oder Pachtverträgen ab, so sind die Mieter oder Pächter nicht Repräsentanten des Versicherungsnehmers.

1900 – Sonstiges

1901 Abschlagszahlung

Der Versicherungsnehmer kann verlangen, daß eine Abschlagszahlung in Höhe des Betrages, der nach Lage der Sache mindestens zu zahlen ist, abweichend von § 11 Abs. 2 VVG und von den dem Vertrag zugrunde liegenden Allgemeinen Versicherungsbedingungen schon drei Wochen nach Anzeige des Versicherungsfalls erfolgt.

1902 Vertragsbeendigung bei Kündigung des Versicherers nach einem Versicherungsfall

Bei einer Kündigung des Versicherers aus Anlaß eines Versicherungsfalls endet der Vertrag erst drei Monate nach Zugang der Kündigung.

1903 Änderung von Vertragsgrundlagen

1. Werden die dem Vertrag zugrunde liegenden Versicherungsbedingungen oder Klauseln während der Versicherungsdauer zugunsten der Versicherungsnehmer geändert, so gelten sie in der neuen Fassung mit sofortiger Wirkung auch für diesen Vertrag.

2. Erfordern die Änderungen eine höhere Prämie, so wird diese vom Zeitpunkt der Änderung an berechnet, wenn der Versicherungsnehmer nicht durch unverzügliche schriftliche Erklärung auf die Änderung verzichtet.

1904 Sachverständigenverfahren bei Zusammentreffen mit einer Maschinenversicherung

1. Besteht auch eine Maschinenversicherung und ist streitig, ob oder in welchem Umfang ein Schaden zu vorliegendem Vertrag oder als Maschinenschaden anzusehen ist, so können der Versicherungsnehmer, der Versicherer des vorliegenden Vertrages und der Maschinenversicherer vereinbaren, daß die Höhe des Schadens zu vorliegendem Vertrag und des Maschinenschadens in einem gemeinsamen Sachverständigenverfahren festgestellt wird. Das Sachverständigenverfahren kann durch Vereinbarung auf sonstige tatsächliche Voraussetzungen des Entschädigungsanspruchs sowie der Höhe der Entschädigung ausgedehnt werden.
Der Versicherungsnehmer kann ein Sachverständigenverfahren auch durch einseitige Erklärungen gegenüber den beiden Versicherern verlangen.

2. Für das Sachverständigenverfahren gilt:

a) Jede Partei benennt schriftlich einen Sachverständigen; der Versicherungsnehmer kann zwei Sachverständige benennen. Die Parteien können sich auf zwei gemeinsame Sachverständige oder auf einen gemeinsamen Sachverständigen einigen.
Jede Partei kann die andere Partei unter Angabe des oder der von ihr benannten Sachverständigen schriftlich auffordern, auch ihrerseits einen Sachverständigen zu benennen. Geschieht dies nicht binnen zwei Wochen nach Empfang der Aufforderung, so kann die auffordernde Partei den Sachverständigen der säumigen Partei durch das für den Schadenort zuständige Amtsgericht ernennen lassen. In der Aufforderung ist auf diese Folge hinzuweisen.

b) Die Sachverständigen benennen schriftlich vor Beginn des Feststellungsverfahrens einen weiteren Sachverständigen als Obmann. Einigen sie sich nicht, so wird der Obmann auf Antrag einer Partei durch das für den Schadenort zuständige Amtsgericht ernannt.

c) Die Versicherer dürfen als Sachverständige keine Personen benennen, die Mitbewerber des Versicherungsnehmers sind oder mit diesem in Geschäftsverbindung stehen, ferner keine Personen, die bei Mitbewerbern oder Geschäftspartnern angestellt sind oder mit ihnen in einem ähnlichen Verhältnis stehen.

3. Für den Mindestinhalt der Feststellungen der Sachverständigen gelten die dem Vertrag zugrunde liegenden Allgemeinen Versicherungsbedingungen und 8. AMB.

4. Die Sachverständigen übermitteln den drei Parteien gleichzeitig ihre Feststellungen. Weichen diese voneinander ab, so werden sie unverzüglich dem Obmann übergeben. Dieser entscheidet über die streitig gebliebenen Punkte innerhalb der durch die Feststellungen der Sachverständigen gezogenen Grenzen und übermittelt seine Entscheidung den drei Parteien gleichzeitig.

5. Jede Partei trägt die Kosten ihres oder ihrer Sachverständigen. Die Kosten des Obmannes tragen die Parteien je zu einem Drittel.

6. Die Feststellungen der Sachverständigen oder des Obmannes sind verbindlich, wenn nicht nachgewiesen wird, daß sie offenbar von der wirklichen Sachlage erheblich abweichen. Aufgrund dieser verbindlichen Feststellungen berechnen die Versicherer die Entschädigung.

7. Steht im Zeitpunkt einer Abschlagszahlung noch nicht fest, inwieweit der Schaden als Schaden zu vorliegendem Vertrag oder als Maschinenschaden anzusehen ist, so beteiligt sich jeder Versicherer an der Abschlagszahlung vorläufig mit der Hälfte.

8. Durch das Sachverständigenverfahren werden die Obliegenheiten im Versicherungsfall gemäß den dem vorliegenden Vertrag zugrunde liegenden Allgemeinen Versicherungsbedingungen sowie gemäß 7.1.2., 7.1.3. und 7.1.4. AMB nicht berührt.

2000 – Gemeinsame Klauseln für die Feuer-, Leitungswasser- und Sturm-Versicherung

2200 – Versicherte Sachen

2201 Automaten

Abweichend von den Bestimmungen über die Versicherung der Betriebseinrichtung in den dem Vertrag zugrunde liegenden Allgemeinen Versicherungsbedingungen sind Automaten mit Geldeinwurf (einschließlich Geldwechsler) samt Inhalt sowie Geldausgabeautomaten mitversichert.

2202 Eigentum von Gästen in Beherbergungsbetrieben

1. Eigentum von Gästen in Beherbergungsbetrieben, das dem Versicherungsnehmer nicht zur Verwahrung übergeben wurde, ist bis zu der hierfür vereinbarten Versicherungssumme versichert.

2. Nicht versichert sind Kraftfahrzeuge, Bargeld und Wertpapiere.

3. Die Entschädigung ist je Gast auf 10 Prozent der Versicherungssumme gemäß Nr. 1 begrenzt.

4. Entschädigung wird nur geleistet, soweit der Gast Entschädigung nicht aus einem anderen Versicherungsvertrag beanspruchen kann.

Ist danach die Entschädigung oder eine Abschlagszahlung gemäß den dem Vertrag zugrunde liegenden Allgemeinen Versicherungsbedingungen nur deshalb noch nicht fällig, weil ohne Verschulden des Versicherungsnehmers oder des versicherten Gastes die Entschädigungspflicht aus dem anderen Versicherungsvertrag ganz oder teilweise noch nicht geklärt ist, so wird der Versicherer unter Vorbehalt der Rückforderung mit Zinsen 1 Prozent unter dem jeweiligen Diskontsatz der Deutschen Bundesbank, mindestens jedoch 4 Prozent und höchstens 6 Prozent pro Jahr, eine vorläufige Zahlung leisten.

2203 Hypothekarisches Interesse

1. Die Versicherung deckt das hypothekarische Interesse, das dem Versicherungsnehmer als Gläubiger der im Vertrag nach Grundbuch-Band, -Blatt, -Abteilung und -Nummer bezeichneten Hypothek, Grundschuld oder Rentenschuld an den im Versicherungsvertrag bezeichneten Gebäuden zusteht.

2. Versicherungswert ist der Kapitalbetrag des Realrechts einschließlich der rückständigen und bis zur Entschädigungszahlung fällig werdenden Zinsen und Nebenleistungen und der Kosten. Die Entschädigung ist jedoch, auch wenn mehrere Realgläubiger ihr Interesse versichert haben, auf den Betrag des Versicherungswertes des Gebäudes beschränkt. Mehreren Versicherungsnehmern wird nach Maßgabe ihres Ranges gehaftet.

3. Entschädigung wird nicht geleistet, soweit nach dem Schaden der gemeine Wert der verpfändeten Grundstücke und der Gebäudereste das hypothekarische Interesse noch deckt oder soweit der gemeine Wert das hypothekarische Interesse schon vor Eintritt des Versicherungsfalls nicht mehr gedeckt hatte.

4. Der Versicherungsnehmer hat dem Versicherer auf Verlangen die durch das Realrecht gesicherte Forderung und das Realrecht zu übertragen, soweit dieser Entschädigung geleistet hat.

5. Die Versicherung erlischt, wenn das Realrecht des Versicherungsnehmers erlischt oder – von Erbfällen abgesehen – auf einen anderen übergeht, oder wenn die Gebäude ganz oder teilweise durch den Eigentümer oder für dessen Rechnung versichert werden.

2300 – Versicherte Kosten

2301 Aufgebots- und Wiederherstellungskosten für Urkunden

1. Der Versicherer ersetzt bis zu der hierfür vereinbarten Versicherungssumme die Kosten des Aufgebotsverfahrens und der Wiederherstellung von Wertpapieren und sonstigen Urkunden einschließlich anderer Auslagen für die Wiedererlangung, die der Versicherungsnehmer den Umständen nach für geboten halten durfte.

2. Die Ersatzpflicht erstreckt sich auch auf einen Zinsverlust, der dem Versicherungsnehmer durch Verzögerung fälliger Leistungen aus den Wertpapieren entstanden ist.

2302 Mehrkosten durch behördliche Wiederherstellungsbeschränkungen (ohne Restwerte)

1. Abweichend von den dem Vertrag zugrunde liegenden Allgemeinen Versicherungsbedingungen sind Erhöhungen des Schadenaufwandes durch Mehrkosten infolge behördlicher Wiederherstellungsbeschränkungen mitversichert.

2. Ersetzt werden bis zu der hierfür vereinbarten Versicherungssumme die tatsächlich entstandenen Mehrkosten für die Wiederherstellung der versicherten und vom Schaden betroffenen Sache durch behördliche Auflagen auf der Grundlage bereits vor Eintritt des Versicherungsfalles erlassener Gesetze und Verordnungen. Soweit behördliche Auflagen mit Fristsetzung vor Eintritt des Versicherungsfalles erteilt wurden, sind die dadurch entstehenden Mehrkosten nicht versichert.

3. Aufwendungen, die dadurch entstehen, daß infolge behördlicher Wiederherstellungsbeschränkungen Reste der versicherten und vom Schaden betroffenen Sache nicht wiederverwertet werden können, sind nicht versichert.

4. Wenn die Wiederherstellung der versicherten und vom Schaden betroffenen Sache aufgrund behördlicher Wiederherstellungsbeschränkungen nur an anderer Stelle erfolgen darf, werden die Mehrkosten nur in dem Umfang ersetzt, in dem sie auch bei Wiederherstellung an bisheriger Stelle entstanden wären.

5. Mehrkosten infolge Preissteigerungen, die dadurch entstehen, daß sich die Wiederherstellung durch Beschränkungen der vorgenannten Art verzögert, werden nicht ersetzt.

Sofern für versicherte und vom Schaden betroffene Sachen die Preisdifferenz-Versicherung nach Klausel 1301 vereinbart ist, werden Mehrkosten infolge Preissteigerungen ersetzt, die dadurch entstehen, daß sich die Wiederherstellung durch Beschränkungen der vorgenannten Art verzögert. Ziffer 4 der Klausel 1301 wird insoweit abgeändert.

6. Ist der Zeitwert Versicherungswert, so werden auch die Mehrkosten nur im Verhältnis des Zeitwertes zum Neuwert ersetzt. Ist nach einer vertraglichen Wiederherstellungsvereinbarung nur der Zeitwertschaden zu erstatten, so werden die Mehrkosten nicht ersetzt.

7. Besteht Unterversicherung für eine vom Schaden betroffene Position, für welche Mehrkosten durch behördliche Wiederherstellungsbeschränkungen versichert sind, so wird der nach Nr. 2 bis Nr. 6 ermittelte Betrag nur anteilig ersetzt.

8. Der als entschädigungspflichtig errechnete Betrag wird je Versicherungsfall um den vereinbarten Selbstbehalt gekürzt.

9. Soweit ein Ersatzanspruch gegenüber einem Dritten entsteht, verpflichtet sich der Versicherungsnehmer, diesen in Höhe des fällig werdenden Mehrbetrages an den Versicherer abzutreten.

2303 Berücksichtigung von behördlichen Wiederherstellungsbeschränkungen für Restwerte

1. Abweichend von den dem Vertrag zugrunde liegenden Allgemeinen Versicherungsbedingungen sind bei der Anrechnung des Restwertes für die versicherte und vom Schaden betroffene Sache behördliche Wiederherstellungsbeschränkungen zu berücksichtigen. Die Entschädigung ist jedoch begrenzt mit dem Betrag, der sich vertragsmäßig ergeben würde, wenn die versicherte und vom Schaden betroffene Sache zerstört worden wäre, gekürzt um den Altmaterialwert abzüglich Aufräumungs- und Abbruchkosten.

2. Die Berücksichtigung von behördlichen Wiederherstellungsbeschränkungen für Restwerte erfolgt nur, soweit sie auf der Grundlage vor Eintritt des Versicherungsfalles erlassener Gesetze und Verordnungen beruhen. Soweit behördliche Auflagen mit Fristsetzung vor Eintritt des Versicherungsfalles erteilt wurden, werden sie für die Restwerte nicht berücksichtigt.

3. Mehrkosten infolge Preissteigerungen, die dadurch entstehen, daß sich die Wiederherstellung durch Beschränkungen der vorgenannten Art verzögert, werden nicht ersetzt.

Sofern für versicherte und vom Schaden betroffene Sachen die Preisdifferenz-Versicherung nach Klausel 1301 vereinbart ist, werden Mehrkosten infolge Preissteigerungen ersetzt, die dadurch entstehen, daß sich die Wiederherstellung durch Beschränkungen der vorgenannten Art verzögert. Ziffer 4 der Klausel 1301 wird insoweit abgeändert.

4. Soweit ein Ersatzanspruch gegenüber einem Dritten entsteht, verpflichtet sich der Versicherungsnehmer, diesen in Höhe des fällig werdenden Mehrbetrages an den Versicherer abzutreten.

34–Texte

2400 – Versicherungsort

2401 Neu hinzukommende Betriebsgrundstücke

1. Als Versicherungsort gelten innerhalb der Bundesrepublik Deutschland einschließlich des Landes Berlin ohne besondere Anmeldung auch neu hinzukommende Betriebsgrundstücke. Die Entschädigung ist jedoch je Grundstück und Versicherungsfall auf den vereinbarten Betrag begrenzt.

2. Der Versicherungsnehmer ist verpflichtet, halbjährlich ein Verzeichnis dieser Grundstücke einzureichen.

Bei nicht ausreichender Versicherungssumme sind die Bestimmungen über Unterversicherung in den dem Vertrag zugrunde liegenden Allgemeinen Versicherungsbedingungen anzuwenden.

3. Die Prämie ändert sich entsprechend der Gefahrenlage bei den neu hinzukommenden Betriebsgrundstücken.

2600 – Vorvertragliche Anzeige; Gefahrerhöhung; Obliegenheiten

2601 Anerkennung

1. Hat der Versicherer das versicherte Wagnis besichtigt und liegt ein Besichtigungsbericht vor, so erkennt der Versicherer an, daß ihm durch diese Besichtigung alle Umstände bekanntgeworden sind, welche in diesem Zeitpunkt für die Beurteilung des Risikos erheblich waren.

2. Dies gilt jedoch nicht für Umstände, die arglistig verschwiegen worden sind.

2700 – Entschädigung
(Versicherungssumme; Unterversicherung; Selbstbehalte; Entschädigungsgrenzen)

2701 Mehrwertsteuer bei Gleitender Neuwertversicherung

Ein Anspruch auf Erstattung der Mehrwertsteuer besteht im Schadenfall nicht, soweit die Versicherungssumme 1914 entsprechend niedriger festgesetzt wurde als der Versicherungswert 1914.

2702 Spediteure

1. Sachen, die der Spediteur aufgrund eines Speditions-, Fracht- oder Lagervertrages in Gewahrsam genommen hat, sind bis zu der hierfür vereinbarten Versicherungssumme versichert, und zwar, soweit nicht etwas anders vereinbart ist, auf Erstes Risiko.

2. Die Versicherung gilt:

a) für eigene Rechnung des Spediteurs, soweit dieser für den Schaden aufgrund gesetzlicher Haftpflichtbestimmungen privatrechtlichen Inhalts ersatzpflichtig ist; auf eine durch Vertrag oder besondere Zusagen erweiterte Ersatzpflicht des Spediteurs erstreckt sich die Versicherung nur, wenn dies besonders vereinbart ist;

b) außerdem für Rechnung wen es angeht.

3. Für die Entschädigung sind abweichend von den dem Vertrag zugrunde liegenden Allgemeinen Versicherungsbedingungen maßgebend

a) im Fall von Nr. 2a der Betrag der Ersatzpflicht des Spediteurs, höchstens jedoch die Kosten der Neuherstellung oder Wiederbeschaffung durch den Anspruchsteller;

b) im Fall von Nr. 2b die Kosten der Neuherstellung oder Wiederbeschaffung durch den Versicherten.

Anstelle der Kosten der Neuherstellung oder Wiederbeschaffung kann ein anderer Betrag (z. B. der erzielbare Verkaufspreis) vereinbart werden.

4. Entschädigung wird nicht geleistet

a) im Fall von Nr. 2a, soweit Versicherungsschutz aus einer Betriebs- oder Verkehrshaftpflichtversicherung besteht oder zugunsten des Spediteurs das Regreßverzichtsabkommen der Feuerversicherer anzuwenden ist;

b) im Fall von Nr. 2b, soweit der Versicherte Entschädigung beanspruchen kann
   aa) aus einer Transportversicherung, insbesondere aus einer gemäß § 39 ADSp genommenen Speditionsversicherung;
   bb) aus einer durch den Versicherten oder in dessen Auftrag genommenen anderen Feuer-, Leitungswasser- oder Sturmversicherung;
   cc) aus einer durch den Spediteur genommenen anderen Feuer-, Leitungswasser- oder Sturmversicherung, nach der die versicherten Sachen nach Art, Maß, Zahl, Gewicht oder sonstigen Merkmalen bezeichnet sind; auch ohne solche Bezeichnung geht eine andere Feuer-, Leitungswasser- oder Sturmversicherung des Spediteurs voran, wenn die vorliegende Versicherung für mehrere Versicherungsorte, die andere dagegen nur für den durch den Schaden betroffenen Versicherungsort genommen ist.

5. Ist danach die Entschädigung oder eine Abschlagszahlung gemäß den dem Vertrag zugrunde liegenden Allgemeinen Versicherungsbedingungen nur deshalb noch nicht fällig, weil ohne Verschulden des Versicherungsnehmers oder des Versicherten noch nicht geklärt ist, ob die Voraussetzungen gemäß Nr. 4 gegeben sind, so leistet der Versicherer aus dem vorliegenden Vertrag unter Vorbehalt der Rückforderung mit Zinsen 1 Prozent unter dem jeweiligen Diskontsatz der Deutschen Bundesbank, mindestens jedoch 4 Prozent und höchstens 6 Prozent pro Jahr, eine vorläufige Zahlung, wenn der Rückforderungsanspruch durch die Vermögenslage des Versicherungsnehmers oder des Versicherten oder durch Bankbürgschaft oder durch sonstige Sicherheitsleistung gesichert ist.

6. Der Versicherer kann nur an den Versicherungsnehmer und an den Anspruchsteller gemäß Nr. 2a oder an den Versicherten gemäß Nr. 2b gemeinschaftlich leisten, wenn nicht der Anspruchsteller oder der Versicherte einer Zahlung allein an den Versicherungsnehmer zugestimmt hat.

7. Nach Eintritt eines Versicherungsfalls haben der Versicherungsnehmer und die Versicherten dem Versicherer alle anderen Versicherungen gemäß Nr. 4 anzuzeigen.

2800 – Verhaltens- und Wissenszurechnung; Vertretung

2801 Teil- oder Wohnungseigentum in gewerblich genutzten Gebäuden

Für den Versicherungsvertrag mit sämtlichen Teil- oder Wohnungseigentümern gilt folgendes:

1. Ist der Versicherer wegen des Verhaltens einzelner Teil- oder Wohnungseigentümer leistungsfrei, so kann er sich hierauf gegenüber den übrigen Teil- oder Wohnungseigentümern wegen deren Sondereigentums und wegen deren Miteigentumsanteilen (§ 1 Abs. 2 des Wohnungseigentumsgesetzes) nicht berufen.

2. Die übrigen Teil- oder Wohnungseigentümer können verlangen, daß der Versicherer ihnen auch hinsichtlich des Miteigentumsanteils des Teil- oder Wohnungseigentümers, der den Entschädigungsanspruch verwirkt hat, Entschädigung leistet, jedoch nur soweit diese zusätzliche Entschädigung zur Wiederherstellung des gemeinschaftlichen Eigentums (§ 1 Abs. 5 des Wohnungseigentumsgesetzes) verwendet wird. Der Teil- oder Wohnungseigentümer, in dessen Person der Verwirkungsgrund vorliegt, ist verpflichtet, dem Versicherer diese Mehraufwendung zu erstatten.

3. Kann im Falle der Feuerversicherung ein Realgläubiger hinsichtlich des Miteigentumsanteils des Teil- oder Wohnungseigentümers, der den Entschädigungsanspruch verwirkt hat, Leistung aus der Feuerversicherung an sich selbst gemäß § 102 VVG verlangen, so entfällt die Verpflichtung des Versicherers nach Nr. 2 Satz 1. Der Versicherer verpflichtet sich, auf eine nach § 104 VVG auf ihn übergegangene Gesamthypothek (Gesamtgrundschuld) gemäß § 1168 BGB zu verzichten und dabei mitzuwirken, daß der Verzicht auf Kosten der Teil- oder Wohnungseigentümer in das Grundbuch eingetragen wird. Der Teil- oder Wohnungseigentümer, in dessen Person der Verwirkungsgrad vorliegt, ist im Falle von Satz 2 verpflichtet, dem Versicherer die für seinen Miteigentumsanteil und sein Sondereigentum an den Realgläubiger erbrachten Leistungen zu erstatten.

3000 – Klauseln für die Feuer-Versicherung

3100 – Versicherte Gefahren und Schäden

3101 Brandschäden an Räucher-, Trocken- und sonstigen Erhitzungsanlagen

Brandschäden an Räucher-, Trocken- und sonstigen ähnlichen Erhitzungsanlagen und deren Inhalt sind auch dann zu ersetzen, wenn der Brand innerhalb der Anlagen ausbricht.

3102 Brandschäden an Räucher-, Trocknungs- und ähnlichen Erhitzungsanlagen sowie an deren Inhalt

1. Brandschäden an versicherten Räucher-, Trocknungs- und sonstigen ähnlichen Erhitzungsanlagen sowie an dem versicherten Inhalt von Räucher-, Trocknungs- und sonstigen ähnlichen Erhitzungsanlagen sind bis zu der vereinbarten Entschädigungsgrenze auch dann zu ersetzen, wenn der Brand innerhalb der Anlagen ausgebrochen ist.

2. Erhöht sich die Anzahl der Anlagen oder ändert sich deren Art, so hat der Versicherungsnehmer dies dem Versicherer unverzüglich anzuzeigen. Ist mit der Änderung eine Gefahrerhöhung verbunden, so gelten außerdem § 6 Nr. 2, Nr. 4 und Nr. 5 AFB 87 und die §§ 23 bis 30 VVG.
Der Versicherer hat vom Tag der Änderung an Anspruch auf die aus einem etwa erforderlichen höheren Prämiensatz errechnete Prämie; dies gilt nicht, soweit der Versicherer in einem Versicherungsfall wegen Gefahrerhöhung gemäß Abs. 1 leistungsfrei geworden ist.

3. Räucheranlagen müssen so eingerichtet sein, daß herabfallendes Räuchergut sich nicht am Räucherfeuer entzünden kann.

3103 Bestimmungswidriger Wasseraustritt aus Sprinkleranlagen

1. Abweichend von § 1 Nr. 1 AFB 87 leistet der Versicherer Entschädigung auch für versicherte Sachen und für versicherte Kosten, wenn Wasser aus einer auf dem Versicherungsgrundstück installierten Sprinkleranlage bestimmungswidrig austritt. Zur Sprinkleranlage gehören Sprinkler, Wasserbehälter, Verteilerleitungen, Ventile, Alarmanlagen, Pumpenanlagen, sonstige Armaturen und Zuleitungsrohre, die ausschließlich dem Betrieb der Sprinkleranlage dienen.

2. Die Versicherung erstreckt sich nicht auf Schäden
a) an der Sprinkleranlage;
b) anläßlich von Druckproben;
c) durch Umbauten oder Reparaturarbeiten an Gebäuden oder an der Sprinkleranlage;

Texte–34

Klauselheft

d) durch Erdsenkung, Erdrutsch oder Schwamm, es sei denn, daß ausgetretenes Wasser gemäß Nr. 1 die Erdsenkung oder den Erdrutsch verursacht hat.

3. Sprinkleranlagen gemäß Nr. 1 sind von der Technischen Prüfstelle des Verbandes der Sachversicherer e. V. abgenommen und werden regelmäßig durch eine von den Versicherern anerkannte Überwachungsstelle überprüft. Im übrigen gelten Nr. 3 und Nr. 4 der Vereinbarung „Brandschutzanlagen".

4. Die Rechtsfolgen von Verstößen gegen die Bestimmungen von Nr. 3 ergeben sich aus §§ 6 und 7 AFB 87.

5. Der bedingungsgemäß als entschädigungspflichtig errechnete Betrag einschließlich Aufwendungsersatz gemäß § 63 VVG und Ersatz für sonstige versicherte Kosten wird je Versicherungsfall um den vereinbarten Selbstbehalt gekürzt.

3104 Ausschluß von Betriebs- und Blitzschäden an elektrischen Einrichtungen

Abweichend von § 1 Nr. 6 Abs. 2 AFB 87 sind auch die dort genannten Folgeschäden von Betriebs- und Blitzschäden an den elektrischen Einrichtungen ausgeschlossen.

3105 Fermentationsschäden an Ernteerzeugnissen

Fermentationsschäden an Ernteerzeugnissen sind bis zu den vereinbarten Entschädigungsgrenzen mitversichert. Das gilt nicht für Silage.

3106 Fermentationsschäden in der Zuckerindustrie

Fermentationsschäden an Trockengut der Zuckerindustrie sind bis zu der vereinbarten Entschädigungsgrenze mitversichert.

3107 Bestimmungswidriges Ausbrechen glühendflüssiger Schmelzmassen

1. Abweichend von § 1 AFB 87 leistet der Versicherer Entschädigung auch für Schäden, die an den versicherten Sachen durch bestimmungswidriges Ausbrechen glühendflüssiger Schmelzmassen aus deren Behältnissen oder Leitungen ohne Brand entstehen.

Schäden an diesen Behältnissen und Leitungen selbst werden ebenfalls ersetzt. Ausgenommen sind jedoch Schäden im Innern des Behältnisses und der Schaden an der Durchbruchstelle. Schäden an den Schmelzmassen selbst sind ebenfalls nicht zu ersetzen.

2. Der gemäß Nr. 1 als entschädigungspflichtig errechnete Betrag einschließlich Aufwendungsersatz gemäß § 63 VVG und Ersatz für sonstige versicherte Kosten wird je Versicherungsfall um den vereinbarten Selbstbehalt gekürzt.

3108 Unbemannte Flugkörper

Abweichend von § 1 Nr. 1 d AFB leistet der Versicherer Entschädigung auch für Schäden durch Anprall oder Absturz eines unbemannten Flugkörpers, seiner Teile oder seiner Ladung.

3109 Schwelzersetzungsschäden in der landwirtschaftlichen Feuerversicherung

1. Schwelzersetzungsschäden an mineralischem Dünger einschließlich Folgeschäden an sonstigen versicherten Sachen sind bis zu der vereinbarten Entschädigungsgrenze auch versichert, soweit sie nicht durch eine Gefahr gemäß § 1 Nr. 1 AFB 87 verursacht werden.

2. Der gemäß Nr. 1 als entschädigungspflichtig errechnete Betrag einschließlich Aufwendungsersatz gemäß § 63 VVG und Ersatz für sonstige versicherte Kosten wird um den vereinbarten Selbstbehalt gekürzt.

3110 Eingeschränkte Mitversicherung von Fermentationsschäden in der Zuckerindustrie

1. Schäden durch Fermentation von Trockengut (Trockenschnitzel aller Art, getrocknete Rüben, getrocknete Rübenblätter) sind nicht ersatzpflichtig. Tritt nach vorangegangener Fermentation ein Brand ein, so wird an dem Wert des verbrannten und durch Brand beschädigten Trockengutes (Trockenschnitzel aller Art, getrocknete Rüben, getrocknete Rübenblätter) kein Abzug für vorangegangene Entwertung durch Fermentation angerechnet.

2. Die Pflicht des Versicherungsnehmers, bei Eintritt der Fermentation sowie bei und nach dem Eintritt des Schadenfalles nach Möglichkeit für die Abwendung und Minderung des Schadens zu sorgen (§§ 62 Abs. 1 VVG, 13 Nr. 1c AFB 87), bleibt hierdurch unberührt.

3111 Überspannungsschäden durch Blitz in landwirtschaftlichen Betrieben unter Einschluß von Folgeschäden

1. Abweichend von § 1 AFB 87 ersetzt der Versicherer auch Überspannungsschäden durch Blitz sowie daraus entstehende Folgeschäden an versicherte Sachen.

2. Die Entschädigung ist je Versicherungsfall auf den vereinbarten Betrag begrenzt.

3301 – Kosten für die Dekontamination von Erdreich

1. In Erweiterung der dem Vertrag zugrundeliegenden Allgemeinen Bedingungen für die Feuerversicherung (AFB 87) ersetzt der Versicherer bis zu der hierfür vereinbarten Versicherungssumme Kosten, die der Versicherungsnehmer aufgrund behördlicher Anordnungen infolge einer Kontamination durch einen Versicherungsfall aufwenden muß, um

a) Erdreich von eigenen oder gepachteten Versicherungsgrundstücken innerhalb der Bundesrepublik Deutschland einschließlich des Landes Berlin zu untersuchen und nötigenfalls zu dekontaminieren oder auszutauschen;
b) den Aushub in die nächstgelegene geeignete Deponie zu transportieren und dort abzulagern oder zu vernichten;
c) insoweit den Zustand des Versicherungsgrundstückes vor Eintritt des Versicherungsfalles wiederherzustellen.

2. Die Aufwendungen gemäß Nr. 1 werden nur ersetzt, sofern die behördlichen Anordnungen

a) aufgrund von Gesetzen oder Verordnungen ergangen sind, die vor Eintritt des Versicherungsfalles erlassen wurden;
b) eine Kontamination betreffen, die nachweislich infolge dieses Versicherungsfalles entstanden ist;
c) innerhalb von neun Monaten seit Eintritt des Versicherungsfalles ergangen sind und dem Versicherer ohne Rücksicht auf Rechtsmittelfristen innerhalb von drei Monaten seit Kenntniserhalt gemeldet wurden.

3. Wird durch den Versicherungsfall eine bestehende Kontamination des Erdreichs erhöht, so werden nur Aufwendungen ersetzt, die den für eine Beseitigung der bestehenden Kontamination erforderlichen Betrag übersteigen, und zwar ohne Rücksicht darauf, ob und wann dieser Betrag ohne den Versicherungsfall aufgewendet worden wäre.
Die hiernach nicht zu ersetzenden Kosten werden nötigenfalls durch Sachverständige festgestellt.

4. Aufwendungen aufgrund sonstiger behördlicher Anordnungen oder aufgrund sonstiger Verpflichtungen des Versicherungsnehmers einschließlich der sogenannten Einliefererhaftung werden nicht ersetzt.

5. Entschädigung wird nicht geleistet, soweit der Versicherungsnehmer aus einem anderen Versicherungsvertrag Ersatz beanspruchen kann.

6. Für Aufwendungen gemäß Nr. 1 durch Versicherungsfälle, die innerhalb eines Versicherungsjahres eintreten, ist Entschädigungsgrenze die Versicherungssumme als Jahreshöchstentschädigung.

7. Der gemäß Nr. 1 bis Nr. 6 als entschädigungspflichtig errechnete Betrag wird je Versicherungsfall um den vereinbarten Selbstbehalt gekürzt.

8. Kosten gemäß Nr. 1 gelten nicht als Aufräumungskosten gemäß § 3 Nr. 3 a AFB 87.

3200 – Versicherte Sachen

3201 Bargeld an Lohn- und Gehaltszahlungstagen

Soweit Bargeld versichert ist, besteht innerhalb des Versicherungsortes für Löhne und Gehälter während der für die Bereitstellung und die Auszahlung erforderlichen Zeit Versicherungsschutz auch außerhalb der Behältnisse gemäß § 4 Nr. 3 AFB 87.

3202 Ruhende und fahrende Kraftfahrzeuge

1. Kraftfahrzeuge sind ruhend oder fahrend nur innerhalb der Bundesrepublik Deutschland einschließlich des Landes Berlin versichert, soweit nicht etwas anderes vereinbart ist.

2. Während der Teilnahme des Kraftfahrzeugs an Rennen ruht die Versicherung mit Ausnahme des Aufenthalts auf den Treff- und Sammelplätzen der Renn- oder Fahrtveranstalter. Zuverlässigkeitsfahrten, auch wenn sie mit Preisen verbunden sind, gelten nicht als Rennfahrten.

3203 Ruhendes Kraftfahrzeug

Kraftfahrzeuge sind nur in ruhendem Zustande und nur innerhalb des im Versicherungsvertrag bezeichneten Grundstücks versichert.

3204 Kraftfahrzeuge in Verkaufs- und Ausstellungsräumen

Kraftfahrzeuge sind nur mit stillstehendem Motor und nur in den Verkaufs- oder Ausstellungsräumen innerhalb der Bundesrepublik Deutschland einschließlich des Landes Berlin versichert, jedoch nicht auf öffentlichen Ausstellungen als Ausstellungsgegenstand.

3205 Kraftfahrzeug-Fahrgestelle

Die Kraftfahrzeug-Fahrgestelle sind ruhend oder fahrend, jedoch nur außerhalb der durch den Versicherungsnehmer zu Fabrikations- und Lagerzwecken dauernd benutzten Grundstücke, nur innerhalb der Bundesrepublik Deutschland einschließlich des Landes Berlin und nicht auf öffentlichen Ausstellungen als Ausstellungsgegenstand versichert.

3206 Triebwerkflugzeuge in der Luftfahrt-Industrie

1. Versichert sind Triebwerkflugzeuge, die sich beim Versicherungsnehmer in Herstellung, Reparatur, Wartung oder Überholung befinden.

2. Der Versicherungsschutz beginnt

a) im Rahmen der Herstellung mit Beginn der Montage;

b) im Rahmen der Reparatur, Wartung oder Überholung mit dem Eintreffen im Versicherungsort, sobald das Triebwerkflugzeug auf dem Abstellplatz angelangt ist und die Triebwerke stillstehen.

3. Versicherungsschutz besteht nicht, sobald und solange sich das flugfähig montierte Triebwerkflugzeug in Betrieb befindet, insbesondere nicht während

a) des Rollens mit eigener oder fremder Kraft;

b) Triebwerksläufen, auch zum Zwecke der Erprobung;

c) des Fluges.

4. Der Versicherungsschutz endet mit dem Verlassen des Vesicherungsortes.

3207 Hopfen

Soweit Hopfen durch eine besondere Position kurzfristig versichert ist, ist er durch die Position für Ernteerzeugnisse nicht mitversichert. § 5 LZB 87 ist für Hopfen nicht anzuwenden.

3208 Hopfengarteneinrichtung

Die Einrichtung des Hopfengartens in aufgebautem Zustand, bestehend aus Stangen, Drähten und Schnüren, ist von der Versicherung ausgeschlossen.

3400 – Versicherungsort

3401 Abhängige Außenversicherung

1. Sachen, für die Außenversicherung vereinbart ist, sind bis zu der hierfür vereinbarten besonderen Versicherungssumme oder Entschädigungsgrenze auch außerhalb des Versicherungsorts versichert. Dies gilt jedoch, soweit nicht etwas anderes vereinbart ist, nur innerhalb der Bundesrepublik Deutschland einschließlich des Landes Berlin und der Verbindungswege.

2. Wenn nichts anderes vereinbart ist, wird Entschädigung nur geleistet, soweit Entschädigung nicht aus einem anderen Versicherungsvertrag beansprucht werden kann.

Ist danach die Entschädigung oder eine Abschlagszahlung gemäß § 16 Nr. 1 AFB 87 nur deshalb noch nicht fällig, weil ohne Verschulden des Versicherungsnehmers die Entschädigungspflicht aus dem anderen Versicherungsvertrag ganz oder teilweise noch nicht geklärt ist, so wird der Versicherer unter Vorbehalt der Rückforderung mit Zinsen 1 Prozent unter dem jeweiligen Diskontsatz der Deutschen Bundesbank, mindestens jedoch 4 Prozent und höchstens 6 Prozent pro Jahr, eine vorläufige Zahlung leisten.

3. Ist der Prämiensatz für die besondere Versicherungssumme gemäß Nr. 1 höher als für die Position, zu der die Außenversicherung vereinbart ist, so gilt § 11 Nr. 3 AFB 87 (Unterversicherung) auch für diese besondere Versicherungssumme.

4. Bei Berechnung einer Unterversicherung für die Position, zu der die Außenversicherung vereinbart ist, sind auch die gemäß Nr. 1 außerhalb des Versicherungsorts versicherten Sachen zu berücksichtigen, jedoch nur bis zu der dort genannten Entschädigungsgrenze.

5. Nr. 3 und Nr. 4 sind nicht nebeneinander anzuwenden. Anzuwenden ist diejenige Bestimmung, die zu der niedrigeren Entschädigung führt.

3402 Selbständige Außenversicherung

1. Sind Sachen außerhalb des Versicherungsorts durch eine besondere Position versichert (selbständige Außenversicherung), so gilt, soweit nicht etwas anderes vereinbart ist, diese Versicherung nur innerhalb der Bundesrepublik Deutschland einschließlich des Landes Berlin und der Verbindungswege.

2. Wenn nichts anderes vereinbart ist, wird Entschädigung nur geleistet, soweit Entschädigung nicht aus einem anderen Versicherungsvertrag beansprucht werden kann.

Ist danach die Entschädigung oder eine Abschlagszahlung gemäß § 16 Nr. 1 AFB 87 nur deshalb noch nicht fällig, weil ohne Verschulden des Versicherungsnehmers die Entschädigungspflicht aus dem anderen Versicherungsvertrag ganz oder teilweise noch nicht geklärt ist, so wird der Versicherer unter Vorbehalt der Rückforderung mit Zinsen 1 Prozent unter dem jeweiligen Diskontsatz der Deutschen Bundesbank, mindestens jedoch 4 Prozent und höchstens 6 Prozent pro Jahr, eine vorläufige Zahlung leisten.

3403 Feuerversicherung für Transporte

Sind Bargeld, Urkunden oder sonstige Sachen auf Transportwegen gegen Feuer versichert, so beginnt der Versicherungsschutz mit der Übernahme versicherter Sachen für einen unmittelbar anschließenden Transport und endet an der Ablieferungsstelle mit der Übergabe.

3404 Anschlußgleise und Wasseranschlüsse

1. An- und Abfuhrgüter sind außerhalb des Versicherungsorts insoweit mitversichert, als sie sich auf Transportmitteln in seiner unmittelbaren Nähe oder auf Anschlußgleisen und Wasserstraßenanschlüssen befinden. Das gleiche gilt für die Transportmittel selbst, soweit sie zu den versicherten Sachen gehören.

2. Andere Versicherungen oder die Haftpflicht eines Frachtführers oder Spediteurs gehen jedoch vor.

Ist danach die Entschädigung oder eine Abschlagszahlung gemäß § 16 Nr. 1 AFB 87 nur deshalb noch nicht fällig, weil ohne Verschulden des Versicherungsnehmers die Entschädigungspflicht aus dem anderen Versicherungsvertrag ganz oder teilweise noch nicht geklärt ist, so wird der Versicherer unter Vorbehalt der Rückforderung mit Zinsen 1 Prozent unter dem jeweiligen Diskontsatz der Deutschen Bundesbank, mindestens jedoch 4 Prozent und höchstens 6 Prozent pro Jahr, eine vorläufige Zahlung leisten.

3405 Kraftfahrzeuge von Betriebsangehörigen und Besuchern

Soweit Kraftfahrzeuge von Betriebsangehörigen und Besuchern in ruhendem Zustand versichert sind, gilt die Versicherung auch auf Parkplätzen, die dem Versicherungsnehmer zur Verfügung stehen und entsprechend gekennzeichnet sind.

3406 Versicherungsort für die Feuerversicherung landwirtschaftlicher Betriebe

Abweichend von §§ 7, 9 LZB 87 ist Versicherungsort die Bundesrepublik Deutschland einschließlich des Landes Berlin und der Verbindungswege.

3407 Feuerversicherung von Sparschränken mit Inhalt

1. Sparschränke gelten als Behältnisse im Sinne von § 4 Nr. 3 AFB 87, wenn sie fest mit dem Gebäude verbunden sind oder wenn sie in verschlossenen Behältnissen aufbewahrt werden, die eine erhöhte Sicherheit auch gegen die Wegnahme des Behältnisses selbst gewähren.

2. Außerhalb der Geschäftszeit besteht Versicherungsschutz nur in verschlossenen Räumen,

3. Der Versicherungsnehmer hat ein Verzeichnis der Sparschränke mit Angabe der Schranknummern, der Aufstellungsorte und der Höchsthaftungssumme je Schrank mit Inhalt zu führen und auf dem Laufenden zu halten.

4. Neu ausgegebene Sparschränke sind vom Tage der Ausgabe an mitversichert. Bei Veränderungen (z. B. Summenänderung, Standortwechsel, Auswechslung) wird der Versicherungsschutz nicht unterbrochen. Einmal jährlich zum 01.01. ist der neueste Stand der ausgegebenen Sparschränke zum Zwecke der Prämienberechnung für das folgende Versicherungsjahr mitzuteilen.

5. Beim Entleeren der Fächer sind Aufzeichnungen über die entnommenen Beträge zu führen. Der Versicherungsnehmer ist verpflichtet, die Empfänger von Sparschränken auf diese Pflicht hinzuweisen. Die jeweiligen Leerungsergebnisse sind unter Berücksichtigung der früheren Sparergebnisse Grundlage für die Regulierung im Schadenfall.

3500 – Versicherungswert

3501 Mehraufwendungen in der Zuckerindustrie

Die Versicherung der im Versicherungsvertrag besonders bezeichneten Sachen erstreckt sich bis zu der hierfür vereinbarten Versicherungssumme auf Erstes Risiko auf Mehraufwendungen, die dadurch erforderlich werden, daß der Versicherungsnehmer seine Lieferungsverpflichtungen an Trockenschnitzeln und getrockneten Rüben seinen Rübenlieferanten gegenüber nach einem Versicherungsfall nicht aus eigenen Beständen erfüllen kann und deshalb für die durch den Schaden betroffenen Schnitzel anderweitig Ersatz beschafft, dies aber nur zu einem gegenüber dem Versicherungswert der Schnitzel unmittelbar vor Eintritt des Versicherungsfalles höheren Preis oder unter Aufwendung besonderer Frachten und sonstiger Versandspesen möglich ist.

3502 Versicherungswert der Betriebseinrichtung in landwirtschaftlichen Betrieben

Versicherungswert der Betriebseinrichtung in landwirtschaftlichen Betrieben ist abweichend von § 10 Nr. 2 LZB 87 entweder der Neuwert gemäß § 5 Nr. 2a AFB 87 oder unter den dort genannten Voraussetzungen der Zeitwert gemäß § 5 Nr. 2b AFB 87 oder der gemeine Wert gemäß § 5 Nr. 2c AFB 87.

3503 Neuwertversicherung für einzeln bezeichnete landwirtschaftliche Maschinen und Geräte

1. Die im Versicherungsvertrag besonders bezeichneten Maschinen und Geräte sind abweichend von § 10 Nr. 2 LZB 87 zum Neuwert gem. § 5 Nr. 2a AFB 87 versichert, wenn ihr Zeitwert mindestens 50% des Neuwertes beträgt.

2. Im Falle der Ersatzbeschaffung gelten neue Maschinen und Geräte gleicher Art und Güte anstelle der ersetzten im Rahmen der vereinbarten Versicherungssumme versichert, solange diese nicht aufgrund der Neuanschaffung berichtigt worden ist.

3. Die zum Neuwert versicherten Maschinen und Geräte bilden eine selbständige Gruppe (Position) des Versicherungsvertrages. Es gelten die Bestimmungen des § 11 AFB 87.

3600 – Vorvertragliche Anzeige; Gefahrerhöhung; Obliegenheiten

3601 Verantwortlichkeit für Verstöße gegen Sicherheitsvorschriften

1. Die „Brandverhütungs-Vorschriften für Fabriken und gewerbliche Anlagen" sind im Betrieb ordnungsgemäß bekanntzumachen.

2. Ist dies geschehen, so ist der Versicherungsnehmer nicht verantwortlich für Verstöße gegen gesetzliche, behördliche und vertragliche Sicherheitsvorschriften, die ohne sein Wissen und ohne Wissen seiner gesetzlichen Vertreter oder Repräsentanten (§ 17 AFB 87) begangen werden.

3602 Elektrische Anlagen

1. Der Versicherungsnehmer hat die elektrischen Anlagen jährlich, und zwar möglichst innerhalb der ersten drei Monate eines jeden Versicherungsjahres, auf seine Kosten durch eine vom Verband der Sachversicherer e.V. anerkannte Überwachungsstelle prüfen und sich ein Zeugnis darüber ausstellen zu lassen. In dem Zeugnis muß eine Frist gesetzt sein, innerhalb derer Mängel beseitigt und Abweichungen von den anerkannten Regeln der Elektrotechnik, insbesondere von den einschlägigen VDE-Bestimmungen, sowie Abweichungen von den Sicherheitsvorschriften, die dem Vertrag zugrunde liegen, abgestellt werden müssen.

2. Der Versicherungsnehmer hat dem Versicherer das Zeugnis unverzüglich zu übersenden, die Mängel fristgemäß zu beseitigen und dies dann dem Versicherer anzuzeigen.

3. Werden elektrische Anlagen alljährlich im Auftrag einer Behörde durch Fach-(Elektro-)Ingenieure geprüft, so ist durch deren Prüfung auch den Bestimmungen von Nr. 1 und Nr. 2 genügt.

3603 Prüfung von elektrischen Anlagen

Abweichend von der Vereinbarung „Elektrische Anlagen" verzichtet der Versicherer, falls bei einer Prüfung gemäß Nr. 1 dieser Vereinbarung keine erheblichen Mängel festgestellt werden, auf die nächstfällige Prüfung.

3604 Nichtanwendung von Sicherheitsvorschriften

1. Auf Gebäude, die nur Wohn-, Büro- oder Sozialzwecken dienen, sind die Vereinbarung „Elektrische Anlagen" und die vereinbarten sonstigen Sicherheitsvorschriften nicht anzuwenden.

Dies gilt nicht, wenn sich in den Gebäuden elektronische Datenverarbeitungsanlagen befinden.

2. Nr. 1 gilt entsprechend für einzelne Räume, die nur Wohn-, Büro- oder Sozialzwecken dienen und von den übrigen Teilen des Gebäudes feuerbeständig getrennt sind.

Dies gilt nicht, wenn sich in den Räumen elektronische Datenverarbeitungsanlagen befinden.

3605 Vorübergehende Abweichung von Sicherheitsvorschriften

Vorübergehende Abweichungen von Sicherheits- und Betriebsvorschriften bei Bau-, Umbau- und Reparaturarbeiten auf dem Versicherungsgrundstück gelten, soweit sie durch zwingende technische Gründe veranlaßt sind und bei ihrer Durchführung die gebotene erhöhte Sorgfalt beobachtet wird, nicht als Verstoß gegen § 7 AFB 87, und wenn derartige Abweichungen gleichzeitig eine Gefahrerhöhung darstellen, auch nicht als Verstoß gegen § 6 AFB 87. Abweichungen über die im Versicherungsvertrag vereinbarte Dauer hinaus gelten nicht mehr als vorübergehend.

3606 Gefahrerhöhung – Versehensklausel

1. Der Versicherungsnehmer wird sein Aufsichtspersonal zur laufenden Überwachung der Gefahrenverhältnisse auf dem Versicherungsgrundstück verpflichten und Gefahrerhöhungen nach § 6 AFB 87 unverzüglich anzeigen. Dies gilt auch für Gefahrerhöhungen, die sich aus der Änderung bestehender oder der Aufnahme neuer Betriebszweige ergeben. Um etwa versehentlich nicht angezeigte oder bisher nicht bekannt gewesene Gefahrerhöhungen nachträglich feststellen zu können, wird der Versicherungsnehmer das versicherte Wagnis halbjährlich prüfen.

2. Verletzt der Versicherungsnehmer seine Anzeigepflicht, so bleibt gleichwohl die Verpflichtung des Versicherers zur Leistung bestehen, wenn die Verletzung weder auf Vorsatz noch auf grober Fahrlässigkeit beruht. Bleibt seine Verpflichtung hiernach bestehen, so gebührt ihm rückwirkend vom Tage der Gefahrerhöhung an die etwa erforderliche höhere Prämie.

3607 Betriebsstillegung

1. Alle stillgelegten Maschinen und sämtliche Zubehörteile sind gründlich zu reinigen und einzufetten und nötigenfalls mit guten Schutzhüllen zu versehen. In diesem Zustand sind sie dauernd zu erhalten und daraufhin regelmäßig nachzuprüfen.

2. Mit Stillegung des Betriebes sind sämtliche Räume des Versicherungsorts gründlich zu kehren und zu reinigen. Kehricht und Abfälle sind unverzüglich auf gefahrlose Weise zu beseitigen, so daß sie die versicherten Sachen nicht gefährden.

3. Die Löscheinrichtungen müssen stets in gebrauchsfähigem Zustand erhalten werden. Beschädigte Schlösser, Türen oder Fenster sind unverzüglich wiederherzustellen.

4. Es muß für eine ständige Beaufsichtigung des Grundstücks durch eine zuverlässige Person gesorgt werden, die sämtliche Räume möglichst täglich, mindestens aber jeden zweiten Tag einmal zu begehen und die verschließbaren Räume nach jeder Revision wieder zu verschließen hat.

5. Die Rechtsfolgen von Verletzungen der Obliegenheiten gemäß Nr. 1 bis 4 ergeben sich aus §§ 6, 7 AFB 87.

3608 Verzicht auf Ersatzansprüche

Der Versicherungsschutz bleibt unberührt, wenn der Versicherungsnehmer vor Eintritt des Versicherungsfalles im Rahmen des Üblichen auf Ersatzansprüche für Brand- oder Explosionsschäden verzichtet hat.

3609 Elektrische Anlagen in landwirtschaftlichen Betrieben

1. Der Versicherungsnehmer hat die elektrischen Anlagen regelmäßig durch eine Elektrofachkraft prüfen und Mängel innerhalb einer von dieser Fachkraft bestimmten beseitigen zu lassen.

2. Der Versicherungsnehmer hat auf Verlangen des Versicherers nachzuweisen, daß die Prüfung durchgeführt ist und die Mängel beseitigt sind.

3610 Brandschutzanlagen

1. Die im Versicherungsvertrag bezeichneten Gebäude, Räume oder Einrichtungen sind mit einer ebenfalls im Versicherungsvertrag bezeichneten und vom Verband der Sachversicherer e. V. (VdS) anerkannten Brandschutzanlage ausgestattet. Brandschutzanlagen sind insbesondere

a) Brandmeldeanlagen;

b) Brandmeldeanlagen mit erhöhter Zuverlässigkeit;

c) Sprinkleranlagen;

d) Sprühwasser-Löschanlagen;

e) CO_2-Feuerlöschanlagen;

f) Halon-Feuerlöschanlagen;

g) Schaum-Löschanlagen;

h) Pulver-Löschanlagen;

i) Rauch- und Wärmeabzugsanlagen;

j) Funkenlöschanlagen.

2. Anlagen gemäß Nr. 1a oder Nr. 1i sind dem Versicherer durch ein Installationsattest angezeigt, das dem Mustervordruck des VdS entspricht. Anlagen gemäß Nr. 1b bis Nr. 1h sind durch die Technische Prüfstelle des VdS abgenommen und dem Versicherer durch ein Abnahmezeugnis angezeigt.

3. Der Versicherungsnehmer ist verpflichtet, auf seine Kosten

a) die baulichen und betrieblichen Gegebenheiten, von denen die Wirksamkeit der Anlage abhängt, stets in einem den Richtlinien des VdS entsprechenden Zustand zu erhalten;

b) die Anlage stets in gutem und funktionstüchtigem Zustand zu erhalten und zu betreiben sowie die Bedienungsanleitungen zu beachten;

c) bei Störungen der Anlage darauf zu achten, daß nur der defekte Anlageteil außer Betrieb genommen wird;

d) für die Dauer von Störungen oder Außerbetriebnahmen der Anlage geeignete Vorsichtsmaßnahmen zu treffen;

e) Störungen oder Außerbetriebnahmen von Anlagen gemäß Nr. 1c bis Nr. 1h unverzüglich dem Versicherer anzuzeigen;

f) Störungen der Anlage unverzüglich durch eine vom VdS anerkannte Fachfirma beseitigen zu lassen, auch wenn die Anlage nur teilweise funktionsuntüchtig ist;

g) Änderungen an der Anlage nur durch eine vom VdS anerkannte Fachfirma vornehmen zu lassen;

h) ein Betriebsbuch (Kontrollbuch) nach VdS-Mustervordruck zu führen;

i) dem Versicherer auf dessen Kosten jederzeit die Überprüfung der Anlage durch den VdS zu gestatten.

4. Der Versicherungsnehmer ist ferner verpflichtet, auf seine Kosten

a) Anlagen gemäß Nr. 1a und Nr. 1b vierteljährlich sowie Anlagen gemäß Nr. 1i halbjährlich und außerdem nach jeder Änderung der Anlagen durch eine Fachkraft inspizieren und die dabei festgestellten Mängel unverzüglich durch eine vom VdS anerkannte Fachfirma beseitigen zu lassen; als Fachkraft für Brandmeldeanlagen gilt nur, wer aufgrund seiner Ausbildung, Kenntnisse und Erfahrungen sowie seiner Kenntnis der einschlägigen Bestimmungen die ihm übertragenen Arbeiten beurteilen und mögliche Gefahren erkennen kann;

b) die in a genannten Anlagen mindestens einmal jährlich durch eine vom VdS anerkannte Fachfirma warten zu lassen;

c) Anlagen gemäß Nr. 1c und Nr 1d mindestens einmal in jedem Kalenderhalbjahr, Anlagen gemäß Nr. 1e bis Nr. 1h mindestens einmal in jedem Kalenderjahr sowie Anlagen gemäß Nr. 1b mindestens alle drei Jahre durch die Technische Prüfstelle prüfen und etwaige Mängel unverzüglich abzustellen oder beseitigen zu lassen; die Erfüllung dieser Obliegenheiten ist dem Versicherer durch ein Prüfzeugnis nachzuweisen.

Bei Anlagen gemäß Nr. 1c, für die ein Brandbekämpfungs-Rabatt von mindestens 40% gewährt wird, kann auf die nächstfällige Prüfung verzichtet werden, wenn aufgrund der beiden unmittelbar vorausgegangenen Prüfungen der Brandbekämpfungs-Rabatt nicht gekürzt wurde. Dies gilt nicht, wenn Gesetze, Verordnungen oder behördliche Vorschriften halbjährliche Prüfungen vorschreiben.

5. Die Rechtsfolgen von Verletzungen der Obliegenheiten gemäß Nr. 3 und Nr. 4 ergeben sich aus §§ 6, 7 AFB 87.

6. Dauert eine gemäß Nr. 3e anzuzeigende Störung oder Außerbetriebnahme länger als drei Tage, so hat der Versicherungsnehmer zeitanteilig einen für die betroffene Anlage gewährten Prämienrabatt, mindestens jedoch den vereinbarten Anteil der Jahresprämie für die betroffenen Positionen, nachzuentrichten. Dies gilt nicht, soweit der Versicherer in einem Versicherungsfall wegen dieser Störung oder Außerbetriebnahme gemäß Nr. 5 leistungsfrei geworden ist.

3611 Überwachung von Anlagen zur Erzeugung von elektrischem Starkstrom

1. Der Versicherungsnehmer ist verpflichtet, die elektrische Starkstromanlage aufgrund der „Sicherheitsvorschriften für Starkstromanlagen bis 1000 Volt" im Laufe eines jeden Jahres mindestens einmal nachprüfen zu lassen und die gefundenen Mängel zu beseitigen.

2. Die Rechtsfolgen von Verletzungen der Obliegenheiten gemäß Nr. 1 ergeben sich aus §§ 6, 7 AFB 87.

3612 Abweichung von Sicherheitsvorschriften

Abweichungen von Sicherheitsvorschriften, denen das Gewerbeaufsichtsamt oder die Berufsgenossenschaft schriftlich zugestimmt hat, beeinträchtigen die Entschädigungspflicht nicht.

3700 – Entschädigung
(Versicherungssumme; Unterversicherung; Selbstbehalte; Entschädigungsgrenzen)

3701 Summenausgleich in der landwirtschaftlichen Feuerversicherung

1. Für die im Versicherungsvertrag besonders bezeichneten Positionen ist Summenausgleich vereinbart.

2. Soweit die Versicherungssummen der einzelnen Positionen die dazugehörenden Versicherungswerte übersteigen, werden die überschießenden Summenanteile auf die anderen genannten Positionen aufgeteilt, bei denen Unterversicherung besteht und für die gleich hohe und niedrigere Prämiensätze vereinbart sind.

3. Für die Aufteilung ist das Verhältnis der Beträge maßgebend, um die die Versicherungswerte der einzelnen Positionen die Versicherungssummen übersteigen, und zwar ohne Rücksicht darauf, welche Positionen durch den Versicherungsfall betroffen sind.

4. Vom Summenausgleich ausgenommen sind Versicherungssummen auf Erstes Risiko (Erste Gefahr).

5. Sind für mehrere Grundstücke gesonderte Versicherungssummen vereinbart, so erfolgt der Summenausgleich nur zwischen den Positionen der einzelnen Grundstücke.

3800 – Verhaltens- und Wissenszurechnung; Vertretung

3801 Anzeigen des Versicherungsnehmers zur Feuer- oder zur Feuer-Betriebsunterbrechungsversicherung

Bestehen eine Feuer- und eine Feuer-Betriebsunterbrechungsversicherung bei demselben Versicherer oder unter Führung desselben Versicherers, so gelten Anzeigen des Versicherungsnehmers jeweils für beide Versicherungen.

3900 – Sonstiges

3901 Kündigung nach einem Versicherungsfall

Das Kündigungsrecht gemäß § 19 Nr. 2 AFB 87 gilt für jeden zwischen den Parteien bestehenden Feuerversicherungsvertrag oder Feuer-Betriebsunterbrechungsversicherungs-Vertrag.

4000 – Klauseln für die Einbruchdiebstahl- und Raub-Versicherung

4100 – Versicherte Gefahren und Schäden

4101 Ausstellungen und Museen

1. Die Versicherung erstreckt sich nicht auf Einbruchdiebstahlschäden durch vorsätzliche Handlungen von Besuchern der Ausstellung oder des Museums, die innerhalb des Ausstellungs- oder Museumsgebäudes oder von Angestellten des Veranstalters vorgenommen werden, es sei denn, daß die Tat nur außerhalb des Gebäudes oder nur zu einer Zeit vorbereitet und ausgeführt worden ist, zu der die als Versicherungsort vereinbarten Räume für diese Personen geschlossen waren.

2. Der Ausschluß gemäß Nr. 1 gilt entsprechend für versicherte Raubschäden durch vorsätzliche Handlungen von Angestellten des Veranstalters.

4102 Vereinbarte Behältnisse mit Kombinationsschloß

§ 1 Nr. 2e cc AERB 87 ist bei mehrwandigen Stahlschränken oder eingemauerten Stahlwandschränken auch dann anzuwenden, wenn diese ausschließlich Kombinationsschlösser besitzen.

4103 Erweiterte Raub-Versicherung für Banken und Sparkassen

1. Abweichend von § 4 Nr. 1 Abs. 1 Satz 1 und Abs. 2 AERB 87 besteht Raubversicherungsschutz gemäß § 1 Nr. 1 b AERB 87 auch für Sachen, die außerhalb des Versicherungsortes, jedoch innerhalb der Bundesrepublik Deutschland einschließlich des Landes Berlin, herausgegeben werden.

2. Bis zu einer hierfür besonders vereinbarten Versicherungssumme besteht Versicherungsschutz auch für Sachen, die auf Verlangen des Täters von außerhalb des Versicherungsortes an den Ort der Herausgabe oder Wegnahme herangeschafft werden. Dieser Ort kann innerhalb oder im Rahmen von Nr. 1 außerhalb des Versicherungsortes liegen.

3. Nr. 2 gilt nicht für Raub in vereinbarten Versicherungsorten außerhalb der Geschäftsräume des Versicherungsnehmers.

4. Kommen durch einen Raubversicherungsfall sowohl herangeschaffte Sachen gemäß Nr. 2 wie auch sonstige versicherte Sachen abhanden, so steht der durch diesen Versicherungsfall nicht verbrauchte Teil der Versicherungssumme gemäß Nr. 2 auch für die sonstigen Sachen zur Verfügung.

5. Im übrigen bleiben die Bestimmungen der AERB 87 unberührt, insbesondere diejenigen über die rechtliche Bedeutung des Versicherungsortes.

4200 – Versicherte Sachen

4201 Fremdes Eigentum bei Lagerhaltern

1. Die vereinbarte Versicherung gegen Einbruchdiebstahl oder Raub gilt nur für Sachen, die mit Wertangabe in einem ordnungsgemäßen Lagerverzeichnis eingetragen sind.

2. Soweit nicht etwas anderes vereinbart ist, sind von der Versicherung ausgeschlossen

a) Bargeld;

b) Urkunden, z. B. Sparbücher und sonstige Wertpapiere;

c) Briefmarken;

d) Münzen und Medaillen;

e) unbearbeitete Edelmetalle sowie Sachen aus Edelmetallen, ausgenommen Sachen, die dem Raumschmuck dienen;

 f) Schmucksachen, Perlen und Edelsteine;

g) Pelze und echte Teppiche.

3. Versicherungswert und Grenze der Entschädigung ist der im Lagerverzeichnis eingetragene Wert. §§ 55, 87 Satz 2 VVG (Bereicherungsverbot) bleiben unberührt.

4. Das Lagerverzeichnis ist so aufzubewahren, daß es im Versicherungsfall voraussichtlich nicht gleichzeitig mit den versicherten Sachen abhandenkommen kann.

Verletzt der Versicherungsnehmer diese Obliegenheit, so kann er Entschädigung nur verlangen, soweit er das Vorhandensein, die Beschaffenheit und den Versicherungswert der Sachen auch ohne das Lagerverzeichnis nachweisen kann.

5. Schäden durch Einbruchdiebstahl gemäß § 1 Nr. 2 b AERB 87 sind von der Versicherung ausgeschlossen.

6. Entschädigung wird nur geleistet, soweit Entschädigung nicht aus einer Transport- oder aus einer anderen Versicherung des Versicherungsnehmers, des Eigentümers oder eines berechtigten Dritten beansprucht werden kann.

Ist danach die Entschädigung oder eine Abschlagszahlung gemäß § 16 Nr. 1 AERB 87 nur deshalb noch nicht fällig, weil ohne Verschulden des Versicherungsnehmers oder eines Versicherten die Entschädigungspflicht aus dem anderen Versicherungsvertrag ganz oder teilweise noch nicht geklärt ist, so wird der Versicherer unter Vorbehalt der Rückforderung mit Zinsen 1 Prozent unter dem jeweiligen Diskontsatz der Deutschen Bundesbank, mindestens jedoch 4 Prozent und höchstens 6 Prozent pro Jahr, eine vorläufige Zahlung leisten.

4202 Einschluß von Automaten samt Inhalt

Soweit Automaten mit Geldeinwurf einschließlich Waren- und Geldinhalt eingeschlossen oder als besondere Position versichert sind, gilt hierfür § 4 Nr. 5 AERB 87 nicht.

4203 Euro- und Reisescheck-Blankette; Euro-Scheckkarten

1. Bis zu den vereinbarten Versicherungssummen sind auch versichert

a) Formulare für Schecks mit dem Aufdruck „EC" (Euroscheck);

b) Formulare für Reiseschecks;

c) Euro- (EC-) Scheckkarten und PIN-Briefe.

Diese Sachen gelten als Urkunden gemäß § 4 Nr. 3 b AERB 87.

2. Versichert sind, soweit dies gemäß § 1 Nr. 1 a bis 1 c AERB 87 vereinbart ist, Schäden durch

a) Einbruchdiebstahl;

b) Raub innerhalb des Versicherungsortes;

c) Raub auf Transportwegen.

271

3. Der Versicherer leistet nach Eintritt eines Versicherungsfalls gemäß Nr. 2 Entschädigung

a) für Einlösungsbeträge, die der Versicherungsnehmer aufgrund von Fälschungen der abhandengekommenen Urkunden innerhalb von drei Jahren nach dem Abhandenkommen leisten muß;

b) für Bargeld, das mit abhandengekommenen Euro-Scheckkarten aus Geldausgabeautomaten entnommen wurde;

c) für Schäden, die dem Versicherungsnehmer durch Wareneinkäufe oder durch die Inanspruchnahme von Dienstleistungen mit Hilfe abhandengekommener Euro-Scheckkarten entstehen.

4. Die Entschädigung ist begrenzt

a) je Euro-Scheckformular auf 400 DM;

b) je Reisescheck-Formular auf den eingedruckten Betrag.

5. PIN-Briefe sind so aufzubewahren, daß sie im Versicherungsfall voraussichtlich nicht gleichzeitig mit den versicherten Euro-Scheckkarten abhandenkommen können. Hiervon kann ausgegangen werden, wenn sie sich in verschlossenen Tresorräumen, Panzergeldschränken, gepanzerten Geldschränken mit einem Mindestgewicht von 300 kg oder eingemauerten Stahlwandschränken mit mehrwandiger Tür befinden.

Verletzt der Versicherungsnehmer diese Obliegenheit, so ist der Versicherer bei Schäden gemäß Nr. 3b und 3c nach Maßgabe des § 6 Abs. 1 und Abs. 2 VVG zur Kündigung berechtigt oder auch leistungsfrei. Eine Kündigung des Versicherers wird einen Monat nach Zugang wirksam.

Führt die Verletzung zu einer Gefahrerhöhung, so gelten die §§ 23 bis 30 VVG. Danach kann der Versicherer zur Kündigung berechtigt oder auch leistungsfrei sein.

6. Entschädigung wird nur geleistet, soweit Entschädigung nicht aus einem anderen Versicherungsvertrag beansprucht werden kann.

Ist danach die Entschädigung oder eine Abschlagszahlung gemäß § 16 Nr. 1 AERB 87 nur deshalb noch nicht fällig, weil ohne Verschulden des Versicherungsnehmers die Entschädigungspflicht aus dem anderen Versicherungsvertrag ganz oder teilweise noch nicht geklärt ist, so wird der Versicherer unter Vorbehalt der Rückforderung mit Zinsen 1 Prozent unter dem Diskontsatz der Deutschen Bundesbank, mindestens jedoch 4 Prozent und höchstens 6 Prozent pro Jahr, eine vorläufige Zahlung leisten.

4204 Erweiterter Versicherungsschutz für Schäden durch Raub von Schließfachinhalt oder Verwahrstücken

Versicherungschutz gemäß § 1 Nr. 1 b und Nr. 3 AERB 87 besteht auch für Schäden an versichertem Schließfachinhalt oder an versicherten Verwahrstücken, die durch Raub an Arbeitnehmern der Bank oder der Sparkasse entstehen.

4300 – Versicherte Kosten

4301 Schlüsselverlustversicherung für besondere Behältnisse

Sind Kosten infolge Abhandenkommens des Schlüssels zu Tresorräumen oder zu Behältnissen gemäß § 4 AERB 87 versichert, die sich innerhalb der als Versicherungsort vereinbarten Räume befinden, so werden nach Verlust eines Schlüssels die Aufwendungen für Änderung der Schlösser und Anfertigung neuer Schlüssel sowie für unvermeidbares gewaltsames Öffnen und für Wiederherstellung des Behältnisses ersetzt.

4400 – Versicherungsort

4401 Geschäftsfahrräder

1. Ist die Betriebseinrichtung versichert, so erstreckt sich der Versicherungsschutz abweichend von § 1 AERB 87 auch auf einfachen Diebstahl von Geschäftsfahrrädern.

2. Versicherungsort ist die Bundesrepublik Deutschland einschließlich des Landes Berlin.

3. Entschädigung für einfachen Diebstahl wird nur geleistet, wenn

a) das Fahrrad zur Zeit des Diebstahls in verkehrsüblicher Weise durch ein Schloß gesichert war und wenn außerdem

b) entweder der Diebstahl zwischen 6 Uhr und 22 Uhr verübt wurde oder sich das Fahrrad zur Zeit des Diebstahls in Gebrauch befand.

4. Für die mit dem Fahrrad lose verbundenen und regelmäßig seinem Gebrauch dienenden Sachen besteht Versicherungsschutz nur, wenn sie zusammen mit dem Fahrrad abhandengekommen sind.

5. Entschädigung für einfachen Diebstahl wird, auch wenn mehrere Fahrräder abhandengekommen sind, je Versicherungsfall nur bis zu 500 DM geleistet.

6. Der Versicherungsnehmer hat Unterlagen über den Hersteller, die Marke und die Rahmennummer der versicherten Geschäftsfahrräder zu beschaffen und aufzubewahren.
Verletzt der Versicherungsnehmer diese Obliegenheit, so kann er Entschädigung nur verlangen, soweit er die genannten Merkmale anderweitig nachweisen kann.

7. Der Versicherungsnehmer hat den Diebstahl unverzüglich der zuständigen Polizeidienststelle anzuzeigen und dem Versicherer einen Nachweis dafür zu erbringen, daß das Fahrrad nicht innerhalb von drei Wochen seit Anzeige des Diebstahls wiederherbeigeschafft wurde.

4402 Schaukästen und Vitrinen

1. Sachen in Schaukästen und Vitrinen sind außerhalb des Versicherungsorts gemäß § 4 Nr. 2 AERB 87 bis zu der hierfür vereinbarten Versicherungssumme oder Entschädigungsgrenze mitversichert. Dies gilt jedoch nur innerhalb des Grundstücks, auf dem der Versicherungsort liegt, und in dessen unmittelbarer Umgebung.

2. Versicherungsschutz gemäß § 1 Nr. 2b AERB 87 besteht, wenn der Dieb den Schaukasten oder die Vitrine außerhalb eines Gebäudes erbricht oder mittels falscher Schlüssel oder anderer Werkzeuge öffnet.

4403 Automaten in und an der Außenmauer

1. Soweit die Versicherung von Automaten samt Inhalt außerhalb des Versicherungsorts gemäß § 4 Nr. 2 AERB 87 vereinbart ist, erstreckt sich die Versicherung auch auf einfachen Diebstahl. Jedoch sind Schäden durch mißbräuchliche Benutzung ausgeschlossen.

2. Die Versicherung gilt nur für Automaten, die fest mit dem Gebäude verbunden sind, in dem sich der Versicherungsort befindet.

4404 Raub an Kunden in Geschäftsräumen von Banken und Sparkassen

1. Versicherungsschutz gemäß § 1 Nr. 1b und Nr. 3 AERB 87 besteht für Schäden, die während der Geschäftszeit durch Raub an Kunden des Versicherungsnehmers innerhalb des für den Kundenverkehr bestimmten Teils der Geschäftsräume des Versicherungsnehmers eintreten.

2. Entschädigung wird nur geleistet, soweit der Kunde Entschädigung nicht aus einem anderen Versicherungsvertrag beanspruchen kann.

Ist danach die Entschädigung oder eine Abschlagszahlung gemäß § 16 Nr. 1 AERB 87 nur deshalb noch nicht fällig, weil ohne Verschulden des Versicherungsnehmers oder des versicherten Kunden die Entschädigungspflicht aus dem anderen Versicherungsvertrag ganz oder teilweise noch nicht geklärt ist, so wird der Versicherer unter Vorbehalt der Rückforderung mit Zinsen 1 Prozent unter dem jeweiligen Diskontsatz der Deutschen Bundesbank, mindestens jedoch 4 Prozent und höchstens 6 Prozent pro Jahr, eine vorläufige Zahlung leisten.

4405 Raub an Kunden vor Autoschaltern von Banken und Sparkassen

1. Versicherungsschutz gemäß § 1 Nr. 1 b und Nr. 3 AERB 87 besteht für Schäden, die durch Raub an Kunden des Versicherungsnehmers vor Autoschaltern oder auf deren Zu- und Abfahrten innerhalb des Grundstücks des Versicherungsnehmers eintreten.

2. Entschädigung wird nur geleistet, soweit der Kunde Entschädigung nicht aus einem anderen Versicherungsvertrag beanspruchen kann.

Ist danach die Entschädigung oder eine Abschlagszahlung gemäß § 16 Nr. 1 AERB 87 nur deshalb noch nicht fällig, weil ohne Verschulden des Versicherungsnehmers oder des versicherten Kunden die Entschädigungspflicht aus dem anderen Versicherungsvertrag ganz oder teilweise noch nicht geklärt ist, so wird der Versicherer unter Vorbehalt der Rückforderung mit Zinsen 1 Prozent unter dem jeweiligen Diskontsatz der Deutschen Bundesbank, mindestens jedoch 4 Prozent und höchstens 6 Prozent pro Jahr, eine vorläufige Zahlung leisten.

4406 Raub bei Transporten mit Spezialfahrzeugen

1. Abweichend von § 12 Nr. 4 Abs. 2 AERB 87 zählt der Fahrer als den Transport durchführende Person, wenn der Transport mit einem Spezialfahrzeug (Nr. 2) und gemäß den Bestimmungen in Nr. 3 durchgeführt wird und wenn die den Transport durchführenden Personen sowie der Fahrer im Vollbesitz körperlicher und geistiger Kräfte, männlich, älter als 20 Jahre und jünger als 50 Jahre sind. Dies gilt jedoch nur, solange sich die versicherten Sachen in verschlossenen, mit dem Fahrzeug fest verbundenen Behältern oder in dem für die Aufbewahrung bestimmten und verschlossenen Raum des Fahrzeugs befinden.

Außerdem erhöht sich unter den genannten Voraussetzungen für Schäden an diesen Sachen die Entschädigungsgrenze gemäß § 12 Nr. 3 AERB 87 von 500 000 DM auf 1 000 000 DM; gemeinschaftliche Gewahrsam an diesen Sachen gilt abweichend von § 12 Nr. 4 Abs. 3 AERB 87 nicht als aufgehoben, während sich ein Teil der den Transport durchführenden Personen von dem Fahrzeug entfernt, um versicherte Sachen zu entladen oder zuzuladen.

2. Als Spezialfahrzeuge gelten nur Kraftwagen, die mindestens folgende Eigenschaften aufweisen:

a) Alle Türen und sonstigen Öffnungen müssen verschließbar sein.

b) Alle Insassen müssen gegen Beschuß gesichert unterzubringen sein.

c) Der Fahrer oder eine der anderen den Transport durchführenden Personen muß auch dann in einem verschlossenen und gegen Beschuß gesicherten Raum des Fahrzeugs bleiben können, wenn eine Tür des Fahrzeugs geöffnet wird.

d) Das Fahrzeug muß mit den folgenden Einrichtungen versehen sein, die von der in Nr. 2c genannten Person benutzt werden können:
aa) Sprechfunk;
bb) Spiegelung rund um das Fahrzeug;
cc) Alarmschallanlage.

3. Bei Tranporten mit einem Spezialfahrzeug müssen folgende Voraussetzungen erfüllt sein:

a) Alle in Nr. 2 bezeichneten Einrichtungen des Fahrzeugs müssen bei Beginn des Transports gebrauchsfähig sein und jeweils bestimmungsgemäß betätigt werden.

b) Die in Nr. 2 c genannte Person muß sich dauernd in dem von innen verschlossenen Raum befinden und während des Transports einschließlich der Be- und Entladevorgänge ständige Sprechfunkverbindung mit der zuständigen Zentrale unterhalten. Das Fahrzeug darf nur anhalten, wenn die Straßenverkehrslage oder Be- und Entladevorgänge dies erfordern.

4407 Raub an Tag/Nacht-Tresor-Kunden

1. Versicherungsschutz gemäß § 1 Nr. 1 c und Nr. 4 b AERB 87 besteht für Schäden durch Raub an Kunden, die berechtigt sind, eine Tag/Nacht-Tresor-Anlage des Versicherungsnehmers zu benutzen. Dies gilt jedoch nur außerhalb der Geschäftsräume des Kunden und nur auf direktem Weg von den Geschäftsräumen zur Tag/Nacht-Tresor-Anlage.

2. Einem Kunden stehen Personen gleich, die der Kunde mit zum Transport beauftragt hat, ausgenommen Unternehmen, die sich gewerbsmäßig mit Geldtransporten befassen.

3. Versichert sind nur Sachen, die sich in den für den Einwurf in den Tag/Nacht-Tresor bestimmten Behältern befinden.

4. Der Versicherer leistet Entschädigung bis zu der je Kunde vereinbarten Versicherungssumme, über 50 000 DM hinaus jedoch nur dann, wenn der Transport durch mindestens zwei männliche Personen durchgeführt wurde.

Außerdem ist die Entschädigung je Versicherungsfall auf 100 000 DM begrenzt.

5. Soweit Nr. 4 Transport durch mehrere Personen voraussetzt, muß gemeinschaftlicher Gewahrsam dieser Personen an den versicherten Sachen bestehen. Gewahrsam haben nur Personen, die sich unmittelbar bei den Sachen befinden.

6. Entschädigung wird nur geleistet, soweit der Kunde Entschädigung nicht aus einem anderen Versicherungsvertrag beanspruchen kann.

Ist danach die Entschädigung oder eine Abschlagszahlung gemäß § 16 Nr. 1 AERB 87 nur deshalb noch nicht fällig, weil ohne Verschulden des Versicherungsnehmers oder des versicherten Kunden die Entschädigungspflicht aus dem anderen Versicherungsvertrag ganz oder teilweise noch nicht geklärt ist, so wird der Versicherer unter Vorbehalt der Rückforderung mit Zinsen 1 Prozent unter dem jeweiligen Diskontsatz der Deutschen Bundesbank, mindestens jedoch 4 Prozent und höchstens 6 Prozent pro Jahr, eine vorläufige Zahlung leisten.

7. Der Versicherungsnehmer hat dem Versicherer zwei Monate vor Ablauf jeder Versicherungsperiode (Versicherungsjahr) zum Zweck der Prämienberechnung die Anzahl der Tag/Nacht-Tresor-Kunden mitzuteilen. Verletzt der Versicherungsnehmer diese Obliegenheit, so kann der Versicherer nach Maßgabe des § 6 VVG zur Kündigung berechtigt oder auch leistungsfrei sein.

4408 Raub vor Geldausgabeautomaten von Banken und Sparkassen

1. Versicherungsschutz gemäß § 1 Nr. 1 c AERB 87 besteht für Schäden, die im unmittelbaren Bereich von Geldausgabeautomaten des Versicherungsnehmers durch Raub von Bargeld entstehen, das diesen Automaten entnommen wurde.

Dies gilt abweichend von § 1 Nr. 3 AERB 87 für Raub an Automatenbenutzern. § 1 Nr. 4 b AERB 87 ist nicht anzuwenden.

2. Die Entschädigung ist je Versicherungsfall auf den vereinbarten Betrag begrenzt.

3. Entschädigung wird nur geleistet, soweit Entschädigung nicht aus einem anderen Versicherungsvertrag beansprucht werden kann.

Ist danach die Entschädigung oder eine Abschlagszahlung gemäß § 16 Nr. 1 AERB 87 nur deshalb noch nicht fällig, weil ohne Verschulden des Versicherungsnehmers oder eines Versicherten die Entschädigungspflicht aus dem anderen Versicherungsvertrag ganz oder teilweise noch nicht geklärt ist, so wird der Versicherer unter Vorbehalt der Rückforderung mit Zinsen 1 Prozent unter dem jeweiligen Diskontsatz der Deutschen Bundesbank, mindestens jedoch 4 Prozent und höchstens 6 Prozent pro Jahr, eine vorläufige Zahlung leisten.

4. Der Versicherungsnehmer hat dem Versicherer zwei Monate vor Ablauf jedes Versicherungsjahres die Anzahl und den Standort der Geldausgabeautomaten zum Zweck der Prämienberechnung für das folgende Versicherungsjahr anzuzeigen.

Ist die letzte erforderliche Anzeige dem Versicherer nicht vor dem Versicherungsfall zugegangen oder wurde in ihr die Zahl der Geldausgabeautomaten zu niedrig angegeben (Unterversicherung), so hat der Versicherer nur den Teil des Schadenbetrages zu entschädigen, der sich zu dem Gesamtbetrag verhält wie die zuletzt berechnete Jahresprämie zu der Jahresprämie, die bei rechtzeitiger und richtiger Anzeige erforderlich gewesen wäre. Die Entschädigungsgrenze gemäß Nr. 2 bleibt unberührt.

Die Bestimmung des Abs. 2 ist nicht anzuwenden, wenn ihre Voraussetzungen ohne Verschulden des Versicherungsnehmers eingetreten sind.

5. Vorstehende Vereinbarung über die Versicherung von Raub vor Geldausgabeautomaten kann durch jede Partei zum Schluß eines jeden Versicherungsjahres drei Monate vor dessen Ablauf schriftlich gekündigt werden. Der sonstige Vertragsinhalt bleibt von einer solchen Kündigung unberührt.

4409 Einbruchdiebstahlversicherung von Sparschränken mit Inhalt

1. Sparschränke gelten als Behältnisse im Sinne von § 4 Nr. 3 AERB 87, wenn sie fest mit dem Gebäude verbunden sind oder wenn sie in verschlossenen Behältnissen aufbewahrt werden, die eine erhöhte Sicherheit auch gegen die Wegnahme des Behältnisses selbst gewähren.

2. Außerhalb der Geschäftszeit besteht Versicherungsschutz nur in verschlossenen Räumen.

3. Der Versicherungsnehmer hat ein Verzeichnis der Sparschränke mit Angabe der Schranknummern, der Aufstellungsorte und der Höchsthaftungssumme je Schrank mit Inhalt zu führen und auf dem Laufenden zu halten.

4. Neu ausgegebene Sparschränke sind vom Tage der Ausgabe an mitversichert. Bei Veränderungen (z. B. Summenänderung, Standortwechsel, Auswechselung) wird der Versicherungsschutz nicht unterbrochen. Einmal jährlich zum 01.01. ist der neueste Stand der ausgegebenen Sparschränke zum Zwecke der Prämienberechnung für das folgende Versicherungsjahr mitzuteilen.

5. Beim Entleeren der Fächer sind Aufzeichnungen über die entnommenen Beträge zu führen. Der Versicherungsnehmer ist verpflichtet, die Empfänger von Sparschränken auf diese Pflicht hinzuweisen. Die jeweiligen Leerungsergebnisse sind unter Berücksichtigung der früheren Sparergebnisse Grundlage für die Regulierung im Schadenfall.

4410 Einbruchdiebstahlversicherung für Bargeld, Urkunden und sonstige Sachen in fahrbaren Zweigstellen

1. Der Versicherungsschutz gemäß Antragsdeklaration gilt für die Versicherung von Bargeld und Urkunden (z. B. Sparbücher und sonstige Wertpapiere) nach Geschäftsschluß nur im abgeschlossenen Fahrzeug, das in einer verschlossenen Garage steht. Das widerrechtliche Wegfahren des Fahrzeuges mit Inhalt durch Unbefugte ist nicht Gegenstand der Versicherung.

2. Der Versicherungsschutz gilt während der Mittagspause nur im abgeschlossenen Fahrzeug, jedoch unter direkter ständiger Beobachtung durch das Personal der fahrbaren Zweigstelle. Das widerrechtliche Wegfahren des Fahrzeuges mit Inhalt durch Unbefugte ist nicht Gegenstand der Versicherung.

4600 – Vorvertragliche Anzeige; Gefahrerhöhung; Obliegenheiten

4601 Anerkennung

1. Hat der Versicherer das gegen Einbruchdiebstahl versicherte Wagnis besichtigt und liegt ein Lageplan mit Sicherungsbeschreibung vor, so erkennt der Versicherer an, daß ihm alle Umstände bekanntgeworden sind, welche in diesem Zeitpunkt für die Beurteilung des Risikos erheblich waren.

2. Dies gilt jedoch nicht für Umstände, die arglistig verschwiegen worden sind.

4602 Einbruchmeldeanlagen

1. Die im Versicherungsvertrag bezeichneten Räume und Behältnisse sind durch eine Einbruchmeldeanlage der im Versicherungsvertrag bezeichneten Art (System) überwacht. Wenn dies vereinbart ist, muß es sich um eine vom Verband der Sachversicherer e.V. anerkannte Einbruchmeldeanlage handeln.

2. Der Versicherungsnehmer hat

a) die Einbruchmeldeanlage nach den Vorschriften des Herstellers zu bedienen und stets in voll gebrauchsfähigem Zustand zu erhalten;

b) die Einbruchmeldeanlage jeweils scharf zu schalten, solange die Arbeit in dem Betrieb ruht; vertragliche Abweichungen bedürfen der Schriftform;

c) die Einbruchmeldeanlage durch eine vom Verband der Sachversicherer e.V. anerkannte Errichterfirma vierteljährlich inspizieren und jährlich warten zu lassen;

d) Störungen, Mängel oder Schäden unverzüglich durch eine vom Verband der Sachversicherer e.V. anerkannte Errichterfirma beseitigen zu lassen;

e) während jeder Störung oder Gebrauchsunfähigkeit der Einbruchmeldeanlage die in Nr. 1 genannten Räume und Behältnisse durch einen dort ununterbrochen anwesenden Wächter bewachen zu lassen;

f) Änderungen an der Einbruchmeldeanlage nur durch eine vom Verband der Sachversicherer e.V. anerkannte Errichterfirma vornehmen und dabei ausschließlich Teile und Geräte des im Versicherungsvertrag genannten Systems verwenden zu lassen;

g) dem Versicherer auf dessen Kosten jederzeit die Überprüfung der Einbruchmeldeanlage durch den Verband der Sachversicherer e.V. zu gestatten.

4603 Kontrollen durch Bewachungsunternehmen

Der Versicherungsnehmer hat die für die Einbruchdiebstahlversicherung als Versicherungsort vereinbarten Räume außerhalb der Geschäftszeit durch ein Bewachungsunternehmen in der vereinbarten Häufigkeit und Art kontrollieren zu lassen.

4604 Außenbewachung

Der Versicherungsnehmer hat die für die Einbruchdiebstahlversicherung als Versicherungsort vereinbarten Räume außerhalb der Geschäftszeit ununterbrochen durch einen Wächter bewachen und in der vereinbarten Weise Kontrolluhren betätigen zu lassen.

4605 Innenbewachung

Der Versicherungsnehmer hat die für die Einbruchdiebstahlversicherung als Versicherungsort vereinbarten Räume außerhalb der Geschäftszeit durch einen Wächter bewachen zu lassen, der sich ununterbrochen in diesen Räumen aufhält und in der vereinbarten Weise Kontrolluhren betätigt.

5000 – Klauseln für die Leitungswasser-Versicherung

5100 – Versicherte Gefahren und Schäden

5101 Bestimmungswidriger Wasseraustritt aus Sprinklern

1. Abweichend von § 1 Nr. 5c AWB 87 leistet der Versicherer Entschädigung auch für versicherte Sachen und für versicherte Kosten, wenn Wasser aus Sprinklern bestimmungswidrig austritt.

2. Ausgeschlossen sind Schäden, die durch Druckproben oder durch Umbauten oder Reparaturarbeiten an Gebäuden oder an der Sprinkleranlage verursacht werden. Zur Sprinkleranlage gehören Sprinkler, Wasserbehälter, Verteilerleitungen, Ventile, Alarmanlagen, Pumpenanlagen sowie sonstige Armaturen und Zuleitungsrohre, die ausschließlich dem Betrieb der Sprinkleranlage dienen.

3. Der Versicherungsnehmer hat

a) die Sprinkleranlage unverzüglich durch die Technische Prüfstelle des Verbandes der Sachversicherer e. V. abnehmen oder revidieren zu lassen, falls dies nicht innerhalb der letzten sechs Monate vor Vertragsschluß oder vor Abschluß dieser Vereinbarung bereits geschehen ist;

b) die gesamte Anlage auf eigene Kosten halbjährlich durch die in a genannte Prüfstelle prüfen zu lassen;

c) Mängel, die bei Prüfungen gemäß a oder b festgestellt worden sind, durch eine anerkannte Installationsfirma beseitigen zu lassen und dem Versicherer hierüber ein schriftliches Zeugnis zu übersenden.

4. Die Rechtsfolgen von Verstößen gegen die Bestimmungen von Nr. 3 ergeben sich aus §§ 6 und 7 AWB 87.

5102 Klimaanlagen

1. Als Leitungswasser im Sinne von § 1 Nr. 1 AWB 87 gilt auch Wasser, das aus Heiz-, Kühl- und Kaltwasserumlaufsystemen sowie den fest damit verbundenen Einrichtungen von Klimaanlagen bestimmungswidrig austritt.

2. Bei der Versicherung von Gebäuden sind Schäden durch Rohrbruch oder Frost (einschließlich der Kosten der Nebenarbeiten und des Auftauens) an Rohrleitungen von Heiz-, Kühl- und Kaltwasserumlaufsystemen einer Klimaanlage eingeschlossen.

3. Nicht versichert sind Schäden durch den Austritt von Kühlmitteln und Schäden an Leitungen für Kühlmittel.

5103 Wärmepumpen-Anlagen

1. Als Leitungswasser im Sinne von § 1 Nr. 1 AWB 87 gilt auch Wasser, das aus einer Wärmepumpen-Anlage bestimmungswidrig austritt.

2. Bei der Versicherung von Gebäuden werden die Wasserzu- und Wasserableitungsrohre einer Wärmepumpen-Anlage den Zu- und Ableitungsrohren der Wasserversorgung im Sinne von § 1 Nr. 2a AWB 87 gleichgestellt.

3. Nicht versichert sind

a) Schäden durch Austritt von anderen wärmetragenden Flüssigkeiten, wie Sole, Öle, Kühlmittel, Kältemittel und dgl.;

b) Bruch- und Frostschäden an Rohren, Pumpen, Verdichtern, Verdampfern und sonstigen Einrichtungen, die solche Flüssigkeiten enthalten;

c) Bruch- und Frostschäden an den außerhalb des Gebäudes verlegten Rohren einer Wärmequellen-Anlage.

5104 Solarheizungs-Anlagen

1. Als Leitungswasser im Sinne von § 1 Nr. 1 AWB 87 gilt auch Wasser, das aus einer Solarheizungs-Anlage bestimmungswidrig austritt.

2. Bei der Versicherung von Gebäuden sind eingeschlossen Schäden durch Rohrbruch oder Frost (einschließlich der Kosten der Nebenarbeiten und des Auftauens) an den Rohren sowie Frostschäden am Wärmespeicher und an sonstigen Einrichtungen der Solarheizungs-Anlage.

3. Nicht versichert sind

a) Schäden durch Austritt von anderen wärmetragenden Flüssigkeiten, wie Sole, Öle, Kühlmittel, Kältemittel und dgl.;

b) Bruch- und Frostschäden an Rohren, Pumpen und sonstigen Einrichtungen der Solarheizungs-Anlage, die solche Flüssigkeiten enthalten.

5105 Erweiterte Leitungswasserversicherung

Abweichend von § 1 Nr. 2b AWB 87 gilt als Leitungswasser auch Wasser, das aus sonstigen mit dem Rohrsystem verbundenen Einrichtungen bestimmungwidrig ausgetreten ist.

5106 Klima-, Wärmepumpen- und Solarheizungsanlagen

1. Als Leitungswasser im Sinne von § 1 Nr. 1 AWB 87 gelten auch Wasser oder sonstige wärmetragende Flüssigkeiten wie Sole, Öle, Kühlmittel, Kältemittel und dergleichen, die aus Klima-, Wärmepumpen- oder Solarheizungsanlagen bestimmungswidrig ausgetreten sind.

2. Bei der Versicherung von Gebäuden sind auch versichert
a) innerhalb versicherter Gebäude
– Frost- und sonstige Bruchschäden an den Rohren der in Nr. 1 genannten Anlagen
– Bruchschäden durch Frost an sonstigen Einrichtungen der in Nr. 1 genannten Anlagen
b) außerhalb versicherter Gebäude
– Frost- und sonstige Bruchschäden an Rohren der in Nr. 1 genannten Anlagen, soweit diese Rohre der Versorgung der versicherten Gebäude oder Anlagen dienen und sich auf dem Versicherungsgrundstück befinden.

5200 – Versicherte Sachen

5201 Erweiterte Versicherung von Rohrleitungen

Soweit dies vereinbart ist, sind Schäden durch Rohrbruch oder Frost an Wasserzuleitungs- und Heizungsrohren mitversichert,

1. die zwar auf dem Versicherungsgrundstück verlegt sind, jedoch nicht der Versorgung eines versicherten Gebäudes dienen;

2. die außerhalb des Versicherungsgrundstückes verlegt sind, soweit der Versicherungsnehmer zur Unterhaltung dieser Anlagen verpflichtet ist.

5202 Frost- und Bruchschäden an von Mietern eingebrachten Leitungswasseranlagen

1. Bis zu der hierfür gesondert vereinbarten Versicherungssumme sind

a) Frost- und sonstige Bruchschäden an den Zu- oder Ableitungsrohren der Wasserversorgung oder an Rohren der Warmwasser- oder Dampfheizung sowie

b) Frostschäden an Badeeinrichtungen, Waschbecken, Spülklosetts, Wasserhähnen, Geruchsverschlüssen, Wassermessern, Heizkörpern, Heizkesseln oder Boilern oder an vergleichbaren Anlagen der Warmwasser- oder Dampfheizung oder an Sprinkler- oder Berieselungsanlagen

innerhalb des Gebäudes, in dem sich die als Versicherungsort vereinbarten Räume befinden, abweichend von § 1 Nr. 3 a AWB 87 auch dann versichert, wenn Versicherungsschutz nicht für das Gebäude, sondern für bewegliche Sachen vereinbart ist.

2. Dies gilt jedoch nur für Rohre gemäß Nr. 1 a und Einrichtungen gemäß Nr. 1 b, die der Versicherungsnehmer als Mieter auf seine Kosten eingefügt oder übernommen hat und für die er die Gefahr trägt.

5400 – Versicherungsort

5401 Abhängige Außenversicherung

1. Sachen, für die Außenversicherung vereinbart ist, sind bis zu der hierfür vereinbarten besonderen Versicherungssumme oder Entschädigungsgrenze auch außerhalb des Versicherungsorts versichert. Dies gilt jedoch, soweit nicht etwas anderes vereinbart ist, nur innerhalb der Bundesrepublik Deutschland einschließlich des Landes Berlin und der Verbindungswege.

2. Wenn nichts anderes vereinbart ist, wird Entschädigung nur geleistet, soweit Entschädigung nicht aus einem anderen Versicherungsvertrag beansprucht werden kann.

Ist danach die Entschädigung oder eine Abschlagszahlung gemäß § 16 Nr. 1 AWB 87 nur deshalb noch nicht fällig, weil ohne Verschulden des Versicherungsnehmers die Entschädigungspflicht aus dem anderen Versicherungsvertrag ganz oder teilweise noch nicht geklärt ist, so wird der Versicherer unter Vorbehalt der Rückforderung mit Zinsen 1 Prozent unter dem jeweiligen Diskontsatz der Deutschen Bundesbank, mindestens jedoch 4 Prozent und höchstens 6 Prozent pro Jahr, eine vorläufige Zahlung leisten.

3. Ist der Prämiensatz für die besondere Versicherungssumme gemäß Nr. 1 höher als für die Position, zu der die Außenversicherung vereinbart ist, so gilt § 11 Nr. 4 AWB 87 (Unterversicherung) auch für diese besondere Versicherungssumme.

4. Bei Berechnung einer Unterversicherung für die Position, zu der die Außenversicherung vereinbart ist, sind auch die gemäß Nr. 1 außerhalb des Versicherungsorts versicherten Sachen zu berücksichtigen, jedoch nur bis zu der dort genannten Entschädigungsgrenze.

5. Nr. 3 und Nr. 4 sind nicht nebeneinander anzuwenden. Anzuwenden ist diejenige Bestimmung, die zu der niedrigeren Entschädigung führt.

5402 Selbständige Außenversicherung

1. Sind Sachen außerhalb des Versicherungsorts durch eine besondere Position versichert (selbständige Außenversicherung), so gilt, soweit nicht etwas anderes vereinbart ist, diese Versicherung nur innerhalb der Bundesrepublik Deutschland einschließlich des Landes Berlin und der Verbindungswege.

2. Wenn nichts anderes vereinbart ist, wird Entschädigung nur geleistet, soweit Entschädigung nicht aus einem anderen Versicherungsvertrag beansprucht werden kann.

Ist danach die Entschädigung oder eine Abschlagszahlung gemäß § 16 Nr. 1 AWB 87 nur deshalb noch nicht fällig, weil ohne Verschulden des Versicherungsnehmers die Entschädigungspflicht aus dem anderen Versicherungsvertrag ganz oder teilweise noch nicht geklärt ist, so wird der Versicherer unter Vorbehalt der Rückforderung mit Zinsen 1 Prozent unter dem jeweiligen Diskontsatz der Deutschen Bundesbank, mindestens jedoch 4 Prozent und höchstens 6 Prozent pro Jahr, eine vorläufige Zahlung leisten.

6000 – Klauseln für die Sturm-Versicherung

6100 – Versicherte Gefahren und Schäden

6101 Schäden durch Hagel

1. Wenn dies besonders vereinbart ist, erstreckt sich die Sturmversicherung auch auf Schäden durch Hagel. In diesem Fall brauchen bei Schäden durch Hagel die Voraussetzungen von § 1 Nr. 2 AStB 87 (Sturm) nicht gegeben zu sein.

2. § 1 Nr. 1 bis Nr. 4 AStB 87 gilt sinngemäß auch für Schäden durch Hagel gemäß Nr. 1. Jedoch genügt es in den Fällen von § 1 Nr. 4 c AStB 87 für den Versicherungsschutz, daß die Öffnung durch Hagel entstanden ist.

6700 – Entschädigung
(Versicherungssumme; Unterversicherung; Selbstbehalte; Entschädigungsgrenzen)

6701 Wegfall des Selbstbehaltes für Gebäudeverglasung

Soweit Laden- und Schaufensterscheiben, künstlerisch bearbeitete Scheiben, Kirchenfenster, Mehrscheiben-Isolierverglasungen, Sicherheitsglasscheiben, Blei- und Messingverglasungen, Glasbausteine, Profilbauglaser, Dachverglasungen sowie Glas- und Kunststoffscheiben von mehr als vier Quadratmetern Einzelgröße, ferner die Rahmen und Profile der genannten Verglasungen und der Kunststoffscheiben, mitversichert sind, entfällt bei Schäden an diesen Sachen der Selbstbehalt gemäß § 12 Nr. 2 AStB 87.

8100 – Versicherte Gefahren und Schäden

8101 48-Stunden-Klausel

Für Unterbrechungen des Betriebes von weniger als 48 Stunden wird keine Entschädigung geleistet.

8102 Ausschluß von Betriebs- und Blitzschäden an elektrischen Einrichtungen

Abweichend von § 2 Nr. 4 c) FBUB gelten Betriebs- und Blitzschäden an elektrischen Einrichtungen und die daraus an den vom Schaden betroffenen Einrichtungen entstehenden Brand- und Explosionsschäden nicht als Sachschäden im Sinne von § 2 Nr. 1 FBUB.

8103 Unterbrechungsschäden infolge von Bränden innerhalb von Räucher-, Trocken- und sonstigen Erhitzungsanlagen

Brandschäden an Räucher-, Trocken- und sonstigen ähnlichen Erhitzungsanlagen und deren Inhalt sind auch dann Sachschäden im Sinne des § 2 Nr. 1 FBUB, wenn der Brand innerhalb der Anlagen ausbricht.

8104 Schäden durch bestimmungswidriges Ausbrechen glühendflüssiger Schmelzmassen

1. Sachschäden im Sinne des § 2 Nr. 1 FBUB sind auch solche Schäden an den dem Betrieb dienenden Sachen, die durch bestimmungswidriges Ausbrechen glühendflüssiger Schmelzmassen aus ihren Behältnissen oder Leitungen ohne Brand entstehen.

Nicht zu den Schäden im Sinne des § 2 Nr. 1 FBUB gehören:

a) Schäden im Inneren der Behältnisse und an der Durchbruchstelle selbst.

b) Schäden an den Schmelzmassen selbst.

2. Wird der Betrieb infolge eines Sachschadens im Sinne der Nr. 1 unterbrochen, dann wird für die im Versicherungsvertrag vereinbarten Arbeitstage nach Eintritt dieses Schadens keine Entschädigung geleistet.

8105 Weiterzahlung von Gehältern und Löhnen

Die Weiterzahlung von Gehältern und Löhnen über den nächstzulässigen Entlassungstermin hinaus erkennt der Versicherer als wirtschaftlich begründet im Sinne des § 6 Nr. 2 FBUB an, soweit sie erforderlich ist, um die Angestellten und Arbeiter dem Betrieb zu erhalten.

8106 BU-Schäden durch radioaktive Isotope

Sachschäden im Sinne der FBUB sind auch die Schäden, die als Folge eines der in § 2 Nr. 1 FBUB genannten Schadenereignisse durch auf der Betriebsstelle befindliche radioaktive Isotope entstehen, insbesondere Schäden durch Verseuchung.

8107 Unterbrechungsschäden infolge Zerstörung, Beschädigung oder Abhandenkommen von nicht duplizierten Unterlagen oder Datenträgern

1. Abweichend von § 1 ZFBUB sind Unterbrechungsschäden, die durch Zerstörung, Beschädigung oder Abhandenkommen von Urkunden, Plänen, Zeichnungen, Lochkarten, Magnetbändern oder sonstigen Datenträgern, Geschäftsbüchern oder Schriften entstehen, auch dann mitversichert, wenn von diesen Unterlagen oder Datenträgern keine Kopien vorhanden sind oder diese nicht so aufbewahrt sind, daß sie im Falle eines Sachschadens nicht gleichzeitig mit den Originalen zerstört oder beschädigt werden oder abhanden kommen können.

Unterbrechungsschäden infolge des Verlustes oder der Änderungen gespeicherter Informationen ohne gleichzeitige Beschädigung des Datenträgermaterials werden nicht ersetzt.

2. Entschädigungsgrenze je Versicherungsfall ist der vereinbarte v. H.-Satz der Versicherungssumme.

3. Aufwendungen, die der Versicherungsnehmer zur Abwendung oder Minderung des Unterbrechungsschadens macht, werden nicht ersetzt, soweit sie zusammen mit der Entschädigung die Höchstentschädigung gemäß Nr. 2 übersteigen, es sei denn, daß sie auf einer Weisung des Versicherers beruhen.

4. Der als entschädigungspflichtig errechnete Betrag einschließlich Aufwendungsersatz werden je Versicherungsfall um 10 v. H. gekürzt. Ein anderer v. H.-Satz kann vereinbart werden.

8108 Rückwirkungsschäden

1. Ein Unterbrechungsschaden im Sinne des § 3 Nr. 1 FBUB liegt auch vor, wenn sich ein Sachschaden entsprechend § 2 FBUB auf einem Grundstück ereignet hat, das Betriebsstelle eines mit dem Versicherungsnehmer durch Zulieferung von Produkten in laufender Geschäftsverbindung stehenden Unternehmens (Zulieferer) ist. Dies gilt jedoch, sofern nichts anderes vereinbart ist, nur für Grundstücke innerhalb der Bundesrepublik Deutschland einschließlich des Landes Berlin.

2. Entschädigungsgrenze je Versicherungsfall ist der vereinbarte Prozentsatz der Versicherungssumme (ohne Nachhaftung).

3. Aufwendungen, die der Versicherungsnehmer zur Abwendung oder Minderung des Rückwirkungsschadens macht, werden nicht ersetzt, soweit sie zusammen mit der übrigen Entschädigung die Höchstentschädigung gemäß Nr. 2 übersteigen, es sei denn, daß sie auf einer Weisung des Versicherers beruhen.

4. Der als entschädigungspflichtig errechnete Betrag einschließlich Aufwendungsersatz gemäß § 63 VVG wird je Versicherungsfall um den vereinbarten Selbstbehalt gekürzt.

5. Bei der Prämienberechnung nach § 9 FBUB bleibt der Prämienzuschlag für die Mitversicherung von Rückwirkungsschäden unberücksichtigt.

8109 ED-, Lw- und St-BU-Versicherung

1. Soweit vereinbart, gilt in Erweiterung des § 2 Nr. 1 der Allgemeinen Feuer-Betriebsunterbrechungs-Versicherungsbedingungen (FBUB) als Sachschaden an einer dem Betrieb dienenden Sache auch ein nach den

a) Allgemeinen Bedingungen für die Einbruchdiebstahl- und Raubversicherung (AERB 87)

b) Allgemeinen Bedingungen für die Leitungswasserversicherung (AWB 87)

c) Allgemeinen Bedingungen für die Sturmversicherung (AStB 87)

zu ersetzender Schaden.

2. Der Deckungsumfang gemäß den in Nr. 1 genannten AVB kann für die Betriebsunterbrechungs-Versicherung durch zusätzliche Vereinbarungen erweitert werden, deren geschäftsplanmäßiger Gebrauch zu diesen AVB aufsichtsamtlich genehmigt ist.

3. Die Erweiterungen gemäß Nr. 1 a, 1 b oder 1 c können selbständig gekündigt werden.

8110 Bestimmungswidriger Wasseraustritt aus Sprinkleranlagen

1. In Erweiterung von § 2 Nr. 1 der Allgemeinen Feuer-Betriebsunterbrechungs-Versicherungsbedingungen (FBUB) gilt als Sachschaden an einer dem Betrieb dienenden Sache auch ein Durchnässungsschaden, der dadurch entsteht, daß Wasser aus einer auf dem Versicherungsgrundstück installierten Sprinkleranlage bestimmungswidrig austritt. Zur Sprinkleranlage gehören Sprinkler, Wasserbehälter, Verteilerleitungen, Ventile, Alarmanlagen, Pumpenanlagen, sonstige Armaturen und Zuleitungsrohre, die ausschließlich dem Betrieb der Sprinkleranlage dienen.

2. Ausgenommen sind Schäden

a) an der Sprinkleranlage;

b) anläßlich von Druckproben;

c) durch Umbauten oder Reparaturarbeiten am Gebäude oder an der Sprinkleranlage;

d) durch Erdsenkung, Erdrutsch oder Schwamm.

3. Sprinkleranlagen gemäß Nr. 1 sind von der Technischen Prüfstelle des Verbandes der Sachversicherer e. V. abgenommen und werden regelmäßig durch eine von den Versicherern anerkannte Überwachungsstelle überprüft. Im übrigen gelten Nr. 3 und Nr. 4 der Vereinbarung „Brandschutzanlagen".

4. Verletzt der Versicherungsnehmer eine der Obliegenheiten gemäß Nr. 3, so ist der Versicherer nach Maßgabe des § 6 Abs. 1 und Abs. 2 VVG zur Kündigung berechtigt oder auch leistungsfrei. Leistungsfreiheit tritt nicht ein, wenn die Verletzung weder auf Vorsatz noch auf grober Fahrlässigkeit beruht. Eine Kündigung des Versicherers wird einen Monat nach Zugang wirksam.

5. Begründet ein Verstoß gegen die Bestimmungen von Nr. 3 zugleich einen Verstoß gegen §§ 16 ff. (vorvertragliche Anzeigepflicht), 23 ff. (Gefahrerhöhung) VVG, so ergeben sich die Rechtsfolgen aus den genannten gesetzlichen Bestimmungen.

6. Der Versicherungsnehmer trägt von jedem ersatzpflichtigen Schaden einschließlich der zur Abwehr oder Minderung des Schadens aufgewendeten Kosten den vereinbarten Selbstbehalt.

8111 Unbemannte Flugkörper

Abweichend von § 2 Nr. 1 b) FBUB gilt als Sachschaden auch die Zerstörung, die Beschädigung oder das Abhandenkommen einer dem Betrieb dienenden Sache infolge von Anprall oder Absturz eines unbemannten Flugkörpers, seiner Teile oder seiner Ladung.

Kl. 8112 – Vergrößerung des Unterbrechungsschadens durch behördlich angeordnete Wiederaufbau- oder Betriebsbeschränkungen

1. Abweichend von § 3 Nr. 2 b FBUB besteht Versicherungsschutz auch, soweit der Unterbrechungsschaden durch behördlich angeordnete Wiederaufbau- oder Betriebsbeschränkungen vergrößert wird, die nach Eintritt des Versicherungsfalles aufgrund von Gesetzen oder Verordnungen ergehen, die bereits vor Eintritt des Versicherungsfalles in Kraft getreten waren.

2. Der Einschluß gemäß Nr. 1 gilt nicht, soweit sich die behördlichen Anordnungen auf dem Betrieb dienende Sachen beziehen, die nicht durch einen Sachschaden gemäß § 2 Nr. 1 FBUB betroffen sind.

3. Wenn die Wiederherstellung des Betriebes aufgrund behördlicher Wiederaufbaubeschränkungen nur an anderer Stelle erfolgen darf, wird für die Vergrößerung des Unterbrechungsschadens nur gehaftet, soweit er auch bei Wiederherstellung an der bisherigen Stelle entstanden wäre.

4. Entschädigungsgrenze je Versicherungsfall ist der vereinbarte Prozentsatz der betroffenen Versicherungssumme ohne Nachhaftung.
Die Bestimmungen über Unterversicherung bleiben unberührt.

5. Der gemäß Nr. 1 bis Nr. 4 als entschädigungspflichtig errechnete Betrag wird je Versicherungsfall um den vereinbarten Selbstbehalt gekürzt.

8200 – Versicherte Kosten

8201 Sachverständigenkosten

Übersteigt der entschädigungspflichtige Schaden den vereinbarten Betrag, so ersetzt der Versicherer bis zu der hierfür vereinbarten Versicherungssumme von den nach § 12 Nr. 4 FBUB durch den Versicherungsnehmer zu tragenden Kosten des Sachverständigenverfahrens den vereinbarten Anteil.

8300 – Gefahrerhöhungen; Obliegenheiten

8301 Erweiterte Anerkennung

1. Der Versicherer erkennt an, daß ihm alle Umstände bekanntgeworden sind, die im Zeitpunkt der Antragstellung gegeben und für die Übernahme der Gefahr erheblich waren.

2. Dies gilt jedoch nicht für Umstände, die arglistig verschwiegen worden sind.

8302 Prüfung von elektrischen Anlagen

Abweichend von § 5 ZFBUB verzichtet der Versicherer, falls bei einer Prüfung gemäß § 5 Nr. 1 ZFBUB keine erheblichen Mängel festgestellt werden, auf die nächstfällige Prüfung.

8303 Brandschutzanlagen

1. Die im Versicherungsvertrag bezeichneten Gebäude, Räume oder Einrichtungen sind mit einer ebenfalls im Versicherungsvertrag bezeichneten und vom Verband der Sachversicherer e. V. (VdS) anerkannten Brandschutzanlage ausgestattet. Brandschutzanlagen sind insbesondere:

a) Brandmeldeanlagen

b) Brandmeldeanlagen mit erhöhter Zuverlässigkeit

c) Sprinkleranlagen

d) Sprühwasser-Löschanlagen

e) CO_2-Feuerlöschanlagen

f) Halon-Feuerlöschanlagen

g) Schaum-Löschanlagen

h) Pulver-Löschanlagen

i) Rauch- und Wärmeabzugsanlagen

j) Funkenlöschanlagen

2. Anlagen gemäß Nr. 1 a oder 1 i sind dem Versicherer durch ein Installationsattest angezeigt, das dem Mustervordruck des VdS entspricht. Anlagen gemäß Nr. 1 b bis 1 h sind durch die Technische Prüfstelle des VdS abgenommen und dem Versicherer durch ein Abnahmezeugnis angezeigt.

3. Der Versicherungsnehmer ist verpflichtet, auf seine Kosten

a) die baulichen und betrieblichen Gegebenheiten, von denen die Wirksamkeit der Anlage abhängt, stets in einem den Richtlinien des VdS entsprechenden Zustand zu erhalten;

b) die Anlage stets in gutem, funktionstüchtigem Zustand zu erhalten und zu betreiben sowie die Bedienungsanleitungen zu beachten;

c) bei Störungen der Anlage darauf zu achten, daß nur der defekte Anlageteil außer Betrieb genommen wird;

d) für die Dauer von Störungen oder Außerbetriebnahmen der Anlage geeignete Vorsichtsmaßnahmen zu treffen;

e) Störungen oder Außerbetriebnahmen von Anlagen gemäß Nr. 1 c bis 1 h unverzüglich dem Versicherer anzuzeigen;

f) Störungen der Anlage unverzüglich durch eine vom VdS anerkannte Fachfirma beseitigen zu lassen, auch wenn die Anlage nur teilweise funktionsuntüchtig ist;

g) Änderungen an der Anlage nur durch eine vom VdS anerkannte Fachfirma vornehmen zu lassen;

h) ein Betriebsbuch (Kontrollbuch) nach VdS-Mustervordruck zu führen;

i) dem Versicherer auf dessen Kosten jederzeit die Überprüfung der Anlage durch den VdS zu gestatten.

4. Der Versicherungsnehmer ist ferner verpflichtet, auf seine Kosten

a) Anlagen gemäß Nr. 1a und 1b vierteljährlich sowie Anlagen gemäß Nr. 1i halbjährlich und außerdem nach jeder Änderung der Anlagen durch eine Fachkraft inspizieren und die dabei festgestellten Mängel unverzüglich durch eine vom VdS anerkannte Fachfirma beseitigen zu lassen; als Fachkraft für Brandmeldeanlagen gilt nur, wer aufgrund seiner Ausbildung, Kenntnisse und Erfahrungen sowie seiner Kenntnis der einschlägigen Bestimmungen die ihm übertragenen Arbeiten beurteilen und mögliche Gefahren erkennen kann;

b) die in a genannten Anlagen mindestens einmal jährlich durch eine vom VdS anerkannte Fachfirma warten zu lassen;

c) Anlagen gemäß Nr. 1c und 1d mindestens einmal in jedem Kalenderhalbjahr, Anlagen gemäß Nr. 1e bis 1h mindestens einmal in jedem Kalenderjahr sowie Anlagen gemäß Nr. 1b mindestens alle drei Jahre durch die Technische Prüfstelle prüfen und etwaige Mängel unverzüglich abzustellen oder beseitigen zu lassen; die Erfüllung dieser Obliegenheiten ist dem Versicherer durch ein Prüfzeugnis nachzuweisen.

5. Verletzt der Versicherungsnehmer eine der Obliegenheiten gemäß Nr. 3 oder Nr. 4, so kann der Versicherer nach Maßgabe des § 6 Abs. 1 und Abs. 2 VVG zur Kündigung berechtigt oder auch leistungsfrei sein. Leistungsfreiheit tritt nicht ein, wenn die Verletzung weder auf Vorsatz noch auf grober Fahrlässigkeit beruht.

Führt die Verletzung zu einer Gefahrerhöhung, so gelten die §§ 23 bis 30 VVG. Danach kann der Versicherer zur Kündigung berechtigt oder auch leistungsfrei sein.

6. Dauert eine gemäß Nr. 3e anzuzeigende Störung oder Außerbetriebnahme länger als drei Tage, so hat der Versicherungsnehmer zeitanteilig einen für die betroffene Anlage gewährten Prämienrabatt, mindestens jedoch den vereinbarten Anteil der Jahresprämie für die betroffenen Positionen, nachzuentrichten. Dies gilt nicht, soweit der Versicherer in einem Versicherungsfall wegen dieser Störung oder Außerbetriebnahme gemäß Nr. 5 leistungsfrei geworden ist.

8304 Vorübergehende Abweichung von Sicherheitsvorschriften

Etwaige vorübergehende Abweichungen von Sicherheits- und Betriebsvorschriften bei Bau-, Umbau- und Reparaturarbeiten auf der Betriebsstelle gelten, soweit sie durch zwingende technische Gründe veranlaßt sind und bei ihrer Durchführung die gebotene erhöhte Sorgfalt beobachtet wird, nicht als Verstoß gegen die Gesetzesvorschriften über Gefahrerhöhung. Abweichungen, die die im Versicherungsvertrag vereinbarte Dauer überschreiten, gelten jedoch nicht mehr als vorübergehend. Die Vorschriften über Gefahrerhöhung haben vielmehr wieder uneingeschränkt Gültigkeit.

8305 Gefahrerhöhung (Versehensklausel)

1. Der Versicherungsnehmer wird sein Aufsichtspersonal zur laufenden Überwachung der Gefahrenverhältnisse auf der Betriebsstelle verpflichten und Gefahrerhöhungen nach §§ 23 bis 30 VVG unverzüglich anzeigen. Dies gilt auch für Gefahrerhöhungen, die sich aus der Änderung bestehender oder der Aufnahme neuer Betriebszweige ergeben haben. Um etwa versehentlich nicht gemeldete oder bisher nicht bekanntgewesene Gefahrerhöhungen nachträglich feststellen zu können, wird der Versicherungsnehmer das versicherte Wagnis halbjährlich prüfen.

2. Verletzt der Versicherungsnehmer seine Anzeigepflicht, so bleibt gleichwohl die Verpflichtung des Versicherers zur Leistung bestehen, wenn die Verletzung weder auf Vorsatz noch auf grober Fahrlässigkeit beruht. Bleibt seine Verpflichtung hiernach bestehen, so gebührt ihm rückwirkend vom Tage der Gefahrerhöhung an die etwa erforderliche höhere Prämie.

8306 Anzeige von Gefahrerhöhungen bei Bestehen einer Versicherungsabteilung

Hat der Versicherungsnehmer eine Versicherungsabteilung eingerichtet, die Gewähr dafür bietet, daß vertragserhebliche Tatsachen regelmäßig erfaßt werden, so gilt die Anzeige von Gefahrerhöhungen als rechtzeitig, wenn sie unverzüglich erstattet wird, nachdem die Versicherungsabteilung des Versicherungsnehmers Kenntnis von der Erhöhung der Gefahr erhalten hat. Der Versicherungsnehmer hat dafür zu sorgen, daß die jeweils zuständigen Stellen des Betriebes die erforderlichen Meldungen an die Versicherungsabteilung unverzüglich erstatten.

8307 Bezugnahme auf die Feuer- oder FBU-Versicherung

Bestehen die Feuerversicherung und die Feuer-Betriebsunterbrechungsversicherung bei demselben Versicherer oder unter Führung desselben Versicherers, so gelten Anzeigen über Gefahrenumstände bei Abschluß des Vertrages oder über Gefahrenänderungen nach Abschluß des Vertrages für beide Verträge.

8400 – Versicherungsort

8401 Neu hinzukommende Betriebsstellen

1. Als Betriebsstelle im Sinne von § 3 Nr. 1 FBUB gelten innerhalb der Bundesrepublik Deutschland einschließlich des Landes Berlin ohne besondere Anmeldung auch neu hinzukommende Betriebsstellen. Die Entschädigung ist jedoch je Betriebsstelle und Versicherungsfall auf 250 000,– DM begrenzt.
2. Der Versicherungsnehmer ist verpflichtet, halbjährlich ein Verzeichnis dieser Betriebsstellen einzureichen.
Bei nicht ausreichender Versicherungssumme ist § 5 Nr. 3 FBUB (Unterversicherung) anzuwenden.
3. Der Versicherungsnehmer erkennt Prämienzuschläge an, die infolge der Gefahrenlage bei den neu hinzukommenden Betriebsstellen erforderlich werden.

8401a Neu hinzukommende Betriebsstellen (VerBAV 1990 S. 32)

1. Als Betriebsstelle im Sinne von § 3 Nr. 1 FBUB gelten innerhalb der Bundesrepublik Deutschland einschließlich des Landes Berlin, ohne besondere Anmeldung auch neu hinzukommende Betriebsstellen. Die Entschädigung ist jedoch je Betriebsstelle und Versicherungsfall auf den vereinbarten Betrag begrenzt.
2. Der Versicherungsnehmer ist verpflichtet, in dem vereinbarten Meldeturnus ein Verzeichnis dieser Betriebsstellen einzureichen.
Die Bestimmung über Unterversicherung in den dem Vertrag zugrundeliegenden Versicherungsbedingungen bleibt unberührt.
3. Die Prämie ändert sich entsprechend der Gefahrenlage bei den neu hinzukommenden Betriebsstellen.

8402 Triebwerkflugzeuge in der Luftfahrt-Industrie (ruhend)

1. Wird der Betrieb des Versicherungsnehmers durch einen Sachschaden an Triebwerkflugzeugen unterbrochen, so ersetzt der Versicherer den dadurch entstehenden Unterbrechungsschaden nur, wenn sich die Triebwerkflugzeuge in Herstellung, Reparatur, Wartung oder Überholung befinden.
2. Der Versicherungsschutz beginnt
a) im Rahmen der Herstellung mit Beginn der Montage
b) im Rahmen der Reparatur, Wartung oder Überholung mit dem Eintreffen auf der Betriebsstelle sobald das Triebwerkflugzeug auf dem Abstellplatz angelangt ist und die Triebwerke stillstehen.

3. Der Versicherungsschutz wird unterbrochen, sobald und solange sich das flugfähig montierte Triebwerkflugzeug in Betrieb befindet, d. h. während

a) des Rollens mit eigener oder fremder Kraft

b) Triebwerksläufen, auch zum Zwecke der Erprobung

c) des Fluges.

4. Der Versicherungsschutz endet mit dem Verlassen der Betriebsstelle.

8403 Weitere Betriebsstellen

1. Abweichend von § 3 Nr. 1 FBUB besteht Versicherungsschutz auch für Unterbrechungsschäden infolge von Sachschäden, die sich innerhalb der besonders vereinbarten weiteren Betriebsstätten in fremden Unternehmen ereignet haben. Hierfür kann eine Entschädigungsgrenze vereinbart werden.

2. Versicherungsschutz besteht nur für Unterbrechungsschäden infolge von Sachschäden im Sinne von § 2 FBUB an Sachen, die dem VN gehören, die von ihm unter Eigentumsvorbehalt erworben oder zur Sicherung übereignet sind oder die er für seinen Betrieb gemietet, gepachtet oder geliehen hat.

8500 – Versicherungssumme; Unterversicherung

8501 Überjährige Haftzeit bis zu 24 Monaten (VerBAV 1989 S. 274)

1. Abweichend von § 3 Nr. 3 FBUB sind die im Versicherungsvertrag angegebenen Haftzeiten vereinbart. Die Versicherungssummen beziehen sich für alle Gruppen einheitlich auf 24 Monate.

2. In Abänderung des § 5 Nr. 1 Satz 2 FBUB ist der Bewertungszeitraum einheitlich auf 24 Monate festgesetzt.

3. § 9 FBUB (Prämienrückgewähr) wird wie folgt geändert:

a) Entspricht das Versicherungsjahr dem Geschäftsjahr und meldet der Versicherungsnehmer spätestens 4 Monate nach Ablauf eines Geschäftsjahres, daß nach seinen Geschäftsbüchern Betriebsgewinn und erwirtschaftete Kosten in den mit Ende dieses Geschäftsjahres abgelaufenen 24 Monaten niedriger waren als die Versicherungssumme, so wird die auf den überschießenden Betrag gezahlte Prämie bis zu einem Drittel der entrichteten Jahresprämie rückvergütet. Die Rückvergütung ist für jede Gruppe besonders festzustellen.

b) Erweist sich im Schadenfalle, daß die für die abgelaufenen 24 Monate nach Nr. 1 für eine Gruppe als endgültig gemeldete Summe niedriger war als der Versicherungswert dieser Gruppe in demselben Zeitraum, so ermäßigt sich die bedingungsgemäß (vgl. auch § 5 Nr. 3 FBUB) ermittelte Entschädigung im Verhältnis der unter Berücksichtigung der Prämienrückgewähr gezahlten Prämie zu der Prämie, die der Versicherungsnehmer nach dem Versicherungswert der abgelaufenen 24 Monate zu zahlen gehabt hätte. War die Versicherungssumme einer Gruppe niedriger als der Versicherungswert dieser Gruppe in den abgelaufenen 24 Monaten, so ermäßigt sich die bedingungsgemäß (vgl. auch § 5 Nr. 3 FBUB) ermittelnde Entschädigung nur im Verhältnis der unter Berücksichtigung der Prämienrückgewähr gezahlten Prämie zu der für die Versicherungssumme gezahlten Prämie. Satz 1 und 2 gelten nicht, wenn der Versicherungsnehmer glaubhaft macht, daß die unrichtige Meldung ohne sein Verschulden erfolgt ist.

c) Ist die Versicherungssumme während des abgelaufenen Versicherungsjahres geändert worden, so gilt als Versicherungssumme im Sinne von a und b die Jahresdurchschnittssumme, die sich aus den jeweiligen Versicherungssummen, unter Berücksichtigung der Zeiträume errechnet, in denen sie gegolten haben.

8502 Selbstbehalt bei ungekürzter Versicherungssumme

Der bedingungsgemäß als entschädigungspflichtig errechnete Betrag einschließlich Aufwendungsersatz gemäß § 63 VVG wird je Versicherungsfall um den vereinbarten Selbstbehalt gekürzt.

8503 Höchstentschädigungen

1. Die Entschädigung je Versicherungsfall ist auf den im Versicherungsvertrag vereinbarten Betrag begrenzt (Höchstentschädigung).

2. Aufwendungen, die der Versicherungsnehmer zur Abwehr oder Minderung des Unterbrechungsschadens macht, werden nicht ersetzt, soweit sie zusammen mit der übrigen Entschädigung die Höchstentschädigung übersteigen, es sei denn, daß sie auf einer Weisung des Versicherers beruhen.

8504 Nachhaftung (VerBAV 1989 S. 274)

1. Der Versicherer haftet über die Versicherungssumme je Position hinaus bis zu der vereinbarten Nachhaftung. Dies gilt nicht für vereinbarte Entschädigungsgrenzen und Versicherungssummen auf Erstes Risiko (erste Gefahr).

2. Das Versicherungsjahr hat dem Geschäftsjahr zu entsprechen. Der Versicherungsnehmer ist verpflichtet, spätestens 4 Monate nach Ablauf des Versicherungsjahres zu melden, welchen Betriebsgewinn und welche Kosten er im abgelaufenen Geschäftsjahr erwirtschaftet hat. Wird die Versicherungssumme einer Position überschritten, so ist die Prämie für die überschießende Summe bis zur Höhe der vereinbarten Nachhaftung nachzuentrichten.

Ist die Versicherungssumme im abgelaufenen Versicherungsjahr geändert worden, so gilt als Versicherungssumme im Sinne von Abs. 1 die Jahresdurchschnittssumme, die sich aus den jeweiligen Versicherungssummen unter Berücksichtigung der Zeiträume errechnet, in denen sie gegolten haben.

3. Erfolgt keine fristgerechte Meldung, wird für das abgelaufene Versicherungsjahr die vereinbarte bzw. nach Nr. 2 Abs. 2 sich ergebende Jahresdurchschnittssumme zuzüglich Nachhaftung abgerechnet.

4. Eine Unterversicherung nach § 5 Nr. 3 FBUB wird nicht geltend gemacht, wenn der Versicherungswert nicht höher ist als die Versicherungssumme zuzüglich der vereinbarten Nachhaftung.

5. Entschädigung, Rückvergütung und Nachzahlung sind für jede Position gesondert festzustellen und abzurechnen.

6. Die Bestimmungen des § 9 FBUB bleiben unberührt. § 9 Nr. 2 FBUB gilt sinngemäß auch für die Meldung nach Nr. 2 Satz 2.

7. Soweit die Klausel „8501 Überjährige Haftzeit bis zu 24 Monaten" Gültigkeit hat, ist die Meldung des Betriebsgewinns und der erwirtschafteten Kosten nach Nr. 2 Absatz 1 statt für das abgelaufene Geschäftsjahr für die mit Ende dieses Geschäftsjahres abgelaufenen 24 Monate abzugeben.

8600 – Sonstige Bestimmungen

8601 Änderung von Vertragsgrundlagen

1. Werden die dem Vertrag zugrunde liegenden Versicherungsbedingungen oder Klauseln während der Versicherungsdauer zugunsten der Versicherungsnehmer geändert, so gelten sie mit sofortiger Wirkung auch für diesen Vertrag.

2. Erfordern die Änderungen eine höhere Prämie, so wird diese vom Zeitpunkt der Änderung an berechnet, wenn der Versicherungsnehmer nicht ausdrücklich auf die Änderung verzichtet.

8602 Makler

Der den Versicherungsvertrag betreuende Makler ist bevollmächtigt, Anzeigen und Willenserklärungen des Versicherungsnehmers entgegenzunehmen. Er ist durch den Maklervertrag verpflichtet, diese unverzüglich an den Versicherer weiterzuleiten.

8603 Ratenzahlung

1. Ist für die Jahresprämie Ratenzahlung vereinbart, so gelten die ausstehenden Raten bis zu den vereinbarten Zahlungsterminen als gestundet.

2. Die gestundeten Raten des laufenden Versicherungsjahres werden sofort fällig, wenn der Versicherungsnehmer mit einer Rate ganz oder teilweise in Verzug gerät oder soweit eine Entschädigung fällig wird.

Die sonstigen Folgen nicht rechtzeitiger Zahlung ergeben sich im Fall der ersten Rate der ersten Jahresprämie aus § 38 VVG, im übrigen aus § 39 VVG.

8604 Vertragsbeendigung bei Kündigung des Versicherers nach einem Versicherungsfall

Bei einer Kündigung des Versicherers aus Anlaß eines Versicherungsfalles endet der Vertrag erst drei Monate nach Zugang der Kündigung.

8605 Verlängerung der Meldefrist (VerBAV 1989 S. 163)

Die Meldefrist von vier Monaten nach § 9 Nr. 1 FBUB wird auf sechs Monate ausgedehnt. Ein gleiches gilt, soweit Klausel „8501 Überjährige Haftzeit bis zu 24 Monaten" oder „8504 Nachhaftung" vereinbart ist, für die dort vereinbarte Meldefrist.

8800 – Klauseln für die Mietverlust-Versicherung

8810 – Versicherte Gefahren und Schäden

8811 Schäden durch Hagel

1. Die Versicherung gegen Mietverlust durch Sturm gemäß § 1 Nr. 1 c ABM 88 erstreckt sich auch auf Schäden durch Hagel. Dabei brauchen die Voraussetzungen von § 1 Nr. 7 ABM 88 nicht gegeben zu sein.

2. Versicherungsschutz besteht auch, wenn die Öffnung im Sinne von § 2 Nr. 4 c ABM durch Hagel entstanden ist.

8812 Bestimmungswidriger Wasseraustritt aus Sprinklern

1. Abweichend von § 2 Nr. 3 c ABM 88 leistet der Versicherer Entschädigung für Mietverlust, wenn Wasser aus Sprinklern bestimmungswidrig austritt.

2. Ausgeschlossen sind Schäden, die durch Druckproben oder durch Umbauten oder Reparaturarbeiten am Gebäude oder an der Sprinkleranlage verursacht werden. Zur Sprinkleranlage gehören Sprinkler, Wasserbehälter, Verteilerleitungen, Ventile, Alarmanlagen, Pumpenanlagen sowie sonstige Armaturen und Zuleitungsrohre, die ausschließlich dem Betrieb der Sprinkleranlage dienen.

3. Der Versicherer hat

a) die Sprinkleranlage unverzüglich durch die Technische Prüfstelle des Verbandes der Sachversicherer e.V. abnehmen oder revidieren zu lassen, falls dies nicht innerhalb der letzten 6 Monate vor Vertragsschluß oder vor Abschluß dieser Vereinbarung bereits geschehen ist;

b) die gesamte Anlage auf eigene Kosten halbjährlich durch die in a) genannte Prüfstelle prüfen zu lassen;

c) Mängel, die bei Prüfungen gemäß a) oder b) festgestellt worden sind, durch eine anerkannte Installationsfirma beseitigen zu lassen und dem Versicherer hierüber ein schriftliches Zeugnis zu übersenden.

4. Die Rechtsfolgen von Verstößen gegen die Bestimmungen von Nr. 3 ergeben sich aus §§ 5 und 6 ABM 88.

8813 Unbemannte Flugkörper

Abweichend von § 1 Nr. 1 ABM 88 leistet der Versicherer Entschädigung auch für Mietverlust, wenn der Schaden durch Anprall oder Absturz eines unbemannten Flugkörpers, seiner Teile oder seiner Ladung entsteht.

8850 – Versicherungssumme; Unterversicherung

8851 Verlängerte Mietverlustversicherung

1. Abweichend von § 4 ABM 88 bezieht sich die Versicherungssumme auf 24 Monate.

2. Abweichend von § 9 Nr. 3 ABM 88 wird der Mietverlust höchstens für den vereinbarten längeren Zeitraum ersetzt.

8852 Nachhaftung/Prämienabrechnung

1. Der Versicherer haftet über die Versicherungssumme hinaus bis zu der vereinbarten Nachhaftung.

2. Das Versicherungsjahr hat dem Geschäftsjahr zu entsprechen. Der Versicherungsnehmer ist verpflichtet, spätestens 4 Monate nach Ablauf eines Versicherungsjahres zu melden, welchen Mietwert gem. § 4 ABM 88 er im abgelaufenen Geschäftsjahr erwirtschaftet hat. Soweit die Klausel „Verlängerte Mietverlustversicherung" Gültigkeit hat, ist die Meldung des Mietwertes statt für das abgelaufene Geschäftsjahr für die mit Ende dieses Geschäftsjahres abgelaufenen 24 Monate abzugeben.

3. Wird die Versicherungssumme überschritten, so ist die Prämie für die überschießende Summe bis zur Höhe der vereinbarten Nachhaftung nachzuentrichten. Wird die Versicherungssumme unterschritten, so wird die auf den überschießenden Betrag gezahlte Prämie bis zu einem Drittel der entrichteten Jahresprämie erstattet.
Erfolgt keine fristgerechte Meldung, wird für das abgelaufene Versicherungsjahr die vereinbarte Versicherungssumme zuzüglich Nachhaftung abgerechnet.

4. Eine Unterversicherung nach § 9 Nr. 4 ABM 88 wird nicht geltend gemacht, wenn der Versicherungswert nicht höher ist als die Versicherungssumme zuzüglich der vereinbarten Nachhaftung.

8880 – Verhaltens- und Wissenszurechnung; Vertretung

8881 Führung

Der führende Versicherer ist bevollmächtigt, Anzeigen und Willenserklärungen des Versicherungsnehmers für alle beteiligten Versicherer entgegenzunehmen.

8882 Prozeßführung

Soweit die vertraglichen Grundlagen für die beteiligten Versicherer die gleichen sind, ist folgendes vereinbart:

1. Der Versicherungsnehmer wird bei Streitfällen aus diesem Vertrag seine Ansprüche nur gegen den führenden Versicherer und nur wegen dessen Anteil gerichtlich geltend machen.

2. Die beteiligten Versicherer erkennen die gegen den führenden Versicherer rechtskräftig gewordene Entscheidung sowie die von diesem mit dem Versiche-

rungsnehmer nach Rechtshängigkeit geschlossenen Vergleiche als auch für sich verbindlich an.

3. Falls der Anteil des führenden Versicherers die Berufungs- oder Revisionssumme nicht erreicht, ist der Versicherungsnehmer berechtigt und auf Verlangen des führenden oder eines mitbeteiligten Versicherer verpflichtet, die Klage auf einen zweiten, erforderlichenfalls auf weitere Versicherer auszudehnen, bis diese Summe erreicht ist. Wird diesem Verlangen nicht entsprochen, so gilt Nr. 2 nicht.

8883 Makler

Der den Versicherungsvertrag betreuende Makler ist bevollmächtigt, Anzeigen und Willenserklärungen des Versicherungsnehmers entgegenzunehmen. Er ist durch den Maklervertrag verpflichtet, diese unverzüglich an den Versicherer weiterzuleiten.

8884 Repräsentanteneigenschaft

Schließt der Versicherungsnehmer im Rahmen seines Gewerbes laufend eine Vielzahl von Miet- oder Pachtverträgen ab, so sind die Mieter oder Pächter nicht Repräsentanten des Versicherungsnehmers.

9000 – Klauseln für die Feuerhaftungs-Versicherung

9101 Vermögensfolgeschäden

1. In Erweiterung von § 2 FHB sind Ansprüche des Dritten aus Vermögensschäden, die Folge eines bei ihm entstehenden Sachsubstanzschadens sind, mitversichert.

Personenschäden und Vermögensschäden aus Personenschäden bleiben ausgeschlossen.

2. Die Höchstgrenze gemäß § 4 Nr. 2 FHB bleibt unberührt.

9102 Besonders bezeichnete Montage- und Reparaturstellen

1. Abweichend von § 2 Nr. 1 FHB gelten als Versicherungsgrundstücke auch die besonders bezeichneten Monatage- und Reparaturstellen.

2. Nicht versichert sind jedoch Haftpflichtansprüche wegen Schäden, die an den vom Versicherungsnehmer – oder in dessen Auftrag oder für dessen Rechnung von Dritten – hergestellten oder gelieferten Arbeiten oder Sachen infolge einer in der Herstellung oder Lieferung liegenden Ursache entstehen.

3. Treten in einem Versicherungsjahr mehrere Schadenereignisse gemäß § 2 Nr. 1 FHB in den besonders bezeichneten Montage- und Reparaturstellen ein, so gilt abweichend von § 4 Nr. 2 FHB für alle diese Schadenereignisse zusammen die vereinbarte Jahreshöchstentschädigung. Für jedes einzelne dieser Schadenereignisse gilt § 4 Nr. 2 FHB.

4. Die vereinbarte Selbstbeteiligung je Schadenereignis gemäß § 4 Nr. 3 FHB sowie § 10 Nr. 1 FHB bleiben unberührt.

9103 Montage- und Reparaturstellen

1. Abweichend von § 2 Nr. 1 FHB gelten als Versicherungsgrundstücke auch Montage- und Reparaturstellen innerhalb der Bundesrepublik Deutschland einschließlich des Landes Berlin. Der Geltungsbereich kann auf Europa ausgedehnt werden.

2. Nicht versichert sind jedoch Haftpflichtansprüche wegen Schäden, die an den vom Versicherungsnehmer – oder in dessen Auftrag oder für dessen Rechnung von Dritten – hergestellten oder gelieferten Arbeiten oder Sachen infolge einer in der Herstellung oder Lieferung liegenden Ursache entstehen.

3. Treten in einem Versicherungsjahr mehrere Schadenereignisse gemäß § 2 Nr. 1 FHB in Montage- und Reparaturstellen ein, so gilt abweichend von § 4 Nr. 2 FHB für alle diese Schadenereignisse zusammen die vereinbarte Jahreshöchstentschädigung. Für jedes einzelne dieser Schadenereignisse gilt § 4 Nr. 2 FHB.

4. Die vereinbarte Selbstbeteiligung je Schadenereignis gemäß § 4 Nr. 3 FHB sowie § 10 Nr. 1 FHB bleiben unberührt.

5. Nr. 1 bis 4 gelten nicht für Schadenereignisse auf besonders bezeichneten Montage- und Reparaturstellen, für die eine gesonderte Jahreshöchstentschädigung vereinbart worden ist.

9104 Mietsachschäden

Abweichend von § 5 Nr. 3a FHB sind Haftpflichtansprüche wegen Schäden an fremden Sachen mitversichert, die der Versicherungsnehmer gemietet, gepachtet oder geliehen hat oder die Gegenstand eines besonderen Verwahrungsvertrages sind.

9105 Bearbeitungsschäden

1. Abweichend von § 5 Nr. 3b FHB sind Haftpflichtansprüche wegen Schäden an fremden Sachen auf dem Versicherungsgrundstück mitversichert, die durch eine gewerbliche oder berufliche Tätigkeit des Versicherungsnehmers an oder mit diesen Sachen (z. B. bei Bearbeitung, Reparatur, Beförderung, Prüfung oder dgl.) entstanden sind.

2. Nr. 1 gilt nicht für Haftpflichtansprüche wegen Schäden, die an den vom Versicherungsnehmer – oder in dessen Auftrag oder für dessen Rechnung von Dritten – hergestellten oder gelieferten Arbeiten oder Sachen infolge einer in der Herstellung oder Lieferung liegenden Ursache entstehen.

9106 Temperatur, Gase, Dämpfe, Feuchtigkeit, Niederschläge

Abweichend von § 5 Nr. 4c FHB sind Haftpflichtansprüche wegen Schäden, die entstehen durch allmähliche Einwirkung der Temperatur, von Gasen, Dämpfen oder Feuchtigkeit sowie von Niederschlägen (Rauch, Ruß Staub und dgl.) mitversichert.

9107 Arbeitsgemeinschaften

Für Haftpflichtansprüche aus der Beteiligung an Arbeitsgemeinschaften gelten, soweit nicht etwas anderes vereinbart ist, folgende Bestimmungen:

1. Der Versicherungsschutz ist auf die Quote beschränkt, die der prozentualen Beteiligung des Versicherungsnehmers an der Arbeitsgemeinschaft entspricht. Hierbei ist es unerheblich, zu welcher Partnerfirma die schadenverursachenden Personen oder Sachen (Arbeitsmaschinen, Baugeräte, Baumaterialien usw.) gehören.

2. Vom Versicherungsschutz ausgeschlossen bleiben Haftpflichtansprüche

a) wegen Schäden an den von Partnern der Arbeitsgemeinschaft in diese eingebrachten oder an den von der Arbeitsgemeinschaft beschafften Sachen, gleichgültig von wem die Schäden verursacht wurden;

b) der Partner untereinander sowie Haftpflichtansprüche der Arbeitsgemeinschaft gegen die Partner und umgekehrt.

Stichwortverzeichnis

Texte 35

Zusatzbedingungen für die einfache Betriebsunterbrechungs-Versicherung (Klein-BU-Versicherung) – ZKBU 87

Für die einfache Betriebsunterbrechungs-Versicherung (Klein-BU-Versicherung) gelten je nach der Vereinbarung über die versicherten Gefahren die dem Versicherungsvertrag zugrunde gelegten

– Allgemeine Bedingungen für die Feuerversicherung (AFB 87)

– Allgemeine Bedingungen für die Einbruchdiebstahl- und Raubversicherung (AERB 87)

– Allgemeine Bedingungen für die Leitungswasserversicherung (AWB 87)

– Allgemeine Bedingungen für die Sturmversicherung (AStB 87)

soweit sich nicht aus den folgenden Bestimmungen etwas anderes ergibt.

§ 1 Gegenstand der Versicherung

1. Wird der im Versicherungsvertrag bezeichnete Betrieb des Versicherungsnehmers infolge eines Sachschadens unterbrochen, der nach den vereinbarten Allgemeinen Versicherungsbedingungen aus dem vorliegenden Vertrag dem Grunde nach entschädigungspflichtig ist, so ersetzt der Versicherer den dadurch in dem Betrieb des Versicherungsnehmers entstehenden Unterbrechungsschaden (§ 2).

2. Über Nr. 1 hinaus wird ein Unterbrechungsschaden auch dann ersetzt, wenn der dem Grunde nach entschädigungspflichtige Sachschaden Gebäude oder bewegliche Sachen betrifft, die dem versicherten Betrieb des Versicherungsnehmers dienen, jedoch nicht durch den vorliegenden Vertrag versichert sind.

3. Unterbrechungsschäden infolge Sachschadens an Urkunden, Akten, Plänen, Geschäftsbüchern, Karteien, Zeichnungen, Lochkarten, Magnetbändern, Magnetplatten oder sonstigen Datenträgern sind nur versichert, wenn dies besonders vereinbart ist; eine Entschädigungsgrenze kann vereinbart werden.

Der Versicherungsnehmer hat jedoch von den in Abs. 1 genannten Unterlagen und Datenträgern Duplikate anzufertigen und diese so aufzubewahren, daß sie im Fall eines Sachschadens voraussichtlich nicht gleichzeitig mit den Originalen zerstört oder beschädigt werden oder abhandenkommen können. Als Duplikate gelten auch Urbelege oder damit vergleichbare Unterlagen, die ohne nennenswerte Zeitverzögerung und ohne große Kosten eine Rekonstruktion ermöglichen.

Unterbrechungsschäden durch Verlust oder Änderung gespeicherter Informationen ohne gleichzeitige Beschädigung des Datenträgermaterials werden nicht ersetzt.

4. Verletzt der Versicherungsnehmer eine der Obliegenheiten gemäß Nr. 3 Abs. 2, so ist der Versicherer nach Maßgabe von § 6 Abs. 1 und 2 VVG zur Kündigung berechtigt oder auch leistungsfrei. Eine Kündigung des Versicherers wird einen

Monat nach Zugang wirksam. Leistungsfreiheit tritt nicht ein, wenn die Verletzung weder auf Vorsatz noch auf grober Fahrlässigkeit beruht.

§ 2 Unterbrechungsschaden; Haftzeit

1. Unterbrechungsschaden ist der entgehende Betriebsgewinn und der Aufwand an fortlaufenden Kosten in dem versicherten Betrieb.

2. Der Versicherer haftet nicht, soweit der Unterbrechungsschaden erheblich vergrößert wird

a) durch außergewöhnliche, während der Unterbrechung eintretende Ereignisse;

b) durch behördlich angeordnete Wiederaufbau- oder Beriebsbeschränkungen;

c) dadurch, daß dem Versicherungsnehmer zur Wiederherstellung oder Wiederbeschaffung zerstörter, beschädigter oder abhandengekommener Sachen nicht rechtzeitig genügend Kapital zur Verfügung steht.

3. Der Versicherer haftet für den Unterbrechungsschaden, der innerhalb von 12 Monaten seit Eintritt des Sachschadens entsteht (Haftzeit).

§ 3 Betriebsgewinn und Kosten

1. Versichert sind der Gewinn aus dem Umsatz der hergestellten Erzeugnisse und der gehandelten Waren sowie der Gewinn aus Dienstleistungen und die Kosten des versicherten Betriebes.

2. Nicht versichert sind

a) Aufwendungen für Roh-, Hilfs- und Betriebsstoffe sowie für bezogene Waren, soweit es sich nicht um Aufwendungen zur Betriebserhaltung oder um Mindest- und Vorhaltegebühren für Energiefremdbezug handelt;

b) Umsatzsteuer, Verbrauchssteuern und Ausfuhrzölle;

c) Ausgangsfrachten, soweit keine fortlaufenden vertraglichen Zahlungsverpflichtungen entgegenstehen, und Paketporti;

d) umsatzabhängige Versicherungsprämien;

e) umsatzabhängige Lizenzgebühren und umsatzabhängige Erfindervergütungen;

f) Gewinne und Kosten, die mit dem Fabrikations-, Handels- oder Gewerbebetrieb nicht zusammenhängen, beispielsweise aus Kapital-, Spekulations- oder Grundstücksgeschäften.

§ 4 Versicherungssumme; Umfang der Entschädigung; Unterversicherung

1. Die in vorliegendem Vertrag für Betriebseinrichtung und Vorräte vereinbarte Sach-Versicherungssumme gilt auch als Versicherungssumme für die Betriebsunterbrechungs-Versicherung.

Diese kann jedoch zur Vermeidung einer Unterversicherung (Nr. 4) erhöht werden

a) soweit Betriebseinrichtung oder Vorräte, die dem versicherten Betrieb dienen, nicht durch vorliegenden Vertrag versichert sind (§ 1 Nr. 2);

b) soweit Betriebseinrichtung oder Vorräte gegen dieselbe Gefahr auch durch andere Versicherungsverträge versichert sind, jedoch ohne Einschluß von Betriebsunterbrechungsschäden; solche anderweitigen Versicherungsverträge hat der Versicherungsnehmer dem Versicherer unverzüglich anzuzeigen.

2. Die Entschädigung darf nicht zu einer Bereicherung führen. Bei der Feststellung des Unterbrechungsschadens sind alle Umstände zu berücksichtigen, die den Gang und das Ergebnis des Betriebes während der Haftzeit günstig oder ungünstig beeinflußt haben würden, wenn die Unterbrechung nicht eingetreten wäre.

3. Zu ersetzen sind der Betriebsgewinn und die Kosten, die der Versicherungsnehmer infolge der Betriebsunterbrechung während der Haftzeit nicht erwirtschaf-

ten konnte. Kosten werden nur ersetzt, soweit ihr Weiteraufwand rechtlich notwendig oder wirtschaftlich begründet ist und soweit sie ohne die Unterbrechung erwirtschaftet worden wären.

4. Ist die Versicherungssumme für die Betriebsunterbrechungs-Versicherung niedriger als der zur Zeit des Eintritts des Versicherungsfalls für den vorliegenden Sach-Versicherungsvertrag maßgebende Versicherungswert zuzüglich der Sachwerte gemäß Nr. 1 a) und 1 b), so wird nur der Teil des gemäß den vorstehenden Bestimmungen berechneten Betrages ersetzt, der sich zu dem ganzen Betrag verhält wie die Versicherungssumme zu dem Versicherungswert.

§ 5 Sachverständigenverfahren

Kommt es zu einem Sachverständigenverfahren, so bleibt den Sachverständigen die Art der Schadenermittlung überlassen. Sie haben den Gang der Schadenermittlung darzulegen und die Schadenhöhe zu begründen.

§ 6 Zahlung der Entschädigung

Abweichend von den Allgemeinen Versicherungsbedingungen gilt:

1. Wenn es nach Ablauf eines Monats seit Beginn der Unterbrechung und nach Ablauf jedes weiteren Monats möglich ist, den Betrag festzustellen, den der Versicherer für die verflossene Zeit der Unterbrechung mindestens zu vergüten hat, kann der Versicherungsnehmer verlangen, daß ihm dieser Betrag in Anrechnung auf die Gesamtleistung gezahlt wird.

2. Die Entschädigung ist mit 1 Prozent unter dem Diskontsatz der Deutschen Bundesbank zu verzinsen, mindestens jedoch mit 4 Prozent und höchstens mit 6 Prozent pro Jahr, soweit nicht aus anderen Gründen ein höherer Zins zu entrichten ist. Die Verzinsung beginnt mit dem Zeitpunkt, von dem ab ein versicherter Unterbrechungsschaden nicht mehr entsteht. Zinsen werden erst fällig, wenn die Entschädigung fällig ist.

§ 7 Kündigung

Überschreitet während der Vertragsdauer der Gesamtbetrag der Versicherungssummen für die Betriebsunterbrechungs-Versicherung (§ 4 Nr. 1) in dem vorliegenden Vertrag und in sonstigen Klein-BU-Versicherungen den Betrag von 750 000 DM, so können Versicherungsnehmer und Versicherer jederzeit unter Einhaltung einer Frist von drei Monaten den vorliegenden Betriebsunterbrechungs-Versicherungsvertrag kündigen.

Texte 36

Sonderbedingungen für die Gleitende Neuwertversicherung (SGlN 88)

Zur Versicherung von Gebäuden zum Gleitenden Neuwert gelten zwecks Anpassung an Kostenänderungen im Bauwesen folgende Abweichungen von den Allgemeinen Versicherungsbedingungen:

§ 1 Versicherungssumme 1914; Versicherungswert 1914

1. Die als Versicherungssumme des Vertrages festgelegte „Versicherungssumme 1914" soll in Preisen des Jahres 1914 dem Neubauwert des Gebäudes in seiner

jeweiligen Größe und seinem jeweiligen Ausbau entsprechen (Versicherungswert 1914).

2. Gibt der Versicherungsnehmer im Antrag nicht eine „Versicherungssumme 1914", sondern den Neubauwert in Preisen eines anderen Jahres an (z.B. des Jahres des Vertragsbeginns), so wird der Versicherer auf seine Verantwortung diesen Betrag aufgrund des vom Statistischen Bundesamt veröffentlichten Baupreisindexes für Wohngebäude umrechnen.

3. Mitversichertes Zubehör ist bei der Ermittlung des Neubauwertes gemäß Nr. 1 oder Nr. 2 zu berücksichtigen.

§ 2 Entschädigungsberechnung; Unterversicherung

1. Der Schaden wird auf der Grundlage der ortsüblichen Preise zur Zeit des Eintritts des Versicherungsfalles ermittelt.

2. Die Bestimmungen der §§ 11 LZB 87, 11 Nr. 2 AWB 87 und 11 Nr. 2 AStB 87 finden keine Anwendung.

3. Die errechnete Neuwertentschädigung wird voll geleistet, wenn die „Versicherungssumme 1914" mindestens dem „Versicherungswert 1914" entspricht. Ist die „Versicherungssumme 1914" niedriger als der „Versicherungswert 1914" zur Zeit des Eintritts des Versicherungsfalles (Unterversicherung), so wird nur derjenige Teil des Schadens ersetzt, der sich zu dem ganzen Schaden verhält wie die „Versicherungssumme 1914" zu dem „Versicherungswert 1914".

4. Hat der Versicherungsnehmer den Neubauwert eines anderen Jahres angegeben (§ 1 Nr. 2), so ist Nr. 3 (Unterversicherung) nur anzuwenden, soweit der angegebene Neubauwert vom tatsächlichen Neubauwert jenes Jahres abweicht oder der Neubauwert durch wertsteigernde Um-, An- oder Ausbauten erhöht worden ist.

5. Eine Unterversicherung wird nur berücksichtigt, soweit sie 3 Prozent der „Versicherungssumme 1914" der betroffenen Position des Versicherungsvertrages übersteigt.

§ 3 Prämienberechnung

1. Die Prämie für die „Versicherungssumme 1914" wird mit dem bei Vertragsbeginn geltenden gleitenden Neuwertfaktor multipliziert.

2. Der gleitende Neuwertfaktor erhöht oder vermindert sich jeweils zum 1. Januar jeden Jahres für die in diesem Jahr beginnende Versicherungsperiode entsprechend dem Prozentsatz, um den sich der jeweils für den Monat Mai des Vorjahres vom Statistischen Bundesamt veröffentlichte Baupreisindex für Wohngebäude und der für den Monat April des Vorjahres veröffentlichte Tariflohnindex für das Baugewerbe geändert haben. Die Änderung des Baupreisindexes für Wohngebäude wird zu 80 Prozent und die des Tariflohnindexes für das Baugewerbe zu 20 Prozent berücksichtigt; bei dieser Berechnung wird jeweils auf zwei Stellen hinter dem Komma gerundet.
Der gleitende Neuwertfaktor wird auf eine Stelle hinter dem Komma gerundet.

3. Die aus einem erhöhten gleitenden Neuwertfaktor gemäß Nr. 2 sich ergebende Prämie darf die im Zeitpunkt der Erhöhung geltende Tarifprämie nicht übersteigen. Diese Grenze gilt jedoch nur, wenn sich die neue Tarifprämie auf eine unveränderte Gruppe versicherbarer Risiken bezieht.

§ 4 Sachverständigenverfahren

Im Falle eines Sachverständigenverfahrens müssen die Feststellungen der Sachverständigen auch den „Versicherungswert 1914" des versicherten Gebäudes zur Zeit des Eintritts des Versicherungsfalles enthalten, im Falle von § 1 Nr. 2 den Neubauwert für das zugrundegelegte andere Jahr.

§ 5 Kündigung

1. Versicherungsnehmer oder Versicherer können jederzeit unter Einhaltung einer Kündigungsfrist von drei Monaten den Wegfall der Sonderbedingungen für die Gleitende Neuwertversicherung verlangen. Die Versicherung bleibt zu den Allgemeinen Versicherungsbedingungen und den etwa vereinbarten Zusatzbedingungen für die Feuerversicherung landwirtschaftlicher Betriebe in Kraft, und zwar zur bisherigen Prämie und mit einer Versicherungssumme, die sich aus der „Versicherungssumme 1914", multipliziert mit $\frac{1}{100}$ des bei Wirksamwerden der Kündigung gemäß § 3 Nr. 2 zugrundegelegten Baupreisindexes für Wohngebäude, ergibt.

2. Das Recht auf Herabsetzung der Versicherungssumme nach § 5 Abs. 1 VVG bleibt unberührt.

Texte 37

Sammelversicherungsantrag für Industrie und Gewerbe

Feuerversicherung
Leitungswasserversicherung
Sturmversicherung
Einbruchdiebstahl- und Raubversicherung
Feuer-Betriebsunterbrechungsversicherung
Feuerhaftungsversicherung

Antragsteller
Name, Vorname
bzw. Firmierung
Straße, Haus-Nr.

Postleitzahl,
Wohnort
Standort
Vers.-Grundstück
(Str., Haus-Nr, Ort)

Vertretung Nr. (Stempel)

Weitere Versicherungsgrundstücke *(ggf. gesonderte Aufstellung beifügen)*

Betriebsart

Beschäftigtenzahl   F-Kennzeichnung? B-Nr. b
☐ nein ☐ ja

Besitzverhältnisse   Betrieb: ☐ Eigentümer ☐ Pächter seit: Gebäude: ☐ Eigentümer ☐ Pächter/Mieter

Versicherungs-
umfang

☐ **Feuerversicherung (F)**
☐ **Leitungswasserversicherung (LW)**
☐ **Sturmversicherung einschließlich Hagel (ST)**
Zu versichern sind nach der ausgehändigten Positionen-Erläuterung
für die Feuer-, Leitungswasser- und Sturmversicherung für Industrie und
Gewerbe, soweit dafür kein Versicherungsmonopol besteht:

Versicherungsort ist in der Feuerversicherung das gesamte Versiche-
rungsgrundstück, in der Leitungswasser- und Sturmversicherung sind es
die Gebäude innerhalb dieses Grundstücks.
Hinweise:
– *Fremdes Eigentum ist nach § 2 Nr. 4 AFB 87, AWB 87, AStB 87 mitversichert.*
– *Wird für die Vorräte eine Verkaufspreisklausel beantragt, so ist die*
  Versicherungssumme hierfür entsprechend höher festzusetzen.

Pos.		**Feuer** Vers.-Summe DM	Beitrag ‰	**Leitungswasser** Vers.-Summe DM	Beitrag ‰	**Sturm und Hagel** Vers.-Summe DM	Beitrag ‰
	Gebäude						
1.1	mit fester Versicherungssumme zum Neuwert						
1.2	nach der Wertzuschlagsklausel						
	☐ mit ☐ ohne Bestandserhöhungen zum Neuwert						
	WI-Nr. Preisbasis 19 DM						
	Wertzuschlag % . . . DM						
	Betriebseinrichtung						
2.1	mit fester Versicherungssumme zum Neuwert						
2.2	nach der Wertzuschlagsklausel						
	☐ mit ☐ ohne Bestandserhöhungen zum Neuwert						
	WI-Nr. Preisbasis 19 DM						
	Wertzuschlag % . . . DM						
	Vorräte						
3.1	mit fester Versicherungssumme						
3.2	nach der Stichtagsklausel						
	Stichtag eines jeden Monats; Meldefrist Tage						
	Weitere Sachen						
4.1	Bargeld, Wertpapiere und sonstige Urkunden unter Verschluß in Datensicherungsräumen / -schränken (mindestens R 60 / S 60) oder in anderen gleichwertigen Behältnissen auf Erstes Risiko . . .						
4.2	Bargeld, Wertpapiere und sonstige Urkunden unter Verschluß in sonstigen Behältnissen auf Erstes Risiko						
4.3	Geschäftsunterlagen und sonstige Datenträger unter Verschluß in Datensicherungsräumen / -schränken (mindestens R 60 / S 60) oder in anderen gleichwertigen Behältnissen auf Erstes Risiko . . .						
4.4	Geschäftsunterlagen und sonstige Datenträger in sonstigen Behältnissen oder ohne Verschluß auf Erstes Risiko . .						
4.5	Modelle, Muster ☐ zum vollen Wert ☐ auf Erstes Risiko . .						
4.6	Gebrauchsgegenstände der Betriebsangehörigen zum Neuwert . .						
4.7	Kraftfahrzeuge von Betriebsangehörigen und Besuchern zum Zeitwert						
	Vorsorgeversicherung (nicht für Stichtagsversicherung) für						
5.1	Wertsteigerungen und Bestandserhöhungen zu Pos. .						
5.2	Wertsteigerungen und Bestandserhöhungen zu Pos. .						
5.3	Bestandserhöhungen zu Pos. 1.2 ⎫ nach der Klausel						
5.4	Bestandserhöhungen zu Pos. 2.2 ⎬ Vorsorgeversicherung für Bestandserhöhungen						
	Sonstiges						
6.1	Selbständige Außenversicherung						
6.2	Preisdifferenzversicherung						
	Kosten Zwischensumme						
7.1	Aufräumungs-, Abbruch-, Bewegungs- und Schutzkosten, in der Feuerversicherung auch Feuerlöschkosten auf Erstes Risiko *Hinweis: Empfehlenswert sind mind. 3% d. Summe der Pos. 1.1–6.2*						
7.2	Abbruch-, Aufräumungs-, Abfuhr- und Isolierungskosten für radioaktiv verseuchte Sachen auf Erstes Risiko						
7.3	Sachverständigenkosten bis zu % , soweit der						
	entschädigungspflichtige Schaden DM übersteigt,						
	auf Erstes Risiko						
	Gesamt						

2

☐ **Einbruchdiebstahl- und Raubversicherung (ED)** ☐ einschließlich Vandalismus

gem. beigefügter Deklaration der versicherten Sachen und Kosten – ED 2214

☐ **Feuer-Betriebsunterbrechungsversicherung (FBU)**

Zu versichern sind nach der ausgehändigten Positionen-Erläuterung
zur Feuer-Betriebsunterbrechungsversicherung.

Pos.		Haftzeit Monate	Jahresversicherungssumme DM	Beitrag ‰
1	Betriebsgewinn und Kosten	12		
2	Gehälter			
3	Löhne der Facharbeiter			
4	Löhne der Nichtfacharbeiter			
5	Provisionen und sonstige Bezüge der vertraglichen Vertreter			
6	Sachverständigenkosten bis zu _____ % , soweit der entschädigungspflichtige Schaden _____ DM übersteigt, auf Erstes Risiko			

Gesamt

mit Erweiterung auf Betriebsunterbrechungsschäden durch

	Zuschlag			Zuschlag
☐ Einbruchdiebstahl einschl. Vandalismus	_____ %	☐ Sprinklerleckage		_____ %
☐ Leitungswasser	_____ %	☐ Sturm einschl. Hagel		_____ %

Fragen zum Versicherungsschutz

Besichtigungsbericht, Lageplan und Gebäudebeschreibung bzw. Kurzbericht SV 0164; bei Gastgewerbe zusätzlich SV 0160 beifügen.

Zur Feuer-, Leitungswasser-, Sturm-, Einbruchdiebstahl- und Raub- sowie Feuer-Betriebsunterbrechungsversicherung

1 Wird Versicherungsschutz für Sachen des Versicherungsnehmers beantragt, die sich auch in fremden Betrieben befinden (Abzweigung)?

☐ nein	bis zur Vers.-Summe	Sparte/Zuschlag	Sparte/Zuschlag	ED/Zuschlag	Anschrift, Betriebsart*)
☐ ja, von den vers. Pos.	_____ DM	_____ ‰	_____ ‰		
☐ ja, von Pos.	_____ DM	_____ ‰	_____ ‰	_____ ‰	

2 Wird hierfür auch FBU-Versicherungsschutz beantragt *(Zuschlag im Beitragssatz berücksichtigen)?*   *) (ggf. gesonderte Aufstellung beifügen)*

	bis zur Vers.-Summe	Anschrift, Betriebsart
☐ nein ☐ ja	_____ DM	

3 Wird die Mitversicherung von Schäden durch radioaktive Isotope beantragt (F/LW/ST/ED: Klausel 1101; FBU: Klausel 8106)?

☐ nein ☐ ja *(Zuschlag im Beitragssatz berücksichtigen)*

Zur Feuer-, Leitungswasser-, Sturm- sowie Einbruchdiebstahl- und Raubversicherung

4 Wird die Mitversicherung des Verkaufspreises beantragt?

☐ nein ☐ ja, und zwar ☐ für verkaufte lieferungsfertige eigene Erzeugnisse (Klausel 1501)

☐ für sämtliche lieferungsfertige eigene Erzeugnisse (Klausel 1502)

☐ für verkaufte Großhandelswaren (Klausel 1503)

5 Wird abweichend von § 2 Nr. 4 AFB 87, AWB 87, AStB 87 sowie § 2 Nr. 3 AERB 87 nur das in Obhut genommene fremde Eigentum mitversichert, zu dessen Versicherung der Antragsteller nachweislich verpflichtet ist (Klausel 1202)?

☐ nein ☐ ja, für die versicherten Positionen   ☐ ja, für Position _____

Zur Feuer- und Leitungswasserversicherung

6 Wird auch für außerhalb des Versicherungsgrundstücks befindliche Sachen Versicherungsschutz beantragt (abhängige Außenversicherung) (F: Klausel 3401; LW: Klausel 5401)?

☐ nein	bis zur Vers.-Summe	F/Zuschlag	LW/Zuschlag	Geltungsbereich:
☐ ja, von den vers. Pos.	_____ DM	_____ ‰	_____ ‰	☐ Bundesrepublik Deutschland einschl. des Landes Berlin und der Verbindungswege
☐ ja, von Pos.	_____ DM	_____ ‰	_____ ‰	☐ Europa ☐ Welt

Zur Leitungswasser- und Sturmversicherung

7 Ist ein Gebäude auf dem Versicherungsgrundstück noch im Bau?

☐ nein ☐ ja, welches und wann bezugsfertig?

Achtung: Die Haftung des Versicherers beginnt erst, wenn die zu versichernden oder der Aufbewahrung zu versichernder beweglicher Sachen dienenden Gebäude bezugsfertig sind.

Zur Feuerversicherung

8 Wird die Mitversicherung von Schäden durch Sprinklerleckage beantragt (Klausel 3103)?

	Beitrag	Selbstbehalt
☐ nein ☐ ja	_____ ‰	_____ DM

Zur Leitungswasserversicherung

9 Wird die erweiterte Versicherung von Rohrleitungen nach Klausel 5201 beantragt?

	Vers.-Summe auf Erstes Risiko	Beitrag	Versicherungsgrundstück
☐ nein ☐ ja	_____ DM	_____ ‰	

Zur Sturmversicherung

10 Wird die Mitversicherung außen angebrachter Sachen nach § 2 Nr. 2 b AStB 87 beantragt?

	Vers.-Summe auf Erstes Risiko	Beitrag	Versicherungsgrundstück
☐ nein ☐ ja	_____ DM	_____ ‰	

3

☐ **Feuerhaftpflichtversicherung (FH)**

Zu versichern ist die gesetzliche Haftpflicht des Versicherungsnehmers aufgrund eines Schadenereignisses gemäß § 2 FHB mit Erweiterung auf

Vermögensfolgeschäden ☐ nein ☐ ja

Mietsachschäden ☐ nein ☐ ja

Soll sich die Versicherung auf weitere – auf Seite 2 des Antrages nicht genannte – Grundstücke des Versicherungsnehmers erstrecken? ☐ nein ☐ ja

Anschrift, Betriebsart

Soll sich die Versicherung erstrecken auf
– unbenannte Montage- und Reparaturstellen?*) ☐ nein ☐ ja Anzahl maximal

Geltungsbereich:
☐ Bundesrepublik Deutschland einschließlich des Landes Berlin
☐ Europa

– benannte Montage- und Reparaturstellen?*) ☐ nein ☐ ja

Anschrift, Betriebsart

*) Die Gesamtleistung für alle Versicherungsfälle eines Versicherungsjahres ist jeweils auf das Doppelte der Versicherungssumme begrenzt.

Wird eine Selbstbeteiligung von mehr als 300.000 DM beantragt? ☐ nein ☐ ja DM

Versicherungssumme auf Erstes Risiko DM Beitrag ‰

Betriebs-Haftpflicht-Versicherer Versicherungsschein-Nr. Sachschaden-Deckungssumme Vertragsende
DM

Nebenabreden zur Feuer-, Leitungswasser-, Sturm-, Einbruchdiebstahl- und Raub-, Feuer-Betriebsunterbrechungs- sowie Feuerhaftpflichtversicherung (z. B. Klauseln, Ausschlüsse wegen Elektronik- oder Einheitsversicherung usw.):

Beitrag, Zahlungsweise, Vertragsbeginn, Vertragsdauer

	Beitrag DM	Zahlungsweise	Vertragsbeginn mittags 12 Uhr	Vertragsende mittags 12 Uhr
F		1/	jährlich	
LW		1/	jährlich	
ST		1/	jährlich	
ED		1/	jährlich	
FBU		1/	jährlich	
FH		1/	jährlich	

Die Beiträge sind jeweils am Ersten des Monats fällig, in dem die Versicherungsperiode beginnt. Zusätzlich werden Versicherungsteuer, ein etwaiger Ratenzahlungszuschlag und die umseitig genannten Nebengebühren erhoben. Versicherungsverträge von mindestens einjähriger Dauer verlängern sich jeweils um ein Jahr, wenn sie nicht drei Monate vor Ablauf schriftlich gekündigt werden.
Die Vereinbarung der Klausel Vorsorgeversicherung für Bestandserhöhungen oder eine Beitragsrückgewähr nach § 9 FBUB setzen voraus, daß Geschäftsjahr und Versicherungsjahr übereinstimmen.

Vorversicherungen, andere Versicherungen, Vorschäden

Welchen anderen Versicherern wurden die beantragten Versicherungen auch angetragen? Versicherer, Ort, Sparte

Bestehen oder bestanden Vorversicherungen? ☐ nein ☐ ja

	Versicherer, Ort	Vers.-Schein-Nr.	Vers.-Summe	Beitragssatz	Vertragsende	gekündigt von	Soll diese Versicherung erlöschen?
F			DM	‰			☐ nein ☐ ja
LW			DM	‰			☐ nein ☐ ja
ST			DM	‰			☐ nein ☐ ja
ED			DM	‰			☐ nein ☐ ja
FBU			DM	‰			☐ nein ☐ ja
FH			DM	‰			☐ nein ☐ ja

Sonstige bestehende Versicherungen (F, LW, ST, ED, FBU, FH, Maschinen, Elektronik, Wareneinheit)

		DM	‰
		DM	‰

Sind in den letzten 5 Jahren Schäden eingetreten (Brand-, Blitzschlag-, Explosions-, LW-, ST-, ED-, FBU- oder FH-Schäden)? ☐ nein ☐ ja

Sparte	Versicherer, Ort	Schadenort und -ursache	Schadentag	Schadenhöhe
				DM
				DM

Bindungsfrist An diesen Antrag hält sich der Antragsteller zwei Wochen gebunden.

Einzugsermächtigung Die Beiträge sind bis auf Widerruf von dem angegebenen Konto einzuziehen. Die Einzugsermächtigung gilt auch für Ersatzverträge. Name und Anschrift des Geldinstitutes/Filiale

| | | | | | | | | | Konto-Nr.
| | | | | | | | | Bankleitzahl

Mit der Datenverarbeitung durch den Versicherer lt. umseitiger Einwilligung bin ich einverstanden. Ort, Datum Unterschrift des Antragstellers (Versicherungsnehmers) Unterschrift des Vertreters

4 Bestandteil dieses Antrages ist auch Seite 5

Nebengebühren

Für jeden Versicherungsschein
bis einschließlich 100,– DM Jahresbeitrag 1,– DM,
bis einschließlich 200,– DM Jahresbeitrag 2,– DM,
über 200,– DM Jahresbeitrag 3,– DM,
für Nachträge mit Beitragserhebung   1,– DM,
für jede Folgebeitragsrechnung   –,50 DM
zuzüglich Versicherungsteuer (z. Z. 5 %).

Weitere Gebühren und Kosten für die Aufnahme des Antrages oder aus anderen Gründen werden nicht erhoben.

Vertrags-grundlagen

Feuer
Allgemeine Bedingungen für die Feuerversicherung (AFB 87)
Allgemeine Sicherheitsvorschriften der Feuerversicherer für Fabriken und gewerbliche Anlagen (ASF)
Klauseln für die Feuer-, Einbruchdiebstahl- und Raub-, Leitungswasser- und Sturmversicherung für Industrie und Gewerbe

Leitungswasser
Allgemeine Bedingungen für die Leitungswasserversicherung (AWB 87)
Klauseln für die Feuer-, Einbruchdiebstahl- und Raub-, Leitungswasser- und Sturmversicherung für Industrie und Gewerbe

Sturm
Allgemeine Bedingungen für die Sturmversicherung (AStB 87)
Klauseln für die Feuer-, Einbruchdiebstahl- und Raub-, Leitungswasser- und Sturmversicherung für Industrie und Gewerbe

Einbruchdiebstahl
Allgemeine Bedingungen für die Einbruchdiebstahl- und Raubversicherung (AERB 87)
Klauseln für die Feuer-, Einbruchdiebstahl- und Raub-, Leitungswasser- und Sturmversicherung für Industrie und Gewerbe

Feuer-Betriebsunterbrechung
Allgemeine Feuer-Betriebsunterbrechungs-Versicherungsbedingungen (FBUB) – Fassung Dezember 1986 –
Zusatzbedingungen zu den FBUB (ZFBUB)
Allgemeine Sicherheitsvorschriften der Feuerversicherer für Fabriken und gewerbliche Anlagen (ASF)
Klauseln für die Betriebsunterbrechungsversicherung (Industrie)

Feuerhaftung
Bedingungen für die Feuerhaftungs-Versicherung (FHB 87)
Allgemeine Bedingungen für die Feuerversicherung (AFB 87), jedoch ohne § 4
Klausel 9105 Bearbeitungsschäden

Die Allgemeinen Versicherungsbedingungen werden mit dem Versicherungsschein, auf Wunsch auch schon früher, übersandt. Eine Antragskopie wurde ausgehändigt.
Die aufgrund dieses Antrages abgeschlossenen Versicherungen sind rechtlich selbständige und voneinander unabhängige Verträge.

Verantwort-lichkeit für den Antrag, Nebenabreden

Der Antragsteller ist allein für die Richtigkeit und Vollständigkeit der Angaben im Antrag verantwortlich, auch wenn eine andere Person deren Niederschrift vornimmt. Nichtbeantwortung gilt als Verneinung. Unrichtige Beantwortung der Fragen nach Gefahrum-

ständen sowie arglistiges Verschweigen auch sonstiger Gefahrumstände können den Versicherer berechtigen, den Versicherungsschutz zu versagen. Nebenabreden und Deckungszusagen sind nur mit Zustimmung der Gesellschaft wirksam.

Datenschutz

Ich willige ein, daß der Versicherer im erforderlichen Umfang Daten, die sich aus den Antragsunterlagen oder der Vertragsdurchführung (Beiträge, Versicherungsfälle, Risiko-/Vertragsänderungen) ergeben, an Rückversicherer zur Beurteilung des Risikos und zur Abwicklung der Rückversicherung, sowie an den Verband der Sachversicherer und andere Versicherer zur Beurteilung des Risikos und der Ansprüche übermittelt.

Ich willige ferner ein, daß die Versicherer der Allianz-Gruppe, soweit dies der ordnungsgemäßen Durchführung meiner Versicherungsangelegenheiten dient, allgemeine Vertrags-, Abrechnungs- und Leistungsdaten in gemeinsamen Datensammlungen führen und an ihre Vertreter weitergeben.
Auf Wunsch werden mir zusätzliche Informationen zur Datenübermittlung zugesandt.

Erläuterungen zum Versicherungs-umfang

Regreßverzicht
Unser Unternehmen ist dem Abkommen der Feuerversicherer über einen Regreßverzicht bei übergreifenden Feuerschäden beigetreten.
Der Verzicht erfaßt Regreßforderungen von 100.000 DM bis 400.000 DM.
Auf Regreßforderungen unter 100.000 DM verzichten die Abkommensunternehmer nicht, weil der Versicherungsnehmer sich gegen Regresse in dieser Höhe durch Abschluß einer Haftpflichtversicherung selbst schützen kann. Ein Regreßverzicht, der über die Grenze von 400.000 DM hinausgeht, kann nur auf Antrag gegen Entrichtung eines besonderen Entgelts gewährt werden.

Versicherung auf Erstes Risiko
Ist eine Versicherung auf Erstes Risiko (Erste Gefahr) vereinbart, so gelten die Bestimmungen über die Unterversicherung nicht.

Texte 38

Positionen-Erläuterung zur Feuer-Versicherung für Industrie und Gewerbe

Vorbemerkung

Soweit im Versicherungsvertrag nichts anderes vereinbart ist, gelten sämtliche auf dem Versicherungsgrundstück befindlichen und zu den versicherten Positionen gehörenden Sachen in die Versicherung eingeschlossen.

Pos. 1.1–1.2 Gebäude

Als Gebäude gelten alle Bauwerke (auch Um-, An- und Neubauten) einschließlich Fundamente, Grund- und Kellermauern, die zur Aufnahme von Menschen, Tieren oder Sachen geeignet sind.

Unter Fundamenten oder Grundmauern wird der gesamte allseitig vom Erdreich berührte Bauteil verstanden, der bei unterkellerten Gebäuden unter der Unterfläche Kellerboden liegt und bei nicht unterkellerten Gebäuden bis Unterfläche Erdgeschoßfußboden, höchstens jedoch bis zur Erdoberfläche, reicht.

Unter Kellermauern sind die Umfassungswände zu verstehen, die zwischen der Unterfläche des Kellerbodens und der Unterfläche des oberirdischen Geschosses liegen.

Zur Position Gebäude gehören auch:
Baustoffe und Bauteile,
    die für den Bestand und die Herstellung eines Gebäudes eingefügt
    oder für den Einbau in ein Gebäude bestimmt sind
Behälter,
    sofern in Mauerwerk oder Beton ausgeführt
Beton ausgeführt
Brunnenanlagen,
    einschließlich Abdeckungen
Einfriedungen
Einrichtungen und Einbauten, die
– nach ihrer baulichen Ausführung mit dem Gebäude bleibend verbunden und somit als dessen Bestandteil anzusehen sind und
– dauernd der Benutzung des Gebäudes dienen und
– im Eigentum des Gebäudeeigentümers stehen,
z.B.
    Aufzugschächte, einschließlich Türen
    Blitzableiter
    Einbauschränke
    Fußbodenkanäle, einschließlich Abdeckungen
    Fahnenstangen
    Hauswasserversorgung, einschließlich der gesundheitlichen Anlagen sowie der
        dazugehörigen Warmwasserbereitungsanlagen, Pumpen und dgl.
    Klimatisierung
    Leitungen – elektrische –, unter Putz verlegt
    Personenaufzüge
    Raumbeleuchtungsanlagen, ohne Lampen und Röhren ect.
    Raumbelüftungsanlagen
    Raumbeheizungen, z.B. Herde, Einzel- und Sammelheizungen, Brennstoffbe-
        hälter, Kessel-, Pumpen und dgl. Anlagen
    Sanitäranlagen, z.B. Ausgüsse, Waschbecken, Badewannen, WC

Silos
Speiseaufzüge
Gehsteigbefestigungen
Gruben,
  sofern in Mauerwerk oder Beton ausgeführt
Hofbefestigungen
Kaimauern
Rampen
Schornsteine
Silos,
  sofern in Mauerwerk oder Beton ausgeführt
Verbindungsbrücken
Vordächer
Wasserhochbehälter

Nicht zur Position Gebäude gehören zu vorübergehenden Zwecken erstellte
– Baubuden;
– Traglufthallen;
– Zelte und ähnliches;
sie können unter besonderen Positionen versichert werden.

Pos. 2.1–2.2 Betriebseinrichtung

Betriebseinrichtungen sind Betriebsmittel (einschließlich der dazugehörigen Fundamente und Einmauerungen), soweit sie nicht unter die übrigen Positionen fallen. Solche Betriebseinrichtungen sind z. B.

Absauganlagen,
  die Betriebszwecken dienen
Antriebseinrichtungen,
  einschließlich Riemen, Seile und Ketten
Apparaturen
Baugerüste
Bedienungsbühnen
Behälter,
  soweit kein Verpackungsmaterial
Beleuchtungsanlagen,
  die mit dem Gebäude nicht fest verbunden sind
Brandbekämpfungseinrichtungen und -anlagen
Brandmeldeanlagen
Büchereien
Büroeinrichtungen
Büromaschinen
Büromaterial
Container
Dampfkraftanlagen
Datenträger – unbeschriebene –
Datenübertragungsanlagen
Datenverarbeitungsanlagen
Diapositive
Drucksachen
Druckplatten und -walzen,
  soweit für die laufende Produktion benötigt
Drückwerkzeuge,
  soweit für die laufende Produktion benötigt
Energieanlagen
Ersatzteile

310

Fahrzeuge,
soweit nicht zulassungspflichtig;
zulassungspflichtige können unter besonderer Position versichert werden
Fernkopieranlagen
Fernschreibanlagen
Fernsehanlagen
Fernsprechanlagen
Fertigungsvorrichtungen,
soweit für die laufende Produktion benötigt
Feuerlöscher
Filme
Firmenschilder
Förderanlagen
Formen,
soweit für die laufende Produktion benötigt
Fuhrpark,
soweit nicht zulassungspflichtig;
zulassungspflichtiger kann unter besonderer Position versichert werden
Gaserzeugungsanlagen
Gefäße,
soweit kein Verpackungsmaterial
Gerätschaften
Gleisanlagen
Hubstapler,
soweit nicht zulassungspflichtig;
zulassungspflichtige können unter besonderer Position versichert werden
Kabel
Kälteanlagen
Kantineneinrichtungen
Kesselanlagen,
die überwiegend der Kraft-, Wärme- oder Wasserversorgung von Betriebseinrich-
tungen dienen
Klimaanlagen,
die Betriebszwecken dienen
Klischees,
soweit für die laufende Produktion benötigt
Kräne
Lagereinrichtungen
Lagerhilfen,
soweit kein Verpackungsmaterial
Lampen,
einschließlich beweglicher Anschlußleitungen
Lastenaufzüge
Leitungen – elektrische –,
soweit nicht unter Putz verlegt
Lettern
Lösch-Anlagen, -Ausrüstung, -Fahrzeuge
Lüftungsanlagen,
die Betriebszwecken dienen
Luftschutzeinrichtungen
Maschinen
Matrizen,
soweit für die laufende Produktion benötigt
Modelle – formgebende –,
soweit für die laufende Produktion benötigt
Motore

Ofenanlagen,
   zum Brennen, Glühen, Schmelzen, Backen und dgl.
Prägewerkzeuge,
   soweit für die laufende Produktion benötigt
Röhren,
   einschließlich beweglicher Anschlußleitungen
Rohrleitungen,
   die Betriebszwecken dienen
Rufanlagen
Rundfunkanlagen
Sanitätseinrichtungen
Schablonen,
   soweit für die laufende Produktion benötigt
Schienenfahrzeuge
Schnitte,
   soweit für die laufende Produktion benötigt
Setzkästen
Sozialeinrichtungen
Sporteinrichtungen
Stanzen,
   soweit für die laufende Produktion benötigt
Stehsätze,
   soweit für die laufende Produktion benötigt
Stempel,
   soweit für die laufende Produktion benötigt
Transformatoren
Transporthilfen,
   soweit kein Verpackungsmaterial
Trocknungsanlagen
Uhrenanlagen
Verschalungen
Verteilungsanlagen,
   soweit überwiegend der Kraftstromversorgung dienend
Wasserkraftanlagen
Werbeanlagen
Werbesachen
Werkschutzeinrichtungen
Werkzeuge
Ziehwerkzeuge,
   soweit für die laufende Produktion benötigt
Zwischenwände – versetzbare –,
   z. B. Funktionswände

Pos. 3.1–3.2 Vorräte

Abfälle, verwertbare
Betriebsstoffe,
   z. B. Brennstoffe, Lösungs-, Schmier- und Reinigungsmittel
Erzeugnisse, unfertige und fertige
Handelsware
Hilfsstoffe
Rohstoffe
Sachen,
   in Bearbeitung oder Reparatur genommene

Verpackungsmaterial,
z.B. Dosen, Flaschen, Folien, Kartonagen, Kisten, Kunststoff-Verpackungen, Säcke,
soweit keine Transporthilfen
Waren für Sozialeinrichtungen,
z.B. Kantinen-, Sanitäts- und Sporteinrichtungen
Waren von Zulieferern

Pos. 4.1–4.2 Bargeld, Wertpapiere und sonstige Urkunden

Bargeld,
z.B. Banknoten und Münzen
Wertpapiere,
z.B. Aktien, Obligationen, Pfandbriefe
sonstige Urkunden,
z.B. Briefmarken, Papiere, die ein privates Recht verbriefen, Schecks, Sparbücher, Stempelmarken, Versicherungsmarken, Wechsel

Pos. 4.3–4.4 Geschäftsunterlagen und sonstige Datenträger

Geschäftsunterlagen,
z.B. Akten, Geschäftsbücher, Karteien, Pläne, Zeichnungen

sonstige Datenträger,
z.B. beschriebene Web- und Jacquard-Karten, Lochkarten, Magnetbänder, Magnetplatten

Pos. 4.5 Modelle, Muster

Anschauungsmodelle, Ausstellungsstücke, Muster, Prototypen
Fertigungsvorrichtungen,
z.B. Druckplatten- und walzen, Drückwerkzeuge, Formen, Klischees, Matrizen, formgebende Modelle, Prägewerkzeuge, Schablonen, Schnitte, Stanzen, Stehsätze, Stempel, Ziehwerkzeuge,
soweit für die laufende Produktion nicht mehr benötigt

Pos. 4.6 Gebrauchsgegenstände der Betriebsangehörigen

Gebrauchsgegenstände,
die sich im Eigentum der Betriebsangehörigen befinden,
z.B. Bekleidung, Fachliteratur, Fahrräder, Taschen, Werkzeuge
Nicht hierzu gehören:
Bargeld, Kraftfahrzeuge, Wertpapiere sowie der in Wohnungen befindliche Hausrat

Pos. 4.7 Kraftfahrzeuge von Betriebsangehörigen und Besuchern

Hierzu gehören Kraftfahrzeuge nur in ruhendem Zustand, auch auf den Parkplätzen, die dem Versicherungsnehmer zur Verfügung stehen und entsprechend gekennzeichnet sind

Pos. 5.1–5.4 Vorsorgeversicherung

Vorsorgeversicherung kann vereinbart werden,
– für Wertsteigerungen und Bestandserhöhungen,
  z.B. Um-, An- und Neubauten und Neuanschaffungen
– nur für Bestandserhöhungen nach Klausel 1705,
  in Verbindung mit der Klausel 1704 „Wertzuschlag ohne Einschluß von Bestandserhöhungen"

Pos. 6.1 Selbständige Außenversicherung

Sachen, die sich nur außerhalb des Versicherungsgrundstückes befinden

Pos. 6.2 Preisdifferenz-Versicherung

Preisdifferenzen sind Mehrkosten für Preissteigerungen zwischen dem Eintritt des Versicherungsfalles und der Wiederherstellung oder Wiederbeschaffung

Nicht hierzu gehören:

Mehrkosten infolge von außergewöhnlichen Ereignissen, behördlichen Wiederaufbau- oder Betriebsbeschränkungen oder Kapitalmangel

Pos. 7.1 Aufräumungs-, Abbruch-, Feuerlösch-, Bewegungs- und Schutzkosten

Aufräumungskosten sind Aufwendungen für Aufräumen der Schadenstätte und Abfuhr des Schutts zur nächsten Ablagerungsstätte

Abbruchkosten sind Aufwendungen für einen im Schadenfall nötig werdenden Abbruch stehengebliebener Teile und deren Abführung bis zur nächsten Ablagerungsstätte

Feuerlöschkosten sind Aufwendungen, die der Versicherungsnehmer zur Brandbekämpfung für geboten halten durfte, soweit sie nicht bereits als Schadenminderungsmaßnahmen nach den AFB entschädigt werden

Bewegungs- und Schutzkosten sind Aufwendungen, die dadurch entstehen, daß Sachen zum Zweck der Wiederherstellung oder Wiederbeschaffung versicherter Sachen bewegt, verändert oder geschützt werden müssen, insbesondere Aufwendungen für:

De- oder Remontage von Maschinen, für Durchbruch, Abriß oder Wiederaufbau von Gebäudeteilen oder für das Erweitern von Öffnungen

Pos. 7.2 Abbruch-, Aufräumungs-, Abfuhr- und Isolierungskosten für radioaktiv verseuchte Sachen

Abbruch-, Aufräumungs-, Abfuhr- und Isolierungskosten für radioaktiv verseuchte Sachen sind Aufwendungen aufgrund gesetzlich gebotener Maßnahmen

Pos. 7.3 Sachverständigenkosten

Sachverständigenkosten sind Aufwendungen für den Sachverständigen und die des Obmanns, die der Versicherungsnehmer nach den AFB für das Sachverständigenverfahren zu tragen hat

Texte 39

Sammelversicherungsantrag für Geschäftsgebäude

Gebündelte Geschäftsgebäudeversicherung
(Feuer, Leitungswasser, Sturm und Hagel)
Mietverlustversicherung
Glasversicherung
Glasversicherung per Einsatz

Antragsteller, Zu-, Vorname bzw. Firmierung, Straße, Haus-Nr.

Vertretung Nr. (Stempel)

Postleitzahl, Wohnort Postort Vers.-Grundstück (Str., Haus-Nr., Ort)

☐ Die Postanschrift gilt nicht für andere Verträge des Versicherungsnehmers.

Beruf Geburtsdatum F-Kennzeichnung? ☐ nein ☐ ja Selbständig? ☐ nein ☐ ja B-Nr. b

Besitzverhältnisse Gebäude: ☐ Eigentümer ☐ Pächter/Mieter Grund und Boden: ☐ Eigentümer ☐ Pächter/Mieter

Realrechtsbestätigung Kreditgeber (Name, Straße, Haus-Nr., PLZ, Ort):

Aktenzeichen:

Versicherungsumfang

☐ **Gebündelte Geschäftsgebäudeversicherung**

Beantragt wird die ☐ Feuer-, ☐ Leitungswasser-, ☐ Sturmversicherung einschließlich Hagel

I. Zu versichern sind:

1. Gebäude (einschließlich Grund- und Kellermauern) gemäß Erläuterungen auf der Seite 5.
(Gebäude deren Außenwände überwiegend aus Holz sind und deren Dach mit Holz, Ried, Schilf oder Stroh eingedeckt ist, können nur zum Zeitwert versichert werden.)

Lfd. Nr.	Art des Gebäudes	Bau-jahr	Zahl der Ge-schos-se über der Erde	Versicherung zum gleitenden Neuwert		Versicherung mit fester Summe zum ☐ Neuwert ☐ Zeitwert	Feuer	Leitungs-wasser	Sturm
				Neubauwert im Jahr DM	Versicherungssumme 1914 Mark	Versicherungssumme DM	Jahresbeitrag ‰ DM	Jahresbeitrag ‰ DM	Jahresbeitrag ‰ DM

2. Sonstiges (z. B. Zubehör, das der Instandhaltung dient), und zwar:

3. Vorsorgeversicherung für Wertsteigerung sowie für Um- und Anbauten

für Lfd. Nr.

Auf Versicherung mit fester Summe entfallen

Auf Versicherung zum gleitenden Neuwert entfallen ( ) ( ) ( )

Jahresbeitrag nach gleitendem Neuwertfaktor ▲

insgesamt

II. Zusätzliche Einschlüsse

Zusätzlich sind versichert:

in der Feuer-, Leitungswasser- und Sturmversicherung

1. Aufräumungs-, Abbruch-, Bewegungs- und Schutzkosten, ferner in der Feuerversicherung auch Feuerlöschkosten auf Erstes Risiko bis 10.000 DM je Versicherungsort

Erhöhung um DM je Versicherungsort, insgesamt DM

in der Feuerversicherung

2. das Gebäude und die zur Errichtung des Gebäudes notwendigen auf dem Baugrundstück befindlichen Baustoffe während der Zeit des Rohbaus bis zur bezugsfertigen Herstellung, längstens 6 Monate (Voraussetzung: Vertragsdauer von 10 Jahren)

Erhöhung um Monate für

in der Leitungswasserversicherung

3. Schäden durch Rohrbruch oder Frost an Wasserzuleitungs- und Heizungsrohren, die zwar auf dem Versicherungsgrundstück verlegt sind, jedoch nicht der Versorgung eines versicherten Gebäudes dienen, oder die außerhalb des Versicherungsgrundstücks verlegt sind, soweit der Versicherungsnehmer zur Unterhaltung dieser Anlagen verpflichtet ist auf Erstes Risiko bis 3.000 DM je Versicherungsort

Erhöhung um DM je Versicherungsort, insgesamt DM

in der Sturmversicherung

4. an der Außenseite des Gebäudes angebrachte Antennenanlagen, Markisen, Leuchtröhrenanlagen, Schilder und Transparente, Überdachungen, Schutz- und Trennwände, elektrische Freileitungen, Ständer, Masten und Einfriedungen auf Erstes Risiko bis 3.000 DM je Versicherungsgrundstück

Erhöhung um DM je Versicherungsort, insgesamt DM

2

SV 0120 (0/06 V)

Fragen zur Gebündelten Geschäftsgebäudeversicherung:

Allgemeines

Ist ein Gebäude noch im Bau?   ☐ nein ☐ ja, welches und wann bezugsfertig?
*(Achtung: Die Haftung des Versicherers aus der Leitungswasser- und/
oder Sturmversicherung beginnt erst, wenn die zur Versicherung
beantragten Gebäude bezugsfertig sind.)*

Ist ein Gebäude ganz oder überwiegend leerstehend?   ☐ nein ☐ ja, Lfd. Nr.

Sind die Außenwände eines Gebäudes überwiegend aus Holz?   ☐ nein ☐ ja, Lfd. Nr.

Ist ein Gebäude mit Holz, Ried, Schilf oder Stroh eingedeckt (Weichdach)?   ☐ nein ☐ ja, Lfd. Nr.

Welche Betriebe, Geschäfte, Läger befinden sich in den Gebäuden? *(Ggf. gesonderte Aufstellung beifügen. Bei Gastgewerbe Betriebsart gemäß
Betriebsartenverzeichnis im Tarif für die Allgemeine Sachversicherung und anteilige Fläche angeben.)*

Lfd. Nr.	Art des Betriebes / Geschäftes	Geschoß	anteilige Fläche ca. %

Feuer

Befinden sich Betriebe, Geschäfte, Läger innerhalb 10 m Entfernung?   ☐ nein ☐ ja, welche?

Besteht, wenn angrenzend, Brandwandtrennung?   ☐ nein ☐ ja

Befinden sich Weichdachgebäude innerhalb 10 m Entfernung?   ☐ nein ☐ ja

Leitungswasser

Sind außer Wasserversorgung und Zentralheizung noch andere wasserführende Anlagen vorhanden?   ☐ nein ☐ ja, welche

	Im Gebäude Lfd. Nr.	Im Geschoß
☐ Besonders umfangreiche wasserführende Anlagen für betriebliche Zwecke		
☐ Sprinkleranlagen		
☐ Klima-, Wärmepumpen- oder Solarheizungsanlagen		
☐ Fußbodenheizung (Warmwasser) oder ähnliche Strahlungsheizung in Decken, Wänden verlegt		
☐ Schwimmbecken		
☐ Sonstige:		

☐ Mietverlustversicherung

	Vers.-Summe DM (Jahresmietsumme)	Beitragssatz ‰	Jahresbeitrag DM
für sämtliche Räume der auf Seite 2 bezeichneten Gebäude infolge Schäden durch			

☐ Brand, Blitzschlag, Explosion   ☐ Leitungswasser, Rohrbruch und Frost   ☐ Sturm und Hagel

Zu versichern ist der Mietverlust sämtlicher Räume, die vermietet, selbst genutzt
sowie Dritten unentgeltlich überlassen sind und fortlaufende Nebenkosten.

Fragen zur Mietverlustversicherung:
Bitte unbedingt die Fragen zur Gebündelten Geschäftsgebäudeversicherung beantworten!

☐ Glasversicherung   Gebäudebezeichnung nach Benutzungsart (z. B. Bürogebäude, Hotel, Geldinstitut usw.)

Zu versichern sind:

I. Gebäudeverglasungen, und zwar die aus Glas und Kunststoff bestehenden Außen-, Innenscheiben,
Lichtkuppeln und Scheiben von Sonnenkollektoren; Glasbausteine und Profilbaugläser
– ausgenommen Werbeanlagen, Verglasungen von Ladengeschäften und Gaststätten sowie Sachen
gemäß Nr. II. 1 –

		Beitragssatz	Jahresbeitrag DM
☐ des gesamten Gebäudes		0,6 ‰	
☐ von Räumen oder Gebäudeteilen, die dem allgemeinen Gebrauch dienen (z. B. in Treppenhäusern, Gemeinschafts-, Keller- und Bodenräumen, von Windfängen und Wetterschutzvorbauten)		0,2 ‰	

Gebäude-Neubauwert zur Zeit der Antragstellung   DM

II. Zusätzliche Einschlüsse
Zusätzlich sind auf Erstes Risiko versichert:

	Entschädigung bis	Erhöhung um DM	
1. Künstlerisch bearbeitete Glas-Scheiben, -Spiegel, -Platten (z. B. Motivdarstellung durch Glasmalerei, Ätzung, Schliff, Blei- oder Messingverglasung) Beschreibung / Anzahl / Maße	500 DM	3 %	
2. Sonderkosten für Gerüste, Kräne, Beseitigung von Hindernissen	500 DM	3 %	
3. Anstriche, Malereien, Schriften, Verzierungen, Folien	500 DM	3 %	
4. Umrahmungen, Mauerwerk, Schutzeinrichtungen	500 DM	2 %	

	Versicherungssumme DM	Erhöhung um DM	
III. Werbeanlagen (Leuchtröhrenanlagen, Firmenschilder, Transparente) Beschreibung (Text / Zeichen / Anbringungsort) und Anzahl		30 DM je angef. 500 DM Vers.-Su.	
Sonderkosten für Gerüste, Kräne, Beseitigung von Hindernissen sind auf Erstes Risiko mitversichert	300 DM	6 %	

Wurde bereits Versicherungsschutz per Einsatz beantragt?   Gesamtbetrag
☐ nein ☐ ja, Versicherungsschein-Nummer   Nachlaß

Hinweis: Beschädigte Gegenstände (z. B. Scheiben, Werbeanlagen) sind nicht versicherbar.

3   RGL AG 11

☐ **Glasversicherung per Einsatz**

Zu versichern sind die durch Neubau/Umbau entstehenden Verglasungen des Geschäftsgebäudes.

Schäden durch Bauarbeiten sind ohne zusätzlichen Beitrag mitversichert.

Der Beitrag wird nach dem bei Beginn des Versicherungsschutzes gültigen Tarif für die Glasversicherung berechnet.

Der Versicherungsschutz beginnt, sobald die Scheiben fertig und fehlerfrei eingesetzt sind.

Der Antragsteller benachrichtigt den Versicherer sofort, wenn die Scheiben eingesetzt sind.

Die Verglasung erfolgt voraussichtlich am
Vertragsdauer: 10 Jahre

Beitrag, Zahlungsweise, Vertragsbeginn, Vertragsdauer	Versicherung	Beitrag DM		Zahlungsweise	Vertragsbeginn mittags 12 Uhr	Vertragsende mittags 12 Uhr	Die Beiträge sind jeweils am Ersten des Monats fällig, in dem die Versicherungsperiode beginnt. Zusätzlich werden Versicherungsteuer, ein etwaiger Ratenzahlungszuschlag und die nachstehenden Nebengebühren erhoben.
	Feuer		1/	jährlich			
	Leitungswasser		1/	jährlich			
	Sturm einschl. Hagel		1/	jährlich			
	Glas		1/	jährlich			
	Mietverlust		1/	jährlich			

Versicherungsverträge von mindestens einjähriger Dauer verlängern sich jeweils um ein Jahr, wenn sie nicht drei Monate vor Ablauf schriftlich gekündigt werden.

Nebengebühren	Für jeden Versicherungsschein und Nachtrag mit Beitragserhebung, für jede Folgebeitragsrechnung jeweils zuzüglich Versicherungsteuer (z. Z. 7 %).	1,–– DM, 0,50 DM	Weitere Gebühren und Kosten für die Aufnahme des Antrages oder aus anderen Gründen werden nicht erhoben.

Vorschäden, Vorversicherung

Sind in den letzten 5 Jahren Schäden eingetreten?				☐ nein ☐ ja	
Wurde ein Versicherungsantrag bereits abgelehnt?				☐ nein ☐ ja	
Bestehen oder bestanden Vorversicherungen?				☐ nein ☐ ja	

Versicherung	Versicherer	Vers.-Schein-Nr.	gekündigt von	Vorschäden (Anzahl/Höhe)	Soll diese Versicherung erlöschen?
Feuer					☐ nein ☐ ja
Leitungswasser					☐ nein ☐ ja
Sturm einschl. Hagel					☐ nein ☐ ja
Glas					☐ nein ☐ ja
Mietverlust					☐ nein ☐ ja

Vertragsgrundlagen

Feuer
Allgemeine Bedingungen für die Feuerversicherung (AFB 87) sowie Deklaration, Sonderbedingungen und Klauseln für die Feuer-, Leitungswasser- und Sturmversicherung von Geschäfts- und landwirtschaftlichen Gebäuden

Leitungswasser
Allgemeine Bedingungen für die Leitungswasserversicherung (AWB 87) sowie Deklaration, Sonderbedingungen und Klauseln für die Feuer-, Leitungswasser- und Sturmversicherung von Geschäfts- und landwirtschaftlichen Gebäuden

Sturm
Allgemeine Bedingungen für die Sturmversicherung (AStB 87) sowie Deklaration, Sonderbedingungen und Klauseln für die Feuer-, Leitungswasser- und Sturmversicherung von Geschäfts- und landwirtschaftlichen Gebäuden

Glas/Glas per Einsatz
Allgemeine Versicherungsbedingungen für Glasversicherung (AGlB) sowie Klauseln für die Glasversicherung (751 mit Prämienangleichungsmöglichkeit)

Mietverlust
Allgemeine Bedingungen für die Mietverlustversicherung (ABM 89) und Klauseln

Die Allgemeinen Versicherungsbedingungen werden mit dem Versicherungsschein, auf Wunsch auch schon früher, übersandt.

Eine Antragskopie wurde ausgehändigt.

Die aufgrund dieses Antrages abgeschlossenen Versicherungen sind rechtlich selbständige und voneinander unabhängige Verträge.

Verantwortlichkeit für den Antrag, Nebenabreden

Der Antragsteller ist allein für die Richtigkeit und Vollständigkeit der Angaben im Antrag verantwortlich, auch wenn eine andere Person deren Niederschrift vornimmt. Nichtbeantwortung gilt als Verneinung. Unrichtige Beantwortung der Fragen nach Gefahrumständen sowie arglistiges Verschweigen auch sonstiger Gefahrumstände kann den Versicherungsschutz zu versagen. Nebenabreden und Deckungszusagen sind nur mit Zustimmung der Gesellschaft wirksam.

Bindungsfrist

An diesen Antrag hält sich der Antragsteller zwei Wochen gebunden.

Einzugsermächtigung

Die Beiträge sind bis auf Widerruf von dem angegebenen Konto einzuziehen. Die Einzugsermächtigung gilt auch für Ersatzverträge.

Name und Anschrift des Geldinstitutes/Filiale

										Konto-Nr.
										Bankleitzahl

Datenschutz

Ich willige ein, daß der Versicherer im erforderlichen Umfang Daten, die sich aus den Antragsunterlagen oder der Vertragsdurchführung (Beiträge, Versicherungsfälle, Risiko-/Vertragsänderungen) ergeben, an Rückversicherer zur Beurteilung des Risikos und zur Abwicklung der Rückversicherung, sowie an den Verband der Sachversicherer und andere Versicherer zur Beurteilung des Risikos und der Ansprüche übermittelt.

Ich willige ferner ein, daß der Versicherer der Allianz-Gruppe, soweit dies der ordnungsgemäßen Durchführung meiner Versicherungsangelegenheiten dient, allgemeine Vertrags-, Abrechnungs- und Leistungsdaten in gemeinsamen Datensammlungen führen und an ihre Vertreter weitergeben.
Auf Wunsch werden mir zusätzliche Informationen zur Datenübermittlung zugesandt.

Bestandteil dieses Antrages ist auch die Seite 5.

Unterschriften	Ort, Datum	Unterschrift des Antragstellers (Versicherungsnehmers)	Unterschrift des Vertreters

4

Versicherte Sachen in der Feuer-, Leitungs-wasser-, Sturmversicherung

Soweit im Versicherungsvertrag nichts anderes vereinbart ist, gelten sämtliche Sachen, die sich auf dem als Versicherungsort bezeichneten Grundstück befinden und zu den versicherten Positionen gehören, in die Versicherung eingeschlossen.

Pos. I.1 – Gebäude

Als Gebäude gelten alle Bauwerke (auch Um- und Anbauten) einschließlich Fundamente, Grund- und Kellermauern, die zur Aufnahme von Menschen, Tieren oder Sachen geeignet sind.

Unter Fundamenten oder Grundmauern wird der gesamte allseitig vom Erdreich berührte Bauteil verstanden, der bei unterkellerten Gebäuden unter der Unterfläche Kellerboden liegt und bei nicht unterkellerten Gebäuden bis Unterfläche Erdgeschoßfußboden reicht.

Unter Kellermauern sind die Umfassungswände zu verstehen, die zwischen der Unterfläche des Kellerbodens und der Unterfläche des obersten Geschosses liegen.

Zur Position Gebäude gehören auch:
Baustoffe und Bauteile, die für den Bestand und die Herstellung eines Gebäudes eingefügt oder für den Einbau in ein Gebäude bestimmt sind
Behälter, sofern in Mauerwerk oder Beton ausgeführt
Brunnenanlagen, einschließlich Abdeckungen
Einfriedungen
Einrichtungen und Einbauten, die
– nach ihrer baulichen Ausführung mit dem Gebäude bleibend verbunden und somit als dessen Bestandteil anzusehen sind
und
– dauernd der Benutzung des Gebäudes dienen und
– im Eigentum des Gebäudeeigentümers stehen,
z. B.
Aufzugschächte, einschließlich Türen
Blitzableiter
Einbauschränke
Fußbodenkanäle, einschließlich Abdeckungen
Fahnenstangen
Hauswasserversorgung, einschließlich der gesundheitlichen Anlagen sowie der dazugehörigen Warmwasserbereitungs-anlagen, Pumpen und dgl.
Klimatisierung
Kühltürme
Personenaufzüge
Raumbeleuchtungsanlagen, ohne Lampen und Röhren etc.
Raumbelüftungsanlagen
Raumbeheizungen, z. B. Herde, Einzel- und Sammelheizungen, Brennstoffbehälter, Kessel-, Pumpen- und dgl. Anlagen
Sanitäranlagen, z. B. Ausgüsse, Waschbecken, Badewannen, WC
Silos
Speiseaufzüge
Gehsteigbefestigungen
Gruben, sofern in Mauerwerk oder Beton ausgeführt
Hofbefestigungen
Kaimauern
Leitungen – elektrische –, unter Putz verlegt
Rampen
Schornsteine
Silos, sofern in Mauerwerk oder Beton ausgeführt
Verbindungsbrücken
Vordächer
Wasserhochbehälter

Ausnahmen:

Nicht zur Position Gebäude gehören zu vorübergehenden Zwecken erstellte Baubuden, Traglufthallen, Zelte und ähnliches; sie können unter besonderen Positionen versichert werden.

In der Leitungswasserversicherung sind Sprinkler- oder Berieselungsanlagen bei der Versicherung von Gebäuden gegen Frostschäden mitversichert.

In der Sturmversicherung sind
– Laden- und Schaufensterscheiben, künstlerisch bearbeitete Scheiben, Kirchenfenster, Mehrscheiben-Isolierverglasungen, Sicherheitsglasscheiben, Blei- und Messingverglasungen, Glasbausteine, Profilbaugläser, Dachverglasungen sowie alle Glas- und Kunststoffscheiben von mehr als vier Quadratmetern Einzelgröße, ferner die Rahmen und Profile aller genannten Verglasungen und der Kunststoffscheiben nur dann mitversichert, wenn das ausdrücklich vereinbart wird;
– an der Außenseite des Gebäudes angebrachte Antennenanlagen, Markisen, Leuchtröhrenanlagen, Schilder, Transparente, Überdachungen, Schutz- und Trennwände (andere an der Außenseite des Gebäudes angebrachte Sachen sind mitversichert), elektrische Freileitungen, Ständer, Masten und Einfriedungen in dem unter Pos. II.4 genannten Umfang versichert.

Betriebseinrichtungen sind in der Gebäudeversicherung **nicht versichert. Sie müssen gesondert versichert werden.**

Solche Betriebseinrichtungen sind z. B.
Absauganlagen, die Betriebszwecken dienen
Antriebseinrichtungen, einschließlich Riemen, Seile und Ketten
Bedienungsbühnen
Behälter
Beleuchtungsanlagen, die mit dem Gebäude nicht fest verbunden sind
Brandbekämpfungseinrichtungen und -anlagen (siehe jedoch Pos. I.1 Ausnahmen)
Brandmeldeanlagen
Container
Dampfkraftanlagen
Datenübertragungsanlagen
Energieanlagen
Ersatzteile (Ersatzteile für Gebäude können unter Pos. I.2 als Zubehör mitversichert werden)
Fernkopier-/Fernschreibanlagen
Fernseh-/Fernsprechanlagen
Firmenschilder (siehe jedoch Pos. I.1 Ausnahmen)
Förderanlagen
Gaserzeugungsanlagen
Gleisanlagen
Kabel
Kälteanlagen
Kesselanlagen, die überwiegend der Kraft-, Wärme- oder Wasserversorgung von Betriebseinrichtungen dienen
Klimaanlagen, die Betriebszwecken dienen
Kräne
Lagereinrichtungen
Lagerhilfen
Lampen, einschließlich beweglicher Anschlußleitungen
Lastenaufzüge
Leitungen – elektrische –, soweit nicht unter Putz verlegt
Lüftungsanlagen, die Betriebszwecken dienen
Luftschutzeinrichtungen
Ofenanlagen, zum Brennen, Glühen, Schmelzen, Backen und dgl.
Röhren, einschließlich beweglicher Anschlußleitungen
Rohrleitungen, die Betriebszwecken dienen
Rufanlagen
Rundfunkanlagen
Transformatoren
Transporthilfen
Trocknungsanlagen
Uhrenanlagen
Verteilungsanlagen, soweit überwiegend der Kraftstromversorgung dienend
Wasserkraftanlagen
Werbeanlagen (siehe jedoch Pos. I.1 Ausnahmen)
Werkschutzeinrichtungen
Zwischenwände – versetzbare – z. B. Funktionswände

Pos. I.2 – Sonstiges

Z. B. Zubehör, das in erster Linie der Erhaltung und Instandsetzung des Gebäudes dient. Ist der Versicherungsnehmer nicht der Betriebsinhaber, so können die von ihm eingebauten Teile der Betriebseinrichtungen, die überwiegend der Nutzung des Betriebes dienen (z. B. Beleuchtungskörper für Treppenbeleuchtung) ebenfalls als Gebäudezubehör versichert werden.

Pos. I.3 – Vorsorgeversicherung für Wertsteigerung sowie für Um- und Anbauten

Vorsorgeversicherung kann vereinbart werden für Wertsteigerungen und Bestandserhöhungen, z. B. Um- und Anbauten. Die Vorsorgeversicherung bezieht sich nicht auf Neubauten.

5

Texte 40

Antrag auf
Gebündelte Geschäftsversicherung
Glasversicherung

Vertretung Nr. (Stempel)

B–Nr. b

Antragsteller, Zu-, Vorname bzw. Firmierung, Straße, Haus-Nr.

Postleitzahl, Wohnort

Postort

Vers.-Grundstück (Str., Haus-Nr., Ort)

Betriebsart	Beschäftigtenzahl	F-Kennzeichnung?
		☐ nein ☐ ja

Besitzverhältnisse Betrieb:

☐ Eigentümer ☐ Pächter seit

Besitzverhältnisse Gebäude:

☐ Eigentümer ☐ Pächter/Mieter

Versicherungs-umfang

☐ **Gebündelte Geschäftsversicherung**
Beantragt wird die

☐ Feuer-, ☐ Einbruchdiebstahl- ☐ einschließlich Vandalismus, ☐ Leitungswasser-, ☐ Sturmversicherung einschließlich Hagel
mit Einschluß der Betriebsunterbrechung durch

☐ Feuer-, ☐ Einbruchdiebstahl-, ☐ Leitungswasser-, ☐ Sturmschäden einschließlich Hagel

I. Zu versichern sind einschließlich fremden Eigentums summarisch, d. h. in einer Position, in den Geschäfts- und Lagerräumen (Versicherungsort) sowie in Schaukästen und Vitrinen außerhalb des Versicherungsorts auf demselben Grundstück und in dessen unmittelbarer Umgebung:

1. die technische und kaufmännische Betriebseinrichtung einschließlich Gebrauchsgegenstände der Betriebsangehörigen, jedoch ohne zulassungspflichtige Kraftfahrzeuge, Kraftfahrzeuganhänger und Zugmaschinen, ohne Automaten mit Geldeinwurf (einschließlich Geldwechsler), ohne Geldausgabeautomaten und ohne Sachen gemäß Nr. III 1, 2, 3 und 6   Neuwert   DM

2. die gesamten Vorräte (jedoch ohne Inhalt von Automaten mit Geldeinwurf), und zwar (Art der Waren):   DM

3. als Vorsorge zum Ausgleich für eine etwaige Unterversicherung   DM

II. Entschädigungsgrenzen
III. Zusätzliche Einschlüsse } *siehe Ergänzungen zum Versicherungsumfang auf der Rückseite*   Versicherungssumme   DM

Summenzuwachs

☐ Dynamische Anpassung der Versicherungssumme gemäß amtlichem Index;

☐ Verzicht auf dynamische Anpassung der Versicherungssumme mit der möglichen Folge, daß im Schadenfall nur ein Teil des Schadens ersetzt wird.

Risikoverhältnisse
Befinden sich Gastgewerbe-, Holz-, Schaumkunststoffbetriebe, Lackierereien oder Mühlen innerhalb des Gebäudes oder innerhalb 10 m Entfernung?   ☐ nein ☐ ja

Besteht, wenn angrenzend, Brandwandtrennung?   ☐ nein ☐ ja

Ein-/Ausgangstüren:

☐ bündiges Zylinderschloß oder Zuhaltungsschloß mit mindestens 6 Zuhaltungen

☐ Innenverriegelungen bei Zweittüren

☐ Sonstiger Verschluß – Dieser ist unverzüglich gegen einen Verschluß vorbez. Art auszutauschen.

Befinden sich besondere wasserführende Anlagen, wie zum Beispiel Sprinkler-, Berieselungsanlagen in den Versicherungsräumen und/oder Betriebe und Anlagen mit starkem Wasserverbrauch (z. B. Hotels, Schwimmbecken) über den Versicherungsräumen?   ☐ nein ☐ ja, welche?

Jahresbeitrag

Feuer	Einbruchdiebstahl	Leitungswasser	Sturm
DM	DM	DM	DM

☐ **Glasversicherung** *(Bitte Erläuterungen zum Versicherungsumfang auf der Rückseite beachten.)*
Zu versichern sind:
I. Alle Glas- und Kunststoffscheiben, -spiegel, -platten ohne künstlerische Bearbeitung sowie Profilbau-
gläser, Glasbausteine und Lichtkuppeln der
Geschäfts- und Lagerräume, der Einrichtung
und von Außenschaukästen und -vitrinen

Jahresbeitrag
Fläche (volle qm) Beitrag DM/qm   DM

☐ Außenverglasung bis 6 qm Scheibeneinzelgr. _____

☐ Außenverglasung über 6 qm Scheibeneinzelgr. _____

☐ Innenverglasung

II. Werbeanlagen (Leuchtröhrenanlagen, Firmenschilder,
Transparente) bis zu einer Versicherungssumme von insgesamt

☐ 500 DM ☐ 1.000 DM ☐   DM
Beschreibung (Text/Zeichen) und Anzahl

III. Zusätzliche Einschlüsse
Zusätzlich sind auf Erstes Risiko versichert: Entschädigung bis
1. Künstlerisch bearbeitete Glasscheiben, -spiegel,
-platten (z. B. Motivdarstellung durch Glasmalerei,
Ätzung, Schliff, Blei- oder Messingverglasung)   500 DM
2. Anstriche, Malereien, Schriften, Verzierungen,
Folien, Umrahmungen, Mauerwerk, Schutzeinrichtungen zu Nr. I. sowie Waren und
Dekorationsmittel   1000 DM
3. Sonderkosten für Gerüste, Kräne, Beseitigung
von Hindernissen   1000 DM
Wurde bereits Versicherungsschutz per Einsatz beantragt?   Gesamtbetrag _____

☐ nein ☐ ja, Vers.-Schein-Nr.   Nachlaß _____
Hinweis: Beschädigte Gegenstände
(z. B. Scheiben, Werbeanlagen) sind nicht versicherbar.

**Beitrag,
Zahlungsweise** — Die unter Versicherungsumfang aufgeführten Beiträge sind jeweils am Ersten des Monats fällig, in dem die
Versicherungsperiode beginnt. Zusätzlich werden Versicherungsteuer und die umseitig genannten Neben-
gebühren erhoben. Zahlungsweise: jährlich.

**Vertragsbeginn,
Vertragsdauer,
Deckungszusage** — Vertragsbeginn, mittags 12 Uhr   Vertragsdauer 10 Jahre

Die Versicherungsverträge verlängern sich nach
Ablauf der vereinbarten Dauer jeweils um ein Jahr,
Vorläufige Deckung (siehe Rückseite)   wenn sie nicht drei Monate vor Ablauf schriftlich
ab diesem Datum wurde durch   gekündigt werden.
den Vertreter erteilt?   ☐ nein ☐ ja

**Vorschäden,
Vorversicherung** — Sind in den letzten 5 Jahren Schäden eingetreten? ☐ nein ☐ ja

Wurde ein Versicherungsantrag bereits abgelehnt? ☐ nein ☐ ja   Vorschäden
in den früheren
Bestehen oder bestanden Vorversicherungen?   ☐ nein ☐ ja   oder jetzigen   Soll diese
Branche   Versicherer   Versicherungs-   gekündigt   Geschäftsräumen   Versicherung
   schein-Nr.   von   (Anzahl/Höhe)   erlöschen?

   ☐ nein ☐ ja

_____ _____ _____   ☐ nein ☐ ja

Bindungsfrist — An diesen Antrag hält sich der Antragsteller zwei Wochen gebunden.

**Einzugs-
ermächtigung** — Die Beiträge sind bis auf Widerruf von dem ange-   Name und Anschrift des Geldinstitutes/Filiale
gebenen Konto einzuziehen. Die Einzugsermächti-
gung gilt auch für Ersatzverträge.

| | | | | | | | | Konto-Nr.

| | | | | | | | | Bankleitzahl

**Mit der Daten-
verarbeitung
durch den Ver-
sicherer lt. um-
seitiger Einwil-
ligung bin ich
einverstanden.** — Ort, Datum   Unterschrift des Antragstellers   Unterschrift des Vertreters
   (Versicherungsnehmers)

Bestandteil dieses Antrages sind auch die Rückseiten.

Nebengebühren   Für jeden Versicherungsschein bis einschließlich 100,– DM Jahresbeitrag 1,– DM, bis einschließlich 200,– DM Jahresbeitrag 2,– DM, über 200,– DM Jahresbeitrag 3,– DM, für Nachträge mit Beitragserhebung 1,– DM, für jede Folgebeitragsrechnung –,50 DM zuzüglich Versicherungsteuer (z. Z. 5 %).

Weitere Gebühren und Kosten für die Aufnahme des Antrages oder aus anderen Gründen werden nicht erhoben.

Vertragsgrundlagen

Feuer
Allgemeine Bedingungen für die Feuerversicherung (AFB 87)

Einbruchdiebstahl
Allgemeine Bedingungen für die Einbruchdiebstahl-
und Raubversicherung (AERB 87)

Leitungswasser
Allgemeine Bedingungen für die
Leitungswasserversicherung (AWB 87)

Sturm
Allgemeine Bedingungen für die Sturmversicherung (AStB 87)

sowie Zusatzbedingungen und Klauseln für die Feuer-, Einbruchdiebstahl- und Raub-, Leitungswasser- und Sturmversicherung von Geschäftsbetrieben

Glas
Allgemeine Versicherungs-Bedingungen für Glasversicherung (AGlB)
sowie Klauseln für die Glasversicherung
(751 mit Prämienangleichungsmöglichkeit)

Die Allgemeinen Versicherungsbedingungen werden mit dem Versicherungsschein, auf Wunsch auch schon früher, übersandt.

Eine Antragskopie wurde ausgehändigt.

Die aufgrund dieses Antrages abgeschlossenen Versicherungen sind rechtlich selbständige und voneinander unabhängige Verträge.

Verantwortlichkeit für den Antrag, Nebenabreden

Der Antragsteller ist allein für die Richtigkeit und Vollständigkeit der Angaben im Antrag verantwortlich, auch wenn eine andere Person deren Niederschrift vornimmt. Nichtbeantwortung gilt als Verneinung. Unrichtige Beantwortung der Fragen nach Gefahrumständen sowie arglistiges Verschweigen auch sonstiger Gefahrumstände kann den Versicherer berechtigen, den Versicherungsschutz zu versagen.

Nebenabreden sind nur mit Zustimmung der Gesellschaft wirksam.

Datenschutz

Ich willige ein, daß der Versicherer im erforderlichen Umfang Daten, die sich aus den Antragsunterlagen oder der Vertragsdurchführung (Beiträge, Versicherungsfälle, Risiko-/Vertragsänderungen) ergeben, an Rückversicherer zur Beurteilung des Risikos und zur Abwicklung der Rückversicherung, sowie an den Verband der Sachversicherer und andere Versicherer zur Beurteilung des Risikos und der Ansprüche übermittelt.

Ich willige ferner ein, daß die Versicherer der Allianz-Gruppe, soweit dies der ordnungsgemäßen Durchführung meiner Versicherungsangelegenheiten dient, allgemeine Vertrags-, Abrechnungs- und Leistungsdaten in gemeinsamen Datensammlungen führen und an ihre Vertreter weitergeben.

Auf Wunsch werden mir zusätzliche Informationen zur Datenübermittlung zugesandt.

Ergänzungen zum Versicherungsumfang

Glasversicherung

Außenverglasung
Schaufenster, Stabilisierungsstreifen, Fenster, Türen, Oberlichter, Lichtbänder, Wände, Tür- und Windfanganlagen, Außenschaukästen und -vitrinen, Dächer, Überdachungen, Dachfenster, Brüstungen
(z. B. Balkone), Wetterschutzvorbauten, Wand- und Säulenverkleidungen.

Innenverglasung
Vitrinen, Theken, Schränke, Tisch- und Dekorationsplatten, Stand- und abnehmbare Wandspiegel, Bilderverglasungen, Türen, Fenster, Trennwände, Schaufensterabschlüsse, Wand-, Decken-, Säulenverkleidungen, Brüstungen (z. B. Treppen).

Gebündelte Geschäftsversicherung

II. Entschädigungsgrenzen
Die Entschädigung für Sachen gemäß Nr. I ist, errechnet aus der Versicherungssumme, begrenzt für Schäden:

	auf	höchstens
in der Feuer- und Leitungswasserversicherung		
1. innerhalb der Bundesrepublik Deutschland einschließlich des Landes Berlin (Außenversicherung), jedoch ohne Sachen gem. ... III 6 und 10	5 %	10 000 DM
in der Einbruchdiebstahlversicherung		
2. die – insbesondere an Schaufensterinhalt – eintreten, ohne daß der Täter das Gebäude betritt	10 %	5 000 DM
3. in Schaukästen und Vitrinen außerhalb des Versicherungsorts auf demselben Grundstück und in dessen unmittelbarer Umgebung.		1 000 DM

III. Zusätzliche Einschlüsse
Zusätzlich sind auf Erstes Risiko versichert (Prozentsätze berechnet aus der Versicherungssumme nach Nr. I):

	bis	höchstens
in der Feuer-, Einbruchdiebstahl-, Leitungswasser- und Sturmversicherung		
1. Bargeld, Urkunden (z. B. Sparbücher und sonstige Wertpapiere), Briefmarken, Münzen und Medaillen, unbearbeitete Edelmetalle sowie Sachen aus Edelmetall (ausgenommen Sachen, die dem Raumschmuck dienen), Schmucksachen, Perlen und Edelsteine		
a) in verschlossenen Panzer-Geldschränken, gepanzerten Geldschränken, mehrwandigen Stahlschränken mit einem Mindestgewicht von 300 kg oder eingemauerten Stahlwandschränken mit mehrwandiger Tür	10 %	10 000 DM
b) unter anderem Verschluß in Behältnissen, die erhöhte Sicherheit bieten, und zwar auch gegen Wegnahme des Behältnisses selbst.		1 000 DM
2. Akten, Pläne, Geschäftsbücher, Karteien, Zeichnungen, Lochkarten, Magnetbänder, Magnetplatten und sonstige Datenträger.	10 %	20 000 DM
3. Muster, Anschauungsmodelle, Prototypen und Ausstellungsstücke, ferner typengebundene, für die laufende Produktion nicht mehr benötigte Fertigungsvorrichtungen (Zeitwert)	5 %	10 000 DM
4. Aufräumungs-, Bewegungs- und Schutzkosten, ferner in der Feuer-, Leitungswasser- und Sturmversicherung Abbruchkosten, in der Feuerversicherung auch Feuerlöschkosten	5 %	10 000 DM
5. Mehrkosten durch Preissteigerungen zwischen dem Eintritt des Versicherungsfalls und der Wiederherstellung oder Wiederbeschaffung (Preisdifferenz-Versicherung)	5 %	10 000 DM
in der Feuer-, Leitungswasser- und Sturmversicherung		
6. an der Außenseite des Gebäudes angebrachte Antennen-, Gefahrenmelde-, Beleuchtungs- und Leuchtröhrenanlagen, Markisen, Schilder und Transparente, Überdachungen, Schutz- und Trennwände, soweit der Versicherungsnehmer dafür die Gefahr trägt		3 000 DM
in der Einbruchdiebstahlversicherung		
7. Gebäudebeschädigungen und Beschädigungen an Schaukästen und Vitrinen außerhalb des Versicherungsorts auf demselben Grundstück und in dessen unmittelbarer Umgebung – ausgenommen Schaufenster-, Schaukästen- und Vitrinenverglasung – sowie Kosten für Türschloßänderungen durch Einbruchdiebstahl oder Raub	10 %	10 000 DM
8. Aufwendungen durch Abhandenkommen von Schlüsseln zu Tresorräumen, Geldschränken, mehrwandigen Stahlschränken mit einem Mindestgewicht von 300 kg oder eingemauerten Stahlwandschränken mit mehrwandiger Tür	10 %	10 000 DM
9. Verluste an Bargeld, Vorräten und sonstigen Sachen durch Raub		
a) innerhalb des Versicherungsorts und des allseitig umfriedeten Grundstücks . . .	10 %	50 000 DM
b) auf Transportwegen innerhalb der Bundesrepublik Deutschland einschließlich des Landes Berlin unter der Voraussetzung, daß nicht mehrere Transporte gleichzeitig unterwegs sind	10 %	20 000 DM
in der Feuer- und Leitungswasserversicherung		
10. Sachen gemäß Nr. I im Freien auf dem Grundstück des Versicherungsorts, jedoch ohne Sachen gemäß Nr. II 1 und III 6.		3 000 DM

Sofern eine vorläufige Deckung erteilt wurde, endet diese mit der Annahme des Antrages oder am 5. Arbeitstag (mittags 12 Uhr) nach endgültiger Ablehnung des Antrages durch den Versicherer.

Texte 40 a

Antrag auf
Gebündelte Geschäftsversicherung
Glasversicherung

Sammelversicherungsantrag für Geschäftsbetriebe

Gebündelte Geschäftsversicherung
(Feuer, Einbruchdiebstahl und Raub,
Leitungswasser, Sturm und Hagel)
Glasversicherung
Feuerhaftungsversicherung
Haftpflichtversicherung
Betriebsschließungsversicherung

Sammelversicherungsantrag Geschäftsbetriebe 40a–Texte

Antragsteller, Zu-, Vorname bzw. Firmierung, Straße, Haus-Nr.:		Vertretung Nr. (Stempel)

Postleitzahl, Wohnort Postort

Vers.-Grundstück (Str., Haus-Nr., Ort)

☐ Die Postanschrift gilt nicht für andere Verträge des Versicherungsnehmers.

Betriebsart _____

Beschäftigtenzahl ____ F-Kennzeichnung? ☐ nein ☐ ja B-Nr. b

Besitzverhältnisse Betrieb: ☐ Eigentümer ☐ Pächter seit ____ Besitzverhältnisse Gebäude: ☐ Eigentümer ☐ Pächter/Mieter

Versicherungsumfang

☐ **Gebündelte Geschäftsversicherung**

Beantragt wird die ☐ Feuer-, ☐ Einbruchdiebstahl- ☐ einschließlich Vandalismus, ☐ Leitungswasser-, ☐ Sturmversicherung einschließlich Hagel

mit Einschluß der Betriebsunterbrechung durch

☐ Feuer-, ☐ Einbruchdiebstahl-, ☐ Leitungswasser-, ☐ Sturmschäden einschließlich Hagel

I. Zu versichern sind einschließlich fremden Eigentums summarisch, d. h. in einer Position, in den Geschäfts- und Lagerräumen (Versicherungsort) sowie in Schaukästen und Vitrinen außerhalb des Versicherungsorts auf demselben Grundstück und in dessen unmittelbarer Umgebung:

1. die technische und kaufmännische Betriebseinrichtung einschließlich Gebrauchsgegenstände der Betriebsangehörigen, jedoch ohne zulassungspflichtige Kraftfahrzeuge, Kraftfahrzeuganhänger und Zugmaschinen, ohne Automaten mit Geldeinwurf (einschließlich Geldwechsler), ohne Geldausgabeautomaten und ohne Sachen gemäß Nr. III 1, 2, 3 und 6 . . . . Neuwert ____ DM

2. die gesamten Vorräte (jedoch ohne Inhalt von Automaten mit Geldeinwurf), und zwar (Art der Waren): ____ DM

3. als Vorsorge zum Ausgleich für eine etwaige Unterversicherung ____ DM

II. Entschädigungsgrenzen Versicherungssumme ____ DM

III. Zusätzliche Einschlüsse } siehe Seite 5: Ergänzungen zum Versicherungsumfang

	Beitragsberechnung (Jahresbeitrag)	Feuer ‰ DM	Einbruchdiebstahl ‰ DM	Leitungswasser ‰ DM	Sturm ‰ DM

IV. Außerdem sind zu versichern: Versicherungssumme

1. _____ ____ DM

2. _____ ____ DM

V. Zuschlag für Einschluß: Versicherungssumme

1. Betriebsunterbrechung ____ DM

2. Vandalismus ____ DM

VI. Zu erhöhen sind zu Nr. II und Nr. III (siehe Seite 5):

Nr. ____ um ____ DM

Nr. ____ um ____ DM

Summenzuwachs

☐ Dynamische Anpassung der Versicherungssumme der Positionen Nr. I und V gemäß amtlichem Index;

☐ Verzicht auf dynamische Anpassung der Versicherungssumme mit der möglichen Folge, daß im Schadenfall nur ein Teil des Schadens ersetzt wird.

Fragen zur Gebündelten Geschäftsversicherung

Allgemeines (Fragebogen beifügen: Bei Gastgewerbe SV 0160)

Art des Gebäudes:

☐ Wohn- u. Geschäftshaus ☐ Traglufthalle ☐ Kiosk

☐ Geschäftshaus ☐ Behelfsbau ☐ Zelt

Verkaufs- und Lagerfläche:

☐ bis 400 qm ☐ weniger als 2.000 qm ☐ 2.000 qm und größer

Bauart des Gebäudes:

Sind die Außenwände des Gebäudes überwiegend aus Holz? ☐ nein ☐ ja

Ist das Gebäude mit Holz, Ried, Schilf oder Stroh eingedeckt (Weichdach)? ☐ nein ☐ ja

Sollen bestimmte Sachen, wie elektronische/elektrotechnische Anlagen oder Geräte von der Versicherung ausgeschlossen werden, weil dafür eine Spezial-Versicherung besteht? ☐ nein ☐ ja, welche? ____

Wird für elektronische/elektrotechnische Anlagen oder Geräte ein Angebot auf Versicherung zusätzlicher Gefahren gewünscht? ☐ nein ☐ ja

Feuer

Befinden sich sonstige Betriebe, Geschäfte, Läger innerhalb des Gebäudes oder innerhalb 10 m Entfernung? ☐ nein ☐ ja, welche? ____

Besteht, wenn angrenzend, Brandwandtrennung? ☐ nein ☐ ja

Befinden sich Weichdachgebäude innerhalb 10 m Entfernung? ☐ nein ☐ ja

Einbruchdiebstahl (Fragebögen beifügen: Lageplan u. Sicherungsbeschreibung ED 2115 – Bei Sicherungsgruppe SG 1 über 300.000 DM – ausgenommen Gastgewerbe –, SG 2 über 50.000 DM Versicherungssumme, SG 3, SG 4; Geldschrankfragebogen ED 2174 – Bei Erhöhung von Nr. III 1 a.)

Lage des Gebäudes:

☐ innerhalb des Ortes ☐ außerhalb des Ortes ☐ im Industriegebiet

Entfernung zum nächsten bewohnten Gebäude? ____ m

Lage der Versicherungsräume:

☐ im Keller ☐ im Erdgeschoß ☐ im ____ ten Obergeschoß

Ein-/Ausgangstüren:

☐ bündiges Zylinder- oder Zuhaltungsschloß mit mindest. 6 Zuhaltungen

☐ Innenverriegelung bei Zweittüren

☐ Sonstiger Verschluß – Dieser ist unverzüglich gegen einen Verschluß vorbezeichneter Art auszutauschen.

	unge- schützt	Gitter	Rolläden mit Verriegelung	wie sonst geschützt?
Fenster:				
Schaufenster	☐	☐	☐	
zur Straße	☐	☐	☐	
Sonstige	☐	☐	☐	

Leitungswasser

Sind außer Wasserversorgung und Zentralheizung noch andere wasserführende Anlagen vorhanden? ☐ nein ☐ ja, welche? ____

☐ Sprinkleranlagen

☐ Klima-, Wärmepumpen- oder Solarheizungsanlagen

☐ Fußbodenheizung (Warmwasser) oder ähnliche Strahlungsheizung in Decken und Wänden verlegt

☐ Schwimmbecken über den Versicherungsräumen

☐ Sonstige:

Sind Betriebe mit starkem Wasserverbrauch (z. B. Hotels) über den Versicherungsräumen? ☐ nein ☐ ja, welche? ____

2

Org. 1000 (0/13 V)

Sammelversicherungsantrag Geschäftsbetriebe

☐ **Glasversicherung** *(Bitte Erläuterungen zum Versicherungsumfang auf Seite 5 beachten.)*
Zu versichern sind:

I. Alle Glas- und Kunststoffscheiben, -spiegel, -platten ohne künstlerische
Bearbeitung sowie Profilbaugläser, Glasbausteine und Lichtkuppeln
der Geschäfts- und Lagerräume, der Einrichtung und von Außenschaukästen
und -vitrinen

	Fläche (volle qm)	Beitrag DM/qm	Jahresbeitrag DM

☐ Außenverglasung bis 6 qm Scheibeneinzelgröße _____ _____ _____

☐ Außenverglasung über 6 qm Scheibeneinzelgröße _____ _____ _____

☐ Innenverglasung _____ _____ _____

II. Werbeanlagen (Leuchtröhrenanlagen, Firmenschilder, Transparente)
bis zu einer Versicherungssumme von insgesamt

☐ 500 DM ☐ 1.000 DM ☐ _____ DM

Beschreibung (Text/Zeichen) und Anzahl

III. Zusätzliche Einschlüsse
Zusätzlich sind auf Erstes Risiko versichert:

			Beitrag je 100 DM

1. Künstlerisch bearbeitete Glasscheiben, -spiegel, -platten | Entschädigung | Erhöhung um DM | Vers.-Summe
(z. B. Motivdarstellung durch Glasmalerei, Ätzung, Schliff, | bis
Blei- oder Messingverglasung) | 500 DM
Beschreibung/Anzahl/Maße

2. Anstriche, Malereien, Schriften, Verzierungen, Folien, Umrahmungen,
Mauerwerk, Schutzeinrichtungen zu Nr. I. sowie Waren u. Dekorationsmittel   1.000 DM

3. Sonderkosten für Gerüste, Kräne, Beseitigung von Hindernissen   1.000 DM

Gesamtbetrag _____

Wurde bereits Versicherungsschutz per Einsatz beantragt?   Nachlaß _____

☐ nein ☐ ja, Versicherungsschein-Nummer

Hinweis: Beschädigte Gegenstände (z. B. Scheiben, Werbeanlagen) sind nicht versicherbar.

☐ **Feuerhaftungsversicherung** *(Bitte Erläuterungen zum Versicherungsumfang auf Seite 5 beachten.)*
Zu versichern ist die gesetzliche Haftpflicht des Versicherungsnehmers aufgrund eines Schadenereignisses gemäß § 2 FHB
mit Erweiterung auf
Mietsachschäden   ☐ nein ☐ ja

Soll sich die Versicherung auf   ☐ nein ☐ ja   Wenn ja, Anschrift; Betriebsart (ggf. gesonderte Aufstellung beifügen)
weitere – auf Seite 2 des Antrags
nicht genannte – Grundstücke des
Versicherungsnehmers erstrecken?

Wird eine Selbstbeteiligung von   ☐ nein ☐ ja   Wenn ja, welche?   DM
mehr als 300.000 DM beantragt?

Versicherungssumme
auf Erstes Risiko   ☐ 2.000.000 DM

☐ 1.000.000 DM

☐ _____   Beitrag   ‰   Jahresbeitrag DM

Betriebs-Haftpflicht-Versicherer   Versicherungsschein-Nummer   Sachschaden-Deckungssumme   Vertragsende

DM

☐ **Haftpflichtversicherung**   Deckungssummen bis 2 Millionen DM für Personenschäden,   Die Gesamtleistung für alle Versicherungsfälle eines
bis 500.000 DM für Sachschäden   Versicherungsjahres beträgt das Doppelte dieser
Versichert wird die gesetzliche Haftpflicht als   Deckungssummen.

☐ **Betriebsunternehmer**   Betriebsbezeichnung/Beruf/Tätigkeitsprogramm
(Betriebsgrundstück siehe Seite 2)

Sind Nebenbetriebe vorhanden?   Wenn ja, welche?   Jahresbeitrag DM
☐ nein ☐ ja

Arbeiten auf fremden Grundstücken?   Jahreslohn- u. Gehaltssumme   Jahresumsatz (ohne MWSt.)
☐ nein ☐ ja   DM   DM zu   ‰

Zahl der im Betrieb tätigen Personen   mit Arbeit auf fremden Grundstücken
je   DM   je   DM   je   DM

Vermietung von Teilen des Betriebsgrundstücks an Betriebsfremde?   Bruttojahresmietwert
☐ nein ☐ ja   DM zu   ‰

☐ **Halter** von Hunden   Pferden/Ponys   anderen Tieren *(Anzahl/Art)*
je   DM   je   DM   je   DM

☐ **Privatperson** Privat-Haftpflichtversicherung für

Besondere Vereinbarungen / Zusatzwagnisse

(z. B. nicht zulassungs- und nicht versicherungspflichtige Kfz/selbstfahrende Arbeitsmaschinen)

Auf die Möglichkeit einer Beitragsangleichung nach § 8 Ziffer III der Allgemeinen Versicherungs-   Gesamtbetrag _____
Bedingungen für die Haftpflichtversicherung wird hingewiesen.   Zu-/Abschlag _____

Gewässerschaden-Haftpflichtversicherung für das Anlagenrisiko
ist besonders zu beantragen – siehe Antrag H 22 bzw. Fragebogen H 502 –.

3   RGL AB11

☐ **Betriebsschließungsversicherung**

Beginn frühestens 14 Tage nach Eingang des Antrags beim Versicherer (§ 5 Nr. 2 AVB-BS). Weitere Betriebsstellen auf anderen Grundstücken bitte gesondert angeben.

Wochenumsatz (1/52 des Jahresumsatzes, aufgerundet auf volle 500,– DM)	An wievielen Tagen pro Woche wird regelmäßig gearbeitet?	Durchschnittsumsatz pro Arbeitstag (Wochenumsatz : Arbeitstage)

Wieviel Prozent des Umsatzes entfallen insgesamt auf fortlaufende Kosten und Gewinn?	Demnach Kosten- u. Gewinnbetrag pro Arbeitstag, aufgerundet auf volle 50,– DM 1)	Welche Tagesentschädigung soll versichert werden?2)	Jahresbeitrag DM zuzügl. Vers.-Steuer

Warenversicherungssumme (≈ voraussichtlicher Warenhöchstwert der kommenden 12 Monate)

Als Ware gelten: Rohstoffe, Zwischen- und Fertigfabrikate, Handelsware, verwertbare Abfälle und Verpackungsmaterial.
Dagegen scheiden regelmäßig aus: Betriebs- und Hilfsstoffe, z. B. vorrätige Lösungsmittel, Schmiermittel, Heiz- und Brennstoffe, die nur mittelbar zur Fertigung dienen.

Mindestbeitrag pro Versicherungsschein jährlich 50,– DM netto

1) Berechnungsbeispiel: Tagesumsatz x Prozentsatz : 100   2) Höchstens der Betrag der Kosten und des Gewinnes pro Arbeitstag zuzügl. 10%.

	Versicherung	Beitrag DM	Zahlungsweise	Vertragsbeginn mittags 12 Uhr	Vertragsende mittags 12 Uhr	
Beitrag, Zahlungsweise, Vertragsbeginn, Vertragsdauer	Gebündelte Geschäftsvers.		1/ jährlich			Die Beiträge sind jeweils am Ersten des Monats fällig, in dem die Versicherungsperiode beginnt. Zusätzlich werden Versicherungssteuer, eine etwaiger Ratenzahlungszuschlag und – mit Ausnahme der Betriebsschließungsversicherung – die umseitig genannten Nebengebühren erhoben.
	Glas		1/ jährlich			
	Feuerhaftung		1/ jährlich			
	Haftpflicht		1/ jährlich			
	Betriebsschließung		1/1 jährlich			

Versicherungsverträge von mindestens einjähriger Dauer verlängern sich nach Ablauf der Vertragszeit stillschweigend jeweils um ein Jahr, wenn nicht drei Monate vor Ablauf eine schriftliche Kündigung zugegangen ist.

Vorschäden, Vorversicherung	Sind in den letzten 5 Jahren Schäden eingetreten?		☐ nein ☐ ja			
	Wurde ein Versicherungsantrag bereits abgelehnt?		☐ nein ☐ ja			
	Bestehen oder bestanden Vorversicherungen?		☐ nein ☐ ja		Vorschäden in den früheren oder jetzigen Geschäftsräumen (Anzahl / Höhe)	Soll diese Versicherung erlöschen?
	Versicherung	Versicherer	Vers.-Schein-Nr.	gekündigt von		
	Feuer					☐ nein ☐ ja
	Einbruchdiebstahl u. Raub einschl. Vandalismus					☐ nein ☐ ja
	Leitungswasser					☐ nein ☐ ja
	Sturm einschl. Hagel					☐ nein ☐ ja
	Glas					☐ nein ☐ ja
	Feuerhaftung					☐ nein ☐ ja
	Haftpflicht					☐ nein ☐ ja
	Betriebsschließung					☐ nein ☐ ja

Vertragsgrundlagen

Feuer
Allgemeine Bedingungen für die Feuerversicherung (AFB 87) sowie Zusatzbedingungen und Klauseln für die Feuer-, Einbruchdiebstahl- und Raub-, Leitungswasser- und Sturmversicherung von Geschäftsbetrieben
Einbruchdiebstahl
Allgemeine Bedingungen für die Einbruchdiebstahl- und Raubversicherung (AERB 87) sowie Zusatzbedingungen und Klauseln für die Feuer-, Einbruchdiebstahl- und Raub-, Leitungswasser- und Sturmversicherung von Geschäftsbetrieben
Leitungswasser
Allgemeine Bedingungen für die Leitungswasserversicherung (AWB 87) sowie Zusatzbedingungen und Klauseln für die Feuer-, Einbruchdiebstahl- und Raub-, Leitungswasser- und Sturmversicherung von Geschäftsbetrieben
Sturm
Allgemeine Bedingungen für die Sturmversicherung (AStB 87) sowie Zusatzbedingungen und Klauseln für die Feuer-, Einbruchdiebstahl- und Raub-, Leitungswasser- und Sturmversicherung von Geschäftsbetrieben
Glas
Allgemeine Versicherungs-Bedingungen für Glasversicherung (AGlB) sowie Klauseln für die Glasversicherung (751 mit Prämienangleichungsmöglichkeit)

Feuerhaftung
Bedingungen für die Feuerhaftungsversicherung (FHB) Allgemeine Bedingungen für die Feuerversicherung (AFB 87), jedoch ohne § 4.
Klauseln für die Feuerhaftungsversicherung
Haftpflicht
Allgemeine Versicherungs-Bedingungen für die Haftpflichtversicherung (AHB)
Besondere Bedingungen und Risikobeschreibungen
Auf den Umfang der Sachschadendeckung (vgl. § 4 der Allgemeinen Versicherungsbedingungen für die Haftpflichtversicherung – AHB) und den Ausschluß der Schäden an fremden Sachen (vgl. § 4 Ziff. I 6 a) und b) AHB) wird besonders hingewiesen.
Betriebsschließung
Allgemeine Bedingungen für die Versicherung von Betrieben gegen Schäden infolge Seuchengefahr (AVB-BS)

Die Allgemeinen Versicherungsbedingungen werden mit dem Versicherungsschein, auf Wunsch auch schon früher, übersandt.

Eine Antragskopie wurde ausgehändigt.

Die aufgrund dieses Antrages abgeschlossenen Versicherungen sind rechtlich selbständige u. voneinander unabhängige Verträge.

Verantwortlichkeit für den Antrag, Nebenabreden	Der Antragsteller ist allein für die Richtigkeit und Vollständigkeit der Angaben im Antrag verantwortlich, auch wenn eine andere Person deren Niederschrift vornimmt. Nichtbeantwortung gilt als Verneinung. Unrichtige Beantwortung der Fragen nach Gefahrum-	ständen sowie arglistiges Verschweigen auch sonstiger Gefahrumstände kann dem Versicherer berechtigen, den Versicherungsschutz zu versagen. Nebenabreden und Deckungszusagen sind nur mit Zustimmung der Gesellschaft wirksam.
Bindungsfrist	An diesen Antrag hält sich der Antragsteller einen Monat gebunden.	
Einzugsermächtigung	Die Beiträge sind bis auf Widerruf von dem angegebenen Konto einzuziehen. Die Einzugsermächtigung gilt auch für Ersatzverträge.	Name und Anschrift des Geldinstitutes/Filiale

| ⌐ ⌐ ⌐ ⌐ ⌐ ⌐ ⌐ ⌐ ⌐ ⌐ ⌐ ⌐ Konto-Nr. |
| ⌐ ⌐ ⌐ ⌐ ⌐ ⌐ ⌐ ⌐ Bankleitzahl |

Bestandteil dieses Antrages ist auch die Seite 5.

Ort, Datum	Unterschrift des Antragstellers (Versicherungsnehmers)	Unterschrift des Vertreters

Mit der Datenverarbeitung durch den Versicherer lt. umseitiger Einwilligung bin ich einverstanden.

4

Nebengebühren Für jeden Versicherungsschein und
Nachtrag mit Beitragserhebung   1,— DM,
für jede Folgebeitragsrechnung   0,50 DM
jeweils zuzüglich Versicherungsteuer (z. Z. 7 %).

Versicherungsvertreter und Versicherungsvermittler sind nicht berechtigt, vom Versicherungsnehmer noch irgendwelche besonderen Gebühren und Kosten für die Aufnahme des Antrages oder aus anderen Gründen zu erheben.

Datenschutz Ich willige ein, daß der Versicherer im erforderlichen Umfang Daten, die sich aus den Antragsunterlagen oder der Vertragsdurchführung (Beiträge, Versicherungsfälle, Risiko-/Vertragsänderungen) ergeben, an Rückversicherer zur Beurteilung des Risikos und zur Abwicklung der Rückversicherung, sowie an den Verband der Sachversicherer und andere Versicherer zur Beurteilung des Risikos und der Ansprüche übermittelt.

Ich willige ferner ein, daß die Versicherer der Allianz-Gruppe, soweit dies der ordnungsgemäßen Durchführung meiner Versicherungsangelegenheiten dient, allgemeine Vertrags-, Abrechnungs- und Leistungsdaten in gemeinsamen Datensammlungen führen und an ihre Vertreter weitergeben.
Auf Wunsch werden mir zusätzliche Informationen zur Datenübermittlung zugesandt.

Ergänzungen zum Versicherungsumfang

Gebündelte Geschäftsversicherung
II. Entschädigungsgrenzen
Die Entschädigung für Sachen gemäß Nr. I ist, errechnet aus der Versicherungssumme, begrenzt für Schäden:
In der Feuer- und Leitungswasserversicherung
1. innerhalb der Bundesrepublik Deutschland einschließlich des Landes Berlin (Außenversicherung), jedoch ohne Sachen gemäß Nr. III 6 und 10 . . . .   **auf** 5 %   **höchstens** 10 000 DM

In der Einbruchdiebstahlversicherung
2. die – insbesondere an Schaufensterinhalt – eintreten, ohne daß der Täter das Gebäude betritt . . . . 10 %   5 000 DM
3. in Schaukästen und Vitrinen außerhalb des Versicherungsorts auf demselben Grundstück und in dessen unmittelbarer Umgebung . . . .   1 000 DM

III. Zusätzliche Einschlüsse
Zusätzlich sind auf Erstes Risiko versichert (Prozentsätze berechnet aus der Versicherungssumme nach Nr. I):
In der Feuer-, Einbruchdiebstahl-, Leitungswasser- und Sturmversicherung   **bis**   **höchstens**
1. Bargeld, Urkunden (z. B. Sparbücher und sonstige Wertpapiere), Briefmarken, Münzen und Medaillen, unbearbeitete Edelmetalle sowie Sachen aus Edelmetall (ausgenommen Sachen, die dem Raumschmuck dienen), Schmucksachen, Perlen und Edelsteine
  a) in verschlossenen Panzer-Geldschränken, gepanzerten Geldschränken, mehrwandigen Stahlschränken mit einem Mindestgewicht von 300 kg oder eingemauerten Stahlwandschränken mit mehrwandiger Tür . . . 10 %   10 000 DM
  b) unter anderem Verschluß in Behältnissen, die erhöhte Sicherheit bieten, und zwar auch gegen Wegnahme des Behältnisses selbst . . . .   1 000 DM
2. Akten, Pläne, Geschäftsbücher, Karteien, Zeichnungen, Lochkarten, Magnetbänder, Magnetplatten und sonstige Datenträger . . . . 10 %   20 000 DM
3. Muster, Anschauungsmodelle, Prototypen und Ausstellungsstücke, ferner typengebundene, für die laufende Produktion nicht mehr benötigte Fertigungsvorrichtungen (Zeitwert) . . . . 5 %   10 000 DM
4. Aufräumungs-, Bewegungs- und Schutzkosten, ferner in der Feuer-, Leitungswasser- und Sturmversicherung Abbruchkosten, in der Feuerversicherung auch Feuerlöschkosten . . . . 5 %   10 000 DM
5. Mehrkosten durch Preissteigerungen zwischen dem Eintritt des Versicherungsfalls und der Wiederherstellung oder Wiederbeschaffung (Preisdifferenz-Versicherung) . . . . 5 %   10 000 DM

In der Feuer-, Leitungswasser- und Sturmversicherung
6. an der Außenseite des Gebäudes angebrachte Antennen-, Gefahrenmelde-, Beleuchtungs- und Leuchtröhrenanlagen, Markisen, Schilder und Transparente, Überdachungen, Schutz- und Trennwände, soweit der Versicherungsnehmer dafür die Gefahr trägt . . . .   3 000 DM

In der Einbruchdiebstahlversicherung
7. Gebäudebeschädigungen und Beschädigungen an Schaukästen und Vitrinen außerhalb des Versicherungsorts auf demselben Grundstück und in dessen unmittelbarer Umgebung – ausgenommen Schaufenster-, Schaukästen- und Vitrinenverglasung – sowie Kosten für Türschloßänderungen durch Einbruchdiebstahl oder Raub . . . . 10 %   10 000 DM
8. Aufwendungen durch Abhandenkommen von Schlüsseln zu Tresorräumen, Geldschränken, mehrwandigen Stahlschränken mit einem Mindestgewicht von 300 kg oder eingemauerten Stahlwandschränken mit mehrwandiger Tür . . . . 10 %   10 000 DM
9. Verluste an Bargeld, Vorräten und sonstigen Sachen durch Raub
  a) innerhalb des Versicherungsorts und des allseitig umfriedeten Grundstücks . . . . 10 %   50 000 DM
  b) auf Transportwegen innerhalb der Bundesrepublik Deutschland einschließlich des Landes Berlin unter der Voraussetzung, daß nicht mehrere Transporte gleichzeitig unterwegs sind . . . . 10 %   20 000 DM

In der Feuer- und Leitungswasserversicherung
10. Sachen gemäß Nr. I im Freien auf dem Grundstück des Versicherungsorts, jedoch ohne Sachen gemäß Nr. II 1 und III 6 . . . .   3 000 DM

Erläuterungen zum Versicherungsumfang

Glasversicherung
Außenverglasung:
Schaufenster, Stabilisierungsstreifen, Fenster, Türen, Oberlichter, Lichtbänder, Wände, Tür- und Windfanganlagen, Außenschaukästen und -vitrinen, Dächer, Überdachungen, Dachfenster, Brüstungen (z. B. Balkone), Wetterschutzvorbauten, Wand- und Säulenverkleidungen.

Innenverglasung:
Vitrinen, Theken, Schränke, Tisch- und Dekorationsplatten, Stand- und abnehmbare Wandspiegel, Bilderverglasungen, Türen, Fenster, Trennwände, Schaufensterabschlüsse, Wand-, Decken-, Säulenverkleidungen, Brüstungen (z. B. Treppen).

Feuerhaftungsversicherung
Versichert ist die gesetzliche Haftpflicht des Versicherungsnehmers aufgrund eines Schadenereignisses gemäß § 2 der Bedingungen für die Feuerhaftungsversicherung (FHB).

Nicht versichert sind Personenschäden und reine Vermögensschäden aus Personenschäden.

Andere Versicherungen, die dem Versicherungsnehmer Versicherungsschutz gegen versicherte Schäden bieten, sowie Haftungs-, Ersatz- oder Regreß-Verzichtserklärungen der Geschädigten oder deren Versicherer gehen dieser Versicherung vor.

Vorsitzender des Aufsichtsrats: Dr. Wolfgang Schieren.
Vorstand: Ernst Wunderlich, Vorsitzender; Dr. Peter von Blomberg, Dr. Jan Boetius, Dr. Diethart Breipohl, Herbert Hansmeyer, Heinz Prokop, Dr. Henning Schulte-Noelle, Dr. Reiner Hagemann, Dr. Wolfgang Veit.

Sitz der Gesellschaft: München. Registergericht: München HRB 75727

5

328

Texte 41

Vertretung Nr. (Stempel)

Ergänzende Angaben zum Antrag auf
Einbruchdiebstahlversicherung
– Lageplan und Sicherungsbeschreibung –

ED 2115/04

-, Vorname
w. Firmierung,
aße, Haus-Nr.

stleitzahl, Ort
ra-Grundstück
r., Haus-Nr., Ort)

Antrag vom _____

Versicherungsschein-Nr.

1 Lageplan

für ☐ Kellergeschoß   ☐ Erdgeschoß   ☐ ____ tes Obergeschoß   *Bitte für jedes Geschoß einen eigenen Vordruck ausfüllen.*

2 Sicherungsbeschreibung der Versicherungsräume

2.1 Türen, Schaufenster, Fenster, sonstige Öffnungen

Bezeich-nung im Lageplan	Beschaffenheit, Verschluß, Schutz	Schließ-system	zusätzlich vereinbarte Sicherungen

Schließsysteme *(Beispiele)*

A
Zylinderschloß (mind. 5 Stiftzuhaltungen)

mit Sicherheitsbeschlag
(von außen nicht abschraubbar) und/oder Zylinder
außen nicht überstehend.

B

ohne Sicherheitsbeschlag
Beschlag von außen ab-
schraubbar oder Zylinder
außen überstehend.

C
Zuhaltungsschloß
(mind. 6 Zuhaltungen)

D
Sonstige Schlösser
(z. B. einfache oder
Vorhänge-Schlösser)

E
Stangenschloß
(Basküleverschluß)
absperrbar

2.2 Umfassungswände, Decke, Fußboden

	Bezeichnung im Lageplan	Dicke in cm	Beton	Ziegel-, Hohlblock-, Kalksandstein	Holz verputzt	Holz unverputzt, Heraklit, Gips, Asbestzement, Lehm, Blech	Sonstiges
2.2.1 Umfassungswände	___	___	☐	☐	☐	☐	_____
	___	___	☐	☐	☐	☐	_____
	___	___	☐	☐	☐	☐	_____
	___	___	☐	☐	☐	☐	_____
	___	___	☐	☐	☐	☐	_____
2.2.2 Decke	___	___	☐	☐	☐	☐	_____
2.2.3 Fußboden	___	___	☐	☐	☐	☐	_____

2.3 Benutzungsweise der angrenzenden Räume . . . . oberhalb _____

unterhalb _____

seitlich _____

2.4 Versicherungsräume in oberen Stockwerken (Geschossen)

Sind Fenster, Türen oder sonstige Öffnungen vorhanden, die über ☐ nein ☐ ja, und zwar *(Bezeichnung im Lageplan):*

Feuerleitern, Vordächer, Anbauten oder dgl. erreicht werden können?

2.5 Bewachung

2.5.1 Erfolgt Bewachung außerhalb der betrieblichen Arbeitszeit? . . . . ☐ nein ☐ ja,

Wenn ja, wie? . . . . ☐ durch eigene Wächter *(Anzahl)* _____

☐ durch ein Wach- und Sicherheitsunternehmen

2.5.2 Art der Bewachung . . . . ☐ Innenbewachung   ☐ ständig ☐ periodisch

☐ Außenbewachung   ☐ ständig ☐ periodisch

2.5.3 Werden Kontrollgänge durchgeführt *(auch bei ständiger Bewachung)* . . ☐ nein ☐ ja,

Wenn ja, wie? . . . . Anzahl _____ zeitlicher Abstand _____

Betätigung von Kontrolluhren . . . . ☐ nein ☐ ja

2.6 Einbruchmeldeanlage

2.6.1 Erfolgt Überwachung durch eine Einbruchmeldeanlage? . . . . ☐ nein ☐ ja

2.6.2 Ist ein Installationsattest beigefügt? . . . . ☐ nein ☐ ja, *(wenn ja, entfällt Beantwortung 2.6.3 bis 2.6.9)*

2.6.3 Herstellerfirma . . . . _____

2.6.4 Errichterfirma . . . . _____

2.6.5 Installationsjahr . . . . 19 _____

2.6.6 Besteht ein Wartungsvertrag? . . . . ☐ nein ☐ ja,

Wenn ja, Name der Firma? . . . . _____

Turnus der Wartung . . . . alle _____ Monate

Turnus der Inspizierung . . . . alle _____ Monate

2.6.7 Systembezeichnung *(Typenbezeichnung)* . . . . _____

2.6.8 Art der Alarmanlage

Direkter Anschluß an die Hauptmeldezentrale einer Polizeidienststelle . . ☐ nein ☐ ja

Direkter Anschluß an die Hauptmeldezentrale eines vom Verband der

Sachversicherer anerkannten Wach- und Sicherheitsunternehmens . . . ☐ nein ☐ ja

Örtliche Alarmgabe . . . . ☐ nein ☐ ja,

Wenn ja, wie? . . . . ☐ akustisch ☐ optisch

Zusätzliche Alarmgabe durch automatisches Wähl- und Ansagegerät

bzw. digitales Wähl- und Übertragungsgerät . . . . ☐ nein ☐ ja

2.6.9 Art der Überwachung

☐ Außenhautüberwachung . . . . ☐ sämtliche Öffnungen sind überwacht

☐ nicht überwachte Öffnungen *(Bezeichnung im Lageplan)*:

_____

☐ Raumüberwachung . . . . ☐ sämtliche Versicherungsräume sind überwacht

☐ nicht überwachte Versicherungsräume *(Bezeichnung im Lageplan)*:

_____

☐ Objektsicherung *(überwachte Objekte)* . . . . _____

_____

2.6.10 Sind zusätzliche Überfallmelder vorhanden? . . . . ☐ nein ☐ ja

Zusätzlich vereinbarte Sicherungen

Der Versicherungsnehmer hat zusätzlich vereinbarte Sicherungen unverzüglich anzubringen und, wenn eine Einbruchmeldeanlage vereinbart ist, diese durch eine vom Verband der Sachversicherer anerkannte Errichterfirma einrichten zu lassen.

Verantwortlichkeit für die Angaben

Der Antragsteller ist allein für die Richtigkeit und Vollständigkeit der Angaben verantwortlich, auch wenn eine andere Person deren Niederschrift vornimmt.

Unrichtige Beantwortung der Fragen nach Gefahrumständen sowie arglistiges Verschweigen auch sonstiger Gefahrumstände kann den Versicherer berechtigen, den Versicherungsschutz zu versagen.

Unterschriften

Ort, Datum _____

Unterschrift des Antragstellers (Versicherungsnehmers) _____

Unterschrift des Vertreters _____

Texte 42

Vertretung Nr. (Stempel)

Antrag auf
Wohngebäudeversicherung
Glasversicherung

B-Nr. b

**Antragsteller,
Zu-, Vorname
bzw. Firmierung,
Straße, Haus-Nr.**

**Postleitzahl,
Wohnort**

Postort

**Vers.-Grundstück
(Str., Haus-Nr.,
Ort)**

Beruf		Geburtsdatum	F-Kennzeichnung?	Selbständig?
			☐ nein ☐ ja	☐ nein ☐ ja

Besitzverhältnisse Gebäude: Art des Gebäudes:

☐ Eigentümer   ☐ Pächter/Mieter   ☐ Einfamilienhaus   ☐ Mehrfamilienhaus

**Versicherungs-
umfang**

☐ **Verbundene Wohngebäudeversicherung**
*Für Gebäude, die ausschließlich Wohnzwecken dienen, jedoch nicht für Wochenend-, Ferienhäuser sowie
ganz oder überwiegend leerstehende Gebäude (nicht Neubauten).*

I. Zu versichern sind zum gleitenden Neuwert gegen Leitungswasser-, Sturm- und Hagelschäden
Gebäude (einschließlich Grund- und Kellermauern) gemäß Erläuterungen auf der Rückseite.

Gebäude	Baujahr	Neubauwert im Jahr	Neubauwert DM	Versicherungssumme 1914 Mark
Wohngebäude				
Garage				
Nebengebäude				

Gesamtbetrag der Versicherungssumme 1914

II. Zusätzliche Einschlüsse *siehe Ergänzungen zum Versicherungsumfang auf der Rückseite*

Risikoverhältnisse

Allgemeines:
Handelt es sich um ein Fertighaus?   ☐ nein ☐ ja

Leitungswasser:
Sind außer Wasserversorgung und Zentralheizung
noch andere wasserführende Anlagen vorhanden?   ☐ nein ☐ ja, welche?

☐ Fußbodenheizung (Warmwasser) oder ähnliche Strahlungsheizung in Decken, Wänden verlegt

☐ Schwimmbecken

☐ Sonstige:

Beitragsberechnung

Jahresbeitrag nach Prämienfaktor	▲		DM
Zuschlag für			DM
Jahresbeitrag einschließlich Gebühr und Versicherungsteuer (z. Z. 5 %)			DM

☐ **Glasversicherung**

I. Zu versichern sind

☐ Gebäude- und Mobiliarverglasungen der Wohnung oder des Einfamilienhauses gegen Bruchschäden, jedoch ohne Beleuchtungskörper, Glaskeramik-Kochflächen, Aquarien/Terrarien und ohne Sachen gemäß II. 1., und zwar

Gebäudeverglasungen: Glas- und Kunststoffscheiben von Fenstern, Türen, Balkonen, Terrassen, Wänden, Wintergärten, Veranden, Loggien, Wetterschutzvorbauten, Dächern, Brüstungen, Duschkabinen und Sonnenkollektoren; Lichtkuppeln (auch aus Kunststoff); Glasbausteine; Profilbaugläser;

Mobiliarverglasungen: Glasscheiben von Bildern, Schränken, Vitrinen, Stand-, Wand- und Schrankspiegeln; Glasplatten; Glasscheiben und Sichtfenster von Öfen, Elektro- und Gasgeräten.

Die Gesamtfläche der Gebäudeverglasungen ist nicht größer als   Jahresbeitrag

☐ 10 qm ☐ 15 qm ☐ 20 qm ☐ 25 qm ☐ 30 qm ☐ _____ qm   _____ DM

☐ Glaskeramik-Kochflächen   Anzahl _____   _____ DM

☐ Aquarien/Terrarien   Gesamt-Liter-Inhalt _____   _____ DM

Jahresbeitrag einschließlich Gebühr und Versicherungsteuer (z. Z. 5 %)   _____ DM

II. Zusätzliche Einschlüsse *siehe Ergänzungen zum Versicherungsumfang auf der Rückseite*

Wurde bereits Versicherungsschutz per Einsatz beantragt?

☐ nein ☐ ja,   Versicherungsschein-Nr. _____

Hinweis: Beschädigte Gegenstände sind nicht versicherbar.

Beitrag, Zahlungsweise	Die unter Versicherungsumfang aufgeführten Beiträge sind jeweils am Ersten des Monats fällig, in dem die Versicherungsperiode beginnt. In den Beiträgen sind die umseitig genannten Nebengebühren und Versicherungsteuer enthalten. Zahlungsweise: jährlich.
Vertragsbeginn, Vertragsdauer, Deckungszusage	Vertragsbeginn, mittags 12 Uhr Vertragsdauer Wohngebäude- und Glasversicherung _____ ☐ 10 Jahre ☐ _____ Jahre Vorläufige Deckung (siehe Rückseite) ab diesem Die Versicherungsverträge verlängern sich nach Datum wurde durch den Vertreter erteilt? Ablauf der vereinbarten Dauer jeweils um ein Jahr, ☐ nein ☐ ja wenn sie nicht drei Monate vor Ablauf schriftlich gekündigt werden.

Vorschäden, Vorversicherung

Sind in den letzten 5 Jahren Schäden eingetreten?   ☐ nein ☐ ja

Wurde ein Versicherungsantrag bereits abgelehnt?   ☐ nein ☐ ja

Bestehen oder bestanden Vorversicherungen?			☐ nein ☐ ja		Soll diese
Branche	Versicherer	Versicherungsschein-Nr.	gekündigt von	Vorschäden (Anzahl/Höhe)	Versicherung erlöschen?
Wohngebäude					☐ nein ☐ ja
Glas					☐ nein ☐ ja

Bindungsfrist	An diesen Antrag hält sich der Antragsteller zwei Wochen gebunden.
Einzugsermächtigung	Die Beiträge sind bis auf Widerruf von dem angegebenen Konto einzuziehen. Die Einzugsermächtigung gilt auch für Ersatzverträge. Name und Anschrift des Geldinstitutes/Filiale _____ Konto-Nr. _____ _____ Bankleitzahl
Mit der Datenverarbeitung durch den Versicherer lt. umseitiger Einwilligung bin ich einverstanden.	Ort, Datum Unterschrift des Antragstellers (Versicherungsnehmers) Unterschrift des Vertreters

Bestandteil dieses Antrages sind auch die Rückseiten.

Nebengebühren	**Verbundene Wohngebäudeversicherung** Für jeden Versicherungsschein bis einschließlich 100,– DM Jahresbeitrag 1,– DM, bis einschließlich 200,– DM Jahresbeitrag 2,– DM, über 200,– DM Jahresbeitrag 3,– DM, für Nachträge mit Beitragserhebung 1,– DM, für jede Folgebeitragsrechnung –,50 DM zuzüglich Versicherungsteuer (z. Z. 5 %). **Glasversicherung** Für jeden Versicherungsschein, für Nachträge mit Beitragserhebung und für jede Folgebeitragsrechnung –,50 DM zuzüglich Versicherungsteuer (z. Z. 5 %). Weitere Gebühren und Kosten für die Aufnahme des Antrages oder aus anderen Gründen werden nicht erhoben.
Vertrags- grundlagen	**Verbundene Wohngebäudeversicherung** Allgemeine Bedingungen für die Neuwertversicherung von Wohngebäuden gegen Feuer-, Leitungswasser- und Sturmschäden (VGB) sowie Deklaration, Sonderbedingungen und Klauseln. **Glasversicherung** Allgemeine Versicherungs-Bedingungen für Glasversicherung (AGlB) sowie Klauseln für die Glasversicherung (752 mit Prämienangleichungsmöglichkeit). Die Allgemeinen Versicherungsbedingungen werden mit dem Versicherungsschein, auf Wunsch auch schon früher, übersandt. Eine Antragskopie wurde ausgehändigt. **Die aufgrund dieses Antrages abgeschlossenen Versicherungen sind rechtlich selbständige und voneinander unabhängige Verträge.**
Verantwortlich- keit für den Antrag, Nebenabreden	Der Antragsteller ist allein für die Richtigkeit und Vollständigkeit der Angaben im Antrag verantwortlich, auch wenn eine andere Person deren Niederschrift vornimmt. Nichtbeantwortung gilt als Verneinung. Unrichtige Beantwortung der Fragen nach Gefahrumständen sowie arglistiges Verschweigen auch sonstiger Gefahrumstände kann den Versicherer berechtigen, den Versicherungsschutz zu versagen. Nebenabreden sind nur mit Zustimmung der Gesellschaft wirksam.
Datenschutz	Ich willige ein, daß der Versicherer im erforderlichen Umfang Daten, die sich aus den Antragsunterlagen oder der Vertragsdurchführung (Beiträge, Versicherungsfälle, Risiko-/Vertragsänderungen) ergeben, an Rückversicherer zur Beurteilung des Risikos und zur Abwicklung der Rückversicherung, sowie an den Verband der Sachsicherer und andere Versicherer zur Beurteilung des Risikos und der Ansprüche übermittelt. Ich willige ferner ein, daß die Versicherer der Allianz-Gruppe, soweit dies der ordnungsgemäßen Durchführung meiner Versicherungsangelegenheiten dient, allgemeine Vertrags-, Abrechnungs- und Leistungsdaten in gemeinsamen Datensammlungen führen und an ihre Vertreter weitergeben. Auf Wunsch werden mir zusätzliche Informationen zur Datenübermittlung zugesandt.
Erläuterungen zum Versiche- rungsumfang	**Verbundene Wohngebäudeversicherung** Versichert sind Gebäude mit Bestandteilen und Zubehör1), außerdem Einfriedungen, Hof- und Gehsteigbefestigungen, elektrische Freileitungen einschließlich Ständer und Masten2) sowie die im fremden Eigentum stehenden Wasser-, Gas-, Elektrizitäts- und Wärmezähler. 1) Zubehör, soweit es sich im Gebäude befindet und seiner Instandhaltung oder der gemeinschaftlichen Benutzung zu Wohnzwecken dient (zum Beispiel Gemeinschaftswaschanlagen, Brennstoffvorräte für Sammelheizungen usw.). 2) gegen Sturm- und Hagelschäden jedoch nur in begrenztem Umfang (siehe Ergänzungen zum Versicherungsumfang). Die Haftung des Versicherers beginnt erst, wenn die zur Versicherung beantragten Gebäude bezugsfertig sind. **Glasversicherung** Beitragsberechnung Die Beitragshöhe für die Gebäude- und Mobiliarverglasungen ist allein von der Gesamtfläche der Gebäudeverglasungen abhängig. Wohnungswechsel Ein Wohnungswechsel ist dem Versicherer unter Angabe der neuen Gesamtfläche der Gebäudeverglasungen schriftlich anzuzeigen (Klausel 771).

Ergänzungen zum Versicherungsumfang	**Verbundene Wohngebäudeversicherung**	
	Abweichend von den Allgemeinen Versicherungsbedingungen sind zusätzlich versichert:	Entschädigung bis

in der Leitungswasser-, Sturm- und Hagelversicherung

1. Aufräumungs-, Abbruch-, Bewegungs- und Schutzkosten auf Erstes Risiko	3% der Versicherungssumme
2. Ersatz des Mietwertes von Wohnräumen	12 Monate

in der Leitungswasserversicherung

3. Schäden durch Rohrbruch oder Frost an Wasserzuleitungs- und Heizungsrohren, die zwar auf dem Versicherungsgrundstück verlegt sind, jedoch nicht der Versorgung eines versicherten Gebäudes dienen, oder die außerhalb des Versicherungsgrundstücks verlegt sind, soweit der Versicherungsnehmer zur Unterhaltung dieser Anlagen verpflichtet ist auf Erstes Risiko	1000 DM je Versicherungsgrundstück

in der Sturm- und Hagelversicherung

4. an der Außenseite des Gebäudes angebrachte Antennenanlagen, Markisen, Leuchtröhrenanlagen, Schilder und Transparente, Überdachungen, Schutz- und Trennwände; elektrische Freileitungen, Ständer, Masten und Einfriedungen auf Erstes Risiko	1000 DM je Versicherungsgrundstück

Glasversicherung

Zusätzlich sind auf Erstes Risiko versichert:	Entschädigung bis
1. Künstlerisch bearbeitete Glas-Scheiben, -Spiegel, -Platten (z. B. Motivdarstellung durch Glasmalerei, Ätzung, Schliff, Blei- oder Messingverglasung)	500 DM
2. Sonderkosten für Gerüste, Kräne, Beseitigung von Hindernissen	500 DM

Erläuterungen zur Deckungszusage	Sofern eine vorläufige Deckung erteilt wurde, endet diese mit der Annahme des Antrages oder am 5. Arbeitstag (mittags 12 Uhr) nach endgültiger Ablehnung des Antrages durch den Versicherer.

Texte 43

Sammelversicherungsantrag für Wohngebäude

Verbundene Wohngebäudeversicherung
Mietverlustversicherung
Glasversicherung
Glasversicherung per Einsatz
Haftpflichtversicherung
Gewässerschaden-Haftpflichtversicherung

Antragsteller, Zu-, Vorname bzw. Firmierung, Straße, Haus-Nr.

Vertretung Nr. (Stempel)

Postleitzahl, Wohnort Postort Vers.-Grundstück (Str., Haus-Nr., Ort)

☐ Die Postanschrift gilt nicht für andere Verträge des Versicherungsnehmers

Beruf | Geburtsdatum | F-Kennzeichnung? ☐ nein ☐ ja | Selbständig? ☐ nein ☐ ja | B-Nr. b

Art des Gebäudes: ☐ Einfamilienhaus ☐ Wohn-/Geschäftshaus ☐ Mehrfamilienhaus ☐ Ferien-/Wochenendhaus

Besitzverhältnisse | Gebäude: ☐ Eigentümer ☐ Pächter/Mieter | Grund und Boden: ☐ Eigentümer ☐ Pächter/Mieter

Realrechtsbestätigung: Kreditgeber (Name, PLZ, Ort), Aktenzeichen

Versicherungsumfang

☐ Verbundene Wohngebäudeversicherung

Zu versichern ist das Gebäude einschl. Grund- und Kellermauern gegen Schäden durch:
☐ Brand, Blitzschlag, Explosion (F) ☐ Leitungswasser, Rohrbruch und Frost (LW) ☐ Sturm und Hagel (ST)

Mitversichert ist auch Zubehör, das der Instandhaltung eines versicherten Gebäudes oder dessen Nutzung zu Wohnzwecken dient, soweit es sich im Gebäude befindet oder außen an dem Gebäude angebracht ist (z.B. Gemeinschaftswaschanlagen, Brennstoffvorräte für Sammelheizungen, Wasser-, Gas-, Elektrizitäts- und Wärmezähler, Antennen, Markisen). Es muß in der Versicherungssumme berücksichtigt werden.

Ermittlung der Versicherungssumme 1914 nach/durch Methode
WF Wohnfläche und Ausstattungsmerkmale – nur möglich bei Ein- und Zweifamilienhäusern (Fragebogen SV 0152 beifügen)
MZ Übernahme vom Monopol-/Zwangsversicherer: Ist seit Festsetzung dieser Summe An-, Um- oder Ausbauten erfolgt? ☐ nein ☐ ja
wenn ja, wann und in welcher Höhe? Sind diese in der Versicherungssumme 1914 berücksichtigt? ☐ nein ☐ ja

GN Umrechnung des Gebäude-Neubauwertes **SO** Sonstiges, und zwar:
BS Gutachten eines Bausachverständigen

Wird bei gleitender Neuwertversicherung die Versicherungssumme 1914 nach einer der Methoden WF, MZ, GN oder BS ermittelt, so wird auf den Einwand der Unterversicherung verzichtet, falls der Antragsteller alle Fragen richtig und vollständig beantwortet hat und falls die sonstigen Voraussetzungen gemäß § 16 Nr. 3–6 VGB 88 vorliegen.

	Baujahr	Versicherung zum gleitenden Neuwert				Versicherung zum	
		nach	Neubauwert		Vers.-Summe 1914	☐ Neuwert ☐ Zeitwert	
		Methode	im Jahr	DM	Mark	Versicherungssumme DM
Gebäude						
separate Garage(n)						
Nebengebäude						
Weiteres Zubehör und sonstige Grundstücksbestandteile, genaue Bezeichnung:							Beitragssatz ‰
			Vers.-Summe gesamt			

Fragen zur Verbundenen Wohngebäudeversicherung

Allgemeines
1. Wie hoch ist der Flächenanteil der gesamten gewerblichen Nutzung, wenn das Gebäude nicht ausschließlich zu Wohnzwecken genutzt wird? ____ % (bei 50 % oder mehr Antrag SV 0120 verwenden) | Zuschlag in ‰

2. Ist das Gebäude noch im Bau?
(Achtung: Die Leitungswasser- und/oder Sturm- und Hagelversicherung beginnt erst mit der Bezugsfertigkeit) ☐ nein ☐ ja, bezugsfertig am?

3. Ist das Gebäude ganz oder teilweise leerstehend? ☐ nein ☐ ja, leerstehende Wohnfläche ca. ____ %

4. Sind die Außenwände des Gebäudes überwiegend aus Holz? ☐ nein ☐ ja (Zuschlag: F 2,2 ‰, ST 0,22 ‰)
5. Ist das Gebäude mit Holz, Ried, Schilf oder Stroh eingedeckt?
(Treffen beide Kriterien (Nr. 4+5) zu, ist nur Versicherung zum Zeitwert möglich und Zuschlag nur einmal zu berechnen.) ☐ nein ☐ ja (Zuschlag: F 2,2 ‰, ST 0,22 ‰)

6. Handelt es sich um ein Fertighaus? ☐ nein ☐ ja (Zuschlag: F 0,22 ‰)

7. Wird das Gebäude überwiegend nur an Wochenenden/in den Ferien genutzt? ☐ nein ☐ ja (Zuschlag: F 0,50 ‰, LW 0,30 ‰)

Leitungswasser
Ist eine Fußbodenheizung (Warmwasser) oder ähnliche Strahlungsheizung in Decken, Wänden verlegt? ☐ nein ☐ ja (Zuschlag: LW 0,05 ‰)

Ist eine Klima-, Wärmepumpen- oder Solarheizungsanlage vorhanden? ☐ nein ☐ ja (Zuschlag: LW 0,05 ‰)

Ist im Gebäude ein Schwimmbecken vorhanden? ☐ nein ☐ ja (Zuschlag: LW 0,11 ‰)

Wohn-/Geschäftshaus
Leitungswasser: Befinden sich Betriebe und/oder Läger mit einem Flächenanteil von insgesamt größer 10 % innerhalb des Gebäudes? ☐ nein ☐ ja (Zuschlag: LW 0,08 ‰)

Feuer: Welcher Betrieb/welches Lager ist vorhanden? Betriebsart:
(Bei mehreren Betrieben/Lägern ist die Betriebsart mit der höchsten Feuergefahr gemäß den Tarifrichtlinien maßgebend.)

Welcher Flächenanteil entfällt hierauf? ____ bis ☐ 10 % ☐ 20 % ☐ 30 % ☐ 40 % ☐ 49 % (F-Zuschlag gemäß Tarif Ziff. 3.4.8)

Entschädigungsgrenzen/Zusätzliche Einschlüsse (siehe Ergänzungen zum Versicherungsumfang auf Seite 5)
Wird die Erweiterte Grunddeckung für die beantragten Gefahren gewünscht? ☐ nein ☐ ja (Zuschlag: F 0,10 ‰, LW 0,24 ‰)

Wenn nein, folgende Entschädigungsgrenzen/zusätzliche Einschlüsse der Grunddeckung sollen erhöht bzw. eingeschlossen werden.

☐ Aufräumungs-, Abbruch-, Bewegungs- und Schutzkosten sowie

Mehrkosten infolge behördlicher Auflagen um ____ % auf ____ % der Versicherungssumme*)
(Zuschlag je %-Punkt: F 0,03 ‰, LW 0,01 ‰, ST 0,01 ‰)

2

	Zuschlag in ‰	Beitragsberechnung

☐ Feuer-Rohbauversicherung Verlängerung bis zur Bezugsfertigkeit

☐ Überspannungsschäden durch Blitz auf _____ % der Versicherungssumme*)
(Zuschlag je %-Punkt: F 0,03 ‰)

☐ Frost- und sonstige Bruchschäden an Wasserzuleitungs- und Heizungsrohren sowie an
Ableitungsrohren der Wasserversorgung auf _____ % der Versicherungssumme*)
(Zuschlag je %-Punkt: LW 0,10 ‰)

Weitere zusätzliche Einschlüsse:

☐ Gebäudebeschädigungen an Mehrfamilienhäusern, die dadurch entstehen, daß ein
unbefugter Dritter in das Gebäude einbricht, einsteigt oder eindringt bis 3 ‰ der
Versicherungssumme*) (Zuschlag: 0,09 ‰)

☐ Schäden durch Wasser aus Aquarien (Zuschlag: LW 0,10 ‰)

Gesamt

*) Bei Versicherung zum Gleitenden Neuwert: multipliziert mit dem im Zeitpunkt
des Versicherungsfalles für den Vertrag geltenden gleitenden Neuwertfaktor.

Beitragsberechnung:
- Neuwertfaktor bei Versicherung zum gleitenden Neuwert: _____ DM
- Gesamtbeitrag
- Dauernachlaß
- Jahresbeitrag Ratenzahlungszuschlag
- Summe
- 1/ Jahresbeitrag
- Gebühr
- Versicherungsteuer (z.Z. 7%)

☐ **Mietverlustversicherung**

für gewerblich genutzte Räume der auf Seite 2 bezeichneten Gebäude infolge Schäden durch:

☐ Brand, Blitzschlag, Explosion (F) ☐ Leitungswasser, Rohrbruch und Frost (LW) ☐ Sturm- und Hagel (ST)

Zu versichern ist der Mietverlust sämtlicher gewerblich genutzter Räume, die vermietet, selbst genutzt
sowie Dritten unentgeltlich überlassen sind und fortlaufende Nebenkosten.

Versicherungs- summe DM (Jahresmietsumme)   Beitrags- satz ‰

Fragen zur Mietverlustversicherung
Bitte unbedingt die Fragen zur Verbundenen
Wohngebäudeversicherung beantworten!

Beitragsberechnung DM
- Jahresbeitrag Ratenzahlungszuschlag
- Summe
- 1/ Jahresbeitrag
- Gebühr
- Summe Versicherungsteuer (z.Z. 7%)

☐ **Glasversicherung**

I. Zu versichern sind

☐ **Wohnungen / Einfamilienhäuser**

☐ Gebäude- und Mobiliarverglasungen (siehe unten) der Wohnung oder des Einfamilienhauses gegen Bruchschäden, jedoch
ohne Beleuchtungskörper, Glaskeramik-Kochflächen, Aquarien/Terrarien und ohne Sachen gemäß II. 1.
Die Gesamtfläche der Gebäudeverglasungen ist nicht größer als

☐ 10 qm ☐ 15 qm ☐ 20 qm ☐ 25 qm ☐ 30 qm ☐ 40 qm ☐ 50 qm ☐ _____ qm

☐ Glaskeramik-Kochflächen   Anzahl _____

☐ Aquarien/Terrarien   Gesamt-Liter-Inhalt _____

Jahresbeitrag DM

☐ **Mehrfamilienhäuser**
Gebäudeverglasungen, und zwar die aus Glas und Kunststoff bestehenden Außen-, Innenscheiben,
Lichtkuppeln und Scheiben von Sonnenkollektoren, Glasbausteine und Profilbauglas
– ausgenommen Werbeanlagen, Verglasungen von gewerblich genutzten Räumen und Sachen gemäß II. 1. –   Beitragssatz

☐ des gesamten Gebäudes   0,5 ‰

☐ von Räumen oder Gebäudeteilen, die dem allgemeinen Gebrauch dienen (z.B. in Treppenhäusern,
Gemeinschafts-, Keller- und Bodenräumen, von Windfängen und Wetterschutzvorbauten)   0,2 ‰

Gebäude-Neubauwert zur Zeit der Antragstellung   DM

II. Zusätzliche Einschlüsse
Zusätzlich sind auf Erstes Risiko versichert:

1. Künstlerisch bearbeitete Glas-Scheiben, -Spiegel, -Platten   Entschädigung bis | Erhöhung um DM | Beitragssatz
(z.B. Motivdarstellung durch Glasmalerei, Ätzung, Schliff,   500 DM | | 3 %
Blei- oder Messingverglasung)
Beschreibung Anzahl/Maße

2. Sonderkosten für Gerüste, Kräne, Beseitigung von Hindernissen   500 DM | | 3 %

Wurde bereits Versicherungsschutz per Einsatz beantragt

☐ nein ☐ ja, Versicherungsschein-Nr. _____

Beitragsberechnung DM
- Gesamtbeitrag
- Dauernachlaß
- Jahresbeitrag Ratenzahlungszuschlag
- Summe
- 1/ Jahresbeitrag
- Gebühr
- Summe Versicherungsteuer (z.Z. 7%)

Erläuterungen zum Versicherungsumfang

Gebäudeverglasungen:
Glas- und Kunststoffscheiben von Fenstern, Türen, Balkonen, Terrassen, Wänden, Wintergärten, Veranden,
Loggien, Wetterschutzvorbauten, Dächern, Brüstungen, Duschkabinen und Sonnenkollektoren; Licht-
kuppeln (auch aus Kunststoff); Glasbausteine; Profilbauglas.

Mobiliarverglasungen:
Glasscheiben von Bildern, Schränken, Vitrinen, Stand-, Wand- und Schrankspiegeln; Glasplatten;
Glasscheiben und Sichtfenster von Öfen, Elektro- und Gasgeräten.

Hinweis: Beschädigte Gegenstände sind nicht versicherbar.

☐ **Glasversicherung per Einsatz**

Zu versichern sind die durch Neubau / Umbau entstehenden
Verglasungen für die/das

☐ Wohnung ☐ Einfamilienhaus ☐ Mehrfamilienhaus

Schäden durch Bauarbeiten sind ohne zusätzlichen Beitrag
mitversichert.

Der Beitrag wird nach dem bei Beginn des Versicherungsschutzes
gültigen Tarif für die Glasversicherung berechnet.
Der Versicherungsschutz beginnt, sobald die Scheiben fertig und fehler-
frei eingesetzt sind.
Der Antragsteller benachrichtigt den Versicherer sofort, wenn die
Scheiben eingesetzt sind.

Die Verglasung erfolgt voraussichtlich am _____
Vertragsdauer: 10 Jahre

RGLAW 11

☐ **Haftpflichtversicherung**

Deckungssummen bis 2 Millionen DM für Personenschäden,
bis 500 000 DM für Sachschäden

Die Gesamtleistung für alle Versicherungsfälle eines Versicherungsjahres beträgt das Doppelte dieser Deckungssummen

Versichert wird die gesetzliche Haftpflicht als

☐ **Eigentümer, Mieter, Pächter, Nutznießer des Versicherungsgrundstücks**

Anm.: Wird vom Antragsteller auf dem Grundstück ein Betrieb unterhalten oder ein Beruf ausgeübt, wird Vers.-Schutz nur im Zusammenhang mit der Berufs-/Betriebs-Haftpflichtvers. geboten.

Beitrags- satz ‰ / Jahresbeitrag DM

☐ Ein-/Zweifamilienhaus   je Haus   DM
☐ Andere Wohn- und Geschäftshäuser;
Brutto-Jahresmietwert des Hauses – auch ohne Garagen –
einschl. des Mietwertes der selbst- und ungenutzten Räume   DM

☐ **Halter von**   Hunden   Pferden/Ponys   anderen Tieren (Anzahl/Art)
je   DM   je   DM

☐ **Privatperson**   Privat-Haftpflichtversicherung für

Besondere Vereinbarungen/Zusatzwagnisse (z. B. nicht zulassungs- und nicht versicherungspflichtige Klz)
DM

Auf die Möglichkeit einer Beitragsangleichung gemäß § 8 Ziffer III der Allgemeinen Versicherungsbedingungen für die Haftpflichtversicherung wird hingewiesen.

☐ **Gewässerschaden-Haftpflichtversicherung für Heizöllagerung**

Deckungssumme bis DM   für Personen-, Sach- und Vermögensschäden

Die Gesamtleistung für alle Versicherungsfälle eines Versicherungsjahres beträgt das Doppelte dieser Deckungssumme.

Der Stammvertrag ist eine ☐ Betriebs-Haftpflichtvers.   ☐ Haus- oder Privat-Haftpflichtversicherung

Versichert wird die gesetzliche Haftpflicht aus Gewässerschäden als Inhaber der nachstehend beschriebenen Behälter zur Heizöllagerung

Lagerort (Straße, Haus-Nr., PLZ, Ort) soweit vom Versicherungsgrundstück von Seite 2 abweichend:

	Fassungsvermögen in Liter	oberirdisch/ im Keller	unter- irdisch	Einbau- jahr	Jahresbeitrag DM
Die Versicherung anderer Gewässerschaden-Anlagenrisiken ist besonders zu beantragen. Bitte Antrag H 22 und Fragebogen H 502 verwenden.		☐	☐	19	
		☐	☐	19	
		☐	☐	19	

Besondere Vereinbarungen

Auf die Möglichkeit einer Beitragsangleichung gemäß § 8 Ziffer III der Allgemeinen Versicherungsbedingungen für die Haftpflichtversicherung wird hingewiesen.

Beitrag, Zahlungsweise, Vertragsbeginn, Vertragsdauer

Versicherung	Beitrag DM	Zahlungsweise	Vertragsbeginn mittags 12 Uhr	Vertragsende mittags 12 Uhr
Verbundene Wohngebäude		1/ jährlich		
Mietverlust		1/ jährlich		
Glas		1/ jährlich		
Haftpflicht		1/ jährlich		
Gewässerschaden-Haftpflicht		1/ jährlich		

Die Beiträge sind jeweils am Ersten des Monats fällig, in dem die Versicherungsperiode beginnt. Zusätzlich werden Versicherungsteuer, ein etwaiger Ratenzahlungszuschlag und die umseitig genannten Nebengebühren erhoben.

Versicherungsverträge von mindestens einjähriger Dauer verlängern sich nach Ablauf der Vertragszeit stillschweigend jeweils um ein Jahr, wenn nicht drei Monate vor Ablauf eine schriftliche Kündigung zugegangen ist.

Vorschäden, Vorversicherung

Sind in den letzten 5 Jahren Schäden eingetreten? ☐ nein ☐ ja   Wurde ein Versicherungsantrag bereits abgelehnt? ☐ nein ☐ ja
Bestehen oder bestanden Vorversicherungen? ☐ nein ☐ ja

Versicherung	Versicherer	Vers.-Schein-Nr.	gekündigt von	Vorschäden (Anzahl/Höhe)	Soll diese Versicherung erlöschen?
Verbundene Wohngebäude					☐ nein ☐ ja
Mietverlust					☐ nein ☐ ja
Glas					☐ nein ☐ ja
Haftpflicht					☐ nein ☐ ja
Gewässerschaden-Haftpflicht					☐ nein ☐ ja

Bindungsfrist

An diesen Antrag hält sich der Antragsteller einen Monat gebunden.

Einzugs- ermächtigung

Die Beiträge sind bis auf Widerruf von dem angegebenen Konto einzuziehen. Die Einzugsermächtigung gilt auch für Ersatzverträge.

Name und Anschrift des Geldinstitutes/Filiale

Konto-Nr.
Bankleitzahl

Name, Unterschrift, wenn Kontoinhaber abweicht

Mit der Daten- verarbeitung durch den Ver- sicherer lt. um- seitiger Einwil- ligung bin ich einverstanden.

Bestandteil dieses Antrages ist auch Seite 5.

Ort, Datum   Unterschrift des Antragstellers (Versicherungsnehmers)   Unterschrift des Vertreters

4

Nebengebühren	Für jeden Versicherungsschein und Nachtrag mit Beitragserhebung 1,-- DM, in der Glasversicherung für Wohnungen / Einfamilienhäuser 0,50 DM, für jede Folgebeitragsrechnung 0,50 DM jeweils zuzüglich Versicherungsteuer (z. Z. 7 %).	Versicherungsvertreter und Versicherungsvermittler sind nicht berechtigt, vom Versicherungsnehmer noch irgendwelche besonderen Gebühren und Kosten für die Aufnahme des Antrages oder aus anderen Gründen zu erheben.

Vertragsgrundlagen

Verbundene Wohngebäudeversicherung
Allgemeine Wohngebäude-Versicherungsbedingungen (VGB 88) und Klauseln.

Mietverlustversicherung
Allgemeine Bedingungen für die Mietverlustversicherung (ABM 89) und Klauseln.

Glasversicherung / Glasversicherung per Einsatz
Allgemeine Versicherungs-Bedingungen für Glasversicherung (AGlB) sowie Klauseln für die Glasversicherung (752 mit Prämienangleichungsmöglichkeit).

Haftpflichtversicherung
Allgemeine Versicherungsbedingungen für die Haftpflichtversicherung (AHB), Besondere Bedingungen und Risikobeschreibungen. Auf den Umfang der Sachschadendeckung (vgl. § 4 der Allgemeinen Versicherungsbedingungen für die Haftpflichtversicherung – AHB) und den Ausschluß der Schäden an fremden Sachen (vgl. § 4 Ziff. I 6 a) und b) AHB) wird besonders hingewiesen.

Gewässerschaden-Haftpflichtversicherung
Allgemeine Versicherungsbedingungen für die Haftpflichtversicherung (AHB), Zusatzbedingungen für die Versicherung der Haftpflicht aus Gewässerschäden.

Die Allgemeinen Versicherungsbedingungen werden mit dem Versicherungsschein, auch früher, übersandt.

Eine Antragskopie wurde ausgehändigt.

Die aufgrund dieses Antrages abgeschlossenen Versicherungen sind rechtlich selbständige und voneinander unabhängige Verträge.

Verantwortlichkeit für den Antrag, Nebenabreden

Der Antragsteller ist allein für die Richtigkeit und Vollständigkeit der Angaben im Antrag verantwortlich, auch wenn eine andere Person deren Niederschrift vornimmt. Nichtbeantwortung gilt als Verneinung. Unrichtige Beantwortung der Fragen nach Gefahrum-

ständen sowie arglistiges Verschweigen auch sonstiger Gefahrumstände kann den Versicherer berechtigen, den Versicherungsschutz zu versagen. Nebenabreden und Deckungszusagen sind nur mit Zustimmung der Gesellschaft wirksam.

Datenschutz

Ich willige ein, daß der Versicherer im erforderlichen Umfang Daten, die sich aus den Antragsunterlagen oder der Vertragsdurchführung (Beiträge, Versicherungsfälle, Risiko-/Vertragsänderungen) ergeben, an Rückversicherer zur Beurteilung des Risikos und zur Abwicklung der Rückversicherung, sowie an den Verband der Sachversicherer und andere Versicherer zur Beurteilung des Risikos und der Ansprüche übermittelt.

Ich willige ferner ein, daß die Versicherer der Allianz-Gruppe, soweit dies der ordnungsgemäßen Durchführung meiner Versicherungsangelegenheiten dient, allgemeine Vertrags-, Abrechnungs- und Leistungsdaten in gemeinsamen Datensammlungen führen und an ihre Vertreter weitergeben.
Auf Wunsch werden mir zusätzliche Informationen zur Datenübermittlung zugesandt.

Ergänzungen zum Versicherungsumfang

Verbundene Wohngebäudeversicherung

	Grunddeckung	Erweiterte Grunddeckung (wenn beantragt)
Entschädigungsgrenzen	Entschädigung bis	Entschädigung bis
in der Feuer-, Leitungswasser-, Sturm- und Hagelversicherung		
Aufräumungs-, Abbruch-, Bewegungs- und Schutzkosten	5 % der Versicherungssumme *)	10 % der Versicherungssumme *)
Mehrkosten infolge behördlicher Auflagen	5 % der Versicherungssumme *)	10 % der Versicherungssumme *)
Zusätzliche Einschlüsse		
in der Feuerversicherung		
das Gebäude und die zur Errichtung des Gebäudes notwendigen auf dem Baugrundstück befindlichen Baustoffe, während der Zeit des Rohbaus bis zur bezugsfertigen Herstellung (Voraussetzung: Vertragsdauer von 10 Jahren), ... längstens	6 Monate	12 Monate
Überspannungsschäden durch Blitz unter Einschluß von Folgeschäden	nicht versichert	3 % der Versicherungssumme *)
in der Leitungswasserversicherung		
außerhalb versicherter Gebäude auf dem Versicherungsgrundstück Frost- und sonstige Bruchschäden an Wasserzuleitungs- und Heizungsrohren, die nicht der Versorgung versicherter Gebäude oder Anlagen dienen sowie an Ableitungsrohren der Wasserversorgung, die der Entsorgung versicherter Gebäude oder Anlagen dienen; außerhalb des Versicherungsgrundstücks Frost- und sonstige Bruchschäden an Wasserzuleitungs- und Heizungsrohren sowie an Ableitungsrohren der Wasserversorgung, soweit diese der Ver- oder Entsorgung versicherter Gebäude oder Anlagen dienen und der Versicherungsnehmer dafür die Gefahr trägt	1.000 DM	3 % der Versicherungssumme *)

*) Bei Versicherung zum gleitenden Neuwert : multipliziert mit dem im Zeitpunkt des Versicherungsfalles für den Vertrag geltenden gleitenden Neuwertfaktor.

Erläuterungen zum Versicherungsumfang

Glasversicherung für Wohnungen / Einfamilienhäuser

Beitragsberechnung
Die Beitragshöhe für die Gebäude- und Mobiliarverglasungen ist allein von der Gesamtfläche der Gebäudeverglasungen abhängig.

Wohnungswechsel
Ein Wohnungswechsel ist dem Versicherer unter Angabe der neuen Gesamtfläche der Gebäudeverglasungen schriftlich anzuzeigen (Klausel 771).

5

Texte 44

Sammelversicherungsantrag für den Haushalt

Dynamische Hausratversicherung

Glasversicherung

Versicherung von Schließfachinhalt
und Verwahrstücken

Versicherung von Juwelen, Schmuck- und
Pelzsachen im Privatbesitz

SammelversAntrag Haushalt

44–Texte

Antragsteller,
Zu-, Vorname
Straße, Haus-Nr.

Postleitzahl,
Wohnort
Postort
Vers.-Ort,
(Str, Haus-Nr, Ort)

☐ Die Postanschrift gilt nicht für andere Verträge des Versicherungsnehmers.

Beruf bzw. ausgeübte Tätigkeit

Geburtsdatum   F-Kennzeichnung?   Selbständig?   B-Nr. b
☐ nein ☐ ja   ☐ nein ☐ ja

Versicherungs-
umfang

☐ **Dynamische Hausratsversicherung**

Zu versichern ist der Hausrat zum Wiederbeschaffungspreis gegen Schäden durch
Brand, Blitzschlag, Explosion; Einbruchdiebstahl und Raub; Vandalismus nach einem Einbruch; Leitungswasser; Sturm und Hagel.

Fragen zur Hausratsicherung

☐ Wohnung im Mehrfamilienhaus   Wohnfläche *(siehe Seite 5)*:
  ☐ im Erdgeschoß   Die Wohnfläche umfaßt   Fragen zur nicht ständig bewohnten Wohnung:
  ☐ in oberen Stockwerken   qm   ☐ Die Wohnung ist innerhalb eines geschlossenen Wohngebietes
☐ Wohnung im Einfamilienhaus   ☐ Die Wohnung ist außerhalb eines geschlossenen Wohngebietes oder
☐ Nutzung als ständig bewohnte Wohnung *(Hauptwohnung)*   innerhalb einer Wochenend- / Ferienhaussiedlung
☐ Nutzung als nicht ständig bewohnte Wohnung   Besteht für die Hauptwohnung eine Hausratversicherung? ☐ nein ☐ ja
  (Zweit- / Ferienwohnung, Wochenendhaus)   Versicherer   Versicherungsschein-Nummer
  ☐ in einem ständig bewohnten Gebäude
  ☐ in einem nicht ständig bewohnten Gebäude

Sicherungsbeschreibung der Versicherungsräume
Die angegebenen Sicherungen gelten als zusätzlich vereinbart im Sinne von § 14 Nr. 1c VHB 84.

Ist eine Einbruchmeldeanlage *(Alarmanlage)* vorhanden? ☐ nein ☐ ja, Installationsattest *(VdS 2170)* oder Einbaubeschreibung beifügen

Schutz der Türen:	Sicherungen gemäß Seite 6	Glaseinsatz	Glasart / geschützt durch	Zusätzlich vereinbarte Sicherungen
Wohnungsabschlußtür im Mehrfamilienhaus	☐ nein ☐ ja	☐ nein ☐ ja		
Haustür beim Einfamilienhaus	☐ nein ☐ ja	☐ nein ☐ ja		
Terrassentür / Verandentür	☐ nein ☐ ja	☐ nein ☐ ja		
Kelleraußentür beim Einfamilienhaus	☐ nein ☐ ja	☐ nein ☐ ja		
Sonstige Außentüren, und zwar:	☐ nein ☐ ja	☐ nein ☐ ja		

Schutz der Fenster:
Fenster im Erdgeschoß und solche, die ohne Hilfsmittel von außen
z.B. über Anbauten, Balkone erreichbar sind.   Sonstiger Schutz   Zusätzlich vereinbarte Sicherungen
☐ ungeschützt   ☐ Gitter
☐ Roll-/Klappläden mit Verriegelung   ☐ Roll-/Klappläden o. Verriegelung
Fenster im Kellergeschoß   Sonstiger Schutz   Zusätzlich vereinbarte Sicherungen
☐ ungeschützt   ☐ Gitter
☐ Roll-/Klappläden mit Verriegelung   ☐ Roll-/Klappläden o. Verriegelung
☐ Lichtschachtroste m. Verankerung   ☐ Lichtschachtroste o. Verankerung

Wertsachen *(für Wertsachen gelten Entschädigungsgrenzen – siehe Seite 6.)*
Welche Werte an nachgenannten Wertsachen sind vorhanden und wie werden sie aufbewahrt? *(Angaben bei ständig bewohnten Wohnungen bis 200.000 DM Versicherungssumme und Entschädigungsgrenze für Wertsachen bis 20 % der Versicherungssumme nicht erforderlich.)*

	1. Bargeld	2. Urkunden, einschließlich Sparbücher und sonstige Wertpapiere	3. Schmucksachen, Edelsteine, Perlen, Briefmarken, Münzen und Medaillen sowie alle Sachen aus Gold oder Platin	4. Pelze, handgeknüpfte Teppiche und Gobelins, Ölgemälde, Aquarelle, Zeichnungen, Graphiken und Plastiken sowie Sachen aus Silber	5. Sachen, die über 100 Jahre alt sind (Antiquitäten) jedoch ohne Möbel
insgesamt vorhandene Werte	DM	DM	DM	DM	DM
davon werden innerhalb von Behältnissen gemäß 1) aufbewahrt *(Geldschrankfragebogen ED 2174 beifügen)*	DM	DM	DM	Wertsachen insgesamt	DM

1) Mehrwandiger Stahlschrank mit einem Mindestgewicht von 200 kg oder eingemauerter Stahlwandschrank mit mehrwandiger Tür.

Welche Sachen der Gruppen 3 bis 5 haben einen höheren Einzelwert als 10.000 DM? *Bei Bildern und Plastiken Namen des Künstlers, Motive und Maße, bei Teppichen und Gobelins Provenienz und Maße angeben. Gegebenenfalls gesonderte Aufstellung beifügen.*

Art / Beschreibung	Wert DM	Art / Beschreibung	Wert DM

Besteht eine Versicherung für Juwelen,
Schmuck- und Pelzsachen im
Privatbesitz? ☐ nein ☐ ja   Versicherer   Versicherungsschein-Nummer

2   RFK AK21   SV 0111 (0/03 V)

Versicherungssumme / Beitrag je 1.000 DM Versicherungssumme — DM

Versicherungssumme für den gesamten Hausrat einschließlich Wertsachen _____ DM Grundbeitrag _____

☐ Erhöhung der Entschädigungsgrenze für Wertsachen von 20% auf ____ % der Versicherungssumme Zuschlag _____

☐ Mitversicherung von Fahrraddiebstahlschäden bis ____ % der Versicherungssumme Zuschlag _____

☐ Mitversicherung von Überspannungsschäden durch Blitz bis 5 % der Versicherungssumme Zuschlag _____

Summe _____

Fragen zum Versicherungsumfang

Soll auf die Anrechnung einer Unterversicherung verzichtet werden?
(Voraussetzung: Versicherungssumme mind. 1.000 DM je qm Wohnfläche) ☐ nein ☐ ja **Beitragsberechnung** DM

Sollen in der Wohnung befindliche Arbeitsgeräte und Einrichtungsgegenstände, die dem Beruf oder Gewerbe dienen, von der Versicherung Gesamtbeitrag _____
ausgeschlossen werden? *(Ausschluß nur empfehlenswert, wenn spezieller* Dauernachlaß _____
Versicherungsschutz besteht.) ☐ nein ☐ ja Jahresbeitrag _____

Für Wohnungseigentümer: Ratenzahlungszuschlag _____
Sollen auch Sachen versichert werden, die Gebäudebestandteil sein
könnten, wie z. B. Einbaumöbel, Bodenbeläge, Innenanstrich, Tapeten? Summe _____
(Eine Mitversicherung ist nur möglich, soweit nicht eine Versicherungs- 1/ Jahresbeitrag _____
pflicht oder ein Monopolrecht zu beachten ist.) ☐ nein ☐ ja Gebühr –,50

Wenn ja, welche? Summe _____

_____ Versicherungsteuer (z. Z. 7 %) _____

_____

☐ **Glasversicherung**

I. Zu versichern sind

☐ Gebäude- und Mobiliarverglasungen (siehe unten) der Wohnung oder des Einfamilienhauses gegen Bruchschäden, jedoch ohne
Beleuchtungskörper, Glaskeramik-Kochflächen, Aquarien/Terrarien und ohne Sachen gemäß II. 1.

Die Gesamtfläche der Gebäudeverglasungen ist nicht größer als DM

☐ 10 qm ☐ 15 qm ☐ 20 qm ☐ 25 qm ☐ 30 qm ☐ 40 qm ☐ 50 qm ☐ ____ qm _____

☐ Glaskeramik-Kochflächen Anzahl _____ _____

☐ Aquarien/Terrarien Gesamt-Liter-Inhalt

II. Zusätzliche Einschlüsse
Zusätzlich sind auf Erstes Risiko versichert:

1. Künstlerisch bearbeitete Glas-Scheiben, -Spiegel, -Platten Entschädigung bis Erhöhung um DM Beitragssatz
(z. B. Motivdarstellung durch Glasmalerei, Ätzung, Schliff, 500 DM 3%
Blei- oder Messingverglasung)

Beschreibung/Anzahl/Maße

2. Sonderkosten für Gerüste, Kräne, Beseitigung von Hindernissen 500 DM 3%

Beitragsberechnung DM

Gesamtbeitrag _____

Wurde bereits Versicherungsschutz per Einsatz beantragt? Dauernachlaß _____

☐ nein ☐ ja, Versicherungsschein-Nummer Jahresbeitrag _____

Erläuterung zum Versicherungsumfang Ratenzahlungszuschlag _____
Gebäudeverglasungen: Glas- und Kunststoffscheiben von Fenstern, Türen, Balkonen, Summe _____
Terrassen, Wänden, Wintergärten, Veranden, Loggien, Wetterschutzvorbauten, Dächern, 1/ Jahresbeitrag _____
Brüstungen, Duschkabinen und Sonnenkollektoren; Lichtkuppeln (auch aus Kunststoff);
Glasbausteine; Profilbauglaser; Gebühr –,50

Mobiliarverglasungen: Glasscheiben von Bildern, Schränken, Vitrinen, Stand-, Wand- und Summe _____
Schrankspiegeln; Glasplatten; Glasscheiben und Sichtfenster von Öfen, Elektro- und Gasgeräten. Versicherungsteuer (z. Z. 7 %) _____
Hinweis: Beschädigte Gegenstände sind nicht versicherbar.

☐ **Versicherung von Schließfachinhalt und Verwahrstücken**

Name und Anschrift des Geldinstitutes/Filiale Bankleitzahl Nummer der Filiale

_____ | | | | | | | | | | |

Beantragt wird die **Beitragsberechnung** DM

☐ Feuerversicherung Feuer ‰ _____
☐ Einbruchdiebstahlversicherung mit Einschluß von Raubschäden Einbruchdiebstahl ‰ _____
in den Geschäftsräumen des Geldinstitutes und Raub
☐ Leitungswasserversicherung Leitungswasser ‰ _____

Zu versichern sind einschließlich fremden Eigentums auf Erstes Risiko: Jahresbeitrag _____

☐ im Tresorraum ☐ im Panzer-Geldschrank/gepanzerten Geldschrank Ratenzahlungszuschlag _____

☐ Inhalt von Schließfach Nr. mit einer Versicherungssumme von Summe _____

DM 1/ Jahresbeitrag _____

☐ Verwahrstück(e) Nr. mit einer Versicherungssumme von Gebühr _____

DM Summe _____

Versicherungsteuer (z. Z. 7 %) _____

☐ **Versicherung von Juwelen, Schmuck- und Pelzsachen im Privatbesitz**

Zu versichern sind die in der untenstehenden Aufstellung beschriebenen Sachen gegen Verlust und Beschädigung.

Fragen zu dieser Versicherung

Ist der Antragsteller auch Eigentümer der zu versichernden Sachen? ☐ nein ☐ ja
Wenn nein, dann Name, Beruf und Anschrift des Eigentümers angeben.

Werden die Sachen von Schauspielern, Angehörigen des Gaststätten- und Unterhaltungsgewerbes, Mannequins, Fotomodellen oder ähnlichen Personen getragen? *Wenn ja, bitte Beruf angeben (Direktionsanfrage)* ☐ nein ☐ ja

Wie werden die zu versichernden Schmucksachen in der ständig bewohnten Wohnung aufbewahrt? *(Wenn über 25 000 DM zu versichern sind, bitte Unterlagen über Behältnis und evtl. Alarmanlage beifügen.)*
Entschädigungsgrenzen s. § 6 AVB Schmuck und Pelze 1985.

Bitte unbedingt die Fragen über Art und Sicherung der Versicherungsräume auf Seite 2 beantworten!

Aufstellung der zu versichernden Juwelen, Schmuck- und Pelzsachen	Versicherungssumme	DM = Es ist der Neuwert einzutragen. Wenn der Zeitwert niedriger ist als 50% des Neuwertes, dann der Zeitwert.
		Gesamtversicherungssumme DM

Möglichst genaue Beschreibung der einzelnen Stücke. Bei Perlenketten Anzahl der Perlen und deren Gewicht angeben, ferner wann und durch wen sie letztmalig nachgesehen oder neu gefädelt wurden; bei Uhren Nummer und Fabrikat; bei Diamanten und anderen hochwertigen Steinen Karat, Gütebezeichnung und Schleifform angeben. Gegebenenfalls besondere Aufstellung beifügen. Die Qualitätsmerkmale und Werte der zu versichernden Sachen sind durch Schätzungen oder Rechnungen, die nicht älter als 2 Jahre sein dürfen, zu belegen.

Beitrag je 1000 DM
Versicherungssumme   DM

Beitragsberechnung	DM
Jahresbeitrag	
Ratenzahlungszuschlag	
Summe	
1/ Jahresbeitrag	
Gebühr	
Summe	
Versicherungsteuer (z. Z. 7%)	

Beitrag, Zahlungsweise

Die unter Versicherungsumfang aufgeführten Beiträge sind jeweils am Ersten des Monats fällig, in dem die Versicherungsperiode beginnt.

In den Beiträgen sind ein etwaiger Ratenzahlungszuschlag, die umseitig genannten Nebengebühren und Versicherungsteuer (z. Z. 7%) enthalten.

Vertragsbeginn, Vertragsdauer

Versicherungszweig	Vertragsbeginn		Vertragsende		
Dynamische Hausrat		mittags 12 Uhr		mittags 12 Uhr	Versicherungsverträge von mindestens einjähriger Dauer verlängern sich jeweils um ein Jahr, wenn sie nicht drei Monate vor Ablauf schriftlich gekündigt werden.
Glas		mittags 12 Uhr		mittags 12 Uhr	
Schließfachinhalt u. Verwahrstücke		mittags 12 Uhr		mittags 12 Uhr	
Juwelen, Schmuck, Pelzs. im Privatb.		mittags 12 Uhr		mittags 12 Uhr	

Vorschäden, Vorversicherung

Sind in den letzten 5 Jahren Schäden eingetreten? ☐ nein ☐ ja
Wurde ein Versicherungsantrag bereits abgelehnt? ☐ nein ☐ ja
Bestehen oder bestanden Vorversicherungen? ☐ nein ☐ ja

Versicherungszweig	Versicherer	Vers.-Schein-Nr.	gekündigt von	Vorschäden (Anzahl/Höhe)	Soll diese Versicherung erlöschen?
Dynamische Hausrat					☐ nein ☐ ja
Glas					☐ nein ☐ ja
Schließfachinhalt u. Verwahrstücke					☐ nein ☐ ja
Juwelen, Schmuck, Pelzs. im Privatb.					☐ nein ☐ ja

Bindungsfrist

An diesen Antrag hält sich der Antragsteller einen Monat gebunden.

Einzugsermächtigung

Die Beiträge sind bis auf Widerruf von dem angegebenen Konto einzuziehen. Die Einzugsermächtigung gilt auch für Ersatzverträge.

Name und Anschrift des Geldinstitutes / Filiale

| | | | | | | | | | | Konto-Nr. |
| | | | | | | | | | | Bankleitzahl |

Mit der Datenverarbeitung durch den Versicherer lt. umseitiger Einwilligung bin ich einverstanden.

Bestandteil dieses Antrages sind auch die Seiten 5 und 6.

Ort, Datum   Unterschrift des Antragstellers (Versicherungsnehmers)   Unterschrift des Vertreters

4

**Neben-
gebühren**

Für jeden Versicherungsschein
und Nachträge mit Beitragserhebung
bei der Hausrat- und Glasversicherung
bei der Versicherung von Schließfachinhalt und Verwahrstücken
sowie der Versicherung von
Juwelen, Schmuck- und Pelzsachen   1,— DM;
für jede Folgebeitragsrechnung   –,50 DM,
jeweils zuzüglich Versicherungsteuer (z.Z. 7 %).
   –,50 DM;

Weitere Gebühren und Kosten für die Aufnahme des Antrages
oder aus anderen Gründen werden nicht erhoben.

**Vertrags-
grundlagen**

Dynamische Hausratversicherung
Allgemeine Hausratversicherungsbedingungen (VHB 84) sowie
Klauseln für die Dynamische Hausratversicherung.

Glasversicherung
Allgemeine Versicherungs-Bedingungen für Glasversicherung
(AGIB) sowie Klauseln für die Glasversicherung (752 mit
Prämienangleichungsmöglichkeit).

Versicherung von Schließfachinhalt und Verwahrstücken
Allgemeine Bedingungen für die Feuerversicherung (AFB 87)
Allgemeine Bedingungen für die Einbruchdiebstahl- und
Raubversicherung (AERB 87)
Allgemeine Bedingungen für die Leitungswasserversicherung
(AWB 87).

**Versicherung von Juwelen, Schmuck- und Pelzsachen im
Privatbesitz**
Allgemeine Bedingungen für die Versicherung von Juwelen,
Schmuck- und Pelzsachen im Privatbesitz (AVB Schmuck und
Pelze 1985) und – sofern vereinbart – die Klauseln 1 bis 7.

Die Allgemeinen Versicherungsbedingungen werden mit dem
Versicherungsschein, auf Wunsch auch schon früher, übersandt.

Eine Antragskopie wurde ausgehändigt.

**Die aufgrund dieses Antrages abgeschlossenen Versicherungen sind rechtlich selbständige und voneinander unabhängige
Verträge.**

**Verantwort-
lichkeit für
den Antrag,
Nebenabreden**

Der Antragsteller ist allein für die Richtigkeit und Vollständigkeit
der Angaben im Antrag verantwortlich, auch wenn eine andere
Person deren Niederschrift vornimmt. Nichtbeantwortung gilt
als Verneinung. Unrichtige Beantwortung der Fragen nach
Gefahrumständen sowie arglistiges Verschweigen auch sonstiger Gefahrumstände kann den Versicherer berechtigen, den
Versicherungsschutz zu versagen.

Nebenabreden und Deckungszusagen sind nur mit Zustimmung der Gesellschaft wirksam.

Datenschutz

Ich willige ein, daß der Versicherer im erforderlichen Umfang
Daten, die sich aus dem Antrag oder der Vertragsdurchführung (Beiträge, Versicherungsfälle, Risiko-/Vertrags-
änderungen) ergeben, an Rückversicherer zur Beurteilung des
Risikos und zur Abwicklung der Rückversicherung sowie an
den Verband der Sachversicherer, den Deutschen Transport-
Versicherungs-Verband und andere Versicherer zur Beurteilung
des Risikos und der Ansprüche übermittelt.

Ich willige ferner ein, daß die Versicherer der Allianz-Gruppe,
soweit dies der ordnungsgemäßen Durchführung meiner Versicherungsangelegenheiten dient, allgemeine Vertrags-,
Abrechnungs- und Leistungsdaten in gemeinsamen Datensammlungen führen und an ihre Vertreter weitergeben.

Auf Wunsch werden mir zusätzliche Informationen zur Datenübermittlung zugesandt.

**Erläuterungen
zum
Versicherungs-
umfang**

Dynamische Hausratversicherung

Gefahrerhöhung
Eine nach Antragstellung eintretende Gefahrerhöhung ist dem
Versicherer unverzüglich schriftlich anzuzeigen. Eine Gefahr-
erhöhung liegt insbesondere dann vor, wenn

– sich anläßlich eines Wohnungswechsels oder aus sonstigen
Gründen ein Umstand ändert, nach dem im Antrag gefragt
worden ist;

– die ansonsten ständig bewohnte Wohnung länger als
60 Tage unbewohnt bleibt und nicht beaufsichtigt wird;
beaufsichtigt ist eine Wohnung nur dann, wenn sich während
der Nacht eine dazu berechtigte volljährige Person darin
aufhält;

– bei Antragstellung vorhandene oder zusätzlich vereinbarte
Sicherungen beseitigt oder vermindert werden. Das gilt auch
bei Wohnungswechsel (§ 13 VHB 84).

Wohnfläche
Die Wohnfläche ist die Grundfläche aller Räume einer Wohnung
einschließlich Hobbyräume. Nicht zu berücksichtigen sind
Treppen, Balkone, Loggien und Terrassen sowie Keller-,
Speicher-/Bodenräume, die nicht zu Wohn- oder Hobby-
zwecken genutzt werden.

Wohnungswechsel
Ein Wohnungswechsel ist dem Versicherer spätestens bei
Umzugsbeginn unter Angabe der neuen Wohnfläche in
Quadratmetern schriftlich anzuzeigen (§ 11 Nr. 2 VHB 84).

Anpassung der Versicherungssumme
Zur Anpassung an die Wertänderung der versicherten
Sachen erhöht oder vermindert sich die Versicherungssumme
mit Beginn eines jeden Versicherungsjahres entsprechend dem
Prozentsatz, um den sich der Preisindex, den das Statistische
Bundesamt ermittelt, verändert hat. Maßgebend dafür ist der
Preisindex „Andere Verbrauchs- und Gebrauchsgüter ohne
Nahrungsmittel und ohne normalerweise nicht in der Wohnung
gelagerte Güter" aus dem Preisindex der Lebenshaltungs-
kosten aller privaten Haushalte.

Die Versicherungssumme wird auf volle Tausend DM aufgerundet (§ 16 Nr. 1 VHB 84).

Anpassung des Beitragssatzes
Der Beitragssatz erhöht oder vermindert sich mit Beginn eines
jeden Versicherungsjahres in gleicher Weise, wie sich die
Summe des der ordnungsgemäßen Durchführung meiner
Schadenzahlungen der Hausratversicherer im Verhältnis zum Gesamtbetrag der Versicherungssummen verändert
hat.

Die Anpassung unterbleibt, wenn die Veränderung weniger als
5% ausmacht. Unterbliebene Anpassungen werden in den folgenden Jahren berücksichtigt (§ 16 Nr. 2 VHB 84).

Glasversicherung

Beitragsberechnung
Die Beitragshöhe für die Gebäude- und Mobiliarverglasungen
ist allein von der Gesamtfläche der Gebäudeverglasungen
abhängig.

Wohnungswechsel
Ein Wohnungswechsel ist dem Versicherer unter Angabe der
neuen Gesamtfläche der Gebäudeverglasungen schriftlich
anzuzeigen (Klausel 771).

5

Entschädigungsgrenzen für Wertsachen	**Dynamische Hausratversicherung**

Die Entschädigung ist begrenzt für:
Wertsachen, und zwar Bargeld; Urkunden einschl. Sparbücher und sonstige Wertpapiere; Schmucksachen, Edelsteine, Perlen, Briefmarken, Münzen und Medaillen sowie alle Sachen aus Gold oder Platin; Pelze, handgeknüpfte Teppiche und Gobelins, Ölgemälde, Aquarelle, Zeichnungen, Grafiken und Plastiken sowie Sachen aus Silber; Sachen, die über 100 Jahre alt sind (Antiquitäten), jedoch ohne Möbel auf insgesamt

20% der Versicherungssumme (soweit nicht etwas anderes vereinbart ist)

Außerdem ist die Entschädigung begrenzt für Wertsachen außerhalb mehrwandiger Stahlschränke (Mindestgewicht 200 kg) oder eingemauerter Stahlwandschränke mit mehrwandiger Tür oder Geldschränken, und zwar für

1. Bargeld auf

höchstens 1.500 DM

2. Urkunden einschl. Sparbücher und sonstige Wertpapiere auf

höchstens 5.000 DM

3. Schmucksachen, Edelsteine, Perlen, Briefmarken, Münzen und Medaillen sowie alle Sachen aus Gold oder Platin auf

höchstens 40.000 DM

Weitere wichtige Entschädigungsgrenze — Für Sachen, die sich vorübergehend außerhalb der Wohnung befinden ist die Entschädigung begrenzt auf

10% der Versicherungssumme, höchstens 15.000 DM

Sicherungen — **Dynamische Hausratversicherung**

– Sicherung von Haustüren bzw. Wohnungsabschlußtüren:
Zylinderschloß mit Sicherheitsbeschlag

– Sicherung von Terrassentüren/Verandentüren:
abschließbare Verriegelung

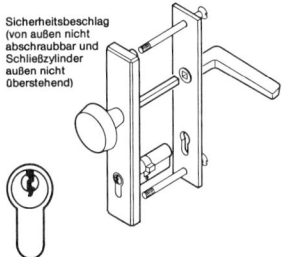

Sicherheitsbeschlag
(von außen nicht abschraubbar und Schließzylinder außen nicht überstehend)

Schließzylinder

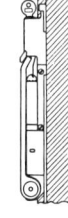

– Sicherung von Kelleraußentüren bzw. sonstigen Außentüren:
wie oben oder bei einem anderen Schloß durch zusätzlichen Innenriegel

6

Texte 45

Antrag auf Feuerversicherung für landwirtschaftliche Betriebe

Vertretung Nr. (Stempel)

B-Nr. b

Antragsteller, Zu-, Vorname, Straße, Haus-Nr.

Postleitzahl, Wohnort

Postort

Vers.-Grundstück (Str., Haus-Nr., Ort)

Beruf   Geburtsdatum

Besitzverhältnisse Betrieb: Besitzverhältnisse Gebäude:

☐ Eigentümer ☐ Pächter seit   ☐ Eigentümer   ☐ Pächter/Mieter

Versicherungs-umfang

I. Zu versichern sind Sachen der Landwirtschaft einschließlich des fremden Eigentums insgesamt?   ☐ nein ☐ ja

    einschließlich fremder Anteile nur am Gemeinschaftseigentum?   ☐ nein ☐ ja

    Tierbestand, auch Sport- und Zuchttiere; Intensiv-Geflügelhaltung ist ausgeschlossen; sonstige Intensiv-Tierhaltungen sind eingeschlossen, falls Nebenbetrieb Betriebseinrichtung zum Neuwert, ohne zulassungspflichtige Kraftfahrzeuge, Kraftfahrzeuganhänger und Zugmaschinen, sowie ohne Sachen die der Versicherungsnehmer anderweitig versichert hat Ernteerzeugnisse einschließlich Zukauf sowie Hackfrüchte und Obst in Gebäuden Sonstige Vorräte der Landwirtschaft

    Versicherungssumme   0 0 0   DM

    Überspannungsschäden durch Blitz unter Einschluß von Folgeschäden sind bis zu 5 % der Versicherungssumme, höchstens 10.000 DM mitzuversichern   ☐ nein ☐ ja

    Jahresbeitrag einschließlich Gebühr und Versicherungsteuer (z.Z. 7 %)   ▲   DM

II. Entschädigungsgrenzen

    Eingeschlossen sind im Rahmen der Versicherungssumme insgesamt bis zu 5 %, höchstens jedoch 10 000 DM: Sachen in Feld- und Reihenscheunen; sowie Schober (Diemen) und Großballenlager – ganzjährig Fermentationsschäden an Ernteerzeugnissen – ohne Silage Schwelzersetzungsschäden an mineralischem Dünger – es gilt ein Selbstbehalt von 20 % vereinbart

III. Zusätzliche Einschlüsse

    Zusätzlich sind auf Erstes Risiko versichert insgesamt bis zu 5 % aus der Versicherungssumme, höchstens jedoch 10 000 DM: Akten, Pläne und Geschäftsbücher Aufräumungs-, Abbruch-, Feuerlösch-, Bewegungs- und Schutzkosten

Summenzuwachs

☐ 1. Dynamische Anpassung der Versicherungssumme der Position Nr. I gemäß amtlichem Index;

☐ 2. Verzicht auf dynamische Anpassung der Versicherungssumme mit der möglichen Folge, daß im Schadenfall nur ein Teil des Schadens ersetzt wird.

Risikoverhältnisse

Sind die Außenwände der wesentlichen land-wirtschaftlichen Gebäude (Stall, Scheune, Remise) überwiegend aus Holz?

☐ nein ☐ ja, welche?

Wie groß ist die landwirtschaftlich genutzte Fläche?   ha, davon   ha Wald

itrag, hlungsweise	Der unter Versicherungsumfang aufgeführte Beitrag ist jeweils am Ersten des Monats fällig, in dem die Versicherungsperiode beginnt. Zusätzlich werden Versicherungsteuer und die nachstehend genannten Nebengebühren erhoben. Zahlungsweise: jährlich.
bengebühren	Für jeden Versicherungsschein und Nachtrag mit Beitragserhebung 1,– DM, für jede Folgebeitragsrechnung 0,50 DM jeweils zuzüglich Versicherungsteuer (z.Z. 7 %). Weitere Gebühren und Kosten für die Aufnahme des Antrages oder aus anderen Gründen werden nicht erhoben.

rtragsbeginn, rtragsdauer, ckungszusage

Vertragsbeginn, mittags 12 Uhr

Vorläufige Deckung ab diesem Datum
wurde durch den Vertreter erteilt?

☐ nein ☐ ja

Vertragsdauer 10 Jahre
Der Versicherungsvertrag verlängert sich nach
Ablauf der vereinbarten Dauer jeweils um ein Jahr,
wenn er nicht drei Monate vor Ablauf schriftlich
gekündigt wird.
Sofern eine vorläufige Deckung erteilt wurde,
endet diese mit der Annahme des Antrages oder
am 5. Arbeitstag (mittags 12 Uhr) nach endgültiger
Ablehnung des Antrages durch den Versicherer.

rschäden, rversicherung

Sind in den letzten 5 Jahren Schäden eingetreten? ☐ nein ☐ ja

Wurde ein Versicherungsantrag bereits abgelehnt? ☐ nein ☐ ja

				Soll diese
Bestehen oder bestanden Vorversicherungen?		☐ nein ☐ ja	Vorschäden	Versicherung
Versicherer	Versicherungsschein-Nr.	gekündigt von	(Anzahl/Höhe)	erlöschen?
				☐ nein ☐ ja

rtrags- undlagen

Allgemeine Feuerversicherungs-Bedingungen (AFB 87) sowie Deklaration, Zusatzbedingungen (LZB 87)
und Klauseln für die Feuerversicherung landwirtschaftlicher Betriebe.
Sicherheitsvorschriften für landwirtschaftliche Betriebe.
Die Allgemeinen Versicherungsbedingungen werden mit dem Versicherungsschein, auf Wunsch auch
schon früher, übersandt.
Eine Antragskopie wurde ausgehändigt.

erantwort- chkeit für en Antrag, ebenabreden

Der Antragsteller ist allein für die Richtigkeit und Vollständigkeit der Angaben im Antrag verantwortlich, auch
wenn eine andere Person deren Niederschrift vornimmt. Nichtbeantwortung gilt als Verneinung. Unrichtige
Beantwortung der Fragen nach Gefahrumständen sowie arglistiges Verschweigen auch sonstiger Gefahrumstände kann den Versicherer berechtigen, den Versicherungsschutz zu versagen.

Nebenabreden sind nur mit Zustimmung der Gesellschaft wirksam.

indungsfrist

An diesen Antrag hält sich der Antragsteller zwei Wochen gebunden.

nzugs- rmächtigung

Die Beiträge sind bis auf Widerruf von dem angegebenen Konto einzuziehen. Die Einzugsermächtigung gilt auch für Ersatzverträge.

Name und Anschrift des Geldinstitutes/Filiale

| | | | | | | | | | | | Konto-Nr.

| | | | | | | | | | Bankleitzahl

atenschutz

Ich willige ein, daß der Versicherer in erforderlichem Umfang Daten, die sich aus den Antragsunterlagen
oder der Vertragsdurchführung (Beiträge, Versicherungsfälle, Risiko-/Vertragsänderungen) ergeben, an
Rückversicherer zur Beurteilung des Risikos und zur Abwicklung der Rückversicherung, sowie an den
Verband der Sachversicherer und andere Versicherer zur Beurteilung des Risikos und der Ansprüche
übermittelt.
Ich willige ferner ein, daß der Versicherer der Allianz-Gruppe, soweit dies der ordnungsgemäßen Durchführung meiner Versicherungsangelegenheiten dient, allgemeine Vertrags-, Abrechnungs- und Leistungs-
daten in gemeinsamen Datensammlungen führen und an ihre Vertreter weitergeben.
Auf Wunsch werden mir zusätzliche Informationen zur Datenübermittlung zugesandt.

nterschriften

Ort, Datum

Unterschrift des Antragstellers
(Versicherungsnehmers)

Unterschrift des Vertreters

Texte 46

Allgemeine Wohngebäude-Versicherungsbedingungen (VGB 88)

§ 1 Versicherte Sachen

1. Versichert sind die in dem Versicherungsvertrag bezeichneten Gebäude.

2. Zubehör, das der Instandhaltung eines versicherten Gebäudes oder dessen Nutzung zu Wohnzwecken dient, ist mitversichert, soweit es sich in dem Gebäude befindet oder außen an dem Gebäude angebracht ist.

3. Weiteres Zubehör sowie sonstige Grundstücksbestandteile auf dem im Versicherungsvertrag bezeichneten Grundstück (Versicherungsgrundstück) sind nur aufgrund besonderer Vereinbarung versichert.

4. Nicht versichert sind in das Gebäude eingefügte Sachen, die ein Mieter auf seine Kosten beschafft oder übernommen hat und für die er die Gefahr trägt. Die Versicherung dieser Sachen kann vereinbart werden.

§ 2 Versicherte Kosten

1. Versichert sind die infolge eines Versicherungsfalles notwendigen Kosten

a) für das Aufräumen und den Abbruch von Sachen, die durch vorliegenden Vertrag versichert sind, für das Abfahren von Schutt und sonstigen Resten dieser Sachen zum nächsten Ablagerungsplatz und für das Ablagern oder Vernichten (Aufräumungs- oder Abbruchkosten);

b) die dadurch entstehen, daß zum Zweck der Wiederherstellung oder Wiederbeschaffung von Sachen, die durch vorliegenden Vertrag versichert sind, andere Sachen bewegt, verändert oder geschützt werden müssen (Bewegungs- oder Schutzkosten);

c) für Maßnahmen, auch erfolglose, die der Versicherungsnehmer zur Abwendung oder Minderung des Schadens für geboten halten durfte (Schadenabwendungs- oder Schadenminderungskosten).

2. Für die Entschädigung versicherter Kosten gemäß Nr. 1 a und 1 b gilt die Entschädigungsgrenze gemäß § 17 Nr. 1.

3. Nicht versichert sind Aufwendungen für Leistungen der Feuerwehren oder anderer im öffentlichen Interesse zur Hilfeleistung Verpflichteter, wenn diese Leistungen im öffentlichen Interesse erbracht werden.

§ 3 Versicherter Mietausfall

1. Der Versicherer ersetzt
a) den Mietausfall einschließlich etwaiger fortlaufender Mietnebenkosten, wenn Mieter von Wohnräumen infolge eines Versicherungsfalls berechtigt sind, die Zahlung der Miete ganz oder teilweise zu verweigern;
b) den ortsüblichen Mietwert von Wohnräumen, die der Versicherungsnehmer selbst bewohnt und die infolge eines Versicherungsfalls unbenutzbar geworden sind, falls dem Versicherungsnehmer die Beschränkung auf einen etwa benutzbar gebliebenen Teil der Wohnung nicht zugemutet werden kann.

2. Die Versicherung des Mietausfalls oder des ortsüblichen Mietwerts für gewerblich genutzte Räume bedarf besonderer Vereinbarung.

3. Mietausfall oder Mietwert werden bis zu dem Zeitpunkt ersetzt, in dem die Wohnung wieder benutzbar ist, höchstens jedoch für 12 Monate seit dem Eintritt des Versicherungsfalls. Entschädigung wird nur geleistet, soweit der Versicherungsnehmer die Möglichkeit der Wiederbenutzung nicht schuldhaft verzögert.

§ 4 Versicherte Gefahren und Schäden

1. Entschädigt werden versicherte Sachen, die durch
a) Brand, Blitzschlag, Explosion, Anprall oder Absturz eines bemannten Flugkörpers, seiner Teile oder seiner Ladung (§ 5)
b) Leitungswasser (§ 6)
c) Sturm, Hagel (§ 8)
zerstört oder beschädigt werden oder infolge eines solchen Ereignisses abhanden kommen.

2. Entschädigt werden auch Bruchschäden an Rohren der Wasserversorgung und Frostschäden an sonstigen Leitungswasser führenden Einrichtungen (§ 7).

3. Jede der Gefahrengruppen nach 1a, 1b und 2 oder 1c kann auch einzeln versichert werden.

§ 5 Brand; Blitzschlag; Explosion

1. Brand ist ein Feuer, das ohne einen bestimmungsgemäßen Herd entstanden ist oder ihn verlassen hat und das sich aus eigener Kraft auszubreiten vermag.

2. Blitzschlag ist der unmittelbare Übergang eines Blitzes auf Sachen.

3. Explosion ist eine auf dem Ausdehnungsbestreben von Gasen oder Dämpfen beruhende, plötzlich verlaufende Kraftäußerung.

§ 6 Leitungswasser

1. Leitungswasser ist Wasser, das aus
a) Zu- oder Ableitungsrohren der Wasserversorgung,
b) mit dem Rohrsystem verbundenen sonstigen Einrichtungen oder Schläuchen der Wasserversorgung,
c) Anlagen der Warmwasser- oder Dampfheizung,
d) Sprinkler- oder Berieselungsanlagen
bestimmungswidrig ausgetreten ist.

2. Wasserdampf steht Wasser gleich.

§ 7 Rohrbruch; Frost

1. Innerhalb versicherter Gebäude sind versichert Frost- und sonstige Bruchschäden an Rohren
a) der Wasserversorgung (Zu- oder Ableitungen),
b) der Warmwasser- oder Dampfheizung,
c) von Sprinkler- oder Berieselungsanlagen.

2. Darüber hinaus sind innerhalb versicherter Gebäude auch versichert Frostschäden an
a) Badeeinrichtungen, Waschbecken, Spülklosetts, Wasserhähnen, Geruchsverschlüssen, Wassermessern oder ähnlichen Installationen,
b) Heizkörpern, Heizkesseln, Boilern oder an vergleichbaren Teilen von Warmwasser- oder Dampfheizungsanlagen,
c) Sprinkler- oder Berieselungsanlagen.

3. Außerhalb versicherter Gebäude sind versichert Frost- und sonstige Bruchschäden an Zuleitungsrohren der Wasserversorgung und an den Rohren der Warmwasser- oder Dampfheizung, soweit diese Rohre der Versorgung versicherter Gebäude oder Anlagen dienen und sich auf dem Versicherungsgrundstück befinden.

§ 8 Sturm; Hagel

1. Sturm ist eine wetterbedingte Luftbewegung von mindestens Windstärke 8.
Ist die Windstärke für das Versicherungsgrundstück nicht feststellbar, so wird Sturm unterstellt, wenn der Versicherungsnehmer nachweist, daß
a) die Luftbewegung in der Umgebung Schäden an Gebäuden in einwandfreiem Zustand oder an ebenso widerstandsfähigen anderen Sachen angerichtet hat oder
b) der Schaden wegen des einwandfreien Zustandes des versicherten Gebäudes nur durch Sturm entstanden sein kann.

2. Versichert sind nur Schäden, die entstehen
a) durch unmittelbare Einwirkung des Sturmes auf versicherte Sachen;
b) dadurch, daß der Sturm Gebäudeteile, Bäume oder andere Gegenstände auf versicherte Sachen wirft;
c) als Folge eines Sturmschadens gemäß a oder b an versicherten Sachen.

3. Für Schäden durch Hagel gilt Nr. 2 sinngemäß.

§ 9 Nicht versicherte Sachen und Schäden

1. Nicht versichert sind ohne Rücksicht auf mitwirkende Ursachen Schäden
a) die der Versicherungsnehmer vorsätzlich oder grob fahrlässig herbeiführt;
die vorsätzliche Herbeiführung eines Brandschadens gilt als bewiesen, wenn sie durch ein rechtskräftiges Strafurteil wegen vorsätzlicher Brandstiftung festgestellt ist;
b) die durch Kriegsereignisse jeder Art, Innere Unruhen, Erdbeben oder Kernenergie* entstehen; ist der Beweis für eine dieser Ausschlüsse nicht zu erbringen, so genügt die überwiegende Wahrscheinlichkeit, daß der Schaden auf eine dieser Ursachen zurückzuführen ist.

2. Der Versicherungsschutz gegen Brand, Blitzschlag und Explosion erstreckt sich ohne Rücksicht auf mitwirkende Ursachen nicht auf
a) Brandschäden, die an versicherten Sachen dadurch entstehen, daß sie einem Nutzfeuer oder der Wärme zur Bearbeitung oder zu sonstigen Zwecken ausgesetzt werden; dies gilt auch für Sachen, in denen oder durch die Nutzfeuer oder Wärme erzeugt, vermittelt oder weitergeleitet wird;
b) Sengschäden, außer wenn sie durch Brand, Blitzschlag oder Explosion entstanden sind;
c) Kurzschluß- und Überspannungsschäden, die an elektrischen Einrichtungen entstanden sind, außer wenn sie die Folge eines Brandes oder einer Explosion sind.

3. Der Versicherungsschutz gegen Leitungswasser, Rohrbruch und Frost sowie

---

* Der Ersatz von Schäden durch Kernenergie richtet sich in der Bundesrepublik Deutschland einschl. des Landes Berlin nach dem Atomgesetz. Die Betreiber von Kernanlagen sind zur Deckungsvorsorge verpflichtet und schließen hierfür Haftpflichtversicherungen ab.

gegen Sturm und Hagel erstreckt sich ohne Rücksicht auf mitwirkende Ursachen nicht auf Schäden

a) an versicherte Sachen, solange das versicherte Gebäude noch nicht bezugsfertig oder wegen Umbauarbeiten für seinen Zweck nicht mehr benutzbar ist;

b) durch Brand, Blitzschlag, Explosion, Anprall oder Absturz eines bemannten Flugkörpers, seiner Teile oder seiner Ladung.

4. Der Versicherungsschutz gegen Leitungswasser erstreckt sich ohne Rücksicht auf mitwirkende Ursachen nicht auf Schäden durch

a) Plansch- oder Reinigungswasser;

b) Grundwasser, stehendes oder fließendes Gewässer, Hochwasser oder Witterungsniederschläge oder einen durch diese Ursachen hervorgerufenen Rückstau;

c) Öffnen der Sprinkler oder Bedienen der Berieselungsdüsen wegen eines Brandes, durch Druckproben oder durch Umbauten oder Reparaturarbeiten an dem versicherten Gebäude oder an der Sprinkler- oder Berieselungsanlage;

d) Erdsenkung oder Erdrutsch, es sei denn, daß Leitungswasser (§ 6 Nr. 1) die Erdsenkung oder den Erdrutsch verursacht hat;

e) Schwamm.

Die Ausschlüsse gemäß a bis c gelten nicht für Leitungswasserschäden infolge eines Rohrbruchs gemäß § 7.

5. Der Versicherungsschutz gegen Rohrbruch erstreckt sich nicht auf Schäden durch Erdsenkung oder Erdrutsch, es sei denn, daß Leitungswasser (§ 6 Nr. 1) die Erdsenkung oder den Erdrutsch verursacht hat.

6. Der Versicherungsschutz gegen Sturm und Hagel erstreckt sich ohne Rücksicht auf mitwirkende Ursachen nicht auf Schäden

a) durch Sturmflut;

b) durch Lawinen;

c) durch Eindringen von Regen, Hagel, Schnee oder Schmutz durch nicht ordnungsgemäß geschlossene Fenster, Außentüren oder andere Öffnungen, es sei denn, daß diese Öffnungen durch Sturm oder Hagel entstanden sind und einen Gebäudeschaden darstellen;

d) an Laden- und Schaufensterscheiben;

e) durch Leitungswasser (§ 6) oder Rohrbruch (§ 7).

§ 10 Gefahrumstände bei Vertragsabschluß und Gefahrerhöhung

1. Der Versicherungsnehmer hat alle Antragsfragen, die für die Übernahme der Gefahr erheblich sind, wahrheitsgemäß zu beantworten. Bei schuldhafter Verletzung dieser Obliegenheit kann der Versicherer nach Maßgabe der §§ 16 bis 21 VVG vom Vertrag zurücktreten und leistungsfrei sein.

2. Eine Gefahrerhöhung ist dem Versicherer unverzüglich schriftlich anzuzeigen. Bei einer Gefahrerhöhung kann der Versicherer aufgrund der §§ 23 bis 30 VVG zur Kündigung berechtigt oder auch leistungsfrei sein.

3. Eine Gefahrerhöhung kann insbesondere vorliegen, wenn

a) sich ein Umstand ändert, nach dem im Antrag gefragt worden ist;

b) ein Gebäude oder der überwiegende Teil eines Gebäudes nicht genutzt wird;

c) in dem versicherten Gebäude ein Gewerbebetrieb aufgenommen oder verändert wird.

Der Versicherer hat von dem Tag der Aufnahme des Betriebes an Anspruch auf die aus einem etwa erforderlichen höheren Prämiensatz errechnete Prämie; dies gilt nicht, soweit der Versicherer in einem Versicherungsfall wegen Gefahrerhöhung leistungsfrei geworden ist.

4. Für vorschriftsmäßige Anlagen des Zivilschutzes und für Zivilschutzübungen gelten Nr. 2 und die §§ 23 bis 30 VVG nicht.

§ 11 Sicherheitsvorschriften

1. Der Versicherungsnehmer hat
a) alle gesetzlichen, behördlichen oder vereinbarten Sicherheitsvorschriften zu beachten;
b) die versicherten Sachen, insbesondere wasserführende Anlagen und Einrichtungen, Dächer und außen angebrachte Sachen stets in ordnungsgemäßem Zustand zu erhalten und Mängel oder Schäden unverzüglich beseitigen zu lassen;
c) nicht genutzte Gebäude oder Gebäudeteile genügend häufig zu kontrollieren und dort alle wasserführenden Anlagen und Einrichtungen abzusperren, zu entleeren und entleert zu halten;
d) in der kalten Jahreszeit alle Gebäude und Gebäudeteile zu beheizen und dies genügend häufig zu kontrollieren oder dort alle wasserführenden Anlagen und Einrichtungen abzusperren, zu entleeren und entleert zu halten.

2. Verletzt der Versicherungsnehmer eine dieser Obliegenheiten, so ist der Versicherer nach Maßgabe von § 6 VVG zur Kündigung berechtigt oder auch leistungsfrei. Eine Kündigung des Versicherers wird einen Monat nach Zugang wirksam.

Leistungsfreiheit tritt nicht ein, wenn die Verletzung weder auf Vorsatz noch auf grober Fahrlässigkeit beruht.

Führt die Verletzung zu einer Gefahrenerhöhung, so gelten die §§ 23 bis 30 VVG. Danach kann der Versicherer zur Kündigung berechtigt oder auch leistungsfrei sein.

§ 12 Versicherung für fremde Rechnung

1. Soweit die Versicherung für fremde Rechnung genommen ist, kann der Versicherungsnehmer, auch wenn er nicht im Besitz des Versicherungsscheins ist, über die Rechte des Versicherten ohne dessen Zustimmung im eigenen Namen verfügen, insbesondere die Zahlung der Entschädigung verlangen und die Rechte des Versicherten übertragen. Der Versicherer kann jedoch vor Zahlung der Entschädigung den Nachweis verlangen, daß der Versicherte seine Zustimmung dazu erteilt hat.

2. Der Versicherte kann über seine Rechte nicht verfügen, selbst wenn er im Besitz des Versicherungsscheins ist. Er kann die Zahlung der Entschädigung nur mit Zustimmung des Versicherungsnehmers verlangen.

3. Soweit Kenntnis oder Verhalten des Versicherungsnehmers von rechtlicher Bedeutung ist, kommt auch Kenntnis oder Verhalten des Versicherten in Betracht. Im übrigen gilt § 79 VVG.

§ 13 Gleitende Neuwertversicherung; Versicherungswert 1914; Versicherungssumme 1914

1. Grundlage der Gleitenden Neuwertversicherung ist der Versicherungswert 1914.

2. Versicherungswert 1914 ist der ortsübliche Neubauwert des Gebäudes entsprechend seiner Größe und Ausstattung sowie seines Ausbaues nach Preisen des Jahres 1914. Hierzu gehören auch Architektengebühren sowie sonstige Konstruktions- und Planungskosten.

3. Die vereinbarte Versicherungssumme 1914 soll dem Versicherungswert 1914 entsprechen.

4. Die Haftung des Versicherers (§ 15 Nr. 1 bis 3) wird an die Baupreisentwicklung angepaßt. Entsprechend verändert sich die Prämie durch Erhöhung oder Verminderung des gleitenden Neuwertfaktors.

5. Der gleitende Neuwertfaktor erhöht oder vermindert sich jeweils zum 1. Januar eines jeden Jahres für die in diesem Jahr beginnende Versicherungsperiode entsprechend dem Prozentsatz, um den sich der jeweils für den Monat Mai des Vorjahres vom Statistischen Bundesamt veröffentlichte Baupreisindex für Wohngebäude

und der für den Monat April des Vorjahres veröffentlichte Tariflohnindex für das Baugewerbe geändert haben. Die Änderung des Baupreisindexes für Wohngebäude wird zu 80 Prozent und die des Tariflohnindexes für das Baugewerbe zu 20 Prozent berücksichtigt; bei dieser Berechnung wird jeweils auf zwei Stellen hinter dem Komma gerundet.
Der gleitende Neuwertfaktor wird auf eine Stelle hinter dem Komma gerundet.*

6. Innerhalb eines Monats nach Zugang der Mitteilung über die Erhöhung des gleitenden Neuwertfaktors kann der Versicherungsnehmer durch schriftliche Erklärung die Erhöhung mit Wirkung für den Zeitpunkt aufheben, in dem sie wirksam werden sollte. Die Versicherung bleibt als Neuwertversicherung (§ 14 Nr. 1a) in Kraft, und zwar zur bisherigen Prämie und mit einer Versicherungssumme, die sich aus der Versicherungssumme 1914, multipliziert mit 1/100 des bei Wirksamwerden des Widerspruchs zugrundegelegten Baupreisindexes für Wohngebäude, ergibt.
Das Recht auf Herabsetzung der Versicherungssumme wegen erheblicher Überversicherung (§ 51 Nr. 1 VVG) bleibt unberührt.

§ 14 Neuwert; Zeitwert; gemeiner Wert

1. Abweichend von § 13 Nr. 2 kann jeweils als Versicherungswert vereinbart werden
a) der Neuwert;
Neuwert ist der ortsübliche Neubauwert. Hierzu gehören auch Architektengebühren sowie sonstige Konstruktions- und Planungskosten;
b) der Zeitwert;
der Zeitwert errechnet sich aus dem Neuwert abzüglich der Wertminderung, die sich aus Alter und Abnutzung ergibt;
c) der gemeine Wert;
gemeiner Wert ist der für den Versicherungsnehmer erzielbare Verkaufspreis.
2. Der gemeine Wert ist auch ohne besondere Vereinbarung Versicherungswert, falls das Gebäude zum Abbruch bestimmt oder sonst dauernd entwertet ist. Eine dauernde Entwertung liegt insbesondere vor, wenn das Gebäude für seinen Zweck nicht mehr zu verwenden ist.

§ 15 Entschädigungsberechnung

1. Ersetzt werden
a) bei zerstörten Gebäuden sowie bei zerstörten oder abhandengekommenen sonstigen Sachen der Neuwert unmittelbar vor Eintritt des Versicherungsfalles; in den Fällen des § 14 Nr. 1b der Zeitwert; in den Fällen des § 14 Nr. 1c und Nr. 2 der gemeine Wert;
b) bei beschädigten Sachen die notwendigen Reparaturkosten zur Zeit des Eintritts des Versicherungsfalles zuzüglich einer Wertminderung, die durch Reparatur nicht auszugleichen ist, höchstens jedoch der Versicherungswert unmittelbar vor Eintritt des Versicherungsfalles; die Reparaturkosten werden gekürzt, soweit durch die Reparatur der Versicherungswert der Sache gegenüber dem Versicherungswert unmittelbar vor Eintritt des Versicherungsfalles erhöht wird.
Restwerte werden angerechnet.
2. Ersetzt werden auch die notwendigen Mehrkosten infolge Preissteigerungen zwischen dem Eintritt des Versicherungsfalles und der Wiederherstellung.
Wenn der Versicherungsnehmer die Wiederherstellung nicht unverzüglich veranlaßt, werden die Mehrkosten nur in dem Umfang ersetzt, in dem sie auch bei unverzüglicher Wiederherstellung entstanden wären.
Mehrkosten infolge von außergewöhnlichen Ereignissen, Betriebsbeschränkungen oder Kapitalmangel werden nicht besetzt.

---

* 1988 lautete der gleitende Neuwertfaktor 18,1.

3. Ersetzt werden auch die notwendigen Mehrkosten infolge behördlicher Auflagen auf der Grundlage bereits vor Eintritt des Versicherungsfalles erlassener Gesetze und Verordnungen. Soweit behördliche Auflagen mit Fristsetzung vor Eintritt des Versicherungsfalles erteilt wurden, sind die dadurch entstehenden Mehrkosten nicht versichert.

Mehrkosten, die dadurch entstehen, daß wiederverwertbare Reste der versicherten und vom Schaden betroffenen Sachen infolge behördlicher Wiederherstellungsbeschränkungen nicht mehr verwertet werden dürfen, sind nicht versichert.

Wenn die Wiederherstellung der versicherten und vom Schaden betroffenen Sache aufgrund behördlicher Wiederherstellungsbeschränkung nur an anderer Stelle erfolgen darf, werden die Mehrkosten nur in dem Umfang ersetzt, in dem sie auch bei Wiederherstellung an bisheriger Stelle entstanden wären.

Für die Entschädigung versicherter Mehrkosten gilt die Entschädigungsgrenze gemäß § 17 Nr. 2

4. Der Versicherungsnehmer erwirbt den Anspruch auf Zahlung des Teils der Entschädigung, der den Zeitwertschaden übersteigt, nur, soweit und sobald er innerhalb von drei Jahren nach Eintritt des Versicherungsfalles sichergestellt hat, daß er die Entschädigung verwenden wird, um versicherte Sachen in gleicher Art und Zweckbestimmung an der bisherigen Stelle wiederherzustellen oder wiederzubeschaffen. Ist dies an der bisherigen Stelle rechtlich nicht möglich oder wirtschaftlich nicht zu vertreten, so genügt es, wenn das Gebäude an anderer Stelle innerhalb der Bundesrepublik Deutschland einschließlich des Landes Berlin wiederhergestellt wird.

Der Zeitwertschaden wird bei zerstörten oder abhandengekommenen Gegenständen gemäß § 14 Nr. 1 b festgestellt.

5. In den Fällen des § 14 ist die Gesamtentschädigung für versicherte Sachen, versicherte Kosten und versicherten Mietausfall je Versicherungsfall auf die Versicherungssumme begrenzt. Dies gilt nicht für Schadenabwendungs- und Schadenminderungskosten, soweit diese auf Weisung des Versicherers entstanden sind.

§ 16 Unterversicherung; Unterversicherungsverzicht

1. Ist die Versicherungssumme niedriger als der Versicherungswert unmittelbar vor Eintritt des Versicherungsfalles (Unterversicherung), so wird nur der Teil des nach § 15 Nr. 1 bis 3 ermittelten Betrages ersetzt, der sich zu dem ganzen Betrag verhält wie die Versicherungssumme zu dem Versicherungswert.

2. Nr. 1 gilt entsprechend für die Berechnung der Entschädigung versicherter Kosten gemäß § 2 und versicherten Mietausfalles gemäß § 3.

3. In der Gleitenden Neuwertversicherung gilt die Versicherungssumme 1914 als richtig ermittelt, wenn

a) sie aufgrund einer vom Versicherer anerkannten Schätzung eines Bausachverständigen festgesetzt wird;

b) der Versicherungsnehmer im Antrag den Neuwert in Preisen eines anderen Jahres zutreffend angibt und der Versicherer diesen Betrag auf seine Verantwortung umrechnet;

c) der Versicherungsnehmer Antragsfragen nach Größe, Ausbau und Ausstattung des Gebäudes zutreffend beantwortet und der Versicherer hiernach die Versicherungssumme 1914 auf seine Verantwortung berechnet.

4. Wird die nach Nr. 3 ermittelte Versicherungssumme 1914 vereinbart, nimmt der Versicherer abweichend von Nr. 1 und Nr. 2 sowie von § 56 VVG keinen Abzug wegen Unterversicherung vor (Unterversicherungsverzicht).

5. Ergibt sich im Schadenfall, daß die Beschreibung des Gebäudes und seiner Ausstattung gemäß Nr. 3 c) von den tatsächlichen Verhältnissen abweicht und ist dadurch die Versicherungssumme 1914 zu niedrig bemessen, so gilt Nr. 4 nicht, soweit die Abweichung auf Vorsatz oder grober Fahrlässigkeit beruht.

6. Ferner gilt Nr. 4 nicht, wenn
a) der der Versicherungssummenermittlung zugrunde liegende Bauzustand nachträglich, insbesondere durch wertsteigernde Um-, An- oder Ausbauten, verändert wurde und die Veränderung dem Versicherer nicht unverzüglich angezeigt wurde;
b) ein weiterer Gebäudeversicherungsvertrag für das Gebäude gegen dieselbe Gefahr besteht, soweit nicht etwas anderes vereinbart wurde.

§ 17 Entschädigungsgrenzen

1. Soweit nichts anderes vereinbart ist, ist die Entschädigung für versicherte Kosten gemäß § 2 Nr. 1 a und 1 b je Versicherungsfall begrenzt
a) in der Gleitenden Neuwertversicherung auf 5 Prozent der Versicherungssumme 1914, multipliziert mit dem im Zeitpunkt des Versicherungsfalles für den Vertrag geltenden gleitenden Neuwertfaktor (§ 13 Nr. 5);
b) in den Fällen des § 14 auf 5 Prozent der Versicherungssumme.

2. Das gleiche gilt für die Entschädigung versicherter Mehrkosten gemäß § 15 Nr. 3.

§ 18 Mehrfache Versicherung

Erlangt der Versicherungsnehmer oder der Versicherte aus anderen Versicherungsverträgen Entschädigung für denselben Schaden, so ermäßigt sich der Anspruch aus vorliegendem Vertrag in der Weise, daß die Entschädigung aus allen Verträgen insgesamt nicht höher ist, als wenn der Gesamtbetrag der Versicherungssummen, aus denen Prämie errechnet wurde, nur in dem vorliegenden Vertrag in Deckung gegeben worden wäre.

§ 19 Prämie; Beginn und Ende der Haftung

1. Der Versicherungsnehmer hat die erste Prämie (Beitrag), bei Aushändigung des Versicherungsscheins zu zahlen, Folgeprämien am Ersten des Monats, in dem ein neues Versicherungsjahr beginnt. Die Folgen nicht rechtzeitiger Zahlung der ersten Prämie oder der ersten Rate der ersten Prämie ergeben sich aus § 38 VVG in Verbindung mit Nr. 3; im übrigen gelten §§ 39, 91 VVG. Rückständige Folgeprämien dürfen nur innerhalb eines Jahres seit Ablauf der nach § 39 VVG für sie gesetzten Zahlungsfrist eingezogen werden.

2. Ist Ratenzahlung vereinbart, so gelten die ausstehenden Raten bis zu den vereinbarten Zahlungsterminen als gestundet.
Die gestundeten Raten des laufenden Versicherungsjahres werden sofort fällig, wenn der Versicherungsnehmer mit einer Rate ganz oder teilweise in Verzug gerät oder soweit eine Entschädigung fällig wird.

3. Die Haftung des Versicherers beginnt mit dem vereinbarten Zeitpunkt, und zwar auch dann, wenn zur Prämienzahlung erst später aufgefordert, die Prämie aber unverzüglich gezahlt wird. Ist dem Versicherungsnehmer bei Antragstellung bekannt, daß ein Versicherungsfall bereits eingetreten ist, so entfällt hierfür die Haftung.

4. Die Haftung endet mit dem vereinbarten Zeitpunkt. Versicherungsverträge von mindestens einjähriger Dauer verlängern sich jedoch von Jahr zu Jahr, wenn sie nicht spätestens drei Monate vor Ablauf schriftlich gekündigt werden.

5. Endet das Versicherungsverhältnis vor Ablauf der Vertragszeit oder wird es nach Beginn rückwirkend aufgehoben oder ist es von Anfang an nichtig, so gebührt dem Versicherer Prämie oder Geschäftsgebühr gemäß dem Versicherungsvertragsgesetz (z. B. §§ 40, 68).
Kündigt nach Eintritt eines Versicherungsfalles (§ 24 Nr. 2) der Versicherungsnehmer, so gebührt dem Versicherer die Prämie für das laufende Versicherungsjahr.

Kündigt der Versicherer, so hat er die Prämie für das laufende Versicherungsjahr nach dem Verhältnis der noch nicht abgelaufenen zu der gesamten Zeit des Versicherungsjahres zurückzuhalten.

§ 20 Obliegenheiten des Versicherungsnehmers im Versicherungsfall

1. Der Versicherungsnehmer hat bei Eintritt eines Versicherungsfalles

a) den Schaden dem Versicherer unverzüglich anzuzeigen, das Abhandenkommen versicherter Gebäudebestandteile und sonstiger Gegenstände auch der zuständigen Polizeidienststelle;

b) der Polizeidienststelle unverzüglich ein Verzeichnis der abhandengekommenen Gegenstände einzureichen;

c) den Schaden nach Möglichkeit abzuwenden oder zu mindern und dabei die Weisungen des Versicherers zu befolgen; er hat, soweit die Umstände es gestatten, solche Weisungen einzuholen;

d) dem Versicherer auf dessen Verlangen im Rahmen des Zumutbaren jede Untersuchung über Ursache und Höhe des Schadens und über den Umfang seiner Entschädigungspflicht zu gestatten, jede hierzu dienliche Auskunft – auf Verlangen schriftlich – zu erteilen und die erforderlichen Belege beizubringen, auf Verlangen insbesondere einen beglaubigten Grundbuchauszug;

e) Veränderungen der Schadenstelle möglichst zu vermeiden, solange der Versicherer nicht zugestimmt hat;

f) dem Versicherer auf dessen Verlangen innerhalb einer angemessenen Frist von mindestens zwei Wochen ein von ihm unterschriebenes Verzeichnis aller abhandengekommenen Gegenstände vorzulegen; in dem Verzeichnis ist der Versicherungswert dieser Gegenstände unmittelbar vor Eintritt des Versicherungsfalles anzugeben.

2. Verletzt der Versicherungsnehmer eine der vorstehenden Obliegenheiten, so ist der Versicherer nach Maßgabe des Versicherungsvertragsgesetzes (§§ 6 Abs. 3, 62 Abs. 2 VVG) von der Entschädigungspflicht frei.

Sind abhandengekommene Gegenstände der Polizeidienststelle nicht oder nicht rechtzeitig angezeigt worden, so kann der Versicherer nur für diese Gegenstände von der Entschädigungspflicht frei sein.

3. Hatte eine vorsätzliche Obliegenheitsverletzung Einfluß weder auf die Feststellung des Versicherungsfalles noch auf die Feststellung oder den Umfang der Entschädigung, so entfällt die Leistungsfreiheit gemäß Nr. 2, wenn die Verletzung nicht geeignet war, die Interessen des Versicherers ernsthaft zu beeinträchtigen, und wenn außerdem den Versicherungsnehmer kein erhebliches Verschulden trifft.

§ 21 Besondere Verwirkungsgründe

1. Versucht der Versicherungsnehmer, den Versicherer arglistig über Tatsachen zu täuschen, die für den Grund oder für die Höhe der Entschädigung von Bedeutung sind, so ist der Versicherer von der Entschädigungspflicht frei.

Ist die Täuschung gemäß Abs. 1 durch rechtskräftiges Strafurteil wegen Betruges oder Betrugsversuches festgestellt, so gelten die Voraussetzungen von Abs. 1 als bewiesen.

2. Wird der Entschädigungsanspruch nicht innerhalb einer Frist von sechs Monaten gerichtlich geltend gemacht, nachdem der Versicherer ihn unter Angabe der mit dem Ablauf der Frist verbundenen Rechtsfolge schriftlich abgelehnt hat, so ist der Versicherer von der Entschädigungspflicht frei. Durch ein Sachverständigenverfahren (§ 22) wird der Ablauf der Frist für dessen Dauer gehemmt.

§ 22 Sachverständigenverfahren

1. Versicherungsnehmer und Versicherer können nach Eintritt des Versicherungsfalles vereinbaren, daß die Höhe des Schadens durch Sachverständige festge-

stellt wird. Das Sachverständigenverfahren kann durch Vereinbarung auf sonstige tatsächliche Voraussetzungen des Entschädigungsanspruchs sowie der Höhe der Entschädigung ausgedehnt werden.

Der Versicherungsnehmer kann ein Sachverständigenverfahren auch durch einseitige Erklärung gegenüber dem Versicherer verlangen.

2. Für das Sachverständigenverfahren gilt:

a) Jede Partei benennt schriftlich einen Sachverständigen und kann dann die andere unter Angabe des von ihr benannten Sachversändigen schriftlich auffordern, den zweiten Sachverständigen zu benennen. Wird der zweite Sachverständige nicht binnen zwei Wochen nach Empfang der Aufforderung benannt, so kann ihn die aufgeforderte Partei durch das für den Schadenort zuständige Amtsgericht ernennen lassen. In der Aufforderung ist auf diese Folge hinzuweisen.

b) Beide Sachverständige benennen schriftlich vor Beginn des Feststellungsverfahrens einen dritten Sachverständigen als Obmann. Einigen sie sich nicht, so wird der Obmann auf Antrag einer Partei durch das für den Schadenort zuständige Amtsgericht ernannt.

c) Der Versicherer darf als Sachverständige keine Personen benennen, die Mitbewerber des Versicherungsnehmers sind oder mit ihm in dauernder Geschäftsverbindung stehen, ferner keine Personen, die bei Mitbewerbern oder Geschäftspartnern angestellt sind oder mit ihnen in einem ähnlichen Verhältnis stehen. Dies gilt entsprechend für die Benennung eines Obmannes durch die Sachverständigen.

3. Die Feststellungen der Sachverständigen müssen enthalten:

a) ein Verzeichnis der zerstörten, beschädigten und abhandengekommenen Gegenstände sowie deren Versicherungswert (§ 14 Nr. 1) zum Zeitpunkt des Versicherungsfalles; in den Fällen von § 15 Nr. 4 ist auch der Zeitwert anzugeben;

b) bei beschädigten Gegenständen die Beträge gemäß § 15 Nr. 1 b;

c) alle sonstigen gemäß § 15 Nr. 1 maßgebenden Tatsachen, insbesondere die Restwerte der von dem Schaden betroffenen Gegenstände;

d) notwendige Kosten, die gemäß § 2 versichert sind.

4. Die Sachverständigen übermitteln beiden Parteien gleichzeitig ihre Feststellungen. Weichen die Feststellungen voneinander ab, so übergibt der Versicherer sie unverzüglich dem Obmann. Dieser entscheidet über die streitig gebliebenen Punkte innerhalb der durch die Feststellung der Sachverständigen gezogenen Grenzen und übermittelt seine Entscheidung beiden Parteien gleichzeitig.

5. Jede Partei trägt die Kosten ihres Sachverständigen. Die Kosten des Obmannes tragen beide Parteien je zur Hälfte.

6. Die Feststellungen der Sachverständigen oder des Obmannes sind verbindlich, wenn nicht nachgewiesen wird, daß sie offenbar von der wirklichen Sachlage erheblich abweichen. Aufgrund dieser verbindlichen Feststellungen berechnet der Versicherer gemäß §§ 15 bis 17 die Entschädigung.

7. Durch das Sachverständigenverfahren werden die Obliegenheiten des Versicherungsnehmers gemäß § 20 Nr. 1 nicht berührt.

§ 23 Zahlung der Entschädigung

1. Ist die Leistungspflicht des Versicherers dem Grunde und der Höhe nach festgestellt, so hat die Auszahlung der Entschädigung binnen zwei Wochen zu erfolgen. Jedoch kann einen Monat nach Anzeige des Schadens als Abschlagszahlung der Betrag beansprucht werden, der nach Lage der Sache mindestens zu zahlen ist.

2. Die Entschädigung ist seit Anzeige des Schadens mit 1 Prozent unter dem Diskontsatz der Deutschen Bundesbank zu verzinsen, mindestens jedoch mit 4 Prozent und höchstens mit 6 Prozent pro Jahr, soweit nicht aus anderen Gründen ein höherer Zins zu entrichten ist.

Die Verzinsung entfällt, soweit die Entschädigung innerhalb eines Monats seit Anzeige des Schadens gezahlt wird.

Zinsen werden erst fällig, wenn die Entschädigung fällig ist.

3. Der Lauf der Fristen gemäß Nr. 1 und Nr. 2 Satz 1 ist gehemmt, solange infolge Verschuldens des Versicherungsnehmers die Entschädigung nicht ermittelt oder nicht gezahlt werden kann.

4. Für die Zahlung des über den Zeitwertschaden hinausgehenden Teiles der Entschädigung ist der Zeitpunkt maßgebend, in dem der Versicherungsnehmer den Eintritt der Voraussetzung von § 15 Nr. 4 dem Versicherer nachgewiesen hat.

Zinsen für die Beträge gemäß Abs. 1 werden erst fällig, wenn die dort genannten zusätzlichen Voraussetzungen der Entschädigung festgestellt sind.

5. Der Versicherer kann die Zahlung aufschieben,

a) solange Zweifel an der Empfangsbestätigung des Versicherungsnehmers bestehen;

b) wenn gegen den Versicherungsnehmer oder einen seiner Repräsentanten aus Anlaß des Versicherungsfalles ein behördliches oder strafgerichtliches Verfahren aus Gründen eingeleitet worden ist, die auch für den Entschädigungsanspruch rechtserheblich sind, bis zum rechtskräftigen Abschluß dieses Verfahrens.

6. Die gesetzlichen Vorschriften über die Sicherung des Realkredits bleiben unberührt.

§ 24 Rechtsverhältnis nach dem Versicherungsfall

1. Die Versicherungssumme vermindert sich nicht dadurch, daß eine Entschädigung geleistet wird.

2. Nach dem Eintritt des Versicherungsfalles kann der Versicherer oder der Versicherungsnehmer den Versicherungsvertrag kündigen.

Die Kündigung ist schriftlich zu erklären. Sie muß spätestens einen Monat nach Auszahlung der Entschädigung zugehen. Der Zahlung steht es gleich, wenn die Entschädigung aus Gründen abgelehnt wird, die den Eintritt des Versicherungsfalles unberührt lassen.

Die Kündigung wird einen Monat nach ihrem Zugang wirksam. Der Versicherungsnehmer kann bestimmen, daß seine Kündigung sofort oder zu einem anderen Zeitpunkt wirksam wird, jedoch spätestens zum Schluß des laufenden Versicherungsjahres.

§ 25 Zurechnung von Kenntnis und Verhalten

1. Besteht der Vertrag mit mehreren Versicherungsnehmern, so muß sich jeder Versicherungsnehmer Kenntnis und Verhalten der übrigen Versicherungsnehmer zurechnen lassen.

2. Ferner muß sich der Versicherungsnehmer Kenntnis und Verhalten seiner Repräsentanten im Rahmen von §§ 9 Nr. 1 a, 10, 11, 12, 20, 21 zurechnen lassen.

3. Soweit nicht etwas anderes vereinbart ist, stehen dem Versicherungsnehmer als Repräsentanten gleich

a) Personen, die in dem Geschäftsbereich, zu dem die versicherten Sachen gehören, aufgrund eines Vertretungs- oder eines ähnlichen Verhältnisses anstelle des Versicherungsnehmers die Obhut über diese Sachen ausüben;

b) Personen, die damit betraut sind, rechtserhebliche Tatsachen anstelle des Versicherungsnehmers zur Kenntnis zu nehmen und dem Versicherer zur Kenntnis zu bringen;

c) Personen, denen das versicherte Gebäude aufgrund eines Miet-, Pacht- oder ähnlichen Verhältnisses für längere Zeit in alleinige Obhut gegeben worden ist;

d) volljährige Personen, die mit dem Versicherungsnehmer in häuslicher Gemeinschaft leben, wenn sie in dem versicherten Gebäude gemeinsam mit dem Versicherungsnehmer eine Wohnung nutzen.

4. Bei Verträgen mit einer Gemeinschaft von Wohnungseigentümern gilt:

a) Ist der Versicherer nach §§ 9 Nr. 1a, 10, 11, 12, 20, 21 wegen des Verhaltens einzelner Wohnungseigentümer leistungsfrei, so kann er sich hierauf gegenüber den übrigen Wohnungseigentümern wegen deren Sondereigentums und wegen deren Miteigentumsanteilen (§ 1 Abs. 2 des Wohnungseigentumsgesetzes) nicht berufen.

b) Die übrigen Wohnungseigentümer können verlangen, daß der Versicherer ihnen auch hinsichtlich des Miteigentumsanteiles des Wohnungseigentümers, der den Entschädigungsanspruch verwirkt hat, Entschädigung leistet, jedoch nur, soweit diese zusätzliche Entschädigung zur Wiederherstellung des gemeinschaftlichen Eigentums (§ 1 Abs. 5 des Wohnungseigentumsgesetzes) verwendet wird. Der Wohnungseigentümer, in dessen Person der Verwirkungsgrund vorliegt, ist verpflichtet, dem Versicherer diese Mehraufwendungen zu erstatten.

c) Kann im Falle der Feuerversicherung ein Realgläubiger hinsichtlich des Miteigentumsanteiles des Wohnungseigentümers, der den Entschädigungsanspruch verwirkt hat, Leistung aus der Feuerversicherung an sich selbst gemäß § 102 VVG verlangen, so entfällt die Verpflichtung des Versicherers nach b) Satz 1. Der Versicherer verpflichtet sich, auf eine nach § 104 VVG auf ihn übergegangene Gesamthypothek (Gesamtgrundschuld) gemäß § 1168 BGB zu verzichten und dabei mitzuwirken, daß der Verzicht auf Kosten der Wohnungseigentümer in das Grundbuch eingetragen wird. Der Wohnungseigentümer, in dessen Person der Verwirkungsgrund vorliegt, ist im Falle von Satz 2 verpflichtet, dem Versicherer die für seinen Miteigentumsanteil und sein Sondereigentum an den Realgläubiger erbrachten Leistungen zu erstatten.

d) Für die Gebäudeversicherung bei Teileigentum (§ 1 Abs. 3 des Wohnungseigentumsgesetzes) gelten a bis c entsprechend.

§ 26 Schriftliche Form; Zurückweisung von Kündigungen

1. Anzeigen und Erläuterungen bedürfen der Schriftform. Dies gilt nicht für die Anzeige eines Schadens gemäß § 20 Nr. 1a.

2. Ist eine Kündigung des Versicherungsnehmers unwirksam, ohne daß dies auf Vorsatz oder grober Fahrlässigkeit beruht, so wird die Kündigung wirksam, falls der Versicherer sie nicht unverzüglich zurückweist.

§ 27 Agentenvollmacht

Ein Agent des Versicherers ist nur dann bevollmächtigt, Anzeigen und Erklärungen des Versicherungsnehmers entgegenzunehmen, wenn er den Versicherungsvertrag vermittelt hat oder laufend betreut.

§ 28 Schlußbestimmung

1. Soweit nicht in den Versicherungsbedingungen Abweichendes bestimmt ist, gelten die gesetzlichen Vorschriften.

2. Ein Auszug aus dem Gesetz über den Versicherungsvertrag (VVG), der insbesondere die in den VGB 88 erwähnten Bestimmungen enthält, ist dem Bedingungstext beigefügt.

Texte 47

Ermittlung der Versicherungssumme 1914 für Wohngebäude nach Wohnfläche und Ausstattungsmerkmalen

Nur für ausschließlich Wohnzwecken dienenden Ein- und Zweifamilienhäuser (auch Fertighäuser) mit Außenwänden überwiegend aus anderem Material als Holz und mit harter Dachung (nicht Holz, Ried, Schilf oder Stroh)

Antragsteller

Vers.-Grundstück

1 Ermittlung des Gebäudetypes

Auch für Reihenhäuser, Häuser in Hanglage und mit anderen als den eingezeichneten Dachneigungen.
Gebäudetypen (EG = Erdgeschoß, OG = Obergeschoß, DG = Dachgeschoß)

		Flachdach		DG nicht ausgebaut		DG ausgebaut	
		EG	EG + OG	EG	EG + OG	EG	EG + OG
mit Keller (auch Teil-unterkel-lerung)	ohne Keller						

1.1 Vorhandener Gebäudetyp mit Wert 1914 pro qm Wohnfläche in Mark (M)

Anzukreuzen ist der überwiegende Gebäudetyp, wenn das Gebäude nicht eindeutig zuzuordnen ist.

ohne Keller   ☐ 160 M (T 1)   ☐ 160 M (T 3)   ☐ 160 M (T 5)   ☐ 140 M (T 7)   ☐ 140 M (T 9)   ☐ 130 M (T 11)

mit Keller (auch Teilunterkellerung)   ☐ 190 M (T 2)   ☐ 190 M (T 4)   ☐ 190 M (T 6)   ☐ 165 M (T 8)   ☐ 165 M (T 10)   ☐ 150 M (T 12)

Anmerkung: Nebengebäude, weiteres Zubehör und sonstige Grundstücksbestandteile (z. B. Schwimmbad im Freien) sind im Antrag gesondert zu bewerten.

2 Welche abweichenden Bauausführungen / -ausstattungen sind vorhanden?

Der für den jeweiligen Gebäudetyp angegebene Wert berücksichtigt folgende übliche Bauausführungen und -ausstattungen: Außenwände mit gefugtem Mauerwerk, Putz, Verkleidung oder Verblendsteinen; Parkett-, Teppich- oder Fliesenböden; Doppelfenster oder Isolierverglasung; Naßräume und Küche gefliest; Bad / Dusche; Zentralheizung und zentrale Warmwasserversorgung.

Bewertungsmerkmal:	gehobene Bauausführungen / -ausstattungen (Zuschlag jeweils pro qm Wohnfläche in Mark)		einfache Bauausführungen / -ausstattungen (Abschlag jeweils pro qm Wohnfläche in Mark)	
Dach	Naturschieferdach, Kupferdach	☐ 4		
Außenwände	Naturstein-, Keramik-, Kunststeinverkleidung, Handstrich-Klinker	☐ 5		
Decken / Wände	Stuckarbeiten, Edelholzverkleidungen	☐ 6		
Fußböden	Natursteinböden, Parkett- oder Teppichböden in hochwertiger Qualität	☐ 4	PVC-Böden auf Estrich	☐ 3
Fenster	Leichtmetall- oder Holzsprossenfenster	☐ 4	Einfaches Fensterglas	☐ 3
Türen	Edelholztüren	☐ 3		
Sanitär	Hochwertige sanitäre Einrichtungen	☐ 6	Ohne Bad / Dusche	☐ 4
Heizung	Wärmepumpen, Solaranlagen, Fußboden- und Deckenheizungen	☐ 6	Ofenheizung	☐ 4
	Summe der Zuschläge	M	Summe der Abschläge	M

3 Ermittlung der Wohnfläche

Anmerkung: Wohnfläche ist die Grundfläche aller Räume einer Wohnung einschließlich Hobbyräume. Nicht zu berücksichtigen sind Treppen, Balkone, Loggien und Terrassen sowie Keller-, Speicher- / Bodenräume, die nicht zu Wohn- oder Hobbyzwecken genutzt werden.

3.1 Erdgeschoß   qm   + Obergeschoß   qm + Dachgeschoß   qm =   qm

3.2 Kellergeschoß, sofern zu Wohn- / Hobbyzwecken ausgebaut (incl. Schwimmbad im Gebäude)   =   qm

4 Ermittlung der Versicherungssumme 1914

Wert 1914 gem. Ziff. 1.1	Summe Zuschläge gem. Ziff. 2	Summe Abschläge gem. Ziff. 2	Wert 1914 pro qm Wohnfläche	Wohnfläche gem. Ziff. 3.1	Wert 1914
M +	M −	M =	M ×	=	M

			Wert 1914 pro qm Wohnfläche	Wohnfläche gem. Ziff. 3.2	
			15 M ×	=	M

Sofern Garage außerhalb des Wohngebäudes vorhanden: Wert 1914 pro Garage 700 M   × Anzahl Garagen   =   M

Versicherungssumme 1914   =   M

Dieser Ermittlungsbogen ist Bestandteil des Vertrages. Eine Kopie hat der Antragsteller / Versicherungsnehmer erhalten.

Ort, Datum   Unterschrift des Antragstellers (Versicherungsnehmers)   Unterschrift des Vertreters

Texte 48

Schaden-Nr.   Vertretung-Nr. (Stempel)

Versicherungsschein-Nr.

Schadentag   Uhrzeit

Schadenort *(Anschrift mit Postleitzahl)*

Versicherungs-
nehmer

Straße, Haus-Nr.
oder Postfach

Zahlungen auf Konto-Nr.   Bankleitzahl

Kontoinhaber

Postleitzahl, Ort

Name und Anschrift des Geldinstitutes / Filiale

Schadenanzeige Feuer

Telefon mit Vorwahl geschäftlich   privat

Zur Bearbeitung des gemeldeten Schadenfalles bitten wir um Beantwortung der Fragen und um Rücksendung an unsere oben angegebene Anschrift.

1 **Unverbindliche Schadenhöhe** . . . . ☐ bis 500 DM ☐ bis 1000 DM ☐ bis 2000 DM ☐ bis 5000 DM
                                              ☐ bis 10000 DM ☐ über 10000 DM   ca.   DM

2 **Wann haben Sie den Schaden der Polizeibehörde gemeldet** . . . am

3 **Welche Polizeibehörde bearbeitet den Vorgang** . . . .
                                                     Tagebuch-Nr.

4 **Wodurch wurde der Schaden verursacht:**
4.1 durch Glut oder Wärme (z.B. Zigarette, Streichholz, Bügeleisen o. ä.) . . . ☐ nein ☐ ja
     wenn ja, welches Ausmaß (in cm) hat die beschädigte Stelle . . . .
4.2 durch elektrischen Kurzschluß . . . . ☐ nein ☐ ja
4.3 durch Blitzschlag . . . . ☐ nein ☐ ja
     wenn ja, welche sichtbaren Spuren hinterließ der Blitz auf seinem Weg
     zur Schadenstelle (z. B. am Gebäude) . . . .
4.4 Bitte schildern Sie kurz die Entstehung des Schadens . . . .

5 **Wer hat den Schaden verursacht** . . . .
5.1 Besteht für den Verursacher eine Haftpflichtversicherung . . . . ☐ nein ☐ ja
5.2 Wenn ja, bei welchem Versicherer . . . .
5.3 Wie lautet die Versicherungsschein-Nr. . . . .
5.4 Wurde diesem Versicherer der Schaden bereits gemeldet . . . . ☐ nein ☐ ja

6 **Wer ist der Eigentümer des Gebäudes / der Wohnung in dem / in der**
   der Schaden entstand *(Name und Anschrift)* . . . .

7 **Welche Gebäude wurden zerstört oder in welchem Umfang**
   beschädigt . . . .

Von der Gesellschaft auszufüllen	Bearbeitungsart	Schadenursache	Versicherungssumme DM	SFJ	Vertragsgrundlagen	Textschlüssel

8	**Wo wohnen Sie**	☐ Einfamilienhaus	☐ Mehrfamilienhaus
8.1	Wie groß ist die Wohnung	Anzahl der Räume:	Gesamt qm
8.2	Wieviel Personen gehören zum Haushalt	Anzahl Personen:	

9 Verzeichnis der vom Brand betroffenen Sachen

Kostenbelege ☐ liegen bei ☐ werden nachgereicht

Stück-zahl	Gegenstand	Eigentümer	*) Z B A	Alter (Jahre)	Neuwert Wiederanschaffungspreis	Wert unter Berücksichtigung von Alter und Abnutzung vor dem Schaden	nach dem Schaden	Schaden bzw. Reparaturkosten
					DM	DM	DM	DM

ggf. Fortsetzung auf gesondertem Blatt   *) Z = Zerstört, B = Beschädigt, A = Abhandengekommen

10 Bei Schäden außerhalb des Versicherungsortes:

10.1	Befanden sich die Sachen nur vorübergehend oder ständig außerhalb des Versicherungsortes	☐ vorübergehend	☐ ständig
10.2	Seit wann		
10.3	Grund		

11 Für Unternehmer im Sinne des Umsatzsteuergesetzes (Mehrwertsteuer):

11.1	Kann der Eigentümer der vom Schaden betroffenen Sachen bei der Wiederbeschaffung oder Reparatur Vorsteuer abziehen	☐ nein ☐ ja, Steuersatz %
11.2	Sind die angegebenen Wiederbeschaffungspreise oder Reparaturkosten bereits um die absetzbare Vorsteuer gekürzt	☐ nein ☐ ja,

12 Bestehen noch andere Versicherungen mit Einschluß von Brandschäden für die vom Schaden betroffenen Sachen . . . .   ☐ nein ☐ ja, und zwar   ☐ Gebäudeversicherung
☐ Inhaltsversicherung (auch Hausratvers.)

12.1	Wenn ja, bei welchem Versicherer	
12.2	Wer ist Versicherungsnehmer	
12.3	Wie lautet die Versicherungsschein-Nr.	
12.4	Wie hoch ist die Versicherungssumme	
12.5	Wurden bei diesem Versicherer Ersatzansprüche gestellt	☐ nein ☐ ja, in Höhe von DM

13 Wurden Sie bereits früher von Brandschäden betroffen . . . .   ☐ nein ☐ ja, und zwar Anzahl

Schadenhöhe insges. DM

13.1	Welche Versicherer haben den Schaden reguliert und wie hoch waren die geleisteten Entschädigungen	Versicherer	Geleistete Entschädigung DM

Die vorstehenden Fragen habe ich wahrheitsgemäß beantwortet. Mir ist bekannt, daß ich durch bewußt unrichtige oder unvollständige Angaben den Versicherungsschutz auch dann verlieren würde, wenn sie für die Schadenfeststellung folgenlos geblieben sind.

Datum/Unterschrift des Versicherungsnehmers

Vermerke des Vertreters

§ 1 Vertragsgrundlagen

Es gelten die

1. „Allgemeinen Bedingungen für die Feuerversicherung (AFB 87)", jedoch ohne § 4;

2. etwa vereinbarten weiteren, zur geschäftsplanmäßigen Verwendung genehmigten Klauseln zu den AFB 87,

soweit sich nicht aus den folgenden Bestimmungen etwas anderes ergibt.

§ 2 Gegenstand der Versicherung

1. Der Versicherer gewährt dem Versicherungsnehmer Versicherungsschutz für den Fall, daß durch ein während der Versicherungsdauer auf dem Versicherungsgrundstück eingetretenes Schadenereignis gemäß § 1 AFB 87 und den übrigen in § 1 FHB genannten Bestimmungen Sachen eines Dritten zerstört oder beschädigt werden oder abhandenkommen und der Versicherungsnehmer deswegen aufgrund gesetzlicher Haftpflichtbestimmungen privatrechtlichen Inhalts von einem Dritten auf Schadenersatz in Anspruch genommen wird. Personenschäden und Vermögensschäden sind nicht versichert.

Durch besondere Vereinbarung können Ansprüche des Dritten aus Vermögensschäden, die Folge eines bei ihm entstehenden Sachsubstanzschadens sind, mitversichert werden (z. B. Betriebsunterbrechungsschäden oder Aufräumungskosten).

2. Versicherungsschutz gemäß Nr. 1 besteht auch dann, wenn Betriebsangehörige des Versicherungsnehmers aufgrund gesetzlicher Haftpflichtbestimmungen privatrechtlichen Inhalts für Schäden gemäß Nr. 1 in Anspruch genommen werden, die sie in Ausführung ihrer dienstlichen Verrichtungen herbeigeführt haben.

§ 3 Verhältnis zu anderen Versicherungen und Verzichtserklärungen

1. Andere Versicherungen, die dem Versicherungsnehmer Versicherungsschutz gegen Schäden gemäß § 2 bieten, sowie Haftungs-, Ersatz- oder Regreß-Verzichtserklärungen der geschädigten Dritten oder deren Versicherer gehen dieser Versicherung vor.

2. Der Versicherungsnehmer hat bestehende andere Versicherungen gemäß Nr. 1 anzuzeigen.

§ 4 Leistung des Versicherers

1. Die Leistungspflicht des Versicherers umfaßt die Prüfung der Haftpflichtfrage, den Ersatz der Entschädigung, welche der Versicherungsnehmer aufgrund eines von dem Versicherer abgegebenen oder genehmigten Anerkenntnisses, eines von

ihm geschlossenen oder genehmigten Vergleichs oder einer richterlichen Entscheidung zu zahlen hat, sowie die Abwehr unberechtigter Ansprüche.

2. Für den Umfang der Leistung des Versicherers bildet die vereinbarte Versicherungssumme die Höchstgrenze für alle Folgen eines Schadenereignisses gemäß § 2 Nr. 1. § 11 Nr. 3 AFB 87 ist nicht anzuwenden.

3. Der Versicherungsnehmer trägt je Schadenereignis gemäß § 2 Nr. 1 von der bedingungsgemäß errechneten Entschädigung die vertraglich vereinbarte Selbstbeteiligung. In den Fällen von § 3 Nr. 1 vermindert sich die vereinbarte Selbstbeteiligung, soweit die Vorleitung die Leistung des Versicherers dieses Vertrages vermindert.

4. Kommt es zu einem Rechtsstreit über den Anspruch zwischen dem Versicherungsnehmer und dem Geschädigten oder dessen Rechtsnachfolger, so führt der Versicherer auf seine Kosten den Rechtsstreit im Namen des Versicherungsnehmers.

5. Die Aufwendungen des Versicherers für Kosten werden nicht als Leistungen auf die Versicherungssumme angerechnet.

6. Übersteigen jedoch die Haftpflichtansprüche die Versicherungssumme, so hat der Versicherer die Prozeßkosten nur im Verhältnis der Versicherungssumme zur Gesamthöhe der Ansprüche zu tragen, und zwar auch dann, wenn es sich um mehrere aus einem Schadenereignis gemäß § 2 Nr. 1 entstehende Prozesse handelt.

7. Falls die vom Versicherer verlangte Erledigung eines Haftpflichtanspruchs durch Anerkenntnis, Befriedigung oder Vergleich an dem Widerstand des Versicherten scheitert, so hat der Versicherer für den von der Weigerung an entstehenden Mehraufwand an Hauptsache, Zinsen und Kosten nicht aufzukommen.

8. Im übrigen gelten die Bestimmungen des § 150 VVG.

§ 5 Ausschlüsse

1. Ausgeschlossen sind Versicherungsansprüche aller Personen, die das Schadenereignis gemäß § 2 Nr. 1 vorsätzlich herbeigeführt haben. § 14 AFB 87 ist nicht anzuwenden, soweit dort auch Schäden durch grobe Fahrlässigkeit ausgeschlossen werden.

2. Ausgeschlossen sind ferner Haftpflichtansprüche

a) von Angehörigen des Versicherungsnehmers, die mit ihm in häuslicher Gemeinschaft leben oder die zu den gemäß § 2 Nr. 2 mitversicherten Personen gehören;

b) zwischen mehreren Versicherungsnehmern desselben Versicherungsvertrages;

c) von gesetzlichen Vertretern geschäftsunfähiger oder beschränkt geschäftsfähiger Personen;

d) von unbeschränkt persönlich haftenden Gesellschaften nicht rechtsfähiger Handelsgesellschaften;

e) von gesetzlichen Vertretern juristischer Personen des privaten oder öffentlichen Rechts sowie nicht rechtsfähiger Vereine;

f) von Liquidatoren.

Als Angehörige gelten Ehegatten, Eltern und Kinder, Adoptiveltern und -kinder, Schwiegereltern und -kinder, Stiefeltern und -kinder, Großeltern und Enkel, Geschwister sowie Pflegeeltern und -kinder (Personen, die durch ein familienähnliches, auf längere Dauer angelegtes Verhältnis wie Eltern und Kinder miteinander verbunden sind).

Die Ausschlüsse unter b bis f erstrecken sich auch auf Haftpflichtansprüche von Angehörigen der dort genannten Personen, wenn sie miteinander in häuslicher Gemeinschaft leben.

3. Ausgeschlossen sind ferner Haftpflichtansprüche wegen Schäden

a) an fremden Sachen, die der Versicherungsnehmer gemietet, gepachtet, geliehen hat oder die Gegenstand eines besonderen Verwahrungsvertrages sind;

b) die an fremden Sachen durch eine gewerbliche oder berufliche Tätigkeit des Versicherungsnehmers an oder mit diesen Sachen (z. B. Bearbeitung, Reparatur, Beförderung, Prüfung u. dgl.) entstanden sind; bei Schäden an fremden unbeweglichen Sachen gilt dieser Ausschluß nur insoweit, als diese Sachen oder Teile von ihnen unmittelbar Gegenstand der Tätigkeit gewesen sind.

Sind die Voraussetzungen der obigen Ausschlüsse in der Person von Angestellten, Arbeitern, Bediensteten, Bevollmächtigten oder Beauftragten des Versicherungsnehmers gegeben, so entfällt gleichfalls der Versicherungsschutz, und zwar sowohl für den Versicherungsnehmer wie für die durch den Versicherungsvertrag etwa mitversicherten Personen.

4. Ausgeschlossen sind ferner Haftpflichtansprüche,

a) die aufgrund Vertrags oder besonderer Zusagen über den Umfang der gesetzlichen Haftpflicht des Versicherungsnehmers hinausgehen;

b) die darauf zurückzuführen sind, daß der Versicherungsnehmer besonders gefahrdrohende Umstände, deren Beseitigung der Versicherer billigerweise verlangen konnte und verlangt hatte, nicht innerhalb einer angemessenen Frist beseitigt hatte. §§ 6 AFB 87, 23 ff. VVG bleiben unberührt;

c) wegen Schäden, die entstehen durch allmähliche Einwirkung der Temperatur, von Gasen, Dämpfen oder Feuchtigkeit, von Niederschlägen (Rauch, Ruß, Staub und dgl.);

d) wegen Schäden, die entstehen durch Veränderungen der physikalischen, chemischen oder biologischen Beschaffenheit des Bodens, der Luft oder des Wassers einschließlich des Grundwassers.

5. Die Erfüllung von Verträgen und die an die Stelle der Erfüllungsleistung tretende Ersatzleistung sind nicht versichert, auch dann nicht, wenn es sich um gesetzliche Ansprüche handelt, desgleichen nicht der Anspruch aus der gesetzlichen Gefahrtragung (für zufälligen Untergang und zufällige Verschlechterung).

§ 6 Obliegenheiten des Versicherungsnehmers, Verfahren

1. Versicherungsfall im Sinne des Vertrages ist das Schadenereignis gemäß § 2 Nr. 1, das Haftpflichtansprüche gegen den Versicherungsnehmer zur Folge haben könnte.

2. Jeder Versicherungsfall ist dem Versicherer unverzüglich, spätestens innerhalb einer Woche, schriftlich anzuzeigen.

Wird ein Ermittlungsverfahren eingeleitet oder ein Strafbefehl oder ein Mahnbescheid erlassen, so hat der Versicherungsnehmer dem Versicherer unverzüglich Anzeige zu erstatten, auch wenn er den Versicherungsfall selbst bereits gemeldet hat. Macht der Geschädigte seinen Anspruch gegenüber dem Versicherungsnehmer geltend, so ist dieser zur Anzeige innerhalb einer Woche nach der Erhebung des Anspruches verpflichtet.

Wird gegen den Versicherungsnehmer ein Anspruch gerichtlich geltend gemacht oder wird ihm gerichtlich der Streit verkündet, so hat er außerdem unverzüglich Anzeige zu erstatten. Das gleiche gilt im Falle eines Arrestes, einer einstweiligen Verfügung oder eines Beweissicherungsverfahrens.

3. Der Versicherungsnehmer ist verpflichtet, unter Beachtung der Weisung des Versicherers nach Möglichkeit für die Abwendung und Minderung des Schadens zu sorgen und alles zu tun, was zur Klarstellung des Schadenfalles dient, sofern ihm dabei nichts Unbilliges zugemutet wird. Er hat den Versicherer bei der Abwehr des Schadens sowie bei der Schadenermittlung und -regulierung zu unterstützen, ihm ausführliche und wahrheitsgemäße Schadenberichte zu erstatten, alle Tatumstände,

die sich auf den Schadenfall beziehen, mitzuteilen und alle nach Ansicht des Versicherers für die Beurteilung des Schadenfalles erheblichen Schriftstücke einzusenden.

4. Kommt es zum Prozeß über den Haftpflichtanspruch, so hat der Versicherungsnehmer die Prozeßführung dem Versicherer zu überlassen, dem von dem Versicherer bestellten oder bezeichneten Anwalt Vollmacht und alle von diesem oder dem Versicherer für notwendig erachteten Aufklärungen zu geben. Gegen Mahnbescheid, Arrest und einstweilige Verfügung hat er, ohne die Weisung des Versicherers abzuwarten, fristgemäß Widerspruch zu erheben oder die erforderlichen Rechtsbehelfe zu ergreifen.

5. Der Versicherungsnehmer ist nicht berechtigt, ohne vorherige Zustimmung des Versicherers einen Haftpflichtanspruch ganz oder zum Teil oder vergleichsweise anzuerkennen oder zu befriedigen. Bei Zuwiderhandlung ist der Versicherer von der Leistungspflicht frei, es sei denn, daß der Versicherungsnehmer nach den Umständen die Befriedigung oder Anerkennung nicht ohne offenbare Unbilligkeit verweigern konnte.

6. Der Versicherer ist bevollmächtigt, alle zur Beilegung oder Abwehr des Haftpflichtanspruches ihm zweckmäßig erscheinenden Erklärungen im Namen des Versicherungsnehmers abzugeben.

§ 7 Rechtsverlust

1. Wird eine Obliegenheit verletzt, die nach § 6 dem Versicherer gegenüber zu erfüllen ist, so ist der Versicherer von der Verpflichtung zur Leistung frei, es sei denn, daß die Verletzung weder auf Vorsatz noch auf grober Fahrlässigkeit beruht. Bei grobfahrlässiger Verletzung bleibt der Versicherer zur Leistung insoweit verpflichtet, als die Verletzung weder Einfluß auf die Feststellung des Versicherungsfalles noch auf die Feststellung oder den Umfang der dem Versicherer obliegenden Leistung gehabt hat. Handelt es sich hierbei um die Verletzung von Obliegenheiten zwecks Abwendung oder Minderung des Schadens, so bleibt der Versicherer bei grobfahrlässiger Verletzung zur Leistung insoweit verpflichtet, als der Umfang des Schadens auch bei gehöriger Erfüllung der Obliegenheiten nicht geringer gewesen wäre.

2. Hatte eine vorsätzliche Obliegenheitsverletzung Einfluß weder auf die Feststellung des Versicherungsfalls noch auf die Feststellung oder den Umfang der Entschädigung, so entfällt die Leistungsfreiheit gemäß Nr. 1, wenn die Verletzung nicht geeignet war, die Interessen des Versicherers ernsthaft zu beeinträchtigen und wenn außerdem den Versicherungsnehmer kein erhebliches Verschulden trifft.

§ 8 Versicherung für fremde Rechnung; Abtretung des Versicherungsanspruchs

1. Soweit sich die Versicherung auf Haftpflichtansprüche gegen andere Personen als den Versicherungsnehmer selbst erstreckt, finden alle in dem Versicherungsvertrag bezüglich des Versicherungsnehmers getroffenen Bestimmungen auch auf diese Personen sinngemäße Anwendung. Die Ausübung der Rechte aus dem Versicherungsvertrag steht ausschließlich dem Versicherungsnehmer zu; dieser bleibt neben dem Versicherten für die Erfüllung der Obliegenheiten verantwortlich.

2. Ansprüche des Versicherungsnehmers selbst oder der in § 5 Nr. 2 genannten Personen gegen die Versicherten sowie Ansprüche von Versicherten untereinander sind von der Versicherung ausgeschlossen.

3. Die Versicherungsansprüche können vor ihrer endgültigen Feststellung ohne ausdrückliche Zustimmung des Versicherers nicht übertragen werden.

§ 9 Entschädigung

Die Fälligkeit der Entschädigung und die Rechtsstellung des geschädigten Dritten regeln sich in Abänderung von § 16 AFB 87 nach den §§ 154, 156 und 157 VVG.

§ 10 Rechtsverhältnis nach dem Versicherungsfall

1. Das aufgrund dieser Bedingungen bestehende Versicherungsverhältnis kann vom Versicherer mit Monatsfrist, vom Versicherungsnehmer mit sofortiger Wirkung gekündigt werden, wenn der Versicherer aufgrund eines Versicherungsfalles eine Schadenersatzzahlung geleistet hat oder der Schadenersatzanspruch rechtshängig geworden ist oder der Versicherer die Leistung der fälligen Entschädigung verweigert hat. Der Versicherungsnehmer kann für die Wirksamkeit seiner Kündigung einen späteren Zeitpunkt bestimmen, jedoch spätestens den Schluß der laufenden Versicherungsperiode.

2. Das Recht der Kündigung erlischt einen Monat nach dem Zeitpunkt, in dem die Zahlung geleistet, der Rechtsstreit durch Klagerücknahme, Anerkenntnis oder Vergleich beigelegt oder das Urteil rechtskräftig geworden ist.

§ 11 Schlußbestimmung

1. Soweit nicht in den Versicherungsbedingungen Abweichendes bestimmt ist, gelten die gesetzlichen Vorschriften.

2. Ein Auszug aus dem Gesetz über den Versicherungsvertrag (VVG), der insbesondere die in den FHB erwähnten Bestimmungen enthält, ist dem Bedingungstext beigefügt.

Texte 50

Grundstücksbelastung
Anmeldung und Versicherungsbestätigung

Versicherer (Name und Anschrift)

Versicherungsnehmer (Name und Anschrift)

Versicherungsgrundstück (Nur angeben, wenn abweichend von o.a. Anschrift)

eingetragen beim Amtsgericht in

von | Band | Blatt

Versicherungsschein-Nummer der Feuerversicherung

Grundstückseigentümer (wenn abweichend vom Versicherungsnehmer)

Anmeldung des Kreditinstituts

Das oben benannte Grundstück ist zu unseren Gunsten mit einem Grundpfandrecht belastet. Wir melden dieses Grundpfandrecht hiermit an und bitten um Bestätigung unserer Anmeldung sowie um Auskunft über Art und Höhe der Feuerversicherung.

Datum und Unterschrift des Kreditinstituts

Bestätigung des Versicherers

Wir haben zur Kenntnis genommen, daß das oben benannte Grundstück mit einem Grundpfandrecht für Sie belastet ist. Die auf dem Grundstück befindlichen Gebäude sind bei uns auf Grund des bestehenden Versicherungsverhältnisses mit folgenden Versicherungssummen gegen Feuerschäden versichert:

Gleitender Neuwert
VS 1914   Mark | Neuwert DM | Zeitwert DM | Versicherungsbeginn

Eine Erhöhung der dinglichen Belastung ist nicht meldepflichtig.
Ist über die Versicherung ein Sammelversicherungsschein ausgestellt, so wird diese Bestätigung zugleich im Namen der beteiligten Versicherer erteilt. Maßgebend für die anteilige Haftung der Versicherer ist der am Schadentag gültige Verteilungsplan laut Versicherungsvertrag.

Datum und Unterschrift des Versicherers

Blatt 2 bitte zurücksenden an:

BLZ | Für interne Angaben des Kreditinstituts

Kreditinstitut (Name und Anschrift)

Original für den Versicherer

Texte 51

Versicherungsbescheinigung

Versicherer (Name und Anschrift)

Versicherungsnehmer (Name und Anschrift)

Versicherungsgrundstück (nur angeben, wenn abweichend von o.a. Anschrift)

Versicherungsschein-Nummer

Antrag des Versicherungsnehmers

Für die Versicherung der nachstehend aufgeführten Sachen beantragen wir die Erteilung einer Versicherungsbescheinigung für die angegebene Dauer

Art der versicherten Sachen	Position des Versicherungs-scheins oder Maschinen-verzeichnisses	Menge	Dauer

Den Versicherer weisen wir hierdurch unwiderruflich an, die bedingungsgemäß zu leistende Entschädigung aus einem Schadenfall während der Gültigkeit dieser Bescheinigung nicht an uns, sondern an den unten angegebenen Empfänger dieser Versicherungsbescheinigung zu zahlen.

Datum und Unterschrift des Versicherungsnehmers

Versicherungsbescheinigung

Zu dem oben genannten Versicherungsschein bestätigen wir, daß die oben genannten Sachen nach den für diesen Versicherungsvertrag geltenden Allgemeinen und Besonderen Bedingungen für Rechnung, wen es angeht, versichert sind.

Gültigkeitsdauer der Ver-sicherungsbescheinigung	Selbstbe-teiligung %	Selbstbehalt mindestens DM

Die Prämie ist für die Gültigkeitsdauer entrichtet. Bei einer Sammelversicherung wird diese Bescheinigung gleichzeitig im Namen der Mitversicherer erteilt.

Eine bedingungsgemäß zu leistende Entschädigung werden wir an den vom Versicherungsnehmer angegebenen Empfänger der Versicherungsbescheinigung zahlen.

Datum und Unterschrift des Versicherers

Bitte zurückschicken an:

Empfänger der Versicherungsbescheinigung (Name, Anschrift)

Original für den Empfänger

Texte 52

Sicherungsschein

Versicherer (Name und Anschrift)

Versicherungsnehmer (Name und Anschrift)

Versicherungsgrundstück (nur angeben, wenn abweichend von o.a. Anschrift)

Versicherungsschein-Nummer der Feuerversicherung

Anzeige des Versicherungsnehmers zur Feuerversicherung

Die auf dem Versicherungsgrundstück befindlichen versicherten

☐ **Maschinen- und Einrichtungsgegenstände**
☐ **Landwirtschaftlichen Inventarien**
nach Maßgabe des Pachtkreditgesetzes vom 5. 8.1951

☐ **Handelswaren**
☐ **Gebäude, die gemäß § 95 Absatz 1 BGB nicht Bestandteile eines Grundstücks sind**

haben wir   ☐ **insgesamt**   ☐ **beschränkt auf**

Bezeichnung	Hersteller	Typ und Nummer	Vers.-Summe DM	Positions-Nr.

dem unten genannten Kreditinstitut zur Sicherung seiner derzeitigen und künftigen Forderungen übereignet. Das Kreditinstitut hat laut nachstehender Erklärung darauf verzichtet, in den Versicherungsvertrag als Versicherungsnehmer gemäß § 69 VVG einzutreten. Wir erklären uns damit einverstanden, daß für die Dauer der Sicherungsübereignung der oben benannten Sachen die folgenden Bestimmungen gelten:

1. Die Versicherung der übereigneten Sachen gilt für Rechnung des Kreditinstituts.
2. Der Versicherungsnehmer ist in Abweichung von §§ 10 AFB 87, 76 VVG nicht befugt, über die Rechte, die dem Kreditinstitut aus dem Versicherungsvertrag zustehen, im eigenen Namen zu verfügen. Berechtigt zur Verfügung über diese Rechte, insbesondere zur Annahme der Entschädigung, ist allein das Kreditinstitut, und zwar auch dann, wenn es sich nicht im Besitze des Versicherungsscheines befindet.
3. Der Versicherungsnehmer darf die Versicherung nicht aufheben, sie nicht in ihrem Betrage mindern und muß sie unverändert fortsetzen, solange nicht das Kreditinstitut schriftlich in ein hiervon abweichendes Verfahren einwilligt und der Versicherungsnehmer diese Einwilligungserklärung dem Versicherer eingereicht hat, was mindestens einen Monat vor Ablauf geschehen sein muß, um gültig zu sein. Das Kreditinstitut ist zur Zahlung der fälligen Versicherungsprämie befugt.

Die auf der Rückseite genannten Bedingungen erkennen wir an und ersuchen den Versicherer, dem Kreditinstitut einen Sicherungsschein zu diesen Bedingungen auszufertigen. Die Kosten tragen wir.

Datum und Unterschrift des Versicherungsnehmers

Bitte zurücksenden an:
BLZ   Für interne Angaben des Kreditinstituts

Erklärung des Kreditgebers
Wir verzichten darauf, in den Versicherungsvertrag als Versicherungsnehmer nach § 69 VVG einzutreten.

Kreditgeber (Name und Anschrift)

Datum und Unterschrift des Kreditinstituts

Sicherungsschein
Wir erteilen hiermit dem Kreditinstitut bezüglich der übereigneten Sachen den Sicherungsschein zu umseitigen Bedingungen.

Datum und Unterschrift des Versicherers

Original für das Kreditinstitut

Bedingungen zur Erteilung des Sicherungsscheins

Vorbehaltlich besserer Rechte Dritter erklären wir:

1 Die Entschädigung wird an den Versicherungsnehmer nur gezahlt, wenn er die Einwilligung des Kreditinstitutes zur unbedingten Zahlung beibringt oder nur an das Kreditinstitut, wenn es die Erklärung abgibt, zur Einziehung der Entschädigung berechtigt zu sein.

Ob eine Unterversicherung vorliegt, ist für den übereigneten und den nicht übereigneten Teil der Sachen getrennt zu errechnen.

2 Sind wir wegen des Verhaltens des Versicherungsnehmers nach dem Versicherungsvertrage von der Entschädigungspflicht frei, so werden wir die Entschädigung gleichwohl, und zwar bis zur Höhe der Forderung, zu deren Sicherung die versicherten Sachen übereignet sind, an das Kreditinstitut zahlen gegen Abtretung dieser Forderung in entsprechender Höhe. Umfaßt die Forderung Ansprüche auf Entrichtung von fälligen Kosten und Zinsen, so sind zunächst diese und dann erst die Hauptforderung abzutreten. Das Kreditinstitut hat uns zur Sicherung der uns zu übertragenden Forderungen das Sicherungsmiteigentum an den übereigneten Sachen — im Falle der Bestellung eines Inventarpfandrechts für landwirtschaftliches Pachtinventar auch die bestellten dinglichen Sicherheiten — in dem Verhältnis zu übertragen, in dem die zu übertragende Forderung zur Gesamtforderung steht. Der Übergang von Forderungen und Sicherungseigentum darf nicht zum Nachteil des Kreditinstituts geltend gemacht werden.

Das gleiche gilt, wenn wir nach dem Eintritt des Schadenfalles vom Vertrage zurücktreten.

Die Bestimmung des ersten Absatzes findet keine Anwendung, wenn wir wegen nicht rechtzeitiger Prämienzahlung von der Entschädigungspflicht frei sind (vgl. hierzu jedoch die folgenden Bestimmungen Ziff. 3 und 4).

3 Wir dürfen, auch wenn der Versicherungsnehmer widerspricht, die von dem Kreditinstitut angebotene Prämienzahlung nicht ablehnen.

4 Wir haben dem Kreditinstitut unverzüglich Mitteilung zu machen, wenn eine Folgeprämie nicht rechtzeitig gezahlt und dem Versicherungsnehmer die im Versicherungsvertragsgesetz und in den Allgemeinen Bedingungen für die Feuerversicherung vorgeschriebene Frist für die Zahlung der Prämie bestimmt ist. Das gleiche gilt, wenn das Vertragsverhältnis nach dem Ablauf der Frist wegen unterbliebener Prämienzahlung gekündigt wird.

Unsere zu Ziffer 2 bezeichnete Verpflichtung, die Entschädigung an das Kreditinstitut zu zahlen, bleibt demgegenüber noch einen Monat von dem Zeitpunkt an bestehen, in welchem das Kreditinstitut die Mitteilung von der Bestimmung der Zahlungsfrist erhalten hat.

Wir sind verpflichtet, die Versicherung der Sachen für das Interesse des Kreditinstitutes unvermindert fortzusetzen, wenn das Kreditinstitut dies bis zum Ablauf der im ersten Absatz genannten Frist bei uns schriftlich beantragt und sich zugleich zur Zahlung der Prämie verpflichtet.

5 Eine Kündigung, ein Rücktritt, ein Ablauf oder eine sonstige Tatsache, welche die Beendigung des Versicherungsverhältnisses zur Folge hat, ferner eine Vereinbarung zwischen uns und dem Versicherungsnehmer, durch welche die Versicherungssumme oder der Umfang der Gefahr, für die wir haften, eine Minderung erfährt, wirkt gegenüber dem Kreditinstitut erst mit Ablauf von einem Monat, nachdem die Beendigung oder die Minderung und, sofern diese noch nicht eingetreten waren, der Zeitpunkt der Beendigung oder der Minderung dem Kreditinstitut durch uns mitgeteilt worden ist. Dies gilt jedoch nicht, wenn das Versicherungsverhältnis mit Zustimmung des Kreditinstitutes gekündigt wird.

Die Bestimmung des zweiten Absatzes von Ziff. 4 findet entsprechende Anwendung.

Endet das Versicherungsverhältnis jedoch dadurch, daß die versicherten Sachen von dem Versicherungsort entfernt werden, wirkt diese Beendigung sogleich gegenüber dem Kreditinstitut, ohne daß wir zur Fortsetzung der Versicherung für das Interesse des Kreditinstituts verpflichtet sind.

Eine Kündigung der Versicherung durch den Versicherungsnehmer ist nur wirksam, wenn dieser mindestens einen Monat vor Ablauf des Versicherungsvertrages nachgewiesen hat, daß das Kreditinstitut der Kündigung zugestimmt hat oder daß in dem Zeitpunkt, in dem die Kündigung spätestens zulässig war, sich die versicherten Sachen im Eigentum des Versicherungsnehmers befanden.

6 Eine Nichtigkeit des Versicherungsvertrages wegen Über- oder Doppelversicherung, bei denen eine unredliche Absicht des Versicherungsnehmers obwaltet, kann gegenüber dem Kreditinstitut nicht geltend gemacht werden. Das Versicherungsverhältnis endigt jedoch diesem gegenüber mit Ablauf von drei Monaten — im Falle der Bestellung eines Inventarpfandrechts für landwirtschaftliches Pachtinventar mit Ablauf von einem Monat — nachdem die Nichtigkeit durch uns mitgeteilt worden ist.

In diesem Falle findet die Bestimmung des zweiten Absatzes von Ziff. 4 entsprechende Anwendung.

7 Wir sind verpflichtet, dem Kreditinstitut von jedem erheblichen Brandschaden, von dem die versicherten Sachen betroffen werden, innerhalb einer Woche Anzeige zu machen.

Ist über die Versicherung ein Sammelversicherungsschein ausgestellt, so wird dieser Sicherungsschein zugleich im Namen der beteiligten Versicherer erteilt. Maßgebend für die anteilige Haftung der Versicherer ist der am Schadentag gültige Verteilungsplan lt. Versicherungsvertrag.

Der Sicherungsschein bei Bestellung eines Inventarpfandrechts kommt nur für landwirtschaftliches PACHTINVENTAR und nur insoweit in Frage, als ein vom Pächter aufgenommener Kredit durch Bestellung eines Inventarpfandrechts nach Maßgabe des Pachtkreditgesetzes vom 5. 8. 1951 (BGBl. I, S. 494) gesichert werden soll.

Texte 53

Sicherungsbestätigung

Versicherer (Name und Anschrift)

Versicherungsnehmer (Name und Anschrift)

Versicherungsgrundstück (Nur angeben, wenn abweichend von o. a. Anschrift; bei Masch-. u. Geräteversicherung entbehrlich)

Versicherungsschein-Nummer

Anzeige des Versicherungsnehmers zur

☐ Feuer-Versicherung ☐ Einbruchdiebstahl-Versicherung ☐ Sturm-Versicherung

☐ Leitungswasser-Versicherung ☐ Technische Versicherung

Die auf dem Versicherungsgrundstück befindlichen versicherten

☐ Maschinen und Einrichtungsgegenstände ☐ Maschinen u. Geräte Schiffsmaschinen) (ausgenommen

☐ Handelswaren

haben wir ☐ insgesamt ☐ beschränkt auf

Bezeichnung	Hersteller	Typ u. Nummer	Vers.-Summe DM	Positions-Nr.

dem unten genannten Kreditgeber zur Sicherung für dessen derzeitige und künftige Forderungen übereignet. Der Kreditgeber hat laut seiner nachstehenden Erklärung darauf verzichtet, in den Versicherungsvertrag als Versicherungsnehmer gemäß § 69 VVG einzutreten. Wir erklären uns damit einverstanden, daß für die Dauer der Sicherungsübereignung der oben benannten Sachen die folgenden Bestimmungen gelten:

1. Die Versicherung der übereigneten Sachen gilt im jeweiligen Umfang der gesicherten Forderung für Rechnung des Kreditgebers.
2. Der Versicherungsnehmer ist nicht befugt, über die Rechte, die dem Kreditgeber aus dem Versicherungsvertrag zustehen, im eigenen Namen zu verfügen. Berechtigt zur Verfügung über diese Rechte, insbesondere zur Aufnahme der Entschädigung, ist allein der Kreditgeber, und zwar auch dann, wenn er sich nicht im Besitze des Versicherungsscheines befindet. Der Versicherer ist berechtigt, jedoch nicht verpflichtet, die Richtigkeit der Angaben über die Höhe der gesicherten Forderung vor Auszahlung der Entschädigung zu prüfen.
3. Der Versicherungsnehmer darf die Versicherung nicht aufheben, sie auch nicht in ihrem Betrage mindern und muß sie unverändert fortsetzen, solange nicht der Kreditgeber schriftlich in ein hiervon abweichendes Verfahren einwilligt und der Versicherungsnehmer diese Einwilligungserklärung dem Versicherer eingereicht hat, was mindestens ein Monat vor Ablauf geschehen sein muß, um gültig zu sein. Der Kreditgeber ist zur Zahlung der fälligen Versicherungsprämie befugt.

Die auf der Rückseite genannten Bedingungen erkennen wir an. Wir ersuchen den Versicherer, dem Kreditgeber eine Sicherungsbestätigung zu diesen Bedingungen auszufertigen. Die Kosten tragen wir.

Datum und Unterschrift des Versicherungsnehmers

Bitte zurücksenden an:

BLZ　　　Für interne Angaben des Kreditgebers

Kreditgeber (Name und Anschrift)

Erklärung des Kreditgebers

Wir verzichten darauf, in den Versicherungsvertrag als Versicherungsnehmer nach § 69 VVG einzutreten.

Datum und Unterschrift des Kreditgebers

Sicherungsbestätigung

Wir erteilen hiermit dem Kreditgeber die Sicherungsbestätigung zu umseitigen Bedingungen. Für die übereigneten Sachen besteht eine Versicherung zu den Allgemeinen Versicherungsbedingungen

☐ sowie weiteren Besonderen Bedingungen ☐ ohne Versicherung gegen Brandschaden

mit einer **Selbstbeteiligung** von 　　 % 　　 DM

Datum und Unterschrift des Versicherers

Original für den Kreditgeber

Bedingungen zur Erteilung der Sicherungsbestätigung

Wir werden die auf die übereigneten Sachen entfallende Entschädigung bis zur Höhe der vom Kreditgeber anzugebenden Forderungen gegen den Versicherungsnehmer an den Kreditgeber zahlen, sofern, die Zahlung verlangt wird. Ein Zahlung an den Versicherungsnehmer erfolgt nur, wenn der Kreditgeber dieser Zahlung vorher zugestimmt hat. Die Verrechnung fälliger Prämien gegen Entschädigungsleistung ist durch die Sicherungsabtretung nicht ausgeschlossen.

Der Kreditgeber erhält außerdem:

1. eine Kopie des an den Versicherungsnehmer gerichteten gesetzlichen Mahnschreibens gemäß § 39 VVG im Falle nicht rechtzeitiger Prämienzahlung,

2. eine Mitteilung, wenn das Versicherungsverhältnis ganz oder teilweise gekündigt wird, abläuft oder aus sonstigem Grunde vorzeitig endigt, soweit nicht schon gemäß Ziffer 3. der Anzeige bei Aufhebung der Versicherung durch den Versicherungsnehmer die schriftliche Einwilligung des Kreditgebers eingegangen ist und, im Falle der Technischen Versicherungen, die Selbstbeteiligung oder sonstige dem Vertrage zugrundeliegende Bedingungen — mit Ausnahme der Prämien — sich ändern.

Ist über die Versicherung ein Sammelversicherungsschein ausgestellt, so wird diese Sicherungsbestätigung zugleich im Namen der beteiligten Versicherer erteilt. Maßgebend für die anteilige Haftung der Versicherer ist der am Schadentag gültige Verteilungsplan laut Versicherungsvertrag.

Eine Kündigung der Versicherung durch den Versicherungsnehmer ist nur wirksam, wenn dieser mindestens einen Monat vor Ablauf des Versicherungsvertrages nachgewiesen hat, daß das Kreditinstitut der Kündigung zugestimmt hat oder daß in dem Zeitpunkt, in dem die Kündigung spätestens zulässig war, sich die versicherten Sachen im Eigentum des Versicherungsnehmers befanden.

Bei Technischen Versicherungen bitte beachten:

Die Erklärung des Versicherungsnehmers ist nur gültig, wenn die übereigneten Sachen in dem auf der Vorderseite aufgeführten Verzeichnis eingetragen worden sind und die Richtigkeit der Eintragung von dem Versicherungsnehmer unterschriftlich bestätigt worden ist.

Bestätigungen zur Erteilung der Sicherungsbestätigung

A. Systematische Grundlagen

Übersicht

I. Begriff der Sachversicherung

1   SachV besagt, daß als VFall ein Ereignis vereinbart wird, das bestimmte
Sachen betrifft, nämlich die versicherten Sachen. Das Ereignis kann Abhandenkommen, Zerstörung oder Beschädigung sein; die TransportV faßt Abhandenkommen und Zerstörung unter einem Oberbegriff zusammen und
spricht nur von Verlust oder Beschädigung. Nicht zur SachV gehört die V
anderer Vemögenswerte, z.B. die V von Forderungen, vgl. BM § 1 VVG
Anm. 28, denen aber hinsichtlich der Einordnung der aaO ebenfalls behandelten sog. Gewinninteressen nicht zu folgen ist, A I 5 bis 8. Nicht zur SachV
gehört ferner die V gegen die Entstehung von **reinen Vermögensschäden**, A I 4,
also vor allem die HaftpflichtV, vgl. BM § 1 VVG Anm. 29, denen aber
wiederum hinsichtlich der aaO ebenfalls behandelten Einordnung der NeuwertV nicht zu folgen ist, denn die Aufwendungen für die Wiederbeschaffung einer neuen Sache anstelle einer zerstörten alten Sache sind Vermögensfolgeschäden eines Sachschadens, A I 5. Nicht SachV ist endlich selbstverständlich die *PersonenV*, auch dann nicht, wenn sie als SchadenV gestaltet ist.

2   Die Abgrenzung des Begriffs der SachV bereitet einige Schwierigkeiten,
weil manche Autoren für die Definition der SachV nicht nur, wie hier vertreten, den VFall als Ereignis, sondern auch die Art der versicherten Folgen
dieses Ereignisses heranziehen wollen. Außerdem behandelt vorliegender
Kommentar bei weitem nicht die gesamte SachV, vgl. schon Ziffer 1 der
Einleitung. Dies kommt zwar nicht im Haupttitel („Sachversicherungsrecht"), wohl aber durch die im Untertitel aufgezählten AVB zum Ausdruck,
vgl. im übrigen die hier folgende Übersicht über den Kommentarinhalt:

3   1. **Gegenstand der SachV** sind genau besehen nicht Sachen, sondern geld-
werte **Interessen** an diesen **Sachen** (PM vor § 51 Anm. 1 Bb, BM § 49 VVG
Anm. 35). Die V kann nämlich nicht Verlust oder Beschädigung einer Sache
verhindern, sondern nur den dadurch entstehenden Geldbedarf des Interesseträgers ausgleichen. Das Wort „SachV" verschleiert ein wenig diese Problematik und hat dazu geführt, daß bisher in den AVB der klassischen SachV
nicht genügend deutlich geregelt wird, ob und gegebenenfalls welche fremden
Interessen die V eigener Sachen des VN einschließt, J II, ferner welche Interessen an versicherten fremden Sachen gedeckt sein sollen, nämlich neben dem
Interesse des Eigentümers insbesondere das Sachersatzinteresse des VN,
J III 3. Die AVB der SachV sind in diesem Punkt verglichen mit neueren
AVB der technischen VZweige (§§ 3 ABU, ABN, AMoB) noch sehr wenig
weit entwickelt.

4   2. SachV bedeutet genau besehen nicht einen Gegensatz zur V gegen Vermögensschäden schlechthin. Auch das Abhandenkommen oder die Zerstörung oder Beschädigung von Sachen führt nämlich zu einem Geldbedarf des

Interessenträgers, A I 3, und damit zu einem Vermögensschaden in Form nicht geplanter Aufwendungen (PM vor § 51 Anm. 1) für Wiederbeschaffung oder Wiederherstellung. SachV bedeutet vielmehr nur einen *Gegensatz* zu einer V gegen sog. *reine Vermögensschäden,* insbesondere einen Gegensatz zur V gegen Schäden durch Entstehung von Verbindlichkeiten infolge von Personenschäden oder infolge von Schäden an *beliebigen* Sachen, also zur HaftpflichtV, A I 1. Soweit freilich die HaftpflichtV auf *bestimmte* Sachen begrenzt ist, so vor allem die FeuerhaftungsV (J III 14 und PM vor § 51 Anm. 6 E a), gehört sie als V des Sachersatzinteresses (J III 3) des VN an bestimmten Sachen zur SachV.

Darüber hinaus wird – ohne logisch zwingenden Grund, denn auch Repa- 5 raturkosten sind genau besehen Vermögensfolgeschäden – SachV meist auch als *Gegensatz* zu einer V gegen *Vermögensfolgeschäden* verstanden, also z. B. zu einer KostenV im Rahmen der SachV, A I 9 sowie W I 1 und 11. Als SachV wird meist nur die V gegen **Sachsubstanzschäden** bezeichnet, wozu die h. M. allerdings mit Recht auch die Neuwertspanne in der NeuwertV (Q III 9) rechnet, A I 1. In den Begriff der Sachsubstanzschäden wird nur der Aufwand für Wiederherstellung oder Wiederbeschaffung einbezogen, nicht auch der entgangene Gewinn und **nicht** die erwirtschafteten Kosten (sog. *Betriebsunterbrechungsschaden*), also der über die Wiederherstellungs- oder Wiederbeschaffungskosten hinausgehende Ertragswert, Q I 6, obwohl § 53 VVG den Einschluß des Gewinns in „die V" (gemeint: in die V einer Sache gemäß § 52 VVG, also in die SachV) ausdrücklich als möglich bezeichnet und damit für einen Begriff der SachV spricht, der Vermögensfolgeschäden einschließt. Diese terminologischen Meinungsverschiedenheiten erschweren auch die Lösung der Frage, wann DoppelV zwischen Sach- und BU-V in Betracht kommt, V II 20.

Der *Einschluß* von **Betriebsunterbrechungsschäden** in Verträge des sog. ein- 6 fachen Geschäfts (A II 20) wird ermöglicht durch eine sog. **Klein-BU-V** nach den **ZKBU 87** gemäß VerBAV **88,** 243, abgedruckt in Texte 35. Vorläufer der ZKBU 87 waren die ZKBU 80 gemäß VerBAV **81,** 59, abgedruckt in Texte 34 der 2. Aufl sowie die AVB Klein-BU gemäß VerBAV **74,** 164. Die Antragsformulare des einfachen Geschäfts fragen meist, ob der Antragsteller BU-Schäden „mitversichern" wolle, was gegebenenfalls zu einem **einheitlichen Vertrag** für den Sachsubstanzschaden und den BU-Schaden führt. Die Kündigung des SachVVertrags läßt auch den BU-VSchutz erlöschen, vgl. B. L II 25 zur Kündigung nach dem VFall gemäß § 96, zumal Umfang des VSchutzes und Höhe der Prämie in Abhängigkeit von der SachVDeckung geregelt werden. Ähnlich schließt auch der Wohngebäudevertrag nach § 3 VGB 88 oder § 1 Nr. 3 VGB 62 die **Mietverlustschäden** ein, vgl. A I 8. Vermutlich infolge des in A I 5 beschriebenen und seit Jahrzehnten eingeführten Sprachgebrauches, der Vermögensfolgeschäden nicht in den Begriff der SachV einbeziehen will, meint allerdings -ck VerBAV **79,** 419, nach den ZKBU 80 und nach den AVB Klein-BU einerseits und nach den AFB, AERB usw. andererseits kämen getrennte und rechtlich selbständige Verträge zustande. Aber selbst von diesem Standpunkt aus ginge die BU-V nach den ZKBU 80 nur dann nach § 69 VVG auf einen Übernehmer des Betriebes über, wenn § 69 VVG auch die SachV übergehen läßt, also meist nicht bei Verpachtung, weil diese ein eigenes Interesse des Verpächters als des VN bestehen läßt, BGH VersR 87, 705. – Zur Kürzung der BU-Entschädigung wegen UnterV der versicherten Sachen vgl. S II 18.

7 Unabhängig von dieser Streitfrage werden die ZKBU 87 in vorliegendem Kommentar *nicht* behandelt, vgl. schon Ziffer 1 der Einleitung. Für diese Beschränkung des Stoffes spricht insbesondere, daß es willkürlich wäre, den Begriff des Betriebsunterbrechungsschadens nach den ZKBU zu kommentieren, den im Prinzip inhaltsgleichen Begriff des Unterbrechungsschadens in der Groß-BU-V und in den dort geltenden FBUB dagegen unerörtert zu lassen. Der Unterschied zwischen der Klein- und der Groß-BU-V liegt nämlich nur in der Art und Weise, wie die VSumme gebildet und die Prämie bemessen wird, also im Begriff des VWerts, Q I 7. Der Jahresertrag als VWert und Prämienbemessungsgrundlage führt zu großen Berechnungs- und Nachprüfungsschwierigkeiten und „lohnt" daher nur bei größeren Betrieben mit relativ höheren VSummen und Jahresprämien, also in der sog. **Groß-BU-V.**

8 Die **BU-V** wird in vorliegendem Kommentar **nicht** behandelt. Die ZKBU 87 werden jedoch als Texte 35 abgedruckt, weil sie zusammen mit den AVB der SachV in ein und demselben Vertrag vereinbart zu werden pflegen, A I 6. Die **MietverlustV** wird genauer behandelt, W VIII 2 bis 14, soweit sie nach § 3 **VGB 88** (früher § 1 Nr. 3 VGB 62) innerhalb der WohngebäudeV geboten wird, hingegen nur kursorisch, W VIII 20 bis 27, soweit es sich um Verträge nach den **ABM 88** (Texte 25) für gewerbliche Risiken handelt. Nach den ABM 88 kann Mietverlust durch Feuer, erschwerten Diebstahl, Leitungswasser oder Sturm versichert werden. In Texte 23 abgedruckt werden auch noch die Vorläufer der ABM 88, nämlich die BVM. Diese betrafen nur das Feuerrisiko, also Brand, Blitzschlag und Explosion, konnten aber durch Klausel gemäß VerBAV 78, 159 auf Leitungswasser und Sturm erweitert werden, Texte 24.

9 Die *Grenze* zwischen Sachsubstanzschäden im Sinn der SachV und Vermögensfolgeschäden ist nicht nur *theoretisch* schwer zu ziehen, A I 5, sondern sie wird auch *praktisch* nicht streng beachtet; vielmehr orientiert sich der Vertragsinhalt am VBedürfnis. Daher werden über den Sachsubstanzschaden hinaus verschiedene Arten von **Vermögensfolgeschäden** („**Kosten**") ausdrücklich **mitversichert,** vgl. A II 28 und W I 2. Dies gilt insbesondere für Rettungskosten, Feuerlöschkosten, Aufräumkosten, Bewegungs- und Schutzkosten, Nebenarbeiten in der RohrbruchV, und die in A I 8 erwähnten Mietverlustschäden. Außerdem wird der Begriff des Sachsubstanzschadens um Gewinninteressen (A I 5) erweitert, soweit durch die Verkaufspreisklauseln der VWert entsprechend erhöht wird, Q II 11 bis 22 und V II 19.

10 Die Begriffe der SachV und des Sachsubstanzschadens sind daher weder für die Auslegung von VVerträgen noch auch für die genaue Abgrenzung des in vorliegendem Kommentar behandelten Stoffes, sondern allenfalls für dessen schlagwortartige Bezeichnung brauchbar. Wegen Überschneidungen zwischen der VollwertV für Reparaturkosten und der ErstrisikoV für mitversicherte Vermögensfolgeschäden („Kosten") vgl. W I 14.

11 **3. Nicht** die **AllgefahrenV,** sondern nur die V gegen einzelne Gefahren im Sinn von A III 7 bis 18 wird vorliegend erörtert. Dadurch ergibt sich eine

weitere Beschränkung des mit dem Wort „SachV" bezeichneten Stoffes, vgl. dazu schon Ziffer 2 der Einleitung.

a) Für die AllgefahrenV eigenen sich nur entweder bestimmte **Arten von** 12 **Sachen,** für die das Risiko überschaubar ist und durch die Existenz eines VVertrags auch nicht entscheidend verschlechtert wird, weil der Wert der Sache (z. B. Schmuck und Pelze) oder die Art ihres Gerbrauchs (z. B. Maschinen) oder das Bestehen öffentlich-rechtlicher Vorschriften (z. B. bei Kraftfahrzeugen) eine sorgfältige Behandlung der Sachen gewährleistet, oder aber für **bestimmte** und daher leichter kalkulierbare **Gefährdungsphasen.** Beispiel: TransportV für die Dauer eines Bewegungsvorgangs, Bauleistungs- und MontageV für die Entstehungsphase von Gebäuden und sonstigen Anlagen. Als Zukunftsentwicklung zeichnet sich allerdings eine Tendenz zu einer durchgehenden **AllgefahrenV von Gebäuden, Betriebseinrichtungen und Vorräten** ab, also die Möglichkeit einer Zusammenfassung der bisherigen Anwendungsbereiche der technischen VZweige und der hier behandelten Zweige der klassischen SachV, vgl. Ziffer 4 der Einleitung.

Die AVB der AllgefahrenV schließen **DoppelV** im Sinn von V II 1 im 13 Verhältnis zur klassischen SachV teilweise aus, V I 15, vgl. z. B. den Ausschluß von Brand usw. durch 2.2.6. AMB für Maschinen und durch § 1 Nr. 3 d NEGB 78 für Elektro- und Gasgeräte des Haushalts; in anderen Fällen ist aber DoppelV möglich, V I 17, so z. B. im Verhältnis zur FahrradV und vor allem im Verhältnis zwischen der HausratV nach den VHB 74 und der ValorenV für Schmuck und Pelze im Privatbesitz nach den AVBSP 76 oder den AVBSP 85. § 1 Nr. 4 e VHB 84 erklärt hingegen die HausratV gegenüber der ValorenV für subsidiär, vgl. näher H IV 48 bis 52. – Fundstellen für AllgefahrenV-AVB für Einzelsachen des Hausrats: A I 15 sowie PM Anm. 1 E vor § 1 VHB 84. – Auch die GlasbruchV nach den AGIB und den VHB 74 ist AllgefahrenV, denn versichert sind Bruchschäden aus beliebiger Ursache, vgl. zur GlasbruchV schon Ziffer 2 der Einleitung sowie unten A II 4.

Die *Grenze der Praktikabilität* einer AllgefahrenV wird am Beispiel der 14 **ReisegepäckV** sichtbar. Sie galt bis zur Neufassung von § 5 Abs. 6 VAG im Jahr 1976 als TransportV (PM 21. Aufl. § 129 Anm. 1 Cb) und wurde bis 1980 nach nicht einheitlichen AVB als AllgefahrenV betrieben. Beides hat sich inzwischen *geändert.* Die Zunahme des Reiseverkehrs und damit auch der geschäftlichen Unerfahrenheit der Mehrzahl der VN hat den Ausschluß der Beschränkungen der Vertragsfreiheit durch § 187 Abs. 1 VVG aus der Sicht der VN nicht länger als tragbar erscheinen lassen, vgl. z. B. BGH VersR 79, 343 und VersR 85, 854 zur Anwendung von § 15 a VVG auf verhüllte Obliegenheiten (Kfz-Kofferraum und Wertsachenausschluß im unbeaufsichtigt abgestellten Kfz) in der ReisegepäckV.

Umgekehrt hat der ungünstige Schadensverlauf der Sparte aus der *Sicht der* 15 *Vr* zu der Erkenntnis geführt, daß Reisegepäck eben doch nicht, jedenfalls gegenwärtig nicht mehr, zu den Sachgruppen im Sinne von A I 12 gehört, die sich für eine AllgefahrenV eigenen. Das hohe subjektive Risiko hat vielmehr die Vr zu einer Sanierung nicht nur auf der Prämien-, sondern auch auf der Schadenseite gezwungen, u. a. durch Beschränkung des Allgefahrenprinzips auf die Phasen fremden Gewahrsams, mag auch der Einschluß von Schäden durch höhere Gewalt (§ 2 Nr. 2 f **AVB Reisegepäck 1980** gemäß VerBAV 80, 258 und dazu Ollick VerBAV 80, 284 ff, 289) diese Einschränkung des ReisegepäckVSchutzes während der Phasen eigenen Gewahrsams des VN nicht sehr spürbar werden lassen. Obwohl also jetzt auch die ReisegepäckV eine *kombinierte V gegen mehrere Einzelgefahren* ist, bleibt sie dennoch aus praktischen Gründen *außerhalb des vorliegenden Kommentars,* weil mindestens auf Seiten der Vr mit der ReisegepäckV ein weitgehend anderer Personenkreis befaßt ist als mit den Zweigen der klassischen SachV, vgl. schon Ziffer 2 der Einleitung. – Eine ausführliche **Erläuterung der AVB Reisegepäck 1980** („**AVBR 80**") findet sich bei PM Teil II L.

16 b) Für die klassische SachV gegen die hier behandelten **Einzelgefahren** verbleiben als Objekte im wesentlichen die *Gebäude* sowie die *Sachinbegriffe* des beruflichen oder gewerblichen und des privaten Lebensbereichs des VN im Alltag. Eine V dieser Inbegriffe kann nicht nur *Überschneidungen* zwischen den Inbegriffen, sondern auch zu den Sachen gemäß A I 12 und 14 ergeben, die Gegenstand einer AllgefahrenV sind. Man denke an das Zusammentreffen einer Hausrat- mit einer ReisegepäckV, einer V der Betriebseinrichtung einschließlich des Eigentums der Betriebsangehörigen mit der HausratV eines Betriebsangehörigen oder einer HausratV mit einer V nach den AVB Fotoapparate gemäß VerBAV 85, 241 oder mit einer ValorenV nach den AVBSP 76 oder den AVBSP 85 gemäß VerBAV 85, 237. Hier entsteht DoppelV, soweit nicht durch Subsidiaritätsregelungen vorgesorgt ist, vgl. A I 13 und V I 18. – Ausführliche **Erläuterung der AVBSP 85** für die ValorenV: PM Teil II R.

17 4. Die Begriffe „SachV" oder SachVVertrag" sagen nichts darüber aus, ob ein Vertrag nur eine **einzige Sache** (so oft bei *Gebäuden*) oder **mehreren Sachen** umfaßt, S I 4. Da *bewegliche Sachen* in der klassischen SachV fast ausschließlich als **Sachinbegriffe** versichert werden, ist letzteres die Regel. Die Vertragsgestaltung im einzelnen hängt davon ab, wie die Prämie bemessen wird. Bisher geschieht dies in der klassischen SachV (anders schon in der in A I 13 erwähnten GlasbruchV) ausschließlich mit Hilfe von *VSummen,* auf die je 1000 DM ein *Prämiensatz* angewendet wird, S I 1. Da der Prämiensatz von der Schwere des Risikos abhängt, kann er oft nicht für alle versicherten Sachen oder Sachinbegriffe einheitlich sein. *Mehrere Prämiensätze* bedeuten nun aber nicht notwendig auch mehrere VVerträge, sondern innerhalb eines Vertrages können für mehrere Einzelsachen oder für mehrere Sachinbegriffe **Positionen (Gruppen)** mit unterschiedlichen Prämiensätzen gebildet werden, wobei dann eine etwaige UnterV je Gruppe gesondert festzustellen ist, S II 22, soweit nicht Summenausgleich vereinbart wurde, S I 26. Eine weitere Möglichkeit sind Entschädigungsgrenzen unterhalb der VSumme der Position für besonders stark gefährdete Sachen, A II 11 und U I 15.

18 Aber auch soweit mehrere Sachen, insbesondere ein Sachinbegriff, in einer einzigen Position („*summarisch*") versichert sind, S I 4, kann die Entschädigung für die einzelnen Sachen unterschiedlich zu berechnen sein, nämlich dann, wenn die V mit der V eines anders abgegrenzten Inbegriffs oder mit einer V von Einzelsachen zusammentrifft. Dann muß die **Entschädigung** aus

der summarischen V **proportional** auf die einzelnen Sachen aufgeteilt werden, vgl. S II 25 und PM § 54 Anm. 3, aber auch T II 3 zur Frage der Zuordnung eines Selbstbehaltes und T II 5 zum Quotenvorrecht des VN. Jede einzelne Sache ist als – gegebenenfalls doppelt versichertes – *Interesse* gemäß § 59 VVG anzusehen, vgl. PM § 59 Anm. 2 B b und c sowie Abschnitte V II und V III.

II. Kombination oder Bündelung bei Versicherung gegen mehrere Gefahren?

Entsprechend dem geschichtlichen Ursprung der SachV, die sich aus der 1 FeuerV entwickelt hat, lieferten zunächst nur die **versicherten Gefahren** die Basis für die Einteilung und Bezeichnung der VZweige, vgl. A III 19. Dies kommt in den AFB 30 zum Ausdruck, die für Sachen beliebiger Art formuliert waren, vgl. dort insbesondere §§ 1 Nr. 1 b, 3 Nr. 2 a usw., wo Hausrat erwähnt ist, obwohl Hausrat sei 1942 (A II 3) nur noch nach den VHB (von 1942 oder 1966), den VHB 74 oder den VHB 84 versichert wird, vgl. A III 28.

Mit der Ausdehnung und Spezialisierung des VGeschäfts lag es nahe, die 2 Einteilung und Bezeichnung der VZweige an den Lebensbereichen des VN zu orientieren, denen die versicherten Sachen angehören. Zu dieser Entwicklung trug auch die gezielte Personalschulung und Werbung der Vr bei, die durch eine Einteilung nach Lebensbereichen des VN erleichtert wird, ferner die strengeren Anforderungen, die das BAV bei Genehmigung von AVB an die Verbraucherfreundlichkeit stellt, soweit es sich um den privaten Lebensbereich des VN handelt.

1. Für den **privaten Lebensbereich des VN** sind 1942 die **HausratV** nach den 3 damaligen VHB (A III 27) und 1951 die **WohngebäudeV** nach den damaligen VGB (A III 29) geschaffen worden. Nach beiden AVB oder nach den inzwischen jeweils an deren Stelle getretenen AVB ist zwar auch die V gegen nur eine oder einige Gefahren möglich. Wird aber ein Vertrag gegen mehrere oder alle Gefahren der AVB geschlossen, so handelt es sich bei dieser sog. **kombinierten V** um einen **rechtlich einheitlichen VVertrag**. Der Vetrag kann nur als ganzer, nicht auch bezüglich einzelner Gefahren gekündigt werden, §§ 38, 39 VVG können immer nur auf das gesamte versicherte Risiko und die gesamte Prämie angewendet werden usw.

Diese rechtliche Einheit von Hausrat- und WohngebäudeVVerträgen 4 konnte nur durch jeweils **gemeinsame AVB** für alle versicherten Gefahren realisiert werden, denn aufsichtlich ist *es verboten, mehrere* AVB einem *einzigen* VVertrag zugrunde zu legen (VerBAV 54, 52, insoweit auch durch VerBAV 77, 403 nicht aufgehoben; Ausnahme: ZKBU 87, A I 6), weil dies zu Unklarheiten und sogar Widersprüchen im Vertragsinhalt führen müßte. Deshalb sind die VHB von 1942 und 1966 sowie die VHB 74 und die VHB 84, ferner die VGB von 1951 und 1962 sowie die VGB 88 entstanden. Sie kombinieren in groben Zügen und mit Abweichungen im einzelnen den Schutz nach den AFB 30, AWB 68 und AStB 68 oder nach den AFB 87, AWB 87 und AStB 87 sowie für Hausrat außerdem nach den AEB, AERB und AERB 87.

5   Aus praktischen Gründen (erleichterte Werbung) schließen darüber hinaus
die VGB 62 und die VGB 88 das Mietverlustrisiko (A I 8) sowie die VHB von
1966 und die VHB 74 **Glasbruchschäden** ein, vgl. schon A I 13. Diese Bestimmungen bleiben jedoch im Folgenden unerörtert. Ohnehin ist Glasbruch
nach den VHB 84 nicht mehr mitversichert, insbesondere weil die HausratV-
Summe nicht immer eine geeignete Prämienbemessungsgrundlage für das
Glasrisiko darstellt und weil außerdem die nach den VHB 74 ausgeschlossenen Mehrscheibenisolierverglasungen in der Praxis immer mehr zum Regelfall geworden sind, vgl. schon Ziffer 2 der Einleitung. Eine Kommentierung
nur der Bestimmungen der VHB 74 für Glasbruchschäden ohne Berücksichtigung der inhaltlich weitgehend übereinstimmenden AGlB wäre ebenso unrationell wie die Behandlung der ZKBU 87 ohne die FBUB, A I 7. – **Erläuterungen zur GlasbruchV** nach den AGlB und nach dem VHB 74: PM Teil II D,
vgl. dort insbesondere § 1 AGlB Anm. 6 und § 9 AGlB Anm. 3.

6   Die Zugehörigkeit von Hausrat und Wohngebäuden zum privaten Lebensbereich des VN ist für sich allein keine rechtliche oder versicherungstechnische Erklärung für die Notwendigkeit einer kombinierten V mit AVB, die
gegenüber den AFB 30, AEB, AERB usw. selbständig sind und deren Inhalt
zusammenfassen. Zwar werden V für den privaten Lebensbereich gelegentlich (z.B. von Hübner VersR 78, 984 mwN) als **„Jedermann-VZweige"** im
Gegensatz zu **„kaufmännischen VZweigen"** bezeichnet. Aber abgesehen von
§ 24 AGBG (der indessen die Zentralbestimmungen der §§ 3, 5, 8, 9 AGBG
ohnehin unberührt läßt) gibt es *keine* Grundlage für eine *unterschiedlich-
rechtliche Behandlung* der beiden Gruppen von VZweigen, z.B. nicht bei der
Anwendung von § 9 AGBG oder von § 15a VVG, vgl. M III 18 und PM § 6
Anm. 3 B c gegen Hübner aaO sowie Scholz ZVersWiss 84, 20.

7   **Objektive Auslegung von AVB** (A IV 31 und PM Vorbem. III A 8) bedeutet
Unabhängigkeit der Auslegung von Umständen des Einzelfalls, vgl. z.B. K
I 6 wegen der Bedeutungslosigkeit tariflicher Erweiterungsmöglichkeiten für
die AVB-Auslegung. Zu den bedeutungslosen Umständen des Einzelfalls
gehört auch die Zugehörigkeit des versicherten Risikos zum privaten oder
aber zum beruflichen und gewerblichen Lebensbereich des VN. **Ein und dieselbe Bestimmung in bestimmten AVB** der Sach- oder der HaftpflichtV kann
daher im Sinn von § 9 AGBG nur einheitlich wirksam oder einheitlich unwirksam sowie im Sinn von § 15a VVG nur einheitlich als objektive Risikoabgrenzung oder aber einheitlich als verhüllte Obliegenheit angesehen werden, gleichgültig, ob die AVB einem VVertrag für den privaten oder aber
einen VVertrag für den beruflichen oder gewerblichen Lebensbereich des VN
zugrunde liegen.

8   Hingegen darf ein und derselbe Begriff **in verschiedenen AVB** durchaus auch
einmal deshalb unterschiedlich ausgelegt werden (z.B. zur Vermeidung einer
andernfalls drohenden Unwirksamkeit einer Teilbestimmung in einer der
betroffenen AVB nach § 9 AGBG, vgl. A V 24), weil ein Bedingungswerk
überwiegend im privaten, das andere hingegen überwiegend im beruflichen
oder gewerblichen Lebensbereich des VN zugrunde gelegt wird. Als Beispiel
sei der Begriff „bestimmungswidrig" genannt, vgl. einerseits C I 60 bis 62 für
glühend flüssige Schmelzmassen in der Industrie-FeuerV und andererseits E
I 54 bis 64 für die AVB der LeitungswasserV im privaten und kleingewerbli-

chen Lebensbereich des VN. Dies war in A II 5 der 1. Aufl. zu wenig verdeutlicht worden, wie die Kritik von Schirmer ZVersWiss 84, 556 zeigt. Auch
kann z. B. der private oder aber gewerbliche Verwendungszweck eines Gebäudes oder sonstiger Sachen bei der Beurteilung von Schönheitsschäden zu
abweichenden Ergebnissen führen, B III 19.

Der Gebrauch der kombinierten VForm für den privaten Lebensbereich 9
des VN ist zunächst nur eine *Tatsache* und noch *keine Erklärung*, ebenso wie
umgekehrt der Abschluß rechtlich selbständiger VVerträge (A II 12) über die
einzelnen Gefahren für den beruflichen und gewerblichen Bereich des VN.
Ausschlaggebend sind **Zweckmäßigkeitsüberlegungen.** Deren Ergebnis muß
zu verschiedenen Zeiten sowie unter verschiedenen äußeren Voraussetzungen
nicht immer dasselbe sein. Für den privaten Lebensbereich folgt dies schon
aus der geschilderten *historischen Entwicklung,* A II 4, die von selbständigen
Verträgen für die einzelnen Gefahren zu kombinierten V führte. Auch im
beruflichen und gewerblichen Bereich wäre eine andere als die gegenwärtig
praktizierte Lösung der Bündelung selbständiger Verträge denkbar, vgl. A
II 25 bis 30 sowie A I 12 wegen der Möglichkeit einer AllgefahrenV.

Versicherungstechnisch entscheidend für die kombinierte V bei Hausrat 10
und Wohngebäude, also für die sog. Verbundene HausratV und für die sog.
Verbundene WohngebäudeV, spricht im privaten Lebensbereich des VN die
relativ **niedrigere Durchschnittsprämie.** Sie spricht nicht nur für summarische
V (A I 12) des Hausrats, sondern auch gegen getrennte Verträge für die
einzelnen Gefahren. Die Vorteile *getrennter VMöglichkeit* für die Fälle, in
denen vielleicht nur oder nur noch gegen einige der Gefahren der VHB 74
oder VHB 84 ein VBedürfnis besteht, würde durch die *höheren Verwaltungskosten* und die Notwendigkeit von *Mindestprämien* mehr als kompensiert.
Die VHB 84 sehen daher eine Beschränkung der HausratV auf einzelne Gefahren als Möglichkeit nicht mehr vor. Schon von der in den VHB 74 noch
vorgesehenen Möglichkeit der Beschränkung auf bestimmte Gefahren (A
II 3) war praktisch nur selten Gebrauch gemacht worden. Viele Vr boten von
vornherein nur die V gegen alle Gefahren nach den VHB 74 an. Lediglich der
Ausschluß des Glasbruchrisikos war verhältnismäßig häufiger, vor allem bei
höheren VSummen, weil hier die durch einen reduzierten Prämiensatz ersparte Prämie den Abschluß einer vollständigen GlasbruchV nach den AGlB
ermöglicht, also ohne Ausschluß für Mehrscheiben-Isolierverglasungen usw.,
vgl. schon A II 5. – Ähnliche Argumente gelten für die Verbundene WohngebäudeV. Hier dürfen allerdings die privaten Vr in Monopolgebieten Gebäude
gegen Feuer keinesfalls versichern. Deshalb wurde in § 4 Nr. 3 VGB 88 die
Wahlmöglichkeit beibehalten.

Allerdings bestehen bei Hausrat und bei Wohngebäuden einige Besonder- 11
heiten, die jeweils nur für einen Teil der versicherten Gefahren gelten, nämlich die erhöhte Diebstahl-Schadenanfälligkeit gewisser Arten von Sachen des
Hausrats (Bargeld, Schmuck und andere höherwertige Gegenstände) und die
besonders hohe Gefahr von Kleinstschäden durch Sturm an Wohngebäuden.
Diese Besonderheiten zwingen aber nicht zu rechtlich selbständigen Verträgen über die einzelnen Gefahren, denn auch in einer kombinierten V sind
Sonderregelungen für bestimmte Gefahren möglich, so insbesondere der – infolge Kaufkraftschwundes längst zu niedrig und in den VGB 88 überhaupt

nicht mehr enthaltenen – *Selbstbehalt für Sturmschäden* (A III 31) von 80 DM gemäß § 5 Nr. 4 VGB 62 sowie die *Entschädigungsgrenzen* nach den VHB 74 und VHB 84, U I 15, U III und U IV, die sogar für alle Gefahren gelten (und nur nach den VHB 74 und nur für Raub ein wenig erhöht sind), um einen Ausschluß der überschießenden Werte aus dem VWert (S II 50) und eventuell deren anderweitige V zu ermöglichen, insbesondere als Valoren nach den AVBSP 85, vgl. A I 12 und 16.

12   **2.** Für den **beruflichen und gewerblichen Lebensbereich des VN** gibt es bisher **keine kombinierte V** gegen alle im Folgenden erörterten Einzelgefahren der klassischen SachV. Vielmehr werden **rechtlich selbständige Verträge** abgeschlossen, wenn auch in gebündelter Form, A II 27. Hierbei handelt es sich um das Ergebnis versicherungstechnischer **Zweckmäßigkeitsüberlegungen,** A II 9, das früher oder später auch einer anderen Beurteilung Platz machen könnte. Für eine abschließende Diskussion dieser Überlegungen ist in einem Kommentar zu den AVB kein Raum, zumal neben der Frage *„kombinierte oder selbständige (und gebündelte) Verträge?"* immer auch die Frage der **mehr summarischen** (S I 4) **oder mehr positionsweisen** (S I 3) V steht. Für die Entscheidung beider Zweckmäßigkeitsfragen spielen weitgehend dieselben Gesichtspunkte (U I 17 und H III 2) eine Rolle, nämlich die Höhe der Prämie und das gleichmäßige oder unterschiedliche VBedürfnis für die einzelnen Gefahren. Hingegen steht die Frage „kombinierte oder selbständige (und gebündelte) Verträge?" *nicht* in einem Zusammenhang mit der Frage „unterschiedliche oder möglichst einheitliche AVB?" für die einzelnen Gefahren. Auch gebündelte und rechtlich selbständige Verträge sollten, wenn und solange sie aus irgendwelchen Gründen bevorzugt werden, nach möglichst weitgehend *vereinheitlichten AVB* abgeschlossen werden, vgl. näher A II 31 bis 37.

13   Ein Unterschied gegenüber Hausrat und Wohngebäuden liegt zunächst in der Prämienhöhe je Vertrag. Im beruflichen und gewerblichen Lebensbereich des VN ist die **Durchschnittsprämie höher,** und zwar sowohl bei Gebäuden wie bei beweglichen Sachen, und – was noch wichtiger ist – die *individuellen Schwankungen* der Prämienhöhe und des Gewichts des versicherten Risikos zwischen relativ niedrigen und sehr hohen Prämien je Vertrag und Gefahr sind wesentlich größer. Dies rechtfertigt es jedenfalls für die Feuer- und die DiebstahlV, Verträge mit hoher und Verträge mit niedriger Durchschnittsprämie in der Vertragspraxis gesondert zu behandeln, also zwischen sog. *schweren* (A II 15 bis 19) und sog. *einfachem* (A II 22) *Geschäft* zu unterscheiden.

14   Ein weiterer Unterschied gegenüber Hausrat und Wohngebäuden liegt darin, daß in einer verhältnismäßig größeren Zahl der Verträge für den beruflichen und gewerblichen Lebensbereich des VN ein **VBedürfnis nur für einzelne Gefahren** besteht, und zwar sowohl bei Gebäuden wie bei beweglichen Sachen. Man denke z.B. an Industriebauten ohne Leitungswasseranschluß, so daß für diese Gebäude und deren Inventar eine LeitungswasserV nicht nötig ist, oder an bewegliche Sachen, die unter freiem Himmel (G III 12 sowie G V 6) gelagert werden und deshalb naturgemäß nicht gegen Einbruchdiebstahl, wohl aber unter Umständen gegen Feuer versicherungsbedürftig sind, ferner z.B. an den Transport von Geld und Wertpapieren, der zwar eine V gegen

Raub, nicht aber gegen Einbruchdiebstahl oder Feuer (wegen Ausnahmefällen vgl. aber Kl 3403) erfordert. Die *Beschränkung auf einzelne Gefahren* beruht hier nicht auf vordergründigem und vielleicht sogar auch aus der Sicht des VN unzweckmäßigem Streben nach „Prämienersparnis" (wie bisweilen bei Wohngebäuden und Hausrat, wenn einzelne Gefahren nicht versichert werden sollen), sondern auf sachlichen Gegebenheiten.

a) **Schwere Risiken** mit hohen VSummen und hohen Durchschnittsprämien 15 eignen sich nach herkömmlicher Ansicht (wegen neuester Tendenzen zum Abschluß von **AllgefahrenVVerträgen** vgl. A I 12) für eine kombinierte V naturgemäß am wenigsten. Die Besonderheiten des Risikos unterscheiden sich für die einzelnen versicherten Gefahren und außerdem je nach Art und Gefahrverhältnissen (Verwahrung) der versicherten Sachen. Daher drängt sich eine V durch *gesonderten Vertrag je Gefahr* und außerdem eine *positionsweise* V für verschiedene Arten von Sachen zu verschiedenen Prämiensätzen als beste Lösung auf, zumal die relativ hohen Durchschnittsprämien je Vertrag die höheren Verwaltungskosten kompensieren, H III 2 und U I 17.

Insbesondere gehört hierher die **Industrie-FeuerV.** Rein rechtlich gesehen 16 weist sie allzu große Besonderheiten nicht auf. Rechtliche Abweichungen liegen vor allem in der Art der Positionsbildung nach der „Positionen-Erläuterung für die FeuerV von Fabriken und gewerblichen Anlagen" (H III 1, abgedruckt in Texte 37) sowie in einigen Verbesserungen, die dem VN abweichend von den AFB 30 in den ZFgA 81b sowie neuerdings durch Klauseln gemäß Texte 34 zugestanden werden. Insbesondere sei an die Wertzuschlagsklauseln (S V) erinnert; sie dienen bei Großbetrieben mit häufigen und hohen Zu- und Abgängen sehr schwierigen Vorsorge gegen UnterV, S II 22. – Im wesentlichen sind die Besonderheiten der Industrie-FeuerV wirtschaftlicher Art und liegen auf dem Gebiet der Prämienkalkulation, der VTechnik und der Risikoverteilung auf eine Reihe von MitVr; soweit die MitV (V I 4) auch Rechtsprobleme aufwirft (PM vor § 58 Anm. 1 bis 4), sind diese keine Besonderheiten der SachV und daher hier nicht zu erörtern.

Auch die **Diebstahl- und RaubV** kennt **schwere Risiken,** nämlich die V von 17 Banken, Sparkassen und anderen *Geldinstituten,* die V von *Juwelier-, Urmacher- und Bijouteriewaren-Betrieben* sowohl die V von *Kirchen.* Die Besonderheiten liegen ähnlich wie in der Industrie-FeuerV nur zum Teil auf rechtlichem Gebiet, nämlich im Wortlaut von Klauseln für spezielle Risiken (Transportberaubung, insbesondere bei Einsatz von Spezialfahrzeugen, Raub an Bankkunden in Kassenräumen, vor Autoschaltern und auf dem Weg zum Nachttresor, Kundenschließfächer usw.). Im übrigen betreffen die Besonderheiten auch hier die Prämienkalkulation und die Vertragstechnik, so z.B. die Positionsbildung und die Frage, in welchen Fällen ErstrisikoV geboten ist, wie sich vorhandene Sicherungen auf die Prämie auswirken usw.

Diese Fragen werden in den *Tarifen* der Vr geregelt, die insbesondere für 18 Banken und Juweliere spezielle „*Deklarationen*" (A IV 19) enthalten, also Vordrucke von VScheinen mit Positionen, die auf den speziellen Bedarf dieser VN zugeschnitten sind, vgl. den Abdruck der sog. Banken- und der sog. Juwelierdeklaration in Texte 43 und 44 der 2. Aufl. Eine **Bündelung** mit VVerträgen gegen Feuer, Leitungswasser und Sturm wäre theoretisch zwar trotzdem möglich, brächte aber keinen Gewinn an Übersichtlichkeit. Das gleiche gilt verstärkt für die theoretische Möglichkeit einer *kombinierten* V gegen mehrere Gefahren. Zwar können auch in einer kombinierten V die Besonderheiten einzelner Gefahren berücksichtigt werden, vgl. A II 11; wo aber die Besonderheiten gegenüber dem Gemeinsamen weit überwiegen, bedeutet die kombinierte V *keinen Vorteil* mehr.

19   Das Gesagte gilt im wesentlichen auch für das *Verhältnis* der DiebstahlV *zur Industrie-FeuerV*, A II 16. Ein Betrieb der Hüttenindustrie etwa mag zwar eine DiebstahlV benötigen, aber im wesentlichen doch nur für den Verwaltungsbereich, im Produktionsbereich allenfalls für bestimmte Lagerräume usw. Eine Bündelung oder gar eine kombinierte V für Feuer und Diebstahl wäre keine praktikable Lösung.

20   b) **Landwirtschaftliche Betriebe** wurden früher gegen Feuer und Diebstahl ebenfalls nach Positionen versichert, vgl. Texte 50 der 2. Aufl. Insbesondere wurde unterschieden zwischen Gebäuden, totem Inventar, Ernteerzeugnissen und Tieren. In der DiebstahlV kommt z.B. ein Unterschied zwischen Großtieren und Kleintieren hinzu. Neuerdings werden jedoch in zunehmendem Maß bewegliche Sachen landwirtschaftlicher Betriebe gegen Feuer summarisch (S I 4) versichert, vgl. Texte 45 der vorliegenden 3. Aufl. sowie H III 55. Ursache sind die zunehmende Bedeutung der Personalkosten im Betrieb des Vr und die gerade in diesem Bereich schmäler werdende Basis durch den Rückgang des Anteils der Landwirtschaft am Sozialprodukt und damit auch an der gesamten SachV.

21   Ein weiterer Schritt von der summarischen zur kombinierten (oder auch nur gebündelten) V gegen mehrere Gefahren der SachV kommt allerdings gerade für die Landwirtschaft kaum in Betracht, einerseits wegen der Notwendigkeit zahlreicher Sondervereinbarungen in der FeuerV (VOrt, Sachen im Freien, Sicherheitsvorschriften) und andererseits wegen der hier besonders geringen Bedeutung der V gegen Diebstahl, Leitungswasser und Sturm. Formulare für Anträge und VScheine unter Einschluß der übrigen Gefahren (außer Feuer) brächten nur für ganz wenige VN den Vorteil einer besseren Übersicht.

22   c) „**Einfaches Geschäft**" wird im Gegensatz zu den schweren (A II 15 bis 19) und den landwirtschaftlichen (A II 20 und 21) Risiken der gesamte Rest des SachVGeschäfts vielfach genannt. „Einfach" deshalb, weil Positionen im wesentlichen (vgl. aber A II 28 bis 30 wegen Nebenrisiken) nur für die Gesamtheit aller beweglichen Sachen (Betriebseinrichtung und Vorräte) und für „Geschäftsgebäude" (vgl. A III 32 und S I 17) sowie den in Texte 39 abgedruckten Antrag) gebildet werden und weil daher auch der Prämiensatz für bewegliche Sachen sehr pauschal und vereinfacht kalkuliert wird.

23   Der Begriff des einfachen Geschäfts deutet allerdings nur auf dem Gegensatz zu den schweren Risiken hin, nicht dagegen auf den Gegensatz zu den V im privaten Lebensbereich des VN. Außerdem paßt der Begriff „einfaches Geschäft" nur für die Feuer- und allenfalls für die DiebstahlV, nicht dagegen für die Leitungswasser- und SturmV, weil dort besondere Vertragstypen für schwere Risiken nicht existieren. Daher liegt es nahe, auch nach einem **Oberbegriff** für alle VVerträge in der klassischen SachV zu suchen, die einerseits

nicht zum privaten Lebensbereich des VN und andererseits *nicht zum sog. schweren Geschäft* gehören. *Ungeeignet* wäre der Begriff „gewerbliche V", denn es gibt Berufe, die begrifflich kein Gewerbe sind, aber wie Gewerbebetriebe versichert werden, z. B. Rechtsanwälte und Ärzte. Auch „*berufliche V*" wäre nicht passend, denn jedes Adjektiv neben „V" läßt mehr an die Person des Vr als an die Person des VN denken. Außerdem würde sich „Beruf" immer nur auf natürliche, nicht auch auf juristische Personen als VN beziehen.

Danach bleiben im wesentlichen nur noch die sprachlichen Möglichkeiten 24 „*GeschäftsV*" und „*BetriebsV*". Dabei würde „Betrieb" mehr für größere und „Geschäft" mehr für kleinere VN passen. Schon aus diesem Grund ist keiner der beiden Begriffe ideal. Ferner bezeichnen „Geschäft" und „Betrieb" mehr eine immaterielle Einheit, während die SachV naturgemäß nur körperliche Sachen versichert, A I 1, also Gebäude und bewegliches Inventar. Da nun aber für die Praxis und auch für ein rechtliches Erläuterungswerk ein zusammenfassender Begriff unentbehrlich ist und da außerdem der Groß-„betrieb" jedenfalls in Feuer zum sog. schweren Geschäft gehört, hat man sich ganz überwiegend für das Wort „**GeschäftsV**" entschieden, und zwar als Gegensatz zum privaten Lebensbereich des VN wie – dies allerdings nur bei beweglichen Sachen, denn Industriegebäude werden als Geschäftsgebäude versichert, A III 32 – auch als Gegensatz zu den sog. schweren Risiken des beruflichen und gewerblichen Lebensbereichs. Für die getroffene Wortwahl spricht ferner, daß auch außerhalb des VWesens „Geschäft" sprachlich oft ganz allgemein als Gegensatz zu „privat" und „Privatleben" verstanden wird. In dieser Bedeutung umfaßt „Geschäft" auch den Großbetrieb, die Anwaltskanzlei, die Arztpraxis usw. – Bisweilen werden die Begriffe „Geschäft" und „Betrieb" auch kombiniert, so z. B. in der sog. (A II 30) Pauschaldeklaration für Inventar des einfachen Geschäfts, nämlich im „SammelVAntrag für *Geschäftsbetriebe*" (Texte 40).

Die GeschäftsV als Ausschnitt der SachV für den beruflichen und gewerbli- 25 chen Lebensbereich des VN steht sowohl bei *Gebäuden* („Geschäftsgebäude") wie bei *Inventar* (Pauschaldeklaration: „Technische und kaufmännische Betriebseinrichtung; Vorräte") der V des privaten Lebensbereichs des VN am nächsten, also der Wohngebäude- und der HausratV. Für die einfache GeschäftsV stellt sich daher am ehesten die **Frage,** ob nicht wie bei Hausrat und Wohngebäuden eine **kombinierte GeschäftsV** vorzuziehen wäre, vgl. auch Sieg ZVers Wiss 85, 324 („Gefahrengemeinschaft"). Sie würde für den VN „weniger Papier", nämlich nur ein einziges gemeinsames Bedingungswerk und für den Vr weniger Verwaltungskosten bedeuten. Außerdem würde im Rahmen einer kombinierten GeschäftsV das Interesse des VN an ausreichenden VSummen in der FeuerV auch der V gegen erschwerten Diebstahl, Leitungswasser und Sturm zugute kommen. Eine kombinierte GeschäftsV würde daher vielleicht die Einführung einer **ErstrisikoV** nach dem Vorbild von Kl 834 zu den VHB 84 auch für bewegliche Sachen in der GeschäftsV ermöglichen, vgl. S II 72. Das Interesse des VN an ausreichenden VSummen in der FeuerV dürfte in der GeschäftsV sogar noch stärker ausgeprägt sein als einerseits in der HausratV (denn zum Hausrat gehören auch entbehrliche Gegenstände) und andererseits in der industriellen V, wo Totalschäden zu einer

Position (S II 2) oft wegen feuerbeständiger Trennung von Teilgruppen der versicherten Sachen wenig wahrscheinlich sind.

26   Trotzdem wurde bisher eine kombinierte V für diesen Bereich nur ganz vereinzelt angeboten. Überwiegend ist es bei rechtlich selbständigen Verträgen für die einzelnen Gefahren geblieben, A II 12, und zwar vor allem deshalb, weil die Durchschnittsprämie etwas höher ist als bei Wohngebäuden und Hausrat und weil deshalb ein verhältnismäßig größerer Prozentsatz aller VN die V nicht gegen alle vier Gefahren, sondern nur gegen deren eine oder zwei oder drei abschließt. Auch das Monopol der öffentlichen FeuerVr zwingt oft zum Abschluß je gesonderter Verträge für Feuer und für die übrigen Gefahren. Je größer der Anteil von VN mit getrennten Verträgen ist, um so kleiner werden die Vorteile, die eine kombinierte VForm für die Verwaltungskosten des Vr mit sich brächte.

27   Überdies ist jedenfalls ein Teil der Vorteile einer kombinierten V auch auf der Basis rechtlich selbständiger Verträge zu erzielen, nämlich durch einheitliche Antrags- und VScheinformulare, also durch die sog. **Bündelung**; wegen der aufsichtsrechtlichen Anforderungen vgl. VerBAV 77, 403 und P I 3 speziell wegen § 39 VVG. Die einheitlichen Formulare für die gebündelte V von *Geschäftsgebäuden* (Abgrenzung zur WohngebäudeV nach den VGB 62 und VGB 88: A III 30 und 32) und von *Geschäftsbetrieben* (für Betriebseinrichtung und Vorräte als Inventar) ermöglichen nicht nur die Beurkundung (§ 3 VVG) von drei (Gebäude) oder vier (Inventar) rechtlich selbständigen Verträgen auf einem einzigen Papier (VSchein), sondern sie reduzieren auch den Verwaltungsaufwand bei Vertragsschluß auf ein Minimum.

28   Zwar können insbesondere **Betriebseinrichtung und Vorräte** *nicht* bedarfsgerecht in nur einer einzigen Vollwertposition (S I 9) versichert werden, wie das im Grundsatz angestrebt wird, A II 22. Vielmehr sind *zusätzlich einige Erstrisikopositionen* erforderlich, ebenso wie übrigens auch in der GeschäftsgebäudeV, A III 32, nämlich für Sachen, die zwar begrifflich zur Betriebseinrichtung gehören, die sich aber für eine VollwertV nicht eignen, weil (S II 20) ihr Gesamtwert schwer feststellbar ist (Datenträger) oder weil sie aus Risikogründen nur begrenzt versicherbar sind (Bargeld und Wertpapiere), darüber hinaus für gewisse Kosten (S II 12 bis 17) außerhalb des Sachsubstanzschadens (Aufräumungs- und Abbruchkosten, Bewegungs- und Schutzkosten, Feuerlöschkosten, Schlüsselverlust und Gebäudeschäden in der EinbruchdiebstahlV, vgl. A I 9 sowie W I 1 und 11) und schließlich für Raub (S II 19) innerhalb und außerhalb des VOrts. Bei Raub sind die über die Erstrisikosumme hinaus vorhandenen Werte zwar unter Umständen für das Risiko von Bedeutung (insbesondere bei Transporten), aber eine Feststellung im Schadenfall wäre zu schwierig und würde zu oft zu Streit führen.

29   Müßte der VN zu allen diesen sog. **Nebenrisiken** bei Abschluß der GeschäftsV Überlegungen über die benötigte Höhe der VSumme anstellen, so würde die Beratung vor Vertragsschluß sehr zeit- und kostenaufwendig. Die tarifliche *Pauschaldeklaration* für Antrag und VSchein löst das Problem, indem für die Nebenrisiken sog. **abgeleitete VSummen** als Prozentsätze der VSumme für Betriebseinrichtung und Vorräte („Hauptsumme", gelegentlich auch „Basissumme" genannt) sowie maximiert auf gewisse absolute Höchstbeträge vorgegeben sind. Die *Prämie* für diese abgeleiteten Summen wird

nicht besonders ausgeworfen, sondern ist in den Prämiensatz der Hauptsumme einkalkuliert, S I 1 und U II 4. Der VN soll nicht überlegen müssen, ob ihm vielleicht da oder dort eine *geringere* Summe genügen würde, um „Prämie zu sparen". Solche Überlegungen könnten nämlich oft zu einem Ergebnis führen, das sich im Schadenfall als falsch erweist und ungenügende Entschädigungen bewirkt; außerdem würden solche Überlegungen den Vertragsschluß verzögern und verteuern, was letztlich höhere Prämien bedeuten würde. Nur die Möglichkeit *erhöhter* VSummen für Nebenrisiken in der GeschäftsV ist (gegen Mehrprämie) formularmäßig vorgesehen, vgl. Texte 40.

Die pauschale Bezifferung der VSummen für Nebenrisiken hat für diese 30 Art der gebündelten GeschäftsV für bewegliche Sachen zu dem Namen „*pauschale VForm*" sowie für den Antrag und den VSchein zu der Bezeichnung „**Pauschaldeklaration**" geführt. Die pauschale VForm ermöglicht nicht nur den gebündelten Abschluß rechtlich selbständiger Verträge über die einzelnen Gefahren der klassischen SachV bei einfachster Handhabung für den Antragsteller (nur *eine* Summenangabe und nur *eine* Unterschrift für die mehreren Verträge erforderlich!), sondern sie senkt dadurch auch die Verwaltungskosten des Vr bereits so weit, daß eine weitere Senkung durch eine kombinierte V kaum noch möglich wäre. Eine kombinierte V könnte sich von der pauschalen VForm der gebündelten GeschäftsV allenfalls noch dadurch unterscheiden, daß das System der abgeleiteten VSummen für Nebenrisiken – und zwar sowohl für Inventar wie für Gebäude – in die Bedingungen übernommen werden könnte, ähnlich wie gegenwärtig schon in §§ 1 Nr. 2c VGB 62, 17 Nr. 1 VGB 88, 1 Nr. 2b VHB 74, 18 Nr. 6 VHB 84. Eine vierfache Übernahme der Betragsgrenzen der Pauschaldeklaration in vier gesonderte AVB für die GeschäftsV würde sich hingegen nicht empfehlen. – Die gegenwärtig gebräuchliche gebündelte GeschäftsV ist also zwar kein Argument „gegen" eine kombinierte V, aber sie *nimmt* einen großen Teil der möglichen *Vorteile einer kombinierten V vorweg* und hat daher den Ruf nach einer kombinierten V für lange Zeit nicht aufkommen lassen. Wegen des Zusammenhangs mit der Frage „Vollwert- oder ErstrisikoV?" vgl. allerdings A II 25 und S II 72.

3. Ein **Nachteil** der gebündelten gegenüber einer kombinierten V ist außer- 31 dem die **gesonderte Existenz** von **AVB** für verschiedene versicherbare Gefahren geblieben. Der Nachteil potenziert sich, wenn überdies die gesonderten AVB nicht wenigstens in den Punkten wörtlich übereinstimmen, in denen die versicherungstechnischen Gegebenheiten für sämtliche Gefahren dieselben sind. Diese *wörtliche Übereinstimmung* hatte bis 1987 gefehlt, weil die AFB 1930, die AERB 1980 und die AWB und AStB 1968 formuliert worden waren.

Sprachliche Übereinstimmung hatte man bis dahin nicht angestrebt, weil 32 man sprachlich und systematisch einheitliche Bedingungen für getrennte Verträge einerseits und gemeinsame (kombinierte) Bedingungen (also die kombinierte V) andererseits gedanklich nicht genügend zu trennen verstand. Während es gegen die Zweckmäßigkeit gemeinsamer (kombinierter) Bedingungen in der GeschäftsV durchaus Argumente gibt, A II 26, hätte man sich über die Notwendigkeit sprachlich und systematisch vereinheitlichter Bedingungen für Feuer, Diebstahl, Leitungswasser und Sturm bei objektiver Würdigung schon längst und im Grunde schon seit Aufnahme der vier VZweige im Grundsatz einig sein müssen. Einzelheiten über die vermeidbaren Unterschiede zwischen den **AFB 30**, den **AERB**, den **AWB 68** und den **AStB 68** sind in A II 33 und 34 der 2. Aufl. dargestellt.

33 Erstmals die **AFB 87**, **AERB 87**, **AWB 87** und **AStB 87** gemäß der BAV 87, 330 vermeiden den skizzierten Mangel. Sie stimmen nach Inhalt Aufbau und Wortlaut überein, soweit nicht die *Unterschiede* zwischen den *versicherten Gefahren* Abweichungen zwingend erfordern. Solche Abweichungen ergeben sich vor allem bei der primären und sekundären Risikoabgrenzung sowie bei den naturgemäß jeweils auf die versicherten Gefahren bezogenen Obliegenheiten vor dem VFall („Sicherheitsvorschriften").

34 Außerdem stimmen die Anzahl, die Reihenfolge und auch die Überschriften der §§ in den vier Bedingungswerken überein, so daß sich dieselbe Materie jeweils in demselben § geregelt findet. Vorliegender Kommentar macht sich diesen Umstand dadurch zunutze, daß z.B. statt „§§ 15 AFB 87, 15 AERB 87, 15 AWB 87, 15 AStB 87" nur kürzer §§ 15 AFB 87, AERB 87, AWB 87, AStB 87" oder sogar noch kürzer „§§ 15 AFB 87 usw." zitiert wird. Innerhalb der Paragraphen war Übereinstimmung nur noch in den Allgemeinen Bestimmungen herzustellen, in denen es weder um versicherte Gefahren oder um Sicherheitsvorschriften noch um *versicherte Sachen* geht. Während nämlich nach den AERB nur bewegliche Sachen versichert werden, sind gegen Feuer, Leitungswasser und Sturm auch Gebäude und sonstige Grundstücksbestandteile versicherbar, was eine Reihe von Sondervorschriften erfordert, die sich in den AERB nicht finden und daher eine einheitliche Bezifferung erschweren.

35 In den AFB 87 usw. wurden zugleich die Verstöße gegen das AGB-Gesetz vermieden, die in den früheren AVB noch enthalten sind und zu den Änderungen gemäß VerBAV 84, 389 und 87, 176 geführt haben. Diese Änderungen sind durch die Genehmigung der AFB 87 usw. nicht etwa überflüssig geworden, denn die Umstellung der bestehenden Verträge auf die neuen AVB 87 wird Jahre in Anspruch nehmen. Während dieser Übergangszeit haben die VN derjenigen Verträge, denen noch die früheren AVB zugrunde liegen, Anspruch auf Information durch den Vr über die durch das AGB-Gesetz kraft Gesetzes eingetretenen Änderungen, vgl. A V 45 sowie Martin 316 in Schirmer/Martin.

36 Die Anpassung der AVB an das AGB-Gesetz ist eine Daueraufgabe, Martin in Schirmer/Martin. Daher werden sicherlich auch in den AFB 87 usw. noch **Verstöße gegen das AGB-Gesetz** festgestellt werden, die künftig wieder Änderungen erforderlich machen. Einstweilen dürfen die AFB 87 aber im Hinblick auf das AGB-Gesetz als ein besonders gut gelungenes Reformwerk bezeichnet werden. Soweit bisher ersichtlich, enthalten sie nur noch zwei deutliche Verstöße gegen § 9 AGBG: Nach § 3 Nr. 1 Abs. 1 Satz 3 AFB 87, § 3 Nr. 1 Satz 3 AERB 87, §§ 3 Nr. 2 Abs. 1 Satz 3 AWB 87, AStB 87 sollen Weisungen des Vr bei Berücksichtigung einer etwaigen UnterV auf den Ersatz von Rettungskosten unberücksichtigt bleiben, was mit §§ 9 Abs. 2 Nr. 1 AGBG, 63 Abs. 1 Satz 2 VVG unvereinbar ist, S II 15. Nach §§ 18 Nr. 4 AERB 87, AFB 87, AWB 87, AStB 87 soll dem VN kein Quotenvorrecht an wiederherbeigeschafften Sachen zustehen, wenn der Vr wegen UnterV, Ent-

schädigungsgrenzen oder Selbstbehalts nur teilweise zu entschädigen braucht. Dies ist mit § 9 Abs. 2 Nr. 2 AGBG nicht vereinbar, Z II 24.

Die **Klauseln zu den AFB 87, AERB 87, AWB 87 und AStB 87** wurden durch 37 die Neufassung gemäß VerBAV 87, 367 ebenfalls vereinheitlicht und an die neuen AVB angepaßt, vgl. Texte 34 im Anschluß an Texte 11/12/33 des Ergänzungsheftes zur 2. Aufl. Diese neue Klauselsammlung ist an die Stelle der entsprechenden Klauseln für die GeschäftsV zu den AFB 30, AERB, AWB 68 und AStB 68 im Klauselheft gemäß Texte 33 der 2. Aufl. getreten, ferner an die Stelle der entsprechenden Klauseln für die Industrie-FeuerV gemäß Texte 12 der 2. Aufl. und endlich auch an die Stelle der ZFgA 81 b (Texte 11 der 2. Aufl.).

Nunmehr sind sämtliche Klauseln sowohl für das einfache Geschäft wie 38 auch für die Industrie-FeuerV sowie für die FeuerV landwirtschaftlicher Betriebe verwendbar. Die Vr haben darauf *verzichtet,* den *Anwendungsbereich* der für die VN bisher in der Regel günstigeren Klauseln für die Industrie-FeuerV auch weiterhin auf schwere Risiken zu beschränken und diese Unterscheidung durch einen (insbesondere aus Wettbewerbsgründen) von vornherein entsprechend beschränkten Genehmigungsantrag auch im Wortlaut der aufsichtlichen Genehmigung *festschreiben zu lassen.* Es bleibt nunmehr den einzelnen Vr vorbehalten, aus der Gesamtheit der neuen Klauseln Gruppen von Klauseln zusammenzustellen, die einer bestimmten Gruppe von VN gemäß dem Tarif standardisiert angeboten werden, also z. B. den VN der Industrie-FeuerV oder der FeuerV für landwirtschaftliche Betriebe, und zwar in der praktischen Form eines in der Praxis meist so bezeichneten Klauselbogens.

Zweckmäßig wäre es, die gleichlautenden Teile aller vier Bedingungstexte 39 als allgemeinen Teil zusammenzufassen und nur die Sondervorschriften und Abweichungen für die einzelnen Gefahren als besonderen Teil anzuschließen. Es würde sich dann nicht mehr um vier gesonderte und nur textlich angeglichene, sondern um ein **einheitliches Bedingungswerk** handeln. An der *rechtlichen Selbständigkeit* (A II 12) *der Verträge* für die einzelnen Gefahren oder Gefahrengruppen (A III 8) müßte sich dadurch *nicht* zwangsläufig etwas *ändern,* solange es für getrennte Verträge – wenn auch in gebündelter Form – sachliche Gründe gibt, vgl. A II 26 und 31. Ein einheitliches Bedingungswerk brauchte also *nicht* notwendig zu einer kombinierten GeschäftsV zu führen. Dies könnte sogar schon in der Überschrift eines einheitlichen Bedingungswerks zum Ausdruck kommen, etwa in den Worten „Allgemeine Bedingungen zu Versicherungsverträgen zum Neuwert gegen Feuer-, Einbruchdiebstahl-, Leitungswasser- und Sturmschäden". Solche einheitlichen AVB könnten auch dort verwendet werden, wo der VN nicht Verträge für alle vier Gefahren oder Gefahrengruppen abschließt, sondern z. B. nur einen einzigen Vertrag über das Feuerrisiko, also vor allem im Industriebereich.

Es handelt sich hier nicht um einen „Vorschlag", der auch nicht Sache eines 40 rechtlichen Erläuterungswerks sein könnte, sondern um rein theoretische Überlegungen. Andererseits läßt sich die hier erörterte **Zweckmäßigkeitsfrage** auch nicht völlig aus vorliegendem Kommentar ausklammern. Immerhin beruht doch die Möglichkeit einer gemeinsamen Kommentierung der vier Bedingungswerke gerade auf dem Umstand, daß weit mehr als die Hälfte aller

Sachfragen gemeinsame Sachfragen der vier VZweige sind, vgl. Ziffer 3 der Einleitung. Diese Tatsache wiederum führt zwangsläufig zu der Zweckmäßigkeitsfrage, ob die Vorteile der teilweisen Identität der Sachfragen nicht auch dem VN zugute kommen sollen, der Verträge gegen mehrere Gefahren der klassischen SachV abschließt, und zwar in der Weise, daß er die identischen Sachfragen nicht nur in vereinheitlichter AVB gleichlautend behandelt findet, wie dies in den AFB 87, AERB 87, AWB 87 und AStB 87 der Fall ist, A II 33 und 34, sondern daß er darüber hinaus für mehrere Verträge in den gemeinsamen Sach- und Rechtsfragen überhaupt nur einen einzigen Bedingungstext zu lesen braucht und nicht erst durch Vergleich von vier vollständigen Bedingungswerken ermitteln muß, ob eine bestimmte Frage gleichlautend oder unterschiedlich geregelt ist.

41 Erledigen würde sich das Problem der AVB-Vereinheitlichung, soweit sich die bereits in A I 12 und A II 9 erwähnte Tendenz zu AllgefahrenVVerträgen durchsetzt. Die Risiken, die bisher nur durch getrennte Verträge nach den AFB 87 usw, nach den ECB 87 und nach den AMB versichert werden können, würden dann durch einen einzigen Vertrag und nach einem einzigen Bedingungswerk versichert. Die in VerBAV 89, 55 veröffentlichten **„Allgemeinen Bedingungen zur All-Gefahrenversicherung für Industrie und Gewerbe (ABAG)"** können aber bestenfalls als ein erster und schlecht gelungener Versuch in diese Richtung bezeichnet werden, vgl. dort insbesondere die völlig unklare Bestimmung über Maschinenbruchschäden in § 1 Nr. 2 g.

III. Versicherte Gefahren und Schäden

1 Die **versicherten Gefahren** haben den **VZweigen** der klassischen SachV ihre **Namen** gegeben, jedenfalls im Bereich der GeschäftsV, A II 24, nämlich die Namen FeuerV, DiebstahlV (wegen der Bezeichnung „EinbruchdiebstahlV" vgl. A III 23), LeitungswasserV und SturmV. Nur die kombinierte V gegen mehrere Gefahren, also die Hausrat- und die WohngebäudeV, tragen den Namen der **versicherten Sachen**, nämlich des Sachinbegriffs Hausrat und der Einzelsache Wohngebäude, weil die Aufzählung mehrerer Gefahren in einer für die Praxis benötigten Kurzbezeichnung nicht möglich ist. Auch in den Überschriften der VHB 84 und der VGB 88 sind nur der Hausrat oder das Wohngebäude, hingegen nicht die versicherten Gefahren genannt, vgl. A III 27. In der Überschrift der VHB 74 und der VGB 62 hatte man den Kompromiß gewählt, sowohl die versicherten Sachen als auch die kombiniert versicherten Gefahren nebeneinander zu nennen, vgl. A III 27 und 29. Auf Anhieb scheinen sich jedenfalls die Zweige der GeschäftsV von der Hausrat- und WohngebäudeV dadurch zu unterscheiden, daß dort je VZweig nur eine *einzige*, hier dagegen *mehrere* (drei oder vier) Gefahren versichert werden.

2 1. Der Begriff der **Gefahr** bedeutet die Möglichkeit des Eintritts oder den bereits realisierten Eintritt eines VFalls durch „eine" bestimmte Ursache. Gefahr ist also nicht der Schaden selbst oder der VFall selbst, sondern nur die Ursache eines – künftig eintretenden oder bereits eingetretenen – Schadens. (Versicherte) Gefahr ist die Ursache eines (versicherten) Schadens.

Ganz kurz ausgedrückt ist das Wort „Gefahr" gleichbedeutend mit dem Wort **„Schadenursache"**, vgl. PM § 49 Anm. 1 Ad.

Der Begriff des **Schadens** ist mehrdeutig, weil man ihn auf das Vermögen 3 des versicherten Interesseträgers oder auf die versicherte Sache beziehen kann. In der SachV ist grundsätzlich die zuletzt genannte engere Definition richtig (A I 4): Schaden bedeutet *Sachschaden*, und zwar *Sachsubstanzschaden*, wobei neben der **Zerstörung** und der **Beschädigung das Abhandenkommen** steht, welches einer Zerstörung wirtschaftlich gleichkommt. Während z.B. das *Strafrecht* Zerstörung und Beschädigung unter den *Oberbegriff „Sachbeschädigung"* zusammenfaßt (§ 303 StGB), weil es das Abhandenkommen (§§ 242 ff. StGB) gesondert behandelt, faßt umgekehrt das Recht der *TransportV* die Zerstörung und das Abhandenkommen unter den *Oberbegriff „Verlust"* zusammen, vgl. z.B. 1.2 ADS 73/84 (PM Teil II P). Die *klassische SachV* verzichtet auf eine Zusammenfassung von zwei der drei genannten Arten von VFällen. Lediglich für alle drei Arten von VFällen, also für Zerstörung, Beschädigung und Abhandenkommen, gebraucht sie einen Oberbegriff, nämlich den *Oberbegriff „Schaden"* oder (vgl. L II 23 für die Kündigung nach dem VFall) „Schadenfall". Die Gleichrangigkeit dieser drei Begriffe ist in der klassischen SachV schon deshalb unvermeidlich, weil einerseits in der DiebstahlV naturgemäß das Abhandenkommen, andererseits in den drei anderen Zweigen naturgemäß Zerstörung und Beschädigung im Vordergrund stehen.

Die V im allgemeinen und speziell die SachV ist nicht Realisierung theoreti- 4 scher Vorstellungen, sondern Erfüllung praktischer Bedürfnisse des VN durch den Vr gegen Entgelt. Daher schließt die SachV neben Sachsubstanzschäden an versicherten Sachen ohne Rücksicht auf die begrifflichen Unterschiede und über §§ 63, 66 VVG (Rettungs- und Schadenermittlungskosten) hinaus gewisse **Vermögensfolgeschäden** ein, vgl. A I 9 und W I 3 sowie für Betriebseinrichtung und Vorräte in der *GeschäftsV* A II 28, ferner für *Geschäftsgebäude* A III 32. Für *Hausrat* vgl. §§ 1 Nr. 2b (Aufräumungskosten), 3 Nr. B 3 VHB 74 (Gebäudeschäden und Schloßänderungen) sowie § 2 Nr. 1 VHB 84, für *Wohngebäude* § 1 Nr. 2c VGB 62 und § 2 VGB 88 (Aufräumungs- und Abbruchkosten, Bewegungs- und Schutzkosten), § 1 Nr. 3 VGB 62 und § 3 VGB 88 (Mietverlust) sowie A III 31. Bei Gebäudeschäden in der DiebstahlV trifft der Begriff des Vermögensfolgeschadens freilich nicht immer zu, denn Gebäudeschäden werden auch ersetzt, wenn überhaupt keine versicherte Sache – Gebäude gehören in der DiebstahlV nicht zu den versicherten Sachen! – abhandengekommen oder zerstört oder beschädigt worden sind, sondern der erschwerte Diebstahl im Stadium des Versuchs geblieben ist, W VI 13.

Einander unmittelbar gegenübergestellt sind die Begriffe **„versicherte Ge-** 5 **fahren und Schäden"** schon in der **Überschrift von §§ 1 AFB 30, AEB.** Wenn dort „Gefahren" vor „Schäden" steht, so entspricht dies zwar der *zeitlichen* Folge des natürlichen Geschehensablaufs, weil zunächst eine Gefahr als Schadenmöglichkeit besteht, die sich dann zu einem bestimmten Zeitpunkt verwirklicht und zum Schaden führt; die Überschriften entsprechen auch der Reihenfolge, in der §§ 1 AFB 30, AEB den Stoff abhandeln, nämlich zunächst § 1 Nr. 1 und 2 die Gefahren und dann in § 1 Nr. 3 und 4 die versicherten

Sachen der Zerstörung, der Beschädigung und des Abhandenkommens. *Gedanklich* steht allerdings der Schaden vor der Gefahr als Schadenursache, denn der Schaden ist das als VFall vereinbarte Ereignis (A I 1), das auf einer versicherten Gefahr als Schadenursache (A III 2) beruhen muß, vgl. z. B. F II 60 zu Betriebsschäden als Folgeschäden. Bei einer Reform würde sich die Überschrift „Versicherte Schäden und Gefahren" mehr empfehlen. Gleichwohl wurden §§ 1 **AFB 87** usw., § 4 **VGB 88 und** § 3 **VHB 84** wieder mit „Versicherte Gefahren und Schäden" überschrieben.

6   Möglicherweise meint allerdings das Wort „Schäden" in §§ 1 AFB 30, AEB überhaupt *nicht* die als *VFall* vereinbarten Fälle der Zerstörung, der Beschädigung oder des Abhandenkommens. Möglicherweise hatten die Verfasser der AFB 30 und der AEB den gedanklichen Vorrang des VFalls vor der versicherten Schadenursache nicht erkannt, sondern unter „Schäden" nur die als *Nebenrisiken* eingeschlossenen Vermögensfolgeschäden im Sinn von A I 9 und A II 28 verstanden, nämlich die Einschlüsse gemäß § 1 Nr. 5 und 6 AFB 30 und § 1 Nr. 4 und 5 AEB. Für diese Betrachtungsweise spricht, daß der Hinweis auf die versicherten Schäden in §§ 1 AWB 68, AStB 68, VHB 74, VGB 62 ohne ersichtlichen Grund weggelassen wurde, obwohl auch § 1 dieser AVB nicht nur die versicherten Gefahren, sondern auch die versicherten Schäden im Sinn von A I 1 behandelt. Mindestens in den VHB 74, VHB 84, VGB 62 und VGB 88 sind allerdings ebenfalls gewisse Nebenrisiken eingeschlossen, A III 4, so daß auch unter diesem Gesichtspunkt die Verkürzung der Überschrift nicht verständlich wird.

7   2. Die **versicherten Gefahren** sowohl der GeschäftsV wie auch der kombinierten V von Hausrat und Wohngebäuden werden im Anschluß an die versicherten Schäden (Abschnitt B) in den Abschnitten C bis F im einzelnen behandelt, und zwar zusammen mit den zu einzelnen Gefahren (F II bis V) oder mehreren Gefahren (F I) vorgesehenen Gefahrausschlüssen.

8   Vorweg wird hier erörtert, ob und wann man **begrifflich** von **einer** oder andererseits von **mehreren** versicherten **Gefahren** sprechen kann, ob also der erste Eindruck (A II 3 und 12) zutrifft, nach welchem in der GeschäftsV je Bedingungswerk zahlenmäßig nur *eine* Gefahr, bei Hausrat und Wohngebäuden dagegen je Bedingungswerk drei oder vier Gefahren kombiniert versichert würden. Die Behandlung dieser Frage ist nicht nur theoretischer Natur, sondern hat praktische Folgen bei der Anwendung von §§ 95, 96 VVG und der sachlich übereinstimmenden AVB-Vorschriften über das *Prämienschicksal* bei *Kündigung* durch den VN *nach einem VFall,* L II 62 und P II 16 bis 22, früher auch bei Anwendung der Bestimmungen über den Verbrauch der Prämie (L I 1 und P II 9 bis 17 der 2. Aufl.), die aber inzwischen gestrichen wurden, P II 15 und L I 5. Darüber hinaus ergeben sich Folgerungen für sonstige VVG- und AVB-Vorschriften über den Verfall („Unteilbarkeit") der Jahresprämie bei vorzeitigem Vertragsende; allerdings werden jene VVG-Vorschriften in vorliegendem Kommentar nicht erschöpfend behandelt, P II 3 bis 8, weil es sich dort nicht nur um Vorschriften speziell für die SachV handelt.

9   a) Nach § 82 VVG und nach §§ 1 Nr. 1 AFB 30, AFB 87, 1 Nr. 1a VHB 74, VGB 62, VHB 84 deckt „die **FeuerV**" Schäden durch Brand, Blitz-

schlag und Explosion. Schon das Wort „FeuerV" bezeichnet also nicht die V gegen eine einzige Gefahr „Feuer", sondern gegen die *drei* verbundenen (kombinierten) *Gefahren* Brand, Blitzschlag und Explosion. Nun ist zwar Feuer zugleich ein Oberbegriff, der Brand lediglich als Unterfall umfaßt; deshalb bezeichnen sich auch manche – vor allem öffentlich-rechtliche – FeuerVr als BrandVr. Aber zum einen ist Feuer auch im allgemeinen Sprachgebrauch nicht ein Oberbegriff im Verhältnis zu Blitzschlag und Explosion, sondern es handelt sich um drei *verschiedene* Schadenursachen; außerdem umfaßt der VZweig auch dort, wo er *BrandV* genannt wird, die Gefahren des Blitzschlags und der Explosion. Nur in einem praktischen Sinn und z. b. auch im Sinn der Präambel zu den VHB 74 und VGB 62 (Möglichkeit der V nur gegen eine der mehreren kombinierten Gefahren, vgl. A II 10 und 26), **nicht** aber bei streng theoretischer Betrachtung bilden also Brand, Blitzschlag und Explosion eine einzige und einheitliche Gefahr. Erstmals in § 4 Nr. 3 VGB 88 kommt zutreffend zum Ausdruck, daß die in § 4 Nr. 1a genannten Schadenursachen Brand, Blitz usw. nicht „eine" Gefahr, sondern eine „**Gefahrengruppe**" darstellen.

Theoretisch könnte man z. B. die FeuerV nach § 82 VVG und nach den   10 AFB 30 oder AFB 87 schon für sich allein als *kombinierte V* gegen *mehrere Gefahren* bezeichnen. In das allgemeine Bewußtsein dringt diese Tatsache nur deshalb nicht, weil kaum ein VN das Bedürfnis hat, Brand oder Blitzschlag oder ohne Explosion zu versichern, und weil deshalb getrennte Prämiensätze für jede der drei Einzelgefahren erst gar nicht ermittelt und getrennte Deckung seitens der Vr erst gar nicht angeboten wird. Deshalb öffnen zwar ausdrücklich die VHB 74 sowie die VGB 62 und die VGB 88, nicht aber die AFB 30 oder die AFB 87 die Möglichkeit eines Vertragsschlusses gegen nur eine von mehreren versicherbaren Gefahren; auch in den VHB 74, VGB 62 und VGB 88 wird hierbei aber, wie schon in A III 9 erwähnt, an die Möglichkeit einer V gegen Feuer ohne Blitzschlag oder ohne Explosion nicht gedacht, zumal angesichts der dort geringeren Durchschnittsprämie. Im übrigen ist auch der *Begriff des Brandes* nur dem äußeren Anschein nach einheitlich. Selbstverständlich könnte man die unter dem Begriff des Brandes zusammengefaßten VFälle nach verschiedensten Gesichtspunkten *untergliedern*, z. B. in vorsätzliche oder fahrlässige Brandstiftung und in sonstige Brandursachen. Freilich hat diese gedankliche Möglichkeit Bedeutung nicht für die Vertragsgestaltung, sondern allenfalls für die in A III 8 erwähnten Fragen des *Verbrauchs* oder der *Teilbarkeit der Jahresprämie*.

Sowohl zeitlich wie auch **sachlich** nach dem gedeckten Risiko ist die **Jahres-**   11 **prämie** nach Belieben **atomisierbar**, zeitlich dadurch, daß man das VJahr in Monate, Wochen, Tage, Stunden usw. aufteilt, sachlich durch Untergliederung des versicherten Risikos in Brand, Blitzschlag und Explosion und dann weiter in verschiedene Arten von Brand, von Blitzschlägen, von Explosionen usw., vgl. P II 14. **Unteilbar** ist daher auch die Jahresprämie für „Feuer" **nicht** von ihrem Wesen her (richtig z. B. Heiß VersR 89, 1125), sondern nur insoweit, wie das Gesetz oder eine wirksame vertragliche Abrede sie *unteilbar* macht, um den Vr einen *pauschalierten Ausgleich für Verwaltungskosten* zu verschaffen, der in anderen Fällen im VVG als „*Geschäftsgebühr*" bezeichnet wird (die dann allerdings stets niedriger ist als eine Jahresprämie). Von derar-

tigen Regelungen abgesehen, ist die Jahresprämie einer „FeuerV" eine nur
nach Zweckmäßigkeitsüberlegungen als Einheit ermittelter und vereinbarter
Betrag, der sich aber bei rechtlicher Notwendigkeit teilen, d.h. kleineren
Zeitabschnitten oder bestimmten *Risikoausschnitten* mit Teilbeträgen zuordnen läßt. Bei beweglichen Sachen, die in einem größeren räumlichen Bereich
als *VOrt* versichert werden, käme noch die Teilbarkeit nach Teilbereichen des
VOrts hinzu. *Versicherungstechnisch* ist die Jahresprämie jedenfalls *keine* unteilbare Einheit.

12   Der **Ausgleich nach dem Gesetz der großen Zahl** findet zwischen den *verschiedenen* Verträgen desselben VZweiges statt, A IV 14 und 31, *nicht* dagegen zwischen schadenfreien und schadenbelasteten Zeitabschnitten, Gefah-
renanteilen usw. desselben Vertrages. Entgegen Celle VersR 86, 1099 (zur
UnfallV) und PM § 14 Anm. 1b sind daher z.B. auch das Wahlrecht des
Konkursverwalters des VN sowie dessen ablehnende Wahlerklärung durch
Auslegung darin zu modifizieren, daß das VVerhältnis erst zum Ende der
laufenden Vperiode erlischt, jedenfalls wenn die Prämie für diese Vperiode
schon gezahlt war. Es geht nicht an, einerseits den Gemeinschuldner für den
Rest der Jahresprämie auf Schadenersatz haften zu lassen, andererseits aber
den VSchutz während dieser Zeit zu verneinen (PM aaO). Dergleichen wäre
mit dem Grundgedanken von §§ 96 Abs. 2 Satz 3, 158 Abs. 2 Satz 3 VVG
nicht zu vereinbaren.

13   b) Die **DiebstahlV** – zur Bezeichnung vgl. A III 22 bis 24 – umfaßt auch
Raub. Soweit der VN überhaupt *Diebstahl und Raub nebeneinander* versichert, geschieht dies meist durch einen rechtlich einheitlichen Vertrag.
Gleichwohl spricht die Praxis *nicht* von *Kombination*, ebensowenig wie etwa
bei Brand, Blitzschlag und Explosion. Dabei wäre die Bezeichnung als Kombination hier durchaus angebracht, denn auch eine getrennte V nur gegen
Diebstahl oder nur gegen Raub wird tariflich immerhin angeboten und gele-
gentlich auch vereinbart. Da Raub und Diebstahl tatbestandlich beide eine
Wegnahme versicherter Sachen voraussetzen und sich nur in den zusätzlichen
Voraussetzungen unterscheiden, kann *ein und dieselbe Wegnahme* u.U. *sowohl* versicherter Diebstahl *wie auch* versicherter Raub sein, und der VN
kann bei Verträgen mit getrennten Positionen für beide Gefahren bis zur
Höhe des Schadens beide Positionen nebeneinander in Anspruch nehmen,
D II 26 sowie S I 41.

14   Für das *Verhältnis* zwischen Diebstahl und Raub bei verbundener V in ein
und demselben Vertrag bestehen **drei Möglichkeiten:** Entweder werden sämtliche Sachen innerhalb *derselben Position* gegen „beide" (Diebstahl und
Raub) Gefahren gemeinsam versichert; so geschieht dies nach den VHB 74
und VHB 84 in der HausratV, S I 33. Oder es können *getrennte Positionen*
für Diebstahl und Raub gebildet werden, wobei dann allerdings für jede
Position gesondert auch die versicherten Sachen bezeichnet werden müssen;
so geschieht dies in der Pauschaldeklaration für die GeschäftsV, vgl. H III 30
und S I 5. Für die Position des Nebenrisikos Raub wird *keine gesonderte
Prämie* ausgeworfen. Vielmehr wird die Prämie für die abgeleitete RaubV-
Summe (A II 29) in die Prämie für HauptVSumme für Diebstahl einkalkuliert; in einigen Antragsformularen aus der Zeit nach Einführung der AERB

wurde allerdings die Hauptposition mit „Einbruchdiebstahl und Raub" bezeichnet, vgl. A III 23, so daß ein wenig zweifelhaft wurde, ob die Raubsumme als Entschädigungsgrenze innerhalb der Hauptposition ausgelegt werden konnte. Inzwischen (Texte 40) wird dieser Fehler in der Formulargestaltung meist wieder vermieden.

Aber auch die *getrennte Betrachtung* einerseits von Diebstahl und anderer- 15 seits von Raub bestätigt das schon zum Feuerrisiko (A III 9) gefundene Ergebnis: Was unter *einem* Namen zusammengefaßt als „*eine*" Gefahr versichert wird, bildet *nicht* begrifflich und logisch, sondern nur unter versicherungstechnischen Zweckmäßigkeitsgesichtspunkten eine Einheit. Logisch und auch im Hinblick auf den Verbrauch der Jahresprämie (A III 12) kann man sich den versicherten Diebstahl in zahlreiche Unterfälle zerlegt denken. Gerade bei der DiebstahlV drängen sich solche Zerlegungen besonders auf, weil der *versicherte Diebstahl* durch einen *Katalog erschwerender Kriterien* abgegrenzt wird, vgl. D II 1. Man könnte die DiebstahlV auch als kombinierte V gegen Einbruchdiebstahl, Einsteigdiebstahl, Nachschlüsseldiebstahl usw. verstehen, also gegen die verschiedenen *Untergruppen* des versicherten Diebstahl, zu denen nach §§ 2 Nr. 2 d AERB 87, 5 Nr. 1 d VHB 84 noch der sog. räuberische Diebstahl hinzugekommen ist, D XIII 7 und 12. Ebenso könnte man auch Raub unterteilen in Raub durch Gewalt, durch Drohung oder durch Anwendung betäubender Mittel, ferner in Raub durch Gewalt usw. gegen den VN oder eine mitversicherte Person persönlich und in Raub zum Nachteil des VN oder der versicherten Person durch Gewalt usw. gegen Angestellte oder sonstige Dritte.

Raub einerseits gegen gewerbliche Geldtransportunternehmer, die der VN 16 beauftragt hat, und andererseits gegen Angestellte und sonstige Beauftragte des VN werden sogar in der Praxis auch tatsächlich **getrennt** versichert, nämlich nach §§ 1 Nr. 4 a Satz 2 AERB 87 und nach dem Bankentarif, denn das Risiko von Werttransporten durch *gewerbsmäßige Geldtransportunternehmen* ist ein besonders schweres Risiko, D XII 57. Von dieser Ausnahme und von der historisch bedingt unterschiedlichen Einordnung des räuberischen Diebstahls (D XIII 4, 7 und 10) abgesehen, behandelt die Praxis jedoch den erschwerten Diebstahl und den Raub jeweils als „ein" einziges Risiko. Nur für die wirtschaftliche und rechtliche Betrachtung der Jahresprämie und für die Auslegung der Vorschriften über deren Verbrauch durch gezahlte Entschädigungen und nach vorzeitiger Kündigung spielt die theoretische Teilbarkeit des Risikos eine gewisse Rolle, vgl. zusammenfassend A III 12.

c) Auch die **LeitungswasserV** deckt bei näherem Zusehen nicht nur „*eine*" 17 Gefahr, und zwar zunächst schon deshalb nicht, weil sich das Leitungswasserrisiko ebenso wie das Feuer- oder das Diebstahlrisiko gedanklich in Teile zerlegen läßt, insbesondere je nach den Leitungen oder sonstigen wasserführenden Anlagen, aus denen das Wasser austritt. Außerdem sind in die V von Gebäuden gegen Leitungswasserschäden nach §§ 1 Nr. 2 AWB 68, 4 Nr. 2 VGB 62, 4 Nr. 2, 7 VGB 88 Frost- und sonstige *Bruchschäden an Rohren* sowie *Bruchschäden durch Frost* an gewissen *sonstigen Anlagen* eingeschlossen, also das zusammenfassend so genannte *Rohrbruchrisiko* im Sinn von E I 78 und somit Schäden, die nicht durch Leitungswasser als Schadenursache (versicherte Gefahr, A III 2) und nicht einmal immer in zeitlichem Zusammenhang mit einem Leitungswasserschaden entstehen. Anders als im Verhältnis zwischen Diebstahl und Raub wird das Rohrbruchrisiko stets *ohne gesondert ausgeworfene Mehrprämie* versichert, weil ein Bedarf für GebäudeVVerträge und Prämienkalkulation ohne das Rohrbruchrisiko in der Praxis nicht besteht. § 4 Nr. 3 VGB 88 bezeichnet LeitungswasserV und RohrbruchV als V einer unauflösbaren Gefahrengruppe, E I 4. Gleichwohl könnte das Leitungswasserrisiko für sich allein wie auch vor allem zusammen mit dem Rohrbruchrisiko gedanklich als kombinierte V gegen mehrere Gefahren aufgefaßt werden, was rechtliche Bedeutung allerdings wieder nur im Zusammenhang mit Teilbarkeit und Verbrauch der Jahresprämie erlangen könnte.

18 d) Das **Sturmrisiko** bildet – läßt man Hagel als mitwirkende und mitversicherte Ursache zunächst außer Betracht – mehr als das Feuer-, das Diebstahl- und Raub- und das Leitungswasserrisiko wirtschaftlich eine Einheit. Immerhin wäre eine Untergliederung im Zusammenhang mit Verbrauch und Teilbarkeit der Jahresprämie gedanklich auch hier möglich und ist durch die Bestimmungen über die versicherten Kausalabläufe in §§ 1 Nr. 1 AStB 68, 1 Nr. 3 AStB 87, 3 Nr. D 2 VHB 74, 9 Nr. 1 VHB 84, 5 Nr. 2 VGB 62, 8 Nr. 2 VGB 88 in den AVB geradezu vorgezeichnet. Außerdem werden, nach § 4 Nr. 1 c VGB 88 stets und nach den AWB 68, AWB 87, VHB 84 und VGB 88 fakultativ durch eine der in E II 4 zitierten Klauseln, **Sturm und Hagel** als „Gefahrengruppe" versichert. Da Sturm und Hagel oft gleichzeitig auftreten, zerfallen die Schäden einer solchen Gefahrengruppe in solche, die schon allein durch Sturm oder schon allein durch Hagel entstanden sind oder entstanden wären, sowie schließlich solche, die nur durch Zusammenwirken von Sturm und Hagel entstanden sind, vgl. näher E II 6 bis 12.

19 3. Die sprachlichen **Bezeichnungen (Namen) der** hier behandelten VZweige knüpfen zwar teilweise an die versicherten Sachen, überwiegend jedoch an die versicherten Gefahren an, A III 1, und werden daher hier im Anschluß an die versicherten Gefahren im Zusammenhang dargestellt. Dabei ist teilweise zu unterscheiden zwischen der für die Vr im Verkehr mit der Aufsichtsbehörde vorgeschriebenen *„amtlichen" Bezeichnung,* zwischen der in der VPraxis üblichen *Kurzbezeichnung,* zwischen der *Überschrift der jeweiligen AVB* und zwischen der in *vorliegendem Kommentar* verwendeten Bezeichnung. Im Zusammenhang mit den Bezeichnungen der VZweige wird im Folgenden auch deren **Anwendungsbereich** erörtert. Dabei gilt die Faustregel, daß nach dem AFB 30, AERB, AEB, AWB 68 und AStB 68 und ebenso nach dem AFB 87, AERB 87, AWB 87 und AStB 87 alle die Sachen und nur die Sachen versichert werden können, die nicht nach den VHB 74 oder VHB 84 oder nach den VGB 62 oder VGB 88 als Hausrat oder Wohngebäude versichert werden können und müssen.

20 a) Wenig Probleme bietet die sprachliche Bezeichnung der **FeuerV.** Der Einschluß von Blitzschlag und Explosion sowie der weiteren Gefahren des Anpralls oder Absturzes eines bemannten Flugkörpers, seiner Teile oder seiner Ladung wird weder in der aufsichtsrechtlichen Bezeichnung („FeuerV") noch in der Überschrift der AFB 30 („Allgemeine Feuerversicherungs-Bedingungen") oder der AFB 87 („AllgemeineBedingungen für die Feuerver-

sicherung (AFB 87)") – wegen der Überschriften der VHB 74, VHB 84, VGB 62 und VGB 88 vgl. A III 27 und 29 – noch in vorliegendem Kommentar bei der Wortwahl berücksichtigt. Ebensowenig stößt man sich umgekehrt daran, daß nicht jedes Feuer, sondern nur der Brand versichert ist und daß selbstverständlich auch hier noch weitere Ausschlüsse gelten; lediglich einige öffentlich-rechtliche FeuerVr bezeichnen sich als BrandVr, vgl. schon A III 9 sowie A IV 3. Auch vorliegender Kommentar spricht – zugleich mit Bezug auf Blitzschlag usw. – von FeuerV und von Feuerrisiko, wobei allerdings teilweise auch das Feuerrisiko innerhalb der Hausrat- und der WohngebäudeV gemeint ist und abgehandelt wird, was eine Folge der zusammengefaßten und parallelen Kommentierung aller einschlägigen AVB der SachV ist, vgl. Ziffer 3, 6 und 10 der Einleitung.

Die Feuer-V im Sinn der amtlichen Bezeichnung (Prölss-Schmidt-Frey **21** § 10 VAG Anm. 23) zerfällt in die Feuer-Industrie-V, die Feuer-BetriebsunterbrechungsV, die landwirtschaftliche Feuer-V und die sonstige allgemeine Feuer-V. Demgegenüber spricht vorliegender Kommentar umgekehrt von *Industrie-FeuerV*, denn der Zusatz „Industrie" soll zwar auf Besonderheiten hinweisen, die Zugehörigkeit zur „Feuer-V" aber nicht in Frage stellen, vgl. A II 16. Was die amtliche Bezeichnung unter sonstiger allgemeiner Feuer-V versteht, bezeichnet die Praxis meist als *einfaches Geschäft*, A II 22, und vorliegender Kommentar meist als *GeschäftsV*, A II 24, und zwar für den gesamten beruflichen und gewerblichen Lebensbereich des VN, also auch für die Diebstahl-, Leitungswasser- und SturmV.

b) Am meisten Schwierigkeiten bereitet es, die **V gegen Diebstahl und Raub 22** (früher schwerfälliger: „Beraubung") kurz und einprägsam zu bezeichnen, und zwar schon deshalb, weil Diebstahl und Raub bereits bei oberflächlicher Betrachtung zwei verschiedene Gefahren darstellen, die getrennt versichert werden könnten und oft auch getrennt versichert werden, wenn nicht in getrennten Verträgen, so doch jedenfalls in getrennten Positionen. Daher fehlt in der amtlichen Bezeichnung ein Hinweis auf Raub völlig, man spricht nur von „Einbruch-Diebstahl-V". Bei den Bedingungsüberschriften ist der Zwang zur Kürze weniger ausgeprägt. Früher gab es neben den AEB, die Raub weder in der Überschrift noch im Text behandelt hatten, noch zusätzliche „Sonderbedingungen für die BeraubungsV" (SBR). In den AERB 80 (VerBAV **81,** 4) lautet schon die Überschrift „Allgemeine Bedingungen für die Versicherung gegen Schäden durch Einbruchdiebstahl und Raub (AERB)". Ähnlich lautet die Überschrift der AERB 87 „Allgemeine Bedingungen für die Einbruchdiebstahl- und Raubversicherung (AERB 87)". Wegen der Überschriften der VHB 74, die ebenfalls beide Gefahren nebeneinander nennen, vgl. A III 27.

Die **Antragsformulare** der gebündelten GeschäftsV bezeichnen seit Einfüh- **23** rung der AERB 80 das Risiko ebenfalls oft mit den Worten „Einbruchdiebstahl und Raub", und zwar teilweise auch in der Zeile „Beitragsberechnung", obwohl für Raub die Prämie nicht aus einer auch für Raubschäden zu vereinbarenden VSumme berechnet wird. Vielmehr ist Raub in der gebündelten Geschäftsversicherung ein als Nebenrisiko einkalkulierter (A III 14) Annex zur V des erschwerten Diebstahls mit begrenzter Entschädigung, vgl. U I 8.

Trotzdem wird man bei dieser Antragsgestaltung (vgl. Texte 35 Seite 5 der 1. Aufl.) die Entschädigungsgrenze für Raub nicht als überraschende Klausel im Sinn von § 3 AGBG bezeichnen können, denn auch die Verweisung auf die AERB 80 findet sich erst an der Stelle des Antrags, aus dem sich auch die begrenzte Entschädigung ergibt. In neueren Formularen, z.B. schon in Texte 40 der 2. Aufl. sowie in Texte 40 der vorliegenden 3. Aufl., wird der erwähnte Fehler meist wieder vermieden, vgl. schon A III 14.

24 Vorliegender Kommentar spricht von „DiebstahlV", wobei in der Regel zugleich die V gegen Raub angesprochen wird. Gegen die gewählte Kurzbezeichnung wird gelegentlich eingewendet, sie umschreibe den VSchutz zu weit und wecke zu große Erwartungen. Dies ist aber kein ausreichendes Argument gegen die einprägsame Formulierung „DiebstahlV". Die in der Praxis geläufige Alternative „EinbruchdiebstahlV" würde nämlich ebensowenig befriedigen, wenn auch aus entgegengesetzten Gründen; sie würde auf eine bestimmte Art des erschwerten und versicherten Diebstahls hinweisen, eben auf den Einbruch, würde aber nicht nur den Raub, sondern auch eine Reihe anderer wichtiger Arten des versicherten Diebstahls unberücksichtig lassen, nämlich den Einsteigdiebstahl, den Nachschlüsseldiebstahl, den räuberischen Diebstahl usw. Vorliegendes Erläuterungswerk will die in ihrer Werbewirkung bewußt eher zurückhaltenden Bezeichnung in der Vertragspraxis nicht in Frage stellen. Für einen Kommentar ist die Kurzbezeichnung „DiebstahlV" aber am besten geeignet, zumal wenn eine wirklich genaue Bezeichnung besonders schwerfällig wäre, wie dies für die sachliche richtige Bezeichnung „V gegen erschwerten Diebstahl" zutreffen würde. Auch einem Laien ist bewußt, daß die in einer Kurzbezeichnung genannte Gefahr in den AVB durch Ausschlüsse wieder eingeschränkt wird. Selbst die VPraxis spräche besser nur kurz von DiebstahlV, ohne daß darin eine schlechte Beratung oder gar Irreführung von Kunden oder potentiellen Kunden läge, vgl. D II 15.

25 c) Bei der „LeitungswasserV" stimmen die amtliche Bezeichnung sowie die Bezeichnung in der Praxis, in vorliegendem Kommentar und in der Überschrift der AVB – „Allgemeine Bedingungen für die Versicherung gegen Leitungswasserschäden (AWB)" und „Allgemeine Bedingungen für die Leitungswasserversicherung (AWB 87)"; wegen der Überschriften der VHB 74, VHB 84 und VGB 62 vgl. A III 27 und 29 – überein. Auch das Leitungswasserrisiko bietet wieder ein Beispiel für die in A III 24 zur DiebstahlV erörterte und unvermeidliche Unzuverlässigkeit der Kurzbezeichnung eines VZweigs. Selbstverständlich ist einerseits nicht jeder Schaden durch austretendes Leitungswasser versichert; umgekehrt ist entgegen dem allgemeinen Sprachgebrauch z.B. oft auch Abwasser noch Leitungswasser im Sinn der AWB 87 usw. Unerwähnt bleibt in der Bezeichnung „LeitungswasserV" die RohrbruchV, vgl. schon A III 17. Auch in vorliegendem Kommentar wird sie nur dort erwähnt, wo dieses Risiko im einzelnen erörert wird, vor allem in E I 47ff. und F IV 2ff. Ansonsten wird sie durch die Bezeichnung „LeitungswasserV" mitumfaßt.

26 d) Die Bezeichnung „SturmV" ist ebenfalls in der amtlichen Einteilung, in der Praxis, in der Überschrift der AVB – „Allgemeine Bedingungen für die

Versicherung gegen Sturmschäden (AStB)" und „Allgemeine Bedingungen für die Sturmversicherung (AStB 87)"; wegen der VHB 74, VHB 84 und VGB 62 vgl. A III 27 und 29 – und in vorliegendem Kommentar einheitlich. Auch hier darf aus dem Namen des VZweigs allerdings nicht geschlossen werden, alle adäquaten Folgen von Sturm seien versichert. Neben gewissen *Ausschlüssen* umfaßt vielmehr gerade in der SturmV schon die primäre Risikoabgrenzung nicht alle, sondern *nur bestimmte Arten des Kausalzusammenhangs* zwischen Sturm und Beschädigung, Zerstörung oder Abhandenkommen, vgl. E II 4 und 5. In der Bezeichnung des VZweigs brauchen diese Einschränkungen jedoch nicht zum Ausdruck zu kommen.

e) Die „*verbundene* **Hausrat-V**" – so die amtliche Bezeichnung – wird bis-   27 weilen auch in der Praxis so genannt (abgekürzt „VHV"). Oft – und so auch in vorliegendem Kommentar – wird aber das mit „kombiniert" gleichbedeutende (A II 3) Wort „verbunden" weggelassen. Daß es sich um einen rechtlich einheitlichen Vertrag gegen mehrere kombiniert versicherte Gefahren handelt, vgl. A II 10, braucht in einer Kurzbezeichnung nicht erwähnt zu werden. In der *Überschrift der VHB 84* („Allgemeine Hausratsversicherungsbedingungen") wird nur der Hausrat als versicherter Inbegriff, in der *Überschrift der VHB 74* werden auch die versicherten Gefahren aufgezählt, und zwar neben (Einbruch-)Diebstahl ausdrücklich auch Raub, nicht allerdings neben Leitungswasser auch Rohrbruch. Die Überschrift der VHB 74 und der VHB von 1966 lautet: „Allgemeine Bedingungen für die Neuwertversicherung des Hausrats gegen Feuer-, Einbruchdiebstahl-, Beraubungs-, Leitungswasser-, Sturm- u. Glasbruchschäden (VHB)"; in der Fassung von 1974 lautet abweichend von der Fassung von 1966 der Klammerzusatz „(VHB 74)". Das Gleiche gilt für den Klammerzusatz „VHB 84". Im Kommentar wird „VHB von 1966", „VHB 74" und „VHB 84" zitiert.

Der aufsichtlich vorgeschriebene **Anwendungsbereich der VHB 74 und VHB**   28 **84** ergibt sich schon aus dem Wort „Hausrat" in Verbindung mit §§ 6 Nr. 1 VHB 74, 10 Nr. 1 VHB 84, wo als VOrt eine „Wohnung" des VN bezeichnet ist. Negativ wird damit zugleich der Anwendungsbereich der AFB 30, AERB, AEB 68 und AStB 68 sowie der AFB 87, AERB 87, AWB 87 und AStB 87 umschrieben, weil nach diesen AVB Hausrat nicht mehr versichert werden darf. Es muß sich um Hausrat in Wohnungen des VN handeln, wobei Zweitwohnungen genügen. Eingelagerter Hausrat in Lagerhäusern usw. darf nicht nach den VHB 74 oder VHB 84, sondern nur nach den AFB 87 usw. in Verbindung mit Kl 1206 versichert werden. Verstöße gegen die aufsichtlichen Grenzen des Anwendungsbereichs machen den VVertrag nicht unwirksam, sondern führen allenfalls zu gewissen Auslegungsproblemen, soweit die VHB 74 oder VHB 84 an den Begriff der Wohnung, des Umzugs usw. anknüpfen. Wegen der Frage, ob Hausrat über den Tod hinaus in dessen Wohnung auch dann versichert bleibt, wenn es sich nicht oder noch nicht um die Wohnung des Erben handelt, vgl. G IV 94 bis 111.

f) Die „*verbundene* **Wohngebäude-V**" – so die amtliche Bezeichnung – wird   29 ebenfalls bisweilen auch in der Praxis so genannt (abgekürzt „VGV"). Oft – so auch in vorliegendem Kommentar – wird aber auch das Wort „verbunden" weggelassen, vgl. A III 27 für die HausratV. Die *Überschrift der VGB 62*.

(Vorläufer: VerBAV – Zonenamt – 51, 22) lautet: „Allgemeine Bedingungen für die Neuwertversicherung von Wohngebäuden gegen Feuer-, Leitungswasser- und Sturmschäden (VGB)"; auch hierwegen kann auf A III 27 verwiesen werden. Die *Überschrift der VGB 88* lautet im Anschluß an die VHB 84 (A III 27) nur noch kurz „Allgemeine Wohngebäude-Versicherungsbedingungen (VGB 88)", wobei der Bindestrich weder sprachlich noch durch Vergleich mit den VHB 84 gerechtfertigt werden kann.

30   Der aufsichtlich vorgeschriebene **Anwendungsbereich der VGB 62 und VGB 88** ergibt sich nach VerBAV 68, 254, GB 81, 67 schon aus dem Begriff des Wohngebäudes, wobei bei *gemischt genutzten Gebäuden* die nach Flächenteilen *überwiegende Nutzung* entscheidet (-ck VerBAV 77, 30, Köln RuS 90, 60). In der Praxis werden allerdings nach den VGB 62 oder VGB 88 zunehmend auch *Büro-, Geschäfts- und sonstige Gebäude einfacher Gefahr*, (z. B. sog. öffentliche Gebäude, wie Schulen, Kirchen, Bäder, vgl. aber Dreger VerBAV 68, 283) versichert, im Fall Hamm VersR 81, 1173 z. B. sogar ein Hotel. Maßgebend sind hierfür nicht die bei Bechert 60 genannten Gründe, nämlich der Neuwertschutz auch bei einem Zeitwert unter 40 % des Neuwerts (so die Grenze nach § 1 Nr. 2 NwlG 80 und nach den AFB 87 usw.), sondern vielmehr die verhältnismäßig *niedrige Durchschnittsprämie* bei den genannten Gebäudearten einfacher Gefahr.

31   Die niedrige Durchschnittsprämie rechtfertigt einige **Besonderheiten der V nach den VGB 62,** nämlich den Selbstbehalt von nur 80 DM (der überdies oft völlig abbedungen wird) nach § 5 Nr. 4 VGB 62 gegenüber 200 DM nach § 5 Nr. 3 AStB 62, die NeuwertV auch für Gebäude, deren Zeitwert weniger als 40 % des Neuwerts beträgt, die MitV von 1 % Aufräumungs- und Abbruchkosten nach § 1 Nr 2c VGB 62 ohne gesondert ausgeworfene Prämie, den prämienfreien Einschluß von Dampfschäden (E I 15) nach § 4 Nr. 1 Satz 2 VGB 62 und den Einschluß von Mietverlustschäden durch § 1 Nr. 3 VGB 62 ohne gesonderten Vertrag nach den BVM, A I 8. Angesichts niedriger Durchschnittsprämien sollen konstenträchtige *Verhandlungen bei Vertragsschluß* auf ein Minimum *beschränkt* werden, selbst um den Preis eines ohne Mehrprämie erweiterten VSchutzes, vgl. das in Texte 42 abgedruckte Muster eines Antrags auf WohngebäudeV nach den VGB 62. Daraus erklärt sich zugleich die Tendenz, die Vorteile der V nach den VGB 62 bei Gebäuden einfacher Gefahr (A III 30) auch dann zu gewähren, wenn es sich um Geschäftsgebäude handelt.

32   Hinzu kommt, daß die **gebündelte GeschäftsgebäudeV** (Antragsmuster vgl. Texte 39) nicht den gleichen Grad an Vereinfachungen des Vertragsschlusses bietet wie die gebündelte GeschäftsV für bewegliche Sachen und zwar deshalb nicht, weil als Geschäftsgebäude auch industrielle Gebäude mit hohem Risiko und hoher Prämie versichert werden. So sieht z. B. die gebündelte GeschäftsgebäudeV gesonderte Positionen mit gesondert errechneter Prämie für Aufräumungs- und Abbruchkosten vor, ferner Positionen für Mietereinbauten und für Zubehör, die nicht Gebäudebestandteile, sondern bewegliche Sachen sind, und schließlich eine Vorsorgeposition im Sinn der Wertzuschlagsklauseln, die nur bei hohen VSummen vereinbart werden. Die Pauschaldeklaration der gebündelten GeschäftsgebäudeV ist also nicht ganz so einfach zu handhaben wie die gebündelte GeschäftsV für bewegliche Sachen,

A II 27 bis 30, was die Tendenz zu einem erweiterten Gebrauch der VGB 62 verstärkt.

In den **VGB 88** sind die versicherungstechnischen Anreize zum Gebrauch 33 dieser AVB auch für gewerblich genutzte Gebäude wiederum enthalten, und zwar sogar in erweitertem Umfang, vgl. §§ 14 Nr. 2 (*NeuwertV* ohne Untergrenze bei 40%), 2 Nr. 1a und 1b, 17 Nr. 1 (nach Arten und Beträgen *erweiterter Kosteneinschluß*), 6 Nr. 2 (*Dampfschäden*), 3 Nr. 2 (*Mietverlustersatz* auch für gewerblich genutzte Räume, allerdings nur aufgrund besonderer Vereinbarung). Überdies bietet § 14 Nr. 1 VGB 88 jetzt ebenso wie § 5 Nr. 1 AFB 87 die Möglichkeit, das Gebäude *nach Wahl* zum *Neuwert* oder zum *Zeitwert* oder zum *gemeinen Wert* zu versichern. Allerdings hatte diese Möglichkeit nach Kl. 846 seit einiger Zeit auch schon zu den VGB 62 bestanden; entgegen Bechert 61 begründete der Wunsch nach einer ZeitwertV daher nicht mehr den Zwang zum Gebrauch der AFB 30 usw. Aus der Sicht des Vr bietet § 13 Nr. 4 und Nr. 5 VGB 88 überdies den Vorzug einer *Prämienanpassung* auch über den Anstieg der VSumme hinaus, P IV 51, während Kl. 1701 zu den AFB 87 usw. die Prämie nur nach Maßgabe der VSumme ansteigen läßt und überdies nur für bewegliche Sachen gilt.

IV. Rechtsquellen der Sachversicherung

Die VVerhältnisse der SachV beruhen meist auf **Vertrag**. Daher ist der 1 VVertrag die wichtigste Rechtsquelle der SachV, die vorliegender Kommentar behandelt, A IV 13ff. Nur auf Vertrag beruht insbesondere auch die Rechtsverbindlichkeit der AVB, A IV 31, einschließlich der sie ergänzenden oder abändernden Klauseln, A IV 34, die ihrer Rechtsnatur nach ebenfalls Allgemeine VBedingungen darstellen. Die AVB sind der wichtigste Bestandteil nahezu sämlicher SachVVerträge.

Neben dem Vertrag sind wichtigste weitere Rechtsquellen der SachV die 2 **Gesetze,** insbesondere das VVG und neuerdings das AGB-Gesetz (AGBG), ferner vor allem das BGB und das HGB, vgl. A IV 42ff. Diese Gesetze werden im Folgenden selbstverständlich nur erläutert, soweit sie Spezialvorschriften für die SachV enthalten oder soweit ihr *Zusammenwirken mit dem Vertragsinhalt* (AVB und Klauseln) zu Schwierigkeiten führt, vgl. schon Ziffer 7 der Einleitung. Und auch in diesem Umfang wird der Inhalt der Gesetze nicht gesondert, sondern nach Sachgebieten zusammengefaßt mit dem Rechtsstoff der AVB erläutert, vgl. Ziffer 3, 6 und 10 der Einleitung, denn in der Praxis der SachV werden Gesetze nicht für sich allein gelesen, zitiert und angewendet, sondern der Praktiker benötigt gesetzliche Vorschriften nur in deren Zusammenwirken mit den AVB und dem sonstigen Vertragsinhalt. Nur die Anwendung des ABGB auf die AVB der SachV wird im Folgenden Abschnitt A V auch im Zusammenhang dargestellt.

1. Die VVerhältnisse der öffentlichen SachV kommen allerdings teilweise 3 nicht durch Vertrag, sondern durch *einseitigen Antrag* des VN in Verbindung mit Satzung und Gesetz zustande, insbesondere für Gebäude, vgl. zusammenfassend Kummle „VPflicht, VMonopol und VVerhältnis in der GebäudeV", Karlsruhe 1989. In anderen Fällen handelt es sich um ausschließlich hoheitlich ausgestaltete Rechtsverhältnisse, vgl. VGH Baden-Württemberg VersR **86**, 500 für das Württembergische GebäudebrandVGesetz, in dem es abweichend von § 288 BGB an einer Grundlage für einen Verzugszinsenanspruch fehlt. Die sachlichen Besonderheiten der öffentlichen SachV beschränken sich indessen im wesentlichen auf die Art des Abschlusses sowie den Beginn der Haftung und werden vorliegend nicht behandelt; auf die Literatur zum Recht der öffenlichen SachV wird verwiesen. Was den Inhalt der VVerhältnisse der öffentlichen SachVr im einzelnen betrifft, so stimmt er weitgehend mit dem Inhalt der Verträge der privaten Vr überein, denn die öffentlichen Vr verwenden *weitgehend dieselben AFB und Klauseln* wie die privaten Vr. Trotzdem sind hier im Zusammenhang einige Punkte zu erörtern, die nur bei den öffentlichen SachVr eine Rolle spielen.

4   Die AFB (ähnlich die VHB und die VGB) der öffentlichen SachVr weichen in einigen Punkten von der in Texte 5 abgedruckten und erläuterten Fassung der AFB 30 ab, z.B. weil Folgeschäden von vornherein eingeschlossen sind (was aber durch Klauseln und Regulierungspraxis inzwischen die privaten Vr weitgehend nachvollzogen haben, vgl. C IV 5), ferner durch den Ausschluß der Kündigung des Erwerbers (vgl. dazu aber A IV 6), durch die etwas abweichende Grenzlinie zwischen Neuwert- und ZeitwertV, durch etwas abweichende Wiederherstellungsklauseln usw. Ob es auch im Verhältns zu den AFB 87 Abweichungen geben wird, steht noch nicht fest.

5   Nach § 192 Abs. 2 VVG brauchen die AVB der öffentlichen VR **nicht** die **Beschränkungen der Vertragsfreiheit durch das VVG** zu beachten. Aber von der Möglichkeit solcher Abweichungen machen die AFB der öffentlichen Vr kaum noch Gebrauch, insbesondere nicht im Verhältnis zu den Zentralbestimmungen der §§ 15a, 34a, 42 VVG.

6   Der in manchen AVB der öffentlichen SachVr noch vorgesehene **Ausschluß des Kündigungsrechts des Erwerbers** gemäß § 70 Abs. 2 VVG fällt entgegen RG **145**, 143, LG Kiel, LG Koblenz RuS **87**, 320, AG Meldorf VersR **89**, 43 und entgegen dem Verbandsrundschreiben „Veräußerung der versicherten Sachen" (abgedruckt in Texte 44 der 1. Aufl.) nur scheinbar unter das Privileg des § 192 Abs. 2 VVG. In Wirklichkeit handelt es sich nicht um eine Abweichung von § 72 VVG (Unabdingbarkeit von §§ 69ff. VVG), sondern von dem auch außerhalb des VVG geltenden Prinzip des **Verbots von Verträgen zu Lasten Dritter.** Der Ausschluß des Kündigungsrechts ist daher unwirksam, vgl. PM § 72 Anm. 1, AG Kleve VersR **87**, 504, AG Bad Bramstadt VersR **86**, 433 (nur zu § 91a ZPO), Wille ZfV **86**, 240. AG Siegburg VersR **85**, 1077 wendet ein, der Vertragseintritt und die Prämienzahlungspflicht des Erwerbers beruhten nicht auf Vertrag, sondern auf § 69 VVG, also auf dem Gesetz. Indessen verbindet das Gesetz diesen Eintritt mit dem Kündigungsrecht gemäß § 70 Abs. 2 VVG. Wenn eine AVB-Bestimmung dieses Recht streichen und damit die gesetzliche Rechtsstellung des Erwerbers verschlechtern will, so ist sie als Bestimmung zu Lasten Dritter unwirksam.

7   Die hier vertretene Ansicht teilen Koblenz VersR **89**, 363 = NJW-RR 537 und Düsseldorf DB **88**, 1592 = NJW-RR 1051 = RuS 304 (mit zust. Anm. Wille) im Berufsurteil zu der in A IV 8 erörterten Entscheidung LG Düsseldorf RuS **87**, 352 = NJW-RR 1436. Das Urteil ist im Verfahren nach § 13 UWG (Verbandsklage) ergangen, verneint aber die Wiederholungsge-

fahr, weil der beklagte Vr sich inzwischen neue AVB ohne die unzulässige Bestimmung hatte genehmigen lassen. Zutreffend bejaht demgegenüber LG Düsseldorf DB **89**, 108 mit Anm. Wille die Wiederholungsgefahr schon deshalb, weil noch Verträge nach den älteren AVB bestehen.

LG Düsseldorf RuS **87**, 352 = NJW-RR 1436 hatte in einem Verfahren   **8** nach §§ 13 UWG, 13 AGBG auf Antrag eines Verbraucherschutzvereins den Ausschluß der Erwerberkündigung als unangemessene Benachteiligung im Sinn von § 9 II 1 ABGB bezeichnet, weil § 70 VVG zu den „Grundzügen der gesetzlichen Regelung" gehöre; dies unterstreiche § 72 VVG. Dem ist im Prinzip zuzustimmen, denn auch die in § 192 Abs. 2 VVG angesprochenen Bestimmungen können Maßstab für § 9 Abs. 2 Nr. 1 AGBG sein, A IV 11. Den Vorzug verdient gleichwohl die Ansicht, welche die Unwirksamkeit des Ausschlusses der Erwerberkündigung aus der – logisch vorrangigen – Unwirksamkeit von Verträgen zu Lasten Dritter herleitet, A IV 6 und 7. Daß bei Wirksamkeit der Regelung auch der Vr seinerseits nicht kündigen könnte, ändert an der Unangemessenheit und Unwirksamkeit des Ausschlusses nichts, denn der VN ist weit häufiger als der Vr an einem Kündigungsrecht nach dem VFall interessiert, L II 10.

Unwirksam ist ferner der **Ausschluß des Kündigungsrechts nach dem VFall**   **9** durch einige AVB der öffentlichen FeuerVr. Dies ergibt sich ebenfalls aus § 9 II 1 AGBG und wird inzwischen nicht mehr bestritten. Die betroffenen AVB wurden geändert.

Eine unangemessene Verschärfung von § 59 Abs. 3 VVG und unwirksam   **10** ist es auch, wenn öffentliche Vr **Anschlußverträge bei privaten Vr verbieten** und als Sanktion Leistungsfreiheit aus ihrem eigenen Vertrag vorsehen, und zwar sogar wegen Anschlußverträgen, die der öffentliche Vr kennt und die deshalb weder die Vertragsgefahr erhöhen noch die Möglichkeit einer Bereicherung im Schadenfall schaffen, V I 38. Zu demselben Ergebnis gelangen AG Siegburg NJW-RR **87**, 612, LG Düsseldorf RuS **87**, 352 = NJW-RR 1436 und Wille ZfV **86**, 243. Düsseldorf NJW-RR **88**, 1051 als Berufungsinstanz zu LG Düsseldorf aaO hat für die Leistungsfreiheit wegen Verstoßes gegen das NachVVerbot zu Unrecht ein Rechtsschutzbedürfnis des klagenden Verbraucherschutzvereines verneint. Selbst wenn der beklagte Vr das NachVVerbot aus dem AVB-Text für neue Vertragsabschlüsse gestrichen haben sollte, wäre das NachVVerbot – seine Wirksamkeit unterstellt – doch jedenfalls Bestandteil vieler bestehender Verträge geblieben. Daher hätte Düsseldorf aaO die Zulässigkeit und Begründetheit der Klage auch insoweit bejahen müssen.

§ 9 Abs. 2 AGBG ist für die öffentlichen Vr nicht nur nicht unanwendbar,   **11** sondern sogar besonders bedeutsam. Als **Maßstab** im Rahmen von § 9 Abs. 2 Nr. 1 AGBG kommen nämlich auch alle diejenigen zwingenden oder **halbzwingenden VVG-Vorschriften** (A IV 48) in Betracht, von denen § 192 Abs. 2 VVG früher die öffentlichen Vr dispensiert hatte, vgl. LG Düsseldorf RuS **87**, 352 = NJW-RR 1436 und dazu A IV 8. Weder geht es an, die öffentlichen Vr über § 9 Abs. 2 Nr. 1 AGBG nur an die dispositiven VVG-Vorschriften, nicht aber an die sachlich doch gerade besonders gewichtigen zwingenden Vorschriften zu binden, noch kann man gar umgekehrt aus § 192 Abs. 2 VVG herleiten, die öffentlichen Vr müßten ihm Rahmen von § 9 ABGB sowohl von den zwingenden wie von den dispositiven VVG-Vorschriften befreit sein, denn dies würde auf eine im ABGB bewußt nicht vorgesehene Bereichsausnahme hinauslaufen, Martin VersR 84, 1111.

12 Somit bleibt nur die Möglichkeit, auch die zwingenden und halbzwingenden VVG-Vorschriften auf dem Weg über § 9 Abs. 2 Nr. 1 AGBG auf die öffentlichen SachVr anzuwenden. Diese Lösung wurde durch BGH VersR 84, 830 zu der mit § 192 Abs. 2 VVG vergleichbaren Befreiungsvorschrift des § 187 Abs. 1 VVG für die TransportV bestätigt, wenn auch unter Hinweis nicht auf § 9 Abs. 2 Nr. 1, sondern auf § 9 Abs. 2 Nr. 2 AGBG. Das gefundene Ergebnis vermindert noch weiter die – ohnehin geringen (A IV 4) – rechtlichen Unterschiede zwischen privater und öffentlicher SachV; wegen § 9 Abs. 2 Nr. 1 AGBG müssen jetzt auch Risikoabgrenzungen, z.B. Verschlußvorschriften, G I 17, in AVB öffentlicher Vr daraufhin untersucht werden, ob sie nicht als **verhüllte Obliegenheiten** zu behandeln sind usw.

13 **2.** Der VVertrag ist ein schuldrechtlicher Vertrag gemäß §§ 145, 241, 305 BGB, der nach dem Grundsatz der Vertragsfreiheit privatrechtlich auch dann zulässig wäre, wenn es das VVG als Spezialgesetz nicht gäbe. Nur wäre ohne ergänzende gesetzliche Vorschriften (A IV 46) der Zwang zur Vollständigkeit für den Vertragsinhalt einschließlich der AVB größer.

14 VVerträge werden in *großer Stückzahl* abgeschlossen. Dies gehört wegen der Notwendigkeit eines versicherungstechnischen Ausgleichs zwischen den versicherten Risiken nach dem sog. Gesetz der großen Zahl wirtschaftlich sogar zum Wesen des VVertrags, weil nur so die Verwaltungskosten in Grenzen gehalten werden können und weil nur eine Vielzahl gleichartiger Risiken aussagekräftige Schadenstatistiken und gesicherte Prämienkalkulationen ermöglicht, A III 12 und A IV 31. Das versicherungstechnische Gebot möglichster **Wortgleichheit** gilt nicht nur für die AVB, A IV 31, sondern auch für den übrigen Vertragsinhalt, A IV 15.

15 a) Der über den AVB-Wortlaut hinaus erforderliche **Vertragstext** wird in aller Regel durch den Vr *vorformuliert* (Schirmer 29 in Martin/Schirmer), und zwar auf Formularen. Meist handelt es sich um Formularsätze, die ein **Antragsformular** enthalten, das der VN unterzeichnet, und daneben ein **VScheinformular,** das der Vr dem VN übergibt oder übersendet, um dadurch zugleich die Annahme des Vertrages zu erklären und die Pflicht zur Übergabe eines VScheins nach § 3 VVG zu erfüllen. Die beiden Formulare unterscheiden sich nur in dem Mindestumfang, der sich aus dem rechtlichen Unterschied zwischen Antrag und VSchein ergibt.

16 Diese Vertragspraxis besteht vor allem im sog. einfachen Geschäft (A II 22) der SachV, nämlich in der pauschalen Form (A II 30) der gebündelten GeschäftsV für bewegliche Sachen (Betriebseinrichtung und Vorräte, A II 28) und in der gebündelten GeschäftsgebäudeV, A III 32, ferner in der Hausrat- und WohngebäudeV, vgl. die Texte 37 bis 45 abgedruckten **Formularmuster** für VAnträge. Aber auch in der Industrie-FeuerV (A II 16) stimmen das Formular für den VAntrag und das Formular für den VSchein in ihren vorgedruckten Texten weitgehend überein (Texte 37). Die versicherten Sachen werden in der Industrie-FeuerV durch die sog. *Positionen-Erläuterung* (Texte 38) abgegrenzt, die ein gesondertes Druckstück darstellt, A IV 24, rechtlich aber Bestandteil sowohl des Antrags- wie des VScheinformulars ist.

Der Vertragstext, also die Antrags- und VScheinformulare, enthalten als 17 wichtigsten Bestandteil eine **Verweisung auf die AVB.** Durch diese Verweisung werden die AVB zum Inhalt des Antrags und zum Vertragsinhalt, A IV 1 und 31. Daneben enthalten die Vertragstexte auch selbst einen **Teil des Vertragsinhalts,** und zwar teils individuell und teils wortgleich für alle Verträge.

Individuell werden insbesondere der VOrt, eine oder mehrere VSummen 18 sowie Vertragsbeginn und Vertragsende vereinbart. Allerdings wird die für den VOrt (G I 20) in der GeschäftsV naturgemäß notwendige individuelle Adressenangabe durch die wortgleich in der Pauschaldeklaration vorformulierte Begrenzung auf die „Geschäfts- und Lagerräume" gemäß G III 18 ergänzt. Ganz allgemein verläuft die Grenze zwischen individuellem und vorformuliertem Vertragsinhalt recht kompliziert und unübersichtlich. So gehört es z.B. zum Wesen der Pauschaldeklaration der gebündelten GeschäftsV, daß die VSummen für Nebenrisiken vorgegeben und in den Prämiensatz des Hauptrisikos einkalkuliert sind, so daß lediglich etwa nötige Erhöhungen individuell vereinbart werden müssen, A II 29. Die versicherten Sachen (H I 1) werden individuell nur bei Gebäuden, bei beweglichen Sachen (Hausrat, Betriebseinrichtung, Vorräte) hingegen indirekt durch die Vereinbarung über den VOrt in Verbindung mit den AVB und vorformulierten Vertragstexten bezeichnet, wozu insbesondere die Positionen-Erläuterung der Industrie-FeuerV gehört, A IV 16.

Wortgleich für alle Verträge entsprechend dem Tarif der Vr in der sog. 19 **Deklaration** vorformuliert (A II 29) werden gewisse Punkte, die theoretisch ebensogut in den AVB selbst geregelt oder wenigstens als genehmigte Klauseln (A IV 34) vorgegeben sein könnten und dort lediglich aus verschiedenen praktischen Gründen nicht enthalten sind. Diese *Wahlmöglichkeit* zwischen AVB und vorformuliertem Vertragstext außerhalb der AVB findet ihre Grenzen nur in §§ 5, 13 VAG, wonach der Vr seinen *Geschäftsplan* genehmigen lassen muß. Zum Geschäftsplan gehört bei genauer Betrachtung fast alles, was in vorformulierten Vertragstexten („Deklaration") gesagt wird. Dies spräche dafür, daß entweder auch Wortlaut und Gestaltung der Formulare als Teile des genehmigungsbedürftigen Geschäftsplans anzusehen wären oder daß nahezu der gesamte rechtserhebliche Inhalt der Formulare auch in den genehmigten AVB oder in genehmigten Klauseln enthalten sein müßte. Allerdings müßten, selbst bei größter Vollständigkeit der genehmigten AVB, Teile davon dann doch wieder in den vorformulierten Vertragstexten außerhalb der AVB (Anträge, VScheine) *wiederholt* werden, damit diese *Formulare* überhaupt aus sich heraus *verständlich* bleiben. Aus diesem praktischen Grund hat die Aufsichtsbehörde bisher keinen sehr strengen Maßstab angelegt und einen über die AVB hinausgehenden rechtserheblichen Inhalt der vorformulierten Vertragstexte in gewissen Grenzen (A IV 21 und 22) geduldet.

In vorliegendem Kommentar spielt der Unterschied zwischen AVB und 20 sonstigen Vertragstexten keine Rolle. Ebenso wie auf der anderen Seite die Gesetze, A IV 2, so werden auch die außerhalb der AVB gebräuchlichen und gleichlautend wiederkehrenden Vertragstexte in vorliegendem Kommentar nach Sachfragen geordnet und zusammen mit den jeweils einschlägigen Teilen der AVB erläutert. Einige Beispiele für solche rechtserhebliche und wortgleich wiederkehrende Bestandteile der Vertragstexte außerhalb der AVB seien im Folgenden genannt:

21   In **allen Antragsformularen** pflegt gesagt zu werden, daß der Antragsteller allein für *Richtigkeit und Vollständigkeit der Angaben im Antrag* verantwortlich ist, mag auch ganz oder teilweise ein Agent oder ein sonstiger Dritter den schriftlichen Antrag ausfüllen. Vorrang hat aber die Zurechnung des Wissens des Agenten in den Grenzen von §§ 43, 47 VVG, BGH RuS 88, 123 = VersR 234 = NJW 973, Hamm RuS 88, 284, 373, vgl. A IV 22. Ferner wird in den Antragsformularen auf die Rechtsfolgen unrichtiger vorvertraglicher Anzeigen nach §§ 16 ff. VVG hingewiesen, vgl. Abschnitt N II. Fehlende Anworten sollen, so die Antragsformulare, als Verneinung gelten, vgl. dazu PM § 16 Anm. 6. Alle diese, teilweise freilich nur deklaratorischen, Formulierungen könnten auch in den AVB stehen. Dies gilt ebenso für die Hinweise auf die Grenzen der Vollmacht des Agenten, auf die Notwendigkeit der schriftlichen Form bei Nebenabreden usw. Rechtlich sind ohnehin **Antragsformulare** begrifflich **zugleich AVB** und AGB, also kontrollfähig nach §§ 3, 5, 9 AGBG **kontrollfähig,** A V 3.

22   Unberührt durch den Antragsvordruck bleibt die **Empfangsvollmacht des Agenten** gemäß § 43 Nr. 1 VVG für Anzeigen des VN. Der Vr erlangt daher durch **mündliche Äußerungen des VN** gegenüber dem Agenten *Kenntnis von Gefahrumständen,* die gemäß § 17 Abs. 2 VVG einen Rücktritt wegen unvollständiger vorvertraglicher Anzeige ausschließt. § 44 VVG (keine Wissenszurechnung bei Vermittlungsagenten) ändert daran nichts, BGH RuS 88, 123 = 286. Der in A IV 21 zitierte Vermerk im Antragsformular über die Verantwortung für Antworten im Antragsformular bleibt gegenüber § 43 Nr. 1 VVG wegen § 47 Satz 2 VVG wirkungslos. Grob fahrlässig im Sinn von § 47 Satz 1 VVG ist die Unkenntnis des Antragstellers von jenem Vermerk frühestens ab Unterzeichnung des Formulars, also erst **nach** dem Zeitpunkt, in dem der Vr Kenntnis im Sinn von § 17 Abs. 2 VVG erlangt hatte.

23   Ganz offensichtlich in den AVB selbst müßte der *Zeitpunkt der Prämienfälligkeit* geregelt sein, was jedoch erstmals erst durch §§ 7 Nr. 1 AERB, 15 Nr. 1 VHB 84, 8 Nr. 1 AFB 87, AERB 87, AWB 87, AStB 87, 19 Nr. 1 VGB 88 realisiert wurde, vgl. P I 4. Nach §§ 8 Nr. 1 AFB 30, AEB, 7 Nr. 1 AWB 68, AStB 68, 8 Nr. 1 VHB 74, 10 Nr. 1 VGB 62 sollte die Jahresprämie dagegen zu Beginn jedes VJahres fällig sein, während die Vertragstexte (Antragsformular und VScheine) diesen Zeitpunkt auf den Monatsersten vorverlegt. Das gleiche galt für die *erweiterte Einlösungsklausel* zu den AFB 30, AERB und AEB, vgl. K III 5 und 7.

24   In der **Industrie-FeuerV** werden die versicherten Sachen durch die sog. Positionen-Erläuterung abgegrenzt, vgl. H II 6 und H III 1, aber auch schon A II 16 sowie A IV 16. Auch dies könnte rechtlich ebenso in den AFB 87 oder früher in den ZFgA 81 b geschehen, was deren Umfang allerdings stark erweitern würde, denn insbesondere die Positionen für Gebäude und Betriebseinrichtung werden sehr eingehend erläutert, und zwar teilweise abweichend von den Definitionen des BGB für bewegliche und unbewegliche Sachen. Ein Beispiel für die Möglichkeit einer – wenigstens negativen – *Definition des Begriffs der Betriebseinrichtung* in den AVB bilden § 2 Nr. 3 AERB sowie

§§ 2 Nr. 6 AFB 87, 2 Nr. 5 AERB 87, 2 Nr. 6 AWB 87, AStB 87. Trotzdem ist die Definition in der Positionen-Erläuterung für die Industrie-FeuerV praktisch vorzuziehen, denn andernfalls müßte für jede Position entweder ein Stichwort oder wenigstens eine Nummer gefunden werden, deren Bedeutung durch eine Definition in den AFB 87 usw. auf sehr lange Zeit festgeschrieben wäre.

Auch die **gebündelte Geschäftsgebäude V** bietet ein Beispiel für vorformu- 25 lierte Abgrenzungen der versicherten Sachen außerhalb der AVB. Dort werden nämlich formularmäßig durch die sog. Pauschaldeklaration (A II 30) auch gewisse *bewegliche Sachen* als besondere Positionen mitversichert, z. B. Mietereinbauten oder Zubehör, das der Instandhaltung dient, vgl. Texte 39 sowie F V 13. Dies verstößt zwar *nicht* gegen die geschäftsplanmäßige Abgrenzung der *Gebäudeposition* in §§ 2 Nr. 2 AWB 68, AStB 68, AWB 87, AStB 87, denn für die beweglichen Sachen werden besondere Positionen gebildet, geht allerdings über die Kurzbezeichnung „GeschäftsgebäudeV" (A III 32) in der Formularüberschrift hinaus. Daß die Begriffe der Mietereinbauten und des Zubehörs, das der Instandhaltung dient, Teil des Geschäftsplans und der genehmigten AVB sein müßten, wird man so lange nicht einwenden können, wie z. B. auch die Positionen-Erläuterung in der Industrie-FeuerV außerhalb der AFB 87 bestehen bleibt, vgl. A IV 24. Außerdem verweisen immerhin §§ 2 Nr. 1 AWB 68, AStB 68, AWB 87, AStB 87 wegen der versicherten – beweglichen wie unbeweglichen – Sachen auf den VSchein.

In der **gebündelten GeschäftsV** für bewegliche Sachen werden ebenfalls die 26 versicherten Sachen durch einen vorgedruckten Vertragstext abgegrenzt, H III 8, insbesondere die Hauptposition durch die Worte „Technische und kaufmännische *Betriebseinrichtung* mit allem Zubehör, jedoch ohne Kraftfahrzeuge, Geld, Wertpapiere und Datenträger, sowie die gesamten *Vorräte*"; auch für die Positionen der *Nebenrisiken* enthält die Pauschaldeklaration der gebündelten GeschäftsV Abgrenzungen, die teilweise in den AVB und Klauseln kein Vorbild haben. Eine Verweisung auf den VVertrag enthalten §§ 2 Nr. 1 AWB 68, AStB 68, AFB 87, AERB 87, AWB 87, AStB 87 sowie § 2 Nr. 1 AERB, während die Verweisung in §§ 2 Nr. 1 AFB 30, AEB gefehlt hatte. Immerhin wurde sie auch dort stillschweigend vorausgesetzt, indem eine Regelung über die Eigentumsverhältnisse getroffen war, welche eine Abgrenzung der versicherten Sachen ihrer Art nach durch den Vertragstext voraussetzt, H I 1.

In der **Hausrat- und WohngebäudeV** sind formularmäßige Vertragstexte in 27 den Antrags- und VScheinformularen relativ seltener, insbesondere weil §§ 2 Nr. 1 VHB 74, 1 VHB 84 eine – allerdings sehr auslegungsbedürftige, vgl. H IV 3 ff. – Definition des versicherten Inbegriffs des Hausrats enthalten. Auch § 1 Nr. 2 bis 4 VGB 88 grenzt die in der WohngebäudeV versicherten Sachen einschließlich gewisser Zubehörstücke jetzt genauer ab; wegen der VGB 62 vgl. A IV 26 und F V 7 bis 14 der 2. Aufl. Die in der Hausrat- und WohngebäudeV formularmäßig vorgedruckten Teile des Vertragstextes sind fast nur Wiederholungen von Teilen der VHB 74, VHB 84 und VGB 88 sowie zugehöriger Klauseln. So entspricht z. B. die vorgedruckte Verlängerungsklausel dem Inhalt von §§ 21 VHB 74, 15 Nr. 4 VHB 84, 22 VGB 62, 19 Nr. 4 Satz 2 VGB 88.

28   **Antragsfragen** und die Antworten auf solche Fragen sind nicht Vertragsbestandteil im engeren Sinne, vgl. PM § 16 Anm. 7 und z. B. G III 16 und 19, G IV 85, H III 17, M I 22 (vgl. dort auch wegen gegenteiliger Entscheidungen) und N IV 55, sondern können nur Rechtsfolgen nach den AVB oder §§ 16 ff. VVG auslösen, soweit die Antworten unrichtig sind. Wird z. B. die Antragsfrage nach der örtlichen Lage der gemäß Pauschaldeklaration der GeschäftsV gegen Diebstahl versicherten Räume unrichtig nur mit dem Wort „Erdgeschloß" beantwortet, so werden dadurch Lagerräume in einem Dachboden nicht etwa entgegen dem Wortlaut der Pauschaldeklaration vom VSchutz ausgenommen, LG Bielefeld RuS 89, 26. Wird in *Hausratsanträgen* nach dem Wert vorhandener Pelze oder nach Kunstgegenständen oder echten Teppichen im Einzelwert von mehr als 10 000 DM gefragt, so bedeutet dies weder einen Ausschluß nicht angegebener Sachen (teilweise abweichend Köln VerBAV 68, 13), noch sind spätere Veränderungen der Zusammensetzung des versicherten Hausrats als Gefahrerhöhung anzusehen (U III 2 und PM § 54 Anm. 1). Auch bei der Bezeichnung der Wohnung als HausratVOrt spielt der Unterschied zwischen Vertragsinhalt und Inhalt von Antworten auf Antragsfragen eine Rolle, vgl. G IV 85.

29   **Zusammenfassend** ist festzustellen, daß die Vertragstexte in Antrags- und VScheinformularen vor allem diejenigen Teile des Vertrages enthalten, die sich nicht aus den AVB ergeben, also vor allem Punkte, die *individuell* vereinbart werden müssen, A IV 18, darüber hinaus aber aus praktischen Gründen und mit Duldung der Aufsichtsbehörde (A IV 19) auch gleichlautend wiederkehrende Texte, die großenteils nicht in den AVB und auch nicht in genehmigten Klauseln erscheinen, obwohl es sich rechtlich um AVB handelt, A IV 21. Neben der Definition der versicherten Sachen und der Prämienfälligkeit gehört hierher im Bereich der AFB 30 und AEB auch die Verlängerungsklausel, während diese Klausel in den übrigen AVB (K IV 5) bereits enthalten ist.

30   Selbstverständlich sind die Vr bemüht, wiederkehrende Vertragsbestandteile außerhalb des Geschäftsplans möglichst einzuschränken, also im Zweifel wenigstens eine Klausel genehmigen zu lassen, soweit nämlich eine *sofortige AVB-Änderung zu kostenaufwendig* wäre. Die Klausel kann dann, wenn sie in allen Verträgen eines VZweigs oder wenigstens in einer größeren Gruppe von Verträgen als sog. Standardklausel im Sinn von A IV 34 verwendet werden soll, in die vorgedruckten Antrags- und VScheinformulare aufgenommen werden. Soweit Antragsformulare und VScheine Teile der AVB enthalten, die an anderer Stelle des Formulars ohnehin zum Vertragsbestandteil erklärt werden, dient dies nur der besseren Übersichtlichkeit und Lesbarkeit des ganzen Formulars.

31   b) Wichtigster Inhalt der Antrags- und VScheinformulare ist die ausdrückliche oder (K I 2) stillschweigende **Verweisung auf die AVB.** Die AVB werden einerseits nur durch Vertrag rechtsverbindlich, sind aber andererseits wie Gesetze „objektiv" auszulegen, also unabhängig von dem feststellbaren oder nicht feststellbaren Parteiwillen im Einzelfall, vgl. PM Vorbem. I 6 B und III A 2, und z. B. (A II 7) auch unabhängig davon, ob ein und dieselben AVB im Einzelfall einem Vertrag mit einem Kaufmann in dessen gewerblichen Le-

bensbereich oder aber einem Vertrag im privaten Lebensbereich eines VN zugrundeliegen. Die Auslegung ist in der Revisionsinstanz nachprüfbar, PM Vorbem. III B 1. Der Grundsatz der objektiven Auslegung von AVB in Verbindung mit der **Wortgleichheit der AVB** in allen Verträgen der großen Mehrzahl aller Vr gewährleistet ein hohes Maß an *Rechtssicherheit* und ermöglicht z. b. auch erst die vorliegende gemeinsame und parallele Erläuterung mehrerer AVB aller deutschen SachVr. Die Wortgleichheit der AVB ist auch wirtschaftlich geboten, damit die Vr nicht nur jeder für sich allein, sondern auch gemeinsam und damit auf breiterer statistischer Basis richtige Prämien kalkulieren können, A IV 14. Bis zum Jahr 1987 hatten auch die Aufsichtsbehörden bei gleichem sachlichen Inhalt möglichst nur AVB genehmigt, die wortgleich verwendet werden sollten.

Dieser sog. **Grundsatz der Markttransparenz** war allerdings zu keiner Zeit **32** gesetzlich verankert und wird im Hinblick auf die bevorstehende Dienstleistungsfreiheit auf EG-Ebene und wegen wettbewerbsrechtlicher Bedenken seit 1987 nur noch sehr zurückhaltend angewendet. **Weggefallen** ist auch das sog. **Sammelgenehmigungsverfahren** unter Mitwirkung der VrVerbände; Genehmigungsanträge werden jetzt nicht mehr nur rechtlich, sondern auch im tatsächlichen technischen Ablauf durch jeden Vr gesondert eingereicht. In den hier behandelten VZweigen galt dies erstmals für die AFB 87, AERB 87, AWB 87 und AStB 87 (VerBAV 87, 330, 339, 349, 358) nebst Klauselheft (VerBAV 87, 367) sowie für die VGB 88 (VerBAV 89, 69). Die wortgleiche Verwendung der erläuterten AVB durch alle Vr ist somit neuerdings noch weniger gewährleistet als früher, vgl. schon Ziffer 4 a. E. der Einleitung.

Die AVB werden in den Antrags- und VScheinformularen meist (vgl. aber **33** A IV 38) genau bezeichnet, indem ihre *Überschrift zitiert* wird. Soweit AVB bei unveränderter Überschrift (insbesondere ohne Zusatz einer Jahreszahl) geändert wurden, ist im Zweifel die Fassung zur Zeit der Antragstellung maßgebend; oft wird dies in den Formularen auch erwähnt. Allerdings kann sich der Vr schadenersatzpflichtig machen, wenn er bei Vertragsänderungsanträgen (K I 9) oder sog. Ersatzanträgen (K I 12 bis 22) auf die Verschlechterungen gegenüber früheren AVB nicht besonders hinweist. Die Überschrift der in vorliegendem Kommentar erörterten Bedingungswerke sind in A III 20 bis 29 zitiert, vgl. im übrigen den Abdruck in Texte 5, 6, 14, 15, 16, 17, 18, 21, 22, 30, 31, 32, 33 und 46.

Die AVB werden ihrerseits durch **Sonderbedingungen und Klauseln** ergänzt. **34** Wenn nicht alle, sondern nur ein Teil der Verträge von den AVB abweichen sollen, so ist eine Klausel der rechtstechnisch richtige Weg, diese Abweichung im Geschäftsplan zu verankern, vgl. A II 37 wegen Klauseln für die Industrie-FeuerV. Aber auch wenn sämtliche Verträge die neue Regelung enthalten sollen, werden oft nicht die AVB geändert, sondern es wird eine (sog. **Standard-**)**Klausel** genehmigt (Ollick VerBAV **81**, 34), weil eine Änderung der Bedingungen mehr Verwaltungskosten verursachen würde, vgl. Ziffer 4 der Einleitung; allerdings darf ein gewisses Maß an formaler Zersplitterung nicht überschritten werden, A II 34. Auch Sonderbedingungen und Klauseln sind also aufsichtsrechtlich (A IV 19) und ihrem Wesen nach *„Allgemeine VBedingungen"* im Sinn von A IV 31.

35   Der Gebrauch von Klauseln wird entweder für den gesamten **Anwendungsbereich** der ergänzten oder abgeänderten AVB oder nur für Teile davon aufsichtlich genehmigt. Letzteres war bis 1987 in der *Industrie-FeuerV*, in der *landwirtschaftlichen FeuerV* und in der *sonstigen allgemeinen FeuerV* (A III 21) üblich, was allerdings zu einem sehr unübersichtlichen Zustand und zu Lücken im System der genehmigten Klauseln geführt hatte. So war z. B. über Jahrzehnte hinweg für die nichtindustrielle FeuerV keine geschäftsplanmäßige Klausel für die MitV der Feuerlöschkosten genehmigt, vgl. jetzt aber § 3 Nr. 3b AFB 87 und Kl 844 für Wohngebäude, W III 1.

36   Die Situation hatte sich bereits 1981 spürbar gebessert, als das Klauselheft für die Allgemeine SachV (Texte 33 der 2. Aufl.) sowie für die Industrie-FeuerV anstelle der ZFgA (Sammlung von Einzelfallklauseln gemäß Texte 8 der 1. Aufl.) die ZFgA 81 und 1985 die ZFgA 81b (Texte 11 der 2. Aufl.) genehmigt wurden. Ferner wurde 1985 eine Sammlung teils überarbeiteter, teils unverändert übernommener Einzelfallklauseln für die Industrie-FeuerV genehmigt (Texte 12 der 2. Aufl. anstelle von Texte 10 der 1. Aufl.), vgl. näher A IV 30 bis 32 der 2. Aufl. sowie die Übersicht über den Anwendugnsbereich der verschiedenen Klauselsammlungen und Sonderbedingungen in Seite 11 der 2. Aufl.

37   Weiter verbessert wurde die Übersichtlichkeit 1987, denn die neue Klauselsammlung (VerBAV 87, 367) wurde für den gesamten Anwendungsbereich der AFB 87, AERB 87, AWB 87 und AStB 87 genehmigt, vgl. schon A II 36 und 37. Sonderbedingungen gibt es daneben nicht mehr für die Industrie-FeuerV, sondern nur noch für die FeuerV landwirtschaftlicher Betriebe, nämlich die LZB 87 (VerBAV 87, 330). Allerdings wird es lange dauern, bis der Vertragsbestand der Vr voll auf die AVB von 1987 und die vereinheitlichten Klauseln umgestellt sein wird. Gleichzeitig droht neue Zersplitterung durch die Dienstleistungsfreiheit auf EG-Ebene, A IV 32, und durch die Verbreitung der AllgefahrenV bei Großrisiken, A I 12 und A II 41.

38   c) Soweit die Antrags- und VScheinformulare nicht selbst bestimmte Klauseln oder sogar einzelne AVB-Vorschriften im Wortlaut enthalten, A IV 29, verweisen die Formulare **auf die Klauseltexte.** Hierbei gibt es jedoch Unterschiede zwischen den Antragsformularen und den VScheinformulare. Im *VScheinformular* wird entweder für den Einzelfall geschrieben oder in gedruckten Anlagen der Text der vereinbarten Klauseln *im Wortlaut* mitgeteilt. Im *Antragsformular* werden dagegen oft nur ganz *allgemein* „Sonderbedingungen, Klauseln und Hinweise" zu den vereinbarten AVB als Bestandteil des Antrags bezeichnet, ohne daß die Überschrift oder auch nur die Anzahl der erforderlichen Klauseln genannt würde; anders liegt es nur, wenn der Vr im Antrag bestimmte Klauselüberschriften oder die Überschrift eines „**Klauselbogens**" (Zusammenstellung genehmigter Standardklauseln) genau zitiert.

39   Die Gründe für diese Ungenauigkeit liegen in dem Bestreben, die für den Vertragsschluß aufzuwendenden Verwaltungskosten des Vr niedrig zu halten. Der Antrag soll durch den VN gestellt werden, und der Vr soll dann möglichst keine weitere Korrespondenz führen müssen, sondern den *Antrag* in der Regel *unverändert annehmen* können. Wenn aber z. B. aufgrund der speziellen Risikolage des Einzelfalls die im Antrag vorgesehene (oder stillschweigend in Bezug genommene) Tarifprämie nur unter bestimmten zusätz-

lichen Sicherheitsvoraussetzungen akzeptiert werden kann, dann müssen diese Sicherheitsanforderungen Vertragsbestandteil werden, indem der Vr z. b.
bestimmte gefahrmindernde Obliegenheiten in den VSchein aufnimmt. Hierbei soll es sich aus der Sicht des Vr aber möglichst *nicht* um Abweichungen
vom Antrag gemäß § 5 VVG handeln, die der Vr besonders kennzeichnen
müßte, sondern der Antrag soll durch eine allgemeine Verweisung auf „Sonderbedingungen, Klauseln und Hinweise" dem Vr entsprechenden *Spielraum*
lassen.

Selbstverständlich bedeutet eine unpräzise Verweisung *nicht,* daß der Vr   40
beliebige Klauseln einfügen und daher den beantragten VSchutz beliebig einschränken oder gar verteuern dürfte. Ein so weitgehender Blankoinhalt des
Antrags wäre wegen § 5 Abs. 4 VVG unwirksam, vgl. näher K I 7. Gemeint
sind vielmehr nur Klauseln und Sonderbedingungen, mit denen der VN aufgrund des übrigen Antragsinhalts rechnen muß. Neben den schon erwähnten
zusätzlichen Sicherheitsvorschriften sei z. B. an die NwlG 80 erinnert. Wenn
der VN eine Summe zum Neuwert beantragt, die AVB jedoch (wie die AFB
30, AEB, AWB 68 und AStB 68) vom Zeitwert ausgehen, so rechnet der VN
ohne Zweifel mit ergänzenden Neuwert-Sonderbedingungen als Vertragsbestandteil, auch wenn er deren Einzelheiten bei Antragstellung nicht kennt.
Ob der VN mit der Wiederherstellungsklausel Kl 1716 (früher 5.04 und 1801)
ohne Zitat rechnen muß, wird in R IV 2 erörtert. Dagegen braucht ein Wohn-
gebäudeVAntragsteller z. B. nicht damit zu rechnen, daß der Vr die Kl 850 als
Antragsinhalt ansehen werde, weil dadurch der Deckungsumfang gegenüber
den VGB 62 vermindert würde, LG Aachen VersR 88, 684; Einzelheiten vgl.
K I 6 sowie E I 12 und 52.

Wenn und soweit dem Vr zuzumuten ist, die Klauseln schon im Antrags-   41
formular *genau* zu bezeichnen, muß der Vr dies auch tun. Der Vr sollte
insbesondere sog. Standardklauseln, die sämtlichen Verträgen zugrunde liegen sollen, für die auch das Antragsformular gilt, schon im Antragsformular
abdrucken oder mit ihrer Überschrift genau bezeichnen oder in einem „Klauselbogen" (A IV 38) zusammenstellen und diesen im Antragsformular zitieren. Unklarheiten des Antragsformulars dürfen dem VN nur zugemutet werden, soweit dies im Interesse einer Verwaltungskostenersparnie wirklich unvermeidlich ist, K I 7. Überschreitet der Vr jene Grenzen, so kann er sich auf
den Inhalt der Klauseln wegen § 5 VVG in der Regel nicht berufen, vgl. im
einzelnen K I 36 bis 54.

3. Neben dem Vertragstext einschließlich der AVB bestimmen auch die   42
Gesetze den Inhalt des VVerhältnisses. Das VVerhältnis ist ein durch Vertrag
begründetes Schuldverhältnis, ähnlich wie Kauf, Miete, Dienst- oder Werkvertrag usw.; diese Schuldverhältnisse sind in §§ 433ff. und ergänzend im
HGB geregelt. Das VVerhältnis wäre seiner Art nach ebenfalls im HGB zu
regeln gewesen, weil meist mindestens ein Vertragspartner den VVertrag im
Rahmen seines Handelsgeschäfts abschließt, nämlich der Vr (anders allerdings bei VVereinen auf Gegenseitigkeit). Aus historischen und praktischen
Gründen wurde jedoch die Form eines besonderen Gesetzes gewählt, was
wegen des Umfangs des Rechtsgebiets schon damals gerechtfertigt war. Es
handelt sich um das „**Gesetz über den Versicherungsvertrag**" (VVG) vom 30. 5.

1908, das inzwischen vielfach ergänzt und geändert wurde, und das in Texte 1 auszugsweise abgedruckt ist, nämlich mit seinen allgemeinen Vorschriften für alle VZweige (§§ 1 bis 48 VVG) und für die gesamte Schadenversicherung (§§ 49 bis 80 VVG) sowie mit den besonderen Vorschriften für die FeuerV (§§ 81 bis 107c VVG).

43 Die FeuerV ist der einzige der hier behandelten VZweige, die das VVG (in §§ 81 bis 107c) im einzelnen regelt, weil nämlich die übrigen Zweige der SachV in den Entstehungsjahren des VVG vor 1908 noch wenig entwickelt waren. Die Beschränkung des VVG auf die FeuerV ist jedenfalls eine bloße historische Zufälligkeit (Schaefer VersR 78, 9). Daher sind die Vorschriften über die FeuerV **auch auf die übrigen Zweige der klassischen SachV anzuwenden** (Ollick VerBAV 82, 43 gegen PM 22. Aufl. vor § 81 Anm. 3b; richtig 23. und 24. Aufl. aaO), vgl. auch L I 3, L II 4 und Y IV 3 sowie wegen besonderer Probleme der kombinierten VZweige P II 14 der 2. Aufl. BGH VersR 89, 912 = RuS 294 = VerBAV 378 **verneint** hingegen eine analoge **Anwendungsmöglichkeit** für § 102 VVG auf „die **LeitungswasserV**", gleichgültig ob diese mit einem – rechtlich selbständigen – FeuerVVertrag „gebündelt" sei oder nicht. Tatsächlich lag dem BGH-Fall aber eine verbundene WohngebäudeV nach den VGB 62 zugrunde, also ein einheitlicher Vertrag sowohl gegen Feuer- wie gegen Leitungswasserschäden, der daher ebensowenig als „Leitungswas-serV" wie als „FeuerV" bezeichnet werden durfte. Auf solche **kombinierten** Verträge nach den **VGB 62** wird man § 102 VVG nur **partiell** anwenden dürfen, nämlich nur bei Feuerschäden. Das gleiche gilt nach den VGB 88, denn § 23 Nr. 6 VGB 88 muß nicht zwingend auch auf Leitungswasserschä-den bezogen werden. §§ 16 **Nr. 6 AWB 87, AStB 87** erweitern hingegen **konstitutiv** den Anwendungsbereich des § 102 VVG, R IV 5.

44 Wie schon in der Einleitung (Ziffer 7 nach a bis d) erwähnt, gelten neben dem VVG auch die Vorschriften *anderer Gesetze*, vor allem des **HGB** und des **BGB**. Das VVG regelt das VVerhältnis nur, soweit Abweichungen gegenüber allgemeinen Vorschriften des HGB und des BGB geboten sind, so z.B. in § 5 VVG gegenüber 150 BGB, K I 36 bis 54. Wo dies nicht zutrifft, läßt das VVG die Regelungen des BGB und des HGB unberührt und auch für VVerträge gelten, so z.B. bei den in der Einleitung aaO genannten Fragen des *Verzugs-schadensersatzes* und der *ungerechtfertigten Bereicherung*. BGB und HGB gelten allerdings immer nur ergänzend und im Zusammenwirken mit Vor-schriften des VVG und mit dem Vertragsinhalt (AVB). Soweit dieser Zusam-menhang es erfordert, befaßt vorliegender Kommentar sich auch mit Vor-schriften des BGB und des HGB. Die zum VVertragsrecht häufiger ergän-zend anzuwendenden §§ 93 bis 95, 97, 269 bis 271, 284 bis 286, 288, 812 bis 820 BGB und §§ 352, 353 HGB sind in Texte 3 und 4 abgedruckt. Übrigens ist der gerade im VRecht beherrschende Grundgedanke von Treu und Glau-ben (PM Vorbem. II 3) letztlich nichts anderes als die Anwendung einer Vorschrift des BGB, nämlich des § 242 BGB, auf den VVertrag.

45 Ähnlich wie bei den schuldrechtlichen Verträgen des Kaufs, der Miete, des Dienst- oder Werkvertrags usw. liegt durch die gesetzliche Regelung des VVG eine **Vertragsordnung für den Normaltyp eines VVerhältnisses** bereit, auf welche die Parteien stillschweigend zurückgreifen, wenn sie nur das Wort Kauf oder Miete usw. oder das Wort „Versicherung" gebrauchen. Nun ist

allerdings der VVertrag ein weniger alltägliches Geschäft als vor allem der Kaufvertrag; außerdem ist die Ware des Vr nicht greifbar, sondern besteht in der Übernahme eines abgegrenzten Risikos, vgl. Ziffer 9 der Einleitung. Deshalb kommen VVerträge meist schriftlich und meist nicht durch einen isolierten Gebrauch des Wortes „V" zustande, sondern der *Vertragsinhalt* wird entweder für die Einzelfall formuliert (selten) oder für eine Vielzahl von Fällen wortgleich (A IV 14) *durch AVB festgelegt,* letzteres stillschweigend sogar dann, wenn der Vertrag mündlich geschlossen wird, wie dies vor allem bei der Vereinbarung einer sog. vorläufigen Deckung vorkommt, vgl. K I 1 bis 12.

Anders als z. B. im Kaufrecht des BGB liegt die **Bedeutung der Vorschriften** 46 **des VVG** über den VVertrag also nur darin, daß der zwischen den Parteien durch die AVB schon verhältnismäßig detailliert vereinbarte **Vertragsinhalt ergänzt** wird, und zwar um Punkte, die weder durch die Vertragspartner noch durch die Verfasser der AVB geregelt wurden, entweder weil man diese Punkte vergessen hat oder weil sie den Vertrags- oder AVB-Text zu sehr belasten würden. Der *Vertragstext* einschließlich der AVB hat grundsätzlich *Vorrang* vor den gesetzlichen Vorschriften, dies allerdings *nur,* soweit es sich um dispositive (A IV 47) und *nicht* um zwingende oder halbzwingende (A IV 48) oder aber um Vorschriften handelt, die zu den Grundzügen der gesetzlichen Regelung im Sinn von § 9 Abs. 1 Nr. 2 AGBG gehören oder von denen der Vr durch seine AVB im Interesse des Vertragszweckes nach § 9 Abs. 2 Nr. 2 AGBG nicht abweichen darf; zu § 9 AGBG vgl. zusammenfassend A V 6 ff.

a) Abdingbare (dispositive) **Vorschriften** enthielt ursprünglich ganz über- 47 wiegend das VVG, als es 1908 in Kraft trat. Gedanklich wie der Zahl nach waren unabdingbare Vorschriften seltene Ausnahme, abdingbare Vorschriften die Regel. Der Gedanke der **Vertragsfreiheit** war beherrschend. Ebenso wie man überhaupt keinen VVertrag schließen konnte, so konnte man den Inhalt des VVertrags beliebig ausgestalten, insbesondere den VSchutz beliebig einschränken.

b) Zeitlich in einem gewissen Zusammenhang mit der durch zunehmenden 48 Kraftfahrzeugverkehr steigenden Bedeutung der PflichtV nahm auch die Zahl der **zwingenden** oder zugunsten des VN **halbzwingenden VVG-Vorschriften** stark zu, insbesondere durch eine VVG-Änderung im Jahr 1939. Eine vollständige Zusammenstellung findet sich bei PM Vorbem. I 1 a und b. Überwiegend sind die nachträglich eingefügten **Beschränkungen der Vertragsfreiheit** schon dadurch erkennbar, daß in einem § mit dem Nummern-Zusatz „a" andere Vorschriften bezeichnet sind, von denen nicht zum Nachteil des VN abgewichen werden darf: §§ 15a, 34a, 68a VVG usw. Wegen § 192 Abs. 2 VVG der für die öffentliche SachV die Vertragsfreiheit zunächst aufrechterhalten hatte, vgl. A IV 5 bis 7; durch § 9 AGBG wurde jenes Privileg der öffentlichen SachVr allerdings nahezu beseitigt, vgl A IV 8 bis 10.

Durch §§ 15a usw. VVG haben sich innerhalb des VVG die Gewichte 49 verschoben. Im Vordergrund stehen nicht mehr die fertigen Vertragsordnungen, von denen die Parteien Gebrauch machen können, wenn sie nicht für den Einzelfall oder durch AVB die Formulierungsarbeit selbst übernehmen wollen, A IV 45, sondern im Vordergrund stehen *Regeln, die von den Vertragsparteien beachtet werden müssen,* wenn sie einen Vertrag oder AVB rechtswirksam formulieren wollen. Zu dieser Gewichtsverschiebung hat auch beigetragen, daß das VVG nur die schon im Jahr 1908 gebräuchlichen VZweige im einzelnen regelt, daß diese Regelung später aber nicht fortgeschrieben wurde; daher fehlen für den Bereich der SachV im VVG insbesondere Vorschriften für die heute sehr gebräuchlichen Zweige der Diebstahl- und RaubV, der Leitungswasser V, der SturmV und der GlasbruchV sowie für die kombinierten VZweige der Hausrat- und WohngebäudeV; soweit es sich nicht um die Abgrenzung der versicherten Gefahren, sondern um allgemeine Rechtsfragen der SachV handelt, sind allerdings §§ 81 ff VVG, also die Regelung über die FeuerV, auf die genannten VZweige analog anwendbar, A IV 42.

50   Auch in vorliegender Erläuterung der AVB der SachV sind die Vorschriften des VVG in erster Linie in dem Sinn zu berücksichtigen, daß gegebenenfalls geprüft wird, ob bestimmte AVB-Vorschriften mit den zwingenden oder halbzwingenden Vorschriften des VVG vereinbar sind, vgl. z.B. D VIII 14, F III 6 und 40 sowie zusammenfassend O II 74 zur Unzulässigkeit einer vertraglichen Erweiterung des **Repräsentantenbegriffs** wegen § 15a VVG oder G II 12, J V 6 und P II 7 zur Unzulässigkeit der Vereinbarung des **Verfalls der Jahresprämie** bei Interessewegfall wegen § 68a VVG oder N III 19 zur Unzulässigkeit einer Beschränkung der Möglichkeit der **Kompensation von gefahrerhöhenden Umständen** wegen § 34a VVG oder N IV 3 bis 28 zu den Zweifeln an der Zulässigkeit in voraus vereinbarter **Prämienverbesserung** für den Fall von Gefahrerhöhungen sowie N IV 30 wegen der Unwirksamkeit der **Vereinbarung von Gefahrerhöhungstatbeständen,** die nicht schon kraft Gesetzes Gefahrerhöhungen darstellen.

51   Besonders bedeutsam innerhalb der Anwendungsprobleme halbzwingender VVG-Vorschriften ist die Frage, welche als Risikoabgrenzung formulierten AVB-Vorschriften der Sache nach wegen § 15a VVG als **verhüllte Obliegenheiten** anzusehen sind, vgl. zusammenfassend M III 4 bis 18 wegen der sog. *Verschlußvorschriften* in der Diebstahl- und HausratV, U II 16 und U III 9 speziell wegen Verschlußvorschriften in Form von *Entschädigungsgrenzen,* D VIII 14 wegen *Schlüsselverwahrung* durch Dritte als Gewahrsamsträger, D XV 22 bis 25 und 50 wegen der *Nachtzeitregelung* für Fahrräder und Kfz-Inhalt, F III 55 wegen der Beschränkung der *Zahl gleichzeitiger Transporte,* die gegen Raub versichert sind, F IV 43 wegen § 2 AWSB, K III 14 bis 16 wegen der Abhängigkeit des VSchutzes gegen Diebstahl vom *Einbau zusätzlicher Sicherungen,* M I 28 wegen des Entleerens von Registrierkassen, M III 53 wegen eines vereinbarten Kassenhöchstbestandes in der GeschäftsV gegen Raub, M III 55 wegen der sog. Boteneigenschaft in der TransportraubV, M III 58 wegen der Zahl der Transportpersonen in der TransportraubV, M III 64 bis 69 wegen verhüllter Anzeigeobliegenheiten in der WohngebäudeV nach den VGB 88, R IV 21 wegen der Wiederherstellungsklauseln, W V 35 wegen der Meldung von behördlichen Dekontaminationsauflagen und T II 16 wegen Abdeckung eines Selbstbehaltes durch einen zweiten VVertrag.

52   c) Durch das AGBG von 1976, welches auf die „Grundzüge der gesetzlichen Regelung" durch das VVG als Kontrollmaßstab verweist, erlangte ein

großer Teil der dispositiven Bestimmungen des VVG indirekt ebenfalls zwingende Wirkung, vgl. A V 11 sowie Schirmer 274 und Martin 326 in Schirmer/ Martin. Die Auswirkungen des AGBG auf die AVB lassen sich selbst mehr als 10 Jahre nach dem Inkrafttreten des Gesetzes noch nicht voll überblicken. Vielmehr bleibt die Kontrolle älterer und neu hinzukommender AVB nach dem AGBG mit Hilfe des dort verwendeten wertausfüllungsbedürftigen Rechtsbegriffe wie „unangemessen", „Vertragszweck" auch für die Zukunft eine Daueraufgabe, Martin 308 und 334 in Schirmer/Martin. Wegen der überragenden Bedeutung des AGBG wird dieser Rechtsquelle der nachfolgende Abschnitt A V gewidmet. In knapper Form werden die rechtlichen Schwierigkeiten der Anwendung des AGBG auf AVB im allgemeinen wie auch unter besonderer Berücksichtigung der SachV erörtert.

V. AGB-Gesetz und AVB der Sachversicherung

Das AGB-Gesetz (AGBG) kodifiziert seit 1976 die schon zuvor in Jahr- 1 zehnten entwickelten Grundsätze über die sog. **gerichtliche Inhaltskontrolle** von allgemeinen Geschäftsbedingungen (AGB). Motiv der gesetzlichen Regelung ist die Erfahrungstatsache, daß der Verbraucher mangels Zeit und Vorbildung nicht in der Lage ist, vor Vertragsschluß das „Kleingedruckte" genau zu lesen und zu verstehen, zumal er laufend als Käufer ganz verschiedener Waren oder bei Inanspruchnahme von Dienstleistungen mit einer ganzen Reihe von verschiedenen Anbietern und AGB konfrontiert wird. Selbst wenn der Verbraucher ausnahmsweise die nötigen Kenntnisse besitzt und sich die nötige Zeit für eine Diskussion über die AGB nimmt, kann er den Verwender meist nicht zu einer Änderung derselben für seinen Einzelfall bewegen. Der Grundsatz der Vertragsfreiheit brächte ohne gerichtliche Inhaltskontrolle dem Verwender von AGB einseitige und ungerechtfertigte Vorteile.

Die Unternehmen unterliegen der Aufsicht durch die nach dem VAG oder 2 nach Landesrecht zuständige Aufsichtsbehörde. Trotzdem wurden entgegen einer mehrfach (Sieg BB 75, 846 und VersR 77, 489) erhobenen Forderung die **Allgemeinen VBedingungen im VBereich** nicht von der Inhaltskontrolle ausgenommen, sondern durch § 23 Abs. 3 AGBG indirekt sogar ausdrücklich **einbezogen**. Auch für die öffentlichen SachVr gibt es keine Ausnahme, vgl. A IV 11. Der VN bedarf des Schutzes nach dem AGBG sogar in besonderem Maß. VSchutz ist nämlich das nicht mit Händen zu greifende Produkt eines Dienstleistungsbetriebes, dessen Inhalt und Grenzen ausschließlich durch das sog. Kleingedruckte festgelegt werden. Anders als im Warenhandel kauft der VN nicht eine Hauptleistung, deren Qualität und Quantität er selbständig und ohne Lektüre von Kleindruck zu beurteilen in der Lage wäre.

Soweit gleichlautend wiederkehrend verwendete Vereinbarungstexte in 3 vorgedruckten **Antragsformularen** enthalten sind, unterliegen auch diese als AGB der Inhaltskontrolle, vgl. BGHZ 84, 268 (272) zu dem Wort „VBeginn" in vorgedruckten Antragsformularen der DiebstahlV, ferner allgemein zu vorformulierten Erklärungen BGH VerBAV 85, 245 (hier: Abfindungserklärung eines HaftpflichtVrs sowie LG Hamburg VersR 85, 329 zu einem Hausratantragsformular (Zurechnung des Wissens Dritter, die das Formular ausfüllen) und LG Düsseldorf NJW-RR 89, 1300 zu einem Unfallantragsformular (vorgedruckter Antrag auf zehnjährige Festlaufzeit); ebenso z. B. Schirmer bei Fußnoten 112 bis 116 in Schirmer/Martin sowie van de Loo 6. Daran scheitert der Vorschlag von Horn 72, bedenkliche Texte in der AVB allenfalls zu erwähnen, die Vereinbarung aber in den Einzelvertrag zu verlagern. Das gleiche gilt für den vorformulierten Text der sog. (A II 30 und A IV 26) **Pauschaldeklaration,** BGH RuS 89, 123 = VersR 395.

4 Außerdem ist bei VVerträgen die Chance des Verbrauchers, eine einzelvertragliche Abweichung von den AVB durchzusetzen, jedenfalls im sog. Massengeschäft ganz besonders gering. Die Prämienkalkulation des Vr setzt im Gegenteil die Gleichheit einer Vielzahl versicherter Risiken geradezu voraus, vgl. A IV 14. Der Vr würde seiner Prämienkalkulation den Boden entziehen, wenn er zu häufig bereit wäre, einzelvertragliche Abweichungen von den AVB zu akzeptieren.

5 1. Ist eine **AVB-Bestimmung** mit den Kontrollmaßstäben des AGBG unvereinbar, so ist sie **unwirksam,** wobei der **Vertrag** als ganzer nach § 6 Abs. 1 AGBG **wirksam** bleibt; wegen einer Grenzsituation bei Prämienanpassungsklauseln vgl. A V 36 bis 39. Außerhalb dieses Rahmens liegt jedoch § 5 AGBG, wonach Zweifel bei der Auslegung zu Lasten des Verwenders gehen. In der Regel sind Zweifel über den Inhalt von AVB auch ohne § 5 AGBG mit einem bestimmten Ergebnis zu beseitigen. Aber selbst wenn dies ausnahmsweise nicht möglich sein sollte, verhilft bisweilen noch die **Zweifelsregel des** § 5 AGBG zu einem bestimmten Auslegungsergebnis. Unwirksamkeit, wie sie in §§ 3, 9, 10, 11 AGBG angeordnet ist, kann nach § 5 AGBG nicht eintreten.

6 a) Das **Überraschungsverbot** des § 3 AGBG erklärt „ungewöhnliche" Klauseln für unwirksam. AGB werden also nur Vertragsbestandteil, soweit der Verbraucher mit ihrem Vorhandensein insgesamt und mit Bezug auf den Inhalt jeder einzelnen Bestimmung rechnen muß. § 3 AGBG hat aber neben § 9 AGBG nur ein recht kleines Anwendungsgebiet. Was unüblich ist, gefährdet nämlich meist zugleich den Vertragszweck im Sinn von § 9 Abs. 2 Nr. 2 AGBG. Immerhin ist denkbar, daß eine Ausschlußbestimmung zwar nicht gegen § 9 AGBG verstößt, jedoch so ungeschickt eingeordnet und (oder) so schwer verständlich formuliert ist, daß der VN „nach dem **äußeren Erscheinungsbild des Vertrages"** mit dem Ausschluß nicht zu rechnen braucht. Dies begründet einen Verstoß gegen § 3 AGBG. Entgegen Schirmer bei Fußnote 56 in Schirmer/Martin garantiert keineswegs schon das Erfordernis der aufsichtlichen Genehmigung stets das erforderliche Maß an Übersichtlichkeit der AVB. Schirmer aaO berücksichtigt überdies zu wenig, daß sich ein Überraschungseffekt auch aus einer abweichenden Gestaltung des VZweiges durch lange Zeit gebräuchliche frühere AVB für denselben VZweig ergeben kann, vgl. als Beispiel des Verschlechterung der Blitzschadendeckung bei Wohngebäuden in den VGB 88 gegenüber den VGB 62 und dazu näher A V 9. **Beispiele für Anwendungsmöglichkeiten von** § 3 AGBG auf AVB: Im Fall LG München I RuS 88, 254 = VersR 1171 sollte in einem vorformulierten Betriebshaftpflichtversicherungsvertrag für Kfz-Handwerksbetriebe eine **Ein-**

schlußbestimmung für Fahrzeugschäden durch das Bewegen von Kunden-
fahrzeugen durch eine Ausschlußbestimmung an späterer Stelle **nahezu völlig
rückgängig gemacht** werden. Der **Ausschluß** war vom Einschluß durch Bestimmungen über die Höhe der Entschädigung gedanklich abgetrennt und
überdies **schwer verständlich formuliert**, und zwar in Form einer Verweisung
auf den Deckungsumfang eines anderen Bedingungswerks, nämlich der Sonderbedingung für Kfz-Handel- und -Handwerk, das dem Vertrag aber nicht
begefügt war. Im Umfang jenes anderen Bedingungswerks sollte abweichend von der vorausgegangenen und systematisch im Gesamttext besonders hervorgehobenen Einschlußbestimmung kein VSchutz bestehen. Der
Ausschluß wurde mit Recht wegen § 3 AGBG nicht als Vertragsbestandteil
angesehen.

Das OLG Karlsruhe (RuS 87, 264 = VersR 88, 709) hatte in einer nicht 7
rechtskräftig gewordenen Entscheidung das Kündigungsrecht des Vr wegen
Abschlusses eines zweiten Krankenhaustagegeldvertrages ohne Zustimmung
des Vr des ersten Vertrages als Verstoß gegen § 9 AGBG angesehen. Hilfsweise hatte es dargelegt, es könne ohne demoskopische Rundfrage auch einen
Verstoß gegen das Überraschungsverbot des § 3 AGBG nicht ausschließen.
Die Erörterungen des Urteils zu den unterschiedlichen Voraussetzungen von
§ 3 AGBG und § 9 AGBG bleiben lehrreich, obwohl das Urteil nicht rechtskräftig geworden, sondern auf Revision hin durch BGH VersR 89, 1250 =
RuS 90, 27 aufgehoben worden ist.

In den hier behandelten Zweigen der klassischen SachV bildet § 9 Nr. 2 c 8
VGB 88 ein Beispiel für das Zusammenwirken von § 9 AGBG mit dem
Überraschungsverbot des § 3 AGBG. In der genannten Bestimmung der
VGB 88 wird versucht, den **Einschluß** für Schäden durch **Blitzschlag** an
Wohngebäuden einschließlich elektrischer Einrichtungen, soweit sie Gebäu-
debestandteile sind, zu einem großen Teil durch den Ausschluß von Über-
spannungsschäden wieder **rückgängig** zu machen. Zu diesen Überspannungs-
schäden gehören begrifflich auch Induktionsschäden durch Einschlag des
Blitzes in das Gebäude oder in dessen Umgebung. Hiergegen bestehen, ebenso wie gegen §§ 9 Nr. 2 c VBH 84, 3 Nr. A 3 c VHB 74, Bedenken schon
unter dem Gesichtspunkt des § 9 AGBG, vgl. C II 16. Im Fall von § 9 Nr. 2 c
VGB 88 kommt hinzu, daß ein solcher Ausschluß in den VGB von 1951 (A
III 29) wie auch in den VGB 62 nicht enthalten war. Der Begriff WohngebäudeV weckt daher in der Vorstellung potentieller VN die Erwartung eines
vollen VSchutzes im Umfang des gesetzlichen Leitbildes in § 83 VVG, also
unter Einschluß von Induktionsschäden durch Blitzschlag.

Außerdem sind selbst in der Feuer-IndustrieV sowie in der nichtindustriel- 9
len GeschäftsV Induktionsschäden durch Blitzschlag in das Gebäude oder in
dessen Umgebung gedeckt, weil § 1 Nr. 5 e AFB 87 Vorrang vor dem allgemeinen Ausschluß von Überspannungsschäden durch § 1 Nr. 5 d AFB 87 hat,
und weil ferner die Praxis Identität des Blitzstroms mit dem induzierten
Strom bejaht, der zum Schaden durch Überspannung führt. Wegen dieser
Identität nimmt die Praxis an, der Blitz sei „unmittelbar" auf die elektrischen
Einrichtungen „übergegangen", wie § 1 Nr. 5 e AFB 87 dies voraussetzt, C
II 14. Weitere Argumente für die Anwendung des Überraschungsverbots des
§ 3 AGBG auf § 9 Nr. 2 c VGB 88 sind der große räumliche Abstand zwi-

schen dem Einschluß von Blitzschlag in §§ 4 Nr. 1 a, 5 Nr. 2 VGB 88 einerseits und dem Ausschluß von Schäden durch Überspannung in § 9 Nr. 2 c
VGB 88 andererseits, ferner der Umstand, daß der technische Laie dem Wort
„Überspannung" nicht entnehmen kann, daß dadurch die große Mehrzahl
der Induktionsschäden durch Blitzschlag ausgeschlossen werden sollen. Die
Einschlußmöglichkeit durch Kl. 0911 ändert nichts daran, daß die VGB 88
auch für sich allein gelesen (K I 6) keine Überraschungen enthalten dürfen,
mit denen der Leser im Sinn von § 3 AGBG „nach dem äußeren Erscheinungsbild des Vertrages" nicht zu rechnen braucht.

10   b) Nach § 9 Abs. 2 Nr. 1 AGBG sind AVB-Bestimmungen unwirksam, die
mit den Grundzügen der **gesetzlichen Regelung** unvereinbar sind. Da sich alle
VVG-Bestimmungen letzlich auf gewisse Grundgedanken zurückführen lassen, ist das VVG praktisch mit seinem gesamten Inhalt zu einem **Kontrollmaßstab** geworden, von dem zum Nachteil des VN nur (aber auch immerhin
dann, was Sieg ZVersWiss 84, 656 hervorhebt) abgewichen werden darf,
wenn und soweit dies nicht „**unangemessen**" ist.

11   Die Gewichte innerhalb des VVG haben sich damit noch weiter als schon
durch die Gesetzesnovelle von 1939 (A IV 49) vom dispositiven zum halbzwingenden oder zwingenden Recht hin verschoben, van de Loo 88, Schirmer 274 in Schirmer/Martin (etwas einschränkend), Horn in Wolf/Horn/
Lindacher § 23 AGBG Anm. 484. §§ 1 bis 80 VVG sind zwar in ihren *wichtigsten* Bestimmungen ohnehin *halbzwingend,* vgl. A IV 48. Darüber hinaus
hat aber § 9 Abs. 2 Nr. 1 AGBG auch viele weitere, bisher noch dispositive
VVG-Normen, insbesondere die wichtigen Bestimmungen der §§ 61, 62
Abs. 2 VVG, zu einem Kontrollmaßstab gemacht. Herbeiführung des VFalls
durch *leichte Fahrlässigkeit* oder leicht fahrlässige Vergrößerung des Schadens darf daher nach den AVB nur noch dann zum Ausschluß des VSchutzes
führen, wenn dies nicht als unangemessene Benachteiligung erscheint, wofür
der Vr die Last der versicherungstechnischen und rechtswissenschaftlichen
Begründung trägt, van de Loo 88. Als Diskussionsbeispiel sei auf O I 71 zu
§§ 1 Nr. 3 b VGB 62, 3 Nr. 3 Satz 2 VGB 88 verwiesen, wonach es den
VSchutz für *Mietverlust* schon ausschließen soll, wenn der WohngebäudeVN
den Wiederaufbau auch nur leicht fahrlässig verzögert. Außerdem darf der
durch Auslegung von § 61 VVG zu gewinnende *Repräsentantenbegriff* nur
noch dort über seinen gesetzlichen Umfang hinaus erweitert werden, wo dies
nicht unangemessen erscheint, vgl. O II 74 und ausführlich Martin 326 ff in
Schirmer/Martin.

12   Auch die **VVG-Vorschriften für die einzelnen VZweige** sind durch § 9 Abs. 2
Nr. 1 AGBG zu einem Kontrollmaßstab im Rahmen der richterlichen In-
haltskontrolle geworden und nähern sich dadurch in ihrer rechtlichen Bedeu-
tung den halbzwingenden VVG-Vorschriften. Der VSchutz nach der primären und sekundären Risikoabgrenzung in den AVB darf nämlich hinter dem
Deckungsumfang nach der hilfweise bereitliegenden Vertragsordnung des
Gesetzes (A IV 45) nur noch zurückbleiben, wo damit kein unangemessener
Nachteil für den VN verbunden ist. Für die hier behandelten Zweige der
SachV sind daher **§§ 81 ff. VVG** als Kontrollmaßstab zu beachten, und zwar
nicht nur für die FeuerV, sondern auch für die Diebstahl-, Leitungswasser-
und SturmV sowie für die kombinierten VZweige, vgl. A IV 43.

c) Wie schon in A V 12 erwähnt, sind §§ 81 ff. VVG Kontrollmaßstab gemäß   13
§ 9 Abs. 2 Nr. 1 AGBG für alle hier behandelten Zweige der SachV, vgl. z. B. L
II 4 für die Kündigung im Schadenfall gemäß § 96 VVG. Aber auch wo es trotz
erweiterter Geltung von §§ 81 ff. VVG an einem Kontrollmaßstab im Gesetz
fehlt, z. B. für den Begriff des erschwerten Diebstahls, D II 5, unterliegen die
AVB der richterlichen Inhaltskontrolle, und zwar nach § 9 Abs. 2 Nr. 2 AGBG,
denn durch Einzelbestimmungen darf nicht der durch die AVB insgesamt
vorgezeichnete **Vertragszweck** gefährdet werden, vgl. Brandner, Hauß-Festschrift 12 und z. B. Wolf-Horn-Lindacher § 23 AGBG Anm. 465. Nach
Horn 14 soll ausnahmsweise sogar eine mit einer VVG-Regelung übereinstimmende AVB-Regelung gegen § 9 Abs. 2 Nr. 2 AGBG verstoßen können, weil
manche VVG-Vorschriften nicht mehr dem gegenwärtigen Stand der Interessenabwägung entsprechen; dem steht jedoch entgegen, daß nach § 6 Abs. 1
AGBG der Vertrag gerade bei Unwirksamkeit einzelner Bestimmungen nach
Maßgabe der gesetzlichen Bestimmungen fortbestehen soll. Das **Gesetz** ist
daher **der Inhaltskontrolle entzogen,** van de Loo 41 ff mwN.

Der Vertragszweck ergibt sich zwar auch seinerseits aus dem Vertragsin-   14
halt und damit aus den AVB. Allerdings dürfen nicht sämtliche AVB-Bestimmungen mit ihren gesamten Inhalt als Teil der **Definition des Vertragszwecks**
angesehen werden, denn sonst könnte niemals eine AVB-Bestimmung an
diesem Vertragszweck gemäß § 9 Abs. 2 Nr. 2 gemessen werden. Vielmehr
würde § 9 Abs. 2 Nr. 2 AGBG seinen Zweck verfehlen; ebenso van de Loo
92. Auf die Überlegungen zu Kl 834 Nr. 2 (Einschränkung des UnterVVerzichts in der HausratV) in S II 97 darf als Beispiel verwiesen werden.

Der „Vertragszweck" darf nur denjenigen AVB-Bestimmungen entnom-   15
men werden, von denen bei verständiger Würdigung und unter Berücksichtigung der Werbung des Vr zu erwarten ist, daß der Verbraucher von ihnen vor
Antragstellung wenigstens flüchtig Kenntnis nimmt, vgl. als instruktives Anwendungsbeispiel hierzu die Überlegungen in F III 42 bis 45. Entgegen Sieg
ZVersWiss 84, 656 ist eine für den VN nachteilige Bestimmung nicht schon
deshalb Teil der Definition des Vertragszwecks und damit der Kontrolle nach
§ 9 Abs. 2 Nr. 2 AGBG entzogen, weil ohne diese AVB-Bestimmung der Vr
eine höhere Prämie kalkulieren müßte, vgl. Martin VersR 84, 110. Sieg aaO
berücksichtigt hier nicht die **Unzulässigkeit des sog. Preisarguments** im Rahmen der richterlichen Inhaltskontrolle, vgl. z. B. Ulmer-Brandner-Hensen
§ 9 AGBG Anm. 78. Entscheidend sind insgesamt die berechtigten Erwartungen, die ein potentieller VN an einen VZweig knüpfen darf. Hierbei sind
nicht nur die Werbung des Vr sowie die geltenden AVB, sondern auch das
„gewachsene **Leibild"** des **VZweigs** zu berücksichtigen, Werber VersR 86, 4.
Gleichwohl darf sich der VN nicht von vornherein darauf beschränken, in
AVB oder in Werbeprospekten nur Überschriften und fett gedruckte Schlag-
worte zu lesen, KG VersR 86, 590.

d) Da AVB objektiv auszulegen sind, A IV 31, tritt die Unwirksamkeit   16
nach § 9 Abs. 2 AGBG unabhängig von den Umständen des Einzelfalls ein.
Unerheblich ist insbesondere, ob der VN Kaufmann ist und ob das versicherte
Risiko im Sinn der sog. „JedermannV" zum privaten oder aber zum beruflichen oder gewerblichen Lebensbereich des VN gehört, vgl. schon A II 7. Die

Unerheblichkeit der **Kaufmannseigenschaft** für § 9 AGBG ergibt sich durch Umkehrschluß aus § 24 Abs. 1 Nr. 2 AGBG, vgl. näher Horn 15.

17 Wird die Unwirksamkeit nur als Gegenstand einer Vorfrage im Rahmen eines Deckungs- oder Prämienprozesses festgestellt, so wirkt die **Rechtskraft des Urteils** gemäß § 325 ZPO nur für den Einzelfall. Generelle Wirkung zugunsten aller VN – allerdings nur des jeweils beklagten Vr – hat dagegen eine Feststellung nach §§ 13 ff. AGBG auf Unterlassungsklage eines Verbraucherschutzvereins oder dgl. Unabhängig von der zivilrechtlichen Rechtskraftwirkung kann das BAV gegen die Verwendung von AVB-Bestimmungen nach § 81 VAG aufsichtlich auch dann einschreiten, wenn gerichtliche Entscheidungen nur für einen Einzelfall oder nur gegen einen anderen Vr ergangen sind.

18 **2. Kontrollgegenstand** sind grundsätzlich **sämtliche AVB-Bestimmungen.** Zwar erklärt § 8 AGBG für die AVB in anderen Wirtschaftszweigen die Beschreibung der Hauptleistung indirekt für kontrollfrei, denn die Beschreibung der Hauptleistung ist vor allem im Warenhandel naturgemäß nicht in Gesetzen enthalten, von denen in AGB „abgewichen" wird. Im VBereich ist die Ausgangslage jedoch anders. Auch die Hauptleistung des Vr ist – mindestens im Sinn einer hilfsweise bereitliegenden Vertragsordnung, A IV 45 – im VVG geregelt, und die Motive für die gerichtliche Inhaltskontrolle treffen auch auf die primäre und sekundäre Risikoabgrenzung als Beschreibung der Hauptleistung des Vr zu, vgl. schon A V 2 sowie Martin VersR **84,** 1112. Daher ist grundsätzlich nicht nur die sekundäre, sondern auch die **primäre Risikoabgrenzung** der Kontrolle unterworfen. Ausführliche Literatur- und Rechtsprechungsnachweise zur Kontrollfähigkeit finden sich bei van de Loo 41 ff.

19 a) **Kontrollfrei** ist nur ein **Minimum an Grundkonsens,** das der Richter zugrunde legen muß, wenn er die Angemessenheit der vereinbarten sonstigen (auch: primären) Risikoabgrenzung kontrolliert, van de Loo 57 und zustimmend Schirmer Fußnoten 61 und 62 in Schirmer/Martin. Für dieses Ergebnis spricht überdies, daß sonst die Kontrollfähigkeit oft von einem Formulierungszufall oder aber von der Antwort auf eine sehr theoretischen Streitfrage abhinge, nämlich davon, ob eine bestimmte AVB-Bestimmung als primäre oder als sekundäre Risikoabgrenzung formuliert und einzuordnen ist. Ein Beispiel außerhalb der SachV bietet die Entscheidung BGH VersR **84,** 577 zur UnfallV, vgl. näher Martin VersR **84,** 1113. Noch unerfreulicher wäre die Möglichkeit einer Manipulation der Kontrollfähigkeit durch die Wahl des AVB-Wortlauts, Wolf/Horn/Lindacher § 23 AGBG Anm. 464.

20 In der SachV ist z.B. zweifelhaft, ob die Vorschriften über den VOrt primäre oder sekundäre Risikoabgrenzung sind, vgl. G I 1 und Horn 39. Hiervon darf nicht abhängen, ob dem Erben des HausratVN gegen den Wegfall des VSchutzes nach § 6 Nr. 1 VHB 74 durch § 9 Abs. 2 Nr. 2 AGBG zu helfen ist oder nicht, vgl. G IV 74. Ähnliches gilt für die Beschränkung des HausrataußenVSchutzes gegen Raub auf Raub an Wohngenossen des VN, vgl. D XII 61; diese Beschränkung ist in § 6 Nr. 2 Satz 4 VHB 74 als Ausnahme von § 3 Nr. B 2 VHB 74 und somit als sekundäre, in § 12 Nr. 4a VHB 84 hingegen als Erweiterung des § 5 Nr. 2 VHB 84 und somit als primäre Risi-

koabgrenzung formuliert, ohne daß solche Formulierungszufälle aber den
Ausschlag für oder gegen die Möglichkeit richterlicher Inhaltskontrolle geben dürften. Wenn Horn 21 und 26 gar Modalitäten des Brand- und des
Explosionsbegriffs der sekundären Abgrenzung zurechnen will, so wird hier
das – methodisch angreifbare – Bestreben spürbar, der Problematik der Kontrollfähigkeit nach dem AGBG durch eine möglichst enge Auslegung des
Begriffs der primären Risikoabgrenzung auszuweichen.

Ein ernsthafterer **Einwand** gegen die Kontrollfähigkeit der primären Risi- 21
koabgrenzung ergibt sich freilich aus der in § 9 AGBG angeordneten **Rechtsfolge,** nämlich aus der völligen oder (A V 33) teilweisen Unwirksamkeit einer
unzulässigen AVB-Bestimmung. Es ist aber gerade ein Wesensmerkmal der
primären Risikoabgrenzung, daß sie (nur) aus positiven Einschlußbestim-
mungen besteht. Unzulässig ist dann aber genau besehen nie ein bestimmter
Inhalt der positiven Risikoabgrenzung, sondern das Fehlen weitergehender
Einschlüsse, also eine „Lücke" in einer Bestimmung oder zwischen mehreren
Bestimmungen. Wenn eine AVB-Bestimmung unzulässig ist, weil sie ein bestimmtes Stück VSchutz nicht (!) vorsieht, wie soll dann aus der „Unwirksamkeit" des fehlenden (!) Stückes der Bestimmung der „eigentlich" durch
den Vertragszweck erforderte zusätzliche VSchutz abgeleitet werden? So argumentiert z. B. LG Aachen ZfS 87, 155 zu den VGB 62, deren § 4 Nr. 2 den
Rohrbruchschutz bei Abflußrohren auf solche innerhalb des Gebäudes beschränkt.

Freilich besteht diese Schwierigkeit naturgemäß nur im Bereich von § 9 22
Abs. 2 Nr. 2 AGBG und von § 3 AGBG, denn im Bereich von § 9 Abs. 2
Nr. 1 AGBG steht in Form der gesetzlichen Regelung eine Auffanglösung
zur Verfügung, die bei Unwirksamkeit der primären Risikoabgrenzung
durch die AVB eingreift, vgl. z. B. L II 8. Da aber das Maß der möglichen
richterlichen Inhaltskontrolle schwerlich von dem historischen Zufall der
Existenz einer VVG-Regelung für den betroffenen VZweig abhängen darf, A
V 11, kann an der angedeuteten konstruktiven Schwierigkeit die Inhaltskontrolle der primären Risikoabgrenzung letztlich nicht völlig scheitern. Auch
für das Diebstahl- und Raub-, für das Leitungswasser- und für das Sturmrisiko muß also die primäre Risikoabgrenzung durch die AVB im Rahmen der
richterlichen Inhaltskontrolle am „Vertragszweck" gemessen werden.

Von der rechtlichen Konstruktion her bieten sich je nach Sachlage mehrere 23
Lösungsmöglichkeiten an. Entweder wird durch großzügige „Auslegung"
der AVB-Bestimmung der VSchutz im Rahmen des Vertragszwecks nach
Möglichkeit ausgeweitet; nach dem Vorbild der sog. verfassungskonformen
Auslegung von Gesetzen muß einer „AGBG-konformen AVB-Auslegung" ein
etwas erweiterter Spielraum eingeräumt werden. Oder (soweit nämlich durch
„Auslegung" keinesfalls noch geholfen werden kann) die betroffenen Teile
der primären Risikoabgrenzung müssen insgesamt für unwirksam erklärt,
und die entstandene Lücke muß nach dem Vorbild von BGH NJW 84, 1177
(Tagespreisklausel im Kfz-Handel) durch ergänzende Vertragsauslegung geschlossen werden, vgl. Seybold VersR 89, 784, Martin VersR 84, 1113, 1114.

b) Den Vorzug verdient, soweit unter den jeweils gegebenen Umständen 24
realisierbar, eine **AGBG-konforme Auslegung,** und zwar deshalb, weil sie nicht

nur das Problem unangemessener Lücken in der primären Risikoabgrenzung, sondern zugleich das unten A V 31 ff zu erörternde Problem der geltungerhaltenden Reduktion löst. Theoretisch unterscheiden sich freilich AGBG-konforme Auslegung und **geltungerhaltende Reduktion** sehr deutlich: AGBG-konforme Auslegung „verändert" den Inhalt einer AVB-Bestimmung so, daß diese der Inhaltskontrolle standhält und weder ganz noch teilweise als unwirksam angesehen werden muß, daß es einer geltungerhaltenden Reduktion also gar nicht erst bedarf. Umgekehrt beruht die geltungerhaltende Reduktion auf Unvereinbarkeit einer AVB-Bestimmung nach dem AGBG, und zwar für einen Teil der in ihr geregelten Sachverhalte.

25   Praktisch sind die Grenzen zwischen beiden Rechtsinstituten aber fließend, wie z. B. AG Hamburg VersR 87, 456 mit Anm. Hübner zur Überbringerklausel in der KrankenV gut demonstriert. Während das Urteil mehr zu geltungerhaltender Reduktion tendiert, hält Hübner eine AGBG-konforme Auslegung für die entscheidende und tragfähige Begründung. Ein weiteres Beispiel bietet LG Hamburg NJW-RR 88, 666 zur ReisegepäckV, wo § 1 Nr. 4 b AVBR 80 (sicher verwahrtes Mitführen von Wertsachen) so weit „ausgelegt" wird, daß die in dieser Bestimmung enthaltene Beschränkung des VSchutzes einer Inhaltskontrolle nunmehr standhält und daß deren Zugehörigkeit zur primären oder zur sekundären Risikoabgrenzung nicht geprüft zu werden braucht.

26   Die Literatur zum AGBG bekämpft teilweise sowohl das eine wie auch das andere Rechtsinstitut. Dies gilt z. B. für van de Loo 71 ff. (gegen AGBG-konforme Auslegung) und 109 ff. (gegen geltungerhaltende Reduktion). Nach Ansicht dieser Autoren *begünstigen beide Rechtsinstitute zu sehr den Vr* als Verwender der AVB und bewahren ihn zu Unrecht vor der Konsequenz der völligen Unwirksamkeit; was als „**kundenfreundliche Auslegung**" gefordert werde, sei in Wahrheit **kundenfeindliche Auslegung**, weil sie die für den Kunden in der Regel günstigste Lösung, nämlich die Unwirksamkeit der Bestimmung, nicht zur Wirkung kommen lasse. Hierbei wird jedoch übersehen, daß Dauerschuldverhältnisse und daher auch VVerträge einer Sonderbehandlung bedürfen, weil sonst zu häufig der Fall des § 6 Abs. 3 AGBG einträte, nämlich Unwirksamkeit des ganzen Vertrages, obwohl der Gesetzgeber diese Bestimmung nur als Ausweg für seltene Ausnahmefälle verstanden wissen will.

27   Sowohl AGBG-konforme Auslegung wie auch geltungerhaltende Reduktion bedeuten im Ergebnis, daß sich das Gericht an den Wortlaut einer AVB-Bestimmung etwas weniger streng zu halten braucht, als sich dies im allgemeinen aus den Grundsätzen Rechtsinstitut der „Auslegung" ergäbe. Dasselbe Problem entsteht übrigens nicht nur zu § 6 AGBG, sondern vielmehr immer dann, wenn zwischen **Unwirksamkeit** einer vertraglichen Bestimmung wegen **Verstoßes gegen ein gesetzliches Verbot** und deren „**Korrektur**" gewählt werden muß, also z. B. bei AVB-Bestimmungen die verhüllte Obliegenheiten enthalten und damit gegen die halbzwingenden Vorschriften des § 6 Abs. 1 und 2 VVG verstoßen.

28   Der BGH hat möglicherweise seine Rechtsprechung zur verhüllten Obliegenheit als einen Fall gesetzeskonformer Auslegung angesehen (so jedenfalls van de Loo 73 mit Nachweisen), obwohl dies in den Urteilen nicht deutlich

gesagt wird und obwohl z. B. § 5 Nr. 1 d AVBR 80 (Wertsachen im Kfz in der ReisegepäckV „nicht versichert") eindeutig als objektive Ausschlußbestimmung formuliert ist, vgl. BGH VersR 85, 854. Entweder bekennt sich also in den Fällen von § 15 a VVG auch der BGH indirekt seit langem zu einer geltungerhaltenden Reduktion (und zwar durch eine ungeschriebene „Umformulierung", wie van de Loo 112 sie ablehnt) der Leistungsfreiheit auf diejenigen Verstoßfälle, in denen auch nach § 6 Abs. 1 und 2 VVG Leistungsfreiheit hätte vorgesehen werden dürfen, oder der BGH erweitert indirekt ganz wesentlich die Grenzen des Rechtsinstituts der „Auslegung", vgl. auch Martin Fußnote 220 in Schirmer/Martin. LG Hamburg RuS 90, 63 (zur ReisegepäckV) hat neuerdings beide Möglichkeiten abgelehnt und statt dessen eine als Risikoausschluß mit § 15 a VVG nicht zu vereinbarende Bestimmung als völlig unwirksam im Sinn von §§ 9, 15 a VVG angesehen.

Beide Lösungsmöglichkeiten verdienen jedoch im Ergebnis Zustimmung.   29
Man wende nicht ein, der Vr werde dadurch zu sehr begünstigt. Es darf nicht vergessen werden, daß die Gerichte in manchen Fällen die (teilweise) Unzulässigkeit einer AVB-Bestimmung wegen § 15 a VVG oder wegen § 9 AGBG überhaupt nur deshalb bejahen, weil sie bereits den Weg vorgezeichnet sehen, wie sowohl der VVertrag als Dauerschuldverhältnis wie auch ein zumutbares Verhältnis von Leistung und Gegenleistung aufrechterhalten werden können. Dieser Weg ist entweder die gesetzeskonforme Auslegung oder die geltungerhaltende Reduktion, mag auch in den Entscheidungsgründen des Urteils keiner der beiden Begriffe ausdrücklich erscheinen. Gäbe es weder den einen noch den anderen Ausweg, sondern müßte die unzulässige Bestimmung als völlig unwirksam angesehen werden, so würde sich dies keineswegs immer zum Nachteil des Vr, sondern oft auch zum Nachteil des VN auswirken, denn die Gerichte würden dann vor einer Anwendung von § 15 a VVG oder von § 9 AGBG in manchen Fällen gänzlich zurückschrecken und die Bestimmung entsprechend ihrem Wortlaut voll anwenden. Hätte das Gericht nur zwischen so gegensätzlichen Alternativen zu wählen, so wäre überdies der Ausgang von Rechtsstreitigkeiten noch schwerer abzusehen, als dies unvermeidlich in vielen Fällen ohnehin schon der Fall ist; auch die Rechtssicherheit würde leiden.

Beide Möglichkeiten, nämlich die AGBG-konforme Auslegung wie auch   30
die geltungerhaltende Reduktion, versagen freilich dann, wenn sich zu der in den AVB enthaltenen unzulänglichen Abgrenzung des VSchutzes keine **klare Alternative,** sondern eine ganze Skala in etwa gleichwertiger oder ähnlicher Möglichkeiten anbietet. Zwischen einer solchen Vielzahl von Möglichkeiten kann die Wahl weder durch „Auslegung" der AVB noch durch ergänzende Vertragsauslegung getroffen werden. Auch hier sei auf Martin VersR **84,** 1114 und insbesondere auf das dort erörterte Beispiel des Wegfalls des VSchutzes mit dem Tod des nicht mit dem Erben zusammenwohnenden VN nach § 6 Nr. 1 VHB 74 verwiesen. Die Regelung in § 10 Nr. 4 VHB 84 läßt sich auch durch Anwendung von § 9 Abs. 2 Nr. 2 AGBG nicht auf die VHB 74 übertragen, vgl. G IV 74. Auch dem Wohngenossen des verstorbenen VN, der weder Erbe noch Miterbe ist, kann durch § 9 Abs. 2 Nr. 2 AGBG nicht geholfen werden, weder nach den VHB 74 noch nach den VHB 84, die VSchutz nur für den Erben als neuen VN vorsehen, G IV 113.

31 3. Entgegen der herrschenden Ansicht (vgl. z.B. Ulmer-Brandner-Hensen § 6 AGBG Anm. 23, Wolf-Horn-Lindacher § 6 AGBG Anm. 12) besteht für eine sprachlich als Einheit formulierte AVB-Bestimmung nach § 9 ABGB auch die **Möglichkeit einer nur teilweisen Unwirksamkeit.** Dies gilt entgegen van de Loo 112 auch, wenn die wirksam bleibende Bestimmung nur durch **Umformulierung der Gesamtbestimmung** zu gewinnen ist. Die „erzieherischen" Argumente gegen eine sog. geltungerhaltende Reduktion (vgl. zusammenfassend Martin VersR 84, 1115) reichen jedenfalls bei Dauerrechtsverhältnissen wie VVerträgen nicht aus. Vielmehr überwiegen die Nachteile der Unwirksamkeit auch aller zulässigen Teile des Inhalts der nur in einem bestimmten Punkt zu beanstandenden AVB-Bestimmung. Auch Schirmer 301 in Schirmer/Martin tendiert zu diesem Ergebnis.

32 Ein gutes Beispiel liefert BGH VersR 84, 830 zur TransportV, wo ein vollständiger Ausschluß aller Rechtsfolgen des § 6 VVG, wie er wegen § 187 VVG in der TransportV grundsätzlich möglich wäre (vgl. dazu A IV 8), auch hinsichtlich seiner zulässigen Teile als unwirksam angesehen und damit für die gesamte Restlaufzeit des VVertrages das Verhältnis zwischen Leistung und Gegenleistung verschoben wird, so daß im Extremfall sogar völlige Unwirksamkeit des Vertrages nach § 6 Abs. 3 VVG eintreten könnte.

33 a) Demgegenüber ist es die weit bessere Lösung, „eine" **AVB-Bestimmung** gegebenenfalls **nur** als **teilweise unwirksam** anzusehen, falls sie nur für einen Teil (der entgegen Horn 18 keineswegs nur ein sehr kleiner Teil sein darf) der in ihr geregelten Tatbestände mit dem AGBG unvereinbar ist, vgl. ausführlich Martin VersR 84, 1116. Übrigens ist zu den *halbzwingenden* VVG-Vorschriften längst unstreitig, daß AVB-Vorschriften jeweils nur *insoweit* unwirksam sind, wie ihr Inhalt gegen das VVG verstößt, vgl. A V 28 und M III 4 für § 15a VVG (verhüllte Obliegenheiten; LG Hamburg RuS 90, 63 nimmt allerdings völlige Unwirksamkeit an) sowie Q III 31 und R IV 52 zu § 55 VVG. Bezüglich der **verhüllten Obliegenheiten** könnte eingewendet werden, durch Teilunwirksamkeit der als Risikoausschluß formulierten Bestimmungen lasse sich der durch § 6 Abs. 1 und 2 VVG abgegrenzte Umfang der Leistungsfreiheit nur partiell herstellen, nämlich nur die Abhängigkeit von Kausalität und Verschulden, nicht aber die Abhängigkeit von einer Kündigung des Vr, denn wenn man nicht die Auslegung (!) als Obliegenheit bereits voraussetze, **fehle** es an einem **Kündigungsrecht** des Vr. Aber es gibt noch weitere Beispielsfälle, in denen die Teilunwirksamkeit von Bestimmungen, die gegen § 15a VVG verstoßen, allgemein anerkannt ist, nämlich §§ 7 AFB 30, 6 Nr. 1 AWB 68, AStB 68, 9 Nr. 1 VGB 62. Dort wird die Leistungsfreiheit auch in Fällen vorgesehen, in denen die Rechtsprechung sie mit § 15a VVG für unvereinbar hält, nämlich bei ungenutztem Ablauf der Kündigungsfrist erst nach Eintritt des VFalles, M II 36. Trotzdem ist (mit Recht) nie jemand auf die Idee verfallen, die Anordnung der Leistungsfreiheit in jenen Bestimmungen als völlig unwirksam anzusehen. Unwirksam ist sie nur teilweise, nämlich für die Fälle, in denen die Kündigungsfrist nach Eintritt des VFalles ungenutzt abläuft, M II 11 und 38.

34 Auch BGHZ 83, 169 wird man so lesen dürfen, daß die Halbierung der Sachverständigenkosten durch § 15 Nr. 2c AFB 30 usw. nur für solche Ver-

fahren unwirksam ist, die der Vr verlangt hatte, nicht hingegen für Verfahren, die der VN verlangt hatte, vgl. Y I 28. In BGH VersR 88, 682 = RuS 207 ist zwar ohne Einschränkungen von „Unwirksamkeit" der Kostenregelung die Rede, aber es ist nicht anzunehmen, daß in dieser ergänzenden Entscheidung die Grundzüge von BGH 83, 169 geändert und erweitert werden sollten. Neuerdings zeichnet sich aber bei mehreren BGH-Senaten eine gewisse Bereitschaft zur „gesonderten Wirksamkeitsprüfung" von **Einzelbestandteilen** einer Regelung ab, soweit nicht die Wirksamkeit eines Einzelbestandteils zu einer Umgestaltung des Gesamtvertrages führen würde, vgl. für den 8. Senat BGH NJW 85, 320, 325, DB 87, 2451, für den 3. Senat BGH NJW 88, 2106 und für den 10. Senat DB 89, 1563. Auch in BGH VersR 88, 73 wird die Möglichkeit einer geltungerhaltenden Reduktion zumindest angedeutet, indem gesagt wird, die Beschränkung des Kündigungsrechts nach dem VFall begegne jedenfalls (!) keinen Bedenken, soweit (!) das Kündigungsrecht des Vr betroffen sei. In BGH VersR 85, 129 wird zwar zu § 19 Nr. 1 VHB 74 und § 20 VGB 62 eine geltungerhaltende Reduktion abgelehnt, aber nur in einem Fall, in dem sich dies praktisch nicht auswirkt, weil dieselbe Rechtsfolge wie in dem nach der hier vertretenen Ansicht wirksam gebliebenen Teil der Bestimmungen auch aus § 95 VVG hergeleitet werden kann, L I 3. Auch teilweise unzulässige Bestimmungen, deren sonstiger Inhalt nur deklaratorischer Art ist, bleiben hinsichtlich dieses übrigen Inhalts stets wirksam, vgl. zu § 1 Nr. 6 AFB 30 W I 14 der 2. Aufl. sowie Martin aaO.

Die äußerste Grenze der Teilbarkeit von AVB-Bestimmungen ist freilich **35** erreicht oder sogar schon überschritten, wenn diskutiert wird, ob eine AVB-Bestimmung lediglich unwirksam ist, soweit sie vom Kernbereich des Anwendungsgebiets einer VVG-Vorschrift abweicht, hingegen wirksam, soweit nur für Tatbestände im Randbereich abgewichen wird, für die es schon eine schwierige Auslegungsfrage ist, ob auf sie überhaupt die VVG-Bestimmung anwendbar ist, vgl. W IX 17 und 26 der 2. Aufl. zu § 66 VVG (Schadenermittlungskosten). Außerdem läßt sich das Problem einer bloßen Teilunwirksamkeit oft dadurch umgehen, daß man schon durch **AGBG-konforme Auslegung** diejenigen Tatbestände eliminiert, für die die Bestimmung mit §§ 3, 9 AGBG unvereinbar wäre, vgl. A V 24 bis 30.

b) Allerdings ist immer nur die **Tatbestands-,** nicht hingegen auch die **36** Rechtsfolgeseite einer VVG-Bestimmung „teilbar". Es ist z.B. nicht möglich, nach § 9 AGBG eine Prämienanpassungsklausel um ein in ihr nicht vorgesehenes Kündigungsrecht des VN zu „erweitern". Allenfalls wäre daran zu denken, **Prämienanpassungsklauseln,** in denen kein oder kein ausreichendes Kündigungsrecht für den Erhöhungsfall vorgesehen ist, nur für diejenigen Fälle (Tatbestände!) aufrechtzuerhalten, in denen das Ausmaß der Prämienanpassung die Schwelle zur Notwendigkeit eines Kündigungsrechts nicht überschreitet und (Martin VersR 84, 1118, Fußnote 51) bei höheren Preissteigerungen usw. wenigstens eine auf den Grenzbetrag reduzierte Prämienanpassung nach oben trotz Fehlens eines Kündigungsrechts zuzulassen, P IV 59. Prämienanpassungsklauseln **ohne Kündigungsrecht** enthalten insbesondere §§ 3 Nr. 2 SGlN 79a, 13 Nr. 5 VGB 88 für **Wohngebäude** usw., vgl.

näher P IV 53 bis 58. § 16 Nr. 2 VHB 84 (Hausrat) enthält hingegen immerhin ein beschränktes Kündigungsrecht.

37 Nach BGH NJW 84, 1177 hatte es zunächst den Anschein (Martin VersR 84, 1118), als erledige sich das Problem einer bloßen Teilunwirksamkeit von Prämienanpassungsklauseln durch die aaO für Preisänderungsvorbehalte von Kfz-Händlern entwickelte Alternativlösung der völligen Unwirksamkeit verbunden mit **ergänzender Vertragsauslegung,** welche den Änderungsvorbehalt mit geänderter rechtlicher Grundlage aufrechterhält und gleichzeitig ein Rücktritts- (bei Dauerrechtsverhältnissen: **Kündigungs-)recht** einführt. Unverkennbar ist jedoch die ergänzende Auslegung von VVerträgen weniger unabweisbar notwendig als jene von Kfz-Kaufverträgen mit langer Lieferzeit, denn für den Vr gibt es auch andere Lösungsmöglichkeiten, z. B. den Abschluß nur ein- oder dreijähriger Verträge, die kündbar wären, sobald die vereinbarte Prämie nicht mehr ausreicht.

38 So wird die Entscheidung AG Hamburg VuR 88, 24 = ZfS 88, 121 zur Prämienanpassungsklausel des § 8 Nr. III 2 AHB für die HaftpflichtV verständlich. Dort ist ein Kündigungsrecht nur ab einer Erhöhung um 100% innerhalb eines einzigen Jahres vorgesehen, so daß die Regelung mit den in A V 36 zitierten Prämienanpassungsklauseln der SachV für Wohngebäude usw. vergleichbar ist. AG Hamburg aaO bezeichnet solche Klauseln als schlechthin unwirksam, ohne freilich die Möglichkeiten einer ergänzenden Vertragsauslegung oder einer bloßen Teilunwirksamkeit für Erhöhungen oberhalb eines bestimmten Schwellenwertes auch nur zu erörtern, vgl. Martin 314 in Schirmer/Martin. Folgt man der Ansicht des AG Hamburg aaO, so besteht ein Rückforderungsanspruch des VN aus ungerechtfertigter Bereicherung nach § 812 Abs. 1 BGB für Prämienmehrbeträge, die in vorangegangenen VJahren entsprechend der unwirksamen Anpassungsklausel gefordert und gezahlt worden waren, van de Loo 123.

39 Außerdem reicht die Lösung analog BGH NJW 84, 1177 bei VVerträgen nicht ganz aus, jedenfalls dann nicht, wenn man entgegen P IV 32, aber mit dem BAV die Zulässigkeit von Prämienanpassungsklauseln auch davon abhängig macht, daß nach dem Inhalt der Klausel die geänderte Prämie die **jeweilige Tarifprämie** nicht übersteigen darf, vgl. dazu kritisch P IV 33 bis 37. Eine solche Modifizierung des Prämienanpassungsrechts auch der Höhe nach könnte nicht durch ergänzende Vertragsauslegung, sondern nur auf dem Weg über die in A V 36 Möglichkeit einer **bloßen Teilunwirksamkeit** der Prämienanpassungsklausel realisiert werden.

40 **4. Die Unwirksamkeit** nach § 9 Abs. 2 AGBG tritt **kraft Gesetzes** ein, und zwar in Verträgen, die nach Inkrafttreten des AGBG abgeschlossen wurden, schon im **Zeitpunkt des Vertragsschlusses.** In älteren Verträgen sind die betroffenen Bestimmungen sofort **mit dem Inkrafttreten des AGBG** unwirksam geworden; möglicherweise waren sie es nach den Grundsätzen über die richterliche Inhaltskontrolle, die schon vor 1976 galten, allerdings schon vorher. Da der VVertrag nach § 6 Abs. 3 AGBG wirksam bleibt, liegen ihm kraft Gesetzes nur noch die von AGBG-Verstößen befreiten **Rumpf-AVB** zugrunde.

41 Der **ungeschriebene „Wortlaut"** dieser Rumpf-AVB hängt davon ab, welche Bestimmungen im einzelnen als unwirksam anzusehen sind und ob die Un-

wirksamkeit gegebenenfalls jeweils einen ganzen §, einen ganzen Absatz oder einen ganzen Satz des ursprünglich vereinbarten Textes oder aber nur Teile davon umfaßt, vgl. zu dieser Frage A IV 31 bis 39. Da Verfahren gemäß §§ 13 ff. AGBG im Bereich der SachV bis heute selten sind, steht bisher für keine einzige AVB-Bestimmung rechtskräftig im Sinn von A V 17 fest, ob sie wirksam oder unwirksam ist. Wegen der Verfahren gegen Sonderbestimmungen in den AVB einiger öffentlicher SachVr vgl. A IV 7 bis 11.

Übersendet der Vr den VN bestehender Verträge **neue AVB, in denen die** 42 Verstöße gegen das AGBG nicht mehr enthalten sind, so handelt es sich entweder um bloße Information oder um ein Angebot zur Änderung des bestehenden Vertrages, das der VN annehmen oder ablehnen kann. Bloße **Information** liegt vor, wenn sich die neuen AVB genau mit den Rumpf-AVB decken, die schon kraft Gesetzes Vertragsbestandteil geworden waren, A V 40. Um ein **Vertragsänderungsangebot** handelt es sich, wenn die neuen AVB auch nur geringfügig von den kraft Gesetzes Vertragsbestandteil gebliebenen Rumpf-AVB abweichen, und sei es auch nur durch redaktionelle Verbesserungen oder Klarstellungen. In den AVB der SachV finden sich nämlich keine Vorbehalte, nach denen der Vr die AVB einseitig ändern könnte.

Auch eine **Genehmigung des BAV** berechtigt den Vr nicht, die AVB beste- 43 henden Verträgen einseitig zugrunde zu legen, vgl. Martin 313 in Schirmer/Martin zur nachträglichen Einfügung von Kündigungsmöglichkeiten in Prämienanpassungsklauseln bestehender Verträge. Die Genehmigung neuer AVB durch das BAV bedeutet nichts weiter als eine **Unbedenklichkeitsbescheinigung** darüber, daß der neue Text Verstöße gegen das AGBG nicht mehr enthält, und daß er neuen wie auch bestehenden Vertägen zugrunde gelegt werden darf, dies jedoch nur im Einvernehmen mit dem VN. Das Einvernehmen ist nur dort entbehrlich, wo der neue Text genau dem schon gemäß § 6 Nr. 1 AGBG Vertragsbestandteil gewordenen Text entspricht, A V 40. Überdies ist die Unbedenklichkeitsbescheinigung des BAV für die Gerichte unverbindlich, vgl. Martin 317 in Schirmer/Martin zu Fällen, in denen auch in aufsichtlich genehmigten Neufassungen später neue Verstöße gegen das AGBG gefunden wurden.

§ 151 BGB erklärt den Zugang der Annahme eines Vertragsangebots für 44 entbehrlich, wo dieser Zugang nach der Verkehrssitte nicht zu erwarten ist, ändert aber nichts an der Möglichkeit des Empfängers des Angebots, zwischen Annahme und Ablehnung zu wählen. Entgegen Prölss/Schmidt/Frey Vorbem. 49 sowie VerBAV **79, 291** (zur Haftpflicht- und UnfallV) und VerBAV **78, 81** (zur LebensV) ist § 151 BGB auf die Einführung neuer AVB in bestehende Verträge nicht anwendbar, Martin 312 in Schirmer/Martin. Soweit sich die Änderung bereits aus § 6 Abs. 1 AGBG ergibt, handelt es sich schon begrifflich nicht um ein Vertragsänderungsangebot des Vr, sondern um eine bloße Information, vgl. unten A V 45. Der VN hat dann keine Wahl zwischen Annahme oder Ablehnung, so daß auch von der Entbehrlichkeit des Zugangs der Annahme im Sinn von § 151 BGB nicht die Rede sein kann. Soweit hingegen die neuen Bestimmungen – und sei es auch nur geringfügig – von den kraft Gesetzes Vertragsbestandteil gebliebenen Rumpf-AVB abweichen, und zwar nicht ausschließlich zum Vorteil des VN, liegen die Voraussetzungen des § 151 BGB nicht vor. Wenn das BAV gleichwohl wiederholt

§ 151 BGB zitiert hat, so war wohl etwas anderes gemeint: Die Vr sollten von den besonders strengen aufsichtlichen Bestimmungen entbunden werden, die normalerweise für Vertragsänderungsangebote des Vr zu bestehenden Verträgen gelten.

45 a) **Zu einer Information** über den kraft Gesetzes Vertragsbestandteil gewordenen AVB-Wortlaut **ist der Vr** nicht nur berechtigt, sondern auch **verpflichtet,** vgl. Martin 316 in Schirmer/Martin. Wer dem Vertragspartner unwirksame Vertragsbestimmungen aushändigt, ist zur Berichtigung verpflichtet, sobald genügend sichere Anhaltspunkte für die Tatsache der Unwirksamkeit gegeben sind. Letzteres ist das Fall, wenn entweder der BGH oder ein OLG – und sei es auch nur mit Rechtskraftwirkung für einen Einzelfall – oder das BAV als Aufsichtsbehörde eine Bestimmung als unwirksam bezeichnet hat. Im Einzelfall kann schon die Meinung eines Amts- oder Landgerichts oder eine in der Rechtswissenschaft vertretene Ansicht den Vr verpflichten, auf Zweifel an der Wirksamkeit einer Bestimmung hinzuweisen.

46 Geboten ist eine **spontane Information der VN sämtlicher Verträge,** denen die unwirksamen Bestimmungen zugrunde liegen. Bezüglich der **Form** der Information hat das BAV bisher keine strengen Anforderungen gestellt, ebensowenig wie bezüglich des Zeitpunkts. Die Verstöße gegen das AGBG werden nämlich nicht in einem Zug, sondern erst nach und nach entdeckt. Wiederholte Informationen zu ein und demselben Bedingungswerk würden unverhältnismäßig hohe Kosten verursachen und zudem die Aufnahmebereitschaft der Leser überfordern. Immerhin muß der Vr berücksichtigen, daß der VN auf einer „Prämienrechnung" mit wichtigen sonstigen Informationen nicht zu rechnen braucht, am wenigsten dann, wenn er Einzugsermächtigung erteilt hat, vgl. im einzelnen Martin 321 in Schirmer/Martin. Dort wird auch erörtert, ob der Vr sich darauf beschränken kann, den VN aufzufordern, die neuen AVB-Texte bei Bedarf anzufordern.

47 Darüber hinaus ist **Information im Einzelfall** immer dann geboten, wenn der Vr Grund zu der Annahme hat, der VN könne durch die irrige Annahme der Wirksamkeit einer AVB-Bestimmung zu einem bestimmten Verhalten veranlaßt werden oder veranlaßt worden sein. Nicht der VN, wohl aber der Vr muß nämlich die obergerichtliche Rechtsprechung zum AGBG kennen, BGH VersR 88, 682 = RuS 207. Im Fall BGH aaO (Instanzentscheidungen: LG Wiesbaden RuS 86, 132 und Frankfurt RuS 87, 106) hatte der Vr mit dem VN nach einem Schaden ein Sachverständigenverfahren mit Kostenteilung vereinbart. Hierauf aber hatte sich der VN möglicherweise nur deshalb eingelassen, weil er entsprechend dem ihm vorliegenden AVB-Text glaubte, der Vr könne dieselbe Lösung auch einseitig verlangen, Y I 73.

48 Unterläßt der Vr die gebotene Information, sei es generell oder sei es im Einzelfall, so macht er sich wegen Vertragsverletzung **schadenersatzpflichtig.** Er kann sich z.B. nicht auf Verjährung oder Fristablauf nach § 12 Abs. 3 VVG berufen, soweit der VN Klage nur deshalb nicht erhoben hat, weil ihm die Unwirksamkeit einer AVB-Bestimmung nicht bekannt war. Oder der Vr muß den Prämienmehrbetrag zurückzahlen, und zwar nicht nur aus ungerechtfertigter Bereicherung, sondern auch als Schadenersatz (van de Loo 113), den der VN im Vertrauen auf die Wirksamkeit einer unwirksamen

Prämienanpassungsklausel gezahlt hatte. Oder der Vr muß einen vermeidbaren Doppelaufwand an Prämie entschädigen, der entstanden ist, weil der VN eine Kündigung des Vr zu Unrecht für wirksam gehalten hatte oder weil der VN trotz Verfalls der Jahresprämie mit sofortiger Wirkung statt erst zum Jahresende gekündigt hatte.

b) Soweit neue AVB-Bestimmungen, die der Vr einem bestehenden Vertrag **49** zugrunde legen will, über die kraft Gesetzes Vertragsbestandteil gebliebenen oder gewordenen Rumpf-AVB hinausgehen, darf der Vr nicht den Eindruck erwecken, die neuen Bestimmungen würden auch ohne Zustimmung des VN Vertragsbestandteil, etwa aufgrund der bloßen Tatsache der aufsichtlichen Genehmigung, sondern der Vr muß deutlich machen, daß es sich um ein **Vertragsänderungsangebot** handelt und der Vr zwischen Annahme oder Ablehnung wählen kann. Geschieht dies nicht genügend deutlich, so darf Schweigen des VN nicht als konkludente Zustimmung angesehen werden; ähnlich Seybold VersR 89, 1231, 1234. Dies gilt auch dann, wenn der neue Text mit dem AGBG vereinbar ist und daher neuen Verträgen bedenkenlos zugrunde gelegt werden darf, A V 43. Nicht anzuwenden ist § 151 BGB, vgl. A V 44. Soweit sich die **Abweichungen zugunsten des VN** auswirken, kann dieser sich allerdings auf die Abweichungen selbst dann berufen, wenn keine Änderungsvereinbarung zustande gekommen ist (Beispiel: Y II 5), denn der Vr hat einen **Vertrauenstatbestand** geschaffen.

Ein **Beispiel** bildet die Neufassung von § 18 Nr. 2 AEB gemäß VerBAV **84, 50** 389, soweit dort dem VN nicht mehr ein Kündigungsrecht im Schadenfall auch für andere Verträge über dieselbe Gefahr gewährt wird. Wichtiger sind die Neufassungen der **Bestimmungen über das Sachverständigenverfahren** in §§ 15 Nr. 5 AFB 30, AERB, 14 Nr. 5 AWB 68, AStB 68, AWSB, 17 Nr. 5 VGB 62 ebenfalls gemäß VerBAV **84,** 389. Da die neuen Bestimmungen im Gegensatz zur früheren Fassung auch **das einvernehmlich vereinbarte Sachverständigenverfahren** regeln, und zwar mit der Folge einer Kostenteilung, Y I 27, gehen sie über die nach § 6 Abs. 1 AGBG kraft Gesetzes eingetretenen Rechtsfolgen hinaus und können nicht ohne Zustimmung des VN Vertragsinhalt werden. Die in A V 47 behandelte Entscheidung BGH VersR 88, 682 = RuS 207 behält daher Bedeutung auch für Verträge, in denen dem VN der neue Text bereits vor Schadeneintritt übersandt war (was in dem durch den BGH entschiedenen Fall noch nicht geschehen war). Der Vr muß den VN von den Kostenfolgen der Vereinbarung eines Sachverständigenverfahrens freistellen, falls er nicht klargestellt hatte, daß die Regelung auch des einvernehmlichen Verfahrens keine Folge des AGBG ist, Y I 73.

5. Im Folgenden werden die Fundstellen zitiert, an denen in vorliegendem **51** Kommentar die Vereinbarkeit von AVB-Bestimmungen mit § 9 AGBG oder anderen AGBG-Vorschriften oder die AGBG-konforme Auslegung von AVB-Bestimmungen erörtert wird. Das positive oder negative *Ergebnis* der Erörterung kann der folgenden Liste *nicht* entnommen werden. Von einer „Liste" ganz oder teilweise unwirksamer AVB-Bestimmungen kann also keine Rede sein.

A IV 8   AFB der öffentlichen SachVr (Erwerberkündigung; Kündigung nach einem VFall; Verbot der NachV).

A V 9	Ausschluß von Überspannungsschäden durch Blitzschlag in den VGB 88.
A V 36 und 38 sowie P IV 53	Prämienanpassungsklausel in den SGlN 79a und in den VGB 88.
B II 7 und 8	Brandfolgeschäden außerhalb des VOrts.
C II 11, 17 und 21	Eingeschränkte Deckung für Blitzschäden an elektrischen Einrichtungen nach den VHB 74, VHB 84 und VGB 88.
D II 33	Einschränkungen der DiebstahlV zugunsten einer mit niedrigerer VSumme genommenen RaubV.
D II 47	Fehlender VSchutz nach den VHB 74 für Abhandenkommen infolge Versuchs des erschwerten Diebstahls.
D X 23	Grenzen des VSchutzes nach der eingeschränkten Schlüsselklausel für qualifizierte Behältnisse.
D XI 1 und D XII 4	Fehlender VSchutz nach den VHB 74 für Folgeschäden durch Abhandenkommen nach erschwertem Diebstahl.
D XII 56	Raub von Sachen im Gewahrsam des Inhabers von als VOrt vereinbarten Räumen.
D XII 61	Fehlender HausrataußenVSchutz für Sachen im Gewahrsam von anderen Personen als von Wohngenossen des VN.
D XII 87	Beschränkte Bedeutung der zusätzlichen RaubVSumme für herangeschaffte Sachen bei Geldinstituten.
D XII 71	Raub vor Geldausgabeautomaten.
D XII 18 und 100	Ortsdifferenz zwischen Beginn des Überfalls und Wegnahme der Sachen in der TransportraubV.
D XIII 11	Fehlender VSchutz nach den VHB 74 für räuberischen Diebstahl.
E I 13	Chemische Lösungen als Wasser.
E I 54	„Bestimmungswidriger" Leitungswasseraustritt.
F I 5	Ausschluß innerer Unruhen.
F II 11 bis 20	Betriebsschadenausschluß in der FeuerV.
F II 22 und 43	AGBG-konforme Auslegung des Betriebsschadenausschlusses.
F III 40 bis 51	Ausschluß von Diebstahl und Raub unter Mitwirkung von Arbeitnehmern oder Wohngenossen des VN.
F III 59	Anzahl der gegen Raub versicherten gleichzeitigen Transporte.
F IV 11 bis 14	Leitungswasserschäden an und in noch nicht voll bezugsfertigen Gebäuden.
G IV 18	Waschmaschinen in Gemeinschaftsräumen.
G IV 73	Wohnungswechsel des VN ohne Mitnahme des Mobiliars.
G IV 106 und 114	VSchutz für Erben des HausratVN, die nicht dessen Wohngenossen waren, und für Wohngenossen, die nicht Erben werden.
H III 5	Nur Zeitwertdeckung für alle „Fertigungsvorrichtungen".
H III 75	Abhängigkeit der V des Sachersatzinteresses des VN von dessen Vereinbarungen mit dem Eigentümer.
H IV 58	Nicht durch den Mieter beschaffte Gebäudebestandteile, für die dieser trotzdem die Gefahr trägt.

H IV 46	Ausschluß ungefaßter Edelsteine durch die VHB 74.
K IV 11 und 12	Mehrjährige Bindung des VN.
L II 5 bis 15, 21, 23, 28 bis 30, 43, 47, 48, 51, 52 und 62	Einschränkungen des Kündigungsrechts nach dem VFall durch die AVB.
M I 11 und 68 sowie O I 69	Verschärfung des § 61 VVG durch Erweiterung auf leichte Fahrlässigkeit und Beweislastumkehr zu Verschulden und Kausalität.
M I 41 und 48, M II 25 bis 27	„zu scharfe" Sicherheitsvorschriften.
M III 35 und 49	Verschlußbedürftigkeit von Gold- und Silbersachen, die dem Raumschmuck dienen.
N III 16 und 63	Verzicht auf Leistungsfreiheit wegen Gefahrerhöhung durch leicht fahrlässige Verstöße gegen Sicherheitsvorschriften.
N IV 26 und 28 sowie S IV 46	Anzeige wertsteigernder Baumaßnahmen.
O II 64	Erweiterung des Repräsentantenbegriffs.
O II 66 bis 72	Repräsentantenbegriff bei Raub.
O II 102 bis 104	Mieter und Pächter als Repräsentanten?
O II 122	Ehegatte des HausratVN.
O II 123	Sonstige Mitbewohner des HausratVN.
O II 125	Mitbewohner des WohngebäudeVN.
P I 4	Fälligkeit der Folgeprämie am Monatsersten.
P II 19	Kündigung durch VN nach dem VFall und Prämienverfall.
P IV 53 bis 61	Tariflohnindex im gleitenden Neuwertfaktor.
Q I 65 und 71 sowie Q II 31	Fiktive Rückrechnung von Wiederherstellungs- oder Wiederbeschaffungskosten auf den Zeitpunkt des VFalls.
R IV 23 bis 27	Anspruchsverlust durch Versäumung der Frist nach den Wiederherstellungsklauseln?
S II 97 und 102	Kein UnterVVerzicht für Hausrat nach Kl 834 bei MehrfachV durch Zweitvertrag ohne Kl 834.
S IV 46	Völliger Wegfall des UnterVVerzichts in der gleitenden NeuwertV.
S IV 52 und V I 44	Kein UnterVVerzicht des gleitenden NeuwertV bei Zweitvertrag für dieselbe Gefahr.
U IV 5	Wertsachenbegriff.
V I 37 und 40	Leistungsfreiheit wegen Nichtanzeige einer MehrfachV.
W I 17 und W IX 15 bis 27	Ausschluß von Schadenermittlungskosten und sonstigen Vermögensfolgeschäden.
W I 20	KostenV durch § 83 VVG abgesichert?
W II 9	UnterV bei Rettungskosten auf Weisung.
W II 13 bis 15	Ausschluß von Rettungskosten durch Gesundheitsschäden.
W II 29 und 31	Ausschluß des Rettungskostenersatzes allgemein.
W V 3	Prozentuale Entschädigungsgrenzen und VSumme 1914.
W V 37	Dekontamination von Erdreich.

W VII 5	Schlüsseldiebstahl aus Geschäft und Wohnung.
W VIII 5	Mietausfall durch leichte Fahrlässigkeit.
X II 46	Frist für Schadenanzeige gegenüber dem Vr.
X II 121	Kosten für Grundbuchauszug.
X II 168	Kosten für Verzeichnisse versicherter Sachen.
Y I 17	Ermittlungen gegen Mitbewohner und Fälligkeit der Hausratentschädigung.
Y I 51 und W IX 13	Kosten des durch den Vr verlangten Sachverständigenverfahrens.
Y I 67 bis 79	Kosten des vereinbarten Sachverständigenverfahrens.
Y II 3 und 6	Zweiwochenfrist für Fälligkeit oder Auszahlung der Entschädigung?
Y III 13	Aufschub der Abschlagszahlung in der HausratV.
Y III 17, 19 und 22	Unverlangte Abschlagszahlung.
Y IV 5	Verzinsung der BU-Entschädigung.
Y IV 10	Verzögerter Verzinsungsbeginn in der HausratV.
Y IV 17	Verzugszinsen.
Y V 2	Verzinsung und Wiederherstellungsklauseln.
Z II 17 und 26	Anspruchsverlust durch Untätigkeit des VN nach Wiederbeschaffung abhandengekommener Sachen.
Z II 24	Ausschluß des Quotenvorrechts an wiederherbeigeschafften Sachen.

B. Begriff des Versicherungsfalles; Abhandenkommen; Zerstörung; Beschädigung

Übersicht

I. Begriff des Versicherungsfalles

Es handelt sich nicht um eine akademische Streitfrage, sondern Vertrag **1** (Einzelvertrag oder AVB) und Gesetz (VVG) knüpfen Rechts*folgen* an Tatsachen, Ort und Zeit des Eintritts eines VFalls. Daraus ergibt sich die **rechtliche Bedeutung** des Begriffs des VFalles. Die wichtigsten Beispiele für Bestimmungen, nach denen es auf Begriff, Eintrittszeitpunkt und Eintrittsort des VFalls ankommt, sind die folgenden:

Der Vr schuldet die Entschädigung als Erfüllung des VVertrags (vgl. aber **2** z. B. auch K II 19 und K IV 14 wegen der Möglichkeit einer Schadensersatzhaftung des Vr) nur, wenn der VFall innerhalb der vereinbarten **materiellen VDauer**, also nach deren Beginn, K III 3 und 6, und vor deren Ende (K III 3) und außerdem innerhalb des **VOrtes**, G I 2, eintritt; § 3 Nr. 1 AERB verlangt dies nicht nur für das Abhandenkommen usw., sondern für alle Merkmale des versicherten erschwerten Diebstahls, G I 5. **Rettungskosten** ersetzt der Vr nur, soweit sie nach dem Zeitpunkt entstehen, in dem der VFall eintritt oder erstmals unmittelbar bevorsteht, W II 30, was bei Folgeschäden an beweglichen Sachen allerdings trotz Identität (B IV 1 bis 8) des VFalls für jede betroffene Sache gesondert zu prüfen ist, W II 42 bis 45. Ist ein **Selbstbehalt** je VFall vereinbart, so ist der Selbstbehalt mehrfach abzuziehen, falls mehrere VFälle eingetreten sind, T I 2. Umgekehrt steht eine je VFall vereinbarte **Entschädigungsgrenze** mehrfach zur Verfügung, falls mehrere VFälle eingetreten sind, vgl. D XV 39 für die Entschädigung in Höhe von 500 DM je Fahrraddiebstahl nach § 3 Nr. B 6 c VHB 74 und in Höhe von 1% der HausratVSumme nach Kl 833 Nr. 3 zu den VHB 84.

3   1. **VFall im weitesten Sinn** ist der Eintritt *sämtlicher Voraussetzungen*, von denen die vereinbarte Entschädigungspflicht des Vr nach Grund und Höhe abhängt. Dazu gehören in den Fällen der Wiederherstellungsklauseln sogar die Sicherstellung der Wiederherstellung, R IV 6. Da die Voraussetzungen der Entschädigungspflicht oft nicht gleichzeitig, sondern nacheinander eintreten, würde diese Definition oft *nicht* zu einem *Zeitpunkt*, sondern zu einem *Zeitraum* des Eintritts des – „gedehnten", BM § 1 VVG Anm. 49 – VFalles führen. Die Definition würde ihren Zweck im Sinne von B I 1 immer dann nicht erfüllen, wenn jene Voraussetzungen teils innerhalb und teils außerhalb der VDauer und des VOrts eingetreten sind. Ähnliche Schwierigkeiten ergäben sich wegen des Beginnzeitpunkts der Rettungskostenersatzpflicht und immer dann, wenn sich während jenes Zeitraums der Umfang des vereinbarten VSchutzes ändert.

4   In der **HaftpflichtV** war das Problem besonders akut, weil zwischen Entstehung der Schadenursache (*„Kausalereignis"*), der Einwirkung auf die verletzten Personen oder auf die beschädigte Sache (*„Schadenereignis"*) und endlich der *Erhebung eines Anspruchs* durch den Geschädigten oft geraume Zeit verstreicht. Entsprechend diesen drei möglichen Anknüpfungspunkten entwickelten sich in Rechtsprechung und Literatur drei Ansichten darüber, wann der HaftpflichtVFall eingetreten sei, vgl. die ausführlichen Nachweise bei BMJ B 9 bis 29. Einig war man von jeher darüber, daß der Eintritt des Schadens, nämlich des Vermögensschadens, A I 3 und 4, nicht mehr zum HaftpflichtVFall gehört.

5   2. Eine **vertragliche Definition** des VFalls durch die AVB ist nach dem Grundsatz der Vertragsfreiheit möglich, weil das VVG sie nicht verbietet. § 5 Nr. 1 AHB hat davon Gebrauch gemacht, so daß der Streit für die HaftpflichtV praktisch überholt schien, jedenfalls seit 1957, als BGHZ 25, 34 sich auf den Standpunkt der sog. Folgeereignistheorie stellte und das **Schadenereignis** („Ereignis, das den Personen- oder Sachschaden unmittelbar ausgelöst hat") für maßgebend erklärte. Demgegenüber meint neuerdings BGH VersR 81, 173 = NJW 870, „Ereignis" habe in § 1 Nr. 1 AHB a.F. etwas anderes als den VFall gemäß § 5 Nr. 1 AHB bezeichnet, nämlich das **Kausalereignis** (den „Haftungsgrund"); die zeitliche Lage dieses Kausalereignisses innerhalb oder außerhalb der VDauer entscheide darüber, ob VSchutz bestehe oder nicht.

6   BGH VersR 81, 173 = NJW 870 schützt den VN auch in den sog. Nachhaftungsfällen, wenn also das Schadenereignis erst nach Vertragsende eintritt. Mit VSchutz für Kausalereignisse vor Vertragsbeginn, so argumentiert BGH aaO, rechne der VN meist ohnehin nicht; es sei also kein entscheidender Nachteil, wenn solche Ereignisse einen VFall nicht begründeten. Die Vr haben jene Entscheidung gleichwohl kritisiert und in § 1 Nr. 1 AHB n.F. (VerBAV 82, 65) das Wort „Ereignis" durch „Schadenereignis" ersetzt, um BGH aaO gegenstandslos zu machen. Da der durchschnittliche VN den Sinn dieser Änderung aber nicht erfaßt, führt möglicherweise § 5 AGBG auch für

die Neufassung wieder zum Ergebnis von BGH aaO, jedenfalls in Nachhaftungsfällen, vgl. Voit in PM 24. Aufl. § 149 Anm. 2 A b; dies würde bedeuten, daß VSchutz schon dann besteht, wenn *entweder* das Kausalereignis *oder* das Schadenereignis in die VDauer des Haftpflichtvertrages fällt. Nur wenn dem VN eine Nachhaftungsdeckung gegen Einmalprämie angeboten würde, sprächen die besseren Gründe für die Maßgeblichkeit des Schadenereignisses (Folgeereignisses), um nämlich Erweiterungen des VSchutzes auch dann noch gelten zu lassen, wenn nur das Schadenereignis nach der Erweiterung, das Kausalereignis hingegen schon vorher eingetreten ist.

Diese Probleme zur HaftpflichtV interessieren vorliegend selbstverständ- 7 lich nicht als solche, sondern nur insofern, als sie sich (wenn auch jeweils mit einer Verzögerung) auf die Rechtsprechung zum VFall in anderen Zweigen der Schaden- (vgl. BGH VersR 57, 781 zu den FBUB sowie BGH VersR 56, 250 = VerBAV 118 und Schleswig VersR 58, 839 zur VertrauensschadenV) und der SummenV (BGH 16, 37 zur UnfallV) auswirken.

Aus der Sicht der SachV ist BGH VersR 81, 173 = NJW 870 zu begrüßen, 8 weil es im Ergebnis einen relativ späteren Zeitpunkt für maßgebend erklärt und sich damit der Situation in der SachV annähert. In der SachV liegt es nämlich, wie sogleich näher darzulegen ist, noch weit näher als in der HaftpflichtV, ausschließlich auf das Schadenereignis abzustellen, also auf den Sachschaden oder auf das Abhandenkommen, hingegen nicht auf Kausalereignisse wie Brandausbruch oder Leitungswassereintritt. Infolge der Neufassung von § 1 Nr. 1 AHB ist die SachV jedoch weiterhin der Gefahr einer unbedachten Übernahme haftpflichtversicherungsrechtlicher Überlegungen und Begriffe ausgesetzt. Dies wäre unschädlich, wenn als „Schadenereignis" der SachV korrekt das Abhandenkommen oder der Sachschaden angesehen würde. Tatsächlich wird aber immer wieder der Brandausbruch als „Schadenereignis" bezeichnet, B I 12. Daher ist es besser, den haftpflichtversicherungsrechtlichen **Begriff des Schadenereignisses** in der SachV gänzlich zu **vermeiden** und den **VFallbegriff für die SachV eigenständig zu bestimmen.**

a) Die **SachV** schützt gegen Vermögensnachteile (A I 3 und 4) infolge von 9 Abhandenkommen, Zerstörung oder Beschädigung von Sachen. Daß der VFall den „Eintritt des Schadens", nämlich des Vermögensschadens, B I 4, begrifflich nicht erfordert, ist jedenfalls insofern richtig, als es unstreitig nicht auf den Zeitpunkt ankommt, in dem die schadenbedingten Kosten aufgewendet werden. Allerdings können Wiederherstellungsklauseln die Entschädigung der Neuwertspanne (R IV 6) oder sogar des Zeitwerts (R IV 2) von der Wiederbeschaffung oder Wiederherstellung abhängig machen. Aber die Neuwertspanne ist auch dann noch zu entschädigen und zu verzinsen, wenn bei Entstehung dieses Anspruchs, R IV 14, und im Beginnzeitpunkt der Verzinsung der Neuwertspanne, Y V 1, das VVerhältnis nicht mehr besteht.

Der **VFall** tritt nämlich schon mit dem Besitzverlust (**Abhandenkommen, B** 10 II 1) oder mit der Substanzbeeinträchtigung (**Sachschaden** in Form von Zerstörung oder Beschädigung, B III 1) ein. Soweit nicht Vertrag oder AVB etwas anderes bestimmen, wäre dies für alle Zweige der SachV die richtige Lösung (Josef LZ 10, 285, ausdrücklich für die FeuerV; Martin § 1 AMoB 1.2 für die technischen VZweige). *Unerheblich* ist, daß eine der – stets! – mehreren *Ursachen des* Abhandenkommens oder des Sachschadens auch ihrerseits ein sichtbares Ereignis darstellt und schon in einem früheren Zeitpunkt eintritt. Man denke an einen Konstruktionsfehler als Schadenursache in der MaschinenV oder an Brandausbruch und Leitungswasseraustritt in der klassischen SachV.

11   Die hM erkennt diese Lösung aber nur für die **AllgefahrenV** an, vgl. B I 14. Auf die V gegen **bestimmte Gefahren**, insbesondere die FeuerV, wurde hingegen immer wieder (Raiser 237 mwN, Frankfurt JR 29, 189, KGJR 32, 51, BM vor § 49 VVG Anm. 34, in Form zustimmender Rechtsprechungszitate z. B. auch schon E. Prölss, 2. Aufl. 1940, § 33 VVG Anm. 1) die Schadenereignistheorie der HaftpflichtV übertragen, und zwar verfehlt in der Weise, daß nicht erst der Sachschaden oder das Abhandenkommen, sondern schon der Ausbruch eines Feuers als „Schadenereignis" angesehen wurde, und zwar sogar der Ausbruch eines Feuers an nicht versicherten Sachen oder (und) auf Nachbargrundstücken. Irrtümlich wird damit aber die versicherte **Schadenursache** (A III 2) mit dem VFall identifiziert. Zu Unrecht wird für diese Ansicht auf RG JW 25, 952 zitiert, wo die Frage ausdrücklich offen bleibt.

12   Besonders deutlich wird der logische Bruch (vgl. auch D XI 4), der bei Übernahme der Schadenereignistheorie (B I 8) auf die SachV begangen wird, in den Ausführungen von Wussow (§ 13 AFB Anm. 1). Wussow behandelt die Branddefinition des § 1 Nr. 2 AFB 30 ohne erkennbaren Grund zugleich als Definition des VFalles; richtig hätte man diese Definition allenfalls in § 1 Nr. 3 (Zerstörung und Beschädigung) und 4 (Abhandenkommen) AFB 30 sehen dürfen. Allerdings liegt der soeben beschriebene logische Fehler in der FeuerV besonders nahe und näher als in anderen Zweigen der SachV, denn ein Brand, also ein „Schaden"-Feuer, ist ein besonderes augenfälliges (!) Ereignis. Dessen Bezeichnung als „Schadenereignis" und damit die Verwechselung mit dem Ereignis des Abhandenkommens oder der Zerstörung oder Beschädigung versicherter Sachen als dem eigentlichen VFall lagen sehr nahe.

13   b) Angesichts der seit mehr als 50 Jahren unwidersprochenen Lehre und Rechtsprechung sind die **AFB 30** und die **AFB 87** (wegen der VGB 62, VGB 88, VHB 74 und VHB 84 vgl. B I 16 bis 21) sowie die auf der Basis der AFB getroffenen Vereinbarungen über Beginn und Ende der **materiellen VDauer** heute **gewohnheitsrechtlich** dahin auszulegen, daß schon der **Ausbruch des Brandes** den **VFall** zeitlich fixiert. Bricht der Brand an nicht (oder durch einen anderen Vertrag oder als gesonderter Inbegriff in einer anderen Position) versicherten Sachen aus und greift er erst später auf versicherte Sachen über, so bestimmt gleichwohl schon der *Ausbruch* des Brandes den *Zeitpunkt* des Eintritts des VFalles auch für solche Sachen, auf die der Brand erst *später* übergreift. Erst recht gilt dies, wenn nach einem Brandschaden an versicherten Sachen Folgeschäden an anderen versicherten Sachen entstehen. BGH RuS 89, 194 scheint hingegen den Folgebrand durch eine weggeworfene Zigarettenkippe des Löschhelfers als neuen VFall ansehen zu wollen. Es wäre wegen unverhältnismäßig großer Beweisschwierigkeiten nicht sachgerecht, bei Schäden an mehreren versicherten Sachen den Zeitpunkt des

VFalles je Sache gesondert feststellen zu wollen, B I 18. Unabhängig davon zu
prüfen ist aber, wann für Folgeschäden die Rettungspflicht auf Kosten des Vr
gemäß §§ 62, 63 VVG beginnt, B I 15.
Wo dagegen die Brandgefahr in einer **AllgefahrenV** mitversichert wird (vgl.   **14**
z. b. C I 64 und F II 66), tritt der VFall für jede einzelne Sache innerhalb eines
versicherten Inbegriffs und für jeden Teil eines versicherten Gebäudes oder
einer versicherten beweglichen Sache erst in dem Zeitpunkt ein, von dem an
ein Sachschaden an der Sache oder an dem betroffenen Bestandteil vorliegt, B
I 10. Fällt das Haftungsende oder fällt der Haftungsbeginn in den Zeitraum
des Brandes, so kann der AllgefahrenVN Entschädigung nur beanspruchen,
soweit er den Eintritt des Sachschadens vor oder nach dem maßgebenden
Zeitpunkt beweist. So liegt es insbesondere in der AutokaskoV, in der TransportV und in den technischen VZweigen, also in der Montage-, Schwach-
strom- und BaugeräteV, in den zitierten Ausnahmefällen auch in der MaschinenV.
 Für die **Frage des VOrtes** kommt es auch im Bereich der AFB 30 und AFB   **15**
87 (jeweils § 4) darauf an, ob sich die Sachen im Zeitpunkt ihres Abhandenkommens oder ihrer Zerstörung oder Beschädigung innerhalb des VOrtes
befinden, G II 1; unerheblich ist, wo sie sich bei Ausbruch des Brandes
befunden hatten und wo der Brand ausgebrochen war. Auch die Entschädigungspflicht für **Rettungskosten** setzt nicht notwendig erst (vgl. W II 39 zur
Heustocküberhitzung) oder schon mit dem Ausbruch des Brandes (z. B. auf
einem weiter entfernten Nachbargrundstück), sondern immer dann ein, wenn
das Übergreifen eines Brandes auf versicherte Sachen ernsthaft zu befürchten
ist; dann steht der VFall unmittelbar bevor, W II 33. Wegen der Rettungskosten mit Bezug auf Brandfolgeschäden vgl. W II 37 bis 45. Die hM spaltet also
für die AFB 30 und für die **AFB 87**, den Begriff des VFalles auf. Der Begriff
hat für die zeitliche Abgrenzung des VSchutzes einen anderen Inhalt als für
die örtliche Abgrenzung und für den Rettungskostenersatz.

 c) Nach den vertraglichen Definitionen in §§ **4 Nr. 2 VHB 74, 6 Nr. 2 VGB**   **16**
62, 3 Nr. 2 AWB 68, AStB 68 tritt der Fall „in dem Zeitpunkt ein, in dem sich
eine versicherte Gefahr an versicherten Sachen zu verwirklichen beginnt".
Die Definition wurde zunächst für die VGB 62 und für die VHB von 1966
formuliert, also für die kombinierte V gegen mehrere Gefahren, A III 8. In
den AWB 68 und AStB 68 hätte es folgerichtig „*die* versicherte Gefahr"
heißen müssen, weil hier dem Namen nach (A III 25 und 26) jeweils nur eine
einzige Gefahr versichert ist. Das Wort „beginnt" deutet zugleich den Beginn
der Rettungspflicht und vor allem der Rettungskostenersatzpflicht des Vr
unter Umständen zeitlich schon ein wenig vor Eintritt des VFalls an, vgl. B
I 2 für die FeuerV und die Beispiele aus der LeitungswasserV in W II 52 bis
57.
 Eine *Gefahr* (Feuer, Leitungswasser, Sturm; wegen Diebstahl vgl. B I 22)   **17**
„*verwirklicht*" sich „*an*" einer Sache, sobald erstmals ihre Substanz so beeinträchtigt ist, daß ihr Wert gemindert wird (Martin § 2 AMoB 1.3.1). Sprachlich verbesserungsfähig (Martin § 1 AMoB 1.2.1), sachlich aber zutreffend
sehen die zitierten Vorschriften nicht die Gefahr, sondern deren Verwirklichung, d. h. den **Sachschaden** an versicherten Sachen, als das Ereignis an, das

den VFall darstellt. Insoweit sagen die Vorschriften nur *deklaratorisch*, was auch gelten würde, wenn die Frage ungeregelt wäre, B I 10. Der Text ist aber nicht gut formuliert und hat daher im Fall AG Saarbrücken ZfS 88, 154 (Auftaukosten vor Eintritt eines Rohrbruchs) zu einem Mißverständnis geführt, vgl. E I 122 und W II 54.

18   Als **konstitutiv** könnte man §§ 4 Nr. 2 VHB 74, 6 Nr. 2 VGB 62 insofern bezeichnen, als sie eine Übernahme der gewohnheitsrechtlichen Auslegung der AFB 30 und AFB 87 (B I 13) ausschließen, und zwar auch für Feuerschäden, B I 21. Nicht der Brandausbruch, sondern der erste Eintritt eines Sachschadens an einer versicherten Sache ist für Zeitpunkt des VFalles maßgebend.

19   **Konstitutiv** bestimmen die Vorschriften auch, daß der Zeitpunkt des Eintritts des VFalles einheitlich für **alle** durch denselben VVertrag innerhalb desselben (sonst vgl. B IV 8) VOrtes versicherten **Sachen** oder **Sachteile** schon mit dem Zeitpunkt als eingetreten gilt, in dem die **erste** der betroffenen Sachen oder Sachteile beschädigt wird, B IV 6 und 8. Zur Zweckmäßigkeit der einheitlichen Behandlung aller betroffenen versicherten Sachen innerhalb desselben VOrtes vgl. schon B I 13. Die Regelung gilt aber selbstverständlich nur für Schäden durch *denselben* Brand, durch *denselben* Leitungswasseraustritt und durch *denselben* Sturm. Dabei können Zweifel über die Identität kaum jemals bei Brand, sondern allenfalls bei Leitungswasseraustritt und Sturm auftauchen. Nach der Verkehrsansicht wird man die **Identität des Sturmes** zu verneinen haben, wenn Windstärke 8 vor Beginn des „zweiten" Sturmes für einen längeren, zusammenhängenden Zeitraum von mindestens einigen Stunden nicht mehr überschritten worden ist. Dagegen ist Wasseraustritt aus mehreren durch denselben Frost gebrochenen Rohren nur ein einziger VFall.

20   Die VHB 84, VGB 88, AWB 87 und AStB 87 enthalten Definitionen wie die in B I 16 zitierten nicht. Trotzdem wird auch nach diesen AVB bei richtiger Auslegung der VFall nicht schon durch den Beginn des Schadenereignisses (Brandausbruch, Leitungswasseraustritt), sondern erst durch den **ersten Eintritt eines Sachschadens** zeitlich fixiert. Auszugehen ist also nicht von der gewohnheitsrechtlich abweichenden Rechtslage in der FeuerV gemäß B I 13, sondern von den in B I 9 und 10 dargelegten allgemeinen Überlegungen. Hierfür spricht auch der Wortlaut von §§ 3 VHB 84, 4 Nr. 1 VGB 88, 1 Nr. 1 AWB 87, AStB 87, wo abweichend von § 1 AFB 30 jene „Schadenereignisse" durch das Wort „durch" eindeutig als bloße Schadenursachen gekennzeichnet sind. Dasselbe trifft zwar auch für § 1 Nr. 1 AFB 87 zu und stellt ein wenig die Fortgeltung der abweichenden Betrachtungsweise gemäß B I 13 für die AFB 87 in Frage. Immerhin erscheint dort aber in Nr. 1 e wieder das Wort „Ereignis"; und schon die bloße – sachlich überflüssige, C V 2 – Existenz von Nr. 1 e rückt von der gebotenen kausalen Betrachtungsweise wieder etwas ab.

21   Die Rechtslage in der **Feuerhausrat- und WohngebäudeV** gemäß §§ 4 Nr. 2 VHB 74, 3 VHB 84, 6 Nr. 2 VGB 62, 4 Nr. 1 VGB 88 *unterscheidet* sich also von der in B I 13 dargestellten Rechtslage nach den AFB 30 und AFB 87 insofern, als *nicht* der Zeitpunkt des *Ausbruchs* des Feuers an irgendeiner Stelle, z. B. auf dem Nachbargrundstück oder außerhalb der Wohnung, in der sich der Hausrat befindet, *sondern* das Übergreifen des Feuers auf die zeitlich

als *erste* betroffene versicherte Sache des jeweiligen VVertrages den Ausschlag gibt. Eine gesonderte Betrachtung der Positionen des Vertrages entspräche dagegen nicht einen an der Verkehrsansicht und am Sprachgebrauch des täglichen Lebens orientierten Auslegung.

d) In der **DiebstahlV** entscheidet nach § 4 **Nr. 2 VHB 74** für *Hausrat* die 22 Wegnahme der *ersten* Sache hinsichtlich sämtlicher Sachen, die im Lauf einer nach der Verkehrsansicht als Einheit zu bewertenden Straftat abhanden kommen. Es gilt dasselbe wie gemäß B I 17 bis 19 für Hausratfeuerschäden. Nach den **AERB 87, AERB und AEB** sowie nach den **VHB 84** entscheidet dagegen für jede *einzelne* gestohlene Sache der Zeitpunkt ihrer Wegnahme, B I 10, also nicht etwa der Beginn der Diebstahlshandlung als eines einheitlichen „Schadenereignisses". Mangels einer abweichenden Definition im Sinn von B I 16 und 19 begründen aber mehrere zeitlich nacheinander gestohlene Sachen mehrere gesonderte VFälle, B IV 11 und 14.

Die zu den AFB 30 und AFB 87 herrschende Ansicht läßt sich auf die 23 AERB 87, AERB und AEB nicht übertragen, auch nicht für mitversicherte (D XI 9 bis 13) Folgeschäden, die *nicht* in der Wegnahme durch den Täter des versicherten qualifizierten Diebstahls oder Raubes bestehen, B II 4 und D I 3; unhaltbar ist demgegenüber RG VA **16** Nr. 943. Praktisch bedeutsam (B I 2) ist die Frage z. B. dann, wenn die Diebe im Lauf einer Nacht in mehreren Arbeitsgängen die versicherten Sachen abholen und wegschaffen, D XI 7, oder dann, wenn Dritte mit Hilfe der durch den Einbrecher geschaffenen Öffnung noch während derselben Nacht einen zustäzlichen Diebstahl begehen, D XI 12, der VSchutz aber während dieser Nacht um Null Uhr beginnt, endet oder seinem Umfang nach geändert wird, B IV 12.

e) Sind über den Sachsubstanzschaden hinaus **Vermögensfolgeschäden** im 24 Sinn von W II bis W IX zu ersetzen, nämlich versicherte *Kosten*, so entscheidet generell der Zeitpunkt des ersten Abhandenkommens oder des ersten Sachschadens, soweit der Anspruch einen V*Fall* voraussetzt, z. B. bei Aufräumungskosten in der FeuerV oder bei Gebäudeschäden in der DiebstahlV; für *Mietverlustentschädigung* während der vollen sechs oder zwölf Monate gemäß §§ 1 Nr. 3 VGB 62, 3 Nr. 3 VGB 88 genügt es, wenn der Beginn des Wohngebäudebrandsachschadens in die materielle VDauer fällt, W VIII 2. Wegen *Rettungskosten* zur Abwehr von Folgeschäden gilt das in B I 15 Gesagte. Soweit der Anspruch auf Ersatz versicherter Kosten *keinen* VFall voraussetzt, sondern z. B. nur einen Diebstahl- oder Raubversuch, entscheidet der Beginn des maßgebenden Ereignisses.

Die Begriffe *Abhandenkommen* und *Sachbeschädigung* beschreiben nicht 25 nur den VFall, sondern grenzen zugleich den **Schutzzweck der SachV** und den Umfang der Entschädigung ab; der VN soll Ersatz des Betrages erhalten, den die Wiederbeschaffung oder Wiederherstellung der Sache erfordert. Negativ ausgedrückt: der Vr deckt nur das „**Substanzinteresse**" (A I 5, W I 1 und Raiser 81), nicht dagegen Vermögensschäden, die der VN durch Abhandenkommen von oder Sachschäden an versicherten Sachen sonst noch erleidet. Dies wird in §§ 1 Nr. 6 AFB 30, 1 Nr. 5 AEB, 10 Nr. 2 AERB ausdrücklich gesagt, gilt aber auch für die AWB 68, AStB 68, VHB

74, VHB 84, VGB 62 und VGB 88. Ausnahmen bedürfen besonderer Vereinbarung oder gesetzlichen Vorschriften, W I 3.

26   Nur scheinbar durchbrochen wird diese Regel bei *komplementären Gütern*. VWert und Entschädigung werden grundsätzlich für die gesamte Gruppe der versicherten komplementären Güter gemeinschaftlich berechnet. Wird aber durch Abhandenkommen von oder Sachschäden an Einzelstücken einer solchen Sachgruppe der VWert der ganzen Gruppe vermindert, so ist dieser Umstand für die Höhe der Entschädigung der zerstörten oder abhanden gekommenen Einzelsachen (Q I 22) zu berücksichtigen, vgl. Raiser 81 ff., BL 60 ff. sowie Q I 27 bis 37.

II. Abhandenkommen als Versicherungsfall

1   VFall ist das **Abhandenkommen** versicherter Sachen vor allem in der Diebstahl-, aber auch in der Feuer-, Leitungswasser- und SturmV, und zwar jeweils sowohl in der V des privaten Lebensbereichs (Hausrat und Wohngebäude) wie in der GeschäftsV. Das Abhandenkommen stellt den versicherten Schaden dar, also den VFall, während die Ereignisse Brand, Diebstahl usw. versicherte Schadenursachen (Gefahren) sind, vgl. A III 2 und 3.

2   Für abhandengekommene Sachen entschädigungspflichtig kann der Vr nicht nur deshalb sein, weil es sich um einen VFall handelt, sondern auch deshalb, weil das Abhandenkommen begrifflich ein – wenn auch unfreiwilliges – Vermögensopfer im Sinn von § 63 VVG (**Rettungskosten**) im Zusammenhang mit einem VFall darstellt, W II 18. Dies wiederum kann praktisch deswegen bedeutsam sein, weil für Rettungskosten möglicherweise die VSumme je Position als Entschädigungsgrenze (S I 29) oder der UnterVEinwand nicht eingreift, soweit es sich nämlich um Rettungsmaßnahmen auf Weisung des Vr gehandelt hat, S II 15 und W II 2, oder soweit abweichend von § 63 Abs. 1 Satz 2 VVG zugunsten des VN jene Entschädigungsgrenze generell (§ 18 Nr. 6 VHB 84, vgl. dazu W I 9) oder einzelvertraglich erhöht wurde.

3   1. In der **DiebstahlV** erscheint der Begriff „Abhandenkommen" nur in den neueren, nach 1980 formulierten AVB, während in §§ 1 Nr. 3 AEB, 1 Nr. 1b VHB 74 sprachlich unschön *„durch Diebstahl entwendet"* formuliert war. Dieser Pleonasmus enthält für die HausratV nach den VHB 74 (ebenso früher nach den VHB von 1966) allerdings zugleich eine sachliche Einschränkung des VSchutzes: Diebstahl muß nicht nur Ursache, sondern zugleich Erscheinungsform des Abhandenkommens sein, D XI 13. Für die GeschäftsV nach den AEB wurde diese Konsequenz dagegen durch D-Kl 10a (Folgeschäden) wieder aufgehoben: Auch Abhandenkommen auf andere Weise als durch Diebstahl war versichert, wenn es sich nur um eine adäquate Folge eines versicherten erschwerten Diebstahls (oder Diebstahlsversuchs) handelte, D XI 9.

4   §§ 1 Nr. 1 AERB, AERB 87 drücken dasselbe jetzt korrekt durch die Worte *„durch Einbruchdiebstahl abhandenkommen"* aus. Ähnlich lautet § 3 Nr. 2 VHB 84. Es genügt, wenn das Abhandenkommen *adäquate Folge* eines „Einbruchdiebstahls" oder „des Versuchs einer solchen Tat" ist, wenn also z. B. ein Passant einfachen Diebstahl aus einem bereits erbrochenen Schaufenster

begeht oder – extremes Beispiel – wenn durch Zugluft Geschäftsunterlagen aus einem durch einen Dieb erbrochenen Raum verschwinden.

Bei **Wohngebäuden** gehört erschwerter Diebstahl nicht zu den nach den 5 VGB 62 oder den VGB 88 versicherten Gefahren, vgl. z. b. H IV 58 wegen des Grenzfalls der wasserführenden Installationen des Mieters. Kommen jedoch versicherte Gebäudebestandteile durch einen (einfachen oder erschwerten) Diebstahl abhanden, der seinerseits adäquate Folgen eines Brandes, eines Leitungswasseraustritts oder einer Sturmeinwirkung ist, so besteht VSchutz nach den VGB 62 oder VGB 88, B I 10 und C I 1.

In der **FeuerV** sind §§ **1 Nr. 4 AFB 30, 1 Nr. 2 a VHB 74** Rechtsgrundlage des 6 VSchutzes für das Abhandenkommen. Allerdings war nach dem ursprünglichen Wortlaut der Bestimmungen auch hier der **VSchutz auf den VOrt beschränkt.** Danach müßte zwar nicht der Brand als Schadenursache, G I 2, wohl aber der Besitzverlust, G I 3, innerhalb des VOrts eintreten. Daß es auf den Ort der **Schadenursache** *nicht* ankommt, ist nach den VHB 74, VHB 84, VGB 62, VGB 88 und AFB 87 ohnehin klar, G II 3; aber auch nach den AFB 30 gab es keine Zweifel, denn § 1 Nr. 4 AFB 30 spricht im Gegensatz zu Nr. 3 (G II 2) den Ort des Brandes nicht an.

Jedoch war die Beschränkung des VSchutzes auf ein Abhandenkommen 7 innerhalb des VOrts unvereinbar mit dem Vertragszweck und verstieß daher gegen § **9 Abs. 2 Nr. 2** AGBG, denn solche Schäden treten typischerweise oft erst ein, nachdem die Sachen zunächst aus dem brennenden Gebäude gerettet und damit aus dem VOrt entfernt wurden, C VI 11. Mit Recht heben daher §§ **10 Nr. 1 Abs. 2 VHB 84, 4 Nr. 1 Abs. 2 AFB 87, AERB 87** die Beschränkung auf den Ort für Folgeschäden durch Abhandenkommen ausdrücklich auf, soweit die Sachen zuvor infolge eines VFalls aus dem VOrt entfernt wurden, vgl. G II 1. Durch VerBAV 87, 174 wurden auch §§ **4 Nr. 2 AFB 30, 6 Nr. 2 VHB 74** entsprechend ergänzt.

Es handelt sich im wesentlichen nur um eine **Klarstellung.** Der VSchutz soll 8 nicht dadurch verlorengehen, daß Inventar zwecks Schadenminderung aus dem VOrt entfernt wird. Der VN soll sich aber in solchen Fällen nicht auf § 63 VVG berufen müssen. Es sollen Meinungsverschiedenheiten darüber vermieden werden, ob auch an den aus dem VOrt herausgeschafften Sachen ein VFall bereits eingetreten war (wie § 62 VVG dies voraussetzt, vgl. dort die Worte „bei dem Eintritt des VFalles", W II 45) oder jedenfalls „unmittelbar bevorgestanden" hatte (wie die Rechtsprechung dies genügen läßt, W II 30).

Aus diesem Motiv der Regelung ergibt sich die richtige Auslegung der 9 Worte „**in örtlichem und zeitlichem Zusammenhang**". VSchutz außerhalb des VOrtes besteht nur, soweit und solange die Entfernung aus dem VOrt noch dem Rettungszweck dient. Er besteht z. B. nicht mehr, falls der VN sich entschließt, die Sachen endgültig nicht mehr in den VOrt zurückzubringen oder über den Rettungszweck hinaus für die Dauer der Gebäudereparatur oder aus sonstigen Gründen anderswo einzulagern. Die Erweiterung des örtlichen Deckungsbereichs der Inventarversicherung soll nicht die Funktion einer V für den Ausfall der Nutzungsmöglichkeit am Gebäude übernehmen.

In der **Leitungswasser- und SturmV** ist das Abhandenkommen versicherter 10 Sachen VFall nach §§ 1 Nr. 3 a AWB 68, AStB 68, 1 Nr. 2 a VHB 74, 3 Nr. 4 und 5 VHB 84, 1 Nr. 2 b VGB 62, 4 Nr. 1 b und 1 c VGB 88, 1 Nr. 3 a AWB

87, 1 Nr. 3 e AStB 87. Auch in der LeitungswasserV braucht nur der Besitzverlust selbst, nicht dagegen die Schadenursache innerhalb des VOrtes einzutreten. Dies ergibt sich durch sinngemäße Auslegung der Vorschriften über
den VOrt (G II 1) und wird durch einen Umkehrschluß aus § 1 Nr. 3 b AFB
30 („Nachbargrundstück") bestätigt. Allerdings wird ein Leitungswasseraustritt (nur) außerhalb des VOrtes äußerst selten ein Abhandenkommen versicherter Sachen innerhalb des VOrtes als adäquate Folge auslösen. Für die
SturmV stellt sich diese Frage überhaupt nicht. Für Folgeschäden durch Abhandenkommen gelten wegen § 9 Abs. 2 Nr. 2 AGBG die Ausführungen zur
FeuerV in B II 7 entsprechend, vgl. insbesondere die dort zitierten §§ 10
Nr. 1 Abs. 2 VHB 84, 4 Nr. 1 Abs. 2 AFB 87 sowie §§ 4 Nr. 1 Abs. 2 AWB
87, AStB 87 und die Neufassung von § 6 Nr. 2 VHB 74.

11   2. Eine Sache ist **abhandengekommen,** wenn der VN oder ein Versicherter
den unmittelbaren Besitz (§ 856 BGB) verloren hat und es durch Zeitablauf
oder aus sonstigen Gründen unwahrscheinlich geworden ist, daß er den Besitz in absehbarer Zeit zurückerlangt. Der Begriff ist identisch mit demjenigen des § 935 BGB (RG 101, 224; BGH 4, 10; Düsseldorf VersR 58, 295;
Koblenz VersR 89, 1192; Martin MontageV § 2 AMoB 3.1.1). Kann die Sache
nur unter **Kostenaufwand** zurückerlangt werden, so ist sie nicht verloren,
wenn sich der Aufwand lohnt, wenn er also den Schaden wirtschaftlich mindert (§ 62 VVG) und durch den Versicherer zu übernehmen ist (§ 63 VVG).
Bedarf es allerdings eines Zivilrechtsstreits (z. B. gegen den Vermieter, D
II 16), um den VN wieder in den Besitz der Sache zu bringen, so beschränkt
sich die Ersatzpflicht nicht auf die vom Prozeßgegner vielleicht nicht beizu-
treibenden Prozeßkosten, sondern die Sachen sind abhandengekommen, und
der Vr schuldet für sie volle Entschädigung. Gelangen die Sachen nach einem
Rechtsstreit zurück, so gelten die Regeln über wiederherbeigeschaffte Sachen,
vgl. Abschnitte Z I und II. – Unauffindbarkeit innerhalb des VOrts ist dagegen schon begrifflich nicht Abhandenkommen, vgl. Z I 3.

12   Abhandengekommen ist eine Sache erst, wenn es **nicht mehr wahrscheinlich**
ist, daß der VersNehmer sie alsbald **zurückerlangt;** solange dieses Stadium
nicht erreicht wurde, ist die Sache **noch nicht** abhandengekommen. Dies darf
entgegen LG Frankfurt VersR 79, 241 (zu §§ 6 Abs, 1, 68 Abs. 2 VVG) *nicht*
durch *nachträgliche* objektive Betrachtung, sondern muß jeweils **in die Zukunft gesehen** beurteilt werden (LG Hamburg VersR 86, 697 zu den AVB
Wassersportfahrzeuge, Ollick VerBAV 80, 289 zu den AVB Reisegepäck
1980). Eine Wartefrist, bis zu deren Ablauf die Entschädigung für abhandengekommene Sachen nicht fällig werden könnte, gibt es jedenfalls in der SachV
nicht. Ob die Monatsfrist des § 13 Nr. 7 AKB für die Kfz-KaskoV mit Recht
als bloßer Fälligkeitsaufschub verstanden wird, braucht nicht entschieden zu
werden. Nach Diebstahlschäden ist für die hier behandelten Zweige der
SachV im Gegenteil das Abhandenkommen in der Regel *sofort* zu bejahen;
nur wenn *ausnahmsweise* besondere Anhaltspunkte für einen baldigen Sach-
fahndungserfolg bestehen, ist ein VFall durch Abhandenkommen trotz Besitzverlustes *noch nicht* eingetreten.

13   **Nicht** auf den Begriff des Abhandenkommens zu beziehen ist die Rechtsprechung zu der Frage, wann mit Bezug auf eine versicherte Vertragsposi-

tion das Interesse gemäß § 68 Abs. 2 VVG mit der Folge weggefallen ist, daß der Vr nicht mehr gemäß § 6 Abs. 1 Satz 3 VVG zu kündigen braucht, wenn er sich auf Verletzung einer gefahrmindernden Obliegenheit berufen will. BGH VersR 81, 186, Hamm VersR 84, 152 verneinen den Interessenwegfall, solange „der Verlust der Sache nicht offensichtlich unaufklärbar" ist (BGH aaO), was wiederum vor **Ende der behördlichen Ermittlungen** nicht angenommen werden solle. Dieser Ansicht ist schon zu § 68 Abs. 2 VVG nicht zuzustimmen, vgl. M II 49. Auch wurde sie durch BGH VersR 84, 754 zu den AKB relativiert. Keinesfalls darf sie entgegen dem Wortlaut jener Entscheidungen auf den Begriff des Abhandenkommens übertragen werden. Es hängt nämlich von vielen Zufällen, z.B. von der Arbeitsbelastung der Verfolgungsbehörden, und von verfahrensökonomischen Erwägungen, hingegen nicht in erster Linie von den noch bestehenden Aussichten auf einen Fahndungserfolg ab, wann die Ermittlungen eingestellt werden. Der Begriff des Abhandenkommens und die Entstehung des Entschädigungsanspruchs mit den in B I 2 dargelegten Konsequenzen darf davon nicht beeinflußt werden.

Eine **Übernahme von § 13 Nr. 7 AKB** wäre grundsätzlich **empfehlenswert,** 14 gleichgültig ob dadurch der Begriff des Abhandenkommens oder nur die Fälligkeit eingeschränkt würde. Freilich müßte in der SachV die Frist kürzer als einen Monat sein, denn die Wahrscheinlichkeit für einen Fahndungserfolg sinkt bei anderen Sachen als Kraftfahrzeugen deutlich rascher ab (kein amtliches Kennzeichen, keine Motornummer usw, meist geringeres Volumen). Außerdem müßte als **Fristbeginn** der letztmögliche Schadenzeitpunkt festgelegt werden, nicht dagegen der Zugang der Schadenanzeige. – Partiell übernommen wurde § 13 Nr. 7 AKB in Kl 833 Nr. 5 zu den VHB 84 für Fahrraddiebstahl in der HausratV. Die Frist wurde dort in der Tat auf drei Wochen verkürzt. Sie soll aber wie nach § 13 Nr. 7 AKB nicht schon mit dem spätestmöglichen Schadenzeitpunkt, sondern mit Zugang der Schadenanzeige beginnen, so daß die nachfolgend erörterten Probleme zu §§ 15a, 6 Abs. 3 VVG auch für die HausratV praktisch bedeutsam geworden sind, vgl. D XV 38.

Der Fristbeginn mit Zugang der Schadenanzeige, wie § 13 Nr. 7 AKB ihn 15 vorsieht, ist ein „unverhülltes" und an die Wiederherbeischaffung als zusätzliche Voraussetzung geknüpftes Teilstück der in § 7 Nr. V AKB vorgesehenen Leistungsfreiheit des Vr wegen Verletzung der Aufklärungspflicht. Wird das Kfz z.B. am 38. Tag nach dem Diebstahl, aber am 30. Tag nach Zugang der Schadenanzeige wiederherbeigeschafft, so ist die in § 13 Nr. 7 AKB vorgesehene Leistungsfreiheit der Sache nach allein Folge der objektiv verspäteten Schadenanzeige. Daraus wiederum folgt nach § 15a VVG: Bei Schuldlosigkeit oder nur leichter Fahrlässigkeit (bis zum 7. Tag nach dem Diebstahl ist die Anzeige wegen § 7 Nr. I 2 AKB nicht einmal objektiv verspätet!) des VN kann sich der Vr auch im Rahmen von § 13 Nr. 7 AKB auf einen mangels früherer Schadenanzeige späteren Fristbeginn nicht berufen. Bei grober Fahrlässigkeit des VN kann er es nur dann, wenn nicht der Kausalitätsgegenbeweis geführt ist, daß auch ohne die grob fahrlässige Phase der Verzögerung das Kfz nicht innerhalb der ursprünglichen 30-Tage-Frist zur Stelle gebracht worden wäre. Selbst bei Vorsatz des VN kann sich der Vr auf den späteren Fristbeginn nur unter den Voraussetzungen der Relevanzrechtsprechung berufen, X I 20.

16   In der AKB-Literatur wurde das Problem bisher nicht erkannt. Dort wird oft nicht einmal erörtert, ob es, von § 6 Abs. 3 VVG einmal abgesehen, auf den Zugang einer mündlichen (begrifflich ist das trotz § 7 Nr. I 2 AKB eine „Anzeige") oder nur der späteren schriftlichen Anzeige ankommt, vgl. Stiefel/Hofmann § 13 AKB Anm. 78. München VersR 59, 63 liefert keine Argumente. Nach der hier vertretenen Ansicht spielt die Form der Anzeige nur für die Beurteilung des Schuldgrades eine Rolle. Soweit der Schuldgrad aus tatsächlichen Gründen streitig ist, trägt die Beweislast abweichend von § 7 Nr. V AKB der VN. Da nämlich § 13 Nr. 7 AKB seinem Wortlaut nach eine noch schärfere, vom Schuldgrad unabhängige Rechtsfolge vorsieht, muß bei Reduktion dieser Vorschrift gemäß § 15 a VVG der Rahmen des gemäß § 6 Abs. 3 VVG Zulässigen hinsichtlich der Beweislastverteilung voll ausgeschöpft werden.

17   3. Wird eine Sache wiederherbeigeschafft oder (§ 17 Nr. 5 Abs. 1 AERB 87) hat der VN wenigstens die Möglichkeit, sich den Besitz wieder zu verschaffen, so sind die Sachen jedenfalls von diesem Zeitpunkt an nicht mehr abhandengekommen. Für die Vergangenheit ändert sich aber nichts daran, daß die Sache abhandengekommen war. Damit ist jedoch noch nichts darüber gesagt, ob der entstandene Entschädigungsanspruch oder der Rechtsgrund für eine bereits gezahlte Entschädigung nicht noch nachträglich wieder wegfällt. Primär ist diese Frage nach den in den AVB enthaltenen Regelungen zu beurteilen, soweit sie mit §§ 3, 9 AGBG vereinbar sind, vgl. zu letzterer Frage Z II 24 für die AERB, AERB 87, AEB und VHB 74. Soweit die Frage ungeregelt ist, wie insbesondere in den VHB 84, muß entgegen B II 9 der 1. Aufl. ein Wegfall des Anspruchs oder des Rechtsgrundes verneint werden, vgl. Z I 8 bis 21; immerhin ist der gemeine Wert der wiederherbeigeschafften Sache anzurechnen.

18   4. Sieht man von den Problemen durch wiederherbeigeschaffte Sachen gemäß B II 17 ab, so sind die **Rechtsfolgen** bei VFällen durch Abhandenkommen **dieselben wie bei Zerstörung**. Eine Besonderheit liegt nur darin, daß nach §§ 13 Nr. 1a AFB 30, AEB, VHB 74, 13 Nr. 1b AERB, AERB 87, 21 Nr. 1b VHB 84, 12 Nr. 1a AWB 68, AStB 68, 15 Nr. 1a VGB 62, 20 Nr. 1b VGB 88 eine *Aufstellung der abhandengekommenen Sachen* die Polizei einzureichen ist, vgl. ausführlich X II 39 bis 56. Von der Obliegenheit, eine solche Aufstellung vorzulegen, theoretisch zu unterscheiden ist die aaO ebenfalls vorgesehene Obliegenheit, den VFall der Polizeibehörde erst einmal *anzuzeigen*, vgl. im einzelnen X II 70 bis 92.

19   Die Aufstellung gegenüber der Polizeibehörde ist nur von abhanden gekommenen, nicht dagegen von zerstörten Sachen erforderlich. Ob das Abhandenkommen mit Sicherheit oder mit mehr oder minder großer Wahrscheinlichkeit gerade auf Diebstahl beruht, spielt für die Obliegenheit grundsätzlich keine Rolle. Die Anzeigepflicht besteht theoretisch sogar dann, wenn das Abhandenkommen mit Sicherheit auf anderen Ursachen beruht. Nimmt die Polizeibehörde freilich eine Aufstellung solcher Sachen mangels Verdachts einer strafbaren Handlung nicht entgegen, so fehlt es an einem *Verschulden des VN* und die Obliegenheitsverletzung bleibt nach § 6 Abs. 3 VVG ohne Folgen, X II 80. Daß § 13 Nr. 1a VHB 74 von abhandengekom-

menen, § 1 Nr. 1 b VHB 74 dagegen nur von entwendeten Sachen spricht, ist sprachlich falsch, B II 3, sachlich aber bedeutungslos.

Wegen des Abhandenkommens einzelner Sachen aus einer Gruppe von 20 *komplementären Gütern* vgl. B I 26 und Q I 27 bis 37.

III. Sachschaden (Zerstörung oder Beschädigung) als VersFall

1. VFall ist – neben dem Fall des Abhandenkommens – der Eintritt eines 1 Sachschadens an versicherten Sachen, und zwar vor allem in der **Feuer-**, **Leitungswasser-** und **Sturm-**, aber auch in der **DiebstahlV.**

Während in der *Feuer-* und *Leitungswasser-* sowie neuerdings nach den 2 AERB, AERB 87 und VHB 84 (B I 3) auch in der *DiebstahlV* jeder adäquate **Ursachenzusammenhang** zwischen der versicherten Gefahr und dem Sachschaden genügt, stellen in der *SturmV* die AStB und AStB 87 an die Art des Ursachenzusammenhangs zusätzliche Anforderungen. Das gleiche galt früher nach den AEB für die *DiebstahlV* („bei einem solchen Ereignis"); allerdings war nach D-Kl 10a durch Einschluß aller „Folgeschäden" der Deckungsumfang meist an die Feuer- und LeitungswasserV angeglichen. Die Rechtslage nach den VHB 74 und VHB 84 *(Hausrat)* sowie nach den VGB 62 entsprach derjenigen nach den AFB 30, AWB 68, AStB 68 und AEB (jedoch ohne D-Kl 10a). Hingegen entsprechen die VHB 84 (Hausrat) und ebenso die AFB 87, AERB 87 und AWB 87 den AERB.

Im Einzelnen werden Fragen des Ursachenzusammenhangs zusammen mit 3 den versicherten Gefahren erörtert, vgl. für die FeuerV Abschnitt C VI, für die DiebstahlV Abschnitt D XI sowie für die Leitungswasser- und SturmV E I 17 bis 23 und 78 sowie E II 23 bis 52. Besonders bedeutsam sind die Fragen des Ursachenzusammenhangs bei Schäden durch vorsätzliche Sachbeschädigung in zeitlichem Zusammenhang mit einem Diebstahl oder Diebstahlversuch („Vandalismus", D XI 23 bis 42).

2. Sachschaden ist jede **Beeinträchtigung der Substanz**, die den **Wert oder** (B 4 III 23 und 24) die **Brauchbarkeit** der Sache mindert. Die Substanz braucht zwar nicht verletzt, sie muß aber immerhin durch **physikalische** (mechanische, elektrische- oder Strahlungs-) **oder chemische Einwirkung** beeinträchtigt sein. Der Zustand der Sache muß sich in substanzbezogener Weise nachteilig verändert haben. **Beaufschlagung der Oberfläche** genügt, B III 9 und 12, soweit nicht nach der Verkehrsansicht bloße Verschmutzung vorliegt. Dieser Sachschadenbegriff ist **Oberbegriff** der in §§ 1 Nr. 3 AEB, AFB 30, 1 Nr. 1 AERB, AWB 68, AStB 68, AFB 87, AERB 87, AWB 87, AStB 87, VHB 74, 3 VHB 84, 1 Nr. 1 VGB 62, 4 Nr. 1 VGB 88 gebrauchten Begriffe „zerstört" und beschädigt", B III 27.

a) Maßgebend für die Auslegung von AVB und daher auch des Sachscha- 5 denbegriffs ist nicht der juristisch-technische Sprachgebrauch der beteiligten Wirtschafts- oder Fachkreise, sondern der **Sprachgebrauch des täglichen Lebens,** BGH RuS 88, 215, 244 = VerBAV 331 = NJW-RR 1050. BGH aaO hat zwar zur UnfallV entschieden; jedoch ist der Grundgedanke dieser Entscheidung auf alle VZweige zu übertragen. AVB werden nämlich nicht ausschließlich gegenüber Vertragspartnern verwendet, welche die jeweilige Fachsprache beherrschen, sondern auch gegenüber Vertragspartnern, die sich nur am Sprachgebrauch des täglichen Lebens orientieren. Auch für die Grenze zwischen Sachschaden und bloßer Verschmutzung sowie für das korrespondierende und als Auslegungshilfe verwendbare (PM 2. AMB Anm. 2) Begriffspaar der Reparatur und der bloßen Reinigung ist somit der Sprachgebrauch des täglichen Lebens ausschlaggebend.

6   „Nachteilig" ist die Veränderung, wenn die die **Gebrauchsfähigkeit** oder den **Wert** mindert. Wegen Erkrankung von Tieren und deren Folgen, z.B. Milchausfall, vgl. C VI 7. Zur Gebrauchsfähigkeit gehört auch die zu erwartende Restlebensdauer. Erleiden also z.b. Blechdächer oder Dachrinnen aus Zinkblech durch Hagel unter Mitwirkung von Sturm (E II 6 und 38) **Dellen,** die ihre Lebensdauer verkürzen, so ist dies ein Sachschaden. Zu diskutieren ist dann nur die Entschädigungshöhe, R III 33 sowie R I 19 bis 34. Bleibt hingegen die Lebensdauer unverändert, wie bei Absplitterungen an Holzverkleidungen von Fassaden oder an Kupferdächern, so stellt sich die in B III 19 erörterte Frage des Schönheitsschadens, also schon zum Grund des Anspruchs.

7   *Nicht* uneingeschränkt auf das Recht der Sachversicherung *übertragbar* ist der Begriff der Sachbeschädigung im strafrechtlichen Sinn von § 303 StGB oder der Verletzung des Eigentums an Sachen im Sinn von § 823 Abs. 1 BGB. *Nicht* voll übertragbar ist ferner die Rechtsprechung zum Sachschadenbegriff in der HaftpflichtV (PM § 1 AHB Anm. 3), denn die Rechtsprechung hat dort mehrfach ein VBedürfnis für die Vermögensschäden-Haftpflicht zum Anlaß genommen, den Sachschadenbegriff auszuweiten (Martin, MontageV, § 2 AMoB 2.1.2), vgl. zusammenfassend BGH VersR 79, 855. Hinzu kommt der in B III 5 erörterte Vorrang der Sprache des täglichen Lebens gegenüber einer juristisch-technischen Fachsprache.

8   Besonders bedeutsam ist der Sachschadenbegriff in den *technischen VZweigen* (PM 2. AMB Anm. 3), weil es gerade bei den dort versicherten technisch komplizierten Objekten viele schwer zu beurteilende Grenzfälle gibt. Die für den Sachschadenbegriff maßgebende **Verkehrsansicht** weicht aber im Bereich jener AllgefahrenV für technische Objekte gelegentlich von den Prinzipien ab, die für die hier zu erörternden Zweige der SachV gelten, und zwar auch dann, wenn man in beiden Bereichen nur den Sprachgebrauch des täglichen Lebens im Sinn von B III 5 zugrundelegt. So ist z.B. die **Veränderung der örtlichen Lage** in den technischen VZweigen oft Sachschaden (BGH VersR 79, 855), führt dagegen in der klassischen SachV meist nur zu Aufräumungskosten, W V 40.

9   b) Übereinstimmend mit der Rechtslage in den technischen VersZweigen muß dagegen die schon in B III 4 angesprochene **Behaftung der Oberfläche mit Fremdkörpern** auch in der klassischen SachV als Sachschaden angesehen werden. Das ist z.B. für *Verrußung* anerkannt, und zwar sogar dort, wo sich die Sache mit verhältnismäßig geringem Aufwand reinigen läßt, B III 22. Auch nachhaltiger *Brandgeruch* beruht auf Oberflächenbehaftung und kann Sachschaden sein, Hamm RuS 89, 334 = VersR 1295. Gegen bloße Verschmutzung und für einen Sachschaden spricht um so mehr, je schwerer sich die Fremdkörper wieder von der Oberfläche der versicherten Sachen entfernen

lassen, je mehr also der Sprachgebrauch des täglichen Lebens den Vorgang
der Entfernung der Fremdkörper als Reparatur und nicht als bloße Reinigung
bezeichnet und je mehr durch einen Aufschub der Entfernung der Fremdkörper entweder zusätzliche Schäden an der versicherten Sache oder gesundheit-
liche Schäden für Benutzer oder Reparateure der Sache drohen.

Manche chemischen Substanzen können einen Folgeschaden an den versi- 10
cherten Sachen selbst auslösen, falls sie nicht entfernt werden. Dies trifft z. b.
für **Chloride** (Salzsäure) zu, die infolge eines Brandes auf dem eigenen oder
einem Nachbargrundstück auf die versicherten Sachen geraten können. Werden sie nicht entfernt, so greifen sie insbesondere Metallteile an. Andere
giftige Substanzen ermöglichen zwar keinen Folgeschaden an den versicherten Sachen, hindern aber deren Gebrauch, weil sie gesundheitsschädlich sind.
So liegt es z. b. bei **Dioxinen** (polychlorierte Dibenzoturane oder Dibenzo-
dioxine) die durch Brand von PVC-Stoffen entstehen. Technische Einzelheiten: Weiss VW **87**, 700 und Bekanntmachungen des Bundesgesundheitsamtes, Jahrgang 1990, Seite 32.

c) Bloßer **Schadenverdacht** steht einem tatsächlich eingetretenen Sachscha- 11
den **nicht** gleich, denn der VN trägt die Beweislast für den wirklichen Eintritt
eines Sachschadens als Voraussetzung eines Entschädigungsanspruchs. Die
Notwendigkeit einer aufwendigen Untersuchung oder die ohne oder vielleicht sogar trotz Untersuchung fortbestehende Minderung des Verkaufswertes ist bei einem bloßen Schadenverdacht nicht Folge einer nachteiligen Veränderung der Sachsubstanz, sondern reiner **Vermögensschaden.** Um einen
bloßen Schadenverdacht handelt es sich auch, wenn zwar feststeht, daß die
Substanz einer Sache geringfügig beeinträchtigt wurde, wenn aber unklar ist,
ob die unter B III 19 bis 22 im Zusammenhang mit Schönheitsschäden erörterte Grenze überschritten ist, bis zu der es sich wegen wirtschaftlicher Geringfügigkeit noch nicht um einen Sachschaden im Sinn der AVB handelt,
sondern der VN die etwaige Beeinträchtigung ohne Gegenmaßnahmen hinnehmen muß. – Ändern kann sich die Rechtslage, soweit etwa nach einem
künftigen **Umwelthaftungsgesetz** der VN zu Wiederherstellungsmaßnahmen
schon bei Schadenverdacht verpflichtet ist; eine solche **Umkehrung der Beweislast** zum Nachteil des VN muß wohl versicherungsvertraglich zu einer
entsprechenden Umkehrung zum Nachteil des Vr führen.

Ein nicht sofort aufklärbarer Schadenverdacht kann sich insbesondere bei 12
technischen Anlagen und Geräten ergeben, ferner durch die Möglichkeit einer brandbedingten Beaufschlagung der Oberfläche mit giftigen Substanzen,
B III 9, deren Tatsache und Ausmaß oft nur durch aufwendige Untersuchungen festgestellt werden kann. Auch soweit die **Untersuchung** durch behördliche Auflagen erzwungen wird, gehen die **Kosten** zu Lasten des VN und
bedeuten für diesen einen Vermögensschaden, den er selbst tragen muß, soweit er nicht Ersatz nach § 63 VVG als Rettungskosten oder nach § 66 VVG
als Schadenermittlungskosten durch den Vr verlangen kann, und zwar eventuell auch im Rahmen einer daneben bestehenden BU-V nach den FBUB
oder nach den ZKBU 87, vgl. PM Anm. 2 zu den FBUB.

Rettungskostenersatz nach § 63 VVG für Untersuchungen bei Schadenver- 13
dacht kommt in Betracht, falls bei positivem Untersuchungsergebnis ein *Fol-*

geschaden an den versicherten Sachen *drohen* würde. Ist das **Untersuchungsergebnis positiv**, so ist § 63 VVG zweifelsfrei anwendbar, W II 16. Ist das Untersuchungsergebnis **negativ**, so steht zwar fest, daß ein VFall weder eingetreten war noch unmittelbar bevorgestanden hatte. Rettungskosten sind aber auch zu ersetzen, wenn der VN ohne grobe Fahrlässigkeit irrig glaubt, ein VFall sei eingetreten oder stehe unmittelbar bevor, W II 33. Einem solchen Irrtum wird man im Rahmen von § 63 VVG auch den bloßen Schadenverdacht gleichsetzen dürfen, also eine Form der „bewußten" Unkenntnis des wahren technischen Sachverhaltes. Endlich wird man den VN auch dann nicht schlechter stellen dürfen, sondern § 63 VVG anwenden müssen, wenn der VN zwar nicht selbst die Untersuchung für geboten hält, er aber auf Grund der **GefahrstoffVO** vom 26. 8. 86 (BGBl. I 1470) gezwungen wird, eine Untersuchung zu dulden und deren Kosten zu tragen. – Von Fall zu Fall können vorsorgliche Dekontaminationsmaßnahmen nach Empfehlungen des Bundesgesundheitsamtes (B III 10) billiger sein als eine Serie von Untersuchungen. Dann sind die Kosten der vorsorglichen Dekontamination nach § 63 VVG zu ersetzen.

14   § 63 VVG führt ferner dann zu einem Rettungskostenersatzanspruch, wenn der Vr die Untersuchung in einer Art und Weise verlangt, daß der VN annehmen darf, es handle sich um eine **Weisung** zu einer Rettungsmaßnahme. In diesem Fall kann sich der Vr nicht einmal auf eine etwaige UnterV berufen, W II 9. Außer auf § 63 VVG könnte der Vr sein Verlangen einer Untersuchung allenfalls auf die AVB-Bestimmungen über die Aufklärungsobliegenheit stützen, wonach der VN „notwendige Untersuchungen zu gestatten" hat. Aber diese Obliegenheit setzt den Eintritt eines VFalls bereits voraus und scheidet als Rechtsgrundlage für das Verlangen des Vr jedenfalls dann aus, wenn das Untersuchungsergebnis negativ ist und auch sonst kein Brandschaden innerhalb des VOrts und an versicherten Sachen eingetreten war. Erteilt der Vr also einen Auftrag für eine technische Untersuchung oder verlangt er vom VN einen solchen Auftrag, so hat der Vr die Kosten § 63 VVG auch bei negativem Ergebnis zu tragen. Der Vr kann nicht etwa nachträglich selbst einwenden, sein eigenes Verlangen sei durch § 62 VVG nicht gedeckt gewesen.

15   Nach § 66 VVG hat der Vr die Kosten der Ermittlung „eines ihm zur Last fallenden Schadens" zu tragen. Die irrige Annahme des VN genügt hier abweichend von § 62 VVG **nicht**, und zwar auch dann nicht, wenn der Irrtum völlig schuldlos ist. Noch weniger reicht bloßer Schadenverdacht aus. Soweit also ein Folgeschaden nicht droht, sondern die Untersuchung nur veranlaßt wird, weil der Verdacht einer Beaufschlagung mit gesundheitsschädlichen Stoffen besteht, muß der VN **bei negativem Untersuchungsergebnis** die Kosten als reinen Vermögensschaden (B III 11) selbst tragen. Dieses Ergebnis befriedigt zwar nicht, denn wegen der erwähnten gesundheitlichen Gefahren zwingt ein bloßer Verdacht den VN ebenso zu kostspieligen Maßnahmen wie eine tatsächlich eingetretene Beaufschlagung. Aber weder kann die primäre Risikoabgrenzung durch die AVB der FeuerV in diesem Punkt nach dem AGB-Gesetz, A V 21, noch kann gar § 66 VVG selbst gegen dessen klaren Wortlaut durch „Auslegung" korrigiert werden.

16   Die Überlegungen in B III 11 bis 15 betreffen Fälle, in denen sich schließlich der Verdacht einer brandbedingten Beaufschlagung mit Giftstoffen nicht

bestätigt und in denen auch sonst kein Schaden an versicherten Sachen innerhalb des VOrts eingetreten war. Zu einem anderen Ergebnis führt der Wortlaut von § 66 VVG, wenn durch den Brand, der möglicherweise zu einer Beaufschlagung geführt hat, wenigstens einige wenige versicherte Sachen unzweifelhaft beschädigt oder zerstört worden sind, wenn also das **Untersuchungsergebnis positiv** ist. Diese anderen Sachen müssen nicht in derselben Position, wohl aber durch denselben VVertrag versichert sein. Unter dieser Voraussetzung dient die Untersuchung des Schadenverdachtes wegen möglicher Beaufschlagung von Gebäudeteilen oder beweglichen Sachen der Ermittlung des Umfangs (!) des dem Vr zur Last fallenden größeren Gesamtschadens, und zwar auch über die Grenzen der Vertragspositionen hinweg. § 66 VVG ist in diesem Fall auf die Untersuchungskosten **anwendbar**, wobei auch Abs. 2 nicht entgegensteht, weil es sich um Kosten eines technischen Sachverständigen handelt, W IX 15.

Diese unterschiedliche Behandlung scheinbar gleichgelagerter Fälle im 17 Rahmen von § 66 VVG erscheint zwar auf den ersten Blick als unbefriedigend. Aber auch in anderen Zusammenhängen kann der Schaden an einer ganz bestimmten Sache unterschiedlich zu behandeln sein, je nachdem, ob dieser Schaden den einzigen behaupteten Schaden oder einen Teil eines größeren Gesamtschadens darstellt. Beispiel: Behauptet der VN, ihm sei nur eine ganz bestimmte einzelne Sache durch einen Einbrecher gestohlen worden, so muß er deren Vorhandensein und deren Abhandenkommen voll beweisen. Hingegen kann der Schaden an genau derselben Sache nach § 287 ZPO durch Schätzung eines Sachverständigen oder des Gerichts pauschal miterledigt werden, falls sich der Gesamtschaden aus dem Wert noch einiger weiterer Sachen zusammensetzt, deren Verlust teils streitig und teils unstreitig ist.

Wird der **Schadenverdacht** durch das Untersuchungsergebnis nicht ausge- 18 räumt, sondern **bestätigt**, so ist § 66 VVG auch dann **anwendbar**, wenn die so festgestellte Beaufschlagung der einzige Schaden an versicherten Sachen ist, den der in der näheren Umgebung ausgebrochene Brand verursacht hat. Hinzu kommt die Ersatzpflicht nach § 63 VVG als Rettungskosten, B III 14, falls es sich um eine Beaufschlagung mit Stoffen handelt, die ohne Gegenmaßnahmen zu einer Vergrößerung des Schadens oder zu Folgeschäden führen würde. Zugleich dienen derartige Untersuchungen, wenn sie ein positives Ergebnis haben, meist auch schon der Auswahl von Zeitpunkt und Art der notwendigen Reparatur. Die **Untersuchungskosten** sind dann auch **Teil der Reparaturkosten** und des Hauptschadens. Daß sich die Hauptschadenentschädigung mit dem Ersatz von Schadenermittlungskosten überschneidet, kommt auch sonst vor, W IX 7. Es handelt sich aber um Entschädigung aus ein und derselben Position, W IX 1, so daß ein Ausgleich einer bestehenden UnterV nicht möglich ist.

d) Ob ein „Schönheitsschaden" eine „Beschädigung" und einen „Sachscha- 19 den" im Sinn der in B III 4 zitierten AVB darstellt, hängt davon ab, ob auch das *Aussehen* der Sache für die **Gebrauchsfähigkeit** maßgebend ist, R I 23; ebenso VerwG Sigmaringen RuS 88, 114 zu einem Hagelschaden an Aluminiumblechteilen eines Berufsschulgebäudes. Dies ist z.B. im Bereich der technischen VZweige seltener der Fall als in der hier behandelten klassischen SachV und innerhalb der klassischen SachV seltener in der Industrie- und GeschäftsV als in der Hausrat- und WohngebäudeV, also im privaten Lebensbereich des VN. So kann z.b. durch Sturm unter Mitwirkung von Hagel (E II 6 und 38) ein Blechdach **Dellen** oder eine Holzverkleidung einer Fassade **Absplitterungen** erleiden, ohne daß (sonst vgl. B III 4) die Lebensdauer verkürzt wird. Das kommt z.b. bei Kupfer- oder Aluminiumdächern, bei geringfügigen Dellen auch bei Zinkblechdächern in Betracht.

20   Zwar gehört das unbeeinträchtigte Aussehen, besonders im privaten Bereich, bis zu einem gewissen Grad zur Gebrauchsfähigkeit der Sache im Sinne von B III 4. Trotzdem kann bei ganz *geringfügigen* Dellen usw. oder bei Dellen an *schwer einsehbaren Stellen*, insbesondere an hoch gelegenen Flachdächern, ein Sachschaden zu verneinen sein, weil weder die Gebrauchsfähigkeit noch der Verkaufswert gemindert ist; für den Verkaufswert als Kriterium kommt es übrigens nicht darauf an, ob bei Schadeneintritt Verkaufsabsicht bestand und ob das Gebäude überhaupt einen Verkaufswert hatte, was bei öffentlichen Gebäuden oft zu verneinen ist, VerwG Sigmaringen aaO.

21   Die Frage, ob überhaupt ein Sachschaden und damit ein VFall eingetreten ist, oder ob dem VN die nachteilige Veränderung des Aussehens der Sache als bloßer Schönheitsschaden zumutbar ist, muß nach ähnlichen Grundsätzen entschieden werden wie zur Höhe der Reparaturkosten die Frage, welches **Maß an Gleichheit des Zustandes** (Q I 37) vor und nach dem Schaden der VN verlangen darf, insbesondere im Hinblick auf die Gleichheit von Muster, Farbe und Abnutzungsgrad gegenüber gleichartigen anderen Sachen oder Sachteilen (Gebäudeteilen, z.B. Fliesen, Vertäfelungen usw.) in der Umgebung der Schadenstelle. Auch hier wird im *privaten Lebensbereich* verhältnismäßig öfter *zugunsten des VN* zu entscheiden sein als in der GeschäftsV. Ausnahmsweise kann die rechtlich richtige Lösung sogar auch bei der hier behandelten Frage in einer gekürzten Reparaturkostenentschädigung liegen, wirtschaftlich also in einem **Wertminderungsausgleich, R I 20 sowie 27 bis 32.** Allerdings handelt es sich vorliegend nicht um den Ausgleich einer nach Reparatur verbliebenen, sondern um den Ausgleich der ohne Reparatur bestehenden Wertminderung.

22   **Verrußung** von Gebäuden oder beweglichen Sachen infolge eines Brandes an Nachbargebäuden oder auch innerhalb des VGrundstücks ist auch im gewerblichen Bereich meist Sachschaden (Raiser 81); die an der Oberfläche haftenden Schmutzteilchen beeinträchtigen die Substanz und mindern Wert und Brauchbarkeit der Sache. Bei sonstiger **Verschmutzung** kommt es auf die **Zumutbarkeit** an, also auf die relative Größe und örtliche Lage des betroffenen Sachteils, ferner auf dessen speziellen Verwendungszweck und auf dessen bisherigen Abnutzungsgrad. Bei geringfügiger **Durchfeuchtung** (E I 16) von Wänden oder (LG Berlin ZfS 85, 251) Teppichen kann die Zumutbarkeit davon abhängen, ob und gegebenenfalls wie lange das natürliche Austrocknen dauert und ob es Spuren hinterläßt, welcher Anstrich gegebenenfalls sofort aufgebracht werden soll usw. Bei **bereits zuvor schadhaften Gebäudeteilen** liegt die Untergrenze, von der an ein Sachschaden zu bejahen ist, auch in der NeuwertV ein wenig höher als bei neuwertigen Gebäudeteilen. So kann z.B. ein Leitungswasserschaden an einem Fassadenfarbanstrich durch an

Fachwerkbalken nach außen gedrungenes Wasser zu verneinen sein, wenn der (Dispersions-) Farbanstrich schon vorher rissig war, z. b. weil er zu dicht und aus Material aufgebracht war, das dem Untergrund nicht genügend entsprochen hatte.

e) An der erforderlichen *Wertminderung* (B III 6) und daher an einem 23 Sachschaden könnte es theoretisch *fehlen*, wenn die Sache *schon* vorher mit einem **Mangel** behaftet war, dessen Beseitigung dieselben Kosten verursacht hätte wie später die Beseitigung des hinzugekommenen Schadens einschließlich des Mangels. In der MontageV wird hier keine Entschädigung geleistet (Martin MontageV § 2 AMoB 2.4.2). Allerdings ist schon in der MontageV die MitV dieser Risikos nach Kl 23 (De- und Remontagekosten infolge eines Mangels) zu § 11 Nr. 4a AMoB möglich. In der MaschinenV wird der Sachschaden in den geschilderten Fällen generell anerkannt, weil nach 4.1.5.2. AMB nur die Mehrkosten der Mängelbeseitigung abzuziehen sind; ähnlich ist die Rechtslage nach § 9 Nr. 3 ABU, ABN in der BauleistungsV.

Auch für die hier erörterten Zweige der SachV wird die **Minderung der** 24 **Brauchbarkeit** durch eine Substanzveränderung grundsätzlich als **ausreichend** für einen Sachschaden angesehen. Ob die schon vorher für die Beseitigung eines Mangels erforderlichen Kosten voll oder überhaupt nicht abzuziehen sind oder ob proportional im Verhältnis der schadenbedingten zu den nicht schadenbedingten Kosten entschädigt wird, betrifft nicht den Sachschadenbegriff, sondern ist nur noch eine Frage der Entschädigungshöhe, vgl. R III 18 bis 32 und allgemein PM § 55 Anm. 2 vor A. Beispiel: Eine gesprungene, aber noch vollständig vorhandene Glasscheibe geht bei einem Brand zu Bruch. Dies gilt sogar dann, wenn der **vorhandene Mangel** auch seinerseits **durch** einen **entschädigungspflichtigen VFall entstanden** war. In solchen Fällen kann der VN Entschädigung sogar „zweimal" verlangen, denn mangels Reparaturzwanges hängt die Entschädigung für den ersten Schaden nicht von einer Reparatur ab, R III 7 und 32. An einem zweiten Sachschaden *fehlt* es allerdings, wenn der Zustand sich durch das zweite Ereignis nur noch so *geringfügig* verschlechtert, daß von einer zusätzlichen Minderung der Brauchbarkeit *nicht* mehr die Rede sein kann. Beispiel: Aus einer Scheibe waren durch einen ersten Brand bereits 40% ihrer Fläche herausgebrochen. Durch einen zweiten Brand erhöht sich dieser Anteil auf 55%.

f) Eng auszulegen ist der Sachschadenbegriff in einem **Sonderfall der** 25 **SturmV**: Nach §§ 1 Nr. 1c AStB 68, 1 Nr. 3c AStB 87, 3 Nr. D 2c VHB 74, 8 Nr. 3c VHB 84, 5 Nr. 2c VGB 62, 8 Nr. 2c VGB 88 sind *Schäden* gedeckt, die *infolge eines Sturmschadens* an anderen (versicherten oder nicht versicherten) Sachen, insbesondere *an Gebäuden*, eintreten. Diese Vorschriften sind Teil der Gesamtregelung, die den SturmVSchutz über den adäquaten Ursachenzusammenhang zwischen Sturm und Sachschaden hinaus von weiteren Voraussetzungen abhängig macht, B III 3 sowie E II 43 und 49. Zu diesen weiteren Voraussetzungen gehört der erwähnte Gebäudeschaden; hier ist der Begriff des Schadens nach dem Zweck der Vorschrift eng auszulegen und erfordert eine Minderung von Wert und Brauchbarkeit des Gebäudes.

An einem Gebäudeschaden *fehlt* es z. B., wenn sich unter Sturmeinwirkung 26 Teile eines Gebäudes nur *zeitweilig* so verändern, daß Regenwasser eindringt und versicherte Sachen durchnäßt, wenn das Gebäude nach Ende des Sturmes sich aber wieder in seinem ursprünglichen Zustand befindet. Dies gilt zunächst für den Fall, daß der Sturm Türen oder Fenster öffnet, die nur angelehnt waren (AG Nürnberg VersR 88, 822); ebenso aber auch dann, wenn die Konstruktion z. B. eines Blechdaches so mangelhaft ist, daß während der Dauer des Sturmes zeitweilig wasserdurchlässige Öffnungen entstehen; es handelt sich dann um einen *Mangel des Gebäudes,* den der Sturm sichtbar gemacht hat, *nicht* dagegen um einen Sachschaden an dem Gebäude. Entschädigung für die durchnäßten und dadurch beschädigten versicherten Sachen, die in einem Gebäude untergebracht sind, wird nur geleistet, wenn der Sturm das Gebäude beschädigt, z. B. also eine Tür oder ein Fenster eingedrückt hat, vgl. E II 45 und F V 22 zu den Ausschlußbestimmungen der §§ 1 Nr. 4b AStB 68, 1 Nr. 4c AStB 87, 3 Nr. D 4b VHB 74, 9 Nr. 5c VHB 84, 5 Nr. 5c VGB 62, 9 Nr. 6c VGB 88 (durch den Sturm geschaffene Öffnungen) und hierzu unscharf Hamburg 10 U 35/71 vom 20. 1. 1972.

27   g) **Beschädigung oder Zerstörung** setzen §§ 1 Nr. 3 AFB 30, AEB, 1 Nr. 1 AERB, AWB 68, AStB 68, AFB 87, AERB 87, AWB 87, AStB 87, VHB 74, 3 VHB 84, 1 Nr. 1 VGB 62, 4 Nr. 1 VGB 88 voraus. Dem Grunde nach spielt es also für den Eintritt des VFalls *keine* Rolle, ob die Sache beschädigt **oder** zerstört wurde. Oberbegriff beider Fälle ist jedenfalls der Sachschaden. Nach §§ 3 Nr. 1 AFB 30, AEB wurde scheinbar sogar die Entschädigung unabhängig davon berechnet, ob die Sache beschädigt oder zerstört wurde, weil nach diesen älteren Formulierungen stets die *Differenz* zwischen dem VWert vor und dem VWert nach dem VFall maßgebend sein sollte. Tatsächlich entspricht aber bei reparaturfähigen Sachen die Wertdifferenz den Reparaturkosten zuzüglich einer nicht ausgeglichenen Wertminderung, wie dies in den neueren Formulierungen von §§ 10 Nr. 1 AERB, 4 Nr. 1 AWB 68, AStB 68, 5 Nr. 1 VHB 74, 18 Nr. 1 VHB 84, 7 Nr. 1 VGB 62, 15 Nr. 1b VGB 88, 11 Nr. 1 AFB 87, AERB 87, AWB 87, AStB 87 korrekt zum Ausdruck kommt, R I 7.

28   Entscheidend für die *Höhe der Entschädigung* sind **Reparaturfähigkeit** und **Reparaturwürdigkeit** der betroffenen Sache. Ist eine Reparatur schon *technisch* nicht möglich, so handelt es sich um eine Zerstörung. Lohnt die Reparatur nur *wirtschaftlich* nicht, so spricht man ebenfalls von Zerstörung („wirtschaftlicher Totalschaden"); insbesondere im Bereich der NeuwertV ist die Abgrenzung schwierig, R I 14 bis 18. Soweit eine nach Reparatur verbleibende Wertminderung dem VN zumutbar ist, kann der VN nicht auf Totalschadenabrechnung bestehen, muß aber andererseits der Vr die **Wertminderung** neben den *Reparaturkosten* ersetzen, vgl. R III 33 sowie R I 19 bis 33 und allgemein PM § 55 Anm. 2 C. Ist Reparatur nicht möglich, so wird höchstens der *VWert* ersetzt. Abzuziehen sind sowohl bei Zerstörung (R II 24) wie bei Beschädigung (R III 2) der Wert der Reste.

29   **Kosten der Feststellung der Reparaturwürdigkeit** sind gegebenenfalls als *Teil der Reparaturkosten* zu ersetzen, soweit sie objektiv notwendig waren, R I 35. Andernfalls, also bei Totalschäden, kommt Entschädigung dieser Kosten *neben* dem VWert nach § 66 VVG (Kosten der Schadenermittlung) oder § 63 VVG (Rettungskosten) in Betracht, vgl. R I 38. Dasselbe gilt für die Kosten *erfolgloser Reparaturversuche,* R I 35.

Die Begriffe **Teilschaden** und **Totalschaden** werden meist gleichbedeutend 30
mit Beschädigung und Zerstörung gebraucht, vgl. z.b. BM § 55 VVG
Anm. 29 und 30. Theoretisch ist dies nicht ganz korrekt, denn eigentlich
sollten die Begriffe Teilschaden und Totalschaden nur auf den VVertrag und
dessen Positionen bezogen werden. Ein Totalschaden liegt nur vor, wenn *alle*
in einem Vertrag oder einer Position versicherten Sachen zerstört sind (BM
§ 56 Anm. 4, 5 und 46), wenn also ein sog. Vollschaden im Sinn von R I 8
eingetreten ist. Der **Sprachgebrauch** hat sich aber so eingebürgert (BL 61,
Fußnote 197), daß er nicht mehr zu beseitigen ist und auch in vorliegendem
Kommentar verwendet wird. Unabhängig von jenem Sprachgebrauch sind
jedenfalls §§ 50, 56 VVG nur je **Position** anzuwenden, vgl. S I 32 und S II 22.

Wegen Zerstörung oder Beschädigung einzelner Sachen aus einer Gruppe 31
von *komplementären Güter* vgl. B I 26 und Q I 27 bis 37.

IV. Einheit oder Mehrheit von Versicherungsfällen?

1. Die in B I 2 angesprochene Frage nach dem Zeitpunkt des VFalls stellt 1
sich ohne Rücksicht darauf, ob nur eine einzige Sache einen einzigen Sachschaden erleidet (oder abhandenkommt) oder ob **zeitlich nacheinander mehrere Schäden** an einer Sache, insbesondere an einem Gebäude, eintreten oder ob
endlich **mehrere Sachen** Sachschäden erleiden oder abhandenkommen, und
zwar durch eine gemeinsame versicherte Schadenursache. Die zeitlich späteren Schäden werden oft als Folgeschäden bezeichnet, wenn sie nämlich nicht
zur Folge der gemeinsamen Schadenursache, sondern auch Folge des zeitlich
zuerst eingetretenen Schadens sind. Es fragt sich, ob in den bezeichneten
Fällen nur ein VFall oder aber mehrere VFälle anzunehmen sind.

Die Frage ist in mehrfacher Hinsicht praktisch bedeutsam. **Wenn** nur *ein* 2
VFall eintritt, kommt auch nur *ein* Zeitpunkt seines Eintritts in Betracht.
Davon kann abhängen, ob der gesamte VFall in die *VDauer* oder in den
Geltungszeitraum einer höheren *VSumme* oder eines ansonsten geänderten
Vertragsinhalts fällt. **Wenn** nur ein VFall vorliegt, so ist ein etwa je VFall
vereinbarter *Selbstbehalt* (T I 2) nur einmal abzuziehen; ebenso kann umge-
kehrt die je Position (U I 6) errechnete *Entschädigungsgrenze* für jeden VFall
nur einmal in Anspruch genommen werden, z.b. nach § 19 Nr. 3 VHB 84 für
Schmuck oder nach § 3 Nr. B 6c VHB 74 für einfachen Diebstahl von Fahrrädern, D XV 40.

Ob nur ein einziger VFall eingetreten ist, beurteilt sich nach der Risikobe- 3
schreibung (B I 3) im VVertrag. Ist ein Schaden nach mehreren VVerträgen
gedeckt, also bei **MehrfachV** im Sinn von V I 3, so ist je Vertrag ein VFall
eingetreten, und zwar auch dann, wenn es sich nur um einen einzigen Sachschaden handelt. Das gleiche gilt im Verhältnis zwischen **mehreren Positionen**
desselben Vertrages. Der Vr kann, soweit sich die Positionen überschneiden,
bis zum Betrag des Schadens aus jeder Position gesondert in Anspruch genommen werden, S I 32. Bei mehreren Sachschäden oder mehreren abhandengekommenen Sachen stellt sich zusätzlich die Frage, ob die mehreren
Schäden je Vertrag oder je Position nur einen oder aber mehrere VFälle
darstellen.

4   **Entscheidungsgrundlage** für die Frage nach Einheit oder Mehrheit des VFalls ist die Risikobeschreibung im VVertrag in Verbindung mit einer etwaigen Definition des VFalls, BGH RuS 89, 194 zu § 61 VVG, wo aber der Begriff „VFall" durch den Begriff „Schaden" in vergleichbaren AVB-Bestimmungen überlagert wird, O I 3. In solchen Definitionen (B I 16 bis 19) wird zwischen der Frage nach dem Eintrittszeitpunkt und der Frage nach Einheit oder Mehrheit von VFällen bei Aufeinanderfolge mehrerer Sachschäden usw. nicht unterschieden. In vielen AVB fehlt es im Gegenteil an jeglicher Definition und mithin auch an Anhaltspunkten für die Frage der Einheit oder Mehrheit.

5   2. In der **gewerblichen FeuerV** folgt aus der Maßgeblichkeit des Brandausbruchs für den Zeitpunkt des VFalls logisch zwingend auch schon die Verklammerung mehrerer Schadenfolgen dieses Brandes zu einem **einheitlichen VFall.** Der Brandausbruch ist Eintrittszeitpunkt des VFalls mit Bezug auch auf zeitlich später eingetretene Folgeschäden, B I 13. Für die Annahme mehrerer gleichzeitig eintretender, aber gleichwohl nicht miteinander zu identifizierender VFälle bieten die AFB 30 keinen Anhaltspunkt. Das gleiche gilt nach den AFB 87.

6   In der **FeuerV für Wohngebäude und Hausrat** verklammern die Definitionen in §§ 4 Nr. 2 VHB 74, 6 Nr. 2 VGB 62 ebenfalls die etwaigen mehreren Schadenfolgen zu einem einheitlichen VFall, indem sie den Eintrittszeitpunkt einheitlich festlegen. Allerdings liegt dieser Zeitpunkt nicht so früh wie nach den AFB 30, sondern er liegt im Zeitpunkt des ersten Sachschadens oder des ersten Abhandenkommens einer versicherten Sache, B I 19.

7   § 3 VHB 84 und § 4 VGB 88 enthalten keine Definition des VFalls, sondern betonen lediglich den Sachschaden oder das Abhandenkommen als Ausgangspunkt der Risikoabgrenzung, B I 20. Trotzdem wird man auch für die VHB 84 und für die VGB 88 mehrere Schadenfolgen derselben versicherten Ursache als **einheitlichen VFall** ansehen dürfen. Die gegenteiligen Erwägungen für die AllgefahrenV, insbesondere für die technischen VZweige, nach denen je Sachschaden ein gesonderter VFall anzunehmen wäre (PM § 56 Anm. 2 C), sind auf die FeuerV des Hausrats schon deshalb nicht zu übertragen, weil bei der InbegriffsV vieler Einzelsachen das zeitliche Nacheinander mehrerer Sachschäden anders als in den technischen VZweigen kein Ausnahme-, sondern im Gegenteil ein praktisch häufiger Regelfall ist.

8   3. Ebenso ist die Rechtslage nach den VFalldefinitionen der §§ 3 Nr. 2 AWB 68, AStB 68, 4 Nr. 2 VHB 74, 6 Nr. 2 VGB 62 in der **Leitungswasser- und SturmV,** vgl. B IV 6. Je Leitungswasseraustritt oder je Sturm handelt es sich je VOrt nur um *einen* VFall. Auch hier setzt sich die Einheit der Schadenursache gegenüber der Mehrheit der Sachschäden durch. Dies gilt nicht nur für alle Schäden und Folgeschäden eines einzigen Sturmes oder Leitungswasseraustritts, sondern sogar dann, wenn Leitungswasser mit zeitlichen Unterbrechungen austritt; ist die Ursache auf Grund der technischen Gegebenheiten nach der Verkehrsansicht ein und dieselbe, so gelten alle nacheinander beschädigten Sachen als von einem einzigen VFall betroffen. Ähnlich liegt es bei „einem" Sturm, B I 19. Auch §§ 3 VHB 84, 4 VGB 88, 1 Nr. 1 AWB 87, AStB 87 sind in diesem Sinn auszulegen, obwohl es dort an einem Anhalts-

punkt im Wortlaut fehlt. Die Überlegungen gemäß B IV 7 gelten entsprechend. Schäden durch denselben Sturm in **verschiedenen VOrten** desselben VVertrages stellen jedoch **gesonderte VFälle** dar, selbst wenn Freizügigkeit vereinbart ist, für die räumlich getrennten VOrte gesonderte VSummen also nicht gebildet wurden.

4. In der **DiebstahlV** ist die Rechtslage insofern komplizierter, als bei einem 9 Diebstahl in Etappen dessen Aufspaltung in mehrere Teilakte oft nicht zu unterschiedlichen Zeitpunkten des Eintritts des VFalles, vgl. dazu B I 22 und 23, sondern vielmehr dazu führen würde, daß nur der erste Teilakt als VFall, die weiteren Teile des Abhandenkommens dagegen als unversicherte einfache Diebstähle erscheinen würden. Dies gilt immer dann, wenn die Täter sich während des zweiten Teilakts der während des ersten Teilakts geschaffenen Zugänge zu den versicherten Sachen bedienen, D XI 7, sei es, daß sie im ersten Teilakt eine Tür oder ein Behältnis aufgebrochen, oder sei es, daß sie ein Schloß durch falsche Schlüssel überwunden haben. Die Lösung fällt leider für die Geschäfts- und für die HausratV nach den VHB 84 einerseits und für die HausratV nach den VHB 74 andererseits *unterschiedlich* aus, weil die AERB und AEB sowie die VHB 84 keine Vorschrift analog § 4 Nr. 2 VHB 74 enthalten, die die einzelnen Teilakte zu einem einheitlichen VFall zusammenfassen würde.

a) Für die **GeschäftsV** nach den AERB und AEB gilt zwar nicht (B I 22) das 10 zu den AFB 30 entwickelten Gewohnheitsrecht, wonach schon das Schadenereignis (z. b. der Einbruch durch Dieb) für alle nach der Verkehrsansicht zusammengehörigen Schäden und Verluste einen einheitlichen Zeitpunkt des Eintritts eines einheitlichen VFalles begründet. Aber durch **§§ 1 Nr. 1 AERB**, AERB 87 und früher durch D-Kl 10a, die als Standardklausel allen GeschäftsVVerträgen nach den AEB zugrunde lag, sind *sämtliche adäquaten Folgen* eines erschwerten Diebstahls mitversichert, D XI 9 bis 13. VSchutz besteht also auch, soweit Sachen durch einen **späteren Teilakt** abhanden kommen, der die qualifizierenden Merkmale des erschwerten Diebstahls nicht mehr aufweist.

Allerdings handelt es sich jeweils um einen **weiteren VFall** (unhaltbar RG 11 VA 16 Nr. 943), dessen Eintrittszeitpunkt selbständig zu bestimmen ist. Die gegenteiligen Erwägungen in B IV 7 und 8 gelten für die DiebstahlV nicht, jedenfalls nicht für Diebstähle in Etappen oder gar Diebstähle verschiedener Täter. Lediglich **Sachschäden** wird man analog B IV 7 und 8 behandeln, also jeweils zusammen mit dem Abhandenkommen, dem Diebstahl **zuordnen** müssen, der beides verursacht hat. Insoweit handelt es sich nur um einen einheitlichen VFall.

Endet die *VDauer* zwischen den beiden Teilakten, so wird der zweite 12 Teilakt nicht entschädigt. *Beginnt* die *VDauer* erst nach dem ersten Teilakt, so kann die Entschädigung nur für den ersten Teilakt, nicht aber auch für den zweiten Teilakt abgelehnt werden, denn §§ 1 Nr. 1 AERB, AERB 87 und D-Kl 10a verlangen nicht, daß der vorangegangene erschwerte Diebstahl seinerseits ein entschädigungspflichtiger VFall war, D XI 11. Entsprechendes gilt, wenn sich zwischen den beiden Teilakten der Inhalt des VVertrages *ändert*.

13   b) In der **HausratV** sorgt nach den **VHB 74** deren § 4 Nr. 2 für die Zurechnung der qualifizierenden Merkmale des ersten Teilaktes auch bei den späteren Teilakten, soweit die Verkehrsansicht die Teilakte als Einheit ansieht, B I 22 und B IV 6. Es handelt sich um einen **einheitlichen V-Fall**, der einheitlich im Zeitpunkt der ersten Wegnahme eingetreten ist. Der Vr haftet für die durch sämtliche Teilakte abhandengekommenen Sachen, obwohl die VHB 74 eine sog. Folgeschadenklausel nicht enthielten, vielmehr der erschwerte Diebstahl nicht nur adäquate Ursache, sondern Erscheinungsform des VFalles sein mußte, D XI 14. Für die HausratV treffen mithin die Ausführungen bei E. Prölss 83 (mit Nachweisen aus der älteren Literatur) zu.

14   Dagegen ist es nach den **VHB 84** genau umgekehrt. Deren § 3 schließt zwar Folgeschäden durch einfachen Diebstahl usw. ein, D XI 17, enthält aber keine VFallDefinition, welche ein zeitliches gestaffeltes Abhandenkommen mehrerer Sachen zu einem einzigen VFall verklammern würde. Die Rechtslage nach den VHB 84 ist also dieselbe wie gemäß B IV 11 in der GeschäftsV nach den AERB und AERB 87. Lediglich Sachschäden im Zusammenhang mit einem Diebstahlsteilakt bilden mit dem Abhandenkommen von Sachen durch diesen Diebstahl einen einheitlichen VFall.

15   5. Danach ergibt sich bei Schadeneintritt in Etappen für Eintrittszeitpunkt und Anzahl der VFälle folgende **tabellarische Übersicht**, wobei zu den AFB 30 und AFB 87 das Wort „Brand" für Schadenursache steht, also im Gegensatz zu „Abhandenkommen oder Sachschaden" als Zeitpunkt des Schadeneintritts bei den übrigen AVB:

VFall	AFB AFB 87	AERB AERB 87	AEB + D-Kl 10	AWB 68 AWB 87	AStB 68 AStB 87	VHB 84	VHB 74	VGB 62 VGB 88
Zeitpunkt	Brand	Abhandenkommen oder Sachschaden (Beschädigung oder Zerstörung)						
Anzahl	einer	mehrere	mehrere	einer	einer	mehrere	einer	einer

In der letzten Zeile bedeutet „mehrere", daß die AERB, VHB 84, AERB 87 und AEB keine die einzelnen Teilakte zu einem VFall zusammenfassende Vorschrift enthalten. In den AFB 30 und AFB 87 fehlt eine solche zwar ebenfalls, aber hier verklammert der gewohnheitsrechtlich auf den Brand vorgezogene VFallzeitpunkt die einzelnen Schadenetappen.

C. Brand, Blitzschlag und Explosion als versicherte Gefahren

Übersicht

I. Brand als Schadenursache

Ein **VFall durch** *Brand* setzt *nicht* voraus, daß versicherte Sachen „*verbrannt"* sind. VFall ist vielmehr auch jede andere (Beispiele: C I 23, 25 und 52) Form des **Sachschadens** (B III) oder des **Abhandenkommens** (B II) versicherter Sachen, wenn ein adäquater Ursachenzusammenhang im Sinn von C VI 2 mit einem Brand im Sinn von C I 2 besteht. Daher wären z. B. Schäden durch *brandbedingte Explosionen* als Brandschäden auch dann versichert, wenn Explosionen unversichert wären (irrig Raiser 86 und Wussow § 1 AFB Anm. 37 mwN; vgl. auch C III 2). Das gleiche gilt für die versicherten Gefahren („Anzahl" und gegenseitiges Verhältnis dieser Gefahren: A III 9) des Blitzschlags (C II), der Explosion (C III), des Anpralls oder Absturzes bemannter Flugkörper (C IV) sowie des Löschens, Niederreißens oder Ausräumens infolge solcher Ereignisse (C V). **1**

Brand im Sinn von §§ 1 Nr. 1 a AFB 30, VHB 74, VGB 62, 3 Nr. 1 VHB 84, 1 Nr. 1 a AFB 87, 4 Nr. 1 a VGB 88 sowie im Sinn der Ausschlüsse in §§ 1 Nr. 7 d AERB 87, 1 Nr. 5 g AWB 87, 1 Nr. 4 d AStB 87 ist ein **Feuer, C I 4,** das **2**

459

ohne bestimmungsmäßigen Herd entstanden ist oder ihn verlassen hat, C I 29, und das sich aus eigener Kraft auszubreiten vermag, C I 47. Daß die Ausbreitungsfähigkeit nicht nur in der zweiten (Herd verlassen), sondern auch in der ersten (ohne bestimmungsgemäßen Herd entstanden) Alternative erforderlich ist, wird erstmals in den AFB 87 und in den VGB 88 durch Wiederholung des Relativpronomens „das" besonders hervorgehoben. Für die AFB 30 usw. hatte sich daher Hamburg VersR 87, 479 abweichend geäußert, und zwar unter Hinweis auf die Unklarheitenregel des § 5 AGBG.

3　　Die **Definition** gemäß C I 2 ist – abgesehen von dem erwähnten Einschub des Relativpronomens „das" – wortgleich in den folgenden AVB enthalten: §§ 1 Nr. 2 Satz 1 AFB 30, 1 Nr. 2 AFB 87, 3 Nr. A 1 VHB 74, 4 Nr. 1 VHB 84, 3 Nr. 1 VGB 62, 5 Nr. 1 VGB 88. Es handelt sich um eine vertragliche Interpretation des in § 82 VVG ohne Definition gebrauchten Begriffes „Brand". Die AVB übernehmen damit den schon im Sprachgebrauch des täglichen Lebens maßgebenden (BGH RuS 88, 244 = VerBAV 331 = NJW-RR 1050) vorgegebenen Unterschied zwischen der wertneutralen Bezeichnung „Feuer" und dem Wort „Brand", der ein unerwünschtes Feuer mit schädlichen Folgen meint, vgl. Raiser 61 und mit zahlreichen Nachweisen aus der älteren Literatur Sblowski ZfV 81, 493 bis 495 und 497.

4　　1. **Feuer** ist die Veränderung von Sachen durch eine Verbrennung als chemischen Vorgang. Weder das VVG im Anschluß an § 82 noch § 1 der AFB 30 noch § 1 AFB 87 enthalten eine Definition. Daher wäre, wie auch sonst bei nicht definierten Begriffen in AVB (BGH RuS 88, 244 = VerBAV 331 = NJW-RR 1050), für die Auslegung des Feuerbegriffs in erster Linie der **Sprachgebrauch des täglichen Lebens** heranzuziehen.

5　　a) Dieser reicht jedoch nicht aus, um „Feuer" hinreichend von anderen Vorgängen abzugrenzen, die entweder ähnlich wie ein Feuer „aussehen" oder ähnlich wie ein Feuer Schäden verursachen können. Der allgemeine Sprachgebrauch empfindet nämlich als Feuer zunächst nur die Verbrennung in offener **Flamme** (Vossen ZVersWiss 68, 518), ist sich dabei aber der Unzulänglichkeit des Laienverständnisses durchaus bewußt. Auch der Laie weiß, daß in Wissenschaft und Technik mit einer Vielzahl von Erscheinungen experimentiert und gearbeitet wird, die zwar ohne offene Flamme verlaufen, aber ähnlich wie Feuer wirken und daher auch ein VBedürfnis für den Fall begründen, daß sie außer Kontrolle geraten oder ungewollt entstehen. Der Sprachgebrauch des täglichen Lebens „**verweist**" also im Fall des Feuerbegriffs gleichsam **auf den** wissenschaftlich-technischen Sprachgebrauch.

6　　Schon zur Zeit der Entstehung der AFB von 1930 war unstreitig, daß auch **sonstige Lichterscheinungen** (Raiser 62) für ein Feuer im versicherungsrechtlichen Sinn ausreichen. Eine Flamme als Begriffsmerkmal wird nur noch ganz ausnahmsweise gefordert, zuletzt noch vor mehr als 20 Jahren von Vossen aaO. Diese Ansicht wird aber ganz allgemein abgelehnt, z.B. von Wälder ZVersWiss 71, 680, 686 mit weiteren Nachweisen, Sblowski ZfV 81, 496 und Boldt 35.

7　　**Glühen** oder **Glimmen** als Lichterscheinungen erfüllen nach ständiger Praxis den Begriff der Verbrennung und des Feuers. Es handelt sich um flammenlose Verbrennungsvorgänge an porösen Festkörpern durch Schwel- oder

Glimmbrand. Folgendes Beispiel für einen (Folge-) Schaden durch einen bloßen Glimmbrand war schon in C I 3 der 2. Aufl. genannt worden: Kohlehaltiger Staub zwischen den Niederschlagsplatten (-elektroden) eines Elektrofilters eines Kohlekraftwerks glimmt und verformt dadurch die Niederschlagsplatten, vgl. auch F II 50 zur Frage der Anwendbarkeit des Betriebsschadenausschlusses.

Maßgebend ist deshalb der Feuerbegriff im **Sprachgebrauch von Naturwis- 8 senschaft und Technik**, ähnlich wie z. B. in der GlasV, wo Glaskeramik und durchsichtige Kunststoffe nicht als Glas erkannt werden (PM Teil II D Anm. 6 A d zu § 1 AGlB), weil sie den naturwissenschaftlich-technischen Begriff des Glases nicht erfüllen. Leider führt anders als bei Glas im Fall von Feuer auch diese Auslegungsmethode nicht zu einer in jeder Hinsicht unangreifbaren Definition, vgl. im einzelnen die Untersuchung von Hölemann, Hans, Der Brandbegriff im Versicherungswesen aus naturwissenschaftlicher und technischer Sicht (Veröffentlichungen der Hamburger Gesellschaft zur Förderung des Versicherungswesens mbH, Heft 6) Hamburg 1988, besprochen durch Weiß in ZVersWiss 89, 461. Es gibt nämlich keinen Feuerbegriff der Chemie, weil diese Wissenschaft einen solchen Begriff nicht benötigt, sondern ihrerseits das Wort „Feuer" der Laiensprache zurechnet.

Die **Chemie** definiert und bezeichnet lediglich die **Teilvorgänge,** aus denen 9 sich die **Verbrennung als Gesamtvorgang** zusammensetzt, insbesondere also die Oxidation und die Reduktion als Kernstück des Verbrennungsvorgangs, sowie deren Voraussetzungen und Folgen. Nur mit Bezug auf diese Teilvorgänge besteht in Theorie und Praxis der Chemie ein Definitionsbedürfnis. Unter Verbrennung versteht man die *Zufuhr* von brennbaren Stoffen und von Oxidationsmitteln als Voraussetzungen einer Verbrennung, die dadurch ermöglichten *chemischen Reaktionen* (Oxidation und Reduktion), den *Transport* von Stoffen und Wärme während dieser Reaktionen sowie endlich die *Emission* von Licht und verbrannten Stoffen (Rauch usw.).

Die **Definition** für Feuer im Sinn der AVB muß aus einer Kombination des 10 Wortsinns in der Laiensprache mit dem fachwissenschaftlichen Verständnis des Begriffs der Verbrennung gewonnen werden. Feuer ist danach jeder Vorgang, den entweder das Laienverständnis als Feuer empfindet oder der wegen naturwissenschaftlich begründeter enger Vergleichbarkeit der zugrunde liegenden chemisch-physikalischen Teilvorgänge einem Feuer gleichsteht. Insbesondere trifft dies auf Oxidations- und Reduktions-Reaktionen bei gleichzeitiger Emission von Licht und Wärme zu.

b) Die Teilvorgänge einer Verbrennung geben – wissenschaftlich analy- 11 siert – Auskunft nicht nur über die Möglichkeit der Zuordnung zum Begriff des Feuers, sondern zugleich auch schon über das Vorliegen der zusätzlichen Voraussetzungen eines Brandes, also der Entstehung des Feuers ohne **bestimmungsgemäßen Herd** sowie seiner Ausbreitung über diesen Herd hinaus. Eine scharfe Trennung zwischen Feuerbegriff einerseits und Entstehungsweise sowie **Ausbreitungsfähigkeit** des Feuers andererseits ist bei naturwissenschaftlicher Betrachtung nicht möglich.

Dies ist jedoch für die Auslegung der AVB nicht von Nachteil, denn versi- 12 cherungsrechtlich interessiert der Begriff des Feuers nur dann, wenn es sich zugleich um ein ohne bestimmungsgemäßen Herd entstandenes (Alternative: Herd verlassen) und aus eigener Kraft ausbreitungsfähiges Feuer handelt, also um einen Brand als versicherte Schadenursache. Bei der Formulierung neuer AVB sollte künftig jeweils geprüft werden, ob es nicht mit Hilfe von Erkenntnissen der Chemie sprachlich sogar leichter ist, auf einen Feuerbegriff als eines von mehreren Elementen des – im Ergebnis allein rechtserheblichen – Brandbegriffs gänzlich zu verzichten und statt dessen unmittelbar den **Begriff des Brandes** zu definieren.

13   Die Untrennbarkeit beider Begriffe wird deutlich am Beispiel des sog. **Eisenfeuers.** Eisen kann bei Zufuhr von Sauerstoff (oder hoch verdichteter Luft) oder von Chlor verbrennen. Dadurch können – wenn auch in der Praxis außerordentlich selten – Schäden an Anlageteilen entstehen, weil das Eisenfeuer unkontrolliert entstanden war oder sich ausgebreitet hatte. Will man nicht mit Vossen (ZVersWiss 68, 517; anders Wälder ZVersWiss 71, 686) Ausbreitungsfähigkeit des Feuers unter „normalen" Bedingungen verlangen, also durch Oxidation mit Luft, die einen Sauerstoffgehalt von ca. 21% ihres Volumens aufweist, so wird man im Fall des Eisenfeuers sowohl das Feuer wie auch dessen Ausbreitungsfähigkeit und damit einen Brand begrifflich bejahen müssen, vgl. C I 48 (2. Aufl. C I 16).

14   c) Kernstück des Verbrennungsvorgangs ist die **Oxidation,** nämlich die Abgabe von Elektronen aus äußeren Elektronenschalen von Atomen chemischer Elemente an die äußeren Elektronenschalen von Atomen anderer chemischer Elemente. Als sog. Oxidationsmittel kommen Elemente in Betracht, die leicht Elektronen abgeben, insbesondere Sauerstoff, Fluor und Chlor. Das Gegenstück bilden die sog. Reduktionsmittel, die Elektronen aufnehmen können, unter anderem die meisten Metalle. Die Elektronenaufnahme wird als **Reduktion** des aufnehmenden Elements bezeichnet. Der sog. Redox-Vorgang (Begriff zusammengesetzt aus den Anfangsbuchstaben der Bezeichnungen für beide Teilstücke des Vorgangs) verläuft unter Licht- und Hitzeentwicklung (C I 18).

15   Sieht man die wissenschaftliche *Vergleichbarkeit* des chemischen Vorgangs mit einer „konventionellen" Verbrennung in Flammen und in atmosphärischer Luft als entscheidend an (C I 9), so ist es unerheblich, welches Oxidationsmittel zugeführt wird und in welcher Menge und Geschwindigkeit sowie bei welcher Temperatur dies geschieht. Insbesondere muß das Oxidationsmittel nicht notwendig Sauerstoff sein. Es kommt auch nicht darauf an, ob die Oxidationsbedingungen schon allein durch die atmosphärische Luft gegeben oder künstlich geschaffen sind.

16   Zur Zeit der Entstehung der AFB von 1930 waren die chemischen Grundlagen von Oxidations- und Reduktionsvorgängen noch nicht in demselben Umfang bekannt wie gegenwärtig. Gedacht wurde damals fast ausschließlich an die Oxidation mit Sauerstoff in atmosphärischer Luft. Entsprechend enger waren der Feuer- und der Brandbegriff. Für die **Auslegung der AFB 87** müssen indessen Stand der Wissenschaft sowie Sprachgebrauch des Jahres 1930 außer Betracht bleiben. Auch für Verträge nach den alten AFB darf nicht auf Anschauungen aus der Zeit vor Vertragsschluß zurückgegriffen werden, Hamm RuS 90, 64 (zur KrankenV), z.B. nicht für Verträge von 1970 auf Anschauun-

gen von 1930 usw., vgl. Wälder ZVersWiss **71**, 675 ff. Eine Ausnahme gilt wegen § 5 AGBG allenfalls dort, wo sich der Rückgriff auf einen älteren Sprachgebrauch zugunsten des VN auswirkt, Hamm aaO.

Endlich wird man sogar während der Laufzeit ein und desselben Vertrages **17** eine Änderung des Inhalts von Begriffen der zugrundegelegten AVB als möglich ansehen müssen. Es gilt hier für AVB nichts anderes als für Gesetze, mag auch die Verbindlichkeit von AVB auf Vereinbarung beruhen. Andernfalls wäre ein und derselbe Begriff der AFB von 1930 in einem Vertrag von 1935 vielleicht anders zu verstehen als in einem Vertrag von 1975. Dies wiederum würde gegen den Grundsatz der sog. **objektiven Auslegung von AVB** verstoßen. Danach müssen Umstände des einzelnen Vertrages außer Betracht bleiben, K I 6. Zu diesen unerheblichen Umständen gehören auch der Abschlußzeitpunkt des Vertrages und der Stand der wissenschaftlichen Erkenntnis zu diesem Zeitpunkt.

Verbrennung ist ein Vorgang, der sich über einen kürzeren oder längeren **18** **Zeitraum** von Sekunden bis zu Stunden oder Tage erstreckt und der in unterschiedlichen Geschwindigkeiten ablaufen kann (Wälder ZVersWiss **71**, 662). Die Dauer des Verbrennungsvorgangs hängt von der Art der zugrundeliegenden chemischen Kettenreaktionen ab. Diese halten die Voraussetzungen einer Verbrennung für einen bestimmten Zeitraum aufrecht. Gleichzeitig entscheiden sie darüber, ob das Feuer den zunächst etwa vorhandenen bestimmungsgemäßen Herd verlassen hat und sich aus eigener Kraft auszubreiten vermag. Nur unter diesem Aspekt interessieren Art und Dauer dieser chemischen Kettenreaktionen, vgl. C I 29.

d) Da der laiensprachliche Begriff des Feuers nicht allein maßgebend ist, C **19** I 10, ist ein Feuer nicht nur dort anzunehmen, wo Flammen sichtbar sind. Vielmehr genügt jede mit Lichterscheinung verbundene **Wärmeemission** im Rahmen eines Verbrennungsvorganges. Gefordert wird also ein exothermer (Gegensatz: endotherm, vgl. Vossen ZVersWiss **68**, 516, Wälder ZVersWiss **71**, 661, 68) Vorgang mit Wärmeübertragung auf die Umgebung. Sog. kalte Verbrennung ist kein Feuer. Auch der **Schwelbrand** ist ein Brand, denn das Glimmen als flammenlose Verbrennung genügend poröser Stoffe ist begrifflich Feuer, C I 7 und 47. Solche Stoffe können auch durch vorausgegangene Verbrennung in Flammen entstanden sein. Kohlestoffpartikel entstehen z. B. durch thermische Spaltung (Pyrolisierung) verschiedener anderer Brennstoffe zu immer kleineren Molekülbruchstücken.

Die für den Feuerbegriff unverzichtbare **Lichterscheinung** ist Folge der Er- **20** wärmung im Zuge einer Verbrennung. Die Untergrenze der nötigen Wärme, die das menschliche Auge als Lichterscheinung wahrnehmen kann, liegt etwa bei 400° C. **Flammen** entwickeln sich nur bei Verbrennung gasförmiger Stoffe, die sich ihrerseits erst unmittelbar zuvor im Rahmen des Gesamtvorgangs der Verbrennung gebildet haben können, insbesondere Kohlenmonoxyd. Begrifflich notwendig für ein Feuer ist das aber nicht, Wälder ZVersWiss **71**, 684.

Auf die Größe des Raumes, in dem sich Wärme entwickelt, kommt es nicht **21** an. Auch Wärme und Licht in sehr kleinen Bereichen können genügen. Auch der **elektrische Lichtbogen** zwischen zwei sich nicht berührenden Elektroden ist begrifflich Feuer, Boldt 97. Bei Drahtbrüchen an elektrischen Anlagen entsteht aber entweder kein Schaden, weil das Isoliermaterial um den gebrochenen Draht bereits unmittelbar vor der Verbrennung wertlos war, oder es greifen die Ausschlüsse für elektrische Einrichtungen in den AVB ein.

22   Andererseits ist **nicht** alles Feuer, was Lichterscheinungen hervorruft. Einfachster Fall von Lichterscheinungen ohne Verbrennen ist das Glühen von Metallen ohne Verbrennung, insbesondere das Glühen flüssiger Schmelzmassen in der Stahlindustrie, vgl. dazu ausführlich C I 53 ff. Kennzeichnend für Lichterscheinungen ohne Verbrennung ist es, daß der **Stoff** nach Ende des Glühens **chemisch unverändert** noch vorhanden ist.

23   e) **Nicht** um **Feuer** handelt es sich, wenn zwar eine Sache durch Wärme oder Hitze **chemisch verändert** wird, aber **ohne Lichterscheinung**. Beispiele: Metall oder Kunststoff werden durch Hitze verformt. Glas zerspringt, z. b. ein Lampenschirm durch den Gebrauch einer zu starken Glühlampe. Der Lack eines Möbelstücks wirft Blasen, weil es zu nahe an der Heizung steht. Sachen werden durch zu starke Erwärmung versengt, z. b. Textilien beim Bügeln oder Speisen im Kochtopf oder (F II 47) im Mikrowellenherd, die mangels genügender Flüssigkeitszufuhr „anbrennen". Soweit solche Schäden aber durch Brand in der Umgebung entstehen, sind sie versichert, C I 1 und 25.

24   Kein Feuer ist also insbesondere die **Verkohlung** (Boldt 35). Man versteht darunter die thermische Zersetzung (Pyrolyse) fester Stoffe. Diese kann auch unter Luftabschluß erfolgen. Die Rückstände nach einer Pyrolyse können teerartige (z. b. nach Verkohlung vieler Kunststoffe) und daher nicht brennbare Produkte sein, oder es können poröse und ihrerseits brennbare Rückstände entstehen, wie z. B. Holzkohle.

25   Der ausdrückliche **Ausschluß von Sengschäden** durch §§ 1 Nr. 2 Satz 2 AFB 30, 3 Nr. A 3 b VHB 74, 9 Nr. 2 b VHB 84, 1 Nr. 5 b AFB 87, 9 Nr. 2 b VGB 88 hat daher nur *deklaratorische Bedeutung*, C I 47, ebenso teilweise der Betriebsschadenausschluß, F II 6 und 9. Die Rechtslage ist nach den VGB 62 nicht anders, obwohl dort Sengschäden nicht erwähnt sind. Auch der **Ausschluß von Kurzschlußschäden** an elektrischen Einrichtungen durch §§ 1 Nr. 5 d AFB 87, 3 Nr. A 3 c VHB 74, 9 Nr. 2 c VHB 84, VGB 88 (C I 65 bis 68) bestätigt, soweit er Schäden *ohne* Feuererscheinung betrifft, nur die mangels eines Feuers ohnehin bestehende Rechtslage. In diesen Fällen fehlt es jeweils an einem Brand *an* den dort aufgezählten beschädigten Sachen. Dies schließt jedoch nicht aus, daß solche Schäden durch einen Brand *außerhalb* der betroffenen Sache verursacht werden; dann sind sie entschädigungspflichtig, vgl. schon C I 1 und 23. So liegt es z. B., wenn Glas zerspringt, ein Möbelstück Blasen wirft oder eine Wand verrußt wird, dies aber nicht infolge eines Feuers im Ofen, C I 35, sondern infolge eines Zimmerbrandes oder eines Brandes außerhalb der VOrtes, C VI 4 und G II 1.

26   f) **Fermentation** bedeutet Gärung und Verkohlung, und zwar mangels Luftzutritts ohne Lichterscheinung. Ursachen sind zu feuchte Lagerung und zu große Stapelhöhe. Der Prozeß verläuft meist bei Temperaturen zwischen 45 und 70° C. Bei noch höheren Temperaturen genügt ein immer geringerer Zutritt von Luft, um einen Brand auszulösen. Bedroht sind z. B. Ernteerzeugnisse, insbesondere Heu, mineralischer Dünger, Rüben und Rüben-

schnitzel in der Zuckerindustrie. Mangelhafte Vorsorge kann bei Brand den Einwand der großen Fahrlässigkeit begründen, vgl. für Heu O I 104 sowie Oldenburg VersR 86, 1091: Bloße Geruchskontrollen statt Heumessungen durch Temperatursonden reichen im allgemeinen nicht aus. Wegen des Ersatzes von Rettungskosten bei vorsorglichem Abtragen von Heustöcken vgl. W II 39.

Durch **Kl 3106** (Zuckerindustrie) und **Kl 3105** (Ernteerzeugnisse) können 27 Fermentationsschäden mitversichert werden, ebenso durch **Kl 3109** Schwelzersetzungsschäden an mineralischem Dünger (VerBAV 88, 154). Gegen solche Einschlüsse bestehen gewisse Bedenken, weil die Bereitschaft des VN zu sorgfältiger Lagerung gefährdet werden könnte.

Noch stärker sind die Bedenken gegen **Kl 3110** (Eingeschränkte Mitversicherung von Fermentationsschäden in der Zuckerindustrie). Danach werden 28 Fermentationsschäden nur dann ersetzt, wenn es anschließend zu einem Brand kommt. Die Klausel soll Streitigkeiten über die Höhe des Abzugs vermeiden, der bei einem Brand für diejenigen Schäden geboten ist, die schon vor dem Brand durch Fermentation eingetreten waren, nämlich durch Verkohlung oder auch bloße Nährwertminderung (Boldt 63). Dieser Vorzug kompensiert jedoch schwerlich den Nachteil, daß der VN nach einem Fermentationsschaden am Ausbruch eines Brandes mindestens objektiv ein „Interesse" hat, damit nämlich auch der Fermentationsschaden ersetzt wird.

2. Herd eines Feuers ist stets ein **räumlicher Bereich.** Hierbei ist mit Boldt 35 29 zu unterscheiden zwischen ungeschützten Feuern und umschlossenen Feuerstätten. Als Beispiele für **ungeschützte Feuer** nennt Boldt aaO Streichholzflamme, Zigarettenglut, Kerzenflamme, Gasflamme und Schweißflamme, also Stoffe, die bestimmungsgemäß verbrennen sollen (z. B. Kerzen, AG Hamburg VersR 82, 335, AG Flensburg RuS 84, 170), einschließlich deren näherer Umgebung, in der bei diesem Vorgang voraussichtlich Flammen oder Glut vorhanden sein werden. Rechtliche Unsicherheiten ergeben sich vor allem, wenn die verbrennenden Stoffe oder die aus ihnen schlagenden Flammen ihren Umfang ungewollt vergrößern oder ihre örtliche Lage verändern. Beispiele für **umschlossene Feuerstätten** sind alle Arten von Öfen und Herden, aber auch komplizierte Industrieanlagen, in denen mit Feuer oder Glut gearbeitet wird, ferner glühende Teile in Heizgeräten. Mischformen sind Feuer, die nur nach unten und nach einigen (oder allen) Seiten geschützt, nach oben und einigen anderen (oder nach allen) Seiten jedoch offen sind.

Im Folgenden wird zunächst erörtert, wann ein Herd bestimmungsgemäß 39 entsteht, C I 31 bis 35, sodann die Frage nach dem räumlichen Umfang des bestimmungsgemäßen Herdes, wann also ein Schaden „im Herd" entsteht, C I 35 bis 39, und endlich die Frage, in welchen Fällen ein Schaden „am Herd" zu ersetzen ist, C I 40 bis 46.

a) Entgegen Boldt 35 kann die **Entstehung eines bestimmungsgemäßen Her-** 31 **des** nicht nach „rein objektiven Gesichtspunkten" beurteilt werden. Gemeint sind mit dieser Formulierung Eigenschaften derjenigen Sachen, die sie „objektiv" dazu bestimmen, verbrannt zu werden oder ein Feuer zu umschließen. Aber diese Eignung oder Bestimmung entsteht jeweils durch **menschli-**

ches Handeln (Raiser 64) und kann überdies jederzeit durch menschliches Handeln wieder geändert werden. Hierher gehört auch das menschliche Handeln, welches den Zeitpunkt bestimmt, in dem ein Feuer „bestimmungsgemäß" brennt. Hierbei genügen nicht beliebige Personen, sondern – ähnlich wie für die Frage, ob Sachen im Sinn des Betriebsschadenausschlusses einem Feuer oder der Wärme „ausgesetzt" sind, F II 31 – nur der VN selbst oder sonstige volljährige und geistig gesunde Personen, die dem VN gegenüber zu einem Zugriff auf die betroffenen Sachen oder Stoffe berechtigt sind, z. B. Wohngenossen oder Arbeitnehmer (Schriftleitung RuS 88, 2). Dagegen handelt es sich um Brand, wenn der Einbrecher eine Kerze des VN anzündet, C I 52. Ob das **Handeln des VN oder eines zugriffsberechtigten Dritten** im Einzelfall zweckmäßig ist und den Weisungen und Wünschen des VN entspricht, oder ob Irrtümer und Versehen mitgewirkt haben, spielt allerdings keine Rolle.

32   **Nicht** um einen bestimmungsmäßigen Herde handelt es sich, wenn eine dem VN gegenüber hierzu **nicht berechtigte Person** ein **Feuer** in einem Herd usw. überhaupt erst **entzündet,** mag dies auch an einem Platz geschehen, an dem sonst auch mit Willen des VN Feuer gemacht und der in diesen Fällen zu einem bestimmungsmäßigen Herde wird. In solchen Fällen sind das Heizmaterial und alle sonst mit dem Feuer in Berührung kommenden und dadurch beschädigten Sachen von einem Brand betroffen und zu ersetzen (anders Boldt 35, vgl. auch C I 33). Somit wird keine Entschädigung geschuldet, wenn Kinder Sachen des Hausrats mutwillig in einem bereits geheizten Ofen verbrennen, dagegen Entschädigung, wenn die Kinder das Feuer überhaupt erst angemacht haben (anders eventuell nach § 61 VVG bei grob fahrlässigen Verstößten gegen die Aufsichtspflicht des VN).

33   **Bewegliche Sachen,** die der VN zukünftig an einem noch zu bestimmenden Ort und zu einer noch zu bestimmenden Zeit verbrennen will, werden bestimmungsgemäßer Herd eines ungeschützten Feuers erst, wenn dies später tatsächlich durch den VN oder eine zugriffsberechtigte Person geschieht. Brandstiftung oder sonstiges böswilliges Handeln reicht nicht aus. Auch Boldt 36 verneint einen bestimmungsgemäßen Herd, wenn lagernde Streichhölzer in Sachbeschädigungsabsicht oder auch nur versehentlich entzündet werden. Der Unterschied zu dem in C I 31 erwähnten, rechtlich unbeachtlichen „Versehen" liegt darin, daß hier das Feuer als Ganzes versehentlich entzündet wird, das Versehen also nicht nur die Nutzung des Feuers, sondern dessen Entstehung betrifft. Auch Boldt aaO hält also mit Recht nicht für alle Fälle an nur „objektiven" (C I 31) Kriterien fest. Unzweckmäßigkeit des Handelns hindert die Entstehung eines bestimmungsgemäßen Herdes nicht. So liegt es, wenn der VN Sachen irrig für wertlos hält und auf seiner Wiese im Garten verbrennt, oder wenn eine einzelne brauchbare Sache irrtümlich in Abfall gerät und mit diesem verbrannt wird, vgl. auch F II 41 (kein Betriebsschaden).

34   Das Feuer in einer **umschlossenen Feuerstätte** ist „bestimmungsgemäß", wenn es durch den VN oder eine zugriffsberechtigte Person entzündet wird. Daß dies versehentlich durch „falsches" Brennmaterial geschieht, z. B. durch Sachen, die noch anderweitig hätten verwendet werden sollen, nimmt der Feuerstätte nicht ihren Charakter als bestimmungsgemäßer Herd. Noch we-

niger hindert es den bestimmungsgemäßen Herd und begründet VSchutz für die verbrannten Sachen, wenn nur zu einem „falschen" Zeitpunkt geheizt oder mit richtigem auch falsches Heizmaterial in das Feuer gelangt, sei es gleichzeitig oder gar erst nachträglich. Boldt 36 erwähnt die Fälle, daß jemand eine Zahnprothese (ähnlich liegt es bei einer Brille) oder einen Geldschein in ein Herdfeuer hustet, fallen läßt usw.

b) Schäden „im Herd" (Raiser 64) entstehen begrifflich nicht durch Brand, 35 vgl. schon C I 34. Dies gilt jedenfalls dann, wenn in umschlossenen Feuerstätten zunächst nur ein kleines Feuer entfacht werden sollte, sich dieses Feuer dann aber innerhalb der Umschließung seitlich und nach oben räumlich ausweitet, sei es durch Bedienungs- oder Materialfehler, zusätzliche Luftzufuhr, Thermostatenausfall usw. (Boldt 36). Insbesondere spielt diese Frage bei größeren Feuerungsanlagen zu industriellen Zwecken eine Rolle. Die in einem oberen, zunächst nicht von Flammen erfüllten Teil des Ofens verbrennenden Sachen werden nicht ersetzt.

Zweifelhaft ist die Rechtslage, wenn bestimmungsgemäß in einer ge- 36 schützten Feuerstätte brennende Stoffe, insbesondere Heizmaterial (z. B. glühende Kohlen), aus dem Herd herausfallen, sowie bei Funkenflug. Boldt 37 und C I 14 der 2. Aufl. verneinen in diesen Fällen grundsätzlich den VSchutz, soweit nicht auch an anderen Sachen ein ausbreitungsfähiges Feuer entsteht. Ebenso hat LG Regensburg RuS 83, 125 entschieden, wenn Sachen (auch der Ofen selbst, vgl. dazu unten C I 40) durch Flammen beschädigt werden (ohne selbst Feuer zu fangen), die aus einem Ofen herausschlagen, C I 41. Der Schaden an anderen Sachen kann hier insbesondere darin bestehen, daß diese verfärbt, verrußt, verformt oder versengt werden. Selbst wenn es an anderen Sachen zu Lichterscheinungen kommt, sich diese aber nicht aus eigener Kraft auszubreiten vermögen, soll es an einem Brand fehlen. So wurde in AG Hamburg VersR 82, 335 für den Ärmel eines Pelzmantels aus Seehundfell entschieden, allerdings nicht in Zusammenhang mit Flammen, Funken oder Kohlen aus einer geschützten Feuerstätte, sondern weil der Ärmel versehentlich an eine Kerzenflamme geraten war, vgl. C I 39.

Zweifelhaft ist dies alles deshalb, weil bei geschützten Feuerstätten der 37 gemäß C I 29 als Herd anzusehende räumliche Bereich durch die Umschließung des Feuers bestimmt wird, nicht aber durch die räumliche Lage des brennenden Materials. Man könnte argumentieren, die Bestimmung beschränke sich bei umschlossenen Feuerstätten endgültig auf den durch die Umschließung festgelegten Raum. Boldt 36 bejaht daher den Brand und den VSchutz bei Schäden durch Flammen, die aus der Ofentür herausschlagen.

Noch schwieriger ist die Frage, wenn bei ungeschützten Feuern die Flam- 38 men oder das brennende Material ihre örtliche Lage verändern oder ausdehnen. Beispiele: Die Flammen eines Gartengrills oder eines Kaminfeuers schlagen höher oder infolge ungewollter Luftzufuhr in eine falsche Richtung. Boldt 36 will in diesem Grenzfall den VSchutz verneinen, wohl deshalb, weil mit gewissen Unregelmäßigkeiten der Flammenbildung bei ungeschützten Feuern von vornherein gerechnet werden muß und auch tatsächlich gerechnet wird. Das gleiche gilt, wenn ein brennendes Streichholz zu Boden fällt oder (AG Mönchengladbach VersR 78, 434) eine Kerze kurzzeitig umfällt und

dabei ein Tischtuch, ein Postermöbelstück oder einen Teppichboden beschädigt, ohne daß diese Sachen ihrerseits entzündet würden. AG Duisburg-
Ruhrort ZfS 86, 250 verneint den VSchutz, wenn durch Wunderkerzen eine
fünfmarkstückgroße Teppichfläche versengt wird.

39   Eindeutig nicht „im Herd", sondern außerhalb des Herdes entstehen
Brandschäden, wenn Sachen auf (!) der Umschließung eines Herdes verbrennen, z. b. das Fett in der Pfanne einer Friteuse oder übergelaufenes Benzin an
der Außenseite eines neu gefüllten Feuerzeuges (Boldt 36; aber solches Benzin hat ohnehin keinen wirtschaftlichen Wert mehr). Vorausgesetzt wird
hierbei, daß die Sachen nicht durch bloße Hitzeeinwirkung beschädigt werden, C I 23, sondern daß an ihnen ein Feuer entsteht, vgl. AG Hamburg
VersR 82, 335 für den Ärmel eines Pelzmantels, der kurzzeitig in eine Kerzenflamme geraten und hierbei beschädigt worden war, ohne daß er brannte.

40   c) **Schäden „am Herd"** (Raiser 64) bedeuten bei ungeschützten Feuern
nichts weiter als das Verbrennen des „Heizmaterials". Die Frage nach der
Ersatzpflicht fällt hier zusammen mit der Frage, ob der Herd bestimmungsgemäß ist. Diese Frage wurde in C I 33 behandelt. Die Antwort hängt davon
ab, ob die Entstehung des Feuers durch menschliches Zutun in groben Umrissen durch den Willen des VN gedeckt war, mögen auch im Einzelfall
Verwechslungen und sonstige Irrtümer oder weisungswidriges Handeln mitgewirkt haben.

41   Raiser 64 bezog daher die Frage nach Schäden „am Herd" von vornherein
nur auf **Schäden an den isolierenden Schichten einer umschlossenen Feuerstätte.**
Die Schäden sind nicht zu ersetzen, soweit sie die Wirkung des bestimmungsgemäßen Feuers im Herd sind. Dies gilt z. b., wenn der Herd infolge eines
Konstruktions-, Ausführungs- oder Materialmangels oder infolge zu starker
Feuerung dem bestimmungsgemäßen Feuer nicht standhält. Zunehmende Intensität des Feuers macht dieses ebensowenig bestimmungswidrig wie (C
I 35) zunehmender räumlicher Umfang. Die Zunahme des Feuers kann ihrerseits auf beliebigen Ursachen beruhen, wie z. b. auf dem Ausfall eines Thermostaten, auf Bedienungsfehlern oder gar auf Sabotage. Das Gesagte gilt
ferner für den bestimmungsgemäßen **Verschleiß** des Herdes bei normaler
Feuerung. Schlagen hingegen Flammen aus dem Herd und beschädigen ihn
von außen, so hat das Feuer entgegen C I 10 der 2. Aufl. seinen Herd verlassen, C I 36. Allenfalls fehlt es an der Ausbreitungsfähigkeit des Feuers,
Schriftleitung RuS 84, 170, wie im Fall LG Regensburg RuS 83, 125.

42   Nach Boldt 36 soll die Umschließung eines bestimmungsgemäßen Herdes
einen ersatzpflichtigen Schaden nur erleiden können, wenn der **Brand von
außen** kommt, oder wenn die Hitze des Herdes zu einem Brand außerhalb
desselben führt und dieser Brand „zurückkehrt". Dem kann zugestimmt werden, wenn man die Worte „von außen" ebenso weit versteht wie gemäß F
II 52 bei den entsprechenden Überlegungen zum Betriebsschadenausschluß.
In diesem Sinn kommt jedes **Sekundärfeuer** „von außen", und zwar schon
deshalb, weil es mit dem bestimmungsgemäß im Herd vorhandenen Feuer
nicht identisch ist. Daß die Entstehung des Sekundärfeuers für einen Betrach-
ter optisch von außen nicht sichtbar ist, sondern innerhalb der isolierenden
Schichten stattfindet, steht der Annahme eines Brandes nicht entgegen.

Entschädigungspflichtig sind z.B. Schäden durch Hinzutreten leicht **43**
brennbarer fester oder flüssiger Stoffe in Verbindung mit einem Oxidationsmittel gemäß C I 14. Das gleiche gilt für Sekundärfeuer, die ihre Ursache in
Ablagerungen an Stellen haben, die sehr hohen Temperaturen ausgesetzt
sind, z.B. bei Dampfkesseln. Es handelt sich dann um ein „anderes" Feuer als
im Feuerungsraum. Ähnlich ist das Feuer ohne bestimmungsgemäßen Herd
entstanden, wenn ein Metallrohr platzt und austretende erhitzte Gase durch
Oxidation an dieser Stelle in Brand geraten, vgl. dazu auch noch F II 53.

Ein auch laienhaft gesprochen „von außen" auf die Umschließung des **44**
Herdes übergreifendes Feuer ist ohnehin ein Brand. Beispiel: Es geraten
Sachen in Brand, die auf den Herd gefallen sind; der so entstandene Brand
beschädigt den Herd. Entgegen Boldt 27 handelt es sich auch nicht etwa um
einen ausgeschlossenen Betriebsschaden, F II 42.

Mit Recht bezeichnen BGH Vers 83, 479 und LG Aachen 4 0 491/86 vom **45**
4. 3. 87 (Berufungsentscheidung: Köln RuS 88, 272 = VersR 1071) **Kamine**
(**Schornsteine**) von Gebäuden, Schiffen usw. nicht als bestimmungsgemäßen
Herd eines Feuers durch abgelagerten Ruß. Zwar dient ein Kamin auch dazu,
etwaigen Funkenflug abzuleiten, LG Saarbrücken VersR 87, 404. Aber hieraus darf nur geschlossen werden, daß die Folgen von Funkenflug kein Brandschaden sind, C I 36, nicht aber, daß der Kamin ein bestimmungsgemäßer
Herd auch für jede andere Art von Feuer und somit begrifflich nicht brand-
schadenfähig sei. Vielmehr ist Kaminbrand (auch „von innen") begrifflich
möglich. Offen geblieben ist die Frage in LG Aachen RuS 88, 271, weil in
diesem Fall eines Kaminbrandes der Betriebsschadenausschluß eingegriffen
hatte, vgl. dazu F II 48 bis 50.

Bei **Öfen zur Stahlerzeugung** oder **zum Brennen von Kalk** ist bestimmungsge- **46**
mäßer Herd nur der Innenraum, in dem das Eisenerz erhitzt und gereinigt
oder der Kalkstein gebrannt wird, nicht hingegen die Isolierschichten (einschließlich Luftzwischenräume), die von innen her den Stahlmantel als tragenden Teil der Anlage schützen. Nicht ein Maschinenbruch-, sondern ein
Brandschaden liegt also z.B. vor, wenn ein brennbares Gemisch aus Koksgas
und Luft in die Zwischenräume rissig gewordener Isolierschichten gelangt
und sich dort zu einem *Sekundärfeuer* entzündet. Entschädigungspflichtig ist
freilich nur der zusätzliche Schaden (z.B. Ausbeulungen im Metallmantel),
nicht hingegen der für die schon vor dem Schaden für die unaufschiebbar
nötige Reparatur der rissigen Isolierschichten erforderliche Betrag, R III 25.
Soweit sich die entschädigungspflichtigen und die nicht entschädigungspflichtigen Kosten überschneiden, sind sie proportional zu teilen, R III 30.
Beruhen die Verzögerung der Wiederherstellung der Isolierschichten und
somit auch der Brand auf grober Fahrlässigkeit des VN oder seines Repräsentanten, so entfällt die Entschädigungspflicht sogar völlig.

3. **Ausbreitungsfähigkeit des Feuers** erfordert der Brandbegriff, wobei es je- **47**
denfalls nach den AFB 87 und VGB 88 gleichgültig ist, ob das Feuer ohne
bestimmungsgemäßen Herd entstanden ist oder diesen verlassen hat. In den
Definitionen der AFB 30, VHB 74, VHB 84 und VGB 62 war allerdings das
Erfordernis der Ausbreitungsfähigkeit noch nicht durch das wiederholte Relativpronomen „das" von der zweiten Alternative abgetrennt und galt daher

nach Hamburg VersR 87, 479 wegen § 5 AGBG (sog. Unklarheitenregel) nur für diese zweite Alternative, also für Feuer, die ihren Herd verlassen hatten. Nicht aus eigener Kraft auszubreiten vermag sich ein Feuer, wenn es zwar zunächst ohne bestimmungsgemäßen Herd entstanden ist (Beispiel in Hamm VersR 84, 749: es verbrennt nur das durch Zersetzung eines kleinen Teilstücks einer PVC-Ummantelung freigesetzte Gas) oder seinen bestimmungsmäßigen Herd verlassen (vgl. Schriftleitung RuS 84, 170 für Flammen, die aus Herd schlagen, C I 36 und 41) und auf eine versicherte Sache schädigend eingewirkt hat, dann aber nicht so viel Wärmeenergie entwickelt, daß es sich über die Stelle seines Übergreifens hinaus wenigstens geringfügig (Sblowski ZfV 81, 497) auszubreiten vermöchte. Örtlich begrenzte **Sengschäden** sind daher, auch wenn sie mit Lichterscheinung verlaufen (sonst vgl. schon C I 23 bis 25) mangels Ausbreitungsfähigkeit des Feuers **nicht** gedeckt; §§ 1 Nr. 2 Satz 2 AFB 30, 1 Nr. 5b AFB 87, 3 Nr. A 3b VHB 74, 9 Nr. 2b VHB 84, 9 Nr. 2c VGB 88 sind auch insoweit nur deklaratorisch. **Glimmen** ist dagegen trotz fehlender Flamme ein Brand, wenn der Vorgang sich über den Ort seiner ersten Entstehung hinaus auszubreiten vermag, C I 7 und 19.

48   Streitig ist, ob es ausreicht, wenn sich ein Feuer nur unter *exzeptionellen Bedingungen* auszubreiten vermag, wie z. B. das sog. **Eisenfeuer** nur bei Zufuhr konzentrierten Sauerstoffs oder hoch verdichteter Luft, nicht dagegen unter „normalen" atmosphärischen Bedingungen, vgl. zuletzt Sblowski aaO und verneinend Boldt 37. Die Zweifel beziehen sich auch auf den Fall, daß eine Flamme oder ein Glimmvorgang sich nur durch gewollte oder ungewollte Zufuhr von Stützwärme ausbreiten kann. **Für** Einbeziehung solcher **Grenzfälle** in den Begriff des Feuers spricht die Relativität des Begriffes der „normalen" Bedingungen; er hängt davon ab, ob sich der Vorgang außerhalb oder innerhalb dieser oder jener bestimmungsgemäß oder gar bestimmungswidrig betriebenen oder funktionierenden **technischen Anlage** abspielt, vgl. etwa das C I 7 erwähnte Beispiel eines Filterbrandes. Mindestens im Fall der Ausbreitungsfähigkeit nur infolge Zufuhr von Stützwärme wird man Feuer und Brand bejahen müssen, vgl. auch C I 13 und 16 zum gegenwärtig geltenden erweiterten naturwissenschaftlichen Feuerbegriff. Der VSchutz kann aber ausgeschlossen sein, wenn die Stützwärme die Voraussetzungen des Betriebsschadenausschlusses erfüllt.

49   Ausbreitungs*un*fähig ist ein Feuer *nicht* schon dann, wenn es nur deshalb nicht weiter um sich greift, weil in dem räumlichen Bereich neben der Stelle des Übergreifens ebenso leicht brennbare Stoffe nicht vorhanden sind; ebenso Boldt 37, vgl. aber auch C I 50. Ausbreitungsfähig ist ein Feuer vielmehr nur dann, wenn seine schädigende Wirkung auf die versicherte Sache nur an einer begrenzten Stelle einwirkt und sich trotz gleicher **Brennbarkeit der Umgebung** über diese Stelle hinaus nicht ausbreiten kann, AG Hamm VersR 87, 874. Das Merkmal der Ausbreitungsfähigkeit ist hingegen erfüllt und *Brand* zu bejahen, wenn eine *ganze* versicherte *Sache* oder wenn diejenigen zusammenhängenden Teile einer versicherten Sache in vollem Umfang *verbrennen* oder verglühen, die auf Grund ihrer Materialbeschaffenheit, ihres Feuchtigkeitsgehaltes usw. den gleichen Brennbarkeitsgrad wie die Stelle des Übergreifens des Feuers aufweisen. Zeugenaussagen, in denen in Grenzfällen das

Feuer oder dessen Löschung beschrieben werden, verlieren an Gewicht, je mehr sie sich vom Inhalt der ersten Schadenanzeige des VN entfernen, AG Hamm VersR 87, 874.

Die wichtigsten **Beispiele** für ein nicht ausbreitungsfähiges Feuer bieten 50 brennbare Sachen aus natürlicher oder künstlicher Faser (Kleidung, Teppiche, Gardinen) oder aus Papier, aber auch Kunststoffprodukte, z. b. Fußbodenbeläge, die trotzdem nur an einer bestimmten Stelle verbrennen oder mit Lichterscheinung (mindestens Glimmen, C I 7 und 47, sonst begrifflich kein Feuer) versengt werden, vgl. AG Mönchengladbach VersR 78, 434 für fingerkuppengroße Sengstelle in Möbelbezugsstoff und AG Hamm VersR 87, 874 für Fleck von weniger als 2 cm Durchmesser in Teppichboden. Ebenso haben AG Köln RuS 89, 197 und AG Duisburg-Ruhrort ZfS 86, 250 für eine Sengstelle in einem Teppich durch abgestürzte Wunderkerzen entschieden. Besteht dagegen z. b. eine versicherte Sache größtenteils aus Metall und nur zu einem kleinen Teil aus leicht brennbarem Material, so handelt es sich um einen Brand schon dann, wenn dieser kleine Teil in vollem Umfang verglimmt, vgl. C I 65 für Stromleiterisolierungen. Brand kann hier nicht deshalb verneint werden, weil die metallischen und sonstige nicht oder schwerer brennbare Teile unbeschädigt geblieben sind, das Feuer sich „also" nicht aus eigener Kraft habe ausbreiten können. Nicht um einen Brand handelt es sich selbstverständlich, wenn überhaupt nur Sachen aus nicht brennbarem Material betroffen sind, vgl. z. B. AG Gütersloh 4 C 615/87 vom 14. 7. 88.

Löschmaßnahmen bleiben für Frage der Ausbreitungsfähigkeit **außer Betracht**. 51 Übersehen wurde dies in AG Frankfurt RuS 87, 351 (der VN hatte die Flamme einer Kerze auf einem Polstermöbelstück mit der Hand ausgeschlagen), vgl. aaO die berechtigte Kritik der Schriftleitung. Sind Löschmaßnahmen ergriffen worden, so kommt es darauf an, ob das Feuer sich ohne diese Maßnahme hätte ausbreiten können, wofür der VN die Beweislast trägt. An der Obliegenheit des VN, den Schaden zu mindern, also bei jeder Brandgefahr zu löschen, ändert das Erfordernis der Ausbreitungsfähigkeit des Feuers selbstverständlich nichts. Wollte ein VN die Löschmaßnahmen unterlassen oder verzögern, um den Beweis der Ausbreitungsfähigkeit des Feuers zu „erleichtern", so wäre der Versicherer nach § 62 Abs. 2 VVG meist ganz oder teilweise leistungsfrei.

Auch Sachschäden durch ein ausbreitungsunfähiges Feuer können ent- 52 schädigungspflichtig sein, nämlich dann, wenn es sich um eine adäquate Folge eines Brandes handelt, der an anderer Stelle entstanden ist, C I 1 und 25, C VI 2, Raiser 66. Ausdrücklich bestätigt wird dies durch § 1 Nr. 6 Abs. 3 AFB 87. Allerdings ist dort nicht von einer „anderen Stelle", sondern von „anderen Sachen" als Entstehungsort des Brandes die Rede, und zwar im Hinblick auf elektrische Einrichtungen im Sinn von § 1 Nr. 5d AFB 87. Deshalb wurde zusätzlich in § 1 Nr. 5b AFB 87 ein Halbsatz angefügt, der den VSchutz auch dann sicherstellt, wenn ein und dieselbe Sache an anderer Stelle gebrannt hatte. Entzündet also z. B. ein Einbrecher eine Kerze und stößt sie später um, so ist neben der Kerze (C I 31) auch die versengte Tischdecke zu ersetzen, und zwar sowohl als Brand- wie gegebenenfalls auch als Diebstahlschaden, D XI 22. – Wegen Kl 412 und §§ 1 Nr. 6 AERB 87,

6 VHB 84 (Vandalismus) sowie § 1 Nr. 7d AERB 87 (Ausschluß von Brand) vgl. D XI 23 bis 42 und F I 27.

53 **4.** Das **Ausbrechen glühendflüssiger Schmelzmassen** ist begrifflich weder Brand noch Feuer, solange die Lichterscheinungen auf die Schmelzmassen beschränkt bleibt. Das Glühen beruht nicht auf Oxidation und verändert den physikalisch-chemischen Zustand der Schmelzmassen nicht, C I 22. Entgegen C I 15 der 1. Aufl. fehlt es daher schon an einem Feuer und nicht erst an einem Brand. Erwägungen darüber, ob die Schmelzmassen bestimmungsgemäßer (und beweglicher) Herd eines Feuers seien, brauchen daher nicht angestellt zu werden. **Begrifflich** um Feuer und um **Brand** (bestimmungsgemäßer Herd verlassen) handelt es sich aber, wenn die ausgetretenen Schmelzmassen noch **unverbrannte Koksanteile** enthalten. Schäden durch oder zusätzliche Schäden durch einen „Brand" dieser Art sind auch ohne Kl 3107 und daher auch ohne die in dieser Klausel enthaltenen Ausschlüsse (z. B. für Schäden oder Folgeschäden im Innern des Ofens an dessen Ausmauerung) gedeckt.

54 Auch soweit durch glühendflüssige Schmelzmassen **andere Sachen in Brand** geraten, besteht dagegen VSchutz, ohne daß es eines besonderen Einschlusses durch Kl 3107 bedürfte. Dies gilt, soweit der Brand von außen (daher kein Betriebsschaden, F II 52) her entsteht, sogar für die Behältnisse und Leitungen der Schmelzmassen. Letzteres trifft allerdings speziell auf sog. selbstdichtende Anlagen (z. B. Salzbadhärteöfen) nicht zu, denn dies werden schon durch die Tatsache eines Durchbruchs unbrauchbar und können dann nicht mehr von außen durch die Schmelzmassen beschädigt werden.

55 **Kl 3107** (früher 1103 oder 1.04) sieht den Einschluß auch solcher Schäden durch glühend-flüssige Schmelzmassen vor, die *nicht durch Brand* entstehen. Kl 3107 gilt sowohl für **Schäden an den Behältnissen und Leitungen,** aus denen die Schmelzmassen ausbrechen (so schon für ältere Fassungen der Klausel aus der Zeit vor 1970, die noch die Worte „von außen her" enthalten hatten, Vellguth/Meyer-Kahlen VW 63, 579; anders Wallisfruth VW 64, 212), wie auch für **Schäden an sonstigen Sachen,** die mit den Schmelzmassen in Berührung kommen.

56 Ausdrücklich **ausgeschlossen** sind Schäden im **Innern des Behältnisses** und an der **Durchbruchstelle.** Dieser Ausschluß meint nicht nur Schäden, den die Schmelzmassen schon vor und während des Durchbruchs hervorrufen, sondern auch Schäden, die im Zuge der Reparatur der Durchbruchstelle entstehen. Risse in der **Ausmauerung** im Zuge der Reparatur drohen vor allem, wenn die Durchbruchstelle sehr tief liegt und die Reparatur daher eine weitgehende Abkühlung des Ofens erfordert. – Entgegen der in R III 24 bis 31 dargestellten allgemeinen Grundsätzen kann darüber hinaus aber **nicht** etwa auch noch ein **Abzug für Mängel** innerhalb der Hochofenanlage (z. B. übermäßige Schlakenbildung) vorgenommen werden, mögen auch durch diese Mängel die Reparaturkosten bereits vor dem Ausbrechen der Schmelzmassen „vorprogramiert" gewesen sein; durch solche Abzüge würde der in Kl 3107 vorgesehene VSchutz gegen Betriebsschäden an der Hochofenanlage zu stark ausgehöhlt. – Schäden an den ausgebrochenen **Schmelzmassen** selbst sind durch Kl 3107 Nr. 1 Abs. 2 Satz 2 ausdrücklich ausgeschlossen. – Wegen der Kosten der Aufräumung der erkalteten Schmelzmassen vgl. W V 9.

Leitungen meint bei **Hochöfen** nicht die Heißwindringleitung, sondern nur   57
Leitungen, in denen die Schmelzmassen fließen. „**Behältnis**" ist nicht der
gesamte durch den Hochofen umschlossene Hohlraum, sondern nur der zy-
linderförmige Hauptteil eines Hochofens (dieser freilich in voller Höhe) und
teilweise die in ihn einmündenden Blasformen, nämlich diejenigen Teile davon, ohne die der Ofenmantel dem während des Betriebes im Innern herrschenden Druck nicht standhalten könnte. Die weiter außen liegenden Teile
der Blasformen und die Heißwindringleitungen gehören nicht zum Behältnis.

Kl 3107 setzt voraus, daß die Schmelzmassen bestimmungswidrig „ausbre-   58
chen". Nach älteren Fassungen der Klausel hatte „*Austreten*" der Schmelzmassen genügt. Die geltende Fassung schränkt den VSchutz mit Wirkung für
einige Grenzfälle ein, insbesondere für ein bloßes *Überschwappen* oder für
ein langsames *Aussickern* aus einer nicht durch gewaltsamen Bruch entstandenen Öffnung. **Nicht** aber erfordert „Ausbrechen" begrifflich stets einen
„**Bruch**" an Behältnissen oder Leitungen. Dies folgt schon aus dem Umstand,
daß die Schmelzmassen nach Verlassen des Ofens vielfach in offenen Leitungen fließen. Das Verlassen der Leitungen kann ein Ausbrechen bedeuten,
auch wenn die Leitungen nicht „brechen". Mögliche Ursachen: unvorhergesehene Blockade der Laufrinnen, Defekt oder Bedienungsfehler an den Einrichtungen, mit denen die Massen außerhalb des Ofens gelenkt werden. Um
ein Ausbrechen handelt es sich wohl auch, wenn sich die Klappe an der Stelle,
an der die Massen den Ofen bestimmungsgemäß verlassen, nur teilweise
öffnet oder teilweise durch ein Hindernis verlegt ist oder wird und dadurch
die austretenden Massen ihre Richtung bestimmungswidrig ändern.

Das im Klauseltext gewählte Wort „ausbrechen" ist sprachlich auch ohne   59
die gedankliche Voraussetzung einer Bruchstelle erklärbar, und zwar durch
die Gefährlichkeit der heißen Massen. Wären Schmelzmassen ausschließlich
dann „ausgebrochen", wenn ein Behältnis oder eine Leitung „gebrochen" ist,
so hätte es des Zusatzes „bestimmungswidrig" (C I 60) nicht bedurft, das bei
einem Materialbruch stets erfüllt ist. Um ein „Ausbrechen" handelt es sich
z. B. auch, wenn flüssiges Messing durch die Chargieröffnung eines Schmelz-
ofens aus unbekannter Ursache **plötzlich** und **mit einiger Wucht** austrat, nachdem sich im Ofen aus unbekannter Ursache Pfropfen und unterschiedliche
Flüssigkeitsstände gebildet hatten. Die Ursache solcher Vorgänge ist allenfalls
unter dem Gesichtspunkt des § 61 VVG rechterheblich, weil im Wiederho-
lungsfall der VSchutz wegen grober Fahrlässigkeit eines Repräsentanten zu
verneinen sein könnte, wenn ein **Bedienungsfehler** zugrunde lag und nicht
abgestellt wurde oder eine Funktionsuntüchtigkeit des Ofens nicht erkannt
wurde.

„**Bestimmungswidrig**" ist jedes Ausbrechen an hierfür konstruktiv nicht   60
vorgesehenen (Durchbruchs-)Stellen der Behältnisse oder Leitungen. Fließen
die Schmelzmassen an den hierfür konstruktiv vorgesehenen Stellen aus, so
geschieht dies vor allem dann bestimmungswidrig, wenn ein Schließmechanismus oder eine sonstige technische Einrichtung nicht funktioniert hat. Ob
die in E I 54 bis 56 zum Begriff des bestimmungswidrigen Austretens von
Leitungswasser entwickelten Grundsätze mit dem Ergebnis einer weiteren
und für den VN günstigeren Auslegung auf Kl 3107 übertragen werden dürfen, obwohl die Regulierungspraxis hier bisher stets von der **objektiven und**

technischen „Bestimmung" der Behältnisse und Leitungen ausgegangen ist, bleibt zweifelhaft, zumal im Hinblick auf die geringere Schutzbedürftigkeit der im Fall der Schmelzmassen betroffenen VN. Diese VN sind jederzeit in der Lage, eine aus ihrer Sicht unrichtige Regulierungspraxis durch Änderungskündigung ihrer (meist nur) einjährigen Verträge zu beeinflussen, A II 8.

61   Wird der **Schließmechanismus** einer Auslaufrinne unter Verstoß gegen Sicherheitsvorschriften oder gegen eine Betriebsanweisung **versehentlich** oder in der irrigen Annahme **geöffnet,** für die Aufnahme der Schmelzmassen in den Behälter eines Transportmittels sei vorgesorgt, oder wird der Schließmechanismus überhaupt nur „versehentlich" (unbewußt) betätigt, so handelt es sich nach bisheriger Praxis *nicht* um einen bestimmungswidrigen Vorgang, denn er entspricht der technischen Bestimmung eines Schließmechanismus oder einer Auslaufrinne. Bezöge man, streng dem Wortlaut folgend, das Wort „bestimmungswidrig" nicht auf die technischen Eigenschaften der Behältnisse und Leitungen, sondern auf die jeweils durch den VN oder sein Personal vorgenommene „Bestimmung" der Schmelzmassen, so wäre jedes Ausfließen von Schmelzmassen, das zu einem Schaden führt, schon deshalb bestimmungswidrig, weil es nicht wirtschaftlich sinnvoll ist, Schäden in Kauf zu nehmen. Andererseits unterstützt der Ersatz des Wortes „austreten" durch „ausbrechen" eine enge Auslegung des Wortes „bestimmungswidrig". Dieser Begriff deutet darauf hin, daß *jedes Zutun einer Person, die über die technische Einrichtung die tatsächliche Gewalt ausübt und dem VN gegenüber hierzu berechtigt ist,* das Ausfließen der Schmelzmassen als **bestimmungsmäßig** erscheinen läßt.

62   **VSchutz** besteht hingegen für die Folgen rechtswidriger Eingriffe **Dritter.** Zweifelhafter **Grenzfall** (vgl. auch C I 31 zum Begriff des Herdes): Zutritts- und zugriffsberechtigte Personen (Arbeitnehmer) führen einen Schaden durch unsachgemäße Bedienung **vorsätzlich** herbei. Hier ist zu unterscheiden: Führt der Täter ein „Ausbrechen" der Schmelzmassen herbei, also in der Regel unter gleichzeitiger **Beschädigung des Ofens,** so besteht VSchutz. Entnehmen hingegen die Täter Schmelzmassen, z. B. Flüssigaluminium in der Gießhalle einer Aluminiumschmelze, ohne den Ofen zu beschädigen, so besteht für einen durch **Ausgießen** der entnommenen Massen verursachten **Vandalismusschaden** keine Deckung aus der FeuerV, auch nicht nach Kl 3107. Die Schmelzmassen sind nicht „ausgebrochen". Aber auch nach dem früheren Wortlaut „austreten" würde es nach dem maßgebenden (C I 4) Sprachgebrauch des täglichen Lebens an einem „bestimmungswidrigen Austreten" der Massen gefehlt haben.

63   Nach einem Durchbruch von Schmelzmassen muß rasch entschieden werden, ob durch **Windwegnahme als Rettungsmaßnahme** der Schaden außerhalb des Behältnisses, also an anderen Teilen der Hochofenanlage, an den Pfannen für die Schmelzmassen usw., abgewendet oder gemindert werden kann und muß. Die Windwegnahme bewirkt dann freilich ein Ansteigen der Schmelzmassen im Innern, und zwar unter Umständen bis in die Höhe aller Blasformen. Schäden an diesen Blasformen sind dann als Rettungsaufwand (Aufopferung von Sachen, W II 18) nach §§ 14 AFB 30, 3 Nr. 1 AFB 87, 63 VVG zu ersetzen, wobei es keine Rolle spielt, daß es sich teilweise noch um Schäden

am Behältnis von innen und an Durchbruchstellen handelt. Nachträglich festgestellte *Unzweckmäßigkeit der Maßnahmen* kann der Vr gegenüber dem Rettungskostenersatzanspruch nur einwenden, wenn der VN oder seine *Repräsentanten,* zu denen jedenfalls nicht das Nachtpersonal und während der Geschäftszeit allenfalls der Hochofenbetriebsleiter gehört, *grob fahrlässig* gehandelt haben, W II 24. Dies wird kaum je zutreffen, denn alle Entscheidungen müssen sehr rasch getroffen werden; nachzuprüfen sind allenfalls Auswahl, Instruktion und Überwachung des Personal durch den VN, O II 21.

In der **Maschinen**V sind Schäden durch bestimmungswidriges Austreten **64** glühendflüssiger Schmelzmassen nicht durch 2.2.6. AMB, § 2 Nr. 2 g AM-BUB ausgeschlossen, weil es sich nicht um Schäden durch Brand handelt, C I 53. Für „Industrieöfen" und versicherte Sachen im Gefahrenbereich solcher Anlagen vereinbaren die MaschinenVr indessen häufig die Klausel 109 zu den AMB (Martin VW **69,** 144). Danach werden Schäden durch Austreten glühendflüssiger Schmelzmassen *ausgeschlossen,* soweit sie durch eine FeuerV gedeckt werden können. Auch hier genügt die bloße Möglichkeit des Abschlusses einer FeuerV, F II 65, ohne Rücksicht darauf, ob der VN hiervon Gebrauch gemacht hat und ob er Entschädigung beanspruchen kann.

5. Schäden durch Kurzschluß, Überstrom und Überspannung an elektrischen **65** **Einrichtungen** sind durch **1 Nr. 5 d AFB 87** (Industrie-FeuerV und GeschäftsV) sowie durch §§ **3 Nr. A 3 c VHB 74, 9 Nr. 2 c VHB 84** (Hausrat) und **§ 9 Nr. 2 c VGB 88** (Wohngebäude) ausgeschlossen, auch wenn sie mit Lichterscheinung verlaufen. § 1 Nr. 5 d AFB 87 faßt die Ausschlußfälle als „Wirkungen des elektrischen Stromes" zusammen. Boldt 97 möchte zu Unrecht trotz Lichterscheinung schon Brand verneinen. Er übersieht, daß schon das Übergreifen eines Lichtbogens (erfüllt den Feuerbegriff, C I 21 und Boldt 97) auf das den Leiter umgebende Isoliermaterial Brand begründet, mag das Feuer dann auch alsbald erlöschen, weil kein weiteres brennbares Material vorhanden ist (C I 49 und insoweit übereinstimmend auch Boldt 37). Zum Begriff der elektrischen Einrichtung vgl. C II 12.

Wichtigster Anwendungsfall des Ausschlusses für Überspannungsschäden **66** wären Schäden durch **Blitzschlag,** C II 2 und 10. Hierfür enthält jedoch § 1 Nr. 5 e **AFB 87** eine abschließende Sonderregelung, so daß § 1 Nr. 5 d AFB 87 nicht anzuwenden ist, C II 13. In den VHB 74 und VHB 84 führt eine AGBG-konforme Auslegung zu demselben Ergebnis, C II 17. Überspannungsschäden durch Blitzschlag an versicherten Bestandteilen von Wohngebäuden sind weder in den VGB 62 noch durch die VGB 88 ausgeschlossen. Zwar wurde mit § 9 Nr. 2 c auch in die **VGB 88** ein Ausschluß im Sinn von C II 12 eingefügt. Dieser ist jedoch auf Überspannungsschäden durch nachgewiesenen Blitzschlag nicht anzuwenden, A V 9 und C II 17.

Für Schäden durch **andere Ursachen** als Blitzschlag ist zu unterscheiden: **67** Soweit Lichterscheinung fehlt oder schon der Betriebsschadenausschluß eingreifen würde, F II 3, sind die in C I 65 und 66 behandelten Bestimmungen deklaratorisch. Konstitutiv sind sie, soweit sie darüber hinaus (F II 68) die Unterscheidung zwischen „ausgesetzten" und nicht ausgesetzten Teilen (F II 26) der elektrischen Einrichtung und damit die Notwendigkeit einer proportionalen Entschädigungsberechnung gemäß R II 16 vermeiden.

68 **Gedeckt** sind Schäden an elektrischen Einrichtungen nach § 1 Nr. 6 Abs. 3
AFB 87 nur, wenn diese **Vorgänge durch einen Brand** oder (C III 22) eine
Explosion ausgelöst wurden, vgl. dazu AG Dingolfing RuS 75, 258 und Kör-
ner RuS 75, 236 für eine Waschmaschine. Gleiches gilt nach den VHB 74,
VHB 84 und VGB 88, obwohl es dort nicht ausdrücklich gesagt wird. –
Ferner sind nach der ebenfalls deklaratorischen Bestimmung des § 1 Nr. 6
Abs. 2 AFB 87 Schäden durch „**Nachfolgebrand**" (C II 22 sowie F II 29 und
73) oder „**Nachfolgeexplosion**" (C III 22) gedeckt; wegen 2.2.6 AMB (Ma-
schinenV) vgl. C II 23.

II. Blitzschlag als Schadenursache

1   1. **VFall** ist jede Form des **Sachschadens** an oder – selten – des **Abhandenkommens** von versicherten Sachen, wenn ein adäquater Ursachenzusammenhang im Sinn von C VI 1 mit einem Blitzschlag besteht. Auch der Blitzableiter als versicherte Sache kommt als Objekt des Sachschadens in Betracht
(Raiser 73, Anonym 54, 64), denn der Betriebsschadenausschluß gemäß F II 4
gilt für Blitzschlag nicht. Nicht der Blitzschlag, sondern nur der Sachschaden
muß sich im VOrt ereignet haben, G II 1 bis 3. Bei den Sachschäden kann es
sich um Sengschäden oder um Schäden durch kalten Schlag (Kraftwirkung
des Einschlags in versicherte Sachen ohne Brand- oder Sengwirkung, vgl. C
II 2 und Posen VA 20 Nr. 1132, Königsberg JR 33, 108; mißverständlich
Wussow § 1 AFB Anm. 27) oder um Luftdruckschäden handeln, die ein Blitz
an versicherten Sachen verursacht, gleichgültig oder er gerade in diese Sachen
oder aber anderswo einschlägt (C II 4; mißverständlich Bayerischer VGH 28
Nr. 1908).

2   **Blitz** ist die Entladung des in einer Wolke vorhandenen elektrischen Feldes.
Sie vollzieht sich meist in mehreren Teilentladungen. Die Entladung kann in
einem Blitzschlag im Sinn von C II 5 bestehen, wenn nämlich die elektrische
Ladung zur Erdoberfläche transportiert wird, oder sie kann in der Luft enden
(Boldt 33). In letzterem Fall können gleichwohl Schäden durch Influenzwirkung der Atmosphärischen Energie entstehen, die jedoch nicht versichert
sind, C II 6. Der Blitzschlag äußert thermische Wirkungen und als deren
Folge auch **Kraftwirkungen**. Beide Wirkungen können zu Schäden führen, die
thermischen Wirkungen insbesondere zu einem **Brand,** also zu einem sog.
Nachfolgebrand im Sinn von C II 22, letzteres vor allem bei länger andauernden Schlägen, die nach Boldt 33 sogar Holz entzünden können. Die Hauptbedeutung der Deckung des Blitzschlages neben der Branddeckung liegt aber
bei den Schäden durch sog. kalten Schlag (und dessen **Kraftwirkungen**), durch
den es *nicht* zu einem Brand kommt, insbesondere infolge stromstarker, aber
nur kurz andauernder Entladungen. Soweit der Blitzstrom in elektrische Leitungen gelangt, führt er dort zu **Überspannungen** und dadurch zu Schäden,
aus deren Art und Umfang die Tatsache des Blitzschlages als Schadenursache
bewiesen werden kann, C II 8.

3   **Mitwirkende Ursachen** schließen den erforderlichen Kausalzusammenhang
nicht aus, vgl. Hamburg VersR 84, 953 für Ausfall der Lüftung in einer
Hühnerfarm. Daher ist z. B. auch ein Gebäudeschaden zu ersetzen, den ein

Gewittersturm deshalb verursacht hat, weil ein Blitz eine Bresche in das
Gebäude geschlagen hatte; die Beweislast dafür, daß nicht der Sturm den
Schaden ohne jede Mitwirkung eines Blitzes verursacht hat, trägt allerdings
der VN (Königsberg JZ 33, 108). – Zum Blitzschlag in (event. vorschriftswid-
rig befestigte) Antennen vgl. Leuthner VW 63, 926.

a) Eine **Definition** enthalten §§ 3 Nr. A 2 VHB 74, 4 Nr. 2 VHB 84, 1 Nr. 3   **4**
AFB 87, 5 Nr. 2 VGB 88. Danach ist **Blitzschlag** der unmittelbare **Übergang
eines Blitzes auf Sachen.** Die geforderte „Unmittelbarkeit" ist bedeutungslos
und überflüssig. Aus der Tatsache eines erwiesenen „mittelbaren" Übergangs
eines Blitzes auf eine Sache A folgt nämlich notwendig die Tatsache eines
„unmittelbaren" Übergangs auf irgendeine (das genügt!) andere Sache B.
Sinnvoll verwendet wird der Begriff „unmittelbar" aber in § 1 Nr. 5e AFB
87, denn dort wird der unmittelbare Übergang auf bestimmte Sachen vorausgesetzt, nämlich auf elektrische Einrichtungen, C II 13. – Für oder gegen den
Ein- oder Ausschluß von Induktionsschäden, also eines Teilbereichs der
möglichen Schäden durch Blitzschlag, C II 14 bis 21, kann aus dem Begriff
des Blitzschlages nichts hergeleitet werden, Wälder RuS 90, 1.

Wie §§ 3 Nr. A 2 VHB 74, 4 Nr. 2 VHB 84, 1 Nr. 3 AFB 87, 5 Nr. 2 VGB   **5**
88 bestätigen, erfordert ein Blitzschlag im Sinn von C II 1 begrifflich ganz
allgemein, daß der Blitz ein „**schlagen**" muß; insoweit wie hier Boldt 33, AG
Köln VersR 83, 583, unrichtig VP 76, 11. Aber der Blitz braucht *nicht* notwendig gerade in *versicherte* Sachen einzuschlagen (übersehen in AG Köln
aaO). Vielmehr genügt es, daß der Blitz **in beliebige Sachen** einschlägt. Die
versicherte Schadenursache Blitzschlag hat sich schon dann verwirklicht,
wenn der Blitz nicht versicherte Sachen, sondern z. B. eine Freileitung, einen
Menschen oder auch nur die Erdoberfläche an einer beliebigen Stelle getroffen hat. Richtig z. B. anonym VW 59, 238 für das Scheuen von Pferden
infolge Blitzeinschlages, unklar dagegen Cords VW 68, 400. Ob Einschläge in
Freileitungen so selten sind, wie Boldt 98 meint, kann dahingestellt bleiben;
jedenfalls sind Tatsache und Zeitpunkt eines solchen Einschlags nur durch
Feststellungen des E-Werks zu beweisen, C II 14.

Nicht versichert sind Schäden durch die **Influenzwirkung der atmosphäri-**   **6**
schen Elektrizität, denn es fehlt an einem ursächlichen Zusammenhang mit
einem „Blitzschlag" als versicherter Gefahr. Dies gilt auch dann, wenn der
Schaden während eines Gewitters eingetreten ist, jedoch ohne beweisbaren
Zusammenhang mit einem Blitzschlag auf der Erde (Boldt 98; dort auch zum
Schutz gegen Überspannungsschäden durch Überspannungsschutz). Auch
nach Raiser 73 genügt ein Elektrizitätsausgleich von Wolke zu Wolke nicht
als Blitzschlag, denn Wolken sind nicht Sachen, sondern nur körperliche
Gegenstände im Sinn von § 90 BGB. Raiser aaO setzt nämlich, liest man die
Passage genau, einen Blitzschlag in ein Luftfahrzeug voraus.

b) Die Beschränkung des FeuerVSchutzes auf Blitzschlag wird oft kriti-   **7**
siert, insbesondere wegen **Beweisschwierigkeiten** bei der Unterscheidung zwischen Schäden durch Blitzschlag und Schäden durch (nicht versicherte) Überspannung aus sonstigen Ursachen, vgl. dazu Hösl VW 71, 258 und Wälder
RuS 88, 271). Man kann dieser Kritik nicht mit dem Hinweis begegnen, auch
durch Einschluß von Überspannungsschäden würden Beweisschwierigkeiten
nicht völlig ausgeschlossen, weil Überspannungsschäden auch andere Ursa-

chen als Blitz haben können, insbesondere Ursachen im Versorgungsnetz. Wie die in C II 25 behandelten Einschlußklauseln für Überspannungsschäden durch Blitz zeigen, stünden Schwierigkeiten der Unterscheidung zwischen Überspannungsschäden durch Blitz und sonstigen Überspannungsschäden einem Einschluß nicht entgegen.

8 Gleichwohl ist die Beschränkung des VSchutzes auf Blitzschlag, wie sie schon in § 83 Abs. 2 VVG vorgezeichnet ist, eine versicherungstechnisch vertretbare Lösung. Allerdings dürfen an den **Nachweis** eines Blitzeinschlages **keine zu hohen Anforderungen** gestellt werden. Zwar darf einerseits nicht jeder Schaden, der während eines Gewitters an elektrischen Einrichtungen entsteht, einem „Blitzschlag" zugeschrieben werden, wie dies bisweilen geschieht, und zwar „gefälligkeitshalber" auch durch Elektromeister (Boldt 98). Wohl aber ist Blitzschlag als Schadenursache bewiesen, wenn an elektrischen Installationen des Gebäudes, das versichert ist oder in dem der VOrt liegt, **umfangreichere Schäden an Einrichtungen der Stromversorgung** festzustellen sind, also z.B. an Dosen, Schaltern oder Leitungen, die aus dem Mauerwerk gesprengt wurden (Spiegl RuS 88, 233, AG Plettenberg RuS 87, 318, LG Osnabrück ZfS 88, 402). Die theoretische Möglichkeit, daß auch Überspannungen ohne Blitzschlag „Blitzstärke erreichen können" (Boldt 99), darf nicht als Hindernis für die Beweisführung gelten. Die Existenz einer Blitzschutzanlage widerlegt allenfalls (korrekte Installation unterstellt) den Einschlag in das Gebäude, nicht aber die Tatsache eines Blitzschlages überhaupt sowie deren Ursächlichkeit für einen eingetretenen Schaden. – Darüber hinaus ist ein Blitzeinschlag, jedenfalls ein solcher in einiger Entfernung, schon dann bewiesen, wenn **in demselben Gebäude** oder **in benachbarten Gebäuden** „gleichzeitig" (während desselben Gewitters) **mehrere elektrische oder elektronische Geräte beschädigt** werden. Die nach allen AVB unversicherten (C II 6) Schäden durch Influenzwirkung pflegen sich nämlich auf ein einziges Gerät zu beschränken, weil sich schon durch diese Wirkung die Influenzenergie erschöpft.

9 **Rechtsprechungsbeispiele** zum Beweis des Blitzeinschlages: In AG Siegburg RuS 87, 317 wird zutreffend zwischen Blitzeinschlag einerseits (C II 2 und 5) und bloßen Entladungen („Blitzen") ohne Einschlag andererseits (C II 6) unterschieden; nicht zweckmäßig sind freilich die aaO ebenfalls anzutreffenden Begriffsbildungen „unmittelbarer" und „mittelbarer" Blitzeinschlag. Mit Recht stellt AG Siegburg aaO auch fest, C II 8, daß Fernsehtechniker usw. Blitzeinschlag oft nur gefälligkeitshalber und objektiv zu Unrecht „diagnostizieren". – Im Fall Hamm RuS 88, 173 = NJW RR 88, 923 (mit insoweit abl. Anm. Spiegl in RuS 88, 233) hätte Blitzeinschlag wohl nicht als bewiesen angesehen werden dürfen, denn beschädigt war nur eine besonders empfindliche Einrichtung, nämlich eine Einbruchmeldeanlage, und zwar vermutlich durch Überspannung ohne Blitzeinschlag; sonstige Schäden an elektrischen Einrichtungen desselben Gebäudes waren nämlich nicht zu verzeichnen. – Entgegen AG Plettenberg RuS 87, 318 = ZfS 220 mindern Hochspannungsleitungen in der Nähe eines Gebäudes die Wahrscheinlichkeit eines Einschlages in dieses Gebäude nicht; anders allenfalls, wenn in der Nähe des Gebäudes auch ein Mast steht, denn Blitze suchen möglichst schnelle Erdung. – Zu LG Aachen RuS 88, 269 vgl. C II 19.

2. Über Jahrzehnte hinweg haben die Vr als Problem nicht die Frage ange- 10
sehen, ob der VSchutz auf Influenzwirkungen der atmosphärischen Energie
ausgedehnt werden sollte, sondern umgekehrt die Frage, ob nicht **Schäden
durch Blitzschlag auszuschließen** seien, soweit sie an **elektrischen Einrichtungen** entstehen. Motiv waren die in C II 7 bis 9 behandelten Beweisschwierigkeiten, Spiegl RuS 88, 233. Die Vr wollten zu geringen Beweisanforderungen
sowie zu häufigen Meinungsverschiedenheiten in der Schadenregulierung
durch einen **Ausschluß von Überspannungsschäden** vorbeugen, und zwar auch
solcher Überspannungsschäden, die auf Blitzschlag beruhen. Hierbei hat man
entweder übersehen oder bewußt in Kauf genommen, daß ein großer Teil
aller Schäden durch Blitzschlag Schäden durch Überspannung an elektrischen
Einrichtungen sind, jedenfalls wenn man von Schäden durch Nachfolgebrand
(C II 22) nach zündenden Blitzschlägen (C II 2) absieht. **Die Ausschlüsse entwerten** also weitgehend **die Deckung für** die Schadenursache **Blitzschlag.** Daher
fragt es sich, ob solche Ausschlüsse mit § 3 AGBG (Überraschungsverbot),
§ **9 Abs. 2 Nr. 1** AGBG (unangemessene Abweichung von den Grundzügen
der gesetzlichen Regelung) und § **9 Abs. 2 Nr. 2** AGBG (Vertragszweck) vereinbar sind. § 83 Abs. 2 VVG erwähnt nämlich die V der Gefahr des Blitzschlags und unterwirft sie den Bestimmungen über die FeuerV, sieht aber
einen Ausschluß für Schäden an elektrischen Einrichtungen nicht vor. Die
Frage der Vereinbarkeit mit §§ 3, 9 AGBG muß für die Industrie- und die
GeschäftsV, für die HausratV und für die WohngebäudeV jeweils gesondert
gestellt werden, denn die AVB-Regelungen lauten unterschiedlich; überdies
enthalten die AFB 87 und die VGB 88 Änderungen gegenüber dem früheren
Rechtszustand.

a) Der **Begriff der elektrischen Einrichtungen** ist weit auszulegen. Andern- 11
falls wären Bestimmungen über elektrische Einrichtungen z.B. in den VHB
74 von vornherein inhaltslos, weil Gebäudebestandteile ohnehin nicht Hausrat sind. Der Begriff der elektrischen Einrichtungen umfaßt nicht nur Gebäudebestandteile, sondern auch bewegliche Sachen. In Betracht kommen alle
Einrichtungen, in denen Strom fließt oder verbraucht wird, und zwar jeweils
nicht nur die unmittelbar stromdurchflossenen Teile, sondern auch diejenigen Teile, die mit den stromdurchflossenen Teilen eine wirtschaftliche Einheit bilden. Diese Frage kann freilich im Einzelfall Schwierigkeiten bereiten,
vgl. F II 47 für die Teile eines Heizkissens, F II 68 für eine Waschmaschine
und Hamm RuS 88, 173 für die Teile einer Einbruchmeldeanlage. Elektrische
Einrichtungen sind einerseits z.B. die unter Putz verlegten Leitungen, andererseits auch Glühbirnen und alle sonstigen elektrischen Geräte, die nur über
Steckdosen mit dem Stromnetz verbunden werden, AG Karlsruhe VersR 86,
1066. Soweit die Einrichtungen in ein Gebäude eingefügt sind, spielt es keine
Rolle, ob es sich um Gebäudebestandteile oder um Scheinbestandteile gemäß
§ 95 Abs. 2 BGB handelt.

b) Im Anschluß an § 2 Nr. 1 ZFgA 81 b (zu früheren Fassungen vgl. Has- 12
selmann VW 64, 277 und Dreger VerBAV 70, 41) und Kl. 311 zu den AFB 30
schließt § **1 Nr. 5 d** AFB 87 für die **IndustrieV** und die **GeschäftsV** unter anderem **Schäden „durch die Wirkung des elektrischen Stromes"** an elektrischen
Einrichtungen aus, z.B. Schäden durch Überspannung, C I 10. Hierzu gehö-

ren begrifflich auch alle Schäden an elektrtischen Einrichtungen durch Blitzschlag, die nicht erst durch Nachfolgebrand entstehen, C II 2. Jedoch soll § 1 Nr. 5 e AFB 87 Schäden durch Blitz und Blitzschlag abschließend regeln. In § 2 Nr. 1 ZFgA 81 b und Kl. 311 war dies durch den systematischen Zusammenhang mehrerer Absätze innerhalb einer in sich abgeschlossenen Bestimmungen noch wesentlich deutlicher. Das gleiche muß aber gegenüber § 1 Nr. 5 d AFB 87 gelten, denn sonst wäre Nr. 5 e als Ausschluß ohne jeden Anwendungsbereich. Einen Anhaltspunkt liefern auch die Worte „des elektrischen Stromes". Das Wort „des" meint **nicht** einen (!) **Blitzstrom**, sondern den (!) Strom, der bestimmungsgemäß in den elektrischen Leitungen fließt.

13   Die abschließende **Sonderregelung** des § 1 Nr. 5 e AFB 87 schließt „Blitzschäden an elektrischen Einrichtungen" aus, „es sei denn, daß der Blitz unmittelbar auf diese Einrichtungen übergegangen ist". Blitzschäden sind sowohl Schäden durch Influenzwirkung ohne Blitzschlag, die aber ohnehin nicht versichert sind, C II 6, wie auch Schäden durch Überspannung infolge eines Blitzschlages, C II 2. Ohne den einschränkenden Nachsatz würde also Nr. 5 e zu demselben Ergebnis führen wie § 1 Nr. 5 d AFB 87, nämlich zu einem völligen Ausschluß, C II 12.

14   **Nicht ausgeschlossen** sind jedoch ausdrücklich **Schäden durch unmittelbaren Übergang des Blitzes auf die elektrischen Einrichtungen.** In den Definitionen des Blitzschlags als Schadenereignis ist das Wort „unmittelbar" völlig überflüssig, vgl. C II 4. Auch in § 1 Nr. 5 e AFB 87 sind an die „Unmittelbarkeit" des Übergangs des Blitzes keine hohen Anforderungen zu stellen. Elektrische Einrichtungen sind nämlich entweder **Gebäudebestandteile,** die in dieses eingebaut sind, oder aber bewegliche **Sachen,** die sich **innerhalb eines Gebäudes** befinden. Als „unmittelbarer Übergang" eines Blitzes muß es genügen, wenn entweder der an Leitern durch das Haus zur Erde niederfahrende Blitz selbst oder eine durch Überschlag oder durch **Induktion** in parallel verlaufenden Leitern (Hösl VW 71, 256) entstandene Überspannung zu Schäden an elektrischen Einrichtungen führt, obwohl diese sich innerhalb eines Gebäudes befinden. Desgleichen muß genügen, daß ein Blitzeinschlag in einiger Entfernung **in einer Freileitung Induktionsstrom** entstehen läßt und dadurch mehrere Schäden an elektrischen oder elektronischen Geräten in demselben oder in benachbarten Gebäuden „gleichzeitig" entstehen, C II 8. Der maßgebende (C I 4) Sprachgebrauch des täglichen Lebens unterscheidet nicht zwischen dem „Blitzstrom selbst" und dem durch nachgewiesenen Blitzeinschlag induzierten Strom, sondern identifiziert beide schon deshalb, weil beide nicht aus dem elektrischen Versorgungsnetz stammen.

15   Legt man § 1 Nr. 5 e AFB 87 so aus, so ist der **Anwendungsbereich des Ausschlusses gering.** Er bekräftigt dann im wesentlichen nur, daß für Blitzschäden ohne Blitzschlag keine Deckung besteht, C II 2, und beugt zugleich allzu geringen Anforderungen an den Nachweis eines Blitzschlages vor. „Unmittelbarer Übergang" auf elektrische Einrichtungen erfordert nämlich Schadenbilder der in C II 8 beschriebenen Art oder Feststellung eines **Blitzeinschlages in eine Freileitung** (auch dieser Blitzstrom geht auf dem Weg durch die Leitung „unmittelbar" auf die elektrische Einrichtung über) durch ein E-Werk, jedenfalls also den sicheren Nachweis des Blitz-

schlages. Für eine Anwendung von §§ 3, 9 AGBG besteht auf der Basis der hier vertretenen engen Auslegung von § 1 Nr. 5e AFB 87 kein Anlaß.

c) Für Hausrat schließen §§ 3 Nr. A 3c VHB 74, 9 Nr. 2c VHB 84 Kurz- **16** schluß- und Überspannungsschäden an elektrischen Einrichtungen aus. Darunter fallen auch Überspannungsschäden durch Blitzschlag, C II 10. Jedoch gibt es für die HausratV keine abschließende Sonderregelung wie § 1 Nr. 5e AFB 87 und somit auch nicht einen Wiedereinschluß von Schäden durch unmittelbaren Übergang des Blitzes auf die elektrischen Einrichtungen. Daher liegt die Frage nahe, ob nicht §§ 3, 9 AGBG einer Anwendung des Ausschlusses auf Überspannungsschäden durch Blitz entgegensteht. Würden die Ausschlüsse voll angewendet, so würde die **Mehrzahl aller Blitzschlagschäden** an Hausratgegenständen **ausgeschlossen**, und zwar entgegen den Erwartungen, die zu Beginn des Bedingungstextes (vgl. dazu LG München I RuS 88, 254 = VersR 1171) geweckt werden, nämlich durch eine Bestimmung, die systematisch an anderer Stelle steht, „Blitz" nicht einmal erwähnt und überdies den VN des privaten Bereichs (Hausrat) schlechter stellt als den VN industrieller und gewerblicher Risiken.

Allerdings sollten §§ 3 Nr. A 3c VHB 74, 9 Nr. 2c VHB 84 nicht voll, **17** sondern nur teilweise als unwirksam angesehen werden, A V 33, soweit nämlich die Überspannungsschäden auf Blitzschlag beruhen. Da andererseits die überwiegende Meinung in der Rechtsprechung auch bei Dauerschuldverhältnissen eine bloße Teilunwirksamkeit als unzulässige geltungerhaltende Reduktion immer dann ablehnt, wenn sie eine Umformung des Bestimmungstextes voraussetzen würde (van de Loo 112 mit weiteren Nachweisen), wird man mit Dietz § 9 VHB 84 Anm. 4.3.3 und 4.3.4 (aber gegen Schriftleitung RuS 88, 269) versuchen müssen, durch **AGBG-konforme Auslegung** zum richtigen Ergebnis zu gelangen. Man wird den Ausschluß *nur* anwenden dürfen, wenn die Überspannung *nicht* einen nachgewiesenen Blitzeinschlag als Ursache hat. Die einschränkende Auslegung entspricht den Motiven, die dem Ausschluß zugrunde liegen. VSchutz soll jedenfalls nur bei bewiesenem Blitzeinschlag bestehen. Daß Kl. 837 und 837 (88) gemäß VA **86**, 221 und 88, 65 einen ausdrücklichen Einschluß von Überspannungsschäden ermöglichen, ändert an der gebotenen Auslegung der VHB 84 nichts, selbst dann nicht, wenn die Klausel im Antragsformular als Wahlmöglichkeit erwähnt war, vgl. auch C II 26. AVB müssen nämlich objektiv und einheitlich ausgelegt werden, also unabhängig von Umständen des Einzelfalles, K I 6 sowie C II 21 und 28; zu den Umständen des Einzelfalles gehört auch der Gebrauch eines bestimmten Antragsformulars.

Zutreffend für VSchutz bei Blitzschäden durch Induktion plädiert GB 85, **18** 67. In gerichtlichen Entscheidungen wird das Problem oft nicht erkannt, so z.B. nicht in LG Hamburg RuS 86, 74, AG Hannover ZfS 87, 27 und AG Herne VersR 87, 1206. Dies gilt auch für Entscheidungen, in denen ohne nähere Begründung festgestellt wird, die Ausschlüsse seien mit § 3 AGBG (AG Recklinghausen VersR 79, 905) und § 9 AGBG (AG Siegburg RuS 87, 317) vereinbar.

Auch LG Aachen RuS 88, 269 will den Ausschluß von Überspannungs- **19** schäden bei Ursächlichkeit eines Blitzschlags zutreffend nicht anwenden, drückt dies jedoch nicht klar aus, sondern lenkt durch eine aus Gründen des Einzelfalles hergeleitete und zudem im Ergebnis unberechtigte (nicht das im Einzelfall nicht mehr vorhandene Elektrogerät, sondern das Gesamtbild aller Schäden am Gebäude ermöglicht gegebenenfalls den Nachweis des Blitzschlages, C II 8) „Beweislastumkehr" vom Problem ab. Zu den Grundzügen der gesetzlichen Regelung im Sinn von § 9 Abs. 2 Nr. 1 AGBG gehört nach §§ 82 ff. VVG die Deckung für alle Blitzschlagschäden. Daß der Anschluß elektrischer Geräte an das Versorgungsnetz das Risiko von Blitzschlagschäden erhöht, ändert entgegen LG Aachen aaO nichts an den Grundzügen der gesetzlichen Regelung. Hierauf muß mindestens durch AGBG-konforme Auslegung des Ausschlusses von Überspannungsschäden Rücksicht genommen werden.

20   Die Vr regulieren in vielen Fällen nach der hier vertretenen AGBG-konformen Auslegung des Ausschlusses von Überspannungsschäden. Von einem **Gewohnheitsrecht** kann man aber entgegen Dietz § 9 VHB 84 Anm. 3.4.4 schon wegen der vielen Prozesse **nicht** sprechen, die laufend über Blitzschlagschäden an elektrischen Einrichtungen des Haushalts geführt werden, vgl. zutreffend Schriftleitung RuS 88, 271.

21   d) Für **Wohngebäude** war in den VGB 62 ein entsprechender **Ausschluß** überhaupt **nicht** enthalten. Dies wurde in AG Köln VersR 83, 583 übersehen. Für diesen Fall war freilich ein Blitzeinschlag, also ein Übergang des Blitzes auf Sachen, nicht bewiesen, so daß die Entscheidung im Ergebnis richtig ist. Als **§ 9 Nr. 2c VGB 88** wurde **erstmals** auch für Wohngebäude ein Ausschluß von Überspannungsschäden geschaffen. Neben den Argumenten, die in C II 16 und 17 für die HausratV dargelegt sind, spricht gegen die Wirksamkeit des Ausschlusses in den VGB 88 auch der Vergleich mit den VGB 62. Durch deren jahrzehntelangen Gebrauch verbindet sich in der Erwartung des potentiellen Antragsstellers mit dem Wort „WohngebäudeV" die Vorstellung eines vollen VSchutzes auch für Schäden durch Blitzschlag. Es verstößt daher gegen § 3 AGBG, wenn diese Erwartung enttäuscht wird, vgl. näher A V 7 und 8. Die Einschlußmöglichkeit durch Kl. 0911 ändert aus denselben Gründen nichts, die in C II 17 für die HausratV dargelegt sind, vgl. auch C II 28.

22   e) Entsteht durch einen Überspannungsschaden außerdem ein sog. **Nachfolgebrand**, so gelten die Ausschlußbestimmungen in §§ 1 Nr. 5e AFB 87, 3 Nr. 3 A 3c VHB 74, 9 Nr. 2c VHB 84, VGB 88 keinesfalls, C I 68. Ausdrücklich gesagt wird dies freilich nur in § 1 Nr. 6 Abs. 2 AFB 87, und auch dort nur undeutlich (korrekt wäre: „soweit sie Brand- oder Explosionsschäden sind"). Für die Hausrat- und WohngebäudeV würde aber – Wirksamkeit der Ausschlüsse unterstellt – nichts anderes gelten, denn Schäden durch Nachfolgebrand pflegen nicht als Überspannungsschäden bezeichnet zu werden, selbst wenn sie als Folge eines vorausgegangenen Überspannungsschadens entstehen, vgl. auch C II 28.

23   Durch Kl 1101 zu den AFB 30 und Kl 3104 zu den AFB 87 kann Nachfolgebrand ausgeschlossen werden. Gleichwohl ist Nachfolgebrand ein versicherbares Risiko der FeuerV und daher durch 2.2.6 AMB in der MaschinenV nicht gedeckt (irrig anders C II 10 der 2. Aufl.). Der Umfang der MaschinenV kann allerdings durch Kl. 110 zu den AMB ausgedehnt werden. Dem

läßt sich dann in der FeuerV durch einen einzelvertraglich vereinbarten Ausschluß Rechnung tragen.

3. Einschluß von „Überspannungsschäden durch Blitz" ist möglich für Hausrat nach Kl 837 gemäß VerBAV 86, 221 sowie Kl 837 (88) gemäß VA 88, 65, jeweils zu den VHB 84, Klausel VerBAV 90, 32 zu den VHB 74, bei Wohngebäuden gemäß Kl 0911 zu den VGB 88 gemäß VerBAV 89, 77 und bei landwirtschaftlichen Betrieben durch Kl 3111 zu den AFB 87 gemäß VerBAV 89, 5. Die sprachliche und systematisch mißlungene Kl 837 aus dem Jahr 1986 wird im Folgenden nicht mehr im einzelnen behandelt. Es ist zu hoffen, daß die Vr nach und nach statt Kl 837 die neuere Kl 837 (88) in die Bestände einführen werden. Gleiches gilt für Kl 868 zu den VGB 62 gemäß VerBAV 86, 426.

Unter Überspannungsschäden würde der allgemeine Sprachgebrauch nur   25
Schäden verstehen, die unmittelbar durch die Überspannung verursacht werden, also nur Schäden an den betroffenen elektrischen Einrichtungen. Da die Klauseln jedoch Ausschlußbestimmungen rückgängig machen sollen, welche Blitzschlag als versicherte Schadenursache betreffen, muß man sie so auslegen, daß sich **auch Folgeschäden** von Überspannungsschäden umfassen. In Kl 837 (88) sowie in Kl 0911 zu den VGB 88 wird dies in der Überschrift ausdrücklich erwähnt. Besser wäre freulich eine Erwähnung im Text der Klausel, wie sie in Kl 3111 zu den AFB 87 für landwirtschaftliche Betriebe enthalten ist.

Nicht Blitzschlag, sondern „**Blitz**" bezeichnen die Klauseln als eingeschlos-   26
sene Schadenursache. Darunter fällt auch der Blitz, der nicht zur Erde niedergeht, sondern nur **Entladung in der Luft** bewirkt, C II 2 und 6. Insoweit, also für Schäden durch **Influenzwirkung,** haben die Klauseln unstreitig konstitutive Wirkung.

Beweisschwierigkeiten können entstehen, wenn der Vr einwendet, die   27
nachweislich für einen Schaden ursächliche Überspannung habe ihrerseits andere Ursachen als Blitz gehabt, nämlich Ursachen im Versorgungsnetz oder in Defekten an anderen elektrischen Einrichtungen des VN. Kann der VN nachweisen, daß der Schaden während eines Gewitters eingetreten ist, insbesondere weil Zeugen zugegen waren, so wird der Blitz als Schadenursache in der Regel hinreichend nachgewiesen sein. Außerdem lassen sich andere (technische) **Ursachen für einen Überspannungsschaden** häufig dadurch feststellen oder widerlegen, daß auch Schäden in anderen Räumen oder Gebäuden eingetreten sind oder hätten eintreten müssen. Solche Umstände lassen oft auch dann zwingende Schlüsse zu, wenn der Schadenzeitpunkt nicht exakt beweisbar ist.

„**Blitz**" umfaßt als Oberbegriff auch **Blitzschlag.** Leider wird aber „Blitz-   28
schlag" nicht ausdrücklich erwähnt, ebensowenig wie in den Bestimmungen über den Ausschluß von Überspannungsschäden gemäß C II 10 bis 21. Die Klauseln tragen daher zur Auslegung jener Bestimmungen und zur Frage ihrer Vereinbarkeit mit §§ 3, 9 AGBG nichts bei, selbst dort nicht, wo sie dem VN bei Antragstellung bekannt sind, weil der erweiterte VSchutz nach der Klausel formularmäßig angeboten wird. Wegen des Grundsatzes der objektiven Auslegung von AVB wäre allerdings auch eine deutlichere Formulie-

rung in den Klauseln bei der Auslegung der AVB und bei Anwendung von
§§ 3, 9 AGBG nicht zu berücksichtigen, K I 6.

29   Soweit (!) die Ausschlußbestimmungen für Überspannungsschäden wegen
unklarer Formulierungen oder wegen §§ 3, 9 AGBG nicht anzuwenden sind,
ist die „Erweiterung" des VSchutzes durch Klauseln nur deklaratorisch. Zu
diskutieren wäre dann sogar, ob der Vr nicht den Antragsteller gegebenenfalls
entsprechend aufklären und z.B. darauf hinweisen muß, daß dem Prämienmehrbetrag, der bei Vereinbarung der Klausel entfällt, als Gegenleistung nur
der VSchutz für Schäden durch Blitz ohne Blitzschlag im Sinn von C II 26
und 27 gegenübersteht. Jedenfalls sind aber die (auch nach § 82 VVG) unversicherten (C II 6) Influenzschäden weitaus häufiger als die nach der hier
vertretenen Ansicht auch ohne Klauselvereinbarung versicherten Hausrat-
und Wohngebäudeschäden durch Überspannung infolge nachgewiesenen
Blitzschlages. Daher wird sich der Aufwand an Mehrprämie für die Vereinbarung der Klausel in der Regel lohnen.

III. Explosion als Schadenursache

1   VFall ist wie in den Fällen von Brand (C I 1) und Blitzschlag (C II 1) jeder
Sachschaden an und jedes Abhandenkommen von versicherten Sachen, wenn
ein adäquater Ursachenzusammenhang mit einer Explosion besteht, C VI 1
und 2. Die Explosion kann auch außerhalb des VOrtes stattgefunden haben,
G II 2 und 3.

2   Gedeckt sich nicht nur Schäden durch die Kraftäußerung, also durch den
Explosionsdruck selbst, sondern auch durch jede andere adäquate Folge einer
Explosion, z.B. durch Schreckreaktionen (anders Boldt 169) oder Panik infolge einer Explosion oder nach Oldenburg VersR 82, 82 (jedoch vor Rechtskraft durch Vergleich und Klagerücknahme gegenstandslos geworden) auch
durch schädliche Wirkung von Gasen (PVC, B III 10) nach deren Austritt
durch eine „Behälterexplosion", vgl. dazu C III 12 und 19. Wegen des Einschlusses von Folgeschäden sind Schäden durch explosionsbedingten Brand
auch als Explosions- und umgekehrt Schäden durch brandbedingte Explosion
auch als Brandschaden zu ersetzen (str., vgl. C I 1 mit weiteren Nachweisen).
Selbst wenn nur bestimmte Arten von Explosionen versichert sind, folgt
daraus nicht, daß Schäden durch andere Arten von Explosionen auch dann
ausgeschlossen wären, wenn sie als Folge eines versicherten Brandes entstehen (PM § 82 Anm. 3).

3   1. § 1 Nr. 4 AFB 87 enthält für die Industrie-FeuerV und für die GeschäftsV
eine Definition der Explosion: Es muß sich nicht mehr, wie nach § 1 Nr. 1b
AFB 30, um Explosionen „von Leuchtgas oder von Beleuchtungskörpern",
sondern nur noch ganz allgemein um eine dem Ausdehnungsbestreben von
Gasen oder Dämpfen beruhende, plötzlich verlaufende Kraftäußerung handeln. Die Definition entspricht dem Sprachgebrauch in Wissenschaft und
Technik (Raiser 74, Vossen VW 57, Sonderbeilage nach 376, VP 75, 23) und
gilt daher auch für §§ 1 Nr. 1a VHB 74, VGB 62 sowie für die Ausschlüsse
durch die in F I 16 und 24 zitierten Bestimmungen.

Nach BGH RuS 88, 227 = VerBAV 331 = NJW-RR 1050 hat der Sprach- 4
gebrauch des täglichen Lebens vorrang vor dem „juristisch-technischen
Sprachgebrauch. Im täglichen Leben verbindet man mit dem Wort „Explosion" vielleicht primär den Gedanken an ein Knallgeräusch und erst in zweiter Linie den Gedanken an eine Kraftäußerung. Ähnlich wie im Fall von
„Feuer", C I 5, ist sich der Sprachgebrauch des täglichen Lebens bei solchen
technischen Begriffen aber seiner eigenen Unzulänglichkeit bewußt und „verweist" gewissermaßen auf den wissenschaftlich-technischen Sprachgebrauch.
§ 4 Nr. 3 VHB 84 und § 5 Nr. 3 VGB 88 enthalten die Definition in verkürz- 5
ter Fassung, nämlich beschränkt auf Satz 1 und ohne die für die HausratV
bedeutungslosen Sonderregeln für Behälter. – Die Entstehung der Explosionsdefinition aus Beratungen der Vr mit dem Verein Deutscher Ingenieure
(VDI) erläutert Bergmann ZVersWiss 71, 445 und empfiehlt eine Fortschreibung des Begriffs parallel mit den Definitionsversuchen des Deutschen Nor-
menausschusses (DNA), zu der es aber bis heute nicht gekommen ist. Explosionen sind insbesondere Sprengstoff-, Gas- und Staub-Explosionen sowie
Explosionen von Gefäßen und sonstigen Behältern (C III 12) unter dem
Druck von Gasen oder Dämpfen (Raiser 76, technischer Überblick: Boldt
59), letztere auch dann, wenn es sich um Bagatellschäden im Haushalt handelt
(Boldt 23, VerBAV 69, 115, Sieg VersR 69, 963.

Als Schaden „durch" Explosion ist auch der **Schaden an dem Behälter** zu 6
ersetzen, C III 12. Man kann nicht einwenden, dieser Schaden stelle nicht
bereits eine Folge, sondern erst einmal die Erscheinungsform der Explosion
dar. Eine solche Argumentation wäre ebensowenig haltbar wie etwa die Konstruktion, gestohlene Sachen seien nicht „durch" Diebstahl abhandengekommen und daher zu ersetzen, sondern das Abhandenkommen sei nicht schon
die Folge, sondern erst die Erscheinungsform des Diebstahls, vgl. dazu
D XI 3.

„Verpuffung" kann Explosion sein (Boldt 60). Mögliche Schadenfolge: 7
Rußaustritt. Auch Mikrowellenherde (F II 47) können durch Verpuffung
beschädigt werden, wenn nämlich entgegen der Betriebsanleitung Wasser
erwärmt wird. Jaenke VW 70, 1032 behandelt einen Fall, der *nicht* Verpuffung war. „Explosion" von Feuerwerkskörpern: Boldt 61 und VW 64, 154.
Unter den Explosionsbegriff fällt auch jeder bewußte oder versehentliche
Gebrauch von Schußwaffen einschließlich Luftdruckgewehren. Daher sind
z.B. Sachschäden durch Schußwechsel mit einem Räuber nicht durch die
Diebstahl- (F I 19), sondern nur durch die FeuerV gedeckt, D XII 3; wegen
Ersatzes der Folgeschäden als Rettungskosten vgl. W II 50. – Auch die Folgen **mißlungener Sprengungen** sind als Explosionsschäden gedeckt, soweit
nicht etwa der VN oder ein Repräsentant grob fahrlässig gehandelt hat.

§ 1 Nr. 5c AFB 87 schließt Schäden durch die im Verbrennungsraum von 8
Verbrennungskraftmaschinen stattfindenden Explosionen aus, C III 10. Der
Ausschluß ist jedoch verbal auf Schäden an den Verbrennungskraftmaschinen
beschränkt, würde also dem Wortlaut nach Schäden an anderen versicherten
Sachen durch den **Fehlgebrauch** der mit Hilfe der Maschine erzeugten **Motorkraft** nicht ausschließen. Die Kraftwirkungen von Verbrennungsmotoren
sind nämich adäquate Folge einer Vielzahl von kleinen Explosionen. Darin
liegt offenkundig ein **Redaktionsversehen**, denn selbstverständlich erwartet

kein FeuerVN Deckung für Schäden an versicherten Sachen durch den Gebrauch z.B. von Kraftfahrzeugen (Schadenbeispiel: Lkw fährt gegen ein Gebäude oder gegen eine mitversicherte Umfriedung). Das Versehen kann vielleicht sogar durch „Auslegung" korrigiert werden, obwohl dergleich zum Nachteil des VN in der Regel nicht zulässig ist. Allzu schwer wiegt das Versehen keinesfalls, denn Schäden an versicherten Sachen der SachV durch Fehlgebrauch von Motorkraft sind jedenfalls nicht allzu häufig.

9   **Keine Explosionen** sind dagegen sog. Schwungradexplosionen (RG VA 17 Nr. 1008, LG Berlin JR 37, 313) durch Überbeanspruchung des Materials; zur Abgrenzung von den versicherten Behälterexplosionen vgl. RG LZ 10, 303 (Druck und Austritt von Flüssigkeiten) und Bayerischer VGH Pr 26, 29. Keine Explosion ist auch das Bersten von Flaschen und sonstigen Gefäßen sowie von Rohren durch erhitzte oder gefrierende Flüssigkeiten sowie das Zerspringen von Glas usw. durch Hitze. Keine Explosion ist ferner die plötzliche, mit Geräusch verbundene Entzündung von Gas, z.B. bei einer defekten Heizungsanlage (Jaenke VW 70, 1032). Zur **Implosion** vgl. LG Köln VersR **66**, 725; sie beruht auf Unterdruck und ist durch die in C III 3 zitierte Definition (vgl. dort Satz 4) ausdrücklich ausgeschlossen. Bedenken gegen den Begriff: Bergmann ZVersWiss 71, 452.

10   § 1 Nr. 5c AFB 87 schließt, wie bereits in C II 8 erörtert, bestimmungsgemäße Explosionen im Verbrennungsraum von Verbrennungskraftmaschinen aus, dies jedoch nur für Schäden an Teilen der Verbrennungskraftmaschine selbst. Von diesem Fall abgesehen sind „**Betriebsschäden**" durch **Explosion** nicht ausgeschlossen, sondern versichert. § 1 Nr. 5a AFB 87 ist weder direkt noch analog anwendbar. Ebenfalls nicht ausgeschlossen sind Folgeschäden nach Explosionen in Verbrennungskraftmaschinen, z.B. durch ausspritzendes Öl. Wegen Schäden durch Einsatz der Motorkraft vgl. aber oben C II 8.

11   Bei den sog. **Verbrennungsexplosionen** von Gas-/Luft-, Dampf-/Luft- und Staub-/Luft-Gemischen (Boldt 60) entsteht die begriffsnotwendige Kraftäußerung aus den durch die plötzliche Verbrennung freiwerdenden gasförmigen Umsetzungsprodukten. Deren Ausdehnungsbestreben erzeugt eine Druckwelle (Boldt aaO).

12   2. Auch die sog. **Behälterexplosion** ist ein Fall von Satz 1 der in C III 3 zitierten Explosionsdefinition, der auch nach AVB versichert ist, die keine oder nur eine verkürzte Definition enthalten und die Behälterexplosion nicht erwähnen. Dies gilt insbesondere für die VHB 74, VHB 84, VGB 62 und VGB 88. Bei dieser sog. Behälterexplosion (Begriff: Bergmann VW 60, 452) beruht die Kraftäußerung auf dem plötzlichen Ausgleich des Druckunterschieds zwischen den Bereichen innerhalb und außerhalb des Behälters. Der Druckunterschied muß auf dem Vorhandensein von Gasen oder Dämpfen beruhen. Schäden durch den Druck erhitzter und sich ausdehnender *Flüssigkeiten* sind *keinesfalls* ersatzpflichtig; Celle VersR 82, 82 z.B. verweist wegen dieser oft schwierigen Tatfrage auf die Beweisaufnahme in der Vorinstanz. Wegen Dämpfen oder Gasen, die sich aus erhitzten Flüssigkeiten bilden, vgl. C III 18.

13   Zu ersetzen ist auch der **Schaden an dem Behälter** selbst, vgl. schon C III 6. Hatte der Behälter allerdings schon *vor* der Explosion nur noch *Schrottwert,* so verursacht die Explosion *nicht* mehr einen Sachschaden (Beschädigung

oder Zerstörung), sondern macht nur die bereits bestehende Schrottreife äußerlich sichtbar. So kann z. b. das Material infolge anhaltender oder wiederholter Druckreglerstörungen vorgeschädigt und nicht mehr zäh genug sein, um dem normalen Betriebsdruck standzuhalten. Wäre allerdings vor der Explosion eine *Reparatur* noch technisch *möglich* und wirtschaftlich *lohnend* gewesen, und war nur die Notwendigkeit dieser Reparatur nicht rechtzeitig erkannt worden, so kann von Schrottreife des Behälters *nicht* die Rede sein. Beispiel: Unerkannte Konstruktionsfehler, z. B. falsche oder ungenügende Sicherheitschaltungen oder unerkannte Fertigungsfehler, z. b. versteckte Mängel in Form von Lunkern, Mikrorissen oder Restspannungen. In solchen Fällen kann der Vr allenfalls nach § 61 VVG leistungsfrei sein, wenn nämlich der VN oder ein Repräsentant die Reparaturbedürftigkeit infolge grober Fahrlässigkeit nicht rechtzeitig erkannt hatte.

Satz 2 der Definition in § 1 Nr. 4 AFB 87 schränkt Satz 1 bei **Explosionen** **14** **von Druckbehältern** (Begriff: C III 16) insofern ein, als eine *Rißöffnung* in der Behälterwandung entstehen und einen gewissen *Mindestumfang* erreichen muß, wenn **VSchutz für die Wandung** bestehen soll. Damit wird eine Streit über den Begriff der „plötzlichen" Kraftäußerung im Sinn von Satz 1 bei Behälterexplosionen ausgeschlossen (Bergmann VW 66, 1313). Maßgebend ist das Verhältnis zwischen Behältervolumen und Größe der Rißöffnung („Ausströmquerschnitt"), vgl. Bergmann ZVersWiss 65, 417. Möglicherweise müßte in diese Verhältnisrechnung zusätzlich die Größe des planmäßig im Sinn von C III 16 vorhandenen Druckunterschieds berücksichtigt und die Mindestgröße für die Rißöffnung um so niedriger angesetzt werden, je geringer jener Druckunterschied ist. Martens ZfV 81, 498 und Merker ZfV 83, 44 schlagen vor, schon in der Definition gemäß C III 3 ein Zahlenverhältnis festzulegen; entgegen jenem Vorschlag kommt es aber laut Bergmann aaO auf die Tatsache eines Vorschadens an der Behälterwandung nach der gegenwärtigen Regulierungspraxis jedenfalls nicht an.

Für **Schäden** an Sachen **außerhalb des Behälters** gilt **Satz 2** der Definition in **15** § 1 Nr. 4 AFB 87 auch dann **nicht**, wenn Schadenursache ein Riß in der Behälterwand ist, denn hier kann nicht auf die Möglichkeit einer MaschinenV verwiesen werden. Anzuwenden ist vielmehr Satz 1 der Definition. Es besteht VSchutz, C III 21.

Die Einschränkung des VSchutzes durch Satz 2 der Definition in § 1 Nr. 4 **16** AFB 87 setzt voraus, daß es sich um eine Explosion in einem **Behälter mit einem planmäßig vorhandenen Druckunterschied** handelt. Das folgt aus dem wirtschaftlichen Sinn des Ausschlusses, der den VN bei solchen Behältern auf den Abschluß einer MaschinenV verweisen soll, weil wegen des vorhandenen Druckunterschiedes die Möglichkeit von Explosionen von vornherein einzukalkulieren ist. Auch das Wort „des" vor „Druckunterschieds" sowie die in Klammern angefügten Beispiele („Kessel, Rohrleitungen") bekräftigen die Beschränkung des Anwendungsbereiches von Satz 2 auf Druckbehälter. Sie wird auch aus der Entstehungsgeschichte der Definition zusätzlich verständlich, denn diese stammt aus einer Zeit, in der Dampfkesselexplosionen noch relativ häufiger waren. Inzwischen hat sich das Schwergewicht des Anwendungsbereichs von Satz 2 freilich auf andere technische Anlagen verlagert, vgl. das Beispiel einer Spritzgußmaschine in Oldenburg VersR 82, 82. Wegen

2.2.6 AMB (Ausschluß von Explosionen in der MaschinenV) vgl. C III 9 der 2. Aufl.

17 Soweit es an der in C III 16 dargelegten **Voraussetzung** eines Druckbehälters **fehlt**, bleibt **Satz 1** der Definition in § 1 Nr. 4 AFB 87 uneingeschränkt anwendbar (wie hier Boldt 23). Das gilt zunächst für Schäden an Objekten *innerhalb* des Druckbehälters, die stets zu ersetzen sind, wenn die Voraussetzungen von Satz 1 vorliegen; zu gewissen logischen Ungereimtheiten dieser Regelung vgl. C III 21. Satz 1 gilt ferner uneingeschränkt, wenn ein Behälter durch eine *außerhalb* desselben *eingetretene Explosion* beschädigt wird. Satz 1 gilt endlich, wenn dessen Voraussetzungen innerhalb eines „Behälters" verwirklicht werden, der *nicht* im Sinne von C III 16 unter *erhöhtem Innendruck* steht, sondern über ausreichende Druckausgleichsöffnungen verfügt.

18 Letzteres trifft z. B. für sog. **Trafo-Kessel** mit „Atmungsloch" zu. Baut sich in solchen Behältern durch eine Panne (elektronischer Lichtbogen) ein erhöhter Innendruck auf, z. B. durch Gase oder Dämpfe von erhitztem Öl, der durch die Ausgleichsöffnungen nicht rasch genug ausgeglichen werden kann, so sind die dadurch entstehenden Explosionsschäden am Kessel wie auch in der Umgebung, also am Gebäude und an der sonstigen Betriebseinrichtung, zu entschädigen, *soweit* sie auf einer plötzlichen Kraftäußerung im Sinn von Satz 1 beruhen. Schäden, die schon durch den vorausgegangenen Kurzschluß entstanden waren, z. B. durch Stampfen des Trafokerns, gehören dagegen *nicht* zu den Explosionsfolgen, sondern es haftet gegebenenfalls allein der MaschinenVr.

19 Soweit die Voraussetzungen von **Satz 2** der Definition in § 1 Nr. 4 AFB 87 vorliegen, also eine Explosion eines Druckbehälters im Sinn von Satz 2, sind **alle adäquaten Folgen** hieraus zu ersetzen, also z. B. Schäden durch chemische Einwirkungen infolge dieses Vorgangs, C III 1, auch solche in der Umgebung des Behälters am Gebäude und dessen sonstiger Einrichtung. Satz 2 schränkt nur den Explosionsbegriff ein, begrenzt dagegen nicht etwa den **Umfang der Entschädigung** auf den Schaden an der Behälterwand. Auch aus Satz 3 der Explosionsdefinition in § 1 Nr. 4 AFB 87 (Explosion innerhalb eines Druckbehälters durch chemische Umsetzung) können entgegen der 1. Aufl. Zweifel hieran nicht hergeleitet werden. Fehlt es an einem planmäßigen Druckunterschied im Sinn von Satz 2, so ergibt sich dieselbe Rechtslage schon unmittelbar aus Satz 1, vgl. C III 17. Handelt es sich um einen Behälter im Sinn von Satz 2, bleibt aber die Rißöffnung unterhalb der Grenze im Sinn der Verhältnisrechnung gemäß C III 14, so besteht VSchutz weder für den Behälter noch für Schäden in der Umgebung durch austretende Flüssigkeiten oder Gase.

20 **Satz 3** der Definition macht eine Ausnahme von Satz 2. Schäden an der Wandung von Druckbehältern im Sinn von Satz 2 (C III 16) werden auch ersetzt, wenn die **Wandung nicht zerrissen** ist. Ursache muß aber eine Explosion im Sinn von Satz 1 der Definitionen sein. Ausbeulungen durch Aufbau eines bestimmungswidrig hohen Drucks, z. B. infolge Versagens eines Ventils, genügen nicht. Außerdem muß es sich um eine **Explosion durch chemische Reaktionen** („Umsetzung") handeln; Schäden an der Wandung von Druckbehältern durch Explosionen innerhalb solcher Behälter durch sonstiges technisches Versagen bleiben durch Satz 2 ausgeschlossen. Ob es Explosionen im Sinn von Satz 1 innerhalb von Druckbehältern ohne Zerreißen der Wandung

technisch gesehen überhaupt gibt, muß hier ungeprüft bleiben; wäre die Frage zu verneinen, so hätte Satz 3 keinen Anwendungsbereich.

Auf Explosionsschäden an Sachen **im Inneren des Behälters** ist Satz 3 eben- 21 sowenig wie Satz 2 (C III 17) anzuwenden. Vielmehr werden solche Schäden stets nach **Satz 1** der Definition in § 1 Nr. 4 AFB 87 ersetzt, der insoweit durch Satz 2 und Satz 3 nicht eingeschränkt wird. Die unterschiedliche Behandlung von Schäden im Inneren des Behälters einerseits und an der Behälterwandung andererseits bei anders als durch chemische Umsetzung entstandenen Explosionen ist logisch allerdings nicht zu begründen.

3. Für **elektrische Einrichtungen** gilt in der Industrie-FeuerV wie auch in 22 der GeschäftsV generell § 1 Nr. 5 d AFB 87, vgl. C I 65. Schäden durch Kurzschluß, Überstrom oder Überspannung an elektrischen Einrichtungen sind gedeckt, wenn diese Vorgänge durch eine Explosion ausgelöst wurden, § 1 Nr. 6 Abs. 3 AFB 87. Ferner sind Schäden durch eine Explosion infolge jener Vorgänge („Nachfolgeexplosion") gedeckt, § 1 Nr. 6 Abs. 2 AFB 87. Allerdings kann durch Klausel 110 zu den AMB der MaschinenVSchutz (2.1.6. AMB) auf „Nachfolgebrand" (F II 69) sowie auf Nachfolgeexplosion ausgedehnt und der FeuerVSchutz durch Kl 3104 entsprechend eingeschränkt werden, F II 72. Ebenso wie § 1 Nr. 6 Abs. 2 AFB 87 sind §§ 3 Nr. A 3 c VHB 74, 9 Nr. 2 c VHB 84, VGB 88 auszulegen, obwohl dort Nachfolgebrand und Nachfolgeexplosion nicht erwähnt sind, vgl. C II 22 und F II 73.

IV. Absturz oder Anprall bemannter Flugkörper als Schadenursache

Anprall oder Absturz bemannter Flugkörper, ihrer Teile oder ihrer La- 1 dung werden durch § 1 Nr. 1 d AFB 87 den versicherten Schadenursachen Brand, Blitzschlag und Explosion gleichgestellt. Ebenso lauten §§ 1 **Nr. 1 a** **VHB 74, 3 Nr. 1 VHB 84, 1 Nr. 1 a VGB 62** sowie der letzte Satzteil von § 4 **Nr. 1 a VGB 88.** Der Nachsatz „ohne Rücksicht darauf, ob es sich um Brand-, Explosions- oder Trümmerschäden handelt" im Nachtrag gemäß VA 37, 82 zu den AFB 30 hatte nur deklaratorische Bedeutung. Er erläutert eines der Motive des erweiterten VSchutzes, nämlich die häufig unaufklärbare Tatfrage, ob der Schaden an den versicherten Sachen zugleich *die Folge eines Brandes* oder *einer Explosion* im Flugzeug darstellt.

Für Folgen von Brand oder Explosion besteht sogar dann VSchutz, wenn 2 diese sich in **unbemannten Flugkörpern** ereignen, denn der Brand braucht nicht im VOrt lokalisierbar zu sein. C VI 4 und G II 2. Anprall oder Absturz unbemannter Flugkörper ohne einen nachweisbaren Brand oder eine nachweisbare Explosion als Ursache sind dagegen nur versichert, wenn Kl 3108 vereinbart ist.

Bemannt ist ein Flugkörper, wenn er bei Beginn der Luftfahrt bemannt 3 oder zu späterer Bemannung bestimmt war; letzteres kommt bei Raumstationen in Betracht. Ein späterer Absprung oder Absturz der Mannschaft oder eine Änderung der Planung (vorgesehene Bemannung einer Raumstation unterbleibt) macht den Flugkörper nicht zu einem unbemannten. Ob der Absprung der Mannschaft – zu Übungszwecken oder für den Notfall – eingeplant war, spielt ebenfalls keine Rolle (wie hier Anonym VP 79, 129).

4   Ein Einschluß gilt nur vorbehaltlich des übrigen Inhalts der AVB. Unberührt bleiben insbesondere die Vorschriften über ausgeschlossene Schadenursachen, z.B. Krieg usw. nach § 1 Nr. 7 AFB 87, über den VOrt und über UnterV. Nach Maßgabe der AVB gedeckt sind aber auch Sachschäden, die der Flugzeugabsturz nicht unmittelbar, sondern nur als adäquate Folge auslöst; Extremfall: Sachschäden an Gebäuden usw durch austretendes Wasser, nachdem durch Flugzeugabsturz eine Staumauer gebrochen war, C VI 6.

V. Löschen, Niederreißen oder Ausräumen als Schadenursachen

1   1. Schäden durch Löschen, Niederreißen oder Ausräumen sind nur gedeckt, wenn diese Ereignisse ihrerseits adäquate Folge eines Brandes, eines Blitzschlages oder einer Explosion sind. Dies kommt in § 1 Nr. 3 c AFB 30 durch den Zusammenhang mit Nr. 3 a und Nr. 3 b, noch deutlicher aber in § 1 Nr. 2 a VHB 74 („bei einem Schadenereignis nach Nr. 1"), in § 1 Nr. 1 e AFB 87 („infolge eines dieser Ereignisse") und in § 83 Abs. 1 Satz 2 VVG („bei dem Brande") zum Ausdruck; das gleiche gilt bei richtiger Auslegung auch für § 1 Nr. 2 a VGB 62.

2   §§ 1 Nr. 1 e AFB 87, 1 Nr. 2 a VHB 74, VGB 62 dehnen den Kreis der versicherten Gefahren nicht aus, sondern haben im wesentlichen nur klarstellende (deklaratorische) Bedeutung. Wenn nämlich ein adäquater Ursachenzusammenhang zwischen Brand, Blitzschlag oder Explosion einerseits und Löschen, Niederreißen oder Ausräumen andererseits (C V 1) und *außerdem* ein adäquater Ursachenzusammenhang zwischen Löschen, Niederreißen oder Ausräumen einerseits und dem Sachschaden andererseits besteht, dann ist der adäquate Ursachenzusammenhang notwendig auch *direkt* zwischen Brand, Blitzschlag oder Explosion einerseits und dem Schaden andererseits gegeben, so daß VSchutz schon nach §§ 1 Nr. 1 AFB 87, 1 Nr. 1 a VHB 74, VGB 62 besteht, C VI 1. Daher bedeutet es auch keine Einschränkung des VSchutzes, daß § 3 Nr. 1 VHB 84 und § 4 Nr. 1 a VGB 88 das Löschen, Niederreißen und Ausräumen nicht mehr besonders erwähnen. Vielmehr besteht für solche Schäden auch nach den VHB 84 und nach den VGB 88 VSchutz, ebenso wie für alle sonstigen adäquaten Folgen von Brand, Blitzschlag oder Explosion.

3   Auch wenn der Brand auf die versicherten Sachen noch nicht übergegriffen hat, sondern dies nur unmittelbar bevorsteht (Raiser 89), haben die Vorschriften über das Löschen usw. nur deklaratorische Bedeutung, denn dieselbe Erweiterung ist auch für den Ersatz von Rettungskosten gemäß den in C V 6 zitierten Bestimmungen anerkannt, vgl. zu dieser sog. **Vorerstreckung** des Rettungskostenersatzes W II 33. Auch z.B. ein Löschwasserschaden infolge von Löschmaßnahmen gegenüber einem Betriebsschaden wäre ohne die besonderen Vorschriften über Löschschäden gedeckt, F II 23, denn der Betriebsschadenausschluß gilt nur für „ausgesetzte" Sachen oder Sachteile, F II 21. §§ 61, 62 Abs. 2 VVG (Ausschluß wegen grober Fahrlässigkeit) gelten ebenfalls gleichermaßen für Schäden durch Brand und für Rettungskosten einerseits sowie für Schäden durch Löschen usw. andererseits.

§§ 1 Nr. 1 e AFB 87, 1 Nr. 2 a VHB 74, VGB 62 haben nur insofern eine 4
gewisse **konstitutive Bedeutung**, als es abweichend von den Vorschriften über
den Rettungskostenersatz (W II 6) *nicht* zu einem proportionalen Abzug
führt (C V 7), wenn das Löschen auch oder nur dem Schutz nicht versicherter
Sachen gedient hatte.

Brand, Blitzschlag und Explosion brauchen sich *nicht* notwendig *innerhalb* 5
des VOrtes zu ereignen (G II 1). Desgleichen können sich die Vorgänge des
Löschens, Niederreißens oder Ausräumens außerhalb des VOrtes vollziehen.
Auch der Sachschaden an oder das Abhandenkommen von versicherten Sachen brauchen sich nach §§ 10 **Nr. 1 Abs. 2 VHB 84, 4 Nr. 1 AFB 87** nicht
notwendig innerhalb des VOrts zu ereignen, falls die Sachen wegen eines
VFalls aus dem VOrt entfernt und dann noch in zeitlichem und örtlichen
Zusammenhang mit diesem Vorgang außerhalb des VOrts auch ihrerseits von
einem VFall betroffen werden, B II 7.

Ein Brand oder eine Explosion steht nur dann unmittelbar bevor, wenn 6
eine solche Gefahr objektiv gegeben ist. Die **irrige Annahme**, ein Brand sei
ausgebrochen oder drohe überzugreifen, ist für §§ 1 Nr. 1 e AFB 87, 1 Nr. 2 a
VHB 74, VGB 62 niemals, wohl aber u. U. für einen Anspruch auf Rettungskostenersatz ausreichend, BGH IV a ZR 270/86 vom 3. 6. 1987 und W II 33.
Wird nur ein Feuer in seinem bestimmungsmäßigen Herd gelöscht, z. B. auch
in einer Feuerstätte im Freien, C I 38, so fehlt meist die Voraussetzung eines
unmittelbar bevorstehenden Brandes.

2. Die V von Schäden durch Löschen, Niederreißen oder Ausräumen steht 7
neben dem Anspruch auf Ersatz von **Rettungskosten** gemäß §§ 63 VVG, 3
AFB 87, 14 VHB 74, 2 Nr. 1 c VHB 84, 16 VGB 62, 2 Nr. 1 c VGB 88. Sind
die Voraussetzungen beider Anspruchsgrundlagen erfüllt, und zwar im Verhältnis zu verschiedenen Vr, so besteht *DoppelV* (PM § 59 Anm. 1, § 83
Anm. 3; Raiser 90: § 426 BGB). Dies gilt insbesondere, wenn versicherte
Sachen im Rahmen von Löschmaßnahmen „geopfert" werden, vgl. W II 17.
§ 61 VVG („Vorsatz") schließt in solchen Fällen jedenfalls den Anspruch aus
§§ 1 Nr. 1 e AFB 87, 1 Nr. 2 a VHB 74, VGB 62 nicht aus.

§§ 1 Nr. 3 c AFB 30, 1 Nr. 1 e AFB 87, 1 Nr. 2 a VHB 74, VGB 62 sollen 8
für Schäden durch Löschen usw. eine Diskussion über eine etwa nur *teilweise*
Ersatzpflicht von Rettungskosten (wenn durch die Maßnahmen auch unversicherte Schäden abgewendet werden, W II 6 und PM § 63 Anm. 2 und 5)
entbehrlich machen. Darin liegt, wie in C V 4 erwähnt, die konstitutive Bedeutung der Vorschriften im Verhältnis zum VN. Außerdem belasten sie
denjenigen Vr, bei dem die durch Löschen usw. beschädigten Sachen versichert sind, und entlasten damit zugleich denjenigen Vr, welcher den Schaden
tragen müßte, der durch die Rettungsmaßnahmen abgewendet wird. Dieser
Gesichtspunkt hindert den nach §§ 1 Nr. 1 e AFB 87, 1 Nr. 2 a VHB 74, VGB
62 in Anspruch genommenen Vr jedoch nicht, sich auf die anteilige Haftung
des anderen Vr (W II 38) nach den in C V 7 zitierten Bestimmungen in
Verbindung mit § 59 Abs. 2 VVG zu berufen. Nur für Schäden an der Kleidung von Löschhelfern bestimmt ein Abkommen zwischen allen öffentlich-
rechtlichen und privaten FeuerVr abweichend von der gesetzlichen Rechtslage den Vorrang der Haftung des Vr der beschädigten Sachen.

VI. Ursachenzusammenhang

1   **1.** VFall ist jeder Sachschaden an und jedes Abhandenkommen von versicherten Sachen „**durch**" die versicherten Gefahren des Brandes im Sinn von C I bis IV. Löschen, Niederreißen oder Ausräumen dürfen gegebenenfalls nur Zwischenursachen gewesen, müssen also auch ihrerseits adäquate Folge eines Brandes usw sein, C V 1. Von Schäden durch **Abhandenkommen** sagen §§ 1 Nr. 4 AFB 30, 1 Nr. 2a VHB 74, 1 Nr. 2b VGB 62 freilich nur, sie müßten „bei" dem Brand usw. entstanden sein. Anders als bei dem entsprechenden Problem von Sachschäden „bei" oder „durch" Diebstahl (D XI 3; PM 23. Aufl. § 1 AEB Anm. 5) hat die unscharfe Formulierung aber nur sprachliche Gründe; Abhandenkommen ist eben eine untypische Art von Brandschaden. Erforderlich und ausreichend ist bei Sachschäden wie bei Abhandenkommen gleichermaßen ein **adäquater Ursachenzusammenhang** mit dem Brand usw. § 1 Nr. 1 AFB 87 ist ohnehin klar formuliert („durch"), ebenso §§ 3 Nr. 1 VHB 84, 4 Nr. 1 VGB 88 („infolge").

2   Für **Sachschäden** (Zerstörung oder Beschädigung) kommt auch in §§ 1 Nr. 1a VHB 74, VGB 62 die Rechtslage im Anschluß an § 83 Abs. 1 VVG klar zum Ausdruck. Nichts anderes galt nach **§ 1 Nr. 3 AFB 30,** wo zwischen Sachschäden durch *„unmittelbare Einwirkung"* und *unvermeidlichen Folgen"* unterschieden wird. Der Begriff der unvermeidlichen Folge ist so zu verstehen, daß er alle adäquaten Folgen von Ereignissen umfaßt, die sich als versicherte Gefahr darstellen, Hamburg VersR 84, 953. Dies ist seit langem h. M., vgl. Raiser 84 mit Zitaten der älteren Literatur, Bischoff, Dreger Ver-BAV 62, 194, Hasselmann VW 66, 713, Krause VW 62, 469, Celle VerBAV 69, 229, PM § 83 Anm. 1 (anders – aber auch in sich nicht folgerichtig – nur noch Wussow § 1 AFB Anm. 32 und Boldt 169) und entspricht der Praxis der Vr.

3   Der adäquate Ursachenzusammenhang muß bestehen zwischen dem Ereignis des Brandes, der Explosion, des Blitzschlags usw. einerseits und dem Schaden an versicherten Sachen andererseits. Insbesondere zu den AFB 30 wird dies oft verkannt, so z.B. von Boldt 169, der Folgeschäden nur für ersatzpflichtig hält, wenn sie nicht nur Folge der versicherten Gefahr, sondern eines „Schadenereignisses" sind, also eines Erstschadens. Boldt aaO will daher (zu Unrecht, C III 2) die Ersatzpflicht des HausratVr z.B. verneinen, wenn der VN infolge des Explosionsgeräusches (nicht: der Kraftwirkung) versichertes Geschirr fallen läßt.

4   § 1 Nr. 1 AFB 87 unterscheidet nicht mehr zwischen Schäden durch unmittelbare Einwirkung als unvermeidlichen Folgen. Die Versicherer hatten aber schon bisher mit Recht so reguliert, wie wenn alle adäquaten Folgen versichert gewesen wären, sei es nach § 1 ZFgA 81b oder nach Kl 351, oder sei es ohne ausdrückliche Vereinbarung. Auch die in § 1 Nr. 3b AFB 30 enthaltene örtliche Beschränkung, wonach die Ursache der unvermeidlichen Folge auf dem VGrundstück oder einem benachbarten Grundstück hätte liegen müssen, blieb schon in der früheren Praxis unberücksichtigt, vgl. dazu 2. Aufl. C VI 3 bis 5.

2. **Beispiele** für versicherte Sachschäden „unmittelbar" (rechtlich kommt es 5
darauf aber nicht an) infolge eines Brandes usw. innerhalb oder (C VI 4)
außerhalb des VOrtes bilden zunächst Sachen, die verbrennen, C I 39, oder
durch Brand verrußt werden, C I 25, ferner Sachen, deren Substanz durch
Blitzschlag (Hamburg VersR 84, 953), Explosion, Flugzeugabsturz oder
Löschmaßnahmen usw. leidet.

Beispiele für adäquat verursachte **Folgeschäden** sind **Sachschäden** durch 6
Löschwasser oder durch Transport von brennendem Ruß (LG Düsseldorf
RuS 88, 83), Witterungseinflüsse an dem versicherten und durch Brand betroffenen Gebäude (W II 40) oder an dem versicherten Inventar eines Gebäudes infolge von Gebäudebrandschäden (wegen Rettungskosten für das Inventar vgl. W II 42 bis 44), ferner Schäden durch Leitungswasser nach brandbe-
dingtem Durchschmelzen eines Rohres, Niederreißen (C V 2) nicht mehr
standsicherer oder ohne grobe Fahrlässigkeit nicht mehr für standsicher ge-
haltener (Celle VerBAV 69, 129) Gebäudeteile, Schäden an Gebäuden usw
durch Wasser aus einem Staubecken, nachdem die Staumauer infolge Flug-
zeugabsturzes (C IV 3) oder infolge einer Explosion gebrochen war, Schäden
an versicherten Sachen durch fliehende Menschen oder Tiere oder durch
Schaulustige, Verderb von Rohstoffen oder Halbprodukten infolge brandbedingter Produktionsstörungen (Raiser 84), Verderb von fertigen Erzeugnissen (auch von selbst erzeugtem Gas, Zimmermann VW **61**, 310 gegen Stöcklein VW **61**, 145) infolge brandbedingter Störung der Lagerung, des Transports oder des Absatzes, insbesondere Verderb von Kühlgut nach brandbedingter Zerstörung der Kühlanlage oder nach brandbedingter Unterbrechung
der Stromzufuhr.

Ersatzpflichtig sind z. B. auch Schäden an Pflanzen, Tieren oder sonstigen 7
Sachen, die gegen Temperaturschwankungen empfindlich sind, infolge
brandbedingt geänderter klimatischer Bedingungen oder infolge von Schäden
an Stallungen. **Erkrankungen von Tieren,** B III 6, können auch nur auf psychi-
scher Einwirkung durch den Brand beruhen, z. B. bei hastigem Stallaustrieb.
Zu ersetzen sind dann nicht nur die Tierarztkosten, sondern auch die Schäden
durch Fehlgeburten und Milchausfall. Es handelt sich hier nicht um Vermögensfolgeschäden (hierfür vgl. Sonderbedingungen für Milchausfall, VerBAV
85, 124), sondern um einen Minderwert des Tieres durch (innere und daher
unsichtbare) Veränderungen seiner Substanz, vgl. auch Meinberg VW **57**, 133
und Stöcklein VW **57**, 297.

Abhandenkommen kann niemals „unmittelbare" Folge des Brandvorganges 8
sein (darauf beruhen gewisse sprachliche Schwierigkeiten in den AVB, den
diese „untypische" Art von Brandschäden bereitet, vgl. C VI 1), sondern
immer nur Folgeschäden. Man denke an Diebstähle versicherter Sachen
durch Löschhelfer, Plünderer, Schaulustige, Möbeltransporteure oder reparierende Handwerker. Auch können infolge eines Brandes Sachen unaufklärbar verschwinden, z. B. weil sie versehentlich mit Müll oder Brauschutt beseitigt werden. Allerdings müssen strenge Beweisanforderungen gestellt werden, wenn der VN Schäden dieser Art über den bei solchen Ereignissen
verständlichen und naheliegenden Umfang hinaus geltend macht. – Zu Unrecht verneint Hamm VersR 84, 175 die Ersatzpflicht für einfachen Diebstahl
von Hausrat durch Gelegenheitstäter, die mangels Bewachung freien Zugang

zum VOrt haben; die aaO zitierte Bestimmung des § 1 Nr. 1b VHB 74 behandelt aber nicht den Brand, sondern nur den erschwerten Diebstahl als versicherte Gefahr und Schadensursache.

9   *Auf den VOrt beschränkt* ist im Grundsatz auch der Ersatz von Folgeschäden, G II 1. Daher kann das Abhandenkommen herausgeräumter versicherter Sachen oder ein Sachschaden an Tieren, Möbeln, verderblichen Lebensmitteln usw. der erst **außerhalb des VOrts** eintritt, grundsätzlich nur als **Rettungsaufwand** ersetzt werden, vgl. W II 43 und 45, nämlich als unfreiwilliges Vermögensopfer im Rahmen der adäquaten Folgen einer Rettungsmaßnahme, W II 16 und 17. Im einzelnen ist allerdings str., wie weit diese Rettungskostenersatzpflicht reicht. Außerdem bestehen speziell für abhandengekommene Sachen, die zuvor wegen eines Brandes aus dem VOrt geschafft wurde, Bedenken aus § 9 Abs. 2 Nr. 2 AGBG gegen eine Beschränkung des VSchutzes auf den VOrt. §§ 10 Nr. 1 Abs. 2 VHB 74, 4 Nr. 1 Abs. 2 AFB 87 durchbrechen daher die Beschränkung auf den VOrt für Folgeschäden an Sachen, die infolge des eingetretenen oder unmittelbar bevorstehenden VFalls von dort entfernt wurden, vgl. G II 1.

D. Diebstahl und Raub als versicherte Gefahren

Übersicht

Überblick

1 1. VFall in der SachV ist das Abhandenkommen von oder der Sachschaden
an versicherten Sachen, B I 10 und 17. Davon begrifflich zu *unterscheiden*
sind die versicherten Ursachen des VFalls, nämlich die **versicherten Gefahren,**
A III 2.

Neben Brand sind Diebstahl und Raub die wichtigsten versicherbaren Ge- 2
fahren, gegen die eine SachV genommen werden kann, die nicht AllgefahrenV, sondern auf bestimmte Gefahren beschränkt ist, A I 16. Dabei *fallen*
der Verlust des unmittelbaren Besitzes an versicherten Sachen, also das Abhandenkommen (VFall), und die Wegnahme dieser Sachen in Form von
Diebstahl oder Raub (versicherte Gefahren) als *Geschehensabläufe* in ihrem
Kernstück (Wegnahme einer Sache) *zusammen,* mögen auch einerseits das
Abhandenkommen – der alsbaldige Rückerwerb des Besitzes muß unwahrscheinlich geworden sein, B II 12 und M II 49 – und andererseits der versicherte Diebstahl oder Raub – qualifizierende Begleitumstände der Wegnahme
(D II bis X und XV sowie D XII und XIII) – noch einen *zusätzlichen* Geschehensablauf erfordern. **Diebstahl oder Raub** als versicherte Gefahren sind
also im Normalfall zugleich **Ursache** und **Erscheinungsform** des **Abhandenkommens,** vgl. D II 37 sowie D XI 8 und 14. Anders als in der FeuerV bereitet
es daher meist auch keine Schwierigkeiten, den *Zeitpunkt des Eintritts des
VFalls* zu bestimmen: maßgebend ist der Zeitpunkt der Wegnahme, B I 22.

Allerdings können Sachen auch als **adäquate Folge eines Diebstahls** abhan- 3
den kommen, ohne daß der Täter des erschwerten Diebstahls sie an sich
nimmt, nämlich zwar zeitlich erst nach der Diebstahlshandlung oder dem
Diebstahlsversuch, D II 36 ff, aber auf eine durch den Diebstahl ermöglichste
Art und Weise, B II 4. Für diese Fälle des Abhandenkommens, ebenso für
Sachschäden infolge einer versicherten Diebstahlshandlung oder eines Diebstahlsversuchs, ist der *Zeitpunkt* des Eintritts des VFalls nach den in B IV 10
bis 15 dargestellten Grundsätzen zu bestimmen. Ob *überhaupt* Schutz für
Folgeschäden besteht, wird in D XI behandelt.

2. Diebstahl und Raub sind oft *zusammen mit anderen Gefahren* versi- 4
chert, vor allem mit Brand, Leitungswasser und Sturm, insbesondere durch
einen **kombinierten** (A II 3 und A III 8) **VVertrag** nach den VHB 74 oder VHB
84, soweit nicht die V eines Teils der Gefahren vertraglich ausgeschlossen ist.
In der GeschäftsV gibt es AVB für solche kombinierte Verträge bisher kaum,
A II 12 und 26. Allerdings können die rechtlich selbständigen **VVerträge** für
Feuer, für Leitungswasser, für Sturm sowie für Diebstahl und Raub **gebündelt**
in einem gemeinsamen VSchein beurkundet werden, A II 27. – Die AERB 87
und ebenso früher die AERB sowie die AEB zusammen mit den SBR bieten
immerhin „*kombinierten*" (die Praxis vermeidet hier aber diese Bezeichnung)
VSchutz gegen Diebstahl und Raub, wie er insbesondere in Form der Pauschaldeklaration sowie in der Juwelier- und Bankendeklaration vereinbart
wird, A III 14. Es ist aber selbstverständlich auch möglich, die V einerseits
auf Diebstahl *oder* andererseits auf Raub zu beschränken, und zwar letzterenfalls event. weiter beschränkt entweder auf *Geschäftsraub* (§ 1 Nr. 1 b AERB,
AERB 87 und eventl. Kl. 4404 und 4405, früher 481 und 482) oder auf
Transportraub (§ 1 Nr. 1 c AERB, AERB 87 und eventl. Kl 4406 und 4407,
früher 483 und 484).

3. Der **VOrt** ist bei Diebstahl wie bei Raub besonders bedeutsam. Nicht 5
nur das Abhandenkommen von oder der Sachschaden an versicherten Sachen
muß sich, sondern auch die zu der Wegnahme hinzutretenden **qualifizierenden Merkmale** des versicherten Diebstahls oder Raubes müssen sich **innerhalb**

des VOrtes verwirklichen. Dieser Grundsatz und die ihn durchbrechenden Ausnahmen werden in G II 4 bis 9 im einzelnen erläutert. Klar zum Ausdruck bringen jenen Grundsatz freilich nur §§ 3 **Nr. 1 Abs. 1 AERB, 4 Nr. 1 Abs. 1 AERB 87** sowie **§ 10 Nr. 3 VHB 84.**

6 In **§ 6 VHB 74** fehlt hingegen ebenso wie in § 4 AEB ein entsprechender Zusatz. Bei richtiger Auslegung regeln diese Bestimmungen aber nicht nur den Ort der Wegnahme der versicherten Sachen, sondern auch den Ort der qualifizierenden Handlungsweise des Täters. Allerdings enthält der Katalog der qualifizierenden Merkmale des erschwerten Diebstahls in §§ 3 Nr. B 1 VHB 74, 1 Nr. 2 AEB jeweils auch einen Hinweis, wohin der Täter einbrechen oder einsteigen muß, wo er ein Behältnis erbrechen muß usw., damit der Diebstahl ein versicherter erschwerter Diebstahl wird. Die Rede ist hier jeweils von „einem" Gebäude, D III 4, oder von „einem" Raum eines Gebäudes, D III 8, nicht aber von dem „VOrt". Bei der **HausrataußenV** kann es sich um irgendein Gebäude handeln, vgl. § 6 Nr. 2 Satz 2 VHB 74, ebenso bei der **anonymen AußenV** in der GeschäftsV, z. B. in den Räumen von Heimarbeitern (D-Kl 35 zu den AEB; jetzt Kl 1403).

7 Hingegen darf für die Wegnahme von Sachen innerhalb des VOrtes aus den Begriffen „**Gebäude**" und „**Raum eines Gebäudes**" nicht geschlossen werden, es genüge Einbruch usw. in Räume oder Gebäude die nicht Teil des VOrtes sind. §§ 3 VHB 74, 1 AEB regeln nur den Begriff des erschwerten Diebstahls, nicht aber die rechtliche Bedeutung des VOrtes, und erlauben daher keine weitergehenden Schlüsse. Außerdem sind die Formulierungen bezüglich des Gebäudes wörtlich aus § 243 (a. F.) StGB übernommen (E. Prölss, 52, 54); hierbei wurde lediglich „umschlossener Raum" gestrichen, während ansonsten Textabweichungen möglichst vermieden wurden. Auch dies spricht dagegen, aus jenen Formulierungen Schlüsse auf die rechtliche Bedeutung des VOrtes nach den VHB 74 oder den AEB zu ziehen.

8 Daß der vereinbarte VOrt nicht nur den **Ort der Wegnahme** der versicherten Sachen oder den **Ort des Sachschadens**, sondern auch den **Ort der Handlung** des Täters begrenzt, zeigt sich besonders bei der versicherten Gefahr des Raubes. Nur mit Hilfe des Erfordernisses des VOrtes läßt sich abgrenzen, welche Fälle der räuberischen Erpressung im Sinn des Strafrechts als Raub im Sinn des VRechts versicherbar sind, D XII 10, 63 und 78.

9 4. Geschäftsplanmäßige Grundlage für die DiebstahlV sind für die GeschäftsV die **AERB 87** und für Hausrat die **VHB 84,** abgedruckt in Texte 16 und 32. Obwohl für neue Verträge geschäftsplanmäßig nur noch diese neuesten Bedingungen verwendet werden dürfen, wird es doch während vieler Jahre noch Verträge nach den **AEB** von 1938 und vor allem nach den **AERB** von 1980 sowie nach den VHB von 1966 und **VHB 74** geben. Dies gilt um so mehr, als Änderungen von Verträgen nach älteren AVB ohne Umstellung auf die neuen AVB aufsichtlich nicht untersagt sind, auch nicht Änderungen durch Erhöhung der VSumme. Der Vr muß sich zwar bemühen, „bei sich bietender Gelegenheit" die Verträge auf die neuesten AVB umzustellen, braucht aber nicht zum Mittel der Änderungskündigung zu greifen. Ausführliche Synopsen VHB 74/VHB 84: Wille VW 85, 1462; AERB/AERB 87: Spiegl VW 87 Heft 16, Beilage S. 8.

Deshalb werden in den folgenden Erläuterungen neben den AERB 87, den 10
AERB und den VHB 84 weitgehend auch noch die AEB und die VHB 74
berücksichtigt, insbesondere soweit dies zum Verständnis der neueren AVB
beiträgt, vgl. dazu schon Ziffern 3 und 5 der Einleitung. Eine vollständige
Erläuterung der VHB 74 oder gar der AEB wird allerdings nicht mehr angestrebt.

Bei sog. **Ersatzanträgen auf der Basis der neuen AVB** zu Verträgen aufgrund 11
der älteren AVB muß der Vr den VN auf Verschlechterungen des VSchutzes
besonders hinweisen, vgl. K I 12 bis 19, und zwar bezüglich der AERB
insbesondere K I 16, bezüglich der VHB 84 insbesondere K I 17 bis 19. Eine
Zusammenstellung der sachlichen Änderungen in den AERB gegenüber den
AEB findet sich in D I 11 der 1. Aufl. Eine entsprechende Zusammenstellung
zu den VHB 84 wäre nicht sachdienlich, weil die Änderungen zu zahlreich
und zu tiefgreifend sind; man vergleiche statt dessen die einführenden Erläuterungen zu den VHB 84 von Ollick in VerBAV 84, 300 sowie Wille VW 85,
1462.

II. Diebstahl und Diebstahlsversuch im Sinn des VRechts

1. Terminologie: Nicht jeder Diebstahl, durch den versicherte Sachen ab- 1
handenkommen, ist ein VFall nach den hier in erster Linie zu erläuternden
AERB 87 und VHB 84. Versicherbar sind vielmehr nur bestimmte *qualifizierte Formen des Diebstahls,* und zwar die Fälle, in denen der Raum, in dem
die versicherten Sachen untergebracht sind, diesen zwar besonderen Schutz
bietet, der Täter jene Vorkehrungen jedoch gleichwohl überwindet (E. Prölss
53). Diese Fälle sind großenteils, aber *nicht* voll identisch mit den Fällen des
„schweren" Diebstahls gemäß § 243 StGB a.F. und n.F. Der Kreis der Fälle
des schweren Diebstahls gemäß § 243 StGB (n.F., vgl. D II 4) ist größer als
der Kreis der versicherbaren Diebstähle, denn die besondere Strafwürdigkeit
kann auch auf anderen Kriterien (z.B. auf der Person oder den persönlichen
Verhältnissen des Geschädigten, auf dem gewerbs- oder gewohnheitsmäßigen
Handeln des Täters usw.) beruhen als nur auf der kriminellen Energie, die
erforderlich ist und aufgewendet wird, um besondere Schutzvorrichtungen
für die gestohlenen Sachen zu überwinden.

Trotzdem lag es nahe, die Terminologie der AVB dem StGB möglichst 2
anzupassen, und zwar sowohl in den Überschriften (A III 19 und 22) wie in
den Detailregelungen der AVB; vgl. aber auch D V 1 wegen des Nachschlüssel-
begriffs. Immerhin ist der praktisch wichtigste Fall des schweren Diebstahls im
Sinn des Strafrechts, der Einbruchdiebstahl (§ 243 Satz 2 Nr. 1 StGB: „in ein
Gebäude, eine Wohnung, einen Dienst- oder Geschäftsraum einbricht"),
zugleich der häufigste Fall des versicherten Diebstahls; sein Anteil liegt bei
über 60%, ohne Diebstahl aus Kraftfahrzeugen sowie ohne Fahrraddiebstahl
sogar bei über 90% der VFälle zum Diebstahl- und Raubrisiko.

Deshalb gebrauchen §§ AERB 87, 1 Nr. 1b VHB 74, 5 Nr. 1 VHB 84 den 3
Begriff **„Einbruchdiebstahl"** als *Oberbegriff* der Fälle des versicherten Diebstahls, also auch der Fälle, in denen der Dieb nicht „einbricht", sondern
einsteigt oder falsche Schlüssel verwendet oder Behältnisse erbricht usw. Daß

es sich um einen Oberbegriff als Gegensatz zum „**einfachen Diebstahl**" handelt, der *nicht* versichert ist, sagen die AEB von 1938 ausdrücklich schon in § 1 Nr. 1, die VHB 74 etwas versteckter in § 3 Nr. B 6 VHB 74, die AERB, die AERB 87 und die VHB 84 überhaupt nicht mehr. Der Begriff des Einbruchdiebstahls ist in jedem Fall zu eng gewählt (E. Prölss 50) und wäre in den AERB und VHB 84 besser nicht mehr verwendet worden.

4   Seit 1969 ist der Katalog des § 243 Satz 2 StGB für den Strafrichter nur noch ein unverbindlicher Anhaltspunkt. Der Strafrichter kann schweren Diebstahl verneinen, obwohl die Merkmale einer der Alternativen des Kataloges gegeben sind, oder er kann umgekehrt wegen eines „*schweren Falles*" bestrafen, obwohl sich die Tat unter keine der Alternativen subsumieren läßt. Der Begriff „Einbruchdiebstahl" hat dadurch für das Strafrecht seine konstitutive Bedeutung verloren. Die Strafgerichte verwenden seit 1969 auf die Auslegung der Einzelfälle des Katalogs des § 243 Satz 2 StGB mit Recht weniger Sorgfalt als früher. Entgegen Stuttgart VersR 83, 745 (vgl. dazu D V 3 und F III 27) besteht daher kaum noch Anlaß, bei Auslegungszweifeln zu wortgleich verwendeten Begriffen der strafrechtlichen Bedeutung des Wortes Vorrang einzuräumen. Im Gegenteil ist ganz allgemein für die Auslegung von AVB *nicht* der „*juristisch-technische*" *Sinn* der verwendeten Begriffe, sondern der **Sprachgebrauch des täglichen Lebens** maßgebend, vgl. BGH RuS 88, 244 = VerBAV 331 = NJW-RR 1050 für die UnfallV.

5   Zusammenfassend ist festzuhalten, daß nicht jeder Diebstahl, sondern nur der **erschwerte Diebstahl** eine versicherbare Gefahr darstellt. Vorliegender Kommentar gebraucht diesen Begriff des erschwerten Diebstahls einheitlich für die AEB, AERB, AERB 87 sowie für die VHB 74 und VHB 84 als **Oberbegriff** des versicherten Diebstahls und damit als Gegenstück zu dem nicht versicherten einfachen Diebstahl. Die Praxis hält allerdings übereinstimmend mit der Überschrift der AERB an „*Einbruchdiebstahl*" als Oberbegriff fest, A III 24.

6   Ob nur eines oder ob **mehrere** Qualifizierungsmerkmale des erschwerten Diebstahls realisiert sind, ist rechtlich unerheblich. Wenn der Täter einbricht und außerdem ein Behältnis erbricht oder die Beute gewaltsam gemäß §§ 1 Nr. 2 d AERB, AERB 87, 5 Nr. 1 d VHB 84 verteidigt, D XIII 3, liegt doch nur ein einziger VFall (erschwerter Diebstahl) vor. Wegen des Zusammentreffens von erschwertem Diebstahl mit Raub vgl. D II 20 bis 32 und S I 41 bis 44. Liegt unstreitig erschwerter Diebstahl vor und ist nur ungeklärt, **welche** Alternative erfüllt ist, so trägt gleichwohl der Vr die Beweislast, wenn er sich auf einen Ausschlußtatbestand beruft, der nur gegenüber einer der Alternativen des erschwerten Diebstahls erfüllt ist. Beispiel: Der Dieb ist entweder durch Einbruch oder durch Einsteigen durch ein Fenster eingedrungen, das der VN infolge grober Fahrlässigkeit nicht verschlossen hatte. Hier muß nicht etwa der VN den Einbruch, sondern der Vr die Benutzung des Zugangs über das offene Fenster beweisen.

7   **2. Diebstahl** im Sinn von §§ 1 AERB 87, 1 Nr. 1 b, 3 Nr. B 1 VHB 74, 3 Nr. 2, 5 Nr. 1 VHB 84 ist Bruch des unmittelbaren Besitzes durch Wegnahme von Sachen. „**Wegnahme**" ist ebenso wie im Strafrecht zu definieren. Dies gilt insbesondere für die Unterscheidung zwischen *Betrug* (gedeckt nur nach § 1

Nr. 5b AERB 87 als Vertrauensschaden, D XIV 6) und *Trickdiebstahl* (Begriff und Abgrenzung zum Raub: D XII 27), ferner für den *Wegnahmezeitpunkt*, in dem bei Einschleichdiebstahl gemäß § 1 Nr. 2c AERB 87 der Raum verschlossen sein muß, D VII 4, 19 und 20.

Im übrigen *weichen* aber nicht nur die qualifizierenden Merkmale des versicherten erschwerten Diebstahls, sondern weicht auch der **versicherungsrechtliche Diebstahlsbegriff** selbst vom Strafrecht (§ 242 StGB) ab. Während indessen der strafrechtliche Begriff des „schweren Diebstahls" ausschließlich ein Wort der Rechtssprache und für das VRecht daher besser durch ein anderes („erschwerter" Diebstahl, D II 5) zu ersetzen wäre, gehört das Wort „Diebstahl" nicht nur dem juristischen, sondern auch dem Sprachgebrauch des täglichen Lebens im Sinne von BGH RuS 88, 244 = VerBAV 331 = NJW-RR 1050 an und muß daher für das VRecht beibehalten werden. Gerade deshalb ist es notwendig, die Unterschiede zwischen dem strafrechtlichen und dem versicherungsrechtlichen Diebstahlsbegriff hervorzuheben; **Rechtswidrigkeit** ist jedenfalls auch versicherungsrechtlich notwendig (Ollick VerBAV 81, 35), was bei Wegnahme durch Gerichtsvollzieher oder familienangehörige Wohngenossen bedeutsam werden kann, D II 16. 8

a) Nicht als Bruch des „(Mit-)Gewahrsams", sondern als **Verlust des „unmittelbaren Besitzes"** (§ 856 BGB) des VN bei gleichzeitiger Besitznahme durch den Täter ist der Diebstahl im Sin des VRecht zu definieren. Mißbrauch des Besitzes durch einen Besitzmittler genügt nicht, auch nicht als sog. Schlüsselvortat im Sinn von D VIII 5, LG Frankfurt VersR 84, 129. Damit entspricht der Begriff des Diebstahls dem Begriff des Abhandenkommens in der Definition des VFalls, D I 1, die ebenfalls *nicht* von dem *Gewahrsam* im Sinn des Strafrechts, *sondern* von dem unmittelbaren *Besitz* im Sinn des BGB ausgeht, B II 11, weil versicherte Sachen auch auf andere Weise als durch Diebstahl abhanden kommen können, B II 3 bis 10. Praktisch unterscheiden sich Bruch des (Mit-)Gewahrsams und Bruch des unmittelbaren Besitzes freilich nur geringfügig. Wegnahme durch *familienangehörige Wohngenossen* ist **Bruch des Mitgewahrsams** und reicht aus, wenn Rechtswidrigkeit im Sinn von D II 8 und erschwerter Diebstahl im Sinn von D II 5 vorliegen, und soweit nicht der Ausschluß von Diebstählen durch Wohngenossen gemäß §§ 3 Nr. B 4 VHB 74 (Begrenzung auf 1000 DM), 9 Nr. 3a VHB 84 (völliger Ausschluß) eingreift, F III 3 und 4. 9

Der **Arbeitgeber** hat auch strafrechtlich in aller Regel wenigstens Mitgewahrsam. Zivilrechtlich ist der Arbeitgeber „Besitzherr" und damit sogar alleiniger unmittelbarer Besitzer, denn **Arbeitnehmer** sind nach § 855 BGB nicht Besitzer, sondern nur „Besitzdiener". Wird also einem Arbeitnehmer eine Sache weggenommen, so gilt die Sache versicherungsrechtlich stets auch dem Arbeitgeber als weggenommen, ohne daß zu prüfen wäre, ob dieser strafrechtlich wenigsten „Mitgewahrsam" hatte. Zur Wegnahme durch den Arbeitnehmer als Ausschlußgrund vgl. F III 16. 10

Versicherte, also die Träger versicherter oder mitversicherter fremder Interessen, stehen dem VN insofern gleich, als es genügt, wenn statt des VN der Versicherte den Besitz durch die Wegnahme verliert, vgl. auch D XII 53. So genügt es insbesondere, wenn an fremden Sachen, die gemäß § 2 Nr. 2 VHB 11

74 oder § 1 Nr. 3 VHB 84 mitversichert sind, deren Eigentümer den Besitz verliert, mag auch ein Mitbesitz des VN nicht bestehen. Soweit allerdings fremdes Eigentum nur in der Obhut des VN eingeschlossen ist, nämlich nach § 2 Nr. 3 AERB 87, besteht für Sachen, die der VN nicht in Besitz oder wenigstens in Mitbesitz hat, ohnehin kein VSchutz.

12 Verlust des unmittelbaren Besitzes durch sonstige Personen, die weder VN noch Versicherte noch deren Arbeitnehmer sind, steht dem Verlust des unmittelbaren Besitzes durch den VN oder den Versicherten nur gleich, wo dies besonders bestimmt ist. Es handelt sich insbesondere um Fälle, in denen diese Personen dem VN oder einem Versicherten kraft eines entgeltlichen Geschäftsbesorgungs- oder eines unentgeltlichen Auftragsverhältnisses als Besitzmittler (§ 868 BGB) dienen. Im Rahmen der V gegen *Raub im VOrt* stehen dem VN (oder in der GeschäftsV dessen Arbeitnehmern) Personen gleich, die Familienangehörige des VN sind und denen die Obhut über die versicherten Sachen überlassen wurde oder die einen Bewachungsauftrag haben (§ 1 Nr. 3 Abs. 2 AERB 87). In der HausratV genügt nach § 5 Nr. 2 Abs. 2 VHB 84 Anwesenheit in der Wohnung mit Zustimmung des VN oder die mit seiner Zustimmung in der Wohnung anwesend sind (§ 5 Nr. 2 Abs. 2 VHB 84). In der GeschäftsV gegen *Transportraub* genügt Verlust des unmittelbaren Besitzes durch Personen, die der VN mit dem Transport beauftragt hat. In der *HausratsaußenV* genügt Verlust des unmittelbaren Besitzes durch Personen, mit denen der VN in häuslicher Gemeinschaft lebt, wobei nicht einmal ein Besitzmittlungsverhältnis vorliegen muß, sondern diese Personen die versicherten Sachen z.B. auch eigenmächtig und rechtswidrig an sich genommen haben können, §§ 6 Nr. 2 Satz 4 VHB 74, 12 Nr. 4a VHB 84, vgl. D XII 60.

13 Der **Erbe** hat nach § 857 BGB unmittelbaren Besitz bereits, bevor er die Erbschaft annimmt oder auch nur von dem Erbfall Kenntnis erlangt. Strafrechtlich geht der Gewahrsam dagegen nicht auf den Erben über; vielmehr erlischt der Gewahrsam als tatsächliche Sachherrschaft mit dem Tode, soweit er nicht durch Familienangehörige, Hausangestellte, Behörden usw. übernommen wird. Befinden sich danach die Sachen eines Toten vorübergehend in niemandes Gewahrsam, so entsteht strafrechtlich keine Lücke, weil rechtswidrige Zueignung solcher Sachen Unterschlagung darstellt (§ 246 StGB). Versicherungsrechtlich ist es hingegen gerechtfertigt, Bruch des unmittelbaren Besitzes des Erben und damit Diebstahl auch anzunehmen, wenn und solange Gewahrsam des Erben noch zweifelhaft oder zu verneinen wäre, so z.B. bei Diebstahl von Betriebseinrichtung eines verstorbenen VN in der gewerblichen DiebstahlV oder bei Diebstahl von Hausrat nach dem Tod des VN, hier aber nur dann, wenn die übrigen Voraussetzungen der VHB 74 oder VHB 84 in der Person des Erben gegeben sind, vgl. näher G IV 94 bis 114. Wegen „Raubmord" vgl. D XII 21, wegen Todesfalles im Rahmen der „Ohnmachtsklausel" D XII 35.

14 In der **RaubV** ist zu unterscheiden zwischen der Person, die den unmittelbaren oder mittelbaren Besitz durch die Wegnahmehandlung verlieren muß, D II 12, und der Person, an der die Gewalttat verübt oder an die eine Drohung gerichtet werden muß, D XII 50. Noch weniger braucht die Person, die den Besitz verliert, mit dem Opfer einer angedrohten Gewalttat identisch zu

sein. Diese Unterscheidungen spielen für die Abgrenzung des versicherten Raubrisikos sogar eine besondere Rolle, D XII 11.

b) Es ist unerheblich, wie der Täter die Sache zu verwenden beabsichtigt. 15 „Zueignungsabsicht" (§ 242 Abs. 1 StGB) kann versicherungsrechtlich **nicht** verlangt werden (E. Prölss 58 mwN). Nach dem Zweck des VVertrags ist es erforderlich, aber auch ausreichend (GB 73, 55), daß die Sache dem VN abhandenkommt. Darunter ist Verlust ohne Aussicht auf alsbaldigen Rückgewinn des Besitzes zu verstehen, D I 2 und B II 12. Ob der Täter die weggenommenen Sachen verschenken oder vernichten oder lediglich für einige Zeit (und mit der Absicht späterer Rückgabe) in Gebrauch nehmen (E. Prölss 59) will, spielt versicherungsrechtlich keine Rolle. Es genügt z. b., wenn Sachen so auf die Straße gestellt werden, daß der Diebstahl durch Passanten absehbar ist (GB 73, 55 für Kfz-Batterien), oder wenn **Vermieter** Sachen rechtswidrig aus einer Mietwohnung entfernt, um sie bis zur Erfüllung wirklicher oder vermeintlicher Forderungen zurückzuhalten (a. A. bis zur 22. Aufl. PM § 1 AEB Anm. 1 und LG Berlin 7 T 3/77 vom 29. 9. 77).

Im Fall einer bloßen Zurückbehaltung von Sachen durch einen grundsätz- 16 lich herausgabebereiten Dritten ist aber zu prüfen, ob die Voraussetzungen eines Abhandenkommens (B II 11) erfüllt sind oder ob sich die Eintrittspflicht des Vr auf den Ersatz der vom Gegner etwa nicht beitreibbaren Kosten des Herausgabeverlangens beschränkt. – Weitere Beispiele: Die **vor der Scheidung stehende** und nicht mehr bei ihm wohnende **Ehefrau** „bestiehlt" den VN durch Erbrechen von Behältnissen; der Vr muß entschädigen, wenn er nicht beweist, daß dem VN kein Schaden entstanden ist, weil dieser ohnehin Herausgabe der „gestohlenen" Sachen an die Ehefrau schuldete, sei es nach Eigentumslage oder aus sonstigen Gründen. – Oder: der **Nachmieter** läßt einen durch den Vormieter (VN) noch nicht geräumten Speicheranteil aufbrechen und den Inhalt als Sperrmüll abtransportieren. Entgegen AG Hamburg ZfS 86, 219 kommt es in dem zuletzt genannten Fall nicht darauf an, ob der Täter die Eigentumslage kennt oder ob die Sachen für herrenlos hält, weil der letzte Eigentümer seine Rechte gemäß § 959 BGB aufgegeben habe; zu prüfen wäre in AG Hamburg aaO hingegen gewesen, ob der Speicheranteil nach dem Umzug des VN noch Teil des VOrtes war, G IV 35 und 37. – Oder: Der **Vermieter** „räumt" im Zusammenwirken (D III 21) mit einem Entrümpelungsunternehmen die Mietwohnung des VN und bringt den Hausrat in ein Lagerhaus, wobei einige Sachen verschwinden oder beschädigt werden. Kommen hierbei wertvollere Sachen in einem Umfang abhanden, daß ein erster Anschein für eine – mindestens nachträglich gefaßte, D III 23 – Diebstahlsabsicht des Vermieters oder des Entrümpelers spricht, so besteht schon aus diesem Grund für die übrigen verschwundenen oder beschädigten Sachen VSchutz, auch wenn man entgegen der hier vertretenen Ansicht Zueignungsabsicht grundsätzlich für erforderlich hält.

Wenn der Täter die Sache allerdings überhaupt *nicht wegnimmt*, sondern 17 an Ort und Stelle innerhalb des VOrts *zerstört*, handelt es sich nicht um Diebstahl, sondern um Sachbeschädigung („**Vandalismus**"), vgl. schon B III 3 sowie D XI 21 und 23 bis 42. Ob ein solcher Sachschaden etwa gleichwohl zu ersetzen ist, hängt nach § 1 Nr. 1 AERB (*„durch"*) davon ab, ob das Gesamtverhalten des Täters als Diebstahl oder wenigstens als Diebstahlsversuch im Sinn von D II 36 anzusehen ist und ein Ursachenzusammenhang zwischen dem Diebstahl(sversuch) und dem Sachschaden besteht, D XI 25 bis 29; etwas weiter geht der Schutz nach §§ 1 Nr. 3 AEB, 1 Nr. 1 b VHB 74 („*bei*"), D XI 41. Volle Vandalismusdeckung – besteht nach § 1 Nr. 1 d und 6 AERB 87 sowie nach § 3 Nr. 3 VHB 84. Sie konnte nach Kl 412 auch zu den AERB vereinbart werden, D XI 30 bis 34.

18   c) Der **subjektive Tatbestand** des Diebstahls im Sinn des Strafrechts braucht **nicht** verwirklicht zu sein. Schuld und Schuldfähigkeit des Täters spielen keine Rolle. So schließen z. B. Geisteskrankheit des Täters oder dessen schuldlose Annahme, die weggenommene Sache gehöre ihm oder er sei aus sonstigen Gründen berechtigt, die Sache wegzunehmen, versicherungsrechtlich den Diebstahl nicht aus (E. Prölss 55).

19   d) Endlich bleiben versicherungsrechtlich alle **Qualifizierungen, Privilegierungen** und **Sondertatbestände** des Strafrechts **bedeutungslos.** Ein Diebstahl im Sinn des VRechts liegt also (selbstverständlich) auch vor, wenn der Täter gewerbsmäßig (§ 243 Satz 2 Nr. 3 StGB) oder als Mitglied einer Bande stiehlt oder Waffen mitführt (§ 244 StGB), oder wenn es sich um einen nicht oder nur auf Antrag zu bestrafenden Diebstahl zwischen Ehegatten oder Verwandten handelt (§ 247 StGB), vgl. schon D II 16 wegen Diebstahls durch Wohngenossen. Die Obliegenheit einer polizeilichen Anzeige entfällt dann, X II 62. Unerheblich ist auch, ob Diebstahl geringwertiger Sachen gemäß § 248 a StGB (früher § 370 Abs. 1 Nr. 5 StGB) vorliegt.

20   e) Außerdem und vor allem liegt **Diebstahl** im Sinn des VRechts auch dann vor (Beispiel für eine praktische Konsequenz hieraus: D XI 35), wenn strafrechtlich außerdem die **Voraussetzungen des Sondertatbestandes** (Tröndle § 249 StGB Anm. 1) **des Raubes** oder des räuberischen Diebstahls (D XIII 3) verwirklicht sind (BGH VersR 77, 1143). Dies gilt selbst dann, wenn ausdrücklich vereinbart ist, daß die DiebstahlV Raub nicht einschließt (KG VA 22 Nr. 1250; a. A. Breslau VA 21 Nr. 1214); ein solcher Hinweis im Vertrag beugt nur dem möglichen Irrtum des VN vor, Raub als „stärkere" Form der Wegnahme sei sogar dann durch die DiebstahlsV gedeckt, wenn die qualifizierenden Voraussetzungen des erschwerten Diebstahls („Einbruchdiebstahl", vgl. D II 3) nicht gegeben sind.

21   Nicht zwingend, sondern zu formal und durch die Zuordnung des räuberischen Diebstahls (D XIII 4) zum Begriff der Beraubung (BGH VersR 71, 357 = NJW 806 = DB 959) oder des erschwerten Diebstahls (§ 1 Nr. 2 d AERB) *überholt* war die durch das KG (aaO) entwickelte *Begründung*, räuberischer Diebstahl müsse, wenn man nicht der hier vertretenen Ansicht folge und die hinzutretenden Merkmale des Raubes außer Betracht lasse, sogar dann ohne Entschädigung bleiben, wenn im Einzelfall der vereinbarte VSchutz sowohl erschwerten Diebstahl wie auch Raub umfaßt. Unzureichend war auch die Begründung von Silberschmidt (WuR 28, 51) und von E. Prölss (261 f.), die in solchen Fällen den Schutz durch die DiebstahlV aus „Treu und Glauben" und aus dem Gedanken herleiten wollen, der VN dürfe nicht schlechter stehen, wenn er „Rettungsmaßnahmen" ergreife und dadurch den Täter zwinge, Gewalt anzuwenden oder Drohungen auszusprechen. E. Prölss gerät sowohl

dann in Schwierigkeiten, wenn der VN untätig bleibt, der Dieb aber gleichwohl Gewalt anwendet, wie auch dann, wenn nicht der VN, sondern ein Dritter die Sachen verteidigt, wie endlich auch dann, wenn der Täter durch den Widerstand nicht überrascht wird, sondern von vornherein einen Raub geplant hatte, dabei jedoch zusätzlich die Mittel des erschwerten Diebstahls anwendet.

Entscheidend ist folgendes: **Treten** zu den Merkmalen des versicherten 22 erschwerten Diebstahls die Merkmale eines nicht versicherten Raubes oder einer nicht versicherten räuberischen Erpressung **hinzu**, so kann dadurch das Geschehen seinen Charakter als VFall der Diebstahl V **nicht** wieder **verlieren** (KG aaO, vgl. D II 20). Die Gegenansicht, Raub habe als Sondertatbestand und als das „schwerere" Delikt „Vorrang", überträgt unzulässigerweise strafrechtliche Vorstellungen auf das VRecht und ist daher abzulehnen. Der Vr haftet in den D II 20 und 27ff genannten Fällen, gleichgültig ob der Täter mit der Anwesenheit des VN gerechnet hatte und ob und in welchem Umfang der VN oder sonstige Personen Rettungsmaßnahmen ergriffen haben und ergreifen mußten. Von einer Haftung „unmittelbar" aus dem DiebstahlVVertrag sollte man entgegen E. Prölss 260 nicht sprechen, weil diese Ausdrucksweise den unrichtigen Schluß ermöglicht, es handele sich um eine Haftung, die neben den vereinbarten Merkmalen des erschwerten Diebstahls zusätzliche Voraussetzungen (§ 62 VVG usw.) im Sinn der soeben abgelehnten Ansicht von E. Prölss erfordert.

Der DiebstahlVr haftet auch dann, wenn der Täter die Merkmale des Ein- 23 bruchdiebstahls *nicht* verwirklicht, jedoch nachweislich *nur* deshalb nicht, weil er Personen antrifft, die sich ihm entgegenstellen. Es handelt sich dann immerhin um einen **Versuch des erschwerten Diebstahls**, D II 37, zu dem die Merkmale des Raubes hinzutreten. Es ist nicht einzusehen, warum die etwaige (D II 41 und 44) Haftung für das Abhandenkommen versicherter Sachen durch einen Versuch des erschwerten Diebstahls mit dem Hinzutreten der Raubmerkmale wegfallen sollte.

Allerdings darf nicht jeder Raub in Geschäftsräumen schon deshalb auch 24 als Versuch des erschwerten Diebstahls angesehen werden, weil der Täter voraussichtlich Behältnisse erbrochen hätte, wenn er Personen nicht angetroffen hätte. Vielmehr wird ein Täter, der ein Gebäude auf normalem Weg durch eine unverschlossene Tür betritt, oft mit der Anwesenheit von Personen rechnen, so daß nicht der Versuch eines erschwerten Diebstahls, sondern allein Raub vorliegt, wenn diese Erwartung sich bestätigt. Nur wenn ausnahmsweise feststeht, daß der Täter die Räume trotz des unverschlossenen Zugangs für menschenleer hielt, kann hinsichtlich versicherter Sachen in verschlossenen Behältnissen der Versuch eines erschwerten Diebstahls angenommen werden.

So wenig die Haftung aus der DiebstahlV völlig entfällt, wenn Raub über- 25 haupt nicht versichert ist, so wenig wird sie auf den Betrag einer **für Raub vereinbarten Entschädigung** beschränkt, wenn für den Diebstahl vertragsmäßig eine höhere Entschädigung in Betracht kommt. Sind *sowohl* für den Diebstahl *wie auch* für den Raub in ein und demselben Vertrag Entschädigungsgrenzen vereinbart, so ist die *höhere* Entschädigungsgrenze maßgebend. Unterschied gegenüber U III 18, also gegenüber dem Fall mehrerer

Entschädigungsgrenzen nach den VHB 74 für ein und dieselbe Sache: Wenn der Räuber außerdem Merkmale des erschwerten Diebstahls erfüllt hat, so hat sich ein zusätzliches Risiko verwirklicht. Eine **Addition** mehrerer Entschädigungsgrenzen oder gar der VSumme und einer Entschädigungsgrenze ist innerhalb *derselben Position* desselben Vertrages aber **nicht** möglich, S I 33.

26   Bestehen freilich für Diebstahl und für Raub je **ein selbständiger VVertrag,** sei es mit demselben oder mit jeweils einem anderen Vr, oder bestehen innerhalb desselben Vertrages **getrennte Positionen** für Diebstahl und Raub, wie insbesondere nach der Pauschaldeklaration der GeschäftsV, A II 14, so kann gemäß §§ 58, 59 VVG (Neben- oder DoppelV) bis zur Höhe des Schadens aus jedem der beiden Verträge oder Positionen die vereinbarte Entschädigung verlangt werden, S I 32. Etwas anderes gilt nur, soweit gegenseitige *„Anrechnung"* vereinbart ist, insbesondere durch §§ 8 Nr. 4 AERB 87, 9 Nr. 2 VHB 74, 20 VHB 84. Dort ist allerdings *nicht* Verhältnis zwischen mehreren *Positionen* desselben Vertrages (S I 36), sondern *nur* das **Zusammentreffen** von Entschädigungsgrenzen und von VSummen, aus denen keine Prämie berechnet wird, in **verschiedenen Verträgen** mit demselben oder mehreren Vr geregelt, U I 21.

27   f) Im Folgenden werden einige wichtige Fälle zusammengestellt, in denen ein und dieselbe Tat nebeneinander die Merkmale des erschwerten Diebstahls und des Raubes erfüllt, und zwar sowohl für die gewerbliche DiebstahlV wie auch für die HausratV. In der HausratV nach den VHB 74 steht in solchen Fällen stets die für Raub vorgesehene höhere Entschädigungsgrenze zur Verfügung, D II 25. Besonders wichtig ist für die HausratV das Verbot einer Addition (S I 33) der für den Diebstahl und der für den Raub aus ein und derselben Position geschuldeten Entschädigung, selbst wenn (wegen UnterV) die Entschädigung jeweils hinter dem Schaden zurückbleibt.

28   Der einfachste Fall des Zusammentreffens besteht darin, daß der Täter **einbricht** oder einsteigt oder mit Hilfe falscher Schlüssel eindringt und **dann den VN vorfindet** und dessen **Widerstand** gegen eine Wegnahme versicherter Sachen bricht. Hatte der Täter einen Teil der Beute bereits an sich gebracht, bevor der VN ihn stellte, so handelt es sich für diese bereits weggenommenen Sachen um räuberischen Diebstahl. Umgekehrt können neben Raub die Merkmale des *Versuchs* des erschwerten Diebstahls sogar dann vorliegen, wenn der Täter den Widerstand bei **geöffneten Zugängen** zum VOrt überwunden hat, D II 23.

29   Erlangt der Täter den **Schlüssel zum VOrt** oder zu einem Raum innerhalb des VOrts durch Raub *außerhalb des VOrts,* so führt der Gebrauch dieses Schlüssels zu erschwertem Diebstahl gemäß §§ 1 Nr. 2 e AERB 87, 3 Nr. B 1 d VHB 74, 5 Nr. 1 e VHB 84. Zwingt in einem solchen Fall der Täter den beraubten VN, ihn in den VOrt zu begleiten und dort die Wegnahme zu dulden, so liegt neben erschwertem Diebstahl auch Raub vor.

30   Wird *innerhalb des VOrts* der **Schlüssel** zu einem verschlossenen **Raum** geraubt, der ebenfalls innerhalb **des VOrts** liegt, und muß der beraubte VN dann den Gebrauch des Schlüssels und einen Diebstahl in diesem Raum dulden, so trafen nach den AEB (S I 40) und treffen nach §§ 3 Nr. B 1 d VHB 74, 5 Nr. 1 e VHB 84 ebenfalls erschwerter Diebstahl und Raub zusammen, während es sich nach § 1 Nr. 2 e cc AERB, AERB 87 (Umkehrschluß) nur noch um Raub handelt.

Dagegen liegt stets ausschließlich Raub (D VIII 7 gegen VA 48, 73) vor, 31
wenn der Täter den Schlüssel nicht an sich bringt, sondern den VN nur
zwingt, den Raum aufzuschließen (BGH VersR 77, 1144 und Martin Klingmüller-Festschrift 274).

Erlangt der Täter den **Schlüssel zu einem verschlossenen Behältnis** durch Raub 32
außerhalb des VOrts, so ist die Rechtslage nach §§ 1 Nr. 2 e cc AERB 87, 3
Nr. B 1 d VHB 74, 5 Nr. 1 e VHB 84 einheitlich, und zwar ebenso wie in D II
29: Erschwerter Diebstahl. Zusätzlich Raub liegt nur dann vor, wenn der VN
mit in den VOrt gebracht und zur Duldung gezwungen wird. Bei Schlüsselraub *innerhalb* des VOrts liegt nach § 1 Nr. 2 e cc mit Nr. 3 AERB 87 nur Raub
(Ollick VerBAV **81**, 36), nach §§ 3 Nr. B 1 d VHB 74, 5 Nr. 1 e VHB 84
dagegen erschwerter Diebstahl und außerdem Raub vor, vgl. auch S I 43.

g) Für Raub werden in der GeschäftsV normalerweise niedrigere VSum- 33
men als für Feuer und Diebstahl vereinbart, so insbesondere nach der in
Texte 40 abgedruckten Pauschaldeklaration für die Gebündelte GeschäftsV.
Daher fragt es sich, ob es nicht gegen § 9 Abs. 2 Nr. 2 AGBG („Vertragszweck") verstößt, wenn die AERB 87 im Gegensatz zu den AEB bei Schlüsselraub innerhalb des VOrts nur noch Raubdeckung gewähren, D II 30 und
32, und wenn ferner die Erpressung des außerhalb des VOrts befindlichen
VN nicht (D II 31) einem Diebstahl gleichgestellt wird, obwohl dieser Fall
mit einem Schlüsselraub (der als Diebstahl und damit höher versichert ist)
wirtschaftlich jedenfalls dann gleichwertig ist, wenn der beraubte Schlüsselbesitzer anschließend mit zum VOrt genommen wird. Indessen ist ein Verstoß gegen § 9 Abs. 2 Nr. 2 AGBG im Ergebnis zu verneinen, weil der Vr bei
der primären Risikoabgrenzung weitgehend frei ist und der Mißbrauch des
Originalschlüssels ohnehin schon außerhalb des Bereichs liegt, den der flüchtige Leser der AERB 87 im Rahmen der VSumme für Diebstahl für gedeckt
halten darf; darauf aber kommt es für den „Vertragszweck" gemäß § 9 Abs. 2
Nr. 2 AGBG an, A V 15.

Eine **Belehrung** jedes einzelnen Antragstellers, etwa entsprechend BGH 34
VersR 79, 343 zur ReisegepäckV im Hinblick auf eine bestimmte Koffer-
raumklausel oder im Sinn von BGH VersR **85** 129 zur Verminderung der
VSumme, kann vom Vr **nicht** verlangt werden. Der VN muß den zu unter-
zeichnenden Antrag im Prinzip selbst durchlesen, also auch von den unterschiedlichen hohen VSummen für Diebstahl und für Raub Kenntnis nehmen,
zumal im Antragsformular ausdrücklich gefragt wird, ob der Antragsteller
vorgedruckter Summen der Pauschaldeklaration gegen Mehrprämie zu erhöhen wünscht oder nicht.

Die Erpressung des Schlüsselbesitzers ist überdies auch gar nicht der einzi- 35
ge Fall, in dem sich die **niedrigere Raubsumme** als **Nachteil** erweisen kann.
Vielmehr kann z. B. ausnahmsweise der VN oder ein Angestellter sich auch
nachts oder am Wochenende in den Geschäftsräumen aufhalten und Opfer
eines Raubes zu einer Zeit werden, in der die Täter größere Mengen von
Waren usw. bei nur geringer Entdeckungsgefahr abtransportieren können.
Das Motiv für die niedrigere Raubsumme, nämlich die erfahrungsgemäß geringere Höhe des Raubrisikos tagsüber während der Geschäftszeit im Verhältnis zum Diebstahlsrisiko nachts außerhalb der Geschäftszeit, rechtfertigt

also die meist auf 10% der Diebstahlssumme begrenzte Raubdeckung ohnehin nur bei sehr pauschaler Betrachtungsweise. Der VN nimmt ganz allgemein und ohne besondere Belehrung erkennbar aus Gründen der Prämienersparnis eine gewisse VLücke in Kauf, wenn er für Raub eine niedrigere VSumme für Ware und Einrichtung beantragt als für Feuer und Diebstahl.

36 **3. Versuch des erschwerten Diebstahls** im Sinn von D II 37 bis 40 steht vollendetem erschwertem Diebstahl als versicherter Gefahr nur *teilweise* gleich, nämlich für VFälle in Form von Sachschäden (D II 41 bis 43) in vollem Umfang, für VFälle in Form des Abhandenkommens (D II 44 bis 49) dagegen nur in der GeschäftsV (A II 17 und 24) sowie in der HausratV nach den VHB 84, nicht jedoch nach dem Wortlaut der VHB 74, falls dieser nicht nach § 9 Abs. 2 Nr. 2 ABGB korrigiert werden muß, D II 47. – Wegen **Raubversuchs** vgl. D XII 6.

37 a) Der **Begriff des Versuchs** entspricht insofern dem des Strafrechts (Tröndle § 43 StGB Anm. 1), als der Täter oder – zur Frage der gegenseitigen Zurechnung von Ausführungshandlungen und Qualifizierungsmerkmalen bei Beteiligung mehrerer Personen vgl. D III 21 und D XI 12 – oder einer von ihnen begonnen haben muß, den Tatbestand des erschwerten Diebstahls zu verwirklichen, insbesondere in Form der qualifizierenden Handlung, die einen einfachen Diebstahl zu einem erschwerten Diebstahl gemäß §§ 1 Nr. 2 AERB 87, 3 Nr. B 1 VHB 74, 5 Nr. 1 VHB 84 macht. Der Täter muß angefangen haben, einen der Tatbestände jener Kataloge in die Tat umzusetzen, also einzubrechen, einzusteigen, Behältnisse zu erbrechen usw. Ausnahmsweise ersetzt der Kampf mit dem unvermutet angetroffenen VN oder Wächter das gewaltsame Öffnen usw., vgl. D II 23.

38 Die Versuchshandlungen müssen **innerhalb des VOrtes** begonnen worden sein, D I 5. An einem Versuch, der den Vr für Folgeschäden haften lassen würde, fehlt es also bei Schlüsseldiebstählen außerhalb des VOrtes, mögen diese auch gemäß §§ 1 Nr. 2e und f AERB 87, § 3 Nr. B 1d und e VHB 74, 5 Nr. 1e und f VHB 84 als Voraussetzungen eines erschwerten Diebstahls durch späteren Gebrauch des richtigen Schlüssels ausreichen. Bedeutsam ist dies aber nur in seltenen Fällen, z.B. wenn der *gestohlene Schlüssel* in die *Hand eines Dritten* gelangt, ohne daß in dessen Person die Voraussetzungen der genannten Vorschriften vorliegen. Gebraucht dieser Dritte den Schlüssel, so haftet der Vr für dessen einfachen Diebstahl nicht, auch nicht wegen Abhandenkommens durch versuchten erschwerten Diebstahl, denn der erste Schlüsseldiebstahl hatte außerhalb des VOrts stattgefunden.

39 Außerdem muß der Täter (oder einer von ihnen, D XI 6 und 12) während der begonnenen Ausführungshandlungen nachweislich einen **Diebstahl geplant** haben, und zwar einen Diebstahl **versicherter Sachen;** diese Absicht fehlt z.B., wenn der Täter nur einbricht (und dabei versicherte Sachen und das Gebäude beschädigt), um ausschließlich ein nicht versichertes Kfz (vgl. W VI 14, aber auch W VI 16) oder mittels eines Mauerdurchbruchs in nicht versicherten angrenzenden Räumen zu stehlen, vgl. auch D XI 20. Auch darin deckt sich der Begriff des Versuches mit dem des Strafrechts. Die Absicht, nur einen Hausfriedensbruch oder eine Sachbeschädigung (oder beides) zu begehen, reicht nicht aus, weder nach §§ 1 Nr. 2 AERB 87, 3 Nr. B 1

VHB 74, 5 Nr. 1 VHB 84 („Folgeschäden") noch nach Kl 412 oder § 3 Nr. 3 VHB 84 (Vandalismus, D II 17). Nach den zuletzt genannten Bestimmungen reicht aber selbstversändlich Sachbeschädigungsabsicht aus. – Soweit allerdings der versicherungsrechtliche Begriff des Diebstahls von dem strafrechtlichen Begriff abweicht, D II 8 ff, ist es auch bei Schäden durch Versuch erforderlich und ausreichend, daß der beabsichtigte Diebstahl ein solcher im Sinn des VRechts gewesen wäre.

Die **Beweislast** trägt der VN, und zwar sowohl dafür, daß überhaupt ein 40 menschliches Handeln den Sachschaden herbeigeführt hat (dazu LG Wuppertal VersR 60, 914 zu einer herabgestürzten Deckenverkleidungsplatte), wie auch für die diebische (oder zerstörerische, D II 39) Absicht des Täters oder eines der Täter. Außerdem muß, ebenso wie im Fall des vollendeten erschwerten Diebstahls, der VN nachweisen, daß zwischen der Diebstahlshandlung und dem Sachschaden (D II 41 bis 43) oder dem Abhandenkommen (D II 44 bis 49) nicht nur ein zeitlicher, sondern ein ursächlicher Zusammenhang besteht.

b) Für **Sachschäden** (Beschädigungen oder Zerstörungen) als VFall steht der 41 Versuch des erschwerten Diebstahls dem vollendeten erschwerten Diebstahl stets gleich; so mit Recht ausdrücklich E. Prölss 78, stillschweigend LG Wuppertal VersR 60, 914.

Dies wird in §§ 1 Nr. 1 AERB 87, 3 Nr. 2 VHB 84 ausdrücklich gesagt und 42 folgte für die AEB aus den Worten „Einbruch" und „dabei" in § 1 Nr. 3. „Einbruchdiebstahl" wird hier nicht gefordert, vielmehr genügt der „Einbruch". Nichts anderes kann für Sachschäden durch Erbrechen von Behältnissen, Gebrauch falscher Schlüssel oder Ungeschicklichkeiten des Täters gelten, der einsteigt oder sich verborgen hält, vgl. auch noch D XI 22.

Die **VHB 74** sind weniger deutlich, denn die Worte „solches Ereignis" in 43 § 1 Nr. 1b beziehen sich auf „Einbruchdiebstahl". Aber § 3 Nr. B 3 VHB 74 spricht für die Ersatzpflicht bei Gebäudeschäden ebenfalls nur von „Einbruch" und stellt hier in Abs. 2 den Versuch der vollendeten Tat sogar ausdrücklich gleich, W VI 13. Was aber für Gebäudeschäden bestimmt ist, muß um so mehr für Schäden an den versicherten Sachen selbst gelten, also an den Gegenständen des Hausrats.

c) Für das **Abhandenkommen** versicherter Sachen steht der Diebstahlsver- 44 such dem Diebstahl als versicherter Gefahr in der **GeschäftsV** nach § 1 Nr. 1 Abs. 1 AERB 87 gleich; wegen D-Kl 10 a zu den AEB vgl. D II 48 der 2. Aufl. Für **Hausrat** staht der Diebstahlsversuch mit Bezug auf Schäden durch Abhandenkommen nur nach § 3 Nr. 2 VHB 84 gleich, **nicht** dagegen nach den VHB 74. Vielmehr gebrauchen § 1 Nr. 1b VHB 74 und § 1 Nr. 3 AEB jeweils die Worte „durch Einbruchdiebstahl entwendet". Sie *schließen* durch das Wort „entwendet" *andere Erscheinungsformen des Abhandenkommens* aus, mag auch adäquater Ursachenzusammenhang mit einem erschwerten Diebstahl oder einem Versuch des erschwerten Diebstahls bestehen, D XI 14.

Bei den hier zu erörternden Fällen kann es sich freilich nicht darum han- 45 deln, daß der Täter selbst versicherte Sachen mitnimmt, denn dann ist der Diebstahl nicht versucht, sondern vollendet. Vielmehr geht es um Fälle, in denen als adäquate Folge eines Versuches des erschwerten Diebstahls versicherte Sachen entweder ausnahmsweise ohne menschliches Zutun oder durch *einfachen Diebstahl eines* mit dem Täter des Versuchs *nicht* zusammenwirkenden *Dritten* abhanden kommen. So kann z.b. ein Windstoß versicherte Urkunden aus dem Fenster tragen oder ein weiterer Dieb kann das Gebäude durch die bei einem Einbruchsversuch geschaffene Öffnung betreten und versicherte Sachen stehlen. Häufig werden auch versicherte Sachen aus Schaufenstern in der Weise gestohlen, daß ein Dieb durch die Bruchstelle des Glases greift, die zuvor ein Einbrecher geschaffen hatte, der aber seinerseits nichts hatte entwenden können, weil er gestört wurde.

46   Solche Vorgänge sind nach den VHB 74 im Anschluß an einen Diebstahlsversuch ebensowenig gedeckt wie nach einem vollendeten erschwerten Diebstahl. Auch wenn solche Schäden durch Abhandenkommen nach einem vollendeten Diebstahl und als dessen adäquate Folge eintreten, fehlt es an der durch das Wort „entwendet" geforderten Erscheinungsform des Abhandenkommens.

47   Nach § 9 Abs. 2 AGBG stellt sich die Frage, ob der Ausschluß von Schäden durch Abhandenkommen infolge Diebstahlsversuch mit dem „Vertragszweck" vereinbar ist. Angesichts der im Bereich der primären Risikoabgrenzung gebotenen Zurückhaltung bei richterlicher Inhaltskontrolle kommt es darauf an, ob ein flüchtiger Leser als es geradezu selbstverständlich ansehen darf, daß auch solche Schäden versichert sind. Nur wenn Lezteres zuträfe, wäre der Text der VHB 74 nach § 9 Abs. 2 Nr. 2 AGBG zu korrigieren. Der Einschluß dieser Schäden durch die VHB 84 (D II 42) spricht auf Anhieb für eine solche Korrektur, zumal es sich um verhältnismäßig seltene, den Vr also nur wenig, den betroffenen VN hingegen im Einzelfall ganz erheblich belastende Schäden handelt. Gegen eine Korrektur spricht jedoch der soeben in D II 46 erwähnte Zusammenhang mit Folgeschäden in Form eines Abhandenkommens versicherter Sachen nach vollendeten erschwerten Diebstählen. Jedenfalls von diesen Schäden läßt sich nicht ohne weiteres sagen, der Schutz gegen sie sei Teil des „Vertragszwecks", wie er sich dem flüchtigen Leser erschließt, A V 15. Verneint man indessen die Korrekturmöglichkeit für jene zahlreicheren Fälle, so läßt sie sich logisch auch in dem hier erörterten Bereich kaum begründen, denn warum sollte der VN bei Folgeschäden nach einem versuchten Diebstahl besser stehen als bei Folgeschäden nach vollendeter Vortat?

III. Einbrechen

1   **1.** Einbrechen ist das wichtigste und in der Praxis häufigste der alternativen **Qualifizierungsmerkmale,** die den einfachen Diebstahl zu einem versicherten erschwerten Diebstahl machen, D II 1 bis 3. „Einbruchdiebstahl" ist daher auch zu einer sehr gebräuchlichen Bezeichnung des ganzen VZweigs geworden, vgl. A III 23 und die Überschrift der AERB 87. – **Definition** des Einbrechens: Der Dieb bricht im Sinne von §§ 1 Nr.2a AERB 87, 3 Nr. B 1a VHB 74, 5 Nr. 1a VHB 84 ein, wenn er durch Gewalt gegen Sachen Hindernisse beseitigt, die seinem Eintritt in ein Gebäude entgegenstehen.

2. Räume eines **Gebäudes** müssen Ziel der Einbruchshandlung schon des-   2
halb sein, weil die Qualifizierungsmerkmale des erschwerten Diebstahls in
dem oder an dem VOrt erfüllt werden müssen (D I 5 und 6 sowie ausführlich
G II 4 bis 8) und weil nur Gebäude oder Räume eines Gebäudes als VOrt
nach §§ 4 Nr. 2 AERB oder nach §§ 6 Nr. 1 VHB 74, 10 Nr. 2 VHB 84
vereinbart werden, G III 17. Entgegen E. Prölss 62 genügt es z.b. nicht,
wenn der Dieb in Gebäude oder Gebäudeteile einbricht, die nicht zum VOrt
gehören, um dann von dort durch unverschlossene Türen in den VOrt zu
gelangen. Kein VSchutz besteht also, wenn der Dieb die Zentraltür eines
Mehrfamilienhauses aufbricht und dann gewaltlos in die als VOrt vereinbarte
Wohnung gelangt.

Raum eines Gebäudes sind abgegrenzte Teile von Gebäuden, vgl. näher D   3
III 8, aber entgegen Wille VW 85, 1469, 1548 auch Gebäude als ganze. Wer
nämlich in ein Gebäude eindringt, dringt stets auch in irgendeinen Raum
dieses Gebäudes, gegebenenfalls in den einzigen Raum dieses Gebäudes,
falls das Gebäude nämlich nur aus einem einzigen Raum besteht. Mit Recht
ist daher in § 5 Nr. 1 VHB 84 jeweils nur noch von „Raum eines Gebäudes"
die Rede, während §§ 1 Nr. 2 AERB 87, 3 Nr. B 1 VHB 74 im Anschluß an
§ 1 AEB daneben jeweils zusätzlich das Gebäude als ganzes nennen. Für die
HausrataußenV brauchte die Gebäudegebundenheit in § 12 Nr. 3 VHB 84
nur für die SturmV besonders erwähnt zu werden, G V 18, denn für die
DiebstahlV ergibt sich bereits aus § 5 Nr. 1 VHB 84; gegen Einschleichdiebstahl besteht AußenVSchutz nach den VHB 84 überhaupt nicht, D VII 17. In
§ 6 Nr. 2 Satz 2 VHB 74 war die Gebäudegebundenheit für die HausrataußenV gegen Diebstahl überflüssigerweise noch zusätzlich erwähnt, vgl. D I 6.

Gebäude ist ein unbewegliches, allseitiges umschlossenes, auf oder unter   4
der Erdoberfläche errichtetes Bauwerk, das den Eintritt von Menschen gestattet und Unbefugte abhalten kann, vgl. aus der Strafrechtsprechung RGSt
70, 361 und BGH St 2, 214. Auch Rohbauten sind Gebäude, sobald sie ein
Stadium erreicht haben, das der Definition entspricht (PM § 88 Anm. 1 für
die FeuerV); auch solange dies noch nicht der Fall ist, können Teile eines
Rohbaus provisorisch vorab als Gebäude ausgestaltet werden (Oldenburg
Rus 83, 280 für einzelnen Kellerraum). Dauernde feste Verbindung mit dem
Boden ist nicht erforderlich; daher können auch Baracken (Stuttgart VersR
53, 357), Ausstellungsgebäude, Verkaufsbuden, Baubuden (hier verneinend
GB 70, 69, richtig GB 80, 64), Traglufthallen (ÖOGH VersR 85, 676) und
Zirkuszelte Gebäude sein, falls immerhin die Schwere des Bauwerks es fest
mit Grund und Boden verbindet (E. Prölss 60).

Wohnwagen sind keine Gebäude (LG Aurich VersR 84, 753; GB aaO).   5
Werden von Wohnwagen, Omnibussen oder sonstigen Kraftfahrzeugen die
Räder abmontiert und an ihnen vielleicht sogar noch weitere stabilisierende
Umbauten vorgenommen, so soll es sich nach LG Frankfurt ZfS 84, 90, LG
Mönchengladbach RuS 79, 21 (zu § 6 Nr. 2 VHB 74) und Ollick VersBAV
81, 35 dennoch nicht um ein Gebäude im Sinn der Verkehrsansicht handeln,
zumal auch die psychologische Abschreckungswirkung auf den Täter gerin-
ger als bei Gebäuden bleibt. Bezeichnet freilich der Vr derartige Gebäude in
Kenntnis ihrer technischen Eigenschaften als Wohnung und damit als VOrt
im Sinn von § 6 Nr. 1 VHB 74 oder § 10 Nr. 2 VHB 84, so ist auf Grund

dieser einzelvertraglichen Nebenabrede der Gebäudebegriff für diesen Vertrag so weit auszulegen, daß die Gebäudeeigenschaft zu bejahen ist (ähnlich Ollick aaO).

6   **Parkhäuser** sind schon dann Gebäude, wenn mit Hilfe technischer Einrichtungen (Rollgitter, Schlagbäume usw.) die Zufahrt oder die Ausfahrt verhindert werden kann, mögen diese Einrichtungen auch zeitweilig außer Funktion gesetzt oder defekt sein (enger Heise VW 72, 1239, 1518; kritisch dazu mit Recht Boldt VW 72, 1363). Dies folgt aus dem gebräuchlichen Wort Park-„Haus", welches die moderne Verkehrsauffassung über den Gebäudebegriff in diesem Punkt etwas erweitert. Ähnliches gilt für **Bahnhöfe.** Daher besteht AußenVSchutz nach §§ 6 Nr. 2 VHB 74, 12 Nr. 1 VHB 84, wenn ein Kfz in einem Parkhaus oder ein Gepäckschließfach in einem Bahnhof erbrochen wird, denn das Kfz ist Behältnis, D III 10 und D VI 4. Auf § 3 Nr. B 5 VHB 74, zu dem es in den VHB 84 ohnehin kein Gegenstück mehr gibt, braucht nur zurückgegriffen zu werden, soweit es sich ausnahmsweise nicht um ein Gebäude handelt, vgl. D XV 54. Wille VW 85, 1469 1548 sieht Bahnhöfe offenbar stets als Gebäude an und vermißt nur den § 5 VHB 84 verlangten „Raum"; vgl. dazu aber D I 6 und D III 3.

7   AG Hamburg ZfS 88, 154 will Parkhäuser nicht als Gebäude ansehen, weil Verschlußmöglichkeiten **nur** mit Wirkung **gegen** die **Zufahrt** von Fahrzeugen, nicht hingegen auch gegenüber Fußgängern vorhanden sind. Es ist aber sehr zweifelhaft (und muß wegen § 5 AGBG wohl verneint werden), ob sich dies mit dem Gebäudebegriff im Sinn des Sprachgebrauchs des täglichen Lebens (BGH RuS 88, 244 = VerBAV 331 = NJW-RR 1050) vereinbaren läßt. Bekanntlich (D III 13) werden auch Balkone und überdachte Terrassen, selbst wenn sie ebenerdig liegen, als Räume von Gebäuden angesehen, obwohl jedenfalls Terassen außerhalb des Schutzbereichs der Verschlußvorrichtungen bleiben. Man müßte also eine Untergrenze der Nutzungsfläche festlegen, z.B. bei 50%, die mindestens verschließbar sein muß, wenn es sich begrifflich um ein Gebäude handeln soll. Die Existenz verschließbarer Räume für Parkwächter, Fahrkartenverkäufer und technische Einrichtungen in Parkhäusern, Tiefgaragen und Bahnhöfen würde dann nicht ausreichen, um solche Bauwerke begrifflich zu einem Gebäude zu machen. Indessen sprechen gegen eine solche Grenze bei z.B. 50%, daß die Verkehrsansicht die Gebäudeeigenschaft für ein bestimmtes Bauwerk nur entweder ganz verneint oder ganz bejaht. Ob, wie oft und wie lange vorhandene Verschlußmöglichkeiten auch tatsächlich betätigt werden, spielt für die Gebäudeeigenschaft ohnehin keine Rolle.

8   **Raum eines Gebäudes** ist jeder abgegrenzte und verschließbare Teil eines Gebäudes, der in verschlossenem Zustand Unbefugte abhält oder sie zwingt, eines der Mittel des erschwerten Diebstahls anzuwenden, um Zutritt zu erlangen. Häufigster Fall des Einbrechens in den Raum eines Gebäudes ist es, wenn der Täter zunächst die unverschlossene Zentraltür eines Gebäudes benutzt, dann aber Gewalt anwenden muß, um in den Teil des Gebäudes zu gelangen, der als VOrt vereinbart ist (Geschäftsräume oder Wohnung). Ein „Raum" braucht nicht nach allen Seiten hin umschlossen sein, jedoch muß seine Abgrenzung den Täter zwingen, ein Merkmal des erschwerten Diebstahls zu verwirklichen, wenn er eindringen will. So braucht z.B. ein Latten-

verschlag nicht bis zur Decke zu reichen, wenn er nur den Täter begrifflich zum „Einsteigen" zwingt (E. Prölss 60). Eine **Boden- oder Deckenöffnung** (Beispiel: BGH VersR 85, 1029 = RuS 199), durch die der Täter (nur) durch Einsteigen gelangen kann, beseitigt die Eigenschaft als Raum nicht. Insofern bestimmt ein Rückschluß aus den Qualifizierungsmerkmalen des erschwerten Diebstahls den Begriff des Raumes.

In die Außenmauer des VOrts eingemauerte **Feuerwehrschlüsselkästen** be-   9 gründen, wenn sie erbrochen oder aus der Mauer gestemmt werden, keinen Einbruch in einen Raum eines Gebäudes. Deshalb – daß der Täter das Gebäude nicht betritt, ist hingegen nicht ausschlaggebend, D III 18 – handelt es sich nur um einfachen Diebstahl des dort verwahrten Gebäudeschlüssels, D VIII 26. – **Lattenverschläge** (Ollick VerBAV 81, 35) bilden einen Raum schon dann, wenn sie zwar ein Hindurchgreifen gestatten, aber nur in einen Teil des Raumes oder nur mit Hilfe von technischen Hilfsmitteln. Wird ein abgegrenzter Teil eines Gebäudes vertraglich als VOrt vereinbart, so wird ihm schon dadurch die Eigenschaft eines Raumes in einem Gebäude zuerkannt, vgl. ähnlich D III 5 zum Begriff des Gebäudes.

Der Begriff des Raumes eines Gebäudes steht versicherungsrechtlich in   10 einem **Gegensatz zu dem Begriff des Behältnisses.** Ein **Kraftfahrzeug**, das in einem Gebäude steht, z. B. in einem Parkhaus, D III 6, oder in der zur Wohnung gehörigen Garage, G IV 20, ist nicht „Raum eines Gebäudes", sondern allenfalls ein Raum in einem Gebäude und ein umschlossener Raum im Sinn des § 243 Satz 2 Nr. 1 StGB. Deshalb ist ein Kfz versicherungsrechtlich als Behältnis (D VI 4) sowie allenfalls als umschlossener Raum im Sinn der Fahrraddeckung nach § 3 Nr. 6 B c VHB 74 anzusehen. Soweit aber ein Parkhaus überhaupt Gebäude ist, D III 6, ist es entgegen Wille VW 84, 1469, 1548 und AG Hamburg ZfS 88, 154 auch „Raum eines Gebäudes" im Sinn des gegenüber § 3 Nr. B 1 VHB 74 verkürzten Textes von § 5 Nr. 1 VHB 84, vgl. schon D I 6 und D III 5.

Wird ein **verschlossenes Kfz aufgebrochen,** so hängt die Entschädigungs-   11 pflicht zunächst davon ab, ob dies *innerhalb des VOrtes* geschah, also insbesondere innerhalb einer zu den VRäumen in der GeschäftsV oder zur Wohnung in der HausratV gehörigen Garage, vgl. dazu näher G IV 27. Ist dies zu verneinen, so ist in der HausratV außerdem zu fragen, ob *AußenVSchutz* nach §§ 6 Nr. 2 VHB 74, 12 VHB 84 besteht, vgl. den Fall LG Siegen RuS 83, 85, wo diese Fragen allerdings nicht klar unterschieden sind. Auf den *Verschluß* des Gebäudes oder Raumes, in dem das Kfz abgestellt war, kommt es zunächst (vgl. aber unten wegen § 61 VVG) *weder* bei Schäden im VOrt *noch* für den AußenVSchutz an, denn erschwerter Diebstahl liegt schon deshalb vor, weil das Kfz als **Behältnis** (D III 10) erbrochen wurde.

Allerdings kann der VSchutz sowohl im VOrt wie in der HausrataußenV   12 an grober Fahrlässigkeit gemäß §§ 14 Nr. 1 AERB, AERB 87, 16 Nr. 1 VHB 74, 9 Nr. 1 a VHB 84 scheitern, insbesondere wenn das Kfz in einem unverschlossenen Gebäude oder Raum abgestellt war. Soweit auch AußenVSchutz nicht besteht oder der Schaden die AußenVEntschädigungsgrenze übersteigt, kommt nach den VHB 74 noch Schutz gemäß deren § 3 Nr. B 5 in Betracht, vgl. D XV 55 und G V 17). Dort sind für die Nachtzeit mit Recht nur Örtlichkeiten im Freien erwähnt, nämlich der unverschlossene Hofraum und der bewachte Parkplatz; bei Kfz-Einbrüchen in – auch unverschlossenen – Gebäuden soll stets nur die Deckung im VOrt oder der allgemeine AußenVSchutz in Betracht kommen, nicht hingegen noch zusätzlich § 3 Nr. B 5 VHB 74.

13 **Balkone und Veranden** (auch Loggien, G IV 19), mit oder ohne Verglasung sowie mit oder ohne Dach, sind stets Teil des Gebäudes. Wer dorthin einsteigt, D IV 3 bis 5, steigt jedenfalls in ein *Gebäude* ein (richtig KG JR 25, 346, RGSt 38, 2892), bei großzügiger Auslegung (D I 6 und D III 2) auch in einen *„Raum eines Gebäudes"* im Sinn von § 5 Nr. 1 VHB 74, Frankfurt NJW-RR 88, 33 = VersR 820. Die Balkontür braucht nicht verschlossen zu sein, wenn der Täter „eingestiegen" ist. Teil des Gebäudes und der Wohnung (und damit auch des VOrtes, G IV 19) ist auch eine ebenerdige Veranda (anders E. Prölss 61). Hat der Täter aber ungehinderten Zugang von außen, so fehlt es oft an einem qualifizierenden Merkmal des erschwerten Diebstahls, also an einem Einbrechen usw. Das gleiche gilt für **Terrassen,** soweit sie überdacht sind; nicht überdachte Terassen oder Terassenteilflächen sind dagegen nur Hofraum oder Garten. Bei erschwertem Diebstahl (z. B. durch Erbrechen eines Behältnisses, etwa eines Schrankes) in diesem Bereich ist stets zu prüfen, ob nicht der Ausschluß durch §§ 16 Nr. 1 VHB 74, 9 Nr. 1 a VHB 84 eingreift.

14 3. **Einbrechen** erfordert **Gewalt gegen Sachen.** Am häufigsten ist der Fall, daß der Täter die **Substanz** der ihm wirklich oder vermeintlich entgegenstehenden Hindernisse **verletzt,** indem er Türen oder Fenster *aufbricht,* Fenster- oder Schaufensterscheiben *einschlägt,* ein Loch in eine Holzwand sägt, die Latten eines Verschlages (D III 9) *zerbricht* usw. Es genügt aber z. B. auch, wenn der Täter Hindernisse aus Blech oder Metall, z. B. Türflügel oder Gitterstäbe, durch *Biegen* beseitigt, selbst wenn die metallischen Teile wieder in ihre Ausgangslage zurückgebogen werden können und letzteres vielleicht sogar durch den Täter selbst geschieht.

15 Der Raum braucht nicht wirklich verschlossen zu sein, Ollick VerBAV 81, 35. Es genügt, daß der **Täter den Raum für verschlossen hält,** vgl. D IV 1 für das Einsteigen, D V 14 für falsche Schlüssel, D VI 6 für das Erbrechen von Behältnissen sowie allgemein G I 13. Bemerkt freilich der Täter vor Beendigung seines Einbruchsversuchs den Irrtum und benutzt er dann doch die durch Fehlen eines Verschlusses begründete Zugangsmöglichkeit, so handelt es sich nur um einfachen Diebstahl, AG Hamburg RuS 85, 93.

16 Auch wenn es an jeglicher **Substanzverletzung fehlt,** trotzdem aber einige **Kraft angewendet** wird, um ein Hindernis zu beseitigen, kann Einbruch vorliegen, z. B. (Grenzfall) wenn der Täter einen Schrank *wegrückt,* der vor oder hinter der unverschlossenen Tür eines Zimmers steht (RGSt 60, 379). Der Kraftaufwand für das *Anheben* und *Aushängen* der Lattenrosttür zu einem Kellerabteil, die dadurch ohne Beschädigung des Schlosses geöffnet wird, reicht hingegen nach LG Nürnberg-Fürth VersR 81, 1123 und (für eine Tür, bei der eine der beiden Schanieren fehlte) LG Augsburg RuS 82, 237 für den Begriff des Einbrechens nicht aus.

17 Auch das **Aufdrücken einer** verschlossenen **Tür** genügt nicht (KG RuS 85, 225), selbst wenn diese z. B. klemmt (LG Köln VersR 88, 706 für Terrassentür mit Schließmechanismus auf „offen"), ebenso nicht das Aufdrücken einer

Flügeltür, die hierdurch nur deshalb nicht beschädigt wird, weil sie bestimmungswidrig nicht arretiert war, LG Hannover VersR 86 1093. Gewalt gegen Sachen bedeutet es hingegen, wenn der Täter das **Schloß** oder eine Verriegelungsvorrichtung von außen **abschraubt**. Technisch ist dies freilich nur noch ganz ausnahmsweise möglich, nämlich bei Kellerlattenverschlägen mit Verriegelungen sehr alter Bauart. Gewalt gegen Sachen bedeutet ferner das teilweise Abdecken eines Daches zwecks Eindringens in den Dachboden, LG Bielefeld RuS 89, 26. Geht der Widerstand nicht von Sachen, sondern von einer Person aus, die z. b. die nicht verschlossene oder verriegelte Tür von innen zuhält, so kommt nur Raub in Betracht.

Eintritt des Täters in den Raum, in den er einbricht und aus dem er stiehlt, **18** ist **nicht** erforderlich. Es *genügt*, wenn der Täter durch eine von ihm geschaffene oder erweiterte Öffnung mit der Hand oder mit Hilfe eines entsprechenden Werkzeugs *hineingreift* und Sachen wegnimmt. Dies gilt sowohl im Fall des Einsteigens (D IV 3) für den Griff des *Fassadenkletterers* durch ein ohne Substanzverletzung aufgedrücktes Fenster (E. Prölss 62, Ollick VerBAV **81,** 40 bei Fußnote 83 und die Strafrechtsprechung gegen Ehrenzweig 382) wie auch und vor allem bei Einbruch in dem häufigen Fall, daß der Täter ein Loch in einer *Schaufensterscheibe* herstellt (LG Kassel RuS 78, 43), das wegen seiner geringen Größe nicht den Eintritt einer Person, wohl aber die Wegnahme ausgestellter Waren ermöglicht, vgl. 12 Nr. 2 AERB 87 und dazu U II 13 bis 16.

Ebenso liegt es, wenn ein in die Außenmauer eingebauter und (andernfalls: **19** D XV 5) von innen zu dekorierender Automat oder der (vielleicht sogar aus der Außenwand des Hauses herausragende) *Einfüllstutzen eines Heizöltanks* (richtig Zavelberg RuS 79, 152) erbrochen wird. Mit Heizöltanks in Gebäuden nicht vergleichbar sind eingemauerte Feuerwehrschlüsselkästen in der Außenwand, denn der Schlüssel befindet sich weder in einem Gebäude noch in einem Raum eines Gebäudes, D III 9. Wegen Erbrechens von *Hausbriefkästen* vgl. D VIII 6, wegen *Nachttresoranlagen* vgl. D XVII 4.

Die Pauschaldeklaration der GeschäftsV erkannte die Rechtslage bei **20** Schaufenstern schon auf der Basis der AEB (also ohne §§ 11 Nr. 2 AERB, AERB 87) an, indem sie Entschädigungsgrenzen (U II 13) für Schäden *„in Schaufenstern"* vorsah, „wenn der Einbruchdiebstahl ohne Betreten der VRäumlichkeit erfolgt". Allerdings war nicht ein Rückschluß in der Weise möglich, daß „in Schaufenstern" alle Sachen lägen, die der Dieb **ohne Betreten des Gebäudes** erreichte; vielmehr war das räumliche Erfordernis „Schaufenster" selbständig zu prüfen (PM 23. Aufl. § 3 AEB Anm. 2). Nach der wegen § 12 Nr. 2 AERB 87 entsprechend geänderten Pauschaldeklaration kommt es jetzt aber für den Anwendungsbereich der Entschädigungsgrenze nur noch auf die Art und Weise an, in der die Täter gestohlen haben, dagegen nicht mehr darauf, ob die gestohlenen Sachen „Schaufensterinhalt" waren.

4. Zweck des Einbrechens muß die **Wegnahme versicherter Sachen** jedenfalls **21** dann sein, wenn der „Einbrecher" und der „Dieb" nicht personengleich sind, vielmehr derjenige, der die Sachen wegnimmt, selbst keine Gewalt anzuwenden braucht, weil bereits ein anderer gewaltsam die Zugangsmöglichkeit geschaffen hatte. In solchen Fällen müssen beide Personen schon zur Zeit des

Einbruchs bewußt mit dem Ziel *zusammenwirken*, daß einer von ihnen Sachen wegnehmen wird. Nach Ollick VerBAV 81, 35 soll genügen, daß jeder Täter das Vorgehen auch des anderen kennt und „billigend in Kauf nimmt". Ausnahmsweise genügt es, wenn der Täter durch einen Dritten (Handwerker, Nachbarn, Feuerwehr, Polizei) aufbrechen läßt, nachdem er diesem vorgespiegelt hatte, er sei zutrittsberechtigt, habe aber den Schlüssel verloren oder dgl. (ähnlich D V 15 für Nachschlüsseldiebstahl mit Hilfe einer Schlüsseldienstfirma).

22   Findet dagegen der Täter eine durch einen anderen, mit ihm nicht zusammenwirkenden Einbrecher geschaffene Öffnung vor und stiehlt er mit Hilfe dieser Öffnung, so kommen diese Sachen durch einfachen Diebstahl abhanden; hierfür besteht VSchutz nicht nach den VHB 74, sondern nur nach den VHB 84 in der HausratV sowie nach den AERB 87, nach den AERB und nach D-Kl 10a zu den AEB in der GeschäftsV, vgl. D II 46 und D XI 9.

23   Steht jedoch fest, daß ein und derselbe Täter zunächst eingebrochen ist und dann gestohlen hat, so hängt der VSchutz **nicht** davon ab, ob der Täter den Diebstahl schon zur *Zeit des Einbruchs* beabsichtigt hatte. Obwohl einige Wahrscheinlichkeit dafür spricht, könnte der VN dies nämlich oft nicht beweisen. Daher ist durch sinnentsprechende Auslegung von §§ 1 Nr. 2a AERB 87, 3 Nr. B 1a VHB 74, 5 Nr. 1 VHB 84 auf ein solches subjektives Erfordernis zu verzichten und VSchutz auch in dem Ausnahmefall zu gewähren, daß umgekehrt das *Fehlen* einer **Diebstahlsabsicht zur Zeit des Einbruchs** feststeht, der Täter also zunächst z. B. nur übernachten oder Sachen zerstören wollte, dann aber doch gestohlen hat (str., wie hier Ollick VerBAV 81, 25 – aber ausdrücklich nur für Diebstahlschäden – und E. Prölss 65 mit Nachweisen aus der älteren Literatur). Auch ein Umkehrschluß aus dem Erfordernis der „diebischen Absicht" in §§ 1 Nr. 2c AEB, 3 Nr. B 1c VHB 74 spricht für dieses Ergebnis, D VII 15.

24   Wer allerdings rechtmäßig eindringt, begeht stets nur einfachen Diebstahl, gleichgültig ab wann er Diebstahlsabsicht hat. Wichtigstes Beispiel für **rechtmäßiges Eindringen** ist es, wenn der Täter kurz zuvor seinerseits rechtswidrig ausgesperrt worden war. Zu beachten sind hierbei aber die Grundsätze des § 858 BGB über sog. verbotene Eigenmacht. Nicht jedermann, der gegen den Besitzer eines Gebäudes einen Anspruch auf Zutritt hat, handelt rechtmäßig, wenn er sich diesen Zutritt ohne gerichtliche Hilfe gewaltsam verschafft. Wegen weiterer Beispiele für rechtmäßiges Eindringen vgl. D V 14 zum Gebrauch falscher Schlüssel.

25   **5. Ausbrechen** aus einem Gebäude oder Raum eines Gebäudes nach beendeter Wegnahme genügt **nicht**. War also der Täter ohne qualifizierende Handlungen in den Raum gelangt, so handelt es sich trotz des gewaltsamen Ausbrechens nicht um erschwerten Diebstahl (E. Prölss 62). Zu prüfen ist dann aber, ob es sich nicht um versicherten Diebstahl durch Einschleichen oder sich Verbergen handelt, D VII 20.

IV. Einsteigen

Der Dieb steigt im Sinn von §§ 1 Nr. 2a AERB 87, 3 Nr. B 1a VHB 74, 5 **1**
Nr. 1a VHB 84 ein, wenn er eine hierfür nicht vorgesehene Art und Weise der
Fortbewegung wählt. Diese tritt die Stelle der Gewalt gegen Sachen im Fall des
Einbruchs. Ansonsten decken sich beide Begriffe weitgehend. Auch das
„Einsteigen" scheitert nicht daran, daß der *Raum unverschlossen* ist, Ollick
VerBAV 81, 35 und D III 15; vgl. auch allgemein G I 13. Allerdings genügt
Einschleichen auf einem normalen Zugangsweg nicht, sondern der Dieb muß
sich auf ungewöhnliche Art und Weise fortbewegen, gleichgültig ob er weiß,
daß normale Zugänge geöffnet sind oder ob er den Raum für verschlossen
hält.

Die Handlung des Einsteigens muß sich **innerhalb des VOrts** einschließlich **2**
(Frankfurt NJW-RR 88, 33 = VersR 820) Balkone usw., D III 13, oder doch
jedenfalls an der Außenseite der ihn begrenzenden Mauern und Wände (Ollick VerBAV 81, 41 bei Fußnote 84) vollziehen. Ein Steigen zwischen verschiedenen Räumen des VOrts durch Boden- oder Deckenöffnungen, D III
8, die hierfür normalerweise nicht benutzt werden, D IV 5, reicht als „Einsteigen" aus; einschlägiger Grenzfall: BGH RuS 85, 199 = VersR 1029. Dagegen genügt es nicht, daß der Dieb in ein Gebäude oder einen Raum (z. B. in
das Treppenhaus eines Miethauses) einsteigt, der nicht selbst Teil des VOrtes
ist, und von dort durch einen unverschlossenen Zugang in den VOrt gelangt.
Entgegen E. Prölss 62, 64 durfte schon nach den AEB aus den Worten „in ein
Gebäude oder den Raum eines Gebäudes" ein derartiger Schluß nicht gezogen werden, vgl. D III 2 für den Einbruch sowie allgemein D I 7 und G II 4
bis 8. Noch weniger genügt es, wenn der Täter über einen Gartenzaun (LG
Berlin VersR 83, 769), ein Hoftor (AG Marburg VersR 81, 624) oder eine
Mauer (LG Mainz VersR 85, 559) klettert, um das Haus durch eine offene
Terassentür zu betreten.

Hinsichtlich der Begriffe **Gebäude** und **Raum eines Gebäudes** vgl. D III 4 bis **3**
13. Auch das „Einsteigen" erfordert nicht, daß der Täter das Gebäude oder
den Raum betritt, D III 18. Die Gegenansicht würde zu sehr am Wortlaut
haften und zu willkürlichen Ergebnissen führen. Der Griff eines Fassadenkletterers durch ein offenes Fenster genügt. *„Aussteigen"* aus einem Gebäude
(z. B. um nicht gesehen zu werden), das der Dieb durch einen unverschlossenen Zugang betreten hatte, genügt ebensowenig wie das Ausbrechen, D III
25.

Der Dieb braucht nicht zu „steigen"; es genügt, wenn er kriecht, klettert, **4**
sich herunterläßt (Frankfurt NJW-RR 88, 33 = VersR 820) oder springt. Es
muß sich aber stets um eine ungewöhnliche, nach dem Bauzustand des Gebäudes nicht vorgesehene **Art und Weise der Fortbewegung und des Zuganges**
(Ollick VerBAV 81, 35, BGH VersR 85, 1029 = RuS 199, Köln VersR 58,
597) handeln. Es genügt nicht, wenn der Täter sich auf hierfür geeigneten
Untergrund fortbewegt und lediglich mit der Hand durch eine Öffnung (zerbrochene Scheibe, offenes Fenster) greift. Das gleiche gilt auch dann noch,
wenn der Täter einen Teil seines Körpers durch die Öffnung zwängt, BGH
NJW 57, 638 (Grenzfall).

5   Der durch den Täter gewählte Zugang muß eine gewisse **Geschicklichkeit** erfordern, analog dem für das Einbrechen erforderlichen Kraftaufwand, D III 16. Indiz hierfür ist in der Regel, daß der Berechtigte und dessen Angestellte oder Familienangehörige sich dieser Art des Zugangs nicht oder allenfalls gelegentlich (RGSt 53, 174 und 59 171), aber nicht regelmäßig oder gar ausschließlich (Tröndle § 243 StGB Anm. 8) bedienen. Einsteigen liegt daher z.b. vor, wenn die Täter mittels einer Leiter und durch eine Luke in ein 5 m höher oder tiefer gelegenes anderes Stockwerk gelangen.

6   Zur Zeit des Einsteigens braucht die **Diebstahlsabsicht** noch nicht vorhanden oder gar beweisbar zu sein, D III 23. Stiehlt eine Person, die selbst nicht eingestiegen ist, z.b. weil die eingestiegene Person von innen eine Tür aufgeschlossen hat, so besteht Schutz nur, wenn beide Personen nachweislich schon zur Zeit des Einsteigens zusammengewirkt hatten.

V. Falsche Schlüssel und andere Werkzeuge

1   Ein Schlüssel ist falsch im Sinn von §§ 1 Nr. 2a AERB 87, 3 Nr. B 1a VHB 74, 5 Nr. 1a VHB 84, wenn er **nicht**, und zwar zu keiner Zeit, für das Öffnen des Schlosses **bestimmt** worden war, jedenfalls nicht durch eine **Person**, die zu dieser Zeit **befugt** war, über das *Schloß* allein zu verfügen, RG VA 29 Nr. 2006, KG JR 28, 216, KG JR 23, 154. In diesem Sinn wird der Begriff in §§ 1 **Nr. 2a Halbsatz 2 AERB 87, 5 Nr. 1a VHB 84** jetzt ausdrücklich **definiert**, wobei allerdings versehentlich nur auf den Zeitpunkt der *Anfertigung* (D V 4) abgestellt und übergangen wird, daß ein Schlüssel auch durch *nachträgliche Widmung* ein richtiger werden kann, D V 8 und 13. Durften über das Schloß mehrere Personen gemeinschaftlich verfügen, so bedarf der Schlüssel der gemeinschaftlichen Widmung durch diese Personen, eventuell durch eine dieser Personen als Bevollmächtigten.

2   Bei **Kombinationsschlössern** ist *nicht* die *verratene,* sonder allenfalls die **erratene** oder die durch Manipulationen **ermittelte Kombination** als falscher Schlüssel zu behandeln, D X 7 bis 9. Von der Frage nach dem Nachschlüsselbegriff zu *unterscheiden* ist die Frage, ob ein verschlossenes **Behältnis** trotz abgezogenen Schlüssels rechtlich *unverschlossen* ist, weil an anderen, erkennbar gleichen Schlössern in unmittelbarer Nähe der (richtige) Schlüssel aufsteckt, H III 40, ebenso die weitere Frage, ob ein unverschlossenes Behältnis begrifflich „erbrochen" werden kann, D VI 6.

3   **Verfügungsbefugnis über das Schloß** darf *nicht* mit Verfügungsbefugnis über einen *Schlüssel* verwechselt werden. Sie steht nicht etwa jedermann zu, dem für kürzere oder längere Zeit ein Schlüssel überlassen wird, damit er den Raum betreten kann (richtig Stuttgart VersR 83, 745 für einen Beauftragten, der im VOrt Blumen gießen sollte), sondern nur jemandem, der berechtigt wäre, das Schloß auszuwechseln und aus diesem Anlaß den Kreis der betretungsberechtigten Personen durch Ausgabe der Schlüssel zu dem neuen Schloß neu abzugrenzen. Fertigen ohne solche Befugnis z.B. Angestellte oder Handwerker, denen Schlüssel dauernd oder vorübergehend überlassen sind, zusätzliche Schlüssel an, so handelt es sich um Nachschlüssel; zum Ausschluß von Schäden durch Angestellte vgl. aber F III 27 sowie zur Beweislast

D XVI 42. Damit decken sich in diesem speziellen Punkt, aber keineswegs allgemein (vgl. unten D V 9) der strafrechtliche und der versicherungsrechtliche Nachschlüsselbegriff. – Wer allerdings in dem erörterten Sinn tatsächlich über das Schloß verfügen darf, kann beliebig viele Schlüssel anfertigen lassen (Reserveschlüssel, KG JR 24, 38) und in Gebrauch nehmen; jeder Schlüssel ist dann ein richtiger.

1. Die **Widmung** des richtigen Schlüssels findet meist zur Zeit seiner *Anfer-* 4 *tigung* statt, also meist bevor das Schloß zu Sicherungszwecken verwendet und bevor es auch nur in das zu sichernde Objekt (Tür oder Behältnis) eingebaut wird. Schon der *Hersteller* von Schlössern ordnet jedem Schloß einen oder mehrere Schlüssel zu und macht diese dadurch zu richtigen Schlüsseln. Wird ein Schlüssel zu einem bereits in Gebrauch genommenen oder doch jedenfalls bereits in das zu sichernde Objekt eingebauten Schloß hergestellt, so wird die Widmung durch den **Eigentümer** oder – mit Vorrang – durch den **berechtigten Besitzer** *des zu sichernden Objektes* vollzogen.

Stellt ein **Angestellter** insgeheim einen weiteren Schlüssel her, so ist das ein 5 falscher Schlüssel, der nur nachträglich durch Vertauschung mit dem Originalschlüssel zu einem richtigen werden könnte, vgl. unten D V 11 und 13. Daß der Angestellte tagsüber oder vielleicht sogar auch nachts den Originalschlüssel benutzen und den Raum betreten durfte, macht ihn noch nicht zu einer Person, die über das Schloß zu verfügen berechtigt war, D V 3.

Daß **Mieter** oder **Pächter** zusätzliche Schlüssel anfertigen, und zwar auch 6 ohne vorherige Zustimmung des Eigentümers, liegt noch im Rahmen des vertragsmäßigen Gebrauchs der gemieteten Räume. Allenfalls ist der Mieter zu alsbaldiger Anzeige der Anfertigung (und nach Vertragsende selbstverständlich zur Herausgabe) verpflichtet. Daß die Anzeige unterbleibt, macht den Schlüssel aber entgegen AG Charlottenburg RuS 88, 19 nicht nachträglich zu einem falschen; vielmehr handelt es sich um einen „geheimen" richtigen Schlüssel, dessen Existenz der Eigentümer nicht kennt, vgl. auch noch D V 12. Wenn eine Wohnung nur gefälligkeitshalber überlassen ist, stellt aber gegebenenfalls falsche Schlüssel her.

Einige **Schloß- und Schlüsselhersteller** fertigen mit dem Schloß sog. **Siche-** 7 **rungsscheine** aus, auf denen Schloß und Schlüssel technisch so beschrieben sind, daß die Nachfertigung von Schlüsseln wesentlich erleichtert wird. Die **Schlüsseldienste** sind bei Vorlage des Sicherungsscheins nicht verpflichtet, die Legitimation dessen zu überprüfen, der einen Schlüssel nachfertigen läßt. Gleichwohl ist der Dieb oder Finder eines solchen Sicherungsscheins nicht im Sinn der Definition des Nachschlüssels zu Verfügungen über das Schloß berechtigt. Die im Auftrag eines nicht berechtigten Besitzers eines Sicherungsscheins hergestellten Schlüssel sind daher Nachschlüssel. Bei Mißbrauch solcher Schlüssel ist aber zu prüfen, ob der VN das Fehlen des Sicherungsscheins bemerken und das Schloß auswechseln mußte; es ist ferner zu prüfen, ob er den Sicherungsschein sorgfältig verwahrt hatte. Gegebenenfalls entfällt der VSchutz wegen Gefahrenerhöhung oder grober Fahrlässigkeit.

Die beabsichtigte oder zufällige **Gleichheit verschiedener Schlüssel und** 8 **Schlösser** macht die Schlüssel grundsätzlich nicht wechselweise zu richtigen Schlüsseln auch für die Schlösser, für die sie nicht bestimmt sind. Ein Schlüssel, der nur „*zufällig*" paßt, ist ein *falscher* Schlüssel, so z.b. bei gleichen Schlüsseln mit gleichen oder verschiedenen Nummern zu verschiedenen Fahrzeugen oder (LG Duisburg ZfS 82, 312) bei Gleichheit der Schlüssel zu einer Miethauswaschküche und einer nur einem Mieter zugänglichen Dachkammer. Anders liegt es, wenn der Berechtigte nachträglich einen Schlüssel in Gebrauch nimmt oder nehmen läßt, der ursprünglich für ein anderes (gleichartiges) Schloß bestimmt war; über diesen Fall nachträglicher Widmung vgl. D V 13. Anders liegt es ferner, wenn für mehrere (gleiche) Schlösser an Zugängen ein und desselben Gebäudes oder an Türen ein und desselben Möbelstückes oder ein und derselben Möbelkombination dieselben Schlüssel passen; dann ist jeder dieser Schlüssel für jedes dieser Schlösser ein richtiger Schlüssel (München VersR 54, 188).

9   2. Ein **richtiger** Schlüssel kann **nicht nachträglich ein falscher** werden. Darin unterscheidet sich der versicherungsrechtliche Begriff von § 243 Abs. 1 Nr. 1 StGB (Nachschlüsseldiebstahl im Sinn des **Strafrechts**). Übersehen wird dies z.b. in LG München I VersR 89, 740 und in Stuttgart VersR 83, 745, wo jener **Unterschied** im Anschluß an einen zu Unrecht verallgemeinerten Fall geleugnet wird, in dem die beiden Begriffe zu demselben Ergebnis führten. Zuzustimmen ist BGH RuS 88, 244 = VerBAV 331 = NJW-RR 1050 (zur UnfallV); danach ist ganz allgemein für die Auslegung von AVB nicht der juristisch-technische Sinn der verwendeten Begriffe, sondern der **Sprachgebrauch des täglichen Lebens** maßgebend.

10   Daß versicherungsrechtlich ein richtiger Schlüssel nicht nachträglich zu einem falschen werden kann, gilt auch für die VHB 74, obwohl dort eine Definition im Sinn von D V 1 fehlt. Es folgt dort durch *Umkehrschluß* aus § 3 Nr. B 1 d und e VHB 74, wo abschließend gesagt wird, wann der Vr für einen Diebstahl haftet, der mit Hilfe eines ursprünglich richtigen Schlüssels ausgeführt wird. Jene Bestimmungen gehen ersichtlich davon aus, daß ein Schlüssel trotz einer verübten Schlüsselvortat im Sinn von D VIII bis X ein richtiger bleibt (RG VA 22 Nr. 1248 zum Diebstahl des Geldschrankschlüssels aus der 30 Minuten entfernten Wohnung), obwohl in jenen Fällen der Berechtigte oft nicht erwarten kann, den Schlüssel jemals zurückzuerlangen, sondern der Schlüssel entwidmet und damit strafrechtlich zu einem falschen wird (für diesen Umkehrschluß auch Hamm VerR 80, 737).

11   Weder durch **Diebstahl** (KG VA 23 Nr. 1344, Hamburg VW 49, 230) noch durch sonstigen unfreiwilligen **Verlust** noch durch „**Entwidmung**" (Wurf in den Müll, Frankfurt RuS 79, 108) noch gar durch Unterschlagung seitens eines zunächst rechtmäßigen Schlüsselbesitzers (LG Frankfurt ZfS 90, 101) wird ein richtiger Schlüssel zu einem falschen. **Ausnahme:** Werden richtiger und falscher Schlüssel gegenseitig **vertauscht,** so ändert sich entsprechend auch die versicherungsrechtliche Qualifikation beider Schlüssel, D V 13.

12   Ein richtiger Schlüssel wird insbesondere auch **nicht** dadurch nachträglich zu einem falschen, daß der Eigentümer sich seiner *nicht mehr erinnert* (LG Marburg VersR 74, 1191; a. A. Köln VersR 52, 278), noch weniger dadurch, daß der **Vermieter** eines Gebäudes oder Gebäudeteils ihn absichtlich oder versehentlich dem Mieter nicht aushändigt (Hamm RuS 86, 214 = VersR 85, 934; Köln RuS 88, 340). Das gleiche gilt, wenn ein **Mieter** (Hamm VersR 80,

737, LG München I VersR 78, 339) oder dessen Freunde (LG Köln VersR 78, 125) versehentlich oder absichtlich nach der Räumung einen Schlüssel zurückbehalten, eventuell auch einen berechtigterweise (D V 6) durch den Mieter nachträglich angefertigten Schlüssel, LG Berlin VersR 82, 83. Anders als im Strafrecht (E. Prölss 66 mwN und D V 6) kann die *Widmung* des richtigen Schlüssels *nicht* von vornherein *zeitlich beschränkt* erfolgen, also etwa für die Dauer eines Mietverhältnisses. Die Existenz solcher zusätzlicher Schlüssel stellt ein zusätzliches, jedoch unversichertes Risiko dar, vgl. auch D XVI 44 zur Beweislage. Wäre es anders, so müßte der Vr bei gegenwärtig oder früher vermieteten Vräumen häufig den Vertragsschluß von dem Einbau neuer Schlösser abhängig machen, was für die Gesamtheit der VN kostspieliger und daher nachteiliger wäre als der Ausschluß von Schäden durch „geheime" **richtige Schlüssel.** Unklarheiten über Verbleib von Schlüsseln bei Vormieter oder Vermieter: Stuttgart RuS 81, 18.

Ein **falscher Schlüssel** kann **nachträglich ein richtiger** werden, wenn nämlich **13** der Berechtigte ihn in Gebrauch nimmt. Dabei spielt es keine Rolle, ob der Berechtigte die Vorgeschichte des falschen Schlüssels kennt oder ob er ihn z. B. in der Meinung findet und gebraucht, es handle sich um einen Reserveschlüssel. So liegt es z. B., wenn ein ungetreuer Angestellter einen Nachschlüssel statt des echten zurückgibt (Hamm VersR 80, 737). In diesem *Ausnahmefall* wird der *echte* Schlüssel nachträglich zu einem *falschen,* vgl. auch schon D V 5 und 11; übersehen wurde dies in Köln RuS 88, 340 = VersR 1234 für einen Umzugsgehilfen. Entsteht auf solche Weise ein richtiger Schlüssel, so gilt auch für ihn, daß er sich versicherungsrechtlich nicht wieder in einen falschen verwandeln kann, D V 9.

3. Den **VOrt** oder einen Raum innerhalb des VOrts muß der Dieb mittels **14** des falschen Schlüssels aufschließen, D I 5 bis 7, D III 2 und D VIII 8, nicht etwa lediglich die Zentraltür eines Hauses, wenn VOrt nur eine Etage usw ist. Daß ein anderer Zugang ohnehin unverschlossen wäre, schadet nicht, vgl. D III 15 und D IV 6 sowie allgemein G I 13. Eintritt des Täters durch die aufgeschlossene Tür liegt zwar praktisch meist vor, wäre aber theoretisch ebensowenig erforderlich wie bei den Varianten des Einbruchs (D III 12) und des Einsteigens (D IV 3). – Wegen des **Zeitpunkts der Diebstahlabsicht** des Täters oder der mehreren Täter gelten D III 21 bis 24 entsprechend. Wer aber *rechtmäßig* eindringt, z. B. der Hausmeister bei Leitungswasseraustritt oder die Feuerwehr bei Brand, begeht stets nur *einfachen* Diebstahl, gleichgültig ob er die Diebstahlabsicht schon vor oder erst nach dem Eindringen faßt, D III 24.

4. **„Anderes Werkzeug",** das zum Öffnen nicht bestimmt ist, kann jedes **15** Werkzeug sein, das auf den Schließmechanismus einwirkt, BGHSt 5, 205 = NJW 53, 1180, z. B. ein Dietrich, ein Haken usw. oder eine Lochkarte, die einen Mechanismus auslöst, oder eine Stange, mit welcher durch das gelochte Stahlblech eines Garagentors gegriffen und ein Kippschalter betätigt wird. Auch der Begriff des „anderen Werkzeugs" deckt sich entgegen E. Prölss 67 und entgegen der 1. Aufl. nicht voll mit dem des Strafrechts; insbesondere gibt es auch hier keine nachträgliche „Entwidmung", D V 11. Bei Garagentoren, die für *Fernbedienung* durch Ultraschall eingerichtet sind, ist „anderes

Werkzeug" auch ein fremdes (wenn auch technisch gleichartiges, vgl. D V 8) Ultraschall-Bedienungsgerät in Verbindung mit einem Frequenzprüfgerät, Ollick VerBAV 81, 36, GB 78, 58. Um einen VFall handelt es sich auch, wenn der Täter manuell nicht selbst tätig wird, sondern einem Dritten (**Schlüsseldienst**, Polizei, Feuerwehr) vorspiegelt, er sei zutrittsberechtigt und habe nur den Schlüssel verloren oder dgl., vgl. auch D III 21 für das Einbrechen. – Wegen des „geistigen Schlüssels" bei Kombinationsschlössern vgl. D V 2 und D X 7.

VI. Erbrechen eines Behältnisses

1   1. **Systematik der AVB:** Das **Erbrechen eines Behältnisses** gehört zu den *qualifizierenden Begleitumständen*, die hinzutreten müssen, damit aus einem unversicherten einfachen ein versicherter **erschwerter Diebstahl** wird. Der Gebrauch **falscher Schlüssel** (D V 1) zu einem verschlossenen Behältnis ist in den AVB (Zitate: D VI 2) dem **Erbrechen** des Behältnisses gleichgestellt.

2   Diebstahl aus Behältnissen mittels Erbrechens oder Nachschlüssels steht gemäß §§ 2 Nr. 2 b AERB 87, 3 Nr. B 1 b VHB 74, 5 Nr. 1 b VHB 84 als *Alternative* neben den Möglichkeiten des Einbrechens, Einsteigens usw. Ein VFall ist gegeben, wenn der Dieb *entweder* in den VOrt einbricht usw. *oder* dort ein Behältnis erbricht. Eine Ausnahme besteht für die V eingelagerter Güter gemäß Kl 4201 Nr. 5. Nach den zitierten Bestimmungen besteht VSchutz – vorbehaltlich §§ 14 AERB 87, VHB 74, 9 VHB 84, 61 VVG (grobe Fahrlässigkeit) – auch dann, wenn der Täter durch eine unverschlossene Tür in den VOrt gelangt oder sich sogar legal dort aufhält. Beispiele: Der Täter erbricht ein in einer unverschlossenen Garage (LG Siegen RuS 83, 84) abgestelltes Kfz (in der AußenV auch außerhalb der Wohnung, vgl. D VI 9, D III 11 und D XV 55), der Pensionsgast erbricht ein Behältnis seiner Wirtin, der Patient im Wartezimmer ein solches des Arztes, der unbeaufsichtigte Ladenkunde ein verschlossenes Schubfach, ein Mitbewohner oder Untermieter ein Behältnis eines anderen Bewohners derselben Wohnung usw. VSchutz besteht auch, wenn der Schaden in „mehrherrig" (durch mehrere von einander unabhängige Betriebe usw.) genutzten Räumen eintritt, denn die Ausnahme für solche Fälle in § 1 Nr. 2 b AERB wurde in die AERB 87 nicht übernommen.

3   Bei gewissen Arten von (Wert-)Sachen ist die Aufbewahrung in verschlossenen Behältnissen, die bestimmte Anforderungen erfüllen müssen, **zusätzliche Voraussetzung des VSchutzes**, und zwar nach § 4 Nr. 3 bis 5 AERB 87 für Schäden durch erschwerten Diebstahl, nach 2 Nr. 3 bis 8 VHB 74 für alle Gefahren (auch Feuer, Leitungswasser und Sturm) mit Ausnahme von Raub (§ 2 Nr. 9 VHB 74), nach § 19 Nr. 3 VHB 84 sogar für alle Gefahren einschließlich Raub. Auch im Geltungsbereich dieser Vorschriften begründet zwar schon die Handlung des Einbrechens usw. einen erschwerten Diebstahl; ob *überhaupt* oder über bestimmte *Entschädigungsgrenzen* hinaus VSchutz besteht, hängt aber außerdem davon ab, ob die versicherten Sachen in bestimmter Weise aufbewahrt waren, vgl. im einzelnen H III 32 bis 54. Die verschlossenen Behältnisse im Sinn der Bestimmungen gemäß D VI 2 müssen

„erhöhte Sicherheit auch gegen deren Wegnahme" bieten. Teilweise wird sogar ein mehrwandiger Stahlschrank mit einem bestimmten Mindestgewicht oder ein eingemauerter Stahlwandschrank („Geldschrank") oder ein Tresorraum verlangt; insoweit ist überdies der Bereich der versicherten Gefahren beschränkt, weil dann nämlich die Schlüsselklausel für Behältnisse nur mit Einschränkung gilt, vgl. Abschnitt D X. Zur Frage der rechtlichen Qualifikation dieser sog. **Verschlußvorschriften** als **verhüllte** Obliegenheiten vgl. G I 17 und M III 19 ff.

2. **Behältnis** ist jeder Raum, der geeignet ist, Sachen aufzunehmen und sie 4 allseitig zu umschließen, vgl. auch H III 36. *Keine* Behältnisse sind nach h. M. *Räume von Gebäuden,* die von Menschen betreten werden können, H III 36. Jedoch spielt diese Ausnahme für den Begriff des erschwerten Diebstahls keine Rolle, weil dann eben der Raum eines Gebäudes erbrochen wurde. Im Sinn der Verschlußvorschriften (D VI 3) muß man jedoch Tresor- und tresorähnliche Räume als Behältnisse gelten lassen, vgl. Bamberg VerBAV 75, 36 und H III 35. Behältnis ist z. b. einerseits ein Pkw, D III 10, oder das Führerhaus eines Lkw, andererseits auch ein Sack, eine Pappschachtel oder ein Briefumschlag, soweit sie sich nur gemäß D VI 5 öffnen lassen. Nach Ollick VerBAV 81, 36 muß der Raum „fest umschlossen" sein; es kann offen bleiben, ob das eine Einschränkung bedeutet, denn jedenfalls fehlt es in einschlägigen Grenzfällen am Erbrechen.

Erbrechen eines Behältnisses setzt einen wenigstens bescheidenen Aufwand 5 an Kraft oder technischen Mitteln voraus. Wer einen Briefumschlag aufreißt oder einen verklebten Karton öffnet, erbricht nichts (E. Prölss 67 wollte hier begrifflich schon nicht von einem Behältnis sprechen), weil es sich um die einzig mögliche Art und Weise des Öffnens handelt, wenn auch durch eine andere Person, zu anderer Zeit usw. als der Berechtigte es sich bei dem Verschließen des Behältnisses vorgestellt hatte. Wer dagegen einen zugebundenen Sack nicht etwa nur aufbindet, sondern aufschneidet, erbricht ein Behältnis. Die Substanz des Behältnisses braucht nicht verletzt zu werden. Die für das Einbrechen in D III 14 entwickelten Grundsätze gelten entsprechend; Biegen oder dgl. genügt also.

Daß der Diebstahl auch ohne Erbrechen des Behältnisses hätte ausgeführt 6 werden können, z. B. weil der Dieb einen in greifbarer Nähe liegenden Schlüssel hätte benutzen oder weil er das Behältnis mit sich hätte nehmen können (vgl. dazu aber D VI 9) oder weil der Dieb ganz einfach übersehen hat, daß das Behältnis unverschlossen war, spielt keine Rolle, kann aber den VSchutz wegen nicht beachteter Verschlußvorschriften (D VI 3) beseitigen. Entscheidend ist, daß der Dieb tatsächlich ein Behältnis erbrochen und damit ein wenigstens vermeintliches Hindernis für seinen Zugriff überwunden hat, vgl. D III 15 für das Einbrechen in Gebäude und D IV 1 für das Einsteigen sowie allgemein G I 13. Die Gegenansicht von Ollick VerBAV 81, 36 unterscheidet nicht genügend zwischen den Merkmalen des erschwerten Diebstahls und den Verschlußvorschriften. Naturgemäß müssen aber strenge Beweisanforderungen gestellt werden, wenn der VN „versehentliches" Erbrechen unverschlossener Behältnisse als Ursache für das Abhandenkommen ihres Inhalts behauptet.

7 Nicht nach dem Wortlaut, wohl aber nach dem Sinn von §§ 1 Nr. 2b, AERB 87 3 Nr. B 1 b VHB 74, 5 Nr. 1 b VHB 84 müssen sich die **gestohlenen Sachen in dem erbrochenen Behältnis** befunden haben (a. A. E. Prölss 68, RG VA 14, Nr. 799, KG VA 22 Nr. 1250, jeweils ohne Begründung). *Adäquate Kausalität* genügt hier *nicht*, vgl. zutreffend RA VA 22 Nr. 1248, KG VA 18 Nr. 1058 und VA 23 Nr. 1344, Naumburg VA 13 Nr. 377 für Fälle, in denen der Täter durch Einbruchdiebstahl einen richtigen Schlüssel zum Geldschrank erlangt hatte. So fehlt es z. B. an einem erschwerten Diebstahl (falls nicht der Täter außerdem eingebrochen war usw.), wenn der Täter in einem erbrochenen Behältnis nicht die zu stehlende Sache selbst, sondern nur einen Hinweis findet, der es ihm ermöglicht, die anderswo im VOrt ohne Behältnis aufbewahrte Sache zu finden und zu stehlen. Wegen des sog. geistigen Schlüssels bei Kombinationsschlössern vgl. D V 2.

8 Jedoch ist jene alte Streitfrage jetzt weitgehend bedeutungslos, denn nach § 1 Nr. 1a AERB 87 ist jedenfalls in der gewerblichen DiebstahlV das Abhandenkommen auch als *Folgeschaden* versichert, D XI 9; das gleiche gilt nach § 3 Nr. 2 VHB 84 für die Hausrat V (anders allerdings noch § 1 Nr. 1 b VHB 74, vgl. D XI 14). Außerdem wird der praktisch häufigste der hier erörterten Fälle durch die sog. *Schlüsselklausel* für Behältnisse (§§ 1 Nr. 2 e AERB 87, 3 Nr. B 1 d VHB 74, 5 Nr. 1 e VHB 84) erfaßt, wonach es genügt, wenn der Täter die richtigen Schlüssel durch erschwerten Diebstahl erlangt hat, insbesondere also durch Erbrechen eines Behältnisses, in dem der Schlüssel zu einem anderen Behältnis aufbewahrt war, vgl. dazu D IX 5. Soweit sich die versicherten Sachen in der GeschäftsV in einem qualifizierten Behältnis befinden müssen, muß der Täter allerdings auch den Schlüssel durch Erbrechen eines qualifizierten Behältnisses erlangt haben, D X 11.

9 3. Da die qualifizierenden Merkmale des erschwerten Diebstahls **innerhalb des VOrtes** erfüllt werden müssen, D I 7, liegt erschwerter Diebstahl nur vor, wenn der Dieb das Behältnis *innerhalb* des VOrts *aufbricht;* ob das Gebäude verschlossen war, D VI 2, spielt dagegen nur für den Ausschluß wegen grober Fahrlässigkeit eine Rolle. Nach den VHB 74 war dies allerdings nur insofern unstreitig, als der Dieb das Behältnis „innerhalb des Gebäudes oder Raumes eines Gebäudes" erbrochen haben muß (Hasselmann VW 66 719, E. Prölss 69, Ehrenzweig 382). Daß dies innerhalb der VOrts geschehen muß (PM § 1 AEB Anm. 3), der oft nur einen Teil des Gebäudes umfaßt, wurde im AVB aus der Zeit vor 1980 nicht klar gesagt, wird aber jetzt durch §§ 3 Nr. 1 Abs. 1 AERB 87, 10 Nr. 3 VHB 84 ausdrücklich festgelegt, D I 5. Meist ist erschwerter Diebstahl allerdings schon wegen eines vorausgegangenen Gebäudeeinbruchs gegeben. Dann ist es in dem zuvor erörterten Fall nach § 1 Nr. 2 e Satz 2 AERB, AERB 87 (anders noch § 2 Nr. 3 Abs. 3 AEB) gleichgültig, ob der *Geldschrank* im VOrt erbrochen oder aber *abtransportiert* und anderwärts erbrochen wird; in beiden Fällen sind die Verschlußvorschriften erfüllt, D X 5.

10 Soweit es vereinbart ist, besteht VSchutz auch für Diebstahl durch Erbrechen von Behältnissen **außerhalb des VOrtes** und sogar außerhalb eines Gebäudes. Dies gilt insbesondere für **Schaukästen** an Gebäudeaußenwänden (vgl. BGHSt 9, 173 = NJW 56, 1041) und für **Vitrinen**, vgl. Nr. II 2 bzw. II 4 der Pauschaldeklaration (Texte 40, S. 5). Danach ist der Schutz aber immer-

hin auf das „VGrundstück" im Sinn von G III 31 beschränkt, d.h. auf das Grundstück, auf dem der VOrt liegt. Jede räumliche Beschränkung fehlte in D-Kl 38 für **Automaten**; anders jetzt Kl 4403, vgl. D XV 5 und G III 20. Jedoch kann der Standort des Automaten einzelvertraglich bestimmt sein. Die **HausrataußenV** nach §§ 6 Nr. 2 VHB 74, 12 VHB 84 macht zwar **11** ebenfalls eine Ausnahme von dem Grundsatz, daß der Täter innerhalb des VOrtes handeln muß. Jedoch ist die HausrataußenV gebäudegebunden, D III 4. Wo der VN nicht beweisen kann, daß der Täter das Behältnis noch innerhalb der Wohnung aufgebrochen hat, wird er meist auch nicht beweisen können, daß dies innerhalb irgendeines (anderen) Gebäudes geschah. Für das Erbrechen von Behältnissen, die der VN unaufgebrochen aus der Wohnung schafft, hat daher die HausrataußenV keine praktische Bedeutung.

VII. Diebstahl durch Einschleichen oder sich Verbergen

1. Nach §§ 1 Nr. 2 c AEB, 3 Nr. B 1 c VHB 74 handelt es sich um versicherten **1** erschwerten Diebstahl (D II 1) auch dann, wenn der Täter den Diebstahl zur *Nachtzeit* begeht, nachdem er sich in diebischer Absicht *eingeschlichen* oder *verborgen* gehalten hatte. Der Tatbestand knüpft an § 243 Abs. 1 Nr. 7 einer früheren Fassung des StGB an. – §§ 1 Nr. 2 c AERB 87, 5 Nr. 1 c VHB 84 enthalten diese Alternative des erschwerten Diebstahls ebenfalls, formulieren sie aber *stark abweichend*, vgl. dazu D VII 14.

2. Das Erfordernis der **Nachtzeit,** auf das die AERB 87 und VHB 84 gänz- **2** lich verzichten, ist schon für die VHB 74 großzügig auszulegen. Es genügt, wenn der Dieb *entweder* während der Zeit der ortsüblichen Nachruhe (Celle MDR 52, 312; für das Strafrecht von der h.M. jedoch abgelehnt, E. Prölss 72) *oder* während der Zeit zwischen dem Ende der Abenddämmerung und dem Beginn der Morgendämmerung stiehlt; der letztere Zeitraum hängt von der Jahreszeit ab (Beispiel: Hamm RuS 88, 274). Allerdings hatte BGH VersR 80, 641 ausschließlich auf die Tageshelligkeit und nicht auf die Nachruhe abgestellt, so daß z.B. eine Tat im Juni morgens um 4 Uhr („Mitteleuropäischer Zeit") nicht mehr zur Nachtzeit begangen wäre; der BGH war sich aber aaO der Problematik nicht bewußt, weil im Einzelfall nur Tatzeiten zur Diskussion standen, die weder während der Dunkelheit noch während der üblichen Nachruhe lagen. Durch die Einführung der „Mitteleuropäischen Sommerzeit" hat die Frage weiter an Bedeutung verloren.

„Nachtzeit" bedeutet jedenfalls *nicht* „außerhalb der *Geschäftszeit*". Wäh- **3** rend des Sommerhalbjahres, ist also ein Diebstahl zwischen Geschäftsschluß und Abenddämmerung nicht gedeckt. Noch weniger genügt ein Diebstahl an einem *arbeitsfreien Tag*. Auch Beweiserleichterung bei Diebstählen am Wochenende kann der VN jedenfalls seit der Zunahme der arbeitsfreien Tage durch die verkürzte Arbeitswoche nicht mehr erwarten (anders noch VA 38, 116)

Zur Nachtzeit muß der Täter den Diebstahl „begehen" (KG JR 38, 344). **4** Nach § 1 Nr. 2 c AEB 3 Nr. B 1 c VHB 74 ist zweifelhaft, ob dazu erforderlich ist, daß der Dieb den VOrt noch während der Nachtzeit auch wieder verläßt. Risikoerwägungen (E. Prölss 54 und 72) sprechen dafür, aber der

Wortlaut drückt ein solches Erfordernis *nicht* aus, so daß man es im Ergebnis verneinen muß. „Diebstahl" ist begrifflich begangen, D II 7, sobald die Sache *weggenommen* ist. Dazu wiederum genügt, daß der Täter die Sache in seiner Kleidung oder seinem Gepäck unterbringt; unter Umständen genügt sogar, daß er sie innerhalb des Raumes für sich beiseite und zum Abtransport bereit legt. Wegnahme erfordert jedenfalls *nicht*, daß der Täter oder die Sachen den Raum bereits *verlassen* haben. – Was hierzu den AEB und VHB 74 über die „Begehung" zur Nachtzeit gesagt wurde, gilt nach §§ 1 Nr. 2 c AERB 87, 5 Nr. 1 c VHB 84 entsprechend für den Zeitpunkt (nämlich ebenfalls der Wegnahme, D VII 19), in dem der Raum oder das Gebäude verschlossen sein muß.

5 Unstreitig bedeutungslos ist es, und zwar schon nach §§ 1 Nr. 2 c AEB, 3 Nr. B 1 c VHB 74, wann der Täter sich einschleicht oder verborgen hält. Beides kann auch schon vor Beginn der Nachtzeit geschehen.

6 3. Der Dieb **schleicht ein**, wenn er heimlich eintritt, indem er versucht, seinen Eintritt der Wahrnehmung Dritter (nicht notwenig: des VN oder seines Repräsentanten oder eines Hausrechtsinhabers) zu entziehen. Nachweise aus der früheren Strafrechtsprechung finden sich bei E. Prölss 70. Ziel des Einschleichens muß der **VOrt** sein, wie dies (nur) in den VHB 84 („Wohnung") richtig formuliert ist, D I 5. VOrt können einzelne Räume, z. B. eine Wohnung in einem Mehrfamilienhaus oder die nur in einer Etage gelegenen versicherten Betriebsräume, oder aber ein ganzes Gebäude sein. Jedenfalls genügt es nicht, wenn der Täter, nachdem er auf andere Weise in den VOrt gelangt ist, sich dort nunmehr von einem Raum in einen anderen Raum „einschleicht".

7 Seinen **Eintritt** muß der Täter dem VN **verheimlichen** wollen, nicht etwa nur seine diebische Absicht. Es genügt daher *nicht* (str), wenn der Täter unter einem Vorwand eintritt, indem er den **VN persönlich** über die Absicht **täuscht**, die er mit seinem Eintritt verfolgt (sog. **Erschleichen des offenen Zutritts**, E. Prölss 70). Eingeschlichen hat sich also nicht, wer mit *vorgetäuschter Kauf- oder Besichtigungsabsicht* Geschäftsräume betritt, um sich nach Ende der Geschäftszeit einschließen zu lassen oder um sofort zu stehlen, während das Verkaufspersonal durch Verkaufsgespräche mit Komplicen abgelenkt wird; in Karlsruhe VersR 83, 73 (Juweliergeschäft) wird die Frage aber nicht näher erörtert, denn es fehlte am Erfordernis der Nachtzeit. Es kommt hier (anders unten D VII 9) nicht darauf an, ob der Täter sich zunächst entsprechend dem vorgetäuschten Zweck seines Eintritts verhält und einen Gegenstand kauft oder nicht. In beiden Fällen fehlt an jeder Täuschungshandlung im Zeitpunkt des Eintritts, so daß man auch nicht sagen kann, der abwesende VN werde über die Tatsache des Eintritt getäuscht. In Betracht kommt nur ein sich Verbergen des Täters im Zeitpunkt des Geschäftsschlusses.

8 Als Einschleichdiebstahl soll das Erschleichen offenen Zutritts dagegen nach vorherrschender Ansicht anzusehen sein, wenn nicht der VN, sondern **Familienangehörige** oder **Arbeitnehmer** (z. B. Wächter, RG DR **42**, 1646, oder Nachtportier) über den Zweck des Eintritts **getäuscht** werden, denn dem – abwesenden! – VN persönlich (BGHSt **11**, 65) wird dann nicht nur der Zweck, sondern auch die Tatsache des Eintritts verheimlicht. Hierher gehört auch der Fall, daß jemand um ein Nachtquartier bittet und durch einen

Mitbewohner eingelassen wird; im Fall AG München RuS 77, 262 war aber die Diebstahlsabsicht im Zeitpunkt der Bitte um Nachtquartier nicht zu beweisen. – Zusätzlich kann in solchen Fällen die Alternative des sich Verbergens (D VII 14) erfüllt werden, wenn nämlich die Anwesenheit des zunächst offen eingetretenen Täters vergessen wird und dieser sich dann verbirgt.

In den Fällen von D VII 8 (Täuschung von Arbeitnehmern oder Familien- **9** angehörigen) handelt es sich um eine erweiternde Auslegung gegenüber dem Begriff des „Einschleichens", wie der Sprachgebrauch des täglichen Lebens im Sinn von BGH RuS 88, 244 = VerBAV 331 = NJW-RR 1050 ihn versteht. Der allgemeine Sprachgebrauch verbindet mit diesem Begriff nur Formen des Eintritts, die *gänzlich* unbemerkt bleiben, also nicht nur für den VN, sondern auch für sonstige berechtigte Benutzer des Gebäudes.

Die erweiternde Auslegung muß auf Fälle beschränkt bleiben, in denen der **10** Vorwand für den Eintritt wirklich nur ein Vorwand ist, in denen der Täter also die (**ausschließliche**) **Diebstahlsabsicht** als wahres Motiv für seinen Eintritt durch aktives Tun verschleiert, indem er ein Motiv vortäuscht, das in Wirklichkeit nicht existiert. Betritt hingegen der Täter die Räume ohnehin zu *mehreren Zwecken*, von denen der Diebstahl nur eines ist, verheimlicht er also den Mitbewohnern oder Arbeitnehmern des VN lediglich die Diebstahlsabsicht als sein zweites und *zusätzliches* Motiv, so begründet dieses bloße *Unterlassen* **nicht** schon ein Einschleichen. Es besteht z. B. kein VSchutz, wenn der Täter nachts mit dem Sohn des VN die Wohnung betritt, um auf dessen Einladung mit diesem zu zechen oder Karten zu spielen und bei dieser Gelegenheit möglichst auch etwas zu stehlen. Betritt der Täter ein durch Angestellte des VN betriebenes Ladengeschäft oder ein Kaufhaus, so besteht nach den AEB VSchutz ebenfalls nur, falls der Täter von vornherein ausschließlich (!) stehlen wollte.

Keinesfalls genügt es für ein Einschleichen (BGHSt 9, 253, 20, 236), wenn **11** der Täter lediglich **unbemerkt eintritt**, z. B. mit Hilfe des richtigen Schlüssels, mag er darauf auch durch eine gewisse Vorsicht (KG VA 20 Nr. 1164) und durch entsprechende Wahl des Zeitpunkts (LG Mainz VersR 85, 559) oder des Zugangsweges (im Fall Frankfurt 87, 706 rückwärtiges Kellerfenster) hingewirkt haben. Andernfalls wäre nahezu jeder Diebstahl aus unbeaufsichtigten Räumen ein Einschleichdiebstahl, denn der Dieb wird sich regelmäßig vor seinem Eintritt vergewissern, daß er von keiner Seite beobachtet wird. Ist völlig offen, warum der Eintritt des Täters oder seine Diebstahlsabsicht unbemerkt geblieben ist, so fehlt der Nachweis eines VFalles, Hamm aaO. Schutz besteht nur, wenn der Täter über die Wahl des Zeitpunkts hinaus weitere Vorsichtsmaßnahmen ergreift, Hamm RuS 88, 274, z. B. durch völlige Geräuschlosigkeit oder durch die Wahl seiner Kleidung, des verbalen Vorwands seines Eintritts, den er gegenüber Angestellten des VN gebraucht, D VII 8. Grenzfall: Der Täter tritt durch die offene Terrassentür ein, während die Bewohner des Einfamilienhauses im Garten oder in einem Raum zur anderen Gebäudeseite lautstark feiern.

Die Merkmale des Einschleichens müssen **innerhalb des VOrts** erfüllt wer- **12** den, D I 5. Heimlichkeit oder sogar Tarnung des Täters außerhalb des VOrts (z. B. bei einem Sprung über den Zaun oder während des Gangs durch den Garten) ist weder erforderlich noch für sich allein ausreichend. Es kommt also darauf an, ob der Täter „schleicht", während er die Grenze des VOrts überschreitet. Geschieht letzteres ohne Heimlichkeitsvorkehrungen, so kommt nicht die Alternative des Einschleichens, sondern nur noch die Alternative des sich Verbergens (D VII 14) in Betracht.

13   Erstreckt sich der VOrt nur auf einen Teil der Räume eines Gebäudes, so ist es erforderlich und ausreichend, daß der Täter sich in diesen Teil des Gebäudes einschleicht. Was noch E. Prölss (72 mit Nachweisen aus der älteren Literatur) und zu den VHB 74 auch noch Hamm RuS 88, 273 als Zweifelsfragen erschienen ist, löst sich zwanglos, wenn man das Erfordernis des VOrts auch auf die qualifizierenden Merkmale des erschwerten Diebstahls bezieht, D I 5 bis 7. Aus dem Wortlaut von §§ 1 Nr. 2 c AEB, 3 Nr. B 1 c VHB 74 kann dann *nicht* etwa der Umkehrschluß gezogen werden, daß es genüge, wenn der Täter sich in *irgendein* Gebäude oder *irgendeinen* Raum eines Gebäudes einschleicht. Die besondere Vorsicht muß der Dieb vielmehr anwenden, während er von dem nicht zum VOrt gehörenden Teil des Gebäudes in den VOrt übertritt; ob er die Vorsicht schon vorher und noch nachher anwendet, ist unerheblich.

14   **4. Verborgen** hält sich, wer sich mit Hilfe örtlicher Gegebenheiten der Wahrnehmung entzieht. Es ist nicht erforderlich, daß der Täter einen bestimmten Standort beibehält. Auch und gerade wer seinen Standort innerhalb des VOrtes wechselt, um nicht gesehen zu werden, hält sich dort verborgen. Das bloße Betreten des Raumes, aus dem gestohlen wird, bedeutet aber noch kein sich Verbergen in dem Raum des vorausgegangenen Aufenthalts (AG München RuS 77, 262).

15   **5. Diebische Absicht** muß schon zur Zeit des Einschleichens oder sich Verbergens vorgelegen haben. Dieser Unterschied gegenüber dem Einbruch- oder Einsteigdiebstahl (D III 23 und D IV 6) ist gerechtfertigt, weil bei Einbrechen oder Einsteigen schon die äußeren Umstände ein VBedürfnis begründen, während es bei Personen, die auf äußerlich legale Weise in den VOrt gelangen, grundsätzlich Sache des VN ist, seine Sachen auf eigenes Risiko zu schützen. Die **Beweislast** trägt der VN. – Wegen möglicher Beweiserleichterungen vgl. D XVI 3.

16   In den in D VII 10 erörterten Fällen muß der VN nicht nur die Tatsache und den Zeitpunkt der **Diebstahlsabsicht,** sondern außerdem deren **Ausschließlichkeit** beweisen. Diese strengen Anforderungen sind begründet, denn der VSchutz nach den hier erörterten AVB der klassischen SachV – anders z. B. in der ReisegepäckV – soll nicht jeden („einfachen") Diebstahl, sondern nur bestimmte erschwerte Formen des Diebstahls decken. Insbesondere sollte nach den AEB für Ladendiebstahl auch dann kein VSchutz bestehen, wenn er zu Zeiten der Dunkelheit verübt wird. Die in D VII 17 zitierten neueren AVB stellen dieses Ergebnis auf andere Weise sicher, indem sie nämlich verlangen, daß der betroffene Raum zur Zeit der Tat verschlossen ist. Aber auch schon die älteren AVB, nämlich die AEB und die VHB 74, führen zu diesem Ergebnis, denn der VN kann in aller Regel nicht beweisen, daß der Täter ausschließlich in Diebstahlsabsicht eingetreten ist, wenn er mit Wissen von Arbeitnehmern oder Mitbewohnern des VN ein Gebäude betritt, insbesondere ein Ladengeschäft oder ein Kaufhaus.

6. §§ 1 Nr. 2c AERB, AERB 87, 5 Nr. 1c VHB 84 formulieren die Voraus- 17
setzungen dieser Alternative des erschwerten Diebstahl anders. Der VSchutz
wird teils erweitert und teils eingeschränkt. Wenn in § 5 Nr. 1c VHB 84
abweichend von den übrigen Alternativen des Katalogs, nicht von dem verschlossenen Raum eines Gebäudes, sondern von der verschlossenen Wohnung die Rede ist, so bedeutet dies, daß AußenVSchutz gemäß § 12 Nr. 1
VHB 84 für diese Art von erschwertem Diebstahl nicht besteht, D III 3.

Nicht mehr nötig ist *diebische Absicht* des Täters schon zur Zeit des Ein- 18
schleichens oder sich Verbergens. Es genügt z. B. auch, wenn der Täter zunächst nur hatte übernachten wollen, Ollick VerBAV81, 36. *Nicht* mehr
nötig ist ferner *nächtliche Tatzeit.*

Statt dessen muß allerdings der betroffene **Raum** oder das Gebäude **zur Zeit** 19
der Tat verschlossen sein. Ist VOrt nur ein Teil des Gebäudes, so muß entweder der betroffene Raum oder dieser Teil des Gebäudes verschlossen sein.
Das Erfordernis des Verschlusses gewährleistet auch weiterhin, daß nicht
jeder einfache Diebstahl versichert ist, der mit Hilfe des – überdies schwer
abgrenzbaren, D VII 7 bis 11 – Einschleichens begangen wird. Versichert sind
im wesentlichen nur noch Fälle, in denen der Dieb den Verschluß unter
einem Vorwand überwindet oder in denen das Gebäude nach Eintritt des
Täters, aber noch vor Wegnahme der Sache (D VII 20) verschlossen wird.
Andererseits vermeiden die AERB 87 und VHB 84 den Auslegungsstreit um
den Begriff der Nachtzeit (D VII 2) und erweitern den VSchutz auch auf
Zeiträume, in denen der VOrt außerhalb der Nachtzeit verschlossen ist, also
während der Mittagspause, vor Geschäftsöffnung, nach Geschäftsschluß, an
Wochenenden und vorbehaltlich der Vorschriften über Gefahrerhöhung (N
III 47) auch während der Betriebsferien.

Verschluß zur **Zeit der Wegnahme** genügt, vgl. D VII 4. Das Gebäude usw. 20
darf also wieder *geöffnet* sein, wenn der Täter es *verläßt.* „Ausbrechen" (D
III 25) muß der Täter nicht. Auch durch Einschleichen in ein unverschlossenes Gebäude kann der VFall verwirklicht werden, vgl. M I 51 zur Obliegenheit des § 14 Nr. 1c VHB 84. Dann muß aber feststehen, daß der VOrt noch
während des Aufenthalts des Täters und vor Wegnahme der Sache verschlossen wurde.

VIII. Schlüsselklausel für Gebäude oder Räume
von Gebäuden

1. Systematik der AVB: Bei Gebrauch des **richtigen Schlüssels** zu einem Ge- 1
bäude oder dem Raum eines Gebäudes ist Schlüsseldiebstahl als Vortat einer
der *qualifizierenden Begleitumstände,* die hinzutreten müssen, damit aus einem unversicherten einfachen ein versicherter **erschwerter Diebstahl** wird, D
II 1. Die AVB-Vorschriften, die dies vorsehen, nämlich §§ 1 **Nr. 2e und f**
AERB, AERB 87 sowie früher § 1 Nr. 2d AEB in Verbindung mit der als
Standardklausel ausnahmslos allen Verträgen zugrundeliegenden D-Kl 9a für

die *GeschäftsV* und §§ 3 Nr. B 1 d und e VHB 74, 5 Nr. 1 e und f VHB 84 für die *HausratV,* werden oft als „Schlüsselklausel" bezeichnet, obwohl es sich, vom Fall der AEB von 1938 abgesehen, nicht mehr um eine Klausel, sondern um Bestimmungen des Hauptbedingungswerkes handelt. – Zur Entstehungsgeschichte der Schlüsselklausel vgl. VA 21, 136, 22, 60.

2   Die Schlüsselklausel gilt **nicht nur** für Schlüssel zu *Gebäuden* und Räumen von Gebäuden, sondern grundsätzlich (vgl. aber D VIII 3 und D IX, D X) auch für **Behältnisse,** letzteres jedoch mit der Einschränkung, daß der Gebrauch des richtigen Schlüssels zu Behältnissen einen VFall nur darstellt, wenn auch die Schlüsselvortat ein erschwerter Diebstahl war. Historisch bezog sich diese Einschränkung zunächst auch auf Gebäudeschlüssel, bis in der GeschäftsV durch D-Kl 9 a und in der HausratV durch § 3 Nr. B 1 e VHB 74 bei Gebäudeschlüsseldiebstahl als Schlüsselvortat auf die qualifizierenden Merkmale des erschwerten Diebstahls verzichtet wurde. Deshalb wurden früher D-Kl 9 a sowie § 3 Nr. B 1 e VHB 74 vielfach als **erweiterte Schlüsselklausel"** bezeichnet, vgl. die Überschrift von D-Kl 9 a und E. Prölss 73, 74. Aus der geschilderten Vorgeschichte erklärt es sich auch, daß Gebäudeschlüssel und Behältnisschlüssel in ein und derselben Bestimmung behandelt werden, soweit erschwerter Diebstahl als Schlüsselvortat verlangt wird. Sogar in den AERB und AERB 87 (wegen der VHB 84 vgl. unten D VIII 4) wurde die Systematik beibehalten, obwohl die Schlüsselklausel und deren „Erweiterung" längst zum Normalumfang der Deckung gehören.

3   Der Sache nach war die Bezeichnung „erweiterte Schlüsselklausel" schon immer irreführend. Richtig ist es, statt dessen zwischen einer **Schlüsselklausel für Gebäude und Räume von Gebäuden** (D VIII) und einer **Schlüsselklausel für Behältnisse** (D IX) zu unterscheiden. Die Schlüsselklausel für Gebäude stellt an den Schlüsseldiebstahl als Vortat nur die eine Anforderung, daß sie nicht durch (leichte oder grobe, D VIII 11) Fahrlässigkeit des VN oder des Gewahrsamsträgers verursacht sein darf, während die Schlüsselklausel für Behältnisse einen erschwerten Schlüsseldiebstahl als Vortat verlangt. In der GeschäftsV gilt für Sachen, die nur in verschlossenen und besonders qualifizierten Behältnissen versichert sind (§§ 3 Nr. 3 AERB, 4 Nr. 3 AERB 87, 2 Nr. 3 AEB, 2 Nr. 3 bis 8 VHB 74, 19 Nr. 3 VHB 84, vgl. D VI 3 und H III 23), eine **eingeschränkte Schlüsselklausel für Behältnisse,** D X 3, die an die Schlüsselvortat noch zusätzliche Anforderungen stellt; dabei werden Tresorräume, obwohl sie durch Menschen betreten werden können und daher begrifflich Räume eines Gebäudes wären, wie Behältnisse behandelt, vgl. D VI 4 und H III 35.

4   Auch die **AERB** und **AERB 87** stellen zwar in § 1 Nr. 2 e Gebäude und Behältnisse in einer einzigen Schlüsselklausel nebeneinander, ergänzen die Schlüsselklausel für Gebäude aber durch § 1 Nr. 2 f anstelle von D-Kl 9. Die Schlüsselklausel für Gebäude muß also zwar auch hier aus zwei nebeneinander stehenden Vorschriften herausgelesen werden, erscheint jetzt aber immerhin in vollem Umfang in den AERB und AERB 87 selbst, ohne daß es noch zusätzlich einer Klausel bedürfte. In §§ 1 Nr. 2 f AERB, AERB 87, 3 Nr. B 1 e VHB 74, 5 Nr. 1 f VHB 84 erscheint das Wort „einfachen" vor „Diebstahl" nicht mehr. Auch wenn der Diebstahl des **Gebäudeschlüssel** ein erschwerter Diebstahl war, schließt also schon **leichte Fahrlässigkeit** des VN

oder des Gewahrsamsträgers den VSchutz aus. Eine Verschlechterung des VSchutzes bedeutet dies aber nur nach den § 5 Nr. 1 f **VHB 84,** denn nach den drei anderen AVB steht die jeweils unmittelbar vorausgehende Bestimmung als Auffangtatbestand zur Verfügung: §§ 1 Nr. 2 e AERB, AERB 87, 3 Nr. B 1 d VHB 74 gewähren VSchutz bei erschwertem Diebstahl des Schlüssels auch zu Gebäuden oder Räumen von Gebäuden. Hier schließt nur eine durch den Vr zu beweisende **grobe Fahrlässigkeit** den VSchutz aus.

2. Der Täter muß nach §§ 1 Nr. 2 f AERB, 3 Nr. B 1 e VHB 74 den richtigen   5
Schlüssel (D V 3) nachweislich (Frankfurt RuS 79, 108) durch Diebstahl oder durch Raub als sog. **Schlüsselvortat** erlangt haben. **Einfacher Diebstahl** genügt, *nicht* aber *Unterschlagung* (LG Frankfurt ZfS 90, 101). Der Schlüsseldiebstahl kann **innerhalb oder außerhalb des VOrts** verübt worden sein. Das wird in den AERB, AERB 87 und VHB 84 jeweils ausdrücklich gesagt, nämlich als Ausnahme von dem neu formulierten (D I 5) Grundsatz, daß alle Voraussetzungen des erschwerten Diebstahls im VOrt verwirklicht werden müssen. Die Rechtslage ist aber nach den VHB 74 dieselbe. Insbesondere kann der Täter in den Geschäftsräumen des VN Schlüssel zu der Wohnung gestohlen haben oder umgekehrt. Der Schlüsseldiebstahl kann aber auch aus einem Kfz (D VIII 16) oder z.B. durch Taschendiebstahl (D VIII 22) begangen worden sein.

Erschwerter Diebstahl als Schlüsselvortat gemäß § 3 Nr. B 1 d VHB 74 usw   6
muß allerdings „aus einem Gebäude" begangen worden sein. Das ist z.B. noch zu bejahen, wenn von außerhalb des Hauses aus einem in die Hausmauer (nicht auch: Hof- oder Gartenmauer) eingebauten Briefkasten eines Nachbarn ein dort durch den VN eingeworfener Schlüssel durch gewaltsame Erweiterung des Einwurfschlitzes herausgeholt wird. Der Täter braucht nämlich das Gebäude nicht zu betreten, D III 18. Der **Schlüsselraub** kann nach den AEB, VHB 74 und VHB 84 ebenfalls innerhalb oder außerhalb des VOrts stattfinden, nach den AERB und AERB 87 hingegen nur noch außerhalb des VOrts, denn innerhalb des VOrts handelt es sich mit Bezug auf die weggenommenen versicherten Sachen ausschließlich um Raub, D II 32, ebenso wie wenn der Täter den Schlüssel überhaupt nicht an sich nimmt, sondern nur das Aufschließen erzwingt, D VIII 7.

Diebstahl des Schlüssels ist in dem weiten Sinn des VRechts zu verstehen, vgl.   7
D II 7 ff. Es genügt, wenn der Dieb die Schlüssel zu einmaligem Gebrauch an sich nimmt und sie dann am Tatort zurückläßt. Immerhin ist Bruch des unmittelbaren Besitzes durch den Schlüsseldieb erforderlich. Mißbrauch eines dem Täter zu anderen Zwecken ohnehin zugänglichen Schlüssels (AG Frankfurt VersR 84, 129) oder Unterschlagung eines verlorenen Schlüssels durch einen Finder reicht nicht aus. Ebensowenig genügt es, wenn der Täter den VN zwingt, mit dem richtigen Schlüssel das Gebäude (oder Behältnisse, D IX 4 und D X 22) aufzuschließen; zwar schließt ein Hinzutreten der Merkmale des Raubes Diebstahl begrifflich nicht aus, D II 23. Raub liegt hier aber nicht bezüglich des Schlüssels, sondern nur bezüglich der nach Schlüsselgebrauch gestohlenen Sachen vor, D XII 89. Mangels eines Gewahrsamsbruchs an dem Schlüssel haftet der Vr in dem Beispiel nur, wenn sich die V nicht nur auf erschwerten Diebstahl, sondern auch auf Raub erstreckt (a. A. E. Prölss 74, VA 48, 73, vgl. hiergegen auch D II 31).

8   Es muß sich um die **Schlüssel zum VOrt** oder zu einem Raum innerhalb des
VOrts handeln, also nicht nur zu einem beliebigen Gebäude oder Raum eines
Gebäudes. Insofern gilt das gleiche wie für erschwerten Diebstahl durch
falsche Schlüssel, D V 14 und D I 5 bis 7.

9   **3.** Der VSchutz nach der Schlüsselklausel setzt voraus, daß der VN **entwe-**
der den **Exkulpationsbeweis** für sich und außerdem eventuell für diejenigen
anderen Personen führen kann, die den Schlüssel zur Zeit des Schlüsseldieb-
stahls in unmittelbarem und rechtmäßigem Besitz hatten, **oder** daß der
Schlüsseldiebstahl nachweislich ein **erschwerter Diebstahl** im Sinn der Schlüs-
selklausel für Behältnisse (D VIII 3 und D IX) oder ein **Raub** (D VIII 5) war.
Trifft letzteres zu, so schließt nicht leichte Fahrlässigkeit des VN oder des
Gewahrsamsträgers, sondern nur grobe Fahrlässigkeit des VN oder eines
Repräsentanten den VSchutz aus (D IX 2), wobei der Vr die Beweislast trägt.
Eine Ausnahme hiervon zum Nachteil des VN machen nur die VHB 84, D
VIII 4.

10   War der Schlüsseldiebstahl zwar ein schwerer Fall im Sinn von § 243 StGB,
D II 4 und 6, nicht jedoch ein erschwerter Diebstahl im Sinn des VRechts, so
muß der VN den Exkulpationsbeweis gegen jede Form des Verschuldens
führen, so insbesondere bei einem Schlüsseldiebstahl aus einem Kfz (umschlossener Raum gemäß § 243 Abs. 1 Satz 1 Nr. 1 StGB). Wird der Schlüssel
einem **unrechtmäßigen Besitzer** gestohlen, der ihn seinerseits durch Diebstahl,
Unterschlagung oder unrechtmäßige Weitergabe erlangt hatte, so schließt
nicht dessen, wohl aber die *Fahrlässigkeit des letzten rechtmäßigen Gewahr-*
samsträgers den VSchutz aus; diese Fahrlässigkeit muß sich dann wohl nicht
auf den Diebstahl aus der Hand des unrechtmäßigen, sondern auf die Weitergabe usw. durch den letzten rechtmäßigen Besitzer beziehen.

11   Der Entlastungsbeweis des VN ist nach dem Wortlaut der in D VIII 1
zitierten Bestimmungen schon dann mißlungen, der VSchutz also schon dann
zu versagen und eine Klage schon dann abzuweisen, wenn der VN auschließ-
lich den **Diebstahl** des Schlüssels **fahrlässig verursacht** hat. Ob sich die Voraussehbarkeit und damit die *Fahrlässigkeit* auch auf den nachfolgenden *Miß-*
brauch des Schlüssels erstreckt, ist nach dem Wortlaut *unerheblich.* Bisher
wurde in den einschlägigen Gerichtsurteilen wie auch in der 1. und 2. Aufl.
des vorliegenden Kommentars jener Unterschied zu wenig gewürdigt. Im
Gegenteil diente die Gefahr eines Mißbrauchs des Schlüssels in der Regel als
Hauptargument für den Fahrlässigkeitsvorwurf mit Bezug auf den Schlüsseldiebstahl, insbesondere in Urteilen (D VIII 16 und 17) über Schlüssel, die in
abgestellten Fahrzeugen zurückgelassen wurden. Erstmals hat LG Berlin
VersR 88, 346 auf die hier erörterte Nuance im AVB-Wortlaut hingewiesen,
zugleich allerdings unrichtige Schlüsse daraus gezogen. LG Berlin aaO bezeichnet nämlich die genaue Anwendung des Wortlauts als Vorteil für den
VN. Tatsächlich wirkt sie sich aber zu dessen Nachteil aus.

12   Große praktische Bedeutung hat die Frage nicht. Wo sich die Fahrlässigkeit
nur auf den Schlüsseldiebstahl bezieht, weil **Kenntnis des potentiellen Täters**
von den zugehörigen Wohnräumen fernliegt, ist meist auch der ebenfalls durch
den VN zu führende Beweis nicht möglich, daß überhaupt der Diebstahlschaden auf einem Mißbrauch des gestohlenen Schlüssels beruht. Im Einzel-

fall kann es freilich auch anders liegen. Beispiele: Der Täter kennt den VN persönlich und wartet ab, bis sich dieser von seinem Wagen entfernt, wo er den Schlüssel zurückgelassen hat. In einem Krankenhaus oder einer Kuranstalt verschafft sich ein Mitpatient oder ein Besucher den Namen und die Anschrift des VN und stiehlt dann dessen Wohnungsschlüssel. Ausnahmsweise kann in solchen Fällen der wahre Sachverhalt und insbesondere der Mißbrauch des Schlüssels voll beweisbar sein, z.b. weil der Täter ermittelt, das Diebesgut aber nicht wiederherbeigeschafft werden konnte. In einem solchen Fall kann der Vr nach dem Wortlaut der Bestimmung die Entschädigung gleichwohl verweigern.

Wirtschaftlich würde sich dieses Ergebnis jedenfalls dann voll rechtferti- **13** gen, wenn man sagen könnte, jede Fahrlässigkeit mit Bezug auf den Schlüsseldiebstahl bedeute *notwendig* zugleich Fahrlässigkeit mit Bezug auf den Schlüsselmißbrauch, weil nämlich jeder Schlüsselbesitzer damit rechnen müsse, daß ein etwaiger Schlüsseldieb die Lage der zugehörigen Wohnräume kennt oder sich Kenntnis davon verschaffen kann, selbst wenn der VN weder einen Hinweis auf seine Wohnanschrift in der Nähe des Schlüssels zurückgelassen hat noch sich diese Wohnanschrift schon aus der Lage des Schlüssels ergibt. Aber auch wenn man nicht so streng sein will, wird man den Wortlaut der in D VIII 1 zitierten Bestimmungen nicht als überraschend oder als unangemessen ansehen dürfen, sondern den VSchutz schon dann versagen müssen, wenn auch nur der Schlüsseldiebstahl fahrlässig erleichtert wurde. Ein Verstoß gegen §§ 3, 9 Abs. 2 Nr. 2 AGBG liegt nicht vor, weil der Mißbrauch des gestohlenen Schlüssels ohnehin nur eine Spielart des einfachen Diebstahls darstellt, der Vertragszweck im Sinn von A V 15 aber nur im Schutz gegen erschwerten Diebstahl besteht. Es gelten ähnliche Erwägungen, wie sie in D X 23 zur Schlüsselklausel für Behältnisse dargelegt sind.

Als **verhüllte Obliegenheiten** (Ollick VerBAV 81,37 spricht von „speziellem **14** Verwirkungsgrund" über § 14 AERB hinaus) wird man die Schlüsselverwahrung **nicht** ansehen dürfen (AG Frankfurt VersR 84, 129), zumal sonst nicht beliebige Dritte als Gewahrsamsträger in den Ausschluß der Deckung einbezogen werden dürften, O II 20. Vielmehr handelt es sich rechtssystematisch um eine **Ausdehnung des § 61 VVG** auf leichte Fahrlässigkeit, und zwar bei gleichzeitiger **Ausdehnung des Repräsentantenbegriffs** auf den Gewahrsamsträger am Schlüssel. Dafür spricht der sehr allgemeine Inhalt der festgelegten Sorgfaltspflicht (möglichste Vorsorge gegenüber potentiellen Dieben), vgl. M I 9. Mit § 9 Abs. 2 Nr. 2 ABGB ist die Erweiterung des § 61 (O I 73) und des Repräsentantenbegriff (O I 74 und O II 64) vereinbar, und zwar aus demselben Grund wie im Fall von D X 18: Schutz gegen Mißbrauch des richtigen Schlüssels liegt außerhalb des typischen Deckungsumfangs gegen erschwerten Diebstahl und damit außerhalb des „Vertragszwecks" im Sinn von A V 15. Er darf deshalb, soweit er dennoch vereinbart wird, durch AVB-Bestimmungen eingeschränkt werden, Frankfurt VersR 89, 623.

Fahrlässigkeit des VN kann auch in *anderer* Form als nur in Form von **15** Fahrlässigkeit bei der Schlüsselverwahrung gegeben sein: Gibt ein Gewahrsamsträger den Schlüssel befugterweise an einen anderen Dritten weiter und wird er diesem dann gestohlen, so braucht der VN sich zwar mit Bezug auf das Fremdverschulden nur hinsichtlich des Gewahrsamsträgers zur Zeit des

Diebstahls zu exkulpieren. Jedoch kann eigene Fahrlässigkeit des VN darin liegen, daß er der Weitergabe nicht durch Auswahl und Weisungen an den ersten Gewahrsamsträger vorgebeugt hat. Werden Schlüssel **Kindern** überlassen, so kommt es auf deren Reife und Zuverlässigkeit an, vgl. LG Köln VersR 87, 398 für Schlüssel im Besitz eines Schülers während einer Veranstaltung außerhalb des Schulgebäudes. Überläßt der VN den Schlüssel einer Personengruppe, z.B. mehreren Angestellten zum gemeinschaftlichen Gebrauch, so kann eigenes (Organisations-)Verschulden des VN selbst dann gegeben sein, wenn jeder der mehreren Gewahrsamsträger nachweislich schuldlos gehandelt hat, z.B. weil jeder sich auf die übrigen Gewahrsamsträger verlassen durfte. Ganz allgemein ist also stets auch die Frage eines **Auswahl-, Informations- oder Überwachungsverschuldens des VN** zu prüfen, wenn die Schlüssel einem dritten Gewahrsamsträger ohne dessen Verschulden abhandenkommen.

16   4. Wichtigstes Beispiel für Fahrlässigkeit des Gewahrsamsträgers, sei es des VN oder eines Dritten, ist es, wenn **Wohnungs- oder Geschäftsschlüssel in einem unbewacht abgestellten Kfz zurückgelassen** werden, das auch Hinweise auf die Anschrift enthält, wo der Schlüssel sperrt. So wurde zunächst für die Nachtzeit (LG Karlsruhe VersR 78, 1154) und später immer häufiger auch für Zeiträume tagsüber entschieden: LG Hamburg RuS 78, 21, AG Frankfurt VersR 87, 398, LG Münster VersR 88, 153 (Adressenhinweis auf einer an den VN gerichteten Postkarte), LG München I VersR 86, 986 (Parkplatz eines Freizeitparks), LG München I VersR 86, 754 (leichte Fahrlässigkeit bejaht, obwohl VN in der Nähe gearbeitet hatte und zwischendurch wiederholt zum Wagen zurückgekehrt war), AG München RuS 87, 24 (Fahrlässigkeit, obwohl Schlüssel innerhalb eines in der Tiefgarage abgestellten Wagen „gut versteckt" war), LG Köln VersR 87, 86 (Schlüssel in Dose für Reservebirnchen), Hamm VersR 86, 1179 (Schlüssel in einer von außen nicht sichtbaren Handtasche im Kfz), LG Berlin VersR 88, 346 (Handtasche mit Schlüssel und Personalausweis während Spaziergangs unter dem Fahrersitz des auf Waldparkplatz abgestellten PKW), Celle ZfS 88, 260 (Schlüssel „versteckt" unter Landkarten in der Seitentasche der Fahrertür). Zu den AKB, wo nicht leichte, sondern nur grobe Fahrlässigkeit den Vr leistungsfrei macht, wird oft sogar diese bejaht, vgl. z.B. Frankfurt VersR 88, 1122.

17   Trotz dieser gefestigten Rechtsprechung zu Schlüsseln in abgestellten Fahrzeugen müssen jeweils alle **Umstände des Einzelfalls** gewürdigt werden. Einerseits kann Fahrlässigkeit gelegentlich auch dann vorliegen, wenn Schlüssel **ohne** Hinweis auf die betroffene Wohn- oder Geschäftsanschrift im Kfz zurückbleiben. Es kommt, wenn man nicht der oben D VIII 11 bis 13 dargelegten, am Wortlaut haftenden Auslegung folgen und Fahrlässigkeit mit Bezug auf den Diebstahl genügen lassen will, dann darauf an, ob der VN mit der halbwegs naheliegenden Möglichkeit eines Kfz-Einbruchs durch Täter rechnen mußte, die sich die Anschrift auf andere Weise verschaffen würden. Die stets bestehende Möglichkeit, daß sich der Täter die Schlüssel mit Hilfe der Kfz-Zulassungsstelle verschafft, begründet für sich allein Fahrlässigkeit in der Regel noch nicht. VN in guten Vermögensverhältnissen oder mit überdurchschnittlichem Bekanntheitsgrad müssen aber, besonders in kleineren Wohn-

orten oder in einer Umgebung, in der sie oft umzugehen pflegen, damit rechnen, daß sie einem möglichen Kfz-Einbrecher persönlich bekannt sind. Stets zu bejahen ist Fahrlässigkeit, wenn der VN sein Kfz mit Wohnungsschlüssel in der zu seiner Miet- oder Eigentumswohnung gehörigen Parkanlage (Tiefgarage usw.) abstellt, denn der Täter kann dann die Wohnung unschwer ermitteln (AG München VersR 88, 484).

Andererseits kann **Fahrlässigkeit** ausnahmsweise auch dann **zu verneinen 18** sein, wenn Schlüssel und Papiere gleichzeitig im abgestellten Kfz zurückbleiben. So liegt es, wenn die Mitnahme dieser Gegenstände vom VN ausnahmsweise nicht erwartet werden konnte und der VN es auch nicht auf einfache Weise von vornherein hätte vermeiden können, in eine solche Situation zu geraten. Ein Grenzfall war Hamm VersR 87, 87. Eine 77jährige Dame hatte während eines Friedhofsbesuchs ihre Handtasche mit Papieren und Schlüsseln im Wagen einer Freundin (bei der sie mitgefahren war) zurückgelassen, und zwar unter anderem aus Furcht vor Handtaschenräubern.

Schlüssel im Kfz sind zwar der praktisch häufigste, aber bei weitem **19** nicht der einzige Fall von Fahrlässigkeit des VN oder des Gewahrsamsträgers im Sinn der in D VIII 1 zitierten Bestimmungen. In Betracht kommt etwa auch fahrlässiger Umfang mit Schlüsseln **im eigenen Betrieb** (D VIII 15 und 24) oder **in der eigenen Wohnung,** soweit dort potentielle Täter Zugriff haben. Aufmerksamkeit ist z.B. geboten während der Inanspruchnahme von *Nachbarschaftshilfe* bei Gebäudereparaturen oder Umzügen. In LG Braunschweig ZfS 87, 187 wurde Fahrlässigkeit zwar für die Dauer der Arbeiten verneint, aber gleichwohl darin gesehen, daß der VN später nicht die Vollzähligkeit seiner Schlüssel überprüft hatte, vgl. dazu (§ 61 VVG? Gefahrerhöhung durch Unterlassen?) unten D VIII 28. Auch während einer *Feier* in der Wohnung, an der viele oder nur flüchtig bekannte Personen teilnehmen, müssen Schlüssel besonders sorgfältig verwahrt sein, München VersR 85, 558. *Hausmeister,* die häufig oder dauernd Schlüssel für Hausbewohner verwahren, müssen diese vor ihren eigenen Kindern, vor Besuchern und von Fall zu Fall vielleicht auch vor eigenen Familienangehörigen sichern.

Fahrlässigkeit wird meist zu bejahen sein, wenn der VN **unbekannte Per- 20 sonen,** mit denen er erst kurz zuvor Kontakt aufgenommen hatte, mit in seine Wohnung nimmt und diesen ein Schlüsseldiebstahl gelingt. Besonders groß ist die Gefahr bei Übernachtungsgästen, LG Nürnberg-Fürth VersR 78, 1129. Aber auch ohne Übernachtung des Gastes können kurze unbeobachtete Augenblicke für einen Schlüsseldiebstahl genügen, z.B. während der VN gerade Kaffee kocht (LG Hamburg VerR 84, 573 für einen Unbekannten, den der VN während einer Weihnachtsfeier kennengelernt hatte) oder während der Gast zur Toilette geht (AG Köln NJW-RR 88, 543 für zwei englische Soldaten, die der VN aus einer Gaststätte nach deren Betriebsschluß mitgebracht hatte). In den beiden genannten Fällen kam erschwerend Alkoholgenuß des VN und seiner Gäste hinzu. – Bis zu einem gewissen Grad ist Vorsicht auch gegenüber „bekannten" Besuchern des VN oder seiner Mitbewohner geboten, z.B. gegenüber minderjährigen oder jugendlichen Besuchern der Kinder des VN, besonders wenn es sich um flüchtige und häufiger wechselnde Bekanntschaften handelt, München VersR 85, 558. Ob grobe (zu den AKB verneint z.B. durch München VersR 88, 1017), leichte oder überhaupt keine Fahrlässigkeit vorliegt, ist Frage des Einzelfalles.

21 Oft werden **Schlüssel in der** unmittelbaren **Umgebung der Wohnung** für den Fall **bereitgelegt**, daß ener der Besucher ihn benötigt, weil er den eigenen Schlüssel vergessen oder gar verloren hat. Man denke an Schlüssel, die im Treppenhaus von Mehrfamilienhäusern oder an der Außenseite von Einfamilienhäusern liegen, z.B. unter Fußmatten, in Nischen, auf Gesimsen, in Hausbriefkästen am Gartenzaun, auf oder hinter Fensterläden (LG Karlsruhe ZfS 89, 30), Jalousien usw. Ferner liegen Schlüssel oft hinter oder unter Müll- oder Regentonnen oder in unverschlossenen Garagen, Schuppen oder Gartenhäusern. Als fahrlässig bezeichnet LG Hannover ZfS 88, 57 z.B. die Ablage auf der Schiene eines unverschlossenen Garagentores. Selbst ein „gutes" Versteck schließt den Vorwurf der Fahrlässigkeit nicht immer aus, besonders dann nicht, wenn Geheimhaltung nicht genügend gewährleistet ist, weil zu viele oder ungeeignete (Kinder usw.) Mitbewohner oder gar auch Nachbarn informiert sind. Zutreffend verneint hat Oldenburg ZfS 89, 355 die Fahrlässigkeit bei Ablage des Schlüssels zur Unterwohnung eines Zweifamilienhauses im Zählerkasten, der sich im Schlüsselkasten vor der Oberwohnung befindet, wobei das Treppenhaus durch eine – allerdings nicht zusätzlich verschlossene – Hauseingangstür mit Schnappschloß gesichert war.

22 Häufig sind fahrlässig herbeigeführte Schäden auch im Zusammenhang mit **Reisen und Fahrten des VN.** Schlüssel dürfen nicht gewohnheitsmäßig zum Gebrauch durch Familienangehörige in Briefkästen deponiert werden, LG Mainz RuS 82, 85 = ZfS 216. Auch die nur einmalige Übergabe von Schlüsseln an einen Mitbewohner durch Einwurf in dessen Briefkasten (z.B. damit dieser nach Rückkehr aus seinem eigenen Urlaub die Blumen des VN gießen kann) kann fahrlässig sein, wenn die Kenntnisnahme Dritter von solchen Absprachen nicht zuverlässig verhindert wurde; der Einbruch in den Briefkasten kann Indiz für mangelnde Geheimhaltung sein. Ob die Schlüsselvortat durch Erbrechen von Briefkästen erschwerter Diebstahl ist, wird in D VIII 6 erörtert. Auch bei Ablage von Schlüsseln in einem Elektrozählerkasten im Treppenhaus eines Mehrfamiliengebäudes kommt es darauf an, ob fahrlässig die Kenntnisnahme durch Dritte ermöglicht wurde; dieses Problem wurde in Oldenburg RuS 86, 292 = NJW-RR 1472 nicht voll erkannt. Taschendiebstahl in überfülltem Nahverkehrsmittel kann auf Fahrlässigkeit beruhen, Hamm VersR 89, 624, aber nicht schon allein deshalb, weil Schlüssel und Ausweis in einer Hand- oder Handgelenkstasche mit bloßem Druckknopfverschluß untergebracht waren.

23 Auch in **Sport- und Freizeitanlagen** muß der VN sorgfältig auf seine Schlüssel achten, insbesondere wenn er sich umgekleidet hat und sich zwecks Sportausübung von seinen Kleidern entfernt. Das gilt gleichermaßen während Reisen oder Urlauben wie auch bei Sport am Wochenende oder sonst während der Freizeit. Beispiele bilden insbesondere Freibäder (LG Köln MDR 88, 413 für Spindschlüssel in Badetasche am Strand) oder Schwimmbäder in Hotels oder Kurkliniken (AG Hannover VersR 86, 754). LG Saarbrücken ZfS 90, 65 bejaht die Fahrlässigkeit für Zimmerschlüssel im Bademantel, der in einem nicht abgeschlossenen und aus dem Schwimmbecken nicht einsehbaren Um-

kleideraum hängt. In Cafes, Restaurants oder gar Diskotheken dürfen Schlüssel nicht in Taschen, Mänteln, Jacken usw zurückgelassen werden, die unbeaufsichtigt an Garderobehaken (AG Butzbach RuS 88, 69 zu den AKB für eine Lederjacke) oder an der Stuhllehne (LG Berlin NJW-RR 88, 1058) hängen.

Inhaber und Mitarbeiter von **Gewerbebetrieben** müssen als VN wie auch als **24** beauftragte Gewahrsamsträger eines anderen VN darauf achten, daß weder Angestellte noch gar Kunden über das unvermeidliche Maß hinaus Zugriff auf Schlüssel nehmen können. Dies gilt z.B. für karitative Organisationen, bei denen Schlüssel bei Wohnungen betreuter Personen verwahrt werden, oder für private Schlüssel, die im Flur eines mit der Wohnung kombinierten Hotels für Hotelgäste zugänglich sind (LG Frankfurt VersR 84, 129). Anweisungen seines **Arbeitgebers** über die Art und Ort der Aufbewahrung privater Sachen einschließlich Handtaschen mit Papieren darf der Arbeitnehmer befolgen, solange genügende Sicherheit gewährleistet scheint, vgl. Frankfurt VersR 89, 623 zu einem Handtaschendiebstahl während der Mittagspause aus einem Lagerraum eines Kaufhauses.

In Hotels und sonstigen **Beherbergungsbetrieben** dürfen Zimmerschlüssel **25** der Gäste nicht unbeaufsichtigt an Schlüsselbrettern hängen (AG Charlottenburg VersR 83, 383). Zweifelhaft ist die Fahrlässigkeitsfrage, wenn sich Angestellte an der Rezeption einen Augenblick ablenken lassen und der Täter dann unbemerkt an den Schlüsselkasten gelangt. In kleineren Hotels wird der Maßstab weniger streng sein dürfen. Allerdings muß der VN eine weit überwiegende Wahrscheinlichkeit für einen Schlüsseldiebstahl ohne Fahrlässigkeit des Gewahrsamsträgers „glaubhaft machen"; mindestens muß also die ordnungsgemäße Überwachung der Schlüssel bei weitem der Regelfall gewesen sein. Herausgabe eines Schlüssels durch den Rezeptionsangestellten an eine nicht berechtigte Person, die der Angestellte nicht kennt und die sich auch nicht ausgewiesen hat, ist jedenfalls nicht Schlüsseldiebstahl, sondern ausschließlich Betrug und führt nicht zu VSchutz für Schäden durch Mißbrauch des Schlüssels.

Läßt der VN auf Wunsch der Feuerwehr einen **Feuerwehrschlüsselkasten** in **26** die Gebäudeaußenwand einmauern und wird dieser erbrochen oder aus der Wand gestemmt und anderwärts erbrochen, so handelt es sich nicht (D III 9) um Einbruch in den Raum eines Gebäudes (D I 7), sondern um einfachen Diebstahl des Gebäudeschlüssels, also ebenso, wie wenn ein Feuerwehrmann einen Nachschlüssel zu den Schlüsselkästen fertigt und mißbraucht. Die Aufbewahrung des Gebäudeschlüssels im Schlüsselkasten bedeutet keine Fahrlässigkeit im Sinn von § 1 Nr. 2f AERB, AERB 87, wenn der Kasten den Sicherheitsanforderungen der Feuerwehr an handelsübliche Anlagen entspricht. Daß die Vr schon vor (oder gar erst nach) dem Einbau des Kastens in ihren Tarifen strengere Sicherheitsanforderungen stellen, begründet allenfalls Gefahrerhöhung, N III 51 bis 53, nicht aber einen strengeren Fahrlässigkeitsmaßstab im Rahmen der Schlüsselklausel für Gebäude; der VersNehmer darf ohne Fahrlässigkeit annehmen, die Feuerwehr werde auch den Sicherheitsaspekt hinreichend gewürdigt haben, ehe sie Schlüsselkästen empfehle und akzeptiere.

27   5. Bemerkt der VN, daß ein Schlüssel abhandengekommen ist, so muß er unverzüglich das **Schloß auswechseln.** Dies gilt sowohl in der HausratV, obwohl die VHB 74 und die VHB 84 es nicht eigens sagen, wie auch in der GeschäftsV, vgl. ausdrücklich **6 Nr. 4 e AERB 87.** Ebenso wurde zu den AKB bei Diebstahl eines Fahrzeugschlüssels entschieden, München RuS 88, 256. Verzögert der VN die erforderliche Maßnahme, so führt er eine **Gefahrerhöhung** durch Unterlassen herbei, vgl. auch D IX 8 und 10 für Behältnisse. Der Vr ist dann nach §§ 6 AERB 87, 7 Nr. 2 VHB 74, 13 Nr. 2 VHB 84, 25 VVG selbst dann **leistungsfrei,** wenn der VN den *Exkulpationsbeweis* (D VIII 9 bis 13) für den Schlüsseldiebstahl führen kann. Wird der Diebstahl mit dem gestohlenen Schlüssel ausgeführt, so wird der *Kausalitätsgegenbeweis* gemäß § 25 Abs. 3 VVG ohnehin mißlingen; an den Kausalitätsgegenbeweis in dem Sinn, daß nicht der gestohlene richtige, sondern ein Nachschlüssel verwendet worden sei, sind hohe Anforderungen zu stellen.

28   Es gibt Phasen, die ein gewisses Diebstahlsrisiko für die Originalschlüssel auch bei gehöriger Sorgfalt nicht restlos auszuschließen ist, z. B. während eines Umzugs oder einer Wohnungsrenovierung mit Hilfe von Bekannten und Nachbarn (LG Braunschweig ZfS 87, 187). Dann muß der VN aber in regelmäßigen Abständen und vor allem auch nach Ende der Gefährdungsphase den **Gesamtbestand seiner Originalschlüssel überprüfen.** Andernfalls kann der Vr nach § 61 VVG wegen grober Fahrlässigkeit leistungsfrei sein, auch falls Fahrlässigkeit mit Bezug auf den Schlüsseldiebstahl zu verneinen ist. Außerdem kommt schon bei leichter Fahrlässigkeit in der Zeit nach dem Diebstahl Leistungsfreiheit wegen *Gefahrenerhöhung* in Betracht. §§ 5 Nr. 3 e AERB, 6 Nr. 4 AERB 87 bestätigen dies ausdrücklich. Nach den VHB und den VHB 84 gilt aber nichts anderes, N IV 72.

29   Das Auswechseln des Schlosses kann sich ohne Verschulden des VN verzögern, insbesondere abends, nachts und an Wochenenden, bei Überlastung aller in Betracht kommenden Schlosser und Schlüsseldienste auch an Arbeitstagen. In diesen Fällen muß der VN einem Mißbrauch des gestohlenen Schlüssels oder eines hiervon gefertigten Nachschlüssels auf andere Weise vorbeugen, insbesondere durch ständige Anwesenheit einer Person. Läßt der VN die Wohnung gleichwohl ohne Aufsicht, so liegt darin in der Regel leichte Fahrlässigkeit im Sinn von § 25 Abs. 2 VVG (Gefahrerhöhung). Ausnahmsweise kann es sich sogar um grobe Fahrlässigkeit im Sinn von § 61 VVG handeln, LG Münster VersR 88, 153.

30   Die Notwendigkeit, das Schloß auszuwechseln, entfällt in der Regel nicht schon allein dadurch, daß der **Schlüssel wiederherbeigeschafft** wird. Der VN muß vielmehr prüfen, ob zwischenzeitlich ein Nachschlüssel angefertigt worden sein könnte. Nur soweit sich dies zuverlässig ausschließen läßt, brauchen keine Maßnahmen ergriffen zu werden. Im Fall LG Berlin VersR 82, 84 hatten sich Schlüssel nach einem Handtaschendiebstahl zwei Tage lang im Besitz eines Täters befunden, ehe sie dem VN wieder zugespielt wurden. Grobe Fahrlässigkeit war dem VN hier jedoch deshalb nicht vorzuwerfen, weil er zwar nicht das Schloß ausgewechselt, wohl aber ein zusätzliches Schloß hatte anbringen lassen. In Hamm NJW-RR 87, 859 = VersR 88, 49 war der Schlüssel dem VN schon am nächsten Tag wieder zugespielt worden, nachdem er zusammen mit einer Geldbörse aus einer Jacke am Arbeitsplatz

abhandengekommen war. Das Gericht wollte nicht völlig ausschließen, daß der Dieb den Schlüssel nur versehentlich aus der Jackentasche hatte fallen lassen, als er die Geldbörse wegnahm. Deshalb wurde es nicht als grob fahrlässig angesehen, daß der VN das Schloß nicht hatte auswechseln lassen.

Die Notwendigkeit, das Schloß auszuwechseln, entfällt auch dann nicht, **31** wenn seit dem Schlüsseldiebstahl und eventuell auch seit der Wiederauffindung des Schlüssels bereits **einige Zeit verstrichen** ist. Der VN muß einkalkulieren, daß der Täter einen Mißbrauch des Schlüssels oder eines Nachschlüssels vielleicht nur deshalb so lange aufschiebt, weil er das Risiko einer Beobachtung reduzieren oder einen besonders günstigen Zeitpunkt abwarten möchte. Der VN muß daher das Schloß in der Regel auch dann auswechseln, wenn er das Verschwinden des Schlüssels erst verspätet bemerkt.

IX. Schlüsselklausel für Behältnisse

1. Systematik der AVB: Der Gebrauch des richtigen, aber durch eine be- **1** stimmte Schlüsselvortat erlangten Schlüssels zu einem Behältnis gehört unter gewissen zusätzlichen Voraussetzungen zu den qualifizierenden Begleitumständen, die nach §§ 1 Nr. 2 AERB 87, AERB, AEB, 3 Nr. 1 VHB 74, 5 Nr. 1 VHB 84 hinzutreten müssen, damit aus einem unversicherten einfachen ein versicherter erschwerter Diebstahl wird. Dies gilt nicht nur für den Zugang zu Gebäuden oder Räumen von Gebäuden innerhalb des VOrts, D VIII 1 bis 4, sondern nach §§ 1 Nr. 2 e AERB 87, AERB, 1 Nr. 2 AEB, 3 Nr. B 1 d VHB 74, 5 Nr. 1 e VHB 84 auch für das Aufschließen von **Behältnissen** innerhalb des VOrts.

Allerdings **unterscheidet** sich die Schlüsselklausel für Behältnisse von der **2** Schlüsselklausel für Gebäude in zweifacher Hinsicht, einmal zugunsten des Vr insofern, als der *Schlüsseldiebstahl* ein *erschwerter Diebstahl* gewesen sein muß, zum anderen zugunsten des VN insofern, als VSchutz auch dann besteht, wenn der VN den Schlüsseldiebstahl durch leichte Fahrlässigkeit verursacht hat. Anders liegt es nur nach den VHB 84, vgl. D VIII 4. Der VN braucht sich also nicht zu exkulpieren (wie nach D VIII 9 bis 13 für Gebäudeschlüssel bei einfachem Diebstahl als Vortat), sondern der Vr muß die tatsächlichen Voraussetzungen der §§ 14 AERB, 9 AERB 87, 16 AEB, VHB 74, 61 VVG (*grobe Fahrlässigkeit*) beweisen, wenn er die Entschädigung ablehnen will.

In der *GeschäftsV* gilt, soweit Sachen in verschlossenen und besonders **3** *qualifizierten Behältnissen* verwahrt sein müssen, die *Schlüsselklausel* für Behältnisse nur in einer *eingeschränkten Fassung* mit zusätzlichen Voraussetzungen, D X 2 und 3.

2. Die Schlüsselvortat muß Diebstahl oder Raub sein. Insofern gilt entspre- **4** chend, was in D VIII 6 zur Schlüsselklausel für Gebäude gesagt ist. Es fehlt an einem Schlüsseldiebstahl, wenn der Täter den VOrt auf normalem Weg betritt und den Schlüsselbesitzer zwingt, ein Behältnis aufzuschließen. Der Schlüssel ist dann weder gestohlen noch geraubt; für die aus dem Behältnis entnommenen Sachen besteht VSchutz nur, wenn er sich vereinbarungsgemäß auf Raub erstreckt, D VIII 7 und D X 22.

5   Der Schlüsseldiebstahl muß darüber hinaus **erschwerter Diebstahl** gemäß §§ 1 Nr. 2 a bis d AERB, AERB 87, 1 Nr. 2 a bis c AEB, 3 Nr. B 1 a bis c VHB 74, 5 Nr. 1 a bis c VHB 84 sein. Bricht der Täter zunächst in den VOrt ein und findet dort einen Behältnisschlüssel, aus dem er mit Hilfe des Schlüssels dann stiehlt, so besteht VSchutz allerdings schon deshalb, weil die Alternative des Einbrechens erfüllt ist; der Verschluß des Behältnisses spielt eine Rolle nur, soweit er als zusätzliche Voraussetzung des VSchutzes in einer sog. Verschlußvorschrift vorgesehen ist, D VI 3. Der *wichtigste Anwendungsfall* der Schlüsselklausel für Behältnisse ist vielmehr, daß der Täter den Schlüssel zu einem Behältnis durch *Einbruch außerhalb des VOrtes* erlangt, also in der Wohnung für ein Behältnis im Geschäft oder umgekehrt. Allerdings kann der Dieb auch – vorbehaltlich §§ 14 AERB, AERB 87, 16 AEB, VHB 74, 9 VHB 84, 61 VVG – den unverschlossenen VOrt betreten, in einem aufgebrochenen Behältnis den Schlüssel zu einem anderen Behältnis finden und aus dem letzteren stehlen; auch hier beruht der VSchutz auf der Schlüsselklausel für Behältnisse.

6   **Raub** wird dem erschwerten Diebstahl **als Schlüsselvortat** gleichgestellt, und zwar in §§ 1 Nr. 2 c AEB, 3 Nr. B 1 d VHB 74, 5 Nr. 1 e VHB 84 *schlechthin*, in § 1 Nr. 2 e Halbsatz 2 AERB, AERB 87 dagegen nur, wenn der Raub als Schlüsselvortat *außerhalb des VOrts* erfolgt, vgl. D II 30.

7   3. Die **Schlüsselvortat** braucht ihrerseits **nicht VFall** zu sein. Bei der Schlüsselklausel für Gebäude, die auch einfachen Diebstahl umfaßt, ist dies ohnehin selbstverständlich, D VIII 5. Nichts anderes gilt aber auch für erschwerten Diebstahl oder Raub im Sinn der Schlüsselklausel für Behältnisse.

8   Insbesondere braucht der Schlüsseldiebstahl oder -raub **nicht innerhalb des VOrts** verübt worden zu sein, vgl. D VIII 5 und Ollick VerBAV **81**, 36 nach Fußnote 28. Vielmehr genügt in der GeschäftsV, daß der Täter den Schlüssel durch Einbruch in die Wohnung erlangt, D IX 5. Ebenso genügt in der HausratV jeder erschwerte Diebstahl (nicht: Erbrechen eines Kfz gemäß § 3 Nr. B 5 VHB 74) außerhalb des VOrts, theoretisch auch außerhalb Europas, also außerhalb des VOrts der AußenV gemäß §§ 6 Nr. 2 Satz 2 VHB 74, 12 Nr. 1 VHB 84. Ferner braucht der Schlüssel weder zu den versicherten Sachen zu gehören noch innerhalb der VDauer gestohlen zu werden. Ist der Schlüssel allerdings längere Zeit vor dem VFall gestohlen worden, so wird der VSchutz für die Haupttat meist nach § 25 VVG oder (str) nach § 28 VVG wegen Gefahrerhöhung entfallen, weil der VN das Schloß hätte auswechseln müssen, D VIII 27. Allerdings steht dem VN der Kausalitätsgegenbeweis offen, daß die Sachen auch aus einem anderen Behältnis oder trotz gewechselten Schlosses gestohlen worden wären, z. B. durch Erbrechen des Behältnisses, vgl. auch D X 22.

9   Ist die Schlüsselvortat ein *Raub,* so braucht auch dieser nicht die Merkmale eines VFalles aufzuweisen. Es ist z. B. unerheblich, wo und welchem Gewahrsamsträger gegenüber der Raub verübt wurde. In der GeschäftsV kommt es also nicht darauf an, ob Raub auf Transportwegen überhaupt versichert ist und ob der Schutz auf Beauftragte oder – häufig bei Banken – auf Angestellte des VN beschränkt ist. In der HausratV bleibt bei Schlüsselraub außerhalb des VOrtes die Beschränkung auf den VN und Personen, die

mit ihm in häuslicher Gemeinschaft leben (§§ 6 Nr. 2 Satz 4 VHB 74, 12 Nr. 4 a VHB 84), unberücksichtigt.

4. Der Verlust eines Schlüssels bewirkt im allgemeinen keine Gefahrerhö- 10 hung für den Inhalt des nicht qualifizierten Behältnisses, wie ein Umkehr-schluß aus § 6 Nr. 4 e AERB 87 bestätigt. Bei Verlust durch erschwerten Diebstahl oder Raub gilt dagegen das in D VIII 27 Gesagte.

X. Eingeschränkte Schlüsselklausel für qualifizierte Behältnisse in der Geschäftsversicherung

1. **Systematik der AVB:** Die Schlüsselklausel für Behältnisse gemäß §§ 1   1 Nr. 2 e Halbsatz 1 AERB, 1 Nr. 2 e Abs. 2 AERB 87, 1 Nr. 2 d AEB gilt in der GeschäftsV uneingeschränkt nur für Sachen, die *ohne* zusätzliche (Verschluß-) Voraussetzungen im Sinn von D VI 3 versichert sind, die sich also zwar in Behältnissen befinden, jedoch ohne daß hiervon der VSchutz abhinge, und für Sachen, die nur in *verschlossenen Behältnissen* versichert sind, die erhöhte Sicherheit gegen Wegnahme des Behältnisses bieten, also unter „*einfachem*" oder „*gewöhnlichem*" Verschluß, in der Pauschaldeklaration der GeschäftsV im Gegensatz zu qualifizierten Behältnissen auch als „*anderer*" Verschluß bezeichnet, vgl. H III 34.

Für Sachen, die nur in verschlossenen und außerdem besonders **qualifizier- 2 ten Behältnissen** (Beispiele: Tresorraum, mehrwandiger Stahlschrank, einge-mauerter Stahlwandschrank, vgl. § 3 Nr. 4 AERB, § 4 Nr. 4 AERB 87, D-Kl 8 Nr. 1 zu den AEB sowie H III 42 bis 51) versichert sind, D VI 3, gilt die Schlüsselklausel für Behältnisse uneingeschränkt nur in der **HausratV:** §§ 2 Nr. 3 c VHB von 1966, 2 Nr. 3 VHB 74, 19 Nr. 3 VHB 84 machen die Entschädigung für gewisse Wertsachen zwar von der Aufbewahrung in quali-fizierten Behältnissen abhängig (vgl. auch Kl 820 und 822 zu den VHB 74). Jedoch gilt die in Abschnitt D IX erörterte Schlüsselklausel für Behältnisse der §§ 3 Nr. B 1 d VHB 74, 5 Nr. 1 e VHB 84 auch für solche Schäden. VSchutz besteht also, und zwar bereits unabhängig von der Schlüsselklausel, wenn die Täter den Geldschrankschlüssel in der erbrochenen Wohnung fin-den, vorausgesetzt nur, daß die Täter ernsthaft suchen mußten, der Geld-schrank als „verschlossen" und damit die Verschlußvorschriften (D VI 3) beachtet waren. Darüber hinaus besteht Schutz nach der Schlüsselklausel, wenn die Täter zuerst in das Geschäft des VN eingebrochen waren, dort den Schlüssel für den Geldschrank in der Wohnung gefunden hatten und dann in die Wohnung eingebrochen haben, um den Schlüssel zu mißbrauchen.

In der **GeschäftsV** gilt hingegen für Sachen, die sich unter qualifiziertem 3 Verschluß befinden müssen, die **Schlüsselklausel für Behältnisse nur einge-schränkt.** Gesetzestechnisch schließen **§§ 1 Nr. 2 e Halbsatz 2 AERB,** und **§ 2 Nr. 3 Abs. 3 AEB** die Schlüsselklausel für Behältnisse erst einmal gänzlich aus, nämlich mit den Worten „so gilt dies als Einbruchdiebstahl nur". Im An-schluß daran wird *positiv* gesagt, unter welchen zusätzlichen Voraussetzun-gen der Gebrauch des richtigen Schlüssels für das Behältnis einen versicherten erschwerten Diebstahl begründet. Es gelten strengere Anforderungen an die **Schlüsselvortat,** vgl. im einzelnen D X 7 ff.

4   Genau besehen ist die Schlüsselklausel allerdings nicht nur ihrerseits „eingeschränkt", sondern sie schränkt zugleich die übrigen Alternativtatbestände des erschwerten Diebstahls ein. Sie ist also genau besehen eine „eingeschränkte und einschränkende" Schlüsselklausel:

5   Unzulänglich waren daher in § 2 Nr. 3 Abs. 3 AEB die Worte „abweichend von § 1 Nr. 2d". Sinngerecht hatte es heißen müssen, „abweichend von § 1 Nr. 2a bis 2d". Die Verfasser der AEB wollten nämlich VSchutz nicht auch für den Fall begründen, daß der Täter in den VOrt einbricht oder einsteigt und dann den Geldschrank abtransportiert oder gar den richtigen Schlüssel findet und mißbraucht; ebenso LG Kaiserslautern VersR 83, 283, wo allerdings ein Teil der Klagesumme als Schloßänderungskosten gemäß § 2 Nr. 5d AERB hätte zugesprochen werden müssen. Man wollte bei Diebstahl von Sachen, die nur unter qualifiziertem Verschluß versichert sind, *nicht* sagen, es solle genügen, wenn der Täter ein Merkmal des erschwerten Diebstahls setzt und wenn außerdem die Verschlußvorschriften erfüllt waren. Das **Redaktionsversehen** der Verweisung nur auf § 1 Nr. 2d AEB wurde andeutungsweise dadurch *richtiggestellt*, daß nach § 2 Nr. 3 Abs. 3 AEB der Geldschrank erbrochen werden muß. Es genügte *nicht*, wenn der Einbrecher ihn nur abtransportiert oder ihn ohne die Voraussetzungen von D-Kl 8 Nr. 2 oder 3 mit dem richtigen Schlüssel öffnet.

6   §§ 1 Nr. 2e AERB, AERB 87 sagen deutlicher, erschwerter Diebstahl „liege nur vor", wenn der Täter die richtigen Schlüssel auf eine der in aa bis cc bezeichneten Weisen erlangt hat. Damit werden *sämtliche Alternativen* des erschwerten Diebstahls gemäß §§ 1 Nr. 2a bis 2d AERB, AERB 87 ausgeschlossen, allerdings nur für Schäden durch Mißbrauch eines richtigen Schlüssels, denn das Wort „dies" in Halbsatz 2 verweist auf Halbsatz 1 aaO. Wenn der Täter das qualifizierte Behältnis **erbricht** oder es ohne vorheriges Öffnen aus dem VOrt **abtransportiert**, liegt dagegen versicherter erschwerter Diebstahl vor. Im Fall des abtransportierten Geldschranks erweitern also die AERB und AERB 87 den VSchutz gegenüber den AEB.

7   2. Hat das qualifizierte Behältnis ausschließlich ein **Kombinationsschloß** oder deren mehrere, aber kein Schlüsselschloß, so ist eine Notiz mit der Kombination als „**geistiger Schlüssel**" zu behandeln, und zwar als richtiger Schlüssel. In der **Hausrat**V besteht also gemäß D X 2 VSchutz, wenn der Einbrecher die Notiz findet, vorausgesetzt nur, daß er ernsthaft suchen mußte, der Geldschrank also im Sinn von H III 40 verschlossen war. In der **Geschäfts**V genügt das nicht, sondern der Täter muß den „geistigen Schlüssel" durch eine Schlüsselvorrat gemäß D X 10ff erlangen, vgl. insbesondere D X 16 und 19.

8   Gemeinsam für Hausrat- und GeschäftsV zu *verneinen* ist die Frage, ob eine *verratene* oder ihm (z.B. in seiner Eigenschaft als früherem Arbeitnehmer) legal *bekannte Kombination* als falscher Schlüssel zu behandeln sei, vgl. D V 2. Der Täter kann allerdings unter gewissen (technischen) Voraussetzungen die **Kombination** auch durch technische Manipulationen **ermitteln,** im (mathematisch extrem seltenen) Ausnahmefall sogar **erraten.** Er kann ferner den Verrat der Kombination durch räuberische Erpressung **erzwingen.** Diese Fälle dürften nach den **AEB** und **AERB** als **Nachschlüsseldiebstahl** versichert sein.

Dafür sprechen insbesondere D-Kl 8 Nr. 3, wo das Kombinationsschloß sogar erwähnt war, und § 1 Nr. 2e bb AERB, zumal die Vr als Schutz gegen Mißbrauch richtiger Schlüssel Behältnisse mit Kombinationsschlössern nicht nur aaO den Schlüsselschlössern gleichstellen, sondern in ihrer Werbung sogar besonders empfehlen. Gerade deshalb gilt die ungeschriebene Erweiterung des VSchutzes gegen Nachschlüsseldiebstahl aber nur für vollwertige Kombinationsschlösser moderner Bauart.

Die **AERB 87** enthalten in § 1 Nr. 2e cc Abs. 2 eine Spezialbestimmung für   9 Schlösser mit einem Schlüsselschloß und einem Kombinationsschloß. Für Schlösser mit mehreren Kombinationsschlössern kann **Kl 4102** vereinbart werden. Diese Bestimmungen schreiben den VSchutz für Sachen in qualifizierten Behältnissen mit den genannten Schlössern für gewisse Fälle fest und schließen ihn für die dort nicht genannten Fälle indirekt (Umkehrschluß) aus. Nach den AERB 87 kann daher die ermittelte, die erratene oder die durch Erpressung bekannt gewordene Kombination wohl nicht mehr einem Nachschlüssel gleichgestellt werden.

3. Gebraucht der Täter den **richtigen Schlüssel** zu dem **qualifizierten Behält-**   10 **nis**, so haftet der Vr nicht immer dann, wenn der Täter ihn durch erschwerten Diebstahl an sich gebracht hatte, sondern nur in bestimmten Fällen des erschwerten Diebstahls und des Raubes als **Schlüsselvortat**. Diese Fälle sind in **D-Kl 8 Nr. 2 und Nr. 3** sowie in §§ 1 Nr. 2e aa bis cc AERB, AERB 87 aufgezählt. Insbesondere haftet der Vr nicht, wenn der Täter den richtigen Schlüssel zwar durch erschwerten Diebstahl erlangt hat, aber innerhalb des VOrts. Steckt der richtige Schlüssel auf dem Behältnis oder ist er in dessen Nähe so aufbewahrt, daß der Dieb nicht ernstlich zu suchen braucht, so fehlt es schon an der Voraussetzung eines verschlossenen Behältnisses, D VI 3 und H III 40. Aber auch wenn der Einbrecher den Schlüssel zu dem qualifizierten Behältnis innerhalb des VOrtes suchen muß, ihn aber tatsächlich sucht und findet, schließt der Vr seine Haftung grundsätzlich aus (LG Kaiserslautern VersR 83, 283), weil andernfalls das Erfordernis des qualifizierten Behältnisses entwertet würde. Die zusätzliche Sicherheit der qualifizierten Behältnisse käme dem Vr nicht in Form eines geminderten Risikos zugute, wenn er unter den milderen Voraussetzungen der allgemeinen Schlüsselklausel für Behältnisse (D IX 4 ff) haften müßte. Deshalb haftet der Vr nur nach bestimmten Arten von Schlüsselvortaten, und zwar wie folgt:

a) Der Täter hat den richtigen Schlüssel durch **Erbrechen** oder Gebrauch   11 falscher Schlüssel oder anderer Werkzeuge aus einem **anderen Behältnis** erlangt, das **mindestens die gleiche Sicherheit** bietet wie das vereinbarte qualifizierte Behältnis (§§ 1 Nr. 2e aa AERB, AERB 87, D-Kl 8 Nr. 2), vgl. das Beispiel ÖOGH VersR 80, 758 für den etwas abweichenden Wortlaut der Österreichischen AEB. Sind in derselben (!) Position alternativ mehrere Behältnisse vereinbart, wie insbesondere in der Pauschaldeklaration für die GeschäftsV, H III 49, so genügt es, wenn das andere Behältnis dem am wenigsten qualifizierten der vereinbarten Behältnisse entspricht. Daß sich die versicherten Sachen im Einzelfall in einem besser qualifizierten Behältnis befinden, spielt für die Anforderungen der eingeschränkten Schlüsselklausel keine Rolle.

12　Ob die Schlüsselvortat *außerhalb oder innerhalb des VOrts* stattfindet, ob also das gleichwertige andere Behältnis außerhalb oder innerhalb des VOrts steht, spielt keine Rolle. Anders liegt es in den Fällen D X 15 und 22, vgl. dort. Über den Wortlaut hinaus genügt es, wenn der Täter ein entsprechend qualifiziertes Behältnis erbricht oder durch falsche Schlüssel öffnet, den Schlüssel zu dem bestohlenen Behältnis aber nicht dort, sondern in einem anderen (wohl: auch weniger qualifizierten) Behältnis findet, zu dem der Schlüssel in dem erbrochenen Behältnis gelegen hatte (Ollick VerBAV **81,** 37).

13　Erlangt der Täter durch Erbrechen oder Gebrauch falscher Schlüssel aus einem anderen, ebenso qualifizierten Behältnis nicht (oder nicht nur) einen Schlüssel zu einem Schlüsselschloß, sondern eine **Notiz mit der Zahlenkombination,** so besteht nach den AEB und AERB VSchutz, D X 7. Dies gilt gleichermaßen für Behältnisse ausschließlich mit Kombinationsschlössern wie auch für solche mit Schlüssel- und Kombinationsschloß nebeneinander. Nach den AERB 87, besteht hingegen wie ein Umkehrschloß aus deren § 1 Nr. 2 e cc Abs. 2 ergibt, kein VSchutz, D X 9. Der VN oder sein Repräsentant wird indirekt gezwungen, das Risiko auf den in jener Bestimmung ausdrücklich genannten Fall des Raubes zu beschränken, Notizen mit der Kombination also nicht zu deponieren.

14　b) Weitergehenden Schutz allgemein gegen erschwerten Diebstahl des richtigen Schlüssels als Vortat gewähren §§ **1 Nr. 2 e bb AERB, AERB 87** sowie **D-Kl 8 Nr. 3** für Behältnisse, die über die vereinbarten Sicherungen hinaus zusätzlich dadurch gesichert sind, daß sie **zwei Schlösser** besitzen. Diese Verbesserung wurde ursprünglich nur Geldinstituten zugestanden (E. Prölss 125), wurde aber 1968 infolge zunehmender Kriminalität und zunehmender Verbreitung solcher Behältnisse als Nr. 3 in die D-Kl 8 und später sowohl in die AERB wie in die AERB 87 zum allgemeinen Gebrauch übernommen.

15　Erlangt der Täter den oder die beiden Schlüssel zu einem solchen Behältnis durch *erschwerten Diebstahl,* so haftet der Vr für Schäden durch Gebrauch des Schlüssels. Voraussetzung ist jedoch, daß die **Schlüsselvortat außerhalb des VOrts** verübt wurde. Bei Behältnissen mit *zwei Schlüsselschlössern* müssen außerdem die beiden **Schlüssel voneinander getrennt aufbewahrt** worden sein. „Voneinander getrennt" sind Schlüssel aufbewahrt, wenn der Dieb, nachdem er den einen Schlüssel gefunden hat, nach dem anderen immerhin noch ernsthaft suchen muß; die räumliche Entfernung ist nicht allein entscheidend. Die Kriterien für den Begriff des verschlossenen Behältnisses, wenn der Schlüssel in der Nähe aufbewahrt wird, H III 40, sind analog anzuwenden. Bei mehreren Schlüsseln zu ein und demselben (!) Schloß bedeutet dagegen getrennte Aufbewahrung umgekehrt sogar eine gewisse (allerdings unschädliche, Ollick VerBAV **81,** 37) Gefahrerhöhung. – VSchutz besteht auch, wenn der Täter ausnahmsweise nur *ein* Schloß mit Hilfe eines durch Schlüsselvortat erlangten *richtigen* und das *andere* Schloß mit Hilfe eines *falschen* Schlüssels überwindet; falsche Schlüssel sind aber bei Geldschränken usw. praktisch selten.

16　Ist das Behältnis durch **ein Zahlenkombinationsschloß** und durch **ein Schlüsselschloß** gesichert, so genügt nach den **AEB** und **AERB** für *VSchutz* ebenfalls *Schlüsselvortat* mit Bezug auf *einen* der beiden Schlüssel in Verbindung mit dem Gebrauch eines *falschen* Schlüssels zu dem anderen Schloß, also entweder erschwerter Diebstahl des Schlüsselschloßschlüssels außerhalb des VOrts in Verbindung mit Mißbrauch der erratenen oder durch Manipulation ermittelten Kombination (D X 8) oder umgekehrt erschwerter Diebstahl des „geistigen Schlüssels" (vgl. ebenfalls D X 8) außerhalb des VOrts in Verbindung mit Nachschlüsselmißbrauch für das andere Schloß. Ebenso genügt selbstverständlich eine *Schlüsselvortat* mit Bezug sowohl auf den „geistigen Schlüssel" *wie auch* auf den Schlüsselschloßschlüssel; dieser Fall ist geradezu das Motiv für die Gleichstellung des geistigen Schlüssels mit dem Schlüsselschloßschlüssel nach den AEB und den AERB, vgl. D X 8. Dagegen führt nach den **AERB 87** eine Schlüsselvortat in Form eines erschwerten Diebstahls außerhalb des VOrts nicht mehr zum VSchutz, vgl. D X 9 und 13.

Ein Mißbrauch der dem Täter ohne räuberische Erpressung *verratenen*   **17** oder dem Täter sonstwie *bekannten Kombination* begründet keinesfalls VSchutz, auch dann nicht, wenn für das andere Schloß die Voraussetzungen der eingeschränkten Schlüsselklausel gegeben sind, denn die verratene Kombination ist kein falscher Schlüssel, D V 2. Auf §§ 1 Nr. 6 b AEB, AERB, AERB 87 braucht daher bei Verrat oder Mißbrauch der Kombination durch Angestellte nicht zurückgegriffen zu werden.

Das Gesagte gilt entsprechend für Behältnisse mit **zwei Zahlenkombina-**   **18** **tionsschlössern.** VSchutz besteht nur, wenn für die „geistigen Schlüssel" zu *beiden* Schlüsseln die Voraussetzungen der eingeschränkten Schlüsselklausel gegeben sind.

c) Die dritte Alternative des VSchutz für Diebstahlschäden an Sachen unter   **19** qualifiziertem Verschluß durch Gebrauch des richtigen Behältnisschlüssels ist der **Raub des Schlüssels,** §§ 1 Nr. 2 e cc AERB, AERB 87, D-Kl 8 Nr. 2. Allerdings ist in D-Kl 8 Nr. 2 noch von „Beraubung oder räuberischer Erpressung" die Rede, aber gegenüber dem Raubbegriff der §§ 1 Nr. 3 und Nr. 2 e cc AERB, AERB 87 besteht ein materieller Unterschied nicht, D XII 6. Der Raub als Schlüsselvortat muß zwar die Merkmale des versicherungsrechtlichen Raubbegriffes aufweisen, so daß im Zweifel (D XII 55) Raub gegenüber eigenen Angestellten des VN nötig ist, D XII 43 und 55. Es braucht sich aber im übrigen nicht um einen VFall zu handeln, D IX 9. §§ 1 Nr. 2 e cc AERB, AERB 87 verlangen im Gegenteil ausdrücklich Schlüsselraub *außerhalb* des VOrts.

Bei **Zahlenkombinationsschlössern** genügt es nach den **AEB** und **AERB,** daß   **20** der Verrat der Kombination mit den Mitteln des Raubes erzwungen wurde, D X 7. Ist daneben ein Schlüsselschloß vorhanden, so muß auch der richtige Schlüssel für dieses Schloß durch eine Schlüsselvortat von einer der vorausgesetzten Arten erlangt worden sein. § 1 Nr. 2 b cc Abs. 2 AERB 87 läßt Raub der Kombination nur noch dann genügen, wenn daneben ein Schlüsselschloß vorhanden ist. Für Behältnisse, die nur mit Kombinationsschlössern ausgestattet sind, genügt Raub der Kombination(en) nur, wenn **Kl 4102** vereinbart ist, D X 9.

Trotz des Schlüsselraubes als Schlüsselvortat ist der **VFall ein erschwerter**   **21** **Diebstahl,** ebenso wie bei Raub des Schlüssels zu Gebäuden (D VIII 9) oder zu nicht qualifizierten Behältnissen, D IX 9. Der Schlüsselraub ist eines der qualifizierenden Merkmale, die hinzutreten müssen, damit begrifflich erschwerter Diebstahl vorliegt, D X 2. Wird die Gewalt *innerhalb des VOrts* verübt oder angedroht, so handelt es sich **nach den AEB** in Verbindung mit D-Kl 8 Nr. 2 zugleich um einen **Raub** derjenigen Sachen, die der Täter mit Hilfe des gewaltsam erbeuteten Schlüssels aus dem qualifizierten Behältnis entnimmt (D II 32 und Ollick VerBAV 81, 36, Fußnoten 34 und 35). Insbesondere bei Sachen von hohem Wert (Bargeld, Schmuck-, Gold- und Silbersachen), die sich vereinbarungsgemäß unter qualifiziertem Verschluß befinden müssen, waren daher nach den AEB durch die eingschränkte Schlüsselklausel für qualifizierte Behältnisse als erschwerter Diebstahl eine Reihe von Fällen mitversichert, bei denen es sich (auch) um Raub handelt. Gerade bei Sachen unter qualifiziertem Verschluß war dies wirtschaftlich sehr bedeutsam, denn solche Sachen werden in der Praxis während eines großen Teils der Geschäftszeit, zu der überhaupt Personen abwesend sind, auch wirklich unter Verschluß gehalten, so daß Fälle von Raub, in denen nicht zugleich erschwerter Diebstahl durch vorausgegangenen Raub des Schlüssels vorliegt, relativ selten sind.

22　　Trotzdem war die V von Sachen unter qualifiziertem Verschluß auch **gegen Raub** schon nach den AEB **nicht überflüssig,** denn erschwerter Diebstahl setzt voraus, daß der Schlüssel abhandenkommt, D VIII 7 und D IX 4. Daran fehlt es, wenn der Täter nicht den Schlüssel raubt, sondern den Schlüsselbesitzer lediglich zwingt, die qualifizierten Behältnisse zu öffnen und die Wegnahme des Inhalts zu ermöglichen, Martin, Klingmüller-Festschrift 274 sowie D II 31. Außerdem beschränken §§ 1 Nr. 2 e cc AERB, AERB 87 den Schlüsselraub als geeignete Vortat der eingeschränkten Schlüsselklausel für qualifizierte Behältnisse abweichend von den AEB und D-Kl 8 Nr. 2 (D X 21 und D II 32) ausdrücklich auf Raub außerhalb des VOrts. Dadurch wird der erschwerte Diebstahl auf einen Anteil an der Gesamtzahl der Schadenfälle reduziert, wie er dem Verhältnis zwischen erschwertem Diebstahl und Raub auch im Rahmen der Prämienkalkulation zugrunde liegt.

23　　**4. VBedürfnis und Deckungsumfang:** Die eingeschränkte Schlüsselklausel für qualifizierte Behältnisse kann und soll lückenlosen Schutz gegen Diebstahl mit Hilfe des richtigen Schlüssels nicht bieten, ohne daß darin aber ein Verstoß gegen § 9 Abs. 2 Nr. 2 AGBG („Vertragszweck") läge, vgl. Schaefer VersR 78, 4, München VersR 78, 729 sowie D VIII 13. Weder der einfache noch der Normalfall des erschwerten Diebstahls (nämlich Einbruch in ein Gebäude, in dem der Schlüssel unverschlossen aufbewahrt wird) des richtigen Schlüssels führt zu VSchutz, wenn der Dieb mit dessen Hilfe das qualifizierte Behältnis aufschließt. Selbst wenn der VN mehrere gleichermaßen qualifizierte Behältnisse besitzt, muß der VN mindestens zu einem dieser Behältnisse den Schlüssel notwendigerweise außerhalb eines qualifizierten Behältnisses aufbewahren (Ollick VerBAV 81, 36). Nur wenn letzteres in einer Weise geschieht, daß ein Dieb praktisch nur durch Raub in den Besitz dieses Schlüssels gelangen kann, ist VSchutz gewährleistet. Nach den AERB und AERB 87 gilt auch dies nur, solange der Schlüssel außerhalb des VOrts aufbewahrt – und eventuell geraubt – wird, D X 22. Bei Kombinationsschlössern darf der VN nach den AERB 87 schriftliche Unterlagen mit der Kombination nirgendwo deponieren, denn VSchutz gegen andere Vortaten als Raub besteht für Kombinationsschlösser nur nach den AEB und AERB, D X 7, nicht dagegen nach den AERB 87, D X 9 und 13.

Aber selbst wenn der Schlüssel durch eine Vortat im Sinn der einge- 24 schränkten Schlüsselklausel für qualifizierte Behältnisse abhandenkommt, besteht VSchutz nur beschränkte Zeit, solange nämlich nicht eine willkürliche *Gefahrerhöhung* darin liegt, daß der VN das Schloß nicht hat auswechseln lassen oder das Behältnis auf sonstige Weise (Bewachung) hat sichern lassen, vgl. N IV 74 (dort auch zum sonstigen Schlüsselverlust) und D VIII 27.

XI. Ursachenzusammenhang zwischen erschwertem Diebstahl und Versicherungsfall; Vandalismus

1. Fragestellung: Ursachenzusammenhang ist erforderlich, wenn eine Sache 1 nicht gegen alle Gefahren versichert ist, sondern nur gegen *bestimmte Gefahren* (Schadenursachen). Der VFall, also das Abhandenkommen oder der Sachschaden, muß dann „durch" eine Ursache eingetreten sein, die in den Bereich einer versicherten Gefahr fällt. Normalerweise genügt hierfür jeder adäquate Kausalzusammenhang (PM § 49 Anm. 4 A), so z.B. in der FeuerV, vgl. C VI 2. Anders ist es nur, wo ausnahmsweise „unmittelbare" Verursachung oder dgl. verlangt wird (Martin VersR 72, 756), wie z.B. in §§ 1 Nr. 1 a AStB 68, 5 Nr. 2 a VGB 62, 8 Nr. 2 a VGB 88, 3 Nr. D 2 a VHB 74 für die SturmV, E II 29.

Auch für *erschwerten Diebstahl und Raub* als versicherte Gefahren ist der 2 Ursachenzusammenhang erforderlich. Praktische Probleme ergeben sich aber meist nur für VFälle durch erschwerten Diebstahl, während der Kausalzusammenhang zwischen einem Raub und dem Abhandenkommen von oder einem Sachschaden an versicherten Sachen kaum Schwierigkeiten bereitet, vgl. D XII 2.

Nach §§ 1 Nr. 1 AERB, AERB 87, 1 Nr. 1 und Nr. 3 AEB, 1 Nr. 1 b VHB 74, 3 3 Nr. 2 VHB 84 muß der VFall „durch Einbruchdiebstahl" eingetreten sein; die AEB und die VHB 74 gebrauchen allerdings für Sachschäden das Wort „bei" statt „durch". Das Wort „durch" scheint, wie auch sonst, D XI 1, zunächst lediglich auf **adäquaten Kausalzusammenhang** hinzudeuten. Es fragt sich aber, ob „durch Einbruchdiebstahl" nicht ein weitgehendes Erfordernis enthält, des Inhalts nämlich, daß der **Diebstahl** nicht nur adäquate Ursache, sondern außerdem **Erscheinungsform** des VFalls sein muß, jedenfalls soweit es sich um ein *Abhandenkommen* als VFall handelt, D XI 8. *Sachschäden* als VFälle sind gesondert zu behandeln, D XI 20.

Der Zugang zu dieser Fragestellung wird meist dadurch erschwert, daß 4 ungenau „Diebstahl" als VFall der DiebstahlV angesprochen wird, A III 5 und B II 3, so z.B. auch bei E. Prölss (50, 57, 60). Tatsächlich ist Diebstahl zunächst nur Ursache (B I 11) des VFalls (A III 2), insbesondere des Abhandenkommens. Ob der Ursachenzusammenhang genügt oder ob nur bestimmte Erscheinungsformen des Abhandenkommens versichert sind (unklar der kurze Hinweis bei E. Prölss 80 auf „Kausalität"), ist eine weitere, im Folgenden zu untersuchende Frage.

5   Wieder ein anderes Problem ist, in welchem Umfang der *Diebstahlsversuch* einem vollendeten Diebstahl gleichsteht, vgl. D II 36 ff. Ein Zusammenhang zwischen beiden Fragen besteht nur insofern, als ein Diebstahlsversuch dem Diebstahl nur gleichstehen kann, soweit Ursachenzusammenhang genügt, soweit also der Diebstahl nicht zugleich Erscheinungsform des Abhandenkommens zu sein braucht, D II 48. Wo dagegen (vgl. schon D II 40) Diebstahl als Erscheinungsform des Abhandenkommens verlangt wird, kann ein VFall nicht eintreten, wenn der Diebstahl im Versuchsstadium stecken bleibt. Soweit im Erfordernis eines Diebstahls auch als Erscheinungsform des Abhandenkommens kein Verstoß gegen § 9 Abs. 2 Nr. 2 („Vertragszweck") liegt, kann auch der Ausschluß des Diebstahlsversuchs aus dem Kreis der versicherten Gefahren nicht nach § 9 Abs. 2 Nr. 2 AGBG korrigiert werden, D II 47.

6   Ebenfalls nicht hierher gehört die Frage, ob und in welchem Umfang die *Diebstahlsabsicht* schon zu der Zeit vorliegen muß, da der Täter sich Zugang zu den versicherten Sachen verschafft, vgl. D III 23 für das Einbrechen, D IV 6 für das Einsteigen, V 14 für Nachschlüsseldiebstahl und D VII 15 und 18 für das Einschleichen sowie zu den VHB 74 allgemein D XI 15. Die Frage stellt sich insbesondere auch dann, wenn die qualifizierenden Merkmale nur durch einen von mehreren Tätern verwirklicht werden. Es handelt sich hier allein um die richtige Auslegung der Einzelbestimmungen über die versicherte Gefahr des erschwerten Diebstahls.

7   Keine Frage des Ursachenzusammenhangs zwischen versicherter Gefahr und VFall ist es endlich auch, ob die qualifizierende Ausführungsform eines Diebstahls, wenn der Täter selbst die *Beute in Etappen* wegschafft, z. B. im Lauf mehrerer Nächte, sämtlichen Teilhandlungen zuzurechnen ist. Hiervon hängt ab, ob die späteren Teilakte einen erschwerten oder nur einfachen Diebstahl darstellen, vgl. D III 21 für das Einbrechen. Soweit allerdings der erschwerte Diebstahl nicht Erscheinungsform, sondern nur Ursache des Abhandenkommens sein muß, kann auch das Abhandenkommen in Form des späteren einfachen Diebstahls ersatzpflichtig sein. Vgl. im übrigen B IV 10 ff.

8   **2. Ein VFall durch Abhandenkommen** setzte in der **GeschäftsV** früher voraus, daß versicherte Sachen *„durch Diebstahl entwendet"* wurden. Sprachlich handelte es sich bei diesem Wortlaut des § 1 Nr. 3 AEB um unschönen Pleonasmus, B II 3, wie er sich ähnlich auch in den älteren AVB der LeitungswasserV gegen Rohrbruch (E I 79) findet. Trotzdem war die Formulierung sachlich nicht bedeutungslos. Sie war dahin zu verstehen, daß dem Abhandenkommen nicht nur ein erschwerter Diebstahl als adäquate Ursache zugrunde liegen, sondern daß der **Diebstahl** außerdem **Erscheinungsform des Abhandenkommens** sein mußte. Die in D XI 3 aufgeworfene Frage war also zu bejahen. Nicht die allgemeine Bedeutung des Wortes „durch" in der Rechtssprache, D XI 1, sondern der wirtschaftliche Sinn einer „DiebstahlV" im allgemeinen Sprachgebrauch hatte bei der Auslegung des § 1 Nr. 3 AEB Vorrang.

9   Diese enge Auslegung wurde durch **D-Kl 10 a** (sog. **Folgeschadenklausel,** VerBAV **58, 57**) nicht widerlegt, sondern bestätigt. Für den Fall des *Abhandenkommens* sprach D-Kl 10 a nicht etwa nur aus, was schon nach den AEB galt, sondern erstreckte umgekehrt mit konstitutiver Wirkung den VSchutz

auf alle Fälle des Abhandenkommens, die als adäquate Folge eines erschwerten Diebstahls oder einer versuchten Handlung eintreten. Für Beschädigungen und Zerstörungen hatte D-Kl 10a hingegen (Unterschied nicht gesehen in VerBAV aaO) nur deklaratorische Bedeutung. D-Kl 10a lag als sog. *Standardklausel* (A IV 34) sämtlichen GeschäftsVen zugrunde. §§ 1 Nr. 1 AERB, AERB 87 übernehmen mit den Worten „durch Diebstahl oder infolge einer solchen Tat abhandenkommen" diese Rechtslage, B II 4, vermeiden dabei aber einen sprachlichen Pleonasmus wie in den AEB. Die AERB und AERB 87 stellen zugleich klar, daß ein Diebstahlsversuch als adäquate Ursache genügt; auch dies galt bei richtiger Auslegung von D-Kl 10a schon früher, vgl. D II 48 der 2. Aufl.

Folgeschäden in Form eines Abhandenkommens treten meist erst nach 10 Ende des erschwerten Diebstahls ein, also zeitlich später als das Abhandenkommen der gestohlenen Sachen. Der Folgeschaden ist in der DiebstahlV jeweils ein selbständiger VFall. Die Entschädigungspflicht hängt also davon ab, ob im *Zeitpunkt* des Eintritts des *Folgeschadens* die vertraglichen Voraussetzungen des VSchutzes gegeben waren, B IV 11 und 12. Der **Folgeschaden** muß alle **Merkmale eines VFalles** aufweisen, insbesondere innerhalb des VOrtes eintreten. Ein Abhandenkommen von Sachen außerhalb des VOrtes ist auch dann nicht versichert, wenn es auf einem erschwerten Diebstahl innerhalb des VOrtes beruht (irrig GB 73, 65 = RuS 75, 66; in dem dort erörterten Fall war weder die erste Tat ein Diebstahl noch geschah die zweite Tat innerhalb des VOrts).

Die Entschädigungspflicht entfällt, wenn *umgekehrt* zwar der Folgeschaden innerhalb des VOrts eingetreten ist, jedoch auf *Grund eines erschwerten Diebstahls außerhalb des VOrts.* §§ 1 Nr. 1, 3 Nr. 1 Abs. 1 AERB, 4 Nr. 1 Abs. 1 AERB 87 drücken dies schon durch ihren Wortlaut aus. Nach D-Kl 10a zu den AEB hatte aber dasselbe gegolten, vgl. D XI 11 der 2. Aufl. Anders als die Schlüsselvorrat nach den Schlüsselklauseln muß der erschwerte Diebstahl im Sinn der Folgeschadenklausel also *innerhalb des VOrtes* stattfinden. *Nicht* nötig ist hingegen, daß der ursächliche erschwerte Diebstahl innerhalb der VDauer stattgefunden hat, B IV 12, denn sonst würde bei einem Wechsel des Vr zwischen dem ursächlichen erschwerten Diebstahl und dem Folgeschaden weder der erste noch der zweite Vr haften, D XI 10.

Das wichtigste **Beispiel** eines Folgeschadens in Form eines Abhandenkommens, der nach § 1 Nr. 1 AERB, AERB 87 und D-Kl 10a gedeckt ist, bildet der *einfache Diebstahl durch andere Personen,* die sich des durch die Täter erschwerten Diebstahls geschaffenen Zugangs zu den versicherten Sachen bedienen. In diesen Fällen ist besonders sorgfältig zu prüfen, ob der Vr nicht nach § 25 VVG leistungsfrei ist, denn ebenso wie nach Schlüsseldiebstählen (D VIII 27, D IX 8 und D X 24) handelt es sich um willkürliche Gefahrerhöhung durch Unterlassen, wenn der VN nach Entdeckung des Schadens nicht unverzüglich wieder den früheren Sicherheitszustand herbeiführt. Er muß dies auf eigene Kosten tun, denn ein zweiter VFall steht nicht unmittelbar bevor, wie §§ 12 AERB, 3 Nr. 1 AERB 87, AEB, 63 VVG dies voraussetzen würden, W II 33.

Ein Folgeschaden kann auch darin bestehen, daß die *Täter des erschwerten* 13 *Diebstahls selbst* sich ein weiteres Mal des durch sie bereits geschaffenen

Zugangs bedienen, D XI 7 und B IV 10, und die *Beute in Etappen* abtransportieren, bevor ihre Tat entdeckt wird, oder daß sie zunächst ein Behältnis erbrechen und dort den Schlüssel für ein anderes Behältnis finden, D VI 8. Ferner ist es möglich, daß Sachen im Zuge der Aufräumungsarbeiten nach einem erschwerten Diebstahl abhanden kommen, z. B. durch Handwerker oder durch das Personal des VN, welches sich den Umstand zunutze macht, daß Folgeschäden ohne nähere Prüfung den nicht entdeckten Tätern des erschwerten Diebstahls angelastet werden. Solche Folgeschäden kann der VN zwar meist nicht exakt nachweisen. Umgekehrt darf aber auch der Vr eine Entschädigung nicht mit der Begründung ablehnen, es sei nicht bewiesen, daß die Täter des erschwerten Diebstahls alle fehlenden Sachen an sich genommen hätten; es genügt, wenn der VN beweist, daß fehlende *Sachen entweder* durch erschwerten Diebstahl *oder* als adäquate Folge davon abhanden gekommen sind (vgl. auch RuS 75, 65).

14   In der **Hausrat V** ist zu unterscheiden zwischen den VHB 74 und den unten D XI 17 zu behandelnden VHB 84. Nach den **VHB 74** ist ein Abhandenkommen als adäquate Folge eines erschwerten Diebstahls *nicht* gedeckt (Hamm VersR 84, 174), denn die VHB 74 enthalten eine der D-Kl 10a entsprechende Bestimmung nicht. § 1 **Nr. 1 b VHB 74** gewährt VSchutz vielmehr nur für Sachen, die „durch Diebstahl entwendet" werden. Aus den in D XI 8 zu den AEB dargelegten Gründen muß der **Diebstahl** also nicht nur Ursache, sondern **Erscheinungsform des Abhandenkommens** sein.

15   Allerdings führt die Definition des VFalls durch § 4 Nr. 2 VHB 74 wenigstens für einen Teil der Schäden, die in der Geschäfts V nach §§ 1 Nr. 1 AERB, AERB 87 und D-Kl 10a als Folgeschäden gedeckt sind, zu einer Entschädigungspflicht auch in der Hausrat V, nämlich dann, wenn die Täter des erschwerten Diebstahls ihre *Beute in Etappen* abtransportieren, ohne bei den späteren Teilakten erneut die Merkmale eines erschwerten Diebstahls zu realisieren (D XI 13 und B IV 13; E. Prölss 83). Dieser Fall ist übrigens nicht nur als Folgeschaden, sondern auch als erneuter erschwerter Diebstahl versichert, denn wenn schon die Einbruchshandlung von Komplicen sämtlichen Mittätern zugerechnet wird, D III 21 und D IV 6, so muß diese für frühere eigene Handlungen ein und desselben Einbrechers um so mehr gelten.

16   Die Besonderheit der VHB 74 beschränkt sich also darauf, daß in der Hausrat V der VN die Wegnahme der Sachen durch die Täter des erschwerten Diebstahls oder durch einen von ihnen beweisen muß, und zwar entweder die Wegnahme in einem oder die Wegnahme in mehreren „Arbeitsgängen". Die Tatsache oder auch nur die unwiderlegbare Möglichkeit, daß ein Teil der Sachen durch Dritte ohne die Merkmale des erschwerten Diebstahls entwendet wurde, schließt den VSchutz nach den VHB 74 aus, ebenso die Möglichkeit eines Verschwindens der Sache ohne menschliches Zutun.

17   In § 3 **Nr. 2 VHB 84** wurde die für die Geschäfts V seit langem gebräuchliche Regelung übernommen. Abhandenkommen als Folgeschaden ist danach ebenso eingeschlossen, wie dies in D XI 9 bis 13 für die Geschäfts V dargelegt wurde. Es handelt sich um eine Verbesserung in den VHB 84 gegenüber den VHB 74.

18   Für die VHB 74 stellt sich die Frage, ob nicht eine Korrektur nach § 9 **Abs. 2 Nr. 2 AGBG** in der Weise geboten ist, daß Folgeschäden auch nach den

VHB 74 ebenso gedeckt sind wie in der GeschäftsV und nach den VHB 84. Gegen eine solche Korrektur spricht freilich von vornherein, daß die primäre Risikoabgrenzung nach § 9 AGBG nur dann korrigiert werden kann, wenn eine Deckungslücke mit dem durch den übrigen Inhalt der AVB bestimmten „Vertragszweck" unvereinbar ist, wobei es auf den Gesamteindruck eines flüchtigen Lesers ankommt, A V 15.

Folgeschäden durch Abhandenkommen nach einem Einbruchdiebstahl, die **19** anders als durch mehrfaches Erscheinen derselben Täter (dieser Fall ist ohnehin gedeckt, D XI 15) entstehen, liegen jedenfalls nicht im Kernbereich dessen, was sich in der Vorstellung eines flüchtigen Lesers „automatisch" mit den Worten „V des Hausrats gegen Einbruchdiebstahl" verbindet. Außerdem ist das Folgeschadenrisiko in der GeschäftsV wenigstens halbwegs in voraus kalkulierbar und könnte wenigstens theoretisch zum Gegenstand von Tarifmerkmalen gemacht werden. Als solche Merkmale kämen insbesondere die Dauer des Betriebsschlusses nachts, an Wochenenden, während eines Betriebsurlaubs sowie während etwaiger Umbauphasen und dgl. in Betracht. In der HausratV wäre dies dagegen nicht einmal theoretisch möglich, denn die tatsächlichen Verhältnisse sind allzu vielgestaltig und in jedem Einzelfall zu schnellen und häufigen Änderungen unterworfen. Allein der Umstand, daß die VHB 84 das Risiko eben doch einschließen und damit generell dessen „Versicherbarkeit" beweisen, reicht als Grundlage für eine Korrektur der VHB 74 nach § 9 Abs. 2 Nr. 2 AGBG nicht aus. Eine Folge davon ist, daß auch der Einschluß von Schäden durch bloßen Versuch des erschwerten Diebstahls in die VHB 74 nicht im Wege einer Korrektur nach § 9 AGBG herbeigeführt werden kann, D II 47.

3. **Sachschäden (Beschädigungen und Zerstörungen)** an versicherten **bewegli- 20 chen Sachen** sind jedenfalls zu ersetzen, soweit sie *durch erschwerten Diebstahl* oder *durch* einen *Versuch* des erschwerten Diebstahls (D II 36) oder *durch Raub* oder *Raubversuch* (D XII 2 bis 6) entstanden sind, und zwar an versicherten beweglichen Sachen; wegen Gebäudeschäden vgl. Abschnitt W VI. Ursachenzusammenhang mit einem erschwerten Diebstahl(sversuch) aus angrenzenden nicht versicherten Räumen reicht nicht aus, D II 39 und W VI 14. Nach einem versuchten und vollendeten erschwerten Diebstahl genügt jeder adäquate Ursachenzusammenhang. Die Frage, ob Diebstahl nicht nur Ursache, sondern zugleich Erscheinungsform des VFalls sein muß, stellt sich naturgemäß nur für das Abhandenkommen, nicht für Sachschäden; insoweit ist die Rechtslage für die Geschäfts- und für die HausratV nach §§ 1 Nr. 1 a AERB, AERB 87, 1 Nr. 3 AEB, 1 Nr. 1 b VHB 74, 3 Nr. 2 VHB 84 einheitlich. Das Wort „durch" in den AERB, AERB 87 und VHB 84 bezeichnet den erforderlichen Ursachenzusammenhang. Das Wort „bei" in den AEB und in den VHB 74 ist keinesfalls enger, bezüglich der Vandalismusschäden sogar weiter auszulegen als „durch", vgl. D XI 26. „Einbruchdiebstahl" meint jeden erschwerten Diebstahl, D II 5, dagegen z.B. nicht Kfz-Einbrüche außerhalb von Gebäuden gemäß D XV 45. Das gleiche gilt für „Einbruch" gemäß den AEB.

a) Ersatzpflichtig sind zunächst Schäden, die der **Täter** an versicherten Sa- **21** chen **vorsätzlich** verursacht, soweit der Täter dies als notwendiges Mittel ansieht, um das Diebesgut *wegnehmen* und *abstransportieren* zu können. Dazu zählen vor allem Schäden an erbrochenen *Möbelstücken* und sonstigen *Behältnissen* aller Art, soweit es sich um versicherte Sachen handelt. *Gebäudebestandteile* gehören dagegen *nicht* zu den versicherten Sachen, so daß Schäden an erbrochenen Türen, Fenstern usw. nur im Rahmen der besonderen Positionen nach §§ 2 Nr. 5 c AERB, 3 Nr. 3 c AERB 87, 3 Nr. B 3 a VHB 74, 2 Nr. 1 e VHB 84 und D-Kl 22 versichert sind, vgl. W VI 11. Ein *Sonderproblem* sind die sog. *Vandalismusschäden*, die der Täter vorsätzlich verursacht, *ohne* daß dies aus seiner Sicht der Wegnahme oder dem Abtransport von Sachen dient, vgl. D XI 23 ff. für versicherte Sachen sowie W VI 11 und 18 für Gebäudebestandteile.

22   Ersatzpflichtig sind ferner Schäden, die der Täter **fahrlässig** verursacht (Ollick VerBAV **81,** 44, Fußnote 117). So liegt es, wenn er z. B. Möbel oder Teppiche stärker zerkratzt, als dies für den Diebstahl „nötig" wäre, wenn er eine Vase umstößt, versehentlich die Tür der von ihm nur teilweise entleerten Kühltruhen offen läßt, einen Kurzschluß verursacht usw. Hierher gehören auch Schäden, die später *ohne Kenntnis* oder sogar *gegen den Willen* des Täters eintreten, insbesondere wegen der durch den Täter geschaffenen Öffnungen, so z. B. wenn Regen durch das erbrochene Fenster eindringt und Teppiche beschädigt (E. Prölss 80), oder wenn versicherte Tiere durch einbruchbedingte Schäden an der Klimaanlage sterben usw. Schäden durch *Leitungswasser,* das der Dieb vorsätzlich oder fahrlässig austreten läßt, sind zwar nach den AEB mit D-Kl 10, aber nicht nach den AERB und AERB 87 versichert, vgl. F I 29 zu §§ 1 Nr. 6 d AERB, 1 Nr. 7 d AERB 87.

23   b) Zusätzliche Fragen werfen die sog. **Vandalismusschäden** auf, das sind Schäden, die der Täter **vorsätzlich** verursacht, **ohne** daß dies der Wegnahme oder dem Abtransport von Sachen dient, vgl. schon D XI 21. *Ob* der Täter vorsätzlich gehandelt hat, läßt sich oft (z. B. bei aufgeschnittenen Polstermöbeln), aber nicht immer (z. B. nicht bei einer umgestoßenen Vase), aus der *Art des Schadens* entnehmen. Da vorsätzliche Sachbeschädigungen selbst nach Einbrüchen eher die Ausnahme sind, darf mangels gegenteiliger Anhaltspunkte dem ersten *Anschein* nach oft nur *Fahrlässigkeit* angenommen werden. Es ist Sache des Vr, diesen ersten Anschein durch Indizien für Vorsatz zu entkräften. Von der Frage, ob der Täter vorsätzlich oder fahrlässig gehandelt hat, ist scharf die Frage *zu unterscheiden,* ob der Täter im Zeitpunkt des Einbruchs, Einsteigen usw. *Diebstahlsabsicht* hatte, D III 23 und D XI 31, sowie die weitere Frage, aus welchem *Motiv* der Vorsatztäter bei der Sachbeschädigung gehandelt hat, D XI 27.

24   Die *Rechtslage* ist nach den verschiedenen hier zu behandelnden AVB *nicht einheitlich* (Engels VP **81,** 43). Während nämlich die AERB und die AERB 87 unter Berücksichtigung von BGHZ 66, 134 Schäden „durch" erschwerten Diebstahl verlangen, D XI 25 bis 29, genügt nach den AEB und VHB 74 Schadeneintritt „bei" einem erschwerten Diebstahl (vgl. schon D XI 20), was etwas weitergehenden VSchutz begründet, D XI 21. Umfassenden VSchutz bietet § 3 Nr. 3 mit § 6 VHB 84, D XI 35, dieselbe Deckung ermöglichen auch die AERB und AERB 87 falls Kl 412 vereinbart ist. D XI 30 bis 34.

aa) „Durch" erschwerten Diebstahl oder „durch" Raub gemäß §§ 1 Nr. 1a 25
AERB, AERB 87 sind versicherte Sachen zweifellos dann beschädigt worden,
wenn der Täter die Sachen aus seiner Sicht notwendig beschädigen mußte, um
die gestohlenen oder geraubten Sachen wegnehmen und abtransportieren zu
können. So liegt es z. b. bei Schäden an Möbelstücken, aus deren verschlossenen Schubfächern der Einbrecher Sachen entnimmt, D XI 21. Darüber hinaus
genügt aber auch jeder sonstige adäquate Kausalzusammenhang zwischen dem
Sachschaden einerseits und dem erschwerten Diebstahl oder dem Raub andererseits, desgleichen ein adäquater Zusammenhang mit dem *Versuch* eines
erschwerten Diebstahls oder Raubes. Bei der Beurteilung ist großzügig zu
verfahren, Ollick VerBA **81**, 35. Man wird einen *„sachlichen Zusammenhang"* mit dem erschwerten Diebstahl oder dem Raub oder mit dem Versuch
genügen lassen müssen; dabei kann als Maßstab die Rechtsprechung zu § 1
AEB aus der Zeit vor BGHZ **66**, 132 (D XI 28) dienen, vgl. LG Aachen
VersR **75**, 174, LG Hagen VersR **75**, 509 und LG Oldenburg RuS **75**, 86,
ferner PM 20. Auflage § 1 AEB Anm. 4 sowie Klingmüller VP **76**, 84 und
E. Prölss 80, beide mit umfangreichen weiteren Nachweisen.

Ausreichend ist z. B. **Wut über nicht erlangte oder zu geringe Beute** (ebenso 26
Ollick VerBAV **82**, 237, FN 497), wobei freilich an den Nachweis dieses
Motivs eher strenge Anforderungen gestellt werden müssen. So kann z. B. bei
„Rocker-Überfällen" auf Gaststätten nicht ohne weiteres die Behauptung des
VN als wahr unterstellt werden, die Täter hätten das Inventar nur oder auch
deshalb zerstört, weil ihnen nicht genügend Geld oder Sachwerte in die Hän-
de gefallen seien. Will dagegen z. B. ein Räuber die Kasse eines Porzellange-
schäfts berauben und findet nichts oder nur einen kleinen Betrag, so dürfte
der adäquate Kausalzusammenhang mit der anschließenden Zerstörung des
Warenbestandes nachgewiesen sein. Auch Hamm VersR **85**, 465 läßt (zu den
VHB 74) die – im konkreten Fall aber nicht festzustellende – Wut über nicht
vorgefundene Beute genügen.

Durch das Wort „durch" **ausgeschlossen** sind nach §§ 1 Nr. 1 AERB, 17
AERB 87 Schäden, bei denen der **Wille**, etwas zu beschädigen oder **zu zerstören**, selbständig **neben der Diebstahlsabsicht** steht. Auf das Motiv des Täters
kommt es dabei nicht an. Es kann sich z. B. um Rachsucht, Geltungsbedürf-
nis, politische Demonstrationsabsichten oder dgl. handeln. Dies bedeutet
gegenüber D XI 27 der 1. Aufl. keine Änderung in der rechtlichen Beurteilung. Wenn dort der selbständige Zerstörungswille als „Motiv" statt als Willensrichtung bezeichnet worden war, so war dies lediglich sprachlich nicht
ganz korrekt.

Allerdings hält BGHZ **66**, 137 die Motive des Täters als Kriterium generell 28
für ungeeignet. Gerade wegen der in BGHZ **66**, 134 an den Unterschied
zwischen den Worten „bei" und „durch" geknüpften Folgerungen kann man
aber die zeitlich später formulierten AERB nicht anders verstehen, als daß sie
eben doch auf das Fehlen eines selbständigen Zerstörungswillens in der Person des Täters abstellen. Den Bedenken des BGH wird man allerdings auch
nach den AERB und nach den AERB 87 gerecht werden müssen, indem man
nämlich einen *ersten Anschein* für sachlichen Zusammenhang und *gegen ein
selbständiges Zerstörungsmotiv* anerkennt; diesen ersten Anschein muß der
Vr entkräften, wenn er die Ersatzpflicht nach den AERB oder AERB 87

bestreiten will. „Entkräften" bedeutet aber weniger als Übernahme der Beweislast oder Gegenbeweis; der Vr braucht nur *Indizien* für das Gegenteil darzulegen.

29   Der Vr wird den ersten Anschein für den sachlichen Zusammenhang insbesondere dann entkräften können, wenn der *Zerstörungsschaden* wesentlich *höher* ist als der Wert der gestohlenen Sachen. Es kommt indessen stets auf die Umstände des Einzelfalls an. Das **Wertverhältnis** besagt z. B. dann nichts (Folge: VSchutz auch für die Zerstörungsschäden), wenn keine für den Täter begehrenswerten oder transportierbaren Sachen vorhanden waren; anders liegt es (VSchutz nur für gestohlene Sachen), wenn der Täter eingedrungen ist, obwohl er von vornherein nur mit geringer Beute rechnen konnte. – Der erforderliche sachliche Zusammenhang kann auch nur für *einige* zerstörte Sachen zu *bejahen,* für die *übrigen* dagegen zu *verneinen* sein. So besteht z. B. im Zweifel wohl VSchutz für Porzellan, von dem die Täter gegessen und das sie dann zerstört haben, dagegen nicht für Kunstgegenstände, die ebenfalls zerstört wurden, besonders dann nicht, wenn ein Abtransport der Kunstgegenstände möglich gewesen wäre, die Täter sich aber trotzdem auf die Zerstörung beschränkt haben usw.

30   bb) Der Schutz nach den AERB konnte durch Kl 412 auf „„echte **Vandalismusschäden**" (Ollick VerBAV 81, 44) ausgedehnt werden, also auf Schäden, bei denen die Zerstörungsabsicht nachweislich ein *selbständiges Motiv* der Täter war. Eine entsprechende Möglichkeit bestand weder zu den AEB noch zu den VHB 74, vgl. D XI 41. Zu den AERB mußte dem VN hingegen der Einschluß nach Kl 412 sogar formularmäßig angeboten werden (VerBAV 83, 307 und dazu Ollick aaO FN 115). Folgerichtig wurde Kl 412 in die **AERB 87** als § 1 Nr. 1 d eingearbeitet. Nach § 1 Nr. 1 Abs. 2 AERB 87 kann der VN die DiebstahlV aber auch weiterhin ohne Vandalismusschäden nehmen. Deshalb bleiben die Überlegungen in D XI 25 bis 29 über die Auslegung des Wortes „durch" vereinzelt auch für Verträge nach den AERB 87 bedeutsam.

31   Die **Willensrichtung** des Täters ist nach Kl 412 und § 1 Nr. 1 d AERB 87 **unerheblich.** Er muß nicht in Diebstahls- oder Raubabsicht, sondern kann z. B. auch nur mit Übernachtungsabsicht eingedrungen sein. Sachbeschädigungsabsicht braucht ebenfalls nicht von Anfang an vorzuliegen; es genügt, wenn der Täter diese Absicht erst hat, nachdem er bereits eingedrungen war. Versichert sind auch Schäden, die der Vandalismustäter fahrlässig verursacht (Ollick aaO Fußnote 117), ebenso wie nach Einbruchdiebstahl usw., D XI 22. Es braucht also nicht für jeden einzelnen Gegenstand festgestellt zu werden, ob der Vandalismustäter ihn vorsätzlich oder fahrlässig beschädigt oder zerstört hat.

32   Rechtserheblich ist nur die **Art und Weise des Eindringens des Täters in den VOrt.** Eine der Alternativen gemäß §§ 1 Nr. 2 a, 2 e oder 2 f AERB, AERB 87 muß verwirklicht sein. Eintritt durch eine unverschlossene Tür genügt nicht, auch nicht bei nachweisbarer Raubabsicht. Diese Einschränkung ist sachlich gerechtfertigt, wenn – wie in der sog. Juwelierdeklaration (Texte 44 der 2. Aufl.) – für Diebstahl und Raub gesonderte Positionen mit gesonderter Prämienberechnung vereinbart sind und der Prämienzuschlag für Kl 412 nur aus der Diebstahlsposition berechnet wurde. In § 1 Nr. 1 d AERB 87 handelt

es sich allerdings um eine schwer zu motivierende Deckungslücke. Wenn Täter in Raubabsicht oder gegen den erklärten Willen des Hausratsinhabers eindringen, um Sachen vorsätzlich zu zerstören, besteht ein Bedürfnis in gleicher Weise wie bei Vandalismus durch nächtliche Eindringlinge, die einbrechen oder einsteigen usw.

Vandalismusschäden sind durch Kl 412 oder § 1 Nr. 1 d AERB 87 nur nach **34** Maßgabe der AERB oder der AERB 87 eingeschlossen. Der Vr verzichtet nur auf einen Diebstahl oder Raub oder auf den Versuch einer solchen Tat gemäß §§ 1 Nr. 1 bis 3 AERB, AERB 87 als Voraussetzung für den VSchutz. Anwendbar bleiben dagegen z. B. die Ausschlüsse in §§ 1 Nr. 6 AERB, 1 Nr. 7 AERB 87 für Vandalismusschäden durch Wohngenossen des VN oder Arbeitnehmer des VN während der Geschäftszeit oder durch innere Unruhen, Brand oder Explosion (F I 7 und 16) usw., Ollick VerBAV **81**, 44. Zugunsten des VN bedeutet „Maßgabe der AERB oder AERB 87", daß z. B. auch Gebäudeschäden sowie sonstige versicherte Kosten gemäß §§ 2 Nr. 5 AERB, 3 Nr. 3 AERB 87 im Anschluß an einen Vandalismus-VFall zu ersetzen sind, W VI 3 und 12.

Kl 412 und §§ 1 Nr. 6 AERB 87, 6 VHB 84, D XI 40 regeln durch Bezug- **35** nahme auf die Bestimmungen über erschwerten Diebstahl, auf welche Weise der Täter eindringen muß. Den **Begriff des Eindringens** selbst definieren sie nicht näher. Daher ist ein wenig zweifelhaft, ob der Täter mindestens mit einem *Teil seines Körpers* die Umrisse der als VOrt vereinbarten Räume überschreiten muß, oder ob es genügt, wenn er lediglich in einer der Formen des erschwerten Diebstahls eine Gebäude- oder Raumöffnung schafft, dann aber nicht mit seinem Körper eindringt, sondern lediglich *durch die Öffnung* auf die versicherten *Sachen einwirkt.*

Die besseren Gründe sprechen für die zweite Alternative. Es kommt in den **36** Bestimmungen über erschwerten Diebstahl für die Abgrenzung zum nicht versicherten einfachen Diebstahl entscheidend darauf an, daß der Täter erhöhte kriminelle Energie aufwendet, um sich Zugang zu verschaffen, sei es durch Gewalt gegen Sachen bei Einbruch, durch ungewöhnliche und schwierige oder gefährliche Steigbewegungen im Fall des Einsteigens oder durch ein zum Öffnen nicht bestimmtes Werkzeug usw. VSchutz für erschwerten Diebstahl besteht in allen diesen Fällen schon dann, wenn der Täter Sachen aus dem VOrt herausangelt, ohne ihn zu betreten, vgl. D III 18 für den Einbruch D IV 3 für das Einsteigen (Fassadenkletterer betritt das Gebäude nicht) und D V 14 für den Nachschlüsseldiebstahl.

Folgerichtig genügt es, wenn der Vandalismustäter durch Gewalt, Nach- **37** schlüssel oder gestohlene Schlüssel eine **Öffnung schafft** oder durch ungewöhnliche Steigbewegungen an der Außenseite des VOrtes **zu einer** vorhandenen **Öffnung gelangt**, durch die er auf versicherte Sachen einwirkt und sie beschädigt oder zerstört. Beispiele: Der Täter wirft einen Stein oder einen Farbbeutel oder sonstige Gegenstände durch eine solche Öffnung in den VOrt oder er spritzt oder gießt Chemikalien in den Raum. Oder er durchbohrt den Fensterrahmen und leitet mit Hilfe eines Gartenschlauchs Wasser in das Gebäude. Die Gewalt gegen das Gebäude und die Sachbeschädigung können auch durch ein und dieselbe Handlung verwirklicht werden. Beispiel:

Ein geworfener Ziegelstein durchschlägt zuerst die Fensterscheibe und beschädigt dahinter Gardinen, Teppiche, Blumenvasen usw.

38　Für den Fall des Einbruchs bestätigen §§ 11 Nr. 2 AERB, 12 Nr. 2 AERB 87 indirekt die Rechtslage, weil dort von Schäden durch erschwerten Diebstahl die Rede ist, die der Täter verursacht, ohne den VOrt zu betreten, U II 13. Wer allerdings die Deckung von Vandalismusschäden ohne Betreten des VOrtes ausschließlich aus dieser Bestimmung ableiten wollte, müßte nach den VHB 84 anders entscheiden. Außerdem wäre dann nach den AERB und den AERB 87 die für Diebstahlschäden vereinbarte Entschädigungsgrenze auch für Vandalismusschäden anzuwenden, soweit der Täter sie verursacht, ohne das Gebäude zu betreten.

39　Nicht versichert sind Vandalismusschäden, die der Täter verursacht, indem er sich ohne „Steigen" eine schon *vorhandene Öffnung* zunutze macht oder indem er *ohne Gebäudebeschädigung* eine Öffnung schafft, z. B. durch Aufdrücken einer nicht verschlossenen Tür oder eines nicht verriegelten Fensters, vgl. die entsprechende Regelung in §§ 1 Nr. 1 c und Nr. 4 b AStB 68, 1 Nr. 3 c und Nr. 4 c AStB 87, 8 Nr. 3 c, 9 Nr. 5 c VHB 84 für die SturmV. Schleudert der Täter Gegenstände durch solche Öffnungen, so besteht kein VSchutz, gleichgültig ob es sich um Räume im Erdgeschoß oder in einer oberen Etage handelt. Ausnahme: *Schüsse,* auch solche durch offene Fenster, erfüllen den Begriff der *Explosion,* C III 7.

40　cc) § 3 Nr. 3 und § 6 VHB 84 schließen Vandalismusschäden in die HausratV nahezu in demselben Umfang ein wie Kl 412 und § 1 Nr. 1 d AERB 87. Die einzige Abweichung gegenüber der gewerblichen DiebstahlV besteht darin, daß § 6 VHB 84 nur § 5 Nr. 1 f zitiert, nicht dagegen auch Nr. 1 e. Die Abweichung ist geringfügig, denn „Diebstahl" des Schlüssels (Nr. 1 f) umfaßt begrifflich auch erschwerten Diebstahl und Raub, D II 20. Nur wenn ausnahmsweise der erschwerte Diebstahl oder Raub des Schlüssels nicht nachweislich ohne Fahrlässigkeit im Sinn von Nr. 1 f verübt wurde, sind Vandalismusschäden durch Mißbrauch dieses Schlüssels nach § 6 VHB 84 nicht versichert, D VIII 4. – Gebäudeschäden durch Vandalismus werden in § 2 Nr. 1 e VHB 84 ebenfalls als versichert bezeichnet, allerdings nur „innerhalb der Wohnung", vgl. dazu W VI 7.

41　dd) Für die GeschäftsV nach § 1 Nr. 3 AEB und in der HausratV nach § 1 Nr. 1 b VHB 74 bleibt es dagegen bei dem durch BGHZ 66, 132 vorgezeichneten Umfang des VSchutzes. Das Wort „bei" erfordert danach nicht einen sachlichen Zusammenhang im Sinn von D XI 23, insbesondere nicht bestimmte Motive der Täter, sondern lediglich **Diebstahlsabsicht** schon im **Zeitpunkt des Eindringens.** Dabei sind dem VN *Beweiserleichterungen* zuzubilligen, und zwar nicht nur dann, wenn die Diebstahlsschäden überwiegen, D XI 29, sondern entgegen AG Wetzlar RuS 85, 90 schon dann, wenn auch nur Kleinigkeiten gestohlen wurden. Selbst bei offenkundiger und primärer Zerstörungsabsicht der Täter ist im Zweifel anzunehmen, daß die Täter auch einiges mitnehmen wollten, was sich leichtem Zugriff darbietet. Hierbei spielt auch eine Rolle, daß es sich in der HausratV überwiegend um weniger geschäftserfahrene VKunden handelt und daß zu den AEB noch nicht die zusätzlichen Möglichkeiten der Kl 412 geboten worden waren. Für übereinstimmende Auslegung von AEB und VHB 74 plädiert auch Hamm VersR 85, 464.

Trotz der gebotenen Beweiserleichterungen kann der VN den Beweis einer **42** Diebstahlsabsicht schon im Zeitpunkt des Eindringens des Täters keineswegs ausnahmslos führen. Beispielsfälle, in denen ihm dies **nicht** gelang, sind LG Köln VersR 81, 723 (Zerstörung einer Musikzimmereinrichtung), Düsseldorf RuS 82, 149 = ZfS 281 (Zerstörung von Waschmaschinen in einem Gewerbebetrieb), LG Kiel ZfS 80, 345 (Zerstörungen durch früheren Arbeitnehmer) und Hamm VersR 85, 465 (Zerstörungen trotz hoher Lärmentwicklung und mit Hilfe einer mitgeführten Sprühflasche). Solche Fälle unterstreichen die Bedeutung der Erweiterung des VSchutzes durch Kl 412, § 1 Nr. 1 d AERB 87 und § 3 Nr. 3 VHB 84, vgl. D XI 30 bis 40.

Ausnahmsweise wird auch in den **VHB 74** Vandalismus durch eine **Klausel** **43** eingeschlossen. Dies gilt jedoch nur für einige wenige Vr. Die in Texte 34 hinter Kl 835 abgedruckte Klausel wurde gemäß VerBAV 87, 514 **ohne Nummer** genehmigt.

XII. Raub

1. Raub ist eine **versicherte Gefahr,** also eine versicherte Ursache des Ab- **1** handenkommens oder eines Sachschadens, A III 2 und D I 1, und zwar sowohl in der **GeschäftsV** nach §§ 1 Nr. 3 bis 5 AERB, AERB 87 und früher nach den AEB in Verbindung mit §§ I, II SBR und D-Kl 28 bis 30, wie auch in der **HausratV** nach §§ 1 Nr. 1 b, 3 Nr. B 2, 6 Nr. 2 Satz 4 VHB 74 und nach §§ 3 Nr. 2, 5 Nr. 2, 12 Nr. 4 VHB 84. Sowohl in der Geschäfts- wie in der HausratV ist Normalfall ein schon durch die AVB kombinierter VSchutz (A III 13) gegen Diebstahl und Raub durch ein und denselben Vertrag. Es ist zwar möglich, den VSchutz vertraglich auf eine der beiden Gefahren zu beschränken, D I 4; vgl. aber z.B. D II 33, D X 22 und D XIII 7 wegen möglicher Nachteile einer solchen Beschränkung.

In der **GeschäftsV** braucht, wie auch sonst bei V gegen bestimmte Gefahren, **2** D XI 1, das *Abhandenkommen* oder der *Sachschaden* lediglich *adäquate Fol* *ge* des Raubes als der versicherten Schadensursache zu sein. D-Kl 10 a (D XI 9) erwähnte zwar nur Ereignisse, die unter § 1 Nr. 2 AEB fallen, aber nach § II SRB waren die AEB auf Raub entsprechend anzuwenden. Daher steht Raub einem erschwerten Diebstahl im Rahmen der *Folgeschadenklausel* gleich. Nach §§ 1 Nr. 1 b AERB, AERB 87 genügt ohnehin eindeutig der adäquate Ursachenzusammenhang; für *Vandalismusschäden* durch Räuber gelten D XI 25 bis 37 entsprechend.

Sachschäden an versicherten Sachen durch **Gewalthandlungen des Räubers** **3** oder aus Gewaltmaßnahmen gegen den Räuber sind als adäquate Folgen des Raubes oder Raubversuches ohne Rücksicht darauf gedeckt, ob der Räuber zur Zeit des Schadeneintritts die Wegnahmeabsicht eventuell bereits aufgegeben hatte und nur noch seine Flucht ermöglichen wollte. Eine **Ausnahme** gilt nur für **Schüsse** des Räubers oder auf den Räuber, denn hier handelt es sich um Schäden durch **Explosion,** die nicht in der DiebstahlV, F I 19, sondern ausschließlich durch die FeuerV gedeckt sind, C III 7. Allenfalls unter dem

Gesichtspunkt der Rettungskosten (W II 50) können Schußfolgeschäden durch den DiebstahlVr zu entschädigen sein, allerdings nur nach den AEB, nicht hingegen nach den AERB, denn der Ausschluß durch §§ 1 Nr. 6 d AERB, 1 Nr. 7 d AERB 87 erstreckt sich auch auf versicherte Kosten. – Wegen *Gebäudeschäden* durch Raub vgl. W VI 10.

4   **Abhanden gekommene Sachen** sind in der GeschäftsV nicht nur dann zu entschädigen, wenn der Räuber sie weggenommen hat, sondern z. B. auch dann, wenn in einer durch den Raub verursachten Panik ein Dritter sie durch einfachen Diebstahl entwendet. Desgleichen sind Sachen zu entschädigen, die der Räuber oder ein Dritter als Folge der Raubhandlung versehentlich oder absichtlich zerstört oder beschädigt.

5   Während dies für Sachschäden durch Raub nach §§ 1 Nr. 1b VHB 74, 3 Nr. 2 VHB 84 generell auch in der **HausratV** gilt, D XI 20 bis 22, fehlt in den **VHB 74** eine Folgeschadenklausel für den Fall des *Abhandenkommens*, D XI 14. Daher sind abhandengekommene Sachen nach den VHB 74 nur zu entschädigen, wenn sie nachweislich nicht nur *infolge* eines Raubes, sondern in der *Erscheinungsform des Raubes* abhanden gekommen sind. Für diese Auslegung des § 1 Nr. 1b VHB 74 („durch Raub entwendet", vgl. schon D IX 14) spricht der Sprachgebrauch des täglichen Lebens im Sinn von BGH RuS 88, 244 = VerBAV 331 = NJW-RR 1050, denn „Diebstahl" und „Raub" gelten gemeinhin nicht nur als Ursachen, sondern als Formen des Abhandenkommens. Nach § 3 **Nr. 2 VHB 84** besteht hingegen VSchutz auch für Folgeschäden in Form eines Abhandenkommens, und zwar in demselben Umfang wie in D XII 2 bis 4 für die GeschäftsV dargelegt.

6   **Versuch des Raubes** steht vollendetem Raub gleich, soweit (D XII 2 bis 5) es genügt, daß der VFall, also das Abhandenkommen oder der Sachschaden, *infolge* eines Raubes eingetreten ist. Raubversuch steht mithin als Ursache eines Sachschadens dem Raub ebenso gleich wie der Diebstahlsversuch (D II 36) dem Diebstahl, D II 41. Für ein *Abhandenkommen* steht Raubversuch dem Raub nur nach §§ 1 Nr. 1b AERB, AERB 87 und D-Kl 10a in Verbindung mit § II SBR in der GeschäftsV sowie in der HausratV nach § 3 Nr. 2 VHB 84, nicht dagegen nach § 1 Nr. 1b VHB 74 gleich, D II 44. – Beispiel für einen nach Kl 4103 gedeckten Schaden durch Abhandenkommen infolge eines Raubversuchs innerhalb des VOrtes: D XII 84.

7   2. Einen **versicherungsrechtlichen Begriff des Raubes** kennen die **SBR** noch nicht, vgl. Martin, Klingmüller-Festschrift 263, 264, 278. Vielmehr setzt sich die Raubdeckung nach den SBR zusammen aus der Komponente *„Beraubung"* und der Komponente *„räuberische Erpressung"* (§ I SBR). Ebenso verfahren auch die **VHB 74** in § 3 Nr. B 2. In beiden Fällen handelt es sich jedoch *nicht* einfach um eine Adition der strafrechtlichen Tatbestände des § 249 StGB (Raub) und des § 255 StGB (räuberische Erpressung). Abweichend vom Strafrecht *beschränken* nämlich D-Kl 30 für die Geschäftsberaubung und D-Kl 28 für den Transportraub sowie allgemein §§ 1 Nr. 3 und 4 AERB, AERB 87 den durch die Gewalt oder die Drohung betroffenen *Personenkreis*, D XII 50; ebenso lauten §§ 6 Nr. 2 Satz 4 VHB 74, 12 Nr. 4a VHB 84 in der HausratV, wenn auch nur für die AußenV. Umgekehrt *erweitern* D-Kl 30 und 28 sowie §§ 1 Nr. 3c AERB, AERB 87, 3 Nr. B 2 Satz 2

VHB 74, 5 Nr. 2c VHB 84 in der sog. Ohnmachtsklausel (D XII 31) den *Raubbegriff* auf *andere* Ursachen des Verlustes der Widerstandskraft als Gewalt oder Drohung.

Noch weniger als Raub im Sinn der SBR und VHB 74 mit § 249 StBG **8** deckt sich *räuberische Erpressung* im Sinn der SBR und VHB 74 mit § 255 StGB. Eine SachV bietet Schutz gegen räuberische Erpressung nur, soweit die erpreßte Vermögensverfügung (Tröndle § 253 StGB Anm. 11) in der Herausgabe oder Duldung der Wegnahme versicherter Sachen besteht, vgl. näher Martin, Klingmüller-Festschrift 276, 277. Aber auch in diesem Bereich ist räuberische Erpressung nur versichert, wenn sich der Täter darauf beschränkt, die Herausgabe oder Wegnahme zu erzwingen, nicht dagegen, wenn der Täter zunächst erst einmal verlangt und erzwingt, daß versicherte Sachen zum Zweck der Wegnahme herbeigeschafft werden, vgl. näher D XII 12 ff. und 80. Außerdem ist auch bei räuberischer Erpressung versicherungsrechtlich der betroffene Personenkreis beschränkt. Endlich besteht VSchutz gegen Drohungen nur, wenn nicht nur die Drohung innerhalb des VOrtes ausgesprochen wird, sondern wenn außerdem die angedrohte Gewalttat innerhalb des VOrtes stattfinden soll, D XII 45.

Angesichts dieser Unterschiede war es sprachlich ungeschickt, wenn die **9** SBR, die VHB 74 sowie D-Kl 30 die versicherte Gefahr des Raubes als Addition – stark modifizierter – strafrechtlicher Begriffe umschrieben hatten. Vorzuziehen ist ein selbständiger **versicherungsrechtlicher Begriff des Raubes**, wie er erstmals 1972 in D-Kl 28 (VerBAV 72, 35) für Transportraub entwickelt und dann in verbesserter Form in §§ 1 **Nr. 3 und 4 AERB, AERB 87, 5 Nr. 2** VHB 84 übernommen wurde. Hier wird durch die Definition schon auf den ersten Blick in wünschenswerter Weise deutlich, daß der Begriff sich mit dem des Strafrechts nicht deckt. Es schadet daher auch nicht, sondern bedeutet im Gegenteil einen Fortschritt, daß die genannten neueren Bestimmungen nicht mehr wie § 1 Nr. 1b VHB 74 von „Beraubung", sondern von „Raub" sprechen; es bedarf jetzt nicht mehr eines längeren und schlechteren Wortes, nämlich eines Verbalsubstantives mit der Endung „-ung", um den begrifflichen Unterschied gegenüber dem StGB hervorzuheben.

Im Folgenden wird nicht nur für die AERB, AERB 87 und VHB 84 sowie **10** für D-Kl 28, sondern auch für die SBR, für D-Kl 30 und für die VHB 74 von einem versicherungsrechtlichen Raubbegriff ausgegangen. Bei richtiger *Auslegung* besteht nämlich zwischen den beiden Gruppen von AVB ein sachlicher Unterschied nicht. Vielmehr wird in den später formulierten Bestimmungen nur deutlicher ausgedrückt, was sich in Verbindung mit dem Zweck der RaubV schon aus den älteren Bestimmungen ergibt, vgl. Martin Klingmüller-Festschrift 277, 278. Die rechtlichen Voraussetzungen des Raubes sind in allen hier zu behandelnden Bestimmungen dieselben, nämlich die Wegnahme als *Ziel* der Raubhandlung (D XII 11 ff.), die verübte *Gewalt* oder die angewendeten sonstigen *Mittel* (D XII 20 ff.), die *Widerstandsunfähigkeit* einer betroffenen Person aus anderen Gründen (D XII 31 ff.) und die *angedrohte Gewalt* im Fall eines Raubes durch Drohung (D XII 37 ff.). In den genannten AVB und Klauseln unterschiedlich geregelt ist allerdings eine weitere Voraussetzung des versicherten Raubes, nämlich die Zugehörigkeit der *betroffenen Person* zu einem bestimmten Personenkreis (D XII 50 ff.). Im wesentlichen einheitlich definiert sind dagegen bei richtiger Auslegung der VOrt für Raub und dessen rechtliche Bedeutung (D XII 73 ff.) sowie der Ausschluß von *Vorsatz* und *grober Fahrlässigkeit* bei Raub (D XII 102 ff.).

11   3. **Ziel** des versicherten Raubes muß die **Wegnahme versicherter Sachen** im Sinn von D II 7 ff. sein. Der VN oder ein Versicherter (D XII 41) muß (wegen des Kausalzusammenhangs vgl. D XII 2 bis 5) durch den Raub den unmittelbaren Besitz verlieren. Damit ist noch nichts darüber gesagt, gegen welche Person sich die Gewalt oder die Drohung richten oder welche Person widerstandsfähig sein muß, damit es sich um versicherten Raub handelt; dies ist vielmehr eine selbständig zu prüfende Voraussetzung, vgl. D XII 12 und 50. Soweit Raub an einer Person versichert ist, die nicht Besitzdiener, sondern Besitzmittler ist, genügt ausnahmsweise sogar Verlust des *mittelbaren Besitzes* durch den VN oder den Versicherten, so vor allem nach § 6 Nr. 2 Satz 4 VHB 74, 12 Nr. 4a VHB 84 in der HausratV. Hingegen fehlt es an einem versicherten Raub schon mangels eines Wegnahmeziels in all denjenigen Fällen, in denen der Täter durch räuberische Erpressung eine andere Vermögensverfügung (Tröndle § 253 Anm. 11) erzwingt als die Wegnahme oder Duldung der Wegnahme versicherter Sachen, mag auch jene andere Vermögensverfügung zu einem Schaden führen; schon deshalb umfaßt der versicherte Raub nur einen Teil der Fälle der räuberischen Erpressung gemäß § 255 StGB, was in §§ 1 SBR, 3 Nr. B 2 VHB 74 und in D-Kl 28 bis 30 nicht voll zum Ausdruck kam, D XII 8. §§ 1 Nr. 3 AERB, AERB 87, 5 Nr. 2 VHB 84 stellen die Rechtslage klar.

12   Wenn *Wegnahme* das Ziel des Täters sein muß, so ist diese Erfordernis nicht nur *positiv* dahin zu verstehen, daß der Räuber die Sachen wegnehmen muß, sondern außerdem *negativ* dahin, daß er sich auf die Wegnahme beschränken muß. Erzwingt der Räuber zunächst durch Drohungen, daß weitere **Sachen** (insbesondere Geld) **von außen in den VOrt herangeschafft** werden, und bringt er diese Sachen dann an sich, so besteht für sie kein VSchutz. Auch dies wird erst in §§ 3 Nr. 1 Abs. 2 AERB, 4 Nr. 1 Abs. 2 AERB 87, 9 Nr. 3b VHB 84 klar gesagt. Eine Ausnahme hiervon macht nur Kl 4103, vgl. D XII 83.

13   Allerdings folgt der Nichteinschluß auf Verlangen des Täters herangeschaffter Sachen nicht schon aus dem Erfordernis des VOrts, denn die Wegnahme, der Besitzverlust und damit der VFall vollziehen sich auch bei Raub nachträglich herangeschaffter Sachen innerhalb des VOrts (Martin Klingmüller-Festschrift 271). Damit wäre die Voraussetzung erfüllt, daß alle Merkmale des Raubes innerhalb des VOrtes gesetzt werden müssen (§§ 3 Nr. 1 Abs. 1 AERB, 4 Nr. 1 Abs. 1 AERB 87, 10 Nr. 3 VHB 84), vgl. näher D XII 80 bis 82.

14   Trotzdem ist dieses zusätzliche Risiko ausgeschlossen, weil es mit dem Diebstahlrisiko nicht vergleichbar ist und weil kriminalpolitische Bedenken gegen eine weitergehende V des allgemeinen Erpressungsrisikos bestünden, D XII 108, insbesondere gegen eine sog. LösegeldV. Die RaubV, jedenfalls die V gegen Raub innerhalb eines Gebäudes (wegen Transportraub vgl. D XII 17 ff.), deckt nach ihrer Entstehungsgeschichte wie auch nach ihrem wirtschaftlichen Sinn das Raubrisiko nur, soweit es infolge der Anwesenheit von

Personen als **Surrogat** an die **Stelle des Diebstahlrisikos** tritt, also die Gefahr, die den Sachen durch Vorrang von Leib oder Leben anwesender Personen droht, weil sie zum Schutz von Leib und Leben der bedrohten Personen herausgegeben werden müssen. *Ohne die Anwesenheit von Personen wären aber nur die innerhalb des VOrts bereits vorhandenen* Sachen durch Diebstahl bedroht, weil das Heranschaffen weiterer Sachen mangel greifbarer Geiseln nicht erzwingbar wäre, Martin Klingmüller-Festschrift 276, 277.

Hieraus ergeben sich auch die Grenzen der soeben entwickelten und in den **15** SBR und VHB 74 noch ungeschriebenen Einschränkung des VSchutzes. Werden nach Beginn eines Gewaltakts oder einer Drohung weitere versicherte Gelder herangeschafft, *ohne* daß dies auf einer Initiative des Räubers beruhte, und nimmt der Räuber dann auch diese zusätzlich eingetroffenen Sachen an sich, so besteht VSchutz. Desgleichen besteht VSchutz, wenn der Räuber erzwingt, daß nicht von *außen*, sondern *aus anderen Teilen ein und desselben VOrtes* weitere Sachen *herangeschafft* werden; diese Situation ist so anzusehen, als habe der Räuber zunächst Sachen aus einem Raum entnommen, dann den Zugang zu anderen Räumen erzwungen und schließlich auch dort Sachen weggenommen. Je größer also der vereinbarte VOrt ist (man denke an Zentralen von Großbanken), um so weiter reicht in solchen Fällen der VSchutz. Auch dies wird in §§ 3 **Nr. 1 Abs. 2 letzter Halbsatz AERB, 4 Nr. 1 Abs. 2 letzter Halbsatz AERB 87** jetzt klargestellt; in 9 Nr. 3 b VHB 84 bedarf es dessen nicht, denn für die Wohnung als VOrt versteht es sich ohnehin von selbst.

Sind hingegen durch ein und denselben Vertrag oder durch verschiedene **16** Verträge zwischen denselben Vertragspartnern *räumlich getrennte VOrte* (Bankfilialen!) innerhalb derselben Stadt oder gar in verschiedenen Städten vereinbart, so sind aus anderen VOrten an den Ort des Überfalls geschaffte Sachen *nicht* versichert, und zwar weder durch den Vertrag für den Übergabeort noch – mangels Raubhandlung an jenem anderen Ort – durch den Vertrag für den anderen Ort.

Die entwickelten Grundsätze gelten analog für **Transportraub** nach D- **17** Kl 28 zu den AEB und für Raub im Bereich der **HausratsaußenV** nach §§ 3 Nr. B 2, 6 Nr. 2 VHB 74. Danach ist zwar VOrt die ganze Bundesrepublik oder ganz Europa, so daß nicht davon die Rede sein kann, die überfallene Person sei gezwungen worden, weitere Sachen von außerhalb des VOrts heranschaffen zu lassen. Aber sinngemäß soll VSchutz nur für das Risiko bestehen, dem versicherte Sachen dadurch ausgesetzt sind, daß die betroffene Person (D XII 50) Sachen bei sich trägt und sie durch Gewalteinwirkung oder mit Rücksicht auf den Vorrang von Leib und Leben dem Räuber überlassen muß. Das Risiko hingegen, daß Sachen eigens herangeschafft werden müssen, um eine bedrohte Person zu befreien, ist nicht versichert; dieses Risiko ist keine Folge eines Transportes versicherter Sachen, sondern bestünde auch dann, wenn die betroffene Person ohne versicherte Sachen unterwegs wäre und als Geisel unter Druck gesetzt würde.

Daher stellen §§ 3 **Nr. 1 Abs. 1 Satz 2 AERB, 4 Nr. 1 Abs. 1 Satz 2 AERB 87** **18** jetzt ausdrücklich auf den Besitz der Transportperson *„bei Beginn der Tat"* und Abs. 2 aaO auf den *„Ort der Herausgabe oder Wegnahme"* ab. Nach dem Wortlaut dieser Bestimmungen besteht Schutz nicht einmal dann, wenn die Transportpersonen die Täter zunächst über eine größere Strecke begleiten und erst dann die Sachen herausgeben müssen, denn auch dann befinden sich die Sachen nicht mehr dort, wo sie *„sich bei Beginn der Tat befunden haben"*. Dieses Ergebnis wäre indessen mit §§ 3, 9 Abs. 2 Nr. 2 AGBG unvereinbar und muß korrigiert werden, D XII 100. Gemeint ist aaO nur, daß nach Beginn des Überfalls die transportierten Sachen nicht mehr mit Wirkung gegenüber dem VVertrag vermehrt werden können.

19   In der **HausratV** kommt hinzu, daß die AußenV nur Sachen deckt, die sich vorübergehend außerhalb der Wohnung befinden. Dazu gehören zwar auch Sachen (wie insbesondere Geld), die außerhalb der Wohnung verbraucht oder vertauscht werden, G V 29, und einem solchen „privaten Verbrauch" ist auch die erzwungene Übergabe an einen Erpresser gleichzustellen. Daher sind zwar nach § 6 Nr. 2 VHB 74 auch Gelder versichert, die sich zwecks Übergabe an einen Erpresser auf dem Transport zu diesem befinden, jedoch nur gegen Gefahren, die ihnen aus sonstigen Ursachen und von dritter Seite während des Transportes drohen, nicht aber gegen die Übergabe an den Erspresser, die von Anfang an beabsichtigt war und deretwegen der Transport überhaupt eingeleitet wurde. Auch § 9 **Nr. 3b VHB 84** enthält einen ausdrücklichen Ausschluß für nach Beginn des Überfalls herangeschaffte Sachen.

20   **4. Gewalt** im Sinn der AVB-Bestimmungen über Raub (wegen räuberischen Diebstahls vgl. D XIII 13) ist die Anwendung körperlicher oder mechanischer Energie mit dem Ziel, geleisteten oder erwarteten **Widerstand gegen eine Wegnahme** auszuschalten. Diese Definition erfordert weder Besitz noch Mitbesitz des Opfers der Gewalt an der weggenommenen Sache, D II 11 und 14 sowie D XII 52, aber das Opfer der Gewalt muß dem vertraglich vorgesehenen Personenkreis zugehören, D XII 50.

21   Führt die Gewalt zum Tod des Opfers („**Raubmord**") und wird erst danach etwas weggenommen, so kann trotzdem ein VFall vorliegen, und zwar auch dann, wenn der *Getötete* der *VN selbst* ist, D II 13. Es ist letzterenfalls unerheblich, ob der VVertrag mit dem Erben fortbesteht, denn rechtlich ist die Wegnahme mit dem Tod des Opfers bereits vollendet, mag der Täter auch erst nachher in die Taschen der Leiche greifen; der Entschädigungsanspruch ist in der Person des getöteten VN zugunsten der Erben entstanden.

22   Verübt ein Täter Gewalt, während ein anderer Täter Sachen wegnimmt, so liegt Raub nur vor, wenn die *Täter zusammenwirken.* Weiß auch nur einer der beiden Täter nichts von dem Handeln des anderen, so liegen nur einfacher Diebstahl, Nötigung und Körperverletzung, nicht dagegen Raub vor, vgl. ähnlich D III 14 für erschwerten Diebstahl. Die im Folgenden (D XII 23 bis 29) erörterte Frage der **Abgrenzung** zwischen **Raub durch Gewalt** (wegen Raub durch Drohung vgl. D XII 40 bis 43) **und** bloßem **Trickdiebstahl** stellt sich sowohl bei Zusammenwirken mehrerer Täter wie auch bei Einzeltätern.

23   *Körperlich zu berühren*, braucht der Täter sein Opfer *nicht.* **Gewalt gegen Sachen** genügt, wenn sie sich gegen eine Person insofern richtet, als das Opfer auf die Sache in anderer Richtung einwirkt oder würde einwirken wollen, falls dies Erfolgsaussichten böte. Daher liegt Raub vor, wenn die Täter das Opfer in einen Raum einschließen, in dem sich das Opfer ohnehin befunden hatte oder in den er gelockt worden war. Entgegen der 2. Aufl. und mit LG Bremen NJW-RR **88**, 1053 ist es als unerheblich anzusehen, ob das Opfer von innen gegen die Tür drückt oder dies wegen Aussichtslosigkeit unterläßt. Es handelt sich dann nicht nur um Freiheitsberaubung, sondern auch um Raub. Zu verneinen ist Raub allenfalls, wenn ein Schlafender oder Bewußtloser oder ein Betrunkener „vorsorglich" zusätzlich auch noch eingesperrt wird. Zweifelhaft ist die Rechtslage, wenn das Opfer im Wachzustand eingeschlossen wird, dies und die Wegnahme der Sachen aber nicht bemerkt. Hier dürfte es sich nur um einfachen Diebstahl handeln. Nicht um Raub handelt es sich ferner, wenn Taschen der Bekleidung des Opfers aufgeschnitten und daraus unbemerkt Sachen weggenommen werden, LG Frankfurt VersR 53, 183.

Gewalt im Straßenverkehr, die einen anschließenden Diebstahl zum Raub 24 macht, liegt vor, wenn der Täter das Fahrzeug des Opfers rechtswidrig und gezielt so behindert, daß der Fahrer anhalten muß oder nach einem Halt nicht wieder anfahren kann, ohne die Gefahr eines Verkehrsunfalls in Kauf zu nehmen. Unerheblich ist hierbei der Wahrscheinlichkeitsgrad des drohenden Unfalls. Unerheblich ist auch, ob dem Fahrer, falls er das Unfallrisiko in Kauf genommen hätte, Verschulden oder nur Mitverschulden oder keines von beiden hätte angelastet werden können.

Gewalt liegt daher insbesondere vor, wenn *Personen* oder *Sachen* rechts- 25 widrig und gezielt als Hindernisse so auf die *Fahrbahn* gebracht werden, daß der Fahrer anhalten muß oder nicht weiterfahren kann. Gewalt liegt auch vor, wenn der Täter vorsätzlich durch einen Zusammenstoß oder durch sonstige mechanische Einwirkung den *fahrenden* oder kurzzeitig stehenden *Wagen* des Opfers *beschädigt,* damit der Fahrer anhalten oder länger als geplant stehenbleiben muß, um den Täter oder dessen Personalien festzustellen. Eine Wegnahme während der anschließenden verbalen Auseinandersetzung ist auch dann Raub, wenn weitere Gewalt nicht verübt wird und Drohungen nicht ausgesprochen werden.

Keine Gewalt liegt hingegen vor, wenn der Räuber oder dessen Gehilfen das 26 Opfer auf sonstige Weise zum Anhalten veranlassen oder vom Weiterfahren abhalten, nämlich nur durch verbale oder sonstige psychische Einwirkung *ohne Unfall oder Unfallrisiko* und *ohne Drohung* mit Gefahr für Leib oder Leben. Beispiele: Der Räuber winkt dem Fahrer zu, als wolle er als Anhalter mitfahren. Der Gehilfe des Räubers fragt den Fahrer, der vor einer roten Ampel steht, nach dem Weg, damit dieser über die Rotphase hinaus stehenbleibt und einen Diebstahl mit Hilfe eines Griffes des Täters durch das offene Rückfenster nicht bemerkt. Zweifelhaft ist die Frage der Gewalt, wenn der Täter den *abgestellten* Wagen des Opfers beschädigt, um dadurch den später zurückkehrenden Fahrer zum Verbleiben und zu Nachforschungen zu veranlassen. Gegebenenfalls liegt hier aber Raub durch konkludente Drohung vor, D XII 42. Mit Recht verneint wurde Raub in LG Nürnberg-Fürth VersR **89,** 249: Der Täter hatte zwar die hintere Scheibe eines vor Rotlicht stehenden Wagens eingeschlagen, dann aber die Beute blitzschnell von der Rückbank genommen und sich ausschließlich auf schnelle Flucht verlassen, ohne den VN als Fahrer zu bedrohen oder einzuschüchtern. Widerstand war schon allein wegen der Schnelligkeit des Geschehens unmöglich.

27   Führt die Gewalt nur deshalb zu einer **Wegnahme,** weil das Opfer überrascht oder in einen Irrtum versetzt wird (**Trickdiebstahl!**), so bei blitzschneller Wegnahme eines Gepäckstücks, welches das Opfer trägt, so handelt es sich um einfachen Diebstahl. Demgegenüber hatte BGH VersR 77, 418 Raub bejaht, wenn eine unter dem Oberarm getragene Geldbombe weggerissen wird; Ollick VerBAV 81, 37 Fußnote 37 hält dieses Urteil wegen der abweichenden und klaren Fassung von §§ 1 Nr. 3 a AERB, AERB 87, 5 Nr. 2 a VHB 84 nur noch zu den AEB, SBR und VHB 74 für maßgebend (allgemein kritisch zu dem Urteil Heidel VersR 77, 784).

28   Nach jenen älteren AVB kann es also genügen, wenn der Täter Widerstand nicht bricht, sondern erst gar nicht aufkommen läßt, indem er eine Sache aus der Hand usw. des Opfers reißt, die dieses nur so „fest" gehalten hatte, wie es nötig war, daß sie nicht zu Boden fiel, z. B. die Geldbörse eines Käufers, der gerade an der Kasse zahlen, oder eines Kellners, der gerade kassieren will, AG Köln NJW-RR 87, 1510. Nach den AERB, AERB 87 und VHB 84 wird man hingegen eine *nicht ganz unerhebliche Kraftanwendung* verlangen müssen, wenn *Raub* vorliegen soll (so schon früher E. Prölss 252). Ob diese im Fall BGH VersR 77, 418 vorgelegen hatte, erscheint als etwas zweifelhaft. Nach den AERB, AERB 87 und VHB 84 um **Grenzfälle** handelt es sich auch, wenn dem Opfer eine **Handtasche** oder dgl. weggerissen wird.

29   Keinesfalls ist Raub anzunehmen, wenn der Täter jedem körperlichen **Widerstand zuvorkommt** und die von ihrem Besitzer *nicht* festgehaltene Sache in einem unbewachten Augenblick überraschend wegnimmt, z. B. ein neben seinem Besitzer abgestelltes Fahrrad oder einen Gegenstand, den das Opfer auf dem Rücksitz eines Pkw neben sich abgestellt hatte (LG Düsseldorf VersR 86, 280). Verläßt sich der Täter bei der Wegnahme allerdings erkennbar nicht in erster Linie auf die Schnelligkeit der Wegnahme und die Schnelligkeit der beabsichtigten Flucht, sondern zu einem wesentlichen Teil auf die Furcht des Opfers, so kann Raub durch (konkludente) Drohung vorliegen, D XII 40. Wendet der Täter erst *nachträgliche* Gewalt an, um sich den Besitz der gestohlenen Sache zu erhalten, so wird die Tat zu einem *räuberischen Diebstahl.* Ob hierfür VSchutz besteht, hängt vom Inhalt des VVertrages ab, D XIII 4, 7 und 10, ferner davon, ob die Gewalt gegebenenfalls innerhalb des VOrts verübt wurde, D XIII 6. Wegen besonderer Erscheinungsformen von Gewalt bei räuberischem Diebstahl vgl. D XIII 13. – In Grenzfällen sind Rechtsprechung und Literatur des Strafrechts zum Trickdiebstahl heranzuziehen (Tröndle § 249 StGB Anm. 1 B a, E. Prölss 58).

30   Der Gewalt versicherungsrechtlich ausdrücklich gleichgestellt sind **andere Mittel,** die dazu dienen, geleisteten oder erwarteten Widerstand auszuschalten, insbesondere *gewaltlose Betäubung.* Inzwischen ist in der Strafrechtsprechung unstreitig, daß diese Fälle als Gewalt gelten müssen. Tröndle § 240 StGB Anm. 3. In **D-Kl. 28 Nr. 2 a** waren die „anderen Mittel" auch schon ausdrücklich erwähnt; korrekter wäre allerdings „andere **vergleichbare** Mittel" gewesen, denn z. B. Täuschung ist jedenfalls nicht gemeint, sondern begründet nur Betrug, D XIV 6. Statt nun aber diese Verbesserung der Definition wenigstens in §§ 1 Nr. 3 a AERB, AERB 87, 5 Nr. 2 a VHB 84 einzuführen, hat man dort auf den Zusatz wieder gänzlich verzichtet und ist damit zu dem Zustand in § 3 Nr. B 2 VHB 74 und D-Kl 30 zurückgekehrt. Das ist eine

bedauerliche Abweichung von dem ansonsten in den AERB, AERB 87 und VHB 84 gelungenen Versuch einer vollständigen und vom Strafrecht unabhängigen Definition des versicherungsrechtlichen Raubbegriffs.

5. Versicherungsrechtlich Raub sind auch einige Fälle strafrechtlichen **31** Diebstahls, nämlich die Wegnahme von Sachen, während infolge eines Unfalls oder infolge einer nicht verschuldeten sonstigen Ursache der **körperliche Zustand** einer Person **beeinträchtigt** und dadurch ihre **Widerstandskraft ausgeschaltet** ist, §§ 1 Nr. 3 c AERB, AERB 87, D-Kl 30 Nr. 2 Satz 2, 28 Nr. 2 Satz 2 zu den AEB, §§ 3 Nr. B 2 Satz 2 VHB 74, 5 Nr. 2 VHB 84. Diese Bestimmungen werden nicht ganz treffend auch „**Ohnmachtsklausel**" genannt. Über den adäquaten Ursachenzusammenhang gemäß D XII 34 hinaus muß auch ein unmittelbarer **zeitlicher Zusammenhang** zwischen dem Ausfall der Widerstandskraft und dem Schaden bestehen. Die Tatsache einer unfallbedingten Geh- oder sonstigen Behinderung des VN z. B. genügt nicht für alle späteren Diebstahlschäden infolge einer Behinderung, sondern nur für Schäden in zeitlichem Anschluß an den Unfall, LG Kleve RuS 86, 103.

Die fehlende Widerstandskraft ist Alternative zu Drohung oder Gewalt **32** und muß in einer *Person* vorliegen, die auch Raubopfer sein könnte, D XII 50. Der Verlust des – ausnahmsweise auch nur mittelbaren, D II 12 und D XII 11 – Besitzes braucht dagegen nur bei dem VN oder einem Versicherten einzutreten. Der Ausfall der Widerstandskraft muß eine **physische Ursache** innerhalb des Körpers der betroffenen Person haben. Auch in D-Kl Nr. 28 und 30 sowie in § 3 Nr. B 2 Satz 2 VHB 74 sind die Worte „Widerstandskraft ausschließen" in diesem Sinn auszulegen, obwohl hier ein Hinweis auf den „körperlichen Zustand" fehlt.

Wenn infolge eines Unfalls die Tür des Fahrzeugs klemmt und der Fahrer **33** daher nicht mehr aussteigen und nicht mehr den Zugriff Dritter auf den Laderaum abwehren kann, so fehlt es an der erforderlichen physischen Beeinträchtigung des körperlichen Zustands. Das gleiche gilt, wenn die Täter den VN in den Raum einschließen, in dem er sich befindet. In diesem Fall liegt aber nach inzwischen vorherrschender Ansicht Raub durch das Mittel der Gewalt vor, D XII 23, jedenfalls dann, wenn der VN vor Wegnahme der Sachen bemerkt, daß er eingeschlossen wurde. Überhaupt **nicht**, jedenfalls nicht durch physische Ursachen, ausgeschaltet ist die Widerstandskraft, wenn der Gewahrsamsträger durch **List** abgelenkt wird, etwa durch aufgeschlitzte Kfz-Reifen. Wegnahme während eines solchen unbewachten Augenblicks ist auch versicherungsrechtlich nicht Raub, sondern einfacher Diebstahl, nämlich **Trickdiebstahl**, D XII 27 bis 29 und Hamm VersR 76, 625; wegen der zugehörigen Revisionsentscheidung BGH VersR 77, 418 vgl. D XII 27. Wegen der Möglichkeit eines räuberischen Diebstahls vgl. D XIII 8.

Zwischen der physischen Ursache und der Wegnahme muß *nicht nur* ein **34** *adäquater*, sondern nach dem Zweck der Erweiterung des Raubbegriffs ein **unmittelbarer Ursachenzusammenhang** gegeben sein. Daher besteht VSchutz nur für Sachen, die der Träger aus der *unmittelbaren körperlichen Obhut* des Opfers entfernt, nicht dagegen für Sachen, die der Täter heimlich aus der weiteren Umgebung des Opfers (z. B. aus einem anderen Zimmer der Wohnung, Düsseldorf RuS 76, 215) wegholt: ebenso sinngemäß Ollick Ver-

BAV 81, 38 bei Fußnote 54. *Entfernt sich das Opfer* seinerseits von den Sachen, so besteht VSchutz nur, wenn und solange dies noch überwiegend auf der physischen Ursache beruht. Beispiele: Das Opfer wird ohne seine Sachen in ein Krankenhaus gebracht. Ein Toter wird abtransportiert. Dagegen *endet* der VSchutz durch einen Weg des Opfers zum Telefon (LG Köln ZfS 90, 102), zu einer Tankstelle oder Werkstätte usw. Das gleiche gilt, wenn inzwischen Beauftragte oder Geschäftsführer ohne Auftrag auch die *Sachen anderswohin verbracht* hatten, z. B. mit dem Opfer in das Krankenhaus oder in dessen Wohnung.

35   Ist die **Ursache,** die die betroffene Person körperlich beeinträchtigt und ihre Widerstandskraft ausschaltet, ein **Unfall,** so scheitert der VSchutz nicht daran, daß die Person den Unfall leicht oder grob *fahrlässig* verschuldet hatte, denn §§ 1 Nr. 3 c AERB, AERB 87, 5 Nr. 3 c VHB 84 und D-Kl. 28 Nr. 2 c sprechen nicht von „sonstigen unverschuldeten Ursachen", sondern von „nicht verschuldeten sonstigen Ursachen". Noch weniger bezieht sich das Erfordernis „unverschuldet" nach D-Kl 30 Nr. 2 und nach § 3 Nr. B 2 Satz 2 VHB 74 auch auf „Unfall". „**Sonstige Ursachen**" sind vor allem *Ohnmacht* und Herzanfälle. *Tod* genügt nur so lange, wie bei einem Ohnmächtigen unmittelbare körperliche Obhut gegeben wäre, D XII 34 (vgl. auch D II 13). *Gewaltlose Betäubung,* die Ollick VerBAV 81, 38 hier erwähnt, fällt nach D XII 30 schon unter den Begriff „Gewalt". *Trunkenheit* ist meist mindestens leicht fahrlässig. Auf die Vorhersehbarkeit des Diebstahls kommt es hierbei nicht an.

36   **Grobe Fahrlässigkeit** schließt nach §§ 14 Nr. 1 AERB, AERB 87, 16 AEB, 16 Nr. 1 VHB 74, 9 Nr. 1 a VHB 84 grundsätzlich auch den VSchutz nach der Ohnmachtsklausel aus. Dabei genügt nach §§ 14 Nr. 1 Satz 2 AERB, 16 Nr. 1 Satz 2 AERB 87, II Nr. b SBR, 9 Nr. 1 a Halbsatz 2 VHB 84 grobe Fahrlässigkeit des beraubten Gewahrsamsträgers, also der der „beraubten Person" im Sinn von D XII 50. In den VHB 74 fehlt dagegen eine entsprechende Vorschrift, so daß es nach diesen Verträgen darauf ankommt, ob die beraubte Person Repräsentant (O II 67) ist, D XII 124. Die Tatsache des Sachbesitzes, also der Obhut, allein begründet Repräsentanteneigenschaft nicht, O II 33 bis 42. Allgemein *unschädlich* ist grobe Fahrlässigkeit, wenn sie dem Opfer nur mit Bezug auf den Eintritt des Unfalls vorzuwerfen ist, D XII 35.

37   6. Raub liegt nach §§ 1 Nr. 3 b AERB, AERB 87, 3 Nr. B 2 VHB 74, 5 Nr. 2 b VHB 84 auch vor, wenn der Täter zwar *nicht Gewalt* anwendet, jedoch mit Gefahr für Leib oder Leben droht. Die **Drohung** tritt also an die Stelle der Gewalt, und zwar in der Weise, daß die von dem Raub betroffene Person im Sinn von D XII 50 ff. nicht Opfer der Gewalt, sondern *Adressat der Drohung* sein muß. Nicht erforderlich ist hingegen, daß der Adressat der Drohung zugleich *Opfer der angedrohten Gewalttat* ist. Das Opfer der angedrohten Gewalttat braucht nicht einmal zu dem Personenkreis zu gehören, der nach den AVB oder dem sonstigen Vertragsinhalt von dem Raub betroffen sein muß. Es genügt, wenn der Adressat der Drohung diesem Personenkreis angehört.

38   Eingeschränkt ist das versicherte Risiko aber dadurch, daß nicht nur Vorsatz und grobe Fahrlässigkeit des VN oder des Versicherten oder des Reprä-

sentanten, sondern auch **Vorsatz oder grobe Fahrlässigkeit des Adressaten der Drohung** den VSchutz ausschließt, vgl. die in D XII 36 zitierten Bestimmungen sowie die Erläuterungen in D XII 102 bis 104. Der Adressat der Drohung darf Drohungen daher nicht ausnahmslos weichen, D XII 105, wenn VSchutz bestehen soll. Dagegen fehlt eine entsprechende Gleichstellung der beraubten Person in § 16 Nr. 1 VHB 74, vgl. wegen dieser Lücke in der Ausschlußbestimmung der VHB 74 z. B. auch schon D XII 36 sowie vor allem D XII 124.

Ob der Täter die Drohung zu realisieren beabsichtigt, ist unerheblich. Es **39** kommt nicht einmal darauf an, ob der Täter wünscht oder erwartet, daß der Adressat der Drohung diese für Ernst nimmt. Es genügt, daß der Täter sie ausspricht und das Opfer sie für Ernst nimmt und nach den Umständen ohne grobe Fahrlässigkeit für Ernst nehmen darf, Ollick VerBAV 81, 37. Dem Adressaten der Drohung ist, wenn die Frage der groben Fahrlässigkeit geprüft wird, D XII 103, verständliche Erregung zugute zu halten. Andererseits kann von Personen, die von Berufs wegen dauernd mit einem gewissen Risiko dieser Art zu rechnen haben (Bankkassiere, Geldtransporteure) und entsprechend geschult sind, ein Minimum an Umsicht und Überlegung in jeder Situation erwartet werden. Nach diesen Prinzipien sind Fälle zu beurteilen, in denen der Täter etwa mit einer nicht geladenen oder sonst unbrauchbaren Waffe droht.

Die bloße Befürchtung, ein Dieb, z. B. ein Trickdieb, den der VN nicht zu **40** verfolgen wagt, könne Gewalt anwenden, begründet *keinen* Raub, vgl. allgemein Schleswig VersR 51, 131 zur **irrigen Annahme einer Drohung.** Ob die irrige Annahme auf Verschulden beruht oder nicht, spielt keine Rolle. Andererseits brauchen Drohungen nicht immer in Worten ausgesprochen zu werden. Das Ziehen einer Waffe oder ein sonstiges unzweideutiges Verhalten des Täters reichen unter den in D XII 39 genannten Voraussetzungen als konkludente Drohung aus. Es kann genügen, wenn der Täter erkennbar damit rechnet, das Opfer werde es tunlichst vermeiden, von der Wegnahme überhaupt Kenntnis zu nehmen, oder das Opfer werde die Wegnahme zwar bemerken, aber aus Furcht für Leib oder Leben keinen Widerstand leisten, sondern sich verhalten, als habe es nichts gesehen.

Konkludente Drohungen dieser Art sind um so eher anzunehmen, je mehr **41** der Täter dem Opfer körperlich oder durch Waffenbesitz überlegen ist, je unwahrscheinlicher es ist, daß die Polizei oder Dritte das Opfer wirksam unterstützen würden, falls es Lärm schlagen sollte, und je mehr sich der Täter auf ein Stillhalten des Opfers statt auf die Schnelligkeit der Wegnahme und seiner anschließenden Flucht verläßt, vgl. dazu schon D XII 24. Insbesondere im Verhältnis zwischen jugendlichen Tätern und Opfern im vorgerückten Alter wird gelegentlich Raub durch konkludente Drohung statt eines einfachen (**Trick-**)**Diebstahls** anzunehmen sein.

Verschaffen sich z. B. ein oder gar mehrere Täter unter einem Vorwand **42** Zugang zu einer Wohnung, so ist es Frage des Einzelfalls, ob Trickdiebstahl oder Raub vorliegt, wenn Sachen weggenommen werden, während der VN durch ein Gespräch abgelenkt und in einen anderen Teil der Wohnung gelockt wird. Ähnlich kann Drohung im Straßenverkehr vorliegen, wenn der Täter das Fahrzeug des Opfers beschädigt, um diesen zum Anhalten zu zwingen oder von der Weiterfahrt abzuhalten. Ablenkung des VN durch Dritte, die z. B. nach dem Weg fragen, um unauffällige Wegnahme zu ermöglichen, genügt nur dann, wenn Gewalt oder konkludente Drohung als Begleitumstände nachgewiesen werden, AG Bad Homburg ZfS 89, 67. Ist in solchen Fällen Drohung zu bejahen, so kann die oft noch schwierigere Frage offen bleiben, ob die gegen das Fahrzeug verübte Gewalt gegen Sachen zugleich als Gewalt gegen den Fahrer zu gelten hat, vgl. dazu D XII 24 und 25.

43   Die **Beweislast** für die Drohung und damit auch für eine behauptete konkludente Drohung trägt der VN. Genau besehen muß der VN also beweisen, daß er die Wegnahme nicht etwa nur infolge (schuldlos oder gar schuldhaft) irriger Annahme einer Drohung nicht zur Kenntnis genommen oder geduldet hat. Wegen der Schwierigkeit des Nachweises einer konkludenten Drohung werden an den Beweis allerdings oft nur geringe Anforderungen zu stellen sein. Wenn allerdings der VN seine Darstellung gegenüber der Polizei nachträglich „dramatisiert" und Gewalttätigkeiten statt eines Ablenkungsmanövers durch Trickdiebe behauptet, verdient er keine Beweiserleichterungen. Beispiel: In AG Stuttgart NJW-RR 88, 1054 hatte ein Ladeninhaber nachträglich behauptet, einer der Täter habe ihm den Weg zum Ort der Wegnahme verstellt, was nicht nur konkludente, sondern reale Gewalt darstellen würde.

44   **Gefahr für Leib oder Leben** muß der Täter androhen. Dabei genügt nicht jede Körperverletzung. Vielmehr ist der Begriff ebenso zu verstehen wie in der Notstandsbestimmung des Strafrechts (§ 35 I StGB). Tötungsabsicht braucht der Täter nicht zu äußern; auch dauernde Verstümmelung des Opfers braucht nicht angedroht zu werden. Die angedrohte Handlung muß aber doch eine **Körperverletzung schwerer Art** befürchten lassen (Ollick VerBAV 81, 37, noch strenger E. Prölss 254). Entscheidend sind die Umstände des Einzelfalls (Tröndle § 35 StGB Anm. 4). Nach AG Charlottenburg RuS 90, 400 genügt es, wenn zwei Männer drohen, sie würden dem Gewahrsamsinhaber „eine reinhauen" und „ihn fertigmachen".

45   Mit einer **innerhalb des VOrts oder bei Transportraub an Ort und Stelle zu verübenden Gewalttat** muß der Täter drohen. § 1 Nr. 3 b und Nr. 4 c AERB, AERB 87, 5 Nr. 2 b, 12 Nr. 4 b VHB 84 sagen dies ausdrücklich; nach den AEB, SBR und VHB 74 gilt aber das gleiche, vgl. D XII 91. Zwar besteht die *Handlung* des Täters nicht in der angedrohten Gewalttat, sondern in der *Drohung* als solchen. Die RaubV schützt aber gegen das Raubrisiko nur, soweit es infolge der Anwesenheit von Personen innerhalb des VOrts als Surrogat an die Stelle des Diebstahlrisikos tritt, vgl. D XII 14. An solcher Vergleichbarkeit fehlt es, wenn der oder die Täter nach dem Inhalt ihrer Drohung nicht an Ort und Stelle, sondern außerhalb des VOrts Gewalt anwenden wollen. *Verschiedenheit* der Räume oder sogar der Gebäude *innerhalb* eines vereinbarten *einheitlichen* VOrts schließt dagegen den VSchutz *nicht* aus. Daher besteht kein VSchutz, wenn die Geldübergabe in einer und die angedrohte Gewalt in einer anderen Filiale stattfinden sollen. Wohl aber besteht VSchutz, wenn der Chef in einer anderen Etage oder sogar einem anderen Gebäude bedroht wird, damit im Kassenraum desselben einheitlichen VOrts Geld übergeben wird, Ollick VerBAV 81, 38.

46   Betritt also z. B. ein Erpresser eine Bankfiliale und erklärt glaubwürdig, eine bestimmte Person werde an einem unbekannten Ort außerhalb des

VOrts ermordet, wenn nicht ein bestimmter Betrag gezahlt werde, so besteht kein VSchutz, wenn die Bankangestellten von sich aus oder auf Weisung des Vorstandes oder Geschäftsführers diesem Verlangen entsprechen. Dies gilt auch dann, wenn der Täter etwa nachweist, daß es sich bei der Geisel um die Ehefrau eines Vorstandmitglieds oder um einen wegen Urlaubs oder Krankheit abwesenden Bankangestellten handelt, vielleicht sogar um einen Angestellten derjenigen Filiale, in der die Drohung ausgesprochen wird. Daß in letzterem Fall die Geisel zu dem Personenkreis im Sinn von D XII 50 gehört, deren Beraubung einen VFall begründen würde, spielt keine Rolle.

Es kann dahingestellt bleiben, ob die Fürsorgepflicht die Bank als Arbeit- **47** geber und VN rechtlich zwingt, den verlangten Betrag zu opfern. Jedenfalls fehlt die notwendige örtliche Beziehung zwischen dem VOrt und dem Ort der Gewalttat. Die Tat des Erpressers besteht hier nicht darin, daß er sich über den Widerstand der am VOrt bei den versicherten Sachen anwesenden Personen hinwegsetzt, liegt also außerhalb des versicherten Raubrisikos. Die RaubV ist **keine LösegeldV**, vgl. für die AEB und VHB von 1966, Martin Klingmüller-Festschrift 277, 278. Eine LösegeldV wäre auch kriminalpolitisch unerwünscht, weil sie auf lange Sicht die Bekämpfung dieser Art von Straftaten eher lähmen als fördern würde, vgl. näher D XII 108.

Ein zweifelhafter Grenzfall ist es allerdings, wenn die Täter vor jeglicher **48** oder vor der späteren endgültigen (und höheren) Geldforderung den VN oder einen Angestellten **zwingen,** ihnen aus dem VOrt **an einen unbekannten dritten Ort zu folgen.** Streng nach dem Wortlaut von §§ 1 Nr. 3 AERB, AERB 87, 5 Nr. 2b VHB 84 würde es hier an der durch die Worte „herausgibt, weil ... angedroht" geforderten Gleichzeitigkeit des Herausgabezwangs mit einer innerhalb (!) des VOrts zu begehenden Gewalttat fehlen. Ob es statt dessen genügt, daß jedenfalls das vorausgegangene Verlassen des VOrts durch die Geisel unter dem Druck einer solchen Gewalttat erfolgte, erscheint zweifelhaft.

Praktisch näher als bei Geschäftsräumen von Banken liegen solche Fälle, **49** wo als VOrte in Verträgen mit Geldinstituten auch *Privatwohnungen von leitenden Angestellten* vereinbart sind. Entführen die Täter einen solchen Angestellten zunächst ohne Geldforderung aus der Wohnung, so stellt sich die in D XII 48 erörterte Frage jedenfalls für den (geringeren) in der Wohnung vorhandenen und versicherten Betrag. Wird als Lösegeld ausschließlich Geld aus Geschäftsräumen der Bank geholt und übergeben, so fragt es sich zusätzlich, ob der VN den VSchutz für das in der Wohnung vorhandene und versicherte Geld gegebenenfalls dadurch verliert, daß er nicht den dort vorhandenen Betrag als Lösegeld mitverwendet, sondern ausschließlich Geld aus der Zentrale oder einer Filiale dem Täter übergibt, wo die Gewalttat zu keiner Zeit verübt werden sollte, auch nicht bei Beginn der Entführung.

7. Der Personenkreis, gegen den die Raubhandlung (Gewalt oder Drohung) **50** **sich richten muß,** wenn sie einen VFall darstellen soll, ist in der Geschäfts- und in der HausratV unterschiedlich definiert. Innerhalb der GeschäftsV bestehen Unterschiede zwischen der V gegen Raub innerhalb eines Gebäudes und gegen Raub auf Transportwegen. Die Vertragspraxis spricht im Anschluß an die in D XII 102 zitierten Bestimmungen über die Berücksichtigung vorsätzlichen oder grob fahrlässigen Verhaltens Dritter von der „**beraubten Person**". Wegen des Adressaten von Gewalt oder Drohung bei *räuberischem Diebstahl* vgl. D XIII 14.

51   Soweit die in D XII 53 bis 63 erörterten AVB oder sonstige vertragliche Vereinbarungen (D XII 64 bis 72) die „beraubte Person" regeln, sagen sie damit nur, gegen wen die Gewalt verübt worden, an wen die Drohung gerichtet oder wer widerstandsunfähig gewesen sein muß. Sie sagen dagegen *nichts* darüber, wer *Eigentümer* der versicherten Sachen und wessen Interesse versichert sein muß, D II 11; umgekehrt steht allerdings jeder versicherte **Interesseträger** dem VN gleich und kann daher auch beraubte Person sein, vgl. die Beispiele in D XII 66.

52   Auch **Besitz** braucht die beraubte Person nicht zu haben; es genügt, wenn die beraubte Person Besitzdiener und der VN oder der Versicherte Besitzer ist, D XII 11. Arbeitnehmer haben ohnehin meist nicht Besitz oder Mitbesitz, sondern sind nur Besitzdiener (§ 855 BGB) und Gewahrsamsträger. Es schadet jedoch auch nicht, wenn die beraubte Person ausnahmsweise nicht einmal Gewahrsam hat, so der Handwerker in der Wohnung des HausratVN, D XII 58 und 59, oder der zufällig im Kassenraum anwesende Lehrling oder der Mitarbeiter des Bewachungsunternehmens (D XII 55) am Inhalt des verschlossenen Geldschranks. Umgekehrt genügt es aber, wenn ausnahmsweise nur die beraubte Person unmittelbaren, der VN dagegen nur mittelbaren Besitz hat, D XII 11.

53   a) Für die **Geschäfts**V gegen **Raub innerhalb eines Gebäudes** stehen dem VN nach §§ 1 Nr. 3 Abs. 1 AERB, AERB 87 dessen **Arbeitnehmer** gleich. Dabei kommt es nicht darauf an, ob es sich um Angestellte oder Arbeiter, um Lehrlinge oder Volontäre usw. handelt. Immerhin muß es sich rechtlich um Arbeitnehmer handeln, die freilich auch Familienangehörige sein können. Nicht genügen freiwillige Mitarbeiter oder Personen, die sich aufgrund eines Werkvertrags oder dgl. im VOrt aufhalten, z.B. als Handwerker aufgrund eines Reparaturauftrags. Außerdem kann nach Kl 4404 und 4405 Raub an **Kunden von Banken und Sparkassen** in deren Geschäftsräumen und vor deren Autoschaltern versichert werden, wobei diese Kunden versicherte Interessenträger sind (D II 14) und schon deshalb einem VN gleichstehen, D XII 66 ff.; vgl. dort auch wegen sonstiger Erweiterungsmöglichkeiten in Verträgen mit Geldinstituten.

54   §§ 1 Nr. 3 Abs. 2 AERB, AERB 87 stellen **volljährige Familienangehörige** dem VN und dessen Arbeitnehmers gleich, wenn ihnen die betroffenen versicherten Sachen vorübergehend in Obhut gegeben waren. Das Erfordernis „vorübergehend" ist praktisch bedeutungslos, denn längerfristige Überlassung macht die Familienangehörigen in der Regel zu Arbeitnehmern. Die Bestimmung soll Streit über die Arbeitnehmereigenschaft Familienangehöriger vermeiden. Daher ist z.B. Großzügigkeit geboten, wenn es sich um einen minderjährigen Familienangehörigen im Alter eines Auszubildenden (ab 15 Jahre) handelt, ein förmliches Arbeitsverhältnis aber nicht besteht. Hingegen besteht kein VSchutz, wenn der Überfall zu einer Zeit stattfindet, da sich z.B. nur ein Kunde im VOrt aufhält, weil der VN für kurze Zeit weggegangen war.

§ 1 Nr. 3 Abs. 2 Satz 2 AERB 87 stellt dem VN auch Personen gleich, die mit   55
der **Bewachung** des VOrts **beauftragt** sind. Der VN soll bei einem Diebstahl,
der durch Anwesenheit eines Bewachungsbeauftragten zum Raub wird, weil
der VOrt unverschlossen war oder der Wächter auf Klingeln öffnet, D II 24,
wenigstens die für Raub vereinbarte und in der Regel ohnehin niedrigere
(D II 35) VSumme zur Verfügung haben. Höherer VSchutz besteht bei solcher Vertragsgestaltung freilich, wenn der Täter weder den VN noch einen
Wächter antrifft, sondern erschwerten Diebstahl begeht.

Soweit der VersOrt *außerhalb* der *eigenen* Geschäftsräume des VN liegt,   56
und §§ 1 Nr. 4a AERB, AERB 87 nur deshalb unanwendbar sind, weil es
sich um ein stationäres Risiko und nicht um einen „Transportweg" gemäß
§§ 1 Nr. 1c AERB, AERB 87 handelt, wird man **Angestellte des Inhabers der
als VOrt vereinbarten Räume** eigenen Angestellten des VN gleichstellen müssen. Ohne dieses Auslegungsergebnis wäre die Regelung schwerlich mit dem
Verbot überraschender Regelungen durch § 3 AGBG vereinbar. – Für einen
Spezialfall enthält **Kl 4204** eine ausdrückliche Regelung. In VVerträgen von
Bankkunden werden die Angestellten der Bank für Schäden durch Raub von
Schließfachinhalt und Verwahrstücken dem VN gleichgestellt.

b) in der **TransportraubV** für den gewerblichen Bereich gehen **§§ 1 Nr. 4a**   57
AERB, AERB 87 zugunsten des VN weiter, denn als beraubte Person kommt
jede Person in Betracht, die der VN mit **einem Transport beauftragt.** Unterbe-
auftragte stehen einem Beauftragten mindestens dann gleich, wenn der VN
den Beauftragten ausdrücklich oder stillschweigend bevollmächtigt hatte, einen *Unterauftrag* zu erteilen. *Angestellte* des Beauftragten stehen dem Beauftragten mindestens dann gleich, wenn der VN mit dem Einsatz von Angestellten ausdrücklich oder stillschweigend einverstanden war. Unerheblich
ist, ob es sich um ein unentgeltliches Auftragsverhältnis oder um ein entgelt-
liches Geschäftsbesorgungsverhältnis handelt. §§ 1 **Nr. 4a Satz 2 AERB,**
AERB 87 schließen allerdings **gewerbliche Geldtransportunternehmen** sowie
deren Angestellte und wohl auch deren Beauftragte ausdrücklich aus,
D XII 65. Wegen **Kl 4407** für Nachttresorkunden von Banken vgl. D XII 66,
wegen **Kl 4408** für Geldausgabeautomaten vgl. D XII 68.

c) Für die **HausratV** ergibt sich nach den **VHB 84** eine andere Rechtslage als   58
nach den VHB 74. **§ 5 Nr. 2 Abs. 1 VHB 84** spricht nämlich nur von dem
„Versicherungsnehmer". Gleichgestellt sind nach **Abs. 2** aaO nur Personen,
die **mit dessen Zustimmung in der Wohnung anwesend** sind. Das können auch
Minderjährige sein, soweit sie bereits ein Minimum an Widerstand, und sei es
auch nur in Form von Hilferufen, leisten können, den der Täter durch Gewalt oder Drohung überwinden muß; man wird die Altersgrenze bei 6 bis
8 Jahren anzusetzen haben. Im übrigen kann es sich um *beliebige* Personen
handeln, also um Familienangehörige, Hauspersonal, Übernachtungsgäste,
Besucher oder auch beauftragte Handwerker. – Wegen der Abgrenzung zwischen Raub an anwesenden Personen und erschwertem Diebstahl vgl.
D XII 59.

Hingegen grenzt **§ 3 Nr. B 2 VHB 74** den betroffenen Personenkreis über-   59
haupt nicht ab. Die Gewalt muß nur gegen „eine Person" verübt, die Drohung an „eine Person" gerichtet sein. Darin liegt kein Redaktionsversehen.

Ein Umkehrschluß aus § 6 Nr. 2 Satz 4 VHB 74 (D XII 60) zeigt vielmehr, daß das Problem erkannt war und es bei Raub innerhalb der Wohnung nicht darauf ankommen sollte, gegen wen er verübt wird. Abweichend von § 5 Nr. 2 VHB 84 kann es sich sogar um Personen handeln, die sich rechtswidrig in der Wohnung aufhalten, ohne aber mit dem Täter zusammenzuarbeiten. Auch Polizeibeamte oder Straßenpassanten, die sich etwa einem Dieb entgegenstellen, kommen in Betracht. Ob in letzterem Fall vollendeter räuberischer Diebstahl oder nebeneinander versuchter Einbruchdiebstahl und vollendeter Raub anzunehmen sind, hängt davon ab, ob die Wegnahmehandlung bei dem Eingreifen des Dritten bereits abgeschlossen war, spielt aber praktisch meist keine Rolle, denn der HausratVr haftet in beiden Fällen, wenn auch nur aus ein und derselben Position, also ohne eine Möglichkeit der Addition verschiedener Positionen bis zur Höhe des Schadens, vgl. A III 14 und S I 33 sowie Martin Klingmüller-Festschrift 275.

60   d) Für die **HausrataußenV** begrenzen **§ 6 Nr. 2 Satz 4 VHB 74** und **§ 12 Nr. 4 a VHB 84** übereinstimmend den maßgebenden Personenkreis auf den VN und (verwandte oder nicht verwandte) **Personen**, die mit ihm **in häuslicher Gemeinschaft** leben. Der Begriff deckt sich nicht mit dem etwas weiteren Begriff des Wohnens im Sinn von §§ 3 Nr. B 4 VHB 74, 9 Nr. 3 a VHB 84 (vgl. dazu F III 10), wohl aber mit dem gleichlautenden Begriff in § 3 Nr. B 5 VHB 74 bezüglich der versicherten Sachen bei Kfz-Einbruch, vgl. D XV 47. Nicht versichert sind Sachen, die der VN einer Person leiht, vermietet oder in Verwahrung oder zur Reparatur gibt, die *nicht* mit ihm in häuslicher Gemeinschaft lebt, gleichgültig ob die Sache innerhalb oder außerhalb der Wohnung des *Entleihers* geraubt wird. Beispiele: Raubüberfall auf einen Reparaturunternehmer in dessen Werkstätte, etwa auf einen Juwelier oder Pelzhändler (Schmidt RuS 75, 194), oder auf einen Hotelportier am Empfang im Foyer, wo Schmuck in Verwahrung gegeben ist, oder Transportraubüberfall auf den Sohn einer VN, der im Auftrag seiner Mutter als der VN deren Pelz zum Kürschner bringen will, mit seiner Mutter aber nicht in häuslicher Gemeinschaft lebt. Auch die eigene HausratV des Sohnes deckt in dem zuletzt genannten Fall den Pelz nicht, denn dieser dient nicht dem persönlichen Gebrauch einer mit dem VN (also dem Sohn) in häuslicher Gemeinschaft lebenden Person, G V 14. Soweit die Deckungslücke in der HausrataußenV speziell das Transportraubrisiko betrifft, entsteht sie dadurch, daß – anders als in der GeschäftsV, D XII 57 – Deckung nicht für jede Transportperson besteht, die im Auftrag des VN tätig wird.

61   Eine Korrektur der Deckungslücke nach **§ 9 Abs. 2 Nr. 2 AGBG** („Vertragszweck") erscheint *nicht* möglich, insbesondere nicht mit dem Ergebnis, daß ganz allgemein *jeder berechtigte Fremdbesitzer* dem VN gleichgestellt würde. Selbst wenn nämlich in diesem Fall Vorsatz und grobe Fahrlässigkeit des Fremdbesitzers dem VN zugerechnet würden (vgl. D XII 102, aber auch O II 66 zu der Frage, ob eine solche Ausdehnung des Repräsentantenbegriffs rechtlich überhaupt wirksam ist), würde das durch den Vr zu tragende Risiko durch eine derartige Korrektur zu weit ausgedehnt. Als berechtigte Fremdbesitzer kämen nämlich keineswegs immer nur zuverlässige Personen in Betracht, und der Vr geriete oft in Beweisnot, wenn er grobe Fahrlässigkeit des

beraubten Fremdbesitzers beweisen müßte. Zudem würde es sich um die Ausdehnung der primären Risikoabgrenzung handeln, die auf konstruktive Schwierigkeiten stößt und daher nur in engen Grenzen möglich ist, A V 21.

Häusliche Gemeinschaft ist danach ein **nicht ganz vorübergehendes Verhält-** 62 **nis der Wohngemeinschaft.** Die Beteiligten müssen mindestens einen Teil des Hausrats und der Räume der Wohnung gemeinsam benutzen, vgl. Nürnberg VersR 59, 283 wegen verschiedener Stockwerke eines Hauses. Getrennte Schlafzimmer, häufige Benutzung einer Zweitwohnung (Ollick VerBAV 81, 39) usw. stehen dann nicht entgegen. Auch getrennte Mahlzeiten schaden nicht. Übernachtungsgäste für einige Tage oder sogar Wochen leben nicht in häuslicher Gemeinschaft (AG Koblenz VersR 56, 149), wohl aber Dienstpersonal, selbst wenn es nur vorübergehend und für kurze Zeit angestellt ist (RG 103, 43); vgl. auch Königsberg VA 30 Nr. 2175. Heranzuziehen ist ferner die Rechtsprechung zu § 67 Abs. 2 VVG, vgl. z.B. BGH VersR 86, 333 zur häuslichen Gemeinschaft eines verheirateten Sohnes mit dessen Eltern in deren Wohnung trotz Existenz von Zimmern, die ausschließlich der Sohn und dessen Ehefrau benutzen.

Vorübergehende Abwesenheit wegen **Krankheit** oder **Urlaub** hebt die häus- 63 liche Gemeinschaft nicht auf (Hamburg H 22, 772); auch nicht die Tatsache, daß der VN auswärts **arbeitet** und dort ein möbliertes Zimmer gemietet hat, wenn er immerhin die Wochenenden regelmäßig in der Wohnung der Familie verbringt, BGH VersR 61, 1077 = NJW 62, 41, München VersR 59, 944. Ähnliche Kriterien gelten bei auswärtiger **Berufsausbildung.** Wird ein eigener Haushalt im Sinn von §§ 6 Nr. 2 Satz 2 VHB 74, 12 Nr. 2 VHB 84 gegründet, so endet die häusliche Gemeinschaft, vgl. dazu G V 33. Während der Erfüllung der **Wehrpflicht** oder des **Zivildienstes** besteht die häusliche Gemeinschaft meist fort, falls spätere Rückkehr vorgesehen und überwiegend wahrscheinlich ist. Im übrigen ist nach §§ 6 Nr. 1 Satz 1 VHB 74, 12 Nr. 1 VHB 84 die HausrataußenV ganz allgemein auf Sachen im Eigentum oder im Gebrauch von Personen beschränkt, die mit dem VN in häuslicher Gemeinschaft leben, G V 15.

e) Der Kreis der „beraubten Personen" kann gegenüber den AVB *vertrag-* 64 *lich ausgedehnt oder eingeschränkt* werden, was freilich weniger in der Hausrat-, als vielmehr nur in der GeschäftsV in Betracht kommt. Insbesondere in Verträgen mit **Geldinstituten** muß oft *besonderen Risikoverhältnissen* Rechnung getragen werden.

Als Beispiele für die Notwendigkeit **einzelvertraglicher Regelungen** seien 65 gemeinsame Transporte durch Bankangestellte und Angestellte der durch §§ 1 Nr. 4a AERB, AERB 87 vom Transportraubschutz grundsätzlich ausgeschlossenen gewerblichen Geldtransportunternehmen (D XII 57) genannt, ferner Tresore, die in fremden Räumen (bei Großkunden der Bank, vor allem bei Supermärkten) aufgestellt sind, und zu denen nur Angestellte der Bank und des Kunden gemeinsam Zugriff haben. In solchen Fällen muß z.B. auch die in D X 19 erwähnte Zweifelsfrage vertraglich entschieden werden, ob als Schlüsselvorrat im Sinne der eingeschränkten Schlüsselklausel für qualifizierte Behältnisse Raub des Schlüssels aus der Hand Dritter genügt.

66   Nicht nur der VN und die Personen, von denen dies ausdrücklich bestimmt ist, sondern auch alle **mitversicherten Interesseträger** (D II 11) gehören zu den Personen, an denen der Raub verübt werden kann. Für einige praktisch wichtige Fälle ist dies in **Kl 4404, 4405** und **4407** ausdrücklich vorgesehen, nämlich für die Mitversicherung von Sachen und des Interesses von **Bankkunden** in den für den Kundenverkehr bestimmten Geschäftsräumen und an *Autoschaltern* sowie auf dem Weg zu *Nachttresor-Einrichtungen.* Diese Klauseln dehnen in erster Linie den Bereich der versicherten Sachen und Personen aus, denn Kundeneigentum und (H III 86) Sachen Dritter sind in einem Stadium versichert, in dem es der Bank nicht oder noch nicht in Obhut gegeben ist. Daß die Bankkunden als mitversicherte Personen auch zum Kreis der Personen gehören, an denen ein Raub als VFall verübt werden kann („beraubte Person"), würde sich durch Auslegung der Kl 4404, 4405 und 4407 selbst dann ergeben, D XII 53, wenn es dort nicht zum Ausdruck käme.

67   Zur **Auslegung** der Klauseln 4404, 4405 und 4407 vgl. näher Ollick VerBAV 81, 47 sowie zu Kl 4404 und 4405 auch D XII 92 bis 95 nebst U II 31 und zu Kl 4407 noch D XVII 15 nebst U II 30.

68   Durch **Kl 4408** können Schäden durch Raub von Bargeld eingeschlossen werden, das **Geldausgabeautomaten** entnommen wurde. Versicherter Interessenträger ist der **Bankkunde,** denn nur ihm entsteht durch Raub solcher Beträge ein Schaden. Daß der versicherte Interesseträger auch und sogar in erster Linie anstelle des in §§ 1 Nr. 3 AERB, AERB 87 genannten VN als beraubte Person im Sinn von D XII 50 in Betracht kommt, versteht sich von selbst, D XII 51 und 66. Nr. 2 Abs. 2 der Klausel erwähnt gleichwohl die „Automatenbenutzer". Dies schließt auch Personen ein, die im Namen oder für Rechnung Dritter handeln und daher den Schaden nicht persönlich erleiden, wenn sie beraubt werden, H III 86. Eine Altersgrenze für die beraubte Person gibt es nicht, denn § 1 Nr. 4b AERB 87 wird ausdrücklich für unanwendbar erklärt.

69   „Unmittelbarer Bereich" ist die **nächste Umgebung des Geldausgabeautomaten.** Dort muß nicht nur der Beginn des Überfalls, sondern auch noch die Herausgabe des Betrages stattgefunden haben, D XII 94. Eine genaue Entfernung in Metern läßt sich nicht angeben, denn der unmittelbare Bereich ist um so enger zu ziehen, je belebter die Umgebung des Automaten zur Tatzeit ist. Soweit die Automaten in „Geschäftsräumen" des Geldinstituts stehen, greift schon Kl 4404 ein. Deren Nr. 1 macht keine Ausnahme für Teile von Geschäftsräumen, die auch nachts unverschlosen bleiben, wie z. B. Vorräume oder Flure vor Kassenräumen. Soweit dort, wie dies häufig zutrifft, Geldausgabeautomaten stehen, besteht DoppelV nach den Positionen gemäß Kl 4404 und 4408. Die VSummen können bis zur Höhe des Schadens nebeneinander in Anspruch genommen werden.

70   Aus dem Automaten entnommen muß der geraubte Betrag sein, und zwar zeitlich unmittelbar vor oder (D XII 71) nach dem Überfall. Dies hat der VN zu beweisen, was bei Überfällen nach Entnahme mit Hilfe der Registriervorrichtungen im Automaten auch stets möglich sein wird, wenn der Überfall selbst zeitlich und örtlich fixiert ist. Es genügt aber nicht, wenn der beraubte Bankkunde nur behauptet, er habe den Betrag zu einer anderen Stunde oder gar an einem anderen Tag aus dem Automaten geholt und sei dann nur zufällig bei späterer Gelegenheit vor dem Automaten beraubt worden.

Daß der **Überfall vor der Entnahme des Geldes begonnen** hatte, schließt den 71
VSchutz nicht aus. §§ 3 Nr. 1 Abs. 2 AERB, 4 Nr. 1 Abs. 2 AERB 87 sind
nicht anzuwenden. Die Worte „entnommen wurde" (nicht: „entnommen
worden war") umfassen nämlich beide Fälle. Wenn ein Täter weiß, daß ein
bestimmter Passant entnahmeberechtigt ist, kann es durchaus vorkommen,
daß die Entnahme erst nach Beginn des Überfalls und auf Verlangen des
Täters stattfindet. Die Erwägungen in D XII 12 und 17 passen für vorliegenden Sonderfall nicht, zumal es Motiv von Kl 4408 ist, den Kunden vor dem
zusätzlichen Risiko zu schützen, das er in Kauf nimmt, indem er sich des
Automaten bedient und dadurch den Schalterverkehr entlastet. Nach dem
Zweck der Regelung müßte auch der Fall gedeckt sein, daß der Täter dem
Bankkunden in der nächsten Umgebung des Automaten dessen Euro-
Scheckkarte (Q II 39) raubt und diese dann noch in Gegenwart des Bankkun-
den an diesem Automaten mißbraucht wird, vgl. A V 23 und § 9 Abs. 2 Nr. 2
AGBG („Vertragszweck").

Kl 4408 Nr. 4 Abs. 1 begründet eine Obliegenheit im Sinn von §§ 6 Abs. 1 72
(nicht auch Abs. 2), 23 Abs. 2 VVG, wonach der VN zwecks jährlich neuer **Prämienberechnung** Anzahl und Standort der Geldausgabeautomaten mitzuteilen
hat; die Zahl der zur Benutzung befugten Bankkunden ist hinge-
gen kein Tarifmerkmal. Nr. 4 Abs. 2 der Klausel sieht als Sanktion nicht völlige,
nur teilweise Leistungsfreiheit vor, nämlich im Verhältnis der berechneten zu
der erforderlichen Prämie. Außerdem bestätigt Nr. 4 Abs. 3 das gesetzliche
Verschuldenserfordernis: Verstöße ohne Verschulden des VN oder eines Repräsentanten schaden nicht. Gleichwohl ist zweifelhaft, ob die Regelung mit
§ 34 a VVG vereinbar ist, denn die gesetzlichen Rechtsfolgen der **Gefahrerhöhung** dürfen nicht verschärft werden, und **Prämienerhöhung** gehört nicht zu
diesen gesetzlichen Rechtsfolgen, vgl. ausführlich N IV 3 bis 28. – Bleibt die
Meldung völlig aus, so darf (und muß) der Vr Prämie in Höhe des Vorjahres
erheben. Tritt der Schaden während der beiden letzten Monate des ablaufenden
Jahres ein, so bleibt eine fehlende oder unrichtige Anzeige für das folgende Jahr
auch bei Verschulden des VN sanktionslos, denn eine Differenz zwischen
berechneter und erforderlicher Prämie kann erst für das folgende Jahr entstehen.

8. **VOrt** ist der **räumliche Bereich,** in dem die Sachen „versichert sind" (§§ 4 73
Nr. 1 AFB 30, AEB, 2 Nr. 4 AWB 68, 2 Nr. 5 AStB 68), „in dem die V gilt"
(§ 6 Nr. 1 VHB 74) oder „in dem VSchutz besteht" (§ 10 Nr. 1 VHB 84). §§ 3
Nr. 1 AERB, 4 Nr. 1 AERB 87 erläutern die rechtliche Bedeutung des VOrtes genauer, D XII 76. Im allgemeinen werden als VOrt Räume eines Gebäudes vereinbart, D III 2, nämlich in der GeschäftsV die **Geschäfts- und Lagerräume** (G III 19) und in der HausratV die **Wohnung** (G IV 1), denn die Gefahr
des Raubes wird zusammen mit der gebäudegebundenen Gefahr des erschwerten Diebstahls versichert, D I 4.

Ist allerdings das **Grundstück, auf dem die** in der GeschäftsV **als VOrt verein-** 74
barten Räumen liegen, hinreichend deutlich abgegrenzt („umfriedet"), so besteht ein VBedürfnis in gleicher Weise für das gesamte den VOrt umgebende
Grundstück. In diesem Sinn erweitern D-Kl 30 Nr. 1 zu den SBR sowie §§ 3
Nr. 6 AERB, 4 Nr. 5 AERB 87 den VOrt. Das damit übernommene zusätzliche Risiko hält sich im Rahmen der Kalkulation für Raub innerhalb des

VOrtes in einem Gebäude, denn die Art des Publikumsverkehrs und damit das Raubrisiko auf dem umgebenden Grundstück sind durchaus mit dem Publikumsverkehr und mit dem Risiko innerhalb der während der Geschäftszeit ebenfalls unverschlossenen Geschäftsräume vergleichbar. § 3 Nr. 6 AERB hatte noch zusätzlich vorausgesetzt, daß das Grundstück ausschließlich durch den VN genutzt werde. § 4 Nr. 6 AERB 87 enthält dieses Erfordernis nicht mehr. Soweit die Voraussetzungen der genannten Bestimmungen nicht vorliegen, besteht VSchutz allenfalls aus der etwa vereinbarten TransportraubV, D XII 96, Ollick VerBAV **81**, 47.

75   An die aaO geforderte **Umfriedung** sind nur geringe Anforderungen zu stellen. Es braucht sich nicht um Vorkehrungen zu handeln, die Unbefugte vom Zutritt abhalten können, insbesondere nicht um Mauern oder Zäune mit verschließbaren Türen oder Toren, denn während der Geschäftzeit könnte der Vr mit verschlossenen Türen oder Toren usw. ohnehin nicht rechnen, auch nicht bezüglich des Gebäudes selbst. Notwendig ist nur eine gewisse, wenn auch vielleicht durch Lücken unterbrochene bauliche (oder gärtnerische usw.) Abgrenzung mit der Folge, daß innerhalb des umfriedeten Grundstücks in der Regel nur ein **auf den Betrieb des VN** (oder nach dem AERB 87 auch auf den Betrieb von Mitbenutzern) **bezogener Publikumsverkehr** (Arbeitnehmer, Kunden, Lieferanten, Besucher usw.) herrscht. Im Extremfall könnten sogar Hinweisschilder mit dem Namen des VN oder mit dem Wort „Privatgrundstück" genügen, wenn diese in hinreichender Zahl und Dichte um das Grundstück oder an einer ansonsten nicht umfriedeten Seite des Grundstücks aufgestellt wären. Ein Kundenparkplatz gehört, auch wenn er zur offenen Straße nicht durch Schließbalken oder dgl. abgesichert werden kann, unter den genannten Voraussetzungen zum VOrt. Hingegen sind Teile einer öffentlichen Straße oder eines öffentlichen Gehweges auch dann nicht Teil des „umfriedeten" Grundstücks des VN, wenn dort regelmäßig Arbeitnehmer oder Kunden des VN ihre Autos oder Fahrräder abstellen.

76   Die **rechtliche Bedeutung** der **Vereinbarung des VOrts** liegt im allgemeinen (vgl. ausführlich G I 3 und G II 1) darin, daß dort der *VFall* eintreten muß, also bei Diebstahl und Raub das Abhandenkommen, B I 22, D I 1 und D XII 2. Die *Ursachen* des VFalls (A III 2) können dagegen außerhalb des VOrts gesetzt werden. Davon gilt jedoch gerade für Diebstahl und Raub eine Ausnahme, die letztlich darauf beruht, daß Diebstahl und Raub nicht nur versicherte Gefahren, also Schadenursachen, sondern nach allgemeinem Sprachgebrauch zugleich Erscheinungsformen des VFalls sind, D XI 8. In §§ 3 Nr. 1 Abs. 1 AERB, 4 Nr. 1 AERB 87, 10 Nr. 3 VHB 84 ist daher eigens gesagt, daß alle Voraussetzungen, die eine Tat als Diebstahl oder Raub erscheinen lassen, innerhalb des VOrtes verwirklicht sein müssen. In den AEB, SBR und VHB 74 fehlt dagegen ein entsprechender Hinweis, was erhebliche Rechtsunsicherheit bewirkt, und zwar bei Raub (D XII 76 bis 101) noch mehr als bei Diebstahl, G II 4 bis 8.

77   a) Unstreitig muß der unfreiwillige **Besitzverlust** durch Wegnahme oder erzwungene Herausgabe **innerhalb des VOrts** stattfinden. Daher besteht kein VSchutz, wenn der Täter zwar damit droht, er werde innerhalb des VOrtes (dazu vgl. D XII 91) eine Gewalttat begehen, wenn er aber Übergabe von

Geld nicht an ihn selbst, sondern an einen außerhalb des VOrtes wartenden Komplizen fordert.

Schwierigkeiten bereitet der Fall, daß die beraubte Person, z.B. der Bank- 78
kassier, die Sachen auf Verlangen des Erpressers in dessen Begleitung zu einem **Übergabeort außerhalb des VOrts** bringt, *nachdem* innerhalb des VOrts mit einer dort zu begehenden Gewalttat gedroht worden war. Der VSchutz wird noch zu bejahen sein, wenn die beraubte Person das Geld gezwungener-maßen zu einem so **nahe** wie möglich **am VOrt** *geparkten Wagen* trägt. Zwar bleibt der HausratVN, auch wenn er diese Trägerdienste unter Druck ver-richtet, noch Besitzer und der Bankkassier noch Besitzdiener der Bank, so daß die Sachen noch nicht abhanden gekommen sind, D II 7. Die Rechtspre-chung zum StGB hat den Wegnahmebegriff nicht nur zum Diebstahl, son-dern auch zum Raub eindeutig in diesem Sinn definiert (Tröndle § 242 StGB Anm. 15 mwN). *Bejaht* man hier trotzdem den VSchutz, so widerspricht dies zwar dem Wortlaut der AVB, ist jedoch das Ergebnis einer teleologischen Auslegung (Martin Klingmüller-Festschrift 275).

Bringt dagegen die beraubte Person die Sachen unter Zwang des ihn beglei- 79
tenden Täters zu einem etwas **weiter entfernten Übergabeort**, also nicht nur zu einem vor dem Gebäude geparkten Kfz oder dgl., so ist der *VSchutz* eindeu-tig zu *verneinen*, wenn nicht abweichend von den Vorschriften über den VOrt etwas anderes vereinbart ist, insbesondere nach der in D XII 83 bis 88 behandelten Kl 4103 für Geldinstitute. Die Sachen sind nicht schon deshalb weggenommen und abhanden gekommen, weil der „Transporteur" unter Druck steht und mit überwiegender Wahrscheinlichkeit der Übergabe an den Täter nicht ausweichen kann. Es wäre auch unhaltbar, etwa einen Rücker-werb des Besitzes durch den VN (und damit auch einen vorausgegangenen Besitzverlust an den begleitenden Täter, dem aber noch nichts übergeben war) zu konstruieren, wenn der begleitende Täter während des Transportes z.B. durch die Polizei gestört wird und flüchtet, so daß die Übergabe schließ-lich doch nicht stattfindet. Der Fall, daß der VN oder sein Angestellter das Geld in Begleitung des Täters zum Übergabeort bringt, ist nicht anders zu beurteilen als der Fall, daß das Geld ohne Begleitung durch den Erpresser zu einem Übergabeort außerhalb des VOrts getragen wird, D XII 77.

Schwierigkeiten bereitet nach den AEB und SBR sowie nach den VHB 74 80
ferner der Fall, daß der Täter sich nicht damit begnügt, Herausgabe bereits vorhandener Sachen innerhalb des VOrtes zu fordern, sondern daß auf sein Verlangen weitere **Sachen von außerhalb des VOrts herangeschafft** werden, vgl. schon D XII 12 bis 15 zum Raubbegriff. Sachen kommen nicht schon da-durch abhanden, daß sie in Richtung auf den VOrt zum Zweck der Übergabe an den Täter in Marsch gesetzt werden, sondern erst dann, wenn sie dem Erpresser wirklich übergeben werden. Für den Zeitpunkt des Besitzverlustes gelten also dieselben Erwägungen, die in D XII 79 für den umgekehrten Fall eines Abtransportes auf Verlangen des Täters angestellt wurden. Die Praxis der letzten Jahre zeigt überdies, daß sehr häufig die auf den Weg gebrachten Sachen dann schließlich doch nicht übergeben werden.

Da die AVB Besitzverlust innerhalb des VOrtes verlangen, spricht der 81
Wortlaut innerhalb der vereinbarten Versicherungssummen und Entschädi-gungsgrenzen *für*, eine teleologische Auslegung des Raubbegriffs jedoch *ge-*

gen VSchutz. Die Argumente gegen VSchutz sind in D XII 12 bis 19 im Zusammenhang dargestellt; vgl. auch schon D XII 8. Ebenso wie in dem in D XII 78 behandelten Fall widersprechen sich also der Wortlaut der AVB und die gebotene wirtschaftliche Betrachtungsweise.

82   In §§ 3 Nr. 1 Abs. 2 AERB, 4 Nr. 1 Abs. 2 AERB 87 ist die Rechtslage klargestellt. Eine abweichende Vereinbarung ist nach der in D XII 83 bis 88 behandelten Kl 4103 für Geldinstitute möglich. Daraus darf für die älteren Raubdefinitonen in § I SBR, D-Kl 28 bis 30 sowie § 3 Nr. B 2 VHB 74 jedoch nicht etwa ein Umkehrschluß gezogen werden, denn ein solcher Umkehrschluß stünde, weil niemals sämtliche AVB gleichzeitig reformiert werden können, sonst oft jedem Fortschritt in der Formulierung von AVB entgegen. Auch ohne Umkehrschluß bleibt freilich ein wenig zweifelhaft, wie in einem Rechtsstreit zu den AEB und SBR oder zu den VHB 84 entschieden würde. Die Frage stellt sich übrigens nicht nur dann, wenn es den Tätern gelingt, das herangeschaffte und übergebene Geld endgültig zu behalten, sondern auch dann, wenn durch eine ausgeschriebene Belohnung der Betrag sichergestellt wird, denn der Aufwand für die Belohnung ist nach § 63 VVG entschädigungspflichtig nur, soweit er der Abwehr eines versicherten Schadens diente, W II 46.

83   **Kl 4103 ermöglicht für Geldinstitute** eine zweifache **Erweiterung des RaubV-Schutzes.** Nr. 1 der Kl hebt den in D XII 79 dargelegten Grundsatz auf, daß der Besitzverlust innerhalb des VOrtes oder in dessen nächster Umgebung stattfinden muß. Nr. 2 ermöglicht für die Geschäftsräume von Geldinstituten – nicht aber auch für außerhalb der Geschäftsräume liegende weitere VOrte, wie etwa Wohnungen von Filialleitern usw., vgl. Nr. 3 der Klausel – die Vereinbarung einer besonderen VSumme (Vertragsposition) für ihrer Art nach versicherte Sachen, die von außerhalb des VOrtes auf Verlangen eines Täters an den Übergabeort geschafft werden. Gemeinsam ist beiden Erweiterungen, daß die rechtliche Bedeutung des VOrtes im übrigen unberührt bleibt. Die Gewaltanwendung oder (hypothetisch) die angedrohte Gewalttat muß also im VOrt stattfinden, D XII 78 und 79. Dies wird in Nr. 4 der Klausel bekräftigt; zum Raubversuch, der außerhalb des VOrts vollendet wird, vgl. D XII 84.

84   Kl 4103 Nr. 1 schließt Schäden ein, die durch **Besitzverlust außerhalb des VOrtes,** aber innerhalb der Bundesrepublik entstehen. Allerdings muß es sich um Sachen handeln, die auf Verlangen des Täters aus einem VOrt an den Übergabeort gebracht werden. Dies wird in Nr. 1 zwar nicht ausdrücklich gesagt, ergibt sich aber indirekt aus Nr. 2 Satz 2. Würde Nr. 1 anders ausgelegt, so bedürfte es bei einem Besitzverlust außerhalb des VOrtes keiner zusätzlichen VSumme für herangeschaffte Sachen. Im übrigen gilt Nr. 1 für VOrte innerhalb wie außerhalb von Geschäftsräumen, denn Nr. 3 nennt Nr. 1 nicht. Holt der Täter zunächst nur eine Geisel aus dem VOrt heraus und wird ihm das Geld erst später an einem anderen Ort übergeben, so ist zu unterscheiden: Hatte der Täter im VOrt ausschließlich Nötigung begangen, also lediglich die Geisel herausgeholt und noch kein Geld verlangt, so besteht auch nach Kl 4103 kein Schutz. Hatte er hingegen auch innerhalb des VOrts schon Geld verlangt, hatte es sich also innerhalb des VOrts bereits um Raubversuch gehandelt, so besteht für den später außerhalb des VOrts eingetrete-

nen Schaden Schutz nach Kl 4103, denn es handelt sich um einen mitversicherten Folgeschaden aus Raubversuch, D XII 6.

Kl 4103 Nr. 2 gewährt im Rahmen einer besonderen Position (VSumme) 85
Schutz für Sachen, die von außerhalb des VOrtes an den innerhalb oder im
Rahmen von Nr. 1 (D XII 84) außerhalb des VOrtes gelegenen Übergabeort
geschafft werden. Nach Nr. 3 gilt dies allerdings nur für Überfälle in VOrten
innerhalb von Geschäftsräumen, D XII 83.

Findet der Täter z.B. in der überfallenen Filiale 80000 DM vor, erzwingt 86
die Heranschaffung weiterer 250000 DM und läßt dann den gesamten Betrag
von 330000 DM zu einem anderswo wartenden Komplizen bringen, so handelt es sich um eine (praktisch freilich unwahrscheinliche) **Kombination der
Fälle von Nr. 1 und Nr. 2.** Bei VSummen von z.B. 100000 DM für den VOrt
und 300000 DM für herangeschaffte Sachen wäre der Gesamtbetrag von
330000 DM zu entschädigen. Würde hingegen der Gesamtbetrag von 330000
DM oder ein noch höherer Betrag von anderswo her unmittelbar an den
Übergabeort gebracht, während die in der überfallenen Filiale vorhandenen
80000 DM unangetastet blieben, so bestände Schutz nur in Höhe von 300000
DM aufgrund der zusätzlich vereinbarten Summe gemäß Nr. 2, D XII 88.

Der in Kl 4103 **Nr. 3** vorgesehene beschränkte **Summenausgleich** schützt 87
den VN nur, soweit die VSumme für die am überfallenen VOrt vorhandenen
Sachen nicht ausreicht. Der unverbrauchte Teil der zusätzlichen Summe gemäß Nr. 2 steht dann für die Sachen am überfallenen VOrt zur Verfügung.
Nach dem Wortlaut von Nr. 4 soll dies freilich nur gelten, wenn wenigstens
ein Minimalbetrag von auswärts herangeschafft und geraubt wurde, hingegen
immer dann nicht, wenn ausschließlich Sachen aus der Filiale abhanden kommen, wenn also die zusätzliche Summe in voller Höhe „unverbraucht" bleibt.
Man wird darin aber **nicht** eine willkürliche und daher im Sinn von § 3 AGBG
überraschende Einschränkung des zusätzlichen VSchutzes und noch weniger
eine mit dem Vertragszweck im Sinn von § 9 Abs. 2 Nr. 2 AGBG nicht zu
vereinbarende Regelung sehen können, denn die Erweiterungen gemäß Kl
4103 liegen als Ganze außerhalb des typischerweise durch eine RaubV zu
erwartenden VSchutzes. Auch bezweckt Nr. 2 nur eine ganz spezielle Erweiterung des Schutzes, nämlich zugunsten herangeschaffter Sachen; nur hierfür
ist der (allerdings relativ höhere) Prämiensatz für eine Summe gemäß Nr. 2
kalkuliert, nicht dagegen zugleich als Entgelt für eine ungeschriebene Vorsorgesumme ergänzend zu der VSumme für den VOrt.

Zweifelsfrei rechtswirksam ist die Beschränkung des Summenausgleichs 88
auf die VSumme für den VOrt. Nicht kann umgekehrt ein unverbrauchter
Teil der VSumme für den VOrt der zusätzlichen Summe für herangeschaffte
Sachen zugeschlagen werden. Weder ist dergleichen für den vollen Betrag der
VSumme für den VOrt noch auch nur für denjenigen Teilbetrag möglich, in
dessen Höhe der Täter sich etwa „ebensogut" aus dem in der überfallenen
Filiale vorhandenen Betrag hätte „bedienen" können und dies nur aus „technischen" (geringere Gefährdung!) Gründen unterlassen hat, vgl. den in D
XII 86 a.E. geschilderten Beispielsfall. Die Wirksamkeit dieser Beschränkung
des Summenausgleichs ergibt sich schon aus dem relativ höheren Prämiensatz
für die zusätzliche VSumme gemäß Nr. 2.

89   b) Nicht nur die Wegnahme, sondern auch die Teile der **Handlung des Täters**, die diese versicherungsrechtlich als Raub (oder als versicherten räuberischen Diebstahl, D XIII 5) erscheinen lassen, müssen innerhalb des VOrts verwirklicht werden, D XII 76. Bei Wegnahme durch **Gewalt** liegt es in der Natur der Sache, daß die Gewalt an dem Ort verübt wird, an dem sich die wegzunehmenden Sachen befinden und wo sie auch wirklich weggenommen werden. Schlägt der Täter den vor seinem unverschlossenen Geschäft stehenden Inhaber bewußtlos und betritt dann erst den VOrt, so besteht gleichwohl RaubVSchutz, ebenso wie wenn der Täter den Inhaber zwingt, ihn aus größerer Entfernung zum VOrt zu begleiten und den VOrt aufzuschließen oder das Aufschließen zu dulden (D II 31 und D X 22; ebenso Ollick VerBAV 81, 41).

90   Wendet der Täter jedoch nicht Gewalt an, sondern droht nur mit einer Gewalttat, so besteht seine Handlung in dieser **Drohung**. Eine Drohung ist zu lokalisieren, wo sie ausgesprochen und außerdem wo sie nach dem Willen des Täters entgegengenommen wird, bei telefonischen oder brieflichen Drohungen also an mehreren Orten (Tröndle § 9 StGB Anm. 2 und 3). Wird die Drohung außerhalb des VOrts ausgesprochen und empfangen, wird also z.B. der Inhaber oder ein Filialleiter einer versicherten Bank in dessen nicht ebenfalls als VOrt vereinbarter Privatwohnung überfallen und genötigt, telephonisch die Übergabe von Geld an einen anderswo wartenden Komplizen zu veranlassen, so besteht selbst dann kein VSchutz, wenn der Komplize am VOrt wartet und die Übergabe dort stattfindet (Ollick VerBAV 81, 41).

91   Die **angedrohte Gewalttat** braucht zwar nicht wirklich begangen zu werden, gehört also nicht zu den realen Voraussetzungen des Raubes, die innerhalb des VOrtes verwirklicht werden müssen. Trotzdem enthalten §§ 1 **Nr. 3 AERB, AERB 87, 5 Nr. 2b VHB 84** das geschriebene und enthalten die AEB, SBR und VHB 74 das ungeschriebene Erfordernis, daß der Täter mit einer innerhalb des VOrts zu verübenden Gewalttat drohen muß, vgl. schon D XII 45 bis 47, denn die AVB stellen die lediglich angedrohte einer bereits verübten Gewalttat nur deshalb gleich und schließen sie in den VSchutz nur deshalb ein, weil dem VN nicht zuzumuten ist, es auf die Realisierung der Drohung an Ort und Stelle ankommen zu lassen. Wo daher die Drohung (wenn überhaupt) außerhalb des VOrts realisiert würde, besteht VSchutz ebensowenig, wie wenn auch die Gewaltanwendung und die Übergabe außerhalb des VOrts stattfänden. Wegen des unzulänglichen Wortlauts der AEB, SBR und VHB 74 ergibt sich dort eine gewisse Rechtsunsicherheit. Aus der ausdrücklichen Regelung in AERB, AERB 87 und VHB 84 darf jedenfalls nicht etwa ein Umkehrschluß gezogen werden, vgl. auch G II 7 und D XII 82.

92   c) Die entwickelten Grundsätze gelten auch für die V des Interesses von **Bankkunden** in den Geschäftsräumen und an Autoschaltern der Banken nach Kl 4404 **und 4405**, D XII 66 sowie U II 30 und 31. VOrt im Sinn von Kl 4405 („Geschäftsräume") sind auch Räume, die der beraubte Kunde nur betreten durfte, weil ihm dies im Einzelfall gestattet war, Ollick VerBAV 82, 243. Drei Fallgruppen sind zu unterscheiden:

Der Kunde wird *innerhalb des VOrts der BankkundenV* beraubt, bevor er 93
mitgebrachtes Geld einzahlte oder nachdem er Geld abgehoben hat. Weitere
Möglichkeit: der Kunde muß Geld herausgeben, das er weder einzahlen wollte noch abgehoben hatte. In allen diesen Fällen ist der VSchutz unproblema-
tisch; er erstreckt sich auch auf Sachen, die mit dem Vorgang am Bankschalter
nichts zu tun haben. Soweit *Angestellte oder Beauftragte des Bankkunden*
betroffen werden, will Ollick VerBAV 81, 47 diese Personen nicht auch
selbst als Bankkunden ansehen, sondern Schäden an deren Sachen nur als
versichert gelten lassen, soweit der Schaden aufgrund arbeitsrechtlicher Fürsorgepflicht oder sonstwie zu Lasten des Bankkunden geht. Diese Auslegung
ist aber wohl zu eng. Man wird die Beauftragten oder Angestellten auch
selbst als „Kunden" im weiteren Sinn und als versichert ansehen müssen. Das
belastet der Vr nicht über Gebühr, denn grobe Fahrlässigkeit dieses Personenkreises schließt ohnehin den VSchutz aus, D XII 103. Auch Eigentum
Dritter (H III 86) im Besitz des Kunden ist versichert.

Der Kunde wird gezwungen, mit dem Geldbetrag den Täter zu begleiten 94
und dabei den VOrt der BankkundenV zu verlassen. VSchutz besteht nur,
wenn die Übergabe noch in *unmittelbarer Nähe des VOrtes* stattfindet, D
XII 69. Die Rechtslage stimmt hier mit derjenigen nach Kl 4408 (unmittelbarer Bereich von Geldausgabeautomaten, D XII 69) überein, nicht aber mit
derjenigen nach Kl 4407 (direkter Weg zur Nachttresoranlage, D XVII 16).

Der Kunde wird mit der Waffe bedroht und gezwungen, Geld zwecks 95
Übergabe an den Räuber abzuheben. *Bemerkt* ein zuständiger Bankangestell-
ter die Drohung und wird sie dann noch aufrechterhalten, so handelt es sich
um einen Raub nicht an dem Kunden, sondern an der Bank; dieser ist allenfalls durch die RaubV für das Interesse der Bank gedeckt. Eine etwaige Abbuchung von dem Konto des Kunden ist zivilrechtlich ohne Wirkung und daher
auch versicherungsrechtlich bedeutungslos; das Interesse des Bankkunden ist
nicht betroffen. *Bemerken* die Bankangestellten die Drohung *nicht,* so besteht aus der BankkundenV wohl ebenfalls kein Schutz, denn der Kunde
schafft das Geld erst unter dem Eindruck der Drohung herbei, D XII 80. Die
Streitfrage ist hier aber belanglos, denn der Bankkunde kann seinen Schaden
auf die Bank abwälzen, indem er die Verfügung über sein Konto anficht
(§ 123 Abs. 1 BGB). Daß die Bank die Zwangslage des Kunden nicht kannte
und vielleicht auch nicht kennen konnte, spielt keine Rolle (Umkehrschluß
aus § 123 Abs. 2 BGB, Martin Klingmüller-Festschrift 270).

d) Auch in der **GeschäftsV gegen Transportraub** (ebenso Kl 4407 für Nacht- 96
tresorkunden, D XVII 15 und 16) sowie in der **HausrataußenV** gelten die
entwickelten Grundsätze entsprechend. §§ 3 Nr. 1 Abs. 2 AERB, 4 Nr. 1
Abs. 2 AERB 87, 9 Nr. 3b VHB 84 für auf Verlangen des Täters herangeschaffte Sachen (D XII 80) sowie §§ 1 Nr. 4c AERB, AERB 87, 12 Nr. 4b
VHB 84 für den Ort der angedrohten Gewalttat (D XII 91) stellen dies sogar
ausdrücklich klar. Allerdins ist für Transportraub die ganze Bundesrepublik
und für die HausrataußenV sogar ganz Europa „VOrt". Daraus ist aber nicht
zu schließen, daß Entschädigung für Raub immer dann geleistet werde, wenn
irgendwo in diesem Bereich Gewalt angewendet oder eine Drohung ausgesprochen wird und dadurch versicherte Sachen abhanden kommen.

97   Vielmehr ist nur versichert, was sich bei Beginn der Gewalt oder der Drohung bereits am Übergabeort befindet oder was ohne Zusammenhang mit dem Überfall zusätzlich dorthin gelangt, *nicht* dagegen Sachen, die erst auf Verlangen der Täter zusätzlich an den Übergabeort gebracht werden. Außerdem muß der Ort, wo die Drohung ausgesprochen wird und wo die angedrohte Gewalttat stattfinden würde, mit dem Ort des Besitzverlustes identisch sein.

98   Daher besteht auch aus einer *TransportraubV* in den oben D XII 76 bis 79 (*Transport* aus den Geschäftsräumen *zum Übergabeort*) sowie D XII 90 (Drohung außerhalb, Übergabe innerhalb der Geschäftsräume) behandelten Fällen *kein Schutz.* Anders läge es nur in dem Sonderfall, daß die Transportperson entgegen dem ursprünglichen Transportzweck im Angesicht der Erpresser oder dessen Komplizen wieder umkehren will, daran aber durch die Täter gehindert wird („Die Praxis der – Schweizerischen – Bundesgerichte", 1973, 643, Nr. 212); ein solcher Fall ist aber unwahrscheinlich, weil er die Geiseln in Gefahr brächte, so daß an einen entsprechenden nachträglichen Vortrag des VN hohe Beweisanforderungen zu stellen wären.

99   Von jenem Sonderfall abgesehen hat weder die TransportraubV noch die HausrataußenV den Zweck, die V in den Geschäftsräumen oder in der Wohnung für solche Grenzfälle aufzustocken. Dies folgt schon aus dem versicherungsrechtlichen Begriff des Raubes. Es kommt also nicht darauf an, ob bei Sachen auf dem Weg zu einem Übergabeort von einem „Transport" im Sinn von §§ 3 Nr. 7 AERB, 4 Nr. 6 AERB 87 (D XII 101) oder von vorübergehender Abwesenheit der Sachen aus der Wohnung (in Form privaten Verbrauchs, vgl. G V 29) die Rede sein könnte. Bereits D-Kl 28 und die HausrataußenV gegen Raub sollen die Sachen nur dagegen schützen, daß der Widerstand des Gewahrsamsträgers an *dem* Ort durch Gewalt gebrochen oder an *dem* **Ort** unter dem Eindruck einer Drohung unzumutbar wird, an dem sich versicherte **Sachen bei Beginn des Überfalls** befinden, vgl. schon D XII 17.

100   In §§ 3 Nr. 1 Abs. 1 Satz 2 AERB, 4 Nr. 1 Abs. 1 Satz 2 AERB 87 ist ausdrücklich klargestellt, daß die Übergabe in unmittelbarer Nähe des Ortes stattfinden muß, wo sich die transportierten Sachen bei Beginn des Überfalls befunden haben. Nach dem Wortlaut dieser Bestimmungen würde der VSchutz sogar verloren gehen, wenn die Übergabe nicht am Ort des Beginns des Überfalls, sondern erst stattfindet, nachdem die Transportpersonen die Täter mehr oder weniger weit begleiten mußten. Dieses Ergebnis muß aber im Hinblick auf §§ 3, 9 Abs. 2 Nr. 2 AGBG im Wege der Auslegung korrigiert werden, vgl. schon D XII 17 und 78. – Vgl. im übrigen D XVII 15 wegen Kl 4407, D XII 69 wegen Kl 4408 sowie D XII 94 wegen Kl 4404 und 4405.

101   Nicht für die HausrataußenV, wohl aber – wie schon deren Name andeutet – für die TransportraubV in der GeschäftsV kommt hinzu, daß die Sachen sich auf einem **Transportweg** befinden müssen (in der 1. Aufl. in G V 3 erörtert), wie er in D-Kl 28 Nr. 4 und §§ 3 Nr. 7 AERB, 4 Nr. 6 AERB 87 definiert wird. VSchutz besteht auf dem gesamten Transportweg, auch wenn er innerhalb des VOrts beginnt oder dort endet; im Überschneidungsbereich besteht Schutz aus beiden Positionen (S I 2 und 29) und gegebenenfalls DoppelV. „*Transport"* setzt Planung eines in voraus bestimmten Transportziels voraus. Wer Waren wie ein Reiselager mit sich führt, um an nicht bestimmten Orten

und zu nicht bestimmten Zeiten nach Möglichkeit Verkäufe zu tätigen, „transportiert" nicht, LG München I RuS 89, 266; nicht jedes Mitsichführen von Waren ist Transport. Anders als in der HausrataußenV besteht auch unterwegs kein Schutz, soweit der *Bewegungsvorgang* nicht dem Transport dient, sondern der VN oder die sonstige Transportperson die Sachen nur „zufällig" auch während eines Bewegungsvorgangs bei sich hat. Zweifelhaft ist, ob immerhin das Transportmittel (Kfz, Fahrrad) zu den versicherten Sachen gehört; bejahend Schmidt RuS 75, 195. *Unterbrochen* werden Transport und VSchutz z.B. nicht schon bei Restaurantaufenthalten oder notwendigen Übernachtungen oder bei kleineren Umwegen oder Pausen aus Gründen in der Transportperson, sondern nur bei längeren Unterbrechnungen, z.B. wenn die Transportperson sich längere Zeit zuhause oder (etwa nach Verkehrsunfall) im Krankenhaus aufhält, um erst später den Transport fortzusetzen.

9. §§ 61 VVG, 14 Nr. 1 AERB, 14 Nr. 1 AERB 87, 16 AEB, VHB 74, 9 Nr. 1a   102
VHB 84 schließen VSchutz bei Schäden aus, die der VN, ein Versicherter oder ein Repräsentant vorsätzlich oder grob fahrlässig verursacht. Dies gilt **auch für Raub**, und zwar nach §§ II Nr. b SBR, 14 Nr. 1 Satz 2 AERB in der GeschäftsV (wegen der HausratV vgl. D XII 124 und 125) auch bei Vorsatz oder grober Fahrlässigkeit der „**beraubten Person**" im Sinn von D XII 50, die mit dem Kreis der versicherten Interesseträger im Sinn von D XII 51 nicht identisch zu sein braucht. In § 17 **Nr. 4** AERB 87 werden Träger der Obhut an Wertsachen im Sinn von § 4 Nr. 3 AERB 87 als Repräsentanten bezeichnet, was im Ergebnis dasselbe bedeutet. Ob diese Erweiterung des § 61 VVG mit § 9 Abs. 2 Nr. 1 AGBG vereinbart ist, wird in O II 66 ff erörtert.

Grobe Fahrlässigkeit als Ursache eines Raubes **innerhalb des VOrtes** wird der   103
Vr nur relativ **selten** nachweisen können. Zu denken wäre an schlechte Gesellschaft, in die sich der beraubte HausratVN begeben hatte, oder an schlechte Auswahl von Angestellten, die mit Geldtransporten beauftragt sind. In BGH VersR 88, 569 = NJW-RR 919 wird erörtert, ob es grob fahrlässig ist, wenn ein Geschäftsinhaber noch nach 20 Uhr Unbekannte auf Klopfen einläßt, ohne sich zuvor über Identität vergewissert zu haben. In LG Bremen NJW-RR 88, 1053 wird grobe Fahrlässigkeit mit Recht in einem Fall verneint, in dem vor einer Toilette eine Stange steht, mit der nachts die Türklinke blokkiert wird, damit nicht Einsteigdiebe durch die Toilette in die Betriebsräume gelangen, die dann aber ein Räuber mißbraucht, um den VN in der Toilette einzuschließen. Außerdem stellt sich die Frage der groben Fahrlässigkeit, wenn der VN oder die beraubte Person in *Verbotsirrtum* handeln, D XII 123, sich also irrig für verpflichtet halten, versicherte Sachen zugunsten eines bedrohten Dritten zu opfern. **Häufiger** kommt grobe Fahrlässigkeit bei Außenraub in Betracht, also **auf Transportwegen** in der GeschäftsV sowie in der **HausrataußenV**; zu letzterer vgl. O I 117. Beispiele zum Transportraub: Schlechte Auswahl des Personals, des Transportwegs oder des Fahrzeugs; ungenügende Anweisungen oder Überwachung.

Vorsatz ist bezüglich einer *Raubtat als solchen* wohl nur in den Ausnahme-   104
fällen denkbar, in denen der VN einen Überfall auf einen Versicherten veranlaßt, vgl. § 181 Abs. 1 VVG für die PersonenV. Ansonsten handelt es sich bei

„bestellten Überfällen" nicht um Raub, sondern um die Vortäuschung eines Raubes und – bei Angestellten als „beraubten" Personen – um einen Schaden durch Unterschlagung. Es fehlt dann an einer ernstlichen Drohung im Sinn von D XII 39. Nicht gleichzustellen ist der umgekehrte Fall, daß ein Versicherter einen Überfall zum Schaden des VN verursacht, denn das Verhalten des Versicherten steht dem des VN nach § 79 Abs. 1 VVG nur gleich, soweit es sich um Schäden zu Lasten des Versicherten handelt. Der Vr hat also Entschädigung an den VN zu leisten und kann nur Regreß bei dem Versicherten nehmen.

105   Ein Sonderproblem stellt sich jedoch durch die **erzwungene Herausgabe** bei Raub durch Drohung mit Gefahr für Leib oder Leben. Jede Herausgabe ist, wie das Wort sagt, eine willensbestimmte Handlung, geschieht also „**vorsätzlich**". Da die in D XII 102 zitierten Bestimmungen den Vorsatz der „beraubten Person" gleichstellen, würde eine zu wörtliche Auslegung der AVB den VSchutz für Raub durch Drohung wieder aufheben. Da dies nicht richtig sein kann, muß der **Vorsatzbegriff** im Sinn von O I 20 für VFälle durch Raub im Weg der teleologischen Auslegung **reduziert** werden:

106   Danach handelt die beraubte Person jedenfalls dann *nicht* vorsätzlich, wenn sie **selbst** mit Gefahr für Leib oder Leben **bedroht** wird. Wann eine Drohung gegen „Leib oder Leben" gerichtet ist, wurde in D XII 44 erörtert. Ist dies zu bejahen, so darf die beraubte Person der Drohung auf Kosten des Vr weichen, ohne „vorsätzlich" zu handeln. Gerade wegen des Vorrangs von Leib und Leben gegenüber Sachwerten wird VSchutz gegen Raub durch Drohung geboten, D XII 14.

107   Schwieriger ist die Frage, ob eine beraubte Person Sachwerte opfern darf, wenn nicht sie selbst, sondern **ein Dritter** gegebenenfalls **das Opfer** der angedrohten Gewalttat würde. Die Frage kann jedenfalls *nicht generell verneint* werden, wie schon der Fall zeigt, daß der VN selbst als Opfer in Betracht kommt. Selbstverständlich darf sein Angestellter, Beauftragter oder Familienangehöriger als beraubte Person ihn dann durch Herausgabe der versicherten Sachen auf Kosten des Vr retten. Umgekehrt ist die Frage aber auch *nicht generell zu bejahen*. Nicht jede Drohung gegen irgendein Menschenleben führt zu VSchutz, wenn der VN oder die beraubte Person versicherte Sachen herausgibt, um aus rationalen oder ethischen Gründen dieses Leben zu retten. Die menschlichen Motive solchen Handelns werden damit nicht abgewertet, jedoch ist solches Handeln nicht versicherbar, zumal meist *nicht* feststeht, *wie* die beraubte Person *ohne* VSchutz gehandelt haben würde.

108   a) Gegen **zuviel Großzügigkeit** sprechen ähnliche **kriminalpolitische Bedenken**, wie sie schon in D XII 14 und 47 gegen eine sog. LösegeldV und für eine den VSchutz einschränkende Auslegung der Bestimmungen über den VOrt angedeutet wurden. Diese Bedenken sollen hier im Zusammenhang dargestellt werden:

109   VSchutz ganz allgemein gegen Schäden durch räuberische Erpressung ohne die in D XII 14 erörterte Vergleichbarkeit mit dem Diebstahlrisiko würde Versicherbarkeit der Folgen von Erpreßbarkeit des VN bedeuten, also letztlich Versicherbarkeit gegen Schäden durch die bloße Tatsache der Zahlungsfähigkeit eines VN. Wären Schäden ohne Rücksicht auf den Ort der angedrohten Gewalttat (D XII 45), ohne Rücksicht auf rechtliche Verpflichtungen des VN zugunsten des bedrohten Opfers (D XII 114) und ohne Rücksicht auf die örtliche Lage der geopferten Sachen bei Beginn des Überfalls (D XII 80) versichert, so würde dadurch die **Erpreßbarkeit der VN** nicht nur abgedeckt, sondern zugleich **vergrößert.** Tatsächlich oder doch wenigstens in der Vorstellung potentieller Täter nähme die Bereitschaft des VN, versicherte Sachen auf Erpressungen hin zu opfern, durch die Tatsache des VSchutzes in Grenzfällen zu. Dadurch wiederum würde der Anreiz für Erpressungsversuche erhöht.

Gleichzeitig würden **Erpressungsstraftaten** im allgemeinen Bewußtsein **verharmlost,** sobald sich erst einmal das Wissen davon verbreitet hätte, daß dem Betroffenen im Einzelfall kein finanzieller Schaden entstehen kann, weil er versichert ist. Daß auf dem Weg über das mit zunehmender Zahl von Straftaten noch steigende Prämienniveau der Schaden eben doch von den VN zu tragen wäre, wenn auch gleichmäßig verteilt auf eine Vielzahl von Personen, würde bald aus dem Bewußtsein verdrängt. Dadurch wiederum würde auf lange Sicht auch die Intensität der **Ermittlungsarbeit** der Strafverfolgungsbehörden **gelähmt,** zumal sich mit steigender Zahl einschlägiger Straftaten naturgemäß ohnehin die für den Einzelfall zur Verfügung stehende zeitliche und personelle Kapazität der Behörden vermindert. Ein Kreislauf der geschilderten Art darf durch die Möglichkeit einer V ganz allgemein gegen Schäden durch räuberische Erpressung weder in Gang gesetzt noch beschleunigt werden. Deshalb wären aus **versicherungsaufsichtsrechtlicher Sicht** die Voraussetzungen für die Genehmigung entsprechender Erweiterungen der Geschäftspläne zu *verneinen,* und zwar auch, soweit es sich speziell um VMöglichkeiten für Geldinstitute handelt. Wären nämlich erst einmal Geldinstitute allgemein gegen Schäden durch räuberische Erpressung versicherbar, so wäre aus der Sicht von VN aus anderen Wirtschaftskreisen eine Verallgemeinerung unausweichlich, denn das Risiko von Erpressungsschäden beruht, wie bereits erwähnt, auf der bloßen Tatsache der Zahlungsfähigkeit des VN und ist daher nicht auf Geldinstitute beschränkt.

An dieser Beurteilung ändert sich auch dadurch nichts, daß für Geldinstitute in älteren AVB *außerhalb* der hier behandelten Zweige der SachV vereinzelt bereits jetzt VMöglichkeiten allgemein gegen räuberische Erpressung bestehen. Als Beispiel sei § 1 Nr. 1 b der für Bayern genehmigten „Allgemeinen VBedingungen für die Kassenversicherung" genannt, wonach sich öffentliche Körperschaften einschließlich Sparkassen gegen Vermögensschäden versichern können, die ihnen „durch Unterschlagung, Betrug, Urkundenfälschung, Urkundenunterdrückung, Bestechung, Diebstahl, Einbruchdiebstahl, Raub und räuberische Erpressung in den Geschäftsräumen und auf Wegen und Fahrten zugefügt werden". Das Wort „VOrt" erscheint in diesen AVB nicht, weil gegen „Vermögensschäden" versichert wird. Daher genügt es bei Schäden durch räuberische Erpressung, wenn irgendein Teilakt der Tat in den Geschäftsräumen stattfindet, und sei es auch nur der Zugang der schriftlichen oder mündlichen Drohung, so daß es auf den Ort der Verwahrung der herauszugebenden Sachen sowie auf den Ort der angedrohten Gewalttat nicht ankäme. Diese AVB wurden zu einer Zeit abgefaßt und genehmigt, als Erpressungsstraftaten noch eine weit geringere Bedeutung hatten als gegenwärtig.

112   b) Die richtige Antwort auf die in D XII 107 aufgeworfene Frage der Auslegung des Ausschlusses von Raubschäden durch „Vorsatz" lautet: Ist der VN oder die beraubte Person **rechtlich verpflichtet** oder (D XII 123) hält er sich irrig und ohne grobe Fahrlässigkeit für verpflichtet, das Opfer *der angedrohten Gewalttat* durch ein Vermögensopfer *zu retten,* so liegt **Vorsatz nicht** vor. Soweit nämlich eine derartige Pflicht gegenüber dem bedrohten Opfer besteht, hat sie Vorrang gegenüber der Schadenverhütungspflicht, die § 61 VVG und den diese Vorschrift wiederholenden AVB-Bestimmungen zugrundeliegt. Allerdings ist die Schadensverhütungspflicht als Rechtsfigur umstritten und wird von der herrschenden Meinung verneint, O I 62. Für die Auslegung des Vorsatzbegriffes bei Raub ist dies aber bedeutungslos.

113   Eine **allgemeine Rechtspflicht** (etwa aus § 323 c StGB), bedrohtes fremdes Leben durch Zahlungen an Erpresser zu retten, gibt es **nicht.** Daher handelt versicherungsrechtlich z. B. vorsätzlich, wer bei einem Überfall auf einen Geldtransport einen Betrag herausgibt, um das Leben eines bedrohten unbeteiligten Passanten zu retten. Jedoch **kann** im Einzelfall eine Pflicht bestehen, fremdes Leben zu retten, insbesondere aufgrund von Dienstverträgen als Folge arbeitsrechtlicher Fürsorgepflicht oder aus sonstigen vertraglichen oder vertragsähnlichen Beziehungen, ferner aus familienrechtlichen Beziehungen zu Angehörigen im Sinn von § 11 Nr. 1 StGB, D XII 107.

114   **Nicht jedes Vertragsverhältnis** begründet die Pflicht, das Leben des Vertragspartners durch finanzielle Opfer gegenüber Erpressern zu retten, und zwar selbst dann nicht, wenn die gemeinsame Anwesenheit des Opfers und der beraubten Person am Ort des Überfalls auf dem Vertragsverhältnis beruht (Martin Klingmüller-Festschrift 283). Wer z. B. als Kunde ein Einzelhandelsgeschäft betritt, wird dadurch nicht verpflichtet, einem Erpresser den Inhalt seiner Brieftasche auszuhändigen, um das Leben des als Geisel bedrohten Geschäftsinhabers zu retten. Im umgekehrten Fall ist auch der Einzelhändler rechtlich nicht gehalten, den Inhalt seiner Kasse zugunsten des bedrohten Opfers herauszugeben, selbst dann nicht, wenn es sich – etwa bei einem Kaufhaus – um hohe Beträge als Kasseninhalt handelt, die auf Erpresser besonderen Anreiz ausüben.

115   **Ausnahmen** bestehen bei *langfristigen Geschäftsbeziehungen* sowie in Fällen, in denen gerettete Opfer mit Sicherheit in der Lage scheint, den zu seinen Gunsten geopferten Betrag nach §§ 683, 670 BGB zu ersetzen. Dieser Anspruch gegen das gerettete Opfer geht nach § 67 VVG auf den Vr des Retters über; will man § 67 VVG auf solche Ansprüche auf Aufwendungsersatz nicht anwenden, so schließt entweder der Anspruch einen Schaden des VN aus, oder der Vr darf die Entschädigung von einer Abtretung des Anspruchs abhängig machen (PM vor § 51 Anm. 5 B a).

116   Eine Besonderheit gilt für **Kunden von Geldinstituten** (Banken, Sparkassen usw.). Das Vorhandensein von Geld und Wertpapieren ist hier, anders als etwa bei einem Kaufhaus, Hauptgegensatnd des Geschäftsbetriebs. Geldinstitute sind daher nach §§ 157, 242 BGB rechtlich verpflichtet, die Folgen des besonderen Anreizes auf Räuber von ihren Kunden fernzuhalten, d. h. von allen Personen, die sich zu geschäftlichen Zwecken während der Geschäftszeit legal in den Räumen des Geldinstituts aufhalten (Martin Klingmüller-Festschrift 284). Das trifft nicht nur auf die Vertragspartner von Geldinstitu-

ten zu, sondern auch auf deren Arbeitnehmer, Bevollmächtigten, Beauftragten oder Boten, vgl. zu einem Parallelproblem D XII 93.

Die **arbeitsrechtliche Fürsorgepflicht** aus Dienstverträgen verpflichtet ebenfalls nicht generell zur Rettung von Angestellten, die als Geiseln bedroht sind, auch dann nicht, wenn es sich um leitende Angestellte oder sogar um Geschäftsführer oder Vorstandsmitglieder handelt, Umsatz und *Vermögenslage* des Arbeitgebers spielen dabei *keine* Rolle. Einen Anspruch auf Auslösung haben nur solche Arbeitnehmer, die gerade durch die Art ihrer Tätigkeit besonders gefährdet sind, im wesentlichen also Kassiere und sonstige in Kassenräumen beschäftigte Personen usw., eventuell auch Kassiere von sonstigen Wirtschaftsunternehmen mit hohen Kassenbeständen, denn auch sie sind durch ihre Tätigkeit einem Risiko ausgesetzt, das über das Risiko durch die bloße Tatsache der Zahlungsfähigkeit und Erpreßbarkeit des Arbeitgebers hinausgeht. **117**

Problematisch ist, ob sich die **Rechtspflicht** von Geldinstituten gegenüber Kunden und von Arbeitgebern gegenüber Kassieren usw. **betragsmäßig** jeweils auf die Summe **beschränkt**, die im Raum des Überfalls gerade verfügbar ist, oder ob sogar zusätzliche Beträge aus anderen Teilen des VOrts oder gar auch von außerhalb (eventuell sogar auf Kredit) herangeschafft werden müssen. Vielleicht liegt die richtige Lösung bei einer „Nachschußpflicht" nur bis zu dem Betrag, der üblicherweise in den Geschäftsräumen des betroffenen Geldinstituts oder im Arbeitsbereich des betroffenen Kassiers vorhanden ist, denn von diesem Betrag hängt das Maß des Anreizes auf potentielle Täter ab. Soweit Beträge über diese Grenze hinaus geopfert werden, entfiele nach dieser Rechtsansicht der VSchutz für den Mehrbetrag schon wegen Vorsatzes; bei Beträgen, die von außerhalb des VOrts kommen, entfällt er außerdem aus den in D XII 14 und 80 dargelegten Gründen. **118**

Werden Geiseln ausgetauscht, so besteht Auslösungspflicht nur, soweit sie mit den **Ersatzgeiseln** oder zu ihren Gunsten ausdrücklich oder stillschweigend *vereinbart* ist. Stillschweigend wird meist vereinbart sein, daß zugunsten der Ersatzgeiseln dieselben Opfer wie zugunsten der ursprünglichen Geiseln zu bringen sind. Verpflichtet sich der VN zugunsten der Ersatzgeiseln im Sinn einer *erweiterten* Auslösungspflicht, so fehlen für den Mehrbetrag die Voraussetzungen des § 63 VVG, so daß der Vr für den Mehrbetrag *nicht* haftet. Sind die Ersatzgeiseln Polizeibeamte, so ist eine stillschweigende Vereinbarung nicht anzunehmen. Vielmehr kann mangels ausdrücklicher Vereinbarung der Dienstherr der Polizeibeamten seine etwaigen Aufwendungen, die er tätigt, um seine Beamten auszulösen, nicht abwälzen, sondern trägt sie selbst. Zahlt der VN (insbesondere ein Geldinstitut) eine nicht vereinbarte Ablösesumme an Erpresser zugunsten von Polizeibeamten als Ersatzgeiseln, so tut er dies darlehensweise oder als Geschäftsführer ohne Auftrag für den Dienstherrn. **119**

Familienrechtliche Beziehungen (D XII 113) des VN begründen ebenfalls eine Rechtspfilcht und schließen versicherungsrechtlich den Vorsatz aus, und zwar sowohl in der Hausrats- wie in der GeschäftsV. Opfert also z. B. ein Einzelhändler, dessen Geschäftseinrichtung und Bargeld nach den AERB, den AERB 87 oder den AEB und SBR versichert sind, den Inhalt der Kasse, um das Leben seiner Frau zu retten, so muß der GeschäftsVr Ersatz leisten. **120**

Soweit nicht der VN, sondern ein Angestellter beraubte Person ist, schließen auch dessen familienrechtliche Verpflichtungen den Vorsatz aus, denn der Arbeitgeber kann von dem Arbeitnehmer weder wegen Vertragsverletzung noch nach §§ 823, 904 Satz 2 BGB Schadensersatz für die geopferten Sachen verlangen; anders liegt es nur, wenn der bedrohte Angehörige durch illegale Anwesenheit, z. B. durch einen verbotenen Privatbesuch, in die Gefahrenlage geraten ist.

121   Danach wird der Vr in der *GeschäftsV* nur relativ *selten* wegen Aufwendungen zugunsten bedrohter Familienangehöriger von Angestellten ersatzpflichtig sein, denn wenn die angedrohte Gewalttat gegen einen Familienangehörigen gerichtet ist, wird es sich meist um eine *Tat* nicht innerhalb, sondern *außerhalb des VOrts* handeln, D XII 46 und 91, zumal die Worte „dazugehöriges Gebäude" gemäß D-Kl 30 Nr. 1 wohl so auszulegen sind, daß zu Wohnzwecken genutzte Gebäudeteile nicht zum VOrt gehören. Auch in §§ 3 Nr. 6 AERB, 4 Nr. 5 AERB 87 (D XII 74) wird man „benutzt" als „gewerblich genutzt" lesen müssen, obwohl das in einem gewissen Gegensatz zu § 1 Nr. 2 b Satz 2 AERB leider nicht ausdrücklich klargestellt ist.

122   Die vorstehend in D XII 114 bis 121 dargelegte Rechtsansicht – nämlich Maßgeblichkeit der bestehenden oder nicht bestehenden Rechtspflicht, das bedrohte Opfer zu retten – wurde auch schon in Martin Klingmüller-Festschrift 282 vertreten. Ollick VerBAV **81**, 38 Fußnote 47 hält die so gezogene Grenze des VSchutzes für zu eng, die Auslegung des Ausschlusses in §§ 61 VVG, 14 Nr. 1 AERB, 14 Nr. 1 AERB 87, 16 AEB, 16 Nr. 1 VHB 74, 9 Nr. 1 a VHB 84 also für zu weit. Er will es für VSchutz genügen lassen, daß es der beraubten Person nicht „*zumutbar*" war, das Opfer *nicht* freizukaufen. Indessen ist dieses Kriterium schwer konkretisierbar; außerdem enthält „Zumutbarkeit" eine subjektive Komponente, die wiederum Nachprüfbarkeit der Frage voraussetzen würde, wie sich der VN oder die beraubte Person verhalten würde, wenn die Sachen nicht versichert gewesen wären. Schließlich veranschlagt Ollick aaO vielleicht auch die in D XII 96 bis 100 dargelegten kriminalpolitischen Bedenken zu gering.

123   Immerhin ist Ollick aaO darin zu folgen, daß der Vorsatz auch dann fehlen kann, wenn die beraubte Person ohne Rechtspflicht Sachen opfert, nämlich dann, wenn sie dabei *ohne Bewußtsein der Rechtswidrigkeit* (Vertragswidrigkeit) handelt, also in einem **Verbotsirrtum** (Palandt-Heinrichs § 276 BGB Anm. 3 b), der allerdings *nicht* seinerseits auf *grober Fahrlässigkeit* beruhen darf (D XII 103, Palandt-Heinrichs § 285 BGB Anm. 2). Berücksichtigt man zugunsten des VN die Möglichkeit des schuldlosen oder nur leicht fahrlässigen Verbotsirrtums, so wird die hier vertretene Ansicht meist zu denselben Ergebnissen führen wie die Ansicht von Ollick aaO. Das Kriterium „grob" ermöglicht auch die von Ollick aaO befürwortete flexible Bewertung, wobei freilich bei beraubten Personen, die berufsmäßig mit hohen Werten umzugehen haben, ein eher strenger Maßstab gelten muß, D XII 39. Der Gedanke an den bestehenden VSchutz als Motiv des Geldopfers begründet jedenfalls keinen Verbotsirrtum.

124   In **§ 16 Nr. 1 VHB 74** fehlt eine Vorschrift, die für Raub in der *HausratV* den Vorsatz der beraubten Person demjenigen des VN gleichstellen würde, vgl. schon D XII 36 und 38. Die Auswirkungen dieser Lücke sind gering,

denn *innerhalb* des VOrts (Privatwohnung) wird die Drohung nur selten an Personen gerichtet, die nicht verpflichtet wären, das (personenverschiedene, aber ebenfalls in der Wohnung anwesende) Opfer zu retten, die also „vorsätzlich" handeln würden. Allenfalls in der *Hausrataußen V* ergibt sich ein gewisser Unterschied gegenüber der GeschäftsV gegen Transportraub, wenn nämlich nicht der VN, sondern eine mit ihm in häuslicher Gemeinschaft (D XII 60) lebende Person zum Schaden des VN beraubt wird. Opfert eine solche Person versicherte Sachen zugunsten eines Unbeteiligten, ohne dazu also rechtlich verpflichtet zu sein, so schließt dieser Vorsatz der beraubten Person, falls sie nicht Repräsentant ist, den VSchutz nach § 6 Nr. 2 Satz 4 VHB 74 nicht aus, vgl. auch D XII 36.

§ 9 Nr. 1 a Halbsatz 2 VHB 84 stellt dagegen übereinstimmend mit den Regelungen für die GeschäftsV Vorsatz und grobe Fahrlässigkeit der beraubten Person denen des VN gleich, D XII 102, soweit dies für beraubte Personen, die nicht zugleich Repräsentant des VN sind, rechtlich zulässig ist, O II 66. **125**

XIII. Räuberischer Diebstahl

1. Versicherte Gefahr in der DiebstahlV ist nicht jeder Diebstahl, sondern **1** nur der *erschwerte Diebstahl,* der die Merkmale der §§ 1 Nr. 2 AEB, AERB, AERB 87, 3 Nr. B 1 VHB 74, 5 Nr. 1 VHB 84 aufweist, D II 1. Auch *Raub* ist eine erschwerte Form des Diebstahls, wird jedoch nicht nur strafrechtlich, D II 20, sondern auch versicherungsrechtlich als Sondertatbestand behandelt, weil erschwerter Diebstahl und Raub entsprechend den praktischen Bedürfnissen nicht immer kombiniert, sondern auch getrennt versichert werden, A III 14, D I 4 und D XII 1. **Räuberischer Diebstahl** ist ein Mittelding zwischen Raub und erschwertem Diebstahl. Mit Raub teilt er die Merkmale der Gewalt oder der Drohung mit Gefahr für Leib oder Leben. Jedoch werden diese Mittel angewendet, nachdem bereits ein Diebstahl stattgefunden hat und strafrechtlich vollendet ist (§ 252 StGB und hierzu Tröndle Anm. 4), sei es beobachtet oder unbeobachtet; die Tatsache der Beobachtung schließt vollendeten Diebstahl begrifflich nicht aus (BGHSt 16, 271).

Versicherungsrechtlich ist räuberischer Diebstahl nur dann als **erschwerter** **2** **Diebstahl** versichert, wenn der Katalog der Voraussetzungen des erschwerten Diebstahls auch räuberischen Diebstahl erwähnt. Dies ist in **§ 1 Nr. 2 d AERB, AERB 87, 5 Nr. 1 d VHB 84** der Fall, in §§ 1 Nr. 1 AEB, 3 Nr. B 1 VHB 74 hingegen nicht der Fall. Weniger eindeutig ist die Rechtslage, wenn nur **Raub** als versicherte Gefahr bezeichnet ist. Für den Raubbegriff ist zu den einzelnen AVB gesondert zu untersuchen, D XIII 4 bis 12, ob räuberischer Diebstahl zur Entschädigungspflicht führt, weil die Merkmale des versicherten Raubes erfüllt sind, wenn auch in zeitlich anderer Reihenfolge, nämlich Wegnahme zeitlich vor der Gewaltanwendung usw.

Gewalt oder Drohung als Merkmale des räuberischen Diebstahls können **3** sich sowohl an einen *einfachen* wie an einen *erschwerten* Diebstahl anschließen. In letzterem Fall stellt sich die Frage des VSchutzes für räuberischen Diebstahl im Rahmen der Diebstahlsdeckung überhaupt nicht, denn mehrfache Entschädigung aus derselben Position kann ganz allgemein nicht deshalb verlangt werden, weil mehrere alternative Voraussetzungen nebeneinander erfüllt sind, vgl. für erschwerten Diebstahl schon D II 6. Im Rahmen der Raubdeckung stellt sich die Frage nur, wenn und soweit *nicht* aus *demselben Vertrag* und (HausratV) aus *derselben Position* wegen des erschwerten Diebstahls Entschädigung geschuldet wird. Bestehen mit demselben oder mit verschiedenen Vr **mehrere Verträge** oder **mehrere Positionen**, D II 26, so ist Entschädigung in den Grenzen des § 59 VVG aus jedem der beiden Verträge zu leisten, möglicherweise also auch in dem Sinn, daß aus der einen Position für den vorausgegangenen erschwerten Diebstahl, aus der anderen Position für den dort vielleicht als Raub mitgedeckten räuberischen Diebstahl gehaftet wird.

4   2. Für die **GeschäftsV** gegen **Raub innerhalb eines Gebäudes** nach den **AEB** und **SBR** in Verbindung mit D-Kl 30 (Geschäftsräume als VOrt) wurde durch BGH VersR 71, 357 = NJW 806 = DB 959 entschieden, daß **räuberischer Diebstahl** als Fall der „Beraubung" mitversichert ist. *Gewalt* oder *Drohung* mit Gefahr für Leib oder Leben führen zu VSchutz also nicht nur dann, wenn sie zwecks Wegnahme, sondern auch dann, wenn sie alsbald *nach Vollendung der Wegnahme* angewendet werden. Zwar ist es nicht ganz zwingend, wenn BGH aaO Entscheidung als Konsequenz aus der Selbständigkeit des versicherungsrechtlichen Raubbegriffes bezeichnet, der schon zum Einschluß der räuberischen Erpressung durch RG VA 22 Nr. 1277 geführt habe. Tatsächlich gibt es einen selbständigen versicherungsrechtlichen Raubbegriff in den AEB und SBR noch nicht, D XII 7; überdies war „räuberische Erpressung" nach den SBR ausdrücklich in den Bereich der versicherten Raubgefahr aufgenommen, was bei räuberischem Diebstahl eher für einen Umkehrschluß und damit gegen VSchutz spricht.

5   Mit Recht verweist der BGH aber auf die Gleichheit der Interessenlage bei Gewalt zwecks und bei Gewalt alsbald nach Wegnahme. Wo der VSchutz nur durch das unklare Wort *„Beraubung"* ohne nähere Definition abgegrenzt ist, wie in § I SBR, darf der VN die als Klammerzusatz beigefügten Merkmale „Gewalt gegen eine Person" und „Drohung mit Gefahr für Leib und Leben" dahin verstehen, daß es keine Rolle spiele, ob die rein gedankliche Zäsur der Vollendung des Diebstahls vor oder nach Einsatz der Mittel des Raubes liegt.

6   Gleichwohl ist nach den AEB und SBR nur ein kleiner Ausschnitt der Fälle des § 252 StGB in der GeschäftsV gegen Raub innerhalb eines Gebäudes gedeckt, denn auch für räuberischen Diebstahl gilt, daß seine Merkmale **innerhalb des VOrts** erfüllt werden müssen, D XII 89. Werden Gewalt oder Drohung erst während einer Verfolgung außerhalb des VOrts verübt, so besteht *kein* VSchutz (BGH aaO für die sog. *„Verfolgungstaten"*).

7   Nach den §§ 1 **Nr. 2 d AERB, AERB 87** ist räuberischer Diebstahl nicht als Fall des Raubes, sondern ausdrücklich (D XIII 2) als erschwerter Diebstahl versichert. In Verträgen, nach denen aufgrund der AERB (§ 1 Nr. 1 Abs. 2) nicht Diebstahl, sondern ausschließlich Raub gedeckt ist, weil der VN „Prämie sparen" will, bleibt räuberischer Diebstahl also ausgeschlossen. Wegen dieses zwingenden Umkehrschlusses läßt sich BGH VersR 71, 357 = NJW 806 = DB 959 nicht auf die AERB und die AERB 87 übertragen. Nach §§ 1 Nr. 2 d AERB, AERB 87 dürfen die Sachen zwar auch durch einfachen Dieb-

stahl weggenommen worden sein, D XIII 3. Jedoch gelten auch für räuberischen als Fall des erschwerten Diebstahls die *Verschlußvorschriften* bezüglich
der weggenommenen Sachen, H III 52. „Mittel gemäß Nr. 3 a oder 3 b" bedeutet entgegen der 2. Aufl. nicht eine Beschränkung auf Gewalt oder Drohung gegen den VN oder eine sonstige Person gemäß D XII 50 bis 56, vgl. D
XIII 14.

Die **GeschäftsV** gegen **Transportraub** schließt räuberischen Diebstahl nicht 8
ein. Die AERB und AERB 87 sagen dies durch den schon erwähnten Gegensatz zwischen § 1 Nr. 2 d und der Raubdefinition (§ 1 Nr. 3). Das gleiche galt
nach der Raubdefinition in D-Kl 28 Nr. 2 zu den AEB und SBR. Hier entfällt
zwar das Argument eines Umkehrschlusses, aber „Widerstand gegen die
Wegnahme" kann begrifflich nur bis zu deren Vollendung verübt werden.
Räuberischer Diebstahl auf Transporten ist ohnehin selten, weil widerstands-
lose Wegnahme und damit vollendeter einfacher Diebstahl kaum vorkommen. Zu denken ist allenfalls an Trickdiebstähle (D XII 27 bis 29, 33 und 41)
mit anschließender Verfolgung, denn unbeobachtete Diebstähle sind hier
kaum möglich und wären meist schon nach §§ 14 Nr. 1 AERB, AERB 87,
II b SBR wegen grober Fahrlässigkeit nicht gedeckt.

Der Ausschluß des räuberischen Diebstahls aus der TransportraubV ist 9
aber praktisch bedeutsam insofern, als die Beschränkung auf Gewalt oder
Drohung innerhalb des VOrts im Rahmen des VSchutzes gegen Raub innerhalb eines Gebäudes (D XIII 6) auch dann gilt, wenn der VVertrag
Transportraub einschließt. Kombinierter VSchutz gegen Raub innerhalb eines Gebäudes und auf Transportwegen führt nicht etwa dazu, daß räuberischer Diebstahl auch dann versichert wäre, wenn die Wegnahme innerhalb
des als VOrt vereinbarten Gebäudes stattgefunden hat, Gewalt oder Drohung
aber erst außerhalb des Gebäudes (jedoch innerhalb der Bundesrepublik als
dem VOrt der TransportraubV) angewendet werden.

3. In der **HausratV** ist zwischen den VHB 74 und den VHB 84 zu unter- 10
scheiden. Nach § 3 **Nr. B 2** VHB 74 ist räuberischer Diebstahl **nicht** versichert,
auch wenn die nachträgliche Gewalt oder Drohung noch innerhalb der Wohnung als VOrt verübt wird. Wegnahme *„unter* Anwendung von Gewalt oder
Drohung" verlangt nämlich Gewalt oder Drohung spätestens gleichzeitig mit
der Wegnahme. Für einen gegenüber dem Strafrecht erweiterten Wegnahmebegriff, der auch einen gewissen Zeitraum nach Vollzug der Wegnahme einschließen würde, fehlt es hier ebenso wie gemäß D XIII 7 in §§ 1 Nr. 3 a
AERB, AERB 87 an einem genügenden Anhaltspunkt; der zitierte Wortlaut
spricht vielmehr gegen VSchutz.

Allerdings ist die Rechtslage nicht ganz zweifelsfrei, weil die VHB 74 den 11
räuberischen Diebstahl auch nicht als versicherten erschwerten Diebstahl einschließen, D XIII 2, so daß eine gewisse Lücke verbleibt, die mit dem Vertragszweck (A V 15) im Sinn von § 9 Abs. 2 Nr. 2 AGBG möglicherweise
nicht vereinbar ist. Bei flüchtiger Lektüre der VHB 74 darf der Leser als
Vertragszweck nicht nur den Schutz gegen Diebstahl- und gegen Raubschäden ansehen, sondern auch den Schutz gegen räuberischen Diebstahl als Mittelding zwischen beiden. Die etwaige Korrektur der primären Risikoabgrenzung wäre rechtlich so zu konstruieren, A V 21, daß der Rechtsbegriff des

Raubes entsprechend weiter und der Nichteinschluß des räuberischen Diebstahls somit als rechtlich unwirksamer Ausschluß verstanden würde.

12   § 5 **Nr. 1d VHB 84** schließt räuberischen Diebstahl ausdrücklich als Unterfall des erschwerten Diebstahls ein.

13   4. Der **Begriff der Gewalt** ist bei räuberischem Diebstahl grundsätzlich derselbe wie bei Raub, vgl. dazu D XII 20 bis 30. Wie bei Raub kommen Schüsse, Schläge, Stöße, Stiche und sonstige Verletzungshandlungen gegen diejenige Person in Betracht, die den Täter beim Abtransport behindern oder ihm die Sachen wieder wegnehmen will. Daneben gibt es allerdings *zusätzliche Erscheinungsformen* von Gewalt, die speziell für die Abwehr von Verfolgern durch fliehende Täter *typisch* sind. Gewalt ist es insbesondere, wenn der Verfolger zu Fall gebracht oder so behindert worden ist, daß er zu Fall gekommen wäre, wenn er seine Laufgeschwindigkeit nicht vermindert hätte. Daß der Verfolger hierbei nicht verletzt wurde oder nicht verletzt worden wäre, spielt ebensowenig eine Rolle wie bei Raub. Es genügt z.B., wenn der Täter, der einige Meter vor seinem Verfolger durch eine Tür läuft, vor diesem die Tür zuschlägt und ihn so zum Abbremsen zwingt.

14   **Adressat der Gewalt** kann bei räuberischem Diebstahl jede Person sein, die den Täter hindern will, die weggenommenen Sachen aus dem Versicherungsort zu entfernen. Die für Raub in den AVB enthaltenen und im Anschluß an D XII 50 behandelten Beschränkungen des Personenkreises gelten mangels einer entsprechenden ausdrücklichen Bestimmung nicht auch für räuberischen Diebstahl. Die Worte „eines der Mittel gemäß ...“ sind nicht genügend deutlich, D XIII 7. Gewalt kann gegen beliebige Personen verübt werden, die erst nach der Wegnahme in den VOrt gelangen, z.B. weil sie durch Geräusche angelockt worden sind. Es braucht sich weder um Familienangehörige noch um Arbeitnehmer des VN zu handeln. In Betracht kommen insbesondere Nachbarn, Passanten, Wachleute oder Polizisten.

XIV. Vertrauensschaden für Transporte durch Angestellte

1   1. Als Annex zur TransportraubV bieten §§ 1 **Nr. 5 AERB, AERB 87** bis zu einer Entschädigungsgrenze von 25 000 DM (§§ 11 Nr. 1b AERB, 12 Nr. 1b AERB 87) VSchutz gegen **Abhandenkommen, Zerstörung oder Beschädigung** durch **beliebige unverschuldete** (D XIV 4) Ursachen. Ein Zusammenhang mit der TransportraubV besteht nur insofern, als das VBedürfnis im allgemeinen bei denselben VN besteht, die sich auch gegen Transportraub versichern wollen. Wer Wertsachen durch Angestellte transportieren läßt, benötigt Schutz eben auch gegen Schäden aus anderen Ursachen als durch Raub. Soweit die genannte Entschädigungsgrenze für den VN ausreicht und soweit Schutz nicht auch gegen Vorsatz oder Fahrlässigkeit der Angestellten benötigt wird, soll der VN durch die AnnexV im Rahmen der TransportraubV der Notwendigkeit enthoben werden, eine gesonderte **VertrauensschadenV** abzuschließen.

2   Versicherungstechnisch handelt es sich aber, wie schon erwähnt, trotz des fehlenden Sachzusammenhangs mit Raub um einen Annex-VSchutz, der hinsichtlich seiner *Voraussetzungen* und *Modalitäten* mit der *TransportraubV* übereinstimmt. Insbesondere gilt die V auf *Erstes Risiko,* §§ 10 Nr. 4a AERB, 11 Nr. 4a AERB 87. Auch müssen – obwohl in §§ 1 Nr. 5 AERB, AERB 87 nicht klar gesagt – die Voraussetzungen der *Boteneigenschaft* (M III 55 und U II 17) gegeben sein, also Vollbesitz körperlicher und geistiger Kräfte sowie ein Alter zwischen 18 und 65 Jahren. Nicht erforderlich ist männliches Geschlecht, denn die Entschädigungsgrenze der AnnexV übersteigt ohnehin nicht die Entschädigungsgrenze für Transportraub an Frauen, U II 20. Entsprechend ihrem wirtschaftlichen Zweck brauchte die AnnexV nur für **Angestellte** als Transportpersonen zu gelten. Die Formulierungen schließen jedoch Beauftragte, die nicht Angestellte sind, als Transportpersonen ein. Trotzdem besteht kein Anlaß, diese Transportpersonen auch als mitversicherte Interesseträger (BGH VersR **72,** 194) anzusehen, so daß der Vr, wenn ausnahmsweise Haftung des Beauftragten auch ohne Verschulden vereinbart ist, gegen den Beauftragten nach § 67 VVG Regreß nehmen kann.

Der VSchutz setzt voraus, daß der VN bei dem Transport **nicht persönlich** 3 **mitwirkt.** Der VN, bei juristischen Personen der oder die Geschäftsführer oder Vorstandsmitglieder (Ollick VerBAV **81,** 38), bei OHG und KG der oder die persönlich haftenden Gesellschafter, dürfen im Zeitpunkt des VFalls weder Allein- noch Mitgewahrsam haben; sie dürfen nur Besitzer gemäß § 855 BGB sein. Hingegen entfällt der VSchutz nicht deshalb, weil etwa der den Transport ausführende Angestellte Repräsentant des VN im Sinn der – hier nicht einschlägigen – Rechtsprechung zu §§ 6, 61 VVG ist.

Jedes Verschulden der Person, die den Transport ausführt, **schließt den** 4 **VSchutz** aus. Bei mehreren Transportpersonen genügt Verschulden einer dieser Personen, auch wenn dadurch ein Diebstahl von Sachen verursacht wird, die eine andere Transportperson in unmittelbarer körperlicher Obhut hat, D XIV 7. Hat ein Verschulden mitgewirkt, so entfällt der VSchutz auch dann, wenn der Angestellte wirtschaftlich nicht in der Lage oder nach den Grundsätzen über die gefahrengeneigte Arbeit nicht einmal verpflichtet ist, den Schaden zu ersetzen. Diese enge Begrenzung der AnnexV ist gerechtfertigt; für alle Verschuldensfälle ist der Abschluß einer VertrauensschadenV möglich und geboten.

2. Die **Tatbestände der AnnexV** sind als Katalog nach dem *Enumerations-* 5 *prinzip* aufgebaut. Der Sache nach handelt es sich aber wegen §§ 1 Nr. 5d AERB, AERB 87 um eine *Generalklausel,* die **Schäden** aus jeder beliebigen Ursache einschließt, die **ohne Verschulden der Transportperson** eingetreten sind. Entgegen der 2. Aufl. kann aus Nr. 5c kein Umkehrschluß dahin gezogen werden, daß **einfacher Diebstahl** nur unter der Voraussetzung unmittelbarer körperlicher Obhut gedeckt wäre, nach Nr. 5d hingegen überhaupt nicht. Ein solcher Umkehrschluß liegt zwar nahe, wäre aber mit § 5 AGBG (Unklarheitenregel) nicht vereinbar, denn er würde sich zum Nachteil des VN auswirken. Daher besteht Deckung für einfachen Diebstahl gegebenenfalls sowohl nach Nr. 5c wie auch nach Nr. 5d.

Der Einschluß von „Betrug" und „Erpressung" geht in seiner praktischen 6 Bedeutung weniger weit, als es zunächst scheint. Gerade bei Betrug wird häufig ein Verschulden der betroffenen Transportperson vorliegen und den VSchutz ausschließen. Anders als bei räuberischer Erpressung im Sinn der

TransportraubV genügt für Erpressung jede Drohung; sie braucht sich nicht gegen Leib oder Leben zu richten. Beispiele: Schultz ZfV 56, 635.

7   **Einfacher Diebstahl** ist der praktisch wichtigste Fall. Allerdings darf auch hier keinerlei Verschulden der transportierenden Angestellten vorliegen, D XIV 4. Nach Nr. 5c der in D XIV 1 zitierten Bestimmungen müssen sich die Sachen außerdem in **unmittelbarer körperlicher Obhut** der Angestellten befinden, die den Transport ausführen, und zwar zur Zeit der Wegnahme durch den Dieb. Der Angestellte muß die Sachen also an, bei oder mit sich tragen. Beförderung in einem Handgepäckstück genügt nur dann, wenn das Gepäckstück seinerseits in der Hand getragen wird. Kein Schutz besteht insbesondere für Sachen, die in einem Fahrzeug außerhalb der getragenen Kleidungsstücke und der unmittelbaren Reichweite des Angestellten abgelegt werden. Wird also der Angestellte abgelenkt, z.B. durch aufgeschlitzte Reifen oder sonstige Verkehrsvorgänge, und werden während dieser Zeit Sachen aus dem Fahrzeug gestohlen, so besteht auch dann kein Schutz, wenn den Angestellten kein Verschulden trifft.

8   Ein vergleichbarer Begriff („in persönlichem Gewahrsam sicher verwahrt mitgeführt") findet sich in § 5 Nr. 1b AVBSP 85 (PM aaO Anm. 3). Anders als dort handelt es sich aber in §§ 1 Nr. 5c AERB, AERB 87 wohl **nicht** um eine **verhüllte Obliegenheit.** Ablage beliebiger versicherter Sachen im Wagen außerhalb der unmittelbaren körperlichen Obhut ist nämlich auch ohne ein Verschulden praktisch so häufig, daß der Ausnahmecharakter des § 15a VVG nicht gewahrt wäre. §§ 1 Nr. 5c AERB, AERB 87 fordern deutlich mehr als nur sorgfältiges Verhalten im Sinn von § 276 BGB. Das spricht gegen verhüllte Obliegenheit, M III 11 und BGH VersR 83, 573.

9   Nr. 5d erfordert **Betreuungsfähigkeit,** und zwar (D XIV 12) im Zeitpunkt des Schadeneintritts. Die Worte „nicht mehr in der Lage, ... zu betreuen" sind sehr unklar. Dies wirkt sich besonders dann aus, wenn man auch *Diebstahl* als Ursache versicherter Schäden gemäß Nr. 5d gelten läßt, D XIV 5. Die Verfasser des Textes wollten VSchutz wohl vor allem dann bieten, wenn der VN wegen körperlicher Verletzung oder wegen dringender anderweitiger Beanspruchung nicht mehr auf die Sachen achten kann, also aus rechtlichen und sonstigen übergeordneten Gründen. Beispiele: Der VN muß Erste Hilfe leisten oder dringend telefonieren usw.

10   Wörtlich verstanden geht der Begriff „nicht mehr in der Lage" aber noch viel weiter. Betreuungsunfähigkeit liegt immer dann vor, wenn wegen der **örtlichen Lage und der Sache** oder wegen der **körperlichen oder psychischen Beschaffenheit der Transportperson** die Betreuung im entscheidenden Zeitpunkt nicht mehr möglich ist. Insbesondere kann eine zu weite räumliche Entfernung der Sache von der Transportperson oder aber jede anderweitige körperliche oder geistige Beeinträchtigung oder Ablenkung der Transportperson einer Betreuung entgegenstehen. Auf die Ursache der zu großen räumlichen Entfernung oder der Ablenkung der Transportperson kommt es nicht an. Die nötige Korrektur muß aus dem Erfordernis der Schuldlosigkeit und aus dem Wort „Schäden" gewonnen werden.

11   Wer sich als Transportperson ablenken läßt, handelt in aller Regel schuldhaft. Das gleiche gilt z.B., wenn die Transportperson Sachen aus dem Fenster eines fahrenden Wagens oder eines fahrenden Zuges oder beim Besteigen

eines Schiffes in ein Gewässer fallen läßt oder wenn sich die Transportperson sonstwie von den zu betreuenden Sachen räumlich zu weit entfernt. Insbesondere bei Trickdiebstählen, gleichgültig, ob sofort oder erst später bemerkt, muß der VN beweisen, daß er ohne Verschulden in die Situation geraten ist, in der er im weitesten Sinn „nicht mehr in der Lage war, die Sachen zu betreuen", vgl. die D XII 26 geschilderten Fälle.

Unter „Schäden", die nach §§ 1 Nr. 5 d AERB, AERB 87 ohne Verschul- 12 den eintreten müssen, sind **Sachschäden** und **Abhandenkommen** zu verstehen. Endet durch Unachtsamkeit der Gewahrsam an einer Sache, so ist schon dies und nicht erst eine danach begangene Fundunterschlagung der VFall, denn abhandengekommen sind die Sachen schon durch den Gewahrsamslust. Für diesen Zeitpunkt und nicht erst mit Bezug auf die spätere Fundunterschlagung ist die Frage zu stellen, ob den VN ein Verschulden trifft. Ollick VerBAV **81,** 39 erwähnt als Beispiel den Fall, daß Sachen bei einem Unfall „aus dem Fahrzeug geschleudert und sofort von Passanten gestohlen werden".

XV. Einfacher Diebstahl als versicherte Gefahr:

1. **Allgemeines:** Von der Regel, daß nur erschwerter Diebstahl versichert ist, 1 D II 1, gibt es in der Geschäfts- wie in der HausratV einige Ausnahmen, und zwar vor allem für Sachen, die wegen ihrer Zweckbestimmung nicht oder nicht immer in einem Raum eines Gebäudes aufbewahrt werden und daher auch oder nur der Gefahr des einfachen Diebstahls ausgesetzt sind. Für diese Fälle wird – stillschweigend (für Automaten in der GeschäftsV) oder ausdrücklich – auch der VOrt erweitert, G III 20 und G V 2. Die Erweiterung wird freilich nur geboten, wo das Risiko des einfachen Diebstahls kalkulierbar und die erforderliche Prämie, sei es als Zusatz- oder als Teil der Grundprämie, tragbar erscheint, Bischoff VerBAV **61,** 261. Durch steigende Kriminalität hat sich die Lage in der **HausratV** in den letzten 30 Jahren allerdings stark verschlechtert, so daß nach den VHB 84 der Einschluß des Fahrraddiebstahls nur noch gemäß Kl 833 sowie gegen Mehrprämie und Schutz gegen Diebstahl von Kfz-Inhalt nur noch durch einige wenige Vr geboten wird, vgl. ergänzend D XV 45 für Kraftfahrzeuginhalt.

In der **GeschäftsV** können nach einer Klausel gemäß VerBAV **88,** 343 Vor- 2 räte gegen einfachen Diebstahl während Verkaufsverhandlungen versichert werden. Die verlangte Anwesenheit von zwei Verkäufern ist verhüllte Obliegenheit. BGH VersR 77, 1143 (Personenzahl bei Raub als Risikoabgrenzung) ist auf die DiebstahlV nicht übertragbar, weil die Anwesenheit von Personen nicht Merkmal der versicherten Gefahr, sondern nur Sicherungsmaßnahme ist.

2. **AutomatenV:** Einfacher Diebstahl von Automaten **innerhalb** der Ge- 3 schäftsräume ist nicht versicherbar, denn außerhalb der Geschäftszeit kann der Täter den Automaten ohnehin nur durch Einbruch in ein Gebäude erreichen. Im Gegenteil schließen §§ 2 Nr. 3 g AERB, 2 Nr. 5 f AERB 87, 2 Nr. 6 f AFB 87, AWB 87, AStB 87 den VSchutz für Automaten samt Inhalt aus; das gleiche gilt nach §§ 3 Nr. 5 AERB, 4 Nr. 5 AERB 87, 4 Nr. 4 AFB 87, AWB 87, AStB 87 für den Bargeldinhalt, H III 21. Die Formulierungen berücksichtigen

nicht, daß der Wareninhalt begrifflich ohnehin nicht Betriebseinrichtung ist; trotzdem ist der Ausschluß wirksam, zumal sonst Streit über das Wertverhältnis zwischen versichertem Wareninhalt und unversichertem Bargeldinhalt drohen würde (Ollick VerBAV 81, 40, Fußnote 80). Der VN mag eine AutomatenspezialV nehmen. Ausnahmsweise mag auch eine **besondere Position** gebildet werden (M I 30 und Ollick aaO Fußnote 148), wie §§ 2 Nr. 5 f AERB 87, 2 Nr. 6 f AFB 87, AWB 87, AStB 87 dies ausdrücklich ermöglichen. Dann kann die erforderliche höhere Prämie besonders kalkuliert und vereinbart werden.

4   Für Automaten **in der Außenwand** des Geschäftsgebäudes, die zwar von innen gefüllt und entleert, durch den Kunden jedoch von außen benutzt werden können, gilt das gleiche. Die Wegnahme ihres Inhalts – ausnahmsweise sogar das Herauslösen des ganzen Automaten – erfolgt begrifflich durch Einbruch in ein Gebäude, D III 18.

5   Automaten samt Inhalt (Ware oder Bargeld), die **an der Außenwand** der Geschäftsräume angebracht oder sonst außerhalb der als VOrt vereinbarten Räume, aber noch innerhalb des zugehörigen Grundstücks (G III 20) aufgestellt werden, sind nach **Kl 4403** gegen einfachen Diebstahl versicherbar, vgl. zur Auslegung im einzelnen Ollick VerBAV 81, 46. Die praktische Bedeutung dieser Möglichkeit ist aber gering. AutomatenV gegen einfachen Diebstahl wird nicht nur nicht in der Pauschaldeklaration der GeschäftsV vorgesehen, sondern sie wird auch einzelvertraglich selten bleiben, weil sie – ebenso wie bei Automaten innerhalb der Geschäftsräume, D XV 4 – einer SpezialV nach den AVB Automaten (Fundstelle vor Anpassung dieser AVB an das AGBG: VerBAV 65, 229) vorbehalten bleiben soll.

6   3. Unter **FahrradV** versteht man primär die KaskoV nach den AFV 86 (VerBAV 86, 484) gegen Sachschäden und gegen Abhandenkommen durch Einbruchdiebstahl, einfachen Diebstahl, Raub, Unterschlagung oder unbefugten Gebrauch. Nach § 1 Abs. 1 AFV 86 werden jedoch nur bestimmt bezeichnete Fahrräder versichert. Demgegenüber bieten **Kl 4401** zur GeschäftsV nach den AERB und AERB 87 sowie § 3 **Nr. B 6 c VHB 74** (Erweiterung durch Klausel: VerBAV 90, 32) und **Kl 833 zu den VHB 84** für die HausratV begrenzten VSchutz auch gegen **einfachen Diebstahl** für alle zur Betriebseinrichtung oder zum Hausrat gehörigen Fahrräder. Wegen der Höhe der Mehrprämie bei Vereinbarung von Kl 833 vgl. VP 87, 166 und Dietz nach § 5 VHB 84 S. 102.

7   **Unberührt** bleibt der VSchutz nach §§ 1 Nr. 2 AERB, AERB 87, 3 Nr. B 1 VHB 74, 5 Nr. 1 VHB 84 gegen **erschwerten Diebstahl**, sei es innerhalb des VOrts oder sei es im Rahmen der HausrataußenV nach §§ 6 Nr. 2 VHB 74, 12 VHB 84. Liegen also nachweislich die Voraussetzungen des VSchutzes gegen erschwerten Diebstahl vor, so kommt es normalerweise nicht darauf an, ob auch die Voraussetzungen von §§ 3 Nr. B 6 c VHB 74 oder von Kl 4401 oder 833 gegeben wären. Auch die Entschädigungsgrenzen bei einfachem Diebstahl (D XV 39) sowie Kl 833 Nr. 4 (verschärfte Beweisanforderungen bei Fehlen gewisser Unterlagen, D XV 33) und Nr. 5 (Dreiwochenfrist für Wiederherbeischaffung, D XV 35) gelten für erschwerten Diebstahl nicht.

Eine Ausnahme von dem Gesagten (daß nämlich die Voraussetzungen von 8
Kl 4401 oder 833 nicht zu prüfen sind) ergibt sich nur, wenn bei einem
größeren HausrataußenVSchaden die Entschädigungsgrenzen gemäß §§ 6
Nr. 2 VHB 74, 12 Nr. 5 VHB 84 überschritten sind. Dann steht der nach § 3
Nr. B 6 c VHB 74 oder Kl 833 versicherte Betrag zusätzlich zur Verfügung
(a. A. Dietz nach § 5 VHB 84 Kl 833 Anm. 5) und zwar auch dann, wenn das
in der Wohnung oder in einem verschlossenen Raum eines Gebäudes abgestellte Fahrrad nicht mit einem Schloß gesichert war oder wenn der Einbruchdiebstahl nachts zwischen 22 Uhr und 6 Uhr stattgefunden hat. Nur
soweit ohne Kl 833 kein VSchutz bestünde, müssen die zusätzlichen Voraussetzungen von Kl 833 erfüllt sein; ebenso wohl Dietz § 5 VHB 84 Kl 833
Anm. 3.2.3. Wäre man anderer Ansicht, so würde es doch jedenfalls in aller
Regel an einem Verschulden des VN fehlen (vgl. näher Martin RuS 88, 185),
wenn er für Fahrräder in verschlossenen Räumen von Gebäuden, die nicht
(nur) gemeinschaftliche Fahrradabstellräume sind, gegen die Obliegenheiten
(D XV 25) von Kl 833 verstößt.

Aus dem Zusammenhang zwischen Kl 833 und dem Schutz gegen er- 9
schwerten Diebstahl nach § 5 Nr. 1 VHB 84 erklärt es sich auch, daß in Kl
833 Nr. 2 b für Fahrräder außer Gebrauch nachts zwischen 22 Uhr und 6 Uhr
lediglich der „gemeinschaftliche Fahrradabstellraum" als versicherte Aufbe-
wahrungsmöglichkeit genannt wird, abweichend von § 3 Nr. B 6 c VHB 84
hingegen nicht mehr der „verschlossene Raum". Soweit nämlich verschlossene Räume in Gebäuden innerhalb oder außerhalb der Wohnung liegen, besteht VSchutz gegen erschwerten Diebstahl ohnehin, mindestens im Rahmen
der AußenV. Gegen einfachen Diebstahl, insbesondere durch Personen, die
einen Schlüssel zu dem Raum besitzen, D XV 19, soll VSchutz nach den VHB
84 und Kl 833 nicht geboten werden.

a) Um **Fahrräder** oder **Bestandteile** von solchen muß es sich handeln. Klapp- 10
räder genügen. Auch ein Tandem genügt, desgleichen ein Fahrrad mit Stütz-
rädern oder ein Dreirad, das z. B. aus Gesundheitsgründen benutzt wird. Sehr
kleine Dreiräder von Kindern, die nur Spielzeugcharakter haben, sind dagegen keine Fahrräder. Hilfsmotore aller Art sind mit dem Begriff „Fahrrad"
unvereinbar.

(Wesentliche und unwesentliche) **Bestandteile** sind nur mitversichert, wenn 11
und solange sie mit dem Fahrrad **verbunden** sind. Erst künftig einzubauende
Reserveteile oder zwecks Reparatur oder Austausches demontierte Teile sind
nicht gegen einfachen, sondern nur als Teil des Hausrats gegen erschwerten
Diebstahl versichert, D XV 7, vgl. auch H II 3 für ausgebaute oder erst
künftig einzubauende Gebäudebestandteile. Mit dem Fahrrad nur **lose** verbundene Sachen sind nur versichert, wenn sie regelmäßig seinem Gebrauch
dienen (also z. B. nicht ein vorübergehend montiertes Radiogerät) und wenn
sie außerdem zusammen mit dem Fahrrad gestohlen werden. Bestandteile, die
der Dieb demontiert, sind nur versichert, wenn sie mit dem Fahrrad nicht nur
lose, sondern **fest** verbunden waren. Beispiele: Ein Dieb montiert Vorderrad,
Kettenschaltung, Laterne, Dynamo, Sattel, Gepäckträger oder Bereifung ab,
also insbesondere die in § 3 Nr. B 6 c VHB 74 und Kl 4401 genannten Gegenstände. Hingegen sind Satteltasche, Werkzeuge, Pumpe und Gepäcktasche

mit dem Fahrrad nur lose verbunden und daher nur bei gleichzeitigem Diebstahl des ganzen Fahrrads versichert, vgl. die ausdrückliche Aufzählung in § 3 Nr. B 6 c VHB 74.

12   Die Worte „für Fahrräder" in Kl 833 Nr. 1 enthalten eine stillschweigende Bezugnahme auf § 1 VHB 84. Es muß sich um Fahrräder handeln, die nicht ausschließlich dem Beruf oder Gewerbe im Sinn von § 1 Nr. 2 d VHB 84 dienen, Dietz nach § 5 VHB 84 Kl 833 Anm. 2.1. Gebrauch auf dem Weg zur Arbeitsstätte ist privater Gebrauch. Die **Eigentumsverhältnisse** an dem Fahrrad sind **unerheblich**. Auch einem Wohngenossen oder Familienangehörigen braucht das Fahrrad nicht notwendig zu gehören, denn der Einschluß fremden Eigentums durch §§ 2 Nr. 2 VHB 74, 1 Nr. 2 VHB 84 gilt auch für einfachen Diebstahl von Fahrrädern. Das Fahrrad kann also z. B. **geliehen** oder **gemietet** sein, und zwar von beliebigen Dritten, z. B. auch von der Bundesbahn an Bahnhöfen. Kurzfristige Leihe, z. B. für die Dauer einer einzigen Fahrt von wenigen Stunden oder Minuten, reicht aus.

13   Das Fahrrad muß aber **zuletzt** dem **Gebrauch durch den VN oder einen Wohngenossen** des VN gedient haben und darf – soweit es sich um fremde Fahrräder handelt – danach noch nicht wieder dem Verleiher oder Vermieter zurückgegeben worden sein. Für Kl 833 läßt sich diese Einschränkung vielleicht aus den Worten „Für Fahrräder ..." in Nr. 1 der Klausel herleiten, wo ein gewisser Bezug zum Hausrat des VN gemäß § 1 VHB 84 hergestellt wird (obwohl auch dort nicht persönlicher Gebrauch verlangt wird). Größere Schwierigkeiten bereitet § 3 Nr. B 6 c VHB 74, wo zu dem Wort „abgestellt" ein Zusatz bezüglich der Person fehlt, die das Rad zuletzt benutzt und dann abgestellt haben muß. Zweifel bestehen für beide Texte letztlich deshalb, weil AVB nicht zum Nachteil des VN über ihren Wortlaut hinaus „ergänzt" werden dürfen. Lehnt man es deshalb ab, den Klauseltext durch ein ungeschriebenes Erfordernis zu ergänzen, so besteht VersSchutz auch für Fahrräder, die der VersNehmer an Personen **vermietet** oder **verliehen** hat, die nicht mit ihm in häuslicher Gemeinschaft leben.

14   Akzeptiert man die einschränkende Auslegung gemäß D XV 13, so muß doch jedenfalls eine Ausnahme für **Fahrräder von Logiergästen oder Tagesbesuchern** im Haus des VN gelten, gleichgültig ob diese Räder dem Gast gehören oder ihm durch Dritte oder auch durch den VN geliehen worden sind. Diese Ausnahme ist schon deshalb geboten, weil es überraschend wäre, wenn speziell für Fahrräder im Gebrauch des Gastes kein Schutz bestünde, obwohl die sonstigen Sachen des Gastes nach § 2 Nr. 2 VHB 74 und § 1 Nr. 2 VHB 84 mitversichert sind. Keinesfalls genügt es aber für Schutz nach Kl 833, daß sich ohne Zusammenhang mit einem Besuch lediglich zufällig einige sonstige Sachen des vom Schaden betroffenen Fahrradeigentümers in der Wohnung des VN befinden oder daß sich der Fahrradeigentümer nur für einige Minuten in der Wohnung aufhält. Nicht versichert ist daher z. B. Diebstahl des Fahrrades des Briefträgers, während dieser in der Wohnung einen Einschreibebrief abliefert (Grenzfall: Handwerker, der in der Wohnung Arbeiten ausführt) oder das Fahrrad des Nachbarn, der sich nicht selbst in der Wohnung aufhält, sondern lediglich dem Sohn des VN zufällig kurz vor dem Diebstahl ein Radiogerät leihweise überbracht hatte, das daher als fremde Sache zum versicherten Hausrat gehört.

b) **VOrt** für Schäden durch einfachen Diebstahl ist nach Kl 4401 Nr. 2 und **15** § 3 Nr. B 6 c VHB 74 die **Bundesrepublik** einschließlich des Landes Berlin. Nach Kl 833 ist einfacher Diebstahl sogar auch im übrigen Europa sowie **weltweit** versichert, denn Kl 833 erweitert nicht nur die versicherten Gefahren auf einfachen Diebstahl, sondern zugleich den VOrt über die vereinbarte Wohnung hinaus, ohne aber die von Ollick VerBAV **84**, 362 und Dietz nach § 5 VHB 84 Kl 833 Anm. 2.3 befürwortete Geltung der Voraussetzungen des § 12 Nr. 1 VHB 84 (Europa im geographischen Sinn; nur vorübergehende Abwesenheit des Fahrrades aus der versicherten Wohnung usw.) genügend deutlich zum Ausdruck zu bringen. Zwar gelten, wie Dietz aaO betont, die VHB 84 ergänzend neben Kl 833; für den VOrt ist Kl 833 aber eine abschließende Sonderregelung, denn der auch in § 12 VHB 84 stillschweigend vorausgesetzte Zusammenhang mit der Wohnung als VOrt ist aufgehoben. Kl 4401 Nr. 2 muß darüber hinaus als Erweiterung auch des VOrts für erschwerten Diebstahl (nicht auch für Feuer usw.) von Fahrrädern im Sinn einer anonymen AußenV für die ganze Bundesrepublik einschließlich des Landes Berlin verstanden werden. Dies ist mit dem Wortlaut von Kl 4401 Nr. 2 bei großzügiger (von Nr. 1 gelöster) Auslegung vereinbar und macht für die Zeit zwischen 22 Uhr und 6 Uhr das Fehlen einer Alternative zur Fortdauer des Gebrauches nach Kl 4401 Nr. 3 verständlich, D XV 17.

An die Stelle der Gebäudegebundenheit des versicherten erschwerten **16** Diebstahls treten bei Fahrraddiebstahl gewisse **Sicherungsvoraussetzungen.** Mindestens muß das Fahrrad durch ein **Schloß** gesichert sein. „Verkehrsüblich" sind sowohl Ketten- wie auch Steckschlösser, obwohl letztere geringeren Schutz bieten, weil der Dieb das Steckschloß relativ leicht abschrauben oder das Fahrrad wegtragen und in einem Kfz abtransportieren kann, ohne die Sicherung gewaltsam überwinden zu müssen.

Zwischen 22 Uhr und 6 Uhr muß sich das Fahrrad darüber hinaus „in Gebrauch" befinden (Begriff: D XV 18). An die Stelle des Gebrauchs kann nach § 3 Nr. B 6 c VHB 74 die Unterbringung in einem verschlossenen Raum, nach Kl 833 Nr. 1 b die Unterbringung in einem gemeinschaftlichen Fahrradabstellraum treten (Begriffe: D XV 19 und 20). Kl 4401 bietet für Geschäftsfahrräder eine solche Alternative nicht. Eine weitere Alternative, die auch zwischen 22 Uhr und 6 Uhr zu (gegebenenfalls: Außen-)VSchutz führt, ist freilich in jedem Fall die Unterbringung in einem verschlossenen Raum eines Gebäudes; dies gilt, und zwar auch außerhalb des vereinbarten VOrts, D XV 15, auch nach den AERB für Geschäftsfahrräder. Allerdings führt diese Alternative nur zum Schutz für erschwerten, D XV 7, nicht auch für einfachen Diebstahl.

In Gebrauch ist ein Fahrrad nicht nur, während es bewegt wird, denn sonst **18** wäre kein Diebstahl, sondern nur Raub möglich. Nach dem Sinn der Vorschrift endet der Gebrauch erst, wenn oder sobald der Benutzer es wegen Alkoholisierung nicht mehr benutzen kann oder darf oder aus sonstigen Gründen beschließt, es vor der nächsten Nachtruhe nicht mehr zu fahren, vgl. (meist zugleich für den Gebrauch des Kfz gemäß § 3 Nr. B 5 VHB 74) VW **58**, 686, Bischoff VerBAV **61**, 262, Knoerrich-Dreger VerBAV **66**, 179, Ollick VerBAV **81**, 46, E. Prölss 183, VerBAV **64**, 130. Ein Grenzfall ist etwa das Abstellen des Fahrrades für die Dauer eines Tanzcafebesuchs von 19 Uhr

45 bis 3 Uhr 30 oder gar für eine ganze Nacht während der achtstündigen Nachtschicht des Benutzers; gegen VSchutz hier Schmidt RuS 75, 194.

19   Um einen **verschlossenen Raum** im Sinn von § 3 Nr. B 6c VHB 74 handelt es sich auch dann, wenn neben dem VN noch weitere Personen einen Schlüssel besitzen (ebenso AG Kiel VersR 84, 929 und Schriftleitung RuS 75, 44, 86, 43, falls der VN beweist, daß kein berechtigter Schlüsselbesitzer als Dieb in Betracht kommt; abweichend AG Köln RuS 79, 240 und ZfS 84, 121, AG Hannover RuS 84, 130, AG Trier RuS 86, 43 sowie GB 73, 54 = RuS 75, 44). VSchutz besteht also auch gegen einfachen Diebstahl durch berechtigte Mitbenutzer des verschlossenen Raumes (anders noch PM § 3 VHB 74 Anm. 3, AG Kiel VersR 84, 929, AG Charlottenburg ZfS 87, 288). Die Ausdehnung des Schutzes auf unverschlossene Abstellräume in Kl 833 Nr. 1b bestätigt indirekt diese Auslegung schon für die VHB 74. In Betracht kommen vor allem verschlossene Sammelgaragen, verschlossene Fahrradabstellräume oder Hausflure (anders möglicherweise AG Bremen VersR 83, 333, aber nur Leitsatz) sowie entgegen AG Marburg VersR 81, 614 auch verschlossene Hofräume, denn ein Raum eines *Gebäudes* oder ein umschlossener Raum wird *nicht* gefordert.

20   „Gemeinschaftliche" **Fahrradabstellräume** gibt es begrifflich nur in Mehrfamilienhäusern, denn gedacht ist offensichtlich nicht an „Gemeinschaft" mit Wohngenossen derselben Wohnung, sondern mit Bewohnern anderer Wohnungen. Es hätte daher nahegelegen, diese Alternative in **Kl 833 Nr. 1b** nach dem Vorbild von §§ 1 Nr. 2b, 2 Nr. 1f, 7 Nr. 2 VHB 84 auf Mieter als VN und auf Abstellräume in demjenigen Gebäude zu beschränken, in dem auch die Wohnung liegt. Dies ist jedoch nicht geschehen. Auch braucht der Raum weder verschlossen noch allseitig umschlossen zu sein; nur müssen sich nach dem Wortlaut „gemeinschaftlich" zur Zeit der Tat oder wenigstens üblicherweise dort auch noch weitere Fahrräder befinden.

21   Angesichts dieser geringen Anforderungen fragt es sich, ob nicht auch überdachte Fahrradabstellen bei Bahnhöfen, Schwimmbädern, Friedhöfen, Schulen, Geschäften, Behörden, Arbeits- und Gaststätten oder Jugendherbergen genügen, mag es sich auch nicht oder nur in einem sehr weiten Sinn (man denke an „Hofräume", die AG Koblenz RuS 86, 160 genügen läßt und nur die Frage des Schlüsselbesitzes gemäß D XV 19 diskutiert) um „Räume" handeln. Dietz nach § 5 VHB 84 Kl 833 Anm. 3.2.3 will die Frage verneinen. Falls die Sicherheitsvoraussetzungen der Deckung von einfachem Diebstahl während der Nacht Obliegenheiten sind, fragt es sich ferner, ob deren Verletzung nicht wenigstens dann generell entschuldigt ist, wenn die tatsächlich gewählte (insbesondere: verschlossene) Abstelle einen *höheren* Sicherheitsgrad aufweist als der in Kl 833 Nr. 1b genannte Fahrradabstellraum, der Schaden aber gleichwohl durch einfachen Diebstahl eintritt (insbesondere durch einen Mitbenutzer des Raumes; praktisch freilich selten), vgl. D XV 28.

22   c) Was die **Rechtsnatur** der Sicherheitsvoraussetzungen des VSchutzes gegen einfachen Diebstahl betrifft, so ist jedenfalls die Sicherung durch ein **Schloß** eine **verhüllte Obliegenheit**, vgl. VW 59, 420 (Verband der Sachversicherer). Wenn der Vr Entschädigung mangels Schloßsicherung ablehnt, muß

er also gemäß § 6 Abs. 1 Satz 3 VVG kündigen. Ein Entschuldigungsbeweis für den VN kommt hingegen kaum je in Betracht, denn der VN muß für das Vorhandensein eines funktionsfähigen Schlosses stets vorsorgen. Für eine etwa behauptete überraschende Funktionsunfähigkeit des Schlosses spricht selbstverständlich kein erster Anschein. Wegen der Beweislast für das Vorhandensein und den Gebrauch des Schlosses sowie für die übrigen Sicherheitsvoraussetzungen vgl. D XV 29ff.

In D XV 23 der 2. Aufl. wurde angenommen, Gebrauch des Fahrrades sei **23** keinesfalls **verhüllte Obliegenheit.** Dies läßt sich nach BGH VersR 86, 781 zu 5. AVBSP 76 (ValorenV für Schmuck und Pelze im Privatbesitz) nicht mehr aufrechterhalten. Dort werden mit Recht die gleichrangigen Deckungsvoraussetzungen der sicheren Aufbewahrung oder aber des Tragens von Schmuck hinsichtlich ihrer Rechtsnatur gleichbehandelt; ebenso LG Essen NJW-RR 90, 529. Auch Dietz nach § 5 VHB 84 Kl. 833 Anm. 3.2.3 plädiert – allerdings mit entgegengesetztem Gesamtergebnis – aus logischen Gründen für *gleiche* Rechtsnatur bei gleichrangigen Deckungsvoraussetzungen. **Gebrauch** des Fahrrades als Inhalt einer Obliegenheit ist nicht so widersinnig, wie es auf den ersten Blick den Anschein hat, denn verlangt wird vom VN nicht schlechthin der Gebrauch, sondern nur der Gebrauch **oder** (!) die **Abstellung** (mindestens) in einem gemeinschaftlichen Abstellraum.

Sowohl nach Kl. 4401 wie auch nach Kl 833 muß daher den Vr gemäß § 6 **24** Abs. 1 Satz 3 VVG kündigen, wenn er einwenden will, das Fahrrad sei nachts gestohlen worden und habe sich außer Gebrauch sowie außerhalb eines Abstellraumes befunden. Ferner stehen dem VN der Entschuldigungsbeweis (D XV 27) und der **Kausalitätsgegenbeweis** offen. Letzteren wird der VN freilich **kaum je** führen können, denn es wird sich nie feststellen lassen, daß das Fahrrad auch an einem anderen Ort gestohlen worden wäre, an dem es sich bei weiterem Gebrauch oder nach Verbringen in einen sicheren Abstellraum befunden hätte.

Die Rechtsprechung zu § 3 Nr. B 5 VHB 74 (Kfz-Einbruch, D XV 52; **25** Zusammenstellung: RuS 86, 160) hatte allerdings ganz überwiegend objektive Risikoabgrenzung bejaht, vermutlich und größtenteils unausgesprochen deshalb, weil man nicht nur Gebrauch und Aufbewahrung, sondern auch den Diebstahlszeitpunkt (vor oder nach 22 Uhr usw.) als gleichrangige Deckungsvoraussetzungen angesehen hatte, vgl. in diesem Sinn jetzt ausdrücklich Dietz aaO. Tatsächlich sind nur Gebrauch und Aufbewahrung als Verhaltensalternativen gleichrangige Voraussetzungen, nicht aber auch der **Zeitraum zwischen 22 Uhr und 6 Uhr.** Letzterer sagt nur, wann die Verhaltensobliegenheiten des VN entstanden und wieder erloschen sind. Für verhüllte Obliegenheit hatten sich zu § 3 Nr. B 5 VHB 74 AG Köln ZfS 86, 26 und AG Köln VersR 88, 76 ausgesprochen.

Für die Praxis erträglich ist die Behandlung von Gebrauch und sicherem **26** Abstellen als verhüllte Obliegenheiten jedenfalls dann, wenn man mit der h.M. dem VN die Beweislast dafür aufbürdet, daß der Schaden nicht nachts zwischen 22 Uhr und 6 Uhr eingetreten ist. Leicht begründen läßt sich dies, und zwar durch Umkehrschluß aus § 6 Abs. 2 VVG (vgl. 2. Aufl. D XV 27 und PM § 5 AVBR 80 Anm. 1 D b), wenn lediglich zweifelhaft ist, ob das Fahrrad vor oder nach 6 Uhr morgens gestohlen wurde.

27   Schwierigkeiten entstehen aber, wenn (auch oder nur) darüber gestritten wird, ob der Schaden abends vor oder nach 22 Uhr eingetreten ist. Müßte man diese Zweifel nämlich als Zweifel darüber einstufen, ob die Obliegenheit (nämlich das Fahrrad zu gebrauchen oder sicherer abzustellen) überhaupt entstanden ist, so trüge nach allgemeinen Regeln der Vr die Beweislast. Praktikabel ist aber nur eine Beweislast des Vr, vgl. D XV 31. Der VN darf sich bei Überschreiten der Zeitgrenze um 22 Uhr nicht darauf berufen können, ihm oblägen möglicherweise (!) schon deshalb keine Sicherungsvorkehrungen mehr, weil das Fahrrad möglicherweise (!) bereits gestohlen sei.

28   Den **Entschuldigungsbeweis** gemäß § 6 Abs. 1 VVG oder gar (D XV 24) den Kausalitätsgegenbeweis des § 6 Abs. 2 VVG wird ein VN, der das Fahrrad nachts nicht pflichtgemäß unterstellt, in der Regel nicht führen können. Es entschuldigt ihn nicht, wenn er keinen geschlossenen Raum oder keine gemeinschaftliche Fahrradeinstelle zur Verfügung hat, denn er muß entsprechend vorsorgen, wenn er mit dem Fahrrad reist und es nachts außer Gebrauch nehmen will. Außerdem bleibt ihm die Möglichkeit, das Rad in einem verschlossenen Raum eines Gebäudes unterzubringen, mag dies auch nicht die Erfüllung, sondern „nur" den Wegfall der Obliegenheit bewirken, D XV 17.

29   **Gleichwertigkeit** des tatsächlich geübten mit dem vorgeschriebenen Verhalten **entschuldigt** für sich allein **nicht** und begründet keine schuldlose Unkenntnis der Rechtswidrigkeit, M II 18 sowie PM § 6 VVG Anm. 13 und § 5 AVBSP 85 Anm. 1 E. Es genügt also nicht, wenn der VN das im Freien abgestellte Rad „gut versteckt" oder an einem besonders „harmlosen Ort" oder etwa in einer Hotel-Kfz-Sammelgarage abstellt. Nur eine im Verhältnis zur geforderten Unterbringung eindeutig **bessere** Unterbringung kann **entschuldigen**, D XV 21, z.B. im Fall von Kl 833 Nr. 1 b die Unterbringung in einer verschlossenen Einzelgarage eines Privathauses oder eines Hotels, zu der aber mehrere Personen Schlüssel haben, so daß am nächsten Morgen neben der Möglichkeit eines Nachschlüsseldiebstahls einfacher Diebstahl durch einen Schlüsselbesitzer nicht auszuschließen ist. Gewisse Schwierigkeiten entstehen durch die Unschärfe des Begriffes „gemeinschaftlicher Fahrradabstellraum", vgl. D XV 20.

30   d) Die **Beweislast** für die Sicherheitsvoraussetzungen des VSchutzes gegen einfachen Diebstahl von Fahrrädern **trägt der VN**, weil es sich um Obliegenheiten handelt, die auf ein ganz bestimmtes Tun gerichtet sind, D XV 31 sowie allgemein M II 13, PM § 49 VVG Anm. 3 d. Dies gilt sowohl für die Schloßsicherung wie für den Gebrauch oder das sichere Abstellen des Rades zwischen 22 Uhr und 6 Uhr. Nähme man *objektive Risikoabgrenzung* an, so verstünde sich die Beweislast des VN ohnehin von selbst, und zwar, falls das Fahrrad vor oder nach 22 Uhr oder vor oder nach 6 Uhr gestohlen worden sein kann, auch für den Zeitpunkt des Schadeneintritts.

31   Die gegenteilige Ansicht von LG München I VersR 83, 923 = NJW 1685 mit abl. Anm. Sblowski ZfV 84, 255 ist vereinzelt geblieben. Die Beweislast des VN höhlt den VSchutz nicht etwa entgegen §§ 3, 9 Abs. 2 Nr. 2 AGBG aus, sondern sie beschränkt ihn auf die Fälle, in denen der VN das Fahrrad erst nach 6 Uhr morgens im Freien abstellt oder es um 22 Uhr von dort entfernt. Handelt er anders, so entfällt der VSchutz letztlich nicht wegen

unzumutbarer Beweisnot des VN, sondern deshalb, weil er die Möglichkeit eines Diebstahls morgens vor 6 Uhr oder abends nach 22 Uhr durch sein Verhalten in Kauf genommen hat. Wer dies tut, muß sich so behandeln lassen, als wäre der Diebstahl tatsächlich zur Nachtzeit erfolgt, mag dies auch nicht ganz sicher feststehen. Überwiegend wahrscheinlich ist in solchen Fällen ohnehin ein Diebstahl zwischen 22 Uhr und 6 Uhr, denn Fahrräder werden weit überwiegend während der Zeit mit besonders geringem Passantenverkehr gestohlen.

Betrachtet man die Sicherheitsvoraussetzungen als *verhüllte Obliegenhei-* 32 *ten*, so sind sie auf ein ganz bestimmtes positives Tun des VN gerichtet, nämlich auf Schloßsicherung und auf Unterbringung des Rades in einem verschlossenen Raum zwischen 22 Uhr und 6 Uhr. Dann aber trägt der VN die Beweislast für die Erfüllung, vgl. M II 13 sowie PM § 49 Anm. 3 d und zu der nahezu gleichlautenden Regelung für Reisegepäck in § 5 Nr. 1 AVBR 80 LG Stade VersR 88, 712. Hierbei darf nicht unterschieden werden, ob sich die Zweifel über den Diebstahlszeitpunkt auf die Zeitgrenze bei abends 22 Uhr oder auf die Zeitgrenze bei morgens 6 Uhr beziehen, vgl schon oben D XV 27. Allerdings liefert bezüglich der Zeitgrenze morgens um 6 Uhr § 6 Abs. 2 VVG ein zwingendes Argument, während bezüglich der Zeitgrenze abends um 22 Uhr die Zweifel einen durch den Vr zu beweisenden Punkt zu betreffen scheinen, nämlich die Entstehung der Obliegenheit.

Die **Beweislast** des VN erstreckt sich auch auf das **Abhandenkommen** (B 33 II 11) durch Diebstahl, D II 7. **Kl 833 Nr. 4** verschärft die Beweisanforderungen, denn der VN soll **Unterlagen über den Hersteller, die Marke und die Rahmennummer** des Fahrrades beschaffen. Ohne solche Unterlagen soll er Entschädigung nur verlangen können, wenn er die genannten Merkmale anderweitig nachweisen kann. **Kl 4401 Nr. 6** hat diese Regelung, die in Kl 481 noch nicht enthalten war, auch für Geschäftsfahrräder übernommen.

Es handelt sich begrifflich nicht um Obliegenheiten, die in erster Linie vor 34 (!) dem VFall zu erfüllen wären, sondern nur um eine Regelung des Schadennachweises, vgl. M I 3 sowie Hamm VersR 83, 1145 zu einem Parallelfall aus der Kfz-InhaltsV. Bei „Verstößen" entfällt nicht stets die Entschädigung. Jedoch gelten dann schärfere Anforderungen an den Nachweis für den unfreiwilligen Besitzverlust und für den Wert des Fahrrades, Engels VP 80, 57, Großer VP 80, 169 zu § 2 Nr. 3 Abs. 4 AEB. Für diese Auslegung spricht schon, daß auch die Rahmennummer urkundlich nachgewiesen werden soll, obwohl doch von ihr die Schadenhöhe keinesfalls abhängen kann. Weiter relativiert wird die Vorschrift durch den Umstand, daß auch und gerade derjenige VN, der einen Diebstahl vortäuscht, durchaus die nötigen Unterlagen aufbewahrt haben und vorlegen kann. Zweck von Kl 833 Nr. 4 ist es in erster Linie, bei wirklichen (also nicht vorgetäuschten) Diebstählen die Fahndung zu erleichtern und sicherzustellen, daß wiederherbeigeschaffte Fahrräder auch tatsächlich an den VN zurückgelangen und der Vr hiervon erfährt. Immerhin werden nämlich alljährlich viele Tausende von Fahrrädern öffentlich versteigert, darunter viele solche, die zunächst gestohlen oder unbefugt in Gebrauch genommen worden waren, später aber durch den Täter irgendwo zurückgelassen und durch die Polizei aufgefunden wurden.

35   Folgerichtig machen Kl 4401 Nr. 6 und Kl 833 Nr. 5 die Entschädigung davon abhängig, daß das **Fahrrad nicht innerhalb von drei Wochen wiederherbeigeschafft** wird und der VN dies beweist, D XV 37. Die zitierten Bestimmungen qualifizieren die Beweisführung als Obliegenheit im Sinn von § 6 Abs. 3 VVG. Unabhängig von den dort vorausgesetzten Schuldformen des Vorsatzes oder der groben Fahrlässigkeit machen Kl 4401 Nr. 6 und Kl 833 Nr. 5 eine zeitlich begrenzte Ausnahme von dem Grundsatz, daß wiederherbeigeschaffte Sachen die einmal eingetretene Entschädigungspflicht nicht beseitigen (B II 17 sowie Z I 10 und 12). Unberührt bleibt jedoch die aaO ebenfalls festgelegte Obliegenheit, den Diebstahl unverzüglich und schon zu Beginn jener drei Wochen der Polizeibehörde (und dem Vr, § 21 Nr. 1 a VHB 84) anzuzeigen, vgl. X II 63.

36   Verbal stehen in Kl 4401 Nr. 6 und Kl 833 Nr. 5 nicht der Aufschub der Fälligkeit für die Dauer der Dreiwochenfrist und der Wegfall der Entschädigung für den Fall der Wiederherbeischaffung innerhalb der Frist im Vordergrund, sondern die Leistungsfreiheit des Vr nach § 6 Abs. 3 VVG, falls der VN nicht den verlangten Nachweis erbringt. Praktisch tritt solche Leistungsfreiheit allerdings nur dann ein, wenn der VN den Nachweis endgültig verweigert. Da nämlich keine Frist vorgesehen ist und das Wort „unverzüglich" sich schon sprachlich nur auf den ersten Teil des Satzes bezieht, kann der VN den Nachweis jederzeit nachholen. Der Vr hat lediglich ein **Leistungsverweigerungsrecht bis zur Vorlage des Nachweises.**

37   Normalerweise hat der Vr zu beweisen, daß Sachen wieder herbeigeschafft wurden, wenn er die Entschädigung verweigern, kürzen oder zurückfordern will, vgl. Abschnitte Z I und Z II. Diese **Beweislast** wird durch Kl 4401 Nr. 6 und Kl 833 Nr. 5 **auf den VN verlagert.** Am sichersten ist der Beweis geführt, wenn die für den Ort des Diebstahls und dessen nähere Umgebung zuständigen Fundämter sowie die zuständige Polizeibehörde Bestätigungen erteilt haben, und zwar einige Tage nach Ende der Dreiwochenfrist, damit ein etwaiger Fahndungserfolg am letzten Tag der Frist noch erfaßt sein könnte. Je nach der Bescheinigungspraxis der genannten Behörden sowie je nach dem System der gegenseitigen Information zwischen jenen Behörden kann auch eine einzige Bescheinigung genügen. Die Kosten trägt der Vr als Rettungskosten, W II 46 und Dietz nach § 5 VHB 84 Kl 833 Anm. 7.

38   Die **Dreiwochenfrist** läuft nach dem Wortlaut von Kl 833 Nr. 5 und Kl 4401 nicht ab Schadeneintritt, sondern ab Anzeige des Schadens. Soweit die Schadenanzeige vorsätzlich oder grob fahrlässig verzögert wurde, bestehen gegen den Aufschub des Fristbeginns keine Bedenken. Soweit der VN schuldlos oder nur leicht fahrlässig gehandelt hat, bedeutet hingegen der aufgeschobene Fristbeginn eine mit §§ 15 a, 6 Abs. 3 VVG nicht zu vereinbarende Rechtsfolge einer Obliegenheitsverletzung, vgl. ausführlich B II 14 bis 16. Man kann hiergegen nicht einwenden, der Vr müsse stets die „Chance" einer von der Entschädigungspflicht befreienden Wiederherbeischaffung haben, oder er habe die Frist von drei Wochen auch von vornherein z. B. auf sechs Wochen festsetzen können. Letzteres mag in gewissen Grenzen zutreffen. Aber gegen § 15 a VVG kann ganz allgemein nicht argumentiert werden, der VVertrag habe auch überhaupt nicht oder mit anderem Inhalt geschlossen werden können.

e) Eine **Entschädigungsgrenze** je VFall gilt bei Fahrradschäden durch einfa- 39
chen (D XV 7) Diebstahl, und zwar nach Kl 4401 Nr. 5 und § 3 Nr. B 6 c
VHB 74 in Höhe von 500 DM, nach Kl 833 Nr. 3 in Höhe von 1% oder eines
vereinbarten höheren Prozentsatzes der VSumme. Eine Erhöhung der Entschädigungsgrenze nach den VHB 74 ist durch Klausel gemäß VerBAV 90, 32
möglich. Berechnungsgrundlage ist die nach § 16 Nr. 1b VHB 84 um einen
Vorsorgebetrag von 10% erhöhte sowie gegebenenfalls die nach § 16 Nr. 1a
VHB 84 angepaßte VSumme. Für spätere VFälle steht die Entschädigungsgrenze jeweils wieder neu zur Verfügung. Dies folgt auch für Kl 833 nicht
erst aus dem Ausschluß von § 95 VVG durch § 27 VHB 84, sondern schon
daraus, daß es sich **nicht** um eine VSumme für eine **gesonderte Position**, sondern lediglich um eine Entschädigungsgrenze handelt. Ebenso wie im Fall
von § 3 Nr. B 6 c VHB 74 (Kfz-Einbruch; D XV 58) ist die Entschädigungsgrenze erst nach Anwendung der UnterVRegel anzuwenden, U I 9.

Je VFall gilt die Entschädigungsgrenze, also nicht etwa je gestohlenes Fahr- 40
rad. Das ist in Kl 4401 Nr. 5 und Kl 833 Nr. 3 ausdrücklich gesagt, ergibt sich
aber bei richtiger Auslegung auch aus § 3 Nr. B 6 c VHB 74 („einzelner Schadenfall"). Der Möglichkeit des Verlustes mehrerer Fahrräder durch ein und
denselben VFall müssen der VN und seine Familienmitglieder nach dieser
Auslegung durch räumlich deutlich getrenntes Abstellen der Fahrräder (z.B.
vor Gaststätten, Bahnhöfen, Schwimmbädern usw.) vorbeugen. Allerdings
muß der Vr die Identität des VFalls beweisen, weil die Entschädigungsgrenze
eine Ausnahme gegenüber § 5 Nr. 1 a VHB 74 darstellt. Ein Anscheinsbeweis
spricht für den Vr vor allem bei besonders kurzen Zeiträumen zwischen dem
Abstellen der Räder und der Schadenfeststellung, dagegen nicht schon bei
Sicherung mehrerer Räder durch ein gemeinsames Kettenschloß, denn nach
dem Erbrechen der Sicherung und dem Diebstahl des ersten Fahrrades kann
das nunmehr ungesicherte andere Fahrrad besonders leicht auch durch einen
anderen Dieb gestohlen worden sein.

4. Garteninventar und Wäsche sind nach § 3 Nr. B 6 a und b VHB 74 eben- 41
falls bis zu einer Entschädigungsgrenze von 500 DM gegen einfachen Diebstahl versichert, aber nicht innerhalb der ganzen Bundesrepublik, sondern
nur innerhalb des eingefriedeten Grundstücks, auf dem die als VOrt vereinbarte Wohnung liegt, also in den zugehörigen Gärten, Hofräumen usw. „Ein-
friedung" setzt ein Mindestmaß an Hindernissen gegen das Eindringen Unbefugter voraus, AG Pirmasens Vers R 87, 806. Wegen der Eigentumsverhältnisse und der Zugehörigkeit zum Hausrat gilt das gleiche wie für Fahrräder,
D XV 12 bis 14. Die **VHB 84** enthalten eine Erweiterung auf einfachen Diebstahl von Garteninventar und Wäsche nicht mehr. Jedoch ist ein Einschluß
durch Klausel VerBAV 90, 32 möglich.

Gartenmöbel sind nicht nur Möbel, die durch ihre Konstruktion und Eigen- 42
schaften für den Garten bestimmt sind (Zavelberg RuS 78, 240; wohl auch bei
Mülltonnen zu bejahen), sondern auch solche (zweifelhaft, enger noch PM
23. Aufl. § 3 VHB 74 Anm. 3), die der VN nachweislich für die Dauer oder
wenigstens für eine Saison zum Gebrauch im Garten bestimmt hat; einmaliger Gebrauch im Garten genügt aber nicht. *Beweglichkeit* ist erforderlich.
Daher scheiden festmontierte Wetterstationen (AG Neuburg VersR 81, 247),

Lampen, Windräder, Wetterhähne, Antennen usw. aus; vgl. aber auch §§ 6 Nr. 1 Satz 2 VHB 74 und G IV 20 wegen Feuer- und Sturmschäden an Antennen. Ansonsten ist *Vergleichbarkeit mit „Möbeln"* nicht nötig; versichert sind vielmehr z. B. auch Gartenschachfiguren, sonstiges Spielzeug zum Gebrauch im Freien, Schwimmbecken oder Sandkästen aus Kunststoff, bewegliche Blumengefäße, Wäschespinnen (zu Unrecht verneinend AG Leverkusen RuS 83, 240) usw.

43 **Gartengeräte** sind zunächst Geräte, die durch ihre Konstruktion und Eigenschaften für die Gartenarbeit bestimmt sind (z. B. Spaten), darüber hinaus alle Sachen, die der VN für die Dauer oder wenigstens für eine Saison zum regelmäßigen (gelegentlicher Gebrauch im Garten genügt nicht, denn sonst wären Werkzeuge und Geräte nahezu aller Art Gartengeräte, vgl. hiergegen AG Aachen ZfS 86, 284) Gebrauch im Garten bestimmt hat, z. B. Besen, Hammer, Schaufel oder Arbeitskleidung. Als Gebrauch im Garten genügen auch Sport und Spiel (Schaukel usw.) oder Zierzwecke (Gartenzwerge, Glaskugeln). Geschirr, Besteck, Holzkohlegrills usw. sind dagegen **weder** Gartenmöbel **noch** Gartengeräte. Die Lücke wird jedoch dadurch kompensiert, daß Gartenhäuschen nach § 10 Nr. 2 Satz 2 VHB 84 und auch schon nach § 6 Nr. 1 VHB 74 (G IV 27) als Teil der Wohnung anzusehen sind, so daß VSchutz jedenfalls gegen erschwerten Diebstahl für alle Sachen besteht, die in einem verschlossenen Gartenhäuschen aufbewahrt werden. – VSchutz gegen einfachen Diebstahl besteht nur, wenn das *Grundstück allseitig umfriedet* ist; Verschluß der Gartentür ist nicht erforderlich, kann aber für die Frage der groben Fahrlässigkeit (§ 16 Nr. 1 VHB 74) eine Rolle spielen. Natürliche Begrenzungen genügen, so z. B. stehende oder fließende Gewässer, Bahngeleise, Nachbargebäude usw.

44 **Wäsche** sind alle Textilien aus Natur- oder Kunstfaser, die waschbar sind (AG Göttingen VersR 89, 741; teilweise abweichend AG Wiesbaden VersR 60, 73, Endermann VP 70, 141); zu verneinen ist dies z. B. bei einem Jagdrock (AG Neunkirchen VersR 77, 442). Die Gebrauchsform (Hautnähe während des Tragens) ist entgegen AG Kirchhain VersR 83, 359 nicht entscheidend. Gummischürzen sind keine Textilien und daher nicht Wäsche, sondern allenfalls Gartengeräte im Sinn von D XV 43. Die Wäsche muß sich zum Zweck des Trocknens außerhalb der Wohnung befinden. Ob sie im Zeitpunkt des Diebstahls bereits trocken war, ist unerheblich. „Tagsüber" bedeutet nicht zwischen 6 und 22 Uhr, sondern zwischen Sonnenaufgang und -untergang, vgl. D VII 2.

45 **5. Kfz-Inhalt** ist seit 1961 im Rahmen der HausratV gegen *einfachen Diebstahl* durch *Kfz-Einbruch* versichert, allerdings nur innerhalb der Bundesrepublik und entgegen AG Freiburg BB 84, 1262 = VersR 884 nicht innerhalb ganz Europas im Sinn von § 6 Nr. 1 VHB 74; die Beschränkung auf die Bundesrepublik ist auch nicht überraschend im Sinn von § 3 AGBG, AG Bonn RuS 88, 209. Nachschlüsseldiebstahl genügt, nicht aber Gebrauch des gestohlenen richtigen Schlüssels zu dem Kfz, AG Nürnberg ZfS 82, 344. Zunächst war der erweiterte VSchutz in Zusatzbedingungen geregelt; seit 1966 ist er in §§ 3 **Nr. B 5** der VHB von 1966 und der **VHB 74** enthalten. Es ist dies der praktisch wichtigste Fall des Einschlusses von einfachem Diebstahl

(strafrechtlich handelt es sich ohnehin um schweren Diebstahl aus einem umschlossenen Raum gemäß § 243 Satz 2 Nr. 1 StGB) durch die VHB 74. In den **VHB 84** ist Kfz-Einbruch **nicht mehr** eingeschlossen, auch nicht etwa als Anwendungsfall der AußenV gemäß § 12 Nr. 1 VHB 84, LG Landau VersR 89, 1045. Es handelt sich um eine der Einschränkungen des VSchutzes in den VHB 84, auf die der Vr bei Entgegennahme von Ersatzanträgen in gewissen Grenzen hinweisen muß K I 17. Die in VerBAV 87, 514 veröffentlichte **Klausel** für Kfz-Einbruch **zu den VHB 84** (vgl. Texte 34, Gruppe 0820, hinter Klausel 835) wurde ohne Nummer genehmigt und ist nur bei einigen wenigen Vr in Gebrauch.

Im Verhältnis zu einer **Reisegepäck**V besteht **Doppel**V, wenn nicht die AVB **46** Reisegepäck eine *Subsidiaritätsklausel* (V I 20) enthalten, was in den AVB Reisegepäck 1980 jedenfalls nicht mehr der Fall ist, vgl. den Text in VerBAV 80, 258. Eine ReisegepäckV wird durch § 3 Nr. B 5 VHB 74 bei weitem nicht überflüssig, vgl. auch V I 17, denn § 3 Nr. B 5 VHB 74 begrenzt die Entschädigung auf 2% der VSumme, höchstens 500 DM. Dadurch ist der praktische Wert des Einschlusses seit dem Jahr 1961 durch Kaufkraftschwund stark gesunken. So sind z.B. Fotoausrüstungen zwar nicht ausgeschlossen, praktisch aber wegen der Entschädigungsgrenze doch nur ganz ungenügend versichert. Diese Schrumpfung ist jedoch unvermeidlich, wenn man bedenkt, daß 1961 die günstigen Schadenquoten ein wesentliches Motiv für den Einschluß des Kfz-Inhalts in die HausratV waren (ausführlich Bischoff VerBAV 61, 261), sich diese Situation aber durch die steigende Kriminalität spätestens 1970 geändert hat. Folgerichtig fehlt die Deckung für Kfz-Einbruch in den VHB 84 völlig. Einzige VMöglichkeit ist jetzt wieder wie schon in der Zeit vor 1961 die ReisegepäckV.

Der Kreis der **versicherten Sachen** ist gegenüber § 2 VHB 74 mehrfach **47** beschränkt. Neben dem *Ausschluß von Wertsachen* und neben der Beschränkung auf Sachen, die sich nur *vorübergehend außerhalb der Wohnung* befinden (Begriff wie in § 6 Nr. 2 VHB 74, vgl. G V 19 bis 57), ist auch der Einschluß fremden Eigentums stark eingeschränkt. Mitversichert ist nur das *Eigentum* von Personen, die mit dem VN in *häuslicher Gemeinschaft* im Sinn von D XII 62 und 63 leben, ferner Sachen, die dem VN oder einer mit ihm in häuslicher Gemeinschaft lebenden Person zum *persönlichen Gebrauch* dienen, sei es dauernd oder vorübergehend. Hierher gehören nicht nur Sachen, die unter Eigentumsvorbehalt gekauft sind, sondern auch gemietete oder geliehene Sachen. An diesen Sachen ist sowohl das Interesse des VN wie dasjenige des Eigentümers versichert. Umzugsgut ist in § 3 Nr. B 5 VHB 74 nicht ausgeschlossen, D XVI 59.

Nicht gedeckt sind **Bestandteile** (auch unwesentliche) **des Kfz** sowie **Kfz- 48 Zubehör**, denn letzteres ist nur „in der Wohnung" (§ 2 Nr. 1 VHB 74) versichert. Hierbei ist gleichgültig, ob sich die Bestandteile oder das Zubehör vorübergehend oder dauernd außerhalb der Wohnung befindet, während es durch Kfz-Einbruch gestohlen wird, G IV 17. Der Begriff des Kfz-Zubehörs ist aber eng auszulegen. Er umfaßt stets die Ersatzteile des Kfz (Winterreifen, Glühbirnen, Sicherungen, Ersatzschlüssel usw.), sonstige Sschen dagegen nur, soweit sie im konkreten Fall des VN überwiegend im Kfz benutzt werden. Handschuhe, Höhenmesser, Kühltasche, Kaffeemaschine, Autoatlas oder Werkzeug (LG Siegen RuS 83, 84) sind also zu entschädigen, wenn der VN beweist, daß die Sachen überwiegend in der Wohnung verwahrt werden und wenn er außerdem darlegt (Beweislast für „Kfz-Zubehör" als Ausschlußgrund trägt der Vr), daß sie *überwiegend ohne Zusammenhang mit dem Kfz benutzt* wird. Das gleiche gilt für Kofferradios, die lose im Auto liegen oder in eine Halterung eingeschoben und aus ihr jeweils wieder herausgenommen werden; hier ist die Halterung Bestandteil, das überwiegend in der Wohnung benutzte Radio dagegen nicht einmal Zubehör des Kfz.

49 Einschluß in die „Liste" der nach den AKB in der *Kfz-KaskoV* gedeckten Zubehörsachen beweist nichts für einen Ausschluß im Rahmen der VHB 74, denn die AutoVr erkennen Zubehöreigenschaft schematisch ohne Rücksicht auf die tatsächliche Verwendung an. *Wohnwagen-Vorzelte* gehören nicht zum Kfz, sondern zum Anhänger und sind daher jedenfalls nicht als Kfz-Zubehör ausgeschlossen; allerdings ist gerade bei Wohnwagen-Vorzelten sorgfältig zu prüfen, ob sie sich wirklich überwiegend in der Wohnung und nur vorübergehend außerhalb befunden haben, vgl. G V 39 ff.

50 **Voraussetzung des VSchutzes** ist stets der **Verschluß des Kfz.** Dies entspricht der verkehrsüblichen Sicherung durch ein Schloß bei Fahrrädern, D XV 8. Bei Diebstahl aus dem Kfz-Innenraum genügt dessen Verschluß; der Verschluß fehlt, wenn konstruktionsbedingt der Wagen trotz verschlossener Türen und Fenster von außen ohne Beschädigung geöffnet werden kann (AG Düsseldorf RuS 76, 83), vgl. die Rechtsprechungsnachweise bei PM § 5 AVBR 80 zum 2 CV in der ReisegepäckV. Im Anschluß an BGH VersR 79, 343 muß das Verschlußerfordernis ebenso wie die Schloßsicherung von Fahrrädern (D XV 22) als verhüllte Obliegenheit angesehen werden. § 6 Abs. 2 VVG greift ein, wenn der Dieb das Kfz erbricht, ohne zu bemerken, daß eine Tür usw. ohnehin unverschlossen war und den Zugriff ermöglicht hätte.

51 Bei Diebstahl aus dem **Kofferraum** muß, falls der Kofferraum vom Innenraum her entriegelt werden kann, nicht nur der Kofferraum verriegelt, sondern auch der Innenraum verschlossen sein. Zum Verschluß des **Innenraums** gehört der Verschluß aller Fenster und sonstigen Öffnungen (Schiebedach). „Kfz" ist sowohl der **Pkw** wie der **Lkw** wie das **Motorrad** (*auch Wohnmobile*), so daß verschlossene Packboxen von Motorrädern genügen, Ollick VerBAV 80, 291 Fußnote 94, AG Bochum VersR 85, 53; a. A. AG Köln VersR 81, 26 = RuS 81, 42, AG Frankfurt VersR 83, 478. Zweifelsfrei versichert sind Sachen in Gepäckräumen, die in den Motorradrahmen technisch integriert sind, AG Frankenthal 2 S 9/85 vom 24. 7. 1985. Umgekehrt ist *Dachgepäck* zweifelsfrei nicht versichert, AG Essen RuS 87, 259 sowie LG Traunstein RuS 90, 96 = VersR 89, 1190 für das Aufbrechen von Ski-Trägern. – *Anhänger* aller Art sind ausdrücklich *ausgeschlossen;* dies gilt auch für „*Wohnwagen*" ohne Motor, AG Bad Oeynhausen ZfS 87, 220. Ein **Wohnmobil** ist hingegen ein Kfz.

52 Außerdem muß der Diebstahl entweder **tagsüber zwischen 6 Uhr und 22 Uhr** eingetreten sein **oder** aber das Fahrzeug muß sich entweder **in Gebrauch** oder innerhalb eines **verschlossenen Hofraumes** oder **bewachten Parkplatzes** befunden haben (Verstoß gegen § 9 Abs. 2 Nr. 2 AGBG verneint in AG Berlin-Charlottenburg VersR 85, 156). Es handelt sich ebenso wie im Fall von § 5 AVBR 80 (vgl. dazu PM Anm. 1) und wie im Fall der Hausratdeckung für

einfachen Diebstahl von Fahrrädern (D XV 23) um eine **verhüllte Obliegenheit**, vgl. die (allerdings überwiegend für Risikoabgrenzung plädierende) in RuS 86, 160 zitierte Rechtsprechung. Des weiteren haben sich AG Tettnang ZfS 87, 283, AG Lübeck ZfS 87, 379, AG Bad Homburg VersR 88, 795, AG Köln ZfS 89, 30 für Risikoabgrenzung, hingegen AG Köln VersR 88, 76 = ZfS 90 für verhüllte Obliegenheit ausgesprochen, deren Verletzung der Vr beweisen müsse. Jedoch trägt für deren Erfüllung die **VN** ebenso die **Beweislast**, D XV 30 bis 32, wie die Rechtsprechung dies schon früher auf der Basis der Konstruktion einer objektiven Risikoabgrenzung angenommen hatte, vgl. LG Essen VersR 73, 1157, AG Meschede VersR 86, 333 sowie die in RuS 86, 161 zitierten zahlreichen weiteren Amtsgerichtsurteile. Für Beweislast der Vr plädieren AG Köln ZfS 86, 26 (wegen des Obliegenheitscharakters) und AG Charlottenburg VersR 86, 565 (weil der Einschluß gedanklich die Regel und der Ausschluß während der Nachtzeit die Ausnahme sei).

„Gebrauch" ist weit auszulegen, ebenso wie bei Fahrrädern, D XV 18. **53** Auch ein abgestelltes und verschlossenes Kfz kann sich begrifflich in Gebrauch befinden, denn sonst wäre die Formulierung des § 3 Nr. B 5 VHB 74 sinnwidrig. Der Gebrauch endet erst, wenn das Tagesziel (Wohnung, Hotel usw.) erreicht ist (Bischoff VerBAV 61, 263, Knoerrich-Dreger VerBAV 66, 179) oder unerreichbar wird. Letzteres ist der Fall, sobald der Fahrer von dem Gedanken an eine Weiterfahrt abkommt oder durch Alkoholkonsum fahruntüchtig wird; die Absicht, die Weiterfahrt oder Rückfahrt gleichwohl noch anzutreten, oder die Realisierung dieser Absicht verlängert den VSchutz nicht. Im Fall AG Amberg RuS 83, 84 (Kfz von 19 Uhr 45 bis 3 Uhr 30 vor Tanzcafe) war der Gebrauch nur beendet, falls der Fahrer fahruntüchtig war, was dort aber nicht geprüft wurde.

Als **verschlossener Hofraum** ist jeder allseitig umfriedete und verschlossene **54** Abstellplatz anzusehen. An die allseitige Umfriedung sind dieselben Anforderungen zu stellen wie im Fall von § 3 Nr. B 6b VHB 74 für Gartengeräte; die in D XII 75 für den VOrt bei Raub erörterten Erleichterungen gelten vorliegend nicht. Ein **Parkplatz** ist **bewacht**, solange tatsächlich ein Wächter anwesend und tätig ist; abweichende Angaben auf Anschlagtafeln, in Parkplatzbedingungen usw. sind versicherungsrechtlich unerheblich, führen aber zu Schadenersatzansprüchen des Parkplatzbenutzers gegen den Parkplatzträger. Ein *Parkhaus* (D III 6) kann, solange es bewacht ist, einem bewachten Parkplatz gleichstehen. Dies kommt jedoch nur in Betracht, wenn das Parkhaus so konstruiert ist, daß es nicht ein Gebäude darstellt.

Wird ein Kfz in einem **Gebäude** abgestellt, insbesondere in einer Garage **55** oder in einem Parkhaus mit Gebäudeeigenschaft, D III 6, so gilt nicht § 3 Nr. B 5 VHB 74 (wie hier Knoerrich-Dreger VerBAV 66, 179), sondern es besteht unbeschränkter VSchutz nach § 3 Nr. B 1a und b (falls die Garage so eng mit der Wohnung verbunden ist, daß sie deren Teil ist, G IV 27) oder § 6 Nr. 2 VHB 74 (allgemeine AußenV), und zwar auch dann (möglicherweise übersehen in LG Siegen RuS 83, 84, wo über den Standort der Garage nichts gesagt wird), wenn die Garage *unverschlossen* ist, denn das Kfz ist ein Behältnis gemäß § 3 Nr. B 1b VHB 74, D III 6 und 7. Ist die (Einzel-)Garage verschlossen und wird erbrochen, so braucht das Kfz seinerseits nicht verschlossen zu sein (§ 3 Nr. B 1a VHB 74, eventuell in Verbindung mit § 6

Nr. 2 VHB 74). Allerdings ist bei einem Kfz in Gebäuden stets zu prüfen, ob das Zurücklassen von Sachen in dem Kfz nicht zum Verlust des VSchutzes wegen grober Fahrlässigkeit nach §§ 16 Nr. 1 VHB 74, 61 VVG führt, insbesondere wenn es sich um wertvollere Sachen handelt. Was hier über erschwerten Diebstahl von Kfz-Inhalt in verschlossenen Räumen gesagt wurde, gilt auch für die VHB 84, obwohl dort Kfz-Einbruch nicht mehr eingeschlossen ist, D XV 45.

56   VOrt für den erweiterten Schutz ist die Bundesrepublik einschließlich des Landes Berlin. So ist das Wort „Deutschland" in § 3 Nr. B 5 VHB 74 aufgrund der gegenwärtigen staats- und völkerrechtlichen Lage auszulegen. Ein Umkehrschluß aus dem abweichenden Wortlaut §§ 3 B Nr. 6 c, 6 Nr. 1 VHB 74 ist nicht zu ziehen (anders E. Prölss 93 und van Bühren/Spielbrink § 9 AVBR 80 Anm. 23), denn solche Schlüsse dürfen nicht von einem Bedingungswerk auf ein anderes gezogen werden. Trotzdem ist angesichts der Unklarheitenregel des § 5 AGBG ein wenig zweifelhaft, ob nicht auch die DDR zum VOrt gerechnet werden muß; mit zunehmender Erleichterung des Reiseverkehrs in die DDR gewinnt diese Frage an Bedeutung.

57   VFall ist nicht nur ein Abhandenkommen durch einfachen Diebstahl, sondern auch ein *Sachschaden* an Kfz-Inhalt im Sinne von D XV 47 bis 49 (nicht aber am Kfz selbst) durch den Kfz-Einbruch oder – praktisch kaum vorstellbar – dessen Versuch, D II 43. Schäden durch Vandalismus sind aber nicht eingeschlossen D XI 20. Das Zurücklassen halbwegs wertvoller Sachen im Kfz kann zum **Ausschluß** wegen **grober Fahrlässigkeit** gemäß § 61 VVG führen, vgl. AG Köln ZfS 89, 139 für eine Lederjacke sowie die Rechtsprechung zur ReisegepäckV, die bei PM § 11 AVBR 80 Anm. 5 zitiert ist.

58   Die **Entschädigungshöhe** wird nach allgemeinen Regeln ermittelt, insbesondere auch nach § 5 Nr. 2 VHB 74 (UnterV); es handelt sich nicht um eine ErstrisikoV, Bischoff VA 61, 262. Maßgebend ist der VWert des gesamten Hausrats. Die Entschädigungsgrenze von 500 DM ist nicht vor, sondern nach Kürzung gemäß der Proportionalitätsregel anzuwenden, so daß die Entschädigung trotz UnterV volle 500 DM erreichen kann, wenn der Schaden genügend hoch ist, Martin VersR 73, 295. Wegen des Zusammentreffens einer NeuwertV nach § 3 Nr. B 5 VHB 74 mit einer ReisegepäckzeitwertV vgl. PM § 59 Anm. 2 B a und das in V II 17 behandelte Zahlenbeispiel.

59   **6. Hausrat als Umzugsgut** ist gemäß § 6 Nr. 1 VHB 74 innerhalb der Bundesrepublik und des Landes Berlin einschließlich der Verbindungsweg unter bestimmten Voraussetzungen in verschlossenen Möbelwagen ebenfalls gegen einfachen Diebstahl versichert. Daneben steht entgegen Nürnberg RuS 89, 226 die Deckung durch § 3 Nr. B 5 VHB 74. Nach § 11 Nr. 1 VHB 84 gilt dies nicht mehr. Hierauf wird hier nur der Vollständigkeit wegen hingewiesen; wegen Einzelheiten vgl. G IV 40.

XVI. Beweislast und Beweiswürdigung

Wer die **Beweislast** trägt, ist auch in der Diebstahl- und RaubV leicht fest- 1
zustellen. Der **VN** hat alle objektiven und subjektiven **Voraussetzungen des
VFalls** zu beweisen, also Abhandenkommen oder Sachschaden bezüglich versicherter Sachen innerhalb des VOrts und der VDauer sowie sämtliche Merkmale des **erschwerten Diebstahls**. Rechtsprechungsbeispiele für **Nachweis des
Raubes**: D XVI 9 und 10. Bei Raub muß z.B. bewiesen werden, daß der Täter
wirklich gedroht hat; irrige Annahme einer Drohung durch den VN ersetzt
den Nachweis nicht (Schleswig VersR **51**, 131). Bei Sachschäden, die nach
deren äußerem Erscheinungsbild auf vorsätzliches menschliches Handeln zurückzuführen sind, stehen dem VN mindestens Beweiserleichterungen zu,
wenn darüber gestritten wird, ob **Vandalismus** durch einen Einbruchstäter
oder Betrugsversuch des VN vorliegt. Vielleicht ist sogar § 180a VVG analog
anzuwenden, weil es unwahrscheinlich ist, und zwar selbst in der NeuwertV,
daß ein VN sich selbst, und sei es auch in der Erwartung auf Ersatz durch den
Vr, einen Schaden zufügt. – Hingegen hat der **Vr** den **Tatbestand von Ausschlüssen** zu beweisen, auf die er sich beruft, insbesondere grobe Fahrlässigkeit des VN oder eines Repräsentanten oder Herbeiführung des VFalls durch
Wohngenossen oder Angestellte.

1. Besondere Schwierigkeiten bereitet in der DiebstahlV die **Beweiswürdi-** 2
gung, sowohl außergerichtlich bei Vergleichsgesprächen wie auch im Rechtsstreit. Dies hat mehrere Ursachen. Zunächst muß bewiesen werden, daß
überhaupt Sachen sowie gegebenenfalls welche und wieviele Sachen *abhanden gekommen* sind, daß also der VN den Besitz an bestimmten versicherten
Sachen *unfreiwillig* verloren hat, und zwar durch Diebstahl. Diese Schwierigkeit besteht nicht nur in der DiebstalV, sondern in allen Sparten, in denen
Verlust mitversichert ist, insbesondere in der AllgefahrenV (TransportV, Va-
loren- und ReisegepäckV usw.), vgl. ausführlich PM § 12 AVBR 80 Anm. 1
und 2. Der Vorgang des Besitzverlustes durch Diebstahl spielt sich naturgemäß *im Verborgenen ab,* so daß meist nur ein **Indizienbeweis** möglich ist.
Andererseits reizt gerade deshalb die DiebstahlV immer wieder manche VN
zu Betrugsversuchen, vgl. z.B. LG Koblenz ZfS 87, 314.

Als spezielle Schwierigkeit der DiebstahlV tritt hinzu, daß meist – Ausnah- 3
men: D XIV 1 und D XV 1 – nicht einfacher Diebstahl ausreicht, sondern die
Merkmale eines erschwerten Diebstahls im Sinn von D II 1 gegeben sein müssen. In einigen Fällen kommt es darauf an, ob und evtl. in welchem Zeitpunkt
der oder die Täter mit *Diebstahlsabsicht* (Beispiel: Köln VersR **66**, 358) gehandelt haben, vgl. D II 40 und LG Wuppertal VersR **60**, 914 zum Diebstahlsversuch, D III 21 und D IV 6 zum Einbruch und zum Einsteigen
mehrerer Personen, D VII 15 und 18 zum Einschleichen und D XI 27, 28 und
41 sowie W VI 15 bis 18 zur Abgrenzung gegenüber bloßem Vandalismus.

Die Merkmale des erschwerten Diebstahls oder des Raubes (D XVI 9 und 4
10) werden nicht nur meist im Verborgenen oder jedenfalls ohne Zeugen
verwirklicht, sondern sie hinterlassen oft **nicht** einmal **Spuren**. Anders als
beim Einbruch oder beim Erbrechen von Behältnissen fehlt es fast immer an

Spuren für ein Einsteigen oder Einschleichen des Täters. Wird z. B. von Hotelempfang Zimmerschlüssel gestohlen so spricht kein erster Anschein dafür, daß der Täter sich hierzu von außen in das Hotel eingeschlichen habe, AG Charlottenburg VersR 83, 383; zum Hotelzimmer vgl. auch D XVI 41. Der Nachweis des Mißbrauchs eines gestohlenen **richtigen Schlüssels** zu Gebäuden oder Räumen (D VIII 5) kann z. B. daran scheitern, daß der Täter die versicherten Sachen auch schon gleichzeitig mit dem Schlüssel gestohlen haben kann, München VersR 85, 558. Verstärkt gilt dies, wenn mehrere Tage als Tatzeit in Betracht kommen und der Täter während dieser Zeit mehrfach auch rechtmäßig die Räume betreten konnte, LG Nürnberg-Fürth RuS 77, 46.

5   Das gleiche gilt bei Gebrauch falscher Schlüssel. Bei Gebrauch sonstiger Werkzeuge können zwar **Spuren im Inneren der Schlösser** entstehen, die aber nur durch Spezialisten und hinsichtlich ihrer Entstehungszeit oft überhaupt nicht festgestellt werden können. Gute **Zylinderschlösser** sind ohne Kratzspuren allerdings nur bei hohem Zeitaufwand und mit guten Fachkenntnissen überwindbar, Köln VersR 77, 929, LG Mainz ZfS 82, 216, LG Köln VersR 78, 109, nämlich nur durch einen nach Muster und nicht auch durch einen nach Abdruck gefertigten Nachschlüssel (Hamm VersR 81, 945, LG Berlin RuS 86, 263), so daß das Fehlen von Spuren entscheidend gegen Nachschlüsseldiebstahl sprechen kann (LG Frankfurt RuS 77, 262), vgl. D XVI 46.

6   Überdies beschränkt sich der Streit meist nicht nur auf ein einziges Tatbestandsmerkmal, sondern es fehlt oft an Beweisen *sowohl* für die Unfreiwilligkeit des Besitzverlustes *wie auch* für den Schadenumfang (ausführlich PM § 12 AVBR 80 Anm. 1 und 2) *wie auch* – gegebenenfalls! – für die Merkmale eines erschwerten Diebstahls. Auch wird neben Voraussetzungen des VFalls oft zugleich ein durch den Vr zu beweisender Ausschlußtatbestand (D XVI 1) streitig sein. Endlich wird meist nicht nur darüber gestritten, welche von zwei oder drei Sachverhaltsalternativen sich tatsächlich zugetragen hat, sondern es gibt oft eine ganze Reihe von tatbestandlichen Möglichkeiten.

7   Zwischen den **Voraussetzungen des VFalls** und den **Ausschlußtatbeständen** ist scharf zu *unterscheiden*. Eine – durch den Vr nicht voll beweisbare – Möglichkeit eines Ausschlußtatbestandes darf also nicht zum Nachteil des VN bei der Würdigung der Beweise hinsichtlich der Voraussetzungen des VFalls berücksichtigt werden. Zulässig ist es aber, angesichts des vollen Beweises eines Ausschlußtatbestandes offenzulassen, ob der dem VN obliegende Beweis des VFalls geführt werden kann. Das gleiche gilt, wenn der Ausschlußtatbestand zwar nicht schlechthin, aber doch für den Fall voll bewiesen ist, daß sich der Sachverhalt als erschwerter Diebstahl im Sinn des Vortrags des VN darstellt. So ist in KG JR 33, 155, 35, 186, Königsberg JT 31, 133 (vgl. auch KG JR 36, 315, wo nur für den konkreten Fall die grobe Fahrlässigkeit verneint wird) mit Recht offen geblieben, ob ein Nachschlüsseldiebstahl vorgelegen hat, weil der Nachschlüsseldiebstahl jedenfalls durch grobe Fahrlässigkeit verusacht worden wäre, denn der VN hatte durch schlechte Verwahrung des Schlüssels die Anfertigung eines Nachschlüssels gegebenenfalls erleichtert. Ebenso kann oft offen bleiben, ob einfacher oder Nachschlüsseldiebstahl verübt wurde, wenn als Hersteller eines Nachschlüssels nur Angestellte in Betracht kommen, die allein Zugang zu den Schlüsseln gehabt haben, D XVI 22 und 42.

Die Beweiswürdigung wird zusätzlich dadurch erschwert, daß als **Zeugen** 8
meist nur entweder *interessierte Personen* (Angestellte oder Angehörige des
VN, vgl. z.B. Köln VersR 73, 1057) oder aber die möglichen *Täter* des
Diebstahls oder Raubes in Betracht kommen, beide als Zeugen nicht immer
glaubwürdig. Allerdings dürfen die Aussagen von **Angehörigen und Freunde
des VN** nicht von vornherein ignoriert werden, BGH NJW 88, 566. Außerdem kann es für Einbrüche durchaus auch unbeteiligte Zeugen geben, z.B.
Nachbarn, die den Einbruch feststellen, Polizeibeamte, die alsbald zum Tatort kommen, oder Mitarbeiter von Schlüsseldiensten. In Hamm RuS 87, 258
mußte sofort ein Schlüsseldienst gerufen werden, weil die Einbrecher das
abgedrehte Zylinderschloß durch ein anderes ersetzt hatten, z.B. zwecks
etappenweisen Abtransports der Beute oder um das auffallende Bild eines
beschädigten Schlosses zu beseitigen.

In D XVI 11ff. wird die Rechtsprechung zum Beweis von Schäden durch 9
erschwerten Diebstahl behandelt. Vorab soll hier kurz auf die weit weniger
umfangreiche Rechtsprechung zum **Nachweis eines Raubes** ohne Zeugen wiedergegeben werden. Die bloße *Behauptung* des VN, er sei ohne Zeugen
überfallen worden, reicht nicht aus, falls nicht weitere Indizien (z.B.
Verletzungen durch Gewalteinwirkung) hinzutreten. Beispiele für mißlungene Beweisversuche: Bremen VersR 81, 1169 für Schmuckverlust in einem
Vergnügungsviertel, LG München I VersR 76, 979 für einen überschuldeten,
LG Karlsruhe VersR 78, 730 sowie AG Hamburg VersR 85, 1056 für einen
betrunkenen und AG Charlottenburg RuS 78, 175 für einen erheblich vorbe-
straften VN, LG Hamburg RuS 83, 40 für eine kurz zuvor zahlungsunfähige
VN, die den Erwerb der angeblich geraubten sehr teuren Sachen nicht belegen
kann, sowie LG Hamburg 2 O 146/84 vom 24. 4. 1985 zu einem mit wider-
sprüchlichen Angaben der Polizei angezeigten Straßenraub im Ausland. In AG
Stuttgart NJW-RR 88, 1054 mißlang der Beweis durch eine Geschäftsinhabe-
rin, die ihren Bericht gegenüber der Polizei nachträglich verschärft und später
behauptet hatte, einer von mehreren zusammenarbeitenden Ladendieben habe
sie nicht nur rhetorisch abgelenkt, sondern auch körperlich behindert. Hamm
VersR 83, 169 behandelt das Nebeneinander von Zweifeln zum Grund und zur
Höhe des Anspruchs bei angeblichem Überfall auf ein Juweliergeschäft. In LG
Düsseldorf VersR 86, 280 war der unfreiwillige Besitzverlust unstreitig; nicht
beweisbar war hingegen eine Gewaltanwendung durch den Täter, der mit dem
Opfer im Wagen gefahren, plötzlich die Sachen an sich genommen und dann
ausgestiegen und weggelaufen war. Zur ValorenV wurde der Beweis als nicht
geführt angesehen in Frankfurt VersR 84, 574 (VN hatte langjährig getragenen
Schmuck erst kurz vor dem „Raub" versichert), LG Berlin VersR 86, 591
(auffällige Ähnlichkeit des behaupteten Geschehens – Ringe von den Fingern
gezogen – mit ähnlicher früherer Behauptung des Verlobten der VN gegenüber
einem anderen Vr) sowie Karlsruhe VersR 88, 712 und München NJW-RR 88,
1055 (behauptete Art der Tat hätte zu Verletzungen führen müssen, die aber
nicht festzustellen waren). In AG Bad Homburg ZfS 89, 67 hatte nach einem
Gespräch mit unbekannten Personen eine Phototasche gefehlt; Gewalt oder
konkludente Drohung waren aber nicht zu beweisen.

Andererseits dürfen die **Anforderungen** an den Beweis auch **nicht überspannt** 10
werden, denn gerade Raub spielt sich naturgemäß oft ohne Zeugen und –

soweit die Drohung nicht realisiert wird – auch ohne Spuren in der Person des Opfers ab. Im Fall Köln RuS 86, 71 war die Gewaltanwendung gegen die Person des HausratVN unstreitig; das Gericht sah trotz gewisser Zweifel als erwiesen an, daß nicht nur Vandalismus vorlag, sondern auch Sachen weggenommen wurden.

11   2. Die **Rechtsprechung** zu den Beweisanforderungen und zur Beweiswürdigung bei Diebstahl ist unübersehbar, insbesondere wenn man VFälle durch Diebstahl auch außerhalb der hier behandelten VZweige in die Betrachtung einbezieht, vgl. PM § 49 Anm. 3. Die dort zusammenfassend erörterten Beweiserleichterungen gelten keineswegs für alle VZweige und für alle Arten von VFällen, also z.B. nicht für die UnfallV (BGH RuS 87, 173). Speziell bei Diebstahl als VFall sprechen aber die in D XVI 2 bis 10 dargelegten Beweisschwierigkeiten des VN dafür, ihm Beweiserleichterungen zuzugestehen. Nur so kann bei verständiger Würdigung das Angebot zum Abschluß eines VVertrages, gegen das Diebstahlsrisiko verstanden werden. Mit einem VVertrag, nach welchem er in einem beachtlichen Prozentsatz aller denkbaren VFälle in Beweisnot geriete und mit seinen Ansprüchen abgewiesen würde, wäre dem VN nicht gedient. Letztlich ist also **Rechtsgrundlage der** gebotenen **Beweiserleichterungen** eine interessengerechte **Auslegung des VVertrages und der AVB**, wie dies besonders in BGH VersR 84, 29 zur DiebstahlV nach den AKB hervorgehoben wird.

12   Die Beweiserleichterungen sind auch dann zu gewähren, wenn von einem Beweis des ersten Anscheins **nicht** die Rede sein kann, weil nicht ein sog. **typischer Geschehensablauf**, sondern – wie meist bei Schäden durch Abhandenkommen – nur ein für den Eintritt des vereinbarten VFalles typisches „äußeres Bild" als Indiz zur Verfügung steht, BGH VersR 86, 961 = NJW-RR 1471. Es handelt sich in diesen Fällen begrifflich nur um einen Fall des **(erleichterten) Indizienbeweises.** Das Gericht zieht nach dem Grundsatz der freien Beweiswürdigung gemäß § 286 ZPO Schlüsse aus einem seinerseits unstreitigen oder (voll) bewiesenen äußeren Sachverhalt, der nach Schadeneintritt vorgefunden wurde.

13   a) Der BGH (VersR 86, 961 = NJW-RR 1470, VersR 87, 146 = RuS 78, VersR 87, 61 = NJW-RR 536) und mehrere Oberlandesgerichte (z.B. Hamm NJW-RR 87, 258) haben versucht, das Maß der durch Vertragsauslegung gebotenen Beweiserleichterung möglichst zu präzisieren. Sie haben zu diesem Zweck das Material an Tatsachenbehauptungen, das der Tatrichter zu durchdenken hat, in zwei Gruppen eingeteilt, nämlich einmal in das schon erwähnte **„äußere Bild" nach Schadeneintritt,** das den Schluß auf einen VFall zulassen kann, und zum anderen in **Anhaltspunkte für einen nur vorgetäuschten VFall.** Gegen solche Zweistufigkeit der Prüfung wenden sich ohne zwingende Argumente z.B. Bach VersR 89, 982 und Wendenburg VersR 90, 153. Sie können sich hierbei aber nicht auf Celle VersR 90, 152 berufen, denn dort wird ausdrücklich „erhebliche Wahrscheinlichkeit einer Vortäuschung" des VFalls festgestellt, was nicht hinter den Anforderungen der BGH-Rechtsprechung an den „Vortäuschungsnachweis" (Diktion von Wendenburg aaO) zurückbleibt.

Jeder dieser beiden Gruppen von Sachverhaltselementen wurde durch die 14 zitierte Rechtsprechung ein Stichwort zugeordnet, das den Wahrscheinlichkeitsgrad beschreiben soll, von dem das Ergebnis der Beweiswürdigung abhängt. Das unstreitige oder durch den VN dargelegte und (voll) bewiesene „äußere Bild" soll eine „hinreichende Wahrscheinlichkeit" für einen VFall begründen. Hat der VN diese erste Hürde der Beweisführung genommen, so soll es Sache der Vr sein, seinerseits Indizien dafür darzutun und bei Bedarf (voll) zu beweisen, die ihrerseits eine „erhebliche Wahrscheinlichkeit" für einen Betrugsversuch des VN begründen. Gelingt Letzteres, so entfallen für den konkreten Einzelfall alle Beweiserleichterungen. Der VFall ist dann nur nachgewiesen, wenn der VN den ihm obliegenden Beweis voll führt.

Versucht man, den Begriffen „hinreichend" und „erheblich" Zahlenwerte 15 auf der Skala zwischen 0% und 100% Wahrscheinlichkeit zuzuordnen, wie dies unten D XVI 17 und 18 geschehen soll, so zeigt sich allerdings, daß die Trennung zwischen zwei Gruppen von Sachverhaltselementen nicht restlos durchführbar ist. Gleichwohl ist dem Grundgedanken jener Rechtsprechung zuzustimmen, und zwar aus drei Gründen: Sie verteilt die **Darlegungs- und Beweislast** für die Indizien für und gegen einen VFall sachgerecht nach dem Regel- und Ausnahmeprinzip auf die Vertragsparteien, denn der VN hat das „äußere Bild" und der Vr gegebenenfalls die angeblichen Indizien für einen Betrugsversuch darzulegen und zu beweisen. Außerdem zwingt jene Gruppeneinteilung der Sachverhaltselemente den Tatrichter dazu, es sich mit der „freien" Beweiswürdigung im Sinn von § 286 ZPO nicht zu leicht zu machen, sondern geordnete und vollständige Gedankenarbeit zu leisten. Endlich sichert der stets wiederkehrende Gebrauch gewisser Grundbegriffe wenigstens den äußeren Anschein einer einheitlichen gedanklichen Grundlage sämtlicher Urteile, die unter Gebrauch dieser Begriffe formuliert werden. Insgesamt gewährleistet so die skizzierte höchstrichterliche Rechtsprechung das erreichbare Höchstmaß an **Rechtssicherheit**.

Die „hinreichende Wahrscheinlichkeit" für den **VFall** aufgrund des „äußeren 16 Bildes" muß nach pflichtgemäßer tatrichterlicher Würdigung **mindestens 51%** betragen. Durch Hinzunahme von Elementen der zweiten Sachverhaltsgruppe, nämlich der Verdachtsgründe für einen Betrugsversuch, kann sich diese Wahrscheinlichkeit nicht erhöhen, sondern sie kann allenfalls sinken. Läge die Wahrscheinlichkeit schon allein aufgrund des „äußeren Bildes" nur bei 50% oder weniger, so könnte von einem „Beweis" des VFalls überhaupt keine Rede mehr sein, auch nicht von einem angemessen erleichterten Beweis. Ein Maß von weniger als 50% Wahrscheinlichkeit würde vielmehr bedeuten, daß schon nach dem „äußeren Bild" mehr gegen als für einen VFall spräche.

Als „erhebliche Wahrscheinlichkeit" für einen **Betrugsversuch** kann schon ein 17 Wahrscheinlichkeitsgrad **unter 50%** ausreichen, was besonders in BGH RuS 90, 130 (zu den VHB 74) deutlich wird. Dies gilt um so mehr, je weiter der Wahrscheinlichkeitsgrad gemäß oben D XVI 16, der aus dem „äußeren Bild" abzuleiten ist, hinter einer Wahrscheinlichkeit von 100% zurückbleibt. Mit anderen Worten: Je weniger stark die Wahrscheinlichkeit für einen VFall aufgrund des „äußeren Bildes" für sich allein betrachtet überwiegt, um so weniger muß der Vr an Verdachtsgründen für Betrugsversuch darlegen und beweisen, wenn er im konkreten Fall den Beweiserleichterungen den Boden entziehen will. Oder noch anders ausgedrückt: Als „erhebliche Wahrscheinlichkeit", die der Vr dartun muß, genügt derjenige Prozentsatz, um den der durch den VN dargelegte Wahrscheinlichkeitsgrad aufgrund des „äußeren Bildes" die 50%-Grenze übersteigt.

18 Als Beispiel mag der in Hamm 20 U 171/87 vom 8. 6. 1988 entschiedene Fall dienen. Der VN hatte behauptet, Einbrecher seien durch einen zu diesem Zweck in die Schaufensterscheibe geschnittenes Loch eingedrungen und hätten dann von innen die Tür geöffnet, um die Beute abzutransportieren. Das Loch war aber so klein (ca. 32 cm mal 35 cm), daß ohne Spuren von Verletzung und Blut selbst ein Kind nur mit fremder Hilfe und ein „Erwachsener" normalerweise überhaupt nicht durch das Loch hätte kriechen können. Trotzdem hat das Gericht die „hinreichende Wahrscheinlichkeit" aufgrund des „äußeren Bildes" bejaht. Zu einer „erheblichen Wahrscheinlichkeit" für Betrugsversuch (also für „bestellten Einbruch") hätte in jenem Fall bei richtigem Verständnis der BGH-Rechtsprechung schon eine sehr geringe Zahl von Prozentpunkten genügen müssen, weil das „äußere Bild" nur „ganz knapp" ausgereicht hatte, um überhaupt eine Darlegungs- und Beweislast des Vr für Indizien für Betrugsversuch entstehen zu lassen. Jedenfalls müssn die Anforderungen an die Verdachtsgründe für VBetrug deutlich höher sein, wenn sich Einbruchspuren finden, die auf den ersten Blick keine Zweifel aufkommen lassen, sondern eine Wahrscheinlichkeit von nahezu 100% für Einbruchdiebstahl begründen.

19 Der BGH hat zur DiebstahlV die erforderlichen Wahrscheinlichkeitsgrade nie beziffert, sondern nur betont, daß es nicht genügt, wenn der Vr nur die „ernsthafte Möglichkeit" einer Vortäuschung darlegt und beweist, BGH VersR 90, 45 = NJW-RR 92 = RuS 129 (zu den VHB 74). Zu den AKB hatte freilich BGH VersR 84, 29 bereits einmal in dem Sinn formuliert, daß der Vr eine überwiegende Wahrscheinlichkeit für Betrugsversuch darlegen müsse. Dies konnte indessen nur so zu verstehen sein, daß in die Betrachtung sowohl die Verdachtsgründe für Betrugsversuch wie auch die an 100% fehlenden Prozentpunkte der Wahrscheinlichkeit des VFalls aufgrund des „äußeren Bildes" einzubeziehen sind. Wenn beide zusammen 50% übersteigen, also im Sinn von BGH VersR 84, 29 „überwiegen", ist der erleichterte Beweis für den VFall gescheitert. Insofern läßt sich die Aufteilung in zwei Gruppen von Sachverhaltselementen nicht restlos durchführen. Dies ist jedoch keineswegs ein entscheidender Nachteil der BGH-Terminologie. Wenn nämlich die gedankliche Trennung zwischen den beiden Gruppen von Sachverhaltselementen bis zu der Stelle durchgehalten wird, an der im Einzelfall darüber zu befinden ist, ob der Vr „erhebliche Wahrscheinlichkeit" zu seinen Gunsten dargelegt hat, dann hat jene Trennung ihre in D XVI 15 dargelegten Zwecke bereits voll erreicht.

20 Es würde auch nicht der Rechtssicherheit dienen, „Vorschläge" zu machen, wie die **BGH-Terminologie** sich etwa noch „verbessern" lasse. Auf Anhieb mag zwar vielleicht an eine Vertauschung der Begriffe „hinreichend" und „erheblich" zu denken sein, denn „erheblich" würde noch deutlicher als „hinreichend" zum Ausdruck bringen, daß die Wahrscheinlichkeit für den VFall bei isolierter Betrachtung des „äußeren Bildes" überwiegen, also mindestens 51% betragen muß. Andererseits würde „hinreichend" vielleicht besser den Beurteilungsspielraum andeuten, der dem Tatrichter bei der Gewichtung der Gründe für Betrugsversuch verbleibt, weil er die Tatsache der mehr oder weniger stark überwiegenden Wahrscheinlichkeit für den VFall aufgrund des „äußeren Bildes" mitberücksichtigen darf und muß, D XVI 18 und 19.

Solche „Verbesserungsvorschläge" würden indessen letztlich nur Verwir- **21** rung stiften und müssen unterbleiben. Die BGH-Terminologie kann ihren Zweck der maximalen Rechtssicherheit nur erreichen, wenn sie möglichst unangefochten und nicht nur im Prozeß durch die Instanzgerichte, sondern auch schon vorprozessual durch die Prozeßparteien verwendet wird, die sich der einschlägigen Literatur bedienen. Im Folgenden werden daher die Begriffe der „hinreichenden Wahrscheinlichkeit" aufgrund des „äußeren Bildes" sowie der „erheblichen Wahrscheinlichkeit" für Betrugsversuch ausschließlich im Sinn der Rechtsprechung durch den BGH verwendet.

b) Als **„äußeres Bild"**, das „hinreichende Wahrscheinlichkeit" begründet, **22** reicht die bloße Behauptung des VN oder eines seiner Angestellten oder Wohngenossen im allgemeinen **nicht** aus. Dies gilt auch, wenn die Behauptung alsbald nach Entdeckung des behaupteten Schadens gegenüber Dritten geäußert wurde, insbesondere gegenüber dritten Personen am Tatort oder in einer Anzeige gegenüber der Polizei (ebenso Hoegen VersR 82, 123 in Sonderbeilage „25 Jahre Karlsruher Forum"). Vielmehr müssen sich objektive Spuren am Tatort finden, die nach der Lebenserfahrung bei einer unterstellten Vielzahl gleichartiger Fälle im überwiegenden Teil dieser Fälle von einem erschwerten Diebstahl versicherter Sachen herrühren, und daher eine „hinreichende" Wahrscheinlichkeit für einen VFall begründen. Dabei dürfen als Begründung für die erforderliche überwiegende Wahrscheinlichkeit nur diejenigen tatsächlichen Möglichkeiten berücksichtigt werden, die nicht unter einen Ausschlußtatbestand fallen, vgl. näher D XVI 7 und 42.

Daß derselbe äußere Sachverhalt auch durch den VN in betrügerischer **23** Absicht gestellt sein kann, steht zunächst nicht entgegen. Vielmehr ist es Sache des Vr, seinerseits durch entsprechende Indiztatsachen die in D XVI 14 bis 20 erörterte erhebliche Wahrscheinlichkeit eines VBetrugs darzutun. Schon **nicht** als ausreichender äußerer Sachverhalt wurde aber in Köln VersR 77, 926 ein hoher Warenfehlbestand in einem Textilgeschäft in Verbindung mit einer am Morgen unverschlossenen Tür angesehen, weil der Fehlbestand auch auf Diebstählen von Kunden und Angestellten während der Geschäftszeit beruhen konnte (KG JR 35, 158). Die Beschädigung einer Türzarge ist nur dann Indiz für einen erschwerten Diebstahl, wenn sie durch Aufbruch und nicht etwa durch einfache Abnutzung entstanden ist, LG Frankfurt VersR 86, 753.

An hinreichender Wahrscheinlichkeit auf Grund des „äußeren Bildes" fehlt **24** es, wenn die **Angaben des VN,** wenn seine **Angaben** schon **aus rein technischen Gründen nicht schlüssig** sind: In AG Hamburg 4 C 1128/86 vom 22. 3. 1988 war ein Schließblech von der Tür gerissen, als „Spuren" waren aber weder dieses Blech noch die fehlenden Schrauben noch Holzreste zu finden. In München VersR 84, 126 war die Tür des angeblich durch die Täter erbrochenen Geldschrankes in einer Weise abgeschweißt, die nur bei schon vorher geöffneter Tür möglich war; ähnlich konnten in LG Hamburg RuS 85, 93 die

Einbruchspuren ihrer Art und Lage nach nur bei geöffneter Tür geschaffen worden sein. In Frankfurt VersR 82, 965 und in LG Karlsruhe RuS 83, 240 (11 Teppiche) war der jeweils behauptete Abtransport der Beute durch einen PKW des Täters unmöglich. Für Vortäuschung des Diebstahls kann sprechen, daß ein angeblich vorgefundenes Loch im Schließzylinder für das Öffnen der Tür ungeeignet war, was allerdings der Vr zu beweisen hätte, Hamm VersR 89, 625. Bei durchschlagenen Mehrscheibenisolierverglasungen spricht ein relativ kleineres Loch in der Außenscheibe gegen Einbruch, Köln VersR 89, 1145.

25   In Köln VersR 83, 921 war die Umgehung der angeblich scharf geschalteten Alarmanlage nach der Darstellung des VN unerklärlich. In Hamm RuS 88, 376 versuchte der Vr (erfolglos) nachzuweisen, daß die vorgefundene Beschädigung des Zylinderschlosses nicht geeignet war, die Öffnung zu ermöglichen. In Schleswig RuS 85, 43 hatte sich ein wachsamer Hund in dem Raum befunden, aus dem innerhalb kurzer Zeit der Abwesenheit des VN ein Einschleichdiebstahl verübt worden sein sollte. In LG Hagen RuS 85, 69 waren Spuren gelegt, die auf besondere Unbeholfenheit des Täters schließen lassen sollten, obwohl andererseits die Tat besondere Geschicklichkeit und Ortskenntnis des Täters voraussetzte. In LG Zweibrücken RuS 86, 319 sprachen die technischen Eigenschaften der beschädigten Tür für einen fingierten Einbruch.

26   c) Welche **Verdachtsgründe für VBetrug** gegeben sein müssen, läßt sich nicht allgemein sagen, vgl. D XVI 17. Es kann sich um **Indizien** beliebiger Art handeln, die eine Vortäuschung nahelegen, BGH VersR 89, 587. Ein Zusammenhang mit dem behaupteten Schadensfall kann, muß aber nicht bestehen.

27   Durch berufliche Tätigkeit als **VAgent, VAngestellter** oder **VMakler** erworbene **Spezialkenntnisse** können zum Beweis des VFalls wie auch in verschiedenen anderen Zusammenhängen besonders strenge Anforderungen rechtfertigen, vgl. z.B. Köln VersR 86, 544 zum Verschweigen weiterer Unfallverträge in der Schadenanzeige eines VVertreters zu dessen eigenem Unfallvertrag, Hamm VersR 87, 1003 zur Grenze zwischen Vorsatz und grober Fahrlässigkeit bei Obliegenheitsverletzungen nach dem VFall durch einen „Vertrauensmann" des Vr, LG Köln VersR 90, 154 zum Entschuldigungsbeweis bei Nichtvorlage einer Stehlgutliste nach Hausratschaden durch einen VAngestellten, LG Flensburg VersR 88, 263 zum Vorsatz eines VAngestellten als ReisegepäckVN bei falschen Antworten auf Aufklärungsfragen, Martin RuS 88, 317 zum Beweis für Absendung oder Nichtabsendung der Schadenanzeige, Frankfurt VersR 85, 253 zu Obliegenheitsverletzungen eines VAgenten als KrankenVN, Hamburg VersR 84, 1063 zum Schadennachweis eines VAngestellten als ReisegepäckVN und LG Köln VersR 84, 731 zum Verschweigen eines Vorschadens trotz guter Kenntnisse im VWesen.

28   Im **Vor- und Umfeld** des „äußeren Bildes", das die „hinreichende Wahrscheinlichkeit" für den Fall begründet, können zugleich Verdachtsgründe für VBetrug liegen, z.B. in hoher Über- oder DoppelV, LG Hamburg RuS 89, 61. In BGH VersR 89, 587 und in LG Hamburg RuS 78, 175 hatte der Kläger nicht erklären können, wie er die angeblich gestohlenen Sachen finanziert haben sollte. In LG Köln VersR 78, 241 und LG Dortmund ZfS 88, 404 hatte

er trotz angeblich gestohlener hoher Werte keinerlei Einkaufsbelege vorweisen können; in BGH VersR 89, 587 bestand der Verdacht einer Fälschung. In LG München I RuS 78, 218 waren Teile der angeblich gestohlenen Sachen in einem anderen Lager des VN gefunden worden. In Köln RuS 87, 79 hatte der VN behauptet, auch die Aufzeichnung über die Zusammensetzung seiner Münzensammlung seien gestohlen worden, gleichwohl aber schon zwei Tage nach dem Ereignis unverhältnismäßig genaue Angaben über eine Vielzahl gestohlener Münzen machen können.

Entscheidend gegen den VN kann auch sprechen, daß Spuren, die nach der 29 Version des VN vorhanden sein müßten, tatsächlich nicht zu finden waren (KG VersR 56, 586), sei es in dem betroffenen Gebäude (LG Köln RuS 78, 218) oder in dessen Umgebung (LG München I RuS 77, 107). Noch mehr gilt dies, wenn sich ein Teil der gefundenen Spuren als fingiert erweist (LG Münster RuS 77, 237), z.B. weil „zu viele" Spuren gefunden werden (LG Hannover RuS 90, 131: ein Fenster „zu viel" eingeschlagen), oder wenn der vielleicht bestellte Täter später eine Zeugenaussage widerruft (Hamm VersR 81, 969) oder wenn auffällige Einbruchspuren jedenfalls bei Besichtigung durch den Polizeibeamten unmittelbar nach der angeblichen Tatzeit noch nicht vorhanden waren (LG Amberg RuS 84, 170). Nicht gegen den behaupteten VFall spricht es dagegen z.B., daß der Täter das Zylinderschloß auswechselt, um während längerer Abwesenheit des VN die Beute bequemer und in mehreren Etappen abtransporieren zu können, Hamm RuS 87, 258.

Ein wichtiges Indiz gegen einen VFall können **Widersprüche** oder unmoti- 30 vierbare **Änderungen** in den **Angaben des VN** sein (Hamm VersR 83, 383, Köln RuS 87, 79), insbesondere wenn er nachträglich und unmotivierbar behauptet, seine Angaben bei der Polizei (Schleswig RuS 85, 43; ferner LG Hamburg VersR 85, 631 zu einer verschwundenen Rolex-Uhr, LG Düsseldorf VersR 86, 280 zur angeblichen Gewaltanwendung bei einem zunächst nur als Trickdiebstahl geschilderten Vorgang; AG Essen ZfS 88, 328 zum angeblichen Verschluß eines Kellerabteils) oder die der Polizei vorgelegte Stehlgutliste seien unvollständig gewesen (Hamm VersR 75, 749). Beispiel: Angebliche Einbruchspuren bleiben in einer ansonsten korrekten und vollständigen polizeilichen Anzeige unerwähnt, LG Köln RuS 87, 25. Noch schwerer wiegt es, wenn der VN zuvor mit Dritten über die Möglichkeit eines fingierten Einbruchs gesprochen (Hamm VersR 81, 176) oder nach dem angeblichen VFall erwiesenermaßen Zeugen beeinflußt hat, KG JR 33, 122.

Erweislich falsche Zeugenaussagen zugunsten des VN sind fast immer ein 31 Indiz gegen die Darstellung des VN, AG Andernach RuS 87, 24 (Aussage des Sohnes). Ob widerlegte oder geänderte Angaben zur Schadenhöhe nur die Beweisanforderungen zur Höhe verschärfen oder auch den ersten Anschein für die Unfreiwilligkeit des Besitzverlustes (D XVI 14) dem Grunde nach beseitigen, ist im Einzelfall sorgfältig zu prüfen, BGH VersR 86, 253. Entscheidend gegen den VN kann es sprechen, wenn er die **polizeilichen Ermittlungen erschwert**, z.B. indem er wirkliche oder angebliche Einbruchspuren vor Eintreffen der Polizei beseitigt.

Bestreitet der Vr bestimmte Tatsachen nicht von Anfang an, sondern erst 32 im Lauf des Prozesses, so kann das verspätete Vorbringen bei der Beweiswürdigung geringer zu gewichten oder sogar aus prozessualen Gründen zurück-

zuweisen sein, Düsseldorf RuS 87, 25. Gegen den VN spricht es z. B., wenn
er zunächst das Fehlen von Einbruchspuren an der Wohnungstür betont und
erst später nachträglich Einbruchspuren an einer anderen Tür behauptet, LG
Koblenz ZfS 87, 314, LG Hamburg ZfS 87, 314.

33   Zur Glaubwürdigkeit zum **Anspruchsgrund** aussagekräftig kann auch die
Art und Weise sein, wei der VN die **Schadenhöhe** aus dem angeblichen VFall
berechnet und geltend macht, Hamburg ZfS 88, 403. Auffällige Vergleichbarkeit des Sachverhalts mit Schadenfall bei einem Freund des VN, mit dem der
VN die Freundschaft zunächst abgestritten hatte, reicht allenfalls zusammen
mit zahlreichen weiteren Indizien aus, BGH VersR 89, 587. Keinesfalls reicht
jede bewußt unrichtige Behauptung zur Schadenhöhe bereits für die Schlußfolgerung aus, der VFall sei mit erheblicher Wahrscheinlichkeit nur vorge-
täuscht, BGH VersR 87, 61, BGH RuS 87, 261.

34   Schwierig und vom Einzelfall abhängig ist die Frage, ob auf Grund des
Verhaltens des VN in anderen Zusammenhängen die erforderliche (D XVI 14)
erhebliche Wahrscheinlichkeit für VBetrug hergeleitet werden kann, vgl.
BGH VersR 77, 610 zur Kfz-KaskoV und Düsseldorf VersR 77, 661 sowie
Karlsruhe VersR 78, 417 zur ReisegepäckV.

35   Allgemeine Verdächtigungen gegen den VN genügen sicher nicht, KG JR
33, 207, 35, 295. Schlechte Vermögensverhältnisse kommen als zusätzliches
Indiz neben anderen Indizien in Betracht, KG JR 33, 122. **Vorstrafen** reichen
ebenfalls nicht immer (BGH VersR 63, 114, 77, 610; Hamm VersR 80, 1016,
89, 802), sondern nur zusammen mit anderen Verdachtsgründen aus. Beispiel: In LG Wuppertal VersR 82, 741 war nicht nur der VN, sondern auch
der einzige Schlüsselbesitzer wegen Betruges zum Nachteil von Vrn vorbe-
straft. Vorstrafen wegen Vortäuschung von VFällen wiegen schwerer als Vorstrafen „nur" wegen falscher Angaben zur Schadenhöhe nach wirklich eingetretenen VFällen, Köln VersR 84, 126. **Rechtswidrige** aber nicht strafbare
Handlungen ohne Zusammenhang mit VFällen, z. B. vorsätzlich falsche Of-
fenbarungsversicherungen (BGH VersR 88, 75), reichen meist nicht aus, sondern rechtfertigen allenfalls etwas höhere Anforderungen im Rahmen von
§ 287 ZPO zur Schadenhöhe, Y I 42.

36   3. Besonders häufig trifft Streit darüber, ob überhaupt gestohlen wurde,
mit einem Streit darüber zusammen, ob angesichts einer Fehlmenge und
mangels sonstiger Spuren auf **Nachschlüsseldiebstahl** zu schließen sei. Übermäßig strenge Anforderungen dürfen auch hier an den Indizienbeweis nicht
gestellt werden (Braunschweig VersR 63, 645). Meist wird darüber gestritten,
ob der Diebstahl auch mit Hilfe eines Originalschlüssels ausgeführt worden
sein könnte, vgl. ausführlich D XVI 39 bis 44. Manchmal wird zusätzlich
auch darüber gestritten, ob ein Täter die Möglichkeit gehabt haben könnte,
einen Nachschlüssel anzufertigen; Beispiel: AG Dortmund ZfS 87, 59 (angeblich vorübergehende Entnahme eines Originalschlüssels aus einer Handtasche während eines Gaststättenaufenthaltes).

37   Ist feststellbar, daß die Sachen in einer bestimmten Nacht abhanden gekommen sind, vgl. dazu BGH VersR 74, 1166, so muß der VN beweisen, daß
das **Gebäude** oder der **Raum** oder das **Behältnis** in dieser Nacht **verschlossen**
war. In Köln VersR 73, 1057 und LG Oldenburg ZfS 81, 318 war dies jeweils

nicht gelungen, desgleichen nicht in Celle RuS 85, 201 für einen während Bauarbeiten durch Handwerker provisorisch gesicherten Raum.

Fehlmengen in Gewerbebetrieben, die über einen *längeren Zeitraum* hin- **38** weg entstehen, beruhen in der Mehrzahl der Fälle auf Diebstahl durch Angestellte, was sogar noch für einen späteren Diebstahlsfall entscheidend gegen Nachschlüsseldiebstahl sprechen kann, KG JR 35, 158, Köln VersR 77, 926. Entscheidend gegen Nachschlüsseldiebstahl spricht es fast immer, wenn am Morgen nach dem angeblichen Diebstahl ein richtiger Schlüssel aufsteckt (KG JR 35, 186). Auch in KG JR 39, 252 unterlag der VN; in KG JR 34, 58 hatte er hingegen Erfolg. Für Nachschlüsseldiebstahl können **Einbruchspuren** sprechen, die nur **fingiert** waren, und zwar nachweislich ohne Wissen des VN, nämlich vielleicht durch einen Täter, der den Gebrauch eines Nachschlüssels verschleiern wollte, Schleswig RuS 83, 261. Waren laut Tatortbericht Einbruchspuren nicht vorhanden, so ist die nachträgliche Behauptung eines Zeugen, er habe den Beamten auf bestimmte, inzwischen aber nicht mehr vorhandene Spuren sogar eigens hingewiesen, mit Vorsicht zu behandeln, Frankfurt VersR 86, 1092.

Der VN muß in der Regel **negativ** alle halbwegs naheliegenden **nicht versi- 39 cherten Möglichkeiten** für den Verbleib der versicherten Sachen **ausräumen,** die neben Nachschlüsseldiebstahl in Betracht kommen, Hamm VersR 81, 945, 81, 946, 83, 1121, NJW-RR 88, 543 = VersR 1016. Sonst fehlt es schon an einem „äußeren Bild" im Sinn von D XVI 13, das „hinreichende" Wahrscheinlichkeit für Nachschlüsseldiebstahl begründen könnte. Die bloße Möglichkeit eines Nachschlüsseldiebstahls reicht nicht aus, RG VA 29 Nr. 2009 = JR 185 und z. B. AG Bremen VersR 85, 1030. Indizien, die **positiv** für Anfertigung und Gebrauch eines Nachschlüssels sprechen und das Ausräumen der nicht versicherten Möglichkeiten ganz oder teilweise entbehrlich machen, gibt es nur selten. Immerhin findet sich ein Beispiel in LG Berlin VersR 82, 83, wo sich ein Originalschlüssel vor dem angeblichen Diebstahl vorübergehend in der Hand eines Kriminellen befunden hatte.

Grundsätzlich muß der VN negativ die Möglichkeit **ausräumen** (gelungen 40 z. B. in Düsseldorf VersR 82, 765), daß die Sachen durch eine zutrittsberechtigte Person oder (D XVI 44) durch einen nicht (mehr) berechtigten Besitzer eines vergessenen und nunmehr „geheimen" **richtigen Schlüssels** gestohlen wurden, Frankfurt ZfS 85, 283 und VersR 86, 1092, Hamm NJW-RR 88, 543. Mit zunehmender Zahl der in Umlauf befindlichen richtigen Schlüssel wird dieser Nachweis immer schwieriger; in Hamm VersR 83, 1121 waren es elf Schlüssel. In LG Köln RuS 86, 215 wurde der Nachweis freilich ohne völlige Klarheit über den Verbleib aller Schlüssel als geführt angesehen; strenger wieder LG Köln VersR 87, 1081. Solch völlige Klarheit muß aber jedenfalls dann gefordert werden, wenn der VN die Möglichkeit eines Mißbrauchs richtiger Schlüssel zuvor auch selbst eingeräumt hatte, Frankfurt VersR 86, 1092. Der **Gebrauch eines Originalschlüssels** muß „unwahrscheinlich" sein, BGH RuS 90, 129.

Als zutrittsberechtigte Personen (LG Berlin VersR 51, 54) kommen vor 41 allem Angestellte in Betracht (Hamburg VW 49, 230), z. B. Hotelpersonal (LG Wuppertal VersR 82, 57, AG Gelnhausen ZfS 88, 402; zum Hotelzimmer vgl. auch schon D XVI 4). Weitere Möglichkeiten: Familienangehörige,

Hauswart (besonders wenn dieser öfter wechselt, LG Berlin RuS 86, 263) mit Reserveschlüsseln oder mit Schlüsseln für Zentralschließanlage. Strenge Anforderungen sind besonders dann zu stellen, wenn der VN zunächst auch selbst einen Familienangehörigen verdächtigt hatte, vgl. für einen Sohn als möglichen Originalschlüsseltäter Hamm VersR 86, 1118.

42   Waren **Schlüssel** so **verwahrt,** daß praktisch nur ein *Angestellter* sie zwecks *Herstellung eines Nachschlüssels* vorübergehend an sich nehmen konnte, so darf offen bleiben, ob wirklich ein Nachschlüssel gefertigt und benutzt wurde, denn jedenfalls würden §§ 1 Nr. 6 b AEB, AERB, 1 Nr. 7 b AERB 87 eingreifen, D XVI 7 und 22.

43   Von dem soeben behandelten Sonderfall abgesehen, braucht der VN nicht darzulegen, wer der Täter des Nachschlüsseldiebstahls gewesen sein und wie er sich den Nachschlüssel verschafft haben könnte, Hamm NJW-RR 88, 543. Es ist daher kein ausreichendes Argument für den beklagten Vr, wenn dieser vorträgt, alle denkbaren Varianten (z.B. Nachschlüsselanfertigung durch einen Handwerker oder einen Vormieter) seien, jede für sich betrachtet, wenig wahrscheinlich. Entscheidend für hinreichende Wahrscheinlichkeit im Sinn von D XVI 11 ist nach Hamm aaO allein, daß die Möglichkeiten für einen nicht versicherten Diebstahl zusammengenommen weit weniger wahrscheinlich sind als die Möglichkeiten für einen versicherten erschwerten Diebstahl, der neben Nachschlüsseldiebstahl z.B. ein ausnahmsweise ohne Spuren verübter Einbruchdiebstahl gewesen sein könnte.

44   **Schlüssel,** die ein **gegenwärtiger oder früherer Vermieter** oder ein **früherer Mieter** eines Gebäudes absichtlich oder versehentlich **zurückbehält,** bleiben richtige *Schlüssel,* D V 12. Der VN muß also gegebenenfalls auch die Möglichkeit ausräumen, daß der Diebstahl durch geheime richtige Schlüssel ausgeführt worden sein könnte; wird der Schlüssel einem rechtmäßigen Vorbesitzer gestohlen, so gilt das D VIII 9 Gesagte. Allerdings kann von dem Schlüssel in der Hand des Vorbesitzers auch ein Nachschlüssel gefertigt worden sein, Hamm VersR 80, 737. Ob aus diesem Grund doch ein Nachschlüsseldiebstahl vorliegt, darf von Fall zu Fall offen bleiben, D XVI 7, 22 und 42 nämlich dann, wenn den VN der Vorwurf grober Fahrlässigkeit schon deshalb trifft, weil er die Geschäftsräume in Betrieb genommen hat, ohne sich mit genügender Sicherheit zu vergewissern, daß weder der Vermieter noch ein Vorbesitzer Schlüssel zurückbehalten hat. Ob ein solcher Vorwurf gerechtfertigt ist, hängt von allen Umständen des Einzelfalles ab, insbesondere von der Geschäftsbranche des VN und von der Zuverlässigkeit der Vorbesitzer.

45   In §§ 1 Nr. 2 a Halbsatz 2 AERB, AERB 87, 5 Nr. 1 a Abs. 3 VHB 84 wird speziell für den *Nachschlüsseldiebstahl* ausdrücklich gesagt, was sich aus vorstehenden Überlegungen ohnehin ergibt, daß nämlich ein Nachschlüsseldiebstahl nicht schon dann bewiesen ist, wenn feststeht, daß aus einem (zeitweise und insbesondere nachts verschlossenen) Raum Sachen aus *unbekannter* Ursache *abhanden gekommen* sind. Diese Feststellung in den AERB, AERB 87 und VHB 84 verschlechtert nicht die Rechtsstellung des VN gegenüber den AEB oder VHB 74, sondern wirkt nur klarstellend, Ollick VerBAV 81, 36 unter Hinweis auf AG Bremen VersR 80, 815.

46   Schon zu den AEB war wiederholt dem Sinne nach (Köln VersR 73, 1057) oder ausdrücklich (Schleswig RuS 83, 261, München VersR 76, 949, LG

Münster RuS 77, 237, LG München I VersR 78, 339) gemäß im Sinn der in D
XVI 45 zitierten Bestimmungen entschieden worden. Am wenigsten kann auf
Nachschlüsselgebrauch bei ungeklärten Schäden in Räumen geschlossen wer-
den, die durch ein Zylinderschloß gesichert sind (Köln VersR 77, 929), denn
bei solchen Schlössern hinterlassen Nachschlüssel in der Regel Spuren, D
XVI 5.

XVII. Nachttresoranlagen (NTA)

1. In **VVerträgen mit Kreditinstituten** wird oft eine Position für einen Bar- 1
geldbetrag „in der NTA" oder auch „im Geldschrank der NTA" oder im
„Tressorraum der NTA" vereinbart. NTA bestehen überwiegend aus einem
Geldschrank im Erdgeschoß oder (meist) im Keller, zu dem (bei Glas- oder
Metallfassaden) ein Stahlrohrkanal oder ein in Stahlbeton verlaufender sonstiger Kanal führt, durch den die Geldbomben der Kunden eingeworfen werden.

Ein VBedürfnis hat sich bisher vor allem durch drei **Gruppen von Schäden** 2
gezeigt. Einmal haben Diebe bei Anlagen ohne Rückholsperre die Einwurftür
erbrochen oder mit einem (falschen oder richtigen) Schlüssel geöffnet und
dann mit einem *Spezialgerät* (z.B. Magnet) Geldbomben herausgeholt; auch
wurden Abfangvorrichtungen in den Kanal eingebracht, in denen sich die
Geldbomben verfangen haben und wieder herausgenommen werden konnten. Ferner haben Diebe nach Einbruch in die Bankräume den Geldschrank
(wenn der Kanal in einen Tresorraum mündet, ist dies nicht möglich) abge-
stemmt und so den *Kanal abgerissen*, um dann entweder Geldbomben mit
einem Spezialgerät aus dem Geldschrank zu holen oder aber die durch den
Kanal nun nicht mehr in den Geldschrank, sondern in den Keller fallenden
Geldbomben zu stehlen; die Vr verlangen zum Schutz gegen solche Schäden
inzwischen zweifache Verankerung der Geldschränke. Die dritte Schadenmöglichkeit ist *Raub* an Bankkunden auf dem Weg zur Nachttresoranlage
(hierzu D XVII 15).

Die geschilderten Diebstahlschäden werfen Rechtsfragen zu §§ 1 Nr. 2 3
(Diebstahltatbestände) und zu §§ 3 Nr. 4 AERB, 4 Nr. 4 AERB 87 *(Verschlußvorschriften)*, 2 Nr. 3 AEB (in Verbindung mit D-Kl 8) auf. In den
AERB und AERB 87 können diese Fragen nicht klar geregelt sein, weil der
Spezialtatbestand der NTA den Wortlaut überlasten würde. Zu erwägen wäre
aber eine Klausel, A IV 34, die den Umfang des VSchutzes präzisiert und nur
mit Kreditinstituten mit NTA vereinbart wird. Da die Behandlung der NTA-
Fragen jeweils bei den zitierten Vorschriften zu unübersichtlich wäre, werden
die Fragen im Folgenden im Zusammenhang erörtert, und zwar zunächst (D
XVII 4 bis 8) die Voraussetzungen des erschwerten Diebstahls und danach (D
XVII 9 bis 14) die NTA-Verschlußvorschriften.

2. Einbrechen in den Raum eines Gebäudes (§§ 1 Nr. 2a AERB, AERB 87, 4
AEB) setzt unstreitig nicht voraus, daß der Dieb ganz oder auch nur mit
einem Körperteil in das Gebäude gelangt, D III 18. Erschwerter Diebstahl
liegt schon dann vor, wenn der Täter die *Außentür* vor dem NTA-Einwurf

erbricht; dabei ist gleichgültig ob man den Kanal überhaupt und gegebenenfalls allein oder nur zusammen mit dem Geldschrank als Behältnis ansieht. Ob VSchutz besteht, hängt allein davon ab, ob auch (D VI 3) die Voraussetzungen der Verschlußvorschrift („in der NTA" usw.) erfüllt sind. Die Rechtslage wird durch §§ 11 Nr. 2 AERB, 12 Nr. 2 AERB 87 bestätigt, wonach Entschädigungsgrenzen für erschwerte Diebstähle vereinbart werden können, bei denen der Täter das Gebäude nicht betritt.

5   Ob **Eindringen** mittels **falscher Schlüssel** (§§ 1 Nr. 2a AEB, AERB, AERB 87) voraussetzt, daß der Täter ganz oder wenigstens mit dem überwiegenden Teil seinen Körpers in das Gebäude gelangt ist zweifelhaft, zumal auch für das *Einsteigen* der Griff des Fassadenkletterers durch offene Fenster genügt, D IV 3.

6   **Aufbrechen eines Behältnisses** (§§ 1 Nr. 2b AEB, AERB, AERB 87) setzt voraus, daß die erbrochene Umschließung Teil eines Behältnisses ist. Ob dies für die Außentür vor dem NTA-Einwurf zutrifft, ist zweifelhaft.

7   §§ 1 Nr. 2b AEB, AERB, AERB 87 verlangen aber zusätzlich, daß die Tätigkeit des Aufbrechens eines Behältnisses **innerhalb eines Gebäudes** verübt wird, und zwar sogar innerhalb des VOrts, §§ 3 Nr. 1 AERB, 4 Nr. 1 AERB 87. Es kommt nicht darauf an, ob das Risiko des Täters innerhalb des Gebäudes größer oder ausnahmsweise kleiner ist als außerhalb des Gebäudes (hier zweifelhaft; Passanten halten aber den NTA-Einbrecher leicht für einen Kunden). Entscheidend ist der klare AVB-Wortlaut. Danach scheidet diese Form des erschwerten Diebstahls aus, wenn der Täter nur auf der Straße arbeitet.

8   Für das **Öffnen eines Behältnisses** mittels **falscher Schlüssel** (§§ 1 Nr. 2b AEB, AERB, AERB 87) gilt das gleiche wie für das Erbrechen, denn die Worte „in einem Raum ..." beziehen sich auf beide Alternativen.

9   3. „In der NTA" oder „im Geldschrank der NTA" ist eine **Verschlußvorschrift** und Teil der Umschreibung der versicherten Sachen, G I 18 und H III 32. Unabhängig von der im einzelnen Vertrag gewählten Formulierung handelt es sich um qualifizierte Behältnisse gemäß §§ 2 Nr. 3 Abs. 3 AEB, 3 Nr. 4 AERB, 4 Nr. 4 AERB 87 (H III 42), für die nicht die allgemeine Schlüsselklausel für Behältnisse (D IX 3), sondern eine *eingeschränkte Schlüsselklausel* (D X 3) gilt, nämlich §§ 1 Nr. 2e Halbsatz 2 AERB, AERB 87 sowie früher D-Kl 8.

10   a) Ist **„in der Nachttresoranlage"** versichert, so bildet der Kanal zusammen mit dem Geldschrank oder dem Tresorraum (H III 35 und 44) ein einheitliches Behältnis. Der VFall ist gegeben, wenn der Täter die Außentür vor dem Einwurf aufbricht (D XVII 4) oder mittels falscher Schlüssel öffnet (D XVII 5). Diese Auslegung widerspricht zwar dem Zweck der Verschlußvorschrift, weil die Außentür nicht den Sicherheitsgrad eines „Tresors" aufweist. Aber der Vr geht eben – gemessen an einer sonstigen V von Geldschrankinhalten – ein weit überdurchschnittliches Risiko ein, wenn er eine NTA-Anlage versichert, die zwar einen Geldschrank, aber (und dies weiß der Vr) auch den Einwurfkanal umfaßt, der bis an die Straßenfront reicht und einem Täter mit Spezialwerkzeugen nur geringen Widerstand leistet. Wenn der Vr dann gleichwohl nur ganz allgemein „in der NTA" beurkundet, muß er das erhöhte Risiko tragen.

11   b) Ist dagegen **„im Geldschrank der NTA"** versichert, so kann der Kanal nicht als Teil des Geldschranks, der Geldschrank aber trotz des Loches, in das der

Kanal mündet, als verschlossen angesehen werden. Ein Dieb, der zwar die Außentür vor dem Einwurf und damit das Gebäude (D XVII 4) erbricht, dann aber nicht auch den Geldschrank aufbricht, sondern mit einem *Spezialgerät* durch den Kanal greift, ist versicherungsrechtlich zu behandeln wie ein Dieb, der in das Gebäude einbricht, dann aber zum Öffnen des Behältnisses einen richtigen Schlüssel benutzt, den er durch einfachen Diebstahl oder sonstwie erlangt hat. Die Auslegung ist zwar ebenfalls nicht ganz zweifelsfrei, aber andernfalls müßte man (um VSchutz bejahen zu können) entgegen dem allgemeinen Sprachgebrauch den Kanal als Teil des Geldschranks ansehen; dies widerspräche dem Sinn der NTA-Verschlußvorschrift, in welcher „NTA" im Genitiv erscheint, weil die Verschlußvorschrift die volle Sicherheit eines Geldschranks verlangt, hinter der die Sicherheit des Einwurfkanals eben deutlich zurückbleibt.

Nach §§ 1 Nr. 2e AERB, AERB 87 gilt die Öffnung eines Behältnisses 12 mittels richtiger Schlüssel „nicht als Einbruchdiebstahl", wenn Sachen, die sich in qualifizierten Behältnissen befinden müssen, aus solchen Behältnissen gestohlen werden. Trotzdem schließt die Vorschrift den VSchutz in den hier erörterten Fällen nicht aus, denn sie gilt ausdrücklich nur für den Gebrauch eines richtigen Schlüssels, nicht für das Erbrechen eines Behältnisses, D X 6.

Auch die AEB drücken sich nicht ganz klar aus. § 2 Nr. 3 Abs. 3 AEB 13 verlangt zwar, im Gegensatz zu §§ 3 Nr. 4 AERB, 4 Nr. 4 AERB 87, ausdrücklich die Öffnung des qualifizierten Behältnisses durch Erbrechen oder falsche Schlüssel, aber nur „abweichend von § 1 Nr. 2d". Man darf daraus indessen nicht schließen (D X 5), bei qualifizierten Behältnissen genüge, wenn der Täter zuvor in das Gebäude eingebrochen ist (§ 1 Nr. 2a AEB), das Öffnen mittels richtiger Schlüssel. Wenn D-Kl 8 verlangt, daß der Täter den richtigen Schlüssel durch Raub oder durch Erbrechen gleich qualifizierter Behältnisse erlangt hat, und wenn D-Kl 8 dies ausdrücklich als Erweiterung des VSchutzes bezeichnet, dann geht es nicht an, aus § 2 Nr. 3 Abs. 3 AEB den angedeuteten Umkehrschluß zugunsten der VN zu ziehen.

c) Stemmen die Täter den Geldschrank ab und reißt dadurch der Einwurf- 14 kanal, so ist zu unterscheiden: Für Geldbomben, die aus dem Geldschrank nun leichter als vor dem *Abreißen des Kanals* entnommen werden können, besteht *unabhängig* vom Wortlaut der NTA-Verschlußvorschrift VSchutz, denn durch das Abreißen des Kanals wird nach der Verkehrsansicht der Geldschrank auch dann „erbrochen", wenn man den Kanal begrifflich nicht zum Geldschrank rechnet. Für Geldbomben dagegen, die wegen des abgerissenen Kanals nun nicht mehr in den Geldschrank, sondern in den Kellerraum fallen, besteht kein Schutz. Steht der Geldschrank in einem Tresorraum, so stellt sich das Problem nicht, denn wenn die Täter in den Tresorraum eingebrochen sind, besteht ohnehin VSchutz, H III 44.

4. Raubschäden an Nachttresorkunden versichern die Kreditinstitute gemäß 15 Kl 4407 für Rechnung des Kunden, und zwar (obwohl nicht eigens gesagt) unter Einschluß von fremdem Eigentum, vgl. D XII 57, 66 und 67 sowie H III 86. Es handelt sich um einen Kundendienst der Bank, ähnlich wie bei der V gegen Schäden durch Raub in den **Geschäftsräumen** und vor **Autoschaltern** von **Banken und Sparkassen** (Kl 4404 und 4405, vgl. D XII 53, 66, 67 und 92 bis 95 sowie U II 32). Versichert ist das Interesse des Bankkunden, Adressat der Drohung oder der Gewalt die Person am Schalter oder auf dem Weg zum Nachttresor (dazu Martin Klingmüller-Festschrift 263). Da zweifelhaft ist, J IV 12 ff., ob die Bank als VN ein Wahlrecht hat, den Vr in Anspruch zu nehmen oder nicht, enthalten die Klauseln neuerdings eine Subsidaritätsabrede (V I 18) gegenüber Ansprüchen aus einer eigenen RaubV des Kunden (Kl 4407 Nr. 6).

16   Wegen des „direkten Weges" zur NTA vgl. Ollick VerBAV 81, 47. Anders als nach Kl 4408 (Geldausgabeautomaten) genügt es nach Kl 4407, daß der Überfall auf jenem „direkten Weg" beginnt, mag auch die Übergabe erst an einem dritten Ort stattfinden; die in D XII 69 erwähnten Meinungsverschiedenheiten über die gebotenen Beweisanforderungen drohen hier nur in geringerem Maß, den mindestens muß bewiesen sein, daß das Geld sich in der Kassette für die NTA befunden hatte, vgl. auch D XII 94.

17   Trifft die *Subsidaritätsabrede* mit § 8 Nr. 4 AERB, § 9 Nr. 3 AERB 87 oder D-Kl 44 und einer Entschädigungsgrenze (U I 8) in der eigenen V des Kunden zusammen, so ist die Subsidaritätsabrede in Kl 4407 dahin auszulegen, daß sie eine Entschädigung nicht nur im Umfang der Entschädigung aus dem eigenen Vertrag des Kunden, sondern auch insoweit ausschließt, wie der Kunde aus der eigenen V nur wegen einer dort geltenden Entschädigungsgrenze nichts verlangen kann, vgl. auch U I 27. Werden z. B. einem Nachttresorkunden *unterwegs* 60000 DM geraubt, so zahlt der Vr des Kunden 50000 DM (Begleitschutz-Entschädigungsgrenze für Einzelpersonen, U II 22), der Vr der Bank überhaupt nichts. Anders wenn einem Kunden *im Kassenraum* 60000 DM geraubt werden; hier zahlt nach Kl 4404 der Vr der Bank zu den 50000 DM eigener Entschädigung des Kunden noch 10000 DM hinzu, denn für Kunden im Kassenraum gilt nicht die Begleitschutz-Entschädigungsgrenze, sondern nur der vereinbarte Höchstbetrag je Kunde (tariflich zur Zeit 50000 DM im Kassenraum und an Autoschaltern, 100000 DM für Nachttresorkunden), bei dem es sich um eine (Erstrisiko-)VSumme und um eine Prämienbemessungsgrundlage handelt.

E. Leitungswasser, Sturm und Hagel
als versicherte Gefahren

I. Leitungswasser und Rohrbruch als versicherte Gefahren

1. Überblick: „LeitungswasserV" bezeichnet einen VZweig, der einerseits **1**
nicht alle möglichen Ven gegen Leitungswasserschäden, andererseits *nicht
nur* Ven gegen Leitungswasserschäden umfaßt. Vielmehr zählen zu diesem
VZweig alle VVerträge über **Risiken,** die mit der **Existenz von Wasser-**(zu-
oder ab-)**leitungen** zusammenhängen. Einerseits gehören nicht hierher die
AllgefahrenVen, bei denen Leitungswasser nur eine von vielen versicherten
Gefahren ist (Bechert 12), andererseits wird auch die V von Rohren und mit
dem Rohrsystem verbundenen Einrichtungen gegen Bruch durch Frost oder
sonstige Ursachen (E I 4 und 78) zur LeitungswasserV gerechnet.
Der Name „LeitungswasserV" (A III 25) schließt auch nicht aus, daß nach **2**
den VHB 74 oder VHB 84 und nach den VGB 62 oder VGB 88, also bei V
privater Objekte (**Hausrat** und **Wohngebäude**), die LeitungswasserV jeweils
nur einen Ausschnitt eines rechtlich einheitlichen *„kombinierten"* (VerBAV
54, 52) VVertrages darstellt, der auch Brand, Sturm, Diebstahl, Raub und
Glasbruch einschließen kann, A II 3. In der **GeschäftsV** werden dagegen für
Gebäude wie für Einrichtung aufgrund der AWB 68 oder AWB 87 *selbstän-*

dige LeitungswasserVVerträge abgeschlossen, A II 12. Lediglich die **MietverlustV** gemäß den BVM oder ABM 89 wird kombiniert auch gegen Brandschäden genommen, A I 8. Die **SprinklerleckageV** (E I 53 und 63) nach den AWSB
gegen Wasseraustritt aus Sprinkler-Anlagen ermöglicht die Deckung eines
kleinen Ausschnitts des Risikos der LeitungswasserV für VN, die keine LeitungswasserV genommen haben. Verträge nach den AWSB werden meist
zusammen mit einer FeuerV abgeschlossen, sind aber rechtlich selbständig.

3   Kernstück der LeitungswasserV sind Sachschäden und (selten) Abhandenkommen (B II 12) durch bestimmungswidrig (E I 54 bis 64) **ausgetretenes
Leitungswasser** (E I 7 bis 23) als adäquate Ursache (E I 16 bis 23). Wichtigster
Fall des Sachschadens durch Leitungswasser sind Beschädigung und Zerstörung durch unmittelbar einwirkendes Wasser, die sog. *Durchnässungsschäden*. Nicht rechtssystematisch, sondern nur historisch und durch den praktischen Zusammenhang bei Vertragsschluß und Schadenregulierung begründet
ist der Einschluß einiger im übrigen nicht *versicherter Sachen* in die HausratV
gegen Leitungswasserschäden, vgl. nachfolgend E I 66 bis 77. In den VHB 74
war dieser Einschluß inkorrekt als § 3 Nr. C 2 in die Bestimmungen über
Leitungswasser als versicherte Gefahr eingeordnet. Systematisch richtiger
steht § 2 Nr. 1 f VHB 84 in den Bestimmungen über versicherte Kosten.

4   Die **RohrbruchV** für Rohre und Einrichtungen der Wasserversorgung ge-
gen Bruch, sei es aus beliebiger Ursache (E I 82 bis 85) oder sei es nur durch
Frost (E I 86 und 87), wird für die GeschäftsV in §§ 1 Nr. 2 AWB 68, 1 Nr. 3
AWB 87, für die HausratV in § 3 Nr. C 3 VHB 74, 7 Nr. 2 VHB 84 und für
die WohngebäudeV in § 4 Nr. 2 VGB 62 geregelt, also jeweils innerhalb der
Vorschriften über Leitungswasser als versicherte Gefahr. Erstmals in den
VGB 88 wird die RohrbruchV korrekt in einer selbständigen Bestimmung
behandelt, nämlich in „§ 7 Rohrbruch; Frost". Auch bei den Ausschlüssen
wurde diese Trennung konsequent durchgeführt, nämlich in § 9 Nr. 4 und 5
VHB 88, wobei hier schon auf § 1 Nr. 5 Abs. 2 AWB 87 als Vorbild zurückgegriffen werden konnte. In den älteren AVB war hingegen zu verschiedenen
Ausschlüssen der LeitungswasserV unklar, ob sie auch auf Rohrbruchschäden anzuwenden waren, vgl. F IV 2. Auch in den VGB 88 nicht ganz gelungen ist lediglich die Erwähnung der RohrbruchV in der einleitenden Übersicht über die versicherten Gefahren; statt in § 4 **Nr. 2 VGB 88** wäre die
RohrbruchV besser als § 4 Nr. 1 d oder – im Hinblick auf die Behandlung als
unauflösbare Gefahrengruppe durch § 4 **Nr. 3 VGB 88** – sogar innerhalb von
§ 4 Nr. 1 c VGB 88 genannt worden.

5   Nicht einen eigenständigen Deckungsbereich, sondern nur eine Modalität
der Entschädigungshöhe bedeutet der Ersatz von Kosten des Auftauens sowie von Nebenarbeiten nach Rohrbruchschäden. Diese Kosten sind in §§ 1
Nr. 2 AWB 68, 3 Nr. C 3 VHB 74, 4 Nr. 2 VGB 62 noch besonders erwähnt,
obwohl sich die Ersatzpflicht schon aus den Bestimmungen über den Ersatz
von Reparaturkosten sowie von Rettungskosten ergibt, vgl. E I 123. In den
VHB 84 und VGB 88 werden diese Kosten hingegen nicht mehr besonders
erwähnt. § 3 Nr. 1 AWB 87 erwähnt nur noch Nebenarbeiten, aber nicht
mehr das Auftauen.

6   Die Darstellung in vorliegendem Kommentar folgt der Praxis und dem
Begriff der LeitungswasserV als VZweig. In E I 7 bis 123 werden daher nicht

nur Leitungswasser als versicherte Gefahr behandelt, sondern auch die Rohr-bruchV sowie der Einschluß zusätzlicher Sachen in der HausratV, obwohl es sich rechtssystematisch um einen Gegenstand des Abschnittes H (versicherte Sachen) handeln würde. Dagegen werden die Ausschlüsse der Leitungswasser- und RohrbruchV in F IV 1 bis 48 behandelt, also zusammen mit den allgemeinen Ausschlüssen (F I 1 bis 31) sowie den speziellen Ausschlüssen der Feuer-, Diebstahl- und SturmV (Abschnitte F II, III und V). Wegen Schäden durch Niederreißen oder Ausräumen von Gebäuden nach Leitungswasseraustritt vgl. E II 3 (SturmV) und E I 19 (LeitungswasserV).

2. Durch „**Leitungswasser**" muß der Sachschaden oder das Abhandenkom- 7 men verursacht worden sein, §§ 1 Nr. 1 AWB 68, 1 Nr. 1 und 2 AWB 87, 1 **Nr. 1 c, 3 Nr. C 1 VHB 74, 3 Nr. 4, 7 Nr. 1 VHB 84, 1 Nr. 1 b, 4 Nr. 1 VGB 62, 4 Nr. 1 b, 6 Nr. 1 VGB 88.** Leitungswasser wird dort definiert als Wasser im Sinn von E I 8 bis 15, das aus den in E I 24 bis 53 beschriebenen Quellen ausgetreten ist, und zwar bestimmungswidrig im Sinn von E I 54 bis 64. Nicht der Leitungswasseraustritt als Vorgang, sondern das ausgetretene Wasser als Substanz ist versicherte Schadenursache. In gewissen Grenzfällen bedeutet dies einen Unterschied, vgl. E I 20 und 23.

a) Was **Wasser** ist, entscheidet der Sprachgebrauch des täglichen Lebens im 8 Sinn von BGH RuS 88, 244 = VerBAV 331 = NJW-RR 1050. In E I 6 der 2. Aufl. war im Anschluß an Bechert 25 die „Verkehrsauffassung" als maßgebend bezeichnet. Hierbei ist dann aber zu beachten, daß nicht nur an die Auffassung beteiligter Fachkreise gedacht werden darf.

Verschmutzung ändert nichts daran, daß es sich begrifflich noch um Wasser 9 handelt. Dies ergibt sich schon daraus, daß Wasser aus Ableitungsrohren eingeschlossen ist, Prölss VersR 75, 318 zu § 4 Nr. I 5 AHB. Bewußte oder unbewußte Beimengung von Fremdstoffen aller Art ist mithin unbeachtlich, solange der Sprachgebrauch des täglichen Lebens noch von Wasser spricht. Eine weitere Bestätigung bedeutet der Ausschluß von Plansch- und Reinigungswasser sowie der Ausschluß von Grundwasser und Wasser aus Seen oder Flüssen. Der Inhalt von Kläranlagen oder der Moorschlamm in Heilbädern ist aber z.B. nicht Wasser.

Chemische Lösungen sind Grenzfälle, vgl. mit Recht bejahend für Chlorlau- 10 ge aus Hausschwimmbad LG München I VersR 89, 1294. Die Vr lassen in den Klauseln für Klima-, Wärmepumpen und Solarheizungsanlagen, also in **Kl 5102 bis 5104 sowie 5106** für die GeschäftsV, **817 bis 819** zu den VHB 74, **817 (89)** zu den VHB 84, **849 bis 851** zu den VGB 62 und **0922** zu den VGB 88 erkennen, daß sie „**wärmetragende Flüssigkeiten**" nicht als Wasser gelten lassen wollen. Kl 5106 und Kl 0922 sind nämlich (unrichtig) so formuliert, als bedeute der Schutz für Schäden durch austretende wärmetragende Flüssigkeiten eine Erweiterung. In den älteren Klauseln Kl 5102 bis 5104, 817 bis 819 und 849 bis 851 sind wärmetragende Flüssigkeiten ausdrücklich **ausgeschlossen.** Hierauf kann sich der Vr sich jedenfalls dann **nicht** berufen, wenn er die Klauseln gegen Mehrprämie vereinbart hat.

Der engen Auslegung des Begriffes „Wasser" durch die Vr ist mit Recht 11 Ollick VerBAV 82, 433 entgegengetreten, weil Wasser für den Sprachgebrauch des täglichen Lebens Wasser bleibt, solange das beigemischte Frostschutzmittel nicht überwiegt; ebenso schon E I 7 der 2. Aufl. Auch LG Aachen VersR 88, 684 sieht derartige Flüssigkeiten als Waser an, jedenfalls „wenn der Wasseranteil noch deutlich überwiegt" (im entschiedenen Fall: 2 : 1). Daß die Fachsprache nicht vom Wasser spricht, sondern speziellere Begriffe gebraucht („Sole" usw.), ändert nichts, E I 8.

12   Die Existenz der in E I 10 zitierten Klauseln kann an der Auslegung der AVB und des Vertragsantrags (K I 7) schon deshalb nichts ändern, weil die Klauseln dem VN oft nicht bekannt sind, LG Aachen VersR 88, 684. Aber selbst wenn die Vereinbarung einer Klausel im Antragsformular ausdrücklich angeboten war, spielt dies keine Rolle, vgl. zutreffend BGH NJW-RR 90, 158 = RuS 59 = VersR 200 für eine Wärmepumpenanlage als Teil der Heizungsanlage und Gebäudebestandteil mit Hinweis auf Kl 503, 818 und 850, E I 52, sowie allgemein K I 6. Die gebotene objektive Auslegung von AVB muß Begleitumstände bei Abschluß des einzelnen Vertrages außer Betracht lassen, vgl. allgemein K I 6. Dazu gehört z.B. ein Gespräch des Antragstellers mit dem Agenten oder der Wortlaut des Antragsformulars. Daß jene Klauseln dann, soweit sie als Erweiterungen formuliert sind, ebenso wie bezüglich der „Einrichtungen" so auch bezüglich des „Wassers" nur deklaratorische Bedeutung haben, ist kein Gegenargument, vgl. auch E I 47, 52 und 93. Soweit die Klauseln Ausschlüsse enthalten, obwohl sie gegen Mehrprämie vereinbart wurden, darf der Vr sich auf die Ausschlüsse nicht berufen, E I 10.

13   Für die Behandlung wärmetragender Flüssigkeiten als Wasser unter den genannten Voraussetzungen spricht auch § 7 Nr. 1 VHB 84. Dort wird „**Wasser**" aus „**Klima-, Wärmepumpen- und Solarheizungsanlagen**" ohne Klausel in die Grunddeckung nach den VHB 84 einbezogen. Der Einschluß wäre entwertet, wenn wärmetragende Flüssigkeiten nicht „Wasser" wären und die daraus entstehenden besonders gefährlichen Durchnässungsschäden trotz des neuen Wortlauts ungedeckt blieben. Daher sprechen auch §§ 3, 5 AGBG für die hier vertretene Auslegung. Die Existenz von **Kl 817** (89) ändert daran aus den in E I 12 dargelegten Gründen nichts. Angesichts dieser Rechtslage in der HausratV darf man auch den Wasserbegriff nach den VGB 62 und VGB 88 nicht enger verstehen, zumal alle drei Bedingungswerke sich an denselben Kundenkreis wenden.

14   **Wasserdampf** ist naturwissenschaftlich Wasser in anderem Aggregatzustand. Nach dem Sprachgebrauch des täglichen Lebens (E I 8) ist Dampf aber etwas anders als Wasser. Zu den AWB a.F. (vor 1968) war streitig, ob Schäden durch ausströmenden Dampf und das sich niederschlagende Kondenswasser gedeckt seien (bejahend Schloemer VW 59, 102, verneinend Bechert VW 59, 153 mwN). Unstreitig gedeckt waren und sind Schäden durch Dampf, der sich erst nach dem Austritt heißen Wassers bildet. Das in F IV 31 erörterte Urteil LG Stuttgart VersR 80, 139 darf nicht herangezogen werden. Ebenso waren und sind nach allen AVB Folgeschäden (E I 18) gedeckt, die durch Verdunstungsfeuchtigkeit des ausgetretenen Wassers entstehen; um „Dampf" handelt es sich hier ohnehin nicht.

15   §§ 3 Nr. C 1 VHB 74, 7 Nr. 3 VHB 84, 4 Nr. 1 VGB 62, 6 Nr. 2 VGB 88 stellen Wasserdampf ausdrücklich dem Wasser gleich, während § 1 Nr. 4a **AWB 68** für die GeschäftsV von Gebäuden und Inventar „Schäden durch Wasserdampf" ausschließt. Der *Ausschluß* wirkt aber nur, wenn es sich schon

im *Zeitpunkt des* bestimmungswidrigen *Austretens* um Dampf gehandelt hat
(Bechert 42), denn ein Nachsatz analog dem Brandausschluß in § 1 Nr. 4 e
AWB 68 („auch dann nicht . . .") fehlt, woraus ein Umkehrschluß zu ziehen
ist, F I 22. Für dieses Ergebnis spricht auch, daß der Ausschluß lediglich den
erwähnten Streit zu den AWB a. F. erledigen sollte. § 1 Nr. 5 a AWB 87
schließt Wasserdampf „ohne Rücksicht auf mitwirkende Ursachen" aus,
ebenso wie § 1 Nr. 5 g AWB 87 Brand usw. Der erwähnte Umkehrschluß für
Dampf, der sich nach Austritt heißen Wassers bildet, wäre streng nach dem
Wortlaut der AWB 87 also nicht mehr möglich. Trotzdem wird man § 1
Nr. 5 a AWB 87 einschränkend zugunsten des VN auslegen und einen Zusammenhang mit den Worten „ausgetreten ist" in § 1 Nr. 1 AWB 87 herstellen müssen, vgl. auch F IV 48.

b) Das Wasser muß **adäquate Ursache** eines Sachschadens oder Abhanden- **16**
kommens sein, vgl. das Wort „durch" in den Bestimmungen, die in E I 7
zitiert sind. Am häufigsten sind sog. **Durchnässungsschäden:** Wasser dringt in
die Substanz der versicherten Sachen ein und *beschädigt* oder *zerstört* sie,
z. B. auch durch im Wasser enthaltenen *Schmutz* (Beispiel: E I 50) oder durch
Chemikalien, die aber (E I 9 und 10) den Charakter als „Wasser" nicht ausschließen. Schwierig kann sein, wann Mauerwerk „beschädigt" ist oder wann
es bei Durchfeuchtung *„nur"* einen nicht ersatzpflichtigen *„Schönheitsscha-*
den" (B III 19 bis 21) erlitten hat und Abwarten des Austrocknens zumutbar
ist, zumal in der GeschäftsV. Letzteres darf nur angenommen werden, wenn
die Durchfeuchtung so geringfügig ist, daß nach dem Austrocknen keine
technische oder merkantile Wertminderung zurückbleibt. Bei Waren ist ein
Schaden meist schon dann zu bejahen, wenn die Wertminderung nur an der
(Original-)Verpackung eingetreten ist. Auch ein **Abhandenkommen** (B II 11)
durch unmittelbare Einwirkung des Wassers ist denkbar, wenn auch selten;
so kann z. B. ausgetretenes Leitungswasser versicherte Sachen fortspülen, so
daß sie unauffindbar werden oder im Abwasserkanal verschwinden.

Ausgetretenes Wasser kann aber auch durch adäquate Zischenursachen zu **17**
Sachschäden und Verlusten führen (Bechert 27, 63, 64 und VW 51, 102), also
zu sog. **Folgeschäden**, die mitversichert sind, soweit sie (innerhalb des VOrtes
und der VDauer eintreten. Folgeschäden aus Schäden der RohrbruchV sind
dagegen nicht mitversichert, E I 82, auch nicht solche an versicherten Sachen,
es sei denn, es handelt sich zugleich um Folgeschäden von ausgetretenem
Leitungswasser. Letzteres übersieht, wie Müller VersR 89, 1044 mit Recht
kritisiert, LG Köln VersR 89, 586. Schäden an versicherten Sachen durch
Wasser, das infolge Rohrbruchs austrat, sind entgegen LG Köln aaO stets
versichert, E I 31, auch wenn die Austrittsstelle außerhalb des VOrts und
außerhalb des versicherten Gebäudes liegt und daher von der RohrbruchV
nicht umfaßt wird.

Am häufigsten ist der Fall, daß durchnäßtes Mauerwerk oder unterspülte **18**
Gebäudeteile *ab- oder einstürzen* und dabei (auch oder nur) andere versicherte Sachen beschädigen. Dasselbe kann durch den *Aufprall* eines Wasserstrahls
geschehen. Bricht durch Absturz durchnäßter Mauerteile eine Heizölleitung,
so ist auch der Schaden durch *austretendes Öl* gedeckt (Bechert 64). Verursacht das Wasser einen *Kurzschluß*, so ist der *Verderb des Inhalts ausfallender*

Kühlanlagen oder ein Schaden durch kurzschlußbedingten Ausfall der Heizung ein versicherter Folgeschaden. Auch kann austretendes Leitungswasser das *Gebäude unterspülen* und zu Rissen im Mauerwerk führen, die gedeckt sind, wenn man nicht mit LG Stuttgart VersR 80, 139 den Ausschluß von Erdsenkung und Erdrutsch anwenden will, vgl. dazu F IV 31. – Folgeschäden durch Dampf nach Austritt heißen Wassers: E I 14 und 15. – *Rettungskosten* zur Abwehr von Folgeschäden in der LeitungswasserV: W II 52.

19   Folgeschäden sind auch die in §§ 1 Nr. 3 a AWB 68, 1 Nr. 4 b AWB 87, 1 Nr. 2 a VHB 74, VGB 62 eigens erwähnten Schäden durch **Niederreißen** oder **Ausräumen** infolge eines Leitungswasseraustritts. Die Erwähnung ist also ebenso wie in der FeuerV (C V 2) nur deklatorisch. Daß sie in den VHB 84 und VGB 88 fehlt, ist ohne Einfluß auf den Umfang des VSchutzes.

20   **Adäquate Folge** *nicht* nur des *Austritts* (Austretens), sondern **des ausgetretenen Wassers** muß der Sachschaden an oder der Verlust von versicherten Sachen sein (mißverständlich, in der Sache aber wie hier Bechert 27, 73, 74). Im Gegensatz zu den AWB a. F. ist dies in §§ 1 Nr. 1 AWB 68, AWB 87, 1 Nr. 1 c VHB 74, 3 Nr. 4 VHB 84, 1 Nr. 1 b VGB 62, 4 Nr. 1 b VGB 88 klar gesagt, denn vorausgesetzt werden jeweils Schäden „durch Leitungswasser".

21   Glüht also ein beheizter Kessel wegen Wassermangel aus, weil infolge des Wasseraustritts der Kessel nicht mehr gefüllt ist, so besteht **kein** VSchutz, Saarbrücken RuS 88, 177. Gedeckt sind nur Schäden durch ausgetretenes Wasser, nicht auch durch das Fehlen dieses Wassers an einer anderen Stelle. **Ausglühen eines Kessels** ist auch *nicht* im Rahmen der *Rohrbruch*V nach §§ 1 Nr. 2 a AWB 68, AWB 87, 3 Nr. C 3 a VHB 74, 7 Nr. 2 VHB 84, 4 Nr. 2 a 2 VGB 62, 7 Nr. 2 b VGB 88 entschädigungspflichtig, und zwar auch dann nicht, wenn der Wassermangel (auch oder nur) darauf beruht, daß die Zuleitung eingefroren ist, E I 86 und 87. **Nicht** versichert sind ferner Schäden durch **Heizungsausfall** an Sachen, die gegen Temperaturschwankungen empfindlich sind, z. B. an Musikinstrumenten, wenn diese ihrerseits nicht auf Wassereinwirkung (z. B. mit Kurzschluß, E I 14), sondern auf dem Fehlen ausgelaufenen Wassers beruhen, etwa nach Ventilbruch an einer Heizung.

22   Aus ähnlichen Gründen ist der VSchutz für **Diebstähle** durch **Hausmeister** oder **Feuerwehrleute** zweifelhaft, soweit diese nicht wegen Reparatur des bereits eingetretenen, sondern zwecks Abwehr weiterer Schäden den VOrt betreten, um also den noch andauernden Wasseraustritt zu beenden; allerdings kommt auch § 63 VVG (Rettungskostenersatz) als Anspruchsgrundlage in Betracht, W II 18. Diebstähle durch reparierende **Handwerker** sind dagegen zweifelsfrei als adäquater Folgeschaden gedeckt, soweit sie an versicherten Sachen verübt werden.

23   Bezeichnet man Schäden im Sinn von E I 16 (Durchnässungsschäden) als „unmittelbare", Schäden im Sinn von E I 18 bis 22 aber als „mittelbare" oder „*Folgeschäden*" (analog den „unvermeidlichen Folgen" eines Brandes, C VI 2), so muß man sich darüber klar sein, daß es sich immer um Folgen des ausgetretenen Wassers, nicht nur des Wasseraustritts handeln muß, vgl. schon E I 7 und 20. Besser vermeidet man die Begriffe „mittelbare" oder „Folgeschäden" für Leitungswassersachschäden völlig und gebraucht sie in der LeitungswasserV nur für Vermögensschäden, die über die Wiederbeschaffungs- oder Wiederherstellungskosten versicherter Sachen hinausgehen, W I 1.

3. Die **Quelle,** aus der das Wasser bestimmungswidrig austritt, ist Teil der 24
Definition von Leitungswasser als versicherter Gefahr. Drei Arten von Quellen kommen vor allem in Betracht, nämlich Wasserzu- oder -ableitungsrohre, ferner bestimmte „Einrichtungen" sowie schließlich Anlagen der Warmwasser- oder Dampfheizung. Für Anlagen der Warmwasser- oder Dampfheizung formulieren AWB 68, AWB 87, VHB 74, VHB 84, VGB 62 und
VGB 88 den Schutz einheitlich, E I 50, bei Wasser aus Zu- oder Ableitungsrohren (E I 25 bis 32) und vor allem bei den „Einrichtungen" (E I 33 bis 49)
bestehen dagegen Formulierungsunterschiede, wobei die Deckung nach den
VHB 74 und VHB 84 am weitesten, die nach den AWB 68 und AWB 87 am
wenigsten weit geht. Zusätzlich erwähnt werden in den VHB 84 die Einrichtungen von Klima-, Wärmepumpen- und Solarheizungsanlagen, E I 52,
in den VGB 88 Sprinkler- und Berieselungsanlagen, E I 53.

a) **Rohre** im Sinn von §§ 1 Nr. 1 AWB 68, 1 Nr. 1 a AWB 87, 3 Nr. C 1 25
VGB 74, 7 Nr. 1 VHB 84, 4 Nr. 1 VGB 62, 6 Nr. 1 a VGB 88 sind dem Wasserdurchfluß dienende Behältnisse aus beliebigem Material (Sochart VW 60,
326), das aber nach dem maßgebenden (E I 8) Sprachgebrauch des täglichen
Lebens fest und fest verarbeitet sein muß. Um Rohre handelt es sich begrifflich auch dann, wenn von Anfang an **Undichtigkeiten** vorhanden sind. Entgegen LG Hamburg 18 S 99/66 vom 18. 2. 87 kommt es also nicht darauf an,
ob das Wasser wegen eines Bruchs des Rohres oder eines Risses im Schlauch
oder aber wegen anfänglicher Undichtigkeit austritt.

Schläuche können von einer bestimmten Festigkeit an zugleich Rohre sein, 26
Hasselmann VW 68, 1416. Oft kann diese Frage jedoch dahingestellt bleiben, weil schon aus anderen Gründen VSchutz besteht. Insbesondere gilt
dies, wenn der Schlauch an ein Rohr angeschlossen ist; der Wasseraustritt
aus dem Schlauch bedeutet dann zugleich Wasseraustritt aus dem sich dahinter anschließenden *Rohr,* vgl. zur Bestimmungswidrigkeit E I 61. Beispiel: Wasser tritt aus einer dauernd unter Leitungsdruck stehenden Kaffeemaschine in einer Betriebskantine aus, weil das Ventil nicht mehr schließt.
Unerheblich ist die Zuordnung zum Begriff des Rohres dann, wenn Schläuche zugleich Teile von *„Einrichtungen"* im Sinn von E I 33 bis 49 sind, die
ebenfalls Quellen eines Wasseraustritts sein können, für den VSchutz besteht. In § 6 **Nr. 1 b VGB 88** werden Schläuche erstmals erwähnt und gleichgestellt, aber nicht mit Rohren, sondern mit „Einrichtungen"; außerdem
müssen sie der Wasserversorgung dienen und mit dem Rohrsystem verbunden sein, vgl. E I 33, 37 und 45.

Es kann sich um **Zu- oder Ableitungsrohre** handeln. Das trifft nicht zu bei 27
Rohren, die Bestandteil von „Einrichtungen" sind, z.B. von Heizkesseln,
LG Kiel ZfS 89, 248. Die in E I 82 zur RohrbruchV behandelte Frage stellt
sich daher für Schäden durch ausgetretenes Leitungswasser nicht, vgl. aber
auch E I 34. Der Zuleitung dient jedes Rohr, in dem Frischwasser zufließt,
der Ableitung jedes Rohr, in dem verbrauchtes Wasser abfließt. Daß die
Rohre allein der Zu- oder Ableitung zu oder von *bestimmten* Einrichtungen
(Waschmaschine, Aquarium, Schwimmbecken usw.) dienen und zusammen
mit diesen montiert wurden, macht sie noch nicht zu deren Bestandteil,
sondern läßt ihre Eigenschaft als Rohre unberührt, so daß es auf die Verbin-

dung oder feste Verbindung der Einrichtung mit dem Rohrsystem auch dort nicht ankommt, wo die AVB diese Verbindung fordern.

28   Herkunft und Ziel des geleiteten Wassers sind belanglos. Daher sind einerseits auch **Regenabflußrohre** („Dachrinnen"; a.A. Bechert 23) innerhalb des Gebäudes oder an dessen Außenmauer und andererseits auch Rohre eingeschlossen, die in Sickergruben führen (anders Bechert 66 für Wärmepumpen-Anlagen). Zwar sind Schäden durch Niederschlagswasser ausgeschlossen, F IV 34. Aber durch Regenabflußrohre können bei primitiver Bauweise auch häusliche Abwässer abgeleitet werden, wodurch sie zu Ableitungsrohren der Wasserversorgung werden. – Ergänzend vgl. E I 97 für die RohrbruchV. – Gleichgültigkeit sind auch Häufigkeit, Zeitdauer und Zweck, zu dem die Rohre mit Wasser gefüllt sind und zu dem ihnen Wasser entnommen wird. Daher besteht VSchutz auch für **Trockensteigleitungen** zu Feuerlöschzwecken, die nur im Brandfall oder während Druckproben gefüllt werden.

29   Um Zu- oder Ableitungsrohre „der **Wasserversorgung**" muß es sich nach dem Wortlaut von §§ 1 Nr. 2 a AWB 87, 3 Nr. C 1 VHB 74, 7 Nr. 1 VHB 84, 6 Nr. 1 a VGB 88 handeln. Dieser Begriff ist weit auszulegen und kann auch bei Rohren erfüllt sein, in denen kein Frischwasser fließt. Dies folgt schon aus der Erwähnung der „Ableitungsrohre". Der Wasserversorgung dienen z. B. auch Rücklaufrohre zur Wasseraufbereitungsanlage eines Hausschwimmbades. Regenfallrohre, die nicht auch häusliche Abwässer aufnehmen, E I 28, dienen jedenfalls nicht der Wasserversorgung.

30   In §§ 1 Nr. 1 AWB 68, 4 Nr. 1 VGB 62 beziehen sich die Worte „der Wasserversorgung" nach Hamm NJW-RR 86, 1221 = VersR 87, 1081 nicht auch auf die Zu- und Ableitungsrohre. Folgt man dem, und sei es auch nur wegen der Unklarheitenregel des § 5 AGBG, so gehören Regenfallrohre auch dann zu den mitversicherten Quellen des ausgetretenen Leitungswassers, wenn sie keine häuslichen Abwässer aufnehmen.

31   **VFall** ist nicht der Wasseraustritt aus dem Rohr, sondern der Sachschaden an oder das Abhandenkommen von versicherten Sachen, B I 17. Nur der VFall, nicht der Wasseraustritt braucht innerhalb des VOrts einzutreten, G I 2. Die Rohre brauchen, anders als in der RohrbruchV, auch nicht selbst versicherte Sachen zu sein. Zu den Zu- und Ableitungsrohren gehören daher auch *Rohre* oder Teile davon, die *außerhalb des VOrts* und außerhalb des Grundstücks („VGrundstücks", G III 31) verlaufen, auf dem der VOrt liegt; Beispiel: E I 17. Es ist nicht einmal nötig, daß die Zu- oder Ableitungsrohre (auch oder gar nur) der Versorgung des „VGrundstücks" dienen, Düsseldorf VerBAV 85, 286. VSchutz besteht z. B. auch, wenn bei Straßenarbeiten die Zentralleitung (Hauptwasserleitung, LG Stuttgart VersR 80, 139) beschädigt wird und der Wasserstrahl versicherte Glasscheiben auf einem nahen Grundstück zerschlägt.

32   §§ 1 Nr. 1 Satz 2 AWB 68, 1 Nr. 2 a AWB 87 verlangen für die **GeschäftsV** im Gegensatz zu den VHB 74, VHB 84, VGB 62 und VGB 88 „**fest verlegte**" Rohre. Hierbei ist nicht an die Festigkeit des Materials zu denken, sondern an die beabsichtigte *Dauer* der Verlegung. Nur zu vorübergehenden Zwecken verlegte Rohre sind in der GeschäftsV ausgeschlossen. Motiv: Bei provisorischen Anlagen wird oft weniger auf Sicherheit geachtet, VW 64, 566.

b) **Einrichtungen** im Sinne von §§ 1 Nr. 1 AWB 68, 1 Nr. 1b AWB 87, 3 **33**
Nr. C 1 VHB 74, 7 Nr. 1 VHB 84, 4 Nr. 1 VGB 62, 6 Nr. 1b VGB 88 sind
gegenüber den Zu- und Ableitungsrohren ein Oberbegriff, wie sich aus dem
Wort „sonstige" ergibt; vgl. aber auch E I 46 und 47 wegen der Bedeutung
des Wortes „Wasserversorgung". Aus solchen „Einrichtungen" muß das
Wasser „austreten". Nach den VHB 74 und VHB 84 genügt jede mit dem
Rohrsystem verbundene Einrichtung. Die VGB 62 und die VGB 88 verlangen eine mit dem Rohrsystem verbundene Einrichtung der Wasserversorgung; nach den AWB 68 und AWB 87 muß diese mit dem Rohrsystem „fest"
verbunden sein. § 6 Nr. 1b VGB 88 stellt **Schläuche** unter sonst gleichen Voraussetzungen den „Einrichtungen" gleich, E I 26 und 45. Nach **Kl 5105** („erweiterte LeitungswasserV") zu den AWB 87 kann der Schutz auf Wasseraustritt aus beliebigen mit dem Rohrsystem verbundenen Einrichtungen ausgedehnt werden. Der Deckungsumfang entspricht dann demjenigen in der
HausratV.

Zweifelhaft ist, ob von **Austreten des Wassers** als versicherter Schadenursa- **34**
che erst dann die Rede sein kann, wenn das Wasser die äußeren Umrisse der
Einrichtungen verläßt, oder schon dann, wenn es „innerhalb" der Einrichtung die für Wasser bestimmten Leitungen oder Behältnisse verläßt. Davon
hängt ab, ob VSchutz für Schäden an der Einrichtung selbst besteht, falls
diese zu den versicherten Sachen (Hausrat!) gehört. LG Essen RuS 86, 238 =
NJW-RR 87, 481 = VersR 88, 346 für den beschädigten Elektromotor einer
Waschmaschine, LG Kiel ZfS 89, 248 für einen Heizkessel und LG Hamburg
VersR 63, 814 für Schäden innerhalb eines Boilers wollten die Frage verneinen. Gegen beide Urteile sprechen aber ein wenig die in C I 42 und F II 52 bis
54 zu den Begriffen „außen" und „innen" in anderen Zusammenhängen ange-
stellten Überlegungen. Inzwischen haben sich auch BGH RuS 90, 59 =
NJW-RR 158 = VersR 200 (für eine Wärmepumpenanlage) und Oldenburg
RuS 90, 95 zugunsten des VN für die weite Auslegung des Begriffes des
Austretens entschieden.

Mit dem Rohrsystem verbundene Einrichtung gemäß §§ 3 Nr. C 1 VHB 74, 7 **35**
Nr. 1 VHB 84 ist jedes Behältnis, das bestimmungsgemäß Wasser durchläßt
oder aufnimmt und dauernd durch eine Zuleitung oder durch eine Ableitung
oder (Regelfall) durch beides mit dem Rohrsystem verbunden ist. Der technische Zweck der Einrichtung, welchem Zweck also das Wasser dient, ist belanglos. Einrichtungen zwecks **Wasserdurchlaufs** sind z.B. Hahnen („Häh-
ne"), Ventile und Filter. Einrichtungen zum **Gebrauch** stehenden Wassers
sind Waschbecken, **Badewanne,** Schwimmbecken (einschließlich Umwälzan-
lage) und Zierbecken. Einrichtungen zum Gebrauch stehenden oder durch-
laufenden Wassers sind z.B. Waschmaschinen, Klosettinstallationen und
Aquarien; falls letztere nicht mit dem Rohrsystem verbunden sind, kann
Kl 835 vereinbart werden, wenn gleichwohl VSchutz bestehen soll. Einrichtungen zur **Bearbeitung** von Wasser sind alle Arten von Warmwasserberei-
tern; der Oberbegriff der Einrichtung umfaßt also auch die „Anlagen der
Warmwasserheizung" im Sinn von E I 50; wegen Wasserdampf vgl. aber E
I 14 und 15. Weitere Beispiele für Einrichtungen: Bechert 24.

Einrichtungen zum Gebrauch des Wassers sind auch **Duschbecken** und **36**
Duschkabinen aller Art, vgl. ergänzend E I 38 wegen der Verbindung mit dem

Rohrsystem. Der Qualifikation als Einrichtung steht nicht entgegen, daß „Duschkabinen" oft nicht aus homogenem Material bestehen, sondern sich z.B. „zusammensetzen" aus einer emaillierten „Duschtasse", ein bis zwei gefliesten Zimmerwänden und zwei bis drei mehr oder weniger stabil installierten Glas- oder Kunststoffwänden mit Metallrahmen, davon eine Wand mit einer Vorrichtung, die das Öffnen oder Schließen für den Zutritt des Benutzers ermöglicht. „Sache" braucht die „Einrichtung" ohnehin nicht zu sein, denn sonst wären Gebäudebestandteile von vornherein keine Einrichtung. Auch homogenes Material ist nicht erforderlich. Es genügt, wenn der Sprachgebrauch des täglichen Lebens (E I 8) eine **Sammelbezeichnung** für verschiedenartige Einzelteile gebraucht, weil er diese als zusammenhörig und als „Einrichtung" empfindet.

37   Zu den Einrichtungen im Sinne der VHB 74 und VHB 84 gehören deren **Zu- oder Ableitungsschläuche,** so insbesondere bei Waschmaschinen (Knoerrich-Dreger VerBAV **66,** 180). Daher besteht VSchutz, wenn Wasser austritt, weil ein Zuleitungsschlauch platzt. Jedoch kann grobe Fahrlässigkeit des VN oder eines Repräsentanten vorliegen, z.B. wenn eine Waschmaschine längere Zeit (Urlaub) oder regelmäßig unter Druck stehen gelassen wird, O I 143. Desgleichen besteht nach dem Wortlaut der VHB 74 und VHB 84 VSchutz, wenn der lose in ein Waschbecken eingehängte Schlauch herausspringt, denn entgegen E I 18 der 1. Aufl. muß die Bestimmungswidrigkeit des Wasseraustritts hier bejaht werden, E I 62; schon früher plädierten für VSchutz in solchen Fällen Luttenbacher VW **64,** 774 sowie Bechert 29 und 35, der hier nur grobe Fahrlässigkeit prüft.

38   *Unerheblich* ist, ob im *Zeitpunkt* des bestimmungswidrigen Wasseraustritts Wasser aus der Zuleitung in die Einrichtung fließt. Mit dem Rohrsystem „verbunden" ist eine Einrichtung schon dann, wenn die *Möglichkeit eines* solchen *Zuflusses* besteht, z.B. aus einem Hahn oder einem sonstigen Ventil in der gefliesten Wand einer in E I 36 beschriebenen Duschkabine. Ein VFall liegt daher auch bei Schäden durch Wasseraustritt aus einem geschlossenen Kühlwassersystem (das nur bei Bedarf nachgefüllt wird) vor, ebenso bei Leckwerden einer gefüllten Badewanne oder bei Zerspringen eines Aquariums (wegen Kl 835 vgl. E I 35) oder eines Boilers, auch wenn während dieser Zeit kein Wasser zufließt.

39   **Nicht** mit dem Rohrsystem verbunden sind Schüsseln, Eimer und sonstige **bewegliche Wasserbehälter,** mögen sie auch zeitweilig oder dauernd unter einem Wasserhahn stehen, denn ihr Standort läßt sich mühelos verändern. Von einer „Verbindung" mit dem Rohrsystem kann keine Rede sein. Es handelt sich auch nicht um eine „Einrichtung der Wasserversorgung" im Sinn von §§ 4 Nr. 1 VGB 62, 6 Nr. 1b VGB 88, obwohl dort die Verbindung mit dem Rohrsystem nicht eigens verlangt wird. Werden bewegliche Behältnisse leck oder umgekippt, so besteht schon deshalb kein VSchutz. Ob das Wasser in solchen Behältnissen im Einzelfall überdies Plansch- oder Reinigungswasser ist, F IV 37, braucht nicht geprüft zu werden.

40   Auch die „Einrichtung" (ebenso E I 31 für Rohre) braucht sich *nicht* im VOrt zu befinden und braucht nicht versicherte Sache zu sein, wenn nur der Schaden im VOrt und an versicherten Sachen eintritt. Noch weniger spielt es eine Rolle, ob die Einrichtung gewerblich oder privat genutzt wird. Schäden

an versichertem Hausrat sind also z. B. auch gedeckt, wenn das Wasser aus
einer Zahnarzteinrichtung in derselben oder einer anderen (insbesondere: in
einem höheren Stockwerk gelegenen) Wohnung austritt.

§§ 1 Nr. 1 AWB 68, 1 Nr. 1 b AWB 87, 4 Nr. 1 VGB 62, 6 Nr. 1 b VGB 88 41
verlangen, anders als die VHB 74 und VHB 84, nicht nur Einrichtungen
schlechthin, sondern spezieller Einrichtungen der **Wasserversorgung**. Da jeder
Verbrauch Versorgung voraussetzt und umgekehrt jede Versorgung dem
Verbrauch dient, ist zweifelhaft (Bechert 41, 42, 81), bei welchen Einrichtun-
gen gemäß §§ 3 Nr. 1 C 1 VHB 74, 7 Nr. 1 VHB 84 (E I 33 bis 40) das
Merkmal „Wasserversorgung" und damit der VSchutz nach den VGB 62,
VGB 88, AWB 68 und AWB 87 zu verneinen sind.

Verbindung mit dem Rohrsystem verlangen die VGB 62 und VGB 88 im 42
Gegensatz zu den VHB 74 und VHB 84 sowie zu den AWB 68 und AWB 87
dem Wortlaut nach nicht. Jedoch ergibt sich deren Notwendigkeit schon aus
dem Begriff „Einrichtung". Die **AWB 68** und **AWB 87** verlangen darüber
hinaus sogar „**feste**" **Verbindung** der Einrichtung mit dem Rohrsystem, was
ähnlich eng wie „fest verlegt" bei Rohren (E I 32) auszulegen ist und Provi-
sorien ausschließen soll. Die Festigkeit des Materials ist nicht gemeint (zweifelnd Bechert 40 unter irriger Berufung auf Hasselmann VW **68**, 1416).

Nicht der Wasserversorgung im Sinne von E I 41 sollten nach einer in 43
E I 28 der 2. Aufl. noch uneingeschränkt vertretenen Ansicht diejenigen Anlagen dienen, bei denen der **Wasserverbrauch** im Vordergrund steht. Dies trifft
zu auf Wasch- und Spülmaschinen und auf zahlreiche wasserverbrauchende
Maschinen im gewerblichen Bereich, nicht dagegen nach der Verkehrsansicht
auf Anlagen mit geschlossenem Wasserkreislauf, selbst wenn diese langsam
Wasser verlieren und gelegentlich nachgefüllt werden müssen, vgl. LG
Aachen VersR **88**, 685 für die Wärmegewinnungsrohre einer Wärmepumpen-
anlage. Soweit Zuleitungen technisch zu solchen Wasserverbrauchsanlagen
gehören, zählen nach früher herrschender Ansicht auch die Zuleitungen nicht
zu den Anlagen der Wasserversorgung, Hasselmann VW **68**, 1416; unklar
hierzu Bechert 42 und 81.

Krause VW **62**, 470 und Schneider VW **69**, 561 meinen, der „Anschluß" 44
solcher Anlagen, also insbesondere deren **Zuleitungen**, seien zwar technisch
deren Bestandteile, im Sinn der AWB 68 und VGB 62, aber gleichwohl
Einrichtungen der Wasserversorgung, zumal es versicherungsrechtlich auch
sonst (H II 2 und 6 sowie E I 36 für Duschkabinen) nicht darauf ankomme,
wo die Grenze zwischen Sachen im zivilrechtlichen Sinn verläuft; ähnlich
argumentiert Schriftleitung RuS 85, 72 zu Hausschwimmbecken, E I 48. Dadurch werden zwar Zuleitungsschläuche usw. (um Rohre braucht es sich
nicht zu handeln) zu selbständigen „Einrichtungen" aufgewertet werden, obwohl sie doch technisch nur Hilfs-„Einrichtungen" sind. Trotzdem ist jener
Ansicht jedenfalls im Ergebnis zuzustimmen, soweit der Wasseraustritt aus
der „Zuleitung" zu der „Einrichtung" begrifflich **zugleich** einen bestimmungswidrigen Wasseraustritt aus dem **Rohr** (!) darstellt, das in die Zuleitung
mündet und ihr Wasser zuführt, vgl. dazu näher E I 26.

Jedenfalls zu den VGB 62 hat sich eine als „**Kulanz**" bezeichnete Praxis 45
(VW **69**, 1173, Engels VP **81**, 8) im Sinn der soeben wiedergegebenen Ansicht
entwickelt, weil unterschiedlicher Deckungsumfang im Verhältnis zwischen

den VGB 62 einerseits und den VHB 74 und VHB 84 andererseits auch seitens der Vr als untragbar empfunden wird. Zu den VGB 88 hat sich das Problem erledigt, weil deren § 6 Nr. 1 b Schläuche besonders erwähnt, E I 33.

46   Letztlich verbergen sich sowohl hinter der „Kulanz"-Praxis zu den VGB 62 wie hinter der gesonderten versicherungsrechtlichen Einstufung der „Anschlüsse" (Zuleitungen) berechtigte **Zweifel** daran, ob es überhaupt dem Sprachgebrauch des täglichen Lebens im Sinn von E I 8 und damit der richtigen Auslegung der VGB 62 und AWB 68 entspricht, **Wasserverbrauch** in einen **Gegensatz** zu **Wasserversorgung** zu bringen. Wenn man nämlich von Einrichtungen der Wasserversorgung begrifflich nur verlangt, daß sie Wasser zu Stellen leiten und sodann dort vorhalten, wo es gebraucht, und von Stellen ableiten, wo es nicht mehr gebraucht wird, dann trifft dies auch auf die bisher nur als Einrichtungen des Wasserverbrauchs behandelten Maschinen zu. Eine Geschirrspülmaschine z. B. sprüht – „leitet" – Wasser auf die zu reinigenden Teller usw. und nach dem Reinigungsvorgang (dem „Verbrauch") wieder von dort weg zum Abfluß.

47   **Einrichtungen der Wasserversorgung** sind nach dem maßgebenden (E I 8) Sprachgebrauch des täglichen Lebens alle Einrichtungen, die den VOrt entweder mit **Wasser** oder aber mit **Leistungen** versorgen, die vorwiegend mit Hilfe von Wasser erbracht werden, und zwar bis zu einem gewissen Grad maschinell, d. h. ohne menschliches Zutun. Entgegen Bechert 92 und Engels VP 81, 8 gehören auch Klima-, Wärmepumpen- und Solarheizungsanlagen im Sinn von Nr. 1 der in E I 10 zitierten Klauseln zu den Einrichtungen der Wasserversorgung. Nr. 1 jener Klauseln hat daher hinsichtlich der Herkunft des Wassers, ebenso wie bezüglich des Begriffes „Wasser" (E I 12) selbst, nur deklaratorische Bedeutung, vgl. auch E I 52.

48   Bei **Waschbecken, Spültischen, Badewannen, Duschbecken** (einschließlich Verfliesung, E I 36) usw. und vor allem bei **Hausschwimmbädern** (wegen zugehöriger Rohre vgl. E I 26) ist die Rechtslage zweifelhaft. Bechert 41 und Schriftleitung RuS 85, 72 bejahen den VSchutz, und zwar nicht nur für die Zuleitungen, sondern insgesamt. Dem wird man folgen müssen. Bei Hausschwimmbädern empfindet der maßgebende (E I 8) Sprachgebrauch des täglichen Lebens schon die Existenz der Bademöglichkeit als Leistung im Sinn von E I 47 und somit als Wasserversorgung. Waschbecken, Spültische, Badewannen und Duschkabinen erbringen Leistungen zwar erst in Verbindung mit einem menschlichen Tun, werden dann aber doch auch maschinell gesteuert, z. B. durch den Einsatz von Mischbatterien für Kalt- und Warmwasser. Speziell bei Schwimmbädern spricht für dieses Ergebnis auch die häufig gestellte entsprechende *Antragsfrage;* wegen Gefahrenerhöhung durch nachträglichen Einbau eines Schwimmbads vgl. N I.

49   **Behälter,** die lose unter einem Hahn oder dem Ende eines Schlauches stehen, sind **nicht** Einrichtungen der Wasserversorgung. Außerdem sind sie nicht mit dem Rohrsystem verbunden, E I 39. Läuft ein Eimer oder z. B. ein nicht (sonst vgl. E I 35) mit dem Rohrsystem verbundenes Aquarium (zu dem Kl 835 nicht vereinbart ist) über, weil das Wasser nicht rechtzeitig abgestellt wird, so kann das Verlangen nach VSchutz keinesfalls mit bestimmungswidrigem Wasseraustritt aus dem Behältnis, sondern allenfalls mit be-

stimmungswidrigem Wasseraustritt aus dem Rohr und dem Hahn begründet
werden, E I.

c) **Anlagen der Warmwasser- oder Dampfheizung** sind ebenfalls Quelle eines 50
versicherten Leitungswasseraustritts, §§ 1 Nr. 1 AWB 68, 1 Nr. 1 c AWB 87,
3 Nr. C 1 VHB 74, 7 Nr. 1 VHB 84, 4 Nr. 1 VGB 62, 6 Nr. 1 c VGB 88. Die
Erwähnung der Heizungsanlagen ist jedenfalls in den VHB 74 und VHB 84
nur deklaratorisch, denn Heizungsanlagen sind mit dem Rohrsystem verbundene „Einrichtungen", mag es sich auch um geschlossene Systeme ohne dauernden (E I 38) Zufluß handeln. In den übrigen AVB hängt die deklaratorische oder konstitutive Natur der Erwähnung von Heizungsanlagen davon ab,
ob man den Begriff „Wasserversorgung" mit Engels VP 81, 6 und der früher
herrschenden Ansicht eng oder aber im Sinn von E I 47 weit auslegt, vgl. auch
E I 52 wegen Wärmepumpen- und Solarheizungsanlagen. Das Risiko liegt
weniger in der – relativ geringen – Wassermenge, sondern im *Schmutzgehalt*
(Bechert 25) des Wassers in einer Heizungsanlage, das zu Sachschäden durch
Verschmutzung versicherter Sachen führen kann, E I 9 und 16.

Decken-, Wand- und Fußbodenstrahlungsheizungen sind eingeschlossen und 51
bedeuten für die RohrbruchV (E I 78 ein besonders hohes Risiko (Suche nach
der Wasseraustrittsstelle!), soweit die Heizschlangen in Beton eingegossen
sind. „**Anlagen**" ist **weit auszulegen**, umfaßt also Heizkessel, Vor- und Rücklaufrohre, Heizkörper, Pumpen, Ventile, Überlaufgefäße, Meßuhren, Boiler
usw. (Bechert 25) sowie bei Wärmepumpenanlagen auch die außerhalb des
Gebäudes installierten Wärmepumpen einschließlich Verbindungsrohre
(BGH NJW-RR 90, 158 = RuS 59 = VersR 200).

Zu den Heizungsanlage rechnet LG Aachen VersR 88, 684 mit Recht auch 52
Klima-, Wärmepumpen- und Solarheizungsanlagen, bei denen der Heizkessel
durch Einrichtungen für die Verwertung der Sonnen- oder Erdwärme ersetzt
ist. Die Existenz von Kl 5102 bis 5104 und 5106 zu den AWB 87, Kl 849 bis
851 zu den VGB 62 sowie Kl 0922 zu den VGB 88 steht jedenfalls dann nicht
entgegen wenn der Einschluß im Antragsformular nicht angeboten war, nach
richtiger Ansicht (BGH NJW-RR 90, 158 = RuS 59 für eine Wärmepumpen-
anlage nach den AWB 68) aber auch sonst nicht, denn AVG sind objektiv
auszulegen, also unabhängig von Umständen des Einzelfalles wie der Gestaltung des Antragsformulars, K I 6. Jene Klauseln erweisen sich damit als ein
deklaratorischer Einschluß. Die Rechtslage ist nicht anders, wenn die Klausel
nicht vereinbart wird, E I 12 und 47. Für die HausratV nach den **VHB 74** hat
sich die Frage durch deren § 7 Nr. 1 erledigt. Dort sind Klima-, Wärmepum-
pen- und Solarheizungsanlagen ausdrücklich erwähnt.

d) **§ 6 Nr. 1 d VGB 88** erwähnt erstmals auch **Sprinkler- und Berieselungsan-** 53
lagen als Quelle des Wasseraustritts; wegen der Einschränkungen durch § 9
Nr. 4 c VGB 88 vgl. F IV 42. Die Bestimmung ist ebenfalls nur deklaratorisch.
Es kommt hierbei nicht einmal darauf an, ob „Wasserversorgung" weit im
Sinn von E I 47 zu verstehen ist. Mindestens für die Dauer des Einsatzes
solcher Anlagen handelt es sich nämlich auch im Sinn der früher herrschenden Ansicht (E I 43) um eine Form der Wasserversorgung. Auf die Häufigkeit des Versorgungsbedarfs kommt es ebensowenig an wie bei Röhren auf
die Dauer des Wasserdurchflusses, E I 28. VSchutz für Schäden durch Was-

seraustritt aus Sprinkler- und Berieselungsanlagen besteht daher auch nach den VHB 84, wo die Anlagen nicht erwähnt sind. Die AWB 68, AWB 87, VHB 74 und VGB 62 schließen hingegen dieses Risiko ausdrücklich aus, wenn auch durch etwas unterschiedliche Formulierungen, F IV 41. Wiedereinschluß ist möglich durch **Kl 501** oder **5101** in der GeschäftsV sowie durch **Kl 848** in der WohngebäudeV nach den VGB 62, vgl. F IV 43.

54   **4. Bestimmungswidrig** muß das Leitungswasser nach den E I 7 zitierten Bestimmungen ausgetreten sein. Hierunter wurde in E I 26 der 1. Aufl. Unvereinbarkeit mit der **objektiven und technischen Bestimmung der Rohre,** Einrichtungen und Anlagen sowie der zugehörigen Hahnen und Ventile verstanden. Wegen § 9 Abs. 2 Nr. 2 AGBG wurden in E I 29 der 1. Aufl. an diesem Ausgangspunkt gewisse Korrekturen zugunsten des VN vorgenommen. Die in der 1. Aufl. vertretene Auslegung sowie der Umweg über § 9 AGBG haben indessen berechtigte Kritik durch Schirmer ZVersWiss 84, 556 erfahren. § 9 AGBG darf nicht bemüht werden, wo auch der Wortlaut ein praktikables Auslegungsergebnis ermöglicht.

55   Letzeres trifft vorliegend zu, denn „bestimmungswidrig" ist aderbiale Bestimmung zu dem Zeitwort „austritt", das sich seinerseits auf „Leitungswasser" bezieht. Nicht von der Bestimmung der Rohre, Einrichtungen und Anlagen ist die Rede, sondern von der Bestimmung des Wassers. Da es eine objektive Bestimmung des Wassers nicht gibt, ist bei versehentlicher (wegen Vorsatz vgl. E I 57) Schadenverursachung die **subjektive und wirtschaftliche Bestimmung des Wassers** maßgebend, und zwar die Bestimmung **durch den VN** oder durch einen **berechtigten Benutzer** derjenigen Räume oder Grundstücke des VN, innerhalb deren sich die Rohre, Einrichtungen oder Anlagen befinden. Schäden durch Wasseraustritt auf **benachbarten fremden Grundstücken** oder in benachbarten fremden Räumen sind aus der Sicht des VN **stets** bestimmungswidrig, gleichgültig ob sie auf schuldlosem, fahrlässigem oder vorsätzlichem menschlichen Handeln beruhen, E I 56 und 57.

56   Ob der Benutzer der Anlage auch und gerade dazu berechtigt war, den Wasseraustritt in der Weise herbeizuführen, wie er tatsächlich stattgefunden hat, spielt keine Rolle, denn diese spezielle Berechtigung wäre bei Wasseraustritt mit Schadenfolge naturgemäß meist zu verneinen. Soweit (E I 59) ein *Irrtum* oder ein *Versehen* des VN unbeachtlich ist und an der Bestimmungswidrigkeit des Wasseraustritts nichts ändert, gilt dies auch für berechtigte Benutzer der Räume oder Grundstücke, in denen sich die Rohre, Einrichtungen oder Anlagen befinden.

57   Wird ein Schaden durch **Vorsatz** herbeigeführt, so ist wie folgt zu unterscheiden: Handelt der **VN persönlich,** z.B. um eine andere Straftat zu verdekken oder um Neuwertentschädigung zu erschleichen, ähnlich wie im Fall vorsätzlicher Brandstiftung, so entfällt der VSchutz schon nach § 61 VVG. Das gleiche gilt, wenn ein **Repräsentant** des VN den schadenursächlichen Wasseraustritt vorsätzlich herbeiführt. Handelt eine **beliebige sonstige Person** vorsätzlich, so besteht abweichend von E I 56 VSchutz ohne Rücksicht auf die Benutzungsberechtigung des Täters für den Raum oder für das Grundstück, in dem sich die Einrichtung befindet. Wegen der Konsequenzen für den Ausschluß von Schäden durch ausgetretenes Leitungswasser nach Einbruch-

diebstahl oder Vandalismus durch §§ 1 Nr. 6 d AERB, 1 Nr. 7 d AERB 87
vgl. F I 29 und 30.

Wird der Schaden durch ein **Versehen** herbeigeführt, so kommt es sowohl 58
bei dem VN wie bei einer sonstigen benutzungsberechtigten Person auf die
Art dieses Versehens an, vgl. im einzelnen E I 59 bis 61. Versehentliches
Handeln einer *nicht* benutzungsberechtigten Person sowie jegliches Handeln
einer nicht schuldfähigen Person (Kinder ohne die nötige Einsichtsfähigkeit,
Geisteskranke) begründet stets einen bestimmungswidrigen Wasseraustritt
und damit gegebenenfalls einen VFall.

Werden sowohl die Tatsache des Wasseraustritts wie auch dessen Modali- 59
täten (Richtung, Menge, Temperatur, Verschmutzungsgrad, Zeitdauer) durch
den VN oder durch einen Berechtigten im Sinn von E I 55 bewußt herbeigeführt, so kann sich der **Irrtum** oder das **Versehen**, das dann schließlich zum
Schaden führt, nur auf die *wirtschaftliche Zweckmäßigkeit* dieses Handelns
beziehen. Insbesondere kann der VN oder der Berechtigte über die Arten
und die Mengen der Sachen irren, die sich im Bereich des austretenden Wassers befinden, ferner über die Wasserempfindlichkeit oder Wasserdurchläs-
sigkeit dieser Sachen. Ein *solcher* Irrtum ist *unbeachtlich*, ändert also nichts
daran, daß der Wasseraustritt bestimmungsgemäß war und kein VFall eingetreten ist.

Irrt der VN oder der Berechtigte hingegen über die **Tatsache des Wasseraus-** 60
tritts oder über **Richtung, Menge, Temperatur oder Verschmutzungsgrad** des
austretenden Wassers, so tritt dieses Wasser insoweit bestimmungswidrig aus
und führt zu einem VFall. Ein **Grenzfall** ist es, wenn ein Behältnis ohne
Auslauf oder ohne geöffneten Auslauf gefüllt werden soll, dann aber vergessen wird, den Hahn oder das Ventil rechtzeitig zu schließen. Man wird dann
wohl die **zusätzliche Zeitdauer** und die **zusätzliche Menge** des Wasseraustritts
als bestimmungswidrig bezeichnen müssen. Es handelt sich also um einen
unbeachtlichen Irrtum über Modalitäten des Wasseraustritts.

Beispiele aus der Praxis mögen das Gesagte veranschaulichen: Läßt der 61
VN Wasser in ein Behältnis fließen, von dem er glaubt, sein Auslauf sei
geöffnet, so ist der Wasseraustritt aus dem *Rohr* oder dem *Hahn* bestimmungsgemäß, im Sinn von E I 57. Hingegen ist der Wasseraustritt aus dem
Behältnis, falls es sich um eine Einrichtung im Sinn von E I 33 bis 49 handelt, jedenfalls dann bestimmungswidrig, wenn der Auslauf infolge eines
Defektes oder einer Verstopfung nicht funktioniert. VSchutz besteht daher
z. B., wenn das *Ventil* einer unter Leistungsdruck stehenden Kaffeemaschine
wegen eingeschwemmter *Fremdkörper* nicht schließt, E I 26, ebenso wenn
ein Waschlappen in den *Notauslauf* am oberen Rand eines Waschbeckens
geschwemmt wird und diesen verstopft, während der VN sich bei dem Gedanken an diesen Notauslauf beruhigt und daher den Wasserhahn nicht
rechtzeitig zugedreht hatte. Wird ein Raum überschwemmt vorgefunden,
weil der letzte Benutzer den *schwenkbaren Hahn* über einem Waschbecken
mit funktionierendem Ablauf weder abgestellt noch korrekt über das Bek-
ken, sondern mit Zielrichtung auf dessen Rand gestllt hatte, so besteht ebenfalls VSchutz. VSchutz besteht ferner, wenn ein *Kind* in einer Musterwoh-
nung unbemerkt den Hahn öffnet, während dessen Eltern die Wohnung
besichtigen, E I 58.

62　　Veröffentlichte **gerichtliche Urteile** zum Begriff der Bestimmungswidrigkeit
gibt es **nicht,** auch nicht solche der unteren Instanzen, obwohl die unklaren
Formulierungen in den AVB schon seit mehr als 50 Jahren existieren. Man
wird aus dem Fehlen von Urteilen auf eine gewisse Großzügigkeit der Vr in
der Regulierungspraxis schließen dürfen. Auch Stellungnahmen in der **Literatur** gibt es nur **vereinzelt.** Bechert 26, 40 bejaht die Bestimmungswidrigkeit
mit Recht stets, wenn Wasser infolge eines Defektes austritt oder einen konstruktiv nicht vorgesehenen Weg nimmt. Ferner bejaht Becher aaO einerseits
zutreffend die Bestimmungswidrigkeit, wenn der flexible Auslaufschlauch
einer Waschmaschine lose in ein Waschbecken eingehängt war und von dort
abgesprungen ist, E I 37, verneint diese Bestimmungswidrigkeit dann aber
andererseits inkonsequent, wenn aus sonstigen Rohren oder aus an sie angeschlossenen Schläuchen Wasser in eine nicht gewünschte Richtung oder in
nicht gewünschter Temperatur gespritzt wird.

63　　In der **Sprinklerleckage**V (E I 2 und 53 sowie F IV 41) nach Kl 501, 5101 oder
848 oder nach § 1 Nr. 1 AWSB besteht VSchutz, wenn ein Sprinkler durch den
VN oder dessen Repräsentanten (jedoch ohne grobe Fahrlässigkeit im Sinn
von § 61 VVG) oder durch eine beliebige sonstige Person von Hand versehentlich geöffnet wird. Aus dem ausdrücklichen *Ausschluß* des bestimmungsgemäßen Öffnens" in den genannten Bestimmungen ist ein Umkehrschluß zu
ziehen. Damit wird für die SprinklerleckageV schon durch den AVB-Wortlaut
weitgehend die in E I 54 bis 61 vertretene Ansicht bestätigt. Noch mehr gilt
dies für **§ 9 Nr. 4c VGB 88.** Dort wird genau aufgezählt, in welchen Fällen
VSchutz besteht. In allen anderen Fällen, in denen es infolge von Böswilligkeit oder Versehen zu einem Wasseraustritt mit Schadenfolgen kommt, sind
die Bestimmungswidrigkeit und damit der VSchutz zu bejahen.

64　　Andererseits ist aber nach dem zitierten Wortlaut von **Kl 501, 5101 und 848**
und von **§ 1 Nr. 1 AWSB** partiell die objektiv und technische Bestimmung der
Anlage im Sinn der in E I 54 wiedergegebenen älteren Ansicht maßgebend.
Der VSchutz nach diesen Bestimmung reicht daher nicht ganz so weit wie
nach § 9 Nr. 4c VGB 88. Um **„bestimmungsmäßiges Öffnen",** das den
VSchutz ausschließt, handelt es sich nämlich auch dann, wenn die Anlage
versehentlich auf eine zu niedrige Temperatur eingestellt wird; anders
(VSchutz zu bejahen) bei vorsätzlichem Handeln in Sabotageabsicht durch
Dritte, die nicht Repräsentant des VN sind, E I 57. Hingegen ist zweifelsfrei
(wie schon in E I 28 der 1. Aufl) der VSchutz auch weiterhin zu verneinen,
wenn aus irgendwelchen Gründen die **eingestellte Temperatur ohne Brand**
erreicht wird, denn der VN oder der sonstige Berechtigte weiß, daß der
Sprinkler nicht durch Raucheinwirkung oder dgl., sondern ausschließlich
durch die Temperatur ausgelöst wird. Daher tritt das Wasser immer dann
bestimmungsgemäß aus, wenn diese Temperatur aus irgendeinem Grund erreicht wird.

65　　**5. Die versicherten Sachen** für VFälle durch Leitungswasseraustritt (wegen
der RohrbruchV vgl. E I 88) sind dieselben wie in der Feuer-, Diebstahl- und
SturmV, also ein *Gebäude* mit allen wesentlichen und unwesentlichen Bestandteilen nach den AWB 68, AWB 87, VGB 62 und VGB 88 (H II 11 und
17; eine Rechtsprechungsübersicht zur GebäudeleitungswasserV findet sich

in VP 80, 10), *Betriebseinrichtung und Vorräte* in der GeschäftsV nach den AWB 68 und AWB 87 (H III 8 ff.) sowie *Hausrat* nach den VHB 74 und VHB 84 (H IV 1 ff.). Darüber hinaus nennt § 2 Nr. 2 AWB 87 „Sachen gemäß § 1 Nr. 3 a", also Wasser- und Heizungsrohre sowie Badeeinrichtungen usw. Dies ist nicht etwa nur ein Hinweis auf die RohrbruchV, sondern jene Worte erweitern den FolgeschadenVSchutz auch in der V gegen Leitungswasseraustritt auf jene Gegenstände, machen also den VSchutz von deren Bestandteilseigenschaft und von der Eigentumslage unabhängig.

Böden, Wände und Decken sind überwiegend Gebäudebestandteile und wären daher in der HausratV nach § 2 Nr. 1 Satz 3 VHB 74 und § 1 Nr. 4 a VHB 84 ausgeschlossen, H II 17. Hiervon machen §§ 3 Nr. C 2 VHB 74, 2 Nr. 1 f VHB 84 eine Ausnahme für **gemietete Wohnungen**, allerdings nur für Schäden durch Leitungswasseraustritt, der aber (wie auch sonst, E I 31) auch außerhalb, insbesondere oberhalb der Mietwohnung stattfinden kann. Mietwohnungen gleichzustellen sind **Wohnungen von Miterben oder Bruchteilseigentümern** im eigenen Haus, jedenfalls wenn der Wohnungsanteil größer ist als der Anteil an der Gemeinschaft. **66**

Tapeten sind gleichermaßen in den VHB 74 und in den VHB 84 genannt. Gemeint sind sowohl Tapeten an den Wänden wie an Zimmerdecken. **67**

„**Decken**" sind **nicht** genannt, weil die Geschoßdecke selbst, also das Gebälk einschließlich Füllungen, nicht versichert sein soll. Die Worte „Verputz" und „Anstrich" in den VHB 74 sowie „Innenanstriche" in den VHB 84 beziehen sich aber auch auf Zimmerdecken. **68**

Verputz und **Anstrich** nennen die VHB 74, während die VHB 84 nur noch von „**Innenanstrichen**" sprechen. Anstriche von Türen, Fenstern, Heizkörpern usw. sind nicht gemeint, vgl. aber H II 46 wegen § 1 Nr. 2 b VHB 84. Auch nach den VHB 74 nicht gemeint sind ferner Außenanstriche, denn dabei handelt es sich nicht um solche „der Wohnung", weder bei Mehrfamilien- noch bei Einfamilienhäusern. Fliesen oder *Holzvertäfelungen*, die auf schadenbedingt durchfeuchtetem Verputz liegen und deshalb entfernt werden müssen, sind nach den VHB 74 wohl *mitversichert* (zweifelhaft), zumal das Risiko des Vr ohnehin auf 5000 DM begrenzt ist. Nach den VHB 84 besteht Schutz für Fliesen und Vertäfelungen zweifelsfrei nicht mehr. **69**

Die VHB 74 sprechen von „**Fußböden**". Dieser Begriff umfaßt auch den Estrich und die unmittelbar darunterliegende Isolierschicht. In den VHB 84 ist hingegen nur noch von „**Bodenbelägen**" die Rede, was eine Einschränkung bedeutet und den Estrich nicht mehr einschließt. **70**

Gleichermaßen nach den VHB 74 wie nach den VHB 84 *ausgeschlossen* ist das *Mauerwerk*, selbst wenn es stark durchfeuchtet ist. Schutz besteht dann nur gegebenenfalls aus einer WohngebäudeV des Eigentümers. Aber es ist kein *proportionaler Abzug* vorzunehmen, wenn auch Mauerwerk entfernt wird. Geboten ist vielmehr hypothetische Kostenberechnung, so wie wenn nur Anstrich und Verputz erneuert worden wären. Hingegen ist ein proportionaler Abzug angezeigt, R III 30, wenn Wände oder Böden ohnehin zwecks einer anderen Gebäudereparatur hätten entfernt werden müssen, z. B. zwecks unaufschiebbaren Rohraustauschs. Überhaupt *kein* Ersatz wird geleistet, wenn Wände *nur* beschädigt werden müssen, weil der Handwerker ein gebrochenes, eingefrorenes oder korrodiertes Rohr austauschen will (Bechert **71**

30). Wegen der „Nebenarbeiten" im Rahmen der RohrbruchV gemäß § 3 Nr. C 3 VHB 74 und § 7 Nr. 2 VHB 84 vgl. E I 115.

72　　*Teil des VWerts* des Hausrats ist der Wert von Böden, Wände und Decken der Mietwohnung, soweit es sich zugleich um versicherte Sachen gemäß § 1 VHB 84 oder § 2 VHB 74 handelt. Nach § 3 **Nr. C 2 Satz 2 VHB 74** ist eine etwaige **UnterV des Hausrats** zu berücksichtigen, und zwar vor der **Entschädigungsgrenze von 5000 DM**, U I 8 und 9. Auch nach § **18 Nr. 4 VHB 84** ist UnterV zu berücksichtigen, S II 13. Wegen der Entschädigungsgrenze für Hauptschaden und versicherte Kosten vgl. S II 12 sowie die entsprechenden gesetzlichen Regelungen, W I 3.

73　　Im übrigen werden Böden, Wände und Decken im Sinn von E I 66 bis 70 für die Entschädigungsberechnung *wie* versicherte *Sachen* behandelt, z. B. für die Frage, ob der Neuwert, der Zeitwert oder gar nur der gemeine Wert (bei der hier in Betracht kommenden Gebäudebestandteilen vielfach gleich Null) ersetzt wird (Bechert 30); für die VHB 74 ist dies freilich ein wenig zweifelhaft (jedenfalls kein Abzug für Wertsteigerungen bei Neuwertentschädigung, R III 5), während § 18 Nr. 4 VHB 84 eine ausdrückliche Regelung in diesem Sinn enthält, vgl. W VI 19 für Gebäudeschäden nach erschwertem Diebstahl. Wie versicherte Sachen behandelt werden die beschädigten Gebäudebestandteile auch hinsichtlich der Zumutbarkeit eines *Schönheitsschadens*, B III 19, oder einer nach Reparatur von Teilflächen (z. B. wenn gleichartige Fliesen entsprechend denen der Restfläche nicht mehr zu haben sind) verbleibenden *Farbabweichung*, R III 33 und R I 26.

74　　HausratVSchutz besteht auch, wenn der Schaden nach dem Mietvertrag des HausratVN zu Lasten des Vermieters gehen würde. §§ 3 Nr. C 2 VHB 74, 2 Nr. 1 f VHB 84 sagen nicht, daß es sich um eine bloße Vorleistung des HausratVr handeln und dieser gegen den Vermieter solle Regreß nehmen können, was oft das Verhältnis zum Vermieter zum Nachteil des Mieters belasten würde. Mitversichert ist also *auch* das **Interesse des Gebäudeeigentümers**. Deshalb gehen nach § 67 VVG auf den HausratVr auch etwaige Schadenersatzansprüche gegen Dritte über, z. B. gegen einen Klempner oder gegen den Mieter der darüber liegenden Wohnung (LG Wuppertal MDR 78, 58 = RuS 78, 66).

75　　Da umgekehrt die **WohnungsgebäudeV** mindestens bei Einfamilienhäusern auch das *Interesse des Mieters* umfaßt (J II 15 und Prölss VersR 77, 696), besteht gegebenenfalls **DoppelV** (Knoerrich-Dreger VerBAV 66, 180, Bechert 99, Schaefer VersR 75, 996; a. A. LG Köln VersR 77, 270 und 79, 415), H II 52.

76　　Der zuerst in Anspruch genommene Vr kann allerdings seinen eigenen VN und dessen Mietvertragspartner nicht zwingen, den anderen DoppelVr zu benennen. Nach §§ 11 VGB 62, 58 VVG braucht jeder VN nur solche Zweitverträge über dasselbe Interesse anzuzeigen, die er selbst abgeschlossen hat. Der HausratVr kann die Entschädigung auch nicht etwa von der Abtretung des mietvertraglichen Mängelbeseitigungsanspruchs abhängig machen, denn das Interesse des Vermieters ist mitversichert. Das gleiche gilt, wenn zuerst der WohngebäudeVr des Vermieters in Anspruch genommen wird, denn bei leichter Fahrlässigkeit des HausratsVN ist dessen Sachersatzinteresse ebenfalls mitversichert; bei grober Fahrlässigkeit des HausratVN ist dessen Interesse durch keinen der beiden Verträge versichert. Nur bei grober Fahrlässigkeit von Erfüllungsgehilfen des HausratVN und Mieters, die nicht zugleich dessen Repräsentanten sind, geht nach § 67 VVG der Anspruch auf Schadenersatz auf den GebäudeVr über, was den HausratVN im Ergebnis zwingt, den HausratVr zu benennen.

Soweit der Einschluß des Mieterinteresses in die WohngebäudeV zu verneinen oder ausdrücklich ausgeschlossen ist, trägt der HausratVr des schuldigen Mieters den Schaden allein (Martin VersR 78, 883), selbst wenn der Gebäudeeigentümer zunächst den WohngebäudeVr in Anspruch genommen hatte. Im übrigen kann auch zwischen dem HausratVr und dem **PrivathaftpflichtVr** des schuldigen Mieters **DoppelV** bestehen, falls entgegen § 4 Nr. I 6 a AHB Mietschäden eingeschlossen sind (Prölss VersR 77, 697). Da der Schadenausgleich zwischen HausratVr und WohngebäudeVr nach § 59 VVG arbeitsaufwendig wäre, vor allem wenn beide Vr unterschiedlich hoch haften, besteht hier ein bei Bechert 100 abgedrucktes Teilungsabkommen. 77

6. Die **RohrbruchV** (Begriff: E I 1 und 4) **nach §§ 1 Nr. 2 AWB 68, 1 Nr. 3 AWB 87, 3 Nr. C 3 VHB 74, 7 Nr. 2 VHB 84, 4 Nr. 2 VGB 62, 7 VGB 88** deckt nicht Schäden durch ausgetretenes Leitungswasser, sondern teils *Bruchschäden* durch **Frost** und teils sogar Bruchschäden aus **beliebiger Ursache**, nicht jedoch (E I 17) Folgeschäden von Bruchschäden. Ein Zusammenhang mit der LeitungswasserV besteht insofern, als das versicherte Risiko auf der Existenz von Wasserleitungen beruht, E I 1. Im Folgenden werden zunächst der Begriff des Bruches, E I 81 bis 85, sodann Frost als Schadenursache, E I 86 und 87, dann der Bereich der in der RohrbruchV versicherten Sachen, E I 88 bis 111, und schließlich der Umfang der Entschädigung (E I 112 bis 123) untersucht. 78

Zunächst bedarf es einer Klarstellung zu den AWB 68, VHB 74 und VGB 62, die hier ungeschickt formuliert sind. Die Worte „durch Rohrbruch" in §§ 1 Nr. 2 a und b AWB 68, 1 Nr. 1 b, 4 Nr. 2 a und b VGB 62, ebenso die Worte „durch Bruch" in §§ 3 Nr. C 3 a VHB 74, fördern das *Mißverständnis*, Bruch sei eine versicherte Gefahr, also eine Schadenursache, „durch" die der Schaden entsteht. In Wirklichkeit ist Bruch nicht eine Schadenursache (A III 2), sondern eine Erscheinungsform des Sachschadens (A III 3), auf die der VSchutz beschränkt wird. Es hätte also heißen müssen „Bruchschäden an ...". Damit wäre zugleich der weitere Fehler vermieden worden, den das Nebeneinander der Worte „durch Rohrbruch oder Frost" darstellt. Entgegen Bechert 69 läßt sich dieser Fehler weder durch den Zusammenhang mit den Auftaukosten noch durch die erwünschte Gegenüberstellung zu der auf Frost beschränkten V gewisser Einrichtungen motivieren. 79

Vielmehr zeigen jetzt §§ 1 Nr. 3 AWB 87, 7 Nr. 2 VHB 84, 7 VGB 88, wie korrekt formuliert werden kann: „Frost- und sonstige Bruchschäden" an Rohren, „Frostschäden" (noch besser wäre: „Schäden durch Frost") an gewissen Einrichtungen. Ein Streit wie derjenige zwischen Haslinger ZfV 80, 676, **81**, 473 und Lingelbach ZfV **81**, 261 über (nicht gedeckte, E I 17 und 18) Folgeschäden (!) von Rohrbruch an Heizkesseln (E I 21) hätte nach dem Text der neueren AVB nicht entstehen können. 80

Ein **Bruch** liegt vor, wenn das Material des Rohres (einschließlich Dichtungen, Flanschen, Muffen, Verschraubungen, Druckausgleicher und Kniestük- 81

ken, AG Lüdenscheid ZfS 89, 212, Bechert 66) oder der Einrichtung ein *Loch*
oder einen *Riß* bekommt. Porosität ist meist noch kein Bruch (Knoerrich-
Dreger VerBAV 66, 180). Die Ursache des Bruches spielt nur bei Einrichtungen eine Rolle, bei denen die V auf Frostschäden beschränkt ist. Verstopfung
ist selbstverständlich kein Bruch, auch dann nicht, wenn sie durch einen
Rostpfropfen entsteht.

82   a) Bruch ist an **Rohren** gemäß E I 93 bis 99 **ohne Rücksicht auf die Ursache**
(Beispiele: Bechert 67), an gewissen **Einrichtungen** (E I 100 bis 104) dagegen
nur versichert, wenn er auf **Frost** im Sinn von E I 86 bis 87 beruht. Das
gegenseitige Verhältnis dieser beiden Gruppen von Bestimmungen ist strittig.
Nach LG Bonn VersR 86, 807 sollen Rohre auch dann gegen Bruchschäden
aus beliebiger Ursache versichert sein, wenn sie Bestandteil einer nach der
zweiten Gruppe von Bestimmungen gegen Frostschäden versicherten Einrichtung sind. Nach LG Bonn aaO soll dies sogar für Heizkessel gelten,
obwohl diese ganz überwiegend aus Rohren bestehen und der Schutz gegen
Frostschäden hier wohl als abschließende Sonderregelung gedacht ist. Dem
folgt Wälder RuS 89, 159, weil man wegen § 5 AGBG nicht eine ungeschriebene Einschränkung in die umfassend formulierte Deckung für Rohre hineinlesen dürfe, vgl. auch noch E I 93 und 101. Hamm RuS 89, 157 = NJW-RR
987 lehnt dagegen, weil ein Heizkessel als Ganzer kein Rohr sei, auch eine
Deckung gegen Bruch aus beliebiger Ursache für Rohre in dessen Innerem
ab. Nicht unmittelbar einschlägig sind Oldenburg RuS 90, 95 und LG Kiel
ZfS 89, 248. Dort werden nicht Rohrbruchschäden, sondern Folgeschäden
durch Austreten von Leitungswasser aus Einrichtungen gemäß E I 33 behandelt. Oldenburg aaO bejaht die in E I 34 erörterte Frage, ob von einem
Austreten des Leitungswassers schon dann die Rede sein kann, wenn das
Wasser lediglich aus einem Rohr als Bestandteil einer solchen Einrichtung
austritt, jedoch innerhalb der äußeren Umrisse der Einrichtung verbleibt und
der Schaden ebenfalls nur an Bestandteilen der Einrichtung in deren Innerem
entsteht.

83   Rechtlich interessant ist bei Rohren vor allem **Korrosion** (Hentschel VW
67, 693) als Ursache, eventuell beschleunigt durch schlechtes Material der
Leitungen und durch „aggressives" Leitungswasser, besonders seit mehr und
mehr aufbereitetes Flußwasser als Leitungswasser dient. Zur *Höhe der* Entschädigung für Korrosionsschäden vgl. Q III 82 (Entwertung) und R III 30
zum proportionalen Abzug für nicht schadenbedingte Aufwendungen.

84   Zuvor ist aber die *Entschädigungspflicht dem Grunde nach* zu prüfen:
Nach den Sicherheitsvorschriften in §§ 6 Nr. 2 a AWB 68, 7 Nr. 1 b AWB 87, 9
Nr. 2 a VGB 62, 11 Nr. 1 b VGB 88 obliegt es dem VN, M I 66, die Rohre
instandzuhalten, und zwar zwecks Schadenverhütung und daher auf eigene
Kosten. Leistungsfreiheit wegen *Obliegenheitsverletzungen* nach §§ 6 AWB
68, 7 AWB 87, 9 VGB 62, 11 VGB 88 setzt aber grobe Fahrlässigkeit des VN
voraus, die meist nur vorliegt, wenn der VN den schlechten Zustand der
Rohre nachweislich gekannt hatte, insbesondere durch Hinweis des Vr anläßlich eines früheren Schadens. Außerdem erfordert Leistungsfreiheit Kündigung durch den Vr. Die Kündigungspflicht entsteht aber erst, sobald den VN
ein Verschulden trifft (nicht dieses Verschulden selbst, sondern nur die

Kenntnis davon ist nach der bei PM § 6 Anm. 10 zitierten Rechtsprechung unerheblich), wenn also die Untätigkeit des VN beginnt, eine schuldhafte zu werden, insbesondere wegen Ablaufes einer gemäß § 9 Nr. 2a AWB 62 gesetzten angemessenen Frist. Der Vr muß von der Kündigungsmöglichkeit rechtzeitig Gebrauch machen, um einer sinnwidrigen (Bechert 46) Leistungspflicht für Abnutzungsschäden zu entgehen.

Ob fortschreitende Korrosion als nicht veranlaßte, nach Kenntnisnahme 85 und weiterer Untätigkeit des VN sogar als gewillkürte **Gefahrerhöhung** angesehen werden kann, ist sehr zweifelhaft, denn fortschreitende Korrosion ist bei jeder Wasserleitung vorauszusetzen, vgl. zu diesem Grundgedanken BGHZ 42, 295. Obwohl im allgemeinen Gefahrerhöhungen auch durch Verletzung gefahrmindernder Obliegenheiten entstehen können, N III 61, muß man für vorliegenden Spezialfall eine Ausnahme machen und Gefahrerhöhung entgegen Bechert 68 schon begrifflich verneinen, N V 23. Der Vr wird, wenn er anläßlich eines Rohrbruchschadens bemerkt, daß weitere gleichartige Korrosionsschäden drohen, in der Regel nicht nur eine Frist setzen, sondern eine Kündigung im Schadenfall oder zum nächsten Ablauftermin aussprechen, um so eine Auseinandersetzung aus Anlaß eines nächsten Schadens über den Verschuldensgrad und über den Begriff der Gefahrerhöhung zu vermeiden.

b) Gewisse Einrichtungen sind nicht gegen Bruch aus beliebiger Ursache, 86 sondern nur gegen **Bruch durch Frost** versichert, §§ 1 Nr. 2a 2 AWB 68, 1 Nr. 3a bb AWB 87, 3 Nr. C 3b VHB 74, 7 Nr. 2 VHB 84, 4 Nr. 2a 2 VGB 62, 7 Nr. 2 VGB 88. Die AWB 68, die VHB 74 und die VGB 62 sind hier allerdings unglücklich formuliert, vgl. E I 79. Sie machen nicht genügend deutlich, da es sich auch bei Frostschäden um Schäden *in Form eines Bruches* handeln muß und daß überdies nur solche Bruchschäden gedeckt sind, die auf der **Ausdehnung gefrierenden Wassers** beruhen (ebenso AG Grünstadt NJW-RR 86, 1471).

Diese Einschränkung folgt aber aus dem Zusammenhang mit der Allgefah- 87 rendeckung für Bruch der Zu- und Ableitungsrohre usw., nach den AWB 68, VHB 74 und VGB 62 außerdem aus der Erwähnung von Auftaukosten. Es genügt also nicht, wenn der Frost nur adäquate Schadenursache eines Bruches im Sinne von E I 81 ist. Nicht versichert ist z.B. die Beschädigung von Installationen durch Arbeiten zwecks Reparatur eines Frostschadens an Rohren und insbesondere das *Ausglühen eines Kessels* (vgl. schon E I 21) wegen Wassermangels (weil die Zuleitung eingefroren und evtl. geplatzt ist) oder wegen Beheizung des unbemerkt durch Frost geplatzten Kessels. In letzterem Fall ist aber wohl immerhin der Teil der Kosten zu ersetzen, der schon allein durch das frostbedingte Platzen des Kessels aufzuwenden gewesen wäre. Allerdings vertreten GB 70, 70 und Bechert 70 den gegenteiligen Standpunkt für den Fall, daß das Überlaufgefäß eines Kessels vereist und der Kessel deshalb durch Überdruck platzt, aber nicht durch Ausdehnung von Eis, sondern durch *Ausdehnung von Wasser, während es erhitzt wird.*

c) **Versicherte Sachen in der RohrbruchV:** Die RohrbruchV ist in der Ge- 88 schäftsV der Teil der GebäudeV; bei V nur der Geschäftseinrichtung schließen §§ 1 Nr. 2 AWB 68, 1 Nr. 3 AWB 87 den RohrbruchVSchutz aus. Kl 5202 und 5202a ermöglichen aber neuerdings eine auf Gegenstände in der

Gefahrtragung eines Mieters oder Pächters beschränkte RohrbruchV auch neben einer bloßen InventarV für bewegliche Sachen. Vorbild ist die **Hausrat**V. Diese kennt nur die beschränkte RohrbruchV gemäß §§ 3 Nr. C 3 VHB 74, 7 Nr. 2 VHB 84 für Mietwohnungen, vgl. dazu E I 105. In §§ 1 Nr. 2 AWB 68, 1 Nr. 3 AWB 87 für Geschäftsgebäude sowie in §§ 4 Nr. 2 VGB 62, 7 VGB 88 für die **Wohngebäude**V ist abschließend geregelt, welche Sachen gegen Bruchschäden versichert sind, E I 89 bis 99. Auf die sonstigen AVB-Bestimmungen über die versicherten Sachen (E I 65) ist für die RohrbruchV nicht zurückzugreifen.

89   aa) Einrichtungen (E I 102) gemäß §§ 1 Nr. 2 a AWB 68, 1 Nr. 3 a bb AWB 87 sind also gegen **Bruch durch Frost** auch dann versichert, wenn sie nicht dem VN und Gebäudeeigentümer gehören. Während für Schäden durch Leitungswasser von Bechert 75 bezweifelt wird, ob nicht Gebäudezubehör, soweit es dem VN nicht gehört und ihm auch nicht in Obhut gegeben ist, wegen §§ 2 Nr. 1 Satz 2 AWB 68, 2 Nr. 3 AWB 87 trotz des Wortlauts von §§ 2 Nr. 2 AWB 68, AWB 87 („mit…") unversichert ist, gilt die RohrbruchV für Einrichtungen gemäß §§ 1 Nr. 2 a 2 AWB 68, 1 Nr. 3 a bb AWB 87 zweifelsfrei **auch** dann, wenn es sich um **Zubehör in fremdem Eigentum** ohne Obhut des VN handelt (Hasselmann VW 68, 1420).

90   Noch deutlicher wird der Unterschied nach den VGB 62: § 2 VGB 62 schließt Zubehör von den V gegen Leitungswasser schlechthin (ohne Rücksicht auf Eigentum und Obhut) aus, während *Bruchschäden* durch Frost an Einrichtungen gemäß § 4 Nr. 2 a 2 VGB 62 auch versichert sind, wenn es sich nicht um Gebäudebestandteile, sondern um *Zubehör* handelt (nicht unterschieden bei Bechert 84). Wegen des Verhältnisses zur HausratV des Mieters vgl. E I 111. Nach § 1 Nr. 2 und 3 VGB 88 ist allerdings Zubehör auch in der LeitungswasserV weitgehend mitversichert. Die VGB 88 übernehmen damit Vereinbarungen, die schon zu den VGB 62 weitgehend formularmäßig praktiziert wurden.

91   Außerdem sind gegen Bruch **aus beliebiger Ursache** nach §§ 1 Nr. 2 b AWB 68, 1 Nr. 3 b AWB 87, 4 Nr. 2 b VGB 62, 7 Nr. 3 VGB 88 auch Rohre „außerhalb des Gebäudes" versichert, ohne daß sie Gebäudebestandteile im Sinne von §§ 2 AWB 68, AWB 87, VGB 62, 1 VGB 88 (Bechert 73) und ohne daß sie Zubehör im Sinne von § 1 VGB 88 wären. Allerdings praktiziert BGH NJW-RR 90, 158 = RuS 59 = VersR 200 (für außerhalb des Gebäudes installierte Teile einer Wärmepumpenanlage) ohnehin einen weiten Begriff des Gebäudebestandteils.

92   Nur hinsichtlich der Rohre gemäß §§ 1 Nr. 2 a 1 AWB 68, 1 Nr. 3 a aa AWB 87, 4 Nr. 2 a 1 VGB 62, 7 Nr. 1 VGB 88 sind die gegen ausgetretenes Leitungswasser und die gegen Rohrbruch versicherten Sachen identisch, denn diese Rohre sind kaum jemals zu einem vorübergehenden Zweck eingefügt, sondern stets (wesentliche) Gebäudebestandteile. Dieser Rest an Übereinstimmung der versicherten Sachen in der Leitungswasser- und in der RohrbruchV ist aber praktisch ohne Gewicht, denn Leitungswasserschäden an Rohren sind kaum denkbar.

93   bb) Gegen **Bruchschäden aus beliebiger Ursache** nach §§ 1 Nr. 2 AWB 68, 1 Nr. 3 AWB 87, 4 Nr. 2 VGB 62, Nr. 1 und 3 VGB 88 versichert sind **innerhalb**

des versicherten Gebäudes **sämtliche** (wegen Rohren als Bestandteil anderer Einrichtungen vgl. E I 82 und 101) **Zu- und Ableitungsrohre der Wasserversorgung** und **sämtliche** (Vor- und Rücklauf-)**Rohre der Warmwasser- oder Dampfheizung** (auch Fernheizung), **außerhalb des Gebäudes** dagegen zwar sämtliche Rohre der Warmwasser- oder Dampfheizung, dagegen nur (Beschränkung mit §§ 3, 9 AGBG vereinbar, LG Aachen ZfS 87, 155) die **Zuleitungsrohre** der Wasserversorgung, und zwar beide Arten von Rohren jeweils nur, soweit sie **innerhalb des Grundstücks** verlaufen, auf dem der VOrt liegt („VGrundstück", G III 31), und soweit sie der *Versorgung des versicherten Gebäudes* dienen. Zu den Zuleitungsrohren der Wasserversorgung gehören auch die Rohre von Sprinkler- und Berieselungsanlagen, vgl. in anderem Zusammenhang E I 53. Die dort erwähnten Ausschlüsse gelten nicht für die RohrbruchV. Der ausdrückliche Einschluß solcher Rohre durch § 7 Nr. 1 c VGB 88 ist nur deklaratorisch. Das gleiche gilt für **Kl 5106 Nr. 2 a** zu den AWB 87 mit Bezug auf Rohre von Klima-, Wärmepumpen- und Solarheizungsanlagen.

„Innerhalb des Gebäudes" meint den durch Wände, Böden und Dach um- 94 bauten Raum. Außerhalb des Gebäudes liegt auch der Raum unter dem Gebäude, also unter dem Kellerboden (LG Düsseldorf ZfS 85, 30, LG Hamburg VersR 70, 1004) oder unter dem Boden eines nicht unterkellerten Gebäudes (LG Freiburg VersR 80, 1020). Eine Ausnahme gilt aber nach der ausführlich und überzeugend begründeten Entscheidung AG Essen NJW-RR 86, 831 und entgegen LG Köln (nicht: Hamburg) RuS 77, 263, VersR 89, 586 mit Anm. Müller 1044 sowie entgegen der 2. Aufl. für Rohre oder Rohrteile, die zwar unterhalb des Kellerbodens, aber noch oberhalb der waagerechten Verbindung zwischen den Unterkanten der Fundamentmauern (Streifenfundamente) liegen, zumal Teile solcher Rohre oft ein- oder mehrmals die Fundamentmauern durchlaufen und mindestens in diesem Bereich „innerhalb" des Gebäudes verlaufen. Keine Ausahme ist hingegen angezeigt, wenn Rohre außen an der Außenwand des Gebäudes entlang verlaufen, und zwar auch dann nicht, wenn einzelne Steine des Mauerwerks die Rohrleitung überragen, LG Essen ZfS 88, 329.

Wenn die V von Rohren außerhalb des Gebäudes nicht einzelvertraglich 95 ausdrücklich auf das eigene **Interesse des VN** beschränkt ist, bleibt nach den AWB *zweifelhaft*, ob der Vr die Entschädigung gegebenenfalls (vgl. VOen über die Allgemeinen Bedingungen für die Versorgung mit Gas, Elektrizität, Fernwärme und Wasser in BGBl I 79, 676, 684, 80, 742, 750) von der *Abtretung des Anspruchs gegen das Versorgungsunternehmen* abhängig machen kann oder ob entgegen § 80 Abs. 1 VVG dessen Interesse mitversichert ist; die besseren Gründe sprechen wohl gegen Einschluß des Interesses des Wasserversorgungsunternehmens, J II 26. § 1 Nr. 3 b cc AWB 87 („soweit die Reparaturkosten nicht durch das Versorgungsunternehmen zu tragen sind") regelt die Frage ausdrücklich in diesem Sinn. In § 7 Nr. 3 VGB 88 fehlt hingegen ein solcher Zusatz, obwohl das Problem bekannt war.

Nicht versichert und in der GeschäftsV auch nicht gegen Zuschlag versi- 96 cherbar sind vor allem **Ableitungsrohre,** soweit sie *außerhalb* des Gebäudes verlaufen. Sie stellen ein zu hohes Risiko dar, weil sie oft aus empfindlichem Material (Ton) bestehen und Undichtigkeiten nur schwer zu lokalisieren sind. Ist die Undichtigkeit mit einer Verstopfung verbunden, die zu einem Rückstau führt, so sind Schäden durch das aus den Ableitungsrohren austretende Leitungswasser jedoch entschädigungspflichtig, E I 27. Erstmals ermöglicht Kl 0925 zu den VGB 88 einen Einschluß solcher Ableitungsrohre, jedoch mit niedriger Entschädigungsgrenze und unter Ausschluß von Rohren, die ausschließlich gewerblichen Zwecken dienen.

97   Zweifelhaft ist, ob **Regenfallrohre**, die auf (!) der Außenwand eines Gebäudes verlegt sind, begrifflich noch „innerhalb" des Gebäudes liegen. Bejaht man diese Frage, so kommt es bei Regenfallrohren auf der Außenwand ferner darauf an, ob sie im Bereich der Bruchstelle zugleich für die Ableitung häuslicher Abwässer bestimmt waren, vgl. E I 28 für Durchnässungsschäden. Ob im Zeitpunkt des Bruches Niederschlagswasser oder sonstige Abwässer oder keines von beidem geflossen ist, spielt keine Rolle, desgleichen nicht, ob bei Bruchschäden durch Frost das Eis ganz oder teilweise durch Niederschlagswasser entstanden war.

98   Normalerweise ebenfalls nicht versichert sind **Zuleitungsrohre** (ebenso Heizungsrohre), soweit sie *außerhalb des „VGrundstücks"* verlaufen, E I 93. Sie können aber durch **Kl 505 Nr. 2 und Kl 5201 Nr. 2** zu den AWB 68 und AWB 87 sowie **Kl 852 Nr. 2** zu den VGB 62 eingeschlossen werden. Der *VBedarf* hängt von der *Unterhaltungslast* nach den in E I 95 genannten Verordnungen und den AGB des Versorgungsunternehmens ab (VP 80, 108 und Engels VP 81, 8), dessen Interesse die genannten Klauseln ausdrücklich ausschließen. Kl 0924 zu den VGB 88 ermöglicht den Einschluß ebenfalls, aber nur noch mit den in E I 96 genannten Einschränkungen.

99   Nicht versichert sind im Normalfall ferner Zuleitungsrohre und -rohrteile (ebenso Heizungsrohre), die innerhalb des „VGrundstücks" (E I 93) verlaufen, aber ausschließlich der *Versorgung von Anlagen außerhalb* des versicherten Gebäudes dienen, also z.B. der Versorgung einer nicht mitversicherten Garage, eines nicht mitversicherten Gartenhauses, eines außerhalb des Gebäudes gelegenen Schwimmbeckens oder eines Nachbargrundstücks. Bei Rohrverzweigungen endet der Schutz an der Stelle, von der ab die Zuleitung ausschließlich Anlagen außerhalb des versicherten Gebäudes dient. Auch die hiernach ausgeschlossenen Rohre können aber durch **Kl 5201 Nr. 1, 852 Nr. 1 und** – mit Einschränkungen – 0923 eingeschlossen werden. Leider ist die Überschrift von Kl 0923 irreführend, da sie nicht den entscheidenden Inhalt der Regelung andeutet.

100   cc) Praktisch bedeutsam ist der Einschluß gewisser **Einrichtungen** gemäß §§ 1 Nr. 2 a 2 AWB 68, 1 Nr. 3 a bb AWB 87, 4 Nr. 2 a 2 VGB 62, 7 Nr. 2 VGB 88 sowie **Kl 5106 Nr. 2 a** zu den AWB 87 für Klima-, Wärmepumpen- und Solarheizungsanlagen. Der Einschluß gilt ohne Rücksicht darauf, ob es sich um Grundstücksbestandteile oder nur um Gebäudezubehör handelt und wem sie gehören (E I 89 und 90), ist allerdings auf **Frostschäden** (E I 86) beschränkt. Der Einschluß von Frostschäden an Einrichtungen, die nicht Rohre sind, erweist das Schlagwort „RohrbruchV" als zu eng; jenes Schlagwort soll aber auch nur hervorheben, daß die LeitungswasserV Schäden miterfaßt, die nicht durch ausgetretenes Wasser entstehen, E I 3.

101   Die zitierten Vorschriften sollen den Schutz für solche Einrichtungen *abschließend* regeln. Soweit in diesen Einrichtungen Rohre als Bestandteile ent-

halten sind, soll nach der in der Praxis der Vr vorherrschenden, jedoch bestrittenen (E I 82) Ansicht VSchutz nur Frost, also nicht gegen Bruchschäden aller Art bestehen. Nur gegen Bruch durch Frost versichert ist nach dieser Ansicht z.B. auch die Verbindungsmuffe des Syphons einer Badewanne, denn das Syphon ist ein Geruchsverschluß, und die Verbindungsmuffe ist Teil des Syphons und nicht des Ableitungsrohrs, AG Mühldorf 1 C 76/86 vom 10. 6. 86.

Die gegen Frost versicherten *Einrichtungen* sind in den in E I 100 zitierten Bestimmungen *erschöpfend aufgezählt.* Ein Rückgriff auf die in E I 33 zitierten Bestimmungen als Generalklausel für alle mit dem Rohrsystem verbundenen Einrichtungen der Wasserversorgung ist nicht möglich, denn diese Vorschriften betreffen nur Leitungswasserschäden. Nicht aufgezählt und daher nicht versichert sind z.B. Druckerhöhungsanlagen. Einem „Heizkörper" gleichzustellen ist der Wärmetauscher („Heizregister") einer Schwimmhallenlüftungsanlage, LG Frankfurt VersR 82, 1190 (dort auch zur Frage, ob Wärmetauscher einer Klimaanlage eingeschlossen sind). Jedoch bezieht sich LG Frankfurt aaO zu Unrecht auf Bechert 92, der aaO nicht den Begriff des „Heizkörpers", sondern nur den Begriff der „gleichartigen Anlagen" einer „Warmwasserheizung" erörtert. – Die V der aufgezählten Einrichtungen (Bechert 69) gilt ohne Rücksicht darauf, ob sie privat oder gewerblich genutzt werden.

§§ 2 Nr. 3b AWB 68, 4 Nr. 3b VGB 62 schließen **Kessel-, Maschinen- und elektrische Kraftanlagen** aus, soweit sie – voll oder auch nur teilweise – **gewerblich genutzt** werden, so z.B. gewerbliche Wasserkühlungsanlagen. Ihrem Wortlaut nach sind diese in F IV 23 erörterten Ausschlüsse nicht nur für Leitungswasserschäden (versicherte Sachen: H II 11 und 17), sondern auch für Frostschäden anwendbar. Der Ausschluß in § 2 Nr. 3b AWB 68 gilt aber ausdrücklich *nicht* für ganz oder zeitlich überwiegend der *Heizung* oder der *Warmwasserversorgung* dienende Anlagen, mögen auch das ganze Gebäude und damit die Heizung und das Warmwasser gewerblich genutzt sein. Ein analoger Zusatz fehlt in § 4 Nr. 3b VGB 62 nur deshalb, weil offenbar unterstellt wurde, Heizkessel dienten in „Wohngebäuden" ohnehin nicht gewerblichen Zwecken. Dies trifft allerdings nicht zu, soweit Bürogebäude (A III 30) oder Wohngebäude mit Ladengeschäften oder kleingewerblichen Betrieben versichert sind. Man wird daher § 4 Nr. 3b VGB 62 einschränkend verstehen und dem *Einschluß* von *Heizkesseln* usw. in die V gegen Bruchschäden durch Frost (§ 4 Nr. 2 VGB 62) Vorrang geben müssen.

Übrigens konnte schon zu den AWB 68 und VGB 62 der Ausschluß durch Kl 506 **und 853** abbedungen werden, weil dem VN eine MaschinenV oft zu teuer ist (Engels VP 81, 7) und weil die gebündelte GeschäftsgebäudeV eine einheitliche VSumme erfordert (Bechert 44). Folgerichtig ist der Ausschluß in § 2 AWB 87 und in § 1 VGB 88 überhaupt nicht mehr enthalten.

d) Die HausratV bietet in §§ 3 **Nr. C 3 VHB 74, 7 Nr. 2 VHB 84** eine scheinbar weitgehende, tatsächlich aber sehr beschränkte **RohrbruchV für Mietwohnungen.** Werden *wasserführende Installationen* einschließlich *Zu- und Ableitungen* nicht Gebäudebestandteil, so sind sie Hausrat und deshalb nach § 2 Nr. 1 VHB 74 oder nach § 1 Nr. 1 oder 1 Nr. 2b VHB 84 versicherte Sachen. Entgegen Knoerrich-Dreger VerBAV **66**, 177 gilt dies aber nur für Schäden durch ausgetretenes Leitungswasser und für Feuerschäden usw., z. B. für Durchnässungsschäden an elektrischen Teilen von Boilern oder für Schäden durch abstürzende durchfeuchtete Mauerteile (Bechert 31 und VW **51**, 69). Der Einschluß von Bruchschäden durch Frost (Gegenbeispiel: LG Hamburg VersR **63**, 814) oder bei Rohren auch durch andere Ursachen in die LeitungswasserV folgt dagegen nicht schon aus der Hausrateigenschaft, sondern erst (konstitutiv) aus § 3 Nr. C 3 VHB 74, 7 Nr. 2 VHB 84 (richtig Bechert 32).

106   Zu den VHB 84 ermöglicht **Kl 813 Nr. 2** den Einschluß sanitärer Anlagen und leitungswasserführender Installationen einschließlich der Zu- und Ableitungsrohre in die RohrbruchV auch in anderen als in gemieteten Wohnungen. Das kann vor allem für **Wohnungseigentümer** von Interesse sein, soweit keine entsprechende GebäudeV besteht.

107   Versichert ist *anders* als nach §§ 3 Nr. C 2 VHB 74, 2 Nr. 1f VHB 84 wohl nur das **Interesse des Mieters,** und zwar sowohl für *Zufallsschäden*, die entgegen § 536 BGB der Mieter vertraglich übernommen hat, wie auch (anders Bechert 33) für *Schäden*, die der Mieter *zu vertreten* hat. Die Worte „die Gefahr trägt" sollen lediglich die V von Zufallsschäden auf das Interesse des Mieters beschränken. Diese Auslegung entspricht auch dem Wortlaut der Bestimmungen. Der Hinweis auf die Gefahrtragung des Mieters bezieht sich auf die versicherten Gegenstände, nicht dagegen auf die versicherten Schäden. – Schäden, die nach dem Mietvertrag *zu Lasten des Vermieters* gehen, sind *unversichert;* der Vr braucht also *nicht* gegen Abtretung des Anspruchs aus dem Mietvertrag vorzuleisten.

108   Wirtschaftlich unverständlich ist das Erfordernis nach § 3 Nr. C 2 VHB 74, daß der Mieter die Sachen auf seine Kosten *beschafft* haben müsse; ein versicherbares Interesse und ein Vbedürfnis bestehen in gleicher Weise, wenn der VN die Sachen zwar nicht beschafft hat, aber doch für ihre Reparatur oder Erneuerung sorgen muß, insbesondere weil er sie übernommen hat. § 7 Nr. 2 VHB 84 erwähnt den zuletzt genannten Fall ausdrücklich, und verkleinert damit die VLücke, falls man sie nicht auch nach den VHB 74 im Wege der erweiternden Auslegung schließen will, vgl. H II 47.

109   **Zu- und Ableitungsrohre** im Sinne von § 3 Nr. C 3 a VHB 74 sind nicht wie in § 4 Nr. 2a 1 VGB 62 alle Rohre der Wasserversorgung innerhalb des Gebäudes oder auch nur innerhalb der Wohnung, sondern es muß sich um Zu- und Ableitungen speziell zu den wasserführenden Installationen handeln, wie sich aus § 2 Nr. 1a VHB 74 ergibt. In § 7 Nr. 2 VHB 84 ist das auch im Wortlaut klargestellt. Solche Rohre sind schon nach § 3 Nr. C 3a VHB 74 gegen **Bruchschäden aus beliebiger Ursache** versichert, wozu auch Bruch durch Frost gehört. Die Rohre hätten in § 3 Nr. C 3b VHB 74 also nicht mehr erwähnt werden müssen. Wenn dies doch geschehen ist, so im Zusammenhang mit dem im E I 79 erörterten Formulierungsfehler der AWB 68 und VGB 62.

110   **Wasserführende Installationen** im Sinne von §§ 3 Nr. C 3b VHB 74, 7 Nr. 2 VHB 84 sind alle mit dem Rohrsystem verbundenen Einrichtungen im Sinne von § 3 Nr. C 1 VHB 74 und § 7 Nr. 1 VHB 84, vgl. schon E I 50. Jedoch drohen die hier versicherten **Frostschäden** im Sinne von E I 86 naturgemäß nur an Einrichtungen, in denen Wasser so eingeschlossen ist, daß es bei Vereisung zu Bruch führen muß. Entgegen E I 52 der 1. Aufl. gehören auch Warmwasser- und Dampfheizungen zu den wasserführenden Installationen, mag es sich auch um geschlossene Systeme handeln, E I 38. Aus § 3 Nr. C 1 VHB 74 darf kein Umkehrschluß gezogen werden; Heizungen werden dort nur deklaratorisch erwähnt, E I 50.

Im Verhältnis zwischen §§ 3 Nr. C 3 VHB 74, 7 Nr. 2 VHB 84 und einer **111** **Gebäudeversicherung des Eigentümers** ist Doppel V möglich, soweit es sich nämlich wenigstens in der ersten Stufe der Schadenregulierung (Martin VersR 78, 881, PM § 58 Anm. 2) um einen Schaden auch zu Lasten des Interesses des Gebäudeeigentümers an Gebäudebestandteilen oder Zubehör handelt; in der zweiten Stufe der Regulierung kommt es darauf an, ob die **VGB 62** und **VGB 88** das Mietinteresse einschließen, vgl. dazu E I 75 und J II 15. §§ 4 Nr. 2 a 2 VGB 62, 7 Nr. 1 und 2 VGB 88 schließen die dort genannten Einrichtungen in eine Gebäude V des Eigentümers selbst dann ein, wenn sie ausnahmsweise nicht Gebäudebestandteil, sondern nur *Zubehör* im Eigentum des Mieters sind, E I 88 bis 90. Auch und vor allem entsteht Doppel V, wenn die Einrichtungen des Mieters *Gebäudebestandteil* geworden sind, der Mieter aber gleichwohl die Gefahr für sie trägt. Auch hier gelten die in E I 77 erwähnten Teilungsregeln (Bechert 100) anstelle von § 59 Abs. 2 VVG.

7. Die **Entschädigung in der Rohrbruch V** schließt nach § 1 Nr. 2 AWB 68, 3 **112** Nr. 1 AWB 87, 3 Nr. C 3 VHB 74, 4 Nr. 2 VGB 62 die **Kosten von Nebenarbeiten und des Auftauens** ein. In § 3 Nr. 1 AWB 87 werden nur noch die Nebenarbeiten, nicht mehr das Auftauen erwähnt. In den VHB 84 und in den VGB 88 fehlt eine entsprechende Bestimmung völlig; vgl. dazu E I 123.

Wenn für das versicherte Gebäude oder für den versicherten Hausrat Un- **113** ter V besteht, ist auch die Entschädigung für Nebenarbeiten und für das Auftauen entsprechend zu **kürzen**. Das ergibt sich für die AWB 87 zweifelsfrei durch Umkehrschluß aus deren § 11 Nr. 5 a, wo nur § 3 Nr. 4 zitiert ist. Für die AWB 68 und VGB 62 gilt aber dasselbe, denn die Einschlüsse sollen nur die Grenzen der – gegebenenfalls wegen Unter V zu kürzenden – Hauptschadenentschädigung abrunden und außer Streit stellen, E I 115 und 121. Allenfalls für die VHB 74 könnte man zweifeln, weil in § 3 Nr. C 2 VHB 74 die Unter V besonders erwähnt ist, S II 13, in Nr. C 3 hingegen nicht. Aber dem läßt sich entgegenhalten, daß Nr. C 2 den V Schutz erheblich erweitert, so daß sich die Kürzung wegen Unter V weit weniger als in Nr. C 3 von selbst versteht.

Von der Frage nach der Anrechnung der Unter V zu unterscheiden ist die **114** Frage nach der **Ermittlung des V Werts.** Nach §§ 4 Nr. 2 a, 3 Nr. 1 a AWB 68, 6 Nr. 2 NwIG 80, 11 Nr. 4 AWB 87, 6 Nr. 1 VGB 62, 13, 14 VGB 88 sind nur diejenigen Sachen der Gebäudeposition zu berücksichtigen, die auch gegen Leitungswasser versichert sind, also nicht Rohre außerhalb des Gebäudes und möglicherweise (E I 89) auch nicht Sachen, die nicht Bestandteile, sondern nur Zubehör des Gebäudes sind und dem VN weder gehören noch in Obhut gegeben wurden. Nach § 4 Nr. 1 VHB 74 sind hingegen die in § 2 Nr. 1 a VHB 74 als versicherte Sachen aufgezählten Gegenstände, der Rohrbruch V ohne Rücksicht darauf in den V Wert einzubeziehen, ob sie Gebäudebestandteile sind, denn sie gehören auch für die übrigen Gefahren der HausratV zu den versicherten Sachen.

115   a) Der Einschluß von Kosten durch **Nebenarbeiten** vermeidet Streit darüber, ob diese Kosten auch sonst in den entschädigungspflichtigen Wiederbeschaffungs- oder Wiederherstellungskosten enthalten wären, R III 41, ferner Streit darüber, ob der VSchutz für diese Kosten, soweit sie begrifflich zugleich *Bewegungs- und Schutzkosten* (W IV 14) oder *Aufräumungskosten* (W V 41) sind, auf eine etwaige Erstrisikosumme für Aufräumungskosten beschränkt wäre. Beide Fragen sind durch die in E I 112 zitierten Bestimmungen für die RohrbruchV zugunsten des VN geklärt. Auf die KostenV nach Kl 221 und 222 zu den AWB 68 sowie § 1 Nr. 2b VHB 74 braucht daher im allgemeinen nur bei Leitungswasserschäden zurückgegriffen zu werden, bei Rohrbruchschäden hingegen nur dann, wenn ausnahmsweise die Hauptschadenentschädigung nicht ausreicht, insbesondere wegen UnterV. Dagegen ist der Einschluß von Kosten der Nebenarbeiten nicht schon als solcher geeignet, eine HauptschadenunterV zu kompensieren. Vielmehr ist die Nebenarbeitenentschädigung auch selbst ein Teil der Hauptschadenentschädigung.

116   Neben den Kosten der eigentlichen Reparatur oder Erneuerung sind alle Kosten zu ersetzen, die nötig sind, um durch Nebenarbeiten **Hindernisse** für die Reparatur oder Erneuerung **zu beseitigen** und anschließend den **früheren Zustand** wiederherzustellen. Überschneidungen mit Schadenermittlungskosten (§ 66 VVG) sind möglich. Nebenarbeiten sind z. B. Erdarbeiten oder das Abstemmen von Gebäudeteilen zwecks Lokalisierung des Schadens. Auch die Reparatur selbst kann Erdarbeiten und Entfernung von Gebäudeteilen (Mauern, Verputz, Kacheln, Tapeten usw.) erfordern; insoweit ist der Einschluß der „Nebenarbeiten" eindeutig nur deklaratorisch. Auch Arbeiten an **Nachbargebäuden,** die der Reparatur des versicherten Gebäudes dienen, sind entschädigungspflichtig. Beispiel: Eine Heizungsanlage versorgt ohne getrennte Absperrmöglichkeit auch ein benachbartes Wohngebäude, das bei einem anderen Vr versichert ist. Dann muß auch das Entleeren und Wiederauffüllen einschließlich Entlüften der Heizung des Nachbargebäudes entschädigt werden. Für den Vr des Nachbargebäudes fehlt es hingegen an einem VFall. AG Lüdenscheid ZfS 89, 212 möchte „Nebenarbeiten" nur auf dem Grundstück anerkennen, auf dem das Gebäude oder der VOrt liegt, wofür aber der AVB-Wortlaut keine genügenden Anhaltspunkte bietet.

117   Nebenarbeit ist auch das vorübergehende **Entfernen beweglicher** (auch: nicht versicherter) **Sachen,** die der Reparatur entgegenstünden, z. B. von Möbeln oder Vorräten; letztere brauchen nicht selbst zu den versicherten Sachen zu gehören. Zweifelhaft ist, ob und wann Eigentümer, Vermieter oder Mieter des Gebäudes als VN die Einlagerung der Möbel oder Vorräte in eigenen Räumen hinnehmen müssen, die von dem Schaden nicht betroffen sind, oder ob der Vr auch die Kosten für vorübergehenden **Abtransport** und **Einlagerung** der hinderlichen Sachen zu ersetzen hat. Bei dieser Frage ist Möglichkeit (§ 1 ABM 89) oder Bestand (§§ 1 Nr. 3 VGB 62, 3 VGB 88) einer Miet- oder WohnwertverlustV zu berücksichtigen, denn zwischen dem versicherten oder versicherbaren Wert der zu verstellenden Räume und den Kosten einer Auslagerung muß eine vernünftige Relation bestehen. Wäre der Anspruch auf

Kosten von Nebenarbeiten „ an der Schadenstätte" beschränkt, so wäre das ein Indiz, aber doch kein ganz zwingendes Argument gegen den Ersatz von Transport- und Lagerkosten, denn immerhin beginnt der Transport an der Schadenstätte und dient ihrer Räumung. Nicht einmal das Wort „Schadenstätte" enthalten aber die in E I 112 zitierten Bestimmungen. Die Frage läßt sich jedenfalls nicht so klar entscheiden wie die entsprechende Frage für Rettungskosten, W II 44.

Zu den Nebenarbeiten gehört es auch, *nach* Reparatur oder Erneuerung **118** den **früheren Zustand** aller wegen der Reparatur entfernten Gebäudeteile und beweglichen Sachen wiederherzustellen. Bei Rohrbrüchen im Garten sind z. B. die Pflanzungen, Humusschichten, Wege, Zäune usw., bei Rohrbrüchen im Gebäude alle Gebäudeteile wieder in den früheren Zustand zu versetzen; wegen der Reparatur entfernte bewegliche Sachen sind wieder an ihren Platz zu stellen. Waren z. B. Möbel aus dem Gebäude geschafft worden, so stellt sich auch für den Rücktransport die in E I 117 erörtere Frage. Soweit es bei Tapeten, Kacheln und Anstrichen auf *Farb- oder Mustergleichheit* ankommt, kann die Erneuerung jeweils der ganzen Raumeinheit verlangt werden, wenn sich ein einheitlicher optischer Eindruck anders nicht herstellen läßt, allerdings nur in den *Grenzen von Treu und Glauben,* vgl. R I 26 und R III 30 für „Reparatur"-Kosten. In Lagerräumen mögen z. B. *Farbdifferenzen* zumutbar sein, die in Wohn- oder in gewerblichen Büro- oder gar Repräsentationsräumen unzumutbar wären.

Nicht oder nur *anteilig* (R III 30) zu entschädigen sind *Kosten, die auch* **119** *ohne den VFall (Bruch)* angefallen wären, falls die *unaufschiebbare* Notwendigkeit des Aufwandes schon vor dem VFall in Eigenschaften der betroffenen Sachen begründet war, vgl. schon E I 71 und wegen korrodierter Rohre E I 83. Soweit Kosten daher auf einer Verstopfung vor dem Bruch beruhen, sind sie auch dann nicht voll zu ersetzen, wenn die Verstopfung Ursache des Bruches wurde (anders Bechert 71).

Kosten von Nebenarbeiten sind nur in der RohrbruchV, **nicht** dagegen in **120** der **LeitungswasserV** besonders eingeschlossen. Für die LeitungswasserV gelten vielmehr die allgemeinen, auch in der Feuer- und DiebstahlV (bei Gebäudeschäden) maßgebenden Grundsätze (E I 115). Diese Unterscheidung spielt auch dann eine Rolle, wenn ein *Rohrbruch und ein Durchnässungsschaden zusammentreffen:* Mehrkosten für Nebenarbeiten, die allein auf der Durchnässung beruhen, dagegen nicht auch der Beseitigung des Rohrbruchs dienen, sind nach den allgemeinen Grundsätzen zu behandeln.

b) Zu den Nebenarbeiten gehört auch das besonders erwähnte **Auftauen.** **121** Entgegen Bechert 71 (mwN) ist dem Wortlaut von §§ 1 Nr. 2 AWB 68, 3 Nr. 1 AWB 87, 4 Nr. 2 VGB 62, 3 Nr. C 3 VHB 74 nicht zu entnehmen, daß diese Kosten etwa nur dann zu ersetzen wären, wenn das Auftauen weitere Bruch- oder Durchnässungsschäden abwenden soll, wie §§ 63 VVG, 13 AWB 68, 3 Nr. 2 AWB 87, 16 VGB 62, 14 VHB 74 dies für Rettungskosten voraussetzen, vgl. zum Ersatz als Rettungskosten ausführlich W II 54. Die Kosten sind vielmehr schon dann als Teil des Hauptschadens zu ersetzen, wenn die Rohre unmittelbar vor der Reparatur aufgetaut werden, so daß das Auftauen als *Nebenarbeit* erscheint. Zwar dient die sofortige Reparatur der

Aufrechterhaltung der Wasserversorgung (Bechert aaO), aber das Auftauen seinerseits ermöglicht als Nahziel zunächst einmal die Reparatur, auf die die VN Anspruch hat. – Wie besonders in § 3 Nr. 1 AWB 87 klar zum Ausdruck kommt, führt ein RohrbruchVFall an beliebiger Stelle des Gebäudes dazu, daß alle Auftaukosten zu ersetzen sind, auch für Rohrabschnitte *ohne* Bruch, die also *nicht repariert* werden müssen.

122 Entgegen AG Saarbrücken ZfS 88, 154 jedenfalls nicht als Teil des Hauptschadens zu ersetzen sind dagegen Auftaukosten, denen **kein Bruch** vorausgegangen ist. In § 3 Nr. 1 AWB 87 folgt dies aus dem Erfordernis eines VFalls, in §§ 1 Nr. 2 AWB 68, 3 Nr. C 3 VHB 74, 4 Nr. 2 VGB 62 aus der systematischen Stellung der Regelung und dem Wort „einschließlich". Solange es an einem Bruch fehlt, kommt es also in der Tat darauf an, ob ein Bruch als VFall wenigstens unmittelbar bevorsteht und durch das Auftauen vielleicht abgewendet werden kann, denn dann handelt es sich um entschädigungspflichtige **Rettungskosten.** Das ist immer dann zu bejahen, wenn nicht auszuschließen ist, daß sich ohne Auftaumaßnahmen das Volumen des Rohrinhalts noch weiter vergrößern wird, weil die Endphase völliger Vereisung noch nicht erreicht ist. Unter dieser Voraussetzung sind nicht nur **Metallrohre,** sondern auch **Kunststoffrohre** gefährdet, denn jedenfalls nach einiger Zeit verlieren diese ihre anfängliche Elastizität.

123 c) In den VHB 84 und in den VGB 88 fehlt der EinschlußV von Kosten für Nebenarbeiten und Auftauen völlig. Das überrascht umso mehr, als es gerade in den VHB 84 erstmals gelungen ist, alle versicherten Kosten an derselben Stelle abzuhandeln, nämlich in § 2 **VHB 84.** Nach diesem Vorbild wurden auch §§ 3 AWB 87, 2 VGB 88 formuliert. Allzu schwerwiegend sind die Folgen dieser Lücke aber nicht. Einerseits ist nach den übrigen AVB auch bei den Kosten des Auftauens und von Nebenarbeiten eine etwaige UnterV zu berücksichtigen, E I 113. Andererseits sind die in E I 115 angedeuteten Abgrenzungsfragen meist zugunsten des VN zu entscheiden, so daß die entsprechenden Kosten nach §§ 7 Nr. 2, 2 Nr. 1a und 1b, 18 Nr. 4 VHB 84 oder nach §§ 7, 2 Nr. 1a und 1b, 15 VGB 88 als Reparatur-, Aufräumungs- oder Bewegungs- und Schutzkosten zu entschädigen sind. Auftaukosten an Rohrabschnitten ohne Bruch sind meist als Rettungskosten nach §§ 2 Nr. 1c VHB 84, VGB 88 zu ersetzen, und zwar sogar bei Kunststoffrohren, E I 122.

II. Sturm und Hagel als versicherte Gefahren

1 Die SturmV wird, ebenso wie die LeitungswasserV, in der GeschäftsV durch *selbständige Verträge* nach den AStB 68 und nach den AStB 87, A II 12, für private Objekte (Hausrat und Wohngebäude) hingegen durch *kombinierte* (VerBAV 54, 52) *Verträge* nach den VHB 74, VHB 84, VGB 62 und VGB 88 betrieben, A II 3.

2 Ebenso wie Schäden durch Leitungswasser sind Schäden durch Sturm auch im Rahmen einer Reihe von *AllgefahrenVen* entschädigungspflichtig, so in der Maschinen-, Baugeräte-, Montage-, Einheits- und TransportV sowie – besonders wichtig – in der *BauleistungsV.* Wegen der Abgrenzung zwischen BauleistungsV und SturmV für bezugsfertige Gebäude vgl. F IV 14 und F

V 3. Auch die *Kfz-Kasko* schließt nach § 12 Nr. 1 I c AKB Sturmschäden ein, vgl. auch E II 19 sowie Mohr 11.

Wie in der Feuer- und (E I 19) LeitungswasserV, so sind auch in der 3 SturmV nach §§ 1 Nr. 3 a AStB 68, 1 Nr. 3 d AStB 87, 1 Nr. 2 a VHB 74, VGB 62 Schäden an versicherten Sachen durch *Niederreißen oder Ausräumen* von Gebäuden versichert. Der Einschluß hat nur *deklaratorische* Bedeutung, denn solche Schäden wären in aller Regel schon als Folgen des Sturmschadens an einem Gebäude gedeckt, vgl. E II 18 und 43 sowie für Feuerschäden C V 1. Daß in den VHB 84 und in den VGB 88 eine entsprechende Bestimmung fehlt, bedeutet daher keine Einschränkung des VSchutzes.

1. Nach §§ 4 Nr. 1 c, 8 Nr. 3, 9 Nr. 6 c VGB 88 werden **Sturm und Hagel als** 4 **Gefahrengruppe** im Sinn von A III 18 versichert. Dieselbe Gefahrengruppe kann durch **Kl 604** (VerBAV 86, 156) zu den AWB 68, **Kl 6101** (VerBAV 87, 393) zu den AWB 87, **Kl 838** (VerBAV 86, 381) zu den VHB 84 und **Kl 865** (VerBAV 85, 443) zu den VGB 62 zum Gegenstand des VVertrages gemacht werden. Mit Ausnahme von Kl 604 finden sich die erwähnten Klauseln in Texte 34. Kl 604 entspricht wörtlich Kl 6101; einzige Ausnahme ist das Zitat der entsprechenden Bestimmungen der AStB 87 statt der AStB 68.

Hagel ist – soweit mitversichert – neben Sturm als versicherte Gefahr und 5 Schadenursache ein **Annexrisiko**, das sich auf Anhieb mit dem Rohrbruchrisiko in der LeitungswasserV vergleichen läßt, vgl. E I 4. Ähnlich wie jene beiden Risiken beide auf dem Vorhandensein von Wasserleitungsrohren beruhen, handelt es sich bei Sturm und Hagel jeweils um Naturereignisse. Schon dieser Umstand legt eine V als Gefahrengruppe nahe.

Jedoch besteht ein wesentlicher Unterschied zu Leitungswasser und Rohr- 6 bruch. Ausgetretenes Leitungswasser sowie die Ursachen eines Rohrbruchs lassen sich als Schadenursachen meist klar trennen. Das gleiche gilt für die entstandenen und versicherten Schäden. Sturm und Hagel hingegen treten nicht nur oft zu gleicher Zeit und am gleichen Ort auf, sondern sind auch in ihrer Wirkung oft nur schwer gegeneinander abzugrenzen. Zu unterscheiden ist zwischen

– Schäden, die **allein durch Sturm** entstehen und daher auch ohne einen etwaigen gleichzeitigen Hagel entstanden wären (1),
– ferner Schäden, die **allein durch Hagel** entstehen und daher auch ohne den etwa gleichzeitig herrschenden Sturm entstanden wären (2)
– und schließlich Schäden, die **nur durch** das **Zusammenwirken** von Hagel und Sturm entstehen, die also nicht eingetreten wären, falls entweder Windstärke 8 nicht erreicht worden wäre oder es nicht gleichzeitig gehagelt hätte (3), vgl. zu dieser dritten Gefahrengruppe ausführlich E II 10 bis 12.

§ 4 Nr. 1 c VGB 88 umfaßt alle drei in E I 6 einander gegenübergestellten 7 Schadengruppen, weil in den VGB 88 „Sturm“ und „Hagel“ als versicherte Gefahren nebeneinander genannt sind. Wie wenig sich freilich die Verfasser Gedanken über die Abgrenzungsprobleme gemacht haben, zeigt die Trennung der Begriffe „Sturm“ und „Hagel“ in § 4 Nr. 1 c VGB 88 nur durch ein Komma, statt durch das auch sonst zwischen eingeschlossenen Schadenursachen gebräuchliche und sachlich richtige Verbindungswort „oder“. Das Wort „oder“ hätte vollständig ausgedrückt, daß es genügt, wenn eine der mehreren Schadenursachen der Gefahrengruppe mitgewirkt hat, also z. B. Brand oder (!) Explosion oder eben in dem hier diskutierten Fall Sturm oder (!) Hagel.

8   Während diese Ungenauigkeit in § 4 Nr. 1 c VGB 88 folgenlos bleibt, weil das fehlende Wort „oder" durch Auslegung zu ergänzen ist, droht zu **Kl 604, 6101, 838 und 865** ein Mißverständnis. Der Umstand, daß diese Klauseln existieren und geschäftsplanmäßig angeboten werden, sei es ohne oder sei es gegen Mehrprämie, ist **nicht** geeignet, den **Deckungsumfang** nach den AWB 68, AWB 87, VHB 84 und VGB 62 zu reduzieren, **K I 6,** und zwar weder für neue Verträge, zu denen der VN Gelegenheit gehabt hätte, die Vereinbarung einer der erwähnten Klauseln zu beantragen, noch gar zu älteren Verträgen, und zwar auch hier ohne Rücksicht darauf, ob der Vr nachträglich eine Deckungserweiterung angeboten hatte oder nicht. AVB sind nämlich objektiv auszulegen, d. h. ohne Rücksicht auf Umstände des Einzelfalls und ohne Rücksicht darauf, ob der VN die Existenz einer erweiternden Klausel gekannt hatte und ob ihm deren Vereinbarung angeboten worden war, sei es vor Vertragsschluß oder sei es nachträglich.

9   In den Klauseltexten wird jeweils korrekt gesagt, daß bei Schäden durch Hagel die **Voraussetzungen eines Sturmes nicht gegeben zu sein „brauchen",** daß also Schäden gedeckt sind, die durch Hagel ohne gleichzeitigen Sturm entstanden sind oder (vgl. E I 6, Schadengruppe 2) entstanden wären, falls der tatsächlich gleichzeitig herrschende Sturm nicht mitgewirkt hätte. Durch Umkehrschluß folgt aus dem Wort „brauchen", daß es dem VSchutz nach der Klausel *nicht* entgegensteht, wenn ein Sturm tatsächlich zur gleichen Zeit geherrscht hat und ohne dessen Mitwirkung der Schaden nicht eingetreten wäre, vgl. E I 6, Schadengruppe 3. Beispiel: Der Sturm treibt Hagelkörner waagrecht gegen ein Gebäude, und es kommt nur dadurch zum Schaden.

10   Genau dieselbe Überlegung mit Bezug auf Schadengruppe 3 gemäß E I 6 gilt umgekehrt für den Umfang der **Sturm-Grunddeckung** nach den AWB 68, **AWB 87, VHB 84 und VGB 62.** Schäden, die nur durch Zusammenwirken von Sturm und Hagel entstehen konnten, sind gedeckt, weil es – wie auch sonst – ausreicht, daß die versicherte Ursache Sturm eine von mehreren Ursachen des Schadens war. Freilich muß der VN die Mitwirkung des Sturmes als Schadenursache beweisen, was schwierig sein kann und bis zu einem gewissen Grad Beweiserleichterungen rechtfertigt, vgl. E II 38. Nicht aber darf aus der Existenz der Klauseln gemäß E II 4 und 8 der Fehlschluß gezogen werden, die Sturm-Grunddeckung ohne Vereinbarung einer Klausel reiche für **Schäden durch Zusammenwirken von Sturm und Hagel** nicht mehr aus, weil der VN von der Möglichkeit, die Klausel zu vereinbaren, nicht Gebrauch gemacht hat.

11   Auch in der schriftlichen und mündlichen Werbung der Vr sollte diese rechtliche Gegebenheit beachtet werden. Die **Gegenleistung des Vr für die Mehrprämie,** die bei Vereinbarung einer erweiternden Klausel verlangt wird, liegt allein in der Deckung von **Schäden, die ausschließlich durch Hagel** entstehen, sei es, daß Windstärke 8 nicht erreicht wurde, oder sei es, daß zwar gleichzeitig Sturm geherrscht hat, der VN aber nicht beweisen kann, daß der Schaden ohne Mitwirkung des Sturmes nicht entstanden wäre. Wenn ein Vr, insbesondere durch einen Agenten, einen Antragsteller nachweislich falsch beraten hätte, müßte er Schadenersatz wegen eines solchen **Beratungsfehlers** in

der Form leisten, daß er den VN auf dessen Verlangen hin rückwirkend aus der Vereinbarung der erweiternden Klausel entläßt. Allerdings wären an den Nachweis eines solchen Beratungsfehlers strenge Anforderungen zu stellen. Gelingt freilich der Nachweis, so hätte gegebenenfalls der Vr zu beweisen, daß der VN die Klausel auch ohne die falsche Beratung vereinbart hätte.

Besonders groß ist die Gefahr einer unrichtigen Beratung in Gegenden, in denen der Vr innerhalb eines überschaubaren Zeitraumes vor Antragstellung Schäden im Sinn von E I 6, Schadengruppe 3, auch ohne entsprechende Klausel entschädigt hatte. Insbesondere gilt dies im Bereich Süd-Bayern für die dort am 12. 7. 1984 entstandenen Hagelschäden, die den Anlaß für die Schaffung der Einschlußklauseln gebildet hatten. Unrichtig wäre eine „Beratung" dahingehend, „solche Schäden" würden „künftig nur noch aufgrund der Klausel" entschädigt. Vielmehr wäre zu unterscheiden zwischen Schäden, bei denen der VN die Mitwirkung von Sturm beweisen kann, und Schäden, die der Vr ohne solchen Nachweis in einem früheren Fall kulanzweise übernommen hatte. Nur für diese letzteren Schäden wäre jener pauschale Satz sachlich richtig.

2. **Sturm als versicherte Gefahr** und Schadenursache unterscheidet sich von anderen versicherten Schadenursachen der SachV dadurch, daß nach den AVB nicht sämtliche adäquaten Folgen eines Sturmes in Form von Sachschäden oder Abhandenkommen versichert sind, sondern nur solche Fälle von Sachschäden und Abhandenkommen, bei denen einer der **in den AVB beschriebenen Kausalabläufe** zum Schaden geführt hat. Diese Kausalabläufe sind in §§ 1 Nr. 1 AStB 68, 1 Nr. 3 AStB 87, 3 Nr. D 2 VHB 74, 8 Nr. 3 VHB 84, 5 Nr. 2 VGB 62, 8 Nr. 2 VGB 88 aufgezählt und werden in E II 29 bis 52 im einzelnen behandelt. Ob darüber hinaus das Wort „wirft" die Deckung für Schäden durch Gegenstände, die der Sturm „geworfen" hat, noch zusätzlich einschränkt, so daß nicht einmal alle adäquaten Folgen eines solchen „Werfens" versichert wären, ist umstritten, vgl. E II 34.

Die AVB beschränken sich darauf, die versicherten Kausalabläufe *positiv* aufzuzählen. Rechtlich würde dies – perfekte Formulierung vorausgesetzt – genügen, zumal der gegenteilige Versuch in § 12 Nr. 1 Ic Satz 4 AKB (Ausschluß von „Schäden, die auf ein durch Sturm veranlaßtes Verhalten des Fahrers zurückzuführen sind") sprachlich mißlungen ist: Nicht nur ein sturmbeeinflußtes Verhalten des Fahrers, sondern jedes sturmbeeinflußte menschliche Verhalten (nach dem AKB z.B. auch das Verhalten eines Beifahrers oder eines Passanten) als Zwischenursache soll den VSchutz ausschließen, mag auch adäquater Kausalzusammenhang mit Sturm gegeben sein. Ziel der Regelung ist aber auch in der SachV der **Ausschluß menschlichen Verhaltens als Zwischenursache.** Ob menschliches Verhalten im Einzelfall sturmbedingt und gegebenenfalls nicht grob fahrlässig war, würde allzu oft zu Meinungsverschiedenheiten führen. Dies wiederum würde die Schadenregulierung gerade bei Sturmschäden stark verzögern und verteuern, nämlich wegen des naturgemäß gehäuften Auftretens von Sturmschäden (Mohr, 10, 24).

Allerdings ist der **Ausschluß** menschlichen Verhaltens auf dem indirekten Weg über die abschließende positive Aufzählung versicherter Kausalabläufe **nicht voll gelungen.** Nur die „unmittelbare Einwirkung" des Sturmes kann niemals auf menschlichem Verhalten beruhen, denn „unmittelbar" bedeutet, daß der Sturm zeitlich letzte Ursache gewesen sein muß. Schon hinsichtlich der „geworfenen Gegenstände" ist aber zweifelhaft, ob nicht auch Schäden gedeckt sind, die durch menschliches Verhalten verursacht werden, nachdem und weil der Sturm „Gegenstände geworfen" hatte; das Wort „dadurch" wird in den AVB nämlich nicht (!) durch den Zusatz „unmittelbar" eingeschränkt. Eindeutig eingeschlossen sind Schäden durch menschliches (Fehl-)Verhalten als Zwischenursache bei Schäden, die als adäquate Folge von versicherten Sturmschäden an versicherten Sachen oder an Gebäuden entstehen, in denen sich versicherte Sachen befinden; der nötige adäquate Ursachenzusammenhang wird durch das Hinzutreten eines menschlichen Verhaltens nicht beseitigt. Ergänzend vgl. E II 50 zu Sturmfolgesachschäden sowie E II 19 zu Schäden durch Abhandenkommen.

16   Soweit menschliches Verhalten als **Rettungsmaßnahme** gegenüber eingetretenen oder unmittelbar bevorstehenden Sturmschäden zu qualifizieren ist, W II 53, trägt der Vr adäquat und nicht grob fahrlässig verursachte Sach-, Personen- oder Vermögensschäden schon nach §§ 63 VVG und den entsprechenden AVB-Bestimmungen. Übersehen wurde dies z. B. in LG Berlin ZfS 85, 251. Die Schadenfolge eines nicht sachgemäßen Umschlagens eines sturmbedingt durchnäßten Teppichs wären mindestens als Rettungskosten zu ersetzen gewesen, falls nicht etwa dieses Umschlagen den Vorwurf der groben Fahrlässigkeit rechtfertige, der VN es also nicht für „geboten" im Sinn von § 63 VVG halten durfte. Ergänzend vgl. E II 33 und 49.

17   a) **Sturm** ist eine wetterbedingte Luftbewegung von mindestens **Windstärke 8.** So lauten die **Definitionen** in §§ 1 Nr. 2 AStB 68, AStB 87, 3 Nr. D 1 VHB 74, 8 Nr. 1 VHB 84, 5 Nr. 1 VGB 62. Maßgebend ist die Beaufort-Skala. Danach bedeutet Stärke 8 „stürmischen Wind, der Zweige von Bäumen bricht und das Gehen im Freien erheblich erschwert" (18,4 bis 26,8 kg Staudruck pro qm). Wetterbedingt ist die Luftbewegung, wenn sie durch die Luftdruckunterschiede über die Erdoberfläche zustande kommt. Nicht versichert ist Luftbewegung durch Explosionen, Brand, Zugwirkung in Gebäuden usw., sowie durch bewegte Massen, z. B. Flugzeuge, Eisenbahnen und Autos.

18   b) Versichert sind **Sachschäden** und Abhandenkommen durch Sturm als adäquate Schadenursache, wenn eine der in E II 28 bis 52 behandelten Arten des Kausalverlaufs gegeben ist; wegen Niederreißen oder Ausräumen als Zwischenursache vgl. E II 3, wegen Folgeschäden aus versicherten Sturmschäden vgl. E II 43 bis 52. Nicht nur für Sachschäden, sondern auch für das in §§ 1 Nr. 3 a AStB 68, 1 Nr. 3 e AStB 87, 1 Nr. 2 a VHB 74, 1 Nr. 2 b VGB 62 geregelte **Abhandenkommen** (B II 11) gilt die Beschränkung auf bestimmte Kausalabläufe.

19   **Abhandenkommen** umfaßt Verlust des unmittelbaren Besitzes durch **sonstige Ursachen** wie auch speziell durch **Diebstahl** als menschliches (Fehl-)Verhalten. Zwar war offenbar beabsichtigt, menschliches Verhalten als Zwischenursache aus der Deckung auszunehmen. Dies ist jedoch nicht vollständig gelungen, vgl. schon E II 15. Versichert sind z. B. Diebstähle durch Nachbarn oder Feuerwehrmänner, die nach einem Sturmschaden in Abwesenheit des VN in das Gebäude eindringen und erste Rettungsmaßnahmen treffen, ferner durch reparierende Handwerker usw., E II 16. Zweifelsfrei gilt dies dann, wenn vor

dem Diebstahl bereits versicherte Sturmschäden eingetreten waren, vgl. zu solchen Sturmfolgeschäden E II 50. Zu demselben Ergebnis wird man auch gelangen müssen, wenn die Diebstahlschäden ohen vorausgegangenen sonstigen Sturmschaden wohl aber als Folge davon entstehen, daß der Sturm „Gegenstände geworfen" hatte. Auch die Worte „infolge eines solchen Ereignisses abhandengekommen" in § 3 Nr. 5 VHB 84 sind zusammen mit § 8 Nr. 3 VHB 84 in diesem Sinn auszulegen.

Der Begriff des **Sachschadens** wird in B III 4 ff. behandelt. Speziell für die 20 SturmV fragt es sich gelegentlich, ob die Substanz schon beeinträchtigt wird, ein Sachschaden also schon anzunehmen ist, wenn durch Sturm Fremdkörper in bestimmungsgemäß vorhandene Hohlräume versicherter Sachen eindringen. Letztlich entscheidet der Sprachgebrauch des täglichen Lebens, BGH RuS 88, 244 = VerBAV 331 = NJW-RR 1050. Ein Sachschaden liegt vor, wo man von Reparatur, kein VFall dagegen, wo man gemeinhin nur von Reinigung spricht. Zweifelhaft erscheint der Fall eines durch Laub verstopften Regenfallrohres, vgl. Mohr 34, denn hier entsteht der Schaden nicht durch Aufprall, sondern erst durch Ansammlung von Laub. Man wird hier eine unabhängig von der in E II 34 bis 36 behandelten Streitfrage VFall bejahen müssen, denn es handelt sich nicht um die Beurteilung eines Bruchfolgeschadens, sondern um einen Schaden durch die bloße Anwesenheit der – wenn auch nur nach und nach – in die Dachrinne geworfenen Gegenstände.

c) Der VN muß zunächst die Tatsache des Sturmes darlegen und beweisen. 21 Entgegen Köln RuS 88, 304 fehlt es bei ungenauen oder wechselnden Angaben zum Schadenzeitpunkt jedoch nur dann an einem schlüssigen Vortrag, wenn offen bleibt, ob der behauptete Schaden innerhalb oder außerhalb der VDauer eingetreten ist, oder wenn nicht zu jedem möglichen Schadenzeitpunkt auch ein bestimmter Sturm als Tatsache und Schadenursache behauptet wird, vgl. E I 26. Liegt eine *Meßstation* dem Schadenort so nahe, daß für den Schadenort Windstärke 8 schon nach meteorologischer Erfahrung zweifelsfrei erwiesen ist, so gibt es keine Probleme.

§§ 1 Nr. 2 Satz 2 AWB 68, 1 Nr. 2 Abs. 2 AWB 87, 3 Nr. D 1 Satz 2 VHB 74, 8 22 Nr. 2 VHB 84, 5 Nr. 1 Satz 2 VGB 62, 8 Nr. 1 Abs. 2 VGB 88 sagen, wie mangels einer nahe gelegenen Meßstation der Beweis zu führen ist: Bei einwandfreier Beschaffenheit des *versicherten* Gebäudes oder des Gebäudes , in dem sich die versicherten Sachen befinden, ist ein *Rückschluß* aus dem Gebäudeschaden auf die Windstärke zu ziehen, wozu es in Grenzfällen eines Sachverständigen bedarf. Ist die Beschaffenheit des Gebäudes mangelhaft (Beispiel: Köln RuS 88, 304) und ist deshalb ein Schluß nicht möglich, so darf für die Beweisführung auf *einwandfrei beschaffene Gebäude* oder *ebenso widerstandsfähige sonstige Sachen* in der näheren Umgebung zurückgegriffen werden. Auch sonstige Indizienbeweise kommen in Betracht. Für die Möglichkeit örtlich begrenzter Sturmböen können Gutachten von Wetterämtern beigebracht werden, deren Kosten dann Schadenermittlungskosten im Sinn von W IX 11 und § 66 VVG sind.

Ursache des Schadens ist der Sturm mit Windstärke 8 genau besehen nur 23 dann, wenn der Sachschaden oder das Abhandenkommen ohne die Luftbewegung mit Windstärke 8 nachweislich nicht eingetreten wäre. Muß der VN beweisen, daß der Schaden ausgeblieben wäre, wenn der Wind *nur Stärke 7* erreicht hätte, oder (was mit anderen Worten dasselbe besagt) daß der Schaden nicht schon in einem Zeitpunkt eingetreten ist, als erst Windstärke 7 erreicht war? Diese Fragen stellen sich speziell in der SturmV, denn bei Schäden durch Brand, Diebstahl, Raub oder Leitungswasser ist Schadenursache ein Ereignis, das eintritt oder nicht eintritt. Als Beispiel vgl. die baufällige Fabrikhalle in OVG Hamburg VersR **81**, 1071 sowie die in E II 38 erörterten Hagelschäden auf sturmabgewandten Gebäudeseiten.

24   Nach E II 10 und 11 der 2. Aufl. sollte der Wortlaut der AVB für solch strenge Anforderungen an den VFall sprechen; nur aus Billigkeitsgründen wurde aaO für eine Beweislast des Vr plädiert, wenn er einwenden wolle, der **Schaden** sei **schon bei Windstärke 7** eingetreten. Indessen läßt sich die damals vertretene Ansicht auch in dieser eingeschränkten Form nicht aufrechterhalten.

25   Der maßgebende (E II 20) Sprachgebrauch des täglichen Lebens rechnet nämlich zu einem Sturm im Sinn der AVB, der also in irgendeinem Zeitpunkt Windstärke 8 überschreitet, auch schon die **Anlauf- und Zwischenphasen,** in denen Windstärke 8 noch nicht erreicht ist. Der Sprachgebrauch verklammert gewissermaßen die Anlauf- und Zwischenphasen mit dem Höhepunkt des Sturmes, auf dem Windstärke 8 überschritten ist, zu einer Einheit. Außerdem sprechen gegen zu strenge Anforderungen an den SturmVFall die oben E II 22 erörterten Beweismittel für Windstärke 8. Danach darf zum Nachweis von Windstärke 8 auf andere Gebäude zurückgegriffen werden, wenn das versicherte Gebäude mangels eines einwandfreien Zustandes schon einer geringeren Windstärke tatsächlich oder möglicherweise nicht gewachsen war. Diese Regelung ist nur sinnvoll, wenn bei Nachweis von Windstärke 8 auch Schäden gedeckt sind, die durch denselben Sturm, aber bereits bei Windstärke 7 verursacht wurden. Die Beweismöglichkeit mit Hilfe anderer Gebäude steht in den AVB sogar an erster Stelle.

26   Gleichwohl behält jedenfalls der GebäudeVr die Möglichkeit, die Entstehung des Schadens schon bei einer geringeren Windstärke als 8 und damit den objektiven Tatbestand der **Verletzung einer Obliegenheit** gemäß M I 92 zu behaupten und zu beweisen. Gelingt ihm dies und kündigt er auch rechtzeitig gemäß § 6 Abs. 1 Satz 3 VVG, so muß der VN beweisen, daß entweder ihn kein grobes Verschulden trifft oder daß der Schaden auch ohne die Obliegenheitsverletzung eingetreten wäre, daß also bei Windstärke 8 das Gebäude auch dann beschädigt worden wäre, wenn es sich in einwandfreiem Zustand befunden hätte. Durch den Einwand der Obliegenheitsverletzung kann jedenfalls der Vr in einem Teil der in E II 10 und 11 der 2. Aufl. behandelten Fälle leistungsfrei sein.

27   Ansonsten gelten für den *Ursachenzusammenhang* zwischen Sturm und Sachschäden die allgemeinen Regeln. Der VN muß darlegen und beweisen, daß es sich nicht um Altschäden handelt, die längst vor dem Sturm entstanden waren, Düsseldorf ZfS **88**, 368. Gelingt ihm dies, so genügt Mitursächlichkeit des Sturmes (PM § 49 Anm. 4 A), zumal jedes Ereignis naturwissenschaftlich nicht auf eine einzige, sondern auf viele Ursachen zurückzuführen ist. Schlechter *Bauzustand* eines Gebäudes als Mitursache neben Sturm schließt den VSchutz unter den Voraussetzungen von §§ 23 ff. (Gefahrerhöhung), 61

(grobe Fahrlässigkeit) VVG aus. Die Voraussetzungen jener Vorschriften hat der Vr zu beweisen, Düsseldorf VersR 84, 1035. Außerdem kann Leistungsfreiheit eintreten, weil der VN die Obliegenheit verletzt hat, das Gebäude in einwandfreiem Zustand zu erhalten. Wegen eines Zusammenwirkens von Sturm und Regenwasser vgl. E II 37 und F V 19.

Von der Frage der Verursachung des Schadens durch Sturm zu unter- 28
scheiden ist auch hier die in R III 18 behandelte Frage, ob die Wiederherstellungskosten auf dem VFall beruhen, ob sie *schadenbedingt* sind. Nicht schadenbedingte Kosten sind nicht oder nur anteilig (R III 30) zu ersetzen, so z.B. die Kosten der unaufschiebbaren Beseitigung eines Mangels des versicherten Gebäudes, R III 25, auch wenn sie zugleich der Beseitigung eines später eingetretenen Sturmschadens dienen, gleichgültig ob der Sturmschaden auf diesen Mangel zurückzuführen ist oder nicht.

3. „Unmittelbare Einwirkung des Sturms" ist nach §§ 1 Nr. 1a AStB 68, 1 29
Nr. 3a AStB 87, 3 Nr. D 2a VHB 74, 8 Nr. 3a VHB 84, 5 Nr. 2a VGB 62, 8
Nr. 2a VGB 88 die erste Art eines versicherten Kausalablaufs. „Unmittelbar" wirkt der Sturm ein, wenn er die **zeitlich letzte Ursache** des Sachschadens oder Abhandenkommens ist, Düsseldorf VersR 84, 1035, Martin VersR 72, 756, PM § 49 Anm. 4 A; Zusammenstellung von Entscheidungen zu § 12 Nr. I 1c AKB: RuS 88, 35.

Die Voraussetzung der „unmittelbaren Einwirkung" ist z.B. erfüllt, 30
wenn versicherte Sachen durch den Druck oder den Sog aufprallender Luft beschädigt oder zerstört werden oder abhanden kommen, letzteres z.B. wenn Sachen weggeweht und dann unauffindbar werden. Auf unmittelbarer Einwirkung des Sturmes beruhen Sachschäden an beweglichen Sachen auch dann, wenn sie umgeworfen oder gar aus erhöhter Position auf eine tiefer gelegene Fläche heruntergeworfen und dadurch zerbrochen oder sonstwie beschädigt werden. München VersR 77, 712 hatte dies zu Unrecht in Zweifel gezogen. Deckung besteht auch, wenn der Sturm eine nicht ordnungsgemäß geschlossene Tür (oder ein Fenster) aufdrückt und so heftig gegen eine Wand schlägt, daß es beschädigt wird (LG Düsseldorf RuS 89, 299). In beiden Fällen kann nicht eingewendet werden, nicht schon der Druck des Sturmes, sondern „erst" der Aufprall der heruntergeworfenen Sache oder der geschlagenen Tür habe zum Schaden geführt, so daß es an der Unmittelbarkeit fehle. Nicht „unmittelbar" durch den Sturm entstanden ist aber ein Schaden an der Wand, gegen die eine Tür geschlagen wurde; allenfalls wurde hier ein Gegenstand durch den Sturm „geworfen", vgl. E II 33.

Weit überwiegend entstehen Schäden durch unmittelbare Einwirkung 31
von Sturm allerdings naturgemäß an **Sachen im Freien**, insbesondere an Gebäuden. Bewegliche Sachen sind aber im Freien nur ausnahmsweise versichert, denn regelmäßig werden als VOrt nur Gebäude oder Räume in Gebäuden vereinbart. Je nach Vertragsgestaltung kann aber auch ein Grundstück VOrt sein, so daß auch Sachen im Freien versichert sind, vgl. G III 11. In § 4 **Nr. 2 Abs. 1** AStB 87 (ebenso in den AFB 87 und AWB 87) wird dies ausdrücklich erwähnt. Die HausrataußenV umfaßt Sturmschäden an vorübergehend außerhalb der Wohnung im Freien befindlichen Sachen

nur nach § 6 Nr. 2 VHB 74. Dagegen schließt § 12 Nr. 3 VHB 84 Sturmschäden an Sachen außerhalb von Gebäuden ausdrücklich aus der HausrataußenV aus.

32   4. Ein versicherter Kausalverlauf ist es nach §§ 1 Nr. 1b AStB 68, 1 Nr. 3b AStB 87, 3 Nr. D 2b VHB 74, 8 Nr. 3b VHB 84, 5 Nr. 2b VGB 62, 8 Nr. 2b VGB 88 ferner, wenn der Sturm „Gegenstände auf die versicherten Sachen wirft". §§ 1 Nr. 1b AStB 68, 3 Nr. D 2b VHB 84 erwähnen darüber hinaus die Möglichkeit, daß der Sturm Gegenstände auf ein (nicht versichertes) Gebäude wirft, in dem sich versicherte bewegliche Sachen befinden. Dieser Zusatz hatte aber nur deklaratorische Bedeutung, denn zu Folgeschäden an den versicherten beweglichen Sachen kommt es ohnehin nur, wenn die geworfenen Gegenstände zunächst einen Gebäudeschaden verursachen, also zu einem versicherten Kausalverlauf im Sinn von E II 43 ff. führen.

33   Versichert ist der Sachschaden (wegen Abhandenkommens vgl. E II 18), den die geworfenen Gebäudeteile oder sonstige Gegenstände durch ihren **Aufprall** auf versicherte Sachen oder auf ein versicherte Sachen enthaltendes Gebäude oder durch ihre physikalische oder chemische **Beschaffenheit** verursachen. Gedeckt ist z.B. ein Schaden an einer Mauer, gegen die der Sturm eine nicht geschlossene Tür wirft (E II 30 und RuS 89, 300), oder die Durchfeuchtung eines Teppichs durch Gießwasser aus einer Kanne, die durch ein durch Sturm geöffnetes Fenster umgekippt wird, LG Berlin ZfS 85, 251; anders nur, wenn die Durchfeuchtung so geringfügig ist, daß sie völlig oder nahezu spurenlos trocknet, B III 22. Wegen des Folgeschadens durch sachwidriges Umschlagen dieses Teppichs vgl. E II 16 und 49.

34   In E II 16 der 2. Aufl. war die Ansammlung geworfener Gegenstände in einen Gegensatz zum Vorgang des „Werfens" als Schadenursache gebracht und daher der VSchutz für **Schneelastschäden** als Folge der Last des durch Sturm angetriebenen Schnees verneint worden. Auch die Gerichte hatten mehrfach in diesem Sinn entschieden, vgl. LG Aurich VersR 80, 1065 und LG Hannover RuS 81, 129. Indessen hält diese Ansicht näherer Prüfung nicht stand.

35   Die in E II 32 zitierten Bestimmungen verlangen nicht eine „unmittelbare" Kausalität, vgl. schon E II 15 wegen eines menschlichen Verhaltens als mitwirkender Ursache. Außerdem werden Feuchtigkeitsschäden durch die physikalisch-chemische Beschaffenheit der geworfenen Gegenstände, also Schäden durch die „Nässe" geworfener Regentropfen oder durch die Flüssigkeit geschmolzener Hagelkörner oder Schneeflocken, allgemein als entschädigungspflichtig angesehen, vgl. zu Schäden durch Regenwasser ergänzend F V 19. Dann aber ist nicht zu sehen, warum nicht auch Schäden durch eine andere physikalische **Eigenschaft** geworfener Gegenstände gedeckt sein sollten, nämlich Bruchschäden durch die **Gewichtskraft** geworfener Schneeflocken oder geworfenen Schnees, insbesondere nach einem sturmbedingten „Schneetreiben", also durch das Hochwirbeln und den Weitertransport bereits gefallenen Schnees.

36   Nicht deklaratorisch, sondern konstitutiv ist daher der **Ausschluß** von Schäden durch Schneelast in § 9 Nr. 5b VHB 84. Die VGB 88 enthalten einen vergleichbaren Ausschluß nicht, auch nicht die AStB 87. Der im Entwurf von

Februar 1985 (2. Aufl., Texte 28) in § 1 Nr. 4 b „AStB 85" noch enthaltene Ausschluß wurde später wieder gestrichen. Außerhalb der VHB 84 sind daher Schäden durch die Ansammlung geworfenen Schnees entschädigungspflichtig, F V 19.

„Gegenstand" ist weit auszulegen. Der Begriff umfaßt nicht nur Gebäudeteile, auch von nicht versicherten Gebäuden, sondern z. B. auch Regentropfen, Schneeflocken, Hagelkörner, Sand, Asche, Ruß, Schmutz aller Art, Eisstücke, lebende oder tote Körper oder Körperteile von Menschen oder Tieren sowie Wellen oder Gischt, gleichgültig aus welcher Art von Wasser oder Gewässer sie herrühren; wegen Sturmflut und Lawinen vgl. aber F V 17 und 24. **37**

Trifft z. B. Hagel auf versicherte **Sachen im Freien**, insbesondere auf Glasscheiben, Dachziegel, Außenwandlampen oder sonstige Gebäudebestandteile, und beschädigt sie, so kommt es zunächst (zur Entschädigungshöhe vgl. R I 26 bis 30) darauf an, ob während des Hagelschlags Windstärke 8 erreicht wurde. Das muß der VN gemäß E II 21 beweisen. Gelingt ihm dies, so wird häufig ein erster Anschein dafür sprechen, daß der Sturm für den Hagelschaden ursächlich war, daß also bei Windstärke 7 oder weniger die Hagelkörner nicht oder mit geringerer Wucht auf die beschädigten Gebäudeteile aufgeschlagen hätten und der Sachschaden nicht eingetreten wäre. Zu verneinen oder durch den Vr entkräftet ist dieser erste Anschein, wenn die beschädigten Scheiben usw. zur windabgewandten Seite des Gebäudes liegen, so daß die Wucht des Aufpralls durch den Sturm nicht erhöht, sondern vielleicht sogar gemindert wurde. In solche Überlegungen einzubeziehen sind die genaue örtliche Lage der beschädigten Teile (z. B. Schräglage von Dachfenstern), mögliche Schwankungen der Windrichtung während der Dauer des Hagels und mögliche Schäden durch Hagelkörner, die zunächst anderswo aufgeschlagen hatten und dann auf das beschädigte Objekt zurückgeworfen wurden. **38**

Der VSchutz für sturmbedingte Hagelschäden besteht nach den in E II 32 zitierten Bestimmungen auch dann, wenn **Hagelschäden** in den AVB **nicht mitversichert** sind, also auch außerhalb der VGB 88, die in §§ 4 Nr. 1 c, 8 Nr. 3 Hagel erstmals ausdrücklich erwähnen. Es kommt außerhalb der VGB 88 auch nicht darauf an, ob der VSchutz durch eine der in E II 4 zitierten Klauseln auf Hagelschäden ausgedehnt wurde, und ob der Vr den VN wenigstens auf die Möglichkeit einer Vertragserweiterung hingewiesen hatte, vgl. näher E II 10 bis 12. Nur wo der gemäß E II 38 nötige Nachweis der Mitwirkung von Sturm nicht gelingt, kommt es darauf an, ob im Schadenzeitpunkt das Hagelrisiko mitversichert war. **39**

Treffen Hagelkörner oder Regentropfen **auf versicherte Sachen in Gebäuden,** so besteht oft kein Schutz, weil sie durch „vorhandene Öffnungen" (F V 19 und 21) in das Gebäude gelangen und daher als Schadenursache ausgeschlossen sind. Hat der Sturm die Öffnung erst geschaffen, so kommt es darauf an, ob die Öffnung einen **Gebäudeschaden** im Sinne der in E II 43 zitierten Bestimmungen darstellt. Ist dies der Fall, so besteht schon aus diesem Grund VSchutz. Dies gilt insbesondere z. B. für Schäden durch Aufprall von Hagelkörnern, die durch das zerschlagene Dachfenster nun den Fußboden des versicherten Gebäudes oder Sachen des versicherten Hausrats treffen. Dar- **40** über hinaus besteht nach den in E II 43 zitierten Bestimmungen auch VSchutz für Regenwasser und Hagelkornschmelzwasser.

41   Dringen Hagelkörner, Regenwasser oder sonstige Gegenstände durch Öffnungen ein, die der Sturm erst geschaffen hat, **ohne** daß diese Öffnungen einen **Gebäudeschaden** darstellen, so besteht wegen der in F V 19 erörterten Ausschlußbestimmungen kein Schutz, weder dann, wenn die „geworfenen" Regentropfen, Hagelkörner oder Schneeflocken schon durch ihr Auftreffen zu einem Sachschaden führen, z. B. an besonders wasserempfindlichen Sachen oder durch die sturmbedingte Wucht ihres Aufpralls, noch dann, wenn erst die angesammelte Menge von Feuchtigkeit oder Wasser den Sachschaden verursacht. Kein Schutz besteht insbesondere für Schäden, die dadurch entstehen, daß der Sturm ein nicht oder nicht genügend fest geschlossenes Fenster usw. aufdrückt und das Eindringen von Regen usw. ermöglicht, AG Nürnberg VersR 88, 822. §§ 1 Nr. 4c AStB 87, 9 Nr. 5c VHB 84, 9 Nr. 6c VGB 88 stellen „nicht ordnungsgemäß" geschlossene Öffnungen ausdrücklich den überhaupt nicht geschlossenen Öffnungen gleich, vgl. F V 20. – Wohl aber besteht VSchutz wenn ein Regenfallrohr durch Gegenstände, z. B. Laub, verstopft wird, die der Sturm auf das Gebäude geworfen hatte. Der Schutz umfaßt dann auch die Schäden, die durch zurückgestautes Niederschlagswasser entstehen.

42   Auch die in E II 32 zitierten Bestimmungen über „geworfene Gegenstände" sind *weit auszulegen*. Ein VFall liegt daher z. B. auch vor, wenn der Sturm Gegenstände einerseits nicht auf die versicherten Sachen selbst, andererseits aber auch nicht auf ein sie umschließendes Gebäude, sondern vielmehr **auf ein Behältnis** (etwa einen Pappkarton oder sonstiges Verpackungsmaterial) oder **auf einen umschlossenen Raum** wirft, z. B. auf ein Kfz, Schiff, Zelt, Wohnwagen usw., vgl. auch die Beispiele für die HausratV in E II 48, und wenn das Behältnis oder der Raum dem Aufprall nicht standhält, sondern den Druck so sehr auf die versicherten Sachen weiterleitet, daß diese beschädigt oder zerstört werden (a. A. Mohr 45 für Sachen in Zelten und auch noch Martin VersR 72, 756 für Sachen im Kfz). VSchutz besteht auch, wenn hochgerissenes Wurzelwerk eines durch Sturm **umgerissenen Baumes** Gebäudebestandteile beschädigt, vielleicht sogar dann, wenn das Wurzelwerk nur auf das Gebäudefundament einwirkt.

43   5. Ein versicherter Kausalablauf ist es nach §§ 1 Nr. 1c AStB 68, 1 Nr. 1c AStB 87, 3 Nr. D 2c VHB 74, 8 Nr. 3c VHB 84, 5 Nr. 2c VGB 62, 8 Nr. 2c VGB 88 endlich auch, wenn der Sturm zunächst zu einem Schaden an einem – versicherten oder nichtversicherten – Gebäude, in dem sich versicherte Sachen befinden, und der Gebäudeschaden alsbald oder auch erst später zu einem Sachschaden an versicherten Sachen führt. Gleichgestellt ist ein Abhandenkommen versicherter Sachen, E II 18. Zwischen dem Gebäudeschaden und dem Sturm muß ein Ursachenzusammenhang im Sinn von E II 29 bis 42 bestehen, was der VN zu beweisen hat. Im Fall Nürnberg VersR 89, 738 ist dieser Beweis nicht gelungen. – Wegen Folgeschäden aus Sturmschäden an beweglichen Sachen vgl. E II.

44   Um **Folgeschäden von Gebäudeschäden** handelt es sich z. B., wenn ein Regenfallrohr durch Sturm aus der Verankerung gerissen und in seiner Lage so

verändert wird, daß es nunmehr Regenwasser in das Gebäude leitet, ohne daß der in F V 16 behandelte Ausschluß eingreift; zur Adäquanz dieses Kausalzusammenhangs vgl. Hamm VersR 87, 1081 = NJW-RR 86, 1221. Ein Gebäudeschaden ist es auch, wenn ein Regenfallrohr durch Gegenstände verstopft wird, die der Sturm auf das Gebäude und in dieses Regenfallrohr wirft, vgl. schon E II 41. Folgeschäden am Gebäude, die auf der Verstopfung beruhen, sind versichert.

Wichtigster Anwendungsfall der in E II 43 zitierten Bestimmungen aber ist 45 es, wenn Frost (Mohr 37), Regen, Regenwasser, Schnee oder Hagel in eine durch den Sturm geschaffene Öffnung und in das Gebäude eindringt. Allerdings muß die geschaffene Öffnung einen Gebäudeschaden darstellen, vgl. schon E II 40. Häufigster Schaden dieser Art ist ein **Durchnässungsschaden** am versicherten Inventar. Zwischen dem Gebäudeschaden und dem Folgeschaden am Inventar können auch längere Zeiträume liegen, z. B. wenn der VN abwesend und die als VOrt vereinbarten Räume zeitweilig nicht benutzt werden. Nicht gedeckt sind aber Schäden durch eindringendes Regenwasser, wenn das Regenwasser durch vorhandene Öffnungen des Gebäudes zu den versicherten Sachen gelangt, F V 16, oder wenn die Öffnung zwar erst durch den Sturm entsteht, jedoch einen Gebäudeschaden begrifflich nicht darstellt, vgl. schon E II 41. Daher besteht meist kein Schutz, wenn der Sturm ein geschlossenes, aber nicht verriegeltes oder gar ein nur angelehntes Fenster (oder Tür) öffnet oder wenigstens in Kippstellung bringt und dadurch Regen eindringt, F V 23.

Kein Schutz besteht ferner, wenn Teile des Gebäudes schwingungsanfällig 46 sind und wenn während solcher Schwingungen Wasser eindringt, B III 26, wenn aber der Zustand des Gebäudes sich durch den Sturm nicht im Sinn eines Sachschadens verschlechtert hat. Endlich besteht wohl auch dann kein VSchutz, wenn zwar ein Gebäudesachschaden durch Sturm eingetreten ist, aber nicht durch einen der in E II 29 bis 42 beschriebenen Kausalabläufe, sondern auf sonstige Weise (z. B. durch angestautes Regenwasser, LG Ravensburg VersR 81, 648). Dies ist in §§ 1 Nr. 1 c AStB 87, 8 Nr. 3 c VHB 84, 8 Nr. 2 c VGB 88 ausdrücklich klargestellt und war nach den älteren AVB ein wenig zweifelhaft, weil dort nicht gesagt war, wie (!) der „Sturmschaden an Gebäuden" entstanden sein muß.

Der **Begriff des Gebäudes** ist weit auszulegen, noch etwas weiter als in der 47 Feuer- und in der DiebstahlV gemäß D III 4 bis 7. Werden Sachen etwa durch sturmbedingten Einsturz eines Parkhauses beschädigt, so besteht Schutz auch dann, wenn das Parkhaus oder der Bahnhof die Voraussetzungen eines Gebäudes im Sinn der Diebstahl V nicht erfüllt. Auch bei Baracken (PM § 88 Anm. 1), Hütten, Gartenlauben usw. wird man die Gebäudeeigenschaft in Grenzfällen bejahen dürfen. Der VSchutz hängt aber auch davon ab, daß der Schaden innerhalb des VOrts oder wenigstens im Bereich einer etwaigen AußenV nach § 6 Nr. 2 VHB 74, 12 Nr. 1 und Nr. 3 VHB 84 eingetreten ist.

Eindeutig kein Gebäude sind dagegen **Kfz, Schiff** (LG München I VersR 77, 48 855 zu § 6 Nr. 2 VHB 74), einfache **Zelte und Wohnwagen**, D III 4 und 5. Oft besteht aber, wenn Sturmschäden an Autos, Zelten oder Wohnwagen zu Schäden an deren Inhalt führen, HausratVSchutz schon nach §§ 3 Nr. D 2 b, 6 Nr. 2 VHB 74. Wenn nämlich der Sturm Gegenstände auf das Kfz, das Zelt oder den Wohnwagen wirft und diese umschlossenen Räume dem Aufprall nicht standhalten, sondern ihn an die versicherten Sachen weitergeben, so hat nach der Verkehrsansicht der Sturm die Gegenstände auch auf die versicherten Sachen selbst geworfen, E II 42. Nur bei größeren Schiffen läßt sich dies nicht sagen, denn sie gleichen in ihrer Festigkeit Gebäuden: auch bei großzügigster Auslegung der VHB 74 besteht kein Schutz, wenn versicherte Sachen durch herabfallende Teile eines sturmbeschädigten Schiffes beschädigt werden oder mit einem sinkenden Schiff untergehen und dadurch abhandenkommen, vgl. E II 18 und Martin VersR 72, 756. § 12 Nr. 3 VHB 84 schließt Sturmschäden außerhalb von Gebäuden vom AußenVSchutz generell aus.

49   6. §§ 1 Nr. 1c AStB 68, 1 Nr. 3c AStB 87, 3 Nr. D 2c VHB 74, 8 Nr. 3c VHB 84, 5 Nr. 2c VGB 62, 8 Nr. 2c VGB 88 bezeichnen Folgeschäden, genauer Folge-Sachschäden infolge von versicherten Sturmsachschäden an versicherten Sachen als ebenfalls versichert.

50   Nach den AStB 68 und AStB 87 werden für die GeschäftsV sowohl Gebäude wie auch bewegliche Sachen versichert. Folgeschäden infolge von Sturmschäden an versicherten Gebäuden wurden bereits in E II 43 im Zusammenhang abgehandelt. Darüber hinaus kommen Folgeschäden auch nach versicherten Sturmschäden an beweglichen Sachen in Betracht. Zwischen dem versicherten Erstschaden an den beweglichen Sachen und dem Folgeschaden muß ein adäquater Kausalzusammenhang bestehen. Unter dieser Voraussetzung dürfen aber Zwischenursachen aller Art mitwirken, also z.B. auch menschliches Verhalten des VN oder Dritter, das seinerseits adäquate Folge des versicherten Erstschadens ist, E II 15. Man denke an Fehler und Ungeschicklichkeiten bei Aufräumungs- und Reparaturarbeiten, die zu weiteren Schäden führen können. Auch um Schäden durch Abhandenkommen kann es sich handeln, z.B. durch Diebstähle, die von Helfern aus der Nachbarschaft, von Feuerwehrleuten oder von reparierenden Handwerkern begangen werden, E II 19.

51   In den VHB 74 und VHB 84 für die HausratV werden ebenfalls Gebäudeschäden und Schäden an versicherten Sachen nebeneinander als Erstschäden erwähnt, die für den Folgeschaden ursächlich sein können. Die Ausführungen in E II 50 für die GeschäftsV gelten entsprechend.

52   In den VGB 62 und VGB 88 für die WohngebäudeV werden als ursächliche Erstschäden nur Schäden „an versicherten Sachen" genannt, womit nur Schäden am versicherten Wohngebäude gemeint sein können. Die Erstschäden müssen ihrerseits dem Grunde nach entschädigungspflichtig sein. Dies ist den VGB 62 durch Auslegung zu entnehmen. In den VGB 88 wird das Erfordernis durch eine Bezugnahme („a oder b") immerhin angedeutet.

F. Ausschlüsse

Übersicht

I. Ausschlüsse, die für mehrere Gefahren einheitlich gelten

1   **1. Kernenergie** wird durch §§ 1 Nr. 7 AFB 30, AEB, 1 Nr. 6 e AERB, 1 Nr. 4 f
AWB 68, 1 Nr. 4 d AStB 68, 1 Nr. 7 AFB 87, 1 Nr. 7 e AERB 87, 1 Nr. 5 AWB
87, AStB 87, 1 Nr. 3 VHB 74, 9 Nr. 1 b VHB 84, 1 Nr. 4 VGB 62, 9 Nr. 1 b VGB
88 übereinstimmend ausgeschlossen. Irreführend ist der in neueren AVB-
Vordrucken enthaltene Hinweis, „der Ersatz dieser Schäden richte sich nach
dem **Atomgesetz**". Der Leser verbindet mit den Worten „der Ersatz" naturgemäß den Gedanken an einen Ersatz durch den SachVr; tatsächlich regelt das
Atomgesetz aber nur eine Schadenersatzhaftung der Betreiber von Kernenergieanlagen. Etwas deutlicher erwähnen die Vordrucke der VGB 88 immerhin
die „HaftpflichtV der Betreiber", sprechen aber ebenfalls nicht klar von deren
Schadenersatzhaftung.

2   Der Ausschluß gilt sowohl für **Oberflächenverseuchung**, so daß offen bleiben kann, von welchem Grad der Verseuchung an es sich dabei theoretisch
um einen Sachschaden handeln würde (mit Recht weitgehend bejahend Esser
VW 58, VIII, Sonderbeilage zu Heft 1), wie auch für etwaige sonstige Sachschäden durch Einwirkung von Kernenergie als adäquate **Zwischenursache**,
soweit nicht (wie bei Sturm, E II 13) solche Ursachenketten schon aufgrund
der primären Risikoabgrenzung außerhalb des VSchutzes liegen. Eine aus-
führlichere Darstellung des Kernenergierisikos und seines Ausschlusses sowie der bestehenden VMöglichkeiten würde vorliegenden Kommentar zu
sehr belasten und andererseits durch die technische und versicherungsrechtliche Entwicklung sehr rasch wieder überholt werden. – Gegen eine Anwendung des Ausschlusses auch auf durch Kernenergie verursachte Mehrkosten
für die Beseitigung von Schäden aus anderen Ursachen vgl. F I 2 der 2. Aufl.

3   **2. Erdbeben** als mitwirkende Ursachen sind ebenfalls einheitlich ausgeschlossen, und zwar durch die in F I 1 zitierten Bestimmungen und im Anschluß an § 84 VVG. Eine Mindeststärke des Bebens wird nicht verlangt. Je
geringer aber die Stärke ist, um so weniger kann dem Vr der erforderliche
Nachweis der Mitursächlichkeit des Bebens für einen Feuer-, Diebstahl-,
Leitungswasser- oder Sturmschaden gelingen. Auch die unbewiesene Möglichkeit eines Erdbebenschadens kann allerdings ausnahmsweise zugunsten
des Vr wirken, nämlich dann, wenn bei zeitlichem Zusammentreffen von
Sturm und Erdbeben die Ursache eines Schadens nicht zu klären ist; wegen
eines ähnlichen Falles in der DiebstahlV vgl. D XVI 7 und 22 und 42.

4   **3.** Als sog. **politische Risiken** sind durch die in F I 1 zitierten Vorschriften
Krieg und innere Unruhen ausgeschlossen. Dagegen gilt für *Streik* und *Aussperrung* kein Ausschluß, soweit nicht zugleich der Tatbestand der inneren
Unruhen gegeben ist. **Nicht** ausgeschlossen sind Krieg und innere Unruhen
durch § 1 Nr. 4 d AStB 68, weil politische Risiken als mitwirkende Ursachen
bei Sturmschäden im Sinn der ohnehin schon engen Sturmschadendefinition
(E II 13) selten sind. Immerhin wäre an Fälle zu denken, in denen zusätzliche
Schäden eintreten, weil die Feuerwehr infolge Krieges oder innerer Unruhen
nicht schnell genug eintrifft; hier besteht also nach den AStB 68 VSchutz. § 1
Nr. 5 AStB 87 beseitigt jenen kleinen Unterschied. Politische Risiken sind

dort ebenso ausgeschlossen wie in § 1 Nr. 7 AFB 87 usw. Die Angleichung ist gerechtfertigt, zumal auch für Hausrat und Wohngebäude eine Sonderbehandlung politischer Ursachen als mitwirkende Ursachen bei Sturmschäden nicht vorgesehen ist.

Ebenso wie für den Betriebsschadenausschluß (F II 12) stellt sich für den 5 **Ausschluß von inneren Unruhen** die Frage der **Vereinbarkeit mit § 9 Abs. 2 Nr. 1 AGBG,** denn anders als Krieg und Erdbeben sind innere Unruhen in § 84 VVG nicht genannt, vermutlich weil 1908 schon die bloße Erwähnung innerer Unruhen in einem Gesetzestext als indirektes Zurückweichen vor der Möglichkeit derartiger Ereignisse empfunden worden wäre. Dieses Motiv für das Schweigen des Gesetzgebers im Jahr 1908 reicht aber für sich allein nicht ganz aus, um die Rechtswirksamkeit des Ausschlusses in den AVB zu begründen, denn Gesetze können und müssen bei Bedarf den jeweils bestehenden Verhältnissen angepaßt werden, was aber bisher nicht geschehen ist. Solange dies nicht nachgeholt wird, besteht ein Rest von Zweifeln fort, denn anders als bei Betriebsschäden wird eine VMöglichkeit gegen innere Unruhen nicht durch alle Vr und nicht für alle Risiken geboten, F I 13 und 14. Die verbleibende Lücke bei Hausrat und Wohngebäuden betrifft anders als bei Betriebsschäden (F II 19) keineswegs nur wirtschaftlich unbedeutende Teilschäden. Vielmehr kann die wirtschaftliche Existenz des VN bedroht sein. Andererseits ist der Ausschluß aus der Sicht der Vr durch ein hohes Kumulrisiko begründet, mag auch nicht jeder einzelne Brandschaden durch innere Unruhen zwangsläufig mit einer Vielzahl ähnlicher Schäden einhergehen.

a) Der Sprachgebrauch der AVB zum Ausschluß von Schäden durch **Krieg** 6 ist nicht ganz einheitlich. § 1 Nr. 7 AFB 30, AEB sprechen nur von Krieg, alle übrigen in F I 1 zitierten Bestimmungen dagegen von **Kriegsereignissen jeder Art.** Gemeint ist in beiden Fällen dasselbe, denn durch die politische und militärische Entwicklung der letzten 40 Jahre wurde der Begriff des Krieges auch im allgemeinen Sprachgebrauch erweitert, vgl. Martin MontageV § 2 AMoB 5.2.4. Einzelheiten würden vorliegende Darstellung sprengen, denn die hier behandelten Zweige der SachV betreffen im Gegensatz zur MontageV fast ausschließlich das Inland und selbst in der HausrataußenV nur Europa, also einen geographischen Bereich, für den mit Kriegsereignissen besser erst gar nicht gerechnet werden sollte. Wegen der älteren Rechtsprechung, insbesondere zum adäquaten Kausalzusammenhang, wird auf PM § 1 AFB 30 Anm. 5 verwiesen.

b) **Innere Unruhen** im Sinn der in F I 1 zitierten Bestimmungen sind gege- 7 ben, wenn zahlenmäßig nicht unerhebliche Teile des Volkes in einer die öffentliche Ruhe und Ordnung störenden Weise in Bewegung geraten und Gewalttätigkeiten gegen Personen oder Sachen verüben (BGH VersR 75, 126 zu § 1 Nr. 2 AGIB, RG 108, 188, Düsseldorf VersR 51, 244, LG Hamburg H 40, 88, LG Düsseldorf VW 50, 506, OLG, LG Koblenz VersR 51, 19; vgl. auch BGH 6, 28 zur ValorenV sowie Raiser VW 69, 919). Extremfall ist der „Bürgerkrieg". Solange sich an einem Bürgerkrieg ausländische Staaten oder im Inland stationierte fremde Truppen nicht beteiligen, ist ein Bürgerkrieg hingegen nicht zugleich „Kriegsereignis" im Sinn von F I 6.

8   *Sabotageakte* sind *nicht ausgeschlossen.* Auch rechtspolitisch sind die Bedenken von Glotzmann VersR 75, 784 gegen die Versicherbarkeit gezielter Zerstörungen durch die Praxis überholt. Innere Unruhen erfordern im Gegensatz zur Sabotage ein bis zu einem gewissen Grad **öffentliches, provokatorisches Handeln** (wie bei einigen Vorgängen des Jahres 1968). Unter dieser Voraussetzung ist ein einheitliches, überhaupt ein *politisches Motiv* des Handelns *nicht* erforderlich. Umgekehrt ersetzen politische Motive des Handelnden nicht die äußerlichen Markmale der inneren Unruhen. Ausschreitungen Einzelner im Rahmen einer erlaubten oder friedlichen Demonstration (Nikusch NJW **69,** 20) erfüllen nicht den Begriff der inneren Unruhen.

9   Auf **strafrechtliche Tatbestände** (z. B. Landfriedensbruch, § 125 StGB) verweisen die AVB **nicht.** Andernfalls würde oft die strafrechtliche Beurteilung den Zivilgerichten im Deckungsprozeß aufgebürdet, die feststellen müßten, ob gerade die Verursacher des Sachschadens auch einen Straftatbestand verwirklicht haben. Oder der Vr müßte den nur selten möglichen Beweis führen, daß gerade die etwa strafgerichtlich verurteilten Personen den Schaden verursacht haben; für die abweichende Fassung von § 1 Nr. 2 AGlB vgl. KG VersR 75, 175, 420 als Vorinstanz zu BGH VersR 75, 126.

10   Die **Beweislast** für die inneren Unruhen und deren Ursächlichkeit trägt der Vr. Steht nur ein *zeitlicher Zusammenhang* mit inneren Unruhen fest, so spricht oft (aber nicht immer) ein *erster Anschein* für den Ursachenzusammenhang, PM § 49 Anm. 3 C. So kann z. B. ein Brandschaden während und im räumlichen Bereich innerer Unruhen auch auf Kurzschluß oder auf einer Rachehandlung ohne Zusammenhang mit den inneren Unruhen zurückzuführen sein. Die bloße Denkmöglichkeit solcher Alternativen entkräftet aber den erwähnten ersten Anschein nicht.

11   Ob „nicht unerhebliche" Teile des „Volkes" in einer „die öffentliche Ruhe und Ordnung störenden Weise" in „Bewegung" geraten sind, ist stets **Bewertungsfrage** des Einzelfalls, wobei es nach BGH VersR 75, 126 auf die Sicht eines „das Geschehen überblickenden objektiven Beurteilers" ankommt. Es muß sich um Vorgänge handeln, die von der Mehrheit der Bürger als *außergewöhnlich* und als eine gewisse Gefahr für die staatliche Grundordnung empfunden werden. Vorgänge, die sich in verschiedenen Städten häufiger und ähnlich wiederholen, weisen dieses Kriterium im Zweifel nicht mehr auf, besonders wenn wirksame Gegenmaßnahmen einerseits mit soziologischen und andererseits mit polizeilichen Mitteln nicht oder nicht mehr ergriffen werden.

12   Feste **Kriterien** für den Einzelfall lassen sich kaum formulieren, so daß es viele praktische Fälle geben wird, in denen der Ausgang eines Rechtsstreits nicht vorauszusagen ist. Insbesondere finden sich auch in BGH VersR 75, 126 keine genauen Kriterien, zumal in dieser Entscheidung gemäß § 1 Nr. 2 AGlB von dem – in den hier erörterten AVB unmaßgeblichen, F I 9 – Begriff des Landfriedensbruches als Beispiel für innere Unruhen ausgegangen werden konnte. Die *Zahl der Unruhestifter* (im BGH-Fall immerhin 7000) ist nur eines von vielen Kriterien. Daneben spielen z. B. die *Organisation* und gegebenenfalls die *Bewaffnung der Teilnehmer*, die *Dauer* und die *Intensität der Übergriffe* und vor allem die *Beherrschbarkeit durch die Polizei* (so zutreffend KG VersR 75, 175, 420) eine Rolle. Auch die Konzentration und Höhe der *gefährdeten Sachwerte* sowie die Größe und *Lage des betroffenen*

Gebietes sind zu berücksichtigen, wobei Vorgänge in Berlin (wie im BGH-Fall) vielleicht mehr Gewicht haben als anderswo, Vorgänge in Großstädten mehr als solche auf dem flachen Lande usw.

Am Rande zu berücksichtigen sind auch gewisse **kriminalpolitische Beden- 13 ken** gegen zu weitgehende Versicherbarkeit von Schäden durch Gewalthandlungen, vgl. D XII 108 zu der insoweit vergleichbaren RaubV, was eher für Ausdehnung des Begriffs der inneren Unruhen spricht. Für *Industrie- und Handelsbetriebe* besteht allerdings inzwischen (GB 80, 56) eine **VMöglichkeit** unter anderem gegen Schäden durch innere Unruhen und böswillige Beschädigung gemäß §§ 2 Nr. 2a, 5, 6 ECB 87. Der Wortlaut (VerBAV 88, 209) dieser bisher wenig verbreiteten Bedingungen ist in Texte 9 abgedruckt, wird jedoch nicht erläutert, vgl. schon Ziffer 4 der Einleitung. Einige kommentierende Hinweise und Literaturzitate finden sich bei PM § 1 AFB 30 Anm. 8. Erstfassung der ECB von 1981: Texte 9 der 2. Aufl. sowie VerBAV 81, 330, 85, 233, 87, 174.

Der **Ausschluß** innerer Unruhen kann auch sonst im Vertrag **abbedungen 14** werden, wie z. B. durch Kl 713 in der GlasV sowie durch eine Klausel gemäß VerBAV 89, 131 zu den AFB 87 usw., die hinter Kl 1101 in Texte 34 abgedruckt ist, aber nicht durch alle Vr verwendet wird. Möglich ist auch ein gesonderter Vertrag nach den ECB, vgl. Ziffer 4 der Einleitung sowie PM § 1 AFB 87 Anm. 11.

In diesen Fällen der MitV innerer Unruhen wird meist **Subsidiarität gegen- 15 über** einer etwaigen **Staatshaftung** vereinbart, weil „die Versicherer nicht zu Lasten der Versichertengemeinschaft dafür aufkommen können, daß der Staat seiner Pflicht zur Aufrechterhaltung von Ruhe und Ordnung nicht genügt" (so Ollick VerBAV 82, 533). Da aber innere Unruhen auch ohne Verschulden des Staates entstehen können und da überdies eine unbegrenzte und voraussetzungslose Haftung für den Fiskus schwerwiegende Folgen haben könnte, wird die Staatshaftung in § 2 TumSchG vom 12. 5. 20 (RGBl S. 941; gilt heute als Landesrecht und ist bisher nicht durch neues Bundesrecht abgelöst worden, insbesondere nicht durch das StHG vom 26. 6. 81) indirekt (staatliche Leistungen nur, soweit andernfalls „das wirtschaftliche Bestehen des Betroffenen gefährdet würde") ebenfalls als Subsidiärhaftung ausgestaltet, vgl. näher Horster, Der Ersatz von Tumultschäden durch Staat und Versicherung, Karlsruhe 1988. Nach Geitner VersR 83, 5 soll die versicherungsvertragliche Subsidiarität Vorrang haben, so daß primär der Staat einzutreten hätte. Gerichtliche Entscheidungen zu dieser Frage gibt es nicht.

4. **Brand, Blitzschlag und Explosion** sind ausgeschlossen, und zwar durch **16** §§ 1 Nr. 6a AEB, 1 Nr. 6d AERB, 1 Nr. 7d AERB 87, 1 Nr. 4e AWB 68, 1 Nr. 4c AStB 68, 1 Nr. 5g AWB 87, 1 Nr. 4d AStB 87, 3 Nr. C 4d und Nr. D 4c VHB 74, 4 Nr. 3g, 5 Nr. 5d VGB 62, 9 Nr. 3b VGB 88. Die Ausschlüsse gelten in der Diebstahl-, Leitungswasser- und SturmV, und zwar nach den VHB 74, VGB 62 und VGB 88 grundsätzlich auch für Hausrat und Wohngebäude. In den **VHB 84** fehlt der Ausschluß völlig, weil stets sämtliche Gefahren versichert werden, also stets auch Brand, Blitzschlag und Explosion.

Es handelt sich *nicht* nur um eine *Subsidiarität* gegenüber der FeuerV (so **17** aber Klausel 108 zu den AMB für Erhitzungsanlagen, F II 66), sondern –

ähnlich wie in einigen Bereichen der technischen V (2.2.6 AMB, §§ 2 Nr. 5
ABU, 2 Nr. 6 ABN) – um einen vollständigen **Ausschluß,** der ohne Rücksicht
darauf gilt, ob und bis zu welchem Betrag Entschädigung aus einer FeuerV
tatsächlich beansprucht werden kann. Er gilt auch für vorsätzliche Brandstiftung („Vandalismus") durch den Dieb, selbst wenn Kl 412 oder § 1 Nr. 1 d
AERB 87 vereinbart ist, D XI 30. Leider sind die Formulierungen der AVB
nicht ganz einheitlich, was teilweise auch sachliche Konsequenzen hat, F I 18
bis 23. Erst im Anschluß an diese Konsequenzen werden die für alle Sparten
einheitlichen Auslegungsfragen des Brandausschlusses behandelt, F I 24 bis
28.

18   a) Für die **DiebstahlV** schließen die **VHB 74** Brand usw. überhaupt *nicht*
aus, so daß Brand- oder Explosionsschäden (z.B. durch ein Feuergefecht mit
Schußwaffen, F I 19) Sachschäden als adäquate Folge (D XI 20) eines erschwerten Diebstahls oder Diebstahlsversuchs oder Raubes auch zu ersetzen
sind, soweit ein Brand oder eine Explosion als adäquate Mitursache in Betracht kommt und die Feuergefahr in die HausratV nicht eingeschlossen ist,
wie die Präambel der VHB 74 dies als Möglichkeit vorsieht. In den VHB 84
fehlen diese Präambel und daher (F I 16) auch der Ausschluß; andererseits ist
Vandalismus mitversichert, D XI 40, so daß auch ein durch den Dieb gelegter
Brand zweifelsfrei zu entschädigen ist.

19   Die **AEB, AERB** und **AERB 87** schließen zwar **Brand** und Explosion, *nicht*
aber *Blitzschlag* aus, weil ein adäquates Zusammenwirken von Diebstahl und
Blitzschlag sehr unwahrscheinlich ist. Völlig ausgeschlossen ist es allerdings
nicht, daß z.B. ein durch Einbrecher verursachter Sachschaden durch Blitz-
schlag vergrößert wird. Allein durch den FeuerVr zu ersetzen sind dagegen
Schäden durch **Explosion.** Dazu gehören auch Schäden durch *Schüsse von
Räubern* oder durch *Schüsse* des Opfers oder der Polizei *auf den Räuber oder
Dieb,* D XII 3, C III 7 und W II 50. Der „Anwendung von Sprengmitteln" (F
I 20) wird man solche Schüsse auch dann nicht gleichstellen dürfen, wenn sie
vom Räuber ausgehen, denn der Räuber bezweckt nicht ein Aufsprengen von
Behältnissen.

20   Die **AEB** machen die soeben bereits erwähnte Gegenausnahme durch Einschluß von Schäden infolge von **Sprengmittelexplosionen** an „Geldschränken,
Stahlkammern und deren Inhalt", soweit die Täter die Sprengmittel zum
Zweck des Diebstahls eingesetzt haben. Gemeint sind alle Behältnisse im Sinn
von § 4 Nr. 3 und 4 AERB 87. Motiv: § 1 Nr. 1 b AFB 30 hatte in der
gewerblichen FeuerV ursprünglich im Gegensatz zu § 1 Nr. 1 c AFB 87 (Industrie und Gewerbe) und § 1 Nr. 1 a VHB 74 (Hausrat) nicht Explosionen
aller Art im Sinn von C III 2, also z.B. auch von Sprengmitteln, sondern nur
Explosionen von Leuchtgas und Beleuchtungskörpern gedeckt. Die **AERB**
und **AERB 87** kennen eine ausdrückliche Gegenausnahme nicht mehr, weil
jetzt auch in der gewerblichen FeuerV Explosionen aller Art gedeckt sind, C
III 3. Ergänzend vgl. F I 28.

21   Daß der Ausschluß nicht nur für Sachschäden und Abhandenkommen bei
versicherten Sachen, sondern **auch in der KostenV** gilt, insbesondere für Gebäudeschäden durch erschwerten Diebstahl, war nach dem AEB zweifelhaft,
W VI 1 und 2, ist aber nun im Einleitungssatz von §§ 1 Nr. 6 AERB, 1 Nr. 7

AERB 87 klargestellt. Auch nach den übrigen in F I 16 zitierten Bestimmungen kann kein Zweifel bestehen, denn „V(Schutz)" umfaßt jeweils auch den VSchutz für Kosten.

In der **Diebstahl-** wie auch in der **Leitungswasser- und SturmV** wird der　22 Ausschluß teilweise durch den Zusatz ergänzt, er gelte auch, wenn der Brand- oder Explosionsschaden Folge des ausgetretenen Leitungswassers oder des Sturmes ist. Allgemein anerkannt ist der **Vorrang von Ausschlüssen** nur, soweit die ausgeschlossene eine eingeschlossene Ursache herbeigeführt hat; hingegen ist die Rechtslage oft streitig geworden, wo eine eingeschlossene die ausgeschlossene (Zwischen-)Ursache herbeigeführt hat oder wo beide Ursachen unabhängig voneinander entstanden sind, vgl. z.B. F II 60 zum Betriebsschaden als Folgeschaden sowie allgemein PM § 49 Anm. 4 B b und c. AERB, AERB 87, AWB 87 und AStB 87 bekräftigen den Vorrang aller Ausschlüsse durch die Worte „**ohne Rücksicht auf mitwirkende Ursachen**", so daß ein Umkehrschluß aus dem Fehlen des zitierten Zusatzes bei dem Brandausschluß in den AWB 87 und AStB 87 nicht gezogen werden kann. Das gleiche gilt für die VGB 88.

Einen Formulierungsfehler stellt hingegen der zitierte Zusatz in den Brand-　23 ausschlüssen der AWB 68, AStB 68, VHB 74 und VGB 62 dar. Der Zusatz provoziert dort nämlich die **Frage eines Umkehrschlusses**, also die Frage (F V 24), ob sonstige Ausschlüsse etwa *nicht* durchgreifen, falls die ausgeschlossene Ursache ihrerseits auf einer ausdrücklich eingeschlossenen Ursache beruht, vgl. z.B. F IV 31 wegen Gebäudeschäden durch Erdsenkungen, die ihrerseits auf ausgetretenem Leitungswasser beruhen, sowie F IV 45 für Schwamm- und F IV 48 mit E I 15 für Dampfschäden.

b) Brand, Blitzschlag und Explosion sind **Begriffe des VRechts**, die insbeson-　24 dere in der FeuerV nach den AFB 30 (in Verbindung eventuell mit den ZFgA 81 b), VHB 74, VHB 84, VGB 62 und VGB 88 eine Rolle spielen. Daneben gebraucht auch das VVG in § 82 dieselben Worte. Welche Auslegung ist maßgebend? Kommt es, falls die Auslegung der AVB maßgebend ist, auf deren Inhalt bei Formulierung des Ausschusses oder bei Vertragsabschluß (so KG VersR 75, 175 für in AVB gebrauchte Begriffe des Strafrechts) oder bei Schadeneintritt an? Die FBUB lösen z.B. das entsprechende Problem in § 2 Nr. 2 bis 4 dadurch, daß sie den Wortlaut der Definition der AFB 30 nebst Klauseln ausdrücklich übernehmen; Änderungen der AFB usw. sowie deren Ersatz durch die AFB 87 konnten sich daher auf den Umfang der BetriebsunterbrechungsV nicht auswirken.

Der Begriffsinhalt des § 82 VVG kann für den Ausschluß *nicht* maßgebend　25 sein. Mindestens bei der Explosion geht nämlich § 82 VVG weiter als § 1 Nr. 1 b AFB 30. Der Ausschluß in der DiebstahlV usw. darf aber nur so weit reichen, wie die FeuerV den Einschluß ermöglicht, was z.B. 2.2.6. AMB für die MaschinenV sogar eigens sagt. Man muß daher, soweit sich dies zugunsten des VN auswirkt, auf die Begriffe von Brand, Blitzschlag und Explosion im Sinn der **AVB** abstellen und wie folgt unterscheiden:

Die **VHB 74, VGB 62** und **VGB 88** bieten eine kombinierte V, und zwar　26 auch gegen Feuer. Hier sind die Ausschlüsse von Brand usw. ebenso zu lesen wie die gleichlautenden Einschlüsse. Einschlägige Änderungen beeinflussen den Umfang der Ausschlüsse immer dann und nur dann, wenn die neue Fassung auch dem vorliegenden Vertrag zugrunde gelegt wird. Anders ausgedrückt: Der Umfang des Ausschlusses ist stets den Einschlußbegriffen derjenigen AVB für Hausrat oder Wohngebäude zu entnehmen, die dem Vertrag zugrunde liegen, gleichgültig ob das Feuerrisiko ein- oder ausnahmsweise nicht eingeschlossen ist.

27   Schwieriger ist die Auslegung der Ausschlüsse in den **AEB, AERB, AWB und AStB** sowie in den **AERB 87, AWB 87** und **AStB 87**. Man kann hier nicht auf die Begriffe der AFB 30 zur Zeit der Abfassung der AEB usw. abstellen und auch nicht analog KG VersR 75, 175 auf die Feuer-AVB zur Zeit des Vertragsabschlusses, sondern nur auf die Feuer-AVB in ihrer jeweiligen Fassung zur Zeit des Schadens, denn Zweck des Ausschlusses ist die Zuweisung des Risikos an die FeuerVr in dem Umfang, wie diese jeweils bereit sind, Deckung zu gewähren, F I 25. Dabei sind wohl (zweifelhaft) nicht nur die Feuer-AVB selbst, sondern auch prämienfreie Erweiterungen sowie Einschlußmöglichkeiten gegen Mehrprämie zu berücksichtigen, nicht dagegen eine bloße Kulanzpraxis entgegen dem AVB-Wortlaut.

28   Praktisch bedeutete dies bis 1987, daß nur im Bereich der Industrie-FeuerV (ZFgA und ZFgA 81 b) **Explosionen aller Art**, im übrigen dagegen nur **Explosionen im Sinn der AFB 30** ausgeschlossen waren, mag die Regulierungspraxis die erweiterte Explosionsdeckung der Industrie-FeuerV auf freiwilliger Basis auch bereits in der nichtindustriellen GeschäftsV angewendet haben. Dies gilt auch für die AERB, mag dort auch der in den AEB noch enthaltene ausdrückliche Einschluß von Sprengmittelexplosionen im Vorgriff auf eine künftige Änderung der Feuer-AVB bereits bewußt weggelassen worden sein, vgl. F I 20 der 2. Aufl. Anders ist die Rechtslage seit Ingebrauchnahme der **AFB 87**, denn die AFB 87 enthalten einen umfassenden Explosionsbegriff. Bemannte *Flugkörper* sind nach den AVB in den Rechtsbegriff des Brandes einbezogen (C IV 1), so daß auch der Ausschluß in diesem Sinn zu verstehen ist, wie § 9 Nr. 3 b VGB 88 ausdrücklich sagt.

29   5. Abweichend von den AEB und D-Kl 10 a schließt **§ 1 Nr. 6 d AERB** auch Schäden durch **Leitungswasser** aus, gleichgültig ob der Dieb oder Räuber sie *fahrlässig* (D XI 22) oder *vorsätzlich* („Vandalismus", D XI 23) herbeiführt. Der Ausschluß gilt zwar nur für die Diebstahl- und RaubV, wird aber gleichwohl hier im Anschluß an den für mehrere Gefahren geltenden Ausschluß von Brand usw. erwähnt, denn er bezweckt wie im Fall von Brand usw. (F I 16) den Ausschluß der Möglichkeit einer DoppelV, nämlich im Verhältnis zur LeitungswasserV. Wenn in § 1 Nr. 6 d AERB das Wort „bestimmungswidrig" fehlt, so sicher nicht mit dem Ziel, den Ausschluß weiter zu fassen als den Einschluß in der LeitungswasserV. Vielmehr ist der in E I 54 bis 62 skizzierte Deckungsumfang auch für den Ausschluß maßgebend. Ausgeschlossen ist entgegen F I 29 der 2. Aufl. auch der Fall, daß ein Einbrecher den Hahn öffnet und Wasser in Sachbeschädigungsabsicht in den VOrt lenkt, denn das Wasser tritt dann bestimmungswidrig aus, E I 57. Der Ausschluß gilt nach § 1 Nr. 6 d AERB selbst dann, wenn der Einbrecher nichts stiehlt, sondern ausschließlich Vandalismus im Sinn von Kl 412 zu den AERB vorliegt. Daß diese durch Klauselvereinbarung mitversicherte Gefahr in dem mit

„auch wenn" eingeleiteten Nebensatz nicht erwähnt ist, hindert die Anwendung des Ausschlusses nicht.

Um gleichwohl den Anschein eines zu weitgehenden Ausschlusses zu vermeiden, beschränkt § 1 Nr. 7 d AERB 87 ihn ausdrücklich auf Schäden durch „bestimmungswidrig" ausgetretenes Leitungswasser. Wie in F I 29 zu den AERB von 1980 dargelegt, gilt der Ausschluß auch für einen Vandalismusschaden, den Einbrecher im Anschluß an einen Diebstahl verursachen. Er gilt aber nicht, wenn die Täter nichts stehlen, sondern ausschließlich Sachbeschädigung verüben. Da nämlich die AERB 87 in § 1 Nr. 1 d „Vandalismus nach einem Einbruch" einschließen, hätte Vandalismus auch in § 1 Nr. 7 d erwähnt sein müssen, wenn Vandalismus durch Leitungswasser hätte ausgeschlossen werden sollen. Da dies nicht geschehen ist, muß ein Umkehrschluß gezogen werden. 30

II. Ausschlüsse in der Feuerversicherung

1. Überblick: Die FeuerV (A III 9) umfaßt Brand, Blitzschlag und Explosion sowie Anprall und Absturz bemannter Flugkörper als versicherte Schadenursachen (Gefahren). Einheitlich für **alle Gefahren** der FeuerV gelten nur die in F I 1 bis 15 behandelten Ausschlüsse für Kernenergie, Erdbeben und politische Risiken. 1

Speziell für die Gefahr des **Blitzschlags** bestehen die dort in C II 7 bis 23 im Zusammenhang behandelten Einschränkungen des FeuerVSchutzes. Ähnlich gibt es in der Geschäfts- und IndustrieV für die Gefahr der **Explosion** Sonderregelungen, und zwar für Schäden an Verbrennungskraftmaschinen durch Explosionen in deren Verbrennungsraum sowie für Schäden, die an Schaltorganen von elektrischen Schaltern durch den in ihnen auftretenden Gasdruck entstehen, § 1 Nr. 5 c und Nr. 6 Abs. 1 und 3 AFB 87. Einen generellen Ausschluß für schädliche Wirkungen durch bewußt herbeigeführte Explosionen analog dem Betriebsschadenausschluß für Brandschäden gibt es aber nicht, C III 8 und 10. 2

Die Spezialausschlüsse für Blitzschlag und Explosion wurden allerdings entsprechend ihrer geringen praktischen Bedeutung für Hausrat und Wohngebäude erst in neuerer Zeit ausformuliert, nämlich in §§ 3 Nr. A 3 c VHB 74, 9 Nr. 2 c VHB 84 und in § 9 Nr. 2 c VGB 88, vgl. dazu C II 16 bis 21. Selbst für den gewerblichen Bereich waren sie zunächst nur in der Industrie-FeuerV entwickelt worden, wo ihre Hauptbedeutung liegt. 3

Der wichtigste Ausschluß für den Kernbereich der FeuerV, nämlich für **Brand**, ist der Betriebsschadenausschluß in §§ 1 Nr. 2 Satz 2 AFB 30, 1 Nr. 5 a und Nr. 6 Abs. 1 und 3 AFB 87, 3 Nr. A 3 a VHB 74, 9 Nr. 2 a VHB 84, 3 Nr. 2 VGB 62, 9 Nr. 2 a VGB 88. 4

2. „Betriebsschäden" sind keineswegs nur Schäden in Gewerbe-„Betrieben", sondern allgemein Schäden durch den „Betrieb" eines beliebigen **Nutzfeuers** oder einer **sonstigen Wärmequelle** zu beliebigen Zwecken (Meyer-Kahlen VP 81, 132). Die in den AFB 30 und VHB 74 im Wortlaut der Ausschlüsse noch besonders genannten Fälle sind sogar überwiegend solche des privaten Haushalts, F II 40. Ebensowenig besteht ein Zusammenhang mit dem Begriff des Betriebsschadens (Gegensatz: Unfallschaden), wie ihn die technischen VZweige und die TransportV kennen (PM § 180a Anm. 1 und 2, 1. AMB Anm. 1). 5

6   Für Schäden, die zwar durch ein Feuer, aber *nicht* durch einen *Brand*
entstehen, hat der Betriebsschadenausschluß nur **deklaratorische Bedeutung**.
Dies gilt z.B., wenn Speisen im Kochtopf verkohlen (keine Lichterscheinung,
C I 20 und 23 sowie Meyer-Kahlen VP 81, 134, Fußnote 16) oder wenn
Sachen versehentlich oder sogar in Sachbeschädigungsabsicht im Ofen verbrannt werden, in dem der VN Feuer gemacht oder hat machen lassen, und
der dadurch zu einem bestimmungsgemäßen Herd geworden ist, C I 34.
Insoweit bekräftigt der Betriebsschadensausschluß ähnlich wie der Sengscha-
denausschluß (C I 23, 25 und 47) nur, was sich schon aus dem Brandbegriff
ergibt. Soweit dagegen Schäden durch *Brand* als Betriebsschäden ausgeschlossen werden, wirkt der Ausschluß **konstitutiv**. Entgegen Pieta RuS 85,
176 kann im Deckungsprozeß offen bleiben, ob der Brandbegriff erfüllt ist,
wenn jedenfalls die Voraussetzungen des Betriebsschadenausschlusses gegeben sind.

7   Der Ausschluß läßt den **Brandbegriff unberührt**, sondern nimmt nur die
„ausgesetzten" Sachen vom VSchutz aus (AFB 30: „fallen nicht unter den
VSchutz"; AFB 87, VHB 74, VHB 84, VGB 62, VGB 88: „V erstreckt sich
nicht auf"). Es handelt sich also, anders als bei den Ausschlüssen gemäß F I 1
bis 15 für politische Risiken usw., nicht um den Ausschluß von bestimmten
Gefahren (Brandursachen), sondern nur um den **Ausschluß bestimmter Schäden**, also von Folgen eines versicherten Brandes. Das hat wichtige Konsequenzen für Folgeschäden an anderen Sachen, vgl. F II 29 und 58. Ferner sind
z.B. Ruß- oder Löschwasserschäden an nicht ausgesetzten Sachen oder Sachteilen in der Umgebung auch dann entschädigungspflichtig, wenn das Löschen allein den ausgesetzten Sachen gegolten hatte.

8   **Motiv** des Ausschlusses ist das erhöhte Brandrisiko, dem Sachen im Bereich
von Wärmequellen ausgesetzt sind, vgl. näher F II 13. Die FeuerVr schließen
daher Betriebsschäden nur in begrenztem Umfang und meist nur gegen
Mehrprämie wieder ein, und zwar durch **Kl 3101** (früher 1102 und 1.02),
bekannt unter der überholten Bezeichnung *„Räucherkammerklausel"*, F
II 62. – Kl 3107 für Schäden durch glühendflüssige *Schmelzmassen* schränkt
ebenfalls den Betriebsschadenbegriff zugunsten des VN ein; wichtigster Inhalt jener Klausel ist aber der Einschluß gewisser Schäden durch Feuer außerhalb der Grenzen des Brandbegiffes, weshalb sie in C I 53 bis 63 behandelt
ist. Schäden an *elektrischen Einrichtungen* sind über die Grenzen des Be-
triebsschadenbegriffs hinaus durch § 5 Nr. 1 d AFB 87 ausgeschlossen und
durch eine MaschinenV gedeckt, vgl. C I 65, C II 13, C III 22 und vor allem F
II 67 bis 72.

9   Die **geschichtliche Entwicklung** des Betriebsschadenausschlusses schildert
Meyer-Kahlen VP 81, 133, 134. Danach war ein Betriebsschadenausschluß
bereits in den AVB von 1874 enthalten, wurde dann aber in den AVB von
1886 weggelassen. Die **AFB von 1910** enthielten weder eine Branddefinition
noch einen Betriebsschadenausschluß. Vielmehr wurde im Anschluß an die
Fixierung des VSchutzes für Schäden durch ein „Brandereignis" nur gesagt,
der Vr habe *„insbesondere solche Schäden nicht zu ersetzen, welche die versicherten Sachen durch ein Feuer erleiden, dem sie ihrer Bestimmung gemäß
ausgesetzt werden"*. Diese Bestimmung war nur deklaratorisch und gegen
den Ersatz von „Bagatellschäden" (Meyer-Kahlen aaO) im Sinn von C I 23

und 24 gerichtet. „Betriebsschäden mit Brandausbruch" (Meyer-Kahlen aaO mit weiteren Nachweisen) waren hingegen gedeckt und wurden erst wieder durch die hier behandelten **AFB** 30 und **AFB** 87 mit teilweise konstitutiver Wirkung ausgeschlossen, vgl. schon F II 6.

Das VVG, zwei Jahre vor den soeben erwähnten AFB von 1910 in Kraft 10 getreten, enthält ebenfalls **keinen Betriebsschadenausschluß**, sondern nur die Ausschlüsse des § 84 VVG für Krieg und Erdbeben. Die amtliche Gesetzesbegründung erwähnt den Begriff des Betriebsschadens nicht, sondern erläutert nur allgemein zu § 82 VVG, die Abgrenzung des versicherten Risikos sei abdingbar und könne durch die AVB eingeschränkt werden. Hiervon haben die AFB 30 und AFB 87 durch den Betriebsschadenausschluß Gebrauch gemacht.

Allerdings bleibt zu fragen, ob §§ **1 Nr. 2 Satz 2 AFB** 30 und die übrigen in 11 F II 4 zitierten Bestimmungen **mit dem AGBG vereinbar** sind. Meyer-Kahlen VP **81**, 132, 138 stellt dies zu Unrecht unter Hinweis auf die **Unklarheitenregel des § 5 AGBG** in Frage. Gewiß wirft der Betriebsschadenausschluß schwierige Auslegungsfragen auf. Aber die allgemein anerkannten Auslegungsregeln für Gesetze, die auch für AVB gelten, A IV 31, ermöglichen die Lösung aller Zweifelsfragen des Betriebsschadenausschlusses in diesem oder jenem Sinn, wobei wirtschaftliche Zweckmäßigkeitsüberlegungen unter den Hilfsmitteln der Auslegung an erster Stelle stehen müssen, vgl. als Beispiel BGH NJW-RR **88**, 469 = VersR 281 und dazu F II 38. Entgegen Meyer-Kahlen aaO kann *nicht* gesagt werden, § 5 AGBG mache den Ausschluß insgesamt unwirksam, falls nicht in dieser oder jener Hinsicht eine ganz bestimmte Auslegung zutreffe. Wer die zu Gebote stehenden Mittel anwendet und damit zu einem bestimmten Auslegungsergebnis gelangt, *verneint* damit notwendig zugleich den Tatbestand der „Unklarheit". Dies gilt insbesondere, wenn ein Gericht in einem rechtskräftigen Urteil den Betriebsschadenausschluß auslegt.

Eine andere Frage ist, ob der Ausschluß nicht wegen Verstoßes gegen § 9 12 **Abs. 2 Nr. 1 AGBG** unwirksam ist, weil er von § 82 VVG abweicht und dadurch etwa den VN *„unangemessen benachteiligt"*, vgl. A V 10. Ebenso wie im Fall der in § 84 VVG ebenfalls nicht genannten inneren Unruhen ist also zu prüfen, ob die **Motive des Betriebsschadenausschlusses** versicherungstechnisch hinreichend begründet sind, um eine unangemessene Benachteiligung begrifflich auszuschließen.

Motiv des Ausschlusses ist die **erhöhte Schadenwahrscheinlichkeit**, die nach 13 Raiser 68 „ das mit normalen Prämiensätzen erfaßbare Maß bei weitem übersteigt", vgl. schon F II 8. Dabei darf man als „normale" Prämiensätze freilich nicht einfach die ohne Einschluß von Betriebsschäden erforderlichen Prämiensätze ansehen, denn es ist klar, daß jeder Ausschluß mehr oder weniger niedrigere Prämiensätze ermöglicht und umgekehrt jede Streichung eines Ausschlusses mehr oder weniger erhöhte Prämiensätze erfordert. Aus diesem Grund kann mit dem sog. Preisargument die Vereinbarkeit einer Bestimmung mit dem AGB-Gesetz ganz allgemein nicht begründet werden, A V 15. Meyer-Kahlen VP **81**, 136 sowie nach Fußnote 44 greift darüber hinaus die Argumentation von Raiser aaO ganz allgemein an und meint, für die sog. Betriebsschäden bestehe – abgesehen von den reinen Verschleißschäden, vgl. schon C I 41 – ein *VBedürfnis in der FeuerV*, denn Nutzfeuer und Nutzwärme seien technisch durchaus beherrschbar; was trotzdem über bloßen Verschleiß hinaus an Schäden eintrete, müsse in der FeuerV zu decken sein.

14   Allerdings umfaßt der FeuerVSchutz auch **Schäden durch leichte Fahrlässigkeit.** § 61 VVG schließt nämlich nur grobe Fahrlässigkeit aus. Mindestens für die Hausrat- und WohngebäudeV wäre sogar zweifelhaft, ob es mit § 9 AGBG vereinbar wäre, den Ausschluß des § 61 VVG auf leichte Fahrlässigkeit auszudehnen, vgl. dazu O I 71. Bei Betriebsschäden besteht das von Meyer-Kahlen behauptete **VBedürfnis** hingegen – wenn überhaupt – nur für Schäden, die **nicht** auf Verschulden des VN und seiner Repräsentanten beruhen, denn die leicht erkennbare zusätzliche Gefährdung von Sachen, die einem Feuer oder der Wärme ausgesetzt sind, erfordern eben ganz besondere Sorgfalt. Gegenüber Betriebsschäden wäre mithin ein Ausschluß der leichten Fahrlässigkeit nicht nur rechtlich zulässig, sondern aus der Sicht von Meyer-Kahlen geradezu notwendig, weil nur auf diesem Weg das von ihm behauptete VBedürfnis gegen tragbare Prämie zu befriedigen wäre. Die Frage der Vereinbarkeit des Betriebsschadenausschlusses mit § 9 AGBG sollte daher nur mit der Maßgabe gestellt werden, daß der Ausschluß nur teilweise, A V 33, nämlich nur für schuldlose, nicht dagegen auch für leicht fahrlässig verursachte Betriebsschäden, unwirksam wäre.

15   Indessen lauten für die große Mehrzahl der Betriebsschäden die **Alternativen** ohnehin nicht „versicherbar?" oder „nicht versicherbar?", sondern „in der FeuerV versicherbar?" oder „nur in der Maschinen- oder SchwachstromanlagenV versicherbar?", also in einem der sog. **technischen AllgefahrenV-Zweige.** 2.2.6. AMB sowie § 1 Nr. 2 d NEGB 78 schließen Schäden durch Brand zwar aus, aber jedenfalls die AMB *(MaschinenV)* nur, soweit nach genehmigten AVB oder Klauseln eine FeuerV genommen werden kann. Überdies kann der Schutz nach den AMB durch Klauseln erweitert werden, z. B. durch Klauseln 110 für elektrische Einrichtungen, F II 72, und Kl 108 für Erhitzungsanlagen, F II 66. In der *SchwachstromanlagenV* schließt § 1 Nr. 1 c AVFE 76 Brand sogar ausdrücklich ein.

16   Jedenfalls für den beruflichen und gewerblichen Lebensbereich des VN, also für die **industrielle und sonstige gewerbliche FeuerV,** kann die Frage also nur lauten, ob der VN in der FeuerV „unangemessen benachteiligt" wird, wenn der Vr ihn indirekt auf den Abschluß einer MaschinenV verweist, obwohl es sich dort um eine AllgefahrenV mit entsprechend kalkulierter Prämie handelt. Ist es dem VN nach den durch die Rechtsprechung entwickelten Grundsätzen zur sog. **Tarifwahl** (Palandt/Heinrichs § 9 AGBG Anm. 2 g) zumutbar, Prämie auch für die übrigen Gefahren der technischen AllgefahrenV aufzuwenden, wenn er sich gegen Betriebsschäden versichern will, die in den AFB ausgeschlossen sind?

17   Die Frage ist zu bejahen, denn es würde zu unverhältnismäßig hohen **Verwaltungskosten** führen, wenn auch der FeuerVr den Einschluß der Betriebsschäden anbieten wollte. Im Gegensatz zu den technischen VZweigen werden nämlich in der FeuerV nicht einzelne Anlagen, sondern *Sachinbegriffe* versichert, insbesondere die gesamte technische und kaufmännische Betriebseinrichtung, vgl. H III 4, 10 und 20. Auf diese InbegriffsV beziehen sich auch die von Meyer-Kahlen VP 81, 136 (Fußnote 35) zitierten *Tarifprämiensätze der FeuerVr.* Wollten die FeuerVr Betriebsschäden einschließen, so müßten sie

nicht nur die zusätzliche Schadenwahrscheinlichkeit und die voraussichtliche zusätzliche Schadenhöhe je Anlage abschätzen, sondern außerdem entweder diese Anlagen außerhalb des Inbegriffs als Einzelsachen versichern oder jeweils das Gewicht der Anlage innerhalb des VWerts der Inbegriffsposition vor Vertragsschluß ermitteln und im Prämiensatz berücksichtigen. Damit würde nicht nur das bisherige Kalkulationssystem der FeuerVr verändert, sondern es bedürfe überdies *technische Kenntnisse* bezüglich der versicherten Anlagen, wie sie meist nur der MaschinenVr mit Hilfe seines technisch geschulten Personals besitzt. Dieser Kenntnis bedürfte es auch in der Schadenregulierung, nämlich wegen der in F II 14 erörterten Verschuldensfrage.

In F II 18 der 2. Aufl. war ferner argumentiert worden, es spreche für eine **18** Verlagerung des Betriebsschadenrisikos ausschließlich auf die technischen VZweige, daß dort auch Schäden durch **leichte Fahrlässigkeit** ausgeschlossen sind, daß dort also genau die Bedingung bereits erfüllt ist, die für einen sachgerecht begrenzten Einschluß der Betriebsschäden in die FeuerV erst noch durch entsprechende AVB-Änderung erfüllt werden müßte, vgl. F II 14 der 2. Aufl. Der BGH (VersR 76, 676 und 81, 875) hatte nämlich das Erfordernis des unvorhergesehenen Schadeneintritts zutreffend als Ausschluß auch der leichten Fahrlässigkeit in den technischen VZweigen ausgelegt. Dieses Argument ist allerdings durch eine geschäftsplanmäßige Erklärung (VerBAV 85, 301) der Vr weggefallen, in denen diese sich verpflichten, und zwar auch für bereits bestehende Verträge, als nicht unvorhergesehen nur noch Schäden infolge von grober Fahrlässigkeit des VN oder seiner Repräsentanten anzusehen, vgl. PM 2. AMB Anm. 3 C.

Eine gewisse VLücke verbleibt nur im privaten Lebensbereich des VN, also **19** für **Hausrat** und **Wohngebäude.** Vereinzelt wird die Lücke dadurch geschlossen, daß der Betriebsschadenausschluß vertraglich abbedungen wird. Zu den VHB 84 hat das BAV sogar eine entsprechende Klausel genehmigt, vgl. VerBAV 88, 343, die allerdings nicht von allen Vr verwendet wird und daher keine Nummer trägt. Soweit es sich nicht um Schwachstromanlagen handelt, kommt bei Hausrat eine AllgefahrenV als Alternative kaum in Betracht. § 1 Nr. 2d NEGB 78 schließt für Elektro- und Gasgeräte Schäden durch Brand sogar uneingeschränkt aus, auch soweit es sich um nach den AFB 30 nicht versicherbare Betriebsschäden handelt. Indessen entfällt die Alternative eines MaschinenVVertrages im privaten Lebensbereich praktisch meist nur deshalb, weil *Umfang und Wert* der einem Nutzfeuer oder der Wärme *ausgesetzten Sachen* dort *verhältnismäßig geringfügig* sind. Entsprechend **gering** ist dort aber auch das **wirtschaftliche Gewicht** der unversicherbaren Betriebsschäden. Existenzgefährdend können sich im privaten Lebensbereich nicht die Betriebsschäden selbst, sondern nur die Folgeschäden von Betriebsschäden auswirken, für die aber der Ausschluß ohnehin nicht gilt, F II 29.

Mit anderer Begründung versucht LG Augsburg VersR 88, 345 = ZfS 222 **20** den Betriebsschadenausschluß in § 3 Nr. A 3a VHB 74 zu rechtfertigen. Die Streichung der Bestimmung würde den VSchutz verteuern; auch würden die VN zu leichtfertigerem Umgang mit den betroffenen Geräten verleitet. Beides erscheint aber als Begründung ungeeignet. Die Angemessenheit von Bestimmungen kann ganz allgemein nicht mit dem sog. Preisargument verteidigt werden, A V 11. Und gegen leichtfertigen Umgang mit den versicherten

Gefahren schützt sich der Vr durch § 61 VVG und die gleichlautenden AVB-Bestimmungen. Aus der Sicht des VN würde eine Ausdehnung von § 61 VVG auf leichte Fahrlässigkeit, wie sie in den technischen VZweigen früher ohnehin praktiziert wurde, den Vorzug vor einem völligen Ausschluß der Betriebsschäden verdienen. Die in LG Augsburg aaO gewählte Begründung überzeugt daher nicht. Allerdings bestehen auch gegen eine Erweiterung des § 61 VVG rechtliche Bedenken, O I 71.

21   3. Der Ausschluß gilt nur für Schäden an Sachen oder (F II 24) Sachteilen, die einem Nutzfeuer oder der Wärme ausgesetzt sind. **Nutzfeuer** ist jedes Feuer, das keinen Brand darstellt, also jedes Feuer, das in einem bestimmungsmäßigen Herd entstanden und verblieben ist. **Wärme** beginnt, wo sie Zutritt und Berührung durch Menschen hindert, also bei etwa 50° C, denn die AVB staffeln nicht nach Brennbarkeit und Entzündungsfähigkeit der ausgesetzten Sachen. Wärme *unterhalb* dieser Grenze führt auch dann *nicht* zum Ausschluß, wenn sie sich *nachträglich* und *ungewollt* zur Übermaßwärme entwickelt, sei es durch Stau des Wärmeabzugs oder sei es durch einen technischen Defekt, vgl. F II 38. Die praktische Bedeutung der Frage zeigt sich z. B. bei den in F II 27 und 47 behandelten Schäden durch Heizkissenbrand.

22   Die **Grenze bei etwa 50° C** wird auch von Köln RuS 88, 272 und LG Augsburg VersR 88, 345 befürwortet. Sie orientiert sich an der Grenze, bis zu welcher der menschliche Körper Wärmeeinwirkung folgenlos erträgt, und entspricht daher dem Sprachgebrauch des täglichen Lebens im Sinn von BGH RuS 88, 244 = VerBAV 331 = NJW-RR 1050. Demgegenüber plädiert Wälder in RuS 88, 273 für eine Orientierung am wirtschaftlichen Zweck des Betriebsschadenausschlusses und an den Absichten der Verfasser der AFB. Danach würde es jeweils darauf ankommen, von welcher Temperatur an sich Sachen in der Umgebung der Wärmequelle entzünden können. „Wärme" begänne dann fallweise auch schon bei niedrigeren Temperaturen als 50° C. Dies würde den Ausschluß ein wenig verschärfen und dadurch seine Vereinbarkeit mit § 9 Abs. 2 Nr. 1 AGBG (vgl. dazu F II 12) verstärkt zum Diskussionsgegenstand machen. Außerdem würde eine variable Grenze die zum Betriebsschadenausschluß ohnehin bestehenden Rechtsunsicherheiten verstärken.

23   Nutzfeuer und Wärme als Voraussetzungen des Betriebsschadenbegriffes ergänzen sich gegenseitig. Insbesondere sind einem Nutzfeuer alle die Sachen oder Sachteile ausgesetzt, die in der **Reichweite der Wärmewirkung** liegen und bestimmungsgemäß bis über 50° C erwärmt werden. Die Unselbständigkeit der Alternative „Wärme" wird vor allem deutlich, wenn die Wärme von einem Brand ausgeht; in solchen Fällen ist entgegen dem Wortsinn der (insoweit mißlungenen) Formulierungen in den AVB kein Betriebsschaden anzunehmen, so z. B. nicht, wenn die Kleidung von Löschhelfern dem Brand ausgesetzt und durch diesen beschädigt wird (Raiser 68).

24   a) Die Entschädigungspflicht entfällt nur für diejenigen **Sachen** oder **Sachteile**, die dem Nutzfeuer oder der Wärme ausgesetzt sind, mögen auch *ausgesetzte und nicht ausgesetzte Teile* rechtlich oder nach dem Sprachgebrauch (einheitlicher Name) zusammen eine *einzige Sache* bilden; ebenso Meyer-Kahlen VP 81, 181, Fußnote 4, anders Körner RuS 75, 237 (und ihm folgend

AG Freiburg VersR **89**, 698 für eine Waschmaschine), dessen Zitate in Fußnote 19 aber teilweise nicht zutreffen und der immerhin für Kühlanlagen wie hier entscheidet, Betriebsschaden also nur an erwärmten Aggregaten annimmt. Wegen der proportionalen Aufteilung der für ausgeschlossene und nicht ausgeschlossene Sachteile anfallenden, technisch nicht gesondert zuordnungsfähigen Wiederherstellungskosten vgl. R III 31.

Ebenso wie die Grenze zwischen versicherten und nicht versicherten Sachen **25** (H II 1 bis 3) kann auch die Grenze zwischen Betriebsschäden und entschädigungspflichtigen Schäden quer durch eine „Sache" im Sinn von § 90 BGB oder im Sinn des allgemeinen Sprachgebrauchs verlaufen, z. B. durch eine Körnertrocknungsanlage, von der nur gewisse Teile bestimmungsgemäß (nur darauf kommt es an, F II 21) erwärmt werden, oder durch eine **Waschmaschine**, vgl. AG Nienburg ZfS **88**, 402 für deren Antriebsmotor; übersehen wurde dies z. B. in AG Dingolfing RuS **75**, 258 und in AG Hamburg ZfS **89**, 283. Betriebsschäden an elektrischen Einrichtungen sind dagegen oft völlig ausgeschlossen, also ohne die Unterscheidung zwischen erwärmten und nicht erwärmten Bestandteilen, vgl. schon F II 8. Sind mehrere Sachen ausgesetzt, entzündet sich zunächst aber nur eine dieser Sachen und greift der Brand von dort auf andere ausgesetzte Sachen über, so gilt der Ausschluß nur für die zuerst betroffene Sache, F II 56. Zweifelhaft ist, ob sich dieser Gedanke auch auf verschiedene Teile einer insgesamt ausgesetzten Sache übertragen läßt, F II 59.

Zweifelsfrei entschädigungspflichtig sind jedenfalls alle ihrerseits nicht **26** „ausgesetzten" Sachen oder Sachteile, auf die das Feuer von den zunächst verbrannten ausgesetzten Sachen kommend zusätzlich übergreift. Wer ein zu heißes (F II 37) **Bügeleisen** auf einer Tischplatte abstellt, benützt nur die Tischplatte zum Zweck des Abstellens. Geraten dadurch die Tischdecke und die Tischplatte in Brand, so handelt es sich nur an diesen Sachen um Betriebsschäden, hingegen um einen entschädigungsfähigen Brandschaden an den übrigen Teilen des Tisches (Schubfächer samt Inhalt, Tischbeine) und an sonstigen Sachen, die der Brand vielleicht nocht ergreift. Bei einer **Waschmaschine** sind für die Dauer der Stromzufuhr die stromführenden Teile der Wärme ausgesetzt. Die Trommel ist ausgesetzt, solange die Temperatur auf mindestens 50° C eingestellt ist (ungenau AG Dingolfing RuS **75**, 258), was im Streitfall der Vr beweisen muß. Noch weitergehend und irrig will AG Freiburg VersR **89**, 698 die Wäsche im Wasser ohne Rücksicht auf dessen Temperatur niemals als „ausgesetzt" gelten lassen; im Ergebnis ist das Urteil (verbrannte Wäsche entschädigungspflichtig) aber insofern richtig, als der Brand an der nassen Wäsche nicht durch die Erwärmung („dadurch"), sondern auf dem Umweg über die Waschmaschine entstanden ist, vgl. F II 47.

Entwickelt ein **Heizkissen** übermäßige Wärme (F II 37) und verbrennen **27** dadurch das gesamte Bettzeug und das Bettgestellt, so erleiden die Wolldecke samt Überschlagtuch, das Bettuch (insoweit übereinstimmend LG Frankfurt VersR **51**, 260), das Federbett samt Bezug (ebenso Körner RuS **75**, 237 und Wussow § 1 AFB Anm. 22) sowie die Matratze einen Betriebsschaden; dagegen sind Kopfkissen (zu Unrecht anders Bischoff VersR **51**, 261) und das Bettgestell zu entschädigen.

Hierbei wird vorausgesetzt, daß die „Grundwärme" des Heizkissens überhaupt den Begriff der „Wärme" im Sinn des Ausschlusses (F II 20) erfüllt, **28** insbesondere durch die eingestellte Temperaturstufe oder (und) durch die wärmestauende Lage des eingeschalteten Heizkissens. Von solchen Wärmestauschäden zu unterscheiden sind Schäden durch Kurzschluß im Heizkissen, die entschädigungspflichtig sind, vgl. dazu F II 47. Der Vr muß beweisen, daß es sich nicht um einen entschädigungspflichtigen Nachfolgebrand gehandelt hat. Hierfür spricht die überwiegende Wahrscheinlichkeit, wenn nicht sogar ein erster Anschein. In der Praxis einigt man sich häufig im Vergleichswege, wobei die Entschädigung prozentual um so höher liegt, je weiter der Brand über die ursprünglich erwärmten Teile hinausgegriffen hat.

29   Auf sog. „**Folgeschäden von Betriebsschäden**" an anderen Sachen oder Sachteilen ist der Ausschluß nicht anzuwenden. Das zeigen die Beispiele in F II 26 bis 28 und ist letztlich eine Folge davon, daß der Betriebsschadenausschluß nicht den Brandbegriff einengt, sondern nur bestimmte Sachen oder Sachteile von der Entschädigungspflicht ausnimmt, F II 7. In § 1 Nr. 6 Abs. 2 AFB 87 wird die Rechtslage jetzt auch ausdrücklich in diesem Sinn klargestellt. – Der *Gesamtschaden* an nur teilweise ausgesetzten Sachen ist *proportional* auf die ausgesetzten und die nicht ausgesetzten Teile *aufzuteilen,* vgl. R II 16 und R III 31. Die Entschädigung entfällt auch dann nicht völlig, wenn schon die Zerstörung allein der ausgesetzten Sachteile – meist ist ein so begrenzter Schaden nur theoretisch vorstellbar – einen Totalschaden an der ganzen Sache bedeuten würde.

30   b) Der Wärme „ausgesetzt werden" kann eine Sache nur durch **menschliches Handeln**. Nach dem Wortlaut der in F II 4 zitierten Bestimmungen würde jede beliebige Person genügen. Dadurch würde indessen der Betriebsschadenbegriff zu Lasten der VN zu sehr ausgeweitet. Wer tatsächliche Gewalt über versicherte Sachen ausübt, *ohne* dem VN gegenüber hierzu *berechtigt* zu sein, kann die Voraussetzung eines Betriebsschadens durch sein Handeln *nicht* schaffen. Nicht genügt z.B. das Handeln eines Stadtstreichers, der im Wege des Hausfriedensbruchs in den VOrt eingedrungen war, oder eines Arbeitnehmers, der für Manipulationen der in Betracht kommenden Art gänzlich unzuständig ist! Andererseits kann der maßgebende Personenkreis auch nicht etwa auf den VN und dessen Repräsentanten beschränkt werden; versicherte Sachen nicht der Wärme auszusetzen, ist begrifflich nicht eine Obliegenheit.

31   Vielmehr muß dem VN oder dem Versicherten im Rahmen des Begriffes „zu einem sonstigen Zweck ausgesetzt" das Handeln jeder beliebigen Person zugerechnet werden, die ihm gegenüber **berechtigt** ist, die tatsächliche **Gewalt über die Sache auszuüben,** sei es bürgerlich-rechtlich als unmittelbarer Besitzer (§ 854 BGB) oder als Besitzdiener (§ 855 BGB). Ergänzend vgl. C I 31 und 32 zur Entstehung eines bestimmungsgemäßen Herdes für ein Feuer sowie E I 55 bis 58 zur Bestimmungswidrigkeit eines Leitungswasseraustritts.

32   **Arbeitnehmer** oder **Wohngenossen** müssen entweder allgemein zuständig oder im Einzelfall besonders befugt sein, Meyer-Kahlen VP 81, 168. Daß diese Personen Anweisungen oder Sicherheitsvorschriften außer Acht lassen und daß gerade dadurch der Brand entsteht, schließt den Betriebsschaden begrifflich nicht aus, KG VA 35 Nr. 2819, vgl. C I 31. Ein Grenzfall ist es,

wenn Wohngenossen des HausratVN, die nicht dessen Repräsentanten sind,
elektrische Geräte gegen dessen ausdrücklichen Willen in Gebrauch nehmen.
Entgegen Pieta RuS 85, 176 wird man VSchutz in solchen Fällen nicht nur bei
vorsätzlicher, sondern auch bei fahrlässiger oder bei schuldloser Brandstiftung (z.B. durch Kinder ohne die nötige Einsichtsfähigkeit) bejahen müssen,
vgl. andeutungsweise auch LG Osnabrück RuS 85, 175.

Die Worte „ausgesetzt werden" verlangen **bewußtes Handeln** des VN oder 33
eines Versicherten (§ 79 VVG) oder seiner Hilfspersonen im Sinn von F II 30.
Den Gegensatz bildet **versehentliches Handeln.** Auf den ersten Blick scheint
es, als wäre danach ganz einfach zwischen bewußt und versehentlich „ausgesetzten" Sachen zu unterscheiden. Indessen ist die Grenze nur schwer zu
ziehen: Welches Wissen müssen der VN oder die Hilfspersonen haben, und
in welchem Zeitpunkt muß das Wissen gegeben sein, damit man von bewuß-
tem Aussetzen und nicht von einem Versehen sprechen kann? Die Antwort
auf diese Fragen ist zweifelhaft. Es ergeben sich schwierige Auslegungsfragen.

Im **Zeitpunkt des Schadens** muß eine **mindestens latente Kenntnis** vorhanden 34
sein. Daß der VN oder die Hilfsperson im Zeitpunkt des Schadens schon
oder noch an die versicherte Sachen denkt oder sie gar im Blickfeld hat, kann
nicht verlangt werden. Es genügt, wenn der VN usw. sich der Existenz der
Sache und der Wärmequelle so erinnert, daß ihm der Sachverhalt bei entspre-
chendem Nachdenken wieder gegenwärtig würde. Unter dieser Voraussetzung sind Sachen auch in Abwesenheit des VN usw. sowie außerhalb der
Geschäfts- oder während der Nachtzeit „ausgesetzt". Ein Beispiel bietet der
in F II 53 erwähnte Schadenfall in einer Bäckerei.

Die Sachen bleiben auch „ausgesetzt", wenn das Nutzfeuer oder die Wär- 35
me kurz vor dem Schaden aufhört, ein erwünschtes Feuer oder erwünschte
Wärme zu sein. **Nicht** der **Wille,** sondern nur die (latente) Kenntnis des VN
oder seines Personals muß bis zum *Schadenzeitpunkt* fortbestehen. Beispiel:
Ein Dreh-Luftvorwärmer kommt wegen eines Machinenschadens zum Still-
stand. Der VN löscht zwar sofort das nunmehr unerwünschte Feuer, aber die
mangels Frischluftzufuhr zunächst noch ansteigende Erwärmung setzt Ablagerungen im Rauchgaskanal in Brand und beschädigt verschiedene Teile der
Anlage. Es handelt sich um einen ausgeschlossenen Betriebsschaden. Man
darf hier wohl auch nicht etwa zwischen verschiedenen (erwärmten) Teilen
der Anlage mit dem Ziel unterscheiden, nur den Schaden an dem durch den
Brand zuerst ergriffenen Teil auszuschließen, den Schaden an den später
ergriffenen Teilen dagegen für entschädigungspflichtig zu erklären, vgl. F
II 58, aber auch F II 59.

Die Kenntnis muß sich auf die **versicherte Sache** und auf die **Wärmequelle** 36
sowie auf deren örtliche Lage beziehen, also vor allem auf den **räumlichen
Abstand** zwischen Sache und Wärmequelle. Wer ein Bügeleisen irrig für abge-
schaltet hält, setzt den Standort des Bügeleisens nicht bewußt, sondern nur
versehentlich der Wärme aus (Körner RuS 75, 237). Auch ungefähre Kenntnis
der *Wärmeleitfähigkeit* der (festen, flüssigen oder gasförmigen) Gegenstände
oder sonstigen Schichten zwischen der Sache und der Wärmequelle wird man
verlangen müssen. Daher liegt kein Betriebsschaden vor, sondern ein nur
versehentliches Aussetzen, wenn eine Kerze unbeabsichtigt (ohne Erwär-

mungs- oder Beleuchtungsabsicht, Raiser 69) zu nahe an einer brennbaren Sache steht, wobei Meyer-Kahlen VP 81, 171 allerdings nicht schon das bewußte Aussetzen, sondern nur den (von ihm besonders eng verstandenen, F II 42) „Zweck" des Aussetzens verneint.

37 Hingegen entfällt ein Betriebsschaden nicht deshalb, weil der VN die **Hitzeempfindlichkeit oder Brennbarkeit** der versicherten Sache oder das **Maß der Wärme,** die von dem Feuer oder der Wärmequelle ausgeht, **nicht kennt** oder **unterschätzt.** Ein Betriebsschaden liegt z.B. vor, wenn der VN bewußt ein eingeschaltetes Bügeleisen auf die Tischplatte stellt, weil er irrig glaubt, die Tischplatte sei genügend hitzebeständig. Die Wärmequelle als solche ist schon dann als dem VN bekannt anzusehen, wenn er oder die Hilfsperson immerhin weiß, daß ein Maß an Wärme erreicht wird, das überhaupt der Betriebsschadendefinition genügt, vgl. dazu F II 21. Ein Irrtum über das im Zeitpunkt des Handelns oder später im Zeitpunkt des Schadens vorhandene Maß der Wärme hindert die Anwendung des Betriebsschadenausschlusses nicht, vgl. die Beispiele in F II 26 bis 28 mit einem überhitzten Bügeleisen oder Heizkissen. Ein nicht gewolltes Übermaß an Wärme kann sich z.B. entwickeln durch Versagen eines Thermostaten, einer Kühlung oder einer Wasserzufuhr (AG Dingolfing RuS 75, 258: mangels Wasserzufuhr trockene statt nasse Wäsche in der heißen Trommel), durch einen sonstigen **technischen Defekt** oder durch zu langes Einschalten einer Wärmequelle in brennbarer Umgebung ohne genügende Abkühlungsmöglichkeit, vgl. LG Osnabrück RuS 85, 175 für eine nicht abgeschaltete Heizdecke.

38 Auch in BGH VersR 88, 281 = NJW-RR 469 wird ein **Übermaß an Wärme** nicht als Hindernis für die Anwendung des Betriebsschadenausschlusses angesehen. In dieser Entscheidung zu einer Heißrauchanlage konnte offen bleiben, ob die Übermaßwärme durch konstruktionsbedingte Fettablagerungen oder durch einen technischen Defekt entstanden war. LG Augsburg VersR 88, 345 bezeichnet die Gefahr einer Übermaßwärme sogar als eines der Motive des Ausschlusses; in diesem Fall hatte der Thermostat in einer Waschmaschine versagt, der eine Heizspirale hätte ausschalten müssen. – Nicht von einem bloßen Übermaß an Wärme kann dagegen gesprochen werden, wenn durch einen technischen Defekt eine andere Wärmequelle zusätzlich einwirkt und die Temperatur ansteigen läßt. Dieser Wärmequelle waren die Sachen dann überhaupt nicht – und nicht etwa nur in geringerem Maß – bewußt ausgesetzt. Es handelt sich um einen entschädigungspflichtigen Brandschaden. Das gleiche gilt, wenn sich Wärme über die Grenze von 50° C hinaus überhaupt erst nachträglich und durch einen Defekt entwickelt, F II 21.

39 Zutreffend zugunsten des Betriebsschadenausschlusses auch bei einem ohne Wissen des VN usw. entstehenden Übermaß an Wärme argumentiert Muttray RuS 77, 195 in einer Anmerkung zu AG Bielefeld VersR 77, 997. Dagegen lassen sich die Zweifel von Meyer-Kahlen VP 81, 184 (Fußnote 23) aus dem Wortlaut von § 1 Nr. 2 Satz 2 AFB 30 nicht begründen: Ein Übermaß an Wärme entsteht nur aus einer bereits vorher vorhandenen normalen Wärme, der die Sachen bewußt ausgesetzt waren. Die normale Wärme bleibt daher entgegen Meyer-Kahlen aaO auch dann Schadenursache, wenn der Brand erst im Zeitpunkt der übermäßigen Wärmeeinwirkung entsteht. Meyer-Kahlen möchte hier indirekt die enge Auslegung des Wortes „dadurch",

die aus den in F II 46 bis 59 dargelegten Gründen in räumlicher Hinsicht geboten ist, auf das Kriterium der Wärmeentwicklung übertragen (die normale Wärme wirke nur auf dem „Umweg" über die sich später entwickelnde übermäßige Wärme, was für einen Betriebsschaden nicht ausreichen soll); hierfür gibt es indessen keine ausreichenden Gründe. Der Ausschluß würde zu stark ausgehöhlt, wenn er bei übermäßiger Wärme nicht angewendet würde, denn gerade im industriellen Bereich entstehen die ausschlußbedürftigen Schäden in aller Regel nur bei Überhitzung, bei normaler (beabsichtigter) Erhitzung dagegen nur, wenn die Anlage Konstruktions- oder Ausführungsfehler aufweist.

c) „*Zur Bearbeitung oder zu sonstigen Zwecken (z. B. zum Räuchern, Rö-* **40** *sten, Kochen, Braten, Trocknen, Plätten)"* müssen die versicherten Sachen nach §§ 1 Nr. 2 Satz 2 AFB 30, 3 Nr. A 3 a VHB 74 dem Nutzfeuer oder der Wärme ausgesetzt werden. Der Klammerzusatz mit Beispielen fehlt in den VGB 62 und VGB 88, weil er für Gebäude keinesfalls passen würde; er fehlt aber auch in den AFB 87 und in den VHB 84, vgl. schon F II 5. Einigkeit besteht darüber, daß es sich um einen **subjektiv vernünftigen Zweck** handeln muß, also nicht um böswillige Brandstiftung (Raiser 68, Pieta RuS 85, 176; weitere Nachweise bei Meyer-Kahlen VP 81, 168, Fußnoten 19 und 29). Objektiv vernünftig braucht der Zweck freilich nicht zu sein. Auch wenn sich der Zweck des Nutzfeuers oder der Wärme technisch als nicht erreichbar erweist, war doch die Sache zu einem Zweck im Sinn der Ausschlußvorschrift ausgesetzt.

Dagegen liegt kein Betriebsschaden vor, wenn versehentlich im Sinn von F **41** II 33 und 34, z. B. mit Altpapier oder Verpackungsmaterial, auch eine nicht wertlose Sache verbrannt wird. Ebensowenig ist es ein Betriebsschaden, wenn Sachen irrtümlich für wertlos gehalten und im Garten verbrannt werden. § 61 VVG würde in beiden Fällen nur dann eingreifen, wenn der Irrtum auf grober Fahrlässigkeit des VN oder eines Repräsentanten beruht, denn der Irrtum schließt Vorsatz jedenfalls aus. Allerdings fehlt es in beiden Fällen an einem Brand, falls der VN oder eine zugriffsberechtigte Person gehandelt und so einen bestimmungsgemäßen Herd im Sinn von C I 33 geschaffen hat.

Meyer-Kahlen VP 81, 170 bis 172 will den Betriebsschadenausschluß in **42** den AFB 30 und in den VHB 74 auslegen, als hieße es „*zu sonstigen ähnlichen Zwecken"*, und will nur Zwecke gelten lassen, die mit Bearbeitung oder mit den im Klammerzusatz genannten Zwecken vergleichbar sind. Hiergegen spricht schon, daß letztlich alle im Klammerzusatz genannten Zwecke eine Bearbeitung darstellen, was Meyer-Kahlen aaO 168 allerdings leugnet. Meyer-Kahlen meint, „zu sonstigen Zwecken" erfordere mehr als nur ein bewußtes Handeln, dessen Notwendigkeit sich gemäß F II 33 schon aus dem Wort „ausgesetzt" ergebe, und beruft sich überdies auf die Stellung des Klammerzusatzes *hinter* den Worten „zu sonstigen Zwecken". Deshalb sei Ähnlichkeit mit den in der Klammer genannten Zwecken erforderlich, übrigens vorwiegend solchen der privaten Haushaltführung, die aber doch sämtliche auch in einschlägigen Gewerbebetrieben vorkommen können. Meyer-Kahlen liest also die Vorschrift, als verlange sie ein Aussetzen „*zur Bearbeitung oder zu Zwecken wie ...".*

43   Hamburg VersR 86, 670 = NJW-RR 1084 hatte sich dem unter Hinweis
auf die Unklarheitenregel des § 5 AGBG im Ergebnis angeschlossen, denn es
liege außerhalb des Sprachgebrauchs des täglichen Lebens, eine Wärmequelle
als ihrer eigenen Wärme ausgesetzt zu bezeichnen. Deshalb wurde in § 1
Nr. 5 a AFB 87 und § 9 Nr. 2 a VGB 88 als letzter Halbsatz ein klarstellender
Zusatz für Sachen angebracht, in denen oder durch die Nutzfeuer oder Wärme erzeugt, vermittelt oder weitergeleitet wird. Es hätte dessen aber nicht
bedurft, denn Hamburg aaO wurde durch BGH VersR 88, 281 = NJW-RR
469 aufgehoben, und zwar mit Recht, vgl. schon F II 35 der 2. Aufl.; der
Klammerzusatz steht nur deshalb erst hinter dem Wort „Zwecken", weil der
Satz sonst zu schwer lesbar würde. In den AFB 87 und VHB 84 fehlt der
Klammerzusatz ohnehin.

44   Überdies zieht Meyer-Kahlen aus seiner engeren Auslegung schwer verständliche Konsequenzen, denn er will neben der Einwirkung auf die **versicherten Sachen, „an denen"** etwas **bewirkt werden soll,** auch den Gebrauch
versicherter Sachen als **Wärmemedium** genügen lassen. Mehr oder weniger
willkürlich will Meyer-Kahlen nur solche versicherte Sachen **nicht** als zu
sonstigen Zwecken ausgesetzt gelten lassen, deren Erwärmung nur als **Nebenfolge und als** *technisch notwendiges Übel* hingenommen wird, wie z.B. Kamine (ähnlich auch schon früher Badischer VGH JW 28, 3285; wie hier dagegen
Josef JW 29, 295), Bettzeug und Kleidung des Benutzers einer Heizdecke
(LG Osnabrück RuS 85, 175), die Bank vor dem Ofen, die Kleidung der
Köchin vor dem Herd (zutreffend in beiden Fällen für Betriebsschaden Raiser 69) oder die Rückwandbleche einer Friteuse (für Betriebsschaden richtig
Muttray RuS 77, 196).

45   Gegen die Ansicht von Meyer-Kahlen spricht schon nach den AFB 30 und
den VHB 74, also auch ohne ausdrückliche Klarstellung im Wortlaut, daß
man den von Meyer-Kahlen *anerkannten* Zweck der Weitergabe der Wärme
durch ein Wärmemedium mit dem Fall der Bearbeitung oder mit den Fällen
des Klammerzusatzes *ebensowenig* vergleichen kann wie die von Meyer-
Kahlen *abgelehnte* Erwärmung zum Schutz anderer Sachen. Sogar sprachlich
kommt dieser Widerspruch in den Ausführungen von Meyer-Kahlen zum
Ausdruck, weil Meyer-Kahlen nämlich von den Wärmemedien sagt, „durch
deren Erwärmung" solle etwas bewirkt werden, ohne jedoch zu berücksichtigen, daß gerade dies auch auf die von ihm abgelehnten Fälle des Betriebsschadenausschlusses zutrifft, in denen die Erwärmung nur als technisch notwendiges Übel hingenommen wird. Das Wort „durch" drückt ganz allgemein in
der Rechtssprache nur eine Bedingung aus, die nicht weggedacht werden
kann, ohne daß auch der Erfolg entfiele, und zwar in der Regel eine sog.
adäquate Bedingung. Beides ist indessen auch in den von Meyer-Kahlen abgelehnten Fällen gegeben: Ohne Rückwandbleche könnte keine Friteuse gebaut und könnte der Fritierzweck nicht erreicht werden, ohne Erwärmung
der Kleidung der Köchin nicht gekocht werden usw.

46   4. „Dadurch" im Sinn der in F II 4 zitierten ist ein Brand nur entstanden,
wenn entweder das Nutzfeuer ohne Umweg über nicht ausgesetzte Sachen
(also *„unmittelbar"*) auf die *ausgesetzten* Sachen *übergreift* oder wenn sich
ausgesetzte Sachen infolge der bestimmungsgemäßen Wärme *entzünden*. In

diesem Sinn haben den Betriebsschadenausschluß insbesondere Köln RuS 88, 272 und LG Aachen RuS 88, 271 zutreffend ausgelegt, und zwar in Streitfällen um die Entschädigungspflicht bei Kaminbränden, vgl. F II 49. **Adäquate Kausalität** zwischen dem Vorgang des Aussetzens und dem Schaden **genügt** für sich allein **nicht**, weil sonst der Ausschluß weit über seine in F II 8, 13 und 17 erörterte Motiv hinaus ausgedehnt und mit § 9 Abs. 2 Nr. 1 AGBG unvereinbar würde.

Schäden am **Heizkissen** sowie an Bettzeug und Matratze durch Kurzschluß 47 im Heizkissen fallen z.B. nicht unter den Betriebsschadenausschluß, denn hier verursacht nicht diejenige Wärme den Brand, der die versicherten Sachen ausgesetzt waren, sondern eine andere (!) Wärme. Diese andere Wärme ist auch nicht etwa eine bloße Übermaßwärme, die noch unter den Ausschluß fallen würde, F II 37, sondern es ist die Wärme des Lichtbogens nach dem Kurzschluß, vgl. auch schon F II 27, 38 und 69. Wird ein **Mikrowellenherd** beschädigt, weil die Speisen zu stark oder zu lang erhitzt wurden, verkohlen dadurch die Speisen und wird auch der Ofen beschädigt, so fehlt es schon an einem Feuer, C I 23. Wäre ausnahmsweise dennoch Flammenbildung an den Speisen nachweisbar und hätte dieses Feuer den Ofen beschädigt, so bestünde VSchutz. Der Ofen ist zwar (wenn auch nicht als solcher, sondern nur auf dem Weg über die erwärmten Speisen) der Wärme ausgesetzt, aber der Brand wäre nicht „dadurch" entstanden, sondern hätte von den Speisen übergegriffen. Wegen Explosion (Verpuffung) bei Erhitzung von Wasser im Mikrowellenherd vgl. C III 7. – **Wäsche** im heißen Wasser **in der Waschmaschine** wird ab Temperatureinstellungen von 50 Grad ebenfalls erwärmt; gleichwohl gilt der Ausschluß für die Wäsche nicht, wenn an der Waschmaschine ein Brand entsteht, der schließlich auch die Wäsche beschädigt, F II 26.

Zu den ausgesetzten Sachen gehören als deren **Teile** z.B. auch noch Hilfs- 48 und Betriebsstoffe, F II 54, sowie Ablagerungen, die zwar unerwünscht bei bestimmungsgemäßem Betrieb jedoch in der bei Schadeneintritt vorhandenen **Art und Menge unvermeidlich** sind. Entzünden sich z.B. in Luftvorwärmern solche Ablagerungen durch Hinzutreten von Sauerstoff und die vorgegebene Erhitzung, so handelt es sich um einen ausgeschlossenen Betriebsschaden. Das gleiche gilt etwa bei Staubablagerungen in Wäschetrocknern (richtig AG Nürnberg ZfS 81, 91).

Nicht um Betriebsschäden handelt es sich dagegen, wenn sich Ablagerungen 49 gen entzünden, die sich bei bestimmungsgemäßem Betrieb entweder gar nicht erst hätten bilden dürfen oder die jedenfalls vor Schadeneintritt hätten beseitigt werden müssen. Solche **Ablagerungen** sind wie **Fremdkörper** zu behandeln; der Brand greift dann auf die ausgesetzte versicherte Sache in dem in F II 52 erörterten Sinn „von außen" über. Zu prüfen bleibt in solchen Fällen nur, ob der Schaden nicht durch grobe Fahrlässigkeit verursacht wurde und aus diesem Grund ausgeschlossen ist. – Auch soweit der Betriebsschadenausschluß eingreift, ist die räumliche Grenze zu beachten, die sich für den Ausschluß aus der in F II 29 behandelten Ersatzpflicht von Folgeschäden aus Betriebsschäden ergibt.

Grenzfälle des Betriebsschadenausschlusses ergeben sich z.B. bei Ablage- 50 rungen in *Kaminen,* die regelmäßig ausgebrannt werden (Ersatzpflicht bejaht in Bad. VGH JW 28, 3285, verneint durch Raiser 69), sowie in **Elektrofiltern** von Kohlekraftwerken. Bei Kaminbränden gegen den Willen des VN kann der Kamin nicht als bestimmungsgemäßer Herd des Feuers gelten, C I 45. Der Tatbestand des Betriebsschadenausschlusses ist nur verwirklicht, wenn der Kaminbrand entsteht, obwohl die konstruktiv vorgesehene und unvermeidliche Art und Menge von Ablagerungen noch nicht überschritten war, Köln RuS 88, 272 = VersR 1037, LG Aachen RuS 88, 271. Andernfalls greift der Ausschluß nicht ein. Der Vr kann dann allenfalls grobe Fahrlässigkeit des VN oder des Repräsentanten einwenden, der den Kamin nicht rechtzeitig hat reinigen lassen. Ähnlich sind Glimmbrandschäden (C I 7 und 48) an den Niederschlagsplatten (-elektroden) der erwähnten Filter nur ausgeschlossen, wenn die Ablagerungen nach Menge und Brennbarkeit (Kohlestaub!) noch als normal gelten konnten.

51   „Dadurch" verlangt also in räumlicher Hinsicht – vgl. dagegen F II 39 wegen der Art und Weise der Wärmeentwicklung – mehr als nur adäquate Kausalität des Aussetzens für den Brand. Er verlangt **Unmittelbarkeit** des Kausalzusammenhangs in dem Sinn, daß **ohne Umweg** entweder das Nutzfeuer direkt auf die ausgesetzte Sache übergreift oder diese Sache sich direkt infolge der Wärme entzündet, der sie ausgesetzt ist; ebenso Meyer-Kahlen VP **81**, 183 bis 185, der aber zum Teil zu weit geht, F II 58, und z. B. auch nicht die in F II 48 erwähnten „normalen" Ablagerungen als in Kauf genommene Bestandteile der Anlage gelten läßt.

52   Diese **einschränkende Auslegung** des Kausalerfordernisses „dadurch" folgt aus dem Zweck des Betriebsschadenausschlusses gemäß F II 8, 13 und 17 und ist für Brände, die sich infolge der bestimmungsgemäßen Wärme zunächst an *nicht ausgesetzten Sachen* außerhalb der Anlage entwickeln und dann „von außen" (Raiser 69 ff.) auf die ausgesetzten Sachen übergreifen, allgemein anerkannt. Als Feuerschaden sieht die Praxis es mit Recht auch an, wenn z. B. Öl *von außen* oder aus undichten Behältern oder Leitungen der Anlage auf heiße Teile versicherter Sachen trifft und dort zunächst sich selbst und dann die versicherten Sachen entzündet.

53   Aber selbst wenn **Fremdkörper**, nämlich brennbare feste Stoffe oder Flüssigkeiten (Meyer-Kahlen VP **81**, 183 erwähnt Öl und Gas), bestimmungswidrig **in das Innere** der Anlage gelangen, werden sie dadurch *nicht* auch selbst Teil der ausgesetzten Sachen, sondern führen, falls sie sich infolge der Wärme entzünden, ohne gemäß C I 33 bestimmungsgemäßer Herd zu werden, und der Brand dann auf die ausgesetzten Sachen übergreift, zu einem entschädigungspflichtigen Schaden an den ausgesetzten Sachen (wie hier Köln RuS 88, 272 = VersR 1037; anders Boldt 27). Dies gilt gleichermaßen z. B. für Ölfeuerungsanlagen in der Hausrat- und WohngebäudeV wie für Brand in der Isolierung eines Kessels in der industriellen FeuerV. Auch der Schaden an dem in C I 43 als Beispiel erwähnten geplatzten Rohr durch eine dort sich bildende Flamme austretender heißer Gase ist kein Betriebsschaden. Das gleiche gilt für den Schaden am Backofen durch Brand einer in diesem durch einen Bäckergehilfen deponierten Sache aus Holz, die dann vor dem Einschalten des Thermostaten versehentlich nicht mehr von dort entfernt wird. Die in F II 32 und 34 erörterte Frage, ob in diesem Fall die deponierte Sache ihrerseits „ausgesetzt" war, spielt nur für den Schaden an dieser Sache selbst

eine Rolle; zum Verhältnis zwischen dieser Sache und dem Backofen vgl. F II 56.

Dagegen sind **Hilfs- und Betriebsstoffe** Teile der Anlage, so daß das von **54** diesen Stoffen ausgehende Feuer einen Betriebsschaden darstellt (anders hier aber Meyer-Kahlen VP **81**, 184); daher ist LG Bielefeld VersR 77, 513 nicht nur in vielen Einzelheiten der Begründung (dazu Muttray RuS 77, 195), sondern auch im Ergebnis unrichtig.

Von dieser Besonderheit hinsichtlich des Weges, den das Feuer bei seiner **55** Entstehung oder Ausbreitung genommen haben muß, gilt aber auch für den Betriebsschadenausschluß der Grundsatz (PM § 49 Anm. 4 B und z.B. F I 22), daß der Ausschluß schon dann durchgreift, wenn die *ausgeschlossene Ursache* auch nur als *eine von mehreren Ursachen* mitwirkt. **Mitursächlichkeit** der Wärme oder des Nutzfeuers **genügt** also, vgl. hierzu z.B. Meyer-Kahlen VP **81**, 183, aber auch F II 29 wegen Betriebsschäden als Folgeschäden.

Einen „Umweg", der den Betriebsschaden ausschließt und zur *Entschädi-* **56** *gungspflicht* führt, bedeutet es auch, wenn der Brand zuerst an einer (versicherten oder nicht versicherten) *anderen Sache* (B) ausbricht, die auch ihrerseits einem Nutzfeuer oder der Wärme *ausgesetzt* ist, und dann erst von dort auf die ebenfalls ausgesetzte Sache A *übergreift,* vgl. das Beispiel in F II 53. Zwar ist in diesem Fall auch die Sache A „ausgesetzt", aber dieser Umstand ist für das von der Sache B her übergreifende Feuer nicht im Sinn von F II 51 unmittelbar ursächlich, sondern es handelt sich um einen gedeckten Folgeschaden aus einem Betriebsschaden.

Eine Ausnahme will Meyer-Kahlen VP **81**, 183, Fußnoten 14 und 15 zu- **57** gunsten des Vr machen, wenn beide Sachen zu demselben Zweck der Wärme ausgesetzt waren. Er nennt als Beispiel Isoliermaterial und Schalbretter, die beide an demselben Ofen getrocknet werden sollten. AG Nürnberg ZfS 81, 91 identifiziert sogar Wäschetrockner (an dessen Staubablagerungen Brand entstehen ist) und zu trocknende Wäsche, verneint also VSchutz auch für die Wäsche. Dem ist allenfalls für gleichartige Sachen zuzustimmen; bei verschiedenartigen Sachen fehlt es an der von Meyer-Kahlen aaO als Kriterium genannten Identität des Zweckes. – Von einer „anderen Sache", die einen Betriebsschaden an derjenigen Sache ausschließt, auf die das Feuer erst nachträglich übergreift, kann man übrigens auch im Verhältnis zwischen Einzelsachen und unwesentlichen Bestandteilen sprechen, aus denen eine größere technische Anlage zusammengesetzt ist.

Dagegen kann grundsätzlich *nicht* zwischen verschiedenen ausgesetzten **58** Teilen (wesentlichen Bestandteilen) **ein und derselben Sache** in dem Sinn unterschieden werden, daß der Ausschluß nur für denjenigen Bestandteil gelten würde, der zuerst vom Feuer ergriffen wird oder sich zuerst entzündet. Der weitergehenden Formulierung von Meyer-Kahlen VP **81**, 184 (nach Fußnote 16: „Umweg über Teile derselben Sache") kann nicht zugestimmt werden, weil zweifellos nicht jedes kleinste Teilchen (im Extremfall jede einzelne Schraube) gesondert betrachtet und dadurch der Betriebsschadenausschluß ausgehöhlt werden darf; insoweit zutreffend AG Dingolfing RuS 75, 258 zu § 3 Nr. A 3c VHB 74 für eine Waschmaschine. Allerdings darf auch nicht umgekehrt völlig der Grundsatz (F II 29) preisgegeben werden, daß Folgeschäden von Betriebsschäden zu ersetzen sind. Bei räumlich sehr ausgedehnten, in sich aber homogenen Sachen, die als ganze „ausgesetzt" sind, z.B. bei Kaminen, kommt also unter Umständen doch eine Beschränkung des Ausschlusses auf den räumlichen Bereich in Betracht, von dem der Brand seinen Ausgang genommen hat.

59   Wo die Grenze zwischen technisch und rechtlich nicht zu trennenden Sachbestandteilen einerseits sowie den in F II 57 erwähnten **Einzelsachen und unwesentlichen Bestandteilen innerhalb einer größeren technischen Anlage** andererseits genau verläuft, muß der weiteren Diskussion überlassen bleiben. Entgegen Meyer-Kahlen aaO ist es jedenfalls kein geeignetes Kriterium, daß Sachteile einem Nutzfeuer oder der Wärme zu unterschiedlichen Zwecken ausgesetzt sind. Da jeder beliebige vernünftige Zweck für den Betriebsschadenausschluß genügt, F II 40 bis 45, kann auch im Rahmen des Kausalitätserfordernisses („dadurch") nicht zwischen verschiedenen Zwecken des Aussetzens unterschieden werden. Insbesondere darf auf diesem Umweg nicht etwa Entschädigung für diejenigen Sachteile verlangt werden, die der Wärme „nur" im Sinn einer unerwünschten Nebenfolge ausgesetzt sind, F II 44, wenn der Brand zuerst an der zu bearbeitenden Sache oder am Wärmemedium ausgebrochen ist (oder umgekehrt).

60   5. Als zweifelhaft (Raiser 86) galt die Rechtslage bis zur Formulierung der AFB 87 bei „**Betriebsschäden als Folgeschäden**", die auf einem Brand oder einer Explosion oder einem Blitzschlagschaden an anderer Stelle innerhalb des VOrts beruhen und z.B. durch Kurzschluß, Ausfall einer Kühlung usw. an den ausgesetzten Sachen entstehen. Für Folgen von Explosionen oder Blitzschlag bejahte schon damals Wussow § 1 AFB Anm. 38 die Deckung. Kein Argument war jedenfalls die Stellung von § 1 Nr. 3 b AFB 30 (Folgeschäden) erst hinter § 1 Nr. 2 Satz 2 AFB 30 (Betriebsschadenausschluß), vgl. dazu PM § 1 AFB 30 Anm. 2 c sowie auch schon A III 5. Nach dem Wortlaut von § 1 AFB 87 könnte in der angedeuteten Weise schon nach dessen Systematik nicht mehr argumentiert werden, denn das alle adäquaten Folgen einschließende Wort „durch" steht in Nr. 1, der Betriebsschadenausschluß aber erst in Nr. 6 der Bestimmung. Außerdem entscheidet **§ 1 Nr. 6 Nr. 3 AFB 87** die Frage jetzt ausdrücklich zugunsten des VN.

61   Letztlich beruhten die Zweifel zu den übrigen AVB darauf, daß *Ausschlüsse* zwar stets *Vorrang* haben, wenn die ausgeschlossene eine eingeschlossene Ursache auslöst, nicht dagegen auch dann, wenn die eingeschlossene Ursache die ausgeschlossene hervorruft oder wenn (wie hier der Brand usw. an anderer Stelle und die bestimmungsgemäße Wärme, der das Objekt des Folgeschadens ausgesetzt war) die beiden Ursachen voneinander unabhängig sind, vgl. zu diesen drei Alternativen allgemein PM § 49 Anm. 4 B. Entgegen F II 34 der 1. Aufl. *für* Entschädigungspflicht bei Betriebsschäden als Folgeschäden spricht, daß der Betriebsschadenausschluß mit einem Gefahrenausschluß im Sinn jener drei Möglichkeiten nicht vergleichbar ist, sondern von vornherein nicht einen Teil der versicherten „Gefahren" (Brandursachen), sondern nur bestimmte Schadenfolgen eines Brandes ausschließt, F II 7. Auch der wirtschaftliche Sinn von § 1 Nr. 2 Satz 2 AFB 87 gemäß F II 13 sprach schon nach den AFB 30 nicht entscheidend für Anwendung des Ausschlusses, denn Brand und Explosion an anderer Stelle des Betriebes führen doch nur so

selten zu Betriebsschäden, daß die Mehrbelastung des Vr für dessen Prämienkalkulation unerheblich ist.

6. Eine wichtige Gruppe der Betriebsschäden wird *von Fall zu Fall* durch 62
Kl 3101 (früher 1102 und 1.02 sowie für nichtindustrielle Risiken 313) *eingeschlossen.* Danach sind Räucher- und Trockenkammern sowie **sonstige ähnliche Erhitzungsanlagen** einschließlich ihres Inhalts auch gegen Schäden durch
Brand versichert, der *innerhalb* der Anlagen ausbricht. Das unklare Wort
„*ähnlich*" (noch weitergehend und daher für frühere Fassungen der Klausel
im Ergebnis abweichend Blanck VW **64**, 965) soll nach herrschender Ansicht
in der Schadenpraxis Luftvorwärmer, Regeneratoren, Dampfkessel und dgl.
(Boldt 28) aus dem Anwendungsbereich der Klausel ausschließen, vgl. Ver-
BAV **59**, 241 und – für eine ältere Textfassung sogar noch restriktiver –
Blanck VN **64**, 965. Gegen diese enge Auslegung bestehen **Bedenken** wegen
der Unklarheitenregel des § 5 AGBG und weil der nach BGH RuS 88, 244 =
VerBAV 331 = NJW-RR 1050 für die Auslegung maßgebende Sprachge-
brauch des täglichen Lebens eine derartige Unterscheidung nicht deckt.

Von diesen Bedenken einmal abgesehen, sollen nur Anlagen versichert sein, 63
in denen Wärme verwendet wird, um ein Produkt durch Erhitzung zu bear-
beiten, z.B. Koch-, Schmelz- und Siedekessel, Brenn- und Glühöfen (Boldt
aaO). Trifft dies zu, so wird die Anlage als ganze als „ähnliche" Anlage
angesehen. Nur soweit es sich um selbständige Anlagen handelt (wie bei
Luftvorwärmern), nicht dagegen schon bei Anlageteilen, darf jeweils gesondert nach der „Ähnlichkeit" gefragt werden. Daher gilt Kl 3101 z.B. auch bei
Bränden, die an einer als technische Einheit konstruierten Anlage entstehen
und von einer in diese integrierten Nachverbrennungsanlage (z.B. zwecks
Abgasreinigung) ausgehen.

Wollte man wegen der in F II 62 erwähnten Bedenken statt des Gebrauchs 64
des *positiven* und durch den VN zu beweisenden, aber gleichwohl *unklaren*
Kriteriums „ähnlich" einzelvertraglich eine **negative Aufzählung** derjenigen
Anlagen versuchen, die **nicht** gemeint sind, so müßten zunächst als Erhitzungsanlagen sämtliche Anlagen bezeichnet werden, in deren Inneres bestimmungsgemäß Sachen zur Bearbeitung und Verarbeitung einzubringen sind,
gleichgültig, ob solche Sachen sich auch zur Zeit des Ausbruchs des Brandes
in der Anlage befinden. Auszuschließen wären sodann Anlagen, die Hitze
nur als unerwünschte Nebenfolge erzeugen, also z.B. Kühlanlagen mit Anfall
von Abwärme, ferner Anlagen, in die lediglich Gase oder Dämpfe eingebracht werden, sei es ohne oder sei es mit einem gewissen Gehalt an Fremdstoffen, ferner Anlagen, in die Sachen nur eingebracht werden, um Gase oder
Dämpfe zu erzeugen oder zu erwärmen oder um diese Sachen mit Gasen oder
Dämpfen zu verbinden (das Räuchern von Lebensmitteln freilich wieder ausgenommen) oder endlich um diese Sachen lediglich zu schmelzen oder zum
Glühen zu bringen.

Die **MaschinenV** schließt durch 2.2.6 AMB Schäden durch Brand aus, so- 65
weit sie durch eine FeuerV gedeckt werden können. Dadurch wird nicht nur
DoppelV ausgeschlossen (V I 16), sondern der Ausschluß greift auch ein,
wenn der VN von der durch die AVB und Klauseln der FeuerV gebotenen
VMöglichkeit keinen Gebrauch gemacht hat oder jedenfalls eine Entschädi-

gung aus irgendeinem Grund nicht verlangen kann. Auch nach Wegfall der
Bedingungsaufsicht für schwere Risiken muß für die Auslegung von 2.2.6
AMB von dem tariflichen Bestand der Vr an Bedingungen und Klauseln zur
FeuerV ausgegangen werden, zumal Erweiterungen der Feuerdeckung durch
Einzelfallabrede auch schon früher möglich waren, für die Auslegung von
2.2.6 AMB aber außer Betracht blieben.

66   Eine Ausnahme von 2.2.6 AMB zugunsten des MaschinenVN macht
Klausel 108 zu den AMB (Martin VW **69**, 144), die für Erhitzungsanlagen
vereinbart zu werden pflegt, F II 15. Satz 3 dieser Klausel reduziert den
Ausschluß der „Betriebsschäden" im Sinn von §§ 1 Nr. 2 Satz 2 AFB 30, 1
Nr. 5a AFB 87 auf Schäden, „für die der VN aufgrund einer FeuerV Entschädigung beanspruchen kann". Sinngemäß muß diese Klausel so verstanden werden, daß der MaschinenVSchutz nur *teilweise* entfällt, wo der FeuerVr Entschädigung nur *teilweise* zu leisten hat. Klausel 108 Satz 3 zu den
AMB kommt dem MaschinenVN indessen nur für „Betriebsschäden" im
Sinn des Feuerausschlusses zugute. Wo ein solcher Betriebsschaden nicht
vorliegt, z.B. weil der Brand zwar adäquate Folge des Nutzfeuers ist, zunächst aber andere Sachen ergriffen hatte, um erst danach auf ausgesetzte
Sachen von außen überzugreifen, F II 56, bewendet es bei 2.2.6 AMB: schon
die bloße Möglichkeit einer FeuerV schließt dann jeglichen Schutz nach den
AMB aus.

67   **7. Elektrische Einrichtungen** sind in den stromführenden und den unmittelbar angrenzenden Teilen (Isolierung!) der mit elektrischem *Strom* verbundenen *Wärme* ausgesetzt. Schon nach den in F II 4 zitierten Bestimmungen
über den Betriebsschadenausschluß sind daher bei **Kurzschluß, Überstrom
oder Überspannung** die durch Lichtbögen oder durch Glut- oder Flammenbildung entstehenden Schäden an diesen Teilen der Anlage nicht entschädigungspflichtig (Raiser 70, 73 mit Nachweisen aus dem älteren Schrifttum).
Daß in den Fällen von Überstrom und Überspannung die zusätzliche Wärmewirkung nicht beabsichtigt ist, schließt an den auch im Normalfall der
Wärme ausgesetzten Teilen einen Betriebsschaden begrifflich nicht aus, F
II 38.

68   §§ 1 Nr. 5d AFB 87, 3 Nr. A 3c VHB 74, 9 Nr. 2c VHB 84, VGB 88 schließen Schäden an elektrischen Einrichtungen durch die Wirkung des elektrischen Stromes aus. Die etwas abweichende Wortstellung in § 1 Nr. 5d AFB
87 darf **nicht** zu dem Schluß verführen, Gegenstand des Ausschlusses seien
beliebige versicherte **Sachen,** wenn nur als adäquate Ursache des Schadens die
Wirkung des elektrischen Stromes auf elektrische Einrichtungen in Betracht
komme.

69   Der Ausschluß darf ferner **nicht** auf Schäden bezogen werden, die durch
einen **vorausgehenden Brand** an zugleich stromdurchflossenen elektrischen
Einrichtungen entstehen. Diese Einschränkung ist nicht erst aus § 1 Nr. 6
Abs. 2 AFB 87 oder aus den entsprechenden letzten Satzteilen in §§ 3 Nr. A
3c VHB 74, 9 Nr. 2c VHB 84, VGB 88 abzuleiten, sondern sie ergibt sich
schon durch richtige Auslegung des Wortes „durch", mag auch in § 1 Nr. 6
Abs. 1 AFB 87 ein Zitat von Nr. 5d bewußt nicht enthalten sein. § 1 Nr. 5
AFB 87 enthält nämlich im Vorspann („Die Versicherung erstreckt sich

nicht auf ...") nicht die Worte „ohne Rücksicht auf mitwirkende Ursachen".
Bei einem Zusammenwirken eines Brandes oder einer Explosion mit dem
Strom, der durch eine elektrische Einrichtung fließt, gebührt mithin bei inter-
essegerechter Auslegung dem Ausschlußtatbestand „Strom" kein Vorrang.

Soweit die in F II 68 zitierten Bestimmungen sich mit dem Betriebsscha- 70
denausschluß überschneiden, F II 67, haben sie nur deklaratorische Bedeutung. Konstitutiv wirkt der sog. **Stromschadenausschluß** insofern, als es nicht
auf die oft schwer zu beurteilende Frage ankommen soll, welche Teile der
betroffenen elektrischen Einrichtung infolge des Stromdurchflusses der Wärme ausgesetzt waren. Außerdem soll der Stromschadenausschluß das Argument unmöglich machen, schon ein Teil des Lichtbogenschadens an elektrischen Einrichtungen sei zugleich eine Folge des Nachfolgebrandes, der im
Sinn von F II 52 von außen eingewirkt habe und gemäß F II 72 nicht ausgeschlossen ist.

Zum **Begriff der elektrischen Einrichtung** vgl. C II 12. Es ist jeweils sorgfältig 71
zu prüfen, ob wirklich die „Gesamtsache" oder nur deren stromführende
Teile begrifflich „elektrische Einrichtung" sind und unter den Stromschadenausschluß fallen. Entgegen LG Osnabrück RuS 89, 408, das sich zu Unrecht
auf AG Karlsruhe VersR 86, 1066 beruft, ist eine Trennung zwischen **Teilen
ein und derselben** größeren **Anlage** mit Bezug auf den Stromschadenausschluß
grundsätzlich ebenso möglich wie gemäß F II 24 und 58 mit Bezug auf den
Betriebsschadenausschluß. Immerhin meint aber „elektrische Einrichtung"
nach dem maßgebenden Sprachgebrauch des täglichen Lebens im Zweifel die
ganze „Einrichtung", also z.B. die ganze Waschmaschine (LG Osnabrück
aaO).

Soweit elektrische Einrichtungen **nicht unter Strom** stehen und daher nicht 72
der Wärme ausgesetzt sind, greift weder der Betriebsschadenausschluß **noch**
der **Stromschadenausschluß** ein. § 1 Nr. 5d AFB 87 schließt zwar „Schäden
durch Wirkungen des elektrischen Stromes" aus. Gemeint ist aber nur der
bestimmungsgemäß fließende Strom, nicht dagegen der Blitzstrom, der elektrische Einrichtungen beschädigt, obwohl sie nicht unter Strom gestanden
hatten, vgl. hierzu C II 12. Für **Blitzschäden** stellt § 1 **Nr. 5e AFB 87** eine
abschließende Sonderregelung dar, gleichgültig ob die elektrische Einrichtung
unter Strom gestanden hatte oder nicht.

§§ 1 Nr. 6 Abs. 2 AFB 87, 3 Nr. A 3c VHB 74, 9 Nr. 2c VHB 84, VGB 88 73
schließen die Entschädigungspflicht für Schäden durch **Nachfolgebrand** infolge von Kurzschluß, Überstrom und Überspannung, und zwar nicht nur für
andere Sachen, sondern auch für die elektrischen Einrichtungen selbst einschließlich der stromführenden Teile ein, vgl. auch C I 68 und F II 29. Die
Bestimmung ist aber nur deklaratorisch; die Rechtslage war nach den AFB 30
nicht anders.

Die Entschädigungspflicht für Schäden an den elektrischen Einrichtungen 74
durch Nachfolgebrand ist auf diejenigen Teile des Schadens beschränkt, die
zeitlich erst nach Abschaltung oder nach dem Aufhören des Stromes entstehen (Voss VersR 60, 970). Anwendungsbeispiel: An konstruktiv nicht oder
nicht in der vorhandenen Menge oder Zusammensetzung in Kauf genommenen (F II 48) Kohlestaubablagerungen entsteht durch elektrische Überschläge
zwischen den Niederschlagsplatten (-elektroden) ein Glimmbrand im Elek-

trofilter eines Kohlekraftwerks, F II 50. Weiteres Beispiel: Schaden am Heiz-
kissen und dessen Umgebung nach Kurzschluß im Heizkissen, F II 22 und 38.
Das Gesagte gilt aber nicht für Blitzschlagschäden, vgl. F II 72 wegen § 1
Nr. 5 e AFB 87 als Sonderregelung.

75   Dem Ausschluß durch § 1 Nr. 5 d AFB 87 entspricht der Einschluß von
Kurzschlußschäden durch 2.1.6 AMB. Allerdings bietet die **Maschinen V** im
Gegensatz zu Feuer V bei Totalschäden an versicherten Sachen oder Sachteilen
nur Zeitwertentschädigung (4.2.1. AMB). Trotzdem tendiert die Praxis dazu,
auch Schäden durch Nachfolgebrand (F II 73) und *„Nachfolgeexplosionen"* (C
III 22) durch Kl 3104 aus der Feuer V auszuschließen und durch Klausel 110
Nr. 2 zu den AMB in der Maschinen V zu decken, um nämlich die schwierige
Abgrenzung gemäß F II 74 zwischen Sachschaden durch Kurzschluß usw. und
Sachschaden durch Nachfolgebrand entbehrlich zu machen (Martin VW 69,
144); oft führt der Einschluß in die Maschinen V auch zu einer Prämienerspar-
nis.

76   **Kl 1904** und Klausel 125 zu den AMB ermöglichen bei Zusammentreffen
von **Feuer- und Maschinen V** für ein und dieselbe elektrische Einrichtung ein
gemeinsames Sachverständigenverfahren. Dadurch wird unterschiedlich Entscheidungen über die Grenze zwischen Kurzschlußschäden und Schäden
durch Nachfolgebrand vorgebeugt und die Notwendigkeit einer Streitverkündung (§ 72 ZPO) im Deckungsprozeß weitgehend vermieden.

III. Ausschlüsse in der Diebstahl- und Raubversicherung

1   Die V gegen Diebstahl und Raub ist eine V gegen rechtswidrige Handlungen
Dritter. Auch die wichtigsten Ausschlußbestimmungen knüpfen an die **Person
des Täters oder Gehilfen** des Diebstahls oder Raubes an, nämlich die Ausschlüsse (BGH RuS 85, 199) von Schäden durch **vorsätzliche Handlungen** von Personen, die mit dem VN in häuslicher Gemeinschaft leben oder bei ihm wohnen
oder seine Hausangestellten, Angestellten oder sonstigen Arbeitnehmer sind,
F III 3 bis 51, ferner speziell die Ausschlüsse von Schäden durch vorsätzliche
Handlungen von **Transportpersonen** in der Transportraub V, F III 52. Der
Ausschluß von Transportraubschäden während der Durchführung von mehr
als der vereinbarten **Höchstzahl von Transporten** (F III 55) dient der Abwehr
einer unzumutbar hohen Vertragsgefahr.

2   *Nicht* zu den *Gefahrausschlüssen* zählt dagegen die früher nach D-Kl 10 zu
den AEB in der Geschäfts V oft vereinbarte **„Risikoabgrenzung vor Anbringung
von Sicherungen".** Rechtlich handelte es sich hier um eine verhüllte Obliegenheit. Eine entsprechende Formulierung ist in den AERB und AERB 87 und in
den zugehörigen Klauseln nicht mehr enthalten, sondern zusätzliche Sicherungen werden gemäß §§ 6 Nr. 1 a AERB, 7 Nr. 1 a AERB 87 in Form von
Sicherheitsvorschriften vereinbart, und zwar gleichermaßen auch dann, wenn
die zusätzliche Sicherung erst während der Vertragslaufzeit veeinbart wird.
Weil allerdings D-Kl 10 früher als teilweiser Aufschub des materiellen VBeginns verstanden wurde, wird die Vorschrift in K III 14 bis 17 noch etwas
näher behandelt. – Wegen der *allgemeinen Ausschlüsse* in §§ 1 Nr. 6 d und 6 e
AERB, 1 Nr. 7 d und 7 e AERB 87 wird auf F I 1 bis 29 verwiesen.

1. Die Ausschlüsse von Schäden durch vorsätzliche Handlungen betreffen 3
Personen als **Täter** oder **Gehilfen,** die normalerweise **erleichterten Zugang** zum
VOrt oder **genauere Kenntnis** der dort vorhandenen Sachen und Sicherungen
haben (Nürnberg RuS 89, 24), ohne daß dies aber dem VN vorwerfbar wäre.
Die Tragfähigkeit dieses Ausschlußmotivs wird näher in F III 45 im Zusam-
menhang mit der Frage behandelt, ob der Ausschluß mit § 9 AGBG verein-
bar ist. Da sich der Personenkreis, auf den das erwähnte Motiv zutrifft, nicht
genau abgrenzen läßt, sind die Ausschlüsse sowie die Ausnahmen von diesen
Ausschlüssen in den zu erläuternden AVB unterschiedlich formuliert. Einen
Überblick gibt die Tabelle auf S. 615.

4

	AEB § 1 Nr. 6 b		AERB § 1 Nr. 6 a und 6 b		AERB 87 § 1 Nr 7 a und 7 b		VHB 74 § 3 Nr. B 4	VHB 84 § 9 Nr. 3 a
Rechtsfolge	Ausschluß		Ausschluß		Ausschluß		Grenze 1000 DM	Ausschluß
Personen	Häus- liche Gemein- schaft, Wohnen	Ange- stellte	Häus- liche Gemein- schaft, Wohnen	Arbeit- nehmer	Häus- liche Gemein- schaft, Wohnen	Arbeit- nehmer	Wohnen Hausan- gestellte	Wohnen Hausan- gestellte
Geschriebene Ausnahmen	–	Mitwir- kung nur außer- halb der Dienst- zeit	–	Mitwir- kung nur außer- halb der Dienst- zeit	Mitwir- kung durch häusli- che Ge- mein- schaft oder Wohnen nicht er- leichtert	Mitwir- kung nur außer- halb Dienst zeit oder außer- halb des VOrtes	–	–

Schäden durch **vorsätzliche** (oder grob fahrlässige) **Handlungen des VN** wer- 5
den durch § 61 VVG sowie durch §§ 16 AEB, 14 Nr. 1 AERB, 14 Nr. 1
AERB 87, 16 Nr. 1 VHB 74, 9 Nr. 1 a VHB 84 ausgeschlossen, vgl. näher O
I 2. Für Diebstahl und Raub ist dieser Ausschluß allerdings überwiegend nur
deklaratorischer Natur, denn soweit es an der Unfreiwilligkeit des Besitzverlustes durch den VN fehlt, kann schon von einem Abhandenkommen, also
von einem versicherten Schaden, B II 11, nicht die Rede sein. Da der VN die
Unfreiwilligkeit zu beweisen hat, D XVI 17, kommt der Vorsatzausschluß
bei Diebstahl und Raub praktisch kaum zum Zuge. Koblenz VersR 89, 1192
zum Ausschluß von Vorsatz und grober Fahrlässigkeit durch § 10 Nr. 4 a
AVBSP 76 in der ValorenV (Raub nach Absprache zwischen Täter und Ehefrau des VN) scheint auf Anhieb dem Gesagten zu widersprechen. Tatsächlich wird der Ausschluß dort aber nur für **Vorsatz** des mit dem VN in häuslicher Gemeinschaft lebenden „Repräsentanten" gebilligt, O II 55, und zwar
als eine Parallele für die ValorenV zu den in F III 4 zitierten Bestimmungen.
Nicht nur bei grober Fahrlässigkeit (Beispiel: der Prokurist läßt am Abend 6
ein Fenster offen), sondern trotz gewisser Bedenken (O II 53) nach h. M.
auch bei **Vorsatz von Repräsentanten** des VN (Beispiel: Prokurist steigt nachts
ein und stiehlt) sind § 61 VVG und die entsprechenden AVB-Bestimmungen
anzuwenden. Diese h. M. ist aber jedenfalls für Diebstahl und Raub **nicht**

haltbar. Anders als z. B. bei Brandschäden entfiele begrifflich ein Merkmal des VFalls, nämlich die Unfreiwilligkeit des Besitzverlustes, wenn man dem VN den Vorsatz eines Dritten anrechnen wollte. Daher sind – abgesehen von Koblenz VersR **89**, 1192 zur ValorenV – speziell für Schäden durch Diebstahl und Raub weder gerichtliche Entscheidungen noch Literatur bekannt, die für Zurechnung vorsätzlichen Verhaltens Dritter plädierten. Insbesondere wurde bei Repräsentanten als Tätern, soweit die hier erörterten Ausschlußbestimmungen nicht eingreifen, z. B. weil der Repräsentant den Einbruchdiebstahl verübt, während das Geschäft für ihn im Sinn von § 1 Nr. 7b AERB 87 geschlossen war, in keinem bekannt gewordenen Fall noch zusätzlich auf § 61 VVG zurückgegriffen. Gleiches gilt, wenn etwa die in Scheidung lebende Ehefrau den VN durch Erbrechen von Behältnissen bestiehlt, D II 16, ohne mit ihm noch in häuslicher Gemeinschaft im Sinne von § 3 Nr. B 4 VHB 74 zu wohnen.

7   Daher können die hier behandelten und in F III 4 tabellarisch zusammengestellten Ausschlußbestimmungen wohl **nicht als Erweiterung von § 61 VVG** auf einen erweiterten Kreis von Repräsentanten, sondern müssen als selbständiger Ausschlußtatbestand angesehen werden. Dies gilt auch für das **Verhältnis zu § 9 Nr. 1a VHB 84**, wo der Repräsentantenbegriff auf alle volljährigen Personen ausgedehnt wird, die mit dem VN in häuslicher Gemeinschaft leben, O II 110, also auf den größten Teil derjenigen Personen, die in den hier behandelten und in F III 4 tabellarisch zusammengestellten Ausschlußbestimmungen angesprochen sind. Soweit sich diese Personenkreise decken, hat der spezielle Ausschluß in § 9 Nr. 3a VHB 84 gleichwohl nicht etwa nur deklaratorische Bedeutung. Anders als in § 9 Nr. 1a VHB 84 handelt es sich weder um eine inhaltliche Wiederholung noch um eine Erweiterung von § 61 VVG. Wer in diesem Punkt anderer Ansicht wäre, müßte schon deshalb aus den Gründen gemäß O II 64 die Vereinbarkeit der Ausschlußbestimmungen mit § 9 Abs. 2 Nr. 1 AGBG verneinen, vgl. F III 40.

8   **2. Als Kreis von Personen,** deren Täterschaft oder Mitwirkung den VSchutz ausschließt, nennen § 1 Nr. 6b AEB, 1 Nr. 6a und 6b AERB, 1 Nr. 7a und 7b AERB 87 nebeneinander Personen, die mit dem VN in **häuslicher Gemeinschaft** leben oder bei ihm **wohnen,** sowie **Arbeitnehmer** (AEB: „Angestellte“, vgl. zu diesem engeren Begriff F III 18). §§ 3 Nr. B 4 VHB 74, 9 Nr. 3a VHB 84 verlangen **Wohnen** oder Tätigkeit als **Hausangestellter.** Während es nach den AEB, AERB und AERB 87 gleichgültig ist, in welcher von mehreren Wohnungen des VN die ausgeschlossene Person wohnt, meinen die VHB 74 und VHB 84 erkennbar nur Personen in derselben Wohnung, die auch vom VFall betroffen ist. Bei Einbrüchen in versicherte **Zweitwohnungen** gilt der Ausschluß also **nicht** für Personen, die nur für die Erstwohnung angestellt sind oder in ihr wohnen. Bei häuslicher Gemeinschaft kommt es darauf an, ob sie sich auf die Zweitwohnung erstreckt.

9   Kl 4101 dehnt den Ausschluß auf die Angestellten des Veranstalters einer **Ausstellung** sowie des Betreibers eines **Museums** und auf die Ausstellungsbesucher aus. Auch hier trägt der VN die Beweislast, wenn er geltend macht, jene Personen hätten ausschließlich außerhalb des Museums- oder Ausstellungsgebäudes (F III 39) oder außerhalb ihrer Dienstzeit oder (bei Besuchern)

außerhalb der Öffnungszeit mitgewirkt. – Ein entsprechender Ausschluß in Kl 1403 für Angestellte von Heimarbeitern fehlt.

Daß die AEB, AERB und AERB 87 neben den Arbeitnehmern auch die **10** **häusliche Gemeinschaft** und das **Wohnen** nennen, läßt sich nicht etwa ausschließlich historisch aus dem Umstand erklären, daß nach den AEB bis 1942 auch Hausrat versichert wurde. Wie die Worte „Bei GeschäftsV … ferner" in den AEB zeigen, bezogen sich schon damals die Ausschlüsse bei häuslicher Gemeinschaft und wegen des Wohnens auch auf **Betriebsräume als VOrt.** Mindestens bei Kleinbetrieben haben nämlich jene Personen in der Wohnung des VN oft bequem die Möglichkeit, Nachschlüssel zu den Betriebsräumen zu fertigen oder den richtigen Schlüssel zu stehlen, ohne daß dem VN dies im Sinn von D VIII 11 vorzuwerfen wäre. Indessen trifft dies bei weitem nicht auf alle Betriebe zu. Und selbst bei Kleinbetrieben müßte eine **Ausnahme von dem Ausschluß** für Fälle gelten, in denen die häusliche Gemeinschaft oder das Wohnen die Tat oder die Mitwirkung nicht erleichtert hatte. Diese Einschränkung des Ausschlusses in den AERB 87 (F III 31) ist aus § 9 Abs. 2 Nr. 2 AGBG möglicherweise auch für die AEB und AERB abzuleiten, vgl. F III 50.

a) Der Begriff der **häuslichen Gemeinschaft** ist einerseits etwas enger als **11** derjenige des Wohnens, vgl. zur häuslichen Gemeinschaft näher D XII 62 und 63. Es gibt aber andererseits auch Fälle, in denen häusliche Gemeinschaft zu bejahen ist, obwohl der Täter nicht bei dem VN wohnt. Man denke an Personen, die zeitweilig Dienste leisten (Zugehfrauen) und wenigstens eine Hauptmahlzeit bei dem VN einnehmen (E. Prölss 87); allerdings sind diese Fälle ohne rechtliche Bedeutung, denn es handelt sich dann jedenfalls um Arbeitnehmer („Hausangestellte"). Das ist wohl auch der Grund, warum §§ 3 Nr. B 4 VHB 74, 9 Nr. 3 a VHB 84 auf den Ausschluß wegen häuslicher Gemeinschaft verzichten und nur noch das Wohnen als Kriterium nennen.

Auch die Fälle längerer Abwesenheit des Wohngenossen geben dem Merk- **12** mal der häuslichen Gemeinschaft keine selbständige rechtliche Bedeutung, denn solange wegen der Möglichkeit einer Rückkehr die häusliche Gemeinschaft fortbesteht (Ollick VerBAV 81, 39), ist wohl auch der Begriff des Wohnens noch zu bejahen (Hamburg H 22, 772). Das gleiche gilt für Familienmitglieder, die nur zum Wochenende usw. anwesend sind (BGH VersR 61, 1077 = VerBAV 62, 36 = NJW 62, 41). Dagegen wohnt nicht mehr bei dem VN, wer endgültig ausgezogen ist, mag auch die theoretische Möglichkeit einer Rückkehr bestehen (anders und irrig für eine verheiratete Tochter Königsberg VA 30 Nr. 2175).

b) Der Begriff des **Wohnens** schließt die meisten (F III 11) Fälle der häusli- **13** chen Gemeinschaft ein und geht vielfach noch darüber hinaus. Entscheidend sind die Verkehrsansicht und der Sprachgebrauch des täglichen Lebens, BGH RuS 88, 244 = NJW-RR 1050 = VerBAV 331. *Eingliederung* in Haushalt und Familienleben ist *nicht* erforderlich; darin liegt der Unterschied gegenüber der häuslichen Gemeinschaft. Getrennte Abschließbarkeit von Räumen, die der Täter bewohnt, steht nicht entgegen, wenn nur die „Wohnung" identisch ist (LG Kiel VersR 77, 317). Auch der Logierbesuch (AG Koblenz VersR 56, 149) oder der Hotel- oder Pensionsgast (Ollick VerBAV 81, 39,

KG VA 23, Nr. 1346) wohnen bei dem VN. Grenzfall: Der VN nimmt aus Gefälligkeits- oder sonstigen Gründen eine mit ihm erst an demselben Abend bekannt gewordene Person mit in die Wohnung und läßt sie übernachten. Wer nur tagsüber anwesend ist, also weder übernachtet hat noch übernachten soll, wohnt *nicht* bei dem VN (E. Prölss 88); auch einmalige stundenweise Anwesenheit am späten Abend oder während der Nacht genügt nicht. Bei unregelmäßigen Übernachtungsgewohnheiten ist das Wohnen im allgemeinen auch während der Unterbrechungszeiten zu bejahen, vgl. F III 11 für die häusliche Gemeinschaft.

14   Belanglos ist der *Zweck* des Wohnens; selbst wenn der Wohngenosse seine Anwesenheit nur betrieben hat, um die Tat ausführen zu können, entfällt der VSchutz (RG 103, 43, E. Prölss 86 mwN). Ob der Täter *entgeltlich* oder *unentgeltlich,* aufgrund Vertrages oder Gefälligkeitsverhältnisses wohnt, ist ebenfalls belanglos. Bei dem VN wohnt auch, wer in dessen anderwärts gelegenem Geschäft angestellt ist und in der Wohnung aufgrund des Dienstvertrages nächtigt (LG Baden-Baden VersR 52, 23); nach den AERB 87 usw. handelt es sich ohnehin um einen Arbeitnehmer, nach den VHB 74 und VHB 84 dagegen zwar nicht um einen „Haus-Angestellten", wohl aber um einen Wohngenossen. Zu verneinen war (Köln VersR 52, 279, LG Essen VersR 53, 451 = VerBAV 265 = NJW 54, 115) und wäre bei AGBG-konformer Auslegung auch in ähnlichen zukünftigen Situationen ein Wohnen bei dem VN, wenn der Untermieter behördlich eingewiesen ist, also bei erzwungenen Untermietverhältnissen, gleichgültig ob dann ein Mietvertrag geschlossen ist oder nicht.

15   Von dem soeben genannten Sonderfall abgesehen „wohnt" aber auch ein **Untermieter,** gleichgültig ob möbliert oder nicht, bei dem Hauptvermieter oder Hauseigentümer (KG VersR 76, 977 = VerBAV 77, 106, LG Kiel VersR 50, 54 vgl. zu dieser Erweiterung des Untermieterbegriffs H IV 62), wenn wenigstens ein Teil der gemeinsamen Wohnung gemeinsam benutzt wird. Der HausratVSchutz für Taten, an denen Untermieter mitwirken, ist auch dann ausgeschlossen oder nach § 3 Nr. B 4 VHB 74 betragsmäßig begrenzt, wenn der Diebstahl in einem Teil der Wohnung verübt wird, den ausschließlich der VN benutzt (mißverständlich E. Prölss 89). Nicht wohnt aber umgekehrt ein Hauptmieter bei dem Untermieter (Köln aaO) oder ein Untermieter bei einem anderen Untermieter in derselben Wohnung.

16   c) **Arbeitnehmer** des VN schließen nach §§ 1 Nr. 6b AERB, 1 Nr. 7b AERB 87 den VSchutz aus, wenn sie bei der Tat mitwirken. Es muß sich um Arbeitnehmer des Betriebes handeln, dem die als VOrt vereinbarten Räume dienen; dies folgt aus den Worten „zu der die als VOrt vereinbarten Räume für diese Arbeitnehmer geschlossen waren". Arbeitnehmer des VN, die in einem anderen Betrieb oder z.B. im Privathaushalt des VN tätig sind, können allenfalls Wohngenossen im Sinn von F III 13 sein. Stundenweise (Putzfrauen) oder vorübergehende (Saisonhilfen) Tätigkeiten genügen. Enscheidend ist das Direktionsrecht des VN, mag auch der Dienstvertrag mit einem anderen Arbeitgeber bestehen (*Leiharbeiter*), Ollick VerBAV **81**, 39. Dienstverhältnisse, die keine Arbeitsverhältnisse sind (§ 627 BGB), führen nicht zum Ausschluß, F III 22. *Arbeitsverhältnisse,* die nicht mit dem VN, sondern *mit einem Dritten* bestehen, z. B. mit einem Unternehmer oder Handwerker, der – auch längere Zeit – im Auftrag des VN *Arbeiten im VOrt* durchführt, genügen ebenfalls *nicht* (Ollick VerBAV 81, 39), zumal der VN auf diese Arbeitnehmer und deren Auswahl keinerlei Einfluß im Sinn von F III 44 hat. Auch für Arbeitnehmer, die der VN von einem *Arbeitsvermittlungsunternehmen* „bezogen" hat, gilt der Ausschluß nicht.

Auf die Rechtswirksamkeit des Arbeitsverhältnisses kommt es nicht an. **17** Jedoch gilt der Ausschluß nicht mehr, sobald das Arbeitsverhältnis endet und der Arbeitnehmer ausscheidet. Mitwirkung *ehemaliger* Arbeitnehmer führt *nicht* zum Ausschluß. Allerdings braucht ein Arbeitsverhältnis nicht zur Zeit des Diebstahls, sondern nur zur **Zeit der Mitwirkung** (F III 23 und 24) des Arbeitnehmers vorzuliegen, so daß eine fortwirkende Vorbereitungshandlung auch dann noch zum Ausschluß führen kann, wenn der Diebstahl erst nach der Entlassung verübt wird. Dies übersieht Stuttgart VersR 83, 745. Dort wurde für einen zwei Wochen vor der Tat entlassenen Koch die Unanwendbarkeit des Ausschlusses unterstellt, obwohl er den Nachschlüssel noch während der Zeit seiner Tätigkeit angefertigt hatte.

Im Gegensatz zu §§ 1 Nr. 6 b AERB, 1 Nr. 7 b AERB 87 spricht § 1 Nr. 6 b **18** AEB nicht von Arbeitnehmern, sondern von „Angestellten". Da andererseits in § 2 Nr. 1 AEB von „Arbeitnehmern" die Rede ist, wenn auch nur in einer nicht mehr gebräuchlichen Bestimmung für die HausratV nach den AEB, und da zur Zeit der Entstehung der AEB auf diesen Unterschied noch erhebliches Gewicht gelegt wurde, muß der Begriff mit Hamm VersR 85, 437 im arbeitsrechtlichen Sinn verstanden werden. Entgegen F III 9 der 1. Aufl. umfaßt er *nicht* auch *Arbeiter* im arbeitsrechtlichen Sinn, zumal Letztere relativ selten Tätigkeiten ausüben, die es ihnen erleichtern würden, erschwerte Diebstähle zu begehen oder zu fördern.

d) Mitwirkung von „Hausangestellten" setzen §§ 3 **Nr. B 4 VHB 74,** 9 **19** **Nr. 3 a VHB 84** voraus. Anders als nach den AERB 87 usw kommt es auf die arbeitsrechtliche Bedeutung des Begriffes *nicht* an. Einmal gibt es Angestellte im arbeitsrechtlichen Sinn in Haushalten kaum; es gab sie auch zur Zeit der Entstehung der VHB von 1942 und 1966 kaum. Der Ausschluß ist also so zu verstehen, wie wenn es „Arbeitnehmer im Haushalt" hieße. Entgegen F III 19 der 2. Aufl. und entgegen Nürnberg VersR 89, 535 = RuS 24 = ZfS 175 umfaßt der Begriff nach BGH RuS 90, 128 **nicht** auch Personen, die nur *vorübergehend* oder nur *stundenweise* tätig sind, etwa Putzfrauen oder Hausgärtner. Außerdem wird man bei nur vorübergehender Tätigkeit eine gewisse Mindestdauer der beabsichtigten Beschäftigung fordern müssen, und zwar im Umfang von einigen Wochen (undeutlich hierzu Nürnberg aaO). Eine unzumutbare Härte liegt endlich darin, daß die VHB 74 und VHB 84 keine Ausnahmen von dem Ausschluß für Fälle vorsehen, in denen die Tat nachweislich ohne Zusammenhang mit der Tätigkeit im Haushalt verübt wird. Vielleicht müssen solche Ausnahmen aus § 9 Abs. 2 Nr. 2 AGBG hergeleitet werden, vgl. F III 51.

Der Ausschluß gilt **nicht** auch für Arbeitnehmer, die nur im *Gewerbebetrieb des VN* oder im Rahmen seines Berufes arbeiten, und zwar auch dann **20** nicht, wenn der VN seinen Betrieb oder seinen Beruf innerhalb der Wohnung ausübt. Eine umgekehrte Entsprechung zu dem Ausschluß für Wohngenossen in der GeschäftsV gibt es also in der HausratV nicht, zumal der VN seinen Wohnungsschlüssel in den Geschäftsräumen nur selten so im Zugriffsbereich seiner Arbeitnehmer aufbewahrt, daß diese einen Nachschlüssel fertigen oder den Originalsschlüssel ohne Fahrlässigkeit des VN für einen Diebstahl mißbrauchen können; im Gegenteil bestehen rechtliche Zweifel an der vollen Wirksamkeit des Ausschlusses für Wohngenossen in der GeschäftsV, vgl. F III 10 und 47.

21   Nicht von dem Ausschluß betroffen ist also etwa die Sprechstundenhilfe eines Zahnarzts oder die Sekretärin eines Rechtsanwalts, auch wenn *Praxis und Wohnung in demselben Gebäude* (G IV 31) liegen. Wohl aber gilt der Ausschluß für stundenweise anwesende Putzfrauen, wenn diese auch die nur zu Wohnzwecken benutzen Räume des VN betreuen. Sind Wohn- und Betriebsräume innerhalb desselben Hauses deutlich getrennt (z. B. bei einem Gasthaus, in dem der Wirt auch wohnt, mag er sich auch selbst aus der Gasthausküche verköstigen), so sind die gewerblichen Angestellten keinesfalls Hausangestellte, selbst wenn sie gelegentlich auch im Haushalt des VN mitwirken.

22   e) **Dienste höherer Art** (§ 627 BGB) führen **nicht** zum Ausschluß, weder in der Geschäfts- noch in der HausratV, so z. B. nicht bei Privatlehrern (Musik- oder Nachhilfeunterricht), freien Mitarbeitern von Künstlern, Journalisten usw. Noch weniger gilt der Ausschluß für Schäden durch Ärzte, Rechtsanwälte, Steuerberater usw. oder Handwerker, F III 16, auch wenn diese laufend für den VN tätig sind und häufiger Zutritt zur Wohnung oder zu den Betriebsräumen als VOrt haben. Das gleiche gilt für beauftragte Wächter sowie für die Angestellten von Bewachungsunternehmen, denen ein Schlüssel überlassen ist. Solche Personen sind weder Arbeitnehmer (zu ergänzen: des VN oder eines Versicherten) im Sinn der GeschäftsV noch Hausangestellte im Sinn der HausratV. Mitwirkung des *Hauswarts* schließt den VSchutz nur aus, wenn es der Hauswart des VN (nicht nur seines Vermieters) ist oder wenn er sich auch dem VN gegenüber zu entgeltlicher, arbeitsrechtlich abhängiger Tätigkeit verpflichtet hat.

23   3. Jede **vorsätzliche Mitwirkung** des umschriebenen Personenkreises schließt den VSchutz aus. Der Vorsatz **fehlt**, wenn der Wohngenosse oder Arbeitnehmer sich in einem Zustand der **Bewußtseinsstörung** gemäß § 827 BGB befindet, vgl. O I 31 bis 39 bezüglich § 61 VVG. Ferner fehlt der Vorsatz, wenn der Wohngenosse infolge eines **Notstandes** im Sinne von § 904 BGB handelt; daß § 904 BGB gegenüber dem Eigentümer sogar einen Rechtfertigungsgrund darstellt, entzieht der Tat des Wohngenossen oder Arbeitnehmers nicht etwa ihren Charakter als VFall, sondern unterstreicht nur die Unanwendbarkeit des Ausschlusses, vgl. O I 17 bezüglich § 61 VVG. Beispiel: Sohn des VN wird mit Gefahr für Leib oder Leben bedroht, wenn er nicht die Herstellung eines Nachschlüssels ermöglicht.

24   Ob der Wohngenosse oder Arbeitnehmer **Täter** des erschwerten Diebstahls oder des Raubes oder nur **Gehilfe** einer fremden Tat ist, spielt keine Rolle. Die AERB und AERB 87 sprechen von Schäden „durch vorsätzliche Handlungen" dieser Personen; nichts anders meinen AEB, VHB 74 und VHB 84,

wonach die Personen den VFall „herbeiführen" müssen. An den erforderlichen **adäquaten Kausalzusammenhang** zwischen Mitwirkung und VFall sind ähnlich geringe Anforderungen zu stellen wie im Strafrecht an den Begriff der Beihilfe (Tröndle § 49 StGB Anm. 1). Der Beurteilung zugrundezulegen sind nur diejenigen Ausschnitte des Gesamtverhaltens der ausgeschlossenen Person, die nicht wegen der ausdrücklichen (F III 35 bis 39) oder aus § 9 Abs. 2 Nr. 2 AGBG abzuleitenden (F III 42 bis 54) Ausnahmen von dem Ausschluß unberücksichtigt bleiben müssen, vgl. die in F III 26 behandelten Grenzfälle.

Als vorsätzliche Mitwirkung genügt jede Art von **Vorbereitungshandlung,** 25 bei Angestellten in der GeschäftsV allerdings nur Handlungen vor „Geschäftsschluß", vgl. F III 37, Düsseldorf VA 35, Nr. 2820 (anders ÖOGH VRundschau 52, 36 und Breslau VA 16 Nr. 944; offen gelassen in BGH VersR 85, 1029), auch wenn es sich dabei nur um einen kleinen Teil der gesamten Vorbereitungsmaßnahmen für die Tat handelt, Ollick VerBAV 81, 39; nur wenn sich die Mitwirkung ausnahmsweise auf den rein geistigen Beitrag einer Anstiftung oder gar bloßer Mitwisserschaft und Duldung beschränkt, greift der Ausschluß nach seinem Zweck nicht ein (Silberschmidt JR 27, 89). Allerdings ist, wenn der Arbeitnehmer oder Wohngenosse nicht selbst Täter ist, wenigstens Kenntnis des Täters von der Mitwirkung des Wohngenossen nötig, also ein Mindestmaß an Zusammenarbeit. Liegt diese Kenntnis vor, so hindert die bloße Möglichkeit, daß die Tat auch ohne die Mitwirkung hätte begangen werden können, den Ausschluß des VSchutzes nicht (KG VA 20 Nr. 1065), falls nicht etwa aus § 9 Abs. 2 Nr. 2 AGBG ein anderes Ergebnis abzuleiten ist, vgl. F III 46 bis 51. Nur § 1 Nr. 7a AERB 87 schränkt den Ausschluß ausdrücklich entsprechend ein, F III 31.

Beispiele: Der Wohngenosse oder Arbeitnehmer stiehlt einen Orignal- 26 schlüssel, um einen Diebstahl im Sinn der erweiterten Schlüsselklausel für Gebäude gemäß D VIII 5 zu ermöglichen (BGH RuS 85, 199), er fertigt für sich oder für die Täter einen Nachtschlüssel (dazu auch D V 3 sowie F II 27 und 28) oder einen Wachsabdruck, er läßt ein Fenster geöffnet oder ermöglicht die nächtliche Öffnung (z. B. durch einen tagsüber angebrachten Bindfaden, Düsseldorf aaO), er übergibt dem Täter einen Schlüssel für eines von mehreren Schlössern (KG JR 24, 66), er nennt dem Räuber den Zeitpunkt mit einem besonders hohen Kassenbarbestand, er stiehlt einen Schlüssel, er gibt Auskünfte über Örtlichkeiten und Stehlgut oder er lockt Personen aus dem VOrt weg (KG VA 19, Nr. 1107).

Die **Beweislast** für die Tat oder die Mitwirkung eines Wohngenossen oder 27 Arbeitnehmers trägt der **Vr,** der sich dabei allerdings auch auf Indizien und gegebenenfalls (Beispiel: KG VA 20, Nr. 1165) auf einen ersten Anschein (PM § 49 Anm. 3 C) stützen und außerdem aufgrund der Aufklärungsobliegenheit jede zumutbare Auskunft des VN verlangen kann. Der VN muß z. B. wahrheitsgemäß angeben, ob ein Angestellter, der einen Nachschlüssel gefertigt hat, das Original nur während der Geschäftszeit oder auch nachts hatte besitzen dürfen. In letzterem Fall kann sich der Grundsatz auswirken, daß für den **Anscheinsbeweis** diejenigen Geschehensabläufe außer Betracht bleiben, die zwar den Tatbestand der Norm erfüllen würden, auf die sich der Beweislastträger beruft, die aber zugleich auch den Tatbestand einer Gegennorm mit gegenteiliger Rechtsfolge erfüllen, mag auch für den Tatbestand der

Gegennorm der andere Teil beweispflichtig sein. Einfacher ausgedrückt und auf vorliegenden Fall bezogen: Schon der Anscheinsbeweis des Vr für eine Mitwirkung von Angestellten ist nicht geführt und die Beweislast des VN für Zeit und Ort (F III 35) einer etwaigen Mitwirkung bleibt bedeutungslos, wenn die Mitwirkung zwar weit überwiegend wahrscheinlich ist, aber nur unter Berücksichtigung der Möglichkeit der Nachschlüsselanfertigung außerhalb der Geschäftszeit oder außerhalb des VOrts, für die der Ausschluß nicht gilt (F III 36 und 39).

28   Dieselbe Schranke für die Führung von Anscheinsbeweisen ist übrigens auch umgekehrt zu Lasten des VN zu berücksichtigen, wenn *schon die Tatsache eines Nachschlüsseldiebstahls bestritten* und diese nur dann weit überwiegend wahrscheinlich ist, wenn man mögliche Geschehensabläufe berücksichtigt, die wegen Mitwirkung eines Wohngenossen oder Arbeitnehmers vom VSchutz ausgenommen wären, D XVI 22. Dann wirkt sich die bloße – wenn auch unbewiesene – Möglichkeit der Mitwirkung eines Angestellten zugunsten des für diese Mitwirkung an sich beweispflichtigen Vr aus. Zu berücksichtigen ist ferner die Rechtsprechung über die Unmöglichkeit eines Anscheinsbeweises für menschliche Willensentschlüsse, BGH NJW 88, 2040 = RuS 239 = VersR 683 und O I 45.

29   Die Beweislast erstreckt sich auch auf den **Ursachenzusammenhang** zwischen der **Mitwirkung** und dem VFall, F III 23 und 24. Es genügt aber, wenn der Schaden ohne die Mitwirkung nachweislich nicht zu derselben Zeit und in derselben Weise eingetreten wäre; daher genügt es, wenn der Wohngenosse einen hausfremden Haupttäter unterstützt hat, zumal auch strafrechtlich die Beihilfe als Form der Verursachung der Haupttat angesehen wird. Die bloße Möglichkeit, daß z.B. ein Räuber ohne den Tip zu einer anderen Zeit oder – ganz theoretisch – vielleicht sogar genau zu demselben Zeitpunkt gekommen wäre, führt in dem Kassenraubbeispiel gemäß F III 26 noch nicht zum VSchutz. – Der Ursachenzusammenhang zwischen der Wohngenossen- oder Arbeitnehmereigenschaft und der Mitwirkung gehört dagegen nicht zu den Voraussetzungen des Ausschlusses, sondern zu den Voraussetzungen der in F III 30 bis 39 erörterten Ausnahmen von dem Ausschluß, die der VN zu beweisen hat.

30   4. Der **Ausschluß** von Schäden durch erschwerten Diebstahl oder Raub unter Mitwirkung von Wohngenossen oder Arbeitnehmern wird nach den AEB, AERB und AERB 87 **von** unterschiedlich formulierten **Ausnahmen durchbrochen.** Das ist notwendig, denn das Motiv des Ausschlusses – erleichterter Zugang und genauere Kenntnis mit Bezug auf den VOrt, F III 3 – trifft keineswegs auf alle ausgeschlossenen Personen zu und ist überdies im Fall der Täterschaft oder Mitwirkung dieser Personen keineswegs immer auch ursächlich für den Tatbeitrag. Wenn die VHB 74 und VHB 84 gleichwohl keinerlei Ausnahmen enthalten, so macht gerade dieser Umstand eine besonders sorgfältige Überprüfung nach § 9 Abs. 2 Nr. 2 AGBG notwendig, vgl. F III 47 und 51. Auch zu den AEB, AERB und AERB 87 ist zu prüfen, ob die dort vorgesehenen und im Folgenden erörterten Ausnahmen ausreichen, F III 47 bis 50.

31   a) **§ 1 Nr. 7a AERB 87** macht von dem Ausschluß für Personen, die mit dem VN in **häuslicher Gemeinschaft** leben oder bei ihm **wohnen**, eine Ausnah-

me für VFälle durch Straftaten, die durch jenen Umstand „**weder ermöglicht noch erleichtert**" wurden. Diese allgemeine Formulierung reduziert den Ausschluß am genauesten auf die Fälle, in denen er aus der Sicht der Vr notwendig ist. Gerade wegen ihrer Allgemeinheit bereitet die Formulierung aber auch die größten Auslegungsprobleme.

Notwendig ist eine wertende Beurteilung. Die Ausnahme umfaßt auch, **32** aber keineswegs nur die Fälle, in denen ein **adäquater Kausalzusammenhang** zwischen der häuslichen Gemeinschaft und dem Wohnen einerseits sowie der Tat dieser Person oder ihrer Mitwirkung andererseits **fehlt**. Die Ausnahme von dem Ausschluß gilt zwar auch, aber nicht nur für den Fall, daß der Wohngenosse an einem Einbruch oder Raub teilnimmt, den die übrigen Komplizen ohnehin gegen diesen VN verübt hätten, auch wenn der Wohngenosse sie nicht unterstützt hätte.

§ 1 Nr. 7a AERB 87 führt zu VSchutz auch in Fällen, in denen der mitwir- **33** kende Wohngenosse in dieser Eigenschaft zwangsläufig Kenntnisse über den VOrt, über die dort vorhandenen Sachen und über die Zeiträume erlangt hat, in denen dort niemand anwesend ist. Nur gezielte, systematische und besonders genaue Nachforschungen des Wohngenossen machen den Ausschluß anwendbar, vgl. schon F III 26.

Allerdings trägt der **VN** die **Beweislast** für die Voraussetzungen der Aus- **34** nahmen von dem Ausschluß. Strenge Anforderungen dürfen an diesen Nachweis jedoch nicht gestellt werden, denn sonst würden die Ausnahmen ihren Zweck nicht erreichen, zumal glaubwürdige Angaben des mitwirkenden Wohngenossen in aller Regel nicht zur Verfügung stehen.

b) **§§ 1 Nr. 6b AEB, AERB** enthalten für Wohngenossen überhaupt keine **35** Ausnahme von dem Ausschluß und knüpfen bezüglich der **Arbeitnehmer** lediglich an den **Zeitpunkt der Mitwirkungshandlung** an. Da jedoch nicht nur die Täterschaft, sondern auch jede Vorbereitungshandlung (jedenfalls für die Schlüsselklausel für Gebäude gemäß D VIII 2 zustimmend BGH VersR 85, 1029, weil Schlüsselwegnahme bereits ein Teilstück des VFalls sei) für eigene oder fremde Tat als vorsätzliche Mitwirkung ausreicht, führt das Kriterium der AEB und AERB nicht immer zu klaren Ergebnissen, insbesondere nicht in den Grenzfällen gemäß F III 26. Daher muß mit AGBG-konformer Auslegung geholfen, F III 49, und Übereinstimmung mit § 1 Nr. 7a AERB 87 hergestellt werden.

An den Beweis der Voraussetzungen für die Ausnahme von dem Aus- **36** schluß durch den VN dürfen schon nach dem Wortlaut der Bestimmungen keine hohen Anforderungen gestellt werden. Darf z.B. ein Arbeitnehmer den Schlüssel auch nachts bei sich tragen, während das Geschäft für ihn geschlossen ist, so spricht zugunsten des VN der erste Anschein dafür, daß der Nachschlüssel nachts angefertigt wurde. Im Ergebnis mit Recht nicht angewendet wurde der Ausschluß daher in Stuttgart VersR 83, 745. Allerdings hätte die Frage dort wenigstens erörtert werden müssen, vgl. F III 17.

„**Geschlossen**" ist der VOrt für den Arbeitnehmer, solange er sich nach **37** seinem Arbeitsvertrag dort nicht aufhalten darf. Die „**Geschäftszeit**" gegenüber dem Publikum ist nicht maßgebend. Das Aufenthaltsverbot muß sich auf den gesamten VOrt erstrecken und gilt daher während der Dienstzeit des Arbeitnehmers nicht, auch nicht für Räume, zu denen der Arbeitnehmer selbst während seiner Dienstzeit keinen Zugang hatte. – Bei gleitender Arbeitszeit ist der Aufenthalt im Betrieb außerhalb der *Gleitzeit* meist verboten.

38   Leider fehlen in vielen kleineren und sogar größeren Betrieben klare Regeln über die zeitlichen Grenzen des Aufenthaltsrechs der Arbeitnehmer. Nicht nur bezahlte, sondern auch *unbezahlte Überstunden*, die stillschweigend geduldet werden, berechtigen die Arbeitnehmer zum Aufenthalt; dies gilt auch dann, wenn die Überstunden ganz oder teilweise in Tageszeiten fallen, während deren eine *Arbeitsordnung* den Aufenthalt ausdrücklich verbietet. Allerdings reicht nicht jede Duldung durch den jeweils nächst höheren *Vorgesetzten* aus; es kommt vielmehr darauf an, ob der länger bleibende Arbeitnehmer und der dies duldende Vorgesetzte nach den Gesamtumständen mit dem Einverständnis des Arbeitgebers rechnen konnten. Ist letzteres nicht der Fall, so besteht VSchutz schon dann, wenn sich die Tat- und Vorbereitungshandlungen auf die verbotenen Stunden beschränkt haben, mögen während dieser Zeit auch rechtswidrige Überstunden geleistet worden sein. Daß der Arbeitnehmer umgekehrt erlaubte Überstunden nur geleistet hat, um den Diebstahl vorzubereiten, macht für sich allein den Aufenthalt noch nicht zu einem verbotenen. Verbirgt sich der Arbeitnehmer bei Geschäftsschluß, damit sein Verbleiben nicht bemerkt werde, so spricht dies zwar für einen verbotenen Aufenthalt; jedoch stellt das Verbergen schon selbst eine Vorbereitungshandlung dar, die vielleicht ihrerseits in der Geschäftszeit liegt.

39   c) § 1 Nr. 7b AERB 87 und Kl 411 zu den AERB machen eine über die AEB und AERB hinausgehende Ausnahme auch, wo die Vorbereitungshandlung des **Arbeitnehmers** zwar vielleicht während der Geschäftszeit, aber **nur außerhalb des VOrts** vorgenommen wird. Das ist eine Folge der zunehmenden Beachtung, die § 9 AGBG bei der Formulierung neuer AVB findet. Auch die erweiterte Ausnahme von dem Ausschluß greift aber nicht ein, wo ein Arbeitnehmer einen Nachschlüssel fertigen läßt und dies zwar außerhalb des VOrts geschieht, der Arbeitnehmer Zugang zu dem Schlüssel jedoch nur während der Geschäftszeit hat. Mindestens die Wegnahme des Schlüssels vollzieht sich dann nämlich innerhalb des VOrts und während dieser für den Arbeitnehmer geöffnet ist. – Unklar ist, warum nicht auch in § 1 Nr. 7b AERB 87 die in F III 31 erörterte allgemeine Formulierung der Ausnahme von dem Ausschluß in § 1 Nr. 7a AERB 87 übernommen wurde.

40   5. Die hier erörterten Ausschlüsse beseitigen den VSchutz für Schäden durch vorsätzliche Handlungen Dritter. Da Vorsatz des VN den VSchutz schon nach § 61 VVG und den in F III 5 zitiertn AVB ausschließt, scheint es auf Anhieb, als werde für Wohngenossen und Arbeitnehmer der Ausschluß des § 61 VVG zum Nachteil des VN auf weitere Personen ausgedehnt, und zwar überwiegend auf Personen, die nicht Repräsentanten des VN sind, F III 6. Der hier erörterte Ausschluß könnte danach wegen unangemessener **Abweichung von § 61 VVG gegen § 9 Abs. 2 Nr. 1 AGBG** verstoßen, O II 64. Indessen steht einer solchen Betrachtungsweise entgegen, daß Vorsatz des VN oder ein ihm zugerechneter Vorsatz Dritter schon den unfreiwilligen Besitzverlust und damit die Voraussetzungen des VFalls ausschließt, F III 7.

Auch ein Verstoß gegen das Verbot überraschender Klauseln in § 3 AGBG 41
liegt nicht vor, denn der Ausschluß ist gebräuchlich, seit die DiebstahlV
betrieben wird. Auch die systematische Stellung des Ausschlusses innerhalb
der AVB, nach h.M. ohnehin erst an zweiter Stelle als Kriterium für § 3
AGBG maßgebend, A V 6 bis 8, ist keineswegs so versteckt, daß aus ihr die
Unwirksamkeit des Ausschlusses abzuleiten wäre.

a) Danach bleibt zu prüfen, ob der Ausschluß mit dem **Vertragszweck** im 42
Sinn von § **9 Abs. 2 Nr. 2** AGBG vereinbar ist. BGH RuS 90, 128 formuliert zu
§ 3 Nr. B 4 VHB 74 Bedenken, weil „im Ergebnis der VN für das Verhalten
von Personen, die nicht seine Repräsentanten sind, so einstehen müsse, als
wären sie doch seine Repräsentanten. Auch Hamm RuS 88, 304 bezeichnet
die Vereinbarkeit mit § 9 AGBG als zweifelhaft, läßt die Frage aber ebenso
offen wie BGH aaO. Hier stellt sich besonders nachdrücklich die Frage, ob
und in welchen Grenzen der Vr argumentieren kann, seine Hauptleistung
und damit der Vertragszweck werde durch die AVB erst einmal fixiert, und
was nach der AVB nicht gedeckt sei, könne auch nicht Gegenstand des Vertragszwecks werden. Oder umgekehrt: in welchen Grenzen kann der VN
argumentieren, was sich bei oberflächlicher Gesamtbetrachtung des VZweigs
und bei flüchtiger Lektüre der AVB einem nicht fachkundigen Leser nicht
sofort erschließe, liege außerhalb des Vertragszwecks und sei auf seine Vereinbarkeit mit diesem Vertragszweck zu überprüfen?

Wie schon in A V 15 („verständige Würdigung") dargelegt, muß die Lö- 43
sung versicherungstechnische Gesichtspunkte berücksichtigen, und zwar
ganz besonders in VZweigen, die im VVG nicht geregelt sind und daher der
Inhaltskontrolle nicht nach § 9 Abs. 2 Nr. 1, sondern nach § 9 Abs. 2 Nr. 2
AGBG unterliegen. Aus diesem Umstand darf weder für den VN der Nachteil völliger Kontrollfreiheit noch für den Vr der Nachteil einer Inhaltskontrolle ohne Rücksicht auf diejenigen versicherungstechnischen Gesichtspunkte erwachsen, die der Gesetzgeber im Fall einer Regelung im VVG vermutlich
berücksichtigt haben würde.

Gegen die Vereinbarkeit des Ausschlusses mit dem Vertragszweck könnte 44
eingewendet werden, daß der VN Straftaten seiner Wohngenossen und Arbeitnehmer zwar bis zu einem gewissen Grad, aber nicht restlos entgegenwirken kann. Wer mit dem VN in häuslicher Gemeinschaft lebt, ist meist durch
Familienverhältnisse vorgegeben. Seine Arbeitnehmer kann der VN zwar
auswählen, aber naturgemäß ohne so genaue Personenkenntnis, wie zuverlässiger Schutz gegen Straftaten sie voraussetzen würde. Auch wird der Einschluß von Straftaten durch Wohngenossen und Arbeitnehmer nicht etwa
gegen Mehrprämie angeboten. Der VN ist also gegen ein gewisses **Restrisiko**
völlig **ungeschützt**, obwohl er sich diesem Risiko nicht entziehen kann. Auch
die Unzulässigkeit des Preisarguments (A V 15) scheint für Unwirksamkeit
des Ausschlusses zu sprechen, denn der Vr könnte bei entsprechend höherer
Prämienkalkulation Schutz durchaus auch für die ausgeschlossenen VFälle
bieten.

Für die Wirksamkeit des Ausschlusses spricht der in F III 43 angedeutete 45
Gedanke. Hätte der VVG-Gesetzgeber die DiebstahlV und die HausratV so
eingehend wie etwa die Feuer- oder die TransportV geregelt, oder hätte er

dies nachträglich in einer Geseztesnovelle getan, so wäre sicherlich auch der Ausschluß von Straftaten von Wohngenossen und Arbeitnehmern in das Gesetz übernommen worden. Dabei hätte vielleicht auch der Gedanke mitgespielt, daß fingierten VFällen unter Mitwirkung von Wohngenossen oder Arbeitnehmern am relativ wirksamsten durch einen Ausschluß vorgebeugt werden kann (Koblenz VersR 89, 1192 zur ValorenV), denn andernfalls gäbe es Fälle, in denen zwar die Mitwirkung einer ausgeschlossenen und inzwischen untergetauchten Person, nicht aber das Zusammenspiel mit dem VN nachgewiesen werden könnte. Die ohne den Ausschluß erforderliche höhere Prämie wäre also zu einem gewissen Teil für vorgetäuschte Schadenfälle aufzuwenden, was kriminalpolitisch bedenklich wäre, vgl. auch F III 54.

46   b) Vorstehende Erwägungen sprechen indessen genauer besehen nicht für völlige Unwirksamkeit, sondern nur gegen Wirksamkeit des Ausschlusses für *alle* nach dessen Wortlaut von ihm umfaßten Tatbestände. Zu prüfen bleibt, ob die **Ausschlüsse** nicht wenigstens **für einen Teil der Tatbestände unwirksam** sind, mag der Ausschluß auch sprachlich als Einheit formuliert sein, vgl. zu dieser theoretischen Möglichkeit der nur teilweisen Unwirksamkeit ganz allgemein A V 33 bis 35. Hierbei ist zu unterscheiden zwischen den Ausschlüssen für Personen, die mit dem VN in häuslicher Gemeinschaft leben oder bei ihm wohnen, und den Ausschlüssen für Arbeitnehmer.

47   Für Schäden durch Personen, die mit dem VN in **häuslicher Gemeinschaft** leben oder bei ihm **wohnen**, enthält § 1 Nr. 7a AERB 87 die in F III 31 bis 33 erörterte allgemein formulierte Ausnahme für Fälle, in denen jener Umstand die Tat weder ermöglicht noch erleichtert hat, während §§ 1 Nr. 6b AEB, 1 Nr. 6a AERB, 3 Nr. B 4 VHB 74, 9 Nr. 3a VHB 84 für diese Personen einen **uneingeschränkten** Ausschluß vorsehen. Letzteres ist mit dem Vertragszweck im Sinn von § 9 Abs. 2 Nr. 2 AGBG **unvereinbar**. Es gibt keine versicherungstechnische zwingenden Gründe für das Fehlen jener Ausnahme in den genannten Bestimmungen. Auch die Vertragsgefahr und die Schadenregulierungsarbeiten des Vr werden durch eine Ausnahme im Sinn von § 1 Nr. 7a AERB 87 nicht erhöht, denn der VN trägt die Beweislast für die Voraussetzungen der Ausnahme, F III 34. Außerdem wäre § 1 Nr. 7a AERB 87 nicht so formuliert worden, wenn diese Lösung für den Vr unzumutbar wäre.

48   Das Gesagte gilt auch für § 3 Nr. B 4 VHB 74, obwohl dort die Entschädigung nicht völlig ausgeschlossen, sondern lediglich auf 1000 DM begrenzt ist. Die begrenzte Entschädigung auch in Fällen, in denen der Ausschluß versicherungstechnisch geboten ist, F III 45, „kompensiert" nicht etwa den Ausschluß auch in den Fällen, in denen es an versicherungstechnischen Gründen fehlt.

49   Die in F III 47 zitierten Ausschlüsse sind also in denjenigen Fällen nach § 9 Abs. 2 Nr. 2 AGBG unanwendbar, in denen die **Tat** durch die häusliche Gemeinschaft oder das Wohnen **weder gefördert noch erleichtert** worden ist, vgl. für die ValorenV zutreffend Koblenz VersR 89, 1192. Dies hat gegebenenfalls der VN zu beweisen.

50   Für Schäden durch **Arbeitnehmer** des VN machen §§ 1 Nr. 6b AEB, AERB eine Ausnahme für Fälle, in denen der Arbeitnehmer nur zu einer Zeit mitwirkt, in der das Geschäft für ihn geschlossen ist, F III 35 bis 38. Danach

wären auch Schäden ausgeschlossen, an deren Entstehung der Arbeitnehmer zwar auch während der Geschäftszeit, aber **nur außerhalb des VOrts** beteiligt war. Auch dies ist mit dem Vertragszweck im Sinn von § 9 Abs. 2 Nr. 2 AGBG unvereinbar. Die geschriebene Ausnahme von dem Ausschluß nach §§ 1 Nr. 6b AEB, AERB muß daher auch in jenen weiteren bisher nur in § 1 Nr. 7b AERB 87 ausdrücklich ausgenommenen Fällen gelten. Die Fälle, in denen die Ausnahme in § 1 Nr. 7a AERB 87 noch ein wenig weiter geht als jene in § 1 Nr. 7b AERB 87, können im Rahmen von §§ 9 Abs. 2 Nr. 2 AGBG als vielleicht nur unerhebliche und daher nicht unangemessene Benachteiligung des VN unberücksichtigt bleiben.

Für Schäden durch **Hausangestellte** sehen §§ 3 Nr. B 4 VHB 74, 9 Nr. 3a 51 VHB 84 keinerlei Ausnahmen vor. Hier ist eine Ausnahme im Umfang von § 1 Nr. 7a AERB 87 unmittelbar aus § 9 Abs. 2 Nr. 2 AGBG abzuleiten, mögen auch die Fälle, in denen die Mitwirkung eines Hausangestellten durch diese Eigenschaft weder ermöglicht noch erleichtert wurde, ziemlich selten sein. Gerade die Seltenheit solcher Fälle soll sogar nach Ansicht der Anhänger eines Verbots der sog. geltungerhaltenden Reduktion von AVB-Bestimmungen die Korrektur erleichtern, Horn 18.

6. In der **TransportraubV** wird der Ausschluß für Schäden durch Mitwir- 52 kung von Arbeitnehmern durch §§ 1 Nr. 6c AERB, 1 Nr. 7c AERB 87 (jeweils zweite Alternative) erweitert. Er gilt hier auch für **Personen,** die *nicht Arbeitnehmer* sondern aus einem sonstigen Grund **mit dem Transport beauftragt** sind. Der Ausschluß gilt ferner nur für Fälle, in denen der Ursachenbeitrag *entgegen dem Willen* mindestens eines Teils *der übrigen Transportpersonen geleistet* wird; wo nämlich sämtliche Transportpersonen zusammenwirken, handelt es sich schon nicht um Raub, sondern um gemeinschaftliche Unterschlagung in der Form eines vorgetäuschten Raubes, D XII 39 und 104. Beispiel für einen nicht gedeckten Schadenfall: Ein Transportbeauftragter schlägt seinen Begleiter nieder und flieht mit dem Geld.

Aus den in F III 7 und 40 dargelegten Gründen können §§ 14 Nr. 1 Satz 2 53 AERB 17 Nr. 4 AERB 87 für Vorsatztaten wie Diebstahl und Raub nicht als Erweiterung des Repräsentantenbegriffes angesehen werden. Entgegen F III 20 der 1. Aufl. sind daher auch die hier behandelten Ausschlüsse in der TransportraubV weder nur deklaratorische Wiederholungen eines Teils des Inhalts von §§ 14 Nr. 1 AERB, AERB 87, noch sind sie Erweiterungen des § 61 VVG. Es handelt sich vielmehr um selbständige Ausschlußtatbestände.

Einer Prüfung nach § 9 Abs. 2 Nr. 2 AGBG halten sie wohl aus ähnlichen 54 Gründen wie in F III 43 dargelegt stand. Zwar kann sich der VN gegen das Risiko von Schäden durch Transportpersonen nicht restlos schützen, weil gerade für den der Gewaltkriminalität besonders ausgesetzten Berufszweig des Werttransportes vielfach nur Arbeitskräfte zur Verfügung stehen, die auch ihrerseits unzuverlässig sind. Deshalb wäre das Risiko vorgetäuschter Gewalthandlungen einer Transportperson gegen ihre Kollegen besonders hoch. Es würde in solchen Fällen genügen, wenn nach dem verabredeten Vorfall eine der Transportpersonen nach Absprache mit den übrigen untertaucht. Auch aus kriminalpolitischen Gründen (F III 45) wäre es bedenklich, solche Fälle in den VSchutz und die Prämienkalkulation einzubeziehen.

55   7. Ferner enthalten §§ 1 Nr. 6 c AERB, 1 Nr. 7 c AERB 87 als selbständigen Ausschlußgrund den Tatbestand, daß mehr als die **vereinbarte Zahl von Transporten** gleichzeitig unterwegs ist. Es handelt sich hier wohl *nicht* um eine *verhüllte Obliegenheit,* denn der VN kann gute Gründe haben, in mehr oder weniger leicht voraussehbaren Fällen eine größere als die im Vertrag angegebene Zahl von Transporten gleichzeitig durchzuführen oder durchführen zu lassen. Solches Verhalten ist noch von vornherein eine Ausnahme und ein Fall ungenügender Sorgfalt, wie §§ 15 a, 6 Abs. 1 VVG dies von ihrem Zweck her voraussetzen. Die Frage des Verschuldens kann nicht sinnvoll gestellt werden, und man kann vor allem nicht erwarten, daß sich schuldlose Verstöße nur „selten" ereignen, was bekanntlich das stärkste Argument für die Einbeziehung in den Schutzzweck von § 15 a VVG darstellt, M III 8.

56   *Motiv* des Ausschlusses ist der Umstand, daß die zeitliche Reihenfolge des Beginns mehrerer gleichzeitig unterwegs befindlicher Transporte oft nicht festgestellt werden könnte. Ohne den Ausschluß käme es aber gerade auf diesen Punkt an, weil die Prämie nur im Hinblick auf eine begrenzte Zahl von Transporten kalkuliert und vereinbart ist und jeweils entschieden werden müßte, ob bei Überschreitung dieser Zahl der überfallene Transport zu den versicherten oder zu den nicht versicherten Transporten gehörte. Der Vollausschluß aller Transporte (vgl. aber F III 59) ist die einzige zuverlässige Möglichkeit, Meinungsverschiedenheiten im Schadenfall vorzubeugen.

57   Die **Beweislast** für die Voraussetzungen des Ausschlusses trägt der **Vr.** Das ist praktisch sehr bedeutsam, denn der VN wird im Schadenfall dazu neigen, gleichzeitige weitere Transporte zu verschweigen oder die Gleichzeitigkeit zu bestreiten. Daher darf man an den Beweis durch den Vr keine hohen Anforderungen stellen. Insbesondere wird es genügen müssen, wenn der Vr beweist, daß kurz *vor* dem Schaden zu viele Transporte unterwegs waren. Dann spricht ein erster Anschein dafür, daß dies auch *im* Schadenszeitpunkt noch der Fall der war; diesen Anschein muß dann der VN entkräften.

58   Zweifelhaft ist, ob der Ausschluß nicht teilweise gegen § 9 Abs. 2 Nr. 2 **ABGB** verstößt, weil es mit dem Vertragszweck nicht vereinbar ist und eine *„Übersanktion"* darstellt. Dies gilt insbesondere, wenn die vereinbarte Zahl von Transporten nur deshalb überschritten wurde, weil Betriebsanweisungen des VN nicht beachtet wurden, was ihn entlasten würde, falls entgegen F III 55 eine verhüllte Obliegenheit anzunehmen und § 6 Nr. 1 VVG anwendbar wäre. Andererseits ist zu berücksichtigen, daß der Vr gerade diesen Ausschlußtatbestand nur beweisen kann, wenn der VN ihm wahrheitsgemäße Angaben über Umstände macht, in die sich der Vr auch im Rahmen der Aufklärungsobliegenheit nur schwer Einblick verschaffen kann.

59   Eine mögliche Lösung wäre es, den **Ausschluß** jeweils **nur für einen Teilbetrag** des Schadens als **wirksam** anzusehen, nämlich für denjenigen Teilbetrag, der sich ergibt, wenn man den Schaden im Verhältnis der vereinbarten zu der bei entsprechend höherer Zahl von Transporten tariflich erforderlichen Prämie kürzt. Eine solche Lösung analog § 56 VVG, jedoch an die *Prämie* statt an die VSumme als Kriterium geknüpft (vgl. Kl 742 zu den AGlB, also die sog. qm-UnterV, PM Teil 2 D, nach § 11 AGlB) wäre aus der generellen Möglichkeit bloßer Teilunwirksamkeit (A V 33 bis 35) von AVB nach § 9 AGBG vielleicht gerade noch zu rechtfertigen. Die als Vollausschluß formu-

lierte AVB-Bestimmung wäre dann jeweils nur für einen Teilbetrag des Schadens rechtswirksam, darüber hinaus hingegen unwirksam.

IV. Ausschlüsse in der Leitungswasser- und Rohrbruchversicherung

1. Überblick: Auch in der Leitungswasser- und RohrbruchV arbeiten die Verträge und die AVB mit Ausschlüssen, also mit dem rechtstechnischen Mittel der Negation. Dies gilt gleichermaßen für die versicherten Sachen, für den VOrt und für die versicherten Interessen wie auch – und vor allem – für die versicherten Gefahren. 1

Die AWB 68 und die VGB 62 unterscheiden in ihren **Ausschlußkatalogen** nicht zwischen der **LeitungswasserV** im engeren Sinn und der **RohrbruchV** im Sinn von E I 4. Ein Teil der Ausschlußtatbestände betrifft jedoch von ihrem Inhalt her ganz überwiegend nur Schäden durch ausgetretenes Leitungswasser, nämlich §§ 1 Nr. 4a, b und d AWB 68, 4 Nr. 3d bis f VGB 62. Diese Ausschlüsse sind auf Bruchschäden gemäß §§ 1 Nr. 2 AWB 68, VGB 62 auch dann nicht anzuwenden, wenn ausnahmsweise doch einmal ein Rohrbruchschaden auf solchen Ursachen beruht. *Beispiele:* Niederschlagswasser oder Reinigungswasser dringt über längere Zeit hinweg unbemerkt in die Bausubstanz ein und verursacht zunächst eine Korrosion von Rohren und schließlich einen Bruchschaden, F IV 35. Hätten die zitierten Ausschlüsse auch für solche Bruchschäden gelten sollen, so hätte dies im Hinblick auf §§ 3, 5 AGBG deutlicher gesagt werden müssen, vgl. schon F IV 1 der 2. Aufl. 2

§ 1 Nr. 5 Abs. 2 AWB 87 räumt alle Zweifel aus. Rohrbruchschäden sind nach Satz 1 aaO nur dann ausgeschlossen, wenn sie durch Ursachen gemäß § 1 Nr. 5f oder 5g AWB 87 verursacht wurden, also insbesondere durch Brand oder Erdeinsenkung. Eine Gegenausnahme gilt nur, wenn die Erdeinsenkung oder der Erdrutsch ihrerseits durch ausgetretenes Leitungswasser verursacht wurde. Auch der Ausschluß nicht bezugsfertiger Gebäude samt Inhalt gemäß F IV 7 bis 22 erstreckt sich gleichermaßen auf Leitungswasser- und Rohrbruchschäden. Die Ausschlüsse gemäß § 1 Nr. 5a bis Nr. 5e AWB 87 gelten hingegen **für Bruchschäden** gemäß Nr. 3 **nicht.** Diese Ausschlüsse gelten nach Satz 2 aaO ferner nicht für Schäden durch Leitungswasseraustritt an versicherten Gebäuden oder an versicherten beweglichen Sachen, die auf einem gemäß Satz 1 aaO gedeckten Bruchschaden beruhen. 3

Dem Vorbild der AWB 87 folgen die **VGB 88.** Nur § 9 Nr. 3a (nicht bezugsfertige Gebäude) und Nr. 3b (Brand usw.) VGB 88 gilt auch für „Rohrbruch und Frost", § 9 Nr. 4 VGB 88 hingegen nur für „Leitungswasser". § 9 Nr. 5 VGB 88 schließt auch Rohrbruchschäden durch Erdsenkungen und Erdrutsch aus, jedoch ausdrücklich mit der in den AWB 87 noch unausgesprochenen Ausnahme, daß die Erdsenkung oder der Erdrutsch seinerseits Folge eines Leitungswasseraustritts war. 4

Die nachstehenden Erläuterungen folgen der Systematik der AVB auch insofern, als sie nicht nur Gefahrenausschlüsse (F IV 28 bis 48), sondern auch Ausschlüsse von Sachen (F IV 6 bis 27) behandeln, obwohl diese Fälle genau besehen in H II und III (versicherte Sachen) zu erörtern wären. Dagegen 5 werden Entschädigungsgrenzen zu einzelnen versicherten Sachen oder Gruppen von solchen auch für die LeitungswasserV in Teil U behandelt, und zwar in U II 33 und 34, zumal Entschädigungsgrenzen in der LeitungswasserV weit weniger bedeutsam sind als z. B. in der DiebstahlV.

6   2. Unter den **Ausschlüssen versicherter Sachen** ist der wichtigste der Ausschluß nicht bezugsfertiger Gebäude und der darin befindlichen versicherten beweglichen Sachen. Die AWB 68 und die AWB 87 erstrecken diesen Ausschluß auch auf bewegliche Sachen innerhalb eines nicht bezugsfertigen Gebäudes, während die VHB 74 und VHB 84 einen solchen Ausschluß nicht kennen, sondern sich mit §§ 16 ff., 23 ff. VVG begnügen. – Wegen weiterer Sachausschlüsse vgl. F IV 23 bis 27.

7   a) §§ 2 Nr. 3 a AWB 68, 2 Nr. 2 Abs. 2 AWB 87, 4 Nr. 3 a VGB 62, 9 Nr. 3 a VGB 88 schließen Schäden an **nicht bezugsfertigen Gebäuden** sowie Schäden an versicherten beweglichen **Sachen** aus, die sich **in solchen Gebäuden** befinden.

8   Bei der Auslegung des Begriffs der **Bezugsfertigkeit** sind die Motive des Ausschlusses zu berücksichtigen, nämlich das in diesem Stadium noch unverhältnismäßig hohe Risiko von Leitungswasser- oder Sturmschäden. Dabei sind für das Leitungswasser- und für das Sturmrisiko nicht genau dieselben, sondern ein wenig unterschiedliche bautechnische Kriterien maßgebend. Dies zwingt einerseits für **Leitungswasserschäden** und andererseits für **Sturmschäden** zu einer **jeweils etwas abweichenden Auslegung** des Begriffes. Die Bezugsfertigkeit kann in ein und demselben Ausbauzustand für einen Wasserschaden schon zu bejahen, für einen Sturmschaden dagegen noch zu verneinen sein; umgekehrt gilt dasselbe. Solche unterschiedlichen Ergebnisse sind nicht nur zu den AWB 68 und AWB 87 einerseits sowie zu den AStB 68 und AStB 87 andererseits möglich, sondern auch im Verhältnis zwischen § 4 VGB 62 einerseits und § 5 VGB 62 andererseits, ja sogar innerhalb von § 9 Nr. 3 a VGB 88, obwohl diese Bestimmung verbal für beide Gefahrengruppen gilt. Wegen der für das Sturmrisiko maßgebenden bautechnischen Kriterien vgl. F V 4 und 5.

9   Für die LeitungswasserV kommt es auf weitgehenden **Abschluß des Innenausbaus** und vor allem sämtlicher Installationen an. Daß z. B. noch einige Tapeten oder Anstriche fehlen, schließt die Bezugsfertigkeit dagegen nicht aus (Bechert 76). Zweifelhaft erscheint, ob fehlender Außenputz die Bezugsfertigkeit schon allein deshalb hindert, weil die Putzarbeiten zahlreiche Wasserentnahmen durch Bauhandwerker erfordern (Martin VersR 73, 1114). Das *Leerstehen* fertiger Wohnungen schließt Bezugsfertigkeit *nicht* aus. Auch (geringfügige) *Restarbeiten* stehen der Bezugsfertigkeit meist *nicht* entgegen, und zwar um so weniger, je mehr sie im konkreten Fall oder üblicherweise künftigen Mietern oder Käufern überlassen bleiben, Hamm NJW-RR 89, 93 = VersR 365 = RuS 227.

10   Solange sich niemand oder nur Bauhandwerker im Gebäude befinden, werden der Zustand der Wasserleitungen und Heizungsanlagen sowie die Frostgefahr durch den VN und dessen Repräsentanten besonders wenig beobachtet; Installationsmängel können zu besonders hohen Schäden führen. Zwar handelt es sich nicht um eine gegenüber einem früheren Zeitpunkt, sondern nur um eine gegenüber dem vertraglichen vorausgesetzten Zustand erhöhte

Gefahr, aber anzuwenden sind ja auch nicht §§ 23 ff. VVG, sondern in den AVB-Bestimmungen gemäß F IV 7 vorgesehen ist ein Ausschluß einiger oder sogar (Konsequenzen: F IV 15) aller versicherten Sachen aus dem vereinbarten VSchutz.

Anders als nach §§ 25 III, 28 II 2 VVG gilt der Ausschluß **ohne** Rücksicht **11** darauf, ob zwischen dem Fehlen der Bezugsfertigkeit und dem Schaden ein **Ursachenzusammenhang** besteht. Wäre dem VN die Möglichkeit eines Kausalitätsgegenbeweises eingeräumt, so wäre dieser in der Regel schon dann geführt, wenn bewiesen ist, daß der Leitungswasseraustritt nicht durch Bauarbeiten verursacht wurde. Daß der Schaden in einem schon bezogenen Gebäude früher bemerkt und daher der Höhe nach geringer geblieben wäre, könnte der Vr nicht einwenden, denn der Ausschluß setzt nur Bezugsfertigkeit des Gebäudes voraus, nicht dagegen auch einen tatsächlichen Bezug des Gebäudes. Für den Kausalitätsgegenbeweis genügt aber ganz allgemein, daß bei einer möglichen Fallgestaltung, die außerhalb des Ausschlusses liegt, der Schaden nach Grund und Höhe in gleicher Weise eingetreten wäre, M II 28 bis 33. Unter diesem Aspekt stellt sich die in F II 13 speziell für bereits fertiggestellte Teile von Geschäftsgebäuden und Mehrfamilienhäusern behandelte Frage der Vereinbarkeit mit § 9 Abs. 2 Nr. 2 AGBG sogar ganz allgemein.

Das „Gebäude" muß nach dem AVB-Wortlaut bezugsfertig sein, nicht nur **12** einzelne Räume. Bei **Einfamilienhäusern** gilt dieser Grundsatz uneingeschränkt, zumal der Ausbau der noch nicht bezugsfertigen Räume den Gebrauch von Wasserzapfstellen durch Bauhandwerker erfordert (Koblenz VersR 73, 1113). Nicht entschädigungspflichtig sind daher Schäden durch Austritt von Wasser in bereits bezugsfertigen Gebäudeteilen, und zwar auch dann nicht, wenn sich der Schaden auf die bezugsfertigen Teile beschränkt.

Bei **Geschäftsgebäuden** und **Mehrfamilienhäusern** ist die Rechtslage wegen **13** § 9 Abs. 2 Nr. 2 AGBG („Vertragszweck", vgl. A V 15) zweifelhaft. Wirtschaftlich richtig wäre eine Beschränkung des LeitungswasserVSchutzes auf Schäden durch Wasseraustritt oder Bruch innerhalb **bezugsfertiger Gebäudeteile** und an diesen Gebäudeteilen sowie an Sachen in diesen Gebäudeteilen. Für diese Lösung geben aber die AVB keinen Anhaltspunkt. Der Wortlaut spricht vielmehr für Ausschluß des VSchutzes *insgesamt*, solange nicht das (ganze) „Gebäude" bezugsfertig ist, denn ein Unterschied zwischen „bezugsfertig" und den nicht gebrauchten Worten „voll bezugsfertig" läßt sich kaum konstruieren.

Wenn Bechert 88 und Hasselmann VW 68, 1420 von **Schlüsselfertigkeit** **14** sprechen, so denken sie hierbei jeweils an das ganze Gebäude. Für dieses Ergebnis spricht die geschäftsplanmäßige Möglichkeit, die *BauleistungsV* nach den „Allgemeinen Bedingungen für die Bauwesenversicherung von Gebäudeneubauten durch Auftraggeber (ABN)" ohne Rücksicht auf deren Ablauf für einzelne Gebäudeteile im übrigen durch Klausel 70 zu § 8 Nr. 3 Abs. 3 ABN auf alle Schäden bis zur Bezugsfertigkeit des ganzen Gebäudes auszudehnen, allerdings naturgemäß nur für Schäden an versicherten Sachen im Sinn der ABN, also nicht für Inventar im Sinn der GeschäftsV nach den AWB 68 und AWB 87. Diese alternative VMöglichkeit spricht für Vereinbarkeit des Ausschlusses mit § 9 Abs. 2 Nr. 2 AGBG, vgl. F II 15 für das Parallelproblem zum Betriebsschadenausschluß. Gewisse Zweifel bleiben aber bestehen, denn eine BauleistungsV wird, besonders bei kleineren Objekten, nur für einen Bruchteil aller Gebäudeneubauten abgeschlossen.

15   **Kenntnis des** Vr von dem Fehlen der Bezugsfertigkeit des versicherten Gebäudes *hebt* für sich allein *den Ausschluß nicht auf*, selbst wenn das nicht versicherte (weil nicht bezugsfertige) Gebäude die einzige versicherte Sache im Sinn des Vertrages ist. Allenfalls kann sich durch den Zusammenhang mit weiteren Umständen eine stillschweigende Einschlußabrede oder ein Beratungsverschulden ergeben, das den Vr schadenersatzpflichtig macht, F IV 17 und 18. Für die Wirksamkeit des Ausschlusses spricht: Ein nicht bezugsfertiges Gebäude wird in der Erwartung seiner erst künftigen Bezugsfertigkeit versichert, besonders wenn die V mit einer sechsmonatigen prämienfreien Wohngebäude-Rohbau-FeuerV (vgl. auch S IV 30 und BL 327; dazu Koblenz VersR 73, 1113) verbunden ist, die der VN als Kompensation für seinen Prämienverlust im Bereich Leitungswasser und Sturm empfinden könnte.

16   Die Vr stellen meist Antragsfrage nach der Bezugsfertigkeit oder deren voraussichtlichem Zeitpunkt. Allerdings geschieht dies ohne Belehrung über den Ausschluß, sondern vielmehr vorsorglich für den Schadenfall, in dem der Vr die fehlende Bezugsfertigkeit geltend machen will. Daher macht sich der **Vr wegen Verschuldens bei Vertragsschluß schadenersatzpflichtig**, wenn er oder der Agent der Antwort auf jene Antragsfrage entnehmen muß, daß der VN irrig mit sofortigem VSchutz rechnet. Der Schaden kann in dem Prämienaufwand bis zum Tag der Bezugsfertigkeit oder in dem Unterlassen der Suche nach VSchutz durch einen anderen Vr liegen. Beantragt der VN einen prämienpflichtigen VBeginn vor Bezugsfertigkeit oder verzögert sich später der erwartete Termin, so fehlt aber nicht etwa im Sinn von § 68 Abs. 1 VVG das versicherbare Interesse (Martin VersR 73, 1115).

17   Abweichende Vereinbarungen, insbesondere eine **Streichung des Ausschlusses**, sind möglich, aber selten. Insbesondere wird eine prämienfreie Wohngebäude-RohbauV für Leitungswasser und Sturm nicht gewährt. Angesichts der VMöglichkeit im Zusammenhang mit Bauleistungen (F IV 14) besteht ein Bedürfnis für eine LeitungswasserV vor Bezugsfertigkeit in erster Linie nur für ausnahmsweise vorzeitig eingebrachtes Geschäftsinventar. Immerhin kann dem Vertrag in Grenzfällen eine stillschweigende Streichung durch **Auslegung** entnommen werden. Dafür spricht um so mehr, je länger vor Fertigstellung das Gebäude versichert wird. Ferner ist der Ausschluß z.B. dann stillschweigend abbedungen, wenn der Vr „vorläufige Deckung" zusagt, obwohl er weiß, daß das Gebäude noch nicht bezugsfertig ist; durch eine solche Zusage drückt der Vr aus, er wolle dem Wunsch des VN nach sofortiger V des – noch nicht bezugsfertigen! – Gebäudes entsprechen.

18   Die einmal begründete Bezugsfertigkeit ist im allgemeinen einer „Unterbrechung" begrifflich nicht fähig. Bei **Renovierung** oder **Umbau** eines Gebäudes entfällt die Bezugsfertigkeit nicht, Hamm NJW-RR 89, 93 = VersR 365 = RuS 227. Hätten die AWB 68, AWB 87 und VGB 62 (wegen der VGB 88 vgl. F IV 19) etwas anderes gewollt, so hätten sie Gebäude ausschließen müssen, die nicht „bewohnbar" oder – soweit es sich um Geschäftsgebäude handelt – nicht „gebrauchsfähig" sind; vielleicht hätte es sogar statt „nicht" besser „noch nicht oder nicht mehr" heißen müssen. Das Wort „bezugsfer-

tig" verweist dagegen nach dem maßgebenden (BGH RuS 88, 244 = VerBAV 331 = NJW-RR 1050) Sprachgebrauch des täglichen Lebens auf den erstmaligen Bezug eines Gebäudes. Eine Ausnahme gilt nur, wo ein Umbau das Gebäude so stark verändert, daß es nach dem Umbau als ein anderes Gebäude erscheint, z. B. bei Aufbau eines zusätzlichen Stockwerkes. Letzteres ist aber keineswegs schon immer dann der Fall, wenn durch den Umbau der VWert des Gebäudes steigt. Abgesehen von der erwähnten Ausnahme gelten nur §§ 23 ff. VVG; Umbauarbeiten können, ähnlich wie für die DiebstahlV, N IV 63, so auch für die LeitungswasserV eine **Gefahrerhöhung** darstellen, N V 22, wenn das Erfordernis einer gewissen Dauer erfüllt ist.

Die Kritik am AVB-Wortlaut in F IV 18 gilt nicht für die **VGB 88**, denn   19
dort wird in § 9 Nr. 3 a die Frage erstmals ausdrücklich geregelt. Einem „noch nicht" bezugsfertigen Gebäude wird ein Gebäude gleichgestellt, das **wegen Umbauarbeiten für seinen Zweck „nicht mehr" benutzbar** ist. Die Voraussetzung der Unbenutzbarkeit muß, ebenso wie im umgekehrten Fall gemäß F IV 12 bis 14, für das ganze Gebäude gegeben sein. Umbau einzelner Räume oder Stockwerke oder Gebäudeteile schließt den VSchutz nur aus, wenn über die von den Arbeiten betroffenen Räume hinaus das ganze Gebäude unbenutzbar wird. Diese Voraussetzung wird nur selten gegeben sein; deshalb ist die Verschlechterung des VSchutzes durch § 9 Nr. 3 a VGB 88 gegenüber den VGB 62 sowie gegenüber den AWB 68 und AStB 87 nicht sehr bedeutsam.

„**Umbauarbeiten**" erfordern mehr als nur Reparatur oder Renovierung.   20
Selbst kleinere Änderungen am Gebäude erfüllen im Sinn des maßgebenden (F IV 18) Sprachgebrauchs des täglichen Lebens nicht immer den Tatbestand von „Umbauarbeiten". Werden z. B. nur einige Türstöcke oder auch Wandteile herausgerissen, um einzelne kleinere Räume zu größeren Räumen zu machen, so sind das noch nicht notwendig „Umbauarbeiten". Das gleiche gilt bei Veränderung von Fenster- oder Türöffnungen oder bei Einzug einzelner neuer Wände. Zu diesem Ergebnis führt insbesondere eine AGBG-konforme Auslegung der Bestimmung. Die Frage ist aber nicht sehr bedeutsam, denn bei kleineren Arbeiten wird es ohnehin meist an der zweiten Voraussetzung fehlen, daß nämlich das (ganze) Gebäude für seine (Wohn- oder gewerblichen) Zwecke nicht mehr benutzbar sein darf.

„**Nicht mehr benutzbar**" setzt *mehr* voraus als eine *tatsächliche* Unterbre-   21
chung der Benutzung. Es kommt darauf an, ob bei verständiger Würdigung und bei wirtschaftlicher Betrachtungsweise das Gebäude trotz der Umbauarbeiten benutzbar bleibt oder nicht. Dies ist nach *objektiven* Gesichtspunkten zu beurteilen. Einerseits kann der VN, z. B. weil ihm die Kosten einer tatsächlichen Unterbrechung der Benutzung als untragbar hoch erscheinen, ein objektiv unbenutzbares Gebäude notdürftig gleichwohl benutzen. Andererseits kann ein Gebäude objektiv benutzbar bleiben, obwohl der VN es tatsächlich nicht mehr benutzt, z. B. weil er besonders hohe Anforderungen stellt oder weil er während der fraglichen Zeit ohnehin anderswo hatte wohnen oder seinen Betrieb ohnehin hatte unterbrechen oder verlegen wollen. Unbenutzbarkeit trotz fortgesetzter Benutzung wird aber selten festzustellen sein, denn in solchen Fällen wird es oft schon an den Voraussetzungen gemäß F IV 20 fehlen.

22   Die Regelung ist insofern nicht ganz gelungen, als die Benutzbarkeit insbesondere bei gemischt genutzten Gebäuden auch bei objektiver Betrachtungsweise sehr davon abhängt, um welche **Art von Betrieb** es sich handelt. Für einen Handwerksbetrieb kann z. B. ein Einfamilienhaus während der Umbauphase durchaus benutzbar bleiben, während es für eine Arzt- oder Zahnarztpraxis längst unbenutzbar geworden wäre. Dies führt zu etwas willkürlichen Ergebnissen hinsichtlich des VSchutzes, denn die Schutzbedürftigkeit des Vr vor dem erhöhten Risiko während der Umbauphase korrespondiert nicht mit der „Empfindlichkeit" der Bewohner oder der in dem Gebäude untergebrachten Betriebe.

23   b) Nicht zu den versicherten Sachen gehören nach §§ **2 Nr. 3b AWB 68, 4 Nr. 3b VGB 62** gewerblich genutzte **Kessel-, Maschinen- und elektrische Kraftanlagen,** und zwar sowohl für Schäden durch Leitungswasser wie für Schäden durch Frost. Ein Verstoß gegen §§ 3, 9 AGBG liegt nicht vor, LG München I VersR 89, 1294. Mitversichert sind jedoch Anlagen, die überwiegend der Heizung oder Warmwasserversorgung dienen, und zwar sowohl nach § 2 Nr. 3b AWB 68, wo es in Satz 2 eigens gesagt ist, wie nach den VGB 62, wo § 4 Nr. 2a Vorrang hat. Daher spielt im Ergebnis keine Rolle, daß in den VGB 62 die Worte „gewerblich genutzt" fehlen, E I 103. Schon bisher konnte der Ausschluß durch Kl 506 oder 853 abbedungen werden. In § 2 AWB 87 ist er im Interesse eines einheitlichen VWerts in den gebündelten SachVZweigen überhaupt nicht mehr enthalten, desgleichen nicht in § 9 VGB 88. Zwar beschränkt § 1 Nr. 2 VGB 88 den Einschluß von Zubehör auf Sachen, die der Wohnnutzung dienen; Kessel- und Maschinenanlagen sind aber meist Bestandteile des Gebäudes und daher ohne Rücksicht auf die Art der Nutzung versichert.

24   c) Nach § 2 Nr. 3c AWB 68 unversichert sind Lochkartenanlagen sowie elektronische Datenverarbeitungsanlagen einschließlich der Ein- und Ausgabegeräte und einschließlich (F IV 27) elektronischer Steuerungsanlagen. Der Ausschluß *erschwerte* zwar erheblich die für gebündelte (A II 27) VVerträge wünschenswerte *einheitliche VSumme,* wurde aber mit der hohen Schadenanfälligkeit der gegen Feuchtigkeit besonders empfindlichen Objekte gerechtfertigt. § 2 Nr. 6c AWB 87 enthält dagegen, ebenso wie die AFB 87, AERB 87 und AStB 87 einen Ausschluß nicht mehr für Datenverarbeitungsanlagen, sondern nur noch für Datenträger, dem aber der ausdrückliche Einschluß in die KostenV gemäß § 3 Nr. 4c AWB 87 usw. gegenübersteht, vgl. Q II 55. Kl 510 ermöglichte einen Einschluß der Anlagen auch schon zu den AWB 68, vgl. VerBAV 85, 233 und dazu VP 85, 145. Mit Recht kritisiert hatte den Ausschluß Engels VP 81, 8.

25   Zu den **elektronischen Datenverarbeitungsanlagen** gehören neben der Zentraleinheit und ihrer Peripherie alle Datenerfassungsgeräte (Lochkartenlocher, Lochstreifenlocher, Magnetaufnahmegeräte usw.) und alle Datenübertragungsgeräte (Datenfernverarbeitung, Datenendplätze von Teilnehmersystemen usw.), ferner Buchungs-, Fakturier- und Abrechnungsmaschinen oder -automaten (z.B. „Kleincomputer"), sofern sie maschinenlesbare Datenträger (Lochkarten, Magnetkundenkarten, Magnetbänder, Magnetplatten, Klarschriftbelege usw.) erstellen oder mit ihnen arbeiten. Obwohl § 2 Nr. 3c AWB 68 nicht von „Geräten", sondern von *„Anlagen"* spricht, sind auch

Kleinanlagen unversichert, wenn sie selbständig arbeitsfähig sind. Auch ist es *nicht* nötig, daß die Anlage *betriebsfertig* aufgestellt ist, wenn nur eine solche Aufstellung am VOrt wenigstens vorgesehen ist. Andererseits ist aber eine **SchwachstromanlagenV** nach den AVFE 76 (Bechert 45) von solcher Betriebsfertigkeit abhängig.

Ausgeschlossen sind auch **Teile,** die in eine bestehende Anlage am VOrt   26 demnächst eingebaut werden sollen, oder aus ihr zwecks Reparatur oder dgl. ausgebaut wurden, ferner zukünftige Teile einer am VOrt neu zu installierenden Anlage. **Nicht** von einer Anlage kann man dagegen sprechen, soweit die Geräte als *Produkte, Handelsware* oder *Vermietobjekte* des VN bei ihm gelagert sind, denn solche Geräte sind keine Anlage am VOrt und sollen zu einer solchen Anlage auch nicht werden. Nur wenn die VSumme für Waren des VN so gebildet ist, daß sie die Vorräte an derartigen Geräten offensichtlich nicht einschließen soll, liegt darin eine einzelvertragliche Ausdehnung des Ausschlusses.

Elektronische Steuerungsanlagen sind nicht schlechthin, sondern nur als –   27 gegenwärtige oder zukünftig noch einzubauende – *Teile* einer Datenverarbeitungsanlage ausgeschlossen. So sind die Worte „mit den" in § 2 Nr. 3 c AWB 68 zu verstehen, mag auch in einem sehr weiten Sinn des Wortes der Begriff der Datenverarbeitungsanlage jede Steuerungsanlage umfassen, vgl. die ähnliche Argumentation bei Engels VP 78 199, und PM 23. Aufl. nach §§ 81 ff. Anm. B 1 zu § 2 Nr. 4 b FBUB.

3. Im Gegensatz zu den Ausschlüssen versicherter Sachen gemäß F IV 6 bis   28 27) handelt es sich um **Gefahrenausschlüsse,** wo gewisse Schäden im Hinblick auf eine mitwirkende andere Ursache ausgeschlossen sind, obwohl der Schaden durch ausgetretenes Leitungswasser oder in Form eines versicherten Bruches gemäß E I 78 an versicherten Sachen eingetreten ist. Wegen § 1 Nr. 4 e AWB 68, 1 Nr. 5 g AWB 87, 3 Nr. C 4 d VHB 74, 4 Nr. 3 g VGB 62, 9 Nr. 3 b VGB 88 (Ausschluß von Brand usw.) vgl. F I 16 bis 28.

a) **Erd(ein)senkung und Erdrutsch** sind durch §§ **1 Nr. 4 c AWB 68, 1 Nr. 5 f**   29 **AWB 87, 4 Nr. 3 c VGB 62, 9 Nr. 4 d VGB 88** ausgeschlossen, und zwar sowohl für Schäden durch ausgetretenes Wasser wie für Bruchschäden. Nur die VHB 74 und die VHB 84 enthalten keinen Ausschluß, so daß bei Wasseraustritt durch Erdbewegungen zwar nicht der Wohngebäudeschaden, wohl aber der Hausratschaden zu ersetzen ist. Ausgeschlossen ist jede Form der **Bewegung** größerer Teile **von Grund und Boden** innerhalb wie außerhalb des VOrts und des Grundstücks, auf dem der VOrt liegt. Das Nebeneinander der Worte Erd(ein)senkung und Erdrutsch sollen zeigen, daß **langsame und schnelle Bewegungen** gleichermaßen gemeint sind. Unter Berufung auf BGH VersR 56, 790 (zu „Erdrutschung" gemäß § 4 Nr. I 5 AHB) und Krause VW 62, 470 (zu Erdeinsenkung) verlangt Düsseldorf VerBAV 85, 286, daß nicht nur kleine Bodenteilchen nach und nach, sondern „ganze" **Teilflächen gleichzeitig** in Bewegung geraten, und zwar bei Erdrutsch an der Oberfläche und bei Erdeinsenkung (zunächst) unterirdisch.

Unterspülungen durch austretendes Leitungswasser (F IV 27 bis 29) fallen   30 dann schon begrifflich nicht unter den Ausschluß, ohne daß es auf die Problematik des Zusammenwirkens eingeschlossener und ausgeschlossener Ursachen ankommt. Man wird dem zustimmen müssen. Allerdings können dann auch „allmähliche" Abspülungen durch Niederschlagswasser nicht mehr als Erdrutsch gelten.

31　　Die *Ursache* der ausgeschlossenen Erdbewegung ist *unerheblich*. Es kann sich z.B. um Hangrutsche auf Grund der vorgegebenen Geländebeschaffenheit oder um Bergbau-, Tunnel- oder sonstige Bauarbeiten in der Umgebung handeln. *Problematisch* ist (PM § 49 Anm. 4 Bb) nach den AWB 68 und VGB 62 der Sonderfall, daß nicht der Leitungswasseraustritt auf einer Erdbewegung, sondern umgekehrt die *Erdbewegungen* und der dadurch verursachte Gebäudeschaden (Risse im Mauerwerk) *auf ausgetretenem Leitungswasser beruhen*. LG Stuttgart VersR 80, 139 hat einen Umkehrschluß aus der ausdrücklichen Regelung für Brand infolge von Leitungswasseraustritt (F I 23) abgelehnt und den Ausschluß angewendet.

32　　Dies ist auf Kritik gestoßen (Düsseldorf VerBAV 85, 286 = VersR 1035; Bechert 43; Engels VP 81, 9), weil **Gebäudeschäden durch Unterspülungen** oder durch Druck des im Erdreich aufgestauten Wassers auf die Außenmauern eine geradezu typische Gefahr der LeitungswasserV von Gebäuden seien und den Ausschlüssen ganz allgemein nur im Rahmen ihres jeweiligen wirtschaftlichen Zwecks Vorrang gebühre, vgl. BGHZ 65, 142 zum Morphiumausschluß in der KrankenV. Bejaht man entgegen LG Stuttgart aaO den VSchutz für Unterschülungsschäden lediglich deshalb, weil der eingeschlossenen Ursache hier Vorrang gebühre, so müßte den VN die *Beweislast* treffen, wenn unklar ist, ob die Erdbewegung den Leitungswasseraustritt oder umgekehrt nur der Leitungswasseraustritt die Erdbewegung verursacht hat.

33　　In diesem Sinn – eingeschränkter Ausschluß, aber Beweislast des VN für die Voraussetzungen der Einschränkung – regeln §§ 1 **Nr. 5 f AWB 87, 9 Nr. 4 d VGB 88** die Frage jetzt ausdrücklich. Noch weitergehend verneint freilich Düsseldorf aaO Erdrutsch und Erdeinsenkung schon begrifflich, wenn lediglich die Erdschicht unter einem Gebäudefundament weggeschwemmt wird, vgl. F IV 30).

34　　b) §§ 1, **Nr. 4 b AWB 68, 1 Nr. 5 d AWB 87, 3 Nr. C 4 a VHB 74, 9 Nr. 4 b VHB 84, 4 Nr. 3 d VGB 62, 9 Nr. 4 b VGB 88** schließen Schäden durch **Grundwasser, stehendes oder fließendes Gewässer, Hochwasser oder Witterungsniederschläge** „und den durch sie verursachten **Rückstau**" aus. So sind die AWB 68, VHB 74 und VGB 88 formuliert; wegen des etwas abweichenden Textes der VHB 84, AWB 87 und VGB 88 vgl. F IV 36. Die ausgeschlossenen Arten von Wasser kommen in aller Regel nicht aus Leitungen; schon deshalb sind Schäden durch sie nicht gedeckt. Der Ausschluß hat also konstitutive Bedeutung nur für Fälle, in denen solches Wasser oder ein damit zusammenhängender Rückstau ausnahmsweise durch technische Fehler und Mängel aller Art in Einrichtungen im Sinn von E I 24 bis 53 gerät (Düsseldorf VersR 89, 800).

35　　Als Schadenursache ausgeschlossen ist insbesondere Rückstau nach starken Niederschlägen, sei es mit oder ohne Schaden an einem Rückstauventil (Bechert 34). Daß das zurückgestaute Wasser dann nicht ausschließlich aus Niederschlagswasser zusammengesetzt, sondern mit Leitungswasser vermischt ist, spielt rechtlich keine Rolle. Auch ist unerheblich, ob noch sonstige Ursachen zu dem Schaden beigetragen haben, z.B. Versandung der gemeindlichen

Abwasserleitung, AG München VersR 84, 633. *Nicht* etwa nur *„ausgetretenes Niederschlagswasser"*, sondern schlechthin „Niederschlagswasser" ist ausgeschlossen, soweit es den Schaden adäquat (mit-)verursacht hat. Trotzdem gilt der Ausschluß entgegen F IV 22 der 2. Aufl. nicht, wenn durch von außen eindringendes Niederschlagswasser ein Rohr korrodiert, bricht und Leitungswasser austreten läßt; der Ausschluß gilt nämlich **nicht für die Rohrbruch**V, vgl. F IV 2 bis 4.

Rückstau entsteht zwar am häufigsten nach starken Niederschlägen. Für den 36 Ausschluß genügt aber auch die *Beteiligung* einer der anderen aufgezählten Wasserarten an dem Rückstau, mag dies durch das Wort „sie" auch nicht ganz korrekt ausgedrückt sein. Klarer sind die Worte „in diesen Fällen" in den VHB 84 und „durch diese Ursachen" in den AWB 87 sowie in den VGB 88. Nur wenn der Rückstau *ausschließlich* auf Wasser zurückzuführen ist, das in dem Ausschluß *nicht* genannt ist, greift der Ausschluß nicht durch, also z. B. nicht bei Verstopfung der Abwasserleitung. Wegen der Anforderungen an die Entkräftung des Anscheinsbeweises für den Ausschlußtatbestand (PM § 49 Anm. 3 c) bei Schadeneintritt während starker Niederschläge vgl. LG Bamberg VersR 84, 49. Im Fall Karlsruhe ZfS 88, 58 wurde in die Gebäudeabwasserleitung auch Niederschlagswasser aus Regenfallrohren eingeleitet. Der Querschnitt der Abwasserleitung war durch Verstopfung stark verengt. Daher war nach einem Fäkalienwasseraustritt während starker Witterungsniederschläge die Beteiligung von Niederschlagswasser als bewiesen anzusehen.

c) **Plansch- und Reinigungswasser** schließen §§ 1 Nr. 4a AWB 68, 1 Nr. 5b 37 AWB 87, 3 Nr. C 4b VHB 74, 9 Nr. 4a VHB 84, 4 Nr. 3e VGB 62, 9 Nr. 4a VGB 88 als Schadenursachen aus, und zwar (F IV 2 bis 4) nur für Schäden durch Leitungswasseraustritt. **Gedeckt** ist daher z. B. ein **Rohrbruch** durch Korrosion, die darauf beruht hatte, daß jahrelang Plansch- und Reinigungswasser durch die Kachelfugen in den Fußboden eingedrungen war.

Beide Ausschlüsse sind sehr eng auszulegen, nämlich so, als lauteten sie „Schäden durch **Gebrauch** von Wasser zum Planschen oder Reinigen". Auch Bechert 35 versteht den Ausschluß so, wie die von ihm gebildeten Beispiele zeigen. Wird also eine Einrichtung gemäß E I 43 bis 49 leck und beruht dies nicht auf einem Vorgang des Planschens oder Reinigens, so besteht gegen das austretende Wasser VSchutz auch dann, wenn es zum Reinigen oder Planschen bestimmt oder bereits verwendet war. Wenn Hasselmann VW 68, 1418 den Ausschluß als nur deklaratorisch bezeichnet, so trifft dies nur auf Reinigungswasser (F IV 40) zu, denn wenn eine Badewanne oder ein Waschbecken überschwappt, so war das Wasser zwar aus dem Hahn, ist aber nicht aus der Badewanne bestimmungsgemäß (E I 54) ausgetreten. Dagegen kommt Wasser aus beweglichen Behältern (Eimer, Schüsseln) schon nicht aus einer versicherten Quelle, E I 39, so daß der Ausschluß hier nur deklaratorisch wirkt, vgl. den Fall des umgestoßenen Putzeimers (Bechert 35), wobei es nicht darauf ankommt, ob der Schaden vor oder nach Beginn der Reinigungsarbeit eintritt, also das Wasser noch sauber war.

Unter **Planschen** ist das Bewegen von Wasser unmittelbar durch menschliches Tun zu verstehen. Wasser in einem Aquarium ist z. B. kein Planschwasser. Versehentliches (aber nicht grob fahrlässiges) Umstoßen oder Umschütten eines Aquariums an seinem festen Standplatz ist nach Maßgabe von E I 35 ersatzpflichtig. Desgleichen handelt es sich nicht um Planschwasser, wenn die Wasserbewegung durch andere Energien als solche des menschlichen Körpers erzeugt wird, insbesondere durch technische Vorgänge aller Art.

40   Unter **Reinigung** ist das Auftreffen von Wasser auf zu reinigende Gegenstände zu verstehen. Wo Gegenstände in Wasser zu Reinigungszwecken bewegt werden, handelt es sich dagegen nicht um Reinigungswasser, denn nicht der Schmutzgehalt, sondern die Art des Gebrauchs des Wassers entscheidet. Tritt Wasser infolge eines Defektes aus einer laufenden Waschmaschine aus, so gilt der Ausschluß nicht (Knoerrich-Dreger VerBAV **66**, 180). Versteht man das Wort „Reinigung" so eng, so wirkt der Ausschluß teilweise nur *deklaratorisch*, denn Wasser, das auf Gegenstände auftreffen soll, tritt nach dem Wortlaut der AVB schon nicht bestimmungswidrig aus, falls eine dazu berechtigte Person im Sinn von E I 55 und 56 tätig war, vielleicht nicht einmal dann, wenn das Wasser im Sinn von E I 59 in eine falsche Richtung gelenkt wird.

41   d) §§ 1 Nr. 4 a AWB 68, 1 Nr. 5 c AWB 87, 3 Nr. C 4 b VHB 74, 4 Nr. 3 e VGB 62 schließen Schäden durch Wasser aus **Sprinkler- und Berieselungsanlagen** aus. Während aber die VHB 74 und die VGB 62 von Berieselungsanlagen schlechthin sprechen, schließen die AWB 87 nur Wasser aus (AWB 68: „offenen") Düsen von Berieselungsanlagen aus. Nach den AWB 68 und den AWB 87 wird gehaftet, wenn das Wasser aus anderen Stellen der Anlage als durch offene Düsen austritt. Einen ähnlichen Unterschied für Sprinkler gibt es nicht. Unklar zu diesen Ausschlüssen Engels VP **81**, 9. Der Ausschluß gilt nicht nur für Sprinkler innerhalb desselben Gebäudes, sondern z. B. auch für Sprinkler in einer Passage, an welcher die als VOrt vereinbarten Betriebsräume liegen, Köln RuS **86**, 44; für Sprinkler ohne einen durch die räumlichen Verhältnisse oder die Zweckbestimmung begründeten Zusammenhang bleibt die Frage in Köln aaO offen.

42   § 9 Nr. 4 VHB 84 enthält einen Ausschluß überhaupt nicht mehr. Da Sprinkler- und Berieselungsanlagen begrifflich Anlagen der Wasserversorgung sind, besteht VSchutz, E I 53. Die ausdrückliche Erwähnung dieser Anlagen in § 6 Nr. 1 d VGB 88 hat nur deklaratorische Bedeutung. Der Formulierungsfortschritt liegt in der Ausschlußbestimmung des § 9 **Nr. 4 c VGB 88**, weil dort – überwiegend deklaratorisch – die Fälle des **nicht bestimmungswidrigen** und daher unversicherten **Wasseraustritts** zusammengefaßt sind. Die Bestimmung läßt Schlüsse auf den Begriff der Bestimmungswidrigkeit ganz allgemein zu, E I 53. Auch zu den AWB 68, AWB 87 und VGB 62 gab und gibt es Einschlußmöglichkeiten, nämlich durch Kl 501, 5101 und 848.

43   Sollen ausschließlich Schäden durch Wasseraustritt aus Sprinkler- und Berieselungsanlagen gedeckt werden, also ohne LeitungswasserV nach den AWB 68 usw., so geschieht dies durch Verträge nach den **AWSB**, also durch eine sog. **Sprinklerleckage**V, A III 17. – Text der AWSB: VerBAV **73**, 237 und **84**, 389 sowie Texte 21 der 2. Aufl. Erläuterungen: Engels VP **73**, 196. Nach § 2 Satz 2 AWSB soll die V erst „beginnen", wenn *Prüfung und Mängelfreiheit des Sprinklers* dem Vr schriftlich nachgewiesen worden sind. Es handelt sich also dem Wortlaut nach um eine zusätzliche Voraussetzung des materiel-

len VBeginns, ähnlich wie in der DiebstahlV nach den AEB, wenn nach ED-Kl 10 der Einbau zusätzlicher Sicherungen vereinbart wurde, F III 2. Der Sache nach handelt es sich aber um eine *(verhüllte) Obliegenheit*, weshalb es zu den AERB keine vergleichbare Klausel mehr gibt, sondern „Sicherheitsvorschriften" gemäß § 6 Nr. 1 a AERB vereinbart werden, vgl. K II 15, Ollick VerBAV 81, 42, Karlsruhe VersR 79, 925. Auch die in E II 42 genannten Klauseln sind bereits korrekt formuliert. § 2 AWSB sollte noch geändert werden.

e) §§ 1 Nr. 4 d AWB 68, 1 Nr. 5 e AWB 87, 3 Nr. C 4 c VHB 74, 9 Nr. 4 c VHB **44** 84, 4 Nr. 3 f VGB 62, 9 Nr. 4 e VGB 88 schließen Schäden durch **Schwamm** aus, insbesondere an Gebäuden. Bei **sofort entdecktem Leitungswasseraustritt** sind schon nach allgemeinen Grundsätzen (R III 18 und 30 sowie z. B. E I 119) nur *schadenbedingte* Kosten voll zu ersetzen, jedenfalls wenn die Schwammsanierung unaufschiebbar war. Erleidet ein mit Schwamm behaftetes Gebäude einen Durchnässungsschaden und beseitigen oder vermindern die Reparaturarbeiten nach dem Schaden zugleich den Schwammfall, so sind voll nur die durch den Leitungswasseraustritt verursachen *Mehrkosen* zu ersetzen, sog. Mehrzweckkosten dagegen schon nach jenen allgemeinen Grundsätzen nur anteilig. Nur für diesen anteiligen Ersatz der Mehrzweckkosten stellt sich also auch bei sofort entdecktem Leitungswasseraustritt die im Folgenden behandelte Frage nach der konstitutiven Bedeutung des Ausschlusses.

Ein **nicht sofort entdeckter Leitungswasseraustritt** kann einen vorhandenen **45** Schwammbefall vergrößern. Zwar führt Leitungswasser zu Schwamm nie für sich allein, sondern immer nur in Verbindung mit Pilzspuren, die bereits vorhanden sein müssen. Es fragt sich aber, ob der Ausschluß von Schwamm *konstitutive Bedeutung* wenigstens für diejenigen Kosten hat, die ausschließlich oder als sog. Mehrzweckkosten wenigstens anteilig auf die Beseitigung des durch das unbemerkt ausgetretene Leitungswasser *vergrößerten Schwammbefalls* entfallen. Bechert 72 bejaht die Frage. Für Verneinung spricht freilich der in F I 23 erörterte Umkehrschluß, denn der Schwammausschluß enthält im Gegensatz zu dem Ausschluß von Brand nicht den Zusatz „auch dann nicht, wenn der Schwammbefall durch Leitungswasser verursacht oder vergrößert wurde". Knoerrich-Dreger VerBAV 62, 195 zweifeln und plädieren für „entgegenkommende Regulierung".

Wenn Bechert aaO meint, der Schwammausschluß dürfe nicht jeglicher **46** konstitutiven Bedeutung entkleidet werden, so übersieht er, daß es auch sonst in der LeitungswasserV und darüber hinaus rein deklaratorische Ausschlüsse gibt. Außerdem wurde früher (Brockmann VersR 53, 267, Vassel ZfV 53, 35, Knodel VW 54, 62) und wird auch jetzt nicht immer klar erkannt, daß Kosten, mit deren Hilfe Folgen sowohl eines VFalls wie auch einer sonstigen, wertmindernden Reparaturbedürftigkeit beseitigt werden, nicht schadenbedingt (R III 18) und allenfalls anteilig (R III 30) zu entschädigen sind. Es ist daher nicht von vornherein auszuschließen, daß nur jener allgemeine Grundsatz in der LeitungswasserV für schwammbefallene Gebäude durch einen lediglich deklaratorischen Ausschluß besonders hervorgehoben werden sollte.

Andererseits wird der in F I 23 angedeutete Umkehrschluß auch sonst **47** nicht konsequent gezogen und durchgeführt, vgl. das Beispiel in F IV 32.

Wenn nicht für die nachgewiesenen Mehrkosten infolge nachweisbar verstärkten Schwammbefalls durch den Leitungswasseraustritt, so doch mindestens gegenüber der Möglichkeit eines anteiligen Ersatzes von **Mehrzweckkosten** wird man den *Ausschluß* als *konstitutiv* behandeln müssen. Entgegen R III 30 werden Mehrzweckkosten hier also weder voll noch anteilig, sondern *überhaupt nicht* ersetzt.

48   f) **Wasserdampf** wird in §§ 1 Nr. 4a AWB 68, 1 Nr. 5a AWB 87 ausgeschlossen, während §§ 3 Nr. C 1 VHB 74, 7 Nr. 3 VHB 84, 4 Nr. 1 VGB 62, 6 Nr. 2 VGB 88 den Dampf ausdrücklich dem Leitungswasser gleichstellen. Jedenfalls bei dem Einschluß und wohl auch bei dem Ausschluß ist nur der Aggregatzustand im Zeitpunkt des Austritts gemeint, vgl. näher E I 14 und 15. Motiv des Ausschlusses von der V für industrielle und sonstige gewerbliche Risiken ist die erhöhte Gefahr, die der Vr zu tragen hätte, wenn Schäden durch bestimmungswidrigen Austritt gewerblich genutzten Dampfes ohne **Einzelfallvereinbarung** zu entschädigen wären. Der Vr wird auf den Ausschluß bei Antragsaufnahme hinweisen müssen, wenn erkennbar wird, daß der Antragsteller sich des Problems nicht bewußt ist.

V. Ausschlüsse in der Sturm- und Hagelversicherung

1   1. **Überblick:** Auch in der SturmV arbeiten die AVB mit Ausschlüssen. Ähnlich wie in der Leitungswasser V (F V 1) wären genau besehen hier nur die Gefahrenausschlüsse (F V 17 bis 26) zu behandeln. Aus Gründen des Sachzusammenhangs werden jedoch vorab (F V 2 bis 16) die speziell für die SturmV geltenden Ausschlüsse von versicherten Sachen erörtert. Zu § 3 Nr. D 3 VHB 74 und Kl 816, also zum Aus- oder Einschluß bestimmter außen angebrachter Sachen in die SturmV des Hausrats nach den VHB 74 vgl. H IV 8 der 1. Aufl., sowie (unklar) AG Augsburg ZfS 85, 185, zu deren Einschluß durch die VHB 84 vgl. H IV 57.

2   2. Unter den Ausschlüssen versicherter Sachen ist der wichtigste der **Ausschluß nicht bezugsfertiger Gebäude** durch §§ 2 Nr. 3 AStB 68, 2 Nr. 2 Abs. 2 AStB 87, 5 Nr. 5a VGB 62, 9 Nr. 3a VGB 88. Die AStB 68 und die AStB 87 erstrecken den Ausschluß auch auf **bewegliche Sachen** innerhalb eines nicht bezugsfertigen Gebäudes, während die VHB 74 und die VHB 84 für Hausrat einen solchen Ausschluß nicht kennen, sondern sich mit §§ 16ff., 23ff. VVG begnügen.

3   a) In der GebäudeV bewirkt der **Ausschluß nicht bezugsfertiger Gebäude**, wenn nur ein einziges (eben das nicht bezugsfertige) Gebäude versichert ist, daß VSchutz zeitweilig überhaupt nicht besteht. Vgl. hierzu die Erläuterungen in F IV 9 bis 11 zur LeitungswasserV, ebenso zu der Möglichkeit eines Einschlusses in die *Bauleistungs V* (F IV 8) sowie zur Frage der Vereinbarkeit des Ausschlusses mit § 9 AGBG, und zwar allgemein F IV 5 sowie speziell für Teile von Geschäftsgebäuden und Mehrfamilienhäusern F IV 7.

4   *Motiv* des Ausschlusses ist auch in der SturmV die erhöhte Gefahrenlage vor Bezugsfertigkeit. Anders als in der LeitungswasserV (F IV 9) spielen aber

für die Gefahrenlage der völlige Abschluß des Innenausbaus sowie Installation und Betrieb der Heizung eine geringere Rolle als der Zustand der „Außenhaut" des Gebäudes. Nicht bezugsfertig ist daher ein Gebäude für die SturmV jedenfalls, solange die Außenwand, das Dach oder die Tür- und Fensteröffnungen nicht restlos geschlossen sind oder solange noch ein Baugerüst steht, denn letzteres beeinflußt Richtung und Stärke der Luftströmungen bei Sturm und gefährdet das Gebäude durch herabstürzende Teile. Mindestens ist diese von den AWB 68 und AWB 87 abweichende Auslegung für die AStB 68 und AStB 87 gerechtfertigt. Aber auch im Verhältnis zwischen § 4 VGB 62 – § 5 VGB 62, ja sogar innerhalb von § 9 Nr. 3 a VGB 88 sprechen die besseren Gründe für eine unterschiedliche Auslegung der Worte „nicht bezugsfertig" im Rahmen der Leitungswasser- und im Rahmen der SturmV, vgl. schon F IV 8.

Schlüsselfertigkeit der einzigen oder gar sämtlicher der mehreren Wohnun- 5 gen kann in der SturmV *nicht* immer verlangt werden (Mohr 40), denn die Schlüsselfertigkeit ist für das Sturmrisiko bedeutungslos. Es ist dies ein weiteres Beispiel für den in F V 4 erörterten Auslegungsunterschied gegenüber der LeitungswasserV.

Ein nachträglicher **Wegfall** des einmal erreichten Stadiums **der Bezugsfertig-** 6 **keit** ist nach den AStB 68, AStB 87 und VGB 62 auch in der SturmV **nicht** möglich, vgl. Köln VersR 74, 990; zur Frage der Gefahrerhöhung vgl. F IV 18 zum Ausschluß wegen Umbauarbeiten durch § 9 Nr. 3 a VGB 88 vgl. F IV 19 bis 22. Anders ist die Rechtslage nur, wenn ein Gebäude so weitgehend umgebaut wird, daß es nachher als neues Gebäude erscheint; der VSchutz beginnt dann erst wieder mit erstmaliger Bezugsfertigkeit des neuen Gebäudes, F IV 18. Wird bei einem Neubau das Stadium der Bezugsfertigkeit ausnahmsweise erreicht, *bevor* der *Außenputz* angebracht ist, weil nämlich der Außenputz auf unbestimmte Zeit zurückgestellt und deshalb das Baugerüst zunächst entfernt wurde, so entfällt der VSchutz nicht nachträglich wieder dadurch, daß das Gerüst später nochmals angebracht wird, um den Außenputz nachzuholen.

b) Nach §§ 2 Nr. 2 AStB 68, 2 Nr. 1 AStB 87, 2 VGB 68 sind **Gebäude** 7 grundsätzlich **mit allen Bestandteilen,** aber **ohne Zubehör** versichert. Davon gibt es jedoch einige Ausnahmen. Insbesondere sind **gewisse Glasbestandteile,** nämlich Laden- und Schaufensterscheiben, künstlerisch bearbeitete Scheiben, Kirchenfenster und Glasscheiben von mehr als 3 qm Einzelgröße, nach §§ 2 Nr. 3 a AStB 68, 5 Nr. 3 a VGB 62 aus der GebäudeV gegen Sturmschäden **ausgeschlossen.** § 2 Nr. 2 a AStB 87 erweitert den Ausschluß auf Mehrscheibenisolierverglasungen, Glasbausteine, Profilbaugläser und Dachverglasungen. Die Grenze von 3 qm Einzelgröße nach den AStB 87 wurde auf 4 qm angehoben; sie gilt aber nicht mehr nur für alle Glas-, sondern auch für alle Kunststoffscheiben. Die Ausschlüsse jeweils auch auf die Rahmen und Profile aller genannten Verglasungen und Scheiben.

Für Fälle, in denen der VN eine GlasV nach den AGlB nicht abgeschlossen 8 hat, erwähnen die in F V 7 zitierten AVB die Möglichkeit der MitV in der GebäudesturmV. Die MitV wird dem VN in Form einer schriftlichen Antragsfrage angeboten, vgl. 2. Aufl. Texte 38 und 45. Gegebenenfalls wird für diese **Glasbestandteile** eine **gesonderte Position** mit gesonderter VSumme gebildet, denn das Wertverhältnis zwischen dem Gebäude und den Glasbestandteilen schwankt so stark, daß ein Prämienzuschlag auf die Gebäudeposition versicherungstechnisch nicht sinnvoll ist. Für die Glasposition wird der *Selbstbehalt* von 200 DM nach §§ 4 Nr. 3 AStB 68, 12 Nr. 2 AStB 87 und von 80 DM nach § 5 Nr. 4 VGB 62 (T I 6) meist durch **Kl** 603, 855 *ausgeschlossen.*

9   c) Bei „**an der Außenseite des Gebäudes angebrachten Sachen**" ist oft zweifelhaft, ob sie Bestandteil oder Zubehör sind. **§§ 2 Nr. 3 b AStB 68, 5 Nr. 3 b VGB 62** beugen Meinungsverschiedenheiten vor, indem diese Sachen aus der GebäudeV gegen Sturmschäden grundsätzlich *ausgeschlossen* werden. Der Ausschluß gilt aber seinem Zweck entsprechend *nicht* für wesentliche Bestandteile, ohne die das Gebäude nach der Verkehrsansicht unfertig wäre, z. B. nicht für Regenfallrohre. Außerdem wird auch hier Einschlußmöglichkeit ausdrücklich vorbehalten, und zwar ebenfalls als gesonderte Position und unter Wegfall des Selbstbehalts.

10   Während **Kl 601 Nr. 1** bei *Geschäftsgebäuden* meist (2. Aufl. Texte 38) nur gegen *Mehrprämie* vereinbart wurde, findet sich **Kl 854** bei **Wohngebäuden** (H II 16) oft als **Standardklausel** ohne Mehrprämie in den Verträgen, allerdings meist nur bis zu einer Entschädigungsgrenze (U I 9) von 1000 DM. Beide Klauseln beschränken die Notwendigkeit eines ausdrücklichen Einschlusses auf *bestimmte Arten* von außen angebrachten Sachen, nämlich auf Antennenanlagen, Markisen, Leuchtröhrenanlagen, Schilder und Transparente, Überdachungen, Schutz- und Trennwände. Alle *übrigen* an der Außenseite des Gebäudes angebrachten Sachen (z. B. Blumenkästen, Vogelfutterhäuser, vgl. auch F V 14) sind stets mitversichert, und zwar als Teil der Gebäudeposition und ohne Wegfall des Selbstbehalts. – Wegen § 3 Nr. D 3 VHB 74 und Kl 816 zur SturmV des Hausrats vgl. F V 1.

11   **§ 2 Nr. 2 b AStB 87** übernimmt den F V 10 wiedergegebenen Inhalt von Kl 601 Nr. 1 in den AVB-Text, schränkt also den Ausschluß gegenüber den AStB 68 ein. Auch § 2 Nr. 2 b AStB 87 macht aber für den Einschluß der Antennenanlagen usw. ausdrücklich eine besondere Vereinbarung notwendig. Nur die nicht besonders genannten Arten von außen angebrachten Sachen sind nach den AStB 87 stets mitversichert. – Wegen § 1 Nr. 1 bis 3 VGB 88 vgl. F V 16.

12   d) **Elektrische Freileitungen** mit Ständern und Masten sowie **Einfriedungen** (Zäune usw.) können nach § 2 Nr. 2 c AStB 87 sowie Kl 601 und 854 mitversichert werden, obwohl sie nicht an der Außenseite des Gebäudes angebracht, sondern nur Grundstücksbestandteile sind; VWert: § 5 Nr. 5 AStB 87. Selbstverständlich wird Schutz für diese Sachen nur vereinbart, soweit sie sich auf oder über dem „VGrundstück" (G III 27) befinden, in dem der VOrt liegt; wegen der Vertragspraxis vgl. im übrigen F V 10.

13   e) **Gebäudezubehör** ist nach den AStB 68, AStB 87 und VGB 62 mit dem Gebäude nur versichert, soweit es zu den ausdrücklich eingeschlossenen an der Außenseite des Gebäudes angebrachten Sachen gehört oder soweit der Vertrag sonst einen Einschluß vorsieht. So wurde z. B. in der WohngebäudeV nach den VGB 62 gelegentlich (2. Aufl. Texte 45) mitversichert „Zubehör, soweit es sich **im Gebäude** befindet und seiner Instandhaltung oder der ge-

meinschaftlichen Benutzung zu Wohnzwecken dient (z. B. Gemeinschaftsma-
schinen, Brennstoffe für Sammelheizung)". Diese Formulierung betrifft vor
allem *Mehrfamilienhäuser,* und zwar auch für die Feuer- und LeitungswasserV. Bei *Einfamilienhäusern* genügt regelmäßig die HausratV, denn Gebäudezubehör ist hier meist zugleich Hausrat des Eigentümers oder Mieters, der
das Haus bewohnt. Das Wort „gemeinschaftlich" in dem zitierten Text nimmt
Gebäude aus, in denen nur eine Person oder zwar mehrere Personen, aber in
häuslicher Gemeinschaft leben. In § 1 Nr. 2 VGB 88 fehlt dieser Zusatz, was
häufig zu DoppelV mit der HausratV führt, vgl. F V 16. Bei *Geschäftsgebäuden* kann Zubehör entweder als *besondere Position* gemäß §§ 2 Nr. 1 Satz 1
AFB 39, AWB 68, AStB 68 mit dem Gebäude (Formulierungsbeispiel in
2. Aufl. Texte 38: „Zubehör, das der Instandhaltung dient") oder zusammen
mit dem sonstigen Inventar („Betriebseinrichtung") versichert werden.

Auch Zubehör **außerhalb des Gebäudes** (Fahnenstangen, Hundehütten usw.) 14
ist mit dem Gebäude nur versichert, wenn dies vereinbart ist; vgl. aber auch H
II 3 und 4 wegen nur vorübergehend abgetrennter Gebäudebestandteile. Dies
gilt auch für mehr oder weniger feste Mauern (Wind- oder Regenschutz,
gemauerte Behälter für Mülltonnen), die nicht mit dem Gebäude verbunden,
sondern als *Grundstücksbestandteil* im Garten oder auf der Terrasse errichtet
sind. Ist die Terrasse allerdings unterkellert, so können auf ihr errichtete
Mauern, ähnlich wie Aufbauten auf Dächern, im Einzelfall Gebäudebestandteile sein. Soweit (andernfalls: stets mitversichert) es sich bei solchen Bestandteilen begrifflich um „an der Außenseite des Gebäudes angebrachte Sachen"
handelt, sind Kl 601 und 854 sowie die in F V 10 geschilderte Vertragspraxis
oder § 2 Nr. 2b AStB 87 (F V 11) maßgebend. Das gleiche gilt bei Mauern
außerhalb des Gebäudes, die als Einfriedungen (F V 12) im Sinn jener Klauseln
dienen.

f) Die VGB 88 enthalten eine Sonderregelung der versicherten Sachen für das 15
Sturmrisiko nur noch mit Bezug auf **Laden- und Schaufensterscheiben.** Diese
werden durch **§ 9 Nr. 6d VGB 88** von der Sturmdeckung ausgenommen. Eine
MitVMöglichkeit ist nicht vorgesehen, weil es sich um gewerblich genutzte
Gegenstände handelt. Es besteht nur die Möglichkeit eines Vertrages nach den
AGlB.

Für „außen angebrachte Sachen" seien sie nun Bestandteile oder seien sie 16
Zubehör, oder für sonstiges Zubehör enthalten die VGB 88 keine Sonderregelung für das Sturmrisiko mehr. Der **Einschluß von Zubehör** durch § 1 Nr. 2
VGB 88 gilt einheitlich für alle Risiken, also für Feuer, Leitungswasser und
Sturm. Zubehör ist mitversichert, soweit es der Instandhaltung des Gebäudes
oder dessen Nutzung zu Wohnzwecken dient, und wenn es außerdem entwe-
der sich innerhalb des Gebäudes befindet oder außen an diesem angebracht ist.
Eine Ausnahme für Zubehör, das zugleich Hausrat darstellt, ist nicht vorgese-
hen, so daß häufig DoppelV mit einer HausratV entstehen wird, besonders bei
Einfamilienhäusern. In den VGB 88 wird nämlich abweichend von den in F
V 14 zitierten Vertragstexten zu den VGB 62 nur Nutzung zu Wohnzwecken
schlechthin verlangt, nicht dagegen speziell gemeinschaftliche Nutzung. Zum
Einschluß von Zubehör durch § 1 Nr. 2 und Nr. 3 VGB 88 vgl. im übrigen H
II 15, 23 und 33.

17 3. Unter den **Gefahrausschlüssen** nennen §§ 1 Nr. 4a AStB 68, 1 Nr. 4a und 4b AStB 87, 3 Nr. D 4a VHB 74, 9 Nr. 5a und 5b VHB 84, 5 Nr. 5b VGB 62, 9 Nr. 6a und 6b VGB 88 zunächst **Sturmflut und Lawinen.** Entgegen Mohr 38 hat der Ausschluß schon deshalb konstitutive Wirkung, weil Wasser des Meeres sowie Schnee bei richtiger Auslegung des Begriffes „Gegenstand" (E II 37) durchaus durch Sturm auf versicherte Sachen „geworfen" werden, diese beschädigen und so einen VFall gemäß E II 32 verursachen können, vgl. dazu auch F V 24. Der Ausschluß wirkt auch dann, wenn Sturmflut oder Lawinen nur mitwirkende Ursachen sind (vgl. PM § 49 Anm. 4B und z.B. F I 22), wenn also das auftreffende Wasser oder der auftreffende Schnee nur deshalb zum Schaden führt, weil auch der Sturm unmittelbar einwirkt oder eingewirkt hat oder weil auch andere Gegenstände auf die versicherten Sachen geworfen werden oder weil endlich ein zuvor durch den Sturm eingetretener Gebäudeschaden das Eindringen des Sturmflutwassers oder des Lawinenschnees ermöglicht, vgl. ergänzend F V 24.

18 Ebenfalls konstitutiv wirkt der in §§ 1 Nr. 4b AStB 68, 1 Nr. 4c AStB 87, 3 Nr. D 4b VHB 74, 9 Nr. 5c VHB 84, 5 Nr. 5c VGB 62, 9 Nr. 6c VGB 88 formulierte Ausschluß von Schäden durch Eindringen von **Regen, Hagel, Schnee oder Schmutz** in nicht „ordnungsgemäß" geschlossene Fenster oder Türen oder andere **vorhandene Öffnungen.** Entgegen E II 16 der 2. Aufl. wirkt der Ausschluß konstitutiv auch mit Bezug auf Schaden durch die Ansammlung eingedrungenen Regenwassers. Zwar ist „Regen" begrifflich Witterungsniederschlag in Tropfen- oder Tröpfchenform, Hamm NJW-RR 86, 1221 = VersR 87, 1081; diese Feststellung schließt VSchutz aber nur für Regenwasser aus, das sich zuerst ansammelt und erst dann eindringt, nicht aber Schaden durch Regentropfen, die zuerst auf versicherte Sachen geworfen werden und erst danach durch ihre Ansammlung zum Schaden führen.

19 Das Wort „**ordnungsgemäß**" findet sich nur in §§ 1 Nr. 4c AStB 87, 9 Nr. 5c VHB 84, 9 Nr. 6c VGB 88, bedeutet aber lediglich eine Klarstellung. Nur ein Verschluß mit **Verriegelung** irgendwelcher Art bietet Widerstand und Schutz gegen Sturm, was bei der Auslegung zu berücksichtigen ist, vgl. ähnlich F V 4 für den Begriff „bezugsfertig". Auch nach den älteren AVB besteht beim VSchutz, wenn die Fenster usw. nicht ordnungsgemäß im Sinn der neueren AVB geschlossen sind.

20 „**Vorhanden**" sind alle erwünschten oder unerwünschten **Öffnungen,** gleichgültig ob konstruktiv vorgesehen oder durch einen Schaden entstanden, gleichgültig ob von Anfang an oder erst nachträglich vorhanden. **Nicht** als „vorhandene Öffnungen" dürfen jedoch die bei ordnungsgemäß geschlossenen Türen, Fenstern, Luken usw. an deren Umrissen verbleibenden **Spalte** angesehen werden. Das folgt durch Umkehrschluß aus der Ausschlußvoraussetzung „ordnungsgemäß geschlossen", denn jene Spalten verschwinden auch nicht durch ordnungsgemäßen Verschluß. Mit Recht hat daher Hamm NJW-RR 86, 1221 = VersR 87, 1081 VersSchutz in einem Fall bejaht, in dem sich sturmbedingt durch ein beschädigtes Regenfallrohr ein Balkon mit Wasser gefüllt hatte, von dem dann ein Teil durch die Spalte der Balkontür in das Gebäude eingedrungen sind. Vorhandene sonstige Undichtigkeiten von Fenstern, Türen usw. machen jedoch den Ausschluß anwendbar, Hamm aaO. – Zu denken ist übrigens nicht nur an Öffnungen von **Gebäuden,** sondern an

Öffnungen auch von sonstigen **umschlossenen Räumen** (vor allem Autos, E
II 42) und von *Behältnissen.* Dieser Punkt ist allerdings nur in der HausrataußenV nach § 6 Nr. 2 VHB 74 von Bedeutung, denn nach den AStB und AStB
87 kommen als VOrt für Sturmschäden meist nur Gebäude oder Räume in
Gebäuden in Betracht. § 12 Nr. 3 VHB 84 schließt AußenVSchutz für Sturmschäden außerhalb von Gebäuden auch bei Hausrat aus, E II 48.

Der *Ausschluß* gilt *nicht,* wenn „diese **Öffnungen durch den Sturm entstan-** 21
den sind", denn der Ausschluß darf nicht den Einschluß von Schäden als
Folge von Gebäudeschäden gemäß E II 43 wieder außer Kraft setzen; wegen
Öffnungen die durch Hagel entstanden waren, vgl. F V 25 und 26. Entgegen
dem Wortlaut genügt es bei richtiger Auslegung, wenn die Öffnung durch
„einen" – auch: „früheren" Sturm entstanden ist; das kann vor allem bei
längerer Abwesenheit des VN eine Rolle spielen, wenn die Öffnung ohne
grobe Fahrlässigkeit nicht alsbald bemerkt wird.

Die Einschränkung des Ausschlusses darf indessen auch nicht umgekehrt 22
dahin mißverstanden werden, als solle sie den Schutz gemäß §§ 1 Nr. 1c
AStB 68, AStB 87, 3 Nr. D 2c VHB 74, 8 Nr. 3c VHB 84, 5 Nr. 2c VGB 62,
8 Nr. 2c VGB 88 erweitern und etwa jede durch den Sturm geschaffene
Öffnung einem Gebäudeschaden gleichstellen. Eine solche Auslegung wäre
unhaltbar. Ist ein Fenster oder eine Tür nur angelehnt, aber nicht verriegelt,
und weht der Sturm das Fenster usw. auf, so ist die Öffnung zwar durch den
Sturm entstanden oder jedenfalls vergrößert worden. Mangels Gebäudeschadens besteht aber kein VSchutz. Dies gilt immer dann, wenn der Sturm eine
vorhandene Öffnung vergrößert, ohne daß eine als Reparatur zu bezeichnen-
de Maßnahme notwendig würde, um diese Öffnung wieder zu schließen, E
II 44 bis 46. VSchutz besteht dagegen, wenn der Sturm die Substanz einer
Tür, eines Fensters, eines Schlosses oder eines Riegels beschädigt und nur
dadurch die Öffnung zustande kommt oder mit der Folge eines Sachschadens
vergrößert wird.

Ausgeschlossen sind nach den in F I 16 zitierten und erläuterten Bestim- 23
mungen Schäden durch **Brand, Blitzschlag oder Explosion,** auch wenn der
Brand usw. auf den Sturm zurückzuführen ist. Letzteres wird in §§ 1 Nr. 4c
AStB 68, 3 Nr. D 4c VHB 74, 5 Nr. 5a VGB 62 besonders hervorgehoben.
Trotzdem ist daraus nicht der in F I 23 und F IV 30 angedeutete Umkehrschluß in dem Sinn zu ziehen, daß Schäden durch Sturmflut und Lawinen
entgegen den in F V 17 zitierten Ausschlüssen eingeschlossen wären, wenn
die Sturmflut oder die Lawine ihrerseits auf Sturm beruht. Für Sturmfluten
würde der Ausschluß dadurch nicht nur zu einem rein deklaratorischen (was
noch wenig besagen würde, vgl. F IV 30), sondern vielleicht sogar im Gegenteil aus einem Ausschluß in einen Einschluß verwandelt, denn Sturmfluten
entstehen begrifflich immer durch Sturm, und das Wasser der Sturmflut ist
zwar ein „Gegenstand", E II 37, wird aber begrifflich wohl nicht „geworfen"
im Sinn von E II 32.

4. Die in F V 2 bis 11 behandelten Ausschlüsse bestimmter Sachen und 24
Gebäudebestandteile sowie die in F V 17 bis 24 behandelten Gefahrenausschlüsse gelten nach § 9 Nr. 3 und 6 VGB 88 sowie nach den in E II 4
zitierten Klauseln auch für das mitversicherte **Hagelrisiko.** Wie in den Bestim-

mungen jeweils besonders hervorgehoben wird, genügt es dann allerdings für den VSchutz, wenn die **Öffnung** im Sinn von F V 19 bis 21 **durch Hagel entstanden** ist. Auch hier ist unerheblich, ob die Öffnung etwa bereits einige Zeit vor Eintritt des Schadens an der versicherten Sache geschaffen wurde; Ursache der Öffnung kann also auch ein „früherer" Hagel gewesen sein. Selbstverständlich stellt sich dann die Frage der groben Fahrlässigkeit des VN, der die Öffnung nicht beseitigt hat, vgl. schon F V 22.

25   Auch wenn **Hagel nicht** gemäß E II 4 **mitversichert** ist, kann Hagel die Öffnung in einem Zusammenwirken mit Sturm geschaffen haben. Dies genügt aus den in E II 10 bis 12 dargelegten Gründen für VSchutz gemäß F V 22, denn der Sturm braucht nur mitwirkende Ursache in dem Kausalablauf gewesen zu sein, durch den die Öffnung entstanden ist.

G. Versicherungsort

Übersicht

I. Begriff und Systematik

1   1. Der VOrt ist in der SachV nach überwiegender Ansicht, die auch in G I 1 der 1. Aufl. vertreten wurde, eines der Mittel der primären Abgrenzung des versicherten Risikos, also neben den versicherten Sachen, den versicherten Interessen und der materiellen VDauer, PM § 49 Anm. 1 A. Richtiger ist es, die Bestimmungen über den VOrt als örtliche Einschränkung des VSchutzes für alle Hausratgegenstände und damit als Teil der **sekundären Risikoabgrenzung** anzusehen, vgl. unten G I 6, Martin VersR 84, 1113 und z.B. A V 20 sowie G IV 105 wegen gewisser Folgerungen für die Anwendung von §§ 9, 6 Abs. 1 AGBG. Im Fall von §§ 4 Nr. 1 AFB 87, AERB 87, AWB 87, AStB 87 (ebenso schon § 4 Nr. 1 AERB) spricht schon der Gebrauch des Wortes „nur" für eine Einschränkung gegenüber der primären und damit für die Zugehörigkeit der Bestimmung zur sekundären Risikoabgrenzung.

2   Unabhängig von dieser Frage der rechtssystematischen Zuordnung ist es einerseits zu eng, den VOrt nur als den vereinbarten „Stand- oder Aufbewahrungsort" der versicherten Sachen zu bezeichnen (so Ehrenzweig 205, 295), andererseits zu weit, wenn man formuliert, der VFall müsse sich „ an einem bestimmten Ort abspielen" (Bruck 369). Vielmehr ist es angesichts eines meist (G I 5) unklaren AVB-Wortlauts *Auslegungsfrage*, welche der mit diesen Zitaten bereits angedeuteten **zwei möglichen rechtlichen Bedeutungen** die Vorschriften über den VOrt in den vorliegenden AVB jeweils haben:

3   a) Es kann vereinbart sein, daß schon das **Ereignis**, das als versicherte Gefahr (**Schadenursache**) in Betracht kommt, innerhalb des vereinbarten VOrts **eintreten** muß. Für die hier zu erörternden VSparten hat der VOrt diese

Bedeutung jedenfalls *nicht* in der SturmV und auch *nicht* in der Leitungswas-
serV, E I 31 und 40, und zwar weder in der Geschäfts- noch in der Hausrat-
noch in der WohngebäudeV. Der Ort des Leitungswasseraustritts und die
Herkunft des Sturmes sind belanglos. Das *gleiche* gilt im allgemeinen für die
FeuerV, G II 2 und 3. Wohl aber hat der VOrt die genannte Bedeutung in der
Diebstahl- und in der RaubV, G II 4 bis 7.

b) Die rechtliche Bedeutung des VFalles kann aber auch darauf beschränkt **4**
sein, daß sich die *versicherten Sachen* bei Eintritt des VFalls innerhalb des
VOrts *befinden* müssen, daß dort also der **VFall eintreten** muß. Dann ist
belanglos, wo sich die als *Schadenursachen* vereinbarten Ereignisse verwirklichen. So liegt es bei der AllgefahrenV, denn wo Schäden aus beliebiger Ursache gedeckt sind, kommt es auch auf den Entstehungsort der jeweiligen
Ursache nicht an, vgl. z. B. 1.1.4 AMB für die MaschinenV. Diese Auslegung
der Vorschriften über den VOrt ist für den VN günstiger und führt zu
weitergehendem VSchutz.

Ob der VOrt die zuletzt (G I 4) oder die zuerst (G I 3) genannte Bedeutung **5**
hat, ist dem **Wortlaut** des Vertrages oder zugrundeliegenden AVB sowie hilfsweise deren **Auslegung** zu entnehmen. Oft lassen die Formulierungen der
AVB zu wünschen übrig. So sagt § 6 **Nr. 1** VHB 74 pauschal für alle versicherten Gefahren, die V „gelte" nur in der Wohnung. Ähnlich „neutral" und
unklar lauten §§ 10 **Nr. 1 Abs. 1** VHB 84, 4 **Nr. 1 Abs. 1** AFB 87, AWB 87,
AStB 87, wonach „VSchutz für die versicherten (beweglichen) Sachen nur
innerhalb des VOrts besteht." Am klarsten, sachlich aber gerade in diesem
Punkt überholt (C VI 4) ist § 3 **Nr. 1b** AFB 30, der den Ort des Brandausbru-
ches behandelt und so indirekt die auch in § 4 **Nr. 1** AFB 30 enthaltene „neutrale" Formulierung als Regelung desjenigen Ortes erweist, in dem der VFall
eintreten muß. § 4 **Nr. 1** AEB wiederholt die „neutrale" Formulierung des § 4
Nr. 1 AFB 30 (und der übrigen in G I 4 zitierten Bestimmungen), jedoch
ohne eine klarstellende weitere Bestimmung analog § 3 **Nr. 1b** AFB 30. Dabei ist gerade für Diebstahl und Raub regelungsbedürftig, ob auch die erschwerenden Begleitumstände der Wegnahme versicherter Sachen, welche die
Tat zum VFall machen, innerhalb des VOrts realisiert werden müssen. Wegen der Auslegungsschwierigkeiten bei Raub infolge dieser Regelungslücke
vgl. D XII 73 bis 101. Erstmals §§ 3 **Nr. 1** AERB, 4 **Nr. 1** AERB 87 enthalten
eine klare und rechtssystematisch befriedigende Regelung für Diebstahl und
Raub. Richtig und vollständig, aber formal weniger gelungen sind §§ 10
Nr. 3, 9 Nr. 3b VHB 84.

2. Die Bestimmungen über den VOrt verleihen rechtliche Bedeutung also **6**
entweder nur dem Standort der versicherten Sachen bei Schadeneintritt und
damit dem Ort des Eintritts des VFalles (A I 1) oder auch dem Entstehungsort eines Teiles der Schadenursachen. Durch die erstgenannte Komponente
erweist sich der VOrt als ein **Teil der** vertraglichen **Umschreibung der versicherten Sachen,** und zwar als eine negative Umschreibung, weshalb die Bestimmungen über den VOrt der **sekundären Risikoabgrenzung** zuzuordnen
sind, vgl. schon G I 1. Dies gilt ohne Rücksicht darauf, ob *individuell bestimmte Sachen* oder ob ein *Sachinbegriff* versichert sind. In beiden Fällen ist
der VOrt ein zusätzliches Erfordernis für den VSchutz; die betroffene Sache

muß nicht nur ihrer Art nach eine versicherte sein, sondern sie muß den Schaden am VOrt erleiden. Das hat wichtige Konsequenzen für VWert und UnterV bei V von Sachinbegriffen, vgl. G II 11 und S II 43.

7   Wenn der VOrt in den AVB meist nicht wie in 1.1.4. AMB für die MaschinenV unter der Überschrift „versicherte Sachen", sondern *gesondert geregelt* wird, so ist dies sachlich bedeutungslos. Es handelt sich um eine rein äußerliche Abspaltung eines Teils dessen, was auch als Teil der Merkmale der versicherten beweglichen (wegen Gebäuden usw. vgl. G I 9) Sachen oder – zusammen mit den versicherten Interessen und der materiellen VDauer – sogar unter der Überschrift „VFall" geregelt sein könnte. Die Abspaltung erklärt sich aus dem gängigen *Sprachempfinden,* das den Ort einer Sache von ihrer sonstigen Beschreibung zu unterscheiden pflegt. Ein Kompromiß war in den AWB 68 und AStB 68 in deren Überschrift von § 2 gefunden: „Versicherte Sachen, Versicherungsort".

8   *Unerheblich* ist auch, ob man die *örtliche Lage* einer Sache als *„Eigenschaft" der Sache* bezeichnet. Es käme hierbei darauf an, was man unter Eigenschaft verstehen will, nämlich entweder nur Merkmale in der Sache selbst oder auch Merkmale ihrer Lage in der Umwelt. Der Sprachgebrauch schwankt, ist aber rechtlich ohne Folgen. Allerdings orientiert sich die Grenze zwischen primärer Risikoabgrenzung durch Beschreibung versicherter Sachen einerseits und verhüllten Obliegenheiten (§ 15a VVG) andererseits bis zu einem gewissen Grad daran, ob das Tun oder Unterlassen zunächst eine Eigenschaft oder einen „Zustand" (M III 2 und 5) der Sache begründet und nur mittelbar zugleich den VSchutz beeinflußt oder ob der VFall unmittelbar einem „bestimmten Verhalten" abhängt, vgl. BGH NJW 72, 1229 = VersR 575 zur DiebstahlV nach den Bargeld nach den AEB, BGH VersR 81, 187 zur SchmucksachenV, BGH VersR 83, 573 zur HausratV („individualisierende Beschreibung des versicherten Wagnisses") und BGH VersR 85, 854 zur ReisegepäckV sowie Martin NJW 72, 1255. Aber genau besehen beeinflußt selbstverständlich nicht der Sprachgebrauch den Schutzbereich des § 15a VVG, sondern dieser Schutzbereich hört bei sachgerechter Auslegung mehr oder weniger zufällig gerade dort auf, wo das natürliche Sprachempfinden die Eigenschaft der Sache in den Vordergrund stellt, vgl. G I 15 und 17.

9   3. Der **VOrt im engeren Sinn** von G I 4, nämlich die örtliche *Lage der versicherten Sachen,* kann *unbeweglich* oder *beweglich* sein, er kann – ebenso wie die Sachen – **individuell** im Sinn von § 4 AGBG (BGH RuS 89, 123 = VersR 395) oder nur **der Gattung nach** bestimmt sein. Gebäude und sonstige Grundstücksbestandteile (Beispiel: G III 14) als versicherte Sachen haben überhaupt keinen VOrt im engeren Sinn, sondern der Standort auf einem bestimmten Grundstück ist zugleich Umschreibung des versicherten Gebäudes oder des versicherten sonstigen Bestandteils dieses Grundstücks. Wegen der Konsequenzen für den Begriff der Schadenstätte im Sinne einiger Aufräumungskostendefinitionen vgl. W V 12. Bei Gebäuden gibt es eine Abspaltung der örtlichen Lage von der sonstigen Sachbeschreibung nicht. §§ 4 Nr. 1 AFB 30, AEB, 2 Nr. 4 AWB 68, 2 Nr. 5 AStB 68 sprechen daher jeweils nur von den beweglichen Sachen.

Der VOrt für **vorübergehend abgetrennte Gebäude- und sonstige Grund-** 10
stücksbestandteile wird in H II 4 und 5 erörtert, vgl. dort auch zur Möglichkeit einer DoppelV für abgetrennte Bestandteile im Vertrag oder in der Position für Gebäude und außerdem für Betriebseinrichtung oder Hausrat. Ausdrücklich geregelt ist die Frage nirgends. §§ 2 und 5 AFB 87, AWB 87, AStB
87 nennen zwar Grundstücksbestandteile als versicherbare Sachen und behandeln deren VWert, nicht aber den VOrt für den Fall vorübergehender
Abtrennung. In §§ 4 AFB 87, AERB 87, AWB 87, AStB 87 ist ausdrücklich
nur von beweglichen Sachen die Rede.

Auch bei beweglichen Sachen ist ein **unbeweglicher** VOrt der *Regelfall.* Soweit 11
der VOrt individuell bestimmt werden soll, kann dies nur einzelvertraglich
geschehen, BGH RuS 89, 123 = VersR 395 (Ort und Haus-Nr. im VSchein). Die
AVB können darauf nur verweisen, G I 20. Soll allerdings, wie insbesondere in
der Feuer- und Hausrat-AußenV, G V 9 und 11, ein größerer geograpgischer
Bereich gedeckt sein, so können diesen auch die AVB umschreiben, wie
insbesondere in der HausrataußenV (§§ 6 Nr. 2 VHB 74, 12 Nr. 1 VHB 84) den
Erdteil Europa (G V 13) oder in der HausrataußenV speziell für Kfz-Inhalt und
Fahrräder gemäß § 3 Nr. B 5 c und 6 VHB 74 die Bundesrepublik Deutschland
einschließlich des Landes Berlin und der Verbindungswege, D XV 51. Wegen
der weltweiten Fahrraddeckung durch Kl 833 vgl. D XV 15.

Ebenfalls unbeweglich, aber nur *der Art nach bestimmt* und daher während 12
der VDauer **veränderlich** ist der VOrt in der **HausratV**, nämlich die **jeweilige**
Wohnung des VN, gemäß §§ 6 Nr. 1 VHB 74, 11 Nr. 1 VHB 84. Der VSchutz
kann ohne Austausch oder Ortsveränderung der bisher versicherten Hausratgegenstände dadurch enden, daß die Wohnung nicht mehr diejenige des VN
ist, vgl. zu diesem oft überraschenden Ergebnis bei Trennung von Ehegatten
oder Tod des VN G IV 59 und 94. § 10 Nr. 2 Satz 2 und 3 VHB 84 sieht
gewisse gattungsmäßige Erweiterungen des Wohnungsbegriffs vor.

Das Wort „Wohnung" ist ein neutrales Gattungsmerkmal, das **keine Sicher-** 13
heitsanforderungen enthält. Verschlossen muß die Wohnung nur für Diebstahlschäden und nur deshalb sein, weil VSchutz nicht gewährt wird, wenn
der Täter die unverschlossene Wohnung betritt, denn dann liegt nicht erschwerter, sondern nur einfacher Diebstahl vor. Immerhin besteht VSchutz
sogar dann (D III 15, D V 14 und D VI 6), wenn der Täter zu einem Zeitpunkt einbricht, durch ein Fenster einsteigt oder dergleichen, in dem – ohne
sein Wissen – auch die Eingangstür unverschlossen gewesen wäre. Hier wird
besonders deutlich, daß HausratVOrt die Wohnung ohne Rücksicht auf ihren jeweiligen Sicherheitszustand ist. Der Sicherheitszustand ist lediglich für
die Merkmale des erschwerten Diebstahls und eventuell für die Frage einer
groben Fahrlässigkeit des VN bedeutsam. In dem erwähnten Beispiel ist die
unverschlossene Tür nicht ursächlich für den VFall, so daß auch § 61 VVG
nicht zum Ausschluß führt.

In der **GeschäftsV** wird der VOrt überwiegend durch den *Vertrag* be- 14
stimmt, G I 20 sowie G III 17 und 18. Speziell für Raub ergänzen allerdings
§§ 3 Nr. 6 AERB, 4 Nr. 6 AERB 87 die vertragliche Bestimmung des VOrts
durch eine *gattungsmäßige Erweiterung,* vgl. D XII 74 und G II 9.

Werden VOrte nur der Gattung nach bestimmt, so kann dies aber auch 15
durch **sicherheitserhebliche Gattungsmerkmale** geschehen, insbesondere in der

Diebstahl V, und zwar sowohl für unbewegliche (Tresorraum) wie für bewegliche VOrte oder für Teile des VOrts. So verlangen §§ 6 Nr. 1 b AERB, 7 Nr. 1 b AERB 87 in der GeschäftsV gegen Diebstahl gewisse Sicherungen des VOrts. Von Fall zu Fall zu vereinbarende Sicherheitsanforderungen für den **VOrt als ganzen** enthält z. B. Kl 4602 (Einbruchmeldeanlagen). Wegen der Vereinbarung zusätzlicher Sicherungen als Sicherheitsvorschrift gemäß §§ 6 Nr. 1 a AERB, 7 Nr. 1 a AERB 87 vgl. K III 14 bis 17.

16 Daneben kennen die AVB Sicherheitsanforderungen mit Bezug auf gattungsmäßig bestimmte **Teile des VOrts.** Alle versicherten **Sachen** oder einige davon sind nur versichert, wenn sie sich nicht nur innerhalb des VOrts, sondern außerdem **innerhalb bestimmter Behältnisse oder Räume** befinden. Dies kommt sowohl in der AußenV innerhalb deren geographischer Geltung (Gebäude oder Räume von Gebäuden gemäß § 6 Nr. 2 Satz 2 VHB 74 und § 12 Nr. 3 VHB 84; verschlossenes Kfz gemäß § 3 B Nr. 5 VHB 74) wie auch und vor allem innerhalb des VOrts in Betracht. Verlangt werden insbesondere *verschlossene Behältnisse*, die erhöhte *Sicherheit auch gegen Wegnahme des Behältnisses selbst* gewähren, oder aber spezieller mehrwandige Stahlschränke, eingemauerte Stahlwandschränke oder (G I 15) Tresorräume (§§ 3 **Nr. 3 und 4 AERB, 4 Nr. 3 und 4 AERB 87**), vgl. H III 32 bis 54 zur Umschreibung der versicherten Sachen in der GeschäftsV. Ähnliche Anforderungen für Hausrat enthalten §§ 2 VHB 74, 19 VHB 84.

17 Die Praxis spricht hier zutreffend von „**Verschlußvorschriften**", H III 32 und M I 8. Dem VN wird ein *bestimmtes Verhalten auferlegt*, G I 8, nämlich die versicherten Sachen einzuschließen. Zwar führt dieses Verhalten zu einer neuen und gesicherten *örtlichen Lage* der versicherten Sachen. Gleichwohl darf, wenn der VN gegen die Verschlußvorschriften „verstößt" und die Sachen sich daher nach dem Wortlaut der AVB außerhalb des „VOrts" befinden, der VSchutz nicht ohne weiteres unter Hinweis auf den VOrt als Teil der primären Risikoabgrenzung (G I 1) verneint werden. Vielmehr ist zu prüfen, ob es sich nicht entgegen dem Wortlaut (M III 3) der AVB, die einen „Unter-VOrt" (Ehrenzweig 383) vorzusehen scheinen, um eine „verhüllte" Sicherheitsvorschrift und damit um eine **verhüllte Obliegenheit** im Sinn der Rechtsprechung zu § 15 a VVG handelt. Diese Frage wird zusammenfassend in M III 19 ff erörtert. Zu den *entscheidenden Kriterien* des sog. autonomen Verhaltens einerseits und des sog. Sorgfaltsverhaltens andererseits vgl. M III 7 bis 18.

18 Getrennt von der Rechtsnatur der Verschlußvorschriften behandelt vorliegender Kommentar die **inhaltlichen Anforderungen,** die in Sicherheitsvorschriften sowie insbesondere in den Verschlußvorschriften gestellt werden, vgl. Abschnitt M I für Anforderungen an den VOrt als ganzen und Abschnitt H III für Verschlußvorschriften bei bestimmten Arten von versicherten Sachen, insbesondere für Wertsachen. Soweit die AVB nicht den VSchutz insgesamt, sondern nur die Entschädigungshöhe von Sicherheitsvorschriften abhängig machen, handelt es sich um *Entschädigungsgrenzen*, deren tatbestandliche Voraussetzungen in U II bis IV behandelt werden; auch bei Entschädigungsgrenzen kann es sich begrifflich um verhüllte Obliegenheiten handeln, M III 13. Der *Zusammenhang mit dem Thema „VOrt"* beruht darauf, daß Sicherheitsvorschriften sich auf den VOrt als ganzen oder auf Teile davon

beziehen können, G I 15 und 16, und daß außerdem Sicherheitsvorschriften verbal oft als Vorschriften über einen Ort oder „UnterVOrt" (Ehrenzweig 383) erscheinen.

4. Einzelvertrag und AVB müssen bestimmen, wo der VOrt liegt und was 19 er rechtlich bedeutet. Von der rechtlichen Bedeutung war bereits die Rede, G I 5. Die **Lokalisierung des VOrts** durch die **AVB** ist nur möglich, wenn er entweder nur der Gattung nach bestimmt ist, G I 12, wie insbesondere in der HausratV als die jeweilige Wohnung, oder wenn es sich um einen größeren geographischen Bereich handelt, G I 11, der für viele Verträge einheitlich gilt, wie insbesondere in der HausrataußenV. Daneben sind gattungsmäßige Erweiterungen oder Einschränkungen eines individuell bestimmten VOrtes möglich.

Nicht durch die AVB, sondern durch den **Einzelvertrag** einschließlich seiner 20 formularmäßigen Bestandteile wird der VOrt lokalisiert, soweit er individuell bestimmt werden muß, BGH VersR 89, 395 = RuS 123; so insbesondere in der GeschäftsV am Ort der Betriebsstätte des VN, G III 17. Anders als in der HausratV ist hier bei Betriebsverlegung nicht die jeweilige Betriebsstätte VOrt, sondern die neue Betriebsstätte muß gegebenenfalls als neuer VOrt vereinbart werden, weil sich der Vr die Prüfung des neuen Risikos vorbehalten will, G III 28. Eine solche Vereinbarung ist Sache des Einzelvertrages, auf den die AVB lediglich verweisen. „Einzelvertrag" in diesem Sinn sind auch wortgleich vorformulierte *Antrags- und VScheinvordrucke,* A IV 15, 18 und 19.

§§ 4 Nr. 1 AFB 30, AEB, 2 Nr. 4 AWB 68, 2 Nr. 5 AStB 68 verweisen für den 21 VOrt fälschlich (Horn 38) nicht auf den VVertrag, sondern auf den **VSchein** (VUrkunde), vgl. allgemein hierzu K I 28. Dieser ist jedoch seinerseits nur eine widerlegbare Beweisurkunde über den VVertrag (§ 3 Abs. 1 VVG). Wann ein abweichender VSchein den Vertragsinhalt ändert, ist in § 5 VVG geregelt. Von diesen Fällen abgesehen beseitigen auch die zitierten älteren Bestimmungen über den VOrt nicht den Vorrang eines etwa vom VSchein abweichenden Vertragsinhalts (Raiser 150).

§§ 3 Nr. 2 AERB, 4 Nr. 2 AFB 87, AERB 87, AWB 87, AStB 87, ähnlich § 10 22 Nr. 2 VHB 84, vermeiden jenen Fehler der älteren AVB und verweisen auf den **VVertrag,** („VOrt sind die Räume, die im VVertrag als VOrt bezeichnet sind"). Sprachlich klingt dies weniger gut; aber der neue Text ist sachlich korrekter. In dieser sprachlichen Schwierigkeit mag die erste Ursache für den Fehler der älteren AVB liegen. Die zweite Ursache dürfte sein, daß die Verfasser der älteren AVB die in G I 20 und A IV 19 erwähnten wortgleichen Vordrucke rechtlich mit den Verträgen selbst verwechselt hatten.

§ 7 Nr. 1 LZB 87 ergänzt die in den AFB 30 und AFB 87 enthaltene Ver- 23 weisung auf den VVertrag durch abstrakte Regelungen, die den Bedürfnissen der *landwirtschaftlichen FeuerV* entsprechen. Insbesondere sind auch Sachen im Freien auf allen durch den VN bewirtschafteten Grundstücken versichert. Hieraus folgt jedoch nicht, daß Versicherungsschutz auch in sämtlichen Gebäuden bestehe, die sich auf diesen Grundstücken befinden, vgl. BGH RuS 90, 92 = VersR 419 zu § 2 ZFlB gemäß Texte 7 der 2. Aufl.

II. Versicherungsort nach den AVB der Sachversicherung

1   1. Wegen der **rechtlichen Bedeutung des VOrts** wird zunächst auf G I 5 verwiesen. Nach §§ 4 Nr. 1 AFB 30, AFB 87, AWB 87, AStB 87, 2 Nr. 4 AWB 68, 2 Nr. 5 AStB 68 kommt es nur darauf an, wo sich die versicherten Sachen bei *Eintritt des VFalls* (Abhandenkommen oder Sachschaden) befinden, nicht dagegen auf den Entstehungsort der Schadenursachen. Der VFall muß auch dann im VOrt eintreten, wenn es sich um mitversicherte *Folgeschäden* handelt. Für Folgeschäden durch Abhandenkommen oder Beschädigung von Sachen, die zuvor wegen eines Brandes oder Leitungswasseraustritts *aus dem VOrt herausgeschafft* worden waren, gilt eine Ausnahme, B II 7.

2   § 1 Nr. 2 AFB 30 hatte zwar verlangt, Explosion usw. als *Schadenursachen* (G I 3 und 5) müßten sich im VOrt oder auf einem Nachbargrundstück ereignet haben, was nach ursprünglicher Absicht „*Fernwirkungen*" ausschließen sollte. Jedoch verzichteten die Vr im industriellen Bereich durch 1 ZFgA, § 1 ZFgA 81 b und in der Schadenpraxis zunächst stillschweigend sowie später durch Kl 351 ausdrücklich auch in der GeschäftsV auf § 1 Nr. 3 b AFB 30, der in den Bedingungen der öffentlichen Anstalten ohnehin nie enthalten war. Inzwischen ist diese Erweiterung in § 1 Nr. 1 AFB 87 eingegangen, C VI 5. Im Ergebnis ist dieses Zugeständnis auf Fernwirkungen von Explosionen beschränkt, denn als Nachbargrundstücke galten bei großzügiger Auslegung schon früher nicht nur die unmittelbar angrenzenden, sondern alle diejenigen Grundstücke, von denen her im Brandfall erfahrungsgemäß Auswirkungen von Ruß, Löschmaßnahmen, Panik usw. als adäquate Folgen innerhalb des VOrts zu erwarten sind.

3   Für Hausrat gab es nie eine Vorschrift, die Fernwirkungen bei Brand, Explosion usw. ausgeschlossen hätte. §§ 6 Nr. 1 VHB 74, 10 Nr. 1 Abs. 1 VHB 84 sind für Gefahren von Feuer, Leitungswasser und Sturm einheitlich nur dahin zu verstehen, daß sich die versicherten Sachen bei Eintritt des VFalls im VOrt befinden müssen. Für die VHB 84 folgt dies auch aus § 10 Nr. 3 durch Umkehrschluß. §§ 2 VGB 62, 1 VGB 88 für Wohngebäude erwähnen einen VOrt, womit stillschweigend gesagt ist, daß es auf den Entstehungsort der Schadenursache nicht ankommt, vgl. allgemein für Gebäude G I 9. Soweit VSchutz für vorübergehend vom Gebäude gelöste Bestandteile besteht, H II 4, ist zweifelhaft, ob dies nur innerhalb des Gebäudes als VOrt oder auch auf dem ganzen Grundstück („VGrundstück") gilt, auf dem der VOrt liegt.

4   Hingegen regeln § 4 Nr. 1 AEB für die **gewerbliche Diebstahl- und RaubV** sowie § 6 Nr. 1 VHB 74 für die **Diebstahl- und RaubV des Hausrats** bei sinngerechter Auslegung nicht nur, wo sich die versicherten Sachen bei Eintritt des VFalls befinden müssen. Vielmehr regeln sie außerdem, wo bei *Diebstahl* der Täter die Merkmale setzen muß, die den Diebstahl zu einem erschwerten und versicherten Diebstahl machen, D I 5, und wo bei *Raub durch Drohung* (dazu eingehend Martin in Festschrift für Klingmüller, Seite 268 ff.) die versicherten Sachen sich bei Beginn des Überfalls befinden, wo die Drohung ausgesprochen und wo die angedrohten Gewalttaten gegebenenfalls verübt werden müssen, D XII 63 bis 89. In Frankfurt VersR 87, 706 (Einbruch in gemeinschaftlich genutzte Kellerräume, anschließend ungehinderter Eintritt

der Täter in die zur Wohnung des VN gehörigen Werkstatträume) wird dies
zu den VHB 74 näher und instruktiv dargelegt.

Allerdings müssen (übersehen in G II 5 der 2. Aufl.) unbillige Ergebnisse 5
vermieden werden. Solche drohen, wenn ein Haus durch *mehrere Familien*
mit *selbständigen Haushalten* bewohnt wird, wobei aber die Wohnungen
oder Zimmer der einzelnen Haushaltungen nicht gegeneinander abschließbar
sind oder jedenfalls tatsächlich nicht gegeneinander abgeschlossen werden,
weil die Wohnungsinhaber einander nicht mißtrauen. Hier muß schon das
Erbrechen der Zentraleingangstür erschwerten Diebstahl begründen. Dieses
Ergebnis läßt sich zwanglos dadurch erreichen, daß in solchen Sonderfällen
auch die gemeinschaftlich genutzten Räume als Teil der Wohnung angesehen
werden, und zwar sämtlicher nicht gegeneinander abgeschlossener Wohnungen, vgl. ergänzend G IV 10 bis 13. Gehören nur einzelne, baulich nicht
abgegrenzte Räume nicht zur Wohnung, insbesondere weil sie ausschließlich
gewerblich genutzt werden (§ 10 Nr. 2 Satz 3 VHB 84), so kann der VersFall
selbstverständlich ebenfalls durch Erbrechen der gemeinsamen Tür der
Wohn- und der sonstigen Räume begangen werden.

Im Text der AEB und VHB 74 kommt die Rechtslage gemäß G II 4 leider 6
nicht klar zum Ausdruck. Im Gegenteil spricht die Wortgleichheit des § 4
Nr. 1 AEB mit § 4 Nr. 1 AFB 30 (dazu schon G I 5) auf den ersten Blick für
das entgegengesetzte Ergebnis. In noch höherem Maß gilt dies für § 6 Nr. 1
VHB 74, der seinem Wortlaut nach einheitlich nach den VHB 74 versicherten
Gefahren betrifft, vgl. näher G II 6 der 2. Aufl., insbesondere zu möglichen
Schlußfolgerungen gegen die hier vertretene Ansicht aus den Schlüsselklau-
seln der AEB und VHB 74.

Erst §§ 3 **Nr. 1 Abs. 1 AERB, 4 Nr. 1 Abs. 1 AERB 87** stellen die Rechtslage 7
klar, und zwar auch speziell für die Schlüsselklausel in §§ 1 Nr. 2 e und 2 f
aaO (Ollick VerBAV 81, 40). Das gleiche trifft für die **VHB 84** zu, vgl. dort
§§ **10 Nr. 3, 5 Nr. 1 e und f**. Daraus ist indessen kein Schluß auf die AEB und
VHB 74 möglich, weder als Analogieschluß zugunsten der Vr noch als Umkehrschluß zugunsten der VN, vgl. allgemein gegen Schlüsse aus AVB auf
andere AVB Martin ZVersWiss 73, 495, 507. Über die besondere Situation in
Zweifamilienhäusern mit zwei Wohnungen, die innerhalb des Gebäudes
nicht gegeneinander abgeschlossen werden, oder mit Hauptwohnung und
Einliegerwohnung vgl. G IV 13.

Auch bei der Auslegung von §§ 4 Nr. 1 AEB, 6 Nr. 1 VHB 74 entschei- 8
dend *für* die Lokalisierung nicht nur der Wegnahme, sondern auch der **qualifizierten Merkmale des Diebstahls** sprechen aber Gründe der *Risikobeurteilung*
und der *Prämienkalkulation*, die im Prinzip auch für die VN durchschaubar
sind, Frankfurt VersR 88, 820 = NJW-RR 33. In der GeschäftsV prüft der Vr
zwar das Risiko, aber nur mit Bezug auf die als VOrt vereinbarten Räume
selbst, nicht für das ganze Gebäude, in dem sie liegen. In der HausratV
übernimmt der Vr sogar ungeprüft das Risiko der jeweiligen (!) Wohnung,
weil er unterstellt, daß sie stes ein gewisses Mindestmaß an Sicherheit bietet.
Die Prämienkalkulation würde stark erschwert, wenn der Vr auch bauliche
und sonstige technische Gegebenheiten außerhalb des VOrts berücksichtigen
müßte. Eben dies aber wäre der Fall, wenn es genügte, daß der Dieb z. B. ein
Gartentor oder die Zentraltür eines Miethauses aufbricht, von dem nur eine

Etage VOrt ist, oder daß er durch ein Treppenhausfenster eines solchen Miethauses einsteigt oder daß er falsche Schlüssel nur für ein Tor in der Mauer um den Fabrikhof benutzt, den VOrt selbst aber jeweils unverschlossen vorfindet oder mit richtigem Schlüssel öffnet. Daher müssen alle diese Handlungen innerhalb des VOrts verübt werden, vgl. D III 2 für den Einbruch, D IV 2 für das Einsteigen, D V 14 für den falschen Schlüssel, D VI 9 für das Erbrechen von Behältnissen (der Dieb darf das Behältnis nicht zuvor verschlossen aus dem VOrt wegtransportiert haben) und D VII 12 für das Einschleichen. Aus dem Zusatz „in ein Gebäude" usw. in der Diebstahldefinition darf kein Umkehrschluß gezogen werden, D I 7. – Wegen der Schlüsselklausel vgl. G II 6 der 2. Aufl. sowie D X 6 zum Abtransport eines noch nicht erbrochenen Geldschranks, nachdem die Täter aber zuvor in den VOrt eingebrochen waren.

9 In der **RaubV**, und zwar speziell bei Raub durch Drohung, macht sich das Fehlen einer Regelung besonders unangenehm bemerkbar, vgl. D XII 73 ff. und Martin, Klingmüller-Festschrift 268 ff. Zur rechtlichen *Bedeutung* des VOrts bei Raub vgl. jetzt §§ 3 **Nr. 1 AERB, 4 Nr. 1 AERB 87, 10 Nr. 3, 9 Nr. 3 b VHB 84,** *zur Lokalisierung* des VOrts §§ 3 **Nr. 6 AERB, 4 Nr. 6 AERB 87.** Die *vertragliche* Lokalisierung (G III 17) wird hier durch Gattungsmerkmale ergänzt, G I 14. Das Wort *„Umfriedung"* ist mit Ollick VerBAV 81, 41 großzügig auszulegen, vgl. näher D XII 75. Die Ausschließlichkeit der *Benutzung* durch den VN scheitert insbesondere nicht an Kundenverkehr, z. B. auf einem umfriedeten, aber stark frequentierten Kundenparkplatz eines Supermarktes.

10 2. Das Kriterium „VOrt" entscheidet nicht nur darüber, ob VSchutz für einen Schaden besteht, sondern als Teil der Umschreibung der versicherten Sachen (G I 6) bei *Sachinbegriffen* auch darüber, ob und mit welchem *VWert* jeweils **versicherte Sachen vorhanden** sind. Nur bei V individuell bestimmter beweglicher Sachen (in der klassischen SachV selten) sind diese oft ohne Rücksicht darauf verichert, wann sie sich innerhalb oder außerhalb eines VOrts befinden. Sachinbegriffe sind dagegen jeweils nur zu dem Teil versichert, der sich innerhalb des VOrts befindet, S II 43. Verschlußvorschriften (G I 17) schränken den Kreis der versicherten Sachen jedoch nur ein, soweit sie als primäre Risikoabgrenzung anzuerkennen sind; soweit es sich dagegen um verhüllte Obliegenheiten handelt, behalten die Sachen ihre Eigenschaft als versicherte Sachen auch, während sie unverschlossen sind, die Obliegenheit also verletzt wird, S II 45, und sei es auch als Dauerzustand über längere Zeit hinweg (Martin VersR 69, 587).

11 **VWert, Über- und UnterV** hängen somit davon ab, in welchem Umfang sich Sachen innerhalb des VOrts befinden (PM § 56 Anm. 1 C). Soweit allerdings abhängige AußenV vereinbart ist, z. B. nach §§ 6 Nr. 2 VHB 74, 12 VHB 84, sind auch die im Bereich der AußenV befindlichen Sachen für den VWert zu berücksichtigen, S II 43, was in der gebündelten GeschäftsV die unerwünschte Folge unterschiedlicher VWerte hat, weil abhängige AußenV meist nur für Feuer, nicht dagegen für Diebstahl, Leitungswasser und Sturm vereinbart wird.

12 Nach §§ **4 Nr. 1 Satz 2 AFB 30, AEB** in deren ursprünglicher Fassung (vgl. 1. Aufl. Texte 5 und 6) ruht der VSchutz für Sachen, die sich *vorübergehend*

außerhalb des VOrts befinden. Damit sollten die Rechte des VN aus § 51 VVG (ÜberV) teilweise ausgeschlossen werden, was die Regelung aber wegen § 68a **unwirksam** macht. Ebenso verstößt es gegen §§ 68a, 51 VVG, wenn §§ 4 Nr. 1 AFB 30, AEB in Satz 3 in Verbindung mit §§ 8 Nr. 4 Abs. 1 AFB 30, AEB die Jahresprämie für Sachen für verfallen erklären, die *dauernd* aus dem VOrt entfernt werden. Dies war mit Recht seit langem h. M., die aber irrig teils Interessewegfall (VA 14, 138, E. Prölss 152, AG Stuttgart VerBAV 53, 266 = VersR 54, 35; hiergegen LG Bremen VersR 58, 282 und PM § 68 Anm. 1), der unzulässigerweise zu Abrechnung nach Kurztarif führen würde, teils Analogie zu § 68 Abs. 2 VVG wegen Gefahrwegfall (AG Ebingen VersR 59, 221, BMS § 68 VVG Anm. 27, Sasse VersR 54, 556; hiergegen PM § 68 Anm. 1) angenommen hatte. Die Neufassung von §§ 8 Nr. 3 AFB 30, AEB gemäß VerBAV 84, 389 beseitigt alle Zweifel, vgl. Texte 5 und 6. Unkorrigiert blieben aber §§ 4 Nr. 1 Satz 2 AFB 30, AEB.

Der VN kann VSumme und Prämie nach § 51 VVG stets mit sofortiger 13 Wirkung reduzieren, eventuell auch auf Null, wenn er Sachen dauernd oder auch nur vorübergehend nach außerhalb des VOrts verbracht hat. Die Rechtslage ist nicht anders, als wenn versicherte Sachen nicht nur räumlich entfernt werden, sondern zugleich aus dem versicherten Inbegriff durch Veräußerung ausscheiden (PM § 54 Anm. 1b). Zutreffend verweisen daher jetzt §§ 7 Nr. 5 Abs. 1 AERB, 7 Nr. 3 Satz 1 AWB 68, AStB 68, 10 Nr. 1 VHB 74, 15 Nr. 5 Abs. 1 VHB 84, 12 Nr. 1 VGB 62, 19 Nr. 5 VGB 88, 8 Nr. 5 Abs. 1 AFB 87, AERB 87, AWB 87, AStB 87 auf die „gesetzlichen Bestimmungen (z. B. §§ 40, 68 VVG)". Soweit § 51 VVG dort nicht sogar ausdrücklich angesprochen ist, wie in §§ 10 Nr. 1 VHB 74, 12 Nr. 1 VGB 62 gehört jedenfalls auch § 51 VVG zu den pauschal in Bezug genommenen Bestimmungen.

Die in G II 12 und 13 behandelte Frage ist praktisch nur bei einschneiden- 14 den Veränderungen des versicherten Risikos bedeutsam, weil der VN wegen möglicher Zukäufe und Wertsteigerungen die VSumme für Inbegriffe meist gar nicht herabsetzen will, wenn er nur einzelne Sachen aus dem VOrt entfernt. Bei Hausrat stellt sich die Frage nur bei **Umzug in das Ausland.** In § 11 Nr. 1 Abs. 3 Satz 2 VHB 84 wird klar gesagt, daß das VersVerhältnis endet; nach § 6 Nr. 3 VHB 74 gilt dasselbe; Folge: § 68 Abs. 2 VVG. Auch wenn in der GeschäftsV der **Betrieb aufgegeben oder verkleinert** wird, ist der VN an völliger oder teilweiser Rückgewähr der Prämie für den Rest des VJahres interessiert, sei es aus § 51 VVG oder bei völliger Betriebsaufgabe auch aus § 68 Abs. 2 VVG. Gleichzustellen ist allerdings die **Betriebsverlegung,** denn für den neuen VOrt wird aus dem bisherigen Vertrag nicht gehaftet, G III 28. Für eine abweichende Belehrung durch den Agenten will Hamm VersR 82, 1066 den Vr voll haften lassen, weil diese trotz §§ 3 Nr. 1 AERB, 4 Nr. 1 AERB 87 nicht in Widerspruch zu klaren AVB-Bestimmungen stehe (bedenklich; allenfalls Schadenersatzhaftung im Umfang von §§ 249, 254 BGB). Will der VN den neuen VOrt bei einem anderen Vr versichern, so kann er von dem bisherigen Vr den Rest der Jahresprämie zurückfordern. **Betriebsver-äußerung** ist ein Fall des § 69 VVG, wenn die versicherten Gebäude und Inbegriffe als ganze veräußert werden; dies gilt auch, wenn zuvor schon Teile des Inbegriffs aus dem VOrt entfernt waren und daher nur noch ein „unvollständiger" Inbegriff versichert war, Hamm VersR 75, 175 = RuS 110, Wälder RuS 76, 217.

15   Soweit alle versicherten Sachen für dauernd den VOrt verlassen haben, erlischt (ebenso z. B. Büchner JR 35, 21) der VSchutz nach § 68 Abs. 2 VVG **(Interessewegfall)**. Er lebt nicht wieder auf, wenn der Betrieb später zurückverlegt wird (LG Frankfurt JR 29, 306), Auch dies spricht dafür, § 68 VVG eng auszulegen (G II 12) und ihn nicht schon bei vorübergehender oder teilweiser Abwesenheit versicherten Sachen anzuwenden, zumal auch §§ 51, 68a VVG den VN vor Prämienverlusten genügend schützen. § 68 Abs. 2 VVG ist nur anzuwenden, wenn versicherte Sachen im VOrt überhaupt nicht mehr vorhanden sind; Betriebseinstellung mit bloßer Reduzierung der vorhandenen Sachen reicht nicht aus, LG Düsseldorf ZfS 82, 276 und J V 6. Wegen § 68 Abs. 4 VVG (Interessewegfall durch VFall) vgl. J V 7 und P II 15. Wegen § 69 VVG als Ausnahme von § 68 Abs. 2 VVG vgl. G II 14.

III. Vertragliche Lokalisierung des Versicherungsorts in der Geschäftsversicherung

1   1. Die rechtsverbindliche **Vereinbarung des VOrts** ist Sache des *VVertrages,* G I 20, soweit sie nicht gattungsmäßig durch die AVB vorgegeben ist, G I 12. Da der VSchein nur Beweisurkunde und widerlegbar ist, G I 21, kommt es auf den *übereinstimmenden Parteiwillen* an; falsche mündliche oder schriftliche Bezeichnungen schaden nicht (BGH VersR 66, 673 für eine Industrie-FeuerV). Die genaue Umschreibung des VOrts bereitet allerdings *Schwierigkeiten:* Der VOrt darf z. B. nicht mit der Postanschrift verwechselt werden (BGH aaO). Soll nur ein *Teil eines Gebäudes* VOrt sein (z. B. eine einzelne Etage in einer GeschäftsV, G III 17), so muß diese exakt vereinbart sein, ebenso wenn *mehrere Gebäude* auf demselben oder auf verschiedenen Grundstücken VOrt sein sollen. Ferner muß geregelt werden, ob nur Gebäude oder auch umgebende Grundstücke VOrt sein sollen; lediglich für die DiebstahlV versteht sich von selbst, daß unbebaute Grundstücke oder Grundstücksteile nicht VOrt sein können. Endlich ist zu klären, in welchem Umfang *spätere Veränderungen* der Betriebsräume auch den VOrt beeinflussen.

2   2. Besondere terminologische Schwierigkeiten (vgl. z. B. Raiser 157, 159, 160) bereitet der Fall, daß der VOrt aus **mehreren Gebäuden oder Grundstücken** besteht, die nicht zusammenhängen, und zwar für ein und dieselbe versicherte Sache oder für ein und denselben Sachinbegriff. Bei *individuell bestimmten Sachen* ist klar, daß die Sachen dann ohne Rücksicht darauf versichert sind, ob sie sich in dem einen oder in dem anderen Gebäude befinden. Bei Sachinbegriffen kommt es darauf an, ob für die mehreren Gebäude nur eine einzige oder aber je VOrt eine selbständige VSumme gebildet ist, letzterenfalls mit unterschiedlichen Prämiensätzen.

3   a) Ist **nur eine einzige VSumme** vereinbart, so ist die Rechtslage bei Sachinbegriffen ebenso wie bei individuell bestimmten Sachen. Die Sachen sind ohne Rücksicht darauf versichert, ob sie sich voll in dem einen oder voll in dem anderen Gebäude oder teils hier, teils dort befinden. Es ist auch eine rein

terminologische Frage und sachlich bedeutungslos, ob man von mehreren
Teilen nur *eines* VOrts oder von *mehreren* VOrten spricht. Letzterenfalls
kann man sagen, zwischen den mehreren VOrten bestehe „Freizügigkeit", was
sich aber auch schon allein aus der gemeinsamen VSumme ergibt. Weniger
glücklich ist die Formulierung, in den mehreren Orten bestehe „*summarische
V*" (Raiser 159); diesen Begriff sollte man gemäß Kl 151 zu den AFB 30
(2. Aufl., Texte 33) nur gebrauchen, wo ausgedrückt werden soll, daß mehrere Sachen nicht mit je einer VSumme, sondern als Inbegriff mit gemeinsamer
VSumme versichert sind, S I 4. – Wegen der Konsequenzen für die Entschädigungsgrenze für Kosten gemäß §§ 63, 66 VVG vgl. W I 7.

Unentbehrlich ist der Begriff der Freizügigkeit, wenn dieser nur für einen **4**
Teil der Positionen des Vertrages gelten soll, so vor allem nach **Kl 1401** zur
Pauschaldeklaration der GeschäftsV; hier besteht Freizügigkeit nur für die
Vollwertpositionen für Betriebseinrichtung und Ware, A II 27, nicht dagegen
bei Erstrisikopositionen für Nebenrisiken gemäß A II 28 und U I 5. Wegen
dieser Nebenrisiken geht Kl 1401 von gesonderten VSummen aus und hebt
diese Trennung für die Hauptposition durch das Wort „Freizügigkeit" wieder auf. Umgekehrt basiert **Kl 1402** auf einer gemeinsamen VSumme für
Betriebseinrichtung und Ware in allen VOrten. Soweit als Entschädigungsgrenzen absolute Beträge vorgesehen sind, gelten diese ohnehin für VFälle an
jedem VOrt; die Prozentsätze der Hauptsumme als Höchstbeträge werden
nach Kl 1402 aus einer fiktiven Durchschnittshauptsumme je VOrt berechnet.

Auch wenn für mehrere VOrte nur eine einzige VSumme vereinbart ist, **5**
kann die Entschädigung für einen der VOrte (oder nach Kl 1401 und 1402 für
jeden der VOrte, G III 4) durch eine *Entschädigungsgrenze* beschränkt sein,
vgl. das dem damaligen Feuerhandbuch des Verbandes der Sachversicherer
entnommene Beurkundungsbeispiel bei Wälder RuS 74, 1. Man spricht hier
von einer „**Abzweigung**" zugunsten des Ortes mit der begrenzten Entschädigung. Begrifflich handelt es sich um einen Fall der *abhängigen AußenV* im
Sinn von Kl 3401 und 5401, G V 5. Ebenso im Ergebnis Wälder RuS 74, 39;
die Abweichung in RuS 74, 4, 38 ist nur terminologischer Art, denn auch eine
abhängige AußenV für die ganze Bundesrepublik oder gar für Europa oder
für die ganze Welt ist nichts anderes als eine „Abzweigung" mit Entschädigungsgrenze, nur eben hier für einen räumlich größeren Bereich. Ein Beispiel
für eine Abzweigung bietet auch **Kl 2401**. Ort der Abzweigung sind hier *neu
hinzukommende Betriebsgrundstücke* innerhalb der Bundesrepublik. Nr. 2
Abs. 2 der Klausel sagt, daß sich an der VSumme nichts ändert und daß diese
als einheitliche gültig bleibt. Dabei verpflichtet jedoch Nr. 3 der Klausel den
VN, bis zu der Entschädigungsgrenze für den Ort der Abzweigung (zur Zeit
250 000 DM) einen erhöhten Prämiensatz zu zahlen, falls die Risikolage des
neuen Grundstücks dies erfordert.

b) Sind **mehrere VSummen** für mehrere VOrte vereinbart, so ist die Rechts- **6**
lage für VSumme und UnterV je VOrt im Prinzip nicht anders, wie wenn
jeder VOrt Gegenstand eines rechtlich selbständigen VVertrages wäre. Es
gibt grundsätzlich *keine Freizügigkeit*. UnterV an einem der VOrte wird im
Schadenfall auch dann voll angerechnet, wenn gleichzeitig an anderen VOr-

ten ÜberV besteht. Praktisch werden mehrere VSummen nur vereinbart, wenn die VOrte wegen der Risikolage unterschiedliche Prämiensätze erfordern. Da das Risiko an den Eigenschaften des Gebäudes gemessen wird, Teil des VOrts aber meist auch umgebende oder dazwischen liegende Grundstükke sind, ordnete **17 ZFgA** die vorübergehend im Freien gelagerten Sachen je nach der Richtung des bereits ausgeführten oder noch bevorstehenden Transportes dem einen oder dem anderen Gebäude zu. Eine entsprechende Klausel zu § 4 Nr. 2 Abs. 1 AFB 87 erübrigt sich, weil dort allgemein auch „Grundstücke" erwähnt sind, G III 12.

7   Ebenso wie bei einheitlicher VSumme die Freizügigkeit durch Entschädigungsgrenzen für Abzweigungsorte beschränkt werden kann, ebenso kann umgekehrt bei selbständigen VSummen „**Freizügigkeit**" zwischen den VOrten vereinbart werden, und zwar entweder uneingeschränkt (dann handelt es sich der Sache nach nur um eine einzige VSumme im Sinn von G III 3), oder so, daß bei ÜberV der Mehrbetrag der VSumme an einem Ort den VSummen derjenigen Orte zugeschlagen wird, deren Prämiensätze niedriger oder höchstens gleich hoch sind. – Wegen der Konsequenzen für die Entschädigungsgrenze für Kosten gemäß §§ 63, 66 VVG vgl. W I 8. – Nach **Kl 1401** erstreckt sich die Freizügigkeit in der Hauptposition (Betriebseinrichtung und Ware) der gebündelten GeschäftsV nicht auch auf die aus dieser Hauptposition zu errechnenden Entschädigungsgrenzen und Erstrisikosummen. Für diese wird im Gegenteil eine Berechnung nur aus einer fiktiven anteiligen VSumme sogar dann vereinbart, wenn (in der gebündelten GeschäftsV) nach **Kl 1402** für mehrere VOrte eine gemeinsame VSumme gilt, vgl. auch schon G III 3.

8   Das Wort „*Summenausgleich*" wurde, ebenso wie der Begriff „summarische V" (G III 3), nicht für das Nebeneinander mehrerer VOrte, sondern für das Nebeneinander mehrerer in verschiedenen Positionen, aber innerhalb *desselben* VOrts versicherter Sachinbegriffe geprägt. An dieser terminologischen Unterscheidung ist festzuhalten. Man sollte also von Freizügigkeit nicht mit Bezug auf Gruppen von versicherten Sachen, sondern nur mit Bezug auf mehrere VOrte, von Summenausgleich dagegen nicht im Zusammenhang mit VOrten, sondern nur im Zusammenhang mit den Gruppen versicherter Sachen (Positionen, vgl. dazu S I 26 sowie Wälder RuS 74, 3, Fußnote 14) sprechen.

9   Ein Unterfall der Vereinbarung mehrerer VOrte mit je einer VSumme ist die sog. **selbständige AußenV**, ebenso wie die abhängige AußenV ein Unterfall der einheitlichen VSumme für mehrere voneinander getrennte räumliche Bereiche ist, vgl. G III 5. Die Besonderheit der selbständigen AußenV liegt darin, daß der Außenbereich meist (Kl 3402 und Kl 5402) die ganze Bundesrepublik umfaßt und daß er in der Praxis nicht als „AußenVOrt" bezeichnet wird, weil „Ort" auf einen zu kleinen räumlichen Bereich hindeuten würde. Eine Ausnahme hiervon wiederum bildet die VSumme für Sachen im Freien, aber auf dem VGrundstück, vgl. G III 25. – Die AußenV, auch diejenige für Hausrat nach §§ 6 Nr. 2, 3 Nr. B 5 und 6 VHB 74, 12 VHB 84, wird wegen ihrer großen praktischen Bedeutung in einem besonderen Abschnitt behandelt, nämlich in Abschnitt G V.

3. Die Sorgfalt bei der **vertraglichen Lokalisierung** des VOrts ist am größten 10 einmal bei *hohen VSummen* und Duchschnittsprämien, also in der **Industrie-FeuerV**, A II 15 und 16, sowie Diebstahl- und RaubV für Geldinstitute und Juweliere, zum anderen generell in der **Dienstahl- und RaubV**, weil hier das Risiko stark von den örtlichen Gegebenheiten abhängt. Im übrigen Bereich der GeschäftsV wird großzügiger verfahren. Auch der FeuerVr für nichtindustrielle Risiken kann zwar nicht unbesehen, sondern nur entweder nach Risikoprüfung oder bei Einigkeit über die Zahlung einer gegebenenfalls höheren Bedarfsprämie (wegen Kl 1501 für neu hinzukommende Betriebsgrundstücke vgl. G III 5) *zusätzliche Gebäude* oder Grundstücke einschließen. *Innerhalb* ein und desselben Gebäudes (Risiko und Prämiensatz bereits kalkuliert) sowie im Freien in unmittelbarer Nähe jenes Gebäudes kann der FeuerVr den VSchutz jedoch wirtschaftlich im Prinzip ohne Mehrprämie räumlich erweitern.

§ 4 Nr. 1 AFB 30 geht zwar auch für die FeuerV nur von **Räumen** aus, die als 11 VOrt vereinbart werden. Für *vorübergehend im Freien* gelagerte Sachen machte aber **17 ZFgA** schon seit langem ausdrücklich eine Ausnahme; ähnlich **16 ZFgA** und neuerdings § 22 ZFgA 81b für Sachen auf oder bei Transportmitteln oder auf Geleisen oder Wasserweganschlüssen sowie für versicherte Transportmittel selbst. Darüber hinaus wurde § 4 Nr. 1 AFB 30 häufig einzelvertraglich (G I 20) dadurch erweitert, daß im gebräuchlichen Antragsformular (Texte 37) der **Industrie-FeuerV** nur nach dem „VGrundstück" gefragt und auch (Texte 38) in der Positionen-Erläuterung (H III 1) das „VGrundstück" für maßgebend erklärt wurde. Im VScheinformular ist nur eine Spalte für den „VOrt" vorgesehen, wo gewöhnlich nur ein Grundstück, nicht aber bestimmte Gebäude oder gar Räume bezeichnet werden. Schon nach den AFB 30 wurden also vielfach **Sachen im Freien** (auch auf demselben „VGrundstück") eingeschlossen, zumal das Risiko dort meist geringer ist als in Gebäuden. Diese Sachen sind dann aber auch für den VWert zu berücksichtigen, G II 11; wegen des entsprechenden Problems in der **gebündelten GeschäftsV** vgl. G III 23 bis 27.

§ 4 Nr. 2 Abs. 1 AFB 87 schafft für die gesamte (industrielle und nichtindustrielle) FeuerV eine geschäftsplanmäßige Grundlage für die Vereinbarung eines **Grundstücks** als VOrt der FeuerV. Es handelt sich um eine Alternative neben der Möglichkeit eines VOrts in **Räumen eines Gebäudes**. Dadurch erübrigt sich eine Klausel analog 17 ZFgA, G III 6. Hingegen wurde § 22 ZFgA 81b als **Kl 3404** (Anschlußgleise und Wasseranschlüsse) fortgeschrieben. Wegen der FeuerV während eines Transportes vgl. **Kl 3403**.

Auch in der Leitungswasser- und SturmV sahen §§ 2 Nr. 4 AWB 68, 2 Nr. 5 13 AStB 68 lediglich vor, daß Gebäude oder Räume eines Gebäudes als VOrt vereinbart werden können. Um den geschäftsplanmäßigen Spielraum für den Einzelvertrag einschließlich Antrags- und VScheinformularen (G I 20) zu erweitern, ermöglichen es §§ 4 Nr. 2 AWB 87, AStB 87 als Alternative nun ebenfalls, auch Grundstücke als VOrt zu vereinbaren. Das entspricht zwar § 4 Nr. 2 AFB 30. Während aber in der Feuer- und vor allem in der LeitungswasserV das Risiko bei Sachen im Freien geringer ist, verhält es sich in der SturmV umgekehrt.

14   §§ 1 Nr. 2 AWB 68, 1 Nr. 2b AWB 87, 4 Nr. 2 VGB 62, 7 Nr. 3 VGB 88
erstrecken die *Rohrbruch V* auch auf Rohre außerhalb des Gebäudes, teilweise
sogar auch außerhalb des Grundstücks, E I 93. Durch Kl 505, 5201, 852 und
0925 kann dieser Schutz noch weiter ausgedehnt werden, E I 96 und 98.
Darin liegt weder Großzügigkeit noch Ungenauigkeit, sondern ein für bestimmte unbewegliche Sachen (Grundstücksbestandteile) erweiterter VOrt,
der die geringere Ortsabhängigkeit des Risikos gegenüber der DiebstahlsV
demonstriert.

15   **Unklarheiten** über die Grenzen des VOrts drohen um so mehr, je abstrakter
der VOrt umschrieben ist, sei es durch die AVB oder zwar durch den Vertragstext, aber in *abstrakter* (nicht auf den Einzelfall bezogener) *Formulie-
rung*. Auf den Einzelfall zugeschnittene Beschreibungen sind jedoch in der
Praxis selten. Allerdings wird sowohl in der FeuerV wie in der DiebstahlV bei
Vertragsschluß oft eine **Skizze** der als VOrt vorgesehenen Räume erstellt, vgl.
das Muster eines Besichtigungsberichts in Texte 41, die aber nicht mit
„VOrt" überschrieben wird, sondern vor allem der Risikobeurteilung
(Brandgefährlichkeit in der FeuerV, vgl. die sog. Anerkennungs-Kl 2601;
Erfassung von Arten, Anzahl und Standorten der Einbruchsicherungen in der
DiebstahlV) und der Prämienkalkulation dient. In der DiebstahlV heißt die
Skizze oft **„Lageplan mit Sicherungsbeschreibung"**, N IV 55.

16   Ob die Skizze – wenigstens in der besonders stark ortsgebundenen DiebstahlV – *Vorrang* vor der abstrakten Umschreibung des VOrts genießt, ist nur
von Fall zu Fall zu entscheiden (bejahend Oldenburg VersR 76, 1029). Wird
die Skizze nicht durch den VN überprüft oder wird sie dem VSchein nicht
beigefügt, bleibt also Internum des Vr, oder wird sie nicht durch einen Spezialisten, sondern lediglich durch einen Agenten aufgenommen, so wird man die
Frage in der Regel *verneinen* müssen. Noch weniger „kann bloßen" Antworten auf Antragsfragen nach gefahrerheblichen Umständen eine Einschränkung
des VOrtes im Sinn der Pauschaldeklaration für die GeschäftsV entnommen
werden, LG Bielefeld RuS 89, 26; Berufungsinstanz: Hamm VersR 90, 302.

17   4. Die **gebündelte GeschäftsV** nach den AFB 30, AEB, AERB, AWB 68 und
AStB 68 sowie ebenso nach den AFB 87, AERB 87, AWB 87 und AStB 87
wirft besondere Probleme zum VOrt auf. Die Praxis arbeitet hier mit einer
abstrakten Umschreibung des VOrts, die aus zwei Teilen besteht. Zunächst
wird ein „VGrundstück" vereinbart, wobei der VN nach manchen Antragsformularen „auch Gebäudeteil und Stockwerk angeben" soll. **VOrt** ist aber,
schon im Hinblick auf die DiebstahlV, meist nicht ein ganzes Grundstück,
sondern **nur ein Gebäude oder ein Teil davon**; eine Ausnahme machen nur §§ 3
Nr. 6 AERB, 4 Nr. 6 AERB 87 für Raub, G II 9. Selbst wenn die Angabe des
VGrundstücks durch Angabe eines Stockwerks präzisiert ist, muß aber der so
abgegrenzte Gebäudeteil nicht mit dem VOrt identisch sein.

18   Vielmehr wird in der **Pauschaldeklaration**, also in den Antrags- und
VScheinvordrucken (G I 20 sowie Texte 40), der VOrt etwa wie folgt abge-
grenzt: *„in den Geschäfts- und Lagerräumen (VRäume) sowie auf dem
VGrundstück in Schaufenstern und Vitrinen"*. Der Begriff „VRäume" als
Kurzdefinition soll *gleichbedeutend* sein *mit* „VOrt" gemäß §§ 3 Nr. 2
AERB, 4 Nr. 2 AERB 87 und gemäß den übrigen in G III 11 bis 14 zitierten

Bestimmungen. Er soll ferner bei der Übernahme von Kl 4402 Nr. 1 in den Text der Pauschaldeklaration Verwechselungen zwischen „VOrt" und politischer Gemeinde vermeiden („außerhalb des VOrts"), ebenso bei der V von „Raub innerhalb der VRäume" als Position der Pauschaldeklaration. – Schwierigkeiten bei der Abgrenzung des VOrts können entstehen, wenn der Vr bei Antragstellung mit Wissen des VN eine Skizze gefertigt hat, die aber nicht alle Räume enthält, in denen sich versicherte Sachen befinden. Im Zweifel gebührt der Skizze kein Vorrang, G III 16.

VOrt der gebündelten GeschäftsV sind danach **alle** Räume innerhalb des 19 VGrundstücks, in denen sich Ware oder Einrichtung befindet, jedoch mit **Ausnahme** von Räumen, die zugleich als Wohnräume benutzt werden, BGH RuS 89, 123 = VersR 395. Im Fall BGH aaO waren auch betriebliche Gegenstände in Wohnräumen mitversichert, weil auf die Pauschaldeklaration im VSchein nicht oder nur individuell (§ 4 AGBG) modifiziert Bezug genommen war. Schon das Wort „**Lagerräume**" würde auch Räume mit Kundenverkehr umfassen (KG JR 25, 133); der Zusatz „**Geschäftsräume**" räumt Zweifel aber ohnehin aus. Demgegenüber will Koblenz VersR 84, 250 zu Unrecht nur diejenigen Räume innerhalb des VGrundstücks als beantragten und vereinbarten VOrt ansehen, mit Bezug auf die im Antrag deren *örtliche Lage* zutreffend angekreuzt wurde, vgl. z. B. Texte 39 Seite 1 am Beginn des unteren Drittels. Tatsächlich handelt es sich dort aber nur um die Antwort auf eine Frage nach *gefahrerheblichen Umständen*, N II 6, die *nicht* als Präzisierung des Antrags mit Bezug auf den VOrt verstanden werden kann, A IV 27, vgl. zutreffend LG Bielefeld RuS 89, 26 und als Berufungsinstanz Hamm VersR 90, 302 für Lagerräume in einem Dachboden (als örtliche Lage der versicherten Räume war nur „Erdgeschoß" angekreuzt). Für den Einzelfall war Koblenz aaO allerdings gleichwohl zuzustimmen, denn der vom Schaden betroffene Lagerraum im Tiefgeschoß (angekreuzt war im Antragsformular nur „Erdgeschoß") wurde nachträglich angemietet (G III 21) und war schon deshalb nicht Teil des VOrts.

Schaukästen und Vitrinen sind nach Kl 4402 und der zitierten (G II 18) 20 Pauschaldeklaration auf dem gesamten „VGrundstück" („Grundstück, auf dem der VOrt liegt", vgl. die Zitate in G III 31) Teil des VOrts. Entgegen AG Brühl RuS 79, 21 ist aber ein **Automat** an der Außenwand nicht ein „Schaukasten" (wie hier Ollick VerBAV 81, 46), mag auch die Ware durch ein Glasfenster des Automaten sichtbar sein. Für Automateninhalt kann Schutz ausnahmsweise (D XV 5) nach Kl 4403 vereinbart werden. Sowohl nach Kl 4403 wie nach Kl 4402 für Schaukästen und Vitrinen wird meist eine Entschädigungsgrenze vereinbart, U I 8. Vitrinen im Sinn von Kl 4402 sind freistehende Behältnisse aus Glas auf festem Sockel, die ein Beschauen des Inhalts von allen Seiten ermöglichen (LG Köln VersR 78, 124); Anbauten an das Gebäude fallen nicht darunter.

Kommen nach Vertragsschluß *zusätzliche Räume* hinzu, so ist die Rechts- 21 lage zweifelhaft. Die eine Lösung bestünde darin, bei der Auslegung der in G III 18 zitierten Formulierung der Pauschaldeklaration auf den **jeweiligen Sachstand** abzustellen; nur wenn die zusätzlichen Räume für Diebstahl oder Feuer oder Leitungswasser eine *Gefahrerhöhung* darstellen, würden §§ 23 ff. VVG gelten. Die Nachteile dieser Lösung wären: Die Frage der Gefahrerhöhung

würde zu Rechtsunsicherheit führen. In den ursprünglichen Räumen würde
UnterV infolge der zusätzlichen Werte in den neuen Räumen drohen, G
II 11. In den gebündelten VZweigen könnten die Verträge ein unterschiedliches rechtliches Schicksal erleiden, wenn Gefahrerhöhung nur für eine von
mehreren versicherten Gefahren eingetreten ist.

22 Vorzuziehen ist daher die andere Lösung: Maßgebend ist der **Sachstand bei
Vertragsschluß** (ebenso Oldenburg VersR 76, 1029 für die AEB, Koblenz
VersR 84, 250 für die AFB 30 und Oldenburg ZFS 89, 427 zu den AERB),
wie übrigens auch sonst oft, wo VVerträge oder AVB auf änderungsfähige
Tatbestände verweisen, vgl. F I 24 wegen des Ausschlusses von „Brand, Blitzschlag und Explosion" und PM § 167 Anm. 3 sowie § 1 AUB Anm. 2 wegen
PersonenV der „Ehefrau" (nicht: „jeweilige Ehefrau"!). Dem Vertragsschluß
stehen spätere **Änderungen des VVertrages** gleich, soweit sie den VOrt betreffen. §§ 6 Nr. 1 VHB 74, 11 Nr. 1 VHB 84 (jeweilige Wohnung!) sprechen
mehr für als gegen die hier (und schon bei E. Prölss 151) vertretene Ansicht,
denn bei Wohnungen ist eine gewisse Einheitlichkeit der Risikoverhältnisse
wahrscheinlich, G II 8. Ausnahmen können bei Wohnungen, also im Massengeschäft, G IV 67, leichter als in der gebündelten GeschäftsV vernachlässigt
werden.

23 5. Zusätzliche Schwierigkeiten bereiten in der gebündelten GeschäftsV die
Feuerschäden an **Sachen,** die sich dauernd oder vorübergehend **im Freien** *außerhalb* der als VOrt vereinbarten Räume und eventuell sogar außerhalb des
VGrundstücks befinden. Wenn nämlich der VOrt in der gebündelten GeschäftsV enger abgegrenzt wird als in der Feuer-IndustrieV, G III 11, so vor
allem wegen der VSumme, die für den Diebstahlvertrag usw. dieselbe Höhe
wie für den Feuervertrag haben soll. Eine am Gebäude außen (eventuell in
anderer Höhe als derjenigen der durch den VN ausschließlich genutzte Etage)
angebrachte Leuchtreklame, ein Förderband in einem Nebengebäude für
mehrere Betriebe gemeinsam und außerhalb des VGrundstücks, Autoreifen
auf dem Gelände einer Tankstelle, Gemüsekisten auf dem Bürgersteig (also
außerhalb des Grundstücks des VN) vor einem Einzelhandelsgeschäft und
ein am Abend eingetroffener Warentransport auf einem in einer Toreinfahrt
des VGrundstücks, aber noch außerhalb des VOrts abgestellter Lkw mögen
das Problem verdeutlichen. Für solche Sachen besteht bei Brandschäden ein
VBedürfnis.

24 Soweit **FeuerAußenV** (G V 5 und 9) vereinbart ist, fallen darunter nach Kl
3401 und 3402 mangels gegenteiliger Abrede auch Brandschäden im Freien
auf dem VGrundstück, mag auch primär an Sachen in fremden Räumen
gedacht worden sein. Freilich wird der VN für die Höhe der AußenVSumme
oder für die Erhöhung eines pauschal eingeschlossenen Betrages oft nur Sachen berücksichtigen, die sich *vorübergehend im Freien* befinden. Soweit die
Pauschaldeklaration nicht selbständige AußenV, sondern nur eine *abhängige
AußenV* als sog. Abzweigung, G III 5 – pauschal und mit Erhöhungsmöglichkeit – anbietet, G V 9, liegt dieser Fehler besonders nahe. Neben einer
AußenV kann sich daher durchaus die *Frage einer Kulanz* des Vr stellen, und
zwar sowohl deshalb, weil die AußenVSumme oder -entschädigungsgrenze
nicht ausreicht, wie auch deshalb, weil – bei anhängiger AußenV – wegen

vergessener ständig im Freien befindlicher Sachen die VSumme der gebündelten GeschäftsV insgesamt nicht ausreicht.

Eine klare und zweckmäßige Lösung ist es, für **Sachen im Freien auf dem**   25 **VGrundstück** eine besondere Position im Sinn einer *selbständigen AußenV* gemäß Kl 3402 zu vereinbaren. Hierfür bietet § 4 Nr. 2 AFB 87 neuerdings sogar eine geschäftsplanmäßige Grundlage, G III 12. Für eine gleichzeitig zu vereinbarende *abhängige* AußenV gemäß Kl 3401 kann dann die dort in Nr. 1 vorgesehene Sonderabrede vereinbart werden, also ein *Ausschluß* für Sachen im Freien innerhalb des *Grundstücks*. Allerdings müßte der VN dann Sachen, die sich abwechselnd innerhalb des VOrts und im Freien außerhalb des VGrundstücks befinden, sowohl für die Summe der selbständigen AußenV wie auch für die HauptVSumme berücksichtigen. Aber dem ließe sich durch den Prämiensatz für die selbständige AußenV Rechnung tragen. Soweit Sachen im Freien als Nebenrisiko im Rahmen einer Pauschaldeklaration gedeckt sind (vgl. Ziffer III 10 des Deklarationsbeispiels in Texte 40), wird Prämie ohnehin nicht besonders ausgeworfen, sondern ist in den Prämiensatz für die Hauptsumme einkalkuliert.

Trotzdem ist der **Regelungsversuch in Texte 40** insgesamt nicht gelungen.   26 Dort ist nämlich in Ziffer II 1 von einer „AußenV" die Rede, und zwar unter Ausschluß von Sachen auf dem VGrundstück („Sachen gemäß Nr. III 10"). Dieser Text steht jedoch als Ganzer in Abschnitt II, der dem Wortlaut nach nicht zusätzlichen VSchutz begründet, sondern im Gegenteil „die Entschädigung für Sachen gemäß Nr. I (HauptVSumme) begrenzt". Beabsichtigt ist gleichwohl die Begründung einer abhängigen AußenV im Sinn von Kl 3401 über Ziffer I der Deklaration hinaus. Unklar bleibt daher, ob die Worte „in der Feuer- und LeistungswasserV" sich auf den AußenVSchutz insgesamt oder nur auf die Tatsache der vertragsmäßigen Begrenzung beziehen sollen. Der wirtschaftliche Zweck der Regelung drängt zu der Annahme, daß entgegen dem Wortlaut (vgl. den Begriff „Entschädigungsgrenze" schon in der Überschrift von II) AußenV für Sturm sowie Diebstahl überhaupt nicht und für Feuer sowie Leitungswasser nur in beschränkter Höhe bestehen soll. Wegen § 5 AGBG bleiben gewisse Bedenken gegen diese Auslegung aber bestehen.

Jedenfalls dürfen nach der Deklaration in Texte 40 entgegen Kl 3401 Nr. 4   27 Sachen außerhalb des VOrtes für den VWert der Hauptposition nicht berücksichtigt werden, denn die Anträge und die Vertragsdeklaration haben als speziellere Regelung gegenüber dem Klauseltext Vorrang. Der VN braucht nicht damit zu rechnen, daß Sachen, die nur unter der Überschrift „Entschädigungsgrenzen" erwähnt sind, in der VSumme enthalten sein müßten. Vielmehr kann er sich bei der Bildung der VSumme auf Sachen „gemäß Nr. I" beschränken, also auf Sachen innerhalb des VOrtes.

6. Kommen *neue Räume* im Rahmen einer **Betriebserweiterung** hinzu (G   28 III 21) oder treten sie wegen **Betriebsverlegung** (G II 14) an die Stelle der alten, so bedarf es für die neuen Räume einer **Erweiterung des** bisherigen **Vertrages** oder eines ganz **neuen Vertrages** (BGH VersR 81, 469), letzteres dann, wenn der alte Vertrag schon erloschen war, G II 15. Diese Rechtslage ist trotz des klaren Wortlauts der in G III 11 bis 14 zitierten Bestimmungen für den VN

schwer durchschaubar (Celle VersR 52, 401), zumal für die HausratV eine einfachere Regelung gilt, welche die neue Wohnung einschließt, G IV 44. Daher ist eine schriftliche oder mündliche *„Anzeige"* neuer Geschäftsräume meist als **Antrag** des VN auszulegen, den bestehenden Vertrag zu ändern oder einen neuen abzuschließen und ihm bis zur Entscheidung darüber **vorläufige Deckung** zu gewähren.

29   Der Vr muß sich in angemessener Frist (höchstens zwei Wochen, vgl. KG VA 21 Nr. 1186, Hamm VersR 82, 1066, bei Anträgen auf vorläufige Deckung auch schneller, eventuell – besonders bei mündlichen Anträgen – noch an demselben Tag) äußern, wenn er sich nicht schadenersatzpflichtig machen will (BGH 81, 469, 86, 329, Hamm RuS 87, 182, Celle aaO); ebenso schon RG 104, 20. Schon eine formlose Mitteilung des VN an den Vr oder dessen Angestellten oder Agenten über eine bevorstehende oder gar bereits erfolgte Betriebsverlegung begründet eine **Aufklärungspflicht des Vr**, BGH VersR 87, 148, jedenfalls wenn das Interesse des VN am Fortbestand des VSchutzes erkennbar ist. Bei unrichtigen Auskünften über die örtlichen und zeitlichen Grenzen des VSchutzes kommt zudem die gewohnheitsrechtliche Vertrauenshaftung des Vr zum Zuge, also ohne die Möglichkeit des Einwandes eines Mitverschuldens, vgl. Hamm aaO sowie G II 14. – Weitere Zitate aus der älteren Rechtsprechung: E. Prölss 152; vgl. auch PM § 3 Anm. 5 (verzögerte Erledigung von Anträgen) und Martin ZVersWiss 76, 560.

30   7. Überblick über die **Begriffsvielfalt** bei der Bezeichnung des VOrts in der Geschäfts- und IndustrieV: Von **VOrt** sprechen § 3 Nr. 1 AFB 30 in der Überschrift und in Klammern, § 3 Nr. 1 AEB nur in Klammern, ferner durchgehend §§ 2 Nr. 5c aa, Nr. 1, 2 und 6 AERB, 2 Nr. 4 AWB 68, 2 Nr. 5 AStB 68, 4 Nr. 1 und 2 AFB 87, AERB 87, AWB 87, AStB 87. „**VRäumlichkeit**" stand als Überschrift von § 4 AEB, ferner mehrfach in den älteren Pauschaldeklarationen der gebündelten GeschäftsV und im Text von D-Kl 22 Nr. 1 zu den AEB (Gebäudeschäden usw.), weil man dieses Wort vor allem in negativen Angrenzungen („außerhalb der VRäumlichkeiten") für besser geeignet hielt als „VOrt", der mit der politischen Gemeinde verwechselt werden könne. Deshalb spricht die Pauschaldeklaration auch auf der Basis der AERB und AERB 87 noch von **VRäumen**, G III 18, obwohl die AERB und AERB 87 korrekt ohne dieses Wort auskommen, auch in negativen Abgrenzungen (vgl. §§ 3 Nr. 6 AERB, 4 Nr. 6 AERB 87 für den VOrt bei Geschäftsraub: „über die in dem VVertrag als VOrt bezeichneten Räume hinaus").

31   Das Wort „**VGrundstück**" (gelegentlich auch: „**VGebäude**") wird in den Antrags- und VScheinvordrucken der Industrie-FeuerV (G III 11) und der gebündelten GeschäftsV (G III 17) gebraucht als Bezeichnung des „Grundstücks, auf dem der VOrt liegt" (so die korrekte Formulierung in §§ 2 Nr. 5c bb, 3 Nr. 6 AERB, 3 Nr. 3c bb, 4 Nr. 6 AERB 87 und Kl 4402; ähnlich 4403 Nr. 2), also der Postanschrift. Zerfällt ein „Grundstück" im Sinne der **Postanschrift** grundbuchrechtlich in mehrere Grundstücke, so sind nach dem maßgebenden (BGH RuS 88, 244 = NJW-RR 1050 = VerBAV 331) Sprachgebrauch des täglichen Lebens die mehreren Grundstücke Teil des Grundstücks, vgl. auch G IV 26. Ferner erscheint der Begriff in § 6 Nr. 1 Satz 2 VHB 74 und in § 10 Nr. 2 Satz 3 VHB 84 als Ort für Antennenanlagen im Hausrat, G IV 20.

Im Fall BGH RuS 89, 123 = VersR 395 war als „VGrundstück" oder 32
„VersGebäude" korrekt ein Gebäude durch Straße und Hausnummer bezeichnet. Als VOrt waren hingegen durch die Pauschaldeklaration (Texte 40)
nur die Geschäfts- und Lagerräume des VN vereinbart, G III 18. BGH aaO
identifizierte jedoch die Begriffe „VOrt" und „VGrundstück" und sah deshalb auch die in jenem Gebäude gelegenen Wohnräume des VN als Teil des
VOrtes an. Tatsächlich waren jedoch die AERB als Vertragsgrundlage vereinbart; danach hatten die Begriffe „VOrt" und „VGrundstück" unterschiedliche Bedeutung, vgl. die Zitate in G III 31.

IV. Versicherungsort für Hausrat nach den VHB 74 und VHB 84

1. In der HausratV ist VOrt „die im VVertrag bezeichnete Wohnung des 1
VN", §§ 6 Nr. 1 Satz 1 VHB 74, § 10 Nr. 2 Satz 1 VHB 84, vgl. zu dieser
„Bezeichnung" G IV 85. Anders als in der gewerblichen V (G III 1) wird also
der VOrt nicht erst im Einzelvertrag (G I 27), sondern schon in den AVB
umschrieben.

Allerdings muß gegebenenfalls vereinbart werden, welche von mehreren 2
Wohnungen des VN VOrt sein soll. Dies gilt gleichermaßen für den Neuabschluß wie auch für Vertragsänderungen. Der im Vertragsänderungsantrag
genannte VOrt ist auch dann maßgebend, wenn nach den Grundsätzen über
den Wohnungswechsel gemäß G IV 44ff bis zum Tag des Änderungsantrags
Schutz in einer anderen Wohnung bestanden hatte; die Änderung gilt ab dem
beantragten Tag, selbst wenn der Vr den Änderungsantrag erst zu einem
späteren Zeitpunkt annimmt, Hamm VersR 88, 1014 = RuS 54. Soweit der
VN erst später eine oder mehrere weitere Wohnungen nimmt, ergibt sich aus
den Regelungen über den Wohnungswechsel, welche der Wohnungen VOrt
ist, vgl. zum Wohnungswechsel G IV 44 bis 82 und zur Mehrheit von Wohnungen G IV 83 bis 93

Was zur Wohnung gehört oder was umgekehrt schon nicht mehr zur Woh- 3
nung gehört, ist teilweise in § 10 Nr. 2 VHB 84 geregelt. Im übrigen handelt
es sich um eine Auslegungsfrage zu den VHB 74 und VHB 84. In den unvermeidlichen Grenzfällen entscheidet der Sprachgebrauch des täglichen Lebens,
BGH RuS 88, 244 = NJW-RR 1050 = VerBAV 331. Zu berücksichtigen sind
drei Elemente, nämlich die baulichen Gegebenheiten, die tatsächliche Benutzung und das Recht zur Benutzung durch den VN, wobei bald das eine, bald
das andere Kriterium im Vordergrund steht. Die *Rechtmäßigkeit* des Besitzes
des VN an der Wohnung oder an einzelnen Räumen spielt *keine* Rolle. Auch
der Hausbesetzer oder der Mieter nach Rechtskraft des Räumungsurteils und
Ablauf der Räumungsfrist genießt VSchutz.

Wenn der Vr dem VN die Antragsfrage stellt, ob die Wohnung in „*nicht* 4
ständig bewohnten Gebäuden", insbesondere in Sommervillen, Land-, Wo-
chenend-, Jagd-, Garten- und Weinberghäusern" liegt, so handelt es sich
nicht um die Lokalisierung des VOrts, sondern um die Prämienkalkulation.
Insbesondere will der Vr klären, ob er nicht durch Kl 814 Wertsachen ausschließen oder gemäß Kl 827 für den Einzelfall (dazu GB 73, 52 = RuS 75,
43) einen Selbstbehalt vereinbaren soll. Falsche Antworten geben dem Vr ein

Rücktrittsrecht, gleichgültig ob der Vr den Vertrag bei richtiger Antwort unverändert oder nur mit Kl 814 oder 827 oder überhaupt nicht abgeschlossen hätte (PM § 21 Anm. 1). Jedoch kann je nach den Gegebenheiten des Einzelfalls das Verschulden des VN wegen unklarer Fragestellung fehlen, vgl. LG Mannheim VersR 51, 70 wegen des Begriffes „Wochenendhaus" sowie N II 10 und 11 zur Antragsauslegung.

5   2. Anders als in der GeschäftsV (G III 22) ist nach §§ 6 Nr. 1 VHB 74, 10 Nr. 2 VHB 84 für den **Umfang der Wohnung** der **jeweilige Sachstand** maßgebend. Wird die Wohnung *verkleinert* oder *erweitert,* so wirkt sich dies auf den VOrt aus. Übersehen wurde dies in LG München I VersR 85, 678; neu hinzukommende Räume müssen auch nicht mit den bisherigen Räumen baulich verbunden sein, sondern können z.B. auch in anderer Etage liegen, G IV 14. „Erweiterung" liegt aber nur vor, soweit die hinzukommenden Räume nach der Verkehrsansicht Teil der Wohnung wären, wenn sie schon von Anfang an vorhanden gewesen wären; andernfalls handelt es sich bei den neuen Räumen um eine Zweitwohnung und es besteht kein VSchutz (RG H 21, 104). Der Fall, daß die Wohnung nicht verkleinert oder vergrößert, sondern *verlegt* wird („Wohnungswechsel", „Umzug"), ist in §§ 6 Nr. 1 VHB 74, 11 Nr. 1 VHB 84 besonders geregelt, vgl. G IV 44 bis 82.

6   Wohnung sind die Räume, die dem VN als **privater Lebensbereich** dienen. Kürzere oder längere *Abwesenheit* schadet nicht, vgl. aber §§ 7 Nr. 2 Satz 3 VHB 74, 13 Nr. 3 b VHB 84 und N IV 80 bis 92 wegen Gefahrerhöhung durch Abwesenheit sowie G IV 49 und 99 und N III 93 bis 104 wegen Umzugs und sonstiger Wohnungsaufgabe. Nicht einmal die Ungewißheit, ob der VN jemals zurückkehren wird, nimmt den Räumen immer die Eigenschaft als Wohnung (insoweit richtig, aber zu weitgehend Hamm VersR 80, 665). Vielmehr kann es genügen, daß der VN als Eigentümer, Mieter oder Pächter zur Benutzung berechtigt bleibt und daß sich noch ihm gehörige Sachen dort befinden. Nur wenn der VN aus einer Erstwohnung in eine bestimmte andere Erstwohnung umgezogen ist, verlieren die bisher benutzten Räume stets ihre Eigenschaft als Erstwohnung. Diese schon in G IV 2 erwähnte notwendige Konsequenz aus den Vorschriften über den Wohnungswechsel für die Identität der versicherten unter mehreren vorhandenen Wohnungen des VN wird in Hamm aaO übersehen, G IV 63 und 64.

7   a) Daß in denselben Räumen noch andere Personen – Familienangehörige oder sonstige **Wohngenossen** – leben, schließt die Eigenschaft als Wohnung des VN selbstverständlich nicht aus. Dieselbe Wohnung kann also rechtlich die Wohnung verschiedener Personen sein. Daher besteht *DoppelV,* wenn jeder der Wohngenossen einen VVertrag nach den VHB 74 oder VHB 84 geschlossen hat, denn mitversichert ist jeweils auch der Hausrat in fremdem Eigentum; wegen Gesamtentschädigungsgrenzen für beide Verträge vgl. U I 21.

8   Insbesondere kann DoppelV durch nachträgliches **Zusammenziehen von Personen** entstehen, die vorher Verträge für getrennte Wohnungen geschlossen hatten, vgl. H IV 72 sowie LG Köln RuS 76, 127 für Ehegatten. Völlige Auflösung des bisherigen Haushalts und nahezu vollständige Veräußerung des bisherigen Hausrats stehen dem Fortbestand des Vertrages in der neuen Wohnung der nunmehrigen Wohngenossen nicht entgegen, vgl. G IV 64.

Übersteigen nunmehr die VSummen der Verträge der Wohngenossen zu- 9
sammen den gesamten VWert, so könnte nach § 51 VVG allenfalls (bei wörtlicher Anwendung nicht einmal dies, denn jede einzelne VSumme ist ja nicht
zu hoch) proportionale Herabsetzung beider VSummen verlangt werden.
Jedoch kann darüber hinaus analog § 60 VVG verlangt werden, V I 9, daß nur
der jüngere Vertrag (und zwar dieser überproportional) reduziert wird. Ist
unklar, welcher Vertrag der jüngere ist, z. B. bei zahlreichen Summenerhöhungen durch Nachträge, so muß der Vr kulant verfahren, vgl. auch das
Sachverbands-Rundschreiben „Beseitigung einer DoppelV", abgedruckt in
Texte 44 der 1. Aufl. sowie in Neufassung des Jahres 1989 in V I 10 der
vorliegenden 3. Aufl., das allerdings in den „Ausnahmen 1 und 2" durch das
Wort „soll" gekennzeichnete Abweichungen vom Gesetz enthält, die der VN
nicht anzuerkennen braucht.

b) **Untervermiete Räume** sind Teil der *Wohnung des Hauptmieters,* wenn 10
dies nach den baulichen Gegebenheiten dem maßgebenden (G IV 3) Sprachgebrauch des täglichen Lebens entspricht, gleichgültig ob die Zimmer leer
oder möbliert vermietet sind. Der Ausschluß von Sachen des Untermieters
durch §§ 2 Nr. 2 VHB 74, 1 Nr. 4 d VHB 84 (H IV 62) widerspricht diesem
Ergebnis nicht, sondern stützt es, denn wenn die unvermieteten Räume nicht
Teil der Wohnung des Hauptmieters wären, bedürfte es des Ausschlusses
nicht. All dies gilt aber nur, wenn nicht lediglich Dachboden, Treppenhaus
und Keller, sondern auch Teile der eigentlichen Wohnung (z. B. Wohnflur,
Bad oder Toilette) gemeinsam benutzt werden. Nur unter dieser Voraussetzung handelt es sich um ein Untermietverhältnis; im übrigen vgl. wegen
gemeinschaftlich durch andere Haushalte genutzte Räume G IV 15 bis 18.
Aus der Rechtslage bei einem VN, der Teile seiner Wohnung untervermietet
hat, leitet LG Köln VersR **89,** 911 eine allgemeine Ausnahme von dem
Grundsatz (G IV 15) her, daß gemeinschaftlich genutzte Gebäudeteile nicht
Teil der Wohnungen sind. LG Köln aaO will Räume, die zu einer Wohnung
eines Mehrfamilienhauses gehören und vereinbarungsgemäß durch den Inhaber einer anderen Wohnung mitbenutzt werden, zu beiden Wohnungen rechnen, also auch zur Wohnung im Sinn des HausratVVertrages des mitbenut-
zungsberechtigten Inhabers der anderen Wohnung.

In einem **Zweifamilienhaus** handelt es sich grundsätzlich (Ausnahmen: G 11
IV 13) auch dann um *zwei* **selbständige Wohnungen,** wenn diese einen gemeinsamen Eingang haben, gewöhnlich nicht gegeneinander abgeschlossen sind
und von verwandten Personen bewohnt werden, vgl. schon G II 5; ebenso
Düsseldorf VersR **75,** 533 sowie LG Köln VersR **84,** 27 in einem Fall, in dem
die Räume des *nicht gesondert abschließbar* waren. In solchen Fällen bedarf
es einer **Sondervereinbarung,** wegen VSchutz gegen Diebstahl auch bei Erbrechen nur der zu keiner der beiden Wohnungen gehörigen Zentraleingangstür
bestehen soll. War allerdings das Bedürfnis für eine Sondervereinbarung bei
Antragsaufnahme für den Agenten des Vr erkennbar, so haftet der Vr wegen
Beratungsverschuldens auch ohne Sondervereinbarung.

Hingegen sind **Wohnung des Untermieters** nur dessen Räume sowie (vgl. 12
dazu LG Köln VersR **89,** 911 sowie G IV 10 für ein Mitbenutzungsrecht eines
Mieters bezüglich eines Raumes in der Wohnung des Vermieters) die gemein-

schaftlich genutzten Räume, nicht dagegen die ausschließlich durch den Hauptmieter genutzten Teile der Wohnung. Dies scheint auf den ersten Blick der Logik und den baulichen Gegebenheiten zu widersprechen, ist aber praxisbedingt und unvermeidlich. Der *Untermieter-Ausschluß* in §§ 2 Nr. 2 VHB 74, 1 Nr. 4 d VHB 84 ist auf **Untermieter als VN** *entsprechend* in dem Sinn *anzuwenden*, daß Sachen des Hauptmieters ausgeschlossen sind, und zwar sowohl in den gemeinschaftlich wie auch in den nur durch den Untermieter genutzten Räumen. Der Hauptmieter muß also, wenn er möbliert vermietet hat, seine Möbel im Untermieterzimmer in der VSumme berücksichtigen; hingegen braucht der Untermieter nur seine eigenen Sachen und die Sachen Dritter (mit Ausnahme des Hauptmieters) einzubeziehen, wenn er seinerseits eine HausratV abschließt und eine VSumme bildet. Unklarheiten sollte einzelvertraglich vorgebeugt werden.

13   Auch wenn der VN nicht Untermieter ist, aber **mehrere Zimmer** bewohnt, zu denen es innerhalb des Gebäudes **keine gemeinsame Zugangstür** gibt (häufig bei sog. **Einliegerwohnungen**) und die (LG Köln VersR 84, 27) vielleicht nicht einmal gesondert abschließbar sind, gehören die Flure, Treppen usw. zur Wohnung dieses VN, obwohl sie auch von sonstigen Bewohnern, mit denen häusliche Gemeinschaft nicht besteht, benutzt werden, Düsseldorf VersR 86, 561 = RuS 262. Ob die Flure usw. auch zur Wohnung der übrigen Bewohner gehören, hängt davon ab, ob auch zu deren Zimmern keine gemeinsame Eingangstür innerhalb des Gebäudes existiert. Soweit danach der Flur zur Wohnung gehört, begründet abweichend von G IV 11 und 15 schon das Erbrechen der Hauseingangstür einen VFall, mögen auch die Zimmertüren unverschlossen sein. Letzteres ist nicht etwa stets grob fahrlässig, zumal das Risiko des Vr auch dann nicht geringer wäre, wenn häusliche Gemeinschaft zwischen allen Bewohnern des Gebäudes bestünde und das gesamte Gebäude Wohnung des VN und damit VOrt wäre. – Dagegen besteht nach dem AVB-Wortlaut kein VSchutz, G II 4 und 7, wenn der Täter in die *unversicherte* Einliegerwohnung *einbricht* oder *einsteigt*, z. B. durch ein Fenster, und dann Sachen aus der *versicherten* Hauptwohnung *stiehlt*, in die er durch unverschlossene Türen innerhalb des Hauses gelangt ist. Das gleiche gilt umgekehrt nach Einbruch in die unversicherte Hauptwohnung und Diebstahl aus der versicherten Einliegerwohnung, in die der Täter durch unverschlossene Türen gelangt. Der Vr kann aber VSchutz als Schadenersatz gemäß § 249 BGB wegen Beratungsfehlers schulden, falls er oder der Agent die Wohnverhältnisse bei Antragstellung gekannt und nicht zu einer Sondervereinbarung geraten oder das Problem nicht wenigstens zur Sprache gebracht hatte.

14   c) Zur Wohnung gehören auch **Dachboden** und **Keller** des Einfamilienhauses, Dachboden- und Kellerteile des Mehrfamilienhauses (LG Hechingen VersR 89, 511, LG Düsseldorf RuS 84, 252; vgl. aber O I 71 wegen § 61 VVG bei Wertsachen im Kellerabteil), **Garagen** usw. innerhalb (vgl. im übrigen G IV 27) des Gebäudes, soweit der VN und seine Wohngenossen (einschließlich Untermieter) diese Räume allein benutzen. Auf die Rechtmäßigkeit oder Unrechtmäßigkeit des Besitzes der zusätzlichen Räume kommt es nicht an, ebensowenig wie bei der Wohnung als ganzer, G IV 3. Die Räume müssen zwar in demselben Gebäude oder (G IV 26) in einem zugehörigen Nebenge-

bäude liegen, jedoch nicht notwendig miteinander verbunden sein. Entgegen LG München I VersR 85, 678 gehören zur Wohnung daher z. b. auch nachträglich angemietete Räume, G IV 5, z. B. Schlafräume für Kinder in einer anderen Etage des Mehrfamilienhauses.

Nicht hingegen (Schaefer VersR 76, 258) gehören zur „Wohnung" und **15** damit zum VOrt **gemeinsam mit Dritten benutzten Räume,** vor allem Treppenhäuser, Waschküchen (Sochart VW 60, 578, AG Rheinberg VersR 80, 33), Trockenspeicher (LG Trier ZfS 88, 186) oder Keller- und Fachbodenflure in Mehrfamilienhäusern. Wegen einer möglichen Ausnahme für Räume, die nur durch zwei Mietparteien oder durch den Vermieter und eine Mietpartei gemeinsam benutzt werden, vgl. LG Köln VersR 89, 911 und G IV 10. LG Dortmund RuS 84, 19 rechnet zutreffend einen Dachbodenflur in einem vierstöckigen Haus auch dann nicht zur Wohnung des VN, wenn eines der über diesen Flur zu erreichenden Zimmer zu der in demselben Haus gelegenen Wohnung des VN gehören; die Bewohner der übrigen Zimmer an diesem Flur konnten bei dieser Sachlage auch nicht als Untermieter des VN gelten, was deren Zimmer und den Flur zu einem Teil der Wohnung gemacht hätte, G IV 10. „Dritte" im Sinn dieser Überlegungen sind Personen, mit denen der VN nicht in häuslicher Gemeinschaft im Sinn von D XII 62 lebt. – Von gemeinschaftlicher Nutzung kann selbstverständlich nur die Rede sein, solange die anderen Mieter oder sonstigen Bewohner noch nicht ausgezogen sind; bloße **Auszugspläne** und -vorbereitungen sind aber unbeachtlich, AG Ettlingen VersR 89, 397. Stehen **alle anderen Wohnungen leer** und werden daher die Gemeinschaftsräume nur durch den VN benutzt, so ist es Tatfrage, ob man von Nutzung als „Wohnung" (dann Teil des VOrts) oder nur als „Zugang zur Wohnung" (dann nicht VOrt) sprechen kann. Der Wille des Eigentümers ist nur eines von mehreren Indizien, denn auf die Rechtmäßigkeit des Gebrauchs der Wohnung kommt es auch sonst nicht an, G IV 3.

Teilbereiche von gemeinschaftlich genutzten Räumen gehören ebenfalls **nicht 16** zur Wohnung, selbst wenn sie räumlich abgegrenzt sind, vgl. LG Hanau ZfS 83, 376 für einen durch Bretter und Vorhänge abgetrennten Ablageraum unter dem Podest eines gemeinschaftlich genutzten Treppenhauses. Dies gilt nicht nur für das Diebstahl-, sondern auch für die übrigen Risiken, bei denen es auf Zugriffssicherheit gegenüber Dritten nicht ankäme. Andernfalls würde letztlich auch das Aufstellen von Möbelstücken oder technischen Geräten (z. B. Waschmaschinen, vgl. G IV 18) in Gemeinschaftsräumen deren Innenbereich zu einem Teil der Wohnung des Eigentümers oder Besitzers machen. Nur durch **stabile bauliche Abtrennung** können Nischen usw. in gemeinschaftlich genutzten Räumen zu Bestandteilen einer Wohnung werden, also ähnlich wie die in G IV 14 erwähnten Keller- und Dachbodenverschläge.

Nicht zur Wohnung gehören auch Abstellplätze in **Sammelgaragen.** Aus **17** den Worten „in der Wohnung befindliches **Kraftfahrzeugzubehör"** in § 2 Nr. 1 VHB 74 kann für die Frage, unter welchen Voraussetzungen Garagen zur Wohnung gehören, nichts hergeleitet werden, G IV 27. Vielmehr schließt diese Passage lediglich den AußenVSchutz nach § 3 B Nr. 5 (dazu D XV 48) und § 6 Nr. 2 VHB 74 für Kfz-Zubehör aus. Die VHB 84 enthalten nicht mehr die Einschränkung für Kfz-Zubehör, sondern nur noch den Ausschluß von Kraftfahrzeugen in § 1 Nr. 4 b, der sich aber auf vorübergehend vom Kfz getrennte Bestandteile nicht bezieht; gegebenenfalls ist also zu prüfen, ob für die betroffenen Teile oder Zubehörstücke die Voraussetzungen des § 12 Nr. 1 VHB 84 für AußenVSchutz erfüllt sind. Wegen Kfz-Zubehör nach den VHB 84 vgl. H IV 23 bis 28. – Wegen einfachen Diebstahls von Fahrrädern aus „verschlossenen" Gemeinschaftskellern (Sammelgaragen) nach beendetem Gebrauch zwischen 22 und 6 Uhr gemäß § 3 Nr. B 6 c VHB 74 und Kl 833 vgl. D XV 19 und 20.

18   Als überraschend und hart mag das Fehlen von VSchutz in gemeinschaftlich benutzten Räumen bei Feuer- oder Leitungswasserschäden an technischen Geräten empfunden werden, die bestimmungsgemäß in hierfür baulich und rechtlich vorgesehenen Gemeinschaftsräumen abgestellt sind. Insbesondere trifft dies für **Waschmaschinen der einzelnen Mieter oder Wohnungseigentümer** im Mehrfamilienhäusern zu. Aber eine Deckung solcher Schäden läßt sich weder aus § 3 AGBG noch aus AGBG-konformer Auslegung herleiten. Nach dem maßgebenden (G IV 3) Sprachgebrauch des täglichen Lebens sind die technischen Geräte in solchen Fällen eindeutig „außerhalb der Wohnung" aufgestellt.

19   c) Nur **Gebäude** oder **Gebäudeteile** gehören zur Wohnung. Allerdings braucht der Gebäudeteil nicht notwendig überdacht und allseitig mit Mauern umgeben zu sein, jedenfalls dann nicht, wenn er in einem oberen Stockwerk gelegen ist. Zur Wohnung gehört also auch eine **Veranda**, eine **Loggia** (KG JR 25, 246), ein **Dachgarten** oder ein **Balkon** in einem oberen Stockwerk. Dagegen müssen **Terrassen** usw. im Erdgeschoß entweder allseitig umbaut (eine bequem übersteigbare Mauer genügt hierfür nicht) oder überdacht sein, wenn sie nach der Verkehrsansicht zur „Wohnung" gehören sollen, vgl. auch D III 13 („Raum eines Gebäudes"). Bei **teilweiser Überdachung** wird man nur den überdachten Bereich zur Wohnung rechnen dürfen. Nach den VHB 84 ist diese Frage bedeutsamer geworden, denn wegen § 12 Nr. 3 VHB 84 besteht auch für vorübergehend in solchen Bereichen befindliche Sachen SturmVSchutz im Rahmen der AußenV nur, wenn der Bereich zur Wohnung gehört.

20   Noch weniger gehört die **Umgebung des Wohnhauses** (Garten, Hofraum) zum VOrt, gleichgültig ob sie umfriedet ist oder nicht, vgl. KG VW 48, 27 für vergrabene Sachen. Nur für (Empfangs- oder – bei Funkamateuren – Aussende-)**Antennenanlagen** besteht nach § 6 **Nr. 1 Satz 2 VHB 74** VSchutz auf dem ganzen „VGrundstück" im Sinn von G III 31. Auch § 10 **Nr. 2 Satz 3 VHB 84** enthält eine entsprechende Regelung, aber ausdrücklich nur noch für „Rundfunk- und Fernseh"-Antennenanlagen, also nicht mehr für Aussendeantennen von Funkamateuren. Wegen Gartenmöbeln und Gartengeräten nach den VHB 74 vgl. D XV 41.

21   Ein noch nicht bezugsfertiges Gebäude ist nicht schon deshalb Wohnung, weil es – z.B. infolge einer Notlage (KG VersR 53, 276 = VerBAV 135) – ausnahmsweise bereits für die Unterbringung von Sachen oder gar bereits für Übernachtungen genutzt wird. Der Begriff der **Bezugsfertigkeit** deckt sich aber nicht genau mit §§ 2 Nr. 3 a AWB 68, 2 Nr. 2 AWB 87, 2 Nr. 4 AStB 68, 2 Nr. 2 Abs. 2 AStB 87. Vielmehr kommt es nach der Verkehrsansicht für den Begriff der „Wohnung" vor allem auf die *Verschließbarkeit* und auf die Re-

gelmäßigkeit an, mit der ein Neubau bereits bewohnt wird. Bevor dieses Stadium erreicht ist, kann es nicht nur zu einem erschwerten Diebstahl begrifflich meist noch nicht kommen, sondern es besteht auch gegen die übrigen Gefahren (Feuer, Raub, Leitungswasser, Sturm) noch kein VSchutz. Wegen der Kenntnis des Vr vom Fehlen der Merkmale einer „Wohnung", wenn gleichwohl der Vertrag für eine Wohnung unter dieser Postanschrift bereits geschlossen wird, vgl. F IV 15.

3. Schwierigkeiten bereitet manchmal die Frage, unter welchen Voraussetzungen **Gebäude oder Gebäudeteile außerhalb** desjenigen Gebäudes, in dem die Wohnung liegt, als Teile dieser Wohnung gelten können. In § 10 **Nr. 2 Satz 2** VHB 84 findet sich eine pauschale Regelung, deren Inhalt im wesentlichen dem maßgebenden (G IV 3) Sprachgebrauch des täglichen Lebens und damit dem Wohnungsbegriff des § 6 **Nr. 1 VHB 74** entspricht. *Umschlossene Räume* und Behältnisse, die *nicht durch Menschen betreten* werden können, sind schon aus diesem Grund *nicht* Teil der Wohnung, auch wenn dort Hausrat (Bedarfs- oder Luxusgüter) aufbewahrt werden können; daher besteht nicht nur für Diebstahlschäden (die DiebstahlV ist gebäudegebunden, D I 6), sondern auch für Brand-, Blitz- und Leitungswasserschäden in Heizöltanks oder Kohlenschütten in der Erde, Tauben- oder Kaninchenhäusern, Bienenstöcken, Brunnenschächten und dgl. kein VSchutz. Grenzfall: Die Kohlen können aus der Kohlenschütte außerhalb des Gebäudes vom Keller aus entnommen werden.

Die im Folgenden näher erörterte Frage stellt sich daher nur für Gebäude und Gebäudeteile. Zu denken ist vor allen an einzeln stehende Garagen, Gartenhäuser, Heu- und Geräteschuppen, Pferde-, Hühner- und sonstige Tierställe usw. sowie an Räume in benachbarten Gebäuden. Jedenfalls zu verneinen ist der VSchutz, wo die außerhalb gelegenen Räume schon für sich allein eine Wohnung darstellen; es handelt sich dann um eine Zweitwohnung, vgl. G IV 83. Aber wo dies nicht zutrifft, können außerhalb gelegene Gebäude oder Gebäudeteile nicht immer als Teil der Wohnung betrachtet werden. Vielmehr sind hierfür zwei Voraussetzungen erforderlich:

a) Die zusätzlichen Räume müssen mindestens **teilweise** für **Wohnzwecke** genutzt werden. Den Gegensatz bildet eine ausschließlich gewerbliche Nutzung, vgl. dazu allgemein G IV 28 bis 43. Landwirtschaftliche Nebengebäude eines Landwirts oder die getrennt stehende Werkstätte eines Handwerkers sind zweifelsfrei nicht Teil der Wohnung. Aus §§ 1 Nr. 2b VHB 74, 1 Nr. 2d VHB 84 („Arbeitsgeräte und Einrichtungsgegenstände, die dem Beruf oder dem Gewerbe dienen") folgt nichts anderes. Diese Bestimmung soll nur verhindern, daß innerhalb der Wohnung eine VLücke für Arbeitsgeräte usw. entsteht, weil zur GeschäftsV eine AußenV nicht vereinbart ist, sich aber ein Teil der Arbeitsgeräte dauernd oder zeitweilig in der Wohnung befindet. Dagegen soll die Bestimmung nicht etwa die gesonderte V der gewerblich genutzten Räume entbehrlich machen. § 1 Nr. 2d VHB 84 verweist ausdrücklich auf die Bestimmung, welche die ausschließlich beruflich oder gewerblich genutzte Räume sogar dann aus dem Wohnungsbegriff ausnimmt, wenn sie sich nicht in gesonderten Gebäuden befinden.

25   Die Grenzfälle liegen dort, wo die Nebengebäude zwar nicht hauptberuflich, aber doch in einer Weise genutzt werden, die gewisse Einnahmen bringt. Der Stall des privaten Reitpferdes eines Zahnarztes oder der für den persönlichen Eierbedarf gehaltenen Hühner eines Orchestermusikers gehört zum VOrt. Aber auch wenn durch Vermieten des Pferdes oder Verkauf von Eiern gelegentlich Einnahmen erzielt werden, ändert das noch nichts. Zu berücksichtigen ist das Motiv der Regelung. Die HausratV soll nicht eine GeschäftsV nach den AFB 87, AERB 87 usw. für den beruflichen oder gewerblichen Lebensbereich entbehrlich machen. Daß die Nutzung der Nebengebäude einem kleinen Nebenerwerb dient, ändert am HausratVSchutz so lange nichts, wie der Umfang des Nebengewerbes so gering bleibt, daß sich ein gesonderter VVertrag für die „Betriebseinrichtung" nicht „lohnen" würde (auch nicht für den Vr).

26   b) Die zusätzlichen Räume müssen in **räumlichem Zusammenhang** mit dem Hauptteil der Wohnung stehen. § 10 Nr. 2 Satz 2 VHB 84 bestimmt diesen Zusammenhang so, daß es sich um dasselbe Grundstück handeln muß. Dabei kommt es nicht (LG Essen ZfS 88, 89) auf die grundbuchrechtliche Lage an, sondern auf die örtlichen Gegebenheiten und den Sprachgebrauch des täglichen Lebens. Insbesondere bei **Gartenhäusern** genügt es (a. A. LG Münster ZfS 82, 184), daß sie sich auf demselben umfriedeten oder auch nicht umfriedeten Grundstück befinden wie das Haus, in der die als VOrt vereinbarte Wohnung liegt. In Gebäuden auf anderen Grundstücken liegende Räume sowie weiter entfernte Garten-, Jagd-, Wochenend- und Landhäuser (vgl. auch G IV 4) gehören dagegen nicht zur Wohnung (Frankfurt ZfS 84, 90), auch wenn sie nicht Zweitwohnungscharakter haben. Eventuell muß aber der Agent zu einer erweiternden Sonderabrede über den VOrt raten, wenn der Vr nicht schadensersatzpflichtig werden soll.

27   Entgegen G IV 21 der 1. Aufl. dürfen auch bei **Garagen** keine strengeren Anforderungen gestellt werden, und zwar auch nicht nach den VHB 74. Vielmehr muß § 10 Nr. 2 Satz 2 VHB 84 zugunsten des VN auch bei der Auslegung von § 6 Nr. 1 VHB 74 berücksichtigt werden. Es darf also nicht gefordert werden, daß die Garage mit den übrigen Teilen der Wohnung eine überdachte bauliche Verbindung hat. Vielmehr genügt auch hier Identität des Grundstücks im Sinn von G IV 26, weil dann ein Minimum an Beobachtungs- und Einwirkungsmöglichkeit besteht, LG Hechingen VersR 89, 511. Diese Identität ist aber mit LG Köln RuS 84, 18 und LG Essen ZfS 88, 89 zu verneinen, wenn die Garagen in einer gesonderten Häuserzeile liegen und sich zwischen diesen und der Wohnung eine öffentliche Zufahrt zu sämtlichen Garagen befindet. In AG Charlottenburg NJW-RR 88, 214 wird die Identität in einem solchen Fall bejaht. Auf die grundbuchrechtliche Lage kommt es nicht an, wohl aber auf die räumliche Entfernung, auf die Art der Zugangsmöglichkeit von der Wohnung, auf die Nutzung aller Garagen eines Garagenkomplexes nur durch die Bewohner eines oder durch die Bewohner mehrerer Gebäude, auf das Maß der Einsehbarkeit des Zugangs zu den Garagen usw., vgl. instruktiv LG Aachen RuS 89, 365.

28   4. Zweifelhaft ist nach den VHB 74, unter welchen Voraussetzungen **beruflich oder gewerblich genutzte Räume** zur Wohnung gehören, vgl. dazu G IV 29 bis 38. Die VHB 84 enthalten dagegen in § 10 Nr. 2 Satz 3 eine klare Regelung, vgl. dazu G IV 39 bis 43. Liegen die beruflich oder gewerblich genutzten Räume außerhalb des Grundstücks der als VOrt vereinbarten Wohnung, G IV 26, so sind sie keinesfalls Teil des VOrts, vgl. zu den VHB 84 G IV 43.

a) Auch nach den **VHB 74** kein VSchutz besteht meist, wenn die Räume **29** zwar **in demselben Gebäude,** aber baulich klar getrennt liegen, etwa in einer anderen Etage (z.B. auch im Keller) oder mit selbständigem Eingang und ohne direkte Verbindung zur Wohnung. In diesen Fällen sind die beruflich oder gewerblich genutzten Räume auch dann nicht Wohnung oder Teil davon, wenn sie **nicht** im Sinn von G IV 34 **ausschließlich** beruflichen oder gewerblichen Zwecken dienen, sondern auch Wohnelemente enthalten, z.B. eine Koch- oder eine Schlafgelegenheit oder ein Möbelstück mit privatem Hausrat oder mit Gebäudezubehör, das Wohnzwecken dient.

Nicht zur Wohnung des Hauseigentümers oder Hausmeisters gehört also **30** z.B. ein abgeschlossener und nur dem VN zugänglicher Keller- oder sonstiger Raum, in dem Heizöl (H IV 8) für die Beheizung des ganzen Miethauses gelagert wird; anders ist es nur, wenn im dem Raum auch persönliche Habe des Eigentümers oder Hausmeisters als VN liegt (unklar Zavelberg RuS 79, 152). Umgekehrt gehören Räume, die baulich innerhalb der Wohnung liegen, zweifelsfrei jedenfalls dann zur Wohnung, wenn sie sowohl Wohn- wie beruflichen oder gewerblichen Zwecken dienen, man denke an die Bibliothek des Professors oder des Anwalts in einem im übrigen auch als Wohnraum genutzten Zimmer oder gar an die Privatwohnung des „Rechtsanwalts", der im Hauptberuf Angestellter eines Vr oder eines sonstigen Unternehmens ist.

Die **Grenzfälle** nach den **VHB 74** liegen dort, wo ein Raum baulich eindeutig **31** zur Wohnung gehört, aber ausschließlich beruflich oder gewerblich genutzt wird. Das trifft z.B. zu, wenn in einem Einfamilienhaus oder sogar in einer Etagenwohnung ein Teil der Räume für eine Arzt- oder Anwaltspraxis oder als Radio- und Fernsehreparaturwerkstätte genutzt wird. Soll man hier dem Kriterium der baulichen Gegebenheiten oder dem Kriterium der ausschließlichen Benutzung den Vorrang zubilligen? Es handelt sich hierbei nicht einfach um eine Entscheidung „für" oder „gegen" den VN, denn wenn man im Beispiel die Praxisräume zur Wohnung rechnet, führt dies nicht nur zu VSchutz in den Praxisräumen, und zwar wegen § 2 Nr. 1b VHB 74 auch für Sachen, die nur dem Beruf oder Gewerbe dienen, sondern unter Umständen auch zu UnterV für die Sachen in den übrigen Räumen; letzteres dann, wenn der VN sich der Rechtslage nicht bewußt war und die vielleicht recht hohen Werte der Praxiseinrichtung in der HausratVSumme nicht berücksichtigt hat.

Im Zweifel wird man auch nach den VHB 74 den **baulichen Gegebenheiten** als **32** Kriterium den **Vorrang** einräumen und die ausschließlich beruflich oder gewerblich genutzten Räume zur **Wohnung** rechnen müssen. **Anders** wird aber schon nach den VHB 74 (für die VHB 84 vgl. ausdrücklich deren § 10 Nr. 2 Satz 2 sowie G IV 39 bis 43) zu entscheiden sein, wenn Beruf oder Gewerbe von einer Art sind, die nach der Verkehrsansicht zum Begriff des Wohnens in einen Gegensatz stehen, weil sie mit **Schmutz** und **Lärm** verbunden sind, so vor allem *Handwerk* und *Landwirtschaft*. Die ausschließlich landwirtschaftlich genutzten Teile eines Hauses gehören also nicht zur Wohnung, ebenso

nicht die Räume einer Schuhmacherei oder einer Gastwirtschaft, die in demselben Haus betrieben wird, in dem auch die Wohnung liegt. Grenzfall ist die
in G IV 31 erwähnte Fernsehreparaturwerkstätte, zumal wenn die Arbeit nur
teilweise Nebenerwerbs-, im übrigen aber Hobbycharakter hat. – Wegen
dieser Schwierigkeiten ist gerade in der Landwirtschaft und im Handwerk die
getrennte V der Betriebseinrichtung nach den AFB 87 usw. und des Hausrats
nach den VHB 74 oder VHB 84 problematisch; vgl. wegen vertraglicher
Vorsorge G IV 37.

33   **Wohnräume von Arbeitnehmern** des VN gehören zweifelsfrei zur Wohnung,
wenn die Arbeitnehmer auch im Haushalt mitarbeiten oder als Wohngenossen im Sinn von G IV 7 in den Haushalt eingegliedert sind. Unklar ist die
Rechtslage nach den VHB 74, wenn der Arbeitnehmer ausschließlich gewerblich tätig und auch nicht als Wohngenosse in den Haushalt eingegliedert ist,
z. B. die Kellnerin im Restaurant des VN, die Arzt- oder Anwaltsgehilfin
usw. Trotz „gewerblicher Nutzung" wird man solche Räume bei entsprechenden baulichen Gegebenheiten als „nur" untervermietet und daher als Teil
der Wohnung ansehen müssen, G IV 10.

34   Je *ausschließlicher* bestimmte *Räume für Beruf oder Gewerbe* genutzt werden, je größer der Anteil dieser Räume ist und je höhere Werte sie enthalten,
um so mehr spricht dafür, sie auch schon nach den VHB 74 *ausnahmsweise
nicht als Teil der Wohnung anzusehen.* Eine wichtige Rolle spielt dabei immer
auch die bauliche Gestaltung. Wird z. B. ein Geschoß eines Zweifamilienhauses allein für eine Praxis genutzt, so ist dieses Geschoß wohl auch nach den
VHB 74 nicht Teil der Wohnung. Dasselbe kann für einen Teil der Räume
innerhalb eines Geschosses gelten, wenn diese Räume in dieser oder jener
Form sichtbar abgesondert sind, z. B. durch Ausstattung mit eigenen Toilet-
ten und Waschräumen.

35   Zusätzliche Probleme, die auch durch § 10 Nr. 2 Satz 3 VHB 84 nicht
beseitigt werden, bestehen für Räume, die denen sich die Frage der Ausschließlichkeit nicht im Hinblick auf mehrere gleichzeitig verfolgte Verwen-
dungszwecke der Räume, sondern im Hinblick auf **mehrere Verwendungs-
zwecke** stellt, die im Lauf eines Jahres **zeitlich nacheinander** verfolgt werden.
Beispiel: Ein Landwirt vermietet einen Raum oder einige Räume seines großen alten Wohnhauses während der Saison an zahlende Urlaubsgäste („**Ferien
auf dem Bauernhof**"). Außerhalb der Saison verwendet der Landwirt die Räume gelegentlich oder (seltener) in vollem Umfang für persönliche (nicht gewerbliche oder berufliche) Zwecke im Rahmen seines Haushalts. Um unter-
vermietete Räume im Sinne von G IV 10 handelt es sich in solchen Fällen
nicht, und zwar auch dann nicht, wenn man diesen Begriff in dem in H IV 62
dargelegten Sinn weit auslegt und auch auf Räume im eigenen Gebäude des
VN anwendet.

36   Falls der Landwirt die Räume außerhalb der Saison nur gelegentlich für
private sonstige Zwecke verwendet, bestehen zu § 10 Nr. 2 Satz 3 VHB 84
drei Auslegungsmöglichkeiten. Entweder ist § 10 Nr. 2 Satz 3 VHB 84 während des ganzen Jahres anwendbar. Oder die Bestimmung ist je Raum nur
während der jeweiligen Vermietdauer anwendbar. Oder die Bestimmung ist
auch während der Vermietung unanwendbar, weil man „ausschließlich" auch
den Nebensinn von „während des ganzen Jahres" beilegt. Verwendet der

Landwirt die Räume außerherhalb der Urlaubssaion voll für eigene Zwecke, z.B. als Schlafräume für seine Kinder, so verstärken sich die Zweifel an der Anwendbarkeit von § 10 Nr. 2 Satz 3 VHB 84; jedenfalls außerhalb der Saison ist die Bestimmung dann unanwendbar.

Den **Unklarheiten** über die Mitversicherung von Sachen in beruflich oder 37 gewerblich genutzten Räumen sollte vor allem bei Verträgen nach den VHB 74 **vertraglich vorgebeut** sein (Endermann VP **86**, 103), worauf der HausVr durch entsprechende Beratung hinzuwirken hatte. Es gab zwei Möglichkeiten. Entweder wurde der Begriff der *Wohnung* einzelvertraglich präzisiert; der Einschluß oder Ausschluß bestimmter Räume bewirkt dann, daß sämtliche dort befindlichen Sachen – jedoch ohne Untermieterinventar – mitversichert oder nicht mitversichert sind. Oder aber es wurden nach **Kl 812** die beruflich und gewerblich genutzten *Sachen* ausgeschlossen, sei es generell (so Kl 812) oder sei es nur für die beruflich oder gewerblich genutzten Räume. Subsidiaritätsabreden waren hingegen als vertragliche Lösung nicht geeignet, weil sie an der Abgrenzung der versicherten Sachen nichts ändern und daher die Gefahr der UnterV nicht beseitigen.

Durch **Vertragsauslegung** im Sinn einer *stillschweigenden* Abrede kann angesichts der gebotenen objektiven Auslegung von § 6 Nr. 1 VHB 74 nur ganz 38 **ausnahmsweise** geholfen werden, wenn nämlich aus den Umständen bei Vertragsschluß besonders klar hervorgeht, daß die dem Beruf oder dem Gewerbe dienenden Sachen in der VSumme nicht berücksichtigt wurden. Diese Methode der „Auslegung" darf nicht zu oft und nicht zu großzügig angewendet werden, denn sie führt zu neuen Unklarheiten: Sollen die gewerblich genutzten Räume (einschließlich des etwa dort befindlichen Wohn-Hausrats) aus dem Wohnungsbegriff oder sollen die beruflich oder gewerblich genutzten Sachen aus dem Kreis der versicherten Sachen (und zwar auch, soweit sie sich vorübergehend oder dauernd in der eigentlichen Wohnung befinden) ausgeschlossen sein? Die Tatsache, daß für den Inhalt beruflich oder gewerblich genutzter Räume eine *gesonderte V* nach den AFB 30 oder AEB besteht, kann bei Auslegung des Vertrages nach den VHB 74 nur berücksichtigt werden, wenn es sich entweder um denselben Vr oder aber um einen Vertrag handelt, der dem HausratVr bei Vertragsschluß bekannt war.

b) **§ 10 Nr. 2 Satz 3 VHB 84** regelt die in G IV 28 aufgeworfene und in G IV 39 29 bis 38 für die VHB 74 behandelte Frage wenigstens zu einem Teil ausdrücklich. Räume, die **ausschließlich beruflich oder gewerblich genutzt** werden, gehören danach **nicht** zum VOrt. Allerdings läßt dieser Wortlaut **unklar,** ob die Ausschließlichkeit auch deshalb fehlen kann, weil in absehbarer Zukunft und vielleicht in häufigerem **zeitlichen Wechsel** die Räume auch privat genutzt werden, vgl. G IV 35 und 36 für Räume, die ein Landwirt als VN während der Saison an Feriengäste vermietet.

Immerhin stellt § 10 Nr. 2 Satz 3 VHB 84 klar, daß eine gemischte Nut- 40 zung während ein und desselben Zeitraums die Zugehörigkeit zum VOrt nicht hindert, während eine auf Dauer angelegte ausschließlich berufliche oder gewerbliche Nutzung die Zugehörigkeit zum VOrt auch dann hindert, wenn die Räume baulich in die Wohnung eingegliedert sind und z.B. während der gewerblichen Nutzung die Toilette der Wohnung mitbenutzt wird.

Für Sachen der Landwirtschaft, also vor allem totes Inventar, Tiere und Ernteerzeugnisse, wird bisweilen folgendes vereinbart, um bei Kleinbetrieben eine gesonderte V nach den AFB 87 entbehrlich zu machen. Abweichend von § 1 Nr. 2d VHB 84 sind Sachen der Landwirtschaft bis zu einer Entschädigungsgrenze von 10 000 DM mitversichert. § 10 Nr. 2 Satz 3 VHB 84 gilt für diese Sachen nicht. § 18 Nr. 5 VHB 84 ist für die Ermittlung des VWertes entsprechend anzuwenden.

41   Eine **Grauzone** verbleibt im Grenzbereich zwischen ausschließlich gewerblicher Nutzung und gemischter Nutzung. Die Ausschließlichkeit der gewerblichen Nutzung entfällt nicht schon dadurch, daß z.B. in Praxisräumen auch einige private Sachen untergebracht sind, weil diese in der Wohnung keinen Platz finden, z.B. private Bücher im Sprechzimmer oder im Warteraum des Anwalts oder Arztes. Der Grenzfall liegt dort, wo in einem im übrigen beruflich oder gewerblich genutzten Raum z.B. ein ganzer Schrank mit ausschließlich privaten Sachen steht.

42   Die Entscheidung darf jedenfalls nicht allein davon abhängig gemacht werden, ob in einem einzelnen Schadenfall aus der Sicht der VN fehlender VSchutz für die privaten Sachen in den Gewerberäumen oder aber die andernfalls für die ganze Wohnung entstehende UnterV das größere oder kleinere Übel darstellt. Selbst wenn für die Praxisräume eine V nach den AFB 87 usw. besteht, kann sich eine VLücke ergeben, weil nach den AFB 87 usw. in den Geschäfts- und Lagerräumen als VOrt meist nicht alle dort befindlichen Sachen, sondern nur Betriebseinrichtung und Warenvorräte versichert sind, zu denen private Sachen naturgemäß nicht gehören. Auch die VHB 84 machen daher die in G IV 37 befürwortete *einzelvertragliche Regelung* nicht immer überflüssig.

43   Für die in G IV 29 und 30 behandelten Fälle der **gemischten** einerseits **privaten** und andererseits beruflichen oder **gewerblichen** Nutzung muß aus § 10 Nr. 2 Satz 2 VHB 84 im allgemeinen ein **Umkehrschluß** gezogen werden. Die gemischt genutzten Räume sind als Teil der Wohnung und des VOrts anzusehen. Dies gilt wegen § 10 Nr. 2 Satz 1 VHB 84 auch dann, wenn die Räume in dem Gebäude oder auf dem Grundstück gesondert gelegen sind, also z.B. einen separaten Eingang haben oder sich in einem gesonderten Gebäude auf demselben Grundstück befinden.

44   5. VOrt der HausratV ist die **jeweilige Wohnung** des VN, nach einem Wechsel der als VOrt vereinbarten Wohnung während der VDauer (Wohnungswechsel zwischen Antragstellung und Vertragsschluß: J V 8) also die **neue Wohnung.** Wegen Wohnungswechsels eines von mehreren VN und bisherigen Wohngenossen vgl. H IV 77. Dies gilt in den Grundzügen übereinstimmend nach **§ 6 Nr. 1 VHB 74** und nach **§ 11 Nr. 1 VHB 84.** Lediglich für den VSchutz während der Dauer eines Umzugs enthalten § 6 Nr. 1 Satz 1 und 3 VHB 74 einerseits und § 11 Nr. 1 Abs. 2 VHB 84 andererseits unterschiedliche Regelungen, vgl. G IV 50 einerseits und G IV 55 bis 57 andererseits.

45   Übereinstimmend nach den VHB 74 und den VHB 84 schließt ein **Verbleib** des größten Teils **des Hausrats in der bisherigen Wohnung** einen Wohnungswechsel mit Übergang des VSchutzes begrifflich nicht aus. In § 11 Nr. 1 Abs. 1 Satz 2 VHB 84 kommt dies noch deutlicher als in den VHB 74 zum

Ausdruck, G IV 74. Hierbei ist gleichgültig, ob der VN die bisherige Wohnung mit dem bisherigen Hausrat selbst beibehält oder ob er Wohnung und Hausrat einem Dritten überläßt, insbesondere einem Wohngenossen, vgl. hierzu ausführlich G IV 59 bis 82 sowie G IV 115 bis 151 wegen einer geschäftsplanmäßigen Erklärung für den **Sonderfall** der **Trennung von Ehegatten.** Der VN muß dann aber beweisen, daß wirklich die neue Wohnung, in der ein Schaden eingetreten ist, sein Lebensmittelpunkt war, G IV 77. In AG Köln ZfS **88,** 368 war ihm dies bei beruflich bedingter Trennung von seiner Familie (für die Dauer von sechs Monaten) nicht gelungen.

a) Anders als in der GeschäftsV (G III 28) hat die **Anzeige des Wohnungs-** 46 **wechsels** nicht die Bedeutung eines Antrags auf Vertragsänderung oder Neuabschluß. Die Pflicht zur Anzeige folgt aus **§ 6 Nr. 1 Satz 4 VHB 74** sowie aus **§ 11 Nr. 2 VHB 84,** wobei nach letzterer Bestimmung auch die Wohnfläche anzuzeigen ist, vgl. wegen des Zusammenhangs mit Kl 834 Nr. 3 (Streichung des UnterVVerzichts) S II 90 und 107 sowie K IV 11. Die Verletzung der **Obliegenheit** der Anzeige des Wohnungswechsels ist im allgemeinen **sanktionslos.**

Anders liegt es nur, wenn mit dem Wohnungswechsel ausnahmsweise eine 47 im Sinn von § 29 Satz 2 VVG erhebliche **Gefahrerhöhung** verbunden ist, N IV 101. – Auch dann gelten aber jedenfalls in Verträgen nach den VHB 74 nicht §§ 23 ff. VVG, sondern nach § 6 Nr. 1 Satz 4 VHB 74 ausdrücklich nur §§ 27 ff. VVG. Die VHB 74 entschärfen damit das Problem, ob man wirklich immer von einer im Sinn von § 29 Satz 1 und 2 VVG erheblichen Gefahrerhöhung und gar von Verschulden sprechen kann, wenn der VN die Gefahr zwar bewußt erhöht, aber im Rahmen eines Handelns, von dem der Vr nicht erwarten kann, daß der VN sich eine Entscheidung durch den VVertrag aufzwingen läßt, vgl. N IV 97. – Nach den VHB 84 stellt sich diese Frage freilich auch für die HausratV in voller Schärfe, denn § 13 Nr. 3 a VHB 84 nennt ausdrücklich den Wohnungswechsel als einen der Gründe, aus denen sich die Gefahr erhöhen kann. Dabei ist nicht nur an das Unterlassen zumutbarer Gegenmaßnahmen, N III 41 und N IV 96, sondern auch an den Wohnungswechsel insgesamt gedacht, vgl. § 11 Nr. 3 VHB 84 und dazu N IV 102 bis 109.

Für einen bestimmten Fall der Gefahrerhöhung sollen nach § **11 Nr. 3 VHB** 48 84 nicht die Rechtsfolgen der §§ 23 ff VVG gelten. Vielmehr soll statt dessen eine etwa tariflich vorgesehene Prämienerhöhung ipso iure wirksam werden, N IV 104. Es handelt sich um den Fall einer Gefahrerhöhung infolge Verlegung der Wohnung in einen **stärker diebstahlgefährdeten** und daher höher tarifierten **Teil der Bundesrepublik.** Ob diese Regelung trotz § 34 a VVG rechtswirksam ist, wird in N IV 14 bis 20 erörtert. Bejaht man die Rechtswirksamkeit, so ist die Obliegenheit der Anzeige des Wohnungswechsels trotz gleichzeitiger Gefahrerhöhung auch nach den VHB 84 jedenfalls dann sanktionslos, wenn die Gefahrerhöhung allein auf die Lage der neuen Wohnung in einem höher tarifierten Teil der Bundesrepublik beruht. Wegen der Einzelheiten der Prämienänderung gemäß § 11 Nr. 3 VHB 84 vgl. P IV 7 bis 15.

b) Ende des VSchutzes in der **bisherigen Wohnung** tritt ein, sobald diese 49 aufhört, die im VVertrag bezeichnete bisherige (Erst- oder Zweit-, G IV 84)

Wohnung des VN zu sein. Das ist nicht schon immer dann der Fall, wenn eine Rückkehr des VN zweifelhaft wird, G IV 6, sondern erst dann, wenn die ehemalige Wohnung für die verbliebenen Sachen eindeutig nur noch als *Lager* dient oder die Wohnung entgültig ihre *Funktion* geändert hat, G IV 91, oder die verbliebenen Sachen ehemaligen Wohngenossen (Koblenz VersR 84, 128; dazu näher G IV 59 bis 82 sowie 115 bis 151) oder neuen Bewohnern *überlassen* wurden, der VN seinen **Lebensmittelpunkt** aber jedenfalls anders wohin **verlegt** hat; polizeiliche Umzugsmeldung ist allenfalls eines von mehreren oder vielen Indizien. Auf Freiwilligkeit des Umzugs kommt es nicht an, Hamm RuS 89, 364. VSchutz in der bisherigen Wohnung ist unter der beschriebenen Voraussetzung gegebenenfalls ebenso zu verneinen wie bei ersatzloser Aufgabe der inländischen Wohnung und Einlagerung der Möbel anderswo, vgl. RG VA 28 Nr. 1897, München JR 27, 33, Düsseldorf VA 36 Nr. 2922. Die vage Möglichkeit einer Rückkehr in die frühere Wohnung, z. B. nach Versöhnung mit den dort zurückgebliebenen übrigen Bewohnern oder nach späterem Erwerb des Gebäudes, hindert den Wegfall des VSchutzes nicht, Hamm RuS 89, 364.

50 § 11 Nr. 1 Abs. 2 Satz 2 VHB 84 begrenzt den VSchutz in der bisherigen Wohnung auf **zwei Monate nach Umzugsbeginn.** Diese zwei Monate werden keineswegs immer, sondern können nur unter den Voraussetzungen von G IV 49 voll ausgeschöpft werden. Die zitierte Bestimmung ändert also nichts daran, daß Sachen nicht mehr versichert sind, sobald die bisherige Wohnung nur noch Lager ist oder ihre Funktion geändert wurde. Die zwei Monate beginnen zu laufen, sobald der VSchutz in der neuen Wohnung beginnt, vgl. G IV 54. Der VSchutz endet nach der zitierten Bestimmung, falls am Ende des zweiten Monats noch damit zu rechnen ist, daß der Wohnungswechsel in absehbarer Zeit abgeschlossen sein wird. Ist dies der Fall, so bewendet es bei der eingetretenen Rechtsfolge auch dann, wenn der VN später seine Absicht ändert und die bisherige Wohnung wieder in ihre frühere Funktion erhebt. In diesem Fall beginnt dann für die zunächst als neue Wohnung ins Auge gefaßten Räume ihrerseits eine neue Zweimonatsfrist.

51 Innerhalb der zeitlichen Grenzen des § 11 Nr. 1 Abs. 2 Satz 2 VHB 84 ist während eines Wohnungswechsels im Inland sowohl nach den VHB 74 wie auch nach den VHB 84 eine gewisse Großzügigkeit bezüglich der alten Wohnung geboten. Für eine (kurze: G IV 52) Übergangszeit kann **Schutz in beiden Wohnungen** bestehen, LG Frankfurt VersR 84, 725. In § 11 Nr. 1 Abs. 2 Satz 1 **VHB 84** wird dies ausdrücklich bestätigt. Lagercharakter der alten Wohnung und damit Ende des dortigen Schutzes tritt erst ein, wenn sich das Verbleiben einzelner Sachen nicht mehr als Modalität des Umzugs verstehen läßt, vgl. LG Frankfurt VersR 60, 364 sowie ausführlich Hamm RuS 89, 364. Behauptet der VN, er habe noch weitere der in der bisherigen Wohnung verbliebenen Sachen in die neue Wohnung schaffen wollen, so trägt er die **Beweislast,** Hamm aaO.

52 Das Nebeneinander des Schutzes in beiden Wohnungen kann sich auch in der Weise ergeben, daß nur für **Teilbereiche** der alten oder neuen Wohnung noch oder schon Schutz besteht, z. B. nur noch (Beispielsfall: AG Hamburg ZfS 86, 219, vgl. D II 15) oder schon für den Speicheranteil oder nur noch oder schon für den Kelleranteil, in dem sich nach Ende oder vor Beginn der

Hauptphase des Umzugs noch oder schon Sachen des VN befinden. – LG Frankfurt RuS 84, 105 läßt irrig die Möglichkeit eines VSchutzes nach § 6 Nr. 1 VHB 74 in beiden Wohnungen gleichzeitig ungeprüft, sondern will für die noch in der alten Wohnung liegenden Sachen nur Schutz nach § 6 Nr. 2 VHB 74 (AußenV; vgl. dazu Hamm RuS 89, 364) in Betracht ziehen, und auch dies nicht für 10, sondern nur für 4 bis 6 Wochen. Die in G IV 51 erwähnte **Übergangszeit** mit Schutz in beiden Wohnungen ist auf das Stadium begrenzt, in welcher der maßgebende (G IV 3) Sprachgebrauch des täglichen Lebens beide Wohnungen gleichermaßen als „die" Wohnung des VN ansieht. Diese Übergangszeit umfaßt keinesfalls immer voll den Zeitraum, in dem der VN als Mieter als Eigentümer zwei Wohnungen besitzt, z. B. wegen vorzeitiger **Renovierung** der neuen Wohnung oder weil andernfalls eine günstige Gelegenheit zum Abschluß des neuen Mietvertrags verloren gegangen wäre; die Übergangszeit beschränkt sich dann auf die Umzugsphase.

Entgegen G IV 37 der 2. Aufl. gilt der gleichzeitige VSchutz in beiden **53** Wohnungen auch für **Sachen, die** in die neue Wohnung **keinesfalls mitgenommen werden sollen** oder können. Beispiele bilden Teile des Hausrats, die bei Umzug in eine kleinere Wohnung oder in ein Altenheim ausgesondert und nicht mitgenommen werden. Für solche Sachen stellt sich nur die Frage einer dauernden Entwertung mit der Folge eines niedrigeren VWerts; die Absicht, die Sachen zu verschenken, reicht hierfür aber nicht aus, Q III 87. Die zurückbleibenden Sachen genießen in der alten Wohnung für die Dauer des Umzugs noch VSchutz. Nur darf aus dem Verbleib der nicht mitzunehmenden Sachen in der alten Wohnung für sich allein nicht geschlossen werden, der Umzug sei noch nicht beendet (Koblenz VersR 81, 823), Der VSchutz für die nicht mitzunehmenden Sachen endet vielmehr (spätestens) dann, wenn die letzten mitzunehmenden Sachen die bisherige Wohnung verlassen.

c) Der Beginn des VSchutzes **in der neuen Wohnung** ist anzusetzen mit dem **54** Eintreffen des ersten größeren (Teppiche und Gardinen genügen allein nicht, LG Saarbrücken ZfS 87, 155) Postens von Sachen, mag es auch eine längere **Übergangszeit** dauern, bis alle Sachen eingetroffen sind. Anders – in den neuen Räumen (noch) kein Schutz – liegt es nur, wenn das Eintreffen des ersten Sachen eindeutig noch nicht Teil des Umzugs ist, sondern einige Sachen z. B. nur deshalb schon so frühzeitig umgeräumt wurden, weil die bisherige Wohnung zu klein war oder weil in der neuen Wohnung erst ein einziger Raum fertiggestellt ist oder weil gerade eine billige Transportmöglichkeit besteht usw. Kein Schutz besteht auch, wenn die neue Wohnung nicht im **Inland** liegt, also nicht in der Bundesrepublik einschließlich des Landes Berlin, vgl. ausdrücklich § 11 Nr. 1 Abs. 3 VHB 84.

d) VSchutz „während des Umzugs" besteht nach § 6 Nr. 1 Satz 1 VHB 74 **55** (anders nach § 11 Nr. 1 VHB 84, vgl. G IV 57) auch **außerhalb des VOrts.** Die Voraussetzungen der AußenV nach §§ 3 Nr. B 5, 6 Nr. 2 VHB 74 brauchen nicht vorzuliegen, und die dort vorgesehenen Entschädigungsgrenzen (G V 12) gelten nicht. Schutz besteht jedoch nur in dem durch den Umzug vorgegebenen zeitlichen und räumlichen Umfang, also z. B. nicht während einer längeren Einlagerung bei einem Spediteur. Bei Umzügen in das Ausland besteht Schutz auch *nicht* für den im Inland gelegenen Teil der Umzugsstrecke, Frankfurt VersR 55, 642, LG Frankfurt VersR 55, 20, LG Hamburg VersR 50, 55, sondern es gilt § 68 Abs. 2 VVG, J V 8; für Wohnsitze *vorübergehend* im Ausland kann VSchutz nach **Kl 836** vereinbart werden, VerBAV 79, 135, GB 79, 62.

56 Vom VOrt abgesehen müssen auch während des Umzugs die Voraussetzungen des VSchutzes gegeben sein. Insbesondere muß in der *DiebstahlV* aus einem Gebäude und mit den sonstigen qualifizierenden Merkmalen des § 3 Nr. B 1 VHB 74 gestohlen werden. Ausnahme: ein **verschlossener Möbelwagen** steht nach § 6 Nr. 1 Satz 3 VHB 74 während des Umzugs einem Gebäude gleich. Insofern braucht es sich nicht um erschwerten, sondern nur um einfachen Diebstahl zu handeln, D XV 59. Dies gilt jedoch nicht auch für den Inhalt eines sonstigen Lkw (Nürnberg RuS 89, 226 = ZfS 318 = VersR 1145) oder gar eines Pkw; unberührt bleibt aber entgegen Nürnberg aaO die Haftung des Vr für Kfz-Inhalt, der auch Umzugsgut sein kann, aus § 3 Nr. B 5 VHB 74, D XVI 59. Nicht einmal ein Güterwagen der Bahn steht dem verschlossenen Möbelwagen gleich (LG Düsseldorf VW 48, 43), denn Ausnahmevorschriften dürfen nicht entgegen dem klaren Wortlaut erweitert werden. Daran ändert § 6 Nr. 2 VHB 74 (AußenV) nichts, denn auch dort verlangt Satz 2 für Diebstahlschäden ausdrücklich ein Gebäude. Nicht genügen würde also der – ohnehin kaum je exakt zu führende – Nachweis des VN, daß der Dieb einen Möbelwagen ebenso erbrochen hätte wie das tatsächlich erbrochene sonstige Kfz.

57 § 11 Nr. 1 VHB 84 gewährt einen besonderen AußenVSchutz „während des Umzuges" abweichend von § 6 Nr. 1 Satz 3 VHB 74 **nicht** mehr. Wohl aber besteht auch während des Umzugs der allgemeine AußenVSchutz nach § 12 VHB 84, vgl. die schon in G IV 51 erwähnte Entscheidung LG Frankfurt RuS 84, 105 zu den VHB 74 sowie G V 25. Insbesondere besteht kein VSchutz gegen Einbruchsdiebstahlschäden in einem verschlossenen Möbelwagen, sondern § 5 Nr. 1 VHB 84 setzt auch für die AußenV Einbruch usw. in ein Gebäude voraus. Aus § 12 Nr. 3 VHB 84, wonach (gemeint: „auch"!) für Sturmschäden AußenVSchutz nur in Gebäuden besteht, darf ein Umkehrschluß nur für Feuer- und Leitungswasser, nicht aber für erschwerten Diebstahl gezogen werden, vgl. G V 18.

58 e) Nicht Übergang des VSchutzes auf die neue Wohnung, sondern **Interessewegfall** nach § 68 Abs. 2 VVG tritt ein, wenn die versicherte Wohnung an einen Ort **außerhalb der Bundesrepublik** verlegt wird, gleichgültig ob die bisherige Wohnung aufgegen oder als Nebenwohnung beibehalten wird. In **§ 11 Nr. 1 Abs. 3 VHB 84** wird dies ausdrücklich gesagt. Auch in § 6 Nr. 1 VHB 74 ist die Bundesrepublik einschließlich Berlin als Grenze für die Möglichkeit des Vertragsübergangs erwähnt. Durch **Kl 838** kann aber VSchutz auch für die ausländische Wohnung vereinbart werden. Außerdem muß der Vr den VSchutz als Schadenersatz wegen Beratungsfehlers gewähren, wenn ihm der Umzug in das Ausland angezeigt oder sonstwie bekannt wird und der VN erkennbar mit Fortbestand des VSchutzes rechnet.

59 6. „**Wohnungswechsel**" bedeutet *meist* nicht nur eine Veränderung des Ortes des Lebensmittelpunktes und der persönlichen Habe (Kleidung, Geschirr,

Schmuck, kleinere Gebrauchsgegenstände usw.) des VN (wegen mehrerer VN desselben Vertrages vgl. H IV 77), sondern zugleich eine Ortsveränderung für den gesamten Hausrat. Insbesondere verbindet sich mit dem Wort „Wohnungswechsel" der Gedanke an „Umzug" im Sinn eines Sammeltransportes von Möbeln, Teppichen, technischen Geräten usw. §§ 6 Nr. 1 VHB 74, 11 Nr. 1 VHB 84 knüpfen die Rechtsfolge der Änderung des VOrts aber nicht an einen „Umzug", sondern allein an den „Wohnungswechsel". Von „Umzug" ist in § 11 Nr. 1 VHB 84 überhaupt **nicht** und in § 6 Nr. 1 VHB 74 nur ergänzend im Zusammenhang mit einer Erweiterung des VSchutzes während der Umzugsphase (G IV 55) die Rede.

Es gibt mehrere Gruppen von Fällen, in denen der VN bei einem Woh-   60 nungswechsel *nicht* seinen gesamten Hausrat, sondern nur einen Teil davon oder sogar „fast nichts" mitnimmt, im Extremfall ausschließlich seine ganz persönliche Habe (Endermann VP **86**, 105, der den Fall aber nicht richtig löst). Zu denken ist an folgende Fälle: Der VN hatte bisher möbliert gewohnt, und die Möbel bleiben in den Räumen des bisherigen Vermieters. Oder der VN wohnt künftig möbliert zur Miete, z.B. weil der neue Wohnsitz nur für begrenzte Zeit genommen wird. Oder der VN verlegt die Erstwohnung und behält die bisherige Erstwohnung bei, aber als Zweitwohnung, LG Hamburg VersR **86**, 1119, LG Koblenz NJW **87**, 2026 und G IV 87. Oder der VN zieht in die Wohnung einer Person, mit der er nun eine häusliche Gemeinschaft eingeht und deren Wohnung bereits möbliert ist, z.B. zu einem Ehegatten (LG Köln RuS **76**, 127) oder Lebensgefährten oder zu einem Verwandten, der vielleicht auch seinerseits bereits eine HausratV genommen hatte, G IV 8. Dazu kommen Fälle, in denen die Mitnahme der Möbel nicht lohnen würde, sei es wegen deren geringen Wertes oder wegen der großen Entfernung der neuen Wohnung, insbesondere wenn diese im Ausland liegt, oder sei es, weil der VN sein Mobiliar günstig an neue Benutzer der Wohnung oder an sonstige Dritte veräußern kann.

In allen solchen Fällen des **Wohnungswechsels ohne „Umzug"** endet der   61 VSchutz für sämtliche Sachen, die nicht in die neue Wohnung gelangen, und zwar in dem Zeitpunkt, in dem die neue Wohnung Lebensmittelpunkt des VN wird und feststeht, daß jene Sachen nicht mitgenommen werden sollen (Koblenz VersR **81**, 823 und G IV 53; Sonderfall des gemeinsamen VVertrages mehrerer Wohngenossen: H IV 77). Dieses **Ergebnis** entspricht dem klaren Wortlaut von §§ 6 Nr. 1 VHB 74, 11 Nr. 1 VHB 84. Besonders deutlich ist § 11 Nr. 1 Abs. 1 Satz 2 VHB 84, vgl. dazu G IV 74.

Gleichwohl wirkt das Ergebnis in einer bestimmten Gruppe von Fällen für   62 die Beteiligten oft **überraschend**, nämlich dann, wenn der größte Teil des Hausrats, insbesondere Möbel, Teppiche und technische Geräte, in der bisherigen Wohnung verbleiben, in welcher der VN mit anderen Personen (Ehegatten, Verwandten usw.) zusammengewohnt hatte, so daß ohne Rücksicht auf die Eigentumsverhältnisse der gesamte Hausrat auch dieser Wohngenossen versichert war. **Bleiben** nun nach dem Wohnungswechsel des VN die **Wohngenossen** mit dem Mobiliar **in der bisherigen Wohnung** zurück, so wird ihnen oft nicht bewußt, daß durch den Wohnungswechsel des VN der **Schutz** in der bisherigen Wohnung **erloschen** ist, auch soweit es sich um das Eigentum oder das Interesse der zurückbleibenden Wohngenossen handelt. Zum umgekehrten Fall, daß der **Ehegatte** des VN **auszieht** und später streitig wird, ob Rückkehrwahrscheinlichkeit bestand und die mitgenommenen Sachen sich daher nur vorübergehend außerhalb der Wohnung befanden, vgl. G V 25 (Problem des AußenVSchutzes).

63   Auf Anhieb liegt es nahe, in solchen Fällen an einen **Fortbestand des VSchutzes** (auch oder **nur**) in der **bisherigen Wohnung** zu denken, besonders dann, wenn der nach dem Wohnungswechsel eintretende VFall nicht die neue (und vielleicht bereits anderweitig versicherte) Wohnung des VN, sondern den Hausrat der Wohngenossen in der bisherigen Wohnung betrifft. In Hamm VersR 80, 665 und 81, 722 wird auf der Basis der VHB 74 (wegen der VHB 84 vgl. G IV 74) in der Tat versucht, dieses Ergebnis ein wenig „gewaltsam" dadurch zu begründen, daß wegen der (sehr fernliegenden) **Möglichkeit einer Rückkehr des VN** in die bisherige Wohnung die neue Wohnung des VN wie eine unversicherte Zweitwohnung (G IV 86) behandelt wird; tatsächlich war in den Fällen von Hamm aaO die frühere Wohnung nunmehr (allenfalls noch) Zweitwohnung. Ähnlich „gewaltsam" war in PM 21. Aufl. § 69 Anm. 1 Ed und bei Martin VW 74, 409 eine Analogie zu § 69 VVG befürwortet worden, um den bisherigen Wohngenossen zum neuen VN zu machen, wobei es nicht darauf ankommen sollte, ob und für welchen Teil des Inbegriffs „Hausrat" eine Übereignung stattfindet, vgl. J V 9.

64   Indessen entsprechen solche Versuche *nicht* der durch §§ 6 Nr. 1 VHB 74, 11 Nr. 1 VHB 84 begründeten Rechtslage und – wenn man alle denkbaren Fallgestaltungen berücksichtigt – auch nicht immer dem praktischen VBedürfnis. Verlangt wird aaO, wie schon in G IV 59 erwähnt, nicht ein „Umzug", sondern nur ein **„Wohnungswechsel"**. VSchutz soll eben, wie dies in den VHB von 1942 sogar wörtlich gesagt war, in der jeweiligen (!) Wohnung des VN bestehen, *ohne* daß es bei einem Wohnungswechsel auf die Mitnahme aller oder auch nur eines beachtlichen Teils des bisherigen Hausratsgegenstände ankäme; so geht z. B. der für eine Erstwohnung vereinbarte VSchutz auf eine neue Erstwohnung auch dann über, wenn die bisherige Wohnung einem Dritten überlassen (AG Berlin-Charlottenburg RuS 87, 260) oder als Zweitwohnung beibehalten wird und der bisherige Hausrat überwiegend dort verbleibt (LG Hamburg VersR 86, 1119 sowie G IV 60 und 87) oder wenn der VN den bisherigen Hausrat veräußert, um zu einem Lebensgefährten (LG Koblenz NJW 87, 2026 = VersR 1106 = NJW-RR 88, 95) oder nach Heirat zu seinem nunmehrigen Ehegatten (LG Köln RuS 76, 127 und G IV 8 sowie H IV 72) oder aus einem sonstigen Anlaß (z. B. Berufswechsel) in die neue Wohnung eines Verwandten zu ziehen, ohne über einige persönliche Sachen hinaus Hausrat mitzubringen.

65   Außerdem wären die Kriterien für die gegenteilige (G IV 63) Lösung zu unsicher: Wie lange sollte die entfernte Möglichkeit einer Rückkehr in die bisherige Wohnung im Sinn von Hamm VersR 80, 665 = 81, 722 berücksichtigt werden, und bis zu welchem Wert und bis zu welcher Anzahl oder bis zu welchem Anteil der mitgenommenen Sachen sollte man im Sinn von Martin VW 74, 409 sagen können, der VN habe „fast nichts" mitgenommen und „nahezu den gesamten" Hausrat seinem bisherigen Wohngenossen überlassen? Endlich kann man entgegen RuS 86, 100 auch nicht generell sagen, in der neuen Wohnung des VN bestehe kein oder nur „geringes" VBedürfnis: Nicht

immer sind die neue Wohnung und der Wert des neuen Hausrats wesentlich kleiner, und nicht immer besteht in der neuen Wohnung bereits ausreichende Deckung durch den HausratVVertrag eines neuen Wohngenossen (Verwandter, Freundin, neuer Ehegatte). Außerdem können schon einige wenige in die neue Wohnung mitgenommene Sachen ein erhebliches VBedürfnis begründen, wenn es sich um diebstahlgefährdete Wertsachen handelt, G IV 71.

Ein Fortbestand des VSchutzes nur in der bisherigen Wohnung (G IV 63)   66 könnte im Einzelfall ebenso zu *unbefriedigenden Ergebnissen* führen (wenn nämlich in der neuen Wohnung ein Schaden eintritt) wie die wörtliche Anwendung von §§ 6 Nr. 1 VHB 74, 11 Nr. 1 VHB 84 (im Fall eines Schadens in der alten Wohnung). Der VN hat nämlich nach dem Wohnungswechsel keinen Anlaß, für einen VSchutz in der neuen Wohnung von sich aus zu sorgen, sondern kann sich auf den Übergang des Schutzes auf die neue Wohnung verlassen, Martin VersR **86**, 563. Auch die hier abgelehnte Gegenansicht kann übrigens den mitversicherten Wohngenossen jedenfalls dann nicht schützen, wenn *gleichzeitig* sowohl dieser wie auch der VN die bisherige Wohnung aufgeben, um nunmehr getrennte Wohnungen zu beziehen, wobei aber die große Mehrzahl der Sachen in die neue Wohnung des bisherigen Wohngenossen gelangt und daher nicht mehr versichert ist, Hamm VersR **86**, 1092. Man kann nicht einmal sicher sagen, ob die Schwierigkeiten nach der einen oder nach der anderen Lösung zahlenmäßig überwiegen (ebenso Schütz VersR **85**, 913, 915). Wenn dem aber so ist, dann muß man sich für die dem Wortlaut von § 6 Nr. 1 VHB 74 und vor allem (G IV 74) von § 11 Nr. 1 Abs. 1 Satz 2 VHB 84 besser entsprechende Lösung entscheiden.

Die HausratV ist eine sog. Massensparte, bei der durch die AVB nicht eine   67 für jeden Einzelfall genau passende Lösung geboten werden kann. Gleichwohl müssen bis zur Grenze eines Beratungsverschuldens des Vr (G IV 78 bis 82) die VHB 74 oder VHB 84 voll angewendet werden, also auch das Prinzip, daß **Schutz nur in der jeweiligen Wohnung** des VN besteht. Die abweichende Lösung in der GeschäftsV, wonach bei einem Wechsel der Geschäftsräume ein neuer Vertrag nötig ist, G III 28, würde noch weit größere Nachteile für den HausratV und dessen Wohngenossen mit sich bringen. §§ 6 Nr. 1 VHB 74, 11 Nr. 1 VHB 84 versuchen, der Interessenlage in der großen Mehrzahl der Fälle von Wohnungswechsel gerecht zu werden, und zwar mit dem Ziel eines möglichst geringen Verwaltungskostenaufwandes für häufigen Neuabschluß von VVerträgen. Wenn sich dieses Ziel eines geringen Verwaltungsaufwandes und eines angemessenen niedrigen Prämienniveaus nur um den Preis von etwas *überraschenden Ergebnissen* in einem kleinen Teil aller Fälle von Wohnungswechsel (eben in den oben G IV 60 aufgezählten Fallgruppen) erreichen läßt, so muß dieser Nachteil als das *kleinere Übel* in Kauf genommen werden (ebenso Hamburg VersR **84**, 432, LG Koblenz VersR **84**, 128, NJW **87**, 2026 = VersR 1106 = NJW-RR **88**, 95, AG Berlin-Charlottenburg RuS 87, 260, AG Essen RuS 89, 363 und PM § 69 Anm. 1 E d seit der 22. Aufl.).

Das OLG Hamm hat in drei Urteilen aus dem Jahr 1987 seine in G IV 63   68 skizzierte und hier abgelehnte Ansicht zu Verträgen nach den VHB 74 etwas modifiziert, aber im Kern beibehalten, VersR **88**, 151 = RuS 87, 289 = NJW-RR **88**, 413 (6. 5. 1987), VersR **88**, 239 (3. 7. 1987), RuS **88**, 54 = VersR 1014

= NJW-RR 88, 414 (16. 10. 1987). Der VSchutz soll bei Wohnungswechsel, also bei Verlegung des Lebesmittelpunkts, nur dann auf die neue Wohnung übergehen, wenn eine **ungeschriebene zweite Voraussetzung** vorliegt, nämlich ein „auf die Verlagerung des versicherten Risikos auf die neue Wohnung gerichteter **Wille des VN**". Diesen Willen oder dessen Gegenteil soll der VN aber nicht erklären müssen, sondern es soll genügen, wenn er „konkludent" zum Ausdruck kommt, und zwar durch Indizien, die auf seinen Willen schließen lassen, „trotz Verlagerung des Lebesmittelpunkts keinen Wohnungswechsel im Sinn der VHB 74 vorzunehmen". Daß der Wille *gegenüber dem Vr* als Vertragspartner auch nur konkludent zum Ausdruck kommen müsse, sagt das OLG Hamm aaO *nicht*. Ob in der bisherigen Wohnung der *Ehegatte* des VN oder nur *sonstige Personen* wohnen bleiben, spielt nach Hamm aaO ebenfalls keine Rolle.

69   **Indizien** gegen den Willen des VN, den VSchutz auf die neue Wohnung zu verlagern, sollen nach Hamm aaO sein: die deutliche Höherwertigkeit des in der bisherigen Wohnung verbleibenden Hausratteils, die Existenz oder der Neuabschluß eines HausratVVertrages durch den VN oder einen Mitbewohner für die neue Wohnung, ein „wirtschaftliches Interesse des VN an der Erhaltung des Hausrats in der bisherigen Wohnung", insbesondere wegen einer „realen Möglichkeit der Rückkehr des VN" zu seinen früheren Wohngenossen in der bisherigen Wohnung, vor allem zu seiner dort etwa verbliebenen Ehefrau, und schließlich die unveränderte Höhe sowie Art und Weise der Prämienzahlung.

70   Alle diese Umstände, selbst wenn sie zusammentreffen, erlauben aber nicht den zwingenden Schluß, daß der VN nicht auch im Falle eines Schadens in der neuen Wohnung den Vr auf Entschädigung in Anspruch nehmen wird, sei es in eigener Person oder sei es nach § 59 Abs. 2 VVG auf dem Umweg über einen DoppelVAusgleich zugunsten des anderen Vr der neuen Wohnung. Der VN kann nach einem **Schaden in der neuen Wohnung** argumentieren, er wolle sich und habe sich auf den Wortlaut von §§ 6 Nr. 1 VHB 74, 11 Nr. 1 VHB 84 verlassen und mit VSchutz in der neuen Wohnung gerechnet.

71   Eben dieser Umstand erschwert es auch, die Rechtslage etwa ausdrücklich im Sinn der Rechtsprechung des OLG Hamm zu ändern, sei es durch eine **AVB-Änderung** oder durch eine ergänzende und in Neuverträgen oder auch nachträglich zu vereinbarende Klausel. Die drohenden **Streitfälle** würden dadurch nicht verhindert, sondern **nur verlagert,** nämlich von Schäden in der bisherigen Wohnung auf Schäden in der neuen Wohnung. Man denke an den naheliegenden Fall, daß zwar der in der bisherigen Wohnung verbliebene Hausrat „deutlich höherwertig", der mitgenommene Hausrat aber besonders diebstahlsanfällig ist, weil es sich um Wertsachen handelt, z.B. um eine Briefmarkensammlung, die in der neuen Wohnung durch Einbruch abhandenkommt.

72   Außerdem ist den durch OLG Hamm aaO als maßgebend bezeichneten und oben G IV 69 aufgezählten Umständen gemeinsam, daß
– sie *dem Vr* großenteils *nicht bekannt* werden, jedenfalls nicht im Zeitpunkt der Verlagerung des Lebensmittelpunkts und oft auch nicht in der Folgezeit bis zum Eintritt eines Schadens in der bisherigen Wohnung, sondern erst in der nachfolgenden Korrespondenz, daß

– sie *sich* nach dem Zeitpunkt der Verlagerung des Wohnungswechsels einmal oder sogar mehrfach *ändern* können (Beispiel: nachträglicher Abschluß oder spätere Kündigung der HausratsV für die neue Wohnung, Änderung im Wertverhältnis des Hausrats in beiden Wohnungen oder im Wahrscheinlichkeitsgrad für eine Rückkehr des VN in die bisherige Wohnung), was aber doch wohl auch nach Ansicht des OLG Hamm nicht zu einer wiederholten Verlagerung des VSchutzes von der einen auf die andere Wohnung führen darf (?), und daß endlich

– im Regelfall nicht alle aufgezählten Umstände zusammentreffen, sondern *nur ein* mehr oder weniger großer *Teil von ihnen gegeben* ist, was vom Standpunkt des OLG Hamm aus zu einer besonders breiten Grauzone und zu großer Rechtsunsicherheit führen würde.

Aus diesen Gründen kann auch der modifizierten Ansicht des OLG   73
Hamm nicht gefolgt werden, und zwar schon nicht zu den VHB 74 und noch weniger (vgl. dazu G IV 74) zu den VHB 84. Allenfalls ließe sich daran denken, dem VN durch AGBG-konforme Auslegung oder nach § 3 AGBG zu helfen, wenn ausnahmsweise doch einmal sämtliche Umstände im Sinn von G IV 69 zusammentreffen und sich für den Einzelfall wenigstens rückblickend mit nahezu völliger Sicherheit ausschließen läßt, daß der Vr auch im Fall eines Schadens in der neuen Wohnung in Anspruch genommen worden wäre, falls in solcher Schaden statt (!) des Schadens in der bisherigen Wohnung eingetreten wäre. Die rechtliche Konstruktion einer teilweisen Unwirksamkeit von §§ 6 Nr. 1 VHB 74, 11 Nr. 1 VHB 84 für „krasse Fälle" stößt allerdings auf erhebliche Schwierigkeiten, vgl. ausführlich Martin RuS 87, 349 in einer Anm. zu OLG Hamm RuS 87, 289 = VersR 151 = NJW-RR 413.

Noch weniger als auf der Basis von § 6 Nr. 1 VHB 74 kann dem OLG   74
Hamm für Verträge nach den VHB 84 gefolgt werden. **§ 11 Nr. 1 Abs. 1 Satz 2 VHB 84** regelt nämlich ausdrücklich den Fall, daß der VN die *bisherige Wohnung* nach Verlegung seines Lebensmittelpunkts *beibehält*. Ein Wohnungswechsel im Sinn von Satz 1 aaO, also mit der Folge des Übergangs des VSchutzes auf die neue Wohnung, liegt nach Satz 2 aaO in solchen Fällen „nur vor, wenn er (der VN) die neue Wohnung in derselben Weise nutzt wie die bisherige Wohnung". Gedacht ist dabei an die Nutzung als Erstwohnung, falls auch die „in § 10 Nr. 2 genannte Wohnung" (so ausdrücklich Satz 1 in § 11 Nr. 1 Abs. 1 VHB 84) Erstwohnung war, denn keinesfalls kann aus einem Vertrag für eine Erstwohnung ein Vertrag für eine Zweitwohnung werden, G IV 83.

Die in G IV 74 wiedergegebene Formulierung in § 11 Nr. 1 Abs. 1 Satz 2   75
kann nicht durch „Auslegung" als „unvollständig" in dem Sinn verstanden werden, daß für den Übergang des VSchutzes als zusätzliche Voraussetzung ein auf diesen Übergang gerichteter Wille des VN im Sinn von G IV 68 erforderlich wäre. Noch weniger lassen sich die in G IV 69 aufgezählten und nach Ansicht des OLG Hamm bei Verträgen nach den VHB 74 maßgebenden Umstände als Umstände begreifen, die der Feststellung entgegenstünden, die neue Wohnung werde „in derselben Weise wie die bisherige" (so die Formulierung in § 11 Nr. 1 Abs. 1 Satz 2 VHB 84) genutzt. Das OLG Hamm hat sich in den in G IV 68 zitierten Entscheidungen auch ausschließlich mit Verträgen nach den VHB 74 befaßt. Es ist überwiegend wahrscheinlich, daß

sich zu den VHB 84 auch das OLG Hamm der hier vertretenen Ansicht anschließen würde.

76   Schwierigkeiten bereitet die **Anfangsphase** der hier erörterten Umzüge ohne Mitnahme von Hausrat. Wenn z. B. nach einem Ehestreit ein Gatte lediglich „versuchsweise" zu einer Freundin oder einem Freund zieht und lediglich einige persönliche Sachen mitnimmt, so ist dies nicht immer schon der Beginn eines Umzugs, welcher VSchutz in der neuen statt in der bisherigen Wohnung bewirken würde. Es bleibt Frage des Einzelfalls, von wann an man von Umzug sprechen kann, wobei die Zeitdauer des bisherigen Aufenthalts in der neuen Wohnung und die (Un-)Wahrscheinlichkeit einer Rückkehr in die alte Wohnung nebeneinander zu berücksichtigen sind. Eine nur noch entfernte Möglichkeit der Rückkehr oder gar das bloße Eigentum oder ein Interesse an den in der bisherigen Wohnung verbliebenen Sachen im Hinblick auf eine künftige Hausratsteilung schließt den Wohnungswechsel und den Übergang des VSchutzes auf die neue Wohnung nicht aus. Es geht auch nicht an, für die Dauer einer familiären oder rechtlichen Unklarheit zwischen den früheren Wohngenossen einen – durch UnterV reduzierten – **VSchutz in beiden Wohnungen** zu gewähren. Diese Möglichkeit besteht nach den VHB 74 oder VHB 84 nur, solange der *technische* Vorgang des Umzugs im Gange ist sowie nach einer **geschäftsplanmäßigen Erklärung** der Vr speziell bei Trennung von Ehegatten durch Wohnungswechsel des VN, vgl. ausführlich G IV 115 bis 151.

77   Die **Beweislast** für einen Wohnungswechsel trägt der Vr, wenn er einen Schaden in der bisherigen Wohnung ablehnen, dagegen der VN, wenn er einen Schaden in der neuen Wohnung geltend machen will. Nicht gelungen ist dem VN dieser Nachweis für die Dauer eines sechsmonatigen Aufenthalts in einem Appartement seines Arbeitgebers im Fall AG Köln ZfS 88, 368.

78   Der VSchutz endet also vorbehaltlich der geschäftsplanmäßigen Erklärung gemäß G IV 115 bei Wohnungswechsel des VN in der bisherigen Wohnung auch dann gemäß G IV 49, wenn dort bisherige Wohngenossen des VN und nahezu der gesamte bisherige Hausrat des VN verbleiben. Die Eigentumsverhältnisse spielen keine Rolle. Allenfalls kann der Vr nach VFällen in der bisherigen Wohnung noch wegen Verstoßes gegen die **Beratungspflicht des Vr** haften. Es ist für den Vr nämlich leicht vorauszusehen, daß der VN und vor allem dessen bisherige Wohngenossen einem *rechtlichen Irrtum* erliegen können. Sobald der Vr *Tatsachen* erkennt, aus denen sich ergibt, daß ein solcher Irrtum im konkreten Fall wirklich entstanden ist oder entstanden sein kann, muß der Vr den VN aufklären.

79   Die bloße Kenntnis vom Umzug macht den Vr aber jedenfalls dann noch nicht beratungspflichtig, wenn der VN kurz zuvor auf den Vorschlag, die HausratVSumme zu erhöhen, ausweichend oder ablehnend reagiert hatte (Koblenz VersR 84, 128). Als Faustregel kann gelten: Je weniger der ausgezogene VN den Schutz benötigt, z. B. weil er nicht in eine neue eigene Wohnung, sondern in die Wohnung eines Lebensgefährten gezogen ist, um so näher liegt ein Beratungsfehler des Vr, wenn dieser oder der Agent jene Tatsachen rechtzeitig vor dem Schadenfall in der bisherigen Wohnung kannte.

80   **Kenntnis des Vermittleragenten** wäre hierbei dem Vr nach dem Wortlaut von § 44 VVG zwar nicht zuzurechnen. Aber diese Vorschrift ist einschränkend

auszulegen (PM § 44 Anm. 2). Indessen handelt es sich bei Trennung von Wohngenossen und insbesondere von Ehegatten so sehr um Tatsachen des Privatlebens, daß der Vr und sein Agent *nicht* verpflichtet und oft nicht einmal berechtigt sind, *bruchstückhafte Tatsachenkenntnis* durch Rückfragen zu ergänzen, also z. B. bei *längerer Abwesenheit* eines verheirateten VN nachzuforschen, ob und wann er zurückkehren werde oder wo er sich aufhalte oder ob sich nicht seine Adresse geändert habe und ob die polizeiliche Umzugsmeldung (immer nur eines von vielen Indizien für einen Wohnungswechsel, G IV 49) schon erfolgt sei.

Auch **Änderungen in der Art und Weise der Prämienzahlung** (z. B. durch 81 einen früheren Wohngenossen oder von dessen Konto, nach dem zuvor durch den VN oder von dessen Konto gezahlt oder abgebucht worden war) können den Vr nicht für sich allein, sondern nur zusammen mit weiteren ihm bekannten Tatsachen zu Rückfragen und Nachforschungen oder vorsorglicher Aufklärung veranlassen. *Gegen* eine zu weitgehende Beratungspflicht des Versicherers spricht auch das gemeinsame Interesse von Vr und VN an niedrigen Verwaltungskosten und an einem niedrigen Prämienniveau in der HausratV als MassenVZweig. Treffen allerdings Kenntnis von der Tatsache des Umzugs und Kenntnis von der Tatsache der Prämienzahlung durch einen früheren Wohngenossen statt – wie zuvor – durch den VN zusammen, so wird der Vr entsprechende Rückfragen an den VN richten müssen, wenn er sich nicht wegen mangelhafter Beratung schadenersatzpflichtig macht will.

Die **Beratungspflicht** besteht nicht nur gegenüber dem VN, sondern auch 82 gegenüber den Eigentümern der mitversicherten fremden Sachen, also **gegenüber den versicherten Wohngenossen,** Hamburg VersR 84, 431 und für einen anderen Fall von Beratungspflicht z. B. auch LG Hildesheim VersR 86, 783. Folgerichtig muß gegebenenfalls auch ein **Mitverschulden** des in der bisherigen Wohnung verbliebenen Wohngenossen berücksichtigt werden. Häufig wird dieser Einwand aber dann scheitern, daß den mitversicherten Personen der Vertragstext und die zugrunde liegenden AVB unbekannt sind. Daher ist es häufig nicht einmal leicht fahrlässig, wenn der Wohngenosse glaubt, es genüge für den Fortbestand des VSchutzes, die Prämie weiterhin pünktlich zu überweisen. Kenntnis des VN oder gar seiner Wohngenossen von den AVB-Bestimmungen über den VOrt ist nicht mit gleicher Strenge zu fordern wie z. B. die Kenntnis von Obliegenheiten.

7. Soweit der VN schon bei Vertragsschluß mehrere Wohnungen – Ab- 83 grenzung gegenüber gesondert gelegenen Räumen einer einheitlichen Wohnung: G IV 23 – hat oder soweit er später eine oder mehrere zusätzliche Wohnungen begründet, muß der vertraglichen Bezeichnung der versicherten Wohnung sowie den Vorschriften über den Wohnungswechsel entnommen werden, welche der mehreren Wohnungen VOrt ist. In §§ 6 Nr. 1 VHB 74, 10 Nr. 2 VHB 84 wird jeweils erwähnt, daß die versicherte Wohnung im Vertrag „bezeichnet" sein muß, vgl. G IV 1, 2 und 85. Der Fall einer **Mehrheit von Wohnungen** des VN wird hingegen nur in § 11 Nr. 1 Abs. 1 Satz 2 VHB 84 ausdrücklich angesprochen, vgl. schon G IV 74. Danach liegt ein Wohnungswechsel im Sinne von Satz 1 aaO („in diesem Fall") nicht vor, wenn die neue Wohnung nicht „in derselben Weise wie die bisherige" genutzt wird.

Diese Regelung versteht sich indessen von selbst und gilt ungeschrieben in gleicher Weise auch nach den VHB 74, soweit es sich darum handelt, daß der VN eine frühere Erstwohnung als Zweitwohnung beibehält. Zweifelhaft ist nur, ob die Regelung auch gilt, wenn ausnahmsweise eine Zweitwohnung in eine Erstwohnung umgewandelt, G IV 90.

84   Auch wo der VN drei oder mehr Wohnungen besitzt, werden hier und im Folgenden als „**Zweitwohnung**" sämtliche Wohnungen bezeichnet, die *nicht Erstwohnung* sind, die also nicht den Lebensmittelpunkt des VN darstellen. Für das versicherte Risiko macht es nämlich keinen Unterschied, ob eine Wohnung, die nicht Erstwohnung ist, die zweite oder dritte usw. Wohnung des VN darstellt. Auch das Problem der Gleichrangigkeit von Wohnungen tritt nur bei Erstwohnungen auf, vgl. dazu G IV 60. Hingegen spielt es bei mehreren Zweitwohnungen keine Rolle, welche von ihnen häufiger benutzt wird.

85   Die **vertragliche Bezeichnung** versicherten Wohnung besteht in einer Vereinbarung über deren **örtliche Lage**. Insbesondere wird im Antrag und im VSchein die Postanschrift genannt. Daneben kann die **Antragsfrage** gestellt sein, N II 12, ob es sich um eine Erst- oder um eine Zweitwohnung handelt. Die Antwort hierauf ist selbst dann **nicht** (A IV 28) Teil der Bezeichnung der versicherten Wohnung, wenn der Vr sie in den VSchein übernimmt, denn selbst die VHB 84 sprechen in § 11 Nr. 1 Abs. 1 Satz 2 nur davon, daß die neue Wohnung „wie die bisherige" (nicht: „wie vereinbart") genutzt wird. Außerdem wäre es mit § 34a VVG unvereinbar, §§ 16ff. VVG in der Weise zu verschärfen, daß kein VSchutz besteht, wenn die Antwort unrichtig, insbesondere also die zu versichernde *Zweitwohnung zu Unrecht als Erstwohnung bezeichnet* wurde. In einem solchen Fall kann der Vr lediglich nach §§ 16ff. VVG zurücktreten und dadurch leistungsfrei werden. Wird die Antragsantwort „Erstwohnung" später unrichtig, die bisherige Erstwohnung also in eine Zweitwohnung umgewandelt, so haben allerdings die Vorschriften über den Wohnungswechsel Vorrang vor §§ 23ff. VVG, vgl. G IV 91. Nicht zu verwechseln ist die Antragsfrage nach dem Erst- und Zweitwohnungscharakter mit der in der Praxis ebenfalls häufigen Antragsfrage, ob die zu versichernde Wohnung in einem bewohnten Gebäude liegt, vgl. G IV 4.

86   a) War bisher eine **Erstwohnung versichert** und wird später **zusätzlich** eine **Zweitwohnung eingerichtet**, so wird die Zweitwohnung nicht Teil des VOrts. Vielmehr wäre für die Zweitwohnung ein zusätzlicher Vertrag notwendig, RG RuS 76, 129 = H 21, 103, Hamm VersR 80, 665 = 81, 722. Die Zweitwohnung wird nicht im Sinn von § 11 Nr. 1 Abs. 1 Satz 2 VHB 84 wie die bisher versicherte Erstwohnung genutzt. Die Rechtslage nach den VHB 74 ist dieselbe, denn es fehlt an einem „Wohnungswechsel". Das Gesagte gilt auch in dem seltenen Ausnahmefall, daß anläßlich der Neugründung der Zweitwohnung das bisherige Erstwohnungsinventar dorthin verbracht und statt dessen die bisherige und für die Zukunft fortbestehende Erstwohnung neu eingerichtet wird. Hierher gehört endlich auch der Fall KG 6 U 1947/81 vom 10. 11. 81, in dem der VN eine neue Wohnung über einige Zeit hinweg zwar dauernd, aber nur unfreiwillig und nur deshalb benutzt hatte, weil er

in der bisherigen Wohnung durch die Polizei gesucht wurde. Es fehlte hier an einem Wohnungswechsel.

Entgegen KG aaO erfordert aber Wohnungswechsel nicht die Aufgabe der 87 bisherigen Wohnung. Vielmehr kann die bisher versicherte **Erstwohnung als** unversicherte (dies räumt als Möglichkeit auch Hamm RuS 87, 289 = NJW-RR 88, 413 = VersR 151 ein) **Zweitwohnung beibehalten** werden, vgl. schon G IV 60 und jetzt ausdrücklich **§ 11 Nr. 1 Abs. 1 Satz 2 VHB 84.** Selbst wenn die Erstwohnung in das Ausland verlegt wurde, entfällt für die als Zweitwohnung beibehaltene bisherige Wohnung der VSchutz, und zwar bei Umzug in das Ausland ersatzlos, wie dies in § 11 Nr. 1 Abs. 3 VHB 84 auch ausdrücklich gesagt wird. Beides gilt in gleicher Weise nach den VHB 84, LG Frankfurt VersR 84, 725, und zwar auch dann, wenn die neue Erstwohnung neu möbliert wird und die bisher versicherten Möbel der bisherigen Erstwohnung in der nunmehrigen Zweitwohnung verbleiben, G IV 60.

Wird die **zusätzliche Wohnung** nunmehr in etwa **gleichrangig** mit der bisher 88 versicherten Erstwohnung benutzt, z.B. weil der VN aus beruflichen oder familiären Gründen zwischen den beiden Wohnungen pendeln muß, so ist nicht die bisherige, sondern die neu hinzugekommene Wohnung als unversicherte Zweitwohnung zu behandeln, AG Köln ZfS 88, 368. Von Gleichrangigkeit kann man etwa sprechen, wenn der VN in keiner der Wohnungen mehr als 60 und in keiner weniger als 40% der Nächte und Tage verbringt.

Die **Beweislast** für die überwiegende Nutzung einer neu eingerichteten 89 Wohnung trägt der Vr, wenn er einen Schaden in der bisherigen Wohnung ablehnen will, hingegen der VN, wenn er Entschädigung für einen Schaden in der neuen Wohnung verlangt. Mißlingt der Nachweis in dem einen oder in dem anderen Fall, so bewendet es bei dem Fortbestand des vereinbarten VSchutzes in der bisherigen Wohnung. Auch dieser Zusammenhang mit der Beweislastverteilung spricht *gegen* die in G IV 25 der 1. Aufl. in Betracht gezogene Möglichkeit, bei gleichrangiger Nutzung der Wohnungen *Schutz in beiden Wohnungen* statt gemäß G IV 88 nur in der bisherigen Wohnung zu gewähren.

b) Ist eine **Zweitwohnung versichert,** so gelten die Vorschriften über den 90 Wohnungswechsel auch für diese Zweitwohnung. Dies trifft zunächst in dem einfachsten Fall zu, daß die **Zweitwohnung verlegt** und die Erstwohnung unverändert beibehalten wird. Nimmt der VN zu der versicherten Zweitwohnung an einem dritten Ort noch eine **weitere Zweitwohnung,** G IV 84, so handelt es sich *nicht* um einen Wechsel der Zweitwohnung. In der neuen Zweitwohnung besteht kein VSchutz, gleichgültig von wo Hausratsgegenstände nach dort gebracht wurden. Die Rechtslage ist also dieselbe, wie wenn zu einer versicherten Erstwohnung zusätzlich eine Zweitwohnung eingerichtet wird, G IV 86.

Wird die versicherte **Zweitwohnung nunmehr als Erstwohnung genutzt,** wäh- 91 rend umgekehrt die Erstwohnung zur Zweitwohnung wird, so handelt es sich um einen Wechsel der versicherten Zweitwohnung und gegebenenfalls auch um einen Wechsel der Erstwohnung, falls auch diese versichert war. War allerdings die bisherige Erstwohnung unversichert und tritt nach dem Wechsel ein Schaden zuerst in der neuen Erstwohnung ein, so ist ein wenig zweifelhaft, ob der VSchutz auch wirklich versagt werden kann, denn die Umwandlung in eine Erstwohnung erhöht nicht die Gefahr, sondern vermindert sie. Jedenfalls trifft den Vr eine Beratungspflicht, wenn er von einem solchen Wohnungstausch erfährt, denn die Möglichkeit eines Irrtums des VN drängt sich geradezu auf, vgl. auch G IV 83 zu § 11 Nr. 1 Abs. 1 Satz 2 VHB 84. Liegt die nunmehrige Zweitwohnung anders als die bisherige Zweitwohnung in einem nicht ständig bewohnten Gebäude, so handelt es sich jedenfalls dann um eine Gefahrerhöhung für den Zweitwohnungsvertrag, wenn im Antrag eine entsprechende Frage gestellt war, G IV 4.

92 Wird die versicherte **Zweitwohnung aufgelöst**, so erlischt der VSchutz wegen Interessewegfalls (§ 68 Abs. 2 VVG). Dies gilt auch dann, wenn das Inventar nicht veräußert, sondern in die Erstwohnung oder in eine bereits bestehende andere Zweitwohnung verbracht wird, gleichgültig, ob für die Erstwohnung oder für die andere Zweitwohnung ebenfalls ein VVertrag geschlossen ist und mit welcher VSumme. Der Vr muß jedoch, wenn ihm in solchen Fällen ein Wohnungswechsel angezeigt wird, weil der VN die VHB 74 oder die VHB 84 mißversteht, diesen unverzüglich aufklären. Andernfalls muß er den VN so stellen, wie wenn dessen Rechtsansicht zuträfe. Die Gefahr eines Irrtums des VN liegt hier besonders nahe, weil es aus seiner Sicht keinen großen Unterschied macht, ob die andere Zweitwohnung erst anläßlich der Auflösung der bisher versicherten Zweitwohnung gegründet wurde (vgl. hierzu G IV 89) oder schon vorher bestanden hatte.

93 Wird die versicherte Zweitwohnung nunmehr als Erstwohnung genutzt, ohne daß eine neue Zweitwohnung errichtet worden wäre, so handelt es sich abweichend von G IV 27 der 1. Aufl. jedenfalls nach den VHB 84 wegen deren § 11 Nr. 1 Abs. 1 Satz 2 VHB 84 um eine Auflösung der Zweitwohnung, die zu einem Interessewegfall führt. Dies gilt auch dann, wenn der VN den Wegfall der Zweitwohnung verspätet anzeigt, weil er irrig glaubt, beide Verträge bezögen sich jetzt auf die Erstwohnung und die beiden VSummen stünden für das dort nunmehr konzentierte Inventar beider Wohnungen nebeneinander zur Verfügung. Es bedeutet zwar eine gewisse Härte, wenn der VN nun gemäß § 68 Abs. 2 VVG bis zur Aufklärung des Irrtums prämienzahlungspflichtig bleibt, ohne für die ohnehin geminderte Gefahr VSchutz zu genießen. Solange jedoch der Vr den Irrtum nicht erkennen konnte, läßt sich ein VSchutz für die Erstwohnung aus dem Vertrag für die aufgelöste Zweitwohnung rechtlich nicht konstruieren.

94 **8. Tod des VN,** gleichgültig ob **Eigentümer** oder **Mieter,** führt ebenfalls zu Schwierigkeiten bei Anwendung von § 6 Nr. 1 VHB 74, wonach Schutz nur in der *jeweiligen Wohnung des VN* besteht, vgl. unten G IV 96 bis 106. Größtenteils ausdrücklich geregelt sind die Folgen des Todes des VN für die HausratV hingegen in § 10 Nr. 4 VHB 84, vgl. G IV 107 bis 114. Für Mieter oder Untermieter **möblierter Wohnungen** als HausratVN gelten keine Besonderheiten. Der VVertrag geht gegebenenfalls auf die Erben des Mieters oder Untermieters, auf den Vermieter der Wohnung hingegen nur durch Vereinbarung, an der die Erben und der Vr mitwirken, LG Aachen RuS 90, 62.

95 Die folgenden Überlegungen zu den VHB 74 beziehen sich auf VVerträge über **Erstwohnungen.** War eine Zweitwohnung versichert, so wird man stets

Fortbestand des VSchutzes zugunsten der Erben annehmen müssen, mag auch der Erbe nicht oder noch nicht beabsichtigen, die Räume auch seinerseits als Zweitwohnung beizubehalten, sondern sie nur als vorübergehenden Abstellraum bis zur Veräußerung oder zum Abtransport des Nachlasses ansehen, Martin VersR 86, 562. Aus der Möglichkeit der V von *Zweitwohnungen* darf aber entgegen Hamm VersR 86, 331 nicht geschlossen werden, auch bei Verträgen über Erstwohnungen falle durch Tod niemals das Interesse weg, sondern es erhöhe sich allenfalls die Gefahr, vgl. G IV 99 und 101.

a) Zwar gehen nach dem Grundsatz der **Gesamtrechtsnachfolge** VVerträge 96 gemäß § 1922 BGB grundsätzlich auf den Erben über (AG Charlottenburg RuS 83, 39). Auch besteht das *Interesse* an der Erhaltung des Hausrats nach dem Tod des VN in der Person des oder der Erben als Gesamtrechtsnachfolger fort (Frankfurt VersR 84, 1059; AG Charlottenburg aaO). Aber alle übrigen Voraussetzungen des VSchutzes müßten ebenfalls in der Person des Erben als des neuen VN gegeben sein, wenn VSchutz bestehen soll. Dies ist zweifelsfrei der Fall, wenn der **Alleinerbe** oder **sämtliche Miterben** schon bisher als **Wohngenossen** mit dem VN zusammengelebt hatten, denn dann handelt es sich auch für den oder die Erben als neue VN um deren eigene Wohnung im Sinne von § 6 Nr. 1 VHB 74 (AG Charlottenburg RuS 83, 39), und zwar gleichgültig wann die Erbenstellung dieser Wohngenossen bekannt oder außer Streit gestellt wird, vgl dazu G IV 108.

Schwierigkeiten entstehen in diesen Fällen erst, wenn einer von mehreren 97 Miterben wegzieht, so daß nunmehr möglicherweise VSchutz in zwei Wohnungen gewährt werden muß, ähnlich wie wenn ausnahmsweise von vornherein der Vertrag mit *zwei Wohngenossen als VN* zustande kommt, vgl. H IV 72 und 77 sowie PM § 69 Anm. 1 E d, insbesondere im Hinblick auf § 1357 BGB.

War nur **einer von mehreren Miterben** ein **Wohngenosse** des verstorbenen 98 VN nach den VHB 74, so werden auch die Kritiker der hier vertretenen Ansicht anerkennen, daß der VVertrag nur mit *demjenigen* (oder denjenigen) Erben fortbesteht, um dessen (oder deren) Wohnung es sich schon *vor* dem Tod des bisherigen VN gehandelt hatte und um dessen (oder deren) Wohnung es sich jetzt auch weiterhin handelt. Die *übrigen* Miterben bleiben zwar versichert, weil nach § 2 Nr. 2 VHB 74 auch fremdes Eigentum oder fremde Eigentumsanteile versichert sind; solche Miterben sind aber trotz § 1922 BGB *nicht* VN und nicht Prämienschuldner. Vielmehr scheiden sie als Vertragspartner aus, und zwar mit Prämienrückgewähranspruch in den Grenzen von § 68 Abs. 2 VVG, weil es in ihrer Person an einer Eigenschaft fehlt, welche den VSchutz und damit das versicherte (!) Interesse begründen, nämlich an der Inhaberstellung bezüglich der Wohnung gemäß § 6 Nr. 1 VHB 74. Niemand wird annehmen wollen, daß in diesen Fällen auch die anderswo wohnenden Miterben VN würden, sei es mit Bezug auf deren eigene Wohnung oder mit Bezug auf die Nachlaßwohnung als eine (aus ihrer Sicht) Art von Zweitwohnung.

Streitig ist die Rechtslage, wenn die **Nachlaßwohnung** im Zeitpunkt des 99 Todes VN **für keinen der Miterben dessen eigene Wohnung** war. Ein Übergang des VSchutzes auf die eigene Wohnung der Erben entspräche nicht den praktischen Bedürfnissen und ist mangels eines Wohnungswechsels auch rechtlich nicht kontruierbar. Entgegen Frankfurt VersR **84**, 1059 kann man die Nachlaßwohnung auch nicht als „Wohnung" (eigentlich ist es nur ein Lagerraum) des anderswo wohnenden Erben ansehen, mag er auch als Erbe Hausrat- und Gebäudeeigentümer oder Mietvertragspartner geworden sein. Anders als in der Phase eines Krankenhausaufenthalts des verstorbenen VN, den Frankfurt aaO erwähnt, handelt es sich nicht mehr um einen Anwendungsfall von §§ 7 Nr. 2 Satz 3 VHB 74, 13 Nr. 3b VHB 84, denn diese Bestimmungen umfassen nicht die Fälle, in denen die Wohnung speziell deshalb unbewohnt ist, weil der VN (hier: der Erbe) anderswo wohnt, N IV 83. Hier sorgen §§ 6 Nr. 1 VHB 74, 11 Nr. 1 VHB 84 als abschließende Sonderregelung dafür, daß eben nicht nur die Rechtsfolgen der Gefahrerhöhung eintreten.

100   Zwar können auch Zweitwohnungen nach den VHB 74 versichert werden G IV 2 und 90. Entgegen Hamm VersR **86**, 331 = RuS 100 (dort kam es indessen auf diese Frage für das Ergebnis nicht einmal an, vgl. R IV 42) kann daraus aber nicht geschlossen werden, die Nachlaßwohnung sei für die anderswo wohnenden Erben auch dann „die im VersVertrag bezeichnete Wohnung des VN", wenn der Erblasser die Wohnung als Erstwohnung versichert hatte, vgl. ausführlich Martin VersR **86**, 562 sowie oben G IV 66.

101   Für Verträge des Erblassers über Erstwohnungen führt auch die Abwägung der Interessen einerseits des VN (und seiner Erben) und andererseits des Vr nicht ohne weiteres zu einer klaren Lösung. *Einerseits* besteht für den oder die Erben ein *erhebliches VBedürfnis,* das nicht geringer, sondern im Gegenteil sogar größer ist, solange die Erben vom Tod des VN oder von ihrer Erbenstellung noch nichts wissen. *Andererseits* würde ein Fortbestand der Haftung des Vr für diesen meist eine *erhebliche Risikoerhöhung* darstellen. Die von Schirmer ZVerWiss **84**, 561 (ebenso wohl GB **86**, 61) als Endzeitpunkt für den VSchutz vorgeschlagene „Wohnungsauflösung" kann sich mit oder ohne „Verschulden" des Erben sehr lange verzögern oder sie kann gänzlich unterbleiben.

102   Mit LG Köln RuS **82**, 173, PM § 68 Anm. 3 B und Martin VW **74**, 408 sowie entgegen AG Charlottenburg VersR **57**, 678 (wo es übrigens an jeglicher Begründung fehlt) wird man daher auch hier (wie in G IV 98 für einen einzelnen anderswo wohnenden Miterben) **Interessewegfall und Vertragsaufhebung** mit Prämienrückgewähranspruch im Rahmen von § 68 **Abs. 2** VVG annehmen müssen: Ein Interesse der Erben ist zwar vorhanden, G IV 96, aber nicht mehr ein versichertes Interesse im Sinn der vereinbarten Haftungsmerkmale, zu denen auch das Kriterium des § 6 Nr. 1 VHB 74 (vereinbarte Wohnung des VN) gehört.

103   Nach dem Tod des VN sprechen übrigens dieselben Gründe gegen eine zu weitgehende Entfernung vom Wortlaut des § 6 Nr. 1 VHB 74 wie sie in G IV 67 für den Fall einen Trennung des VN von Wohngenossen dargelegt sind. Entgegen Schriftleitung RuS **86**, 102 spricht der Zusammenhang zwischen beiden Problemen mehr für als gegen den Interessewegfall im Todeszeitpunkt, vgl. näher Martin VersR **86**, 562.

104   In Einzelfällen kann der Vr wegen **Beratungsverschuldens** VSchutz gewähren müssen, nämlich dann, wenn für ihn oder den Agenten erkennbar ein Erbe zu Unrecht VSchutz erwartete. Grenzfall ist ein Tod des VN andeutender Zusatz auf dem Überweisungsbeleg für die nächste Prämie. Der Vr kann hier allenfalls einwenden, er habe auf dem Überweisungsbeleg sonstige Mitteilungen nicht zu erwarten brauche. Insbesondere stellt sich diese Frage bei maschinenlesbaren Belegen, vgl. auch A V 46 zu der umgekehrten Frage, ob der Vr „Prämienrechnungen" für sonstige Mitteilungen an den Vr benutzen darf.

Allenfalls stellt sich die Frage einer **Kulanzentschädigung** durch den Vr, insbesondere bei Schäden vor oder während der Dauer der Beerdigung des VN, wie sie in der Praxis gelegentlich bekannt geworden sind. Soweit nach den Umständen ein weiterer persönlicher Gebrauch des Nachlasses durch die Erben nicht zu erwarten war, müßte für die *Höhe* einer kulanzweise zu zahlenden (oder nach der Gegenansicht: geschuldeten) Entschädigung auch geprüft werden, ob nicht gemäß § 4 Nr. 1 Satz 3 VHB 74 nur der gemeine Wert zu entschädigen ist, Q III 92.   105

Auch eine Korrektur zugunsten der Erben nach **§ 9 Abs. 2 Nr. 2 AGBG** (Vertragszweck) ist nicht ohne weiteres möglich, denn es gibt zur wortgetreuen Anwendung von § 6 Nr. 1 VHB 74 keine nach dem AGBG realisierbare Alternative, A V 30. Dies gilt sowohl dann, wenn man die Bestimmung über den VOrt zur primären Risikoabgrenzung rechnet (A V 20) und über § 6 Abs. 1 AGBG hinaus für die primäre Risikoabgrenzung in gewissem Umfang eine erweiternde, AGBG-konforme Auslegung zuläßt, A V 23 bis 29, wie auch dann, wenn man die Bestimmungen über den VOrt als örtliche Einschränkung der V aller Sachen des Hausrats und damit als Teil der sekundären Risikoabgrenzung betrachtet, G I 1. Auch in dem letzteren Fall könnte man z. B. nicht durch Annahme einer bloßen Teilunwirksamkeit (A V 33) der Beschränkung des VSchutzes auf die Wohnung des VN als VOrt helfen. Insbesondere wäre es nicht mehr eine mit § 6 Abs. 1 AGBG zu vereinbarende Teilunwirksamkeit, sondern eine **unzulässige geltungerhaltende Reduktion**, A V 31, wenn versucht würde, die in § 10 Nr. 4 VHB 84 getroffene Regelung (Dreimonatsfrist, vgl. näher G IV 107) auch schon aus §§ 6 Nr. 1 VHB 74, 6 Abs. 1 AGBG herzuleiten. Insofern bestätigen die VHB 84 die vorstehend für die VHB 74 vertretene Rechtsansicht.   106

b) Nach **§ 10 Nr. 4 VHB 84** besteht der VSchutz nach dem Tod des VN in der versicherten Wohnung **zwei Monate** auch dann fort, wenn es sich nicht um die Wohnung des Erben oder der Erben des VN handelt. Während der zwei Monate sind gemäß § 1922 BGB **sämtliche Erben VN und Prämienschuldner**, und zwar auch dann, wenn zu Beginn oder am Ende der Zweimonatsfrist nur einer oder nur einige von ihnen in der Wohnung wohnen oder im Rahmen der Erbauseinandersetzung früher oder später den Hausrat übernehmen. Mit dieser Regelung werden freilich nicht alle Zweifelsfragen ausgeräumt, sondern teilweise nur auf die Zeit nach Ende der zwei Monate verlagert.   107

Insbesondere ist nicht geregelt, wie die Rechtslage ist, wenn nach Ablauf der zwei Monate noch **ungeklärt** oder streitig ist, **wer den VN beerbt** hat. Dieses Problem entsteht übrigens ebenso oder sogar noch häufiger nach § 6 Nr. 1 VHB 74, wo es darauf ankommt, ob im Todeszeitpunkt ein Erbe oder Miterbe des VN dessen Wohngenosse war, vgl. G IV 101. Es wird sich nicht vermeiden lassen, den Fortbestand des VVerhältnisses auch dann zu bejahen,   108 wenn im Todeszeitpunkt (VHB 74) oder zwei Monate danach (VHB 84) ungeklärt ist, wer den VN beerbt hat. Hierüber muß vielmehr entweder im Deckungsprozeß entschieden werden oder die nötigen Folgerungen müssen aus dem Ergebnis des Erbscheinverfahrens oder eines Feststellungsprozesses rückwirkend gezogen werden.

109 Bei Ende der Zweimonatsfrist treten für das gesamte VVerhältnis die Folgen des § 68 Abs. 1 VVG ein, falls **kein** Erbe in der Wohnung wohnt. Oder aber das VVerhältnis besteht nur noch mit demjenigen oder mit denjenigen Miterben fort, die in der Wohnung wohnen; im Verhältnis zu den **übrigen** Miterben gilt § 68 Abs. 2 VVG. An der Haftung der aus dem VVerhältnis ausscheidenden Miterben für die bereits fällig gewordene Jahresprämie ändert sich aber nichts; bei Ratenzahlung bleiben die ausscheidenen Miterben auch für die erst nach ihrem Ausscheiden fällig werdenden Raten haftbar. Aus § 68 Abs. 2 VVG kann sich eine Haftung der auscheidenden Miterben sogar noch über das laufende VJahr hinaus ergeben.

110 Maßgebend für die Rechtslage nach Ende der zwei Monate ist allein die tatsächliche **Wohnsituation** in diesem **Zeitpunkt.** Daß etwa im Wege der Erbauseinandersetzung die baldige Räumung der Wohnung durch den dort wohnenden Miterben oder umgekehrt der baldige Bezug der Wohnung durch einen Erben vorgesehen ist, der bisher nicht dort gewohnt hatte, kann nicht berücksichtigt werden. Vielmehr müssen die notwendigen praktischen und vertraglichen Konsequenzen aus späteren Änderungen der Wohnsituation durch Vereinbarung mit dem Vr gezogen werden. Wegen späteren Wegzuges eines von mehreren Miterben, die bei Ende der Zweimonatsfrist in der Wohnung gewohnt hatten, vgl. G IV 112.

111 Unerheblich ist auch der **Zeitpunkt der Kenntnisnahme des Vr** vom Tod des VN und von der Wohnsituation bei Ablauf der Zweimonatsfrist. Diese Kenntnisnahme entscheidet lediglich im Umfang des § 68 Abs. 2 VVG über Prämienansprüche gegen die Erben oder gegen einzelne Miterben, die nicht mehr Vertragspartner sind, G IV 109, sowie über den Umfang der Beratungspflicht.

112 Wohnen im maßgebenden Zeitpunkt (gemäß G IV 109 und 110) mehrere Miterben in der Wohnung und wechselt später **einer** von ihnen in eine **neue** **Wohnung,** so treten dieselben Rechtsfolgen ein, wie wenn der Vertrag ausnahmsweise mit mehreren VN geschlossen worden wäre, vgl. schon G IV 97 zu den VHB 74. Insbesondere kommt hier ausnahmsweise **Haftung** des Vr aus ein und demselben Vertrag **für mehrere Wohnungen in Betracht.**

113 c) Weder die VHB 74 noch die VHB 84 enthalten eine Lösung für den Fall, daß der verstorbene VN zwar mit einem oder mehreren **Wohngenossen** zusammengelebt hatte, daß aber **keiner** dieser Wohngenossen **Erbe** oder Miterbe des VN geworden ist. Nach § 10 Nr. 4 VHB 84 besteht der VSchutz während der ersten beiden Monate mit dem oder mit den Erben fort, und zwar nach § 1 Nr. 3 VHB 84 auch für fremdes Eigentum, also für die Sachen der Wohngenossen, die nicht zum Nachlaß gehören. Danach entfällt jedoch der VSchutz auch für die Sachen der Wohngenossen, falls nicht etwa inzwischen der Erbe oder ein Miterbe in die Wohnung gezogen ist.

Anders als in den in G V 61 und 62 erörterten Fällen des Wohnungswech- **114**
sels des VN kann man von einer Überraschung für die Wohngenossen aber
allenfalls nach den VHB 74 und für eine kurze Übergangszeit sprechen, nicht
hingegen nach den VHB 84. Zwei Monate nach dem Tod des VN muß den
Wohngenossen nämlich klar sein, daß sie aus einem Vertrag, für den sie nie
Prämie gezahlt hatten und der auch nicht auf sie als Prämienschuldner übergegangen ist, HausratVSchutz nicht erwarten können. Abhilfe nach § 9
Abs. 2 Nr. 2 AGBG zugunsten der Wohngenossen ist nicht möglich, A V 30,
weder nach den VHB 74 während einer Übergangszeit (G V 106) noch gar für
die Zeit ab dem dritten Monat nach den VHB 84. Härtefälle entstehen nur,
wenn sich der Wohngenosse schuldlos irrig für den Erben hält und der Irrtum erst nach mehr als zwei Monaten aufgeklärt wird.

9. Anfang 1990 haben eine Reihe von Vr gegenüber dem BAV folgende **115**
„**Geschäftsplanmäßige Erklärung zur Hausratversicherung**" abgegeben:
> Bei Auszug des VN aus der Ehewohnung werden wir bis zu einer Ände-
> rung der Bedingungen künftig wie folgt verfahren:
> Zieht bei einer Trennung von Ehegatten der VN aus der Ehewohnung
> aus und bleibt der Ehegatte in der bisherigen Ehewohnung zurück, so
> gilt als VOrt die neue Wohnung des VN und die bisherige Ehewohnung.
> Dies gilt bis zu einer ändernden Vereinbarung, längstens jedoch bis zum
> Ablauf von drei Monaten nach der nächsten, auf den Auszug des VN
> folgenden Prämienfälligkeit. Danach besteht VSchutz nur noch in der
> neuen Wohnung des VN.

Geschäftsplanmäßige Erklärungen **begründen** – ähnlich wie privatrechtliche
Verträge zugunsten Dritter – **unmittelbar Rechte des VN oder mitversicherter
Personen**, BGH NJW 88, 2734, auch wenn sie nicht öffentlich bekannt ge-
macht wurden.

In G IV 63 bis 82 wurde die Streitfrage behandelt, ob und unter welchen **116**
Voraussetzungen der Umzug des VN ausnahmsweise nicht zu VSchutz in der
neuen Wohnung führt, sondern der VSchutz in der bisherigen Wohnung für
die bisherigen Wohngenossen des VN fortbesteht. Diese Streitfrage hat sich
durch die geschäftsplanmäßige Erklärung nur teilweise erledigt, denn die
Erklärung enthält zu Grund und Höhe des VSchutzes in der bisherigen Wohnung eine Reihe von einschränkenden Voraussetzungen. Außerdem wirkt die
Erklärung nur für **VFälle nach Zugang der Erklärung des Vr bei dem BAV**, denn
eine Erweiterung des Deckungsumfangs betrifft mangels gegenteiliger Anhaltspunkte im Wortlaut und nach dem Grundgedanken von § 2 Abs. 2 VVG
nur zukünftige VFälle. Unerheblich für die Anwendung der geschäftsplanmäßigen Erklärung ist es hingegen, ob der Umzug des VN vor oder nach
Abgabe der Erklärung stattgefunden hat.

a) Eine **Informationspflicht des Vr** gegenüber dem VN oder gar gegenüber **117**
dessen Ehegatten **über die Tatsache der geschäftsplanmäßigen Erklärung** wird
jedenfalls durch deren Wortlaut nicht begründet. Der Vr weiß in der Regel
auch gar nicht, ob der VN im Zeitpunkt des Vertragsschlusses, im Zeitpunkt
des Umzuges, im Zeitpunkt der Abgabe der geschäftsplanmäßigen Erklärung
sowie im Zeitpunkt des Eintritts eines VFalles verheiratet ist oder nicht.

118 Erlangt aber der Vr nach Umzug des VN Kenntnis von einem **Schadenfall** in der bisherigen Ehewohnung, so wird man eine **Aufklärungspflicht des Vr** bejahen müssen, und zwar sowohl gegenüber dem VN wie gegenüber dem anderen Ehegatten. Dies gilt auch dann, wenn der Vr den Schaden aus anderen Gründen für nicht entschädigungspflichtig hält. Der Vr muß den VN sowie dessen Ehegatten aufklären, wenn für ihn erkennbar wird, daß ein Schaden in der bisherigen Ehewohnung oder ein streitiger Teilbetrag eines solchen Schadens nur deshalb nicht weiterverfolgt wird, weil der VN oder ein betroffener Versicherter glaubt, der Schaden sei nicht gedeckt, weil er außerhalb des VOrtes eingetreten ist.

119 **Verletzt** der Vr diese Aufklärungspflicht, so kann er sich auf den Ablauf der Sechsmonatsfrist oder der Verjährungsfrist nicht berufen. Die schwerste Form einer Verletzung der Aufklärungspflicht läge darin, daß der Vr den Schaden ablehnt, weil die bisherige Ehewohnung nicht mehr VOrt sei, und hierbei die Tatsache der geschäftsplanmäßigen Erklärung verschweigt. Völlige Gleichbehandlung aller VN einschließlich der in der bisherigen Ehewohnung zurückgebliebenen Versicherten wäre nur erzielbar, wenn die geschäftsplanmäßige Erklärung dem VN bekanntgemacht werden müßte. Selbst in diesem Fall würden allerdings die potentiell betroffenen Ehegatten von der Information durch den Vr nicht immer Kenntnis erlangen. Wegen der Möglichkeit einer für den VN oder die betroffenen Versicherten **günstigeren Auslegung der Erklärung** bis zum Angebot einer „ändernden Vereinbarung" seitens des Vr vgl. G IV 135, 141 und 151.

120 b) Der VSchutz nach der geschäftsplanmäßigen Erklärung führt **nicht** zur **Vertragsspaltung**, wird also nicht Gegenstand eines gesonderten Vertrages. Die Deckung für **beide VOrte** besteht vielmehr aus **ein und demselben Vertrag**. VN ist und bleibt allein der umgezogene **bisherige VN**. Nur er ist Prämienschuldner. Nur er kann über Entschädigungsansprüche nach Schäden in der bisherigen Wohnung verfügen und sie gerichtlich geltend machen. Für den Fall, daß der VN den Anspruch nicht geltend machen will, geht die **Verfügungsbefugnis** allerdings nach den allgemeinen Regeln über die FremdV auf den zurückgebliebenen Ehegatten oder dessen Mitbewohner über, vgl. die Rechtsprechungsnachweise bei PM § 75 Anm. 3 c. Wegen der Auswirkungen von Vertragsänderungen, die der VN mit dem Vr vereinbart, sowie wegen des Todes des VN vgl. G IV 146 bis 149, wegen der Beratungspflicht des Vr in solchen Fällen G IV 150 bis 151.

121 Die **Gefahrstandspflicht**, die gefahrmindernden **Obliegenheiten** sowie alle Obliegenheiten nach dem VFall treffen auch den zurückgebliebenen **Ehegatten** sowie **dessen Mitbewohner** als versicherte Interessenträger, PM § 75 Anm. 3 vor a. Kenntnis und Verhalten mitversicherter Personen stehen nach § 79 VVG einem Verhalten des VN gleich, allerdings nur mit Bezug auf Schäden an Sachen oder Interessen dieser mitversicherten Personen. Insbesondere führt daher **grobe Fahrlässigkeit** des zurückgebliebenen Ehegatten oder seiner Mitbewohner gemäß §§ 61, 79 VVG zur Leistungsfreiheit bei Schäden in der bisherigen Wohnung.

122 Das gleiche gilt bei Obliegenheitsverletzungen, und zwar ebenfalls schon nach § 79 VVG in Verbindung mit den AVB-Bestimmungen, in denen die

Leistungsfreiheit angeordnet wird. Auf die Frage einer Repräsentantenstellung des zurückgebliebenen Ehegatten und seiner Mitbewohner für den VN kommt es nicht an. **Gegenseitige Repräsentantenstellung** des zurückgebliebenen **Ehegatten** und seiner **Mitbewohner** ist abzulehnen. Zu bejahen ist allerdings die Repräsentantenstellung des zurückgebliebenen Ehegatten und seiner Mitbewohner im Verhältnis zum umgezogenen VN. Der Vr kann daher bei Verstößen gegen die Gefahrstandspflicht oder gegen gefahrmindernde Obliegenheiten durch die Bewohner der bisherigen Wohnung eine „**Kündigung**" aussprechen.

Die Kündigung ist gegenüber dem VN zu erklären. Da sich dessen Rechts-   **123** stellung durch die geschäftsplanmäßige Erklärung und die Erweiterung des VOrts auf die bisherige Wohnung aber nicht verschlechtern darf, G IV 124, handelt es sich nicht um ein vollständiges Kündigungsrecht des Vr bezüglich des ganzen Vertrages, sondern nur um ein **Gestaltungsrecht,** das den Vr lediglich befugt, seine Haftung in der neuen Wohnung zu beenden. § 6 Abs. 1 Satz 3 VVG ist auf dieses Gestaltungsrecht anzuwenden. Nur wenn der Vr es fristgerecht ausübt, kann er sich auf Leistungsfreiheit wegen Obliegenheitsverletzung berufen.

c) **Verschlechterungen der Rechtsstellung des VN** oder einer versicherten Per-   **124** son können aus der geschäftsplanmäßigen Erklärung **keinesfalls** hergeleitet werden. Daher kann insbesondere der Vr bei Schadenfällen in der neuen Wohnung des VN nicht den VWert von Sachen in der bisherigen Ehewohnung berücksichtigen, um hierwegen UnterV oder eine höhere UnterV einzuwenden, G IV 134. Außerdem gibt ein **Schadenfall in der bisherigen Wohnung** dem Vr **kein Recht zur Kündigung** aus Anlaß des VFalles, während der VN seinerseits eine solche Kündigung aussprechen kann.

Auch die **Rechte von mitversicherten Personen** gegenüber dem Vr können   **125** durch die geschäftsplanmäßige Erklärung **nicht geschmälert** werden, zumal die Erklärung diesen Personen ebensowenig oder sogar noch weniger bekannt wird als dem VN, G IV 119. Soweit daher die geschäftsplanmäßige Erklärung überhaupt keinen oder nicht vollen VSchutz bietet, haben die Gerichte auch in Zukunft zu prüfen, ob sich nicht bei „richtiger" Auslegung der VHB 74 oder der VHB 84 eine weitergehende Deckung ergibt. Insofern bleibt die in G IV 63 bis 82 behandelte Streitfrage auch für zukünftige Schadenfälle praktisch bedeutsam, G IV 138. Hieraus können komplizierte Rechtsfragen entstehen, wenn zwischenzeitlich der Vertrag durch einvernehmlich oder einseitige gestaltende Erklärung des Vr im Sinn von G IV 123 oder 148 geändert wurde.

d) **Trennung von Ehegatten** setzt die geschäftsplanmäßige Erklärung vor-   **126** aus. Unter „Trennung" versteht der maßgebende Sprachgebrauch des täglichen Lebens nicht jeden Umzug des VN ohne Mitumzug des Ehegatten, sondern nur einen Umzug, der mit den familiären Beziehungen zum anderen Ehegatten zusammenhängt. Beruflich bedingte Abwesenheiten für Monate oder sogar Jahre sowie Krankenhaus-, Kur-, Gefängnis- oder sonstige „familienneutrale" auswärtige Aufenthalte des VN machen die geschäftsplanmäßige Erklärung selbst dann nicht anwendbar, wenn diese Aufenthalte nicht lediglich einen zusätzlichen Wohnsitz begründen, sondern das Wohnen des VN in der bisherigen Wohnung beenden, z. B. weil der zurückgebliebene Ehegatte einen Teil der Räume untervermietet oder in eine kleinere Wohnung umzieht oder andere Mitbewohner aufnimmt usw. Wohl aber handelt es sich um „Trennung von Ehegatten", wenn ein VN auszieht, weil er oder beide Ehegatten prüfen wollen, ob durch vorübergehende Trennung die ehelichen Beziehungen verbessert werden können.

127   **Nicht** anzuwenden ist die geschäftsplanmäßige Erklärung ferner, wenn zu den in der bisherigen Wohnung verbleibenden Personen nicht auch die Ehefrau des VN gehört. **Eheähnliche Lebensgemeinschaften** oder Wohngemeinschaften zwischen sonstigen verwandten oder auch nicht verwandten Personen betrifft die geschäftsplanmäßige Erklärung nicht. Zieht neben dem VN auch der andere Ehegatte um, so kommt es auf die zeitliche Reihenfolge an, und zwar jeweils auf den Zeitpunkt des Endes des Umzuges, das normalerweise zum Wegfall des VSchutzes in der bisherigen Wohnung führt, G IV 35. Endet der Umzug des anderen Ehegatten zeitlich früher oder mindestens gleichzeitig mit dem Umzug des VN, so ist die geschäftsplanmäßige Erklärung nicht anzuwenden.

128   Auf das **Motiv** des Umzuges des VN oder des vorangegangenen Umzugs des anderen Ehegatten kommt es nur im Rahmen von G IV 126 an. Ansonsten spielt es dagegen z. B. keine Rolle, ob der Umzug des VN oder der vorangegangene Umzug des anderen Ehegatten auf einer Anordnung des Familienrichters beruht oder nicht. Dieser Punkt ist insofern von Bedeutung, als Anordnungen des Familienrichters auch vor Rechtskraft der Scheidung ergehen können.

129   Der andere „Ehegatte" muß in der bisherigen Wohnung zurückbleiben. Insbesondere muß also die **Ehe** bei Ende des Umzugs des VN **noch bestehen.** Liegt der Zeitpunkt, in dem der VSchutz in der bisherigen Wohnung nach den AVB endet, erst nach **Rechtskraft des Scheidungsurteils,** so ist die geschäftsplanmäßige Erklärung unanwendbar. Auch eine spätere Scheidung oder gar eine **Wiederverheiratung** des zurückgebliebenen Ehegatten beendet den Schutz in der bisherigen Wohnung nicht. Die bisherige Wohnung braucht „Ehewohnung" nur im Zeitpunkt des Umzugs des VN zu sein. Später darf sie diese Eigenschaft verlieren, ohne daß dadurch der VSchutz endet. Auch das Kriterium „Ehegatte" braucht nur im Zeitpunkt des Umzugs des VN vorzuliegen.

130   e) Die **bisherige Ehewohnung** bleibt **VOrt.** Dies bedeutet volle Anwendbarkeit von §§ 10, 12 VHB 84 und der entsprechenden Bestimmungen in den VHB 74. Zur bisherigen Wohnung gehören z. B. auch Räume in Nebengebäuden gemäß § 10 Nr. 2 VHB 84 sowie Räume, auf die nachträglich die bisherige Ehewohnung erweitert wird. Allerdings gilt die geschäftsplanmäßige Erklärung nur, wenn der VN aus „der" Ehewohnung ausgezogen ist, also aus der Erstwohnung der Ehegatten. Für VVerträge über **Zweitwohnungen** von Ehegatten gilt die geschäftsplanmäßige Erklärung nicht, selbst wenn der VN dem zurückbleibenden Ehegatten im Zusammenhang mit der Trennung auch die Zweitwohnung überläßt. – Im **Todesfall des zurückgebliebenen Ehe-**

gatten ist § 10 Nr. 4 VHB 84 anwendbar. Darüber hinaus geht der Schutz in den zeitlichen Grenzen gemäß G IV 137 auf die Erben des zurückgebliebenen Ehegatten über, falls ein Erbe oder Miterbe spätestens am Ende der Frist gemäß § 10 Nr. 4 VHB 84 in der Wohnung wohnt. Wegen des **Todes des VN** vgl. G IV 149.

Außerdem besteht **AußenVSchutz** gemäß § 12 VHB 84. In diesem Rahmen 131 stehen die mit dem zurückgebliebenen Ehegatten in **häuslicher Gemeinschaft** lebenden Personen den in § 12 VHB 84 erwähnten Personen in häuslicher Gemeinschaft mit dem VN gleich. Auch innerhalb der Wohnung kommt der fortbestehende VSchutz den Mitbewohnern des zurückgebliebenen Ehegatten zugute, denn § 1 Nr. 3 VHB 84 über die MitV des fremden Eigentums ist im Rahmen der geschäftsplanmäßigen Erklärung für die „bisherige Ehewohnung" voll anzuwenden.

In dem theoretischen Extremfall einer gemeinsamen Reise des ausgezoge- 132 nen und des zurückgebliebenen Ehegatten und eines Schadensfalles, der Sachen aus beiden Wohnungen betrifft, ist so abzurechnen, wie wenn es sich je um einen gesonderten VFall handelte. Die Entschädigungsgrenzen gemäß § 12 Nr. 5 Satz 2 VHB 84 sind auf die betroffenen Sachen aus der Wohnung des VN einerseits und aus der Wohnung des zurückgebliebenen Ehegatten andererseits gesondert anzuwenden, so daß die Entschädigung im Extremfall 20% der VSumme ausmachen kann, wenn nämlich Sachen aus jeder Wohnung im Wert von mindestens 10% abhandenkommen.

Unanwendbar ist § 11 VHB 84. Zieht also der zunächst zurückgebliebene 133 Ehegatte ebenfalls um, so besteht in dessen **neuer** Wohnung **kein** VSchutz mehr. Dies erscheint sowohl mit dem Wortlaut wie auch mit dem Sinn der geschäftsplanmäßigen Erklärung als vereinbar. Es fehlt an einer wirtschaftlichen Beziehung zwischen dem HausratVVertrag des zuerst ausgezogenen Ehegatten und der neuen Wohnung des zunächst zurückgebliebenen Ehegatten. Letzterer muß durch einen neuen Vertragsabschluß vorsorgen, wenn er versichert sein will.

f) Der VOrt entscheidet nicht nur darüber, ob ein Schadenfall einen VFall 134 darstellt, sondern auch über den **VWert des Hausrats**, für den nur Sachen innerhalb des VOrtes zu berücksichtigen sind. Soweit also nicht ErstrisikoV gemäß Kl 834 zu den VHB 84 vereinbart ist, kann der durch die geschäftsplanmäßige Erklärung erweiterte VOrt zu UnterV oder zu verstärkter UnterV führen. Dies kann sich aber keinesfalls zum Nachteil des VN und des VSchutzes in der neuen Wohnung auswirken, vgl. schon G IV 124.

Der **VSchutz in der bisherigen Wohnung** wird stark entwertet, wenn der VN 135 über die in die neue Wohnung mitgenommenen Sachen hinaus zusätzliche Sachen anschafft oder wenn neue Mitbewohner des VN auch ihrerseits Hausrat besitzen. Dem Sinn der geschäftsplanmäßigen Erklärung entspräche es, Sachen in der neuen Wohnung des VN zu Lasten des zurückgebliebenen Ehegatten höchstens mit dem Betrag zu berücksichtigen, der dem Gesamtwert derjenigen Sachen entspricht, die der VN bei seinem Umzug aus der bisherigen Wohnung entfernt hatte. *Gegen* eine solche *Billigkeitslösung* spricht indessen, daß sie im Wortlaut der geschäftsplanmäßigen Erklärung keine Stütze findet und daß mit zunehmendem Zeitabstand nachträglich immer schwerer zu beweisen ist, welchen Gesamtwert die anläßlich des Umzugs des VN aus der bisherigen Wohnung entfernten Sachen gehabt hatten.

136   Trotzdem empfiehlt sich ein Entgegenkommen des Vr bei der Berechnung des VWertes in der bisherigen Wohnung jedenfalls in VFällen, die eintreten, solange der zurückgebliebene Ehegatte die geschäftsplanmäßige Erklärung und daher in der Regel auch nicht die Gefahr eines Verlustes des VSchutzes in der bisherigen Wohnung kennt, G IV 119. Sobald hingegen der Vr den zurückgebliebenen Ehegatten zu einer „ändernden Vereinbarung" im Sinn von G IV 140 aufgefordert und hierbei über die Rechtslage aufgeklärt hat, besteht wirtschaftlich kein Grund mehr, von einer vollen Berücksichtigung des VWertes aller versicherten Sachen in beiden Wohnungen abzusehen.

137   g) **Mindestens 3 Monate**, nämlich bei Umzügen unmittelbar vor Prämienfälligkeit, und **höchstens 15 Monate**, nämlich bei Umzügen unmittelbar nach Prämienfälligkeit, bietet die geschäftsplanmäßige Erklärung Schutz in der bisherigen Ehewohnung. Die Regelung scheint zu unterstellen, die Prämienfälligkeit werde in der Regel zu einer Aufklärung des VN und des zurückgebliebenen Ehegatten durch den Vr führen. Tatsächlich wird dies aber nur ganz selten zutreffen, schon wegen der häufig vereinbarten Prämienzahlung im Lastschriftverfahren oder aufgrund eines Dauerauftrages. Aber selbst wenn der VN die Jahresprämie jeweils einzeln überweist, wird er dies nicht immer zum Anlaß nehmen, seinen etwaigen Umzug gemäß § 11 Nr. 2 VHB 84 dem Vr anzuzeigen. Außerdem ist keineswegs sichergestellt, daß der Vr künftig auf jede Umzugsmeldung eines VN mit der Rückfrage reagieren wird, ob der umgezogene VN verheiratet sei und ob etwa der andere Ehegatte in der bisherigen Wohnung zurückgeblieben sei, G IV 150.

138   Aus diesen Gründen ist die erhebliche Differenz zwischen der Mindestfrist von 3 Monaten und der Maximalfrist von 15 Monaten sachlich nicht gerechtfertigt und führt zu **willkürlichen Ergebnissen**. Gleichwohl ist auch dieser Teil der Regelung rechtswirksam. Allerdings werden die Gerichte bei Schäden nach Fristablauf auch in Zukunft prüfen, ob nicht die zugrunde liegenden AVB so auszulegen seien, daß sie dem zurückgebliebenen Ehegatten weitergehenden Schutz gewähren als die geschäftsplanmäßige Erklärung, G IV 125.

139   h) Nur **„bis zu einer ändernden Vereinbarung"** soll die geschäftsplanmäßige Erklärung angewendet werden. Äußerste Grenze bleibt die Frist von 3 bis 15 Monaten im Sinn von G IV 137 und 138. Die Formulierung ist mißlungen, denn sie sagt nicht, mit wem die „ändernde Vereinbarung" zustande kommen kann. Am wenigsten dürfte an eine Vereinbarung zwischen dem VN und dem zurückgebliebenen Ehegatten gedacht worden sein, denn der Vr muß beteiligt sein, zumal er sonst von der Vereinbarung nicht einmal immer Kenntnis erhielte. Auch an eine Vereinbarung zwischen dem VN und dem Vr dürfte nicht gedacht worden sein. Im Gegenteil bedarf der zurückgebliebene Ehegatte eines gewissen Schutzes gegen Abreden zu seinem Nachteil zwischen dem VN und dem Vr, G IV 145 bis 151.

140   Am ehesten läßt sich an eine **Vereinbarung zwischen dem zurückgebliebenen Ehegatten und dem Vr** denken. Daß damit der zurückgebliebene Ehegatte auch über den VSchutz für etwaige weitere Mitbewohner der früheren Ehewohnung verfügen kann, steht nicht entgegen, denn der VSchutz für Mitbe-

wohner durch den Fremdeigentumseinschluß gemäß § 1 Nr. 3 VHB 84 hängt
ganz allgemein davon ab, daß der Vertrag nicht aufgehoben oder geändert
wird. Trotzdem ist die „ändernde Vereinbarung" zwischen dem zurückgebliebenen Ehegatten und dem Vr kein sinnvolles Kriterium, denn eine „Vereinbarung" bedarf, wie der Begriff sagt, der Mitwirkung des zurückgebliebenen Ehegatten und **kann nicht** durch den Vr einseitig **erzwungen werden.**

Insbesondere kann der Vr nicht einseitig den VSchutz in der bisherigen   **141**
Wohnung schon dann und schon deshalb beenden, weil er den zurückgebliebenen Ehegatten über die Rechtslage nach den VHB 74 oder dem VHB 84
aufgeklärt hat, also über den Grundsatz, daß VSchutz nur in der neuen
Wohnung des VN besteht. Der Wortlaut der geschäftsplanmäßigen Erklärung enthält keine derartige Einschränkung. Allenfalls kann der Vr sich zum
Nachteil des zurückgebliebenen Ehegatten **strenger an den** – wenig durchdachten – **Wortlaut** der geschäftsplanmäßigen Erklärung halten, sobald der
zurückgebliebene Ehegatte über die Rechtslage **aufgeklärt** ist. Insbesondere gilt
dies für die Berücksichtigung des VWertes der Sachen in der neuen Wohnung
des VN, G IV 136. Außerdem kann sich der Vr nach entsprechender Aufklärung des zurückgebliebenen Ehegatten ungeschränkt auf Vertragsänderungen
berufen, die durch Vereinbarungen mit dem VN oder durch einseitige Erklärungen seitens des oder gegenüber dem VN zustande gekommen sind, G IV
150 und 151.

Der zurückgebliebene Ehegatte kann den VSchutz durch die geschäftsplan-   **142**
mäßige Erklärung für den **vollen Zeitraum** der Frist von 3 bis 15 Monaten im
Sinn von G IV 137 **ausnutzen,** und zwar auch zugunsten seiner Mitbewohner.
Der Vr kann ihn zum Abschluß eines neuen Vertrages und (oder) zum Verzicht auf seine Rechte aus der geschäftsplanmäßigen Erklärung nicht zwingen. Selbst wenn der zurückgebliebene Ehegatte einen neuen HausratVVertrag abschließt, besteht der VSchutz aus der geschäftsplanmäßigen Erklärung
weiter. Im Fall eines neuen Vertrages mit einem anderen Vr besteht **MehrfachV** und – soweit der Gesamtbetrag der VSummen den VWert übersteigt –
sogar **DoppelV.** Der andere Vr kann also aus der geschäftsplanmäßigen Erklärung gegebenenfalls sogar DoppelVAusgleich gemäß § 59 **Abs. 2 VVG** verlangen.

Ein **neuer VVertrag des zurückgebliebenen Ehegatten** mit demselben Vr, mit   **143**
dem auch der Vertrag des umgezogenen VN besteht, kann im Zweifel nicht
als „stillschweigende" Vereinbarung über die Beendigung des VSchutzes aus
der geschäftsplanmäßigen Erklärung gedeutet werden. Eine „ändernde Vereinbarung" muß vielmehr in der Regel ausdrücklich getroffen werden, insbesondere in der Spalte für aufzuhebende Vorverträge im Antragsformular.
Eine solche Vereinbarung läuft nämlich dem Interesse des zurückgebliebenen
Ehegatten zuwider und bringt ihm ausschließlich rechtliche Nachteile, z.B.
ein UnterVRisiko, falls die VSumme des neuen Vertrages nicht ausreicht,
ohne ihn von einer Prämienschuld zu entlasten, die ja ohnehin nicht besteht.

Der Vr darf den zurückgebliebenen Ehegatten auch nicht etwa entgegen   **144**
der wirklichen Rechtslage dahin „belehren", er „müsse" anläßlich des Neuabschlusses auf die Rechte aus der geschäftsplanmäßigen Erklärung verzichten.
Vielmehr schuldet der Vr **Schadenersatz** im Sinn von § 249 BGB in der Weise,
daß er sich auf die „ändernde Vereinbarung" nicht beruft, falls er diese

Vereinbarung durch eine unrichtige Belehrung herbeigeführt hat. Auch wirtschaftlich ist eine derartige Betrachtungsweise gerechtfertigt. Schließt nämlich ein zurückgebliebener Ehegatte einen neuen VVertrag und wendet hierfür Prämie auf, so darf er nicht schlechter gestellt werden als ein anderer zurückgebliebener Ehegatte, der den Abschluß eines neuen VVertrages trotz Aufklärung verweigert, um die Restlaufzeit des Schutzes aus der geschäftsplanmäßigen Erklärung auszunutzen, G IV 142.

145   i) Die Worte „bis zu einer ändernden Vereinbarung" meinen zwar nicht eine Vereinbarung zwischen dem Vr und dem VN, G IV 139, die „hinter dem Rücken" des zurückgebliebenen Ehegatten getroffen würde und dem zurückgebliebenen Ehegatten seiner Rechte aus der geschäftsplanmäßigen Erklärung berauben könnte. Gleichwohl setzt die geschäftsplanmäßige Erklärung einen **Vertrag mit dem VN** sowie **dessen Fortbestand** voraus. Nur im jeweiligen Umfang dieses Vertrages schützt die geschäftsplanmäßige Erklärung den zurückgebliebenen Ehegatten.

146   Für **Vertragsänderungen** und einseitige Erklärungen aus der Zeit **vor dem Wohnungswechsel des VN** versteht sich dies von selbst. Hatte also z. B. der Vr oder der VN den Vertrag vor dem Umzug mit Wirkung für einen Zeitpunkt nach dem Umzug wirksam gekündigt, so endet mit dem Wirksamkeitszeitpunkt der Kündigung auch der Schutz für den zurückgebliebenen Ehegatten, gleichgültig ob dieser von der Kündigung Kenntnis hatte oder nicht. Das gleiche gilt für vertragsändernde Vereinbarungen zwischen dem VN und dem Vr z. B. über eine Herabsetzung der VSumme, über eine Verminderung des Deckungsumfangs, über einen Selbstbehalt usw.

147   Allenfalls ist in solchen Fällen der Vr verpflichtet, den zurückgebliebenen Ehegatten **aufzuklären,** falls er von der Tatsache der Ehe und der bevorstehenden Trennung der Ehegatten Kenntnis hatte oder anläßlich der Gespräche mit dem VN über die Kündigung oder die Vertragsänderung Kenntnis erlangt. Insoweit gelten die Überlegungen gemäß G IV 78 bis 82 über die Beratungspflicht des Vr, und zwar auch zugunsten des zurückgebliebenen Ehegatten als eines mitversicherten Interesseträgers.

148   Aber auch alle **nach dem Wohnungswechsel** eintretenden Gründe für einen geminderten Deckungsumfang oder für Leistungsfreiheit des Vr muß sich der zurückgebliebene Ehegatte grundsätzlich entgegenhalten lassen. Dies gilt z. B. für eine **Kündigung** durch den VN, Vereinbarungen über die **Aufhebung** des Vertrages oder über eine **Herabsetzung der VSumme,** für Leistungsfreiheit wegen Prämienverzugs des VN nach §§ 38, 39 VVG oder für **Anfechtung, Rücktritt oder Kündigung durch den Vr,** und zwar selbst dann, wenn diese Gestaltungsrechte des Vr ihre Ursache ausschließlich im Verhalten des VN) z. B. in einer arglistigen Täuschung, in Nichtzahlung der Prämie, in meiner Obliegenheitsverletzung) oder in den Risikoverhältnissen in der neuen Wohnung des VN (Gefahrerhöhung, Verletzung gefahrmindernder Obliegenheiten) hatten. Das gleiche gilt bei Kündigungen nach einem VFall seitens des oder gegenüber dem VN. Wegen der schwierigen Frage einer Kündigung anläßlich eines Schadensfalles oder wegen Obliegenheitsverletzungen oder Gefahrerhöhungen in der Wohnung des zurückgebliebenen Ehegatten vgl. G IV 123 und 124.

Ob im **Todesfall des umgezogenen VN** der Vertrag auf dessen Erben über- 149 geht, hängt von der weiteren Nutzung der neuen Wohnung des umgezogenen VN ab; ergänzend gilt § 10 **Nr. 4 VHB 84,** vgl. im einzelnen G IV 94 bis 114. Wenn und solange nach diesen Grundsätzen VSchutz zugunsten der Erben des umgezogenen VN besteht, ist auch die geschäftsplanmäßige Erklärung zugunsten des zurückgebliebenen Ehegatten weiterhin anzuwenden. Erlischt jedoch der VSchutz in der neuen Wohnung und damit durch Interessenwegfall gemäß § 68 **Abs. 2** VVG auch das VVerhältnis, so **endet** damit der **Schutz in der Wohnung des zurückgebliebenen Ehegatten,** denn dieser setzt Fortbestand des VVertrages mit dem VN voraus, G IV 145. Daß zwischen den Erben des umgezogenen VN und dem Vr vielleicht noch ein Abwicklungsverhältnis besteht, z.B. wegen eines Prämienrückstandes oder wegen Regulierung eines eingetretenen Schadens, ändert an der Rechtslage nichts. – Zum Tod des zurückgebliebenen Ehegatten vgl. G IV 130.

Problematisch ist der Umfang der schon in G IV 144 erwähnten **Beratungs-** 150 **pflicht des Vr gegenüber dem zurückgebliebenen Ehegatten.** Muß der Vr den zurückgebliebenen Ehegatten von allen vereinbarten oder durch einseitige Erklärung oder auch nur durch Prämienverzug herbeigeführten **Verschlechterungen des VSchutzes** in **Kenntnis** setzen? Muß der Vr vielleicht sogar künftig nach Kenntnisnahme von einem Umzug des VN jeweils die Frage stellen, ob dieser verheiratet sei und ob der Ehegatte in der bisherigen Wohnung zurückgeblieben sei? Zu bejahen sind diese Fragen, soweit der Vertrag des VN nach einem Wohnungsechsel oder sogar anläßlich des Wohnungswechsels geändert, z.B. durch Herabsetzung der VSumme, oder aufgehoben wird, sei es mit oder ohne Abschluß eines Ersatzvertrages.

Hatte ein **Ersatzvertrag** gar ausschließlich den Zweck, den zurückgebliebe- 151 nen Ehegatten um seinen VSchutz aus der geschäftsplanmäßigen Erklärung zu bringen, so könnte sich der Vr auf die Änderung ohnehin nicht berufen. Aber auch wo derartige Motive nicht beweisbar sind, wird der Vr den zurückgebliebenen Ehegatten aufklären müssen, wenn er sich im Rahmen der geschäftsplanmäßigen Erklärung auf Beschränkungen des Deckungsumfangs berufen will. Der Vr wird dadurch nicht über Gebühr belastet, denn er kann die Information des zurückgebliebenen Ehegatten mit Akquisitionsversuchen verbinden. Am ehesten verneinen könnte man eine Aufklärungspflicht des Vr in den Fällen von §§ 38, 39 VVG, denn aus Verträgen, aus denen der Vr die fällige Prämie nicht erhalten hat, wird man ihn schwerlich mit Informationspflichten belasten dürfen.

V. Außenversicherung

1. Begriff der AußenV: Die AußenV hat sich in der FeuerV entwickelt. 1 Versicherte Sachen werden bis zu gewissen VSummen oder Entschädigungsgrenzen auch außerhalb des vereinbarten VOrts der „InnenV" versichert, also außerhalb des VGrundstücks im Sinn von G III 11 und 31. Allerdings wird die V innerhalb des VOrts nicht als „InnenV" bezeichnet, sondern stillschweigend als Normalfall vorausgesetzt, G V 5. Die AußenV ist somit eine **vereinbarte Erweiterung des vereinbarten VOrts.**

2   a) In der **gebündelten Geschäfts**V ist die AußenV meist auf die *Feuer- und LeitungswasserV* beschränkt, vgl. Ziffer II 1 der Pauschaldeklaration in Seite 5 von Texte und dazu G III 25 bis 27 für Sachen im Freien. Für die *Sturm*V muß AußenV, wenn ausnahmsweise gewünscht, entsprechend dem Einzelfall besonders vereinbart werden.

3   Das gleiche gilt für die **Diebstahl**V; AußenV kommt hier in der GeschäftsV kaum je als „anonyme" (D I 7 und G V 17) für einen größeren geographischen Bereich, sondern immer nur für bestimmt bezeichnete Gebäude in Betracht, weil der Vr vorher die Risikolage prüfen muß, G II 8 und G III 21. Nur für die Wohnung von Heimarbeitern (Kl 1403) sowie für Sachen, die auch gegen *einfachen Diebstahl* versichert werden, ist die AußenV häufiger, so z.B. für Geschäfahrräder in der ganzen Bundesrepublik (Kl 4401 und D XV 15) und für Automaten samt Inhalt sowie für Sachen in Schaukästen und Vitrinen innerhalb des Grundstücks, auf dem der VOrt liegt (Kl 4402 sowie G III 20).

4   Auch gegen *Raub* ist die sog. TransportraubV nach § 4 Nr. 7 AERB 87 als AußenV für die ganze Bundesrepublik üblich, allerdings nur für Sachen, die sich auf Transportwegen befinden, G V 6, nicht dagegen für Sachen außerhalb des VOrts im Ruhezustand oder bei Bewegungsvorgängen ohne Transportzweck bezüglich der versicherten Sachen. Deshalb spricht man bei Raub auch nicht von V gegen „Innenraub" und „Außenraub", sondern nur von *„Geschäftsberaubung"* und *„Transportraub"*, D XII 96.

5   b) Der **Begriff der Außen**V sollte korrekterweise nur gebraucht werden, wo der VSchutz durch Vereinbarung einer einheitlichen VSumme als Annex zu einer – wenn auch nicht ausdrücklich so bezeichneten – *Innen*V gestaltet ist, also für die **abhängige Außen**V, G V 9, *nicht* dagegen, wo VSummen für *mehrere VOrte* (G III 6) vereinbart sind. Letzterenfalls ist jeder der mehreren VOrte „innen", und die Entschädigung wird, soweit nicht Freizügigkeit (G III 7) vereinbart ist, unabhängig von der V des anderen VOrts berechnet (Engels VP 80, 179). Dies gilt nicht nur dann, wenn jeder der mehreren VOrte ein Betriebsgrundstück des VN ist, sondern auch dann, wenn neben der V für ein Betriebsgrundstück eine sog. **selbständige Außen**V für die ganze Bundesrepublik genommen ist, vgl. schon G III 9.

6   Beispiele für die sog. selbständige AußenV bilden die selbständige VSumme für **Sachen im Freien auf dem VGrundstück** in der gebündelten GeschäftsV gemäß G III 25 bis 27 und die Erstrisikosumme für **Raub auf Transportwegen** nach § 1 Nr. 1c AERB, AERB 87. VSchutz besteht auf dem Transportweg, auch wenn er innerhalb des VOrts der GeschäftsV beginnt oder endet (dann gegebenenfalls Entschädigung aus beiden Positionen gemäß S I 2 und 32 oder DoppelV), und zwar gemäß § 4 **Nr. 7 AERB** 87 für die Dauer des Transports. „Empfang" und „Ablieferung" der Sachen durch die Transportperson reichen aber als Kriterium nicht ganz aus, wenn die Transportperson (die auch der VN selbst sein kann) die Sachen auch vor oder nach dem Transport in Gewahrsam hat oder behält. Einzelheiten zum Begriff des Tansportwegs: D XII 101.

7   Ist dagegen für „innen" und „außen" eine *einheitliche VSumme* vereinbart, so handelt es sich für Sachen außerhalb des „eigentlichen" VOrts der „InnenV" (G V 1) stets um (**abhängige**) **AußenV**, gleichgültig ob die AußenV für einen größeren geographischen Bereich (weltweit oder für Europa oder – so meist – für die Bundesrepublik einschließlich des Landes Berlin und der Verbindungswege) oder nur für ein bestimmtes Grundstück gilt. Die Praxis spricht letzterenfalls freilich nicht von AußenV, sondern von *Abzweigung*, G III 5, was aber an der Anwendbarkeit von Kl 3401 oder 5401 nichts ändert, wenn dem Vertrag nur überhaupt eine dieser Klauseln zugrunde gelegt ist (ebenso Wälder Rus 74, 39). Die Terminologie der Praxis ist vor allem deshalb unglücklich, weil das Wort Abzweigung auch verwendet wird, wo die ("abgezweigte") VSumme nicht auch, sondern nur für Sachen am Ort der Abzweigung gelten soll. Hier handelt es sich in Wahrheit um zwei VSummen für zwei Orte, G III 6, und damit weder um abhängige AußenV noch um eine Abzweigung, sondern um "selbständige AußenV", G V 5 und 6.

Daneben gibt es in der Praxis auch Fälle, in denen für den Außenbereich **8** fälschlich von "VSumme" die Rede ist, obwohl eine abhängige AußenV im Sinn von Kl. 3401 und 5401 gewollt ist. Eine *"besondere VSumme"* im Sinn von Nr. 1 der beiden Klauseln stellt der Sache nach eine Entschädigungsgrenze dar. In Nr. 4 der Klauseln kommt dies auch klar zum Ausdruck. Dort meint nämlich das Wort "Entschädigungsgrenze" auch die in Nr. 1 noch so genannte "besondere VSumme", vgl. G V 10. Der Klauseltext paßt sich also hier bedauerlicherweise einer unrichtigen Terminologie in der Vertragspraxis an, statt umgekehrt den Versuch zu unternehmen, diese Terminologie zu korrigieren.

2. Die (abhängige) AußenV in der GeschäftsV wurde bis 1987 in § 20 ZFgA **9** 81b für die Industrie-FeuerV und in Kl 352 für das Feuerrisiko in der GeschäftsV geregelt, vgl. G V 6 bis 9 der 2. Aufl. Neuerdings stehen für beide Bereiche **Kl 3401** für das Feuerrisiko und **Kl 5401** für das Leitungswasserrisiko zur Verfügung (Alternativfassung, die auch zu den AERB 87 und AStB 87 vereinbart werden kann: VerBAV 89, 353). Nach deren Nr. 4 wird für § 56 VVG (**UnterV**) der VWert der Sachen im VOrt und der Sachen im AußenVBereich (eventuell am Ort der "Abzweigung", vgl. G V 8) *zusammengerechnet* und mit der gesamten VSumme verglichen, Engels VP 80, 179. Außerdem wird nach Nr. 3 der genannten Klauseln, falls für die AußenV (eventuell Ort der Abzweigung) ein höherer Prämiensatz gilt, der AußenVWert auch *gesondert* ermittelt. Allerdings wird, wenn beide Berechnungen eine UnterV ergeben, die Entschädigung nach Nr. 5 der Klauseln keinesfalls doppelt, sondern nur einmal gekürzt, und zwar in dem Verhältnis, das zu einer verhältnismäßig stärkeren Kürzung führt.

Der **VWert der Sachen im AußenVBereich** wird grundsätzlich ohne Rück- **10** sicht auf eine Entschädigungsgrenze ermittelt, vgl. ganz allgemein für Entschädigungsgrenzen S II 48 sowie PM § 56 Anm. 1 B und Wälder RuS 74, 37. Einbezogen werden alle *ihrer Art nach* in der AußenV gedeckten Sachen, wobei es meist auf dieselben Kriterien wie für die V im VOrt ankommt, vgl. z.B. H III 15 wegen des Fortbestandes der Eigenschaft als Vorräte bei unter Eigentumsvorbehalt durch den VN verkauften und ausgelieferten Waren. Eine Ausnahme gilt im allgemeinen nur für den Teil des Wertes, um den schon eine einzelne versicherte Sache die Entschädigungsgrenze im AußenV-

Bereich übersteigt (Martin VersR **73**, 294), denn insoweit trägt der Vr kaum ein zusätzliches Risiko, S II 49. Kl 3401 und 5401, jeweils Nr. 4, ändert die Rechtslage zugunsten des VN. Sachen außerhalb des VOrts werden **nur bis zum Betrag der vereinbarten Entschädigungsgrenze** berücksichtigt. Bei richtiger Auslegung gilt dies auch, wenn die Entschädigungsgrenze als VSumme bezeichnet ist, vgl. G V 8.

11   **3. Bei der HausrataußenV nach §§ 6 Nr. 2 VHB 74, 12 VHB 84** handelt es sich entgegen E. Prölss 155 nicht zum eine selbständige (G V 5), sondern um eine **abhängige AußenV** im Sinne von G V 9. Dies galt schon nach den VHB von 1942 und gilt jetzt gleichermaßen nach dem VHB 74 und den VHB 84. Ebenso wie nach Kl 3401 sind die nur vorübergehend außerhalb der Wohnung befindlichen und daher mitversicherten Sachen einzubeziehen, wenn wegen eines Schadens, sei es innerhalb oder außerhalb der Wohnung, der VWert festzustellen ist. Dies gilt sogar dann, wenn der VWert wegen eines erschwerten Diebstahls innerhalb der Wohnung ermittelt werden muß, die Sachen außerhalb der Wohnung sich aber zu dieser Zeit nicht in einem Gebäude befunden haben und daher nur gegen Feuer und Raub, nicht auch gegen Diebstahl und nach § 12 Nr. 3 VHB 84 und nicht gegen Sturm (G V 18) versichert waren; VSumme und VWert sind nämlich nach den VHB 74 und den VHB 84 als einer kombinierten V stets einheitlich, S II 46. §§ 9 Nr. 1 Abs. 1 VHB 74, 18 Nr. 5 VHB 84 verdeutlichen die Rechtslage insofern, als sie den VWert nur bei Entschädigungsgrenzen nach §§ 2 VHB 74, 19 VHB 84, nicht aber auch bei den Entschädigungsgrenzen nach §§ 6 Nr. 2 VHB 74, 12 Nr. 5 VHB 84 auf deren Betrag beschränken, S II 50.

12   Abweichend von Kl 3401 (G V 9) ist jedoch der VWert der vorübergehend außerhalb der Wohnung befindlichen Sachen nicht auch für sich allein zu ermitteln (anders und irrig Knoerrich-Dreger VerBAV **66**, 182). Die in §§ 6 Nr. 2 VHB 74, 12 Nr. 5 Satz 2 VHB 84 genannten Beträge von **10% der VSumme, höchstens 10 000 DM oder 15 000 DM**, sind nicht AußenVSumme, sondern ausschließlich **Entschädigungsgrenze** (Begriff: PM § 50 Anm. 2 c und Martin VersR **73**, 289). Nur so können die Worte „bis zu" in § 6 Nr. 2 VHB 74 verstanden werden, vgl. auch U III 2 und 19. Eine „stillschweigende" Verweisung auf Kl 3401, zum Nachteil des VN ist den VHB 74 oder gar den VHB 84 nicht zu entnehmen, zumal es sich um eine V für den privaten Lebensbereich handelt und die AußenV nicht einmal ausdrücklich als „abhängig" bezeichnet ist.

13   **AußenVOrt** ist nicht nur nach § 12 Nr. 1 VHB 84 (wo dies ausdrücklich gesagt wird), sondern auch nach § 6 Nr. 2 VHB 74 **Europa im geographischen Sinn**, also auch europäische Gebiete eines überwiegend außereuropäischen Staates (z. B. Istanbul, aber ohne anatolische Vororte, vgl. BGHZ **40**, 22 zu den AKB) sowie See- und Lufträume, die nicht zum Hoheitsgebiet eines Staates gehören, andererseits aber nicht Gebiete (z. B. Teneriffa, LG Berlin VersR **77**, 853, oder Gran Canaria, Hamburg ZfS **87**, 123, AG Bremen ZfS **86**, 123 und AG Hamburg VersR **86**, 1179), die zwar zum Staatsgebiet eines teilweise (UdSSR) oder überwiegend (z. B. Spanien, GB **76**, 56) europäischen Staates gehören, geographisch jedoch außerhalb Europas liegen. Danach sind z. B. die Balearen und die portugiesischen Azoren-Inseln ein Teil Europas,

nicht hingegen die Inseln vor der Westafrikanischen Küste. Weltweite Dek-
kung kann durch Klausel vereinbart werden, VerBAV 90, 32.

Für **versicherte Sachen** gemäß §§ 2 VHB 74, 1 VHB 84 gilt die AußenV nach 14
§§ 6 Nr. 2 VHB 74, 12 Nr. 1 VHB 84. **Fremde Sachen** (H IV 60) sind allerdings nur versichert, soweit sie entweder einer mit dem VN in häuslicher
Gemeinschaft (D XII 62) lebenden Person gehören oder wenigstens dem
persönlichen Gebrauch einer solchen Person oder des VN selbst dienen. Diese
Voraussetzung fehlt z. B. in dem in D XII 60 genannten Transportraubfall:
Ein Sohn wird überfallen, während er im Auftrag seiner Mutter, mit der er
aber nicht in häuslicher Gemeinschaft lebt, deren Pelz zum Kürschner bringt.

Dem persönlichen Gebrauch des VN oder einer mit ihm in häuslicher 15
Gemeinschaft lebenden Person dient hingegen z. B. **Mobiliar** eines durch den
VN benutzten **Hotelzimmers** oder eines möblierten **Studentenzimmers**, das der
Sohn des VN während der Berufsausbildung (G V 31) bewohnt. Da jedoch
die AußenV auf Sachen vorübergehend außerhalb des VOrts beschränkt ist,
G V 19 ff, besteht für Mobiliar usw in den genannten Fällen eine Deckungs-
lücke. Sie wirkt sich zum Nachteil des VN aus, wenn dieser den Schaden
leicht fahrlässig verursacht hat und auf Schadenersatz nach § 823 BGB in
Anspruch genommen wird. Der HaftpflichtVr tritt selbst dann nicht ein,
wenn Schäden an gemieteten Sachen eingeschlossen sind; dieser Einschluß
gilt gegebenenfalls nur für Sachen, die mit einem Gebäude verbunden sind.
Die Lücke kann nur im Anwendungsbereich des Regreßverzichtsabkommens
(J I 14) der FeuerVr befriedigend geschlossen werden. Indessen kann der
Schädiger den geschädigten Eigentümer nicht auf dessen FeuerV verweisen,
denn wenn „FremdV" zugunsten des Schädigers nur auf dem Weg über das
Regreßverzichtsabkommen besteht, muß das in J IV 14 erörterte „Wahlrecht" des FremdVN zweifelsfrei bejaht werden.

Eigene Sachen des VN oder der mit ihm in häuslicher Gemeinschaft leben- 16
den Personen sind in die AußenV auch dann eingeschlossen, wenn der VN
usw sie nicht in Besitz und Gewahrsam, sondern „vorübergehend" z. B. **vermietet** oder **verliehen** oder **zur Reparatur gegeben** hat; kein AußenVSchutz
besteht aber gemäß §§ 6 Nr. 2 Satz 4 VHB 74, 12 Nr. 4a VHB 84 bei Raub,
vgl. D XII 60; wegen Einschlusses in die V des Reparaturunternehmers vgl.
Q II 4. Der Mieter oder Entleiher oder Werkunternehmer ist dann nicht
Repräsentant des VN gemäß §§ 6, 61 VVG, O II 82 ff. Aber es ist nicht auch
das Interesse des Mieters oder Entleihers oder Werkunternehmers versichert,
sondern der Vr kann gegebenenfalls gegen ihn Regreß nehmen, J II 21. Die
Interessenlage ist hier anders als z. B. bei Vermietung oder Verpachtung von
Gebäuden, für die eine WohngebäudeV besteht (J II 15; PM vor § 51 Anm. 7
A b), denn §§ 6 Nr. 2 VHB 74, 12 Nr. 1 VHB 84 schließen ein Nebenrisiko
ein und dürfen nicht erweiternd zugunsten eines dritten Besitzers ausgelegt
werden.

§ 6 Nr. 2 VHB 74 macht eine Ausnahme nur von dem Erfordernis des 17
VOrts, nicht aber (Frankfurt ZfS 84, 90) von den Erfordernissen des § 3 VHB
74, insbesondere nicht von der **Gebäudegebundenheit des erschwerten Diebstahls**, vgl. D I 7. Satz 2 der Vorschrift stellt dies ausdrücklich klar, weil das
Wort „AußenV" sonst von Laien leicht mißverstanden werden könnte. *Einfacher Diebstahl* ist auch in der HausrataußenV *nicht* gedeckt, auch nicht

Diebstahl aus verschlossenen Schiffskajüten oder verschlossenen Gepäckabteilen von Flugzeugen, denn Schiffe (LG München I VersR 77, 855) und Flugzeuge sind keine Gebäude, mögen sie auch im Einzelfall den gleichen Sicherheitsgrad wie Wohnungen oder sonstige Gebäude oder Räume aufweisen. Selbstverständlich ist auch ein Kfz kein Gebäude, vgl. aber D XV 45 wegen des Schutzes bis zu 500 DM gemäß § 3 Nr. B 5 VHB 74 für Sachen im verschlossenen Kfz, D III 12 wegen der Eigenschaft des Kfz als Behältnis, für dessen Erbrechen innerhalb (§ 6 Nr. 1 VHB 74) oder außerhalb (§ 6 Nr. 2 VHB 74) des VOrts auch in unverschlossenen Gebäuden VSchutz besteht (D VI 9 und D XV 55), sowie G IV 56 wegen Sachen in verschlossenen Möbelwagen während eines Umzugs nach den VHB 74.

18   In § 12 VHB 84 wird die Gebäudegebundenheit der AußenV gegen Diebstahl nicht mehr besonders erwähnt. Sie ergibt sich aber hinreichend deutlich aus dem Katalog des § 5 Nr. 1 VHB 84 und aus § 6 VHB 84 (LG Landau VersR 89, 1045); eine vereinbarte Ausnahme für Schienenfahrzeuge als Mitarbeiterunterkünfte von Eisenbahnunternehmen ermöglicht eine in VerBAV 86, 460 veröffentlichte Klausel. Auch darf nicht etwa für erschwerten Diebstahl ein Umkehrschluß aus § 12 **Nr. 3** VHB 84 gezogen werden, wo „für **Sturmschäden**" die AußenV auf Schäden beschränkt wird, die in Gebäuden eintreten. Unversichert ist also z. B. ein Einbruch in ein außerhalb von Gebäuden abgestelltes Kfz (LG Landau VersR 89, 1045) oder der Hut des VN, der durch Sturm vom Kopf in einen Fluß oder unter ein fahrendes Fahrzeug getrieben wird. Brand- und Leitungswasserschäden sind dagegen – auch nach § 12 VHB 84 – selbst dann gedeckt, wenn sie (ausnahmsweise) im Freien eintreten.

19   4. Auslegungsschwierigkeiten bereiten die Worte „vorübergehend **außerhalb der Wohnung**" in §§ 6 Nr. 1 Satz 1 VHB 74, 12 Nr. 1 Satz 1 VHB 84. Sie verlangen zwar nicht eine – für zukünftige Ereignisse ohnehin nie zu 100% erreichbar – völlige Sicherheit, wohl aber eine – aus der Sicht des VFalles und in die Zukunft gesehen – überwiegende Wahrscheinlichkeit der Rückkehr der Sachen in den VOrt (BGH VersR 86, 778 = RuS 209, vgl. dazu G V 39; ebenso AG Hannover RuS 74, 86), strenger Celle RuS 89, 157, vgl. dazu G V 25) oder eines ausreichenden Ersatztatbestandes (G V 28), und zwar innerhalb eines überschaubaren Zeitraumes, gerechnet ab Entfernung aus der Wohnung. Wegen der rechtlichen Einzelheiten zu diesem Zeitraum, den § 12 Nr. 1 Satz 2 VHB 84 auf drei Monate festlegt, vgl. G V 35.

20   Die Wahrscheinlichkeit der Rückkehr muß im **Schadenzeitpunkt** schon und noch bestehen, G V 27. Liegt diese Voraussetzung nicht vor, so entfällt der VSchutz sofort mit der Entfernung der Sachen aus dem VOrt. Nicht kann also jede Entfernung zunächst einmal als vorübergehend angesehen werden, sondern der **VN** muß auch für erst kurz vor dem Schaden entfernte Sachen darlegen und **beweisen**, worauf die behauptete Wahrscheinlichkeit der Rückkehr beruht, Hamm RuS 89, 364.

21   a) Insgesamt ist bei der Auslegung des Wortes „vorübergehend" eher **großzügig zugunsten des VN** zu verfahren. Dies gilt sowohl für den erforderlichen Wahrscheinlichkeitsgrad der Rückkehr der Sachen, G V 25, wie für die zuzulassenden Ausnahmen von dem Grundsatz, daß sich die Sachen vor und nach

dem Zeitraum des AußenVSchutzes in der Wohnung befinden müssen, G IV
28 bis 30, wie auch für die Länge des in den VHB 74 nicht geregelten Abwe-
senheitszeitraums, G V 37 ff.

Diese Großzügigkeit ist deshalb geboten, weil die Grenzen des AußenV-   22
Schutzes nicht den HausratVSchutz insgesamt entwerten, sondern nur *ver-
meiden sollen*, daß der HausratVSchutz zu einem *Ersatz* für eine wirtschaft-
lich vernünftigerweise *gesondert* zu nehmende V für *auswärts* befindliche
Sachen wird, sei es für Sachen in Zweitwohnungen (G V 83 ff) oder für
Sachen, die dem Beruf oder einem Gewerbe des VN dienen, die außerhalb der
Wohnung ausgeübt werden, G V 30 und 42. Dieses **Motiv der HausrataußenV**
ist bei der Auslegung des Begriffes „vorübergehend" zu berücksichtigen.

Auch soweit Sachen *häufiger* zwischen dem HausratVOrt und entweder   23
einer Zweitwohnung oder dem Ort der Berufsausübung oder des Gewerbebe-
triebes *hin- und herbewegt* werden und sich deshalb bei gesonderter Betrachtung jedes Einzelfalls nur kurzfristig außerhalb der Wohnung befänden, soll
für sie kein AußenVSchutz bestehen, sondern der VN soll einen gesonderten
Vertrag für die Räume schließen, in denen die Sachen in der Regel verwendet
werden. „Vorübergehend" erfordert bis zu einem gewissen Grad, daß die
vorübergehende Abwesenheit aus der Wohnung einen Ausnahmefall darstellt,
G V 39. Allerdings gilt dieses zusätzliche Erfordernis bei Auslegung des
Wortes „vorübergehend" nicht für alle in der HausratsV versicherten Sachen,
sondern nur für Sachen, deren gesonderte V durch einen Vertrag nach den
VHB 84 für eine Zweitwohnung oder durch einen Vertrag nach den AFB 87
usw. für einen Gewerbebetrieb sich versicherungstechnisch „lohnt", G V 42.

Die Frage nach dem Ausnahmecharakter der Abwesenheit aus der Woh-   24
nung stellt sich z.B. oft auch bei Bargeld, G V 47, das deshalb in §§ 2 Nr. 1
Satz 2 VHB 74, 1 Nr. 1 Satz 2 VHB 84 besonders erwähnt wird, sowie für die
übrigen in § 2 Nr. 1 Satz 2 VHB 74 in diesem gedanklichen Zusammenhang
gesondert genannten Sachen, nämlich für Goldmünzen, Barrengold und Urkunden einschließlich Wertpapiere, H IV 15. Solche Wertsachen können
zwar durchaus Hausrat sein und hätten insofern in den VHB 74 und VHB 84
nicht besonders genannt werden müssen, H IV 14. Sie können aber auch zum
Betriebsvermögen gehören und sind in diesen Fällen auch dann kein versicherter Hausrat, wenn sie sich vorübergehend in der Wohnung befinden; sie
sind vielmehr in der Wohnung nur versichert, weil und soweit sie in den
VHB 74 oder VHB 84 besonders erwähnt sind. AußenVSchutz in den Geschäftsräumen besteht für diese in der Wohnung „außerdem" versicherten
Sachen überhaupt nicht, weil ihr Aufenthalt dort begrifflich nicht als „vorübergehend" gelten kann, sondern den Regelfall darstellt.

b) Die **ausreichende Wahrscheinlichkeit** für eine Rückkehr der Sachen in die   25
Wohnung hängt oft vom *Willen des VN* ab, nämlich von seinen Planungen
für die nächsten Wochen und Monate. Insofern kann der VN in gewisse
Beweisschwierigkeiten geraten, denn er trägt die Beweislast für die ausrei-
chenden Wahrscheinlichkeit als Voraussetzung des AußenVSchutzes. Bei-
spiel: Der Ehegatte des VN zieht nach Streit aus der Wohnung aus, vgl. schon
G IV 62, Celle RuS 89, 157 ist hier sogar strenger als BGH VersR 85, 778 =
RuS 209 (überwiegende Wahrscheinlichkeit, G V 19) und verlangt *„deutlich*

überwiegende Wahrscheinlichkeit" für Wiederversöhnung und Rückkehr. Hierher gehört ferner der Fall, daß *während oder nach Ende eines Umzugs* noch Sachen in der bisherigen Wohnung verbleiben, G IV 52 und 57. Der VN muß gegebenenfalls beweisen, daß er noch ernsthaft beabsichtigte, die Sachen in absehbarer Zeit in die neue Wohnung zu holen.

26   Neben dem Willen des VN kommen aber auch *Umstände* in Betracht, die *vom Willen des VN unabhängig* sind. In LG Düsseldorf VersR 82, 57 wird die ausreichende Wahrscheinlichkeit der Rückkehr für in **Kommission** gegebene Sachen trotz Rücknahmepflicht des VN für den Fall des Nichtverkaufs im Ergebnis verneint. Dem ist zuzustimmen, denn in Kommission gegebene Sachen bleiben zwar grundsätzlich Hausrat, H IV 32, aber und nur wenn wegen des vereinbarten Mindestpreises der Verkauf ziemlich unwahrscheinlich, die Rückkehr der Sachen in die Wohnung also wahrscheinlich ist. Verneint wird die ausreichende Wahrscheinlichkeit der Rückkehr ferner, und zwar zutreffend, in LG Dortmund RuS 84, 19 für den Inhalt eines in gemeinschaftlich genutzten Räumen (G IV 15) abgestellten Schrankes.

27   Ein nachträglicher **Wegfall** der ausreichenden Wahrscheinlichkeit kann den AußenVSchutz mit Wirkung für die Zukunft **plötzlich** entfallen lassen, ebenso wie der Ablauf des in G V 35 und 37 erörterten Höchstzeitraumes. Dieser Wegfall kann also allein durch Änderung der für den Wahrscheinlichkeitsgrad der Rückkehr maßgebenden Umstände eintreten, ohne daß an den Sachen selbst eine örtliche oder sonstige Veränderung vorgenommen wird. Beispiel: Der Mindestpreis für in Kommission gegebene Sachen wird nachträglich so herabgesetzt, daß die zunächst wahrscheinliche Rückkehr der Sachen in die Wohnung nachträglich unwahrscheinlich wird. Ändern sich jene Umstände später erneut, ohne daß aber die Sachen zwischendurch in den VOrt zurückgebracht worden wären, so kann dadurch der AußenVSchutz wieder aufleben, jedoch nur, solange der Höchstzeitraum ab erstmaligem Beginn des AußenVSchutzes noch nicht überschritten ist. Nach Ende des Höchstzeitraumes, der allerdings in den VHB 74 nicht fest bestimmt ist, läßt dagegen auch eine noch so hohe Wahrscheinlichkeit der Rückkehr der Sachen in die Wohnung den AußenVSchutz nicht mehr fortbestehen oder gar wieder neu beginnen, vgl. G V 36 und 37.

28   c) Nach dem Wortlaut der VHB 74 und VHB 84 befänden sich Sachen nur dann vorübergehend außerhalb der Wohnung, wenn sie zuvor aus der Wohnung gebracht wurden und nachher wieder dorthin zurückgeschafft werden sollen. §§ 6 Nr. 2 VHB 74, 12 Nr. 1 VHB 84 sind aber hier entsprechend ihrem Zweck **erweiternd auszulegen** und auch auf wirtschaftlich vergleichbare Fälle anzuwenden, vgl. auch PM 23. Aufl. § 6 VHB 74 Anm. 4. Dies gilt jedenfalls dann, wenn außerhalb der Wohnung eine **Surrogation** stattfindet, wenn also dort an die Stelle der aus der Wohnung kommenden andere Sachen treten. Beispiel: Es wird Bargeld aus der Wohnung gebracht. Für dieses Geld werden Sachen eingekauft, die in absehbarer Zeit in die Wohnung geschafft werden sollen. Hier besteht Schutz sowohl für das Bargeld wie für die gekauften Sachen.

29   Aber damit ist die Grenze der erweiternden Auslegung noch nicht erreicht, vgl. VerBAV **69**, 233 und GB **69**, 73. Gleichzustellen sind auch Sachen, die

unterwegs **für private Zwecke verbraucht** werden, z. B. Sachen, die in Verkaufsabsicht aus der Wohnung geschafft werden (LG Berlin VersR 88, 620), oder Bargeld durch Zahlung einer Schuld oder Geschenke durch Übergabe an den Beschenkten oder Speisen und Getränke durch Verzehr usw. Das gleiche gilt für Sachen, die **unterwegs für private Zwecke erworben** werden, zumal für diese Sachen zweifelhaft ist, ob sie stets als Reisegepäck versicherbar sind, vgl. PM § 1 AVBR 80 Anm. 4 b und d sowie Ollick VerBAV 80, 286. Unterwegs angeschaffte Sachen sind sogar dann gedeckt, wenn das für sie ausgegebene Bargeld auch seinerseits nicht aus der Wohnung gekommen, sondern von einem Bankkonto abgehoben worden war; ferner dann, wenn die Sachen unterwegs nicht nur angeschafft, sondern auch wieder verbraucht werden sollten, also *zu keiner Zeit* in der Wohnung waren oder sein sollten (vgl. auch schon Blase *VW* 51, 469 und KG DRZ 48, 101). Beispiel: Bargeld wird vom Bankkonto abgehoben und soll unterwegs verbracht werden, wobei es sich aber (G V 48) nicht um Geschäftsgeld handeln darf, LG Oldenburg VersR 88, 484; irrig anders LG Kaiserslautern ZfS 89, 391.

Beruflicher oder gewerblicher Gebrauch oder Verbrauch steht dem privaten 30 Verbrauch im Rahmen dieser Surrogation jedoch **nicht** gleich, selbst dann nicht, wenn sich die Sachen vorher oder nachher kurz in der Wohnung befunden haben oder befinden sollten. Dem VN ist zuzumuten, sich den nötigen Schutz für diese Sachen nach den AFB 87 zu verschaffen, vgl. G V 22 und 23. Handelsware ist nicht einmal innerhalb der Wohnung, H IV 6, **Arbeitsgeräte und Einrichtung für Beruf oder Gewerbe** (H IV 29) gemäß §§ 2 Nr. 1 b VHB 74, 1 Nr. 2 d VHB 84 sind uneingeschränkt nur innerhalb der Wohnung, außerhalb derselben nach §§ 6 Nr. 2 VHB 74, 12 Nr. 1 VHB 84 nur bei kurzfristiger und unregelmäßiger Abwesenheit aus der Wohnung gedeckt, z. B. bei einmaliger Mitnahme während eines Spaziergangs oder Auflugs. Zwar besteht AußenVSchutz grundsätzlich auch für Sachen gemäß §§ 2 Nr. 1 b VHB 74, 2 Nr. 1 d VHB 84; aber *„vorübergehend"* ist für solche Sachen *enger auszulegen* und umfaßt keinesfalls die häufige oder gar tägliche Mitnahme aus der Wohnung in das Geschäft oder zum Arbeitsplatz oder auf eine mit dem Kfz zu verrichtende berufliche oder gewerbliche Reisetätigkeit, vgl. auch G V 42.

d) **§§ 6 Nr. 2 Satz 3 VHB 74, 12 Nr. 2 VHB 84** fingieren bei **Berufsausbildung** 31 sowie bei **Wehr- oder Zivildienst** die Abwesenheit des VN oder des familienangehörigen Wohngenossen als nur vorübergehend. Die zeitliche Grenze von drei Monaten gemäß § 12 Nr. 1 Satz 2 VHB 84 sowie die entsprechenden Überlegungen in G V 37 zu den VHB 74 gelten nicht. Den betroffenen Personen soll nicht angesonnen werden, für das Inventar ihrer meist nur provisorischen Unterkunft einen gesonderten Vertrag zu schließen, zumal es sich – von dem in die AußenV ohnehin nicht eingeschlossenen Mobiliar (G V 15) einmal abgesehen – meist nicht um hohe Werte handelt. Rein zeitlich betrachtet ist das Zugeständnis des Vr freilich ganz erheblich, denn der Wehroder Zivildienst dauert fast zwei Jahre, Berufsausbildungen können sich sogar über Jahre hinziehen.

VSchutz besteht in erster Linie innerhalb der **Unterkunft** des Auszubilden 32 den oder Dienstpflichtigen, und zwar entgegen dem Wortlaut auch, während sich die betroffene Person nicht dort, sondern z. B. für die Dauer eines Urlaubs oder Wochenendes wieder in der **Wohnung** aufhält, die als VOrt vereinbart ist. Darüber hinaus besteht in engen Grenzen VSchutz auch an **dritten Orten,** in welche die betroffene Person Sachen von der Unterkunft aus vorübergehend verbringt.

33   Der AußenVSchutz entfällt, sobald der Familienangehörige nicht mehr Wohngenosse bleibt, sondern **eigenen Haushalt** gründet. Letzteres hängt (z. B. bei möblierten Studentenzimmern) vom Rückkehrwillen und von der Rückkehrmöglichkeit ab, wobei der Rückkehrwille unter anderem mit Hilfe des Verhaltens des Studenten während der Semesterferien und die Rückkehrmöglichkeit unter anderem auf Grund der Verwendung des Zimmers des abwesenden Familienangehörigen durch den VN zu beurteilen ist. Im Fall AG Hannover NJW-RR 89, 1114 stand der auswärts studierenden Tochter des VN ihr Zimmer im Elternhaus jederzeit zur Verfügung.

34   **Indiz** gegen einen eigenen Haushalt ist es oft, daß die Miete für die Unterkunft des Auszubildenden noch durch den VN als Vater usw. getragen wird. Einen Grenzfall stellt es dar, wenn das Zimmer des Auszubildenden im Elternhaus in ein auch durch andere Gäste benutztes Fremdenzimmer umfunktioniert wurde und nur noch mit gelegentlicher besuchsweiser Rückkehr des Auszubildenden gerechnet wird. Familiengründung oder feste Lebensgemeinschaften sprechen meist *für* lockere Wohngemeinschaft, vielleicht gar in häufig wechselnder Zusammensetzung, eher *gegen* eigenen Haushalt. Die **Beweislast** für die Aufhebung der häuslichen Gemeinschaft mit dem VN trägt der Vr, vgl. Karlsruhe VersR 88, 483 für den Sohn eines VN, der am Ort seines Gymnasiums ein Zimmer gemietet hatte.

35   e) Nach § 12 Nr. 1 Satz 2 VHB 84 gelten „Zeiträume von mehr als drei Monaten nicht mehr als vorübergehend". In den VHB 74 (G V 37) war eine feste zeitliche Grenze dieser Art nicht gezogen. Die feste Grenze hat den Vorzug, daß sie Rechtsunsicherheit vermeidet, aber andererseits den Nachteil, daß sie Billigkeitsentscheidungen im Einzelfall unmöglich macht, besonders bei der hier vom Wortlaut her naheliegenden strengen Auslegung. In jedem Fall darf die Frage der zeitlichen Grenze erst gestellt werden, wenn die Abwesenheit ihrer Natur nach vorübergehend, die Rückkehr der Sachen innerhalb von drei Monaten ab Entfernung also genügend wahrscheinlich ist, G V 19.

36   Die **rechtliche Bedeutung** der zeitlichen Grenze ist nicht ganz zweifelsfrei formuliert. Soll es genügen, daß die vom Schaden betroffene Sache überwiegend wahrscheinlich im Sinn von G V 18 innerhalb von drei Monaten **ab Schadeneintritt** in die Wohnung zurückgebracht worden wäre, wenn der Schaden nicht eingetreten wäre? Oder soll der AußenVSchutz stets enden, wenn er drei Monate bestanden hat, nämlich gerechnet **ab Entfernung** der Sache (oder des Surrogats gemäß G V 28) **aus der Wohnung,** auch wenn die Rückkehr nunmehr zeitlich nahe und mit an Sicherheit grenzender Wahrscheinlichkeit bevorsteht? Die zuerst genannte, für den VN günstigere Lösung hätte den Nachteil, daß der AußenVSchutz dann durch wechselnde und vielleicht sogar willensabhängige (G V 25) Hinderungsgründe für die Rückkehr der Sachen sich immer wieder weiter verlängern könnte. Die zweite

Lösung hat den Nachteil, daß sie sehr starr ist und daß der weitergehende Schutz für die Dauer der Berufsausbildung usw. (G V 31) dann zeitlich völlig aus dem Rahmen fällt. Trotzdem sprechen für die zweite Lösung die besseren Gründe, denn gewollt ist erkennbar eine Begrenzung des AußenVSchutzes für jede Sache auf höchstens genau drei Monate.

f) **§ 6 Nr. 2 VHB 74** nennt **keine feste zeitliche Grenze.** Diese Lücke muß 37 durch Auslegung geschlossen werden. Auszugehen ist vom Zweck des AußenVSchutzes und von dem Wort „vorübergehend" im Sinn des maßgebenden (G IV 3) Sprachgebrauchs des täglichen Lebens. Aus ihm folgt zweifelsfrei, daß der AußenVSchutz auch dann nicht über eine gewisse zeitliche Grenze hinaus fortbestehen kann, wenn die Rückkehr in die Wohnung zwar immer wieder unterbleibt, gleichwohl aber für die nähere Zukunft aus immer wieder anderen Gründen überwiegend wahrscheinlich erscheint, vgl. z.B. Hamm RuS 89, 364 für Sachen, die trotz Umzugs in der bisherigen Wohnung verbleiben. Der VN müßte in sochen Fällen beweisen, daß er die Sachen ohne den Schadenfall alsbald in seine neue Wohnung gebracht hätte.

Zu einer **festen zeitlichen Grenze** kann die Auslegung der VHB 74 freilich 38 **nicht** führen, BGH VersR 86, 778 = RuS 209. Ein Schluß aus § 12 VHB 84, also aus einem anderen Bedingungswerk auf die VHB 74, ist nicht möglich. Mit AG Köln ZfS 88, 368 wird man in der Regel eher an einige Wochen als an einige Monate denken und jedenfalls bei 6 Monaten die Grenze als überschritten ansehen müssen, vgl. auch PM 23. Aufl. § 6 VHB 74 Anm. 2. Allerdings sind in Abhängigkeit vom Anlaß der Abwesenheit der Sachen aus der Wohnung und von der Zumutbarkeit eines selbständigen VVertrages für die Dauer der Abwesenheit **unterschiedliche Ergebnisse möglich:**

aa) Am strengsten ist bei Sachen zu verfahren, die häufiger wiederkehrend 39 in die Wohnung gebracht werden, die aber in erster Linie einem **Verwendungszweck außerhalb der Wohnung** dienen. Entgegen G V 34 bis 37 der 2. Aufl. darf man jedoch nicht so weit gehen, alle Arten von Sachen vom AußenVSchutz auszunehmen, deren **bestimmungsgemäßer Gebrauch ausschließlich** oder vielleicht gar nur **überwiegend außerhalb der Wohnung** stattfindet, während sie sich innerhalb der Wohnung nur zwischendurch und nur zwecks Aufbewahrung befinden. Eine solche Auslegung des Wortes „vorübergehend" würde sich zum Nachteil des VN zu weit von dem maßgebenden (G IV 3) Sprachgebrauch des täglichen Lebens entfernen. Dieser verbindet mit dem Wort „vorübergehend" nur zeitliche Vorstellungen, nicht hingegen den Gedanken, die Sachen könnten sich begrifflich schon deshalb nicht „vorübergehend" außerhalb der Wohnung befinden, weil dort zugleich der Schwerpunkt ihres Gebrauchs liegt.

Beispiele für Sachen, die ausschließlich oder nahezu ausschließlich außer- 40 halb der Wohnung benutzt werden, sind eine Reihe von Kleidungsstücken, die nur im Freien getragen werden (Mäntel, Hüte, schwere Schuhe, Schirme usw.), ferner Fahrräder und alle Sportgeräte für Sportarten, die nur außerhalb der Wohnung ausgeübt werden können (Ski, Schlittschuhe, Schlauchboote usw.), ferner Möbel und Geräte, die von ihrer Bauart her (z.B. Kunststoffschwimmbecken) oder nach einer durch den VN getroffenen Zweckbestimmung nur im Garten benutzt werden. Für diese Sachen besteht in den Grenzen der Gebäudegebundenheit (G V 17) VSchutz auch außerhalb der Wohnung. Selbst bei der hier gebotenen engen Auslegung des Wortes „vorübergehend" besteht AußenVSchutz, falls diese Sachen häufiger und abwechselnd in die Wohnung und zwecks Gebrauches wieder nach außerhalb geschafft werden, vgl. z. B. D XV 7 für Fahrräder.

41   Nur falls ein **zusammenhängender Zeitraum** der Abwesenheit aus der Wohnung die **Zeitgrenze** gemäß G V 35 bis 38 **überschreitet**, erlischt der VSchutz oder besteht, wenn die Dauer der Abwesenheit voraussehbar war, von vornherein nicht. Beispiel: Pelze werden im Sommerhalbjahr durch einen *Kürschner* verwahrt. Nicht aufrechtzuerhalten ist hingegen die in G V 37 der 2. Aufl. vertretene Ansicht, *Schmuck* im *Banktresor* genieße schon deshalb keinen AußenVSchutz, weil er dem Tresor nur wenige Male im Jahr entnommen und dann getragen wird. Entscheidend ist auch hier die beabsichtigte oder bereits abgelaufene tatsächliche Dauer jedes einzelnen Aufbewahrungszeitraums.

42   Anders ist die Rechtslage bei Sachen, die nicht nur ausschließlich oder überwiegend außerhalb der Wohnung benutzt werden, sondern die überdies zu einem **Sachinbegriff** gehören, für den üblicherweise ein **gesonderter VVertrag** besteht. Insbesondere gilt dies für Arbeitsgeräte und Einrichtungsgegenstände des VN, die gewerblichen oder beruflichen Zwecken dienen, und für das Inventar von Zweitwohnungen. Wegen der Arbeitsgeräte und Einrichtungsgeräte des Berufs oder Gewerbes vgl. schon G V 23 und 30, wegen des Inventars von Zweitwohnungen vgl. G V 52 bis 57. Für beide Sachgruppen trifft das in G V 22 skizzierte Motiv der AußenV nicht zu, nämlich die Entbehrlichkeit eines gesonderten VSchutzes durch einen gesonderten Vertrag für einen anderen VOrt.

43   Um **Grenzfälle** handelt es sich, falls Sachen **abwechselnd** privat **in der Wohnung** und geschäftlich **in den Betriebsräumen** des VN gebraucht werden. LG Hildesheim VersR 88, 369 hat daher den Schutz für ein Videogerät verneint, das im Geschäft durch einen VFall betroffen wurde. Nicht zu folgen ist AG Hamburg VersR 86, 1066: Der VN hatte sich Geräte ausschließlich für den Bau eines Hauses außerhalb des VGrundstücks geliehen. Zwar besteht für solche Geräte die Möglichkeit einer Deckung nach dem AMB (MaschinenV) oder ABN (BauleistungsV). Aber diese Deckungsmöglichkeiten liegen aus der Sicht des VN eher fern und ermöglichen keine zusätzlich engere Auslegung des Begriffes „vorübergehend". AG Hamburg aaO hätte daher den AußenVSchutz bejahen müssen, soweit der VN die Geräte jeweils abends mit in die Wohnung nahm.

44   **Kfz-Zubehör** ist nach § 2 Nr. 1 VHB 74 nur in der Wohnung versichert. AußenVSchutz gemäß § 6 VHB 74 besteht daher nicht, H IV 23. Die VHB 84 enthalten keine Einschränkung für Kfz-Zubehör. Hier kommt es zunächst auf die Unterscheidung zwischen Zubehör einerseits und (wesentlichen oder unwesentlichen) **Bestandteil** andererseits an. Die bei PM § 12 AKB Anm. 1 b abgedruckte Liste der in der Kfz-KaskoV mitversicherten oder mitversicherbaren Gegenstände gibt hierüber keinen Aufschluß, denn sie umfaßt sowohl Bestandteile wie auch Zubehör („Fahrzeug- und Zubehörteile"). Für Zubehör kann DoppelV zwischen Kfz-Kasko und HausratV bestehen, H IV 24.

45   Kfz-Zubehör ist nach den VHB 84 im Kfz nur versichert, soweit es sich im Schadenzeitpunkt lediglich „vorübergehend" außerhalb der Wohnung befindet. Praktisch bedeutsam ist die Frage vor allem für Fahrzeuge in Garagen, die gemäß G IV 27 nicht Teil der Wohnung sind, bei Feuerschäden auch für Fahrzeuge, die im Freien abgestellt wurden. Wie in G V 41 dargelegt, hängt der VSchutz davon ab, ob die bereits zurückgelegte oder noch beabsichtigte Dauer der Abwesenheit aus der Wohnung die zeitliche Grenze gemäß G IV 35 bis 38 überschritten hat oder überschreiten soll. Beweisschwierigkeiten des VN und eine gewisse Rechtsunsicherheit sind unvermeidbar.

Ein Beispiel bietet AG Erkelenz RuS 86, 189. Durch Kfz-Einbruch wurden **46** Tonkassetten gestohlen. Das Gericht hat hier zu Unrecht außer Betracht gelassen, ob es sich um Kassetten handelte, die dauernd im Kfz gelegen hatten, oder ob der VN die Kassetten immer wieder gegen andere ausgetauscht hatte. In letzterem Fall hätte VSchutz bestanden (ebenso zutreffend Schriftleitung RuS aaO), jedenfalls nach den VHB 84.

Soweit **Bargeld, Barrengold, Goldmünzen** und Urkunden einschließlich **47** **Wertpapieren** zu einem Betriebsvermögen des VN oder einer Personalgesellschaft unter Beteiligung des VN gehören, sind diese Sachen schon innerhalb der Wohnung nur versichert, wenn und soweit sie in §§ 1 Nr. 1 Satz 2 VHB 84, 2 Nr. 1 Satz 2 VHB 74 ausdrücklich genannt wird. Geschäftsgeld und die aufgezählten sonstigen Wertsachen eines Betriebsvermögens sind nach diesen Bestimmungen innerhalb der Wohnung auch dann versichert, wenn sie dort nur vorübergehend oder ausnahmsweise und nur zwecks Aufbewahrung liegen, LG Oldenburg VersR 88, 484, KG DRZ 48, 101 mit Anm. E. Prölss; anders aber überholt, LG Wuppertal VersR 63, 418.

In den **Geschäftsräumen** besteht HausrataußenVSchutz für Geschäftsgeld **48** auch dann **nicht,** wenn sich das Geld dort ausnahmsweise nicht zeitlich überwiegend, sondern nur an Arbeitstagen und während der Geschäftszeit befindet, während es ansonsten stets in der Wohnung aufbewahrt wird. Zur Abgrenzung zwischen Wohn- und Geschäftsräumen, wenn beide innerhalb desselben Gebäudes liegen, vgl. G IV 31. Desgleichen besteht auch unterwegs und in Gebäuden außerhalb von Wohnung und Geschäftsräumen kein AußenVSchutz, falls Geschäftsgeld vorübergehend nach dort gebracht wird (E. Prölss aaO).

bb) Großzügiger zugunsten des VN ist zu entscheiden, wenn Sachen, die **49** normalerweise innerhalb der Wohnung benutzt werden, **einmalig und für zunächst unbestimmte Zeit in fremde Obhut** gegeben werden. Man denke an Bücher, Fahrräder, Sportgeräte usw, die *verliehen*, oder an Schmuck, Uhren oder technische Geräte usw, die *in Reparatur gegeben* werden; wegen Sachen in Kommission vgl. G V 26 und H IV 32. Hier ist die *Zeitgrenze* nach den VHB 74 weiter zu ziehen und dürfte bei **einigen Monaten** liegen. Auch ist hier der Schutz für diesen begrenzten Zeitraum zunächst ohne Rücksicht auf die theoretische Möglichkeit einer noch längeren Dauer der Abwesenheit der Sache zu bejahen. Wer den Reparaturauftrag oder die verliehene Sache zunächst vergessen hatte und erst nach einem Brand wieder von deren Existenz und von dem Schaden hört, genießt AußenVSchutz, denn in derartigen Fällen ist vom VN vernünftigerweise nicht zu erwarten, daß er für anderweitigen VSchutz von Anfang an sorgt.

Werden Sachen wegen **Platzmangels** in einer zu kleinen Wohnung des VN **50** anderswo eingelagert, sei es gegen Lagergeld oder unentgeltlich bei Freunden oder in einer eigenen oder fremden Zweitwohnung, so besteht **kein** VSchutz, selbst wenn der VN bereits ernsthaft nach einer anderen oder größeren Wohnung sucht. Platzmangel als Motiv schließt das Kriterium „vorübergehend" meist aus. Hingegen kommt AußenVSchutz in Betracht, wenn als Ergebnis der gleichzeitigen Wohnungssuche ein Wohnungswechsel innerhalb der ersten Monate nach Auslagerung der Sachen bereits überwiegend wahrscheinlich ist (BGH VersR 86, 778 = RuS 209 und G V 19) oder wenn der für die Auslagerung ursächliche Platzmangel nur vorübergehend ist, z.B. weil nach und nach jeweils ein Teil der Wohnung renoviert wird oder weil für einige Wochen oder Monate ein Logiergast aufgenommen wurde. Sobald sich in solchen Fällen aber Renovierung, Umzug usw. über die Grenze von etwa sechs Monaten (Hamm RuS 87, 77; vgl. dort auch zur Beweiswürdigung bezüglich des Wahrscheinlichkeitsgrades) hinaus verzögern, entfällt der AußenVSchutz nach den VHB 74 selbst bei fortbestehender Rückkehrwahrscheinlichkeit für die Sachen, vgl. G V 36 für die VHB 84.

51   cc) Ähnliche Großzügigkeit ist geboten, wenn der **VN oder ein Wohngenosse längere Zeit abwesend** ist und *Sachen in eigener Obhut* mit aus der Wohnung nimmt. Man denke an längere Krankenhaus-, Kur-, Urlaubs- (Überwintern in südlichen Ländern) oder sogar Gefängnisaufenthalte, an Forschungsreisen usw. Auch hier wird man AußenVSchutz nach den VHB 74 für **einige Monate** selbst dann bejahen müssen, wenn von Anfang an noch längere Abwesenheit zu erwarten war. Bei *beruflicher Abwesenheit,* insbesondere im Ausland, ist allerdings *Zurückhaltung* geboten, denn dem VN oder dem Wohngenossen ist zuzumuten, sich von Anfang an um anderweitigen VSchutz zu kümmern, wenn der Aufenthalt länger dauern soll als einige Tage oder allenfalls Wochen, AG Recklingshausen ZfS 87, 60. Speziell bei Auslandsaufenthalt kommt eine Vereinbarung nach Kl 836 in Betracht. Die Grenze dürfte hier dort liegen, wo der allgemeine Sprachgebrauch nicht mehr von „Geschäftsreise", sondern von „Auslandsaufenthalt" spricht: dann besteht schon vom ersten Tag an kein AußenVSchutz.

52   g) Schwierige Fragen zum VWert und zur AußenV entstehen bei **Zweitwohnungen,** G IV 84, und zwar gleichgültig ob auch für die Zweitwohnung eine HausratV besteht, G IV 90. Was sich dauernd in der Zweitwohnung befinden soll oder befindet, fällt von Anfang an nicht unter die AußenV des Vertrages für die Erstwohnung (LG Mönchengladbach RuS 79, 21). Was sich dauernd in der Erstwohnung befindet, fällt nicht unter die AußenV des Vertrages für die Zweitwohnung. Wird solches Dauerinventar vorübergehend aus der Wohnung gebracht, so besteht AußenVSchutz nur durch den Vertrag für diese eine Wohnung. Gelangt solches Dauerinventar allerdings im Einzelfall und ausnahmsweise (andernfalls vgl. G V 42) *vorübergehend in die andere Wohnung,* so besteht während dieser Zeit nicht nur voller VSchutz in der anderen Wohnung, sondern außerdem AußenVSchutz durch den Vertrag für die Erstwohnung, also **DoppelV.** Umwandlung einer Zweitwohnung in Erstwohnung: G IV 87.

53   Dagegen besteht **kein** AußenVSchutz, wenn Sachen *saisonweise abwechselnd* (G V 23) einige Monate in einer und dann einige Monate in einer anderen Wohnung benutzt werden, z.B. während des Sommerhalbjahrs in einem Campingwagen (LG Mönchengladbach RuS 79, 21) oder in einer sonstigen Zweitwohnung, im übrigen aber in der Erstwohnung. Schutz besteht hier nur aus dem Vertrag für die durch den Schaden betroffene Wohnung.

Zu verneinen sollte AußenVSchutz aus dem Vertrag für die Erstwohnung **54** nach G V 42 der 2. Aufl. auch dann sein, wenn Sachen zwar jeweils nur kurzfristig, z.B. über Wochenenden, aber *sehr häufig wiederkehrend* (z.B. nahezu während jedes zweiten Wochenendes eines Jahres) aus der Erst- in die Zweitwohnung gebracht werden, und dort ein Schaden eintritt (Frankfurt ZfS 84, 90). Zwar dürfen die Zeiträume *mehrmaliger* Abwesenheiten derselben Sache *nicht* generell einfach addiert werden, wenn zu entscheiden ist, wann die Zeitgrenze gemäß G V 35 bis 38 überschritten ist. Aber vom Inhaber einer Zweitwohnung darf der Abschluß eines gesonderten HausratVertrages für die Zweitwohnung erwartet werden. Trotzdem ist zweifelhaft, ob sich die in G V 42 der 2. Aufl. vertretene Ansicht aufrechterhalten läßt. Die Zweifel beruhen auf ähnlichen Gründen, wie sie in G V 39 für Sachen dargelegt sind, die bestimmungsgemäß nur außerhalb der Wohnung gebraucht werden. Dem Wortsinn des Begriffes „vorübergehend" läßt sich **nicht** ohne weiteres entnehmen, daß die Abwesenheit aus der Wohnung so etwas wie **Ausnahme**charakter haben müsse.

Die Überschneidung der VBereiche mehrerer Wohnungen ist für den VN **55** nicht immer nur vorteilhaft, sondern auch nachteilig, denn Sachen, die durch mehrere Verträge gedeckt sind, belasten den **VWert** aller Verträge und können zu einer **UnterV** führen, G V 11. Beispiel: VSumme für Erstwohnung 100000 DM, für Zweitwohnung 30000 DM. Wird ein wertvolles Schmuckstück an einem dritten (z.B. Urlaubs-) Ort gestohlen, so kann es für den VN vorteilhaft sein, wenn doppelter AußenVSchutz besteht, nämlich dann, wenn für die Erstwohnung, in der sich das Schmuckstück in der Regel befindet, UnterV besteht. Tritt aber in der Zweitwohnung ein Schaden ein, während sich dasselbe Schmuckstück in der Hauptwohnung befindet, so ist dem VN umgekehrt daran gelegen, daß dieses Schmuckstück nur der Hauptwohnung zugerechnet wird, daß es also nicht in der Zweitwohnung zu UnterV führt.

h) Überschneidungen mit der **ReisegepäckV** ergaben sich durch Zweitwoh- **56** nungen wegen der in älteren AVB Reisegepäck häufigen Subsidiaritätsklausel in der Zeit bis zum Jahr 1980 nur selten. Bestand VSchutz aus der HausratV wegen UnterV oder aus sonstigen Gründen nur für einen Teil des Schadens, so war für die Abrechnung nach der subsidiären ReisegepäckV zunächst gleichwohl vom vollen VWert und von dem vollen Schaden auszugehen. Die Subsidiaritätsklausel wurde (ähnlich wie ein Selbstbehalt oder eine Entschädigungsgrenze) erst nach Berücksichtigung einer etwaigen UnterV nach den AVB Reisegepäck angewendet; vgl. allgemein wegen Subsidiaritätsklauseln PM § 59 Anm. 6. Die **AVBR 80** (VerBAV 80, 258) enthalten allerdings *keine Subsidiaritätsklausel* mehr, so daß sich dieser Fragenkreis gegenwärtig kaum noch eine Rolle spielt.

„*Reise*" im Sinn der ReisegepäckV sind nur der Weg *von der Erstwohnung* **57** *zur Zweitwohnung* sowie *Wege und Fahrten*, die *von der Zweitwohnung aus* angetreten werden, nicht dagegen der Aufenthalt in der Zweitwohnung, und zwar selbst dann nicht, wenn diese nur einmal jährlich zu Urlaubszwecken genutzt wird. Anders – dann begrifflich keine „Zweitwohnung" – liegt es, wenn die Wohnung nur fallweise für Urlaube gemietet wird. Keinesfalls besteht Reisegepäckschutz für Sachen, die der VN vor Ankunft in der Zweitwohnung oder nach der Rückkehr von dort bereits oder noch in der Zweitwohnung aufbewahrt, vgl. jetzt ausdrücklich § 1 Nr. 2 Abs. 2 AVBR 80 und dazu Ollick VerBAV 80, 286.

H. Versicherte Sachen

Übersicht

I. Überblick

1   Überwiegend verweisen die AVB und die Klauseln wegen der versicherten
Sachen auf den VVertrag, ohne die versicherten Sachen zu bezeichnen. Den
Verfassern von §§ 2 Nr. 1 AFB 30, AEB war dies so selbstverständlich, daß sie
die Verweisung nicht einmal ausdrücklich ausgesprochen, sondern stillschweigend vorausgesetzt und nur geregelt haben, in wessen Eigentum die im
VVertrag bezeichneten Sachen stehen müssen. §§ 2 Nr. 1 AERB, AWB 68,
AStB 68 sowie §§ 2 Nr. 1 AFB 87, AERB 87, AWB 87, AStB 87 verweisen
dagegen ausdrücklich auf die im VSchein (genauer: im VVertrag, vgl. G I 21)
genannten Sachen oder Sachgesamtheiten. Ebenso verfahren §§ 2 VGB 62, 1
VGB 88 für die WohngebäudeV. Das BAV hat die Bezeichnung der versicherten Sachen außerhalb der AVB und Klauseln in wortgleichen Vertragstexten
(A IV 24 bis 27) nicht beanstandet, A IV 19. Eine Ausnahme machen §§ 2
VHB 74, 1 VHB 84 für die HausratV, wo die versicherten Sachen abschließend umschrieben werden.

2   Allerdings enthalten die AVB und die Klauseln viele Ergänzungen zu den
vertraglichen Abgrenzungen des Kreises der versicherten Sachen. Sie regeln
insbesondere für Gebäude, welche Bestandteile und welches Zubehör mitversichert sind, und für versicherte Inbegriffe von beweglichen Sachen, welche fremden Sachen eingeschlossen sind. Neben Gebäuden sind auch sonstige Grundstücksbestandteile versicherbar, was §§ 2 Nr. 1 a AFB 87, AWB 87, AStB 87, 1
Nr. 3 VGB 88 ausdrücklich erwähnen. Auf die rechtliche Eigenschaft als
selbständige Sache im Sinn des BGB kommt es bei diesen sonstigen Grundstücksbestandteilen ebensowenig an wie bei Gebäuden, H II 3. Auch die
Regelungen über den VOrt im Einzelvertrag (G I 20) wie in den AVB (G I 19)
können als Teil der Beschreibung des Kreises der versicherten Sachen verstanden werden, und zwar als Teil der sekundären Risikoabgrenzung, G I 1.

3   Wegen des untrennbaren Zusammenhangs zwischen den in der GeschäftsV
üblichen und gleichlautend verwendeten Vereinbarungen über die versicherten Sachen einerseits und den ergänzenden Bestimmungen der AVB und
Klauseln andererseits werden in vorliegenden Kommentar auch die wichtigsten Muster von VScheinen abgedruckt und kurz erläutert, insbesondere die
Positionen-Erläuterung für die Industrie-FeuerV, vgl. Texte 38 und A IV 24,
sowie die Pauschaldeklaration als Teil des Antragsformulars der gebündelten
GeschäftsV (Texte 40), ferner SammelVAnträge für Geschäfts- (Texte 39) und
Wohngebäude (Texte 42 zu den VGB 62 und Texte 43 zu den VGB 88).

Ob Sachen zum vollen *Wert* oder auf Erstes Risiko sowie mit oder ohne 4
Entschädigungsgrenze versichert sind und wessen *Interesse* an den Sachen
eingeschlossen oder ausgeschlossen ist, spielt für die Eigenschaft als
versicherte Sache *keine* Rolle und wird daher an anderen Stellen erörtert, vgl.
Abschnitte J und S.

Umgekehrt verlieren die ihrer Art nach versicherten Sachen diese Eigen- 5
schaft, wenn und solange sie sich außerhalb des *VOrts* befinden, G II 10. Der
besseren Übersicht wegen wird aber das Institut des VOrts im Zusammenhang in Abschnitt G erläutert. Die sog. *Verschlußvorschriften* (Begriff: G I
17) sind dagegen aus den in G I 18 dargelegten Gründen im Folgenden (H III
32 bis 54) zusammen mit den versicherten Sachen in der GeschäftsV zu'
erörtern. Allerdings dürfen aus dieser aus praktischen Gründen gewählten
Systematik rechtliche Schlüsse zur Frage der verhüllten Obliegenheiten nicht
gezogen werden, jedenfalls nicht, soweit das Fehlen der Verschlußvoraussetzungen den VSchutz völlig ausschließt. Wegen Verschlußvorschriften, die
nicht zum Wegfall des VSchutzes, sondern nur zu Entschädigungsgrenzen
führen, vgl. U II 9 bis 12, U III 24 bis 57 und U IV 1, 17, 19 und 20 bis 26.

2. Überblick über die **Abgrenzung zwischen GebäudeV und InventarV:** Be- 6
schränken AVB oder Einzelvertrag den VUmfang auf **Gebäude,** so sind im
Zweifel **alle** – wesentlichen oder unwesentlichen – **Bestandteile** im Sinn von
§§ 93, 94 BGB mitversichert. Hingegen sind **nicht** mitversichert bloße **Scheinbestandteile** im Sinn von § 95 BGB, die mit dem Gebäude nur zu einem
vorübergehenden Zweck verbunden worden sind, sei es durch den Eigentümer oder vor allem durch einen Mieter oder Pächter, ferner nicht **Zubehör** im
Sinn von § 97 BGB, also bewegliche Sachen, die dem Gebäude als Hauptsache zu dienen bestimmt sind, sowie schließlich auch nicht das sonstige **Inventar,** also bewegliche Sachen, die weder Scheinbestandteile noch Zubehör sind.

Die Begriffe gemäß H I 6 bereiten erhebliche Auslegungsschwierigkeiten, 7
zumal das BGB die Begriffe nicht im Hinblick auf VVerträge, sondern im
Hinblick auf den Umfang der Haftung für Realrechte an Grundstücken und
auf die Grenze der Pfändbarkeit von Inventar geprägt hat. Daher wird auf
unterschiedliche Weise versucht, jene Auslegungsschwierigkeiten zu vermindern oder zu umgehen:

a) In der Industrie-FeuerV wird – rechtlich zulässig – in der als Vertragsbe- 8
standteil zu vereinbarenden Positionen-Erläuterung (Texte 38) durch Einzelaufzählung von Beispielen zu umschreiben versucht, was mit dem Gebäude
versichert ist oder was andererseits zur Betriebseinrichtung gehört, vgl. H II
6. Nur wo die Positionen-Erläuterung als speziellere Regelung keinen Aufschluß gibt, ist auf den Bestandteilsbegriff des BGB zurückzugreifen. Für
nichtindustrielle Risiken, also in der GeschäftsV, gibt es eine vergleichbare
Standardvereinbarung der versicherten Positionen aber nicht, H II 11.

b) Bei Risiken des privaten Lebensbereichs (Wohngebäude und Hausrat), 9
sind nach §§ 1 Nr. 2 b VHB 84, 1 Nr. 4 VGB 88 in das Gebäude **eingefügte
Sachen, für die ein Mieter die Gefahr trägt,** nicht mit dem Wohngebäude,
sondern mit dem Hausrat versichert, vgl. im einzelnen H II 45 ff. Ob gleichzeitig die Voraussetzungen des § 95 BGB vorliegen, ob es sich also um
Scheinbestandteile oder um Gebäudebestandteile im Sinn des BGB handelt,

H II 41, spielt keine Rolle. In § 2 VGB 62, wonach Gebäude mit allen Bestandteilen, aber ohne Zubehör versichert sind, hatte eine entsprechende Regelung gefehlt. Speziell sanitäre Installationen, für die ein Mieter die Gefahr trägt, waren allerdings schon nach § 2 Nr. 1 a VHB 74 als Hausrat versichert, gleichgültig, ob es sich um Scheinbestandteile handelt oder ob DoppelV mit einer WohngebäudeV besteht.

10   Außerdem bietet **Kl 813** die Möglichkeit, die Rechtsunsicherheit dadurch zu vermindern, daß Gegenstände, von denen die Beteiligten nicht wissen, ob sie Gebäudebestandteile oder selbständige bewegliche Sachen sind, durch **Einzelaufzählung im Vertrag** mit dem **Hausrat** nach den VHB 74 oder nach den VHB 84 versichert werden können, H II 22. Auch wo von dieser Möglichkeit kein Gebrauch gemacht wurde, ist der Begriff des Scheinbestandteils im Sinn von § 95 VVG im Rahmen der HausratVVerträge eher weit auszulegen. Sowohl der HausratVr wegen des VWerts wie auch der VN, insbesondere der Mieter als VN, ist nämlich daran interessiert, den Umfang der HausratV im Zweifel eher weit zu ziehen, und sei es auch im den Preis einer DoppelV mit der WohngebäudeV, H II 39.

11   c) Hingegen ist es kein geeigneter Weg zur Verminderung der Auslegungsschwierigkeiten, mit Hamm VersR 83, 285 den **Begriff des Gebäudebestandteils** abweichend vom BGB allein mit Hilfe des Kriteriums „auslegen" zu wollen, ob überwiegend der Mieter oder überwiegend der Vermieter einen Gegenstand der fraglichen Art in das Gebäude einzubringen pflegt. Motiv dieser Idee war es wohl, die rechtlichen Auslegungsschwierigkeiten in eine Tatfrage umzuwandeln, die sich mit Hilfe eines Sachverständigengutachtens lösen läßt.

12   Aber dieser Gedanke reicht nicht aus, um eine abweichende Auslegung zu rechtfertigen. Zwar ist im Zweifel nicht der juristisch-technische, sondern der Sprachgebrauch des täglichen Lebens für die Auslegung von Begriffen der AVB maßgebend, BGH RuS 88, 244 = VerBAV 331 = NJW-RR 1050. Aber es gibt **keinen** nachweisbaren Sprachgebrauch des täglichen Lebens, der für die Abgrenzung zwischen Inventar und Gebäude generell, also auch mit Bezug auf nicht vermietete Einfamilienhäuser und auf Wohnungen von Wohnungseigentümern, auf die **Gebräuche speziell bei Mietwohnungen** abstellen würde. Der Begriff des Gebäudebestandteils ist vielmehr ausschließlich ein **Begriff der Gesetzessprache**, ebenso wie es z. B. auch keinen Feuerbegriff gibt, der das Wort „Feuer" ohne Rücksicht auf die Erkenntnisse und die Sprache der Wissenschaften erklären könnte, C I 5. Der Sprachgebrauch des täglichen Lebens ist für Begriffe der Fach- oder Gesetzessprache nicht „kompetent", vgl. auch H II 28 für Zubehör.

13   Auch die **regionalen Unterschiede** hinsichtlich der üblichen Ausstattung von Wohnungen einerseits durch den Vermieter und andererseits durch den Mieter sprechen gegen jene Ansicht. AVB-Begriffe müssen im Zweifel einheitlich ausgelegt werden, und zwar einheitlich auch mit Bezug auf das gesamte Gebiet der Bundesrepublik Deutschland, in dem die AVB verwendet werden. Die „Auslegung" darf nicht zu einem Begriff des Gebäudebestandteils führen, der in Norddeutschland eher weiter und in Süddeutschland eher enger zu verstehen wäre, weil nämlich in Norddeutschland die Ausstattung durch den

Vermieter eher weiter geht als in Süddeutschland, vgl. einerseits Hamm aaO und Hamburg MDR 78, 138 für Norddeutschland und andererseits für Nordbaden als Teil Süddeutschlands Karlsruhe NJW-RR 86, 19 und 88, 459 („Einbauküche" weder Bestandteil noch auch nur Zubehör, ergänzend vgl. H II 64).

d) **§ 1 Nr. 2 und Nr. 3** VGB 88 versucht, die rechtliche Unsicherheit oder 14 jedenfalls deren praktische Auswirkungen dadurch zu mindern, daß ein **Teil des Gebäudezubehörs** in die V des Wohngebäudes einbezogen wird, und daß auch „weiteres Zubehör" als mit dem Wohngebäude versicherbar bezeichnet wird, H II 23. Außerdem deutet § 1 Nr. 2 VGB 88 an, daß der **Zubehörbegriff weiter als nach § 97 BGB ausgelegt** werden muß, indem nämlich ein Gegensatz zwischen Zubehör zu Wohnzwecken und Zubehör zu gewerblichen Zwekken hergestellt wird, für den bei einer Auslegung des Zubehörbegriffs nach § 97 BGB kein Raum bliebe, vgl. dazu H II 27.

Diese Regelung in § 1 VGB 88 beseitigt aber nicht die Grauzone, sondern 15 verlagert sie nur, und zwar von der Grenze zwischen Gebäudebestandteilen und beweglichen Sachen auf die Grenze zwischen Zubehör und sonstigem Inventar. Außerdem führt die Regelung in § 1 VGB 88 nicht zu einer entsprechenden Einschränkung des Umfangs der **HausratV** für Wohnungen in Gebäuden, die nach den VGB 88 versichert sind, sondern vielmehr gegebenenfalls zu einer **DoppelV,** H II 57. Dadurch entsteht, vor allem in nicht vermieteten Gebäuden und in Eigentumswohnungen, die Gefahr der UnterV oder eines zu hohen Prämienaufwandes des VN. Für den Vr entsteht die Gefahr eines erhöhten Verwaltungsaufwandes in der Schadensregulierung durch Meinungsverschiedenheiten über Doppelversicherungsausgleichsansprüche nach § 59 Abs. 2 VVG.

Daher wird gelegentlich in den Antragstexten zur WohngebäudeV ver- 16 sucht, die **Ausdehnung** der WohngebäudeV **auf Zubehör** teilweise wieder **aufzuheben,** und zwar durch unterschiedliche Formulierungen ohne Vorbild in einer genehmigten Klausel. Insbesondere gibt es solche Versuche mit Bezug auf **Einfamiliengebäude,** in denen für eine Ausdehnung des Umfangs der GebäudeV am wenigstens ein Bedürfnis besteht, jedenfalls nicht bei Einfamilienhäusern, die der Eigentümer selbst bewohnt, H II 31.

II. Gebäudeversicherung

1. Für die Grenze zwischen der GebäudeV und der V beweglicher Sachen 1 gilt **Vertragsfreiheit** (§ 305 BGB). Die zwingenden Vorschriften des Sachenrechts über (wesentliche und unwesentliche) Bestandteile und Scheinbestandteile sowie über die Gleichheit des rechtlichen Schicksals des Grundstücks und seiner Bestandteile gelten für das VRecht nicht, denn VVerträge begründen oder beeinträchtigen keine dinglichen Rechte, sondern gewähren nur Geldansprüche. §§ 93, 94, 95, 97 BGB gelten nur, soweit AVB, Klauseln, Vertragsformulare oder Einzelverträge (Bechert 73 und 75) auf sie verweisen, insbesondere durch Gebrauch der *Begriffe „Bestandteile" und „Zubehör".* Zu Unrecht will demgegenüber Hamm VersR 83, 295 (Teile einer Einbauküche) auch ohne die Voraussetzungen des § 95 VVG Gebäudebestandteile als

Hausrat ansehen, soweit „üblicherweise" der Mieter sie einbringt, und zwar sogar bei Gebäuden, die der Eigentümer selbst bewohnt, vgl. hiergegen H I 11 bis 13.

2 Der VVertrag kann Teile eines Gebäudekomplexes nach Belieben als Einheit oder aber als **Mehrheit von Gebäuden** mit der Folge behandeln, daß ein Teil nicht versichert ist. Sehr streng in diesem Sinn waren AG München VersR 86, 1188 für einen angebauten Freisitz und AG Gemünden VersR 86, 1236 für eine angebaute Garage, die beide nicht als Teil des versicherten Gebäudes angesehen wurden.

3 Der VVertrag kann ferner nach Belieben **Gebäudebestandteile** zusammen **mit beweglichen Sachen** (insoweit gilt dann aber entgegen Bechert 39 z.B. § 1128 BGB) oder umgekehrt Sachen, die nicht Bestandteil und vielleicht nicht einmal Zubehör sind, zusammen mit Gebäuden decken. Von beiden Möglichkeiten wird Gebrauch gemacht, vgl. z.B. die Positionen 1 (Gebäude) und 2 (Betriebseinrichtung) der Positionen-Erläuterung für die Industrie-FeuerV. Die wichtigsten Beispiele in der HausratV bieten § 1 **Nr. 2b VHB 84,** also der Einschluß von Bestandteilen und Scheinbestandteilen von Gebäuden, für die der Mieter die Gefahr trägt, H I 9, sowie § 2 **Nr. 1e VHB 84,** also die Entschädigung für Leitungswasserschäden an Fußböden, Decken und Wänden in Mietwohnungen, E I 66. Häufig entsteht dann DoppelV zwischen den Verträgen für das Gebäude und für die beweglichen Sachen. Dies ist jedoch das geringere Übel gegenüber Meinungsverschiedenheiten darüber, aus welchem der beiden Verträge gehaftet wird, oder gar gegenüber Deckungslükken.

4 Ob **Gebäudebestandteile** diese Eigenschaft verlieren und bloßes Zubehör werden, wenn sie **vorübergehend,** z.B. zwecks Reparatur, **vom Gebäude abgetrennt** sind, kann dahingestellt bleiben. Die Bestandteilseigenschaft spielt allenfalls für die Frage des Schutzes in der Hausrat- und sonstigen InventarV eine Rolle, H II 4. Bei richtiger Auslegung besteht, auch wenn man die abgetrennten Gegenstände nicht mehr als Bestandteile ansieht, der **GebäudeV-Schutz** fort, solange die Abtrennung nicht etwa endgültig geworden ist (z.B. weil das Gebäude anderweitig vervollständigt wurde), dies allerdings nur *innerhalb des Gebäudes* als **VOrt,** G I 10. In der WohngebäudeV wird dies für **Zubehör** sogar ausdrücklich vereinbart, und zwar zu den VGB 62 im Vertragstext (Texte 42) und in den VGB 88 durch deren Zubehöreinschluß in § 1 Nr. 2. Soweit vorübergehend abgetrennte Gegenstände die Bestandteilseigenschaft verlieren, bleiben sie doch jedenfalls Zubehör im Sinn von H II 25. Für Geschäftsgebäude fehlt allerdings oft eine vergleichbare örtliche Beschränkung der Zubehördeckung, so daß man auch an das „VGrundstück" (G III 31) als VOrt sowohl für versichertes Zubehör (vgl. aber F V 14) wie auch für abgetrennte Gebäudebestandteile denken könnte, vgl. ausdrücklich in diesem Sinn die „Erläuterung der versicherten Sachen" (H II 13) in Texte 39. – Das Gesagte gilt entsprechend für vorübergehend abgetrennte mitversicherte (H I 2) Grundstücksbestandteile.

5 Unabhängig von der Frage des Fortbestandes des GebäudeVSchutzes ist jeweils zu prüfen, ob die vorübergehend abgetrennten Bestandteile nicht zugleich als Betriebseinrichtung der Hausrat versichert sind, vgl. für Hausrat H IV 8 und 55. Gegebenenfalls besteht **DoppelV.** Für die Eigenschaft als Betriebs-

einrichtung oder Hausrat spricht, daß auch Reserveteile, die neu beschafft worden und zum Einbau in das Gebäude bestimmt sind, z.B. Fliesen im Karton, in der Regel zur Betriebseinrichtung oder zum Hausrat gehören, H IV 56, vgl. zutreffend Schaefer VersR 76, 258. Die gegenteilige Entscheidung RG Gruch 64, 97 zu § 93 BGB erklärt sich aus dem Kreditsicherungsbedürfnis der Realgläubiger. § 1 Nr. 4a VHB 84 („Gebäudebestandteile") ist in diesem Punkt unabhängig von § 93 BGB und enger auszulegen. Zutreffend bezeichnet AG Köln RuS 84, 106 ausgebaute Teile eines Kfz nicht mehr als Bestandteile, sondern als **Zubehör.** Ebeneso liegt es bei Gebäuden.

2. Für die **Industrie-FeuerV** wird der Gegenstand der GebäudeV als Position 6 1 in der **Positionen-Erläuterung** als Vertragsbestandteile definiert. Die gegenwärtig gebräuchliche (Texte 38) Fassung aus dem Jahr 1985 (vgl. dazu Engels VP 85, 120) beruht in ihrer groben Gliederung auf der weitgehend berechtigten und eingehend begründeten Kritik von Wälder in RuS 74, 2 an einer bis 1978 gebräuchlichen früheren Fassung. Insbesondere sind die Teile A (Position 1 für Gebäude), B (Positionen 2 bis 8 für bewegliche Sachen) und C (Positionen 9 für 11 für Vorsorge und versicherte Kosten) mit Recht entgegen der früheren Fassung nicht mehr als *„Gruppen"* bezeichnet, denn §§ 3 Nr. 4 Satz 2 AFB 30, 11 Nr. 3 Abs. 4 AFB 87 identifizieren diesen Begriff ausdrücklich mit den *Positionen,* S I 2. Position aber ist mindestens jede in der Positionen-Erläuterung mit einer arabischen Ziffer oder Zifferngruppe bezeichnete Gruppe. In der Praxis werden im Gegenteil auch innerhalb der mit arabischen Ziffern oder Zifferngruppen bezeichneten Bereiche der Positionen-Erläuterung noch weitere Positionen gebildet, vgl. S I 15 und den Antrag der Industrie-FeuerV in Texte 37.

Die **Definition** der Position 1 der Positionen-Erläuterung weicht vom allge- 7 meinen Gebäudebegriff gemäß H II 1 und D III 4 (ergänzend vgl. PM § 88 Anm. 1) mehrfach ab, teils *erweiternd,* teils *einschränkend.* Die Gebäudeposition der IndustrieFeuerV umfaßt nicht nur Bauwerke, die den Eintritt von Menschen gestatten und einen gewissen Schutz bieten, sondern *auch andere Hoch- und Tiefbauten,* in denen weder Personen noch Sachen untergebracht werden können, z.B. Verbindungsbrücken, Rampen, Hof- und Gehsteigbefestigungen, freistehende Kamine usw. Insoweit handelt es sich um sonstige Grundstücksbestandteile, wie § 2 Nr. 1a AFB 87 sie gesondert erwähnt, H I 2 und H III 33. Auch Gebäude, die nur einem vorübergehenden Zweck dienen und bald wieder abgebrochen werden sollen, sind Gebäude. Nach der Positionen-Erläuterung *ausgeschlossen* sind aber Baubuden, Zelte, Traglufthallen (ÖOGH VersR 85, 676) „und ähnliches", wobei es auf die technische Vergleichbarkeit ankommt.

Seit der **Neufassung 1985** orientiert sich die Positionen-Erläuterung stärker 8 als früher (H II 7 der 2. Aufl.) an §§ 93, 95 BGB. „Einrichtungen und Einbauten" gehören nur noch dann zum Gebäude, wenn sie nach ihrer baulichen Ausführung mit dem Gebäude „bleibend verbunden" sind und außerdem „dauernd" der Benutzung des Gebäudes dienen. Scheinbestandteile, die nur zu einem vorübergehenden Zweck mit dem Gebäude verbunden wurden, sind auch nach der Positionen-Erläuterung nicht mehr mit dem Gebäude versichert.

9   **Auslegungsschwierigkeiten** (vgl. z. B. Bechert 38) kann die Positionen-Erläuterung nicht völlig ausschließen, ebensowenig wie das BGB, denn keine Definition kann der Vielfalt der Baupraxis voll gerecht werden. Nach der Positionen-Erläuterung ebenso unklar wie nach den Deklarationen der Geschäfts-
(H II 13) und der WohngebäudeV ist z. B. die Frage, ob **Dachgärten** und
sonstige **Gebäudebepflanzungen** oder ob das **Wasser in Hausschwimmbecken**
begrifflich zum versicherten Gebäude gehören. Man wird die Frage wohl
bejahen müssen, und zwar nicht nur für Behälter und Umrandungen, sondern auch für den Humus und die Pflanzen selbst. Zusätzlich für dieses
Ergebnis kann sprechen, daß die Bepflanzungen usw. im Einzelfall technisch
oder rechtlich dem Bestand des Gebäudes in seiner gegebenen Zweckbestimmung dienen können, z. B. als Isolierung oder weil ohne die Bepflanzung das
Gebäude aus architektorischen Gründen nicht oder nur nach sonstigen Veränderungen an seiner Gestaltung genehmigt worden wäre. – Die Befüllung
von Hausschwimmbädern ist auch deshalb Bestandteil, weil sie anderweitig
nicht verwendbar ist.

10   Um die „Grauzone" der Unklarheiten zu reduzieren, nennt die **Positionen-
Erläuterungen** kasuistisch eine Reihe von „Einrichtungen", die stets mit dem
Gebäude versichert sind, sowie umgekehrt „Gegenstände", die mit der Betriebseinrichtung (H III 20) versichert werden. Grenzfälle sind auch hier
schwerlich zu vermeiden, so z. B. nicht bei **elektrischen Einrichtungen.** Bei
elektrischen Leitungen soll es darauf ankommen, ob sie unter Putz verlegt
sind, was aber in ein und demselben Gebäude teils der Fall und teils nicht der
Fall sein kann. **Maschinen** und deren **Fundamente** sind stets Betriebseinrichtung, auch wo die (ebenfalls schwankende) Rechtsprechung sie ausnahmsweise als wesentliche Bestandteile ansieht. Ganz allgemein schließt die Positionen-Erläuterung aus der GebäudeV aus, was in Position 2 als Betriebseinrichtung genannt ist, neben Maschinen also z. B. Antriebs- und Förderanlagen
sowie Lastenaufzüge (während „Speiseaufzüge" zum Gebäude zählen).

11   3. In der **GeschäftsV** nach den **AFB 87, AWB 87 und AStB 87** gilt die Positionen-Erläuterung nur, wenn sie ausnahmsweise Vertragsbestandteil ist. Aber
auch ohne die Positionen-Erläuterung werden Gebäude üblicherweise als
gesonderte Position mit eigener VSumme versichert, vgl. das Antragsformular für die **GeschäftsgebäudeV** (Texte 39). Dann gelten §§ 2 Nr. 2 AWB 68,
AStB 68, AFB 87, AWB 87, AStB 87, wonach Gebäude **mit allen Bestandteilen,** aber **ohne Zubehör** versichert. Ob ein Bestandteil „wesentlich" im Sinn
von § 93 BGB ist, spielt keine Rolle. Sachen hingegen, die zu einem vorübergehenden Zweck eingefügt sind, also „Scheinbestandteile" im Sinn von § 95
BGB, sind grundsätzlich (vgl. aber H II 13) nicht mit dem Gebäude versichert. Abweichende Vereinbarungen im Einzelvertrag behalten die AFB 87,
AWB 87 und AStB 87 ausdrücklich vor.

12   Welche **Installationen, Wand- und Decken- und Fußbodenverkleidungen** sowie welche sonstigen **Einrichtungen** (Einbaumöbel usw.) als Bestandteile des
Gebäudes (Bechert 73 ff.) mit diesen versichert sind (oder aber mit der Betriebseinrichtung versichert werden müssen, Bechert 39), kann nicht im einzelnen erläutert werden, weil dies den Rahmen des Kommentars sprengen
würde. Auf die umfangreiche Literatur zu den **Begriffen des BGB,** die in den

AVB für anwendbar erklärt sind, muß verwiesen werden. Auf einige im VRecht besonders häufig wiederkehrende Probleme wird allerdings im Zusammenhang mit der Wohngebäude- und HausratV eingegangen, H II 60 bis 73. Ferner gelten die Ausführung in H II 9 für **Dachgärten** und sonstige **Bepflanzungen** sowie für das Wasser in Hausschwimmbädern für die Geschäfts- und WohngebäudeV entsprechend.

Einen *Mittelweg* zwischen dem Gebrauch der Positionen-Erläuterung auch 　**13** in der GeschäftsgebäudeV und einem nicht näher erläuterten Gebäudebegriff stellt die „**Erläuterung der versicherten Sachen** und Kosten in der Feuer-, Leitungswasser- und SturmV" speziell **für Geschäftsgebäude** dar. Diese stimmt übrigen teilweise wörtlich mit der Positionen-Erläuterung der IndsutrieFeuerV überein, vgl. Pos 1 sowie S. 5 des Antragsformulars in Texte 39. Das Wort „Erläuterung" klingt so, als decke sich der Inhalt voll mit den Begriffen des BGB, auf die in den AVB verwiesen wird, H II 11. Abweichungen vom BGB in den „Erläuterungen" sind daher nur rechtsverbindlich, soweit sie dem VN zugute kommen. Dies wiederum hängt davon ab, ob es entscheidend auf den Deckungsumfang oder auf den VWert ankommt. In ersterem Fall liegt dem VN an einem weiten, in letzterem Fall an einem engen Deckungsumfang.

Ein **einheitlicher VWert** von Geschäftsgebäuden für Feuer, Leitungswasser 　**14** und Sturm stößt auf **Schwierigkeiten,** weil gewisse *Ein- und Ausschlüsse* nicht für sämtliche gebündelten Verträge gemäß A II 11 und 25 sowie A III 32, sondern *nur für einige* der versicherten Gefahren und *der gebündelten Verträge* gelten, insbesondere nur für Leitungswasser und Sturm. Für **Leitungswasser** sei erinnert an den Einschluß von Frostschäden an gewissen Einrichtungen (E I 100) nach §§ 1 Nr. 2a 2 AWB 68, 1 Nr. 3a bb AWB 87 sowie beliebiger Bruchschäden an gewissen Rohren „außerhalb des versicherten Gebäudes" (E I 93) nach § 1 Nr. 2b AWB 68, 1 Nr. 3b AWB 87. Da allerdings §§ 4 Nr. 2, 3 Nr. 1a AWB 68, 5 Nr. 1, 11 Nr. 4 AWB 87 nur von dem „VWert eines Gebäudes" sprechen und da §§ 1 Nr. 2 AWB 68, 1 Nr. 3 AWB 87 formulieren, die V von Gebäuden „schließe ... ein" oder „umfasse" (und zwar Rohre „außerhalb des versicherten Gebäudes"), darf man die UnterV-Regelung dahin verstehen, daß jedenfalls die Rohre für den VWert des Gebäudes außer Ansatz bleiben.

Für die **SturmV** schließt § 2 Nr. 3b AStB 68 **außen angebrachte Sachen** aus. 　**15** Dies gilt allerdings nicht für wesentliche Bestandteile, sondern der Ausschluß soll nur die schwierige Grenze zwischen unwesentlichen Bestandteilen und Zubehör partiell entbehrlich machen, F V 9. Nach dem Formularantrag (Texte 38 der 2. Aufl.) wurden schon zu den AStB 68 Sachen gemäß **Kl 601 Nr. 1** (**Antennen, Markisen usw**) als gesonderte Position II 4 auf Erstes Risiko und die übrigen an der Außenseite angebrachten Sachen gemäß **Kl 601 Nr. 2** innerhalb der Gebäudeposition mitversichert, F V 11. Die zuletzt genannten Sachen müßten gemäß §§ 3 Nr. 1a AStB 68 in der VSumme (S II 29) des SturmVVertrages berücksichtigt sein, worauf sich aber der GebäudeVr wohl nur berufen wird, wenn der Wert dieser Sachen im *Verhältnis zum Gesamtwert des Gebäudes* einigermaßen ins Gewicht fällt. Auch das in der Gebäudeposition „mitversicherte" Zubehör muß nach § 1 Nr. 3 SGlN 88 in der GebäudeVSumme 1914 berücksichtigt sein.

16   § 2 Nr. 2b Halbsatz 2 AStB 87 schließt „andere" außen angebrachte Sachen in die Gebäudeposition ein, macht also eine entsprechende Klausel entbehrlich. Für Antennen, Markisen usw. verlangt § 2 Nr. 2b Halbsatz 1 AStB 87 unverändert eine gesonderte Vereinbarung, die gemäß Texte 39 auch weiterhin meist schon laut Antragsformular getroffen wird, und zwar auf erstes Risiko mit einer Summe von in der Regel 3000 DM. Bezüglich der GebäudeVSumme gilt das gleiche wie zu den AStB 68.

17   4. Die versicherten Sachen in der **WohngebäudeV** und die **Abgrenzung gegenüber der HausratV** werden schon in den AVB geregelt. Gegenstand der WohngebäudeV ist nach §§ 2 VGB 68, 1 Nr. 1 VGB 88 grundsätzlich das **Wohngebäude, und zwar mit allen wesentlichen und unwesentlichen Bestandteilen,** während umgekehrt §§ 2 Nr. 1 Satz 4 VHB 74, 1 Nr. 4a VHB 84 Gebäudebestandteile von der HausratV ausschließen.

18   Enthielten die AVB keine weiteren Bestimmungen, so wären Meinungsverschiedenheiten im Schadenfall sehr häufig, und zwar schon allein wegen der Scheinbestandteile im Sinn von § 95 BGB, also wegen Sachen, die nur zu einem vorübergehenden Zweck eingefügt und daher rechtlich nicht Gebäudebestandteil sind. Außerdem wäre oft aus tatsächlichen oder rechtlichen Gründen zweifelhaft, ob eine bestimmte „Sache" Gebäudebestandteil ist oder nicht.

19   a) Die **Interessenlage** weist keinen klaren Weg für eine bessere Abgrenzung zwischen WohngebäudeV und HausratV. Aus der **Sicht des VN** besteht zwar grundsätzlich Intersse an einem möglichst weiten Deckungsumfang beider VZweige, also an einem Überschneidungsbereich, in dem dann DoppelV besteht. Dies gilt freilich nur, soweit die **Überschneidung nicht** zu **doppeltem Prämienaufwand** führt, sei es wegen des UnterVVerzichts in § 2 SGlN 79a zu den VGB 62, in § 16 Nr. 3 bis 6 VGB 88 und in Kl. 834 Nr. 1 zu den VHB 84, oder sei es wegen Beweisnot des Vr, der UnterV im Streitfall nachweisen muß.

20   Aus der **Sicht des Vr** läßt sich dieser Gedanke nicht einfach umkehren und ein berechtigtes Interesse an einem möglichst geringen Deckungsumfang beider VZweige konstruieren. Was der Vr dann nämlich an Entschädigung „einsparen" würde, müßte er an Verwaltungskosten infolge zahlreicher gerichtlicher und außergerichtlicher Deckungsauseinandersetzungen zusätzlich aufwenden. Daher tendiert auch der Vr in gewissen Grenzen zur **Großzügigkeit.** In der Vergangenheit traf dies freilich **mehr bei der Hausrat- als bei der WohngebäudeV** zu, weil die Chance auf entsprechend höhere VSummen und höhere Prämieneinnahmen bei der VollwertV des Hausrats nach den VHB 74 noch ein wenig besser war als bei der GebäudeV, vgl. H II 17 der 2. Aufl. Insbesondere stellte und stellt der HausratVr oft nur geringe Anforderungen an den Nachweis, daß ein Gegenstand nur Scheinbestandteil gewesen sei; einen Rückgriff des HausratVr gegen den WohngebäudeVr schließt dies aber nicht aus, H II 41.

21   Auch seitens des VN ist das Interesse an einer **Ausdehnung des HausratV** stärker als das Interesse an einer Ausdehnung der WohngebäudeV. Allerdings gilt dies nicht für die Eigentümer von Einfamiliengebäuden, die ihr Gebäude selbst bewohnen, sondern im wesentlichen nur für Mieter als VN, weil sie

Bestand und Umfang der WohngebäudeV nicht beeinflussen und auf die Entschädigung oft keinen Zugriff nehmen können. So erklären sich der Einschluß von sanitären Installationen, für die der Mieter die Gefahr trägt, durch § 2 Nr. 1a VHB 74, in § 1 Nr. 2b VHB 84 sogar ausgedehnt auf alle in das Gebäude **eingefügten Sachen mit Gefahrtragung des Mieters,** sowie die MitV von **Leitungswasserschäden an Fußböden, Decken und Wänden** von Mietwohnungen durch § 3 Nr. C 2 VHB 74, in § 2 Nr. 1f VHB 84 als Fall der KostenV konstruiert. Da die eingefügten Sachen mit Gefahrtragung des Mieters nicht nur Scheinbestandteile, sondern auch Bestandteile des Gebäudes sein können, enthält § 1 Nr. 4 VGB 88 einen korrespondierenden Ausschluß für die WohngebäudeV, vgl. schon H I 9; in den VGB 62 hatte ein entsprechender Ausschluß gefehlt.

Auch **Kl 813 zu den VHB 74** und **Kl 813 (84) zu den VHB 84** entspringen **22** der skizzierten Interessenlage, wobei hier neben Mietern vor allem Wohnungseigentümer als VN angesprochen sind, weil auch sie nur begrenzt Einfluß und Zugriff auf die WohngebäudeV nehmen können. Nach diesen Klauseln können Gegenstände, von denen **zweifelhaft** ist, und sei es auch nur aus der Sicht des VN, **ob es** sich um **Gebäudebestandteile** handelt, vorbehaltlich eines landesgesetzlichen Monopols durch Einzelaufzählung in den HausratVVertrag einbezogen werden, H I 10. Werden wasserführende Installationen in dieser Weise einbezogen, so gilt für sie nach Kl 813 (84) Nr. 2 der Schutz gegen Frost- und sonstige Bruchschäden über § 7 Nr. 2 VHB 84 hinaus auch dann, wenn es sich nicht um eine Mietwohnung, sondern z.B. um eine Eigentumswohnung handelt. Rechtswirksam wäre aber auch ein vertraglicher Einschluß von Gegenständen, die objektiv sowie nach der Meinung der Parteien Gebäudebestandteil sind, vgl. H II 37 wegen der entsprechenden Frage zu § 1 Nr. 4 VGB 88 (Einschluß von „weiterem Zubehör" in die WohngebäudeV).

b) Mit Einführung der UnterVVerzichts durch Kl 834 zu den VHB 84 **23** verlor der Gedanke, in Grenzfällen Deckung nicht aus der Wohngebäude-, sondern aus der HausratV zu bieten, für den Vr an Interesse. Vielmehr dehnt jetzt umgekehrt auch **§ 1 Nr. 2 VGB 88** den Umfang der WohngebäudeV auf gewisse bewegliche Sachen aus, nämlich auf **Zubehör** des Gebäudes, und zwar bei Mietwohnungen unter Einschluß des Mieterinteresses, H II 57. Allerdings müssen sich die Sachen in dem Gebäude befinden oder außen an ihm angebracht sein. Das **Wohngebäude** ist also „VOrt" für das mitversicherte Zubehör, obwohl die VGB 88 diesen Begriff nicht gebrauchen.

Zubehör gemäß § 1 Nr. 2 VGB 88 sind mindestens – darüber hinaus vgl. **24** H II 27 und 28 – alle diejenigen Sachen, die im Sinn von § 97 BGB „**dem wirtschaftlichen Zweck der Hauptsache zu dienen bestimmt sind**". Wirtschaftlicher Zweck eines Wohngebäudes ist das Wohnen. Rechtsprechung und Literatur zu **§ 97 BGB** legen den Zubehörbegriff aber entgegen dem Gesetzeswortlaut sehr eng aus. Verlangt wird ein Dienen gegenüber der Hauptsache selbst und nicht nur ein Dienen gegenüber dem wirtschaftlichen Zweck der Hauptsache. Nicht wird daher der gesamte Hausrat im Sinn von § 97 BGB als Zubehör des Wohngebäudes schon deshalb angesehen, weil das Wohnen Zweck des Gebäudes ist und der Hausrat dem Wohnen dient. Verlangt wird vielmehr, daß das Zubehör dem Wohngebäude selbst dienen müsse. Dies wiederum wird für Möbel und sonstigen Hausrat ganz überwiegend verneint.

25   Zubehör ist hingegen z.B. der **Heizölvorrat** einschließlich der nötigen Behälter, falls diese nicht Gebäudebestandteil sind, ferner alle **Sachen, die künftig in das Gebäude eingefügt werden sollen**, z.B. Nägel, Schrauben, Dübel sowie Vorräte an Fliesen, Bodenbelägen, Vertäfelungsholz, Tapeten, Tapetenkleister, Anstrichfarben für Wände, Türen, Fenster, Heizkörper usw. einschließlich Behältern sowie einschließlich der für die Einfügung erforderlichen Werkzeuge (Tapeziertische, Pinsel, Hammer usw.). Für **sonstige Brennstoffvorräte** gilt selbstverständlich das gleiche wie für Heizöl. Den künftig erstmals einzufügenden Gebäudeteilen stehen *Teile* gleiche, die *vorübergehend vom Gebäude abgetrennt* wurden, falls man hier nicht ohnehin die Bestandteilseigenschaft auch während der vorübergehenden Abtrennung bejaht, H II 4. Zubehör sind ferner Maschinen in **Gemeinschaftswaschanlagen** von Mehrfamiliengebäuden, **Feuermelder, Wasser-, Gas-, Elektrizitäts- und Wärmezähler.**

26   Bei einer Reihe von Gegenständen ist **zweifelhaft,** ob es sich um Zubehör handelt, und zwar selbst dann, wenn man der oben, H II 24, skizzierten engen Auslegung dieses Begriffes folgt. Zweifel bestehen z.B. für alle **Einrichtungen,** die dazu dienen, das Gebäude zu beleuchten oder zu erwärmen, ohne aber Bestandteil zu sein. Auch für Bodenbeläge, die weder wesentliche noch unwesentliche Bestandteile sind, bleiben Zweifel möglich. Ergänzend vgl. H II 33 wegen des Einschlusses von weiterem Zubehör durch besondere Vereinbarung gemäß § 1 Nr. 3 VGB 88.

27   Unmaßgeblich und dem VN auch gar nicht bekannt sind selbstverständlich die **Erläuterungen des Zubehörbegriffes durch den Verband der SachVr** in dessen unverbindlichen Prämienrichtlinien. Dort werden „z.B." als Zubehör bezeichnet „maßgenaue Einbauküchen, Anbauwände, verklebte Teppichböden, Alarmanlagen, Maschinen der Gemeinschaftswaschanlage, Brennstoffvorräte für Sammelheizung, außen an dem Gebäude angebrachte Sachen, wie Antennen, Markisen, Überdachungen sowie Schutz- und Trennwände". Gegen diese Aufzählung bestehen in einigen Punkten Bedenken. „Einbauküchen" sind allenfalls in Mehrfamilienhäusern Zubehör, falls der Eigentümer sie gebracht hat vgl. H II 37 wegen § 1 Nr. 3 VGB 88. Markisen sind Bestandteile, wenn der Eigentümer, hingegen Scheinbestandteile, wenn der Mieter sie angebracht hat. Zubehör sind sie wohl auch in letzterem Fall nicht, obwohl grundsätzlich auch der Mieter die Zubehöreigenschaft im Sinn von § 97 BGB herstellen kann. Alarmanlagen sind ebenfalls Bestandteile, außer wenn der Mieter sie angebracht hat, H II 73. Das gleiche gilt für verklebte Teppichböden, H II 70.

28   Wäre entgegen dem Wortlaut des § 97 BGB nicht Zubehör, was nicht „unmittelbar" dem Gebäude, sondern vielmehr nur dem Zweck des Gebäudes dient, also dem Wohnen oder einem Gewerbebetrieb, so hätte es des Zusatzes **„Nutzung zu Wohnzwecken** dient" in **§ 1 Nr. 2 VGB 88** nicht bedurft. Nach der zu § 97 BGB herrschenden Auslegung sind nämlich Hausrat und Betriebseinrichtung in der Regel schon deshalb nicht Zubehör, weil sie nur dem Wohnen oder nur einem Gewerbebetrieb dienen. Was in § 1 Nr. 2 VGB 88 als Einschränkung formuliert ist, stellt daher in Wirklichkeit zugleich die

enge Auslegung des Zubehörbegriffs gemäß H II 24 in Frage und provoziert einen Umkehrschluß in dem Sinn, Sachen würden schon allein dadurch Zubehör, daß sie der Nutzung des Gebäudes zu Wohnzwecken dienen, was für den *gesamten Hausrat* zuträfe. Unmißverständlich formuliert hätte die Einschränkung in § 1 Nr. 2 VGB 88 lauten müssen, Zubehör sei nicht, was dem Gebäude allein deshalb zu dienen bestimmt sei, weil in dem Gebäude auch ein Gewerbe betrieben werde, also z.B. Heizölvorräte für eine Beheizung ausschließlich von Gewerberäumen.

Eine extrem weite Auslegung des Zubehörbegriffs im Sinn von H II 27 ist **29** zweifelsfrei nicht gewollt, und zwar auch nicht aus der Sicht des VN. Dieser will Prämie nicht aus einer VSumme aufwenden, die den gesamten Hausrat umfassen würde, schon nicht in Verträgen mit Gegenwartsumme gemäß § 14 VGB 88 und noch weniger in Verträgen über Gleitende NeuwertV gemäß § 13 VGB 88. Immerhin sind die Worte „Nutzung zu Wohnzwecken" gemäß H II 26 ein Argument dafür, die Zubehöreigenschaft in Grenzfällen vielleicht noch zu bejahen. Auch der Sprachgebrauch des täglichen Lebens im Sinn von BGH RuS 88, 244 = VerBAV 331 = NJW-RR 1050 spricht gegen einen zu weiten Zubehörbegriff. Allerdings ist der Sprachgebrauch des täglichen Lebens für Worte, die fast ausschließlich der Gesetzessprache angehören, wenig „kompetent", vgl. H I 12 für den Bestandteilsbegriff.

c) Ursache des Formulierungsfehlers in § 1 Nr. 2 VGB 88 waren Antrags- **30** formulare, in denen abweichend von § 2 VGB 62 gewisse Zubehörstücke eingeschlossen wurden, vgl. die Worte „Zubehör, soweit es der Instandhaltung des Gebäudes oder der gemeinschaftlichen Nutzung zu Wohnzwecken dient", in Texte 42. Dieser **Zubehöreinschluß zu den VGB 62** galt aber im wesentlichen **nur für Mehrfamilienhäuser.** So sollte jedenfalls der Begriff „gemeinschaftlich" verstanden werden. Genau besehen umfaßte dieses Wort zwar auch die „gemeinschaftliche" Nutzung durch mehrere Personen ein und derselben Familie oder durch alle Genossen einer sonstigen häuslichen Gemeinschaft. Gemeint war aber, und zwar bei wirtschaftlich orientierter Auslegung auch hinreichend deutlich erkennbar, die gemeinschaftliche Nutzung durch Personen, die nicht sämtliche in ein und derselben häuslichen Gemeinschaft leben.

Ähnlich wie ein Bedürfnis für Erweiterung der HausratV ganz überwie- **31** gend nur für Mieter als VN besteht, und zwar sowohl für Wohnungsmieter wie für Mieter von Einfamilienhäusern, vgl. H II 21, ebenso besteht das **Bedürfnis für einen Zubehöreinschluß** nur für Gebäude, in denen nicht ausschließlich Personen wohnen, die sämtlich miteinander in häuslicher Gemeinschaft leben. Ob das Gebäude bautechnisch oder gar steuerrechtlich **Einfamiliengebäude** ist oder mehrere Wohnungen umfaßt, spielt hingegen keine Rolle. Entscheidend ist nur, ob zwischen allen Bewohnern häusliche Gemeinschaft besteht.

Vermutlich werden die Vr § 1 Nr. 2 VGB 88 mehr oder weniger häufig **32** durch Gebrauch genehmigter oder ungenehmigter Klauseln im Antragsformular **einschränken.** Hierbei empfiehlt sich aus den oben H I 29 aufgezeigten Gründen nicht der Gebrauch der Worte „gemeinschaftliche Nutzung", sondern etwa folgende Formulierung: „Für Zubehör, das zugleich Hausrat ist, gilt § 1 Nr. 2 VGB **nicht, wenn und solange zwischen sämtlichen Bewohnern des Gebäudes häusliche Gemeinschaft** besteht.“ Dieser Text ist zugleich geeignet, auch dem Nichtfachmann den Zusammenhang mit dem Deckungsumfang der HausratV und die **Gefahr** einer zu starken Überschneidung im Sinn einer **DoppelV** vor Augen zu führen.

33   d) Nach **§ 1 Nr. 3** VGB 88 können „weiteres Zubehör“ und Grundstücksbestandteile auf demselben Grundstück auf dem sich auch das in erster Linie versicherte Wohngebäude befindet, durch **besondere Vereinbarung** eingeschlossen werden. Der Vermieter als GebäudeVN kann durch Vereinbarung gemäß § 1 Nr. 3 VGB 88 z.B. den **Ausschluß von Mietereinbauten rückgängig machen.** Eine durch den Mieter ausgetauschte Tapete etwa ist durch § 1 Nr. 4 VGB 88 ausgeschlossen, H II 46. Wie Boldt WV 89, 498 mit Recht betont, widerspricht dies dem Interesse des Vermieters, der sich im Schadenfall nicht mit dem Mieter oder dessen HausratVr auseinandersetzen will. Der GebäudeVN kann mit Hilfe von § 1 Nr. 3 VGB 88 durch einen Einschluß vorsorgen, vgl. auch H II 38 für Einbauküchen, die der Eigentümer eines Mehrfamilienhauses in alle Wohnungen eingebaut hat. Ob Abreden nach § 1 Nr. 3 VGB 88 das Mieterinteresse einschließen und somit zu DoppelV im Verhältnis zu einer HausratV des Mieters führen, wird in H II 59 erörtert.

34   Insbesondere bei **Grundstücksbestandteilen** empfiehlt sich **Einzelaufzählung.** Ein pauschaler Einschluß von „Grundstücksbestandteilen“ würde sämtliche Nebengebäude sowie Grund und Boden und dessen gesamte Bepflanzung einschließen. Insbesondere der **VSchutz von Bepflanzungen gegen Hagel** würde ein aus der Sicht des Vr **unerwünscht** hohes Risiko bedeuten. Es ist Sache des Vr, für klare Gestaltung der Antragsformulare zu sorgen.

35   Als Grundstücksbestandteile, deren Einschluß in Betracht kommt, seien genannt Einfriedungen (Mauern, Zäune, Gitter) Terrassen, Müllboxen, feste Hundehütten, Fahnenmasten, Werbeanlagen usw. Soweit es sich allerdings zugleich um Gebäudebestandteile handelt, bedarf es keines besonderen Einschlusses, sondern es besteht VSchutz im Rahmen der GebäudeV. Vielfach sind solche Grundstücksbestandteile zugleich Gebäudezubehör, vgl. AG Dortmund RuS 89, 161 für die elektrische Pumpe eines außerhalb des Gebäudes auf dem Grundstück befindlichen Trinkwasserbrunnens.

36   Auch bei „**weiterem Zubehör**“ empfiehlt sich Einzelaufzählung. Ein pauschaler Einschluß würde nämlich das gesamte Zubehör umfassen, auch soweit es gewerblichen Zwecken dient, ferner alle Teile des Inventars, von denen auch nur entfernt zweifelhaft ist, ob es sich nicht um Zubehör handeln könnte, also Sachen gemäß H II 26 und vielleicht sogar gemäß H II 29 der gesamte Hausrat. – Bedarf für die MitV kann bezüglich aller Zubehörstücke **außerhalb des versicherten Gebäudes** bestehen, denn § 1 Nr. 2 VGB 88 beschränkt die Deckung auf Zubehör im Gebäude sowie an der Außenseite des Gebäudes.

37   § 1 Nr. 3 VGB 88 erfüllt für die WohngebäudeV eine ähnliche Funktion wie Kl 813 für die HausratV, vgl. H II 21. Es kommt für die Wirksamkeit einer Einschlußvereinbarung nicht darauf an, ob das als mitversichert bezeichnete „weitere Zubehör“ rechtlich tatsächlich Zubehör darstellt. Es genügt, daß die Vertragspartner Zweifel ausschließen wollten. Selbst wenn Sa-

chen genannt sind, die beide Partner *nicht* als Zubehör ansehen, die sie aber gleichwohl einschließen wollen, ist die Vereinbarung *wirksam*.

Ein Beispiel bietet der Fall, daß der Eigentümer eines Mehrfamiliengebäu- 38 des alle **Mietwohnungen mit Einbauküchen** oder sonstigem Inventar ausstattet. Solche Gegenstände sind in der Regel weder Bestandteil (vgl. H I 13 und H II 64) noch Zubehör, sondern als fremdes Eigentum gegebenenfalls in der HausratV der Mieter mitversichert. Da der Vermieter jedoch den Bestand ausreichender HausratVVerträge der Mieter nicht überprüfen und überwachen und im Schadenfall auf die Hausratentschädigung nur schwer Zugriff nehmen kann, besteht für ihn ein Bedürfnis, die Einbauküchen als weiteres Zubehör gemäß § 1 Nr. 3 VGB 88 in die WohngebäudeV einzuschließen. Nur so kann er ohne langwierige Auseinandersetzungen mit den Mietern als HausratVN sicherstellen, daß die Einbauküchen im Schadenfall durch gleichartige ersetzt werden. Die Einschlußabrede gemäß § 1 Nr. 3 VGB 88 ist rechtswirksam, obwohl es sich rechtlich nicht um Zubehör im Sinn von § 97 BGB handelt. Zur Frage eines Einschlusses des Mieterinteresses vgl. H II 59.

e) Wegen der zahlreichen **Überschneidungen** und rechtlichen Zweifel über 39 den Deckungsumfang im Grenzbereich zwischen WohngebäudeV und HausratV wird verhältnismäßig häufig einer dieser beiden Vr in Anspruch genommen werden und Entschädigung leisten, danach aber Ersatz durch den anderen Vr verlangen wollen, sei es zu einem Teilbetrag nach § 59 Abs. 2 VVG als DoppelVAusgleich oder sei es sogar in voller Höhe, weil der in Anspruch genommene Vr zu der Überzeugung gelangt, daß eigentlich nur der andere Vr Entschädigung geschuldet habe.

Voller Ersatz durch den anderen Vr kann nach § 812 BGB als ungerechtfer- 40 tigte Bereicherung verlangt werden, wenn der WohngebäudeVr oder der HausratVr zu Unrecht Entschädigung leistet, obwohl eigentlich nur der andere Vr Entschädigung geschuldet hätte. Der in Anspruch genommene Vr hat dann im Sinn von § 267 Abs. 1 BGB eine **fremde Schuld erfüllt**. Der **Bereicherungsanspruch** (Palandt-Heinrichs § 267 BGB Anm. 5) setzt allerdings nach § 814 BGB voraus, daß der in Anspruch genommene Vr nicht positiv gewußt hatte, daß er nicht leistungspflichtig war. Die bloße Kenntnis der Tatsachen, aus denen sich die Leistungspflicht nur des anderen Vr ergab, hindert den Bereicherungsanspruch also nicht. Deshalb wird § 814 BGB dem Anspruch nur selten entgegenstehen.

Zu einer Zahlung durch denjenigen Vr, der die Entschädigung nicht ge- 41 schuldet hatte, kann es insbesondere im Zusammenhang mit § 95 BGB kommen. Nach dieser Bestimmung sind Sachen, die nur zu einem **vorübergehenden Zweck** eingefügt sind, nicht Gebäudebestandteile, sondern lediglich **Scheinbestandteile** und damit als Hausrat versichert. Der WohngebäudeVr kann Zahlungen zu Unrecht leisten, wenn er nicht weiß und erst nachträglich erfährt, daß der Gegenstand nur zu einem vorübergehenden Zweck eingefügt war. Umgekehrt kann der HausratVr zu Unrecht leisten, wenn er an den Nachweis der Voraussetzungen der Eigenschaft als bloßer Scheinbestandteil aus den in H II 20 (vgl. auch schon H II 19 und 25 der 2. Aufl.) oder im Interesse ungestörter Beziehungen zum VN zu geringe Anforderungen gestellt hatte.

42   Insbesondere in diesen beiden Fällen besteht ein Bereicherungsanspruch gegen den anderen Vr in voller Höhe der gezahlten Entschädigung. Allerdings trägt der zuletzt in Anspruch genommene Vr die volle **Beweislast** für alle Voraussetzungen einer Entschädigungspflicht des anderen Vr. Der HausratVr muß also gegebenenfalls beweisen, daß es sich nicht um einen Scheinbestandteil gehandelt hatte, der WohngebäudeVr hingegen, daß es sich tatsächlich doch um einen Scheinbestandteil gehandelt hatte.

43   Bei richtiger Auslegung von § 95 BGB handelt es sich um Scheinbestandteile nicht schon dann, wenn Sachen möglicherweise vorzeitig wieder weggenommen werden, sondern nur dann, wenn die **vorzeitige Wegnahme überwiegend wahrscheinlich** ist. Daß der Mieter gesetzlich (§ 547a BGB) oder vertraglich zur Wegnahme berechtigt ist, macht also § 95 VVG für sich allein noch nicht anwendbar. Es kommt darauf an, ob der Mieter sich zur Wegnahme entweder rechtlich verpflichtet hat oder aus wirtschaftlichen Gründen an der Wegnahme so interessiert ist, daß von überwiegender Wahrscheinlichkeit die Rede sein kann. Allerdings ist die Rechtsprechung in dieser Hinsicht keineswegs konsequent, weder zum BGB allgemein noch speziell zum VVertragsrecht.

44   Außerdem ist für § 95 BGB eine künftige Wegnahme nur dann zu beachten, wenn sie **vor Ende der natürlichen Lebensdauer** erfolgen soll. Andernfalls wären Scheinbestandteile alle Sachen, deren Lebensdauer voraussichtlich kürzer ist als diejenige des ganzen Gebäudes. Dergleichen kann nicht Sinn der Regelung sein, vgl. AG Weiden VersR 87, 874 für Teppichböden. Daß z.B. Anstriche und Tapeten regelmäßig erneuert werden müssen, bedeutet noch nicht einen nur „vorübergehenden Zweck" dieser Gebäudebestandteile. Endlich darf die Wegnahme nicht nur den Zweck haben, den früheren Zustand des Gebäudes wiederherzustellen, sondern der Bestandteil muß nach der Wegnahme noch einen gewissen Wert behalten, was z.B. bei verklebten Teppichböden zu verneinen ist, H II 27 und 70.

45   f) Das Problem des § 95 BGB stellt sich vor allem zu den VGB 62 und zu den VHB 74. Eine Spezialregelung galt damals nur für **sanitäre Installationen,** die durch **§ 1 Nr. 2a VHB 74** in die HausratV des Mieters einbezogen waren, wenn der Mieter für sie die Gefahr trug. **§ 1 Nr. 2b VHB 84** hat diesen Einschluß auf **sämtliche Mietereinbauten** erweitert, für die der Mieter die Gefahr trägt. Außerdem steht dem Einschluß jetzt ein entsprechender **Ausschluß** in **§ 1 Nr. 4 VGB 88** gegenüber, vgl. schon H I 9 und H II 21.

46   Mietereinbauten im Sinn der zitierten Bestimmungen können alle in das Gebäude „eingefügten Sachen" sein. Auf Größe, Wert sowie technische und wirtschaftliche Bedeutung der Sachen kommt es nicht an. Es spielt nicht einmal eine Rolle, ob die Sache schon bei der Neuherstellung des Gebäudes oder erst später eingefügt wurde. Letzlich kann jeder Ziegelstein in der Mauer sowie jeder Nagel, jede Schraube und jeder Dübel in der Wand „eingefügte Sache" sein, ebenso Tapeten und Bodenbeläge sowie jeder Anstrich an den Wänden, Fenstern, Türen oder Heizkörpern, vgl. auch PM § 2 VHB 84 Anm. 2 B c aa. Entgegen Boldt VW 89, 498 ist es auch gleichgültig, ob der Mieter die Sache „zusätzlich" oder im **Austausch gegen** einen **schon vorhandenen Bestandteil** einfügt, der abgenutzt war oder aus sonstigen Gründen seinen

Anforderungen nicht mehr entsprochen hatte. Entweder hatte der Mieter dann nämlich schon vor dem Austausch die Gefahr getragen oder er hat durch den Austausch zum Ausdruck gebracht, daß er Ersatz der neu eingefügten Sache durch den Vermieter jedenfalls in Zukunft nicht mehr erwartet. Unerheblich für § 1 Nr. 4 VGB 88 ist entgegen Bold aaO ferner, ob es sich um **wesentliche, unwesentliche oder Scheinbestandteile** des Gebäudes handelt, denn die VHB 84 und die VGB 88 wollen die Auslegungsschwierigkeiten des § 95 BGB ausklammern.

Schon nach § 2 Nr. 1 a VHB 74 war entgegen dem Wortlaut nicht vorauszusetzen, daß der Mieter die sanitären Anlagen „beschafft" hatte. Es mußte wegen § 9 Abs. 2 Nr. 2 AGBG schon nach den VHB 74 genügen, daß er sie z. B. vom Vormieter übernommen hatte, wie dies jetzt in § 1 Nr. 2b VHB 84 ausdrücklich gesagt wird. Auch der neue Wortlaut ist aber noch zu eng, denn er berücksichtigt nicht genügend den Fall, daß der **Mieter** nach dem Mietvertrag abweichend von § 536 BGB **die Gefahr** für bestimmte Gebäudebestandteile **trägt**, ohne daß jemals eine förmliche „Übernahme" stattgefunden hatte. Bei sehr weiter Auslegung könnte man allerdings schon allein in der Gefahrübernahme eine „Übernahme" im Sinn von § 1 Nr. 2b VHB 84 sehen, wenn auch nicht von einem Vormieter, sondern vom Vermieter als Eigentümer. | 47

Entscheidend ist allein, daß der Mieter **abweichend von** § 536 BGB Ersatz durch den Vermieter nicht verlangen kann, falls die Sachen durch Abnutzung oder plötzliche Einwirkung von außen unbrauchbar werden. Die gesetzliche Vermieterpflicht, die Wohnung in einem für den vertragsgemäßen Gebrauch geeigneten Zustand zu erhalten, muß entsprechend eingeschränkt sein. Daß der Vermieter unabhängig vom Inhalt des Mietvertrages jedenfalls für das Gebäude als ganzes und insofern auch für alle eingefügten Teile die Gefahr trägt, steht entgegen Boldt VW 89, 498 der Gefahrtragung durch den Mieter im Sinn von § 1 Nr. 4 VGB 88 **nicht** entgegen, denn angesprochen wird dort die Gefahrtragung für den Fall, daß speziell die eingefügte Sache von einem Schaden betroffen wird. | 48

Diese Voraussetzung erfüllt bereits die in Mietverträgen häufige Abrede, wonach der Mieter die laufenden „**Schönheitsreparaturen**" auf seine Kosten ausführen lassen muß. Darunter sind nicht nur Abnutzungsschäden, sondern auch Schäden durch plötzliche Einwirkung zu verstehen. Hierfür spricht neben dem Sinn der Abrede, die den Vermieter völlig freistellen soll, schon deren Wortlaut, nämlich der Begriff „Reparatur", der besser auf Schäden durch plötzliche Einwirkung als auf Abnutzungsschäden paßt. Aber selbst wenn die Abrede enger auszulegen sein sollte, würde dies ausreichen, um §§ 1 Nr. 2b VHB 84, 1 Nr. 4 VGB 88 anwendbar zu machen, denn dort wird nicht verlangt, daß der Mieter die Gefahr gerade auch von Schäden von der Art der versicherten tragen müsse. | 49

„Gefahrtragung" ist ein Begriff, der sich nur an Zufallsschäden orientiert. Auch an Sachen, für die der Mieter die Zufallsgefahr trägt, können **Schäden** entstehen, **für die der Vermieter eintreten muß**, z. B. weil sein Erfüllungsgehilfe sie verschuldet hat (§ 278 BGB). In diesem Fall hat der HausratVr lediglich vorzuleisten. Er kann die Entschädigung von der Abtretung des Schadenersatzanspruchs seines VN gegen den Vermieter abhängig machen und | 50 seinerseits den Vermieter in Anspruch nehmen. Das Vermieterinteresse schließt § 1 Nr. 2 b VHB 84 nach der Zweifelsregel des § 80 Abs. 1 VVG **nicht** ein.

51   Fraglich ist, ob man § 1 Nr. 4 VGB 88 entgegen dem Wortlaut einschränkend so verstehen darf, daß der Ausschluß **nicht** gilt, wenn das Zubehör von einem versicherten Schaden betroffen wird, der zu Lasten des Vermieters als WohngebäudeVN geht. AGBG-konforme Auslegung spricht für eine ungeschriebene Einschränkung dieser Art, denn sonst bestünde eine empfindliche Deckungslücke. Wollte man § 1 Nr. 4 VGB 88 gleichwohl als vollen Sachausschluß auslegen, so wäre zu prüfen, ob nicht der Hausrateinschluß durch § 1 Nr. 2 b VHB 84 entgegen H II 50 auch das Vermieterinteresse umfassen muß. Streit mit dem Vermieter liegt nämlich nicht im Interesse des Mieters als des HausratVN. Darin könnte man einen „Umstand" sehen, der die Zweifelsregel des § 80 Abs. 1 VVG entkräftet.

52   g) **DoppelV zwischen HausratV und WohngebäudeV** verpflichtet zum DoppelVAusgleich nach § 59 Abs. 2 VVG. Der zuerst in Anspruch genommene Vr kann Schadenbeteiligung des anderen Vr verlangen. Ein Beispiel im Verhältnis zwischen Hausrat- und WohngebäudeV sind Leitungswasserschäden an Fußböden, Wänden und Decken gemäß §§ 3 Nr. C 2 VHB 74, 2 Nr. 1 f VHB 84, vgl. E I 75; die Praxis spricht bisweilen von „Dekorationsschäden". Ferner entsteht DoppelV durch **Einschluß von Gebäudebestandteilen in die HausratV des Mieters** gemäß Kl. 813, vgl. H I 10 und H II 22.

53   Um die Verwaltungsarbeit insbesondere in den Fällen von §§ 3 Nr. C 2 VHB 74, 2 Nr. 1 f VHB 84 zu reduzieren, besteht zwischen dem Mitgliedsunternehmen des Sachverbandes folgende

Teilungsregel zwischen Hausrat- und Gebäude-Lw-Versicherung
A. Gebäudeschäden bis 400 DM
(ohne Schadenregulierungskosten)
Bei Zusammentreffen einer Hausrat-Versicherung mit einer Gebäude-Lw-Versicherung reguliert und entschädigt der allein in Anspruch genommene Versicherer. Werden beide Versicherer in Anspruch genommen, reguliert und entschädigt der Gebäudeversicherer (ohne internen Ausgleich).
B. Gebäudeschäden über 400 DM
(ohne Schadenregulierungskosten)
Der Gebäudeversicherer trägt vom Gesamtschaden ⅔ und der Hausrat-Versicherer ⅓. Kein Versicherer trägt mehr als den Betrag, den er seinem VN als Entschädigung hätte zahlen müssen, wenn er allein in Anspruch genommen worden wäre. Regulierungskosten werden nicht geteilt.

Hinweis:
Die Teilungsregel ist insoweit aufgehoben, als die Empfehlung „Einbaumöbel und Teppichböden" eingreift.

54   „Zusammentreffen" im Sinn der Teilungsregel setzt DoppelV mindestens mit Bezug auf *einige* der durch den VFall betroffenen Sachen voraus. Liegt diese Voraussetzung vor, insbesondere bezüglich Fußböden, Wänden und Decken („Dekorationsschäden"), so wird die Abrechnung nach der Teilungsregel der gesamte Gebäudeschaden einbezogen, der durch denselben VFall entstanden und durch mindestens einen der beteiligten Vr zu ersetzen ist. Zum „Gebäudeschaden" gehören auch Schäden an Scheinbestandteilen im

Sinn von H II 41 sowie an mitversichertem Zubehör gemäß §§ 1 Nr. 2 und 3
VGB 88, während Schäden, die durch denselben VFall an beweglichem Hausrat entstanden sind, außerhalb der Rechnung bleiben. Schon dies kommt
freilich im Wortlaut der Teilungsregel nicht klar zum Ausdruck. Außerdem
ist zweifelhaft, ob die Überschreitung der Grenze von 400 DM im Fall eines
Prozesses zwischen den beiden Vr über die Anwendung der Teilungsregel
durch das Gericht nachgeprüft wird, oder ob ein Schaden über 400 DM
hinaus ungeprüft zu unterstellen ist, wenn ein in Anspruch genommener Vr
über 400 DM hinaus tatsächlich entschädigt hat.

Die in dem abschließenden „Hinweis" zur Teilungsregel gemäß H II 53 **55**
zitierte Empfehlung des Verbandes der SachVr lautet:

Einbaumöbel und Teppichböden
Sofern nichts anderes vereinbart, gilt folgendes:
1. Unter die Inhaltsversicherung fallen
vom Mieter eingebrachte Einbaumöbel und Teppichböden
vom Gebäudeeigentümer auf bewohnbaren Fußböden lose verlegte oder leicht verklebte Teppichböden.
2. Unter die Gebäudeversicherung fallen
vom Gebäudeeigentümer eingefügte Einbaumöbel
vom Gebäudeeigentümer eingefügte und mit dem Fußboden fest verklebte oder vom
Gebäudeeigentümer auf unbewohnbaren Fußböden (z. B. Estrich) verlegte Teppichböden.
Pflicht- und Monopolrechte bleiben unberührt.

Der „Hinweis" in der Teilungsregel ist nur schwer verständlich. Er kann **56**
wohl nicht bedeuten, daß in den Fällen von Nr. 2 der Empfehlung die Teilungsregel nicht gelten solle, denn damit würde deren Anwendungsbereich
stark ausgehöhlt. Eher könnte der „Hinweis" besagen, daß Schäden gemäß
Nr. 1 der Empfehlung nicht als Schäden im Sinn von §§ 3 Nr. C 2 VHB 74, 2
Nr. 1f VHB 84 gelten und daher weder DoppelV begründen noch die Teilungsregel anwendbar machen sollen.

Wichtigster Fall einer DoppelV bei Verträgen nach den VHB 84 und den **57**
VGB 88 ist das **Zusammentreffen einer HausratV mit dem Zubehöreinschluß der
WohngebäudeV** nach § 1 Nr. 3 VGB 88 oder mit einer Erweiterung des Zube-
höreinschlusses im Sinn von § 1 Nr. 4 VGB 88. Die DoppelV besteht bei
Mietwohnungen nicht nur für das Vermieterinteresse, sondern auch für das
Mieterinteresse, denn sonst würde bei Schäden durch leichte Fahrlässigkeit
des Mieters der Zweck des Einschlusses nicht erreicht. Die drohenden Strei-
tigkeiten würden nicht vermieden, sondern nur verlagert.

Eine Teilungsregel für diese Fälle gibt es bisher nicht. Im Gegenteil tragen **58**
die **Prämienrichtlinien des Verbandes der SachVr** durch den in H II 27 wiedergegebenen und sehr angreifbaren **Beispielkatalog zum Zubehörbegriff** dazu
bei, die ohnehin drohenden Meinungsverschiedenheiten über diesen Begriff
zu verschärfen. Der Katalog nennt einerseits einige Arten von Sachen, die in
der Regel Gebäudebestandteile sind. Deshalb könnte der Katalog unbegründete Ausgleichsforderungen nach § 59 Abs. 2 VVG von seiten eines WohngebäudeVr provozieren, der solche Sachen entschädigt hat und dann den HausratVr mit der Begründung in Anspruch nimmt, es habe sich um Zubehör und
somit nicht um Gebäudebestandteile, sondern zugleich um Hausrat gehandelt. Umgekehrt nennt der Katalog des Verbandes der Sachversicherer als

Beispiele für Zubehör auch Gegenstände (z. B. „maßgenaue Einbauküchen", vgl. dazu H II 64), die ausschließlich Hausrat sind. Dies wiederum könnte einem HausratVr Anlaß geben, unbegründete Ansprüche gegenüber einem WohngebäudeVr zu erheben.

59   Einen Sonderfall bezüglich des DoppelVAusgleichs bilden **Abreden nach § 1 Nr. 3 VGB 88** über den Einschluß von weiterem Zubehör. Da es sich hier objektiv nicht um Zubehör zu handeln braucht, H II 37, können Ausgleichsansprüche eines HausratVr gegen einen WohngebäudeVr auch dann begründet sein, wenn die betroffene Sache objektiv nicht Zubehör, sondern ausschließlich Hausrat war. Ob der Einschluß von Zubehör durch einen Vermieter auch das Mieterinteresse umfaßt, ist allerdings zweifelhaft. Falls der Einschluß des Mieterinteresses nicht zu einer höheren Tarifprämie für den Einschluß führt, ist diese Tatsache ein „Umstand" im Sinn von § 80 Abs. 1 VVG, der für **Einschluß des Mieterinteresses** spricht. In dem in H II 38 beschriebenen Fall kann daher der HausratVr Ausgleich vom WohngebäudeVr auch dann fordern, wenn der Schaden durch leichte Fahrlässigkeit des Mieters entstanden war.

60   5. Abschließend wird für einige in der Praxis häufig zu Streit führende Gegenstände erörtert, ob sie **Gebäudebestandteile sind oder nicht.** Vollständigkeit kann hierbei aber nicht erstrebt werden. Vielmehr muß auf die Literatur zu §§ 93 ff. BGB verwiesen werden. Rechtsprechungsnachweise werden im folgenden nur genannt, soweit die Entscheidungen zum VVertragsrecht ergangen sind. Außerdem ist der Bestandteilsbegriff für die Abgrenzung zwischen der V von Geschäftsgebäuden und der V von Betriebseinrichtung sowie zwischen der WohngebäudeV und der HausratV nur maßgebend, soweit nach AVB und Einzelvertrag das Gebäude mit allen Bestandteilen, aber ohne Zubehör versichert ist und soweit umgekehrt Gebäudebestandteile aus der InventarV ausgeschlossen sind. Dieser in H I 6 und H II 17 skizzierte Grundsatz wird indessen durch zahlreiche Ausnahmen durchbrochen, vgl. H II 6 bis 16 für die GeschäftsV und H II 18 bis 59 für die WohngebäudeV. Diese Ausnahmen mindern die Bedeutung des Bestandteilsbegriffs für SachVRecht.

61   a) **Möbel** sind grundsätzlich nicht Gebäudebestandteile, sondern Hausrat. Anders liegt es nur, wenn sie mit dem Gebäude fest verbunden sind, wozu aber weder die bloße Schwerkraft durch eigenes Gewicht noch eine Befestigung durch Dübel (LG Lübeck ZfS 84, 58 = VersR 477 = VP 126 für „Einbauküche") noch eine einfache Verschraubung genügt.

62   **„Einbaumöbel"** sind nur dann Gebäudebestandteile, wenn sie mit dem Gebäude so fest verbunden sind, daß durch Trennung ein nicht unerheblicher Wertverlust eintritt. Hierbei darf jedoch nur der Wertverlust unmittelbar durch Trennung veranschlagt werden, nicht dagegen Material-, Farb- oder Abnutzungsunterschiede zwischen dem Fußboden und den entfernten Möbeln und in der Umgebung. Als feste Verbindung (gegebenenfalls zu einer sog. *Wohnlandschaft*) genügt es z.B., wenn an einer eingebauten Bar ein Teppichboden hochgezogen oder wenn der Kopfteil eines Bettes unter Wandniveau eingefügt ist. Der Wertverlust bei Trennung ist zwar normalerweise Beurteilungsmaßstab nur für die Grenze zwischen wesentlichen und unwesentlichen Bestandteilen, nicht hingegen zwischen Bestandteilen über-

haupt und beweglichen Sachen. Speziell Möbel sind aber als unwesentliche Bestandteile kaum vorstellbar. Können sie ohne wesentlichen Wertverlust entfernt werden, so betrachtet der maßgebende (H I 12) Sprachgebrauch des täglichen Lebens sie als selbständige bewegliche Sachen.

Nach § 94 Abs. 2 BGB ist stets (wesentlicher) Bestandteil, was **zur Herstel-** 63 **lung des Gebäudes eingefügt** wurde. Dies darf aber nicht zu einseitig zeitlich verstanden werden. Nicht ist alles Bestandteil, was schon durch den Bauherrn „eingefügt" wird, bevor die ersten Bewohner des Gebäudes oder der Wohnung feststehen und Wünsche äußern oder selbst tätig werden können. Vielmehr wird Gebäudebestandteil nur, was „zur Herstellung" eingefügt wird. Dies aber muß bei Möbeln in der Regel verneint werden. Nur wenn die Verbindung mit dem Gebäude die in H II 62 beschriebene Festigkeit erreicht, macht sie die „Einbaumöbel" zum Bestandteil; mißverständlich in diesem Punkt H II 21 der 2. Aufl.

Maßgenauigkeit der Einbaumöbel führt ohne jene Festigkeit der Verbin- 64 dung ebenfalls **nicht** zu einer Bestandteilseigenschaft, bei Einbauküchen ebensowenig wie bei sonstigen Möbeln, z. B. bei Schrankwänden. Durch geeignete Wahl der Modelle und des Herstellers läßt sich nämlich Maßgenauigkeit stets auch ohne Sonderanfertigung erzielen, eventuell mit Hilfe von Verblendungen. Aber nicht einmal eine Sonderanfertigung mit dem bloßen Ziel der Maßgenauigkeit macht die „Einbaumöbel" aus beweglichen Sachen zu Gebäudebestandteilen. Entgegen Hamm VersR 83, 285 kommt es auch nicht darauf an, ob üblicherweise der Mieter oder üblicherweise der Vermieter die Möbel einzubringen pflegt, weder bei Mietwohnungen noch gar bei Wohnungen eines VN im eigenen Einfamilienhaus, vgl. dazu allgemein H I 11 sowie zum Spezialfall einer Einbruchmeldeanlage H II 72.

b) Die Überlegungen in H II 62 bis 64 gelten entsprechend für **Einrichtun-** 65 **gen zur Beheizung, Klimatisierung oder Beleuchtung** eines Gebäudes. Bei Warmwasser- und Dampfheizungen sowie bei Klima-, Wärmepumpen- und Solarheizungsanlagen sind die in H II 62 skizzierte Festigkeit zur Verbindung und damit die Bestandteilseigenschaft zu bejahen. Bei Beleuchtungskörpern sowie bei Öfen und Herden fehlt es hingegen an einer genügend festen Verbindung; wegen Zubehöreigenschaft vgl. H II 26.

Man kann auch nicht oder jedenfalls gegenwärtig nicht mehr argumentie- 66 ren, ein Gebäude sei ohne jene Einrichtungen nicht bewohnbar und erfülle nicht einmal die Begriffsmerkmale eines Gebäudes. Die gegenteilige Ansicht hatte allenfalls früher und mehr in Nord- als in Süddeutschland geherrscht, vgl. H I 13. Gegenwärtig werden Beleuchtungskörper sowie Heizmöglichkeiten in Gebäuden ohne Warmwasser- oder Dampfheizung als **Inventar** empfunden, das ebenso wie Möbel des öfteren ausgewechselt und nicht Gebäudebestandteil wird; anders allenfalls bei besonders stabiler Ausführung und größeren Umbau- oder Einbauarbeiten, Zweibrücken NJW-RR 89, 84 mwN zu 200 kg schwerer Granitabdeckplatte.

c) **Sanitäre Installationen,** z. B. Badewannen, Badeöfen und Waschbecken 67 einschließlich Zu- und Ableitungen, sind Gebäudebestandteile, denn ihre Verbindung nit dem Gebäude ist schon aus rein technischen Gründen in aller Regel fest. Sie sind daher mit dem Wohngebäude, mit dem Hausrat hingegen nach §§ 2 Nr. 1a, 3 Nr. C 3 b VHB 74, 1 Nr. 2b, 7 Nr. 2 VHB 84 nur versichert, soweit der VN als Mieter für sie die Gefahr trägt, H II 45 ff.

68   Ein **hauseigenes Schwimmbad** einschließlich der Wasserfüllung, H II 9, oder eine **Sauna** ist meist Gebäudebestandteil. Der größte Teil der Einzelteile, aus denen eine solche Anlage besteht, kann nämlich nicht ohne erheblichen Wertverlust entfernt werden. Insbesondere gilt dies, wenn man auch den Arbeitsaufwand für die De- und Remontage in die Wertrechnung einbezieht. Ähnlich wie bei einer Einbruchmeldeanlage (H II 72) widerspräche es auch bei einem Hausschwimmbad oder einer Sauna dem maßgebenden (H I 12) Sprachgebrauch des täglichen Lebens, die Eigenschaft als Gebäudebestandteil für die einzelnen Teile eines Schwimmbads oder einer Sauna jeweils gesondert zu beurteilen. Der Sprachgebrauch des täglichen Lebens beurteilt ein Hausschwimmbad als Ganzes, und zwar als Gebäudebestandteil. Das gleiche gilt z. B. für Dachgärten und Terrassenbepflanzungen einschließlich Erdfüllung und Pflanzen, H II 9.

69   d) **Fußboden-, Wand- und Deckenbeläge**, insbesondere Tapeten, Holz- und Kunststoffverkleidungen, Kacheln, Fliesen, Teppichböden, sind meist Gebäudebestandteile (Dreger VerBAV 66, 180) und dann nur in Mietwohnungen nach § 3 Nr. C 2 VHB 74, 2 Nr. 1 f VHB 84 gegen Leitungswasserschäden versichert, vgl. näher E I 66 bis 77. Das gleiche gilt für **Parkett** als Bodenbelag.

70   Bei **Teppichböden** genügt es nach LG Frankenthal VersR 78, 1106, AG Karlsruhe NJW 78, 2602, AG Nördlingen VersR 83, 721, AG Köln RuS 83, 241, AG Weiden VersR 87, 874, Zagel VersR 79, 539 (anders LG Hamburg VersR 79, 151) für die Eigenschaft als Gebäudebestandteil, daß der Teppich auf den Raum **zugeschnitten** ist. Er ist dann gemäß § 94 Abs. 2 BGB in das Gebäude eingefügt, selbst wenn es sich nur um einen Kellerraum handelt, AG Charlottenburg RuS 90, 400. Kommt hinzu, daß der Teppichboden **verklebt** wurde, so sprechen schon allein diese feste Verbindung und der bei Trennung drohende Wertverlust für Bestandteilseigenschaft, vgl. auch H II 44.

71   Als Betriebseinrichtung oder Hausrat können maßgenaue Teppichböden allenfalls dann angesehen werden, wenn sie ihrerseits **auf bewohnbarem Untergrund** liegen. Eine Spanplatte ist aber z. B. kein bewohnbarer Untergrund, und zwar entgegen LG Oldenburg VersR 88, 1285 auch dann nicht, wenn sich darunter ein Holzfußboden befunden hatte. Was nämlich unter einer Spanplatte verbleibt, befand sich meist schon vorher in schlechtem Zustand und verschlechtert sich durch Aufbringen der Spanplatte noch weiter. – Je nach Maß des Raumes können maßgenaue Teppichböden sogar dann Gebäudebestandteil sein, wenn sie auf bewohnbarem Untergrund liegen, weil nämlich anderweitige Verwendung zu erheblichen Verlusten durch neuen Schnitt führen würde.

72   e) Eine **Einbruchmeldeanlage** ist nach Hamm RuS 88, 173 = NJW-RR 923 nicht Zubehör, sondern Bestandteil. Hamm aaO geht hierbei zutreffend von dem Bestandteilsbegriff des § 93 BGB aus und nimmt lediglich ergänzend auf Hamm VersR 83, 285 mit dem Hinweis Bezug, daß jene Entscheidung (gegen sie vgl. H I 11) zu demselben Ergebnis geführt hätte, weil in der Regel der Hauseigentümer die Anlage einbaue. Letzteres ist jedoch sehr zu bezweifeln,

denn oft verlangt der Vr vom Mieter als VN wegen des hohen Wertes seines Hausrats erst nachträglich den Einbau einer Meldeanlage.

Trotzdem ist entgegen Spiegl RuS **88**, 233 und mit Hamm aaO die Einbruchmeldeanlage nach dem maßgebenden (H I 12) Sprachgebrauch des täglichen Lebens in ihrer Gesamtheit als Gebäudebestandteil anzusehen. Sie besteht aus vielen Einzelteilen, die je nach Wohnungs- oder Gebäudegröße nötig und auch einzeln im Handel erhältlich sind. Hamm aaO plädiert zutreffend für rechtlich *einheitliche* Behandlung der *ganzen* Anlage, und zwar als Bestandteile. Eingemauerte Teile oder mit Glasscheiben untrennbar verbundene Teile sind wesentliche, die übrigen Teile hingegen unwesentliche Bestandteile des Gebäudes. Bei Mietereinbauten wird man gegebenenfalls die Gesamtanlage einschließlich eingemauerter Teile als Scheinbestandteil im Sinn von § 95 Abs. 2 BGB ansehen dürfen, selbst wenn die Demontage bestimmter eingemauerter Teile unwirtschaftlich wäre und unterbleibt. Für Mietereinbauten enthalten aber jetzt ohnehin §§ 1 Nr. 2b VHB 84, 1 Nr. 4 VGB 88 eine abschließende Sonderregelung, vgl. H II 45.

c) Die **Beweislast für die tatsächlichen Voraussetzungen der Bestandteileigenschaft** trägt, wer sich darauf beruft, also der *GebäudeVN*, wenn er VSchutz begehrt, dagegen der *GebäudeVr*, wenn er solche Sachen in den VWert einbeziehen und daraus UnterV herleiten will, S II 34, ferner der *HausratVr*, wenn er Entschädigung ablehnen oder Ausgleich oder Ersatz (H II 20) vom GebäudeVr verlangen will, H II 39 und 42. § 95 Abs. 2 BGB enthält eine Ausnahme vom normalen Bestandteilsbegriff; auch deren Voraussetzungen muß beweisen, wer sich im Einzelfall darauf beruft (RG **158**, 375), insbesondere also der HausratVr, wenn er sich auf UnterV infolge des VWerts der Scheinbestandteile beruft, hingegen der HausratVN, wenn er Entschädigung verlangen will. Insbesondere bei Einbauten von Mietern wird aber der HausratVr aus den in H II 20 und 41 dargelegten Gründen oft nur geringe Anforderungen an den Nachweis durch den VN stellen.

6. Die Eigentumsverhältnisse an einem versicherten **Wohngebäude** sind in den VGB 62 und in den VGB 88 nicht erwähnt. Auch wer überhaupt nicht oder nur zu einem Bruchteil Eigentümer ist, kann **alleiniger VN** für ein Wohngebäude sein, und zwar unter Einschluß des Interesses aller Eigentümer, J I 2 und 5 sowie J III 17. Ein VVertrag kann aber auch durch **mehrere VN**, insbesondere durch einige oder alle **Miteigentümer**, als Prämiengesamtschuldner (§ 427 BGB) gemeinsam geschlossen werden. die VN stehen dann für die Entschädigung in Forderungsgemeinschaft, O II 18 und H IV 74. Ein Fehlverhalten eines VN schadet allen übrigen, O II 15 und H IV 75, gleichgültig ob der VVertrag durch eine BGB-Gesellschaft oder durch eine OHG geschlossen war, LG Ravensburg VersR **82**, 389. Theoretisch möglich ist allerdings auch *getrennte V* der Bruchteile, sei es durch verschiedene Verträge oder durch mehrere VN als Prämieneinzelschuldner und Entschädigungsteilgläubiger mit Bezug jeweils nur auf den eigenen Anteil im Rahmen eines einzigen Vertrages, vgl. R II 26, R III 49 und R IV 62.

76   Auch §§ 2 Nr. 3 AFB 87, AWB 87, AStB 87 erwähnen fremdes Eigentum
nur mit Bezug auf versicherte bewegliche Sachen, nicht hingegen für versicherte **Geschäftsgebäude**. Daher gelten für Geschäftsgebäude die Ausführungen in H II 75 entsprechend.

III. Versicherung beweglicher Sachen im gewerblichen Lebensbereich des Versicherungsnehmers

1   1. In der **Industrie-FeuerV** werden die versicherten Sachen durch die **Positionen-Erläuterung** abgegrenzt, vgl. Texte 38. In den Positionen B 2 bis 8 und C 9
der Positionen-Erläuterung werden die versicherbaren beweglichen Sachen
bezeichnet. VSchutz besteht jedoch, wie der Einleitungssatz der Positione-
nerläuterung und § 4 Nr. 1 und 2 AFB 87 ausdrücklich sagen, nur innerhalb
des VGrundstücks gemäß G III 11 und 12 und nur insoweit, wie für die
einzelnen Positionen (Begriff: S I 2) im VVertrag oder im jeweils letzten
Nachtrag VSummen vereinbart sind. Soweit also für einzelne Positionen
überhaupt keine oder eine zu niedrige VSumme gebildet ist, hängt der Umfang des VSchutzes auch von den Grenzen zwischen den **Positionen** der Positionen-Erläuterung ab.

2   Sinn der Unterscheidung zwischen den Positionen 2 bis 7 ist es vor allem, S
I 3, unterschiedlichen Risiken durch unterschiedliche **Prämiensätze** gerecht zu
werden. Soweit der Prämiensatz für mehrere Positionen einheitlich ist, sei es
wegen Gleichheit des Risikos oder aus Vereinfachungsgründen, ebenso in
Richtung von VSummen mit höheren zu VSummen mit niedrigeren Prämiensätzen, wird ein sog. *Summenausgleich* gemäß Kl 1704 vereinbart, G III 8 und
S I 26. Außerdem sieht die Positionen-Erläuterung als Position 5 eine *VorsorgeVSumme* im Sinn von Kl 1703 vor, vgl. S I 19.

3   Ein weiteres Motiv der Positionsbildung innerhalb der beweglichen Sachen
innerhalb der beweglichen Sachen liegt darin, daß für einzelne Positionen
§ 56 VVG durch eine V auf Erstes Risiko abbedungen werden kann, S II 10,
während für die übrigen Positionen VollwertV mit der Möglichkeit der UnterV gilt, S I 9. **ErstrisikoV** wird insbesondere für *Bargeld und Wertpapiere*
wegen des stark wechselnden Bestandes solcher Sachen vereinbart, ferner für
Geschäftsunterlagen und sonstige Datenträger im weiteren (Akten, Pläne,
Geschäftsbücher, Karteien, Zeichnungen) und im engeren (Lochkarten, Magnetbänder, Magnetplatten) Sinn; für Datenträger war das Prinzip der ErstrisikoV früher sogar in der „Gruppenerläuterung" (Vorläufer der Positionen-
Erläuterung) erwähnt, denn § 56 VVG würde dazu zwingen, nach jedem
Schaden auch für die geretteten Stücke zu ermitteln, ob und zu welchem Preis
sie hätten wieder hergestellt werden müssen, wenn auch sie zerstört worden
wären, Q II 56. Gegenwärtig sehen jedenfalls die Formularanträge (Texte 37)
nur noch Erstrisikopositionen vor, und zwar gestaffelt nach Qualität des
Verschlusses, S I 6.

4   Zu den Motiven der Positionsbildung gehört schließlich auch noch der
Unterschied zwischen **Zeitwert- und NeuwertV**. Zwar können theoretisch
auch innerhalb ein und derselben Position Sachen teils zum Zeitwert und teils
zum Neuwert versichert werden. Das würde aber die Wertberechnung durch

den VN erschweren, weshalb die Formularanträge (Texte 37), früher sogar die „Gruppenerläuterung" selbst, *getrennte* Positionen zum Neuwert und zum Zeitwert vorsehen, und zwar (Gebäude und Betriebseinrichtung) zur *Auswahl* durch den VN, vgl. schon H II 6. Nur zum *Zeitwert* versichert werden insbesondere *Kraftfahrzeuge sowie Muster* und typengebundene (dieses Erfordernis fehlt abweichend von § 2 Nr. 2d AFB 87 in der Positionen-Erläuterung, vgl. Q II 64 sowie H III 5 und 29) für die laufende Produktion nicht mehr benötigte *Fertigungsvorrichtungen.* Dagegen werden gegenwärtig Gebrauchsgegenstände von Betriebsangehörigen fast stets zum Neuwert versichert.

Seit der Neufassung 1985 (Texte 38) **fehlt** in Position 4.5 (Muster und **Ferti-**   5 **gungsvorrichtungen**) das **Erfordernis „typengebundene"** zu „Fertigungsvorrichtungen". Dadurch würden abweichend von § 2 Nr. 6d AFB 87 **Maschinen aller Art** (!), die für die laufende Produktion gerade nicht (mehr) benötigt werden, von der Neuwert- in die **Zeitwert**V überführt, Q II 69. Dies verstieße gegen §§ 3, 9 Abs. 2 Nr. 2 AGBG, wenn nicht schon im Wege der sog. **AGBG-konformen Auslegung** geholfen werden könnte und müßte. Letztere zwingt dazu, auch weiterhin nur typengebundene Fertigungsvorrichtungen aus der zum Neuwert versicherten Position 2 (Betriebseinrichtung) auszunehmen. Für dieses Ergebnis spricht ferner, daß in den Antragsformularen als Kurzbezeichnung für Position 4.5 oft nur das Wort „Muster" erscheint, die weit wichtigeren „Fertigungsvorrichtungen" (nämlich Maschinen) hingegen unerwähnt bleiben, vgl. als Beispiel „typengebundene" eng auszulegen. Nur bei Maschinen oder Teilen davon, die ausschließlich zur Herstellung von Produkten mit einer ganz speziellen Eigenschaft eingesetzt werden können und die überdies für die laufende Produktion im Sinn von H III 21 nicht mehr benötigt werden, ist die Erwartung gerechtfertigt, eine Neuanschaffung werde nach einem Schaden relativ häufig unterbleiben. Nur diese Erwartung wiederum ist Grundlage und Zuordnung bestimmter Fertigungsvorrichtungen zu einer Zeitwertposition anstatt zur Neuwertposition für die Betriebseinrichtung, vgl. auch H III 29 für nichtindustrielle Risiken und Q II 64 zum VWert.

Kundeneigentum, das dem VN zur Reparatur (auch aus Verkaufsgarantie)   6 oder Bearbeitung überlassen ist, war in der bis 1985 gebräuchlichen und auch jetzt noch vielen Verträgen zugrunde liegenden Fassung der Positionen-Erläuterung gemäß Texte 32 der 1. Aufl. nicht erwähnt und führte deshalb zu großen Auslegungszweifeln, vgl. H III 5 der 2. Aufl. Die Neufassung der Positionen-Erläuterung von 1985 berücksichtigt in Position 3 Kundeneigentum durch die Worte „in Bearbeitung oder Reparatur genommene Sachen" als Beispiel für „Vorräte", vgl. auch H III 65 zu den Fremdeigentumseinschlüssen. Auslegungszweifel bestehen daher jetzt nur noch für die GeschäftsV nicht industrieller Risiken, vgl. H III 12 und zum VWert Q II 4.

Vorliegend können nicht alle Positionen der Position-Erläuterung behan-   7 delt werden. Verwiesen sei auf H II 6 bis 10, wo das Verhältnis zur GebäudeV erläutert ist, auf H III 20 ff, wo für die gebündelte GeschäftsV einschließlich der nicht industriellen FeuerV der Begriff der Betriebseinrichtung und die V von Gebrauchsgegenständen der Betriebsangehörigen sowie die Positionen für Sachen unter bestimmtem Verschluß erörtert werden, sowie auf H

III 65 wegen Warenvorräten in fremdem Eigentum. Auch sonst gelten manche Ausführungen zu nichtindustriellen Risiken entsprechend für die Positionen-Erläuterung der Feuer-IndustrieV, vgl. z.B. H III 28 wegen Kraftfahrzeugen oder Datenträgern, die im Betrieb des VN hergestellt oder repariert werden, die dann aber nicht zur Position „Kraftfahrzeuge" oder „Datenträger", sondern zur Position „Betriebseinrichtung" gehören. Soweit es sich freilich um Kundeneigentum handelt, kann aus den Gründen gemäß H III 6 Großzügigkeit und daher Zuordnung auch zu den Positionen für Kraftfahrzeuge und Datenträger geboten sein.

8   2. In der **nichtindustriellen FeuerV** und in der übrigen **gebündelten GeschäftsV** wird der Kreis der versicherten Sachen durch eine sog. **Pauschaldeklaration** (A II 30) abgegrenzt, die sowohl dem Auftragsformular (Texte 40) wie dem VSchein zugrunde liegt. Allerdings werden in der Pauschaldeklaration an der hierfür vorgesehenen Stelle nicht immer die VSumme für Betriebseinrichtung und Ware sowie der Art der Warenvorräte eingetragen, sondern dies geschieht oft nur im **Antragsformular**, während dem **VSchein** die *Deklaration* im Rahmen einer maschinellen Ausfertigung der VScheine aus Rationalisierungsgründen nur *blanko* zugrundegelegt wird. Im VSchein wird dann lediglich auf diese Blankodeklaration sowie auf den Antrag verwiesen, ohne daß der Antrag im Original oder auch nur in Kopie dem VSchein beigefügt wäre. Der VN erhält Antragskopie vielmehr nur auf Verlangen nach § 3 Abs. 3 VVG sowie ohne solches Verlangen auf Grund aufsichtlicher Anordnungen (VerBAV 77, 402). – Versehensklausel für irrtümlich nicht versicherte Risiken bei Schulen, Kindergärten und Verwaltungen zu den AERB: VerBAV 88, 343.

9   Ebenso wie die Positionen-Erläuterung, die in der gebündelten GeschäftsV aber weder Vertragsbestandteil ist noch Auslegungshilfe sein kann (H III 13), enthält auch die **Pauschaldeklaration** (Texte 40) **mehrere Positionen** für versicherte Sachen mit je einer gesonderten VSumme. Überwiegend handelt es sich dabei um sog. abgeleitete VSummen, A II 29, die formularmäßig als Prozentsätze der vereinbarten VSumme für Betriebseinrichtung und Vorräte festgelegt und auf einen ebenfalls formularmäßigen maximalen DM-Betrag begrenzt sind. Erhöhung der abgeleiteten VSummen kann vereinbart werden. Häufig muß hierfür aber ein anderes Antragsformular verwendet werden; Texte 40 enthält z.B. keine Spalte für einen Erhöhungsantrag. Der Agent muß bei erkennbarem Bedarf auf die Erhöhungsmöglichkeit hinweisen, wenn der Vr nicht schadenersatzpflichtig werden soll. – Folgende Positionen werden nach den gebräuchlichen Formularen gewöhnlich vereinbart:

10   a) Die wichtigste Position der Pauschaldeklaration umfaßt die technische und kaufmännische Betriebseinrichtung (H III 20 bis 22) einschließlich Gebrauchsgegenstände von Betriebsangehörigen (H III 23 bis 25) sowie Vorräte von Waren und Rohstoffen (H III 14 bis 19). **Betriebseinrichtung und Vorräte** werden also **summarisch** (S I 4) mit einer gemeinsamen VSumme versichert, die oft unklar (S I 13) als „Gesamt-VSumme" bezeichnet wird, was den unrichtigen Eindruck erweckte, als zerfalle sie in Teilbeträge, die begrifflich ebenfalls VSummen seien. Dienen die als VOrt vereinbarten Räume **mehreren Betrieben** verschiedener oder gar ein und desselben Inhabers, so können Ab-

grenzungsschwierigkeiten entstehen, denn gemeint ist in der Pauschaldeklaration jeweils nur ein einziger Betrieb mit den zu ihm gehörigen Einrichtungsgegenständen und Vorräten, vgl. Düsseldorf RuS 86, 288 zum Zusammentreffen eines Betriebes mit einem Betrieb der Ehefrau des VN.

Texte 40 vermeidet zwar das mißverständliche (H III 10) Wort „GesamtV-   **11** Summe", sieht aber immer noch **Teilbeträge** für **Betriebseinrichtung** und für **Vorräte** vor. Dies kann zu dem Mißverständnis führen, es handle sich um gesonderte Positionen und VSummen, vgl. S I 13 und LG Bochum RuS 89, 408 mit Anm. Wälder, wo dem Vr der UnterVEinwand versagt wurde. – *Ausnahmsweise* kann tatsächlich ein Bedürfnis bestehen, **Teile** der Betriebseinrichtung oder **der Vorräte** in gesonderter Position und zu höherer Prämie zu versichern, weil sie **besonders gefahrenträchtig** sind. Um die sich daraus ergebenden Auslegungsschwierigkeiten für die abgeleiteten Summen (H III 9) zu lösen, sollte zweckmäßig unter Berücksichtigung der Bezifferung in Texte 40 etwa folgender Wortlaut gewählt werden:

1. ... Waren sind bis zu einem Anteil von ...% des in Ziffer I 2 für Vorräte ausgewiesenen Betrages versichert. Ein gemäß Ziffer I 3 vereinbarter Vorsorgebetrag bleibt für diese Waren unberücksichtigt.
2. Der genannte Anteil bildet eine gesonderte Position. Er ist maßgebend für die gesonderten Entschädigungsgrenzen gemäß Ziffer II 2 und 3, die für diese Waren zu berechnen sind. Die für diese Entschädigungsgrenzen geltenden Höchstbeträge teilen sich jeweils proportional auf in einen Höchstbetrag für die genannten Waren und in einen Höchstbetrag für alle übrigen versicherten Sachen.
3. Für die Höhe der Entschädigungsgrenzen gemäß Ziffer II 1 sowie für die Höhe der Versicherungssumme gemäß Ziffer III 1 ist 10 ist der Gesamtbetrag der Versicherungssumme gemäß Ziffer I 1 bis 3 maßgebend.

Aber auch wo die Abrede weniger genau formuliert ist, drängt sich für die Auslegung der abgeleiteten VSummen die dem Mustertext zugrunde liegende Lösung als richtiges Ergebnis auf.

Die Zusammenfassung von Betriebseinrichtung und Vorräten in eine einzi-   **12** ge Position drängt den Antragsteller in der Regel zu der Annahme, versichert sei auch **Kundeneigentum,** das den VN zur Reparatur oder Verwahrung übergeben ist, zumal die Positionen-Erläuterung für die IndustrieV in der Neufassung von 1985 „in Bearbeitung oder Reparatur genommene Sachen" ausdrücklich als Beispiel für „Vorräte" nennt, H III 6. Der maßgebende (H I 12) Sprachgebrauch des täglichen Lebens empfindet aber Vorräte Kundeneigentum nicht als Vorräte, weil der VN über Kundeneigentum nicht verfügen kann, vgl. H III 15. Trotzdem muß man Kundeneigentum bei wirtschaftlich orientierter Auslegung in die umfassende Position „Einrichtung und Vorräte" einbeziehen, vgl. auch H III 68 und J III 11 zum versicherten Interesse. Die Frage eines Beratungsverschuldens auf seiten des Vr kann sich dann nicht mehr bezüglich der MitV, sondern allenfalls bezüglich einer UnterV stellen, falls nämlich der VN nachweislich gerade das Kundeneigentum nicht eingerechnet hat. Wegen des VWerts des Kundeneigentums vgl. Q II 4.

Betriebseinrichtung und Vorräte bezeichnen einen versicherten **Inbegriff.**   **13** Entscheidend ist der **jeweilige Sachstand.** Was jeweils zum Inbegriff gehört, ist versichert. Zukäufe bewirken allenfalls UnterV. Anders liegt es nur, wenn nicht nur die Betriebseinrichtung oder Vorräte, sondern zugleich die Betriebsstätte erweitert wird, denn für den VOrt ist und bleibt der Sachstand bei

Vertragsschluß maßgebend, G III 22. Die Positionen-Erläuterung kann in der nichtindustriellen FeuerV und in der gebündelten GeschäftsV *nicht* als Auslegungshilfe dienen, weil sie nicht Vertragsbestandteil ist. Man kann insbesondere nicht schon aus der Position für Betriebseinrichtung der Positionen-Erläuterung herleiten, in der gebündelten GeschäftsV seien neben Kraftfahrzeugen auch Muster und nicht mehr benötigte Fertigungsvorrichtungen sowie Datenträger (Positionen 4.3 und 4.7 der Positionen-Erläuterung) unversichert. Die Pauschaldeklaration muß vielmehr aus sich selbst ausgelegt werden.

14　　Das Wort „**Vorräte**" ist umfassender und korrekter als der in älteren Formularen und auch in H III 7 der 1. Aufl. noch verwendete Begriff „Warenbestand". Zu den Vorräten gehören nämlich auch **Rohstoffe,** die im Betrieb verarbeitet werden sollen, ferner **verbrauchbare Sachen** aller Art, z.B. Schreib-, Reinigungs- oder Heizmaterial, soweit man diese Sachen nicht zur Betriebseinrichtung rechnen will. Wichtigster Anwendungsfall des Begriffs „Vorräte" sind **Waren,** die zum Verkauf durch den VN bestimmt sind, sei es für eigene oder für fremde Rechnung, sei es aus eigener Produktion oder von Handelsware. Beschränkung des VSchutzes auf bestimmte Arten von Waren ist möglich und üblich, vgl. H III 16. Unter Eigentumsvorbehalt verkaufte und übergebene Waren behalten die Eigenschaft von „Vorräten", solange sie im Hinblick auf ihren Abnutzungszustand noch im Handelsgeschäft des VN erneut verkauft werden könnten, falls der erste Käufer sie mangels Zahlung zurückgeben müßte. – Letzteres wird man immer dann bejahen dürfen, wenn der Verkauf gebrauchter Stücke der fraglichen Art nicht gewerberechtlich verboten und auch nicht mit Art und Reputation des Betriebes des VN völlig unvereinbar ist. Der VN wird nicht nachweisen müssen, daß er ähnliche Gebrauchtverkäufe in der Vergangenheit bereits getätigt hatte. Die Frage kann im Rahmen einer AußenV des VN eine Rolle spielen, J II 22.

15　　Gewerbsmäßige **Vermietung** ist **nicht** Verbrauch durch den VN, wie der Begriff „Vorräte" ihn voraussetzt, sondern nach überwiegendem Sprachgebrauch nur Dienstleistung. Entgegen Hamm ZfS 86, 89 = VersR 858 sind Vermietobjekte aber auch nicht Betriebseinrichtung. Sie sind daher nicht zum Neuwert, sondern nach § 5 Nr. 5 Abs. 2 AFB 87 usw zum *Zeitwert* versichert. Kl 1512 Nr. 1 (VerBAV 88, 341), wo dies speziell für Videokassetten bekräftigt wird, begründet daher keine Ausnahme, sondern bestätigt nur deklaratorisch, was ohnehin gilt, Q III 35. – Zu Waren („Vorräten") werden die gewerbsmäßig zu vermietenden Sachen erst dann, wenn sie einen Abnutzungsgrad erreicht haben, in dem der VN sie als Gebrauchtartikel zu *verkaufen* pflegt. Nur wenn sich einzelvertraglich (event. auch durch die Höhe der VSumme) klar ergibt, daß die zu vermietenden Sachen als Ware angesehen wurden, sind sie in dieser Position versichert. Andernfalls bedarf es einer gesonderten zusätzlichen Position, wobei für den VWert mangels abweichender Vereinbarungen die Überlegungen in Q II 4 für Kundeneigentum entsprechend gelten.

16　　Für **Waren** schränkt das **Antragsformular** der GeschäftsV (Texte 40) die V der Vorräte durch die Worte *„der gesamte Warenbestand, und zwar (Art. der Waren)"* ein. Hier handelt es sich wohl nicht nur um ein unverbindliches (A IV 28) Zitat einer vorvertraglichen Anzeige des VN, sondern um eine

Beschränkung des versicherten Inbegriffs, derzufolge im Rahmen der versicherten „Vorräte" nicht Waren beliebiger Art, sondern nur Waren der hier näher bezeichneten Art versichert sind, AG Lemgo RuS 85, 45. Dieselbe Ansicht vertritt auch KG RuS 86, 211 („Textilien" umfaßt nicht auch Pelz- und Lederbekleidung), dies freilich nur in einem Fall, in dem der Vr wegen arglistiger Täuschung leistungsfrei war.

Ganz zweifelsfrei ist die Rechtslage freilich nicht, denn die Worte „und 17 zwar" lassen normalerweise eine Erläuterung, nicht dagegen eine Einschränkung erwarten. Zusätzliche Zweifel entstehen, wenn der Vr im VSchein die im Antrag enthaltene Bezeichnung der Warengruppen nicht wiederholt, sondern die Deklaration im Rahmen der maschinellen Ausfertigung von VScheinen nur blanko beifügt, H III 8, es dem VN also erschwert, bei *Erweiterung des Sortiments* (z. B. Orientteppiche neben Möbelstoffen, Uhren neben Kaffee, Bücher oder Feuerzeuge neben Tabakwaren) Antrag auf erweiterte V zu stellen. Der Hinweis im VSchein auf die Art des Betriebs gleicht den Formulierungsmangel selbst dann nicht völlig aus, wenn der Betrieb nicht nur ganz allgemein (z. B. Einzelhandel), sondern mit der Geschäftssparte bezeichnet ist. Eine neue hinzukommende Warengruppe kann nur durch eingeschränkte V des Warenbestandes, nicht schon durch die bis zur Erweiterung zutreffende Geschäftsbezeichnung aus dem Kreis der versicherten Sachen ausgeschlossen werden, denn die Geschäftsbezeichnung ist nur Antwort auf eine Antragsfrage, A IV 28. Immerhin erhält der VN seit VerBAV 77, 402 stets eine Antragskopie, und im **VSchein,** der nach § 3 VVG allerdings vollständig sein müßte, wird wegen der versicherten Sachen oft ausdrücklich auf den „Antrag" verwiesen, was die Rechtsstellung des Vr stärkt.

Entscheidet man die erörterten Fragen zugunsten des VN, so kann der Vr 18 Leistungsfreiheit nur wegen **Gefahrerhöhung** unter den Voraussetzungen von §§ 23 ff. VVG einwenden, die in der gebündelten GeschäftsV für jede versicherte Gefahr gesondert zu prüfen sind. Der Vr darf nicht von der Sortimentserweiterung Kenntnis erlangt und dann die Monatsfrist für die Kündigung versäumt haben, wenn er Leistungsfreiheit einwenden will. Außerdem steht dem VN für jede vom Schaden betroffene Sache der Kausalitätsgegenbeweis gemäß § 25 Abs. 3 VVG offen. Bei einem Diebstahlschaden muß der VN z. B. beweisen, daß der Einbruch auch ohne den zusätzlichen Anreiz durch die neu hinzugekommene Warengruppe stattgefunden hätte. – Entscheidet man die dargelegte Frage jedoch zugunsten des Vr, so ist die **neu hinzugekommene Warengruppe** überhaupt **nicht gedeckt.** Außerdem kann sich der Vr bei Schäden auch an versicherten Sachen auf die Gefahrerhöhung durch die nicht versicherten Sachen berufen.

Bei *Auslegung* der im Antrag und im VSchein enthaltenen **Warenbezeich-** 19 **nung** ist jedenfalls Großzügigkeit geboten. Nebenartikel sowie Artikel, die nach der Verkehrsansicht regelmäßig in Verbindung mit den ausdrücklich genannten Waren verkauft werden, sind weder unversichert noch können sie als Gefahrerhöhung gelten. Man denke an Zeitschriften und Tabakwaren, an Uhren und Schmuck, an Möbel und nicht handgeknüpfte Teppiche. Dagegen ist z. B. die V von Möbel nicht ohne weiteres als V von Orientteppichen zu verstehen. Wegen Sachen, die der VN von Kunden *zur Reparatur, Bearbeitung* oder *Verwahrung* entgegennimmt, vgl. H III 12.

20   Der Begriff der **technischen und kaufmännischen Betriebseinrichtung** als zweiter Hauptgegenstand der ersten Position (H III 10) der Pauschaldeklaration ist sehr weit. Er umfaßt alle Sachen, die sich in irgendeinem Zusammenhang mit dem Zweck des Betriebes (mit Ausnahme von Verkauf und Vermietung, vgl. H III 15) des VN im VOrt befinden, gleichgültig ob für längere oder nur für kürzere Zeit; wegen fremder Sachen vgl. H III 61. Was den Betriebszweck betrifft, so entscheidet die subjektive Sicht des VN. Neu montierte *Maschinen* sind bereits im *Erprobungsstadium*, also vor Abnahme, Teil der Betriebseinrichtung, falls bereits in dieser Phase nennenswerte Mengen von Produkten zugunsten des VN anfallen; ergänzend vgl. H III 71. Die Zweckmäßigkeit des Vorhandenseins oder des Einsatzes bestimmter Arten von Sachen im VOrt ist unerheblich. *Gebäudebestandteile* sind meist nicht Betriebseinrichtung, weil sonst DoppelV entstünde; dies gilt aber nicht für bloße Scheinbestandteile, H II 41, und nicht für vorübergehend abgetrennte Bestandteile, H II 4 und 5. Gebäudezubehör kann dagegen ganz allgemein zugleich Betriebseinrichtung sein, vgl. auch E I 89 sowie vor allem H II 24, 28 und 57. Grenzfall zum Scheinbestandteil: Der VN als Mieter oder Pächter läßt zum Schutz des Schaufensterinhalts besonders starke Scheiben einsetzen, um sie später wieder zu entfernen; es fragt sich, ob eine Scheibe „Ein-"richtung sein kann. Dagegen kann z.B. der eingemauerte Geldschrank einer Nachttresoranlage oder eines Geldausgabeautomaten bei Banken zweifelsfrei als Teil der Betriebseinrichtung versichert sein.

21   Leichter als eine positive ist eine **negative Abgrenzung** der Betriebseinrichtung formulierbar. Leider fehlt sie noch in den AFB 30, AEB, AWB 68 und AStB 68. Erst in **§ 2 Nr. 3 AERB** sowie in **§§ 2 Nr. 6 AFB 87, AWB 87, AStB 87, 2 Nr. 5 AERB 87** wurde sie aufgenommen. Dort ist insbesondere klargestellt, daß neben *Kraftfahrzeugen, Bargeld und Wertpapieren* auch sonstige *Urkunden*, ferner *Datenträger* (Begriff: H III 28) sowie *Muster* und für die laufende Produktion (H III 5) *nicht mehr benötigte typengebundene Fertigungsvorrichtungen* **nicht** zur Betriebseinrichtung zählen. Saisonale Unterbrechungen beenden die „**laufende Produktion**" begrifflich nicht, wohl aber längere Phasen von Auftragsmangel aus anderen als saisonalen Gründen. Wegen der VMöglichkeit für die ebenfalls ausgeschlossenen *Registerkassen* und *Automaten* (samt Inhalt) mit Geldeinwurf sowie für Geldausgabeautomaten vgl. M I 30. Außerdem gibt es für Automaten eine SpezialV (AVB: VerBAV 87, 12), die insbesondere von Unternehmern genommen wird, die Automaten gewerbsmäßig in fremden Räumen aufstellen, D XV 5.

22   Pauschaldeklaration und **Antragsformular** der gebündelten GeschäftsV enthalten und enthielten auch schon früher meist selbst einen mehr oder weniger vollständigen **Negativkatalog** versicherter Sachen, vgl. Texte 39 und 40 der 2. Aufl. sowie Texte 40 der vorliegenden 3. Aufl. Insbesondere Kraftfahrzeuge und Automaten pflegen ausgeschlossen zu werden, ferner Sachen, für die in der Pauschaldeklaration eine der nachfolgend (H III 26 bis 31) erörterten gesonderten Positionen in Ziffer III des Antrags vorgesehen ist, z.B. für Datenträger und neuerdings auch für Muster usw. Soweit die Anträge Unklarheiten bestehen lassen, wird man vielleicht den Negativkatalog des § 2 Nr. 3 AERB sogar trotz der rechtlichen Selbständigkeit gebündelter Verträge nach den AFB 30, AEB und AWB 68 auch für Feuer, Leitungswasser und

Sturm anwenden dürfen, denn *einheitliche VWerte und VSummen* gebündelter Verträge entsprechen dem Parteiwillen, auch wo die AFB 87 usw. (H III 21) noch nicht zugrunde liegen.

Gebrauchsgegenstände von Betriebsangehörigen werden, und zwar ohne   23 Rücksicht auf die Eigentumsverhältnisse, H III 85, nach der Pauschaldeklaration in der Hauptposition (H III 10) zusammen mit der Betriebseinrichtung und dem Warenbestand versichert, und zwar ebenfalls zum Neuwert, §§ 2 Nr. 2 NwIG 80, 4 Nr. 2 AERB. Die rechtlichen Grenzen des Einschlusses ergeben sich aus §§ 2 Nr. 4 AERB, 2 Nr. 7 AFB 87, AWB 87, AStB 87, 2 Nr. 6 AERB 87. Danach ist der Schutz nur **subsidiär**, insbesondere gegenüber der HausratV des Betriebsangehörigen, V I 18. In einer älteren Klauselregelung waren die „*Betriebsinhaber*" erwähnt, worauf in den neueren Texten verzichtet wurde, denn was der Inhaber auch nur in entferntem Zusammenhang mit dem Betrieb in den VOrt bringt, ist Betriebseinrichtung, H III 20; ansonsten muß der Betriebsinhaber sich um HausrataußenVSchutz bemühen. Durch die zitierten AVB *ausgeschlossen* sind *Kraftfahrzeuge, Bargeld, Wertpapiere* sowie der *in Wohnungen befindliche Hausrat;* im letzteren Fall ist an Werkwohnungen zu denken, die innerhalb des VOrts liegen, für die eine HausratV aber nicht überflüssig werden soll. Für das Feuerrisiko erfüllt der VN durch die Deckung eine arbeitsrechtliche Fürsorgepflicht, ArbG Karlsruhe 6 Ca 230/84 vom 16. 8. 84.

Sonstige Beschränkungen waren in älteren Klauselregelungen (H III 24 der   24 2. Aufl) nicht enthalten, während die in H III 23 zitierten AVB den Schutz auf Sachen beschränken, die sich „**üblicherweise**" innerhalb des VOrts befinden. Damit sollen VSchutz und Prämienaufwand (vgl. allgemein für fremdes Eigentum H III 61) in etwa (V I 23) auf den Rahmen der arbeitsrechtlichen Fürsorgepflicht beschränkt und zugleich die Unsicherheit über den VWert vermindert werden; die anderweitig versicherten Sachen sind entgegen Horn 33 für den VWert nicht zu berücksichtigen, so daß eine entsprechende Prämienersparnis eintritt. Außerdem soll wahrheitswidrigen Schadenmeldungen von Betriebsangehörigen insbesondere im Brandfall vorgebeugt werden, wie sie durch uneingeschränkten VSchutz geradezu provoziert würden. In § 2 Nr. 4 AERB steht neben „üblicherweise" sogar noch „**im Zusammenhang mit der Erfüllung der Dienstverträge**", was aber keine zusätzliche Einschränkung bedeutet: „Zusammenhang" verlangt nicht Unentbehrlichkeit, wie dies wohl befürchtet wurde, als jener Zusatz in den AFB 87 usw inkonsequent (auch Ollick VerBAV 82, 49 betont mit Recht die inhaltliche Gleichheit) wieder weggelassen wurde.

Vielmehr befinden sich z. B. Uhren, Schreibtischgarnituren, kleine Radios,   25 Reservekleidung, Schirme usw. durchaus „im Zusammenhang mit der Erfüllung der Dienstverträge" im VOrt, ebenso z. B. Sachen, die der Betriebsangehörige für eine nach Dienstschluß auszuübende Tätigkeit benötigt, also etwa für Besorgungen, Sport, Besuch von Einladungen (Gastgeschenke) usw. „Üblicherweise" ohne den Zusatz „im Zusammenhang mit der Erfüllung der Dienstverträge" macht auch zu wenig deutlich, daß ein ausdrücklicher Wunsch des VN (Arbeitgebers) auch bei Sachen genügt, deren Mitnahme sonst unüblich wäre. – Zu verneinen ist der VSchutz dagegen nach allen Formulierungen bei längere Zeit unbenutztem Hausrat, der aus einem bestimmten Anlaß (z. B. nach Abholung von einer Reparatur während der Mittagspause) in den VOrt gelangte und dann aus Bequemlichkeit oder Vergeßlichkeit nicht alsbald wieder in die Wohnung geschafft wurde; hier endet die „Üblichkeit" spätestens nach einigen Tagen.

26   b) Neben der Hauptposition mit vereinbarter VSumme für Vorräte und Betriebseinrichtung (H III 10 und 21) stehen in der Pauschaldeklaration für die Gebündelte Geschäftsversicherung einige weitere **Positionen mit sog. abgeleiteten VSummen**, H III 9, vgl. das Muster einer Pauschaldeklaration in Texte 40.

27   Für **Bargeld**, Urkunden, Brief- und Wertmarken pflegen in Abhängigkeit von der Qualität des Verschlusses mehrere Positionen (S I 2 und 6) gebildet zu werden. Wegen der Art der Verschlüsse vgl. H III 42 bis 54. In älteren Formulierungen (Texte 39 der 2. Aufl.) wurden die VSummen irrig als Entschädigungsgrenzen bezeichnet, vgl. S I 12 und U I 5. Wichtigster Unterfall der Urkunden sind die ausdrücklich erwähnten **Wertpapiere,** nicht dagegen die ebenfalls genannten Sparbücher, denn Sparbücher dürfen nicht der Anlage von Geschäftsgeldern dienen. VWert von Wertpapieren: Q II 30 bis 52.

28   Eine weitere Position umfaßt **Datenträger** im weiteren (Akten, Pläne, Geschäftsbücher, Karteien, Zeichnungen) und engeren (Lochkarten, Magnetbänder, Magnetplatten) Sinn. Gemeint sind allerdings entgegen dem Wortlaut nicht schlechthin „sonstige Datenträger", sondern nur „sonstige *ähnliche* Datenträger", nämlich solche mit Daten über den **Betrieb des VN**, und zwar unter Ausschluß der Bestandteile von sog. Prozeßrechnern in Maschinen usw. Soweit die Warenproduktion oder die Dienstleistungen eines (z. B. graphischen) Betriebs auch als solche Datenträger erfordern oder soweit der Betrieb auf deren Herstellung gerichtet ist, sind diese (nur) als Betriebseinrichtung oder Vorräte versichert. Die hier erörterte V von Datenträgern gemäß §§ 2 Nr. 5 e AERB, 2 Nr. 6 c AFB 87, AWB 87, AStB 87, 2 Nr. 5 c AERB 87 durch eine Erstrisikoposition der Pauschaldeklaration ist ein Grenzfall zwischen Sach- und KostenV, vgl. Q II 54 bis 61 (dort auch zum VWert).

29   Eine weitere Position umfaßt **Muster**, Anschauungsmodelle, Prototypen und Ausstellungsstücke, ferner **typengebundene,** für die laufende Produktion **nicht mehr benötigte Fertigungsvorrichtungen.** Diese Sachen werden nach §§ 4 Nr. 4 Abs. 2 AERB, 5 Nr. 5 Abs. 2 AFB 87, AWB 87, AStB 87, 5 Nr. 4 AERB 87 nur zum Zeitwert versichert, vgl. Q II 63 bis 65. Zum Motiv dieser Regelung und zum Begriff „typengebunden" vgl. H III 5, zum Begriff der laufenden Produktion H III 21.

30   Als selbständige Positionen (S I 5 und Martin, Klingmüller-Festschrift 274) ist auch die **V gegen Raub** in den Geschäftsräumen (§ 3 Nr. 6 AERB, 4 Nr. 6 AERB 87) und auf Transportwegen (§ 3 Nr. 7 AERB, 4 Nr. 7 AERB 87) gestaltet. Versichert sind hier beliebige Sachen, die nicht notwendig Betriebseinrichtung sein müssen, sondern z. B. auch ein Kfz oder auch Hausrat des VN sein können. Texte 40 Ziffer III 9 spricht von „sonstigen Sachen"; älterer Text: „andere Werte". Voraussetzungen des VSchutzes auf Transportwegen: D XII 101. Die Raubposition umfaßt also alle Sachen, die auch gegen die übrigen Gefahren versichert sind, geht jedoch über den Kreis dieser Sachen noch hinaus. Man wird annehmen müssen, daß für den Teil der Raubposition, der sich mit der Diebstahlposition usw. deckt, über den Wortlaut der

Pauschaldeklaration hinaus für die Entschädigungshöhe stillschweigend auch das Neuwertprinzip vereinbart ist. Wegen des Einschlusses von Fremdeigentum in die RaubV vgl. H III 63.

Die weiteren Positionen der Pauschaldeklaration beschreiben nicht versi-   31 cherte Sachen, sondern **versicherte Kosten.** Es handelt sich um die V von Feuerlöschkosten, W III 1, von Bewegungs- und Schutzkosten, W IV 1, von Aufräumungs- und Abbruchskosten, W V 2 bis 4, von Gebäudeschäden, W VI 1, und von Schloßänderungskosten, W VII 2, sowie die SchlüsselverlustV für besondere Behältnisse, W VII 9, letztere jeweils beschränkt auf die DiebstahlV.

3. **Versicherte Sachinbegriffe** können nicht nur durch abstrakte Umschrei-   32 bung der Sachen selbst, sondern auch zusätzlich durch Beschreibung der Art ihrer Aufbewahrung abgegrenzt werden. Ob diese Beschreibung zur *primären* oder zur *sekundären* Risikoabgrenzung gehört, ist zweifelhaft, vgl. G I 1 für die Bestimmungen über den VOrt; die besseren Gründe sprechen für sekundäre Risikoabgrenzung. Eine Sache ist dann jedenfalls nur versichert, wenn nicht nur sie selbst, sondern auch die Art und Weise ihrer Aufbewahrung den vereinbarten Erfordernissen entspricht. Soweit diese Erfordernisse sicherheitsbezogen sind, G I 16, spricht die Praxis von „**Verschlußvorschriften**", G I 17.

Zur Beschreibung der versicherten Sachen und damit in die folgenden Er-   33 läuterungen gehören die Verschlußvorschriften freilich nur, soweit nicht nur die Höhe der Entschädigung, sondern die Entschädigung *dem Grunde nach* davon abhängt, ob die Vorschriften beachtet wurden, H I 5. An anderer, in G I 18 zitierten Stelle werden dagegen Verschlußvorschriften erörtert, die in die Form von Entschädigungsgrenzen gekleidet sind und nach denen die *Höhe der Entschädigung* von der Beachtung der Verschlußvorschriften abhängt. Allerdings fragt es sich sowohl bei jenen Entschädigungsgrenzen, M III 13, wie bei den Bestimmungen über *nur* unter Verschluß versicherte Sachen, M III 2, ob es sich nicht um „**verhüllte Obliegenheiten**" (§ 15a VVG) handelt, was den Einwand der (völligen oder teilweisen) Leistungsfreiheit des Vr sehr entwerten und außerdem bedeuten würde, daß die Sachen ohne Rücksicht auf ihre Aufbewahrung stets als versichert gelten müssen, den VWert beeinflussen und somit eine UnterV begründen oder verstärken können, S II 43. Verschlußvorschriften finden sich sowohl in **AVB** wie in **Klauseln** wie auch in **Einzelverträgen.**

a) §§ 3 Nr. 3 AERB, 4 Nr. 3 AERB 87, 2 Nr. 3 Abs. 1 AEB verlangen für die   34 DiebstahlV (wegen der anderen Gefahren vgl. H III 53 und 54) in der GeschäftsV von Bargeld, von Wertpapieren und sonstigen Urkunden sowie von gewissen Wertsachen (Münzen und Medaillen, ungemünzte Edelmetalle, ungefaßte echte Perlen und Edelsteine, Schmuck-, Gold- und Silbersachen, nach den AERB 87 ganz allgemein von „Sachen aus Edelmetallen") Aufbewahrung in **verschlossenen Behältnissen, die Schutz auch gegen Wegnahme des Behältnisses** bieten. Dieselben Formulierungen enthalten § 2 Nr. 5 VHB 74 für Sparbücher sowie § 2 **Nr. 6 und 8 VHB 74** für Münzen- und Briefmarkensammlungen und für Gold-, Silber- und Schmucksachen in der **HausratV**, wobei dort freilich nicht die Entschädigung dem Grunde nach, sondern nur die Höhe der

Entschädigungsgrenze von dem Verschluß abhängt, vgl. H III 33. Die Praxis bezeichnet die in den zitierten Bestimmungen verlangte Art der Aufbewahrung als „anderen" oder „einfachen" Verschluß, nämlich im Gegensatz zu den in H III 42 bis 54 behandelten Formen von qualifiziertem Verschluß. Die **VHB 84** knüpfen Rechtsfolgen überhaupt **nicht** mehr an einfachen, sondern nur noch – nämlich in § 19 Nr. 3 – an qualifizierten Verschluß. **§ 4 Nr. 3 AERB 87** beschreibt die Behältnisse nicht mehr, sondern verweist auf die **im Vertrag bezeichnete Art von Behältnissen.** Die Vertragspraxis verwendet aber weiterhin die soeben zitierten und im Folgenden erläuterten Formulierungen, vgl. als Beispiel Texte 40 Ziffer III 1 b. Die **Auslegung** von Verschlußvorschriften muß großzügig sein (VA 38, 117 und Ollick VerBAV 81, 41), aber den Sicherheitszweck berücksichtigen.

35   **Zimmer** oder sonstige Räume oder Gebäudeteile sind *keine Behältnisse* (Düsseldorf VA 14, Nr. 817, E. Prölss 117 mwN zu der früher streitigen Frage), auch wenn sie verschlossen und gut gesichert sind und im Einzelfall die gleiche Sicherheit bieten würden wie ein verschlossenes Behältnis in einem unverschlossenem Zimmer, LG Dortmund VersR 88, 902. Der allgemeine Sprachgebrauch und die Gegenüberstellung der Begriffe in §§ 1 Nr. 2 b AEB, AERB, AERB 87 schließen eine andere Auslegung aus; soweit das Erfordernis des Behältnisses eine verhüllte Obliegenheit darstellt, würde bei offener Aufbewahrung in verschlossenen Zimmer auch kaum je der Kausalitätsgegenbeweis gemäß § 6 Abs. 2 VVG gelingen. Eine *Ausnahme gilt nur für* **Tresorräume** (H III 44) und tresorähnliche Räume (Bamberg RuS 75, 260 = VerBAV 75, 364 für einen Kühlraum), die zwar zugleich Gebäudeteile sind und von Menschen betreten werden können, nach der Verkehrsansicht und nach dem Sprachgebrauch der Geldschrankindustrie wie auch der VPraxis aber zugleich die Merkmale eines Behältnisses aufweisen, und zwar sogar die Merkmale eines Behältnisses mit größtmöglichem Sicherheitsgrad, vgl. auch PM § 2 AEB Anm. 4 und – in diesem Punkt richtig – Pagels VW 69, 400.

36   **Behältnis** ist jede Umschließung für Sachen. Da dieses Kriterium selbst bei Briefumschläge gegeben wäre, fordern die AVB, daß das Behältnis **Schutz** auch **gegen** die **Wegnahme des Behältnisses selbst** bieten muß, und zwar durch seine **Größe** und sein **Gewicht,** entgegen KG JR 29, 123 aber *nicht* durch seinen *Aufbewahrungsort,* denn das Relativpronomen „die" erfordert eindeutig, daß die Wegnahmesicherheit auf Eigenschaften des Behältnisses beruhen muß. Ob es sich um ein Behältnis im Sinn der AVB handelt, hängt insbesondere nicht davon ab, ob der Raum, in dem es liegt, verschlossen oder unverschlossen ist.

37   Mangels Größe und Schwere **keine Behältnisse** im Sinn der in H III 34 zitierten AVB sind insbesondere leicht transportable Schmuck- und Geldkassetten (KG aaO und VA 12 Nr. 659, Celle VersR 68, 57 = VerBAV 67, 79) sowie Gepäckstücke, wie Koffer, Taschen, Schachteln usw. **Grenzfall** sind Kisten, schwere eiserne Kassetten sowie Truhen (bejahend KG JR 25, 254 für einen Silberkasten in der Größe 60 × 40 × 50 cm). Daß der Dieb das Behältnis im Einzelfall tatsächlich weggeschafft hat, spricht nicht notwendig gegen die erforderliche Wegnahmesicherheit, vgl. D X 5 und 6 für Geldschränke.

38   Daß ein Betreten durch Menschen möglich ist, schließt die Annahme eines Behältnisses begrifflich nicht aus, vgl. D III 10 bis 12 für das Erbrechen eines

Kfz sowie H III 35 für Tresorräume. **Beispiele für Behältnisse** sind vor allem verschließbare *Möbelstücke* (KG JR 29, 123, LG Essen VersR 53, 451 = VerBAV 265) und deren verschließbare Schubfächer (München VersR 54, 168), insbesondere auch Schreibtische (RG VA 07 Nr. 347) und Sekretäre (Hamm VersR 80, 1062, Köln VersR 67, 942 = VerBAV 68, 13). In Schränken fest *angeschraubte Kassetten* genügen, weil sie dann Teil des Schrankes sind (KG JR 34, 59, LG Hannover VersR 63, 1091), ebenso z.B. stabile Kästen, die an Türen (AG Göttingen RuS 77, 129) oder Wänden hinreichend befestigt sind. Auch *Geldausgabeautomaten* genügen, vgl. Ollick VerBAV 81, 41 und ergänzend H III 52 wegen sonstiger Automaten.

Verschlossen kann ein Behältnis nur sein, wenn jede seiner Öffnungen 39 durch ein Schloß gesichert ist (KG JR 28, 235), und sei es auch nur durch ein solches einfacher Konstruktion (Köln VersR 67, 962 = VerBAV 68, 13). Andere Schließvorrichtungen, die z.B. durch Federdruck betätigt werden, genügen nicht. Ein Schlüsselschloß ist nicht erforderlich, *Zahlenkombinationsschlösser* reichen aus. An sämtlichen Öffnungen des Behältnisses muß mindestens je ein Schloß vorhanden und verschlossen sein (KG aaO). Weitere Schlösser zu derselben Öffnung dürfen unverschlossen sein (strenger Ollick VerBAV 81, 41 Fußnote 91). Daß ein *Schlüssel* gestohlen oder sonst *verloren* wurde, ändert nichts daran, daß das Behältnis mit verbliebenen oder neu angefertigten Schlüssel „verschlossen" werden kann. Allerdings kann Gefahrerhöhung vorliegen, N IV 73; außerdem besteht gegen Mißbrauch des verlorenen oder gestohlenen Schlüssels kein VSchutz, D IX 2.

Nicht verschlossen ist ein Schloß hingegen, wenn es zwar betätigt ist, der 40 Schlüssel aber steckt (jetzt unstreitig, Nachweise aus der älteren Rechtsprechung: E. Prölss 119). Der Schlüssel oder ein gleichartiger Schlüssel darf auch nicht auf einem anderen Fach aufstecken (KG JR 26, 209, Hamm VA 32 Nr. 2412), ferner nicht auf einem anderen Möbelstück gleichen Fabrikats (AG Recklinghausen VersR 74, 25). Ob der VN die Gleichartigkeit beider Schlösser erkannt hatte, spielt keine Rolle. *Grenzfall:* Schloß und Schlüssel sind zwar nicht gleichartig, aber die Schlösser sind so einfach konstruiert, daß ein anderswo aufsteckender Schlüssel auch das verschlossene Schloß sperrt. Nicht verschlossen ist das Schloß ferner, wenn der **Schlüssel** in demselben Zimmer (z.B. unter einem Leitzordner, AG Rosenheim VersR 67, 989) oder in einem anderen Zimmer derselben Wohnung liegt und **leicht zu finden** ist. So wurde z.B. entschieden durch LG Osnabrück ZfS 87, 344 für einen Schlüssel zu einem Eßzimmerschrank, der 5 m entfernt in einer Schublade im benachbarten Wohnzimmer aufbewahrt wurde (zu § 2 Nr. 6 VHB 74), ferner in Frankfurt VersR 84, 956 für einen 4 m entfernt offen auf einem Nachtschrank in demselben Zimmer liegenden Schlüssel (Grenzfall). Mußte der Schlüssel dagegen ernstlich gesucht werden (BGH VersR 72, 577 = NJW 1232 zu § 2 Nr. 4b der VHB von 1966; vgl. auch schon RG VA 14 Nr. 799), so ist das Behältnis verschlossen. Zu verneinen ist der Verschluß aber z.B., wenn der Schlüssel in einem benachbarten, nicht verschließbaren Schubfach derselben Schrankwand unter Papieren „versteckt" ist (Hamm RuS 84, 128), oder wenn er in einer Schatulle oder Blumenvase auf demselben Schrank liegt, für den er paßt. Dabei ist es gleichgültig, ob der Dieb mit diesem oder mit einem vorsorglich mitgebrachten Nachschlüssel öffnet.

41   Durch **Sondervereinbarungen** können die Verschlußvorschriften für bestimmte Positionen oder bis zu bestimmten Entschädigungsgrenzen sowohl **gemildert** wie auch (H III 42 ff) **verschärft** werden, wovon besonders gegenüber *Geldinstituten* (Texte 43 der 2. Aufl.) und *Juwelieren* (Texte 44 der 2. Aufl.) Gebrauch gemacht wird. Für Juweliere sagen §§ 3 Nr. 3 AERB, 4 Nr. 3 AERB 87, 2 Nr. 3 Abs. 2 Ziff. 2 AEB ausdrücklich, daß die Verschlußvorschriften der AVB nur gelten, soweit dies vereinbart ist; die sog. Juwelierdeklaration enthält also eine erschöpfende Regelung. Umgekehrt ermöglichen **§§ 4 Nr. 5 AFB 87, AWB 87, AStB 87** innerhalb der den Verschlußvorschriften unterworfenen Bargeldposition (H III 27) VSchutz bis zu einer vereinbarten Entschädigungsgrenze (U II 9) für **unverschlossenes Bargeld** gegen Feuer-, Leitungswasser- und Sturmschäden (H III 54) während der Geschäftszeit, also eine **Milderung** der Verschlußvorschriften. In den AERB und AERB 87 fehlt eine ähnliche geschäftsplanmäßige Möglichkeit, weil während der Geschäftszeit Einbruchdiebstahlschäden an unverschlossenem Bargeld kaum denkbar, jedenfalls aber durch entsprechende Vorkehrungen vermeidbar sind, und für Raub die Verschlußvorschriften ohnehin nicht gelten, H III 52. Wegen unverschlossener Edelmetalle in **Zahnpraxen** und Zahnlabors vgl. **Kl 1207.**

42   **b)** In den AVB oder in sonstigen Vertragsbestandteilen, insbesondere in Formularanträgen und VScheinen, können qualifizierte Formen der Aufbewahrung („**qualifizierte Verschlüsse**") mit entsprechend höherem Sicherheitsgrad vereinbart werden, und zwar jeweils auch mit der Folge, daß nicht die gewöhnliche, sondern die eingeschränkte Schlüsselklausel für Behältnisse anzuwenden ist, D IX 3 und D X 2.§ 3 Nr. 4 AERB und die in H III 42 der 2. Aufl. zitierten älteren Bestimmungen nennen Beispiele, die bei wörtlicher Wiederholung in den Vertragstexten die verwendeten Begriffe an der objektiven und damit revisiblen Auslegung von AVB teilnehmen lassen. § 2 Nr. 3 a **und Nr. 4 VHB 74** für Entschädigungen von Bargeld über die Grenze von 1000 DM hinaus sowie § 19 Nr. 3 VHB 84 für Entschädigungen von Bargeld über 1500 DM, von Wertpapieren über 5000 DM und von sonstigen Wertsachen über 40000 DM hinaus beschreiben die erforderlichen Sicherheitsmerkmale unmittelbar im AVB-Text. Umgekehrt überlassen **§§ 4 Nr. 3 AERB 87, AFB 87, AWB 87, AStB 87** die Beschreibung auch des qualifizierten Verschlusses (Beispiel: Texte 40 Ziffer III 1 b) von vornherein den Vertragstexten, vgl. schon H III 34 für den sog. einfachen Verschluß.

43   Die Tarife der Vr werden nicht Vertragsbestandteil. Soweit dort die Sicherheitsmerkmale genauer bezeichnet sind als in den AVB oder in sonstigen Vertragsbestandteilen, können hieraus jedenfalls gegen den VN keine Schlüsse gezogen werden, schon nicht wegen der Unklarheitenregel des § 5 AGBG. Nur soweit sich auch über den Tarif als Internum der Vr hinaus ein einheitlicher **Sprachgebrauch der beteiligten Fachkreise** gebildet hat, insbesondere also in der Geldschrankindustrie, darf dieser zur Auslegung des rechtlich allein maßgebenden Vertragsinhalts (Ollick VerBAV 81, 41; mißverständlich hiergegen 1. Aufl. H III 23) herangezogen werden. Diese Auslegungsmethode wird freilich erschwert durch die ständig fortschreitende technische Entwicklung und die damit verbundenen Änderungen auch des einschlägigen Sprachgebrauchs, wie er insbesondere in dem **VDMA-Einheitsblatt 24 990** („Geld-schränke und Tresoranlagen") jeweils auf dem neuesten Stand zusammenge-faßt ist, vgl. z. B. die Ausgaben von Juli 1981 und Juni 1984. (Herausgeber: Verband Deutscher Maschinen- und Anlagebau, Fachgemeinschaft Geld-schränke und Tresoranlagen).

aa) Tresorraum ist ein vollständig umschlossener Raum (vgl. H III 35) mit   **44** einbruchsicherer Ventilation. Material und Stärke von Decken, Wänden und Böden müssen den Empfehlungen der Forschungs- und Prüfgemeinschaft Geldschränke und Tresoranlagen e. V. entsprechen (80 cm Stampfbeton, Spe-zial-Stahlschienen im inneren Drittel des Mauerwerks). Für Türen und Not-türen sind die Gütebedingungen in Abschnitt 622, 623 und 624 der „Richtli-nien des Ausschusses für Lieferbedingungen und Gütesicherung beim Deut-schen Normenausschuß" (RAL) maßgebend; ein Prüfvermerk auf den Türen ist erforderlich. Sind einzelne Anforderungen nicht erfüllt, so befinden sich die Sachen nur dann im Tresorraum, wenn vereinbarungsgemäß ein *Tresor-raum alter Bauart* genügt und derjenige des VN wenigstens jenen früheren Anforderungen genügt, vgl. zu einer ausdrücklichen Anerkennung durch den Vr KG JR 29, 245 (für einen Geldschrank). Ergänzend muß auf Ziff. 4 des VDMA-Blatts 24 990 verwiesen werden.

bb) Panzergeldschrank ist ein Behältnis, dessen sämtliche (sechs) Seiten aus   **45** schneidbrennsicheren Platten bestehen. VDMA-Blatt 24 990 unterscheidet je nach Typ zwischen den **Sicherheitsstufen E 10** (Höchsttufe), **D 20** und **D 10**. Stärke und Füllung der Platten sowie die Art der Schlösser sind genormt; vgl. im einzelnen RAL RG 621/10, 621/20 und 626/10. Der Schrank muß, ebenso wie ein Tresorraum, einen Prüfvermerk der Forschungs- und Prüfgemein-schaft Geldschränke und Tresoranlagen e. V. tragen, wenn ein erster An-schein dafür sprechen soll, daß er den Anforderungen des VVertrages genügt.

cc) Gepanzerter Geldschrank ist ein Behältnis, das den Sicherheitsgrad eines   **46** mehrwandigen Stahlschranks übertrifft, die Anforderungen eines Panzer-geldschranks jedoch nicht voll erreicht, also zwischen den Sicherheitsstufen C und D des gegenwärtigen Sprachgebrauchs liegt. In neueren Vertragstexten wird der Begriff des gepanzerten Geldschranks nicht mehr braucht.

dd) Mehrwandiger Stahlschrank war nach VDMA-Blatt 24 990 von Juli 1981   **47** ein Behältnis mit einem Gewicht von mindestens 300 kg, nämlich **Sicherheits-stufe C 1 oder C 2**. Nach VDMA-Blatt 24 990 von Juni 1984 können auch **einwandige Stahlschränke** diese Sicherheitsstufen erreichen. Die Mindestan-forderungen an die Konstruktion sind weder im VVertrag noch im VDMA-Blatt, sondern nur in RAL RG 626/2 definert. Aus den in H III 43 erörterten Gründen entfällt daher der VSchutz bei nur geringfügigen Abweichungen noch nicht. §§ 2 Nr. 3 und 4 VHB 74, 19 Nr. 3 VHB 84 lassen hingegen für die HausratV ein Mindestgewicht von 200 kg genügen, U III 41.

Noch weniger eindeutig definiert ist der Begriff des **eingemauerten Stahl-**   **48** **wandschranks**, in VDMA-Blatt 24 990 „Einmauerschrank" genannt. Während der Tarif der Vr für die Tür **Sicherheitsstufe B** verlangt, soll nach dem VDMA-Blatt auch **Sicherheitsstufe A** genügen. Beide Stufen sind in einem neuen **VDMA-Blatt 24 992** (Januar 1984) erläutert, wo für die Tür 3 cm Mindeststär-ke verlangt wird. Obwohl das Wort „eingemauert" dies nicht korrekt ausdrückt, erwarten die Vr laut Tarif einen mindestens 10 cm dicken Betonmantel um die Seiten- und Rückwände, und zwar um deren volle Flächen; der Schrank darf also nicht überstehen. Geringfügige Abweichungen schaden aber aus den Gründen gemäß H III 43 nicht.

49　　In der **Pauschaldeklaration** der **gebündelten GeschäftsV** werden Bargeld, Urkunden usw (H III 27) je nach Art und Weise der Aufbewahrung (S I 6) in **zwei gesonderten Positionen** jeweils auf Erstes Risiko versichert, und zwar mit einer *höheren* VSumme „im Panzergeldschrank, gepanzerten Geldschrank, mehrwandigen Stahlschrank (Mindestgewicht 300 kg) oder eingemauerten Stahlwandschrank mit mehrwandiger Tür" und mit einer *niedrigeren* VSumme „unter anderem Verschluß in Behältnissen, die erhöhte Sicherheit bieten, und zwar auch gegen Wegnahme der Behältnisse, bieten". Die Worte „anderer Verschluß" verweisen also auf den in H III 34 bis 40 beschriebenen Verschluß gemäß §§ 3 Nr. 3 AERB, 4 Nr. 3 AERB 87, 2 Nr. 3 AEB.

50　　Werden Sachen unter qualifiziertem Verschluß gestohlen und reicht die hierfür vereinbarte VSumme nicht aus, so ist außerdem im Rahmen der VSumme für Sachen unter einfachem Verschluß (H III 34) zu entschädigen, wenn oder soweit diese nicht durch Diebstahl von Sachen unter einfachem Verschluß anläßlich desselben VFalles verbraucht ist. **Qualifizierte** Behältnisse erfüllen **zugleich** die Voraussetzungen des **einfachen** Verschlusses, S I 38, und die positionsweise V erlaubt als ein Fall von NebenV (§ 58 VVG, jedoch bei ein und demselben Vr) Entschädigung aus beiden VSummen bis zur Grenze des eingetretenen Schadens, S I 32. Das gleiche gilt bei Positionen für unterschiedlich qualifizierte Behältnisse. Allenfalls könnte eingewendet werden (PM 6. AVBSP 85 Anm. 4), der Täter würde für das Öffnen auch des weniger qualifizierten und tatsächlich nicht geöffneten Behältnisses zusätzlich Zeit benötigt haben; vgl. hiergegen aber S I 39. Soweit die Verschlußvorschriften etwa verhüllte Obliegenheiten sind, kann diese Frage ohnehin nur im Rahmen von § 6 Abs. 2 VVG (Kausalitätsgegenbeweis) gestellt werden. – Besonders bedeutsam ist die skizzierte Rechtslage für Verträge mit Kreditinstituten, die für Geld und Wertpapiere einschließlich Sachen in Kundenschließfächern (H III 72) eine Reihe von Positionen mit unterschiedlichen Verschlußvorschriften und Sicherheitsanforderungen enthalten, H III 41.

51　　Soweit Verschlußvorschriften in den AERB und AEB enthalten sind, H III 34, gelten sie ohne Rücksicht auf die Position, in der die verschlußbedürftigen Sachen versichert sind. Soweit die *Verschlußvorschriften* allerdings nur auf vertraglichen Vereinbarungen *zu bestimmten Positionen* beruhen, insbesondere also generell nach den AERB 87, AFB 87 usw, H III 34 und 42, würden sie *nicht* gelten, soweit dieselben Sachen (S I 38) auch in einer *anderen* Position (S I 2 und 32) ohne Verschlußvorschrift versichert sind. Die Pauschaldeklaration der gebündelten GeschäftsV (H III 22) sowie die in H III 21 zitierten AVB beugen dem durch einen *Negativkatalog* in der Weise vor, daß als Betriebseinrichtung nicht gilt, was unter besonderer Position auf Erstes Risiko versichert ist.

52　　c) § 2 Nr. 3 AEB gilt, wie § II a SBR sagt, nur für die DiebstahlV, **nicht** auch **für die RaubV.** Das gleiche folgt für § 3 Nr. 3 AERB bereits aus dem Wortlaut. *Räuberischer Diebstahl* ist nach § 1 Nr. 2 d AERB nur noch (D XIII 7) als erschwerter Diebstahl versichert, so daß hier jedenfalls nach den AERB die Verschlußvorschriften anzuwenden sind. Aber auch innerhalb der **DiebstahlV** kennt die Praxis noch einige **Besonderheiten**, welche die Verschlußvorschriften teils verschärfen, teils einschränken. So werden *Registrierkassen, Rückgeldgeber und Automaten* grundsätzlich *nicht* als verschlossene *Behältnisse* anerkannt (§ 3 **Nr. 5 AERB**; D–Kl 7 zu den AEB war sehr unklar), um Sachschäden an diesen Behältnissen möglichst vorzubeugen, M I 30; andererseits wird bis zu gewissen Grenzen Entschädigung für Bargeld in Registrierkassen auch ohne Verschluß geleistet, ähnlich wie z. b. für Edelmetalle in Zahnpraxen nach Kl 1207. Geldausgabeautomaten sind aaO nicht gemeint, Ollick VerBAV 81, 41. – **§ 4 Nr. 3 und 4 AERB 87** sowie die dort in Bezug genommenen vertraglichen Verschlußbeschreibungen gemäß Texte 40 Ziffer III 1 a und b gelten hingegen nach ihrem Wortlaut auch für Raub. Die Pauschaldeklaration (Texte 40 Ziffer III 9 a) enthält aber für unverschlossenes Bargeld und sonstige Wertsachen ohnehin eine gesonderte Position für Raubschäden, H III 30.

d) Für **Feuer, Leitungswasser und Sturm** haben Verschlußvorschriften für das versicherte Risiko etwas geringere Bedeutung als bei Diebstahl, sind aber trotzdem nötig. Man denke an die auch bei den einzelnen Positionen in VDMA-Blatt 24 990 und 24 992 (vgl. H III 43 und 48) jeweils berücksichtigte Möglichkeit feuersicherer Behältnisse, ferner an den Schutz gegen Folgeschäden durch Abhandenkommen. Auch beugen Verschlußvorschriften Meinungsverschiedenheiten und Beweisschwierigkeiten zur Schadenhöhe vor, denn Sachen unter Verschluß sind genauer zu registrieren und zu kontrollieren als unverschlossene Sachen.   53

Deshalb sehen §§ 4 Nr. 3 AFB 87, AWB 87, AStB 87 für die übrigen Gefahren dieselben vertraglichen Verschlußvorschriften wie § 4 Nr. 3 AERB 87 vor. §§ 4 Nr. 5 AFB 87, AWB 87, AStB 87 ermöglichen ferner die schon in H III 41 erwähnten Ausnahmen für unverschlossenes Bargeld während der Geschäftszeit. Die zitierten Bestimmungen sind schon aus den erwähnten sachlichen Gründen kein vermeidbarer Formalismus. Außerdem hatte die Pauschaldeklaration der gebündelten GeschäftsV schon vor Genehmigung von Kl 211 (Vorläufer von § 4 Nr. 3 AERB 87 usw, vgl. H III 54 der 2. Aufl.) einheitliche Positionen mit *einheitlichen Verschlußvorschriften für alle vier gebündelten Verträge* enthalten, für die Kl 211 nur die geschäftsplanmäßige Grundlage nachgeschoben hat, A IV 30. Auch in der *Industrie-FeuerV* werden (vgl. Texte 37) Positionen mit Verschlußvorschriften für Bargeld und Wertpapiere vereinbart.   54

4. In der **landwirtschaftlichen FeuerV** wurden die versicherten Sachen bis etwa 1985 überwiegend in **Positionen** ähnlich wie in der Industrie-FeuerV aufgeteilt, vgl. das Antragsformular in Texte 50 der 2. Aufl. Die wichtigsten Positionen waren Tiere, Ernteerzeugnisse und landwirtschaftliche Vorräte. Da es keinen Summenausgleich gab, ging die V von Tieren auf Fleisch und Felle nach der Schlachtung sowie auf geschorene Schafwolle über; andernfalls wäre UnterV in der Vorräteposition entstanden. *Verschlußvorschriften* spielen in der landwirtschaftlichen V *keine* Rolle, denn Schmuck usw. gehören nicht zum landwirtschaftlichen Inventar, sondern zum Hausrat des Land-   55

wirts. Wegen der Probleme und Sondervereinbarungen zum VOrt vgl. G IV 40. Auch für die Position für Bargeld und Urkunden pflegt ein Verschluß nicht vereinbart zu werden.

56   Auch die landwirtschaftliche FeuerV wird neuerdings in der Form einer **Pauschaldeklaration** angeboten, vgl. Texte 45 der vorliegenden 3. Aufl. Die Hauptposition mit vereinbarter VSumme umfaßt **summarisch** alle „Sachen der Landwirtschaft". Soweit Fremdeigentumsklauseln nicht existierten oder nicht vereinbart waren, ist auch stillschweigender Einschluß fremder Sachen möglich, sei es von Anfang an oder sei es nachträglich, z.B. durch Anzeige einer Verpachtung in der landwirtschaftlichen FeuerV (BGH RuS 88, 85 = NJW-RR 468 für Ernteerzeugnisse des Pächters). Abgeleitete Summen (vgl. H III 9 für die GeschäftsV) sind vorgesehen für die abhängige AußenV sowie für die üblichen (H III 31) Arten der KostenV. Der Einschluß von Bargeld, Urkunden usw. ist nicht ausdrücklich vorgesehen; bei Bedarf sollte die in H III 55 erörterte positionsweise V gewählt werden. Bei weiter Auslegung könnte man allerdings auch Bargeld und Wertpapiere zu den Sachen der Landwirtschaft rechnen, soweit sie zum Betriebsvermögen gehören.

57   5. Das **Eigentum** ist eines der Kriterien, die den Kreis der versicherten Sachen abgrenzen, soweit nicht bestimmte Sachen, sondern *Inbegriffe* versichert sind. §§ 2 Nr. 3 a AFB 87, AWB 87, AStB 87 und §§ 2 Nr. 2 a AERB, AERB 87 erfordern im Prinzip übereinstimmend Eigentum des VN (BGH VersR 75, 846, 83, 1122; nicht beachtet in Hamburg VersR 75, 917, vgl. dazu näher J V 5). Hiervon machen aber Satz 2 der Vorschriften für Eigentumsvorbehaltsware und Sicherungseigentum (H III 59) sowie darüber hinaus ganz allgemein die **Fremdeigentumseinschlüsse** in §§ 2 Nr. 4 AFB 87, AWB 87, AStB 87, 2 Nr. 3 AERB, AERB 87 weitgehende Ausnahmen, falls diese nicht durch **Kl 1201** einzelvertraglich rückgängig gemacht werden. Wegen der entsprechenden Regelung in § 2 Nr. 1 AFB 30, AEB, AWB 68, AStB 68 und Kl 141 sowie § 4 ZfgA 81 b vgl. H III 57 der 2. Aufl. – **Kl 1203** (Austellungsware, H III 73), §§ 2 Nr. 7 AFB 87, AWB 87, AStB 87, 2 Nr. 6 AERB, AERB 87 (Gebrauchsgegenstände von Betriebsangehörigen, H III 23 und 85) sowie **Kl 1204** (Pfandleihen, H III 84 und J III 13) behandeln Sachen, die sogar *ausschließlich* dann versichert sind, wenn sie fremdes Eigentum sind.

58   Von der Eigentumslage als Positionsmerkmal zu unterscheiden ist die weitere Frage, J I 6, wessen **Interesse** an den versicherten – eigenen oder fremden – Sachen eingeschlossen ist. Die Antwort hierauf findet sich zum Teil ebenfalls in den genannten Bestimmungen und muß im übrigen durch Vertragsauslegung gewonnen werden, J II 2 und J III 1 und 2. Gehört eine im VOrt befindliche Sache dem VN oder liegen die Voraussetzungen für die MitV einer fremden Sache vor, so steht damit nur fest, daß diese Sache in den versicherten Inbegriff fällt und im VWert berücksichtigt werden muß. Ob VSchutz für einen bestimmten Schaden besteht, hängt außerdem davon ab, ob durch ihn das Interesse einer Person betroffen wurde, deren Interesse versichert oder mitversichert ist.

59   a) Nach §§ 2 Nr. 1 Satz 2 AFB 30, AEB, ebenso nach §§ 2 Nr. 3 b und 3 c AFB 87, AWB 87, AStB 87 und § 2 Nr. 2 b und 2 c AERB, AERB 87, sind auch Sachen versichert, die der VN unter **Eigentumsvorbehalt** erworben hat. Das gleiche gilt für **zur Sicherung übereignete Sachen**, für die aber dem Sicherungs-

eigentümer Schutz nach § 71 Abs. 1 Satz 2 VVG nicht zusteht, weil die Veräußerung schuldhaft nicht angezeigt wurde. Analogie ist geboten, wenn die Sicherungsübereignung zwar angezeigt wurde, sich aber nicht auf den gesamten versicherten Inbegriff erstreckt, und wenn außerdem weder ein Fremdeigentumseinschluß gemäß H III 57 vereinbart noch § 69 VVG durch Sicherungsbestätigung (Texte 53) ausgeschlossen ist, so daß nach § 69 VVG der Vertrag in einen solchen mit dem Sicherungsgeber und einen solchen mit dem Sicherungsnehmer gespalten würde (vgl. PM § 69 Anm. 1 C). Dieselbe Analogie vermeidet Vertragsspaltung auch dann, wenn z.B. in der gebündelten GeschäftsV nach der Pauschaldeklaration die gesamte Betriebseinrichtung zur Sicherung übereignet wird, denn der versicherte Inbegriff umfaßt dort daneben auch den Warenbestand, H III 10.

Soweit Fremdeigentumseinschlüsse gemäß H III 57 und 61 ff. gelten, ist **60** § 69 VVG unanwendbar, J V 2. Außerdem haben die in H III 59 zitierten Sonderbestimmungen zu Eigentumsvorbehalt und Sicherungsübereignung für die Umschreibung der versicherten Sachen nur geringe praktische Bedeutung, denn in aller Regel liegen zugleich die positiven und negativen Voraussetzungen der Fremdeigentumsklausel (Obhut usw.) vor. Negativabreden im Sinn von H III 77 mit dem Eigentümer (in §§ 2 Nr. 1 Satz 2 AWB 68, AStB 68 gar nicht erst vorgesehen), die nach den Sonderbestimmungen unbeachtlich wären, sind gerade in diesem Bereich selten. Die Sonderbestimmungen gemäß H III 59 haben daher neben den Fremdeigentumsklauseln im wesentlichen nur für den *VWert* Bedeutung: Die in Nr. 2 Satz 2 der Fremdeigentumseinschlüsse gemäß H III 57 vorgesehene Obergrenze des VWertes (Q IV 130) gilt für die unter Eigentumsvorbehalt erworbenen oder zur Sicherung übereigneten Sachen nicht, Q IV 134.

b) Die **Fremdeigentumseinschlüsse** sind in ihren neuesten Fassungen in § 2 **61** Nr. 4 AFB 87, AWB 87, AStB 87, 2 Nr. 3 AERB, AERB 87 enthalten, vgl. schon H III 57. Wenn die Vertragspartner den Fremdeigentumseinschluß nicht wünschen, können sie ihn durch Kl 1201 ausschließen. Die AFB 30, AEB, AStB 68 hatten einen allgemeinen Fremdeigentumseinschluß noch nicht enthalten. Vielmehr mußten die Parteien umgekehrt eine der sog. Fremdeigentumsklauseln vereinbaren, wenn sie den Einschluß wünschten, vgl. die Zitate in H III 57 und 60 der 2. Aufl. sowie H III 29 und 32 der 1. Aufl., und zwar jeweils mit Verweisungen auf die in jenen Auflagen auch abgedruckten Wortfassungen. Die älteren Texte werden den Verträgen noch über Jahre oder Jahrzehnte mehr oder weniger häufig zugrunde liegen. Trotzdem wird im Folgenden von den Neufassungen in § 2 Nr. 4 AFB 87 usw. ausgegangen.

Der Einschluß fremder Sachen – wie ganz allgemein jede Erweiterung des **62** Kreises der versicherten Sachen – ist für den VN nicht nur vorteilhaft, sondern wegen des steigenden VWertes und der **Gefahr der UnterV** auch nachteilig, vgl. allgemein S II 24 und speziell für den VOrt G II 11. Deshalb liegt es oft auch im Interesse des VN, diejenigen fremden Sachen ausdrücklich auzuschließen, für die zwischen dem VN und dem Eigentümer eine Negativabrede im Sinn von H III 77 besteht, wonach der Eigentümer VSchutz für seine Sachen durch den Obhutsträger nicht erwartet. Ähnliche Motive liegen dem Erfordernis der Obhut zugrunde, H III 70. Im Folgenden werden die in den Fremdeigentumsklauseln in wechselnder Kombination enthaltenen positiven und negativen Voraussetzungen erörtert.

63　　aa) Das fremde Eigentum muß „seiner Art nach zu den versicherten Sachen gehören, §§ 2 Nr. 4 AFB 87, AWB 87, AStB 87, 2 Nr. 3 AERB, AERB 87. Da gegen Raub Sachen aller Art versichert sind, H III 30, ist hier auch der Fremdeigentumsschutz von der Art der Sachen her unbegrenzt; wegen der besonderen Voraussetzungen des Transportraubschutzes vgl. aber D XII 101. Sind für die sonstigen Gefahren die versicherten Sachen im Vertrag auch wirklich genügend genau *ihrer „Art" nach* bezeichnet, so ist die Auslegung relativ einfach. VSchutz besteht für Sachen der versicherten Arten ohne Rücksicht auf die Eigentumsverhältnisse.

64　　Ihrer „Art" nach bezeichnet werden die versicherten Sachen insbesondere in einigen Positionen der Positionen-Erläuterung für die Industrie-FeuerV, H III 1 bis 7, und zwar in Position 4.7 (Kraftfahrzeuge von Betriebsangehörigen und Besuchern, in Position 4.1 (Bargeld und Wertpapiere) und in Position 4.3 (Datenträger). Grenzfälle sind dagegen bereits Position 2 (technische und kaufmännische Betriebseinrichtungen mit anschließender Einzelaufzählung) und Position 4.5 (Modelle, Muster usw.), denn gedacht ist *nicht* an alle Sachen, die in *irgendeinem* Betrieb (wie nach §§ 2 Nr. 1 VHB 74, 1 Nr. 1 VHB 84 bei Hausrat in irgendeinem Haushalt, H IV 1) als Einrichtung oder Muster usw dienen könnten, sondern gedacht ist nur an Sachen mit dieser *Zweckbestimmung* für den *eigenen* Betrieb des VN, H III 20. Dadurch ergeben sich auch zu Positionen 2 und 4 der Positionen-Erläuterung bereits gewisse, im Folgenden vor allem für die gebündelte GeschäftsV behandelte Auslegungszweifel.

65　　Schwierigkeiten im Zusammenhang mit den Fremdeigentumseinschlüssen bereitet vor allem auch Position 3 („Vorräte") der Positionen-Erläuterung für die Industrie-FeuerV, denn in ihr wird nicht vollständig die Art der Sachen, sondern nur deren **Zweckbestimmung** bezeichnet. Zu dieser Position gehören ausdrücklich **Rohstoffe, Halb- und Fertigfabrikate sowie Handelsware.** Zweck der Anwesenheit der Sachen im VOrt muß also Produktion, Verarbeitung oder Verkauf sein, aber nicht notwendig durch den VN und in dessen Betrieb. Versichert sind (anders als in der GeschäftsV, H III 67) Rohstoffe und Waren jeder Art, auch wenn der VN sein Fabrikations- oder Verkaufssortiment erweitert hat. Auch wo der VVertrag die Art des Betriebs erwähnt, wird damit nicht etwa zugleich die Art der versicherten Waren entsprechend eingeschränkt. Für die Fremdeigentumseinschlüsse bedeutet dies, daß fabrikneue Sachen *aller Art* versichert sind, wenn die übrigen positiven und negativen Voraussetzungen des Fremdeigentumschutzes gegeben sind. Es kommt hier nicht darauf an, ob die fremden Sachen durch den VN verarbeitet oder – z. B. kommissionsweise – verkauft werden oder ob sie nach Ablauf der Verwahrungszeit unverändert zurückgegeben werden sollen. Bei *gebrauchten* Sachen kommt es darauf an, ob sie ausnahmsweise noch als „Handelsware" dienen. Darüber hinaus sind nach der Neufassung der Positionen-Erläuterung von 1985 aber auch gebrauchte Sachen als **Kundeneigentum** versichert, soweit sie nämlich „zur Bearbeitung oder Reparatur genommen" wurden, H III 6.

66　　Die technische und kaufmännische **Betriebseinrichtung** in der *Pauschaldeklaration der gebündelten GeschäftsV* (H III 10) ist ebenfalls nur ganz allge-

mein ihrer Zweckbestimmung nach bezeichnet. Man wird die Fremdeigen-
tumsklauseln so auslegen müssen, daß fremde Sachen nur versichert sind,
wenn sie tatsächlich einem Zweck im Betrieb des VN dienen, H III 20. Es
genügt nicht, das Sachen von der Art des fremden Eigentums auch im Betrieb des VN als Einrichtung vorhanden sind oder vorhanden sein *könnten,*
sondern die fremden Sachen müssen auch selbst für einen Betriebszweck
eingesetzt oder bereit gehalten werden, wenn sie versichert sein sollen.
Nimmt etwa ein Strumpffabrikant fremde Schreibmaschinen in Verwahrung, so sind diese nicht versichert, obwohl zur Betriebseinrichtung des VN
auch Schreibmaschinen gehören. Verwahrt hingegen ein Großgastwirt als
VN Instrumente seiner freiberuflichen (daher nicht „betriebsangehörigen")
Musiker, so sind diese entgegen H III 34 der 1. Aufl. versichert, denn es
genügt, wenn ein Dritter die Sachen im Betrieb des VN einsetzt, mag auch
der Dritte kein Arbeitnehmer des VN sein. Bei ihrer Natur nach vorübergehenden Tätigkeiten selbständiger Dritter, vor allem bei Bau- oder Montagetätigkeiten kraft Werkvertrags, fehlt es aber meist an einer Obhut des VN,
vgl. H III 71. – Wegen Gästeeigentum in Beherbergungsbetrieben vgl.
H III 87.

Die Pauschaldeklaration der gebündelten GeschäftsV bezeichnet ferner die 67
gesamten Vorräte als versichert, die allerdings im Antrag und teilweise auch
im VSchein meist näher präzisiert werden, nämlich durch die Worte „und
zwar... (Art der Waren)". Falls (zweifelhaft, H III 16 und 17) darin eine
Beschränkung der versicherten Waren ihrer Art nach liegt, gilt die Beschränkung auch für fremdes Eigentum. Insbesondere dem DiebstahlVr ist an diesem Ergebnis gelegen, denn in der DiebstahlV hängt die Schwere des Risikos
weit mehr als in der FeuerV oder gar in der LeitungswasserV von der Art der
Sachen ab, nämlich von dem Verhältnis zwischen Wert und Transportabilität
des potentiellen Diebesguts. Auch aus der Sicht des VN darf der Fremdeigentumsschutz im Hinblick auf die Gefahr einer UnterV nicht zu großzügig
ausgelegt werden, H III 62.

Es genügt also grundsätzlich nicht, daß der VN Sachen von der Art, wie sie 68
ihm durch Dritte übergeben werden, auch selbst handelt, denn es fehlt an
dem für die versicherten „Vorräte" vereinbarten Kriterium einer Verkaufs-
oder sonstigen Verfügungsabsicht. Da die Pauschaldeklaration für **Kundeneigentum** aber keine Position vorsieht, wird man hier ausnahmsweise entgegen
den ansonsten maßgebenden Sprachgebrauch des täglichen Lebens Kundeneigentum als stillschweigend mitversichert gelten lassen müssen, vgl. näher H
III 12. Übernimmt also der VN (z.B. ein Kürschner) ausnahmsweise oder
laufend Sachen seiner Kunden zur *Reparatur,* zur *Reinigung* oder zur *Lagerung,* so besteht für diese Sachen Schutz, allerdings nicht zum Neuwert,
sondern nur zum Zeitwert oder zum gemeinen Wert, Q II 4, vgl. das Berechnungsbeispiel zum Zusammentreffen des Fremdeigentumsschutzes mit der
HausrataußenV bei PM § 59 Anm. 3.

Neben dem Vertrag nach den AFB 87 und den sonstigen hier erörterten 69
AVB kann eine **SpezialV** für bestimmte Arten von Sachen bestehen, sei es
ausschließlich für Fremdeigentum (häufig z.B. bei Wäschereien und chemischen Reinigungen oder bei gemieteten Schwachstromanlagen, H III 78),
oder sei es auch für Produkte oder Handelsware des VN, z.B. nach der

Sonderbedingung für die Haftpflicht- und FahrzeugV für Kraftfahrzeughandel und -handwerk, VerBAV 70, 322, 72, 164. Diese Tatsache kann jedoch bei der Auslegung des VVertrags nur berücksichtigt werden, wenn dies im VAntrag (wegen Abweichungen vom Antrag im VSchein zum Nachteil des VN vgl. § 5 VVG) zum Ausdruck gekommen ist. Nur soweit der Eigentümer selbst die SpezialV genommen hat, kann damit eine ausdrückliche oder stillschweigende Nebenabrede zwischen dem Eigentümer und dem VN verbunden sein, die den Fremdeigentumsschutz gemäß H III 74 oder 77 ausschließt, vgl. allgemein zur Überschneidung verschiedener VZweige V I 12 bis 16 und 28. Desgleichen können Rückschlüsse aus der *VSumme* auf den Umfang des Fremdeigentumsschutzes nur sehr vorsichtig gezogen werden, vgl. z. B. G IV 28 für die HausratV. Immerhin wird man z. B. den Willen zur MitV von Kundeneigentum schon allein aus einer auch hierfür ausreichenden VSumme entnehmen dürfen, H III 68.

70   **bb) In Obhut** müssen die fremden Sachen dem VN gegeben worden sein. Obhut ist ein Rechtsverhältnis, das dem VN gegenüber dem Eigentümer gewisse Sorgfalts- und Fürsorgepflichten hinsichtlich der Sachen auferlegt. Werden Räume mehrherrig für mehrere Betriebe verschiedener Inhaber benutzt, so besteht nicht wechselseitig Obhut für die Sachen des anderen Betriebs, auch dann nicht, wenn die Betriebsinhaber Eheleute sind, Düsseldorf RuS 86, 288. Es muß sich um ein vertragliches Verhältnis handeln; die Sorgfaltspflicht aus dem gesetzlichen Eigentümer-/Besitzverhältnis (§§ 985 ff. BGB) reicht nicht aus. Unbestellt zugesandte Waren sind nicht mitversichert, auch nicht Sachen, die ohne oder gar gegen den Willen des VN in den VOrt gebracht wurden. Das Vertragsverhältnis muß Fürsorgepflichten begründen und die Sache des Sphäre des VN im Sinn von § 282 BGB zuordnen. Zwar kann der VN auch ohne diese Voraussetzungen schadenersatzpflichtig werden. Aber dieses sog. Sachersatzinteresse deckt er besser und billiger durch eine Haftpflicht- oder FeuerhaftungsV (J III 14) ab, zumal es dann meist an wirtschaftlichen Beziehungen zum Eigentümer fehlen wird, die den VN veranlassen könnten, auf eigene Kosten auch dessen Interesse zu versichern und die volle Prämie für eine entsprechend höhere VSumme aufzuwenden, H III 62.

71   Bloße **Raummiete** oder **Raumleihe** begründet **nicht** schon „Obhut", selbst dann nicht, wenn neben dem Eigentümer auch der VN Zugang zu dem Raum behält, denn den VN treffen ausschließlich Unterlassungspflichten. Wird allerdings der Raum, in dem sich die Sachen des Dritten befinden, gleichzeitig für den Betrieb des VN genutzt, und sei es auch nur als Lager, so wird man nicht mehr von Raumleihe, sondern von unentgeltlicher Verwahrung (H III 73) sprechen und die Obhut und damit den VSchutz bejahen müssen. **Nicht** zu einer Obhut des VN führen in der Regel auch **Werkverträge**, auf Grund deren ein Dritter im VOrt Bau- oder Montagetätigkeiten durchführt. Die Geräte des Werkunternehmers gehören wohl (H III 66) schon ihrer Art nach nicht zu den versicherten Sachen. Jedenfalls fehlt es an einer Obhut des VN. Das gleiche gilt für die auf Risiko des Dritten zu montierenden Maschinen und sonstigen Objekte bis zu deren Abnahme durch den VN, vgl. schon H III 20 zum Begriff der Betriebseinrichtung.

Befinden sich die fremden Sachen in **verschlossenen Behältnissen,** so ist Ob-   72
hut jedenfalls dann zu bejahen, wenn auch der VN Zugang hat, sei es allein
oder nur zusammen mit dem Eigentümer. Hat dagegen nur der Eigentümer
den Behältnisschlüssel, so kommt es auf Stabilität und Transportabilität des
Behältnisses an. Sachen in *Glasvitrinen,* die ein Juwelier oder sonstiger Einzelhändler in den Räumen einer Bank oder eines Hotels *ausstellt,* befinden
sich angesichts der Empfindlichkeit des Behältnisses im Zweifel in Obhut des
VN, vgl. aber H III 73 wegen des „Zweckes" solcher Obhutsverhältnisse. Bei
schweren Schränken, Kisten, Truhen oder Schließfächern, zu denen allein der
Eigentümer die Schlüssel hat, ist die Obhut hingegen zu verneinen, weil sich
die Pflichten des VN auf die Unterlassung schädlicher Einwirkungen beschränken. Verträge mit Kreditinstituten enthalten Positionen, in denen Sachen in *Kundenschließfächern* (Kl 4701) ausdrücklich erwähnt sind, H III 50;
daraus ist für sonstige Positionen ein Umkehrschluß hinsichtlich des Fremdeigentumsschutzes in dem Sinn zu ziehen, daß Obhut für den Inhalt von
Kundenschließfächern nicht besteht.

„**Zur Bearbeitung, Benutzung oder Verwahrung oder zum Verkauf**" muß nach   73
den in H III 61 zitierten Bestimmungen das Obhutsverhältnis begründet
worden sein. Wegen der *Verwahrung (Lagerung)* vgl. schon H III 71. *Bearbeitung* kann sowohl die Fabrikation im Betrieb des VN bei (evt.: verlänger-
tem) Eigentumsvorbehalt an den Rohstoffen wie auch die Reparatur von
Kundeneigentum sein (vgl. aber H III 68). *Benutzung* liegt bei gemieteten,
geliehenen, unter Eigentumsvorbehalt erworbenen oder zur Sicherheit übereigneten Stücken des Betriebseinrichtung des VN vor. Da die Fremdeigentumsklauseln danach Eigentumsvorbehaltsgut und zur Sicherung übereignete
Sachen weitgehend einschließen, haben die in H III 59 zitierten Sonderbestimmungen kaum noch praktische Bedeutung, H III 60 (dort auch zu § 69
VVG bei Sicherungsübereignung). *Verkauf* kann für eigene Rechnung des
VN (bei Ware unter Eigentumsvorbehalt des Lieferanten) oder für Rechnung
des Eigentümers *(Kommission)* beabsichtigt sein. Allgemein muß es sich um
einen mit dem Eigentümer im Rahmen des Obhutsverhältnisses *vertraglich
vereinbarten Zweck* handeln, der aber (man denke an die Verwahrung) nicht
notwendig dem Betrieb des VN dienen muß. „**Sonstige Zwecke**" genügen
abweichend von älteren Fremdeigentumsklauseln **nicht** mehr. Wegen des hohen Diebstahlrisikos bei **Ausstellungsware** ist vielmehr in der gebündelten
GeschäftsV eine besondere Vereinbarung nach **Kl 1203** nötig. Deren Wortlaut
(„mitversichert") läßt an die Erweiterung einer sonstigen Position denken. Im
Hinblick auf die nötige besondere Prämienkalkulation liegt aber eine gesonderte Position mit gesonderter VSumme als praktische Lösung näher.

cc) Da der Fremdeigentumsschutz den VN nicht nur begünstigt, sondern   74
durch die Notwendigkeit einer höheren VSumme und die Gefahr der UnterV
auch belastet (H III 62 und 70; vgl. auch V I 15 und V II 24 wegen einer
SpezialV des Eigentümers), kann nach **Kl 1202 (Fremdes Eigentum – weisungs-
gemäße V)** der Schutz abweichend von den in H III 61 zitierten Formulierungen davon abhängig gemacht werden, daß der VN *dem Eigentümer gegenüber* kraft Gesetzes oder Vertrages *zur V verpflichtet* ist. Ein Beispiel bietet
§ 390 Abs. 2 HGB, wonach der Kommissionär durch den Kommittenten

angewiesen werden kann, für VSchutz zu sorgen. Kl 1202 kommt vor allem für größere Betriebe in Betracht, wo Verträge mit exakten Vereinbarungen über VPflicht relativ häufiger sind. Der Unterschied zu den Formulierungen gemäß H III 61 besteht darin, daß es nach diesen einer Abrede mit dem Eigentümer im Sinn von H III 77 bedarf, und die fremden Sachen vom VSchutz und aus dem VWert auszunehmen.

75 Mangels Weisung gemäß H III 74 und im Fall einer Negativabrede gemäß H III 77 **entfällt** der **Fremdeigentumsschutz** nicht nur für das Interesse des Eigentümers, sondern **auch für das** eigene sog. **Sachersatzinteresse des VN,** obwohl doch das Haftpflichtrisiko des VN nicht durch einen Ausschluß der VPflicht, sondern allenfalls durch einen Haftungsverzicht des Eigentümers gemildert werden kann. Man wird in dieser Koppelung dennoch entgegen Wolf/Lindacher/Horn § 23 AGBG Rn. 512 keinen Verstoß gegen § 3 (Verbot „überraschender" Klauseln) oder gegen § 9 Abs. 2 Nr. 2 AGBG (Unwirksamkeit von Regelungen entgegen dem „Vertragszweck") sehen müssen, denn auch dem VN ist daran gelegen, nicht mit einer auch für das Interesse des Eigentümers kalkulierten Prämie belastet zu werden, obwohl VBedarf nur für das Sachersatzinteresse besteht und bis zu einem gewissen Grad – wenigstens für das Feuerrisiko und soweit FeueraußenV des Eigentümers besteht – das Regressverzichtsabkommen der FeuerVr (J I 14 und PM vor § 51 Anm. 7 a) Schutz bietet. Die beste Abhilfe ist eine FeuerhaftungsV, J III 14.

76 Maßgebend ist der Stand der Vereinbarungen mit dem Eigentümer in dem **Zeitpunkt,** in dem ein Schaden eingetreten ist und entweder die fremde Sache beschädigt wurde oder es auf den VWert unter Einschluß der fremden Sachen ankommt. Der VN muß also die VSumme einschließlich der Vorsorge dem **jeweiligen Stand** nicht nur des Werts der vorhandenen fremden Sachen, sondern unter Umständen auch der Vereinbarungen mit dem Eigentümer anpassen. Aber solche Schwankungen des VWerts sind bei der V von Inbegriffen ganz allgemein (auch bezüglich eigener Sachen) nicht vermeidbar, ebenso wie umgekehrt der Vr nicht restlos vor *Manipulationen* geschützt ist, weder davor, daß ihm gerettete fremde Sachen verschwiegen werden, noch davor, daß nach dem Schaden eine Vereinbarung mit dem Eigentümer über die VPflicht oder deren Ausschluß betrügerisch rückdatiert wird, um den UnterVEinwand zu entkräften, H III 81.

77 Eine **Negativabrede** („andere Vereinbarung") **mit dem Eigentümer** gemäß den in H III 61 zitierten Fremdeigentumseinschlüssen könnte und müßte nach dem Wortlaut der Regelung dahin lauten, daß die dem VN in Obhut überlassenen Sachen „nicht versichert sind". Eine solche Formulierung ist aber unüblich, weil VN und Eigentümer sich ihrer unmittelbaren Einwirkungsmöglichkeit auf den VVertrag kaum je bewußt sind. Daher genügt es, wenn vereinbart wird, daß der VN die fremden Sachen „nicht zu versichern braucht". Auch eine **stillschweigende Vereinbarung** ist möglich. Sie kann z. B. darin liegen, daß der Eigentümer den VN von dem Bestehen einer FeueraußenV oder einer SpezialV (H III 69) unterrichtet. Allerdings darf man bei der Annahme stillschweigender Vereinbarungen im Hinblick auf das dann ebenfalls unversicherte Haftpflichtrisiko des VN (H III 75) nicht zu weit gehen.

Die stillschweigende Vereinbarung ist aber z.b. zu bejahen, wenn der Her- 78
steller und Vermieter einer Schwachstromanlage zugleich als Vertreter eines
SchwachstromVr mit dem Mieter einen Vertrag nach den AVFE 76 abschließt. Der Mietvertrag ist dahin auszulegen, daß der VN nicht außerdem
noch Prämie für die **gemietete Schwachstromanlage** im Rahmen seines FeuerV-
Vertrages aufzuwenden braucht, zumal die SchwachstromanlagenV auch das
Sachersatzinteresse des Mieters und VN umfaßt. – Ein teilweiser **Haftungsverzicht** des Eigentümers gegenüber dem VN reicht aber als „andere Vereinbarung" entgegen Engels VP 78, 181 meist nicht aus.

dd) Die Mitversicherung fremder Sachen kann **je Position** (S I 2) vereinbart 79
oder nicht vereinbart werden; auch können je Position unterschiedliche Fassungen von Fremdeigentumseinschlüssen gelten. Innerhalb der Position kann
der Einschluß oder Ausschluß auf **bestimmte Sachen** oder auf bestimmte Arten von Sachen (Teilinbegriffe innerhalb des Inbegriffs der ganzen Position)
beschränkt werden. Überflüssig ist daher eine frühere (H III 61) Version der
Fremdeigentumsklausel mit dem Nachsatz „es sei denn, daß auf Antrag bestimmte Sachen oder Parteien von der V ausgeschlossen sind". Diese Worte
waren z.B. in §§ 2 Nr. 1 Satz 2 AWB 68, AStB 68 enthalten. Jene Texte sind
aber inzwischen ungebräuchlich. Auch §§ 2 Nr. 1 Satz 2 AWB 68, AStB 68
waren durch Kl 141 verdrängt, vgl. Texte 33 der 2. Aufl. Derselbe Effekt
kann durch einzelvertragliche Bezugnahme auf bestimmte Positionen, Sachgruppen oder Einzelsachen in leichter verständlicher Weise erreicht werden,
obwohl in § 2 Nr. 4 AFB 87 usw der Fremdeigentumsschutz zunächst uneingeschränkt vorgesehen ist.

Auch abgesehen von der Beschränkung des Fremdeigentumsschutzes auf 80
bestimmte Positionen usw. sind **einzelvertragliche Abreden** oft dringend zu
empfehlen, um Auslegungszweifeln darüber vorzubeugen, welches fremde
Eigentum seiner Art nach zu den versicherten Sachen gehört und ob ein
Obhutsverhältnis besteht. Bei Abschluß des VVertrages sollte der VN überlegen, welche fremden Sachen seiner Kunden und Geschäftspartner voraussichtlich im VOrt vorhanden sein und welche SpezialV (H III 69) des VN oder des
Eigentümers voraussichtlich bestehen werden. Entsprechend ist die Zugehö-
rigkeit zu den versicherten Sachen zu regeln und die VSumme zu bilden. Einer
Klausel analog Kl 811 (Ausschluß bestimmter Gegenstände von besonderem
Wert) für Hausrat bedarf es hierbei nicht, denn die versicherten Sachen werden
außerhalb der HausratV nicht in den AVB (H I 1), sondern in der Positionen-
Erläuterung (H III 1) oder in der Pauschaldeklaration (H III 8) bezeichnet.

ee) Die **Beweislast** für die Voraussetzungen des Fremdeigentumsschutzes 81
trägt, wer sich darauf beruft, also der VN, wenn er VSchutz begehrt, der Vr,
wenn er UnterV aus dem Vorhandensein von versicherten und geretteten
fremden Sachen herleiten will, S II 34. Dies gilt allgemein für sämtliche
positiv formulierten Voraussetzungen, von denen die Zugehörigkeit einer
Sache zu den versicherten abhängt. Daß eine abweichende Vereinbarung mit
dem Eigentümer nicht besteht, ist negative Voraussetzung des VSchutzes.
Deshalb hat der Vr im Streitfall den Bestand einer solchen Vereinbarung zu
beweisen, soweit von ihr der VSchutz abhängt, weil vom Schaden auch oder
nur Sachen betroffen sind, von denen streitig ist, ob für sie eine Vereinbarung

besteht. Der – irreführende und überflüssige – Einschub mit dem Wort „nachweislich" ändert daran nichts, denn er meint nur die in H III 76 erwähnten möglichen Manipulationen zum VWert und bekräftigt deklaratorisch die Beweislast des VN für den Fall, daß von der Vereinbarung VWert und UnterVEinwand abhängen. Indirekt legt das Wort „nachweislich" dem VN nahe, für Vereinbarungen mit dem Eigentümer die schriftliche Form zu wählen, Ollick VerBAV 82, 48.

82 c) Neben den allgemeinen Fremdeigentumseinschlüssen gibt es **Fremdeigentumsklauseln für besondere Fälle,** die teils nur den Umfang des VSchutzes, teils auch den Einschluß fremder Sachen regeln, die durch die allgemeinen Klauseln nicht erfaßt würden.

83 Zur ersten Gruppe zählt die sog. **Spediteur V** gegen Feuer nach **Kl 2702** (auf Erstes Risiko) und die DiebstahlV von **fremdem Eigentum bei Lagerhaltern** nach **Kl 4201** (zum vollen Wert), jeweils in gesonderter Position. Die wichtigsten Besonderheiten sind die Subsidiarität des VSchutzes (V I 18; Einzelheiten: Martin VersR 73, 695, 806), die Pflicht, Verzeichnisse zu führen und gesondert aufzubewahren, M I 3, und in der DiebstahlV der Ausschluß von Schäden durch Erbrechen von Behältnissen, D VI 2. Beide Klauseln kommen für alle Arten gewerblicher Einlagerung in Betracht, also bei Lagerhaltern, Spediteuren und Frachtführern wie auch in sonstigen Betrieben, die im Einzelfall fremde Sachen einlagern. ErstrisikoV ist wirtschaftlich nur am Platz, wenn der VN die Werte der Sachen nicht registriert; gegen ErstrisikoV können auch Schwierigkeiten der Prämienkalkulation sprechen, zumal wo Diebstahltotalschäden aus technischen Gründen unwahrscheinlich sind. Wegen Kl 4201 Nr. 3 Satz 2 (Bereicherungsverbot) vgl. H III 84.

84 Auch für Sachen in der Obhut von **Pfandleihern** regelt **Kl 1204** nur den Umfang des Schutzes abweichend. Geschützt ist allein das eigene (Sachersatz-) Interesse des VN, denn der Verpfänder kann VSchutz nicht erwarten. Die Entschädigung ist auf den im Pfandbuch eingetragenen Schätzwert begrenzt, selbst wenn der Pfandleiher ausnahmsweise weitergehend haftet. Der Hinweis in Kl 145 Nr. 2 Satz 2 auf §§ 55, 87 Satz 2 VVG *(Bereicherungsverbot)* zwingt immer dann zu einer Entschädigung unter dem eingetragenen Schätzwert, wenn dieser (ausnahmsweise) zu hoch ist. In Höhe der Differenz entfällt aber meist auch schon eine Haftung des VN, so daß Sachersatzinteresse und Entschädigungshöhe im Ergebnis meist doch wieder übereinstimmen, vgl. allgemein zur Fremdeigentumsklausel Q IV 130.

85 Wegen der V von **Gebrauchsgegenständen von Betriebsangehörigen** vgl. oben H III 4 und 23 bis 25. Der Einschluß ist gegenüber den Fremdeigentumsklauseln überwiegend konstitutiv, denn Obhut des VN besteht meist nicht. Versichert ist sowohl das Interesse des Betriebsangehörigen wie das Sachersatzinteresse des VN. Die in H III 61 zitierten Fremdeigentumseinschlüsse sowie die in H III 59 zitierten Bestimmungen sind *analog* für **Sachen** anzuwenden, **die dem Betriebsangehörigen nicht gehören,** sondern die er unter Eigentumsvorbehalt erworben, gemietet, geliehen usw. hat. Besonders bedeutsam ist dies, wenn der Ausschluß von Fahrzeugen eingeschränkt oder gestrichen ist, Fahrzeuge in ruhendem Zustand innerhalb des VGrundstücks also gegen Feuer, Leitungswasser und Sturm mitversichert sind; die Anfahrt zum Be-

triebsgrundstück begründet dann sowohl bei eigenen wie bei fremden Fahrzeugen im Besitz des Betriebsangehörigen den notwendigen Zusammenhang mit dem Dienstverhältnis, auch wenn das Fahrzeug während der Dienstzeit nicht mehr benötigt wird. Dieses Ergebnis – Eigentumsverhältnisse unerheblich – folgt wohl auch schon aus dem Klauselwortlaut, denn „von Betriebsangehörigen" bezieht sich allenfalls auf den Gebrauch der Sachen oder das Interesse an ihnen.

Für **Bankkunden vor Schaltern und Autoschaltern** sowie **auf dem Weg zum** 86 **Nachttresor** wird VSchutz in Verträgen mit Kreditinstituten vereinbart, vgl. näher D XII 92 bis 95. Daß der Schutz für Sachen dieser Kunden auch ohne die Voraussetzungen der allgemeinen Fremdeigentumsklauseln (Obhut usw.) besteht, wird zwar nicht gesagt, ist aber selbstverständlich, vgl. D XII 66 sowie Ollick VerBAV 81, 47 zu Kl 4404. Die gleiche Rechtslage besteht nach Kl 4405 und 4407. Es muß sogar angenommen werden, daß auf Sachen, die nicht dem anwesenden Kunden, sondern deren Arbeit- oder Auftraggeber oder einem sonstigen Dritten gehören, mitversichert, bei Nachttresorkunden allerdings beschränkt auf den Inhalt der Geldbombe. Dieser Einschluß von Sachen Dritter gilt auch, wenn eine Fremdeigentumsklausel überhaupt nicht vereinbart ist. Auch der Kundenschutz vor **Geldausgabeautomaten** gemäß Kl 4408 erstreckt sich auf Arbeit- oder Auftraggeber der Person, die das Geld entnimmt, vgl. D XII 68. – Subsidiarität: V I 18.

Eigentum von **Gästen in Beherbergungsbetrieben** wäre nach den Fremdeigentumsklauseln mangels Obhut des VN nicht gedeckt, wird aber gegen Feuer, Leitungswasser und Sturm oft durch **Kl 2202** auf Erstes Risiko versichert, allerdings unter Ausschluß von Fahrzeugen, Bargeld und Wertpapieren, nur bis zu einer Entschädigungsgrenze je VFall und je Gast und nur subsidiär, V I 18. Mitversichert sind dann auch Sachen, die dem Gast nicht gehören; es gilt das gleiche wie für Betriebsangehörige (H III 85) und für den Untermieterausschluß in §§ 2 Nr. 2 VHB 74, 1 Nr. 4d VHB 84, obwohl Kl 2202 versehentlich von Eigentum statt von Sachen von Gästen in Beherbergungsbetrieben spricht. Versichert ist das Interesse des Gastes und eventuell des Eigentümers sowie das Sachersatzinteresse des VN.

Für Sachen, die im Eigentum einer **Bauunternehmer-Arbeitsgemeinschaft** 88 stehen oder deren Betrieb dienen, kann in **Kl 1205** vereinbart werden, wenn im VVertrag der Teilhaber auch die *Baustellen der Arbeitsgemeinschaft als VOrt* vorgesehen sind. Auf *Obhut* des VN kommt es dann abweichend von den allgemeinen Fremdeigentumsklauseln *nicht* an, auch soweit die Sachen nicht dem VN gehören. Sachen, die *durch den VN beigestellt* wurden, sind ohne Rücksicht auf die Eigentumsverhältnisse *voll* versichert. Sachen die *durch andere Teilhaber beigestellt* wurden, sind dagegen – um DoppelV zu vermeiden – ebenfalls ohne Rücksicht auf die Eigentumsverhältnisse *überhaupt nicht* versichert. Nur entsprechend dem Anteil des VN an der Arbeitsgemeinschaft sind Sachen versichert, die überhaupt nicht beigestellt, sondern durch die Arbeitsgemeinschaft direkt erworben, gemietet usw. worden sind. – Die aufbewahrungsabhängigen (H III 49) VSummen der Pauschaldeklaration für Bargeld und Urkunden reduzieren sich nach Kl 1205 Nr. 2 bei Diebstahlschäden auf den Bruchteil der Beteiligung des VN, weil sonst durch das Nebeneinander von Verträgen mehrere Teilhaber die notwendige Prämienprogression bei steigender VSumme umgangen werden könnte.

IV. Hausratversicherung

1   Anders als die versicherten Sachen in der Industrie- und sonstigen GeschäftsV (H I 1) wird der versicherte **Inbegriff „Hausrat"** in den AVB selbst abgegrenzt, nämlich in § 1 Nr 1, 2 und 4 VHB 84 sowie in § 2 Nr. 1 VHB 74, und zwar auf der Basis einer summarischen V in einer einzigen Position. § 2 Nr. 1 VHB 74 deckt sich wörtlich mit § 2 Nr. 1 der VHB von 1966. – Nach den Sonderbedingungen für die V von Kunstgegenständen, Antiquitäten und ähnlichen **Sachen von besonderem Wert** im Haushalt (SVHB 74) zu den VHB 74 in der Fassung 1986 gemäß VerBAV 89, 65 wird allerdings je versicherter Wertsache eine gesonderte Position mit gesonderter VSumme gebildet.

2   Definitionen außerhalb der VHB 84 und VHB 74 sind *nicht* heranzuziehen, und zwar § 86 VVG nicht, weil die VHB 84 und VHB 74 eine Sonderregelung darstellen, und §§ 2, 3, 4 AFB 30, AEB ebenfalls nicht, weil diese AVB Verträgen über Haurat schon seit 1942 nicht mehr zugrunde gelegt werden, vgl. A II 29. Auch die Literatur zum familienrechtlichen Begriff der Haushaltgegenstände gemäß § 1361 a BGB kann nicht herangezogen werden. – Die Verschlußvorschriften in § 19 Nr. 3 VHB 84 und § 2 Nr. 3 bis 9 VHB 74 sind *nicht* Teil der Definition des versicherten Hausrats. Sind nämlich ihre Voraussetzungen nicht erfüllt, so entfällt nicht der VSchutz insgesamt, sondern es gilt lediglich eine Entschädigungsgrenze, wie § 1 Nr. 1 Satz 3 VHB 84 ausdrücklich sagt. Diese Entschädigungsgrenzen werden in den Abschnitten U III und U IV behandelt, vgl. schon G I 18.

3   1. **§§ 1 Nr. 1 Satz 2 VHB 84, 2 Nr. 1 Satz 2 VHB 74** bezeichnen als Hausrat „alle Sachen, die **einem Haushalt zur Einrichtung oder zum Gebrauch oder zum Verbrauch dienen"**. Versichert sind danach grundsätzlich alle Sachen des **privaten Lebensbereichs**, also Sachen, die einem privaten Zweck dienen (Ollick VerBAV 84, 311). Gegen diese weite Auslegung (für sie auch schon Dreger VerBAV 66, 177) spricht nicht, daß in § 1 Nr. 2 VHB 84 sowie in § 2 Nr. 1 Satz 2 VHB 74 einige Sachgruppen als „auch" oder „außerdem" versichert besonders genannt sind. Diese Aufzählungen sind mindestens für einen Teil unzweifelhaft nur deklaratorisch, besagen also nichts gegen einen weiten Hausratbegriff. Die Aufzählungen existieren teilweise nur deshalb, weil sie die leicht verständliche Formulierung eines Ausschlusses ermöglichen, der mit dem deklaratorischen „Einschluß" sachlich zusammenhängt, vgl. die mehrfach gebrauchten Worte „soweit nicht...", „ausgenommen..." oder „jedoch nicht...".

4   Nicht „dem Haushalt des VN", sondern „einem Haushalt" müssen die Sachen dienen. Diese weite Formulierung mußte schon deshalb gewählt werden, weil es für den Einschluß fremder Sachen durch §§ 1 Nr. 3 VHB 84, 2 Nr. 2 VHB 74 (H IV 60) anders als bei Betriebseinrichtungen in der GeschäftsV (H III 20, 64 und 66) nicht darauf ankommen soll, daß die Sachen längere oder wenigstens kürzere Zeit auch dem Haushalt des VN dienen. Trotzdem darf aus jener Formulierung **nicht** geschlossen werden, es seien lediglich solche Sachen unversichert, die in keinem denkbaren Fall privaten Zwecken dienen können. Dies würde nämlich positiv ausgedrückt praktisch auf die **V neuer oder gebrauchter Sachen aller Art** hinauslaufen.

Es gibt – abgesehen von Großmaschinen, die in einer Wohnung schon 5 räumlich nicht unterzubringen sind – kaum bewegliche Sachen, die schon ihrer Art nach nicht auch für private Zwecke verwendbar wären. Die weitaus meisten Arten von Sachen sind von Person zu Person und von Fall zu Fall **wahlweise** sowohl für private wie auch für berufliche oder gewerbliche Zwecke verwendbar. Dies leuchtet für leicht zu bedienende und einem weiten Personenkreis zugängliche Sachen sofort ein; man denke an Büromaterial, Computer, Möbel, Kraftfahrzeuge, Jagd- oder Kampfwaffen, Nutz- oder Luxustiere usw. Aber auch sehr hochwertige und technisch komplizierte Sachen, mit deren Gebrauch nur wenige Personen und auch diese in der Regel nur beruflich vertraut sind, können im Einzelfall privaten (rechtmäßigen oder auch rechtswidrigen) Zwecken dienen, z.B. dem Hobby eines Spezialisten.

2. Da fast jede Sache wahlweise privaten oder bruflich-gewerblichen Zwek- 6 ken dienen kann, ist die Abgrenzung der versicherten Sachen überhaupt nicht der in H IV 3 zitierten (Schein-)Definition, sondern vielmehr durch **Umkehrschluß aus §§ 1 Nr. 2 d VHB 84, 2 Nr. 1 b VHB 74** zu entnehmen. Danach sind Arbeitsgeräte und Einrichtungsgegenstände versichert, die dem Beruf oder dem Gewerbe des VN oder eines Wohngenossen dienen. Der positive Inhalt dieser Bestimmung wird in H IV 32 näher erörtert. Durch Umkehrschluß folgt aus dieser Bestimmung aber vor allem negativ, daß **unversichert** nur diejenigen **Sachen** sind, die ausschließlich dem Beruf oder dem Gewerbe des VN oder eines Wohngenossen dienen, ohne Arbeitsgeräte oder Einrichtsgegenstände zu sein oder zu den Sachen gemäß H IV 15 (Bargeld usw.) zu gehören, in erster Linie also **Rohstoffe, Handels- und Vorführware**.

a) **Gemischte** einerseits **private** und andererseits zugleich **berufliche** oder ge- 7 werbliche **Nutzung** schließt die Hausrateigenschaft nicht aus. Vielmehr sind gemischt privat und beruflich oder gewerblich genutzte Sachen **versichert**. Dies folgt aus dem Einschluß der – auch oder nur – privat genutzten („einem Haushalt dienenden") Sachen. Daß die Sachen neben dem Haushalt auch noch beruflichen oder gewerblichen Zwecken dienen, schadet nicht, und zwar aus denselben Gründen nicht, wie auch die Mitwirkung einer nicht eingeschlossenen (aber auch nicht ausdrücklich ausgeschlossenen) Schadenursache neben einer eingeschlossenen Ursache den VSchutz nicht ausschließt (PM § 49 Anm. 4 A). Noch allgemeiner ausgedrückt gilt: Liegen die Voraussetzungen der primären Risikoabgrenzung der AVB vor, so besteht VSchutz, ohne daß es auf weitere, in den AVB nicht angesprochene Kriterien ankäme. Ausgeschlossen sind danach lediglich Sachen, die ausschließlich dem Beruf oder dem Gewerbe des VN oder eines Wohngenossen dienen. Lediglich bei Teppichen, Kunstgegenständen und Antiquitäten und dgl. von VN, die mit solchen Sachen Handel treiben, und zwar ausschließlich oder überwiegend in ihrer Wohnung, sind gewisse Einschränkungen des Hausratsbegriffs geboten, vgl. H IV 42 und 43.

Dagegen können z.B. in **Mehrfamilienhäusern** Heizöl oder sonstige dem 8 Gebäude dienende **verbrauchbare Sachen** sowie vorübergehend **demontierte**

Bestandteile (H IV 55) eines Hausschwimmbades oder sonstiger gemeinschaftlich genutzter Gebäudeteile, also Gebäudezubehör (vgl. dazu H II 24), zum versicherten Hausrat des Hausmeisters oder des in dem Hause auch wohnenden Hauseigentümers gehören, vgl. Anonym RuS 76, 87 sowie VP 80, 126. Übersehen wurde dies in AG Augsburg VersR 76, 258 mit abl. Anm. Schaefer. Bestätigt wird die Rechtslage durch den (konstitutiven, H IV 57) Ausschluß in § 1 Nr. 2a VHB 84 für Antennen und Markisen, die (auch!) gewerblichen Zwecken oder auch anderen Wohnungen dienen. Die in H IV 2 der 1. Aufl. hier ebenfalls genannten Hausmeisterwerkzeuge sind nicht nur deshalb versichert, weil sie meist zugleich privat genutzt werden, sondern außerdem deshalb, weil es sich um Arbeitsgeräte gemäß H IV 38 handelt. Daß für vorübergehend demontierte Gebäudebestandteile der GebäudeV-Schutz fortbesteht, H II 4, steht der gleichzeitigen Behandlung als versicherten Hausrat nicht entgegen, H II 5.

9   Bei **militärischer Kleidung und Ausrüstung** von Wehrreservisten ist privater Gebrauch der Sachen ausdrücklich verboten. Bei Berufssoldaten handelt es sich indessen um versicherte Arbeitsgeräte gemäß H IV 32. Bei Reservisten die nicht Berufssoldaten sind, greifen zwar nicht §§ 1 Nr. 2d VHB 84, 2 Nr. 1b VHB 74 ein. Man kann hier aber andererseits auch nicht von ausschließlich beruflicher oder gewerblicher Nutzung sprechen. Deshalb gehören die Sachen nach dem Grundsatz gemäß H IV 6 trotz des Verbots des privaten Gebrauchs zum versicherten Hausrat (richtig im Ergebnis Endermann VP 67, 125; a. A. Hasselmann VW 67, 634 und 68, 347), mag auch der VN nicht die Gefahr des zufälligen Untergangs tragen (ebensowenig wie übrigens ein Mieter oder Entleiher) und mag vielleicht sogar eine Verschuldenshaftung analog §§ 690, 277 BGB begrenzt sein (Hasselmann aaO). Es handelt sich bei diesen Sachen um einen Fall, in denen der (hier gesetzlich vorgeschriebene) bloße Besitz die Hausrateigenschaft begründet, vgl. H IV 11.

10   b) Nicht ausschließlich dem Beruf oder Gewerbe darf gemäß H IV 6 die Sache dienen, wenn sie Hausrat sein soll. Über diese negative Feststellung hinaus darf *nicht* auch positiv ein genau definierbarer privater Zweck verlangt werden, dem die Sache im Sinne der in H IV 3 zitierten positiven Definitionen dienen müßte. Die in §§ 1 Nr. 1 Satz 2 VHB 84, 2 Nr. 1 Satz 2 VHB 74 scheinbar abschließend aufgezählten Zwecke „**Einrichtung, Gebrauch und Verbrauch**" sind so weit zu verstehen, daß sie praktisch alle im VOrt vorhandenen Sachen umfassen, die nicht ausschließlich dem Beruf oder Gewerbe des VN oder eines Wohngenossen dienen. Versichert sind z. B. auch Prothesen und sonstige **medizinische Heil- und Hilfsmittel**, wie Gebisse, **Brillen**, Kunstaugen, Hörgeräte usw.; gegebenenfalls besteht DoppelV im Verhältnis zum KrankenVVertrag. Ebenso sind in den Grenzen gemäß H IV 33 bis 36 **Tiere** versichert, ferner **Pflanzen**, soweit sie nicht gemäß H II 9 Gebäudebestandteile sind.

11   Privatleben besteht u. a. darin, sich innerhalb der eigenen Wohnung mit Sachen beliebiger Art zu umgeben. Schon der bloße **Besitz** ist daher eine **Form des** in den AVB verlangten **Gebrauchs**. Dies gilt z. B. auch für Sachen, die der VN als Pfand genommen hat, H IV 31. Auf die Möglichkeit oder Absicht

einer künftig konkreteren Form des Gebrauchs kommt es nicht an. Man kann bei Sachen, die der VN nur besitzen, aber nicht in konkreterer Form „gebrauchen" will, in der Regel nicht einmal sagen, sie sei „nicht mehr zum Gebrauch bestimmt" oder „nicht mehr zu verwenden" im Sinn von §§ 4 Nr. 1 Satz 3 VHB 74, 18 Nr. 2 Abs. 2 VHB 84, vgl. dazu Q III 89.

Aus diesen Gründen genügt es, wenn der VN Sachen z. B. nur wegen lieb **12** gewordener Erinnerungen, aus Pietät (Andenken an verstorbene Verwandte usw.), aus Bequemlichkeit (keine Lust, wegzuwerfende aus noch aufzubewahrenden Sachen auszusondern) oder einfach aus Gedankenlosigkeit oder aufgrund langjähriger Gewöhnung aufbewahrt. Versichert sind daher z. B. Nachlaßgegenstände aller Art, Musikinstrumente, die weder der VN noch ein Wohngenosse spielen kann, Damenschmuck in einem reinen Herrenhaushalt und umgekehrt, Bücher, die nie mehr gelesen, sowie Schallplatten, die nie mehr gehört werden sollen, ferner (Ollick VerBAV 84, 312) die nicht mehr benötigten Arbeitsgeräte für einen inzwischen aufgegebenen Beruf. Das gleiche gilt, wenn der VN ein altes Möbelstück nur deshalb nicht entfernt, weil er kein neues kaufen, aber auch den Platz im Zimmer nicht leer stehen lassen will. Schwierige Fragen entstehen bei Sachen dieser Art nicht zum VSchutz dem Grunde nach, sondern nur zum *VWert,* also zu der Frage, ob der Neuwert, der Zeitwert oder gemeine Wert zu entschädigen sei, Q III 31, 32 und 83 bis 97.

Nicht zum Hausrat gehören lediglich solche Sachen, die der VN zwar noch **13** besitzt, aber nicht mehr besitzen will, weil sie ihm geradezu lästig sind und er sie alsbald als Sperrmüll abtransportieren lassen will oder dgl. Aber mit diesem Einwand wird der Vr nur selten durchdringen, mag auch grundsätzlich der VN die Beweislast für die Voraussetzungen der Hausrateigenschaft tragen. Für den fortdauernden Gebrauch aller in der Wohnung vorhandenen Sachen spricht nämlich ein erster Anschein. Die **Absicht der** privaten **Veräuße-rung oder des Verschenkens** schließt die Hausrateigenschaft nicht aus, denn auch der Vorgang der Veräußerung oder des Verschenkens ist ein privater Zweck. Bis zum Zeitpunkt einer beabsichtigten Veräußerung handelt es sich überdies um eine Form der privaten Geldanlage, vgl. H IV 14. *Anders* liegt es nur, soweit die Sache durch die Veräußerungsabsicht zur *Handelsware* wird, weil sich die Veräußerung gegebenenfalls im Rahmen eines Gewerbes des VN oder eines Wohngenossen vollzieht, das dieser in der Wohnung betreibt, vgl. H IV 42 und 43.

Selbstverständlich genügt es für die Hausrateigenschaft, wenn der VN Sa- **14** chen zum Zweck der **Geldanlage** aufbewahrt. Auch dies ist im weitesten Sinn (H IV 11) eine Form des Gebrauchs. Bei Geldanlage kann auch nicht zwischen privatem und ausschließlich gewerblichem Gebrauch unterschieden werden, denn jede Geldanlage im Rahmen eines Betriebes, der dem VN gehört oder an dem er beteiligt ist, dient letztlich auch einem privaten Zweck, auch solange die Gegenstände noch zum Betriebsvermögen gehören und noch nicht als Gewinn oder zwecks Liquidation entnommen sind. Durch § 2 Nr. 1 Satz 3 VHB 74 ausgeschlossen sind allerdings ungefaßte Perlen und ungefaßte Edelsteine, vgl. näher H IV 46.

In § 1 Nr. 1 Satz 2 VHB 84 ist **Bargeld,** in § 2 Nr. 1 Satz 2 VHB 74 sind **15** außerdem **Goldmünzen, Barrengold und Sammlungen** sowie Urkunden ein-

schließlich Wertpapiere gesondert („außerdem", „auch") als versichert erwähnt. Dessen hätte es angesichts des ohnehin sehr weiten Hausratbegriffes
nicht bedurft; vielmehr sind auch nach den VHB 84 die dort nicht mehr
genannten Sachgruppen in den Grenzen von H IV 6 versichert. Nur für
Sachen, die ausschließlich dem Beruf oder Gewerbe dienen, könnte die Aufzählung in den VHB 74 konstitutive Bedeutung haben, denn von „Arbeitsgeräten und Einrichtungsgegenständen" des Berufs oder Gewerbes kann bei
keiner der genannten Arten von Sachen die Rede sein.

16   Für Bargeld ist die konstitutive Bedeutung unstreitig, vgl. schon G V 47.
Bargeld ist in der Wohnung auch versichert, wenn es eindeutig **Geschäftsgeld**
ist. Motiv: Abgrenzungs- und Beweisschwierigkeiten sollen vermieden werden. Mögliches weiteres Motiv: Betriebliche **Geldanlage** ist stets zugleich indirekt auch private Geldanlage, H IV 14. Läge dieses weitere Motiv tatsächlich zugrunde (zweifelhaft), so wären nach den VHB 74 auch Goldmünzen
und Barrengold als Hausrat versichert, soweit sie als Gegenstand der Geldanlage zu einem Betrieb gehören, an dem der VN beteiligt ist. Als **Handelsware**
von Münzhändlern oder Banken sind Goldmünzen oder Barrengold aber
wohl **keinesfalls** versichert, U III 40. Ist außerdem der VN nicht Teilhaber
oder Inhaber, sondern nur Arbeitnehmer des Betriebes, so ist ebenfalls sehr
zweifelhaft, ob Goldmünzen und Barrengold nach den VHB 74 versichert
sein sollen, wenn der VN sie z.B. abends mit nach Hause nimmt, weil er als
Letzter die Betriebsräume verläßt und den Tresorschlüssel nicht finden kann.
Man wird hier den VSchutz selbst dann verneinen müssen, wenn es sich nicht
um Handelsware, sondern um **Ausstellungsstücke** oder Objekte der Geldanlage handelt.

17   Nur deklaratorische Bedeutung wird man jedenfalls der Erwähnung von
Wertpapieren und sonstigen Urkunden in den VHB 74 zuerkennen dürfen.
Zwar sind auch diese Sachen nicht als Arbeitsgeräte oder Einrichtungsgegenstände des Berufes oder Gewerbes versichert. Aber es fehlt an jeglichem
Motiv für einen Einschluß von Urkunden und Wertpapieren, die ausschließlich einem **Beruf oder Gewerbe** des VN dienen. In den VHB 84 sind Urkunden
daher mit Recht nicht mehr besonders erwähnt. In den VHB 74 sollte der VN
wohl lediglich daran erinnert werden, daß er auch versicherte Wertpapiere für
den VWert zu berücksichtigen hat, obwohl gerade deren VWert besonders
schwer zu ermitteln ist, Q II 48. **Nicht** versichert sind daher z.B. die nicht
entwerteten Fahrscheine, die ein Bahn-, Bus- oder Straßenbahnschaffner
nach Dienstschluß mit in seine Wohnung nimmt.

18   Als privater Zweck genügt auch die **Absicht eines Gebrauchs ausschließlich
außerhalb des VOrts**. Hausrat sind daher auch Sachen, die ihrer Art nach allein
außerhalb des VOrts verwendbar sind, innerhalb des VOrts dagegen nur
verwahrt werden, vgl. Ollick VerBAV 84, 311 für Sportgeräte sowie allgemein H IV 11 zum bloßen Besitz als Gebrauch. Dies trifft z.B. auf Fahrräder,
Reitpferde, Kraftfahrzeuge (H IV 22) sowie auf Winter- und Wassersportaus-
rüstungen zu, soweit nicht etwa bei den erwähnten Reitpferden schon deren
Haltung in einem zur Wohnung gehörenden Stall als Gebrauch angesehen
werden soll.

19   Der **Ausschluß von Kraftfahrzeugen** und **Anhängern** (§§ 1 Nr. 4b VHB 84, 2
Nr. 1 VHB 74) sowie von „sonstigen" (nämlich nicht eigenes eingeschlosse-

nen) **Wassersportfahrzeugen** (§§ 1 Nr. 4 c VHB 84, 2 Nr. 1 VHB 74) hat konstitutive Wirkung. Andererseits hat der **Einschluß von Kanus** (umfaßt Paddelboote, Ollick VerBAV **84**, 311), **Ruder-, Falt- und Schlauchbooten, Surfgeräten und Flugdrachen** mit Ausnahme von Motoren im Verhältnis zum Hausratbegriff nur deklaratorische Bedeutung. Konstitutiv wirken diese Einschlüsse nur im Verhältnis zu dem erwähnten ausdrücklichen Ausschluß „sonstiger" Wassersportfahrzeuge. Die zu den VHB 74 streitige (LG Bonn RuS **88**, 114 mit Anm. Schriftleitung) Frage, ob ein Schlauchboot mit Außenbordmotor begrifflich ein Schlauchboot bleibt, wird in § 1 Nr. 2 c VHB 84 durch Erwähnung der Motoren indirekt bejaht und damit erledigt. Soweit die durch §§ 1 Nr. 2 c VHB 84, 2 Nr. 1 VHB 74 eingeschlossenen Wassersportfahrzeuge Handelsware sind, gilt der Einschluß bei richtiger Auslegung nicht. – Die Einschlüsse gelten nach den VHB 84 generell, also auch für die AußenV, nach den VHB 74 hingegen nur innerhalb der Wohnung, vgl. G IV 44. Allerdings ist das Wort „vorübergehend" (§ 12 Nr. 1 VHB 84) hier eng auszulegen, G V 40. Was sich z. B. für die Dauer von zwei Monaten außerhalb der Wohnung befindet, genießt auch nach den VHB 84 keinen AußenVSchutz.

In den VHB 74 nicht erwähnt sind Ruderboote. Diese sind nach den VHB **20** 74 nur eingeschlossen, wenn sie zugleich zu den besonders erwähnten Kunststoffbooten gehören. Ferner sind in den VHB 74 **Surfgeräte** nicht erwähnt. Daher ist zu den VHB 74 streitig, ob sie versichert sind. Die Frage wird von Ollick VerBAV **82**, 179 und LG Karlsruhe ZfS **81**, 382 verneint, von Boldt 85 bejaht und von Ollick VerBAV **84**, 311 offen gelassen, weil er sich aaO nur mit den VHB 84 befaßt.

Zubehör ausgeschlossener Wasserfahrzeuge wird von dem Ausschluß nicht **21** erfaßt, ist also mitversichert. Zum Zubehör rechnet AG Köln RuS **84**, 106 mit Recht auch vorübergehend **demontierte Bestandteile**. Die Ausführungen in H IV 22 bis 28 für Kfz-Zubehör gelten hier entsprechend, und zwar auch, was die Beschränkung des VSchutzes auf die Wohnung durch die VHB 74 betrifft. Ein weiterer Unterschied gegenüber dem Kfz-Zubehör, der nun aber umgekehrt nur für die VHB 84 gilt, ist der generelle **Ausschluß von Motoren** durch § 1 Nr. 2 c VHB 84. Dieser Ausschluß betrifft nicht nur eingebaute Motoren als Bestandteile der mitversicherten Arten von Booten, sondern auch ausgebaute Motoren.

Kraftfahrzeuge und deren **Anhänger** sind durch §§ 1 Nr. 4 b VHB 84, Nr. 1 **22** VHB 74 ausgeschlossen. Andernfalls wären sie als Hausrat mitversichert, H IV 18 und 19. Maßgebend für den Begriff des Kfz sollte nach H IV 22 der 2. Aufl. im Zweifel §§ 4, 18 StVZO sein, vgl. dort insbesondere wegen Fahrrädern mit Hilfsmotor sowie wegen motorisierter Krankenfahrstühle. Indessen bezeichnet BGH RuS **88**, 244 = NJW-RR 1050 = VerBAV 331 (H I 12) auch sonst den „Sprachgebrauch des täglichen Lebens" als vorrangig maßgebend. Daher bestehen gegen die in der 2. Aufl. vertretene Ansicht einige Bedenken. LG Osnabrück VersR **84**, 254 und AG Stuttgart RuS **87**, 168 behandeln jedenfalls einen Benzinrasenmäher mit Aufsitzmöglichkeit als Kraftfahrzeug.

Auf **Kfz-Zubehör** sind die in H IV 22 zitierten Ausschlüsse nicht anzuwen- **23** den, denn Ausschlüsse sind im Zweifel eher eng auszulegen, BGH VersR **84**, 628 zu § 2 VHB 74. Allerdings beschränkt **§ 2 Nr. 1 VHB 74** den VSchutz für

Kfz-Zubehör auf die **Wohnung,** schließt also AußenVSchutz nach §§ 3 Nr. B 5, 6 Nr. 2 VHB 74 aus, vgl. dazu G V 44. In den VHB 84 fehlt eine solche Einschränkung, und zwar vermutlich deshalb, weil Kfz-Einbruch ohnehin nicht mehr versichert ist und das Schadenrisiko gemäß § 12 Nr. 2 VHB 84 bei Kfz-Zubehör als nicht allzu hoch eingestuft wird. Freilich wirkt sich die Verbesserung durch die VHB 84 sehr einseitig zugunsten derjenigen VN aus, die eine zur Wohnung gehörige Garage (G IV 27) besitzen.

24   Der **Begriff des Zubehörs** deckt sich nicht genau mit dem des § 97 BGB und auch nicht mit dem des § 12 Nr. 1 AKB, vgl. dazu die bei PM § 12 AKB Anm. 1 b abgedruckte „Liste" der „Fahrzeug- und Zubehörteile". Sachen, die **auch,** aber nicht nur **zusammen mit dem Kfz** benutzt werden, z. B. Atlas, Kompaß, Fotoapparat, Staubsauger und Rasierer, sind **nicht** Zubehör, sondern nur Hausrat und sowohl nach den VHB 74 wie nach den VHB 84 voll versichert, also auch in der AußenV nach § 6 Nr. 2 VHB 74, falls (dazu G V 45) sie sich zwischendurch in der Wohnung und nur vorübergehend außerhalb derselben befinden. Sachen, die **nur zusammen mit dem Kfz** benutzt werden, z. B. Wagenheber und sonstige Spezialwerkzeuge, sind begrifflich **Zubehör** und sowohl nach den VHB 74 wie nach den VHB 84 versichert, außerhalb der Wohnung allerdings nur nach den VHB 84 und nur dann, wenn das Kfz und damit auch das Zubehör normalerweise in einer zum VOrt gehörenden Garage steht, H IV 23. – Im Verhältnis zum Kaskoschutz nach § 12 Nr. 1 **AKB** besteht **DoppelV,** denn „unter Verschluß verwahrt" und daher nach den AKB versichert sind auch Bestandteile und Zubehörstücke, die in der verschlossenen Wohnung aufbewahrt werden (Knoerich-Dreger VerBAV 66, 177).

25   Zubehör sind auch **Sachen,** die **zum künftigen Einbau** in das Kfz bestimmt sind, vgl. H II 25 für Gebäude. Dabei ist gleichgültig, ob es sich um neue oder um gebrauchte Sachen handelt, z. B. um Teile ausgeschlachteter Unfallfahrzeuge. Daß der VN das Fahrzeug nach dem Einbau veräußern will, steht nicht entgegen, selbst wenn er dies häufiger und als Hobby oder in Gewinnerzielungsabsicht tut. Die Grenze ist erst dann überschritten, wenn das Kfz und die einzubauenden Zubehörstücke Handelsware sind, weil der VN diesen Handel als Haupteinnahmequelle oder als Gewerbe betreibt, vgl. H IV 29.

26   Eine Ausnahme vom VSchutz für künftig einzubauende Sachen gilt, H IV 27, soweit der VN diese **Sachen zuvor aus dem Kfz ausgebaut** hatte oder hatte ausbauen lassen. Zwar sind ausgebaute Teile nicht mehr Bestandteile, denn es handelt sich nicht mehr um Teile „einer" (ein und derselben) Sache im Sinn von § 93 BGB, weil der notwendige körperliche Zusammenhang fehlt. Die abweichende Randbemerkung in RG Gruch 64 97 aus dem Jahre 1919 ist nur im Hinblick auf das Sachenrecht des BGB verständlich, welches nach Möglichkeit ein einheitliches rechtliches Schicksal der Hauptsache und auch ihrer nur vorübergehend abgetrennten Teile bezweckt, insbesondere im Interesse der Realgläubiger. Für das SachVRecht und für abgetrennte Kfz-Bestandteile gelten solche Überlegungen nicht. Sie sind begrifflich Zubehör.

27   Obwohl der **Ausschluß** von Kraftfahrzeugen im allgemeinen nicht für Zubehör gilt, muß er doch bei richtiger Auslegung immerhin auf solches Zubehör angewendet werden, das zuvor ausgebaut worden ist und in absehbarer

Zeit wieder eingebaut werden soll; ob der Ausbau durch den VN selbst oder in seinem Auftrag durch einen Dritten erfolgte, insbesondere in einer Werkstätte, spielt keine Rolle. Es wäre willkürlich, den VSchutz davon abhängig zu machen, ob bestimmte Teile in einem bestimmten Zeitpunkt gerade aus- oder eingebaut sind. Der Ausschluß greift jedoch **nicht mehr** ein, wenn ein **Wiedereinbau** endgültig **nicht mehr** in Betracht kommt, insbesondere weil der VN oder der Wohngenosse nicht mehr Halter, Eigentümer oder Besitzer des Fahrzeugs ist. Abgrenzung gegenüber Beruf und Gewerbe bei häufigerem Ausschlachten von Unfall- und Altwagen: H IV 30.

Die *Ausnahme* vom VSchutz für künftig einzubauende Teile *gilt* nicht für **28** solche Teile, die zwar zuvor ausgebaut worden waren (H IV 27), für die aber austauschweise nunmehr andere Teile eingebaut worden sind. Als Zubehör versichert sind daher **demontierte Sommerreifen oder Winterreifen**, gleichgültig, ob das Fahrzeug ursprünglich mit Sommerreifen oder mit Winterreifen angeschafft worden war, ferner z.B. ein austauschweise zu verwendender Rennmotor. **Reserveteile** sind also ohne Rücksicht darauf **versichert**, ob sie neu sind oder zuvor schon einmal in demselben und einem anderen Fahrzeug gebraucht worden waren.

c) Einem **Beruf** oder **Gewerbe** dienen Sachen, die der VN oder der Wohnge- **29** nosse entweder als abhängiger Arbeitnehmer oder im Rahmen eines Gewerbes im gewerbe- oder steuerrechtlichen Sinn verwendet, verarbeitet, verkauft, bearbeitet oder vermietet, also in nachhaltig verfolgter Absicht, Umsatz und Gewinn zu erzielen (Hamm VersR 83, 1171). Auch wenn die gewerbe- und steuerrechtlichen Voraussetzungen nicht erfüllt sind oder die einschlägigen Bestimmungen nicht beachtet werden, insbesondere weil das Gewerbe nicht angemeldet oder die Einnahmen nicht versteuert werden, handelt es sich um Gewerbe dann, wenn es dem VN oder Wohngenossen als **Haupteinnahmequelle** dient, wenn also die erzielten Einnahmen über den sonstigen Berufs-, Renten-, Vermögensertrags- oder Unterhaltseinnahmen liegen. Sachen, die in diesem Sinn **ausschließlich** (H IV 6) dem Beruf oder Gewerbe dienen, sind nicht versichert, soweit sie nicht als „Arbeitsgeräte" oder „Einrichtungsgegenstände" gemäß H IV 37 eingeschlossen sind.

Die Erzielung von **Nebeneinnahmen** begründet noch **nicht** ein Gewerbe. **30** Wer z.B. gelegentlich Münzen, Briefmarken, Antiquitäten, Kunstgegenstände oder Musikinstrumente kauft und mit oder ohne Bearbeitung oder Reparatur wieder verkauft, geht solange keinem Gewerbe nach, wie er unter der Grenze gemäß H IV 29 bleibt. Das gleiche gilt etwa für den An- und Verkauf von Gebrauchtwagen, auch wenn der VN sie mit erheblichem Zeitaufwand bearbeitet und insbesondere Unfallwagen ausschlachtet. Unversichert sind alledings die Kraftfahrzeuge selbst, auch wenn diese durch Ausbau von Teilen zum Torso geworden sind, sowie ausgebaute Bestandteile von Fahrzeugen, deren Halter, Eigentümer oder Besitzer der VN (noch) ist, vgl. H IV 27.

Unversichert sind demgegenüber insbesondere **Handelsware, Musterkollek- 31 tionen** (LG München I VersR 81, 227) oder **Vermietobjekte** im Rahmen eines darauf gerichteten Gewerbes, gewerblich zur Reparatur oder Verwahrung übernommenes **Kundeneigentum** sowie **Rohstoffe** und **Halbprodukte** im Rahmen von Fertigungsbetrieben oder einer Haupterwerbslandwirtschaft. Wegen Nebenerwerbslandwirtschaften vgl. H IV 34. Bei Sachen im Besitz von **Wohngenossen** entscheiden deren Wille sowie deren Beruf oder Gewerbe über die Zuordnung zum Hausrat. Bei Sachen **sonstiger Dritter** genügt es für den HausratVSchutz, wenn die Aufbewahrung im VOrt in der Person des VN oder Wohngenossen privaten Charakter hat. Daß es sich aus der Sicht des Dritten um Handelsware handelt, schadet dann entgegen H IV 3 der 1. Aufl. nicht. Die Entgegennahme eines Pfandes durch den VN oder eines Wohngenossen hat privaten Charakter, falls nicht die gesicherte Forderung zu einem Betriebsvermögen gehört.

32   **Privater Verkauf** ist in den Grenzen von H IV 29 und 30 kein „Handel". Bloße Verkaufsabsicht nimmt den Sachen nicht ihre Eigenschaft als **Hausrat** (Hamm VersR 83, 1171). Auch werden Sachen, die in **Kommission** gegeben sind, dadurch nicht Handelsware, sondern bleiben Hausrat. Entgegen H IV 3 der 1. Aufl. ist also LG Düsseldorf VersR 82, 57 darin zuzustimmen, daß ein Pelz auch im Second-Hand-Geschäft Hausrat bleibt, und zwar ohne Rücksicht auf die Wahrscheinlichkeit des Verkaufs oder der Rückkehr in die Wohnung. Von diesem Kriterium hängt es lediglich ab, ob AußenVSchutz besteht oder ob wegen eines zu geringen Wahrscheinlichkeitsgrades der Rückkehr der Sachen in die Wohnung das Kriterium „vorübergehend" zu verneinen ist, vgl. G V 26 und 27.

33   Auch das Erzielen von Nebeneinnahmen durch Tierhaltung begründet grundsätzlich kein Gewerbe, **Tiere** sind, mit oder ohne Gewinnerzielungsabsicht, grundsätzlich Sachen des privaten Lebensbereichs, Engels VP 80, 120. Ein Unterschied zwischen Luxus- oder sonstigen Tieren darf nicht gemacht werden (Ollick VerBAV 81, 311). Dies gilt vom Kanarienvogel bis zum Reitpferd; wegen einer Ausnahme für Rinder vgl. H IV 34. Allerdings kommt es für den VSchutz darauf an, ob sich die Tiere in der Wohnung befinden und nicht etwa ausschließlich einem Beruf oder Gewerbe dienen. Ob ein etwa vorhandener *Stall* zur Wohnung gehört, ist nach allgemeinen Kriterien zu entscheiden, vgl. G IV 23 und 28. Durch § 10 Nr. 2 Satz 2 VHB 84 wurde der VOrt wesentlich erweitert, nämlich auf alle Nebengebäude innerhalb desselben Grundstücks, auf dem der VOrt liegt. Lediglich eine ausschließlich berufliche oder gewerbliche Nutzung im Sinn von H IV 29 und 30 nimmt nach § 10 Nr. 2 Satz 3 VHB 84 einem Raum die Zugehörigkeit zum VOrt G IV 39, während es nach den VHB 74 im Zweifel auf bauliche Kriterien ankommt, G IV 32.

34   Auch im Bereich der **Landwirtschaft** ist nach den Grundsätzen gemäß H IV 29 und 30 zu entscheiden, ob die Grenze zum Beruf oder Gewerbe überschritten ist. Werden nur Nebeneinnahmen erzielt, so sind Ernteerzeugnisse, pflanzliche Produkte, Tiere und totes Inventar grundsätzlich Hausrat. Allerdings erfordert speziell **Großtierhaltung** (Rinder) nach Art und Menge einen so hohen Materialeinsatz, daß solche Tiere und die ihrer Haltung dienenden Sachen stets als ausschließlich beruflich oder gewerblich genutzt angesehen werden müssen, auch wenn es sich von der Höhe der Einnahmen her noch um Nebenerwerbslandwirtschaft handelt; eine Ausnahme gilt allenfalls für das Halten eines einzigen Tieres für den eigenen Milchbedarf. Die Verkehrsansicht rechnet nämlich die für Großtierhaltungen nötigen Sachen **nicht** zum Hausrat. – Anders liegt es bei Reitpferden. Sie gehören zum Hausrat,

H IV 33, wenn sie nicht im Rahmen eines gewerblichen Reitstalls gehalten werden.

Lediglich **Kleintiere** (Geflügel und Bienen, auch Schweine, Schafe und Zie- 35 gen) können im Sinn von H IV 29 und 30 dem Hausrat zuzurechnen sein, falls nämlich die erzielten Einnahmen nur Nebeneinnahmen sind. Dies gilt dann auch für die einschlägig genutzten Gebäude auf demselben Grundstück. Nicht nur von den Tieren und sonstigen Sachen, sondern auch von den Stallgebäuden kann man im Sinn von § 10 Nr. 2 Satz 3 VHB 84 *nicht* sagen, sie würden ausschließlich beruflich oder gewerblich genutzt. Gelegentlich werden die Abgrenzungsschwierigkeiten bezüglich VOrt und versicherter Sachen dadurch beseitigt, daß durch eine Sondervereinbarung gemäß G IV 40 der VSchutz bis zu einer Entschädigungsgrenze auf „**Sachen der Landwirt-schaft**" ausgedehnt wird.

Abgesehen von solchen Sondervereinbarungen besteht die skizzierte 36 Rechtslage gleichermaßen nach den VHB 84 und nach den VHB 74. Durch § 2 Nr. 1c VHB 74 sind allerdings zusätzlich Kleintiere sowie Futter- und Streuvorräte auf dem ganzen VGrundstück eingeschlossen, also auch **im Freien**. Für diesen zusätzlichen VSchutz gilt eine **Entschädigungsgrenze** von 500 DM, während VFälle innerhalb der Wohnung nach allgemeinen Grundsätzen in voller Höhe entschädigt werden. Die Bestimmung gilt wohl nicht nur für Geflügel, Karnickel, Bienen usw., sondern auch für Schweine, Schafe und Ziegen, denn die Bestimmung spricht von Klein-„Vieh". *Zweifelhaft* ist, ob die *Gebäudegebundenheit der DiebstahlV* auch hier beachtet werden muß, oder ob ein Umkehrschluß aus § 6 Nr. 2 Satz 2 VHB 74 (G V 17) zu ziehen ist.

§§ 1 Nr. 2d VHB 84, 2 Nr. 1b VHB 74 schließen über den Hausratbegriff 37 hinaus (H IV 6) Sachen ein, die ausschließlich dem Beruf oder dem Gewerbe des VN oder eines Wohngenossen dienen. Motiv des Einschlusses ist es, daß **Arbeitnehmer** wie auch **selbständig tätige Personen** *gelegentlich* Arbeitsgeräte und *(kleinere)* Einrichtungsgegenstände mit nach Hause nehmen und gegenüber dem Arbeitgeber oder gegenüber einer Gesellschaft (OHG usw.) oder juristischen Person, an der sie beteiligt sind, gegebenenfalls für diese Sachen haften, also bei leichter Fahrlässigkeit oder sogar ohne Verschulden (§ 282 BGB) ein Sachersatzinteresse haben. Der Einschluß gilt aber auch für Sachen, die *gegen* den Willen des Arbeitgebers mit in die Wohnung gebracht werden, und auch für Zufallsschäden, für die der VN nicht haftet. Das erwähnte sehr beschränkte Motiv der Regelung findet sprachlich *nicht* den nötigen Ausdruck.

Daher sind **Arbeitsgeräte** und **Einrichtungsgegenstände**, die dem Beruf oder 38 Gewerbe des VN oder eines Wohngenossen dienen, grundsätzlich alle Sachen, die in der GeschäftsV zur **technischen und kaufmännischen Betriebseinrichtung** gehören, vgl. H III 20. Dies gilt auch für wertvolle oder räumlich große oder technisch komplizierte Sachen wie Möbel, Maschinen usw. Deshalb kommt für die notwendige Abgrenzung des VSchutzes § 10 Nr. 2 Satz 3 VHB 84 entscheidende Bedeutung zu, wonach Räume nicht zur Wohnung gehören, wenn sie ausschließlich beruflich oder gewerblich genutzt werden, vgl. G IV 39. Die entsprechende Frage zu den VHB 74 wird in G IV 29 bis 38 behandelt. Wegen Hausmeisterwerkzeugen vgl. schon H IV 8.

39   Hingegen sind **Vorführware,** Musterkollektionen und Ausstellungsstücke nicht „Arbeitsgeräte" oder Einrichtungsgegenstände. Das Gesagte gilt auch, wenn die Muster für den Verkauf entweder schon technisch nicht geeignet (LG Koblenz ZfS **89,** 392 für Modellholzhäuser) oder jedenfalls nicht bestimmt (LG München I VersR **81,** 227) sind. Entgegen AG Möchengladbach VersR **81,** 370 wäre es zwar mit diesen Begriffen durchaus vereinbar, daß die Sachen vorübergehend aus den Geschäfts- in die Wohnräume mitgenommen werden. Möglich ist sogar ein Gewerbe, das ausschließlich von der Wohnung aus betrieben wird, so daß sich die Vorführware stets in der Wohnung befindet. Aber der VN kann hier durch eine GeschäftsV vorsorgen, gegebenenfalls einschließlich AußenV.

40   **d)** **Maßgebender Zeitpunkt** für die Zuordnung von Sachen einerseits zum **Hausrat** und andererseits zur **Handelsware** ist genau besehen der Zeitpunkt des VFalls. Der (auch oder nur) private Gebrauch als Gegensatz zur Handelsware ist aber ein Kriterium, das einen längeren Zeitraum als Maßstab verlangt. Daher ist Hausrat in der Regel, was in den Wochen oder Monaten vor dem VFall (auch oder nur) privat gebraucht, also in die Wohnung gebracht und dort gegebenenfalls ausgepackt und in die Einrichtung eingegliedert wurde.

41   Mindestens trägt der Vr die **Beweislast,** wenn er sich darauf berufen will, ein Hausratgegenstand sei kurz vor dem VFall zur Handelsware geworden. Umgekehrt verschärfen sich die Anforderungen an den Nachweis der Hausrateigenschaft durch den VN, wenn er geltend machen will, er habe sich erst kurz vor dem VFall entschlossen, die betroffene Sache entgegen früherer Planung nicht im Rahmen seines einschlägigen Gewerbes zu veräußern. Insbesondere wenn Sachen noch original verpackt oder in einer Weise in der Wohnung untergebracht sind, die mehr für Einlagerung als für privaten Gebrauch typisch ist, so spricht dies gegen Hausrateigenschaft und für den Fortbestand der Veräußerungsabsicht des VN im Rahmen seines Handelsgeschäfts.

42   Grundsätzlich ist aber **Umwidmung** von Handelsware zu Hausrat und umgekehrt möglich, BGH RuS **83,** 126 = VersR 674. Wird das Gewerbe überwiegend außerhalb der Wohnung betrieben, so sind das Verbringen in die Wohnung, das Auspacken und die Eingliederung in die Wohnungseinrichtung Indiz für die Absicht privaten Gebrauchs. Anders liegt es allenfalls, wenn die Sache nur deshalb in die Wohnung gebracht wird, damit ein bestimmter Kunde außerhalb der Geschäftsöffnungszeiten sie besichtigen kann. In diesem Fall wird die Sache auch dann nicht zu Hausrat, wenn sie z.B. in demselben Abend auch Gästen des VN als Wohnungseinrichtung zur Schau gestellt wird. Wäre letzteres hingegen der ausschließliche oder überwiegende Zweck, so wäre die Sache während ihres Aufenthalts in der Wohnung Hausrat. Solche Fragen stellen sich besonders bei Sachen mit ausgeprägter Individualität, wie handgeknüpften Teppichen, Antiquitäten und Kunstgegenständen, vgl. Hamm VersR **84,** 1171.

43   **Teppiche, Antiquitäten oder Kunstgegenstände eines Fachhändlers,** der dieses **Gewerbe** ausschließlich oder überwiegend **in der Wohnung** betreibt (Beispiel: BGH RuS **83,** 126 = VersR 674), sind abweichend von dem Grundsatz gemäß H IV 7 schon bei **gemischter** Nutzung **Handelsware.** Mindestens in den

Räumen, die auch von Kunden oder Interessenten betreten werden, spricht hier ein erster Anschein für Verkaufsabsicht. Will der VN eine bestimmte Sache als Hausrat behandelt wissen, so muß er beweisen, daß er sie z.B. schon in der Vergangenheit als unverkäuflich bezeichnet hatte oder daß es sich etwa um ein Erbstück handelt oder daß er sie schon während längerer Zeit besessen hatte, bevor er das Gewerbe betrieb usw. Im übrigen empfehlen sich für solche VN genaue **Sonderabreden** mit dem Vr, denn versteht man den Hausratbegriff eng, so drohen VLücken, versteht man ihn weit, so droht UnterV.

3. **§§ 1 Nr. 4 VHB 84, 2 Nr. 1 Satz 3 VHB 74** bezeichnen bestimmte Arten 44 von Sachen als (VHB 84) „nicht versichert" oder (VHB 74) „nicht zum Hausrat gehörig". Wie schon dieser Formulierungsunterschied zeigt, handelt es sich **teils um konstitutive Ausschlüsse,** teils um bloße **Klarstellungen.** Weder die eine noch die andere Formulierung trifft für sämtliche Fälle zu.

Wegen des Ausschlusses der „sonstigen" – nämlich der nicht ausdrücklich 45 eingeschlossenen – **Wasserfahrzeuge** (§ 1 Nr. 4c VHB 84) vgl. H IV 19 bis 21, wegen **Kraftfahrzeugen** und Anhängern (§ 1 Nr. 4b VHB 84) vgl. H IV 22 bis 28. Wegen Hausrat von **Untermietern** (§§ 1 Nr. 4d VHB 84, 2 Nr. 2 VHB 74) vgl. H IV 62, denn es handelt sich überwiegend um eine Ausnahme vom Einschluß fremden Eigentums.

a) Nur in § 2 Nr. 1 Satz 3 VHB 74, hingegen mit Recht nicht mehr in § 1 46 Nr. 4 VHB 84 ausgeschlossen sind **ungefaßte Edelsteine** und **ungefaßte Perlen.** Begriffe: Großer VP **78,** 27. Soweit die Sachen **Handelsware** sind, ist der Ausschluß deklaratorisch; nach den VHB 84 ist die Rechtslage dieselbe. Soweit die Sachen hingegen der **Geldanlage** dienen, H IV 14, ist der Ausschluß unmotiviert und liegt im Grenzbereich von §§ 3, 9 Abs. 2 Nr. 2 AGBG; mindestens begründet er für den Vr eine Hinweispflicht, wenn ihm oder dem Agenten das Vorhandensein solcher Sachen und die Möglichkeit eines Irrtums den VN über den Umfang des VSchutzes bekannt werden. Außerdem ist der Ausschluß **eng auszulegen.** Es gilt nicht für Steine oder Perlen, die durch den VN oder in dessen Auftrag aus einem Schmuckstück **ausgebaut** wurden oder entgegen dem Willen des VN **herausgefallen** sind, sei es zwecks Reparatur oder zwecks vorübergehenden Einbaus eines Austauschstücks in dasselbe Schmuckstück. Für Zubehör von Schmuckstücken, die der VN oder ein Wohngenosse noch besitzt, soll der Ausschluß also erkennbar **nicht** gelten, auch nicht im Rahmen der AußenV, vgl. H IV 26 bis 28 wegen der ähnlichen Situation für ausgebaute Bestandteile als Kfz-Zubehör.

Darüber hinaus sieht Kl 811 den **Ausschluß** von „Gegenständen von beson- 47 derem Wert" vor. Bedeutsam war dies vor allem zu den VHB 74, weil dort ein Ausschluß wie § 1 Nr. 4e VHB 84 für Schmuckstücke und Pelze, die nach den AVBSP 76 oder 85 versichert sind, noch nicht enthalten ist. Nach dem Grundsatz der **Vertragsfreiheit** können aber auch sonst beliebig Einzelsachen oder Gruppen von Sachen vom Hausratschutz ausgenommen werden. Die Existenz von Kl 811 hat im wesentlichen aufsichtsrechtliche Gründe. Sie schafft die geschäftsplanmäßige Grundlage für Abweichungen von den VHB 74 und VHB 84 hinsichtlich der versicherten Sachen, erwähnt freilich nur den in der Praxis häufigsten Fall, nämlich Wertsachen.

48   b) § 1 Nr. 4 e VHB 84 schließt auch aus Verträgen, denen Kl 811 nicht zugrunde liegt, alle diejenigen Sachen aus, die **durch einen VVertrag für Schmucksachen und Pelze im Privatbesitz versichert** sind. Gemeint sind Verträge nach den AVBSP 76 oder 85 oder nach Vorläufern dieser AVB. Aber auch ein frei formulierter Vertrag über bestimmte Schmuckstücke und Pelze würde den Ausschluß anwendbar machen.

49   Die Bestimmung ist entsprechend ihrem Wortlaut nicht etwa nur als Subsidiaritätsabrede, sondern als **Vollausschluß** zu verstehen, gleichgültig ob und in welchem Umfang aus dem ValorenVVertrag Entschädigung verlangt werden kann. Weder UnterV noch ein Selbstbehalt (dazu Martin VersR 73, 692) noch z.B. Leistungsfreiheit des ValorenVr wegen Obliegenheitsverletzung vor oder nach dem VFall oder wegen Prämienverzuges ändert etwas an dem Ausschluß. Auch die Tatsache, daß etwa der ValorenVr nur den Zeitwert ersetzt, während nach den VHB 84 NeuwertV bestünde, macht den Ausschluß weder ganz noch teilweise unanwendbar. Unerfreuliche Konsequenz des Vollausschlusses ist allerdings, daß der HausratVN schlechter steht, wenn im Valorenvertrag nur die Lage des § 39 VVG besteht, als wenn der Valorenvertrag schon vor Schadeneintritt durch den Vr wegen arglistiger Täuschung angefochten oder durch Rücktritt aufgehoben wurde, was auch den Ausschluß aus der HausratV unanwendbar macht. Auch unter dem Gesichtspunkt der Einsparung von SollVSumme und Prämie hätte in den VHB 84 Subsidiarität genügt, V I 22.

50   § 1 Nr. 4 e VHB 84 sagt nicht, mit welchem VN und in welchem **Zeitpunkt** der ValorenVVertrag bestehen muß. Man wird jeden **VVertrag des Eigentümers** genügen lassen müssen. Zwar besteht dann die Gefahr, daß der ValorenVr in Ausnahmefällen gegen den HausratVN Regreß nimmt, weil dieser den Schaden an ihm nicht gehörenden Valoren leicht fahrlässig verursacht habe. Aber dies ist wohl das kleinere Übel gegenüber einer UnterV des Hausrats durch Einbeziehung von Valoren, die durch einen Dritten als Eigentümer anderweitig versichert sind. Auch der Wortlaut spricht für diese Lösung. Es wird für den Ausschluß auch genügen, wenn umgekehrt Sachen des VN durch den **Vertrag eines Dritten** oder Sachen von Wohngenossen oder Gästen des VN durch sonstige Dritte versichert sind. Zwar besteht hier die Gefahr, daß der Versicherte durch das Verhalten des ValorenVN den Schutz verliert oder ihm jedenfalls die Entschädigung nicht zufließt. Aber auch dies ist aus der Sicht des HausratVN im Durchschnitt der Fälle wohl das kleinere Übel gegenüber einer stärkeren Belastung des HausratVWerts.

51   Der **Wegfall des ValorenVVertrages** insbesondere durch Kündigung, aber z.B. auch durch Anfechtung oder Rücktritt, H IV 49, führt auch zum **Wegfall des Ausschlusses.** Damit steigt der VWert des Hausrats, so daß UnterV entstehen oder vergrößert werden kann. Auch bei ErstrisikoV des Hausrats nach Kl 834 besteht diese Gefahr, denn im Totalschadenfall muß der VN einen entsprechenden Anteil der Entschädigung herausgeben, wenn das Schmuckstück oder der Pelz im Eigentum eines Dritten steht, S II 25 und J IV 10. Da indessen gerade Schmucksachen und Pelze zu den überdurchschnittlich gefährdeten Gegenständen der HausratV gehören, sind jene Nachteile das kleinere Übel gegenüber einer Fortgeltung des Ausschlusses auch nach Wegfall des ValorenVVertrages. Unter Wegfall ist aber jedenfalls nur die rechtliche

Aufhebung zu verstehen, z. B. durch Kündigung zum Ablauftermin oder im Schadenfall oder gemäß § 39 Abs. 3 VVG, hingegen z. B. nicht auch schon eine Leistungsfreiheit nach § 39 Abs. 2 VVG, vgl. H IV 49.

Umgekehrt wird der Ausschluß **nachträglich** anwendbar, wenn der VN oder **52** ein Dritter gemäß H IV 50 nachträglich einen ValorenVVertrag für Schmuckstücke oder Pelze abschließt, die bisher zum versicherten Hausrat gehört hatten. Eine zu einem ähnlichen Ausschluß ergangene und in Martin VersR 73, 691 erörterte RG-Entscheidung steht diesem Ergebnis nicht entgegen. Eine etwa entstehende HausratÜberV muß nach § 51 VVG auf Verlangen des VN für die Zukunft beseitigt werden.

c) **§§ 2 Nr. 1 Satz 3 VHB 74, 1 Nr. 4 a VHB 84** schließen insbesondere **Gebäu-** **53** **debestandteile** vom VSchutz aus und schaffen damit die notwendige Abgrenzung zur WohngebäudeV. Da die VGB 62 und die VGB 88 allerdings das Diebstahlrisiko nicht abdecken, besteht für Demontage von Gebäudebestandteilen durch einen Dieb entgegen LG Augsburg VersR 76, 258 eine gewisse Deckungslücke. **Soweit landesrechtliche VMonopole** bestehen, kann der Ausschluß von Gebäudebestandteilen aus der HausratV auch nicht durch die in den AVB vorgesehenen Ausnahmen (H IV 57 bis 59) oder einzelvertraglich nach Kl 813 (H I 10 und H II 22) oder durch Kulanzentschädigungen (H II 20 und H III 59) aufgehoben oder umgangen werden.

Der **Begriff** des Gebäudebestandteils ist §§ 93, 94 BGB zu entnehmen, vgl. **54** allgemein H II 1, 17 und 52. Nicht zuzustimmen ist aus den in H I 11 bis 13 näher dargelegten Gründen Hamm VersR 83, 285, wonach es allein darauf ankommen solle, ob in der betroffenen Region *üblicherweise* der Mieter oder der Eigentümer die Sachen einbringt oder einbaut; am wenigsten kann dies bei Wohnungen oder Gebäuden gelten, die der Eigentümer bewohnt. – In H II 60 bis 73 sind einige besonders wichtige Gruppen von Sachen im Grenzbereich zwischen Hausrat- und WohngebäudeV erörtert, nämlich Einbaumöbel, Heizungen und Öfen, sanitäre Installationen, Hausschwimmbäder, Fußboden-, Wand- und Deckenbeläge sowie Teppichböden. – Zur Beweislast für Bestandteileigenschaft vgl. ergänzend H II 20 und 41.

Vorübergehend abgetrennte Gebäudebestandteile sind während dieser Zeit **55** nicht mehr Gebäudebestandteile im rechtlichen Sinn, sondern Gebäudezubehör und daher im privaten Bereich **Hausrat,** H II 5, denn auch die Absicht eines zukünftigen Einbaus in ein Wohngebäude ist ein privater Verwendungszweck. Gleichwohl besteht der GebäudeVSchutz innerhalb des VGrundstücks gegebenenfalls fort, vgl. H II 4. Die Folge ist **DoppelV.** Wollte man die in H IV 26 zitierte abweichende Entscheidung zum Sachenrecht des BGB, wonach abgetrennte Stücke Gebäudebestandteile blieben, auf das SachVRecht übertragen, so bestünde ausschließlich GebäudeVSchutz. Es käme aber zu einer Deckungslücke, wenn solche abgetrennten Gebäudebestandteile, z. B. ausgehängte Türen oder Fenster, zur Reparatur in eine Werkstätte außerhalb des VOrts gebracht werden, denn die VGB kennen keinen AußenVSchutz. Für Diebstahlschäden bestünde die Deckungslücke sogar auch innerhalb des Gebäudes, vgl. den Fall AG Essen RuS 86, 188, wo eine ausgehängte Tür gestohlen wurde. Ebenso wie bei einem Kfz (AG Köln RuS 84, 106) sind daher auch bei Gebäuden ausgebaute Teile nur noch als Zubehör anzusehen.

56   Unzweifelhaft Hausrat sind hinzugekaufte **künftig einzubauende Gebäude-bestandteile,** z. B. Fliesen, Tapeten (Boldt 85) usw. Dies gilt sogar für Baustof-fe vor größeren Umbauten, soweit diese innerhalb der Wohnung als VOrt gelagert werden. Soweit sich die WohngebäudeV nach § 1 Nr. 2 und 3 VGB 88 auf Zubehör erstreckt, besteht auch hier DoppelV, H I 15 und H II 57.

57   Eine Ausnahme von dem Ausschluß gemäß H IV 53 macht § 1 Nr. 2a VHB 84 für **Rundfunk- und Fernsehantennenanlagen** sowie für **Markisen,** soweit diese Sachen nicht mehreren Wohnungen oder gewerblichen Zwecken die-nen. Damit wurde der Inhalt von **Kl 816,** die schon zu den VHB 74 oft ohne Mehrprämie vereinbart wurde, in die VHB 84 übernommen. **Schilder** sind nicht erwähnt, können aber innerhalb des VOrts von Fall zu Fall als Hausrat versichert sein (Ollick VerBAV 84, 311). AG Düsseldorf VersR 80, 762 liefert ein Beispiel für ein nicht versichertes Schild.

58   Eine weitere Ausnahme vom Ausschluß der Gebäudebestandteile machen §§ 1 Nr. 2b VHB 84, 2 Nr. 1a VHB 74 für **Einbauten, für die der Mieter die Gefahr trägt.** Daß der Mieter sie „beschafft" hat, darf entgegen dem Wortlaut der VHB 74 nicht verlangt werden. Es muß wegen § 9 Abs. 2 Nr. 2 AGBG genügen, wenn er sie vom Vormieter „übernommen" (so mit Recht die VHB 84) oder wenn er die Gefahrtragung im Mietvertrag für bestimmte Gebäu-debestandteile besonders vereinbart hat, H II 47. Der Vermieter kann die Fol-gen der gebotenen weiten Auslegung des korrespondierenden Ausschlusses aus der WohngebäudeV (§ 1 Nr. 4 VGB 88) dadurch rückgängig machen, daß er Mietereinbauten als Zubehör durch Vereinbarung gemäß § 1 Nr. 3 VGB 88 in die WohngebäudeV einschließt, H II 33.

59   Während die VHB 74 die skizzierte Regelung nur für sanitäre Installatio-nen enthalten, gilt sie nach den VHB 84 für Einbauten aller Art, H I 9 und H II 45, was Ollick VerBAV 84, 311 besonders hervorhebt. Freilich steht der VN nach den VHB 74 praktisch nicht wesentlich schlechter, denn soweit Mietereinbauten nur einem vorübergehenden Zweck dienen, sind sie nach § 95 Abs. 2 keine Gebäudebestandteile, sondern nur **Scheinbestandteile,** H II 41 ff. Auch darüber hinaus verfahren die HausratVr in diesem Grenzbe-reich meist großzügig, vgl. H II 20, allerdings vorbehaltlich eines Anspruchs auf Bereicherungs- oder DoppelVAusgleich gegenüber dem GebäudeVr, H II 39. Auf VN, die im eigenen Gebäude oder in einer eigenen Eigentums-wohnung wohnen, sind §§ 1 Nr. 2b VHB 84, 2 Nr. 1a VHB 74 nicht anzuwen-den, vgl. schon H IV 9 der 1. Aufl. Dadurch entsteht eine gewisse Deckungs-lücke für Diebstahl von Gebäudebestandteilen. Aber **Kl 813** ermöglicht vor-behaltlich landesgesetzlicher Monopole den **Einschluß von Gebäudebestandtei-len** im Grenzbereich zum Hausrat, H I 10 und H II 22, und zwar für sanitäre Installationen auch unter Einschluß von Frost- und sonstigen Bruchschäden, E I 106.

60   **4. Fremdes Eigentum** ist gemäß §§ 1 Nr. 3 VHB 84, 2 Nr. 2 VHB 74 mitversi-chert. Motiv: H IV 65. Die Grenze zwischen eigenen und fremden Sachen deckt sich nicht (J I 5) genau mit der Grenze zwischen V des eigenen und eines fremden Interesses und da V für eigene und für fremde Rechnung im Sinn von §§ 17 VHB 84, 12 VHB 74, denn an eigenen Sachen des VN können auch fremde und an fremden Sachen auch eigene Interessen bestehen und versichert sein, vgl. J II 1 und J III 1. Immerhin geht die große Mehrzahl der VFälle und Lasten des Eigentümers, so daß an fremden Sachen in erster Linie fremdes Interesse versichert ist. Deshalb ist es auch angebracht, nachfolgend (H IV 65 bis 80) im Zusammenhang mit der HausratV zu erörtern, wie sich ein Fehlverhalten des einen oder des anderen Ehegatten (oder eines sonstigen Wohngenossen) auswirkt, wenn mit jedem von ihnen ein gesonderter oder mit beiden ein gemeinsamer VVertrag besteht. Die Erläuterungen hierzu gelten aber ganz allgemein, also auch für die Einheit oder Mehrheit von VVerträgen und von VN in der Wohngebäude- und in der GeschäftsV.

Als **Eigentümer fremder Sachen** kommen vor allem *Familienangehörige* und 61 *Gäste* des VN in Betracht, aber auch Personen, die dem VN Sachen *vermietet, geliehen* oder in *Verwahrung* gegeben oder aus sonstigen Gründen (Beispiele: H IV 9 und 31) überlassen haben. Das fremde Eigentum muß nach § 1 Nr. 3 VHB 84 zu den „in Nr. 1 und Nr. 2 genannten Sachen" gehören, also entweder Hausrat sein oder als Arbeitsgerät oder Einrichtungsgegenstand dem Beruf oder Gewerbe dienen usw. Dabei genügt es, wenn die Sachen zum Haushalt des Eigentümers (oder auch einer dritten Person) *oder* (H IV 31) des VN gehören.

Ausdrücklich ausgeschlossen wird durch § 2 **Nr. 2 VHB 74** „Eigentum von 62 **Untermietern**", durch § 1 Nr. 4d VHB 84 „Hausrat von Untermietern". Motiv: Obwohl sich die Sachen des „Untermieters" in der Wohnung des VN befinden, G IV 10, kennt der VN ihren Wert meist nicht, hätte daher Schwierigkeiten bei Bildung der VSumme, G IV 12. Daher ist „Untermieter" weit auszulegen. Entscheidend ist die alleinige Nutzung einzelner Räume in Form selbständiger Haushalte, gleichgültig ob der Untermieter „möbliert" wohnt oder nicht. Bei unverheirateten Lebensgefährt(inn)en fehlt es meist an solcher Selbständigkeit, Hamm VersR 80, 1062. Jedenfalls braucht der VN nicht „Hauptmieter", sondern kann auch Eigentümer der Wohnung oder des Einfamilienhauses sein. Ein Mietvertrag braucht nicht zu bestehen. Unentgeltliche Benutzung genügt. Gleiches gilt für die Zeit nach Ablauf des Mietverhältnisses, gleichgültig ob sich die Räumung mit oder ohne Einverständnis des VN oder mit oder ohne Verschulden (Verzug) des „Untermieters" vollzieht. Nicht Untermieter ist entgegen AG Berlin-Charlottenburg RuS 87, 260, wer die Gesamtfläche einer (früheren) Wohnung des VN nutzt. Der VSchutz entfällt hier schon und allein deshalb, weil die Wohnung nicht mehr Wohnung des VN ist.

Entsprechend anzuwenden sind die Ausschlüsse auch auf **VVerträge mit** 63 **Untermietern**, G IV 12. Hier sind Hausratgegenstände des Hauptmieters ausgeschlossen. Entgegen dem Wortlaut des § 2 Nr. 2 VHB 74 entscheidet *nicht* die *Eigentumslage*, sondern der alleinige Gebrauch durch den Untermieter, vgl. ähnlich H III 87 zu Kl 2202. Ausgeschlossen ist auch, was sich der Untermieter für seinen alleinigen Gebrauch von Dritten entleiht oder mietet. In § 1 Nr. 4d VHB 84 ist daher korrekt nicht mehr von „Eigentum" die Rede. Auch wird dort zutreffend eine Ausnahme für Hausrat gemacht, der dem Untermieter gerade durch den „Hauptmieter" überlassen wurde; die Ausnahme gilt bei richtiger Auslegung schon zu § 2 Nr. 2 VHB 74. Umgekehrt ist versichert, was der Untermieter dem VN zum Gebrauch außerhalb der untervermieteten Räume leiht, mögen sie auch dem Untermieter gehören.

64   Damit ist freilich auch das eigene *Interesse des VN* (H IV 60) an den Sachen
des Untermieters *unversichert*, ähnlich wie im Fall von H III 75 in der GeschäftsV. Dies gilt sowohl für das Sachersatzinteresse, J III 3, wenn der VN
einen Schaden an Sachen des Untermieters durch einige leichte Fahrlässigkeit
verursacht (vgl. allerdings für Feuerschäden J I 14 und das Regreßverzichtsabkommen, soweit für den Untermieter eine eigene HausratV besteht), wie
auch für das durch § 559 BGB (Vermieterpfandrecht) begründete Interesse.
Nicht einmal für die Zeit nach Ablauf des Untermietverhältnisses durch fristlose Kündigung wegen Mietrückstandes oder nach Rechtskraft eines Räumungsurteils kann man eine Ausnahme machen, zumal es für den VN partiell
nachteilig wäre (unzureichende VSumme und UnterV), wenn von einem bestimmten Zeitpunkt an plötzlich doch die Sachen des Untermieters mitversichert wären. Für einen beschränkten Einschluß speziell des Vermieterpfand-
rechtsinteresse im Umfang von Mietrückständen fehlt es an einer Grundlage
in den VHB 74 und VHB 84.

65   5. Leben **mehrere** Personen als **Wohngenossen** in derselben Wohnung, so
bilden die Hausratgegenstände aller Wohngenossen zusammen einen **einzigen
Inbegriff** im Sinn von H IV 1. Da aber fremdes Eigentum mitversichert ist, H
IV 60, kommt es im Schadenfall für die Entschädigung und für den VWert
nicht darauf an, wer die Sachen eingebracht hat und wenn sie gehören. Andernfalls würden Abgrenzungs- und Beweisschwierigkeiten drohen. Dies ist
das Motiv des Einschlusses des fremden Eigentums. Es soll in der Regel
genügen, wenn einer der Wohngenossen, insbesondere ein Ehegatte, einen
HausratVVertrag abschließt, H IV 66. Rechtlich möglich sind aber auch andere **Vertragsgestaltungen**, nämlich ein gemeinsamer Vertrag, an dem die mehreren Wohngenossen als *mehrere VN* beteiligt sind, H IV 73, sowie je ein
gesonderter Vertrag der mehreren Wohngenossen, H IV 72. Im Folgenden
sollen die wichtigsten Unterschiede in den Rechtsfolgen zwischen diesen
Vertragsgestaltungen erläutert werden. Die Erläuterungen lassen sich auch
auf die Wohngebäude- und auf die GeschäftsV übertragen, wo praktische
Probleme allerdings verhältnismäßig seltener auftauchen.

66   a) Besteht der VVertrag nur mit **einem** der **Wohngenossen**, insbesondere mit
einem Ehegatten, so haben die übrigen Wohngenossen die Stellung von Versicherten. Das (Fehl-)**Verhalten** (Anzeigepflichtverletzungen, §§ 16 ff. VVG;
Gefahrerhöhungen, §§ 23 ff. VVG; Prämienverzug, §§ 38, 39 VVG; Vorsatz
oder grobe Fahrlässigkeit, § 61 VVG; Obliegenheitsverletzungen) **des VN**
beseitigt den VSchutz als ganzen, also auch für Schäden am Interesse des
Mitversicherten, O II 1.

67   Das **Verhalten eines Mitversicherten** schließt nach § 79 VVG den Schutz
dagegen nur für dessen Interesse aus. Anders – Wirkung auch gegen den VN
– liegt es nur dann, wenn der Mitversicherte zugleich **Repräsentant** des VN
ist, O II 20 und 31. Das trifft in der HausratV normalerweise nicht einmal für
den *Ehegatten* zu, vgl. im einzelnen O II 115 bis 121. Demgegenüber wollen
§§ 14 Nr. 2, 21 Nr. 3 VHB 84 den Repräsentantenbegriff auf alle mit dem VN
in häuslicher Gemeinschaft lebenden Wohngenossen, § 9 Nr. 3a VHB 84
sogar noch weitergehend auf alle Personen ausdehnen, die „bei" dem VN
wohnen, was auch auf Untermieter und Logiergäste zuträfe (F III 13 bis 15).

Zur Unwirksamkeit dieser Erweiterung des Repräsentantenbegriffs vgl.
O II 63, 64 und 122. Wegen § 278 BGB bezüglich Obliegenheiten *nach* dem
VFall vgl. O II 7 bis 14.

Für das Verhalten eines **Mitversicherte**, der *nicht* auch Repräsentant ist, 68
kommen §§ 38, 39 VVG überhaupt nicht (Prämienschuldner ist allein der
VN) und §§ 16 ff., 23 ff. VVG trotz § 79 VVG auch für dessen Interesse nur
beschränkt in Betracht, nämlich nur, soweit der Mitversicherte den Abschluß
und den Bestand des VVertrages zur Zeit des Fehlverhaltens kennt. § 16
Abs. 1 Satz 3 VVG (schriftliche Fragen) betrifft den mitversicherten Wohngenossen nur, wenn die *Antragsfrage* ausdrücklich auch an ihn gerichtet und die
Antwort durch ihn zu unterzeichnen ist. – Sind der VN und ein Wohngenosse **Miteigentümer**, so führt das Fehlverhalten dessen, der nicht VN und auch
nicht Repräsentant ist, zu Leistungsfreiheit nur für dessen Anteil; zur Möglichkeit eines gemeinsamen Vertrags mit beiden Miteigentümern vgl. H II 75
und H IV 73 bis 80.

Was das *Verschulden* des Mitversicherten bei Verletzung von Anzeige- 69
pflichten (§§ 23 ff. VVG) und sonstigen Obliegenheiten vor oder nach dem
VFall (§ 6 VVG) angeht, so ist **Unkenntnis der AVB** in der Person des Ehegatten in der Regel aus denselben Gründen (leicht oder grob) fahrlässig wie in
der Person des VN, denn es ist allgemein bekannt, daß die HausratV eines
Gatten zugunsten beider Gatten wirkt und der andere Gatte nur aus diesem
Grund eine eigene V nicht benötigt; der andere Gatte muß sich daher über die
gemäß § 79 VVG auch ihn treffenden Pflichten aus dem VVertrag unterrichten. Auf schuldlose **Unkenntnis der Existenz des VVertrags** wird sich der
Wohngenosse, insbesondere der Ehegatte, im Rahmen von §§ 6, 23 ff. VVG
nur selten berufen können. Im Fall von § 61 VVG kommt es auf Kenntnis
vom VVertrag wohl schon rechtlich nicht an, vgl. O I 64.

Liegen die Voraussetzungen der Leistungsfreiheit in einer Person vor, die 70
als Eigentümer eines Teils des Hausrats in Betracht kommt, aber nicht VN
ist, so trägt der Vr die **Beweislast** für dessen Eigentümerstellung bezüglich
aller Sachen, für die er Entschädigung ablehnen will. Eine gesetzliche Vermutung für Eigentum des einen oder anderen Ehegatten gibt es nicht, weder
nach § 1362 BGB (gilt nur zugunsten von Gläubigern) noch nach § 1006
BGB, auch nicht etwa für Miteigentum bei Mitbesitz von Ehegatten, denn
§ 1006 BGB wirkt nur für, niemals gegen die Besitzer. Immerhin spricht bis
zum Beweis des Gegenteils oft die Lebenserfahrung für Eigentum des einen
oder anderen Ehegatten, so z. B. für das Eigentum der Ehefrau bei Damenschmuck in der ehelichen Wohnung. Außerdem schulden VN und Mitversicherte alle Auskünfte über Erwerb oder sonstige Herkunft usw. der
Sachen, vgl. §§ 13 Nr. 1 d VHB 74, 21 Nr. 2 b VHB 84 sowie X II 145.

Wegen des **Regresses des Vr** gegen Dritte vgl. zusammenfassend J I 10. 71
Soweit es sich um *Familienangehörige in häuslicher Gemeinschaft* (Begriff:
D XII 62 und 63) handelt, ist ein Regreß gegen sie bei leichter Fahrlässigkeit
schon deshalb ausgeschlossen, weil das Sachersatzinteresse dieser Personen
an Sachen des VN eingeschlossen ist, J II 30 bis 32. Nicht nur bei leichter,
sondern sogar auch bei grober Fahrlässigkeit hindert nämlich § 67 **Abs. 2**
VVG den Regreß, und zwar auch dann, wenn der VN dem Schädiger nicht
unterhaltspflichtig ist; nur bei Vorsatz bleibt der Regreß möglich. § 67 Abs. 2

VVG (dazu Martin ZVersWiss 73, 501) bewirkt, daß der VSchutz für das Sachersatzinteresse des familienangehörigen Wohngenossen, der nicht zugleich Repräsentant des VN ist, sogar ein wenig weiter reicht als der Schutz aus einer durch den Wohngenossen selbst genommenen V, J II 30.

72   b) Theoretisch kann jeder **Wohngenosse einen gesonderten VVertrag** über denselben Hausrat abschließen, insbesondere um sich persönliche Verfügungsbefugnis über den Entschädigungsanspruch zu sichern, wie sie gemäß § 76 VVG jeweils nur dem VN zusteht; eine stillschweigende Beschränkung auf eigene Sachen ist aber im Zweifel nicht anzunehmen, zumal dadurch die Gesamtentschädigungsgrenze (§§ 9 Nr. 2 VHB 74, 20 VHB 84) im Sinn von U I 21 umgangen würde, LG Hamburg VersR 85, 379. Auch durch nachträgliches Zusammenziehen in eine gemeinsame Wohnung (G IV 8 und 64) von Ehegatten oder sonstigen Wohngenossen, die getrennte HausratVVerträge geschlossen hatten, kann diese Situation entstehen. Jeder der Verträge ergreift dann auch das Eigentum aller übrigen Beteiligten, so daß UnterV besteht, wenn die einzelne VSumme nicht den vollen Wert des Hausrats erreicht. Jedoch ergeben alle Verträge zusammen vollen Schutz, falls der Gesamtbetrag der Summen mindestens dem Wert des Hausrats entspricht; ist der Gesamtbetrag höher, so gelten §§ 51, 60 VVG, V I 9. Die VSumme jedes Wohngenossen braucht für sich allein nur dann dem Wertanteil seines Eigentums am Hausrat zu entsprechen, wenn er Wert darauf legt, sich gegenüber den übrigen Wohngenossen abzusichern. Die gesonderten Verträge können selbstverständlich auch mit *demselben* Vr bestehen. – Zur rechtlichen Bedeutung des Verhaltens jedes Wohngenossen gelten das in H IV 66 bis 71 Gesagte sowie das Anwendungsbeispiel in H IV 78 für jeden einzelnen Vertrag.

73   c) **Wohngenossen** können auch einen **gemeinsamen VVertrag** abschließen, an dem **mehrere** oder alle **Wohngenossen** als VN beteiligt sind, also als Prämiengesamtschuldner (§ 427 BGB). Jeder VN kann die Entschädigung zwar allein fordern und einklagen, aber nur mit dem Ziel einer Zahlung gemäß § 432 BGB an beide gemeinsam, Köln RuS 89, 94 für ein Wohngebäude. Weder sind die VN Gesamtgläubiger (§ 428 BGB), so daß der Vr wählen könnte, an wen er zahlt, noch hat der Vr gemäß § 420 BGB an jeden der VN zu einem gleichen Teil zu leisten, denn § 420 BGB gilt nur im Zeifel und nicht bei rechtlicher Unteilbarkeit.

74   Richtige Vertragsauslegung führt, ebenso wie bei V einer Sache durch Miteigentümer (Martin VersR 74, 410 bei Fußnote 1, vgl. auch H II 75), zu einer **Forderungsgemeinschaft.** Ob die Klage eines VN auf Leistung an alle die Frist gemäß § 12 Abs. 3 VVG analog § 744 Abs. 2 BGB zugunsten aller VN wahrt, wurde in Hamm VersR 88, 570 offen gelassen. Jedenfalls kann der Vr nur an alle VN gemeinsam, insbesondere auf deren *gemeinsames Konto,* befreiend leisten, und zwar auch dann, wenn sich die Sachen des Hausrats nicht (oder nur zum Teil) im Miteigentum, sondern im Alleineigentum des einen oder des anderen befinden. Darin liegt der *Vorteil* eines gemeinsamen HausratVVertrages *für die VN;* gesonderte Verträge bieten den VN gleichwertige Sicherheit nur, wenn die VSummen im Schadenzeitpunkt zueinander im Verhältnis der Beteiligungen am Hausrat stehen, H IV 72. *Für den Vr* bedeutet die Notwendigkeit der Zahlung an mehrere VN gemeinsam jedoch einen

Nachteil, ebenso die Notwendigkeit einer *Kündigung* gegebenenfalls gegenüber sämtlichen VN.

Einer der *Nachteile* eines gemeinsamen VVertrages *für die mehreren VN* ist 75 aus deren Sicht, daß das *Verhalten* eines von ihnen jeweils *gegen alle* wirkt, ohne daß es auf die Streitfrage (H IV 67) ankäme, ob der Ehegatte Repräsentant des HausratVN ist. Dies gilt nicht nur für Leistungsfreiheit nach §§ 38, 39 VVG, sondern auch für §§ 16 ff., 23 ff. VVG sowie (ebenso Hamm RuS 87, 167 = VersR 88, 508 zu § 16 VHB 74 und Düsseldorf VersR 84, 1060 zu den AKB) für § 61 VVG (O II 15) und für Obliegenheitsverletzungen. Das Ergebnis scheint auf den ersten Blick § 425 BGB zu widersprechen, und zwar bezüglich des Prämienverzuges dessen Abs. 1, im übrigen Abs. 2. Dies jedenfalls dann, wenn man § 61 VVG und die Obliegenheiten wie Rechtspflichten behandelt und „Gesamtschuld" der mehrere VN annimmt. Ob letzteres möglich ist, mag dahinstehen, denn § 425 BGB kommt schon aus einem anderen Grund nicht zum Zug, weil sich nämlich „aus dem Schuldverhältnis etwas anderes ergibt". Eben diese Ausnahme von § 425 BGB trifft zu, soweit sich das Verhalten eines VN auf den Entschädigungsanspruch auswirkt. Da den mehreren VN nicht gesonderte Ansprüche auf Teilbeträge, sondern nur ein gemeinsamer Anspruch in Forderungsgemeinschaft zusteht, H IV 73, und zwar für den gesamten Schaden zu Lasten aller VN, kann auch das Verhalten eines VN nicht nur gegen diesen wirken, vgl. näher O II 16. Anwendbar ist § 425 Abs. 2 BGB dagegen, soweit der Prämienverzug eines der VN zum Schadenersatz verpflichtet. Diesen Schadenersatz schulden nur diejenigen VN, die auch ein Verschulden gemäß § 285 BGB trifft, nicht dagegen die übrigen VN.

Der geschilderte Nachteil eines gemeinsamen VVertrages sämtlicher 76 Wohngenossen besteht allerdings nur, soweit nicht im Fall eines Vertrages mit nur einem VN diesem das Verhalten der übrigen Bewohner als Repräsentantenverhalten zuzurechnen wäre, H IV 67.

In der Praxis sind **VVerträge mit mehreren Personen** als Inhabern eines ge- 77 meinsamen Haushalts trotzdem **selten,** zumal dann *mehrere Wohnungen nebeneinander VOrt* würden, sobald die VN die die Wohnung als gemeinsame aufgeben und mindestens **ein Wohngenosse umzieht.** Diese Konsequenz wäre für *beide Vertragspartner unangenehm,* weil der VWert und die notwendige Gesamthöhe und interne Aufteilung der VSumme und der Prämie sehr schwer festzustellen wären; Meinungsverschiedenheiten im Schadenfall wären vorprogrammiert. Dieser **Nachteil** wiegt sogar noch schwerer als die oben H IV 74 und 75 geschilderten sonstigen Schwierigkeiten, die sich aus gemeinsamen Verträgen mehrerer Wohngenossen ergeben. Einzige Alternative zur **Spaltung des VOrts** beim Umzug eines der VN wäre es, mit Schütz VersR 85, 913 und Endermann VP 86, 105 Wegfall des Vertrages gemäß § 68 Abs. 2 VVG anzunehmen, weil durch gemeinsame Verträge §§ 6 Nr. 1 VHB 74, 10 Nr. 1 VHB 84 dahin abbedungen seien, daß der Vertrag nur bestehe, solange die vereinbarte Wohnung die Wohnung „der" (nämlich beider) VN ist. Aber ein solcher Wegfall würde die VN überraschen und zu Härten in Form nicht mehr gedeckter Schäden nach Umzug eines Wohngenossen führen, G IV 67.

Der Abschluß eines gemeinsamen HausratVVertrags durch mehrere 78 Wohngenossen wird daher durch die Vr nicht propagiert und kommt nur auf besonderen Wunsch oder durch entsprechendes konkludentes Verhalten (Hamm RuS 87, 167) der Beteiligten zustande. In diesen Fällen ist den VN die Wirkung eines etwaigen Fehlverhaltens eines von ihnen gegen die übrigen VN in aller Regel bewußt, insbesondere aus der Parallele gemeinsamer Mietverträge mehrerer Mieter. Wollen sich die VN vor einem Mißbrauch der Verfügungsbefugnis eines Allein-VN schützen, *ohne* die Nachteile eines gemeinsamen VVertrages in Kauf zu nehmen, so sollten sie besser getrennte Verträge schließen, und zwar möglichst im Verhältnis ihrer Wertbeteiligung am Hausrat, H IV 72. Selbst dann entsteht allerdings bei grober Fahrlässigkeit eines der Ehegatten ein Verlust, weil aus dem Vertrag des grob fahrlässig Handelnden nichts, aus dem anderen Vertrag aber nur auf das Interesse des korrekten Ehegatten und außerdem gekürzt um die UnterV zu entschädigen ist. Beispiel: Eigentumsbeteiligung der Ehegatten je 50; VSumme in jedem der getrennten Verträge ebenfalls 50; bei einem Schaden durch grobe Fahrlässigkeit eines Gatten wird nur aus dem Vertrag des anderen und wegen § 79 VVG nur auf das Interesse dieses anderen Gatten entschädigt, wegen UnterV aber nur zur Hälfte, also in Höhe von 25.

79   Auch § 1357 BGB führt **nicht** etwa automatisch bei Verträgen mit verheirateten VN zu einem Vertrag mit beiden Gatten. Zwar ist die HausratV ein Geschäft der dort bezeichneten Art, nämlich zur angemessenen Deckung des Lebensbedarfs der Familie. Aus den „Umständen" ergibt sich aber, daß beide Vertragspartner die Rechtsfolge des § 1357 BGB nicht wünschen. Auch die Antragsformulare sprechen gegen eine Mehrheit von VN und sind als „Umstand" zu berücksichtigen, PM § 69 Anm. 1 Ed.

80   d) **Bruchteilseigentum** kommt zwar auch bei Hausrat vor, vor allem bei Ehegatten als Wohngenossen, aber kaum je einheitlich für alle Sachen eines Hausrats, sondern nur für einzelne Stücke. Gemeinsame VVerträge (H IV 73) der mehreren Wohngenossen oder auch gesonderte Verträge für denselben Hausrat (H IV 72) werden meist nicht unter dem Gesichtspunkt des Bruchteilseigentums, sondern unter dem Gesichtspunkt des Alleineigentums an je einem Teil des Gesamthausrats geschlossen. Die Rechtsfolgen sind dann dieselben wie bei Bruchteilseigentümern, die z. B. ihr Wohngebäude gemeinsam nach den VGB 62 oder VGB 88 versichern, vgl. H II 75 und die Rechtsprechungsnachweise bei BM § 6 VVG Anm. 65 bis 67 (aaO Anm. 67 ist allerdings das Wort „gesonderte" unglücklich, denn gerade die Forderungsgemeinschaft läßt das Verhalten jedes VN gegen alle wirken) sowie bei PM § 6 Anm. 6.

J. Versichertes Interesse; Versicherung für fremde Rechnung; Interessemangel und Interessewegfall

I. Begriff und rechtliche Bedeutung des Versicherbaren und des versicherten Interesses

1. V und Wette haben gemeinsam, daß eine Leistung für den Fall des Eintritts eines zukünftigen (ausnahmsweise auch: vergangenen, vgl. § 2 VVG) ungewissen Ereignisses versprochen wird, wobei die Ungewißheit das Ob oder das Wann (so in der LebensV) des Ereignisses betreffen kann. Während aber durch Wette eine Verbindlichkeit nicht begründet wird (§ 762 BGB), ist der VVertrag rechtswirksam (§ 1 VVG), wenn und soweit die Leistung dem Ausgleich eines Schadens dient, der durch das als VFall vereinbarte Ereignis entsteht. In der **PersonenV** verlangt das Gesetz keinen Nachweis der Schadenhöhe, sondern überläßt es den Vertragspartnern, das *immaterielle Interesse* am Nichteintritt des VFalles in der Lebens- und UnfallV beliebig hoch zu

1

beziffern. Für die **SachV** verlangt § 55 VVG dagegen einen *Schaden*. Deshalb muß der *VN* oder ein *Versicherter*, zu dessen Gunsten (§ 328 BGB) die SachV abgeschlossen wird, ein versicherbares Interesse am Nichteintritt des VFalls haben. **Interesse** sind die rechtlichen Beziehungen, deretwegen die Zerstörung oder die Beschädigung oder das Abhandenkommen einer Sache für den VN oder für einen Versicherten einen Schaden darstellt, vgl. ausführlich PM vor § 51 VVG Anm. 1 bis 7 mit Rechtsprechungs- und Literaturnachweisen. Wegen der unterschiedlichen Fragestellung nach dem *versicherbaren* Interesse und nach dem *versicherten* Interesse sowie bei Vertragsschluß und später im VFall vgl. J I 21.

2   Genau betrachtet werden nicht Sachen, sondern Interessen an Sachen versichert, A I 3, und zwar entweder nur das eigene **Interesse des VN** (nach § 80 Abs 1 VVG ist dies der Regelfall) oder – sei es auch oder nur – das **Interesse dritter Personen** als Versicherter. § 80 Abs. 2 VVG sagt ausdrücklich, daß mehr oder weniger offen bleiben kann, wessen Interesse versichert wird. Insbesondere kann – praktisch sehr häufig – neben dem Interesse des VN das Interesse von Personen versichert werden, mit denen der VN in vertraglichen (Miete, Pacht, Werkvertrag usw.) oder tatsächlichen (Hausgäste) Beziehungen steht. Die mitversicherten Personen werden meist nicht namentlich, sondern nur ihrer Art nach bestimmt. In einem weiteren Sinn wäre jede V mit Einschluß von Interessen nicht namentlich benannter Personen eine **V für Rechnung wen es angeht** im Sinn von § 80 Abs. 2 VVG. Zweckmäßig wird dieser *Begriff* aber *enger* gefaßt und auf Fälle beschränkt, in denen § 69 VVG unanwendbar ist (PM § 69 Anm. 1 C), der VN also auch bei Veräußerung der versicherten Sache Prämienschuldner bleibt. Wo diese Grenze allerdings genau verläuft, ist zweifelhaft und strittig.

3   Das VVG erwähnt das Erfordernis des Interesses nur mittelbar, nämlich in der unabdingbaren Vorschrift des § 55 VVG (wegen § 67 VVG vgl. J I 10), wonach Entschädigung einen Schaden voraussetzt (**Bereicherungsverbot**); eine gewohnheitsrechtliche Ausnahme gilt allerdings in der NeuwertV, wo der Schaden in bestimmtem Ausmaß und unter bestimmten Voraussetzungen hinter der Entschädigungshöhe zurückbleiben darf, vgl. Q III 9. Soweit es sich um den Schaden eines versicherten Dritten handelt, ist der VN nach Eintritt eines VFalls verpflichtet, die *Entschädigung* dem *geschädigten Versicherten herauszugeben,* J IV 7 bis 19. Auf diesen Anspruch aus dem gesetzlichen Treuhandverhältnis des § 76 VVG gegen den VN kann der Versicherte nicht in voraus verzichten, vgl. näher PM vor § 51 Anm. 4 C, denn sonst würden das Bereicherungsverbot und das Interesseerfordernis umgangen.

4   Das VVG spricht nicht von der V fremden Interesses, sondern von der V **für fremde Rechnung** und – bei Unbestimmtheit des versicherten Dritten – von V für Rechnung wen es angeht, J I 2. § 74 Abs. 1 VVG definiert die V für fremde Rechnung als „für einen anderen genommen". Der Sprachgebrauch des Gesetzes fördert ein wenig den Irrtum (und ist letztlich wohl auch Ursache der in J I 7 erwähnten und abweichenden Terminologie von Schirmer ZVersWiss 81, 742), als könne eine V immer nur entweder für eigene Rechnung oder für fremde Rechnung genommen werden. Tatsächlich kann aber jede V – soweit es sich nicht sogar schon um V für Rechnung wen es angeht im engeren Sinn handelt, J I 2 – zugleich für fremde Rechnung und für eigene

Rechnung (um mit dem VVG sprechen) genommen, also zugleich Fremd- und EigenV sein (richtig z.B. Wälder RuS 82, 62). Die Worte „Fremd- und EigenV" treten ihrer Kürze wegen in der Schadenpraxis, in Rechtsprechung und Literatur und auch im Folgenden oft an die Stelle der gesetzlichen (V für eigene und fremde Rechnung) oder der sachlich korrekten (V eigenen und fremden Interesses) Ausdrucksweise. Das **Nebeneinander** von Fremd- und EigenV ist nicht nur für *verschiedene* versicherte Sachen innerhalb ein und desselben Vertrages, sondern auch bezüglich *ein und derselben* Sache möglich, und zwar nicht etwa als Ausnahme, sondern sogar als ein sehr häufiger Fall.

Sachen im **Eigentum des VN** sind oft Gegenstand nicht nur einer EigenV 5 durch den Eigentümer als VN, sondern zugleich einer FremdV, und zwar genommen ebenfalls durch den Eigentümer als VN, denn existent und versicherbar sind auch fremde Interessen an eigenen Sachen (Beispiel aus der HausratV: H IV 71). Umgekehrt kann an Sachen im **Eigentum Dritter** nicht nur das Interesse dieses Dritten, sondern auch dasjenige des VN (Beispiele aus der GeschäftsV: H III 85 und 87) oder sonstiger Personen versichert werden. Es ist also ein Irrtum, wenn oft EigenV mit V eigener Sachen und FremdV mit V fremder Sachen identifiziert werden. Der Irrtum fand in den Sprachgebrauch der VPraxis vor allem dadurch Eingang, daß nach §§ 2 AFB 30, AEB, AERB in der GeschäftsV grundsätzlich nur eigene *Sachen* wurden und nach § 80 Abs. 1 VVG nur eigene *Interessen* Gegenstand der V sind. Dadurch wurde oft jede Ausnahme von diesen beiden, inhaltlich klar zu unterscheidenden Prinzipien pauschal als FremdV bezeichnet. Tatsächlich ist im VFall, wenn eigene und fremde Interessen an derselben Sache nebeneinander versichert sind, zu prüfen, welches Interesse im Einzelfall betroffen ist, J I 21; davon hängt ab, ob ein Anspruch aus einer EigenV oder (§§ 74 ff. VVG und J IV 7 ff) aus einer FremdV entstanden ist. §§ 2 Nr. 4 AFB 87, AWB 87, AStB 87, 2 Nr. 3 AERB 87 schließen auch fremde Sachen ein H III 57. In §§ 2 Nr. 5 AFB 87, AWB 87, AStB 87, 2 Nr. 4 AERB 87 wird geregelt, wessen Interesse versichert sein soll. Der Bedingungswortlaut entschuldigt terminologische Ungenauigkeiten künftig also nicht mehr.

Die Arten der **versicherbaren Interessen des Nichteigentümers** sind bei PM 6 vor § 51 VVG Anm. 6 zusammengestellt. Sie können auf **dinglichen Rechten** oder auf schuldrechtlich vereinbarter **Gefahrtragung** (wichtigste Beispiele: Gefahrübergang auf den Käufer schon vor Eigentumswechsel; Gefahrtragung des Werkunternehmers noch nach Eigentumserwerb des Bestellers oder des Grundstückseigentümers) oder auf der Möglichkeit vertraglicher Schadenersatzpflichten (sog. **Sachersatzinteresse**) beruhen, vgl. Wälder RuS 82, 61. Es ist eine schwierige **Auslegungsfrage**, welche versicherbaren Interessen welcher Personen an den als versichert bezeichneten Sachen gedeckt sein sollen, denn die AVB einschließlich der Klauseln sagen darüber meist nichts aus, insbesondere nicht schon durch den Einschluß fremden Eigentums; dieser regelt nur den Kreis der versicherten Sachen, J I 5, H I 4 und H III 58, nicht dagegen auch schon die weitere Frage, wessen Interesse durch den VFall betroffen sein muß, damit VSchutz besteht.

Nicht mit den Kriterien für dieses in der Praxis sehr bedeutsame Auslegungsproblem, sondern nur mit **terminologischen Fragen** befaßt sich Schirmer 7

ZVers Wiss 81, 637 ff („Zur Versicherbarkeit des Sachersatzinteresses in der
SachV"); Schirmer sucht nach einer anderen Bezeichnung für den Einschluß
des Sachersatzinteresses in die SachV. Er räumt ein, daß die SachV dem
Schädiger „zugute kommen" kann (aaO 742), und zwar sowohl dann, wenn
der geschädigte Eigentümer sie genommen hat (J II 1 und aaO 682), wie auch
dann, wenn der Schädiger sie zugunsten des Eigentümers genommen hat,
insbesondere als sog. **KundenV** (J III 1 sowie aaO 670 und 674). Warum dieser
Sachverhalt – VVertrag deckt den Bedarf auch des Schädigers – nicht „V des
Sachersatzinteresses" oder „Einschluß des Sachersatzinteresses" genannt
werden soll, vermag Schirmer nicht zu erklären. Daß die Wirkung zugunsten
des Schädigers nicht eine „versicherungsmäßige Deckung" sein, sondern auf
„Gründen des materiellen Rechts" beruhen soll (aaO 742), ist unzutreffend,
und zwar nicht nur deshalb, weil auch VRecht materielles Recht ist, sondern
vor allem deshalb, weil der Ausschluß des Regresses des Vr gegen den Schädiger letztlich auch für Schirmer, wenn auch verbal ein wenig verschleiert, eine
Frage der Auslegung des VVertrags bleibt (aaO 674, 6. Zeile von unten:
„Regreßausschluß" meint Ausschluß des Regresses durch den VVertrag; aaO
682 Zeile 24: „vertragliche Regreßbeschränkung" meint ebenfalls Beschränkung durch den VVertrag!).

8　　Nicht zu den versicherten Interessen in der SachV gehört nach der gegenwärtigen Praxis und den geltenden AVB insbesondere das sog. **Gebrauchsrechtsinteresse des Mieters oder Pächters** (BM § 49 VVG Anm. 96, PM vor § 51
Anm. 6 C, Schirmer ZVersWiss 81, 655), denn die AVB decken nur die
Kosten der Wiederbeschaffung oder Wiederherstellung durch den Eigentümer, BGH RuS 88, 86 = NJW-RR 727, nicht dagegen einen darüber hinaus
eintretenden Vermögensschaden z. B. durch die Unmöglichkeit der Nutzung
während der Dauer der Wiederbeschaffung oder Wiederherstellung. Über-
dauert der Miet- oder Pachtvertrag den VFall, so ist es Sache des Pächters,
den Verpächter zu veranlassen, ihm die wiederbeschafften oder wiederhergestellten Sachen vertragsgerecht auch weiterhin zu überlassen. Der Pächter als
VN mag darauf durch Zurückbehaltung (§ 273 BGB) der nach § 76 VVG
zunächst an ihn zu zahlenden VLeistung hinwirken können, vgl. oben J I 3
zum Herausgebeanspruch des versicherten Verpächters. Das bedeutet aber
nicht, daß die Entschädigung seitens des Vr aus einer EigenV auf das Gebrauchsrechtsinteresse des VN statt aus einer FremdV auf das Interesse des
Eigentümers zu zahlen wäre. Das Gebrauchsrechtsinteresse des Pächters ist
nicht identisch mit dem Interesse des Verpächters am Ersatz der Kosten der
Wiederbeschaffung, sondern steht neben ihm. Versichert ist nach den AFB
87, AWB 87, AStB 87, VGB 62 und VGB 88, wie sich aus der Beschränkung
der Entschädigung auf die Kosten der Wiederbeschaffung oder Wiederherstellung ergibt, nur das zuletzt genannte, also das Interesse des Eigentümers.
Das Gebrauchsrechtsinteresse des Mieters oder Pächters führt im Schadenfall
zu einem **Betriebunterbrechungsschaden** und ist nur nach den FBUB oder den
ZKBU 87 (Texte 35 sowie A I 6 und 7) versicherbar.

9　　Unhaltbar ist die in München VersR 86, 1116 vertretene Gegenansicht.
Dort wurde ein DoppelVAusgleich zugunsten des Vr des Eigentümers gegen
einen anderen Vr verneint, bei dem ein Mieter dasselbe Gebäude versichert
hatte. In jenem Fall waren beide Vr nach § 61 VVG leistungsfrei, der klagen-

de Vr hatte aber nach § 102 VVG an einen Realgläubiger leisten müssen.
Wäre Leistungsfreiheit nach § 61 VVG in jenem Fall nicht eingetreten, so
wäre die Unrichtigkeit der These des Gerichts, der Mieter habe ausschließlich
eigenes Interesse versichert, klar zutage getreten. Dann hätten nämlich aus
der Sicht des Gerichts beide Vr unabhängig voneinander Neuwertentschädigung leisten müssen. Das Urteil München aaO wurde durch die in J I 8
zitierte Entscheidung BGH RuS 88 86 = NJW-RR 727 aufgehoben.

2. Übereinstimmend mit § 80 Abs. 1 VVG, wonach im Zweifel nur das   **10**
eigene Interesse des VN versichert wird, ermöglicht § 67 **Abs. 1** VVG ausdrücklich den **Regreß des Vr** gegen Dritte, die dem VN Schadenersatz wegen
eines Schadens an *eigenen* Sachen des VN schulden. Einerseits soll der Schädiger, soweit nicht sein Sachersatzinteresse mitversichert ist, J I 6, nicht entlastet werden; § 67 VVG ist insofern ein gesetzlicher Beleg für die rechtliche
Bedeutung des versicherbaren und des versicherten Interesses. Andererseits
darf der VN nicht durch ein Zusammentreffen der Leistungen des Schädigers
und der Leistung aus dem VVertrag bereichert werden. Was § 67 VVG für
Schadenersatzansprüche sagt, folgt für sonstige Ansprüche, insbesondere für
Erfüllungsansprüche, unmittelbar aus § 55 VVG; der Vr kann den VN zwar
nicht auf den Anspruch gegen den Dritten verweisen, aber er kann Abtretung
von Erfüllungsansprüchen usw. verlangen und davon die Zahlung der Entschädigung abhängig machen (PM § 51 Anm. 5 B a).

Ein Regreß des Vr ist hingegen ausgeschlossen, „soweit die V auch den   **11**
Dritten zugute kommen soll" (BGHZ 33, 97). Dies trifft schon dann zu,
wenn im VVertrag (J I 7) ein **Regreßverzicht** für den Fall vereinbart ist, daß der
Vr durch den VN oder einen anderen Versicherten wegen eines Schadens in
Anspruch genommen wurde, für den der Schädiger haftet. Schon der Regreßverzicht zugunsten des Schädigers ist eine Form der – wenn auch nur teilweisen, vgl. J I 12 – MitV des Sachersatzinteresses dieses Schädigers. Auch in den
J IV 12 bis 17 erörterten Fällen wird der Begriff der MitV eines Dritten nicht
schon immer dann als unzutreffend abgelehnt, wenn der VN die freie Wahl
hat, den Vr wegen des mitversicherten fremden Interesses in Anspruch zu
nehmen oder aber nicht in Anspruch zu nehmen. Ebensowenig ist der Begriff
der MitV des Schädigers schon allein deshalb unzutreffend, weil der VN ihn
dennoch in Anspruch nehmen kann, J I 12.

Bei einem bloßen Regreßverzicht zugunsten des Schädigers hat der VN die   **12**
freie Wahl, den Vr oder aber den Schädiger in Anspruch zu nehmen, J IV 8.
Ein Anspruch des in Anspruch genommenen Schädigers gegen den Vr besteht
nicht. Hierauf weist mit Recht Schirmer ZVersWiss 84, 561 hin. Ein bloßer
Regreßverzicht bedeutet daher nur eine **teilweise MitV des Sachersatzinteresses**
des Schädigers, vgl. auch J II 31 zu § 67 Abs. 2 VVG. Die freie Wahl der
Inanspruchnahme des Schädigers durch den VN entfällt nur dann, wenn im
VVertrag (ansonsten vgl. J I 16) volle MitV des Sachersatzinteresses des Schädigers vereinbart ist. In diesem Fall muß sich der VN primär an den Vr
halten, denn er ist dem Schädiger gegenüber aus gesetzlichem Treuhandverhältnis verpflichtet, den VAnspruch zu dessen Gunsten durchzusetzen, J IV
17. Häufig ist aber ein vereinbarter „Regreßverzicht" als volle MitV des
Sachersatzinteresses auszulegen, weil sonst dem Willen des VN und dem

Bedürfnis des Versicherten nicht entsprochen wäre, vgl. z. B. J II 28. Diese Auslegungsmöglichkeit berücksichtigt Schirmer aaO zu wenig. – Zur (ebenfalls vollen) MitV des Sachersatzinteresses des VN an versicherten fremden Sachen vgl. J IV 4.

13   a) Ein Regreßverzicht des Vr kann selbstverständlich mit dem VN im VVertrag (dies übersieht Schirmer ZVersWiss 81, 674, 682, vgl. J I 7) vereinbart werden. Insbesondere in der Industrie-FeuerV ist der Regreßverzicht häufig, um die Unklarheiten über den Einschluß des Interesses von Vertragspartnern des VN zu beseitigen, vor allem von Personen, die auf dem Grundstück des VN tätig werden, J II 16. Der Regreßverzicht wird oft auf bestimmte Schuldformen beschränkt, insbesondere auf leichte oder (und) grobe Fahrlässigkeit, wobei zwischen dem Dritten persönlich und seinem Erfüllungsgehilfen zu unterscheiden ist. Solche Abreden weichen von §§ 61, 79 VVG zugunsten des begünstigten Dritten ab, soweit sie ihn auch bei grober Fahrlässigkeit schützen.

14   Speziell für Feuerschäden und beschränkt auf gewisse Höchstbeträge verzichten die meisten deutschen Vr außerdem durch ein sog. **Regreßverzichtsabkommen** auf Schadenersatzansprüche aus *„übergreifenden Schadenereignissen"* (VerBAV 61, 18, 234, 62, 137, 78, 137; Bischoff VerBAV 61, 31; Heyen, Der Regreßverzicht der Feuerversicherer, 3. Aufl. 1968; Martin ZVersWiss 73, 501; zu einer Textänderung VP 78, 164). Hierbei ist gleichgültig, ob nur gesetzliche (unerlaubte Handlung) oder auch vertragliche (z. B. aus Mietvertrag) Schadenersatzansprüche bestehen. Ferner gilt der Regreßverzicht unabhängig von der Höhe der VSumme und von einer etwaigen UnterV im VVertrag des Schädigers. Vorausgesetzt wird nur, daß der übergreifende Schaden durch einen *VFall* (dazu näher PM vor § 51 Anm. 7 A; dort auch zum Verhältnis zur HaftpflichtV) im Sinn eines *FeuerVVertrages* nach den AFB 30, AFB 87, VHB 74, VHB 84, VGB 62, VGB 88, AWaB, FBUB oder ABM 88 entstanden ist, der durch den potentiellen Regreßschuldner als VN oder für ihn als Versicherten (LG Frankfurt NJW-RR 86, 1473) geschlossen wurde.

15   Der Regreßverzicht gilt nicht nur für den VN des FeuerVVertrages, sondern auch für dessen Angestellte, Familienangehörige usw., allerdings wohl mit der stillschweigenden Maßgabe, daß der Regreß bei Vorsatz von Familienangehörigen sowie Vorsatz oder grober Fahrlässigkeit von Arbeitnehmern möglich bleibt (§§ 61, 67 Abs. 2, 79 VVG analog; mißverständlich in diesem Punkt Bischoff VerBAV 61, 33). Der Regreßverzicht bedeutet rechtlich einen teilweisen (J I 11 und 12) Einschluß des Sachersatzinteresses des Schädigers in den VVertrag des Geschädigten, wofür die Gegenleistung pauschaliert in der Prämie des (vorausgesetzten, s. o.) eigenen FeuerVVertrags des Schädigers gesehen wird.

16   b) Der Regreßverzicht kann auch **zwischen dem Vr und dem mutmaßlichen Schädiger** vereinbart werden. Es handelt sich dann um einen VVertrag dieses Schädigers, und zwar beschränkt auf dessen Sachersatzinteresse, also um eine sog. **FeuerhaftungsV** (A I 4 und J III 14 bis 16) und wirtschaftlich um eine HaftpflichtV, ohne daß aber §§ 149ff. VVG anwendbar wären, vgl. hierzu im

einzelnen PM vor § 51 Anm. 6 E und Martin VersR **74**, 821ff. Soweit sich derselbe Regreßverzicht auch schon durch richtige Auslegung des VVertrages des Vr mit dem Eigentümer ergibt, begründet der zusätzliche Vertrag mit dem mutmaßlichen Schädiger für diesen eine wirtschaftlich wertlose DoppelV, die nach § 60 VVG für die Zukunft beseitigt werden kann.

c) Der Regreß des Vr ist nur in dem Umfang möglich, in dem der VN 17 seinerseits übergangsfähige Ansprüche gegen den Schädiger *erworben* und soweit der VN *nicht* etwa entgegen und mit den Folgen gemäß § 67 Abs. 1 Satz 3 VVG auf die Ansprüche *verzichtet* hatte. In der Zahlung einer Vergütung für die Schadenbeseitigung durch den Schadenstifter liegt ein solcher (verbotener) Verzicht jedenfalls dann nicht, wenn der Schädiger haftpflichtversichert ist, Köln ZfS **86**, 155.

Waren Ansprüche gegen den Dritten als Schädiger schon **vor dem Schaden-** 18 **fall** durch einen **Haftungsausschluß zwischen dem VN und dem Dritten** vertraglich abbedungen worden, so haftet der Dritte auch dem Vr nicht, vgl. ausführlich Schirmer ZVersWiss **81**, 671 und 673 und 681 bis 683. In Analogie zu § 67 Abs. 1 Satz 3 VVG entfällt jedoch, wenn oder soweit es sich um einen ungewöhnlichen Haftungsausschluß handelt, der VSchutz (Rechtsprechungsnachweise: PM § 67 Anm. 6b). Allerdings ist jeweils zu prüfen (übersehen in Koblenz VersR **85**, 879), ob nicht gerade wegen dieser Rechtsfolge des § 67 Abs. 1 Satz 3 VVG der Haftungsausschluß im Einzelfall unwirksam ist, besonders wenn es sich um einen Bestandteil Allgemeiner Geschäftsbedingungen handelt (vgl. z.B. BGHZ **38**, 186). Auch nach §§ 3, 9 AGBG kann ein formularmäßiger Haftungsausschluß unwirksam sein. Vom Standpunkt Koblenz aaO aus wäre zweifelhaft, ob der Vr die Entschädigung vom VN zurückfordern und ob dieser sich wegen seines Schadenersatzanspruchs noch an den Dritten halten kann (Problem des § 325 ZPO). – Kl 3608 bestätigt nur die ohnehin bestehende Rechtslage. Wegen früherer Fassungen („etwa gegenüber einer Eisenbahnunternehmung oder Hafenverwaltung") vgl. J I 17 der 2. Aufl.

Für den *Einzelfall* kann Klarheit geschaffen werden, indem der Vr von 19 bestimmten Haftungsausschlüssen zustimmend Kenntnis nimmt und darauf verzichtet, sich auf § 67 Abs. 1 Satz 3 VVG zu berufen. Da der Haftungsausschluß, soweit er nach VBeginn erfolgt (andernfalls §§ 16 ff VVG), **zugleich** eine **Gefahrerhöhung** darstellt (PM aaO, BGHZ **22**, 119, Karlsruhe VersR **71**, 159, KG VersR **68**, 440; Beispiel: W VIII 12), verliert der Vr gemäß § 25 Abs. 3 VVG den Einwand aus § 67 Abs. 1 Satz 3 VVG, wenn er nach Kenntnisnahme von einem Haftungsausschluß nicht fristgerecht kündigt, N III 1 und 60.

3. §§ **12 AFB 30, AEB, 11 AWB 68, AStB 68, 10 AFB 87, AERB 87, AWB 87,** 20 **AStB 87, 12 VHB 74, 17 VHB 84, 14 VGB 62, 12 VGB 88** erwähnen die *V für fremde Rechnung,* J I 4, sagen aber nicht, wann sie vorliegt, insbesondere also nicht, wessen Interessen an den versicherten Sachen versichert sind. Sie regeln vielmehr nur die *Rechtsfolgen der FremdV,* und zwar in einigen Punkten abweichend gegenüber §§ 74 ff. VVG, vgl. dazu im einzelnen unten J IV 1 bis 19.

Wie schon erwähnt, J I 5, ist jeweils gesondert zu untersuchen, ob die vom 21 Schaden betroffene *Sache* zu den versicherten gehört, und ob der Schaden, wenn ein VVertrag nicht bestünde, zu Lasten einer derjenigen Personen ginge, deren Interessen versichert sind. **Bei Vertragsschluß muß geprüft werden,** ob und für welche Personen ein *versicherbares Interesse* besteht und wessen Interesse mitversichert werden soll. **Im Schadenfall** ist zu prüfen, wessen Interesse tatsächlich betroffen ist und ob dieses Interesse zu den *versicherten Interessen* gehört, vgl. PM vor § 51 Anm. 3.

22 Der VWert einer Sache hängt teilweise auch von subjektiven Gegebenheiten ab, denn es kommt auf die Kosten an, die gerade der VN oder der Versicherte (Q IV 128) für die Wiederbeschaffung oder Wiederherstellung aufwenden muß. Gewisse Ausnahmen gelten nach den Fremdeigentumseinschlüssen gemäß § 2 Nr. 4 und 4 AFB 8 usw, vgl. Q IV 129 bis 132. Sind die Interessen mehrerer Personen nebeneinander versichert, z.B. das Interesse eines Kommissionärs als des VN und daneben das Interesse des Kommittenten, so können sich verschiedene Beträge ergeben, wenn z.B. der Kommittent billigere Einkaufsmöglichkeiten hat (PM § 86 Anm. 2a). Maßgebend für den VWert im Rahmen von § 56 VVG ist dann der höchste dieser Beträge, gleichgültig ob der Schaden an dieser oder an einer anderen Sache eingetreten ist und wessen Interesse durch den Schaden betroffen wurde.

II. Fremdes Interesse an eigenen Sachen des Versicherungsnehmers

1 Ein versicherbares Interesse an Sachen des VN besteht in erster Linie für diesen selbst. Im Zweifel gilt daher an eigenen Sachen des VN nach § 80 **Abs. 1 VVG** nur dessen eigenes Interesse als versichert. Daneben besteht ein versicherbares Interesse an Sachen des VN aber auch für jeden Nichteigentümer, zu dessen Lasten ein VFall gehen könnte, vgl. J I 6. Die Fragestellung lautet daher *bei Vertragsschluß:* Welche Nichteigentümer, zu deren Lasten der VFall möglicherweise gehen kann, sollen abweichend von der Zweifelsregel des § 80 Abs. 1 VVG mitversichert werden?

2 Die AVB der SachV regeln die versicherten Interessen meist nicht oder nicht vollständig, weshalb die Frage oft erst *im VFall* durch **Vertragsauslegung** gelöst werden muß, falls ein Schaden zu Lasten eines Nichteigentümers eingetreten ist. Von dem Auslegungsergebnis hängt ab, ob der Vr gegen den Nichteigentümer Regreß generell (sei es nach § 67 VVG aus übergegangenen Schadenersatzansprüchen oder nach § 55 VVG aus abgetretenen sonstigen Ansprüchen des VN, J I 10) oder nur bei grober Fahrlässigkeit des Versicherten (§§ 61, 79 VVG) nehmen kann. Praktisch häufigster Fall ist die V vermieteter Sachen durch den Eigentümer. An diesem Beispiel werden nachfolgend die Auslegungskriterien zur Frage des Einschlusses des Mieterinteresses erörtert.

3 1. Die Interessenlage des **Vermieters** als Antragsteller und potentieller VN ist einfach und für den Vr als Adressaten des Vertragsantrags leicht zu überblicken. Der Antragsteller möchte „möglichst viel" versichern, auch über sein eigenes Interesse im Sinn von § 80 Abs. 1 VVG hinaus, dies freilich nur unter der Voraussetzung, daß ihn der Einschluß fremder Interessen nicht mehr kostet als eine auf sein eigenes Interesse begrenzte Deckung. Insbesondere

will der VN das Interesse gegenwärtiger oder zukünftiger Vertragspartner einschließen, also das Interesse von Mietern oder Pächtern des zu versichernden Gebäudes oder der zu versichernden Betriebseinrichtung, soweit dies auf die Prämienhöhe ohne Einfluß bleibt. Dem Antragsteller ist zwar nicht unmittelbar, wohl aber mittelbar insofern an dem Einschluß des fremden Interesses gelegen, als es seinen geschäftlichen und persönlichen Beziehungen zum Vertragspartner dient, wenn diese im Schadenfall nicht durch Regreßmöglichkeiten eines Vr und durch Diskussionen darüber belastet werden, ob der Vertragspartner den Schadeneintritt verschuldet hat.

Das Gesagte gilt ohne Rücksicht darauf, ob auch der Vertragspartner sei- 4 nerseits einen VVertrag über die zu versichernden Sachen abgeschlossen hat. Der Eigentümer weiß nämlich meist nicht genau, ob durch jenen Vertrag auch sein Interesse mitversichert ist, und muß deshalb ohnehin einen Vertrag abschließen und Prämie aufwenden. Außerdem kann er Fortbestand sowie unveränderten Inhalt des Vertrages von Mietern oder Pächtern nicht zuverlässig kontrollieren. Noch weniger kennt er die Verhältnisse mit Bezug auf künftige Vertragspartner.

Anders liegt es allenfalls, wenn der VN positiv weiß, daß im **VVertrag des** 5 **Mieters** oder Pächters auch das Interesse des Eigentümers eingeschlossen ist, und wenn der Mieter oder Pächter durch den Miet- oder Pachtvertrag rechtlich verpflichtet ist, diesen Zustand aufrechtzuerhalten. Dann erübrigt sich nicht nur der Einschluß des Mieter- oder Pächterinteresses, sondern der Eigentümer kann sogar prüfen, ob er überhaupt einen eigenen Vertrag abschließen muß, zumal er diesen Vertrag nach § 60 VVG wegen DoppelV sogar einseitig wieder aufheben könnte. Aber die bloße MitV des Interesses des Eigentümers kann einen eigenen Vertrag des Eigentümers schon deshalb nicht voll ersetzen, weil über die Entschädigung aus dem fremden Vertrag ausschließlich der VN verfügen kann; außerdem muß sich der Mitversicherte nach § 79 VVG gegebenenfalls das Verhalten des VN mit der Folge der Leistungsfreiheit z.B. nach §§ 16ff., 23ff., 39, 61 VVG sowie wegen Obliegenheitsverletzung anrechnen lassen, vgl. H IV 67 zur HausratV.

Der Vr kennt die in J II 3 und 4 skizzierte Interessenlage des Antragstellers. 6 Er muß entscheiden, ob er vermietete oder verpachtete Gebäude und Betriebseinrichtungen usw. zu gleicher Prämie versichern will, wie Sachen, die der VN selbst im Besitz hat und nutzt. In der Regel gehen die Tarife der Vr davon aus, daß die Tatsache der Vermietung oder Verpachtung das Risiko nicht erhöht. Daher wird für **vermietete** oder verpachtete und für **nicht vermietete** und nicht verpachtete **Objekte** in der Regel **ein und dieselbe Tarifprämie** je 1000 DM VSumme festgelegt, also derselbe Prämiensatz, vgl. auch J II 10. Motiv hierfür sind neben der Identität des Risikoumfangs bei vermieteten oder verpachteten und bei eigengenutzten Objekten auch die Schwierigkeiten, die es bereiten würde, eine abweichende Tarifgestaltung konsequent zu realisieren, also z.B. den Beginn oder die Beendigung von Miet- oder Pachtverhältnissen als prämienerheblichen Umstand und als Gefahrerhöhung oder Gefahrminderung bei bestehenden Verträgen zu überwachen und zum Anlaß von Prämienänderungen zu nehmen.

Der Tarif ist nun allerdings nur ein Internum des Vr. Der Antragsteller und 7 künftige VN kennt ihn nicht. Meist fragt er auch nicht ausdrücklich, ob im

Fall eines bereits bestehenden oder künftig abzuschließenden Miet- oder Pachtvertrages der Einschluß des Interesses des Vertragspartners die Prämienhöhe beeinflussen würde. Gleichwohl bleibt eine etwaige Identität des Prämiensatzes für durch den VN selbst genutzte Objekte und für vermietete oder verpachtete Objekte ein „Umstand" im Sinn von § 80 Abs. 1 VVG. Die Identität der Tarifprämie bewirkt nämlich in der Regel, daß im **Antragsformular** nicht gefragt wird, ob es sich um ein durch den Antragsteller (sei er Eigentümer oder seinerseits Mieter oder Pächter) oder durch einen Dritten als Mieter oder Pächter genutztes Objekt handelt.

8   Durch das Unterlassen einer solchen Frage läßt der Vr erkennen, daß es nach seinem Tarif auf diesen Umstand für Vertragsschluß und Prämienhöhe nicht ankommt. Diese naheliegende Schlußfolgerung aus dem Antragsformular ist „Umstand" im Sinn von § 80 Abs. 1 VVG, und zwar gleichgültig, ob der Antragsteller persönlich den Schluß im Einzelfall tatsächlich gezogen hat. Antragsformulare sind nämlich begrifflich Allgemeine Geschäftsbedingungen und als solche „objektiv" auszulegen, d. h. ohne Rücksicht auf die Umstände des Einzelfalles. Nicht nur ungeäußerte Überlegungen des Antragstellers, sondern sogar die etwaigen Gespräche über diesen Punkt mit dem Agenten sind Umstände des Einzelfalles und bleiben für die Frage des § 80 Abs. 1 VVG außer Betracht.

9   Kein Auslegungskriterium zur Frage des Einschlusses fremder Interessen in die Deckung eigener Sachen des VN und kein „Umstand" im Sinn von § 80 Abs. 1 VVG ist hingegen die vereinbarte **VSumme**, denn in den VWert geht jede Sache schon deshalb ein, weil sie versichert ist. Der Einschluß fremder Interessen erhöht den VWert und damit die Gefahr einer UnterV in der Regel nicht. Anders liegt es nur, wenn Umstände in der Person des Mitversicherten zu einem höheren VWert führen, J I 22.

10   2. Am deutlichsten stellt sich die Frage der MitV des Interesses Dritter, wenn sich die zu versichernden eigenen Sachen des VN schon bei **Vertragsschluß** im **Besitz eines Nichteigentümers** befinden, insbesondere wenn ein *Betrieb verpachtet* oder ein *Gebäude* ganz oder teilweise verpachtet oder *vermietet* ist. Auch in solchen Fällen fehlt es aber meist an einer Abrede über die MitV des Interesses der Nichteigentümer. Noch mehr gilt dies für die *AußenV* beweglicher Sachen in der gewerblichen FeuerV und in der HausratV, durch die ebenfalls Sachen im Besitz von Nichteigentümern versichert werden, J II 21.

11   a) Bei **gewerblich benutzten Gebäuden** hängt der *Risikoumfang* nicht davon ab, ob der Eigentümer das Gebäude persönlich nutzt oder es durch einen Pächter oder Mieter nutzen läßt. Daß der Eigentümer das Gebäude einem besonders sorglosen Pächter oder Mieter überläßt, kann als Sonderfall außer Betracht bleiben und begründet überdies unter Umständen den Vorwurf eigener grober Fahrlässigkeit gegen den Eigentümer. Auch die *Höhe der Prämie* hängt nach den gebräuchlichen Tarifen nicht davon ab, ob der Eigentümer oder aber ein Pächter oder Mieter den VVertrag schließt, vgl. schon Honsell VersR 85, 301. Die Identität einerseits des Risikos und andererseits der Tarifprämie sind „Umstände" im Sinn von § 80 Abs. 1 VVG, die für einen

Einschluß des Pächter- oder Mieterinteresses in Verträge des Eigentümers sprechen, J II 4, 6 und 7. Es wäre wirtschaftlich unlogisch, wenn der Vr für dieselbe Prämie ein geringeres – nämlich ein um die Regreßmöglichkeit gegen den Pächter oder Mieter reduziertes – Risiko zu tragen hätte, falls er die Prämie mit einem Eigentümer als VN vereinbart, hingegen ein höheres Risiko, nämlich das Risiko des Eigentümers und des VN nebeneinander, J III 5, falls er den Vertrag mit einem Pächter oder Mieter als VN schließt.

Mangels gegenteiliger Abrede wird daher bei gewerblich genutzten Gebäu-   **12** den der Grundsatz des § 80 Abs. 1 VVG durch die dargelegten „Umstände" durchbrochen und das **Interesse des Pächters oder Mieters mitversichert.** Ebenso hat Hamm VersR 87, 300 zu einem Leitungswasserschaden entschieden, ferner LG Limburg VersR 76, 330 zur GlasbruchV. Im Fall Hamm aaO bestanden gleichzeitig VVerträge gegen Feuer und Sturm, für die sich dieselbe Beurteilung ergibt. Das Gesagte gilt auch und gerade dann, wenn bei Vertragsschluß nach der Art der Verwendung des Gebäudes und nach bestehenden Miet- oder Pachtverhältnissen nicht gefragt wurde; vgl. ferner Martin VersR 74, 825 sowie PM vor § 51 Anm. 7 A b.

Eine andere Frage (O II 8 und 9) ist, ob sich der VN im Rahmen von §§ 6,   **13** 23 ff., 61 VVG das Verhalten des Pächters zurechnen lassen muß, ob also der *Mieter* oder *Pächter Repräsentant* ist. Soweit dies zu bejahen (O II 96 und 102) und der Vr wegen eines Fehlverhaltens des Mieters oder Pächters auch gegenüber dem Eigentümer als VN leistungsfrei ist, stellt sich die Frage eines Regresses gegen den Pächter nicht.

Abweichend von der hier vertretenen Ansicht *verneint* wird der Einschluß   **14** des Pächterinteresses durch ÖOGH VersR 82, 786 für eine Imbißstube, die durch einen von zwei Miteigentümern (zunächst persönlich betrieben und später) verpachtet worden war. Letztere Entscheidung ist schon deshalb unrichtig, weil möglicherweise (zu Unrecht nicht geprüft) die Miteigentümer den VVertrag zu einer Zeit abgeschlossen hatten, als noch einer der Miteigentümer selbst die Gastwirtschaft betrieben hatte, was zweifellos für Einschluß des Risikos aus diesem Betrieb gesprochen hätte.

b) Die in J II 11 und 12 für gewerblich genutzte Gebäude angestellten   **15** Überlegungen lassen sich auf **Einfamilien-Wohngebäude** voll übertragen, gleichgültig, ob das Gebäude zu Wohnzwecken oder zu gewerblichen Zwecken vermietet wurde, z.B. als Arzt- oder Anwaltspraxis. Es darf bei Identität der Tarifprämie für das versicherte Risiko keinen Unterschied machen, ob der Vr den Vertrag mit dem Eigentümer oder mit dem Mieter abgeschlossen hat. Der zusätzliche Aufwand des Vr durch den Einschluß des Mieterinteresses und den Wegfall von Regreßansprüchen gegen Mieter ist auch gar nicht all zu hoch, denn meist besteht für den Mieter eine PrivathaftpflichtV mit Einschluß von Schäden an den gemieteten Sachen, die dem GebäudeVr zu einem DoppelVAusgleich verhilft, Prölss VersR 77, 697. Zu wenig zwischen Einfamilien- und Mehrfamiliengebäuden unterschieden wird bei Endermann VP 75, 73.

Mit Celle RuS 87, 136 = VersR 88, 27 und LG Köln VersR 73, 337 (für eine   **16** als Arztpraxis vermietete Wohnung) und entgegen der 2. Aufl. im Ergebnis **zu verneinen** ist ein **Einschluß des Mieterinteresses** jedoch bei Wohnungen in

Mehrfamilien-Wohngebäuden. Die in J II 11 und 12 dargelegten „Umstände" fehlen hier. Es bleibt bei dem Grundsatz des § 80 Abs. 1 VVG, wonach im Zweifel nur das Interesse des VN gedeckt ist, wenn sich nicht aus den Vereinbarungen zwischen den Parteien oder den Umständen bei Vertragsschluß im Einzelfall etwas anderes ergibt.

17   Insbesondere kann bei Mehrfamilienhäusern kein Vergleich gezogen werden zwischen dem Risikoumfang bei einem Vertrag mit dem Eigentümer einerseits und mit einem Mieter andererseits, denn Verträge mit Mietern einzelner Wohnungen über das Mehrfamiliengebäude als Ganzes werden nicht geschlossen. Außerdem ist das Risiko in einem durch mehrere oder gar viele und wechselnde Mietparteien bewohnten Gebäude größer als das Risiko in einem Einfamilienhaus gleichen Wertes (!), das nur durch eine einzige Familie bewohnt wird. Auch darin ist Celle aaO zuzustimmen. Unrichtig ist nur das zusätzliche Argument, das Celle aaO aus § 67 Abs. 2 VVG durch Umkehrschluß herleiten möchte. Ein solcher Umkehrschluß kommt zwar für Familienangehörige als solche in Betracht, soweit häusliche Gemeinschaft mit dem VN nicht besteht. *Nicht* jedoch darf aus § 67 Abs. 2 VVG abgeleitet werden, Familienangehörige könnten auch dann nicht nach den „Umständen" und ohne ausdrückliche Vereinbarung als mitversichert gelten, wenn sie zugleich Mieter sind. Zu den Rechtsfolgen der etwa zugleich bestehenden Mietereigenschaft erlaubt § 67 Abs. 2 VVG keine Schlüsse.

18   Daß der Vermieter die **Prämie** für den VVertrag einzeln oder zusammen mit den sonstigen Betriebskosten **auf den Mietzins umlegt,** ist für sich allein kein Argument für den Einschluß des Mieterinteresses, Celle RuS 87, 136 = VersR 88, 27, LG Hamburg VersR 82, 748 = ZfS 313. Entgegen LG Hamburg aaO ist jedoch das Fehlen einer Verpflichtung des Vermieters zum Einschluß des Mieterinteresses noch kein Argument auch dagegen, daß der Mieter es „freiwillig" gleichwohl einschließen will und eingeschlossen hat. Auch bedarf es dazu entgegen LG Hamburg aaO nicht einer „klaren Vereinbarung", sondern nur geeigneter Umstände im Sinn von § 80 Abs. 1 VVG, wie sie jedenfalls bei Einfamilien-Wohngebäuden in der Regel vorliegen.

19   Nach §§ 1 Nr. 3 VGB 62, 3 Nr. 1 VGB 88 (Wohngebäudemietausfall) ist das Interesse des Mieters an der Benutzbarkeit der Wohnung **keinesfalls** versichert, soweit er oder sein Erfüllungsgehilfe den Schaden schuldhaft verursacht hat. Die Unbenutzbarkeit des Einfamilienhauses oder der sonstigen Wohnung führt dann nicht zu einem versicherten Mietausfall des Vermieters, sondern zu einem unversicherten eigenen **Mietwertschaden des Mieters,** vgl. W VIII 13.

20   c) Das gleiche wie für gewerblich genutzte Gebäude (J II 11) gilt für **Betriebseinrichtungen** und **Warenvorräte** eines bereits bei Abschluß des VVertrages **verpachteten Betriebes. Auch hier ist das Interesse des Pächters** mangels gegenteiliger Abrede eingeschlossen, denn die Prämienkalkulation umfaßt die Risiken aus einem Betrieb, setzt also Regreßmöglichkeiten gegen einen Pächter bei nur leichter Fahrlässigkeit nicht voraus. Nur bei grober Fahrlässigkeit ist der Regreß möglich, J II 2.

21   d) Anders ist die Lage bei beweglichen **Sachen,** die der VN im Zeitpunkt des Vertragsschlusses deshalb nicht im Besitz hat, weil sie sich **nicht im VOrt**

befinden, sondern einem Dritten vermietet, geliehen, verpachtet oder in Reparatur oder Verwahrung gegeben sind. Soweit für solche Sachen **AußenV** besteht, sei es nach §§ 6 Nr. 2 VHB 74, 12 Nr. 1 VHB 84 (G V 16) oder vereinbarungsgemäß in der gewerblichen FeuerV (G V 9), schließt diese das **Interesse des Nichteigentümers,** der die Sachen besitzt, **nicht** ein. Es kommt dabei nicht darauf an, ob im Einzelfall das Risiko in den Räumen des Nichteigentümers größer, ebenso groß oder sogar kleiner ist als im VOrt. Es ist ferner gleichgültig, ob im Einzelfall dem VN vielleicht an einem Einschluß gelegen wäre. Im Regelfall, auf den es bei der Auslegung der AVB ankommt, soll die AußenV nur den VN vor Verlusten dadurch schützen, daß der Besitzer für VSchutz seinerseits nicht genügend gesorgt hat. Dagegen ist es eigene Angelegenheit des besitzenden Nichteigentümers, für die V seines eigenen Interesses zu sorgen, insbesondere durch eine BetriebshaftpflichtV oder z. B. durch eine V für Kraftfahrzeughandel und -handwerk. Regreß des HausratVr ist daher z. B. gegen den Kürschner möglich, der Pelze zur Reparatur oder in Verwahrung nimmt und den VFall verschuldet (PM § 59 Anm. 3 c). Unter Umständen haftet aber der Kürschner oder Juwelier auf Schadenersatz, wenn er seinen Kunden nicht darüber aufklärt, daß er keine V für das Reparaturobjekt abgeschlossen hat (Frankfurt NJW-RR 86, 107) und der Kunde bei gehöriger Aufklärung den Auftrag nicht erteilt hätte. Auch ein solcher Anspruch kann nach § 67 VVG auf den AußenVr übergehen. Wegen einer VMöglichkeit für Reparaturobjekte bei Juwelieren vgl. GB 85, 69, für Kundeneigentum bei Reinigungsbetrieben, Wäschereien und Färbereien GB 85, 69, VerBAV 79, 63 (AVB WäscheschutzV).

Die Regreßmöglichkeit erlaubt in geeigneten Fällen die Kalkulation besonders niedriger Prämiensätze, so z. B. bei V von **Eigentumsvorbehaltsware,** die 22 der VN verkauft und geliefert hat, vgl. zur rechtlichen Konstruktion PM vor § 51 Anm. 7 A b cc und Schirmer ZVersWiss 81, 649. Der Prämiensatz entkräftet hier nicht (wie gemäß J II 6), sondern verstärkt im Gegenteil die Vermutung des § 80 Abs. 1 VVG für V nur des eigenen Interesses des Eigentümers und Vorbehaltsverkäufers.

3. Geht der **Besitz** auf den **Nichteigentümer** erst **nach Vertragsschluß** über, so 23 besteht VSchutz überhaupt nur, wenn die Sachen nach dem Besitzübergang ihrer Art nach noch zum versicherten Inbegriff gehören und wenn sie im VOrt oder mindestens im Schutzbereich einer vereinbarten AußenV verbleiben. Letzterenfalls gelten die Ausführungen in J II 21 entsprechend, vgl. auch G V 16 für die HausrataußenV. Gibt der VN die als VOrt vereinbarten Räume samt *Inventar* an einen Nichteigentümer ab, insbesondere an einen *Pächter,* so geht die V des Inventars weder nach § 69 VVG auf den Pächter über (Umkehrschluß aus § 115 VVG; es fehlt an einer „Veräußerung") noch erlischt sie nach § 68 Abs. 2 VVG, sondern sie besteht fort und schließt das Interesse des Pächters ein, J II 20. Das gleiche gilt für die *GebäudeV,* J II 11 und 12. In der HausratV ist dieser Fall nicht denkbar, denn wenn der VN seine Wohnung samt Hausrat an einen Dritten abgibt, hören die Sachen auf, Hausrat des VN und als solche versichert zu sein, G IV 61 bis 81.

Verkauft der VN ein Grundstück samt dem versicherten **Gebäude** und geht 24 die *Gefahr* – meist zugleich mit Besitzübergabe – auf den *Käufer* schon vor dem Eigentumswechsel durch Grundbucheintragung über, so ist das **Interesse des gefahrtragenden Käufers** in der V des Verkäufers **mitversichert**. Der Vr muß also Entschädigung ohne Rücksicht darauf leisten, ob der Kaufpreis schon gezahlt ist und ob der Käufer zahlungsfähig ist (ebenso Hamburg VersR 78, 1138, PM vor § 51 Anm. 7 A b cc, § 60 VVG Anm. 3, § 69 VVG Anm. 3, Martin VersR 74, 253, 825).

25   Da bei Eigentumswechsel die V nach § 69 VVG ohnehin auf den Käufer übergeht, wäre es nicht vertretbar, den Einschluß seines Interesses in der V des Verkäufers zu verneinen und ihn dadurch zu zwingen, für die Zeit zwischen Gefahrübergang und Grundbucheintragung zusätzlich eine V nach Kurztarif abzuschließen. Nimmt der Käufer dennoch bereits vor Eigentumserwerb eine eigene V, insbesondere weil die V des Verkäufers nach § 70 VVG gekündigt wird, so besteht für die Übergangszeit DoppelV (richtig Hamm VA 34 Nr. 2734; anders KG VA 36 Nr. 2885), und zwar nicht nur für das Interesse des Käufers, sondern auch für das Interesse des Verkäufers, denn die neue V des Käufers schließt für die Übergangszeit das Interesse des Verkäufers ein (J III 4, PM § 60 Anm. 3; anders für einen Sonderfall Hamm VersR 74, 154). Nachweise aus der älteren Rechtsprechung und Literatur: BM § 49 VVG Anm. 90, die mit unklarer Begründung (§ 281 BGB; wäre aber das Käuferinteresse in der V des Verkäufers nicht eingeschlossen, so bestünde bei Schäden zu Lasten des Käufers auch kein abtretungsfähiger Anspruch, weil der Verkäufer keinen Schaden erlitten hat; irrig auch Schirmer ZVersWiss 81, 650) zu dem hier vertretenen Ergebnis gelangen, bei DoppelV aber (irrig) sogar ausschließlich den Vr des Verkäufers haften lassen wollen.

26   4. Dem VN kann auch daran gelegen sein, das Interesse Dritter an Sachen mitzuversichern, die im **Besitz des VN** bleiben, soweit dies ohne Mehrprämie möglich ist, J II 3, so insbesondere das Interesse von Mietern oder Pächtern, denen nur ein Teil des Gebäudes überlassen ist. Der VVertrag des Eigentümers ist so zu verstehen, daß ein Regreß gegebenenfalls (J II 11 bis 15) auch für Schäden an den Teilen des Gebäudes ausgeschlossen ist, die nicht Gegenstand des Miet- oder Pachtvertrages sind. Dagegen ist der VN z.B. am Ausschluß von Regressen gegen *Wasserversorgungsunternehmen* nach Schäden gemäß §§ 1 Nr. 2b AWB 68, 1 Nr. 3b AWB 87, 4 Nr. 2b VGB 62, 7 Nr. 1 und 3 VGB 88 normalerweise weniger interessiert, denn die Unternehmen sind Monopolbetriebe und ihre Konditionen sind nicht variabel, E I 95.

27   Das Interesse von Personen, die im Auftrag des VN oder eines Mieters oder Pächters **im VOrt tätig** werden (und zwar selbständig; wegen Arbeitnehmern vgl. J II 33), kann **nicht** schon durch *Vertragsauslegung* als mitversichert gelten. Meist erhöht nämlich die Tätigkeit Dritter im VOrt das Risiko, so vor allem bei Bau und Montage; aber auch wo dies nicht zutrifft, weil die Tätigkeit Dritter der Natur der Sache entspricht, wie bei der FeuerV von Rohbauten (Endermann VP 74, 7), hat sich die Praxis eingebürgert, den *Einschluß des* **Interesses von Werkunternehmern** ausdrücklich zu *vereinbaren*, sei es mit oder sei es ohne gesondert ausgewiesene *Mehrprämie*, insbesondere in der Industrie-FeuerV. Soweit allerdings der Werkunternehmer durch *Monopole* an eigener V seines Interesses gesetzlich gehindert ist, muß das

Werkunternehmerinteresse im Vertrag des Eigentümers auch stillschweigend als mitversichert gelten, PM vor § 51 Anm. 7 A a bb.

Entgegen J II 12 der 1. Aufl. genügt den Bedürfnissen des Werkunterneh- **28** mers nicht schon ein bloßer Regreßverzicht, denn der Werkunternehmer wäre dann nicht gegen Inanspruchnahme seitens des VN geschützt. Gerade deshalb ist aber eine nur als „*Regreßverzicht*" bezeichnete Abrede im VVertrag häufig eben doch als voller Einschluß des Interesses des Werkunternehmers auszulegen, vgl. J I 12. – Bei kleingewerblichen und WohngebäudeV-Verträgen sind Regreßverzichte in der Praxis selten. Das Problem verlagert sich hier auf den *Haftungsausschluß* in den Geschäftsbedingungen des Werkunternehmers und auf § 67 Abs. 1 Satz 3, 24, 25 Abs. 3 VVG, vgl. J I 17 bis 19.

Auch der **Garant** hat ein eigenes Interesse an den Sachen des VN in dessen **29** Besitz. Die Garantie ist aber hier unmittelbar Vertragszweck, so daß der VN keinen Grund hat, die Gefahr dem Garanten abzunehmen, wodurch das Garantieverhältnis seinen Inhalt verlöre. Dies gilt auch, wenn die Garantie als Ergänzung zu einem Kaufvertrag vereinbart wurde, z.B. die Garantie des Geldschrankherstellers gegen Schäden durch Brand oder Diebstahl. Daher ist das Garanteninteresse im Zweifel **nicht mitversichert** (LG Heilbronn VersR 75, 30, AG Heilbronn VersR 76, 529, AG Otterndorf VersR 78, 34, Martin VersR 75, 101, PM vor § 51 Anm. 7 A vor a, § 80 Anm. 1). Der Garantievertrag ist auch nicht etwa auch seinerseits als V im Sinn von § 58 VVG anzusehen, so daß der Vr nicht etwa dem Garanten nach § 59 Abs. 2 VVG ausgleichspflichtig ist (Martin aaO, PM § 58 Anm. 1 und – Gegenansicht – § 67 Anm. 2). Anders ist die Rechtslage allenfalls (Martin aaO), soweit die Garantie durch eine qualifizierte Subsidiarität eingeschränkt ist.

5. **Familienangehörige** (Begriff: PM § 67 Anm. 7 A; wegen Lebensgefährten, **30** Pflegekindern usw. vgl. Ollick VerBAV 80, 285), die im Zeitpunkt des VFalls (a. A. PM aaO: Zeit der „Zahlung", aber unhaltbar) mit dem VN in häuslicher Gemeinschaft im Sinn von D XII 62 leben, sind durch § 67 **Abs. 2 VVG** mitversichert, weil ein Regreß gegen sie nur bei Vorsatz möglich, bei leichter oder grober Fahrlässigkeit dagegen ausgeschlossen ist. Der Einschluß des Sachersatzinteresses des Familienangehörigen an Sachen des VN geht also sogar weiter als der Schutz des VN, der bei grober Fahrlässigkeit an § 61 VVG scheitert, vgl. H IV 71 für Wohngenossen in der HausratV. § 67 Abs. 2 gilt nicht nur für die Hausrat- und Wohngebäude-, sondern auch für die GeschäftsV, wobei es nicht nötig ist, daß der Familienangehörige über die häusliche Gemeinschaft hinaus auch im Geschäft mitarbeitet.

Nicht geschützt durch den Regreßverzicht ist der Familienangehörige vor **31** **direkter Inanspruchnahme durch den VN,** vgl. J I 11 zum versicherungsvertraglichen Regreßverzicht. Selbst durch Inanspruchnahme des Vr soll der VN nach h. M. nicht gehindert sein, sich zusätzlich an den Familienangehörigen zu halten. Auch dies soll dem Vr zugute kommen, und zwar in Form eines Bereicherungsanspruchs, PM § 67 Anm. 7 A a. E. – Hingegen ist § 67 Abs. 2 VVG anwendbar, wenn der Vr zunächst einen Dritten in Anspruch nimmt, der sich dann seinerseits an den Familienangehörigen halten könnte. – Zur **Argumentation** aus § 67 Abs. 2 VVG **gegen** eine **Repräsentantenstellung** der dort genannten **Familienangehörigen** vgl. O II 122.

32   Für Familienangehörige einer Person, deren Interesse an Sachen des VN nach den Überlegungen gemäß J II 3 bis 29 mitversichert ist, gilt § 67 Abs. 2 VVG ebenfalls, so daß z. B. die Familienangehörigen der Mieter eines Einfamilienhauses (J II 15) mitversichert sind.

33   **Arbeitnehmer** des VN oder der Versicherten sind nicht generell mitversichert, weder analog § 67 Abs. 2 VVG noch durch Vertragsauslegung. Soweit aber der Arbeitnehmer des VN oder des Mitversicherten (z. B. eines Werkunternehmers, J II 27) von diesem Freistellung verlangen könnte, vor allem nach den Grundsätzen über gefahrengeneigte Arbeit, ist der Regreß gegen den Arbeitnehmer ausgeschlossen.

III. Interessen des Versicherungsnehmers an fremden Sachen

1   1. Ob fremde Sachen überhaupt zu den *versicherten Sachen* gehören, wird in H III 57 bis 88 erörtert. Soweit dies zu bejahen ist, stellt sich die zusätzliche (J I 5) Auslegungsfrage (PM vor § 51 Anm. 7 C), ob nur das **Interesse des VN** oder nur das **Interesse des Eigentümers** oder **beides** versichert ist; wegen des Interesses sonstiger Personen vgl. J III 18. V nebeneinander des Interesses des VN und des Eigentümers ist die Regel (LG Berlin VersR 84, 250; Ollick VerBAV 82, 48), denn die V der fremden Sachen soll sowohl dem Eigentümer (oft Kunde des VN, daher die Bezeichnung „KundenV", J I 7) wie auch dem VN zugute kommen, soweit der Schaden, wäre er unversichert, zu dessen Lasten ginge.

2   Nach § 80 Abs. 1 VVG steht die V des Interesses des VN auch bei fremden Sachen sogar im Vordergrund, und zwar wirtschaftlich mit Recht, denn die **Prämienkalkulation** der SachV geht meist von der Ersatzpflicht jedes Schadens durch die versicherten Gefahren aus, also davon, daß entweder nur ein einziger Interessenträger vorhanden ist oder aber sämtliche der mehreren Interessenträger versichert sind (vgl. näher J II 6, 7 und 11), und zwar für alle Sachen der Position. Wer als VN für eine fremde Sache die so kalkulierte Prämie schuldet und bezahlt, will weder das fremde (Eigentümer-) noch gar das eigene Interesse ausschließen, sondern erwartet als Gegenleistung denselben VSchutz, den auch der Eigentümer erlangen würde, wenn bei gleicher Prämie dieser den VVertrag abschlösse und Dritte an Verwaltung und Gebrauch der Sache nicht beteiligt wären.

3   Es ist in Praxis und Rechtsprechung unstreitig, daß die **SachV** *auch* oder sogar *nur* das **Haftpflichtrisiko** mit Bezug auf bestimmte oder bestimmbare Sachen (Sachinbegriffe) decken kann, vgl. dazu und zum Verhältnis zu einigen zwingenden Vorschriften der §§ 149 ff. VVG Martin VersR 74, 821 ff. sowie PM vor § 51 Anm. 6 E und 7 C (dort auch weitere Rechtsprechungs- und Literaturnachweise). Versicherbares (wegen Schirmer ZVersWiss 81, 742 vgl. J I 7) „Sachersatzinteresse" bezeichnet in der Sprache der SachV und beschränkt auf bestimmte Sachen dasselbe, was sonst Haftpflichtrisiko genannt wird. Ausnahmsweise werden fremde Sachen mit Einschluß des Sachersatzinteresses des VN sogar auf Erstes Risiko versichert, nämlich Sachen von Kunden von Spediteuren, Geldinstituten und Beherbergungsbetrieben, weil der VN den Wert dieser Sachen nicht abschätzen kann, H III 83, 86 und

87; die Prämienkalkulation der SachV auf Erstes Risiko nähert sich dann allerdings der Prämienkalkulation einer HaftpflichtV. Gebrauchsgegenstände von Betriebsangehörigen (H III 23 und 85) werden nur deshalb nicht auf Erstes Risiko versichert, weil sie erfahrungsgemäß einen bestimmten Prozentsatz des Wertes der Betriebseinrichtung nicht übersteigen.

2. Versicherte **Gebäude** werden stets bestimmt bezeichnet. Auf die Eigen-   4
tumslage kommt es entgegen §§ 2 Nr. 1 Satz 1 AFB 30 nicht an. §§ 2 Nr. 2 AFB 87, AWB 87, AStB 87, AWB 68, AStB 68, 2 VGB 62, 1 Nr. 1 VGB 88 erwähnen das Eigentum bei Gebäuden von vornherein mit Recht nicht. Wer ein fremdes Gebäude versichert, tut dies meist entweder als Käufer bis zum Eigentumswechsel oder als Mieter oder Pächter. Stets versichert der VN in erster Linie sein *eigenes* Interesse an dem fremden Gebäude (§ 80 Abs. 1 VVG), daneben aber auch das Interesse des *Verkäufers* (J II 25), *Vermieters*, *Verpächters* (J II 6) usw, Hamm RuS 87, 23. Die von Schriftleitung RuS 87, 24 vermißte Begründung für den Einschluß des (fremden) Interesses des Eigentümers liegt in erster Linie in der oben J III 2 erwähnten Prämienkalkulation; diese ist „Umstand" im Sinn von § 80 Abs. 1 VVG, J II 8.
Es würde dem erkennbaren Interesse des VN widersprechen, wenn der Vr   5
gegenüber einem Käufer, Mieter oder Pächter eines Gebäudes als VN die Entschädigung verweigern könnte, weil etwa nach dem Kaufvertrag bestimmte Gefahren noch zu Lasten des Verkäufers gehen oder weil die Miet- oder Pachtzeit ohnehin bald nach dem Schaden geendet hätte. Der Vr des Mieters oder Pächters kann nicht einwenden, er schulde statt der Wiederherstellungskosten des zerstörten Gebäudes, das der Pächter wegen Ablaufs der Pachtzeit ohnehin nicht mehr nutzen kann, etwa nur die Kosten für Ersatzräume bis zum Ende der Pachtzeit. Vielmehr ist das Vermieter- oder Verpächterinteresse eingeschlossen, vgl. näher J I 8 sowie BGH RuS 88, 87 = NJW-RR 727 zu einem VVertrag eines Mieters. Nur dies ist der rechtliche Grund dafür, daß der Vr die vollen Wiederherstellungskosten zahlen muß, nicht dagegen das Gebrauchsrechtsinteresse des Pächters, das zwar theoretisch versicherbar ist, nach den gebräuchlichen AVB aber außerhalb des entschädigungspflichtigen Schadens der Wiederherstellungskosten liegt, J I 8 und PM vor § 51 Anm. 6 C.

3. Bei **beweglichen Sachen, für die der VN die Gefahr trägt**, steht die V des   6
Interesses des VN im Vordergrund, vor allem bei Sachen, die unter *Eigentumsvorbehalt* gekauft oder *zur Sicherung übereignet* wurden. Diese Sachen sind, soweit sie zu einem versicherten Inbegriff gehören, nach allen AVB mitversichert, H III 59. Hierbei sind nebeneinander das Interesse sowohl des Eigentümers wie auch das VN versichert, vgl. z. B. Schriftleitung RuS im Anschluß an Hamm RuS 86, 317. Auch für den VWert kann (der eventuell höhere) Wiederbeschaffungspreis des VN maßgebend sein, soweit nicht die AVB (Q IV 130) etwas anderes bestimmen, vgl. allgemein J I 22 sowie für Leasing-Nehmer als VN J III 8 bis 10. Entgegen LG Hannover VersR 86, 864 = DAR 151 (zu den AKB) braucht man den Leasing-Nehmer keineswegs „als Eigentümer anzusehen" (der er nicht ist), um zur V des eigenen Interesses des Leasing-Nehmers und zur Aktivlegitimation für den Entschädigungsanspruch zu gelangen.

7   Neben dem Interesse des VN ist freilich auch das Interesse des Eigentümers gedeckt, PM 24. Aufl. § 2 AFB 30 Anm. 2. Der damals erkennende Senat des BGH hatte in einem bestimmten Fall sogar ausschließlich V des Interesses des Eigentümers angenommen (BGHZ 10, 376), weil er irrig meinte, nach den AFB 30 usw. gebe es kein Nebeneinander der V eigener und fremder Interessen (vgl. hiergegen J I 4 sowie PM vor § 51 Anm. 4 B). Indessen ist den Ergebnissen jener BGH-Entscheidung aus anderen Gründen in den praktischen Ergebnissen teilweise zuzustimmen, vgl. J IV 3 und 4.

8   Bei **Leasing-Objekten** trüge **vor Ausübung der Kaufoption** nach dem Mietrecht des BGB der Eigentümer und Leasing-Geber die Gefahr, J III 11, so daß auch dessen niedrigerer Einstandspreis für den VWert maßgebend wäre (Q IV 128) und der Leasing-Nehmer als VN die Neuwertentschädigung voll weiterzuleiten hätte. Die Leasing-Verträge verlagern jedoch die **Gefahr** des zufälligen Untergangs der Sache meist auf den **Leasing-Nehmer**, vgl. Überblick über die gebräuchlichen Vertragstypen bei Palandt/Potzo vor § 535 BGB Anm. 4 sowie Sblowski ZfV **84**, 618. Nach solchen Verträgen hat der Leasing-Nehmer bei zufälligem Untergang denselben Betrag zu zahlen, wie wenn er in diesem Zeitpunkt die Kaufoption wahrgenommen hätte. Soweit solche Leasing-Verträge nicht gegen § 9 AGBG verstoßen, Q IV 131, ist für den VWert der meist höhere Wiederbeschaffungspreis des VN und Leasing-Nehmers maßgebend. Letzteres gilt auch, wenn der VN den Untergang der Sache zu vertreten hat. Welchen Teil der Neuwertentschädigung der VN an den Leasing-Geber weiterleiten muß, braucht der Vr nicht zu prüfen.

9   Die **Rechtsprechung zur Kfz-KaskoV** hatte anfänglich für die Höhe des Wiederbeschaffungspreises und für den Ersatz der Mehrwertsteuer teilweise auf die Verhältnisse des Leasinggebers abgestellt und ein weitergehendes eigenes Interesse des Leasingnehmers für unversichert gehalten, vgl. z. B. LG Augsburg RuS 87, 97, LG Hamburg RuS 87, 97, LG Duisburg RuS 87, 98 sowie LG Coburg, LG Regensburg und LG Frankfurt VersR 87, 875, Celle ZfS 87, 278, Hamm VersR 88, 926. Wie hier auf die Verhältnisse des Leasing-Nehmers wurde dagegen auch zu den AKB z. B. abgestellt in LG Hannover DAR 86, 151 = VersR 864 = RuS 87, 247, LG Hamburg RuS 87, 246, AG Flensburg RuS 87, 247, LG Mainz RuS 87, 247, LG Gießen RuS 87, 248, LG Lüneburg ZfS 87, 184. BGH RuS 88, 255 begrenzt die Entschädigung zwar auf den Preis, den der Leasing-Geber als Versicherter aufwenden muß, aber ausdrücklich deshalb, weil dem VN (Leasingnehmer) eine Option nicht zustand, er also kein weitergehendes Interesse und keinen weitergehenden Schaden hatte.

10   Hatte der Leasing-Nehmer vor dem VFall die **Kaufoption** bereits **ausgeübt**, den Kaufpreis aber noch nicht voll gezahlt, so steht die Neuwertentschädigung dem VN und Leasing-Nehmer zu. Maßgebend für den VWert ist zweifelsfrei der Wiederbeschaffungspreis des VN. Von einem Vorrang der V des Interesses des Eigentümers im Sinn von BGHZ 10, 376 (J III 7) kann, wie auch sonst bei Abzahlungskäufen (J IV 5), nur in Höhe der noch nicht gezahlten Kaufpreisraten die Rede sein. Hat der VN die Entschädigung nach dem Schaden oder sogar schon im Leasing-Vertrag an den Leasing-Geber **abgetreten,** so kann der Vr an den Leasing-Geber unter den Voraussetzungen von § 409 BGB auch dann befreiend leisten, wenn die Abtretung *unwirksam*

ist. Letzteres kommt insbesondere für den Zeitwertanteil ernsthaft in Betracht, jedenfalls soweit der Leasing-Geber den Kaufpreis bereits erhalten hatte, sei es in Form von Kaufpreisraten oder sei es in Form versteckter Anteile im Mietzins.

4. Bei **beweglichen Sachen, für die der Eigentümer die Gefahr trägt,** insbesondere gemieteten (Ausnahme: Leasing-Verträge, vgl. J III 8 bis 10), sowie geliehenen oder zur Reparatur oder Verwahrung übernommenen Sachen (vgl. wegen solchen Kundeneigentums H III 6 und 12 sowie Q II 5), will der VN zwar ebenfalls entsprechend der Regel des § 80 Abs. 1 VVG primär eigenes Sachersatzinteresse abdecken. §§ 2 Nr. 1 Satz 2 AWB 68, AStB 68 und die Fremdeigentumsklauseln in ihren älteren Fassungen (H III 61 der 2. Aufl.) sprechen allerdings im Gegenteil nur von einer „*V für Rechnung des Eigentümers*", und zwar mißverständlich in einer Weise, als wäre ausschließlich das Interesse des Eigentümers gedeckt, so daß der Vr gegebenenfalls gegen den VN sogar Regreß nehmen könnte (Martin ZVersWiss 73, 503).

Korrekt formuliert sind, ebenso wie schon § 4 ZFgA 81 b und Kl 141 bis 143 (Texte 33 der 2. Aufl.), jetzt §§ **2 Nr. 5 AFB 87, AWB 87, AStB 87, 2 Nr. 4 AERB 87**: „*für Rechnung des Eigentümers und des VN*". Noch deutlicher lautet Kl 2702 Nr. 2 für die SpediteurFeuerV, H III 83. – Wegen der wirtschaftlich nicht ganz folgerichtigen Abhängigkeit auch der V des eigenen Interesses von den Vereinbarungen des VN mit dem Eigentümer vgl. H III 75.

Eine **V ausschließlich des eigenen Sachersatzinteresses des VN** kennt schon seit langer Zeit **Kl 1204** für Pfandleiher, H III 84. Hier wird für die als Pfand genommenen Sachen eine gesonderte Position mit entsprechender Prämienkalkulation gebildet.

Ebenfalls ausschließlich eigenes Sachersatzinteresse wird in der **FeuerhaftungsV** gedeckt. Sie entwickelte sich in der Vertragspraxis der letzten 20 Jahre, vgl. Engels VP 77, 97 und 85, 73, Steffen ZfV 78, 309 sowie Wolfgang Sblowski, Feuerhaftungsversicherung, Karlsruhe 1987. Seit 1988 gibt es mit den in Texte 47 abgedruckten **FHB** gemäß VerBAV 88, 60 erstmals ein genehmigtes Bedingungswerk für die FeuerhaftungsV. Erläuterung der FHB in PM 25. Aufl. Teil II B ist vorgesehen.

§§ **149 ff.** VVG sind anzuwenden, soweit nicht die FHB Abweichungen vorsehen. Die FHB entsprechen teilweise wörtlich den **AHB**. Ergänzend verweisen die FHB auf die **AFB 87**, jedoch ohne deren § 4 über den VOrt, denn versichert sind Ansprüche Dritter wegen Schäden an Sachen innerhalb und außerhalb des VOrtes der SachV. Überschneidungen mit der BetriebshaftpflichtV werden durch einen Selbstbehalt in Höhe der üblichen VSummen der BetriebshaftpflichtV vermieden.

Auch die **Ausschlüsse** der AHB sind weitgehend in die FHB übernommen. Teilweise können die Ausschlüsse durch **Einschlußklauseln** rückgängig gemacht werden, nämlich für Mietsachschäden, Bearbeitungsschäden und Schäden durch allmähliche Einwirkung von Temperatur, Feuchtigkeit usw. Neu gegenüber den AHB ist in § 5 **Nr. 4 d FHB** ein Ausschluß von **Umweltschäden** („Veränderungen der Beschaffenheit des Bodens, der Luft und des Wassers"). In Verträgen mit höheren VSummen wird auch dieser Ausschluß oft abbedungen werden müssen, weil VSummen von einer bestimmten Größenordnung an in erster Linie für Umweltschäden benötigt werden.

17   5. **Miteigentum nach Bruchteilen** steht hinsichtlich des eigenen Anteils des VN dem *Alleineigentum* gleich. Sind nur eigene (bewegliche) Sachen versichert, so ist für VWert und Entschädigung nur ein entsprechender Bruchteil des gesamten Wertes der Sache oder der Reparaturkosten zu berücksichtigen. Liegen die Voraussetzungen eines Fremdeigentumseinschlusses gemäß H III 61 vor oder handelt es sich – wie in BGH RuS 88, 86 = NJW-RR 727 – um eine GebäudeV, so ist auch an den Fremdanteilen das Interesse der Eigentümer und daneben das Sachersatzinteresse des VN versichert. Dagegen ist das Sachersatzinteresse der übrigen Miteigentümer an dem Anteil des VN nicht schon wegen des Bruchteileigentums, sondern nur unter den in J II 2 bis 22 erörterten Voraussetzungen gedeckt. Versichern allerdings mehrere Mitglieder als VN durch gemeinsamen Vertrag die ihnen gemeinsam gehörende Sache, so ist das Interesse aller VN an allen Anteilen gedeckt. Vgl. wegen der V durch Miteigentümer von Gebäuden auch H II 75, von beweglichen Sachen auch H IV 80. Wegen der Sonderregelung für **Bauunternehmer-Arbeitsgemeinschaften** in Kl 1205 vgl. H III 88.

18   6. Das **Interesse Dritter an fremden Sachen** ist in demselben Umfang eingeschlossen wie an eigenen Sachen des VN. Soweit dem VN daran gelegen und der Vr ohne Mehrprämie in der Lage ist, die Interessen Dritter an *eigenen* Sachen des VN einzuschließen, J II 6 bis 8, kann beides auch für die Interessen Dritter (soweit nicht mit dem Eigentümer identisch) an *fremden* Sachen zutreffen. Allerdings gilt dies nur, soweit der VN an dem Einschluß ein wirtschaftliches Interesse hat, entweder weil die Dritten auch seine eigenen Kunden sind oder weil die Beziehungen zu eigenen Kunden auch durch Einschluß Dritter, die nicht eigene Kunden des VN sind, günstig beeinflußt werden kann. Die Ausführungen in J II 3 bis 9 über den Einschluß des Interesse Dritter an eigenen Sachen des VN gelten daher für den Einschluß des Interesse Dritter an fremden Sachen entsprechend, vgl. für den Sonderfall des Interesses von Miteigentümern an den ihnen nicht gehörenden Anteilen schon oben J III 17.

IV. Rechtsfolgen der Fremdversicherung

1   1. Für die **FremdV** gelten §§ 74 ff VV, geringfügig modifiziert durch §§ 12 AFB 30, AEB, 9 AERB, 11 AWB 68, AStB 68, 10 AFB 87, AERB 87, AWB 87, AStB 87, 12 VHB 74, 17 VHB 84, 14 VGB 62, 12 VGB 88 und durch die formularmäßigen Abreden gemäß Sicherungsschein oder Sicherungsbestätigung gemäß Texte 52 und 53 (vgl. dann J IV 20 bis 23). Wegen der Folgen eines Fehlverhaltens mitversicherter Dritter nach § 79 VVG vgl. allgemein O II 1 und speziell für Hausrat H IV 67 und 72. Die Aufklärungsobliegenheit (X II 93) trifft wohl auch den Versicherten. – §§ 74 ff VVG regeln die FremdV, J I 4, was nicht identisch ist mit V fremder Sachen, sondern mit V **fremder Interssen**. Dies wird oft übersehen, J I 5. Der Begriff des „Interesses" wird leider auch in den neu formulierten Vorschriften der §§ 9 AERB, 10

AFB 87, AERB 87, AWB 87, AStB 87 nicht und in §§ 2 Nr. 5 AFB 87, AWB 87, AStB 87, 2 Nr. 4 AERB 87 nur speziell für den VWert gebraucht. Immerhin drücken § 9 Nr. 1 AERB sowie §§ 10 AFB 87 usw. durch das Wort „soweit" aus, daß *eigene und fremde Interessen* nicht nur alternativ, sondern auch *nebeneinander* versichert sein können, J I 4, und zwar nicht nur durch denselben *Vertrag* oder durch dieselbe *Position,* sondern auch an ein und derselben *Sache.*

Bei **eigenen Sachen des VN** wird zugunsten Dritter oft nicht ausdrücklich V 2 für fremde Rechnung oder – was das gleiche bedeutet – Einschluß ihrer Interessen, sondern nur ein Regreßverzicht vereinbart, J I 11. Dann ist zunächst zu prüfen, ob nicht bei richtiger Vertragsauslegung eben doch voller Interesseeinschluß gewollt ist, J I 12. Ist dies nicht der Fall, ist also nur Regreßverzicht gewollt, so haben §§ 74 ff VVG mit Ausnahme von § 79 VVG (Verhaltenszurechnung) praktisch keine Bedeutung. Das gleiche gilt sogar bei vollem Einschluß des Sachersatzinteresses, insbesondere von Mietern und Pächtern, denn deren Gebrauchsrechtinteresse ist nicht Gegenstand der V, J I 8 und J III 5, nicht einmal dann, wenn sie selbst VN sind, und noch weniger bei einer V durch den Eigentümer.

Bei **fremden Sachen** ist zwar auch das Interesse des VN versichert, gleich- 3 gültig ob er die Gefahr trägt, J III 6 bis 10, oder gegebenenfalls nur auf Schadenersatz haftet, J III 11 bis 16. Wenn und soweit aber durch einen Schaden auch das Interesse des Eigentümers betroffen ist, weil der VN entweder den geschuldeten Schadenersatz oder – bei Eigentumsvorbehalts- oder Sicherungsgut – den Kaufpreis oder das Darlehen noch nicht voll gezahlt hat, sind §§ 74 ff VVG anzuwenden. Die V des *fremden Interesses* hat *Vorrang* vor der MitV des eigenen Interesses. Daher ist die Entschädigungsforderung für fremde Sachen gemäß § 75 VVG im Konkurs des VN (§ 46 KO) wie auch in der Einzelzwangsvollstreckung (§ 771 ZPO) Vermögensbestandteil des Eigentümers. Nicht in der Begründung, J III 7, wohl aber im Ergebnis gemäß § 75 VVG ist also BGHZ 10, 376 insoweit zuzustimmen (PM vor § 51 Anm. 7 C b).

Die MitV des eigenen Interesses des VN an fremden Sachen erschöpft sich 4 **nicht** in einem bloßen Regreßverzicht, vgl. J I 11 für den umgekehrten Fall des fremden Interesses an eigenen Sachen des VN. Das ist eine Konsequenz aus § 80 Abs. 1 VVG und wird praktisch bedeutsam, wenn der VN den Schaden des versicherten Eigentümers ausgleicht, bevor der Vr in Anspruch genommen wurde. Von diesem Zeitpunkt an steht dem VN ein eigener Zahlungsanspruch gegen den Vr zu. Dieser Anspruch gehört nun abweichend von J IV 3 nicht mehr zum Vermögen des versicherten Eigentümers, in das dessen Gläubiger vollstrecken können.

Sicherungsnehmer und **Eigentumsvorbehaltsverkäufer** haben ein versicherba- 5 res Interesse nur wegen und in Höhe ihrer Rest- (Darlehens- oder Kaufpreis-) Forderung. Soweit die V FremdV ist, erweist sie sich somit als VermögensschadenV. Die Sachsubstanzentschädigung (soweit sie die Restschuld übersteigt) steht voll dem VN zu, also sowohl der Zeitwert- (für den er als Abzahlungskäufer den Kaufpreis gezahlt hat) wie der **Neuwertanteil.** Soweit aus BGHZ 10, 376 das Gegenteil zu entnehmen ist, beruht dies auf dem Irrtum, eine V könne nicht nebeneinander eigenes und fremdes Interesse einschließen, vgl. auch PM 24. Aufl. § 2 AFB 30 Anm. 2 und 3. Das gleiche gilt für die MitV des Leasing-Gebers in der SachV des Leasing-Nehmers, vgl. J III 8 bis 10.

6   Der durch den Schaden betroffene Dritte als **Interesseträger** ist nach § 75 VVG **Forderungsinhaber;** aber über die Forderung verfügen kann nur der VN. „Verfügungen" sind z. B. Mahnung, Abtretung, Einziehung, Vergleiche und Schadensfeststellungsverträge (LG Berlin VersR **84,** 250) sowie ein Verlangen des Sachverständigenverfahrens (Y I 26). Nach den in J IV 1 zitierten AVB-Bestimmungen gilt das Gesagte abweichend von § 76 VVG sogar ohne Rücksicht auf den Besitz des VScheins. Der VN kann den versicherten Interesseträger und Forderungsinhaber allerdings ermächtigen, Zahlung an sich zu verlangen; wegen § 75 VVG ist dies keine Abtretung (die Forderung steht dem Versicherten materiell ohnehin zu), sondern nur eine „Zustimmung", vgl. z. B. § 12 Nr. 2 AFB 87 usw., die dem Versicherten die ihm gesetzlich entzogene **Verfügungsbefugnis** über seine eigene Forderung zurückgibt (PM § 75 Anm. 3 b und c). Wegen der weiteren Einzelheiten muß auf die Literatur zu §§ 74 ff., 35 b VVG verwiesen werden, so z. B. wegen der Aufrechnung mit der oder gegen die sowie wegen der Zwangsvollstreckung in die Entschädigungsforderung, ferner wegen etwaiger Rechtsmißbräuchlichkeit des Einwandes der fehlenden **Prozeßführungsbefugnis** des Versicherten (LG Berlin aaO). Wegen der Zurechnung von Kenntnis und Verhalten des Versicherten nach § 79 VVG vgl. O II 1 sowie H IV 65 bis 80 speziell für Wohngenossen in der HausratV.

7   2. Das **Rechtsverhältnis zwischen dem VN und dem Versicherten** ist im VVG nicht ausdrücklich geregelt, sondern wird in § 77 VVG gedanklich vorausgesetzt. Aus § 77 VVG ergibt sich *keine* Pflicht, dem Versicherten als Interesseträger und Forderungsinhaber die Verfügungsbefugnis über seine Forderung zu übertragen (nach dem VVG durch Herausgabe des VScheins, nach § 12 AFB 87 usw. durch „Zustimmung", vgl. J IV 6) oder – nach Empfang des Betrages – die Entschädigung herauszugeben, *solange* dem VN gegen den Versicherten Ansprüche zustehen, die sich auf die versicherte Sache beziehen. Vielmehr darf sich der VN wegen solcher Ansprüche aus der Entschädigung befriedigen. Dieser Inhalt des § 77 VVG ergäbe sich auch schon aus §§ 273, 320, 387 BGB, 369 HGB.

8   Außerdem behandelt § 77 VVG nur das Rechtsverhältnis zwischen dem VN und solchen Versicherten, die *nicht* lediglich in der Form eines Regreßverzichts mitversichert sind, J IV 2. Bei einem *bloßen Regreßverzicht* im Sinne von J IV 11 und 12 versteht sich von selbst, daß dieser dem Versicherten nur dann zugute kommt, wenn zunächst der Vr in Anspruch genommen worden ist. Geschieht dies nicht, sondern hält sich der Eigentümer der betroffenen Sache an den Schädiger, so kommt diesem der auf einen Regreßverzicht beschränkte Schutz nicht zugute. Nur für Versicherte, denen materiell ein Anspruch gegen den Vr gemäß § 75 VVG für ein betroffenes versichertes eigenes Interesse zusteht, stellt sich die im Folgenden erörterte Frage des Verhältnisses zum VN.

9   Zweifelhaft ist, ob aus § 77 VVG durch *Umkehrschluß* folgt, daß der VN, wenn ihm *Ansprüche* gegen den Versicherten *nicht* zustehen, diesem die Ver-

fügungsbefugnis verschaffen oder die eingezogene Entschädigung herausgeben muß. Zweifelsfrei ist beides dann zu bejahen, wenn dafür ein **bürgerlich-rechtlicher Anspruchsgrund** aus dem *Verhältnis zwischen dem VN und dem Versicherten* vorhanden ist, z. B. eine gesetzliche (§ 390 HGB für den Kommissionär) oder vertragliche VPflicht (wegen Miet- und Geschäftsbesorgungsvertrags vgl. Hamburg VersR 82, 338) oder auch nur Geschäftsführung ohne Auftrag (§§ 681, 667 BGB). Nicht jeder Einschluß fremder Sachen in eine V ist aber Geschäftsführung für den Eigentümer. Der BGH hat seine früher sehr weite Auslegung der Voraussetzungen der §§ 677 ff. BGB (vgl. insbesondere BGHZ 32, 44 zur PersonenV; weitere Nachweise: PM § 77 Anm. 1 und § 179 Anm. 3 A) inzwischen mit Recht auch für die PersonenV eingeschränkt, und zwar schon in BGH VersR 73, 634 = NJW 1368 = BB 962, vor allem aber in BGHZ 64, 260 = VersR 75, 703 = NJW 1273 = BB 763. Gegen Geschäftsführung ohne Auftrag spricht, daß der VN im Zweifel weder Sorgfaltpflichten übernehmen noch – jedenfalls nicht offen – die anteilige Prämie auf den Eigentümer abwälzen will.

a) Sobald und soweit der V die **Entschädigung eingezogen** hat, und sei es **10** auch nur teilweise als Abschlagszahlung (§ 11 Abs. 2 VVG), muß er sie *an den Versicherten* herausgeben. Für die PersonenV wurde dies in BGHZ **64**, 260 sogar zu Fällen bekräftigt, in denen der Versicherte Ersatz seines vollen Schadens bereits von dritter Seite (HaftpflichtV) erhalten hatte. In der SachV gilt aber auch für den Versicherten das *Bereicherungsverbot*. Soweit der Versicherte Ersatz des Schadens sonstwie erhalten hat, erlischt sein Anspruch gegen den VN, und der VN muß die schon eingezogene Entschädigung nach § 812 BGB an den Vr zurückgeben, auch wenn dieser seinerseits als FremdVr nach den „Richtlinien" gemäß V I 28 und V II 7 (vgl. PM § 59 Anm. 5 sowie Texte 44 der 1. Aufl.) im Verhältnis zum AußenVr des Eigentümers mit Vorrang haftet und daher voll ausgleichspflichtig ist (wegen der Erfüllung dieses Ausgleichsanspruchs vgl. PM § 59 Anm. 4). Sind nebeneinander Interessen des VN und Interessen mitversicherter Dritter durch denselben VFall betroffen und reicht die Entschädigung wegen UnterV (S II 25) oder wegen einer Entschädigungsgrenze (U I 11) nicht aus, so steht sie dem VN und den übrigen Versicherten anteilig zu, V II 24. Wegen eines Selbstbehaltes vgl. T II 3 und 9.

Rechtsgrund des Anspruchs des Versicherten gegen den VN ist das **gesetzli- 11 che Treuhandverhältnis** zwischen dem nicht verfügungsbefugten Inhaber der Entschädigungsforderung und dem verfügungsbefugten VN in Verbindung mit dem Bereicherungsvebot gegenüber dem VN, vgl. für die SachV ausführlich PM vor § 51 Anm. 4 C. Rechtsprechungsnachweise (vor allem zur PersonenV): PM § 77 Anm. 1.

b) Danach ist noch offen, ob der Versicherte schon **vor Einzug der Entschä- 12 digung** einen Rechtsanspruch hat, daß der VN entweder die Entschädigung einzieht und auskehrt oder dem Versicherten die Einziehung ermöglicht, J IV 6. Daß der Versicherte von dem VVertrag oder von dem Einschluß der fremden Sachen nichts weiß, ist kein Argmument, denn gegebenenfalls wäre der VN verpflichtet, dem Versicherten von dem Bestand des VVertrags Mitteilung zu machen. Leasing-Geber nach Wahrnehmung der Kaufoption wie auch sonstige Abzahlungsverkäufer und Sicherungsnehmer pflegen dies in Formularverträgen vorzuschreiben. Soweit sie sich nach solcher Information nicht mit der Zahlung der Restschuld begnügen, sondern Abtretung der VEntschädigung in Höhe des vollen Zeitwert- oder gar des Neuwertanteils fordern, läßt sich dies aus dem gesetzlichen Treuhandverhältnis bei FremdV nicht herleiten, denn dieses besteht nicht, soweit das versicherte Interesse dem VN selbst zusteht, vgl. für Abzahlungskäufer und Leasing-Nehmer J IV 5. – Die Frage einer **Einziehungspflicht des VN** stellt sich nur, soweit überhaupt FremdV besteht und soweit deren Realisierung mehr erfordert als nur das Unterlassen eines Regresses gegen den Versicherten. Ist *nur* ein mitversichertes *Sachersatzinteresse* betroffen, so stellt sich die Frage der Einziehungspflicht *nicht;* der VN kann einen Regreß gegen den mitversicherten Träger des Sachersatzinteresses nach dem Schaden nicht ermöglichen, weder durch einseitige Erklärung noch durch Vereinbarung mit dem Vr.

13   Soweit der Versicherte **Ersatz** seines Schadens durch einen eigenen AußenVr oder sonstwie **erhalten** hat, erlischt schon nach §§ 55, 59 Abs. 1 VVG der Anspruch aus der FremdV, J IV 6. Unberührt bleibt allerdings der etwaige *Ausgleichsanspruch* des AußenVr gegen den FremdVr nach § 59 Abs. 2 VVG oder nach den „Richtlinien" (V I 28 und V II 7 sowie 1. Aufl. Texte 44 und PM § 59 Anm. 4 b). Aus der etwaigen (J IV 14 bis 17) freien Wahl des VN der FremdV, seinen Vr in Anspruch zu nehmen oder nicht in Anspruch zu nehmen, kann der FremdVr nach der Zahlung des AußenVr nichts mehr herleiten, vgl. näher J IV 17 und V III 7.

14   Solange der Versicherte **Ersatz** seines Schadens **nicht** oder noch nicht erhalten hat, ist zweifelhaft, ob der VN die freie Wahl hat, den Vr in Anspruch zu nehmen oder nicht in Anspruch zu nehmen und auf den Anspruch vielleicht sogar vertraglich zu verzichten, oder ob aus seiner Treuhänderstellung eine Rechtspflicht gegenüber dem Versicherten abgeleitet werden muß (so z. B. Hennig VP 70, 85 und uneingeschränkt auch PM vor § 51 Anm. 4 C in der 19. und 20. Auflage). Die BGH-Entscheidung zur InsassenunfallV (BGHZ **64,** 260) besagt für die PersonenV nichts, denn sie betrifft den Fall, daß der Schaden bereits ausgeglichen ist, J I 10 und 13, aber mit dem Unterschied, daß in der PersonensummenV §§ 55, 59 Abs. 1, 67 VVG nicht gelten.

15   **Für die freie Wahl** des VN, der seinen Vertrag nicht in Anspruch nehmen will, um bei künftigen Verhandlungen über den Prämiensatz oder bezüglich möglicher Kündigungen im Schadenfall in besserer Position zu sein, spricht um so mehr, je individueller der Einschluß des fremden Eigentums ausgehandelt wurde. Dies trifft vor allem in der **Industrie-FeuerV** zu, während umgekehrt die *HausratV* fremdes Eigentum ganz schematisch einbezieht. – Zweifelsfrei zu *bejahen* ist das Wahlrecht in dem *Sonderfall,* daß fremdes (Sachersatz-) Interesse nur auf dem Weg über das *Regreßverzichtsabkommen* mitversichert ist (J I 14); der Schädiger kann den Geschädigten nicht zwingen, zuerst den Vr in Anspruch zu nehmen, um seinerseits in der Genuß des Regreßverzichtsabkommens zu gelangen, vgl. die Fallbeispiele in G V 15. Ein *Grenzfall* wäre die gebündelte *GeschäftsV,* wo der Einschluß des fremden Eigentums nicht durch die AVB, sondern durch den vorgedruckten Antragstext erfolgt, den der VN im Einzelfall abändern müßte, wenn er fremdes Eigentum ausschließen will. Zweifelsfrei gegeben ist also das durch den BGH

für die InsassenunfallV eines Taxiunternehmens hervorgehobene **wirtschaftliche Interesse** des VN, seinen Vertrag aus Prämiengründen nicht mit zu vielen oder zu hohen Schäden zu belasten, nur in der Industrie-FeuerV. Bejahte man ein Wahlrecht, so würde der VN es nicht schon durch eine Schadenmeldung verlieren, auch nicht durch genaue Bezeichnung der betroffenen fremden Sachen und durch Entschädigungsverhandlungen, sondern erst durch Entgegennahme der Entschädigung.

Insgesamt sprechen außerhalb der Industrie-FeuerV die etwas besseren **16** Gründe **gegen** eine **freie Wahl des VN.** Die freie Wahl würde immer dann zu einem unbilligen Ergebnis führen, wenn der Versicherte eine anderweitige Ersatzmöglichkeit nicht hat. LG Berlin VersR 84, 250 bejaht allerdings das Wahlrecht indirekt in der Weise, daß es ein „kollusives Zusammenwirken zwischen VN und Vr" in Betracht zieht und hiervon die Unwirksamkeit eines Schadenfeststellungsvertrages zwischen dem VN und dem Vr abhängig macht. Beschränkte man das Wahlrecht auf Fälle einer anderweitigen Ersatzmöglichkeit, also im Sinn einer stillschweigenden Subsidiarität, so entstünden praktische und rechtliche Schwierigkeiten, denn oft entscheidet sich erst nach langer Zeit, ob und in welchem Umfang anderweitig Ersatz erlangt wird; auch kann die anderweitige Ersatzmöglichkeit eine eigene V des Versicherten sein, die auch ihrerseits eine Subsidiaritätsabrede enthält (z.B. häufig in der ValorenV), so daß die Regeln über das Zusammentreffen von Subsidiaritätsabreden (PM § 59 Anm. 6 B) entsprechend anzuwenden wären.

Außerdem könnte das Wahlrecht, wenn man es anerkennen und der VN **17** den FremdVr nicht in Anspruch nehmen wollte, den FremdVr dennoch nicht vor einer Inanspruchnahme nach § 59 Abs. 2 VVG oder nach den „Richtlinien" gemäß V I 28 und V II 7 (vgl. Texte 44 der 1. Aufl. sowie PM § 59 Anm. 5) durch einen Vr des Eigentümers schützen. So wenig die Ausgleichspflicht nachträglich durch einen Verzicht des VN oder durch einen Vergleich oder durch Leistungsfreiheit wegen nachträglicher Obliegenheitsverletzung des VN beseitigt wird (V III 7 und 8 und PM § 59 Anm. 4), so wenig kann der VN den FremdVr vor einer Ausgleichspflicht schützen, indem er sein Wahlrecht entsprechend ausübt, vgl. schon oben J IV 13.

c) Die **Verfügungsbefugnis** (§ 76 VVG) des VN ermöglicht bis zur Grenze **18** eines kollusiven Zusammenwirkens zwischen dem VN und dem Vr (LG Berlin VersR 84, 250, vgl. schon J IV 16) auch einen wirksamen **Verzicht** auf die Entschädigung des Fremschadens *nach dem VFall,* insbesondere durch **Vergleich** oder **Schadenfeststellungsvertrag.** Soweit jedoch eine Rechtspflicht aus dem Treuhandverhältnis zum VN besteht, vgl. J IV 12 bis 17, macht der Verzicht den VN schadenersatzpflichtig gegenüber dem Versicherten, falls ihn ein Verschulden trifft (Rechtsprechung: PM § 77 Anm. 1 a. E.). Dieses Verschulden ist Frage des Einzelfalls. Es wird oft zu bejahen sein, denn der VN kann dem Versicherten jederzeit die Übertragung der Verfügungsbefugnis (J IV 6 und 10) anbieten und dadurch einem eigenen Prozeßrisiko ausweisen. Möglich ist nach dem VFall auch ein Verzicht des Versicherten auf seine Ansprüche gegen den VN; der Entschädigungsanspruch erlischt dadurch nicht, denn die Bereicherung des VN beruht dann nicht auf dem VFall, sondern auf einer Zuwendung des Versicherten.

19   *Vor dem VFall* kann der VN die **FremdV** jederzeit zum Nachteil eines
Versicherten **umgestalten,** z. B. das fremde Eigentum überhaupt ausschließen
oder für den Fall der UnterV abweichend von J IV 10 Vorrang der Entschädigung des Eigenschadens vereinbaren (PM vor § 51 Anm. 4 C). So sieht z. B.
Kl 4701 für die Diebstahl- und RaubV einen Vorrang für die Entschädigung
eigener Schäden von Geldinstituten gegenüber der für einen Kundenschaden
vor, und zwar abweichend von dem Grundsatz der proportionalen Entschädigung aller Schäden einer Position (S II 25, Bremen VersR 78, 315 und PM
§ 54 Anm. 3). Um einen „Verzicht" auf zukünftige Ansprüche der Versicherten handelt es sich hier schon begrifflich nicht. Vielmehr liegt eine jederzeit
zulässige Vertragsänderung vor.

20   **3. Sicherungsschein und Sicherungsbestätigung** (Texte 52 und 53) für versi-
cherte **bewegliche Sachen** weichen von § 74 ff VVG zugunsten des versicherten
Kreditgebers ab. Werden Sachen zur Sicherung übereignet, liegen für diese
Sachen aber die Voraussetzungen einer Fremdeigentumsklausel vor, so gilt
§ 69 VVG schon deshalb nicht (H III 60; PM 24. Aufl. § 2 AFB 30 Anm. 3 a).
Aber auch wo dies ausnahmsweise nicht zutrifft, will der Kreditgeber durch
die Sicherungsübereignung nicht Vertragspartner und Prämienschuldner des
Vr werden. Deshalb sehen Sicherungsschein und Sicherungsbestätigung vor,
daß die Rechtsfolgen des § 69 VVG ausgeschlossen oder rückgängig gemacht
werden. Der VN soll Prämienschuldner bleiben, aber die Verfügungsbefugnis
soll abweichend von § 76 VVG und von den AVB (J IV 1) nicht dem VN,
sondern allein dem versicherten Kreditgeber zustehen, dem gegenüber z. B.
auch nach § 12 Abs. 3 VVG abgelehnt werden muß. Dies ist der wichtigste
Inhalt des Sicherungsscheins für *Kreditinstitute* und der Sicherungsbestätigung für *sonstige Kreditgeber.* Die Texte wurden 1974 für die Bereiche der
klassischen SachV und der MaschinenV erneuert und zusammengefaßt. Der
Sicherungsschein (J IV 22) gibt dem Kreditinstitut wesentlich weitergehende-
re Rechte als die Sicherungsbestätigung (J IV 21) dem sonstigen Kreditgeber.

21   Die **Sicherungsbestätigung** behält dem Vr das Recht vor, mit Prämienan-
sprüchen gegen den abgetretenen Entschädigungsanspruch aufzurechnen
(§ 35 b VVG). Der Vr bleibt auch berechtigt, den VVertrag einzuschränken
oder zu kündigen; er muß nur den Kreditgeber unterrichten. Eine Pflicht,
Prämienrückstände anzumahnen, sei es in einfacher oder in qualifizierter
(§ 39 VVG) Form, übernimmt der Vr ebenfalls nicht; nur muß er den Kreditgeber von etwaigen Mahnungen nach § 39 VVG in Kenntnis setzen. Unterbleibt dies versehentlich, so kann der Vr schadenersatzpflichtig sein; der zu
ersetzende Schaden vermindert sich aber um einen etwaigen Prämienrück-
stand. Unklar war nach dem Wortlaut der Sicherungsbestätigung in früheren
Fassungen (Texte 49 der 2. Aufl), ob die bestätigte *„Teilversicherungssumme"*
eine selbständige Position bildet, ob also hinzukommende und nicht zur
Sicherung übereignete Sachen eine UnterV der zur Sicherung übereigneten
Sachen herbeiführen oder vergrößern können. Die neueste Fassung entspricht in diesem Punkt dem Sicherungsschein, vgl. dazu J IV 22.

22   Der **Sicherungsschein** bildet für die zur Sicherung übereigneten Sachen
durch die Worte „beschränkt auf . . . . . Vers.-Summe" eine gesonderte Position. Für diese Position gibt der Sicherungsschein dem Kreditinstitut eine

Stellung wie §§ 101 bis 104 VVG dem Hypothekengläubiger bei der Gebäu-deV; Literatur und Rechtsprechung zu diesen Vorschriften können herangezogen werden, soweit nicht der Wortlaut des Sicherungsscheins abweicht. Insbesondere kann sich der Vr auf Leistungsfreiheit wegen Obliegenheitsverletzung, Gefahrerhöhung oder § 61 VVG gegenüber dem Kreditinstitut nicht oder nur nach Ablauf gewisser Fristen und nur unter gewissen Voraussetzungen berufen. Dies gilt auch für Leistungsfreiheit nach § 39 VVG sowie für eine einvernehmliche Aufhebung des Vertrages oder eine Verminderung der VSumme für das Sicherungsgut ("sonstige Tatsache" gemäß Nr. 5 des Sicherungsscheins und § 103 Abs. 1 VVG). Auch gegenüber dem Kreditinstitut kann sich aber der Vr auf die Leistungsfreiheit nach § 38 Abs. 2 VVG berufen (entsprechend § 102 Abs. 2 VVG). Auch bleibt die Aufrechnungsmöglichkeit des Vr (§ 35 b VVG) unberührt.

Eine **Kündigung** des VVertrages durch den VN war nach der in Texte 48 der   23
2. Aufl. abgedruckten Fassung von 1976 auch ohne Zustimmung des Kreditgebers wirksam. Allenfalls wurden Schadenersatzansprüche des Kreditgebers ausgelöst (Hamm Rus 86, 317; in VersR 86, 1177 nur Leitsatz). Nach Nr. 5 der in der 3. Aufl. abgedruckten Fassung von 1983 wird die Kündigung nur mit rechtzeitiger Zustimmung des Kreditgebers wirksam (Schriftleitung RuS aaO). Auch nach der Fassung von 1983 unklar ist, ob eine **einvernehmliche Aufhebung** des VVertrages die Zustimmung des Kreditgebers voraussetzt.

Neben Sicherungsbestätigung und Sicherungsschein ist auch eine sog. **Versi-**   24
cherungs-Bescheinigung in Gebrauch. Durch sie übernimmt der Vr keine Pflichten. Vielmehr wird die Verfügungsbefugnis des VN insofern eingeschränkt, als nur an den Inhaber des Papiers gezahlt wird (§ 808 BGB).

V. Mangel oder Wegfall des versicherten Interesses; Veräußerung

1. **§ 68 Abs. 1 und Abs. 2 VVG** reduzieren die Prämie, wenn das versicherte   1
Interesse von Anfang an *fehlt* oder nachträglich *wegfällt*, und zwar jeweils für dauernd. Nach Abs. 1 wird **Geschäftsgebühr** geschuldet, nach Abs. 2 Prämie nach „Kurztarif". Wegen der Einzelheiten muß auf die Literatur zum VVG verwiesen werden. – Ob § 68 Abs. 1 VVG *analog* anzuwenden ist, wenn anfänglich zwar bereits das „Interesse" existiert, aber noch *nicht* als *versichertes*, weil nämlich der materielle VBeginn erst zeitlich nach dem formellen und technischen VBeginn liegt, war in K II 3 der 1. Aufl. zur Diskussion gestellt worden. Vorzuziehen ist aber die seit K II 43 und 48 der 2. Aufl. vertretene Lösung über einen Schadenersatzanspruch gegen den Vr wegen unzureichender Beratung über die Notwendigkeit der Vereinbarung vorläufiger Deckung.

Der wichtigste Fall des Interessewegfalls wäre die *Veräußerung*, J V 11. Sie   2
ist aber durch § 69 VVG besonders geregelt. Außerdem sind innerhalb des VOrts meist auch fremde Sachen versichert, H III 57, so daß weder § 68 VVG noch § 69 VVG anzuwenden ist, H III 60. Daher sind die Vorschriften über Fehlen und Wegfall des Interesses für die hier behandelten Zweige der SachV nur von geringer praktischer Bedeutung. Zu unterscheiden ist zwischen der V einer bestimmten Sache (Geschäftsgebäude oder Wohngebäude) und der V von Sachinbegriffen (Betriebseinrichtung oder Hausrat):

3   a) Daß ein versichertes **Gebäude** nicht existiert, ist selten; denkbarer Fall:
Feuertotalschaden vor VBeginn. § 68 Abs. 1 VVG (**Interessemangel**) kommt
daher allenfalls in Betracht, wenn jemand ein fremdes Gebäude versichert,
weil er sich irrig für den Eigentümer hält. Solche Verträge sind aber meist
dahin auszulegen, daß der VN sein eigenes Interesse an dem fremden Gebäude versichert, J III 4. So liegt es jedenfalls dann, wenn er das Gebäude in
Besitz hat, aber wohl auch sonst (z.B. bei einem voll vermieteten Gebäude),
denn wer sich für den Eigentümer hält, z.B. als vermeintlicher Erbe, der will
für den gegenteiligen Fall wenigstens sein mehr oder minder großes Sachersatzinteresse (J I 6) abdecken. Im Hinblick auf die vielfältigen möglichen
Gründe für den Irrtum des VN über die Eigentumsverhältnisse wird man dies
meist bejahen müssen, denn für die ohnehin aufgewendete Prämie (J III 2)
will der VN im Zweifel Streit mit dem Eigentümer dadurch vermeiden, daß er
auch dessen Gefahrtragung versichert. Dies sind „Umstände" im Sinn von
§ 80 Abs. 1 VVG; andere Fälle sind aber denkbar. Grundsätzlich abweichend
argumentieren BM § 49 VVG Anm. 125, weil dort das Sachersatzinteresse als
Gegenstand einer SachV nicht anerkannt (hiergegen PM vor § 51 VVG
Anm. 6 E) und die Möglichkeit der V des Interesses des wahren Eigentümers
nicht in Betracht gezogen wird.

4   § 68 Abs. 2 VVG (**Interessewegfall**) ist bei Wohngebäuden vor allem nach
Feuertotalschäden anwendbar, und zwar selbst dann, wenn das Gebäude in
gleicher Form wieder aufgebaut wird (insoweit wohl anders Raiser 297), denn
es handelt sich dann um eine andere Sache und daher nicht mehr um dasselbe
Interesse. Bedenken hiergegen erhebt BGH VersR 88, 925 = RuS 274 für den
Fall, daß Restwerte vorhanden sind. Auch eine vereinbarte Wiederherstellungsklausel spreche gegen einen Interessewegfall. Werde der Wiederaufbau
nach Veräußerung sichergestellt, so entstehe der Restanspruch in der Person
des Erwerbers als des neuen VN. So vermeidet BGH aaO eine Entscheidung
über die Streitfrage, R IV 44, ob ein Wiederaufbau durch den Erwerber den
Neuwertanspruch in der Person des Veräußerers auch dann entstehen läßt,
wenn dieser VN bleibt. – Weder § 68 VVG noch § 69 VVG ist anwendbar,
wenn ein Gebäude vermietet oder verpachtet wird; die V besteht unter Einschluß des Interesses des Mieters oder Pächters fort, J II 23.

5   b) Bei **Sachinbegriffen** in der *GeschäftsV* fehlt das Interesse (**§ 68 Abs. 1
VVG**), wenn bei Vertragsschluß Sachen des versicherten Inbegriffs nicht vorhanden und das Eintreffen solcher Sachen im VOrt für absehbare Zeit auch
nicht zu erwarten ist. So liegt es ferner dann, wenn es nicht an den Sachen
selbst, sondern nur an der bei Vertragsschluß angenommenen Eigentümerstellung des VN fehlt. Für bewegliche Sachen (Betriebseinrichtung) ist dieser
Ansicht von BM (§ 49 VVG Anm. 125 für ein Gebäude, vgl. oben J V 3)
zuzustimmen, denn anders als bei Gebäuden handelt es sich hier nicht um
eine bestimmte bezeichnete Sache, sondern um einen Inbegriff. Fehlt es gänzlich an Sachen, die die Merkmale des Inbegriffs gemäß den in H I 1 zitierten
Bestimmungen aufweisen, so ist dies ein Fall des § 68 Abs. 1 VVG; die MitV
fremden Eigentums ändert daran nichts, denn sie setzt immerhin einige eigene Sachen des Inbegriffs voraus (anders Hamburg VersR 75, 917 mit ablehnender Anm. Martin). Verkannt werden diese Grundsätze gelegentlich in der

bei PM § 75 Anm. 4 zusammengestellten Rechtsprechung zum „wahren wirtschaftlichen Versicherten".

§ 68 Abs. 2 VVG (Interessewegfall) gilt, wenn keine Sache des versicherten 6
Inbegriffs mehr vorhanden und in absehbarer Zeit das Eintreffen solcher
Sachen im VOrt auch nicht mehr zu erwarten sind, LG Düsseldorf ZfS 82,
376 und G II 15. Interessewegfall soll jedoch nach BGH VersR 83, 1122 und
S I 26 nicht eintreten, solange die VSumme der Position noch für einen
vereinbarten Summenausgleich in Betracht kommt. Der in §§ 8 Nr. 4 Abs. 1
AFB 30 in der ursprünglichen Fassung angeordnete Verfall der Jahresprämie
bei *dauerndem* Interessewegfall war wegen Verstoßes gegen § 68a VVG **unwirksam** (G II 12 und P II 7) und mußte gemäß VerBAV 84, 389, 87, 174
durch eine Regelung entsprechend §§ 7 Nr. 5 AERB, 7 Nr. 3 AWB 68, AStB
68, 8 Nr. 5 AFB 87, AERB 87, AWB 87, AStB 87 ersetzt werden, vgl. die
Fußnoten in Texte 5 und 6. – Fällt das Interesse nur *vorübergehend* weg, so
bestehen Vertrag und Prämienzahlungspflicht grundsätzlich fort. Jedoch
kann der VN jederzeit für die Zukunft die Prämie wegen ÜberV nach § 51
VVG reduzieren, gegebenenfalls auch auf Null. Soweit **§§ 4 Nr. 1 Satz 2 AFB
30, AEB** dieses Recht ausschließen wollen, sind sie ebenfalls wegen Verstoßes
gegen § 68a VVG **unwirksam**, G II 12. In den AERB, AWB 68 und AStB 68
sowie in den AFB 87, AERB 87, AWB 87 und AStB 87 sind daher vergleichbare Vorschriften mit Recht nicht mehr enthalten. §§ 4 Nr. 1 Satz 2 AFB 30,
AEB wurden in diesem Punkt aber leider nicht korrigiert.

Wird ein versicherter Sachinbegriff durch einen **Vollschaden** betroffen, also 7
durch einen Totalschaden an allen Sachen einer Position, S II 2 und R I 8,
insbesondere durch Feuer, so ist dies ein *Interessewegfall* gemäß § 68 Abs. 2
VVG, wie auch durch **§ 68 Abs. 4 VVG** bestätigt wird, L I 9 und P II 15. Die
Einrichtung des später neu errichteten Betriebes ist mit der zerstörten Betriebseinrichtung nicht mehr identisch, vgl. oben J V 3 für Gebäude. Es
kommt daher nicht darauf an, welcher wirkliche oder voraussichtliche Wie-
derbeschaffungszeitraum noch als „vorübergehend" anzusehen wäre; vielmehr ist bei Feuertotalschäden § 68 Abs. 2 VVG anwendbar. Werden die
versicherten Sachen teils einzeln veräußert und entfernt, teils zusammen mit
dem Grundstück und dem Betrieb veräußert, so besteht die V nach § 69 VVG
mit dem Erwerber des Betriebes für den VOrt und unter Einschluß der
hinzuzukaufenden Sachen fort, vgl. Hamm VersR 75, 175 = RuS 110 und
Wälder RuS 76, 217.

c) In der **HausratV** ist anfänglicher *Interessemangel* kaum möglich, denn 8
der versicherte Hausrat des VN wird in aller Regel existieren, und auf die
Eigentumsverhältnisse kommt es wegen des Fremdeigentumseinschlusses
durch §§ 2 Nr. 2 VHB 74, 1 Nr. 3 VHB 84 nicht an. Ein Beispiel wäre die V
einer bei Vertragsschluß bereits aufgelösten oder in das Ausland verlegten
Wohnung. Bei Umzug im Inland zwischen Antragstellung und Vertragsschluß wäre an Analogie zu §§ 6 Nr. 1 VHB 74, 11 Nr. 1 VHB 84 zu denken,
G IV 44. *Interessewegfall* in der HausratV kommt in erster Linie bei Feuer-
vollschäden in Betracht, ausnahmsweise auch bei Umzug, nämlich in das
Ausland, G IV 54, und bei Haushaltsauflösung (insbesondere Auflösung von
Zweitwohnungen), wenn nämlich die Sachen nicht an eine andere Person

veräußert werden, die sie ihrerseits als Hausrat benutzt oder ihrem Hausrat einfügt, sondern z. B. an einen Gebrauchtwarenhändler.

9   Trennen sich **bisherige Wohngenossen**, um **getrennte Wohnungen** zu beziehen, so fragt es sich, ob § 68 Abs. 2 VVG oder § 69 VVG oder aber nur §§ 6 Nr. 1 VHB 74, 11 Nr. 1 VHB 84 (Schutz allein in der jeweiligen Wohnung des ursprünglichen VN) anzuwenden sind. § 68 Abs. 2 VVG anzuwenden entspräche *nicht* der Interessenlage, weil dann bis zum Abschluß neuer Verträge in keiner der Wohnungen Schutz bestünde. § 69 VVG wurde bisweilen *analog* (an „Veräußerung" eines Inbegriffs fehlt es meist ohnehin) mit dem Argument angewendet, § 6 Nr. 1 VHB 74 beziehe sich auf die Wohnung des jeweiligen (!) VN, der aber während einer logischen Sekunde gemäß § 69 VVG ausgewechselt worden sei (Martin VW 74, 409, PM § 69 Anm. 1 E d in der 20. und 21. Aufl.). Besonders gute Gründe schienen für § 69 VVG dann zu sprechen, wenn der VN aus seiner Wohnung „fast nichts" (vgl. auch Raiser 297) mitnimmt. Allerdings wäre nach § 69 VVG unter Umständen auch mit *Vertragsspaltung* (PM § 69 Anm. 1 C) nebst schwierigen Problemen (H IV 77) zum VWert und zur Prämienschuld zu rechnen.

10   Den Vorzug verdient daher die in G IV 59 bis 81 ausführlich dargestellte Ansicht, die weder § 68 Abs. 2 VVG noch § 69 VVG anwendet, sondern **VSchutz allein in der jeweiligen neuen Wohnung des VN** gewährt, gleichgültig ob er den Hausrat in seiner alten Wohnung vielleicht sogar fast ausschließlich einem dort verbliebenen früheren Wohngenossen überlassen hat. Allerdings führt diese Lösung zu Härten zu Lasten der nunmehr unversicherten früheren Wohngenossen entstehen, die auch durch Beratung seitens des Vr (G IV 82) nicht immer zu vermeiden sind.

11   2. § 69 VVG regelt mit der **Veräußerung (Übereignung)** der versicherten Sache einen praktisch wichtigen Fall des Interessewegfalls abweichend von § 68 Abs. 2 VVG. Die Rechtsfolge des § 68 Abs. 2 VVG paßt hier nicht, denn sie würde sowohl den Vr, der sich auf eine längere Vertragsdauer eingerichtet hat, wie den Erwerber benachteiligen, der dann eine Sache ohne VSchutz erworben hätte. Daher ordnet § 69 VVG unabdingbar (§ 72 VVG) den Übergang des VVerhältnisses auf den Erwerber an, allerdings mit Kündigungsmöglichkeit für beide Seiten (§ 70 VVG), das nicht, auch nicht gemäß § 192 VVG durch öffentliche Vr, ausgeschlossen werden kann, A IV 6 bis 8. Auf die Literatur zum VVG muß verwiesen werden, z. B. auch wegen der in § 71 VVG vorgesehenen Rechtsfolgen der Nichtanzeige einer Veräußerung und wegen der Einschränkung dieser Folgen durch BGH NJW 87, 2238 = VersR 477. Nur einige besonders für die SachV wichtige Punkte werden im Folgenden zusammenfassend dargestellt.

12   Für die **V fremder Interessen** gilt § 69 VVG *nicht,* vgl. schon H III 60. Soweit V für Rechnung wen es angeht vorliegt, ist bei Wechsel des Interesseträgers der neue Träger versichert (PM § 69 Anm. 1 C). Dies gilt auch dann, wenn es sich lediglich um die MitV des Interesses nicht namentlich bezeichneter Dritter an Sachen handelt, an denen primär das eigene Interesse des VN gedeckt ist, J I 2. Prämienschuldner und Vertragspartner bleiben unverändert. Ist dagegen das Interesse eines *namentlich* bezeichneten Dritten versichert, und zwar *primär,* so erlischt die V nach § 68 Abs. 2 VVG, wenn dieser Dritte

die Sache oder den Inbegriff an eine andere Person als den VN selbst veräußert, PM § 69 Anm. 1 B. So läge es z. b., wenn jemand dem Eigentümer ein
Geschenk in der Weise machte, daß er für ihn dessen Gebäude oder (noch
seltener) dessen Hausrat oder Betriebseinrichtung versichert.

Versichert **einer** von mehreren **Miteigentümern** die Sache als ganze, so gilt   **13**
im Zweifel § 80 Abs. 2 VVG und daher bei Veräußerung eines der übrigen
Anteile nicht § 69 VVG, besonders dann nicht, wenn die Sache oder der
Inbegriff als ganzer aufgrund eines Fremdeigentumseinschlusses mitversi-
chert ist, J III 17. Veräußert also einer der übrigen Miteigentümer seinen
Anteil, so ist künftig der Erwerber im Vertrag des ursprünglichen VN und
Prämienschuldners mitversichert. Veräußert der VN seinen eigenen Anteil,
so geht im Zweifel (andernfalls Vertragsspaltung) dessen VVertrag einschließlich der MitV der übrigen Teilhaber auf den Erwerber über. Sind VN **alle**
Miteigentümer, H II 75 und H IV 73, so geht durch Veräußerung eines
Anteils die V auf die Eigentümergemeinschaft in ihrer neuen Zusammensetzung über; auch das Kündigungsrecht des Erwerbers steht hier nur der Gemeinschaft zu, vgl. PM § 69 Anm. 1 C, § 70 Anm. 4 und Martin VersR 74,
410. Die Miteigentümer können sich bei der Kündigung durch einen von
ihnen vertreten lassen. Die Vollmacht muß aber von sämtlichen Miteigentümern ausgehen, bei Wohnungseigentümern also durch einstimmigen Be-
schluß zugunsten des Verwalters begründet worden sein (Martin VersR 79,
80); andernfalls greift § 174 BGB ein (VerBAV 75, 157 = RuS 132). Wegen
Veräußerung eines Anteils durch den VN als bisherigen Alleineigentümer
vgl. PM aaO.

Ebenso wie § 68 VVG ist auch § 69 VVG relativ häufiger anwendbar, wenn   **14**
eine *bestimmt bezeichnete Sache* versichert ist. In den hier behandelten Zweigen der SachV ist dies bei beweglichen Sachen selten (vgl. demgegenüber PM
§ 1 AVBSP 85 zur sog. ValorenV von Pelzen und Schmucksachen im Privatbesitz), kommt also im wesentlichen nur bei **Gebäuden** vor. § 69 VVG läßt die
GebäudeV bei Eigentumswechsel auf den Erwerber übergehen. Da sich aber
die Grundbucheintragung gegenüber dem Gefahrübergang oft um Monate
verzögert, genügt § 69 VVG den praktischen Bedürfnissen nur, wenn man
den Einschluß des Käuferinteresses während der Übergangszeit in der V des
Verkäufers annimmt, vgl. näher J II 24.

Bei V von **Inbegriffen** (Betriebseinrichtung, Hausrat) führt *Veräußerung*   **15**
einzelner Stücke nicht zu § 69 VVG. Werden die veräußerten Sachen aber
anläßlich der Veräußerung auch aus dem VOrt entfernt, so sind sie nicht
mehr versichert, auch nicht nach §§ 6 Nr. 2 VHB 74, 12 Nr. 1 VHB 84
(HausrataußenV), denn dort wird Eigentum oder persönlicher Gebrauch des
VN vorausgesetzt, G V 14. Bleiben sie Teil des versicherten Inbegriffs und im
VOrt, z.B. bei Sicherungsübereignung, so besteht der VSchutz fort, soweit
fremdes Eigentum eingeschlossen ist, J V 2. Ist fremdes Eigentum *nicht* eingeschlossen, so gelten für Sicherungseigentum ebenso wie für Eigentumsvorbehaltsware die in H III 59 zitierten Bestimmungen. Die dort befürwortete
Analogie vermeidet Vertragsspaltung auch dann, wenn nicht alle Sachen des
versicherten Inbegriffs veräußert werden. Aber auch wer Vertragsspaltung
annimmt (PM § 69 Anm. 1 c), also anteilig den Veräußerer für den Rest des
Inbegriffs und den Erwerber für das Sicherungsgut als neue VN getrennter

Verträge ansieht, gelangt wieder zur Vereinigung beider Verträge in der Hand des ursprünglichen VN, sobald andernfalls Leistungsfreiheit wegen Verstoßes gegen die Anzeigepflicht nach § 71 Abs. 1 VVG eintreten würde. – Einige Grenzfälle zwischen § 68 Abs. 2 VVG und § 69 VVG sind in J V 4 bis 10 erörtert. – Sicherungsschein und Sicherungsbestätigung: J IV 20 bis 23.

K. Vertragsabschluß; Vertragsänderungen; vorläufige Deckung; Beginn und Ende des Vertrages

Übersicht

I. Vertragsabschluß; Vertragsänderungen

1. Auf die Literatur zu §§ 145 ff. BGB und zu §§ 2 bis 5 VVG muß verwie- **1**
sen werden. In der Regel geht das Vertragsangebot („**Antrag**") vom VN aus,
A IV 15, die **Annahme** von Vr, oft konkludent durch Übersendung des
Vscheins. Bei *Blockpolicen* fällt beides zeitlich zusammen. Ein Vertragsangebot erfordert nach BGB Vollständigkeit in dem Sinn, daß der Adressat es nur
noch anzunehmen braucht. Vertragsangebote sind aber als Willenserklärungen auslegungsfähig (§ 133 BGB) und daher unter Umständen auch dann
vollständig, wenn stillschweigend auf die Übung des Vr verwiesen wird, z. B.
hinsichtlich der Prämie und der AVB.

2   a) Die **AVB** brauchen im Antrag nicht erwähnt (etwas enger BM Einl. 26, 27) und schon gar nicht mit ihrer genauen Überschrift zitiert zu werden (PM Vorbem. I 6 c), in einem schriftlichen Antrag ebenso wenig wie in einem mündlichen. Vielmehr sind die nach dem Tarif des Vr zur *Zeit der Antragsstellung* für derartige Risiken gebräuchlichen und (wegen §§ 2, 23 Abs. 3 AGBG vgl. BGH VersR 86, 672) aufsichtlich genehmigten AVB stillschweigend Gegenstand des Antrags, A IV 31. Andere (ältere oder neuere) als die im Antrag ausdrücklich oder stillschweigend in Bezug genommenen AVB dürfen dem VSchein nicht beigefügt werden; andernfalls ist § 5 VVG anzuwenden, vgl. K I 36 bis 54. Werden dem VSchein entgegen der aufsichtlichen Anordnung VerBAV 77, 402 die AVB überhaupt nicht beigefügt, so ist ein wenig zweifelhaft, ob darin eine Abweichung vom Antrag liegt, und zwar gegebenenfalls eine sog. gemischte Abweichung, die mangels Kennzeichnung gemäß § 5 Abs. 2 VVG zu den in K I 50 und 51 erörterten Konsequenzen zugunsten des VN führt. Man wird die Fage nach einer Abweichung aber aus den Gründen gemäß K I 6 verneinen müssen.

3   Genehmigte **Klauseln** sind, was die Auslegung usw. betrifft, AVB gleichzustellen (PM Vorbem. I 7). Aber die Geltung von Klauseln ist nicht selbstverständlich, kann daher nicht durch Auslegung in einen Antrag „hineingelesen" werden, vgl. z. B. U III 53 zu Kl 831 zu den VHB 74. Erwähnt das **Antragsformular** Klauseln nicht, so liegen ihm nur die AVB zugrunde.

4   Allerdings schaffen die Vr oft sog. **Standardklauseln** für sämtliche Verträge nach bestimmten AVB, wenn sich nämlich die AVB als änderungs- oder ergänzungsbedürftig erweisen, eine Neuformulierung aber aus Kostengründen aufgeschoben werden soll, A IV 34. Ein praktisch wichtiges Beispiel bildeten die Neuwertsonderbedingungen zu den AFB 30, AWB 68 und AStB 68 in der Zeit bis 1987, weil letztere noch vom Zeitwert ausgegangen waren. Auch Standardklauseln müssen im Antrag erwähnt werden, wenn sie dessen Bestandteil sein sollen: Andernfalls wäre die (erstmalige) Dokumentierung solcher Klauseln im VSchein an § 5 VVG zu messen, vgl. näher K I 36 bis 54, zu dem umgekehrten Fall, daß die Neuwertsonderbedingungen zwar im Antrag, aber nicht im VSchein dokumentiert sind, vgl. K I 53.

5   Unter gewissen Voraussetzungen genügt es, wenn auf Klauseln usw. im **Antragsformular** nur in **pauschaler Form** hingewiesen wird, z. B. auf Neuwertsonderbedingungen durch das Wort „Neuwert" in der Spalte für den VWert. Einen Grenzfall stellt es dar, wenn in der gebündelten GeschäftsV auf einen mit „Besonderen Bedingungen" überschriebenen sog. „Klauselbogen" verwiesen wird. Auch durch eine so allgemeine Bezeichnung im Antrag erlangt der Vr aber jedenfalls kein Wahlrecht, dem VSchein diese oder jene Klauseln beizufügen oder nicht beizufügen. Vielmehr ist durch Auslegung ein eindeutiger **Inhalt des Antrags** zu erforschen, an den der Vr durch § 5 VVG gebunden ist, K I 36. Gegenstand des Antrags sind die für Risiken der vorliegenden Art nach dem Tarif des Vr in der Regel verwendeten Klauseln, soweit sie von den AVB überwiegend zum Vorteil des VN abweichen. **Abweichungen von den AVB zum Nachteil des VN**, die nicht wenigstens andeutungsweise im Antragstext zitiert sind, werden entgegen K I 4 der 2. Aufl. auch **nicht** dadurch Vertragsinhalt, daß der Vr sie zum Inhalt seines Tarifs macht. Andernfalls könnte der Vr mit Hilfe seines Tarifs § 5 VVG nach Belieben umgehen,

obwohl der Tarif als Internum des Vr dem Antragsteller in der Regel nicht bekannt wird.

Erweitert ein Klauseltext den VSchutz gegen Mehrprämie, läßt aber zu- **6** gleich erkennen, daß der Vr die Grunddeckung nach den AVB für weniger weitreichend hält, als dies deren objektiver Auslegung entspricht, so ist der VN hieran **nicht** gebunden, vgl. BGH NJW-RR 90, 158 = RuS 59 = VersR 200 sowie E I 52 für eine Wärmepumpenanlage als Gebäudebestandteil und Teil der Heizungsanlage im Sinn § 1 Nr. 1 AWB 68. Hierbei ist gleichgültig, ob der VN von der Erweiterungsmöglichkeit Gebrauch macht oder nicht, vgl. z.B. E I 12 für den Leitungswasserbegriff im Zusammenhang mit Klima-, Wärmepumpen- und Solarheizungsanlagen, E II 8 für das Hagelrisiko in der SturmV, R II 9 für Bewegungs- und Schutzkosten bei Totalschäden, Q I 71 und 84 für Mehrkosten durch Preissteigerungen, W IV 12 für Bewegungs- und Schutzkosten, C I 6 zum Feuerbegriff ohne Abhängigkeit vom Vertragschlußzeitpunkt und W V 12 und 38 für Aufräumungskosten. Es gelten dieselben Überlegungen, die auch gegen Schlüsse aus dem Tarif auf für den VN nachteilige Klauseln als Antragsinhalt sprechen, K I 5. Der Vr darf § 5 VVG nicht entgegen dem Gesetzeszweck umgehen können, indem er formularmäßig **Erweiterungsklauseln** anbietet, die zugleich **Einschränkungen der Grunddeckung enthalten.** Ob der Antragsteller von diesen Zusammenhängen Kenntnis genommen hatte, spielt keine Rolle, denn solche Umstände des Einzelfalles sind im Rahmen der gemäß A II 7 gebotenen objektiven Auslegung von AVB nicht zu berücksichtigen. Außerdem ist der Vertragsantrag, auch wenn er auf einem Druckstück des Vr gestellt wird, eine **Willenserklärung des künftigen VN,** bei dessen Auslegung in erster Linie die **Interessen des VN** zu berücksichtigen sind, vgl. instruktiv LG München I RuS 89, 172 = VersR 1171 und dazu unten K I 12. Besonders deutlich wird dies auch in BGH VersR 73, 176 = NJW 284, wo sich der BGH bei der Auslegung des Antrags zugunsten des Antragstellers sogar über den Wortlaut hinwegsetzt, vgl. zu dieser Entscheidung K I 9.

Der Vr kann den Konsequenzen des § 5 VVG endlich auch **nicht** dadurch **7** entgehen, daß er z.B. im Antrag formuliert: *„Es gelten die für die versicherten Gefahren maßgebenden AVB sowie sonstige Bestimmungen".* Dieser Hinweis wäre so unklar, daß es praktisch in das **Belieben des Vr** gestellt würde, dem Vertrag bei Annahme einen beliebigen Inhalt zu geben. Eine so weitgehende Freiheit will der VN dem Vr **nicht** einräumen; aber selbst wenn der VN sich der Tragweite eines derartigen Blankoantrags bewußt wäre, würde es sich um einen durch **§ 5 Abs. 4 VVG** verbotenen und daher unwirksamen Ausschluß des § 5 VVG handeln. Nur soweit dem Vr aus zwingenden Gründen ausnahmsweise (zu großzügig noch K I 5 der 2. Aufl.) nicht zuzumuten ist, alle nötigen Klauseln schon im Antrag genau mit ihrer Überschrift usw. zu bezeichnen oder aber den Antrag zur Ergänzung zurückzugeben, sind dem VSchein beigefügte Klauseln durch allgemeine Hinweise im Antrag (Beispiel: *„Sonderbedingungen, Klauseln, Sicherheitsvorschriften und Hinweise")* gedeckt und brauchen im VSchein nicht gemäß § 5 VVG gekennzeichnet zu werden, vgl. näher A IV 39 und 40. – Das Problem der Antragsauslegung wurde z.B. nicht erkannt in Hamburg 11 U 105/81 vom 26. 2. 82, wo zu Kl 1801 (5.04) a.F. nur § 2 AGBG geprüft wurde, vgl. R IV 2.

8   Die **AVB** brauchen privatrechtlich in den Sparten der SachV *weder* dem VSchein *noch* dem Antrag *beigefügt* zu sein (BGH VersR 75, 846); § 2 Abs. 1 AGBG hat daran wegen der Ausnahmeregelung in § 23 Abs. 3 AGBG nichts geändert. Dies gilt sogar dann, wenn der Antrag die vorgedruckte Erklärung enthält, die AVB seien dem VN bekannt oder ausgehändigt. Auch wo dies sachlich nicht zutrifft, sind die AVB Teil des Antrags, A IV 31 und K I 2, und zwar in ihrer bei Antragstellung gebräuchlichen (und nicht etwa: in ihrer jeweiligen) Fassung, Saarbrücken VersR 89, 245. Sind sie allerdings nur teilweise beigefügt oder im geschriebenen Antrag wiederholt und ergibt sich gleichwohl der Eindruck der Vollständigkeit, so gehen trotz § 23 Abs. 3 AGBG die Unklarheiten zu Lasten des Vr. Die vollständigen AVB können dann nur nach § 5 VVG Bestandteil des Antrags werden. „Entbehrlich" ist die Aushändigung der AVB in dem soeben erörterten Sinn aber nur insofern, als auch nicht ausgehändigte AVB Vertragsbestandteil werden. Aufsichtsrechtlich muß der Vr die AVB jedem VN aushändigen, VerBAV 77, 402. Spätestens muß er die AVB mit dem VSchein übersenden, wenn nicht der Antragsteller Übersendung schon zu einem früheren Zeitpunkt verlangt, VerBAV 89, 175.

9   b) Ausnahmen von K I 2 bis 8 gelten für **Vertragsänderungsanträge.** Der Vr darf AVB oder Einzelbestimmungen nicht zum Gegenstand des formularmäßigen Änderungsantrags des VN machen, soweit sie auch oder nur zum **Nachteil des VN** von den bisherigen AVB abweichen, obwohl der VN erkennbar nur ganz bestimmte Punkte des bisherigen Vertrages ändern wollte. Nach BGH VersR 73, 176 = NJW 284 (zur KrankenV) gilt dies auch, wenn die neuen AVB oder die neue Klausel im Antragsformular ausdrücklich zitiert oder gar vorgedruckt sind, und zwar „insbesondere, wenn die neue Klausel durch den VN nicht erwartet wird". Der BGH aaO geht hier konstruktiv nicht einmal den Weg über eine Schadenersatzpflicht des Vr wegen schuldhaft unterlassener Aufklärung oder über eine Anfechtung des Antrags nach § 119 Abs. 1 BGB durch den VN, sondern er betrachtet die *nachteilige Bestimmung* entgegen dessen Wortlaut *nicht als Inhalt des Antrags.* Folgerichtig wendet der BGH aaO § 5 Abs. 3 VVG für den Fall an, daß die Bestimmung ohne entsprechende Kennzeichnung auch in den (Nachtrags-)VSchein aufgenommen wird.

10   Soweit die AVB hingegen zwischenzeitlich ausschließlich oder überwiegend zum **Vorteil des VN** geändert wurden, muß der Vr die neuen AVB bei Vertragsänderungsgesprächen von sich aus zur Diskussion stellen, wenn er sich nicht schadenersatzpflichtig machen will (BGH VersR 82, 37 = NJW 929 mit Anm. Küpper VP 83, 43 zu den AMBUB; Hamburg VersR 88, 620 zu den VHB 74, in denen gegenüber den VHB von 1966 aber die Verschlechterungen überwiegen). Dies gilt ohne Rücksicht darauf, ob der VN oder der Vr die Vertragsänderungsgespräche veranlaßt hat und ob die günstigere Regelung in neuen Verträgen prämienfrei oder nur gegen höhere Prämie zugestanden zu werden pflegt. In Saarbrücken VersR 89, 245 wird nicht genügend unterschieden zwischen einer Hinweispflicht bei Vertragsänderungsverhandlungen (die in jenem Fall aber nicht stattgefunden hatten) und einer spontanen Hinweispflicht im Sinn von K IV 9 und 10. Die (an dieser Stelle allein zu

erörtende; ansonsten vgl. K I 11 sowie K IV 9 und 10) Hinweispflicht im Rahmen von **Vertragsänderungsverhandlungen** entfällt allenfalls dann, wenn der bestehende Vertrag mehrjährig läuft, der *nächstmögliche Kündigungstermin* noch nicht erreicht und der Gegenstand der ohnehin gewünschten Vertragsänderung nicht von einer Art ist, die den VN veranlaßt haben würde, statt der Vertragsänderung einen zusätzlichen Vertrag bei einem anderen Vr zu schließen, falls der erste Vr unter Hinweis auf die feste Restlaufzeit eine Einbeziehung der günstigeren Bestimmung verweigert hätte. Nur in solchen Ausnahmefällen ist dem VN mit einem Hinweis nicht gedient oder das Unterlassen des Hinweises wird jedenfalls nicht ursächlich dafür, daß die günstigere Bestimmung für die Folgezeit nicht vereinbart ist.

Zu unterscheiden von der Frage nach einer Hinweispflicht des Vr bei Ent- **11** gegennahme von Vertragsänderungsanträgen ist die Frage, ob der Vr gehalten ist, den VN auf die Einführung geänderter AVB und die *Möglichkeit* entsprechender Vertragsänderungen hinzuweisen, *ohne* daß der VN von sich aus einen Änderungsantrag stellt. Auch eine derartige **Hinweispflicht kraft eigener Initiative des** Vr kommt nur nach Ablauf der vereinbarten Festlaufzeit in Betracht, also in der Phase der jährlichen Verlängerungen durch Unterlassen einer Kündigung. Der Vr könnte in dieser Phase zum Hinweis z.B. anläßlich der Regulierung eines eingetretenen Schadens oder sogar völlig spontan verpflichtet sein. Hamburg VersR **88**, 620 bejaht die Hinweispflicht mit Recht nur bei Änderungen zugunsten des VN. Hamburg aaO macht dabei aber keinen Unterschied, ob den Verbesserungen auch Verschlechterungen gegenüberstehen und ob die Verbesserung nur gegen erhöhte Prämie angeboten werden. Ob in solchen Fällen per saldo eine Verbesserung vorliegt, kann schwer zu entscheiden sein; auch kommt es auf die Verhältnisse des einzelnen VN an. Saarbrücken VersR **89**, 245 verneint umgekehrt jede spontane Hinweispflicht, ohne seine Ansicht aber exakt zu begründen, vgl. zusammenfassend K IV 10.

c) Fraglich ist, ob die Pflicht zum Hinweis auf Verschlechterungen stets **12** auch für sog. **Ersatzanträge** gilt, also für Anträge, die rechtlich auf einen *neuen* Vertrag gerichtet sind, der aber ganz oder teilweise die Funktion eines gleichzeitig aufzuhebenden alten Vertrages für ein im wesentlichen unverändertes Risiko erfüllen soll. Oft ist freilich schon zweifelhaft, ob überhaupt ein Ersatzantrag oder nur ein Änderungsantrag gewollt ist, vgl. BM § 1 VVG Anm. 109 sowie P I 10 wegen §§ 38, 39 VVG und P I 14 wegen eines Wiederauflebens des früheren Vertrages nach Wegfall des Ersatzvertrages. Wird z.B. nur die Laufzeit oder die VSumme neu festgelegt, so sprechen auch bei Verwendung eines Neuantragsformulars (mit Hinweis auf den zu ersetzenden bisherigen Vertrag) die besseren Gründe für bloße Vertragsänderung, LG München I RuS **89**, 172. Eine nachträglich und einseitig durch den Vr eingesetzte neue VScheinnummer ist jedenfalls nicht maßgebend (mißverständlich Hamm VersR **79**, 413). Nicht einmal der ausdrückliche Hinweis im VSchein, der bisherige Vertrag sei erloschen, ist rechtswirksam, wenn er nicht der objektiv richtigen Auslegung des Antrags entspricht. Abweichungen vom Antrag müssen nämlich gemäß § 5 Abs. 3 VVG kenntlich gemacht werden, LG München I aaO zu einem Antrag auf Erhöhung der HausratVSumme.

13   Die Frage, ob es sich um ein bloßes Vertragsänderungsangebot oder um einen Ersatzantrag für ein neues Vertragsverhältnis gehandelt hat, kann auch für den *Vergleichszeitpunkt* im Hinblick auf *Gefahrerhöhungen* (N III 17 und Hamm VersR 77, 949) oder im Hinblick auf einen schuldhaften Verstoß gegen die vorvertragliche Anzeigepflicht (BGH VersR 79, 73) rechtserheblich sein. Im Fall von BGH aaO war zweifelhaft, ob ein durch den Vr im Schadenfall gekündigter und dann zu einem höheren Prämiensatz fortgesetzter VVertrag identisch oder aber ein neuer Vertrag auf Grund eines stillschweigenden Ersatzantrags war; der BGH nennt aaO allerdings keine Kriterien, die für das eine oder das andere sprächen. Zweifelsfrei um einen Ersatzantrag handelt es sich, wenn der Vr formularmäßig einer Vielzahl von VN einen „neuen Vertrag" oder eine *„Neuordnung"* ausdrücklich mit dem Ziel vorschlägt, neue AVB zu vereinbaren, vgl. K I 15.

14   Bei **Ersatzanträgen auf Initiative des VN** wird man an die Hinweispflicht des Vr ähnlich strenge Anforderungen stellen müssen, wie sie in K I 9 für bloße Vertragsänderungsanträge beschrieben wurden. Dies folgt schon aus der Schwierigkeit der Unterscheidung zwischen Ersatzanträgen und Vertragsänderungsanträgen, ferner aus dem Umstand, daß sich nachträglich oft nicht feststellen läßt, ob der VN nicht lediglich eine Vertragsänderung gewünscht, der Vr oder dessen Agent ihm aber einen Ersatzantrag geradezu empfohlen hatte, um die andernfalls drohende Unübersichtlichkeit durch das Zusammenwirken eines ursprünglichen VScheins mit einem in sich naturgemäß nicht vollständigen Nachtrag zu vermeiden. Entschließt sich der VN deshalb zu einem Ersatzantrag, so dürfen ihm im allgemeinen *nicht* ohne entsprechende Aufklärung ganz oder teilweise ungünstigere AVB oder Einzelbestimmungen (Beispiel: Kl 831 zu den VHB 74, vgl. U III 54) als Antragsbestandteil untergeschoben werden, auch wenn der vorgedruckte *Antragswortlaut* dies decken würde. Der Vr kann hiergegen allerdings einwenden, der VN sei sich im Einzelfall darüber klar gewesen, daß dem Antrag neue AVB mit möglicherweise darin enthaltenen Verschlechterungen zugrunde lagen. Der Vr trägt hierfür aber ebenso die *Beweislast* wie für die Erfüllung (Palandt/Heinrichs § 363 BGB Anm. 1) seiner Aufklärungspflicht in den übrigen Fällen, vgl. BGH RuS 89, 58 = NJW-RR 410 = VersR 472 = VerBAV 118 und dazu S IV 9.

15   Häufig, und zwar insbesondere nach Genehmigung und Einführung neuer AVB, werden **Ersatzanträge** auf der Basis neuer AVB **auf Initiative des Vr** gestellt. Aufsichtlich werden solche Initiativen geradezu gefördert, denn der Vr darf die bisherigen AVB für Neu- und auch für Ersatzanträge nicht mehr verwenden, sondern soll „bei sich bietender Gelegenheit die bestehenden Verträge auf die neuen AVB umstellen", vgl. z. B. VerBAV 81, 17 zu den AERB. Zu den VHB 74 (VerBAV 74, 115) und zu den VHB 84 (VerBAV 84, 289) – nicht hingegen zu den AERB und zu den AFB 87 usw., K I 16 – haben sich die Vr durch geschäftsplanmäßige Erklärung gegenüber dem BAV verpflichtet, „in Rundschreiben und Gesprächen nicht nur die Vorteile der neuen AVB hervorzuheben". BGH NJW 88, 2734 (2736) bejaht für geschäftsplanmäßige Erklärungen die Möglichkeit einer privatrechtlichen Schutzwirkung zugunsten der VN im Sinn von § 328 BGB. Entgegen K I 11 der 2. Aufl. ist daher eine *aufsichtsrechtliche Grundlage* für die Hinweispflicht gegenüber potentiellen VN zu bejahen.

Außerdem und vor allem folgt die **Hinweispflicht** aber **aus dem bestehenden** 16
VVertrag, an den sich der Ersatzantrag anschließt, und zwar nicht aus den
(objektiv und losgelöst vom Einzelfall auszulegenden) AVB, sondern aus
dem VVertrag als Ganzem. Daher sind die **individuellen Verhältnisse des VN**
zu berücksichtigen, vgl. auch K II 29. Obwohl Verträge für den beruflichen
und gewerblichen Lebensbereich des VN grundsätzlich nicht anders als Verträge im privaten Lebensbereich des VN zu behandeln sind, A II 5, wird man
bei gewerblichen Risiken relativ häufiger und insbesondere schon aufgrund
ganz pauschaler Hinweise des Vr auf „neue AVB" annehmen dürfen, daß der
VN in geänderten AVB von sich aus auch mit Verschlechterungen rechnet.
Der VN wird daher **Verschlechterungen in den AERB gegenüber den AEB**
(D I 11 der 1. Aufl.) nur sehr selten mit dem Hinweis bekämpfen können, sie
seien mangels entsprechender Aufklärung nicht Antragsbestandteil geworden
oder der Vr schulde Schadenersatz, weil der VN bei korrektem Hinweis den
Ersatzantrag nicht gestellt oder aber von einer tariflichen Erweiterungsmög-
lichkeit Gebrauch gemacht haben würde. Folgerichtig fehlt in VerBAV **81,** 17
zu den AERB und in VerBAV **87,** 395 zu den AFB 87 eine Regelung der
Hinweispflicht, wie sie zu den VHB 74 und zu den VHB 84 gilt, K I 15.

Schwieriger ist die Situation bezüglich der **Verschlechterungen in den VHB** 17
84 gegenüber den VHB 74. Ausführliche Synopse: Wille VW 85, 1462. Die
Verschlechterungen überwiegen (Hamburg VersR 88, 620) deutlich. Die individuellen Verhältnisse des VN sind auch hier zu berücksichtigen. **Geschäftsge-**
wandtheit, in geringerem Maß auch Wohlhabenheit, läßt ein kritischeres Verhältnis zu VVerträgen erwarten. Solchen VN gegenüber wird schon der Hinweis auf „neue VHB" ausreichen, und zwar sogar mit Bezug auf so einschneidende Veränderungen wie den *Wegfall* des VSchutzes für *Kfz-Einbruch,* das
Prämienanpassungsrecht gemäß § 16 Nr. 2 VHB 84 und – sofern nicht schon
zum Vertrag nach der VHB 74 Kl 825 vereinbart war – die *Summenanpassung*
gemäß § 16 Nr. 1 VHB 84. Zwei weitere wichtige Veränderungen, die Entschädigungsgrenze bei 20% der VSumme gemäß § 19 Nr. 2 VHB 84 und der
Wegfall des VSchutzes für einfachen Diebstahl von Fahrrädern, D XV 6,
werden in der Regel schon durch die im Antragsformular vorgesehene Erhö-
hungs- oder Einschlußmöglichkeit hinreichend hervorgehoben; eine genaue
Definition des Wertsachenbegriffs braucht der Vr im Rahmen seiner Hinweispflicht nicht zu geben, denn jedenfalls ein erfahrener VN muß von sich
aus damit rechnen, daß neben der Höhe auch der Geltungsbereich der Entschädigungsgrenze in neuen VHB bis zu einem gewissen Grad verändert
wurde. Ganz allgemein verdeutlicht schon allein das genaue Zitat der Überschrift der „VHB 84" einem erfahrenen VN den Zusammenhang, denn er
wird den Zahlenzusatz in der Überschrift zutreffend als Hinweis auf das
Entstehungsjahr der neuen VHB verstehen und daraus schließen, daß er mit
Veränderungen zu rechnen habe.

Selbst wenn der Vr in einem Informationsschreiben sowie im Agentenge- 18
spräch einseitig die Verbesserungen durch die VHB 84 (z.B. NeuwertV im
Bereich der bisherigen Zeitwertdeckung, Q III 18, sowie den UnterVVerzicht durch Kl 834, S II 77) hervorkehrt, sind sich geschäftsgewandte VN
über die Möglichkeit von Verschlechterungen im allgemeinen hinreichend im
Klaren. Gegebenenfalls muß ein geschäftsgewandter VN als Ersatzantragstel-

ler nicht nur die *Tatsache* seiner persönlichen Unwissenheit über die VHB 84, sondern auch die *Erkennbarkeit* dieses Umstandes für den Vr oder dessen Agenten *beweisen.*

19   Hingegen kehrt sich die *Beweislast* bei **nicht geschäftsgewandten VN** zu Lasten des Vr um. Will ein Ersatzantragsteller aus diesem Personenkreis eine ihm nachteilige Bestimmung der VHB 84 nicht gelten lassen, weil sie von den VHB 74 abweicht, so muß der Vr beweisen, daß er oder der Agent ein Mindestmaß an Hinweisen gegeben oder daß der VN trotz fehlender Geschäftsgewandtheit solcher Hinweise ausnahmsweise aus bestimmten Gründen nicht bedurft hat. Die Ausgangssituation ist dann ähnlich wie bei Bildung einer VSumme 1914, für die sogar geschäftserfahrene Antragsteller der Beratung bedürfen, BGH RuS 89, 58 = NJW-RR 410 = VersR 472 = VerBAV 118. Eine **vollständige Liste aller nachteiligen Veränderungen** der VHB 84 gegenüber den VHB 74 braucht der Vr dem Ersatzantragsteller aber auch dann **nicht** zu geben, wenn es diesem an Geschäftsgewandtheit erkennbar fehlt.

20   Die Überlegungen in K I 17 bis 19 gelten entsprechend in der **WohngebäudeV** für die **Verschlechterungen in den VGB 88 gegenüber den VGB 62.** Auch hier braucht der Vr zwar nicht sämtliche Verschlechterungen mit dem Antragsteller zu erörtern, er darf aber andererseits Verschlechterungen auch nicht deshalb verschweigen, weil die VGB 62 daneben Verbesserungen enthalten. Die Hinweispflicht entfällt hier schon deshalb nicht, weil die Vr wegen der Verbesserungen meist auch eine höhere Tarifprämie fordern. Aber selbst wenn die VGB 88 zu unveränderten Prämiensätzen angeboten würden, wäre eine **Kompensation** der Verschlechterungen mit Verbesserungen **nicht** zulässig. Der Vr darf nicht durch unzulängliche Beratung dem Ersatzantragsteller die Entscheidung darüber „abnehmen", ob für ihn persönlich die Verbesserungen oder die Verschlechterungen mehr Gewicht haben.

21   Eine Verschlechterung stellt es begrifflich auch dar, wenn eine in den bisherigen AVB ungeregelte Frage nunmehr zuungunsten des VN entschieden wird. Dies gilt auch, wenn bei richtiger Auslegung schon die früheren AVB zu demselben Ergebnis geführt hätten. Schon allein der Wegfall einer Diskussionsmöglichkeit durch **Klarstellung** im neuen AVB-Text zugunsten des Vr bedeutet wirtschaftlich für den VN eine Verschlechterung des Deckungsumfangs. Noch weniger entfällt die Hinweispflicht dadurch, daß eine Bestimmung in den neuen AVB wegen Verstoßes gegen unabdingbare VVG-Bestimmungen oder gegen das AGB-Gesetz mit mehr oder weniger großer Wahrscheinlichkeit durch die Gerichte als unwirksam angesehen würde. Die **Unwirksamkeit** von AVB-Bestimmungen in Druckstücken, die der Vr zum Vertragsbestandteil macht, verstärkt im Gegenteil das Informationsbedürfnis des VN und die Hinweispflicht des Vr, A V 45. LG Hamburg RuS 90, 63 leitet aus diesem Gedanken sogar die Unwirksamkeit einer verhüllten Obliegenheit ab, AV 33.

22   Ohne Anspruch auf Vollständigkeit seien hier einige **Beispiele** zusammengestellt, in denen die VGB 88 zum Nachteil des VN von den VGB 62 abweichen, und zwar geordnet nicht nach ihrer wirtschaftlichen Bedeutung, sondern nach der Reihenfolge im Text der VGB 88: Ausschluß von Überspannungs- und insbesondere von Blitzschäden durch § 9 Nr. 2c VGB 88; Katalog von Gefahrerhöhungstatbeständen in § 10 Nr. 3 VGB 88; Zusammentref-

fen von Kontroll- und Entleerungspflicht in § 11 Nr. 1 c VGB 88; Wegfall der Vorsorge in Höhe von 3% gemäß § 2 Nr. 4 SGlN 79 a; Beschränkungen des Ersatzes von „Mehrkosten" im Sinn von § 15 Nr. 2 und 3 VGB 88; Entschädigungsgrenzen für den Gesamtbetrag aus Gebäudeentschädigung und Kostenentschädigung gemäß § 15 Nr. 5 VGB 88; Zurechnung des Repräsentantenverhaltens gemäß § 25 VGB 88; Repräsentanteneigenschaft von Mitbenutzern einer Wohnung im versicherten Gebäude gemäß § 25 Nr. 3 d VGB 88.

d) §§ 19 AFB 30, AEB, 20 AERB, 18 AWB 68, AStB 68, 20 AFB 87, AERB 87, **23** AWB 87, AStB 87, 20 VHB 74, 28 Nr. 1 VHB 84, 21 VGB 62, 26 Nr. 1 VGB 88 sehen für VAnträge die **Schriftform** vor, ebenso wie übrigens für alle **sonstigen** „Erklärungen" und Anzeigen, wobei §§ 20 AERB, AFB 87, AERB 87, AWB 87, AStB 87 und § 28 VHB 84 **sogar** Erklärungen des Vr einbeziehen. Dies könnte allenfalls für mündliche Änderungsanträge gelten, denn einem mündlichen **Erstantrag** liegen die AVB zwar zugrunde, aber der Antragsteller kann nicht durch Bezugnahme auf die AVB seinem eigenen Antrag die Wirksamkeit nehmen wollen (ähnlich München VersR 76, 745). Mindestens liegt nämlich in der *mündlichen Annahme* oder in der Entgegennahme der Prämie (KG VersR 85, 677) zugleich eine *konkludente Auskunft* des Vr (PM § 43 Anm. 7 A d) mit dem Inhalt, daß eine Vereinbarung aufgrund des mündlichen Antrags ausreiche; daran ist der Vr *gebunden.*

Selbst bei **Vertragsänderungsanträgen** verzichtet der Vr durch schriftliche **24** oder auch nur mündliche Annahme auf die Schriftlichkeit des Antrags. Unbedenklich und stets zu beachten ist das Erfordernis der Schriftform bei einseitigen Erklärungen, wie insbesondere bei der **Kündigung** (zum Ablauf, im Schadenfall, nach Prämienanpassungen usw.). Bei **Anzeigen** des VN treten hingegen nach nur mündlichen Anzeigen die Rechtsfolgen des Unterlassens jedenfalls dann nicht ein, wenn die angezeigte Tatsache dem Vr infolge der mündlichen Anzeige unstreitig bekannt und bei ihm aktenkundig geworden ist.

Kenntnis des Vr, insbesondere im Sinn von § 16 Abs. 3 VVG, tritt durch **25** mündliche Anzeige gegenüber dem Agenten wegen dessen Empfangsvollmacht (§ 43 Nr. 1 und 2 VVG) auch dann ein, wenn der Agent den Inhalt der Anzeige nicht in das Antragsformular übernimmt, weil er dies für überflüssig hält, BGH RuS 88, 123 = NJW 973 = VersR 234, Hamm RuS 88, 284, 373. Die durch Bestimmungen in K I 23 zitiert gewillkürte Schriftform (§ 127 BGB) ändert an der Vollmacht des Agenten zur Entgegennahme mündlicher Anzeigen nichts. Wäre es anders, so müßte der Agent den Antragsteller über die völlige Wirkungslosigkeit seiner Anzeige aufklären. An dieser Beratungspflicht könnte entgegen LG Hamburg VersR 90, 259 auch ein Hinweis im Antragsformular nichts ändern, wonach der Agent über die Erheblichkeit von Antragsfragen oder von gefahrerheblichen Umständen keine Erklärungen abgeben dürfe.

Soweit im Antragsformular darüber hinaus die **Agentenvollmacht** auf die **26** Entgegennahme **schriftlicher** Erklärungen **beschränkt** ist, sind strenge Anforderungen an die Deutlichkeit zu stellen (Hamm RuS 89, 347). Außerdem handelt der Antragsteller nicht grob fahrlässig im Sinn von § 47 VVG, wenn (vgl. LG Stuttgart RuS 90, 66) er diesen Teil des Formulars erst vor der Unterschrift und nicht schon während des vorangegangenen Gesprächs und zur Zeit seiner Anzeige gegenüber dem Agenten („bei" Vornahme des Rechtsgeschäfts, so der Wortlaut des § 47 VVG) liest. Dies übersieht Köln RuS 88, 243 = VersR 904, dessen Ergebnis sich aber im Einzelfall aus anderen Gründen rechtfertigt, weil nämlich der Agent den Inhalt der Anzeige nur wegen seines Provisionsinteresses nicht in das Antragsformular aufgenommen und der Antragsteller dies durchschaut hatte.

27 Soweit Prämien- oder Summenanpassungsklauseln vereinbart sind, stellt sich die Frage, ob die vereinbarte Schriftform für Anzeigen und Erklärungen des Vr auch für die **Bekanntgabe geänderter Prämiensätze (P IV 16) oder VSummen (S III 16 und 27)** gilt. Bejaht man dies, so fragt es sich weiter, ob dann wenigstens § 3 Abs. 1 Satz 1 VVG anzuwenden ist, wonach für VScheine und Nachträge eine Nachbildung (Faksimile) der Unterschrift genügt. Soweit die Formvorschrift nicht eingehalten ist, wäre weiter zu prüfen, ob dies der Fälligkeit oder dem Verzug mit der neuen oder aus der neuen Summe berechneten Prämie entgegenstünde.

28 Ältere AVB verlangen bisweilen Schriftform in der Weise, daß sie auf den **Wortlaut des VScheins** verweisen, vgl. z.B. §§ 2 Nr. 1 AWB 68, AStB 68, 2 VGB 62 für die versicherten Sachen (H I 1) und §§ 4 Nr. 1 AFB 30, AEB, 2 Nr. 4 AWB 68, 2 Nr. 5 AStB 68 für den VOrt (G I 21). Die Möglichkeit eines mündlichen Antrags und einer wirksamen mündlichen Annahme des Antrags werden hierdurch ebenfalls nicht ausgeschlossen. Noch weniger geben diese Bestimmungen dem Vr etwa das Recht, im VSchein von dem Antrag des VN einseitig abzuweichen; dem stünde schon § 5 Abs. 4 VVG entgegen. Der VSchein ist nur Beweisurkunde, die der Vr gemäß § 3 Abs. 1 VVG herzustellen verpflichtet ist, vgl. Horn 38. Neuere AVB, insbesondere §§ 2 Nr. 1, 3 Nr. 2 AERB, 2 Nr. 1, 4 Nr. 2 AFB 87, AERB 87, AWB 87, AStB 87, 10 Nr. 2 VHB 84, verweisen in solchen Fällen mit Recht (Horn 38) nur auf den VVertrag, der nach Maßgabe von K I 23, 24 und 28 auch mündlich zustande kommen kann.

29 Über § 28 Nr. 1 VHB 84 (vgl. dazu K I 23) hinaus verlangen die **VHB 84** in §§ **14 Nr. 1c Satz 2, 19 Nr. 2 Schriftform für bestimmte Sondervereinbarungen**, nämlich für Abweichungen von Sicherheitsvorschriften, für Entschädigung versicherter Kosten über die VSumme hinaus und für Erhöhungen der Entschädigungsgrenzen für Wertsachen. Diese Bestimmungen sind irreführend und ohne rechtliche Wirkung. Wo sich die Unwirksamkeit eines Antrags oder einer Vereinbarung nicht schon aus § 28 Abs. 1 VHB 84 ergibt, kann noch weniger aus den Vorschriften über die Schriftform von Sondervereinbarungen deren Unwirksamkeit hergeleitet werden, wenn diese unstreitig oder erwiesenermaßen mündlich geschlossen worden sind. Dabei ist es gleichgültig, ob nur der Antrag oder nur die Annahme oder beides mündlich erklärt wurde.

30 e) Häufig enthalten die Anträge eine **Bindungsfrist** für den Antragsteller. Sie beträgt aufgrund geschäftsplanmäßiger Erklärungen der SachVr teils übereinstimmend mit § 81 Abs. 1 VVG **zwei Wochen**, im übrigen **einen Monat**, besonders bei Bündelung mit VVerträgen anderer VZweige, z.B. mit HaftpflichtVVerträgen. Eine im Antragswortlaut vorgesehene Bindungsfrist gilt auch dann, wenn bei Antragstellung vorläufige Deckung vereinbart wird,

denn auch in einem solchen Fall gibt es keinen Anhaltspunkt für einen Willen des Antragstellers, sich auf unbestimmte oder gar unbegrenzte Zeit zu binden. Noch weniger verlängert sich die Bindungsfrist dadurch, daß der Vr vor deren Ablauf einseitig vorläufige Deckung zusagt und auf eine „längere Bearbeitungsdauer" hinweist, vgl. BGH VersR 76, 160 und K II 13.

Wird der Antrag erst **nach Fristablauf** angenommen (vgl. dazu ausführlich **31** Martin ZVersWiss 76, 549), so kommt der Vertrag nicht zustande, sondern es handelt sich nach § 150 Abs. 1 BGB um ein **neues Vertragsangebot** (des Vr). Dies müßte der Vr analog § 5 Abs. 2 VVG zum Ausdruck bringen und kenntlich machen (PM § 81 Anm. 4, zweifelnd BM § 5 VVG Anm. 7), mindestens dann, wenn die verspätete Annahme außerdem von dem erloschenen Antrag abweicht (München VersR 76, 745; Problem nicht behandelt in BGH VersR 73, 409 und RuS 86, 248 = VersR 986). Andernfalls kann bloßes Schweigen des VN nicht als Annahme des neuen Angebots gelten, übrigens auch nicht nach § 151 BGB, denn diese Vorschrift macht nicht den Erklärungswillen, sondern nur den Zugang der Erklärung (§ 130 BGB) entbehrlich. Auch die *Prämienzahlung* enthält nicht immer die Annahme, denn es fehlt erkennbar der Erklärungswille, weil der VN sich für bereits verpflichtet hält (richtig KG VersR 85, 677 und LG München I VerBAV 82, 123; oft nicht beachtet in der bei BM § 3 VVG Anm. 19 und PM § 3 Anm. 4 zitierten Rechtsprechung).

Zwar liegt eine Willenserklärung auch ohne Erklärungsbewußtsein vor, **32** wenn der äußere Anschein einer Erklärung bei gehöriger Sorgfalt vermieden werden konnte und mußte, BGH 91, 327. Aber gerade an diesem Merkmal fehlt es, denn das Verschulden liegt ganz überwiegend auf Seiten des Vr, der einen erloschenen Antrag noch angenommen hatte. Fordert allerdings nach Empfang der verspäteten Annahme der Antragsteller Entschädigung für einen *eingetretenen VFall* von nicht ganz unbedeutender Höhe, sei es vor oder nach Zahlung der ersten Prämie, so liegt darin nach der Interessenlage in jedem Fall eine Annahme des neuen Antrags des Vr, denn der VN darf sich nicht zu eigenem früheren Verhalten in Widerspruch setzen, vgl. auch K I 42 und 51. Beispiel: Hamm NJW-RR 87, 153.

Wer der K I 31 vertretenen Ansicht zu § 5 VVG und zur „Auslegung" der **33** Prämienzahlung nicht folgt, muß gleichwohl auf einem anderen Weg zu demselben Ergebnis gelangen. Wenn der Vr einen durch Fristablauf erloschenen Antrag „annimmt", obwohl dies rechtlich nicht mehr möglich ist, muß den rechtlich in der Regel weniger beschlagenen Urheber des erloschenen Antrags und potentiellen VN auf die bestehende Rechtslage hinweisen. Unterläßt der Vr dies, so schuldet er **Schadenersatz wegen Verschuldens bei Vertragsschluß** und darf daher den Urheber des erloschenen Antrags an den angeblichen Wirkungen seiner nicht geschuldeten Prämienzahlung auch wegen § 249 BGB nicht festhalten.

Unter Umständen entsteht durch **verspätete Annahme** ein langer **Schwebezu- 34 stand**. Erklärt der Vr die verspätete „Annahme", nachdem bereits ein **VFall** eingetreten ist, so haftet er für diesen VFall, mag auch die endgültige Annahme durch den VN erst später erklärt werden. Dabei ist gleichgültig, ob die AVB die in K III 11 bis 13 behandelte sog. verbesserte erweiterte Einlösungsklausel enthalten, denn ein beantragter VBeginn vor formellem Vertragsschluß bedeutet spätestens seit BGHZ 84, 268 stets auch rückwirkenden

Beginn der Haftung, K III 6, und nicht etwa nur einen in der Vergangenheit liegenden prämienbelasteten Zeitraum; auch § 2 Abs. 2 Satz 2 VVG steht nicht entgegen, vgl. K II 16 bis 19.

35   Nimmt der **ursprüngliche Antragsteller** den in der verspäteten „Annahme" liegenden neuen Antrag des Vr nicht an, sondern lehnt ihn ab, sei es vor oder (K I 31) nach erster Prämienzahlung, so stellt sich die Frage, ob der ursprüngliche Antragsteller nach § 812 BGB **Prämie** für die Zeit schuldet, während deren er VSchutz genossen hätte, falls ein VFall eingetreten wäre. Man wird die Frage bejahen müssen; die gegenteiligen Erwägungen bei PM § 3 Anm. 1 für den Schwebezustand gemäß § 1829 BGB bei Vertragsschlüssen mit Minderjährigen ohne vormundschaftsgerichtliche Genehmigung sind nicht einschlägig, denn der Vr hätte in den vorliegend behandelten Fällen den Schwebezustand nicht jederzeit selbst beenden können. Anders wäre es nur, wenn man die Schadenersatzpflicht des Vr in den Fällen von K II 38 bis 40 auch nach einer Ablehnung des in der verspäteten Annahme liegenden neuen Antrags bejahen wollte, denn dann wäre der ursprüngliche Antragsteller nicht um „VSchutz" während des Schwebezustandes bereichert. Auf einen solchen Standpunkt wird man sich aber nicht stellen können, denn der ursprüngliche Antragsteller kann nicht den neuen Antrag ablehnen und im Widerspruch dazu gleichwohl schadenersatzweise so gestellt werden sollen, wie wenn der ursprüngliche Antrag rechtzeitig angenommen worden wäre.

36   2. Annahme des Antrags durch Übersendung des VScheins ist der wichtigste Fall des § 5 VVG; wegen Abweichungen des VScheins von einem bereits vorher mündlich oder schriftlich geschlossen Vertrags vgl. BM § 5 VVG Anm. 5, wegen einer Analogie zu § 5 bei verspäteter „Annahme" von Anträgen K I 31. Urkunden, die dem VSchein zwar beigeheftet, in ihm aber nicht in Bezug genommen und daher nicht durch die Unterschrift gedeckt sind, gehören nicht als dessen Bestandteil zum VSchein, BGH RuS 89, 123. Der **VSchein weicht vom Antrag ab**, wenn er etwas enthält, was weder ausdrücklich noch stillschweigend (Beispiel hierfür: S II 53) Inhalt des Antrags war und auch nicht gemäß K I 2 bis 8 zur Entscheidung des Vr nach billigem Ermessen gestellt werden sollte. Der vom Antrag abweichende VSchein enthält gemäß § 150 Abs. 2 BGB ein neues Vertragsangebot des Vr. Wegen der Anforderungen an den Hinweis des Vr auf die Abweichungen, wie § 5 Abs. 2 VVG ihn für eine Fiktion der Annahme des neuen Antrags voraussetzt, wird auf die Kommentare zu § 5 VVG verwiesen. Die Motive des § 5 **Abs. 3 VVG**, der nach Verstoß gegen die Hinweispflicht des Vr gemäß § 5 Abs. 2 VVG abweichend („**Sonderregelung**", Hamm RuS 89, 70) vom Konsensprinzip der §§ 145 ff. BGB den durch den Vr abgelehnten ursprünglichen Antrag zum Vertragsinhalt macht, sind bei Plander VersR 86, 105 instruktiv dargelegt. Die Sonderregelung gilt auch für Schreiben, die den VSchein begleiten oder ergänzen, Hamm aaO.

37   a) Normalfall des § 5 VVG, an den der Gesetzgeber gedacht hatte, sind **Abweichungen ausschließlich zuungunsten des VN**, z.B. höhere Prämie (Beispiel: Was im Antrag als Bruttoprämie bezeichnet war, erscheint im VSchein als Nettobetrag neben zusätzlichen Gebühren und VSteuer) oder im Antrag nicht vorgesehene Entschädigungsgrenzen, Sicherheitsvorschriften oder son-

stige Klauseln (K I 3 bis 8). Hat der Vr die **Hinweispflicht beachtet** und die Abweichung vom Antrag korrekt kenntlich gemacht, und hat der VN *nicht* fristgerecht *widersprochen,* so hat nach § 5 Abs. 1 VVG der Vertrag den Inhalt des VScheins (wegen Anfechtung der Genehmigung durch den VN vgl. BM § 5 VVG Anm. 23) und zwar rückwirkend und (BGH RuS 89, 69) ohne Rücksicht auf eine Prämienzahlung in der Folgezeit. *Widerspricht* der VN, und sei es auch nur gegen eine von mehreren Abweichungen (BM § 5 VVG Anm. 20), so sind sowohl der ursprüngliche Antrag des VN wie auch das neue Angebot des Vr erloschen (BM § 5 VVG Anm. 19, unklar PM § 5 Anm. 6); eine etwa vereinbarte unbefristete vorläufige Deckung besteht bis zum erfolgreichen oder erfolglosen Abschluß der nach dem Widerspruch nötigen neuen Vertragsverhandlungen fort, K II 7 und 8).

Hat der Vr die **Hinweispflicht verletzt,** so ist nach § 5 Abs. 3 VVG für den **38** Vertragsinhalt der Antrag maßgebend. Wegen § 5 Abs. 4 VVG kann § 5 Abs. 3 VVG auch nicht etwa dadurch umgangen werden, daß der Antrag des VN formularmäßig in einen Antrag auf einen etwas ungünstigeren Grundvertrag und in einen Antrag auf eine für den VN günstige „Nebenabrede" aufgespalten wird, Schimpf VP 86, 37. Fehlt der Hinweis nur bezüglich **einiger von mehreren Abweichungen,** so gilt auch § 5 Abs. 3 VVG nur für diese. Ob der Vertrag zustande kommt, hängt davon ab, ob der VN den übrigen, ordnungsgemäß bezeichneten Abweichungen widerspricht oder nicht.

b) Rechtliche Zweifel bestehen, wo der Vr die **Hinweispflicht verletzt,** der **39** VN aber **gleichwohl** einen – in diesem Fall überflüssigen – **Widerspruch innerhalb eines Monats** dem Vr zugehen läßt. Dem Wortlaut des Widerspruchs ist oft nicht zu entnehmen, ob der VN sich gegen den Vertragsschluß insgesamt oder nur gegen die nicht kenntlich gemachte Abweichung vom Antrag wenden will. Auch die (vorherige oder nachfolgende) Zahlung oder die Nichtzahlung der Prämie ist kein zuverlässiges Indiz für die **Willenslage des VN** (und schon gar nicht für seine Willenslage speziell im Zeitpunkt des Zugangs des Widerspruchs beim Vr), denn die Zahlung kann z.B. auf einer Einziehungsermächtigung oder auf dem Willen zu besonderer Vorsicht beruhen, und eine Nichtzahlung kann auch Gründe haben, die mit dem Widerspruch nicht zusammenhängen (Vergeßlichkeit, Geldmangel usw.). Die für den Vr nicht erkennbare und für den VN nicht beweisbare Willenslage im Zeitpunkt des Zugangs des Widerspruchs darf daher **nicht** den Ausschlag geben.

Nach dem Wortlaut von § 5 Abs. 3 VVG ist mit BGHZ 84, 268 (offen **40** lassend noch BGH VersR 82, 183) diese Bestimmung auch dann anzuwenden, wenn der VN widerspricht, denn die Bestimmung erwähnt weder den Widerspruch noch die Monatsfrist. Beide haben Rechtsfolgen nach dem Gesetzeswortlaut nur im Fall von § 5 Abs. 2 VVG. Dieser Standpunkt wurde uneingeschränkt in der 2. Auflage vertreten.

Einwenden ließe sich nur, der VN müsse das Recht haben, den Vr an der **41** Ablehnung des Antrags (und damit an einem vertragslosen Zustand) festzuhalten, denn eine Antragsannahme unter Einschränkungen oder Änderungen bedeutet nach § 150 Abs. 2 BGB normalerweise Ablehnung des Antrags. Wollte man § 5 Abs. 3 VVG aus diesen Gründen nur dann anwenden, wenn der VN einer nicht korrekt gekennzeichneten Abweichung nicht (!) innerhalb eines Monats widerspricht, so müßte man dem VN nach rechtzeitigem Widerspruch ein **Wahlrecht** (ähnlich wie in dem in K I 26 behandelten Fall) einräumen, den Vertrag entweder nachträglich und rückwirkend auf der Basis des ursprünglichen Antragsinhalts zu **bestätigen** oder aber den Vertrag **aufzuheben**.

42 Dieses Wahlrecht müßte so lange bestehen, wie nicht der Vr für Klarheit sorgt, insbesondere durch sachgerechte Reaktion auf den bei ihm eingegangenen Widerspruch. *Prämienzahlung* (K I 39) wäre im Rahmen einer solchen Lösung als *Ausübung des Wahlrechts* nur dann anzusehen, wenn sie auf einer Initiative des VN (und nicht etwa nur auf einer vorher erteilten Einziehungsermächtigung) beruht und wenn sie in Kenntnis des Wahlrechts erfolgt; beides hätte der Vr nachzuweisen. Tritt allerdings ein *Schadenfall* ein und verlangt der VN Entschädigung, so wäre dies in jedem Fall eine Ausübung des Wahlrechts, denn der VN darf sich nicht zu eigenem früherem Verhalten in Widerspruch setzen, vgl. auch K I 32 und 51. Solange der VN sein Wahlrecht indessen noch nicht zugunsten des Vertragsschlusses ausgeübt hätte, könnte der VN nach dieser Lösung *Rückzahlung* etwa geleisteter Prämienbeträge verlangen.

43 Der Verstoß gegen die Hinweispflicht des § 5 Abs. 2 VVG bedeutet zugleich ein **Verschulden des Vr bei Vertragsschluß**. Der Schaden des VN besteht in Unklarheit darüber, ob überhaupt ein Vertrag zustande gekommen ist und gegebenenfalls mit welchem Inhalt. Kenntnis des VN von § 5 Abs. 3 VVG und von dessen Anwendungsbereich darf nicht vorausgesetzt werden. Selbst wenn man sich also zur Anwendbarkeit von § 5 Abs. 3 VVG auch nach einem – überflüssigen – Widerspruch des VN bekennen wollte, würde dies in aller Regel nichts an der Tatsache einer **Unklarheit auf Seiten des VN** ändern. Die Unklarheit hat der Vr durch schuldhaftes Fehlverhalten herbeigeführt. Diese Überlegung spräche dafür, dem VN als Naturalrestitution im Sinn von § 249 BGB ein Wahlrecht im Sinn von K I 41 einzuräumen. Hierdurch würde berücksichtigt, daß der VN durch den Inhalt des VScheins möglicherweise in den Glauben versetzt wurde, ein Vertrag sei nicht zustande gekommen. Daß der VN – „vorsichtshalber" oder weil er später seine Rechtsansicht ändert – die Prämie gleichwohl zahlt, ändert an der genannten Möglichkeit nichts.

44 Es gibt aber auch gute Gründe für die Gegenansicht. Diese geht dahin, § 5 VVG als **abschließende Sonderregelung** gegenüber § 150 Abs. 2 BGB wie auch gegenüber § 249 BGB anzusehen. Immerhin geht § 5 Abs. 3 VVG nämlich partiell über § 249 BGB insofern hinaus, als dem VN nicht nur Ersatz seines Vertrauensschadens zugebilligt wird, sondern ein VVertrag mit einem Inhalt, den der VN ursprünglich gewünscht, den der Vr aber abgelehnt hatte. Als „Kompensation" für diese dem VN günstige Regelung ist dem VN vielleicht zuzumuten, daß sein etwaiges **Vertrauen auf einen vertragslosen Zustand ungeschützt** bleibt, er also insbesondere nicht später Rückgewähr inzwischen gezahlter Prämienbeträge verlangen kann. Ohnehin müßte sich, wer ein Wahlrecht bejaht, mit der weiteren Frage auseinandersetzen, ob nicht die zurückzugewährende Prämie um den Wert des VSchutzes zu kürzen wäre, den der VN infolge seines Wahlrechts jedenfalls im wirtschaftlichen Ergebnis genossen hätte, K I 35.

45 Unhaltbar ist jedenfalls die bei PM 23. Aufl. § 5 Anm. 7 B angedeutete (und in der 24. Aufl. bekräftigte) Lösung, nämlich § 5 Abs. 1 anzuwenden, „wenn

der Verstoß gegen Abs. 2 den VN nicht vom Widerspruch abgehalten hat". Dies würde bedeuten, daß weder die ungünstige Abweichung im VSchein durch den VN als genehmigt gelten würde noch der Vertrag mit dem ursprünglich beantragten Inhalt zustande gekommen wäre, sondern ein vertragsloser Zustand bestünde. Diese Ansicht wäre nur dann haltbar, wenn sie durch einen Anspruch des VN auf *Ersatz des Vertrauensschadens* ergänzt würde, den er durch das **Verschulden des Vr bei Vertragsschluß** erlitten hat. Dieser Schadenersatzanspruch hätte mindestens im praktischen Ergebnis häufig ein Wahlrecht im Sinn von K I 41 zum Inhalt. Einerseits könnte der VN nämlich in aller Regel nicht beweisen, welche Schlüsse er tatsächlich aus dem inkorrekten Inhalt des VScheins im Zeitpunkt von dessen Empfang gezogen hat. Andererseits dürfte der VN aber auch nicht mit den Folgen einer solchen Beweisnot belastet werden, denn die Unklarheit ist durch ein Verschulden des Vr bei Vertragsschluß entstanden.

Besteht die Abweichung zuungunsten des VN in der **Angabe einer zu hohen** 46 **Prämie** und ist gleichzeitig die Hinweispflicht verletzt, so kann die zu hohe Prämie nicht nur nicht durch Schweigen, sondern auch nicht durch Überweisung des zu hohen Betrages Vertragsinhalt werden, AG Koblenz RuS 86, 247. Ebenso wenig wie nach verspäteter „Annahme" des Antrags die Prämienzahlung eine Annahme des neuen Angebots des Vr enthält, K I 31, ebenso wenig enthält die Zahlung einer geforderten zu hohen Prämie ein rechtsverbindliches Einverständnis des VN mit dem höheren Betrag. In beiden Fällen muß der Vr davon ausgehen, daß sich der VN über die Rechtslage nicht im Klaren ist und darf daher seinem Verhalten keinen Erklärungswert (§§ 133, 157 BGB) beimessen.

c) Oft weicht der VSchein sowohl zugunsten wie auch zuungunsten des 47 VN ab („gemischte" Abweichung), z.B. durch ein anderes Beginn- oder Enddatum oder durch Beigabe von AVB oder Klauseln, die dem Antrag nicht zugrunde gelegen haben, K I 3 bis 8, und die für den VN nicht nur nachteilig, sondern auch vorteilhaft sind. Hier sind jedenfalls nicht die Vorteile gegen die Nachteile abzuwägen, was meist ohnehin nicht zu einem klaren Ergebnis führen würde.

Entgegen BM § 5 VVG Anm. 9 gilt § 5 Abs. 1 VVG auch bei gemischten 48 Abweichungen. Die Abweichungen werden, wenn sie ordnungsgemäß gekennzeichnet waren und der **Widerspruch unterbleibt**, ebenso rückwirkend maßgebend wie bei Abweichungen, die für den VN nur nachteilig sind. Dem VN wir hier weniger zugemutet, als wenn sich die Genehmigung auf ausschließlich nachteilige Abweichungen bezieht. Wegen einer Anfechtung durch den Vr vgl. K I 54. **Widerspricht** der VN, so ist die Rechtslage ebenfalls die gleiche wie bei rein nachteiligen Abweichungen. Der Vertrag ist nicht zustande gekommen, falls die Abweichung kenntlich gemacht war, K I 22.

Ist für eine gemischte Abweichung die **Hinweispflicht verletzt**, so ist § 5 49 Abs. 3 VVG nur insofern anzuwenden, als entgegen § 150 Abs. 2 BGB der Vertrag zustande gekommen ist (gleiches Ergebnis mit unklarer Begründung bei BM § 5 VVG Anm. 18). § 5 Abs. 3 VVG kann aber nicht bewirken, daß voll der Inhalt des Antrags oder voll der Inhalt des VScheins maßgebend wäre, denn in beiden Fällen würden dem VN einige für ihn günstige Modalitäten vorenthalten. Nicht die richtige Lösung wäre es auch, dem Vertrag einen imaginären Inhalt zu geben, bestehend aus einer Kombination der für den VN günstigen Teile des Antrags und der für ihn günstigen Teile des VScheins, denn dies würde z.b. bei unterschiedlichem Beginn- oder Enddatum prämienfreien VSchutz für die Zwischenzeit bedeuten.

50   Daher wird man annehmen müssen, der Vertrag sei zunächst mit einem noch nicht konkretisierten Inhalt zustande gekommen, wobei dem VN ein **Wahlrecht** zwischen dem Inhalt des VAntrags und dem Inhalt des VScheins zusteht; zu verneinen ist das Wahlrecht nur für die Fälle, in denen es für die dem VN günstigen Teile der Abweichung an den Voraussetzungen des § 151 BGB fehlt, weil der VN die ihm günstige Abweichung weder zustimmend zur Kenntnis genommen noch auch nur ungeprüft zu den Akten genommen, sondern intern seinen abweichenden Willen zum Ausdruck gebracht hat, K I 52.

51   Durch das Wahlrecht ergeben sich ein ähnlicher Schwebezustand und ähnliche Auslegungs- (§ 2 Abs. 2 VVG) und Bereicherungsprobleme, wie oben in K I 35 und 42 erörtert, zumal auch hier das Verhalten des VN solange nicht als schlüssige Ausübung seines Wahlrechts verstanden werden darf, wie er dieses Wahlrecht nicht kennt, sondern dem Vertrag mit einem bestimmten Inhalt geschlossen glaubt. Die dadurch entstehende Rechtsunsicherheit hat der Vr letztlich sich selbst zuzuschreiben, da er die Hinweispflicht verletzt hat. Allerdings darf sich der VN auch nicht unter Berufung auf die Unkenntnis von seinem Wahlrecht zu einem eigenen früheren Verhalten in Widerspruch setzen, als z.b. zuerst Entschädigung fordern und dann die Prämie verweigern oder zuerst die Prämie verweigern und dann Entschädigung fordern (BM § 5 VVG Anm. 9), vgl. auch K I 32 und 42.

52   d) Ist eine Abweichung für den VN **ausschließlich günstig**, so kommt der Vertrag jedenfalls nach § 151 BGB zustande, denn der VN kann den internen Annahmewillen meist auch dann glaubhaft behaupten, wenn er die Abweichung nicht bemerkt hat.

53   Beispiel für eine dem VN ausschließlich günstige Abweichung: Einer im Antrag als NeuwertV bezeichneten V nach den AFB 30 wurden im VSchein nur die SGIN 79a beigefügt, nicht dagegen die NwIG 80 oder die Sonderbedingungen für die NeuwertV landwirtschaftlicher Gebäude. Die für den VN ausschließlich günstige Abweichung liegt hier im Fehlen einer Wiederherstellungsklausel. Der gesamte übrige Inhalt der Neuwertsonderbedingungen ergibt sich nämlich schon aus dem Wesen der NeuwertV. Aber auch wenn man hier eine gemischte Abweichung annehmen wollte, z.b. weil die Regelung der Voraussetzungen, unter denen der gemeine Wert VWert ist, für den VN auch nachteilig sein kann, könnte sich der VN aus den in K I 50 dargelegten Gründen auf das Fehlen der Wiederherstellungsklausel berufen.

54   Der **Form** des § 5 Abs. 2 VVG bedürfen die für den VN ausschließlich günstigen Abweichungen also **nicht**, BGH VersR 76, 477, RuS 89, 123. Vereinfachend sagt BGH aaO, der Vertrag mit dem günstigeren Inhalt komme „nach § 5 Abs. 1 VVG" zustande (ähnlich z.b. PM § 5 Anm. 3 a.E.). Die Worte „gilt als genehmigt" dürfen aber bei Abweichungen zugunsten des

VN, für die Abs. 2 unanwendbar ist, nicht über § 151 BGB hinaus so verstanden werden, als bedürfe es einer Annahmeerklärung des VN überhaupt nicht. **Überflüssig** ist vielmehr nur der **Zugang der Annahme** bei dem Vr. Intern muß die Annahme jedoch mindestens konkludent manifestiert sein, was im Streitfall der VN zu beweisen hat. An jeglicher Annahme fehlt es z.B., wenn der VN die erweiterte Deckung auch selbst nicht für gegeben hält und sich deshalb für den Grenzbereich anderweitig versichert. Hingegen genügt für § 151 BGB ungeprüfte Ablage des VScheins bei den Akten des VN. – Soweit der Vertrag mit dem günstigeren Inhalt zustandegekommen ist, kann er je nach Sachlage durch den Vr angefochten werden, soweit die Voraussetzungen des § 151 nachgewiesen sind; dann schuldet der Vr aber Ersatz eines Vertrauensschadens nach § 122 BGB. Die Frage der Anfechtung durch den Vr stellt sich übrigens auch bei gemischten Abweichungen. Wegen Anfechtung durch den VN vgl. BM § 5 VVG Anm. 23.

5. Kl 1903 (sog. **Meistbegünstigungsklausel**) führt in der *Geschäfts- und* 55 *Industrie V* zu Vertragsänderungen, sobald sich die in der Klausel genannten Vertragsgrundlagen zugunsten der VN „ändern". Das ist der Fall, wenn der Vr statt der vereinbarten Vertragsgrundlage bei Neu- oder Ersatzanträgen geschäftsplanmäßig nur noch die neue Vertragsgrundlage verwendet. Nach Wegfall der Bedingungsaufsicht für Großrisiken muß es genügen, daß abweichende Regelungen für einige vergleichbare Risiken im wesentlichen inhaltsgleich verwendet worden sind. Kein Fall der Klausel sind Tarifänderungen, also z.B. die zusätzliche Möglichkeit einer Neuwertdeckung für bisher nur zum Zeitwert versicherbare Sachen oder die zusätzliche (alternative) Möglichkeit einer Erstrisikodeckung (Ollick VerBAV 82, 56 FN 282). Während das Meistbegünstigungsprinzip nach einer älteren Formulierung (Kl 1.07) in der Industrie-FeuerV früher nur für ganz bestimmte, dort aufgezählte Vertragsgrundlagen galt, K I 22 der 1. Aufl., gilt es nach Kl 1903 für sämtliche AVB und Klauseln. Mit zunehmendem Anwendungsbereich gewinnt allerdings das in Nr. 2 der Klauseln geregelte Ablehnungsrecht des VN an Bedeutung, vgl. K I 59.

Anders als §§ 15a, 34a VVG spricht Kl 1903 von **Änderungen zugunsten** 56 „**der VN**" in der Mehrzahl. Abzustellen ist also nicht auf die individuellen Verhältnisse des betroffenen VN (vgl. dazu N IV 1), sondern auf die Gesamtheit der VN (Ollick VerBAV 82, 56). Eine Änderung ist für die VN günstig, wenn der Vr durch sie einen höheren Schadenaufwand in Kauf nimmt. Dies kann zwar für den Gesamtaufwand ebenso schwer festzustellen sein wie für ein bestimmtes Einzelrisiko, besonders dann, wenn nicht nur einzelne Bestimmungen geändert, sondern ein ganzes Bedingungswerk durch ein anderes ersetzt wird, wie z.B. die AEB und SBR durch die AERB oder die AFB 30 durch die AFB 87. Trotzdem ist die Abweichung gegenüber dem Text von §§ 15a, 34a VVG wohl beabsichtigt, denn bezüglich des Gesamtaufwandes kann es Statistiken der Vr geben; außerdem können die Motive der Textänderung einschließlich der Äußerungen des BAV herangezogen werden.

Ebenso wie nach §§ 15a, 34a VVG ist es dem VN **verwehrt**, in jedem 57 einzelnen Schadenfall oder durch Wahlerklärung ein für alle Male die für ihn **günstigere** der beiden Textfassungen in Anspruch zu nehmen; „Meistbegünstigungsklausel" ist insofern eine irreführende Bezeichnung. Noch weniger kann der VN sich nebeneinander auf die jeweils für ihn günstigeren Teile beider Regelungen berufen (Ollick aaO, auch aus aufsichtsrechtlichen Gründen). Vielmehr ist der VN an die Neuregelungen auch in den für ihn ungünstigen Teilen gebunden und muß überdies die nötige Mehrprämie für die Neuregelung zahlen, K I 58, sobald er sich einmal auf die für ihn günstigen (und insgesamt überwiegenden) Bestandteile der Neuregelung berufen hat. Will sich der Vr auf eine für den VN ungünstige Änderung berufen, so muß er beweisen, daß die Änderung als ganze für die VN gleichwohl günstig ist. Will der Vr eine für den VN günstige Änderung nicht gelten lassen, so trägt entgegen K I 66 der 2. Aufl. der VN die Beweislast für das Vorliegen der Voraussetzungen von Kl 1903 Nr. 1.

58 Hatte allerdings der **Vr in seiner Werbung** öffentlich oder gegenüber dem betroffenen VN bereits die **unbeweisbare Behauptung** aufgestellt, in neuen AVB, z.B. in den AFB 87, hätten die Verbesserungen zugunsten des VN das Übergewicht, so ist er an diese Erklärung **gebunden**, bis er gegenüber dem einzelnen VN eine Entscheidung herbeiführt. Der VN hat in diesem Fall bei Eintritt des nächsten VFalls Auswahlmöglichkeit und kann sich auf die ihm günstigere Regelung berufen, bleibt dann freilich an diese Regelung auch seinerseits für künftige weitere Schadenfälle gebunden. Der Vr kann die für ihn unbefriedigende Situation einer **Auswahlmöglichkeit des VN** dadurch beseitigen, daß er diesen vor die Wahl stellt, einen Nachtrag auf Basis der neuen AVB zu akzeptieren oder abzulehnen.

59 Nach Kl 1903 Nr. 2 schuldet der VN von der Wirksamkeit der Änderung an die etwa tariflich für die Verbesserung vorgesehene **Mehrprämie**. Folgerichtig gibt ihm die Bestimmung das Recht, durch Erklärung gegenüber dem Vr auf die **Verbesserung zu „verzichten"**. Entgegen dem Wortlaut kann dies allerdings nicht beliebig spät, sondern muß unverzüglich geschehen. Unter dieser Voraussetzung wirkt der Verzicht auch in die Vergangenheit und stellt der VN auch von den nachteiligen Veränderungen in der ihm insgesamt günstigen Regelung frei. Ob der Verzicht noch unverzüglich ist, hängt insbesondere davon ab, ob und wann der Vr den VN über die Veränderung unterrichtet hat, z.B. in Verbindung mit der Rechnung über erhöhte Prämie.

II. Vorläufige Deckung

1 **1. Vorläufige Deckung** ist ein VVertrag (Hamm VersR 88, 173), der sich von sonstigen („endgültigen") VVerträgen meist nur durch die Laufzeit sowie durch Höhe und Fälligkeit der Prämie unterscheidet. Zu Unrecht gegen die Anwendbarkeit gewisser VVG-Vorschriften über außerordentliche Kündigung mit Monatsfrist plädiert Nickel ZVersWiss 86, 95. Ein bestehender weitergehender VSchutz wird durch eine vorläufige Deckung nicht eingeschränkt (BGH VersR 76, 160). Auch die vorläufige Deckung kommt meist aufgrund eines *Antrags* des VN durch *Annahmeerklärung* des Vr zustande. Zur Möglichkeit einer Anfechtung nach § 119 BGB vgl. Hamm VersR 84, 173.

Ob der Vr wegen falscher vorvertraglicher Anzeigen von der vorläufigen 2
Deckung auch dann *zurücktreten* kann, wenn diese Anzeigen äußerlich im
Antrag auf den endgültigen Vertrag enthalten sind, hängt nicht von einer
Stellungnahme zur Trennungs- und zur Einheitstheorie, K II 10, sondern von
Wortlaut und Gestaltung des Formulars und von den Umständen bei dessen
Übergabe ab. Es kommt entscheidend darauf an, ob der Antragsteller den
Eindruck haben mußte, der Vr werde die Entscheidung über die vorläufige
Deckung von Tatsache und Inhalt der Beantwortung von Antragsfragen ab-
hängig machen. Ansonsten vgl. zum Umfang der **vorvertraglichen Anzeige-
pflicht** bei vorläufigen Deckungszusagen Hamm VersR 88, 173.

Dem Antrag auf vorläufige Deckung liegen stillschweigend die einschlägi- 3
gen **AVB** zugrunde (vgl. aber BGH NJW 82, 824 = VersR 382 wegen § 2
Abs. 2 AGBG). Zweifel können entstehen, wenn in dem Gespräch über die
Deckungszusage der VZweig nicht genau bezeichnet wird, Celle RuS 85, 201.
Ferner werden stillschweigend (also abweichend vom K I 3 bis 8) die durch
den Vr üblicherweise für Risiken der fraglichen Art zugrunde gelegten **Klauseln** Bestandteil der Vereinbarung. Entgegen BM § 1 VVG Anm. 100 und PM
nach § 1 Anm. 3 zweifelsfrei ist dies jedenfalls für die Klauseln, auf die in
einem gleichzeitig gestellten Antrag auf den endgültigen Vertrag Bezug genommen worden ist.

Darüber hinaus muß aber unterstellt werden, daß der VN dem Vr Ermes- 4
sensspielraum einräumt, der Deckungszusage auch noch weitere Klauseln
zugrunde zu legen. Enthält eine schriftliche Deckungszusage des Vr einschränkende Klauseln, die nicht ganz unüblich sind, so ist nicht § 5 VVG
anzuwenden, sondern die vorläufige Deckung ist antragsgemäß mit jenen
Einschränkungen vereinbart. Wird allerdings die Deckungszusage ohne ausdrückliche Einschränkungen (z. B. mündlich) erteilt, so liegen ihr nur diejenigen AVB und diejenigen Klauseln zugrunde, die bei richtiger Auslegung auch
schon Teil des Antrags waren; von seinem weitergehenden Ermessensspielraum hat der Vr dann eben keinen Gebrauch gemacht.

Die **Prämie** für die vorläufige Deckung wird abweichend von § 35 Satz 1 5
VVG meist nicht sofort, sondern entweder zusammen mit der Prämie des
endgültigen Vertrages als Teil der ersten Jahresprämie, K II 12, oder nach
dem Scheitern der Vertragsverhandlungen und dem Ablauf der vorläufigen
Deckung **fällig**. Ausnahmsweise kann aber auch für die vorläufige Deckung
die Einlösungsklausel (§ 38 Abs. 2 VVG) vereinbart sein. Die Höhe der Prämie ist nicht nur nach einem Erfolg, sondern auch nach einem Scheitern der
Verhandlungen über den endgültigen Vertrag (gleichgültig durch wessen
„Verschulden") pro rata temporis zu berechnen, AG Hamburg RdK 37, 84
(a. A. PM nach § 1 Anm. 3 und partiell auch LG Hamburg RuS 84, 280,
ferner Nickel ZVersWiss 86, 97).

Die vorläufige Deckung **beginnt** mit dem vereinbarten Zeitpunkt, eventuell 6
auch als RückwärtsV (§ 2 VVG, vgl. K III 4). Auch für das **Ende** der vorläufigen Deckung ist in erster Linie die jeweils getroffene Vereinbarung maßgebend; bei Unklarheit oder Unvollständigkeit (häufig) dieser Vereinbarungen
entscheiden der Zweck der vorläufigen Deckung und die Branchenübung.

Danach endet die vorläufige Deckung, sobald die **Verhandlungen** über die 7
endgültige Deckung **gescheitert** und danach noch einige Tage vergangen sind,

die der VN benötigt, um sich anderweitige Deckung zu verschaffen, vgl. z. B. K I 37 zum Fall des Widerspruchs nach Abweichungen vom Antrag auf Abschluß endgültigen Vertrages. Die vorläufige Deckung endet hingegen nicht schon mit dem Erlöschen des Antrags des VN durch Ablauf der Bindungsfrist, denn es besteht die Möglichkeit einer nachträglichen Einigung nach verspäteter „Annahme" (§ 149 BGB). Hamm VersR 84, 173 schützt den Antragsteller in einem solchen Fall für die Dauer von 4 Monaten und zieht sogar einen zeitlich unbegrenzten Schutz im Fall beiderseitigen Schweigens in Betracht.

8   Noch weniger endet die vorläufige Deckung durch die Tatsache einer *verspäteten Annahme* des Antrags auf den endgültigen Vertrag durch den Vr, K I 31, denn danach kann und soll weiter verhandelt werden, BGH VersR 55, 339 = VerBAV 260. Das gleiche gilt, wenn der Vr den Antrag – rechtzeitig oder verspätet – mit Änderungen „annimmt", rechtlich also ein *neues Angebot* macht, über das weiterverhandelt wird oder werden kann. Diese Grundsätze können wegen § 9 Abs. 2 Nr. 2 AGBG („Vertragszweck") auch nicht rechtswirksam durch einen vorgedruckten Text im Antragsformular zum Nachteil des Antragstellers geändert werden, wonach Deckungszusagen „spätestens nach einem Monat" enden. Hingegen endet die vorläufige Deckung, und zwar mit Wirkung für die Zukunft (ebenso Nickel ZVersWiss 86, 106), falls der **endgültige Vertrag geschlossen** ist und (K II 10) der VSchein nicht unverzüglich eingelöst wird, d. h. normalerweise innerhalb von zwei Wochen nach Übersendung des VScheins und der Prämienrechnung, Köln RuS 86, 22 und K I 38.

9   **Rückwirkend** entfällt die vorläufige Deckung nur, wenn dies *ausnahmsweise* vereinbart ist (vgl. § 1 Nr. 2 Satz 3 AKB sowie BM § 1 VVG Anm. 104; Beispiel: BGH VersR 76, 160). Einseitig und nachträglich kann der Vr den rückwirkenden Wegfall nicht zum Vertragsbestandteil machen; nicht beachtet wurde dies in Hamm VersR 82, 1042. Ist der rückwirkende Wegfall an das Ausbleiben der unverzüglichen Einlösung des endgültigen VScheins geknüpft, so hängt der rückwirkende Wegfall vom Verzug ab (im Fall Hamm aaO mit Recht verneint, weil VSchein vom Antrag abwich); trotz Verzugs tritt ein vereinbarter rückwirkender Wegfall dann nicht ein, wenn der Vr sich durch Aufrechnung gegen den Anspruch aus einem durch die vorläufige Deckung erfaßten Schadenfall befriedigen kann, BGH VersR 85, 877 gegen Hofmann aaO. Wegen der Prämie für eine rückwirkend weggefallene Deckungszusage ist § 40 VVG analog anzuwenden: die Prämie bleibt verfallen, wenn der rückwirkende Wegfall durch den VN zu vertreten ist. Entfällt der endgültige Vertrag rückwirkend durch Rücktritt oder Anfechtung seitens des Vr (PM nach § 1 Anm. 2), so lebt damit nicht etwa die vorläufige Deckung auch für die Laufzeit des aufgehobenen endgültigen Vertrages wieder auf.

10   Der Streit darüber, ob der endgültige Vertrag mit dem Vertrag über die vorläufige Deckung identisch (*Einheitstheorie;* BM § 1 VVG Anm. 94, 95, 105) oder nicht identisch (*Trennungstheorie;* PM nach § 1 Anm. 2, Hamm VersR 82, 843, weitere Nachweise bei BM § 1 VVG Anm. 96; zum Ursprung dieser Theorie aus einer früheren Fassung von §§ 38, 39 VVG vgl. Nickel ZVersWiss 86, 33) ist, hat nur wenig praktische Bedeutung. Weder ist, wie PM aaO meinen, die Einheitstheorie genötigt, einen Rücktritt oder die Anfechtung des Vr auch auf die vorläufige Deckung zu beziehen, wenn der

Rücktritts- oder Anfechtungsgrund nur den endgültigen Vertrag betrifft (häufig, denn Antragsfragen werden oft nur zum endgültigen Vertrag gestellt), noch ist, wie BM § 1 VVG Anm. 105 meinen, die Trennungstheorie gezwungen, den VSchutz aus der vorläufigen Deckung mit dem endgültigen Vertragsschluß enden zu lassen, so daß bis zur Einlösung ein Zeitraum ohne Deckung läge. Tatsächlich erlischt die vorläufige Deckung in jedem Fall erst eine angemessene Frist (meist zwei Wochen, vgl. § 1 Nr. 2 Satz 3 AKB) nach Vorlage des VScheins und der Prämienrechnung, K II 7 und 8.

Immerhin sprechen die *besseren Gründe* für die *Einheitstheorie,* denn **11** Laufzeit und Prämie der vorläufigen Deckung werden in das erste Jahr der endgültigen Deckung einbezogen. Darin liegt eine Änderung des Vertrages über die vorläufige Deckung in dem Sinn, daß gesonderte Prämie (zeitanteilig, K I 5) für die vorläufige Deckung nicht mehr geschuldet wird und daß die Vereinbarung über das Ende der vorläufigen Deckung nur für den Fall bedeutsam bleibt, daß der VSchein nicht pünktlich eingelöst wird, K II 12, oder daß der endgültige Vertrag durch Rücktritt oder Anfechtung wegfällt.

Auch nach der Einheitstheorie ist entgegen BM § 1 VVG Anm. 105 die **12** *erste Jahresprämie,* in welche die Prämie für die vorläufige Deckung einbezogen ist, nicht Folgeprämie gemäß § 39 VVG, sondern **Erstprämie gemäß § 38 VVG.** Zahlt der Versicherungsnehmer nicht binnen angemessener Frist nach Vorlage von VSchein und Prämienrechnung, so erlischt mit Wirkung für die Zukunft die vorläufige Deckung, K I 8 und 10, und der VSchutz wird unterbrochen, weil die endgültige Deckung nach § 38 Abs. 2 VVG erst mit der Einlösung in Kraft tritt. Diese Lösung genügt allen praktischen Bedürfnissen. Es wäre lebensfremd, die erste Jahresprämie einschließlich des Entgelts für die vorläufige Deckung als Folgeprämie im Sinn von § 39 VVG zu behandeln; zutreffend für § 38 VVG plädierte das RG (z.B. RGZ 113, 150) in ständiger Rechtsprechung, wenn auch als Konsequenz aus der abzulehnenden Trennungstheorie.

2. Vorläufige Deckung wird nach bisheriger Vertragspraxis durch die Vr **13** nicht formularmäßig und nicht spontan, sondern nur auf ausdrücklichen Antrag zugesagt. Eine Ausnahme bilden formularmäßige Zusagen, die der Vr nach Zugang eines Antrags **unaufgefordert** mit dem Hinweis versendet, die Bearbeitungszeit werde möglicherweise länger als die Bindungsfrist dauern. Solche Deckungszusagen erreichen zwar nicht den erklärten Zweck einer Verlängerung der Bindungsfrist für den Hauptantrag, K I 30. Durch Schweigen des VN auf eine verspätete „Annahme" kommt also der Vertrag auch dann nicht zustande, wenn vor Ende der Bindungsfrist eine solche Deckungszusage erteilt wurde. Der Vr bleibt aber an die Deckungszusage gebunden, bis er eine Klärung herbeiführt, eventuell im Anschluß an eine (mangels Vertragsschlusses rechtlich unbegründete) Prämienmahnung.

Von dem oben beschriebenen Fall abgesehen, wird vorläufige Deckung **14** meist auch in Fällen nicht zugesagt, in denen der VN diese **Deckung** für den Vr **erkennbar benötigt** und in denen er einen entsprechenden ausdrücklichen **Antrag** nur deshalb **nicht** stellt, weil er irrig glaubt, schon die Tatsache des Antrags auf den endgültigen Vertrag begründe den benötigten VSchutz, und weil er das Institut der vorläufigen Deckung nicht kennt. Insbesondere trifft

dies für weniger sachkundige Antragsteller im privaten (Hausrat, Wohngebäude) und kleingewerblichen Bereich zu, denn die Vr und deren **Agenten**
lassen es meist an der nötigen **Beratung** fehlen. Nur die besonders sachkundi-
gen oder durch erfahrene Makler beratenen Antragsteller, insbesondere im
industriellen Bereich, überblicken die Rechtslage und vermeiden eine Dek-
kungslücke, indem sie den Antrag auf *endgültigen* VSchutz nur stellen, wenn
ihnen *gleichzeitig* bereits *vorläufige* Deckung zugesagt wird.

15   Unterläßt nicht der Vr oder dessen Angestellter oder Agent, sondern ein
Makler die nötige Aufklärung über den Bedarf für eine vorläufige Deckung,
so geht dies nicht zu Lasten des Vr, LG Hannover RuS 87, 74, denn der
Makler ist nicht Erfüllungsgehilfe des Vr. Eine andere Frage ist, ob das Antragsformular unmißverständlich gestaltet war, K II 22.

16   Die Deckungslücke droht immer dann, wenn der Antrag nicht so rechtzeitig gestellt wird, daß die **Bindungsfrist** und die nach Antragsannahme noch für
die Einlösung des VScheins durch Prämienzahlung nötige Zeit **vor dem beantragten VBeginn** liegen. Wer z. B. VSchutz ab 1. 7. eines Jahres benötigt und
diesen mit einer Bindungsfrist von zwei Wochen, wie sie in der SachV üblich
ist, K I 30, schon am 5. 6. beantragt, benötigt keine vorläufige Deckung. Wird
nämlich der Antrag bis zum Ablauf der Bindungsfrist am 19. 6. abgelehnt, so
kann der Antragsteller sich noch rechtzeitig anderweitig Schutz verschaffen.
Wird der Antrag innerhalb der Frist angenommen, so bleibt dem VN noch
genügend Zeit, vor dem 1. 7. die Prämie zu zahlen und so das Deckungshin-
dernis der Einlösungsklausel (§ 38 Abs. 2 VVG) zu beseitigen.

17   Wer hingegen den formularmäßigen schriftlichen VAntrag z. B. erst am
Vormittag des 1. 7. stellt und ab demselben Datum, also ab 1. 7. mittags
12.00 Uhr (falls diese Uhrzeit vorgedruckt ist; andernfalls ist mit PM § 7
VVG Anm. 5 und gegen PM § 7 Anm. 3 der Tagesbeginn, also 0.00 Uhr, als
beantragter Beginn anzusehen), VSchutz beantragt, benötigt die vorläufige
Deckung für **vier** (nach früher vertretener Ansicht: fünf) **verschiedene Phasen**,
in denen der VFall eintreten kann, ohne daß VSchutz aus dem beantragten
Hauptvertrag besteht. Das Problem wird um so bedeutsamer, je häufiger die
Bindungsfrist nicht mehr zwei Wochen, sondern einen Monat beträgt, K I 30,
denn meist wird der Antragsteller den VSchutz früher als erst nach einem
Monat benötigen.

18   Erste Alternative (K II 22 bis 29, insbesondere K II 27): Der VFall tritt
während der Bindungsfrist ein, und der Vr lehnt vor Ende der Bindungsfrist
oder stillschweigend durch deren ungenutzten Ablauf den Antrag ab. Zweite
Alternative (K II 30 bis 33): Der VFall tritt kurz nach ungenutztem Ablauf
der Bindungsfrist (oder in den ersten Tagen nach fristgerechter Antragsablehnung; insoweit Überschneidung mit der ersten Alternative) ein, also noch
bevor der Antragsteller bei normalem Verlauf Gelegenheit hat, sich nach der
Ablehnung VSchutz anderswo zu verschaffen. Dritte Alternative (K II 34 bis
37): Der Fall tritt alsbald nach ungenutztem Ablauf der Bindungsfrist ein,
ohne daß der Vr den Antragsteller über die Bedeutung dieses ungenutzten
Fristablaufs aufgeklärt hat. Vierte Alternative (K II 38 bis 42): Der VFall tritt
vor – rechtzeitiger oder verspäteter – Antragsannahme ein. Fünfte Alternative
(K II 43): Der VFall tritt nach – rechtzeitiger oder verspäteter – Antragsannahme, aber vor der Einlösung des VScheines durch Zahlung der Erstprämie

ein; in diesem Fall besteht VSchutz nach inzwischen herrschend gewordener Ansicht allerdings schon aus dem Hauptvertrag.

Eine Haftung des Vr für VFälle während jener fünf Phasen könnte sich 19 alternativ aus zwei verschiedenen rechtlichen Gesichtspunkten ergeben, nämlich entweder als **Erfüllungsanspruch** aus einer zwar nicht ausdrücklich, wohl aber stillschweigend erteilten vorläufigen Deckungszusage (PM § 3 Anm. 5 B b) oder aber – voll oder wegen Mitverschuldens gemäß § 254 BGB gekürzt – als **Schadenersatzanspruch** wegen **positiver Vertragsverletzung** durch unzureichende Beratung über die Notwendigkeit einer vorläufigen Deckung (PM § 81 Anm. 2 A). Die zuletzt genannte Möglichkeit ist aus den in K II 20 darzulegenden Gründen vorzuziehen und wird in K II 22 bis 39 allein zugrunde gelegt.

Gegen die Konstruktion einer vorläufigen Deckungszusage allein wegen des 20 für den Vr erkennbaren Bedürfnisses des Antragstellers nach einer solchen Zusage sprechen grundsätzliche Bedenken, besonders wenn das Antragsformular einen üblichen Hinweis etwa folgenden Wortlauts enthält: „Ein VVertrag kommt erst durch Übersendung des VScheins zustande; der Agent ist zu Deckungszusagen nicht bevollmächtigt." Man kann nicht ein rechtlich gebotenes Verhalten ohne jeden Anhaltspunkt durch „Auslegung" in ein bloßes Unterlassen desjenigen Vertragspartners hineinlesen, der zum Handeln verpflichtet wäre; die Grenzen des § 133 BGB würden dadurch gesprengt. Außerdem bestünde gegenüber einem Erfüllungsanspruch nicht die Möglichkeit, ein Mitverschulden des Antragstellers gemäß § 254 zu berücksichtigen.

Endlich stieße die rechtliche Konstruktion nicht nur der Annahmeerklärung 21 des Vr, sondern schon eines entsprechenden Antrags des VN, wie etwa Plander VersR 86, 107 sie befürwortet, auf Schwierigkeiten, und zwar wegen **§ 81 Abs. 3 VVG**, der auf alle hier behandelten VZweige mindestens analog anzuwenden ist (PM vor § 81 Anm. 3 b). Ein Antrag mit zweiwöchiger Bindungsfrist wie beim Hauptantrag entspräche nicht dem Bedürfnis des Antragstellers, der die vorläufige Deckung und die Entscheidung darüber wesentlich kurzfristiger benötigt. Eine unbestimmte kürzere Annahmefrist wäre indessen mit § 81 Abs. 3 VVG nicht vereinbar, jedenfalls nicht für den Hauptantrag (PM § 81 Anm. 2 vor A). Eine *nur für den Deckungsantrag verkürzte*, für den Hauptantrag aber gleichwohl zwei Wochen betragende *Frist* entspräche ebenfalls *nicht* dem erkennbaren Willen des VN, denn im Fall einer Deckungsablehnung würde der Antragsteller keinesfalls für den Rest der Zweiwochenfrist an den Hauptantrag gebunden bleiben wollen, weil ein auf die vorläufige Deckung beschränkter Antrag bei einem anderen Vr wesentlich geringere Erfolgsaussichten haben und zu einem höheren Prämienaufwand führen würde.

a) Das zum Schadenersatz verpflichtende **Fehlverhalten des Vr** bei Vertrags- 22 schluß liegt entweder in der Gestaltung des Antragsformulars oder in einem Unterlassen der nötigen Beratung durch Angestellte oder Agenten oder in beidem nebeneinander. Zur Frage eines mitwirkenden Verschuldens des Antragstellers, der sich über die Bedeutung der Bindungsfrist und des Schwebezustandes bis zu der etwaigen Antragsannahme zu wenig Gedanken macht, vgl. K II 28.

23   Die **Antragsformulare** lassen vielfach nur Raum für die Eintragung eines beantragten Beginndatums, raten aber nicht von der Eintragung von Daten ab, zu denen die Haftung des Vr mit Sicherheit oder wahrscheinlich noch nicht beginnen kann, nämlich von Daten, die innerhalb der Bindungsfrist oder kurz nach deren Ablauf liegen. **Korrekt** müßte das Antragsformular einen **Hinweis** etwa folgenden Wortlauts enthalten: „Kein Datum während der Bindungsfrist oder alsbald nach deren Ablauf eintragen!" Der bloße Hinweis „nicht rückwirkend", reicht nicht aus, vgl. das Beispiel LG Hannover VersR 80, 350 = RuS 79, 241, denn er wird durch den Antragsteller oft nur auf Beginndaten vor Antragszugang bezogen werden; gemeint sind aber alle Daten vor Annahme (!) des Antrags.

24   Das Verschulden des Vr an der mangelhaften Aufklärung (vielleicht muß man sogar sagen: unbewußten Irreführung) schon durch die Formulargestaltung ist um so höher zu bewerten, je mehr ein **Unterlassen der nötigen Belehrungen** durch den Agenten hinzutritt, der dem Antragsteller das Formular in Kenntnis des Bedürfnisses nach alsbaldigem VSchutz *ausgehändigt* hatte oder (und) der es mit einem beantragten Beginndatum vor oder schon kurz nach Ende der Bindungsfrist *entgegengenommen* hatte. Zwar braucht der Agent nicht spontan zu belehren, schon gar nicht entgegen einem klaren Wortlaut von AVB oder Antragsformularen. In den hier erörterten Fällen folgt die Aufklärungspflicht jedoch aus dem Umstand, daß der Agent den *Irrtum* des Antragstellers leicht *erkennen* kann, nämlich aus dem Widerspruch zwischen dem erklärten Bedürfnis nach alsbaldigem VSchutz, insbesondere dem eingetragenen beantragten Beginndatum, und dem Ausbleiben eines Antrags auf vorläufige Deckung.

25   Für die Beratungspflicht des Vr und für dessen Verschulden spricht entscheidend auch die **Art und Weise**, mit der dieser Vr **Anträge** mit beantragtem Beginndatum vor Ende der Bindungsfrist üblicherweise **weiterbehandelt**. Die Vr nehmen in der Regel Anträge mit solchen Beginndaten unverändert rückwirkend an, erheben also Prämie auch für einen Zeitraum, während dessen für einen damals eingetretenen VFall Deckung noch nicht hätte gewährt werden müssen, weil der Antrag noch nicht angenommen war, sondern noch hätte abgelehnt werden können. Ein Argument für Verschulden des Vr liegt darin jedoch nur, wenn der **Antrag** zur Zeit des Zugangs beim Vr nach dessen Tarif bereits **annahmereif** war, wenn also die tariflich vorausgesetzten Sicherungen vorhanden waren, alle Antragsfragen zufriedenstellend beantwortet wurden usw. Andernfalls ist die Beratungspflicht zu verneinen, denn ein auf solche Beratung hin bei demselben Vr gestellter und nicht annahmereifer Antrag auf vorläufige Deckung hätte nach dem Tarif nicht angenommen werden können; der „Verstoß" gegen die Beratungspflicht wäre mangels eines annahmereifen Antrags für das Fehlen der Deckung im Zeitpunkt des VFalls nicht ursächlich gewesen.

26   Die **Ursächlichkeit des Verstoßes** gegen die Beratungspflicht **für die fehlende Deckung** kann hingegen nicht schon deshalb verneint werden, weil der Vr einen etwaigen Antrag auf vorläufige Deckung theoretisch auch dann hätte ablehnen können, wenn er im Sinn des Tarifs annahmereif gewesen wäre. Entgegen PM § 3 Anm. 5 B a bb darf die Ablehnung des mangels ausreichender Beratung nicht gestellten Deckungsantrags im Rahmen der Ursächlichkeitsprüfung nicht unterstellt werden. Vielmehr trägt der **Vr** die **Beweislast**, wenn er einwendet, der VN würde vorläufige Deckung bei demselben oder einem anderen Vr auch dann nicht beantragt oder nicht erhalten haben, wenn er auf deren Notwendigkeit korrekt hingewiesen worden wäre. Mit Recht übernimmt Köln RuS 86, 195 diese allgemeine Rechtsprechung zu den Schadenfolgen bei Verstößen gegen Beratungs- und Aufklärungspflichten (BGHZ 61, 118, 64, 46, BGH NJW 81, 1440) auch für den VersBereich. Inzwischen hat der BGH sich auch für das VVertragsrecht in diesem Sinn geäußert, BGH RuS 89, 58 = NJW-RR 410 = VersR 472 = VerBAV 118.

Nimmt ein Agent am 1. 7. einen Antrag mit beantragtem Beginndatum 27 ebenfalls am 1. 7. entgegen und tritt **während der Bindungsfrist** und vor Entscheidung über den Antrag ein VFall ein (erste Alternative gemäß K II 18), so haftet unter den dargelegten Voraussetzungen der Vr auf Schadenersatz wegen Verschuldens bei Vertragsschluß. Der **Schadenersatz** besteht im Regelfall in **voller Entschädigung** für den VFall, wie sie auch aus der infolge Beratungsfehlers nicht beantragten vorläufigen Deckung zu leisten gewesen wäre. Ganz oder teilweise zu verneinen ist der Anspruch jedoch nach § 254 BGB, falls den Antragsteller ein gewisses oder gar stark überwiegendes **Mitverschulden** trifft. Die **Beweislast** für streitige Tatsachen, von denen das Mitverschulden abhängt, trägt der Vr, der den Einwand aus § 254 BGB erhebt.

Schon allein die Tatsache der beantragten Bindungsfrist, K I 30, sowie der oft 28 im Antragsformular enthaltene **Hinweis**, daß **VSchutz nicht vor Antragsannahme** durch Übersendung des VScheins bestehe, K II 20, kann den Vorwurf eines Mitverschuldens des Antragstellers begründen.

Dies gilt allerdings nicht für alle, sondern nur für solche Antragsteller, die 29 aufgrund ihrer persönlichen Vorbildung (rechtlicher oder versicherungsfachkundlicher Art), aufgrund persönlicher Erfahrungen (z.B. aus früheren Vertragsschlüssen) oder aufgrund fachlicher Beratung, z.B. durch sachkundige Arbeitnehmer oder Makler, die rechtliche Bedeutung der Bindungsfrist voll hätten erkennen müssen. Diese „Ungleichbehandlung" von Antragstellern ist hier nicht fehlerhaft, sondern im Gegenteil rechtlich geboten, denn es handelt sich nicht um die Auslegung von AVB (die „objektiv", d.h. vom Einzelfall unabhängig, sein müßte, K I 6), sondern um die Bewertung des persönlichen Verhaltens (Unterlassung eines Antrags auf vorläufige Deckung) des Antragstellers im Rahmen einer Verschuldensprüfung, die stets die **individuellen Gegebenheiten** zu berücksichtigen hat, vgl. auch K I 16 bis 19. Daneben kommt es auch auf alle sonstigen **Umstände des Einzelfalls** an, z.B. auf den Umfang der bisherigen Geschäftsverbindung des Antragstellers zu dem Vr und dem Agenten, auf die Ausführlichkeit des Verkaufsgesprächs im übrigen, auf Art und Umfang des beantragten VSchutzes, auf die Genauigkeit, mit welcher der Antragsteller sein alsbaldiges VBedürfnis dargestellt hatte usw.

b) Tritt der **VFall** innerhalb der ersten Tage **nach ungenutzten Ablauf der** 30 **Bindungsfrist** oder aber (insoweit Überschneidung mit der in K II 22 bis 29 behandelten ersten Fallgruppe) innerhalb der ersten Tage nach rechtzeitiger ausdrücklicher **Ablehnung des Hauptantrags** ein (zweite Alternative gemäß K II 18), so kann das Fehlen der Deckung in diesem Zeitpunkt ebenfalls auf einem Verschulden des Vr vor Vertragsschluß *beruhen* (nicht erkannt in München

RuS 88, 372). Zwar muß der Antragsteller grundsätzlich mit der Ablehnung seines Antrags rechnen. Wenn der Vr den Antragsteller aber pflichtgemäß über die Notwendigkeit einer vorläufigen Deckung belehrt hätte, nachdem er das Bedürfnis nach alsbaldigem VSchutz erkannt hatte, wäre der VFall im Rahmen dieser Deckungszusage entschädigungspflichtig gewesen. Deckungszusagen enden nämlich nicht gleichzeitig mit, sondern erst einige Tage nach dem endgültigen Scheitern der Verhandlungen über den Hauptantrag, vgl. K II 6 bis 10 sowie die Rechtsprechungsnachweise in PM nach § 1 Anm. 3. In LG Frankfurt ZfS 87, 345 wurde das Problem nicht gesehen und daher nicht geprüft, ob der Vr den Antrag mangels Annahmereife (K II 25) oder aber nur wegen des inzwischen eingetretenen Schadens abgelehnt hatte.

31   Allerdings wird es bei VFällen in dieser Phase oft an der in K II 25 erörterten **Voraussetzung eines annahmereifen Antrags** fehlen, denn die Ablehnung des Hauptantrags beruht naturgemäß oft darauf, daß dieser nicht annahmereif war. Immerhin gehören hierher aber auch die zahlreichen Fälle, in denen der Vr die Bindungsfrist unabsichtlich verstreichen läßt, weil er den annahmereifen Antrag zwar annehmen will, die Annahme jedoch infolge Arbeitsüberlastung nicht rechtzeitig erklärt, vgl. BGH VersR 86, 330 und K II 35. Ebenso liegt es in den – allerdings selteneren – Fällen, in denen der Vr einen Antrag „versehentlich" ablehnt, weil er infolge eines Bearbeitungsfehlers irrig glaubt, der Antrag sei nach seinem Tarif nicht annahmefähig. Endlich ist an Fälle zu denken, in denen der Antrag zwar nach dem Tarif annahmereif war, der Vr ihn aber wegen subjektiver Bedenken gegen den Antragsteller gleichwohl ablehnt; soweit freilich diese Bedenken begründet sind und der Antragsteller sie zu vertreten hat, entfällt nach § 254 BGB ganz oder teilweise der Schadenersatzanspruch.

32   Die **Beweislast** gegen die Ursächlichkeit seines schuldhaften Fehlverhaltens bei Vertragsschluß trägt grundsätzlich der Vr, vgl. die Rechtsprechungsnachweise in K II 26. Schon aus diesem Grund muß der Vr gegebenenfalls darlegen und beweisen, daß er den Antrag nicht etwa versehentlich, sondern mangels tariflicher Annahmereife ausdrücklich abgelehnt oder jedenfalls nicht rechtzeitig angenommen habe. Dies gilt um so mehr, als die Bindungsfrist in verhältnismäßig häufigen Fällen unabsichtlich und trotz Annahmereife des Antrags überschritten wird, vgl. das entsprechende Beweisergebnis in BGH VersR 86, 330.

33   Der **Zeitraum**, innerhalb dessen der Vr noch nach Ablauf der Bindungsfrist aus Verschulden bei Vertragsschluß haftet, stimmt mit dem Zeitraum überein, um den eine zugesagte vorläufige Deckung gemäß K II 7 über das Erlöschen des Hauptantrags hinaus fortbestanden hätte. Dieser Zeitraum läßt sich nicht einheitlich auf eine bestimmte Zahl von Tagen festlegen. Maßgebend sind die *Umstände des Einzelfalles*, also Art und Umfang des versicherten Risikos (insbesondere von der Schwierigkeit, die es bereitet, für das Risiko rasch anderweitige Deckung zu finden), Umfang der sonstigen Geschäftsbeziehungen zwischen dem Antragsteller und dem Vr, die etwaige Häufung von Feiertagen unmittelbar nach Ende der Bindungsfrist usw. Innerhalb dieses Zeitraums kann überdies das Gewicht des *Mitverschuldens* (K II 27) des Antragstellers zunehmen, der Anteil der Schadenersatzhaftung des Vr sich also vermindern.

c) Auch nach Ende des Zeitraums einer hypothetischen vorläufigen Dek- 34
kung kommt noch eine Haftung des Vr aus Verschulden bei Vertragsschluß
in Betracht, wenn nämlich der Vr den Hauptantrag nicht ausdrücklich abgelehnt hat, sondern ihn durch **ungenutzten Ablauf der Bindungsfrist** hat erlöschen lassen. Das anspruchsbegründende Fehlverhalten liegt dann allerdings
nicht mehr im Unterlassen eines Hinweises auf die Notwendigkeit einer
vorläufigen Deckung, sondern darin, daß der Vr, der die Antragsfrist hatte
verstreichen lassen, den Antragsteller nicht wenigstens unmittelbar nach deren Ende auf die Bedeutung ihres ungenutzten Ablaufs und auf die Notwendigkeit hingewiesen hat, sich nunmehr unverzüglich anderweitig VSchutz zu
suchen. Hamm RuS 89, 388 verneint allerdings die Haftung des Vr, wenn
nicht dieser selbst, sondern nur der Agent den Vertragsantrag kennt, weil der
Antrag auf dem Postweg vom Agenten zum Vr verloren gegangen ist (bedenklich, denn man wird den Agenten als Erfüllungsgehilfen des Vr ansehen
müssen).

Es kann offen bleiben, ob eine solche Pflicht zur **Aufklärung über die Bedeu-** 35
tung des Fristablaufs allgemein und auch ohne vorherige Geschäftsbeziehungen zwischen dem Vr und dem Antragsteller zu bejahen wäre, vgl. verneinend Hamm RuS 84, 276 = VersR 85, 557. Sie besteht aber jedenfalls in
solchen VZweigen und solange, wie die Vr einen nicht unerheblichen Teil der
Anträge erst nach Ablauf der Bindungsfrist „anzunehmen" (K I 31) pflegen,
vgl. das entsprechende Beweisergebnis in BGH VersR 86, 330, und zwar dort
sogar in einem Fall aus der HaftpflichtV, obwohl dort die Bindungsfrist nicht
zwei Wochen, sondern einen Monat beträgt (wie neuerdings oft auch in der
SachV, K I 30) und entsprechend leichter einzuhalten sein müßte. Die verspätete „Annahme" wird meist sogar ohne Hinweis auf die Verspätung und
verbunden mit einer – rechtlich zunächst nicht begründeten – Prämienrechnung erklärt. Aus diesem Verfahren, das dem Vr Prämieneinnahmen für
Zeiträume verschafft, in denen er mangels Vertragsschlusses nicht gehaftet
hatte, dürfen die Antragsteller den Schluß ziehen, der Vr werde auch nach
Ablauf der Bindungsfrist nicht einfach schweigen, sondern den Antrag entweder verspätet doch noch „annehmen" oder aber ihn nachträglich „ablehnen",
nen", d.h. auf die Bedeutung des Fristablaufs schriftlich hinweisen.

Eine zeitliche Grenze für diese Haftung läßt sich noch weniger als in den in 36
K II 33 behandelten Fällen festlegen. Es kommt darauf an, bis zu welchem
Zeitpunkt die Antragsteller auch noch nach Ende der Bindungsfrist eine
verspätete „Annahme" erwarten konnten (mußten). Im Allgemeinen wird dies
nur bis einige Wochen nach Ende der Bindungsfrist der Fall sein, obwohl in
Ausnahmefällen der Vr auch noch wesentlich später reagiert, vgl. die Fälle
BGH VersR 84, 268 (DiebstahlV) und BGH VersR 83, 121 = NJW 631
(HaftpflichtV).

Auf eine genaue zeitliche Grenze kommt es praktisch kaum an, denn mit 37
zunehmendem zeitlichen Abstand zwischen dem Ende der Bindungsfrist und
dem Eintritt des VFalles muß sich der Antragsteller immer häufiger ein stark
überwiegendes **Mitverschulden** entgegenhalten lassen, und zwar bis zum völligen Wegfall jedes Schadenersatzanspruchs. Naturgemäß ist nämlich nach ungenutztem Ablauf der Bindungsfrist, und zwar progressiv mit zunehmendem
Zeitablauf, der Antragsteller mehr und mehr gehalten, auch selbst Konse-

quenzen aus dem ungenutzten Fristablauf zu ziehen, also entweder nach dem Schicksal seines Antrags zu fragen oder sich anderweitig um VSchutz zu bemühen und eine dann etwa doch noch eingehende „Annahme" des erloschenen Antrags samt Prämienrechnung als verspätet und unwirksam anzusehen. Die Beweislast für das Mitverschulden und daher auch für Verspätung oder völliges Unterlassen der Nachfrage trägt der Vr, BGH VersR 86, 330.

38   d) In den in K I 22 bis 37 behandelten Fällen ist es möglich, daß der **Antrag nach Eintritt des VFalls angenommen** wird, sei es rechtzeitig innerhalb der Bindungsfrist in den Fällen von K II 22 bis 29 oder sei es verspätet in den Fällen von K II 30 bis 37. Abweichend von der Situation zur Zeit der 1. Aufl. (vgl. dort K I 21 sowie K II 3 und 5) wird seit BGHZ 84, 268 und Hamm RuS 87, 75 = NJW-RR 153 nicht mehr bestritten, daß durch einen vereinbarten VBeginn vor formellem Vertragsschluß nicht nur der prämienbelastete Zeitraum, sondern stets auch die Haftung des Vr in die Vergangenheit erstreckt wird, wie § 2 Abs. 1 VVG dies grundsätzlich erlaubt. Ob die AVB die RückwärtsV in einer sog. verbesserten erweiterten Einlösungsklausel ausdrücklich bestätigen, K III 11, oder ob sich die RückwärtsV durch Auslegung der Worte „beantragter VBeginn" im Antragsformular ergibt, ist unerheblich.

39   In diesen Fällen könnte nur § 2 Abs. 2 Satz 2 VVG einer Entschädigungspflicht entgegenstehen, denn diese Bestimmung ist wegen § 138 BGB unabdingbar, soweit der jeweilige Antragsteller Kenntnis von dem Schaden bereits in dem Zeitpunkt hat, in dem er sich seiner Erklärung entäußert, K II 4. Dieser Antragsteller ist in der Regel der VN, im Fall einer verspäteten Annahme jedoch der Vr. Noch weitergehend hält BGHZ 84, 268 die Bestimmung des § 2 Abs. 2 Satz 2 VVG schon dann für unabdingbar anwendbar, wenn in dem späteren Zeitpunkt des formellen Vertragsschlusses beide Partner den Schaden kennen.

40   Soweit allerdings die RückwärtsV im Einzelfall nur eine Entschädigungspflicht vertraglich bestätigt, die den Vr schon wegen Verschuldens bei Vertragsschluß trifft, sei es voll oder wegen § 254 BGB nur anteilig, steht § 138 BGB der Wirksamkeit des Vertrages nicht entgegen. Dies gilt schon, soweit es auch nur als *rechtlich möglich* erscheint, daß den Vr eine Schadenersatzpflicht trifft. Darin ist BGHZ aaO und Hamm RuS 89, 71 zuzustimmen (kritisch hingegen Werner VersR 85, 524). Soweit also nach Eintritt des Schadens eine RückwärtsV zustande kommt, braucht tatsächlichen oder rechtlichen Zweifeln über eine Schadenersatzpflicht des Vr nicht nachgegangen zu werden. Nur soweit der Vr eindeutig nicht auf Schadenersatz haftet (und das ist entgegen Rohles VersR 86, 216 keineswegs häufig, sondern nur äußerst selten der Fall, vgl. zutreffend Plander VersR 86, 107), wird eine Rückwärtshaftung auch nicht durch den Vertragsschluß begründet, sondern §§ 138 BGB, 2 Abs. 2 Satz VVG bleiben voll zu beachten.

41   Zweifelhaft ist, ob vor Vertragsschluß auch bereits aufgrund eines Antrags in Verbindung mit den zugrunde liegenden AVB eine **Obliegenheit** besteht, dem Vr den **Schaden anzuzeigen**. Man wird eine solche Pflicht zwar wegen der Möglichkeit eines bevorstehenden Abschlusses der RückwärtsV auch schon allein aufgrund des Antrags in Verbindung mit den AVB bejahen müssen. Auch ändert das Verschulden des Vr bei Vertragsschluß als Anspruchsgrundlage nichts an der Abhängigkeit der Entschädigungspflicht von der Erfüllung der Anzeigepflicht, denn die Schadenersatzpflicht beschränkt sich auf entschädigungspflichtige VFälle im Sinn einer hypothetischen vorläufigen Dekkungszusage, K II 27, die auch ihrerseits eine Anzeigepflicht als Obliegenheit begründet haben würde.

Jedoch wird sich der VN in aller Regel vom Vorwurf des Vorsatzes und der 42 groben Fahrlässigkeit gemäß § 6 Abs. 3 VVG entlasten können, X II 55, wenn er geltend macht, er habe geglaubt, den Vr nicht verständigen zu müssen, solange ihm nicht dessen Annahmeerklärung zugegangen sei. Die Sorge des VN, der Vr werde sich durch die Schadenanzeige von der Antragsannahme abhalten lassen, erscheint nämlich mindestens subjektiv als verständlich. Wollte man dem VN gleichwohl ein vorsätzliches Verhalten vorwerfen, so würde jedenfalls die sogenannte Relevanzrechtsprechung einer Leistungsfreiheit entgegenstehen, denn es würde sich um einen geradezu typischen Fall nur geringen Verschuldens (X I 31) handeln.

e) Bedeutungslos geworden ist der rechtliche Gesichtspunkt der Haftung 43 des Vr für Verschulden bei Vertragsschluß in Fällen, in denen der Vr den **Antrag** schon **vor Eintritt des VFalls angenommen** hatte, in denen aber die Erstprämie noch nicht bezahlt war und die gesetzliche Einlösungsklausel (§ 38 Abs. 2 VVG) weder in den AVB noch im VSchein durch eine sog. verbesserte Einlösungsklausel (K III 9 und 11) eingeschränkt, der unverzüglichen Einlösung also rückwirkende Kraft beigelegt wird. Auch wo es an einer geschriebenen Regelung dieses Inhalts fehlt, muß spätestens seit BGHZ 84, 268 ein beantragtes Beginndatum vor (oder kurz nach) Ende der Bindungsfrist nicht nur als Antrag auf RückwärtsV, K II 38, sondern auch als Antrag auf Ausschluß des § 38 Abs. 2 VVG verstanden werden, K III 7.

III. Beginn des Versicherungsvertrages

Terminologisch unterscheidet man den formellen, den technischen und den 1 materiellen VBeginn. Hierbei kann es sich, muß sich aber nicht um drei verschiedene Zeitpunkte handeln.

Formeller VBeginn ist der Zeitpunkt, in dem durch Annahme eines darauf 2 gerichteten Antrags ein VVertrag mit *beiderseitiger Bindungswirkung* zustande kommt. Dieser Zeitpunkt fällt nur selten mit dem materiellen VBeginn genau zusammen. In der Regel ist der VN Antragsteller. Wenn der Antrag nicht ausnahmsweise sofort („unter Anwesenden", § 147 Abs. 1 Satz 1 BGB) angenommen wird, und sei es auch nur konkludent, z.B. durch Entgegennahme der Erstprämie durch den oder im Auftrag des Vr (PM § 2 MBKK Anm. 1), so weiß der Antragsteller nicht, in welchem Zeitpunkt der Antrag angenommen werden wird. Deshalb beantragt er, wie auch in den gedruckten Antragsformularen vorgesehen, unabhängig von dem unbekannten Zeitpunkt der Antragsannahme einen nach Datum und Uhrzeit bestimmten Beginnzeitpunkt, von dem an der Vr Prämie berechnen dürfen und von dem an er Risikotragung durch den Vr erwartet.

Den Zeitpunkt, von dem an *Prämie berechnet* wird, nennt man **technischen** 3 **VBeginn.** Stellt der VN den Antrag so rechtzeitig, daß vor dem technischen

VBeginn nicht nur die Bindungsfrist, innerhalb deren der Vr den Antrag annehmen oder ablehnen kann, sondern auch noch ein ausreichender Zeitraum für die Prämienzahlung liegt, so fällt der technische VBeginn mit dem **materiellen VBeginn** zusammen, nämlich mit dem Zeitpunkt, nach welchem der Vr für Schadenfälle haften soll. Schadenfälle innerhalb der vereinbarten Risikoabgrenzung sind dann „VFälle", vgl. B I 5 bis 11. Eine so frühzeitige (K II 16) Antragstellung ist allerdings nur möglich, wenn es sich entweder um ein erst künftig entstehendes Risiko handelt, z. B. um einen erst künftig einzurichtenden Betrieb, oder aber um ein Risiko, das zunächst noch durch einen anderen Vertrag gedeckt ist oder das der Antragsteller für die nötige Übergangszeit glaubt unversichert lassen und selbst tragen zu können.

4   Wünscht hingegen der VN alsbaldigen VSchutz, ohne daß Einigung über vorläufige Deckung erzielt wird, K II 14, so wird er als beantragten VBeginn oft ein Datum einsetzen, das vor der voraussichtlichen Prämienzahlung und vielleicht auch noch vor Ende der Bindungsfrist liegt. Häufig wird er den Tag nach Antragstellung als beantragten (materiellen, K III 6) VBeginn wählen. Wird der Antrag erst nach dem beantragten Beginnzeitpunkt angenommen, liegt also der *materielle vor dem formellen VBeginn,* so spricht man von **RückwärtsV.** Diese wird in § 2 Abs. 1 VVG unter Ausschluß von Schäden ermöglicht, die der VN bei Vertragsschluß bereits kennt. Dieser Ausschluß wiederum ist jedenfalls für solche Schäden abdingbar, die der VN zwar bei Vertragsschluß, jedoch noch nicht in dem Zeitpunkt kennt, in dem er sich seines Vertragsantrags entäußert, vgl. ÖOGH VersRSch 90, 60, PM § 2 Anm. 5 und z. B. Celle VersR 87, 1108, Hamm RuS 89, 71, Maenner VersR 84, 720 mwN in Fußnoten 29 bis 31); im Kernpunkt richtig auch Rohles VersR 86, 214, der den Ausschluß aber insoweit nicht nur für abdingbar, sondern entgegen dem Wortlaut (und daher irrig) für unanwendbar hält. Soweit der Ausschluß unabdingbar ist, läßt er für die betroffenen Schäden den formellen (prämienbelasteter Zeitraum) und den materiellen (Haftung des Vr) VBeginn auseinanderfallen.

5   Liegt der beantragte VBeginn zwar nach dem formellen Vertragsschluß, aber vor der Zahlung der Erstprämie, so würde die gesetzliche sog. **Einlösungsklausel des § 38 Abs. 2 VVG** einen materiellen VBeginn bereits in dem beantragten Zeitpunkt verhindern. Jene Vorschrift weicht von § 320 BGB zugunsten des Vr ab. Während nämlich nach § 320 BGB bei gegenseitigen Verträgen im allgemeinen jeder Partner seine Hauptleistung lediglich *zeitweise* zurückhalten kann, bis auch der andere Partner seine Leistung anbietet, begründet § 38 Abs. 2 VVG bis zur Zahlung der Erstprämie endgültige Leistungsfreiheit des Vr, und zwar sogar ohne Rücksicht auf ein Verschulden des VN. Der Vr wird von einem Teil seiner Hauptleistung, nämlich von der Gefahrtragung während der Zeit bis zur Zahlung der Erstprämie, *endgültig* befreit. Die Einlösungsklausel kann also zu einem **Auseinanderfallen von technischem** (prämienbelasteter Zeitraum) **und materiellem** (Haftung des Vr) **VBeginn** führen. Als Zeitpunkt der Zahlung der Erstprämie gilt, wenn die Prämie den Vr überhaupt erreicht, die Zeit der Absendung des Geldes oder des Überweisungsauftrags, vgl. PM § 35 Anm. 6b. Die gesetzliche Regelung des § 38 Abs. 2 VVG wird in §§ **8 Nr. 2 AFB 30, AEB, 7 Nr. 3 AERB** wiederholt.

Die Einlösungsklausel wird dem VBedürfnis des VN nur in den Fällen 6
gerecht, in denen der Antrag so frühzeitig gestellt war, daß nicht nur die
Bindungsfrist, sondern auch noch ein angemessener Zeitraum von ein bis
zwei Wochen für die Prämienzahlung vor dem beantragten VBeginn lag,
K II 3. Hatte hingegen der VN einen „VBeginn" vor Ende der normalerweise
für die Prämienzahlung nötigen Zeit oder gar schon vor Ende der Bindungsfrist beantragt, so ist unter dem **beantragten „VBeginn"** der **materielle VBeginn**
zu verstehen, vgl. ausführlich BGHZ 84, 268, ÖOGH VersRSch 90, 60 und
Hoegen VP 85, 197. Zustimmend haben sich Maenner VersR 84, 720, Werner
VersR 85, 523 und Rohles VersR 86, 214, scharf („halsbrecherischer Weg")
ablehnend hingegen Sieg in BMS D 42 geäußert. Ebenso haben in der Folgezeit z. B. entschieden LG Bielefeld ZfS 86, 282 zur UnfallV, Hamm RuS 89,
70 für die GebäudehaftplichtV. Der Gedanke eines prämienbelasteten Zeitraums ohne Gegenleistung des Vr liegt dem Antragsteller erfahrungsgemäß
völlig fern; dies wiederum ist für den Vr als Erklärungsempfänger erkennbar
und daher gemäß § 133 BGB für die Auslegung des Antrags maßgebend.

Nimmt der Vr einen solchen Antrag an, so sind die **Einlösungsklausel** des 7
§ 38 Abs. 2 VVG und gegebenenfalls der AVB rechtswirksam **abbedungen.**
Dies gilt nicht nur in dem Sonderfall, daß der Vr unter Verstoß gegen § 5
Abs. 2 VVG das beantragte Beginndatum ändert (zu diesem Fall ausführlich
Plander VersR 86, 105), sondern auch bei unveränderter Antragsannahme
(ÖOGH VersR 87, 271, Hamm NJW 87, 153 = RuS 75), denn eine RückwärtsV ohne Ausschluß des § 38 Abs. 2 VVG wäre wirtschaftlich betrachtet
ein Widerspruch in sich (BGH VersR 79, 709, BM § 38 VVG Anm. 20).
Allerdings gilt der konkludente Ausschluß des § 38 Abs. 2 VVG nur unter
der auflösenden Bedingung, daß später die Prämie unverzüglich gezahlt wird,
vgl. LG München I RuS 89, 172 = VersR 1171, wo die Frage aber letzlich
offen bleiben konnte. Für Schäden nach Eintritt des Verzuges mit der Erstprämie haftet der Vr also nicht.

Außerdem ist § 2 Abs. 2 Satz 2 VVG stillschweigend **abbedungen**, soweit dies 8
zulässig ist, nämlich für Schäden, die erst nach Absendung des Antrags eintreten (ÖOGH VersRSch 90, 60 und K III 4), sowie im Bereich einer möglichen
Haftung des Vr für Verschulden bei Vertragsschluß wegen unterlassener Beratung des Antragstellers über die Notwendigkeit einer vorläufigen Deckung
während der Bindungsfrist und während der für die Prämienzahlung benötig-
ten Zeit, K II 39. Will der Vr vor Prämienzahlung nicht haften, so darf er
Anträge nicht annehmen, sondern muß sie ablehnen, wenn ein so früher
VBeginn beantragt wird, daß mit rechtzeitiger Prämienzahlung bei normalem
Lauf der Dinge nicht gerechnet werden kann. Will der Vr überdies einer
Haftung wegen Verschuldens bei Vertragsschluß entgehen, so darf er derartige
Anträge schon nicht einmal entgegennehmen, ohne den Antragsteller über die
Notwendigkeit einer vorläufigen Deckung belehrt zu haben, K II 24.

Bereits bevor ein beantragter „VBeginn" vor voraussichtlicher Prämien- 9
zahlung im Anschluß an BGHZ 84, 268 als Ausschluß des § 38 Abs. 2 VVG
verstanden wurde, pflegten § 38 Abs. 2 VVG und die entsprechenden AVB-
Vorschriften durch folgende sogenannten **erweiterte Einlösungsklausel** in den
VScheinvordrucken ausgeschlossen zu werden: „*Wird die erste Prämie erst
nach diesem Zeitpunkt* (vereinbarter Beginn) *eingefordert, alsdann aber ohne*

Verzug gezahlt, so beginnt der VSchutz mit dem festgesetzten Zeitpunkt." Dieser zweite Satz im Anschluß an die gesetzliche Einlösungsklausel war zwar nicht auch im VAntrag, sondern nur im VScheinvordruck enthalten; dies stand seiner Wirksamkeit jedoch nicht entgegen, vgl. K I 52 für Abweichungen des VScheins vom Antrag, die für den VN ausschließlich günstig sind. Hingegen war der Text insofern unklar, als er nicht deutlich sagte, ob nur § 38 Abs. 2 VVG oder auch § 2 Satz 2 VVG abbedungen werden sollte, vgl. 1. Aufl. K II 5.

10   Die oben in K III 6 bis 8 dargestellten Überlegungen haben jetzt aber Vorrang. Die zitierte Klausel hat daher meist nur noch deklaratorische Bedeutung. Konstitutiv wirkt sie nur noch dann, wenn der Antrag so rechtzeitig im Sinn von K III 3 gestellt war, daß § 38 Abs. 2 VVG nicht von vornherein als abbedungen gelten konnte. Dann kommt es nach dem zitierten Text darauf an, wann die Prämie eingefordert und ob sie dann unverzüglich gezahlt wurde, also innerhalb von etwa zwei Wochen (Köln VersR 87, 1106) seit Zugang des VScheins, den der Vr zu beweisen hat (LG Köln RuS 85, 306).

11   Eine sog. **verbesserte erweiterte Einlösungsklausel** enthalten §§ 7 Nr. 2 AWB 68, AStB 68, 10 Nr. 2 VGB 62. Sie ergänzt die beiden Sätze gemäß K III 9 durch folgende Sätze 3 und 4: *„Unter dieser Voraussetzung haftet der Vr auch für VFälle, die nach dem festgesetzten Zeitpunkt, aber vor Annahme des Antrags eintreten. Ist jedoch dem VN bei Stellung des Antrages bekannt, daß der VFall schon eingetreten ist, entfällt die Haftung.*" Hier wird klargestellt, daß auch § 2 Abs. 2 Satz 2 VVG in dem Gemäß K III 4 zulässigen Umfang abbedungen ist.

12   In **§ 15 Nr. 3 VHB 84** sowie in **§§ 8 Nr. 3 AFB 87, AERB 87, AWB 87, AStB 87** und **§ 19 Nr. 3 VGB 88** findet sich der Inhalt der verbesserten Einlösungsklausel sprachlich gestrafft und in nur zwei Sätze wie folgt zusammengefaßt: *3. Die Haftung des Versicherers beginnt mit dem vereinbarten Zeitpunkt, und zwar auch dann, wenn zur Prämienzahlung erst später aufgefordert, die Prämie aber unverzüglich gezahlt wird. Ist dem Versicherungsnehmer bei Antragstellung bekannt, daß ein Versicherungsfall bereits eingetreten ist, so entfällt hierfür die Haftung.* Auch dieser Text neben dem stillschweigenden Ausschluß von §§ 38 Abs. 2, 2 Abs. 2 Satz 2 VVG (K II 8) meist nur noch deklaratorische Bedeutung.

13   Auch der Ausschluß von §§ 38 Abs. 2, 2 Abs. 2 Satz 2 VVG schützt den Antragsteller naturgemäß dann nicht, wenn der **Vr den Antrag** nicht annimmt, sondern **ablehnt.** Der Vr muß den Antragsteller vor dieser Unsicherheit während der Bindungsfrist nach Möglichkeit schützen, wenn er dem beantragten Beginndatum entnehmen kann, daß alsbaldiger VSchutz erwartet wird. Der Vr muß entweder den Antragsteller auf die **Notwendigkeit einer vorläufigen Deckung** hinweisen, bevor er durch einen Vertreter einen derartigen Antrag entgegennehmen läßt, oder er muß die Antragsformulare so gestalten, daß unbegründete Erwartungen nicht geweckt werden, vgl. K II 22 bis 25.

14   **4. Zeitlicher Aufschub des VSchutzes** bis zum vereinbarten **Einbau zusätzlicher Sicherungen** in der **DiebstahlV** sollte nach D-Kl 10 zu den AEB („Risikoabgrenzung vor Anbringung zusätzlicher Sicherungen", vgl. Texte 13 der 2. Aufl. und VerBAV 74, 22) vereinbart werden können, ähnlich wie nach § 2

Nr. 2 Satz 2 AWSB (dazu und zu Kl 501 vgl. F IV 28 der 2. Aufl.) noch heute in der SprinklerleckageV bis zur Abnahme neu installierter Anlagen. Es sollte sich um auflösende Bedingungen des VSchutzes im Sinn einer sog. Gültigkeitsklausel (N IV 62) oder um eine objektive Risikoabgrenzung (Martin VW 73, 498) handeln. Der VSchutz sollte zunächst nur für Schäden beginnen, von denen der VN beweisen konnte, daß sie auch durch die Sicherungen und deren pflichtgemäße (D-Kl 9, vgl. M I 23) Betätigung nicht verhindert worden wären.

Vorzug jener in PM § 7 AEB Anm. 1 noch bis zur 22. Aufl. vertretenen **15** Rechtsansicht war es, daß der Vr den Antrag schon vor Einbau der zusätzlichen Sicherungen, z. B. von Einbruchmeldeanlagen gemäß Kl 451 (Texte 33 der 2. Aufl.), annehmen und VSchutz jedenfalls für Schäden ab sofort bieten konnte, die auch durch die zusätzlichen Sicherungen nicht verhindert worden wären. Trotzdem sieht inzwischen die h. M. das Anbringen zusätzlicher Sicherungen, auch wenn es mit den Worten des früheren D-Kl 10 vereinbart wird, zutreffend als Gegenstand einer **Sicherheitsvorschrift** und als **verhüllte Obliegenheit** an, F III 2 sowie Karlsruhe VersR 79, 925, LG Münster VersR 80, 1037, LG Berlin VersR 80, 761, Ollick VerBAV 81, 42 und schon früher LG Kassel VersR 77, 441. Besonders offenkundig ist die Rechtsnatur als Obliegenheit, wenn die zusätzliche Sicherung erst *nachträglich* bei *Änderung eines bestehenden Vertrages* vereinbart wird (übersehen von LG Krefeld aaO, wo dann aber gleichwohl die Verschuldensfrage geprüft wird). Für die Übergangszeit ausschließen kann der Vr seine Haftung hier nur, indem er ausdrücklich das Ruhen des VSchutzes vereinbart und für diese Zeit auch die Prämie zurückgewährt.

Da mit einer gewissen *Liefer- und Montagezeit* stets gerechnet werden **16** muß, ist der objektive Verstoß des VN gegen die Obliegenheiten immer mindestens für einige Tage oder Wochen schuldlos gemäß § 6 Abs. 1 Satz 1 VVG, nämlich solange, bis dem VN zuzumuten ist, ein anderes Unternehmen zu beauftragen (vor Urlauben unter Umständen beschleunigt, LG Krefeld RuS 83, 108). Will der Vr seine Haftung während dieser Übergangszeit zuverlässig ausschließen, so muß er den VAntrag ablehnen oder (§ 150 BGB) mit der Maßnahme eines generell späteren materiellen VBeginns und entsprechend späterem Prämienbeginn. Zu den AERB sowie zu den VHB 84 und zu den AERB 87 wurde folgerichtig eine Klausel nicht mehr formuliert, sondern der vereinbarte Einbau zusätzlicher Sicherungen ist Sicherheitsvorschrift gemäß §§ 6 Nr. 1 a AERB, 14 Nr. 1 a VHB 84, 7 Nr. 1 a AERB 87, vgl. M I 24.

Die Vr haben sich geschäftsplanmäßig verpflichtet (letzte veröffentlichte **17** Fassung: VerBAV 69, 302), vereinbarte zusätzliche Sicherungen im **VSchein auch dann zu beurkunden**, wenn im VSchein in allgemeiner Form auf den Inhalt des Antrags und dessen Bestandteile verwiesen wird und das Antragsformular sowie ein etwaiger Lageplan mit Sicherungsbeschreibung als Antragsbestandteil dem VN ohnehin in Kopie vorliegt oder dem VSchein beigeheftet ist.

IV. Ende des Versicherungsvertrages

1   Zu unterscheiden sind – wie beim VBeginn (K III 1) – materielles (VSchutz), formelles (Vertragsdauer) und technisches (Prämienzahlungspflicht) VEnde, vgl. z.B. Hoegen VP 85, 197. In der Mehrzahl der Fälle decken sich die drei Zeitpunkte, es gibt aber Ausnahmen.

2   1. Die Dauer der **Prämienzahlungspflicht** (sog. technische VDauer) bestimmt sich nach §§ 40, 68, 70 Abs. 3, 96 Abs. 3 VVG, wenn der Vertrag anders als durch den Ablaufzeitpunkt oder durch ordentliche Kündigung endet. Die AVB enthalten Spezialregelungen für das Prämienschicksal, vgl. §§ 8 Nr. 4 AFB 30 a.F., AEB a.F., 7 Nr. 3 AWB 68, AStB 68, 8 Nr. 3 VHB 74, 15 Nr. 5 VHB 84, 10 Nr. 3 VGB 62, wo allerdings überwiegend nur auf die nach §§ 42, 68 a VVG zwingenden VVG-Vorschriften verwiesen wird. Wegen der teilweisen Unwirksamkeit von §§ 8 Nr. 4 Abs. 1 AFB 30 a.F., AEB a.F. wegen Verstoßes gegen §§ 51, 68 a VVG sowie wegen deren Neufassung vgl. G II 12 und J V 6.

3   2. Der **VSchutz**, also die sog. materielle VDauer, endet spätestens mit dem VVertrag, K IV 5, unter Umständen auch früher, sei es vorübergehend oder sei es endgültig, sobald und solange nämlich für die einzige oder für sämtliche versicherten Sachen die Voraussetzungen des VSchutzes nicht mehr gegeben sind oder (genauer) mangels dieser Voraussetzungen versicherte Sachen nicht mehr existieren. Daher besteht insbesondere kein VSchutz, wenn der VN Sachen des versicherten Inbegriffs innerhalb des VOrts noch nicht (dazu J V 5 und Hamburg VersR 75, 917 mit Anm. Martin) oder nicht mehr besitzt, was nicht mit Interessewegfall verwechselt werden darf, G II 12. § 68 Abs. 2 VVG (Interessewegfall) beendet den VSchutz nur, wenn nicht § 69 (Übergang auf den neuen Interesseträger) eingreift oder es sich ohnehin um eine V für Rechnung wen es angeht (im engeren Sinn, J I 2) handelt, vgl. J V 11 und 12.

4   3. Das durch den **VVertrag** begründete Rechtsverhältnis, also die sog. formelle VDauer, endet erst, wenn sich aus ihm keine Rechte und Pflichten mehr ergeben. Es endet daher z.B. nicht schon durch Mangel oder Wegfall des Interesses, denn der Vertrag gewährt dann oft noch Restansprüche auf Entschädigung, Geschäftsgebühr, Prämie oder Prämienrückzahlung. Auch sonst fallen VVerträge wie ganz allgemein schuldrechtliche Verträge erst weg (besser: sie werden gegenstandslos, denn sie bleiben immerhin Rechtsgrund für die schon ausgetauschten Leistungen), wenn die beiderseitigen Pflichten voll erfüllt sind.

5   Wo von Ablauf oder Kündigung des VVertrages die Rede ist, handelt es sich daher eigentlich nur um den **VSchutz**, also um die in K IV 3 erörterte sog. materielle VDauer. Nicht die AFB 30 und AEB, wohl aber §§ 7 Nr. 4 AERB, 19 AWB 68, AStB 68, 21 VHB 74, 15 Nr. 4 VHB 84, 22 VGB 62, 19 Nr. 4 VGB 88, 8 Nr. 4 AFB 87, AERB 87, AWB 87, AStB 87 enthalten eine sog. **Verlängerungsklausel.** Sie gilt für alle Verträge von mindestens einjähriger Dauer, was in den AERB usw. klar gesagt ist; wegen mehrjähriger Verträge vgl. K IV 7. Auch nach den älteren AVB braucht die VDauer aber nicht nach

vollen Jahren bemessen zu sein, wenn die Verlängerungsklausel gelten soll. Das *VScheinformular* hatte die Verlängerungsklausel in nur geringfügig abweichender Fassung auch für die Feuer- und DiebstahlV nach den AFB 30 und AEB enthalten, vgl. A IV 29. Die Verlängerungsklausel regelt die ordentliche Kündigung zum Ende des VJahres. Diese muß dem Vertragspartner spätestens drei Monate vor Ende des VJahres zugehen. Zweifelhaft ist, ob der VN die rechtzeitige Kündigung gegebenenfalls gleichsam nahelegen muß, indem er ihn auf etwa inzwischen für neue Verträge in Gebrauch genommen per saldo günstigere AVB oder Tarife hinweist, vgl. K IV 9.

Ansonsten muß wegen der möglichen **Beendigungsgründe** für VVerträge auf 6 das BGB (Anfechtung, außerordentliche Kündigung) und auf das VVG (§§ 16ff.) verwiesen werden. Wegen der Kündigung nach einem VFall vgl. Abschnitt L II. – Durch *Tod* des VN und sonstige Fälle der *Gesamtrechtsnachfolge* endet der Vertrag grundsätzlich *nicht*, sondern er geht auf den Erben (§ 1922 BGB) oder sonstigen Gesamtrechtsnachfolger über, wenn nicht gleichzeitig Interessenwegfall (J V 1 bis 10) eintritt; Tod des HausratVN: G IV 94 bis 114.

4. Mehrjährige Verträge können nach dem Grundsatz der Vertragsfreiheit 7 rechtswirksam geschlossen werden. Zwar steht der *mehrjährigen Bindung* des VN eine gleichwertige Gegenleistung nicht schon deshalb gegenüber, weil auch der Vr mehrjährig gebunden ist, denn auch bei nur einjährigen Verträgen oder in der Phase der Verlängerungsklausel (K IV 5) spricht der Vr aus Kosten- und Wettbewerbsgründen nur sehr selten ordentliche Kündigungen mit dem Ziel aus, eine höhere Prämie oder für den VN ungünstigere Bedingungen zu vereinbaren oder sich von dem Risiko völlig zu trennen. Das Ungleichgewicht wird dadurch verschärft, daß einerseits der Vr wegen Gefahrerhöhung (§§ 23ff. VVG), nicht aber umgekehrt der VN wegen Gefahrminderung kündigen kann (Umkehrschluß aus § 41a VVG). Ferner kann der Vr zu häufige Schäden jeweils zum Anlaß einer Kündigung nach dem VFall gemäß § 96 VVG nehmen, L II 3, während umgekehrt der VN eine solche Kündigungsmöglichkeit naturgemäß gerade dann nicht hat, wenn der Vertrag über längere Zeit schadenfrei verläuft und er deshalb ein VBedürfnis nicht mehr für gegeben hält.

a) Aber trotz dieser Nachteile für den VN können insbesondere **zehnjährige** 8 **Verträge nicht** generell als Verstöße gegen § 138 BGB und deshalb als **unwirksam** angesehen werden, AG Reutlingen VersR 85, 749, LG Lübeck NJW 87, 594. Einer solchen Betrachtungsweise stünden schon §§ 7, 8 VVG entgegen. Zwar ist in § 7 VVG nicht von „mehreren Jahren", sondern nur von mehreren Tagen, Wochen oder Monaten die Rede. Aber jeder nach Jahren bemessener Zeitraum umfaßt notwendig zugleich auch Zeiträume von mehreren Monaten. Auch § 8 Abs. 1 VVG spricht mehr für als gegen die Wirksamkeit mehrjähriger Verträge, denn dort werden lediglich Verlängerungszeiträume von mehr als einem Jahr ausgeschlossen. Hätte schon eine erstmalige Bindung über mehrere Jahre hinweg ausgeschlossen sein sollen, so hätte das Gesetz dies folgerichtig vor § 8 Abs. 1 VVG festlegen müssen.

Soweit der VN mehrjährig gebunden ist, partizipiert er nicht an Möglich- 9 keiten für einen günstigeren Vertragsabschluß mit demselben oder einem anderen Vr bei **Einführung günstigerer AVB** oder **günstigerer Tarife.** Schon aus diesem Grund ist der Vr gegenüber Kunden, die noch für einen Zeitraum in der Größenordnung eines Jahres oder darüber hinaus vertraglich gebunden sind, rechtlich nicht verpflichtet, auf AVB- oder Tarifänderungen zugunsten des VN hinzuweisen. Gegenüber VN, die nur noch für kürzere Zeit als ein Jahr gebunden sind, ist eine solche Hinweispflicht zweifelhaft. Saarbrücken VersR 89, 245 hat die **Hinweispflicht** verneint.

10   Dem wird man zustimmen müssen, soweit der nunmehr mögliche günstigere Vertragsschluß nicht ausschließlich, sondern nur per saldo günstiger ist, soweit also die neuen AVB entweder auch Verschlechterungen enthalten oder nur zu einem höheren Prämiensatz zugestanden werden, vgl. schon K I 11. Der Vr kann nicht verpflichtet sein, von sich aus (wegen einer Hinweispflicht bei Vertragsänderungsverhandlungen vgl. K I 10) mit einer Vielzahl von VN in eine Diskussion darüber einzutreten, ob im Einzelfall der bisherige Vertrag oder der nach dem Tarif nunmehr mögliche neue Vertrag für den VN günstiger ist. Werden hingegen zu unveränderter Prämie Verbesserungen angeboten, denen nicht auch Verschlechterungen gegenüberstehen, oder wird unveränderter VSchutz nunmehr zu günstigerer Prämie angeboten, so ist mindestens zweifelhaft, ob der Vr hiervon nicht doch auch seine Altkunden informieren muß, sobald die mehrjährige Festlaufzeit einer Kündigung nicht mehr entgegensteht. Hamburg VersR 88, 620 hat eine solche Hinweispflicht in einem Fall bejaht, indem es hierauf für das Ergebnis nicht ankam.

11   Bedenken gegen eine mehrjährige Festlaufzeit bestehen, wo der Vr einseitig seine eigene langfristige Bindung durch einen **Leistungsänderungsvorbehalt** einschränkt, vgl. S II 112 zum Vorbehalt der einseitigen Streichung des UnterVVerzichts des HausratVr in Kl 834 Nr. 3, denn solche Vorbehalte sind mit dem Grundgedanken von § 8 Abs. 2 Satz 2 VVG nicht zu vereinbaren, mag die Bestimmung ihrem Wortlaut nach auch nur für Verträge auf unbestimmte Zeit und nicht für Verträge auf bestimmte Zeit mit Verlängerungsklausel (Martin VersRSch 85, 17) gelten. Der Wert eines mehrjährigen Vertrages für den VN liegt gerade darin, daß der Vr ihm für diese längere Zeit das Risiko im vereinbarten Umfang abnimmt. Will sich der Vr während der Festlaufzeit von diesem Risiko einseitig ganz oder teilweise distanzieren können, so entfällt die Rechtfertigung für die Möglichkeit mehrjähriger Bindung des VN. Nach einem neu einzufügenden § 31 VVG soll künftig der VN ohne Schwellenwert kündigen können, sobald der VN von einem Leistungsänderungsvorbehalt oder (P IV 58) von einer Prämienanpassungsklausel Gebrauch macht; mit dieser Einschränkung würde die zehnjährige Bindung aber grundsätzlich wirksam bleiben. Für die Zeit vor Geltung eines solchen § 31 VVG wäre zu erwägen, ob **Prämienanpassungsklauseln** vielleicht auch ohne Kündigungsrecht als rechtswirksam und nur die zehnjährige Bindung als unwirksam gelten könnte, so daß an die Stelle der zehnjährigen Bindung ein *jährliches Kündigungsrecht* zum Ablauf der VPeriode treten würde.

12   Hingegen ist § 11 Nr. 12 AGBG auf VVerträge wegen § 23 Abs. 2 Nr. 6 AGBG nicht anzuwenden, AG Hersbruck VersR 84, 773. Selbst wenn § 23 Abs. 2 Nr. 6 AGBG nicht lediglich deklaratorisch (so Brentrup VersR 84, 841), sondern konstitutiv wäre, könnte diese Vorschrift entgegen AG Bremen 20 C 225/84 vom 4. 4. 84 nicht als verfassungswidrig und nichtig angesehen

werden, BVerfG VersR 85, 856 = VerBAV 353 = RuS 87, 211, AG Karlsruhe VersR 85, 881. LG Düsseldorf NJW-RR 89, 1300 = RuS 386 hält die zehnjährige Bindung aber für eine **unangemessene** und daher in AVB oder Antragsformularen unwirksame **Benachteiligung** des VN im Sinn von § 9 AGBG, jedenfalls wenn der Bindung kein gleichwertiger Rabatt gegenübersteht. Die Bindung auch des Vr sei keine genügende Kompensation, zumal wegen der Kündigungsmöglichkeit im Schadenfall. Auf die Frage des Beratungsverschuldens (dazu K IV 19) geht LG Düsseldorf aaO nicht mehr ein, weil es dessen bei Annahme der Unwirksamkeit gemäß §§ 9, 6 AGBG nicht mehr bedurfte. Ähnlich hat LG München I RuS 90, 74 entschieden.

Ob es eine *Obergrenze* für die zulässige Festlaufzeit von VVerträgen gibt, 13 ist nicht sehr bedeutsam, denn aufgrund aufsichtlicher Anordnungen werden Verträge über ein feste Laufzeit von zehn Jahren hinaus jedenfalls nicht serienmäßig geschlossen. Solche Verträge wären in der Tat unter dem Gesichtspunkt des § 138 BGB bedenklich, weil sie die wirtschaftliche Dispositionsfreiheit des VN zu stark einschränken würden. Dies gilt schon bei juristischen und noch mehr bei natürlichen Personen als VN, jedenfalls wenn nach den individuellen Gegebenheiten der langfristige Abschluß als Ausdruck von Unerfahrenheit im Sinn von § 138 BGB gelten müßte. Auch an eine Analogie zu § 624 BGB wäre zu denken, wegen der Unterschiede zwischen Dienst- und VVerträgen allerdings nur bei Laufzeiten von mehr als zehn Jahren.

b) Der Vr kann **Schadenersatz** in der Weise schulden, daß er im Sinn einer 14 Naturalrestitution gemäß § 249 BGB verpflichtet ist, den VN so zu stellen, als sei der **Vertrag nur einjährig** mit Verlängerungsklausel (K IV 5) und ohne mehrjährige feste Bindung zustande gekommen. Schadenersatz dieses Inhalts kann der VN verlangen, wenn er die mehrjährige Bindung nur infolge eines schuldhaften Beratungsmangels seitens der Vr eingegangen war. Es handelt sich dann rechtlich um **Verschulden des Vr bei Vertragsschluß.**

Der Vr muß den potentiellen VN über die für diesen jeweils günstigste 15 tarifliche Möglichkeit aufklären, die für die Abdeckung des VBedürfnisses besteht. Dafür sprechen auch aufsichtsrechtliche Gründe, denn günstigere tarifliche Möglichkeiten nur für solche Antragsteller, die den Inhalt der Tarife kennen, wären ein Mißstand im Sinn von § 81 Abs. 2 VAG. Allerdings braucht der Vr einen VInteressenten *nicht* aus *eigener Initiative* umfassend über sämtliche tariflichen Möglichkeiten zu informieren, sondern er muß dies nur in den Punkten tun, in denen sich der VN *erkennbar* in der *Gefahr eines Irrtums* befindet und daher nicht von sich aus die für seinen VBedarf günstigste Möglichkeit der Antragsgestaltung wählen kann.

Kein Beratungsmangel liegt daher meist vor, wenn die mehrjährige Bin- 16 dung durch einen angemessenen **Langfristigkeitsrabatt** ausgeglichen wird oder umgekehrt für einjährige Verträge ein **Kurzfristigkeitszuschlag** vorgesehen ist und gegebenenfalls auch tatsächlich erhoben wird. Dies trifft z.B. in der Regel (die Verbandstarife sind unverbindlich) auf die HausratV nach den VHB 84 zu, vgl. Dietz vor § 16 sowie Ziffer 0.3.3 des dort als Anhang A 4 abgedruckten Tarifs, ebenso bei den meisten Vr auf die WohngebäudeV nach den VGB 88.

17 Eine Prämiensatzdifferenz von 10%, vielleicht sogar schon eine solche von 5%, wird in der Regel ausreichen, um den Nachteil einer zehnjährigen Bindung des VN zu kompensieren, jedenfalls zusammen mit der mehrjährigen Bindung auch des Vr, mag deren wirtschaftlicher Weg für den VN für sich allein auch gering sein, K IV 7. Angesichts eines angemessenen und in der Praxis auch realisierten Kurzfristigkeitszuschlags oder Langfristigkeitsrabatts braucht der Vr oder der Vertreter den Antragsteller nur ganz ausnahmsweise über die Wahlmöglichkeit zwischen ein- und mehrjähriger Laufzeit aufzuklären, nämlich dann, wenn der Antragsteller an einem kurzfristigen Vertrag aus besonderen Gründen und erkennbar trotz des damit verbundenen höheren Prämiensatzes interessiert sein könnte.

18 Sieht der Tarif dagegen *keinen* oder keinen ausreichenden Kurzfristigkeitszuschlag oder Langfristigkeitsrabatt vor, oder wird ein solcher jedenfalls in der Praxis nicht regelmäßig realisiert, so darf der Vr in der Person des Antragstellers **nicht** den **Irrtum provozieren** (sondern muß ihn gegebenenfalls aufklären und beseitigen), Anträge auf Verträge mit nur einjähriger Laufzeit würden überhaupt nicht oder nicht zu gleichen Prämiensätzen und gleichen sonstigen Bedingungen vorgenommen.

19 Provoziert wird ein solcher Irrtum insbesondere durch **Antragsformulare,** in denen als beantragtes Ende der VDauer fünf oder gar **zehn Jahre** nach dem handschriftlich einzusetzenden Beginndatum bereits **vorgedruckt** sind. Eine solche Formulargestaltung legt den Irrtum nahe, einjährige Verträge würden überhaupt nicht oder nur zu höherer Prämie abgeschlossen, zumal der Antragsteller Schlüsse aus der Mengenrabattpraxis im Warenhandel oder aus den Ratenzahlungszuschlägen bei unterjähriger Zahlung von VPrämien ziehen kann. LG Düsseldorf NJW-RR 89, 1300 hält solche vorgedruckten Vereinbarungen schon nach § 9 AGBG für unwirksam, K VI 12. Will man so weit nicht gehen, so dürfen doch jedenfalls der Vr und der Vertreter angesichts solcher Formulargestaltung nicht eine entsprechende Frage des Antragstellers abwarten, sondern sie müssen den durch vorangegangenes Tun des Vr (Gestaltung und Aushändigung des Formulars) nahegelegten Irrtum aus eigener Initiative ausräumen. Im Streitfall trägt der Vr überdies die Beweislast für die Erfüllung seiner Aufklärungspflicht, vgl. K I 14.

20 Sieht das Antragsformular je eine im Einzelfall auszufüllende Spalte für den beantragten VBeginn und für das beantragte VEnde vor, so kann einem Antragsteller ein Irrtum gleichwohl dadurch nahegelegt werden, daß der Vertreter oder der Angestellte des Vr eine **mehrjährige Laufzeit** auf entsprechende Frage als „Normalfall" oder dgl. bezeichnet oder gar im Rahmen geleisteter Schreibhilfe bei der Ausfüllung des Formulars ohne Rückfrage nach dem Willen des Antragstellers ein Enddatum erst fünf oder zehn Jahre nach dem Beginndatum einsetzt. Der letztere Fall entspricht dem in K IV 19 behandelten Fall eines entsprechenden Formularvordrucks.

21 Schwierigkeiten bereitet die **Beweislastverteilung,** wenn der VN behauptet, bei Antragsaufnahme falsch beraten worden zu sein. Man wird die Beweislast für korrekte Beratung nur dann von vornherein dem Vr auferlegen dürfen, wenn der Antrag durch den Vertreter ausgefüllt worden war, vgl. BGH RuS 89, 58 = VerBAV 118 = VersR 472 = NJW-RR 410 für die Bildung der VSumme 1914. Hat hingegen der VN selbst das Formular ausgefüllt, so

braucht nicht der Vr die Erfüllung der Aufklärungspflicht, sondern es muß der VN eine angeblich ihm gegenüber abgegebene irreführende Äußerung beweisen. Die Aufklärungspflicht entsteht nämlich in diesen Fällen erst durch eine solche Äußerung, weshalb nicht als erster der Vr die Erfüllung der Aufklärungspflicht, sondern als erster der VN deren Entstehung durch eine irreführende Äußerung zu beweisen hat.

Das *Provisionsinteresse des Vertreters*, der aus mehrjährigen Verträgen eine   22 erhöhte erstjährige Provision zu erwarten haben kann, rechtfertigt keinesfalls eine unvollständige oder gar irreführende Beratung, zumal es sich hier primär *nicht* einmal in erster Linie um ein *Interesse des Vr*, sondern nur um ein solches des Vertreters handelt. Der Vr spart im Einzelfall sogar Abschlußkosten, wenn der Vertrag einjährig geschlossen wird und er die erhöhte erstjährige Provision nicht zu zahlen braucht. Allerdings muß der Vr auf lange Sicht auch im eigenen Interesse für ein angemessenes Provisionsniveau sorgen. Aber dies kann er ohne Gesetzesverstoß in der Weise tun, daß er den Anteil der zehnjährigen Verträge durch entsprechende Langfristigkeitsrabatte erhöht. Argumente für oder gegen die Beratungspflicht auf der Basis von Tarifen ohne solche Rabatte liefert der Gedanke der Außendienstfinanzierung nicht.

L. Vertragsänderungen durch den Versicherungsfall

Übersicht

I. Höhe der Versicherungssumme

1 1. Erleidet eine versicherte Einzelsache (Gebäude) oder ein versicherter Inbegriff (z.B. Betriebseinrichtung oder Hausrat) einen **Vollschaden**, so *entfällt* das versicherte *Interesse* (**§ 68 Abs. 2 VVG**), und zwar gegebenenfalls bezogen auf je eine **Position** (S I 2) des VVertrages (PM § 68 Anm. 7 und 8). Eine VSumme gibt es dann nicht mehr, J V 4 und 7 sowie K IV 3. Die Prämie für die laufende VPeriode bleibt aber verfallen, **§ 68 Abs. 4 VVG**, vgl. J V 7 und P II 15 sowie unten L I 9 und 10. Ensteht dagegen nur ein **Teilschaden** (wie er bei Sachinbegriffen auch in Totalschäden an einzelnen Sachen bestehen kann, R I 8), der die Identität des versicherten Gebäudes oder Inbegriffs unberührt läßt, so würde ohne § 95 VVG der Vr auch für weitere Schäden innerhalb desselben VJahres voll haften. Soweit zwischenzeitlich das Gebäude wieder aufgebaut oder der Sachinbegriff wieder aufgefüllt worden wäre, könnte der Vr je *Position* und je *VJahr* (kürzere oder längere VPerioden gibt es in der Praxis kaum) auch über die VSumme hinaus belastet werden, denn § 50 VVG begrenzt die Entschädigung nur je VFall, nicht dagegen auch für mehrere VFälle innerhalb desselben VJahres. Eine **Jahreshöchstentschädigung**, wie sie z.B. in § 8 ECB 87 vorgesehen ist und für Großrisiken, insbesondere Kernenergieanlagen, gelegentlich auch einzelvertraglich vereinbart wird, kennt das VVG **nicht**.

2 § 95 VVG sieht jedoch eine **Verminderung der VSummen** auf den je Position nach Abzug der Entschädigung verbleibenden Betrag vor. Die verminderte VSumme wirkt sich nicht nur gemäß § 50 VVG, sondern auch gemäß § 56 VVG mit der Folge einer UnterV (S II 22) aus, also auch dann, wenn der zweite Schaden nur ein Teilschaden ist und beide Schäden zusammen den Vr selbst bei voller Haftung nicht über die ursprüngliche VSumme hinaus belasten würden. § 95 VVG drückt dies durch die Worte („haftet nur bis zur Höhe des Restbetrages der VSumme") leider nicht klar aus, offenbar weil stillschweigend unterstellt wird, daß auch der VWert mindestens für den Rest des laufenden VJahres um den Betrag der Entschädigung reduziert bleibe, was aber nicht immer zutrifft; unklar hierzu formuliert auch Raiser 484. Motiv des § 95 VVG ist jedenfalls ein „Verbrauch der Jahresprämie" durch die Entschädigung, vgl. P II 9.

§ 95 VVG steht zwar im Abschnitt über die *FeuerV*, also in §§ 81 ff. VVG, **3** ist aber auch auf die Diebstahl-, Leitungswasser- und SturmV sowie auf die kombinierte V von Hausrat und Wohngebäuden anwendbar, A IV 43 und P II 12 sowie Ollick VerBAV 82, 43 zu der damaligen Kl 1704 (jetzt Kl 1708). Allerdings gilt dies in der kombinierten Hausrat- und WohngebäudeV jeweils nur für die Gefahr, die sich im ersten VFall verwirklicht hatte, während die VSumme für die übrigen Gefahren unverändert bleibt, BGH VersR 85, 129 (kritisch aber unklar hierzu Voigt VersR 85, 876). Auch nach einem zweiten VFall durch dieselbe Gefahr kann sich der Vr nach BGH aaO auf § 95 VVG nur berufen, soweit er den VN unverzüglich über die Folgen aus § 95 VVG belehrt hatte; wegen zeitlich dicht aufeinanderfolgender VFälle vgl. aber L I 9 der 2. Aufl.

Der wirtschaftliche Zweck des § 95 VVG („Verbrauch" der Prämie durch **4** die Entschädigung) schließt eine erneute Haftung des Vr nur aus, wenn der VN nicht nach entsprechender Vereinbarung erneut Prämie zahlt. Selbstverständlich kann also **NachV** genommen werden, vgl. L I 4 der 2. Aufl. Die NachV kann mit Wirkung ab Eintritt des VFalles genommen werden, sei es in voraus oder sei es durch nachträgliche und rückwirkende Vereinbarung. Sie kann aber auch erst ab einem späteren Zeitpunkt genommen werden, z. B. ab Beginn des nächsten VJahres. Dergleichen kommt in Betracht, wenn der VWert nicht sofort wieder die frühere Höhe erreicht. Ohne NachV würde § 95 VVG zeitlich unbegrenzt gelten, also für die gesamte restliche Laufzeit des Vertrages. Wegen weiterer Einzelheiten zur Auslegung von § 95 VVG wird auf L I 5 bis 9 der 2. Aufl. sowie auf PM § 95 Anm. 1 bis 4 verwiesen.

2. § 95 VVG hat jedoch seine praktische Bedeutung für die hier erörterten **5** klassischen Zweige der SachV weitgehend verloren. Durch §§ 19 Nr. 1 AFB 87, AERB 87, AWB 87, AStB 87, 27 VHB 84, 24 Nr. 1 VGB 88 wird nämlich § 95 VVG zugunsten des VN abbedungen. Es wird dort im Gegenteil bestimmt, die VSumme solle sich nicht dadurch vermindern, daß eine Entschädigung geleistet wird. §§ 18 Nr. 1 AFB 30, AEB, 17 Nr. 1 AWB 68, AStB 68, 20 Nr. 1 VGB 62, 19 Nr. VHB 74 hatten zwar zunächst den Inhalt von § 95 VVG wiederholt, sind aber im Jahr 1987 geändert worden und **schließen** nunmehr ebenfalls § 95 **VVG aus**, VerBAV 87, 174. Der Wortlaut der geänderten Bestimmungen deckt sich mit § 19 Nr. 1 AFB 87 usw.

Motiv für den Ausschluß von § 95 VVG war das oben L I 3 erwähnte **6** Urteil BGH VersR 85, 129. Jedenfalls in der kombinierten Hausrat- und WohngebäudeV hätte sich danach der Vr auf die mit § 95 VVG korrespondierenden AVB-Bestimmungen nur nach rechtzeitiger Belehrung des VN und nur bei Zweitschäden durch dieselbe versicherte Gefahr berufen können, die auch zum ersten VFall geführt hatte. Außerdem ergibt sich der in § 95 VVG vorausgesetzte (L I 3) Verbrauch der Jahresprämie nicht aus der Natur der Sache, vgl. im einzelnen P II 14. Auch dies mag den Verzicht der Vr auf § 95 VVG erleichtert haben, und zwar auch für die FeuerV nach den AFB und den AFB 87, also für den unstreitigen Anwendungsbereich des § 95 VVG. In den technischen Versicherungszweigen sehen die AVB übrigens von jeher die unveränderte Fortgeltung der VSumme auch nach Zahlung einer Entschädigung vor, vgl. z.B. 10.1 AMB.

7   Die in L I 5 zitierten Bestimmungen bewirken die unveränderte Fortgeltung der VSumme ohne Rücksicht auf den VFall sowie auf die gezahlte Entschädigung und die durch den Schaden verursachte Verminderung des VWertes. Besteht wegen des VFalls nunmehr **ÜberV**, so stehen dem VN die Rechte aus § 51 VVG zu. Er kann **Herabsetzung der VSumme verlangen,** allerdings nur für die Zukunft und nur unter Berücksichtigung eines etwa bestehenden Kurztarifs sowie einer tariflichen Mindestprämie, vgl. im einzelnen PM § 51 Anm. 4.

8   Ob diese Konsequenz den Verfassern der AVB bewußt war, ist unerheblich, denn ein abweichender Wille kommt jedenfalls in dem neuen Text nicht zum Ausdruck und hätte auch gar nicht rechtswirksam zum Ausdruck gebracht werden können, denn nach § 68 VVG ist § 51 VVG halbzwingend. Auch wirtschaftlich entsprechen die Rechte des VN aus § 51 VVG der Interessenlage. Ebenso wie eine zuvor bestehende UnterV durch den VFall und die dadurch bewirkte Verminderung des VWertes beseitigt werden kann, ebenso ist es gerechtfertigt, dem von Anfang an mit ausreichender Summe versicherten VN die Herabsetzung der nunmehr zu hohen Summe zu gestatten. Auch der Vergleich zwischen einem VN, der den VWert und damit das Risiko des Vr durch rasche Wiederbeschaffung oder Wiederherstellung alsbald wieder auf den ursprünglichen Stand bringt, und einem anderen VN, der dies unterläßt und damit das Risiko des Vr niedriger hält, bestätigt die wirtschaftliche Richtigkeit des rechtlich aus §§ 51, 68a VVG abzuleitenden Ergebnisses.

9   Die in L I 5 zitierten Bestimmungen setzen voraus, daß nach dem VFall überhaupt noch eine VSumme besteht, deren Höhe unverändert fortgelten kann. Daran fehlt es, wo nach § 68 **Abs. 4 VVG** ein **Totalschaden** an allen in der **Position** versicherten Sachen eingetreten ist. Dann ist das versicherte **Interesse weggefallen** und die Jahresprämie nach § 68 Abs. 4 VVG verfallen, mag dies auch wirtschaftlich in einem gewissen Widerspruch zu den Rechten des VN aus §§ 51, 68a VVG stehen, die geltend gemacht werden können, wenn das Interesse nicht völlig, sondern nur nahezu weggefallen ist, weil nämlich einige wenige in derselben Position versicherten Sachen durch den VFall nicht betroffen wurden.

10   Allerdings könnte § 68 Abs. 4 VVG wegen des gedanklichen Zusammenhangs mit § 95 VVG dahin auszulegen sein, daß die Wirkung des § 68 Abs. 4 VVG nicht eintritt, wenn für den Totalschaden Entschädigung *nicht* oder *nicht voll* geleistet wird, z.B. wegen einer Obliegenheitsverletzung des VN nach dem Schadenfall, vgl. P II 15. Dann sind die Vertragsposition sowie die VSumme möglicherweise (zweifelhaft) rückwirkend als nicht weggefallen anzusehen, sondern stehen für eine Deckung der während des Restes der VPe-

riode wiederhergestellten oder wiederbeschafften Sachen zur Verfügung. Einen Anspruch aus §§ 51, 68 a VVG auf Prämienrückgewähr wird man dem VN nach einem nicht entschädigten Totalschaden freilich nicht zuerkennen dürfen. Deshalb bleiben insgesamt Zweifel über die richtige Auslegung von § 68 Abs. 4 VVG im Fall eines nicht entschädigten Totalschadens bestehen.

II. Kündigungsrecht nach dem Versicherungsfall

1. **Übersicht:** Der VVertrag ist ein **Dauerschuldverhältnis,** das für Zeiträume 1 bis zu zehn Jahren ohne die Möglichkeit einer ordentlichen Kündigung abgeschlossen werden kann, vgl. dazu K IV 7, aber auch K IV 11. Ein Bedürfnis für vorzeitige Beendigung langfristiger Dauerschuldverhältnisse entsteht vor allem durch *schuldhafte positive Vertragsverletzungen* durch einen Vertragspartner. Analog § 626 BGB gewährt die Rechtsprechung in diesen Fällen ein außerordentliches Kündigungsrecht, das allerdings in der Praxis gerade bei VVerträgen nur selten zu realisieren wäre, weil der *Nachweis eines außerordentlichen Kündigungsgrundes,* insbesondere eines Verschuldens des Vr oder (AG Bensheim RuS 86, 212) einer arglistigen Täuschung durch den VN, zu *schwierig* ist und ein Rechtsstreit über diese Frage zu langfristiger Unsicherheit über die Wirksamkeit der Kündigung und über Fortbestand oder Beendigung des Vertrages führt. Bei VVerträgen wäre eine solche Rechtsunsicherheit besonders schwer erträglich.

Andererseits beruht gerade das VVerhältnis auf gegenseitigem Vertrauen. 2 Der Gesetzgeber hat sich daher durch §§ 96, 113, 158 VVG entschlossen, beiden Vertragspartnern eines Feuer-, Hagel- oder HaftpflichtVVertrages (vgl. aber auch L II 4 wegen Anwendung von § 96 VVG auf andere SachVZweige) aus Anlaß jedes VFalls ein Kündigungsrecht auch dann zu geben, wenn eine schuldhafte positive Vertragsverletzung des anderen Partners *nicht* behauptet oder nicht bewiesen wird. Beide Partner können aus Anlaß eines jeden Schadens *schlechte Erfahrungen* mit dem anderen Vertragspartner machen (Verärgerung über verzögerliche Sachbehandlung, unrichtige Auskünfte, Betrugsverdacht usw.) und sollen sich daher ohne Nachweis eines Verschuldens der Gegenseite vom Vertrag lösen können. Darin liegt eine wesentliche **Einschränkung der Möglichkeit des Abschlusses langfristiger VVerträge,** zumal § 96 VVG schon früher nach aufsichtlicher Praxis und jetzt überdies nach § 9 AGBG durch AVB nicht abbedungen werden kann, vgl. L II 5. – Kündigungen nach § 96 VVG und den ihm nachgebildeten AVB-Bestimmungen sind auch wirksam, wenn eine **Vertragsverletzung** im Sinn von L II 1 **nicht** einmal **behauptet** wird. Der Gesetzeswortlaut ermöglicht Kündigungen auch dann, wenn sie durch die Motive des § 96 VVG nicht gedeckt sind, zumal eine bloße Behauptung als Wirksamkeitsvoraussetzung einer Kündigung ohnehin unpraktikabel wäre (ebenso Bruck, Privatversicherungsrecht, 1930, Seite 681). Die Kündigung kann also durch den Vr auch **zwecks Sanierung** seines Bestandes, durch den VN auch **zwecks Umdeckung** des Risikos auf einen anderen Vr zu günstigeren Bedingungen oder günstigerer Prämie erklärt werden. Ob der Kündigende sein wahres Motiv offenbart oder nicht, spielt keine Rolle, denn es darf nicht derjenige schlechter gestellt werden, der sein Motiv offenbart. – Die Vereinbarung einer **mehrjährigen Vertragsdauer** kann in aller Regel **nicht** als **stillschweigende Nebenabrede** verstanden werden, das **Kündigungsrecht** im Schadenfall **auszuschließen** oder z. B. auf Großschäden und behauptete Vertragsverletzungen zu beschränken. Dergleichen kann auch nicht bei Industrierisiken angenommen werden, obwohl dort mehrjährige Festlaufzeiten eher eine Ausnahme darstellen. Gerade die Vertragspartner und Vertragsvermittler von Industrieverträgen kennen nämlich das Kündigungsrecht im Schadenfall als Rechtsinstitut sehr genau und würden es ausdrücklich ausschließen, wenn sie es ausschließen wollten.

3   Gleichwohl belastet diese Einschränkung der Langfristigkeit von VVerträgen den Vr im allgemeinen nicht unbillig, weil erfahrungsgemäß immer nur ein kleiner Prozentsatz der VN von der Kündigungsmöglichkeit Gebrauch macht. Auch die VN werden in ihrer großen Mehrzahl durch das Kündigungsrecht des Vr nicht belastet. In gewissen Ausnahmefällen wäre allerdings der VN an lückenloser langfristiger Bindung des Vr sehr interessiert und wird dann durch das Kündigungsrecht in seinen Interessen sogar ganz erheblich beeinträchtigt. **Beispiele:** Der Vr hatte einen mehrjährigen Vertrag zu besonders günstiger Prämie angeboten, und der VN hatte hierwegen vielleicht sogar besondere Aufwendungen zwecks Schadenvorsorge in Kauf genommen. Oder das Risiko erweist sich aus Gründen, nach denen im Antragsformular nicht gefragt war oder die der VN bei Vertragsschluß schuldlos nicht gekannt hatte, nachträglich als besonders schwer erweist und der VN daher nach einer vorzeitigen Kündigung einen neuen Vertrag zu tragbarer Prämie nicht abschließen kann. Man denke etwa an eine LeitungswasserV für ein Gebäude, dessen Leitungen, wie sich nachträglich zeigt, aus schlechtem Material gefertigt sind. Trotzdem sind Kündigungen aus Anlaß eines VFalls nach den AVB-Bestimmungen gemäß L II 5 und 6 auch in solchen Fällen wirksam, und zwar selbst dann, wenn sie durch eine Gefahrerhöhung motiviert werden und die Frist für eine Kündigung nach § 27 VVG schon abgelaufen ist. Um einen Verstoß gegen § 34 a VVG handelt es sich nicht (richtig – aber nur im Ergebnis – LG Heidelberg RuS 83, 17 zu § 20 VGB 62), in den hier behandelten VZweigen schon nicht wegen § 96 VVG, vgl. A IV 43.

4   Ein Kündigungsrecht *nicht* vorgesehen hat das VVG für die dort geregelten VZweige lediglich in der Tier- und in der TransportV, weil es sich dabei um *AllgefahrenV* mit hoher Schadenshäufigkeit handelt und ein Kündigungsrecht die Möglichkeit langfristiger Vertragsschlüsse zu stark einschränken würde. Auf **sämtliche hier behandelten Zweige der SachV** ist hingegen § 96 VVG anzuwenden und das *Kündigungsrecht* zu bejahen, denn es ist nur eine historische Zufälligkeit, daß die Diebstahl-, Leitungswasser- und SturmV sowie die kombinierte V des Hausrats und von Wohngebäuden im VVG noch nicht besonders geregelt sind. Deshalb gelten §§ 81 ff VVG im Zweifel analog für sämtliche hier behandelten VZweige, vgl. A IV 43, L I 3 und L II 26 sowie PM vor § 81 Anm. 3 b. Die Motive des § 96 VVG treffen auf alle hier behandelten VZweige zu. Insbesondere stehen die Hausrat- und die WohngebäudeV der FeuerV näher als einer AllgefahrenV (wie der Tier- oder der TransportV), zumal sich schon die FeuerV für sich allein gesehen bei näherer Prüfung nicht als V gegen zahlenmäßig nur „eine" Gefahr erweist, vgl. A III 10.

§ 96 VVG ist **abänderlich,** denn die Vorschrift wird im VVG nicht als 5
zwingend oder halbzwingend bezeichnet, A IV 48. Die AVB hatten das **Kündigungsrecht** allerdings auch in ihren älteren Fassungen nicht ausgeschlossen,
sondern nur mehr oder weniger stark **modifiziert,** und zwar in §§ **18 Nr. 2
AFB 30, AEB, 17 Nr. 2 AWB 68, AStB 68, 19 Nr. 2 VHB 74, 20 Nr. 2 VGB 62.**
Überwiegend handelt es sich hierbei um *Einschränkungen,* zu einem kleinen
Teil auch um *Erweiterungen* des Kündigungsrechts, L II 26 bis 28. Seit 1976
das AGBG in Kraft getreten ist, mußte geprüft werden, ob die AVB den VN
durch diese Modifikationen des Kündigungsrechts in Abweichung von
Grundzügen der gesetzlichen Regelung unangemessen benachteiligten und
daher nach § 9 Abs. 2 Nr. 1 ABGB insoweit unwirksam waren, A V 10.

Erst nach dem Jahr 1980 formuliert und wegen § 9 AGBG auf Verlangen 6
des BAV (VerBAV 79, 3) eng an § 96 VVG angelehnt wurden die Texte von
§ **19 Nr. 2 AERB,** von § **26 VHB 84** sowie von §§ **19 Nr. 2 AFB 87, AERB 87,
AWB 87, AStB 87** und § **24 Nr. 2 VGB 88.** Eine nach § 9 AGBG unzulässige
Einschränkung des Kündigungsrechts könnte man hier allenfalls noch in § 19
Nr. 2 AERB insofern sehen, als dort abweichend von §§ 19 Nr. 2 AFB 87
usw. dem VN die Wahl eines Wirksamkeitszeitpunkts auch zwischen „sofort" und „einen Monat nach Zugang der Kündigung" nicht eingeräumt wird.
Dies kann ausnahmsweise für den VN nachteilig sein, nämlich dann, wenn
dieser die Kündigung im letzten Monat des VJahres erklärt und ab Endes des
VJahres bereits einen neuen Vertrag geschlossen hat. Hier wäre dem VN
nicht an einem „späteren", sondern an einem „anderen" Wirksamkeitszeitpunkt für die Kündigung gelegen, nämlich an einer Wirksamkeit zum Ende
des laufenden VJahres. §§ 19 Nr. 2 AFB usw. sowie §§ 26 Nr. 3 VHB 84, 24
Nr. 2 VGB 88 tragen dem auch in der Tat Rechnung. Indessen ist diese
Abweichung des 19 Nr. 2 AERB von § 96 VVG so geringfügig, daß sie
möglicherweise noch unterhalb der Schwelle der Unangemessenheit liegt, vgl.
L II 47. Der VN wird mit Mehrprämie höchstens für einen Monat belastet.

Einzelne **Verstöße gegen § 9 AGBG** in § 19 Nr. 2 AERB (L II 6) oder vor 7
allem in den in L II 5 zitierten älteren Bestimmungen machten aus den in A
V 33 dargelegten Gründen die Bestimmung nicht völlig, sondern nur in ihren
unzulässigen Teilen unwirksam. Allerdings bildeten in sich zusammengehörige Teile der Bestimmung jeweils eine Einheit im Sinn dieser Grundsätze über
die nur teilweise Unwirksamkeit von AVB-Bestimmungen, L II 9. Darüber
hinaus werden gegen die **Möglichkeit nur teilweiser Unwirksamkeit** in Rechtsprechung und Literatur auch grundsätzliche Bedenken geltend gemacht, vgl.
A V 31, wobei freilich die zusätzlichen Argumente für bloße Teilunwirksamkeit speziell bei Dauerschuldverhältnissen, zu denen auch VVerträge gehören, weitgehend noch nicht erkannt sind.

Indessen ist die Frage der bloßen Teilunwirksamkeit überall dort praktisch 8
wenig bedeutsam, wo nicht § 9 Abs. 2 Nr. 2, sondern § 9 Abs. 2 Nr. 1 AGBG
anzuwenden ist. Bei *völliger* Unwirksamkeit steht hier nämlich der Inhalt des
Gesetzes als *Auffanglösung* zur Verfügung, vorliegend also § 96 VVG, vgl.
schon A V 22. Völlige Unwirksamkeit von AVB-Bestimmungen würde hier
also nicht bedeuten, daß der VVertrag im Schadensfall überhaupt nicht gekündigt werden kann. Vielmehr wäre dann § 96 VVG unmittelbar anwendbar, vgl. Martin VersR 84, 1119 sowie L I 10 der 2. Aufl. zu § 95 VVG.

9   Da das Kündigungsrecht beiden Seiten zusteht, können sich im Einzelfall sowohl Einschränkungen wie auch Erweiterungen des Kündigungsrechts sowohl *zugunsten* wie auch *zuungunsten* des VN auswirken. Indessen muß *jede* einzelne *Abweichung* von § 96 VVG als *selbständige und unteilbare Einheit* angesehen werden. Man darf nicht etwa jede Einschränkung, soweit sie das Kündigungsrecht des Vr betrifft, als wirksam, dagegen bezüglich des Kündigungsrechts des VN als unwirksam und umgekehrt jede Erweiterung, soweit sie das Kündigungsrecht des Vr betrifft, als unwirksam, dagegen bezüglich des Kündigungsrechts des VN als wirksam ansehen. Vielmehr (nicht gesehen in BGH VersR 88, 73 (74) als Revisionsinstanz zu Hamm VersR 87, 1025 = NJW-RR 86, 1218, vgl. L II 11) bildet ein und dieselbe Modifikation des beiderseitigen Kündigungsrechts je einen in sich nicht noch weiter teilbaren Teil der an § 9 AGBG zu messenden AVB-Bestimmung über das Kündigungsrecht im VFall. Hier liegt die Grenze der in A V 33 und L II 7 befürworteten Teilbarkeit der Unwirksamkeit gemäß § 9 AGBG. Völlig **unwirksam** ist daher der **Ausschluß des Kündigungsrechts** durch die AFB einiger FeuerVr, A IV 8; nicht etwa ist der Ausschluß nur bezüglich des Kündigungsrechts des VN unwirksam, vgl. aber auch L II 11.

10   Aus den in L II 9 dargelegten Gründen sind **Erweiterungen des Kündigungsrechts wirksam, Einschränkungen** hingegen **unwirksam** (-ck VerBAV 79, 419, PM § 96 Anm. 1 c); und zwar in sämtlichen in L II 5 zitierten AVB. Erfahrungsgemäß *kündigt* nämlich nach VFällen der *Vr weit seltener als der VN.* Der **Vr** kündigt in der Regel nur, wenn der Verdacht eines Betruges vor (vorsätzliche Herbeiführung des VFalls!) oder nach (vorsätzliche Verletzung der Aufklärungspflicht, arglistige Täuschung!) dem VFall besteht, oder wenn das Risiko falsch eingeschätzt worden war, insbesondere bei unverhältnismäßig hoher Schadenhäufigkeit. Der VN kündigt hingegen weiter öfter nach Schadenfällen, so z. B. nicht nur dann, wenn er die Entschädigung für ganz oder teilweise zu Unrecht abgelehnt oder zu spät ausgezahlt hält, sondern auch dann, wenn er glaubt, das Risiko künftig ganz oder teilweise selbst tragen zu sollen oder gleichwertigen VSchutz anderswo billiger zu erhalten. In vergleichbare Situation kann der Vr nicht geraten, denn selbst wenn er eine Tarifprämie nachträglich als zu niedrig kalkuliert ansieht, ist die Kündigung im Schadenfall für den Vr kein geeigneter Weg, sich von solchen Verträgen zu lösen, weil dieses Kündigungsrecht naturgemäß immer nur für einen kleinen Teil der Verträge entsteht und weil ein solches Vorgehen zuviel Arbeit und Kosten verursachen würde. Nur in Einzelfällen wird der Vr kündigen, weil sich das Risiko als besonders hoch erweist, vgl. dazu L II 3.

11   Mindestens solange der VN allerdings über die Unwirksamkeit der Einschränkungen des Kündigungsrechts durch den ihm vorliegenden AVB- oder Satzungswortlaut nicht oder nicht genügend deutlich unterrichtet wird, kann der **Vr** sich auf die **Unwirksamkeit** der Einschränkungen **nicht berufen,** sondern kann z. B. (L II 21) nicht nach jedem VFall, sondern nur nach entschädigungspflichtigen VFällen kündigen. Ebenso ist ein öffentlicher Vr an den in seiner Satzung vorgesehenen Ausschluß des Kündigungsrechts insofern gebunden, als seine eigenen Kündigungen unwirksam zu behandeln sind, BGH VersR 88, 73 (74), Hamm VersR 87, 1025 = NJW-RR 86, 1218 (wo allerdings die Frage der Teilbarkeit von Bestimmungen, die teilweise gegen das AGBG

verstoßen, nicht gewürdigt wird, L II 9). Umgekehrt kann der VN Schadenersatz verlangen, L II 15 und A V 49, wenn er sich durch unwirksame Einschränkungen des Kündigungsrechts von einer Kündigung abhalten oder zu
einer sonstigen Maßnahme bewegen läßt, z. B. zu doppelter Prämienzahlung
nach anderweitigem Vertragsschluß, weil ihm die Möglichkeit einer Kündigung erst zum Ende des VJahres (L II 51) nicht bekannt war. Das ist der
Grund, warum die Vr sich Neufassungen der ipso iure teilweise unwirksam
gewordenen Texte haben genehmigen lassen. Wegen der Information der VN
über die neuen Texte vgl. L II 15.

In VerBAV 84, 390, 391 hat das BAV **Neufassungen** von §§ 18 Nr. 2   **12**
AFB 30, AEB, 17 Nr. 2 AWB 68, AStB 68, 19 Nr. 2 VHB 74 und 20 Nr. 2
VGB 62 veröffentlicht, also Neufassungen der in L II 5 zitierten Bestimmungen. Sie entsprechen wörtlich § 19 Nr. 2 AERB. Nur § 18 Nr. 2 AFB 30
weicht auch in der Neufassung insofern ab, als beide Partner jeden zwischen
ihnen bestehenden FeuerVVertrag kündigen können, L II 26. Soweit die Änderungen dem entsprechen, was sich als Folge teilweiser oder (L II 7) völliger
Unwirksamkeit der bisherigen Texte schon aus § 9 Abs. 2 Nr. 1 AGBG ergibt, ist die **Änderung** bereits **ipso iure** eingetreten. Die Information der VN
durch die Vr über den neuen Text ist ohne konstitutive Wirkung, vgl. A V 42.

Soweit sich die Neufassungen nicht zwingend aus dem AGBG ergeben,   **13**
werden sie durch geeignete Informationsschreiben der Vr nur in den Teilen
Vertragsinhalt, in denen sie dem VN **ausschließlich Verbesserungen** bringen.
Für diese Teile begnügt sich das BAV mit Recht mit einer dem Vr gegenüber
nicht ausdrücklich erklärten Zustimmung des VN im Sinn von § 151 BGB,
vgl. A V 44 sowie Martin VersR 84, 1118, Fußnote 50. Hingegen werden Änderungen, die weder schon kraft Gesetzes durch § 9 AGBG Vertragsinhalt
geworden sind noch ausschließlich Verbesserungen für den VN bedeuten,
auch nicht dadurch Vertragsbestandteil, daß das BAV sie genehmigt und der
Vr sie dem VN zur Kenntnis übersendet, A V 43. Bei Änderungen, die für
den VN **teils günstig und teil ungünstig** sind, kann sich der VN auf die ihm
günstigen Änderungen berufen, weil der Vr einen Vertrauenstatbestand geschaffen hat, braucht sich aber die ihm **ungünstigen** Änderungen **nicht** entgegenhalten zu lassen. Eine unteilbare Zusammengehörigkeit von günstigen
und ungünstigen Änderungen analog L II 10 gibt es in diesem Fall nicht. –
Wegen dieser Ausgangssituation ist es auch in Zukunft noch von praktischer
Bedeutung, in welchen Punkten die in L II 5 zitierten bisherigen AVB-Texte
gegen § 9 AGBG verstoßen.

Auch durch ein Informationsschreiben des Vr nicht in vollem Umfang   **14**
Bestandteil bestehender Verträge wird daher insbesondere die **Neufassung von**
§ 18 Nr. 2 AEB, denn dort fehlt die Kündigungsmöglichkeit auch für andere
Diebstahl- und RaubVVerträge, wie sie in den bisherigen Texten von §§ 18
Nr. 2 AFB 30, AEB enthalten war, L II 26. Zwar schafft der Vr durch sein
Informationsschreiben einen Vertrauenstatbestand und kann sich daher auf
die Erweiterung des Kündigungsrechts seinerseits nicht mehr berufen. Umgekehrt behält aber der VN das Recht, nach dem ursprünglichen AEB-Text
auch andere Verträge zu kündigen. Die praktische Bedeutung dieser Vorschrift ist freilich gering, weil Hausrat nicht mehr nach den AFB 30 und AEB
versichert wird. Zweitverträge über dieselbe Gefahr, zu denen aber der erste

Schadensfall nicht ebenfalls einen VFall darstellt und schon deshalb ein Kündigungsrecht begründet, sind sehr selten, kommen aber immerhin z. B. noch bei V verschiedener Betriebsstellen, Filialen usw. durch gesonderte Verträge ein und desselben VN vor.

15   Durch das **Informationsschreiben** erfüllt der Vr, soweit die Neufassung ungeschrieben schon durch § 9 AGBG Vertragsbestandteil geworden war, L II 12, eine **vertragliche Nebenpflicht** aus § 3 Abs. 1 VVG. Selbst wenn man den Wortlaut der AVB nicht als notwendigen Bestandteil des VScheins, sondern die Aushändigung der AVB nur als aufsichtliche Pflicht des Vr ansieht (VerBAV 77, 402 und 89, 175), ist der Vr doch jedenfalls auch vertraglich verpflichtet, solche AVB-Texte unverzüglich zu berichtigen, die sich als gesetzwidrig und teilweise unwirksam erwiesen haben, vgl. zu den Anforderungen an die **Deutlichkeit der Information** im einzelnen A V 45. Verstößt er gegen diese Pflicht, so schuldet er Schadenersatz, A V 48. Solche Ansprüche kämen insbesondere in Betracht, wenn der VN im Vertrauen auf den bisherigen Text eine Kündigung nicht oder verspätet oder mit unzweckmäßigem Wirksamkeitszeitpunkt erklärt oder wenn er einen notwendigen Zweitvertrag unzweckmäßigerweise nicht oder aber umgekehrt verfrüht und mit der Folge doppelten Prämienaufwandes abschließt, vgl. oben L II 11 sowie L II 6 der 1. Aufl.

16   2. **Voraussetzung des Kündigungsrechts** ist nach § 96 VVG und § 19 Nr. 2 AERB sowie nach den in L II 6 und 12 zitierten AVB-Texten und Neufassungen ein **VFall,** d. h. ein Ereignis, das objektiv unter die Haftung des Vr fällt (OGH 4, 77, Raiser 487). Hierfür reicht eine Kulanzzahlung oder eine objektiv zu Unrecht geleistete Zahlung des Vr nicht aus. Auch die **irrige Annahme** eines VFalls reicht **nicht** aus. Soweit die irrige Annahme allerdings auf einem Verschulden des Partners beruht, der die unwirksame Kündigung erklärt, macht dieser sich wegen positiver Vertragsverletzung schadensersatzpflichtig. Außerdem sind §§ 20 Nr. 2 AFB 87, AERB 87, AWB 87, AStB 87, 28 Nr. 2 VHB 84, 26 Nr. 2 VGB 88 auch auf Kündigungen nach einem VFall anzuwenden. Danach sind **Kündigungen des VN** als von Anfang an wirksam zu behandeln, wenn der Vr sie nicht unverzüglich zurückweist, im Fall von § 28 VHB 84 sogar ohne Rücksicht auf eigene leichte oder grobe Fahrlässigkeit des VN, während nach § 20 Nr. 2 AFB 87 usw und nach § 26 Nr. 2 VGB 88 der VN höchstens leicht fahrlässig gehandelt haben darf. Wegen der „**Zurückweisungspflicht**" des Vr in VZweigen, in denen die AVB die Frage nicht regeln, vgl. die Rechtsprechungsnachweise bei PM § 8 Anm. 5 G.

17   Wenn ein Ereignis **objektiv** unter die **Haftung des Vr** fallen muß, um VFall gemäß L II 5 zu sein, so bedeutet dies, daß jedenfalls „subjektive" Gründe (L II 20) für eine Leistungsfreiheit an der Tatsache des VFalls begrifflich nichts ändern. Freilich gehören genau besehen auch Vorschriften, welche die Entschädigungspflicht aus subjektiven Gründen ausschließen, begrifflich zur Risikoabgrenzung durch die AVB (PM § 49 Anm. 1 B c); aber für die Auslegung von § 96 VVG wird man es bei jenem *engeren Begriff der Risikoabgrenzung* belassen dürfen, der subjektive Gründe für Leistungsfreiheit des Vr nicht einschließt, mag dieser Begriff auch sonst oft mit Recht kritisiert werden (Schaefer VersR 78, 6 und 12). Für diese Ansicht spricht, daß gerade auch

die Diskussion über die Gründe einer auf „subjektiven" Gründen beruhenden Leistungsfreiheit des Vr zu einer Verärgerung des VN führen kann, die ihn nach dem Willen des Gesetzgebers zur Kündigung berechtigen soll, L II 2. Ganz zwingend ist diese Argumentation freilich nicht, denn ähnlich schlechte Erfahrungen kann der VN auch machen, wenn nur über objektive Voraussetzungen eines in Wirklichkeit nicht eingetretenen VFalls diskutiert worden ist, z.B. über den Begriff des Brandes oder des Einbruchdiebstahls oder – Ausschlußgründe – des Betriebsschadens oder der inneren Unruhen. Gleichwohl kann die bloße *Behauptung eines VFalls* oder die *irrige Annahme* eines solchen (L II 16) das Kündigungsrecht *nicht* begründen, und sie tut dies zweifelsfrei auch nicht nach § 96 VVG, denn sonst könnten mehrjährige Verträge (L II 1) nicht mehr wirtschaftlich sinnvoll abgeschlossen werden.

Immerhin wird man in Grenzfällen zugunsten des Kündigungsrechts ent- **18** scheiden müssen. Deshalb muß wohl auch ein Schaden, der wegen eines **vereinbarten Selbstbehalts** nicht entschädigungspflichtig ist, noch als **VFall** gelten (Ollick VerBAV 81, 44, in der Praxis str), obwohl es sich hierbei nicht um einen „subjektiven", sondern um einen objektiven Grund für die Leistungsfreiheit des Vr handelt. Allerdings sind an den Nachweis eines VFalls mit einem Schadenbetrag unterhalb der Selbstbehaltsgrenze besonders hohe Anforderungen zu stellen, damit nicht auf dem Umweg über Beweiserleichterungen für „Bagatellschäden" schließlich doch die bloße Behauptung eines VFalls zur Kündigung führen kann.

Nicht eingetreten sind hingegen ein **VFall** (BM § 61 VVG Anm. 31, Ollick **19** VerBAV 81, 44; a.A. Raiser 488, Boldt 100), wenn ein Schaden durch *Vorsatz* oder *grobe Fahrlässigkeit* des VN herbeigeführt wurde. Auch im Fall des Vorsatzes braucht also nicht auf Treu und Glauben zurückgegriffen zu werden, wenn das Kündigungsrecht des VN verneint werden soll. Trotz des mißlungenen Wortlauts von § 61 VVG, trotz des systematischen Zusammenhangs der AVB-Regelung mit subjektiven Gründen der Leistungsfreiheit im Sinn von L II 20 (Obliegenheitsverletzung nach dem VFall, arglistige Täuschung und trotz einer vielleicht letztlich doch hinter § 61 VVG stehenden allgemeinen Schadenverhütungspflicht des VN (O I 61) wird man § 61 VVG als – wenn auch „subjektiven" – Risikoausschluß im Sinn von L II 17 ansehen müssen, so daß solche Ereignisse außerhalb der Haftung des Vr und außerhalb des Kündigungsrechts liegen.

Nur **Leistungsfreiheit aus subjektiven Gründen** und daher **trotzdem** ein VFall **20** und das Kündigungsrecht nach § 96 VVG sind gegeben, wenn der Vr wegen Gefahrerhöhung (§§ 24, 25, 27, 28 VVG) oder wegen Nichtanzeige einer Veräußerung (§ 71 VVG), mangels Einlösung oder wegen Prämienverzugs (§§ 38, 39 VVG) oder wegen Verletzung einer gefahrmindernden (auch: verhüllten, M III 4) Obliegenheit gemäß § 6 Abs. 1 und 2 VVG oder einer Obliegenheit nach dem VFall gemäß § 6 Abs. 3 VVG oder wegen arglistiger Täuschung (Ollick VerBAV 81, 44) leistungsfrei ist. Bei Leistungsfreiheit wegen unrichtiger vorvertraglicher Anzeige stellt sich eine Auslegungsfrage zu § 96 VVG schon deshalb nicht, weil der Vr ohnehin nur nach Rücktritt auf diese Leistungsfreiheit berufen kann.

In der ursprünglichen Fassung von §§ **18 Nr. 2 AEB, 17 Nr. 2 AWB 68, 21 AStB 68, 19 Nr. 2 VHB 74, 20 Nr. 2 VGB 62** wird das Kündigungsrecht gegenüber § 96 VVG insofern eingeschränkt, als dort ein „ersatzpflichtiger" VFall verlangt wurde. Leistungsfreiheit aus einem der in L II 20 genannten subjektiven Gründen sollte also das Kündigungsrecht ausschließen. Diese Einschränkung ist nach § 9 Abs. 2 Nr. 1 AGBG unwirksam, L II 10. Der VN ist an sie nicht mehr gebunden. Der Vr allerdings bleibt einseitig gebunden, L II 11, bis er (L II 15) den VN über die Neufassung gemäß L II 12 unterrichtet hat. Daß das Wort „Schadenfall" in § 18 Nr. 2 AEB nichts anderes als „VFall" bedeutet, ist unstreitig, vgl. A III 3 und L II 23.

22   Bei richtiger Auslegung mußte die „Ersatzpflicht" nach jener AVB-Fassung allerdings nur im Zeitpunkt des VFalls gegeben sein. Spätere Obliegenheitsverletzungen, z. B. Verstöße gegen die Aufklärungspflicht oder sogar arglistige Täuschungen, beseitigen nicht etwa noch nachträglich das Kündigungsrecht, so daß vielleicht gar auch bereits erklärte Kündigungen nachträglich unwirksam würden. Andernfalls entstünde zu große Rechtsunsicherheit. „Ersatzpflichtig" war also nach jenen Texten ebenso auszulegen wie in Nr. 2 des Regreßverzichtsabkommens der FeuerVr (VerBAV 61, 234 und hierzu unklar Bischoff VerBAV 61, 31).

23   Nicht Ersatzpflicht des Vr für den VFall (die AFB 30 sprachen ebenso wie die AEB gleichbedeutend von „Schadenfall", vgl. L II 21), wohl aber fristgerechte Schadenanzeige setzt § 18 Nr. 2 AFB 30 in seiner ursprünglichen Fassung voraus. In der Erstfassung von §§ 17 Nr. 2 AWB 68, AStB 68, 20 Nr. 2 VGB 62 stehen die Ersatzpflicht des VFalls und die fristgerechte Schadenanzeige als Voraussetzungen des Kündigungsrechts nebeneinander. Mangels Schadenanzeige entsteht von vornherein kein Kündigungsrecht, so daß diese AVB das Kündigungsrecht partiell stärker einschränken, als sich dies schon aus dem Erfordernis der Ersatzpflicht ergibt, Ollick VerBAV 72, 117 und Raiser 488. Weniger einschneidend wirkten hingegen §§ 18 Nr. 2 AEB, 19 Nr. 2 VHB 74, wo zwar ebenfalls die rechtzeitige Schadenanzeige für das Kündigungsrecht vorausgesetzt wird, wo es jedoch auf einen Verstoß gegen die Obliegenheit der „unverzüglichen" Schadenanzeige ankommt, so daß auch eine schuldlos verspätete Schadenanzeige das Kündigungsrecht noch auslöst. Die Auslegungsprobleme dieser AVB-Fassungen brauchen indessen nicht mehr erörtert zu werden, weil jene Vorschriften das Kündigungsrecht insgesamt einschränken und daher nur noch anzuwenden sind, soweit sich dies ausnahmsweise zugunsten des VN auswirkt, nämlich bei Kündigungen durch den Vr, der den VN noch nicht gehörig informiert hatte, L II 11. – Wegen „Abschluß der Verhandlungen" im Sinn von § 96 VVG über zunächst gar nicht erst angezeigte Schäden vgl. L II 41 und 42.

24   3. Kündigungsberechtigt sind gleichermaßen der Vr und die VN. Bei MitV besteht mit jedem MitVr ein Vertrag, V I 4, so daß jeder MitVr seinen Vertrag unabhängig vom Schicksal der übrigen Verträge kündigen kann. Bei mehreren VN kann (entgegen Wussow § 18 AFB Anm. 6) nur dann jeder VN gesondert kündigen, wenn mit jedem von ihnen ein selbständiger Vertrag besteht, z. B. mit mehreren Bruchteilseigentümern oder mit mehreren Inhabern desselben Hausrats, insbesondere mit Eheleuten, H IV 72. Wo dagegen mehrere VN einen gemeinsamen Vertrag geschlossen haben, z. B. als Wohngenossen einen gemeinsamen HausratVVertrag, H IV 73, kann dieser Vertrag

nur entweder gekündigt oder nicht gekündigt werden; die Kündigung ist durch die mehreren VN *gemeinsam* zu erklären. § 1357 BGB (Schlüsselgewalt) führt aber nicht zu dem Ergebnis, daß bei verheirateten HausratVN etwa stets beide Gatten VN wären, H IV 79.

4. Gegenstand der Kündigung ist nach § 96 VVG der **vom VFall betroffene** **25** **Vertrag** einschließlich (A I 6) des etwa nach dem ZKBU 87 mitversicherten BU-Risikos. Ist allerdings Totalschaden an sämtlichen versicherten Sachen eingetreten, so erlischt der Vertrag schon nach § 68 Abs. 2 und Abs. 4 VVG, vgl. L I 1 und P II 15. Eine Kündigung ist dann zwar rechtlich nicht nötig und nicht möglich, kann sich aber als vorsorgliche Kündigung gleichwohl empfehlen (vgl. Celle VA 31, Nr. 2237), weil oft schwer zu beurteilen ist, ob wirklich das Interesse weggefallen und die Identität des Inbegriffs der neu beschafften Sachen mit dem ursprünglich versicherten Inbegriff zu verneinen ist, vgl. L I 16 der 2. Aufl.

Nach § 18 Nr. 2 AFB 30 kann der VN auch *jeden anderen „FeuerVVertrag"* **26** kündigen, ebenso nach § 18 Nr. 2 AEB jede andere „Einbruchdiebstahl- und BeraubungsV". Darunter fallen auch BU-Verträge nach den FBUB (Raiser 487; vgl. auch Y IV 4 zum Anwendungsgebiet von § 94 VVG über Verzinsung) sowie aus den in L II 4 zu § 96 VVG dargelegten Gründen auch kombinierte Verträge nach den VHB 74 oder VHB 84, wenn diese Verträge Feuer oder Diebstahl und Raub einschließen, ebenso der kombinierte Vertrag nach den VGB 62, wenn er Feuer umfaßt (AG Neheim-Hüsten VersR 50, 134), nicht dagegen eine AllgefahrenV, die auch Feuer einschließt, z. B. eine Montage- oder Schwachstromanlagen- oder eine TransportV (PM vor § 81 Anm. 3 b). Der andere Vertrag, der gekündigt werden soll, muß zwischen denselben Personen (also nicht nur für dieselben versicherten Interessenträger) bestehen, kann sich aber auf beliebige andere Sachen oder BU-Risiken beziehen. Daß die anderen Verträge mit juristischen Personen oder Personengemeinschaften (OHG usw.) bestehen, an denen der Partner des vom Schaden betroffenen Vertrages lediglich beteiligt ist, genügt nicht. Verträge, die erst **nach** dem VFall geschlossen worden sind, können **nicht** gekündigt werden (str., Nachweise bei Raiser 487). Etwas anderes gilt allenfalls für **Ersatzverträge** über dasselbe Risiko, LG Berlin JR 34, 336, nämlich unter dem Gesichtspunkt des Schadenersatzes, weil der VVertreter den VN nicht über den mit dem Ersatzantrag verbundenen Verlust des Kündigungsrechts aufgeklärt hatte, obwohl über die Schadenregulierung noch keine volle Einigung erzielt war.

Motiv des **erweiterten Kündigungsrechts** nach den AFB 30 und AEB war vor **27** allem, daß nach diesen AVB bis 1942 nicht nur *Geschäftseinrichtung,* sondern auch *Hausrat* versichert werden konnte, daß dies aber nur teilweise durch einheitlichen Vertrag, im übrigen durch gesonderte Verträge geschah. Die Kündigungsmöglichkeit auch für den Hausrat nach einem Schaden an der Geschäftseinrichtung und umgekehrt sollte nicht von dem Zufall der Vertragsgestaltung abhängen, ähnlich wie übrigens auch der Umfang der Leistungsfreiheit wegen arglistiger Täuschung, vgl. X III 4. Gegenwärtig ist das erweiterte Kündigungsrecht nur noch bei VN praktisch bedeutsam, die für mehrere Betriebsstellen gesonderte Verträge geschlossen haben. Folgerichtig fehlt die Erweiterung in allen übrigen AVB.

28   Gegen § 9 Abs. 2 Nr. 1 AGBG verstößt die Erweiterung des Kündigungsrechts nicht. Die Erweiterung wurde daher in der **Neufassung von § 18 Nr. 2
AFB 30** gemäß VerBAV 84, 391 mit Recht beibehalten. Hingegen fehlt die
Erweiterung in der Neufassung von § 18 Nr. 2 AEB. Ohne ausdrückliche
Zustimmung des VN wird dieser Teil der **Neufassung von § 18 Nr. 2 AEB**
indessen auch dann nicht Vertragsbestandteil, wenn der Vr dem VN den
neuen Text übersendet, vgl. L II 14.

29   5. **Spätester Zeitpunkt** für die **Erklärung der Kündigung** ist nach der Erstfas-
sung von §§ 18 Nr. 2 AFB 30, AEB, 17 Nr. 2 AWB 68, AStB 68, 19 Nr. 2
VHB 74, 20 Nr. 2 VGB 62 **zwei Wochen nach Zahlung oder Ablehnung der
Entschädigung,** nach § 96 VVG dagegen ein Monat nach Abschluß der Verhandlungen über die Entschädigung. Die verkürzte Frist nach den zitierten
AVB-Erstfassungen schränkt das Kündigungsrecht ein und ist daher wegen
Verstoßes gegen § 9 Abs. 2 Nr. 2 AGBG **unwirksam,** L II 10, soweit (L II 30)
sie sich zum Nachteil der VN auswirken; zur Auslegung jener Erstfassungen
vgl. L II 31 bis 34. Maßgebend sind daher in der Regel die in L II 12 zitierten
Neufassungen gemäß VerBAV 84, 390. Diese stimmen mit § 96 VVG sowie
mit §§ 19 AERB, 26 VHB 84 überein; zur Auslegung vgl. L II 35 bis 43.
Wegen der Auslegungsschwierigkeiten, welche die Worte „Abschluß der
Verhandlungen" bereiten, sind **§§ 19 Nr. 2 AFB 87, AERB 87, AWB 87,
AStB 87** sowie § 24 **Nr. 2 VGB 88** zur Zahlung oder Ablehnung der Entschädigung als Kriterien zurückgekehrt, allerdings mit gewissen Modifzierungen,
vgl. im einzelnen L II 44 bis 46.

30   Die Unwirksamkeit der in L II 29 zitierten Erstfassungen erstreckt sich
auch auf die Frist für Kündigungen des Vr (L II 9) und auch auf die abweichende Regelung des *Fristbeginns.* Letztere kann ausnahmsweise (L II 37)
dazu führen, daß die Frist nach den AVB-Erstfassungen trotz ihrer kürzeren
Dauer später abläuft als die Frist nach § 96 VVG. Ausnahmsweise kann also
die Frist nach den AVB-Erstfassungen für den kündigenden VN günstiger
und daher bis zu einer hinreichend genauen Information des VN über die
Neufassungen der AVB maßgebend bleiben, ebenso wie umgekehrt im Normalfall – Frist nach den AVB-Erstfassungen läuft früher ab – der VN bis zu
einer hinreichend genauen Information eine Kündigung des Vr nach Ablauf
der Frist gemäß AVB-Erstfassungen, aber noch innerhalb der gesetzlichen
Frist zurückweisen kann, L II 11. Deshalb wird im Folgenden (L II 31 bis 34)
auch die Regelung der AVB-Erstfassungen noch im einzelnen erörtert. Danach werden die nach den AERB und den Neufassungen der älteren AVB
maßgebende Regelung des § 96 VVG (L II 35 bis 43) sowie abschließend
(L II 44 bis 46) §§ 19 Nr. 2 AFB 87, AERB 87, AWB 87, AStB 87 und § 24
VGB 88 behandelt.

31   a) **Zahlung** der Entschädigung im Sinn der in L II 29 zitierten AVB-Erstfassungen bedeutet mehr als nur den Abschluß der für die Zahlung nötigen
Handlungen des Vr und dessen Bank, also mehr als nur die Absendung
(Y II 4) oder auch den Zugang der Anweisung der Bank des Vr an die Bank
des VN. Die Frist für die Kündigung läuft vielmehr bei richtiger Auslegung
des Wortes „Zahlung" erst mit der **Gutschrift für den VN** bei dessen Bank
(GB **69, 70, 72,** 59), dies allerdings ohne Rücksicht auf den etwa noch späte-

ren Zeitpunkt der Information des VN über diese Gutschrift. Der Zahlung
stehen Hinterlegung und Aufrechnung gleich. Bei mehreren Zahlungen setzt
erst die letzte Zahlung die Frist in Lauf (teilweise abweichend Breslau VA 30
Nr. 2163 und Köln VA 06 Nr. 248). Dies folgt aus dem Zweck der Frist, die
lediglich einen Mißbrauch durch Kündigung aufgrund bereits abgeschlossener Schadenfälle verhindern soll. Daher kommt es bei mehreren Zahlungen
nicht darauf an, ob die früheren Zahlungen als Abschlags- oder Teilzahlungen bezeichnet waren oder ob später ein zunächst nicht erkannter oder geltend gemachter Teil des Schadens zusätzlich reguliert wird.

Nicht erst innerhalb der zwei Wochen nach Zahlung oder Ablehnung, 32
sondern schon *vor Fristbeginn* kann die Kündigung erklärt werden, nicht
aber vor dem VFall. Unwirksam wäre also eine Kündigung mit dem Zusatz,
sie sollte nach dem nächsten VFall wirksam werden. Daß der **Kündigungsgrund** genannt wird, ist *nicht* erforderlich; es genügt, wenn der Kündigungsgrund objektiv gegeben ist; unter dieser Voraussetzung ist die Kündigung
auch dann wirksam, wenn etwa ein anderer Kündigungsgrund genannt ist,
dessen Voraussetzungen aber nicht vollständig vorliegen, z. B. positive Vertragsverletzung, L II 1. Allerdings kann es eine Umdeutung erschweren,
wenn eine Kündigung einen unrichtigen Wirksamkeitszeitpunkt und außerdem einen nicht bestehenden statt eines anderen, wirklich bestehenden Kündigungsgrundes nennt, L II 57. Wegen des gegenseitigen Verhältnisses der
Kündigung nach dem VFall und der Kündigung wegen Obliegenheitsverletzung vgl. M II 51 und PM § 6 Anm. 10.

Die in L II 29 zitierten AVB-Erstfassungen bezeichnen auch die **Ablehnung** 33
der Entschädigung als Beginn der Zweiwochenfrist. Gemeint ist zunächst die
berechtigte Ablehnung der Entschädigung in den Fällen, in denen der Vr nicht
entschädigungspflichtig ist, in denen aber die Voraussetzungen der Kündigung gleichwohl vorliegen, z. B. wenn die Schadenhöhe unter einer Selbstbehaltsgrenze bleibt, L II 18, oder bei Leistungsfreiheit wegen Obliegenheitsverletzung, L II 20. Hingegen läuft keine Frist, wenn die Ablehnung aus
Gründen berechtigt ist, die zugleich den VFall und das Kündigungsrecht
ausschließen. Dies trifft auf die große Mehrzahl aller Ablehnungen zu, weshalb die Gleichstellung von Zahlung und Ablehnung in den Vorschriften
über die Kündigungsfrist mißverständlich ist: der Leser muß auf Anhieb
denken, auch die unzutreffende und durch den Vr „abgelehnte" (!) bloße
Behauptung eines VFalls begründe ein Kündigungsrecht, was aber nicht richtig wäre, L II 17. Die Verfasser der AVB haben die „Ablehnung" vermutlich
deswegen erwähnt, weil sie den gesetzlichen Begriff des „Abschlusses der
Verhandlungen über die Entschädigung" (L II 35) ausschöpfen wollten.

Wichtigster Anwendungsfall des Fristbeginn bei Ablehnung (genau: Zu- 34
gang der Ablehnung) der Entschädigung durch den Vr ist daher auf den
ersten Blick die **unberechtigte Ablehnung**. Aber auch dies trifft bei näherem
Zusehen nicht zu. Die unberechtigte (Teil- oder Voll-)Ablehnung setzt vielmehr nur dann (und auch dann nur rückblickend gesehen) die Kündigungsfrist in Lauf, wenn der unberechtigten Ablehnung nicht später doch noch
eine Zahlung des Vr folgt; in L II 25 der 1. Aufl. sowie in L II 34 der 2. Aufl.
wurden diese Fälle übersehen. Der unberechtigten Ablehnung des Vr folgt
insbesondere dann auch später keine Zahlung, wenn der VN die Frist gemäß

§ 12 Abs. 3 VVG oder die Verjährungsfrist verstreichen läßt oder wenn der Anspruch aus sonstigen Gründen nach der zunächst unberechtigten Ablehnung später doch noch erlischt, z.B. durch Obliegenheitsverletzung oder arglistige Täuschung. Setzt hingegen der VN den zu Unrecht abgelehnten Anspruch oder Rechtsanspruch **später** durch, sei es gerichtlich oder außergerichtlich, und sei es auch nur in Form eines Vergleichs, so muß der Vr eine **Zahlung** leisten und dadurch (anders als nach § 158 Abs. 2 VVG in der HaftpflichtV: „Rechtskraft des Urteils") eine *neue Frist* für die Kündigung in Lauf setzen. Der VN kann also die Kündigung bis zur Entscheidung über die Deckungsklage verschieben und so das *Risiko* vermeiden, im Fall der *Abweisung der Deckungsklage* und nach anderweitigem VAbschluß mit *doppelter Prämie* als Folge der Unwirksamkeit der Kündigung belastet zu werden. Nicht entsteht aber durch jede Deckungsklage das Kündigungsrecht wieder neu, so daß mit rechtskräftiger Abweisung der Deckungsklage als eine Art von zweiter „Ablehnung" durch den Vr eine neue Frist laufen würde (vgl. aber L II 40 zu § 96 VVG).

35   b) Der **„Abschluß der Verhandlungen über die Entschädigung"** setzt nach §§ 96 VVG, 19 Nr. 2 AERB, 26 Nr. 2 VHB 84 sowie nach den Neufassungen der älteren AVB gemäß L II 12 und 29 die **Monatsfrist für die Erklärung der Kündigung** in Lauf. Bis zum Jahr 1980 wurde auf die Auslegung dieser Bestimmung wenig Mühe verwendet, weil das Gesetz durch die AVB-Erstfassungen in dem in L II 31 bis 34 erörtertem Sinn modifiziert war. Nach den zitierten und mit § 96 VVG übereinstimmenden Neufassungen kommt es auf die Auslegung der Worte „Abschluß der Verhandlungen über die Entschädigung" jedoch entscheidend an, und zwar sowohl dann, wenn Entschädigung verlangt und gezahlt wird, L II 36, wie auch dann, wenn der Vr Entschädigung ablehnt, L II 38, wie auch dann, wenn Verhandlungen durch beiderseitiges Stillschweigen enden, L II 39, wie endlich auch dann, wenn es überhaupt nicht zu Verhandlungen kommt, weil der VN den Schaden nicht anzeigt, sei es versehentlich oder wegen erkannter Leistungsfreiheit des Vr oder weil er keine Entschädigung verlangen will, L II 41 und 43. Hat die Monatsfrist mit einem **Ereignis** begonnen, dessen **zeitliche Lage streitig** ist, z.B. durch Zugang eines Briefes oder eines Schecks bei dem VN, so trägt die **Beweislast**, wer sich auf den Ablauf der Frist berufen will.

36   Oft fällt der Abschluß der Verhandlungen mit der **Zahlung** der Entschädigung zusammen. Hierin liegt zugleich der Grund dafür, daß die Frist nach den in L II 29 zitierten AVB-Erstfassungen in der Regel eine Einschränkung des Kündigungsrechts bedeutet. Die Frist nach jenen AVB-Erstfassungen läuft gleichzeitig mit der gesetzlichen Frist an, ist aber kürzer und endet daher früher. Abschluß der Verhandlungen und Zahlung fallen insbesondere dann zusammen, wenn der VN einen *Verrechnungsscheck* in Höhe des verlangten Betrages *übersendet* oder bei einem *Regulierungsbesuch* durch den Regulierer *übergeben* läßt.

37   Nur wenn der Vr die **Entschädigungspflicht** nach Grund und Höhe schon vor der Zahlung **anerkennt,** liegt der Abschluß der Verhandlungen *vor der Zahlung,* und kann ausnahmsweise die Frist nach den älteren AVB trotz ihrer kürzeren Dauer später enden als die Frist nach § 96 VVG. Darauf kann sich

der VN solange berufen, bis er über die Änderungen nach dem AGBG ordnungsgemäß informiert wird, L II 30. So liegt es insbesondere, wenn der Vr brieflich Zahlung zusagt, ohne bereits einen Scheck beizufügen. *Formularmäßige Feststellungen der Entschädigungshöhe* durch den Regulierer enthalten oft den Vorbehalt einer Nachprüfung durch den Vr und bedeuten dann *nicht* schon den Abschluß der Verhandlungen, selbst wenn man den Vorbehalt aus den in Y I 9 dargelegten Gründen als unwirksam ansieht. Es kommt dann auf die endgültige Bestätigung durch den Vr an, die meist wieder mit der Zahlung zusammenfällt. Bleiben Zahlung oder sonstiges Anerkenntnis hinter einer nach wie vor aufrechterhaltenen Forderung des VN zurück, so enden die Verhandlungen erst, wenn auch die bei Ablehnung durch den Vr (L II 38 bis 40) maßgebenden Kriterien erfüllt sind.

Ablehnung einer Entschädigung oder Restentschädigung durch den Vr **38** bedeutet den Abschluß der Verhandlungen, wenn der VN nicht *alsbald* neue Tatsachen vorträgt oder Beweismittel vorlegt. Geschieht beides nicht, so enden die Verhandlungen – *rückblickend* gesehen – schon mit der Ablehnung. Die bloße *Möglichkeit,* daß der VN in ferner Zukunft doch noch neue Tatsachen vorträgt oder Beweismittel vorlegt, *hindert* den Abschluß der Verhandlungen *nicht,* denn sie besteht theoretisch zeitlich unbegrenzt, sogar noch nach Ablauf der Verjährungsfrist oder einer Sechsmonatsfrist gemäß § 12 Abs. 3 VVG. Die „Ablehnung" durch den Vr muß bestimmt formuliert sein, braucht jedoch eine Frist nach § 12 Abs. 3 VVG nicht zu enthalten. Eine Ablehnung als „zur Zeit" unbegründet, verbunden z.B. mit der Aufforderung, neue Beweismittel vorzulegen, setzt die Frist nicht in Lauf.

Enden Verhandlungen ohne eindeutige Ablehnung seitens des Vr ausnahmsweise einfach durch **beiderseitiges Stillschweigen,** weil nämlich der Vr **39** auf eine Schadenanzeige oder auf weitere Schreiben des VN nicht reagiert, der VN seinen Anspruch schließlich aber ebenfalls nicht mehr weiterverfolgt, oder weil umgekehrt der VN die Korrespondenz nicht fortsetzt, so beendet nicht schon der Zugang des letzten gewechselten Briefes die Verhandlungen, sondern die Verhandlungen enden erst, sobald ein unbeteiligter Beobachter eine Fortsetzung der Korrespondenz nicht mehr erwarten würde. Dieser Zeitpunkt darf nicht zu früh angesetzt, sondern die beiderseitige Überlegungszeit muß großzügig bemessen werden. Andererseits ist jedoch auch keineswegs immer erst der Ablauf der Verjährungsfrist maßgebend. Vielmehr wird man in der Regel einige Monate anzusetzen haben, wenn nicht z.B. erkennbar bestimmte Beweismittel abgewartet werden, mit denen erst zu einem späteren Zeitpunkt zu rechnen ist.

Wiederaufnahme von Verhandlungen mit der Folge, daß auch die Kündi- **40** gungsmöglichkeit neu entsteht und nach Ende der neuen Verhandlungen eine zweite Frist für die Kündigung läuft, ist theoretisch nach jeder Ablehnung noch möglich. Das gleiche gilt nach einer Zahlung, wenn der VN ernsthaft eine weitere zusätzliche Entschädigung fordert. Eine solche Wiederaufnahme ist stets anzunehmen, wenn der VN *Deckungsklage* erhebt (anders L II 34 für die Fristen nach den älteren AVB). Eine neue Frist läuft dann erst mit der Rechtskraft des Urteils, das die Klage aus Gründen abweist, die den VFall als Kündigungsgrund unberührt lassen, L II 18 und 20.

Wiederaufnahme von Verhandlungen *ohne* Deckungsklage erfordert jedoch mehr als die bloße Wiederholung früherer Rechtsstandpunkte mit anderen Worten.

41 Wenn **Verhandlungen** gar **nicht** erst **beginnen,** weil der VN die *Schadenanzeige* (zu einigen älteren AVB vgl. L II 23) *unterläßt,* sei es versehentlich oder weil er (Beispiel: LG Köln VA 28 Nr. 1861) keine Entschädigung fordern will, insbesondere bei Bagatellschäden oder wegen erkannter Leistungsfreiheit des Vr aus Gründen, die den VFall nicht ausschließen, L II 18 und 20, so bedeutet dies **nicht** etwa einen fiktiven „Abschluß" der Verhandlungen schon im Schadenzeitpunkt. *Fehlende Entschädigungspflicht* oder fehlender Verhandlungsbeginn sind nicht ohne weiteres mit dem Abschluß von Verhandlungen gleichzusetzen. Anderseits darf aber das Kündigungsrecht gemäß § 96 VVG und gleichlautend formulierten AVB nicht über Gebühr lange bestehen, denn gerade nicht angezeigte oder nicht entschädigungspflichtige Schäden sind nachträglich schwer zu rekonstruieren, zumal bei behaupteten bloßen Bagatellschäden, und könnten daher zu einem Mißbrauch des Kündigungsrechts führen.

42 Man wird Abschluß der Verhandlungen annehmen müssen, sobald ein vernünftiger Beobachter in Kenntnis aller Tatsachen und der Verhältnisse des VN eine Schadenanzeige oder eine Entschädigungsforderung nicht mehr erwarten würde. Dies wird in der Regel *etwa einen Monat nach Kenntnisnahme des VN* oder seines Repräsentanten *von dem Schaden* der Fall sein; wird später dann allerdings doch noch ernsthaft verhandelt, und zwar nicht nur über die verspätete Kündigung, sondern über eine trotz verspäteter Schadenanzeige geforderte Entschädigung, so kann entsprechend L II 40 ausnahmsweise ein Kündigungsrecht neu entstehen und später eine erneute Frist laufen. Die in L II 39 befürwortete generelle Großzügigkeit (Zeitraum von mehreren Monaten) ist vorliegend nicht angebracht, weil von dem VN aus den angedeuteten Gründen immerhin eine alsbaldige Schadenanzeige erwartet werden muß (wie sie in L II 39 bereits vorausgesetzt wird); mangels Schadenanzeige ist im Zweifel gegen den VN zu entscheiden.

43 Insofern stimmt § 96 VVG bei richtiger Anwendung in etwa mit der ausdrücklichen Regelung überein, die in der Erstfassung von §§ **18 Nr. 2 AFB 30, AEB, 17 Nr. 2 AWB 68, AStB 68, 19 Nr. 2 VHB 74, 20 Nr. 2 VGB 62** für den Fall getroffen war, daß der VN *„keine Entschädigung beansprucht".* Allerdings ist jene AVB-Regelung etwas strenger, denn danach läuft mit der *Kenntnisnahme* des VN schon die **Kündigungsfrist** selbst, nach § 96 VVG hingegen nur der Zeitraum bis zu einem – fiktiven – Abschluß der Verhandlungen, der dann seinerseits erst die Kündigungsfrist in Lauf setzt. Auch schließen jene AVB eine Kündigung mehr als *ein Jahr nach Schadeneintritt* generell aus, was sich aus § 96 VVG nicht herleiten läßt; wenn der VN ausnahmsweise schuldlos erst sehr viel später von einem VFall Kenntnis erlangt, können die „Verhandlungen" eventuell auch mehr als ein Jahr nach Schadeneintritt noch nicht als „abgeschlossen" gelten. Indessen ist jene in den zitierten AVB enthaltene und wegen § 9 Abs. 2 Nr. 1 AGBG **unwirksame** (L II 10) und daher in den Neufassungen (L II 12) nicht mehr enthaltene **Einschränkung des Kündigungsrechts** sehr geringfügig, weil sie sich nur in äußerst seltenen Ausnahmefällen praktisch auswirkt.

c) **§§ 19 Nr. 2 AFB 87, AERB 87, AWB 87, AStB 87 und § 24 Nr. 2 VGB 88** 44
erklären nicht den Abschluß der Verhandlungen über die Entschädigung,
sondern die **Auszahlung der Entschädigung** für maßgebend. Dieser Auszahlung wird dann in Abs. 2 Satz 3 a. a. O. die **Ablehnung** der Entschädigung
gleichgestellt, soweit diese **mit einer Begründung** erfolgt, **die den Eintritt des
VFalles unberührt läßt.** Diese Voraussetzung liegt z. B. vor bei Schäden unter
der Selbstbehaltsgrenze sowie bei Leistungsfreiheit nach §§ 38, 39 VVG oder
wegen Obliegenheitsverletzung vor oder nach dem VFall, vgl. L II 18, 20 und
33. Die neue Formulierung stellt klar, daß die Frist nicht läuft (sondern
überhaupt kein Kündigungsrecht besteht), wenn der Vr mit Recht ablehnt,
weil kein VFall eingetreten ist; dies war wohl auch das Motiv für die neue
Formulierung.

Schwierigkeiten bereiten nach dem neuen Text aber die in L II 34 erörter- 45
ten Fälle, daß der Vr zunächst zu Unrecht ablehnt, der VN den zu Unrecht
abgelehnten Anspruch oder Rechtsanspruch aber später nicht durchsetzt,
sondern durch Ablauf der Frist nach § 12 Abs. 3 VVG der Verjährungsfrist
oder aus sonstigen Gründen verwirkt oder verliert. Es handelt sich dann bei
der zunächst **unberechtigten Ablehnung** gleichwohl **nicht** um eine Ablehnung
„aus Gründen, die den Eingriff des VFalles unberührt lassen".

Maßgebend ist nach dieser Formulierung nämlich nicht die objektive 46
Rechtslage, sondern die **Begründung**, auf die der Vr seine Ablehnung stützt.
Andererseits folgt in den Fällen gemäß L II 45 auf die unberechtigte Ablehnung auch später keine Zahlung, so daß die Frist überhaupt nicht zu laufen
beginnt, sondern die Kündigung während der gesamten Restlaufzeit des Vertrages zulässig bleibt. Auf diesen Formulierungsfehler kann sich allerdings
nur der VN berufen, wenn er kündigen will, nicht hingegen der Vr, der durch
die mißlungene Formulierung der AVB die Unklarheit hervorgerufen hat.
Vielmehr muß der Vr in solchen Fällen die Gründe seiner eigenen Ablehnung
gegen sich gelten lassen, also einen VFall als nicht eingetreten betrachten, so
daß er kein Kündigungsrecht erwirbt.

6. Auch der **Wirksamkeitszeitpunkt der Kündigung** war in den Erstfassungen 47
von **§§ 18 Nr. 2 AFB 30, AEB, 17 Nr. 2 AWB 68, AStB 68, 19 Nr. 2 VHB 74, 20
Nr. 2 VGB 62** einerseits und in **§§ 96 Abs. 2 VVG, 19 Nr. 2 AERB, 26 Nr. 3
VHB 84** andererseits unterschiedlich geregelt, und zwar so, daß die zitierten
älteren AVB das Kündigungsrecht einschränkten. Sogar zwischen **§ 96 Abs. 2
VVG** und **§ 19 Nr. 2 AERB** bestehen noch gewisse Unterschiede, die teils
Klarstellung und teils Modifikationen bedeuten. Die Modifikationen durch
§ 19 Nr. 2 AERB wirken sich in gewissen Ausnahmefällen (wenn nämlich der
VN zu einem Zeitpunkt *zwischen* „sofort" und „einen Monat nach Zugang"
kündigen will; Beispiel: L II 6) auch zuungunsten des VN aus, verstoßen aber
trotzdem nicht gegen § 9 Abs. 2 Nr. 1 AGBG, denn die Abweichung ist so
gering, daß sie nicht als „unangemessen" und nicht als Abweichung von den
„Grundzügen" der gesetzlichen Regelung anzusehen ist.

a) Wegen **Verstoßes gegen § 9 Abs. 2 Nr. 1 ABGB** unwirksam sind nur die in 48
L II 47 zitierten Erstfassungen älterer AVB, nämlich §§ 18 Nr. 2 AFB 30,
AEB, 17 Nr. 2 AWB 68, AStB 68, 19 Nr. 2 VHB 74, 20 Nr. 2 VGB 62, weil
sie das **Wahlrecht des VN für den Wirksamkeitszeitpunkt seiner Kündigung**

beseitigen, ihm also insbesondere die Möglichkeit nehmen, erst mit Wirkung zum Schluß des laufenden VJahres zu kündigen und dadurch eine Einbuße der verfallenen Jahresprämie zu vermeiden. Die Neufassungen gemäß L II 2 entsprechen § 19 Nr. 2 AERB, vgl. L II 47 und 51.

49   § 96 VVG bietet einige **Auslegungsschwierigkeiten.** Entgegen Meyer-Kahlen VP 76, 128 und wohl auch entgegen BM § 8 VVG Anm. 37 wird man ein *Wahlrecht des Vr* für den Wirksamkeitszeitpunkt seiner Kündigung *verneinen* müssen, und zwar deshalb, weil § 96 VVG für den Vr keinen spätesten Zeitpunkt bezeichnet, in dem seine Kündigung wirksam werden müßte. Der *VN* kann jedenfalls zwischen Kündigung mit *sofortiger Wirkung* und Kündigung *zum Schluß des* bei Zugang (vgl. demgegenüber L II 52 zu den neuen AVB) der Kündigung *laufenden VJahres* wählen. Ob er auch jeden *dazwischenliegenden Zeitpunkt* (z. B. das Beginndatum einer anderweitig genommenen V) wählen kann, ist unklar, allerdings auch nicht sehr bedeutsam. Da nämlich die Jahresprämie ohnehin verfallen ist, hat der VN ausschließlich einen rechtlichen Vorteil, wenn er erst zum Jahresschluß kündigt. Dies muß man insbesondere dann berücksichtigen, wenn der VN einen zwischen „sofort" und Jahresschluß liegenden Zeitpunkt wählt und man dies nach § 96 VVG nicht für möglich hält, denn dann ist zweifelsfrei Umdeutung nach § 140 BGB (vgl. dazu im übrigen L II 54) in eine Kündigung zum Jahresschluß geboten. In § 96 VVG nicht klar gesagt ist ferner, wann die Kündigung des VN wirkt, wenn *kein Wirksamkeitszeitpunkt genannt* ist. Aus den soeben dargelegten Prämiengründen spricht dann alles für eine Auslegung (§ 133 BGB) als Kündigung zum Jahresschluß.

50   Die geschilderten Unklarheiten in § 96 VVG waren durch die Erstfassungen von **§§ 18 Nr. 2 AFB 30, AEB, 17 Nr. 2 AWB 68, AStB 68, 19 Nr. 2 VHB 74, 20 Nr. 2 VGB 62** vermieden worden, vgl. L II 47. Danach wurde die Kündigung stets *einen Monat nach Zugang* (§ 130 BGB) wirksam. Aber diese Bestimmungen sind wegen Verstoßes gegen § 9 Abs. 1 Nr. 1 AGBG unwirksam, weil der sowohl in § 96 Abs. 3 VVG wie in den AVB angeordnete *Verfall der Jahresprämie* nur in Verbindung mit einem Wahlrecht des VN für den Wirksamkeitszeitpunkt seiner Kündigung tragbar ist, vgl. L II 47 und 52 sowie P II 17.

51   **§§ 19 Nr. 2 AERB** sowie die in L II 12 zitierten Neufassungen der älteren AVB beseitigen größtenteils die Auslegungsschwierigkeiten zu § 96 VVG und bedeuten insoweit nur eine Klarstellung. Kündigungen des Vr und des VN werden **einen Monat nach Zugang** wirksam. Der Vr kann einen anderen Zeitpunkt für die Wirksamkeit seiner Kündigung überhaupt nicht bestimmen. Der **VN** kann einen anderen Zeitpunkt für die Wirksamkeit seiner Kündigung zwar bestimmen, jedoch nur einen **späteren** – wegen der Bedenken gegen diese Einschränkung vgl. L II 6, 47 und 53 – **Zeitpunkt** und als spätesten Zeitpunkt den **Schluß des laufenden VJahres.**

52   Darunter ist hier (vgl. demgegenüber L II 48 zu § 96 VVG) nicht das bei Zugang der Kündigung laufende VJahr zu verstehen, sondern der Schluß des VJahres, das einen Monat nach Zugang der Kündigung läuft (Martin VW 74, 1054 zu § 7 ABG), also in dem Zeitpunkt, in dem die Kündigung ohne abweichende Bestimmung wirksam würde. Nur diese Auslegung vermeidet Prämiennachteile für den VN, denn nach §§ 96 Abs. 3 Satz 1 VVG, 7 Nr. 5

Abs. 2 AERB verfällt die Prämie des laufenden VJahres, L II 61, wobei dort das bei Wirksamkeit der Kündigung laufende VJahr gemeint ist. Entspricht also z.b. das VJahr dem Kalenderjahr und kündigt der VN im Dezember eines Jahres, so kann die Kündigung nach § 19 Nr. 2 AERB nicht mehr zum Schluß dieses Jahres für wirksam erklärt werden, weil dies kein „späterer" Zeitpunkt wäre, sondern erst zum Schluß des nächsten Jahres, also zum Schluß des im Januar (einen Monat nach Zugang der Kündigung!) laufenden VJahres.

§§ 26 Nr. 3 VHB 84, 19 Nr. 2 AFB 87, AERB 87, AWB 87, AStB 87, 24 Nr. 2 **53** VGB 88 vermeiden die in L II 46 und 50 erörterte kleine Unstimmigkeit, die in § 19 Nr. 2 AERB noch enthalten sind, und ermöglichen dem VN auch die Wahl eines anderen Zeitpunkts für die Wirksamkeit der Kündigung, der zwischen dem Ablauf eines Monats nach Zugang und dem Ende des laufenden VJahres liegt.

b) **Kündigungen**, in denen ein nach den AVB oder – soweit die AVB un- **54** wirksam sind – nach § 96 VVG **nicht zulässiger Wirksamkeitszeitpunkt genannt** ist, sind für den in ihnen genannten Zeitpunkt *unwirksam*, denn Kündigungen von Verträgen sind ganz allgemein nur mit einem vertraglich oder gesetzlich vorbehaltenen Inhalt möglich. Die Unwirksamkeit einer Kündigung des VN hängt allerdings davon ab, ob der Vr sie rechtzeitig zurückweist, vgl. L II 16 und §§ 28 Nr. 2 VHB 84, 20 Nr. 2 AFB 87, AERB 87, AWB 87, AStB 87, 26 Nr. 2 VGB 88 sowie die Nachweise aus der älteren Rechtsprechung bei PM § 8 Anm. 5 G.

Ist danach eine Kündigung des VN unwirksam, so ist noch zu prüfen, ob **55** die Kündigung nicht nach § 140 BGB umzudeuten ist, sei es in ein Vertragsaufhebungsgebot (BGH RuS 87, 271, GB 77, 59; der Vr kann dieses Angebot konkludent annehmen, indem er z.B. die nächste Prämienrechnung nicht zeitgerecht stellt) oder in eine Kündigung zu einem anderen Zeitpunkt, insbesondere in eine **Kündigung zum nächstmöglichen Termin.** Dieser nächstmögliche Termin kann früher (wenn der VN einen zu späten Zeitpunkt wählt, z.B. einen solchen in der nächsten VPeriode, insbesondere im Vertrauen auf die in L II 47 erörterte Unwirksamkeit der Erstfassungen älterer AVB bezüglich des Wirksamkeitszeitpunktes) oder (häufiger) später liegen, letzteres z.B. in dem Fall von L II 49 sowie dann, wenn eine Kündigung im Schadenfall überhaupt nicht oder (wegen Versäumung der Erklärungsfrist, L II 29 bis 46) nicht mehr möglich ist, so daß nur noch eine Kündigung zum nächsten Ablauftermin nach einer vereinbarten Verlängerungsklausel gemäß K IV 5 in Betracht kommt. Besonders nahe liegt Umdeutung in Fällen, in denen dem Vr eine Kündigung des VN mit einem unrichtigen Wirksamkeitszeitpunkt so knapp vor Ende der Erklärungsfrist für die Kündigung im Schadenfall zugeht, daß der VN die Kündigung nach unverzüglicher Zurückweisung (L II 16) durch den Vr nicht mehr rechtzeitig wiederholen kann, weil inzwischen die Frist abgelaufen ist.

Das **Umdeutungsproblem bei Kündigungen** besteht nicht nur für Kündigun- **56** gen nach dem VFall, sondern *ganz allgemein* für unwirksame Kündigungen und kann hier nicht abschließend behandelt werden. Man vergleiche die Rechtsprechung- und Literaturnachweise bei PM § 8 Anm. 5 B. Die Schwierigkeiten beruhen darauf, daß im Zeitpunkt der unwirksamen Kündigung noch nicht feststeht, wer künftig an der Umdeutung interessiert ist. Tritt ein *Schaden* ein und besteht dann kein anderer VSchutz, so wird sich der Vr nachträglich im Zweifel *gegen* eine Umdeutung wenden. Tritt jedoch *kein Schaden* ein und verlangt der Vr Prämie über den Wirksamkeitszeitpunkt einer umgedeuteten Kündigung hinaus, so muß sich der Vr *für* Umdeutung aussprechen, vgl. das instruktive, aber nicht in allen Überlegungen zutreffende Urteil Köln VersR 74, 462.

57   Zu leicht macht es sich z.B. AG Köln VersR 83, 78 (zur KrankenV), das Umdeutungen wegen der drohenden Unsicherheit nur ganz ausnahmsweise zulassen will. Beachtlich ist hingegen das Argument (LG Wuppertal RuS 85, 44), die Vorteile des Abschlusses bei einem anderen Vr könnten in dem späteren Zeitpunkt, in dem die umgedeutete Kündigung wirksam würde, bereits nicht mehr gegegeben sein. Gegen die Umdeutung von Kündigungen, in denen ein *anderer* und nicht bestehender *Kündigungsgrund* genannt ist, vgl. M II 51 und L II 32 sowie Hamm 20 U 407/84 vom 14. 8. 85. Allgemein für die Umdeutung von Kündigungen, in denen ein zu früher Termin genannt ist, plädiert unter Ablehnung von Bommer VW 51, 227 mit ausführlicher Begründung OLG Köln 9 U 108/72 vom 9. 3. 73, ferner z.B. LG Hanau ZfS 88, 283 (zur UnfallV).

58   Für die Umdeutung dürfen nur die im **Zeitpunkt des Zugangs** der Kündigung *objektiv* gegebenen Umstände berücksichtgt werden, also z.B. nicht künftige Schadenfälle oder künftige anderweitige Vertragsabschlüsse und auch nicht der Wortlaut des künftigen Zurückweisungsschreibens des Vr, AG Stuttgart RuS 85, 154, LG Hanau ZfS 88, 283. Außerdem dürfen nur die für den Empfänger der Kündigung aus der Urkunde oder sonstwie *erkennbaren Umstände* in die Beurteilung einbezogen werden. Ein dem Vr als Kündigungempfänger unbekannter anderweitiger Vertragsschluß des VN kann daher z.B. nicht zugunsten einer Umdeutung als Argument dienen. Da jedoch in einem *späteren Deckungs- oder Prämienprozeß* dem Gericht naturgemäß auch spätere Umstände (Vertragsabschlüsse, VFälle usw.) als Prozeßstoff vorgetragen werden, ist oft nur schwer vorauszusehen, ob das Gericht nicht doch bewußt oder unbewußt auch Umstände berücksichtigen wird, die erst nach Zugang der Kündigung eintreten oder erst nach Zugang der Kündigung für den Kündigungsempfänger erkennbar werden.

59   7. Das **Prämienschicksal bei Kündigung nach dem VFall durch den Vr** ist in § 96 Abs. 3 Satz 2 VVG und in §§ 8 Nr. 4 Abs. 4 AFB 30, AEB, 7 Nr. 3 Satz 2 AWB 68, AStB 68, 7 Nr. 5 Abs. 2 Satz 2 AERB, 8 Nr. 3 Satz 2 VHB 74, 15 Nr. 5 Abs. 2 Satz 2 VHB 84, 10 Nr. 3 Satz 2 VGB 62 und §§ 8 Nr. 5 Abs. 2 Satz 2 AFB 87, AERB 87, AWB 87, AStB 87, 19 Nr. 5 Abs. 2 Satz 2 VGB 88 im wesentlichen übereinstimmend geregelt. Wenn der Wirksamkeitszeitpunkt der Kündigung nicht zufällig mit dem Ende eines VJahres zusammenfällt, wird über die Prämie des laufenden VJahres **zeitanteilig** abgerechnet.

60   Gemeint ist das im *Wirksamkeitszeitpunkt der Kündigung* laufende VJahr, das *nicht* mit dem *Eintrittsjahr des VFalls* zusammenfallen muß, sondern ein späteres Jahr sein kann. Auslegungsschwierigkeiten ergaben sich nach den Erstfassungen der in L II 5 genannten älteren AVB, nach denen sich die

VSumme durch Zahlung einer Entschädigung verminderte, vgl. 2. Aufl. L II 55 bis 59. Nach den Neufassungen sowie nach allen neueren AVB ist § 95 VVG jedoch abbedungen, so daß die zeitanteilige Abrechnung nach Kündigung durch den Vr Schwierigkeiten nicht mehr bereitet. Auszugehen ist von der ungekürzten VSumme, L I 5 bis 10.

8. **Das Prämienschicksal nach Kündigung nach dem VFall durch den VN re-** 61 **geln §§ 96 Abs. 3 Satz 1 VVG und §§ 8 Nr. 4 Abs. 1 AFB, 7 Nr. 5 Abs. 2 Satz 1 AERB, 7 Nr. 3 Satz 2 AWB 68, AStB 68, 8 Nr. 3 Satz 2 VHB 74, 15 Nr. 5 Abs. 2 Satz 1 VHB 84, 10 Nr. 3 Satz 2 VGB 62, 8 Nr. 5 Abs. 2 Satz 1 AFB 87, AERB 87, AWB 87, AStB 87, 19 Nr. 5 Abs. 2 Satz 1 VGB 88** übereinstimmend dahin, daß die Prämie für das laufende VJahr verfällt. Gemeint ist auch hier Prämienverfall für das VJahr, in dem die Kündigung wirksam wird, L II 52.

Da der Prämienverfall auch im Gesetz angeordnet ist, verstößt er nicht nur 62 nicht gegen § 9 Abs. 2 Nr. AGBG, sondern es besteht entgegen Meyer-Kahlen VP 76, 136 auch wirtschaftlich und aufsichtlich (dazu P II 20) kein Anlaß, auf eine andere Regelung hinzuwirken. Jedoch ist der Prämienverfall nur gerechtfertigt, wenn der VN eine Prämieneinbuße dadurch abwenden kann, daß er ein *zeitliches Wahlrecht des* VN *zum Wirksamkeitszeitpunkt seiner Kündigung* ausübt und erst zum Jahresende kündigt, P II 19. Kündigt der VN trotz eines solchen Wahlrechts zu einem früheren Zeitpunkt, so erweist sich die Prämieneinbuße als Preis dafür, daß er sich von einem Dauerschuldverhältnis vorzeitig löst, ohne eine positive Vertragsverletzung des Vr beweisen (L II 1) oder auch nur behaupten (L II 3) zu müssen, und zwar zu einer Zeit (während eines VJahres), die zusätzlichen Verwaltungsaufwand des Vr auslöst, P II 21. Unwirksam sind aber jedenfalls die in L II 47 zitierten AVB-Vorschriften, die von § 96 Abs. 2 Satz 3 VVG abweichen und das zeitliche Wahlrecht des VN bei seiner Kündigung ausschließen, vgl. wegen der Neufassungen L II 48 bis 51.

M. Obliegenheiten vor dem Versicherungsfall; insbesondere Sicherheitsvorschriften

Übersicht

I. Begriff und Arten

Sicherheitsvorschriften sind die wichtigste Gruppe von Obliegenheiten, die **1** im Sinn von § 6 Abs. 1 und 2 VVG vor dem VFall zu erfüllen sind. Sie sollen die Gefahr vermindern oder eine Gefahrerhöhung verhüten (§§ 6 Abs. 2, 32 VVG) oder eine bereits eingetretene Gefahrerhöhung wieder beseitigen. Sie sind sog. **gefahrmindernde Obliegenheiten.** Sie konkretisieren, M I 12, oft nur was sich schon aus dem Ausschluß des § 61 VVG für Schäden durch grobe Fahrlässigkeit ergibt, vgl. ausführlich M I 5 bis 15, und sprechen somit dafür, schon aus § 61 VVG entgegen der herrschenden Meinung eine allgemeine vertragliche *Schadenverhütungspflicht* des VN herzuleiten, vgl. O I 63.

Es gibt daneben auch **sonstige Obliegenheiten vor dem VFall,** insbesondere **2** **Anzeigepflichten,** z.B. bei Abschluß einer weiteren Versicherung für dieselbe Gefahr (§ 58 VVG; vgl. V I 30 und 32) oder in der HausratV bei Wohnungswechsel (§§ 6 Nr. 1 VHB 74, 11 Nr. 2 VHB 84, vgl. G IV 46). Diese sonstigen Obliegenheiten werden hier nicht behandelt.

Nicht zu den Sicherheitsvorschriften gehören auch Bestimmungen, nach **3** denen **Verzeichnisse** über versicherte Sachen zu führen sind, nämlich §§ 6 Nr. 1c AERB, 7 Nr. 1b AFB 87, 7 Nr. 1c AERB 87, AStB 87, 7 Nr. 1f AWB 87, 2 Nr. 7 VHB 74; sie sollen nicht Schäden verhindern, sondern nur die Vertragsgefahr vermindern und den Beweis erleichtern, schließen aber andere Beweismittel nicht aus, wie §§ 6 Nr. 3 AERB, 7 Nr. 3 AFB 87 usw. jetzt klarstellen. Früher war die Frage streitig. Wie hier argumentieren Engels VP 80, 57, Hamm VersR 83, 1145 (zur Kfz-InhaltsVers) und PM § 6 AERB 87 Anm. 5, unklar hingegen Raiser 346, BM § 34 VVG Anm. 7 und Knoerrich/ Dreger VerBAV 66, 178. Auch § 6 Abs. 1 und 2 VVG wird man nicht anzuwenden haben, denn es handelt sich überhaupt nicht um eine Obliegenheit, sondern um eine Beweisführungsregel. Das schuldlose oder gar verschuldete Fehlen von Verzeichnissen kann zwar zu Beweisschwierigkeiten oder sogar zu erhöhten Beweisanforderungen führen, vgl. Großer VP 80, 169. Jedoch darf dieser Gedanke vor allem bei einer V im privaten Lebensbereich (Hausrat) nicht überzogen werden, vgl. auch D XV 34 für Fahrräder. Wie das Fehlen einer entsprechenden Bestimmung in den VHB 84 zeigt, betrachten nämlich auch die Vr die Existenz von Verzeichnissen nicht als unabdingbar notwendig, zumal Verzeichnisse nicht immer zuverlässiger sein müssen (sondern z.B. gefälscht oder nachträglich gefertigt sein können) als andere Beweismittel.

§§ 7 Nr. 1b AFB 87, 7 Nr. 1c AERB 87, AStB 87, 7 Nr. 1f AWB 87 begrün- **4** den im gewerblichen und industriellen Bereich die Verzeichnispflicht für alle **Arten von Sachen, „für die dies besonders vereinbart** ist". Solche Vereinbarungen sind also möglich, ohne daß es einer Klausel bedarf. Darüber hinaus ist die Anzeigepflicht für Sachen, für die ein entsprechendes Bedürfnis in besonders hohem Maß besteht, in einigen Klauseln vorgesehen, nämlich in **Kl 1403** (Heimarbeiter), **Kl 1512** (Video-Mietcassetten), **Kl 1602** (Büchereien), **Kl 1710** (Briefmarken- und Münzenhandel) und **Kl 4201** (Lagerhalter). Die Verzeichnisse sind jeweils zu Beweiszwecken sorgfältig und möglichst getrennt von den versicherten Sachen aufzubewahren, vgl. Ollick VerBAV 82, 46, 48, 50, 52, 126.

5   1. Zum **Begriff der gefahrmindernden Obliegenheit** gehört, daß dem VN ein mehr oder weniger (M I 8) **bestimmtes Verhalten** auferlegt wird, welches der versicherten Gefahr entgegenwirkt, M I 1. **Konstiutiv** braucht die Obliegenheit **nicht** zu sein. Im Gegenteil ergibt sich eine gleichartige Verhaltenspflicht stets auch aus § 61 VVG. Durch die Obliegenheit wird lediglich konkretisiert, M I 10, was sich schon aus § 61 VVG ableiten läßt. Nur kann im Fall der gefahrmindernden Obliegenheit wegen § 6 Abs. 1 VVG die Leistungsfreiheit schon bei leichter Fahrlässigkeit eintreten, wenn die AVB dies vorsehen, M II 3. Außerdem kann es für die Beurteilung des Verschuldens eine Rolle spielen, daß dem VN mit dem AVB-Wortlaut eine Erkenntnisquelle zur Verfügung steht, aus der er sich über die Art des gebotenen gefahrmindernden Verhaltens mehr oder weniger (M I 8) genau unterrichten konnte.

6   Wie im Fall von § 61 VVG, O I 63, ist das Interesse des Vr nicht auf die Beachtung der Verhaltensnorm, sondern nur auf den Ausschluß der Leistungspflicht für Schäden infolge schuldhafter Nichtbeachtung der Verhaltensnorm gerichtet. Der Eintritt von Schäden der versicherten Art gehört letztlich sogar zur wirtschaftlichen Basis des Geschäftsbetriebs des Vr, denn er ist Voraussetzung für ein VBedürfnis und den Abschluß von VVerträgen. Träten keine Schäden ein, sondern würden alle Schäden verhindert, so gäbe es kein VBedürfnis. Diese Erkenntnis mag unausgesprochen ein Beweggrund der h. M. sein, die eine Schadenverhütungspflicht aus § 61 VVG nicht herleiten will. Aber auch wer dieser h. M. nicht folgt, muß doch § 61 VVG auch gegen solche VN oder (§ 79 VVG) versicherte Interesseträger anwenden, die von der Existenz des Vertrages nichts wissen, also z.B. gegen einen Erben, der das Testament oder jedenfalls den VVertrag noch nicht kennt, O I 64.

7   Das gleiche gilt auch für VN und für Versicherte, die in **schuldloser Unkenntnis des VVertrags** eine gefahrmindernde Obliegenheit verletzen. Auch hier tritt Leistungsfreiheit ein, falls bei unterstellter Kenntnis des VVertrages ein Verschulden zu bejahen wäre, weil nämlich bei Kenntnis des VVertrags die AVB hätten gelesen werden müssen oder mit der Obliegenheit sogar schon aus der Natur der Sache oder dem Grundgedanken des § 61 VVG zu rechnen war, z.B. mit der Obliegenheit zur Vorsorge gegen Frostschäden in der LeitungswasserV. Mit anderen Worten: Der VN kann sich auf jede Art von schuldloser Unkenntnis seiner Obliegenheit berufen, nur *nicht* auf eine durch Unkenntnis vom VVertrag begründete Unkenntnis der Obliegenheit. Gerade weil dies aber auch bei Obliegenheiten zutrifft, kann aus dem Fall der schuldlosen Unkenntnis vom VVertrag kein Argument gegen eine aus § 61 VVG abgeleitete allgemeine Schadenverhütungspflicht hergeleitet werden, O I 64.

a) Als Sicherheitsvorschriften wird im Folgenden nur erörtert, was die 8 AVB als solche *bezeichnen*. Ob auch *sonstige* Vereinbarungen über die Aufbewahrung versicherter Sachen innerhalb des VOrts, insbesondere sog. *Verschlußvorschriften*, G I 17, wegen §§ 15a, 6 VVG als Obliegenheiten anzusehen sind, nämlich als sog. **verhüllte Obliegenheiten**, wird in M III 2ff im Zusammenhang behandelt. Zwischen drei Alternativen ist in Grenzfällen zu wählen, M III 6:

– Wirksamkeit der betroffenen Bestimmung als objektive Risikoabgrenzung entsprechend dem AVB-Wortlaut;

– „Auslegung" als verhüllte Obliegenheit auf die § 6 anzuwenden ist, obwohl der Wortlaut dies nicht erkennen läßt;

– Unwirksamkeit der Bestimmung nach § 15a, vgl. A V sowie LG Hamburg RuS 90, 63 in einem Verfahren nach § 13 AGBG.

Die tatbestandlichen Voraussetzungen der Vorschlußvorschriften werden dagegen mit den versicherten Sachen in der gewerblichen V (H III 32 bis 54) sowie mit den Entschädigungsgrenzen in der GeschäftsV (Abschnitt U II) und in der HausratV (Abschnitte U III und U IV) erörtert. Weitere Fundstellen zum Begriff der verhüllten Obliegenheit: A IV 51.

b) Nicht nur können AVB-Bestimmungen Sicherheitsvorschriften sein, 9 nämlich verhüllte Obliegenheiten, M I 8, obwohl sie nicht als solche bezeichnet sind, sondern es können auch umgekehrt Einschränkungen des VSchutzes in den AVB **zu Unrecht als Obliegenheiten** oder Sicherheitsvorschriften **bezeichnet** sein, zu Unrecht deshalb, weil sie den begrifflichen Mindestvoraussetzungen einer vor dem VFall zu erfüllenden Obliegenheit **nicht** entsprechen. Dies gilt insbesondere für „Obliegenheiten", die ganz allgemein darauf gerichtet sind, der VN möge sich „sorgfältig verhalten", „Vorkehrungen gegen Schadenfälle treffen", „die versicherten Sachen sorgfältig behandeln", „alle nötigen Vorkehrungen gegen Brand treffen" usw. Praktische Beispiele bilden § 7 Nr. 1 Satz 1 AVBSP 85 (vgl. dazu KG VersR 85, 1178, LG Frankfurt VersR 84, 980 und PM § 7 AVBSP 85 Anm. 3b), die in BGH VersR 72, 85 und Karlsruhe VersR 82, 1189 behandelten Ausschlüsse bei nur leichter Fahrlässigkeit in der Juwelier-Reise- und WarenlagerV sowie verschiedene Bestimmungen in älteren ABV für Wassersportfahrzeuge (nicht erörtert in BGH VersR 82, 395 und München VersR 81, 1074), vgl. schon M II 2 der 1. Aufl.

Je weniger genau konkret in einer Sicherheitsvorschrift gesagt wird, was 10 der VN zu tun oder zu unterlassen hat, um so mehr werden dem Vr die Darlegung und der Beweis eines objektiven Verstoßes gegen die Sicherheitsvorschrift erleichtert. Zugleich werden mit zunehmender Ungenauigkeit der Norm der Entschuldigungs- und der Kausalitätsgegenbeweis gemäß § 6 Abs. 1 und 2 VVG immer mehr erschwert. Überschritten ist die äußerste Grenze dort, wo die „Sicherheitsvorschrift" so allgemein gehalten ist, daß sie nichts mehr weiter besagt als genau das, was sich schon aus § 61 VVG ergibt, daß nämlich der VN den VFall nicht durch unsorgfältiges Tun oder Unterlassen herbeiführen darf, wenn er VSchutz erwartet. Bezüglich dieser allgemeinen Schadenverhütungspflicht im Sinn von O I 61 hat der Gesetzgeber abweichend von § 6 Abs. 1 und 2 VVG in § 61 VVG dem Vr die **Beweislast** auferlegt, und zwar nicht nur für den objektiven **Verstoß**, sondern auch für das **Verschulden** und den **Ursachenzusammenhang** mit dem Schaden. Außerdem entfällt der VSchutz nach § 61 VVG nur bei grober Fahrlässigkeit.

11   Eine als Obliegenheit bezeichnete inhaltliche Wiederholung des § 61 VVG in den AVB würde daher rechtlich eine **Verschärfung des** § 61 bedeuten, nämlich eine **Beweislastumkehr** zum Verschulden und zur Kausalität sowie gegebenenfalls (M II 10) außerdem eine **Erweiterung** des Ausschlusses **auf leichte Fahrlässigkeit**. Rechtswirksam sind solche Verschärfungen des § 61 VVG nur, wenn es sich nicht um eine unangemessene Abweichung von den Grundzügen der gesetzlichen Regelung im Sinn von **§ 9 Abs. 2 Nr. 1 AGBG** handelt. Diese Frage wäre für jede der drei Komponenten (Verschuldensbeweis, Kausalitätsbeweis, Verschuldensgrad) gesondert zu stellen und zu beantworten, denn § 9 Abs. 2 Nr. 1 AGBG kann auch zu einer nur teilweisen Unwirksamkeit einer AVB-Regelung führen, wenn diese nämlich nur für einen Teil der von ihr erfaßten Tatbestände zu beanstanden ist, vgl. A V 33.

12   Ob eine Betimmung den Inhalt des § 61 VVG nur wiederholt oder aber konkretisiert und somit eine Sicherheitsvorschrift darstellt, so daß nach § 6 Abs. 1 und 2 VVG dem VN die Beweislast zum Verschulden und zur Obliegenheit auferlegt werden darf, ist in Grenzfällen nicht immer leicht zu entscheiden. Jedenfalls ist es – entgegen Andeutungen in BGHZ 51, 356 (360) und zuletzt nochmals BGH VersR 80, (1042) zum Begriff der verhüllten Obliegenheit – gerade nicht typisch, sondern *untypisch* für Obliegenheiten, daß der VN einen besonders weiten *Spielraum* bei der Beurteilung und Auswahl dessen hat, was zur Schadenabwehr geboten ist. Wohl aber ist ein solcher Beurteilungsspielraum ein typisches Merkmal des § 61 VVG und der ihm entsprechenden Ausschlußbestimmungen in den AVB.

13   **Grenzfälle** zwischen Verschärfungen des § 61 VVG und echten Sicherheitsvorschriften sind es z. B. wenn in der LeitungswasserV durch §§ 9 VGB 62, 6 AWB 68, 7 Nr. 1b AWB 87, 11 Nr. 1b VGB 88 dem VN ganz allgemein auferlegt wird, für die Instandhaltung oder den ordungsgemäßen Zustand wasserführender Anlagen zu sorgen oder erforderliche Maßnahmen gegen Frost zu ergreifen, vgl. M I 67. Noch allgemeiner wird in §§ 7 Nr. 1b AStB 87, 11 Nr. 1b VGB 88 zur SturmV verlangt, „versicherte Gebäude in ordnungsgemäßen Zustand zu erhalten", M I 93. Häufig schließen sich an zunächst allgemein formulierte Obliegenheiten mit dem Wort „insbesondere" noch konkretere Verhaltensnormen an, z. B. in den erwähnten Bestimmungen für die SturmV noch die Obliegenheit, „insbesondere die Dächer" instandzuhalten. Es ist dann durchaus möglich, nur einen Teil einer bestimmten AVB-Bestimmung als Sicherheitsvorschrift gelten zu lassen, nämlich z. B. solche mit „insbesondere" angeschlossenen Spezialbestimmungen, den Rest der Norm hingegen als Verschärfung des § 61 VVG anzusehen und die Frage des § 9 Abs. 2 Nr. 1 AGBG (M I 11) aufzuwerfen.

14   Der soeben dargelegte Zusammenhang zwischen Sicherheitsvorschriften und § 61 VVG, daß nämlich Sicherheitsvorschriften stets nur Ausschnitte des Inhalts von § 61 VVG konkretisieren, spricht für die in O I 4 befürwortete **gegenseitige Unabhängigkeit der Rechtsfolgen von Obliegenheitsverletzungen vor dem VFall und von grob fahrlässiger Herbeiführung des VFalls** und zwar auch *ohne* zusätzliche Verhaltenselemente, die über den Verstoß gegen die Oblie-

genheit hinausgehen, wie Saarbrücken VersR **89**, 397 sie voraussetzen will, wenn § 61 VVG neben einer vereinbarten Obliegenheit angewendet werden soll. Wenn durch *ein und dasselbe Verhalten* schuldhaft gegen eine Sicherheitsvorschrift verstoßen und zugleich grob fahrlässig der VFall herbeigeführt wird, tritt Leistungsfreiheit gemäß § 61 VVG unter den dort festgelegten Voraussetzungen ein und bleibt auch später bestehen, selbst wenn die aus der Obliegenheitsverletzung sich ergebende Leistungsfreiheit später durch ungenutzten Ablauf der Kündigungsfrist weggefallen ist. Hieran muß mit Horn 55 auch gegen BGHZ **42**, 295 und Hamm RuS **89**, 92 sowie gegen die Einwände von Schirmer (ZVersWiss **84**, 573 bis 575) festgehalten werden.

Hätte der Gesetzgeber eine vertragliche (!) Leistungsfreiheit wegen Obliegenheitsverletzung wirklich als speziellere Regelung gegenüber der gesetzlichen (!) Leistungsfreiheit nach § 61 VVG ansehen wollen, so hätte er dies ausdrücklich sagen müssen, denn die **partielle Inhaltsgleichheit** von § 61 VVG einerseits und vertraglichen Sicherheitsvorschriften andererseits war als gegebene Tatsache bei der Formulierung von § 61 VVG zu berücksichtigen. Schirmer aaO leitet mit Recht aus § 61 VVG Zweifel an einer Kündigungspflicht der Vr gemäß § 6 Abs. 1 Satz 3 VVG für die Fälle her, in denen der Vr erst weniger als einen Monat vor dem Schaden Kenntnis von der Verletzung erlangt. Wer aber mit Schirmer somit die gegenteilige (M II 35) Rechtsprechung letztlich für unrichtig hält, sollte dies klar aussprechen, hingegen nicht versuchen, dieser Rechtsprechung gleichsam konstitutive Wirkung beizulegen (Schirmer aaO: „Solange jedoch die Kündigungspflicht in dem von der Rechtsprechung praktizierten Umfang besteht, ..."), um sie dann durch einen weiteren Fehler zu korrigieren, nämlich im Wege einer angeblich durch Auslegung zu gewinnenden Unanwendbarkeit von § 61 VVG bei Identität des Verletzungstatbestandes im Verhältnis zu einer vereinbarten Sicherheitsvorschrift.

c) **Neben** den **Regeln über Gefahrerhöhung** können Sicherheitsvorschriften **16** aus der Sicht des die AVB formulierenden oder den Einzelvertrag abschließenden Vr aus verschiedenen Gründen erforderlich sein, nämlich für Fälle, in denen §§ 23 ff VVG nicht zur Leistungsfreiheit führen würden. Das kommt z.B. in Betracht, weil der VFall infolge eines einmaligen und kurzfristigen Fehlverhaltens des VN eintritt, während Gefahrerhöhung einen Dauerzustand erfordert, oder weil der VN vielleicht die auf Dauer gefahrerhöhende Natur eines Zustandes schuldlos nicht erkennt oder weil endlich der VN gehalten sein soll, eine schon eingetretene (auch nicht veranlaßte oder nicht verschuldete) *Gefahrerhöhung* wieder zu *beseitigen*, z.B. durch Reparatur einer Brand- oder Einbruchmeldeanlage oder einen mechanischen Sicherung. In diesem zuletzt angesprochenen Fall wird zwar die Gefahrerhöhung als *technischer Sachverhalt* schon durch den nicht veranlaßten Umstand (z.B. durch den Diebstahl eines Orginalschlüssels), die *Gefahrerhöhung im rechtlichen Sinn* wegen des *Dauererfordernisses* aber erst durch das nachfolgende pflichtwidrige *Unterlassen des VN* (im Beispiel: Unterlassen der Schloßänderung) herbeigeführt, N III 10. Deshalb konkurrieren in solchen Fällen die Gefahrerhöhung durch Unterlassen und gegebenenfalls der Verstoß gegen die Sicherheitsvorschrift, Martin VersR **88**, 209 (215). Auch im Rahmen von

§§ 23 ff VVG ist rechtlich unklar, in welchem Maß von VN ein positives Tun verlangt werden kann, um den Vorwurf einer Gefahrerhöhung durch Unterlassen zu vermeiden, während Sicherheitsvorschriften zweifelsfrei sowohl auf *positives Tun* wie auf *Unterlassen* gerichtet sein können. Hinzu kommen Unterschiede hinsichtlich des Kündigungsrechts und der Kündigungspflicht (§§ 25 Abs. 3 VVG) des Vr, die bei Gefahrerhöhung einmalig, bei Obliegenheiten dagegen für jeden – auch gleichartigen – Verstoß erneut entstehen, M II 41.

17 Andererseits kann nicht allen möglichen Gefahrerhöhungen durch Sicherheitsvorschriften vorgebeugt werden; es kann sogar umgekehrt im Interesse beider Vertragspartner liegen, sich nicht durch Sicherheitsvorschriften festzulegen, sondern die schwierigen Fragen der Zumutbarkeit gefahrmindernden Verhaltens (N III 39 bis 43) dem Einzelfall zu überlassen. Das Vorhandensein oder umgekehrt das Fehlen von vertraglichen gefahrmindernden Obliegenheiten neben den gesetzlichen Regeln über die Gefahrerhöhung (§§ 23 ff. VVG) kann also sehr unterschiedliche Gründe haben. Auch wird bei der Formulierung von AVB oder gar eines Einzelvertrages über das gegenseitige Verhältnis von §§ 23 ff. VVG und vereinbarter gefahrmindernder Obliegenheiten im Sinn von § 6 Abs. 1 und 2 VVG naturgemäß nicht immer bis in alle Einzelheiten genau nachgedacht. Jedenfalls ist es aber **nicht** das Motiv vertraglicher Sicherheitsvorschriften, §§ 23 ff. VVG für eine betimmten Ausschnitt des möglichen Fehlverhaltens des VN unanwendbar zu machen; Motiv vereinbarter Sicherheitsvorschriften ist im Gegenteil eine gewisse Verschärfung des § 61 VVG, vgl. M I 5, wie auch von §§ 23 ff. VVG. All dies spricht für **gegenseitige Unabhängigkeit** beider Gruppen von gesetzlichen und vertraglichen Bestimmungen, nämlich der vereinbarten Leistungsfreiheit wegen Obliegenheitsverletzung und der kraft Gesetzes eintretenden Leistungsfreiheit wegen Gefahrerhöhung, mag dies auch in § 32 VVG nur in umgekehrter Richtung ausdrücklich ausgesprochen sein, vgl. M II 64 und N III 57 bis 59 mit Rechtsprechungsnachweisen sowie ausführlich Martin VersR 88, 209.

18 d) §§ 7 Satz 1 AFB 30, AEB, 6 Nr. 1 AWB 68, AStB 68, 7 Nr. 1a AFB 87, AERB 87, AWB 87, AStB 87, 14 Nr. 1a VHB 84, 9 Nr. 1 VGB 62, 11 Nr. 1a VGB 88 bestimmen unter der Überschrift „Sicherheitsvorschriften", der VN habe alle gesetzlichen, behördlichen (AFB 30 und AEB: „polizeilichen"; AWB 68, AStB 68 und VGB 62: „behördlich angeordneten", vgl. dazu M I 21) und alle vereinbarten Sicherheitsvorschriften zu beachten. Genau besehen ist dies nicht selbst eine Sicherheitsvorschrift, sondern lediglich eine **Verweisung** auf andere Rechtsquellen von Sicherheitsvorschriften oder auf andere Teile des Vertrages einschließlich der AVB. In den VHB von 1966 und in den VGB 74 fehlt eine entsprechende allgemeine Verweisung, weil gerade in der HausratV die Unkenntnis anderer Rechtsquellen oft unverschuldet oder nur leicht fahrlässig und daher ohnehin folgenlos wäre. In den übrigen zitierten AVB macht sich der Vr das Schadenverhütungsinteresse der Allgemeinheit und die mit diesem Ziel erlassenen Bestimmungen zunutze, indem er auf diese verweist.

19 **Gesetzliche Sicherheitsvorschriften** enthält das VVG nicht. Wohl aber finden sich „gesetzliche Sicherheitsvorschriften" in anderen Gesetzen. Gemeint sind

Gesetze im materiellen Sinn, also auch Verordnungen, Satzungen usw. (richtig Celle VersR 61, 818 für die VDE-Normen zum Energiewirtschaftsgesetz), und zwar gleichermaßen solche des Bundes, der Länder und sonstiger öffentlich-rechtlicher Körperschaften; gewisse Überschneidungen mit „behördlichen"Sicherheitsvorschriften im Sinn von M I 21 sind daher möglich. Die AVB machen die Vorschriften zum Inhalt des VVertrages. Obwohl es sich deshalb letztlich um „vereinbarte" Sicherheitsvorschriften handelt, wird die geläufige Bezeichnung „gesetzliche Sicherheitsvorschriften" beibehalten.

Der VVertrag macht sich das öffentliche Interesse ander Verhütung vor **20** allem von Bränden (N III 44) zunutze, vgl. M I 94 bis 100. Für Diebstahl, Leitungswasser und Sturm spielen gesetzliche Sicherheitsvorschriften eine geringere Rolle. Man denke aber z. B. an die vorgeschriebene Diebstahlsicherung von Apotheken wegen der dort gelagerten Betäubungsmittel sowie wegen Sturmschäden an die Bestimmungen des Bau- und des Haftpflichtrechts. *Haupt- oder* mindestens erkennbarer *Nebenzweck* der Bestimmung muß der Schutz gegen die jeweils versicherte Gefahr sein, vgl. BGH VersR 76, 134, weil es sonst an dem sog. Rechtswidrigkeitszusammenhang fehlt; nach der zugunsten des Vr großzügigen Auslegung dieses Urteils dient aber die Pflicht, Wasserleitungen in unbenutzten Gebäuden zu entleeren, M I 70, nicht nur der Abwehr von Frostschäden, sondern auch dem Schutz vor mutwilligen Beschädigungen, M I 80. Vorschriften zu anderen Zwecken, z. B. zum Schutz der Landschaft oder des Straßenverkehrs, sind nicht gemeint, selbst wenn der Verstoß gegen sie im Einzelfall einen versicherten Schaden adäquat verursacht. Auch ganz allgemein gehaltene Vorschriften gegen beliebige Gefahren genügen nicht, vgl. M I 9 und BGH VersR 70, 1121 zu § 120a der Gewerbeordnung.

Behördliche Sicherheitsvorschriften im Sinn der in M I 18 zitierten AVB- **21** Bestimmungen sind *Verwaltungsakte* von Hoheitsträgern an mehrere Adressaten, eventuell sogar im Sinn einer sog. Allgemeinverfügung, oder speziell an den VN, soweit sie die jeweils versicherte Gefahr vermindern sollen. Auch hier macht sich der VVertrag das öffentliche Interesse an der Schadenverhütung zunutze. Daher ist weite Auslegung geboten. Es macht keinen Unterschied, daß in §§ 7 AFB 30, AEB noch von *„polizeilichen"*, in §§ 6 AWB 68, AStB 68, 9 VGB 62 dagegen von *„behördlich angeordneten"* und in den übrigen Bestimmungen einfach von *„behördlichen"* Sicherheitsvorschriften die Rede ist. Auszugehen ist von einem allgemeinen und weiten **Begriff der Behörde** (LG Duisburg RuS 79, 129). Dazu gehören auch Berufsgenossenschaften, BGH VersR 70, 1121 zur HaftpflichtV, mag auch für andere Bereiche ein engerer Behördenbegriff gelten. Die Verweisung in den AVB bezieht sich daher auch auf die Unfallverhütungsvorschriften (UVV) der Berufsgenossenschaften, nicht hingegen z. B. auf Bestimmungen von Ortskrankenkassen (BGH aaO). Der **Begriff der Polizei** hat in der Zeit vor (Oldenburg VersR 85, 977) und nach 1945 geschwankt, und er wird von den Landesgesetzen auch jetzt noch nicht einheitlich verwendet. Zum Teil wird nur die Vollzugspolizei als Polizei bezeichnet. Für das VVertragsrecht ist der Polizeibegriff aber ebenso weit zu verstehen wie der Begriff der Behörde, Celle VersR 88, 617 (anders und zu eng Hamm VersR 75, 607 und Düsseldorf RuS 88, 83 mit zustimmender Anm. der Schriftleitung). – Zur Schleswig-Holsteinischen

BrandschutzVO und zum Niedersächsischen Brandschutzgesetz vgl. Oldenburg VersR **86**, 1091.

22   **Vereinbarte Sicherheitsvorschriften** im engeren Sinn können schon in den AVB enhalten sein, wie z. B. in §§ 6 Nr. 1 b AERB, 6 Nr. 2 AWB 68, AStB 68, 7 Nr. 1 b bis 1 e AWB 87, 7 Nr. 1 b AStB 87, 14 Nr. 1 b und e VHB 84, 9 Nr. 2 VGB 62, 11 Nr. 1 b bis 1 d VGB 88. Sie können aber auch darüber hinaus einzelvertraglich vereinbart werden, sei es als Klauseln (A IV 34) oder nach sonstigen Formblättern des Vr oder sei es in freier Formulierung für den Einzelfall. Bloße *Beschreibungen des Risikos* im Antrag oder dessen Anlagen (Betriebs- oder Gebäudebeschreibungen, Lagepläne, Besichtigungsberichte, vgl. Texte 52 der 2. Aufl.) oder gar bloße **Antworten auf Antragsfragen** sind aber in aller Regel **nicht** (A IV 28) als vereinbarte Sicherheitsvorschriften dahin auszulegen, daß der VN den beschriebenen Zustand herbeiführen müsse oder nicht ändern dürfe oder daß er als vorhanden bezeichnete Sicherungen auch stets anwenden müsse, vgl. zutreffend LG Mannheim RuS **89**, 95 für eine in einem Vertragsänderungsantrag als vorhanden bezeichnete Einbruchmeldeanlage, aber auch N I 5 bis 16 und N III 32 zum Zusammenhang zwischen Antragsfragen und Gefahrerhöhung. In gerichtlichen Urteilen wird bisweilen das Problem nicht erkannt, vgl. E. Prölss 179 und Raiser 210. So behandelt z. B. Köln 5 U 157/85 vom 17. 1. 85 eine „ergänzende Angabe" zum VAntrag („Im Keller Metallgitter, sonst Rolläden mit Sicherung") ohne Begründung und im Ergebnis irrig als vereinbarte Sicherheitsvorschrift und Obliegenheit; ähnlich und ebenfalls irrig AG Hamburg VersR **89**, 956 für Rolläden mit Verriegelung, die in einer Sicherungsbeschreibung wahrheitswidrig als vorhanden bezeichnet waren. Hingegen verneinen Hamm VersR **84**, 175 und LG Hamburg ZfS **89**, 31 zutreffend eine Obliegenheit des Gebrauchs einer Sicherung, wenn nur deren Installation vereinbart wurde, vgl. auch M I 57. Eine **Vereinbarung** im Sinn der in M I 18 zitierten AVB-Bestimmungen erfordert, daß die Sicherheitsvorschrift schon im Antrag entweder wörtlich enthalten oder mindestens zitiert ist, K I 4. Fügt der Vr die Sicherheitsvorschrift einseitig dem VSchein bei, so gilt § 5 VVG, vgl. K I 36.

23   2. Für die **DiebstahlV** im Rahmen der GeschäftsV sind als wichtigste Sicherheitsvorschrift, nämlich betreffend die **Sicherung des VOrts** als ganzen, §§ 6 Nr. 1 b AERB, 7 Nr. 1 b AERB 87 an die Stelle von **D-Kl 9 zu den AEB** getreten, die sehr unglücklich formuliert war. Maßgebend war schon nach D-Kl 9, ob die Arbeit ruhte; „Geschäftsverkehr" durfte nicht mit Kundenverkehr gleichgesetzt werden. Auch war schon nach D-Kl 9 gegebenenfalls zwischen benutzten und nicht benutzten Räumen zu unterscheiden. Ordnungsgemäß verschlossen mußten schon damals alle Öffnungen des VOrts sein, auch Fenster usw. (a. A. KG VA 24 Nr. 1420). Wegen des Begriffes „verschlossen" vgl. M I 47 und 48. Bei einem doppelflügeligen Kellerfenster muß einer der Riegel so stehen, daß er nicht nur den Metall- sondern auch den Glasflügel festhält, LG Hamburg VersR **86**, 753. – Ältere Rechtsprechung: E. Prölss 182 (teilweise überholt).

24   Allerdings enthalten auch § 6 Nr. 1 b AERB sowie § 7 Nr. 1 b AERB 87 noch **Unklarheiten**, was sich wegen der Vielfalt der tatsächlichen Gegebenheiten kaum vermeiden läßt. Die notwendige **Korrektur** mit Anpassung an die *Gege-*

benheiten des Einzelfalls, z. B. in den von Ollick VerBAV 81, 42 genannten
Beispielsfällen, ergibt sich aus dem **Verschuldenserfordernis** gemäß § 6 Abs. 1
VVG sowie aus der Möglichkeit des **Kausalitätsgegenbeweises** gemäß § 6
Abs. 2 VVG in Verbindung mit §§ 6 Nr. 2 AERB, 7 Nr. 2 AERB 87. Der
Entschuldigungsbeweis ist schon dann nicht geführt, wenn den VN ein Aus-
wahl- oder Überwachungsverschulden trifft (Ollick VerBAV 81, 42). Entschuldigt ist der VN hingegen, wenn er nachweist, daß ihm das Bewußtsein
der Rechtswidrigkeit gefehlt hatte, und zwar schuldlos, vgl. ausführlich Martin RuS 88, 185, M II 22 und 25 sowie M I 48 zu § 14 VHB 84. Schon an
dieser Stelle sei aber an die Möglichkeit eines Verbotsirrtums (Unkenntnis
der Rechtswidrigkeit) über die Notwendigkeit erinnert, auch solche „bei
Antragstellung vorhandene Sicherungen" zu betätigen, nach denen der Vr bei
Antragstellung nicht gefragt hatte, vgl. Wille VW 85, 1547. Wirtschaftlich
unvernünfitger Aufwand darf vom VN ebensowenig wie nach den Gefahrer-
höhungsvorschriften verlangt werden, vgl. N III 39 bis 41. Andererseits genügt abweichend von Kl 3601 z. B. nicht der bloße Aushang von Sicherheitsvorschriften, sondern der VN muß *Kontrollen* ausüben oder ausüben lassen
(Ollick VerBAV 81, 42). – „**Zusätzlich vereinbart**" ist eine *Sicherung* nur,
wenn der VN sie zusätzlich anbringen soll, vgl. K III 14 und Ollick VerBAV
81, 42, nicht schon dann, wenn er sie nur irrig (schuldlos oder fahrlässig) als
vorhanden bezeichnet hatte, vgl. M I 22.

Wenn der Text von dem „**Ruhen der Arbeit**" spricht, so ist dies ungenau,   25
denn gemeint ist bei richtiger Auslegung die Abwesenheit des VN und seines
Personals aus den Betriebsräumen. Bleibt also der Inhaber eines Landes während der *Mittagspause* im Geschäft, so braucht er sich nicht einzuschließen.
Umgekehrt muß ein großes Verwaltungsgebäude auch dann verschlossen
sein, während in einzelnen Räumen abendliche *Überstunden* verrichtet werden oder während *Reinigungspersonal* tätig ist. In diesen Fällen müssen nicht
nur die unbenutzten Räume, sondern auch die Außeneingänge verschlossen
sein, was sich für die Reinigungszeit schon aus dem Wort „*Nebenarbeiten*",
im übrigen aus dem Sinn der Sicherheitsvorschrift ergibt. Im allgemeinen
genügt der Verschluß der Außeneingänge „des VOrts" (Ollick BAV 81, 482).
Ferner sind Wert und Transportierbarkeit der jeweils vorhandenen Sachen zu
berücksichtigen, nicht erst für die Verschuldensfrage, sondern auch schon für
den Umfang der Sicherungspflicht je Raum. Besonders wichtig ist die Pflicht,
alle Sicherungen bei Bedarf *reparieren* zu lassen; andernfalls treten nebeneinander die Rechtsfolgen einer Obliegenheitsverletzung und einer Gefahrerhöhung ein, N IV 58.

Mißlungen war auch **D-Kl 7**, wonach **Registrierkassen** nach Geschäftsschluß   26
zu leeren und geöffnet zu lassen waren. Neben dem Öffnen brauchte der
Leeren nicht verlangt zu werden, denn für Bargeld ohne Verschluß wurde
ohnehin nur gemäß Nr. 2 der Klausel gehaftet, also bis zu 200 DM und
höchstens bis zu 50 DM je Kasse. Blieb die Kasse verschlossen und wurde sie
aufgebrochen, so war der Vr jedenfalls für den *Reparaturschaden* wegen
Obliegenheitsverletzung leistungsfrei. Für den *Inhalt* war dies nach D-Kl 7
zweifelhaft, bei unechten Registrierkassen („Klingelkassen" mit manueller
Registrierung) schon begrifflich (Sochart VW 61, 74), außerdem bei allen
Registrierkassen deshalb, weil streng genommen der Kausalitätsgegenbeweis

geführt werden konnte: Das Geld wäre auch aus der geöffneten Kasse gestohlen worden. Für den auch unverschlossen versicherten Betrag zieht dieses Argument in jedem Fall; für den Mehrbetrag zieht es nur dann nicht, wenn man ausnahmsweise für den Kausalitätsgegenbeweis mehr verlangt als gemäß M II 30 im Normalfall, wenn man nämlich zum Vergleich nicht eine andere verschlossene Aufbewahrung heranzieht, sondern praktisch mit Voß VersR 61, 868 für den Inhalt der Registrierkassen einen ungeschriebenen Risikoausschluß konstruiert. Man wird dies aber mit E. Prölss 177 ablehnen, den Kausalitätsgegenbeweis mithin als geführt ansehen müssen, denn es wäre Sache des Vr, die AVB korrekt zu formulieren. Für dieses Ergebnis spricht ferner das Wort „auch" in Nr. 2 von D-Kl 7.

27   Die AERB haben eine korrekte Formulierung gebracht, denn nach § 3 Nr. 5 AERB gelten Registrierkassen, Rückgeldgeber und Automaten mit Geldeinwurf (einschließlich Geldwechsler) ausdrücklich nicht mehr als Behältnisse im Sinne von § 3 Nr. 3 AERB. Der *Inhalt* ist daher nur nach § 3 Nr. 5 AERB versichert, d.h. nur in den unverschlossenen Kassen und beschränkt auf 500 DM sowie außerdem beschränkt auf 50 DM je Kasse. Das gleiche gilt nach § 4 Nr. 3 bis 5 AERB 87.

28   Die **Rückgeldgeber** und **Registrierkassen** selbst werden durch § 2 Nr. 3 f AERB und § 2 Nr. 5 g AERB 87 von der V ausgeschlossen, solange der Geldbehälter nicht entnommen ist. Als *verhüllte Obliegenheit* ist das Entleeren *nicht* anzusehen, weil unverschuldete „Verstöße" nicht als seltene Ausnahmen gelten können, sondern also Folge des normalen Geschäftsgangs von vornherein mit gewisser Regelmäßigkeit zu erwarten sind, M III 8.

29   Besteht bei *Registrierkassen* der Geldbehälter in einer herausnehmbaren Schublade, so kann nach deren Herausnahme auch die Kasse als ganze nicht mehr verschlossen werden, sondern ist versichert. Kann nicht die Schublade, sondern nur ein Einsatz dieser Schublade für Scheine und Münzen herausgenommen werden, so stellt auch dieser Einsatz einen „**Geldbehälter**" dar. Entgegen Ollick VerBAV 81, 40 besteht VSchutz, wenn dieser Einsatz mit dem Geld herausgenommen, die Schublade dann aber, wenn auch unzweckmäßigerweise, wieder verschlossen wurde. Dem VN kann nicht angesonnen werden, Überlegungen aus der Sicht des Vr anzustellen und den mit „solange" eingeleiteten abschließenden Nebensatz entgegen dem Wortlaut nur auf Rückgeldgeber zu beziehen. Ist hingegen weder die Schublade noch ein Geldeinsatz herausnehmbar und verschließt der VN nach Herausnahme nur des Geldes unzweckmäßigerweise (der Einbrecher wird zur Beschädigung verleitet, weil er Geld in der verschlossenen Schublade vermutet!) wieder die Schublade, so besteht kein Schutz. Die sprachlich zwar gebotene, wirtschaftlich aber unerwünschte Anwendung des Nebensatzes („solange ...") auf Registrierkassen darf nicht auch noch auf einen vom Wortlaut nicht umfaßten Fall ausgedehnt werden, nämlich auf die Herausnahme nur des Geldes.

30   **Geldausgabeautomaten** (einschließlich *Rückgeldgeber*) und **Automaten mit Geldeinwurf** (einschließlich *Geldwechsler*) sind generell ausgeschlossen, denn bei diesen Geräten wäre ein häufiges Entleeren zweckwidrig und technisch schwierig. Für sie muß daher bei Bedarf eine V als gesonderte Position (D XV 5) vereinbart werden, H III 21. Für solche Positionen sieht **Kl 4202** den Ausschluß der in M I 27 erwähnten Beschränkungen durch § 4 Nr. 5 AERB 87

vor, während **Kl 4403** die V von Automaten in und an der Außenmauer auf
einfachen Diebstahl erstreckt. Daneben gibt es für Automaten eine SpezialV
(AVB: VerBAV 65, 229).

In die AERB und AERB 87 nicht übernommen wurde **D-Kl 11 (Schlüssel-   31
verlust).** Es handelt sich praktisch nur um eine Sicherheitsvorschrift gegen
erhöhte Vertragsgefahr, die wegen des gesetzlichen und auch in der Klausel
selbst erwähnten Kausalitätsgegenbeweises nur selten zur Leistungsfreiheit
führen konnte. *Erhöht* wird durch Schlüsselverlust nämlich nur die *Vertragsgefahr,* also die Gefahr einer unberechtigten Inanspruchnahme des Vr bei
Schäden durch Mißbrauch des verlorenen Schlüssels. Mit Recht enthalten
§§ 5 Nr. 3 e AERB, 6 Nr. 4 e AERB 87 nur einen Gefahrerhöhungstatbestand, N IV 71 bis 75, zumal der Zustand nach Schlüsselverlust auch dem
Dauererfordernis der Gefahrerhöhung entspricht.

Sowohl für vorhandene wie für zusätzlich vereinbarte (K III 14) **Einbruch-   32
meldeanlagen** kann D-Kl 27 oder Kl 4602 vereinbart werden. Dort wird für
Einbruchmeldeanlagen präzisiert, was sich schon aus §§ 6 Nr. 1 b AERB, 7
Nr. 1 b AERB 87 ergibt, M I 24, daß nämlich die Anlage bei Betriebsruhe
scharf zu schalten, laufend zu überwachen und nötigenfalls zu reparieren ist.
Wird die Anlage defekt, so ist dies zunächst eine nicht veranlaßte und nach
Ablauf einer angemessenen Frist eine durch Unterlassen der Reparatur veranlaßte Gefahrerhöhung, N III 58. Daneben (M I 17) stehen das Kündigungsrecht und die Leistungsfreiheit wegen Obliegenheitsverletzung; diese Rechtsfolgen der Obliegenheitsverletzung enstehen laufend neu, solange die Reparatur pflichtwidrig unterbleibt, M II 42 bis 45. – Durch den Verband der
Sachversicherer e. V. „anerkannt" muß die Anlage nur sein, wenn auch dies
vertraglich vereinbart war, Kl 4602 Nr. 1 Satz 2.

Der Begriff der ebenfalls häufig zusätzlich vereinbarten „**Bewachung**" ist   33
unklar. Wie das Nebeneinander von D-Kl 26 a, 26 b und 26 c zu den AEB
gezeigt hatte, mußte früher Bewachung nicht begriffsnotwendig „von innen"
geschehen (a. A. LG Berlin I JR 31, 556). **Kl 4603** bis **4605** sprechen aber jetzt
mit Recht bei bloßen Kontrollgängen mit Bedienung einer Kontrolluhr überhaupt nicht mehr von Bewachung. Ist ein „Nachtwächter" vereinbart, so
genügt es nicht, wenn ein Angestellter in den Räumen nächtigt (Hamm VersR
51, 38). Ist ein Wächter ohne Wissen des VN zeitweilig abwesend oder schläft
er, so kann sich der VN *entschuldigen*, M II 16, wenn er den Wächter richtig
ausgewählt und überwacht hat, denn der Wächter ist nicht Repräsentant (RG
VA 22 Nr. 1247). Bei schlechterer als der vereinbarten Bewachung kommt es
darauf an, ob der Kausalitätsgegenbeweis im Sinn von M II 23 geführt werden
kann, ob also der Schaden nachweislich auch eingetreten wäre, wenn genau
die vereinbarte Art und Weise der Bewachung realisiert worden wäre. Soweit
dieser Beweis gelingt, ist „Kompensation" der Obliegenheitsverletzung
durch Sicherheitsvorkehrungen anderer Art möglich (verneinend KG VA 32
Nr. 2455 bei Alarmanlage statt Wächter). Die bei E. Prölss 179, 180 zitierte
Rechtsprechung ist teilweise dadurch überholt, daß Antworten auf Antragsfragen keine vereinbarten Sicherheitsvorschriften darstellen, selbst wenn der
Vr die Antwort in den VSchein aufnimmt, M I 22. Wurde der VOrt allerdings
bei Antragsstellung entsprechend der Antragsantwort bewacht und wird diese Bewachung erst später für dauernd aufgegeben, so liegt vorgenommene

Gefahrerhöhung vor, obwohl §§ 6 Nr. 2 AEB, 5 Nr. 3 a AERB, 6 Nr. 4 a AERB 87 nur technische Vorkehrungen meinen, N IV 54.

34   3. Für das Diebstahlrisiko in der **HausratV** enthalten die **VHB 74** keine Sicherheitsvorschriften, insbesondere wegen der geringeren technischen und finanziellen Möglichkeiten der Inhaber von Mietwohnungen. **Frei formulierte Vereinbarungen** sind aber ziemlich häufig. Daher ist nach den VHB 74 sehr zweifelhaft (Hamm VersR 84, 175), ob die vereinbarte Obliegenheit, eine **zusätzliche Sicherung** nachträglich anzubringen (z. B. Rolläden), auch schon die Obliegenheit einschließt, sie täglich zu betätigen. LG Hamburg ZfS 89, 31 hat die Frage mit Recht für eine Einbruchmeldeanlage verneint, zu der nur vereinbart war, der VN müsse sie „laufend überwachen und instandhalten".

35   a) Bei höheren VSummen und in Einfamilienhäusern wurde aber zuletzt auch zu den VHB 74 gelegentlich eine genehmigte **Kl 828** (Wortlaut: VerBAV 82, 404) vereinbart, wonach der VN ohne Rücksicht auf die Anwesenheit von Personen in der Wohnung (M I 44) **alle** vorhandenen oder zusätzlich vereinbarten (Kl 828 Nr. 1) **Sicherungen zwischen 22 und 6 Uhr anwenden** muß (Kl 828 Nr. 2). „**Tagsüber**" **zwischen 6 und 22 Uhr** galt die Obliegenheit nach Kl 828 nur für *Schlösser von Zugangstüren* und für *Einbruchmeldeanlagen*, und auch dies nur, solange in der Wohnung *„niemand"* anwesend ist, vgl. zu diesem Begriff M I 38. Für andere Sicherungen, z. B. *Rolläden* oder Rollgitter, galt die Obliegenheit tagsüber nicht. – „Anwenden" kann die Sicherungen nur, wer sie bei Bedarf auch *repariert*, Kl 828 Nr. 1 bestätigte dies ausdrücklich.

36   Kl 828 Nr. 2 war für die HausratV (GeschäftsV: M I 24) schon bisher ein typisches Beispiel für Sicherheitsvorschriften, die nicht genau auf den jeweiligen Einzelfall zugeschnitten sein können, sondern „vorsorglich" etwas schärfer formuliert sein müssen, damit sie alle Gefährdungsfälle abdecken, vgl. näher M II 17 sowie M I 39 bis 59 zu § 14 Nr. 1c VHB 84. Wo die Vorschrift für den Einzelfall zu weit geht (Beispiele zu Kl 828: Wingsch ZfV 84, 506), ist der Verstoß meist nicht schuldhaft oder für den Schaden nicht ursächlich und führt daher nicht zur Leistungsfreiheit; § 6 Abs. 1 und Abs. 2 VVG sorgt also für die nötige Korrektur. Vielleicht kann und muß sogar durch einschränkende, AGBG-konforme Auslegung oder durch Annahme teilweiser Unwirksamkeit nach §§ 3, 9, 6 AGBG geholfen werden, um nicht nur (wie nach § 6 Abs. 2 VVG) Leistungsfreiheit, sondern schon den objektiven Tatbestand einer Obliegenheitsverletzung vermeiden zu können, Martin RuS 88, 185 (190).

37   Kl 828 Nr. 3 stellte ferner dem VN dessen **Ehegatten als Repräsentanten** gleich, was nach vorherrschender Ansicht insbesondere in der Rechtsprechung den gesetzlichen Repräsentantenbegriff ausdehnt, O II 63, und daher gegen §§ 6 Abs. 1, 15a VVG verstoßen könnte. Gegen die in Kl 828 als Möglichkeit erwähnte vertragliche Gleichstellung sonstiger Wohngenossen bestehen hingegen keine Bedenken, falls die besondere Vereinbarung in einer Art und Weise getroffen wird, daß es sich nicht um Allgemeine Geschäftsbedingungen, sondern um eine zwischen den Parteien ausgehandelte Vereinbarung im Sinn von § 1 Abs. 2 AGBG handelt.

38   b) Wie schon zum Diebstahlrisiko in der GeschäftsV und für die HausratV für Kl 828 zu den VHB 74 erwähnt wurde, M I 24 und 36, ist es **unmöglich,**

Sicherheitsvorschriften mit dem Ziel der Raumsicherung des VOrts so zu formulieren, daß sie ausnahmslos **immer dann,** aber auch ausnahmslos **nur dann** bestimmte Maßnahmen des VN erfordern, wenn diese Maßnahmen sowohl aus der Sicht des Vr notwendig wie auch aus der Sicht des VN zumutbar sind. Es ist unmöglich, § 6 Abs. 1 VVG so zu konkretisieren, M I 5 und 12, daß die begriffsnotwendige Bestimmtheit einer Obliegenheit gewährleistet bleibt, gleichwohl aber sämtliche Umstände des Einzelfalls berücksichtigt werden, die im Rahmen des § 6 Abs. 1 VVG für die Notwendigkeit oder gegen die Zumutbarkeit eines schadenverhütenden Tuns oder Unterlassens sprechen können, vgl. allgemein M II 17.

Dies mag einer der Gründe sein, warum in der HausratV von einer ein- 39 schlägigen Sicherheitsvorschrift früher stets abgesehen wurde, und zwar auch noch in den VHB 74, vgl. M I 34. Erstmals in **§ 14 Nr. 1c VHB 84** wurde schon in den AVB und somit **für alle Verträge** versucht, die **Raumsicherung der Wohnung als VOrt** gegenüber §§ 9 Nr. 1a VHB 84, 6 Abs. 1 VVG zu konkretisieren. Gehören zur Wohnung auch Nebengebäude auf demselben Grundstück gemäß § 10 Nr. 2 Satz 2 VHB 74 oder gesondert liegende Keller- oder Dachbodenräume, so liegt es noch im Rahmen der zulässigen „Auslegung" des Wortlauts, die Voraussetzungen der Sicherungspflicht (ob sich nämlich „jemand" dort aufhält) für jeden **Teilbereich gesondert** zu stellen. Im übrigen wurde aber in Kauf genommen, daß die Sicherheitsvorschrift teils zu weit und teils zu eng formuliert sein muß, als daß sie allen denkbaren Besonderheiten des Einzelfalls gerecht werden könnte.

Der Vr neigt naturgemäß dazu, Sicherheitsvorschriften **vorsorglich zu weit** 40 **formulieren.** Ein von der Bestimmung nicht erfaßter Fall läßt sich nämlich nicht durch erweiternde „Auslegung" zum Nachteil des VN dennoch in ihren Anwendungsbereich einbeziehen; im Gegenteil droht sogar die Gefahr von Umkehrschlüssen des Inhalts, daß in den nicht erfaßten Fällen Leistungsfreiheit auch nicht aus § 61 VVG hergeleitet werden dürfe. Lücken von Sicherheitsvorschriften sind also nur schwer zu korrigieren, während umgekehrt die „zu weit gehenden" Teile einer Sicherheitsvorschrift nach § 15a VVG **unschädlich** sind, weil § 6 Abs. 1 VVG dem VN den Entschuldigungsbeweis und § 6 Abs. 2 VVG den Kausalitätsgegenbeweis vorbehält, und zwar in gewissen Grenzen jeweils unabdingbar, vgl. M II 7. Soweit ein solcher Beweis geführt werden kann, führt ein objektiver Verstoß gegen die zu weit formulierte Sicherheitsvorschrift nicht zur Leistungsfreiheit.

Entgegen M I 37 der 2. Aufl. darf der Vr aber Sicherheitsvorschriften *nicht* 41 nach Belieben zu weit und zu scharf formulieren. Vielmehr müßte er *von einer bestimmten Grenze an* mit völliger *Unwirksamkeit* der zu weit formulierten Sicherheitsvorschrift nach § 3 AGBG (Überraschungsverbot) oder § 9 Abs. 2 Nr. 2 AGBG (Vereinbarkeit mit dem Vertragszweck) rechnen, M II 24; und zwar auch hinsichtlich derjenigen Teile der Sicherheitsvorschrift, die inhaltlich mit dem AGB-Gesetz vereinbar wären, denn die in der Rechtsprechung vorherrschende Ansicht lehnt die in M II 26 befürwortete bloße Teilunwirksamkeit „zu scharfer" Bestimmungen ab. § 14 Nr. 1c VHB 84 nähert sich dieser Grenze. Ob die Grenze schon überschritten ist, muß die künftige Rechtsprechung zeigen. Ein schutzwürdiges Interesse an einer zu weiten Formulierung von Sicherheitsvorschriften ohne die Folge der Nichtigkeit nach §§ 3, 9 AGBG hat der Vr jedenfalls nur, wo eine genaue Formulierung, die das Gefahrenniveau auf tragbarer Höhe hält, gleichwohl aber dem VN zuzumuten ist, nicht gefunden werden kann.

42   Eine mildere und trotzdem ausreichende Formulierung für § 14 Nr. 1 c und 1 d VHB 84 könnte etwa lauten:

> c) solange sich in der Wohnung niemand aufhält,
> > aa) alle Türen der Wohnung, auch Terrassen- und Balkontüren, ordnungsgemäß zu schließen und hierbei alle vorhandenen Schlösser und Riegel zu betätigen;
> > bb) Fenster und alle sonstigen Öffnungen der Wohnung ordnungsgemäß zu schließen, soweit Unbefugte durch sie ohne Auf- und Abstieghilfen in die Wohnung gelangen könnten;
> > cc) mit Wirkung für die Zeit von 22 Uhr bis 6 Uhr alle vorhandenen Sicherungen zu betätigen;
> > als Sicherungen gelten alle Einrichtungen, welche die Gefahr eines Versicherungsfalles gemäß § 5 Nr. 1 oder § 6 vermindern könnten, insbesondere Rolläden, Fensterläden und Jalousien;
> > dd) Einbruchmeldeanlagen einzuschalten.
> d) alle Schlösser, Riegel, Sicherungen und Einbruchmeldeanlagen gemäß c aa bis dd gebrauchsfähig zu halten und bei Bedarf unverzüglich instandsetzen zu lassen.

43   aa) **Zu eng** ist die geltende Fassung § 14 Nr. 1 c VHB 84 insofern **formuliert,** als die dort genannten Maßnahmen nur für Zeiträume verlangt werden, in denen sich **in der Wohnung** oder in einem gesondert gelegenen Teil der Wohnung (M I 39) „niemand" aufhält. Verläßt als letzter nicht der VN, sondern ein anderer Wohngenosse die Wohnung, so muß dieser, auch und gerade wenn er nicht Repräsentant ist, durch den VN entsprechend instruiert sein, vgl. M I 57 für Einbruchmeldeanlagen. Der Aufenthalt von Säuglingen oder Kleinkindern sowie von kranken, gebrechlichen, alten, betrunkenen oder geisteskranken Personen hindert die Entstehung der Obliegenheit, obwohl diese Personen für Diebe oder gar Räuber oft kaum ein Hindernis bedeuten. Die Lücke ist wegen des klaren Wortlauts auch nicht durch „Auslegung" korrigierbar, M I 40. Die Lücke ist wohl eine Überreaktion der Verfasser der VHB 84 auf den umgekehrten „Fehler" der zu weitgehenden Formulierung in Kl 828 Nr. 2 zu den VHB 74, wonach zwischen 22 Uhr und 6 Uhr ohne Rücksicht auf die Anwesenheit von Personen alle Sicherungen anzuwenden und alle Meldeanlagen scharf zu schalten waren, vgl. M I 35. Indessen war jener umgekehrte „Fehler" durch § 6 Abs. 1 und 2 VVG korrigierbar, denn es konnte selbstverständlich nicht zur Leistungsfreiheit führen, wenn eine Alarmanlage nur deshalb nicht scharf geschaltet war, weil ein Alarm nicht immer schon dann ausgelöst werden sollte, wenn ein Bewohner das Bett verließ. Hingegen ist der Fehler in § 14 Nr. 1 c VHB 84 unkorrigierbar und führt sogar zu Zweifeln im Bereich von §§ 9 Nr. 1 a VHB 84, 61 VVG. Der VN könnte nämlich argumentieren, wenn schon nach § 14 Nr. 1 c VHB 84 die Anwesenheit einer beliebigen Person die Obliegenheit ausschließe, dann müsse dies auch im Rahmen von §§ 9 Nr. 1 a VHB 84, 61 VVG (grobe Fahrlässigkeit) gelten.

44   Zu eng ist die Formulierung außerdem insofern, als Sicherungen nach dem Wortlaut nur betätigt werden müssen, wenn sie bei Antragstellung vorhan-

den „und" zusätzlich vereinbart waren. In M I 48 der 2. Aufl. wurde dies als Redaktionsversehen bezeichnet, das im Wege der „Auslegung" zugunsten des Vr korrigiert werden könne. Dem halten Hamm RuS 90, 60 = NJW-RR 163 und LG Mannheim RuS 89, 95 mit Recht entgegen, Korrekturen an einem klaren Wortlaut, die auch ihrerseits einen nachvollziehbaren Sinn ergeben, wenn auch einen für den Vr weniger erwünschten Sinn, seien schon wegen des AGB-Gesetzes nicht möglich. Außerdem sei angesichts der aufsichtlichen Genehmigung des Textes und angesichts des klaren Gegensatzes zum Wortlaut von §§ 6 Nr. 1b AERB, 7 Nr. 1b AERB 87 („alle bei Antragstellung vorhandenen und alle zusätzlich vereinbarten Sicherungen") sowie von § 13 Nr. 3c VHB 84 [„alle vorhandenen oder zusätzlich vereinbarten ..."] nicht einmal zu beweisen, daß es sich wirklich nur um ein Versehen handle.

bb) **Zu weit** ist dagegen schon die **Rechtsfolgeanordnung** in § 14 Nr. 2 VHB 45
84 insofern formuliert, als dort Leistungsfreiheit ohne Rücksicht auf die Ursache des Schadens vorgesehen ist. Da für Brand- und Leitungswasserschäden fast ausnahmslos der Kausalitätsgegenbeweis gelingt, wäre es besser gewesen, die Leistungsfreiheit wegen Verstößen gegen § 14 Nr. 1c VHB 84 von vornherein nur für **Diebstahl, Raub- und Vandalismusschäden** sowie allenfalls (unverschlossene Fenster!) für Sturmschäden vorzusehen. Immerhin werden aber die Möglichkeiten des § 6 Abs. 1 Satz 1 und Abs. 2 VVG durch die Worte „kann ... leistungsfrei sein" angedeutet. Völlig korrekt sind diese Worte ohnehin nicht, denn § 6 VVG sieht seinerseits überhaupt nicht Leistungsfreiheit vor, sondern setzt deren vertragliche – insbesondere durch die AVB – Vereinbarung voraus und schränkt lediglich die Wirksamkeit solcher Vereinbarungen ein, vgl. M II 7.

Vor allem aber ist die **Tatbestandsseite** von § 14 Nr. 1c VHB 84 **zu weit** 46
formuliert. Nicht in allen Fällen, die vom Wortlaut erfaßt sind, ist es dem VN auch wirklich zuzumuten, lückenlos sämtliche dort genannten Maßnahmen zu ergreifen. Dies um so weniger, als der Begriff „**Sicherungen**" ein sehr **weiter Begriff ist** und auch Vorrichtungen umfaßt, die außerdem noch *anderen* Zwecken dienen, wenn sie nur auch das Eindringen in die Wohnung erschweren, Bremen VersR 89, 1044. Auch ein Rolladen, der in erster Linie Wärme, Kälte und Sonnenlicht abhalten soll, ist begrifflich „Sicherung", LG Köln VersR 88, 903. „Sicherungen" wäre am besten gemäß Nr. 1d der in M I 42 skizzierten Textalternative zu definieren.

Alle Türen ordnungsgemäß verschließen muß der VN allerdings grundsätz- 47
lich auch bei nur kurzfristiger Abwesenheit. Normalerweise gehört wohl (klar sagt der Wortlaut das aber nicht) zum ordnungsgemäßen Verschließen, daß **sämtliche Schlösser betätigt** werden, die bei Antragstellung vorhanden oder (M I 44) zusätzlich (K III 14) vereinbart waren, wenn sie nur auch das Eindringen in die Wohnung erschweren, Bremen VersR 89, 1044. Hiervon abweichend will Hamm RuS 90, 60 = NJW-RR 163 es genügen lassen, wenn Türen so verschlossen sind, daß ein „ordnungsgemäßer Zugang für Unbefugte ausscheidet", daß Unbefugte also nicht ohne Beschädigung der Tür und ohne Nachschlüssel eindringen können. Befindet sich außen weder eine Klinke noch ein Drehknopf, so genügt es nach Hamm aaO, die **Tür in das Schloß**

zu ziehen. Hingegen verlangt Bremen VersR 89, 1044 die Betätigung eines zusätzlich vorhandenen Zylinderschlosses. Ob im Antrag nach den Schlössern und sonstigen Sicherungen gefragt war (Texte 44) oder ob in einer Antragskurzfassung diese Frage fehlte, ist unerheblich. Wenn eine Abwesenheit nur als sehr **kurzfristig** eingeplant war, wird man es stets als unzumutbar und daher schuldlos im Sinn von § 6 Abs. 1 Satz 1 VVG ansehen müssen, wenn der VN die **Tür nur in das Schloß** zieht, ohne ein zusätzlich vorhandenes Zylinderschloß zu betätigen, Bremen VersR 89, 1044, wo aber mehrere Stunden als keinesfalls kurzfristig bezeichnet werden.

48 Genau besehen setzt der Entschuldigungsbeweis freilich voraus, daß der VN entweder nachweist, das Verschließen der Tür nicht bewußt unterlassen, sondern nur vergessen zu haben, oder daß er nachweist, er habe die Obliegenheit nicht gekannt, vgl. ausführlich Martin RuS 88, 185. Ein Verbotsirrtum liegt aber schon begrifflich nicht vor, wenn der VN einräumt, die Obliegenheit zwar gekannt, aber für „zu scharf" gehalten zu haben (ziemlich großzügig hingegen z.B. Hamburg NJW-RR 89, 930 für einen ReisegepäckVN, der die Voraussetzungen einer Obliegenheit mißverstanden hatte). § 6 Abs. 1 VVG hilft dem VN schon dann **nicht**, wenn er bezüglich der Rechtswidrigkeit mit bedingtem Vorsatz handelt, also immerhin mit der Möglichkeit rechnet, auch eine „zu scharfe" Sicherheitsvorschrift könnte rechtsverbindlich sein, Martin aaO. Erleichtert dann im konkreten Fall außerdem die kurzzeitig unverschlossene Tür dem Dieb die Arbeit, so kann die Leistungsfreiheit auch **nicht** durch **Kausalitätsgegenbeweis** gemäß § 6 Abs. 2 VVG abgewendet werden. Nicht immer also kann dem VN durch § 6 Abs. 1 oder Abs. 2 VVG geholfen werden, wenn er eine Maßnahme unterläßt, die bei verständiger Würdigung als unzumutbar erscheint. Deshalb muß der Vr mit der Möglichkeit einer **einschränkenden Auslegung** oder sogar einer **Unwirksamkeit** zu weit formulierter Sicherheitsvorschriften wie § 14 Nr. 1c VHB 84 rechnen, vgl. schon oben M I 41 sowie allgemein M II 24.

49 Die soeben erörterten Rechtsfragen stellen sich z.B., wenn der VN die Mietwohnung nur verläßt, um im Hinterhof einen Müllbehälter zu entlehren oder in einem unmittelbar benachbarten Geschäft einzukaufen, oder wenn der VN sein Einfamilienhaus verläßt, um während weniger Minuten im Garten Gemüse zu holen. Vor einer ihrer Natur nach zeitraubenderen Arbeit oder während sonstiger **längerer Gartenaufenthalte** muß der VN dagegen jeweils sämtliche Schlösser betätigen. Dies gilt z.B. vielleicht schon während des Einstellens oder Umstellens von Rasen- oder Gartensprengern in einem etwas größeren Garten, besonders aber bei lärmenden Arbeiten (z.B. Rasenmähen), die eine akustische Kontrolle des Gebäudes während des Aufenthaltes außerhalb desselben erschweren oder unmöglich machen, ferner z.B. dann, wenn der VN und eventuell auch die übrigen anwesenden Wohngenossen im Garten lesen, spielen, schlafen, Kaffee trinken usw. Einen Grenzfall bilden diejenigen Phasen eines Abendessens usw. im Garten, während deren in kurzen Abständen immer wieder Sachen aus dem Gebäude geholt oder nach dort zurückgebracht werden müssen. Je nach der Lage des Gebäudes und den sonstigen Umständen des Einzelfalls kann hier der VN gemäß § 6 Abs. 1 Satz 1 VVG entschuldigt sein, wenn er die Tür jeweils nur in das Schloß zieht oder gar unverschlossen läßt.

Verlängert sich ein zunächst als kurzfristig gedachter Gang oder Aufent- 50
halt außerhalb der Wohnung, so kommt es darauf an, ob die Ursache der
Verlängerung bei Anwendung der gebotenen Sorgfalt vorhersehbar war.
Bloßes „Vergessen" der zunächst beabsichtigten Rückkehr in den VOrt ermöglicht nicht immer den Entschuldigungsbeweis gemäß § 6 Abs. 1 Satz 1
VVG, denn der VN muß die Möglichkeit des Vergessens schon bei Verlassen des Gebäudes einkalkulieren und gegebenenfalls von Anfang an das
zusätzliche Zylinderschloß betätigen.

Völlig unverschlossene (nicht einmal in das Schloß gezogene) Türen füh- 51
ren oft nicht zu erschwertem, sondern nur zu einfachem Diebstahl. Immerhin können Raub, räuberischer Diebstahl, Erbrechen von Behältnissen
und ausnahmsweise auch Einschleichdiebstähle (D VII 20) durch unverschlossene Türen verursacht werden. Mindestens kann bei Schäden dieser
Art der dem VN obliegende Kausalitätsgegenbeweis gemäß § 6 Abs. 2
VVG mißlingen. Dann stellt sich in den M I 47, 49 und 50 behandelten
Fällen die Frage, ob es ausnahmsweise und kurzfristig sogar entschuldbar
sein kann, wenn eine Tür nicht nur nicht durch alle Schlösser gesichert
wird, sondern sogar gänzlich offen bleibt. Selbstverständlich gilt aber hier
ein strengerer Maßstab, als wenn es sich nur um die Betätigung von Zweit-
schlössern handelt. Je nach Art der Umfriedung des Grundstücks, Lage
des Gebäudes, Zahl und Art der Bewohner in der näheren Umgebung,
Dichte des Passantenverkehrs usw. sowie je nach Tages-, Nacht- und Jahreszeit kann aber der VN ausnahmsweise eben doch gemäß § 6 Abs. 1
Satz 1 VVG entschuldigt sein, besonders wenn der Verstoß nachweislich
nur in einem besonderen *Einzelfall* und in Unkenntnis der Rechtswidrigkeit begangen wurde, vgl. dazu O I 84. – Wegen Balkon-, Garten- und
sonstigen Türen, die zwar nicht verschlossen, aber dennoch nicht ohne
weiteres von außen zu öffnen sind, weil sie sich in Kippstellung befinden,
vgl. M I 52 zu Fenstern in Kippstellungen.

Auch alle **Fenster und sonstigen Öffnungen** der Wohnung müssen nach 52
§ 14 Nr. 1c VHB 84 „ordnungsgemäß verschlossen" werden. Darunter ist
eine Art und Weise des Verschlusses zu verstehen, die ein Einsteigen so
erschwert, wie dies von den konstruktiven Gegebenheiten her jeweils möglich ist. An **Terrassentüren** müssen nach Bremen VersR 89, 1044 (nicht
rechtskräftig) etwa vorhandene Zylinderschlösser betätigt sein, aaO wäre
allerdings zu prüfen gewesen, ob nicht bei einer Abwesenheit von nur einigen Stunden der VN wenigstens dann entschuldigt ist, wenn eine weitere
Terrassentür an derselben Gebäudeseite ohnehin nicht verschließbar ist.
Ferner dürfen Fenster nicht nur angedrückt, sondern müssen verriegelt
sein. Ein **Fenster in Kippstellung** ist ebenfalls **nicht** „verschlossen", LG Koblenz ZfS 89, 354. Allerdings kann der VN entschuldigt oder durch den
Kausalitätsgegenbeweis vor dem Einwand der Leistungsfreiheit geschützt
sein, wenn das Fenster wegen seiner Lage und Höhe schwer erreichbar ist
oder wenn es nicht, auch nicht mit geeigneten Hilfsmitteln und durch einen „Fachmann", von außen aus den Angeln gehoben werden kann (vgl.
für eine Gartentür LG Köln ZfS 84, 187), sondern das Ausnutzen der
Kippstellung für den Täter in etwa dieselben Schwierigkeiten und Geräusch-
risiken mit sich bringt wie ein Herausbrechen des Fensterrahmens oder ein

Durchschlagen der Scheiben. In der Regel erleichtert aber ein für geübte Täter von außen erreichbares Fenster in Kippstellung deren Arbeit, vgl. ausführlich O I 131 bis 136.

53 Die Obliegenheit für Fenster und sonstige Öffnungen gilt nach deren Wortlaut ebenfalls ohne Rücksicht auf Abwesenheitsdauer, Lage der Wohnung und Höhe der Schadenwahrscheinlichkeit während der jeweiligen Tages- oder Jahreszeit. Selbstverständlich kann der VN aber je nach Lage des Einzelfalles entschuldigt sein, insbesondere für Wohnungen oder abgeschlossene Wohnungsteile, M I 39, die in höheren Stockwerken liegen, ohne daß etwa durch die Bauweise des Gebäudes, vorhandene Leitern usw. einem Fassadenkletterer die Arbeit ganz besonders erleichtert würde. Allerdings muß der VN Unkenntnis von der Obliegenheit, wenn er sich auf § 6 Abs. 1 VVG, oder aber Eindringen des Täters ohne Zusammenhang mit der unverschlossenen Öffnung nachweisen, wenn er sich auf § 6 Abs. 2 VVG berufen will. Daneben kommen AGBG-konforme Auslegung im Sinn von M I 41 und 42 sowie teilweise Unwirksamkeit der Obliegenheit in Betracht, M I 48.

54 Alle bei Antragstellung **vorhandenen** „und" zusätzlich vereinbarten Sicherungen müssen voll **gebrauchsfähig** erhalten und **betätigt** werden. Versteht man diesen Text mit LG Mannheim RuS 89, 95 und Hamm RuS 90, 60 = NJW-RR 163 (M I 44), wörtlich, so hat er kein Anwendungsgebiet, denn schon vorhandene Sicherungen werden naturgemäß nicht auch noch zusätzlich vereinbart. Korrigiert man den Text mit M I 48 zugunsten des Vr und liest „oder" statt „und", so gilt er für alle Vorrichtungen, die ihrer Art nach das Eindringen in die Wohnung erschweren. Ob es sich rechtlich um Gebäudebestandteile handelt oder z.B. nur um einen Scheinbestandteil, den ein Mieter angebracht hat, spielt keine Rolle. Unerheblich ist auch, ob die „Sicherung" einziger Zweck oder nur einer von mehreren Zwecken oder gar nur Nebenfolge der Vorrichtung ist, M I 46. Entlastet ist der VN nach § 6 Abs. 1 Satz 1 VVG nur dann, wenn er sich der Sicherungsmöglichkeit durch die Vorrichtung entschuldbar nicht bewußt war, nach Wille VW 84, 1547 auch dann, wenn nach der Sicherung im Antrag nicht gefragt war oder diese erst später installiert wurde, vgl. auch M I 24 für die GeschäftsV.

55 **Fensterläden, Rolläden** und außen angebrachte **Jalousien** müssen geschlossen werden, wenn dies die Einbruchsicherheit wenigstens geringfügig erhöht. Der VN kann nicht einwenden, die Einrichtung diene nur dem Sonnenschutz oder ihr Gebrauch sei während der kalten Jahreszeit tagsüber unzumutbar, weil sie die Sonneneinstrahlung in unerwünschter Weise hindere, vgl. allgemein zur Frage der Zumutbarkeit von Einbußen bei der Lebensqualität O I 79. Wie ein Umkehrschluß aus § 6 Abs. 2 VVG zeigt, darf der VN Rolläden usw. auch nicht etwa deshalb unverschlossen lassen, um dadurch – insbesondere während eines *Urlaubs* – die Wohnung als bewohnt erscheinen zu lassen, vgl. auch N IV 87. Daß mit dem durch Sicherheitsvorschriften gebotenen Verhalten auch Nachteile verbunden sind und das verbotene Verhalten dem vorgeschriebenen Verhalten vielleicht gleichwertig oder im Einzelfall sogar überlegen ist, entkräftet den Vorwurf der Obliegenheitsverletzung nicht, vgl. M II 18 sowie PM § 6 Anm. 13. Allerdings kann der VN in entschuldbarem **Verbotsirrtum** handeln, wenn er glaubt, seine **längere Abwesenheit** aus der Wohnung nicht durch Tag und Nacht geschlossene Rolläden usw. kenntlich

machen zu dürfen, besonders wenn er zu solchen Überlegungen durch **Empfehlungen der Kriminalpolizei** gelangt ist, Martin RuS 88, 185 (186).

Die Obliegenheit erstreckt sich **nicht** auf Sicherungen, die erst **nach** Antrag- 56 stellung angebracht wurden; **anders** liegt es selbstverständlich, wenn eine Sicherung als **Ersatz** für eine demontierte oder unbrauchbar gewordene andere Sicherung eingerichtet wurde. Außerdem können §§ 9 Nr. 1 a VHB 84, 61 VVG den VN dazu zwingen, auch nachträglich angebrachte Sicherungen zu betätigen. Der VN muß nämlich von Schadenverhütungsmöglichkeiten auch dann Gebrauch machen, wenn eine Pflicht, diese Verhütungsmöglichkeiten erst einmal zu schaffen und gebrauchsfähig zu erhalten, nicht bestanden hatte, vgl. O I 95 bis 99 zu § 61 VVG sowie Martin RuS 88, 185 (187), andererseits aber auch M I 38 wegen möglicher Umkehrschlüsse aus § 14 Nr. 1 c VHB 84 für dort nicht erwähnte Maßnahmen.

Einbruchmeldeanlagen muß der VN gebrauchsfähig erhalten, also regelmä- 57 ßig warten und bei Bedarf reparieren lassen. Außerdem muß er sie betätigen, solange „niemand" anwesend ist. Anders noch LG Hamburg ZfS 89, 31 für eine unzulänglich formulierte Einzelfallabrede zu den VHB 74; daß eine Instandhaltungs- und Wartungspflicht ohne eine Obliegenheit des Scharfschaltens für den Vr wertlos ist, wurde aaO mit Recht nicht als hinreichendes Argument dafür angesehen, aus dem vereinbarten Text entgegen dem Wortlaut auch die Obliegenheit herauszulesen, die Einbruchmeldeanlage „bei Bedarf" scharfzuschalten; vgl. auch Hamm VersR 84, 175 und M I 22. Verläßt nicht der VN selbst, sondern ein anderer Wohngenosse als letzter die Wohnung, so muß dieser Wohngenosse entsprechend instruiert sein, auch wenn es sich z.B. um ein Kind handelt. Andernfalls liegt eigenes Verschulden des VN vor. Dies gilt für sämtliche Sicherungsmaßnahmen, also nicht nur für Einbruchmeldeanlagen. Soweit der **Wohngenosse** der als letzter das Haus verläßt, zugleich Repräsentant des VN ist, kann auch dessen Verschulden dem VN zugerechnet werden.

Im Zusammenhang mit der Zumutbarkeit der vom VN verlangten Maß- 58 nahmen wurde in M I 47 bis 57 im wesentlichen nur erörtert, wann der VN gemäß § 6 Abs. 1 Satz 2 VVG entschuldigt ist, falls er eine vorgeschriebene Maßnahme nicht ergreift. Als weitere Korrektur der zu weit (M I 46) formulierten Tatbestandsseite von § 14 Nr. 1 c VHB 84 steht dem VN der **Kausalitätsgegenbeweis** zur Verfügung, der gemäß § 6 Abs. 2 VVG die Leistungsfreiheit ausschließt, und zwar gleichermaßen bei *vorsätzlichen* wie bei nur *fahrlässigen* Verstößen des VN, M II 24. Wirtschaftlich bedeutet dies: Wenn der VN vorgeschriebene Maßnahmen nicht ergreift, so übernimmt er damit zwar im Prinzip das versicherte Risiko selbst, aber nur für solche Schäden, die wenigstens möglicherweise durch das Unterlassen der notwendigen Maßnahme verursacht wurden. Soweit dies nachweislich nicht der Fall ist, muß der Vr leisten, denn sonst stünde der Vr infolge der Obliegenheitsverletzung besser als ohne die Verletzung, vgl. allgemein M II 30.

Anwendungsbeispiele für § 6 Abs. 2 VVG im Bereich der HausratV sind 59 etwa die Fälle, daß der Dieb oder Räuber nachweislich nicht durch ungesicherte, sondern durch ordnungsgemäß verschlossene und gesicherte Türen oder Öffnungen in die Wohnung gelangt, oder daß er auf einem Weg eindringt, auf dem er einen Alarm auch dann nicht ausgelöst hätte, wenn die

Anlage gebrauchsfähig und scharf geschaltet gewesen wäre. Hohe Wahrscheinlichkeit für ein Fehlen des Ursachenzusammenhangs genügt für den Kausalitätsgegenbeweis nur dann, wenn die Voraussetzungen für einen Beweis des ersten Anscheins erfüllt sind. Dies wäre z. B. zu verneinen, falls der VN sich nach Rückkehr in das unverschlossene Gebäude einem Räuber gegenübersieht. Hingegen wäre der Anscheinsbeweis geführt, falls dieser Räuber auch Einbruchswerkzeuge bei sich trägt, die er nur deshalb nicht anzuwenden brauchte, weil er das Gebäude unverschlossen vorgefunden hatte.

60   4. In der **LeitungswasserV** erfordert die Schadenvorsorge, insbesondere die Instandhaltung wasserführender Anlagen sowie die Frostvorsorge, **technische Kenntnisse,** die nicht jeder VN in gleicher Weise besitzt. Zwar ist der VN im Rahmen von § 61 VVG verpflichtet, mangels genügender eigener technischer Kenntnisse einen Fachmann beizuziehen. Trotzdem ist in der LeitungswasserV besonders oft *zweifelhaft,* ob ein mangels Instandhaltung oder mangels Frostvorsorge entstandener Schaden auf *grobe Fahrlässigkeit* des VN zurückzuführen ist, vgl. z. B. E I 84 und 85 zu Schäden durch Korrision von Rohren, und wann von schuldhaft vorgenommener Gefahrerhöhung durch positives Tun oder gar durch Unterlassen des VN die Rede sein kann, vgl. N V 23 für nicht entleerte Wasserleitungen während der kalten Jahreszeit.

61   Daher besteht für den LeitungswasserVr ein besonders starkes Bedürfnis, in den AVB durch Sicherheitsvorschriften als Obliegenheiten vor dem VFall zu **konkretisieren,** was sich aus § 61 VVG nur ganz allgemein ergibt, vgl. M I 5 und 10. Auch wird in der LeitungswasserV besonders oft diskutiert, ob diese Obliegenheiten dann gegebenenfalls eine abschließende Sonderregelung darstellen, oder ob der Vr daneben auf § 61 VVG und auf Leistungsfreiheit wegen Gefahrerhöhung zurückgreifen kann. Berücksichtigt man die skizzierten Motive der zusätzlichen Klarstellungen, die der Vr in Form von Sicherheitsvorschriften in die AVB aufnimmt, so muß man die Möglichkeit eines solchen Nebeneinanders bejahen, vgl. M I 14 und O I 4 für grobe Fahrlässigkeit sowie M I 17, N III 57 und Martin VersR 88, 209 (210) für Gefahrerhöhungen.

62   Für die **GeschäftsV** finden sich Sicherheitsvorschriften in §§ 6 Nr. 2 a bis 2 c AWB 68, 7 Nr. 1 b bis 1 e AWB 87. Neben *Instandhaltung* und *Frostvorsorge* wird in der GeschäftsV auch die Lagerung beweglicher Sachen in einer *Mindesthöhe* über dem Fußboden verlangt, allerdings nur in Räumen unter Erdgleiche.

63   Im privaten Lebensbereich ist das Bedürfnis für Sicherheitsvorschriften sogar noch stärker, weil dort die erforderlichen technischen Kenntnisse in der Person des VN noch weniger verbreitet sind. Trotzdem fehlten für die **HausratV** Sicherheitsvorschriften in den VHB von 1942 und von 1966 sowie in den VHB 74 noch völlig, vermutlich deshalb, weil das wichtigste Risiko in der HausratV das Diebstahlrisiko ist, man für dieses Diebstahlrisiko damals aber noch ohne Sicherheitsvorschriften auszukommen glaubte und daher für das Leitungswasserrisiko keine Ausnahme machen wollte.

64   Folgerichtig entfällt § 14 **Nr. 1 b VHB 84** in Verbindung mit den neuen Sicherheitsvorschriften für Diebstahl in § 14 Nr. 1 c VHB 84 nunmehr auch Sicherheitsvorschriften für das Leitungswasserrisiko in der HausratV, aller-

dings nur hinsichtlich der Frostvorsorge und *nicht* auch hinsichtlich der *Instandhaltung*. Diese „Milde" der VHB 84 hinsichtlich des Umfangs der Sicherheitsvorschriften hat ihren Grund vermutlich darin, daß rund 50% der HausratVVerträge Mietwohnungen betreffen, in denen der VN die Instandhaltung nur unwesentlich beeinflussen kann. Andererseits überrascht es, daß bei Verstößen gegen die Obliegenheit der **Frostvorsorge** dem HausratVN nach den VHB 84 schon **leichte Fahrlässigkeit** schadet, während bei Wohngebäuden und gewerblichen Risiken nur grobe Fahrlässigkeit zur **Leistungsfreiheit** führt, M II 8, und die VHB 74 Sicherheitsvorschriften noch überhaupt nicht enthalten hatten. Diese Konsequenz ist ein weiteres Indiz dafür, wie sehr in der HausratV das Leitungswasserrisiko seitens der Vr nur als Anhängsel des Diebstahlrisikos empfunden wird.

Für **Wohngebäude** enthält § 9 Nr. 1 a VGB 62 Instandhaltungsvorschriften. **65** § 9 Nr. 1 b VGB 62 verlangt weitere Maßnahmen, von denen nicht gesagt wird, aber durch Auslegung feststellbar ist, daß es sich um bloße Frostvorsorge während der kalten Jahreszeit handelt, M I 81. § 11 Nr. 1 b VGB 88 übernimmt in verkürzter Fassung die Instandhaltungsvorschriften. § 11 Nr. 1 d VGB 88 präzisiert die nötige Frostvorsorge, und zwar nicht nur für „nicht benutzte", sondern für alle Gebäude. Speziell für *„nicht genutzte"* Gebäude fügt § 11 Nr. 1 c VGB 88 weitere Obliegenheiten hinzu, die sich bei richtiger Auslegung allerdings *teilweise* nur auf das *Feuerrisiko* beziehen können, M I 88. Zwar unterscheidet der Wortlaut der Sicherheitsvorschriften für Hausrat und Wohngebäude nicht zwischen Risikobereichen, aber der Zusammenhang mit bestimmten Risiken ergibt sich dadurch, daß nach Eintritt eines Schadens durch eine Gefahr, auf die sich die Obliegenheit nicht bezieht, stets der Kausalitätsgegenbeweis gelingt.

a) Die **Instandhaltung** wasserführender Anlagen wird in §§ 9 Nr. 2 a VGB **66** 62, 6 Nr. 2 a AWB 68 verlangt. In §§ 7 Nr. 1 b AWB 87, 11 Nr. 1 b VGB 88 ist statt dessen von Erhaltung eines **ordnungsgemäßen Zustandes** die Rede. Daß dazu die unverzügliche Beseitigung von Mängeln oder Schäden gehört, versteht sich von selbst, wird aber in §§ 7 Nr. 1 b AWB 87 (hier werden zusätzlich „Störungen" genannt), 11 Nr. 1 b VGB 88 noch zusätzlich erwähnt. Auch der Hinweis in den AVB (mit Ausnahme der VGB 88) auf **Neubeschaffungen** und **Änderungen** hat nur deklaratorischen Charakter. Wenn von „sachverständigem Ermessen" die Rede ist, dann soll damit verdeutlicht werden, daß der VN mangels technischer Kenntnisse rechtzeitig einen **Fachmann** zuziehen muß.

„Instandhaltung" und „ordnungsgemäßer Zustand" sind sehr weite und **67** allgemeine Begriffe. Wäre nämlich der Zustand aller Anlagen stets objektiv in jeder Hinsicht ordnungsgemäß, so könnten Schäden überhaupt nur noch durch mechanische Einwirkung von außen oder aber durch falsche Bedienung wasserführender Anlagen eintreten, also in einen Bereich, der angesichts des Erfordernisses „bestimmungswidrig" jedenfalls nicht zum Kernbereich der LeitungswasserV gehört, E I 54 bis 64. Daher ist zweifelhaft, ob man die Bestimmungen gemäß M I 66 überhaupt als Sicherheitsvorschriften und Obliegenheiten bezeichnen kann oder ob es sich nur um **Verschärfungen** von § 61 VVG handelt, M I 13.

68 Zwar führt nach den AVB ebenso wie nach § 61 VVG nur grobe Fahrlässigkeit zur Leistungsfreiheit. §§ 7 Nr. 1b AWB 87, 11 Nr. 1b VGB 88 weichen aber von den Grundzügen der gesetzlichen Regelung des § 61 VVG insofern ab, als sie dem **VN** die **Beweislast gegen Kausalität und Verschulden** auferlegen. Diese Änderung der Beweislastverteilung gegenüber § 61 VVG könnte nach § 9 Abs. 2 Nr. 1 AGBG unwirksam sein. Nach §§ 6 Nr. 1 AWB 68, 9 Nr. 1 VGB 62 hatte der Vr ohnehin Vorsatz oder große Fahrlässigkeit zu beweisen, so daß sich nach diesen AVB die Frage des § 9 AGBG nur hinsichtlich der Beweislast zur Kausalität stellt.

69 Der Vr müßte also, wenn er sich auf Leistungsfreiheit beruft, darlegen und beweisen, welche Mängel oder welche Störungen der Anlage vorgelegen haben sollen und inwiefern es grob fahrlässig gewesen sein soll, wenn der VN den Mangel oder die Störung nicht hat beseitigen lassen. Folgt man der Argumentation aus §§ 61 VVG, 9 AGBG, so muß der Vr auch den Ursachenzusammenhang zwischen dem Mangel oder der Störung und dem eingetretenen Schaden beweisen. Der Vr kann sich jedenfalls nicht auf den Einwand beschränken, schon allein der Leitungswasseraustritt beweise, daß irgendein Mangel oder irgendeine Störung vorgelegen haben müsse.

70 b) **Absperren, entleeren** und **entleert halten** muß der VN unter gewissen Voraussetzungen nach §§ 7 Nr. 1c und 1d AWB 87, 14 Nr. 1b VHB 84, 11 Nr. 1c und 1d VGB 88 alle **wasserführenden Anlagen und Einrichtungen.** In §§ 6 Nr. 2b AWB 68, 9 Nr. 2b VGB 62 wurde zwischen Wasserleitungsanlagen einerseits und stillgelegten oder außer Betrieb gesetzten Anlagen und Maschinen andererseits unterschieden. Letztere waren ohne Rücksicht auf die Benutzung des Gebäudes zu entleeren. Die Voraussetzungen der Obliegenheit waren und sind in den aufgezählten AVB unterschiedlich geregelt.

71 aa) **§§ 7 Nr. 1c AWB 87, 14 Nr. 1b VHB 84, 11 Nr. 1d VGB 88** sehen die Obliegenheiten ausdrücklich nur für die **kalte Jahreszeit** vor und nennen als **Alternative** eine ausreichende **Beheizung.** Die AWB 87 sowie die VGB 88 heben außerdem die Notwendigkeit einer genügend häufigen Kontrolle der Heizung hervor. Letzteres versteht sich aber auch nach VHB 84 von selbst, denn eine mangels Kontrolle ausgefallene Heizung verstößt objektiv gegen die Obliegenheit und begründet einen Schuldvorwurf, wobei nach den VHB 84 sogar leichte Fahrlässigkeit genügt, während die übrigen AVB grobe Fahrlässigkeit voraussetzen.

72 Die Beweislast für Vorsatz oder grobe Fahrlässigkeit hatte nach den AWB 68 und den VGB 62 der Vr übernommen. In LG Köln VersR 89, 1190 werden an den Nachweis durch den Vr zu geringe Anforderungen gestellt; praktisch wird dort dem VN die Darlegungs- und Beweislast dafür aufgebürdet, daß er die Heizung überhaupt eingeschaltet und gegebenenfalls regelmäßig überwacht hatte, M II 14 und 16. Nach den neueren AVB ist hingegen nicht nur der Kausalitätsgegenbeweis, sondern auch der Entschuldigungsbeweis Sache des VN. Der **Kausalitätsgegenbeweis** muß zu dem Ergebnis führen, daß der Leitungswasseraustritt ganz oder teilweise auch ohne Frosteinwirkung entstanden wäre, daß der Rohrbruch also auch oder nur andere Ursachen als Frost hatte.

An den **Entschuldigungsbeweis** des VN sind eher strenge Anforderungen zu 73 stellen. Wenn ein Gebäude renoviert und bis dahin nicht mehr bewohnt werden soll, ist es im Zweifel grob fahrlässig, wenn die Leitungen nicht entleert werden, obwohl dies technisch möglich ist, Stuttgart VersR 89, 958 = RuS 337 (zu den VGB 62). Immerhin kann z.B. objektiv unzureichende Beratung durch Handwerker grobe Fahrlässigkeit ausschließen, Hamm RuS 89, 92. Bauliche oder gar nur provisorische Isolierung von Rohren usw. ist hingegen keine Alternative zum Entleeren der Leitungen und schließt den Schuldvorwurf gegen den VN nicht immer aus, vgl. Frankfurt NJW-RR 87, 611 für das Umwickeln von Rohren mit Zeitungspapier. Daß der VN an die Möglichkeit eines Frostschadens ganz einfach nicht gedacht haben will, entlastet ihn nicht, sondern begründet grobe Fahrlässigkeit, vgl. LG Köln VersR 88, 1258 = RuS 377 für ein älteres Einfamilienhaus. Grob fahrlässig ist es ferner, wenn der VN bestimmte Gebäudeteile besonders selten betritt und kontrolliert und daher einen auf diese Teile beschränkten Heizungsausfall erst verspätet bemerkt, Köln VersR 86, 675, oder wenn er darauf vertraut, ein einziger Heizkörper werde für ein ganzes Einfamilienhaus genügen, LG Hannover VersR 83, 950.

Oft ist nicht nur das Verschulden, sondern schon der **objektive Tatbestand** 74 **der Obliegenheitsverletzung** streitig, also die Frage, ob der VN die Anlagen entleert oder die Räume genügend beheizt hat. In der Praxis wird dies manchmal nicht scharf unterschieden, so z.B. nicht in LG Köln RuS 85, 178 zu § 9 VGB 62. Angesichts der Wahlmöglichkeit des VN zwischen Entleerung und genügender Beheizung kann man nicht von einem bestimmten positiven Tun im Sinn von M II 13 sprechen, das geschuldet und durch den VN zu beweisen wäre. Vielmehr liegt die **Beweislast beim Vr**, M II 15.

In der Praxis wird immer wieder streitig, in welchem Maß der VN **Vorkeh-** 75 **rungen gegen einen Heizungsausfall** in Gebäuden oder Gebäudeteilen treffen muß, die er oder seine Familie oder sein Personal nicht täglich benutzt oder wenigstens aufsucht. Objektiv ist die Obliegenheit verletzt, sobald die Heizung ausfällt, z.B. wegen Unterbrechung der Strom- oder Heizmaterialzufuhr oder wegen eines Defektes oder wegen vollständigen Verbrauchs des Heizöls. Daß im Heizöltank ein nicht genügend dünnflüssiger Rest unverbrennbar zurückbleibt, muß der VN auch ohne Spezialkenntnisse wissen und bei der Wahl des Zeitpunkts für eine Nachbestellung von Heizöl einkalkulieren.

Auf Null kann und braucht der VN die Schadenwahrscheinlichkeit nicht 76 zu reduzieren. Er muß aber je nach Dauer und Häufigkeit seiner Abwesenheit für eine **zuverlässige Kontrollperson** nötigenfalls auch Kosten aufwenden, zumal er Kosten dadurch einspart, daß er die wasserführenden Anlagen nicht entleert und daher bei Wiederinbetriebnahme nicht erst wieder auffüllen oder auffüllen lassen muß. Beheizung als Frostvorsorge ist ohnehin schon technisch einfacher und in vielen Fällen billiger als das Entleeren aller wasserführender Anlagen. Die Kontrollperson muß angewiesen werden, je nach Außentemperatur sowie nach baulichen und sonstigen Gegebenheiten so häufig zu kontrollieren, daß selbst nach einem Heizungsausfall zeitlich unmittelbar nach der letzten Kontrolle ein Einfrieren als normalerweise als ausgeschlossen erscheint. Bei Temperaturen auch tagsüber um oder unter null Grad müssen also die Kontrollen verschärft werden, ÖOGH VersR 85, 556.

77   Die **Neuwertigkeit der Heizungsanlagen** macht Kontrollen durch den VN oder einen Beauftragten nicht überflüssig, denn auch neuwertige Heizungsanlagen können ausfallen. Trotzdem kann das Alter der Heizungsanlagen im Rahmen des Entschuldigungsbeweises eine gewisse Rolle spielen, vgl. Celle VersR 84, 437 bezüglich eines neuwertigen Brenners und Hamm NJW-RR 89, 93 = RuS 90, 27 für mehrere elektrische Radiatoren als Wärmequelle, die an eine neu verlegte Leitung angeschlossen waren.

78   Eine durch den VN beauftragte Kontrollperson ist **nicht** schon als solche dessen Repräsentant, O II 108. Vielmehr kommt es nur auf das eigene Auswahl- oder Überwachungsverschulden des VN an, O II 21. Im Einzelfall kann aber mit den Kontrollen eine Person beauftragt sein, die schon aus anderen Gründen **Repräsentant** ist, z. B. ein Makler (Braunschweig VersR 71, 812). Dann schadet dem VN auch deren Verschulden.

79   Auf freiwillige Nachsorge durch den letzten **ausziehenden Mieter** darf der VN sich nicht verlassen, LG Augsburg ZfS 83, 185. Betreibt der VN die Räumung, so muß er jederzeit mit dem Auszug des Mieters (Köln VersR 88, 1257 = RuS 89, 94) rechnen und selbst entsprechend vorsorgen. Durch den Auszug des Mieters auf Betreiben des Eigentümers enden dessen etwaige Repräsentantenstellung und dessen Frostvorsorgepflicht auch dann, wenn der Eigentümer nicht sofort Kenntnis erlangt, vgl. Hamm RuS 89, 92 für eine VN, die ihren getrennt lebenden Ehemann aus dem Haus gewiesen hatte.

80   bb) In §§ 6 Nr. 2 b AWB 68, 9 Nr. 2 b VGB 62 war weder die Beheizung als Alternative erwähnt noch war die Obliegenheit des Entleerens auf die kalte Jahreszeit beschränkt. Jedoch galt die Obliegenheit nur für „nicht benutzte" Gebäude. Daher war streitig, ob die Obliegenheit nicht auch Vorsorge gegen besonders hohe, weil lange Zeit unbemerkte Schäden gegen Leitungswasserschäden durch Manipulationen unbefugter Eindringlinge erzwingen sollte; offen lassend Hamm RuS 90, 27. Hamm VersR 72, 265 hatte die Gefahr eines besonders hohen Schadens sogar als das einzige (hiergegen mit Recht Springer VersR 72, 479) Motiv bezeichnet. Vorsorge gegen Böswilligkeit Dritter hatte BGH VersR 76, 134 angesprochen, ohne daß dieser Gesichtspunkt damals aber entscheidungserheblich war.

81   Mit Recht hat sich zwischen den Jahren 1975 und 1985 zu den AWB 68 und zu den VGB 62 eine herrschende Ansicht herausgebildet, die in den Obliegenheiten des Entleerens usw. nur eine Form der Frostvorsorge sieht, vgl. LG Lübeck VersR 76, 1079, Celle 84, 437 (ausführlich und instruktiv), Frankfurt NJW-RR 87, 611, Köln VersR 86, 675, RuS 89, 23, VersR 88, 1277 = RuS 89, 94, LG Köln VersR 89, 1190 (anders aber ohne Begründung Stuttgart VersR 89, 958 = RuS 337). Beheizung des Gebäudes ermöglicht daher nicht nur den Entschuldigungsbeweis, wenn der VN die Obliegenheit nicht kennt, sondern sie schließt schon den objektiven Tatbestand einer Verletzung auch dann aus, wenn der VN in genauer Kenntnis des AVB-Wortlautes handelt, M II 22. – Kausalitätsgegenbeweis: M II 33.

82   Dieses Verständnis der Obliegenheit ist auch für die Auslegung des unklaren Begriffs „nicht benutzte" Gebäude maßgebend. Anderseits dürfen Obliegenheiten nicht über ihren Wortlaut hinaus erweitert werden, auch nicht durch „Auslegung". Die Obliegenheit darf also nicht etwa, wie nach den

neueren AVB, auch auf **benutzte Gebäude** bezogen werden. Bei Frostschäden mangels Beheizung benutzter Gebäude ist der Vr vielmehr nach den AWB 68 und nach den VGB 62 nur unter den Voraussetzungen den § 61 VVG leistungsfrei. Leistungsfreiheit wegen vorgenommener Gefahrerhöhung kommt ebenfalls in Betracht, aber nur wenn das Dauererfordernis erfüllt ist.

Keinesfalls ist also jedes unbeheizte Gebäude begrifflich schon deswegen 83 unbenutzt. Der Begriff „nicht benutzt" erfordert vielmehr **Abwesenheit des VN und seines Personals und seiner Mitbewohner** über so lange Zeiträume, daß die Kontrolle über die Möglichkeit des Eintritts von Frostschäden verlorengeht. Im Ergebnis stellt sich die Frage der Benutzung also nur während der kalten Jahreszeit. Eine feste zeitliche Grenze für die erforderliche Abwesenheitsdauer läßt sich nicht ziehen. Gelegentliche Arbeiten wegen einer bevorstehenden Renovierung bedeuten für sich allein noch keine „Benutzung", Stuttgart VersR 89, 958 = RuS 337. Anwesenheit von Handwerkern könnte das Gebäude hingegen als benutzt erscheinen lassen, Hamm RuS 90, 27. – Umgekehrt ist ein während der kalten Jahreszeit beheiztes Gebäude nicht schon deshalb begrifflich „benutzt". Sonst würde die Obliegenheit nicht ihren Zweck erfüllen, den Versicherungsnehmer entweder zum Entleeren der Leitungen oder zu wirksamer Kontrolle der Heizung zu zwingen. Immerhin verliert durch die Möglichkeit des Entschuldigungsbeweises der unklare Begriff „nicht benutzt" in vielen Fällen seine Entscheidungserheblichkeit.

Gebäudeteile werden in den VGB 62 überhaupt nicht und in den AWB 68 84 nur unter der Voraussetzung angesprochen, daß sie über eine „abtrennbare Wasserversorgung" verfügen. In den AWB 87 und VGB 88 werden sie erwähnt, weil **Beheizung** als Alternative zur Verfügung steht. – Zur Frage der „**Benutzung**" von Gebäuden oder Gebäudeteilen während eines Umbaus oder einer Renovierung vgl. LG Köln VersR 69, 248, LG Lübeck VersR 76, 1079, Hamm RuS 90, 27.

c) **§ 7 Nr. 1 d AWB 87** verlangt für **nicht benutzte** Gebäude und Gebäudeteile 85 das Entleeren usw. auch **außerhalb** der kalten Jahreszeit, läßt es statt dessen aber genügen, wenn die Gebäude „genügend häufig" kontrolliert werden. Als Motiv kommen hier nur die drohende Vergrößerung unbemerkter Schäden sowie Manipulationen durch unbefugte Eindringlinge in Betracht, M I 80, denn Beheizung ist nach § 7 Nr. 1 d AWB 87 keine ausreichende Alternative. Diese Motive würden, folgerichtig zu Ende gedacht, dazu zwingen, die Räume täglich und vielleicht sogar mehrfach täglich zu kontrollieren, denn nur dann bewirken Kontrollen auch nur das gleiche Maß an Sicherheit vor Durchnässungsschäden wie ein Entleeren der Anlagen.

Ganz so streng wird man aber nicht sein dürfen. Entweder sind die Worte 86 „genügend häufig" oder aber die Worte „nicht benutzt" etwas milder auszulegen. Entweder müssen Kontrollen in etwas größeren Zeitabständen genügen, oder man darf unter „nicht benutzt" nur Gebäude verstehen, die längere Zeit leerstehen, also „nicht genutzt" werden, vgl. zu diesem Begriff M I 88. Für diese mildere Auslegung spricht, daß Entleeren der Leitungen auch mit Bezug auf nicht benutzte „Gebäudeteile" verlangt wird, und zwar ohne Rücksicht darauf, ob eine gesonderte Entleerung der Leitungen zu diesen Gebäudeteilen möglich ist, vgl. auch M I 83 zu den AWB 68. Bei strenger

Auslegung wäre der VN stets gezwungen, in Gebäudeteilen, die auch nur kurzfristig unbenutzt sind, für die Installation gesondert entleerbarer Wasserleitungsanlagen zu sorgen.

87   Eben dies aber sollte durch § 7 Nr. 1 c AWB 87 mit Hilfe der Alternative des Beheizens entbehrlich gemacht werden. In der kalten Jahreszeit muß der VN die Obliegenheiten gemäß **§ 7 Nr. 1 c und Nr. 1 d AWB 87 nebeneinander** erfüllen. Bei richtiger Auslegung erfordert dann Nr. 1 d keine wesentlich häufigeren Kontrollen, als sie ohne entleerte Leitungen und bei Temperaturen unter Null Grad schon nach Nr. 1 c gegen einen Heizungsausfall nötig sind, M I 76.

88   d) **§ 11 Nr. 1 c VGB 88** ist § 7 Nr. 1 d AWB 87 nachgebildet, aber mit zwei wesentlichen Abweichungen. Der VN soll die Leitungen **entleeren** und **außerdem** (nicht wie nach den AWB 87 „oder") die Gebäude oder Gebäudeteile genügend häufig **kontrollieren.** Die Obliegenheit gilt aber nur für „**nicht genutzte**" Gebäude. Böten die VGB 88 VSchutz nur für Leitungswasserschäden, so wäre diese Obliegenheit nach § 9 Abs. 2 Nr. 2 AGBG unwirksam, denn bei entleerten Leitungen bedarf es zur Abwehr von Leitungswasserschäden nicht auch noch zusätzlich einer regelmäßigen Kontrolle. Die Obliegenheit ist aber wirksam, weil sie dazu dient, das **Feuerrisiko** zu vermindern. Der VN soll durch Kontrollen z. B. feststellen, ob nicht Fenster oder Türen mutwillig beschädigt wurden, was das Eindringen unbefugter Personen erleichtern und so die Brandgefahr erhöhen würde.

89   „**Nicht genutzt**" ist ein etwas **engerer Begriff** als „nicht benutzt". Solange in einem Gebäude Möbel stehen, die mehr als nur Schrottwert haben, wird das Gebäude noch „genutzt", selbst wenn es nur sehr selten betreten und „benutzt" wird. Allein schon die Einlagerung von Möbeln oder sonstigen noch nicht völlig wertlosen Sachen bedeutet eine Form der Nutzung. Obwohl der Vr im Hinblick auf das Brandrisiko ein Interesse an regelmäßiger Kontrolle vielfach auch bei Gebäuden hätte, die zwar genutzt aber nicht benutzt werden, darf die Obliegenheit nicht über ihren Wortlaut hinaus auf alle nicht benutzten Gebäude ausgedehnt werden, zumal ihr Motiv, nämlich das Feuerrisiko zu vermindern, wegen der ungeschickten systematischen Einordnung zwischen Obliegenheiten zum Leitungswasserrisiko für den VN kaum durchschaubar ist und sogar ein wenig an § 3 AGBG (Überraschungsverbot) denken läßt. § 11 Nr. 1 c AWB 87 gilt also im wesentlichen nur für **leerstehende Gebäude.** Wegen des Bezugs auf das Feuerrisiko sind die Anforderungen an die Häufigkeit der Kontrollen noch etwas niedriger anzusetzen als im Fall von § 7 Nr. 1 d AWB 87, vgl. M I 86 und 87.

90   e) In der gewerblichen LeitungswasserV sollen nach **§ 6 Nr. 2 c AWB 68** in **Räumen unter Erdgleiche** zum Schutz vor Durchnässungsschäden an versicherten beweglichen Sachen diese Sachen in einer *Mindesthöhe* von 20 cm *über dem Fußboden* gelagert werden, weil in diesen Räumen das Wasser langsamer oder überhaupt nicht ablaufen kann. Unter Erdgleiche liegt ein Raum, wenn sein Fußboden (Hamm VersR 83, 1148) niedriger liegt als das Gelände um das Gebäude, bei gestufter oder unebener Geländeumgebung niedriger als die niedrigste Stelle des Geländes; wegen angrenzender Gebäude vgl. U II 34. Die vorgeschriebene Mindesthöhe konnte schon nach **Kl 508**

geändert (z. B. im Rahmen der Vereinheitlichung von Maßen im EG-Bereich, VP 80, 124) oder gänzlich gestrichen werden. § 7 Nr. 1 e AWB 87 verlangt generell einzelvertragliche Vereinbarung. – Wegen der *Entschädigungsgrenze* für Sachen in Räumen unter Erdgleiche gemäß Kl 508 zu den AWB 68 oder gemäß § 12 Nr. 2 AWB 87, die ebenfalls auf der erhöhten Gefahr in diesen Räumen beruht, vgl. U II 33.

Die Obliegenheit ist *zu weit formuliert*, denn ihr Wortlaut würde auch für 91 Maschinen, Regale usw. gelten. Danach dürfte in Räumen unter Erdgleiche praktisch überhaupt nichts mehr aufgestellt oder verwahrt werden oder Maschinenfundamente müßten auf Ständern errichtet werden usw. Gemeint ist aber nur, daß 20 cm über dem Fußboden lagern soll, was *ohne unverhältnismäßigen Aufwand* so gelagert werden kann oder (Warenvorräte) was besonders wasserempfindlich ist. Ansonsten ist die Beachtung der Obliegenheit entschuldigt, und sei es auch nur durch Irrtum über die Rechtswidrigkeit des „Verstoßes", und der Vr muß nach § 6 Abs. 1 Satz 1 VVG mangels Verschuldens entschädigen, vgl. allgemein zu solcher Korrektur zu weit gefaßter Obliegenheiten M II 17 und 22 sowie ausführlich M I 41 und 48 zu den VHB 84.

5. Für das **Sturmrisiko** in der GeschäftsV und in der WohngebäudeV ist in 92 §§ 6 Nr. 2 AStB 68, 9 Nr. 3 VGB 62 sowie in §§ 7 Nr. 1 b AStB 87, 11 Nr. 1 b VGB 88 vorgesehen, daß der VN die versicherten Sachen, insbesondere Dächer und außen angebrachte Sachen, **instandhalten** muß. Soweit die versicherten Sachen Gebäude sind, also in der GeschäftsV teilweise und in der WohngebäudeV stets, ist die Formulierung in Ordnung. Das Wort „Dächer" in § 11 Nr. 1 b VGB 88 läßt dort mit wünschenswerter Deutlichkeit an das Sturmrisiko denken, jedenfalls leichter als § 11 Nr. 1 c VGB 88 („nicht genutzte Gebäude kontrollieren") an das Feuerrisiko, vgl. M I 86 und 87. Für die V beweglicher Sachen nach den AWB 68 oder AWB 87 ist die Obliegenheit nicht nur und nicht einmal in erster Linie auf die versicherten Sachen, sondern auf das **Gebäude** zu beziehen, in dem sich die versicherten Sachen befinden. Dies folgt aus dem Wort „insbesondere", welches es ermöglicht, den Redaktionsfehler durch Auslegung zu korrigieren. Völlig korrekt abgefaßt ist nur § 7 Nr. 1 b AStB 87.

Die Instandhaltungsobliegenheit für die SturmV ist so allgemein formu- 93 liert, daß sie sich hart an der Grenze zu einer bloßen Verschärfung des § 61 VVG bewegt, nämlich zu einer (unwirksamen) Beweislastumkehr bezüglich des Verschuldens und des Ursachenzusammenhangs, vgl. allgemein M I 11 und 13 sowie M I 68 für die inhaltsgleiche Obliegenheit bezüglich des Leitungswasserrisikos. Von ihrem sachlichen Gehalt her sollen die Sicherheitsvorschriften dazu beitragen, Schäden zu vermeiden, die andernfalls durch den Aufprall losgelöster Gebäudebestandteile entstünden, aber auch Schäden an den Gebäudebestandteilen selbst, weil nämlich der Sturm zusätzliche Angriffsflächen findet. Dies ist um so nötiger, als bei Schäden an Gebäudebestandteilen, an außen angebrachten Sachen, z. B. Antennen, und bis zur Grenze von §§ 61 (O I 146), 23 ff. VVG (N V 24), 6 Nr. 1 AStB 68, 5 Nr. 1 c AStB 87 in der GeschäftsV auch für schrottreife Antennen usw., der Neuwert zu ersetzen ist, wenn sie durch Sturm endgültig zerstört werden. Die Beschränkung auf den Zeitwert ab der 40%-Grenze und die Entwertungsklauseln kennen jedenfalls in der GeschäftsV als Maßstab nur den Zustand des gesamten Gebäudes, nicht den des einzelnen Gebäudebestandteils, Q III 23; wegen § 6 Nr. 1 Satz 2 VGB 62 vgl. Q III 80.

94   6. Für die FeuerV und das Feuerrisiko bei Wohngebäuden machen §§ 7 AFB 30, 7 Nr. 1 a AFB 87, 9 Nr. 1 Satz 2 VGB 62 die gesetzlichen und behördlichen Sicherheitsvorschriften zum Gegenstand des VVertrages, M I 18, ebenso neuerdings § 14 Nr. 1 a VHB 84 für die HausratV und § 11 Nr. 1 a VGB 88 für die WohngebäudeV. Für nicht genutzte Wohngebäude kommt die **Kontrollpflicht** nach § 11 Nr. 1 c VGB 88, vgl. näher M I 88 und 89. In der GeschäftsV reichen für Risiken sog. einfacher Gefahr §§ 7 AFB 30, AFB 87 aus.

95   In der Industrie-FeuerV werden dagegen *schematisch* weitere Sicherheitsvorschriften vereinbart, insbesondere (Wortlaut nach dem Stand von 1989: Feldmann/Hess 97 ff.)
   a) Allgemeine Sicherheitsvorschriften der Feuerversicherer für Fabriken und gewerbliche Anlagen (ASF);
   b) Brandverhütungsvorschriften für Fabriken und gewerbliche Anlagen;
   c) Sicherheitsvorschriften für Starkstromanlagen bis 1000 Volt;
   d) Sicherheitsvorschriften für Feuerarbeiten (durch Repräsentanten verletzt im LG Zweibrücken VersR 85, 932). – Weiteres Beispiel: Richtlinien für das Errichten und Warten von Gebäude-Blitzschutzanlagen (Neufassung ZfV 82, 624).

96   Auch in der **FeuerV landwirtschaftlicher Betriebe** werden dem VSchein meist einige Formblätter mit Sicherheitsvorschriften beigefügt, M I 22, insbesondere „Sicherheitsvorschriften für Starkstromanlagen in landwirtschaftlichen Betrieben", und zwar auf Grund einer pauschalen Bezugnahme im Antragsformular, K I 4. Weitere Sicherheitsvorschriften werden neuerdings dem VSchein oft nicht mehr im Wortlaut beigefügt, weil ein Übermaß an Information den Informationswert wieder vermindert, insbesondere den VN verleitet, sämtliche Texte ungelesen zu lassen. Daher wird im VSchein vielfach nur noch der Hinweis angebracht, und zwar im Anschluß an § 7 Nr. 1 a AFB 87, der VN habe gesetzliche und behördliche Sicherheitsvorschriften zu beachten, insbesondere bei
   – Schweiß-, Schneid-, Löt- und sonstigen feuergefährlichen Arbeiten,
   – der Verwendung von Flüssiggas,
   – der Lagerung von schwefelfähigen Düngemitteln,
   – der Unterbringung und dem Betrieb von Maschinen und Kraftfahrzeugen mit Verbrennungsmotoren, Gaserzeugern sowie Feuerungen.

97   Für größere Zurückhaltung bei Anzahl und Umfang vereinbarter Sicherheitsvorschriften spricht auch, daß dort ohnehin meist nur mit anderen (genaueren) Worten wiederholt wird, was sich schon aus dem Ausschluß von Schäden durch grobe Fahrlässigkeit des VN ergibt, M I 5. – Rechtsprechungsbeispiel für die *geringen Anforderungen* im Rahmen von § 6 Abs. 1 Satz 1 VVG an die Lektüre von Sicherheitsvorschriften gerade durch Landwirte: Hamm VersR 79, 49 (Traktor in Scheunen). – Verschuldensgrad und Beweislast: M II 8 und 10.

98   Das BAV sieht seit VerBAV 76, 350 die Sicherheitsvorschriften als Teil des *genehmigungspflichtigen* Geschäftsplans *nur noch* an, soweit sie mit sonstigen

genehmigungspflichtigen Regelungen äußerlich (in AVB oder Klauseln) *verbunden* sind, insbesondere versehen mit Anzeige- oder Nachweispflichten des VN oder mit Hinweisen oder Modifikationen zu §§ 23 ff. VVG (Gefahrerhöhung). Letzteres trifft vor allem für Kl 3602 (elektrische Anlagen), Kl 3607 (Betriebsstillegung), § 6 Nr. 4 AFB 87 usw. (Betriebsaufnahme) und Kl 3610 (Brandschutzanlagen). An der Rechtsnatur auch der genehmigungsfreien Texte, z.B. der früheren F-Kl 3.01 (Starkstromerzeugung) und 3.08 (Mehlveredelung), als vereinbarte Sicherheitsvorschriften gemäß § 7 AFB 30 und § 7 AFB 87 ändert sich nichts.

Ferner existieren **Merkblätter** des Verbandes der Sachversicherer, die meist **99** nur den wichtigsten Inhalt der bereits genannten sonstigen Vorschriften zusammenfassen (VP 75, 118 und 76, 26), z.B. über die Ausrüstung mit Feuerlöschern oder über Schweiß-, Schneid-, Löt- und Auftauarbeiten. Sind diese Texte im Einzelfall vertraglich vereinbart, so werden auch sie zu Sicherheitsvorschriften, was praktisch aber wenig bedeutsam ist. Eine bloße Zusammenfassung sind auch die *Brandverhütungsvorschriften für Fabriken und gewerbliche Anlagen* (Text: Feldmann/Hess 106). Der VN muß sie nach Kl 3601 aushängen, wenn er sich bei Verstößen durch Arbeitnehmer, die nicht seine Repräsentanten sind (O II 38), entlasten will. Der Aushang entbindet ihn freilich nicht uneingeschränkt davon, die Einhaltung der Sicherheitsvorschriften außerdem zu überwachen oder überwachen zu lassen; mindestens wenn der VN Abweichungen positiv festgestellt hatte, muß er Wiederholungsfällen vorbeugen (abweichend wohl Ollick VerBAV 81, 42).

Ein gutes Beispiel für das *Zusammenwirken* (M II 62) von *Sicherheitsvor-* **100** *schriften* mit den Vorschriften über die *Gefahrerhöhung* (M I 17) und mit dem allgemeinen Ausschluß der *groben Fahrlässigkeit* (M I 14) bieten **Plastikabfallbehälter in Gasträumen** (anders zu beurteilen sind Plastikbehälter in Küchen für Küchenabfälle, Hamm VersR 82, 1068). Ihr *Gebrauch* (betont in LG Köln VersR 75, 994) und schon ihr bloßes *Vorhandensein* ist oft Gefahrerhöhung (N IV 15), wird neurdings aber oft zugleich durch Sicherheitsvorschriften ausdrücklich ausgeschlossen, vgl. die formularmäßige Vereinbarung gemäß Texte 41 der 2. Aufl. sowie BGH VersR 79, 74, LG Hamburg VersR 75, 509, LG Dortmund VersR 75, 629, Hamm VersR 75, 607, LG Münster VersR 81, 624. Oft beschränken sich die Gerichte in diesen Fällen aber auch auf die Feststellung des Ausschlusses wegen grober Fahrlässigkeit gemäß § 61 VVG (O I 58), so z.B. Hamm VersR 79, 997 (aber unter besonders erschwerenden Umständen), LG Darmstadt VersR 77, 442, LG Köln VersR 80, 155 (Gäste am Einwerfen von Tabakresten nicht gehindert). *Verneint* wurde grobe Fahrlässigkeit mit Bezug auf die Obliegenheitsverletzung in Hamm VersR 81, 947, weil der VN den Plastikeimer hinter der Theke nur aufgestellt und nach Betriebsschluß nicht entleert, dagegen nicht selbst oder durch sein Personal für Tabakreste verwendet hatte.

Hamburg ZfS 89, 175 zitiert Sicherheitsvorschriften für Gaststätten und **101** Beherbergungsbetriebe, wonach Abfalleimer eine Vorrichtung für automatische Sperre der Luftzufuhr bei Brand im Eimer besitzen müßten. Ob es sich um vereinbarte oder um behördliche Bestimmungen handelte, geht aus dem ohne Sachverhaltsdarstellung veröffentlichten Teil der Entscheidungsgründe nicht hervor.

II. Rechtsfolgen von Verstößen gegen Sicherheitsvorschriften

1   Das Gesetz sieht als Rechtsfolge von Obliegenheitsverletzungen vor dem VFall in § 6 Abs. 1 Satz 2 VVG lediglich ein fristloses Kündigungsrecht vor. **Leistungsfreiheit** als Rechtsfolge von Verstößen gegen Sicherheitsvorschriften ist hingegen **nicht** schon **im Gesetz** angeordnet. Sie muß vielmehr in den AVB oder sonst im Vertrag vorgesehen sein, wenn sie eintreten soll, Hamm RuS 88, 113, vgl. dazu M II 7. § 6 Abs. 1 und 2 VVG legt lediglich die Grenzen fest, innerhalb deren Verstöße **in den AVB** äußerstenfalls mit Leistungsfreiheit sanktioniert werden dürfen. Ergänzend muß wegen der Voraussetzungen und Einschränkungen der Rechtsfolgen eines Verstoßes gegen Sicherheitsvorschriften auf die **Literatur zu § 6 VVG** verwiesen werden, z. B. auch wegen der Anforderungen an ein Kündigungsschreiben des Vr (dazu instruktiv Celle VersR 84, 437).

2   1. Ein **fristloses Kündigungsrecht** des Vr wegen Obliegenheitsverletzung vor dem VFall ist im Gesetz selbst vorgesehen, nämlich in § 6 Abs. 1 Satz 2 VVG. §§ 7 AFB 30, AEB, 6 Nr. 1 AWB 68, AStB 68, 7 Nr. 2 Abs. 1 Satz 2 AFB 87, AERB 87, AWB 87, AStB 87, 11 Nr. 2 Abs. 1 Satz 2 VGB 88 reduzieren dieses Kündigungsrecht und die mit ihm korrespondierende Kündigungspflicht (M II 35) auf eine Kündigung mit Monatsfrist. Nur § 14 Nr. 2 Abs. 1 VHB 84 verweist ohne Modifikation auf das fristlose Kündigungsrecht gemäß § 6 VVG. In den **übrigen AVB** handelt es sich bei der **Monatsfrist** für den VN um eine **Verbesserung,** die – auch soweit es sich um die Kündigungspflicht des Vr handelt – mit § 15 a VVG vereinbar ist, Hamm VersR 72, 265. Die Prämie für das laufende VJahr verfällt nämlich gemäß § 40 Abs. 1 VVG ohnehin, also auch bei fristloser Kündigung. Der VN kann allenfalls für den ersten Monat des nächsten VJahres zusätzlich mit zeitanteiliger Prämie gemäß § 40 Abs. 1 Satz 2 VVG belastet werden, wenn die Kündigung im letzten Monat eines VJahres erklärt wird, wofür er aber als Gegenleistung noch VSchutz erhält.

3   Stellte man sich auf auf den Standpunkt, § 15 a VVG stehe wegen § 40 Abs. 1 Satz 2 VVG einer Abänderung von § 6 Abs. 1 Satz 2 VVG entgegen, so wäre das Kündigungsrecht mit Monatsfrist nicht wirksam vereinbart. Kündigungen mit Monatsfrist oder mit Verweisung auf die AVB-Bestimmung, welche die Monatsfrist vorsieht, die der Vr gleichwohl ausspräche, wären unwirksam und nicht geeignet, die Leistungsfreiheit wegen Obliegenheitsverletzung aufrechtzuerhalten. Sie könnten auch nicht nach § 140 BGB in fristlose Kündigungen umgedeutet werden, denn eine befristete und daher mildere Kündigung „entspricht" nicht im Sinne von § 140 BGB den „Erfordernissen" einer fristlosen und damit schärferen Kündigung.

4   Hält man hingegen mit der hier vertretenen Ansicht § 6 Abs. 1 Satz 2 VVG für **wirksam abbedungen,** so stellt sich die umgekehrte Frage, wie es sich auswirkt, wenn der Vr im Schadenfall *versehentlich* nicht mit Monatsfrist und unter Hinweis auf die AVB-Bestimmung, sondern *fristlos* und unter Hinweis auf § 6 Abs. 1 Satz 2 VVG kündigt. Eine **Umdeutung** wird in aller Regel **nicht** möglich sein. Selbst wenn der Vr das Wort „fristlos" nicht gebraucht, sondern lediglich auf § 6 VVG verweist, ist die Ausgangslage nicht anders, denn

dem VN liegt der Wortlaut des § 6 VVG vor, nämlich als Anhang auf den gebräuchlichen AVB-Druckstücken. Für Umdeutung können allenfalls Gründe des Einzelfalls sprechen, z.B. besondere Sachkunde des VN oder seines Bevollmächtigten als des Kündigungsempfängers; man denke an Kündigungen gegenüber VAngestellten, VAgenten oder VMaklern.

Gegen mehr Großzügigkeit bei der Umdeutung von Kündigungen des Vr 5 mit unrichtigem Wirksamkeitsdatum oder mit unrichtiger Verweisung auf § 6 VVG spricht, daß der Vr nicht nur in der Regel überlegene Rechtskenntnisse besitzt, sondern daß überdies die Unsicherheiten hinsichtlich der Frist (Abweichung von § 6 VVG; Nebeneinander von fristloser Kündigung in der HausratV nach den VHB 84 und Monatsfrist nach den übrigen AVB) ihre Wurzel in der **Sphäre des Vr** haben, der die AVB formuliert hat. Zieht dann der Vr im Einzelfall bei Erklärung einer Kündigung die falschen Konsequenzen aus dieser Lage, so dürfen die Folgen hiervon nicht mit Hilfe von § 140 BGB auf den VN abgewälzt werden. Selbst wenn aber eine fristlose Kündigung umzudeuten wäre, würde die Angabe eines unrichtigen Wirksamkeitszeitpunkts doch jedenfalls eine **positive Vertragsverletzung** bedeuten. Der Vr hätte dem VN jeden Schaden zu ersetzen, den dieser erleidet, weil er auf die Unwirksamkeit der falsch formulierten Kündigung vertraut, wobei das Verschulden des Vr und das etwaige Mitverschulden des VN gegeneinander abzuwägen wären.

2. §§ 7 AFB 30, AEB, 6 Nr. 1, AWB 68, AStB 68, 6 Nr. 2 AERB, 7 Nr. 2 6 Abs. 1 AFB 87, AERB 87, AWB 87, AStB 87, 14 Nr. 2 Abs. 1 VHB 84, Nr. 1 VGB 62, 11 Nr. 2 Abs. 1 VGB 88 sehen **Leistungsfreiheit** wegen Verstoßes gegen Sicherheitsvorschriften vor. Nach BGH RuS 85, 199 und BGH VersR 90, 384 soll die Leistungsfreiheit aber nur eintreten, wenn der Vr sie unter Berufung auf ihren Grund dem VN gegenüber geltend macht. Fehlt es daran, so soll das Gericht sie auch dann nicht von Amts wegen zu beachten haben, wenn der Verletzungsbestand sich aus dem unstreitigen Sachverhalt ergibt.

§ 14 Nr. 2 VHB 84 sagt allerdings nur, daß der Vr leistungsfrei sein „kann". 7 Damit würde, haftete man streng am Wortlaut, Leistungsfreiheit nicht im Sinn von M II 1 angeordnet, sondern lediglich auf eine vermeintlich schon im Gesetz angeordnete Leistungsfreiheit verwiesen. Somit wäre § 14 Nr. 2 VHB 84 ohne Inhalt, und Verstöße gegen Sicherheitsvorschriften blieben ohne Sanktion. Man wird aber das Wort „kann" so auslegen dürfen, daß es eben doch die Leistungsfreiheit selbst anordnet und lediglich zusätzlich auf die in § 6 Abs. 1 und 2 VVG unabdingbar (§ 15a VVG) vorgesehenen Einschränkungen der Leistungsfreiheit hinweist, also auf die Möglichkeiten des Entschuldigungsbeweises (M II 9), des Kausalitätsgegenbeweises (M II 13) und der Kündigungspflicht (M II 15). Hamm RuS 88, 113 (zu § 21 Nr. 3 VHB 84) deutet hiergegen zwar Bedenken wegen § 5 AGBG (Unklarheitenregel) an, denn rein sprachlich könnte das Wort „kann" auch lediglich auf die Möglichkeit einer vertraglichen Vereinbarung von Leistungsfreiheit als Sanktion hinweisen. BGH VersR 90, 384 zur WassersportfahrzeugV läßt aber eine „kann"-Formulierung mit ganz anderer Begründung genügen, weil es nämlich dem Vr gegebenenfalls freistehe, sich auf Leistungsfreiheit zu berufen oder nicht zu berufen.

8   Mehrheitlich schöpfen die AVB der klassischen SachV den Spielraum, den
§ 6 Abs. 1 VVG ihnen hinsichtlich nur Sanktion der Leistungsfreiheit beläßt,
nicht voll aus. Vielmehr tritt Leistungsfreiheit nach §§ 7 AFB 30, AEB, 6
Nr. 1 AWB 68, AStB 68, 9 Nr. 1 VGB 62 nur bei **Vorsatz** oder **grober Fahrlässigkeit** ein. Überdies hat nach diesen älteren AVB der Vr eine dieser Schuldformen zu **beweisen**, während § 6 Abs. 1 VVG lediglich dem VN einen Entschuldigungsbeweis vorenthält. Nach §§ 7 **Nr.** 2 **Satz** 3 AFB 87, AWB 87,
AStB 87, 11 **Nr.** 2 **Abs.** 2 VGB 88 schaden dem VN zwar ebenfalls nur Vorsatz
auf grobe Fahrlässigkeit. Jedoch trägt der **VN** die **Beweislast**, wenn er diese
Schuldformen in Abrede stellt.

9   Motiv sind in der FeuerV übergeordnete Gesichtspunkte, unter denen unversicherte Feuerschäden gesamtwirtschaftlich als Übel erscheinen, z.B. im
Hinblick auf den Verlust von Arbeitsplätzen. Für Leitungswasser und Sturm
mag das häufige Fehlen von technischen Kenntnissen in der Person des VN
eine Rolle gespielt haben, vgl. M I 60. Dieser Gedanke ist aber schon nicht
ganz folgerichtig, denn bis zu einem gewissen Grad beeinflussen fehlende
Fachkenntnisse auch bereits die Beurteilung der Schuldform. Wenn schließlich die AEB von 1938 milder waren als die AERB von 1980 und die
AERB 87, so mag die damals geringere Kriminalität ausschlaggebend gewesen sein.

10   Voll ausgeschöpft wird der Spielraum, den § 6 Abs. 1 VVG dem Vr beläßt,
in §§ 6 **Nr.** 2 AERB, 7 **Nr.** 2 AERB 87 sowie in § 14 **Nr.** 2 VHB 84. Letzteres
überrascht insofern, als die HausratVr damit von einer Extremposition zu
einer anderen übergewechselt sind, nämlich von den VHB 74 ohne jegliche
Sicherheitsvorschriften zu den VHB 84 mit besonders scharf – nämlich schon
bei **leichter Fahrlässigkeit** – sanktionierten Sicherheitsvorschriften, und zwar
auch für das sogar in der Geschäfts- und IndustrieV sowie bei Wohngebäuden milder behandelte Feuer- und Leitungswasserrisiko. Es handelt sich um
einen der seltenen Fälle, in denen der **VN des Massengeschäfts schlechter gestellt** wird als der VN der Geschäfts- und IndustrieV, vgl. A II 5. Wie schon
in anderem Zusammenhang (M I 63) gezeigt, steht jedoch für den HausratVr
das Diebstahlrisiko im Vordergrund; daran orientieren sich die VHB 84 auch,
soweit sie die übrigen Risiken betreffen.

11   Umgekehrt überschreiten §§ 7 AFB 30, 7 AEB, 6 **Nr.** 1 AWB 68, AStB 68, 9
Nr. 1 VGB 62 den gesetzlichen Rahmen für Sanktionen bei Obliegenheitsverletzungen insofern, als sie die Leistungsfreiheit nur dann mangels Kündigung
des Vr entfallen lassen, wenn die **Kündigungsfrist schon bei Eintritt des VFalls
abgelaufen** war. Nach herrschender (M II 35) Rechtsprechung kann der Vr
den Einwand Leistungsfreiheit aber auch noch nach dem Schadenfall durch
Fristablauf verlieren. Unstreitig führt dies jedoch nicht etwa zu völliger,
sondern nur zu **teilweiser Unwirksamkeit** der Anordnung der Leistungsfreiheit, M II 39. Unwirksam sind die zitierten AVB-Bestimmung also nur, soweit sie den Rahmen des § 6 Abs. 1 und Abs. 2 VVG überschreiten. Was zu
§ 9 AGBG immer wieder angezweifelt wird (z.B. in BGH VersR 84, 830 zu
§ 6 VVG und in BGH VersR 85, 129 zu § 95 VVG), jedoch mindestens bei
Dauerrechtsverhältnissen, zu denen auch VVerträge gehören, zu Unrecht (A
V 33), wurde zu § 15a VVG, also für Abweichungen von halbzwingenden
VVG-Vorschriften, bisher von keiner Seite in Frage gestellt, nämlich die

Möglichkeit einer nur teilweisen Unwirksamkeit im Sinne einer sog. **geltung-erhaltenden Reduktion.**

Leistungsfreiheit als Rechtsfolge der in M II 6 zitierten AVB setzt voraus, 12 daß der VN eine der in den AVB jeweils vorangehend formulierten oder in Bezug genommenen (M I 18) Obliegenheiten verletzt hat. Wenn der **Vr** sich auf die Leistungsfreiheit beruft, trägt er also grundsätzlich die **Beweislast** für den Eintritt dieser Voraussetzung, nämlich für den **objektiven Tatbestand der Obliegenheitsverletzung,** vgl. BM § 6 VVG Anm. 52.

Wie auch sonst bei Streit um die Erfüllung von Verpflichtungen (Palandt/ 13 Heinrichs § 363 BGB Anm. 1), so trägt aber auch bei versicherungsvertragli-chen Obliegenheiten der Schuldner, also der **VN,** die **Beweislast für die Erfül-lungshandlung,** soweit diese in einem **bestimmten positiven Tun** besteht. Dies gilt auch dann, wenn der Vr aus der Nichterfüllung weitere Rechte herleitet, nämlich das Kündigungsrecht oder die Leistungsfreiheit (PM § 49 Anm. 3 D und die dort zitierten Urteile; ferner AG Regensburg VersR 85, 660 und LG Stade VersR 88, 712 für die ReisegepäckV; zweifelnd PM § 6 Anm. 14). LG Köln VersR 87, 85 will dem Vr bei Streit um den ordnungsgemäßen Ver-schluß des einzigen vorhandenen Fensters lediglich Beweiserleichterungen zuerkennen. Für Beweislast des VN sprechen nicht zuletzt die Überlegungen, die BGH RuS 89, 58 = VerBAV 118 = NJW-RR 410 = VersR 472 mit Recht veranlaßt haben, bei Streit über einen Beratungsfehler vom Vr nicht nur den Nachweis des angeblichen Fehlens der Kausalität, sondern schon den Nach-weis der Erfüllung der Beratungspflicht zu verlangen, S IV 9. – Wegen der entsprechenden Frage bei Obliegenheitsverletzungen nach dem VFall vgl. X 7 bis 15, 40, 60, 71 und 162.

Beispiele für die hier vertretene Beweislast des VN für die Erfüllungshand- 14 lung bieten folgende Obliegenheiten: Anbringen von zusätzlichen Sicherun-gen (K III 14); Betätigung vorhandener Sicherungen (M I 23); Mindestlage-rungshöhe für versicherte Sachen in der LeitungswasserV gemäß § 6 Nr. 2x AWB (M I 90); zur Beweislast hier unrichtig Hamm VersR 83, 1148); Ein-schließen versicherter Wertsachen nach sog. Verschlußvorschriften (M I 8 und M III 2); Aufbewahrung von Fahrrädern (D XV 29); Entfernung von Gepäck aus einem im Freien abgestellten Kfz (D XV 52 und LG Stade VersR 88, 712 für die ReisegepäckV); Anzahl und Eignung der Transportpersonen in der TransportraubV (U II 19); Einschalten und Überwachen der Heizung in nicht benutzten Wohngebäuden (so rechtfertigt sich im Ergebnis LG Köln VersR 89, 1190).

Dagegen trägt nicht der VN, sondern der **Vr** die **Beweislast für den Verstoß,** 15 soweit der VN ein Unterlassen schuldet oder soweit die AVB dem VN bei Obliegenheiten, die auf ein positives Tun gerichtet sind, die Wahl zwischen **mehreren Möglichkeiten** überlassen, die gefahrmindernde Obliegenheit zu er-füllen. Ein Beispiel hierfür bildet die Wahl zwischen dem Absperren und Entleeren wasserführender Anlagen und ausreichender Beheizung der versi-cherten Gebäude während der kalten Jahreszeit, M I 74. Von einem bestimm-ten positiven Tun im Sinn der Rechtsprechung zu § 363 BGB kann angesichts einer solchen Wahlmöglichkeit nicht gesprochen werden.

16   3. Leistungsfreiheit wegen Obliegenheitsverletzung tritt nach § 6 **Abs. 1 Satz 1** VVG nicht ein, wenn der VN den **Entschuldigungsbeweis** führt. Die in M II 8 zitierten *älteren AVB* verbessern die Stellung des VN darüber hinaus dahin, daß die Vr die *Beweislast* für das Verschulden des VN trägt, und zwar für das Verschulden in Form der in jenen AVB vorausgesetzten groben Fahrlässigkeit oder des Vorsatzes. Beispiel: In Köln VersR 86, 675 und in Hamm RuS 89, 298 (zu § 61 VVG) ist dem Vr dieser Nachweis zu Leitungswasserschäden durch Frost jeweils gelungen, ebenso in AG Hamburg VersR 89, 956 bezüglich des nächtlichen Gebrauchs von Sicherungen der Betriebsräume. In LG Köln VersR 89, 1190 werden an den Nachweis des Vr fast etwas zu geringe Anforderungen gestellt („Heizung nicht eingeschaltet oder nicht regelmäßig überwacht"), M I 72, aber das Ergebnis rechtfertigt sich durch die Beweislast des VN für die Erfüllung der Obliegenheit, M II 14. Nach §§ 7 Nr. 2 AFB 87, AWB 87, AStB 87, 11 Nr. 2 VGB 88 schadet zwar nur grobe Fahrlässigkeit, jedoch trägt hier die VN die Beweislast dafür, daß dieser Verschuldensgrad nicht erreicht ist. Ausnahmsweise können auch Auslegungsschwierigkeiten das Verschulden des VN mindern oder ausschließen, weil ihm das Bewußtsein der Rechtswidrigkeit fehlt, vgl. Hamburg NJW-RR 89, 930 = RuS 339 = VersR 1257.

17   Daß unverschuldete (und eventuell auch leicht fahrlässige) Obliegenheitsverletzungen von der Sanktion der Leistungsfreiheit ausgenommen werden müssen, ist notwendige Folge des Umstandes, daß Sicherheitsvorschriften nie genau so formuliert sein können, daß sie immer dann, aber auch nur dann eingreifen, wenn dies dem VN unter Berücksichtigung aller Umstände zumutbar ist. In M I 38 bis 59 wird dies am Beispiel der HausratV eingehend erläutert. Deshalb ermöglicht § 6 Abs. 1 Satz 1 VVG eine **Korrektur der in den AVB angeordneten** Rechtsfolge der **Leistungsfreiheit** in der Weise, daß unverschuldeten Obliegenheitsverletzungen nicht zur Leistungsfreiheit führen dürfen. Das Fehlen eines Verschuldens kann seinen Grund darin haben, daß die Obliegenheit ganz *allgemein* vorsorglich zu weit formuliert wurde, oder aber darin, daß vom VN ein normalerweise zumutbares Verhalten aus besonderen Gründen des *Einzelfalles* nicht erwartet werden konnte. Ein weiteres instruktives Beispiel liefert die Raumsicherungspflicht des DiebstahlVN in der GeschäftsV, M I 24. Vgl. ferner D XV 28 für den VSchutz gegen einfachen Diebstahl von Fahrrädern.

18   Hingegen **reicht es** für den Entschuldigungsbeweis **nicht aus,** daß das tatsächlich beobachtete Verhalten dem durch die Sicherheitsvorschrift verlangten Verhalten **gleichwertig** oder unter Sicherheitsgesichtspunkten sogar geringfügig (sonst vgl. H III 50 und S I 38) **überlegen** ist. Ließe man dies nämlich genügen, so würde das Prinzip in Frage gestellt, daß der vereinbarte Vertragsinhalt zu beachten ist. Die in Kl 3605 vorgesehene Ausnahme (M II 34) bestätigt die Geltung des soeben formulierten Grundsatzes im übrigen. Von der gegenteiligen Ansicht scheint LG Bremen VersR 89, 365 ausgegangen zu sein, wonach es genügen sollte, wenn der VN „statistische Unerheblichkeit" des gefahrerhöhenden Umstandes (unverschlossene Terrassentür) beweisen könne, was ihm im konkreten Fall nicht gelang, vgl. M II 20.

19   Beruft sich der VN auf Gleichwertigkeit des durch ihn beobachteten Verhaltens, so ist aber sorgfältig zu prüfen, ob nicht entschuldbare *Unkenntnis* *der Rechtswidrigkeit* vorgelegen hat, M II 21. Beruht die Gleichwertigkeit des Verhaltens darauf, daß die Obliegenheit zu scharf formuliert ist, so ist zu prüfen, ob nicht dieser Teil der Obliegenheit bei AGBG-konformer Auslegung oder *Teilunwirksamkeit* der Bestimmung unbeachtlich ist, M II 26. Von diesen Möglichkeiten abgesehen schließt aber eine Gleichwertigkeit des des tatsächlich beobachteten Verhaltens den Einwand der Leistungsfreiheit wegen Obliegenheitsverletzung nicht aus.

Auch ein **Umkehrschluß** aus § 6 Abs. 2 VVG bestätigt die hier und z.B. in   20
PM § 6 Anm. 13 sowie 5. AVBSP 85 Anm. 8 vertretene Ansicht. Würde es nämlich schon genügen, daß das tatsächlich beobachtete Verhalten die Schadenwahrscheinlichkeit nicht erhöht oder vielleicht sogar vermindert hat, so bedürfte es der Möglichkeit eines Kausalitätsgegenbeweises nicht. Tatsächlich soll aber, wie § 6 Abs. 2 VVG zeigt, die Leistungsfreiheit wegen Obliegenheitsverletzung nicht schon dann entfallen, wenn der Schaden bei korrektem Verhalten „statistisch gesehen" (so irrig LG Bremen VersR 89, 365; das – nicht rechtskräftige – Berufungsurteil Bremen VersR 89, 1044 geht auf diesen Punkt nicht mehr ein, vgl. aber M II 28) ebenso wahrscheinlich oder wahrscheinlicher gewesen wäre, sondern nur dann, wenn der Schaden bei korrektem Verhalten mit Sicherheit ebenfalls eingetreten wäre. Wegen eines Beispiels aus der HausratV vgl. M I 55 (nicht geschlossene Rolläden während des Urlaubs).

Beachtet der VN eine Sicherheitsvorschrift deshalb nicht, weil sich derselbe   21
Sicherheitsgrad auf andere Weise bequemer realisieren läßt, so kann dies auf Unkenntnis der AVB insgesamt oder jedenfalls des Wortlauts der Sicherheitsvorschrift beruhen. Solche **Unkenntnis der Rechtswidrigkeit** schließt Vorsatz begrifflich aus. Ob der Entschuldigungsbeweis bei **Verbotsirrtum** freilich auch mit Bezug auf die Schuldform der leichten oder groben Fahrlässigkeit geführt werden kann, hängt davon ab, ob der Verbotsirrtum seinerseits als entschuldbar anzusehen ist, vgl. ausführlich Martin RuS 88, 215, 216.

Allein der Umstand, daß eine Obliegenheit „zu scharf" formuliert ist,   22
reicht weder als **Beweis** für den Verbotsirrtum als Tatsache noch für dessen **Entschuldbarkeit** aus, denn der VN rechnet oft durchaus mit der Möglichkeit, daß auch „zu scharfe" Vertragsbestimmungen rechtswirksam und bindend sein könnten, handelt also mit Bezug auf die Rechtswidrigkeit bedingt vorsätzlich. Mindestens muß er bei Anwendung der gehörigen Sorgfalt mit einer solchen Möglichkeit rechnen. Je mehr es freilich ein Teil einer Sicherheitsvorschrift der Zumutbarkeitsgrenze nähert, um so mehr spricht für einen behaupteten **Verbotsirrtum** sowie für dessen Entschuldbarkeit. Ist die Zumutbarkeitsgrenze gar überschritten, so ist die Sicherheitsvorschrift durch AGB-konforme Auslegung oder durch Teilunwirksamkeit nach § 9 AGBG auf ein richtiges Maß zurückzuführen, M II 26.

4. Leistungsfreiheit tritt nach § 6 Abs. 2 VVG ferner dann nicht ein, wenn   23
der VN den sog. **Kausalitätsgegenbeweis** führt, wenn er also beweist, daß der Schaden auch ohne die Obliegenheitsverletzung eingetreten wäre. Der Vr darf nämlich durch die Sanktion der Leistungsfreiheit nicht besser gestellt werden, als er ohne die Obliegenheitsverletzung stünde, vgl. z.B. M I 58 für die HausratV. Es genügt nicht, daß der Schadeneintritt bei korrektem Verhalten ebenso wahrscheinlich gewesen wäre, M II 18 und 20.

24   a) § 6 Abs. 2 WG ermöglicht den **Kausalitätsgegenbeweis** nicht nur bei fahrlässigen, sondern **auch bei vorsätzlichen Verstößen** des VN gegen die Obliegenheit und trägt so wesentlich zur Entschärfung zu weit formulierter Sicherheitsvorschriften in AVB bei. In Martin RuS 88, 185 (189, rechte Spalte, Mitte, und 190, linke Spalte, Mitte) wurde die Möglichkeit des Kausalitätsgegenbeweises auch bei vorsätzlichen Verstößen zu wenig beachtet und deshalb eine Korrektur zu weit formulierter Sicherheitsvorschriften durch AGBG-konforme Auslegung oder durch die Annahme teilweiser Unwirksamkeit nach § 9 AGBG besonders im Hinblick auf Fälle befürwortet, in denen der VN einen Verbotsirrtum nicht behaupten oder nicht beweisen kann, weil er die (wenn auch „zu scharfe") Sicherheitsvorschrift aus Gründen des Einzelfalles genau gekannt hat. Die aaO vertretene Anwendung des AGBG rechtfertigt sich indessen auch dann, wenn man die Möglichkeit des Kausalitätsgegenbeweises bei vorsätzlichen Verstößen voll berücksichtigt.

25   Zum einen kann in extrem seltenen Fällen ein VFall auch durch einen Verstoß gegen den „zu scharfen" Teilbereich einer Sicherheitsvorschrift verursacht werden. Ein konstruiertes Beispiel zu § 14 Nr. 1 c VHB 84 wäre ein Fassadenkletterer, der sich ein im 7. Obergeschoß in Abwesenheit aller Bewohner offenstehendes Fenster zunutze macht. Weiteres Extrembeispiel: Der im Vorgarten bereits lauernde Dieb öffnete mittels eines Werkzeugs eine nur in das Schloß gezogene, nicht aber zusätzlich versperrte Tür, während die VN für die Dauer von nur 4 Minuten im Garten Gemüse erntet. Gerade weil solche Fälle, in denen **weder** der **Kausalitätsgegenbeweis noch** der Beweis eines **Verbotsirrtums** zu führen ist, extrem selten sind und den Vr kaum zusätzlich belasten, sollte dem VN durch Anwendung des AGBG geholfen werden.

26   Zum anderen wäre schon allein das gesetzliche Kündigungsrecht des § 6 Abs. 1 Satz 2 VVG ein Anlaß, „zu scharfe" Obliegenheiten mit Hilfe des AGB-Gesetzes auf ein sachgerechtes Maß zurückzuführen. Selbst wenn man also von den seltenen Ausnahmefällen absieht, in denen im Schadenfall der Kausalitätsgegenbeweis nicht zu führen ist, spricht bereits die Existenz des Kündigungsrechts für **teilweise Unwirksamkeit** zu weit formulierter Sicherheitsvorschriften oder für deren **Reduktion durch AGBG-konforme Auslegung.** Andernfalls wäre an mehrjährige Verträge nur der VN wirklich gebunden, während die Vr mit jedem einzelnen Verstoß gegen eine zu weit formulierte Obliegenheit ein Kündigungsrecht erwürbe, im Extremfall sogar fast täglich.

27   Beispiele bilden die in M II 25 erwähnten Obliegenheiten aus einem wortgetreu angewendeten § 14 Nr. 1 c VHB 74 sowie die Obliegenheiten, gemäß §§ 6 Nr. 2 b AWB 68, 9 Nr. 2 b VGB 62 auch in ausreichend beheizten und zuverlässig kontrollierten Gebäuden alle wasserführenden Anlagen zu entleeren, sobald das Gebäude auch nur vorübergehend nicht benutzt wird, z. B. während eines kurzen Urlaubs des WohngebäudeVN oder während weihnachtlicher Betriebsferien des GeschäftsgebäudeVN, M I 80. Auch wenn der VN einen Verbotsirrtum im Sinn von M II 21 nicht behaupten kann oder nicht behaupten will, sondern die zu weit formulierte Obliegenheit im Einzelfall aus irgendwelchen Gründen genau gekannt hat, müssen jene Obliegenheiten AGBG-konform so ausgelegt werden, als wäre § 14

Nr. 1 c im Sinn der Alternativformulierung gemäß M I 42 abgefaßt oder als
wäre – ebenso wie in den AWB 87, VHB 84 und VGB 88 – auch schon in den
AWB 68 und in den VGB 62 die Beheizung als Alternative ausdrücklich erwähnt.

b) Der **Kausalitätsgegenbeweis** wirft in jedem VZweig besondere Probleme 28
auf. So ist z.B. die Rechtsprechung zum Kausalitätsgegenbeweis nach den
AKB (Fahren ohne Fahrerlaubnis oder entgegen der Verwendungsklausel)
für die Sachversicherung kaum verwertbar. Der VN muß nach § 6 Abs. 2
VVG beweisen, daß der Verstoß *keinen Einfluß* auf den *Eintritt* des VFalls
oder auf den *Umfang* der Entschädigung gehabt hat. Er muß beweisen, daß
der VFall und gegebenenfalls mit welcher Schadenhöhe auch ohne den Verstoß eingetreten wäre. Ist z.B. entgegen § 6 Nr. 1 b AERB ein Kellerfenster
nicht richtig gesichert, so ist in der Regel *nicht* beweisbar, daß der Dieb bei
korrekter Sicherung gewaltsam eingedrungen wäre, LG Hamburg VersR **86**,
753.

Nicht immer aber läßt sich so leicht entscheiden, ob der Schaden nicht auch 29
„ohne den Verstoß" eingetreten wäre. Dabei ist hier aber zunächst nicht von
den Schwierigkeiten der tatsächlichen Gegebenheiten im Einzelfall die Rede,
sondern von der Auslegung der zitierten Worte in § 6 Abs. 2 VVG. Diese
Worte verlangen, den Verstoß gegen die Obliegenheit „wegzudenken". Wird
aber der Verstoß weggedacht, so tritt an dessen Stelle als Gegenstand der
vergleichenden Betrachtung nicht ein Nichts, sondern ein hypothetisches anderes Verhalten des VN. Für dieses andere Verhalten gibt es aber bisweilen
nicht nur eine, sondern mehrere Möglichkeiten, vgl. auch die in F IV 11 für
unbewohnte Gebäude in der LeitungswasserV behandelte Frage. War allerdings ausschließlich ein ganz bestimmtes Verhalten geboten, z.B. eine Einbruchmeldeanlage scharf zu schalten oder ein Rollgitter herunterzulassen, so
muß er beweisen, daß auch dieses bestimmte Verhalten den Schaden nicht
vermieden hätte. Oft ist aber umgekehrt nur eine bestimmte Verhaltensweise
verboten, und der verbotenen Verhaltensweise steht eine Vielzahl oder wenigstens eine mehr oder weniger große **Gruppe von erlaubten Verhaltensweisen**
gegenüber.

Deutlich wird diese Problematik z.B. bei Verstößen gegen **Verschlußvor**- 30
schriften für Schmuck außer Gebrauch in der HausratV als verhüllte Obliegenheiten (M III 21) nach § 2 Nr. 4 b der VHB von 1966. Hätte etwa eine
HausratVN während ihrer Abwesenheit den Schmuck nicht unverschlossen
liegen gelassen, so hätte sie ihn entweder bestimmungsgemäß tragen können,
so daß er sich überhaupt nicht in der Wohnung befunden hätte oder sie hätte
ihn im Schreibtisch oder in einem Kleiderschrank oder in einem anderen
Behältnis in der Wohnung einschließen oder sie hätte ihn z.B. auch verleihen
können. Was die VN ohne den Verstoß wirklich getan hätte, läßt sich meist
nicht mehr feststellen, ist aber auch nicht entscheidend. Der Kausalitätsgegenbeweis ist geführt, wenn bei **irgendeinem mit dem VVertrag zu vereinbaren**-
den Verhalten der Schaden mit Sicherheit ganz oder teilweise ebenfalls eingetreten wäre (ebenso im Grundgedanken KG VA 27 Nr. 1700).

In dem geschilderten Beispiel brauchte die VN also nur zu beweisen, daß 31
der Einbrecher wenigstens *eines* der verschlossenen Behältnisse in der Woh-

nung tatsächlich aufgebrochen hat, daß er also den Schmuck mitgenommen hätte, wenn er sich dort befunden hätte; sie braucht *nicht* (anders offenbar Müller BB 80, 2069; „alle . . . Behältnisse") zu beweisen, daß sie den Schmuck *nicht* mit sich aus der Wohnung genommen, *nicht* verliehen und auch *nicht* in ein anderes (*nicht* aufgebrochenes) Behältnis gelegt hätte, wenn sie an die Obliegenheit gedacht hätte. War allerdings überhaupt kein Behältnis aufgebrochen worden, so genügt zugunsten der VN nicht etwa schon die bloße Möglichkeit, daß der Dieb Behältnisse erbrochen hätte, wenn er unverschlossen nichts vorgefunden hätte; dies wäre kein Beweis, sondern Spekulation. – Weitere instruktive Beispiele: M I 26 (Registrierkassen), S II 89 (Wohnfläche in der HausratV und § 21 VVG) sowie N IV 81 (unbeaufsichtigte Wohnung).

32   Ähnliche Beispiele gibt es auch zur **FeuerV**. Waren z. B. Feuerlöscher nicht vorhanden, so ist der Kausalitätsgegenbeweis geführt, soweit der Brandschaden mit Sicherheit auch trotz ausreichender Feuerlöscher entstanden wäre. Dabei ist aber zum Vergleich nicht der Optimalfall einer besonders großen Zahl von Feuerlöschern, sondern sind die nach Zahl, Zustand und Aufstellungsort gerade noch ausreichenden Feuerlöscher als Gegenstand der gebotenen vergleichenden Betrachtung heranzuziehen. Das gleiche gilt für unzureichende Schutzmaßnahmen bei feuergefährlichen Arbeiten; entscheidend ist, ob der Brand schon durch die gerade noch ausreichenden Schutzmaßnahmen vermieden worden wäre.

33   Ein weiteres Beispiel liefert die **LeitungswasserV,** falls man entgegen M I 81 die Obliegenheiten bezüglich Wasserleitungen in nicht benutzten Gebäuden auch mit der Gefahr unbemerkter Schadensvergrößerung motivieren wollte. Für den Kausalitätsgegenbeweis wäre dann die längste, ohne Obliegenheitsverletzung gerade noch zu konstruierende Abwesenheit aller Bewohner zugrundezulegen, was noch zusätzlich für die in M I 81 vertretene Ansicht spricht. – Weiteres Beispiel aus der LeitungswasserV: Das unterlassene Kontrollieren der Heizung ist nicht ursächlich, wenn der Frostschaden aus irgendwelchen technischen Gründen ausnahmsweise auch trotz des gebotenen Minimums (!) an Kontrolle eingetreten wäre; in Hamm RuS 89, 298 gelang dieser Nachweis nicht. – Zur LeitungswasserV vgl. auch noch F IV 11.

34   Besonders weit zugunsten des VN geht **Kl 3605,** wo für die Dauer vorübergehender *Bau-, Umbau- oder Reparaturarbeiten* von **Sicherheitsvorschriften** ganz allgemein **abgewichen** werden darf, wenn hierbei die gebotene erhöhte Sorgfalt beobachtet wird. Es ist dies eine vereinbarte Ausnahme von dem Grundsatz, M II 18, daß nicht schon die Gleichwertigkeit des tatsächlich beobachteten Verhaltens den VN entschuldigt. Der Kausalitätsgegenbeweis ist hier geführt, wenn eine Art und Weise der Arbeiten vorstellbar ist, die als genügend sorgfältig zu bewerten wäre, den Schaden aber gleichwohl nicht verhindert hätte, vgl. auch N V 5. Auch auf Gefahrerhöhung kann sich der Vr nach Kl 3605 nicht berufen, N III 36. Kl 3605 verbessert also auf dem Weg über § 6 Abs. 2 VVG die Stellung des VN auch dann, wenn er nicht die dort gebotene „erhöhte Sorgfalt" beobachtet hat.

35   5. Dem Kündigungsrecht des Vr nach § 6 Abs. 1 Satz 2 VVG (M II 2) entspricht eine **Kündigungspflicht** nach **§ 6 Abs. 1 Satz 3 VVG.** Der Vr muß innerhalb der Frist von einem Monat ab Kenntnisnahme (z. B. durch Wahr-

nehmungen des Regulierungsbeauftragten im VOrt, Hamm RuS 89, 92) von der Obliegenheitsverletzung kündigen, wenn er leistungsfrei bleiben will; bei dringendem Verdacht bereits innerhalb der Monatsfrist muß der Vr sich ernsthaft um Klärung bemühen, wenn die Frist nicht als verstrichen gelten soll, BGH NJW 90, 47. Nach herrschender Auslegung von § 6 Abs. 1 Satz 3 VVG gilt dies entgegen den in M II 11 zitierten älteren AVB auch und sogar gerade dann, wenn der Vr erst weniger als einen Monat vor dem VFall oder – so in aller Regel – erst *nach* dem VFall von dem Verstoß erfährt (BGHZ 4, 369; weitere Nachweise: PM § 6 Anm. 10; wohl nur versehentlich abweichend BObLG VersR 76, 33).

Die **Gegenansicht**, vertreten vor allem bei BM § 6 VVG Anm. 43, die für 36 eine engere Auslegung von § 6 Abs. 1 Satz 3 VVG plädiert, kann sich zwar auf die **amtliche Begründung** (DJ 39, 1773) stützen, ist aber angesichts der gefestigten Rechtsprechung für die Schadenpraxis nicht mehr von Bedeutung, mag sie auch bei genauer Betrachtung den Vorzug verdienen, vgl. zuletzt Schirmer ZVersWiss 84, 575. Nach der amtlichen Begründung sollte die Kündigungspflicht den Vr nur daran hindern, Prämie zu erheben, obwohl VSchutz nicht besteht. Dieses Motiv würde für bereits eingetretene VFälle nicht mehr zur Kündigung zwingen. Wo die Kündigungsfrist erst nach dem VFall ungenutzt verstreicht, könnte allenfalls noch die Leistungsfreiheit für zukünftige VFälle aufgrund derselben oder einer ähnlichen Obliegenheitsverletzung beseitigt werden, vgl. ausdrücklich Hamm VersR 56, 233.

BGHZ 4, 369 sieht demgegenüber ein objektiviertes (von der Gesetzesbe- 37 gründung losgelöstes) Motiv der Kündigungspflicht in dem Widerspruch, den es darstellen soll, wenn der Vr den Verstoß einerseits so hoch bewertet, daß er sich auf Leistungsfreiheit beruft, andererseits aber doch so gering, daß er die Kündigungsfrist ungenutzt verstreichen läßt. Der BGH hat seinen Standpunkt z. B. in VersR 81, 187 und 82, 33 zur ValorenV und zur DiebstahlV nochmals bekräftigt. Zu BGH VersR 88, 1013 (Abschluß eines neuen Vertrages vor Wirksamkeit der Kündigung) vgl. M II 55.

Die in der amtlichen Begründung vertretene engere Auslegung von § 6 38 Abs. 1 Satz 3 VVG liegt §§ 7 AFB 30, AEB, 6 Nr. 1 AWB 68, AStB 68, 9 Nr. 1 VGB 62 zugrunde. Dort wird von der Leistungsfreiheit wegen Obliegenheitsverletzung nur für den Fall eine Ausnahme gemacht, daß die Kündigungsfrist schon bei Eintritt des VFalles abgelaufen war, nicht hingegen auch für ungenutzten **Fristablauf nach dem VFall**. Für diese letzteren Fälle verstoßen jene AVB-Bestimmungen daher gegen § 15a VVG und sind für diesen Teilbereich unwirksam, M II 11.

Völlige Unwirksamkeit ist entgegen der zu § 6 AGBG herrschenden An- 39 sicht – Verbot einer geltungerhaltenden Reduktion – bisher nie angenommen worden, vgl. dazu ausführlich A V 33. Die Rechtsprechung, auch die des BGH, hat vielmehr die zitierten Bestimmungen stets als **wirksame Anordnung der Leistungsfreiheit** im Sinn von M II 1 und 6 gelten lassen. Die neueren AVB, nämlich §§ 6 Nr. 2 AERB, 7 Nr. 2 AFB 87, AERB 87, AWB 87, AStB 87, 14 Nr. 2 VHB 84, 11 Nr. 2 VGB 88 verweisen wegen der gesetzlichen Einschränkungen der Leistungsfreiheit ohnehin nur auf § 6 Abs. 1 VVG und damit auf dessen Auslegung durch die herrschende Rechtsprechung. Die Frage einer völligen oder teilweisen Unwirksamkeit stellt sich nach den neueren AVB nicht mehr.

40 a) Die Leistungsfreiheit entfällt, wenn die Kündigungsfrist für diejenige Obliegenheitsverletzung ungenutzt verstreicht, die den VFall verursacht haben könnte. Bei **Verstößen über einen längeren Zeitraum hinweg** kommt es also darauf an, ob der VN begrifflich nur *einen* oder aber *mehrere* Verstöße begangen hat. Bei mehreren Verstößen wird die Kündigungsfrist jeweils durch Kenntnisnahme des Vr von einem ganz bestimmten erneuten Verstoß wieder neu in Lauf gesetzt. Gelegentlich (PM § 6 Anm. 10 m. w. N.) liest man die Frage so formuliert, daß es darauf ankomme, ob die Obliegenheitsverletzung einen *Dauerzustand* schaffe. Diese Formulierung entspricht aber *nicht* dem gesetzlichen Ausgangspunkt, denn Kündigungsrecht und Kündigungspflicht knüpfen an den Verstoß selbst an, nicht erst an den durch den Verstoß geschaffenen, mehr oder weniger lang andauernden Zustand. Außerdem wäre ganz unklar, ob z. B. wiederholte Verstöße gegen eine Aufsichtspflicht oder gegen ein Rauchverbot einen Dauerzustand bedeuten oder nicht.

41 Verlangt die Obliegenheit ein Unterlassen des VN und verstößt der VN **wiederholt** durch **positives Tun,** so setzt jeder Verstoß bei Kenntnisnahme durch den Vr eine neue Frist in Lauf. War also die Frist für einen früheren Verstoß versäumt, so ist damit die Leistungsfreiheit für einen späteren Verstoß gegen dieselbe Obliegenheit nicht ausgeschlossen. Dies gilt auch dann, wenn die *Verstöße* einander *ähnlich* oder *gleichartig* sind. Wollte man anders entscheiden, so würde es für den VN einen rechtlichen Vorteil bedeuten, daß er eine gleichartige Obliegenheitsverletzung auch schon früher begangen hatte. Der VN muß allerdings aufgrund des späteren Verstoßes, der zum VFall geführt hat, nach Kenntnisnahme fristgerecht kündigen, um Leistungsfreiheit einwenden zu können.

42 Verlangt die Obliegenheit ein positives Tun und verstößt der VN durch **längerdauerndes Unterlassen,** so gilt nichts anderes. Eine Unterscheidung zwischen Verstößen durch Unterlassen und durch wiederholtes gleichartiges positives Tun wäre nicht vertretbar, zumal die Grenze oft schwer zu ziehen wäre, so z. B., wenn der VN ohne Schutzvorrichtungen schweißt oder wenn er in seinem Geschäft im Erdgeschoß kurz vor Betriebsschluß das Fenster öffnet und offen stehen läßt; sollte hier der Verstoß einerseits im Schweißen oder im Öffnen des Fensters, also in einem positiven Tun, bestehen oder aber andererseits erst in dem jeweils nachfolgenden Unterlassen? Auch wäre bei allen Verstößen von Arbeitnehmern zweifelhaft, ob auf deren positives Tun oder auf das Unterlassen der Aufsicht durch den VN abzustellen wäre.

43 Ebensowenig kann es bei Verstößen durch positives Tun gegen eine Unterlassungspflicht einen Unterschied machen, ob *andauernd* oder *mit Unterbrechungen* verstoßen wird. Man denke etwa an Verstöße gegen das Rauchverbot in feuergefährdeten Räumen, oder daran, daß der VN eine Einbruchmeldeanlage einerseits wiederholt am Abend nicht scharf schaltet oder aber nach einem Defekt deren Reparatur unterläßt.

44 Ein Beispiel für einen Verstoß durch Unterlassen gegen eine Obliegenheit zu einem positiven Tun stellt es dar, wenn der VN entgegen **Kl 3602** nicht innerhalb der ersten drei Monate jedes Vertragsjahres die **elektrischen Anlagen**

überprüfen läßt oder (und) dem Vr hierüber nicht ein Attest übersendet. Beide Obliegenheiten bestehen auch über den Fristablauf hinaus fort; dies und die Möglichkeit des Entschuldigungsbeweises durch den VN werden im Klauseltext durch das Wort „möglichst" angedeutet. Der Vr verliert also den Einwand der Leistungsfreiheit nicht schon dadurch nach § 6 Abs. 1 Satz 3 VVG, daß er nicht im vierten Monat kündigt. Andererseits kann es den Entschuldigungsbeweis des VN, der ohnehin nur Vorsatz und grobe Fahrlässigkeit ausschließen muß, je nach Sachlage erleichtern, wenn der Vr aus dem aktenkundigen Fehlen des Attestes nicht die richtigen Konsequenzen (Mahnung nebst Verhandlungen über Vertragsänderungen für den Einzelfall noch innerhalb der ersten Kündigungsfrist, also im vierten Monat des Vertragsjahres) gezogen hatte.

Um einen längerdauernden Verstoß durch Unterlassen gegen eine auf ein **45** positives Tun gerichtete Obliegenheit handelt es sich auch, wenn der VN es unterläßt, bis zu einem vereinbarten Zeitpunkt zusätzliche Sicherungen anzubringen, z.B. andere Schlösser oder Fenstergitter oder eine Brand- oder Einbruchmeldeanlage, K III 14. Wollte man annehmen, die Kündigungsfrist laufe letztmalig, sobald der Vr erstmals erfährt, daß der vereinbarte Termin nicht eingehalten worden ist (oder gar: in Zukunft nicht eingehalten werden solle oder könne), so müßte ein Vertragsnachtrag mit einer neuen Frist für den Einbau der Sicherung vereinbart werden, wenn der Vr nicht vor die Wahl gestellt werden soll, entweder zu kündigen oder den Einwand der Leistungsfreiheit endgültig zu verlieren. Die hier vertretene Ansicht führt allerdings zu einer **Diskrepanz** mit der Rechtslage nach §§ 25, 28 VVG. Kenntnis des Vr von einer Gefahrenerhöhung läßt nämlich die Kündigungsfrist auch dann laufen, wenn der VN glaubhaft in Aussicht stellt, die Gefahrerhöhung alsbald zu beseitigen, dies dann aber mit oder ohne Verschulden des VN schließlich doch nicht geschieht, M II 65. Der Vr kann den Folgen des Ablaufs der Kündigungsfrist nach §§ 25, 28 VVG nur entgehen, indem er die Beseitigung der Gefahrerhöhung ihrerseits zum Gegenstand einer Obliegenheit macht.

Vom *Zweck der Kündigungspflicht* her sprechen gute Gründe für die hier **46** vertretene Ansicht, wonach das **Kündigungsrecht** bei länger dauernden oder oft wiederkehrenden Verstößen **laufend neu entsteht.** Dies einmal deshalb, weil sonst der VN durch endgültigen Ablauf der Kündigungspflicht besser gestellt würde, wenn er häufiger oder ununterbrochen vestößt, dagegen schlechter bei nur gelegentlichen Verstößen, vgl. schon M II 41. Außerdem wäre ein Zwang zur Kündigung wegen Verstößen, die noch nicht zum VFall geführt haben, oft unpraktikabel, denn der Vr müßte dann kurz vor Ablauf der Monatsfrist ab Kenntnisnahme auch dann kündigen, wenn mit dem Ende des Verstoßes, z.B. durch Reparatur der defekten Sicherung oder Einbruchmeldeanlage oder durch Beschaffung von Feuerlöschern, alsbald zu rechnen ist.

Ferner entspricht die laufende Neuentstehung des Kündigungsrechts dem **47** Sinn des § 6 Abs. 1 Satz 3 VVG, wie der BGH (M II 37) ihn versteht: Der Vr soll *nach* Eintritt des VFalls durch fristgerechte Kündigung zeigen, für wie gravierend er den Verstoß hält. Durch diesen Gedanken ist das z.B. in Hamm VersR 56, 233 besonders betonte ursprüngliche Motiv der Kündigungspflicht (keine Prämie für Zeiträume, in denen der Vr leistungsfrei ist) auch für andere Auslegungsfragen des § 6 Abs. 1 Satz 3 VVG als überholt anzusehen. Auch verliert die Prämienzahlungspflicht durch die länger andauernde oder wiederholte Obliegenheitsverletzung ihren Sinn keineswegs völlig, einmal deshalb nicht, weil der Verstoß die Leistungspflicht nur teilweise – zumal bei kombinierter V – beseitigt, soweit nämlich der Kausalitätsgegenbeweis nicht geführt werden kann, und zum anderen deshalb nicht, weil der sofortige Wiederbeginn des VSchutzes ohne neuen Vertragsschluß bei Ende des Verstoßes für den VN ebenfalls eine gewisse Sicherheit bedeutet. Endlich gehört es zu den anerkannten Grundsätzen der Rechtsauslegung, daß ausnahmsweise Gesetze „klüger als der Gesetzgeber" sein können, daß sich also die Auslegung über die amtliche Begründung hinwegsetzen darf.

48   **b) Entbehrlich** ist eine **Kündigung** entgegen § 6 Abs. 1 Satz 3 VGG dann, wenn das **VVerhältnis** ohnehin beendet ist, z. B. durch Zeitablauf (Hamm RuS 87, 42) oder durch völligen **Interessewegfall**, also durch Totalschaden oder sonstigen – endgültigen! – Verlust aller versicherten Sachen, BGH VErsR 81, 187, LG Frankfurt RuS 79, 241. Bei V von Inbegriffen ist dieser Fall aber naturgemäß selten. Auch ist zweifelhaft, ob § 30 VVG analog für § 6 Abs. 1 Satz 3 und 4 VVG gilt, so daß die Kündigung gegebenenfalls auf die betroffene Position beschränkt werden darf und somit als Kündigungsersatz ein Interessewegfall für diese (z. B. Gebäude-) Position ausreicht.

49   **Interessewegfall durch Abhandenkommen** tritt sofort ein, denn auch das Abhandenkommen setzt begrifflich bereits voraus, B II 11, daß mit alsbaldiger Wiederbeschaffung nicht mehr zu rechnen ist; BGH VersR 81, 186 und Hamm VersR 84, 152 wollen Interessewegfall erst mit Einstellung der **Ermittlungen der Staatsanwaltschaft** bejahen, was zwar der Rechtssicherheit dient, aber dem VN bei der Prämienabrechnung nach § 68 Abs. 2 VVG und dem Versicherer im Hinblick auf die Kündigungspflicht schadet. Der BGH hat seine Ansicht inzwischen in VersR 84, 754 zu den AKB korrigiert. Richtigerweise sollte der Zeitpunkt des Abhandenkommens mit Hilfe der **Verhältnisse des Einzelfalles** bestimmt werden. Will man aber doch schematisch an das Ende behördlicher Ermittlungen anknüpfen, so sollte man sich nicht am Ende der Ermittlungen der Staatsanwaltschaft, sondern mit LG Konstanz VersR 89, 804 (zur ValorenV nach den AVBSP 76) am **Ende der polizeilichen Ermittlungen** orientieren.

50   Die Kündigung nach § 6 Abs. 1 Satz 2 und 3 VVG ist ferner entbehrlich, wenn das VVerhältnis aus sonstigen Gründen zwischen dem Eintritt des VFalls und dem Zeitpunkt endet, in dem eine gerade noch rechtzeitig erklärte Kündigung wegen der Obliegenheitsverletzung wirksam geworden wäre. Als sonstiger Beendigungsgrund kommen vor allem die ordentliche Kündigung sowie eine **Kündigung nach dem VFall** in Betracht. Oft hat danach der Vr, wenn der Verstoß nur zu teilweiser Leistungsfreiheit führt und der VFall im übrigen *entschädigungspflichtig* ist, ab Kenntnisnahme von der Obliegenheitsverletzung die Wahl, ob er wegen dieses Verstoßes oder aus Anlaß des VFalls oder aus beiden Gründen kündigen will. Dies ist mit dem Zweck von § 6 Abs. 1 Satz 3 VVG vereinbar, denn auch durch Kündigung im VFall drückt der Vr aus, daß er den Vertrag wegen gemachter schlechter Erfahrungen nicht fortsetzen will, L II 2.

Vorsorglich sollte der Vr die Kündigung aber besser ausdrücklich auch auf 51
Obliegenheitsverletzung stützen, um Meinungsverschiedenheiten vorzubeugen. In einer Kündigung nach dem VFall braucht ein Kündigungsgrund allerdings im allgemeinen nicht genannt zu werden, AG Neheim-Hüsten VersR
50, 134. Eine ausdrücklich und ausschließlich auf einen **anderen Kündigungsgrund** gestützte Kündigung kann **nicht** in eine Kündigung wegen Obliegenheitsverletzung umgedeutet werden, wenn der andere Grund die Kündigung
nicht oder erst für einen späteren Zeitpunkt ermöglicht, vgl. L II 32 und 57
sowie Hamm 20 U 407/84 vom 14. 8. 85; in VersR 86, 1177 ist dieser Teil des
Urteils nicht berücksichtigt.

c) Nicht kündigungspflichtig ist der Vr endlich auch dann, wenn der **VN** 52
nach Eintritt des VFalls **auf den Wegfall der Leistungsfreiheit** gemäß § 6 Abs. 1
Satz 3 VVG **verzichtet.** Dies ist zulässig, denn § 15 a VVG verbietet nur Abreden vor dem VFall. Der VN kann z. B. Folgendes erklären: „Ich habe zur
Kenntnis genommen, daß der Vr Leistungsfreiheit nach § ... wegen ... einwendet. Diese Leistungsfreiheit würde eine Kündigung des VVertrages wegen Obliegenheitsverletzung voraussetzen. Ich wünsche eine solche Kündigung nicht, sondern würde gegebenenfalls einen neuen VVertrag gleichen
Inhalts abschließen. Ich verzichte daher für den eingetretenen VFall auf den
Einwand, der Vr sei mangels Kündigung nicht leistungsfrei. Alle übrigen
Einwände gegen die Schadenablehnung behalte ich mir jedoch vor."

Eine solche Abrede ist auch dann sinnvoll, wenn der VN die Obliegen- 53
heitsverletzung und der Vr den Charakter als (verhüllte, M I 8 und M III 4)
Obliegenheit bestreitet, denn gerade dann kann die Kündigung für beide
Partner unerwünscht sein, weil der Neuabschluß eines Vertrages Zeit und
Kosten erfordert und der VN durch den Verfall der Jahresprämie überdies
einen finanziellen Verlust erleidet. Die in M II 52 formulierte Verzichterklä-
rung des VN erwähnt als Alternative die Möglichkeit des Abschlusses eines
neuen VVertrages bei gleichzeitiger Kündigung des bisherigen Vertrages
durch den Vr.

Der **Abschluß eines neuen VVertrages** würde nach einer bis 1988 nie in Zweifel 54
gezogenen Ansicht (PM § 6 VVG Anm. 10) der Kündigung des Vr nicht ihre
rechtliche Kraft entziehen, den Einwand der Leitungsfreiheit aufrechtzuerhalten; auch BGH VersR 88, 1013 = RuS 283 stellt diese These nicht direkt in
Frage, vgl. M II 57 und 61. Folgerichtig müßte dann aber auch ein Verzicht des
VN auf den Einwand des ungenutzten Ablaufs der Kündigungspflicht ohne
den Umweg über einen neuen Vertrag wirksam sein. Bedenken bestünden nur
gegen eine einvernehmliche Aufhebung der Kündigungswirkung noch *vor*
dem Zeitpunkt ihrer Wirksamkeit und *ohne* (andernfalls vgl. M II 55) Verzicht
des VN auf die Folgen eines ungenutzten Fristablaufs.

BGH VersR 88, 1013 = RuS 283 (zur BetriebshaftpflichtV) wendet §§ 6 55
Abs. 1 Satz 3, 15 a VVG in einem Fall an, in dem die Parteien die Wirkung
einer bereits erklärten Kündigung einvernehmlich wieder rückgängig gemacht hatten, und zwar bei gleichzeitigem Verzicht des VN auf den Einwand
des ungenutzten Ablaufs der Kündigungsfrist. Dieses Urteil sieht eine nach
§ 15 a VVG unwirksame vertragliche Abweichung von § 6 Abs. 1 Satz 3 VVG
bereits in einem Verzicht des VN auf den Einwand des ungenutzten Fristab-

laufs, falls dieser **Verzicht** zwar nach dem VFall, aber **vor Ablauf der Kündigungsfrist** erklärt wird.

56   Selbst wenn man dem folgen wollte, wäre die Vereinbarung der Parteien möglicherweise nach § 140 BGB durch **Umdeutung** aufrechtzuerhalten gewesen. Die Vereinbarung entsprach, wie § 140 BGB dies voraussetzt, „den Erfordernissen eines anderen Geschäftes", nämlich des **Abschlusses eines neuen Vertrages** in unmittelbarem und nahtlosem Anschluß an den gekündigten Vertrag. Der neue Vertrag darf genau denselben Inhalt und dieselbe Restlaufzeit haben wie der gekündigte Vertrag. Auch darf abweichend von § 40 Abs. 1 Satz 1 VVG die Anrechnung des nicht verbrauchten zeitanteiligen Prämienanteils auf den neuen Vertrag vereinbart werden.

57   BGH aaO erwähnt ausdrücklich die Möglichkeit des Abschlusses eines neuen Vertrages ohne Verlust des Einwandes der Leistungsfreiheit für den bereits eingetretenen VFall. Folgerichtig ist Umdeutung nach § 140 BGB geboten, wenn die Parteien § 15a VVG für unanwendbar halten und daher nicht den Weg über einen neuen Vertrag gehen, sondern die Wirkungen der Kündigung einvernehmlich aufheben und gleichzeitig den Einwand des ungenutzten Fristablaufes ausschließen. Die Vertragspartner dürfen in diesem Fall nicht anders behandelt werden, als wenn sie § 15a VVG für anwendbar halten, einen „neuen" Vertrag mit unverändertem Inhalt und nahtlosem zeitlichen Anschluß vereinbaren und hierbei die Kündigung aufrechterhalten.

58   Ist dem aber so, dann muß ein vertraglicher Verzicht auf § 6 Abs. 1 Satz 3 VVG für einen bereits eingetretenen VFall auch dann wirksam sein, wenn eine Kündigung überhaupt nicht erklärt wird, weil beide Parteien den Umweg über einen „neuen", aber inhaltsgleichen Vertrag vermeiden wollen.

59   Freilich spricht BGH aaO nicht schlechthin von der Möglichkeit eines neuen Vertrages, sondern nur von der Möglichkeit eines „späteren" Neuabschlusses, „wenn die endgültige Aufhebung des alten Vertrags dadurch nicht in Frage gestellt wird". Da jedoch der neue Vertrag ein inhaltsgleicher sein darf, hat der VN an dem formalen Austausch des alten Vertrages gegen einen neuen, insbesondere verbunden mit einer neuen Vertragsnummer, kein wirtschaftliches Interesse. Wirklich interessiert ist der VN nur an einer vollständigen **Belehrung** über den Inhalt von § 6 Abs. 1 Satz 3 VVG und über sein **Recht**, einen Verzicht auf den Einwand des ungenutzten Fristablaufs wie auch den **Abschluß eines neuen Vertrages abzulehnen** und so den Versicherer vor die *Wahl* zu stellen, Leistungsfreiheit *entweder* nicht einzuwenden *oder* den bisherigen Vertrag ohne sichere Aussicht auf Neuabschluß zu kündigen.

60   Offenbar befürchtet BGH aaO, die wünschenswerte Belehrung durch den Vr werde oft nicht korrekt erfolgen. So erklärt sich die folgende Passage in den Urteilsgründen: „Der VN, dem der Vr eine solche Vereinbarung ansinnt, wird vor der Regulierung des VFalls geneigt sein, dem Vr entgegenzukommen und auf dessen Vorschlag einzugehen." Solche Befürchtungen wären indessen durch strenge Anforderungen an den **Beweis des Vr für die Erfüllung der Belehrungspflicht** theoretisch auszuräumen; eine solche **Beweislast des Vr** bejaht BGH RuS 89, 58 = VerBAV 118 = NJW-RR 410 = VersR 472 ohnehin. Allerdings werden die Probleme in der Praxis nicht in jedem Einzelfall restlos durchdacht. Dem scheint BGH VersR 88, 1013 = RuS 283 vorbeugen zu wollen, wenn er § 140 BGB nicht anwendet, obwohl dessen Wort-

laut dies nahelegen würde, und wenn er vielleicht sogar den gleichzeitigen (!) Abschluß eines sich nahtlos anschließenden neuen Vertrages entgegen dem Wortlaut von § 6 Abs. 1 Satz 3 VVG als Hindernis für den Einwand der Leistungsfreiheit ansehen möchte, weil dann das Kündigungserfordernis für die „Entschließung des Vr, ob er sich auf Leistungsfreiheit berufen will oder nicht" (BGH aaO) an Gewicht verlöre.

Auch nach BGH VersR 88, 1013 = RuS 283 unbedenklich ist es jedenfalls, 61 wenn der Vr eine uneingeschränkte und fristlose Kündigung ausspricht, dem VN aber gleichzeitig den **Abschluß eines neuen Vertrages** mit unverändertem Inhalt **anbietet.** Die Laufzeit des neuen Vertrages könnte mit Zugang der Einverständniserklärung des VN beginnen; ein rückwirkender Beginn ab Zugang der Kündigung des abgelaufenen Vertrages würde an § 2 Abs. 2 Satz 2 VVG scheitern. Im übrigen müßte die (Rest-)Laufzeit des neuen Vertrages derjenigen des gekündigten Vertrages entsprechen. Der Vr kann anbieten, auf das Rumpfjahr zu Beginn der Laufzeit des neuen Vertrages die nicht verbrauchte, nach § 40 Abs. 1 Satz 1 VVG aber verfallene anteilige Prämie des gekündigten Vertrages anzurechnen.

6. Die Rechtsfolgen von **Obliegenheitsverletzung** und **Gefahrerhöhung** ste- 62 hen **unabhängig nebeneinander,** vgl. schon M I 17 sowie die Zitate in N III 57. Ist der Vr unter beiden Gesichtspunkten leistungsfrei, so gibt es keine Zweifel. Der Vr kann sich auf Leistungsfreiheit aber auch berufen, wenn diese sich nur aus einem der beiden Gesichtspunkte ergibt, weil die Voraussetzungen des anderen Gesichtspunkts nicht vollständig erfüllt sind. In den AVB wird dies meist auch gesagt, oft aber nicht genügend deutlich, vgl. N III 61. Ein gutes Anwendungsbeispiel sind Wasserschäden durch nicht entleerte Leitungen in nicht beheizten Geschäfts- oder Wohngebäuden, vgl. N V 22, 33 und 37, sowie Feuerschäden durch Plastikabfallbehälter in Gaststätten, M I 100. Wo dagegen der Vr *auf die Einhaltung von Sicherheitsvorschriften* ausdrücklich *verzichtet,* wie in Kl 3601, 3605 oder 3612, kann er sich auch *nicht* auf eine dadurch ermöglichte *Gefahrerhöhung* berufen, M II 34 und N IV 38.

a) Soweit Leistungsfreiheit wegen Obliegenheitsverletzung nach den AVB 63 nur bei *grober Fahrlässigkeit* eintritt, M II 8, kann der Vr sich gegebenenfalls gleichwohl auf Leistungsfreiheit wegen leicht fahrlässig verschuldeter Gefahrerhöhung berufen. Dies verstößt entgegen BGHZ 42, 295 und Hamm VersR 77, 949 weder gegen § 34a VVG noch gegen den Zweck der vertraglichen Obliegenheit. Gefahrerhöhung setzt einen gewissen Dauerzustand voraus, so daß es durchaus sinnvoll ist, die Leistungsfreiheit wegen Gefahrerhöhung schon bei einem geringeren Schuldgrad eintreten zu lassen, N III 60. Die in N III 9 bis 15 erörterte BGH-Rechtsprechung ignoriert allerdings diesen Zusammenhang in einem Spezialfall der Gefahrerhöhung durch Unterlassen, nämlich durch Unterlassen der Beseitigung einer zunächst ohne den Willen des VN entstandenen Gefahrerhöhung.

Die **Kündigungspflicht** ist bei Obliegenheitsverletzung verglichen mit 64 §§ 23 ff. VVG insofern strenger, als auch gekündigt werden muß, wenn der Vr *erst nach* dem VFall von dem Verstoß erfahren hat, M II 35 bis 39. Trotzdem wird nicht § 15a VVG verletzt, wenn der Vr sich nach ungenutztem Ablauf jener Kündigungsfrist gleichwohl auf Gefahrerhöhung berufen kann.

§ 6 Abs. 1 Satz 3 (Kündigungspflicht) wurde erst 1939 in das VVG eingefügt. Die Vorschriften über Gefahrerhöhungen sind damals aber – abgesehen von der Übernahme des § 32 Satz 2 VVG als § 6 Abs. 2 VVG – nicht geändert worden, sondern gelten unverändert fort.

65   b) Es gibt aber auch den umgekehrten Fall, daß der Vr sich nicht mehr auf Gefahrerhöhung berufen kann, wohl aber auf Verletzung derjenigen Obliegenheit, die zur Abwendung eben dieser Gefahrerhöhung vereinbart wurde, M I 17. Die Kündigungsfrist für die Gefahrerhöhung kann nämlich abgelaufen sein, während sie wegen des dauernden oder wiederholten Verstoßes gegen die entsprechende Obliegenheit stets neu zu laufen beginnt, M II 46. Entgegen den in N III 61 zitierten Autoren ist der Vr dann gleichwohl wegen Obliegenheitsverletzung leistungsfrei. Dies folgt aus § 32 VVG, wonach gefahrmindernde Obliegenheiten durch §§ 23 ff. VVG nicht berührt werden.

66   7. Nur der Vollständigkeit wegen sei hier nochmals auf die **gegenseitige Unabhängigkeit** von § 61 VVG und der ihm nachgebildeten AVB-Vorschriften einerseits und der Leistungsfreiheit wegen Verletzung von Sicherheitsvorschriften andererseits hingewiesen. Sie ergibt sich entgegen BGHZ 42, 295 und Hamm RuS 89, 92 insbesondere aus der neben den Pflichten des VN aus § 61 VVG letztlich nur deklaratorischen Natur aller Sicherheitsvorschriften, vgl. ausführlich M I 5 bis 15 (dort auch zur Kritik von Schirmer ZVersWiss 84, 573) sowie O I 4 bis 9.

III. Verhüllte Obliegenheiten

1   Der **VVertrag** enthält zusammen mit den **AVB** die **Risikoabgrenzung**, indem er die Voraussetzungen nennt, unter denen der Vr entschädigungspflichtig wird. In der SachV sind dies in erster Linie das Abhandenkommen oder die Zerstörung oder Beschädigung von Sachen (B I 9) in bestimmten Erscheinungsformen (vgl. D XI 14 für Diebstahl bei Hausrat und E I 79 für Rohrbruch) sowie durch bestimmte Ursachen (versicherte „Gefahren") und unter bestimmten Begleitumständen. Zur **Risikoabgrenzung im weiteren Sinn** gehören alle positiven und negativen Voraussetzungen, von denen es abhängt, ob der Vr Entschädigung leisten muß (PM § 49 Anm. 1 B). *Negative* Voraussetzung der Entschädigungspflicht ist nicht nur, daß der Schaden *nicht* auf einer ausdrücklich ausgeschlossenen Ursache beruht (man spricht hier unscharf von „sekundärer" Risikoabgrenzung, PM § 49 Anm. 1 B b), sondern z. B. auch, daß der Anspruch *nicht* nach der Einlösungsklausel (§ 38 VVG) oder wegen Prämienverzugs oder gemäß § 12 Abs. 3 VVG ausgeschlossen oder erloschen ist, und daß ferner der Vr *nicht* wegen Gefahrerhöhung oder wegen Obliegenheitsverletzung vor oder nach dem VFall oder wegen arglistiger Täuschung leistungsfrei geblieben oder geworden ist, vgl. schon L II 17 und 19 zum Begriff des VFalls bei der Kündigung nach dem VFall.

2   1. **Vertragsfreiheit** für die Abgrenzung des versicherten Risikos (PM § 49 Anm. 1 C) besteht nur in den **Grenzen** der **zwingenden Vorschriften des VVG** (A IV 48) und des AGBGB (A V 5). So darf z. B. wegen § 42 VVG Prämienverzug nur gemäß §§ 38, 39 VVG (P I 3) und das Unterlassen der Abwehr

einer Gefahrerhöhung wegen § 34 a VVG nur (N IV 2 und 30) nach Maßgabe von §§ 23, 25 VVG zur Voraussetzung der Entschädigungspflicht gemacht werden. Ebenso dürfen wegen § 15 a VVG Verstöße gegen Sicherheitsvorschriften als gefahrmindernde Obliegenheiten (M I 1 und 5) den VSchutz nur gemäß § 6 Abs. 1 und Abs. 2 VVG ausschließen. §§ 15 a, 6 Abs. 1 und 2 VVG bereiten von allen Grenzen der Vertragsfreiheit die größten Anwendungs- und **Auslegungsschwierigkeiten,** und zwar deshalb, weil sich jede gefahrmindernde Obliegenheit so formulieren ließe, daß Schäden zeitlich nach Verstößen des VN „von vornherein" außerhalb des VSchutzes lägen, *ohne* daß in der AVB-Bestimmung eine *Verhaltenspflicht des VN* und die Möglichkeit eines Verstoßes dagegen *erwähnt* würden. Insbesondere kann in sog. **Verschlußvorschriften** (G I 17, H III 32 und M I 8) ein Verhalten des VN (der die Sache unter Verschluß nehmen oder nehmen lassen muß) stillschweigend vorausgesetzt, verbal aber nur der durch dieses Verhalten herbeigeführte Zustand (M III 15) der versicherten Sache als Kriterium der Risikoabgrenzung und zur Voraussetzung des VSchutzes gemacht werden.

1. Deshalb ist zweifelsfrei (BM § 6 VVG Anm. 13, PM § 6 Anm. 3 B b bis d **3** mit zahlreichen Rechtsprechungsnachweisen im Anschluß an die Leitentscheidung BGHZ 51, 356 zur ValorenV, der ohne ausreichende Begründung LG Kassel VersR 82, 393 widerspricht) Obliegenheit gemäß §§ 15 a, 6 Abs. 1 und 2 VVG **nicht** nur, was in den AVB als Obliegenheit *bezeichnet* ist, denn sonst könnten AVB, indem sie Obliegenheiten überhaupt nicht vorsehen, den Schutzzweck des § 15 a VVG mit Bezug auf § 6 Abs. 1 und Abs. 2 VVG völlig vereiteln. Die entgegengesetzte Ansicht, nämlich die sog. **Ausschlußtheorie** (Nachweise bei PM § 6 Anm. 3 B a) wird gegenwärtig *nicht* mehr vertreten. Zwar bezweifelt Müller (DB 80, 2069), daß § 15 a VVG dazu zwinge, Risikoabgrenzungen mit versteckten Verhaltensnormen eventuell als „verhüllte" Obliegenheiten zu behandeln; er will aber dasselbe Ergebnis wie die h. M. aus § 9 AGBG (Abs. 2 Nr. 1 oder Nr. 2?) statt aus § 15 a VVG ableiten. Der Versuch von Müller bedeutet einen gedanklichen Umweg, denn AVB-Vorschriften, die schon gegen § 15 a VVG verstoßen (was Müller ausdrücklich offen läßt), brauchen auf ihre Vereinbarkeit mit § 9 AGBG erst gar nicht mehr untersucht zu werden, vgl. Schirmer 273 in Schirmer-Martin sowie Martin VersR 84, 1111.

§§ 15 a, 6 Abs. 1 und 2 VVG setzen einen **materiellen,** d. h. von der Bezeich- **4** nung in den AVB unabhängigen **Obliegenheitsbegriff** voraus, ohne ihn zu definieren. Wo sich hinter einer nicht als Verhaltensnorm mit Verstoßsanktion, sondern „objektiv" *formulierten* Risikoabgrenzung gleichwohl eine Obliegenheit im Sinne von §§ 15 a, 6 Abs. 1 und 2 VVG *verbirgt,* handelt es sich um eine sog. **verhüllte Obliegenheit,** die nur unter den Voraussetzungen des § 6 Abs. 1 und 2 VVG (kein Entschuldigungs- und kein Kausalitätsgegenbeweis des VN, rechtzeige Kündigung durch den Vr) zur Leistungsfreiheit führen kann, A V 28 und 33, nämlich wenn weder der Entschuldigungs- noch der Kausalitätsgegenbeweis geführt ist und außerdem der Vr rechtzeitig gekündigt hat. In A IV 51 sowie im Sachverzeichnis sind die *Fundstellen* verzeichnet, unter denen in vorliegendem Kommentar zu einzelnen AVB-Bestimmungen geprüft wird, ob es sich entgegen dem Wortlaut um verhüllte

Obliegenheiten handelt. Im Folgenden werden drei wichtige Gruppen von betroffenen AVB-Bestimmungen im Zusammenhang untersucht, nämlich die Verschlußvorschriften (M III 19 bis 51), die Voraussetzungen für die Entschädigung und deren Höhe bei Transportraub (M III 54 bis 63) sowie endlich die subjektiven Voraussetzungen des UnterVVerzichts in der Gleitenden NeuwertV von Wohngebäuden nach den VGB 88 (M III 64 bis 69).

5   **Nicht** ist Obliegenheit jedes Verhalten, das geeignet ist, die Voraussetzungen des vereinbarten VSchutzes herbeizuführen. Eine derartige Extremansicht wäre ebenso unhaltbar wie das in M III 3 abgelehnte gegenteilige Extrem der Ausschlußtheorie. Ausnahmslos kann nämlich jede Voraussetzung des VSchutzes auch oder sogar nur durch ein Verhalten des VN verursacht werden. Als Beispiele seien genannt der Transport und die Bewachung von Sachen durch Personen als potentielle Raubopfer, M III 62, das Verschließen des VOrts, welches das Eindringen des Diebes zu einem versicherten erschwerten Diebstahl macht, D II 1, das Unterlassen eines „Aussetzens" der gegen Feuer versicherter Sachen im Sinn des Betriebsschadensausschlusses, F II 30, das Verbringen versicherter Sachen in den VOrt (Müller DM 80, 2069) usw. Entgegen Prölss in PM § 6 Anm. 3 B d ist auch **nicht** das **Interesse des Vr** an einem bestimmten Verhalten des VN ein geeignetes Kriterium, denn das Interesse des Vr ist immer nur *wahlweise* darauf gerichtet, daß das risikoträchtige Verhalten des VN *entweder* unterbleibt (Obliegenheit) *oder* nicht zum VSchutz führt (objektive Risikoabgrenzung). Der Vr ist nur daran interessiert, *daß* er nicht leistungspflichtig wird. *Warum* er nicht leistungspflichtig wird, berührt ihn allenfalls am Rande, vgl. M I 6 und O I 63.

6   In Literatur und Rechtsprechung wurde die Frage bisher stets dahin gestellt, ob eine als objektive Risikobeschränkung formulierte AVB-Bestimmung mit diesem Inhalt wirksam oder aber als **verhüllte Obliegenheit** zu behandeln sei. Soweit zugunsten einer Obliegenheit entschieden wurde, betrachtete insbesondere die Rechtsprechung dies als Ergebnis einer kundenfreundlichen „Auslegung" zugunsten des VN, denn der VN sollte sich auf § 6 Abs. 1 und Abs. 2 VVG berufen können, obwohl dies im Wortlaut der Bestimmung nicht zum Ausdruck kam. Tatsächlich ist jedoch eine solche „Auslegung" **kundenfeindlich**, denn sie bewahrt den Vr davor, sich auf die Bestimmung wegen § 15 a VVG „nicht berufen" zu können. Erstmals LG Hamburg RuS 90, 63 bezeichnet eine Bestimmung der AVB-Reisegepäck (über ordnungsgemäße Verpakkung) als „unwirksam", weil sie nicht das Wort „Obliegenheit" und keinen Hinweis auf § 6 VVG enthielt, und verbietet dem Vr gemäß § 13 AGBG den Gebrauch dieser unwirksamen Bestimmung, A V 33. LG Hamburg aaO bezeichnete die von ihm zugrunde gelegte Auslegung als „kundenfeindlich", wie dies im Verfahren nach § 13 AGBG auch geboten sei. Tatsächlich ist jedoch die Auslegung des LG Hamburg **kundenfreundlich**, denn sie führt gemäß § 15 a VVG zu einer **Unwirksamkeit** der Bestimmung im Sinn von § 13 AGBG. Auch diese Möglichkeit muß in die Fragestellung einbezogen werden, wenn eine AVB-Bestimmung im Grenzbereich zwischen objektiver Risikoabgrenzung und verhüllter Obliegenheit untersucht wird, M I 8.

7   a) **Entscheidendes Kriterium** des Begriffs der Obliegenheit im Sinn von §§ 6, 15a VVG ist es, ob vorausblickend für die **große Mehrzahl der Verträge**

nach den AVB oder der Klausel, in denen das Verhalten vorausgesetzt wird, erwartet werden darf, daß **der VN sich in aller Regel innerhalb der vereinbarten Risikoabgrenzung bewegen** wird, und daß von den dennoch vorkommenden und zu einem Schadenfall führenden **Verstößen** die **Mehrzahl als schuldhaft** anzusehen sein wird, vgl. schon M I 5 der 1. Aufl. sowie PM 24. Aufl. § 6 Anm. 3 B d bb, § 1 AVBR 80 Anm. 5 B, § 5 AVBR 80 Anm. 1 A und § 5 AVBSP 85 Anm. 1 A. Unter dieser Voraussetzung ist das Verhalten, von dem die AVB den VSchutz abhängig machen, eine **verhüllte Obliegenheit.** *Nicht* in diese zahlenmäßig vergleichende Betrachtung einzubeziehen sind Verstöße des VN, die *nicht* zu einem Schaden führen, weil der VN das Schadenrisiko zutreffend als besonders gering veranschlagt und durch eine bewußte Obliegenheitsverletzung selbst übernommen hat. Beispiele: Schmuck außer Gebrauch im Sinn von § 2 Nr. 4 b der VHB von 1966 wird zuverlässig aber unverschlossen versteckt; Reisegepäck wird aus einem nachts unbeaufsichtigt, aber in völlig „harmloser" Umgebung abgestellten Kfz nicht entnommen. Solche Verstöße sind zwar häufig, hindern aber, soweit sie nicht zum Schaden führen, die Einstufung der AVB-Bestimmung als verhüllte Obliegenheit nicht.

Wo dagegen häufiger mit vernünftigen *„Gegeninteressen"* (Dallmayr 162) **8** des VN zu rechnen ist, die ein abweichendes und auch potentiell durchaus schadenträchtiges *Verhalten* als *„autonom"* (Bischoff VersR 72, 799) erscheinen und einigermaßen häufig erwarten lassen, sind **objektive Risikoabgrenzungen** mit §§ 15 a, 6 Abs. 1 und 2 VVG vereinbar. Geboten ist für die Auslegung von §§ 15 a, 6 VVG also ein *Schluß von den Rechtsfolgen auf die Voraussetzungen:* Schuldhafte Verstöße gegen verhüllte Obliegenheiten müssen so selten sein, daß die außerordentliche *fristlose Kündigung* als *angemessene Reaktion* erscheint, vgl. näher M III 12. Noch *seltener* müssen *schuldlose* Verstöße sein, nämlich so selten, daß die zusätzliche Belastung des Vr durch den in § 6 Abs. 1 und 2 VVG vorgesehenen Wegfall der Leistungsfreiheit nicht die Erfüllbarkeit der Verträge gefährdet, sondern für ihn auf Grund der vorgegebenen Kalkulation tragbar ist.

Praktisch bedeutet das: Je mehr bestimmungsgemäßer Gebrauch und prak- **9** tische Nutzung der versicherten Sachen mit einer gewissen Regelmäßigkeit „Verstöße" gegen das für den VSchutz vorausgesetzte Verhalten **erfordern** (genau umgekehrt und daher nicht nur in der Begründung – M III 3 –, sondern auch im Ergebnis unrichtig Müller DB 80, 2073), um so mehr spricht für Zulässigkeit einer **objektiven Risikoabgrenzung** und gegen verhüllte Obliegenheit. Wegen der praktischen Konsequenzen dieser These vgl. die HausratV vgl. M III 8 und 9. Es handelt sich in etwa um dieselbe Fallgruppe, wie sich nach § 29 Satz 2 VVG die Annahme einer Gefahrerhöhung gemäß § 23 VVG verbietet, weil das gefahrerhöhende Verhalten wirtschaftlich vernünftig und durch Gegeninteressen" (s. o.) geboten erscheint, vgl. ausführlich N III 30. In diesem Bereich dürfen verhüllte Obliegenheiten nicht konstruiert werden, weil sonst schuldlose Verstöße und Wegfall der Leistungsfreiheit des Vr viel häufiger würden, als dies dem **Charakter von §§ 15 a, 6 Abs. 1 und 2 VVG als Ausnahmeregelung** entspräche.

Auch der Bundesgerichtshof hat das in M III 7 bis 9 beschriebene Krite- **10** rium bestätigt, und zwar in BGH VersR 83, 573 zu § 2 Nr. 8 Abs. 2 VHB 74 für Gold-, Silber- und Schmucksachen. Die Notwendigkeit des Verschlusses wird dort anders als nach § 2 Nr. 4 b der VHB von 1966 nicht mehr auf Stücke außer Gebrauch beschränkt. Die Entschädigungsgrenze von 1500 DM je Einzelstück gilt vielmehr auch, wenn der VN ein Stück lediglich für einige Stunden oder für einen Tag oder für eine Nacht vorübergehend nicht mehr trägt, sondern ablegt. Die Bestimmung setzt somit mehr voraus, als nur die Beachtung der erforderlichen Sorgfalt im Sinn von §§ 6 Abs. 1 Satz 1 VVG, 276 BGB. Selbst „das Verhalten eines umsichtigen und gewissenhaften VN bewahrt ihn nicht davor, über einen Betrag von 1500 DM hinaus ohne VSchutz zu sein" (BGH aaO).

11   „Unter diesen Umständen stellt das Erfordernis der Verschlußwahrung nach den VHB 74 keine Obliegenheit mehr dar" (BGH aaO). Je weiter nämlich die **Deckungsvoraussetzungen über** die Grenze der im Verkehr erforderlichen Sorgfalt gemäß **§ 276 BGB hinausgehen,** um so häufiger gibt es für den VN vernünftige Gründe, sich „autonom" (M III 8) außerhalb der Grenzen des VSchutzes zu bewegen. Allerdings liegt es auch bei gefahrmindernden Obliegenheiten in der Natur der Sache, daß diese bisweilen schuldlos verletzt werden, vgl. M II 10, denn gerade in diesen Grenzfällen sollen §§ 6 Abs. 1 Satz 1, 15 a VVG den VN schützen. Das Verhalten, von dem der VSchutz nach einer zulässigen objektiven Risikoabgrenzung abhängt, muß also nicht nur überhaupt, sondern so *deutlich* über die „erforderliche Sorgfalt" hinausgehen, daß Schadenfälle wegen schuldlosen Überschreitens dieser Grenze nicht ganz selten (M III 7) und somit auch außerhalb des Schutzzwecks von § 15 a VVG als einer Ausnahmevorschrift (M III 9) eintreten. Deshalb handelt es sich bei § 2 Nr. 8 Abs. 2 VHB 74 um eine Bestimmung, die zwar schon außerhalb der Grenze zur verhüllten Obliegenheit, aber doch noch recht nahe an dieser Grenze liegt, vgl. M III 33. — Eine gewisse Schwäche des durch BGH VersR 83, 573 und auch oben M III 7 bis 9 befürworteten Abgrenzungsmerkmals der verhüllten Obliegenheit liegt freilich darin, daß der Vr lediglich die Verschluß- oder die sonstigen Verhaltensanforderungen über die Gebote der erforderlichen Sorgfalt hinaus deutlich zu verschärfen braucht, wenn er der Qualifikation als verhüllte Obliegenheit zuverlässig entgehen will, vgl. M III 51 zu § 19 Nr. 3 VHB 84.

12   Bestätigt wird die vorstehend (M III 7 bis 11) vertretene Ansicht durch § 6 Abs. 1 Satz 2 VVG. Dort wird dem V bei schuldhaften Obliegenheitsverletzungen ein außerordentliches **Kündigungsrecht** eingeräumt, M II 2. Ein solches Kündigungsrecht wäre unangemessen, wo mit bewußten und schuldhaften Verstößen von vornherein in großem Ausmaß zu rechnen ist, und zwar selbst auf die Gefahr eines Schadens hin, M III 7 und 9. Solche Bestimmungen dürfen nicht als verhüllte Obliegenheit angesehen werden (zustimmend Schirmer ZVersWiss 84, 567).

13   Entgegen der Kritik von Schirmer (ZVersWiss 84, 568) ist es aber kein Kriterium, das gegen verhüllte Obliegenheit spräche, wenn die AVB für den Fall des Verstoßes nicht völlige, sondern nur **teilweise Leistungsfreiheit** vorsehen, nämlich in Form gestaffelter **Entschädigungsgrenzen.** Auch für teilweise Leistungsfreiheit gelten nämlich §§ 6 Abs. 1 und 2, 15 a VVG. Entgegen Schirmer aaO ist es gerechtfertigt, die höhere Entschädigungsgrenze als

„Normalfall" und die niedrigen Grenzen als Sanktionen anzusehen, auf die §§ 6, 15 a VVG angewendet werden müssen. Genau besehen ist „Normalfall" überhaupt nur das Fehlen jeglicher Entschädigungsgrenze, also die Entschädigung des Sachsubstanzschadens bis zur Höhe des VWerts. Unter diesem Betrag vorgesehene Entschädigungsgrenzen bedeuten teilweise Leistungsfreiheit des Vr und somit eine verhüllte Obliegenheit, falls die Anwendung der Entschädigungsgrenze von einem Sorgfaltsverhalten abhängt. Daß der VN sich mit der niedrigeren Entschädigung „begnüge" (Schirmer aaO), kann man nur in den in M III 8 behandelten Fällen eines autonomen Verhaltens sagen. Insofern bestätigt auch die Kritik von Schirmer im Ergebnis das hier gleichermaßen für völlige wie für teilweise Leistungsfreiheit vertretene Abgrenzungskriterium. – Ausnahmslos objektive Risikoabgrenzung sind diejenigen Entschädigungsgrenzen oder Höchstgrenzen im Rahmen von gestaffelten Grenzen, über die hinaus selbst bei optimaler Aufbewahrung nicht entschädigt wird, vgl. z.B. M III 36 für die Grenze von 10000 DM gemäß § 2 Nr. 3a VHB 74 für Bargeld usw.

Auch das hier (M III 7 bis 13) vertretene Kriterium schafft freilich **keine** **14** **völlige Rechtssicherheit** für alle denkbaren Grenzfälle. Soweit höchstrichterliche Urteile noch nicht vorliegen, kann es sich daher im Folgenden für die Verschlußvorschriften der GeschäftsV (M III 19 und 20) und der HausratV (M III 21 bis 51) sowie für die Voraussetzungen des TransportraubVSchutzes (M III 52 bis 63) nur darum handeln, mehr oder weniger zuverlässige Prognosen für den Ausgang von Deckungsprozessen aufzustellen. Zuvor sei aber noch kurz auf einige **weniger geeignete Kriterien** eingegangen, die in Rechtsprechung und Literatur erörtert wurden.

b) Richtig, aber nicht immer genügend aussagekräftig ist der Satz (vgl. **15** zuletzt BGH VersR 85, 854), es komme darauf an, ob das Verhalten des VN oder aber der durch dieses **Verhalten** geschaffene **Zustand** versicherter Sachen „im Vordergrund" stehe. BGH VersR 83, 573 (M III 10) zitiert diesen Satz zu den VHB 74 unter Hinweis auf BGH VersR 80, 1042 und VersR 81, 186 zur ValorenV, wo zwar nicht das bestimmungsgemäße Tragen, wohl aber das sicher verwahrte Mitführen von Schmuckstücken als verhüllte Obliegenheit angesehen wird. Jener Satz löst freilich nicht die gestellte Frage, sondern verlagert sie nur, nämlich in die weitere Frage, unter welcher Voraussetzung denn das Verhalten oder aber der Zustand im Vordergrund stehe, eine Frage, die in BGH VersR 72, 1010 = NJW 1229 für die Diebstahl-GeschäftsV in dem einen (M III 19), in BGH VersR 75, 269 für die HausratV nach den VHB von 1966 hingegen in dem anderen (M III 21) Sinn beantwortet wurde.

Ebenfalls nicht für sich allein brauchbar ist das Kriterium, ob sich das **16** verlangte Verhalten als „**Gefahrverwaltung**" darstelle, von dem der erwartete „**durchgehende VSchutz**" abhänge. Diese Begriffe finden sich in der Leitentscheidung BGHZ 51, 356 für die ValorenV, wo Behältnisverschluß als Obliegenheit angesehen wird. Immerhin weisen diese Kriterien in die richtige Richtung. Sie müssen nur noch durch Überlegungen darüber ergänzt werden, ob in der Mehrzahl der angesprochenen Fälle der VN tatsächlich mit durchgehendem VSchutz und der Vr tatsächlich mit dem vorgesehenen gefahrverwaltenden Verhalten ernsthaft rechnen kann. Dies führt dann zu der oben M III 7 befürworteten Unterscheidung zurück.

17   Oft wird auch (unrichtig) argumentiert, es spreche für verhüllte Obliegenheit, wenn die Bestimmung dem VN einen möglichst großen **Beurteilungsspielraum** lasse (BGHZ 51, 356, VersR 80, 1042, München 81, 1073). Tatsächlich sind aber im Gegenteil Verhaltensvorschriften von einem bestimmten Grad der Allgemeinheit ihres Inhalts an nicht mehr als Sicherheitsvorschriften (gefahrmindernde Obliegenheiten), sondern als Erweiterungen von § 61 VVG anzusehen, M I 9 sowie z. B. M I 67 und 93, und nicht an § 15 a VVG, sondern an § 9 Abs. 2 Nr. 1 AGBG zu messen, Karlsruhe VersR 82, 1189 und M I 11. Umgekehrt ist der möglichst konkrete Inhalt einer Verhaltensnorm gerade das typische Kennzeichen einer die allgemeine Schadensverhütungspflicht konkretisierenden gefahrmindernden Obliegenheit, M I 5 und 10. Daß eine verhaltensabhängige Deckungsvoraussetzung sehr konkret formuliert ist, spricht also keinesfalls gegen, daß sie sehr allgemein formuliert ist, keinesfalls für verhüllte Obliegenheit.

18   Von den Abhandlungen in der **Literatur** weisen am ehesten Bischoff und Dallmayr in die richtige Richtung, vgl. M III 8. **Unfruchtbar** und vom Gesetz nicht gedeckt sind dagegen z. B. Abgrenzungsversuche von Schmidt und Hübner (ZVersWiss 68, 88 und VersR 78, 981) im Anschluß an die etwaige **Kaufmannseigenschaft** des einzelnen VN oder der Mehrheit der VN, mit denen bestimmte AVB vereinbart werden (A II 7) und von Klingmüller (Schmidt-Festschrift 753) mit Hilfe der subjektiven Einstellung des VN bei jedem einzelnen Verstoß. Wegen Müller DB 80, 2069 vgl. M III 5 und 9. Zuzustimmen ist Müller aber insofern, als er sich gegen das Kriterium von BM § 32 VVG Anm. 43 wendet, wonach es für verhüllte Obliegenheit sprechen soll, wenn ein Verhalten ausgeschlossen wird, das nicht „unmittelbar" zum VFall, sondern zunächst zu einer Lage erhöhter Gefahr führt; dieses Kriterium ist weder aus dem Gesetz noch aus dessen Motiven abzuleiten und wäre auch zu unsicher.

19   2. Für die **Verschlußvorschriften** in § 2 Nr. 3 AEB für der **GeschäftsV** gegen Diebstahl hat der BGH (VersR 72, 575 = NJW 1229 = BB 897) verhüllte Obliegenheit verneint. Soweit Bargeld oder andere Sachen nur in verschlossenen Behältnissen versichert sind, H III 32 bis 54, ist dies in der GeschäftsV nach bisheriger Rechtsprechung eine **zulässige Risikoabgrenzung**. Daß der Verschluß des Behältnisses genau besehen nicht den Zustand (M III 15) der versicherten Sachen, sondern nur den Vorgang des Verschließens anspricht, ebenso wie das zweifelsfrei als *Obliegenheit* zu behandelnde *Verschließen der* als VOrt vereinbarten *Räume* (M I 23 und RG JW 2, 100 = VA 21 Nr. 1210), hat der BGH nicht als Hindernis angesehen, weil der Verschluß mehr die versicherte Sache als die erforderliche Tätigkeit des VN beschreibt und weil Bargeld usw. mit einer in U II 9 beschriebenen Ausnahme in der GeschäftsV ausschließlich unter Verschluß versichert ist.

20   Trotz der unsicheren theoretischen Grundlagen der Abgrenzung (M III 14) wird man für die GeschäftsV mit abweichenden Entscheidungen zunächst nicht mehr zu rechnen brauchen, jedenfalls nicht für Bargeld. Dies gilt auch für § 3 **Nr. 3 und 4 AERB** und für §§ 4 Nr. 3 und 4 AFB 87, AWB 87, AStB

87, 4 Nr. 3 bis 5 AERB sowie für die frühere Kl 211 zu den AFB 30, AWB 68 und AStB 68, vgl. näher U II 10 bis 12. Für eine Münzensammlung behandelt dagegen LG Lübeck RuS 82, 189 ohne nähere Begründung § 2 Nr. 3 AEB als verhüllte Obliegenheit.

3. Für die **HausratV** hat der BGH gewisse Verschlußvorschriften als ver- 21 hüllte Obliegenheiten angesehen, bisher allerdings nur für **Schmuck** usw und nur für die **VHB von 1942** (VersR 73, 1010 = NJW 1747) sowie für **§ 2 Nr. 4 b VHB von 1966** (BGH VersR 75, 269). Der BGH begründet dies damit, daß Schmuck nach den VHB von 1942 und den VHB von 1966 auch unverschlossen versichert ist, nämlich solange er sich **in Gebrauch** befindet. In Gebrauch wiederum befindet er sich nicht nur, solange er am Körper getragen wird (erschwerter Diebstahl kommt dann ohnehin nicht in Betracht), sondern auch in kürzeren Phasen unverschlossener Ablage, vgl. zum Begriff des Gebrauchs im Sinn der VHB von 1966 auführlich PM 23. Aufl. § 2 VHB 74 Anm. 4 B. Daher ist für Schmuckstücke, die sich außer Gebrauch befinden, also mindestens einige Tage nicht getragen werden, auch bei realistischer Betrachtung zu erwarten, daß der VN sie in aller Regel unter Verschluß hält. Deshalb stellen die **Verschlußvorschriften der VHB 66 und der VHB 74** nach der in M III 7 bis 14 vertretenen Ansicht überwiegend **verhüllte Obliegenheiten** dar (ebenso PM § 6 Anm. 3 B ea a), denn Schmuckstücke sind in der HausratV die praktisch wichtigste Art von verschlußbedürftigen Sachen.

Im Folgenden wird für die einzelnen Verschlußvorschriften der HausratV 22 in den VHB von 1966, den VHB 74 und den VHB 84 erörtert, in welchen Fällen es sich um verhüllte Obliegenheiten handeln könnte. Oft läßt sich freilich nicht zuverlässig voraussehen, wie die Gerichte entscheiden werden, vgl. schon M III 14. Außerdem wird bezüglich der älteren AVB, nämlich der VHB von 1966 und der VHB 74, Vollständigkeit nicht mehr angestrebt. Diese AVB werden nur einbezogen, weil die bisherige Rechtsprechung sich größtenteils auf sie bezieht.

Äußerlich als Einheit formulierte AVB-Vorschriften sind nicht notwendig 23 auch rechtlich einheitlich zu behandeln, denn §§ 15 a, 6 Abs. 1 und 2 VVG machen AVB-Vorschriften ganz allgemein nur unwirksam, soweit sie gegen halbzwingendes Gesetzesrecht verstoßen, M II 11. Ebenso wie danach eine AVB-Bestimmung nur teilweise unwirksam sein kann, ebenso kann sie auch nur für einen Teil der in ihr genannten verschlußbedürftigen Sachen als verhüllte Obliegenheit anzusehen sein.

a) Die **VHB 66** unterscheiden sich von den VHB 74 vor allem dadurch, daß 24 von den DM-Grenzen, teils je Einzelsache, teils je Gruppe, dem Wortlaut nach der VSchutz überhaupt und nicht nur die Höhe der Entschädigung abhängt. Diese Tatsache schließt es aber nicht von vornherein aus, eine derartige Verschlußvorschrift als verhüllte Obliegenheit zu qualifzieren, vgl. zusammenfassend M III 13.

Bei **Schmuck-, Gold- und Silbersachen außer Gebrauch** gemäß § 2 Nr. 4 b der 25 **VHB von 1966** werden sich die Gerichte wohl mit BGH VersR 75, 269 für *verhüllte Obliegenheit* entscheiden, ohne die Argumente nochmals im einzelnen zu überprüfen, vgl. z. B. LG Düsseldorf VersR 75, 797 = RuS 217, LG Bonn VersR 81, 1069. Überholt ist dagegen z. B. München VersR 74, 1071.

Dies gilt auch, wenn man die Grenze von 1000 DM entgegen BGH aaO als Entschädigungsgrenze behandelt, vgl. M III 13 und 24. Zum Begriff des „Gebrauchs" vgl. M III 21, zum Begriff der Silbersachen U III 48.

26   **Bargeld** sowie **Goldmünzen und Barrengold** (Begriff: U III 40 und 47 zu den VHB 74) werden in BGH VersR 73, 1010 für die VHB von 1942 in einen gewissen *Gegensatz zu Schmuck* gebracht. Auf diese Entscheidung nimmt der BGH in VersR 75, 269 für § 2 Nr. 3 der **VHB von 1966** Bezug. Daraus könnte man den Umkehrschluß ziehen, es handle sich bei Bargeld um eine *zulässige Risikoabgrenzung.*

27   Dennoch bleiben Zweifel, ob nicht lediglich der Gegensatz zu Bargeld in der GeschäftsV und zu der Entscheidung VersR 72, 575 (M III 19) betont werden sollte, weil nämlich BGH VersR 75, 269 formuliert, für Bargeld bestehe kein „umfassender und durchgehender VSchutz". Es ist fraglich, ob nicht BGH aaO trotz (oder sogar wegen) der Entschädigungsgrenze von 500 DM für unverschlossenes Bargeld und von 1000 DM bis 5000 DM für Bargeld unter sog. einfachen Verschluß (H III 34) durchgehenden und umfassenden VSchutz für Bargeld nach den VHB von 1966 annehmen und daraus auf verhüllte Obliegenheit schließen wollte. Verfehlt ist jedenfalls die Kritik von Müller DB 80, 2070 an BGH aaO, denn Müller übersieht, daß diese Entscheidung anders als BGH VersR 72, 575 nicht zu den AEB und zur GeschäftsV, sondern zu den VHB von 1966 ergangen ist, und daß bei Hausrat eine andere Interessenlage besteht, weil größere Beträge außerhalb eines Verschlusses nur selten benötigt werden, der Vr also mit Verschluß als Normalzustand rechnen darf, was für verhüllte Obliegenheit spricht, M III 8.

28   Trotzdem nehmen die **Instanzgerichte** (LG Hamburg RuS 78, 63, AG Köln VersR 74, 181, 77, 318) überwiegend **Risikoabgrenzung** an. Hingegen plädiert Hamm VersR 80, 1062 entgegen dem unrichtig formulierten Leitsatz mehrfach für verhüllte Obliegenheit, ohne daß dies freilich im konkreten Fall entscheidungserheblich war.

29   Für Qualifikation als objektive Risikoabgrenzung spricht auch von dem hier vertretenen Standpunkt aus (M III 7 bis 13), daß vorausblickend für Bargeld über 500 DM zwar in der Regel einfacher Verschluß gemäß § 2 Nr. 3 b der VHB von 1966, nicht aber qualifizierter Verschluß gemäß § 2 Nr. 3 c der VHB von 1966 zu erwarten ist, denn nur 2 bis 3% aller Haushalte verfügen über einen Geldschrank. Daher wäre theoretisch vielleicht sogar eine unterschiedliche rechtliche Behandlung dieser beiden Verschlußvorschriften in der Weise vertretbar, daß nur Nr. 3 c (Geldschrank) eine Risikoabgrenzung darstellt, Nr. 3 b hingegen eine Obliegenheit begründet. Danach wären bei einem Diebstahlschaden von 7000 DM, die ausnahmsweise schuldlos in einem Haushalt ohne Geldschrank unverschlossen gelegen hatten (z. B. weil der alleinstehende VN plötzlich erkrankt und in ein Krankenhaus gebracht worden war), zwar nicht nur 500 DM, aber auch nicht die vollen 7000 DM, sondern nur 1000 DM (oder der im Einzelfall höhere Betrag nach § 2 Nr. 3 b der VHB von 1966) zu ersetzen. Dasselbe wäre dann freilich auch für VN mit Geldschrank anzunehmen, denn die Frage der verhüllten Obliegenheit ist wohl (M III 37) für alle VN nach ein und denselben AVB einheitlich zu entscheiden.

Briefmarken- und Münzensammlungen im Wert von mehr als 1000 DM je 30 Sammlung (Begriff: U III 27) wären nach dem Wortlaut von § 2 Nr. 4 a der **VHB von 1966** nur unter Verschluß versichert, weil ein durchgehender VSchutz wie für Schmuck in Gebrauch hier nicht in Frage kommt. Nach den Kriterien von BGH VersR 73, 1010 wäre dann *Risikoabgrenzung* anzunehmen. In diesem Sinn haben LG Kiel VersR 77, 317 und schon früher Köln VerBAV 68, 13 auch tatsächlich entscheiden. Anders läge es nur, wenn man „umfassenden und durchgehenden VSchutz" im Sinn von BGHZ 51, 356 und M III 16 darin sehen wollte, daß bis zu der Grenze (M III 3) von 1000 DM stets entschädigt wird und daß, solange nicht weitere Stücke hinzukommen oder der Wert steigt, bei Sammlungen im Wert von weniger als 1000 DM sogar alle Sachen versichert sind; vgl. im übrigen M III 37 zu den VHB 74.

Urkunden und Wertpapiere einschließlich Sparbücher sind nach § 2 Nr. 4 a 31 der **VHB von 1966** über 1000 DM ebenfalls nur unter Verschluß versichert. Hier gilt das gleiche wie für Briefmarken- und Münzensammlungen, wobei an die Stelle des Werts der einzelnen Sammlung der Gesamtwerte aller Urkunden und Wertpapiere tritt. Die in M III 7 bis 13 entwickelten Kriterien sprechen bei Wertpapieren und sonstigen Urkunden allerdings deutlich für verhüllte Obliegenheit, denn meist werden diese Sachen dauernd unter Verschluß gehalten, so daß schuldlose Verstöße im Sinn von §§ 6 Abs. 1, 15 a VVG so selten sind, wie dies dem Ausnahmecharakter dieser Vorschriften entspricht, vgl. M III 9 zu den VHB 74.

b) Die **VHB 74** unterscheiden sich von den VHB von 1966 dadurch, daß 32 eindeutig nicht mehr der VSchutz, sondern nur noch die Höhe der Entschädigungsgrenzen von der Art der Aufbewahrung abhängt. Das spielt aber für die rechtliche Qualifikation keine Rolle, M III 13. Außerdem wurden die betroffenen Sachgruppen vermehrt und Entschädigungsgrenzen auch unabhängig von der Art der Aufbewahrung eingeführt.

Gold-, Silber- und Schmucksachen sowie Pelze werden nach § 2 Nr. 8 VHB 33 74 generell nur bis zu 20 000 DM, und außerdem – mit Ausnahme von Pelzen – unverschlossen nur bis zu 1500 DM je Einzelsache (Begriff: U III 52) entschädigt. Die Grenze von 20 000 DM kann also, wenn mindestens 14 Einzelsachen im Wert von je 1500 DM gestohlen werden, auch bei unverschlossener Aufbewahrung erreicht werden. Wollte man mit BGH VersR 73, 1010, 75, 269 aus dem im Prinzip durchgehenden VSchutz auf verhüllte Obliegenheit schließen, so wäre der Verschluß dieser Sachen auch nach den VHB 74 gemäß §§ 15 a, 6 VVG zu behandeln. Andererseits hatte BGH aaO sich zu § 2 Nr. 4 b der VHB von 1966 nicht auf einen betragsmäßig begrenzten, aber auch bei unverschlossener Aufbewahrung durchgehend bestehenden VSchutz, sondern vielmehr auf den betragsmäßig unbegrenzten Schutz für Schmuck in Gebrauch gestützt. Da die Entschädigungsgrenze nach § 2 Nr. 8 Abs. 2 VHB 74 auch für Schmuck in Gebrauch gilt, also auch für nur kurzfristig abgelegten Schmuck, sieht BGH VersR 83, 573 die Vorschrift nicht als Obliegenheit, sondern als zulässige objektive Risikoabgrenzung an, vgl. ausführlich M III 10 und 11.

Bei **Gold- und Silbersachen**, die ihrem bestimmungsgemäßen Zweck ent- 34 sprechend dem **Raumschmuck** dienen, z. B. bei Leuchtern, Bechern, Figuren usw., ist Verschlußverwahrung von vornherein nicht zu erwarten. Sie ist vielmehr die krasse Ausnahme, die nur bei Sachen in Betracht kommt, die nicht zur Schau gestellt, sondern in der Wohnung lediglich aufbewahrt werden. Daher ist für diese Sachen § 2 Nr. 8 Abs. 2 VHB 74 ganz besonders eindeutig nicht als Obliegenheit, sondern als objektive Risikoabgrenzung anzusehen. Andernfalls hätte nämlich der Vr, wenn solche Sachen zum Hausrat gehören und bestimmungsgemäß zur Schau gestellt werden, praktisch ununterbrochen ein außerordentliches und fristloses Kündigungsrecht nach § 6 Abs. 1 Satz 2 VVG. Dies wäre systemwidrig und unangemessen, M I 12.

35   Andererseits wäre es überraschend und willkürlich, wenn die genannten Sachen praktisch während der ganzen Vertragslaufzeit nur bis zu einer Entschädigungsgrenze von 1500 DM je Einzelstück versichert wären. Aber es läge außerhalb des Schutzzwecks von §§ 15 a, 6 VVG, dieses unbillige Ergebnis dadurch korrigieren zu wollen, daß eine verhüllte Obliegenheit konstruiert und dem VN ein das Verschulden ausschließender Verbotsirrtum zugestanden würde, wenn er die Sachen bestimmungsgemäß zur Schau stellt. Auch durch weite Auslegung des Begriffs des Einzelstücks (U III 52) ließe sich nur sehr begrenzt helfen. Die richtige Lösung ist es wohl, § 2 **Nr. 8 Abs. 2 VHB 74** als **teilweise (A V 31) unwirksam** gemäß **§ 9 Abs. 2 Satz 2 AGBG** anzusehen, nämlich für alle diejenigen Gold- und Silbersachen, die ihrem bestimmungsgemäßen Zweck entsprechend dem Raumschmuck dienen. Es widerspräche dem Vertragszweck und wohl auch dem Willen der Verfasser der VHB 74, die Entschädigung bei Sachen dieser Art zu begrenzen, während bei anderen Arten von Raumschmuck, z. B. bei handgeknüpften Boden- oder Wandteppichen, Zinnfiguren usw., ohne Rücksicht auf den Einzelwert voll entschädigt würde (und zwar sogar nach Kl 832, vgl. 2. Aufl., Texte 33), obwohl auch dort Einzelstücke einen ganz erheblichen Wert erreichen können.

36   Auch für **Bargeld, VMarken** und **Barrengold** sowie für **Goldmünzen** und **-medaillen** besteht eine gewisse Unsicherheit. § 2 **Nr. 2 VHB 74** ist inkorrekt formuliert, denn die Grenze von 20 000 DM gemäß Nr. 3 a gilt ebenso wie jene von 20 000 DM für Schmuck usw. generell und ohne Rücksicht auf die Aufbewahrungsart. Diese Grenze von 10 000 DM ist daher zweifelsfrei Teil der objektiven Risikoabgrenzung, M III 13. Daneben gilt eine Grenze von 1000 DM bei Aufbewahrung *außerhalb von schweren Geldschränken* usw., wobei gleichgültig ist, ob die Sachen unter einfachen Verschluß oder unverschlossen aufbewahrt werden, U III 41.

37   Speziell bei **Bargeld** sprechen die besseren Gründe für zulässige *Risikoabgrenzung*, denn schwere Geldschränke usw. sind nur in 2 bis 3% aller Haushaltungen vorhanden. Bargeld über 1000 DM befindet sich jedoch für kürzere Zeiträume selbst in kleineren Haushaltungen mehr oder weniger oft in der Wohnung. Es wäre eine lebensfremde Konstruktion, M III 7 bis 9, hieraus eine Obliegenheit jedes VN abzuleiten, einen schweren Geldschrank anzuschaffen und Bargeld über 1000 DM nur dort aufzubewahren, vgl. schon M III 29 für die VHB 74. Dies gilt um so mehr, als die Grenze nach den VHB 74 nicht mehr zwischen 1000 DM und 5000 DM gestaffelt ist, sondern einheitlich nur noch 1000 DM beträgt, obwohl die Kaufkraft inzwischen stark gemindert ist und laufend noch weiter abnimmt, so daß Beträge von über 1000 DM innerhalb der Wohnung noch mehr als bisher ein häufiger Fall sind. Die Verschuldensfrage läßt sich hier vernünftigerweise nicht stellen, was ge-

gen verhüllte Obliegenheit und für objektive Risikoabgrenzung spricht. Ein wenig unklar bleibt, ob verhüllte Obliegenheit wenigstens dort angenommen werden muß, wo ein Geldschrank vorhanden ist, oder ob alle VN nach den VHB 74 einheitlich zu behandeln sind, vgl. schon M III 29 zu den VHB von 1966.

Auch für VN ohne Geldschrank ist die Rechtslage nicht zweifelsfrei, denn **38** Kl 820 Nr. 1 bietet die Möglichkeit, die Grenze von 1000 DM gegen Mehrprämie zu erhöhen. Aus dieser Wahlmöglichkeit, die im Antragsformular zum Ausdruck kommt, könnte geschlossen werden, der VN verpflichte sich eben doch „nur" im Sinn einer Obliegenheit dazu, die gewählte oder die in den VHB 74 vorgesehene Grenze nicht zu überschreiten. Eine solche „Verpflichtung" ist für den VN wegen §§ 15a, 6 VVG allerdings nicht ungünstiger, wie man dies bei einer „Verpflichtung" auf Anhieb vermuten sollte (Bischoff VersR 72, 803 leugnet freilich diesen Widerspruch), sondern günstiger als eine vertragsmäßig gestaffelte Risikoabgrenzung, weil dem VN dann der Entschuldigungsbeweis (M II 16) möglich ist, wenn er im Einzelfall das Geld nicht eingeschlossen hat, vielleicht (M III 39) sogar dann, wenn er keinen Geldschrank besitzt, obwohl der vorhandene Betrag die vereinbarte Grenze übersteigt.

Die Unsicherheit wird noch dadurch erhöht, daß die Grenze von 1000 DM **39** nicht für Bargeld allein, sondern auch für **Barrengold, Goldmünzen** (Verhältnis zu Münzensammlungen: U III 29) usw. gilt. Einerseits vermindert sich dadurch, soweit Sachen der anderen Gattung ebenfalls vorhanden sind, die Grenze für Bargeld im Ergebnis noch weiter, was für Risikoabgrenzung spricht. Andererseits ist die Aufbewahrung von Sachen der anderen Gattung außerhalb schwerer Geldschränke zwar zahlenmäßig weniger häufig als bei Bargeld, weil eben nicht in jedem Haushalt solche Sachen vorhanden sind. Vielleicht ist deshalb die Aufbewahrung von Barrengold, Goldmünzen usw. außerhalb qualifizierter Behältnisse eben doch ein Ausnahmesachverhalt im Sinn von M III 7. Dann wäre § 2 Nr. 3b VHB 74 für Bargeld Risikoabgrenzung, für Barrengold, Goldmünzen usw. hingegen verhüllte Obliegenheit. Grundsätzliche Bedenken gegen eine solche Unterscheidung bestünden nicht, M III 23.

Wird ausschließlich oder teilweise Bargeld mit einem VWert (Wiederbe- **40** schaffungspreis) über dem Nennbetrag (**Münzen mit Sammlerwert**) entwendet, so wurde bisweilen diskutiert, und zwar auch schon zu den VHB von 1966, ob der Vr nicht über die Entschädigungsgrenze hinaus entschädigen muß, soweit der **Nennbetrag** der Sammlermünzen (gegebenenfalls zusammen mit dem gestohlenen sonstigen Bargeld ohne Sammlerwert) **im Rahmen der Entschädigungsgrenze** bleibt. Diese Ansicht würde voraussetzen, daß man § 2 Nr. 3 VHB 74 nicht als Entschädigungsgrenze, sondern als verhüllte Obliegenheit ansieht. Andernfalls bezöge sich nämlich der *Grenzbetrag* auf die *Entschädigung* (U I 6) und *nicht* auf den *Nennbetrag* der aufbewahrten Münzen.

Wer Obliegenheit annimmt, sei es für Bargeld ganz allgemein oder sei es **41** nur (M III 23) speziell für Sammlermünzen, müßte entweder – aber offensichtlich unhaltbar – den Grenzbetrag von z.B. 1000 DM schon nach Auslegungsregeln nicht auf die Enschädigung, sondern auf den Nennbetrag beziehen, oder er müßte wenigstens den entsprechenden **Auslegungsirrtum** des VN als **entschuldigt** gemäß § 6 Abs. 1 Satz 1 VVG ansehen. Dann wäre allerdings der Sammlerwert bis zum Nennbetrag der Sammlermünzen von 1000 DM voll zu ersetzen. BGH VersR 84, 624 erwägt, ob dem VN nicht dadurch zu helfen sei, daß Sammlermünzen nicht als „gesetzliche Zahlungsmittel" im Sinn von § 2 Nr. 6 VHB 74 angesehen würden, was aber mit dem Wortlaut kaum zu vereinbaren wäre und dem VN zudem nur bei Münzen in Sammlungen helfen würde. Bei gleichzeitigem Diebstahl von sonstigem Bargeld dürfte das sonstige Bargeld in die Grenze von 1000 DM weder vorrangig noch proportional, sondern nur nachrangig einbezogen werden, soweit also der Nennbetrag der gestohlenen Sammlermünzen 1000 DM nicht erreicht.

42   **Beispiel:** Entschädigungsgrenze 1000 DM; gestohlen werden 800 DM „gewöhnliches" Bargeld sowie Sammlermünzen mit einem Nennbetrag von ebenfalls 800 DM, deren Sammlerwert aber 1600 DM beträgt. Wer verhüllte Obliegenheit verneint, M III 37, käme zu einer Entschädigung von nur 1000 DM. Wer dagegen verhüllte Obliegenheit annimmt und einen schuldhaften Verstoß gegen diese Obliegenheit bis zu einem Nennbetrag von 1000 DM verneint, muß 1800 DM (und nicht etwa nur 1200 DM oder nach einer Proportionalrechnung 1500 DM) entschädigen. Möglicherweise könnte man indessen vom Standpunkt einer verhüllten Obliegenheit aus einen schuldlosen Verstoß gegen die Obliegenheit von vornherein nur dann annehmen, wenn einfaches Bargeld und Nennwert der Sammlermünzen zusammen die Entschädigungsgrenze nicht übersteigen, denn Unkenntnis der AVB gilt auch sonst im allgemeinen nicht als entschuldbar. Die Ausnahme hiervon müßte wohl auf die *Verwechslung von Nennbetrag und Wiederbeschaffungspreis* der Sammlermünzen begrenzt werden.

43   BGH VersR 84, 626 erwägt, Münzen mit Sammlerwert auch dann **nicht** mehr als **Bargeld** anzusehen, wenn sie noch die Merkmale eines inländischen gesetzlichen Zahlungsmittels aufweisen. Der Staat habe solche Münzen von vornherein „den Sammlungen" zugedacht, so daß allenfalls § 2 Nr. 6 VHB 74 anwendbar sei, und auch dies nur für inländische Münzen. Diese Betrachtungsweise würde die Sammlermünzen aus § 2 Nr. 3 und Nr. 6 VHB 74 herausnehmen und bei Aufbewahrung außerhalb qualifizierter Behältnisse die Konstruktion einer schuldlosen Obliegenheitsverletzung entbehrlich machen. Es könnte sich dann nur noch um Silbersachen im Sinn von § 2 Nr. 8 VHB 74 handeln, vgl. auch U III 21, 23 und 31.

44   **Wertpapiere und sonstige Urkunden** (jedoch ohne Sparbücher) bilden nach § 2 Nr. 4 VHB 74 eine selbständige Gruppe, werden aber im übrigen wie Bargeld behandelt. Solange die Rechtslage für Bargeld nicht geklärt ist, wird sie auch für Urkunden unsicher bleiben. Da Sparbücher ausgenommen sind, Aktien usw. aber ohne Nachteil außerhalb der Wohnung im *Bankdepot* aufbewahrt werden können und oft auch wirklich aufbewahrt werden, sind Werte von mehr als 1000 DM innerhalb der Wohnung hier ein Ausnahmefall. Wertpapiere werden im Gegensatz zu Bargeld nicht für den Zahlungsverkehr benötigt und ganz allgemein seltener in die Hand genommen. Deshalb sprechen hier bessere Gründe als bei Bargeld für die Annahme einer *verhüllten Obliegenheit*, vgl. M III 7 bis 13.

Für **Sparbücher** ist zwar durch § 2 **Nr.** 5 VHB 74 die Entschädigung generell 45
auf 5000 DM begrenzt. Jedoch wird auch bei Schäden über 1000 DM *nicht*
ein schwerer Geldschrank, sondern nur *einfacher Verschluß* verlangt. Die
Verwahrung in einem verschlossenen Behältnis könnte Gegenstand einer verhüllten Obliegenheit sein, so daß bis zu der höheren Grenze von 5000 DM zu
entschädigen wäre, falls der VN den Entschuldigungs- oder den Kausalitätsgegenbeweis führt oder der Vr die Kündigungsfrist versäumt.

Bei **Briefmarken- und Münzensammlungen** (U III 26 bis 33) kommt es nach 46
§ 2 Nr. 6 VHB 74 nicht mehr auf den Wert der Sammlung an. Vielmehr gilt
generell eine Entschädigungsgrenze von 20 000 DM, außerdem je Einzelstück
eine solche von 350 DM, beide *unabhängig* von der Aufbewahrungsart. Zusätzlich gilt aber eine Entschädigungsgrenze von 1000 DM für Sachen, die
nicht mindestens unter *einfachem Verschluß* aufbewahrt werden. Die Beur-
teilungsbasis ist hier dieselbe wie in M III 45 für Sparbücher. Für die V einer
Münzensammlung nach dem AFB 30 hat denn auch LG Lübeck RuS 82, 189
deren § 2 Nr. 3 als Obliegenheit behandelt, allerdings ohne nähere Begründung; für objektive Risikoabgrenzung LG Osnabrück ZfS 87, 344, wenn
auch in einem Fall, in dem es hierauf für die Entscheidung nicht ankam.

Zwar gelten nach § 2 **Nr.** 9 VHB 74 Entschädigungsgrenzen auch bei **Raub,** 47
vgl. U III 57. Aber diese Grenzen haben dieselbe Höhe wie bei den übrigen
Gefahren die Grenzen für Sachen unter optimalen Verschluß. Die Grenzen
gelten also unabhängig von Tatsache und Qualität des Verschlusses und legen
dem VN auch nicht indirekt ein Verhalten auf. Die Frage der *Obliegenheit*
und insbesondere einer Kündigungspflicht des Vr stellt sich deshalb bei
Raubschäden *nicht.*

c) Die einzige Verschlußvorschrift in den VHB 84 ist § 19 **Nr.** 3 VHB 84. 48
Dort sind Entschädigungsgrenzen für einige Arten von Wertsachen vorgesehen, soweit sich diese außerhalb **qualifizierter Behältnisse** (H III 42) befinden,
also außerhalb von Stahlschränken mit einem Mindestgewicht von 200 kg
usw. Der sog. *einfache* Verschluß (H III 34), also ein Behältnis, das Schutz
auch gegen dessen Wegnahme gewährt, erscheint abweichend von den VHB
von 1966 und von den VHB 74 in den VHB 84 *nicht* mehr als Anknüpfungspunkt für Entschädigungsgrenzen, U IV 2.

Für den größten Teil der betroffenen Wertsachen geht § 19 **Nr.** 2 VHB 74 49
(U IV 1 und 16) über das hinaus, was sich schon aus dem Gebot der im
Verkehr erforderlichen Sorgfalt ergibt. Daher ist die Vorschrift aus den in
BGH VersR 83, 573 und in M III 7 bis 9 dargelegten Gründen als **objektive
Risikoabgrenzung** anzusehen. Qualifizierte Behältnisse der dort verlangten
Art sind nur bei einem kleinen Bruchteil aller VN vorhanden. Mit einer
Verwahrung der Wertsachen außerhalb solcher Behältnisse rechnen beide
Vertragspartner von vornherein. Schuldlose Verstöße wären, wollte man
gleichwohl eine verhüllte Obliegenheit konstruieren, keinesfalls so selten, wie
dies dem Charakter von §§ 15 a, 6 VVG als Ausnahmevorschrift entspräche,
M III 9. Auf Geldsachen, die dem Raumschmuck dienen, darf § 19 Nr. 3 c
allerdings wegen § 9 Abs. 2 Nr. 2 AGBG nicht angewendet werden. Daß die
Höhe der Grenze hier 40 000 DM beträgt, ändert an der Schutzbedürftigkeit
des VN nichts, denn der VSchutz für Sachen des Raumschmucks darf nicht
davon abhängen, in welchem Umfang sonstige Wertsachen gemäß § 19

Nr. 3 c und 1 c VHB 84 vorhanden sind. Die Erwägungen in M III 35 zu den VHB 74 gelten auch für die VHB 84.

50   Allenfalls wäre daran zu denken, § 19 Nr. 3 VHB 84 für **Teilbereiche** (M III 23) seines Anwendungsgebietes als verhüllte Obliegenheit anzusehen, sei es speziell für VN, bei denen qualifizierte Behältnisse vorhanden sind, oder sei es für ganz bestimmte Arten der in § 19 Nr. 3 VHB 84 angesprochenen Wertsachen, nämlich für solche, die relativ selten und vor allem nicht in Wohnungen ohne qualifiziertes Behältnis als versicherte Sachen vorhanden sind. Indessen sprechen *gegen* solche Versuche sowohl der Gesichtspunkt der Rechtssicherheit wie auch Billigkeitsgründe. Es würde nämlich für die Gerichte bei einer Grenzziehung quer durch § 19 Nr. 2 VHB 84 an sicheren Anhaltspunkten fehlen, die eine halbwegs einheitliche Linie gewährleisten könnten. Außerdem kämen in den Genuß der Rechtsfolgen einer verhüllten Obliegenheit gerade VN mit exklusiven Wertsachen und exklusiveren Behältnissen. Es bewendet daher dabei, daß § 19 Nr. 3 VHB 84 nur zulässige objektive Risikoabgrenzungen enthält.

51   Freilich macht dieses Ergebnis auch eine gewisse **Schwäche** des durch BGH VersR 83, 573 wie auch oben in M III 7 bis 9 befürworteten Erkennungsmerkmals der verhüllten Obliegenheit sichtbar: Von je strengeren Voraussetzungen der Vr den VSchutz abhängig macht, um so sicherer entgeht er der rechtlichen Qualifikation der Verschlußvorschriften als verhüllte Obliegenheit, vgl. schon M III 11. Er entgeht insbesondere einer Leistungspflicht unter dem Gesichtspunkt eines nur schuldlosen Verstoßes, und zwar nicht nur in den Fällen, in denen der VN den verschärften Anforderungen wegen ihrer besonderen Strenge nicht entsprechen kann, sondern auch in den Fällen, in denen der VN selbst dann gemäß § 6 Abs. 1 Satz 1 VVG entschuldigt wäre, wenn die Verschlußvorschrift sich im Rahmen dessen hielte, was von einem „umsichtigen und gewissenhaften VN" (BGH aaO) ohnehin zu erwarten ist. Beispiel: Ein VN wird nicht nur durch das Fehlen eines qualifizierten Behältnisses, sondern überdies durch eine plötzliche Erkrankung daran gehindert, seine Wertsachen wegzuschließen.

52   4. Verschlußvorschriften im Sinn von M I 8 und M III 2 sind die vielleicht wichtigsten, aber bei weitem nicht die einzigen AVB-Bestimmungen, bei denen sich die Frage stellt, ob es sich um verhüllte Obliegenheiten handelt. Eine Zusammenstellung von Fundstellen, unter denen diese Frage zu **anderen AVB-Bestimmungen** behandelt wird, findet sich in A IV 51.

53   Eine Obliegenheit ist es z. B. auch, wenn der VN verpflichtet ist, den Kassenbestand niedrig (insbesondere unterhalb der VSumme) zu halten, etwa ein Tankstellenpächter als VN durch Verweisung des VVertrags auf die Pachtvertragsvorschriften über die tägliche Postüberweisung des Kassenbestandes. LG Köln VersR 82, 489 geht hier irrig von Risikoabgrenzung aus und läßt die Voraussetzungen des § 6 Abs. 1 VVG ungeprüft. Auch hatte sich in jenem Fall durch die Duldung eines abweichenden Verhaltens durch den Verpächter möglicherweise der Inhalt des in Bezug genommenen Pachtvertrages geändert.

54   Im Zusammenhang näher zu untersuchen sind im Folgenden die praktisch sehr bedeutsamen Bestimmungen der §§ 1 Nr. 4b, 11 Nr. 3 AERB nebst Kl

4407 Nr. 1 und 4 sowie §§ 1 Nr. 4b, 12 Nr. 3 AERB 87. Diese Vorschriften schließen den VSchutz für **Transportraub** allgemein sowie speziell für **Nachttresorkunden** von Geldinstituten teilweise völlig aus, soweit nämlich die sog. Boteneigenschaft gemäß §§ 1 Nr. 4b AERB, AERB 87 bei sämtlichen Transportpersonen fehlt, M III 55, teils enthalten sie Entschädigungsgrenzen, nach denen mit der Zahl der Transportpersonen, bei denen die Boteneigenschaft gegeben ist, die Entschädigung abnimmt.

a) Die sog. **Boteneigenschaft** des VN selbst oder der von ihm angestellten 55 oder beauftragten (§§ 1 Nr. 4a AERB, AERB 87) Transportpersonen setzt ein **Mindestalter** (18 Jahre), ein **Höchstalter** (65 Jahre) sowie **Vollbesitz körperlicher und geistiger Kräfte** voraus. Die Transportpersonen dürfen also nicht (auch nicht geringfügig) alkoholisiert, übermüdet oder akut erkrankt sein. Sie dürfen auch nicht an chronischen Gebrechen leiden, z.B. nicht an Herz- oder Kreislauferkrankungen oder an Seh- oder Hörstörungen, die ihre Einsatzfähigkeit beim Transport mindern könnten (§§ 1 Nr. 4b AERB, AERB 87). Die AVB sprechen bewußt nicht von „ihrer ... Kräfte", was geringere Anforderungen bedeuten würde. Daß die Transportpersonen Widerstand meist auch dann nicht leisten können und sollen, wenn sie im Vollbesitz körperlicher und geistiger Kräfte sind, macht diesen Vollbesitz nicht etwa überflüssig, zumal bei Überfällen immer auch unerwartete Situationen eintreten können, in denen Widerstand vielleicht doch möglich und sinnvoll wird, z.B. durch „Fehler" der Täter. Daß auch eine voll einsatzfähige Transportperson nicht mit Aussicht auf Erfolg hätte Widerstand leisten können, spielt nur für den etwaigen Kausalitätsgegenbeweis gemäß § 6 Abs. 2 VVG eine Rolle, M III 56. Zur Verfassungsmäßigkeit des Erfordernisses des männlichen Geschlechts von bestimmten Entschädigungsgrenzen an vgl. U II 21.

Legt man die in M III 7 entwickelten Kriterien zugrunde, so sprechen 56 diese hier für die Annahme einer **verhüllten Obliegenheit**. Es gibt nämlich keine vernünftigen wirtschaftlichen Gründe für ein nachlässigeres Verhalten des VN bei der Auswahl der Transportpersonen. Deshalb wird auch die Zahl der Fälle, in denen nach § 6 Abs. 1 und 2 VVG die Leistungspflicht des Vr begründet wird, verhältnismäßig so niedrig bleiben, wie dies dem Ausnahmecharakter der Schutzvorschriften von §§ 15a, 6 Abs. 1 und 2 VVG entspricht, M III 9. Bedeutsam ist die Frage der verhüllten Obliegenheit hier allerdings weniger wegen des Entschuldigungsbeweises (den Zustand der Transportpersonen wird der VN oder sein Repräsentant meist kennen), sondern wegen des **Kausalitätsgegenbeweises** nach § 6 Abs. 2 VVG.

Wenn z.B. ein herzkranker Transportbegleiter zur Zeit des Überfalls be- 57 schwerdefrei ist und normal reagiert, dann steht fest, daß auch ein völlig gesunder Begleiter angesichts der Bewaffnung der Täter und der sonstigen Begleitumstände keine Chance gehabt hätte. Die Möglichkeit des Kausalitätsgegenbeweises entschärft auch die sonst unvermeidlichen Streitfälle um die Auslegung des „Vollbesitzes körperlicher und geistiger Kräfte", M III 55, denn im Rahmen des Kausalitätsgegenbeweises kommt es dann weniger auf den Zustand der Transportpersonen, als auf die Gesamtsituation beim Überfall an. Oft wird nicht der wirkliche Gesundheitszustand, sondern ein durchschnittlich „wehrhafter" und reaktionssicherer *äußerer Eindruck* den Ausschlag geben, den die Transportperson bei potentiellen Tätern erwecken soll.

58   b) Noch etwas schwieriger ist die Frage nach der Rechtsnatur der für die Entschädigungsgrenzen nach §§ 11 Nr. 2 AERB, 12 Nr. 3 AERB 87 vorausgesetzten **Zahl der** (im Sinn von M III 55 bis 57 geeigneten) **Transportpersonen,** zumal es vertragstechnisch möglich wäre, statt der Entschädigungsgrenzen gesonderte Positionen für Transporte mit den in Betracht kommenden verschiedenen Begleiterzahlen usw. zu bilden, U I 15 und U II 18. Ebenso wie bei Verschlußvorschriften darf die rechtliche Form gestaffelter Entschädigungsgrenzen *nicht* als Hindernis für eine Qualifikation als verhüllte Obliegenheit angesehen werden, vgl. M III 13.

59   Zu Transportraub hat der BGH noch nicht entschieden. Er hat allerdings für **Raub in Geschäftsräumen** in VersR 77, 1143 eine vereinbarte Mindestzahl anwesender Personen als *Risikoabgrenzung* des versicherten Raubes gelten lassen. Dem ist gerade auch nach den in M III 7 bis 9 entwickelten Kriterien zuzustimmen, denn innerhalb der Geschäftsräume pflegen Wertsachen zu unterschiedlichen Zeiten auf unterschiedliche Weise geschützt zu werden, bald durch die bloße Qualität des gewählten Verschlusses und bald durch die Zahl der anwesenden Personen. Man kann also nicht sagen, die in früheren Klauseln zu den SBR übliche Anwesenheitsvoraussetzung werde so regelmäßig erfüllt, daß Verstöße – und gar schuldlose Verstöße – so selten wären, wie §§ 15a, 6 VVG dies voraussetzen. Die Verschuldensfrage läßt sich hier vielmehr gar nicht sinnvoll stellen.

60   Bei **Transportraub** liegt es anders. Es gibt für die transportierten Werte keine andere Sicherungsmöglichkeit als Anzahl, Eignung und Bewaffnung der Begleiter sowie gegebenenfalls – dann gelten §§ 11 Nr. 4 AERB, 12 Nr. 4 AERB 87 – den Gebrauch eines Kfz. Schuldlose Verstöße gegen die vereinbarten Begleiterzahlen und gegen den vereinbarten Gebrauch eines Kfz sind daher so selten, wie §§ 15a, 6 VVG dies bei richtiger Auslegung verlangen, M III 9. Dies gilt jedenfalls dann, wenn man die Transportpersonen trotz der Kurzfristigkeit der ihnen übertragenen Obhut als Repräsentanten oder jedenfalls die in §§ 14 Nr. 1 Satz 2 AERB, 17 Nr. 4 AERB 87 vorgesehene Gleichstellung mit Ollick VerBAV 81, 37 als rechtswirksam ansieht, vgl. O II 66 bis 72. Für Behandlung als verhüllte Obliegenheit spricht auch die in M III 55 bis 57 behandelte Rechtsnatur der Vorschriften über die Boteneigenschaft, denn es sollte rechtlich gleichgültig sein, ob die erforderliche Personenzahl nur mangels Boteneigenschaft oder schon rein zahlenmäßig nicht erreicht wird.

61   Folge der Qualifikation als **verhüllte Obliegenheit** wäre kaum je ein gelungener Kausalitätsgegenbeweis gemäß § 6 Abs. 2 VVG, denn daß die Täter auch bei einer größeren Begleiterzahl oder auch bei einem Kfz-Transport (statt zu Fuß) zugegriffen hätten, ist kaum je zuverlässig zu beweisen. Anders liegt es nur, wenn die nötige Zahl von Personen zwar anwesend, aber teilweise ungeeignet war, M III 57. Außerdem ist bisweilen der **Entschuldigungsbeweis** gemäß § 6 Abs. 1 Satz 1 VVG möglich, z. B. wenn die Transportpersonen durch eine List der Täter (vorgetäuschter Unfall) oder durch

eine Hilfeleistung oder durch die Notwendigkeit eines Kfz-Pannenrufs ohne eigenes Verschulden voneinander getrennt werden und dadurch ihre Zahl nicht mehr ausreicht.

Trotzdem bestehen **rechtssystematische Bedenken** gegen die Annahme einer 62 verhüllten Obliegenheit. Wird nämlich nicht nur ein Teil, sondern werden *sämtliche* Transportpersonen – und zwar vielleicht schuldlos – von den versicherten Sachen getrennt, so daß die Täter keine Gewalt gegen Personen anzuwenden brauchen, sondern nur Diebstahl begehen, so kann man schwerlich annehmen, auch dann sei nur eine Obliegenheit verletzt. Es handelt sich dann vielmehr ebensowenig um eine Obliegenheitsverletzung wie wenn der VN – und sei es auch schuldlos – den VOrt nicht versperrt, so daß der Täter nicht einzubrechen braucht, sondern nur unversicherten einfachen Diebstahl verübt, vgl. dazu ausführlich M III 5. Da gegen Diebstahl (statt Raub) der transportierten Werte Schutz allenfalls nach §§ 1 Nr. 5 d AERB, AERB 87 bis zu 25 000 DM besteht, und auch dies nur bei Transporten ohne Beteiligung des VN, wird man auch dann nur schwer von bloßer Obliegenheitsverletzung sprechen können, wenn nach – vielleicht schuldloser – Entfernung nur *eines Teils* der Begleiter noch eine Anzahl von Transportpersonen bei den Sachen bleibt, die größer als Null ist und daher Gewaltanwendung als Merkmal des versicherten Raubes auslöst.

Verneint wurde verhüllte Obliegenheit durch LG München I VersR 76, 63 979, wo allerdings das Problem nicht voll erkannt wurde. Außerdem handelte es sich damals noch um eine frühere Fassung von D-Kl 28 (VerBAV 68, 152), nach der es für die Entschädigungsgrenzen noch auf die Höhe des Wertes der transportierten Sachen angekommen war, so daß neben Anzahl und Qualität der Transportpersonen auch die vom transportierten Betrag abhängige Risikohöhe eine Rolle spielte.

5. Die Frage der verhüllten Obliegenheit wurde vorstehend nur mit Bezug 64 auf solche objektiven Risikoabgrenzungen behandelt, die ein gefahrminderndes Verhalten des VN bezwecken, also mit Bezug auf Sicherheitsvorschriften im Sinn von §§ 6 Abs. 1 und 2, 15 a VVG. Ein vergleichbares Problem ergibt sich auch, wenn AVB an den **objektiven Tatbestand des Unterlassens oder der Unrichtigkeit** vorvertraglicher Anzeigen oder **von Anzeigen** während der Vertragsdauer die Rechtsfolge völliger oder teilweiser Leistungsfreiheit knüpfen, und zwar über den gesetzlichen Rahmen gemäß §§ 34 a, 16 ff., 23 ff. VVG hinaus. Bei unterlassenen Anzeigen während der Vertragsdauer kann zweifelhaft sein, ob überhaupt ein Verstoß gegen halbzwingende VVG-Normen vorliegt, sondern es kann darüber hinaus zweifelhaft sein, ob §§ 15 a, 6 Abs. 1 VVG oder §§ 34 a, 23 ff. VVG tangiert sind. Ein Beispiel für das Problem **verhüllter Anzeigeobliegenheiten** bietet § 16 Nr. 3 b, Nr. 3 c, Nr. 5 und Nr. 6 a VGB 88 in der Gleitenden NeuwertV von Wohngebäuden.

a) Nennt der WohngebäudeVN auf entsprechende Antragsfrage einen zu 65 niedrigen **Neubauwert in Preisen eines anderen Jahres** als 1914, so kann er sich gemäß § 16 Nr. 3 b auf § 16 Nr. 4 VGB 88 nicht berufen, sondern muß mit einem Abzug wegen UnterV gemäß §§ 16 Nr. 1 VGB 88, 56 VVG rechnen, also mit teilweiser Leistungsfreiheit des Vr. Diese teilweise Leistungsfreiheit soll nach den VGB 88 ohne Rücksicht auf Verschulden des VN (S IV 29) sowie ohne Rücktritt des Vr und außerdem schon dann eintreten, wenn der VN nicht die Richtigkeit seiner Angaben beweist. Andererseits *verzichtet* der Vr auf den Einwand *völliger* Leistungsfreiheit, wie sie infolge Rücktritts immer dann eintreten würde, wenn der VN den Kausalitätsgegenbeweis des § 61 VVG nicht führen kann.

66   Wägt man die Vorteile und Nachteile gegeneinander ab, die dem VN durch § 16 Nr. 3b VGB 88 verglichen mit den gesetzlichen Rechtsfolgen gemäß §§ 16ff. VVG entstehen, so **überwiegen** jedenfalls **nicht** die **Nachteile** für den VN. § 16 Nr. 3b VGB 88 schützt den VN nämlich vor dem Einwand völliger Leistungsfreiheit im Totalschadenfall, der nach dem Gesetz schon dann möglich ist, wenn der VN den Kausalitätsgegenbeweis des § 21 VVG auch nur für einen kleinen Teilbetrag nicht führen kann, wenn also der Schadenumfang ohne die Um-, An- oder Ausbauten auch nur möglicherweise geringfügig niedriger läge. Bei hohen Vermögenswerten, wie Gebäude sie meist darstellen, kommt im Rahmen eines Vergleichs der Vor- und Nachteile entscheidende Bedeutung dem Umstand zu, ob der VN dem Risiko ausgesetzt ist, einen Totalschaden möglicherweise selbst tragen zu müssen. Daher ist § 16 Nr. 3b VGB 88 **mit § 34a VVG vereinbar.** Der UnterVEinwand wird zulässigerweise von der Erfüllung bestimmter Anzeigeobliegenheiten abhängig gemacht, S II 10, ohne daß es sich aber um „verhüllte" Obliegenheiten handelte, deren vertragliche Sanktionen ganz oder teilweise gesetzwidrig wären.

67   Das gleiche gilt, wenn die Antragsformulare (wie im Beispiel gemäß Texte 42) über die in den VGB 88 vorgesehenen Möglichkeiten hinaus einen UnterVVerzicht auch vorsehen, wenn die **VSumme eines MonopolVr** übernommen wird und der Antragsteller die einschlägigen Fragen richtig und vollständig beantwortet hat. Auch diese vom Gesetz abweichende Regelung ermöglicht zwar den UnterVEinwand schon bei schuldlos unrichtigen Angaben des VN, schützt ihn aber vor der Möglichkeit völliger Leistungsfreiheit, wie sie nach der gesetzlichen Regelung trotz § 21 VVG in gewissen Fällen bestünde.

68   Macht der VN **im Summenermittlungsbogen** unrichtige Angaben, was der Vr beweisen muß, und wird hierwegen eine zu niedrige VSumme vereinbart, so hängt nach § 16 Nr. 5 VGB 88 in Verbindung mit Nr. 3c der Abzug wegen UnterV davon ab, daß der VN vorsätzlich oder grob fahrlässig gehandelt hat, S IV 35. Leichte Fahrlässigkeit schadet ihm abweichend von §§ 16 Abs. 3, 17 VVG nicht. Der Vr muß sowohl die objektive Unrichtigkeit wie auch den Vorsatz oder die grobe Fahrlässigkeit beweisen. Ein Verstoß gegen § 34a VVG liegt hier noch weniger vor als in den Fällen gemäß M III 66 und 67, denn schlechtergestellt wird der VN nur insofern, als der Vr nicht zurückzutreten braucht, um leistungsfrei zu werden. Bezüglich Verschuldensgrad, Beweislastverteilung und Totalschadenschutz steht hingegen der VN besser.

69   b) Unterläßt der VN die **Anzeige wertsteigernder Um-, An- oder Ausbauten,** S IV 44, so hängt ein Abzug wegen UnterV nach § 16 Nr. 6a VGB 88 von einem Verschulden des VN ab, denn dort wird vorausgesetzt, daß die Anzeige (vor dem VFall) „nicht unverzüglich" erstattet wurde. Die Beweislast für dieses Verschulden, also für mindestens leichte Fahrlässigkeit, trägt abweichend von §§ 6 Abs. 1, 25 Abs. 2, 28 Abs. 1 VVG der Vr. Überdies kann der VSchutz in dem für den VN ungünstigsten Fall eines Totalschadens abwei-

chend von § 25 Abs. 1 und Abs. 2 VVG nicht völlig entfallen. Demgegenüber tritt der Nachteil für den VN, daß der Vr nicht zu kündigen braucht, wirtschaftlich in den Hintergrund. Ein Verstoß gegen § 34a VVG oder § 15a VVG liegt nicht vor, sondern die Anwendung von § 56 VVG wird zulässigerweise von der Erfüllung bestimmter Anzeigeobliegenheiten abhängig gemacht, vgl. wegen eines solchen **eingeschränkten Unterversicherungsverzichts** S II 10 und 68.

N. Vorvertragliche Anzeige; Gefahrerhöhung und deren Anzeige

Übersicht

I. Allgemeines

Ob und zu welcher Prämie der Vr das Risiko übernehmen und behalten 1
kann, hängt von der **Wahrscheinlichkeit** des **Eintritts** des VFalls und von dem
voraussichtlichen **Schadenumfang** ab. Die Gefahr eines größeren Schadenumfangs wird insbesondere durch **Zunahme des VWertes** erhöht, S II 3. Hier hat
aber die gesetzliche **Spezialregelung** in § 56 VVG (UnterV) Vorrang. Wird
indessen § 56 VVG ganz oder teilweise abbedungen, so greifen §§ 23 ff ein,
vgl. z. B. M II 69 wegen der Anzeigeobliegenheit bei wertsteigernden Um-,
An- und Ausbauten von Wohngebäuden nach den VGB 88. Wegen § 56
VVG ist aber die Zunahme des VWerts nur eine ihrer Art nach qualitativ
unerhebliche Gefahrerhöhung im Sinn von § 29 Satz 2 VVG, N III 30.

Die Wahrscheinlichkeit des Eintritts eines VFalles sowie die Wahrschein- 2
lichkeit eines größeren Schadenumfangs werden bestimmt von den tatsächlichen Risikoverhältnissen. Daher verpflichtet das VVG in §§ 16 ff., 23 ff., 30,
34a, 41 den VN, dem Vr die „für die Übernahme der Gefahr erheblichen
Umstände" anzuzeigen sowie nach Antragstellung die **Gefahr nicht zu erhöhen**
und gleichwohl eintretende **Gefahrerhöhungen** ebenfalls **anzuzeigen**. Die genannten Vorschriften regeln auch die Rechtsfolgen von Verstößen gegen diese Pflichten, nämlich Aufhebung des Vertrages durch Rücktritt oder Kündigung des Vr, eventuell außerdem Leistungsfreiheit für bereits eingetretene
Schäden sowie ausnahmsweise Fortbestand des Vertrages bei erhöhter Prämie. Die gesetzliche Regelung ist, teils durch Formulierungsmängel, in einigen Punkten auch infolge angreifbarer Grundsatzentscheidungen, überwiegend aber schon wegen der Schwierigkeiten der Materie sehr kompliziert.

1. Die **AVB** brauchten theoretisch solche Vorschriften nicht zu enthalten, 3
weil sich die beiderseitigen Rechte und Pflichten aus dem Gesetz ergeben.
Um aber den VN möglichst vollständig aufzukären und zugleich Fälle
schuldlosen Rechtsirrtums des VN möglichst auszuschließen, enthalten die
AVB meist Kurzfassungen der VVG-Vorschriften. Wortlaut und Ausführlichkeit schwanken; so sind z. B. in den AFB 30 und AEB die Anzeige von
Gefahrumständen bei Vertragsabschluß in § 5 und die Gefahrerhöhung in
§ 6, in den übrigen AVB dagegen jeweils beides in einer einzigen Bestimmung

behandelt, nämlich in §§ 5 AERB, AWB 68, AStB 68, 7 VHB 74, 13 VHB 84, 8 VGB 62, § 10 VGB 88, sowie in §§ 6 AFB 87, AERB 87, AWB 87, AStB 87. **Abweichungen vom VVG** enthalten die AVB meist nur insofern, als sie von der Möglichkeit der §§ 18, 34a Satz 2 VVG Gebrauch machen und für die vorvertragliche Anzeige *Schriftform* verlangen, vgl. die in K I 23 zitierten Bestimmungen. Ansonsten stellen die AVB durch Verweisungen auf die Rechtsfolgen der §§ 16 ff. VVG klar, daß sie eine abweichende Rechtslage auch dort nicht vorsehen wollen, wo sie – besonders bei der Gefahrerhöhung und ihrer Anzeige – kürzere Formulierungen als das VVG gebrauchen. **Abweichungen zum Nachteil des VN** wären durch § 34a Satz 1 VVG ohnehin **ausgeschlossen.**

4   Ähnlich wie die AVB-Kurzfassungen gemäß N I 2 einen Kompromiß zwischen völliger Streichung und Übernahme der VVG-Bestimmungen im vollen Wortlaut darstellen, ebenso muß auch vorliegender Kommentar einen Mittelweg zwischen vollständiger Erläuterung des VVG (für die der Raum des Kommentars nicht ausreichen würde) und einer bloßen **Verweisung auf die Literatur zum VVG** suchen. Dabei hält der Kommentar die Mitte zwischen einer vollständigen Erläuterung, wie sie sich bei Raiser 163 bis 206 zu den AFB 30 findet, und einer nur sporadischen Behandlung, wie sie E. Prölss 160 bis 175 zu den AEB bevorzugt hatte. Im Folgenden werden die besonders in den Zweigen der SachV aktuellen sowie die in der Literatur bisher vernachlässigten Probleme behandelt, und zwar mit Hauptgewicht nicht auf der vorvertraglichen Anzeige, sondern auf der Gefahrerhöhung, und hier wiederum insbesondere auf der bisher oft vernachläßigten Bestimmung des § 29 **Satz 2 VVG** über **qualitativ unerhebliche Gefahrerhöhungen.** Im übrigen wird vor allem auf BM sowie auf PM verwiesen; ersteres Werk ist besonders ausführlich, letzteres zwar knapper gehalten, durch häufigere Neuauflagen jedoch auf dem neuesten Stand der Rechtsprechung.

5   2. **Vorvertragliche Anzeigepflicht** und **Gefahrerhöhung** werden im VVG (§§ 16 ff. und §§ 23 ff.) und deshalb auch in vorliegendem Kommentar unmittelbar hintereinander behandelt. Auch in ihrer praktischen Bedeutung für den VVertrag **ergänzen sich** beide Gruppen von Vorschriften **gegenseitig.** Schuldhafte Anzeigepflichtverletzungen führen zur Leistungsfreiheit, soweit nicht der Kausalitätsgegenbeweis geführt wird. Der Vr kann sich durch Rücktritt (§ 20 VVG) oder Kündigung (§§ 24, 27 VVG) vom Vertrag lösen.

6   Kein Gegenstück in §§ 23 ff. VVG gibt es allerdings zu einer besonders wichtigen gesetzlichen Vorschrift für die Anzeigepflicht, nämlich zu § 18 **VVG.** Diese Bestimmung reduziert die Sanktionen für Anzeigepflichtverletzungen auf den Fall der **Arglist,** soweit der Antragsteller lediglich Umstände verschweigt, nach denen der Vr nicht ausdrücklich fragt, obwohl der Antragsteller ansonsten schriftliche Antragsfragen hatte beantworten müssen. **Schriftliche Antragsfragen** haben also eine gewisse **Vermutung der Vollständigkeit** für sich, N II 9 und BGH VersR 86, 1089; das Verschweigen strafbarer Handlungen, die der VN oder ein Repräsentant früher begangen hatte und deretwegen er vielleicht sogar rechtkräftig zu Strafe verurteilt worden war, darf auch nicht als Arglist gewertet werden, BGH aaO. Die Vermutung der Vollständigkeit gilt selbst dann, wenn nur ganz wenige oder gar nur eine einzige Antragsfrage gestellt ist, und sei es auch nur eine Frage, welche die

sog. Vertragsgefahr betrifft, etwa die Frage nach anderweitigen VVerträgen oder nach Vorschäden.

§ 18 VVG führt in §§ 23 ff. VVG zu folgendem Auslegungsproblem: Kön- 7
nen Umstände, nach denen der Vr bei Antragstellung **nicht fragt**, vielleicht auch während der VDauer begrifflich **keine Gefahrerhöhung** oder jedenfalls keine rechtlich erhebliche Gefahrerhöhung im Sinn von § 29 Satz 1 und Satz 2 VVG (N III 32) darstellen? Eine bejahende Antwort auf diese Frage liegt nahe, denn Umstände, nach denen der Vr im Antragsfragebogen nicht fragt, scheinen für ihn so wenig Gewicht zu haben, daß sie ihn nicht an der Antragsannahme hindern. Dann aber sollten solche Umstände, so scheint es jedenfalls auf Anhieb, ihn auch im Falle späteren Eintritts trotz ihres gefahrerhöhenden Charakters nicht daran hindern, den Vertrag fortzusetzen und die erhöhte Gefahr ohne Mehrprämie zu tragen. § 18 VVG wäre danach auf §§ 23 ff., 29 VVG analog anzuwenden und würde den VN für diese Gefahrerhöhungen von der Anzeigepflicht wie auch von dem Vornahmeverbot („Gefahrstandspflicht") freistellen.

Nicht auf § 18 VVG berufen kann sich der VN indessen jedenfalls bei 8
solchen Gefahrerhöhungen, die in den AVB oder einzelvertraglich als verbotene oder anzeigepflichtige Gefahrerhöhungstatbestände **besonders erwähnt** sind. § 34 a VVG schließt nicht die Möglichkeit aus, einem Analogieschluß aus § 18 VVG durch vertragliche Vereinbarung entgegenzuwirken. Soweit Gefahrerhöhungen quantitativ oder qualitativ unerheblich im Sinn von § 29 Satz 1 oder 2 VVG sind, N III 32, können die Rechtsfolgen der §§ 23 ff., 27 f. VVG zwar nicht durch Vereinbarung herbeigeführt werden, N III 26 und N IV 32; immerhin können die Vertragsparteien aber den Antragsfragen ihren Charakter als Indiz im Sinn von § 29 Satz 2 VVG nehmen. Von dieser Vertragsfreiheit macht z. B. § 13 VHB 84 Gebrauch, wo in Nr. 3 a zunächst auf die Antragsfragen als Maßstab für den Gefahrerhöhungsbegriff verwiesen wird, dann aber in Nr. 3 b und Nr. 3 c noch einige zusätzliche Gefahrerhöhungstatbestände aufgezählt sind, N IV 105 bis 109. Ähnlich ist § 10 Nr. 3 VGB 88 aufgebaut, wo freilich nur von der Möglichkeit einer Gefahrerhöhung die Rede ist, N IV 44.

Aber auch darüber hinaus kann ein Schluß aus § 18 VVG zugunsten des 9
VN jedenfalls nicht zwingend und ausnahmslos gezogen werden. Formal wäre nämlich statt eines Analogieschlusses im Sinn von N I 7 auch ein Umkehrschluß in dem Sinn möglich, daß es während der Vertragsdauer auf den Umfang des Katalogs der Antragsfragen nicht mehr ankommen solle, weil in §§ 23 ff. VVG auf § 18 VVG nicht Bezug genommen wird. Außerdem schließt schon § 18 VVG nicht einmal eine Anzeigepflicht für Umstände außerhalb des Fragenkatalogs von vornherein aus, sondern beschränkt lediglich die Rechtsfolgen des Rücktrittsrechts und der Leistungsfreiheit auf die Fälle nachgewiesener *Arglist*. Auch dieses auf die Fälle der Arglist beschränkte Rücktrittsrecht des Vr setzt indessen eine *Anzeigepflicht* begrifflich voraus; nur die *Sanktion* wird durch § 18 VVG reduziert.

Wenn es eine Vorschrift wie § 18 VVG nur für die vorvertragliche Anzei- 10
gepflicht, nicht aber für Gefahrerhöhungen gibt, so ließe sich dieser Unterschied etwa wie folgt als gesetzlich gewollt motivieren: Ein bei Antragstellung schon vorhandener und vielleicht sogar schon längere Zeit vorhandener

gefahrerhöhender Umstand sei für den VN nicht mehr neu und nicht mehr auffällig. Der Gedanke einer Anzeigepflicht liege daher für ihn fern, so daß der Gesetzgeber Meinungsverschiedenheiten über das ansonsten ausschlaggebende Verschulden des VN (§ 16 Abs. 3 VVG) habe vorbeugen und Rechtsfolgen nur an arglistige Verstöße habe knüpfen wollen. Tritt hingegen erst während der VDauer ein gefahrerhöhender Umstand ein, so müsse diese Tatsache wie auch deren wirtschaftliche Bedeutung für den Vr einem verständigen VN leichter einleuchten. Auch könnte argumentiert werden, §§ 13 Nr. 3 a VHB 84, 10 Nr. 3 a VGB 88 bezeichneten zwar die Änderung von Umständen, nach denen im Antrag gefragt wurde, an erster Stelle als Gefahrerhöhung, aber eben doch *nicht* als *einzig* mögliche Art der Gefahrerhöhung. Vielmehr schlössen sich *weitere* Tatbestände an, insbesondere die nicht beaufsichtigte Wohnung oder das leerstehende („nicht genutzte") Wohngebäude. Dies zeige, daß § 18 VVG sich nicht auf §§ 23 ff. VVG gedanklich übertragen lasse.

11 Gleichwohl ist bei realistischer Betrachtungsweise der Gedanke unabweisbar, daß ein Vr sich durch Beschränkung des Antragsfragebogens damit „abfindet", die zusätzliche Gefahr aus Umständen zu tragen, nach denen er nicht fragt, und zwar unabhängig vom Entstehungszeitpunkt solcher Umstände, vgl. zustimmend Ollick VerBAV 84, 317, Hamm VersR 83, 1148. Diese einfache wirtschaftliche Überlegung wiegt schwerer als die in N I 10 skizzierten Argumente für einen Umkehrschluß. Allerdings umfaßt der gesetzliche Begriff der Gefahrerhöhung so vielfältige Arten von Tatbeständen, vgl. die Abschnitte N IV und N V, daß die Problematik des § 18 VVG nicht ohne nähere Prüfung für sämtliche Arten von Gefahrerhöhungstatbeständen einheitlich gelöst werden darf. Vielmehr ist je nach **Art der** nicht vorzunehmenden oder der anzeigepflichtigen **Gefahrerhöhung** wie folgt zu **unterscheiden:**

12 **a) Maßnahmen und Unterlassungen** im Rahmen des **bestimmungsgemäßen Gebrauchs** der versicherten Sachen, die seitens eines verständigen nicht versicherten VN bei objektiver Würdigung **wirtschaftlich vertretbar** wären, bedeuten keine erhebliche, sondern allenfalls eine unerhebliche Gefahrerhöhung im Sinn von **§ 29 Satz 2 VVG,** jedenfalls soweit sie weder Gegenstand einer Antragsfrage im Sinn von § 18 VVG waren noch in den AVB oder sonst im Vertrag als Gefahrerhöhungstatbestand erwähnt sind. Der Vr muß grundsätzlich mit jeder wirtschaftlich vertretbaren Art und Weise des Gebrauchs der versicherten Sachen rechnen, soweit er nicht durch Antragsfragen oder durch den Vertragsinhalt vorbeugt. Der Grundgedanke des § 18 VVG wie auch des § 29 VVG gehen hier in ein und dieselbe Richtung. Ein **Analogieschluß** aus § 18 VVG ist geboten. **Beispiele** bilden die schon in N III 6 der 1. Aufl. erwähnten Fälle, daß der VN oder seine Arbeitnehmer oder Wohngenossen Raucher sind (vgl. aber N V 30 wegen Rauchens im Bett) oder mehr oder weniger häufig mit feuergefährlichen Stoffen hantieren, z. B. in einer Heimwerker-Werkstätte, Hamm VersR 82, 966, oder daß in einem Gebäude besonders zahlreiche Anlagen des Wasserverbrauchs und der Wasserversorgung vorhanden sind, z. B. ein Hausschwimmbecken mit Zuleitungen usw. E I 48.

Ein gutes Beispiel liefert der Wortlaut von § 16 Nr. 6 a VGB 88. Danach muß   **13**
der VN **wertsteigernde Um-, An- oder Ausbauten** anzeigen, wenn er nicht den
UnterVVerzicht gemäß § 16 Nr. 4 VGB 88 gefährden will. Er muß sie aber nur
anzeigen, soweit sie „den der VSummenermittlung zugrunde liegenden Bauzustand" betreffen. Wurde die VSumme mit Hilfe eines sog. Summenermittlungsbogens ermittelt, so brauchen wertsteigernde Maßnahmen auch später nur
angezeigt zu werden, falls sie das Endergebnis nach dem Summenermittlungsbogen beeinflußt haben würden, wenn sie schon vor Antragstellung vorgenommen worden wären. Mit Bezug auf Ein- und Zweifamilienhäuser wird im
Summenermittlungsbogen z. B. nur gefragt, ob ein Bad überhaupt vorhanden
ist. Anzahl und Ausstattung von Bädern spielen hingegen keine Rolle. Selbst
ein sehr aufwendiger Ausbau vorhandener oder Einbau zusätzlicher Bäder
braucht daher auch in der Folgezeit nicht angezeigt zu werden. Das gleiche gilt
für sonstige aufwendige Einbauten, nach denen nicht gefragt war (Extremfall:
„goldene Türklinken"). Wegen der Konsequenzen des Umstandes, daß bei
Umrechnung des Neubaupreises eines anderen Jahres nach § 16 Nr. 3b VGB
88 später jede dem Neubauwert erhöhende Verbesserung anzuzeigen wäre, der
Antragsteller aber unter Umständen nach dem Tarif die Wahl zwischen mehreren Summenermittlungsmethoden hatte, vgl. S IV 60.

b) Hingegen kann **wirtschaftlich nicht vertretbares, nachlässiges Verhalten**   **14**
des VN eine **Gefahrerhöhung** *auch dann* begründen, *wenn* es an einer einschlägigen *Antragsfrage fehlt*. Die Möglichkeiten für fehlerhaftes Verhalten
des VN sind nämlich so zahlreich, daß selbst ein ausführlicher Katalog von
Antragsfragen nicht erschöpfend sein könnte. Wenn der Vr auf Fragen nach
derartigen Möglichkeiten teilweise oder sogar gänzlich verzichtet, um nämlich den Fragebogen kurz halten zu können und sich sowie den Durch-
schnittsantragsteller nicht lächerlich zu machen, so darf daraus keine Einschränkung des Begriffs der Gefahrerhöhung hergeleitet werden. Soweit es
sich um Straftaten des VN zum Nachteil eines FeuerVr handelt, geht BGH
VersR 86, 1089 sogar noch ein wenig weiter: Umkehrschlüsse aus Antragsfragen dürfen nur insoweit nicht gezogen werden, als die beteiligten Verkehrs-
kreise ungefragte Angaben als Selbstverständlichkeit ansehen. Diese These
des BGH könnte gewisse Konsequenzen für den Gefahrerhöhungstatbestand
der „Brandreden" (N V 18) haben. – In gewissen Grenzen ist jedenfalls aus
§ 18 VVG nicht ein Analogie-, sondern ein **Umkehrschluß** zu ziehen: Da es an
einer Vorschrift wie § 18 VVG in §§ 23ff. VVG fehlt, handelt es sich um
mögliche Gefahrerhöhungstatbestände, obwohl Antragsfragen nicht gestellt
waren.

Als **Beispiele** seien hier die sog. Brandreden (N V 18) genannt, ferner Alko-   **15**
holismus oder Drogensucht des VN oder eines Angestellten oder Wohngenossen (N V 31; PM 23. Aufl. § 7 VHB 74 Anm. 1), regelmäßiger Gebrauch
von Kerzen als Raumbeleuchtung nach Sperrung der Stromzufuhr (OLG
Düsseldorf RuS 85, 19), Korrosion von Rohren (Grenzfall, N V 23) und dgl.

c) Auch wo für Gefahrerhöhungen aus § 18 VVG nicht zugunsten des VN   **16**
ein Analogie- (N I 12 und 13), sondern zugunsten des Vr ein Umkehrschluß
(N I 14 und 15) zu ziehen ist, kann das **Fehlen einer Antragsfrage** ausnahmsweise ein **Verschulden** des VN an der Vornahme oder Nichtanzeige einer

Gefahrerhöhung **ausschließen.** Der VN muß dann allerdings behaupten und beweisen, im Anschluß an die schriftlichen Antragsfragen auch wirklich einschlägige Überlegungen angestellt zu haben und dabei schuldlos zu einem rechtlich unrichtigen Ergebnis gelangt zu sein. Ein solcher **Verbotsirrtum** schließt ein Verschulden im Sinn von §§ 23 ff. VVG aus.

II. Vorvertragliche Anzeigepflicht

1   Die Pflicht der vorvertraglichen Anzeige ist eine **gesetzliche Obliegenheit,** N II 5 vgl. ausführlich Raiser 164, BM § 16 Anm. 5. Auf dem Vertrag kann sie noch nicht beruhen, denn sie besteht nur in der Zeit bis zur „Schließung des Vertrages" (§ 16 Abs. 1 VVG). Sie entsteht kraft Gesetzes, und zwar als Konsequenz eines **vorvertraglichen Vertrauensverhältnisses.** Zum Begriff des Vertragsabschlusses im Gegensatz zu einer bloßen Vertragsänderung vgl. K I 12, P I 10 und Raiser 166. In der Praxis konzentriert sich die Anzeigepflicht auf den *Zeitpunkt des Antrages des VN,* denn § 18 VVG beschränkt das Rücktrittsrecht und damit die Anzeigepflicht praktisch auf die Umstände, nach denen der Vr ausdrücklich fragt, vgl. N II 2 und 9. Wegen der sog. Anerkennungsklauseln Kl 1601, 2601 und 4601 in der Industrie-Feuer- und in der GeschäftsV vgl. N III 37 und 38.

2   Aus § 18 VVG wird man herleiten müssen, daß der VN *nach* Übergabe oder Übersendung des Antrags oder des sonstigen **Fragebogens** an den Vr eine eigene Initiative auch dann nicht mehr zu ergreifen braucht, wenn **zusätzliche Umstände** im Sinn der schriftlich bereits beantworteten Fragen **bekannt werden.** Aber selbst wenn man so weit nicht gehen wollte, wird oft das Verschulden fehlen, wenn der VN bis zur Annahme des Antrags seine Angaben nicht aus eigener Initiative ergänzt. Beispiel: Wertzuwachs besonders gefährdeter Hausratsachen, nach denen im Antrag gefragt war, N IV 106 und U III 2. Keinesfalls kann dergleichen vom VN etwa noch nach Ablauf der Bindungsfrist verlangt werden, wenn der Vr den Antrag erst später annimmt. Rechtlich ist die verspätete Annahme nämlich ein neuer Antrag des Vr, vgl. K I 31. Umstände, nach denen *nicht* gefragt war, braucht der Antragsteller nachträglich ebensowenig anzuzeigen wie bei Antragstellung (BM § 18 Anm. 6 gegen PM § 18 Anm. 2); Grenze: Arglist.

3   Für nachteilige Gefahrumstände, die vom VN **zwischen Antragstellung und Vertragsabschluß** nachträglich *bekannt werden,* hat der Vr mithin allenfalls die Rechte aus § 41 VVG, wenn sich nämlich die Umstände nach seinem Tarif auf die Prämie auswirken. Hingegen gelten für gefahrerhöhende **Umstände,** die während dieser Zeit **neu eintreten,** gemäß §§ 29a VVG, 6 Nr. 4 AFB 30, AEB (ebenso durch Verweisung auf §§ 23 ff. VVG gemäß den übrigen AVB) die Vorschriften über die Gefahrerhöhung. Danach ist die Anzeigepflicht sogar schärfer, weil § 18 VVG nicht gilt. Allerdings kann die Tatsache, daß der Vr nach gewissen Umständen im Antragsformular nicht gefragt hatte, auch im Rahmen von §§ 23 ff. VVG zugunsten des VN sprechen, vgl. N III 32 sowie ausführlich N I 5 bis 16. Danach wird häufig das Verschulden fehlen, wenn der VN untätig bleibt.

4   **Nach Vertragsschluß** muß der VN lediglich **Gefahrerhöhungen** gemäß §§ 23 ff. VVG anzeigen, N III 1. Grundlage für den Gefahrerhöhungsbegriff

sind Anträge und **Tarif zur Zeit des Vertragsschlusses**, N III 34. Ändert der Vr seinen Tarif und erwägt einen Prämienerhöhungsvorschlag oder eine Kündigung zum nächstmöglichen Termin, so hat er *keinen* Rechtsanspruch gegen den VN auf *Auskünfte* oder Duldung einer *Besichtigung* mit dem Ziel, sich Kenntnis von den nach dem **neuen Tarif** gefahr- und prämienerheblichen Umständen zu verschaffen (Kuhl VP 83, 76).

Alle ihm bekannten „Umstände, die **für die Übernahme der Gefahr erheb- 5 lich sind"** hat der VN gemäß § **16 Abs. 1 Satz 3 VVG** anzuzeigen. Es handelt sich also um eine gesetzliche Obliegenheit, N II 1. Ebenso lauten §§ 5 AFB 30, AEB, 5 Nr. 1 AERB, AWB 68, AStB 68, 6 Nr. 1 AFB 87, AERB 87, AWB 87, AStB 87, 7 Nr. 1 VHB 74, 13 Nr. 1 VHB 84, 8 Nr. 1 VGB 62, 10 Nr. 1 VGB 88. Ausgenommen sind Umstände, die der Vr kennt (§ 16 Abs. 3 VVG). Weil aber mangelndes Verschulden den Rücktritt ausschließt, N II 14, überlassen die Vr die Frage der Gefahrerheblichkeit nicht dem Urteil des Antragstellers, sondern stellen in den hier behandelten Sparten der SachV praktisch ausnahmslos **Antragsfragen** im Sinn von § 16 Abs. 1 Satz 3 VVG, sei es durch gesonderten Fragebogen oder sei es innerhalb des Antragsformulars. Die Beweislast für das **Verschulden** trifft nach dem AVB-Wortlaut („bei schuldhafter Verletzung") abweichend von der gesetzlichen Regelung den Vr.

Da der VVertreter oft Schreibhilfe bei der Ausfüllung des Antragsformu- 6 lars leistet, **scheitert** auch nach schriftlichen Antragsfragen das **Verschulden** des VN häufig **an Fehlern des VVertreters**, z. B. weil der Vertreter die Fragen des Antragstellers nicht zum Anlaß von Rückfragen nimmt, weil er die Antworten nicht richtig und vollständig in das Formular überträgt, weil er den Antragsteller vor der Unterschrift nicht deutlich auffordert, alle Antworten nochmals zusammen mit dem Wortlaut der Fragen durchzulesen usw. Persönlich durch Besichtigung zu überzeugen braucht der Vertreter sich aber von der Richtigkeit gemachter Angaben über den Zustand des zu versichernden Gebäudes in der Regel nicht, LG München I VersR 86, 645. Hat der **Agent** des Vr **Schreibhilfe geleistet**, so begründet das ausgefüllte Antragsformular keine Vermutung für richtige und vollständige Wiedergabe der mündlichen Angaben des Antragstellers. Vielmehr trägt der **Vr** die **Beweislast**, wenn er behauptet, der Antragsteller habe einen bestimmten Umstand unrichtig angezeigt oder verschwiegen, BGH RuS 89, 242.

Die Vr fragen bei weitem nicht nach sämtlichen gefahrerheblichen Umstän- 7 den im Sinn von N I 1, ja oft nicht einmal nach sämtlichen laut Tarif für die Prämie maßgebenden Umständen, um nämlich den Vertragsschluß nicht mit zu viel Ausfüllarbeit für den Antragsteller zu belasten und ihn dadurch zu erschweren sowie zu verteuern. In sog. **Kurzanträgen** fragt der Vr oft überhaupt nicht nach Umständen, die für die *Schadengefahr* erheblich sind, sondern ausschließlich nach Umständen, welche die sog. *Vertragsgefahr* betreffen, vgl. auch N III 35. Gefragt wird dann nur nach Vorschäden sowie nach früheren und nach gleichzeitig bestehenden anderen VVerträgen.

In der **HausratV** wird das Antragsformular mit ausführlichem Fragenkata- 8 log (Texte 44) nur bei höheren VSummen verwendet, in der Regel erst ab 200 000 DM und auch dies sogar ohne Rücksicht auf bereits bestehende Verträge. Für kleinere Summen wird oft ein Kurzantrag nach Art von Texte 47 der 2. Aufl. verwendet, in dem nur nach Vorschäden und anderen VVerträgen gefragt wird. In der **WohngebäudeV** (Texte 42 und 43) wird selbst im ausführlichen Antragsformular nur danach gefragt, ob das Gebäude etwa lediglich als Wochenend- oder Ferienhaus genutzt werde, nicht hingegen auch danach, ob das Gebäude etwa völlig leer stehe, obwohl tariflich Zuschläge für alle „nicht ständig bewohnten" Gebäude vorgesehen sind, N V 40.

9   Trotzdem haben nach § 18 VVG **schriftliche Antragsfragen** eine **Vermutung der Vollständigkeit** für sich. Die in N II 5 zitierten AVB können daran wegen § 34a VVG nichts ändern. Die Anzeigepflicht für sonstige gefahrerhebliche Umstände wird durch § 18 VVG zwar nicht aufgehoben, N I 9; Rechtsfolgen wegen Verstoßes treten jedoch nur bei **Arglist** ein, die der Vr in aller Regel nicht beweisen kann. Je häufiger unvollständige Fragebogen verwendet werden, um so stärker wirkt sich § 18 VVG in der Praxis zugunsten des VN aus, und zwar auch für den Begriff der erheblichen und anzeigepflichten Gefahrerhöhung, vgl. N I 5 bis 16. – § 13 **Nr. 1** VHB 84 beschränkt über § 18 VVG hinaus die Anzeigepflicht auf Umstände, nach denen ausdrücklich gefragt wurde. Arglistiges Verschweigen schadet dem HausratVN also nicht. Ähnlich lautet § 10 Nr. 1 Satz 1 VGB 88. Jedoch wird dort von Antragsfragen gesprochen, „die für die Übernahme der Gefahr erheblich sind", die gesetzliche Vermutung des § 16 Nr. 1 Satz 3 VVG für Gefahrerheblichkeit also in Frage gestellt.

10   Sehr bedeutsam ist wegen § 18 VVG die richtige **Auslegung der Antragsfragen**. Im Zweifel ist gegen den Vr zu entscheiden, weil er es ist, der die Fragen formuliert hat. Ist z.B. nur nach **früheren VVerträgen** oder **Vorschäden** des Antragstellers gefragt, N II 7, so brauchen Verträge und Schäden für oder an Sachen mitversicherter Dritter (z.B. Wohngenossen in der HausratV) nicht angegeben zu werden, wohl aber auch Verträge und Schäden zu früheren Wohnungen oder Geschäftsräumen des Antragstellers (Düsseldorf 25. 2. 76, 4 U 213/73) oder AußenVSchäden (Celle VersR RuS 85, 126); anders wenn der Wortlaut den Eindruck erweckt, es werde nur nach Vorschäden in der zu versichernden Wohnung gefragt, Hamm NJW-RR 90, 163 = RuS 60. Auch kommt es bei juristischen Personen oder Personengemeinschaften (OHG usw.) ausschließlich auf die Umstände in der Person des Antragstellers an, nicht dagegen auf Umstände in der Person von Teilhabern, Geschäftsführern oder Vorstandsmitgliedern. VVerträge anderer VN für Interessen des VN brauchen wohl nicht angegeben zu werden. Wegen des Verschuldens des Antragstellers vgl. N II 14.

11   Wird nur gefragt, ob ein Wohngebäude etwa nur Wochenend- oder Ferienhaus sei, N II 8, so darf bis zur Grenze der Arglist (N II 9) diese Frage auch dann ohne weitere Hinweise verneint werden, wenn das **Gebäude** zur Zeit des Antrags gänzlich **leersteht**, weil etwa gerade ein neuer Mieter gesucht wird. Wenn nach **Bauartklassen** gefragt und dabei nur pauschal zwischen „massiv", „Steinfachwerk", „Lehmfachwerk" und „Holz" unterschieden wird, so darf schon eine nur 8 cm dicke Betonaußenwand als „massiv" bezeichnet werden. Entsprechend geringe Anforderungen sind nach BGH VersR 84, 150 an den Nachweis der schuldlosen Unkenntnis eines *Gebäudekäufers* von einer bloßen Fachwerkbauweise der innen und außen durch Platten verkleideten Wand eines Gebäudeanbaus zu stellen. In der einfachen gewerblichen V darf

z. B. ein Bordell („Stundenhotel") nicht als Hotel und eine Diskothek nicht als Gaststätte (dazu Celle RuS 87, 232) bezeichnet werden. Daß in der stärker gefährdeten Betriebsart unter anderem auch die Leistungen der weniger gefährdeten Betriebsart geboten werden (Übernachtung und Frühstück im Bordell, Speisen und Getränke in der Diskothek), ändert an der objektiven und meist auch schuldhaften Unrichtigkeit der verharmlosenden Bezeichnung im Antragsformular nichts. Wird im Hausratantrag gefragt, ob es sich um eine **Zweitwohnung** (G IV 85) handele, so braucht der Antragsteller die Frage nach der Verkehrsansicht nur dann zu bejahen, wenn die Wohnung voraussichtlich mehr als 180 Tage je Jahr weder durch ihn noch durch Wohngenossen bewohnt wird; wer also zwei Wohnungen etwa gleich oft benutzt, braucht die Frage möglicherweise weder für die eine noch für die andere Wohnung zu bejahen, besonders wenn durch zeitweilige Trennung der Familie jede der Wohnungen mehr als die Hälfte des Jahres bewohnt wird.

Kenntnis des VN setzt § 16 Abs. 1 VVG voraus. Gleichgestellt ist nach § 19 12 Satz 1 VVG die Kenntnis eines **Bevollmächtigten,** der den Vertrag als Vertreter des VN abschließt, insbesondere das Antragsformular unterzeichnet. Ebenso wie bei der Gefahrstandspflicht und bei der Anzeigepflicht von Gefahrerhöhungen (N III 1) muß die Kenntnis von **Repräsentanten** (O II 31) gleichgestellt werden, auch soweit diese bei Vertragsabschluß nicht mitwirken. Zweifelhaft ist, ob der Antragsteller sich auch die Kenntnis *sonstiger Personen* als sog. **Wissensvertreter** zurechnen lassen muß, deren er sich zur *Verwaltung* der versicherten Sachen bedient; Raiser 172 und BM § 19 Anm. 13 bejahen dies, und zwar auch, soweit der VN diese Personen bei der Ausfüllung des Antrags (wenn der Dritte den Antrag unterzeichnet, gilt ohnehin § 19 Satz 1 VVG) nicht beizieht und soweit ihn kein Auswahl- oder Überwachungsverschulden trifft, denn die Unkenntnis des Antragstellers und die Kenntnis der sonstigen Personen sind Folgen der Betriebsorganisation des Antragstellers. Für bei Vertragsschluß als **Erfüllungsgehilfen** beigezogene Personen haftet der VN nach § 278 BGB, O II 6 und 7.

Kenntnis des Versicherten steht meist **nicht** gleich, weil der Vertrag meist 13 ohne Auftrag des Versicherten geschlossen wird (§ 79 Abs. 2 VVG), so insbesondere bei Einschluß von Sachen im Eigentum von Wohngenossen oder sonstigen Dritten, deren Identität bei Vertragsschluß noch nicht einmal feststeht. Anders liegt es allenfalls in der GebäudeV, wenn fremdes Bruchteilseigentum mitversichert wird oder das Gebäude sogar ausschließlich einem Dritten gehört. Die Frage der Zurechung der Kenntnis des Versicherten ist aber wenig bedeutsam, weil meist (vgl. z. B. N II 10) ohnehin nur nach Umständen in der Person des Antragstellers oder der versicherten Sache gefragt wird, die der Versicherte nicht besser kennt als der Antragsteller.

Mangelndes Verschulden bei falschen oder unvollständigen Anzeigen 14 schließt den Rücktritt aus (§§ 16 Abs. 3, 17 Abs. 2 VVG), was vor allem bei unklarer Fragestellung (N II 10) und bei Fehlern des VVertreters (N II 6) in Betracht kommt, der den Antrag aufnimmt. Die **Beweislast** für ein Verschulden des Antragstellers trägt der Vr, N II 5. Mündliche Anzeige gegenüber dem Schreibhilfe (N II 6) leistenden Agenten begründet Kenntnis des Vr im Sinne von § 16 Abs. 3 VVG, so daß die Verschuldensfrage nicht mehr gestellt zu werden braucht, vgl. ausführlich K I 25 und BGHZ **102,** 194. Ist ein

Rücktritt mangels Verschuldens ausgeschlossen, so ist zugunsten des Vr „angemessene" (maßgebend ist der Tarif, nicht jeder Gefahrumstand beeinflußt also die Prämie) **Prämienverbesserung** nach § 41 **Abs.** 1 VVG oder, falls die Gefahr nach dem Tarif nicht versicherbar ist, **Kündigung nach** § 41 **Abs.** 2 VVG möglich; wegen Analogien zu § 41 VVG vgl. N III 7. Verschulden eines Bevollmächtigten steht dem des Antragstellers gleich (§§ 166 BGB, 19 Satz 2 VVG). Soweit die Kenntnis anderer Personen derjenigen des Antragstellers gleichsteht, N II 12, genügt auch das Verschulden dieser anderen Personen (Raiser 175).

15 Ein **Rücktrittsrecht** des Vr ist die Rechtsfolge schuldhaft unrichtiger oder unvollständiger Anzeigen. Wegen der genauen Voraussetzungen und der Frist für die Rücktrittserklärung (§§ 20 VVG), ebenso zur Anfechtung wegen arglistiger Täuschung (§§ 123 BGB, 22 VVG), muß auf die Kommentare zum VVG verwiesen werden. Entgegen Oldenburg VersR 79, 269 mit ablehnender Anmerkung Martin kann Anfechtung nach § 140 BGB in Rücktritt umgedeutet werden; der VN sollte keinen Vorteil davon haben, daß sein Verschulden so groß ist, daß der Vr sogar arglistige Täuschung glaubte beweisen zu können.

16 **Leistungsfreiheit** für VFälle vor Ausübung des Rücktrittsrechts besteht abweichend von § 346 BGB nicht ausnahmslos, sondern nur dann, wenn der VN den durch § 21 VVG zugelassenen **Kausalitätsgegenbeweis** nicht führen kann. Der VN muß jeden Ursachenzusammenhang zwischen dem nicht oder nicht richtig angezeigten Umstand und dem Eintritt und der Höhe des Schadens ausschließen; Beispiel: S II 88 (Wohnfläche in der ErstrisikoV des Hausrats). Gelingt dies auch nur für einen kleinen Teil des Schadens **nicht**, so entfällt jede Entschädigung. Diese Wortinterpretation des § 21 steht allerdings in einem gewissen Widerspruch zum Kausalitätsgegenbeweis nach §§ 6 Abs. 2 und 3, 23 ff., 62 Abs. 2 VVG, der unstreitig auch für **Teilbeträge** geführt werden kann.

17 Andererseits ist der Kausalitätsgegenbeweis schon dann geführt, wenn der verschwiegene Umstand nicht zum Schaden beigetragen hat; ob die Unrichtigkeit der Anzeige den Vertragsschluß oder die Prämienhöhe beeinflußt hat, spielt keine Rolle, N II 19. Leistungsfreiheit tritt auch dann nicht ein, wenn der Vr bei Kenntnis des verschwiegenen Umstandes einen anderen, für den Schadeneintritt ursächlichen Umstand schon vor Vertragsabschluß ermittelt hätte (BM § 21 VVG Anm. 11, Raiser 178). Nichts anderes gilt, wenn der nicht oder nicht richtig angezeigte Umstand und der Schaden auf einer gemeinsamen *Drittursache* beruhen. Daher führen falsche Angaben über frühere VVerträge, abgelehnte VVertragsanträge und Vorschäden meist nicht zur Leistungsfreiheit.

18 Weil § 21 VVG den VSchutz partiell aufrechterhält, spricht § 40 **Abs.** 1 VVG dem Vr die **Prämie** bis zum Ende der VPeriode zu, in dem er von dem Rücktrittsgrund Kenntnis erlangt, mindestens aber bis zur Wirksamkeit des Rücktritts. Die weitergehende Reglung in der Erfassung von §§ 8 Nr. 4 Abs. 1 AFB 30, AEB (Prämie bis zum Ende der bei Wirksamkeit des Rücktritts laufenden VPeriode) ist unwirksam, denn nach § 42 VVG kann von § 40 VVG zuungunsten des VN nicht abgewichen werden vgl. G II 12, J V 6 und P II 7 sowie die Neufassung in VerBAV 84, 389. §§ 7 Nr. 5 AERB, 7 Nr. 3

AWB 68, AStB 68, 8 Nr. 5 AFB 87, AERB 87, AWB 87, AStB 87, 8 Nr. 3
VHB 74, 15 Nr. 5 VHB 84, 10 Nr. 3 VGB 62, 19 Nr. 5 VGB 88 verweisen
zutreffend ohnehin nur auf § 40 VVG.

Wenn gelegentlich (z.B. bei PM § 21 Anm. 2) versucht wird, § 21 VVG 19
zugunsten des Vr einzuengen, insbesondere soweit Indizien von Gefahrumständen verschwiegen wurden (vielleicht sogar arglistig), während nach
den unentdeckt gebliebenen Gefahrumständen selbst nicht gefragt war, so
ist dies nicht durch den Wortlaut des § 21 VVG, sondern allenfalls wirtschaftlich dadurch gerechtfertigt, daß die dem Vr zustehende Prämie unter
Ausschluß der dem Vr nicht bekannten Gefahrumstände kalkuliert ist. § 21
VVG bürdet dem Vr damit einen Risikoausschnitt auf, vor dem ihn bei
nachträglicher Gefahrerhöhung § 25 VVG wenigstens dann schützt, wenn
der VN die Gefahrerhöhung vorgenommen und verschuldet hat. Wegen
der wirtschaftlichen Parallele zwischen § 16 ff. VVG einerseits und §§ 23 ff.
VVG andererseits (N I 1) bedarf § 21 VVG de lege ferenda der Korrektur.

Leistungsfreiheit ohne Rücktritt des Vr kann in den AVB *nicht* rechts- 20
wirksam als Sanktion wegen unrichtiger oder unvollständiger vertraglicher
Anzeige angeordnet werden, denn §§ 16, 20 VVG sind nach § 34a VVG
halbzwingend. Dieses gesetzliche Verbot gilt auch für Bestimmungen, in
denen nicht völlige, sondern nur teilweise Leistungsfreiheit vorgesehen ist,
wie z.B. in § 16 Nr. 3b und 3c VGB 88, vgl. dort das Wort „zutreffend".
Auch die dort von einer unrichtigen vorvertraglichen Anzeige abhängig gemachte Anwendung der UnterVRegeln ist eine Form der teilweisen Leistungsfreiheit des Vr als Sanktion wegen unrichtiger vorvertraglicher Anzeige, die an § 34a VVG gemessen werden muß. Trotzdem handelt es sich
in den zitierten Bestimmungen nicht um **verhüllte vorvertragliche Anzeigeobliegenheiten,** denn von §§ 16 ff VVG wird zwar abgewichen, aber per saldo
nicht überwiegend „zum Nachteil" des VN, vgl. ausführlich M III 64 bis
69.

III. Gefahrerhöhung

1. **Grundgedanke:** Ebenso wie § 16 ff. VVG schützen §§ 23 ff. VVG das 1
Gleichgewicht von Prämie und Risiko, N I 1. Dem VN wird verboten,
Gefahrerhöhungen vorzunehmen. Man spricht schlagwortartig von „Ge-
fahrstandspflicht". Genau gesehen handelt es sich aber um eine gesetzliche
Obliegenheit. Ferner obliegt es dem VN, etwa gleichwohl aus irgendeiner
Ursache eingetretene Gefahrerhöhungen dem Vr unverzüglich *anzuzeigen.*
Der **Vr** kann fristlos **kündigen** und ist für bereits eingetretene VFälle
grundsätzlich **leistungsfrei** (§ 25 VVG), wenn der VN eine *Gefahrerhöhung
vorgenommen* und *verschuldet* hat. Hat der VN die Gefahrerhöhung allerdings *nicht vorgenommen* oder *nicht verschuldet,* so tritt Leistungsfreiheit
erst einen Monat nach einer etwaigen *Verletzung der Pflicht zur unverzüglichen Anzeige* der Gefahrerhöhung ein (§§ 27, 28 VVG). Die auch bei
nicht vorgenommenen oder nicht verschuldeten Gefahrerhöhungen mögliche Kündigung wird erst einen Monat nach Zugang wirksam. Außerdem
entfallen die Möglichkeiten einer Kündigung oder der Leistungsfreiheit für

künftige VFälle endgültig, wenn er nach Kenntnisnahme von einer Gefahrerhöhung nicht fristgerecht kündigt (§§ 25 Abs. 3, 28 Abs. 3, 24, 27 VVG), vgl. N III 63.

2 a) Unter gewissen Voraussetzung und für gewisse Zeiträume muß also der Vr auch nach einer im Sinne von § 29 Satz 1 VVG **quantitativ erheblichen Gefahrerhöhung** die erhöhte Gefahr **ohne Mehrprämie** tragen. Diese gesetzliche Regelung der Gefahrerhöhung kommt dem VN in zwei ganz verschiedene Arten von Sachverhalten zugute, nämlich bei Gefahrerhöhungen durch **nachlässiges Verhalten** und bei Gefahrerhöhungen durch **wirtschaftlich sinnvolles** und daher „**autonomes**" Verhalten des VN. Tatsächlich paßt das Verbot der Vornahme von Gefahrerhöhungen aber nur für Gefahrerhöhungen durch nachlässiges Verhalten, während wirtschaftlich sinnvolles, aber gleichwohl gefahrerhöhendes Verhalten nur zu einem Kündigungsrecht des Vr mit dem Ziel einer Prämienverbesserung führen sollte.

3 Da der Gesetzgeber aber nur zwischen vorgenommenen und nicht vorgenommenen, verschuldeten und nicht verschuldeten sowie erheblichen und nicht erheblichen Gefahrerhöhungen unterscheidet, stehen Rechtsprechung und Literatur vor der schwierigen Aufgabe, durch Auslegung der gesetzlichen Bestimmungen zu wirtschaftlich richtigen Ergebnissen zu gelangen. Den entscheidenden Ansatzpunkt liefert hierbei § 29 Satz 2 VVG. Danach bleiben gewisse Gefahrerhöhungen auch dann folgenlos, wenn man sie nicht schon als quantitativ unerheblich im Sinn von § 29 Satz 1 VVG bezeichnen kann. Man mag im Fall von § 29 Satz 2 VVG von **qualitativ** (ihrer Art nach) **unerhebliche Gefahrerhöhungen** sprechen, vgl. näher N III 30 bis 55.

4 Ferner verhilft es zu sachgerechten Ergebnissen, wenn man erkennt, daß Vornahme einer Gefahrerhöhung durch den VN und Verschulden des VN auch in einem **Unterlassen** des VN liegen können, vgl. zusammenfassend N III 8 bis 16. Berücksichtigt man nicht nur das positive Tun, sondern auch das Unterlassen des VN, so kann eine Gefahrerhöhung durch wirtschaftlich sinnvolles positives Tun der VN *von Anfang an* der Gruppe der Gefahrerhöhungen durch Nachlässigkeit zuzuordnen sein, weil nämlich der VN es schuldhaft unterlassen hat, gefahrmindernde und somit kompensierende Gegenmaßnahmen zu ergreifen. Ferner können sich nicht vorgenommene oder schuldlose Gefahrerhöhungen *nachträglich* in vorgenommene oder schuldhafte Gefahrerhöhungen *umwandeln,* wenn nämlich der VN es unterläßt, Gegenmaßnahmen zu ergreifen, die sich nachträglich als möglich und zumutbar erweisen, vgl. auch N III 16 und 41. Zutreffend und instruktiv dargestellt findet sich dies in Frankfurt VersR 85, 825 zu den AEB (verklemmtes Rollgitter). Allerdings wurde dieses Urteil durch BGH VersR 87, 653 aufgehoben, vgl. hierzu kritisch Martin VersR 88, 209

5 b) **Prämienverbesserung** als Äquivalent für die zusätzliche Gefahr sieht das Gesetz **nicht** vor (nicht beachtet bei Feldmann/Hess 49), wie sich aus §§ 41, 41a VVG durch Umkehrschluß ergibt. Es ist sogar zweifelhaft, ob vertraglich anstelle der gesetzlichen Rechtsfolgen (Kündigungsmöglichkeit und eventuell Leistungsfreiheit) ohne Verstoß gegen § 34a VVG Prämienverbesserung vereinbart werden kann, vgl. zu § 11 Nr. 3 VHB 84 (Umzug

des HausratVN in eine Gegend mit höherem Diebstahlrisiko) und zu einigen weiteren Regelungen dieser Art N IV 3 bis 28.

Vielmehr sieht das Gesetz für die häufige Belastung des Vr mit (schuldlos 6 usw.) erhöhter Gefahr ohne Mehrprämie ein *Äquivalent* offenbar in der umgekehrten Möglichkeit einer **Gefahrminderung,** die ebenfalls nur in seltenen Ausnahmefällen zu einer Prämienveränderung nach § 41a VVG (Anwendungsbeispiel: BGH VersR, 81, 621) führt (Raiser 189 mit Nachweisen aus der älteren Literatur; zweifelhaft ist, ob der VN die Wahl hat, sich auf § 41a VVG zu berufen oder die Gefahrminderung als Kompensation einer anderweitigen Gefahrerhöhung einzuwenden, vgl. Honsell VersR 81, 1096 sowie N III 23), im allgemeinen also zu Lasten des VN geht, der die unveränderte Prämie schuldet. Man mag als Äquivalent für den Vr auch die Fälle ansehen, in denen für kürzere oder längere Zeit ÜberV besteht, G II 11 bis 14, der VN aber seine Rechte aus § 51 VVG überhaupt nicht oder nicht sofort geltend macht; hinzu kommen die Fälle nur unerheblicher ÜberV, die § 51 VVG unberücksichtigt läßt. Nach dem Gesetz der großen Zahl werden für den Gesamtbestand des Vr die Gefahrerhöhungen ohne Prämienverbesserung kompensiert durch Fälle von Gefahrminderung oder von ÜberV ohne Prämiensenkung.

Aus diesen Gründen darf § 41 VVG (Prämienverbesserung) über seinen 7 gesetzlichen Tatbestand hinaus **nicht** oder nur mit großer Vorsicht **analog** angewendet werden. Insbesondere gilt § 41 VVG nicht bei Gefahrerhöhungen, auch nicht wenn und soweit Kündigung oder Leistungsfreiheit nur mangels Verschuldens des VN ausgeschlossen ist, ferner nicht neben einem wirksamen Rücktritt, N II 15, und gegen PM § 41 Anm. 1c und BM § 18 VVG Anm. 9 sowie § 41 VVG Anm. 6 auch dann nicht, wenn der VN einen Umstand nach § 18 VVG nicht anzuzeigen braucht, weil der Vr nicht gefragt hat, N II 5 bis 9. Es ist Sache des Vr, nach allen Umständen zu fragen, auf die es nach seinem Tarif für die Prämie ankommt; für andere als die tariflich prämienerheblichen Gefahrumstände käme aber § 41VVG ohnehin nicht in Betracht, N II 14. Andererseits gelten §§ 16ff. und §§ 23ff. VVG grundsätzlich **nebeneinander,** insbesondere nach § 29a VVG für Gefahrerhöhungen zwischen Antragstellung durch den VN und Annahme dieses Antrags durch den Vr, vgl. N II 3 und BM § 29a Anm. 7.

2. Die durch § 23 Abs. 1 VVG verbotene (N I 1) und durch den Vr zu 8 beweisende (Hamm RuS 90, 22) **Vornahme** einer Gefahrerhöhung *durch den VN* erfordert **Kenntnis des VN** oder seiner Repräsentanten *zwar nicht* von dem gefahrerhöhenden *Charakter* der neuen Umstände, der nur für das Verschulden eine Rolle spielt (übersehen in Köln VersR 87, 1026 = RuS 235 zur Montage eines Kaminofens zu nahe an brennbarer Wandverkleidung), wohl aber *von den gefahrerhöhenden Umständen* selbst, BGHZ 50, 385 und z.B. BGH VersR 75, 461 sowie BGH VersR 76, 825 (Stillegung eines Lichtspielbetriebes) und Hamm VersR 85, 488 (zur FeuerV); wegen der abweichenden früheren Rechtsprechung (zur FeuerV) vgl. zuletzt BGH VersR 68, 590. Außerdem muß der VN entweder diese Umstände selbst durch positives Tun **herbeiführen** oder es vertragswidrig (O I 61) **unterlassen,** die gefahrerhöhenden Umstände durch *kompensierende Gegenmaßnahmen auszugleichen,* vgl.

schon N III 4 und zutreffend BGH aaO in allen drei zitierten Urteilen. Die **Rechtspflicht zur Vornahme kompensierender Gegenmaßnahmen** kann sich aus gefahrmindernden Obliegenheiten, aber auch aus der Gefahrstandspflicht und aus der Natur der VVerhältnisse selbst ergeben, Martin VersR 89, 209 (213) unter Hinweis auf BGHZ 50, 385 zu den AKB sowie Frankfurt VersR 85, 826 zu den AEB.

9 Letzteres leugnen BGH VersR 87, 653, 81, 246 (indirekt erneut bestätigt in BGH VersR 87, 921 zum Verlust des Schlüssel zu einer Einbruchmeldeanlage) und die in N III 10 zitierten weiteren Gerichtsurteile, allerdings nur (N III 12) für die Fälle, in denen der VN es nur *unterläßt*, eine zunächst durch einen *Dritten* vorgenommene Gefahrerhöhung wieder zu *beseitigen*. Darin soll auch keine Abweichung von BGH VersR 75, 462 (obwohl dort ausdrücklich festgestellt wird, daß § 2 AKB keine einschlägigen gefahrmindernden Obliegenheiten enthält) und von BGH VersR 76, 825 (obwohl auch dort ohne entsprechende gefahrmindernde Obliegenheiten eingehend die Frage eines vertragswidrigen Unterlassens des Klägers erörtert wird) liegen. BGH VersR 81, 246 definiert damit aber die Möglichkeit der **Vornahme von Gefahrerhöhungen durch Unterlassen** zu eng, vgl. ausführlich Martin VersR 88, 209.

10 Zwar tritt in den hier erörterten Fällen der Zustand erhöhter Gefahr schon vor dem Zeitpunkt ein, von dem an den VN der Vorwurf eines schuldhaften Unterlassens trifft. Immerhin verwandelt aber erst jenes Unterlassen die Gefahrerhöhung in einen Dauerzustand, wie §§ 23 ff. VVG ihm voraussetzen, N III 29. Die **Gefahrerhöhung im rechtlichen Sinn** wird erst **durch das Unterlassen** „vorgenommen", mag sich auch der technische Zustand zunächst ohne den Willen des VN geändert haben, z.B. durch Verlust eines Schlüssels (BGH VersR 87, 921, Hamm NJW-RR 87, 859 = VersR 88, 49, LG Münster VersR 88, 153; vgl. auch M I 16), Defekt einer Sicherungseinrichtung (BGH VersR 87, 653), Korrosion einer Wasserleitung, Schadhaftigkeit eines Daches mit der Folge erhöhter Sturmgefahr, Einwirkung Unbefugter auf leerstehendes Wohngebäude (Köln RuS 89, 195 mit Anm. Wälder). In den älteren der in N V 43 zitierten Urteile zu leerstehenden und verwahrlosten Wohngebäuden wurden hingegen Überlegungen über die Art der Gefahrerhöhung meist nicht angestellt, vgl. Wälder aaO und RuS 90, 25.

11 Allerdings darf wegen §§ 27, 28 VVG **nicht jedes** Unterlassen der Kompensation durch *Dritte* gesetzter gefahrerhöhender Umstände als *Vornahme* oder gar als *schuldhafte* Vornahme einer Gefahrerhöhung *durch den VN* angesehen werden. Dies war zutreffend bereits in BGHZ 50, 385 (Ziff. 2 am Ende: „und ihm die Beseitigung des Mangels tatsächlich und rechtlich möglich und zumutbar ist") und BGH VersR 75, 362 gesagt worden. Soweit und solange dem VN kompensierende Gegenmaßnahmen nicht möglich oder nicht zumutbar sind, treten ausschließlich die Rechtsfolgen gemäß §§ 27, 28 VVG ein. Zu denken ist insbesondere an den Zeitraum, in dem der VN einen Zustand erhöhter Gefahr noch nicht positiv kennt und daher eine Vornahme durch Unterlassen der Kompensation noch nicht in Betracht kommt, vgl. das Beispiel in N IV 72 (vorübergehender Verlust eines Originalschlüssels, von dem ein Nachschlüssel angefertigt worden sein kann). §§ 27, 28 VVG verlieren also durch die hier vertretene Ansicht keineswegs ihren **Anwendungsbereich**.

12 BGH VersR 87, 653, 81, 246 verneint übrigens **Gefahrerhöhung durch Un-**

terlassen als begriffliche Möglichkeit nicht etwa generell (undeutlich und möglicherweise weitergehend hingegen Köln RuS 89, 160), sondern nur für die Fälle, in denen die Veränderung des technischen Zustandes zeitlich vor Beginn des vertragswidrigen und schuldhaften Unterlassens sowie unabhängig von dem Willen des VN eingetreten war. Eine so gezogene begriffliche Grenze würde aber dazu zwingen, Sachverhalte unterschiedlich zu behandeln, zu denen eine Unterscheidung dem VN kaum begreiflich zu machen wäre, vgl. das Beispiel bei Martin VersR 88, 209 (215): Eine Einbruchmeldeanlage wird unbrauchbar, weil sie nicht gewartet worden war, und zwar durch eine Ursache, die bei rechtzeitiger Warnung mit Sicherheit entdeckt und beseitigt worden wäre, oder sie bleibt unbrauchbar, nachdem sie trotz korrekter Wartung infolge eines Materialfehlers ausgefallen war und der VN sie dann nicht unverzüglich hatte reparieren lassen. Es wäre kaum einsehbar, warum hier im ersten Fall §§ 23 ff. VVG, im zweiten Fall hingen nur §§ 27 ff. VVG anzuwenden sein sollten.

Dies gilt um so mehr, als in der **Kausalkette**, die schließlich zu einer Gefahr- 13 erhöhung führt, oft sowohl ein **positives Tun** wie auch ein **Unterlassen** zu finden ist, Martin VersR 88, 209 (214). Bekanntestes Beispiel ist das Unterlassen der Reparatur eines Kfz und das positive Tun des Antritts einer Fahrt mit dem reparaturbedürftigen Fahrzeug. Als Beispiel aus dem Bereich der SachV sei die Gefahrerhöhung durch ein **leerstehendes Gebäude** genannt; Ursache kann hier z.B. sowohl das positive Tun der Kündigung des letzten Mietvertrages durch den VN wie auch das nachfolgende Unterlassen des Abschlusses eines neuen Mietvertrages sein, vgl. Wälder RuS 89, 196 zu Köln RuS 89, 195. Ähnlich liegt es in dem in N III 11 skizzierten Fall der Gefahrerhöhung durch **Unbrauchbarwerden einer Sicherung**, wenn der VN diese Sicherung mit beschränkter Lebensdauer zunächst anbringen (positives Tun), später aber bei Bedarf nicht reparieren (Unterlassung) läßt, vgl. LG Köln VersR 88, 902 für klemmenden Rolladen. Weiteres Beispiel: **Schloß wird nicht ausgewechselt**, Hamm NJW-RR 87, 859 = VersR 88, 49 (Vornahme verneinend), München RuS 88, 257 (Vornahme zu den AKB bejahend), LG Münster, AG Beckum VersR 88, 153 (prüfen nur § 61 VVG), nachdem Schlüssel abhandengekommen war, vgl. N V 30. Schon das Abhandenkommen kann sich auf ganz verschiedene Weise und von Fall zu Fall auch durch positives Tun vollziehen (nicht bedacht in Köln RuS 89, 160 für Schlüssel zu Einzelhandelsgeschäft), letzteres z.B., wenn der VN den Schlüssel fallen oder liegen läßt, verwechselt, vertauscht, versehentlich zum Müll wirft oder dgl. Zutreffend aber nur vorsichtig und nicht ausdrücklich distanziert sich Hamm RuS 90, 86 von der in N III 9 und 10 zitierten Rechtsprechung, indem es die Unbeheizbarkeit einer Wohnung nicht auf ein Unterlassen, sondern (?!) darauf zurückführt, daß der VN keinen (!) Stromlieferungsvertrag geschlossen habe und es dadurch zu einer Stromsperre gekommen sei.

Aber auch eine **teleologische Auslegung** von §§ 23 ff. VVG und §§ 27, 28 14 VVG liefert keine Ansatzpunkte für eine nur eingeschränkte Anwendung von §§ 23 ff. VVG auf Gefahrerhöhungen durch Unterlassen. In der Tat bedürfen allerdings §§ 23 ff. VVG einer gewissen Korrektur durch teleologische Auslegung, vgl. N III 3. Richtiger Anknüpfungspunkt für die gebotene Korrektur ist aber **nicht** der Unterschied zwischen Tun und Unterlassen, sondern der Unterschied zwischen Gefahrerhöhung durch nachlässiges Verhalten einerseits und wirtschaftlich sinnvolles Verhalten andererseits, vgl. N III 2.

15 Gefahrerhöhungen durch wirtschaftlich sinnvolles Verhalten sind nach Möglichkeit unter §§ 27, 28 VVG, Gefahrerhöhungen durch Nachlässigkeit hingegen möglichst unter §§ 23 ff. VVG zu subsumieren. Da aber gerade nachlässiges Verhalten relativ häufiger in einem Unterlassen besteht, wäre es eine Korrektur in die unrichtige Richtung, wollte man Gefahrerhöhungen durch Unterlassen mit BGH VersR 81, 246 , 87, 653 bevorzugt unter §§ 27, 28 VVG subsumieren, nämlich immer dann, wenn eine Phase vorangegangen war, in denen von einer Vornahme durch den VN oder von einem Verschulden des VN noch nicht hatte die Rede sein können. Gerade die Einordnung zunächst nicht veranlaßter Gefahrerhöhungen, denen von einem späteren Zeitpunkt an auch schuldhaftes Unterlassen des VN als weitere Ursache zugrunde liegt, unter §§ 23 ff. VVG ist ein wichtiges Teilstück für die gebotene teleologische Korrektur von §§ 23 ff. VVG und §§ 27, 28 VVG, vgl. N III 4 und 41.

16 Im Ergebnis ist BGH VersR 87, 653 (zu den AEB, N III 10) aus anderen Gründen dennoch zuzustimmen. Der Vr kann **Leistungsfreiheit** wegen nur *leicht* fahrlässig vorgenommener Gefahrerhöhung durch Unterlassen **nicht** einwenden, wenn die Vornahme nur in einem Verhalten des VN gesehen wird, das gegen eine **Sicherheitsvorschrift** verstößt, die ihrerseits **nur bei** Vorsatz oder **grober Fahrlässigkeit** sanktioniert ist, vgl. die AVB-Zitate in M II 8. Dies gilt auch, soweit die Sicherheitsvorschrift ausdrücklich auf die Vorschriften über Gefahrerhöhung verweist, N III 62, denn es bleibt überraschend im Sinn von § 3 AGBG, wenn sich hinter einer solchen Verweisung eine Ausdehnung der in der Sicherheitsvorschrift formulierten Sanktion auch leichte Fahrlässigkeit verbirgt, vgl. ausführlich Martin VersR 88, 209 (217). – Soweit allerdings die Sicherheitsvorschrift Leistungsfreiheit schon bei leichter Fahrlässigkeit vorsieht, nämlich in den AERB, AERB 87 und VHB 84, M II 10, oder soweit die Leistungsfreiheit wegen Verstoßes gegen die Sicherheitsvorschriften nicht am Verschuldensgrad, sondern am Ablauf der Kündigungsfrist scheitert, umfassen die Bedenken gegen die in N III 9 bis 15 erörterte BGH-Meinung auch das praktische Ergebnis.

17 3. Ob die Gefahr erhöht ist, ergibt sich durch **Vergleich der Gefahr mit derjenigen bei Antragstellung oder Vertragsschluß** (§ 29a VVG; BM § 23 Anm. 7). Maßgebend ist abweichend von der Kfz-V (BGH VersR 66, 1022) nicht eine vermutete, sondern die **wirkliche** Gefahrenlage bei Vertragsschluß (BGH VersR 79, 74), wobei auch der vorauszusehende (N III 28) und gefahrerhöhende *bestimmungsgemäße Gebrauch* der versicherten Sachen bereits bei Vertragsschluß zu berücksichtigen ist, mögen die Sachen auch bei Vertragsschluß kurzfristig unbenutzt gewesen sein. Dagegen muß eine bei Vertragsschluß bestehende mehr oder weniger sichere Erwartung einer Gefahrminderung außer Betracht bleiben; das unerwartete Ausbleiben einer erhofften Gefahrminderung ist meist auch dann keine Gefahrerhöhung, wenn der VN die Erwartung durch eigene (aber nicht arglistige) Angaben geweckt hatte, Frankfurt VersR 82, 992.

Zu vergleichen sind sämtliche gefahrerheblichen Umstände in den beiden 18
Zeitpunkten, weshalb **Kompensation** gefahrerhöhender durch gefahrmindernde Umstände möglich ist, Raiser 193, BGH VersR 75, 845 (Bewachung eines eingerüsteten Gebäudes), BGH VersR 81, 245 (Stillegung eines gefährlichen Betriebes – Diskothek – in einem später jedoch erbrochenen und allgemein zugänglichen Gebäude), BGH RuS 83, 64 = VersR 83, 284 (Wegfall der Unterbringung eines Schweißgeräts und landwirtschaftlicher Maschinen als Ausgleich für spätere Unterbringung ausrangierter Fahrzeuge), BGH VersR 82, 446 (unbewohntes Gebäude, vgl. N III 23) sowie PM § 23 Anm. 2 A („Gefahrenaufrechnung"). Nicht kommen jedoch für eine Kompensation Umstände in Betracht, wegen deren eine Prämienminderung nach § 41 a VVG beansprucht werden kann oder (BGH VersR 81, 245) bereits vollzogen wurde, denn insoweit ist § 41 a VVG (N III 5) eine erschöpfende Sonderregelung.

§§ 7 Nr. 2 Satz 4 VHB 74, 13 Nr. 3 b VHB 84 (früher § 6 Nr. 2 Satz 3 AEB) 19
regeln einen Einzelfall der Kompensation einer Gefahrerhöhung, nämlich die Beaufsichtigung einer Wohnung bei Abwesenheit von mehr als 60 Tagen, vgl. N IV 80 bis 92. § 5 Nr. 4 AERB will für die Diebstahl-GeschäftsV die *Kompensation* nur zulassen, wenn sie *mit dem Vr* nach Eintritt des gefahrmindernden Umstandes für den Einzelfall *vereinbart* wurde. Wegen § 34 a VVG treten jedoch auch in Verträgen nach den AERB die Rechtsfolgen der Gefahrerhöhung generell nicht ein, wenn die gefahrerhöhenden durch gefahrmindernde Umstände kompensiert werden, gleichgültig ob darüber eine Vereinbarung zwischen dem VN und dem Vr getroffen wurde. Uneingeschränkt und daher korrekt erwähnt wird die Möglichkeit der Kompensation in **§§ 6 Nr. 5 AFB 87, AWB 87, AStB 87, 6 Nr. 6 AERB 87.** Immerhin verschafft eine Vereinbarung mit dem Vr dem VN Rechtssicherheit.

Zeitpunkt und **Reihenfolge** des Eintritts oder Wegfalls von Gefahrumstän- 20
den sind für die Kompensationsmöglichkeit **bedeutungslos,** wenn es sich nur um Vorgänge nach Antragstellung handelt. Unter dieser Voraussetzung ist Kompensation gefahrerhöhender Umstände sowohl durch zeitlich früher wie durch zeitlich später eintretende gefahrmindernde Umstände möglich. In letzterem Fall gelten §§ 24 Abs. 2, 27 Abs. 1 Satz 2 VVG, denn entgegen dem Gesetzeswortlaut braucht nicht der „Zustand" sondern nur die Gefahrenlage vor der Erhöhung wiederhergestellt zu werden. Desgleichen erlischt die Anzeigepflicht, und die Frist gemäß §§ 25 Abs. 2 Satz 2, 28 Abs. 1 VVG kann nicht mehr ablaufen oder – falls sie schon abgelaufen war – die Leistungsfreiheit kann für spätere VFälle nicht mehr eingewendet werden.

Gefahrerhöhungen, die der VN *vorgenommen* und *verschuldet* hat, kön- 21
nen durch *unbeeinflußte* Umstände kompensiert werden und umgekehrt. Zweifelhaft ist, ob eine Gefahrerhöhung vorgenommen und verschuldet ist, wenn der VN zwar die gefahrerhöhenden Umstände verursacht und verschuldet hat, die Gefahrerhöhung selbst aber erst durch nicht veranlaßten oder unverschuldeten Wegfall gefahrmindernder Umstände eingetreten ist. Handelt es sich um willkürliche und verschuldete Gefahrerhöhung, wenn der erleichterte Einstieg von Dieben durch ein Loch in der Außenmauer aus Anlaß eines Umbaus durch den VN als Eigentümer zunächst durch Innenbewachung kompensiert wurde, dann aber der Wächter wegen Krankheit

ausfällt und der VN schuldlos nicht sofort für einen neuen Wächter sorgt? Oder gilt § 27 VVG, so daß die Leistungsfreiheit gemäß § 28 Abs. 1 VVG erst nach einem Monat beginnt? Man wird wohl das Letztere annehmen müssen.

22   Zweifelhaft ist ferner, wie genau sich die *Schadenursachen* decken müssen, welche durch die gefahrerhöhenden Umstände begünstigt und durch die gefahrmindernden entschärft werden, damit Kompensation möglich ist. Sind durch einen Vertrag mehrere Gefahren versichert, insbesondere in der Hausrat- und WohngebäudeV, so können Gefahrerhöhungen für die eine Gefahr durch gefahrmindernde Umstände für eine andere Gefahr wohl nicht kompensiert werden. Das gleich dürfte im Verhältnis zwischen Diebstahl und Raub gelten, wenn beides in einem Vertrag nach den AEB und SBR oder nach den AERB oder AERB 87 versichert ist. Aber auch innerhalb „einer" Gefahr (z. B. Feuer) erkennt die *Praxis* bisher **Kompensation nur zwischen Umständen mit gleicher „Stoßrichtung"** an (ebenso Honsell VersR 81, 1094 mit Nachweisen aus der älteren Literatur und z. B. Lorenz-Liburnau VersRSchau 86, 201, Ehrenzweig 118). Die Anschaffung zusätzlicher Feuerlöscher würde danach z. B. nicht den Gebrauch von *Plastikeimern* in Gastbetrieben für brennbare Abfälle (N V 15) kompensieren. Entsprechend verneint daher z. B. LG Saarbrücken VersR 81, 721 Kompensation der erhöhten Brandgefahr in einem unverschlossenen Gebäude eines *stillgelegten Betriebes* durch den Wegfall der typischen Gefahren eines *laufenden* Betriebes, N V 11; nötig sind vielmehr zusätzliche Sicherungen und Verschluß des Gebäudes. Erhöhte Diebstahlgefahr durch ein *Baugerüst* kann dagegen durch Bewachung kompensiert werden, BGH VersR 75, 845 und N IV 63.

23   Darüber hinaus bejaht BGH VersR 81, 246 = RuS 129 bei dem besonders gefährlichen und hoch tarifierten Betrieb einer Diskothek auch *ohne* Stoßrichtungsgleichheit Kompensation der erhöhten Brandgefahr in dem leerstehenden Gebäude der stillgelegten Diskothek, das überdies durch Dritte erbrochen worden war, durch den Wegfall der Gefahren des stillgelegten Betriebs, N V 11. Dabei mag eine Rolle gespielt haben, daß der Vr den VN nicht auf die Möglichkeit einer Prämiensenkung wegen Gefahrminderung (N III 6) nach § 41 a VVG hingewiesen hatte, obwohl er dazu Gelegenheit gehabt hatte. Auch nach BGH VersR 81, 246 blieb zunächst ein wenig zweifelhaft, ob die **erhöhte Feuergefahr in einem leerstehenden Wohngebäude** durch den Wegfall der aus dem Wohnen sich ergebenden Gefahren kompensiert werden kann, zumal es sich hier um eine Kompensation durch Wegfall eines im Tarif nicht erwähnten Gefahrenumstands handeln würde. BGH VersR 82, 466 (zum Berufungsurteil Hamm VersR 81, 870), Hamm 20 U 407/84 vom 14. 8. 85 und LG Saarbrücken RuS 83, 195 bejahen auch diese Kompensation und bezeichnen die Brandgefahr bei leerstehenden Wohngebäuden als normalerweise sogar „eher vermindert", wenn nicht besondere Umstände (verwahrloster Zustand, Außenlage des Gebäudes usw) hinzukämen. Angesichts dieser beiden BGH-Urteile wird sich die Praxis umstellen und **Kompensation** generell **auch ohne** „Stoßrichtungsgleichheit" anerkennen müssen.

24   **4. Quantitative und qualitative Erheblichkeit der Gefahrerhöhung: § 29 Satz 1 und Satz 2 VVG** erklärt §§ 23 ff. VVG für unanwendbar bei Gefahrerhöhungen, die im weitesten Sinn des Wortes „**unerheblich**" sind. Dies geschieht

einmal deshalb (Satz 1 aaO), weil sonst gerade bei nur geringfügigen Gefahrerhöhungen zu oft streitig würde, ob die Gefahr – des Schadeneintritts oder
eines gegebenenfalls betragsmäßig höheren Schadens, vgl. N I 1 – überhaupt
erhöht wurde und ob den VN ein Verschulden trifft, vor allem aber deshalb
(Satz 2 aaO), weil dem Vr gewisse Schwankungen der Schadenwahrscheinlichkeit konsequenzlos zuzumuten sind, vgl. schon N III 2, 3 und 14. Was für
die Vergangenheit und für die Dauer der Kündigungsfrist sogar bei quantitativ wie auch qualitativ erheblichen Gefahrerhöhungen gilt, wenn der VN
diese nicht vorgenommen oder nicht verschuldet hat, muß erst recht für
Gefahrerhöhungen gelten, die entweder (§ 29 Satz 1 VVG) quantitativ oder
(§ 29 Satz 2 VVG) qualitativ „unerheblich" sind: Der Vr **trägt** neben dem
Schadenrisiko aufgrund der Ausgangssituation bei Vertragsschluß auch ein
gewisses **sog. Änderungsrisiko**, vgl. z. B. Werber VersR 76, 897 m. w. N.

In N III 5ff. und N III 12ff. der 1. Aufl. war § 29 Satz 2 VVG in seiner 25
Bedeutung nicht voll erkannt und statt dessen versucht worden, auch einen
Teil der nicht quantitativ, sondern nur qualitativ unerheblichen Gefahrer-
hungen schon unter § 29 Satz 1 VVG zu subsumieren. Tatsächlich betrifft
jedoch § 29 Satz 1 VVG, wie dies auch der Grundbedeutung des Wortes
„erheblich" entspricht, nur die quantitativ unerheblichen Gefahrerhöhungen,
während § 29 Satz 2 VVG eine **Generalklausel** für alle diejenigen Arten von
Gefahrerhöhungen enthält, die bei Berücksichtigung des *Grundgedankens*
der Regelung die gesetzlichen Rechtsfolgen der §§ 23 ff. VVG nicht auslösen
dürfen, N III 1 bis 4.

§ 29 Satz 1 und Satz 2 VVG gelten gleichermaßen für veranlaßte Gefahrer- 26
höhungen gemäß §§ 23 ff. VVG wie für nicht veranlaßte Gefahrerhöhungen
gemäß §§ 27, 28 VVG. Auch gehören **§ 29 Satz 1 und Satz 2 VVG** zu den
gemäß § 34 a VVG **halbzwingenden Vorschriften.** Die Ergebnisse einer teleologischen Auslegung (N III 14) von § 29 VVG ist daher zugleich als Grenze für
die Möglichkeit der vertraglichen Vereinbarung von Gefahrerhöhungstatbeständen zu beachten, N IV 32. Wegen Zunahme des VWertes als qualitativ
unerheblicher Gefahrerhöhung mit Bezug auf den *Schadenumfang* vgl. S II 3,
N I 1 und N III 31.

Im Folgenden werden zunächst die quantitativ unerheblichen Gefahrerhö- 27
hungen gemäß § 29 Satz 1 VVG skizziert, vgl. N III 28 und 29. Hierher
gehört insbesondere auch das sog. Dauererfordernis. Innerhalb der qualitativ
unerheblichen Gefahrerhöhungen gemäß § 29 Satz 2 VVG werden zunächst
Fälle erörtert, zu denen sich im VVertrag oder in der *Kalkulation des Vr*
„Umstände" finden, die für eine Qualifikation als unerhebliche Gefahrerhöhungen und damit für die Fiktion einer Vereinbarung der Folgenlosigkeit
solcher Gefahrerhöhungen sprechen, vgl. N III 30 bis 38. Abschließend wird
erörtert, welche Gefahrerhöhungen ohne Rücksicht auf die Kalkulation des
Vr als qualitativ unerheblich deshalb gelten müssen, weil die Rechtsfolgen der
Gefahrerhöhung aus der *Sicht des VN* unangemessen wären, vgl. N III 39 bis
55.

5. **§ 29 Satz 1 VVG** nimmt „unerhebliche Gefahrerhöhungen" von den 28
Rechtsfolgen der §§ 23 ff., 27, 28 VVG aus, und zwar gemäß § 34 a VVG
unabdingbar. Gemeint sind entsprechend der ursprünglichen Bedeutung des

Wortes „erheblich" hier nur die **quantitativ unerheblichen Gefahrerhöhungen,** also unerhebliche Erhöhungen des Wahrscheinlichkeitsgrades. Die Grenze zu den qualitativ unerheblichen Gefahrerhöhungen im Sinn von § 29 Satz 2 VVG (N III 30) ist allerdings nicht klar zu ziehen. Insbesondere sind Gefahrerhöhungen, die der Vr hinnehmen muß, weil sie **voraussehbar** und kalkulierbar sind (BM § 23 VVG Anm. 5; Raiser 190; N III 12 bis 14 der 1. Aufl.), zu einem guten Teil zugleich *quantitativ* geringfügig. Wegen quantitativ erheblicher Gefahrerhöhungen, die der Vr mit gewissen Ausnahmen (N III 43) gleichwohl hinnehmen muß, weil sie voraussehbar sind und der VN sie aus wirtschaftlichen Gründen weder unterlassen noch kompensieren kann, vgl. N III 39 ff.

29   Quantitativ unerheblich sind Gefahrerhöhungen, die den *Wahrscheinlichkeitsgrad* für einen VFall oder für einen größeren Schadenumfang nur *geringfügig erhöhen,* wenn auch vielleicht über längere Zeit hinweg, denn „auch gelegentliche falsche Verhaltensweisen" sind voraussehbar und einzukalkulieren, Hamm VersR 85, 488. Mit Recht ebenfalls als unerheblich behandelt die Rechtsprechung Gefahrerhöhungen, die den Wahrscheinlichkeitsgrad zwar stärker ansteigen lassen, aber nur für kurze Zeit, vgl. die Nachweise bei PM § 23 Anm. 2 A c überwiegend zur Kfz-V. Für dieses sog. **Dauererfordernis** kommt es allerdings nicht auf die Tatsache, sondern auf die *vorausblickend* zu erwartende Dauer an. Einige Wochen oder gar Monate genügen stets, vgl. z. B. Oldenburg VersR 85, 977 = RuS 86, 10 zur falschen Lagerung von Heu. Ob auch einige Tage (Frankfurt RuS 85, 280 für ungesicherte Gasleitung nach Demontage eines Gasherdes) oder gar Stunden (AG Bochum RuS 86, 105 für gefährdende Umbauarbeiten in der GlasbruchV nach den AGlB) genügen, läßt sich nicht generell entscheiden. Störungen, deren Beseitigung dem VN obliegt und zumutbar ist, genügen dem Dauererfordernis erst, wenn der VN die Gegenmaßnahmen unterläßt, vgl. N III 10 zur Vornahme der Gefahrerhöhung durch Unterlassen. Wiederholte kurzfristige Verstöße genügen dem Dauererfordernis, vgl. z. B. N V 30 zum Rauchen im Bett. Kl 3605 zu kurzfristigen Abweichungen von Sicherheitsvorschriften bei Bauarbeiten bestätigt also nur die ohnehin bestehende Rechtslage, vgl. M II 34 und N V 5. Auch § 24 Abs. 2 VVG bestätigt indirekt das Dauererfordernis

30   6. Nach **§ 29 Satz 2 VVG** bleiben Gefahrerhöhungen außer Betracht und folgenlos, von denen dies nach den Umständen als vereinbart anzusehen ist. Man mag hier von **qualitativ unerheblichen Gefahrerhöhungen** sprechen. Eine Vereinbarung, auch eine durch ergänzende Vertragsauslegung zu konstruierende Vereinbarung, setzt § 29 Satz 2 VVG also nicht voraus, denn sonst bedürfte es der Vorschrift erst gar nicht. Vielmehr wird die Vereinbarung fingiert („anzusehen ist"). Die Hauptbedeutung von § 29 Satz 2 VVG liegt also bei Gefahrerhöhungen durch **wirtschaftlich sinnvolles** und auch durch zumutbaren Kostenaufwand nicht zu kompensierendes **Verhalten,** vgl. schon N III 3 sowie N III 39 bis 55. Das wichtigste Beispiel bildet die Zunahme des VWerts, welche die Gefahr eines größeren Schadenumfangs erhöht, N I 1. Hier zeigt schon die **gesetzliche Sonderregelung** in § 56 VVG (UnterV), daß §§ 23 ff VVG „nicht in Betracht kommen" (§ 29 Satz 2 VVG). Anwendungsgebiet von § 29 Satz 2 VVG sind aber auch solche Gefahrerhöhungen, für die

sich aus der **Gestaltung des Antrags und des Tarifes** sowie der **Annahmepolitik des Vr** oder aus dem Gesamtinhalt des Vertrages schließen läßt, daß der Vr des Schutzes durch §§ 23 bis 28 VVG nicht bedarf, N III 32 bis 38. Hingegen war in der 1. Aufl. die Bedeutung von § 29 Satz 2 VVG nicht voll gewürdigt worden; vielmehr wurden die einschlägigen Fälle teils (N III 4 der 1. Aufl.) § 29 Satz 1 VVG zugeordnet, teils (N III 21 f. der 1. Aufl.) wurde versucht, durch Annahme eines schuldausschließenden *Verbotsirrtums* des VN zu helfen

Für Gefahrerhöhungen mit Bezug auf den Schadenumfang durch **Zunahme** **31** des **VWertes** (N I 1) enthält das Gesetz in § 56 VVG (UnterV) eine **Spezialregelung**, wonach die Entschädigung ohne Rücksicht auf Verschulden und Kausalität proportional zu kürzen, das Alles-oder-Nichts-Prinzip der §§ 23 ff. VVG also nicht anzuwenden ist, Martin VersRSch 85, 1. Wird freilich diese Spezialregelung durch die AVB oder den Einzelvertrag abbedungen (sog. ErstrisikoV, S II 10) oder durch eine andere Regelung ersetzt, so ist diese Ersatzregelung an §§ 23 ff., 34 a VVG zu messen. Durch die Spezialregelung des § 56 VVG bringt der Gesetzgeber zum Ausdruck, daß die Zunahme des VWertes eine qualitativ unerhebliche Gefahrerhöhung im Sinn von §§ 29 Satz 2, 34 a VVG darstellt, mit deren Einschluß der VN grundsätzlich rechnen darf. Eine in den AVB vorgesehene Sanktion für **Verstöße gegen** eine **Anzeigeobliegenheit** bei Zunahme des VWertes ist daher nicht an §§ 23 ff. VVG, sondern an § 6 Abs. 1 VVG zu messen, vgl. wegen der Konsequenzen hieraus M III 69.

a) Wie in N I 7 bis 16 eingehend dargelegt, können aus den bei Antragstel- **32** lung schriftlich gestellten Fragen Umkehrschlüsse in dem Sinn gezogen werden, daß nicht gefragte Umstände für den Vr nicht nur bei Vertragsschluß, sondern auch während der VDauer unerheblich sind, also keine Gefahrerhöhung bedeuten. Lorenz-Liburnau VersRSchau 86, 202 nennt als Beispiel den Kfz-VN, der sein Fahrzeug von einem bestimmten Zeitpunkt an nicht mehr in einer Garage, sondern auf öffentlichem Verkehrsgrund parkt; nach den Parkgewohnheiten den VN fragt der Kfz-Vr im Antrag nicht, weil dieses Kriterium zwar durchaus gefahrerheblich, aber versicherungstechnisch als Kriterium für die Prämienhöhe ungeeignet ist. Die Vermutung der **Vollständigkeit schriftlicher Antragsfragen** gemäß § 18 VVG wirkt sich **analog** auch im Rahmen von §§ 23 ff. VVG aus. § 29 Satz 2 VVG bestätigt diesen Umkehrschluß und verleiht ihm halbzwingende Wirkung gemäß § 34 a VVG, vgl. N I 8.

Allerdings kann sich der VN auf §§ 18, 29 Satz 2 VVG nur berufen, soweit **33** sein gefahrerhöhendes Verhalten während der VDauer wirtschaftlich sinnvoll und vertretbar ist, N I 12 und 13, während nachlässiges oder mutwilliges Verhalten ohne Rücksicht auf eine entsprechende Antragsfrage Gefahrerhöhung bedeutet, N I 14 und 15. Das gleiche gilt für nicht veranlaßte Gefahrerhöhungen, insbesondere für solche durch Einflußnahme Dritter. Auch auf deren Unerheblichkeit kann sich der VN nur berufen, soweit es sich um ihrer Art nach voraussehbare und daher kalkulierbare Vorgänge handelt, N III 28. Wirtschaftlich sinnlose oder gar strafbare Handlungen Dritter, welche die versicherte Gefahr erhöhen, muß der VN entweder gemäß § 23 VVG unterbinden oder kompensieren oder aber gemäß § 27 VVG dem Vr anzeigen damit dieser gegebenenfalls kündigen kann. Schlendrian (Hamm VersR 71, 804) oder Mutwille des VN oder Dritter werden nicht durch § 29 Satz 2 VVG gedeckt, sondern bedeuten Gefahrerhöhung, wenn die sonstigen Voraussetzungen hierfür vorliegen, z. B. das Merkmal einer gewissen Mindestdauer.

34   b) Auch aus dem **Tarif des Vr** können im Rahmen von § 29 Satz 2 VVG Schlüsse zu ziehen sein. Maßgebend ist hierbei stets nur der Tarifstand bei Vertragsschluß (BGH VersR 81, 621 zu § 41 a VVG) einschließlich späterer für den VN günstiger Veränderungen. Verschärfungen des Tarifs können dem VN auch im Rahmen von §§ 23 ff. VVG nicht entgegengehalten werden. Eine Ausnahme gilt hier nur für neue Tarifmerkmale, die auf neuen technischen Entwicklungen beruhen, vgl. z. b. N III 52 für Feuerwehrschlüsselkästen als Gefahrerhöhung in der DiebstahlV. Sie können zur Gefahrerhöhung auch dann führen, wenn sie im Tarif bei Vertragsschluß noch nicht berücksichtigt waren. Auch aus der Anlaufzeit, die der Vr für die Aktualisierung seines Tarifs benötigt, kann der VN in solchen Fällen für sich nichts herleiten.

35   Allerdings hat der Tarif neben den Antragsfragen nur *geringe* praktische Bedeutung für den Gefahrerhöhungsbegriff. Soweit nähmlich im Antrag *weniger* gefragt wird, als der Tarif als prämienerheblich behandelt, vgl. N II 8 für das Leerstehen von Wohngebäuden, greifen schon aus diesem Grund §§ 18, 29 Satz 2 VVG ein, N III 32. Soweit ausnahmsweise im Antrag *weitergehend* auch nach Umständen gefragt wird, die der Tarif nicht erwähnt, kann es sich um Risiken handeln, die der Vr auch gegen Mehrprämie nicht übernehmen oder deren Übernahme er von einer Einzelfallprüfung abhängig machen will. Dann ist für den Gefahrerhöhungsbegriff der Antrag maßgebend. Soweit es sich allerdings um Fragen zur *Vertragsgefahr* handelt, z. B. um Fragen nach Vorschäden oder anderen VVerträgen gegen dieselben oder ähnliche Risiken, kann der nachträgliche Eintritt solcher Umstände meist *nicht* als Gefahrerhöhung behandelt werden. So bedeutet es z. B für die HausratV keine Gefahrerhöhung, wenn der VN während der VDauer demselben oder einem anderen Vr dubiose Reisegepäckschäden meldet, mag auch im Antragsformular nach Reisegepäckverträgen und entsprechenden Vorschäden gefragt gewesen sein.

36   Schlüsse auf den Gefahrerhöhungsbegriff können auch aus dem **gesamten übrigen Vertragsinhalt** gezogen werden, und zwar auch aus den Teilen des Vertragsinhalts und vor allem der AVB, in denen nicht von Gefahrerhöhung die Rede ist. Wegen der ausdrücklichen Vereinbarung von Gefahrerhöhungstatbeständen, vgl. N III 30 und 40 sowie N IV 29 ff. **Umkehrschlüsse** in dem Sinn, daß bestimmte Sachverhalte keine Gefahrerhöhungen darstellen, können z. B. aus vereinbarten **Entschädigungsgrenzen** für besonders gefahrenträchtige Teile versicherter Sachinbegriffe (Beispiel: Wertsachen im Hausrat, N IV 106) und vor allem aus vereinbarten **Sicherheitsvorschriften** zu ziehen sein, also aus gefahrmindernden Obliegenheiten gemäß § 6 Abs. 2 VVG, vgl. Hamm VersR 83, 1148 zu § 6 Nr. 2c AWB 68 (Art und Weise der Lagerung von Waren). Auch für Tatbestände, die „knapp" außerhalb **vereinbarter Gefahrerhöhungstatbestände** liegen, können Umkehrschlüsse zu ziehen sein, vgl. N IV 81 für fehlende Aufsicht über Wohnungen während weniger als 60

Tagen in der HausratV. Umkehrschlüsse sind ferner aus **Vertragsnachträgen** möglich: Wird nach dem Schaden für die dieselbe Gefahrenlage lediglich ein unveränderter Prämiensatz vereinbart, so kann dieselbe Gefahrenlage vor dem Schaden nicht als erhebliche Gefahrerhöhung bewertet werden, BGH RuS 83, 64 = VersR 284.

In der **Industrie-FeuerV** enthält der Vertrag als „Besichtigungsbericht" (Texte 37 52 der 2. Aufl) oft eine nähere *Beschreibung von Risikoverhältnissen* (Raiser 192). Diese ist dann zwar nie erschöpfend, läßt aber für die beschriebenen Punkte den Schluß zu, daß nachteilige Veränderungen eine Gefahrerhöhung sind. Die Erheblichkeit solcher Gefahrerhöhungen kann nicht nach § 29 Satz 2 VVG wegen der Art der Gefahrumstände, sondern allenfalls nach § 29 Satz 1 VVG wegen Geringfügigkeit ihres Umnfangs oder ihrer Dauer oder wegen Kompensation durch andere Umstände bestritten werden. Die vorvertragliche Anzeigepflicht wird durch die Unterschrift des VN unter einen *Besichtigungsbericht* für Gebäude und Betrieb nicht nur erfüllt, sondern §§ 16 ff. VVG werden durch die sog. **Anerkennungsklausel Kl 2601** ersetzt, und zwar im Gegensatz zu 25 ZFgA ohne das Erfordernis einer Unterschrift des VN. Im Einzelfall kann auch „erweiterte Anerkennung" gemäß Kl 1601 vereinbart werden.

Auch in der sonstigen **GeschäftsV** sind Besichtigungsberichte, in der *Dieb-* 38 *stahlV* genannt **Lageplan mit Sicherungsbeschreibung**, und Anerkennungsklausel (Kl 2601 oder 1601) üblich. Auch hier kann „erweiterte Anerkennung" nach Kl 1601 vereinbart werden, insbesondere in der DiebstahlV ohne Lageplan mit Sicherungsbeschreibung. Während die Anerkennungsklauseln sich im Rahmen von §§ 16 ff. VVG zugunsten des VN auswirken, erlauben sie im Rahmen von §§ 23 ff. VVG umgekehrt **Schlüsse zugunsten des Vr** auf die Erheblichkeit der Änderung von Umständen, die im Besichtigungsbericht und im Lageplan mit Sicherungsbeschreibung erwähnt sind, jedenfalls wenn diese Unterlagen Teil des Antrags (N III 32) geworden und vielleicht sogar durch den VN unterschrieben sind. Schon allein die **Bezeichnung des versicherten Gebäudes** im VAntrag und im VSchein kann gewisse Gefahrenerhöhungen als voraussehrbar und qualitativ unerheblich im Sinn von § 29 Satz 2 VVG erscheinen lassen, vgl. Hamm RuS 90, 22 für ein „Stallgebäude", in dem der Vr mit der Lagerung von Heu oder Stroh rechnen muß.

c) Außerdem und vor allem handelt es sich um qualitativ unerhebliche 39 Gefahrerhöhungen im Sinn von § 29 Satz 2 VVG, wo zwar die Gefahr wesentlich erhöht wurde, aber durch ein **wirtschaftlich sinnvolles Verhalten**, von dem der VN nicht zu erwarten braucht, es werde ihm durch den Vr „verboten" und sei es auch nur im Rahmen von § 23 Abs. 1 VVG durch die sog. Gefahrstandspflicht im Rahmen des VVertrags. Immerhin führen Verstöße gegen § 23 VVG nämlich zu sofortiger Leistungsfreiheit des Vr, so daß der VN oft nicht rechtzeitig für anderweitigen VSchutz sorgen kann. Man darf daher nicht argumentieren, das Verbot aus der Gefahrstandspflicht gelte ja „nur" im Rahmen des VVertrags und führe „nur" zum Verlust des VSchutzes, sei also auch auf der Basis einer weiten Auslegung des Gefahrerhöhungsbegriffs für den VN „erträglich".

40   Vielmehr bedarf der Gefahrererhöhungsbegriff einer einschränkenden Korrektur für Fälle, in denen von dem VN ein **anderes** als das von ihm für richtig gehaltene und wirtschaftlich sinnvolle **Verhalten** aus dessen Sicht vernünftigerweise **nicht zu erwarten** ist. Hierfür liefert § 29 **Satz 2** VVG die notwendige gesetzliche Grundlage, vgl. schon N III 3. Insbesondere zeigt sich dies an Beispielen aus der DiebstahlV, wo die AVB bisweilen Tatbestände als Gefahrerhöhungen qualifizieren, obwohl deren Rechtsfolgen „nach den Umständen" im Sinn von § 29 Satz 2 VVG als unangemessen erscheinen, vgl. die Beispiele in N IV 49 bis 75. Da solche Tatbestände durch § 29 Satz 2 VVG vom Gefahrerhöhungsbegriff ausgenommen werden, und zwar gemäß § 34a VVG unabdingbar, sind AVB-Bestimmungen unwirksam, soweit (vgl. M II 11 zu §§ 6, 15a VVG) sie den gesetzlichen Gefahrerhöhungsbegriff ausweiten. Des Umwegs über die Konstruktion eines im Sinn von § 25 Abs. 2 VVG ein Verschulden ausschließenden **Verbotsirrtums** bedarf es entgegen N III 24 und 28 der 1. Aufl. im allgemeinen nicht. Ein Sonderfall ist möglicherweise die mehr als 60 Tage unbewohnte Erstwohnung des HausratVN, vgl. N IV 89.

41   Allerdings greift § 29 Satz 2 VVG *nicht* schon immer dann ein, wenn bei einer quantitativ erheblichen Gefahrerhöhung ein wirtschaftlich sinnvolles und aus der Sicht des VN unvermeidliches Verhalten *mitwirkt*. Vielmehr bedarf der VN des Schutzes durch § 29 Satz 2 VVG nur, wo ihm kompensierende gefahrmindernde Gegenmaßnahmen im Sinn von N III 18 entweder nicht möglich oder aber persönlich oder wirtschaftlich nicht zumutbar sind, vgl. zutreffend Hamm VersR 76, 259 für Betriebsgebäude, Hamm VersR 78, 218 für Wohngebäude und Martin VersR 76, 980. Andernfalls beruht die Gefahrerhöhung auf dem **Unterlassen der möglichen Gegenmaßnahmen** und tritt in dem Zeitpunkt ein, von dem an diese Maßnahmen möglich und zumutbar waren und die Gefahrerhöhung durch das Unterlassen zu einem Dauerzustand wurde, N III 10.

42   Die demgegenüber in der Rechtsprechung und Literatur teilweise zu beobachtende Zurückhaltung gegenüber der Möglichkeit von Gefahrerhöhungen durch Unterlassen des VN (vgl. zusammenfassend N III 9 bis 15) beruht auf dem im Ergebnis durchaus berechtigten Bemühen, den Gefahrerhöhungsbegriff nicht über Gebühr auszuweiten. Aber die nötige Korrektor erfolgt – wenn auch an etwas versteckter Stelle – schon im Gesetzestext selbst durch § 29 Satz 2 VVG, also durch die unabdingbare (§ 34a VVG) Fiktion einer Vereinbarung, N III 30, die den Gefahrerhöhungsbegriff einschränkt. Die Einschränkung muß aber ihre Grenze dort finden, wo der VN sofort oder nachträglich ohne unzumutbaren Kosten- oder sonstigen Aufwand durch gefahrmindernde Gegenmaßnahmen gegensteuern kann. Ergibt sich diese Möglichkeit für den VN nach einer Gefahrerhöhung – z. B. durch Reparaturbedürftigkeit von Sicherungen oder durch Eingriffe Dritter – erst *nachträglich,* so *verwandelt* sich in diesem Zeitpunkt die zunächst nicht veranlaßte Gefahrerhöhung in eine durch den VN durch Unterlassen vorgenommene Gefahrerhöhung, N III 10.

43   **Unanwendbar** ist § 29 Satz 2 VVG ferner dann, wenn das gefahrerhöhende Verhalten des VN zwar aus dessen Sicht wirtschaftlich sinnvoll, aber seiner Art nach ein seltener Ausnahmefall ist. Es handelt sich um Fälle, deren gefahrerhöhende Folgen nicht der Vr voraussehen und einkalkulieren, N III

28, sondern von denen umgekehrt der VN voraussehen und einkalkulieren muß, daß er die gefahrerhöhenden Folgen **nicht** oder nicht ohne Mehrprämie auf die Versichertengemeinschaft **abwälzen** kann. Zu denken ist vor allem an eine länger als 60 Tage unbeaufsichtigte Wohung des HausratVN, N IV 88, und an Gebäude, die der VN leerstehen läßt, weil der Betrieb stillgelegt wurde, N III 45, oder weil sich für ein Wohngebäude kein geeigneter Mieter findet oder weil auf Abbruchsgenehmigung spekuliert wird, N V 46. §§ 7 Nr. 2 Satz 3 VHB 74, 13 Nr. 3 b VHB 84 sind also mit §§ 29 Satz 2, 34 a VVG vereinbar, N IV 88. Indessen darf diese **Ausnahme von** § 29 Satz 2 VVG nur **in Extremfällen** anerkannt werden, denn sonst würde der Zweck dieser Vorschrift nicht erreicht.

d) Die erörterten Probleme stellen sich bei den Gefahren der SachV (Feuer, **44** Diebstahl und Raub, Leitungswasser, Sturm) in sehr unterschiedlicher Weise. Bei Leitungswasser und Sturm geht es vor allem um den Erhaltungszustand des versicherten Gebäudes oder des Gebäudes, in dem sich die versicherten Sachen befinden, insbesondere um den Zustand der Zu- und Ableitungsrohre in der LeitungswasserV, N V 23 und 32 sowie um den Zustand der Fenster und Türen sowie des Daches in der SturmV, N V 24 und 25. Feuer als versicherte Gefahr bedroht nicht nur versichertes Gebäude und bewegliche Sachen, sondern kann auch zu Personenschäden führen. Außerdem besteht die Gefahr des Übergreifens auf Nachbargrundstücke. Deshalb liegt es im öffentlichen Interesse, die Feuergefahr auf ein unvermeidliches Mindestmaß zu beschränken. Dafür sorgen die Strafgesetze (Strafbarkeit auch der fahrlässigen Brandstiftung) sowie zahlreiche gesetzliche, behördliche und vertragliche Sicherheitsvorschriften, M I 22 und 94, vor allem in der GeschäftsV bei Gewerbebetrieben. Auch kann man mit Bezug auf ein erhöhtes Feuerrisiko nur selten sagen, kompensierende Gegenmaßnahmen seien finanziell oder sonstwie unzumutbar. Daher spielt § 29 Satz 2 VVG für die **Feuer-, Leitungswasser- und Sturm** nur eine geringe Rolle. Immerhin sind aber die **vereinbarten Gefahrenerhöhungstatbestände** des § 13 **Nr. 3** VHB 84 an § 29 Satz 2 VVG zu messen. Die nachteilige Veränderung von Umständen, nach denen im Antragsformular gefragt war, sind entgegen dem Wortlaut von § 13 Nr. 3 a VHB 84 nicht stets, sondern nur dann eine Gefahrerhöhung, wenn nicht §§ 29 Satz 1 oder Satz 2, 34 a VVG entgegenstehen, vgl. N IV 105. In der WohngebäudeV läßt § 10 Nr. 3 VGB 88 die Grenze des § 29 VVG schon deshalb unberührt, weil 10 Nr. 3 VGB 88 („kann") nur von der Möglichkeit einer Gefahrerhöhung spricht.

Bei **leerstehenden und verwahrlosten Betriebs-** (BGH VersR 76, 825 für ein **45** Kino, Hamm VersR 76 259 = RuS 87 für ein Hotel) oder **Wohngebäuden** (BGH VersR 82, 466 = RuS 129, Hamm VersR 81, 870, 78, 218; weitere Zitate: N V 42 ff) kann sich der VN kaum je darauf berufen, es handle sich um eine qualitativ unerhebliche Gefahrerhöhung gemäß § 29 Satz 2 VVG oder er habe sich in einem gemäß § 25 Abs. 2 VVG die Schuld ausschließenden Verbotsirrtum befunden. Selbst wenn das Gebäude aus vernünftigen wirtschaftlichen Gründen leersteht, kann der VN nicht erwarten, daß der Vr das daraus erwachsende zusätzliche Feuerrisiko übernimmt. Der VN kann die Lasten der Verwaltung seines Gebäudes nicht auf den Vr und die übrigen Versicherten als Prämienzahler abwälzen. Der Unterschied gegenüber dem Fall der Betriebsferien in der DiebstahlV (N III 46) liegt darin, daß Feuerschäden sehr oft Totalschäden in erheblicher Höhe sind, und daß leerstehende Gebäude im Gegensatz zu Betriebsferien keinen Normal-, sondern einen Ausnahmezustand darstellen, N III 43.

46   Dagegen stellen sich in der **DiebstahlV** die erörterten Probleme der Vornahme und des Verschuldens der Gefahrerhöhung in voller Schärfe. Ein öffentliches Interesse an der Vermeidung von Diebstahlschäden gibt es nur, wo die gestohlenen Sachen mißbraucht werden können, etwa bei Waffen oder Rauschgift. Der Vr möchte gleichwohl die Diebstahlgefahr auf ein kalkulierbares Mindestmaß beschränken; ein gebäuchliches Mittel hierfür ist gerade in der DiebstahlV die Vereinbarung von Gefahrerhöhungstatbeständen und zwar früher in der standardmäßig zu allen Verträgen nach den AEB vereinbarten D-Kl 5 und gegenwärtig in §§ 5 Nr. 3 AERB, 6 Nr. 4 AERB 87. Dadurch kann aber die durch §§ 29 Satz 2, 34a VVG halbzwingend festgelegte *Grenze des Gefahrerhöhungsbegriffs* nicht zu Ungunsten des VN verschoben werden, N III 26 und 39. Deshalb soll hier zunächst unabhängig von den in N IV 49 bis 75 im einzelnen behandelten Gefahrerhöhungstatbestände der AERB und AERB 87 für die DiebstahlV ganz allgemein untersucht werden, wo jene Grenze verläuft, und zwar anhand von zwei praktischen Beispielen, nämlich der vorübergehenden Betriebsstillegung, N III 47 bis 50 und dem Anbringen von Feuerwehrschlüsselkästen, N III 51 bis 55.

47   Ist es eine vorgenommene und verschuldete Gefahrerhöhung, wenn ein **Gastwirt** als VN den **Betrieb vorübergehend stillegt**, sei es für einen Monat zwecks Betriebsferien oder sei es für mehrere Monate, weil es sich um einen Saisonbetrieb handelt? In beiden Fällen wird die Gefahr erhöht, und zwar in der Regel auch quantitativ nicht unerheblich im Sinn von § 29 Satz 1 VVG (LG Berlin VersR 84, 1057, allerdings für eine endgültige Stillegung), wenn nämlich Diebe wegen Art und Umfang des Betriebes sowie der in den Räumen verbliebenen Sachen trotz der Stillegung mit brauchbarer Beute rechnen können, N III 69 und 70, die Entdeckung der Tat sich aber möglicherweise verzögert. Betriebsstillegungen liegen im Interesse des VN, in dem einen Fall, weil er Urlaub machen und auch seinem Personal den Jahresurlaub gewähren muß, in dem anderen Fall, weil er in der Vor- oder Nachsaison Personal einsparen und selbst einer ertragreicheren anderen Beschäftigung nachgehen will. Theoretisch könnte die Stillegung freilich auch vermieden werden, nämlich durch die Einstellung von zusätzlichem Personal oder durch Inkaufnahme geringerer Rentabilität. Hat der VN also eine auch qualitativ im Sinn von § 29 Satz 2 VVG erhebliche Gefahrerhöhung vorgenommen, sei es durch seinen Urlaub oder seine anderweitige Beschäftigung als positives Tun, oder sei es wenigstens durch Unterlassung der Neueinstellung von Ersatzpersonal, das den Betrieb in seiner Abwesenheit weitergeführt hätte, oder durch das Unterlassen des Einsatzes eines Nachtwächters, der die gefahrerhöhende Umstände kompensiert hätte?

48   Obwohl nicht immer maßgebend ist, N III 41, ob der VN sich auch ohne VVertrag nicht anders verhalten hätte, entspricht eine vorübergehende Betriebsstillegung wegen Urlaubs oder aus Saisongründen so sehr der *Branchenübung* im Gastronomiegewerbe, daß man sie nicht als qualitativ erhebli-

che Gefahrerhöhung ansehen darf, die dem VN verboten (dazu N III 39)
wäre. Vielmehr darf der VN erwarten, daß er sich hinsichtlich seines Be-
triebsurlaubsverhaltens nicht am VVertrag zu orientieren braucht, sondern
daß der Vr die Praxis der Betriebsstillegungen kennt, voraussieht und in die
Prämie *einkalkuliert* hat, N III 28. Der VN darf sich auch sagen, daß der Vr
bei Antragsstellung nach Betriebsstillegungen gefragt hätte, wenn er wirklich
schon vom ersten Tag einer solchen Stillegung an im Schadenfall hätte leistungsfrei sein wollen. § 34a VVG erlaubt es dem Vr zwar, das Fehlen von
Antragsfragen zu Gefahrerhöhungen durch nachlässiges oder mutwilliges
Verhalten durch Gefahrerhöhungstatbestände in den AVB auszugleichen.
Für Gefahrerhöhungen durch wirtschaftlich sinnvolles und in zumutbarer
Weise auch nicht kompensierbares Verhalten gilt dies aber nicht, vgl. schon
N I 8 sowie N III 30.

Allerdings gilt das Gesagte nicht für alle Branchen, z. B nicht für Juweliere,   **49**
Teppich- und Pelzhändler, Diskotheken usw. (sog. **schwere Risiken,** allerdings in einem weiteren Sinn als in A II 17 dargelegt), und zwar selbst dann
nicht, wenn z. B. während der Stillegung ÜberV besteht, weil der Warenbestand am VOrt reduziert ist. Die Betreiber der genannten und ähnlicher
Gewerbe wissen, daß sie ganz besonders von Diebstahlschäden bedroht sind
und daß sie die während eines Betriebsurlaubs zusätzlich erhöhte Gefahr
nicht oder jedenfalls nicht ohne Mehrprämie oder Sonderabrede auf den Vr
und auf die Gemeinschaft der übrigen Versicherten als Prämienzahler abwälzen können. Im Gegensatz zu einem Gastwirt ist es einem Juwelier usw.
zuzumuten, kompensierende Gegenmaßnahmen zu ergreifen, also entweder
die versicherten Waren im Tressorraum einer Bank einzulagern oder den
VOrt rund um die Uhr bewachen zu lassen. Angesichts der hohen Schadenwahrscheinlichkeit und der drohenden Schadenhöhe ist solcher Kostenaufwand zumutbar, N III 40.

Wie das Beispiel der Betriebsstillegung zeigt, ist eine „Grauzone" der   **50**
Rechtsunsicherheit unvermeidlich. Es gibt zahlreiche Betriebe, die vom Risiko
her und hinsichtlich der Üblichkeit von Betriebsferien usw. ohne kompensierende Gegenmaßnahmen *zwischen* einem Gastwirt einerseits und einem Juwelier andererseits liegen. Auch die Möglichkeit des *Kausalitätsgegenbewei-*
ses (vgl. auch N IV 52 und Martin VersR 76, 980) gemäß § 25 Abs. 3 VVG
klärt die Rechtslage nicht. Wenn man sehr strenge Anforderungen stellt, läßt
sich kaum je ganz ausschließen, daß der Betriebsurlaub usw. den Entschluß
der Täter beeinflußt hat. Andererseits gibt es nächtliche Einbrüche, bei denen
die Spuren des Einbruchs am nächsten Morgen von Passanten oder Nachbarn
auch während eines Betriebsurlaubs ebenso schnell bemerkt werden wie
wenn der Inhaber am Morgen sein Geschäft öffnen wollte; in diesen Fällen
spricht viel dafür, den Kausalitätsgegenbeweis geführt anzusehen. Letztlich
hängt aber alles davon ab, wie strenge Anforderungen an den Kausalitätsgegenbeweis gestellt werden. Für diese Anforderungen wiederum ist maßgebend, in welchem Umfang dem Vr das erhöhte Risiko während einer Betriebsstillegung oder einer sonstigen Gefahrerhöhung zugemutet werden soll.

Weiteres (N III 46) Beispiel aus der DiebstahlV: Ist es vorgenommene und   **51**
verschuldete Gefahrerhöhung, wenn der VN auf Wunsch der Feuerwehr
einen **Feuerwehrschlüsselkasten** in die Außenwand (D I 7 und D III 9) des

Gebäudes einmauern läßt? Die Gefahr wird erhöht, denn ein Dieb kann den Kasten erbrechen oder aus der Wand stemmen und ihm den Gebäudeschlüssel entnehmen, um ihn zu mißbrauchen. Auch kann bei der Feuerwehr unbemerkt ein Nachschlüssel zum Schlüsselkasten gefertigt werden. Fahrlässigkeit des VN im Sinn der Schlüsselklausel für Gebäude liegt in diesen Fällen nicht vor, vgl. D VIII 26, in der Regel auch nicht Fahrlässigkeit der Feuerwehr als Gewahrsamsträger der in den nur ihr zugänglichen Schlüsselkästen verwahrten Gebäudeschlüssel. Gerade deshalb handelt es sich objektiv um **Gefahrerhöhung.**

52   **Unerheblich** im quantitativen Sinn des § 29 Satz 1 VVG ist die Gefahrerhöhung, soweit die technischen Konstruktionen den einschlägigen **Sicherungsrichtlinien des Verbandes der Sachversicherer** entspricht. Daß es solche Richtlinien in der Anfangsphase nicht gab, zwingt nicht zu dem Schluß, die später formulierten Richtlinien seien nur für künftige Verträge bedeutsam; aus dem Fehlen von Tarifpositionen kann nämlich nicht ausnahmslos geschlossen werden, es handle sich nicht um Gefahrerhöhung, N III 34. Das gleiche gilt für **Antragsfragen,** N III 33; deren Fehlen besagt ebenfalls nicht zwingend, daß das spätere Anbringen von Feuerwehrschlüsselkästen keine Gefahrerhöhung sei. – Spätere **Verschärfungen** der Richtlinien wirken allenfalls für zukünftige Verträge; bei bestehenden Verträgen kann sich der Vr gegenüber einer später eingebauten Anlage nicht auf verschärfte Richtlinien berufen.

53   Das Anbringen eines Feuerwehrschlüsselkastens vermindert die Brandgefahr. Insbesondere beschleunigt es die Löscharbeiten und vermindert Schäden durch gewaltsames Eindringen der alarmierten Feuerwehr. Deshalb sind Feuerwehrschlüsselkästen ein gutes Beispiel für Gefahrerhöhung mit Bezug auf Diebstahl durch *wirtschaftlich sinnvolles Verhalten.* Eine qualitativ (**§ 29 Satz 2 VVG**) erhebliche Gefahrerhöhung liegt daher allenfalls in dem **Unterlassen kompensierender Gegenmaßnahmen,** vgl. N III 41. Da schon die Mindestanforderungen der Feuerwehr an die Einbruchsicherheit der Schlüsselkästen zu einem nicht unerheblichen Kostenaufwand des VN im Interesse der Diebstahlsicherheit zwingen und das völlige Mißbrauchs- und Einbruchssicherheit auch durch wesentlich höheren Kostenaufwand nicht zu erreichen ist, liegt ein **entschuldbarer Verbotsirrtum** des VN nahe, solange der VN nicht durch den Vr über dessen Sicherungsrichtlinien informiert wird. Auch nach einer solchen Information bleiben Meinungsverschiedenheiten über die zumutbaren Sicherungsmaßnahmen des VN möglich. Ob der VN sich auf § 29 Satz 2 VVG oder wenigstens auf fehlendes Verschulden § 25 Abs. 2 VVG berufen kann, läßt sich nur im Einzelfall nach Würdigung aller Umstände (Hinweis der Feuerwehr auf die Richtlinien der Vr? Art und Montagekosten der im Fachhandel erhältlichen Systeme? Identität von Feuer- und DiebstahlVr?) entscheiden.

54   Erlangt der **Vr** durch Anzeige des VN oder sonstwie **Kenntnis** von einem gefahrerhöhenden Feuerwehrschlüsselkasten, so läuft die **Monatsfrist für die fristlose Kündigung** gemäß § 24 Abs. 2 VVG. Ungenutzter Fristablauf beseitigt die Möglichkeit einer Leistungsfreiheit gemäß **§ 25 Abs. 3 VVG.** Die Kündigungsfrist läuft auch, wenn der VN dem Vr unverzüglichen Umbau der Anlage zugesagt hat. Der Vr darf einer solchen Zusage also nicht vertrauen, sondern muß die Sache auf Wiedervorlage halten und auch dann vor Ablauf

der Monatsfrist kündigen, wenn der Umbau etwa nur an Überlastung der Montagefirma gescheitert ist; sonst verliert der Vr endgültig das Kündigungsrecht und den Einwand der Leistungsfreiheit. Anders als bei einer Kündigungspflicht nach dem VFall (dazu M II 35) kann der VN wegen § 34a für zukünftige VFälle nicht wirksam auf den Einwand des ungenutzten Fristablaufs verzichten. Möglich sind nur Kündigung und Neuabschluß eines Vertrages ohne die Schlüsselklausel für Gebäude, wofür es freilich keine geschäftsplanmäßige Klausel gibt.

Der **Kausalitätsgegenbeweis** des § 25 Abs. 3 VVG, daß nämlich auch eine 55 den Sicherungsrichtlinien des Verbandes der SachVr entsprechende Anlage den Schaden nicht verhindert hätte, wird jedenfalls bei Einbrüchen in den Schlüsselkasten (anders bei Nachschlüsseln, die bei der Feuerwehr gefertigt werden) nur selten gelingen, denn nach den Richtlinien stellt die alarmierte Feuerwehr oder Polizei immer leicht die Ursache des Alarms fest und benachrichtigt eine Vertrauensperson des VN, deren Adresse bei der Polizei hinterlegt ist.

7. **Verstöße gegen gefahrmindernde Obliegenheiten als Gefahrerhöhung:** Ge- 56 fahrerhöhungen kann der VN durch *Tun* oder *Unterlassen* veranlassen und verschulden, vgl. N III 8 bis 16. In beiden Fällen muß ein Zustand erhöhter Gefahr von einiger *Dauer* erreicht sein, N III 29. Soweit durch das Tun oder Unterlassen ein gefährdender *Zustand* von Sachen herbeigeführt wird, ist das Dauererfordernis schon bei *Beginn* dieses Zustandes erfüllt; war der Zustand zunächst ohne den Willen des VN eingetreten, so wird das Dauererfordernis durch das nachfolgende Unterlassen des VN erfüllt, sobald diesem Gegenmaßnahmen möglich und zuzumuten wären, N III 10. Erhöht dagegen ohne einen veränderten Zustand von Sachen unmittelbar ein Tun oder Unterlassen des VN die versicherte Gefahr, z.B. wiederholtes Rauchen im Bett oder wiederholte Nichtbetätigung von Sicherungen, wie Schlössern, Rollgittern usw., so bedeutet ein einmaliger Fall noch keinen Dauerzustand (übersehen bei E. Prölss 188). Vielmehr ist ein wiederholtes gefährdendes Tun oder Unterlassen in nicht zu großen zeitlichen Abständen erforderlich, also eine die Obliegenheit verletzende *Gewohnheit*, vgl. z.B LG Düsseldorf VersR 67, 365.

Unter dieser Voraussetzung können auch **länger dauernde oder wiederholte** 57 **Verstöße gegen gefahrmindernde Obliegenheiten** eine vorgenommene und verschuldete **Gefahrerhöhung** gemäß §§ 23 ff. VVG begründen, ebenso wie die Herbeiführung eines gefährdenden Zustandes von Sachen, wenn dabei zugleich gegen gefahrmindernde Obliegenheiten verstoßen wird. Die **Rechtsfolgen** der Obliegenheitsverletzung und der Gefahrerhöhung treten dann **nebeneinander** ein, BGH 4, 377, Hamm VersR 71, 805, München RuS 86, 169, Hamburg ZfS 89, 175, Oldenburg VersR 85, 977, Sieg BB 70, 855, PM § 32 Anm. 1. Daneben kann § 61 VVG eingreifen, M II 66 und O I 4 und 10. Praktische Konsequenzen: N III 63. Folgerichtig werden für die FeuerV gewisse Einschränkungen der Geltung von Sicherheitsvorschriften und der Gefahrstandspflicht in ein und derselben Kl 3605 geregelt, vgl. N V 5 für Gefahrerhöhungen und M II 34 für Sicherheitsvorschriften, ferner N IV 39.

Dieses schon in M I 16 und 17 näher begründete Nebeneinander der 58 Rechtsfolgen kommt nicht nur in Betracht, wenn die Obliegenheiten ein

Unterlassen des VN, sondern auch dann, wenn sie ein Tun verlangt. Die Gegenansicht von BM (§ 32 Anm. 9) beruht auf der irrigen Ansicht (BM § 23 Anm. 23; ebenso wohl Kisch II 582), Gefahrerhöhungen könnten nicht durch **Unterlassen** „vorgenommen" werden, und ist spätestens seit BGHZ 50, 385 überholt, mag auch in BGH VersR 87, 653, 81, 245 und 82, 33 für Sonderfälle wieder eine gegenläufige Tendenz sichtbar geworden sein, N III 9, nämlich für das Unterlassen der Beseitigung von Gefahrerhöhungen, die zunächst ein Dritter vorgenommen hat. Sieht man von einer zu weitgehenden Formulierung in Köln RuS 89, 160 ab, so ist die Möglichkeit der Vornahme von Gefahrerhöhungen durch Unterlassen seit BGHZ 50, 385 allgemein anerkannt. Umstritten ist nur, ob die Rechtspflicht zum Handeln auch aus dem VVerhältnis abgeleitet werden kann, und zwar auch gegenüber gefahrerhöhenden Umständen, die zunächst ohne den Willen des VN eingetreten waren.

59   § 32 VVG sagt nur, daß vereinbarte gefahrmindernde *Obliegenheiten* und damit auch die etwa als Sanktion vereinbarte Leistungsfreiheit durch §§ 23 ff. VVG *unberührt* bleiben. Daß auch nicht etwa umgekehrt §§ 23 ff. VVG durch gefahrmindernde Obliegenheiten ausgeschlossen oder eingeschränkt werden, hält das VVG (zur Entstehungsgeschichte vgl. M II 64) mit Recht für selbstverständlich und stellt daher nicht ausdrücklich fest, daß die Rechtsfolgen einer Gefahrerhöhung und einer Obliegenheitsverletzung nebeneinander als Folge ein und desselben Sachverhalts eintreten können. Trotzdem sind in Rechtsprechung und Literatur immer wieder Unsicherheiten über das Verhältnis zwischen Verletzung gefahrmindernder Obliegenheiten und Gefahrerhöhung aufgetreten, nicht zuletzt deshalb, weil die AVB dieses Verhältnis teils überhaupt nicht und teils mißverständlich behandeln.

60   § 7 AFB 30 und entsprechend § 16 der VGB von 1951 (VerBAV 51, 22) enthalten gefahrmindernde Obliegenheiten und verweisen auf die Möglichkeit weiterer im Einzelfall vereinbarter Sicherheitsvorschriften. Sie knüpfen an Verstöße, die Rechtsfolgen der Leistungsfreiheit und des Kündigungsrechts des Vr, enthalten aber **keine Regelung** über das Verhältnis zu §§ 23 ff. VVG. Unter anderem hieraus folgerte BGHZ 42, 295 irrig, die gefahrmindernde Obliegenheit und die für Verstöße vereinbarten Sanktionen schlössen §§ 23 ff. VVG aus, zumal es sonst keinen Sinn habe, wenn bei Obliegenheitsverletzungen (hier: Wasserleitung vor längerer Reise nicht abgesperrt und entleert) nach manchen AVB (M II 8) nur *grobe* Fahrlässigkeit zur Leistungsfreiheit führe. Hierbei wurde übersehen, daß einmalige Obliegenheitsverletzungen von kürzerer Dauer keine Gefahrerhöhung darstellen, N III 29, und der VN jedenfalls insoweit in den Genuß des Privilegs bei leichter Fahrlässigkeit kommt. Liegen dagegen die Voraussetzungen der Gefahrerhöhung vor, so kann der Vr vorbehaltlich der in N III 16 und 62 erörterten Bedenken schon bei **leichter Fahrlässigkeit** und auch dann leistungsfrei sein, wenn die Kündigungsfrist nach der Obliegenheitsverletzung versäumt wurde, M II 64.

61   § 7 Satz 5 AEB und entsprechend §§ 6 Nr. 2 Satz 2 AERB, 6 Nr. 1 AWB 68, AStB 68, 7 Nr. 2 Abs. 2 AFB 87, AERB 87, AWB 87, AStB 87, 14 Nr. 2 Abs. 2 VHB 84, 9 Nr. 1 VGB 62, 11 Nr. 2 Abs. 3 VGB 88 stellen deklaratorisch fest (übersehen in Hamm VersR 72, 265), daß die Vorschriften über Gefahrerhöhung Anwendung finden, wenn mit der Verletzung einer Sicherheitsvor-

schrift eine Gefahrerhöhung verbunden ist, Hamm VersR 90, 86 zu § 9 VGB
62. Daraus haben E. Prölss 186 und Bechert 49 irrig abgeleitet, in solchen
Fällen sollten *nur* §§ 23 ff. VVG gelten. Dies ist unrichtig, weil der AVB-
Wortlaut das Wort „*nur*" nicht enthält; deutlicher wäre es allerdings wenn
die AVB das Wort „außerdem" oder dgl. enthielten. Die Ansicht von E.
Prölss und Bechert benachteiligt den Vr vor allem (N III 62) dann, wenn er
mehr als einen Monat vor dem Schaden von einer Obliegenheitsverletzung
durch Unterlassen erfährt, die zugleich die Gefahr erhöht: In einem solchen
Fall erlöschen Kündigungsrecht und Einwand der Leistungsfreiheit gemäß
§§ 24 Abs. 2, 25 Abs. 3 VVG, während die **Kündigungsfrist** wegen einer Obliegenheitsverletzung durch Unterlassen nicht enden kann, solange das
rechtswidrige Unterlassen fortdauert, M II 46 und 65.

Die **praktische Bedeutung** des Konkurrenzproblems wurde zum Teil schon   62
in N III 60 (Grad der Fahrlässigkeit) und N III 61 (Kündigungsfrist bei
längerdauernden Obliegenheitsverletzungen) erörtert. Soweit allerdings im
Rahmen der Sanktionsbestimmungen in den Sicherheitsvorschriften nur **grobe** Fahrlässigkeit zur Leistungsfreiheit führt, M II 8, hätte in den Verweisungen auf die gesetzlichen Gefahrerhöhungsregeln vermerkt werden sollen, daß
dort auch schon **leichte** Fahrlässigkeit sanktioniert ist, Martin VersR 88, 209
(217). Mit diesem Inhalt der gesetzlichen Regelung braucht der VN nicht zu
rechnen, sondern darf die in den **Sicherheitsvorschriften** enthaltene Sanktion
mindestens **hinsichtlich des Verschuldensgrades als abschließende Sonderregelung** verstehen. Daher kann bei leicht fahrlässiger Gefahrerhöhung § 3
AGBG dem Einwand der Leistungsfreiheit entgegenstehen, N III 16.

Die wichtigste Konsequenz aus dem Nebeneinander der Rechtsinstitute   63
der Gefahrerhöhung und des Verstoßes gegen Sicherheitsvorschriften liegt
darin, daß die Leistungsfreiheit wegen Gefahrerhöhung anders als die Leistungsfreiheit wegen Obliegenheitsverletzung (dazu BGHZ 4, 374 bis 377
und M II 35) **nicht** von einer **Kündigung des Vr** abhängt, wenn der Vr von dem
Verstoß erst *nach* dem Schaden oder weniger als einen Monat vor dem Schaden *erfahren* hat.

IV. Abweichungen von §§ 23 ff. VVG in den AVB

§§ **34a, 42 VVG** verbieten **Abweichungen** von §§ 23 bis 29a, 41, 41a VVG   1
„**zum Nachteil des VN**" und erklären sie für **unwirksam**. Soweit die Abweichungen für den VN Vorteile wie auch Nachteile enthalten, ist eine **Gesamt-
würdigung** nötig (anders BM Einl. Anm. 49). Nachteile können also durch
Vorteile *kompensiert* werden, ähnlich wie bei der Kompensation gefahrerhöhender durch gefahrmindernde Umstände, N III 18. Entgegen PM § 42
Anm. 1 sind nicht nur bei „Einzelvereinbarungen", die von den AVB und den
geschäftsplanmäßigen Klauseln abweichen, sondern ganz allgemein die Vorteile und Nachteile für den einzelnen VN abzuwägen (RG **162**, 236). Die
Abwägung ist ab dem Zeitpunkt der abweichenden Vereinbarung in die Zukunft vorzunehmen. Der VN kann entgegen BM aaO nicht die gesetzliche
oder die abweichende Regelung wahlweise in Anspruch nehmen, vgl auch K I
57 zur Meistbegünstigungsklausel. Über die Wirksamkeit einer Abweichung

wird gerichtlich gegebenenfalls erst nach einiger Zeit entschieden. Für die Abwägung muß sich das Gericht gleichwohl in den Zeitpunkt zurückversetzen, in dem die Abweichung vereinbart wurde.

2 „Abweichungen" von §§ 23 ff. VVG liegen zweifelsfrei vor, wenn die **Rechtsfolgen** verschärft werden, die das Gesetz an Gefahrerhöhungen knüpft, vgl. N IV 3 bis 28. Nicht ganz so klar zu beantworten ist die Frage, ob eine Abweichung begrifflich auch dann vorliegt, wenn die Rechtsfolgen der §§ 23 ff. VVG an **Tatbestände** geknüpft werden, die nach dem Gesetz keine oder keine quantitativ und qualitativ im Sinn von § 29 Satz 1 und 2 VVG erhebliche Gefahrerhöhung darstellen würden, vgl. N III 40. *Zulässig ist es* jedenfalls, den VSchutz für *bestimmte Schadenursachen auszuschließen,* auch wenn es sich ohne diesen Ausschluß um Erhöhung der versicherten Gefahr gehandelt hätte N IV 33; der Ausschluß muß dann allerdings *ohne Rücksicht* darauf gelten, ob die ausgeschlossene Ursache vor oder nach Vertragsbeginn entstanden ist (PM § 23 Anm. 6 und § 132 Anm. 2; BM § 23 VVG Anm. 25, unklar § 32 Anm. 41).

3 1. Verstöße gegen § 34a VVG in der Weise, daß die **Rechtsfolgen** von Gefahrerhöhungen in Einzelheiten *verschärft* würde, sind sehr *selten,* denn § 34a VVG und die Unwirksamkeit abweichender Abreden sind allgemein bekannt. Häufiger sind dagegen Abreden, wonach *anstelle der gesetzlichen Rechtsfolgen* eine **Prämienerhöhung** (Prämienverbesserung) eintreten soll. Damit wird von den gesetzlichen Rechtsfolgen sowohl zugunsten wie zuungunsten des VN abgewichen. Selbstverständlich kommt nur angemessene Prämienverbesserung in Betracht. Die Prämie darf also prozentual nicht stärker als die Gefahr steigen. Aber auch mit dieser Einschränkung ist die Zulässigkeit solcher Abreden nicht ganz zweifelsfrei, weil die Prämie nicht nur den Schadenbedarf des Vr deckt, sondern auch zu dessen Verwaltungskosten und Gewinn beiträgt, und weil im Fall der gesetzlichen Rechtsfolgen (Kündigungsrecht des Vr) der VN entweder durch die Kündigung die Möglichkeit erhält, das Risiko unversichert zu lassen oder bei einem anderen Vr zu einer günstigen Prämie unterzubringen, oder aber nach ungenutztem Ablauf der Kündigungsfrist VSchutz trotz erhöhter Gefahr zu unveränderter Prämie behält. Entgegen Dietz 4.4 zu § 11 ist Prämienerhöhung an Stelle der gesetzlichen Rechtsfolgen einer Gefahrerhöhung nicht schon deshalb insgesamt gesehen vorteilhaft, weil die erhöhte Gefahr überhaupt mitversichert und nicht von vornherein durch die AVB ausgeschlossen ist. § 34a VVG verbietet nachteilige Abweichungen von den gesetzlichen Rechtsfolgen einer Erhöhung der versicherten (!) Gefahr; es darf **nicht** fingiert werden, die Gefahr sei unversichert, um dann diese **fingierte Deckungslücke** mit der tatsächlich vorgesehenen **Deckung gegen Mehrprämie** zu vergleichen.

4 Allgemeine Bedenken gegen die Zulässigkeit der Vereinbarung einer Prämienverbesserung an Stelle der gesetzlichen Rechtsfolgen der Gefahrerhöhung erheben vor allem Prölss im PM § 27 Anm. 3 und Meyer-Kahlen, Angleichung des Versicherungsvertragsrechts im Gemeinsamen Markt, Ausgabe 1980, S. 95 und 104. Rechtsprechung und Literatur zu §§ 1 Nr. 2b, 8 Nr. II 2 AHB (Celle VersR 53, 181, Hamm VersR 62, 413, BM/Johannsen G 115, Frölich VersR 64, 906; nicht erörtert bei Schmidt Möller-Festausgabe 451

und Winter aaO 553) halten die Prämienverbesserung bei Gefahrerhöhung in der **Haftpflicht V** für zulässig; ebenso im Ergebnis (aber ebenfalls ohne exakte Begründung) für sämtliche VZweige Werber VersR 76, 900 und VP 83, 40, der andererseits sogar eine **durch Kaufkraftschwund erhöhte Belastung der Vr** als Erhöhung der (Schadenauswirkungs-) Gefahr ansieht, vgl. dazu PM § 23 Anm. 2 A bbb, § 27 Anm. 3, Rittner NJW 76, 1529). Vielleicht läßt sich die variable Haftpflichtprämie (und ähnlich Kl 4408 Nr. 4, N IV 18) je nach Risikoumfang, den der VN jährlich deklarieren muß, als Fall der laufenden V bezeichnen, für die § 34 a VVG nach § 187 Abs. 2 VVG nicht gilt.

Soweit Kaufkraftschwund nicht nur die Belastung des Vr, sondern auch 5 den VWert erhöht, sorgt die **gesetzliche Sonderregelung des § 56 VVG** für diesen Spezialfall einer Gefahrerhöhung (S II 3) für Abhilfe zugunsten des Vr. Sie ermöglicht einen Abzug von der Entschädigung wegen UnterV und zwingt so indirekt den VN, die VSumme und damit die Prämie zu erhöhen. Nicht durch § 56 VVG zu lösen ist das Problem, soweit *ErstrisikoV* vereinbart ist, der Vr UnterV also nicht einwenden kann, wie insbesondere nach Kl 834 zu den VHB 84 oder nach § 16 Nr. 4 VGB 88 in der gleitenden NeuwertV von Wohngebäuden. Das gleiche gilt, wenn der Vr sich in der gleitenden NeuwertV von Geschäftsgebäuden oder landwirtschaftlichen Gebäuden wegen stillschweigenden Verzichts auf § 56 VVG oder wegen Beratungsverschuldens auf UnterV nicht berufen kann, S IV 9 und 58. Dazu kommen Risiken, bei denen der *Aufwand* des Vr *für Reparaturschäden* gegenüber dem Totalschadenaufwand *überproportioanl steigt*, also schneller als der für VWert und UnterV maßgebende Wiederbeschaffungspreis oder Neubauwert.

Abhilfe sucht der Vr vielfach durch **Prämienanpassungsklauseln,** und zwar 6 ausdrücklich in § 16 Nr. 2 VHB 84 sowie in versteckter Form durch den im Verhältnis zu den Neupreisen **überproportionalen Anstieg des** sog. **gleitenden Neuwertfaktors** gemäß § 13 Nr. 5 VGB 88 und § 3 Nr. 2 SGlN 88, P IV 1 und 3. Diese Prämienanpassungsregelungen werden in Abschnitt P IV behandelt, wurden aber bisher nie als Verstoß gegen § 34 a VVG eingestuft. Nachfolgend im Zusammenhang mit dem Gefahrerhöhungsbegriff werden hingegen § 11 Nr. 3 VHB 84 sowie § 16 Nr. 6 a VGB 88 behandelt, also die Prämiensatzverbesserung bei Wohnungswechsel des HausratVN in einen stärker diebstahlsgefährdeten geographischen Bereich, N IV 14 bis 20, sowie die Anzeigepflicht des WohngebäudeVN bei wertsteigernden Um-, An- oder Ausbauten, N IV 21 bis 28. § 16 Nr. 6 a VGB 88 ist von besonderem Interesse, weil dort – anders als in der einige Jahre zuvor entwickelten Kl 866 Nr. 3 a zu den VGB 62 – Prämienerhöhung nicht ausdrücklich vorgesehen ist. Zuvor aber werden noch einige Klauseln für die Geschäfts- und IndustrieV behandelt, in denen Prämienerhöhung als Rechtsfolge einer Gefahrerhöhung ausdrücklich festgelegt ist, N IV 7 bis 13.

a) Praktische Bedeutung hat die Frage der Zulässigkeit einer Prämienver- 7 besserung für die VZweige der industriellen und sonstigen gewerblichen V nur in der **FeuerV,** und zwar insbesondere für Kl 3610 Nr. 6 zu Sprinkler- und sonstigen Brandschutzanlagen. Danach entfällt anteilig der **Sprinklerrabatt,** erhöht sich also die Jahresprämie, wenn eine vereinbarte Sprinkleranlage *länger als drei Tage* ausfällt. Nach Satz 2 der Regelung soll die **Mehrprämie** nicht geschuldet werden, „soweit der Vr in einem VFall wegen der Störung leistungsfrei geworden ist". Unklar bleibt, ob hier nur an VFälle vor Ablauf der Frist von drei Tagen gedacht ist und der Vr auf den Einwand der Leistungsfreiheit für die Zeit ab dem vierten Tag stillschweigend verzichtet, oder ob die Prämienerhöhung jeweils für die Zukunft nicht nur ab ordnungsgemäßer Reparatur des Sprinklers, sondern auch ab Eintritt eines VFalles wegfallen soll, für den der Vr wegen der Störung ganz oder teilweise leistungsfrei wird. Von dieser Unklarheit abgesehen bestehen gegen Kl 3610 Nr. 6 die in N IV 3 erörterten allgemeinen Bedenken im Hinblick auf § 34 a VVG.

8   Nach §§ 6 Nr. 4 AFB 87, AWB 87, AStB 87, 6 Nr. 5 AERB 87 sowie nach § 10 Nr. 3 c VGB 88 wird Mehrprämie auch ab gefahrerhöhender **Aufnahme oder Veränderung eines Betriebes** geschuldet. Die Bestimmung wurde aus § 16 ZFgA 81 b in die AVB übernommen, vgl. N III 67 der 2. Aufl. Satz 2 der Regelung macht eine Ausnahme für den Fall einer Leistungsfreiheit des Vr wegen Gefahrerhöhung und ist in diesem Punkt ebenso unklar formuliert wie Kl 3610, vgl. dazu N IV 7. Die praktische Bedeutung der Regelung ist geringer, als es auf Anhieb scheint, denn bei weitem nicht jede Aufnahme oder Veränderung eines Betriebes bewirkt eine im Sinn von § 29 Satz 1 und Satz 2 VVG erhebliche Gefahrerhöhung. Zusätzlich eingeschränkt ist der Mehrprämienanspruch, falls Kl 3606 vereinbart ist, N IV 10. Außerdem führt die Aufnahme eines Betriebes durch den VN oft ohnehin zu einer Neuordnung des VVertrages mit einvernehmlicher Regelung des künftig geltenden Prämiensatzes.

9   Schon wegen der Bedenken im Hinblick auf § 34 a VVG muß die Regelung eng ausgelegt werden. Man wird sie nur auf Betriebe des VN oder seiner Mieter und Pächter beziehen dürfen, und auch hier wiederum nur auf Betriebe, die in einem versicherten Gebäude oder bei Verträgen über bewegliche Sachen innerhalb des VOrtes aufgenommen oder verändert werden, *nicht* hingegen auf Betriebe in der *Nachbarschaft*. Für Betriebe in der Nachbarschaft bleibt es vielmehr bei den gesetzlichen Regeln des §§ 23 ff. VVG, vgl. in § 10 Nr. 3 c VGB 88 die Worte „in dem versicherten Gebäude". Außerdem wird man *Verwirkung* des Anspruchs auf Mehrprämie annehmen müssen, wenn der Vr nicht innerhalb eines Monats nach *Kenntnisnahme* von der Aufnahme oder Veränderung des Betriebes reagiert, indem er den Vertrag kündigt oder Mehrprämie fordert.

10   Prämienverbesserung ist ferner in Kl 3606 Nr. 2 Satz 2 vorgesehen, also in einer sog. **Versehensklausel** für **Gefahrerhöhungen** aller Art in der Industrie-FeuerV. Die Prämienerhöhung gilt hier aber nicht stets ab Eintritt der Gefahrerhöhung, sondern nur dann, wenn der VN seine Anzeigepflicht verletzt, die Leistungspflicht des Vr aber gleichwohl nach Nr. 2 Satz 1 der Klausel („hiernach") unberührt bleibt. Auch ohne Kenntnisnahme von der Gefahrerhöhung verliert der Vr den Anspruch auf Mehrprämie, wenn er seine *Überprüfungspflicht* nach Nr. 1 Satz 3 der Klausel nicht fristgerecht erfüllt

11   Kl 3606 bewirkt zunächst, ähnlich wie § 6 Nr. 1 Satz 4 VHB 74 (N IV 100), daß Gefahrerhöhungen im Zweifel als *nicht veranlaßt* oder *nicht verschuldet* gelten, so insbesondere bei Gefahrerhöhungen durch Betriebsaufnahme, also in den Fällen gemäß N IV 8. „Im Zweifel" bedeutet allerdings nur vorbehaltlich gesetzlicher, behördlicher oder vereinbarter Sicherheitsvorschriften,

denn ein dauernder oder wiederholter Verstoß gegen solche Sicherheitsvorschriften führt stets zu den Rechtsfolgen der §§ 23 bis 25 VVG, nicht nur zu denen der §§ 27 ff. VVG, vgl. N III 59. Diese Besserstellung durch Kl 3606 macht die Mehrprämie aber noch nicht mit § 34 a VVG vereinbar, denn auch die Rechtsfolgen der nicht veranlaßten oder nicht verschuldeten Gefahrerhöhung sind durch §§ 27 ff. VVG gesetzlich geregelt und dürfen nicht durch Prämienverbesserung verschärft werden.

Kl 3606 bewirkt ferner, daß bei Verletzung der Anzeigepflicht die Lei   12
stungsfreiheit nicht schon einen Monat nach dem ohne *leichte* Fahrlässigkeit gebotenen Zugang der Anzeige, sondern erst einen Monat nach dem Zeitpunkt beginnt, in dem die Anzeige dem Vr *ohne grobe Fahrlässigkeit* des VN oder seiner Repräsentanten oder seiner VAbteilung im Sinn von Kl 1603 Satz 1 zugegangen wäre. Dies gilt allerdings nur für Gefahrerhöhungen, die nach der Klausel als nicht veranlaßt gelten oder nicht verschuldet sind. Für veranlaßte und verschuldete Gefahrerhöhungen (durch Verletzung von Sicherheitsvorschriften, N IV 11) beginnt die LeistungsFreiheit schon mit der verschuldeten Gefahrerhöhung selbst, also mit dem Zeitpunkt, von dem an leichte Fahrlässigkeit vorliegt. Für die Prämienverbesserung bedeutet dies, daß sie allenfalls (N IV 7) für den Zeitraum *wirksam* ist, um den die Klausel die Leistungsfreiheit wegen nicht veranlaßter Gefahrerhöhung bei nur leichter Fahrlässigkeit hinausschiebt, *keinesfalls* aber für den Zeitraum, in dem der Vr auch nach dem Gesetz nicht leistungsfrei wäre, nämlich solange jedes Verschulden fehlt und vor allem nach ungenutztem Ablauf der Kündigungsfrist.

Zusammenfassend zu Kl 3606 ist festzustellen, daß sie nur geringe prakti   13
sche Bedeutung hat, einmal weil Prämienverbesserung jedenfalls nur für den Zeitraum zulässig ist, für den die Klausel *alle* sonstigen Rechtsfolgen der Gefahrerhöhung ausschließt, ferner weil die Klausel Gefahrerhöhungen durch *dauernde* oder *wiederholte* Verstöße gegen Sicherheitsvorschriften *nicht* begünstigt. Insbesondere wird für solche Gefahrerhöhungen der Maßstab der *leichten* Fahrlässigkeit (§§ 23 Abs. 2, 25 Abs. 2 VVG) nicht durch grobe Fahrlässigkeit ersetzt. Die Diskrepanz zwischen der nach §§ 7 AFB 30, AEB erforderlichen groben Fahrlässigkeit und der nach §§ 6 AFB 30, AEB ausreichenden leichten Fahrlässigkeit bleibt also auch für die Industrie-FeuerV bestehen, vgl. N III 60.

b) Neuerdings sieht § 11 Nr. 3 VHB 84 – ähnlich Kl 4408 für die Zunahme der   14
Zahl von Geldausgabeautomaten von Geldinstituten, vgl. D XII 72 und N IV 19 – sieht Prämienerhöhungen bei **Wohnungswechsel des HausratVN** für den Fall vor, daß nach dem Regionaltarif des Vr für den Ort der neuen Wohnung eine **höhere Prämie** gilt, insbesondere weil der neue Wohnort stärker diebstahlgefährdet ist, N IV 104. Nach Ollick VerBAV 84, 316 und Dietz 4.1 zu § 11 soll entgegen N III 34 sogar dann die nach dem Tarif zur Zeit des Umzugs für den neuen Ort vorgesehene Prämie maßgebend sein, wenn sich die Prämie während der bisherigen Laufzeit des VVertrags erhöht hatte, sei es durch Änderung der Regionaleinteilung oder sei es gar linear für sämtliche Regionalklassen. Zu weiteren Einzelheiten einer etwaigen (vorbehaltlich N IV 15 bis 18) Anwendung des abweichenden Tarifprämiensatzes für den neuen Wohnort vgl. P IV 7 bis 115.

15   § 11 Nr. 3 VHB 84 ist als abschließende Regelung der Rechtsfolgen der Gefahrerhöhung durch Wohnungswechsel gedacht, soweit es sich um Gefahrerhöhungen durch die *örtliche Lage* der neuen Wohnung handelt; ein Kündigungsrecht des Vr soll daneben nicht bestehen. Für eine durch denselben Wohnungswechsel verursachte *sonstige* Gefahrerhöhung, z. B durch verminderte Sicherungen oder eine ungünstigere Bauartklasse des Gebäudes, in dem die neue Wohnung liegt, sollen zusätzlich § 13 Nr. 2 und Nr. 3 a VHB 84 gelten, vgl. dazu N IV 108. Wegen § 6 Nr. 1 Satz 4 VHB 74 vgl. N IV 100.

16   Allerdings kann der VN nach § 11 **Nr. 4 VHB 84** den Vertrag kündigen, wenn der Vr von § 11 Nr. 3 VHB 84 Gebrauch macht. Aber dies schließt einen Verstoß gegen § 34a VVG nicht aus, denn es ist für den VN günstiger, wenn der Vr kündigen muß, um eine Prämienerhöhung durchzusetzen, wie dies nach den VHB 74 der Fall ist, als wenn die Prämienerhöhung ipso iure eintritt, und zwar sogar ohne eine darauf gerichtete einseitige Erklärung des Vr (§ 11 Nr. 3 VHB 84: „ändert sich"). Die Last der Kündigung und auch das Risiko, daß die Kündigungsfrist versäumt wird, sind in den VHB 84 auf den VN verlagert. Außerdem kann dem VN an einem Fortbestand seines Vertrages für die gesamte ursprüngliche Laufzeit gelegen sein. Dieses Interesse des Vn wird durch § 8 Abs. 2 VVG indirekt anerkannt, der insoweit auch auf Verträge mit bestimmter Laufzeit anzuwenden ist, vgl. K IV 11 und S II 112 zu Kl 834 Nr. 3 zu den VHB 84. Einen Denkfehler begeht Dietz 4.4 zu § 11, wenn er meint, § 11 Nr. 3 VHB 84 begründe keinen Nachteil im Sinn von § 34a VVG, weil er durch den Vorteil kompensiert werde, daß überhaupt in der neuen Wohnung Deckung bestehe. Der durch § 34a VVG gebotene Vergleich ist mit derjenigen Rechtslage anzustellen, die sich nach dem Gesetz ergäbe, nicht aber mit einer hypothetischen anderen AVB-Regelung, die für den VN noch ungünstiger wäre, nämlich mit dem völligen Wegfall der Leistungspflicht bei Eintritt der Gefahrerhöhung, vgl. schon N IV 3. § 34a VVG verbietet nachteilige Abweichungen von den gesetzlichen Folgen einer Erhöhung der versicherten (!) Gefahr. Ein „Nachteil" kann nicht unter Hinweis darauf geleugnet werden, die erhöhte Gefahr habe – sei es für den Fall ihrer Erhöhung oder sei es allgemein – bei anderer Gestaltung der AVB auch gänzlich unversichert bleiben können.

17   Eine Kompensation des „Nachteils" im Sinn von § 34a VVG tritt auch nicht dadurch ein, daß der VN umgekehrt bei Umzügen in ein **gefahrengünstigeres Tarifgebiet** auch **Prämienminderung** verlangen kann. Dieses Recht steht dem VN nämlich schon nach § 41a VVG zu, N III 6, eignet sich mithin nicht für eine Saldierung im Rahmen von § 11 Nr. 3 VHB 84.

18   § 11 Nr. 3 VHB 84 läßt sich im Gegensatz zu § 8 Nr. II 2 AHB und Kl 4408 Nr. 4 auch **nicht** durch § **187 Abs. 2 VVG** rechtfertigen, wonach für die laufende V § 34a VVG nicht anzuwenden ist. **Laufende V** setzt begrifflich voraus, daß die dem Vr „einzeln aufzugebenden versicherten Interessen" mit einer gewissen Regelmäßigkeit entstehen oder sich verändern. Nur unter dieser Voraussetzung will der Gesetzgeber die Beschränkungen der Vertragsfreiheit außer Kraft setzen.

19   Die Voraussetzungen von § 187 Abs. 2 VVG sind z. B. in der RaubV für Kunden von Geldinstituten zu bejahen, in der nach **Kl 4408 Nr. 4** der VN dem Vr jährlich die **Zahl der Geldausgabeautomaten** bekanntzugeben hat (PM

§ 187 VVG Anm. 2 B a). Hingegen reichen regelwidrig oder selten eintreten-de Veränderungen des versicherten Interesses nicht aus. Die bloße Möglich-keit eines Defekts von Brandmeldeanlagen, insbesondere von Sprinklern (N IV 7), oder der Aufnahme oder Veränderung eines Betriebes (N IV 8) oder eines Wohnungswechsels des HausratVN (N IV 14) begründet begrifflich keine laufende V.

In N III 57 der 2. Aufl. war der gefahrerhöhende Wohnungswechsel des 20 HausratVN als Fall einer qualitativ unerheblichen Gefahrerhöhung im Sinn von § 29 Satz 2 VHB 84 angesehen worden, soweit dem VN kompensierende Gegenmaßnahmen nicht möglich oder nicht zumutbar sind. Mindestens für Verträge, bei deren Abschluß der Vr noch nicht über einen Regionaltarif verfügt hatte, ist an dieser Ansicht auch festzuhalten, vgl. N IV 97 und N III 34. Auf Anhieb möchte man daher vielleicht meinen, § 34 a VVG sei unanwend-bar, soweit die AVB Rechtsfolgen an Tatbestände knüpfen, für die §§ 23 ff. VVG gerade nicht gelten sollen. Aber diese Überlegung kann nicht zutreffen, denn § 29 Satz 2 VVG will die Tatbestände der qualitativ unerheblichen Ge-fahrerhöhung privilegieren. Dieser Gesetzeszweck würde in sein Gegenteil verkehrt, wenn an diese Fallgruppe in den AVB schärfere Rechtsfolgen als an Gefahrerhöhungen im Sinn von §§ 23 ff. VVG geknüpft werden könnten.

c) Nach § 2 Nr. 4 SGlN 88 ist in der gleitenden NeuwertV von Geschäftsge- 21 bäuden und landwirtschaftlichen Gebäuden § 56 VVG (UnterV) nur anzu-wenden, soweit der **Neubauwert durch wertsteigernde Um-, An- oder Ausbau-ten erhöht** worden ist, und zwar verglichen mit dem Zeitpunkt des Vertrags-schlusses oder dem Zeitpunkt der letzten Anpassung der VSumme 1914 an den tatsächlichen Sachstand, vgl. S IV 27 der 2. Auflage zu § 2 Nr. 3 SGlN 79 a. Eine **Pflicht zur Anzeige** der Wertsteigerung oder zur **Anpassung der VSumme** oder gar eine automatische Anpassung der VSumme ist **nicht** vorge-sehen. Der Vr begnügt sich vielmehr mit dem wirtschaftlichen Druck auf den VN, die VSumme 1914 und damit die Prämie zu erhöhen, um nicht unterver-sichert zu sein, N IV 5.

Kl 866 Nr. 3 a macht in Abs. 1 den UnterVVerzicht in der WohngebäudeV 22 nach den VGB 62 partiell von einer Anzeige wertsteigernder Um-, An- oder Ausbauten abhängig, allerdings nur „für" diese Um-, An- oder Ausbauten. Unklar bleibt, ob Schadenmehrbeträge infolge solcher Baumaßnahmen über-haupt nicht, der übrige Schaden higegen voll zu entschädigen ist, ob also ein Kausalitätsprinzip gilt, oder ob ebenso wie in § 2 Nr. 4 SGlN 88 an eine UnterV des gesamten Gebäudes in Höhe der nicht angezeigten Wertsteige-rung gedacht ist. Wegen dieser Unklarheit wird nach § 5 AGBG jeweils die für den VN günstigere Möglichkeit anzuwenden sein.

Nach Abs. 2 aaO hat der VN „vom Zeitpunkt der Werterhöhung an die 23 entsprechende Prämie zu entrichten". Es handelt sich um eine Sanktion für die Werterhöhung und damit um eine vereinbarte Rechtsfolge einer Gefahr-erhöhung, S II 3. Daß die Sanktion nur in partieller Anwendbarkeit der gesetzlichen Regelung des § 56 VVG bestehen soll, ändert nichts daran, daß die Regelung an § 34 a VVG gemessen werden muß, denn für den Regelfall verzichtet der Vr durch Kl 866 auf den Einwand der UnterV. § 34 a VVG ist als Maßstab auch nicht etwa deshalb ungeeignet, weil es sich um eine qualitativ unerhebliche Gefahrerhöhung im Sinn von § 29 Satz 2 VVG handelt, vgl. dazu N IV 20. Insgesamt ist Kl 866 wenig bedeutsam, weil sie nur von wenigen Vr verwendet wird.

24   Nach § 16 Nr. 6a VGB 88 entfällt der UnterVVerzicht insgesamt entfällt, wenn der VN wertsteigernde Um-, An- oder Ausbauten nicht anzeigt, wenn er also die **Anzeige einer Gefahrerhöhung** unterläßt. Um eine verhüllte Anzeigeobliegenheit gemäß § 15a VVG oder § 34a VVG handelt es sich nicht, denn § 16 Nr. 6a VGB 88 weicht von der gesetzlichen Rechtslage eher zum Vorteil als zum Nachteil des VN ab, M III 69. Außerdem brauchen nur Baumaßnahmen angezeigt zu werden, die den **Bauzustand** in einem Punkt verändern, der auch **bei Ermittlung der VSumme berücksichtigt** worden wäre. Maßgebend ist also im Fall einer Schätzung oder im Fall von Umrechnung der Preise eines anderen Jahres, ob der Neubauwert erhöht wurde. Nach dem Summenermittlungsbogen liegt ein Verstoß gegen die Anzeigepflicht hingegen nur dann vor, wenn die nicht angezeigte Baumaßnahme Einfluß auf die Bewertung nach den Kriterien dieses Summenermittlungsbogens gehabt hätte, N I 13 und S IV 49.

25   Einen **Anspruch auf Mehrprämie** nach Maßgabe der Zunahme des VWerts 1914 durch die anzeigepflichtigen Baumaßnahmen sieht § 16 Nr. 6a VGB 88 im Gegensatz zu Kl 866 Nr. 3a (vgl. dazu N IV 23) **nicht** vor. Dies könnte auf einem **Redaktionsversehen** beruhen. Eine *Korrektur* des Fehlers im Wege der „Auslegung" ist jedoch *nicht* möglich. Dies folgt aus der Unklarheitenregel des § 5 AGBG. Wenn schon Unklarheiten zu Lasten des Vr als des Verwenders der AVB zu bereinigen sind, dann ist es noch weniger zulässig, klar formulierte AVB zu Lasten des VN durch „Auslegung" zu korrigieren. Am wenigsten ist eine Ergänzung in einem Punkt möglich, dessen Vereinbarkeit mit § 34a VVG zweifelhaft wäre, also eine Ergänzung um einen Anspruch des Vr auf Prämienverbesserung.

26   Der VN kann sich vielmehr darauf beschränken, die werterhöhenden Baumaßnahmen anzuzeigen. Einen Antrag des Vr, die VSumme 1914 entsprechend zu erhöhen, sowie das Verlangen einer entsprechenden Mehrprämie kann der VN hingegen ablehnen, ohne dadurch den UnterVVerzicht zu gefährden. Schon allein die Anzeige hindert nach dessen Wortlaut eine Anwendung von § 16 Nr. 6a VGB 88. Gegen eine andere „Auslegung" spricht neben den in N IV 25 dargelegten Gründen auch der Gesichtspunkt, daß dann ungeregelt wäre, welcher der Vertragspartner die Auswahl zwischen den in S IV 6 genannten Bewertungsmethoden für die erhöhte VSumme 1914 zu treffen hätte und ob in die Neubewertung auch Merkmale einzubeziehen wären, die bei der ersten Bewertung außer Betracht geblieben waren, insbesondere nach dem Summenermittlungsbogen (S IV 34).

27   Man könnte sogar zweifeln, ob der Vr bei Verstößen gegen die Anzeigepflicht § 56 VVG anwenden darf, weil er – wie dargelegt – auch durch korrekte Anzeige einen Anspruch auf Mehrprämie nicht erworben hätte. Indessen ist in der Frage der Sanktion bei Verstoß gegen die Anzeigepflicht zugunsten des Vr zu entscheiden. Auch ohne einen Anspruch auf Anpassung der VSumme und der Prämie hat nämlich der Vr ein **berechtigtes Interesse an pünktlicher Erfüllung der Anzeigepflicht.** Er kann die Anzeige insbesondere zum Anlaß nehmen, den VVertrag nach Ablauf der vereinbarten Festlaufzeit

oder aus Anlaß eines Schadenfalles durch Kündigung zu beenden. Auch schon zeitlich vor einer solchen Kündigungsmöglichkeit hat der Vr ein berechtigtes wirtschaftliches Interesse, daß Wertsteigerungen ihm bekannt und bei ihm aktenkundig gemacht werden. Aus der Folgenlosigkeit einer Erfüllung der Anzeigepflicht mit Bezug auf die Prämienhöhe darf nicht geschlossen werden, auch ein Verstoß gegen die Anzeigepflicht müsse ohne Rechtsfolgen bleiben.

Nach dem Wortlaut von § 16 Nr. 6a VGB 88 würde der UnterVVerzicht 28 schon dann endgültig erlöschen, wenn der VN die Anzeige „nicht unverzüglich" erfüllt. Eine **verspätete Anzeige** würde den UnterVVerzicht nach dem Wortlaut nicht wieder aufleben lassen. Insoweit ist jedoch AGBG-konforme Auslegung zugunsten des VN jedenfalls dann geboten, wenn die Anzeige zu einem Zeitpunkt nachgeholt wird, in welchem die Verzögerung für den Vr noch nicht mit dem Verlust einer Kündigungsmöglichkeit verbunden war.

2. Verbietet § 34a VVG nur die Vereinbarung von schärferen als der ge- 29 setzlichen *Rechtsfolgen* der Gefahrerhöhung oder bewirkt § 34a VVG darüber hinaus, daß die gesetzlichen – oder gar zusätzlich verschärfte, N IV 20 – Rechtsfolgen der Gefahrerhöhung nicht an andere **Tatbestände** geknüpft werden dürfen, jedenfalls nicht in einem wirtschaftlichen und versicherungstechnischen Zusammenhang mit deren wirklicher oder vermeintlicher Eigenschaft als Gefahrerhöhung? Oder dürfen beliebige andere Tatbestände vereinbart werden, die kraft Vertrages zu denselben Rechtsfolgen führen sollen wie Gefahrerhöhungen im Sinn von §§ 23 ff. VVG?

a) Kündigungsrecht und Leistungsfreiheit sind Rechtsfolgen, die auch 30 sonst im VVertrag vorgesehen sein können, sei es einzeln oder sei es kombiniert, letzteres vor allem bei Verletzung von Obliegenheiten. Daher meinen E. Prölss 168 und Kisch II 573, beliebige Tatbestände könnten als Gefahrerhöhungen vereinbart und an sie die Rechtsfolgen der §§ 23 ff. VVG geknüpft werden. Bei näherem Zusehen erweist sich diese Antwort aber als falsch, soweit die vertraglich an den Sachverhalt geknüpften Rechtsfolgen erkennbar denselben wirtschaftlichen und versicherungstechnischen Zweck verfolgen wie die Rechtsfolgen der §§ 23 ff. VVG, deren tatbestandsmäßige Voraussetzungen der Gesetzgeber aber abschließend umschreiben wollte, N III 31. Daher ist mit Hamm RuS 86, 263 = VersR 87, 1105, BM § 23 VVG Anm. 17 und 39 sowie Prölss in PM § 23 Anm. 2B die konstitutive **Vereinbarung zusätzlicher Gefahrerhöhungstatbestände** als Verstoß gegen §§ 23 ff., 34a VVG und daher als **unwirksam** anzusehen. Eine Reihe von Überlegungen sprechen für dieses Ergebnis:

Zunächst ist an den Unterschied zwischen veranlaßten und verschuldeten 31 Gefahrerhöhungen einerseits und nicht veranlaßten oder nicht verschuldeten Gefahrerhöhungen andererseits zu erinnern, N III 1 und 3. Die Rechtsfolgen sind im letzteren Fall wesentlich milder, weil der Vr die nicht veranlaßt oder unverschuldet erhöhte Gefahr für einen Monat ohne Kompensation tragen muß. Es wäre z.B. unzulässig, durch Vereinbarung die Rechtsfolgen der veranlaßten und verschuldeten Gefahrerhöhung an einen Tatbestand zu knüpfen, der nicht veranlaßt oder unverschuldet ist. Eine solche Vereinbarung würde nicht nur einen neuen Tatbestand im Sinn der schärferen *Rechts-*

folgen der §§ 23 ff. VVG begründen, sondern zugleich die kraft Gesetzes eintretenden Rechtsfolgen der §§ 27 f. VVG verschärfen und schon deshalb gegen § 34 a VVG verstoßen, N IV 3.

32   Außerdem gehören zu den nach § 34 a VVG unabdingbaren Bestimmungen „der §§ 16 bis 29 a" nicht nur Rechtsnormen, die *positiv* an bestimmte Tatbestände (Gefahrerhöhungen) bestimmte Rechtsfolgen (Kündigungsrecht und Leistungsfreiheit) knüpfen, sondern auch § 29 Satz 1 und 2 VVG, vgl. schon N III 26. Diese Bestimmungen nehmen nicht etwa nur aus §§ 23 ff., 27 f. VVG einen Teil der Anwendungsfälle heraus, sondern sie ordnen darüber hinaus bei gebotener teleologischer Auslegung an, daß die dort behandelten nur *unerheblichen Gefahrerhöhungen* die **Rechtsfolgen** der §§ 23 ff., 27 f. VVG **nicht** auslösen dürfen. §§ 29, 34 a VVG verbieten es also, durch Vereinbarung **unerhebliche Gefahrerhöhungen** zu erheblichen zu erklären; ebenso Prölss in PM § 29 Anm. 4. Wenn nun aber schon quantitativ oder qualitativ unerhebliche Gefahrerhöhungen nicht, auch nicht kraft Einzelvereinbarung, die Rechtsfolgen der §§ 27 f. VVG oder gar der §§ 23 ff. VVG auslösen dürfen, dann gilt dies *noch mehr* für Tatbestände, welche die *Gefahr überhaupt nicht erhöhen* (ebenso Prölss in PM § 23 Anm. 2 B). Ebensowenig darf durch vereinbarte Gefahrerhöhungstatbestände die gesetzlich mögliche **Kompensation** (N III 18) gefahrerhöhender durch gefahrmindernde Umstände stillschweigend oder (N III 19) gar ausdrücklich ausgeschlossen werden.

33   b) Unstreitig ist es aber zulässig, **Risikoausschlüsse** und **Entschädigungsgrenzen** so zu formulieren, daß Schäden durch gewisse Gefahrumstände nicht oder nur betragsmäßig begrenzt versichert sind (PM § 23 Anm. 6 und § 132 Anm. 2). Darin liegt keine Umgehung von § 34 a VVG, jedenfalls dann nicht, wenn die Ausschlüsse auf **Schadenursachen** bezogen sind, die **ohne Rücksicht auf ihren Entstehungszeitpunkt** nicht versichert sein sollen, also nicht nur dann nicht, wenn sie nachträglich hinzutreten und die Gefahr erhöhen, sondern auch dann nicht, wenn sie schon bei Vertragsbeginn vorliegen (BM § 23 VVG Anm. 25). Der Ausschluß ist dann nicht unzulässigerweise (N IV 30) als wirtschaftliche und versicherungstechnische Folge einer Gefahrerhöhung, sondern in den Grenzen von § 9 Abs. 2 Nr. 1 und 2 AGBGB (A V 2, 10 und 13) zulässigerweise als Folge der Mitwirkung einer ganz bestimmten Schadenursache anzusehen. Von einer Umgehung des § 34 a VVG könnte hier nur die Rede sein, wenn Ursachen ausgeschlossen würden, die naturgemäß immer erst durch einen nach Vertragsschluß eingetretenen Dauerzustand veränderter Gefahr ausgelöst werden können.

34   Die AVB machen von dieser durch § 34 a VVG nicht berührten **Vertragsfreiheit** reichlich Gebrauch. Man denke an den Ausschluß von Betriebsschäden in der FeuerV, an die Verschlußvorschriften mit Entschädigungsgrenzen in der Diebstahl- und in der HausratV, an den Ausschluß von Gebäuden (oder Sachen in solchen Gebäuden) in der Leitungswasser- und SturmV, die noch nicht bezugsfertig sind, oder an den Ausschluß von Sturmschäden durch Regen, Schnee oder Schmutz, die durch vorhandene Gebäudeöffnungen eindringen. Bei dem Ausschluß von Schäden an oder in nicht bezugsfertigen Gebäuden ist sogar zweifelhaft, ob nicht ausschließlich an das anfängliche Fehlen der Bezugsfertigkeit bis zum Ende des Neubaus gedacht ist oder ob

auch nachträglicher Wegfall der Bezugsfertigkeit (Fall einer Gefahrerhöhung) in Betracht kommt, z. B. durch Umbau, vgl. dazu F IV 18 und F V 6.

Solche Ausschlüsse erfassen also nebeneinander Schäden durch Gefahr- **35** erhöhungen wie auch Schäden durch Umstände, die nach der gesetzlichen Definition keine Gefahrerhöhungen wären und auch durch Vereinbarung nicht zu Gefahrerhöhungen gemacht werden könnten, N IV 30 bis 32, z. B. mangels Dauer oder mangels Erheblichkeit oder weil die Gefahrenlage bereits bei Vertragsschluß (dazu BM § 23 Anm. 7) bestand. Außerdem sind solche Risikoausschlüsse nicht nach dem Vorbild von §§ 23 ff. VVG modifiziert, also nicht mit einer Kündigungspflicht des Vr verbunden und zeitlich nicht begrenzt; gerade aus diesen Modifikationen aber leitet Düsseldorf VA 29 NR. 1964 das Verbot vereinbarter Gefahrerhöhungstatbestände her. Durch Risikoausschlüsse und Entschädigungsgrenzen werden also, wirtschaftlich betrachtet, §§ 23 ff. VVG zulässigerweise sowohl vom Tatbestand her ausgeweitet wie auch von der Rechtsfolge her verschärft, letzteres selbst dann, wenn man berücksichtigt, daß der Vr bei Risikoausschlüssen sowohl den ausgeschlossenen Umstand wie auch dessen Ursächlichkeit, nach §§ 23 ff. VVG dagegen nur die Gefahrerhöhung beweisen muß, während der Kausalitätsgegenbeweis (§ 25 Abs. 3 VVG) dem VN obliegt.

Entscheidendes *rechtliches* Argument für die **Zulässigkeit von Risikoaus-** **36** **schlüssen und Entschädigungsgrenzen** ohne Rücksicht auf §§ 23 ff. VVG ist es, daß §§ 23 ff. VVG eine Erhöhung der *versicherten* Gefahr voraussetzen. Was aber Gegenstand von Ausschlüssen ist, liegt außerhalb der versicherten Gefahr. *Wirtschaftlich* kommt hinzu, daß dem VN die **primäre und sekundäre Risikoabgrenzung** meist klar bewußt wird, wenn er einen VVertrag schließt, vgl. Bischoff VersR 72, 803, aber auch M III 2. Ein an bestimmte Gefahrumstände und nicht nur an die Erhöhung der Gefahr geknüpfter Risikoausschluß ist daher mit dem Schutzzweck von § 34a VVG und mit dem Vertragszweck im Sinn von § 9 Abs. 2 Nr. 2 AGBG vereinbar.

Wenn § 34a VVG nur Verschärfungen der gesetzlichen Gefahrerhö- **37** hungsregeln verbietet, es für Risikoausschlüsse dagegen bei der **Vertragsfreiheit** beläßt, so auch deshalb, weil durch verschärfte Rechtsfolgen von Gefahrerhöhungen nur diejenigen VN getroffen würden, bei denen die Risikoverhältnisse zu Beginn der VDauer den Bereich der objektiven Risikoabgrenzung noch nicht ausschöpfen, also die mindestens anfänglich günstigeren Risiken; Risikoausschlüsse treffen dagegen einheitlich Risiken mit bereits anfänglich und erst nachträglich erhöhter Gefahr. Die Überlegungen in M III 2 zu § 15a VVG („verhüllte Obliegenheit") lassen sich auf §§ 34a, 23 ff. VVG nicht übertragen, denn der VN wird durch die Gefahrenausschlüsse, welche auch Fälle von Gefahrerhöhung einschließen, weniger irregeführt als durch Verhaltensnormen im Gewand von Risikoausschlüssen, an deren nur schuldlose oder nicht schadensursächliche Verletzung der VN bei Vertragsschluß zu wenig denkt. Gefahrenausschlüsse, die ohne Rücksicht auf den Zeitpunkt des Eintritts des ausgeschlossenen Gefahrumstandes gelten, können **nicht** als „verhüllte Gefahrerhöhungssanktion" wegen Verstoßes gegen § 34a VVG ganz oder teilweise unwirksam sein.

Keine Umgehung des § 34a VVG bedeutet es auch, wenn dem VN **gefahr-** **38** **mindernde Obliegenheiten** auferlegt werden, M I 16 bis 18. Dies sagt § 32 VVG ausdrücklich, M II 65 „Gefahrmindernd" ist ein verkürzter Ausdruck für den Zweck sowohl der Gefahrminderung wie auch der Verhütung von Gefahrerhöhungen. Einzelheiten zum Nebeneinander der Rechtsfolgen: N III 56 ff.

39 Selbstverständlich *zulässig* sind *Vereinbarungen,* wonach bestimmte Tatbestände nicht als Gefahrerhöhung anzusehen sind, denn § 34 a VVG verbietet nur Abweichungen zuungunsten des VN. Als Beispiel seien §§ 6 Nr. 3 AFB 87, AERB 87, AWB 87, AStB 87 und Kl 857 (dazu Ollick VerBAV 82, 45) genannt, wonach für die Einrichtung von **Anlagen des Zivilschutzes** sowie für Zivilschutzübungen §§ 23 ff. VVG nicht gelten. Außerdem verzichtet der Vr stillschweigend auf die Rechtsfolgen der Gefahrerhöhung, soweit er dem VN **gestattet, von Sicherheitsvorschriften** länger als nur ganz kurzfristig (N III 29) **abzuweichen,** wie z. B. in Kl 3601 und Kl 3612, vgl. M II 62, sowie in Kl 3605, vgl. M II 34. Endlich kann aus vereinbarten Gefahrerhöhungstatbeständen oder aus Sicherheitsvorschriften (Hamm VersR 83, 1148) ein **Umkehrschluß** auf Tatbestände zu ziehen sein, die nicht oder noch nicht als Gefahrerhöhung gelten sollen, N III 36. Eine allgemeine Vermutung der Vollständigkeit für vereinbarte Gefahrerhöhungstatbestände gibt es aber nicht (Köln VersR 56, 429), vgl. z. B. N IV 75 (Schlüsselverlust) und N III 38 (Sicherungsbeschreibung).

40 3. Die praktischen Konsequenzen der **Unzulässigkeit** der konstitutiven **Vereinbarung** zusätzlicher **Gefahrerhöhungstatbestände** sind nicht so einschneidend, wie es auf Anhieb scheint, denn die meisten in AVB vorgesehenen **Gefahrerhöhungstatbestände** haben nur **deklaratorische Bedeutung,** bezeichnen also nur etwas, was ohnehin begrifflich Gefahrerhöhung darstellen würde. Insoweit wird nicht gegen § 34 a VVG verstoßen, sondern nur dem VN der Einwand erschwert, er habe nicht gewußt, daß ein bestimmter Umstand die Gefahr erhöhe, und sein Verstoß sei daher entschuldigt, N III 31.

41 Soweit allerdings die in AVB enthaltenen Gefahrerhöhungstatbestände **konstitutive Bedeutung** haben würden, falls sie wirksam wären, verstoßen sie gegen § 34 a VVG, N IV 30, und sind daher unwirksam. Insoweit bewirken die AVB *nicht* einmal eine *Beweislastumkehr.* Auch zu den AVB-Tatbeständen muß nämlich zunächst einmal der Vr beweisen, daß sie verwirklicht wurden. Kompensation durch gefahrmindernde Umstände (N III 18) oder Unerheblichkeit im Sinn von § 29 Satz 1 oder Satz 2 WG muß dagegen ohnehin der VN beweisen, ebenso den Einwand mangelnden Verschuldens. Soweit dagegen der Vr die **Beweislast** trägt, nämlich für den Charakter als Gefahrerhöhung und für deren Vornahme, ist diese Beweislastverteilung auch selbst *Teil des materiellen Rechts* und daher gemäß § 34 a VVG nicht zum Nachteil des VN abdingbar.

42 **Beispiele** für Vereinbarungen über Gefahrerhöhungen finden sich in der FeuerV sowie in der **Leitungswasser- und SturmV** selten. Kl 332 über die Aufstellung zusätzlicher Holzbearbeitungsmaschinen war in N III 32 der 1. Aufl. erörtert worden, hat aber seine praktische Bedeutung weitgehend verloren, weil der Tarif nur noch zwischen Betrieben mit weniger und mit mehr als zehn Maschinen unterscheidet. In die Gruppe der Kl 3600 ff. wurde daher ein entsprechender Text nicht mehr aufgenommen. Wegen §§ 6 Nr. 4 AFB 87, AWB 87, AStB 87 vgl. N IV 8 bis 10 sowie N V 10; ob Aufnahme oder

Veränderung eines Betriebes im Einzelfall tatsächlich eine Gefahrerhöhung darstellen, bleibt in den zitierten Bestimmungen offen. In der FeuerV überwiegen gefahrmindernde Obliegenheiten in Form von gesetzlichen, behördlichen oder vereinbarten Sicherheitsvorschriften, vgl. N III 44 und N IV 38 sowie M I 18 und 94 ff. Auch in der Leitungswasser- und SturmV kommen Vereinbarungen über Gefahrerhöhungstatbestände kaum vor.

a) Auch die kombinierte V von **Wohngebäuden** gegen Feuer, Leitungs-   43
wasser und Sturm kennt *keine* vereinbarten Gefahrerhöhungstatbestände, weder in den VGB 62 noch in den VGB 88. Immerhin zählt § 10 Nr. 3 VGB 88 einige Tatbestände oder Gruppen von Tatbeständen auf, bei deren Verwirklichung eine Gefahrerhöhung „insbesondere" vorliegen „kann". Durch diese Formulierung unterscheidet sich § 10 Nr. 3 VGB 88 von der Regelung in § 13 Nr. 3 VHB 84 („liegt insbesondere vor, wenn ...", vgl. dazu N IV 105 bis 109), der er im übrigen aber nachgebildet ist.

§ 10 Nr. 3 VGB 88 stellt eine besonders gut gelungene Formulierung   44
dar. Sie vermeidet einerseits einen Verstoß gegen § 34 a VVG, weil sie durch das Wort „kann" indirekt auf die in § 10 Nr. 2 VGB 88 zitierte gesetzliche Regelung verweist. Gleichwohl erfüllt die Regelung den zulässigen Zweck einer Vereinbarung von Gefahrerhöhungstatbeständen, nämlich den VN vor der Vornahme besonders häufiger Gefahrerhöhungen zu warnen und ihm so den Einwand fehlenden Verschuldens zu erschweren, N III 30 und N IV 40.

§ 10 Nr. 3 a VGB 88 bekräftigt den in N I 5 bis 16 behandelten Zusam-   45
menhang zwischen **Antragsfragen** und Gefahrerhöhung. Der Vr kann allerdings nicht nach gefahrerhöhendem Verhalten aller Art lückenlos schon im Antragsformular fragen. Ausnahmsweise (N I 14 und 15) kann daher eine Gefahrerhöhung auch in einem Umstand liegen, nach welchem bei Antragstellung nicht gefragt worden war. Dies wird in § 10 Nr. 3 durch das Wort „insbesondere" angedeutet.

§ 10 Nr. 3 b VGB 88 bezeichnet ganz oder teilweise **nicht genutzte Gebäu-**   46
de als mögliche Gefahrerhöhung. „Nicht genutzt" ist ein Gebäude nicht schon dann, wenn es für einige Tage oder Wochen nicht betreten wird, sondern nur dann, wenn es entweder leersteht oder sich nur noch wertlose Sachen in ihm befinden, denn andernfalls wird es immerhin noch zur Unterbringung der dort verbliebenen Möbel usw. „genutzt", vgl. M I 89 zu dem gleichlautenden Begriff in § 11 Nr. 1 c VGB 88. Der Begriff ist also enger als der Begriff „nicht benutzt" in § 9 Nr. 2 b VGB 62, M I 83.

Zwar soll Gefahrerhöhung auch schon in Betracht kommen, wenn nur   47
der „überwiegende Teil" des Gebäudes nicht genutzt wird. Gegen diese Formulierung bestehen aber keine Bedenken, denn das Wort „kann" verweist auf den gesetzlichen Gefahrerhöhungsbegriff und damit auf die in N V 39 bis 44 zitierte umfangreiche **Rechtsprechung** zu den VGB 62 bezüglich **leerstehender Wohngebäude**. Danach kommt es insbesondere darauf an, ob das Gebäude einen eher gepflegten oder einen eher verwahrlosten Eindruck macht; außerdem spielt der Standort des Gebäudes eine wichtige Rolle. Liegen die durch die Rechtsprechung entwickelten Voraussetzungen nicht vor oder handelt es sich um eine quantitativ oder qualitativ im Sinn

von § 29 Satz 1 oder Satz 2 VVG unerhebliche Gefahrerhöhung, so treten trotz § 10 Nr. 3 b VGB 88 die Rechtsfolgen der Gefahrerhöhung nicht ein.

48   Eine Gefahrerhöhung kommt nach § 10 Nr. 3 c VGB 88 auch in Betracht, · wenn in dem Gebäude ein **Gewerbebetrieb aufgenommen oder verändert** wird. Art, Anzahl und Umfang von Gewerbebetrieben sind in aller Regel auch Gegenstand einer Antragsfrage im Sinn von § 10 Nr. 3 a VGB 88, N IV 45, und haben Einfluß auf den tariflichen Prämiensatz. Gefahrerhöhung liegt daher vor, wenn der aufgenommene oder veränderte Betrieb, hätte er sich schon bei Vertragsschluß in diesem Zustand befunden, eine höhere Prämie erfordert hätte. Maßgebend bleibt stets der Tarif des Vr bei Vertragsschluß, N III 34. Durch spätere Änderungen des Tarifs kann der Vr den Gefahrerhöhungsbegriff nicht einseitig ausdehnen.

49   b) Besonders zahlreich sind vereinbarte Gefahrerhöhungstatbestände in der **Diebstahl V**, vgl. für die **Geschäfts V** D-Kl 5 zu den AEB und §§ 5 Nr. 3 AERB, 6 Nr. 4 und Nr. 5 AERB 87, die im Folgenden (N IV 53 bis 75) zunächst behandelt werden. § 7 Nr. 2 Satz 3 und 4 VHB 74 betrifft ebenfalls nur das Diebstahlrisiko. Selbstverständlich handelt es sich nur um einen beispielhaften und nicht um einen abschließenden Katalog, vgl. LG Hamburg RuS 90, 26 für die Einlagerung zusätzlicher nicht (sonst vgl. S II 3) versicherter Sachen bei Untervermietung. Die vereinbarten Gefahrerhöhungstatbestände in § 13 Nr. 3 VHB 84 betreffen zwar alle Gefahren, haben aber praktische Bedeutung wiederum in erster Linie für Diebstahlschäden, vgl. zu diesen Bestimmungen für die **Hausrat V** N IV 76 bis 109.

50   Die Vr bemühen sich gerade in der Diebstahl V um die Vereinbarung von Gefahrerhöhungstatbeständen, weil das versicherte Risiko entscheidend vom Sicherheitsgrad des VOrtes und von den durch den VN getroffenen Vorkehrungen abhängt. Außerdem wendet der VN hier besonders oft ein, das Dauererfordernis sei mit Bezug auf den gefahrerhöhenden Zustand nicht erfüllt, oder er habe die Gefahrerhöhung schuldlos nicht oder nicht als erheblich im Sinn von § 29 Satz 1 und Satz 2 VVG erkannt. Dem wollen die Vr durch den AVB-Wortlaut vorbeugen, und zwar durch Formulierungen, die den konkreten Sachverhalt naturgemäß nicht immer genau erfassen können und in Grenzfällen lieber etwas zu scharf gehalten sind, also ähnlich wie bei Sicherheitsvorschriften, vgl. M I 38 und M II 17.

51   Soweit die Formulierungen auch Sachverhalte umfassen, die nach §§ 23 ff. VVG keine oder keine erhebliche Gefahrerhöhung darstellen würden, sind die Vereinbarungen unwirksam. In den übrigen Fällen haben sie nur **deklaratorische Bedeutung** und erschweren den Entschuldigungsbeweis de VN, N IV 40, denn vom Text der AVB muß des VN bei Vertragsabschluß Kenntnis nehmen. Die folgenden (N IV 53 bis 75) Erläuterungen zu § 6 Nr. 4 und Nr. 5 AERB 87 sind teilweise auch zu § 13 Nr. 3 VHB 84 (vgl. N IV 76 bis 109) von Bedeutung, also für die Hausrat V, denn auch dort steht das Diebstahlrisiko im Vordergrund und hat zu einigen mit den AERB 87 vergleichbaren Versuchen geführt, Gefahrerhöhungstatbestände vertraglich zu vereinbaren.

52   Nach dem Einleitungssatz von §§ 5 Nr. 3 AERB, 6 Nr. 4 AERB 87 gelten die Vorschriften **nicht** für **Raub**. Nach dem Wortlaut von D-Kl 5 den AEB

und SBR war das zwar unklar, aber bei Raub ist meist ohnehin der Kausalitätsgegenbeweis zu führen (Martin VersR **76**, 980).

aa) **Wegfall von Sicherungen** ist Gefahrerhöhung gemäß §§ **6 Nr. 2 Satz 1** 53 **AEB, 5 Nr. 3 a AERB, 6 Nr. 4 a AERB 87.** Sicherung ist alles, was erschwerten Diebstahl verhindern kann, insbesondere also ein Sicherheitsschloß oder zusätzliche Schlösser, Rolläden, Schutzgitter (Frankfurt VersR **85**, 825), Riegel und Einbruchmeldeanlagen, vgl. in M I 42 den Vorschlag eines Alternativtextes zu § 14 Nr. 1 c VHB 84 in der HausratsV.

Sicherungen sind ferner Balkontüren, Fenster usw., wenn sie eine Öffnung 54 schließen, die normalerweise nicht als Zugang dient und deren Benutzung durch den Dieb erschwerten Diebstahl begründen würde, vgl. Frankfurt NJW-RR **88**, 33 für eine nicht mehr verriegelbare Balkontür (aber zu den VHB 74, in denen es keine einschlägigen Gefahrerhöhungstatbestände gibt). Sicherungen sind ferner Türen, die nicht unmittelbar zum VOrt führen, die aber der Täter zusätzlich überwinden muß, z. B. die Zentraltür eines Mehrfamilienhauses. Zweifelhaft ist, ob schon die Zugangstür zum VOrt „Sicherung" ist. Man wird auch dies bejahen müssen, denn sie erschwert immerhin versicherten Diebstahl durch Erbrechen von Behältnissen. Im weitesten Sinn sind „Sicherungen" auch Wachhunde, Innen- oder Außenbewachung sowie Kontrollen durch Bewachungsunternehmen. Die zitierten Bestimmungen meinen diese Fälle nicht, was aber Gefahrerhöhung z. B. durch Wegfall einer Bewachung nicht ausschließt, vgl. dazu und zu Kl 4603 bis 4605 M I 33. § 6 Nr. 2 AEB meint vielmehr nur technische Vorkehrungen durch Bestandteile von Gebäuden oder Räumen, in denen der VOrt liegt.

6 Nr. 2 AEB spricht nur von Sicherungen, „die *in der VUrkunde angegeben* 55 sind". Trotzdem konnte der Vr nicht einseitig beliebige Sicherungen rechtsverbindlich verlangen, G I 21 sowie K I 28 und 36. Vielmehr ist § 6 Nr. 2 AEB einschränkend dahin auszulegen, daß der Vr nur solche Sicherungen „angeben" darf, die auf Antragsfrage als vorhanden bezeichnet wurden, z. B. auch in einem *Lageplan mit Sicherungsbeschreibung,* N IV 39. Oft wird diese Beschreibung dem VSchein als Bestandteil beigeheftet (Köln VersR **83**, 1122), wobei die Praxis aber von Vr zu Vr und von Vertrag zu Vertrag schwankt. Nach den AERB und AERB 87 darf der Vr auch die Antworten auf Antragsfragen nicht mehr einseitig zum Vertragsinhalt machen, weder im Sinn einer Gefahrstandspflicht noch als Sicherheitsvorschriften, M I 22. Andererseits stellen §§ 5 Nr. 3 a AERB, 6 Nr. 4 a AERB 87 klar, daß die Gefahr auch durch den Wegfall von Sicherungen erhöht werden kann, die im VSchein nicht genannt sind.

Entgegen E. Prölss 169 konnte aus § 6 Nr. 2 AEB **kein Umkehrschluß** dahin 56 gezogen werden, daß der Wegfall *nicht* angegebener Sicherungen *keine* Gefahrerhöhung sei. Der Umkehrschluß war weder bei VVerträgen mit noch gar bei VVerträgen ohne Angabe von Sicherungen möglich, N III 36 und N IV 39. Insbesondere im sog. einfachen Geschäft fehlen solche Angaben oft (VerBAV **52**, 57), weil der Vr Verwaltungskosten sparen will. Die Bedeutung der Sicherungen für das Diebstahlrisiko ist aber so allgemein bekannt, daß der VN sie grundsätzlich (Ausnahmen: N IV 57) auch dann nicht vermindern oder beseitigen darf, wenn oder soweit sie im VVertrag nicht erwähnt sind.

Würde der Umkehrschluß von E. Prölss aaO gelten, so wäre der Wegfall nicht im VVertrag erwähnter Sicherungen nicht einmal Gefahrerhöhung gemäß § 27 VVG, was nicht richtig sein kann. §§ 5 Nr. 3 a AERB, 6 Nr. 4 a AERB 87 beseitigen ohnehin alle Zweifel, weil es nunmehr genügt, wenn die Sicherung entweder „bei Antragstellung vorhanden" oder „im VVertrag vereinbart" war. – Beispiele aus der Praxis zum Wegfall von Sicherungen: Entfernung von Rolläden bei Umbau (RG VA 23 Nr. 1336) oder einer Einbruchmeldeanlage (LG Berlin VersR 51, 54), gleichgültig ob Kl 4602 (Einbruchmeldeanlagen) vereinbart ist oder nicht.

57   Trotzdem darf wegen §§ 29, 34 a VVG nicht schematisch jeder Wegfall einer Sicherung als Gefahrerhöhung gelten. Sogar bei Sicherungen, die im VSchein angegeben sind, steht dem VN der **Nachweis der quantitativen Unerheblichkeit** (N III 28) oder der **Kompensation** (N III 18) der Gefahrerhöhung offen, N IV 32 und 41. An diesen Nachweis sind allerdings strenge Anforderungen zu stellen, denn es liegt in der Natur einer Sicherung, daß sie die Diebstahlsgefahr mindert, N IV 53. Häufiger kommt der Einwand der Unerheblichkeit bei Wegfall von Sicherungen in Betracht, die im VSchein nicht erwähnt sind, besonders dann, wenn die Existenz der Sicherung nachweislich für den Vertragsschluß und die Prämienhöhe bedeutungslos, vielleicht dem Vr und seinem Vermittler nicht einmal bekannt war. So kann z. B. der Vr nicht verlangen, daß der VN einen *Wachhund* (vgl. auch N IV 61 und N V 20), nach dem im Antrag nicht gefragt war, später dauernd beibehält und nötigenfalls durch einen neuen ersetzt. – Daneben kommt gerade bei Gefahrerhöhungen im Grenzbereich zur Unerheblichkeit oft auch der **Kausalitätsgegenbeweis** gemäß §§ 25 Abs. 3, 28 Abs. 2 VGG in Betracht.

58   Veranlaßte und verschuldete **Gefahrerhöhung** gemäß §§ 23 ff. VVG **durch Unterlassen** ist anzunehmen, wenn der VN nach Ablauf einer angemessenen Frist eine **unbrauchbar gewordene Sicherung nicht repariert oder** durch eine gleichwertige **ersetzt** hat. Während des Laufs der Frist handelt es sich um eine Gefahrerhöhung gemäß § 27 VVG, nach deren Ablauf um eine solche im Sinn von § 23 VVG vgl. N III 10 und Frankfurt VersR 85, 825. Die Länge der Frist hängt vom Risiko ab, insbesondere von Wert und Transportierbarkeit der versicherten Sachen, Lage des VOrts, Wirksamkeit der sonstigen Sicherungen usw., vgl. auch N III 40 und 41. Was für den besonders wichtigen Fall der **Einbruchmeldeanlage** durch Kl 4602 besonders vereinbart wird (Überprüfungs-, Wartungs- und Reparaturpflicht), gilt wegen §§ 23 ff. VVG auch für alle sonstigen Sicherungen, gleichgültig ob sie im VVertrag genannt sind oder nicht.

59   Abweichend von der hier vertretenen Ansicht **verneint** BGH VersR 87, 653 Gefahrerhöhung durch Unterlassen, wenn der **Zustand erhöhter Gefahr**, z. B. ein klemmendes Rollgitter, das nicht mehr geschlossen werden kann, nicht unmittelbar durch das Unterlassen (z. B. einer rechtzeitigen Wartung), sondern **zunächst unabhängig** vom Willen des VN eintritt, vgl. hiergegen ausführlich N III 9 bis 16 und 111. – Zum Ausschluß von Schäden durch grob fahrlässiges Unterlassen einer Reparatur (§ 61 VVG) vgl. O I 125 und 126.

60   Auch aus den Worten „Verminderung oder Beseitigung" in §§ 6 Nr. 2 AEB, 5 Nr. 3 a AERB, 6 Nr. 4 a AERB 87 darf entgegen E. Prölss 170 und der dort zitierten Rechtsprechung kein Umkehrschluß gezogen werden. Gefahr-

erhöhung kann es auch sein, wenn die Sicherungen zwar noch vorhanden sind, aber gewohnheitsmäßig **nicht mehr benutzt** werden (Köln VersR 83, 1122). Allerdings muß diese Gewohnheit einige *Dauer* erreicht haben, N III 29, denn anders als die Unbrauchbarkeit einer Sicherung begründet das einmalige Unterlassen ihrer Betätigung zunächst keinen Dauerzustand (Hamm VersR 84, 175 zu den VHB 74). Die Sicherheitsvorschriften in D-Kl 9 und § 6 Nr. 1 b AERB bestätigen die Rechtslage, M I 24, denn Verstöße gegen Sicherheitsvorschriften und Gefahrerhöhungen können *nebeneinander* vorliegen, M I 17, M II 62 und N III 57.

Sind im VSchein Sicherungen angegeben, die tatsächlich *nicht vorhanden* **61** waren (z. B. ein Wachhund, RG VA 21 Nr. 1208), so liegt keine Gefahrerhöhung vor, weder nach den AEB noch nach den AERB oder den AERB 87, denn *Vergleichsmaßstab* ist die **Zeit der Antragstellung**, N III 17, vgl. BGH VersR 79, 74, BM § 23 Anm. 7. In Betracht kommen aber Rücktritt und Leistungsfreiheit nach §§ 16 ff. VVG. Eine vereinbarte Sicherheitsvorschrift gemäß §§ 7 Satz 1 AEB, 6 Nr. 1 a AERB, 7 Nr. 1 a AERB 87, also eine gefahrmindernde Obliegenheit, liegt nur vor, wenn über die Antragsantwort hinaus eine vertragliche Einigung zustande gekommen ist, (unklar Braunschweig VersR 50, 134), vgl. M I 22 sowie K III 14 über **zusätzlich vereinbarte Sicherungen.**

Früher wurde im VVertragswortlaut oft versucht, den *VSchutz* durch Eintritt einer *auflösenden Bedingung* enden zu lassen, wenn sich die Gefahr durch Unbrauchbarkeit oder unterbliebene Betätigung von Sicherungen erhöht (E. Prölss 179 mit Rechtsprechungsnachweisen zu dieser sog. **Gültigkeitsklausel**; vgl. ferner BM § 32 VVG Anm. 4, 34 und 36). Diese Praxis wurde inzwischen wegen § 34 a VVG aufgegeben. Würde dergleichen dennoch vereinbart, so wären auch darin im Zweifel Sicherheitsvorschriften gemäß §§ 7 Satz 1 AEB, 6 Nr. 1 a AERB, 7 Nr. 1 a AERB 87 zu sehen.

bb) **Bauarbeiten** in oder an dem Gebäude, in dem der VOrt liegt, sollen **63** nach D-Kl 5 und §§ **5 Nr. 3 b AERB, 6 Nr. 4 b AERB 87** als Gefahrerhöhung gelten, insbesondere wenn Gerüste oder Aufzüge angebracht werden. Der Gegenbeweis oder der Beweis der *Unerheblichkeit* steht dem VN aber wegen § 34 a VVG offen, N IV 32 und 41, so z. B. wenn sich das Gerüst und die Arbeiten auf obere Stockwerke oder auf den Keller beschränken und der Zugang zum Gebäude nicht erleichtert wird, Hamm RuS 86, 263 = VersR 87, 1105. Das gleiche gilt bei Bauarbeiten an **angrenzenden Gebäuden**, die in den AERB und AERB 87 ebenfalls erwähnt sind. Arbeiten an angrenzenden Gebäuden erhöhen die Gefahr zwar häufig, aber keineswegs immer im Sinn von § 29 Satz 1 und Satz 2 VVG erheblich. Die Erheblichkeit kann auch in Fällen fehlen, in denen der Kausalitätsgegenbeweis nicht gelingen würde; §§ 29, 34 a VVG haben also gerade gegenüber diesem vereinbarten Gefahrerhöhungstatbestand neben der Möglichkeit des Kausalitätsgegenbeweises selbständige praktische Bedeutung. Zur Kompensation gefahrerhöhender Bauarbeiten durch Wächter vgl. BGH VersR 75, 845 und N III 18.

Hat der VN die Bauarbeiten nicht selbst veranlaßt, weil er z. B. nur Mieter, **64** Pächter oder Nachbar ist, so gelten §§ 27 f. VVG. Veranlaßt dagegen der VN als Eigentümer einen Umbau, so gelten §§ 23 ff. VVG. Zweifelhaft ist, ob sich der VN bei selbst veranlaßten Bauarbeiten, die aber zur Erhaltung des Gebäudes notwendig sind, auf mangelndes Verschulden gemäß § 25 Abs. 2 VVG oder darauf berufen kann, daß es sich nur um eine qualitativ unerhebliche Gefahrerhöhung im Sinn von § 29 Satz 2 VVG handle, N III 39. Daß Bauarbeiten als Gefahrerhöhung vereinbart sind, schließt wegen § 34a VVG für sich allein jenen Einwand noch nicht aus, N IV 32. Trotzdem wird man den Einwand *nur bei besonders geringem Risiko* (geringer Wert oder erschwerte Transportierbarkeit der bedrohten Sachen, N III 69) oder bei Arbeiten zulassen dürfen, die schon aus technischen Gründen an der unteren Grenze zu einer auch quantitativ im Sinn von § 29 Satz 1 VVG unerheblichen Gefahrerhöhung liegen. *Normalerweise* muß der VN die Gefahrerhöhung durch *kompensierende Gegenmaßnahmen* ausgleichen und kann nicht einwenden, die wegen der Bauarbeiten nötige Bewachung sei „zu teuer", N III 41.

65   Die Gefahrerhöhung sollte nach D-Kl 5 sogar schon beginnen, wenn die Bauarbeiten *„eingeleitet"* werden, also schon im **Planungsstadium.** Selbstverständlich dürfen wegen § 34a VVG die Rechtsfolgen nicht eintreten, ehe die Gefahr tatsächlich erhöht wird. Bei veranlaßter und verschuldeter Gefahrerhöhung beginnen Leistungsfreiheit und fristloses Kündigungsrecht mit dem Zeitpunkt der Gefahrerhöhung, nicht früher und nicht später (unklar dazu LG Frankfurt 2/3 O 446/75 vom 5. 11.1975). Wo dagegen *mangels Verschuldens* oder bei *nicht veranlaßter Gefahrerhöhung* (§ 27 VVG) eine Kündigungsfrist von einem Monat gilt und die Leistungsfreiheit erst einen Monat nach dem Zeitpunkt beginnt, in dem die Anzeige bei dem Vr hätte eingehen müssen, dort konnte der Fristbeginn auch nicht durch das Wort „Einleitung" vorverlegt werden. Die Entscheidung des Gesetzgebers, daß nicht verschuldete (§ 24 Abs. 1 Satz 2 VVG) oder nicht veranlaßte (§ 27 Abs. 1 VVG) Gefahrerhöhungen *für die Dauer eines Monats* **ohne Mehrprämie** gedeckt sind, N III 1, darf nicht unterlaufen werden. Selbst wenn also der VN als Mieter oder Pächter einen Monat vor Baubeginn von Bauarbeiten durch den Eigentümer erfährt, ist eine Anzeige bei Baubeginn noch rechtzeitig, so daß mit oder ohne Kündigung die Leistungsfähigkeit frühestens einen Monat nach Baubeginn einsetzt. Vgl. zu einer ähnlichen Frage (unbeaufsichtigte Wohnung) in der HausratV N IV 90.

66   cc) Werden **Räume,** die oben, unten oder seitlich an den VOrt **angrenzen,** dauernd oder vorübergehend **nicht mehr benutzt,** so ist dies nach D-Kl 5 und §§ 5 Nr. 3c AERB, 6 Nr. 4c AERB 87 eine Gefahrerhöhung (praktischer Fall: LG Berlin JR 34, 48). Ob §§ 23ff. VVG oder §§ 27f. VVG gelten, hängt vor allem davon ab, ob über die angrenzenden Räume der VN oder ein Dritter verfügungsberechtigt ist. Der Gegenbeweis der *Unerheblichkeit* (§§ 29, 34a VVG) ist selbstverständlich auch hier möglich, N IV 32 und 41, so z.B. bei besonders stabiler Betonmauer zwischen dem nicht mehr benutzten Raum und dem VOrt, außerdem bei besonders *kurzfristigen* Unterbrechungen der Benutzung, N IV 67, ferner bei *Kompensation* durch andere Umstände (Bewachung der unbenutzten Räume oder des VOrts, N III 18), bisweilen sogar schon dann, wenn die unbenutzten Räume Geschäftsräume sind, die nachts auch bei Benutzung leer stehen. In letzterem Fall kann der Inhaber der angrenzenden Räume am nächsten Morgen zwar keine Feststellungen treffen,

aber diese Feststellungen sind auch durch den VN möglich; vielleicht würde in solchen Fällen auch der *Kausalitätsbeweis* nach §§ 25 Abs. 3, 28 Abs. 2 VVG als geführt angesehen.

dd) **Stillegung des Betriebes** erhöht nach D-Kl 5 und §§ 5 Nr. 3 d AERB, 6   67
Nr. 4 d AERB 87 die Gefahr (ebenso Köln VersR 56, 429), weil die Entdek-
kung von Diebstählen verzögert wird, was den Anreiz für Diebe erhöhen
kann. Wird der Betrieb **endgültig** („dauernd") stillgelegt, so entsteht das Problem für die Übergangzeit bis zum Interessewegfall durch Entfernung aller
versicherten Sachen aus dem VOrt, vgl. G II 15 und Frankfurt NJW-RR 88,
92 für einen Motorradhändler. Gefahrerhöhung soll aber auch vorliegen,
wenn der Betrieb nur „vorübergehend" stillgelegt wird, sei es aus Urlaubs-,
aus Saison- oder aus sonstigen Gründen. Ganz kurze Zeiträume kommen
schon wegen des Dauererfordernisses (N III 29) nicht in Betracht, so z. B.
nicht das Wochenende und nicht ein Geschäftsschluß von einigen Tagen
wegen eines Trauerfalls. Die Gefährlichkeit einer Betriebsstillegung beruht
vor allem darauf, daß deren Dauer in der Regel im Interesse der Kunden des
Betriebes genau kenntlich gemacht wird, was auch die Dispositionen des
Diebes erleichtert. Dies gilt gerade auch bei nur vorübergehenden Betriebsferien, die deshalb in §§ 5 Nr. 3 d AERB, 6 Nr. 4 d AERB 87 besonders erwähnt sind.

Die Stillegung beruht fast immer auf einem Entschluß des VN oder seines   68
Repräsentanten und ist eine **wirtschaftlich sinnvolle Maßnahme.** Deshalb stellt
sich die in N III 46 bis 50 eingehend erörterte Frage des **§ 29 Satz 2 VVG.**
Wegen § 34 a VVG ändern die AVB und die dort getroffene ausdrückliche
Regelung an der Problematik nichts, N III 41. Nicht einmal die Möglichkeit
eines unverschuldeten *Rechtsirrtums* des VN schließen jene Vereinbarungen
zuverlässig aus; dazu bedürfte es vielmehr einer für den Einzelfall formulierten Vereinbarung, denn von Formulartexten kann der VN bisweilen annehmen, sie bezögen sich nur auf stärker gefährdete Geschäftszweige, N III 49.
Daher werden auch bei weitem nicht alle Betriebsurlaube angezeigt. In den
dem Vr oder dem Vermittler bekannt gewordenen Fällen wird nur selten der
Vertrag gekündigt oder Bewachung oder Mehrprämie verlangt. Wegen Kündigung bei relativ kurzfristiger Gefahrerhöhung vgl. § 24 Abs. 2 VVG und N
III 29. – Soweit **Erheblichkeit** der Gefahrerhöhung und **Verschulden** im Ergebnis zu **bejahen** sind, liegen sie nicht in der Betriebsstillegung als solchen,
sondern in dem **Unterlassen kompensierender Maßnahmen,** N III 18 und 41,
z. B einer Bewachung (BGH VersR 75, 845).

Bei Betriebsstillegung wird ein Problem speziell der DiebstahlV besonders   69
aktuell: Ist der **Wert der versicherten Sachen** bedeutsam dafür, ob durch bestimmte Umstände die Gefahr erhöht wird? Die Frage wurde bereits in N III
47, 58 und 64 kurz erwähnt und jeweils bejaht. Es kann für die Unerheblichkeit einer Gefahrerhöhung sprechen, daß sich nur Sachen von unverhältnismäßig geringem Wert im VOrt befinden. Anders als in der Feuer- oder LeitungswasserV spielt der Wert der Sachen nicht nur für VSumme und Prämie,
sondern auch für das Risiko eine Rolle, weil die Diebstahlsgefahr von dem
Anreiz abhängt, den das Objekt auf Diebe ausübt. Dabei kommt es freilich
auf den Wert nicht nur der versicherten, sondern auch unversicherter (z. B.

fremder) Sachen an, ferner auf die **Art, Tranpsortierbarkeit und Verkäuflichkeit der Sachen** sowie auf das Verhältnis zwischen deren Wert und den vorhandenen Sicherungen. Besonders wenig gefährdet sind aus naheliegenden Gründen Möbel und sonstige schwere Einrichtungsgegenstände, besonders stark dagegen Bargeld, sowie Schmuck-, Gold- und Silbersachen, ferner (wegen ihrer leichten Verkäuflichkeit) Teppiche und Pelze, elektrische und elektronische Geräte usw.

70   Nur scheinbar gegen die hier vertretene Ansicht spricht, daß für die GeschäftsV die *Diebstahlprämie degressiv* gestaffelt ist, der Prämiensatz also mit steigender VSumme abnimmt. Diese Degression berücksichtigt, daß mit steigender Summe ein Schaden, der ganz oder nahezu alle versicherten Sachen betrifft, unwahrscheinlicher wird, weil zu den versicherten Sachen immer auch einige schwerer transportierbare oder als Diebesgut schwer verkäufliche Sachen gehören. Dieses Motiv wird besonders dadurch deutlich, daß die Degression für Juweliere, Pelz- und Teppichhändler nicht oder nur eingeschränkt gilt. Genau besehen ist die Degression sogar ein Argument für die Ansicht, daß Gefahrerhöhungen durch Wegfall von Sicherungen, Betriebsstillegung usw. mit zunehmendem Wert der bedrohten Sachen schwerer wiegen. Wenn nämlich Kleinbetriebe schon relativ höhere Prämiensätze tragen müssen, dann muß ihnen umgekehrt sogar ganz besonders zugute kommen, wenn für sie das Diebstahlrisiko durch die erwähnten Umstände weniger stark ansteigt als bei größeren Betrieben oder stärker gefährdeten Branchen.

71   **ee) Kommt** ein Schlüssel abhanden, so ist zu unterscheiden: Gelangt der Schlüssel *alsbald* an den VN *zurück*, so liegt Gefahrerhöhung mit Bezug auf das Risiko eines **Nachschlüsseldiebstahls** (Brandrisiko: N V 8) vor, wenn nach den Umständen mit der Anfertigung eines Nachschlüssels zu rechnen ist, LG Berlin VersR 82, 83. Gelangt der Schlüssel *nicht zurück*, so erhöht sich mindestens die Vertragsgefahr, darüber hinaus aber auch die versicherte Gefahr, nämlich im Bereich der **Schlüsselklauseln.** Dies gilt nicht nur nach §§ 5 Nr. 3 e AERB, 6 Nr. 4 e AERB 87, wo es eigens gesagt wird, sondern auch nach den VHB 84. Die erhöhte Vertragsgefahr führt zu erhöhten Beweisanforderungen, wenn Nachschlüsseldiebstahl behauptet wird. Mit Bezug auf die Schlüsselklauseln (D VIII 27) ist wie folgt zu unterscheiden:

72   Für **Gebäude** gilt die **erweiterte Schlüsselklausel**, also D-Kl 9 a zu den AEB, §§ 1 Nr. 2 f. AERB, AERB 87 und § 5 Nr. 1 f. VHB 84. Der VN muß daher nach Phasen erhöhter Gefährdung seiner Originalschlüssel deren Bestand überprüfen (LG Braunschweig ZfS 87, 187, vgl. D VIII 28). Ferner muß der VN nach einem festgestellten Schlüsseldiebstahl oder nach sonstigem Schlüsselverlust je nach den Umständen des Einzelfalls das Gebäude zusätzlich sichern, jedenfalls aber das **Schloß** unverzüglich **austauschen.** Wenn oder sobald den VN der Vorwurf auch nur leichter Fahrlässigkeit trifft, weil dies nicht oder noch nicht geschehen ist, entfällt der VSchutz für den Mißbrauch des richtigen Schlüssels, D VIII 25. Es handelt sich um einen Fall von Vornahme einer Gefahrerhöhung durch Unterlassen. Entgegen Hamm NJW-RR 87, 859 werden durch diese Betrachtungsweise nicht etwa §§ 27, 28 VVG (nicht veranlaßte Gefahrerhöhung) zugunsten von §§ 23 ff. VVG ausgehöhlt. Für §§ 27, 28 VVG bleibt Raum, wenn und solange der VN von dem vor-

übergehenden Verlust des Originalschlüssels keine Kenntnis hat. Ganz allgemein (N III 10 und 13) greifen nur §§ 27, 28 VVG und nicht §§ 23 ff. VVG ein, solange der VN von dem unabhängig von seinem Willen eingetretenen Zustand erhöhter Gefahr (noch) keine Kenntnis hat oder keine zumutbare Möglichkeit der Beseitigung oder Kompensation der erhöhten Gefahr besteht. – Schloßänderungskosten nach einem VFall: W VII 2.

Das gleiche gilt, wenn ein **Behältnisschlüssel** durch erschwerten Diebstahl 73 oder Raub abhanden gekommen ist. Sonstiger Verlust des Behältnisschlüssels (D IX 10) erhöht dagegen meist nur die Vertragsgefahr, N IV 71, weil der VN nach Verlust eines Schlüssels das betroffene Behältnis nicht mehr zu benutzen braucht, vgl. W VII 6 und H III 39.

Bei **qualifizierten Behältnissen** gilt nur eine **eingeschränkte Schlüsselklausel** 74 mit erhöhten Anforderungen an die Schlüsselvorrat. Liegen deren Voraussetzungen vor, so muß auch und gerade hier der VN das bedrohte Behältnis entleeren oder durch Bewachung sichern, bis das Schloß ausgewechselt ist, N IV 72 und D X 24. Ist ein Schlüssel für ein qualifiziertes Behältnis auf sonstige Weise abhanden gekommen, so soll dies nach §§ 5 **Nr. 3 e AERB, 6 Nr. 4 e AERB 87** ebenfalls Gefahrerhöhung sein, was sich aber nur auf die Vertragsgefahr beziehen (N IV 71) und allenfalls zu einem Kündigungsrecht, niemals aber zu Leistungsfreiheit führen kann, denn soweit der VN einen Nachschlüsseldiebstahl beweist, ist zugleich der Kausalitätsgegenbeweis gegen den Gebrauch des richtigen Schlüssels geführt.

Gerade weil §§ 5 Nr. 3 e AERB, 6 Nr. 4 e AERB 87 somit mangelhaft 75 durchdacht sind, darf aus ihnen kein Umkehrschluß dahin gezogen werden, daß in allen anderen Fällen des Abhandenkommens von Schlüsseln der VN zu Konsequenzen nicht verpflichtet sei. D-Kl 11 zu den AEB hatte Leistungsfreiheit für alle Sachen vorgesehen, die nur unter dem qualifizierten Verschluß versichert sind; da aber der Kausalitätsbeweis ausdrücklich vorbehalten war, blieb D-Kl 11 ohne großen Anwendungsbereich, M I 31. Praktisch bedeutsam sind §§ 5 Nr. 3 e AERB, 6 Nr. 4 e AERB 87 immerhin insofern, als es vorsätzliche Gefahrerhöhung ist, wenn das Schloß nicht durch ein gleichwertiges, sondern durch ein schlechteres ersetzt wird. – Schloßänderungskosten für qualifizierte Behältnisse: W VII 9.

c) Für die **HausratV** verweisen § 7 Nr. 2 Satz 1, 2, 5, 6 und 7 VHB 74 76 sowie § 13 Nr. 2 VHB 84 auf die gesetzliche Regelung. Daneben enthalten § 7 **Nr. 2 Satz 3 und 4 VHB 74** (unbeaufsichtigte Wohnung) für Einbruchdiebstahl und § 13 **Nr. 3 VHB 84** für alle versicherten Gefahren **vereinbarte Gefahrerhöhungstatbestände.** Die VHB 84 verschlechtern damit den VSchutz gegenüber den VHB 74 nur geringfügig, denn alle Gefahrerhöhungstatbestände sind an §§ 29, 34 a VVG zu messen, N IV 32. Soweit die vereinbarten Tatbestände auch Fälle umfassen, die nach dem Gesetz als quantitativ oder qualitativ unerhebliche Gefahrerhöhungen folgenlos bleiben, sind §§ 7 Nr. 2 VHB 74, 13 Nr. 3 VHB 84 unwirksam, N IV 30. Desgleichen können §§ 7 VHB 74, 13 VHB 84 nichts daran ändern, daß nicht verschuldete und nicht veranlaßte Gefahrerhöhungen weniger einschneidende Rechtsfolgen auslösen als vorgenommene und verschuldete Gefahrerhöhungen, vgl. das Beispiel in N IV 89.

77   Eine **Verschärfung** bedeutet der weitergehende Katalog von Gefahrerhöhungstatbeständen in § 13 Nr. 3 **VHB 84** nur insofern, als er die Fälle vermehrt, in denen dem VN in den ausdrücklich behandelten Fällen der Einwand fehlenden Verschuldens abgeschnitten sein kann. Außerdem bezeichnet § 13 Nr. 3 b VHB 84 die unbeaufsichtigte Wohnung als Gefahrerhöhungstatbestand nicht mehr nur für Einbruchdiebstahl, sondern für alle versicherten Gefahren, so daß – anders als nach den VHB 74, N IV 81 – ein Umkehrschluß zugunsten des VN mit Bezug auf Feuer, Leitungswasser und Sturm nicht mehr gezogen werden kann. Ferner verhindert das Wort „insbesondere" einen Umkehrschluß im Sinn von N III 36; vielmehr können auch Tatbestände, die § 13 Nr. 3 VHB 84 nicht erwähnt, eine Gefahrerhöhung bedeuten, vgl. schon Köln VersR 56, 429 zu dem Wort „insbesondere" in § 6 Nr. 2 AEB. Der erweiterte Katalog in § 13 Nr. 3 VHB 84 bedeutet daher gegenüber den VHB 74 jedenfalls *nicht* eine *Verbesserung* des VSchutzes.

78   Als Faustregel für oder gegen die Vereinbarkeit von §§ 7 Nr. 2 VHB 74, 13 Nr. 3 VHB 84 mit §§ 29, 34 a VVG läßt sich festhalten: **Wirtschaftlich sinnvoller Gebrauch des Hausrats**, also der versicherten Sachen, dessen gefahrerhöhende Wirkungen sich nicht in zumutbarer Weise kompensieren lassen, ist entweder keine oder jedenfalls keine erhebliche Gefahrerhöhung im Sinn von § 29 Satz 2 VVG, N III 3 und 30, sondern „autonomes Verhalten", N III 2. Da zum „Gebrauch" des Hausrats das gesamte Privatleben des VN gehört, ist gerade in der HausratV Zurückhaltung bei der Anwendung von §§ 23 ff., 27 f. VVG geboten. Nur soweit ein gefahrerhöhender Zustand des Hausrats oder der Wohnung oder gefahrerhöhende Lebensgewohnheiten des VN auch bei großzügiger Beurteilung nicht mehr als „normal" und „vertretbar" im Sinn von N I 12, als „Privatsache" oder als für den Vr voraussehbar und kalkulierbar (N III 28) gelten können, ist Raum für die Annahme eines Verstoßes gegen die Gefahrstandspflicht gemäß §§ 23 ff. VVG oder wenigstens gegen die Anzeigepflicht gemäß § 27 f. VVG. In der ErstrisikoV steigt zwar die versicherte Gefahr durch Zunahme des VWerts. Gerade wegen Kl 834 wird man aber auch hier § 29 Satz 2 VVG anwenden müssen, S II 91. Das gleiche gilt bei Zunahme des Wohnkomforts und damit des Einbruchrisikos, S II 92.

79   Im Folgenden werden zunächst die in den VHB 74 und vor allem in den VHB 84 ausdrücklich geregelten Gefahrerhöhungstatbestände behandelt, N IV 80 bis 109. Ergänzend wird in N V 26 bis 34 versucht, anhand nicht ausdrücklich geregelter Tatbestände die Grenze zwischen „vertretbaren" Modalitäten des Privatlebens einerseits sowie „Schlendrian" und „Mutwillen" andererseits zu präzisieren.

80   aa) Ein besonders wichtiger Fall von Gefahrerhöhung in der HausratV ist das Leerstehen einer **unbewohnten und unbeaufsichtigten Wohnung.** Im Anschluß an § 6 Nr. 2 der bis 1942 auch für HausratVVerträge verwendeten AEB sowie an die VHB von 1942 und 1966 bezeichnen daher §§ **7 Nr. 2 Satz 3 und 4 VHB 74, 13 Nr. 3 b VHB 84** diesen Tatbestand, falls er **länger als 60 Tage** andauert, ausdrücklich als Gefahrerhöhung. Die VHB 84 tun dies uneingeschränkt, die VHB 74 dagegen nur „für die EinbruchdiebstahlV".

81   Die zitierten Bestimmungen erlauben einen **Umkehrschluß** für Zeiträume von weniger als 60 Tagen. § 7 Nr. 2 VHB 74 erlaubt einen Umkehrschluß außerdem für die übrigen Gefahren neben der Diebstahlsgefahr. Es bedeutet

also eine gewisse Verschlechterung, daß die VHB 84 die Beschränkung auf die „EinbruchdiebstahlV" nicht mehr enthalten, N IV 77. Freilich wird der VN bei Feuer-, Leitungswasser- und Sturmschäden oft den Kausalitätsgegenbeweis dahin führen können, daß der Schaden in gleicher Weise und in gleicher Höhe auch dann eingetreten wäre, wenn die Wohnung nicht oder nur für kürzere, mit dem VVertrag gerade noch zu vereinbarende (M II 30) Zeit unbewohnt und unbeaufsichtigt gewesen wäre. Zweifelhaft ist, welche Anforderungen hierbei an die zu beweisende Gewißheit gestellt werden müssen. Bei Schäden durch Brandstiftung wird der Kausalitätsgegenbeweis immer dann nicht zu führen sein, wenn die Voraussetzungen vorliegen, unter denen leerstehende Wohngebäude für die WohngebäudeV eine Gefahrerhöhung bedeuten, vgl. N V 39 bis 46.

Beispiele für mehrmonatige Abwesenheit des VN werden in N IV 87 auf-   **82** gezählt. **Kein Anwendungsfall** der in N IV 80 zitierten Bestimmungen ist hingegen die **Umwandlung** einer Erst- in eine nunmehr längere Zeit unbeaufsichtigte **Zweitwohnung.** Der VSchutz geht nämlich in diesem Fall auf die neue Erstwohnung über, besteht also in der unbeaufsichtigten nunmehrigen Zweitwohnung nicht mehr, G IV 44. Bei Umzügen in das Ausland erlischt das VVerhältnis nach § 68 Abs. 2 VVG wegen Wegfalls des versicherten Interesses, G IV 87.

Entgegen Frankfurt 84, 1059 kein Anwendungsfall der in N IV 80 zitierten   **83** Bestimmungen ist daher auch der **Tod des VN** mit Übergang des Gebäude- oder Wohnungseigentums oder des Mietvertrages auf einen oder mehrere Erben, von denen jedoch keiner die Wohnung schon im Todeszeitpunkt selbst mitbewohnt hatte, G IV 99. Für den oder die im Todeszeitpunkt anderswo wohnenden Erben ist die Nachlaßwohnung im maßgebenden Todeszeitpunkt rechtlich lediglich ein Lagerraum für den Nachlaß. Aus den N IV 80 zitierten Bestimmungen läßt sich also VSchutz für die Erben nach den VHB 74 nicht herleiten. Das gleiche gilt nach Ablauf der Zweimonatsfrist gemäß § 10 Nr. 4 VHB 84, G IV 109.

Ist eine Wohnung möbliert, so ist sie nicht schon allein dadurch auch   **84** „bewohnt", sondern nur bewohnbar. Dies folgt aus der in N IV 86 behandelten Definition der Beaufsichtigung, denn eine möblierte Wohnung könnte von vornherein nicht durch Nächtigung beaufsichtigt werden, wie dies dort vorausgesetzt wird. Jene Definition will nur besagen, daß Kontrollgänge tagsüber nicht als Beaufsichtigung genügen, schließt aber nicht aus, auch für den Begriff „bewohnt" grundsätzlich Nächtigung zu verlangen. **Bewohnt** ist eine Wohnung daher nur an Tagen, denen eine **Nächtigung** durch eine berechtigte Person vorausgegangen ist oder nachfolgt. Ruhezeiten von Nacht- oder Schichtarbeitern reichen aus, auch wenn sie überwiegend oder ausschließlich tagsüber verbracht werden. Wegen des Sonderfalls, daß längere Zeit nur in Abständen von Wochen in der Wohnung genächtigt wird, vgl. N IV 87.

Auch **ohne Nächtigung** kann eine Wohnung ausnahmsweise bewohnt sein.   **85** Hierfür genügen aber selbstverständlich nicht gelegentliche Kontrollgänge, die ja schon einmal als Beaufsichtigung ausreichen, N IV 86. Notwendig ist vielmehr, daß mindestens ein berechtigter Bewohner regelmäßig tagsüber **wohntypische Tätigkeiten** in der Wohnung entfaltet, und zwar nicht nur gelegentlich, sondern regelmäßig und über längere Zeiträume hinweg. Sein Le-

bensmittelpunkt muß trotz seines anderweitigen Nachtquartiers in der versicherten Wohnung liegen. Anderswo darf der VN in solchen Fällen nach der Verkehrsansicht begrifflich nur „nächtigen", nicht hingegen „wohnen". Es kann sich hierbei naturgemäß nur um seltene Fälle handeln.

86 Gefahrerhöhung wird gemäß § 7 Nr. 2 Satz 3 und 4 VHB 74 und § 13 Nr. 1 b VHB 84 vermutet, wenn die „ansonsten ständig bewohnte Wohnung" (so § 13 Nr. 1 b VHB 84; aber auch § 7 Nr. 2 Satz 3 VHB 74 gilt nicht für Zweitwohnungen als VOrt) mindestens 60 Tage im Sinn von N IV 84 und 85 unbewohnt ist und wenn **außerdem** während dieser Zeit keine hierzu berechtigte volljährige Person dort genächtigt hat und die Wohnung deshalb „**unbeaufsichtigt**" ist. Die Frist beginnt also mit jeder *Nächtigung* neu (KG VA 23 Nr. 1345, E. Prölss 171). Wegen § 34 a VVG ist *Kompensation* der Gefahrerhöhung durch andere Umstände möglich, N III 32 und 40, z. B. durch allnächtliche Anwesenheit eines Wachhundes. Für Kontrollgänge („Bewachung") durch eine Wach- und Schließgesellschaft oder für gelegentliche Kontrollgänge tagsüber durch Nachbarn oder Verwandte ist aber die notwendige Gleichwertigkeit zu verneinen (LG Aachen VersR 77, 173).

87 Obwohl die Frist von 60 Tagen durch jede Nächtigung neu in Lauf gesetzt wird, hat doch Köln JW 22, 1538 mit Recht den VSchutz bei einer Abwesenheit von 9 Monaten verneint, obwohl durchschnittlich einmal wöchentlich übernachtet wurde. Wenn nicht die Wohnung ohnehin als Zweitwohnung versichert war, G IV 90, oder sich die Wohnung nachträglich in eine Zweitwohnung verwandelt hatte, N IV 82, bedeutet eine so **häufige Abwesenheit für kürzere Zeiträume** bereits eine Gefahrerhöhung. Ein Umkehrschluß im Sinn von N IV 81 *gegen* das Vorliegen einer Gefahrerhöhung kann *nicht* gezogen werden, wenn zu der (relativ kürzeren) Dauer der Abwesenheit **weitere Umstände** hinzutreten, insbesondere die *Häufigkeit* und *Regelmäßigkeit* der Abwesenheit. Nicht kann aber eine einmalige Abwesenheit von weniger als 60 Tagen schon immer dann als Gefahrerhöhung gewertet werden, wenn die Abwesenheit für Straßenpassanten erkennbar ist, z. B. durch gleichbleibende Stellung der Rolläden usw., vgl. M I 55.

88 **Typische Fälle** einer für mehrere Monate unbewohnten und unbeaufsichtigten Wohnung sind auswärtige Aufenthalte im Rahmen eines Studiums oder einer beruflichen Tätigkeit, ferner Aufenthalte im Urlaub (z. B. für einige Monate im Winter), auf Geschäftsreise, im Krankenhaus oder im Gefängnis. Abgesehen vom Fall der Gefängnisstrafe liegen aber alle genannten Abwesenheitsfälle im **Rahmen eines wirtschaftlich sinnvollen Gebrauchs des Hausrats** und sind „Privatsache" des VN im Sinn von N IV 78. Es ist daher ein wenig zweifelhaft, ob §§ 7 Nr. 2 Satz 3 und 4 VHB 74, 13 Nr. 3 b VHB 84 nicht wegen §§ 29 Satz 2, 34 a VVG unwirksam sind. Dem VN ist nämlich weder zuzumuten, im Hinblick auf den VVertrag längere Abwesenheiten aus der Wohnung zu vermeiden, noch kann er die Gefahrerhöhung stets ohne weiteres durch kompensierende Gegenmaßnahmen ausgleichen, vgl. N III 39 und 41. Andererseits ist gerade diese Art von **Gefahrerhöhung dem Vr besonders schwer** ohne Mehrprämie **zuzumuten,** mag sie auch aus der Sicht des VN auf einem wirtschaftlich sinnvollen Verhalten im Sinn von § 29 Satz 2 VVG beruhen, N III 43.

Die richtige Lösung dürfte darin bestehen, zwar eine Gefahrerhöhung an- 89
zunehmen, vgl. N III 43, sie aber in der Regel als nicht veranlaßt oder
jedenfalls nicht verschuldet anzusehen, zumal dem VN trotz des klaren
Wortlauts der in N IV 80 zitierten Bestimmungen ein entschuldbarer **Verbotsirrtum** zuzubilligen ist, wenn er es z.b. für ausgeschlossen hält, daß ein
längerer Krankenhausaufenthalt als vorgenommene Gefahrerhöhung fristlos
zum Verlust des VSchutzes führen könnte, vgl. allgemein zur Möglichkeit
eines solchen Verbotsirrtums N III 40. Vielleicht muß man sogar § 29 Satz 2
VVG anwenden; dann würde es sich nicht einmal um eine nicht veranlaßte
Gefahrerhöhung handeln und nicht einmal eine Anzeigepflicht entstehen.
Soweit man hingegen die nicht veranlaßte Gefahrerhöhung bejaht, treten nur
die Rechtsfolgen der §§ 27 Abs. 2, 23 Abs. 2 VVG ein, nämlich eine Anzeigepflicht des VN und ein Kündigungsrecht nach Maßgabe von N IV 92 des Vr.

Zur **Anzeige** verpflichtet ist der VN nicht schon dann, wenn er mit einer 90
bevorstehenden Gefahrerhöhung als Möglichkeit rechnen muß, sondern erst
dann, wenn eine **Gefahrerhöhung** wirklich **eingetreten** ist, N IV 65. Leistungsfreiheit wegen Unterlassens der Anzeige kann daher frühestens etwa 100 Tage
nach Beginn der Abwesenheit des VN aus der Wohnung eintreten. Nach
§§ 25 Abs. 2 Satz 2, 28 Abs. 1 VVG ist der Vr nämlich erst einen Monat nach
dem Zeitpunkt leistungsfrei, in dem ihm die Anzeige des VN spätestens hätte
zugehen müssen.

Die **Auslegungsfrage** zu §§ 23 Abs. 2, 27 Abs. 2 VVG, ob die *Anzeigepflicht* 91
und damit die *Leistungsfreiheit* nicht wenigstens dann auf den Zeitpunkt der
Kenntnis einer *bevorstehenden Gefahrerhöhung vordatiert* werden kann
(und zwar um einen Monat), wenn diese Gefahrerhöhung (Fortdauer der
Abwesenheit über den 60. Tag hinaus) mit nahezu völliger Sicherheit vorauszusehen ist, muß **verneint** werden. Zwar überrascht es auf Anhieb, wenn ein
VN sich auf mangelndes Verschulden bezüglich einer vorgenommenen Gefahrerhöhung berufen und gleichzeitig geltend machen darf, die Anzeigepflicht und damit die Monatsfrist für die Leistungsfreiheit begännen erst mit
der Gefahrerhöhung selbst, obwohl die Gefahrerhöhung durch *Zeitablauf*
(Ablauf der 60 Tage) entstanden ist und der VN sie schon einen Monat früher
nahezu oder völlig sicher hatte voraussehen können. Eine Korrektur des
VVG im Wege der Auslegung verbietet sich aber schon wegen der in N IV 88
dargelegten Bedenken im Hinblick auf §§ 29 Satz 2, 34a VVG.

Das **Kündigungsrecht** des Vr entsteht nach §§ 24 Abs. 1, 27 Abs. 1 VVG erst 92
mit dem Eintritt der Gefahrerhöhung, also nach dem 60. Tag. Außerdem
wird die Kündigung erst einen Monat nach dem Zugang wirksam. Eine Vor-
datierung scheitert ebenso wie bei der Anzeigepflicht. Erfährt der Vr von der
Gefahrerhöhung erst, nachdem die Wohnung bereits wieder bewohnt ist, so
kann er das Kündigungsrecht nicht ausüben (§ 24 Abs. 2 VVG). Wird die
Kündigung allerdings noch erklärt, solange die Gefahrerhöhung andauert, so
wird sie nach Ablauf der Monatsfrist auch dann wirksam, wenn die Wohnung
inzwischen wieder bezogen wurde (str.).

bb) **Wohnungswechsel** läßt den **VSchutz** grundsätzlich fortbestehen, denn 93
die HausratV erstreckt sich nach §§ 6 **Nr. 1 VHB 74, 11 Nr. 1 VHB 84** auf die
jeweilige Wohnung des VN, G IV 44. Allerdings können sich durch den

Wohnungswechsel eine oder mehrere versicherte Gefahren erhöhen, gegen die der Hausrat versichert ist, insbesondere die Diebstahlsgefahr. Dann sind §§ 23 ff. VVG anzuwenden, soweit sie nicht zugunsten des VN durch die AVB abbedungen sind. Allerdings ist bei Auslegung der gesetzlichen Begriffe der Vornahme einer Gefahrerhöhung, des Verschuldens des VN und vor allem der Erheblichkeit im Sinn von § 29 Satz 2 VVG der **Vertragszweck** einer HausratV zu berücksichtigen, der nach den zitierten Bestimmungen darin besteht, dem VN während der **vereinbarten Festlaufzeit** VSchutz grundsätzlich auch nach einem Wohnungswechsel in der neuen Wohnung zu verschaffen.

94 Beispiele für **Gefahrerhöhungen durch Wohnungswechsel** bilden für das **Feuerrisiko** eine schlechtere Bauartklasse des Gebäudes (Extremfall: Reetdach), in dem die neue Wohnung liegt, ein gefahrenträchtiger Gewerbebetrieb in nächster Umgebung oder gar ein gegen Sicherheitsvorschriften verstoßender Zustand von Heizungsanlagen, Elektro- oder Gasinstallationen. Beispiele für das **Sturmrisiko** bilden schadenanfällige Fassadenverkleidungen, z. B. aus Asbestzement, Metall oder Kunststoff, oder ein nicht einwandfreier Zustand des Daches des Einfamilienhauses, in das der VN umzieht. Für das **Leitungswasserrisiko** seien korrodierte Zuleitungsrohre, halb verstopfte Abflußrohre sowie die Existenz von Fußbodenheizungen, Klimaanlagen, Hausschwimmbädern usw. erwähnt.

95 Für das **Diebstahlrisiko** ist das wichtigste Beispiel der Umzug in einen anders tarifierten Bereich nach einem Regionaltarif des Vr; diesen Fall regelt § 11 Nr. 3 VHB 84, während er in den VHB 74 ungeregelt ist, vgl. N IV 104. Maßgebend für die Tarifierung ist die Kriminalstatistik über die Häufigkeit von Einbruchdiebstählen. Ferner wird das Diebstahlrisiko von den vorhandenen Sicherungen (Begriff: N IV 53 und 54) sowie z. B. davon beeinflußt, ob die Wohnung in einem Ein- oder Mehrfamilienhaus, im Erdgeschoß oder in einem oberen Stockwerk, in einem für Diebe „attraktiven" Villenviertel oder in einem Altbauviertel liegt.

96 Ob eine erhebliche und gegebenenfalls eine vorgenommene Gefahrerhöhung anzunehmen ist, hängt oft davon ab, ob der VN **das höhere Risiko durch zumutbare Maßnahmen kompensieren** kann, N III 11, 41 und 53 sowie N IV 78. Hierbei spielt der notwendige Kostenaufwand eine entscheidende Rolle. Zöge man hier nicht enge Grenzen, so wäre letztlich jede Gefahrerhöhung kompensierbar, im Extremfall dadurch, daß der VN eine Wohnung mit erhöhter Gefahrenlage überhaupt nicht bezieht, sondern eine sicherere und entsprechend teurere oder für seine Bedürfnisse ungünstiger gelegene Wohnung wählt. Oft könnte der VN bei entsprechend hohem Kostenaufwand die Gefahrerhöhung auch durch Umbaumaßnahmen und Installationen zusätzlicher Sicherungen kompensieren. Dies gilt sogar in gemieteten Wohnungen oder Gebäuden, denn mit wertverbessernden Maßnahmen auf Kosten des Mieters ist der Vermieter in der Regel einverstanden.

97 Selbstverständlich verbietet sich eine derartige Betrachtungsweise aber nach § 29 Satz 2 VVG. Der VN darf Schutz in der jeweiligen Wohnung erwarten, N IV 93, auch wenn er nicht durch hohen Kostenaufwand für einen unveränderten Sicherheitsgrad sorgt. Es ist für den Vr eine voraussehbare und kalkulierbare Tatsache, daß jährlich rund 10 % aller HausratVN umziehen und daß in etwa 1/3 dieser Fälle die Gefahr mehr oder weniger stark erhöht

wird, während sie in anderen Fällen unverändert bleibt oder sogar vermindert wird. Wenn der Vr trotzdem durch die AVB VSchutz in der jeweiligen Wohnung zusagt, kann er sich hiervon nicht auf dem Umweg über §§ 23 ff. VVG in all den Fällen distanzieren, in denen durch den Wohnungswechsel die Gefahr erhöht wird. Dies um so weniger, als auch bei Gefahrminderung durch Wohnungswechsel § 41 a VVG nur in seltenen Fällen zum Zuge kommt und zu einer Prämiensenkung führt.

Der Vr muß grundsätzlich die in den AVB-Bestimmungen über den 98 VOrt vorgesehene Möglichkeit des Wohnungswechsels als gegebene Tatsache hinnehmen. Er kann nicht erwarten, daß der VN nur umzieht, wenn die neue Wohnung einen mindestens gleichen Sicherheitsgrad aufweist. Vielmehr darf der VN im Sinn von § 29 Satz 2 VVG „nach den Umständen" erwarten, daß eine etwas erhöhte Gefahr in der neuen Wohnung im Rahmen der vereinbarten Festlaufzeit des Vertrages zu unveränderter Prämie versichert bleibt. Nur wo Kompensation auch unter Berücksichtigung der Interessen des VN zumutbar erscheint und wo ein verständiger VN die Kompensation auch dann herbeiführen würde, wenn er nicht versichert wäre, nur dort handelt es sich um eine vorgenommene und erhebliche Gefahrerhöhung, falls der VN die notwendige und zumutbare Vorsorge unterläßt.

Die Unterscheidung zwischen **positiven Tun** und **Unterlassen** spielt auch 99 und gerade bei Wohnungswechsel rechtlich *keine* Rolle. Andernfalls wäre oft nicht zu klären, ob die Gefahrerhöhung auf das positive Tun des Einzugs in die neue Wohnung oder auf das Unterlassen der nötigen technischen Verbesserungen in der neuen Wohnung zurückgeführt werden muß, vgl. N III 13. Noch weniger darf es darauf ankommen, ob der VN die bisherige Wohnung aus eigenem Antrieb aufgegeben und z.B. das bisherige Mietverhältnis gekündigt hat oder ob ihm der Umzug aufgezwungen wurde, z.B. durch Kündigung und Räumungsklage des bisherigen Vermieters.

In § 6 **Nr. 1 Satz 4 VHB 74** wird den in N IV 93 bis 99 dargestellten 100 Überlegungen teilweise Rechnung getragen, denn dort werden nur §§ 27 ff. VVG, nicht hingegen §§ 23 ff. VVG für anwendbar erklärt. Dem VN wird ein Umzug in die stärker gefährdete Wohnung nicht verboten, und es sollen auch keinerlei kompensierende Gegenmaßnahmen verlangt werden, weder zumutbare noch gar unzumutbare Gegenmaßnahmen. Aber der Vr will den HausratVN zur Anzeige der Gefahrerhöhung veranlassen, G IV 46, und er will auch die Möglichkeit haben, den Vertrag zu kündigen, wenn der VN einer Prämienerhöhung nicht zustimmt. Dies soll ohne Rücksicht auf die Vermeidbarkeit oder Kompensierbarkeit der Gefahrerhöhung gelten.

Die Verweisung nimmt Bezug auf „§§ 27 bis 30 VVG". Gemeint sind 101 wohl nur §§ 27, 28 VVG sowie §§ 29 a, 30 VVG, denn § 29 VVG besagt lediglich, wann eine Gefahrerhöhung nicht vorliegt, während doch § 6 Nr. 1 Satz 4 VHB 74 eine solche nach seinem Wortlaut gerade voraussetzt. Die halbzwingende (§ 34 a **VVG**) Vorschrift des **§ 29 Satz 2 VVG** gilt aber nicht nur gegenüber §§ 23 ff. VVG, sondern auch gegenüber §§ 27 ff. VVG, vgl. schon N III 28. § 6 Nr. 1 Satz 4 VHB 74 darf daher **nicht** auf unerhebliche Gefahrerhöhungen, sondern nur auf Fälle angewendet werden, in denen dem VN kompensierende Gegenmaßnahmen möglich und zumutbar sind, N IV 98. Unerhebliche Gefahrerhöhungen brauchen auch in Zusammenhang mit einem Wohnungswechsel **nicht** angezeigt zu werden und begründen kein Kündigungsrecht des Vr gemäß § 27 VVG.

102   § 13 **VHB 84** verweist hingegen in **Nr. 2** auf §§ 23 ff. VVG und bezeichnet in **Nr. 3 a** und **Nr. 3 c** ausdrücklich auch den Wohnungswechsel als Anlaß möglicher Gefahrerhöhungen. Der Vr behält sich hier also nicht nur ein Kündigungsrecht gemäß § 27 VVG, sondern auch den Einwand sofortiger Leistungsfreiheit nach § 25 VVG wegen Verstoßes gegen die Gefahrstandspflicht vor.

103   Allerdings scheidet qualitativ unerhebliche Gefahrerhöhungen im Sinn von § 29 Satz 2 VVG nach § 34 a VVG kraft Gesetzes aus dem Anwendungsgebiet der Gefahrenerhöhungsregeln aus. § 13 Nr. 3 a (Umstände im Sinn von Antragsfragen) und Nr. 3 c (verminderte Sicherungen) VHB 84 darf – mit oder ohne Zusammenhang mit einem Wohnungswechsel – nur auf Fälle angewendet werden, in denen dem VN kompensierende Gegenmaßnahmen zugemutet werden können, N III 41. Nicht anzuwenden ist § 13 Nr. 3 a VHB 84 insbesondere auf eine nachträgliche Vergrößerung der Wohnfläche, vgl. S II 91. Daran ändert auch eine etwa gleichzeitig eintretende Verbesserung des Wohnkomforts und die damit verbundene höhere Attraktivität für Diebe nichts, denn der Wohnkomfort ist nicht Gegenstand einer Antragsfrage, S II 92. Selbst eine Zunahme der Anzahl von Objektiven mit einem Einzelwert über einer bestimmten Grenze im Zusammenhang mit dem Wohnungswechsel würde §§ 23 ff. VVG nicht anwendbar machen, obwohl danach oft im Antrag gefragt wird, N IV 106.

104   § 11 **Nr. 3** VHB 84 sieht **Prämienerhöhung** für den Fall vor, daß der Ort der neuen Wohnung wegen stärkerer Diebstahlsgefährdung höher tarifiert ist. Hier wird also nicht nur eine im Sinn von § 29 Satz 2 VVG qualitativ unerhebliche Gefahrerhöhung einbezogen, sondern es werden zugleich die gesetzlichen Rechtsfolgen verschärft. Diese Regelung ist nach § 34 a VVG **unwirksam**, vgl. näher N IV 14 bis 20. Wie der Gegensatz zwischen § 41 a VVG und §§ 23 ff. VVG zeigt, soll sich nur der Umzug in ein weniger gefährdetes Gebiet unmittelbar auswirken. Umzug in ein stärker gefährdetes Gebiet soll nur zu einem Kündigungsrecht nach § 27 VVG führen.

105   cc) Nach § 13 **Nr. 3 a** VHB 84 soll eine Gefahrerhöhung immer dann vorliegen, wenn sich ein **Umstand ändert**, nach dem **im Antrag** (-sformular) **gefragt** worden ist. In Betracht kommen nur **nachteilige** und **quantitativ erhebliche** Veränderungen im Sinn von § 29 Satz 1 VVG. Die Vergrößerung der Wohnfläche ist nicht Gefahrerhöhung, auch nicht in der ErstrisikoV nach Kl 834, vgl. S II 91. Auch § 29 Satz 2 VVG, also die gesetzliche Beschränkung auf qualitativ erhebliche Gefahrerhöhungen, muß wegen § 34 a VVG beachtet werden, vgl. näher N I 8 und N III 32. Berücksichtigt man diese Grenzen, so spricht § 13 Nr. 3 a VHB 84 lediglich etwas aus, was sich von selbst versteht und was daher auch im Bereich von § 7 Nr. 2 VHB 74 gilt, obwohl es dort nicht gesagt wird. Wegen des unterschiedlichen Umfangs der Antragsfragen in der HausratV vgl. N II 8.

106   Ein Beispiel für **Unanwendbarkeit** von § 13 Nr. 3 a VHB 84 wegen § 29 Satz 2 VVG liefert der Fall **Köln** VersR 69, 942 = VerBAV 68, 13. Ein

steigender Anteil von Wertsachen innerhalb des versicherten Hausrats begründet entgegen jener Entscheidung und entgegen Endermann VP **69,** 27 keine qualitativ erhebliche Gefahrerhöhung, selbst wenn nach der Zusammensetzung des Hausrats im Antragsformular gefragt war. Geboten ist hier ein Umkehrschluß aus den Entschädigungsgrenzen gemäß § 19 Nr. 3 VHB 84 für Wertsachen, N III 36 und U I 6. Der VN braucht nicht damit zu rechnen, daß ein steigender Wertsachenanteil über § 19 Nr. 3 VHB 84 hinaus zu einer Anzeigepflicht und zu einem Kündigungsrecht des Vr oder gar zu Leistungsfreiheit auch für Wertsachen im Rahmen der bisherigen Zusammensetzung des Hausrats führen könnte. Gerade für solche Fälle wollen §§ 34 a, 29 Satz 2 VVG den VN schützen, N III 30. Hilfsweise wäre dem VN ein entschuldbarer Verbotsirrtum zuzubilligen, N III 40. Steigender Anreiz auf Diebe durch Zunahme des Wertes in der Wohnung vorhandener nicht versicherter Sachen, z. B. eines Untermieters (LG Hamburg RuS 90, 26 zu den AERB) kann Gefahrerhöhung bedeuten, wegen § 29 Satz 1 und Satz 2 VVG aber nur in Extremfällen. Ergänzend vgl. S II 3.

§ 13 Nr. 3 a VHB 84 spricht ausdrücklich Veränderungen an, die „anläßlich **107** eines Wohnungswechsels oder aus sonstigen Gründen" eintreten. Gerade Gefahrerhöhungen **aus Anlaß eines Wohnungswechsels** sind aber besonders häufig für den VN nicht in zumutbarer Weise kompensierbar und daher wegen § 29 Satz 2 VVG unbeachtlich, N IV 98 und 103. Hieran kann wegen § 34 a VVG auch § 13 Nr. 3 a VHB 84 nichts ändern. Beispiel: Ungünstigere Bauartklasse des Gebäudes, in dem die neue Wohnung liegt, N IV 94. – Wegen § 34 a VVG im Hinblick auf Prämienerhöhungen gemäß § 11 Nr. 3 und 4 VHB 84 wegen Umzugs in einen geographischen Bereich mit höherem Diebstahlrisiko vgl. N IV 14 bis 20 und 104.

dd) Nach § 13 Nr. 3 c VHB 84 soll die **Beseitigung oder Verminderung von 108 Sicherungen** stets Gefahrerhöhung sein, gleichgültig ob nach den Sicherungen im Antrag gefragt war oder nicht, und gleichgültig, ob die Verminderung auf einem Umzug beruht oder unabhängig davon eingetreten ist. Auch hier ist der Maßstab der §§ 29 Satz 2, 34 a VVG anzulegen. Es kommt also darauf an, ob **kompensierende Gegenmaßnahmen** dem VN **zumutbar** sind. Deshalb und auch mangels der erforderlichen Dauer war die Gefahrerhöhung in Düsseldorf VersR 86, 561 zu verneinen, obwohl die Zugangstür zu einem Raum einer Einliegerwohnung im Sinn von G IV 13 für einige Tage ausgehängt war. Mit Recht wurde hingegen die Gefahrerhöhung in Frankfurt NJW-RR **88,** 33 = VersR 820 zu den VHB 74 in einem Fall, in dem die Balkontür nicht mehr verschließbar war, weil über längere Zeit die Verriegelung fehlte; der HausratVN hätte für Reparatur sorgen müssen. Ergänzend vgl. N IV 53 bis 62 zu § 6 Nr. 4 a AERB 87, insbesondere zu den Begriffen „vorhanden" und „zusätzlich vereinbart" sowie zur Unbrauchbarkeit von Sicherungen.

Die Zumutbarkeit kompensierender Gegenmaßnahmen ist bei **Wohnungs- 109 wechsel,** und zwar besonders bei Umzug in eine gemietete Wohnung, häufiger zu verneinen als bei Verschlechterungen in einer ansonsten unverändert beibehaltenen Wohnung, vgl. näher N IV 93 bis 99. In einer **beibehaltenen Wohnung** können Sicherungen hauptsächlich durch **Umbau** oder durch **Unbrauchbarkeit** und Unterlassen einer Reparatur verschlechtert werden. Beispiel: VN läßt klemmenden Rolladen nicht reparieren, LG Köln VersR 88, 903. In solchen Fällen liegt Gefahrerhöhung vor, und zwar nicht nur nach § 13 Nr. 3c VHB 84, sondern auch nach den VHB 74, wenn der Aufwand der notwendigen Reparatur- oder zusätzlichen Umbaukosten dem VN bei Würdigung aller Umstände zumutbar waren, sein Unterlassen also nicht als wirtschaftlich vertretbar, sondern als **Nachlässigkeit** zu bewerten ist, N I 14 sowie N III 2 und 16. Eine Rolle spielt hierbei der **bisherige** Sicherheitszustand der Wohnung. War dieser überdurchschnittlich gut, so kann der Vr Kompensation für eine spätere Verschlechterung weniger erwarten, N III 40, als wenn die Wohnung von Anfang an nur durchschnittlich oder gar unterdurchschnittlich gesichert war. Zu berücksichtigen sind auch der **Wert** des Hausrats und die Lage der Wohnung.

V. Beispiele für Gefahrerhöhungen

1   Im Folgenden werden ohne Anspruch auf Vollständigkeit Beispiele von Gefahrerhöhungen behandelt, soweit sie außerhalb der in Abschnitt N IV erörterten vereinbarten Gefahrerhöhungstatbestände liegen, und zwar meist **ohne** Hinweis auf deren **Vornahme** und auf **Verschulden** behandelt. Gerade diese Punkte können freilich zu Schwierigkeiten führen, besonders in der Industrie- und sonstigen GeschäftsV. Vornahme und Verschulden können nämlich nicht nur in einer unmittelbaren Einflußnahme auf die Gefahrenquelle, sondern auch darin liegen, daß der VN oder seine **Repräsentanten** gefährdendes Verhalten von Arbeitnehmern dulden oder nicht beanstanden. In der Industrie-FeuerV wird diese Rechtslage allerdings durch die sog. **Verantwortlichkeitsklausel** zugunsten des VN geändert, nämlich durch Kl 3601.

2   **Nicht** erörtert werden bei den folgenden Einzelbeispielen meist auch die Frage der **Erheblichkeit** der Gefahrerhöhung im Sinn von § 29 Satz 1 und 2 VVG und die Möglichkeit des **Kausalitätsgegenbeweises** nach §§ 25 Abs. 3, 28 Abs. 2 VVG. Je nach den technischen Gegebenheiten kann es sich in den erörterten Beispielen aber fast immer auch nur um eine unerhebliche Gefahrerhöhung handeln, besonders wenn kompensierende gefahrmindernde Umstände hinzutreten (§ 29 Satz 1 VVG) oder eine Kompensation nicht möglich oder nicht zumutbar (§ 29 Satz 2 VVG) ist. Auf N III 24 bis 55 muß verwiesen werden.

3   Zu den **VHB 74, VHB 84, VGB 62** und **VGB 88 (Hausrat und Wohngebäude)** ist einschränkend zu bemerken, daß es sich dort nur um eine **Kombination** der Gefahren handelt, A II 3, die in der GeschäftsV durch getrennte Verträge nach getrennten AVB versichert werden, vgl. A II 12. Da sich Gefahrerhöhungen dann meist nur auf *eine* der mehreren versicherten Gefahren beziehen, entsteht zwar, wie ein Umkehrschluß aus § 30 VVG (M II 48) bestätigt, ein Kündigungsrecht für den Vertrag als ganzen, Leistungsfreiheit aber nur für Schäden durch die erhöhte Gefahr, denn für die übrigen Gefahren ist der **Kausalitätsgegenbeweis** gemäß §§ 25 Abs. 3, 28 Abs. 2 VVG möglich. Außerdem sind im privaten Bereich schon aus technischen Gründen eine Reihe von Gefahrerhöhungen, die im gewerblichen Bereich vorkommen, kaum vorstellbar. Schließlich sind im Massengeschäft des privaten Lebensbereichs mit ge-

ringeren VWerten und Prämien die Tarife, Antragsformulare und Annahme-
grundsätze der Vr großzügiger und pauschaler. Entsprechend strengere Anforderungen sind an die Gefahrerhöhung und deren Erheblichkeit gemäß
§ 29 VVG zu stellen, vgl. näher N V 26 bis 46. Von diesen Einschränkungen
abgesehen lassen sich aber viele der in N V 5 bis 25 erörterten Gefahrerhöhungstatbestände der GeschäftsV auch auf die Hausrat- und WohngebäudeV
übertragen.

1. Wegen der technischen Vielfalt der Umstände, welche die Brandgefahr in 4
der **FeuerV** nach den AFB und AFB 87 vergrößern oder verkleinern können,
sind im Tarif und in den Antragsfragen des Vr (N III 32 bis 36) bei weitem
nicht alle risikoerheblichen Umstände angesprochen. Das gleiche gilt gegebenenfalls sogar für einen Besichtigungsbericht, N III 37. Soweit das Risiko
durch bloße Nachlässigkeiten des VN ansteigt, kann Gefahrerhöhung meist
nicht mit dem Hinweis verneint werden, der Vr habe von der zuvor günstigeren Risikolage nichts gewußt und würde den Betrieb zu gleicher Prämie auch
versichert haben, wenn die Gefahrenlage schon bei Antragstellung ungünstiger gewesen wäre, N I 14. Selbst ein wirtschaftlich sinnvolles risikosteigern-
des Verhalten kann gerade in der FeuerV meist nicht als qualitativ unerheblich gemäß § 29 Satz 2 VVG bezeichnet, sondern muß durch den VN kompensiert werden, N III 41. Eine Ausnahme gilt nach Kl 3612 bei schriftlicher
Zustimmung durch Gewerbeaufsicht oder Berufsgenossenschaften, weil zu
unterstellen ist, daß diese Zustimmung aus Gründen des Personenschutzes
wirklich nur bei „unerheblichen" Gefahrerhöhungen erteilt wird.

Nicht nur technisch, sondern auch rechtlich verwickelt ist die Situation in 5
der **Feuer-IndustrieV**, weil oft durch Sonderabreden von §§ 23 ff. VVG, 6 AFB
30, 6 AFB 87 abgewichen wird. Einerseits wird der *Tatbestand* der Gefahrerhöhung ausgedehnt, vgl. Kl 2401 und Kl 3607 sowie § 6 Nr. 4 AFB 87 für
Aufnahme und Stillegung von Betrieben sowie für neu hinzukommende
VOrte. Diese Vorschriften sind schon wegen § 34 a VVG wenig bedeutsam,
vgl. N IV 30 und 42, vor allem aber deshalb, weil andererseits die *Rechtsfolgen* der Gefahrerhöhung stark gemildert werden, vor allem durch die sog.
Versehensklausel (Kl 3606, vgl. N IV 10) und durch Kl **1603** für Betriebe mit
VAbteilung. Obwohl dem Wortlaut nach jeweils nur die Anzeigpflicht des
VN modifiziert ist, wird – mindestens durch die Unklarheit der stark reform-
bedürftigen Formulierungen – auch die Rechtsfolge der Leistungsfreiheit eingeschränkt. Wie der Zusammenhang mit den bedungenen *Prämienverbesse-
rungen* zeigt, kommt es dem Vr in der IndustrieV weniger auf etwaige Leistungsfreiheit als vielmehr nur auf bedarfsgerechte Prämie an, wobei allerdings wiederum § 34 a VVG zu beachten ist, N IV 13 und 30. Wenn Kl **3605**
Verstöße gegen Sicherheitsvorschriften gestattet und auch die Gefahrerhöhungsregeln für unanwendbar erklärt, N III 57 und N IV 39, so wird damit
nur bestätigt, was auch ohne besondere Vereinbarung und in anderen Sparten
gilt, daß nämlich Gefahrerhöhungen im Rahmen wirtschaftlich sinnvoller
Maßnahmen nicht verboten, sondern nur mögliche und zumutbare Kompen-
sationen verlangt werden können, N III 40 und 41. Wegen der erweiterten
Möglichkeiten des Kausalitätsgegenbeweises gemäß § 6 Abs. 2 VVG, vgl. M
II 34.

6   a) Verstöße gegen **Sicherheitsvorschriften,** sei es wiederholt oder sei es mit der Folge eines Dauerzustandes, N III 56, sind die wichtigste Gruppe von Gefahrerhöhungen. §§ 7 AFB 30, 7 Nr. 1 a AFB 87 verweisen auf die gesetzlichen und behördlichen Sicherheitsvorschriften und machen sie zu gefahrmindernden Obliegenheiten. Der Vr nutzt so vertragstechnisch das öffentliche Interesse an der Brandverhütung, N III 44. Außerdem werden zusätzlich Sicherheitsvorschriften versicherungsvertraglich vereinbart. Gerade in der FeuerV ist das Nebeneinander der Rechtsfolgen aus der Verletzung gefahrmindernder Obliegenheiten und aus Gefahrerhöhungen nie bestritten worden, vgl. z.B. ÖOGH VersR 88, 69, Hamm VersR 71, 805. Konsequenzen: M II 62 bis 65 und N III 60 bis 63. Die Sicherheitsvorschriften erfassen einen so großen Ausschnitt aus den überhaupt denkbaren Möglichkeiten von Gefahrerhöhungen, daß §§ 23 ff. VVG in nicht zu vertretender Weise ausgehöhlt würden, wollte man mit BGHZ 42, 295 die gefahrmindernden Obliegenheiten als abschließende Sonderregelung betrachten.

7   Hier können weder die Sicherheitsvorschriften der FeuerV gemäß M I 94 bis 100 noch die aus ihrer Verletzung erwachsenden Gefahrerhöhungen aufgezählt werden, zumal letztere sich häufig mit den folgenden spezielleren Beispielen überschneiden würden. Erinnert sei aber besonders an die Möglichkeit von Verstößen gegen feuerpolizeiliche *Auflagen* für den einzelnen Betrieb, z.B. gegen ein *Rauchverbot* (LG Siegen VersR 57, 577) für bestimmte Betriebsabteilungen (auch Kundenempfangsräume), ferner an die gemäß Kl 3602 notwendige regelmäßige Überprüfung, Wartung und Reparatur von elektrischen Anlagen für Licht, Kraft und neuerdings auch Wärmeerzeugung, oder an Vorkehrungen in Gasträumen für die Aufnahme von Tabakresten, M I 100 und N V 15.

8   b) Ändert sich die **Beschaffenheit eines Gebäudes,** in dem der VOrt liegt, oder seiner **Umgebung,** so kann dies eine Gefahrerhöhung sein. Um eine Gefahrerhöhung kann es sich z.B. handeln, wenn in der Nachbarschaft ein feuergefährdender Betrieb eröffnet wird (Lackiererei, Kfz-Werkstatt, chemischer oder holzverarbeitender Betrieb), vgl. die entsprechenden Antragsfragen in Texte 37 (Antrag für Industrie-FeuerV). Vor allem aber kommen Änderungen am **eigenen Gebäude** und dessen Feuerungsanlagen in Betracht, etwa nachträglicher Einbau von Fahrstühlen oder von Klima- oder Absauganlagen mit Deckendurchbrüchen oder das Durchbrechen von Brandmauern oder die nachträgliche Einrichtung vorschriftswidriger Feuerungsanlagen (ÖOGH VersR 88, 69) oder der Umbau (Hamm VersR 77, 949; fehlerhafter Anschluß einer Flüssiggasflasche an eine Heizung: Hamm VersR 84, 174) solcher Anlagen, ferner Anbauten aus Holz oder brennbaren Kunststoffen an Außenmauern, die als Feuerbrücken zu benachbarten Gebäuden wirken können. Das **Abhandenkommen von Schlüsseln** erleichtert den Zugang für Dritte und erhöht neben der Diebstahl- auch die Brandgefahr, Köln RuS 89, 160 für ein Einzelhandelsgeschäft (dort aber unrichtig zum Unterschied zwischen Unterlassung und positivem Tun, vgl. N III 12 und 13).

9   c) **Löschvorkehrungen** dürfen nicht verschlechtert werden. So darf der VN z.B. nicht theoretische oder praktische Feuerwehrübungen im Betrieb oder sogar eine Werkfeuerwehr abschaffen, und er darf Feuerlöscher weder besei-

tigen noch unbrauchbar werden lassen. Soweit außerhalb der Betriebszeit (nachts, am Wochenende, während der Betriebsferien) Bewachung üblich war, muß diese beibehalten werden (LG Münster VersR 52, 66). Die Zufahrtsmöglichkeiten für Feuerwehren auf Werkstraßen dürfen nicht behindert werden, auch nicht vorübergehend für die Dauer von Bauarbeiten. Ein besonders wichtiger Fall (Brandschutzanlagen in Großbetrieben) ist durch **Kl 3610** besonders geregelt: *Prämienerhöhung* soll an die Stelle von Kündigungsrecht und Leistungsfreiheit wegen veranlaßter und verschuldeter Gefahrerhöhung treten, wenn eine defekte Anlage nicht nach spätestens drei Tagen repariert ist; vgl. wegen der Bedenken hiergegen N IV 7. Zu denken ist im übrigen stets an die Möglichkeit des Kausalitätsgegenbeweises, N V 2.

d) **Aufnahme** – oder Veränderung, N V 13 – **eines Betriebes** war in F-Kl 3.05   **10** generell als Gefahrerhöhungstatbestand bezeichnet. § 6 Nr. 4 AFB 87 spricht im Anschluß an § 16 ZFgA 81 b nur noch von der *Möglichkeit* einer Gefahrerhöhung. Soweit eine solche im Einzelfall nicht vorliegt, z.B. weil der Tarif für den aufgenommenen Betrieb keine höhere Prämie vorsieht oder weil zuvor auch für das leerstehende Gebäude (N V 11) ein Zuschlag berechnet war und sich diese Umstände gegenseitig kompensieren (N III 18), führt das Unterlassen der Anzeige nicht zur Leistungsfreiheit. Andererseits entfällt Leistungsfreiheit nicht schon deshalb, weil der Vr mit baldiger Betriebsaufnahme gerechnet hatte, denn gerade für solche Fälle ist die Regelung gedacht. Überflüssig ist sie nur, wo Prämie und Sicherheitsvorschriften für den zukünftigen Betriebseröffnungszeitpunkt schon in voraus vereinbart werden. Beispiel offensichtlich gefahrerhöhender Betriebsaufnahme: BGH VersR 66, 721 (chemischer Betrieb in Wohnhaus). – Wegen der § 6 Nr. 4 Abs. 3 AFB 87 vorgesehenen **Prämienverbesserung** vgl. N IV 8 und 9.

Auch eine **Betriebsstillegung** (Schultz ZfV 56, 612) ist nicht immer Gefahr- **11** erhöhung, vgl. RGJR 31, 317 sowie für ein Kino BGH VersR 76, 825 und für ein Betonwerk Bremen VersR 53, 450, sondern nur unter erschwerenden Umständen, z.B. wenn sich von außen erkennbar noch Waren im VOrt befinden (LG Berlin VersR 84, 1057; Kontrollen in Abständen von 2 Wochen reichen dann als Kompensation nicht aus) oder wenn das **Gebäude allgemein zugänglich** ist, insbesondere durch nicht verschlossene (LG Saarbrücken VersR 81, 721 für Gaststätte; Kompensation durch Wegfall der Gefahren des Betriebes wird verneint) oder erbrochene Türen oder Fenster (BGH aaO sowie BGH VersR 81, 245 für eine Diskothek, vgl. zu diesem Urteil N III 11 bis 17), oder wenn brennbare Rohstoffe oder Abfälle gelagert bleiben und mangels Überwachung eine steigende Gefahr bedeuten, vgl. Nürnberg VA 30 Nr. 2177 für ein Sägewerk sowie KG VA 29 Nr. 1951 für ein Torfstreuwerk. Unter solchen erschwerenden Umständen kann aber Gefahrerhöhung auch bereits vorliegen, wenn der VN noch gelegentlich für einige Stunden anwesend ist und Verkäufe tätigt, Frankfurt NJW-RR 88, 92.

Kl 3607 enthält gefahrmindernde Obliegenheiten, M I 98, die auch gelten, **12** wenn nur *Betriebsteile* oder *einzelne Maschinen* stillgelegt werden. Verstöße können Gefahrerhöhung bedeuten, N V 6. Die Gefahrerhöhung kann insbesondere darin liegen, daß kompensierende Gegenmaßnahmen unterlassen werden, vgl. für eine Gaststätte Hamm VersR 76, 259, Martin VersR 76, 980 sowie N III 41. In Kl 3607 selbst wird die Frage einer Gefahrerhöhung nicht angesprochen. Dies ist auch nicht erforderlich, denn Nr. 5 der Klausel verweist auf § 7 AFB 87 und damit auch auf dessen Nr. 2 Abs. 2, die ihrerseits auf die Bestimmungen über Gefahrerhöhung Bezug nimmt, N III 61.

13   e) **Änderungen** oder **Erweiterungen** des *Betriebes* oder der *Fabrikationsmethode* können ebenfalls die Gefahr erhöhen, wenn zusätzlich feuergefährliche Einrichtungsgegenstände oder Rohstoffe (vgl. N V 15 und 16) oder Arbeitsmethoden in den VOrt eingebracht werden. Beispiel: Düsseldorf VersR 53, 111 (Umwandlung einer Gastwirtschaft in anderen Gewerbebetrieb); ferner (praktisch häufig): Umwandlung eines Restaurants in eine *Discothek* oder in der Landwirtschaft Übergang zu Intensivtierhaltung, LG Augsburg ZfS 83, 185. Besonders wichtig ist die Vergrößerung oder Verlegung von *holzbearbeitenden Betrieben* oder Betriebsabteilungen (Aufstellung von Holzbearbeitungsmaschinen: N III 32 der 1. Aufl.) oder von Spritzlackieranlagen oder sonstigen Betriebsteilen mit feuer- oder explosionsgefährlichen Farben, Lakken, Lösungs- oder Verdünnungsmitteln, ferner die Einrichtung von Ladestationen für elektrische Transportgeräte, Hub- oder Gabelstapler sowie die Verwendung radioaktiver Stoffe. *Änderung des Warensortiments* bei Handelsbetrieben (betrifft vor allem Diebstahlsgefahr): H III 18, vgl. aber auch N IV 106 für Hausrat.

14   Gefahrerhöhend kann auch die **Vermietung** (Düsseldorf VersR 53, 111) oder **Verpachtung** des VOrts oder des Betriebes oder von Teilen davon wirken, weil der VN nunmehr die Kontrolle über den Betrieb verloren hat und der Mieter oder Pächter ausnahmsweise (J II 11) weniger zuverlässig als der VN selbst erscheint. Abgesehen von der möglichen Repräsentanteneigenschaft des Mieters oder Pächters (O II 82 bis 109) kann ein eigenes Verschulden des VN darin liegen, daß er die Vermietung oder Verpachtung nicht angezeigt hat. Das Gesagte gilt auch und gerade dann, wenn der Mieter oder Pächter nach dem Vertrag zu gefahrerhöhendem Verhalten nicht berechtigt ist. Gestattet hingegen sogar der Vertrag ein gefahrerhöhendes Verhalten oder duldet der VersNehmer solches in der Folgezeit, so liegt darin ohne Rücksicht auf die Zuverlässigkeit des Mieters oder Pächters eine Gefahrerhöhung durch den VN selbst (Hamm VersR 81, 770, aus anderen Gründen aufgehoben durch BGH VersR 83, 284). – Dauervermietung von Hotelzimmern an seriöse Personen ist keine Gefahrerhöhung, Hamm VersR 85, 749.

15   f) **Art und Zustand der Betriebseinrichtung** dürfen die Gefahr nicht über das Normalmaß hinaus erhöhen. So dürfen z. B. keine überbrückten (geflickten) Sicherungen gebraucht (BGH VersR 63, 741, Celle VersR 61, 818, München VersR 69, 532 = VA 180) und keine Neonröhren ohne Schutzgitter und Schutzglas angebracht (vgl. aber Hamm VersR 85, 488) werden. Öfen und Heizgeräte aller Art dürfen nur in ungefährlicher Art und Weise betrieben werden (Hamm VersR 71, 805; Heizstrahler in einem Stall), offene Gasflammen z. B. nicht in Räumen, wo aufgetankte Fahrzeuge stehen (LG Bielefeld VersR 67, 489), vgl. auch N V 17. Wird ein Gasofen demontiert, so muß das Leitungsende gesichert werden, Frankfurt RuS 85, 280. Für die Aufnahme von **Tabakresten** dürfen, insbesondere in Gastbetrieben (Unterschied zwischen Küche und Gastraum: Hamm VersR 82, 1068), nur Behälter und Eimer aus nicht brennbarem Material aufgestellt (BGH VersR 79, 74, LG Hamburg VersR 75, 509 = RuS 152, LG Dortmund VersR 75, 629, LG Münster VersR 81, 624, Hamm VersR 75, 607 und 79, 997) und benutzt (Köln VersR 75, 994; LG Frankenthal RuS 85, 90) werden. Hamburg ZfS 89, 175 bejaht Gefahrerhöhung bei Verstoß gegen eine Sicherheitsvorschrift, die eine automatische Sperre der Luftzufuhr bei Brand im Abfalleimer fordert. – Wegen des Zusammenhangs mit Leistungsfreiheit wegen Obliegenheitsverletzung oder nach § 61 VVG vgl. M I 100 und N V 7.

g) **Rohstoffe und Halbprodukte** dürfen nur unter Berücksichtigung ihrer   16 Feuergefährlichkeit behandelt oder gelagert werden, was vor allem bei Tanks für Benzin (vgl. LG Köln VersR 80, 226 für die VHB 74), Diesel- oder Heizöl sowie bei leicht brennbaren Kunststoffen und Metallen (Magnesium) zu beachten ist. Zur Lagerung von Stroh in Schobern vgl. Oldenburg VersR 85, 977, von Heu in der Nähe wärmeerzeugender Lichtquellen vgl. Hamm VersR 85, 488. Wegen § 29 Satz 2 VVG bei Lagerung von Heu oder Stroh in einem „Stallgebäude" vgl. N III 38 und Hamm RuS 90, 22. Zur Verwendung von Benzin in einem Reinigungsbetrieb vgl. BGH VersR 51, 67 und Hamburg VersR 50, 115, zu brennbaren Lösungsmitteln bei der Schuhcreme- und Bohnerwachsfabrikation Hamburg VersR 51, 129. In Krisenzeiten kann die Verwendung von Ersatzstoffen die Feuergefahr erhöhen (RG VA 18 Nr. 1055); jedoch stellt sich dann die in N III 39 bis 41 erörterte Frage des § 29 Satz 2 VVG.

h) Oft erhöht nicht eine bestimmte feuergefährliche Sache (Einrichtung   17 oder Rohstoff) oder ein bestimmtes Verhalten als solches die Gefahr, sondern die unrichtige **Auswahl des Gebäudes oder Raumes**, in dem die Sache gelagert verwendet oder bearbeitet wird (Köln JR 42, 145) oder in dem gearbeitet wird. Daher dürfen feuergefährliche (z.B. holzverarbeitende) Arbeiten nicht auf Dachböden und nicht in Räumen ausgeführt werden, wo leicht entzündliche Stoffe lagern (LG Siegen VerR, 57, 577). **Schweißarbeiten** sind ausgeschlossen in Räumen, die zugleich für Packarbeiten und als Lager für brennbare Stoffe dienen (BGH VersR 64, 813). In Heizkesselräumen darf nichts Brennbares gelagert werden (AG Lüdinghausen VersR 67, 125). Fahrzeuge dürfen nicht, auch nicht behelfsmäßig, in ungeeigneten Räumen untergestellt werden, z.B. nicht in einem Schuppen (Karlsruhe VA 16 Nr. 942); ähnlich Kiel VA 27 Nr. 1764 für zu große Strohmengen in einer Mästerei. Verneint hat Hamm VersR 79, 49 Gefahrenerhöhung bei Aufstellung eines Treckers in einer Scheune, falls keine erschwerenden Umstände hinzukommen. Zutreffend bejaht wird die Gefahrerhöhung aber durch Hamm VersR 81, 770, wenn Unfallfahrzeuge in Scheunen stehen, aus denen Öl- und Benzinreste auslaufen können; letzteres darf aber auch bei Unfallfahrzeugen nicht einfach ungeprüft untergestellt werden (BGH RuS 83, 64 = VersR 83, 284). Außerdem ist gerade bei Unterbringung feuergefährlicher Sachen ein Vergleich mit dem Zustand bei Vertragsschluß anzustellen und die Möglichkeit einer Kompensation zu prüfen, vgl. N III 18. Besondere Vorsicht ist bei der Auswahl des Platzes für Öfen usw. geboten, RG JR 41, 118 und auch schon oben N V 15.

i) Auch auf die **Brandstiftungsgefahr** sind §§ 23 ff. VVG und §§ 27 f. VVG   18 anzuwenden, wenn sie sich mit oder ohne Zutun des VN auf Dauer erheblich erhöht. Dies gilt insbesondere für das Risiko durch sog. **Brandreden.** Werden diese durch den VN oder seine Repräsentanten geführt oder tritt er ihnen nicht genügend energisch entgegen, so handelt es sich sogar um eine vorgenommene und verschuldete Gefahrerhöhung. Der wiederholt geäußerte Wunsch, ein Haus möge abbrennen, kann genügen. Rechtsprechung: RG VA 33 Nr. 2648, RG VA 36 Nr. 2948, RG JW 37, 218, BGH VersR 65, 425, Hamm VA 33 Nr. 2605 und 2606, Düsseldorf VersR 63, 56, Celle VersR 61, 364, LG Hannover VersR 58, 12, LG Waldshut VersR 55, 449, LG Münster VersR 52, 66. Äußerungen gegenüber der Ehefrau des VN reichen aus, wenn auch diese als Brandstifterin in Betracht kommt oder Kenntnisnahme Dritter kalkuliert ist, LG Bonn NJW-RR 87, 867. Daß nach „Brandreden" nicht im Antragsformular gefragt wird, kann der VN grundsätzlich nicht einwenden, vgl. allerdings auch N I 14 und BGH VersR 86, 1089 gegen eine Selbstbezichtigungspflicht des VN. – Zu § 61 VVG bei Brandreden und Bombendrohungen vgl. O I 114.

19   Eine einmalige **Bombendrohung** mit „Zeitangabe" ist schon mangels Dauerzustandes keine Gefahrerhöhung, N III 29; zur Frage von „Rettungskosten" vgl. W II 34. Tauchen Gerüchte oder beschlagnahmte oder anonym verbreitete Unterlagen über längerfristig beabsichtigte Terroranschläge auf, so kommt es auf den Wahrscheinlichkeitsgrad für eine Realisierbarkeit an. Listen, auf denen eine Vielzahl von Firmen verzeichnet sind, auf die ein Anschlag „lohnen" könnte, sind daher im allgemeinen keine anzeigepflichtige Gefahrerhöhung. **Wiederholte** Bomben- oder Branddrohungen begründen je nach Lage des Einzelfalles eine Gefahrerhöhung, die aber wieder wegfällt, wenn einige Monate ohne weitere Drohungen verstreichen, Köln RuS 88, 303.

20   2. In der **DiebstahlV** nach den AEB, AERB oder AERB 87 hängt das Risiko z. B. von der Zusammensetzung des *Warensortiments* bei Handelsbetrieben (dazu H III 18, ferner N IV 106 für Hausrat) und ganz besonders von den *örtlichen Gegebenheiten* ab. Schon die AEB nebst den D-Klauseln und ebenso die AERB und AERB 87 mit Klauseln regeln daher eingehend, wann aus der Sicht des Vr Gefahrerhöhung vorliegt, N III 49, vgl. zu den Einzelheiten N IV 53 bis 75. Allerdings kann wegen § 34a VVG der gesetzliche Gefahrerhöhungsbegriff vertraglich nicht erweitert werden; was kraft Gesetzes keine oder keine erhebliche Gefahrerhöhung ist, kann auch durch AVB-Bestimmungen nicht zu einer Gefahrerhöhung werden, N IV 30, 40 und 51. Gefahrerhöhung vorliegt, vgl. daher zu den Spezialfragen der DiebstahlV ausführlich N III 88 bis 108. Wegen der älteren Rechtsprechung und Literatur wird ergänzend auf E. Prölss 173ff und N IV 20 der 2. Aufl. verwiesen. Die Rechtsprechung zur Brandstiftungsgefahr (N V 18) ist auf die DiebstahlV nicht zu übertragen, denn Kreis und Mentalität der Täter bei Diebstahl sind anders; erfolgloser *Einbruchsversuch* ist daher *keine* anzeigepflichtige Gefahrerhöhung (VA 19, 106, E. Prölss 174). Beispiele für weder in den AERB noch in Antragsfragen angesprochenen Erhöhungen des Diebstahlrisikos sind *Untervermietung* eines Teils der VRäume (LG Hamburg RuS 90, 26) und der *Verlust* des *Schlüssels zu einer Alarmanlage,* mit deren Hilfe die Anlage innerhalb von 45 Sekunden nach Betreten des Gebäudes (z. B. auch

durch einen Einbrecher) ausgeschaltet werden kann. Die Gefahr ist erhöht, wenn der Schlüssel auch nur möglicherweise innerhalb des Betriebsgeländes verloren wurde, denn dann kann der Dieb ihn möglicherweise identifizieren, München RuS **86,** 169, 188 (bestätigt durch BGH VersR 87, 921).

Für **Transportraub** macht eine genaue Spezialregel (Martin VW 72, 173) **21** einen Rückgriff auf §§ 23 ff VVG in aller Regel entbehrlich; ohnehin wäre das Dauererfordernis nur bei wiederholten gleichförmigen Verstößen erfüllt. *Risikoausschlüsse* und *Entschädigungsgrenzen in Spezialvorschriften* sind daher eine zweckmäßige Lösung und durch § 34a VVG auch nicht verboten, weil sie ohne Rücksicht auf den zeitlichen Ablauf gelten, N IV 33. Verwiesen sei auf §§ 1 Nr. 6 c AERB, 1 Nr. 7 c AERB 87 bezüglich der Zahl gleichzeitig unterwegs befindlicher Transporte, vgl. wegen des Problems der *verhüllten Obliegenheit* und des § 9 AGBG ausführlich F III 55 bis 59 sowie M III 4, ferner auf §§ 11 Nr. 3 und 4 AERB, 12 Nr. 3 und 4 AERB 87 mit den je nach Zahl und Ausrüstung (Kfz) gestaffelten Entschädigungsgrenzen, zu denen sich allerdings ebenfalls die Frage der *verhüllten Obliegenheit* stellt, M III 58 bis 63.

3. In der **LeitungswasserV** nach den **AWB 68** und **AWB 87** hängt das Risiko **22** vor allem vom Zustand der Zu- und Ableitungsrohre und der sonstigen Einrichtungen gemäß §§ 1 AWB 68, AWB 87 ab. Gefahrerhöhung kann daher vor allem die nachteilige Änderung dieses Zustandes sein, aber z.B. auch ein größerer Umbau, F IV 18. Ihrer Art nach kurzfristige Zustände scheiden aus, N III 29. Das Dauererfordernis *fehlt* z.B., wenn der Zulauf einer Waschmaschine nach Gebrauch in einem *Einzelfall* nicht geschlossen wird; hier stellt sich allenfalls die Frage des § 61 VVG, vgl. O I 143 und 144 sowie Bechert 36. Hingegen kann bei wiederholten Verstößen Gefahrerhöhung vorliegen. Mit Beginn der kalten Jahreszeit kann Gefahrerhöhung auch ohne Änderung des Gebäudezustands eintreten, weil durch Frost Rohrbrüche und Durchnässungsschäden drohen. Wegen des Verhältnisses zwischen den Sicherheitsvorschriften der LeitungswasserV und §§ 23 ff. VVG vgl. N III 61 und §§ 6 Nr. 1 Satz 4 AWB 68, 7 Nr. 2 Abs. 2 AWB 87.

Korrosion von Rohren ist weder Gegenstand von Antragsfragen noch Krite- **23** rium des Tarifs, was wegen § 18 VVG auch gegen Gefahrerhöhung spricht, N III 32 und 34, zumal der Vr auch bei älteren Baujahren die Gebäude nur selten vor Vertragsschluß besichtigt. Außerdem ist die Korrosion (mögliche Ursachen: Bechert 78 mwN) im Prinzip voraussehbar, N III 28, mag auch ihr Tempo nicht nur vom Alter, sondern zusätzlich vom Material der Rohre, von der Beschaffenheit des Wassers und vom Bauzustand des Gebäudes usw. abhängen. Nun verlangen zwar die AWB 68 und AWB 87 im Sinn einer Sicherheitsvorschrift, daß Rohre rechtzeitig erneuert werden, M I 66 bis 69. Da aber nur der Fachmann und oft auch er nur unter bautechnischen Schwierigkeiten den Zustand der Rohre beurteilen kann, wird man mangels einer ausdrücklichen Vorschrift *Gefahrerhöhung* gleichwohl *verneinen* müssen, E I 85, so daß der Vr nur bei **grob** fahrlässigen Verstößen gegen §§ 6 **Nr. 2a** AWB 68, 7 **Nr. 1b AWB 87** leistungsfrei ist, und zwar nach der in M II 35 dargestellten, in der Rechtsprechung herrschenden Ansicht außerdem nur dann, wenn er innerhalb eines Monats nach Kenntnisnahme (meist: durch Schadenanzeige) gemäß §§ 6 Nr. 2 AWB 68, 7 Nr. 2 AWB 89. Eine spätere

Kündigung bleibt zwar möglich, weil es sich um einen Verstoß durch fortdauerndes Unterlassen handelt, N III 61 beseitigt aber die Leistungsfreiheit für den ersten VFall nicht mehr und wird später oft versäumt, vgl. Bechert aaO. – Wegen der Höhe der Entschädigung bei Korrosionsschäden vgl. Q III 82 (Entwertung) sowie R III 25 und 30 (nicht schadenbedingte Aufwendungen).

24   4. Auch für die **SturmV** enthalten §§ 5 Nr. 2 AStB 68, 6 Nr. 2 AStB 87 lediglich den Hinweis auf §§ 23 ff VVG. Da nicht nur unmittelbare Einwirkungen des Sturmes, sondern auch Folgeschäden von Gebäudeschäden an versicherten beweglichen Sachen versichert sind, läßt sich die Gefahrerhöhung allgemein dahin umschreiben, daß sie vorliegt, wenn durch den *Zustand* der versicherten *Sachen* oder der *Gebäude,* in denen sie sich befinden, versicherte Sturmschäden in einem dem Vr unzumutbaren Ausmaß wahrscheinlicher geworden sind. Es kann sich um eine Vielzahl technischer Tatbestände handeln. Ihrer Natur nach vorübergehende Zustände, z.B. stunden- oder tageweise geöffnete Türen, Fenster oder Dachluken, kommen auch hier nicht in Betracht, N III 29, können aber, wenn mit der Möglichkeit eines Sturms zu rechnen war, zum Ausschluß nach § 61 VVG führen. Wegen der Sicherheitsvorschriften in §§ 6 Nr. 2 AStB 68, 7 Nr. 2 AStB 87 vgl. M I 92.

25   Ob die natürliche **Alterung von Gebäudeteilen,** insbesondere von Schornsteinen, Dachmaterial, Antennen usw. überhaupt eine Gefahrerhöhung darstellt und ob sie gegebenenfalls vorgenommen und verschuldet ist, erscheint weniger problematisch als bei Korrosion von Rohren in der LeitungswasserV N V 23, denn in der Regel läßt der VN die Reparatur hier aus eigenen Antrieb, um nämlich das Eindringen von Regen zu verhindern, oder auf behördliche Weisung wegen Gefahr für Personen durch abstürzende Teile durchführen. Andernfalls kann sich der Vr oft auf § 61 VVG oder auf einen grob fahrlässigen Verstoß gegen die Instandhaltungspflicht gemäß §§ 6 Nr. 2 AStB 68, 7 Nr. 1 b AStB 87 berufen . – Neben dem Gebäudezustand kommt auch die **Umgebung des Gebäudes** als Quelle von Gefahrerhöhungen in Betracht. Man denke an zu spät gefällte Bäume im Garten (mögliche Folgen: E II 42), schlecht montierte Fahnenstangen, Antennen usw.

26   5. In der **HausratV** nach den **VHB 74** und **VHB 84** ist es Gefahrerhöhung, wenn auch nur eine der versicherten Gefahren erhöht wird. Die Erläuterungen zu den AVB der GeschäftsV gegen die Einzelgefahren Feuer, Diebstahl, Leitungswasser und Sturm lassen sich aber nicht ohne weiteres auf die HausratV übertragen. Entgegen N IV 26 der 2. Aufl. hat die unterschiedliche Rechtslage ihren Grund nicht darin, daß in der HausratV die durch AVB vereinbarten Gefahrerhöhungstatbestände weniger zahlreich sind, denn vereinbarte Gefahrerhöhungstatbestände haben keine konstitutive Wirkung, sondern sind unwirksam, soweit sie über den gesetzlichen Gefahrerhöhungsbegriff hinausgehen, vgl. allg. N IV 30 sowie N IV 51 zu den AERB 87 und N IV 77 zu §§ 7 Nr. 2 Satz 3 und 4 VHB 74, 13 Nr. 3 VHB 84. Auch Umkehrschlüsse dürfen aus der geringeren Zahl von vereinbarten Gefahrerhöhungstatbeständen in der HausratV nicht gezogen werden, N III 36 und N IV 77. Der Unterschied zwischen den Zweigen der GeschäftsV und der HausratV beruht vielmehr darauf, daß in der HausratV schon die Antragsfor-

mulare oft nur eine geringere Zahl von Fragen nach gefahrerheblichen Umständen und Sicherheitsvorkehrungen enthalten, N II 7 und 8, und daß § 29 Satz 2 VVG für die HausratV einen **größeren Spielraum** erzwingt, innerhalb dessen die Art und Weise des Hausratgebrauchs keine qualitativ erhebliche Gefahrerhöhung bedeutet.

Als Faustregel kann auch und gerade für die HausratV gelten: Wirtschaft- 27
lich sinnvoller Gebrauch der versicherten Sachen, dessen gefahrerhöhende Wirkungen sich nicht in zumutbarer Weise kompensieren lassen, ist entweder keine oder jedenfalls keine erhebliche Gefahrerhöhung im Sinn von § 29 Satz 2 VVG, N III 3, sondern „autonomes Verhalten". Da zum „Gebrauch" des Hausrats das gesamte **Privatleben des VN** gehört, ist Zurückhaltung bei der Anwendung von §§ 23 ff., 27 f. VVG geboten. Nur soweit gefahrerhöhender Zustand des Hausrats oder der Wohnung oder gefahrerhöhende Lebensgewohnheiten des VN auch bei großzügiger Beurteilung nicht mehr als „normal" und „vertretbar", N I 12 und 13, als „Privatsache" und als für den Vr voraussehbar und kalkulierbar im Sinn von N III 28 gelten können, ist Raum für die Annahme eines Verstoßes gegen die Gefahrstandspflicht gemäß §§ 23 ff. VVG oder wenigstens gegen die Anzeigepflicht gemäß § 27 f. VVG. In der ErstrisikoV steigt zwar die versicherte Gefahr durch Zunahme des VWerts. Gerade wegen Kl 834 wird man aber auch hier § 29 Satz 2 VVG anwenden müssen, S II 92.

Auch außerhalb der in IV 76 bis 109 behandelten ausdrücklichen Regelun- 28
gen kommt es für den Begriff der erheblichen Gefahrerhöhung im Sinn von § 29 Satz 2 VVG darauf an, ob das gefahrerhöhende Verhalten sich im Rahmen eines **sinnvollen Gebrauchs des Hausrats und der Wohnung** durch den VN bewegt, N V 27. Insbesondere kann vom VN **nicht** Ehescheidung oder Auflösung der häuslichen Gemeinschaft mit nahen Verwandten als Wohngenossen schon deshalb verlangt werden, weil diese ihrerseits sich gefahrerhöhend verhalten und verbale Einflußnahme des VN erfolglos bleibt, vgl. O II 115 bis 123.

Ein Beispiel für sinnvollen Gebrauch des Hausrats liefert z.B. Hamm, 29
VersR 82, 966, wo der VN eine Heimwerkerwerkstätte eingerichtet hatte. Ebensowenig kann es als Gefahrerhöhung gelten, wenn der VN Wertsachen in einem relativ stärker gefährdeten Teil der Wohnung unterbringt z.B. in seinem Kelleranteil innerhalb eines Mehrfamilienhauses. Auch hier ist ein Umkehrschluß aus den Verschlußvorschriften des § 19 Nr. 3 VHB 84 unvermeidlich, vgl. N IV 106. Die abweichende Entscheidung Frankfurt VersR 83, 358 ist zugleich auf § 61 VVG gestützt und deshalb im Ergebnis richtig, denn zu § 61 VVG ist ein analoger Umkehrschluß nicht möglich, vgl. O I 121. Unhaltbar ist hingegen LG München I VersR 85, 678 (19 0 8515/84 v. 16. 8. 1984), wo es als Gefahrerhöhung mit Bezug auf Brand durch Unachtsamkeit angesehen wurde, wenn der VN seine Kinder in Räumen schlafen läßt, die innerhalb der Wohnung (dazu G IV 5) etwas abseits liegen und daher weniger leicht zu überwachen sind.

Ein Beispiel für nachlässiges, nicht als „Privatangelegenheit" für den Vr zu 30
akzeptierendes Verhalten des VN liefert hingegen LG Berlin VersR 82, 83. Der VN hatte dort das **Schloß nicht auswechseln** lassen, obwohl er den Schlüssel dazu zusammen mit einer gestohlenen Handtasche erst zurückerhalten

hatte, nachdem dieser sich einige Zeit in der Hand eines Diebes befunden hatte, so daß dieser einen Nachschlüssel hätte fertigen können. Auch z. B. gewohnheitsmäßiges **Rauchen im Bett** ist im Verhältnis zum HausratfeuerVr nicht „Privatsache", sondern verbotene Gefahrerhöhung, vgl. auch O I 107 wegen des Einwandes der groben Fahrlässigkeit.

31   Eine weitere wichtige Fallgruppe sind **verschuldete Krankheiten** des VN im psychischen und psychosomatischen Bereich, welche das Brand-, Diebstahl- oder Raubrisiko erhöhen, weil der VN sein Verhalten nicht mehr genügend steuern kann. Insbesondere gilt dies für **Alkohol- oder Drogensucht** vor allem wenn diese Leiden sich **mit weiteren gefahrerhöhenden Lebensgewohnheiten verbinden**, wie z. b. mit dem regelmäßigen Gebrauch feuergefährlicher Licht- quellen (Düsseldorf RuS 85, 19), Rauchen im Bett, Umgang mit potentiellen Dieben, Räubern oder Brandstiftern usw. Das Bedürfnis für die Beurteilung von Alkohol- oder Drogensucht als Gefahrerhöhung folgt insbesondere aus § 827 Satz 2 BGB, welcher bei *nicht* nur *vorübergehenden* Störungen der Geistestätigkeit die Verschuldensfähigkeit im Sinn von § 61 VVG für den Zeitpunkt des VFalls(!) auch dann ausschließt, wenn die Störung durch den VN schuldhaft verursacht wurde, vgl. O I 33, 55 und 108 sowie VG Bayreuth VersR 82, 890.

32   Für das **Leitungswasserrisiko** in der HausratV wird wegen der *Korrosion von Rohren* auf N V 23 verwiesen; sie begründet in der Regel keine Gefahr- höhung. Allenfalls kommt § 61 VVG in Betracht, O I 81. Dies gilt z. B., wenn der VN trotz mehrerer Durchnässungsschäden im Anschluß an Rohrbrüche keine Abhilfe schafft, sei es durch Erneuerung der Rohre im eigenen Haus oder sei es in der Mietwohnung durch Klage gegen den Vermieter.

33   **Nicht entleerte Wasserleitungen** in ganz oder teilweise unbeheizten Gebäu- den während der kalten Jahreszeit können auch in der HausratV eine Gefahr- erhöhung für das Leitungswasserrisiko darstellen, insbesondere wegen dro- hender Schäden an Teppichen, Fußböden usw. Daß abweichend von § 14 Nr. 1b VHB 84 in den VHB 74 einschlägige Sicherheitsvorschriften fehlen, M I 63, spricht nicht nur nicht gegen, sondern nach der in der Rechtspre- chung teilweise vertretenen Ansicht von einem Vorrang der Sicherheitsvor- schriften gegenüber der Gefahrerhöhung (N III 60) sogar eher für die An- wendbarkeit von §§ 23 ff. VVG auch im Bereich der VHB 74. Auch kann entgegen BGHZ 42, 296 und Hamm VersR 72, 265 aus § 7 Nr. 2 Satz 3 VHB 74 nicht geschlossen werden, Zeiträume von weniger als 60 Tagen Abwesen- heit kämen nicht in Betracht, denn dort wird allenfalls die Abwesenheit als solche in ihren Rechtsfolgen erschöpfend behandelt. Kommen weitere Um- stände erschwerend hinzu (Gebäude unbeheizt, kalte Jahreszeit), so ist die Berufung auf §§ 23 ff. VVG nicht ausgeschlossen, schon nicht für das Dieb- stahlrisiko, N IV 81 und noch weniger für die übrigen versicherten Gefahren. In krassen Fällen kann sich der Vr außerdem auf § 61 VVG berufen, O I 80. Dies ist praktisch bedeutsam, weil der Vr hier nicht zu kündigen braucht, um leistungsfrei zu sein und zu bleiben, O I 8.

34   Wegen des **Sturmrisikos** wird auf N V 24 und 25 zur GeschäftsV verwiesen, ferner auf M I 92 und 93 wegen der Sicherheitsvorschriften.

6. Wegen der **WohngebäudeV** wird auf N IV 43 bis 48 verwiesen, wo die   35
Tatbestände gemäß § 10 **Nr. 3 VGB 88** erörtert sind. Schon dem Wortlaut
nach handelt es sich dabei nur um eine deklatorische Regelung, N IV 44. In
den **VGB 62** war eine vergleichbare Regelung überhaupt noch nicht enthalten.
Ebenso wie bei Hausrat, N V 26, hängt der Gefahrerhöhungsbegriff in der
WohngebäudeV weitgehend von den gestellten Antragsfragen und vom Tarif
des Vr ab, N II 11 bis 16 und N III 34.

Praktische Bedeutung haben die Gefahrerhöhungsregeln bei Wohngebäu-   36
den auch für das **Leitungswasserrisiko**, vgl. Hamm VersR 90, 86 für die Unbeheizbarkeit einer Dachgeschoßwohnung während der kalten Jahreszeit. Entgegen BGHZ **42**, 296 treten die Rechtsfolgen einer Obliegenheitsverletzung
und einer Gefahrerhöhung auch dann unabhängig voneinander ein, wenn der
VN beides durch ein und dasselbe Fehlverhalten verursacht, vgl. §§ 9 Nr. 1
Satz 4 VGB 62, 11 Nr. 2 Abs. 3 VGB 88 sowie M I 16 und N III 61. Allerdings kann der Vr den Einwand der Leistungsfreiheit dann *nicht* schon wegen
leicht fahrlässig verursachter Gefahrerhöhung erheben, denn der VN braucht
mit einer solchen Möglichkeit nicht zu rechnen, wenn bei der auch für die
Gefahrerhöhung ursächlichen Obliegenheitsverletzung nach den AVB ausdrücklich nur *grobe* Fahrlässigkeit schadet, N III 62.

Das Nebeneinander beider Rechtsinstitute behält aber seine praktische Be-   37
deutung, weil der Vr nach §§ 23 ff. VVG *nicht* zu *kündigen* braucht, falls er
von der Gefahrerhöhung erst weniger als einen Monat vor dem Schaden
Kenntnis erlangt hat, N III 63.

Die Gegenansicht, wonach die Obliegenheit, die Leitungen zu entleeren, die
Rechtsfolgen der Gefahrerhöhung ausschließen würde, müßte widersinnig
annehmen, es gebe Gefahrerhöhung durch *nicht entleerte Leitungen in unbeheizten Gebäuden* während der kalten Jahreszeit nur für die HausratV nach
den VHB 74 , N V 33, weil und (!) obwohl dort entsprechende Obliegenheiten wegen der geringeren praktischen Bedeutung des Tatbestandes nicht vorgesehen sind.

Wegen des **Sturmrisikos** wird auch für Wohngebäude auf N V 24 und 25   38
verwiesen.

Bei **leerstehenden Wohngebäuden** – wegen Betriebsgebäuden vgl. N V 11 –   39
liegt eine Gefahrerhöhung für das **Feuerrisiko** vor, falls nach den *Umständen
des Einzelfalls* die Wahrscheinlichkeit vorsätzlicher oder fahrlässiger Brandstiftungen durch Dritte quantitativ erheblich (N III 28) gestiegen ist, vgl. z. B.
LG Köln VersR 77, 466, LG Essen RuS 77, 63. Falls zwei Gebäude durch
einen Durchgang im Keller miteinander verbunden sind, kann schon das
Leerstehen des Nachbargebäudes Gefahrerhöhung für das versicherte und
noch bewohnte Gebäude begründen, Hamm VersR 85, 378.

Die **Tarife** der Vr (N III 34) sahen zu den VGB 62 oft einen Prämienzu-   40
schlag von 100% für Ferien- und Wochenendhäuser und für „sonstige nicht
ständig bewohnte Gebäude" vor. Der Tarif zu den VGB 88 spricht von nicht
ständig bewohnten Wochenend- und Ferienhäusern und sieht 0,40% Mehrprämie vor. Für das noch höhere Risiko bei „nicht genutzten" Gebäuden im
Sinn von M I 89 und N IV 46 wird „Direktionsanfrage" verlangt.

Bisweilen (Hamm VersR 78, 218), aber nicht immer (Hamm VersR 81, 870   41
für verwahrlostes ehemaliges Bauernhaus in Ortsrandlage in der Umbaupha-

se; Urteil durch BGH VersR 82, 466 = RuS 129 aus anderen Gründen aufgehoben) kann die Gefahrerhöhung durch **kompensierende Gegenmaßnahmen** ausgeglichen werden, N III 22, z. b. durch tadellosen Zustand der Türen und Fenster, sorgfältiges Verschließen aller Gebäude- und Gartentüren, gemähten Rasen, geflegten Vorplatz, geputzte Fenster, vollständige und regelmäßig gewaschene Gardinen, kurz gesagt durch einen sehr gepflegten Gesamteindruck, Hamm 20 U 407/85 vom 14. 8. 1985. Solche Maßnahmen schließen das Eindringen von Stadtstreichern, Jugendlichen usw. zwar nicht aus, erhöhen aber das Strafverfolgungsrisiko für diesen Personenkreis, wirken also abschreckend und gefahrmindernd. Für die Frage der Kompensation kommt es auch auf die Erkennbarkeit des Leerstehens sowie auf die **Zeitdauer** an, während deren das Gebäude leersteht, vgl. Hamm VersR 87, 397 zu einer Dauer von mehr als zwei Monaten, Köln RuS 89, 196 zu einer Dauer von 7 Wochen.

42   Die schon in N V 40 erwähnte Entscheidung BGH VersR 82, 466 = RuS 129 sieht als kompensierenden Umstand schon den **Wegfall der mit dem Wohnen von Menschen verbundenen Gefahren** an. Vergleichbarkeit der gefahrerhöhenden und der gefahrmindernden Umstände wird also nicht verlangt, N III 23. Die Instanzgerichte sind dem gefolgt, vgl. z. B. Köln ZfS 86, 59, Celle RuS 90, 93, Hamm 20 U 407/84 vom 14. 8. 1985, Köln RuS 89, 195, Hamm VersR 87, 397.

43   Gefahrerhöhung bei leerstehenden Wohngebäuden liegt danach nur vor, wenn besonders erschwerende Umstände hinzutreten, z. B. ungünstige Ortsrandlage, verwahrloster Bau- und Pflegezustand (BGH VersR 82, 466 = RuS 129), Lagerung von Gerümpel (BGH RuS 83, 260), leichte und allgemeine Zugänglichkeit mindestens eines Teils des Gebäudes (Köln ZfS 86, 59) usw. Für Gefahrerhöhung genügt es, wenn auch nur ein Teil dieser Kriterien vorliegt. Insbesondere Ortsrandlage braucht nicht immer gegeben zu sein, LG Köln NJW-RR 88, 923. In solchen Fällen sind die Gerichte bisher zutreffend meist von **vorgenommener Gefahrerhöhung** auch dann ausgegangen, wenn der verwahrloste Zustand zunächst ohne den Willen des VN eingetreten war, dieser dann aber die gebotenen kompensierenden Gegenmaßnahmen unterlassen hatte, vgl. die Zusammenstellung bei Wälder RuS 89, 196 in dessen Anm. zu Köln RuS 89, 195. Die in N III 9 und 10 erläuterten gegenteiligen Überlegungen der Rechtsprechung, eine zunächst ohne den Willen des VN eingetretene Gefahrerhöhung könne nicht durch ein Unterlassen des VN nachträglich zu einer vorgenommenen Gefahrerhöhung werden, wurden in den Urteilen über verwahrloste leerstehende Gebäude bisher nicht angestellt.

44   Anders als bei Einfamilienhäusern kann bei **Mehrfamilienhäusern** die Gefahr unter besonders erschwerenden Umständen schon dann erhöht sein, wenn sie auch nur *teilweise* leerstehen, mögen auch einzelne (oft auch ihrerseits verwahrloste) Wohnungen noch bewohnt sein. Für sich allein reicht **Reduzierung der Bewohner** auf nur noch eine einzige Mietpartei meist nicht aus, Köln RuS 86, 45, insbesondere dann nicht, wenn die örtlichen Gegebenheiten für Eindringlinge eher ungünstig sind, z. B. bei dichter Bebauung, in einer Ortsmitte oder bei Lage des Gebäudes in ländlich strukturiertem Gebiet, Hamm VersR 87, 397.

Andererseits kann bei leerstehenden Mehrfamilienhäusern auch der kom- 45
pensierende Effekt (N V 41) des Wegfalls der **Gefährdung durch Bewohner**
besonders groß sein, zumal solche Mehrfamilienhäuser („Mietskasernen" älteren Baujahrs) zuvor oft übermäßig und durch zu wenig sorgfältige Bewohner (Gastarbeiter usw.) belegt waren. Zusätzliche Probleme entstehen bei
„**Hausbesetzungen**". Dauern solche Besetzungen längere Zeit, so reduziert
sich die zuvor während des Leerstehens erhöhte Gefahr möglicherweise wieder in Richtung auf das Normalmaß, denn die Besetzer betrachten das Gebäude erfahrungsgemäß nach und nach als „ihre Wohnung" und beachten
(schon im Interesse ihres Hausrats) dasselbe Minimum an Sorgfalt wie vergleichbare Wohnungsmieter. Ob allein schon aus der **Zusammensetzung der
Bewohner** (z. B. vermögenslose Ausländer ohne HaftpflichtVSchutz) Gefahrerhöhung hergeleitet werden kann, ist eine Frage, die in ähnlicher Weise auch
Einfamilienhäuser betrifft und die sich gerade nicht aus dem Leerstehen,
sondern aus der Art und Weise der Benutzung des Gebäudes ergibt.

Ebenso wie bei leerstehenden Gebäuden eines inzwischen stillgelegten Be- 46
triebes (N III 45 und N V 11) kann das Leerstehen auch bei Wohngebäuden
auf einem wirtschaftlich sinnvollen Verhalten des VN beruhen. Dann liegt
das Argument nahe, es handle sich um eine qualitativ unerhebliche Gefahrerhöhung im Sinn von § 29 Satz 2 VVG, jedenfalls wenn kompensierende Gegenmaßnahmen im Sinn von N V 41 im Einzelfall zu einem zumutbaren
Kostenaufwand nicht möglich sind. Aber leerstehende und vor allem verwahrloste Gebäude sind wirtschaftlich ein Ausnahmetatbestand. Nicht muß
hier der Vr zu Lasten der Versichertengemeinschaft solche Fälle einkalkulieren, sondern vielmehr muß der VN die erhöhten Kosten (Mehrprämie) des
VSchutzes oder sogar dessen völligen Wegfall einkalkulieren, wenn er darüber entscheidet, ob das Gebäude leerstehen und der erhöhten Gefahr ausgesetzt werden soll, N III 43.

O. Vorsatz und grobe Fahrlässigkeit des Versicherungsnehmers; Zurechnung des Verhaltens Dritter

Übersicht

I. Vorsatz und grobe Fahrlässigkeit

§ 61 VVG erklärt den Vr für leistungsfrei, „wenn der VN den Fall vorsätz- **1** lich oder grob fahrlässig herbeiführt". Dabei ist „herbeiführt" mit „adäquat verursacht" gleichzusetzen. Positives Tun und pflichtwidriges Unterlassen stehen einander gleich, O I 12. Es handelt sich um einen sog. subjektiven Risikoausschluß im Rahmen der sog. sekundären Risikoabgrenzung, die zweifelsfrei der richterlichen Inhaltskontrolle nach § 9 AGBG unterworfen ist. Soweit sich Vorsatz oder grobe Fahrlässigkeit auf den gesamten Schaden beziehen, fehlt es schon an einem VFall, L II 19. Soweit der Vorsatz oder die grobe Fahrlässigkeit vor – andernfalls greift § 62 Abs. 2 VVG ein, W II 25 bis 30 – Eintritt des VFalls nur für einen Teil des Schadens adäquat ursächlich ist, gilt der gesetzliche Ausschluß nur für diesen Teil des Schadens.

In §§ 16 AFB 30, AEB, 14 Nr. 1 Satz 1 AERB, 15 Nr. 1 AWB 68, AStB 68, 16 **2** Nr. 1 VHB 74, 9 Nr. 1 a VHB 84, 18 Nr. 1 VGB 62, 9 Nr. 1 a VGB 88, 14 Nr. 1 AFB 87, AERB 87, AWB 87, AStB 87 wird der Inhalt von § 61 VVG wiederholt.

Zutreffend ist in den AVB von der Herbeiführung nicht des VFalls, sondern **3** des „Schadens" die Rede. Allerdings wird diese textliche Verbesserung wieder dadurch in Frage gestellt, daß in den bis 1980 formulierten älteren AVB einschließlich der AERB jeweils gesagt wird, der Vr solle von „jeder" Entschädigungspflicht frei sein. Erst in den VHB 84, VGB 88, AEB 87, AERB 87, AWB 87, AStB 87 wird das Wort „jeder" vermieden. Aber auch durch das Wort „jeder" soll nicht etwa § 61 VVG auf Schadenteile ausgedehnt werden, die außerhalb der adäquaten Folgen des vorsätzlichen oder grob fahrlässigen Fehlverhaltens des VN liegen. Das Wort „jeder" soll lediglich ein etwaiges richterliches Ermäßigungsrecht verneinen. Der Vr soll nicht verpflichtet sein, einen Teil des vorsätzlich oder grob fahrlässig verursachten Schadens aus Billigkeitsgründen dennoch zu tragen. Eine solche Argumentation, etwa im Anschluß an das richterliche Ermäßigungsrecht bei Leistungsfreiheit wegen arglistiger Täuschung nach dem VFall, X III 15 bis 22, ist bisher aber auch von keiner Seite vertreten worden, auch nicht durch BGH RuS 89, 193, wo allerdings die für den VN vorteilhafte Abweichung von § 61 VVG durch das Wort „Schaden" in § 18 Nr. 1 VGB 62 nicht gewürdigt wurde.

1. § 61 VVG steht gleichrangig neben vereinbarter Leistungsfreiheit wegen **4** Verletzung gefahrmindernder Obliegenheiten im Sinn von § 6 Abs. 2 VVG und neben Leistungsfreiheit wegen Gefahrerhöhung gemäß §§ 23 ff. VVG, auch wenn ein und derselbe Lebenssachverhalt die Voraussetzungen beider Normen erfüllt, vgl. Obliegenheitsverletzungen M I 5 bis 15 und nachfolgend O I 5 bis 9 sowie für Gefahrerhöhungen N III 56 bis 63 und nachfolgend O I 10 und 11. Diese Ansicht wurde in Rechtsprechung und Literatur zunächst allgemein vertreten, vgl. PM § 23 Anm. 7, BM § 23 VVG Anm. 11 sowie § 32 VVG Anm. 18 mit Nachweisen aus der RG-Rechtsprechung und z. B. auch BGH VersR 63, 429 (zu den AHB).

5   a) Hiervon abweichend hat der BGH durch Urteil vom 21. 9. 1964 (BGHZ 42, 295 = VersR 65, 29) § 61 VVG in einem Fall der WohngebäudeV nicht angewendet, in dem **zugleich** ein **Verstoß gegen eine Sicherheitsvorschrift** der AWB in einer Fassung aus der Zeit vor 1968 (Entleeren von Leitungen usw., M I 70) vorlag, der aber wegen versäumter Kündigungsfrist (M II 35) nicht mehr zur Leistungsfreiheit führte. Der BGH wollte hier den grob fahrlässigen Verstoß gegen die Sicherheitsvorschrift nicht als Fall von § 61 VVG gelten lassen, weil sonst der Zweck der Kündigungspflicht nicht erreicht werde. Dieses Argument ist aber nicht zwingend, denn gewöhnlich führt nach § 6 Abs. 1 Satz 1 VVG schon der leicht fahrlässige Verstoß gegen Sicherheitsvorschriften zur Leistungsfreiheit, so daß BGH aaO in Fällen grober Fahrlässigkeit nach versäumter Kündigungsfrist die Berufung auf § 61 VVG sicherlich nicht beanstandet hätte. Wenn manche AVB dem VN zugestehen, daß Verstöße gegen Sicherheitsvorschriften nur bei grober Fahrlässigkeit zur Leistungsfreiheit führen, M II 8, so kann daraus nicht hergeleitet werden, der Vr habe den Ablauf der Kündigungsfrist auch im Rahmen von § 61 VVG gegen sich gelten lassen wollen. Übrigens verschlechtert sich die Stellung des **Vr** auch nach der hier vertretenen Ansicht durch den Ablauf der Kündigungsfrist, denn nach § 61 VVG muß er den **Verschuldensgrad** und die **Kausalität** des Fehlverhaltens **beweisen**, M I 10 sowie O I 41 bis 66, während nach § 6 Abs. 1 und 2 VVG der VN den Entschuldigungs- und den Kausalitätsgegenbeweis führen müßte.

6   Soweit sich BGHZ 42, 295 auf eine – schon früher nicht zutreffende, O I 12 – Ansicht von Schmidt (Die Obliegenheiten, 1953, Seite 217) beruft, ist die Entscheidung durch die spätere BGH-Rechtsprechung überholt, der nunmehr das Unterlassen dem positiven Tun im Rahmen von § 61 VVG ausdrücklich gleichstellt, O I 12, während Schmidt aaO noch umgekehrt bei Verursachung nur durch Unterlassen § 61 VVG zurücktreten lassen wollte. Hinweise auf die ältere Literatur (vgl. insbesondere Raiser 395), welche ebenfalls § 61 VVG und Leistungsfreiheit wegen Obliegenheitsverletzung gleichrangig nebeneinanderstellt, gibt E. Prölss VersR 65, 31 in seiner Anmerkung zu BGH aaO in VersR 65, 29.

7   Auf BGHZ 42, 295 haben die Instanzgerichte nur vereinzelt (LG Karlsruhe NJW-RR 86, 1037 für die Reise- und WarenlagerV) und der BGH selbst bisher überhaupt nicht wieder zurückgegriffen. Hamm RuS 89, 92 hält § 61 VVG zwar ebenfalls für unanwendbar, wenn der Vr wegen desselben Fehlverhaltens nach § 6 Abs. 1 Satz 3 VVG hätte kündigen können, zitiert aber BGHZ 42, 295 nicht. Außerdem kam es in Hamm aaO für das Ergebnis auf die Frage der Konkurrenz der beiden Gründe für Leistungsfreiheit nicht an, weil im konkreten Fall die grobe Fahrlässigkeit mit Bezug auf den Leitungs-

wasserschaden an einem Wohngebäude zu verneinen war. Saarbrücken VersR 89, 397 schließt sich zwar verbal BGHZ 42, 295 an, läßt es aber für eine Anwendbarkeit von § 61 VVG schon genügen, wenn über den objektiven Mindesttatbestand der Obliegenheitsverletzung hinaus (im konkreten Fall: entgegen § 9 Nr. 2 b VGB 62 nicht entleerte Wasserleitungen) weitere den VN belastende Umstände vorliegen. Als solche weiteren Umstände genügen nach Saarbrücken aaO offenbar alle Umstände, die geeignet sind, die objektiven Tatbestand der Obliegenheitsverletzung als verschuldet und als schadenursächlich erscheinen zu lassen (im konkreten Fall die Tatsache des Fehlens einer Beheizung). Da solche Umstände fast immer vorliegen, nähert sich Saarbrücken aaO der im Ergebnis der hier vertretenen Ansicht von der gegenseitigen Unabhängigkeit beider Rechtsinstitute.

Die Instanzgerichte wenden § 61 VVG oder die ihm nachgebildeten AVB- **8** Bestimmungen in der Regel auch dann an, wenn durch dasselbe Fehlverhalten des VN eine Obliegenheit verletzt wurde. In der Mehrzahl der Fälle wird dann die Frage einer Obliegenheitsverletzung erst gar nicht geprüft, vgl. z. B. LG Köln VersR 80, 155 zu einem Brandschaden in einer Gaststätte durch falschen Umgang mit Tabakresten („braucht nicht entschieden zu werden"). LG Köln VersR 88, 1258 = RuS 377 erklärt zu einem Leitungswasserschaden § 61 VVG ausdrücklich auch dann für anwendbar, wenn durch dasselbe Fehlverhalten § 9 Nr. 2 b VGB 62 verletzt worden war und der Vr die Kündigungsfrist ungenutzt hatte verstreichen lassen.

Weil § 61 VVG nicht sagt, welches Verhalten des VN rechtswidrig ist, **9** sondern einen Maßstab stillschweigend voraussetzt, O I 61, sind **Sicherheitsvorschriften** sogar der wichtigste **Maßstab innerhalb von § 61 VVG.** Wenn der Vr Sicherheitsvorschriften vereinbart, will er § 61 VVG nicht beseitigen, sondern im Gegenteil mit konkreten Verhaltensnormen ausfüllen, um Zweifel über den Anwendungsbereich des § 61 auszuräumen, vgl. M I 5 und 10 sowie O I 82. Die Instanzgerichte haben dies auch nie bezweifelt, wie sich aus vielen der O I 100 bis 146 zitierten Entscheidungsbeispielen ergibt, vgl. z. B. ausdrücklich Köln VersR 65, 1066 zur Kfz-V (Verstoß gegen StVZO bezüglich Lenkradschloß), LG Münster VersR 76, 921 (Flüssiggas-Sicherheitsvorschriften), BObLG VersR 76, 33 (Sicherheitsabstand von Rauchrohren) und Hamm VersR 75, 607 (Verstoß gegen Unfallverhütungsvorschriften durch Ablage von Tabakresten, im konkreten Fall allerdings verneint). Ausdrücklich offen geblieben ist die Frage in Hamm VersR 72, 265 für die AWB 68.

b) Zum **Verhältnis** des § 61 VVG zu §§ **23 ff.** VVG (**Gefahrerhöhung**) fragt es **10** sich, ob aus der Beschränkung von §§ 23 ff. VVG auf *Dauerzustände* im Sinne von N III 29 umgekehrt hergeleitet werden kann, daß § 61 VVG nur gilt, wenn das Fehlverhalten *kurzfristig* („*unmittelbar"*) zum VFall führt, ohne daß die Gefahr zuvor „auf erhöhtem Niveau ausruht". Für eine solche Beschränkung tritt Sieg BB 70, 106 ein, aber ohne Stütze im Wortlaut von § 61 VVG. Auch kann sich Sieg weder auf BM § 32 VVG Anm. 42 noch auf BGH VersR 59, 691 (zu den AKB) berufen, denn dort wird jeweils nur erörtert, ob §§ 61, 152 VVG vertraglich erweitert werden können, 0 I 67, was angeblich nur für ein Verhalten zulässig sein soll, das „unmittelbar" zum VFall führt (vgl. aber jetzt zutreffend BGH VersR 72, 85 zur ValorenV für

Juweliere). Auch Schirmer ZVersWiss **84**, 573 lehnt ein ungeschriebenes Erfordernis im Sinn eines „unmittelbaren" Ursachenzusammenhangs ausdrücklich ab. Ferner treten für die Geltung des § 61 VVG **bei jeder adäquaten Verursachung** und damit auch im Anwendungsgebiet der §§ 23 ff. VVG Frankfurt RuS **85**, 305, Köln RuS **89**, 160, BM § 23 VVG Anm. 11, PM § 23 Anm. 7, § 61 Anm. 2, Martin NJW **72**, 1277, Raiser 396, Wussow § 16 AFB Anm. 8 ein.

11   BGHZ **42**, 295 (299) stellt zwar die gegenseitige Unabhängigkeit der Rechtsfolgen von § 61 VVG und von §§ 23 ff. VVG nicht ausdrücklich in Frage, wendet dann aber inkonsequent (E. Prölss VersR **65**, 31) dennoch § 61 VVG aus Gründen nicht an, die ein wenig unklar formuliert sind und auf so etwas wie eine Ausschließlichkeit von §§ 23 ff. VVG bei Verursachung des VFalls durch die längerfristige erhöhte Gefahrenlage hinauslaufen. Soweit allerdings der BGH die Vornahme einer Gefahrerhöhung verneint, weil der Zustand erhöhter Gefahr zunächst ohne den Willen des VN eingetreten war und durch ein Unterlassen des VN lediglich aufrechterhalten und zu einem Dauerzustand gemacht wurde, N III 9 und 12, stehen §§ 23 ff. VVG einer Anwendung von § 61 VVG keinesfalls entgegen.

12   Zu unterscheiden von der Frage der Unmittelbarkeit der Herbeiführung des VFalls ist die ganz andere Frage, ob **positives Tun** und **Unterlassen** einander im Rahmen von § 61 VVG gleichstehen. Die Frage ist zu bejahen, BGH VersR **76**, 649, **77**, 517, **86**, 962, LG Berlin VersR **82**, 84, Hamm RuS **89**, 298 (einschränkend Hamburg VersR **83**, 1151), und zwar entgegen Schmidt aaO (O I 6) auch (O I 9) und nach BGH VersR **81**, 245 sogar gerade dann, wenn das Unterlassen allein in einem Verstoß gegen vereinbarte Sicherheitsvorschriften (gefahrmindernde Obliegenheiten) besteht. Daß der VN den zum Schaden führenden Geschehensablauf gekannt oder grob fahrlässig nicht gekannt haben muß (BGH VersR **86**, 962; Schirmer ZVersWiss **84**, 578), ist eine Frage nicht der Gleichstellung von Tun und Unterlassen, sondern des Verschuldens. Wer pflichtwidrig im Sinn von O I 61 eine schadenverhütende Maßnahme unterläßt, führt den Fall herbei. Erforderlich und ausreichend ist stets die adäquate Kausalität zwischen dem Fehlverhalten und dem VFall; „herbeiführen" und „verursachen" unterscheiden sich nicht, vgl. BGH VersR **76**, 649 für die Kfz-Kasko-V sowie Raiser 396 und PM § 61 Anm. 3.

13   Die gegenteilige Ansicht würde schon daran scheitern, daß die Grenze zwischen Tun und Unterlassen oft kaum zu ziehen ist, vgl. M II 42, N III 13, Martin VersR **88**, 209, 213 und z. B. die Fälle Hamm VersR **73**, 169 (Funkenflug durch die Tätigkeit des Schleifens oder durch das Unterlassen von Sicherheitsvorkehrungen?), Köln VersR **65**, 1066 (Lenkradschloß) und Hamm VersR **81**, 870 (Unterlassen der erneuten Vermietung eines nunmehr leerstehenden Wohngebäudes nach Auszug der letzten Mieter). Soll es in dem zuletzt genannten Fall darauf ankommen, ob die Kündigung vom VN oder von den letzten Mietern ausgegangen ist? Auch die zugehörige Revisionsentscheidung BGH VersR **82**, 266 läßt diese Frage offen, weil der Vr im Einzelfall schon nach §§ 27 Abs. 2, 28 Abs. 1 VVG mangels Anzeige leistungsfrei war.

14   2. Wegen der **Begriffe des Vorsatzes und der groben Fahrlässigkeit** muß auf die Literatur zu §§ 61, 6, 25 VVG, 276, 823, 827, 828 BGB verwiesen werden.

Dies gilt auch, soweit Verschulden im Rahmen der Rechtsfolgen von Obliegenheitsverletzungen vor oder nach dem VFall (M II 16 und X I 17) oder Gefahrerhöhungen (N III 3) eine Rolle spielt. Es ist ein **objektiver Sorgfaltsmaßstab** anzuwenden. Die persönlichen Eigenschaften, Kenntnisse und Fähigkeiten beeinflussen den Sorgfaltsmaßstab nur insofern, als auf die Zugehörigkeit des VN zu größeren Personengruppen (z. B. Kind, Jurist, Arzt usw.) Rücksicht genommen werden darf. Auch scheitert der Einwand der groben Fahrlässigkeit nicht daran, daß die im konkreten Fall gegebenen Schadenabwendungsmöglichkeiten „ebensogut hätten fehlen können", O I 95. Ergänzend ist im Hinblick auf § 61 VVG zu bemerken:

Vorsatz erfordert Kenntnis des eigenen Verhaltens, des daraus erwachsen- 15 den Schadens (O I 3) und des Ursachenzusammenhangs zwischen beidem. Ferner setzt Vorsatz voraus, daß der VN nicht einem Verbotsirrtum unterliegt. Genaue Kenntnis der Art des Schadens und seiner Entstehung ist aber nicht nötig. Wo die Grenze genau verläuft, spielt gerade im Rahmen von § 61 VVG keine Rolle, denn in Grenzfällen liegt in aller Regel auch grobe Fahrlässigkeit vor, die ebenfalls Ausschluß führt. Die Art und Weise der Schadenentstehung als Teil des Tatbestandes von § 61 VVG ist weniger für den Vorsatzbegriff als vielmehr im Hinblick auf die Anforderungen an den Nachweis der Ursächlichkeit des Fehlverhaltens für den Eintritt des VFalls bedeutsam, den der Vr führen muß, O I 41. Nach herrschender Ansicht soll der Vr nicht beweisen müssen, daß der Schaden ohne das Fehlverhalten ausgeblieben wäre, sondern nur, daß der Schaden ohne das Fehlverhalten nicht genau in derselben Art und Weise eingetreten wäre, O I 43.

Ferner setzt Vorsatz voraus, daß der VN **nicht** einem **Verbotsirrtum** unterle- 16 gen ist, also Kenntnis der Rechtswidrigkeit, Martin RuS 88, 185. Kenntnis vom VVertrag oder von der Zugehörigkeit der betroffen Sache zu den Versicherten Sachen usw. ist aber nicht erforderlich, sondern wird fingiert O I 64. Unkenntnis solcher Umstände begründet auch dann nicht Verbotsirrtum und schließt die Anwendung von § 61 VVG auch dann nicht aus, wenn man aus dieser Bestimmung eine Schadensverhütungspflicht ableitet. Praktisch bedeutsam ist eine Berufung des VN auf Verbotsirrtum weniger im Fall von § 61 VVG, denn das Verbot, den VFall nicht vorsätzlich herbeizuführen, versteht sich von selbst. Praktisch häufiger steht ein Verbotsirrtum der Leistungsfreiheit wegen Obliegenheitsverletzung vor (M II 21) oder nach (X II 3) dem VFall entgegen. Ob Unkenntnis von einer Obliegenheit als grob oder nur als leicht fahrlässig oder ausnahmsweise sogar als schuldlos einzustufen ist, hängt davon ab, wie sehr sich die Existenz der Obliegenheit aus der Natur des VVerhältnisses als eine Selbstverständlichkeit ergibt. Unkenntnis des Inhalts des Vertrages und der AVB kann also nicht nur von VN zu VN, sondern auch von AVB-Bestimmung und vor allem von Obliegenheit zu Obliegenheit unterschiedlich zu beurteilen sein, Martin aaO 188.

Verursacht der VN vorsätzlich einen versicherten Schaden, um einen an- 17 dernfalls drohenden größeren sonstigen – nicht versicherten – Schaden abzuwenden, handelt er also in sog. **Notstandslage**, so kommt es darauf an, ob der abgewendete sonstige Schaden ein Personen- oder ein Sachschaden gewesen wäre. Wird ein **Personenschaden** abgewendet, so ist **Vorsatz** begrifflich **ausgeschlossen**, und zwar nach der hier vertretenen Ansicht zur Schadenverhütungspflicht (O I 61) schon analog § 904 Satz 1 BGB. Das Verhalten des VN ist dann nicht rechtswidrig, so daß die Frage des Vorsatzes nicht mehr gestellt werden kann. § 904 Satz 1 BGB schließt auch im Rahmen des VVertrages die in § 61 VVG vorausgesetzte Rechtswidrigkeit des schadenstiftenden Verhaltens aus. Auch sonst schließt Notstand den Vorsatz aus, wo Vorsatz versicherungsvertragsrechtliche Folgen hat, vgl. z. B. F III 23 zum Vorsatz von Arbeitnehmern oder Wohngenossen als Ausschlußtatbestand in der Diebstahl- und RaubV.

18   Allerdings muß nach § 904 Satz 2 BGB dem Eigentümer den Schaden ersetzen, wer in einer Notstandslage eine fremde Sache beschädigt. Aber dieser Gedanke, daß nämlich die wirtschaftlichen Folgen einer durch Notstand gebotenen Handlung nicht auf einen Dritten abgewälzt werden können, darf im Rahmen von § 61 VVG jedenfalls im Zusammenhang mit Personenschäden nicht zugunsten des SachVr herangezogen werden. Eine Analogie zu § 904 Satz 2 BGB wäre nämlich unvereinbar mit § 26 VVG. Soweit ein versicherter Schaden mit Rücksicht auf ein Gebot der Menschlichkeit verursacht wird, muß der Vr ihn ersetzen. § 26 VVG ist auch zur Auslegung von §§ 6, 61 VVG heranzuziehen und hat dort geradezu sein Hauptanwendungsgebiet. Gefahrerhöhungen setzen nämlich einen Zustand von gewisser Dauer voraus, weshalb § 26 VVG gerade bei Gefahrerhöhungen kaum je anzuwenden ist.

19   Erstürmt z. B. die Polizei den Geschäftsraum eines Geldinstituts, um den als Geisel festgehaltenen Filialleiter zu befreien, und tut die Polizei dies nicht aus eigenem Entschluß, sondern auf Wunsch des VN, so kann der FeuerVr gleichwohl nicht den geschuldeten (C III 7) Ersatz der durch den Schußwaffengebrauch verursachten Explosionsschäden an der versicherten Betriebseinrichtung ablehnen. § 904 Satz 2 BGB ist hier also nicht zugunsten des Vr analog anwendbar. Außerdem steht im Beispielsfall nicht fest, ob nicht später der Schußwaffengebrauch auch ohne Initiative oder Zustimmung des VN erforderlich geworden wäre, so daß auch der Ursachenzusammenhang zwischen dem vorsätzlichen Verhalten des VN und dem Schaden an der Betriebseinrichtung durch den FeuerVr nicht zu beweisen wäre.

20   Eine Besonderheit gilt bei **Raub** durch Drohung mit Schäden für **Leib oder Leben Dritter**. Wer wegen einer Drohung mit einer Gewalt gegen Leib oder Leben Dritter Geld herausgibt, handelt nur dann vertragswidrig und vorsätzlich im Sinn von § 61 VVG, wenn er dem Opfer der angedrohten Gewalttat gegenüber hierzu rechtlich nicht verpflichtet, D XII 112, und sich dieser Rechtslage auch bewußt war, D XII 123.

21   Beruht die Notstandslage lediglich auf einem drohenden – unverhältnismäßig höheren – **Sachschaden**, so schließt § 904 Satz 1 BGB die aus § 61 VVG sich ergebende Leistungsfreiheit des Vr nicht voll, sondern nur **anteilig** aus. Der VN darf einen drohenden Schaden nicht in vollem Umfang von unversicherten auf versicherte Interessen verlagern. Vielmehr ist der Schaden dann zwischen dem VN und dem Vr ebenso aufzuteilen wie in den entsprechenden Fällen des § 63 VVG, vgl. W II 6 und PM § 63 VVG Anm. 2. Der Vr ersetzt nur den Teil des Schadens, der dem Anteil der versicherten am Gesamtwert der bedrohten versicherten und nicht versicherten Sachen entspricht. Wirtschaftlich werden also die bedrohten versicherten

und die bedrohten nicht versicherten Sachen zu einer nur anteilig versicherten Einheit zusammengefaßt.

3. **Grobe Fahrlässigkeit** liegt vor, wenn nebeneinander gewisse objektive 22 und gewisse subjektive Voraussetzungen gegeben sind (Literaturnachweise: Müller VersR 85, 1106). Objektiv wird vorausgesetzt, daß die Schadenwahrscheinlichkeit für den Vr unzumutbar hoch war, obwohl der VN sie mit zumutbarem Kostenaufwand hätte senken können. Dem Vr unzumutbar ist eine Schadenwahrscheinlichkeit, die das **vertraglich vorausgesetzte Gefahrenniveau** erheblich überschreitet. Die in O I 61 bis 99 und 118 angestellten Überlegungen zum gebotenen Sorgfaltsmaßstab sowie die in O I 100 bis 145 erörterten Beispiele aus dem Bereich der einzelnen VZweige befassen sich mit den Grenzen, innerhalb deren dem Vr eine höhere Schadenwahrscheinlichkeit oder dem VN deren Verminderung zumutbar ist.

Für den Eintritt des VFalls ausschlaggebend ist das Maß der Gefährdung in 23 dem Zeitraum, der dem VFall unmittelbar vorausgeht. Ob die erhöhte Gefährdung schon längere Zeit angedauert hatte oder ob sie schon früher wiederholt einen ähnlich hohen Stand erreicht hatte, wäre bei nur rückblickender Beurteilung gleichgültig, denn nachträglich steht fest, daß die vorausgegangene längere Dauer oder die Wiederholung der erhöhten Gefährdung nicht zu einem Schaden geführt hatte. Diese Betrachtungsweise wäre indessen zu abstrakt. Dem Vr ist erhöhte Gefährdung um so weniger zuzumuten, je länger sie andauert oder je öfter sie sich wiederholt, denn in die Zukunft gesehen gelastet erhöhte Gefährdung den Vr auch dann, wenn sie schließlich doch (noch) nicht zum Schaden führt. Daher ist es gerechtfertigt, ein **einmaliges Fehlverhalten mit der zu beurteilenden** als ein wiederholtes oder länger andauerndes Fehlverhalten gleicher Art, vgl. O I 84. Insbesondere gilt dies für das einmalige Vergessen eines Handgriffes oder einer Maßnahme innerhalb eines zur Routine gewordenen Handlungsablaufes, O I 85 sowie BGH NJW 89, 1354 (zur FahrzeugV nach den AKB: Autokran versehentlich nicht vollständig abgesenkt), BGH RuS 89, 193 (vor verlassen des Hauses Friteuse mit heißem Fett nicht ausgeschaltet).

Hinsichtlich der **subjektiven Voraussetzungen** der groben Fahrlässigkeit ist 24 zwischen bewußter und unbewußter grober Fahrlässigkeit zu unterscheiden. Beide Formen der Fahrlässigkeit können im Einzelfall grob oder auch nur leicht sein, BGH NJW 89, 1354. Die **begriffliche Möglichkeit** einer **unbewußten groben Fahrlässigkeit** ist letztlich eine Folge der gebotenen Gleichstellung von *positivem Tun* und *Unterlassen* im Rahmen von § 61 VVG, vgl. dazu O I 12. Wer es vertragswidrig unterläßt, sich überhaupt Gedanken zu machen, darf nicht besser gestellt werden als derjenige, der sich zwar Gedanken macht, dessen Überlegungen inhaltlich unrichtig sind, insbesondere weil er irrig annimmt, der zu befürchtende Schaden werde schließlich doch nicht eintreten.

Bewußte Fahrlässigkeit ist **grob,** wenn der VN die stark erhöhte Schaden- 25 wahrscheinlichkeit und deren leicht zumutbare Reduzierbarkeit erkannt, sich dann aber gleichwohl bei der Hoffnung beruhigt hat, es werde schon nichts passieren oder der Vr werde trotz der erhöhten Schadenwahrscheinlichkeit Ersatz leisten. Daher muß der Vr, wenn er sich auf grobe Fahrlässigkeit beruft und deren Voraussetzungen zu beweisen hat, O I 40, eine mögliche Verhaltensalternative aufzeigen können, die dem VN zumutbar und bekannt war. Kennt der VN auch nur entweder die erhöhte Wahrscheinlichkeit oder die Möglichkeit eines weniger schadenträchtigen Verhaltens *nicht*, so kann es sich allenfalls noch um *unbewußte* grobe Fahrlässigkeit handeln.

26   Besonders bei unbewußtem Fehlverhalten entlastet es den VN bisweilen, daß ein vergleichbares „Versehen" auch „einem nicht besonders sorglos handelnden VN unterlaufen kann", so daß es an der erforderlichen subjektiven Komponente der groben Fahrlässigkeit fehlt, vgl. BGH VersR 86, 962 = NJW 2838, NJW 89, 1354 = VersR 582 (jeweils zu den AKB) sowie allgemein zur Einmaligkeit eines Versehens als Entlastungsgrund unten O I 84. Beruft sich der VN darauf, er habe eine Schadenmöglichkeit oder eine Gefahrenquelle auf Dauer oder wenigstens vorübergehend „vergessen", so kann der beweispflichtige (O I 50) Vr oft nicht die Möglichkeit ausräumen, daß es zu diesem Vergessen durch ein physisches oder psychisches Gebrechen oder durch eine Ablenkung der Aufmerksamkeit des VN gekommen sein könnte, die als schuldlos oder nur leicht fahrlässig einzustufen wäre, vgl. BGH RuS 89, 193 = VersR 840 zur Gehirnleistungsschwäche einer 62-jährigen VN infolge von Gefäßsklerose.

27   Beispiele: In Düsseldorf RuS 88, 83 hatte der VN „vergessen", heiße Tabakreste aus einem hierfür ungeeigneten Behältnis alsbald und endgültig in einen feuersicheren Abfallbehälter zu verbringen. In Saarbrücken RuS 88, 18 hatte die VN „vergessen", daß eine Herdplatte angeschaltet war, als sie die Wohnung verließ. In BGH VersR 86, 254 = NJW-RR 705 hatte die VN bei Verlassen eines Zimmers eine brennende Kerze „übersehen", vgl. näher O I 29. Zu der richtungweisenden Entscheidung BGH NJW 89, 1354 = VersR 582 über die mildere Beurteilung des einmaligen Vergessens eines bestimmten Gliedes innerhalb eines zur Routine gewordenen Handlungsablaufs hat der Fall geführt, daß der VN als Fahrer eines Autokranes durch Matschwetter und schmutziges Gelände abgelenkt war und dadurch vergaß, den Kran vor der Abfahrt völlig abzusenken.

28   Immerhin kann begrifflich auch unbewußte Fahrlässigkeit grobe Fahrlässigkeit sein, vgl. BGH RuS 89, 193 zu den VGB 62. Sie ist grob, wenn die Unkenntnis der erhöhten Schadenwahrscheinlichkeit oder die Unkenntnis der dem VN offenstehenden Verhaltensalternative diesem in gesteigertem Maß vorwerfbar ist, vgl. BGH VersR 84, 480 = NJW 2165, BGH VersR 85, 440 = NJW 2648 = VerBAV 246 zu den AKB (z.B. bei Überholen trotz leicht erkennbaren Gegenverkehrs) und auch psychische Gegebenheiten in der Person des VN dieser Beurteilung nicht entgegenstehen (BGH RuS 89, 193 = VersR 840 zur Gehirnleistungsschwäche einer 62-jährigen Wohngebäude-VN nach den VGB 62). Daß der VN an die erhöhte Schadenwahrscheinlichkeit oder an die gebotene Verhaltensalternative ganz einfach nicht gedacht hatte, ist typisch für sämtliche Fälle unbewußter Fahrlässigkeit und schließt für sich allein die Möglichkeit einer unbewußten groben Fahrlässigkeit noch nicht aus.

29   Vielmehr darf zugunsten des auch für die subjektive Seite beweispflichtigen Vr (O I 50) „im Einzelfall" (BGH VersR 86, 254 = NJW-RR 705) „unter Umständen" (BGH VersR 84, 480 = NJW 2165) „sogar" (BGH NJW 89,

1354 = RuS 209 = VersR 582) ein **Schluß aus dem äußeren Hergang auf die** **subjektive Komponente** der groben Fahrlässigkeit gezogen werden. Hierbei ist vorauszusetzen, daß die jeweils realisierte Schadenursache in ihrer Gefährlichkeit allgemein oder jedenfalls derjenigen Personengruppe bekannt ist, zu welcher der VN gehört. In Hamm VersR 86, 1177 findet sich hierzu die These, die Brandgefahr durch heiße Tabakreste in Plastikabfallbehältern sei nicht allgemein bekannt, was dem Einwand der fehlenden subjektiven Komponente in einschlägigen Fällen gewisse Aussichten eröffnen würde.

Der Schluß aus dem äußeren Hergang auf die subjektiven Voraussetzungen **30** der groben Fahrlässigkeit im Rahmen der Beweisführung des Vr ist eine Frage der **tatrichterlichen Würdigung**, die in der Revisionsinstanz nur beschränkt nachgeprüft werden kann. Ein gutes Beispiel liefert Hamm VersR 84, 954 als Vorinstanz zu BGH VersR 86, 254 = NJW-RR 705. Eine ältere Dame hatte alle Adventskerzen löschen wollen, ehe sie das Zimmer verließ, um zu Bett zu gehen, hatte aber eine der Kerzen übersehen. Ihr wurde eine altersbedingte Erinnerungslücke zugebilligt, zumal schon die objektive Seite der groben Fahrlässigkeit nicht zweifelsfrei war. Es hätte wohl geklärt werden müssen, bei welcher Lichtquelle die VN den Wohnraum verlassen hat, in dem sie eine Kerze auf brennbarer Unterlage ungelöscht hatte stehen lassen, als sie am Abend in das Schlafzimmer und zu Bett ging. Indessen waren in jenem Fall schon die objektiven Voraussetzungen der groben Fahrlässigkeit nicht so eindeutig zu bejahen, wie dies in dem Urteil angenommen wird. Durch Sachverständigengutachten hätte aufgeklärt werden müssen, ob die verwendete Kerzenart auf der verwendeten Art von Unterlage wirklich zu einer im Sinn von O I 76 für den Vr unzumutbar erhöhten Schadenwahrscheinlichkeit führen mußte, sobald die Klägerin den Raum verlassen hatte. Durch einen Reihenversuch – ähnlich wie in Hamm RuS 86, 261 = VersR 88, 26 zur Brandgefahr durch Zigarettenreste in Plastikabfallbehältern – hätte sich die Schadenwahrscheinlichkeit hier ziemlich genau feststellen und sogar beziffern lassen.

4. Unanwendbar ist § 61 VVG, wenn der VN zwar mit natürlichem Vorsatz **31** oder grob fahrlässig gehandelt hat, wenn er aber zur Zeit seines für den VFall ursächlichen Handelns oder Unterlassens **schuldunfähig** war, weil er sich in einem Zustand krankhafter **Störung der Geistestätigkeit** befunden hatte, und zwar in einem Maß, das nach § 104 Nr. 2 BGB seine Geschäftsfähigkeit ausschließen würde. BGH NJW 89, 1612 = VersR 469 spricht von dem **Fehlen der** erforderlichen **Einsichts- und Hemmungsfähigkeit**. Es kann sich um einen *dauernden* oder auch nur um einen *vorübergehenden Zustand* gehandelt haben. Daß Leistungsfreiheit in solchen Fällen nicht eintritt, läßt sich unmittelbar aus den Begriffen „Vorsatz" und „grobe Fahrlässigkeit" ableiten, denn diese Begriffe setzen Schuldfähigkeit voraus. Zu demselben Ergebnis führt aber auch eine Analogie zu § 827 Satz 1 BGB. Praktisch bedeutsam ist die Frage der Anwendbarkeit von § 827 Satz 1 und vor allem Satz 2 BGB nur für die unten O I 58 behandelte Frage der Beweislastverteilung.

Ein **Dauerzustand** der Schuldunfähigkeit kann insbesondere durch organi- **32** sche **Gehirnleiden** (Gehirntumor in fortgeschrittenem Stadium usw.) durch **psychische Erkrankungen** und durch Alkoholismus entstehen. Auch schon unterhalb der Grenze zur Schuldunfähigkeit können psychische Gegebenheiten in der Person des VN den Schuldvorwurf reduzieren, vgl. O I 26 und 28. Eine gewisse Abnormität des schadenstiftenden Verhaltens beweist für sich allein noch nicht eine psychische Erkrankung des VN. Dies gilt gleichermaßen für Straftaten (Betrugsversuch zum Nachteil des Vr) wie für einen – erfolgreichen oder erfolglosen – Selbstmordversuch. Die Rechtsprechung zur LebensV (PM § 169 Anm. 4) ist aber nur mit Einschränkungen für die SachV verwertbar, denn nach § 169 Satz 2 tragen anders als im Fall von § 61 VG die Erben des VN die Beweislast, wenn sie sich auf psychische Erkrankung des Selbstmörders berufen.

33   **Alkoholismus** ist eine Krankheit, die in fortgeschrittenem Stadium die Schuldfähigkeit ausschließen kann, und zwar auch mit Bezug auf Handlungen, die der Alkoholiker in nüchternem Zustand vornimmt, vgl. VG Bayreuth VersR 82, 890 für einen Selbstmordversuch. Ob der Alkoholiker seine Krankheit grob fahrlässig herbeigeführt hat, ist jedenfalls nicht schon nach § 827 Satz 2 BGB von rechtlicher Bedeutung, denn dort werden nur ihrer Art nach vorübergehende Störungen der Geistestätigkeit angesprochen, vgl. unten O I 35 und 38.

34   Unmittelbar nach § 61 VVG schadet eine grob fahrlässige Herbeiführung der **Alkohol- oder Drogenabhängigkeit** dem VN ebenfalls nicht, denn kaum je sind schon vor Beginn der Abhängigkeit die in diesem Zustand später zu verursachenden Schäden voraussehbar im Sinn von O I 37. Jedoch kann in Fällen dieser Art der Vr wegen **Gefahrerhöhung** leistungsfrei sein, insbesondere für das Feuer- und Diebstahlrisiko, vgl. N V 31. Hierbei kommt es dann nur auf die Voraussehbarkeit der Abhängigkeit sowie der Gefahrerhöhung, nicht dagegen auf die Voraussehbarkeit des in diesem Zustand verursachten Schadens an. Auch genügt die Leistungsfreiheit wegen Gefahrerhöhung bereits leichte Fahrlässigkeit.

35   Ein **vorübergehender Zustand** von Störung der Geistestätigkeit entsteht insbesondere durch **Konsum von Alkohol, Medikamenten oder Rauschgift.** Da auch ein rechtswidriges *Unterlassen* § 61 VVG anwendbar macht, O I 12, ist jeweils zu prüfen, ob nicht der VN vor Beginn der Bewußtseinstrübung **Vorkehrungen gegen ein schadenstiftendes Verhalten** hätte treffen müssen, vgl. BGH NJW 89, 1612 = VersR 469 sowie als Vorinstanz Hamm RuS 88, 2 (4) = VersR 394 zur Trunkenheitsfahrt (AKB), wo die Frage aber offen bleibt. In der SachV sind Fälle dieser Art seltener als zu den AKB, denn Trunkenheitsfahrten sind vor Beginn eines Alkoholkonsums usw. öfter voraussehbar als andere schadenstiftende Handlungen. Mindestens ist die Voraussehbarkeit im Bereich der SachV schwerer nachweisbar.

36   Immerhin gehört hierher der in der SachV nicht ganz seltene Fall, daß ein VN sich **Mut antrinken** will, um eine **vorsätzliche Straftat** oder **Selbstmord** (Celle VersR 62, 684 mit Anm. Bechert) zu begehen. Der Schaden an versicherten Sachen kann unmittelbar durch die Selbstmordhandlung entstehen, z.B. wenn der VN eine Explosion auslöst, um sich zu töten. Der Schaden kann aber auch durch eine vor dem Selbstmordversuch begangene strafbare Handlung entstehen, z.B. durch Brandstiftung (LG Oldenburg VersR 85, 934). Eine bereits bestehende Selbstmordabsicht entschuldigt jedenfalls weder die Alkoholisierung noch das Unterlassen von Vorkehrungen gegen schadenstiftende Handlungen, LG Bochum VersR 76, 949 mit Anm. Martin.

Auch bei **grober Fahrlässigkeit** gibt es Fälle, in denen im Zeitpunkt des   37
unmittelbar schadenursächlichen Handelns des VN dessen Geistestätigkeit in
einem solchen Maß gestört war, daß § 61 VVG nicht mehr anzuwenden ist, in
denen aber der VN zu einem früheren Zeitpunkt Anlaß gehabt hätte, Vorkehrungen gegen mögliche schadenstiftende Handlungen im Zustand der
Trunkenheit usw. zu treffen, vgl. BGH VersR 85, 440 = NJW 2648 =
VerBAV 246 zu den AKB. Von den nachfolgend behandelten Fällen des
§ 827 Satz 2 BGB unterscheiden sich diese Fälle nur geringfügig, nämlich nur
dadurch, daß sich der Schuldvorwurf nicht auf die Herbeiführung der Trunkenheit, sondern auf das **Unterlassen von Vorkehrungen** gegen ein Fehlverhalten im Zustand der möglichen Trunkenheit stützt: Im Strafrecht spricht man
von **actio libera in causa.**

Läßt sich nicht feststellen (zur Beweislast des Vr vgl. O I 59), daß der VN   38
schon vor Beginn der Bewußtseinstrübung Anlaß hatte, Vorkehrungen gegen
schadenstiftende Handlungen zu treffen, so kann gleichwohl analog § 827
Satz 2 BGB (RG DR 41, 1786) Leistungsfreiheit eingetreten sein, weil nämlich
der VN den Zustand vorübergehender **Bewußtseinsstörung durch Vorsatz oder
grobe Fahrlässigkeit herbeigeführt** hatte. Im Rahmen von § 827 Satz 2 BGB
kommt es nicht darauf an, ob auch die schadenstiftende Handlung voraussseh-
bar war (Palandt/Thomas § 827 BGB Anm. 2). Es genügt vielmehr die Vorhersehbarkeit des Rauschzustandes usw. (Bechert ZfV 57, 768); übersehen
wurde dies in LG Oldenburg VersR 85, 934, wo der Fahrlässigkeitsvorwurf
auf vergleichbare frühere schadenstiftende Handlungen des VN gestützt wurde, obwohl es dessen nach § 827 Satz 2 BGB nicht bedurft hätte.

Wegen der für den VN oder dessen Erben oft harten Ergebnisse tendiert   39
Hamm VersR 85, 1078 und RuS 88, 2 = VersR 394 gegen jede analoge
Anwendung von § 827 Satz 2 BGB im Rahmen von § 61 VVG. Letztlich
ist die Frage aber in den beiden genannten Entscheidungen (jeweils zu den
AKB) offen geblieben. Andererseits hatte BGH VersR 67, 944 die Analogie für eine Bewußtseinsstörung z.Z. einer Aufklärungspflichtverletzung
durch Unfallflucht bejaht. In BGH VersR 85, 440 = NJW 2648 = Ver-
BAV 246 bestand hingegen für eine Entscheidung zu § 827 Satz 2 BGB
kein Anlaß, denn der VN hatte nach dem festgestellten Sachverhalt damit
rechnen müssen, daß er im Zustand der Bewußtseinsstörung durch Alko-
hol- und Tablettenkonsum eine Fahrt mit dem versicherten Fahrzeug antreten werde, O I 59.

5. Die **Beweislast** für die **Voraussetzungen des § 61 VVG** trägt der Vr, wenn   40
er sich auf Leistungsfähigkeit berufen will. Dies gilt zunächst für das scha-
denursächliche Handeln des VN oder eines Repräsentanten. Im Fall eines
bloßen Unterlassens muß der Vr diejenigen Tatsachen beweisen, welche eine
Rechtspflicht zum Handeln begründen, im Fall eines Fehlverhaltens von Repräsentanten diejenigen Tatsachen, aus denen sich die Repräsentanteneigenschaft ergibt. Außerdem muß der Vr diejenigen Tatsachen beweisen, aus
denen sich die Ursächlichkeit des Fehlverhaltens für den VFall sowie die
Schuldform des Vorsatzes oder der groben Fahrlässigkeit ergeben. Widersprüche in den Angaben des VN kehren die Beweislast nicht um, LG Dortmund VersR 88, 902.

41   a) Den **Nachweis der Ursächlichkeit** des Fehlverhaltens für den VFall wird oft nicht die nötige Aufmerksamkeit gewidmet. Ein Beispiel bildet LG Hamburg VersR **84**, 752. Das Gericht hatte grobe Fahrlässigkeit bejaht, weil der VN die Wohnungstür in Kenntnis einer bevorstehenden mehrwöchigen Abwesenheit nur in das Schloß gezogen hatte. Die Tatsache der mehrwöchigen Abwesenheit war jedoch für den Eintritt des VFalls bedeutungslos, denn der Einbruch hatte unstreitig schon in den ersten Tagen nach der Abreise stattgefunden. Entweder hätte daher die Ursächlichkeit verneint oder aber die Frage der Schuldform so gewürdigt werden müssen, als wäre der VN nur wenige Tage abwesend gewesen.

42   „Der VFall" muß nach § 61 VVG vorsätzlich oder grob fahrlässig herbeigeführt worden sein, wenn der Vr leistungsfrei sein soll. Hieraus wird gefolgert, der Vr brauche nur zu beweisen, daß der **Schaden** nicht genau in derselben **Art und Weise** eingetreten wäre, wie er tatsächlich eingetreten ist. Hingegen braucht nach herrschender Ansicht der Vr nicht zu beweisen, daß der Schaden ohne das Fehlverhalten überhaupt ausgeblieben wäre. Vielmehr muß der VN beweisen, daß ohne das Fehlverhalten „derselbe" Schaden auf andere Weise entstanden wäre, falls er sich darauf berufen will.

43   Begründen läßt sich dieses Ergebnis entweder mit der angedeuteten Wortlaut-Überlegung zu § 61 VVG oder mit BGH VersR **86**, 962 (zu einer GepäckV nach den AKB) durch Hinweis auf das Prinzip, daß **Reserveursachen** im Sinn einer hypothetischen Kausalität allgemein im Zivilrecht derjenige zu beweisen habe, der sich darauf berufe, hier also der VN. Im Fall BGH aaO hatten Kfz-Einbrecher im Fahrgastraum auch den Kofferraumschlüssel vorgefunden und mißbraucht. Nicht hatte nach BGH aaO der Vr zu beweisen, daß die Täter ebenso wie den Fahrgastraum auch den Kofferraum erbrochen hätten, falls sie Schlüssel nicht vorgefunden hätten. Als weitere Begründung mag dienen, daß es sich für den Vr meist um den Beweis eines Negativums handeln würde, der besonders schwer zu führen ist.

44   Ganz zweifelsfrei ist die Frage gleichwohl nicht, denn letztlich bedeutet jeder Beweis einer Ursächlichkeit zugleich den Beweis der Ursächlichkeit von Reserveursachen. Wurden z. B. Tabakreste in einen Plastikbehälter entleert, so hat unstreitig der Vr zu beweisen, daß der Brand, für den er nicht eintreten will, von diesen Tabakresten ausgegangen ist. Letztlich liegt aber schon darin zugleich der Beweis für die Abwesenheit anderer Brandursachen, also z. B. dafür, daß der Brand nicht durch einen Kurzschluß in demselben räumlichen Bereich verursacht wurde. Möglicherweise erstreckt sich daher die **Beweislast des VN** nur auf die **Abwesenheit solcher Reserveursachen, die in einem menschlichen Willensentschluß bestehen,** also in der schadenstiftenden Tat eines Brandstifters, Diebes usw., die ersatzweise verübt worden wäre.

45   b) Auch eine **Schuldform** gemäß § 61 VVG muß der Vr beweisen, gegebenenfalls als **Vorsatz des VN.** Da es sich um eine sog. innere Tatsache handelt, kommt meist nur ein Indizienbeweis in Frage. Einen ersten Anschein für **menschliche Willensentschlüsse,** z. B. also für Vorsatz im Sinn von § 61 VVG, erkennt die Rechtsprechung nicht an, BGH NJW **88**, 2040 = VersR 683 = RuS 239, PM § 49 Anm. 3 A b, C. Möglich ist nur ein Indizienbeweis. **Beweiserleichterungen** stehen dem Vr allenfalls dann gleichsam als Korrelat zu, wenn der VN seinerseits Beweiserleichterungen für die Voraussetzungen der primären Risikoabgrenzung in Anspruch nimmt, BGH VersR 84, 29 zu den AKB), **nicht** hingegen auch dann, wenn jene Voraussetzungen unstreitig oder voll beweisen sind, vgl. BGH VersR **89**, 841 zu einem Brandschaden in der GeschäftsV nach den AFB 30.

Ist **Brandstiftung** als Schadenursache festgestellt, so muß der Vr darüber **46** hinaus die **Täterschaft des VN** oder eines Repräsentanten durch hinreichende Indizien nachweisen, wenn er sich auf § 61 berufen will. Eine **Beweislastumkehr** darf entgegen LG Arnsberg VersR 88, 795 und LG Köln RuS 90, 56 (mit abl. Anm. Wälder) **nicht** konstruiert werden. Auch Beweiserleichterungen stehen dem Vr nicht zu, BGH VersR 89, 841 = RuS 297, denn es geht nicht um die Entkräftung eines erleichterten Beweises des VFalles, sondern um den Nachweis der Voraussetzungen der rechtshindernden Norm des § 61 VVG. Als Indizien zugunsten des Vr deren es meist einer ganzen Reihe bedarf (Oldenburg aaO), kommen z. B. etwaige Brandvorbereitungen, Behinderung der Feuerwehr oder verschlossene und unbeschädigte Türen bei deren Eintreffen (BGH VersR 87, 277), Tatausführung in einer Art und Weise, die für Fremdtäter völlig ungewöhnlich wäre (LG Köln RuS 89, 126), Überschuldung (reicht als Indiz meist nicht aus, Celle RuS 90, 93), widersprüchliche Angaben nach dem Brand, die Wertverhältnisse an den zum Neuwert versicherten Gebäuden und sonstigen Sachen usw. in Betracht. Heiz- oder Dieselölspuren sind meist nur schwaches Indiz für Vorsatz, Hamm VersR 85, 534. Auswärtige Unterbringung einzelner Tiere reicht für sich allein ebenfalls nicht aus, selbst nicht in Verbindung mit Vorstrafen, Hamm VersR 85, 437.

Der Beweis für Vorsatz gilt nach §§ 16 Nr. 3 VHB 74, 18 Nr. 1 VGB 62, **47** 15 Nr. 3 AWB 68, AStB 68 durch ein entsprechend begründetes **Strafurteil** wegen *Betrugs, Betrugsversuchs* oder *Brandstiftung* als geführt. Nach §§ 14 Nr. 1 AFB 87, 9 Nr. 1 a VHB 74, VGB 88 kommen nur noch Urteile wegen Brandstiftung in Betracht, denn Betrug und Betrugsversuch werden in diesen neueren AVB-Texten nur noch im Zusammenhang mit arglistiger Täuschung nach dem VFall genannt, X III 23.

c) Bei **grober Fahrlässigkeit** als Schuldform genügt für die **objektive Kompo- 48 nente** der Nachweis von Tatsachen, aus denen sich mit Hilfe der Lebenserfahrung oder mit Hilfe eines Sachverständigen der Schluß auf ein für den VN in leicht zumutbarer Weise reduzierbar gewesen wäre. Ein Beispiel für einen Fall, in dem es für jene Schlußfolgerung eines Sachverständigengutachtens bedurfte, bildet Hamm RuS 86, 261 = VersR 88, 26, wo eingehend untersucht wurde, in welchem Maß das Schadenrisiko durch hieße Tabakreste in einem hierfür ungeeigneten Abfallbehälter erhöht wird. Das Urteil wurde allerdings durch BGH VersR 88, 506 mit dem Hinweis aufgehoben, dem Versicherten stünden **keine Beweiserleichterungen** zu. Auch in Hamm VersR 84, 954 hätte Beweiserhebung durch Sachverständigengutachten über die objektive Höhe des Schadenrisikos durch Brennenlassen einer Kerze nach Verlassen des Raumes nahegelegen, falls es für die Entscheidung auf diesen Punkt angekommen wäre, O I 30. **Anscheinsbeweis** für **Ursächlichkeit** eines Fehlverhaltens ist nach allgemeinen Regeln möglich, vgl. Köln RuS 89, 366 für Gebrauch einer Winkelschleifmaschine in einer Scheune trotz theoretischer Möglichkeit eines Kurzschlusses. – Zur Beweislast bei angeblicher Einmaligkeit und Kurzfristigkeit des Fehlverhaltens des VN vgl. O I 92 und 93.

49 Für die **objektive Komponente** gilt bei **bewußter Fahrlässigkeit** das gleiche wie für die objektive Komponente. Notwendig ist ein Schluß von den zu beweisenden äußeren Tatsachen auf die Erkennbarkeit des Maßes der erhöhten Gefahr, O I 29. Allerdings kommt es nicht speziell auf die Person des VN, sondern auf die Personengruppe an, zu welcher der VN gehört, vgl. die Literatur zu § 276 BGB wegen des sog. objektiven Fahrlässigkeitsmaßstabes im Zivilrecht. Meist sind die nötigen Schlußfolgerungen auch hier durch das Gericht, ausnahmsweise durch einen Sachverständigen zu ziehen.

50 Schwierigkeiten bereitet oft der Beweis der **subjektiven Komponente** der **unbewußten groben Fahrlässigkeit**, wenn nämlich der VN wirklich oder angeblich an das erhöhte Schadenrisiko im Zeitpunkt seines schadenursächlichen Fehlverhaltens nicht (mehr) gedacht, also insbesondere die Existenz der versicherten Sache oder einer Gefahrenquelle vergessen hatte. Soweit in solchen Fällen nicht schon die Tatsache der Einmaligkeit des Fehlverhaltens den Vorwurf grober Fahrlässigkeit ausschließt, vgl. dazu näher O I 84 bis 94, muß der Vr die auch in subjektiver Hinsicht gesteigerte Vorwerfbarkeit beweisen. Er muß beweisen, daß ein derartiges Fehlverhalten nicht „auch einem nicht besonders sorglos handelnden VN unterlaufen kann", vgl. die in O I 26 zitierte Rechtsprechungen der AKB.

51 Die Art und Weise, wie sich der VN von dem Gedanken an die versicherten Sachen und deren Gefährdung hatte ablenken lassen, wie er sie also hatte „vergessen" oder „übersehen" können, ist eine sog. **innere Tatsache**, nämlich ein innerer Vorgang in der Person des VN. Um die gesteigerte Vorwerfbarkeit in subjektiver Hinsicht trotzdem als bewiesen ansehen zu können, darf und muß das Gericht „im Einzelfall" (BGH VersR 86, 254 = NJW-RR 705 in der Revisinsentscheidung zu Hamm VersR 84, 954) und „unter Umständen" (BGH VersR 84, 480 und VersR 85, 440 = NJW 2648 = VerBAV 246) **Schlüsse aus den erwiesenen äußeren Tatsachen** auf die psychische Situation des VN und damit auf dem Grad der subjektiven Vorwerfbarkeit ziehen, I 29. Daß ein objektiv schwerer Verstoß häufig mit gesteigerter subjektiver Vorwerfbarkeit einherzugehen pflegt, genügt für sich allein nicht, Düsseldorf VersR 89, 697 = NJW-RR 798.

52 Der VN muß, obwohl der Vr die Beweislast trägt, im Rahmen seiner **Aufklärungsobliegenheit** auch zur subjektiven Komponente der groben Fahrlässigkeit auf entsprechende Fragen hin alle sachdienlichen Angaben machen, insbesondere über seine psychische Situation in der Zeit seines schadenursächlichen Fehlverhaltens. Beruft sich der VN auf Erinnerungslücken, so sind deren behauptete Ursachen (BGH VersR 84, 480 = NJW 2165: unfallbedingte Verletzungen; Hamm aaO: vorgerücktes Alter) und damit zusammenhängend deren Glaubwürdigkeit zu untersuchen.

53 In der **Schadenpraxis der Vr** wie auch in der **gerichtlichen Praxis** vor allem der unteren Instanzen werden oft nicht einmal die objektive und subjektive Seite des Fahrlässigkeitsvorwurfes sowie die unbewußte und die bewußte Fahrlässigkeit voneinander unterschieden. Schon gar nicht wird versucht, im einzelnen die psychischen Gegebenheiten im Zeitpunkt des schadenursächli-

chen Fehlverhaltens sowie die Ursachen einer nur unbewußten Fahrlässigkeit zu untersuchen. Der Vr in Schadenablehnungen wie auch die Gerichte in klageabweisenden Urteilen begnügen sich vielmehr in unzähligen Fällen mit der pauschalen Feststellung, der VN habe „grob fahrlässig gehandelt", was in seiner Lage „jedem habe einleuchten müssen". Einerseits ist diese **Pauschalierung** in der täglichen Praxis bis zu einem gewissen Grad verständlich, weil sich sonst das Verfahren bei der Schadenregulierung und im Rechtsstreit unerträglich verlängern und verteuern würde. Andererseits darf ein VN, der Ersatz für einen eingetretenen Schaden begehrt, ein Minimum an Genauigkeit der Begründung erwarten, wenn sein Anspruch abgelehnt wird.

Als Musterbeispiel dafür, wie nicht verfahren werden sollte, sei die Ent- 54 scheidung AG Nürnberg-Fürth VersR 85, 773 genannt. Es handelte sich hier ebenso wie in BGH VersR 86, 254 = NJW-RR 705 und Hamm VersR 84, 954 als Vorinstanz um das Brennenlassen einer Kerze in einem Raum, in dem sich niemand mehr aufhielt. Die radikale Kürze der Entscheidungsgründe in AG Nürnberg-Fürth aaO läßt sich kaum rechtfertigen, wenn man sie mit den in jenen obergerichtlichen Entscheidungen formulierten Anforderungen vergleicht. Mit Recht fordert BGH RuS 89, 193 = VersR 840 = NJW-RR 1187 „eine Bewertung der einzelnen Indizien nach ihrer Aussagekraft und eine zusammenfassende Gesamtbetrachtung", im konkreten Fall mit Bezug auf die psychischen Gegebenheiten einer Wohngebäude-VN, die sich auf Gehirnleistungsschwäche infolge von Gefäßsklerose berufen hatte.

d) Unstreitig tritt Leistungsfreiheit nach § 61 VVG nicht ein, wenn der VN 55 wegen **Störung der Geistestätigkeit** nicht schuldfähig war, O I 31. Streitig ist aber, wer die **Beweislast** für hinreichende Einsichtsfähigkeit des VN oder umgekehrt für eine Störung seiner Geistestätigkeit trägt, also für die Tatsache eines genügend weit fortgeschrittenen Gehirnleidens, einer Geisteskrankheit, eines Rauschzustandes usw. Prölss in PM § 61 Anm. 6 möchte die Beweislast dem VN auferlegen, und zwar sowohl bei grober Fahrlässigkeit wie bei Vorsatz. Hamm RuS 88, 2 = VersR 394 verlangt umgekehrt vom VN den Nachweis einer Störung der Geistestätigkeit.

BGH VersR 85, 440 = NJW 2648 = VerBAV 246 läßt die Frage für 56 Vorsatz offen und legt die Beweislast bei grober Fahrlässigkeit dem VN auf. Allerdings spricht der BGH aaO nicht ausdrücklich vom Nachweis der Einsichts- und Hemmungsfähigkeit, sondern nur etwas allgemeiner vom Nachweis der subjektiven Voraussetzungen der groben Fahrlässigkeit, zu denen auch „eine etwa erheblich geminderte Einsichts- oder Hemmungsfähigkeit" gehöre. Hamm aaO hält diese Formulierung für unklar. BGH NJW 89, 1612 bestätigt zwar im Ergebnis Hamm aaO, hält aber entgegen aaO an der **Beweislast des Vr** für die erforderliche Einsichts- und Hemmungsfähigkeit fest.

Allerdings entschärft BGH NJW 89, 1612 die Beweislast des Vr durch den 57 Hinweis, selbst eine erheblich verminderte Einsichts- und Hemmungsfähigkeit des VN schließe grobe Fahrlässigkeit nicht von vornherein aus. Wer besonders elementare Verhaltensregeln verletze, handle auch im Zustand erheblich verminderter Einsichts- und Hemmungsfähigkeit grob fahrlässig. Mit anderen Worten: Je elementarer die verletzte Verhaltensnorm, um so stärker müsse die Einsichts- und Hemmungsfähigkeit des VN vermindert sein und um so geringer würden die Anforderungen an die Beweisführung des Vr für das Vorhandensein eines gerade noch ausreichenden Restes von Einsichts- und Hemmungsfähigkeit. Als Beispiel für geringe Anforderungen an die Beweisführung des Versicherers nennt BGH aaO die Trunkenheitsfahrt in der FahrzeugV nach den AKB. Bei Schadenfall in der klassischen SachV kommen sehr verschiedenartige Verhaltensregeln in Betracht, gegen die verstoßen worden sein kann. Auch die Anforderungen an die Beweisführung des Vr werden daher entsprechend unterschiedlich sein.

58   § 827 Satz 1 BGB bezeichnet einen Schädiger mit gestörter Geistestätigkeit als „nicht verantwortlich" für unerlaubte Handlungen im Sinn von §§ 823, 826 BGB. Wäre § 827 Satz 1 BGB konstitutiv, so hätte man aus der Tatsache, daß in § 61 VVG eine vergleichbare Einschränkung fehlt, nicht einen Analogie-, sondern eher einen Umkehrschluß zu ziehen. Tatsächlich ist aber § 827 Satz 1 BGB schon im Recht der unerlaubten Handlung **nur deklaratorisch**, denn auch ohne § 827 BGB würden Vorsatz und grobe Fahrlässigkeit Schuldfähigkeit voraussetzen, und zwar sowohl im Rahmen von §§ 823 ff. BGB wie im Rahmen von § 61 VVG. Eine **Beweislast des VN** für gestörte Geistestätigkeit kann daher **nicht** auf § 827 Satz 1 BGB oder dessen analoge Anwendung gestützt.

59   Gelingt dem Vr der Beweis ausreichender Einsichts- und Hemmungsfähigkeit im Zeitpunkt des schadensursächlichen Handelns nicht, so bleibt zu prüfen, ob der, VN nicht vor Beginn des Stadiums der Schuldunfähigkeit Anlaß gehabt hätte, Vorkehrungen gegen sein späteres schadenstiftendes Handeln zu treffen, O I 35 und 37. Ließe sich dies sagen, so wäre der Vr wegen eines **schadenstiftenden Unterlassens des VN** leistungsfrei geworden, O I 12, nämlich wegen des Unterlassens jener Vorkehrungen. Hierbei hat der Vr diejenigen Tatsachen zu beweisen, aus denen sich eine **Rechtspflicht des VN zum Handeln** ergibt, die das Unterlassen zu einem vertragswidrigen Unterlassen im Sinn von o I 61 macht.

60   Gelingt dem Vr der erforderliche Nachweis nicht, waren aber die krankhafte Störung der Geistestätigkeit und damit die Schuldunfähigkeit ihrer natur nach vorübergehender Art, so kommt es auf die schon in O I 31 erwähnte streitige Rechtsfrage an, ob nicht § 827 Satz 2 BGB auch im Rahmen von § 61 VVG mindestens analog anzuwenden ist. Bejahte man dies, so träte Leistungsfreiheit des Vr schon dann ein wenn der VN den vorübergehenden Zustand der Trunkenheit, des Tablettenrausches usw. schuldhaft herbeigeführt hatte, mag auch das schadenstiftende Handeln zu jenem früheren Zeitpunkt noch *nicht* oder jedenfalls *nicht* so *leicht* voraussehbar gewesen sein, daß von grober Fahrlässigkeit die Rede sein könnte. Wegen der **Bedenken gegen** eine **Analogie zu** § 827 Satz 2 BGB vgl. aber O I 38.

61   6. Gleichermaßen bei Unterlassen und bei positivem Tun setzen § 61 VVG sowie die gleichlautenden und in O I 2 zitierten **objektive Vertragswidrigkeit** – diesen Ausdruck gebraucht zutreffend Sieg VersR 75, 219 – und außerdem einen *Maßstab* dafür voraus, welchen Aufwand an Sorgfalt, Mühe und Kosten dem VN zur Erfüllung seiner Vertragspflicht zumutbar ist. Jener Maßstab wird in O I 75 bis 99 sowie bezüglich der einzelnen Risikobereiche in O I 100 bis 145 erörtert. Schuldhaft ganz allgemein oder „vorsätzlich" oder

„grob fahrlässig" im Besonderen kann nur sein, was gegen eine Rechtspflicht verstößt, hier also gegen eine Vertragspflicht aus dem VVertrag. Ein Vertragsverstoß, wie § 61 VVG ihn somit voraussetzt, ist denkgesetzlich nur möglich, wenn aus dem Vertrag eine gegen solche Verstöße gerichtete Pflicht erwächst, hier also ganz allgemein eine **Schadenverhütungspflicht des VN**, vgl. zutreffend KG VersR 85, 1178 zur SchmucksachenV).

Überwiegend wird eine allgemeine Schadenverhütungspflicht in Literatur   62 und Rechtsprechung bisher abgelehnt. Wie sehr aber diese „herrschende Meinung" zu einer Leerformel erstarrt ist, zeigt z. B. eine BGH-Entscheidung zur WohngebäudefeuerV (RuS 83, 260 = VersR 84, 25). Dort wird zunächst eine allgemeine Schadenverhütungspflicht des VN verneint, danach aber zutreffend festgestellt: „Dieser (nämlich der VN) muß sich allerdings ebenso verhalten wie eine nicht versicherte Person und daher bei dringender Gefahr die ihm möglichen, geeigneten und zumutbaren Maßnahmen zum Schutz des versicherten Gegenstandes ergreifen (BGH VersR 76, 649)". Ähnlich und zutreffend wird in BGH NJW 89, 1354 = VersR 582 gesagt: „Kennt er (der VN) die Umstände, wegen derer der Eintritt des VFalles droht, verfügt er weiter über geeignete Mittel zum Schutz des versicherten Interesses, dann muß er diese Mittel einsetzen wie jemand, der nicht versichert ist." Als Rechtsgrundlage für ein solches „Muß" kommen indessen allein der VVertrag sowie § 61 VVG und die ihm nachgebildeten AVB-Bestimmungen gemäß O I 2 in Betracht.

Richtig ist freilich, daß der Vr nicht eigentlich an der Erfüllung der Scha-   63 denverhütungspflicht des VN, sondern nur daran interessiert ist, bei Schäden infolge vorsätzlicher oder grob fahrlässiger Verstöße gegen diese Pflicht nicht leisten zu müssen. Aber dies ist kein ausreichendes Argument gegen den verpflichtenden Charakter von § 61 VVG, denn genau dasselbe trifft auch für die Gefahrstandspflicht und für gefahrmindernde Obliegenheiten des VN zu, ohne daß aber hierwegen deren verpflichtender Inhalt bezweifelt würde„ M I 6. Richtig ist ferner, daß § 61 von dem Grundgedanken ausgeht, der VN „könnte und sollte" von geeigneten Mitteln zur Wahrnehmung seiner Belange ebenso Gebrauch machen wie eine nicht versicherte Person" (BGH VersR 86, 963). Aber warum sollte die Notwendigkeit des Schutzes eigener Belange eine andere, mindere Rechtsqualität haben, wo sie „nur" durch § 61 VVG und vergleichbare AVB-Bestimmungen sanktioniert ist, als dort, wo sie im Gesetz oder im Vertrag als Obliegenheit oder als Gefahrstandspflicht bezeichnet ist? Tatsächlich sind Sicherheitsvorschriften als Obliegenheiten vor dem VFall nur eine Konkretisierung dessen, was sich schon aus § 61 VVG ergibt, M I 15.

Richtig ist schließlich, daß der **VVertrag** und damit die aus ihm abzuleiten-   64 de Schadenverhütungspflicht dem VN und vor allem einem mitversicherten Interesseträger **unbekannt** sein kann. Für einen VN kann dies z. B. zutreffen, wenn er in den VVertrag als Erbe eines früheren VN eingetreten ist, ohne aber den Vertrag bereits zu kennen oder kennen zu müssen. § 61 VVG muß hier auch anwendbar sein, wenn lediglich die Unkenntnis vom VVertrag **unverschuldet** oder nur leicht fahrlässig ist, O I 16. Aber auch aus dieser Schwierigkeit der rechtlichen Konstruktion ist letztlich nichts gegen eine allgemeine Schadenverhütungspflicht herzuleiten, denn auch bei Verstößen gegen die Gefahrstandspflicht oder gegen Sicherheitsvorschriften erweitert die Unkenntnis des VN oder des Versicherten nicht die Haftung des Vr, ohne daß darin aber ein Argument gegen die Gefahrstandspflicht oder gegen die Verbindlichkeit gefahrmindernder Obliegenheit hergeleitet würde, M I 7. Das Gesetz bestätigt durch § 79 **Abs**. 3 VVG diese Überlegung. Die Kenntnis des Versicherten – und in geeigneten Fällen auch des VN – vom Vertrag wird fingiert oder ist zu unterstellen.

65   Am schwersten wiegt der Einwand von Schirmer ZVersWiss 84, 577 und Prölss in PM § 61 Anm. 1, man müsse eine objektive Schadenverhütungspflicht wenigstens in den Fällen verneinen, in denen nicht nur Vorsatz oder grobe Fahrlässigkeit, sondern auch schon leichte Fährlässigkeit fehlt, und zwar ganz offensichtlich. Es handelt sich um die Fälle, in denen der **Schadeneintritt** für den VN **auch bei gesteigerter Sorgfalt nicht abzuwenden** wäre. Beispiele: Eine brennende Kerze führt zu einem Schwelbrand, weil der VN sie infolge eines Ohnmachtsanfalls nicht mehr hatte überwachen oder löschen können. Ein Hubschrauber stürzt auf ein Wohngebäude.

66   Trotzdem ist es das dogmatisch und rechtssystematisch kleinere Übel, letztlich jeden VFall als Folge eines mindestens objektiven Verstoßes gegen die Schadenverhütungspflicht anzusehen, als umgekehrt in sämtlichen Fällen des § 61 VVG mit einem *Verschulden ohne Vertrags- und damit Rechtswidrigkeit* arbeiten zu müssen. Zuzugeben ist jedoch, daß der Unterschied zwischen der hier vertretenen und der „herrschenden" Meinung kaum noch praktische Konsequenzen hat: Auch die „herrschende" Meinung erkennt auf ein bloßes Unterlassen eines Ausschusses nach § 61 VVG im Hinblick auf ein bloßes Unterlassen des VN an, O I 12, mag sie auch die für die Gleichstellung erforderliche Rechtspflicht zum Handeln nur schwer begründen können.

67   7. 61 VVG ist nach dem Gesetzeswortlaut **nicht unabdingbar**, vgl. auch O II 64 zum Repräsentationsbegriff. Vielmehr wäre es mit dem VVG vereinbar, neben grober *auch leichte Fahrlässigkeit* vertraglich auszuschließen. Dies könnte entweder ausdrücklich oder in umschriebener Form durch so **allgemein formulierte Sicherheitsvorschriften** vereinbart werden, daß diese praktisch nur die allgemeine Schadenverhütungspflicht wiederholen, vgl. M I 9 und KG VersR **85**, 1179 (mit Anm. Martin) zu 7.1 AVBSP 76 (zur SchmucksachenV), ferner BGH VersR **72**, 85, Karlsruhe VersR **82**, 1189 und LG Karlsruhe NJW-RR **86**, 1037 jeweils zur Juwelier-Reise- und WarenlagerV. Da schon leicht fahrlässige Verstöße gegen Obliegenheitsverletzungen nach § 6 Abs. 1 VVG zur Leistungsfreiheit führen dürfen, würde durch so allgemein gehaltene Sicherheitsvorschriften praktisch der Ausschluß des § 61 VVG auf leichte Fahrlässigkeit erweitert, M I 11. Auch der in M I 10 erörterte Unterschied in der *Beweislastverteilung* spricht von einem bestimmten Grad der inhaltlichen Allgemeinheit einer Sicherheitsvorschrift für die **Auslegung** als **Erweiterung von** § 61 VVG. Es geht nicht an, schon aus der Tatsache eines VFalls auf einen objektiven Verstoß gegen eine sehr allgemein formulierte „Sicherheitsvorschrift" zu schließen und dann abweichend von § 61 VVG dem VN die Beweislast gegen leichte Fahrlässigkeit (§ 6 Abs. 1 Satz 1 VVG) oder gegen Kausalität (§ 6 Abs. 2 VVG) zuzuschieben.

Ein weiteres **Beispiel** für die Erweiterung von § 61 VVG durch eine zu 68
allgemein formulierte Sicherheitsvorschrift liefert eine in der WassersportfahrzeugV gebräuchliche Vereinbarung, das Fahrzeug „an einem sicheren
Ort" in Winterlager zu nehmen. OLG Hamm VersR 73, 362 qualifizierte
jene Abrede allerdings unrichtig als Obliegenheit. Auch in BGH VersR 82,
395 und München VersR 81, 1074 wäre, und zwar ebenfalls jeweils für ein
Wassersportfahrzeug, zu prüfen gewesen, ob es sich nicht um eine Erweiterung des § 61 VVG statt um eine verhüllte Obliegenheit handelt, wenn nur
ganz allgemein „ausreichende Verwahrung" verlangt wird. Auch von diesem
Standpunkt aus hätte BGH aaO keineswegs notwendig den VSchutz bejahen
müssen, sondern hätte eventuell aus den Gründen gemäß O I 69 die Erweiterung des § 61 VVG als unwirksam ansehen können.

a) Es ist mindestens zweifelhaft, ob eine Erweiterung des § 61 VVG (sei es 69
direkt sei es über allgemein gehaltene Sicherheitsvorschriften) nicht unzulässig ist, weil sie entgegen **§ 9 Abs. 2 Nr. 1 AGBG** von den Grundzügen des
Gesetzes abweichen, nämlich von § 61 VVG. In der **TransportV** (LG Ellwan-
gen VersR 89, 958 zur DTV-Klausel für Maschinen-Transporte) und in den
technischen VZweigen mag eine Erweiterung des § 61 VVG auf leichte Fahrlässigkeit auf dem Weg über das Erfordernis eines unvorhergesehenen Schadeneintritts (BGH VersR 76, 676, 81, 875, 83, 821) zulässig sein, weil der VN
die versicherten Sachen ohnehin überwiegend durch Arbeitnehmer verwalten
läßt, die nicht Repräsentanten sind und deren (grobe oder leichte) Fahrlässigkeit bei der Bedienung oder bei der Montage usw. dem vereinbarten VSchutz
in den technischen VZweigen ausreichende wirtschaftliche Bedeutung beläßt.
Auch in der *Juwelier-Reise- und WarenlagerV* ist die Erweiterung zulässig, 70
weil der Juwelier die für ihn branchenüblich gesteigerte Sorgfalt auch gegenüber dem Vr beachten muß, Karlsruhe VersR 82, 1189 und schon früher
BGH VersR 72, 85, wenn ein für alle VN tragbares Prämienniveau möglich
bleiben soll. Für Schmucksachen im Privatbesitz akzeptiert KG VersR 85,
1178 die Erweiterung des § 61 VVG zwar als richtiges Auslegungsergebnis zu
7.1 AVBSP 76, lehnt sie aber wegen § 5 AGBG ab, weil die AVB an anderer
Stelle § 61 VVG inhaltlich wiederholen; vgl. hiergegen aber Martin VersR 85,
1180.
In der **Hausrat- und WohngebäudeV** wäre hingegen eine Erweiterung des 71
§ 61 VVG auf leichte Fahrlässigkeit jedenfalls bei Brandschäden unwirksam,
weil der VN mit den versicherten Sachen überwiegend persönlich umgeht
und daher leichte Fahrlässigkeit überwiegend leichte eigene Fahrlässigkeit
(des VN) bedeutet, der FeuerVSchutz durch eine Erweiterung des § 61 VVG
vom Regelfall zur Ausnahme und zu stark ausgehöhlt würde. Schon die
Leistungsfreiheit des HausratVr nach § 14 Nr. 2 VHB 84 bereits bei leicht
fahrlässiger Verletzung von Sicherheitsvorschriften ist sehr hart, M II 10,
zumal wegen der allzu weiten Formulierung dieser Sicherheitsvorschriften,
M I 42 und 47. Allenfalls für Vermögensfolgeschäden mag leichte Fahrlässigkeit ausschließbar sein, so etwa im Fall von §§ 1 Nr. 3 Abs. 2 Satz 2 VGB 62,
3 Nr. 3 Satz 2 VGB 88 für schuldhafte Vergrößerung des Mietverlustes, vgl.
W VIII 5. Auch Hamm VersR 88, 795 geht von der Zulässigkeit dieser Bestimmungen aus.

72   **Zweifelhaft** wäre die Rechtswirksamkeit einer Erweiterung des § 61 VVG in der **GeschäftsV**, wo es von Vertrag zu Vertrag sehr verschieden ist, ob überwiegend der VN oder überwiegend dessen Arbeitnehmer die versicherten Sachen verwalten. Hiervon wiederum hängt ab, ob der erweiterte Ausschluß den VN stärker oder weniger stark trifft. Am meisten spräche in der FeuerV für Unwirksamkeit einer Erweiterung des Ausschlusses, nämlich wegen der Existenznotwendigkeit einer FeuerV für die versicherten Betriebe. Die Frage ist indessen nur theoretischer Natur, denn sogar Verstöße gegen Sicherheitsvorschriften führen jedenfalls für **Brandschäden** sogar erst bei grober Fahrlässigkeit zur Leistungsfreiheit, M II 8. Noch weniger enthalten die AFB 30 oder die AFB 87 eine Erweiterung des § 61 VVG auf leichte Fahrlässigkeit. Das gleiche gilt in der Leitungswasser- und SturmV nach den AWB 68, AStB 68, AWB 87 und AStB 87.

73   Anders liegt es allerdings nach den AERB und AERB 87, nach denen schon leicht fahrlässige Obliegenheitsverletzungen zur Leistungsfreiheit führen. Im speziellen Fall von § 1 Nr. 2f AERB, AERB 87 und von §§ 3 Nr. B 1 e VHB 74, 5 Nr. 1 f VHB 84 (Schlüsselklausel für Gebäude) führt ganz allgemein leichte Fahrlässigkeit des VN oder des berechtigten Schlüsselbesitzers, der damit als Repräsentant behandelt wird (vgl. O II 30), zum Ausschluß des VSchutzes. Hier muß in der Tat die Frage der Unwirksamkeit einer solchen Erweiterung des § 61 VVG gestellt, im Ergebnis aber wohl verneint werden, vgl. näher D VIII 14.

74   b) **§ 9 Abs. 2 Nr. 1 AGBG** verhindert übrigens nicht nur eine Erweiterung des § 61 VVG auf leichte Fahrlässigkeit, sondern auch eine andere mögliche Erweiterung dieses gesetzlichen Ausschlusses, nämlich den Ausschluß von VFällen durch grobe Fahrlässigkeit oder Vorsatz nicht nur des VN oder seiner Repräsentanten im Sinn der Rechtsprechung zu § 6 VVG, sondern darüber hinaus **auch sonstiger Dritter** (Arbeitnehmer, Beauftragter, Wohngenossen usw.), vgl. dazu O II 33.

75   **8. Sorgfaltsmaßstab** für die Frage des Vorsatzes oder der groben Fahrlässigkeit gemäß § 61 VVG und den in O I 2 zitierten gleichlautenden AVB ist das Verhalten, das ein **verständiger und sorgfältiger Kaufmann** oder – bei Hausrat und Wohngebäuden – **Privatmann** in gleicher Situation und im Durchschnitt vergleichbarer Fälle beobachten würde, wenn er **nicht versichert** wäre, BGH RuS 83, 260 = VersR 84, 25. Dies gilt in gleicher Weise für die bewußte wie für die unbewußte Fahrlässigkeit. Einmaliges Vergessen regelmäßig oder im Rahmen eines zur Routine gewordenen Geschehensablaufs vorzunehmender Handlungen als typisches Beispiel unbewußter Fahrlässigkeit ist allerdings oft milder zu beurteilen, O I 84 bis 94. Raiser 396 bezeichnet „Treu und Glauben" und „gesundes Volksempfinden" als maßgebend.

76   Zu berücksichtigen ist nur, wie sich die große Mehrzahl (der „Durchschnitt") vergleichbarer Kauf- oder Privatleute vernünftigerweise verhalten würde. Außergewöhnliche Riskobereitschaft muß außer Betracht bleiben, auch wenn sie im Einzelfall vielleicht nicht als unvernünftig, sondern als wirtschaftlich immerhin vertretbar zu bezeichnen ist und ohne Rücksicht auf den VVertrag an den Tag gelegt wird. Wer ein besonderes Risiko eingehen will, darf dies bei richtiger Auslegung von § 61 VVG nur auf eigene

Kosten tun, nicht auf Kosten des Vr. § 29 Satz 2 VVG ist auf § 61 VVG nicht analog anwendbar, vgl. auch schon N III 43.

Die Frage nach den **Grenzen der dem Vr** gerade noch **zumutbaren Riskofreu-** 77 **digkeit** stellt sich auch bei Vorsatz, denn (bedingter) Vorsatz ist nicht nur die böswillige oder trügerische Schadenstiftung, sondern vorsätzlich handelt von einer gewissen **Schadenwahrscheinlichkeit** an auch, wer nur die Möglichkeit des Schadens in Kauf nimmt. Bei geringeren Schadenwahrscheinlichkeiten kann das Inkaufnehmen *bewußte* Fahrlässigkeit sein, wobei die Grenze zwischen bewußter und *unbewußter* Fahrlässigkeit aber nicht identisch ist mit der Grenze zwischen grober und leichter Fahrlässigkeit, vgl. schon O I 28. Vielmehr kann grob fahrlässig auch handeln, wer sich zu wenig Gedanken macht und daher die Schadenmöglichkeit überhaupt nicht erkennt, währen umgekehrt nur leicht fahrlässig oder sogar schuldlos handeln kann, wer eine geringe **Schadenwahrscheinlichkeit** in Kauf nimmt. Es ist zwar niemals zumutbar oder auch nur möglich, O I 65, jede Möglichkeit eines Schadens völlig auszuschalten. Auch wird eine V überhaupt nur genommen, um die Folgen von Schäden auszugleichen, die bei durchschnittlichem Verhalten unvermeidlich sind. Was aber „bei durchschnittlichem Verhalten unvermeidlich" ist, muß durch Auslegung von § 61 VVG abgegrenzt werden.

a) Die Schwierigkeiten hierbei sind in den VZweigen unterschiedlich groß. 78 Die Senkung der Schadenwahrscheinlichkeit erfordert meist (**Schadenverhü- tungs-)Kosten** oder (und) **persönlichen Einsatz des VN**, z. B. persönliche Anwesenheit zwecks Bewachung. Welche Kosten sind dem VN **zuzumuten**, welche nicht? Die Frage läßt sich weder in absoluten Zahlen noch auch nur durch einen Prozentsatz des Wertes der versicherten Sachen beantworten, schon deshalb nicht, weil der zumutbare Aufwand mit der (aber nie genau bezifferbaren) *Schadenwahrscheinlichkeit* ansteigt, weil Sicherungen oft auch andere Vorteile bieten als nur den Schutz der in einem bestimmten Vertrag versicherten Sachen, in der FeuerV z. B. auch die Abwehr von Personenschäden, so daß für die Frage der Zumutbarkeit der Aufwand nicht voll den versicherten Sachen zugerechnet werden darf. Außerdem sind bei mehreren durch einen VVertrag versicherten Gefahren für jede einzelne Gefahr oder auch Teilgefahr unterschiedliche Maßnahmen und Aufwendungen erforderlich.

Nicht einmal die *Höhe* der aus Sicherheitsgründen gebotenen „Aufwen- 79 dungen" läßt sich stets genau bestimmen oder gar in DM beziffern, denn die Aufwendungen können z. B. auch darin bestehen, daß – in der GeschäftsV – ein *geringerer Betriebsertrag* (etwa infolge langsameren Arbeitstempos im Interesse von mehr Sicherheit) oder – im privaten Bereich (Hausrat und Wohngebäude) – **Unbequemlichkeiten,** also eine (überspitzt ausgedrückt) *geringere Lebensqualität* in Kauf genommen wird, etwa die Mühe der sicheren Verwahrung von Schmuck oder des häufigen Betätigens von Schlüsseln oder des regelmäßigen Schließens von Fensterläden, M I 55.

Allgemein läßt sich nur sagen, daß die V nicht durch übermäßige Anforde- 80 rungen an den VN ihren Zweck verfehlen (vgl. z. B. O I 110 zum Umgang mit offenem Feuer), andererseits aber auch nicht im Sinn der provozierenden Frage „*Sicherung oder Versicherung?*" als Ersatz für Schadenverhütungsmaßnahmen mißverstanden werden darf, vgl. besonders O I 116 zur DiebstahlV.

Im übrigen hängt das Maß der erforderlichen Sorgfalt von den jeweiligen **Umständen des Einzelfalles** ab. Dies demonstrieren gut die beiden Entscheidungen Hamm VersR 73, 169 und VersR 79, 1045 einerseits sowie VersR 87, 654. In den zuerst genannten Fällen wurde bei Arbeiten mit einem Winkelschleifer grobe Fahrlässigkeit mangels Vorkehrungen gegen Funkenflug auf brennbare Teile der Umgebung bejaht, im letzten Fall hingegen verneint, weil der VN ein in das Freßgitter mit den Rippen eingeklemmtes Rind rasch hatte befreien wollen und sich daher in einer unvorhergesehenen Eil- und Notsituation befand.

81   „Geldmangel" entlastet den VN **nicht** schon als solcher vom Vorwurf grober Fahrlässigkeit wegen des Unterlassens kostenträchter Maßnahmen. Nach dem Grundgedanken von § 279 BGB hat nämlich jeder Schuldner Geldmangel auch dann zu vertreten, wenn er unverschuldet in die Mangellage geraten ist; das ist nur in der Begründung, nicht aber im Ergebnis streitig, vgl. Palandt § 279 BGB Anm. 1. Auch Hamm VersR 88, 795 stimmt dem Grundgedanken zu und wendet ihn nur auf den speziellen Fall des Wiederaufbauzeitpunkts in der MietverlustV nicht an. Es kommt also für den zumutbaren Kostenaufwand im allgemeinen nicht auf die persönliche finanzielle Lage des VN, sondern nur darauf an, ob dem *Durchschnitt* aller VN in gleicher Gefahrenlage der Aufwand zuzumuten gewesen wäre.

82   b) Die geschilderten Auslegungsschwierigkeiten zu § 61 VVG veranlassen die Vr, mindestens in der GeschäftsV und bei Wohngebäuden, seit den VHB 84 aber auch in der HausratV, durch **Sicherheitsvorschriften** mehr oder weniger genau zu konkretisieren, welche **Anforderungen** zu stellen sind, M I 5 und 10. Solche Vorschriften führen deshalb bei vorsätzlichen oder grob fahrlässigen Verstößen nicht nur als solche zur Leistungsfreiheit (wenn nicht der Kausalitätsgegenbeweis oder der Entschuldigungsbeweis gelingt oder die Kündigungsfrist versäumt wird), sondern auch wegen § 61 VVG. Die abweichende Entscheidung BGHZ 42, 295 ist vereinzelt geblieben, vgl. O I 5 bis 8.

83   §§ 7 AFB 30, AEB, 6 AWB 68, AStB 68, 16 VGB 62, VGB 88, 7 Nr. 2 AFB 87, AWB 87, AStB 87 bekräftigen die Parallele, indem sie auch wegen Verstößen gegen die Sicherheitsvorschriften Leistungsfreiheit nur bei grober Fahrlässigkeit eintreten lassen, allerdings mit Beweislastumkehr zu Lasten des VN, M II 4. Dagegen schöpfen §§ 6 Nr. 2 AERB, 14 Nr. 2 VHB 84, 7 Nr. 2 AFB 87 die Grenzen des § 6 Abs. 1 VVG voll aus, indem sie Leistungsfreiheit schon bei leichter Fahrlässigkeit vorsehen. Dies ist sinnvoll, weil dem VN Leistungsfreiheit schon von einem geringeren Schuldgrad (Beispiel für einen geringfügigen und daher nur leicht fahrlässigen Verstoß: Frankfurt VersR 82, 790) an zumutbar ist, wenn er die Anforderungen an sein Verhalten genauer kennt, vgl. schon M I 5, während umgekehrt wegen der Unklarheit des Maßstabes nach § 61 VVG die Leistungsfreiheit erst bei grober Fahrlässigkeit einsetzt. In der FeuerV sollte, wie § 7 Nr. 2 AFB 87 dies auch mit Recht vorsieht, nur grobe Fahrlässigkeit schaden, denn Verlust des VSchutzes bedeutet hier oft den Verlust der wirtschaftlichen Existenz, im gewerblichen Bereich überdies den Verlust einer Anzahl von Arbeitsplätzen. Nach § 14 Nr. 2 VHB 84 schadet leichte Fahrlässigkeit zwar auch bei Brandschäden, für die aber im Hausratbereich Sicherheitsvorschriften kaum je vereinbart werden.

c) Ob erhöhte Schadenwahrscheinlichkeit dem Vr gerade noch zumutbar 84
ist oder ob das Verhalten des VN mindestens objektiv als grob fahrlässig
gelten muß, hängt nicht nur vom Grad, sondern auch von der Dauer und der
Häufigkeit der erhöhten Schadenwahrscheinlichkeit ab. Eine einmalig und
kurzfristig erhöhte Schadenwahrscheinlichkeit ist dem Vr leichter zuzumuten
als eine längerfristig oder häufig wiederkehrend erhöhte Schadenwahrscheinlichkeit. **Einmaliges und kurzfristiges Fehlverhalten** ist daher oft schon objektiv
nicht als grob fahrlässig anzusehen. Hinzu kommt, daß es bei einem gelegentlichen Vergessen einer Handlung, wie überhaupt bei unbewußter Fahrlässigkeit, besonders häufig an der subjektiven Komponente der groben Fahrlässigkeit fehlt, O I 27 und 91.

BGH NJW 86, 2838 = VersR 962 hat im Anschluß an BGH VersR 74, 26 85
(Lenkradschloß einmalig nicht eingerastet) das einmalige Zurücklassen des
Zündschlüssels im abgestellten Pkw für die Gepäckversicherung nach dem
AKB als nicht grob fahrlässig angesehen, weil ein einmaliges Fehlverhalten
dieser Art auch einem nicht besonders sorglosen handelnden VN unterlaufen
kann. An diese richtungweisende Entscheidung knüpft BGH NJW 89, 1354
= RuS 209 = VersR 582 an und plädiert für mildere Beurteilung bei bloßem
Augenblicksversagen, insbesondere in den Fällen, in denen **einer von mehreren Handgriffen eines** zur Routine gewordenen **Handlungsablaufs vergessen**
wird. In dem entschiedenen Fall zu den AKB hatte der VN als Fahrer eines
Autokrans den Kran vor Antritt der Rückfahrt nicht vollständig in die Aus-
gangsstellung zurückgebracht.

Hierher gehören auch Fälle, in denen der VN eine zuvor geschaffene Ge- 86
fahrenquelle vergißt und deshalb nicht wieder beseitigt, vgl. BGH RuS 89,
193 = VersR 840 = NJW-RR 1187 zum Verlassen der Wohnung nach Einschalten einer Friteuse. Mit Recht macht Karlsruhe VersR 88, 1285 bei einem
Schaden mangels Unterbrechung der Wasserzufuhr zu einer nicht in Betrieb
befindlichen Geschirrspülmaschine die grobe Fahrlässigkeit davon abhängig,
ob der Fehler gewohnheitsmäßig oder nur einmal begangen war. Ähnlich
verneint BGH VersR 86, 671 zur KaskoV eines Wohnmobils die grobe Fahrlässigkeit eines VN, der um 23.00 Uhr beim Schein zweier in Haltern auf
einer Bastunterlage stehenden Kerzen Musik gehört hatte und dann einge-
schlafen war, zumal dieser VN nicht durch frühere Fälle vorzeitigen Einschlafens vorgewarnt war, sondern einmalig und erstmalig gehandelt hatte.

Weitere Beispiele: In Düsseldorf VersR 88, 83 wurde die Beweisbarkeit 87
grober Fahrlässigkeit in einem Fall verneint, in dem ein Gastwirt heiße
Tabakreste zunächst in einen Plastiksack und dann ausnahmsweise entgegen
seiner langjährigen Gewohnheit nicht alsbald in einen hierfür bestimmten
Metallbehälter entleert hatte. Der beweispflichtige Vr konnte nicht ausschließen, daß sich der VN nur leicht fahrlässig oder gar schuldlos von der Gefah-
rensituation hatte ablenken lassen. Ähnlich lag es in Saarbrücken RuS 88, 18,
wo der VN bei Verlassen der Wohnung vergessen hatte, daß noch eine Herdplatte angeschaltet war.

Die Einmaligkeit des Fehlverhaltens als Motiv für dessen Einstufung als 88
nur leicht fahrlässig wird in den gerichtlichen Entscheidungen nicht immer
deutlich hervorgehoben, sondern oft nur „zwischen den Zeilen" oder durch
die Modalität des entschiedenen Sachverhalts sichtbar. Dieser Sachverhalt

wird zudem im veröffentlichten Teil des Urteils oft nur bruchstückweise geschildert. Auch vorliegend können an dieser Stelle bei weitem nicht alle einschlägigen Urteile genannt werden. Vielmehr spielt die Einmaligkeit des Fehlverhaltens auch in Entscheidungen eine Rolle, die in anderem Zusammenhang behandelt werden, vgl. O I 100 bis 145.

89   Immerhin sei an dieser Stelle noch auf LG Köln VersR 84, 27 (Wohnungstür war nur an einem bestimmten Nachmittag und für einige Stunden lediglich in das Schloß gezogen) und auch Frankfurt VersR 82, 790 (Rolladen eines Antiquitätengeschäftsseitenfensters war nur für eine einzige Nacht nicht geschlossen) hingewiesen.

90   Angesichts der Vielgestaltigkeit der einschlägigen Fälle verwundert es nicht, daß die Rechtsprechung der Instanzgerichte keine ganze klare Linie findet. In manchen Fällen werden die **Sorgfaltsanforderungen** deutlich **überspannt**. Ein besonders auffälliges Beispiel hierfür bildet München VersR 86, 585 = NJW-RR 656 = RuS 87, 140: Die Ehefrau des VN hatte in einem Einzelfall werktags und tagsüber im zweiten Obergeschoß eines Mehrfamilienhauses in einer bayerischen Kleinstadt während mehrstündiger Abwesenheit die Wohnungstür nur in das Schloß gezogen. Obwohl durch das Treppenhaus auch die Patienten einer Arztpraxis gingen, hätte dieses Verhalten höchstens als leicht fahrlässig eingestuft werden dürfen. Milder zu beurteilen ist nämlich insbesondere das nur einmalige Vergessen regelmäßig vorzunehmender Handlungen.

91   Ähnlich hätte die Bedeutung der Einmaligkeit des Fehlverhaltens gewürdigt werden müssen in AG Charlottenburg ZfS 85, 283 (Kippstellung einer von einer Terrasse aus erreichbaren Oberlichte), in LG Köln ZfS 84, 187 (Tür vom Garten zum Keller war tagsüber während einer Abwesenheit von nur 50 Minuten in Kippstellung, so daß ein Täter sie hätte aushängen können), LG Düsseldorf VersR 86, 780 (brennende Kerzen für die Dauer eines Abendessens unbeobachtet).

92   Gemäß O I 50 der 2. Aufl. sollte der **VN** die **Beweislast** für die behauptete Einmaligkeit seines Fehlverhaltens tragen, wenn er unter diesem Gesichtspunkt der Leistungsfreiheit entgehen will. Dies läßt sich aber in so allgemeiner Form **nicht** aufrechterhalten. Grundsätzlich hat vielmehr der Vr sowohl die objektive (O I 48) wie auch die subjektive (O I 50) Komponente der groben Fahrlässigkeit zu beweisen, O I 45. Eine generelle Ausnahme hiervon läßt sich auch für den Gesichtspunkt der Einmaligkeit des Fehlverhaltens nicht vertreten, denn Dauer und Häufigkeit des Fehlverhaltens sind ihrerseits Merkmale, von denen das Maß der erhöhten Schadenwahrscheinlichkeit und damit dessen Zumutbarkeit für den Vr abhängt, O I 84. Wenn der Vr geltend macht, eine erhöhte Schadenwahrscheinlichkeit habe ihn über das vertraglich vorausgesetzte Maß hinaus unzumutbar belastet, so muß er grundsätzlich auch Dauer und Häufigkeit des zugrunde liegenden Fehlverhaltens des VN darlegen und beweisen. Ähnlich untrennbar verbunden ist die Frage der Einmaligkeit eines Vergessens mit den sonstigen Merkmalen der subjektiven Komponente der groben Fahrlässigkeit, O I 86.

93   Der Vr kann ganz allgemein immer dann in **Beweisnot** geraten, wenn die subjektiven Voraussetzungen der groben Fahrlässigkeit durch den VN bestritten werden, insbesondere unter Hinweis auf ein angeblich nur einmaliges

Vergessen, O I 50. Dies rechtfertigt aber keine Umkehr der Beweislast, sondern nur gewisse **Beweiserleichterungen für den Vr.** Das Gericht darf nämlich aus den unstreitigen objektiven Tatsachen Schlüsse auf die subjektiven Voraussetzungen der groben Fahrlässigkeit ziehen, O I 51. Dies geschieht in sehr vielen gerichtlichen Entscheidungen „stillschweigend" und ohne besonders strenge Anforderungen; im weitaus größten Teil aller einschlägigen Gerichtsurteile ist in den Entscheidungsgründen von der subjektiven Komponente der groben Fahrlässigkeit nicht ausdrücklich die Rede. Bestreitet im Einzelfall der VN speziell die Voraussetzungen der subjektiven Komponente, so darf nicht schon allein die Tatsache dieses Bestreitens zu wesentlich strengeren Beweisanforderungen an den Vr führen, als sie sonst üblich sind. Vielmehr spricht oft die Lebenserfahrung dafür, daß ein bestimmtes Fehlverhalten des VN nicht nur einmalig, sondern wiederholt gerügt wird.

Auch die Einmaligkeit eines Fehlverhaltens entlastet vom Vorwurf grober Fahrlässigkeit nur, O I 26, wo sich sagen läßt, daß ein Versehen dieser Art „auch einem nicht besonders sorglos handelnden VN unterlaufen kann" (BGH VersR 86, 962). In **objektiv besonders schwerwiegenden Fällen** entlastet daher auch die Einmaligkeit des Fehlverhaltens den VN **nicht.** Beispiele: LG Köln VersR 85, 253 (Ausländer grillt innerhalb der Wohnung, und zwar in besonders feuergefährdetem Dachgeschoßraum); LG Hamburg ZfS 84, 26 (Jugoslawe raucht bei Umgang mit Benzin); LG Köln RuS 84, 149 (WohngebäudeVN entleert vor dem Zubettgehen Aschenbecher mit glimmenden Resten in Papierkorb aus Korbmaterial); LG Berlin RuS 84, 196 (nicht betätigtes Zylinderschloß in einer nur unregelmäßig benutzten Wohnung). **94**

d) Der VN wird gegebenenfalls vom Vorwurf der groben Fahrlässigkeit wegen Unterlassens zumutbarer Schadensabwehrmaßnahmen **nicht** dadurch **entlastet,** daß „ebensogut" eine Situation hätte eintreten können, in der die **Schadenverhütungsmöglichkeit** von vornherein **nicht bestanden** hätte, ohne daß dies aber einen Vorwurf gegen den VN begründet hätte. Dies gilt ganz allgemein im Rahmen einer Verschuldensprüfung gemäß § 276 BGB. Insbesondere sind die individuellen Kenntnisse und technischen Möglichkeiten dessen, der objektiv eine Rechtspflicht verletzt, auch dann zu berücksichtigen, wenn vorstellbar wäre, daß bei demselben oder einem anderen Schuldner dieselbe Möglichkeit von vornherein nicht bestanden hätte; eine Ausnahme gilt nur für besonders günstige finanzielle Verhältnisse, die den Schuldner ebensowenig zusätzlich belasten können wie er sich umgekehrt auf schlechte finanzielle Verhältnisse entlasten kann, O I 81. **95**

Diese Überlegungen zum allgemeinen Schuldrecht gelten auch im VVertragsrecht bei der Verschuldensprüfung nach §§ 61, 6, 25 VVG usw. Ebenso wie es in der Natur der Gefahrengemeinschaft der VN liegt, daß die Gefahr immer nur bei einem Teil der versicherten Risiken verwirklicht, ebenso liegt es in deren Natur, daß **Schadenverhütungsmöglichkeiten** je VN und je Situation nur in unterschiedlichem Umfang vorhanden sind. Soweit sich die Unterschiede generalisieren lassen, mag der Vr sie durch die vertragliche Risikoabgrenzung und durch die Gestaltung seines Prämientarifs berücksichtigen. Im übrigen aber müssen beide Vertragspartner solche Un- **96**

terschiede zu ihren Lasten hinnehmen, der Vr, indem er die mangels Abwehrmöglichkeit eingetretenen Schäden, der VN, indem er die für den Gebrauch
der Abwehrmöglichkeit anfallenden Kosten und Mühen trägt.

97   Ob gegebenenfalls vielleicht schon die Tatsache des Fehlens einer Abwehrmöglichkeit einen Verschuldensvorwurf rechtfertigt, ist eine andere
Frage. Soweit sie zu bejahen ist, besteht die dem VN zumutbare Schadens-
abwehrmaßnahme bereits darin, eine andere, konkretere („näher zum Schaden liegende") Abwehrmöglichkeit erst einmal zu schaffen. Soweit sie zu
verneinen ist, kann gleichwohl der Nichtgebrauch einer tatsächlich (wenn
auch ohne darauf gerichtete Rechtspflicht) vorhandenen Abwehrmöglichkeit grob fahrlässig sein; vgl. auch M I 56 zu Verstößen gegen Sicherheitsvorschriften.

98   Wer z.B. dem Ausbruch eines Feuers oder dem Austritt von Leitungswasser nicht rechtzeitig entgegenwirkt, obwohl das Ereignis leicht voraussehbar
war (mag es auch noch nicht im Sinn von §§ 62, 63 VVG unmittelbar bevorgestanden haben), z.B. aufgrund eines erkennbaren Defekts einer Heizungsanlage oder einer Rohrverstopfung, kann sich nicht mit dem Hinweis entlasten, daß vielleicht ein anderer VN in gleicher Gefahrenlage schuldlos hätte
außerstande sein können, wirksam einzugreifen, z.B. wegen Abwesenheit,
Krankheit oder Alters. Wer Erfahrungen durch **Vorschäden** gemacht hat,
muß Konsequenzen ziehen und sich entsprechend verhalten. Er kann nicht
einwenden, daß diese Erfahrungen ihm „ebensogut" fehlen könnten, vgl. O I
78 und 81 für die Diebstahl- und LeitungswasserV.

99   Auch die Rechtsprechung geht von diesen Grundsätzen als selbstverständlich aus. Man vergleiche die instruktiven Beispiele Hamburg VersR **84,** 679
zum Nichtgebrauch einer technischen Vorrichtung eines Wassersportfahr-
zeugs, die nicht vorgeschrieben war und daher „ebensogut" hätte fehlen können, sowie LG Duisburg VersR **81,** 153 zur Zumutbarkeit der Mitnahme
mehrerer Fotoapparate aus einem abgestellten Kfz infolge Begleitung des VN
durch dessen Ehefrau, die ebenfalls einen Fotoapparat hätte tragen können,
obwohl der VN selbstverständlich „ebensogut" allein hätte auf Reisen sein
können. Ähnlich entscheidet für die ReisegepäckV LG Köln VersR **83,** 78,
wo es als grob fahrlässig angesehen wird, wenn in südlichen Ländern Gepäck
im wartenden Taxi zurückgelassen wird, obwohl eine Begleitperson hätte im
Taxi bleiben können, während der VN im Hotel nach Zimmer fragte; daß der
VN auch allein hätte unterwegs sein können, spielt keine Rolle. Wer in einem
Hotel übernachtet, muß als ReisegepäckVN sein Gepäck mit auf das Zimmer
schaffen, selbst wenn dies unmöglich wäre, falls er in demselben Hotel nur
eine Mahlzeit eingenommen hätte. AG Göttingen VersR.

100   9. In der **FeuerV** ist § 61 VVG praktisch bedeutsam vor allem für grob
fahrlässige Verhaltensweisen, die kein Dauerzustand im Sinn von §§ 23 ff.
VVG und die außerdem untypisch sind und deshalb vielleicht nicht gegen
bestimmte Sicherheitsvorschriften verstoßen; hier wirkt indessen die Einmaligkeit des Fehlverhaltens oft schon als solche entlastend, O I 84. Aber auch
bei Gefahrerhöhung und bei Verstößen gegen Sicherheitsvorschriften (Obliegenheiten) kann sich der Vr zusätzlich auf § 61 VVG berufen, nach Ablauf
der Kündigungsfrist sogar ausschließlich, O I 9 bis 11.

Aus der neueren Rechtsprechung zur industriellen und gewerblichen FeuerV **101**
seien erwähnt das Umfüllen von Benzin in der Nähe gleichzeitiger *Schweißar-*
beiten (BGH VersR 70, 1121, Hamm VersR 71, 1005), Schneidarbeiten mit
Winkelschleifmaschine (Flex) in der Nähe leicht brennbarer Sachen (ÖOGH
VersR 87, 799; ebenso Köln RuS 89, 366 = VersR 383 für Arbeiten in Scheune
trotz Maßnahmen gegen Funkenflug und Vorhandenseins eines Feuerlöschge-
rätes), Beheizen einer provisorischen Feuerungsanlage (ÖOGH VersRSchau
89, 357), Arbeiten mit einem Schutzgasschweißgerät an einem PKW mit
Tankinhalt (Celle ZfS 88, 57), **unsachgemäßer Gebrauch von** *Lötlampen* (RG JR
30, 166, OGH Wien VersR 73, 975, Hamm RuS 87, 167 = VersR 88, 508,
Braunschweig VersR 55, 77), falsche *Installation* einer Flüssiggasanlage (LG
Münster VersR 76, 921), Lagerung brennbarer Gegenstände in Ofennähe
(Hamm VersR 86, 561), Verstöße gegen die *Kehrpflicht* (Hamm VersR 77, 949;
grobe Fahrlässigkeit verneint, weil Schornsteinfeger nicht belogen) und das
Ablagern von *Tabakresten* oder sonstigen feuergefährlichen Abfällen Hamm
VersR 85, 534) in Korb- (LG Köln RuS 84, 149) oder Plastikbehältern (Mün-
chen VersR 86, 1065, LG Frankenthal RuS 85, 90; in Hamm VersR 75, 607 für
den konkreten Fall verneint, ebenso in Hamm VersR 81, 947; bejaht in LG
Köln VersR 85, 253 für Hausrat, vgl. auch M I 78).

Ein Verweilen des VN im VOrt für die Dauer von 10 Minuten nach Ablage **102**
der glimmenden Tabakreste in einem Plastikbehälter entlastet nicht, Mün-
chen RuS 86, 42. Steht fest, daß eine Zigarette nach dem Rauchen in einen
Plastikmüllsack geworfen wurde, so beweist die Tatsache des von diesem
Sack ausgegangenen Brandes, daß der VN die Zigarette unmittelbar nach dem
Rauchen in noch heißem Zustand eingeworfen hat, vgl. ausführlich Hamm
RuS 86, 261 = VersR 88, 26 (Versuchsreihe über das Tempo des Erkaltens
von Zigaretten). Nach Hamm VersR 86, 1177 kann der Einwand der groben
Fahrlässigkeit hier auch an den subjektiven Erfordernissen (O I 20) scheitern,
denn heiße Tabakreste in Plastikbehältern seien als Gefahrenquelle nicht allgemein bekannt. Auch ein zunächst feuerfester Schutzanstrich des Behältnisses schließt den Einwand der groben Fahrlässigkeit nicht immer aus, jedenfalls nicht auf Dauer, Zweibrücken RuS 87, 107. Dagegen kann, wie auch
sonst (O I 87), grobe Fahrlässigkeit bei einer Abweichung von langjähriger
feuersicherer Praxis bei der Beseitigung von Tabakresten infolge einmaligen
Vergessens zu verneinen sein, Düsseldorf RuS 88, 83.

Verneint wurde die grobe Fahrlässigkeit für das Unterlassen der Kontrolle **103**
einer Hühnerfarm während eines Gewitters im Hinblick auf Blitzschlagschäden, Hamburg VersR 84, 953.

Zur **landwirtschaftlichen FeuerV** sei verwiesen auf Bamberg VersR 71, 1054 **104**
zum Betrieb einer landwirtschaftlichen Maschine durch Anschluß an einen
Traktormotor. In Oldenburg VersR 86, 1091 = ZfV 87, 359 werden ausführlich die Sorgfaltsanforderungen gegen die Gefahr der **Heuselbstentzündung**
dargestellt: Genügende Trocknung auch bei regenreichem Wetter, Einlage-
rungsmethode, die an allen Stellen die Einführung von Heuthermometern
ermöglicht, regelmäßige Temperaturmessungen. Ob bloße Geruchskontrollen unter Verzicht auf Messungen grobe Fahrlässigkeit begründen, kann auch
für die V beweglicher Sachen vom Umfang der Aufklärungsarbeit des Gebäu-
defeuerVr und von dessen Bereitschaft zu einer Kostenbeteiligung abhängen,

vgl. dazu W II 39. Der Betrieb eines funkensprühenden *Handschleifgerätes* in feuergefährlicher Umgebung *(trockenes Heu oder Stroh)* kann grob (Hamm VersR 73, 169, 79, 1049), in einer unvorhergesehenen Not- oder Eilsituation aber auch nur leicht (Hamm VersR 87, 654) fahrlässig sein.

105   Insbesondere in der **Hausrat- und Wohngebäudefeuer**V kann es sich bei der rechtlichen Würdigung zugunsten des VN auswirken, wenn ein bestimmtes Fehlverhalten durch den VN nur einmalig und kurzfristig an den Tag gelegt wurde, O I 84. Dies gilt z.B. in den Grenzfällen des Abstellens eines Wäschekorbs auf einem Ofenrohr (LG Hannover VersR 54, 355) oder von Bohnerwachs auf einem unbeobachteten Herd (LG Konstanz VersR 55, 145). Als nicht grob fahrlässig haben daher z.b. auch angesehen Hamm VersR 82, 966 das Umkippen eines Heizstrahlers auf einem Teppich sowie Frankfurt VersR 83, 869 das Abstellen einer Fettpfanne auf einer unbemerkt durch ein anderes Familienmitglied eingeschalteten E-Herdplatte.

106   Letztlich entscheiden aber immer die **Umstände des Einzelfalls**, O I 94. Auch ein gegen Sicherheitsvorschriften verstoßender Dauerzustand erlaubt nicht schematisch einen Schluß auf grobe Fahrlässigkeit, am wenigsten im privaten Bereich, also bei Hausrat und Wohngebäude, vgl. LG Koblenz VersR 88, 570 (vorschriftswidriges und nicht genehmigtes Rauchabzugsrohr), Köln RuS 88, 235 (Kaminofen ohne Benachrichtigung des Schornsteinfegers und zu nahe an Spannplattenverkleidung errichtet; Grenzfall!). Die Umstände des Einzelfalles sprachen z.B. in LG Hamburg ZfS 84, 26 bei Hantieren mit einem benzingetränkten Lappen in der Nähe einer brennenden Zigarette für grobe Fahrlässigkeit. Bei leerstehenden Wohngebäuden kommt es nach BGH RuS 83, 260 = VersR 84, 25 insbesondere auf die Art und Weise der Sicherung von Türen und Fenstern gegen das Eindringen unbefugter Dritter an, vgl. auch N V 39 bis 46 wegen Gefahrerhöhung bei leerstehenden Wohngebäuden.

107   **Rauchen im Bett** (AG Bremen VersR 54, 215; LG Köln VersR 65, 993, 80, 1018, LG Duisburg VersR 85, 827) ist grob fahrlässig, wenn der VN mit der Möglichkeit des Einschlafens rechnen muß. Letzteres kann im Einzelfall auch zu verneinen sein, vgl. Hamm RuS 89, 333, für einen Schadenfall morgens zwischen 8 und 9 Uhr durch eine nicht übermüdete, sondern ausgeschlafene Raucherin. Wer ermüdet ist, darf sich mit brennender Zigarette vielleicht (AG Hamburg ZfS 85, 250) nicht einmal auf eine Couch legen. Mit einem gewissen Blutalkoholgehalt kann, besonders abends oder in ermüdetem Zustand, sogar schon das bloße Sitzen mit einer brennenden Zigarette auf einer Couch oder auf einem Bett grobe Fahrlässigkeit begründen, LG Hamburg ZfS 87, 344. Wendet der VN ein, das Rauchen im Bett sei ein einmaliger Ausnahmefall gewesen, so stehen dem beweispflichtigen Vr Beweiserleichterungen zu, O I 93. Gerade Rauchen im Bett ist ein Verhalten, das eine bestimmte Person in der Regel entweder überhaupt nicht oder aber häufiger übt, vgl. daher auch N V 30 wegen Gefahrerhöhung.

108   Beweispflichtig ist der Vr auch dann, wenn der VN einwendet, er sei wegen **Trunkenheit** oder **krankhafter Alkohol- oder Drogensucht** gemäß § 827 Satz 1 BGB nicht schuldfähig gewesen, vgl. allgemein O I 56. Gelingt dieser Beweis nicht, so käme es analog § 827 Satz 2 BGB bei vorübergehenden Zuständen der Schuldunfähigkeit darauf an, ob der VN sich grob fahrlässig in diesen

Zustand versetzt hat (§ 827 Satz 2), hingegen nicht auch darauf, ob er schon vor Beginn des Alkoholkonsum mit der Möglichkeit eines Rauchens im Bett rechnen mußte, O I 60. Hamm VersR 85, 1078 und RuS 88, 2 = VersR 394 zieht deshalb die analoge Anwendbarkeit von § 827 Satz 2 BGB insgesamt in Zweifel (zu den AKB).

Bei dem **Dauerzustand** der krankhaften **Alkohol- oder Drogensucht** reicht es **109** für Leistungsfreiheit nach § 61 VVG keinesfalls aus, daß der VN seinen Krankheitszustand grob fahrlässig herbeigeführt hat, denn dieser Zustand ist kein vorübergehender im Sinn von § 827 Satz 2 BGB und die Einzelheiten des zukünftigen schadenstiftenden Verhaltens des Kranken sind für diesen vor Krankheitsbeginn nicht voraussehbar. Aber der Vr ist möglicherweise schon deshalb leistungsfrei, weil es eine gewillkürte und anzeigepflichtige *Gefahrerhöhung* bedeutet hatte, wenn der Kläger sich in jenen Zustand versetzt und damit auch die naheliegende Möglichkeit häufigeren Rauchens im Bett verursacht hatte, O I 34 und N V 31. Hierbei schadet dem VN sogar schon leichte Fahrlässigkeit.

Gleichermaßen in der gewerblichen FeuerV wie in der Hausrat- und **110** WohngebäudefeuerV bedeutsam ist die Beurteilung von Bränden infolge **leichtsinnigen Umgangs mit offenem Feuer oder Licht, heißem Fett** usw. Nachweise aus der älteren Rechtsprechung: Raiser 396. Zwar gilt für leichte wie für grobe Fahrlässigkeit ein objektiver Maßstab, O I 14. Nicht jeder verbreitete Schlendrian entschuldigt also den VN. Aber bis zu einem gewissen Grad ist doch die **Verkehrsüblichkeit** des zum Schaden führenden Geschehens zu berücksichtigen. Daher wird man im gewerblichen und beruflichen Lebensbereich des VN, also bei Verträgen nach den AFB 30 oder AFB 87, einen besonders strengen Maßstab anlegen müssen, denn für einen Gewerbebetrieb muß Feuersicherheit oberstes Gebot sein. Davon darf der Vr bei der Prämienkalkulation ausgehen. Dagegen muß er im privaten Lebensbereich (VHB 73, VHB 84, VGH 62, VGB 88) trotz des geltenden objektiven Fahrlässigkeitsmaßstabs bis zu einem gewissen Grad einkalkulieren, daß die VN nicht ihre Lebensgewohnheiten dem Vertrag anpassen wollen, sondern umgekehrt eine Anpassung der Prämienkalkulation an das bestehende VBedürfnis erwarten.

Es kommt daher weitgehend auf den **Lebensbereich** an, in dem das gefähr- **111** dende Verhalten geübt und der Schaden verursacht wird. Bei Schäden im Zusammenhang mit *üblichen Arbeiten im Haushalt*, bei denen mit Feuer oder offenem Licht umgegangen oder zu heiß gewordene Gegenstände angefaßt werden, oder bei Gebrauch von *Advent- oder Weihnachtskerzen* wird man nicht so streng sein dürfen wie bei Belustigungen aller Art, insbesondere solchen mit Alkoholkonsum. Man denke an „Parties, Geburtstags-, Faschings- und sonstige Feiern.

Mit Recht haben daher BGH VersR 86, 254 und als Vorinstanz schon LG **112** Münster RuS 84, 64 = ZfS 153 an den Nachweis der groben Fahrlässigkeit bei unbeaufsichtigtem Brennenlassen von Adventkerzen strenge Anforderungen gestellt. Wie LG Münster aaO mit Recht feststellt, wird eine FeuerV für Hausrat gerade auch gegen Schadenfolgen aus solchen alltäglichen Vorgängen genommen. Dies hätte auch in LG Mönchengladbach VersR 89, 845 berücksichtigt werden müssen, wo es als grob fahrlässig bezeichnet wurde, Bratpfannen mit Fett auf einem Elektroherd zu erhitzen und dabei für einige Minuten die Küche zu verlassen. Zu streng war Düsseldorf VersR **86,** , 780 (Adventkerzen für die Dauer eines Abendessens unbeobachtet). Auch in AG Fürth VersR **85,** 773 (Kerzen vor Einkaufsgang nicht gelöscht) und LG Baden-Baden RuS **86,** 289 (Adventkerzen brennen während eines Spaziergangs) hätte vielleicht die Frage der Einmaligkeit (O I 84 und 92) aufgeklärt werden müssen, ehe die grobe Fahrlässigkeit hätte bejaht werden dürfen. Es ist jedenfalls nicht immer grob fahrlässig, wenn alle Personen das Zimmer verlassen, in dem Adventkerzen brennen; vielmehr kommt es auf die Umstände des Einzelfalles an, Hamm RuS **89,** 334 = VersR 1295 (frisch aufgesteckte Stumpenkerze). Mit Recht verneint wurde daher die grobe Fahrlässigkeit auch in LG Köln NJW-RR **87,** 90, wo eine Hausfrau den Brand verursacht hatte, nachdem sie einen Fonduebrenner mit brennendem Spiritus am Griff getragen, dann aber fallengelassen hatte, nachdem er zu heiß geworden war.

113   War der VN bei Brandausbruch bereits wegen Trunkenheit (O I 31 und 35) nicht mehr schuldfähig, so käme es nach § 827 Satz 2 BGB nur darauf an, ob der VN den Eintritt dieses vorübergehenden Zustandes der Trunkenheit voraussehen konnte. Ist dies zu bejahen, so wäre der Vr nach § 61 VVG leistungsfrei. Der Schadeneintritt selbst braucht nicht in gleicher Weise leicht vorausschaubar gewesen zu sein. Jedoch muß das für den Schaden ursächliche Tun oder Unterlassen des VN so gewesen sein, daß es im Zustand der Nüchternheit den Vorwurf der groben Fahrlässigkeit gerechtfertigt hätte, vgl. zu dieser begrifflichen Möglichkeit BGH NJW **89,** 1612 = VersR 469 im Hinblick auf Trunkenheitsfahrten. Wegen der Bedenken gegen jede analoge Anwendung von § 827 Satz 2 BGB im Rahmen von § 61 VVG vgl. O I 39. Lehnt man die Analogie ab, so kann grobe Fahrlässigkeit nur eingewendet werden, wenn der VN schon vor Beginn der Trunkenheit die schadenstiftende Handlung befürchten mußte, was in der SachV (anders als bei Trunkenheitsfahrten) selten ist, O I 35.

114   Eine weitere Gruppe von Anwendungsfällen des § 61 VVG gleichermaßen im gewerblichen wie im privaten Lebensbereich sind die sog. *Brandreden* sowie *Bombendrohungen.* Der VN muß bei einschlägigen Äußerungen die Möglichkeit der Brandstiftung durch Dritte einkalkulieren (vgl. z.B. JW 28, 3181 = JR 230) und ihr nach Kräften entgegenwirken. Keinesfalls darf er durch scherzhafte oder gar ernste Äußerungen, wonach ihm ein Brandschadenfall gelegen käme, jene Möglichkeit noch zusätzlich fördern. Gleichzeitig (M I 7 und 8) kann eine gewillkürte *Gefahrerhöhung* vorliegen, wobei dem VN sogar schon leichte Fahrlässigkeit schadet, vgl. N V 18 und 19.

115   10. In der **Diebstahl**V kommt **Vorsatz** nur in Betracht, wenn ein Repräsentant den VN oder – D II 11 – der VN einen Versicherten bestiehlt. Das gleiche gilt bei Raub, D XII 36. Allerdings ist gerade bei Diebstahl und Raub die Zurechenbarkeit eines vorsätzlichen Repräsentantenverhaltens zweifelhaft, denn wer sich selbst könnte der VN, dem das Verhalten „zugerechnet" werden soll, nicht bestehlen, O II 55. Hält man allerdings den Ausschluß von Schäden durch Vorsatz von Angehörigen gemäß den in F III 4 zitierten Bestimmungen bei Diebstahl und Raub trotz der in F III 40 bis 51 erörterten Bedenken mit § 9 AGBG für vereinbar, so kann man mit Koblenz VersR **89,**

1192 die Erweiterung des Repräsentantenbegriffs speziell für Vorsatz dieser Personen als Bekräftigung der Bestimmungen gemäß F III 4 verstehen. Wo dagegen der VN den unmittelbaren Besitz selbst aufgibt oder duldet, daß er ihm durch einen Dritten entzogen wird, fehlt es schon an einem Abhandenkommen, D II 7. Es handelt sich dann eventuell um Unterschlagung durch Arbeitnehmer usw., D XII 104.

Dagegen spielt der Einwand der **groben Fahrlässigkeit** in der DiebstahlV 116 eine große Rolle. Ganz besonders gilt dies für das Diebstahlrisiko in der HausrataußenV, vgl. die Beispiele in O I 140. Zwar ist die Diebstahl-HausrataußenV gebäudegebunden, G V 18. Trotzdem ist das Risiko und sind daher auch die Sorgfaltsanforderungen an den VN bei Hausrat und vor allem bei Wertsachen außerhalb der Wohnung größer als innerhalb der Wohnung.

Speziell für **grobe Fahrlässigkeit mit Bezug auf das Raubrisiko** muß auf D XII 117 103 sowie auf PM § 10 AVBSP 85 zur ValorenV und auf § 11 AVBR 80 Anm. 4 und 5 zur ReisegepäckV verwiesen werden. Schmuck ist grundsätzlich dazu bestimmt, den Träger zu schmücken und daher sichtbar getragen zu werden. Trotzdem muß der VN in Extremsituationen vorsichtig sein, weil erkennbar hohe Werte mögliche Täter anlocken können, vgl. München VersR 89, 744 für einen Spazierweg an einem einsamen Flußufer. Aber auch an stark belebten Orten, insbesondere im Freien, aber auch z. B. in Vermummungslokalen usw., ist das Raubrisiko oft nicht reduziert, sondern im Gegenteil erhöht, zumal in **Großstädten**, vgl. Frankfurt VersR 84, 734 (Brillantring in Mailand), LG Hamburg VersR 85, 379 (Tragen von Schmuckstücken nachts zu Fuß im Vergnügungsviertel von Hamburg), LG Hamburg RuS 86, 215 (Rolex-Uhr nachts in Rio de Janeiro), LG Berlin VersR 85, 1136 (Brillantschmuck im Vergnügungsviertel von Berlin), Celle VersR 89, 364 (Halskette und Uhr nachts auf Heimweg zum Hotel in Marseille).

Die DiebstahlV demonstriert am besten das zu § 61 VVG wichtigste Pro- 118 blem: Das schon in O I 78 angesprochen wurde: Welcher Aufwand an Kosten und Unbequemlichkeiten ist dem VN zuzumuten, um das Schadenrisiko innerhalb der vertraglich vorausgesetzten Grenzen zu halten? Dem **Zusammenhang zwischen Kostenaufwand und Sicherheitsgrad** entspricht ein ähnlicher Zusammenhang zwischen Kostenaufwand für Sicherungen und der **Höhe der VPrämie**. Je mehr der VN für Sicherungen aufwendet, um so niedriger ist im Grundatz die Tarifprämie. Allerdings gilt dieser Satz nur mit starken Einschränkungen, denn Sicherungen sind meist viel teurer als die Einsparungsmöglichkeit bei der VPrämie. Dementsprechend können fehlende Sicherungen nicht immer durch höhere Prämien ausgeglichen werden, sondern führen u. U. dazu, daß das Risiko unversicherbar wird, weil die erforderliche Prämie der Größenordnung nach in die Nähe der VSumme gelangt.

Soweit nach § 61 VVG zweifelhaft wäre, welche allgemeinen Vorkehrun- 119 gen (Einbau und Gebrauch von Einbruchsicherungen und Einbruchmeldeanlagen; Art der Aufbewahrung versicherter Sachen) dem VN zuzumuten sind, insbesondere auch unter Kostengesichtspunkten, O I 116, enthalten die AEB, AERB oder AERB 87 sowie die vereinbarten Klauseln meist einen Maßstab in Form von objektiven Risikoabgrenzungen (M III 19), Sicherheitsvorschriften (M I 23 bis 33) und Gefahrerhöhungstatbeständen, IV 49 bis 75. Das gleiche gilt neuerdings für die VHB 84, vgl. dort §§ 13, 14 sowie M I 38 bis 59 und N IV 76 bis 109. Bei den Anforderungen an das Verhalten im Einzelfall sind dagegen Unsicherheiten nicht zu vermeiden, z. B. über das erforderliche Maß an Mißtrauen und Überwachung gegenüber Angestellten und Wohngenossen. Das zeigen die folgenden Rechtsprechungsbeispiele:

120   a) Die **Art und Weise der Aufbewahrung von Wertsachen** innerhalb des VOrts kann grob fahrlässig sein. Für viele Wertsachen enthalten die AVB sog. Verschlußvorschriften. Soweit es sich bei diesen nicht um zulässige Risikoabgrenzungen, M III 19, sondern um verhüllte Obliegenheiten (M III 4) handelt, behält nach Ablauf der Kündigungsfrist der Einwand aus § 61 VVG selbständige Bedeutung, O I 5. Wegen nachlässiger Aufbewahrung von Schmuck vgl. RG VA 07 Nr. 347, 27 Nr. 1767, JR 29, 188, KG JR 32, 276, Hamburg JR 37, 31. Das Gesagte gilt auch, wenn **Verschlußvorschriften verletzt** werden, H III 40, indem der Schlüssel zwar betätigt, aber so leicht auffindbar abgelegt wird, daß das Behältnis als nicht verschlossen gilt; ähnlich liegt es, wenn der Schlüssel eines anderen Schlosses für mehrere Schlösser paßt. Auch in diesen Fällen kann **gleichzeitig** der Vorwurf **grober Fahrlässigkeit** begründet sein (München VersR 54, 188, LG Berlin JR 32, 192), soweit der Vr Schuldgrad und Ursachenzusammenhang beweisen kann (KG VA 27 Nr. 1700).

121   Sind umgekehrt alle für die betroffenen Sachen etwa geltenden **Verschlußvorschriften beachtet** worden, so schließt dieser Umstand allein Leistungsfreiheit wegen grober Fahrlässigkeit entgegen GB 82, 65 (zur ReisegepäckV) *nicht* aus; anders aber z. B. AG Offenbach VersR 90, 46 für die FahrradV. Die Verschlußvorschriften behandeln nur einen bestimmten Ausschnitt der Schadenverhütungspflicht (O I 61) und sagen nichts darüber aus, ob die Schadenverhütungspflicht nicht in anderer Hinsicht verletzt ist. Letzteres nimmt z. B. Frankfurt VersR 83, 358 (bezüglich der groben Fahrlässigkeit ausdrücklich bestätigt durch Nichtannahmebeschluß IV a ZR 218/81 vom 29. 7. 82 des BGH) an, wenn wertvolle Silbersachen in einem nur durch Lattenverschläge abgeteilten *Kelleranteil* des VN untergebracht sind, auch soweit die Grenze von 1500 DM je Einzelstück gemäß § 2 Nr. 8 Abs. 2 VHB 74 (M III 9) nicht erreicht ist. Ebenso haben entschieden LG Wiesbaden ZfS 89, 176 für Pelzmäntel in einem schlecht gesicherten Lattenverschlag in einem Keller mit häufig unverschlossener Zentraltür sowie AG Dortmund ZfS 87, 187 für einen Videorekorder ebenfalls in einem Kellerverschlag. Gehören zu den im Kelleranteil aufbewahrten Sachen auch wertvollere Sachen, so greift der Einwand der groben Fahrlässigkeit auch für die dort befindlichen **weniger wertvollen Sachen** durch, Hamburg RuS 87, 48.

122   Ein **Umkehrschluß** aus der Beachtung einschlägiger Verschlußvorschriften oder aus dem Unterschreiten der Wertgrenze solcher Verschlußvorschriften auf die Unanwendbarkeit des Ausschlusses der groben Fahrlässigkeit darf also **nicht** gezogen werden, vgl. auch LG Wuppertal VersR 82, 58 für wertvollen Schmuck unter einfachem Verschluß in einem Hotelzimmer, wobei die Aufmerksamkeit von Dieben durch zeitweiliges Tragen der Stücke angezogen wurde, AG Kassel VersR 83, 1021 für offen im Hotelzimmer liegenden Schmuck sowie LG Nürnberg-Fürth VersR 81, 1123 für das vorübergehende Abstellen von Reisegepäck einschließlich einiger Schmuckstücke nach Ur-

laubsende in einem Kellerabteil mit Lattenrosttür. – Ebenso kann trotz Erfüllung der Verschlußvorschriften grob fahrlässig handeln, wer eine **unbekannte
Person** allein **in der Wohnung** läßt und ihr so Gelegenheit gibt, Behältnisse zu
erbrechen oder durch Nachschlüssel zu öffnen, LG München I RuS 85, 23
und O I 139.

Noch weniger kann aus der Geltung von **Entschädigungsgrenzen** geschlos-   123
sen werden, daß Sachen dieser Art bis zum Betrag der Entschädigungsgrenze
innerhalb des VOrts nach Belieben aufbewahrt werden dürften. Vielmehr
bejaht z.B. LG Düsseldorf RuS 84, 252 mit Recht die grobe Fahrlässigkeit,
wenn ein wertvoller Pelz in einem nur durch Lattenrost abgegrenzten Kellerabteil und in einem dort abgestellten Kleiderschrank aufbewahrt wird. Grob
fahrlässig kann der HausratVN im Einzelfall auch dadurch handeln, daß er
die Entschädigungsgrenze für unverschlossen aufbewahrte Wertsachen gemäß § 19 Nr. 3 c VHB 84 in Höhe von 40 000 DM *voll ausschöpft* und nur die
diese Grenze übersteigenden, aber noch innerhalb der prozentualen Grenze
gemäß § 19 Nr. 2 VHB 84 liegenden Wertsachen in einem in der Wohnung
vorhandenen Panzergeldschrank aufbewahrt, U IV 11. Stiehlt der Einbrecher
dann nur die unverschlossen aufbewahrten Sachen, so liegt der Vorwurf grober Fahrlässigkeit um so näher, je länger der VN abwesend war, je mehr seine
Wohnung äußerlich den Eindruck eines lohnenden Ziels für Einbrecher erweckte, je schlechter die unverschlossen aufbewahrten Sachen innerhalb der
Wohnung versteckt waren usw. Daß ein Geldschrank überhaupt nicht hätte
vorhanden sein müssen, kann der VN nicht einwenden, vgl. O I 95.

Folgerichtig müssen ähnlich strenge Anforderungen auch an die Aufbe-   124
wahrung von Behältnisschlüsseln gestellt werden. Grobe Fahrlässigkeit ist
nicht schon immer dann zu verneinen, wenn die Schlüssel so weit vom Behältnis entfernt und so unauffällig verwahrt werden, daß das Behältnis nach
den in H III 40 dargestellten Grundsätzen der Rechtsprechung gerade noch
als verschlossen gelten kann. Es wäre unlogisch, die sorglose Aufbewahrung
von Schmuck bis zur Entschädigungsgrenze des § 19 Nr. 3 c VHB 84 unter
Umständen als grobe Fahrlässigkeit anzusehen, O I 123, z.B. die Aufbewahrung in einer Nachtschrankschublade während längerer Abwesenheit, dieselbe Aufbewahrung eines leicht als solchen erkennbaren Behältnisschlüssels
hingegen als ausreichend anzusehen.

b) Wer **Sicherungen nicht betätigt** oder bei Unbrauchbarkeit **nicht repariert,**   125
verstößt in der **GeschäftsV** (M I 24) und nach den **VHB 84** auch in der
HausratV (M I 54) gegen **Sicherheitsvorschriften** oder er nimmt – einen Dauer-
oder Wiederholungszustand vorausgesetzt – eine **Gefahrerhöhung** vor, N IV
60 und 109. Im allgemeinen kann hier ein **Umkehrschluß** in dem Sinn gezogen
werden, daß auch § 61 VVG nicht eingreift, soweit das Verhalten des VN
nicht den objektiven Tatbestand eines Verstoßes gegen die Sicherheitsvorschriften oder aber einer erheblichen Gefahrerhöhung erfüllt.

Nicht möglich ist dieser **Umkehrschluß,** wo es für eine Gefahrerhöhung   126
lediglich an dem Erfordernis einer gewissen Dauer fehlt, ferner dort nicht, wo
Sicherheitsvorschriften offensichtlich unvollständig sind. Dies trifft z.B. für
§ 14 Nr. 1 c VHB zu, soweit nach dessen Wortlaut die Sicherungen auch dann
nicht bestätigt sein müßten, wenn sich lediglich eine nicht verteidigungsfähige

Person in der Wohnung aufhält, vgl. M I 43; dazu gehören z. B. Kleinkinder, kranke, schlafende, betrunkene, alte oder gebrechliche Personen.

127   Auch dürfen über die Sicherheitsvorschriften hinaus in der GeschäftsV oft auch während der Geschäftszeit und in der HausratV oft auch in Anwesenheit des VN und seines Personals die **Türen** nicht **unverschlossen** und die **Fenster** nicht **geöffnet** sein, vgl. z. B. LG München I VersR 89, 740 für unverriegeltes Toilettenfenster und AG Essen RuS 77, 44 für ein Tankstellenhaus, von dem der Tankwart 50 m entfernt an der Zapfsäule gearbeitet hatte. Grob fahrlässig ist es auch, wenn sich ein **defektes Fenster** über längere Zeit auch in geschlossenem Zustand von außen aufdrücken läßt, LG Braunschweig RuS 89, 26; ähnlich LG Mönchengladbach RuS 89, 67 für defekte Terrassentür in Raum mit wertvollen Antiquitäten. Besonders strenge Anforderungen gelten nachts, am Wochenende und während Betriebsunterbrechung, vgl. LG Zweibrücken RuS 86, 264 für die Oberlichte eines etwa zwei Wochen unbeaufsichtigten Lagerraumes und Düsseldorf VersR 86, 562 für eine Umbauphase. – Ältere Rechtsprechung zu geöffneten Fenstern: KG VA 23 Nr. 1340 (in Verbindung mit einem Baugerüst), KG VA 21 Nr. 1188, JR 31, 321, Düsseldorf VA 13 Nr. 753, LG Berlin VersR 53, 239. Grundsätzlich darf die Tür nicht nur in das Schloß gezogen, sondern es müssen vorhandene Zylinderschlösser betätigt sein. Für die HausratV ist aber Zurückhaltung bei der Annahme „grober" Fahrlässigkeit angebracht, vgl. O I 90 und 129.

128   Daß der VN seine Kunden über die Zeit der Mittagspause (KG VA 11 Nr. 613), des Geschäftsschlusses oder einer sonstigen **Abwesenheit** oder auch über die Dauer seines Betriebsurlaubs öffentlich **sichtbar** unterrichtet, begründet für sich allein **nicht** den Vorwurf grober Fahrlässigkeit. die Überlegungen zu § 29 S. 2 VVG sind heranzuziehen, vgl. N III 47 bis 50. Längere Abwesenheitszeiten sollte der HausratVN möglichst durch wechselnde Stellung der Fenstersicherungen unkenntlich machen. Es ist aber im allgemeinen nicht grob fahrlässig, wenn diese Maßnahme unterbleibt, ebenso wie umgekehrt eine solche Absicht nicht entschuldigt, wenn Sicherungen unbetätigt bleiben, M I 55.

129   Für die **HausratV** nach den **VHB 74** fehlen Sicherheitsvorschriften. Der HausratVN muß gegen Diebstahl und Raubüberfälle vorsorgen, wie wenn er nicht versichert wäre. Kein Argument für oder gegen grobe Fahrlässigkeit bei Nichtbetätigung von Außensicherungen stellt es entgegen LG München II NJW-RR 88, 215 dar, ob innerhalb der Räume die Wertsachen mehr oder weniger gut gesichert sind, denn hiervon haben potentielle Täter keine Kenntnis. Hingegen verschärft es den Schuldvorwurf, wenn gekippter Fensterflügel Einwirkung auf den Schließmechanismus des anderen Flügels ermöglicht, LG Duisburg VersR 88, 483 (sechs Stunden am Abend). Die Regelungen für die GeschäftsV sowie in den **VHB 84** können Anhaltspunkte liefern, vgl. ausführlich M I 38 bis 59. Insbesondere sollte der VN alle Schlösser und sonstige Sicherungen betätigen sowie bei Bedarf reparieren lassen (Celle VersR 55, 500 und Dresden JR 35, 41 für die GeschäftsV), gleichgültig, ob der VN von deren Existenz Kenntnis hat oder nicht, vgl. N IV 108 und 109. Jedoch schaden nach § 61 VVG nur „grobe" Verstöße. Dieses Kriterium kann insbesondere bei nachweislich nur einmaligem Fehlverhalten zu verneinen sein, O I 84. Nicht grob fahrlässig ist es z. B., wenn bei zweistündiger

Abwesenheit und verschlossener Tür nicht auch eine Einbruchmeldeanlage eingeschaltet wird, deren Vorhandensein, nicht aber deren Betätigung dem VN kraft Vereinbarung obliegt, LG Hamburg ZfS 89, 31.

Wird eine **Wohnungstür nur in das Schloß gezogen** und nicht auch ein zu- **130** sätzlich vorhandenes Zylinderschloß betätigt, so hängt der Grad der Fahrlässigkeit nicht nur von der Einmaligkeit oder Gewohnheitsmäßigkeit, sondern auch von sonstigen Umständen des Einzelfalles ab (Tag- oder Nachtzeit, Lage des Gebäudes oder der Wohnung, Dauer der Abwesenheit). Zu streng waren München VersR 86, 585 = RuS 87, 140 = NJW 86, 656 (Wohnung in Mehrfamilienhaus tagsüber einige Stunden) und LG Krefeld VersR 88, 1285 (Wohnung in Mehrfamilienhaus tagsüber 45 Minuten).

Ob **gekippte Fenster, Fensterflügel, Türen oder Türflügel** den Vorwurf gro- **131** ber Fahrlässigkeit begründen, kann nicht generell in dem einen oder in dem anderen Sinn entschieden werden, sondern hängt davon ab, ob durch die Kippstellung die Arbeit potentieller Täter objektiv ganz wesentlich (denn die Fahrlässigkeit muß „grob" sein) erleichtert wird, LG Ravensburg RuS 89, 338, und ob für den VN oder seinen Repräsentanten subjektiv dieses erhöhte Risiko ohne weiteres erkennbar war, LG Osnabrück VersR 89, 801. Letzteres war z.B. in LG Hamburg ZfS 89, 139 eindeutig zu bejahen, weil eine Balkontür in der 1. Etage trotz eines gleichartigen Vorschadens während einiger Stunden der Abwesenheit aller Bewohner gekippt war. Es kommt ferner darauf an, in welchem Umfang einschlägige technische Kenntnisse und Überlegungen vom VN oder dessen Repräsentanten im Einzelfall erwartet werden dürfen. In manchen Urteilen wird aber leider nicht einmal gesagt, wie der Mechanismus beschaffen war und in welcher Weise sich die Täter die Kippstellung zunutze machen konnten, so z.B. nicht in LG Zweibrücken RuS 86, 264 („Oberlichte nicht richtig geschlossen"), nicht in LG Köln ZfS 89, 30 und nicht in LG München II NJW-RR 88, 215 („ein Fenster gekippt").

„Einhandbeschlag ohne zusätzliche Kipphebel" ermöglicht Durchgreifen **132** zwecks Öffnens, LG Ravensburg RuS 89, 338, und spricht für grobe Fahrlässigkeit. Daß aber der Täter mit Hilfe der Kippstellung die Halteschienen des Schließmechanismus durchsägen könnte, wie im Fall LG Karlsruhe VersR 85, 380 geschehen, braucht der VN nicht „ohne weiteres" im Sinn einer „groben" Fahrlässigkeit einzukalkulieren, denn dieses Risiko ist meist kaum größer als das Risiko, daß der Täter die Scheibe einschlagen könnte. Allgemein ist das Risiko bei **einflügeligen Fenstern** geringer als bei zweiflügeligen. LG Essen ZfS 88, 327 (24-stündige Abwesenheit) scheint aber ein einflügeliges Fenster zu betreffen. Dort wird grobe Fahrlässigkeit bejaht, weil „die Möglichkeit" bestanden habe, „durch Hineingreifen und Drehen des Beschlages" das Fenster ganz zu öffnen; ähnlich LG Köln ZfS 89, 101 („Fensterhebel zu betätigen").

Näher liegt gegebenenfalls schon die Gefahr, daß der Täter den Spalt der **133** Kippstellung dazu benützen könnte, auf den **Schließmechanismus eines** (falls vorhanden) **anderen Teils** (Flügels, eventuell Oberlichte) **des Fensters** oder der Tür einzuwirken, sei es mit einem geeigneten Werkzeug oder sei es gar mit der bloßen Hand. In solchen Fällen kann grobe Fahrlässigkeit vorliegen, vgl. LG Duisburg VersR 88, 483 (Keller eines Einfamilienhauses), LG Hamburg ZfS 88, 328 (Schlafzimmer in Erdgeschoßwohnung), falls auch die nötigen subjektiven Voraussetzungen in der Person des VN oder des Repräsentanten gegeben sind. Ist Letzteres zu bejahen, so kann der VN entgegen LG München II NJW-RR 88, 215 nicht einwenden, er habe innerhalb des VOrts alle Wertsachen besonders gut verwahrt, insbesondere besser, als dies in den AVB verlangt werde, und er habe dadurch die Kippstellung gleichsam „kompensiert", vgl. M II 18.

134   Neben den technischen Eigenschaften des Fensters oder der Tür kommt es entscheidend auf deren **Zugänglichkeit für den Täter** an. In oberen Stockwerken kommt grobe Fahrlässigkeit nur in Betracht, wenn der Zugang durch benachbarte Balkone, Mauervorsprünge oder Anbauten usw. erleichtert wird, LG Köln ZfS 89, 282. Im Erdgeschoß spricht eine Steighöhe von 2 m gegen grobe Fahrlässigkeit (Hamburg NJW-RR 89, 797). Bejaht wurde grobe Fahrlässigkeit in LG Köln ZfS 89, 30 bei einer Steighöhe von 1,40 m, in LG Köln ZfS 89, 101 noch bei 2,10 m und in AG Offenburg ZfS 89, 102 sogar noch bei 2,35 m, weil ja ein Täter auf einen anderen steigen könne usw. Zu berücksichtigen ist hierbei, ob die örtlichen Gegebenheiten und die schlechte **Einsehbarkeit** des Fensters die unauffällige Benutzung von **Leitern** und sonstigen Steighilfen begünstigen. Dies wiederum hängt auch von der Tageszeit ab, O I 130. Ist außen vor dem gekippten Fenster ein **Rolladen** heruntergelassen, so schließt dies den Vorwurf der groben Fahrlässigkeit meist aus, Hamm VersR 84, 573 = ZfS 250.

135   Verschärft oder gemindert wird der Schuldvorwurf auch durch die Tages- oder Nachtzeit (AG Offenburg ZfS 89, 102), zu der das Fenster oder die Tür gekippt ist, durch nachgewiesene (O I 8) Einmaligkeit des Fehlverhaltens (a. A. LG Köln RuS 89, 30) sowie durch die Dauer (LG Osnabrück VersR 89, 801) des Zustandes, ferner durch Art und Anzahl der Personen, die sich während der fraglichen Zeit in der Wohnung aufhalten (AG Offenburg aaO). Auch insofern ist § 14 Nr. 1c VHB 84 unzulänglich formuliert, weil nach dieser Bestimmung auch die Anwesenheit von Kleinkindern oder von kranken oder sinnlos betrunkenen Personen als Kompensation ausreicht. Freilich bleibt der Ausschluß der groben Fahrlässigkeit gegebenenfalls auch neben § 14 Nr. 1c VHB 84 anwendbar.

136   Nach § 14 Nr. 1c VHB 84 genügt für Leistungsfreiheit des Hausratsversicherers wegen Obliegenheitsverletzung schon leichte Fahrlässigkeit, vgl. M II 10. Leistungsfreiheit tritt ein, falls der VN oder der Repräsentant das erhöhte Risiko bei gehöriger Sorgfalt im Sinn von § 276 BGB erkennen konnte. Nicht nötig ist hier, daß der VN die Gefahr „leicht" oder „ohne weiteres" erkennen konnte. Darin liegt der Unterschied zwischen leichter und grober Fahrlässigkeit.

137   Allerdings ist § 14 Nr. 1c VHB 84 zu weit formuliert, weil er auch Tatbestände umfaßt, in denen das verlangte Verhalten ganz offensichtlich nicht geeignet ist, das versicherte Risiko auch nur geringfügig zu vermindern. Hierher gehört die Kippstellung von Fenstern in einem höheren Obergeschoß, das nur durch Fassadenkletterer erreicht werden kann, sowie von Fenstern, wegen deren Konstruktion die Kippstellung auf das Einbruchrisiko ohne jeden Einfluß ist. Gleichwohl darf § 14 Nr. 1c VHB 84 wohl nicht als nach §§ 3, 9 Abs. 3 Nr. 2 AGBG unwirksam angesehen werden, sondern ist im Wege der

AGBG-konformen Auslegung zu korrigieren, vgl. M I 48 und ausführlich Martin RuS **88**, 185.

c) **Schlüssel** sind so **aufzubewahren,** daß Nachschlüssel nicht gefertigt wer- **138** den können (RG VA 19 Nr. 1101, JR **27,** 177, 35, 186). Die für die Schlüssel zuständigen Angestellten müssen beaufsichtigt werden (RG VA **14** Nr. 799, KG VA **12** Nr. 660, JR **26,** 55, 28, 216, 36, 315). Dies gilt grundsätzlich für Schlüssel nicht nur von Gebäuden und Räumen, sondern auch von Behältnissen einschließlich Geldschränken usw. *Geldschrankschlüssel* sind neuerdings aber aus einem Material gefertigt, das ausreichende Wachsabdrücke nicht mehr ermöglicht, so daß Nachschlüssel nur mit größerem Zeitaufwand angefertigt werden können, wodurch die Gefahren aus schlechter Aufbewahrung etwas gemindert werden. Wegen einfacher Fahrlässigkeit im Sinn von §§ 1, 3 Nr. B 1 e VHB 74 bei der Entwendung richtiger Schlüssel vgl. D VIII 9 bis 25 (Schlüsselklausel für Gebäude).

d) **Frühere Einbruchdiebstahlschäden** können den Vorwurf grober Fahrläs- **139** sigkeit auch in Situationen begründen, die *nicht* gegen Verschlußvorschriften (O I 120) oder sonstige Sicherheitsregeln (O I 126 bis 129) verstoßen und daher normalerweise nicht zum Ausschluß führen würden, vgl. allgemein O I 54. Frühere Vorfälle müssen dem VN oft Anlaß sein, seine Sachen zusätzlich zu sichern, z. B. durch Verstecken von Wertsachen oder durch Verschließen von Türen innerhalb des VOrts, vgl. etwa München VersR **61,** 1075 (Grenzfall zu den VHB von 1942), Köln VersR **58,** 597 (nach Diebstahl Polizei nicht verständigt), Hamm JR **33,** 10 (keine Konsequenzen aus wiederholten Fehlmengen). Auch darf der VN nicht ihm **nur flüchtig bekannte Personen im VOrt** mit Zugriffsmöglichkeit auf verschlossene Behältnisse allein im VOrt zurücklassen, LG München I RuS **85,** 23, LG Hamburg VersR **84,** 573, München VersR **85,** 558 (zur Schlüsselklausel, D VIII 11), vgl. auch schon O I 123.

e) Speziell bei Diebstahl- und Raubschäden in der **HausrataußenV** kann die **140** grobe Fahrlässigkeit schon darin liegen, daß die versicherte Sache überhaupt oder in der gewählten Art und Weise an den Schadenort gebracht und dort verwahrt wurde, vgl. LG Berlin VersR **88,** 620 zu einem Teppich, der in einem unbewohnten Gebäude zwecks Besichtigung durch Kaufinteressenten aufgelegt wurde. Weitere Beispiele: Eine besonders wertvolle Uhr oder Schmuck wird im Spind oder in der Umkleidekabine einer Sauna, eines Schwimmbads oder einer sonstigen Sportanlage untergebracht; ein wertvolles Schmuckstück wird nachts auf offener Großstadtstraße getragen, was Raubüberfälle provoziert, vgl. dazu O I 117.

11. In der LeitungswasserV, und zwar sowohl nach den AWB 68 oder AWB **141** 87 wie nach den VGB 62 oder VGB 88, erfordert die Vorsorge gegen Bruch- und Durchnässungsschäden gewisse technische *Kenntnisse* und oft auch (soweit Reparatur- oder Erneuerungsarbeiten nötig sind) einigen *Kostenaufwand.* Daher ist in den AVB genau geregelt, was vom VN verlangt werden kann, M I 60 bis 91. Aber damit wird meist nur klargestellt, was dem VN bei verständiger Würdigung auch sonst zugemutet werden könnte. Grobe Fahrlässigkeit kann daher nicht mit dem Hinweis verneint werden, der VN habe die Sicherheitsvorschriften nicht gekannt (richtig Springer VersR **72,** 479 gegen Hamm VersR **72,** 265); auch die unklare Formulierung der Sicherheitsvorschriften in den AWB 68 und in den VGB 62 über das Entleeren von Wasserleitungen (M I 80) kann den VN nicht entlasten. Der VN muß vielmehr auch in eigener Verantwortung überlegen, was geschehen muß, um Frost- und sonstige Bruchschäden sowie auch Durchnässungsschäden zu vermeiden. Er muß insbesondere in der kalten Jahreszeit entweder alle Leitungen entleeren oder genügend heizen. Bei Ausfall der Heizung und gleichzeitig tiefen Temperaturen muß er unverzüglich einen Fachmann zuziehen, Hamm RuS 89, 298 = VersR 89, 1083. Er muß ferner korrodierte Rohre rechtzeitig austauschen.

142   Auch soweit Sicherheitsvorschriften fehlen, wie für die Beseitigung von Verstopfungen (W II 52) oder für die Beseitigung von Anfang an vorhandener Undichtigkeiten sowie allgemein in der HausratV, muß der VN rechtzeitig tätig werden. Leistungsfreiheit tritt aber nur ein, wenn der Vr die objektiven und subjektiven Voraussetzungen der groben Fahrlässigkeit nachgewiesen hat. Dies übersieht LG Hamburg 18 S 99/86 vom 18. 2. 87 in einem Fall, in dem der VN nach einem Erstschaden eine von Anfang an vorhandene Undichtigkeit nicht beseitigt hatte.

143   Nicht auf Kenntnisse und Kostenaufwand, sondern nur auf die zumutbare *Sorgfalt* und *Mühe* (O I 79) kommt es für die Frage an, ob der VN grob fahrlässig handelt, wenn er die **Waschmaschine oder den Geschirrspüler nach Gebrauch** unter Druck stehen läßt, weil er den Zulaufhahn nicht schließt. Wie im Fall des Sicherheitsschlosses in der DiebstahlV wird es auf Häufigkeit und Dauer des Verstoßes ankommen, Karlsruhe VersR 88, 1285 (für Geschirrspüler) sowie O I 84 und 129. Einen Verstoß während einer einzigen Nacht (Bechert 36) oder während einer Abwesenheit von einigen Stunden (a. A. Karlsruhe NJW-RR 87, 861 = RuS 231) wird man kaum je als grob fahrlässig bezeichnen können; anders allenfalls bei unfachmännisch reparierten oder modifizierten (LG Hamburg VersR 86, 564) oder bei erkennbar altersschwachen Waschmaschinen oder Zuleitungsschläuchen oder bei Erfahrungen aus Vorschäden (O I 137). Vor **längeren Abwesenheitszeiten** muß aber erhöhte Sorgfalt verlangt werden, AG Tuttlingen RuS 87, 288. Unter Umständen muß sich der VN sogar unmittelbar vor Verlassen der Wohnung nochmals vergewissern, ob nicht ein anderes Familienmitglied den bereits geschlossenen Zulauf nochmals geöffnet hat, LG Hamburg VersR 86, 564.

144   Die Gefahr eines vorzeitigen Platzens von Zuleitungsschläuchen erhöht sich, wenn ein Schlauch jahrelang unter Druck steht, weil der VN ihn nach Gebrauch der Maschine niemals schließt, Düsseldorf VersR 89, 697 = NJW-RR 798. Allerdings muß der Vr jenen erschwerenden Umstand sowie hinreichende technische Kenntnisse des VN beweisen, soweit dieser sie bestreitet. Es handelt sich um Elemente der subjektiven Voraussetzungen der groben Fahrlässigkeit im Sinn von O II 50. Düsseldorf aaO bejaht mit solcher Begründung die grobe Fahrlässigkeit eines Maurers, der mit Familie drei Wochen in Urlaub gefahren ist, die Zuleitung seines etwa vier Jahre alten Geschirrspülers aber – wie auch sonst gewohnt – unter Druck hatte stehenlassen, weil es ihm zu mühsam war, den unter einer Spüle und hinter einer Unterschranktür gelegenen Absperrhahn jeweils zu schließen.

145   **Während eines Wasch- oder Spülvorganges** ist es entgegen Hamm VersR 84, 749 unter normalen Umständen nicht geboten, den Vorgang *ununterbrochen* optisch oder akustisch zu kontrollieren, und zwar auch dann nicht, wenn der Raum, in dem sie betrieben wird, weder einen gesonderten Auslauf noch einen wasserdichten Boden hat. Anders liegt es, wenn die Maschine oder risikoerhebliche Bestandteile erkennbar altersschwach oder reparaturbedürftig sind; dann bedarf es ständiger mindestens akustischer Kontrolle. Entgegen Karlsruhe ZfS **87**, 91 ist es in der Regel auch nicht grob (!) fahrlässig, während des Waschvorgangs von ein oder zwei Stunden Dauer die Wohnung zu verlassen, vgl. instruktiv LG Münster RuS **89**, 367. Konsequenterweise ist es auch nicht grob (!) fahrlässig, wenn der in der Wohnung anwesende VS es unterläßt, den Waschvorgang laufend oder stichprobenweise optisch oder akustisch zu kontrollieren.

12. Für die **SturmV,** auch bei Hausrat und Wohngebäuden, kann auf die **146** Ausführungen zum Leitungswasserrisiko (O I 141 bis 144) verwiesen werden.

II. Fehlverhalten von anderen VN, Erfüllungsgehilfen oder Repräsentanten

§ 61 VVG verlangt für den Ausschluß wegen Verstoßes gegen die Schaden- **1** verhütungspflicht im Sinn von O I 61 **grobes Verschulden,** also Vorsatz oder grobe Fahrlässigkeit „des Versicherungsnehmers". Ebenso sprechen §§ 6 Abs. 1, 23, 25 Abs. 1, 62 VVG von Leistungsfreiheit des Vr wegen Verstößen „des Versicherungsnehmers" gegen gefahrmindernde Obliegenheiten, gegen die Rettungspflicht und gegen die Gefahrstandspflicht. Die Rede ist jeweils von einem **eigenen Fehlverhalten des VN** im Rahmen der **Gefahrverwaltung.** In § 79 VVG werden **Kenntnis und Verhalten des Versicherten** der Kenntnis und dem Verhalten des VN gleichgestellt, aber nur mit Wirkung für den Teil des Entschädigungsanspruchs, der auf das Interesse des Versicherten entfällt, LG Berlin VersR **82**, 84. Verstöße des Versicherten führen also nicht zur Leistungsfreiheit, soweit der Schaden das Interesse des VN betrifft. Wohl aber schließt umgekehrt ein Verstoß des VN jeden Anspruch aus, auch für das Interesse des Versicherten, FG Köln RuS **87**, 232.

Das VVG und die AVB sagen nicht, ob bei *mehreren VN* der Verstoß *eines* **2** VN *allen* VN schadet. Sie sagen ferner nicht, welche *dritten Personen* allgemein dem VN gleichstehen, nämlich als Erfüllungsgehilfen oder sog. Repräsentanten. Beide Fragen sind mit Hilfe allgemeiner Rechtsgrundsätze zu entscheiden und werden im Folgenden im Zusammenhang erörtert, und zwar in O II 15 bis 23 für den VN und in O II 24 bis 128 für Dritte als Repräsentanten, und nicht nur für § 61 VVG, sondern auch für §§ 6 Abs. 1 und 2, 62 VVG und für §§ 23 ff. VVG. Gesonderte Hinweise finden sich in H II 75 für *Wohngebäude,* wo Bruchteilseigentum und Mehrheit von VN relativ häufig sind, und in H IV 73 bis 80 für *Hausrat* von Ehegatten und sonstigen Wohngenossen, wo die Konsequenzen von VVerträgen mit nur einem oder zwei mehreren Wohngenossen im Hinblick auf §§ 2 Nr. 2 VHB 74, 1 Nr. 3 VHB 84 (genereller Einschluß von fremdem Eigentum) gezeigt werden.

Eine Sonderregelung für **Wohnungseigentum** enthalten Kl 841 (zu den VGB **3** 62 und 785 (zu den AGlB), vgl. Ollik VerBAV **82**, 440, 541. Nach Kl 841 soll der Vr logikwidrig selbst bei Vorsatz eines der VN Regreß gegen diesen nur wegen der Aufwendungen für das Gemeinschaftseigentum nehmen können, nicht dagegen wegen der Aufwendungen für das Sondereigentum der übrigen VN; auf § 67 Abs. 1 VVG (grundsätzlich auch gegenüber einem VN anwendbar, soweit dessen Interesse nicht mitversichert ist) kann der Vr nicht zurückgreifen, denn Nr. 2 Satz 2 der Klausel erweckt den Eindruck einer abschließenden Regelung. – In Kl 785 wird dieser Fehler vermieden und Regreß in voller Höhe ermöglicht. Bei Verstößen nach dem VFall (Verletzung der Aufklärungspflicht usw) ist der Regreß aber mit Recht stets auf die Aufwendungen für den Anteil des schuldigen VN beschränkt. – Auch Kl 785 enthält allerdings einen Formulierungsfehler, weil dort nämlich in Nr. 1 nicht zum Ausdruck kommt, daß der Vr sich jedenfalls für das Sondereigentum des schuldigen VN stets auf die eingetretene Leistungsfreiheit berufen kann.

4   § 25 Nr. 4 VGB 88 entspricht Kl 841 und bedeutet daher gegenüber Kl 785 wieder einen Rückschritt. Man wird nicht argumentieren können, der Ausschluß des Regresses gegen den schuldigen VN sei nach dem Grundgedanken von §§ 276 Abs. 2, 151 VVG teilweise (für Vorsatz) oder gar völlig (auch für grobe Fahrlässigkeit) unwirksam. Gelegentlich wird daher versucht, Abs. 2 in § 25 Nr. 4 b VGB 88 drucktechnisch so weit nach links zu rücken, daß er sich auch auf Nr. 4a zu beziehen scheint. Es ist aber fraglich, ob diese – wegen Nr. 4c und 4d auch ihrerseits unlogische – drucktechnische Veränderung ausreichen würde, um das gewünschte rechtliche Ergebnis eines unbegrenzten Regresses gegen den schuldigen VN zu gewährleisten, zumal im Hinblick auf § 3 AGBG. Außerdem findet sich in der amtlichen Veröffentlichung des Textes der VGB 88 in VerBAV 89, 68 (77) eine vergleichbare drucktechnische Besonderheit nicht.

5   1. Den in O II 1 genannten Vorschriften ist gemeinsam, daß sie Sanktionen an ein **Fehlverhalten des VN** knüpfen, welches dazu beiträgt, daß der versicherte Schaden wahrscheinlicher wird oder eintritt oder vergrößert wird. § 278 BGB regelt zwar ganz allgemein für Schuldverhältnisse die Zurechnung des Verhaltens Dritter, der sog. **Erfüllungsgehilfen,** paßt aber **nicht** für die **Gefahrverwaltung** im Rahmen des SachVVertrages, denn bis zu einem gewissen Grad „bedient" sich der VN zur Erfüllung seiner Verpflichtungen gegenüber dem SachV eines jeden Dritten, dessen Einwirkung auf versicherte Sachen er duldet. Der VSchutz würde durch § 278 BGB zu stark eingeengt, weshalb die Rechtsprechung (vgl. vor allem BGHZ 11, 122 zu § 61 VVG und den AKB) die Zurechnung auf einen engeren Kreis von „Repräsentanten" begrenzt hat, O II 31.

6   a) Dieses Anwendungshindernis gegenüber § 278 BGB *entfällt* jedoch (entgegen z.B. BGH VersR 81, 321 zu den AKB, wo auf BGHZ 11, 122 Bezug genommen und zwischen Obliegenheiten vor und nach Schadeneintritt nicht unterschieden wird), soweit es sich nur um ein *Fehlverhalten des VN* handelt, das die sog. **Vertragsgefahr vergrößert,** X II 2, also um Verstöße gegen die *Anzeigepflichten* vor Vertragsschluß oder nach Gefahrerhöhungen (§§ 16ff., 23 Abs. 2, 25 Abs. 2 Satz 2, 28 VVG) sowie gegen die **Obliegenheiten nach dem VFall** (§ 6 Abs. 3 VVG), insbesondere gegen die Schadenanzeige- und die Auskunftspflichten sowie gegen das Verbot arglistiger Täuschungen (X III 1).

Wessen Verhalten und Verschulden und insbesondere wessen *Verstöße durch Unterlassen* sind hier denen des VN gleichzustellen? Diese Frage ist bekanntlich zu unterscheiden von der Frage der Wissenszurechnung, vgl. BM § 19 VVG Anm. 13 und § 6 VVG Anm. 81.

Hier höhlt § 278 BGB den VSchutz keineswegs zu stark aus, sondern erscheint **voll anwendbar.** Zutreffend formulieren BM § 6 VVG Anm. 101: „laufende Betreuung der versicherten Sache" und Anm. 102: Repräsentantenbegriff nur für Verstöße gegen „Obliegenheiten, die keine Wissenserklärung zum Gegenstand haben". – Unanwendbar ist § 278 BGB aber für Fälle von Fehlverhalten, durch die möglicherweise (§§ 6 Abs. 2, 62 Abs. 2 VVG) auch die Schadenhöhe vergrößert wurde, Hamm RuS 89, 92 für das Verjährenlassen von Ansprüchen als Verstoß gegen die Rettungspflicht. 7

Zur Erfüllung versicherungsrechtlicher Pflichten und Obliegenheiten bedient sich der VN im Bereich der Vertragsgefahr nur derjenigen, aber auch aller derjenigen Personen, denen er **Kenntnis** oder **Gelegenheit zur Kenntnisnahme** von den Gefahrumständen oder den eingetretenen Schäden sowie von den Vertragsverhandlungen oder dem bestehenden VVertrag und außerdem die nötigen **Vollmachten oder Aufträge zu Handlungen gegenüber dem Vr** hat, vgl. LG Traunstein für VersR 84, 549 eine im Einzelfall zu Auskünften ermächtigte Ehefrau des VN und LG Köln VersR 84, , 731 allgemein für eine mit der Wahrnehmung aller VAngelegenheiten des VN betraute Person. Eine vollständige Darstellung der Probleme des § 278 BGB im Zusammenhang mit der hier behandelten zweiten Gruppe von Obliegenheiten würde den Rahmen eines Kommentars zum SachVRecht sprengen, denn die Probleme stellen sich für alle VZweige gleichermaßen. 8

Köln RuS 87, 82 für die UnfallV sucht die Begründung nicht in § 278 BGB, sondern in einer Analogie zu § 166 BGB; ähnlich für die ReisegepäckV Celle ZfS 88, 186 (Ehefrau als Wissensvertreterin bei Ausfüllung der Schadenanzeige). Frankfurt NJW-RR 88, 33 = VersR 820 geht zwar davon aus, daß nur Repräsentantenverschulden zuzurechnen sei, erstreckt diesen Begriff in einem Fall der VHB 74 aber auch auf Lebensgefährten, mit denen der VN länger als nur ganz kurze Zeit zusammengelebt hatte. – Zweifelsfrei nicht anzuwenden ist § 278 BGB entgegen O II 6 der 2. Aufl, wenn der Dritte nicht gegenüber dem Vr auftritt, sondern nur intern dem VN bei den Vorbereitungen für die Regulierungsverhandlungen unterstützt, Hamm RuS 89, 92 (Lebensgefährtin hatte dem VN gefälschte Teppichkaufbelege untergeschoben). 9

b) Folgende wichtige Fallgruppe verdeutlicht die Fragestellung: Ein VN beauftragt einen Rechtsanwalt damit, den Entschädigungsanspruch außergerichtlich beizutreiben. Der Vr fordert im Lauf der Korrespondenz den VN durch Schreiben an diesen Anwalt auf, bestimmte Auskünfte zu erteilen oder Belege beizubringen, X II 93 und 94. Der Anwalt entspricht dem Verlangen nicht, unterrichtet hiervon aber auch nicht gehörig den VN, oder er setzt sich zwar pflichtgemäß mit seinem Mandanten, dem VN, in Verbindung und beantwortet in dessen Auftrag die Fragen, gibt aber entweder die Fragen an den VN oder dessen Antworten an den Vr unrichtig oder unvollständig weiter. 10

Hier sind zwei Fragen zu unterscheiden: Umfaßt die **Anwaltsvollmacht** den Empfang des Verlangens gemäß X II 59? Ist das **Anwaltsverschulden** (vorsätz- 11 liches oder grob fahrlässiges Unterlassen) des Anwalts im Rahmen des § 6 Abs. 3 VVG dem VN *zuzurechnen*, sei es nur nach § 166 BGB (Kenntnis oder Kennenmüssen eines Bevollmächtigten, vgl. Hamm RuS 86, 261 für den Ehegatten eines UnfallVN) oder sei es nach § 278 BGB? Während die Antwort auf die erste Frage vom Wortlaut der Anwaltsvollmacht abhängt, wird man die zweite Frage meist bejahen dürfen, vgl. z.B. X III 9a für arglistige Täuschungen und ausführlich Martin VersR 86, 140. Die entscheidende Vorfrage lautet hier aber nicht, ob der Anwalt „Repräsentant" sei (so aber, und zwar verneinend, z.B. Karlsruhe RuS 87, 292 für die ReisegepäckV), sondern nur, ob der VN sich seiner auch zur Erfüllung der Obliegenheit gemäß § 278 „bedient" hat, obwohl der Anwaltsauftrag wörtlich nicht auf Erfüllung von Pflichten oder Obliegenheiten, sondern nur auf die Durchsetzung von Rechten gerichtet ist.

12   Ganz besonders stark ist das Bedürfnis nach Zurechnung eines Anwaltsverschuldens, wo **Kollusionsverdacht** besteht, der Anwalt also möglicherweise sein eigenes Verschulden nur deshalb behauptet, um den VN (falls man die Zurechnung ablehnen wollte), vor der Leistungsfreiheit zu bewahren. Letzteres wiederum liegt z.B. dann nahe, wenn der VN einen Anwalt schon im Stadium der Schadenanzeige beauftragt, Martin aaO, obwohl zu dieser Zeit der VN mit Anwaltskostenübernahme weder durch den SachVr (W IX 10, PM § 66 Anm. 5a) noch durch einen etwaigen RechtsschutzVr rechnen kann.

13   Der Vr wird ein Verlangen aufgrund der **Auskunftsobliegenheit** zweckmäßig immer auch und sogar in erster Linie dem **VN persönlich** zugehen lassen. Zusätzlich zu den schon genannten Rechtsfragen kann dann auch streitig werden, ob der VN sich *bei der Antwort* auf eine an ihn persönlich gerichtete Frage *vertreten lassen* darf. Man wird **Vertretung** nur zulassen dürfen, soweit sie den **Aussagewert** der Auskunft nicht beeinträchtigt, also z.B. zweifelsfrei Vertretung durch den zuständigen Arbeitnehmer in einem versicherten Betrieb. Vertretung durch einen Makler oder durch einen Anwalt braucht der Vr dagegen in der Regel nicht gelten zu lassen, einmal deshalb nicht, weil die Tätigkeit eines Dritten die *Fehlerquellen* vergrößert sowie die *Klärung der Schuldfrage* bei unrichtigen Antworten erschwert, außerdem deshalb nicht, weil es für die *Beurteilung der Glaubwürdigkeit* gerade auch auf die durch den VN persönlich oder durch dessen zuständigen Sachbearbeiter gewählte Formulierung ankommen kann, vgl. auch X II 80.

14   Bei zulässiger bloßer „**Schreibhilfe**" durch Anwalt oder Makler muß sich der VN jedenfalls zusätzlich persönlich zur Richtigkeit des Briefinhalts bekennen. Hält man freilich das Verschulden jedes Erfüllungsgehilfen aus den Gründen gemäß O II 13 für den VN für zurechenbar, so kann man auch die Vertretung des VN bei Erfüllung von Obliegenheiten nach dem VFall in weitergehendem Umfang zulassen, vgl. zu diesem Zusammenhang Martin VersR 86, 140.

15   2. Bei **mehreren VN** als Prämiengesamtschuldnern hat der Verstoß eines VN die gleichen Folgen wie ein Verstoß **aller VN**, vgl. Hamm RuS 87, 167 = VersR 88, 508 zu den VHB 74, Düsseldorf VersR 84, 1060 und RuS 89, 43 (OHG, KG) zur Kfz-KaskoV.

Soweit die versicherten Sachen den VN als *Gesamthandseigentümer* gehö- 16
ren, ist dies unstreitig (LG Ravensburg VersR **82**, 389 = ZfS 173; BGHZ **24**,
383 in einer Entscheidung zur HaftpflichtV; Wussow § 16 AFB Anm. 12).
Das gleiche gilt aber auch bei *Bruchteilseigentum* und wenn mehrere Sachen
versichert sind, die im *Alleineigentum* teils des einen, teils des anderen VN
stehen; wie hier jedenfalls bei Bruchteilseigentum BM § 6 VVG Anm. 66. Die
Gegenansicht von RG **157**, 320 und PM § 6 Anm. 6 überträgt Überlegungen
aus der *HaftpflichtV* unzulässigerweise auf die *SachV*. Mehrere Halter eines
Kfz sind getrennten Haftpflichtansprüchen ausgesetzt, weshalb nach BGHZ
24, 380 trotz eines gemeinsamen VVertrags jedem VN nur sein eigenes Verhalten schadet. In der SachV dienen dagegen die Verhaltensregeln des VVertrags dem Schutz ein und derselben versicherten Sache, weshalb entgegen
§ 425 BGB jeder VN das Verhalten jedes anderen gegen sich gelten lassen
muß, H IV 75.
Anders ist die Rechtslage, wenn jeder VN als **Prämieneinzelschuldner** und 17
Entschädigungsteilgläubiger bezeichnet ist, vgl. H II 75 zur WohngebäudeV.
Dann sind die zu gesonderten Prämien versicherten Interessen nach dem
erkennbaren Vertragswillen so zu behandeln, wie wenn sie Gegenstand getrennter Verträge wären. Die Zusammenfassung zu einem Vertrag soll nur
beiden Seiten die Vertragsverwaltung erleichtern, nicht aber die VN durch
wechselseitige Zurechnung des Verhaltens des anderen benachteiligen.
Der **Entschädigungsanspruch** steht mehreren VN *gemeinsam* in der Weise 18
zu, daß jeder einzelne nur Zahlung zu Händen aller VN verlangen kann
(Palandt-Heinrichs vor § 420 BGB Anm. 1 c aa). Dies gilt nicht nur für Sachen im Gesamthandseigentum, sondern auch bei Bruchteilseigentum und
sogar für Sachen, die einem der mehreren VN allein gehören. Daraus folgt als
zusätzliche Begründung für die in O II 15 aufgestellte These, daß kein Beteiligter der **Forderungsgemeinschaft** ein Verhalten gezeigt haben darf, das ihm
gegenüber Leistungsfreiheit begründet. § 75 VVG ändert daran nichts. Zwar
steht die Forderung materiell nur dem Interessenträger zu. Ebenso wie aber
nach § 79 VVG das Verhalten eines VN, der den Vertrag allein geschlossen
hat und der nicht Interessenträger ist, dem Versicherten schadet, ebenso schadet dem Versicherten auch das Verhalten eines jeden von mehreren VN. Mit
anderen Worten: Bei mehreren VN in Forderungsgemeinschaft schadet jedem VN ohne Rücksicht auf das durch den Schaden betroffene versicherte
Interesse das Verhalten eines jeden anderen VN. Wer ein Wohngebäude, das
ihm nur zur Hälfte gehört, zusammen mit den anderen Miteigentümer, oder
wer einen Hausrat, von dem ihm einige Sachen gehören, die übrigen aber überhaupt nicht gehören, zusammen mit dem anderen Hausratseigentümer versichert, steht bei einem Verstoß des anderen VN ebenso, wie wenn *nur* dieser
andere Partner wäre.
Das Problem ist praktisch nicht sehr bedeutsam, denn in der **GeschäftsV** 19
kommt statt einer Mehrheit von VN meist nur die *OHG als Gesamthandsge-
meinschaft* als VVertragspartner in Betracht, wo ohnehin unstreitig das Verhalten aller gegen alle wirkt, Düsseldorf RuS 89, 43. Bei **Hausrat** besteht der
Vertrag dagegen meist (H IV 77) nur mit einem der mehreren Wohngenossen; das Verhalten der übrigen schadet nur, soweit diese Repräsentanten sind,
O II 115. Nur bei *Wohngebäuden* sind mehrere Bruchteilseigentümer als VN

etwas häufiger, H II 75. Selbstverständlich kann auch hier der Vertrag mit nur einem der Bruchteilseigentümer geschlossen werden, so daß die Rechtslage dieselbe ist wie bei Hausrat. Dagegen kommen getrennte Verträge mit je einem Bruchteilseigentümer eines Wohngebäudes kaum in Betracht, für die VN deshalb nicht, weil sie dann den Vorteil der bei den meisten Vr degressiven Prämienstaffel verlieren würden, für den Vr deshalb nicht, weil von vornherein Zweifel in die Bereitschaft zur Sorgfalt angebracht wären, wo kein Partner das Verhalten des anderen gegen sich gelten lassen will (und dies allein wäre ja der Zweck getrennter Verträge). Auch die Vereinbarung von Prämieneinzelschuld (O II 17) innerhalb eines Vertrages ist selten.

20   3. Schäden an versicherten Sachen drohen nicht nur durch das Verhalten des VN (oder seiner gesetzlichen Vertreter), sondern können auch durch ein **Verhalten Dritter**, die gegen den oder mit dem Willen des VN vorsätzlich oder fahrlässig auf die Sache einwirken. Es fragt sich, unter welchen Voraussetzungen deren Verhalten einem Verhalten des VN im Rahmen von § 61 VVG, von § 6 Abs. 1 und 2 VVG (gefahrmindernde Obliegenheiten), von § 62 VVG (Rettungspflicht) und von §§ 23 ff. VVG (Gefahrstandspflicht) gleichsteht. Unerheblich ist dabei, ob Obliegenheiten den VN rechtlich verpflichten (dafür Prölss in PM § 6 Anm. 4, dagegen BM § 6 VVG Anm. 8, 10 und 75 und die h. M., jeweils mwN). Daher macht es auch speziell zu § 61 VVG keinen Unterschied, ob man eine Schadenverhütungspflicht im Sinn von O I 61 verneint oder anerkennt, denn unstreitig ist jedenfalls nicht das Verhalten jedes Dritten, dessen Einwirkung auf die Sache der VN duldet oder dulden muß, nach § 278 BGB einem Verhalten des VN gleichzustellen, O I 30. – Wegen Zurechnung des Verhaltens Dritter bei Verstößen geen Anzeige- oder Aufklärungsobliegenheiten vgl. O II 6 bis 9 sowie M I 2.

21   a) Von der Zurechnung des Verhaltens Dritter zu unterscheiden ist das **Auswahl- und Überwachungsverschulden** des VN oder eines Versicherten. Dabei handelt es sich um **eigenes Verschulden des VN**, das nach §§ 61, 6 Abs. 2, 62, 23 ff., 79 VVG ebenso zu berücksichtigen ist wie jedes andere schuldhafte Fehlverhalten des VN oder des Versicherten, das zum VFall führt. Der VN oder der Versicherte muß Personen, deren Einwirkung auf versicherte Sachen in dieser oder jener Form er duldet, in zumutbarem Umfang sorgfältig auswählen und überwachen. Dies gilt vor allem gegenüber Arbeitnehmern in der GeschäftsV sowie gegenüber Mietern und Pächtern, aber auch gegenüber Familienangehörigen und Wohngenossen bei Hausrat und Wohngebäuden.

22   Allerdings kommt es dabei auch auf die **rechtlichen Möglichkeiten des VN** an, die – wie die erwähnten Personengruppen zeigen – ganz unterschiedlich sein können. Der VN braucht seine rechtlichen Möglichkeiten auch nicht immer voll auszuschöpfen; man denke an die Entscheidung über die Kündigung von Arbeits-, Miet- oder Pachtverträgen oder an die Aufhebung von Wohngemeinschaften mit Verwandten oder nicht verwandten Wohngenossen. In manchen Fällen wird sich der VN auf eine Anzeige nach § 27 VVG beschränken dürfen, wenn das Verhalten Dritter die versicherte Gefahr erheblich erhöht und verbale **Einwirkungsversuche** des VN oder des Versicherten erfolglos bleiben, BGH VersR 65, 429 = VerBVA 67, 11). Maßstab sind hier letztlich immer Treu und Glauben, vgl. O I 75, N III 39 und N V 28.

Eine Ehescheidung oder auch nur Haushaltstrennung mit Rücksicht auf den Vr ist dem VN z. B. selbstverständlich auch dann nicht zuzumuten, wenn der Ehegatte schuldhaft der Trunk- oder Drogensucht verfällt oder eine nicht mehr zu beseitigende Neigung zu Brandstiftungen entwickelt usw. Auch die Überwachungspflicht gegenüber Kindern darf nicht überspannt werden, vgl. Frankfurt VersR 83, 869 für eine 14-jährige Tochter.

Liegt ein Auswahl- oder Überwachungsverschulden des VN vor, so **23** kommt es auf dessen *Kausalität* für das Verhalten der mangelhaft ausgewählten oder überwachten Person und damit für den Schaden an. Diese Kausalität muß nach § 61 VVG der Vr beweisen, ansonsten (§§ 6 Abs. 2, 25 Abs. 3, 62 Abs. 2 VVG) der VN widerlegen. Soweit ein Auswahl- oder Überwachungsverschulden fehlt oder nachweislich nicht kausal war, muß geprüft werden, ob *dem VN* oder dem Versicherten das *Verhalten des* ordnungsgemäß ausgewählten und überwachten *Dritten wie eigenes Verhalten zuzurechnen* ist.

b) Eine Zurechnung des Verhaltens Dritter läßt sich nicht aus dem Geset- **24** zeswortlaut begründen, denn §§ 6, 23 ff, 61, 62 VVG sprechen immer nur von einem Fehlverhalten des „VN". Deshalb herrscht für die gleichlautenden Bestimmungen des Österreichischen VVG die Ansicht vor (PM § 6 Anm. 7), das Verhalten Dritter schade dem VN niemals schon als solches, sondern nur dort, wo er es durch ein eigenes Auswahl- oder Überwachungsverschulden im Sinn von O II 21 bis 23 ermöglicht habe.

Gleichwohl liegt bei teleologischer VVG-Auslegung eine **Zurechnung** des **25** Verhaltens Dritter in gewissen Grenzen aus Gründen der **Prämiengerechtigkeit** nahe. Andernfalls wäre trotz gleicher Prämie der VSchutz für VN, die die versicherten Sachen persönlich gebrauchen und verwalten, deutlich geringer als für VN, die die versicherten Sachen durch Dritte gebrauchen oder verwalten lassen. Schadenträchtiges Fehlverhalten unterläuft nämlich naturgemäß vor allem den Personen, die mit der Sache am häufigsten in Berührung kommen. Als Alternative käme allenfalls in Betracht, die Verwaltung durch den VN selbst oder aber durch Dritte zum Tarifmerkmal zu machen. Dies würde aber zu häufig Anzeigen des VN sowie Vertragsänderungen erfordern und wäre mangels Kontrollierbarkeit sowie wegen zu hoher Verwaltungskosten unpraktikabel.

Die wirtschaftlichen Gründe für eine Zurechnung treten am deutlichsten in **26** der **GeschäftsV** zutage. Würde stets nur das eigene Verschulden des VN berücksichtigt, und sei es auch einschließlich des Auswahl- und Überwachungsverschuldens, so wäre der Großbetrieb als VN gegenüber dem Kleinbetrieb bei weitem im Vorteil, weil bei Großbetrieben der Inhaber oder – bei juristischen Personen – dessen gesetzliche Vertreter (Geschäftsführer, Vorstandsmitglieder) auf die versicherten Sachen kaum persönlich einwirken und daher auch den versicherungsrechtlichen Konsequenzen aus solchen Einwirkungen nur sehr beschränkt ausgesetzt wären.

Die Möglichkeit der Einwirkung Dritter auf die versicherten Sachen gehört **27** allerdings sowohl in der Geschäfts- wie in der Hausrat- und WohngebäudeV zum bestimmungsgemäßen Gebrauch der Sachen. Der VN hat nicht die Wahl, Dritte nach Belieben von den versicherten Sachen fernzuhalten oder nicht fernzuhalten. Gewerbebetriebe, zumal Großbetriebe, können selbstverständlich nur mit Hilfe von **Arbeitnehmern** geführt werden. Ein Wohngebäude wird entweder vermietet oder durch den VN persönlich bewohnt. In letzterem Fall sind am Gebrauch des Gebäudes ebenso wie am Gebrauch von Hausrat neben dem VN in der Regel weitere **Mitbewohner** beteiligt, nämlich der Ehegatte, Verwandte oder sonstige Mitbewohner. Diese Personen wirken mehr oder weniger stark auch auf das Niveau der versicherten Gefahr und auf die sog. Gefahrverwaltung ein.

28   Auch wenn der VN seine Arbeitnehmer, Mieter, Mitbewohner usw. im Rahmen des Zumutbaren sorgfältig auswählt, instruiert und überwacht, bleibt er dem Risiko ausgesetzt, durch grobes Verschulden solcher Personen einen Schaden zu erleiden. Daraus ergibt sich das unvermeidliche **Vertrauensschadenrisiko des VN**, seinen Schadenersatzanspruch gegen den Schädiger wegen dessen unzureichender Vermögenslage nicht realisieren zu können. Insbesondere gilt dies für Brand- und Leitungswasserschäden an Gebäuden. Aber auch ein durch grobes Verschulden eines Dritten entstehender Diebstahlschaden kann so hoch sein, daß der Dritte vollen Ersatz nicht zu leisten vermag. Eine *Vertrauensschaden V* wird für Familienangehörige und Mitbewohner naturgemäß überhaupt *nicht* und für Arbeitnehmer nicht in genügender Höhe angeboten.

29   Für den VN ergibt sich daraus immer dann eine **Deckungslücke**, wenn ihm das schadenstiftende und grob schuldhafte Verhalten eines Dritten zugerechnet werden kann und der Vr hierwegen leistungsfrei ist, der Dritte den Schaden aber nicht oder nicht voll ersetzt. Wie Kl 1804 zeigt, haben die Vr das Problem durchaus erkannt. Kl 1804 spricht aber nur Betriebe an, die eine „*Vielzahl* von Miet- oder Pachtverträgen" schließen, z. B. Leasing-Unternehmen oder Brauereien. Für Betriebe, die nur *vereinzelte* Mietverträge abschließen, sowie für den privaten Lebensbereich bieten die Vr bisher keine vertragliche Lösung an. Vielmehr trägt der VN ein Vertrauensschadenrisiko, das durch die Einwirkung Dritter auf versicherte Sachen entsteht, soweit der Vr dieses Verhalten dem VN zurechnen kann.

30   Die **Rechtsprechung** des Reichsgerichts und des BGH hat einen **Mittelweg** gesucht. Sie hat einerseits nicht wie die österreichische Rechtsprechung jede Zurechnung des Verhaltens Dritter verneint, andererseits aber auch **nicht** § 278 BGB angewendet. Keinesfalls ist jeder Dritter Erfüllungsgehilfe des VN, sobald der VN Einwirkungen dieses Dritten auf die versicherte Sache duldet oder dulden muß. Hierbei kann offen bleiben, ob es eine allgemeine Schadenverhütungspflicht im Sinn von O I 61 gibt. Bei Anwendung von § 278 BGB würde der VN in allzu vielen Fällen statt eines Entschädigungsanspruchs gegen den Vr nur einen Schadenersatzanspruch gegen den Dritten erwerben, der aber nicht oder nicht voll realisierbar ist. – Anders liegt es freilich, soweit der Dritte nicht an der Gefahrverwaltung beteiligt ist, sondern auf die Vertragsgefahr einwirkt, insbesondere zur Erfüllung der Aufklärungsobliegenheit beigezogen wird. Hier sprechen gute Gründe für die Anwendung von § 278 BGB, vgl. O II 7.

31   c) Als „Ersatz" für die Anwendung von § 278 BGB hat die Rechtsprechung einen speziell versicherungsrechtlichen **Begriff des „Repräsentanten"** entwickelt. Wegen der Voraussetzungen dieses Begriffs im einzelnen muß auf die

Rechtsprechung verwiesen werden, die in den Kommentaren zum VVG zitiert ist, vgl. PM § 6 Anm. 8 B, BM § 6 VVG Anm. 92 bis 102. Danach ist Repräsentant, wer in dem Geschäftsbereich, zu dem das versicherte Risiko gehört, aufgrund eines **Vertretungs- oder eines ähnlichen Verhältnisses** an die *Stelle des VN* getreten ist, wobei aber nur an **Rechtsverhältnisse** gedacht wurde, nicht an den Sachverhalt einer kurz- oder auch längerfristigen Mit- oder Alleinobhut des Dritten über versicherte Sachen, vgl. dazu O II 34 und 36. Auch **juristische Personen** können Repräsentanten sein. Zuzurechnen ist dann jedenfalls das Verhalten der gesetzlichen Vertreter und Organe. Bei natürlichen wie juristischen Personen als Repräsentanten kommt allerdings auch „**Repräsentanz zweiten Grades**" in Betracht, also die Zurechnung eines Verhaltens von Personen, denen im Verhältnis zum Repräsentanten „ersten Grades" ihrerseits Repräsentanteneigenschaft zukommt, vgl. auch Stürmer, Wohnungswirtschaft und Mietrecht 85, 245.

Wie das Wort „Geschäftsbereich" zeigt, hat sich die Rechtsprechung mit **32** dem Repräsentantenbegriff bisher vor allem für die GeschäftsV, weniger dagegen für die Hausrat- und WohngebäudeV, auseinandersetzen müssen. Ob **Miteigentum** und das dadurch begründete Mitbenutzungs- oder zeitweilige Alleinbenutzungsrecht stets Repräsentanteneigenschaft begründet, ist zweifelhaft. Soweit alle Miteigentümer VN sind, folgt die wechselseitige Zurechnung des Fehlverhaltens schon aus dieser Vertragsgestaltung, vgl. O II 19 und H II 75 sowie z. B. LG Ravensburg VersR 82, 390 (für ein Flugzeug). Die Gründe des LG Ravensburg lassen aber darüber hinaus die Tendenz erkennen, Miteigentümer wechselweise als Repräsentanten anzusehen. – Was ein „ähnliches Verhältnis" im Sinn von O II 31 ist, kann im Folgenden nur für einige in der SachV besonders wichtige Fälle erörtert werden, vgl. O II.

d) Das in O II 25 dargelegte Motiv der Zurechnung des Repräsentantenver- **33** haltens erlaubt eine zugunsten des Vr erweiternde Auslegung des Wortes „Versicherungsnehmer" in §§ 6, 23, 61 VVG nur, wo der **VN die Gefahrverwaltung einem Dritten überläßt**, nicht hingegen auch dort, wo der VN – wie O II 27 bis 29 bereits erörtert – Einwirkungen eines Dritten auf die versicherte Sache ermöglicht oder duldet. Die in O II 23 der 2. Aufl. und z. B. in LG Köln VersR 85, 253 vertretene gegenteilige Ansicht läßt sich nicht aufrechterhalten, vgl. auch schon die berechtigte Kritik von Schirmer ZVersWiss 84, 579. Das Gesetz darf gegen seinen klaren Wortlaut zum Nachteil des VN allenfalls dort „ausgelegt" werden, wo das erkennbare Motiv der Regelung die angeordnete Rechtsfolge in einer zusätzlichen Gruppe von Fällen in genau derselben Weise zwingend erfordert. Dies läßt sich mit Bezug auf die Zurechnung von Fehlverhalten für die Duldung einer Einwirkung Dritter auf versicherte Sachen nicht feststellen.

Insbesondere begründet die **bloße Mitobhut** über versicherte Sachen **nicht** **34** eine **Repräsentanteneigenschaft**, weder in der Geschäfts-, noch in der Hausrat- noch in der WohngebäudeV. Dies gilt in gleicher Weise bei kurzfristiger wie bei längerfristiger Mitobhut. Nur wenn neben Mitobhut zugleich ein Vertretungs- oder ähnliches Rechtsverhältnis im Sinn von O II 31 besteht, das den Träger der Mitobhut in der Gefahrverwaltung weitgehend an die Stelle des VN setzt, nur dann ist der Träger der Mitobhut Repräsentant. So läßt sich auch OLG Hamm VersR 88, 240 verstehen. Diese Entscheidung betrifft die FahrzeugV nach den AKB und stellt in einem obiter dictum zum Ehegatten des HausratVN fest, es sei „in jedem Einzelfall festzustellen, ob der eine Ehepartner so an die Stelle des anderen getreten ist, daß eine Haftung des Vr sich als unbillig darstellt".

35   Auch die **Alleinobhut** eines Dritten macht für sich allein diesen Dritten nicht zum Repräsentanten, jedenfalls dann nicht, wenn sie nur **kurzfristig** besteht, und sei es auch vielleicht zu wiederholten Malen. Selbst kurzfristige Alleinobhut ist ein Sachverhalt, den der bestimmungsgemäße Gebrauch versicherter Sachen mehr oder weniger häufig mit sich bringt, ohne daß dieser Sachverhalt aber für sich allein etwas daran ändern könnte, daß in den Augen des Gesetzgebers, der in §§ 6, 23, 61 VVG nur den „Versicherungsnehmer" erwähnt, für die Gefahrverwaltung gegenüber dem Vr nur der VN „zuständig" und verantwortlich ist. Eine **gewohnheitsrechtliche Ausnahme** gilt allenfalls für das **Raubrisiko bei Wertsachen in der GeschäftsV**, vgl. O II 69.

36   Selbst **längerfristige Alleinobhut** macht den Obhutsträger entgegen LG Mönchengladbach VersR 89, 845 (zu den VGB 62 für den Mieter eines Einfamilienhauses) **nicht** schon als solchen, sondern nur dann zum Repräsentanten, wenn er ein Rechtsverhältnis im Sinn von O II 31 zugrunde legt, vgl. BGH VersR 65, 149 zu den AKB für einen berechtigten Fahrer eines Kfz mit roter Nummer. Ob ein langfristiges Miet- oder Pachtverhältnis ausreicht, ist zweifelhaft und hängt vor allem davon ab, ob die Verantwortlichkeit des Vermieters oder Verpächters durch vertragliche Abweichungen von §§ 535 ff., 581 BGB zugunsten einer stärkeren Stellung des Mieters oder Pächters vertraglich noch zusätzlich reduziert worden ist, O II 85. „Vollständige" Preisgabe der Verantwortlichkeit des Eigentümers und VN kann allerdings nicht verlangt werden, denn diese läge letztlich niemals vor, auch nicht bei Aufgabendelegation im Großbetrieb, O II 84.

37   In O II 23 der 2. Aufl. war argumentiert worden, die Tatsache der Einwirkung Dritter auf die versicherte Sache vermindere die Einwirkungsmöglichkeiten des VN, lockere also dessen Obhut sowie seine Möglichkeiten der Gefahrverwaltung. Dies ist aber so allgemein nicht richtig. Die Einwirkung Dritter begründet zwar **zusätzliche Gefahrenquellen**, ändert aber an der **Zuständigkeit des VN für die Gefahrverwaltung** nichts, sondern verpflichtet im Gegenteil den VN zu zusätzlicher Vorsorge, nämlich zur richtigen Auswahl, Instruktion und Überwachung der einwirkenden Dritten im Rahmen der bestehenden und zumutbaren Möglichkeiten, vgl. O II 22. Anders liegt es nur, wo zusätzlich ein Rechtsverhältnis im Sinn von O II 31 zu dem Dritten besteht, so daß der VN sich von der Gefahrverwaltung ganz oder teilweise entbunden fühlen kann.

38   Die in O II 23 der 2. Aufl. vertretene gegenteilige Ansicht kann auch deshalb nicht mehr überzeugen, weil sie vor kaum lösbaren Problemen steht, wo die **Mit- oder Alleinobhut des Dritten kurzfristig gelockert oder unterbrochen** wird. Die Rechtssicherheit würde stark leiden, wenn während solcher Phasen die Repräsentanteneigenschaft als unterbrochen angesehen würde. Es geht aber auch nicht an, „der Einfachheit wegen" die Repräsentanteneigenschaft auch während derartiger Zwischenphasen zu bejahen. Dadurch würde nämlich die schon im Grundsatz bedenkliche Abweichung vom Gesetzeswortlaut

(„Versicherungsnehmer") zu Lasten des VN auf Fälle ausgedehnt, in denen sie sich aus den Gesetzesmotiven ganz offensichtlich nicht mehr rechtfertigen läßt. Beispiel: Die Ehefrau des VN läßt ohne Wissen des VN ein Fenster in der Erdgeschoßwohnung geöffnet und verläßt dann das Haus, während der VN in einem anderen Raum Musik hört und dadurch einen Einschleichdieb nicht wahrnimmt. – Zudem wäre zweifelhaft, wann von einer Unterbrechung der Mitobhut eines Dritten gesprochen werden könnte. Sollte z.B. die bloße Tatsache des Besitzers eines Zweitschlüssels fortbestehende Mitobhut des Dritten begründen?

Die **Rechtsprechung zur Kfz-FahrzeugV** hat seit langem die notwendigen 39 Konsequenzen aus vorstehenden Überlegungen gezogen und die Ehefrau oder sonstige berechtigte Fahrer nicht als Repräsentanten angesehen, und zwar auch nicht für Phasen, in denen Alleinobhut des Dritten besteht, in denen also der Dritte das Fahrzeug benutzt, ohne daß der VN als Beifahrer im Wagen sitzt, vgl. z.B. BGH VersR 69, 695, Frankfurt VersR 86, 1095.

Die Rechtsprechung zu den hier erörterten Zweigen der klassischen SachV 40 ist uneinheitlich, vgl. für den wichtigsten Fall, nämlich für den **Ehegatten** des HausratVN O II 115 bis 122 und für den Ehegatten des WohngebäudeVN O II 125. Bejaht wurde Repräsentanteneigenschaft wegen bloßer Mitobhut z.B. in Celle ZfS 88, 57 mit Anm. Martin VersR 88, 617. Der alleinige *Mieter einer Hobbyhalle* hatte als einziger VN einen FeuerVVertrag abgeschlossen, die Halle aber regelmäßig gemeinsam oder abwechselnd mit einigen anderen Personen benutzt. Der Schaden war allerdings zeitlich erst in einer Phase eingetreten, in welcher der Hallenmieter und VN bereits beabsichtigte, das Mietverhältnis zu lösen, um es durch einen anderen Beteiligten fortsetzen zu lassen, und deshalb auch den VVertrag zu kündigen. Diese Tatsache legte es für Celle aaO nahe, jenen anderen Beteiligten, der auch den Brandschaden verursacht hatte, als Repräsentanten anzusehen. Die Entscheidung Celle aaO darf daher nicht zu sehr verallgemeinert werden.

Entscheidend gegen Repräsentanteneigenschaft bei Mit- oder kurzfristiger 41 Alleinobhut Dritter spricht, daß solche Fälle im täglichen Leben **keine Ausnahmesituation** sind und daher auch dem Gesetzgeber nicht verborgen geblieben sein können, als er das Wort „Versicherungsnehmer" in §§ 6, 23, 61 VVG formulierte. Häufige Mit- oder Alleinobhut Dritter ist ein Regelfall des täglichen Lebens, und zwar gleichermaßen im beruflichen und gewerblichen wie im privaten Lebensbereich des VN. Der Vr kann nicht erwarten und der VN rechnet nicht entfernt damit, daß mit Rücksicht auf einen VVertrag Einwirkungen Dritter auf versicherte Sachen entweder möglichst reduziert werden müßten oder zu einer Lücke im VSchutz führen könnten. Nicht braucht das tägliche Leben am VVertrag orientiert zu werden, sondern VVertrag und noch mehr die Gesetzesauslegung haben sich an den Gegebenheiten des Lebens zu orientieren. Nicht für Normalfälle, sondern allenfalls für Ausnahmesituationen ist es zulässig, das Gesetz gegen seinen Wortlaut zu Lasten des VN „auszulegen".

Auch Gesichtspunkte der **VTechnik** und der **Prämienkalkulation** führen 42 nicht zu einem anderen Ergebnis. Zwar ist Prämiengerechtigkeit das entscheidende Motiv dafür, warum überhaupt über den Wortlaut von §§ 6, 23, 61 VVG hinaus den VN bei richtiger Gesetzesauslegung auch das gefahrverwaltende Verhalten gewisser Dritter zuzurechnen ist, vgl. O II 25. Aber dies gilt nur in den Grenzen, in denen die Rechtsprechung dies bisher getan hat, O II 30 und 31, also für Dritte, die kraft eines Vertretungs- oder ähnlichen Rechtsverhältnisses an die Stelle des VN getreten sind.

43   Richtig ist zwar, daß auch Zugriffsmöglichkeiten sonstiger Dritter zusätzliche Gefahrenquellen für die versicherten Sachen schaffen. Richtig ist ferner, daß VN, auf deren Sachen Dritte einwirken, ein *höheres* Risiko darstellen, als andere VN, bei denen dies nur selten oder – im theoretischen Idealfall – überhaupt nie der Fall ist. Richtig ist schließlich, daß es mangels Kontrollmöglichkeiten und wegen zu hoher Verwaltungskosten *nicht* möglich wäre, die Prämiensätze in Abhängigkeit von solchen Unterschieden der Risikolage zu staffeln.

44   Diese Ausgangslage zwingt aber **nicht** dazu, die Unterschiede der Risikohöhe im Wege der Auslegung des Gesetzes und gegen dessen Wortlaut „einzuebnen", also die zusätzlichen Risiken zu Ausschlußtatbeständen und das in O II 28 beschriebene **Vertrauensschadenrisiko** des VN **unversicherbar** zu machen. Vielmehr sind Unterschiede des Risikoumfangs auch innerhalb gleichtarifierter Risikogruppen in allen VZweigen unvermeidlich. Man bedenke als Extremfälle die unterschiedlichen Kilometerleistungen von Fahrzeugen in der Kfz-V, das Nebeneinander von Rauchern und Nichtrauchern in der LebensV usw. Es ist keineswegs generell Aufgabe des Vr und Gebot der Prämiengerechtigkeit, den überschließenden Teil relativ höherer Risiken auszuschließen, damit die VN der übrigen Risiken nicht „zu viel" Prämie zahlen.

45   Am wenigsten läßt sich ein derartiges „Gebot der Prämiengerechtigkeit" konstruieren, wo ein Sachverhalt so alltäglich und so häufig ist wie die Mit- oder vorübergehende Alleinobhut Dritter über versicherte Sachen, vgl. schon O II 27. Ein Gegenbeispiel mag diesen Gedanken verdeutlichen: Die WohngebäudeVr haben mit Recht das Überschwemmungs- und das Erdbebenrisiko nicht in den Deckungsbereich der VGB 62 und der VGB 88 einbezogen, weil nämlich für über 95% aller versicherten Wohngebäude in der Bundesrepublik von vornherein feststeht, daß sie wegen ihrer geographischen Lage von einem Hochwasser- oder Erdbebenschaden nicht betroffen werden können. Dann aber wäre es nicht gerechtfertigt und im Wettbewerb auch nicht durchsetzbar, diese große Mehrzahl aller Risiken mit Mehrprämie für Überschwemmungs- und Erdbebenschäden zu belasten, von denen nur ein kleiner und sogar ziemlich genau abgrenzbarer Teil der versicherten Gebäude bedroht ist.

46   Ganz anders liegt es bezüglich der Einwirkungsmöglichkeit Dritter auf versicherte Sachen. Selbst wo in Einzelfällen mit der Einwirkung Dritter bei Vertragsschluß noch nicht zu rechnen war, kann sich dies doch jederzeit ändern. Man denke an einen alleinstehenden Hausrat- oder WohngebäudeVN, der pflegebedürftig und dadurch von Hilfspersonen abhängig wird, die sein Hauswesen versorgen. Dann aber ist es nicht „ungerecht", sondern entspricht den Regeln der VTechnik und stößt auch nicht auf Schwierigkeiten im Wettbewerb, **alle Risiken** mit einem **etwas höheren Prämiensatz** zu belasten, der es ermöglicht, Schäden durch das Verhalten Dritter innerhalb der in O II 30 und 31 aufgezeigten Grenzen zu entschädigen, statt entgegen dem Gesetzeswortlaut bei Mit- oder vorübergehender Alleinobhut Dritter deren Fehlverhalten einem Fehlverhalten des VN gleichzustellen, **statt** eine **Dek-**

kungslücke zu schaffen und das Vertrauensschadenrisiko des VN im Sinn von O II 28 unversichert zu lassen, obwohl der VN diesem Risiko nicht entgehen kann und es auch keine anderweitige VMöglichkeit für dieses Risiko gibt.

e) Für den **Umfang der Zurechnung** eines Fehlverhaltens von Repräsentan- 47 ten muß ebenfalls das in O II 25 erörterte gesetzgeberische Motiv maßgebend sein, nämlich der Gesichtspunkt der Prämiengerechtigkeit, mag dieses Motiv auch im Wortlaut von §§ 6, 23, 61 VVG („Versicherungsnehmer") keinen Ausdruck gefunden haben. Die Rechtsprechung war bisher zwar sehr zurückhaltend, wenn es darum ging, den Personenkreis zu umschreiben, dem Repräsentanteneigenschaft zuzuerkennen ist, O II 30 bis 31. Soweit aber die Repräsentanteneigenschaft *überhaupt* bejaht wurde, hat die Rechtsprechung das Verhalten des Repräsentanten stets ausnahmslos und *ohne* weitere Unterscheidungen dem VN zugerechnet. Hiergegen bestehen in zweifacher Hinsicht Bedenken, und zwar mit Bezug auf vorsätzlich schadenstiftende Handlungen und außerdem mit Bezug auf ein Fehlverhalten, das dem Repräsentanten in gleicher Weise hätte unterlaufen können, wenn er die Sonderstellung, die ihn zum Repräsentanten gemacht hatte, nicht innegehabt hätte. Bei näherem Zusehen schließt die zuletzt genannte Fallgruppe die erste Fallgruppe (Vorsatztaten) ein, weshalb hier zunächst die zweite Fallgruppe erörtert wird.

Das Vertretungs- oder sonstige Rechtsverhältnis, das den Dritten, insbe- 48 sondere den Arbeitnehmer oder Mitbewohner, zu einem Repräsentanten macht, setzt ihn bezüglich der Gefahrverwaltung ganz oder teilweise an die Stelle des VN. Dem VN sollte daher das Tun oder Unterlassen von Repräsentanten nur zugerechnet werden, soweit der Dritte zu einem abweichenden Verhalten speziell aufgrund jenes Rechtsverhältnisses verpflichtet gewesen wäre, soweit also das **Fehlverhalten innerhalb der Repräsentantenzuständigkeit** liegt. Soweit hingegen das schadenstiftende Verhalten nicht im Zusammenhang mit jenem Rechtsverhältnis geübt wurde, sondern der Dritte Gelegenheit zu solchem Verhalten auch als Arbeitnehmer oder Mitbewohner ohne besondere Vollmacht gehabt hätte, ist die Zurechnung nicht geboten, sondern zweifelhaft.

Beispiel: Der leitende Mitarbeiter eines Großbetriebs, der für die Feuersi- 49 cherheit in den Produktions- und Verwaltungsgebäuden verantwortlich ist, mißachtet behördliche oder vereinbarte Sicherheitsvorschriften. Dieses Tun oder Unterlassen ist selbstverständlich dem VN zuzurechnen, denn insoweit ist der Repräsentant an die Stelle des VN getreten. Wirft hingegen derselbe leitende Angestellte einen noch glühenden Zigarettenrest versehentlich nicht in den Aschenbecher, sondern in einen Papierkorb aus brennbarem Material, verläßt er dann das Zimmer und entwickelt sich während seiner Abwesenheit ein Brand, so ist die Repräsentanteneigenschaft kein hinreichender Grund, dem VN auch dieses Fehlverhalten zuzurechnen, denn die Möglichkeit zu solchem Fehlverhalten ergab sich nicht speziell aus dem Rechtsverhältnis, das den leitenden Mitarbeiter zum Repräsentanten macht.

Hamm RuS 86, 261, aus anderen Gründen aufgehoben durch BGH RuS 50 88, 177 = VersR 506, lehnt eine solche Unterscheidung ab, und zwar in einem Fall, in dem die Versicherungsnehmerin ihrem Ehemann die Leitung ihres Einzelhandelsgeschäfts überlassen und ihn dadurch zum Repräsentanten gemacht hatte, der Ehemann aber nicht seine Aufgaben als Leiter des Geschäfts verletzt, sondern im Rahmen einer ungeordneten Tätigkeit (fälschliches Entleeren eines Aschenbechers in einen Plastikabfallsack) einen Brand grob fahrlässig verursacht hatte.

51   Hamm aaO mißversteht die hier vertretene Ansicht und meint, es wäre nach dieser Ansicht entscheidend gewesen, daß die VN persönlich keine Zigarren geraucht hätte, falls sie selbst anstelle ihres Ehemanns in dessen Büro das Geschäft geleitet hätte. Wie Hamm aaO zutreffend feststellt, war aber nicht das Rauchen, sondern die unrichtige Behandlung des Aschenbecherinhalts Schadenursache geworden. Entscheidend gegen Zurechnung des Repräsentantenverhaltens spricht indessen, daß der Klägerin der Fehler ihres Mannes auch dann nicht zugerechnet worden wäre, wenn dieser nur untergeordnete Büroarbeiten verrichtet hätte, obwohl bei solch untergeordneten Arbeiten das Fehlverhalten in gleicher Weise möglich gewesen wäre.

52   Das Mißverständnis in Hamm aaO mag freilich dadurch provoziert worden sein, daß in O II 29 im Anschluß an O II 23 der 2. Aufl. angenommen worden war, auch bloße Mitobhut begründe Repräsentanteneigenschaft. Bei bloßer Mitobhut aber ist jene Unterscheidung in der Tat nicht durchführbar, denn ohne Mitobhut wäre in aller Regel auch das schadenstiftende Verhalten unterblieben. Da nun aber in O II 43 bis 46 der vorliegenden 3. Aufl. Mitobhut nicht mehr als Argument für Repräsentantenstellung angesehen wird, spricht bei Repräsentanteneigenschaft kraft Rechtsverhältnissen im Sinn der in O II 30 bis 31 erwähnten Rechtsprechung um so mehr für eine Unterscheidung zwischen verschiedenen Arten von Tätigkeit des Repräsentanten, eben weil sich diese Unterscheidung nun für alle Repräsentanten durchführen läßt.

53   Auch zwischen **Vorsatz** und Fahrlässigkeit **des Repräsentanten** hat die Rechtsprechung bisher nicht unterschieden. Tatsächlich bedeuten aber Vorsatzhandlungen, jedenfalls wenn sich der Vorsatz nicht nur auf eine Obliegenheitsverletzung oder eine Gefahrerhöhung, sondern auf den Schadeneintritt selbst bezieht, meist nicht eine Verletzung speziell derjenigen Komponenten des Rechtsverhältnisses zum VN, die den Dritten zum Repräsentanten machen, sondern vielmehr ein Verhalten, das auch dann technisch möglich und rechtswidrig gewesen wäre, wenn der Dritte nicht Repräsentant gewesen wäre. Ausnahmen hiervon sind freilich denkbar, wenn nämlich der Dritte seine besonderen Befugnisse in einer Weise mißbraucht, die nur ihm möglich ist. In der Regel hätte aber der Vorsatztäter den Schaden auch dann herbeiführen können, wenn er eine Sonderstellung nicht innegehabt hätte.

54   Gleichwohl hat der BGH (VersR 82, 822, 82, 81) jedenfalls in der FeuerV vorsätzliches Fehlverhalten (Brandstiftung) von Repräsentanten dem VN unterschiedslos und ohne weitere Erörterungen zugerechnet. Ebenso haben z.B. LG Bielefeld RuS 83, 18 und LG Köln RuS 83, 107 sowie RuS 89, 126 entschieden, ferner Hamm RuS 87, 49 in einem Fall, in dem das vorsätzliche Fehlverhalten in der Anstiftung eines Dritten bestanden hatte. Auch die in O II 92 und O II 118 behandelten BGH-Entscheidungen gegen eine Repräsentantenstellung des Mieters und des Ehegatten des HausratVN sind zu Fällen ergangen, in denen der Vr dem VN ein vorsätzliches Verhalten des Mieters, Pächters oder Ehegatten hatte zurechnen wollen. – Für die Zurechnung auch vorsätzlichen Verhaltens spricht aus praktischer Sicht, daß bei VBetrug gera-

de in der FeuerV oft der VN und ein Repräsentant zusammenarbeiten. Oft ist nur zu beweisen, daß **entweder der VN oder der Repräsentant** den Brand gelegt hat. Wollte man vorsätzliches Repräsentantenverhalten dem VN nicht zurechnen, so würde diese „**Wahlfeststellung**" für den Ausschluß der Leistungspflicht des Vr nicht genügen.

Anders ist aber jedenfalls für **Diebstahl** und **Raub** zu entscheiden, vgl. das 55 Beispiel für Transportraub in F III 54. Rechnete man nämlich dem VN eine gegen ihn gerichtete Wegnahme- und Zueignungshandlung des Repräsentanten als eigene zu, so verlöre die Handlung das Element der rechtswidrigen Zueignung, denn sich selbst kann der VN nichts zueignen. Folgerichtig regeln die in F III 4 zusammengestellten AVB-Bestimmungen die Mitwirkung insbesondere von Arbeitnehmern oder Wohngenossen an Diebstahl oder Raub im Rahmen eines selbständigen Ausschlußtatbestandes. Diese Bestimmungen sind zwar ebenfalls auf ihre Vereinbarkeit mit § 9 Abs. 2 AGBG zu überprüfen, aber nicht (F III 7 und 40) unter dem Aspekt einer Verschärfung von § 61 VVG (vgl. dazu nachfolgend O II 64), sondern nur allgemein im Hinblick auf deren Vereinbarkeit mit dem „Vertragszweck" einer Diebstahl- oder RaubV, vgl. ausführlich F III 42 bis 51.

4. In AVB der SachV aus der Zeit nach 1980 wird versucht, den **Repräsen-** 56 **tantenbegriff** durch **Definitionen in den AVB zu erweitern.** Im folgenden ist zu diskutieren, ob solche Definitionen rechtswirksam sind, soweit sie über den Repräsentantenbegriff gemäß O II 30 und 31 hinausgehen, dem die Rechtsprechung durch Auslegung von §§ 6, 23, 61 VVG entwickelt hat.

a) In **§ 18 Nr. 1 AERB** wurde versucht, durch die Worte „Vertretungs- oder 57 ähnliches Verhältnis" die Definition der Rechtsprechung möglichst unverändert zu übernehmen. Obhut über die versicherten Sachen erscheint dort lediglich als zusätzliches Erfordernis. § 18 Nr. 2 AERB betrifft nicht die Gefahrverwaltung, sondern die Kenntnisnahme von anzeigepflichtigen Tatsachen und wird hier nicht erörtert. In § 14 Nr. 1 Satz 2 der AERB von 1980 werden speziell für Raub, Vorsatz und grobe Fahrlässigkeit der **beraubten Person** einem Verhalten des VN gleichgestellt.

§§ 17 AFB 87, AERB 87, AWB 87, AStB 87 stimmen in Nr. 1 und Nr. 2 mit 58 § 18 der AERB von 1980 überein, vgl. O 257. Nr. 3 der AVB von 1987 bezeichnet darüber hinaus **Mieter und Pächter** als Repräsentanten, soweit sie die vermieteten versicherten Sachen für längere Zeit in alleiniger Obhut haben. Für das Diebstahlrisiko, also zu den AERB 87, ist die Repräsentanteneigenschaft von Mietern oder Pächtern eine praktisch wenig bedeutsame Frage, denn das Inventar vermieteter oder verpachteter Gebäude wird kaum je durch den Eigentümer oder Vermieter nach den AERB oder AERB 87 versichert. Um so bedeutsamer ist die Frage der Wirksamkeit der Regelung in den AFB 87, AWB 87 und AStB 87.

Die Gleichstellung der beraubten Person mit dem VN wurde in § 17 Nr. 4 59 AERB 87 gegenüber § 14 Nr. 1 Satz 2 der AERB von 1980 systematisch anders eingeordnet und zugleich inhaltlich verändert. Während in § 14 AERB formuliert war, das Fehlverhalten sei zuzurechnen, „auch wenn" der Obhutsträger als beraubte Person „nicht versichert" sei, erweitert § 17 Nr. 4 AERB 87 ausdrücklich den Repräsentantenbegriff. Angesprochen sind hier – enger als in den AERB von 1980 – nur noch **Obhutsträger von Wertsachen** im Sinn von § 4 Nr. 3a bis Nr. 3g AERB 87. Andererseits soll der Obhutsträger – weitergehend als nach den AERB von 1980 – nicht mehr nur für Raub, sondern **auch mit Bezug auf Schäden durch Diebstahl** als Repräsentant gelten.

60 Die Neuregelung wirft die Frage auf, ob – sei es allgemein oder sei es wenigstens für das Raubriskio in der GeschäftsV – *speziell* bei Wertsachen *kurzfristige* Allein- oder Mitobhut Repräsentanteneigenschaft begründet, vgl. schon O II 35. Da eine Regelung entsprechend § 14 Nr. 1 Satz 2 AERB schon in § IIb SBR zu den AEB enthalten war, könnte sich ein Gewohnheitsrecht dieses Inhalts gebildet haben.

61 Auch die VHB 84 für die HausratV enthalten eine Repräsentantendefinition, allerdings nicht an zentraler Stelle für sämtliche O II 1 und 24 genannten Anwendungsfälle, sondern jeweils gesondert, aber inhaltlich gleichlautend in **§ 9 Nr. 1a VHB 84** für § 61 VVG, in **§ 14 Nr. 2 VHB 84** für Obliegenheitsverletzungen vor und in **§ 21 Nr. 2 VHB 84** für Obliegenheitsverletzungen nach dem VFall. Lediglich in § 13 VHB 84 für Gefahrerhöhungen fehlt eine Repräsentantendefinition. Übereinstimmend werden aaO sämtliche mit dem VN in häuslicher Gemeinschaft lebenden volljährigen Personen als Repräsentanten bezeichnet. Während in den VHB 74 eine **Gleichstellung der beraubten Person mit dem VN** gefehlt hatte, D XII 36 und 124, ist diese Gleichstellung in § 9 Nr. 1a Satz 2 VHB 84 ausdrücklich vorgesehen, und zwar inhaltlich übereinstimmend mit § 14 Nr. 1 Satz 2 VHB 84, vgl. O II 57.

62 § 25 Nr. 3c VGB 88 bezeichnet ebenfalls den Mieter oder Pächter als Repräsentanten, wenn er längerfristig alleinige Obhut hat. Darüber hinaus sollen Repräsentanten nach § 25 Nr. 3d VGB 88 alle volljährigen Personen sein, die **mit dem VN in häuslicher Gemeinschaft** leben und mit diesem zusammen eine (Erst- oder Zweit-)**Wohnung in dem versicherten Gebäude** nutzen. Alleinobhut oder auch nur Mitobhut an dem ganzen Gebäude wird nicht gefordert. Es soll genügen, wenn der „Repräsentant" zusammen mit dem VN Mitobhut an einer einzelnen Wohnung hat, auch wenn es sich bei einem größeren Mietobjekt nur um eine von vielen Wohnungen des Gebäudes handelt und der Mitbewohner keinerlei Gebäude- oder Gefahrverwaltungspflichten übernommen hat. Hier stellt sich ganz besonders deutlich die Frage der Rechtswirksamkeit einer so starken Erweiterung des Repräsentantenbegriffs. Man wird diese Frage verneinen müssen, O II 101.

63 b) §§ 15a, 34a, 68a VVG verbieten vertragliche Abweichungen zum Nachteil des VN von §§ 6, 23ff., 62 VVG. Eine solche Abweichung ist es auch, wenn die dort vorgesehene Leistungsfreiheit wegen Fehlverhaltens des VN auf Fälle von Fehlverhalten Dritter erstreckt werden soll. Nur soweit schon die Auslegung von §§ 6, 23ff., 62 VVG das Verhalten bestimmter Dritter dem Verhalten des VN gleichstellt, dürfen auch die AVB diese Dritten als Repräsentanten bezeichnen. Eine **Gleichstellung weiterer Personen** wäre hingegen nach §§ 15a, 34a, 68a VVG **unwirksam**. Entgegen Schirmer ZVersWiss 84, 579 ist durch die zitierten Bestimmungen in Verbindung mit der Rechtsprechung zum Repräsentantenbegriff (O II 31) im Rahmen von §§ 6, 23ff., 62 VVG eben doch „in verbindlicher Weise zugunsten des VN festgelegt", wessen Verhalten neben dem eigenen Verhalten des VN zum Verlust des

VSchutzes führen kann. Die AVB können diesen Bereich nicht rechtswirksam erweitern, vgl. Martin in Schirmer/Martin 327 bis 334, mit Hinweisen auf AVB-Definitionen in einigen weiteren VZweigen.

§ 61 VVG wird allerdings in § 68a VVG nicht genannt und kann daher **64** grundsätzlich auch zum Nachteil des VN abgeändert werden, vgl. schon O I 67 zu etwaigen vertraglichen Ausschlüssen schon leicht fahrlässig verursachter Schäden. Wegen § 9 Abs. 2 Nr. 1 AGBG sind aber Abweichungen nur zulässig, soweit sie den VN nicht unangemessen benachteiligen. Letzteres trifft im Zweifel zu, wenn von „Grundzügen" der gesetzlichen Regelung abgewichen wird. Im Hinblick auf den Zusammenhang zwischen § 61 VVG einerseits und der Leistungsfreiheit wegen Obliegenheitsverletzungen vor dem VFall (M I 5) oder nach dem VFall (O II 8) andererseits verstößt es jedenfalls in den hier erörterten *Zweigen der klassischen SachV* gegen § 9 Abs. 2 Nr. 1 AGBG in Verbindung mit § 61 VVG, wenn der **Repräsentantenbegriff** über seinen bei richtiger Auslegung (O II 30 bis 42) schon dem Gesetz zu entnehmenden Inhalt hinaus **erweitert** wird. Nicht nur für §§ 6, 23, 62 VVG (O II 63), sondern auch für § 61 VVG sind die Repräsentantendefinitionen in den AVB rechtswirksam nur, soweit sie lediglich deklaratorische Bedeutung haben, soweit sie also nur solche Personen als Repräsentanten bezeichnen, die auch ohne vertragliche Regelung als Repräsentanten anzusehen wären, vgl. insbesondere O II 98 ff. für Mieter und Pächter.

Einen instruktiven Grenzfall außerhalb der klassischen SachV liefern §§ 2 **65** ABU, ABN, AMoB in der *Bauleistungs- und MontageV*. Dort werden Schäden durch Witterungseinflüsse und gegen die Regeln der Technik ohne Rücksicht auf Vorhersehbarkeit für den VN oder dessen Repräsentanten schon dann ausgeschlossen, wenn sie für einen „objektiven Beobachter" vorhersehbar waren. Praktisch bedeutet dies eine Erweiterung des Repräsentantenbegriffs auf alle Bauarbeiter und alle Mitarbeiter auf der Montagestelle, dessen Vereinbarkeit mit § 9 Abs. 2 Nr. 1 AGBG zweifelhaft ist, PM Teil II N Anm. 3 B b zu den ABU und ABN der BauleistungsV.

c) Ein Sonderproblem werfen die in O II 57, 59 und 61 zitierten Bestim- **66** mungen über die Gleichstellung der **beraubten Person** oder sogar jedes **Obhutsträgers über Wertsachen** auf. In O II 35 der 2. Aufl. waren als zweifelhaft nur die Fälle kurzfristiger Obhut über die Wertsachen eingestuft worden. Da aber bei richtiger Auslegung von §§ 6, 23, 61, 62 VVG auch langfristige oder wiederholte Obhut für sich allein Repräsentanteneigenschaft nicht begründet, O II 33 bis 42, stellt sich die Frage der Unwirksamkeit für alle zitierten Bestimmungen, soweit nicht ein Rechtsverhältnis im Sinn von O II 31 den Obhutsträger ohnehin zum Repräsentanten macht.

In der Regel fehlt jedoch ein solches Rechtsverhältnis. Zum Beispiel genügt **67** **nicht der Dienstvertrag** zwischen dem Bankkassier und dem Geldinstitut als VN. Zwar ist der Bankkassier bevollmächtigt, Geld, Wertpapiere usw. an Bankkunden auszuhändigen und hierbei auch zu übereignen. Aber dieses Vertretungsverhältnis räumt dem Kassier keinerlei Ermessensspielraum ein und beteiligt ihn nicht über das schon durch die Tatsache seiner Obhut begündete Maß hinaus an der Gefahrverwaltung für die versicherten Wertsachen. **Noch weniger** ist Repräsentant kraft eines Vertretungs- oder ähnlichen

Rechtsverhältnisses im Sinn von O II 31, wen der VN lediglich als **Transportperson** beauftragt, Geld zu einer Bank zu bringen und dort an der Kasse einzuzahlen oder gar nur in den Nachttresor zu werfen. Das gleiche gilt in der für **Mitbewohner des HausratVN**, welche Sachen des VN bei sich tragen.

68   Gleichwohl wäre es ein wenig befriedigendes Ergebnis, wenn der Vr durch §§ 15 a, 34 a, 68 a VVG oder – mit Bezug auf § 61 VVG – durch § 9 Abs. 2 Nr. 2 AGBG gehindert wäre, sich auf ein grob schuldhaftes Fehlverhalten des beraubten **Bankkassiers** oder **Filialleiters** zu berufen. Dabei liegt das Problem weniger in den Fällen von Vorsatz, denn dann fehlt schon der Tatbestand des Raubes, und es handelt sich um bloße Unterschlagung, D XII 104. Bezüglich grober Fahrlässigkeit des Bankkassiers oder Filialleiters muß aber nach einer rechtlichen Konstruktion gesucht werden, die den Einwand der groben Fahrlässigkeit dieses Obhutsträgers auch weiterhin ermöglicht. – Auf Personen, die in anderen Betrieben als Geldinstituten mit hohen (Geld- oder Sach-) Werten umzugehen haben, dürfen diese Überlegungen aber nicht übertragen werden, schon weil ein solcher Personenkreis nicht hinreichend abgrenzbar wäre, O II 78.

69   Was zunächst § 9 Abs. 2 Nr. 1 AGBG betrifft, so verhilft vielleicht schon der Gesetzeswortlaut zum richtigen Ergebnis, denn **Abweichungen** von den Grundzügen einer gesetzlichen Regelung sind nicht generell, sondern nur „im Zweifel" **unangemessen** und unwirksam. Für **§ 14 Nr. 1 Satz 2 der AERB von 1980** (O II 57) wäre dies **zu verneinen**. Die Gefahrverwaltung speziell gegenüber dem Raubrisiko obliegt so überwiegend dem Obhutsträger, daß die Regelung in § 14 Nr. 1 Satz 2 AERB nicht als unangemessen, sondern als wirtschaftlich folgerichtig erscheint.

70   Zu **§ 17 Nr. 4 AERB 87** kann so freilich nicht argumentiert werden, denn dort wird nicht nur das Raubrisiko angesprochen, sondern der **Obhutsträger** soll nach der Definition in den AERB 87 Repräsentant schlechthin sein, also auch mit Bezug auf das Diebstahlrisiko. Beispiel: Der Kassier verläßt als Letzter die Bankfiliale und vergißt, ein Schloß zu betätigen. Nahe läge es, § 17 Nr. 4 AERB 87 als nur teilweise unwirksam im Sinn von A V 31 anzusehen, nämlich nur für das Diebstahlrisiko.

71   Wer eine solche Möglichkeit verneint, weil § 6 Abs. 1 AGBG nur schlechthin von Unwirksamkeit spricht, könnte erwägen, den **Bankkassier, Filialleiter** usw. mit Bezug auf das Raubrisiko schon im Rahmen der **Gesetzesauslegung** als **Repräsentanten** anzusehen, ihn also im Sinn von §§ 6, 23, 61 VVG dem VN gleichzustellen. Wahrscheinlich entspricht dies so sehr einer gefestigten Rechtsüberzeugung auch der VN, nämlich der Geldinstitute, daß man von **Gewohnheitsrecht** sprechen kann, vgl. schon O II 35. Diese Rechtsüberzeugung ist durch jahrzehntelange unangefochtene Anwendung von § II Nr. b SBR entstanden. Dies würde an der (hier unterstellten) vollständigen Unwirksamkeit von § 17 Nr. 4 AERB zwar nichts ändern. Die Verhaltenszurechnung bei Raub an Kassierern und Filialleitern von Geldinstituten würde aber als gesetzliche Auffangregelung an die Stelle der unwirksamen Bestimmung in den AERB 87 treten.

72   In der HausratV ist der Vr nicht in gleicher Weise schutzbedürftig. Dies folgt schon aus der Tatsache, daß in den VHB von 1966 und in den VHB 74 die beraubte Person dem VN nicht gleichgestellt war. Die Verfasser dieser

AVB kannten durch § II b SBR das Problem, hielten aber eine einschlägige Bestimmung für die HausratV gleichwohl nicht für nötig. Im Gegensatz zu § 14 Nr. 1 Satz 2 der AERB von 1980 ist daher § 9 **Nr. 1 a Satz 2 VHB 84** wegen Verstoßes gegen § 9 Abs. 2 Nr. 1 AGBG **unwirksam,** soweit nicht ausnahmsweise zwischen dem VN und der beraubten Person ein Vertretungs- oder ähnliches Rechtsverhältnis im Sinn von O II 31 besteht.

5. Die **Einzelfälle der Zurechnung eines Repräsentantenverhaltens,** die durch 73 die Rechtsprechung entschieden wurden, betreffen aus den Gründen gemäß O II 26 meist die **GeschäftsV** und hier wiederum die Frage, mit welchen Befugnissen ein Arbeitnehmer ausgestattet sein muß, damit er Repräsentant im Sinn von O II 30 ist, vgl. O II 74. Daneben stellt sich aber auch die Frage der Repräsentantenstellung selbständiger Dritter als Geschäftspartner von VN in der GeschäftsV, vgl. O II 79 bis 81, und zwar insbesondere für Mieter und Pächter versicherter Gebäude. Die Überlegungen zur Repräsentanteneigenschaft von Mietern und Pächtern gelten sowohl für die GeschäftsV wie auch für die WohngebäudeV und gelegentlich für die HausratV, vgl. zusammenfassend O II 82 bis 109.

a) Obwohl **Angestellte** häufiger Repräsentanten sind als **Arbeiter,** ist doch 74 die Grenze zwischen diesen beiden Gruppen nicht maßgebend, denn ausnahmsweise können auch Arbeiter mit so weitgehenden Befugnissen ausgestattet sein, daß sie den VN von den Gefahren eigenen Fehlverhaltens wesentlich entlasten, vgl. Martin VW 74, 1194 für die V beweglicher Maschinen, wo die AVB als Repräsentanten ausdrücklich den bezeichnen, der „über den *Einsatz des Baugeräts verantwortlich zu entscheiden*" hat (PM Teil II N 2. AMB Anm. 3 B). Auch für die FeuerV des Baugewerbes hat inzwischen BOblG VersR 50, 35 für den Abteilungsleiter eines Lackierbetriebes. Die betriebsverfassungsrechtliche Abgrenzung der *leitenden Angestellten* spielt für den Repräsentantenbegriff keine Rolle. Weitere Beispiele aus der GeschäftsV: Kl 133 Nr. 5 (Heimarbeiter, Ollick VerBAV **82,** 48) und BM § 6 VVG Anm. 100. In ihrer großen *Mehrzahl* sind Arbeitnehmer jedenfalls *nicht* Repräsentanten. Der Einschluß von Schäden durch fahrlässiges oder sogar vorsätzliches Fehlverhalten von Arbeitnehmern gehört im Gegenteil in der SachV für den beruflichen und gewerblichen Lebensbereich des VN (A II 22) zum *Kerninhalt des VVertrags,* der wegen § 9 Abs. 2 Nr. 1 und Nr. 2 AGBG nicht eingeschränkt werden darf, O I 69 und O II 64.

Abwesenheitsvertretung begründet Repräsentanteneigenschaft nur bei län- 75 gerer Abwesenheit des VN oder eines vertretenen Repräsentanten, z. B. während einer längeren Reise oder Krankheit, nicht dagegen bei kurzer Abwesenheit von einigen Tagen oder auch einer Woche, O II 24. Außerdem muß der Abwesenheitsvertreter wesentliche Befugnisse des Abwesenden übernehmen, nicht nur eine Vertretung in Routineangelegenheiten. Andernfalls ist der Abwesenheitsvertreter wie ein *Empfänger von Einzelaufträgen* zu behandeln, ist also in der Regel nicht Repräsentant, weil es an einem Rechtsverhältnis im Sinn von O II 31 fehlt.

Wichtigste Grundlage der Repräsentanteneigenschaft ist die **betriebsorgani-** 76 **satorische** Delegation von Aufgaben, die der VN (bei einer OHG die geschäftsführenden Gesellschafter, bei juristischen Personen Vorstand, Geschäftsführer und sonstige gesetzliche Vertreter) nicht persönlich wahrnehmen können oder wollen. Diese Fallgruppe liefert zugleich die wichtigste Begründung für die versicherungstechnische Notwendigkeit einer Zurechnung des Repräsentantenverhaltens, O II 25 und 26. Entscheidend ist das Maß der Selbständigkeit des Delegationsempfängers, Umfang der Vollmacht zu rechtsgeschäftlichem Handeln, räumliche Entfernung (Filial- oder Werksleitung usw.), Dauer der Delegation, Inhalt des Dienstvertrages (Höhe der Bezüge usw.) usw. sind nur *Indizien*, die in ihrer Gesamtheit jeweils neu gewürdigt werden müssen. Der „Sicherheitsbeauftragte" eines Großbetriebes ist im Zweifel Repräsentant, LG Zweibrücken VersR 85, 932.

77   Der **Ehegatte** oder ein sonstiger Verwandter, der **im Betrieb des VN mitarbeitet,** ist *nicht* schon allein deshalb Repräsentant in der GeschäftsV, weil der VN ihm aus familiären Gründen besonderes Vertrauen entgegenbringt. Repräsentant ist er vielmehr nur dann, wenn dieses Vertrauen zu einer Tätigkeit und zu Befugnissen führt, die auch einen sonstigen Angestellten zum Repräsentanten machen würden, wie z.B. im Fall LG Köln RuS 83, 107. Daher hat z.B. Nürnberg VersR 60, 975 zutreffend die Repräsentanteneigenschaft des Sohnes des VN verneint, der als Lehrling tätig war. Allerdings wurde in einigen RG-Entscheidungen (**117**, 327, **149**, 69, JW 37, 2650) in der GeschäftsV zu Unrecht schon die Repräsentanteneigenschaft in Fällen verneint, in denen der VSchutz richtigerweise nur deshalb hätte bejaht werden dürfen, weil der Ehegatte zwar Repräsentant war, die schadenstiftende Tätigkeit aber außerhalb des übertragenen Verantwortungsbereichs lag, O II 48. Wegen BGH VersR 65, 425 = VerBAV 67, 11 und der besonderen Situation bei Ehegatten in der Hausrat- und WohngebäudeV vgl. O II 118.

78   In O II 42 der 2. Aufl. war erwogen worden, Obhut über Wertsachen schon dann als Grundlage einer Repräsentantenstellung anzusehen, wenn sie nur kurzfristig besteht. Dergleichen läßt sich aber nicht aufrechterhalten, vgl. allgemein gegen Obhut als alleinige Basis einer Repräsentantenstellung, O II 33 bis 42. Eine gewohnheitsrechtliche Ausnahme ist allenfalls für längerfristigen oder wiederholten Umgang mit hohen Werten bei **Bankkassieren und Filialleitern von Geldinstituten** anzunehmen, O II 71. Ob diese Ausnahme auf Kassiere von Kaufhäusern, Großmärkten usw. übertragen werden darf, erscheint aber schon sehr fraglich, denn dann bliebe unklar, wo die betragsmäßige Grenze verlaufen sollte. Außerdem haben keineswegs nur Kassenangestellte mit hohen Werten umzugehen, sondern z.B. auch Verkäufer von Juwelieren, Pelzen, Briefmarken, Teppichen und ähnlichen Wertsachen. Nicht nur die Anzahl der Kassenvorgänge, sondern auch die Höhe der einzelnen Verkäufe kann zu hohen Kassenbeständen führen. Man wird die gewohnheitsrechtliche Ausnahme daher auf den Bereich begrenzen müssen, für den sie auch entstanden ist, nämlich auf Kassiere und Filialleiter von Geldinstituten.

79   b) Repräsentanteneigenschaft in der GeschäftsV kann nicht nur Arbeitnehmern, sondern auch **selbständigen Personen als Geschäftspartnern des VN** zukommen, wenn das Rechtsverhältnis des VN zu diesen Personen ein ähnliches Rechtsverhältnis der in O II 31 erwähnten Rechtsprechung ist. Die Frage stellt sich insbesondere für **Sicherungsgeber,** die im Besitz der dem VN

zur Sicherung übereigneten Sachen bleiben, für längerfristige Entleiher, für Eigentumsvorbehaltskäufer versicherter Warenvorräte und vor allem – insoweit auch zur WohngebäudeV und gelegentlich zur HausratV – für Mieter und Pächter versicherter Gebäude mit oder ohne versichertes Inventar.

Gemeinsam ist allen diesen Rechtsverhältnissen, daß der Obhutsträger 80 über die versicherten Sachen nicht verfügen, sie also insbesondere nicht veräußern darf, weder als Bevollmächtigter noch für eigene Rechnung. Anders liegt es nur im Fall des Sicherungsgebers, soweit dieser die Sachen im normalen Geschäftsgang verkaufen darf. Auch der Eigentumsvorbehaltskäufer kann von Fall zu Fall und entsprechend dem jeweiligen Stand der Tilgung seiner Kaufpreisschuld zur Veräußerung berechtigt sein. Ansonsten treten aber jedenfalls Sicherungsgeber und langfristige Entleiher hinsichtlich der Gefahrverwaltung weitgehend an die Stelle des VN und sind daher wohl als Repräsentanten anzusehen. Wegen Mietern und Pächtern vgl. O II 82 ff.

Für **Eigentumsvorbehaltskäufer** ist die Frage besonders zweifelhaft, denn 81 solange der Käufer seine Raten pünktlich zahlt, hat der VN als Verkäufer kaum Einfluß und vor allem kaum Kontrollmöglichkeiten bezüglich des Sorgfaltsverhaltens des Käufers. Der Eigentumsvorbehaltskäufer ist daher wohl mit Stuttgart VA **13** Nr. 755 **gegen** Hamburg VersR 57, 15 und die dort zitierten weiteren Urteile nicht als Repräsentant des Verkäufers anzusehen, zumal sonst der vereinbarte AußenVSchutz für die verkauften Sachen stark entwertet würde. Da zweifelhaft ist, ob verkaufte Waren begrifflich „Waren" bleiben, wenn sie einem Vorbehaltskäufer übergeben sind und durch diesen benutzt werden, finden sich zur AußenV häufig ausdrückliche Vereinbarungen über den Einschluß unter Eigentumsvorbehalt verkaufter Sachen. Wenn der Vr Wert darauf legt, den Vorbehaltskäufer als Repräsentanten anzusehen, dann mag er dies mit dem VN ausdrücklich vereinbaren.

6. Die **Frage einer Repräsentantenstellung von Mietern und Pächtern** stellt 82 sich sowohl in der **GeschäftsV** wie in der **WohngebäudeV**, manchmal sogar in der **HausratV**, wenn nämlich ein Vermieter Räume möbliert vermietet, die HausratV aber nicht dem Mieter überläßt, sondern sie selbst abschließt. Rechtsprechung und Literatur hatten sich bis etwa zum Jahr 1975 nur wenig mit dieser Frage zu befassen. Man wird daraus schließen dürfen, daß die Vr bis dahin nicht oder nur selten versucht haben, dem Vermieter das Verhalten von Mietern oder Pächtern zuzurechnen, denn andernfalls wäre es häufiger zu gerichtlichen Entscheidungen gekommen. Es ist nicht anzunehmen, daß Vermieter als VN sich mit Schadenablehnungen bei größeren Feuer- oder Leitungswasserschäden an Gebäuden abgefunden haben würden, ohne Klage zu erheben.

Als das Problem um das Jahr 1980 verstärkt in das Bewußtsein trat, wurde 83 die Repräsentanteneigenschaft von Mietern und Pächtern, welche eine versicherte Sache längere Zeit in alleiniger Obhut haben, in mehreren AVB festgeschrieben, vgl. §§ **17** Nr. **3** AFV 87, AERB 87, AWB 87, AStB 87, § **24** Nr. **3** VGB 88 sowie dazu O II 56 bis 72. Die Frage der Repräsentantenstellung von Mietern und Pächtern stellt sich daher zweistufig. Zunächst ist zu prüfen, ob das Miet- oder Pachtverhältnis in seiner gesetzlichen (§§ 535, 581 Abs. 2 BGB) oder vertraglichen Ausgestaltung ein Rechtsverhältnis im Sinn der in O

II 31 erwähnten Rechtsprechung ist. Soweit dies nicht bejaht werden kann, sondern bezweifelt oder verneint werden muß, bleibt ferner zu prüfen, ob es unangemessen im Sinn von § 9 Abs. 2 Nr. 1 AGBG ist, wenn die Zurechnung des Verhaltens von Mietern oder Pächtern im Rahmen von § 61 VVG durch die dem Vertrag zugrunde liegenden AVB vereinbart wird.

84   a) Ist das Miet- oder Pachtverhältnis ein Rechtsverhältnis im Sinn der in O II 31 erwähnten Rechtsprechung, die den Mieter hinsichtlich der Gefahrverwaltung an die Stelle des VN (Vermieters) treten läßt? Für diese Frage ist zu berücksichtigen, daß der **Repräsentant** ganz allgemein nie völlig, sondern **immer nur partiell** an die **Stelle des VN** tritt (wegen der weitergehenden Formulierung in BGH RuS 89, 48 = VersR 264 vgl. O II 737). Dies versteht sich bei Arbeitnehmern von selbst, den letzte Entscheidungen mit dem Ziel der Erhaltung der versicherten Sache trifft in Grenzfällen auch im Großbetrieb immer der VN, im Fall von juristischen Personen deren Organ. Hält man sich dies vor Augen, so sprechen gute Gründe dafür, das Mietverhältnis für eine Repräsentantenstellung ausreichen zu lassen, jedenfalls wenn es über einen längeren Zeitraum in der Größenordnung von einigen Jahren besteht und die Sache dem Mieter in alleinige Obhut überlassen ist, vgl. dazu schon O II 36. Allerdings stellt BGH RuS 89, 262 = VersR 737 = NJW 1861 schon an den Begriff der alleinigen Obhut recht strenge Anforderungen.

85   Repräsentantenstellung des Mieters ist nur dann zu bejahen, wenn die **Verantwortlichkeit des Mieters** gegenüber dem gesetzlichen Normalfall gemäß §§ 535ff. BGB **durch vertragliche Sonderabreden** noch verstärkt wurde. BGH RuS 89, 264 = VersR 737 wollte hierfür allerdings nicht ausreichen lassen, daß der Mieter abweichend von § 536 BGB die Instandhaltung des gemieteten Gebäudes oder gar nur die Schönheitsreparaturen übernommen hat. Hierbei mag aber eine Rolle gespielt haben, daß der BGH über die Zurechnung einer vorsätzlichen Handlung zu entscheiden hatte und daher jedenfalls im Ergebnis eine Zurechnung mit Recht ablehnen wollte, vgl. O II 92. Soweit hingegen um die Zurechnung fahrlässigen Fehlverhaltens im Rahmen der Zuständigkeiten des Mieters zu entscheiden ist, wird man vielleicht doch eine Instandhaltungspflicht des Mieters als Basis für dessen Repräsentantenstellung genügen lassen müssen.

86   Daß der VN als Vermieter berechtigt und im eigenen Interesse sowie im Verhältnis zum Vr (um sich nämlich kein Überwachungsverschulden im Sinn von O II 21 vorwerfen lassen zu müssen) sogar gezwungen ist, gelegentlich die Mietsache zu überprüfen, hindert weder die alleinige Obhut des Mieters im Sinn von O II 58 und 84 noch eine Repräsentantenstellung des Mieters. Auch der Inhaber eines Großbetriebs hat nämlich seine Repräsentanten laufend zu überwachen, ohne daß dies etwas daran ändern könnte, daß die Repräsentanten weitgehend an seine Stelle treten und an seiner Stelle handeln. Es kann nicht vorausgesetzt werden, daß sich der VN um die vermietete oder verpachtete versicherte Sache „nicht gekümmert hat" (BGH RuS 89, 262 = VersR 737 = NJW 1861).

87   Der Pächter hat schon kraft Gesetzes weitergehende Instandhaltungspflichten als der Mieter. Er hat bei Miete eines Gebäudes mit Inventar gemäß § 582 BGB das Inventar und speziell bei Landpacht gemäß § 586 BGB auch

das Gebäude zu erhalten. Bei Pächtern bedarf es daher nur geringerer vertraglicher Abweichungen von der gesetzlichen Rechtslage, um eine Repräsentantenstellung des Pächters zu begründen.

Mindestvoraussetzung für eine Repräsentantenstellung eines Mieters oder 88
Pächters ist die alleinige Obhut über die **ganze versicherte Sache**, LG Aachen
NJW-RR 88, 990. Bei Pacht liegt diese Voraussetzung in der Regel vor.
Hingegen beziehen sich Mietverhältnissse oft nur auf Teile von Gebäuden.

Entgegen Zierke VersR 87, 132 kann man den Mieter eines Zimmers in 89
einem Mehrfamilienhaus keinesfalls generell und ohne nähere Begründung
dem Mieter eines ganzen Gebäudes gleichstellen. Auch gegen eine nur partielle Repräsentanteneigenschaft mit Bezug auf bestimmte Risiken, nämlich
mit Bezug auf Risiken, die von den gemieteten Gebäudeteilen aus technischen
Gründen mit Wirkung für das gesamte Gebäude verwaltet werden, bestehen
Bedenken. Köln RuS 89, 23 hatte allerdings Repräsentanteneigenschaft speziell mit Bezug auf das Leitungswasserrisiko für den Mieter eines Gebäudeteils bejaht, und zwar sogar für das gesamte Gebäude, weil die Beheizung des
gemieteten Gebäudeteils während der kalten Jahreszeit ausschlaggebend für
den Frostsicherheitszustand im gesamten Gebäude gewesen sei. Stürmer,
Wohnungswirtschaft- und Mietrecht 85, 243, behandelt die Frage überhaupt
nicht, obwohl sie gerade bei Mietern von Gebäudeteilen als Wohnung besonders häufig aktuell wird.

b) Die Instanzgerichte haben die Repräsentantenstellung von Mietern oder 90
Pächtern wiederholt bejaht, vgl. besonders instruktiv LG Mönchengladbach
VersR 89, 845 zu den VGB 62 für den Mieter eines Einfamilienhauses, dem
mietvertraglich die Instandhaltung des Gebäudes oblag, das der VN als Vermieter nur nach vorheriger Anmeldung betreten durfte. Gerade diese Begründung läßt aber der BGH nicht genügen, O II 85 und 96. Hamm VersR
81, 1173 bejaht zu § 9 VGB 62 (Leitungswasserschaden) die Repräsentanteneigenschaft eines Hotelpächters, weil er generell die Verantwortung für die
Heizung übernommen hatte, mag auch der Eigentümer sich fallweise zum
Einschalten der Heizung verpflichtet haben, während das Hotel außerhalb
der Saison geschlossen war. LG Bielefeld RuS 83, 18 bejaht die Repräsentanteneigenschaft eines Gaststättenpächters ohne Rücksicht auf die Wirksamkeit
des Pachtvertrages, nämlich aufgrund der Nutzungsduldung durch sämtliche
Miteigentümer des Gebäudes.

LG Hannover VersR 83, 950 bejaht die Repräsentantenstellung des Mieters 91
eines Einfamilienhauses, obwohl dieses untervermietet war; ähnlich LG Köln
RuS 89, 126 für ein Einfamilienhaus, dessen Vermieter häufig auf Auslandsreise war. LG Münster VersR 76, 921 bejaht – allerdings nur als Hilfserwägung – die Repräsentanteneigenschaft für die landwirtschaftliche FeuerV sogar ohne alleinige Obhut des Pächters, nämlich in einem Fall, in dem der VN
und Verpächter *neben* dem Pächter (im konkreten Fall: seinem Sohn) in dem
Betriebsgebäude wohnen geblieben war, wie dies in der Landwirtschaft auch
sonst häufig ist. BGH RuS 82, 19 = VersR 82, 81 hatte die Frage für den
Pächter einer Diskothek offengelassen, nachdem das OLG Celle sie in dem
aus anderen Gründen aufgehobenen Berufungsurteil bejaht hatte. Ansonsten
liegen Gerichtsentscheidungen der unteren Instanzen zu den hier erörterten

VZweigen nicht vor, vgl. aber z. B. LG München I VersR 75, 236 für ein vermietetes Wassersportfahrzeug.

92 Der *BGH* hat sich mit der Frage einer Repräsentantenstellung des Mieters oder Pächters in den Zweigen der klassischen SachV **erstmals im Jahr 1989** in zwei Entscheidungen beschäftigt, nämlich in RuS 89, 264 = NJW 1861 = VersR 737 zu den AFB 30 und in RuS 89, 264 = VersR 737 zu den VGB 62. In beiden Fällen wurde eine Verhaltenszurechnung abgelehnt, und zwar nach der hier vertretenen Ansicht schon deshalb zu Recht, weil der Schaden in beiden Fällen durch vorsätzliche Handlungen verursacht wurde, die nicht in Ausübung der Befugnisse aus der etwaigen Repräsentantenstellung begangen wurden, vgl. dazu O II 53. Im ersten Fall hatte der Pächter, im zweiten Fall hatte der Mitbewohner der Mieterin einen *Dritten zur Brandlegung angestiftet.*

93 Der BGH hat so jedoch nicht argumentiert, sondern hat die Möglichkeit der Zurechnung auch von Vorsatztaten eines Repräsentanten unterstellt und daher geprüft, ob und unter welchen Voraussetzungen ein Mieter oder Pächter Repräsentant sein könnte. Die Frage wurde **für den Grundtypus des Miet- oder Pachtverhältnisses verneint**, und zwar in RuS 89, 262 = NJW 1861 = VersR 737 zu den AFB 30 für den Pächter einer Werkhalle und in RuS 89, 264 = VersR 737 zu den VGB 62 für den Mitbewohner eines gemieteten Einfamilienhauses, der sich für die Erfüllung des Mietvertrages durch die Mieterin schriftlich verbürgt hatte. Zur Begründung verweist der BGH insbesondere auf die Rechtsprechung zur Kfz-FahrzeugV nach den AKB, wonach die bloße Tatsache der Obhut über die versicherte Sache den Fahrer nicht zum Repräsentanten macht.

94 Der BGH schränkt in beiden Fällen das gefundene Ergebnis nur insofern ein, als er die Möglichkeit einer **anderen Beurteilung** für „**Ausnahmefälle**" andeutet, wenn nämlich das Miet- oder Pachtverhältnis gegenüber dem gesetzlichen Grundtypus so modifiziert wird, daß der VN als **Vermieter seine Verfügungsbefugnis und seine Verantwortlichkeit „vollständig"** (RuS 89, 262 = NJW 1861 = VersR 737) **aufgibt.** Das Wort „vollständig" wird man allerdings nicht wörtlich verstehen dürfen, denn „vollständig" kann der Vermieter seine Verantwortlichkeit in keinem Fall übertragen, solange er Vermieter und in der Regel zugleich Eigentümer der versicherten Sache bleibt. Auch im Rahmen der Aufgabendelegation in Großbetrieben, die zweifelsfrei eine Repräsentantenstellung des in der Regel anstelle des VN handelnden leitenden Angestellten begründen kann, begibt sich der VN als Betriebsinhaber seiner Verantwortlichkeit nie „vollständig", O II 36 und 84.

95 Eine ausdrückliche *Übernahme der VN-Pflichten* aus dem VVertrag durch den Mieter oder Pächter (BGH RuS 89, 262 = NJW 1861 = VersR 737 ist zwar theoretisch denkbar, kommt aber kaum je vor. Eine befreiende Übernahme in dem Sinn, daß der VN selbst seiner Pflichten ledig wäre, würde die Zustimmung des Vr erfordern. Eine kumulative Übernahme der VN-Pflichten durch den Mieter oder Pächter brächte beiden Partnern des Miet- oder Pachtverhältnisses nur Nachteile, nämlich dem Mieter zusätzliche Pflichten gegenüber dem Vr und dem Vermieter die Möglichkeit der Verhaltenszurechnung. Mit derartigen Abreden ist daher in der Praxis *niemals* zu rechnen.

96 Der BGH brauchte in den beiden hier erörterten Entscheidungen aufgrund der ihm vorliegenden Sachverhalte nicht darüber zu befinden, wann ausnahmsweise doch eine **besondere vertragliche Ausgestaltung des Miet- oder Pachtverhältnisses** die Annahme einer Repräsentantenstellung rechtfertigt. Man wird dies dann bejahen dürfen, wenn der Mieter oder Pächter die versicherte Sache abweichend von § 536 BGB instandhalten muß, der VN als Vermieter sich im Vertrauen auf die Erfüllung dieser Mieter- oder Pächterpflicht auf Kontrollen bei besonderen Anlässen beschränkt und in der Regel den Mieter oder Pächter an seiner Stelle handeln läßt, vgl. instruktiv (abw noch ohne Kenntnis der BGH-Entscheidungen gemäß O II 92) LG Mönchengladbach VersR 89, 845. Ähnliches genügt auch für Repräsentantenstellung leitender Angestellter im Rahmen der Aufgabendelegation in Großbetrieben. In der zweiten der beiden erörterten BGH-Entscheidungen (RuS 89, 264 = VersR 737) wird eine derartige Betrachtungsweise auch nicht mehr völlig ausgeschlossen („... wenn der Mietvertrag einen anderen Inhalt hätte, könnte dadurch allenfalls eine Repräsentantenstellung der Mieterin..."). In der ersten Entscheidung (BGH RuS 89, 262 = NJW 1861 = VersR 737) war freilich deutlich gesagt worden, die bloße Übernahme einer Instandhaltungspflicht durch den Mieter genüge nicht.

c) **§§ 17 Nr. 3 AFB 87, AERB 87, AWB 87, AStB 87, 25 Nr. 3 c VGB 88** 97 bezeichnen in AVB-Definitionen als Repräsentanten, wem versicherte Sachen für längere Zeit aufgrund eines Miet- oder Pachtverhältnisses in alleinige Obhut gegeben sind. Vorgänger dieser Regelung waren § 36 ZFgA 81 b und Kl 272, und zwar seit dem Jahr 1980. Den VVerträgen der beiden in O II 92 erörterten BGH-Entscheidungen lagen solche Definitionen aber noch nicht zugrunde, denn zu den VGB 62 gab es eine vergleichbare Klausel zu keiner Zeit, und der VVertrag im Fall BGH RuS 89, 262 = VersR 737 = NJW 1861 nach den AFB 30 war bereits zum 1.1.1979 abgeschlossen worden.

Gerade weil der BGH die Repräsentanteneigenschaft von Mietern und 98 Pächtern verneint, soweit der Miet- oder Pachtvertrag dem gesetzlichen Regelungsmuster der §§ 535 ff., 581 ff. BGB entspricht, ist es künftig eine Frage von großer praktischer Bedeutung, ob die zitierten vertraglichen Regelungen wirksam oder nach **§§ 15 a, 34 a, 9 Abs. 2 Nr. 1 AGBG** unwirksam sind, vgl. dazu bereits allgemein O II 63 und 64.

Im Bereich von **§§ 6, 23 VVG** bedeuten vertragliche **Erweiterungen des** 99 **Repräsentantenbegriffs** – sogar solche durch Einzelvereinbarung – zweifelsfrei eine Abweichung zum **Nachteil des VN** im Sinn von §§ 15 a, 34 a VVG und sind daher unwirksam. Würde dem VN das Verhalten von Mietern oder Pächtern zugerechnet, die nicht schon bei richtiger Gesetzesauslegung Repräsentanten sind, so würde der Vr abweichend von §§ 6, 23 VVG auch in Fällen leistungsfrei, in denen er die Obliegenheitsverletzung oder die Gefahrerhöhung nicht verursacht, nicht vorgenommen oder nicht verschuldet hat. Darin läge eine nachteilige Abweichung, O II 63.

Da oft ein und dasselbe Verhalten zur Leistungsfreiheit nach §§ 6, 23 VVG 100 einerseits und nach § 61 VVG andererseits führt, liegt es nahe, das Erfordernis eines groben Verschuldens gerade in der Person des „Versicherungsnehmers" zu den Grundzügen der gesetzlichen Regelung im Sinn von § 9 Abs. 2 Nr. 1 AGBG zu rechnen, von denen nicht in der Weise abgewichen werden darf, daß auch grobes Verschulden von Personen zur Leistungsfreiheit führt, die nicht schon kraft Gesetzesauslegung Repräsentanten sind, O II 64.

101   Zweifelsfrei **unwirksam** ist danach § 25 Nr. 3 d VGB 88 mit Bezug auf Mitbewohner einer Wohnung des VN im versicherten Wohngebäude. Ein solcher Mitbewohner hat nicht Alleinobhut, sondern nur Mitobhut, was nicht ausreicht, vgl. O II 34. Außerdem muß sich nach dem Wortlaut von § 25 Nr. 3 d VGB 88 die Mitobhut nicht einmal auf das Gebäude als Ganzes beziehen, sondern nur auf eine einzelne Wohnung, was ebenfalls nicht ausreicht, O II 88; begrifflich identisch sind Wohnung und Gebäude nur bei Einfamilienhäusern. Endlich besteht zwischen dem Mitbewohner und dem VN auch kein Mietverhältnis, sondern meist nur ein Freundschafts- oder familiäres Verhältnis. Dies reicht in der GebäudeV für sich allein selbst dann nicht für eine Repräsentantenstellung aus, wenn der Mitbewohner Ehegatte des VN ist, vgl. O II 125 und somit schon O II 67 der 2. Aufl.

102   Schwerer fällt es, auch die in O II 58 und 97 zitierten Bestimmungen über die Repräsentantenstellung des Mieters oder Pächters bei alleiniger und längerfristiger Obhut für unwirksam zu erklären, soweit sie Fälle einschließen, in denen der BGH (O II 92) die Repräsentanteneigenschaft verneint. Wollte man jene Bestimmungen „retten", so müßte man argumentieren, das Wort „Versicherungsnehmer" in § 61 VVG gehöre trotz der in O II 64 und 98 erörterten Parallelität zu §§ 6, 23 VVG nicht zu den „Grundzügen der gesetzlichen Regelung" im Sinn von § 9 Abs. 2 Nr. 1 AGBG.

103   Die Begründung könnte lauten, nach § 61 VVG führten, anders als bei Obliegenheitsverletzungen und Gefahrerhöhungen, nur grobe Fahrlässigkeit und Vorsatz zur Leistungsfreiheit. Bei so grobem Verschulden aber sei es nicht „unangemessen" im Sinn von § 9 Abs. 2 Nr. 1 AGBG, dem VN das Verhalten von Mietern und Pächtern auch dann zuzurechnen, wenn diese nicht Repräsentanten im Sinn der BGH-Rechtsprechung seien.

104   Sehr überzeugend wäre diese Argumentation nicht, denn die Frage des Schuldgrades hat wenig mit der anderen Frage zu tun, ob dem VN die Zurechnung fremden Verhaltens zuzumuten ist. Der sauberere Weg zu einem praktikablen Ergebnis bestünde darin, den Anteil derjenigen Mieter und Pächter, die schon kraft Gesetzes „ausnahmsweise" (O II 94) **Repräsentanten** sind, ein wenig **auszudehnen** und die Übernahme einer weitgehenden Instandhaltungspflicht durch den Mieter oder Pächter genügen zu lassen, O II 96. Tendenziell richtig sind also die Erwägungen in LG Mönchengladbach VersR 89, 845; allerdings lagen damals weder die VGB 88 zugrunde noch hatte das Gericht Kenntnis von der in O II 92 zitierten BGH-Rechtsprechung. Auf dieser Basis wäre es dann folgerichtig, §§ 6, 23, 15 a, 34 a VVG einerseits und §§ 61 VVG, 9 Abs. 2 Nr. 1 AGBG andererseits gleichzuschalten und **Erweiterungen** des Repräsentantenbegriffs zu § 61 VVG ebenso als **unwirksam** anzusehen wie zu §§ 6, 23 VVG. Diese Lösung wäre jedenfalls leichter durchschaubar und läge im Interesse der Rechtssicherheit.

105   Jenseits solcher Fragen der rechtlichen Konstruktion ist die Zurechnung des Verhaltens von Mietern und Pächtern eine Frage der **Interessenabwägung**. Auf der einen Seite steht das Interesse des Vr, für vermietete Objekte nicht bei gleichem Prämiensatz einen wesentlich weitergehenden VSchutz bieten zu müssen als für Gebäude, die der VN persönlich nutzt. Auf der anderen

Seite steht das Interesse des VN, sein unvermeidliches **Vertrauensschadenrisiko** (O II 28) mitversichern zu können, also das Risiko nicht realisierbarer Schadenersatzansprüche gegen Mieter und Pächter wegen Schäden an den vermieteten Sachen.

Als Abhilfemöglichkeit auf seiten des VN erörtert Zierke VersR 87, 132 die **106** Möglichkeit einer **HaftpflichtV des Mieters**, in die entgegen § 4 Nr. I 6 AHB Schäden an gemieteten Sachen eingeschlossen sind. Wo die dort üblichen VSummen für Sachschäden von 10000 DM bis 30000 DM nicht ausreichen, kommt ergänzend eine FeuerhaftungsV nach den FHB in Betracht, vgl. dazu J III 14. Auch dort muß dann allerdings der Ausschluß von Sachschäden an gemieteten Sachen abbedungen werden. Hingegen bedarf es im Normalfall entgegen Zierke aaO nicht auch in der FeuerhaftungsV einer Abrede, wonach der Mieter nicht Repräsentant sei, denn der Mieter ist dort selbst VN.

Auf seiten des Vr wären als Abhilfemöglichkeit in erster Linie **unterschiedli-** **107** che **Prämiensätze** für vermietete und für eigengenutzte Gebäude zu erwägen. Indessen würde dies einen zu hohen Verwaltungsaufwand verursachen, zumal die Situation häufig wechseln kann. Auch sind oft nur Teile von Gebäuden vermietet.

Zu denken wäre ferner an die Möglichkeit, in den AVB zwar die Zurech- **108** nung des Verhaltens von Mietern und Pächtern vorzusehen, diese Bestimmung aber auf Wunsch gegen **Mehrprämie** auszuschließen und eine solche Möglichkeit bei jedem Vertragsschluß gegen Mehrprämie anzubieten. Die Mehrprämie müßte so hoch sein wie der zusätzliche Schadenaufwand des Vr, der dadurch entsteht, daß er Schäden durch grobe Fahrlässigkeit des Mieters oder Pächters nicht ablehnen kann, während er sie bei vergleichbarer Nutzung durch den VN persönlich ablehnen könnte.

Ein solcher Lösungsversuch würde aber daran scheitern, daß jedenfalls **109** §§ 15a, 34a VVG unabhängig von der Prämienhöhe gelten. Mit anderen Worten: Sieht man den Mieter und Pächter nicht als Repräsentanten und die Zurechnung seines Verhaltens daher als Abweichung vom Gesetz zum Nachteil des VN an, so sind AVB-Bestimmungen und sogar Einzelfallvereinbarungen dieses Inhalts auch dann unwirksam, wenn sie eine billigere Prämie ermöglichen als ein gleicher Vertrag ohne Verhaltenszurechnung. Lediglich zu § 61 VVG wäre nach herrschender Ansicht im Rahmen einer tariflichen Wahlmöglichkeit die Vereinbarung der Verhaltenszurechnung zulässig, § 9 Abs. 2 Nr. 1 AGBG als nicht anzuwenden.

7. Für die **HausratV** bezeichnen §§ 9 Nr. 1a, 14 Nr. 2, 21 Nr. 2 VHB 84 jede **110** mit dem VN in **häuslicher Gemeinschaft** lebende volljährige Person als Repräsentanten, vgl. M I 57 zu den Konsequenzen bei gefahrmindernden Obliegenheiten vor dem VFall. In den VHB 74 war hingegen eine Repräsentantendefinition nicht enthalten. Lediglich in Kl 828 Nr. 3 zu den VHB 74 wurde der Ehegatte dem VN gleichgestellt, vgl. M I 37. Aus den in O II 32 und 33 dargelegten Gründen sind aber wegen §§ 15a, 34a, 68a VVG, 9 AGBG Repräsentantendefinitionen unwirksam, soweit sie über die Grenzen hinausgehen, in denen sich die Repräsentanteneigenschaft schon durch Auslegung von §§ 6, 23ff., 61, 62 VVG ergibt. Tatsächlich ist also die **Rechtslage nach den VHB 74 und nach den VHB 84 einheitlich.**

111   a) Personen, die in der Wohnung nicht wohnen, sondern zu ihr nur **gelegentlich Zutritt** haben, sind **nicht** Repräsentanten, vgl. z. B. M I 78 für die Kontrolle der Heizung während der kalten Jahreszeit. Dies gilt auch für Personen, welche die Wohnung während einer Abwesenheit des VN versorgen, z. B. dort Blumen gießen oder die Stellung der Fensterläden verändern, um die Abwesenheit des VN unkenntlich zu machen, vgl. O I 128 und M I 55. Nach den VHB 84 spricht in diesen Fällen auch ein Umkehrschluß aus den in O II 110 zitierten Bestimmungen gegen eine Repräsentantenstellung der **Kontrollperson.**

112   Zutreffend sieht LG Karlsruhe VersR 85, 380 die Mutter eines Wohngenossen des VN nicht schon deshalb als Repräsentantin an, weil sie die Wohnung kontrollieren sollte. Ebenso hat Hamm VersR 82, 966 für einen Sohn entschieden, der die seiner Mutter als HausratVN gehörige Wohnung kontrollierte. In LG Trier ZfS 81 350 bleibt die Frage für eine Person offen, die jeden Abend ein Fenster schließen sollte, das tagsüber geöffnet war, um einer Katze den Zugang zu ermöglichen. Steht hingegen die Wohnung oder das Gebäude leer, so ist der mit dem Verkauf beauftragte Makler Repräsentant des Verkäufers des versicherten Wohngebäudes, vgl. O II 68 und Braunschweig VersR 71, 812.

113   **Nicht** Repräsentant ist auch, wer während einer Abwesenheit des VN, z. B. **während des Urlaubs,** dessen Wohnung für einige Tage, Wochen oder auch Monate in Obhut übernimmt. Hierbei ist unerheblich, ob der Obhutsträger die Wohnung auch sonst gemeinsam mit dem VN bewohnt, ob er sonst vielleicht nur Untermieter eines Teils der Wohnung ist, wie im Fall Düsseldorf RuS 88, 208 der Sohn des VN, oder ob er auf Wunsch des VN gefälligkeitshalber oder sogar gegen Entgelt als „Wächter" in die Wohnung übersiedelt. Vorübergehende Alleinobhut begründet für sich allein ganz allgemein keine Repräsentantenstellung, O II 35. Auch wäre es wirtschaftlich unbillig, denjenigen HausratVN durch Verhaltenszurechnung zu „bestrafen", der das Einbruchsrisiko durch einen „Wächter" reduziert, ohne dazu verpflichtet zu sein.

114   Selbstverständlich darf der VN als „Wächter" aber nur einigermaßen zuverlässige Personen auswählen. Andernfalls stellt sich die Frage eines **Auswahlverschuldens des VN,** O II 21, z. B. bei einem Brandschaden infolge einer Feier, die der „Wächter" in der fremden Wohnung veranstaltet.

115   b) Was die **Mitbewohner** des HausratVN betrifft, so wurde in O II 53 der 2. Aufl. der **Ehegatte des VN,** der mit diesem die Wohnung teilt, als Repräsentant angesehen. Dies kann aus den in O II 33 bis 46 der vorliegenden 3. Aufl. dargelegten Gründen nicht aufrechterhalten werden. Einwirkungsmöglichkeit und Mitobhut Dritter sowie die Möglichkeit von Schäden durch grobes Verschulden dieser Dritten sind eine normale und für den HausratVN unvermeidliche Situation, die nicht zu einer VLücke führen darf, vgl. O II 27 bis 29. Der Mitgebrauch des Hausrats durch Mitbewohner bedeutet allenfalls eine zusätzliche Gefahrenquelle, ändert aber nichts an der eigenen Zugriffsmöglichkeit und an der eigenen Zuständigkeit des VN für die Gefahrverwaltung. Die familiären oder sonstigen persönlichen Beziehungen zwischen Mitbewohnern begründen kein Vertretungs- oder ähnliches Rechtsverhältnis im Sinn der in O II 31 erwähnten Rechtsprechung zum Repräsentantenbegriff.

Gegen Repräsentantenstellung von Ehegatten sprechen zusätzlich die Ab- 116
grenzungsschwierigkeiten, zu denen die Gegenansicht führt. Daher sollten
nach O II 55 bis 57 der 2. Aufl. zerrüttete Ehen nicht oder nicht mehr ausreichen, um Repräsentantenstellung zu begründen. Wie schlecht aber sollte eine
Ehe „funktionieren" müssen, damit die Repräsentantenstellung des Ehegatten
endet? Und sollte wirklich die „Qualität" einer Ehe zum Gegenstand der
Beweisführung und Beweiswürdigung im Deckungsprozeß mit dem HausratVr werden können? Nach Stürmer VersR 83, 310 und Sblowski ZfV 82, 174
sollte es darauf ankommen, ob der VN den Ehegatten „mit dem Risiko allein
läßt" oder ob der andere Ehegatte „die Haushaltführung übernommen hat".
Auch solche Kriterien würden zu unerträglicher Rechtsunsicherheit führen.

Überdies kann dasselbe Maß an gegenseitigem Vertrauen wie zwischen 117
Ehegatten auch zwischen sonstigen Verwandten oder nicht verwandten Mitbewohnern herrschen. Sonstige Mitbewohner wurden aber mit Recht schon
in O II 59 bis 62 der 2. Aufl. in der Regel nicht als Repräsentanten angesehen,
und zwar ohne Rücksicht auf das Maß ihres gegenseitigen Vertrauens. Daran
ist festzuhalten, O II 125. Auch für eheähnliche Lebensgemeinschaften und
für Verlöbnisse kann nichts anderes gelten. Es geht nicht an, das Maß des
gegenseitigen Vertrauens zu einer entscheidungserheblichen und daher im
Prozeß durch den Vr „zu beweisenden" Tatsache zu machen. Dazu aber wäre
z. B. Dietz 3.1.1 zu § 9 gezwungen, wenn er dafür plädiert, entsprechend dem
Wortlaut der VHB 84 (O II 110) nicht nur Ehegatten, sondern sogar auch
andere volljährige Mitbewohner als Repräsentanten zu behandeln.

Gerichtliche Entscheidungen finden sich sowohl gegen wie auch für Reprä- 118
sentantenstellung von Ehegatten. Gegen Repräsentanteneigenschaft des Ehegatten eines HausratVN hatte sich zunächst vor allem BGH VersR 65, 425 =
VerBAV 67, 11 und Braunschweig VersR 86, 331 = NJW-RR 657 ausgesprochen. In beiden Fällen hatte es sich jedoch um zerrüttete Ehen und überdies
um Vorsatztaten des Ehegatten gehandelt, die dem VN schon aus den in O
II 53 dargelegten anderen Gründen nicht zugerechnet werden sollten. Hingegen hatte LG Berlin VersR 82, 84 die Repräsentanteneigenschaft aus den in O
II 112 dargelegten Gründen zutreffend auch in einem Fall abgelehnt, in dem
fahrlässiges Fehlverhalten im Rahmen einer nicht zerrütteten Ehe zugerechnet werden sollte. – In der Literatur ist Boldt 140 erst in der 5. Aufl. einer
Repräsentantenstellung von Ehegatten vorsichtig nähergetreten, hatte aber in
mehreren früheren Auflagen die Repräsentantenstellung zutreffend verneint.

Neuerdings hat Hamm VersR 88, 240 die Repräsentanteneigenschaft des 119
Ehegatten eines HausratVN mit ausführlicher Begründung verneint, und zwar
in dieser Entscheidung zunächst nur mit einem Vorbehalt der Einzelfallprüfung (vgl. dazu O II 34) und nur in einem obiter dictum, denn zu entscheiden
war ein Fall aus der FahrzeugV nach den AKB. In Hamm RuS 89, 91 =
VersR 509 wird die Repräsentanteneigenschaft des Ehegatten in einem Fall
aus der HausratV verneint. Das Urteil befaßt sich zwar nicht mit einem
Fehlverhalten vor, sondern mit einem Fehlverhalten nach dem VFall, enthält
aber eine Begründung, die ganz allgemein gilt.

Zahlenmäßig gesehen haben die Instanzgerichte die Repräsentantenstellung 120
des Ehegatten in der HausratV bisher überwiegend bejaht, und zwar im
Anschluß an zwei gleichartige Entscheidungen zur **ReisegepäckV**, nämlich

Hamburg VersR 79, 736 und LG München I VersR 77, 858. Die Urteile zugunsten einer Repräsentantenstellung des Ehegatten in der HausratV sind mit Ausnahme von Celle ZfS 88, 57 = VersR 617 bei weitem nicht so ausführlich begründet wie die in O II 115 und 116 zitierten gegenteiligen Urteile. Teilweise fehlt eine Begründung überhaupt. Man vergleiche:

121   Frankfurt VersR 83, 869 (Hantieren mit feuergefährlichem Fett auf überhitzter Kochplatte); München VersR 86, 585 = NJW-RR 656 = RuS 87, 140 (Betätigung des Sicherheitsschlosses bei Verlassen der Wohnung; Sorgfaltsanforderungen weit überspannt, vgl. O I 90); Celle ZfS 88, 57 = VersR 617 (betrifft Mieter einer Hobbyhalle, die nicht Ehegatten waren, läßt sich aber vom Sachverhalt her auf Ehegatten als Wohnungsmieter übertragen, Martin VersR 88, 618); LG Braunschweig VersR 83, 453 (Beheizung eines noch nicht fertiggestellten Kamins); LG Hamburg ZfS 84, 26 brennende Zigarette in der Nähe eines mit Benzin getränkten Lappens); LG Köln VersR 85, 253 = RuS 86, 212 (Grillen in der Wohnung; Entleeren von heißer Asche in Pappebehälter); AG Nürnberg-Fürth VersR 85, 773 (Brennenlassen von Adventskerzen bei Verlassen der Wohnung); LG Karlsruhe VersR 85, 380 (lückenhafte Instruktion für eine anderswo wohnende Familienangehörige, die in Abwesenheit der Bewohner die Wohnung kontrollieren sollte; betrifft aber nicht Ehegatten, sondern Lebensgefährten); LG Baden-Baden RuS 86, 289 (Ehefrau läßt während eines Spaziergangs Adventskerzen brennen).

122   Die Repräsentantenstellung des Ehegatten des HausratVN ist aus den dargelegten Gründen nicht nur nach den VHB 74 zu verneinen, die keine Regelung enthalten, sondern auch nach den VHB 84. Die in O II 61 und 108 zitierten gegenteiligen Bestimmungen in den VHB 84 sind **unwirksam**, und zwar § 14 Nr. 2 VHB 84 nach § 15 a VVG und § 9 Nr. 1 a VHB 84 nach §§ 61 VVG, 9 Abs. 2 Nr. 1 AGBG. Gegenteilige Argumentationen für den Bereich des § 61 VVG wären noch weniger überzeugend als bei Mietern und Pächtern (vgl. dazu O II 103), denn dem VN und seiner Ehefrau stehen keine Ausweichmöglichkeiten mit Hilfe einer HaftpflichtV zu Gebote, um hier unvermeidliches Vertrauensschadenrisiko (O II 28) abzudecken. § 4 Nr. II 2 a (Angehörigenausschluß) und Nr. 2 b (Ausschluß von Ansprüchen zwischen mehreren VN desselben HaftpflichtVVertrages) pflegen in der HaftpflichtVPraxis auch gegen Mehrprämie nicht abbedungen zu werden.

123   c) Die Gründe gegen eine Repräsentantenstellung des Ehegatten des HausratVN stehen in verstärktem Maß einer Repräsentantenstellung **sonstiger Wohngenossen** entgegen, vgl. schon O II 59 bis 62 der 2. Aufl. Entgegen den dortigen Ausführungen sowie entgegen LG Karlsruhe VersR 85, 380 und Frankfurt NJW-RR 88, 33 (jeweils für einen Lebensgefährten) ist der Mitbewohner auch dann nicht Repräsentant, wenn er derselben Generation wie der VN angehört und zwischen den Mitbewohnern ein enges Vertrauensverhältnis besteht, wie z.B. bei Verlöbnissen und längerfristigen Lebensgemeinschaften. Es ist unerheblich, ob der Vr im Einzelfall ein solches besonderes Vertrauensverhältnis „beweisen" könnte, O II 114. – Zu Unrecht möchte LG Lübeck ZfS 89, 102 „bei Abwesenheit des VN" diesem ohne weitere Voraussetzungen das Fehlverhalten seines Sohnes zurechnen, mit dem er die Wohnung teilt.

7. Für die **WohngebäudeV** kann bezüglich **Mietern und Pächtern** auf O II 82 **124** bis 107 verwiesen werden. Die Repräsentanteneigenschaft ist bei Miet- oder Pachtverhältnissen, die dem gesetzlichen Leitbild (§§ 535 ff., 581 ff. BGB) entsprechen, mit BGH RuS 89 = VersR zu verneinen. Dies gilt auch nach den VGB 88, denn § 25 Nr. 3 c VGB 88 ist nach §§ 15 a, 34 a, 68 a VVG, 9 Abs. 2 Nr. 1 AGBG unwirksam, O II 104.

Was den Ehegatten oder einen sonstigen **Mitbewohner des VN** betrifft, der **125** zusammen mit dem VN dessen eigenes Einfamilienhaus oder eine Wohnung in dessen Mehrfamilienhaus bewohnt, so ist auch er nicht schon allein wegen der häuslichen Gemeinschaft und der Mitobhut Repräsentant, sondern nur in den seltenen Ausnahmefällen, in denen zusätzlich ein Rechtsverhältnis im Sinn von O II 31 besteht, das den Ehegatten hinsichtlich der versicherten Gefahren an die Stelle des VN treten läßt. Man denke etwa an einen sehr betagten, kranken oder gebrechlichen VN, der die Verwaltung des Gebäudes dem Mitbewohner überlassen hat. Dessen Repräsentantenstellung beruht dann genau besehen überhaupt nicht auf der Tatsache der häuslichen Gemeinschaft, sondern auf der Tatsache, daß er mit der Verwaltung des Gebäudes betraut ist; dies könnte in gleicher Weise der Fall sein, wenn Wohngemeinschaft nicht bestünde.

Allgemein ist bei Wohngebäuden wie auch sonst gemäß O II 31 Repräsen- **126** tant, wer hinsichtlich des versicherten Gebäudes durch ein Vertretungs- oder ein ähnliches Verhältnis an die Stelle des VN getreten ist und die **Verwaltung mit einiger Selbständigkeit übernommen** hat, Hamm RuS 87, 49. Der Beauftragte genießt naturgemäß um so mehr Selbständigkeit, je weniger sich der VN selbst um das Gebäude kümmert, vgl. Frankfurt NJW-RR 87, 611 für einen im Ausland wohnhaften VN, der seiner Kusine als einziger Schlüsselbesitzerin die Verwaltung langfristig überläßt. Nicht Repräsentant ist jedenfalls der Rechtsvorgänger des VN, Hamm RuS 87, 166 (der Veräußerer hatte Leitungen unsachgemäß verlegt). – Beendet wird die Repräsentanteneigenschaft, soweit sie auf der Benutzung einer Wohnung in dem versicherten Gebäude beruht, durch den Auszug aus dem Gebäude, und zwar auch dann, wenn der VN von Tatsache und Zeitpunkt des Auszugs erst nachträglich Kenntnis erlangt, Hamm RuS 89, 92 (für einen Ehegatten in Scheidung, der auf Verlangen des VN auszieht).

Grenzfälle hinsichtlich der Repräsentanteneigenschaft in der Wohngebäu- **127** deV sind etwa ein **Makler** mit Verkaufsauftrag und Gebäudeschlüssel (Braunschweig VersR 71, 812), ein **Ingenieur**, der für die Dauer eines Jahres ein unbewohntes Gebäude betreut (Celle RuS 86, 214) oder ein **Anwalt** mit Verkaufsauftrag während eines Auslandsaufenthalts des VN (ÖOGH VersR 87, 395).

In § 25 Nr. 3 d **VGB 88** wurde versucht, die Repräsentanteneigenschaft von **128** Mitbewohnern des VN ohne Rücksicht auf ein Rechtsverhältnis im Sinn von O II 31 festzuschreiben. Diese Bestimmung ist jedoch nach §§ 15 a, 34 a, 68 a, 9 Abs. 2 Nr. 1 AGBG **unwirksam**, vgl. O II 101. Dies gilt um so mehr, als die Bestimmung nach ihrem Wortlaut sogar Fälle umfaßt, in denen die Mitobhut des Wohngenossen sich nicht auf das ganze Gebäude, sondern nur auf eine einzelne Wohnung in diesem Gebäude bezieht.

P. Prämie

I. Allgemeines

1 Prämie ist die **Gegenleistung** des VN für die **Gefahrtragung** durch den Vr. Die AVB einiger VZweige, vor allem die AKB und ALB, in einem Klammerzusatz auch § 7 Nr. 1 Satz 1 AERB, 15 Nr. 1 VHB 84, 8 Nr. 1 AFB 87, AERB 87, AWB 87, AStB 87, 19 Nr. 1 VGB 88, sprechen abweichend vom VVG neuerdings von „Beitrag". Das bedeutet aber weder eine Hilfe bei Auslegungszweifeln, vgl. P I 7 zur Abgrenzung von „Nebenkosten", noch sprachlich eine Verbesserung, sondern lediglich eine vermeidbare sprachliche Zersplitterung.

2 Die **Höhe** der Prämie wird vertraglich **vereinbart**, und zwar je *VPeriode*, die meist ein Jahr beträgt. Längere VPerioden würde § 9 VVG verbieten, weil die gesetzlich und vertraglich teilweise vorgesehene „Unteilbarkeit" der Prämie (A III 8 und P II 3) durch längere VPerioden unerträglich (P II 11) verschärft würde. Wegen §§ 41, 41a VVG vgl. N I 1 sowie N III 6 und 7, zur Frage der Wirksamkeit einer in den AVB vereinbarten **Prämienerhöhung** anstelle der gesetzlichen Rechtsfolgen der **Gefahrerhöhung** vgl. N IV 3 bis 25. Wegen **Prämienanpassungsklauseln** vgl. P IV 5 bis 48 für die HausratV und 49 bis 61

für die Gleitende NeuwertV von Wohn- und sonstigen Gebäuden. – Bei
Verträgen mit fester Laufzeit von einem Jahr oder weniger und ohne Verlängerungsklausel wird Einmalprämie nach dem sog. **Kurztarif** (PM § 68 Anm.
5) vereinbart, die mindestens ab einer Laufzeit von sechs Monaten, teilweise
auch bei noch kürzerer Dauer, einer Jahresprämie entspricht.

1. Die Bestimmungen über Fälligkeit (§ 35 VVG), Leistung durch Dritte   **3**
(§ 35a VVG), Aufrechnung (§ 35b VVG), Erfüllungsort (§§ 36, 37 VVG)
sowie über die Folgen der **nicht rechtzeitigen Zahlung** (§§ 38, 39 VVG) finden
sich im Gesetz und können hier nicht näher erörtert werden. §§ 8 Nr. 1 und 3
AFB 30, AEB, 7 Nr. 1 AERB, 7 Nr. 1 und 3 AWB 68, AStB 68, 8 Nr. 1 VHB
74, 15 Nr. 1 VHB 84, 10 Nr. 1 VGB 62, 19 Nr. 1 VGB 88, 8 Nr. 1 AFB 87,
AERB 87, AWB 87, AStB 87 nehmen auf das Gesetz Bezug. Auf die Kommentare zum VVG muß verwiesen werden. Wegen der Häufigkeit **gebündelter VVerträge** (A II 27) gerade in der SachV sei aber zu § 39 VVG (**qualifizierte
Mahnung** für Folgeprämien) besonders aus Ziff. 7 des Rundschreibens Ver-
BAV 77, 403 und auf Hamm VersR 81, 270 hingewiesen, wonach die quali-
zierte Mahnung *unwirksam* sein kann, wenn in ihr auch oder nur der Gesamtbetrag der Prämien der gebündelten Verträge genannt ist und der VN
den Eindruck gewinnen kann, er müsse den *Gesamtbetrag* zahlen, um auch
nur nach einem der VVerträge Schutz zu haben.

Folgeprämien sind nach §§ 7 Nr. 1 Satz 1 AERB, 15 Nr. 1 Abs. 1 VHB 84, 8   **4**
Nr. 1 Satz 1 AFB 87, AERB 87, AWB 87, AStB 87, 19 Nr. 1 VGB 88 schon
am **Ersten des Monats** fällig, in dem ein neues VJahr beginnt. Das hat betriebs-
technische Gründe (Dietz § 15 Anm. 1), bringt allerdings dem VN auch Zins-
nachteile und dem Vr entsprechende Vorteile. Gleichwohl liegt kein Verstoß
gegen § 9 Abs. 2 Nr. 1 AGBG vor, denn § 35 VVG regelt die Fälligkeit der
Folgeprämie nicht. Allenfalls würde § 271 BGB einen Prüfungsmaßstab liefern.

Die in P I 3 zitierten AVB mit Ausnahme von § 15 Nr. 1 VHB 84, § 19   **5**
Nr. 1 VGB 88 und §§ 8 Nr. 1 AFB 87, AERB 87, AWB 87, AStB 87 verweisen auf die „Kosten" oder „Nebenkosten", die aus dem VSchein oder der
Prämienrechnung ersichtlich sind. Wenn im VSchein solche Beträge genannt
werden, so liegt darin – anders als z. B. bei einer abweichenden Bezeichnung
des VOrts, G I 21 – keine Abweichung vom Antrag im Sinn von § 5 VVG. Da
die zitierten AVB auch ihrerseits Antragsbestandteil sind, räumen sie dem Vr
einen gewissen Ermessensspielraum ein. Nebenkosten allerdings, die im Vergleich zur vereinbarten Prämie unverhältnismäßig hoch sind, wären durch
den Antrag keinesfalls gedeckt. Im übrigen ist es Sache der VAufsicht, die
wirtschaftliche Berechtigung der verlangten Nebenkosten nachzuprüfen. § 7
Nr. 1 AERB spricht korrekt von vereinbarten Nebenkosten, was eine Bezeichnung im Antrag voraussetzt, wenn nicht § 5 VVG eingreifen soll.

§§ 15 Nr. 1 VHB 84, 19 Nr. 1 VGB 88 und §§ 8 Nr. 1 AFB 85, AERB 85,   **6**
AWB 85, AStB 85 erwähnen die Nebenkosten überhaupt nicht mehr. Insbesondere wird also bezüglich der **Nebenkosten** auch **nicht mehr auf §§ 38, 39
VVG verwiesen.** Geändert hat sich dadurch die Rechtslage im Vergleich zu
den älteren AVB aber nicht, denn wegen § 42 VVG dürfen §§ 38, 39 VVG
vertraglich nicht verschärft werden. Wenn also §§ 38, 39 VVG nicht ohnehin

und auch ohne entsprechenden Hinweis in der AVB auch für Nebenkosten gelten, dann sind auch entsprechende vertragliche Vereinbarungen in den AVB unwirksam.

7   Entgegen BM § 38 VVG Anm. 6 und 30 kann die Anwendbarkeit von § 39 VVG oder gar von § 38 VVG jedenfalls nicht auf das Wort „Kosten" in § 39 Abs. 4 VVG gestützt werden, denn dort ist, wie der Zusammenhang mit den „Zinsen" zeigt, nur an die Kosten des Mahnverfahrens gedacht. Vertretbar wäre es aber, die Nebenkosten als **Teil der** „Prämie" (P I 1) anzusehen, den der Vr lediglich deshalb anders bezeichnet, um den Vr die Prämie als niedriger erscheinen zu lassen und auf die Tatsache der für den Vr entstehenden Kosten des Vertragsschlusses und der Vertragsverwaltung hinzuweisen. Auch so gesehen sind aber im Rahmen von §§ 38, 39 VVG die Abstriche zu beachten, welche die Rechtsprechung für den Einwand der Leistungsfreiheit bei nur geringfügigen Prämienrückständen macht. Allerdings ist diese Geringfügigkeitsgrenze nicht mit dem Betrag der Nebenkosten identisch.

8   Über die Verjährungsregeln (§ 12 VVG) hinaus **beschränken** §§ 8 AFB 30, AEB, 7 AWB 68, AStB 68 die **gerichtliche Geltendmachung** von Folgeprämien auf ein Jahr ab Ende der gemäß § 39 VVG gesetzten Zahlungsfrist. §§ 8 VHB 74, 10 VGB 62 sprechen von „gerichtlicher Einziehung". §§ 15 VHB 84, 19 VGB 88, 8 AFB 87, AERB 87, AWB 87, AStB 87 schließen schlechthin die „Einziehung" aus. Das Motiv der Regelung ist nicht ganz klar. Die AVB könnten z. B. den Vr daran hindern wollen, trotz Leistungsfreiheit nach § 39 VVG nachträglich noch mehrere Jahresprämien einzuklagen (bis zur Grenze der Verjährung), was aber besser durch einschränkende Auslegung von § 40 Abs. 2 Satz 1 VVG ausgeschlossen wird, P II 4 bis 6. Unklar ist auch, ob der Anspruch mit Ablauf der Jahresfrist erlischt, ob er also z. B. auch nicht mehr zur Aufrechnung verwendet werden kann, und ob die Prämie im Fall einer gleichwohl erfolgten Zahlung als ungerechtfertigte Bereicherung nach § 812 BGB zurückgefordert werden kann, oder ob entsprechend dem Wortlaut nur die gerichtliche Geltendmachung ausgeschlossen sein soll (so Wussow § 8 AFB Anm. 7).

9   2. §§ 15 Nr. 1 Abs. 2 VHB 84, 19 Nr. 1 VGB 88 sowie §§ 8 Nr. 1 Satz 2 AFB 87, AERB 87, AWB 87, AStB 87 stellen klar, daß bei vereinbarter Ratenzahlung die **zweite Rate der ersten Jahresprämie** als **Folgeprämie** im Sinn von § 39 VVG anzusehen ist. Daß nach §§ 15 Nr. 2 VHB 84, 19 Nr. 2 VGB 88, 8 Nr. 2 AFB 87, AERB 87, AWB 87, AStB 87 durch Verzug mit einer Rate auch die übrigen Raten der betroffenen Jahresprämie sofort fällig werden, macht nicht etwa § 38 VVG anwendbar.

10   Von diesem ausdrücklich geregelten Punkt abgesehen ist die **Abgrenzung zwischen Erst- und Folgeprämie** manchmal schwierig, vor allem dann, wenn ein sog. Ersatzantrag auf einen zwar *rechtlich neuen Vertrag* gestellt wurde, der aber an die Stelle eines gleichzeitig aufzuhebenden früheren Vertrages mit demselben Vr über ein im wesentlichen unverändertes Risiko tritt (BM § 1 VVG Anm. 109, § 38 VVG Anm. 4).

11   Soweit sich dies mit dem Wortlaut des gestellten Antrags irgendwie vereinbaren läßt, muß dieser als **bloßer Vertragsänderungsantrag** und nicht als Antrag auf Abschluß eines neuen (Ersatz-)Vertrages ausgelegt werden. Insbesondere gilt dies, wenn sich die vorgedruckten und die für den Einzelfall

formulierten Passagen im Vertragswortlaut teilweise widersprechen oder gegenseitig neutralisieren. Der Antrag ist eine **Willenserklärung des VN**, bei deren Auslegung in erster Linie *dessen* erkennbare Interessenlage zu berücksichtigen ist, LG München I RuS 89, 172 sowie K I 7. Wer bereits versichert ist, darf darauf vertrauen, den VSchutz nicht schon durch Prämienverzug, sondern nur durch qualifizierte Mahnung nach § 39 VVG und anschließenden ungenutzten Fristablauf zu verlieren, und zwar sowohl für den zusätzlich beantragten wie auch für den bereits bestehenden Teil des VSchutzes, vgl. instruktiv LG München I aaO.

Läßt sich nach dem Wortlaut des gestellten Antrags die Auslegung als **12** **Ersatzantrag** nicht vermeiden, so muß dem VN durch eine Aufklärungspflicht des Vr über die Geltung der Einlösungsklausel des § 38 Abs. 2 VVG geholfen werden. Verletzt der Vr diese Aufklärungspflicht, so muß er den VN im Wege des Schadenersatzes und als Naturalrestitution im Sinn von § 449 BGB so stellen, als habe dieser nur einen Vertragsänderungsantrag gestellt. Die Überlegungen der in K I 9 erörterten Entscheidung BGH VersR 73, 176 = NJW 284 verpflichten den Vr zum Hinweis nicht nur auf Verschlechterungen durch zwischenzeitlich geänderte AVB, sondern auch auf die unterschiedlichen Rechtsfolgen des § 38 VVG und des § 39 VVG.

Der VN braucht mit der Rechtslage nach § 38 VVG oft nicht einmal dann **13** zu rechnen, wenn rechtlich zweifelsfrei ein **neuer Vertrag** zustande kommt. Meist wird nämlich eine zeitanteilige Prämie aus dem aufzuhebenden Vertrag auf den neuen Vertrag angerechnet. Daß die schon gezahlte und anzurechnende Prämie hinter der Jahresprämie des neuen Vertrages zurückbleibt, darf nicht zu den Rechtsfolgen des § 38 VVG führen. Wäre der VN *aufgeklärt* worden, so hätte er auf den Fortbestand des bisherigen Vertrages bestehen und sich auf einen Änderungsantrag beschränken können. Aber auch wenn er sich mit der Prämie aus dem bisherigen Vertrag bereits in Verzug befindet, muß der VN geschützt werden, LG München I RuS 89, 172. Der VN hätte sich auf einen Verlust des Schutzes durch § 39 VVG keinesfalls eingelassen, wenn er korrekt aufgeklärt worden wäre. Dem VN dürfen aus der rechtlichen Form des Ersatzantrags keine Nachteile erwachsen, vgl. auch K I 14.

Wird gegen Mehrprämie ein *zusätzliches Risiko* eingeschlossen, z. B. Van- **14** dalismus in einen Vertrag nach den AERB, oder wird der Vertrag auf *neuere AVB* umgestellt, z. B. von den VHB auf die VHB 84, so wird in der Regel ebenfalls ein Formular für Neuanträge verwendet welches **Identität** des alten und des neuen Vertrages verbal **ausschließt**. Die gebräuchlichste Formulierung lautet: „Hiergegen erlischt ....“ Mangels vollständiger Aufklärung des VN durch den VVertreter darf sich der Vr aber auf § 38 VVG nicht berufen, sondern Leistungsfreiheit nur unter den Voraussetzungen des § 39 VVG einwenden, so als handelte es sich nicht um eine Erstprämie und als wäre die Identität des früheren Vertrages eben doch erhalten geblieben. Will der Vr den neuen Vertrag rückgängig machen, so muß er zwar sein Rücktrittsrecht nach § 38 VVG ausüben und dadurch den früheren Vertrag wieder aufleben lassen, weil die Aufhebungsabrede Teil des neuen Vertrages und mit diesem durch Rücktritt erloschen ist, vgl. LG Düsseldorf RuS 88, 342 zur KrankenV. Auf den wiederhergestellten Vertrag kann sich aber im Einzelfall möglicherweise nur der VN im Deckungsprozeß, nicht hingegen der Vr im Prämienprozeß berufen.

15　Die Anwendung von § 39 VVG zur Frage der Leistungsfreiheit wie auch die Unbegründetheit der Prämienklage aus dem durch Rücktritt wiederhergestellten früheren Vertrag wären nach dieser Lösung Fiktionen, die aus § 249 BGB (Naturalrestitution) im Rahmen einer **Schadenersatzhaftung des Vr** wegen unzureichender Beratung abzuleiten wären. Allerdings könnte sich der VN auf diese beiden Fiktionen nur solange berufen, bis die korrekte Belehrung nachgeholt wurde und er sich dann ausdrücklich oder stillschweigend entweder auf die Fiktion einer bloßen Vertragsänderung oder auf den Ersatz des alten durch einen neuen Vertrag festgelegt hat: äußert sich der VN nicht innerhalb angemessener Frist ab Nachholung der Beratung, so ist im Hinblick auf den Wortlaut des Antragsformulars die letztere Alternative als gewählt anzusehen.

II. „Unteilbarkeit" der Prämie?

1　1. Einen „**Grundsatz**" der Unteilbarkeit der Prämie gibt es **nicht** (BM § 40 VVG Anm. 4). Soweit die Prämie nach *VPerioden* bemessen ist, insbesondere nach VJahren, P I 2, stellt sich oft die Frage, ob der Vr die Prämie auch voll erhalten oder behalten soll, wenn er das Risiko oder einen Teil davon aus irgendwelchen Gründen nur während eines Teils der VPeriode trägt? Enthielten VVG und AVB keine Regeln, so wären §§ 323 ff. BGB anwendbar, die aber auf die V als Dauerschuldverhältnis nicht gut passen. Nach § 323 BGB würde der VR die Prämie stets ab sofort verlieren, wenn kein Vertragsteil das Ende der Leistung des Vr, nämlich der Risikotragung, zu vertreten hat. Umgekehrt würde der VN, wenn er das vorzeitige Ende der Risikotragung zu vertreten hat, z.B. in den Fällen von §§ 39, 68 VVG, zwar entsprechend § 324 BGB weiterhin Prämie bis zum Vertragsablauf schulden, wobei er abziehen könnte, was der Vr durch den Risikowegfall erspart. Dies würde zu schwierigen Diskussionen über die Prämienkalkulation und über die Bewertung der Geschäftsbelastung des Vr durch den Risikowegfall führen.

2　Das VVG mildert die Konsequenzen, und zwar einerseits zugunsten des Vr, der die Prämie unter Umständen auch in Fällen des § 323 BGB wenigstens teilweise noch erhält, z.B. in Form einer Abrechnung nach Kurztarif (P I 2) gemäß § 68 Abs. 2 VVG oder sogar in Form eines völligen Verfalls der Jahresprämie und andererseits zugunsten des VN, indem bei gewissen Verstößen des VN (Prämienverzug, Gefahrerhöhung) nicht einfach Leistungsfreiheit bei fortbestehender Prämienzahlungspflicht, sondern vielmehr ein Kündigungsrecht des Vr angeordnet wird. Die Prämie ist dann nach § 40 Abs. 1 VVG nur noch für die laufende VPeriode verfallen; wegen der mißlungenen Regelung in § 40 Abs. 2 Satz 1 VVG für den Fall des § 39 VVG vgl. P II 4 bis 6.

3　**Unklarheiten** können nicht nach §§ 323 ff. BGB, sondern nur in **Anlehnung an die im VVG geregelten Tatbestände** beseitigt werden (BM § 40 VVG Anm. 5). Allerdings kann hierbei der **Verfall der Jahresprämie** *nicht* als „Grundsatz" gelten, mag ein solcher Verfall auch in der Mehrzahl der gesetzlich geregelten Fälle angeordnet sein, vgl. §§ 40 Abs. 1, Abs. 2 Satz 1 (in Verbindung mit §§ 6, 16 ff., 23 ff., 39 VVG (und zwar einschließlich der im Wortlaut nicht genannten Anfechtung durch den Vr wegen arglistiger Täuschung, LG Darmstadt VersR 87, 1208), 2 Abs. 2, 51 Abs. 3, 59 Abs. 3 VVG für schuldhaftes Verhalten des VN, §§ 96 Abs. 3, 113, 158 Abs. 3 VVG für Kündigungen durch den VN, §§ 70 Abs. 3, 128 Abs. 1 VVG für Kündigungen durch den Erwerber und §§ 70 Abs. 3, 96 Abs. 3, 113, 158 Abs. 3, 128 Abs. 1, 40 Abs. 1 VVG für Kündigungen durch den Vr ohne schuldhaftes Verhalten des VN (z. B. in den Fällen von §§ 24 Abs. 1 Satz 2, 41 Abs. 2 VVG). Wo der Vr von Anfang an kein Risiko getragen hat, erhält er allerdings nicht eine Jahresprämie, sondern nur eine **Geschäftsgebühr** (§§ 40 Abs. 2 Satz 1, 68 Abs. 1 VVG). Dem entspricht die Abrechnung nach **Kurztarif** gemäß § 68 Abs. 2 VVG bei Interessewegfall, vgl. PM § 68 Anm. 5 sowie P II 17. Stets handelt es sich um eine gesetzliche **Pauschalierung von Schadenersatzansprüchen des Vr.**

Bei wortgetreuer oder gar analoger Anwendung der VVG-Vorschriften **4** über das Prämienschicksal ist stets Vorsicht geboten, weil die Texte zum Teil zu wenig durchdacht sind, so z. B. § 40 Abs. 2 Satz 1 VVG, wo sich der Prämienverfall nur auf das **VJahr** beziehen kann, **in dem Leistungsfreiheit** nach § 39 Abs. 2 VVG **eintritt,** nicht auf das vielleicht spätere Jahr des Zugangs der Kündigung durch den Vr; ebenso seit der 23. Aufl. auch PM § 40 Anm. 2 a. Da eine Vorschrift entsprechend § 38 Abs. 1 Satz 2 VVG in § 39 VVG fehlt, der Vr also beliebig spät nach Eintritt der Leistungsfreiheit kündigen kann, darf für die Jahre nach Eintritt der Leistungsfreiheit Prämie nicht mehr geschuldet werden (unklar LG Frankfurt VersR 87, 1185 und Sieg BB 87, 2249).

Auch in dieser im Wege der teleologischen „Auslegung" (vgl. dazu P II 6) **5** reduzierten Form belastet § 40 Abs. 2 Satz 1 VVG die VN sehr einseitig, nämlich zum Nachteil derjenigen Prämienschuldner, bei denen Leistungsfreiheit bald nach Beginn eines VJahres eintritt, und zum Vorteil derjenigen Prämienschuldner, bei denen Leistungsfreiheit erst gegen Ende des VJahres eintritt. Deshalb bezeichnen AG Lahr 2 C 163/89 vom 15. 6. 89, AG Kaiserslautern RuS 80, 23 und AG Haßfurt NJW-RR 86, 654 = VersR 86, 860 die Regelung des § 40 Abs. 2 VVG wegen Verstoßes gegen Art. 3 GrundG als unwirksam, und zwar sogar in der KraftfahrtHaftpflichtV und trotz der dort über § 39 VVG hinaus geltenden Nachhaftung gemäß § 3 Nr. 5 PflVG. Eine *ungleiche Belastung der VN* ergibt sich allerdings ganz allgemein überall dort, wo das Gesetz den *Schaden des Vr* in Form zusätzlichen Arbeits- und Kostenaufwandes durch vorzeitiges Vertragsstorno in der Weise pauschaliert und auf die VN umlegt, daß die Jahresprämie ohne Rücksicht darauf verfällt, wie früh oder wie spät im VJahr der Stornofall eintritt. Der Gesetzgeber hat diese Konsequenz in sämtlichen zitierten Bestimmungen in Kauf genommen, in denen die Jahresprämie im Sinn eines pauschalierten Schadenersatzes für verfallen und damit für „unteilbar" erklärt wird. AG Haßfurt aaO müßte daher von seinem Standpunkt aus wohl auch § 40 Abs. 1 VVG wegen ungleichmäßiger Belastung der VN als unwirksam ansehen, jedenfalls für Obliegenheitsverletzung und Gefahrerhöhung als Beendigungsgründe.

Wenn man AG Haßfurt NJW-RR 86, 654 (mit abl. Anm. Brentrup VersR **6** 86, 862) nicht folgt, bleibt ein wenig zweifelhaft, ob es noch im Rahmen

dessen liegt, was sich als (teleologische) „Auslegung" des Gesetzes rechtfertigen läßt, die Worte „laufende VPeriode" in § 40 Abs. 2 Satz 1 VVG, wie oben
P II 4 geschehen, nur auf die bei Eintritt der Leistungsfreiheit und nicht auf
die bei Zugang der Kündigung laufende VPeriode zu beziehen. Die Alternative wäre, § 40 Abs. 2 Satz 1 VVG als willkürliche sachwidrige Regelung und
damit als Verstoß gegen Art. 3 GG mit AG Haßfurth 1 C 88/84 vom 24. 10.
85 für **unwirksam** zu halten. Da es sich um vorkonstitutionelles Recht handelt
(BVerfG 1 BVL 14/84 vom 4. 6. 85), ist die Frage im Deckungs- oder Prämienprozeß mitzuentscheiden. Das Prämienschicksal in den Fällen von § 39
VVG würde dann zu den gesetzlich nicht geregelten Fällen gehören, auf die
§ 40 Abs. 1 Satz 1 und Satz 2 VVG analog anzuwenden wären. Dort sind nämlich andere Fälle des vorzeitigen Vertragswegfalls geregelt, denen gemeinsam
ist, daß der VN sie zu vertreten hat, P II 3. Der Unterschied gegenüber der in
P II 4 zur Diskussion gestellten Lösung läge darin, daß analog § 40 Abs. 1
Satz 1 VVG nicht erst der Eintritt der Leistungsfreiheit nach § 39 VVG,
sondern schon der **Zeitpunkt der Kenntnisnahme des Vr vom Verzug des VN**
darüber entscheiden würde, für welches VJahr noch die Jahresprämie verfallen ist.

7   Ein wichtiges Argument *gegen* (P II 1) einen „*Grundsatz*" der Unteilbar-
keit ist § 51 **Abs. 1** VVG, wonach wegen ÜberV die VSumme und die Prämie
mit sofortiger Wirkung (anders nach § 60 Abs. 3 VVG bei Aufhebung einer
DoppelV) herabgesetzt werden können. Wenn §§ 8 Nr. 4 Abs. 1 AFB 30,
AEB gleichwohl einen Grundsatz der Unteilbarkeit aufstellen, so ist diese
Regelung unwirksam, soweit sie zwingendem Gesetzesrecht widerspricht;
Neufassung: VerBAV 84, 389. Da § 68 VVG auch § 51 VVG für zwingend
erklärt, kann der VN durch Berufung auf ÜberV den Verfall der Jahresprämie abwenden, G II 15 und J V 6 sowie PM § 68a Anm. 2. Soweit alle versicherten Sachen für dauernd den VOrt verlassen, verstoßen die AFB 30 und
die AEB außerdem gegen §§ 68a, 68 Abs. 2 VVG, weil danach Interessenwegfall nur zu Abrechnung nach Kurztarif führt. Alle späteren AVB enthalten
die unwirksame Bestimmung nicht mehr.

8   Auch sonst wiederholen §§ 8 **Nr. 4 AFB 30, AEB, 7 Nr. 5 AERB, 7 Nr. 3
AWB 68, AStB 68, 7 Nr. 5 AFB 87, AERB 87, AWB 87, AStB 87, 8 Nr. 3 VHB
74, 15 Nr. 5 VHB 84, 10 Nr. 3 VGB 62, 19 Nr. 5 VGB 88** – teils mit eigenen
Worten, teils durch Verweisungen – meist nur die gesetzlichen Regeln. Ergänzend zu den Kommentaren zum VVG werden im Folgenden zwei wichtige Punkte näher erörtert, einmal in P II 9 bis 15 die Frage des Verbrauchs der
Jahresprämie durch Zahlung einer Entschädigung (§§ 68 Abs. 4, 95 Satz 1, 96
Abs. 3 Satz 2 Halbsatz 1 VVG) und zum andern in P II 16 bis 22 der Verfall
der Jahresprämie durch Kündigung des VN nach einem VFall (§ 96 Abs. 3
Satz 1). Ergänzend vgl. L I 5 bis 10 zum Prämienverbrauch und L II 61 und
62 zur Kündigung des VN nach dem VFall.

9   **2. Verbrauch der Jahresprämie** durch eine Entschädigung würde bedeuten,
daß der Vr innerhalb desselben VJahres nach einem Vollschaden an allen in
einer Position versicherten Sachen für weitere Schäden überhaupt nicht mehr,
nach einem Teilschaden für weitere Schäden höchstens noch die Differenz
zwischen der VSumme und der geleisteten Entschädigung zahlen müßte, die

Prämie aber gleichwohl behalten dürfte. Die **Entschädigung** wäre dann über
§ 50 VVG hinaus nicht nur je VFall, sondern auch **je VPeriode** auf die VSumme **begrenzt.** Zwar ist eine solche Begrenzung weder im VVG noch in den
AVB festgelegt, aber die in § 95 VVG statt dessen vorgesehene **Verminderung
der VSumme** um die geleistete Entschädigung ist ein anderes rechtstechnisches
Mittel, das zu demselben wirtschaftlichen Ergebnis führt, nämlich zu einer
Beschränkung der Gesamtentschädigung je VPeriode. Allerdings wirkt sich
dieses rechtstechnische Mittel der verminderten VSumme nicht nur bei solchen Schäden aus, die andernfalls zu einer Gesamtentschädigung je VPeriode
über die VSumme hinaus führen würden, sondern nach § 56 VVG auch bei
mehreren kleineren Teilschäden, deren Summe niedriger ist als die VSumme,
L I 2.

§ 95 VVG vermindert nach einem Schaden die VSumme, L I 3, und zwar   **10**
auch für spätere VPerioden. Die in L I 10, 14, 17 und 19 der 2. Aufl. zitierten
älteren AVB in ihrer ursprünglichen Fassung sowie die zugehörigen Klauseln
bestätigten den Inhalt von § 95 VVG und erstreckten ihn auch auf vereinbarte
Entschädigungsgrenzen. Wirtschaftlich ergibt sich die gesetzliche Regelung
aber nicht aus der Natur der Sache.

Daß VPeriode normalerweise ein Jahr ist (P I 1) und die Prämie daher für **11**
ein Jahr vereinbart wird, liegt nur daran, daß auch das Geschäftsjahr des Vr
und – soweit sie Kaufleute sind – der VN ein Jahr dauert und daß kürzere
Zeiträume als VPerioden zu häufigerem Prämieneinzug und zu häufigeren
Kündigungsmöglichkeiten und damit zu mehr Verwaltungsaufwand führen
würden. Dagegen ist die Prämienberechnung für jeweils ein Jahr **nicht** etwa
im Interesse eines Zufallsausgleichs nach dem **Gesetz der großen Zahl** unverzichtbar, vgl. dazu schon A III 12. Den Ausgleich nach dem Gesetz der
großen Zahl müßte der Vr vielmehr auch dann finden, wenn die VPeriode
z. B. nur einen Monat betrüge und Monatsprämien vereinbart wären; ebenso
BM § 40 VVG Anm. 4.

Auch die **Abgrenzung der versicherten Gefahr** und die Vereinbarung einer **12**
Prämie für sämtliche durch ein und denselben Vertrag versicherten Gefahren
erfolgen **nicht** speziell im Hinblick auf einen Prämienverfall durch geleistete
Entschädigungen. Wenn *mehrere* oder viele Gefahren in einem Vertrag zusammengefaßt werden, so geschieht dies nicht, um bei einem VFall durch
Verwirklichung nur *einer* dieser Gefahren den Verfall der Prämie für möglichst *viele* Gefahren herbeizuführen. Die Abgrenzung der versicherten Gefahren erfolgt nach ganz anderen (Zweckmäßigkeits-) Gesichtspunkten, vgl.
z. B. A III 10 und 17. Dies galt auch bereits vor 1987, als § 95 VVG noch nicht
durch die AVB ausgeschlossen zu werden pflegte.

Es ist schon, mit Bezug auf einen bestimmten VZweig von nur „einer" **13**
Gefahr im Sinn einer Zahlenangabe zu sprechen. Wird die FeuerV, die doch
nebeneinander Schäden durch Brand, Blitzschlag, Explosion und Flugzeugabsturz deckt, gegen eine oder gegen vier Gefahren genommen (A III 11)?
Sind die verschiedenen Formen des erschwerten Diebstahls eine oder mehrere
Gefahren (A III 15)? Ist Raub ein Teil des Diebstahlrisikos oder eine selbständige Gefahr (A III 13)? Wie diese Fragestellungen zeigen, kann von nur
„*einer*" Gefahr genau besehen *niemals* die Rede sein.

14   Aus diesen Gründen ergibt sich der Verfall der Prämie (oder eine Verminderung der VSumme) durch eine gezahlte Entschädigung *nicht* aus der *Natur der Sache* (im Ergebnis wie hier Heiß VersR 89, 1125). Die Prämie läßt sich vielmehr **gedanklich in Teilbeträge für beliebig kleine Zeiträume** und für **beliebig kleine Risikoausschnitte** aufteilen, so daß folgerichtig auch der gesetzliche Prämienverfall entsprechend reduziert werden müßte, vgl. schon A III 11. Auf jeden der unendlich vielen denkbaren VFälle in einem der unendlich vielen möglichen Zeitpunkte entfällt vielmehr nur ein unendlich kleiner Teil der Prämie, und nur dieser wird verbraucht. Mathematisch und wirtschaftlich gesehen ist aber der Verbrauch nur eines unendlich kleinen Teils der Prämie gleichbedeutend mit der Verneinung jeglichen Prämienverbrauchs. Gegen den Verbrauch der Prämie als versicherungstechnische Notwendigkeit spricht auch, daß es sich um den Verbrauch der Prämie für ein *Restjahr* handelt, dessen Dauer von dem Zufall abhängt, wann der VFall innerhalb des VJahres eintritt; diese Ungleichbehandlung der Prämienzahler ist allenfalls im Rahmen einer Pauschalierung von Schadenersatzansprüchen des Vr tragbar, P II 5.

15   Daher haben sich die Vr im Jahr 1987 entschlossen, die wirtschaftlich unmotivierte Regelung des § 95 VVG für die hier erörterten Zweige der SachV durch die AVB **abzubedingen** und die Fortgeltung der VSumme trotz gezahlter Entschädigung festzulegen, L I 5 bis 8. Folgerichtig hätte freilich auch § 68 Abs. 4 VVG ausgeschlossen werden müssen, wo der Verbrauch der Jahresprämie für den Fall des Interessewegfalls durch einen Vollschaden an der ganzen Position vorgesehen ist. Wirtschaftlich wäre auch in diesem Fall Prämienrückgewähr nach § 68 Abs. 2 VVG gerechtfertigt, also ebenso wie bei Interessewegfall aus anderen Gründen. Der im Jahr 1943 in das VVG eingefügte § 68 Abs. 4 VVG wurde jedoch nicht abbedungen. Allerdings wird man § 68 Abs. 4 VVG gerade wegen des gedanklichen Zusammenhangs mit der versicherungstechnisch nicht durchdachten Regelung des § 95 VVG **einschränkend auslegen** müssen und nur anwenden dürfen, wenn der Vollschaden nicht nur eingetreten ist, sondern außerdem durch den Vr auch voll entschädigt wurde, L I 9 und 10.

16   3. Der Verfall der Jahresprämie durch **Kündigung des VN nach einem VFall** ist in §§ 96 Abs. 3 Satz 1 VVG, 7 Nr. 5 Abs. 2 Satz 1 AERB, 7 Nr. 3 Satz 2 AWB 68, AStB 68, 8 Nr. 3 Satz 2 VHB 74, 15 Nr. 5 Abs. 2 Satz 1 VHB 84, 10 Nr. 3 Satz 2 VGB 62, 19 Nr. 5 Abs. 2 VGB 88 ausdrücklich vorgesehen, L II 61. In den AFB 30 und AEB ergibt er sich jeweils aus § 8 Nr. 4 Abs. 1, die insoweit (vgl. aber im übrigen G II 12, J V 6 und P II 7) mit § 96 VVG übereinstimmen und daher unwirksam sind.

17   Gesetzliches Vorbild der AVB-Vorschriften ist § 96 Abs. 3 Satz 1 VVG, der allerdings dem **VN** zugleich ein **Wahlrecht** für den **Wirksamkeitszeitpunkt der Kündigung** in der Weise gibt, daß der VN zum Ende der VPeriode kündigen und dadurch einen Prämienverfall vermeiden kann, L II 47. Dem folgen auf Verlangen des BAV neuerdings §§ 19 Nr. 2 Abs. 3 AERB, AFB 87, AERB 87, AWB 87, AStB 87 sowie § 26 Nr. 3 VHB 84 und § 24 Nr. 2 Abs. 3 VGB 88. Die übrigen AVB der hier erörterten VZweige (Zitate: L II 48) gaben in ihrer ursprünglichen Fassung dem VN dieses Wahlrecht aber nicht, sondern ließen die Kündigung stets einen Monat nach Zugang wirksam werden, so daß der

VN immer dann einen Prämienverlust erlitten hatte, wenn er den Zeitpunkt der Kündigung nicht zufällig so steuern konnte, daß sie zum Ende eines VJahres wirksam wurde.

Für den Zusammenhang zwischen dem Prämienverfall und dem zeitlichen   18 Wahlrecht des VN, wie er sich schon aus dem Wortlaut von § 96 VVG ergibt, spricht auch ein *Vergleich* zwischen § 96 Abs. 3 VVG (Kündigung nach einem VFall) und § 70 Abs. 3 VVG (Kündigung nach Veräußerung). Nach § 70 VVG verfällt die Jahresprämie sogar dann, wenn der Vr kündigt. Nicht die Kündigung als solche, sondern der Anlaß der Kündigung (die Veräußerung) rechtfertigt also offenbar nach Ansicht des Gesetzgebers dort den Prämienverfall, P II 3, weil die Veräußerung eine Tatsache in der Sphäre des VN ist. Zwar wird die gesetzliche Regelung in § 70 VVG heute nicht mehr als zeitgemäß anerkannt, wie die Änderungen von § 6 Nr. 2 AKB in den letzten Jahren zeigten (jetzt allgemein zeitanteilige Abrechnung, gleichgültig wer gekündigt hat; vgl. schon früher VerBAV 69, 78, Ziffer 11). Aber für einen Vergleich mit § 96 VVG bleibt § 70 VVG nach wie vor aussagekräftig.

Wie dieser Vergleich zeigt, hält der Gesetzgeber die Fälle des § 96 VVG für   19 einen weniger schwerwiegenden Eingriff in den Geschäftsbetrieb des Vr als die Fälle des § 70 VVG, denn nur im Fall von § 70 VVG verfällt die Prämie sogar dann, wenn der Vr kündigt. Wenn dem aber so ist, dann erscheint es gerechtfertigt, wenn das BAV Abweichungen von § 96 VVG zum Nachteil des VN nicht zulassen will, mag auch § 96 VVG zu den dispositiven gesetzlichen Regelungen gehören. **Entweder** muß der VN ein *Wahlrecht* für den Kündigungszeitpunkt haben, **oder** die Prämie darf *nicht verfallen*. Das folgt trotz Abänderlichkeit von § 96 Abs. 3 VVG aus **§ 9 Abs. 2 Nr. 1 AGBG**, denn das Wahlrecht gehört zu den „Grundzügen der gesetzlichen Regelung" der Kündigung nach einem VFall und des Prämienverfalls in den hier behandelten VZweigen, A V 10 und L II 5 und 48.

Weitergehend haben einige HaftpflichtVr sogar das *Wahlrecht* des VN für   20 den Kündigungszeitpunkt bestätigt und **außerdem** *zeitanteilige Abrechnung* zugestanden (VerBAV 75, 458). Dem folgend hält es Meyer-Kahlen VP 76, 136 für inkonsequent, den VN mit sofortiger Wirkung *oder* ohne Prämienverlust kündigen zu lassen, eine Kündigung mit sofortiger Wirkung *und* ohne Prämienverfall dagegen nur in den Fällen zu ermöglichen, in denen *zufällig* (P II 17) dem Vr die Kündigung genau zum Ablauf der VPeriode zugeht.

Dem ist jedoch der Grundgedanke von § 68 Abs. 2 VVG entgegenzuhalten,   21 wonach der VR einen Ausgleich für **zusätzlichen Verwaltungsaufwand** bei Vertragsablauf während des VJahres benötigt, vgl. schon P II 3. Zwar billigt § 96 VVG dem Vr diesen Ausgleich bei eigener Kündigung des Vr ohnehin nicht zu. Auch läßt sich der zusätzliche Verwaltungsaufwand kaum beziffern und rechtfertigt den Verfall einer Jahresprämie oder die Abrechnung nach Kurztarif bei Verträgen mit niedrigerer Prämie leichter als bei Verträgen mit höherer Prämie. Außerdem gilt § 68 Abs. 2 VVG und damit auch sein Grundgedanke wohl nur für Ereignisse während der *ersten* VPeriode, BMS § 68 VVG Anm. 65 im Anschluß an § 68 Abs. 1 VVG. Trotzdem müßte sich, wer die Ansicht von Meyer-Kahlen aaO vertritt, mit dem Gesichtspunkt der höheren Verwaltungskosten bei unregelmäßigen Ablaufterminen immerhin näher auseinandersetzen.

22   Für die hier behandelten VZweige der SachV bleibt es dabei, daß nur *entweder* das zeitliche Wahlrecht des VN bei dessen Kündigung bestehen *oder* der Prämienverfall beseitigt werden muß. Da der in den AVB vorgesehene Prämienverfall mit § 96 Abs. 3 Satz 1 VVG übereinstimmt, bleibt als Lösung nur die Unwirksamkeit des Ausschlusses des zeitlichen Wahlrechts des VN, L II 62. Entsprechend lauten seit VerBAV 84, 389 die Neufassungen der älteren AVB, L II 48 und 51.

III. Prämienänderung wegen tariflicher Degression oder Progression

1   Die Höhe der Prämie wird aufgrund des Tarifs *einzelvertraglich* vereinbart. Im VVG und in den AVB ist sie naturgemäß nicht geregelt. Eine *Ausnahme* bilden die in P IV behandelten Prämienanpassungsklauseln, also Bestimmungen über eine nachträgliche Veränderung der zunächst vereinbarten Prämienhöhe.

2   Eine weitere Ausnahme bilden §§ 10 Nr. 1 AEB, 9 Nr. 1 AWB 68, AStB 68 und § 8 Nr. 5 AERB, ferner §§ 9 Nr. 4 AFB 87, AERB 87, AWB 87, AStB 87. Danach sind bei **Herabsetzung der VSumme** wegen Über- oder DoppelV eine tarifliche **Degression** oder eine tarifliche **Mindestprämie** zu berücksichtigen. Die Prämie kann also nach §§ 51, 60 VVG unter Umständen nicht proportional, sondern nur in geringerem Umfang herabgesetzt werden, PM § 60 Anm. 4 B.

3   Hat sich der Prämientarif zwischen Vertragsschluß und der Herabsetzung der VSumme geändert, so ist der **Tarifstand bei Vertragsschluß** maßgebend, vgl. BGH VersR 81, 621 zu § 41 a VVG. Dies wird in den AERB sowie in den AFB 87 usw („berechnet haben würde") klar gesagt, ergibt sich aber auch zu den anderen Vorschriften aus der Natur der Sache. Spätere Änderungen des Tarifs schaden oder nützen dem VN auch dann nicht, wenn die VSumme unverändert bleibt. Es besteht kein Grund, daran etwas zu ändern, wenn die Summe herabgesetzt wird. Am deutlichsten zeigt sich dies, wenn die Summe nur geringfügig vermindert wird, der Tarif sich aber stärker geändert hat.

4   Die umgekehrte Situation einer tariflichen **Progression** behandeln §§ 7 Nr. 6 AERB, 8 Nr. 6 AERB 87 für *Transportraub*. Die Prämie für bestehende Verträge ändert sich im Sinne der Progression, und zwar auch hier nach Tarifstand bei Vertragsschluß, P III 3, wenn ein zweiter Vertrag mit demselben oder einem anderen Vr geschlossen wird.

5   **Nicht** anzuwenden sind diese Vorschriften aber, wenn zu einem Vertrag nach der Pauschaldeklaration ein zweiter Vertrag nach der Pauschaldeklaration oder auch ein reiner Transportvertrag hinzutritt. Da nämlich die Prämie für die Nebenrisiken im Sinn der Pauschaldeklaration in die Prämie aus der Hauptsumme einkalkuliert ist, A II 29, gibt es begrifflich keinen „höheren Prämiensatz, der dem versicherten Gesamtbetrag entspricht". Ein solcher Prämiensatz kann auch nicht etwa durch die Fiktion einer Erhöhung der Erstrisikosumme für Transportraub innerhalb des ersten Vertrages nach der Pauschaldeklaration gewonnen werden. Gerade weil die Prämie in einem solchen Fall nicht steigt, bleiben allerdings auch §§ 8 Nr. 4 AERB, 9 Nr. 3

AERB 87 anwendbar und stehen einer „Addition" der Transportraubsummen entgegen, U I 46.

Motiv der in P III 2 zitierten Bestimmungen ist der Umstand, daß im   6
Bereich tariflicher Prämiendegressionen Verträge oder Positionen mit niedrigeren VSummen ein relativ höheres Risiko darstellen. Daher bedeutet ein Rückgang des VWerts möglicherweise eine Gefahrerhöhung im Sinn von §§ 23 ff VVG. Auch gegen die in P III 2 zitierten Bestimmungen bestehen daher gewisse Bedenken wegen § 34 a VVG. Prämienerhöhung gehört nämlich nicht zu den gesetzlichen Rechtsfolgen der Gefahrerhöhung. Diese gesetzlichen Rechtsfolgen wiederum dürfen nach § 34 a VVG nicht zum Nachteil des VN verschärft werden. Wegen der Einzelheiten vgl. N IV 7 bis 13, 18 und 19 zu einigen Spezialregelungen der Industrie- und GeschäftsV sowie N IV 14 bis 19 zur Gefahrerhöhung durch Umzug des HausratsVN in einem stärker diebstahlgefährdeten geographischen Bereich.

IV. Anpassung des Prämiensatzes nach § 11 Nr. 3 und § 16 Nr. 2 VHB 84 sowie nach § 13 Nr. 5 VGB 88 und § 3 Nr. 2 SGlN 88

Ausdrücklich so bezeichnete Bestimmungen in AVB oder Klauseln über   1
Prämienanpassungen und insbesondere Prämienerhöhungen ohne eine (Änderungs-)Kündigung durch den Vr nebst Neuabschluß des Vertrages und ohne vereinbarte Vertragsänderung gab es bis zum Jahr 1984 nur in zwei Gruppen von Fällen. Einmal sollten **bestimmte Gefahrerhöhungen** zu einem **erhöhten Prämiensatz** statt zu den gesetzlichen Rechtsfolgen der Gefahrerhöhung führen, vgl. dazu wegen § 34 a VVG P III 6 sowie N IV 3 bis 28. Zum anderen sollte bei vereinbarter **Anpassung der VSumme** auch der **absolute Betrag der Prämie** entsprechend dem – unverändert bleibenden – vereinbarten Prämiensatz ansteigen, vgl. Kl 825 zu den VHB 74 sowie dazu S III 4. Entgegen P IV 1 der 2. Aufl. lassen sich in diese zweite Gruppe nicht oder allenfalls partiell die Prämienanpassungsklauseln der Gleitenden NeuwertV einordnen, nämlich §§ 3 SGlN 79 a, SGlN 88 und § 13 Nr. 5 VGB 88. Zwar hat dort der unveränderliche VWert 1914 praktisch die Wirkungen einer variablen VSumme. Die Prämienanpassungen gehen aber über diese indirekte Anpassung der GegenwartsVSummen hinaus und berücksichtigen auch den überproportionalen Anstieg der Teilschadenentschädigung, vgl. N IV 6, P IV 49 und S IV 66.

Die VHB 84 enthielten erstmals Bestimmungen über die Anpassung des   2
Prämiensatzes schon in einem Grundbedingungswerk, Ollick VerBAV 84, 358, Lichtenwald VW 84, 1035. § 11 Nr. 3 VHB 84 schließt an die in P IV 1 erwähnten Vorbilder an und sieht einen höheren Prämiensatz für Fälle vor, in denen nach einem **Wohnungswechsel** des VN eine Gefahrerhöhung eintritt, weil der VN nunmehr in einem stärker diebstahlgefährdeten geographischen Gebiet wohnt, vgl. dazu P IV 5 bis 15 sowie N IV 14 bis 20. Die Bestimmung ist praktisch sehr bedeutsam, denn sie spricht einen großen Teil aller Umzüge von HausratVN von kleineren Orten in größere Städte an.

Außerdem sieht § 16 Nr. 2 VHB 84 eine **Anpassung des Prämiensatzes** auch   3
ohne Erhöhung einer bestimmten (!) Gefahr vor, und zwar an die Schaden-

zahlungen des Vr, vgl. dazu P IV 16 bis 47. Entgegen P IV 1 der 2. Aufl. geschieht dasselbe in versteckter Form durch §§ 3 Nr. 2 SGlN 79 a, SGlN 88 in der Gleitenden NeuwertV. Für Wohngebäude wurde auch diese Regelung in das Grundbedingungswerk übernommen, nämlich in § 13 Nr. 5 VGB 88. Solche Bestimmungen verlagern einen Teil (Ollick VerBAV 84, 358, Dietz Anh. zu § 16) des normalerweise durch den Vr zu tragenden sog. allgemeinen **Änderungsrisiko** auf den VN. Unter Änderungsrisiko versteht man die Zunahme der Schadenaufwendungen des Vr durch Zunahme der Schadenhäufigkeit oder der durchschnittlichen Schadenhöhe, und zwar aus Gründen, die sich nicht genau ermitteln lassen. Ob es sich bei dieser Zunahme begrifflich nicht doch um Gefahrerhöhung im Sinn von §§ 23 ff VVG und § 34a VVG handelt, ist ungeklärt, vgl. N IV 4 und 5 sowie P IV 17, 49 und 53, PM § 23 Anm. 2 A b bb. – Daneben – zum wirtschaftlichen Zusammenhang vgl. P IV 17 – erhöht sich der absolute Prämienbetrag bei Summenanpassungen gemäß § 16 Nr. 1 VHB 84, vgl. dazu S III 5 bis 27. Das gleiche gilt in der Gleitenden NeuwertV entsprechend der in die Form eines UnterVVerzichts gekleideten Zunahme der versteckten GegenwartsVSumme, P IV 50, S II 73 und 125 sowie S IV 8 und 19.

4   Die praktische Bedeutung von § 16 Nr. 1 VHB 84 wird bei Dietz Einl I 2 a sichtbar, wo dieses Änderungsrisiko als Hauptursache hoher Verluste der Vr nach den VHB 74 bezeichnet wird. Nicht nur waren, wie Dietz betont, die in der Regel zehnjährigen HausratVVerträge nach den VHB 74 „kurzfristig nicht zu bewegen". Auch zum Ablauftermin wurden schadenträchtige oder zu niedrig tarifierte (Dietz Einl I 2 c) Verträge nach den VHB 74 nur in Ausnahmefällen durch die Vr gekündigt. Änderungen des Prämiensatzes wirkten sich „unmittelbar nur im Neugeschäft aus" (Dietz Einl I 2 a).

5   1. Prämienänderung ab Umzugsbeginn ordnet § 11 Nr. 3 VHB 84 für Fälle an, die in denen „der Tarif der Vr" für den **Ort der neuen Wohnung** „einen **anderen Prämiensatz**" vorsieht. Eine gleichlautende **Klausel zu den VHB 74** wurde laut VerBAV 88, 343 ebenfalls genehmigt. Wegen des Kündigungsrechts für den VN im Fall einer Prämienerhöhung vgl. § 11 Nr. 4 VHB 84 und N IV 16.

6   Die Rechtswirksamkeit der Bestimmung ist zweifelhaft, soweit sie zu einem höheren Prämiensatz aus Anlaß eines Wohnungswechsels führt, denn § 34a VVG schließt Verschärfungen der gesetzlichen Rechtsfolgen der Gefahrerhöhung aus, vgl. näher N IV 14 bis 20. Daß es sich bei einem Umzug in einen höher tarifierten geografischen Bereich begrifflich um **Gefahrerhöhung** handelt, kann kaum bezweifelt werden, vgl. N IV 104 sowie Dietz 4 bis § 11. Die Bedenken verstärken sich, falls man annimmt, das Wort „anderen" in § 11 Nr. 3 VHB 84 erfordere einen Vergleich zwischen der bisherigen Prämie bis zum Wohnungswechsel und dem Tarif des Vr im Zeitpunkt dieses Wohnungswechsels, P IV 11. Von diesem Standpunkt aus wirken sich nämlich Prämiensatzerhöhungen, und zwar sogar auch lineare Erhöhungen für sämtliche Tarifzonen, einseitig nur gegenüber solchen VN aus, die ihren Wohnort wechseln, während die VN anderer langfristiger Verträge von Erhöhungen während der Vertragsdauer nicht berührt werden.

a) Richtig wäre es, den durch die Worte „anderen Prämiensatz" verlangten 7
Vergleich nur innerhalb desjenigen Tarifs anzustellen, der im **Zeitpunkt des
Vertragsschlusses** gegolten hatte. Nur falls der Vertrag inzwischen so geändert
worden war, daß auch die Prämie aus einem späteren Tarif berechnet wurde,
nur dann wäre der Tarif in diesem späteren Zeitpunkt zugrunde zu legen, also
der Tarif im **Zeitpunkt der Vertragsneuordnung.** Hatte die spätere Prämienver-
einbarung aufgrund eines inzwischen geänderten Tarifs lediglich eine Dek-
kungserweiterung betroffen, so ist der spätere Tarif nur für den danach vereinbarten Prämienzuschlag maßgebend. Im Rahmen von P IV 10 sind dann
Elemente zweier oder mehrerer Tarife in die Rechnung einzubeziehen, um
die für einen bestimmten Wohnungswechsel maßgebende Prämiendifferenz
zwischen den Tarifzonen festzustellen.

Diese Auslegung entspricht BGH VersR **81,** 621 zu § 41a VVG, wo die 8
Interessenlage dieselbe ist, wohingegen die gegenteilige Ansicht mit jenem
Urteil unvereinbar ist (was Dietz 4.2.1 zu § 11 ohne Begründung bestreitet).
Außerdem entspricht die hier vertretene Ansicht dem Wortlaut der neueren
AVB-Bestimmungen über die Berücksichtigung tariflicher Progression oder
Degression gemäß P III 2 bis 4, vor allem § 8 Nr. 5 AERB und §§ 9 Nr. 4
AFB 87, AERB 87, AWB 87, AStB 87, vgl. dort die Worte „geschlossen
haben würde" und „von vornherein". Diese Auslegung nötigt den Vr freilich,
sich bei Umzügen von VN mit älteren Tarifen zu beschäftigen, die er bei
Neuabschlüssen zu dieser Zeit bereits nicht mehr anwendet; Dietz 4.2.1 zu
§ 11 hält dies aus der Sicht des Vr wegen technischer Schwierigkeiten der
Datenverarbeitung für untragbar. Aber darin liegt zu § 11 Nr. 3 VHB 84
ebensowenig ein Gegenargument wie zu jenen anderen Bestimmungen. Auch
sonst lassen sich nach den VHB 84 fiktive Prämienberechnungen nicht immer
vermeiden, vgl. z. B. Dietz 8.2 zu § 16 für die Ermittlung der Kündigungsschwelle gemäß § 16 Nr. 2e VHB 84.

Allerdings werden im Hinblick auf die sog. Tarifobergrenze gemäß § 16 9
Nr. 2d Abs. 2 VHB 84 die Tarife künftig relativ häufiger geändert werden.
Dabei werden vermutlich jeweils Promillesätze mit nur einer Stelle hinter
dem Komma gewählt werden. Dadurch werden sich die **prozentualen Abstän-
de zwischen den Prämiensätzen** für die Tarifzonen *verändern.* Nach der hier
vertretenen Ansicht wird sich schon aus diesem Grund durch den Wohnungswechsel eine andere prozentuale Veränderung des Prämiensatzes ergeben, als wenn jeweils der neueste Tarif zugrunde gelegt würde. Außerdem
betreffen die inzwischen etwa vorgenommenen linearen Prämiensatzverände-
rungen für sämtliche Tarifzonen den VN nach einem Wohnungswechsel
ebensowenig wie ohne einen solchen Wohnungswechsel.

Maßgebend sind und bleiben nach der hier vertretenen Ansicht also die 10
prozentualen Differenzen zwischen den Prämiensätzen, wie sie bei Vertragsschluß oder letzter Neuordnung zwischen den Tarifzonen bestanden hatten.
In diese **Vergleichsrechnung** sind auch **Zuschläge** für die jeweils mit dem betroffenen VN vereinbarten Deckungserweiterungen (Fahrraddiebstahl, erhöhte Entschädigungsgrenzen usw.) einzubeziehen. Soweit solche Zuschläge
für alle Zonen einheitlich gelten (vgl. Ziffer 1.5 des bei Dietz in Anhang A 4
abgedruckten Tarifs), führen sie zu einer geringeren prozentualen Differenz
zwischen den Gesamtprämiensätzen, als sie zwischen den Grundprämiensät-

zen bestanden haben. – Gesondert zu prüfen ist die Frage, ob der VN sich auf die hier abgelehnte Gegenansicht wenigstens dann berufen darf, wenn sie für ihn günstiger ist und der Vr diese andere Ansicht inzwischen etwa über längere Zeit hinweg praktiziert haben sollte, vgl. P IV 15.

11   b) Demgegenüber soll nach Ollick VerBAV 84, 316 und Dietz 4.1 zu § 11 „der Tarif des Vr" einen „anderen" Prämiensatz schon dann und nur dann vorsehen, wenn die nach dem **zur Zeit des Wohnungswechsels geltenden Tarif** einschließlich etwaiger Zuschläge für vereinbarte Deckungserweiterungen ermittelte Prämie von der vor dem Wohnungswechsel zuletzt geschuldeten Prämie abweicht. Damit würden sich nach einem Wohnungswechsel zugunsten oder auch zuungunsten des VN Tarifänderungen auswirken, die sich ohne den Wohnungswechsel nicht ausgewirkt hätten. Für einen willkürlich (Kriterium Umzug) ausgewählten Teil der VN würde der elementare Grundsatz verletzt, daß Tarifänderungen während einer vereinbarten Festlaufzeit des Vertrages den VN nicht belasten dürfen, wenn nicht die Rechtswirksamkeit der mehrjährigen Bindung des VN in Frage gestellt werden soll, K IV 11. Die Möglichkeit einer Tarifsenkung ist entgegen Dietz 4.2.1 zu § 11 kein ausreichendes Gegenargument. Im Extremfall könnte nach der hier abgelehnten Ansicht der VN trotz Umzugs in eine teurere Zone weniger oder trotz Umzugs in eine billigere Zone mehr zu zahlen haben, weil nämlich inzwischen der Tarif des Vr z. B. linear um 25% gesenkt oder erhöht worden ist.

12   Zumindest müßten sich zwischenzeitliche Tarifänderungen nach der hier abgelehnten Ansicht wirtschaftlich folgerichtig auch dann auswirken, wenn der VN innerhalb derselben Tarifzone umzieht. Nur so wäre das willkürliche Ergebnis zu vermeiden, daß nicht einmal sämtliche umziehenden VN von nachträglichen Prämienerhöhungen betroffen würden, sondern nur ein Teil davon, nämlich diejenigen (Dietz 4.2.1 zu § 11), deren Umzugsweg eine geografische Grenze desjenigen (neueren) Tarifs überschreitet, der bei Vertragsschluß noch nicht gegolten hatte. Die hier abgelehnte Gegenansicht kann zu geradezu grotesken Ergebnissen führen. Wer überhaupt nicht oder innerhalb derselben Tarifzone umzieht, wird von einer linearen Prämienerhöhung nicht betroffen. Wohl aber wird betroffen, wer in eine teurere oder auch billigere Tarifzone umzieht. Bei starken linearen Tariferhöhungen kann sogar der Fall eintreten, daß einem VN wegen Umzugs in eine niedriger tarifierte Zone im Ergebnis eine höhere Prämie in Rechnung gestellt wird, weil nämlich die lineare Tariferhöhung höher ist als die Differenz zwischen den beiden Tarifzonen.

13   Die hier abgelehnte Ansicht könnte dieser Konsequenz auch schwerlich dadurch entgehen, daß sie für **Umzüge innerhalb „derselben" Tarifzone** eine ungeschriebene Ausnahme von der Maßgeblichkeit des neuesten Tarifes konstruieren wollte. Sie stünde dann nämlich nach einer Neustrukturierung der Zoneneinteilung, wie sie zu den AKB bereits wiederholt vorgenommen wurde und wie z. B. Dietz 6.3 zu § 16 sie auch für die HausratV durchaus in Betracht zieht, vor der weiteren Frage, wann man begrifflich davon sprechen könne, daß der Umzug innerhalb „derselben" Zone stattgefunden habe. Sollte dafür der frühere oder der neue Tarif maßgebend sein? Dietz 4.2.1 zu § 11 entscheidet auch in dieser Frage zugunsten des neuen Tarifs.

Beispiel: Ein Vr erhöht zunächst seinen Tarif linear um 15%. Außerdem 14 wird später die Tarifstruktur so geändert, daß der bisherigen Zone II künftig die Zonen II und III entsprechen, während die bisherige Zone III zu einer neuen Zone IV wird. Die Prämie in Zone II ist nach dem neuen Tarif um die erwähnten 15%, die Prämie in Zone III um 25% höher als der in der früheren Zone II. Soll hier der VN bei einem Umzug innerhalb von Zone II neu die unveränderte oder aber eine um 15% erhöhte Prämie zahlen, während er bei einem Umzug von Zone II neu nach Zone III neu nach der hier abgelehnten Ansicht wohl in jedem Fall 25% mehr zahlen müßte? Würde die um 25% höhere Prämie auch bei einem Umzug innerhalb von Zone III gefordert? Und müßte der VN bei einem Umzug von Zone III neu nach Zone II neu, also bei einem Umzug in eine nach dem neuen Tarif „billigere" Zone, 15% mehr zahlen oder bliebe seine Prämie unverändert, weil es sich nach dem früheren – nach der hier abgelehnten Ansicht aber nicht mehr maßgebenden! – Tarif um dieselbe Zone gehandelt hätte?

c) All diese schwierigen Fragen würden sich nach der in P IV 10 vertretenen 15 Ansicht nicht stellen. Auch nach dieser Ansicht nicht zu umgehen wäre freilich die Frage, wie es sich auswirkt, wenn der Vr etwa in der Praxis über längere Zeit hinweg einer bestimmten Auslegung gefolgt ist, das Gericht im Prämienprozeß aber eine andere Auslegung bevorzugt. Sollte dann der VN sich auf die langjährig praktizierte, vom Gericht aber für unrichtig gehaltene Auslegung wenigstens dann berufen können, wenn sich diese als für ihn günstiger erweist? Diese Frage stellt sich, weil keine der hier diskutierten Ansichten einheitlich für den VN oder einheitlich für den Vr günstiger ist. Vielmehr hängen die Auswirkungen jeweils von der Art und Weise der inzwischen vorgenommenen Zonenneueinteilung sowie ferner davon ab, ob eine etwaige lineare Prämienänderung nach oben oder aber nach unten erfolgt ist.

2. Nach § 16 Nr. 2 VHB 84 wird unter bestimmten Voraussetzungen der 16 **Prämiensatz geändert**, und zwar nach unten **obligatorisch**, falls die Voraussetzungen gemäß Nr. 2 a und Nr. 2 b vorliegen, nach oben hingegen nur **fakultativ**. Der Vr kann also von einer rechtlich möglichen Prämiensatzerhöhung ganz oder teilweise absehen. Erhält der VN nicht vor Beginn des neuen VJahres die in § 16 Nr. 2 c vorgesehene Mitteilung (in der Regel in der Prämienrechnung, Dietz 7.1.6 zu § 16), so hat der Vr damit endgültig auf eine Prämiensatzerhöhung verzichtet, falls eine solche möglich gewesen wäre. Mit einer Prämienerhöhung rückwirkend auf den Beginn des laufenden VJahres braucht der VN nicht zu rechnen, vgl. P IV 29.

Näher erläutert wird die Prämiensatzanpassung von Lichtenwald VW 84, 17 1035 sowie besonders instruktiv bei Dietz 5 bis 7 § 16, und zwar dort mit übersichtlich dargestellten fiktiven Berechnungsbeispielen, die eine gute Vorstellung davon vermitteln, wie die Regelung „funktioniert". Es handelt sich um eine Reaktion auf Veränderungen des Schadenverlaufes (Dietz vor § 16), also der Schadenhäufigkeit und der durchschnittlichen Schadenhöhe. Die Gründe für einen Anstieg dieser Größen lassen sich nicht exakt feststellen und sind von Jahr zu Jahr verschieden. Deshalb wurde in P IV 17 der 2. Aufl angenommen, es handle sich nicht um eine **Gefahrerhöhung** im Sinn von

§§ 27ff. VVG und § 16 Nr. 2 VHB 84 sei nicht an § 34a VVG zu messen. Gerichtlich ist die Frage indessen bisher nicht geklärt, vgl auch schon N IV 4 und 5 sowie P IV 3, 49 und 53.

18 a) Anpassungsfaktor ist der **Schadensatz**, also der **Jahresbetrag der Schadenzahlungen aller HausratVr je 1000 DM HausratVSumme**, § 16 Nr. 2a VHB 84. Steigen die VSummen, sei es im Neugeschäft oder sei es bei Vertragsumstellungen von den VHB 74 auf die VHB 84 oder sei es endlich durch Summenanpassungen gemäß § 16 Nr. 1 VHB 84, so sinkt dadurch der Schadensatz (Dietz 5.4 zu § 16). Der Schadensatz als Anpassungsfaktor **vermeidet** also eine **Doppelbelastung** des VN durch das Nebeneinander von § 16 Nr. 1 (**Summenanpassung**) und § 16 Nr. 2 (**Prämiensatzanpassung**) VHB 84. Wenn insbesondere die Schadenzahlungen aufgrund von Kaufkraftschwund der DM zunehmen, wirkt sich dies auf den Schadensatz nur aus, soweit die Schadenzahlungen stärker als die VSumme steigen, vgl. die Beispielsrechnungen bei Dietz 5.5.2 zu § 16, ferner Lichtenwald VW 84, 1042.

19 Der Schadensatz ist aus den Schadenzahlungen während eines Kalenderjahres zu ermitteln. Ebenso wie für den Gesamtbetrag aller VSummen sind die Zahlen aller HausratNr zu berücksichtigen, also die sog. **Branchenzahlen** (Dietz 5.6.3 zu § 16). Ob der VFall schon in einem früheren Kalenderjahr eingetreten war, spielt keine Rolle. Unberücksichtigt bleiben auch Rückstellungen für Schäden des laufenden Kalenderjahres. Zu den Schadenzahlungen gehören Ausgleichszahlungen nach § 59 Abs. 2 VVG an andere Vr, während umgekehrt etwa von einem VN nach § 812 BGB zurückverlangte oder von einem anderen Vr nach § 59 Abs. 2 VVG empfangene Beträge abzuziehen sind. Unberücksichtigt bleiben nach dem Wortlaut von § 16 Nr. 2a VHB 84 Schadenregulierungskosten.

20 Zu berücksichtigen sind Schadenzahlungen „**aus HausratV**". Hierzu gehören auch Verträge nach den VHB 74 oder nach den VHB von 1966 oder 1942, ferner die vereinzelt noch vorhandenen Verträge nach den AFB 30 usw. aus der Zeit vor 1942. Nur durch diesen Rückgriff auf Verträge nach älteren AVB konnten die Berechnungen gemäß § 16 Nr. 2 VHB 84 sofort mit Ingebrauchnahme der VHB 84 durchgeführt werden, also schon für Verträge, deren zweites Jahr zwischen dem 1. 1. und dem 31. 12. 1985 begonnen hatte. Schadenzahlungen aus Schäden, die **nach den VHB 84** im Gegensatz zu den tatsächlich vereinbarten älteren AVB **nicht mehr entschädigungspflichtig** wären, dürfen **nicht abgezogen** werden.

21 Diese Regelung wirkt sich zugunsten der VN aus, denn in den VHB 84 überwiegen die Deckungseinschränkungen gegenüber den Verbesserungen des VSchutzes bei weitem, insbesondere weil Entschädigung für Diebstahl durch Kfz-Einbruch (§ 3 Nr. B 5 VHB 74) nach den VHB 84 nicht mehr geleistet wird. Da der Anteil an Verträgen nach älteren AVB nach und nach immer mehr abnehmen wird, wirkt der **Wegfall der nach den VHB 84 nicht mehr geschuldeten Schadenzahlungen** über einige Jahre hinweg **mindernd** auf den Schadensatz. Vor allem diese Tatsache, daneben auch die bei Dietz 5.6.2 zu § 16 geäußerte Erwartung steigender VSummen, rechtfertigt die Annahme, es werde nach 1985 und 1986 (Lichtenwald VW 84, 1042) auch in den folgenden Jahren nicht oder nur in geringem Umfang zu Prämiensatzerhö-

hungen kommen. Dietz 5.8 zu § 16 bezweifelt zwar, daß wirklich die Einschränkungen des Vschutzes in den VHB 84 gegenüber den Erweiterungen so stark überwiegen, betont aber an anderer Stelle (Einl. I 2 und I 5) auch selbst die Verbesserung der Geschäftsergebnisse als Ziel der neuen VHB 84.

Die Vr wollen Schadenzahlungen für **Glasbruch** nach einer geschäftsplan- 22 mäßigen Erklärung (VerBAV 84, 289) unberücksichtigt lassen. Dies wirkt sich aus den in P IV 21 dargelegten Gründen zum Nachteil des VN aus und kann entgegen Dietz 5.6.1 zu § 16 (1. Aufl.) nicht schon allein auf die Entgegennahme jener geschäftsplanmäßigen Erklärung durch das BAV und auch nicht (P IV 20) schon allein auf die Tatsache gestützt werden, daß das Glasbruchrisiko nach den VHB 84 „nicht mehr Gegenstand der HausratV" ist. Letzteres würde nämlich auch auf den einfachen Diebstahl von Gartenmöbeln oder auf Schäden durch Kfz-Einbruch zutreffen. Außerdem können geschäftsplanmäßige Erklärungen nicht den AVB-Inhalt ändern, schon gar nicht zum Nachteil des VN, sondern sie können nur „Einheiten der (rechnerischen) Ermittlung des Veränderungssatzes" verdeutlichen, Ollick VerBAV 84, 350.

Das vorgesehene Verfahren ist also nur zu rechtfertigen, wenn es sich 23 durch Auslegung schon unmittelbar aus § 16 Nr. 2 a VHB 84 ableiten läßt. Man wird dies bejahen dürfen, denn die VHB 84 schließen zwar Schadenzahlungen aus früheren Verträgen nicht von der Berechnung nach § 16 Nr. 2 a aus, verwenden dort aber einen **neuen Begriff der „HausratV"**, der Glasbruchschäden nicht mehr umfaßt. Der Unterschied gegenüber Schäden durch Kfz-Einbruch liegt darin, daß diese Schäden nach § 3 Nr. B 5 VHB 74 nur als Annex innerhalb der DiebstahlV versichert waren. Da das Diebstahlrisiko generell auch nach den VHB 84 noch versicherbar ist, sind für den Schadensatz sämtliche Zahlungen auf das Diebstahlrisiko zu berücksichtigen, auch soweit es nach den VHB 74 noch in erweitertem Umfang versichert war.

Entgegen der 2. Aufl. unzweifelhaft ist für den „**Gesamtbetrag der Haus-** 24 **ratVSummen"** der Stand am 31. Dezember maßgebend. Das steht zwar nicht in § 16 Nr. 2 a VHB 84, wohl aber – etwas versteckt – in der Berechnungsvorschrift von Nr. 2 b und begünstigt unter der realistischen Annahme steigender VSummen den VN (Dietz 5.6.2 zu § 16).

b) Die der Berechnung zugrunde liegenden Kalenderjahre sind in § 16 25 **Nr. 2 b** VHB 84 klar definiert. Die Berechnung ist jährlich anzustellen, und zwar mit Wirkung für sämtliche in dem folgenden Kalenderjahr beginnenden VJahre der bestehenden Verträge. Zu vergleichen ist das Kalenderjahr vor dem Kalenderjahr der Berechnung, also das „vorletzte" Jahr vor dem Beginn des VJahres, mit dem davorliegenden Kalenderjahr usw., und zwar insgesamt eine **Periode von drei Jahren** vor dem Berechnungsjahr mit einer ein Jahr weiter zurückliegenden Dreijahresperiode, vgl. die übersichtliche Darstellung bei Dietz 7 zu § 16, wobei lediglich zu beachten ist, daß Dietz aaO die Jahre dort in die Vergangenheit steigend beziffert, während er umgekehrt in 8.1 zu § 16 (Kündigungsschwelle) steigende Zahlen mit Richtung in die Zukunft verwendet.

Bleibt der gemäß P I 25 ermittelte und auf zwei Stellen hinter dem Komma 26 gerundete Veränderungsprozentsatz unter 5% (sog. **Geringfügigkeitsgrenze**), so bleibt die Prämie nach § 16 Nr. 2b Abs. 2 VHB 84 unverändert. Jedoch darf dieser Satz dann als „Vortrag" zu dem für das folgende Kalenderjahr ermittelten Veränderungssatz hinzugerechnet werden. Die Periode von 1982 bis 1984 erbrachte eine Veränderung von – 0,83 %, VP 85, 127, so daß sich der Prämiensatz in den 1986 beginnenden VJahren nicht veränderte. Unter Berücksichtigung der Periode von 1981 bis 1983 ergab sich allerdings ein zusammen mit dem Ergebnis der Periode von 1983 bis 1985 zu berücksichtigender Vortrag von + 2,49 %.

27   Übersteigt der ermittelte Veränderungssatz einschließlich „Vortrag" (eventuell auch „Vortrag" mit umgekehrtem Vorzeichen) die Geringfügigkeitsgrenze von 5 %, so wird das Ergebnis nach § 16 Nr. 2c VHB 84 auf 5 oder 7,5 **oder 10 usw.** abgerundet. Der durch diese Rundung abgekappte Teil des Veränderungssatzes ist endgültig „verloren" und darf in den folgenden Jahren in keiner Richtung mehr unberücksichtigt werden, Ollick VerBAV 84, 358. Unterstellt man, daß Erhöhungen des Schadensatzes häufiger sein werden als Jahre mit rückläufigem Schadensatz, so wird gerade dadurch ein beachtlicher Teil des gesamten Änderungsrisikos vom VN ferngehalten, Lichtenwald VW 84, 1039.

28   In der Höhe gemäß P IV 27 muß der Vr **obligatorisch** die Prämie senken, wenn es sich um einen **negativen Veränderungssatz** handelt, P IV 16. Er muß die Senkung dem VN dann spätestens bis zum Beginn des neuen VJahres „bekanntgeben", § 16 Nr. 2c VHB 84.

29   Ein **positver Veränderungssatz** wirkt hingegen nicht „automatisch", sondern begründet lediglich ein **Gestaltungsrecht des Vr,** das dieser vor Beginn des neuen VJahres (P IV 16) durch Erklärung gegenüber dem VN ausüben muß. Dies folgt aus dem Wort „kann" in § 16 Nr. 2a VHB 84. Ob ein wirksamer Gebrauch des Gestaltungsrechts auch darin liegen kann, daß der Vr dem VN zwar keine Mitteilung zugehen läßt, jedoch die vereinbarte Prämienabbuchung um einen entsprechenden Betrag erhöht, ist zweifelhaft.

30   Der Vr kann entgegen dem Wortlaut von **§ 16 Nr. 2d VHB 84** von seinem Erhöhungsrecht auch nur zu einem **Teil** Gebrauch machen. Dadurch kann sich der Prämiensatz um jeden beliebigen Prozentsatz erhöhen, der nicht über 5 liegen und auch nicht durch 2,5 mit einer ganzen Zahl als Ergebnis teilbar sein muß. Neben einem solchen Teilverzicht des Vr auf sein Erhöhungsrecht kann auch die sog. Tarifobergrenze Ursache einer nur geringfügigen und **„unrunden" Prämiensatzerhöhung** sein, P IV 32. Soweit der Vr von seinem Gestaltungsrecht bis zum Beginn des VJahres nicht Gebrauch gemacht hat, bewirkt dieser teilweise oder völlige Verzicht des Vr einen endgültigen Wegfall des Anpassungsrechts, das für dieses VJahr entstanden war.

31   Die Abrundung des geänderten Prämiensatzes gemäß § 16 Nr 2d Satz 2 VHB 84 ist auch dann vorzunehmen, wenn der Prämiensatz wegen eines negativen Veränderungssatzes gesenkt werden mußte. Die Bestimmung wirkt sich also in jedem Fall zugunsten des VN aus.

32   c) Nach **§ 16 Nr. 2d Satz 3 und 4 VHB 84** darf der gemäß Nr. 2b und 2c veränderte Prämiensatz („er", vgl. dazu P IV 34) nicht den im Zeitpunkt der Änderung geltenden Tarifprämiensatz übersteigen. Diese sog. **Tarifobergrenze** bietet zwar dem VN einen gewissen **Schutz vor ruinösem Wettbewerb,** denn

zu niedrige Prämien im Neugeschäft hindern zugleich Anpassungen nach
oben bei bestehenden Verträgen (Dietz 5.7 zu § 16). Aber die Tarifobergrenze kann entgegen Ollick VerBAV 84, 359 nicht als Konsequenz aus § 9 Abs. 2
Nr. 2 AGBG hergeleitet und als Erfordernis für die Rechtswirksamkeit der
Prämienanpassungsregelung angesehen werden. In BVerwG VerBAV 81, 92
wird zwar eine Tarifobergrenze als eines der Argumente genannt, welche die
dort geprüfte Anpassungsklausel zur RechtsschutzV als genehmigungsfähig
haben erscheinen lassen. In dem Urteil wird aber nicht etwa auch umgekehrt
gesagt, daß eine Prämienanpassungsklausel gerade wegen des Fehlens einer
solchen Tarifobergrenze unwirksam sein könne.

Entscheidend gegen die Sachdienlichkeit der Tarifobergrenze spricht, daß   33
sie nur eingreifen soll, wenn eine Prämienanpassung nach § 16 Nr. 2 b und 2 c
VHB 84 stattfindet, ansonsten hingegen nicht. Das etwaige Bedürfnis, auch
bestehende **langfristige Verträge an Tarifsenkungen für Neuverträge partizipieren zu lassen,** bestünde – wenn man es überhaupt gelten lassen wollte – unabhängig davon, ob sich in einem bestimmten Jahr der Prämiensatz verändert
oder nicht. Am wenigsten kann es richtig sein, die Tarifobergrenze sowohl
bei Änderungen nach *oben* wie auch bei Änderungen nach *unten* anzuwenden, sie aber gerade für den wirtschaftlich *zwischen* diesen beiden Fallgruppen liegenden Bereich des *unverändert* bleibenden Prämiensatzes nicht anwenden zu wollen. Der VN ist naturgemäß am wenigsten schutzbedürftig,
wenn der Prämiensatz nach § 16 Nr. 2 d VHB 84 ohnehin sinkt; entgegen
Dietz 7.2.2 zu § 16 weniger unlogisch ist daher § 3 Nr. 3 SGlN 88 formuliert,
wo die Tarifobergrenze nur für den Fall steigender Prämie vorgesehen ist, S
IV 38. – Dieser Einwand gewinnt noch an Gewicht, wenn man berücksichtigt, daß Anpassungen nach oben oder unten erst mit mehr oder minder
großer zeitlicher Verzögerung nach den entsprechenden Änderungen des
Schadensatzes möglich sind, und daß es überdies von einer Reihe von rechnerischen Zufällen abhängt, ob es in einem bestimmten Jahr zu einer Veränderung kommt oder nicht, vgl. instruktiv Dietz Anhang zu § 16.

Die Tarifobergrenze würde auch nicht dadurch logisch besser fundiert, daß   34
man sie etwa auch dann anwenden wollte, wenn zwar nicht der Prämiensatz
gemäß § 16 Nr. 2, wohl aber die **VSumme gemäß § 16 Nr. 1 VHB 84 erhöht**
(oder gar auch: gesenkt) wird, was einen sinkenden Prämiensatz bei unveränderter absoluter Prämienhöhe für eine höhere VSumme zur Folge hätte. Dergleichen wäre aus dem Wortlaut von § 16 Nr. 2 d Satz 3 und 4 VHB 84 nicht
herzuleiten, vgl. insbesondere schon das Wort „Er" in Satz 3 sowie S III 13.
Diese Sätze sind nämlich innerhalb von § 16 Nr. 2 d VHB 84 von Satz 1 und
Satz 2 nicht einmal durch einen Absatz getrennt (anders freilich teilweise in
späteren nichtamtlichen Druckstücken). Noch weniger findet sich dort die
geringste Bezugnahme auf § 16 Nr. 1 VHB 84. Aber auch von diesem Argument aus dem Wortlaut abgesehen, bliebe die Regelung selbst bei so erweite-
ter Anwendung logisch nicht vertretbar, denn in jedem Fall ergäbe sich ein
Bereich, in dem die Tarifobergrenze *nicht* anzuwenden wäre, weil sich *weder*
der Prämiensatz *noch* die VSumme verändert. Die Anwendung bzw. Nichtanwendung in der einen bzw. in der anderen Fallgruppe ist so willkürlich,
daß die Regelung insgesamt nicht als sachgerecht gelten kann. Wer überhaupt
die Möglichkeit langfristiger VVerträge mit bis zu zehnjähriger Bindung des

VN anerkennt (vgl. dazu K III 7 ff), sollte hiervon nicht Abstriche für willkürlich ausgewählte Fallgruppen machen.

35   Gleichwohl sind § 16 Nr. 2 d Satz 3 und 4 VHB 84 als **rechtswirksam** anzusehen, denn die Regelung wirkt sich insgesamt zugunsten der VN aus, mag
auch ihr Anwendungsbereich sachwidrig und willkürlich abgegrenzt sein.
Die im Wortlaut ungelösten Zweifelsfragen sind allerdings jeweils in dem
Sinn zu lösen, der den Anwendungsbereich der Regelung eher verkleinert als
vergrößert. Außerdem kann der Vr die Tarifobergrenze durch Tarifänderungen praktisch nach Belieben einseitig **außer Kraft setzen**, P IV 37. In § 13
Nr. 5 VGB 88 ist eine Tarifobergrenze im Gegensatz zu § 3 Nr. 3 SGlN 88
überhaupt nicht mehr enthalten.

36   Insbesondere gilt dies für den bei Lichtenwald VW 84, 1041 erläuterten
Begriff der „**unveränderten Gruppe versicherbarer Risiken**". Die Tarifober-
grenze greift nur „bei unveränderter Tarifstruktur" ein (Dietz 7.2.3 zu § 16).
Verändert der Vr die **Tarifstruktur**, so ist die Regelung nicht mehr anwendbar.
Es ist dann nämlich *nicht* mehr festzustellen, „welche Prämie nach dem bei
Prämiensatzänderung geltenden Tarif vereinbart würde, wenn der *unverän-
derte* Vertragsinhalt in diesem Zeitpunkt Gegenstand eines Neuvertrages wä-
re" (so die zutreffende Auslegung durch Lichtenwald aaO). Hingegen ist die
Tarifobergrenze z. B. zu beachten, wenn bei unveränderter Tarifstruktur ein
Rabatt eingeführt wird und dessen Voraussetzungen auch bei Altverträgen
gegeben sind.

37   Insbesondere darf der Regelung nicht zu einem erweiterten Anwendungsgebiet etwa dadurch verholfen werden, daß man es genügen ließe, wenn ein
verglichen mit dem Vertrag des VN mehr oder weniger stark veränderter
oder sogar ausschließlich erweiterter Deckungsumfang zu einer Tarifprämie
unter dem gemäß § 16 Nr. 2 b und 2 c VHB 84 ermittelten neuen Prämiensatz
Gegenstand eines Neuvertrages sein könnte. Beispiel: Würde die Fahrraddeckung gemäß Kl 833 oder würde die Staffel für Prämienzuschläge bei bestimmten Erhöhungen von Entschädigungsgrenzen auch nur geringfügig verändert, so wäre § 16 Nr. 2 d Satz 3 und 4 VHB 84 bereits nicht mehr anwendbar. Der Vr kann die **Tarifobergrenze** also durch Tarifänderungen **nach Belieben einseitig außer Kraft** setzen. Diese Möglichkeit stellt aber nicht die Rechtswirksamkeit der Tarifobergrenze, P IV 35, sondern allenfalls die Rechtswirksamkeit einer mehrjährigen Vertragsbindung des VN in Frage, vgl. zu einem
Parallelproblem bei Kl 834 S II 112.

38   d) Ein **Kündigungsrecht** bezüglich des HausratVVertrages erwirbt der VN,
wenn der Prämiensatz über gewisse Grenzen hinaus erhöht wird. Anders als
im Fall der Tarifobergrenze handelt es sich hier in der Tat um eine Wirksamkeitsvoraussetzung für die Prämienanpassungsklausel, Palandt-Heinrichs § 8
AGBG Anm. 2 b. Gerade die Ausführungen zu § 9 AGBG in BVerwG VersR
81, 221 (223) = VerBAV 81, 80 (88) sind allerdings sehr unklar. Soll dort
gesagt werden, daß sämtliche Gründe, die nach den anschließenden Ausführungen eine Versagung der aufsichtlichen Genehmigung rechtfertigen, zugleich nach § 9 AGBG der Rechtswirksamkeit entgegenstünden, insbesondere in bereits genehmigten älteren Klauseln?

Das Kündigungsrecht entsteht nach § 16 **Nr. 2 e Abs.** 1 VHB 84 zunächst 39
dann, wenn durch **eine einzige Erhöhung** der Prämiensatz um mehr als 10%
ansteigt; wegen des Kündigungsrechts gemäß § 11 Nr. 4 VHB 84 wegen
Prämienerhöhung nach Wohnungswechsel vgl. P IV 5 und N IV 14. Da der
angepaßte Prämiensatz stets abgerundet wird, P IV 31, kann die Grenze von
10% nur überschritten werden, falls der Veränderungssatz gemäß § 16 Nr. 2 c
VHB 84 mindestens 12,5 beträgt.

Das Kündigungsrecht entsteht nach § 16 **Nr. 2 e Abs.** 2 VHB 84 auch, wenn 40
durch **mehrere Erhöhungen** in verschiedenen VJahren der Prämiensatz insgesamt um mehr als 20% steigt. Hierbei sind nicht die Prozentpunkte der
einzelnen Erhöhungen zu addieren, sondern die zuletzt erreichte Prämie ist
mit der Ausgangsprämie zu vergleichen. Bei diesem Vergleich müssen aber
Änderungen des Prämiensatzes aus *anderen* Ursachen *außer Betracht* bleiben, insbesondere Änderungen infolge nachträglichen Einschlusses oder
Ausschlusses zuschlagpflichtiger Sonderrisiken. Nötigenfalls müssen fiktive
Berechnungen durchgeführt werden, Dietz 8.2 zu § 16.

Mißlungen ist die Formulierung, wonach „innerhalb von drei aufeinander- 41
folgenden VJahren" die Grenze von 20% überschritten worden sein muß,
und zwar verglichen mit dem Prämiensatz „zu Beginn dieses Zeitraumes".
Diese beide Formulierungen sind weder jede für sich allein noch beide in
ihrem Zusammenwirken hinreichend durchdacht. Gemeint sind wohl in erster Linie (vgl. aber auch P IV 44) **drei Erhöhungen** jeweils **zu Beginn eines
jeden von drei unmittelbar aufeinanderfolgenden VJahren.** Das Wort „innerhalb" in Verbindung mit „Zeitraum" ist hierfür aber kein geeigneter sprachlicher Ausdruck, denn wenn man das Jahr einbezieht, in dem die Ausgangsprämie gegolten hatte, dann ergibt sich ein Zeitraum von mindestens drei Jahren
und einer juristischen Sekunde.

Ist das Kalenderjahr gleich dem VJahr, so könnte man bezüglich eines ab 42
1. 1. 1990 geltenden erhöhten Prämiensatzes zweifeln, ob dieser mit dem
Prämiensatz für das Jahr 1988 oder für das Jahr 1987 zu vergleichen ist.
Gewollt ist sicherlich der Vergleich mit 1987. Aber dieses Jahr 1987 liegt
nicht „zu" (wie sich die VHB 84 und im Anschluß an sie auch Dietz 8.1 zu
§ 16 sowie Lichtenwald VW **84,** 1041 ausdrücken), sondern „vor" Beginn der
drei Jahre 1988, 1989 und 1990.

§ 16 Nr. 2 e Abs. 2 VHB 84 muß wohl ausgelegt werden, als lautete er: 43

Das Kündigungsrecht entsteht auch, wenn der gemäß a bis c angepaßte Prämiensatz um mehr als 20 Prozent über dem längstens drei Jahre zuvor maßgebenden
Prämiensatz liegt.

Oder in stärkerer Anlehnung an den geltenden Text:

Das Kündigungsrecht entsteht auch, wenn sich der Prämiensatz zu Beginn von
zwei oder drei aufeinanderfolgenden VJahren mehrfach erhöht hat, und zwar auf
einen Satz, der um mehr als 20 Prozent über dem Prämiensatz vor Beginn der zwei
oder drei VJahre liegt.

Eine solche Formulierung würde zugleich klarstellen, daß es auch genügt, 44
wenn die Grenze von 20% schon durch Erhöhung zu Beginn nur zweier
unmittelbar aufeinanderfolgender VJahre überschritten wird (Lichtenwald
VW **84,** 1043). Beträgt die Erhöhung zu Beginn des **zweiten** Jahres mehr als
10%, so ergibt sich das Kündigungsrecht schon aus § 16 Nr. 2 e Abs. 1 VHB

84, vgl. P IV 39. Das Kündigungsrecht ist aber auch zu bejahen, wenn die Erhöhungen zweimal genau 10% (Dietz 8.1 zu § 16) oder wenn sie z.B. im ersten Jahr 12,5 und in zweiten Jahr 7,5% betragen hatten. Daß der VN im ersten Jahr von seinem Kündigungsrecht keinen Gebrauch gemacht hatte, schließt dann das Recht im zweiten Jahr nicht aus.

45   In den soeben behandelten Fällen entsteht das Kündigungsrecht im **dritten** Jahr erneut, auch wenn die Prämie im dritten Jahr nicht mehr oder nur noch geringfügig erhöht wurde. Daß der VN im zweiten Jahr nicht gekündigt hatte, steht nicht entgegen. Selbstverständlich entsteht das Kündigungsrecht im dritten Jahr aber dann nicht mehr, wenn in diesem Jahr die Prämie wieder sinkt und dadurch die 20%-Grenze nicht mehr überschritten wird.

46   Zu erklären ist die Kündigung **schriftlich innerhalb eines Monats** seit Empfang der letzten Anpassungsmitteilung. Spätestens muß die Kündigung dem Vr also am Ende des ersten Monats des VJahres zugehen, denn das Erhöhungsrecht muß dem VN gegenüber zu Beginn eines neuen VJahres ausgeübt worden sein, P IV 16 und 29. Auf die Verspätung einer Kündigung kann sich der Vr aber nur berufen, wenn er den VN entsprechend einer geschäftsplanmäßigen Erklärung (Dietz 8.4 zu § 16) auf das Kündigungsrecht hingewiesen hatte.

47   Wirksam wird die Kündigung für den Zeitpunkt, für den auch die Prämienerhöhung wirksam werden sollte, gegebenenfalls also **rückwirkend.** Wenn der VN nicht ohne VSchutz sein will, muß er innerhalb der Monatsfrist gemäß P IV 46 einen anderweitigen Vertrag schließen. In den Fällen der rückwirkenden Kündigung genießt der VN VSchutz für die Zeit zwischen dem Beginn des VJahres und dem Zugang der Kündigung praktisch prämienfrei, nämlich insofern, als er von der Kündigung absehen kann, wenn innerhalb der Monatsfrist ein Schaden eingetreten ist.

48   e) Spätestens seit GB 86, 41 wird diskutiert, ob die Vereinbarkeit der Prämienanpassungsklausel des § 18 Nr. 2 VHB 84 mit §§ 8, 9 AGBG nicht sogar ein **Kündigungsrecht** des VN **ohne Schwellenwert** voraussetzen würde, vgl. PM § 50 Anm. 1 E c bb sowie Martin 314 in Schirmer/Martin. LG Hamburg VersR 90, 303 (nicht rechtskräftig) hält hingegen § 16 Nr. 2 VHB 84 als Gesamtregelung mit § 9 AGBG für vereinbar, weil die Berechnung des Anpassungssatzes für den VN vorteilhaft geregelt sei; dadurch werde die Einschränkung des Kündigungsrechts hinreichend kompensiert. Gesetzespolitisch wird derzeit diskutiert, ob nicht dem VN durch einen neu einzufügenden § 31 VVG kraft Gesetzes ein Kündigungsrecht bei Prämienanpassungen zugestanden werden soll, K IV 11.

49   4. §§ 13 **Nr. 5 VGB 88, 3 Nr. 2 SGlN 88** sehen in der **Gleitenden NeuwertV** von Wohn- sowie von Geschäfts- und landwirtschaftlichen Gebäuden die Anpassung der Prämie auf die VSumme 1914 entsprechend einem gleitenden Neuwertfaktor vor. Der **gleitende Neuwertfaktor** erfüllt, verglichen mit § 16 VHB 84, eine doppelte Funktion. Zum einen ermöglicht er die Anwendung des ursprünglichen Prämiensatzes auf eine entsprechend den in § 13 Nr. 4 VGB 88 angesprochenen Neubaupreisen **steigende fiktive GegenwartsVSumme**; insofern erfüllt der gleitende Neuwertfaktor die Funktion des § 16 Nr. 1 VHB 84. Zum anderen bewirkt er den **Anstieg des Prämiensatzes auf die fiktive**

Gegenwarts VSumme entsprechend der Belastung des Vr durch einen überproportionalen Anstieg der Reparaturkosten bei Teilschäden, vgl. dazu schon N IV 4 und 5 und P IV 3. Insofern erfüllt der gleitende Neuwertfaktor die Funktion des § 16 Nr. 2 VHB 84, wird aber bisher ebensowenig wie die Prämienanpassung bei Hausrat als Prämienerhöhung wegen einer Gefahrerhöhung im Sinn von § 27 VVG verstanden und daher nicht an § 34a VVG gemessen, P IV 3 und 17.

Die erste Funktion des gleitenden Neuwertfaktors ergibt sich aus dem 50 Grundgedanken der Gleitenden NeuwertV. Der VWert 1914 und damit die **Soll-VSumme** bleibt unabhängig von einem Anstieg der Neubaupreise **unverändert**. Der VN hat – eine bei Vertragsschluß oder letzter Vertragsneuordnung ausreichende VSumme 1914 vorausgesetzt – volle Deckung im Totalschadenfall, also in Höhe des jeweiligen ortsüblichen Neubaupreises, ohne die VSumme 1914 erhöhen zu müssen. Hierfür benötigt der Vr eine Kompensation und erhält sie durch die Prämienanpassung entsprechend dem gleitenden Neuwertfaktor. Allerdings ist dies nicht die einzige Funktion des gleitenden Neuwertfaktors, denn dazu bedürfte es keiner Mischzahl aus Baupreisen und Tariflöhnen, sondern es würde eine Anpassung zu 100% entsprechend dem Baupreisindex genügen, vgl. P IV 60 zu § 13 Nr. 4 VGB 88.

Tatsächlich ist der **gleitende Neuwertfaktor** nach §§ 13 Nr. 5 VGB 88, 3 51 Nr. 2 SGlN 88 aber eine **Mischzahl**, in die zu 80% der **Baupreisindex** und zu 20% der **Tariflohnindex** eingeht. In Zeiten normaler wirtschaftlicher Entwicklung steigt der Tariflohnindex schneller als der Baupreisindex, weil letzterer neben den steigenden Tariflöhnen auch die weniger stark oder überhaupt nicht steigenden Materialpreise enthält. Soweit infolge der Einbeziehung des Tariflohnindexes zu 20% der gleitende Neuwertfaktor schneller steigt als der Baupreisindex, erfüllt der gleitende Neuwertfaktor über § 13 Nr. 4 VGB 88 hinaus dieselbe Funktion wie in der Hausratversicherung die **Prämiensatzanpassung** nach § 16 Nr. 2 VHB 84.

Maßgebend sind die Indizes für Mai (Baupreise) und April (Tariflöhne) 52 eines jeden Jahres und deren Vergleich mit den Vorjahreswerten. Bei Berechnung der prozentualen Veränderung wird auf zwei Stellen hinter dem Komma gerundet. Der geänderte gleitende Neuwertfaktor – gerundet auf eine Stelle hinter dem Komma – gilt für alle VPerioden bestehender Verträge, die an einem beliebigen Tag des folgenden Kalenderjahres beginnen. Für 1988 hatte der gleitende Neuwertfaktor 18,1 betragen. Der Prämiensatz je 1000 DM VSumme 1914 wird mit dem gleitenden Neuwertfaktor multipliziert, der im Jahr des Vertragsschlusses gilt. Eine **Geringfügigkeitsgrenze** für die Änderungen des gleitenden Neuwertfaktors ist **nicht** vorgesehen.

Berechnungsbeispiele:

Baukostenindex (Basis 1980)		Tariflohnindex (Basis 1985)		Veränderungs- mischzahl	Gleitender Neuwertfaktor
5/87 118,5		4/87 107,6			18,1 (1988)
5/88 120,9	(= +2,03%)	4/88 111,6	(= +3,56%)	+2,36%	18,5 (1989)
5/89 125,2	(= +3,70%)	4/89 115,3	(= +3,32%)	+3,51%	19,2 (1990)

Zu §§ 13 Nr. 5 VGB 88, 3 Nr. 2 SGlN 88 stellt sich möglicherweise die 53 Frage der **Vereinbarkeit mit § 34a VVG**, falls man nämlich den überproportionalen Anstieg der Reparaturkosten als Gefahrenerhöhung ansieht, P IV 3, mindestens aber die Frage der **Vereinbarkeit mit §§ 8, 9 AGBG.** Der Anstieg des gleitenden Neuwertfaktors und in der Regel auch des Prämiensatzes je 1000 DM VSumme 1914 gibt dem VN nämlich kein Kündigungsrecht mit Bezug auf den ganzen Vertrag, weder ein solches mit Schwellenwert noch ein solches ohne Schwellenwert. Auch ein **Widerspruchsrecht** wie gegen Summenerhöhungen in der GeschäftsV und in der HausratV nach Kl 1701 und nach § 16 Nr. 1 VHB 84 wird dem VN in dem VGB 88 und in den SGlN 88 **nicht** zugestanden, obwohl Prämienanpassungsklauseln nach h.M. entweder ein Kündigungsrecht oder ein Widerspruchsrecht erfordern, wenn sie rechtswirksam sein sollen, PM § 50 VVG Anm. 1 E d und f.

54 Verbal sieht **§ 13 Nr. 6 Abs. 1 Satz 1 VGB 88** zwar ein Recht des VN vor, „die Erhöhung aufzuheben". Tatsächlich wird durch eine derartige Erklärung des VN aber nicht nur zu dessen Gunsten die Prämienerhöhung aufgehoben, sondern gleichzeitig der Vertrag von einer Gleitenden NeuwertV in eine NeuwertV gemäß § 14 Nr. 1 a VGB 88 mit fester VSumme umgewandelt. Diese **Umwandlung** ist für den VN in mehrfacher Hinsicht **nachteilig**, S IV 80, z. B. weil die Gesamtentschädigung für versicherte Sachen, versicherte Kosten und versicherten Mietausfall (nur) bei fester VSumme der Begrenzung gemäß § 15 Nr. 5 VGB 88 unterliegt, W I 4 und W III 5, und weil die Entschädigungsgrenzen gemäß § 17 Nr. 1 und Nr. 2 VGB 88 niedriger sind als in der Gleitenden NeuwertV.

55 Vor allem aber wird bei der Umwandlung die **feste VSumme** nicht wie im Fall von § 17 Nr. 1 a VGB 88 durch Multiplikation der VSumme 1914 mit dem gleitenden Neuwertfaktor, sondern nur durch **Multiplikation mit dem** in aller Regel niedrigeren **Baupreisindex** errechnet, S IV 80. Das Ausmaß des Nachteils für den VN hängt davon ab, ob die VSumme 1914 – deren ausreichende Höhe hier einmal unterstellt – nach der für den VN im Einzelfall günstigsten Methode gemäß § 16 Nr. 3 VGB 88 berechnet worden war, S IV 56.

56 Je besser der VN beraten und je günstigere Weise für ihn die VSumme 1914 berechnet worden war, um so weniger reicht im Fall der Umwandlung die aus der VSumme 1914 errechnete feste VSumme aus, sondern es entsteht UnterV. Der VN muß die ermittelte feste VSumme erhöhen und zahlt dann in der Regel *mehr* an Prämie, als er hätte zahlen müssen, wenn er die Erhöhung nach dem gleitenden Neuwertfaktor akzeptiert hätte, statt sie gemäß § 13 Nr. 6 VGB 88 „aufzuheben"! War der VN bei Vertragsschluß und Bildung der VSumme schlechter beraten, so ändert sich die Situation nur scheinbar. Zwar reicht die aus einer zu hohen VSumme 1914 errechnete feste VSumme vielleicht aus, aber der VN verliert dann das – in § 13 Nr. 6 Abs. 2 VGB 88 verbal sogar ausdrücklich bestätigte – Recht, gemäß § 51 VVG wegen erheblicher ÜberV Herabsetzung der Prämie zu verlangen. Hätte er die Erhöhung gemäß § 13 Nr. 6 Abs. 1 VGB 88 nicht „aufgehoben", sondern Herabsetzung der Prämie gemäß § 51 VVG verlangt, so wäre er besser gefahren. Der Vr muß **den VN** in geeigneten Fällen sogar ausdrücklich in diesem Sinn **beraten**, S IV 82.

57 Entsprechendes gilt nach den SGlN 88. Dort ist nicht einmal verbal von einem Recht des VN die Rede, die Erhöhung der Prämie durch versteckte

Prämiensatzanpassung mit Hilfe des gleitenden Neuwertfaktors „aufzuheben", sondern § 5 SGlN 88 spricht von vornherein nur von einem Wegfall der SGlN 88, was bei unveränderter Prämie zu den in P IV 55 und 56 beschriebenen Nachteilen führt.

Schon die Vereinbarkeit von § 16 Nr. 2 VHB 84 mit § 34a VVG und mit 58 §§ 8, 9 AGBG ist zweifelhaft, weil dem VN ein Kündigungsrecht nur mit Schwellenwert eingeräumt ist, P IV 48. Im Fall von §§ 13 Nr. 5 VGB 88, 3 Nr. 2 SGlN 88 gewinnen diese Zweifel noch erheblich an Gewicht, weil dem VN nicht einmal ein Kündigungsrecht mit Schwellenwert, sondern nur ein Umwandlungsrecht eingeräumt ist, dessen Ausübung ihm größere Nachteile bringt als er sie erlitten hätte, wenn er die Prämie nach dem gestiegenen gleitenden Neuwertfaktor akzeptiert hätte.

Hält man mangels eines Kündigungs- oder Widerspruchsrechts des VN die 59 rechtlichen Bedenken gegen §§ 13 Nr. 5 VGB 88, 3 Nr. 2 SGlN 88 für unüberwindlich und beide Bestimmungen mit §§ 8, 9 AGBG oder gar mit § 34a VVG für unvereinbar und daher für rechtsunwirksam, so ist dem Vr in der Gleitenden NeuwertV gleichwohl nicht jede Prämienanpassung verwehrt. Statt des gleitenden Neuwertfaktors, also einer Mischzahl aus Baupreisen und Tariflöhnen für Wohngebäude, ist dann allerdings nur eine **Anpassung entsprechend der Veränderung der Baupreise** zulässig.

Für die WohngebäudeV ergibt sich dies aus § 13 Nr. 4 VGB 88. Einer 60 AGB-konformen Auslegung oder der Konstruktion einer bloßen Teilungswirksamkeit von § 13 Nr. 5 VGB 88 bedarf es nicht. In § 13 Nr. 4 Satz 2 VGB 88 wird nämlich zulässigerweise die Anpassung der Prämie „*entsprechend*" der Anpassung der Haftung des Vr an die Baupreisentwicklung festgelegt. Diese Anpassung der Haftung des Vr ergibt sich aus der Haftung im Totalschadenfall gemäß § 15 Nr. 1a VGB 88, also in Höhe des jeweiligen ortsüblichen Neubauwertes gemäß § 14 Nr. 1a VGB 88, P IV 50, und wird in § 13 Nr. 4 Satz 1 VGB 88 durch eine deklaratorische Feststellung bekräftigt. Allerdings bleibt hierbei der überproportionale Anstieg des Lohnkostenfaktors und der Belastung des Vr durch Teilschadenentschädigungen (Reparaturkosten) außer Betracht. Die etwaige Unwirksamkeit von § 13 Nr. 5 VGB 88 bewirkt jedenfalls im Ergebnis nur, daß der 20%-Anteil für Tariflöhne im gleitenden Neuwertfaktor nicht berücksichtigt werden darf.

Wirtschaftlich ist die Situation bei Geschäftsgebäuden und landwirtschaft- 61 lichen Gebäuden nach den SGlN 88 dieselbe. Die rechtliche Konstruktion ist dort allerdings schwieriger, denn in den SGlN 88 fehlt eine Bestimmung entsprechend § 13 Nr. 4 VGB 88. Das Recht auf Prämienanpassung entsprechend der Baupreisentwicklung bei Wohngebäuden (zu 100%) ließe sich nach den SGlN 88 nur durch **AGB-konforme Auslegung** oder durch die Konstruktion einer bloßen Teilunwirksamkeit **von § 3 Nr. 2 SGlN 88** erreichen.

Q. Versicherungswert

Übersicht

I. Begriff und zeitlicher Maßstab für die Berechnung

1   VWert ist der Wert der versicherten Sache. Da „Wert" kein eindeutig definierter Rechtsbegriff ist, muß man hinzufügen: VWert ist der **Betrag**, der **seiner Art nach** bei völliger Zerstörung der Sache im Rahmen eines SachVVertrages und nach den vereinbarten AVB **entschädigungsfähig** ist, also der mögliche Höchstschaden oder genauer der mögliche Höchstbetrag der SachVEntschädigung (§ 50 VVG). Da dieser Betrag zugleich das versicherte Risiko beschreibt, und zwar in der sog. VollwertV auch bei Teilschäden (§ 56 VVG), vgl. ausführlich Martin VersRSch 85, 1, ist der VWert zugleich Soll-VSumme, der die tatsächlich vereinbarte VSumme als **Prämienbemessungsgrundlage** entsprechen muß, wenn nicht die Entschädigung wegen UnterV gekürzt werden soll, S II 22. Umfaßt eine **Position** im Sinn von S I 2 **mehrere Sachen**, so ist der VWert der Position nicht notwendig gleich der Summe der VWerte der in ihr zusammengefaßten Sachen, sondern der Wiederbeschaffungspreis, den die *gleichzeitige* Wiederbeschaffung aller Sachen der Position erfordern würde, vgl. Q IV 1 und 81 sowie S II 32. – Da der Begriff des Wertes von Sachen hat im täglichen Leben sowie in verschiedenen Gebieten des Rechts und der Wirtschaft unterschiedliche Bedeutungen hat, vgl. die ausführliche Darstellung bei BM § 52 VVG Anm. 1 bis 8. Daher muß das VRecht den Wert definieren. So erklären sich das Wort „VWert" in §§ 52ff. VVG und in den neueren AVB sowie das Wort „Ersatzwert" (R I 4) in den AFB 30 und in den AEB. Beide Begriffe deuten an, daß es einen **speziellen Wertbegriff der SachV** gibt, der dem Wortlaut und der Auslegung des VVG und der AVB entnommen werden muß:

2   1. § 52 VVG geht vom Wert der Sache aus, verweist also zunächst auf den unscharfen Begriff des allgemeinen Sprachgebrauchs des täglichen Lebens. Gemeint ist der **gemeine Wert**, Q III 60, auch Verkehrswert genannt, und zwar für sämtliche Arten von Sachen, auch für diejenigen, für die eine NeuwertV aus wirtschaftlichen Gründen nicht in Frage kommt, Q II 2.

3   a) Der Begriff des Verkehrswerts sagt nichts darüber aus, ob es auf den *durch einen Händler* erzielbaren Betrag oder auf den *durch den VN* erzielbaren Betrag ankommt. Ersterenfalls wäre maßgebend, was der VN bei Ankauf einer Sache gleicher Art und Güte und im gleichen Abnutzungszustand aufwenden muß, also der **Ankaufspreis** (so BM § 52 VVG Anm. 10), letzterenfalls dagegen der Betrag, den der VN als **Verkaufspreis** erzielen kann, insbesondere auf dem Gebrauchtwarenmarkt. In BGH VersR 84, 481 wird diese Frage für den Zeitwertbegriff der AKB, der dem Begriff des gemeinen Werts in der klassischen SachV entspricht, mangels anderslautender Vereinbarungen dahin entschieden, daß es auf den **in der Handelsstufe des jeweiligen VN anfallenden Wiederbeschaffungspreis** ankommt, also auf den Ankaufspreis. So habe im Ansatz bereits RG 97, 44 argumentiert, wo auf den „in Betracht kommenden Interessentenkreis" abgestellt worden sei, was nur den Kaufinteressenten meinen könne.

4   Für die hier behandelten Zweige der klassischen SachV ist die Frage praktisch bedeutungslos, denn § 52 VVG gilt nur, wenn sich nicht „aus den

Umständen" etwas anderes ergibt. Insbesondere können § 52 VVG sowie §§ 86, 88 VVG durch die **AVB** abbedungen werden. So enthalten denn auch AFB 30, AEB, AWB 68, und AStB 68 abschließende Vorschriften über den VWert auf Zeitwertbasis. Soweit zum Neuwert versichert wurde, enthielten schon die NwIG 80 und die NwSoBedIuG Bestimmungen, die Vorrang vor den AFB 30, AEB, AWB 68 und AStB 68 hatten, und zwar nicht nur Bestimmungen über den Neuwert, Q IV 1, sondern auch (Q III 21) über den Zeitwert und (Q III 38) den gemeinen Wert. Die AERB, VHB 74, VHB 84, VGB 62 und VGB 88 sowie die AFB 87, AERB 87, AWB 87 und AStB 87 enthalten ebenfalls Definitionen und gehen bereits vom Neuwert aus. Die in Q I 4 behandelte Frage wird in den AVB der SachV für den Bereich der *Neuwert*- und der *ZeitwertV* ebenso wie in BGH VersR 84, 481 zugunsten des **Ankaufspreises** (im Zeitwertbereich mit prozentualem Abzug), im Bereich des *gemeinen Werts*, also bei *entwerteten* Sachen, hingegen zugunsten des **Verkaufspreises** entschieden, weil hier kein Wiederbeschaffungsbedarf besteht.

b) Nur versicherte *Sachen* haben einen Wert. Soweit **Kosten** versichert sind, 5 die zwar durch einen Sachschaden als VFall verursacht wurden, wirtschaftlich aber über den sog. Sachsubstanzschaden hinausgehen, handelt es sich um eine V für Vermögensfolgeschäden, A II 28 und W I 2. Für die Entschädigung sind hier Art und Höhe der aufgewendeten Kosten maßgebend. VSumme ist der Höchstbetrag der versicherten Kosten; auch die Prämie wird ohne Rücksicht auf einen Sachwert bestimmt. Dem Grunde nach setzt Ersatzpflicht für versicherte Kosten allerdings meist einen SachVFall und damit einen versicherten Sachschaden voraus, vgl. insbesondere W V 6 für Aufräumungskosten.

c) Maßgebend ist nur der **Substanzwert** der versicherten Sachen, **nicht** ihr 6 **Ertrags**- oder **Nutzungswert.** Maßgebend ist daher auch dann nur der Wiederbeschaffungspreis, wenn Wiederbeschaffung oder Wiederherstellung einige Zeit dauern und der VN dadurch einen Nutzungsausfall erleidet. Unberücksichtigt bleibt der Wert, den ein versicherter *Gebrauchsgegenstand* (wegen Waren vgl. Q II 8), z.B. ein Gebäude, für den VN (oder für einen Dritten, J I 8) über den Substanzwert hinaus dadurch verkörpert, daß er ihn gewinnbringend nutzt. Dies sagen ausdrücklich § 53 VVG sowie §§ 1 Nr. 6 AFB 30, 1 Nr. 5 AEB, 10 Nr. 2 AERB, 11 Nr. 2 AFB 87, AERB 87, 11 Nr. 3 AWB 87, AStB 87. Eine andere Lösung wäre nicht einmal theoretisch durchführbar (Dörr, Martin VW 77, 233). Würde dem Substanzwert jeder *einzelnen* Sache ihr Nutzungswert als Teil des VWerts zugeschlagen, so wäre das Ergebnis zwar für jede *einzelne* Sache richtig, für die *Gesamtheit* aller versicherten Sachen aber immer dann falsch, wenn sie in ein und demselben *Betrieb* genutzt werden, denn den Nutzungsausfall erleidet der VN bei Zerstörung mehrerer Sachen oft nur einmal und nicht in größerer Höhe, als wenn *eine* der Sachen zerstört worden wäre. So kann z.B. der Nutzungsausfall gleich hoch sein, gleichgültig ob auch das Betriebsgebäude oder ob nur die darin aufgestellte Produktionsmaschine zerstört wird, weil nämlich die Lieferzeit für die neue Maschine vielleicht so lange ist, daß während dieser Zeit auch das Gebäude wieder aufgebaut werden kann.

7   Der Nutzungsausfall kann daher versicherungstechnisch nur durch eine **Betriebsunterbrechungs**V abgedeckt werden, wobei nach den FBUB für VWert und Entschädigung nicht der Wert von Sachen, sondern der Betriebsertrag maßgebend ist. Ob man die BetriebsunterbrechungsV deshalb nur als VermögensschadenV oder aber – weil der VFall einen Sachschaden voraussetzt – als SachV bezeichnen will (PM § 53 Anm. 2 B), ist nur theoretisch von Bedeutung. Allerdings kann der Nutzungsausfall auch ohne eine **Betriebsertrags**VSumme (sog. **Groß-BU-V**) als Annex zur SachV im Rahmen einer sog. **Klein-BU-V** nach den ZKBU 87 (Texte 35) mitversichert werden, A I 6 und S II 17. Die Klein-BU-V ist jedoch nicht Gegenstand dieses Kommentars, A I 7. Auch die **Mietverlust**V gehört hierher, A I 8. Sie wird in W VIII 1 ff. behandelt, insbesondere soweit sie für Wohngebäude schon im Rahmen von § 3 VGB 88 (früher § 1 Nr. 3 VGB 62) geboten wird.

8   d) Genau besehen deckt die SachV nicht Sachen, sondern *Interessen* an Sachen versichert (BM vor § 49 VVG Anm. 11, PM § 52 Anm. 1, vor § 51 Anm. 1 C). Normalfall und in § 52 VGG sowie in den AVB stillschweigend vorausgesetzt ist, daß der **mögliche Höchstschaden** des oder der versicherten Interesseträger dem vollen **VWert der Sache** entspricht, der allerdings ausnahmsweise seinerseits von der **Person des Interesseträgers** abhängen kann, BGH VersR 84, 481 sowie J I 22, Q IV 128 und S II 31. Dabei ist unerheblich, ob alle Personen versichert sind, die an der Sache ein Interesse haben oder erwerben können. Es genügt, wenn wenigstens in der Person eines (von eventuell mehreren) versicherten Interesseträgers der mögliche Höchstschaden der volle Wert der Sache ist. Daran fehlt es z.B. oft, wenn an einem Gebäude nur ein Realgläubiger-Interesse nach Kl 2203 oder das Interesse eines einzelnen Bruchteilseigentümers (selten, H II 75) versichert ist.

9   e) VWert ist schon nach allgemeinem Sprachgebrauch der Betrag, den eine unverzügliche **Wiederbeschaffung** der Sache im Fall ihrer Zerstörung erfordert. Dieser Betrag kann aus Kosten für Fremdleistungen sowie aus Kosten für Eigenleistungen bestehen. Weder die gesetzliche Definition in § 52 VVG noch die AVB sagen aber, in welchem Umfang Eigenleistungen für den VWert zu berücksichtigen sind, Q I 11 bis 16, und wie Eigenleistungen in DM-Beträge umzurechnen, also zu beziffern sind, Q I 17 bis 19. Im Folgenden werden unter „Eigenleistungen" allerdings nicht nur **persönliche Tätigkeiten des VN**, sondern in der GeschäftsV auch Leistungen in **eigener Regie des VN** verstanden, also insbesondere Leistungen mit Hilfe von Arbeitnehmern im eigenen Betrieb, Q IV 83 und W I 18. Die im Zusammenhang mit Eigenleistungen bedeutsame Unterscheidung zwischen GeschäftsV im beruflichen oder **gewerblichen Lebensbereich** und **VVerträgen des privaten Lebensbereichs** darf nicht schematisch mit der Grenze zwischen Verträgen nach den AFB 30, AFB 87 usw einerseits sowie nach den VHB und VGB andererseits identifiziert werden. Dies übersieht LG Düsseldorf 88, 175, wo die WohngebäudeV, die ein Verwalter für fremde Rechnung abschließt, nämlich für seinen Auftraggeber als Gebäudeeigentümer, irrig dem privaten, statt dem gewerblichen Lebensbereich zugeordnet wird.

10   Die erste der beiden in Q I 9 aufgeworfenen Frage – **Berücksichtigungsfähigkeit von Eigenleistungen dem Grunde nach** – stellt sich sowohl für Eigenlei-

stungen, die **neben** Fremdleistungen erbracht werden, also vor allem für sog. begleitende Verwaltungsarbeiten, wie auch bei Wiederbeschaffungsvorgängen **ausschließlich** durch Eigenleistungen. Ersteres trifft im Zweifel bei Betriebseinrichtung, Hausrat und Gebäuden zu, also bei Gebrauchsgegenständen, letzteres hingegen bei eigenen Erzeugnissen des Betriebes des VN in der Industrie- und sonstigen GeschäftsV. Die Frage muß im Rahmen des VWertbegriffs grundsätzlich ebenso entschieden werden wie bei der Auslegung des Begriffs der entschädigungspflichtigen Reparaturkosten bei bloßer Beschädigung versicherter Sachen, R III 14. Auch eine Reparatur kann alternativ durch Fremd- und Eigenleistungen nebeneinander oder aber – ausnahmsweise – ausschließlich durch Eigenleistungen erfolgen.

In der **GeschäftsV** sind jedenfalls bei eigenen Erzeugnissen des VN sämtli- **11** che Eigenleistungen mit dem Ziel der Wiederherstellung Teil des VWerts, vgl. Q IV 43 für Fertigungsgemeinkosten. Daher wird man für **begleitende Verwaltungsarbeiten bei der Wiederbeschaffung von Gebrauchsgegenständen** aus fremder Fabrikation grundsätzlich ebenso entscheiden müssen, Q IV 86, 87 und 100. Es wäre widersprüchlich, begleitende Verwaltungsarbeiten bei Wiederherstellung in eigener Regie in den VWert einzubeziehen, sie aber bei Wiederbeschaffung unter Inanspruchnahme von Fremdleistungen, also vor allem bei Kauf vom Hersteller oder im Handel, aus Begriff und Betrag des VWerts auszuklammern. Man wird diese Arbeiten in beiden Fällen zum Sachsubstanzwert und gegebenenfalls zum Sachsubstanzschaden rechnen müssen, denn die kostenträchtigen Arbeitsvorgänge sind notwendig, um die Substanz der versicherten und zerstörten Sachen wiederzubeschaffen. Es handelt sich bei diesen begleitenden Verwaltungsarbeiten nicht um bloßen Vermögensfolgeschaden.

Im **privaten Lebensbereich,** also in der Regel (vgl. aber Q I 10) für die **12** Hausrat- und WohngebäudeV, ist die Entscheidung schwieriger. Der seltene Fall der Reparatur oder Wiederherstellung ausschließlich durch Eigenleistungen des VN liefert hier kein Argument, weil auch in diesen seltenen Fällen die Berücksichtigung bloß begleitender Arbeiten durch den VN persönlich (z. B. Werkzeugbeschaffung) nicht selbstverständlich ist. Die Schwierigkeit beruht darauf, daß **gewisse persönliche Tätigkeiten des VN** im Umfeld des eigentlichen Wiederherstellungs- oder Wiederbeschaffungsvorgangs bei verständiger Würdigung als „unentgeltlich" und nicht kommerzialisierbar **zu erwarten** sind, vgl. R III 35, BGH VersR 85, 780 und LG Hildesheim VersR 85, 449 für eine Wohngebäudereparatur nach einem Sturmschaden. Weder will der Vr eine Schadenfall in Geld umrechnen und entschädigen noch möchte der VN sie bei Bildung der VSumme berücksichtigen und entsprechend mehr Prämie aufwenden. Dies spricht gegen eine generelle Kommerzialisierung persönlicher Tätigkeiten des VN im privaten Lebensbereich. Den Hinweis in BGH VersR 86, 482, RuS 135, der VN brauche nicht Freizeit für schadensbedingte Tätigkeiten zu opfern, wird man wohl nur auf solche Tätigkeiten zu beziehen haben, die besondere Fachkunde erfordern; der VN soll Freizeit nicht deshalb aufopfern müssen, weil er „zufällig" solche Fachkunde besitzt.

Allerdings dürfen persönliche **Tätigkeiten** des VN „unentgeltlich" nur er- **13** wartet werden, soweit diese nicht etwa **unverhältnismäßig gefährlich** (so z. B. bei Löscharbeiten), **beschwerlich** (Schmutzarbeiten an Gebäuden oder bei der

Aufräumung) oder **umfangreich** (Wiederbeschaffung schwer erhältlicher Einzelstücke) oder **schwierig** (Beurteilung des VWerts von Kunstgegenständen und dgl. oder Abnahme einer Reaparaturleistung in technisch komplizierten Fällen, LG Hildesheim VersR 85, 449). Die besondere Schwierigkeit usw. und damit die **Entschädigungsfähigkeit persönlicher Tätigkeiten auch im privaten Lebensbereich** darf nicht deshalb verneint werden, weil der VN (oder gar nur ein Verwandter desselben) über einschlägige Spezialkenntnisse verfügt. Der VN braucht diese Fachkenntnisse nicht unentgeltlich und unter Aufopferung von Freizeit oder gar von anderweitigen Erwerbsmöglichkeiten zur Verfügung zu stellen, BGH VersR 86, 482 = RuS 135, zumal er dadurch das Risiko von Fehlern bei dieser Arbeit ohne entsprechende Schadensersatzansprüche übernehmen würde. Beispiele: Beaufsichtigung von Sanierungsarbeiten an einem Wohngebäude (BGH aaO), Überprüfung und Abnahme von Leistungen oder Teilleistungen im Rahmen einer Reparatur.

14   Es gibt Situationen, in denen der Hausrat- oder WohngebäudeVN Fremdleistungen auch für Vorgänge in Anspruch nehmen muß, die er normalerweise durch „unentgeltliche" persönliche Tätigkeiten bewältigt. So liegt es insbesondere, wenn der **VN im Reparaturzeitpunkt unabkömmlich** (beruflich oder wegen einer Reise), **krank, alt, gebrechlich oder** gar z. B. durch den Brand usw., der auch zum VFall geführt hat, **verletzt** worden ist. Solche Fälle sind zwar selten, potentiell aber zu jedem Hausrat- oder WohngebäudeVVertrag möglich. Zu welchen Verträgen sich dieses – wenn auch dem Wahrscheinlichkeitsgrad nach geringe – Risiko verwirklichen wird, läßt sich in voraus ebensowenig absehen, wie etwa bei Architektgebühren in der GebäudeV. Letztere aber gelten mit Recht als Bestandteil des VWerts, obwohl sie nicht in jedem Totalschadenfall tatsächlich anfallen, Q IV 105.

15   Ein VBedürfnis besteht grundsätzlich auch für solche Teile des Sachsubstanzschadens und des VWerts, die nicht in jedem VFall auch wirklich entstehen, und zwar auch nicht in jedem Fall der völligen Zerstörung versicherter Sachen. Da andererseits der VWertbegriff nicht zu einer übermäßigen Kommerzialisierung des privaten Lebensbereichs beitragen soll, Q I 12, wird die richtige Lösung darin liegen, zwar einen **geringfügigen pauschalen Zuschlag** für begleitende Verwaltungs- und sonstige Tätigkeiten im Umfeld des Wiederherstellungs- oder Wiederbeschaffungsvorgangs **in den VWert einzukalkulieren**, dem VN aber eine entsprechende Entschädigung gleichwohl nur in den Sonderfällen gemäß Q I 14 zu gewähren. Ist ein Inbegriff versichert, insbesondere ein Hausrat, so ist der erwähnte pauschale Zuschlag nicht zu jeder einzelnen Sache, sondern nur **zu dem Inbegriff als ganzen** einzukalkulieren. Der Schaden in Form von Eigenleistungskosten steigt nämlich nicht proportional mit Zahl und Wert der vom Schaden betroffenen Sachen des Inbegriffs; die Überlegungen in Q I 41 gelten entsprechend.

16   Außerhalb der Fälle gemäß Q I 14 darf der VN im privaten Lebensbereich weder seine eigenen Tätigkeiten in Geld umrechnen noch diese Grenze durch mutwillige Inanspruchnahme von Fremdleistungen unterlaufen. Der Hausrat- oder WohngebäudeVN darf also z. B. nicht dem Vr die Zeit in Rechnung stellen, während deren er die in der Wohnung tätigen Handwerker überwachen muß, und er darf auch nicht auf Kosten des Vr einen Wirtschafts- oder Antiquitätensachverständigen oder gar einen Steuerberater mit der Wiederbe-

schaffung gestohlener Wertsachen gegen Entgelt beauftragen. In derartigen Fällen ist der Vr allerdings nur leistungsfrei, wenn dem VN mindestens grobe Fahrlässigkeit zur Last fällt, § 62 Abs. 2 VVG. Ferner dürfen persönliche Tätigkeiten nur dort nicht in Geld umgerechnet werden, wo deren **unentgeltliche** Verrichtung auch wirklich als „selbstverständlich" im Sinn von Q I 12 gelten darf. Besonders gefährliche, besonders schmutzige oder besonders umfangreiche Arbeiten liegen jenseits dieser Grenze, Q I 13. Hier darf der VN nach seiner Wahl Dritte (Putzfrauen usw) beauftragen oder eine gleichwohl persönlich geleistete Tätigkeit in DM umrechnen. Praktisch ist dies aber weniger für den Begriff des VWerts versicherter Sachen, als vielmehr für Reparaturkosten bei Teilschäden (Q I 10) sowie für versicherte Kosten bedeutsam, insbesondere für Rettungs- und Aufräumungskosten.

Von der in Q I 10 bis 16 erörterten Frage der Berücksichtigungsfähigkeit **17** von Eigenleistungen (Q I 10 bis 16) zu unterscheiden ist die zweite der beiden in Q I 9 aufgeworfenen Fragen, nämlich die Frage nach der Umrechnung in DM **(Bezifferung) von Eigenleistungen,** die ihrer Art nach als berücksichtigungsfähig und daher als Teil des VWerts anzuerkennen sind. Nicht etwa darf schon allein wegen der Schwierigkeiten der Bezifferung die Berücksichtigungsfähigkeit gewisser Arbeiten dem Grunde nach verneint werden.

Für den Bereich der GeschäftsV gibt es gefestigte betriebswirtschaftliche **18** Erkenntnisse über die Art und Weise der Bezifferung, nämlich die sog. **Gemeinkostenaufteilung.** Grundprinzip: Kosten für einen größeren Kreis von Tätigkeiten, die durch Einsatz gewisser Sach- und Lohnkosten in einem Betrieb ermöglicht werden, sind durch die Gesamtheit dieser Tätigkeiten im rechtlichen Sinn verursacht und daher diesen Tätigkeiten im Wege der sog. Gemeinkostenaufteilung proportional zuzuordnen. Abweichend von BGH VersR 61, 358 zum Schadenersatzrecht (§ 249 BGB) können daher Eigenleistungen, auch wenn sie neben Fremdleistungen und nur im Umfeld des eigentlichen Wiederherstellungs- oder Wiederbeschaffungsvorgangs anfallen, als anteilige Gemeinkosten dem VWert jeder einzelnen versicherten Sache zuzuordnen sein. Für die Entschädigungsfähigkeit kommt es abweichend von BGH aaO nicht darauf an, ob der VN einen entsprechenden Ausfall erlitten hat.

Im privaten Lebensbereich des VN sind persönliche Tätigkeiten des VN **19** nur in den engen Grenzen gemäß Q I 12 bis 16 in den VWert einzubeziehen. Für die Höhe des gebotenen pauschalen Zuschlags zum VWert von Gebäuden oder Sachinbegriffen (Q I 15) sind fiktive Rechnungsbeträge zugrunde zu legen, wie sie bei Inanspruchnahme von Fremdleistungen anfallen würden.

2. Bei zusammengehörigen Sachen, oft auch als **komplementäre Güter** be- **20** zeichnet (BL 60, 105), ergänzen sich mehrere Einzelsachen zu einer Gruppe als wirtschaftliche Einheit. Wird eine dieser Sachen zerstört oder beschädigt, so erfüllt die gemäß Q I 9 für den VWert maßgebende Wiederbeschaffung dieses Einzelstückes ihren Zweck für den VN nur dann, wenn die **Gleichheit von Art und Güte** mit der vom Schaden betroffenen Sache so vollständig gewahrt ist, daß die **Gruppe** als wirtschaftliche Einheit **wieder vollwertig hergestellt** wird. Dies gilt sowohl für das *Material* wie für die *Form* wie auch bei gebrauchten Sachen für den *Abnutzungsgrad* der Einzelsache.

21   Selbstverständlich stellt sich auch bei **sonstigen** Sachen, die nicht zu einer Gruppe als wirtschaftliche Einheit gehören, oft die Frage, bis zu welchem Grad die wiederbeschaffte oder reparierte Sache der versicherten und vom Schaden betroffenen Sache **gleichen** muß. Die Anforderungen an die Gleichheit beeinflussen den Wiederbeschaffungspreis und damit den VWert sowie die Höhe der Totalschadenentschädigung, Q IV 12. Ebenso beeinflussen die Anforderungen an die Gleichwertigkeit der reparierten Sache mit dem Zustand vor Eintritt des Reparaturschadens die Höhe der entschädigungspflichtigen Reparaturkosten, R III 31, sowie die Grenze zwischen Teilschaden und Totalschaden, R I 19 bis 33. Bei zusammengehörigen Sachen stellt sich das Problem in ganz besonderer Weise. Wo nämlich die wirtschaftliche Einheit nur durch völlige Gleichheit von Material, Form und Abnutzungsgrad wieder erreicht wird, ist **Wiederbeschaffung** oder **Reparatur** der Einzelsache oft **nicht vollwertig möglich** oder erfordert jedenfalls **erhebliche Mehrkosten** im Vergleich zu einer „gewöhnlichen" Reparatur oder Wiederbeschaffung ohne Rücksichtnahme auf die Zugehörigkeit zu einer Gruppe zusammengehöriger Sachen. Die möglichen Gründe hierfür sind, daß das Material nicht mehr in genau gleicher Qualität, in gleicher Farbe, mit gleichem Muster usw. erhältlich ist, oder daß eine bestimmte Form vom Hersteller inzwischen nicht mehr oder nicht mehr serienmäßig produziert wird. Ein bestimmter Abnutzungsgrad einer gebrauchten Sache läßt sich im Rahmen einer Wiederbeschaffung oder einer Reparatur unter Verwendung nach außen sichtbarer Neuteile oft überhaupt nicht herstellen.

22   Neuere VVerträge enthalten mitunter Regelungen über den Umfang der **Entschädigung bei „einheitlichen Sachmehrheiten"**, z. B. mit folgendem Wortlaut: „Liegt bei den vom Schaden betroffenen Gegenständen eine einheitliche Sachmehrheit vor, so werden im Schadenfall nicht nur die durch ein ersatzpflichtiges Ereignis tatsächlich beschädigten, sondern auch der Minderwert der unbeschädigten, jedoch vom VN nicht mehr verwendbaren Sachen entschädigt". Es ist unklar, ob es sich hierbei noch um Einzelfallabreden oder schon um objektiv, d. h. ohne Rücksicht auf die Vorstellungen der Parteien bei Vertragsschluß auszulegende Allgemeine Bedingungen handelt. Unklar ist ferner, ob unter dem unglücklich gewählten Begriff der einheitlichen Sachmehrheit die vorliegend zu erörternden zusammengehörigen Sachen zu verstehen sind, bei denen der Ausfall einer Sache auch den Gebrauch der unbeschädigten übrigen Sachen hindert, oder ob an eine **Mehrheit gleichartiger Sachen** und an den *Minderwert* gedacht ist, den die unbeschädigten gleichartigen Sachen nach dem VFall dadurch erleiden, daß durch *behördliche Anordnung* Änderungen an diesen Sachen erzwungen werden, für die der VN *Kosten* aufwenden muß. Die Worte „Minderwert der unbeschädigten Sachen" sprechen mehr für die letztere Alternative, zumal es sonst nahegelegen hätte, als Ursache des Minderwertes die Unmöglichkeit einer genau gleichartigen Wiederherstellung oder Wiederbeschaffung der durch den Schaden betroffenen Sache zu erwähnen. Außerdem kann genau besehen bei den vorliegend zu erörternden zusammengehörigen Sachen von einem Minderwert der unbeschädigten Sachen schon begrifflich nicht die Rede sein, vgl. Q I 29.

23   **Beispiele für zusammengehörige Sachen** in dem hier zu erörternden sinngemäß Q I 20 gibt es sowohl bei Gebäuden wie bei beweglichen Sachen. So

können **mehrere Gebäude** einem gemeinsamen Betriebs- oder Wohnzweck dienen und deshalb in bestimmten Teilen einheitlich oder sich ergänzend gestaltet sein. Allerdings wird gerade bei Gebäuden die Wiederherstellung der wirtschaftlichen Einheit der Gruppe kaum je an tatsächlichen, sondern vielmehr nur an rechtlichen Hindernissen scheitern. Ein Beispiel bietet RG 92, 60, wo das zerstörte Gebäude demselben Betriebszweck wie mehrere in der Nähe stehende unbeschädigte Gebäude gedient hatte. Infolge eines behördlichen Wiederaufbauverbots konnte die wirtschaftliche Einheit nicht mehr hergestellt werden.

Besonders häufig stellen **Gebäudebestandteile** zusammengehörige Sachen 24 dar. Daß Bestandteile keine rechtlich selbständigen Sachen sind, ändert am Problem nichts, denn der Begriff der versicherten Sache und ihres VWerts ist vom Sachbegriff des BGB unabhängig, H II 1. Beispiele bieten die einzelnen Fliesen (AG Warendorf RuS 90, 97), Kacheln, Bodenbelagteilstücke, Tapetenbahnen, Teppichfliesen, Holzverschalungsteile, Glasscheiben usw. innerhalb eines Raumes oder sogar innerhalb mehrerer Räume eines Gebäudes. Die Einheitlichkeit von Gebäudebestandteilen spielt vorwiegend im Wohnbereich eine Rolle. Zu denken ist aber auch an industrielle Verwaltungsgebäude oder an sonstige gewerblich genutzte Gebäude mit starkem Kundenverkehr, z.B. an Ladenräume oder an Räume in Hotels mit einheitlicher Ausstellung. Und selbst in Betriebsgebäuden, die ausschließlich für Produktion, Reparatur oder Lagerung von Gütern genutzt werden, sind optische Differenzen zwischen ursprünglichen und erneuerten Gebäudebestandteilen dem VN nicht immer und schon gar nicht immer entschädigungslos zuzumuten.

Beispiele bei **beweglichen Sachen** bilden paar- oder gruppenweise zu tragen- 25 de Kleidungs- (Jacke, Hose und Weste) oder Schmuckstücke (Ohrringe, Manschettenknöpfe usw.), gruppenweise zu verwendende gleichartige Gegenstände des Raumschmucks (Leuchter, Figuren usw.), Besteckgarnituren, Speiseservice, Garnituren von Vorhängen, Gardinen, Polster- und sonstigen Möbeln, mehrbändige Bücher, sich ergänzende Spielsachen (z.B. Schachfiguren), Akkus, Bereitschaftstaschen und sonstiges Zubehör von technischen Geräten (nicht berücksichtigt in AG Moers RuS 89, 27), sowie ganz allgemein alle Arten von sich ergänzenden Geräten und Werkzeugen. Die Beispiele ließen sich beliebig vermehren. Im privaten Bereich kommt es auch auf die einheitliche *Gestaltung*, im geschäftlichen und technischen Bereich dagegen oft nur auf die einheitliche oder sich ergänzende *Verwendbarkeit* an. Aber selbst im gewerblichen Bereich kann einheitliche Form wesentlich sein, so z.B. bei einheitlichen Büromöbeln in Großräumen sowie selbstverständlich bei Waren, die gemeinsam verkauft werden sollen. Beispiele für solche Waren bilden alle zuvor genannten Arten von Gebrauchsgegenständen.

Eine besondere Schwierigkeit liegt darin, daß bei zusammengehörigen Sa- 26 chen der Betrag des VWerts entgegen der in Q I 1 und 8 beschriebenen Normalsituation **nicht** immer mit dem Höchstbetrag der Entschädigung bei Zerstörung einer Einzelsache identisch sein muß. Im Folgenden wird zunächst untersucht, welche **Entschädigung** der VN bei Zerstörung oder Beschädigung von Einzelsachen erwarten kann, Q I 27 bis 36. Danach wird geprüft, welche Schlüsse hieraus für den VWert als Soll-VSumme und **Prä-**

mienbemessungsgrundlage zu ziehen sind, Q I 37 bis 48; hierbei wird zu unterscheiden sein, ob die Einzelsachen als selbständige *Vertragspositionen* mit selbständiger VSumme versichert sind (fast nur bei Gebäuden denkbar) oder ob – bei *InbegriffsV* – die ganze Gruppe zusammengehöriger Sachen und darüber hinaus vielleicht noch sonstige Sachen zu dem versicherten Inbegriff gehören. Abschließend werden einige *Sonderfälle* erörtert, nämlich der Minderwert von Sammlungen sowie Schloß und Schlüssel, Q I 29 bis 52.

27   a) Für die **Entschädigungshöhe** bei **Zerstörung** einer Einzelsache aus einer Gruppe von zusammengehörigen Sachen gibt es drei Möglichkeiten: Erstens ist es möglich, daß der Vr den vollen Betrag ersetzt, der erforderlich ist, um eine Sache wiederzubeschaffen, die in jeder, also auch in ästhetischer Hinsicht genau dieselben Dienste leistet wie die zerstörte, sich also *vollwertig* in die Gruppe als wirtschaftliche Einheit einfügt. Dieser Betrag ist aber häufig identisch mit dem Wiederbeschaffungspreis für die ganze Gruppe, vgl. näher Q I 30. Zweitens ist es möglich, einen Betrag zu ersetzen, der zwar zu einer *vollwertigen* Wiederherstellung der Gruppe *nicht* ausreicht, der aber andererseits über dem proportional ermittelten Wertanteil der zerstörten Einzelsache liegt; entschädigt wird dann dieser Wertanteil sowie außerdem ein *Wertminderungsausgleich* für die Einbuße an Einheitlichkeit der ganzen Gruppe. Die dritte Möglichkeit ist der Ersatz nur des Wiederbeschaffungspreises einer Sache, die der zerstörten Sache nur in groben Zügen gleicht, also *ohne* Rücksicht auf deren Eignung für eine Wiederherstellung der völligen, auch ästhetischen Einheitlichkeit der Gruppe.

28   Dieselben Möglichkeiten bestehen bei **Reparaturschäden**. Erstens kann die Reparatur schon deshalb unterbleiben und der Schaden als Totalschaden abzurechnen sein, weil die Sache nicht so repariert werden kann, daß sie sich wieder vollwertig in die Gruppe einfügt. Die zweite Möglichkeit besteht darin, neben den Kosten einer aus dem genannten Grund nicht ganz vollwertigen Reparatur einen Wertminderungsausgleich zu ersetzen. Die dritte Möglichkeit schließlich ist der bloße Ersatz der Kosten einer „gewöhnlichen" Reparatur ohne Rücksicht auf die Einbuße an Einheitlichkeit der Gruppe.

29   Wenn und soweit der Vr bei der Entschädigung auf die Zugehörigkeit der Sache zu einer Gruppe als wirtschaftliche Einheit Rücksicht nehmen muß, ersetzt er dadurch begrifflich **nicht** etwa einen **Minderwert der übrigen**, vom Schaden nicht betroffenen **Sachen**, also einen Vermögensfolgeschaden. Dergleichen könnte nach den AVB der SachV auch nicht verlangt werden. Tatsächlich ersetzt der Vr in solchen Fällen nur den **zusätzlichen Wert**, den die **vom Schaden betroffene Sache** gerade deshalb verkörpert, weil sie infolge ihrer ganz speziellen Eigenschaften (Material, Form, Abnutzungszustand) die übrigen Sachen zu einer Gruppe ergänzt; wegen einer praktischen Konsequenz hieraus bei Briefmarkensammlungen vgl. Q I 49. Im Extremfall hat jede einzelne Sache einer Gruppe denselben Substanzwert wie die ganze Gruppe. Dies wird auch bei nicht versicherten Sachen und Schäden so empfunden. Wer etwa von zwei Schuhen durch ein nicht versichertes Ereignis den einen verliert, hat damit nicht den Wert nur eines halben, sondern vielmehr den Wert des ganzen Paares Schuhe eingebüßt. Der Wert des ganzen Paares wird durch jeden einzelnen Schuh in voller Höhe verkörpert. – Daß bei zusam-

mengehörigen Sachen von einem Minderwert der unbeschädigten Sachen begrifflich nicht die Rede sein kann, hat möglicherweise Konsequenzen für die Auslegung über den Ersatz des Minderwertes unbeschädigter Sachen bei sog. einheitlichen Sachmehrheiten, vgl. zu diesem unglücklich gewählten Begriff Q I 22.

Für den VN am ungünstigsten ist die in Q I 27 und 28 zuletzt und als *dritte* 30 genannte Möglichkeit: die **Zugehörigkeit zu einer Gruppe bleibt unberücksichtigt.** Diese Lösung scheidet aber immer dann von vornherein aus, wenn ein vergleichbares Einzelstück entweder überhaupt nicht erhältlich oder völlig wertlos ist. Ersteres trifft z.B. bei mehrbändigen Büchern zu, die nicht einzeln gehandelt werden, letzteres bei dem in Q I 29 erwähnten einzelnen Schuh. Die Entschädigung darf hier nicht etwa rechnerisch in der Weise ermittelt werden, daß der Wert der ganzen Gruppe entsprechend der Zahl der zu ihr gehörigen Sachen in **imaginäre proportionale Anteile** aufgeteilt würde. In Betracht kommt hingegen die Entschädigung nur eines Einzelstückes, wo auch der Besitz und damit die Wiederbeschaffung eines Einzelstücks wirtschaftlich sinnvoll ist.

Besitzt etwa ein VN sechs gleiche Zinnleuchter, von denen drei gestohlen 31 werden und in genau gleicher Art nicht mehr erhältlich sind, so ist die Wiederbeschaffung und Entschädigung von nur drei Leuchtern nicht von vornherein unsinnig, denn auch der Besitz von zwei Dreiergruppen von Zinnleuchtern ist wirtschaftlich sinnvoll. Dies gilt selbst dann, wenn der Wert der Sechsergruppe bei sonst gleichen Eigenschaften geringfügig höher ist als die Summe des Wertes der beiden Dreiergruppen, denn dieser Umstand kann durch einen Wertminderungsausgleich berücksichtigt werden, Q I 32 bis 34.

In der Regel muß aber der Vr im Rahmen einer „zusammengesetzten" Ent- 32 schädigungsberechnung neben dem Wiederbeschaffungspreis der betroffenen Einzelsachen darüber hinaus zusätzlich die Wertminderung ausgleichen, die am Wert der ganzen Gruppe entsteht. Dies entspricht der *zweiten* der in Q I 27 und 28 einander gegenübergestellten Lösungen. Aus der Sicht des Vr handelt es sich hier genau besehen nicht um ein „muß", sondern um ein „darf", denn die Alternative zum **Wertminderungsausgleich** wäre der Ersatz des Wiederbeschaffungspreises der ganzen Gruppe, was den Vr teurer zu stehen käme, vgl. auch R I 20 zum Wertminderungsausgleich neben einer nicht ganz vollwertigen Reparatur bei sonstigen (nicht zusammengehörigen) Sachen. Im Fall AG Moers 88, 27 hätten neben den gestohlenen Videorekorder auch die nun für den VN (darauf kommt es entgegen Schriftleitung aaO an) nicht mehr verwendbaren zugehörigen Akkus ersetzt werden müssen.

Ein Beispiel für diese Art der „zusammengesetzten" Entschädigungsbe- 33 rechnung bei **beweglichen Sachen** liefert die in Q I 31 genannte Gruppe von Zinnleuchtern, wenn man unterstellt, der Wert der Sechsergruppe liege nur geringfügig, sondern deutlich höher als der Wert von zwei Dreiergruppen mit jeweils etwas abweichenden Formelementen. Weiteres Beispiel: Wird von einem Anzug oder Kostüm nur die Jacke durch einen Schaden betroffen, so ist der Besitz der verbliebenen Hose oder des verbliebenen Rockes sowie der Besitz einer wiederbeschafften neuen Jacke aus etwas anderem Stoff nicht von vornherein wirtschaftlich unsinnig. Trotzdem muß der Vr in solchen Fällen neben dem Neuwert der Jacke mindestens einen Ausgleich für den

Minderwert einer „Kombination" gegenüber einem Anzug leisten. Je nach Charakter und Farbe wird sogar der ganze Anzug zu entschädigen sein.

34   Wichtigster Anwendungsfall der aus Wiederbeschaffungspreis von Einzelteilen und Wertminderungsausgleich „zusammengesetzten" Entschädigung sind gleichartige Gebäudebestandteile, von denen nur ein Teil durch den Schaden betroffen wird. Praktisch häufig ist die Zerstörung von Fliesen in Badezimmern bei Reparatur eines Rohrbruchs, AG Kassel ZfS 84, 379. Für die Höhe des Wertminderungsausgleichs kommt es auf die Größe und Lage der betroffenen Fläche sowie auf die Erheblichkeit des Farbunterschiedes an. Werden durch einen Zimmerbrand nur einige von mehreren Fenster- oder Türscheiben mit einem gleichartig gemusterten Glas zerstört, so können dem VN unterschiedliche Glasmuster ausnahmsweise sogar ohne Wertminderungsausgleich zumutbar sein, wenn nämlich der Unterschied der Muster nach der Reparatur z.B. durch die symmetrische Lage der einen und der anderen Scheibengruppe kompensiert wird.

35   **Vollwertige Wiederherstellung der ganzen Gruppe,** also die *erste* der in Q I 27 und 28 genannten Lösungen, ist geboten, wo Besitz oder Gebrauch eines abweichenden Einzelstückes bei objektiver Würdigung wertlos wäre. Diese Lösung muß in der Praxis die Regel bilden, denn nur sie wird dem VBedürfnis und dem Vertragszweck voll gerecht. Oft bedeutet diese Lösung **Ersatz des Sachwertes der ganzen Gruppe.** So liegt es etwa bei einem einzelnen Schuh, oder bei einer Schachfigur, die nicht zu den übrigen noch vorhandenen Figuren paßt, oder bei einer einzelnen Briefmarke, Q I 49 und U III 38. **Anrechnen** lassen muß sich der VN aber selbstverständlich den „Restwert" der vom Schaden nicht betroffenen Stücke, also den für ihn erzielbaren Verkaufspreis, R II 24. Dies kann insbesondere bei Schmuckstücken aus Edelmetallen oder gar bei Diamanten ein ganz erheblicher Betrag sein. Für die Kernfrage, ob *überhaupt* der Wert der ganzen Gruppe zu entschädigen ist, spielt die Höhe der Restwerte jedoch *keine* Rolle. So wird z.B. bei Polstermöbeln oder bei mehreren Gardinen innerhalb eines Zimmers die ganze Gruppe zu entschädigen sein, auch wenn der gemeine Verkaufswert der verbliebenen Sachen sehr niedrig liegt.

36   Bei Gebäudebestandteilen ist z.B. zweifellos die ganze Gruppe zu entschädigen, falls es sich um Tapetenbahnen oder einzelne Teppichfliesen innerhalb eines Zimmers handelt. Bei gleichartigen Tapeten oder Teppichböden in verschiedenen Zimmern kommt hingegen allenfalls ein kleiner Wertminderungsausgleich in Betracht, denn die einheitliche Ausgestaltung verschiedener Zimmer erhöht den Gebrauchswert in aller Regel nicht oder und den ästhetischen Wert nur geringfügig. Selbstverständlich kann es im Einzelfall aber auch anders liegen, z.B. bei zusammengehörigen Repräsentationsräumen eines Verwaltungsgebäudes oder bei zusammengehörigen Räumen eines Kaufhauses oder eines Hotels. Rein persönliche Wünsche oder Geschmacksnuancen des VN müssen jedoch außer Betracht bleiben. Weiteres Beispiel: Wird durch einen Sturm ein Teil der in gleicher Art nicht mehr erhältlichen Dachziegel eines Gebäudes zerstört, so hängt es von Art und Lage des Gebäudes, von der Einsehbarkeit des Daches und von der Größe des Unterschiedes zwischen den neuen und den unbeschädigt gebliebenen Ziegeln ab (VerwGer Sigmaringen RuS 88, 114), ob dem VN die uneinheitliche Eindeckung des Daches

entschädigungslos oder nur gegen Wertminderungsausgleich oder endlich sogar überhaupt nicht zuzumuten ist.

Zusammenfassend ist festzuhalten, daß die **Zumutbarkeit** bei verständiger 37 **und objektiver Würdigung** den Ausschlag für die Höhe der Entschädigung gibt. Rein persönliche Wünsche und Neigungen des VN bleiben außer Betracht. Außerdem sind auch die so ermittelten Entschädigungsbeträge §§ 50, 56 VVG anzuwenden. Entschädigt wird nur bis zur Höhe der VSumme der Vertragsposition und nach Berücksichtigung einer etwaigen UnterV. Wie der VWert bei Inbegriffen zu ermitteln ist, zu denen auch oder nur Gruppen zusammengehöriger Sachen gehören, wird in Q I 38 bis 48 erörtert.

b) Normalerweise entspricht dem **möglichen Höchstschaden** an einer Sache 38 auch deren **VWert** als Soll-VSumme und Prämienbemessungsgrundlage, Q I 1 und 26. Ist jede Einzelsache der Gruppe als selbständige Vertragsposition versichert, so gilt jener Grundsatz auch bei zusammengehörigen Sachen. Es ist dann Angelegenheit des VN, bei der Wahl der VSumme für jede Einzelsache den zusätzlichen Wert zu berücksichtigen, den diese durch ihre Zugehörigkeit zur Gruppe verkörpert, und andererseits auf einen ermäßigten Prämiensatz hinzuwirken, wenn ein Schaden im Bereich jenes zusätzlichen Wertes (insbesondere als ein Wiederaufbauverbot für ein zerstörtes Einzelgebäude) nur unterdurchschnittlich wahrscheinlich ist. Praktisch kommen indessen Vertragspositionen und selbständige VSummen für Einzelsachen einer Gruppe nur bei Gebäuden (vgl. RG 92, 60 sowie Q I 23) und außerhalb der hier behandelten VZweige für Pelze und Schmuckstücke in der ValorenV in Betracht.

Zusammengehörige bewegliche Sachen in den hier behandelten VZweigen 39 werden regelmäßig summarisch als **Teile eines Inbegriffs** versichert, insbesondere im Rahmen einer Betriebseinrichtung, eines Warenbestandes oder eines Hausrats sowie als Einzelbestandteile eines versicherten Gebäudes. Dann bildet, betrachtet man nur jede einzelne der zusammengehörigen Sachen, auch der gemäß Q I 27 bis 37 zu entschädigende **Mehrbetrag** für Wertminderung oder für vollwertige Wiederherstellung der ganzen Gruppe einen **Teil des VWerts** jeder Einzelsache. Zu diskutieren ist aber, ob dieser Mehrbetrag tatsächlich so oft zu berücksichtigen ist, wie Einzelsachen zu der Gruppe gehören. Wollte man dies bejahen, so wäre im Extremfall der VWert der ganzen Gruppe mit der Zahl der zu ihr gehörigen Einzelsachen zu vervielfachen; vom Ergebnis wäre lediglich die Summe der Verkaufswerte der Einzelsachen abzuziehen.

Indessen ist eine solche **Vervielfachung des VWerts** bei zusammengehörigen 40 Sachen **für den Normalfall abzulehnen.** Bei Gebäudebestandteilen wäre sie schon mit dem AVB-Wortlaut unvereinbar. Nach den AVB maßgebend ist nämlich der Neubauwert des Gebäudes in der Gegenwart oder zurückgerechnet auf 1914. Im Falle eines Neubaus kommt es aber nicht darauf an, ob die untereinander gleichartigen Gebäudebestandteile auch mit den Bestandteilen des zerstörten Gebäudes völlig übereinstimmen. Eine zusätzliche Entschädigung gemäß Q I 27 bis 37 für einzelne Gebäudebestandteile kommt bei Zerstörung des gesamten Gebäudes und damit für dessen Neubauwert und VWert nicht in Betracht.

41   Aber auch bei beweglichen Sachen darf der Wert der Gruppe normalerweise nicht mit der Zahl der Einzelstücke vervielfacht werden. Ein Satz von 32
künstlerisch bearbeiteten Schachfiguren, z. B. aus Glas, die in genau gleicher
Form und Art nicht mehr erhältlich sind, kann im VWert des ganzen Hausrats nicht mit dem 32-fachen Betrag eines neuen Figurensatzes gleicher Art
und Güte angesetzt werden. Die theoretische Möglichkeit eines Feuer- oder
Diebstahlschadens an einer einzelnen Figur, z. B. während einer versehentlich
gesonderten Aufbewahrung, würde eine solche Vielfachrechnung nicht rechtfertigen. Vielmehr ist in der Inbegriffsversicherung normalerweise der Wert
der ganzen Gruppe nur ein einziges Mal anzusetzen. Letztlich ist dies eine
Konsequenz aus dem allgemeinen Grundsatz, daß für den *VWert* einer Position nicht die Summe der VWerte der einzelnen Sachen, sondern der Betrag
maßgebend ist, der bei Widerherstellung oder Wiederbeschaffung aller Sachen der Position anfällt, Q I 1 und Q IV 1, für die *Entschädigung* hingegen
der Betrag für die betroffene(n) Sache(n); R II 1.

42   Hierdurch wird der Vr zwar im Hinblick auf seine überproportionale Entschädigungspflicht bei – theoretisch nie völlig auszuschließenden – Schäden
an Einzelstücken ein wenig benachteiligt. Aber der Vr kann diesen Nachteil
durch entsprechende **Kalkulation des Prämiensatzes** ausgleichen, Q I 43. Und
selbst ohne einen solchen Ausgleich im Prämiensatz würde der Vr jedenfalls
weit weniger benachteiligt, als dies in der Person des VN der Fall wäre, wenn
umgekehrt der Wert einer Gruppe mit der Zahl der Einzelstücke vervielfacht
würde; der Abzug der Summe der Verkaufswerte der Einzelstücke würde
diesen Nachteil nur zu einem kleinen Teil wieder beseitigen.

43   Eine Vervielfachung des VWerts der Gruppe bei unverändertem Prämiensatz wäre nur dann wirtschaftlich gerechtfertigt, wenn ein Schaden an den
Einzelstücken ebenso wahrscheinlich oder sogar wahrscheinlicher (Q I 45)
wäre als ein Schaden an der ganzen Gruppe. Dies trifft indessen bei Aufbewahrung innerhalb ein und desselben VOrts kaum je zu, bei Diebstahlschäden schon deshalb nicht, weil auch für den Dieb Einzelstücke mehr oder
weniger wertlos sind und er sich deshalb um die ganze Gruppe bemüht. Aber
auch Feuer, Leitungswasser- oder Sturmschäden treten bei gemeinsamer Aufbewahrung weit häufiger an der ganzen Gruppe als nur an einem oder an
einigen Stücken der Gruppe ein.

44   Daher muß normalerweise der Vr das Risiko eines Schadens an Einzelstük-
ken der Gruppe bei der Kalkulation des Prämiensatzes für den Inbegriff
berücksichtigen, ebenso wie umgekehrt (Q I 38) der VN bei positionsweiser
V von Einzelsachen (Gebäuden) einer Gruppe den zusätzlichen Wert in die
VSumme einbeziehen und gegebenenfalls einen Prämiensatznachlaß aushan-
deln muß. Der Vr muß also, soweit sich dies lohnt, nach dem Vorhandensein
von Gruppen **zusammengehöriger Sachen** oder Gebäudebestandteile vor Vertragsschluß fragen. Zu einem gewissen Anteil ist jedoch **mit dem Vorhandensein** solcher Gruppen innerhalb von Gebäudebestandteilen, Hausrat und Betriebseinrichtungen ganz allgemein **zu rechnen**. Der Vr muß die Möglichkeit
einer zusätzlichen Inanspruchnahme gemäß Q I 27 bis 37 bis zu einem gewissen Grad also ohnehin einkalkulieren. Den Anteil an solchen Gruppen innerhalb des versicherten Inbegriffs muß er abschätzen, ebenso den Anteil an
Schäden, die nicht die ganze Gruppe, sondern nur eine Einzelsache betreffen.

Ein andere Lösung wurde in Q I 15 der 1. Aufl. für Fälle erwogen, in denen 45
wegen **getrennter Lagerung der Einzelsachen** Schäden mit Sicherheit oder hoher
Wahrscheinlichkeit nur jeweils an einer Einzelsache der Gruppe in Betracht
kommen. Beispiel: Zusammengehörige Sachen, z. B. Anzüge, werden im Pro-
duktionsbetrieb des VN getrennt nach Einzelsachen (hier: Jacken, Hosen,
Westen) in verschiedenen Teilbetrieben hergestellt und gelagert. Wären hier
für die Teilbetriebe verschiedene VVerträge mit verschiedenen VOrten geschlossen oder wenigstens **gesonderte Positionen** und VSummen für die Teilbetriebe vereinbart, so wäre für jede Einzelsache der Wert der ganzen Gruppe in
den VWert einzurechnen, sobald eine Nachfertigung nur von Sachen einer Art
mangels geeigneter Rohstoffe, Halbprodukte oder Fertigungsvorrichtungen
nicht mehr möglich ist. Hieraus war in Q I 15 der 1. Aufl. geschlossen worden,
für den VWert müsse dann innerhalb einer **einzigen Position** dasselbe gelten,
wie wenn zwei verschiedene VOrte mit getrennten VSummen vereinbart
wären.

Insgesamt bleibt die Rechtslage ein wenig zweifelhaft. Wollte man den 46
VWert vervielfachen, sobald die Einzelsachen innerhalb des vereinbarten VOrts
räumlich weit **voneinander getrennt** liegen, so würde sich die Abgrenzungsfrage
stellen, wie groß denn diese räumliche Entferung sein muß, damit die Gefahr
von Schäden jeweils an nur einer Sache der Gruppe deutlich überwiegt. Außerdem würde die Vervielfachung des VWerts zu starken Schwankungen dieses
VWerts führen, denn selbstverständlich gibt es Produktionsphasen, in denen
Teilstücke in genau gleicher Ausführung ohne Mehrkosten nachproduziert
werden können, so daß im Schdenfall kein Bedarf für erhöhte Entschädigung
besteht. In solchen Phasen wäre der VWert keinesfalls zu vervielfältigen.

Daher ist zweifelhaft, ob es nicht doch auch hier die sachgerechtere Lösung 47
ist, den Entschädigungsmehrbedarf bei Schäden an Einzelsachen für den
VWert durchgehend außer Betracht zu lassen und das zeitweilig erhöhte
Risiko **lediglich** durch einen **Prämienzuschlag** auszugleichen. Jedenfalls empfehlen sich aber für einen VN, in dessen Betrieb zeitweilig erhöhte Risiken
dieser Art vorkommen, **klare Vereinbarungen** über den für § 56 VVG maßgebenden Begriff des VWerts.

Vereinzelt gibt es auch in der **HausratV** Fälle, in denen bei zusammengehöri- 48
gen Sachen ausschließlich oder weit überwiegend wahrscheinlich nur Schäden
an jeweils einer Einzelsache drohen. So liegt es, wenn innerhalb der Wohnung
paarweise zu tragende Schmuckstücke versehentlich oder absichtlich – vielleicht sogar zum Schutz vor Diebstahlschäden – räumlich getrennt gelagert
werden, so daß der Dieb in der Regel nur ein Stück findet. Das gleiche gilt,
wenn sich eine der zusammengehörigen Sachen außerhalb der Wohnung befindet, jedoch so, daß die Voraussetzungen für AußenVSchutz gegeben sind. Man
denke an ein zum Juwelier gegebenes Einzelstück eines Schmuckstückpaares
oder an eine versehentlich oder absichtlich nur teilweise in das Urlaubsgepäck
genomme Gruppe von zusammengehörigen Sachen. Auch hier stellt sich die
Zweifelsfrage gemäß Q I 45 und 46, jedoch weniger dringend als in den
erörterten Sonderfällen der GeschäftsV, denn innerhalb eines Hausrats machen zusammengehörige und außerdem getrennt gelagerte Einzelsachen stets
nur einen kleinen Bruchteil des in der einen oder anderen Weise zu berechnenden VWerts des gesamten Hausrats aus.

49   c) VWert von Einzelstücken aus **Sammlungen** ist der Betrag, den ein gleich-artiges Einzelstück kostet. Speziell für **Briefmarken und Münzen** begrenzen **Kl 1710** (GeschäftsV für Händler) und **§ 2 Nr. 6 c VHB 74** die Entschädigung auf 350 DM je **Einzelstück** (Begriff: U III 36). Außerdem soll nach diesen Vor-schriften der **Minderwert von Sammlungen** (von Briefmarken und Münzen) **durch Verlust von Einzelstücken** nicht entschädigungspflichtig sein. Aber die-ser zweite Teil der Vorschrift ist *nicht realisierbar* (anders wohl Ollick Ver-BAV 82, 52), denn der Entschädigungsanspruch richtet sich nicht auf einen Minderwert der verbliebenen Teile der Sammlung, sondern auf den aus der Zusammengehörigkeit ergebenden Mehrwert des vom Schaden betroffenen Teils der Sammlung, Q I 29. Man kann sich über diesen Fehler im Wortlaut auch *nicht* mit Hilfe *sinngerechter „Auslegung"* hinwegsetzen, denn dann erhielte (sinnwidrig) den vollen Wiederbeschaffungspreis, wer nur das vom Schaden betroffene Einzelstück besessen hatte, dagegen nur den „anteiligen" (Q I 34) Preis, wer den ganzen Satz besessen und daher einen höheren Scha-den erlitten hat; außerdem stünde § 5 AGBG einer solchen „Auslegung" entgegen. Die Vorschrift wäre erst realisierbar, wenn sie gemäß U III 36 umformuliert würde. Das kommt aber kaum noch in Betracht, denn §§ 18, 19 VHB 84 enthalten eine vergleichbare Bestimmung überhaupt nicht mehr.

50   Auch ein – eingebautes oder auch nicht eingebautes – Schloß und der zugehörige Schlüssel sind zusammengehörige Sachen in dem Sinn, daß es nach einem Schaden an einer der beiden Sachen auf genaue Gleichheit der wiederhergestellten oder wiederbeschafften Sache ankommt, weil sonst auch die nicht beschädigte andere Sache unbenutzbar bleibt. Die gesonderte An-fertigung oder Wiederbeschaffung eines Schlosses oder aber eines Schlüssels verursacht oft die für zusammengehörige Sachen charakteristischen (Q I 22) Mehrkosten. Oft kostet der Schlüssel allein oder das Schloß allein so viel wie oder sogar mehr als ein gleichwertiges anderes Schloß mit Schlüssel bei ge-meinsamer Anschaffung. Insoweit gelten, wenn durch einen VFall allein der Schlüssel zerstört wird oder abhandenkommt, die Regeln über die Entschädi-gung bei komplementären Gütern gemäß Q I 27 bis 37.

51   Nach dem **Abhandenkommen eines Schlüssels** durch einen VFall ist vor allem bei komplizierten Schlössern die Wiederbeschaffung oder Nachfertigung ei-nes genau gleichen Schlüssels oft nicht möglich oder so teuer, daß es preis-günstiger ist, Schloß und Schlüssel in gleicher Art und Güte neu zu beschaf-fen und das Schloß auszuwechseln. Der Schaden am Schlüssel umfaßt dann auch die *Wiederbeschaffungskosten für das Schloß* sowie die *Kosten der De-und Remontage des Schlosses.* Dabei spielt es keine Rolle, ob auch das Schloß zu den versicherten Sachen gehört, weil z.B. auch das Behältnis oder das Gebäude versichert ist, und sei es auch nur im Rahmen einer KostenV für Gebäudeschäden gemäß W VI 1 und 2.

52   Wo ein genau gleicher Schlüssel wiederbeschafft oder wiederhergestellt werden kann, dort kann wegen eines VFalls am Schlüssel nur der hierfür nötige Betrag verlangt werden. Daß ein abhandengekommener Schlüssel für den VN die *Gefahr eines Mißbrauchs* durch den Dieb oder Finder und für den Vr die *Vertragsgefahr* erhöht, N IV 71 bis 74, kann für den VWert und für die Entschädigungshöhe aus dem Sachsubstanzschaden nicht berücksich-tigt werden, vgl. dazu W VII 7. Folgerichtig bestand früher nach D-Kl 22

Nr. 1 c und besteht jetzt nach §§ 3 Nr. B 3 b VHB 74, 2 Nr. 1 d VHB 84, 2 Nr. 5 d AERB, 3 Nr. 3 d AERB 87 gesonderter und zusätzlicher VSchutz für **Schloßänderungskosten,** und zwar in der HausratV ohne Summengrenze, in der pauschalen Form der GeschäftsV (A II 30) meist bis zu 10% der VSumme, höchstens jedoch bis zu 10 000 DM. Allerdings bilden diese Kosten zusammen mit den Kosten für Gebäudebeschädigungen nur eine einzige Position, vgl. im einzelnen W VI 1 und W VII 1 bis 8. Schloßänderungen an fremden Wohnungen sind nicht gedeckt, AG Wiesbaden RuS 85, 93. Daneben bieten D-Kl 12 zu den AEB sowie Kl 4301 für *qualifizierte Behältnisse* im Sinn von H III 42 VSchutz für Schloßänderungskosten wegen Abhandenkommens von Schlüsseln. Hier wird ein VFall nicht vorausgesetzt, sondern es genügt jedes Abhandenkommen, z.b. auch durch Verlust oder einfachen Diebstahl, W VII 9.

3. Der **Zeitpunkt der Wertermittlung** ist bedeutsam, weil wie jeder Wert von 53 Sachen, so auch der VWert, sich laufend ändern kann. Die AVB erklären einheitlich den *Zeitpunkt des VFalls* für maßgebend, und zwar entsprechend der zweifachen Funktion des Begriffs des VWerts sowohl für die Entschädigungshöhe (Q I 57) wie für die Frage der UnterV (Q I 54). Da eine ausdrückliche Regelung nur in § 15 Nr. 2 VGB 88 getroffen wurde, Q I 78, ist für die übrigen AVB streitig, ob von imaginären statt von realen Kosten der Wiederbeschaffung oder Wiederherstellung auszugehen sei, Q I 55. Legt man der Entschädigungsberechnung die realen Kosten zugrunde, was bei steigenden Preisen der VN begünstigt, so muß man dasselbe auch für den VWert bei Feststellung der UnterV tun. Dadurch wird die zusätzliche Belastung des Vr bei Preissteigerungen zwar theoretisch ausgeglichen, jedoch auf Kosten erschwerter (und daher wiederum auf Kosten des Vr teurerer und ungenauerer) Regulierung, weil die Preisentwicklung nicht bei allen Sachen eines versicherten Inbegriffs gleich und gleich schnell verläuft (Q I 67) und der Vr die behauptete UnterV beweisen muß (S II 34).

a) Für die **UnterV** stellt schon § 56 VVG auf die Zeit des Eintritts des VFalls 54 ab. Ebenso lauten §§ 4 Nr. 2 a AWB 68, AStB 68, 10 Nr. 3 AERB, 5 Nr. 2 VHB 74, 18 Nr. 3 VHB 84, 7 Nr. 2 VGB 62, sowie §§ 11 Nr. 3 AFB 87, AERB 87, AWB 87, AStB 87. Nur verbal, nicht in der Sache weichen §§ 3 Nr. 4 AFB 30, AEB ab, wo auf den Ersatzwert verwiesen wird, der aber seinerseits als VWert zur Zeit des Eintritts des VFalls definiert ist. § 56 VVG und die zitierten AVB stellen jedenfalls klar, daß *nicht* etwa der VWert bei *Vertragsabschluß* oder letzter Vertragsänderung, sondern der **VWert zur Zeit des VFalls** maßgebend und mit der VSumme zu vergleichen ist, und zwar mit der bei Eintritt des VFalls geltenden VSumme, S II 29. Der VN muß also die VSumme laufend überprüfen und gegebenenfalls ändern, wenn er UnterV vermeiden will, vgl. S II 65 sowie Martin VersRSch 85, 3.

Damit ist aber noch nicht gesagt, wie dieser „VWert zur Zeit des VFalls" zu 55 berechnen ist. Es gibt zwei Möglichkeiten: **Entweder** sind die **realen** Kosten maßgebend, die durch Wiederherstellung oder Wiederbeschaffung während eines mit dem VFall beginnenden **Zeitraumes** entstehen, **oder** aber die **fiktiven** Kosten, die entstünden, wenn Wiederherstellung oder Wiederbeschaffung genau im **Zeitpunkt** (Q I 60) des VFalls stattfinden könnten. Diese Frage muß durch Auslegung gelöst werden, und zwar durch Auslegung sowohl der in Q I 54 zitierten Bestimmungen über die UnterV wie auch der in Q I 57 zitierten Bestimmungen über die Entschädigungshöhe bei Totalschäden; auch bei Teilschäden stellt sich dasselbe Problem, denn Reparaturkosten können ebenfalls real für den Reparaturzeitraum oder fiktiv für den Zeitpunkt des VFalls berechnet werden. Wegen des wirtschaftlichen Zusammenhangs zwischen der Entschädigungshöhe einerseits und dem VWert als Soll-VSumme andererseits müssen jedenfalls beide Gruppen von Bestimmungen einheitlich ausgelegt werden.

56   Da die Preise häufiger steigen als fallen, begünstigt es den VN, wenn die realen Kosten während eines mit dem VFall beginnenden Zeitraumes als maßgebend angesehen werden, wie dies z. B. in den Technischen VZweigen im Bereich der AMB, AMoB, ABU usw. ganz allgemein geschieht. Der Vr findet einen gewissen Ausgleich dadurch, daß auch für die Frage einer UnterV und für den VWert der durch den Schaden nicht betroffenen Sachen steigende Preise nach dem VFall während eines gewissen Zeitraumes noch berücksichtigt werden. Allerdings ist dieser Ausgleich nicht ganz vollkommen, denn der Vr trägt die Beweislast für den Tatbestand einer UnterV (S II 34 und 67), und die Ermittlung einer UnterV erschwert und verteuert die Schadensregulierung (S II 66). Außerdem entfällt jener Ausgleich völlig, wenn der Vr auf den Einwand der UnterV gänzlich (ErstrisikoV) oder teilweise verzichtet hat.

57   b) Für die **Entschädigung** bei **zerstörten** oder **abhandengekommenen** Sachen verweisen §§ 3 Nr. 1 AFB 30, AEB, 4 Nr. 1 a AWB 68, AStB 68, 10 Nr. 1 a AERB, 5 Nr. 1 a VHB 74, 18 Nr. 1 a VHB 84, 7 Nr. 1 a VGB 62 sowie §§ 11 Nr. 1 a AFB 87, AERB 87, AWB 87, AStB 87 auf den VWert bei (unmittelbar vor) **Eintritt des VFalls** (Schadenfalles) als Berechnungsgrundlage. In den AFB 30 und AEB wird diese Rechengröße als *„Ersatzwert"* bezeichnet. Für beschädigte Sachen verweisen §§ 4 Nr. 1 b AWB 68, AStB 68, 10 Nr. 1 b AERB, 5 Nr. 1 b VHB 74, 18 Nr. 1 b VHB 84, 7 Nr. 1 b VGB 62, sowie §§ 11 Nr. 1 b AFB 87, AERB 87, AWB 87, AStB 87 auf die **Reparaturkosten zur Zeit des Eintritts des VFalls**, §§ 3 Nr. 1 AFB 30, AEB dagegen auf die *Differenz* zwischen dem VWert bei Eintritt des VFalls (genauer: unmittelbar vorher, so die AERB und die AFB 87 usw.) und dem Wert der Reste, vgl. R II 17 und R III 21. Da aber der Wert der Reste durch die Reparaturkosten bestimmt wird, R I 7, führt die sog. Differenzmethode der AFB 30 und der AEB zahlenmäßig zu demselben Ergebnis. §§ 2 Nr. 1 NwSoBedIuG, 6 Nr. 1 NwIG 80 formulieren ebenfalls in dem zitierten Sinn.

58   Die Worte „zur Zeit des Eintritts des VFalls" sind aus § 55 VVG (Q I 29) übernommen und besagen für die Entschädigung zweifelsfrei, daß deren Höhe *nicht* davon abhängt, ob der VN die Sachen alsbald, später oder überhaupt nicht wiederbeschafft oder wiederherstellt, R III 7; in den beiden zuletzt genannten Fällen sind allerdings die Wiederherstellungsklauseln zu beachten, R IV 6. Mehrkosten, die dadurch entstehen, daß die **Wiederherstellung** oder **Wiederbeschaffung** nicht **unverzüglich** durchgeführt wird, bleibt stets außer Betracht. Dabei ist unverzüglich nicht immer mit sofort gleichzusetzen. Vielmehr darf und muß der VN sich hinsichtlich des Zeitablaufs sachgerecht

verhalten. *Weder* darf er die Wiederherstellung stärker *verzögern*, als die notwendigen Aufräumungs- und sonstigen Vorarbeiten, das Studium der Bezugsquellen und Preisverzeichnisse, die unvermeidlichen Lieferzeiten usw. dies ohnehin erfordern, *noch* darf er die Wiederbeschaffung so *beschleunigen*, daß sie sich dadurch verteuert, z. B. um Überstunden- oder Feiertagszuschläge, vgl. dazu auch Q I 63.

Etwaige Mehrkosten durch eine auch nur leicht fahrlässige Verzögerung 59 oder Beschleunigung gehen zu Lasten des VN. Dies folgt **nicht erst** aus der **Schadenminderungspflicht** gemäß § 62 VVG, sondern schon aus dem Begriff des VWerts, so daß es auf grobes Verschulden des VN im Sinn von § 62 Abs. 2 VVG nicht ankommt. Das gleiche gilt bei der Reparatur. Möglich ist freilich, daß die Kosten einer besonderen Beschleunigung sich als Rettungskosten gegenüber einem Folgeschaden (W II 40 bis 45) oder im Rahmen einer BetriebsunterbrechungsV erweisen und zu ersetzen sind. – Wegen Verkaufspreisklauseln und beschleunigter Neuherstellung vgl. Q II 17. – Bei *Großhandelsware* erhöht sich dagegen der Wiederbeschaffungspreis um den *Mehrbetrag für die Abgeltung von Lieferfristen*, auch wenn der Wiederbeschaffungspreis dann über dem Verkaufspreis des VN liegt. Gleichgültig ob der Ersatzkauf wegen dieses Mehrbetrages unterbleibt oder (zwecks Abwehr eines Kundenverlustschadens) dennoch stattfindet, ist jeweils der Verkaufspreis des VN zu entschädigen, vgl. Q II 26.

c) **Streitig** ist, ob die Worte „zur Zeit des Eintritts des VFalls" für die 60 Entschädigung *weitergehend* bedeuten, daß die Zeitdauer der Wiederbeschaffung, nämlich die „Lieferzeit" zwischen Bestellung und Lieferung, sowie die **Reparaturdauer** und bei Gebäuden die **Dauer des Wiederaufbaus**, für die Wertermittlung und für die Entschädigung zu **eliminieren** sind (BL 47, 68, 216, Raiser 123). Für diese jedenfalls in der Großschadenpraxis **vorherrschende Ansicht** spricht auf Anhieb, daß die in Q I 57 zitierten AVB für die Wertberechnung einen *Zeitpunkt* nennen, sich also verbal darüber hinwegsetzen, daß Wiederbeschaffung und Wiederherstellung Vorgänge sind, die einen *Zeitraum* erfordern. Gerade wenn man an den Kaufkraftschwund von Währungen denkt, liegt es nahe, die zitierten AVB so zu verstehen, daß die Kaufkraft zu einem ganz bestimmten Zeitpunkt maßgebend sein solle, vgl. schon Q I 55. – Wegen der ausdrücklichen Regelung in § 15 Nr. 2 VGB 88 vgl. Q I 78.

Die **Gegenansicht** (Anonym VW 49, 279, Engels VP 76, 228, Klocke ZfV 61 82, 413; PM § 86 Anm. 4 A, § 55 Anm. 2 E; für die öffentlichen – A IV 3 – FeuerVr Mangold VW 73, 337, Spohnholtz VW 75, 1039; de lege ferenda auch Luttmer-Ryfisch ZfV 72, 775) stützt sich vor allem darauf, daß die in Q I 60 dargestellte h. M. von den **Kosten einer imaginären Wiederbeschaffung oder Wiederherstellung** ausgeht. Die h. M. stellt nämlich *weder* auf die Kosten einer unverzüglich *nach* dem VFall eingeleiteten Wiederbeschaffung *noch* umgekehrt auf die Kosten einer so rechtzeitig *vor* dem VFall begonnenen Wiederherstellung ab, daß der Vorgang zur Zeit des VFalls bereits beendet wäre, sondern sie erklärt die Kosten einer auf den *Zeitpunkt* des VFalls zeitlich gleichsam „zusammengeschobenen" Wiederbeschaffung oder Wiederherstellung für maßgebend. Die h. M. setzt an die Stelle eines *Zeitraums* (Lieferzeit oder Dauer der Wiederherstellung oder des Wiederaufbaus) einen *Zeitpunkt*, oder – anders ausgedrückt – sie läßt die Kostenschwankungen während des Zeitraums, wie er für die Wiederbeschaffung oder Wiederherstellung erforderlich ist oder erforderlich wäre, außer Betracht und legt *einheitlich* das *Kostenniveau* des Zeitpunkts des VFalls zugrunde.

62 Liegt die Inflationsrate in der Größenordnung um 5%, so macht sich der Unterschied nur bei Liefer- oder Wiederaufbauzeiten von etwa einem Jahr bemerkbar. Denkt man jedoch z.B. an Inflationsraten um 10% oder gar 20%, bei denen sich das Lohn- und Preisniveau in kürzeren als jährlichen Abständen ändert, so gewinnt der Unterschied an Bedeutung. Die h.M. geht von **fiktiven Kosten** aus, die weder dann entstehen, wenn die Wiederbeschaffung oder Wiederherstellung schon vor dem Schaden eingeleitet und genau im Schadenzeitpunkt beendet worden wäre, noch dann, wenn sie unverzüglich nach dem Schaden eingeleitet wird. Für den *Gemeinkostenanteil* in den Kosten der Neuherstellung eigener Erzeugnisse räumen übrigens auch BL 175 ein, daß die imaginären Kosten in einem bestimmten Zeitpunkt nicht gemeint sein können, und wollen daher einen *längeren Zeitraum* vor dem Brandtag (Alternative: vor Abschluß der Neuherstellung, aber unter Ausschluß der durch die Nachfabrikation verursachten besonderen betrieblichen Verhältnisse) berücksichtigen. Zu § 5 Nr. 1 und 2 AFB 87 usw. meint Klocke ZfV 82, 413 zutreffend, fiktive Kosten könnten dort schon deshalb nicht mehr gemeint sein, weil von den Kosten die Rede sei, die „aufzuwenden" sind, was nur auf reale Kosten bezogen werden könne. Die in Q I 60 wiedergegebene Gegenansicht würde dem aber entgegenhalten, durch die Worte „unmittelbar vor Eintritt des VFalls" in § 11 Nr. 1a AFB 87 werde eben doch wieder eine fiktive Berechnung verlangt.

63 Ein weiterer Einwand gegen die h.M. ist, daß diese den Wortlaut der in Q I 57 zitierten AVB auch ihrerseits keineswegs streng realisieren kann. Sie stellt nämlich nicht immer auf das Lohn- und Preisniveau genau im Zeitpunkt des VFalls, sondern vielmehr auf das Lohn- und Preisniveau am **nächstfolgenden Werktag** ab. Die erhöhten Kosten von Lieferungen oder Wiederbestellungsarbeiten nachts oder an *Sonn- oder Feiertagen* sind zweifelsfrei auch dann *nicht* Teil des VWerts und der Entschädigung, wenn der Schaden nachts oder an Sonn- oder Feiertagen eingetreten ist. Andernfalls müßte der VN Zuschläge für Sonn- und Feiertags- sowie für Nachtarbeiten von vornherein in die VSummen einkalkulieren. Obwohl also der h.M. unter Umständen einen etwas späteren als den Zeitpunkt des Schadensfalls wählen muß, wählt sie andererseits auch nicht den meist noch etwas späteren Zeitpunkt des frühestmöglichen Beginns der Wiederbeschaffung oder Wiederherstellung, obwohl dieser Zeitpunkt aus Gründen der Logik sehr nahe läge, Q I 58.

64 Wenn nun aber die h.M. fiktive Kosten einer innerhalb ein und derselben „juristischen Sekunde" begonnenen und auch schon wieder beendeten Wiederbeschaffung oder Wiederherstellung zugrunde legen will und überdies jene juristische Sekunde eben doch **nicht immer** im **Zeitpunkt des VFalls**, aber andererseits auch nicht erst bei Beginn der frühestmöglichen Wiederbeschaffung oder Wiederherstellung, sondern schon am nächstfolgenden Werktag nach dem Zeitpunkt des VFalls liegen soll, so hätte dies in den in Q I 57 zitierten Bestimmungen deutlicher ausgedrückt werden können und müssen, zumal die Worte „im Zeitpunkt des VFalls" auch nach der Gegenansicht

keineswegs jeden Sinn verlieren, vgl. Q I 54 und 58. Daß die älteren Formulierungen auch in § 18 Nr. 1 VHB 84 und in §§ 11 Nr. 1 AFB 87, AERB 87, AWB 87, AStB 87 wieder unverändert übernommen wurde, ist als Argument allerdings weder in der einen noch in der anderen Richtung verwertbar. Die neuen AVB sind möglicherweise schon allein deshalb nicht deutlicher formuliert worden, um Umkehrschlüsse auf frühere Texte zu vermeiden. Auch aus § 15 Nr. 2 VGB 88 (vgl. dazu Q I 78) darf kein Schluß für die Auslegung anderer AVB gezogen werden. Vielmehr ist jedes Bedingungswerk aus sich selbst auszulegen.

Überdies wäre die h. M. bei fallenden Preisen unvereinbar mit dem **Berei-** **65** **cherungsverbot** gemäß § 55 VVG, so daß die imaginären Kosten praktisch nur dort verbindlich wären, wo sie zu einem niedrigeren Ergebnis führen, also bei steigenden Preisen. Selbst wenn fallende Preise unwahrscheinlicher sind, wäre dennoch eine so *einseitige* Anwendung des Standpunkts der h. M. keinesfalls ein vertretbares Auslegungsergebnis, am wenigsten nach Inkrafttreten des AGBG am 1. 4. 1977, welches durch § 3 und § 9 unangemessene Benachteiligungen und überraschende Klauseln für unwirksam erklärt, A V 6, 10 und 13. Jedenfalls in § 55 VVG, der zugleich Grundlage des Bereicherungsverbots ist, können die Worte „zur Zeit des Eintritts des VFalls" also nicht im Sinn der h. M. ausgelegt werden. Folgerichtig dürfen diese Worte wegen **§ 9 Abs. 2 Nr. 1 AGBG** auch in AVB nicht anders verstanden werden, selbst wenn die AVB eine klarere Formulierung im Sinn der h. M. enthielten (was ohnehin nicht der Fall ist). Auch der „Vertragszweck" im Sinn von **§ 9 Abs. 2 Nr. 2 AGBG** erfordert eine Entschädigung nicht fiktiver, sondern der realen Kosten durch den unverzüglich einzuleitenden Vorgang der Wiederherstellung oder Wiederbeschaffung, vgl. zu diesem Begriff z. B. Werber VersR 86, 4. – Wegen der etwas *abweichenden* Rechtslage bei *Wertpapieren* vgl. aber Q II 54.

Die h. M. kann auch **nicht** einfach unter Hinweis auf die **Verzinsung der** **66** **Entschädigung** gerechtfertigt werden. Die AVB bestimmen für diese Verzinsung den Prozentsatz so, daß sie einerseits auch bei einer Inflationsrate Null stattfindet und andererseits auch bei sehr starker Inflation nur im Rahmen des Diskontsatzes steigt. Ferner findet die Verzinsung einheitlich bei Sachen mit mit kurzer und mit langer Wiederbeschaffungsdauer und ohne Rücksicht auf Tatsache und Zeitpunkt der wirklichen Wiederbeschaffung statt. Diese Regelungen geben der Verzinsung wirtschaftlich einen ganz anderen Sinn (Y IV 9 und Y V 3) als den eines Ausgleichs für die Vergrößerung des Schadens durch Kaufkraftschwund während der Dauer der Wiederbeschaffung oder Wiederherstellung.

Wer die h. M. ablehnt, mutet dem Vr keine untragbare Belastung zu, auch **67** nicht in Zeiten stärkeren Kaufkraftschwundes. Die **höheren VWerte** gelten dann nämlich nicht nur für die Entschädigung, sondern **auch für die UnterV,** Q I 54. Wo die VSumme – auch nach Aufteilung einer Vorsorgesumme und in der Industrie-FeuerV nach Durchführung des Summenausgleichs – den Kaufkraftschwund nicht berücksichtigt, wird die Entschädigung entsprechend gekürzt. Da allerdings die Liefer- und Wiederherstellungszeiten bei verschiedenen Sachen innerhalb derselben Position ganz unterschiedlich sein und z. B. innerhalb der Betriebseinrichtung für Maschinen ein bis zwei Jahre, für Büroeinrichtung dagegen nur Tage oder Wochen betragen können, läßt sich die Differenz zwischen der h. M. und der Gegenansicht nicht in einem einheitlichen Prozentsatz für alle von einem Schaden betroffenen Sachen ausdrücken. Vielmehr wächst der Prozentsatz je Sache mit der Länge des Wiederbeschaffungs- oder Wiederherstellungszeitraums. Dies erschwert und verteuert die Feststellung des VWerts der durch den Schaden nicht betroffenen Sachen, vgl. schon Q I 56.

68   Aber diese Schwierigkeit besteht ohnehin nur bei beweglichen Sachen, weil Gebäude nicht in größerer Zahl innerhalb einer Position versichert werden, S I 17. Außerdem wird sie in manchen größeren Verträgen z. B. durch die Wertzuschlagsklauseln reduziert; der durch diese Klauseln ausgesprochene teilweise UnterVVerzicht (S V 3) ist in der Prämienkalkulation berücksichtigt. Endlich führt auch die h. M. zu gewissen praktischen Schwierigkeiten, allerdings nicht bei Bewertung der geretteten, sondern bei Bewertung der zerstörten Sachen. Während nämlich die tatsächlichen Wiederherstellungskosten durch Vorlage von Kostenvoranschlägen und Rechnungen leicht beziffert werden können, müssen die imaginären Kosten einer zeitlich „zusammengeschobenen" Wiederherstellung durch Umrechnung der tatsächlichen Kosten auf ein anderes Preisniveau erst einmal ermittelt werden. Dem entgeht die Praxis dadurch, daß bei kleineren Schäden oft auch ohne ausdrückliche Bestimmung wie § 15 Nr. 2 VGB 88 eben doch selbst dort nach tatsächlichen Wiederherstellungskosten reguliert wird, wo eine nennenswerte Lieferzeit oder Wiederherstellungsdauer in Betracht kommt.

69   Das Problem spitzt sich auf die Frage zu, ob die h. M. dadurch zum richtigen Auslegungsergebnis werden kann, daß sie in der Theorie über Jahrzehnte hinweg vertreten und mindestens bei größeren Schäden auch praktiziert worden ist, insbesondere als Grundlage vieler Sachverständigenverfahren zu Großschäden. Bei VN, die durch Makler oder firmeneigene Vermittler betreut werden, denen Theorie und Praxis bekannt sind, wäre die Frage am ehesten zu bejahen, zumal in den Jahren ab 1970 höhere Inflationsraten in das allgemeine Blickfeld gerückt sind und zu Forderungen nach einer Erstrisikodeckung für den zusätzlichen Schaden geführt haben (Engels VP 76, 228), die durch Kl 1301 (anfänglich: 1303) teilweise erfüllt werden. Indessen könnte die h. M. §§ 39 AGBG als rechtliches Hindernis nur überwinden, Q I 65, wenn sie ein Gewohnheitsrecht in ihrem Sinn nachweisen könnte. Die Voraussetzungen eines solchen Gewohnheitsrechts liegen aber keinesfalls vor, denn die Regulierungspraxis ist nicht genügend einheitlich.

70   d) Bei **gewerblichen und industriellen Risiken** werden Mehrkosten durch Preissteigerungen gelegentlich durch eine sog. **PreisdifferenzV** mitversichert, und zwar nach Kl 1301 zu den AFB 87, AERB 87, AWB 87 und AStB 87. Nahezu den gleichen Wortlaut hatte früher Kl 1303 (Texte 12 der 2. Aufl.), die aber nur zu den AFB 30 und nur für industrielle Risiken genehmigt waren. Aus der Existenz dieser Klauseln und selbst aus einer **Antragsfrage,** ob der Antragsteller eine PreisdifferenzV wünsche, darf aber **kein Schluß** im Sinne der in Q I 60 skizzierten Rechtsmeinung und **gegen eine Entschädigungspflicht schon nach den AVB** für die realen Wiederherstellungs- oder Wiederbeschaffungskosten gezogen werden, vgl. allgemein K I 6 und 7. AVB sind

objektiv und somit ohne Rücksicht auf Umstände des Einzelfalles auszulegen, also auch ohne Rücksicht auf den Inhalt des Antragsformulars und des
im Einzelfall tatsächlichen Antrags. Der in Q I 70 der 2. Aufl. angedeutete
Schluß aus einer verneinenden Antwort auf jene Antragsfrage darf daher nur
in besonderen Fällen gezogen werden, nämlich nur dann, wenn der VN sich
mit einer Deckung ohne Mehrkosten für Preissteigerungen so deutlich abfindet, daß von einer konkludenten Einzelfallabrede gesprochen werden kann.
Die bloße Tatsache, daß der VN oder sein Makler fachkundig ist, reicht für
die Annahme einer konkludenten Einzelfallabrede nicht aus.

Entgegen Q I 71 der 2. Aufl. kann ein Schluß im Sinn der in Q I 60 **71**
dargestellten Rechtsmeinung **nicht** einmal für diejenigen Verträge gezogen
werden, zu denen eine VSumme gemäß Kl 1301 vereinbart wurde. Zwar wird
der VSchutz aus der VSumme für „Mehrkosten infolge Preissteigerungen"
nach Kl 1301 Nr. 1 „abweichend von den dem Vertrag zugrunde liegenden
VBedingungen" geboten, also abweichend von den in Q I 57 zitierten AFB
87, AERB 87, AWB 87 und AStB 87. Aber es wäre mit §§ 3, 5 AGBG
unvereinbar, bei Auslegung jener AVB diejenigen VN, die Mehrprämie aufwenden und eine zusätzliche PreisdifferenzVSumme vereinbaren, gegenüber
den übrigen VN (Q I 70) zu benachteiligen, die von der VMöglichkeit nach
Kl 1301 keinen Gebrauch machen. Der PreisdifferenzVN braucht mit einem
Auslegungsargument außerhalb des AVB-Textes nicht im Sinn von § 3
AGBG zu rechnen. Auch § 5 AGBG spricht für das hier vertretene Ergebnis.
Wenn schon eine Unklarheit innerhalb des AVB-Textes zugunsten des VN
aufzulösen wäre, dann muß dies um so mehr für eine Unklarheit gelten, die
ihre Wurzel in einer Klausel hat, die der VN auf ein Angebot der Vr hin und
gegen Mehrprämie vereinbart. Der VN kann also **Ersatz für „Mehrkosten
durch Preissteigerungen"** in den Grenzen gemäß Q I 58 und 59 **schon nach den
AVB** auch aus den Positionen verlangen, zu denen Kl 1301 vereinbart wurde.

Eine VSumme ist gemäß Kl 1301 **Nr. 2** zu vereinbaren. Ein VBedarf besteht **72**
ohnehin nur, wenn der VN die Q I 60 dargestellte Rechtsansicht teilt oder
doch jedenfalls die aus der Streitfrage erwachsende rechtliche Unsicherheit
nicht tragen will. Die *zweckmäßige Höhe* der VSumme ergibt sich dann aus
der Höhe der Hauptpositionen und der Höhe der geschätzten Preissteigerungen. Kl 1301 sagt nicht, für welche Positionen der Industrie-FeuerV (H III 1)
die zusätzliche VSumme gilt. Aus Nr. 5 und 6 der Klausel folgt immerhin,
daß in erster Linie nur Positionen gemeint sind, in denen ein Sachwert versichert wird und zu denen der UnterVEinwand möglich ist. Im Gegensatz zu
den älteren AVB (Q I 72 der 2. Aufl.) enthalten §§ 10 Nr. 2b AERB, 11
Nr. 1b AFB 87, AERB 87, AWB 87, AStB 87 auch für die KostenV Verweisungen auf die in Q I 60 zitierten einschränkenden Formulierungen. Aus der
Sicht der dort skizzierten Rechtsmeinung besteht daher ein VBedürfnis im
Sinn von Kl 1301 **auch in der KostenV.** – Selbstverständlich ist es möglich, eine
VSumme nach Kl 1301 nur mit Bezug auf einzelne Hauptpositionen oder **zu
jeder Hauptposition gesondert** zu vereinbaren.

Auf Erstes Risiko gilt die PreisdifferenzV insofern, als nicht geprüft wird, **73**
ob die vereinbarte VSumme ausgereicht hätte, wenn sämtliche versicherten
Sachen der zugehörigen Hauptpositionen Totalschaden erlitten hätten.
Trotzdem erscheinen die Worte „auf Erstes Risiko" in Nr. 2 nicht, weil

gemäß Nr. 6 der Kl 1301 bei **UnterV der betroffenen Hauptposition** (H III 1) auch die Preisdifferenz nur anteilig ersetzt wird, gleichgültig ob die VSumme gemäß Nr. 2 dann voll verbraucht wird oder nicht, vgl. zu dieser Methode allgemein S II 13. Die *Kürzung* nach Nr. 6 wird an dem „nach Nr. 2 bis 5 ermittelten Betrag" vorgenommen. Danach kann bei UnterV die VSumme gemäß Nr. 2 nie voll ausgeschöpft werden. Dies überrascht vor allem dann, wenn UnterV besteht, weil das Risiko auf *mehrere Vr* aufgeteilt wurde, nämlich in getrennten Verträgen, von denen nur einer eine VSumme nach Kl 1301 enthält. Bei *offener MitV* würde man freilich trotz der rechtlichen Selbständigkeit der einzelnen Verträge Kl 1301 Nr. 6 von vornherein nur anwenden dürfen, soweit der Gesamtbetrag der in offener MitV vereinbarten VSumme einer Hauptposition nicht ausreicht.

74   Kl 1301 begrenzt in **Nr. 3 und 4** den VSchutz auf die Mehrkosten, die auch bei **unverzüglicher Wiederherstellung oder Wiederbeschaffung** entstanden wären. Textlich ist Nr. 3 allerdings mißlungen und unlogisch, denn es wäre nicht nötig gewesen, das Wort „unverzüglich" nur mit „Bezug" auf „veranlaßt" zu gebrauchen und dann den Gegenstand der Durchführung dessen, was veranlaßt wurde, nochmals gesondert als „unverzüglich" zu bezeichnen. Der Sinn der Regelung ist aber klar: Die Grundsätze gemäß Q I 58 sollen auch hier gelten.

75   Außerdem müssen nach **Nr. 2** die Mehrkosten „**tatsächlich entstanden**" sein, so daß für sie überhaupt kein Ersatz geleistet wird, wenn die *Wiederherstellung* nicht nur verspätet, sondern *überhaupt nicht* durchgeführt wird. Abweichend von § 7 NwIG 80 genügt es auch nicht, wenn die Wiederherstellung lediglich sichergestellt ist, denn dann sind die Mehrkosten ebenfalls noch nicht „entstanden". In den Fällen von Nr. 4 der Klausel (*Kapitalmangel* sowie behördliche *Wiederaufbau- oder Betriebsbeschränkungen*) bleiben die durch die dort genannten Umstände entstandenen zusätzlichen Mehrkosten auch außer Betracht, wenn den VN kein Verschulden trifft, er also noch unverzüglich im Sinn von Nr. 3 tätig geworden ist, vgl. dazu Q I 82. „**Außergewöhnliche Ereignisse**" ist ähnlich *eng* zu verstehen wie in § 3 Nr. 2a FBUB und soll lediglich Verzögerungen durch inadäquate Folgen des VFalls eliminieren, PM Teil II Anm. B 2 zu den FBUB. Diese enge Auslegung wäre übrigens auch und gerade dann geboten, wenn man den Vorbehalt für „außergewöhnliche Ereignisse" auch auf Ereignisse beziehen wollte, die sich nicht auf die Wiederherstellungszeit, sondern auf die Preisentwicklung beziehen; ein Kriegsausbruch in einem Teil der Welt könnte dann z.B. nicht als außergewöhnliche und unversicherte Ursache von Preissteigerungen behandelt werden.

76   Nach Kl 1301 **Nr. 5 Satz 1** sollen die Mehrkosten nur „im **Verhältnis des Zeitwerts zum Neuwert**" ersetzt werden, falls nur der Zeitwert der VWert ist, entweder weil die V nach §§ 5 Nr. 1b AFB 87, AERB 87, AWB 87, AStB 87 von vornherein nur zum Zeitwert genommen wurde oder weil die Grenze von 40% unterschritten wurde. Bei **Totalschäden**, die zur Wiederbeschaffung der Sache zwingen, ist die Regelung angemessen. Auch die anteiligen Mehrkosten werden dann nur nach tatsächlicher Entstehung gezahlt, so daß es hier ausnahmsweise auch in der ZeitwertV auf die Wiederbeschaffung ankommt. **Teilschäden** („beschädigte Sachen") sind dagegen ausdrücklich **nicht** ange-

sprochen, denn Mehrkosten fallen bei einer Reparatur oft sogar in höherem Umfang als im Neupreis bei einer Wiederbeschaffung an, jedenfalls aber nicht genau anteilig.

Kl 1301 **Nr. 5 Satz 2** verschärft für die PreisdifferenzV die R IV 6 zitierten 77 **Wiederherstellungsklauseln.** Danach soll die Preisdifferenz nach der Klausel nicht entschädigt werden, wenn nach den Wiederherstellungsklauseln nur der Zeitwert ersetzt wird. Bei *Totalschäden* wäre dann gemäß Q I 60 und 71 der Neuwert in Höhe des Preises einer fiktiven Wiederbeschaffung oder Wiederherstellung am Tag des VFalls zu ermitteln und daraus prozentual der Zeitwert zu errechnen (der nie höher sein kann als der Zeitwert, Q III 48). Bei *Teilschäden* ist die Regelung ebenfalls praktikabel, falls die Reparatur endgültig unterbleibt, denn dann fallen Mehrkosten in Höhe einer Preisdifferenz nicht an. Wird hingegen die Reparatur ausnahmsweise noch nach Ende der Frist von drei Jahren gemäß § 7 Nr. 2 nachgeholt, ohne daß dann nach der Rechtsprechung (BGH VersR 79, 73 und R IV 23) doch noch der Nennwert zu entschädigen ist, so fallen die Mehrkosten tatsächlich an, auch wenn § 5 Nr. 1b letzter Halbsatz AFB 87, AERB 87, AWB 87, AStB 87 (Kürzung der Reparaturkosten um eine etwaige Erhöhung des Zeitwerts) berücksichtigt wird; dem Zweck der PreisdifferenzV entspräche dann der Ersatz dieser Mehrkosten, allerdings reduziert auf den Betrag, der auch bei unverzüglicher Reparatur angefallen wäre. Nach der hier vertretenen Rechtsansicht entschärft sich das Problem, denn der VN kann bei nachträglicher Reparatur in den Grenzen von Q I 58 und 59 auf die Hauptposition zurückgreifen, Q I 71.

e) Kl 867 **Nr. 1 zu den VGB 62** entspricht Kl 1301 Nr. 1 bis 3. Danach kann 78 auch bei Wohngebäuden eine gesonderte VersSumme für **Preissteigerungen** gebildet werden. Eine Entschädigungspflicht nach den VGB 62 wird durch die Existenz oder die Vereinbarungen von Kl 867 aber nicht ausgeschlossen, Q I 70 und 71. Außerdem verwenden nur wenige Vr diese Klausel. Nach Kl 867 Nr. 2 Abs. 3 handelt es sich um eine Vers auf Erstes Risiko. Nr. 2 Abs. 3 hätte alerdings besser als Nr. 3 beziffert werden sollen. Auch eine UnterVers bei der Hauptposition führt nach Kl 867 nicht zu einer Kürzung bei den Mehrkosten durch Preissteigerungen, denn in Kl 867 fehlt eine Bestimmung entsprechend Kl 1301 Nr. 6.

Kl 867 Nr. 2 Abs. 2 entspricht Kl 1301 Nr. 4 und schließt „Mehrkosten 79 infolge von behördlichen Wiederaufbau- oder Betriebsbeschränkungen" aus. Eine Ausnahme soll jedoch nach Kl 867 Nr. 2 Abs. 1 für Mehrkoten gelten, die „nach einem Schadenfall daraus entstehen, daß aufgrund von geänderten gesetzlichen oder behördlichen Vorschriften zwingend **bauliche Veränderungen bzw. Verbesserungen vorgeschrieben** werden". Zu denken ist hier wohl nur an die Änderung von Vorschriften nach dem Schadenzeitpunkt, denn Kl 867 Nr. 3 sowie Kl 867 Nr. 2 Abs. 3 verklammern die Regelungen für Preisdifferenzen in Nr. 1 und für bauliche Veränderungen in Nr. 2.

Auch sonst ist der Text unklar, denn letztlich ist jede Vorschrift über 80 bauliche Verbesserungen zugleich eine Vorschrift, welche den Wiederaufbau beschränkt, weil sie ihn nämlich in der früheren Form und ohne die Verbesserung verbietet. Außerdem berücksichtigt Kl 867 Nr. 2 Abs. 1 nicht die Argumente, die auch ohne ergänzende Vereinbarung dafür sprechen, Mehrkosten durch verschärfte Anforderungen speziell an Neubauten usw. in den Vers-Wert einzubeziehen, vgl. ausführlich Q IV 8 bis 20. Ganz besonders gilt dies in der Gleitenden NeuwertVers, Q IV 21.

81   f) Nach § 15 Nr. 2 VGB 88 werden „die notwendigen Mehrkosten durch Preissteigerungen" ersetzt. Die Mehrkosten müssen – anders als nach Kl 1301 – nicht „tatsächlich entstanden", sondern nur notwendig sein. Damit erledigt sich das in Q I 77 zu Kl 1301 erörterte Problem, denn die Mehrkosten werden in den Grenzen des Zeitwertschadens zweifelsfrei auch dann entschädigt, wenn die Wiederherstellung nicht oder nicht innerhalb der Dreijahresfrist gemäß § 15 Nr. 4 VGB 88 erfolgt. Dies gilt gleichermaßen bei Total- und bei Teilschäden.

82   Hingegen übernimmt § 15 Nr. 2 Abs. 3 VGB 88 den auch in Kl 1301 Nr. 4 enthaltenen Ausschluß für zusätzliche Mehrkosten durch Kapitalmangel, behördliche Betriebsbeschränkungen sowie außergewöhnliche Ereignisse. **Kapitalmangel** hat der VN nach dem Grundgedanken von § 279 BGB ohnehin selbst zu vertreten, und zwar auch dann, wenn sich die nötigen Erhebungen und die Entschädigungsleistung des Vr ohne dessen Verschulden verzögern; bei Verschulden des Vr handelt es sich um einen Verzugsschaden, den der Vr ersetzen muß. Wegen behördlicher **Betriebsbeschränkungen** vgl. Kl 0931 und Q IV 65; soweit den VN kein Verschulden trifft, handelt es sich – gemessen an den Grundsätzen von § 15 Nr. 2 Abs. 2 VGB 88 und Q I 58 und 59 – um eine konstitutive Beschränkung des VSchutzes. **Außergewöhnliche Ereignisse** sind nur Fälle, in denen es an einem adäquaten Ursachenzusammenhang zum VFall fehlt, Q I 75.

83   Die in Q I 60 skizzierte Rechtsmeinung sieht in § 15 Nr. 2 VGB 88 eine Erweiterung gegenüber der in § 15 Nr. 1a und Nr. 1b VGB 88 mit den Worten „unmittelbar vor Eintritt des VFalles" umschriebenen Entschädigungspflicht. Nach der hier vertretenen Ansicht handelt es sich hingegen nur um eine **Bestätigung** dessen, was sich – mit Ausnahme der in Q I 85 erwähnten Erweiterung – schon aus § 15 Nr. 1 VGB 88 ergibt. Die in Q I 60 bis 69 erörterte Streitfrage stellt sich zu den VGB 88 jedenfalls nicht.

84   Aus den VGB 88 darf **kein Umkehrschluß** für die in Q I 57 zitierten älteren AVB zugunsten der in Q I 60 skizzierten Rechtsmeinung gezogen werden. Im Verhältnis zwischen Gesetzen mögen Umkehrschlüsse mit einiger Vorsicht möglich sein, wenn in einem Gesetz mit Bezug auf eine ähnliche Problematik eine andere Formulierung als in einem anderen Gesetz gewählt ist, denn die Gesamtheit aller geltenden Gesetze stellt eine einheitliche Rechtsordnung gegenüber jedermann dar. AVB-Texte sind hingegen zwar wie Gesetze „objektiv" auszulegen, werden aber nur dadurch verbindlich, daß bestimmte Rechtssubjekte sie zum Bestandteile eines bestimmten Vertrages machen. Aus anderen AVB, die nicht Bestandteil dieses Vertrages sind, dürfen Schlüsse für oder gegen eine bestimmte Auslegung der dem Vertrag zugrunde gelegten AVB nicht gezogen werden.

85   Auch nach der hier vertretenen Ansicht eine **Verbesserung** enthält § 15 Nr. 2 VGB 88 insofern, als er indirekt zum Ausdruck bringt, daß **Mehrkosten** durch Preissteigerungen **nicht Teil des Wertes** sind. Die Mehrkosten brauchen also abweichend von Q I 67 nicht in der VSumme für das Wohngebäude

berücksichtigt zu sein. Allerdings wirkt sich diese Verbesserung nur aus, wenn eine feste VSumme gemäß § 14 VGB 88 vereinbart ist, denn in der gleitenden NeuwertV kann UnterV durch nachträgliche Zunahme der Baupreise ohnehin nicht eintreten. Die Verbesserung betrifft also nur eine kleine Minderheit der Verträge.

II. Waren, Rohstoffe, Wertpapiere und sonstige Urkunden sowie Datenträger, Muster usw.

Die Begriffe in den AVB-Bestimmungen über den VWert decken sich nicht **1** genau mit den Begriffen, die der VVertrag für die **Bezeichnung der versicherten Sachen** verwendet, insbesondere nicht genau mit der Positionen-Erläuterung für die Industrie-FeuerV (Texte 38) und nicht genau mit der Pauschaldeklaration für die gebündelte GeschäftsV (Texte 40, vgl. H III 8). So sprechen z. B. die Verträge oft von Vorräten, wo die AVB und manche Klauseln die Begriffe „Waren" (H III 14) oder „Erzeugnisse" verwenden. Ferner wird z. B. der VWert von Wertpapieren nur in §§ 4 AERB, 5 AFB 87, AERB 87, AWB 87, AStB 87, der von Datenträgern nur mittelbar in den in Q II 54 zitierten Bestimmungen behandelt.

Waren, Rohstoffen, Wertpapieren und sonstigen Urkunden sowie Daten- **2** trägern ist gemeinsam, daß es für sie **keine NeuwertV** gibt. Nicht einheitlich sind allerdings die Gründe hierfür. *Waren* (Q II 24) und *Rohstoffe* (Q II 27) können zwar *nicht* durch *Abnutzung,* wohl aber durch Alterung, technischen Fortschritt, Modewechsel usw. an Wert verlieren. Werden jedoch diese Sachen nach der Minderung ihres Werts von einem Schaden betroffen, so besteht wirtschaftlich kein Anlaß, den höheren Wert nicht gealterter oder modernerer Sachen zu ersetzen. Mit Recht sprechen die AVB hier allerdings auch nicht von einem Zeitwert als VWert, denn dieser Begriff meint speziell die Minderung des Neuwerts durch Abnutzung, Q III 39. Vielmehr gehen die AVB mit Recht vom **Wiederbeschaffungspreis** aus, wobei Maximum der erzielbare Verkaufspreis ist. Bei *Wertpapieren* und sonstigen *Urkunden* (Q II 28) und bei *Datenträgern* (Q II 54) ist zwar *Abnutzung* theoretisch immer und bei gewissen Arten von Datenträgern auch praktisch durchaus möglich, aber nur bezüglich des *Materials.* Da jedoch der Wert dieser Sachen – und zwar auch nach Abnutzung – meist über dem Nennwert des Materials liegt, ist das Begriffspaar Neuwert und Zeitwert auch bei dieser von Sachen nicht brauchbar. Auch für *Muster* usw. gibt es keine NeuwertV, vgl. Q II 63.

1. Den Gegensatz zu Waren, Rohstoffen, Wertpapieren und sonstigen Ur- **3** kunden sowie Datenträgern bilden **Gebäude** und **Gebrauchsgegenstände,** insbesondere Betriebseinrichtungen und Hausrat, also alle **zum Neuwert versicherbaren Sachen.** Daneben bilden § 4 Nr. 4 AERB sowie §§ 3 Nr. 1 d AWB 68, **AStB 68, 5 Nr. 5 AFB 87, AWB 87, AStB 87, 5 Nr. 4 AERB 87** (leider nicht auch die AFB 30, vgl. Q II 4 wegen Kundeneigentum) noch eine Gruppe für „sonstige (übrige) **Sachen**" mit dem **Zeitwert** als VWert, was ebenfalls von § 52 VVG abweicht, weil nach § 52 VVG stets der gemeine Wert maßgebend ist, Q I 3, der normalerweise unter dem Zeitwert im Sinn der zitierten AVB liegt, Q III 48 und 60. Nach den AWB 68, AStB 68 fiel in diese Gruppe auch die

Betriebseinrichtung, für die aber meist NeuwertV nach den NwIG 80 oder den NWSoBedIuG vereinbart war. Ebenso wie Gebäude und Gebrauchsgegenstände können auch die „sonstigen Sachen" in der Regel durch *Alter* oder *Abnutzung* an Wert verlieren. Sie sind aber meist nicht zum Verkauf bestimmt, so daß der erzielbare Verkaufspreis als Maximum für den VWert nicht in Betracht kommt. Die AVB verlangen daher für den VWert der sonstigen Sachen von dem **Wiederbeschaffungspreis** einen **Abzug** entsprechend dem **Zustand der Sache.** Wegen der Einzelheiten wird auf die Erläuterungen zum Zeitwert von Gebäuden und Gebrauchsgegenständen verwiesen, Q III 35 bis 55.

4   Besonderheiten gelten die **Sachen, die den VN von Kunden zur Reparatur oder Verwahrung** entgegennimmt. Sie sind zweifelsfrei *nicht Betriebseinrichtung,* weil sie nicht dem Betrieb des VN, sondern dem seines Kunden dienen, H III 20. Die für Betriebseinrichtung vereinbarte *NeuwertV* gilt daher für diese Sachen *nicht.* Das Reparaturgut ist in der gebündelten GeschäftsV (H III 68) aber auch *nicht Ware,* weil es an der Zweckbestimmung eines Verkaufs durch den VN fehlt, mag der VN auch ansonsten mit Waren dieser Art handeln. Da die Pauschaldeklaration für solches Kundeneigentum keine gesonderte Position vorsieht, wird es meist im Rahmen der gemeinsamen Position für Ware und Betriebseinrichtung in dem Betrag für die Ware berücksichtigt, H III 12. VWert war nach §§ 4 Nr. 4 AERB, 3 Nr. 1d AWB 68, AStB 68 der **Zeitwert,** nach §§ 3 Nr. 2a AFB 30, AEB dagegen nur der **gemeine Wert.** Diese Differenzierung war bei gebündelten Verträgen unglücklich, weil die einheitliche VSumme für einen Teil der gebündelten Verträge zu ÜberV und für einen anderen Teil zu UnterV führt. Erst §§ 5 Nr. 5 AFB 87, AWB 87, AStB 87, 5 Nr. 4 AERB 87 bringen die notwendige Übereinstimmung zwischen den VZweigen. – Wegen Kundeneigentums in der Industrie-FeuerV vgl. H III 6.

5   2. Für den Begriff der **eigenen** (Halb- oder Fertig-)**Erzeugnisse** genügt es, wenn einer von mehreren Produktionsvorgängen im Betrieb des VN stattfindet, Engels VP 78, 104, vgl. auch Q IV 96. VWert der eigenen Erzeugnisse des VN sind die **Kosten der Neuherstellung** (Q IV 35) oder **Wiederbeschaffung** (Q IV 98), und zwar sowohl nach §§ 3 **Nr. 2b AFB 30, AEB, 3 Nr. 1b AWB 68, AStB 68** wie nach § 4 **Nr. 1a AERB** und nach §§ 5 Nr. 3a AFB 87, AWB 87, AStB 87, 5 Nr. 2a AERB 87. Der **niedrigere Betrag** ist maßgebend, wie dies in § 5 Nr. 5 AFB 87 usw. neuerdings auch ausdrücklich gesagt wird. Die Notwendigkeit des Hinweises auf den niedrigeren Betrag wird am besten durch Kl 1501 Nr. 2 deutlich, wo der Hinweis fehlt, vgl. Q II 17 zu dem Wort „oder" in der Verkaufspreisklausel. Mehrkosten für unverhältnismäßige Beschleunigung der Neuherstellung oder der Wiederbeschaffung bleiben auch dann außer Betracht, wenn die Gesamtkosten sich noch innerhalb des erzielbaren Verkaufspreises halten (vgl. aber Q II 11 wegen der Verkaufspreisklauseln). Nicht erst § 62 VVG (Rettungspflicht, Ollick VerBAV 82, 37), sondern schon der Wortlaut oder die Auslegung der Vorschriften über den VWert ergibt, daß der VN auf dem Markt kaufen muß, wenn dies trotz der in den Marktpreisen enthaltenen Fremdgewinne (Raiser 125) billiger ist als die Produktion im eigenen Betrieb, es sei, weil die Produktion des VN ganz allge-

mein unrentabel ist, oder sei es, weil die Neuherstellung neben der laufenden Produktion zu große Mehrkosten für Überstunden usw. auslösen würde.

Der „niedrigere Betrag" (Q II 5) ist allerdings nur maßgebend im Vergleich 6 zwischen *solchen* Möglichkeiten der Wiederbeschaffung auf dem Markt bzw. der Neuherstellung im eigenen Betrieb des VN, die dem VN *zumutbar* sind. Wäre z.b. Neuherstellung im eigenen Betrieb wegen des Falles oder aus sonstigen Gründen z.b. erst zu einem unverhältnismäßig späten Zeitpunkt möglich, so sind die Kosten eines Fremdbezugs maßgebend, selbst wenn sie höher liegen. Das **Erfordernis der Zumutbarkeit** gilt aber nicht nur bei der Wahl zwischen Wiederbeschaffung und Neuherstellung, sondern ganz allgemein bei jeder Form von Wiederherstellung oder Wiederbeschaffung, auch z.b. bei der Auswahl zwischen mehreren Möglichkeiten eines Kaufs auf dem Markt, Q IV 108. Insbesondere braucht der VN in der Regel *nicht* bei einem Konkurrenten zu kaufen. Daß die Zumutbarkeit im Zusammenhang mit dem „niedrigeren Betrag" nicht ausdrücklich erwähnt ist, spielt daher keine Rolle. Eine besondere Erwähnung hätte im Gegenteil unerwünschte Umkehrschlüsse auslösen können. Obwohl nur die AERB sowie die AFB 87 usw. die Alternative der Wiederbeschaffung auf dem Markt erwähnen, gilt sie auch kraft Auslegung der AFB 30, AEB, AWB 68 und AStB 68, zumal sonst der VN bisweilen eine unrealistisch hohe Bewertung auch unbeschädigter Sachen derselben Position hinnehmen müßte und in UnterV geriete. Die Alternative der Neuherstellung oder Wiederbeschaffung erklären auch, warum § 4 Nr. 1 AERB sowie die AFB 87 usw. abweichend vom betriebswirtschaftlichen Sprachgebrauch „**Wiederbeschaffungspreis**" als Oberbegriff auch für die Kosten der Neuherstellung spricht; in §§ 5 Nr. 3 AFB 87, 5 Nr. 2 AERB 87 usw. ist der Klammerzusatz allerdings leider nicht mehr enthalten. Die Erläuterungen zum Wiederbeschaffungspreis gelten jedenfalls auch für eigene Erzeugnisse, vgl. dort Q IV 89 bis 97, insbesondere wegen anteiliger Gemeinkosten, Schuldzinsen usw.

Der **erzielbare Verkaufspreis** ist nur **Maximum** des VWerts, spielt also oft 7 keine Rolle, denn meist ist der erzielbare Verkaufspreis höher als die Kosten der Neuherstellung oder der Wiederbeschaffung (im Großhandel). Bei Halberzeugnissen, die im eigenen Betrieb noch weiter verarbeitet werden soll(t)en (Gegensatz: Zwischenprodukt, das in diesem Produktionsstadium veräußert werden soll), wird das Maximum aus dem erzielbaren Verkaufspreis durch Abzug der noch nicht aufgewendeten Kosten berechnet; daß der für das Halberzeugnis in seinem jeweiligen Stadium erzielbare Verkaufspreis meist noch niedriger wäre, bleibt unberücksichtigt. Liegt der erzielbare Verkaufspreis unter den Kosten der Neuherstellung oder Wiederbeschaffung, so gilt die Maximierung auch dann, wenn der erzielbare Verkaufspreis bereits mit einem Kunden fest vereinbart, die Ware also bereits *verkauft* ist. Die höheren Kosten der Neuherstellung oder der Wiederbeschaffung können selbst dann nicht verlangt werden, wenn der Versicherungsnehmer dem Käufer auf Schadenersatz haftet, z.B. aus Garantieabrede oder weil er den Schaden zu vertreten hat, oder wenn er durch Nichtlieferung den Kunden verliert. Es handelt sich hier um einen nicht versicherten *Vermögensfolgeschaden*. Der erzielbare Verkaufspreis kann aber durchaus auch über einen schon vereinbarten Preis liegen. An einen (als solchen nachgewiesenen) **Dumpingpreis** ist der VN im Verhältnis zum Vr nicht gebunden.

8　　Maßgebend ist der **für den VN** erzielbare Verkaufspreis, und zwar im Fall eines Verkaufs **in seinen** als VOrt vereinbarten **Betriebsräumen.** Der VN muß sich hierbei auch an besonders niedrigen Preisen festhalten lassen, die er bei Eintritt des VFalls bereits vereinbart hatte oder zu vereinbaren pflegte, auch wenn dies nur aus besonderen Gründen geschah, z. B. zwecks Gewinnung eines ausländischen Kundenkreises. Ob der Verkauf auf Grund der Geschäftsentwicklung nach dem VFall tatsächlich stattgefunden hätte, ist unerheblich. Auch auf den für den Verkauf des gesamten – vielleicht zu großen – Vorrats erforderlichen Zeitraum und auf etwaige Preisänderungen während dieses Zeitraums kommt es nicht an. Der erzielbare Verkaufspreis würde z. B. auch nicht dadurch vermindert, daß der Betrieb des VN alsbald nach dem Schadenfall geschlossen wird, etwa wegen eines Todesfalls, oder daß die Ware alsbald nach dem Schadenfall gepfändet worden wäre. In solchen Fällen sind nicht etwa die niedrigeren Preise maßgebend, die im Rahmen einer Nachlaß- oder Pfandverwertung erzielt worden wären.

9　　Bei Halberzeugnissen, die im eigenen Betrieb noch weiter verarbeitet werden soll(t)en (Gegensatz: Zwischenprodukt, das in diesem Produktionsstadium veräußert werden soll), wird das Maximum aus dem erzielbaren Verkaufspreis nach §§ 3 Nr. 2 b AFB 30, AEB, 3 Nr. 1 b AWB 68, AStB 68, 4 Nr. 1 a AERB durch Abzug der noch nicht aufgewendeten Kosten berechnet; daß der für das Halberzeugnis in seinem jeweiligen Stadium erzielbare Verkaufspreis meist noch niedriger wäre, bleibt unberücksichtigt. Hingegen sehen §§ 5 **Nr. 3 AFB 87, AWB 87, AStB 87, 5 Nr. 2 AERB 87** diesen Abzug **nicht** mehr vor.

10　　Weder die eine noch die andere Lösung ist generell „richtig". Vielmehr kommt es darauf an, ob der VN wirtschaftlich Anlaß hat, die betroffenen Waren nachzuproduzieren, obwohl dies nur mit Verlust möglich ist. Muß er nachproduzieren, z. B. um sein Sortiment vollständig zu halten, so wird er durch Entschädigung des vollen Verkaufswert nicht bereichert, sondern nur vor einem Verlust bewahrt. Beispiel: Kosten der Neuherstellung 1000, bisher aufgewendet 900, erzielbarer Verkaufspreis 800. Muß der VN nachproduzieren, so wird er durch eine Entschädigung in Höhe von 800 nicht bereichert. Kann er hingegen ohne Nachteil von der Nachproduktion absehen, so hätte er auch ohne den VFall einen Verlust von 200 erlitten. Es entspricht dann § 55 VVG, ihm nur 700 zu ersetzen. Da das Bereicherungsverbot von gewissen Ausnahmen abgesehen unabdingbar ist (PM § 55 VVG Anm. 1 vor A), steht dem Vr der Abzug auch nach den AFB 87 usw. offen, falls er beweist, daß der VN bei verständiger wirtschaftlicher Würdigung zu einer Nachproduktion keinen Anlaß hat.

11　　3. Die **Verkaufspreisklauseln** (Ollick VerBAV 82, 36) machen abweichend von §§ 1 Nr. 6 AFB 30, 1 Nr. 5 AEB, 10 Nr. 2 AERB, 11 Nr. 2 AFB 87, AERB 87, 11 Nr. 3, AWB 87, AStB 87, also abweichend von dem dort vorgesehenen Ausschluß von Betriebsunterbrechungsschäden, den mit einem Käufer bereits *vereinbarten* (Q II 13 bis 20) oder den *erzielbaren* (Q II 21 bis 23) *Verkaufspreis* zum VWert, also auch dann, wenn er über dem Wiederbeschaffungspreis liegt. In Höhe der Differenz handelt es sich (Q I 7) um eine GewinnV gemäß § 53 VVG, wie sie ursprünglich nur für *verkaufte* (Raiser

120), gegenwärtig aber auch für *noch nicht verkaufte Erzeugnisse* angeboten wird. – Wegen DoppelV im Verhältnis zu Verträgen nach den FBUB oder den ZKBU 87 vgl. V II 20 bis 23 und PM § 58 Anm. 4.

Das **Motiv** und die wirtschaftliche Begründung (Engels VP 78, 54) der **12** Verkaufspreisklauseln unterstellen einen **voll ausgelasteten Betrieb** (richtig BL 183), in dem der VFall entweder zum Nichtabschluß oder zum Storno eines Verkaufs oder zu einer zusätzlichen und daher verteuerten Produktion außerhalb der normalen und voll ausgelasteten Kapazität oder sogar zu einem Ersatzkauf auf dem Markt führt. Bei **nicht voll ausgelasteten Betrieben** würde der Ersatz des Verkaufspreises über die Kosten der Neuherstellung (Q II 5) hinaus einen Verstoß gegen das Bereicherungsverbot des § 55 VVG bedeuten, denn der VN würde so gestellt, als habe er das vom Schaden betroffene Erzeugnis zweimal verkauft *(„doppelter Umsatz")*. Streiten könnte man allenfalls darüber, ob der **Bereicherungseinwand** auch dann durchgreift, wenn der Sach- oder Vermögensschaden durch den Brand usw. nicht voll durch VEntschädigungen abgedeckt ist, eine Bereicherung durch die Verkaufspreisentschädigung also nur partiell mit Bezug auf die betroffenen Waren, nicht hingegen generell mit Bezug auf das Gesamtvermögen des VN eintritt. **Kl 1501 Nr. 4** enthält ausdrücklich einen **Ausschluß von Entschädigungen** **13** **über die Bereicherungsgrenze** hinaus. Wegen der praktischen Konsequenzen vgl. Q II 14 und 22. In **Kl 1502** für noch nicht verkaufte Erzeugnisse fehlt zwar eine wortgleiche Einschränkung; aber das Erfordernis der vollen Marktgängigkeit (Nr. 1 Satz 2) führt bei richtiger Auslegung zu demselben Ergebnis. – Kl 1502 für noch nicht verkaufte Erzeugnisse wird freilich nur *gekoppelt* mit Kl 1501 für bereits verkaufte Erzeugnisse vereinbart. Andernfalls wäre zweifelhaft, ob nicht doch die verkauften Erzeugnisse den nicht verkauften und folgerichtig die tatsächlich bereits vereinbarten Preise den erzielbaren Verkaufspreisen gleichgestellt werden müßten. Außerdem wäre der VN versucht, die am Markt allgemein erzielbaren Verkaufspreise auch dort geltend zu machen, wo er an seinen eigenen Kunden billiger zu verkaufen pflegt oder sogar schon verkauft hat.

a) Der **vereinbarte Verkaufspreis** ist nach **Kl 1501 Nr. 1** maßgebend für be- **14** reits **verkaufte Erzeugnisse**. Die Mehrwertsteuer ist auch hier nicht Teil des VWerts, sondern durchlaufender Posten, weil der VN vorsteuerabzugsberechtigt ist. *Abzuziehen* sind Mehrwertsteuer, Skonti und Rabatte (Ollick VerBAV 82, 37) sowie wegen des Bereicherungsverbots Kosten, die dadurch erspart werden, daß nicht geliefert zu werden braucht, insbesondere *Verpakkungs- und Transportkosten*, ferner anteilige Abschreibungen sowie eine angemessene *Verzinsung*, soweit die VEntschädigung früher fällig ist, als es der Kaufpreis gewesen wäre. Entgegen Engels VP 78, 106 ist die Entschädigung um die genannten Beträge auch dann zu kürzen, wenn der VN den *Käufer* trotz des VFalls *beliefert* und die **Kosten der Neuherstellung** oder – der niedigere Betrag ist maßgebend – des Ankaufs auf dem Markt, bezogen auf die Zeit des VFalls (vgl. aber Q I 57 bis 69), **unter dem Verkaufspreis** liegen. Die Worte „mindestens der Verkaufspreis" in Kl 1501 Nr. 2 sind mit Nr. 4 der Klausel (**Bereicherungsverbot, Q II 13**) unvereinbar und daher nicht anzuwenden, Q II 16.

15   **Fest verkauft** muß die Sache sein. Auf den vereinbarten Liefertermin kommt es aber nicht an; wegen des Abzugs einer Verzinsung bei Zahlung der Entschädigung vor dem vereinbarten Termin für die Kaufpreiszahlung vgl. Q II 14. Daß Verkauf auf *Abruf* genügt (so ausdrücklich früher F-Kl 2.05 c Nr. 2 d), ist selbstverständlich, Ollick VerBAV **82**, 37, denn offen ist in diesem Fall nur der Liefertermin. Im Streitfall muß der VN beweisen, daß weder eine aufschiebende Bedingung noch ein Rücktrittsvorbehalt vereinbart war. Dagegen hat nach dem Wortlaut von Kl 1501 Nr. 1 Satz 2 der Vr ein etwaiges *Abnahmeverweigerungsrecht* des Käufers zu beweisen. Es muß schon bei Eintritt des VFalls bestanden haben; die Ware gilt dann als noch nicht verkauft.

16   Stellt der VN die Sache neu her, um den Käufer beliefern zu können, oder beschafft er zu diesem Zweck gleichwertigen Ersatz auf dem Markt, so ist entgegen dem Wortlaut von **Kl 1501 Nr. 2** der Verkaufspreis nicht Minimum der Entschädigung, vgl. schon Q I 13 und 14. Vielmehr sind die Kosten der Neuherstellung oder des Ankaufs auf dem Markt auch dann maßgebend, wenn sie unter dem Verkaufspreis liegen, besonders bei nicht voll ausgelasteten Betrieben oder nach technischen Änderungen im Betrieb. Das ergibt sich zwingend aus **Nr. 4** der genannten Bestimmungen (Bereicherungsverbot). Nr. 2 verliert dadurch nicht seine praktische Bedeutung, sondern wird lediglich auf eine **Verbesserung für voll ausgelastete Betriebe** reduziert, bei denen die Kosten einer zusätzlichen und außerplanmäßigen Neuherstellung durchaus über dem Verkaufspreis und über dem Preis eines zumutbaren Ersatzkaufs liegen können, Q I 12; dies übersieht Engels *VP 78*, 54.

17   Abgesehen von Mehrkosten für besondere Beschleunigung der Neuherstellung können die **Kosten der Neuherstellung** auch ohne Verkaufspreisklausel verlangt werden, Q II 5. Die Verkaufspreisklausel bezieht darüber hinaus die *Kosten der Beschleunigung* zum Zweck der termingerechten Belieferung des Kunden ein, allerdings nicht unbeschränkt, sondern nur bis zu dem Betrag, den der VN bei Wiederbeschaffung auf dem Markt als „**Marktpreis**" aufzuwenden hätte. Das Wort „oder" in Klausel 1501 Nr. 2 bedeutet entgegen dem Wortlaut („bei") ebenso wie in § 4 Nr. 1 AERB und § 5 Nr. 3 a AFB 87, daß der **niedrigere der beiden Beträge** maßgebend ist. Der VN darf und muß zwar nicht bei der Konkurrenz kaufen, erhält aber nur den Marktpreis ersetzt. Der zu entschädigende Wiederbeschaffungspreis für einen wirklichen oder fiktiven Ersatzkauf auf dem Markt umfaßt also keine Zuschläge für beschleunigte Lieferung („Marktpreis" bezieht sich nicht begriffsnotwendig auf eine Lieferfrist gleich Null, schließt also Mehrkosten für die Abgeltung von Lieferfristen nicht ein), ferner *Transportkosten* nur für das preisgünstigste Transportmittel und nur für die Entfernung zu dem nächst gelegenen Hersteller, mag dieser auch Konkurrent sein. Wenn nämlich einerseits die Alternative „Marktpreis" zugleich als Begrenzung für den Ersatz der Kosten beschleunigter Neuherstellung dient, dann kann nicht andererseits durch Beschleunigungszuschläge auf diesen Marktpreis und die Transportkosten jene Begrenzungsfunktion wieder umgangen werden. Dagegen besagt die vorgeschriebene Berechnung „auf dem Zeitpunkt des Eintritts des VFalls" nach der hier vertretenen Ansicht nur, daß der VN unverzüglich nach dem VFall zwischen Neuherstellung und Kauf auf dem Markt wählen muß, Q I 58.

Kl 1501 Nr. 3 regeln den Fall, daß von einer bestimmten Gattung nur ein **18**
Teil verkauft war. Ist die ganze Gattung zerstört, so kann nur auf den verkauften Teil die Verkaufspreisklausel angewendet werden. Ist nur ein Teil
der Gattung zerstört, so ist auch auf diesen Teil die Verkaufspreisklausel
nur in dem Verhältnis anzuwenden, in dem die verkauften zu den nicht
verkauften Sachen der ganzen Gattung gestanden hatten. Weder darf die
VN die zerstörten Sachen mit Vorrang als verkaufte, noch darf sie der Vr
mit Vorrang als nicht verkaufte Sachen behandeln. Daraus folgt weiter, daß
dieses Verhältnis auch auf den nicht beschädigten Teil der Gattung anzuwenden ist, wenn wegen der Frage der UnterV dessen VWert ermittelt
wird. – Ist auch Kl 1502 für noch nicht verkaufte Erzeugnisse vereinbart,
vgl. dazu Q II 21, so bedarf es der Verhältnisrechnung nur, wenn nach
beiden Klauseln unterschiedliche Beträge maßgebend sind.

Beispiel: Gesamtbestand 100; verkauft 50; Preis 500, d.h. 10 je Einheit; **19**
nicht verkauft 50; Wiederherstellungskosten 400, d.h. 8 je Einheit; verbrannt 60; VWert des Gesamtbestandes 500 + 400 = 900; Entschädigung
300 + 240 = 540. Die Rechnung kompliziert sich, wenn man unterstellt,
der VN habe Ersatz auf dem Markt zu einem Preis von z.B. 11 je Einheit
beschafft, um den Kunden trotz des Schadens zu beliefern, Q II 17. Dann
betragen der VWert des Gesamtbestandes 550 + 400 = 950 und die Entschädigung 330 + 240 = 570, vorausgesetzt allerdings, daß keine UnterV
besteht.

Maßgebend ist nach Kl 1501 der mit dem Käufer vereinbarte Verkaufs- **20**
preis. Insbesondere bei **mehrstufiger Produktion** kann es vorkommen, daß
der VN auch *Halbprodukte"* verkauft, sei es planmäßig oder sei es im Einzelfall. Auch hier ist der vereinbarte Verkaufspreis der VWert. Die Klausel
wird auch *Werkhandelsgesellschaften* und *Verkaufssyndikaten der Industrie*
zugestanden. Maßgebend ist dann für das Endprodukt der Preis, den diese
Organisation mit ihrem Käufer vereinbart hat, nicht dagegen ein etwa höherer Verrechnungsbetrag innerhalb der Organisation; Warenbewegungen
innerhalb der Organisation gelten nicht als „Verkauf". Zweckmäßig sollte
dies aber einzelvertraglich klargestellt werden (analog Kl 1502 Nr. 2).

b) **Kl 1502** macht **noch nicht verkaufte Erzeugnisse** ebenfalls zum Gegen- **21**
stand einer Verkaufspreisklausel, falls sie neben Kl 1501 vereinbart ist.
VWert ist der für den VN oder (Q IV 128) für den Versicherten **erzielbare**
Verkaufspreis. Die Waren muß *lieferungsfertig* und *auf dem Markt einge-*
führt sein; es genügt also nicht, wenn der VN nur einen ganz bestimmten
möglichen Abnehmer nachweisen kann, denn dadurch würden Manipulationen ermöglicht. – Ist der erzielbare Verkaufspreis *niedriger als die Ko-*
sten der Neuherstellung („Ladenhüter"), so kann nach dem Klauselwortlaut nur der erzielbare Verkaufspreis verlangt werden, also ebenso wie
nach den AVB, Q II 8, aber anders als nach der Klausel für bereits verkaufte Erzeugnisse, Q II 16. Dies ist für den VN kein Nachteil, denn in
solchen Fällen wird von der Neuherstellung gewöhnlich abgesehen. Produziert der VN ausnahmsweise trotzdem nach, weil er sein Sortiment (noch)
nicht einschränken will, so bedarf es einer besonderen Vereinbarung, wenn
die höheren Kosten der Neuherstellung VWert sein sollen. Die Sonderver-

einbarung ist auch für den Fall nötig, daß der VN *Reste ausgelaufener Serien* gegebenenfalls *überteuert* nachproduzieren will, um nicht Kunden zu verlieren.

22   Kl 1502 ist so auszulegen, daß sie nicht gegen das **Bereicherungsverbot** verstößt. Bei Erzeugnissen, für deren Produktion der *Betrieb nicht voll ausgelastet* ist, ist die Klausel nicht anwendbar, Q II 13, denn der Betrieb kann dann die Waren nachproduzieren und würde durch eine Entschädigung in Höhe des Verkaufspreises bereichert *("doppelter Umsatz")*. Entsprechend dem Klauselwortlaut ist nur dann zu verfahren, wenn der Schaden so hoch ist, daß der Produktionsrückstand mindestens teilweise nicht mehr rechtzeitig aufgeholt werden kann, oder wenn auch die Produktionsanlagen vom Schaden betroffen sind; die Verkaufsklauseln erfüllen hier für einen kleinen Teilbereich die Funktion einer BetriebsunterbrechungsV. Von diesen Ausnahmen abgesehen ist aber ein Produkt nur dann *voll marktgängig"* und der Verkaufspreis nur dann "erzielbar", wenn der Betrieb voll ausgelastet ist und ohne den Brand der Abschluß des Kaufvertrages nur eine Frage von Tagen oder Wochen oder (bei technisch sehr differenzierten Sortimenten eines Betriebes) allenfalls von wenigen Monaten gewesen wäre.

23   Allerdings erwähnt Kl 1502 das Bereicherungsverbot nicht. Daraus folgt, daß nicht der VN oder (Q IV 128) der Versicherte den Umsatzausfall, sondern der *Vr* das Gegenteil zu *beweisen* hat. Welche Sorgfalt der Vr bei dem Versuch eines solchen Nachweises anzuwenden hat, in welchem Umfang er insbesondere im Rahmen der Aufklärungspflicht des VN und des Versicherten Auskünfte einzuholen oder einen Sachverständigen entsprechend zu instruieren hat, folgt aus aufsichtsrechtlichen Grundsätzen über Zulässigkeit oder Unzulässigkeit von "Kulanz"-Entschädigungen.

24   4. Bei **Waren,** mit denen der **VN handelt,** ist VWert ebenfalls der *Wiederbeschaffungspreis* gemäß Q II 5 und 6 sowie Q IV 98, wobei selbstverständlich nur die Kosten einer Wiederbeschaffung durch *Fremdbezug* in Betracht kommen, §§ 3 Nr. 2 c AFB 30, 4 Nr. 1 b AERB, 3 Nr. 1 c AWB 68, AStB 68, 5 Nr. 3 b AFB 87, AWB 87, AStB 87, 5 Nr. 2 b AERB 87. *Maximum* ist der *erzielbare,* bei bereits verkauften (Q II 8 und 25) Sachen der *vereinbarte Verkaufspreis.* Wegen eines Abzugs der Kosten, die erspart werden, weil nicht geliefert zu werden braucht, vgl. Q II 9 und 10.

25   Das Maximum gilt auch, wenn der VN gleichartige Ware *weder* aus *eigenen Beständen* liefern *noch* auf dem *Markt* erhalten kann. Dies wurde früher in F-Kl 2.05 a und Kl 1606 wird neuerdings wieder in **Kl 1503 für Großhandelsware** eigens ausgesprochen. Die Klausel war und ist aber überflüssig, weil sich das Gesagte schon aus den AVB ergibt. Sie ist darüber hinaus sogar irreführend, weil sie den Eindruck erweckt, als solle etwas anderes gelten, wenn der VN die Ware zwar auf dem Markt erhalten kann, aber nur zu einem Preis geringfügig über dem mit dem eigenen Kunden bereits vereinbarten Preis. Tatsächlich ist auch in diesem Fall nur der erzielbare (und bereits vereinbarte) Verkaufspreis zu ersetzen, weil eine Vereinbarung analog Kl 1501 Nr. 2 (Q II 16) in der Klausel für Großhandelsware nicht enthalten ist.

26   Läge der Wiederbeschaffungspreis auf dem Markt nur deshalb über dem mit dem Kunden des VN vereinbarten Preis, weil eine Lieferfrist abgegolten

werden müßte, und unterbleibt der Ersatzkauf, weil der VN den Mehrpreis nicht tragen und der Kunde des VN die Verzögerung nicht akzeptieren will, so ist Wiederbeschaffungspreis gemäß den in Q II 24 zitierten Bestimmungen abweichend von der Rechtlage bei Gebrauchsgegenständen (Q I 58) der um den *Mehrbetrag für die Abgeltung der Lieferfrist* erhöhte Preis; entschädigt wird aber höchstens der mit dem Kunden des VN vereinbarter Verkaufspreis als Maximum.

5. Für **Rohstoffe** (einschließlich Naturerzeugnisse), die nicht als Handelwa- 27 ren zum Verkauf, Q II 24, sondern zur Verarbeitung in der eigenen Produktion beschafft wurden, sowie für Hilfs- und Betriebsstoffe (wie Brennstoffe, Chemikalien, Filter- und Kontaktmassen, Kühl-, Reinigungs- und Schmiermittel sowie Öl) gilt derselbe VWert wie für Handelsware, also der **Wiederbeschaffungspreis**, höchstens jedoch der *erzielbare Verkaufspreis*, vgl. die in Q II 24 zitierten AVB sowie §§ 4 Nr. 1c und d AERB, 5 Nr. 3c und d AFB 87, AWB 87, AStB 87, 5 Nr. 2c und d AERB 87.

6. **Wertpapiere** sind Urkunden, deren VWert den Materialwert übersteigt, 28 weil sie ein Recht verbriefen, das ohne das Papier nicht oder nur erschwert realisiert werden kann; Reiseschecks sieht AG Köln VersR 88, 1016 zutreffend als Wertpapiere im Sinn des Ausschlusses von der Deckung im Kfz nach § 3 Nr. B 5 VHB 74 an. Zusammenstellung der wichtigsten Beispiele: Sblowski VW 82, 188. Weder das allgemeine Privatrecht noch das VRecht gibt eine einheitliche Definition des Wertpapierbegriffs. Dies ist aber für das VRecht auch nicht erforderlich, denn jedes Wertpapier ist **zugleich Urkunde**, Q II 29. Sowohl in der *GeschäftsV* (Pauschaldeklaration) gemäß Texte 40: „Bargeld, Urkunden, z.B. Sparbücher und sonstige Wertpapiere (Briefmarken), wie in der *HausratV* (§ 2 Nr. 1 VHB 74: „Urkunden einschließlich Wertpapiere"; § 19 Nr. 1b VHB 84: „Urkunden einschließlich Sparbücher und sonstige Wertpapiere") sind Wertpapiere und sonstige Urkunden nebeneinander versichert, und zwar jeweils in derselben Position.

Nur in der Positionen-Erläuterung für die *Industrie-FeuerV* (Texte 38) 29 sind sonstige Urkunden neben Wertpapieren nicht besonders genannt (Position 6: „Wertpapiere und im Verkehr als solche gebräuchliche Urkunden"). Die Positionen-Erläuterung enthält aber als Position 8a und b eine VMöglichkeit für Datenträger, so daß Urkunden, die nicht Wertpapiere sind, jedenfalls in dieser Position versichert werden können. Ebenso wie nämlich jedes Wertpapier zugleich Urkunde ist, ebenso ist jede Urkunde **zugleich Datenträger**, Q II 54. Die VHB 84 und die VHB 84 kennen den Begriff des Datenträgers nicht, weil bei Hausrat die V von Urkunden ausreicht. Die Pauschaldeklaration für die GeschäftsV sieht die V von Wiederherstellungskosten von Datenträgern zusätzlich neben den Positionen für Betriebseinrichtung und für Urkunden vor, was bisweilen zu Auslegungsschwierigkeiten führt, Q II 55.

a) Die AFB 30 regelten den **VWert von Wertpapieren** überhaupt nicht, so 30 daß auf § 52 VVG zurückgegriffen werden mußte, Q I 3, wobei *gemeiner Wert* hier zweifelsfrei der Betrag ist, den der VN für den gleichwertiges Papier aufwenden muß, nicht etwa nur der für den VN durch Verkauf erzielbare Betrag. § 3 Nr. 2 Abs. 3 AEB nannte den *Einheitskurs der letzten Notie-*

rung, was sich aber nur auf Wertpapiere mit amtlichem Kurs bezogen hatte. Nach §§ 3 Nr. 1 AWB 68, AStB 68 fallen Wertpapiere unter die „übrigen Sachen", so daß der *Wiederbeschaffungspreis* maßgebend ist, und zwar ungekürzt, weil ein Abzug neu für alt nicht in Betracht kommt. Gleiches gilt nach §§ 4 Nr. 1 VHB 74, 18 Nr. 2 VHB 84, wo zwischen verschiedenen Arten von Hausratgegenständen nicht unterschieden, sondern einheitlich der Wiederbeschaffungspreis für maßgebend erklärt wird. Am ausführlichsten regeln §§ 4 **Nr. 3 AERB, 5 Nr. 4 AFB 87, AWB 87, AStB 87, 5 Nr. 3** AERB 87 den VWert von Wertpapieren, wo neben dem mittleren Einheitskurs der Betrag des Guthabens bei Sparbüchern und der *Marktpreis* bei sonstigen Wertpapieren genannt ist. Die „letzte" Notierung ist auch bei Papieren maßgebend, die längere Zeit überhaupt nicht notiert wurden.

31   Zusammenfassend läßt sich sagen, daß stets der **Wiederbeschaffungspreis** maßgebend ist, also der Betrag, den der VN für ein gleichwertiges Papier aufwenden muß. Das in Q I 57 bis 69 erörterte Problem des *maßgebenden Zeitpunkts* stellte sich nur zu den AFB 30, AWB 68 und AStB 68. In den AEB, AERB, AFB 87, AERB 87, AWB 87, AStB 87 ist es durch den Hinweis auf die „letzte" (nämlich vor Feststellung des VWerts) Notierung im Sinn der h. M. (Q I 61) gelöst, und zwar ohne Verstoß gegen §§ 3, 9 AGBG, denn Kursanstieg und Kursrückgang sind gleich wahrscheinlich. Außerdem würden die täglichen Schwankungen der Wertpapierkurse in Verbindung mit der Unsicherheit des Zeitpunkts der „unverzüglichen" Wiederbeschaffung gerade bei Wertpapieren Meinungsverschiedenheiten vorprogrammieren, woran auch dem VN nicht gelegen sein könnte. Das Wahlrecht des VN nach Wiederherbeischaffung oder Kraftloserklärung belastet den Vr allerdings für gewisse Fälle im Ergebnis doch mit dem Kursrisiko, Sblowski VW **82,** 248 sowie Z I 23 und Z II 17. – **Naturalersatz** für Wertpapiere sieht § 4 Nr. 3 a AERB sowie § 5 Nr. 4 AFB 87 im Gegensatz zu § 3 Nr. 2 Abs. 3 AEB **nicht** mehr vor.

32   Dem **Nennbetrag** oder dem **Marktpreis** entspricht der Wiederbeschaffungspreis nur dann, wenn *entweder* das Wertpapier durch Mißbrauch realisiert wird *oder* auch ohne Mißbrauch der VN mit dem Wertpapier eine *Vollstreckungs- oder Beweismöglichkeit* verliert und deshalb die durch das Wertpapier verbriefte oder gesicherte Forderung nicht realisieren kann. Sobald feststeht, daß der VN die Forderung endgültig auch ohne das Wertpapier realisieren kann, ergibt sich aus **nachträglicher Sicht** sogar ein Wiederbeschaffungspreis von *Null*. Oft beschränken sich der Schaden und damit aus nachträglicher Sicht der Wiederbeschaffungspreis auf die **Kosten,** die der VN aufwendet, um einen Mißbrauch endgültig zu verhindern, insbesondere die Aufgebotskosten, Q II 43. – Wegen eines *Zinsverlusts* durch Verzögerung fälliger Leistungen aus nachträglich wieder herbeigeschafften oder für kraftlos erklärten Wertpapieren vgl. Z I 23 und Z II 27.

33   **b) Unvollständig ausgefüllte Formulare,** insbesondere von Wechseln und Schecks, können bereits Wertpapiere oder nur Urkunden oder noch keines von beiden sein, vgl. dazu Voss VW **60,** 90. Diese begriffliche Frage ist aber bedeutungslos, denn meist gehört das unvollständig ausgefüllte Formular ohne Rücksicht auf seine rechtliche Qualifikation jedenfalls zu den versicherten Sachen, Q II 28. Wo die Unvollständigkeit einen Mißbrauch ausschließt, ist VWert jedenfalls nur der **Materialwert**.

Die Tatsache, daß der Dieb durch *Urkundenfälschung* das Formular „ver- 34 vollständigen" kann, begründet keinen VWert für das **Blankett**, denn maßgebend ist der Wert der Sache bei Eintritt des VFalls, also noch vor der Urkundenfälschung. Daß zwar der aus der Sicht des Täters „wertbegründende" Betrag bei der Einlösung, Q I 34, nicht aber die Urkundenfälschung zwischen Diebstahl und Einlösung für VWert und Entschädigung berücksichtigt wird, bedeutet keinen Widerspruch, denn nicht der Betrug, wohl aber die Fälschung der versicherten Urkunde bewirkt eine Veränderung der Sache nach dem Abhandenkommen. Maßgebend aber ist der Wert der Sache in dem Zustand, in dem sie sich bei Eintritt des VFalls befindet. Wird der Mißbrauch eines Blanketts erst durch **nachträgliche Urkundenfälschung** ermöglicht, so handelt es sich um einen nicht versicherten **Vermögensfolgeschaden**. Eine Ausnahme gilt nach **Kl 4203** für die V von **Euro- und Reisescheckblanketten** von Geldinstituten, vgl. Q II 42, Ollick VerBAV 81, 45 und PM § 52 Anm. 3a.

Der **Betrug bei der Einlösung** sowie die Fälschung einer anderen als der 35 unterzeichneten und gestohlenen Urkunde, insbesondere die **Fälschung einer Quittung**, können dagegen für VWert und Entschädigung nicht unberücksichtigt bleiben, weil sonst Wertpapiere ganz allgemein unzureichend versichert wären. Allerdings hatte die gegenteilige Vorstellung (zuletzt vertreten durch Sblowski VW **82**, 248) noch bei § 1 Nr. 2c der VHB von 1966 zugrunde gelegen, wo man geglaubt hatte, Schäden durch „Abhebungen Unberechtigter auf Sparbücher, die entwendet worden sind", bis zu einem bestimmten Betrag ausdrücklich einschließen zu müssen. Tatsächlich hätte es genügt, die Entschädigung zu begrenzen, denn Abhebungen Unberechtigter sind kein unversicherter Vermögensfolgeschaden, sondern der Betrag bei der Abhebung konkretisiert den VWert des Sparbuchs und die Entschädigung für sein Abhandenkommen. Folgerichtig begrenzt jetzt § 2 Nr. 5 VHB 74 (dazu Q II 48) nur noch die Entschädigung auf 5000 DM und setzt die Entschädigungsfähigkeit des Schadens durch den Betrag bei der Einlösung mit Recht stillschweigend voraus. Nach § 19 Nr. 2 und 3 VHB 84 betragen die Grenzen je nach Verschluß 20% der VSumme oder 5000 DM, U IV 19. – Dieselben Überlegungen gelten für *strafbare Verwertungshandlungen* bei anderen Wertpapieren, insbesondere bei Wechseln und Schecks.

c) **Euro-Scheckkarten** ermöglichen die Entnahme von Bargeld aus Geldaus- 36 gabeautomaten sowie in gewissen Fällen den Einkauf von Waren oder die Inanspruchnahme von Dienstleistungen, wenn eine zunächst nur dem VN bekannte sog. Persönliche Identifikations-Nummer (PIN) zwischen 0001 und 9999 in ein Lesegeräte eingetippt und gleichzeitig die Scheckkarte eingegeben wird. Trotzdem ist **VWert** und **mögliche Höchstentschädigung** bei Scheckkarten wohl nicht der Betrag, der mit Hilfe der Karte erschwindelt werden kann, sondern nur der **Materialwert**, also die Bankgebühren für die Wiederbeschaffung einer gleichartigen Karte, jedoch ohne Kosten für das Sperren der abhandengekommenen Karte.

Der Unterschied zu einem bereits ausgefüllten (sonst vgl. Q II 33) Scheck 37 und zu einem Sparbuch (Q II 35) liegt darin, daß die Scheckkarte nicht wie ein Scheck bei der Einlösung gegen Bargeld „eingetauscht" und daß von ihr auch nicht wie von einem Sparbuch der entnommene Betrag abgebucht wird. Zwar stünde es einem VWert und einer Entschädigung des erschwindelten Betrages nach Diebstahl oder Raub einer Scheckkarte nicht entgegen, daß bei der Einlösung ein Betrug begangen wird. Aber die Scheckkarte „verwandelt" sich durch diesen Betrug nicht in den entnommenen Betrag. Allerdings ist die Scheckkarte elektronisch so präpariert, daß der Berechtigte Beträge nur in bestimmten Grenzen abheben kann. Aber anders als bei einem Sparbuch werden an der Scheckkarte keine sichtbaren Veränderungen vorgenommen. Außerdem kann der Berechtigte sein Konto auch überziehen, kann also mit Hilfe der Scheckkarte nicht nur – wie auch sonst bei Wertpapieren – Forderungen gegen die Bank einziehen, sondern auch Kredit in Anspruch nehmen.

38   Eher als einer Scheckkarte könnte man einem **Schließfachschlüssel** einen VWert in Höhe des Neuwerts des in dem Fach untergebrachten Gepäcks zuerkennen. Im Gegensatz zu einer Scheckkarte wird nämlich der Schließfachschlüssel bei Entnahme des Gepäcks einbehalten, „verwandelt" sich also in das Gepäck. Soweit sich freilich das Schließfach in einem Gebäude befindet, stellt sich in der HausratV das Problem für Schließfachschlüssel nicht, denn dann besteht AußenVSchutz, falls der richtige Schlüssel durch Einbruchdiebstahl oder Raub aus dem VOrt entwendet wurde; zur Gebäudeeigenschaft von Bahnhöfen vgl. D III 6.

39   Wollte man sich entgegen Q II 71 auf den Rechtsstandpunkt stellen, die Scheckkarte verkörpere als VWert und potentielle Höchstentschädigung den **Betrag**, der in ihr **elektronisch gespeichert** ist (Anwendungsfall: D XII 71), so könnte der Vr nach Abhandenkommen der Karte durch Diebstahl oder Raub allenfalls einwenden, der VN habe **grob fahrlässig** (§ 61 VVG) gehandelt, indem er Dritten seine **Persönliche Identifikations-Nummer (PIN) bekanntgegeben** und dadurch zur Entstehung eines Schadens nach Diebstahl der Scheckkarte beigetragen habe. Dies kommt am wenigsten bei Raub in Betracht, wenn der Täter die Bekanntgabe der PIN erzwingt, am ehesten hingegen dann, wenn bei Einbruchdiebstahl entgegen der Empfehlung der Geldinstitute die zunächst nur dem VN persönlich bekannte PIN in schriftlicher und für den Dieb leicht zugänglicher Weise aufbewahrt wurde.

40   In der Regel wird der Vr aber nicht beweisen können, daß der Dieb auch eine Notiz mit der PIN vorgefunden hat. Der Dieb kann dann die PIN theoretisch auch erraten haben. Die Wahrscheinlichkeit hierfür beträgt freilich nur 1/3333, denn nach drei „Versuchen" mit unrichtiger PIN behält der Automat die Karte ein. Aber man kann es auch nicht immer als grob fahrlässig bezeichnen, wenn der VN die PIN z. B. einem vertrauenswürdigen Familienangehörigen mitgeteilt oder aber bei früheren Geldentnahmen einer Beobachtung durch Dritte nicht zuverlässig vorgebeugt hatte. Jedenfalls spricht also **kein erster Anschein** für grobe Fahrlässigkeit des VN, wenn mit Hilfe einer gestohlenen Scheckkarte und durch Eintippen der richtigen PIN Beträge erschwindelt wurden.

41   Die **Bankbedingungen** sehen Haftung des Bankkunden (und HausratVN) für sämtliche entnommenen Beträge ohne Rücksicht auf Verschulden vor. Dies verstößt gegen §§ 9 ff. AGBG mindestens dann, wenn der VN fehlendes

Verschulden beweisen kann. Aber auch wenn weder Schuldlosigkeit noch Verschulden des VN zu beweisen sind, bestehen gegen die Rechtswirksamkeit der Bankbedingungen rechtliche Bedenken. Möglicherweise **fehlt** es also in gewissen Fällen im Verhältnis zum Vr an einem **Schaden des HausratVN**, weil nämlich die Bank verpflichtet ist, die Abbuchung rückgängig zu machen.

Zweifelsfrei versichert sind Schäden durch Diebstahl von Scheckkarten bei   42 Geldinstituten als VN, falls die in Q II 34 für Scheckformulare erwähnte **Kl 4203** auf Scheckkarten erweitert wird, die bei Geldinstituten gelagert und dort durch Einbruchdiebstahl oder Raub abhandenkommen.

d) **Aufgebotsfähig** sind insbesondere Wechsel und Schecks, Aktien, Inha-   43 ber-Schuldverschreibungen, sog. sinkende Inhaberpapiere (qualifizierte Legitimationspapiere) im Sinn von § 808 BGB einschließlich Sparkassenbüchern (mit landesrechtlichen Besonderheiten), Hypotheken-, Grundschuld- und Rentenschuldbriefe sowie kaufmännische Anweisungen. Daß der VN gegebenenfalls das Aufgebotsverfahren unverzüglich betreiben muß (Sblowski 82, 247), ergibt sich schon aus der allgemeinen **Rettungspflicht** (X II 3 und 108) und ist in **§ 13 Nr. 1 d AERB** sowie in **§§ 13 Nr. 1 d AFB 87, AERB 87, AWB 87, AStB 87** ausdrücklich gesagt.

Hat das Aufgebotsverfahren Erfolg, so ist ein Mißbrauch des abhandenge-   44 kommenen Papiers ausgeschlossen. Der VN kann dann die dem Wertpapier zugrunde liegende Forderung aus dem sog. *schuldrechtlichen Kausalverhältnis* realisieren. Der **Schaden** beschränkt sich auf die **Aufgebotskosten**, falls die nachträgliche Realisierung der Forderung nicht an Beweisschwierigkeiten oder an Vermögenslosigkeit des Schuldners scheitert, was wiederum eine Folge des Verlustes des Papiers sein kann, so daß der Schaden dann ausnahmsweise trotz eines erfolgreichen Aufgebotsverfahrens den Nennbetrag des Wertpapiers erreicht. Die Aufgebotskosten sind in dem zuletzt genannten Fall sogar ein zusätzlicher Schaden (Rettungskosten gemäß § 63 VVG, vgl. W II 46), der über den Nennbetrag hinausgeht.

e) Der **VWert** jeder Sache muß in jedem Zeitpunkt **auch ohne Schadeneintritt**   45 feststellbar sein, und zwar schon deshalb, weil es im Schadenfall für die UnterV auf den VWert auch derjenigen Sachen ankommen kann (nämlich in der VollwertV), die durch den Schaden nicht betroffen, aber in derselben Position versichert sind. Bei Wertpapieren bereitet die Feststellung Schwierigkeiten, weil nach einem etwaigen Abhandenkommen viele Möglichkeiten denkbar sind, die zu unterschiedlich hohen Schäden führen, Q II 47.

Soweit die **V auf Erstes Risiko** genommen ist, kommt es auf den VWert der   46 vom Schaden *nicht* betroffenen Sachen nicht an. Fraglich kann hier nur sein, ob die Entschädigung für die *betroffenen* Sachen sofort in Höhe des Nennbetrags oder erst später in Höhe des endgültigen Schadens geleistet wird, Q II 34.

Verwirrend ist es allerdings, wenn in der GeschäftsV nach den AFB 30 die   47 V von Wertpapieren und sonstigen Urkunden nebeneinander nach **Kl 211** in *vollem* Umfang und nach **Kl 223** (Ollick VerBAV 82, 129) *beschränkt* auf **Aufgebots- und Wiederherstellungskosten** (zur Schätzung dieser Kosten auf eine Größenordnung von 20% des Werts der Papiere vgl. Sblowski VW 82, 247) angeboten wurde, obwohl der Prämiensatz nach Kl 223 nicht niedriger

ist. Kl 211 Nr. 6 Satz 2 schloß nämlich ausdrücklich die Kosten des Aufgebotsverfahrens als **Rettungskosten** (§ 63 VVG) ein. Auch in §§ 3 Nr. 1 AFB
87, AERB 87, AStB 87, 3 Nr. 2 AWB 87 wird als Anwendungsfall des dort
vorgesehenen Rettungskostenersatzes das Aufgebotsverfahren für Wertpapiere erwähnt. Wo aber der VN zu dem gleichen oder sogar einem niedrigeren Prämiensatz einen größeren Risikobereich abdecken kann, und zwar auf
Erstes Risiko, wird er diese Möglichkeit auch wählen, hier also früher Kl 211
und gegenwärtig eine V der Wertpapiere nach den AFB 87 usw. Nur bei einer
VollwertV kann sich die weitergehende Deckung auch als Nachteil erweisen,
weil sie zu UnterV führt, während sie auf Erstes Risiko ausschließlich einen
Vorteil bedeutet.

48   Es bleibt die theoretische Frage nach dem VWert von Wertpapieren in der
VollwertV, insbesondere in der Hausrat- und vereinzelt in der Geschäfts- und
IndustrieV. In der HausratV wird der VWert der Wertpapiere gemäß §§ 9
Nr. 1 VHB 74, 18 Nr. 5 VHB 84 allerdings höchstens bis zu den jeweils
geltenden Entschädigungsgrenzen in den VWert des ganzen Hausrats einbe-
zogen. Soll es, wie z. B. auch bei Waren, Q II 5, auf den **möglichen Höchstschaden** ankommen, also auf den „Wiederbeschaffungspreis" der Papiere, Q
II 31, wie er sich bei ungünstigster Entwicklung nach dem Schaden ergeben
kann? Auf Anhieb möchte man die Frage bejahen, weil auch sonst in der
SachV die Möglichkeit, daß VFälle als bloße Teilschäden eintreten, für den
VWert unberücksichtigt bleibt. Außerdem ist dem VN im Schadenfall an
sofortiger Entschädigung gelegen, ohne daß abgewartet wird, welcher Vermögensschaden sich tatsächlich ergibt, Q II 52.

49   Andererseits muß aber für den VWert die **Verkehrsansicht** entscheiden.
Diese pflegt, insbesondere bei größeren Wertpapierbeständen, durchaus zu
berücksichtigen, in welchem Umfang bei *durchschnittlichem Ablauf der Dinge* auch nach einem Abhandenkommen die verbriefte oder gesicherte
Forderung gleichwohl realisierbar bleibt. Eine baldige gerichtliche Klärung
der Zweifelsfrage ist freilich unwahrscheinlich, weil Wertpapierbestände bei
der Ermittlung einer UnterV praktisch nur selten eine Rolle spielen.

50   VWert von **Sparbüchern** ist nach §§ 4 Nr. 1 VHB 74, 18 Nr. 2 VHB 84 der
Betrag des Guthabens als „Wiederbeschaffungspreis", höchstens allerdings der
Betrag der jeweiligen Entschädigungsgrenze, Q II 48. §§ 4 Nr. 3 b AERB, 5
Nr. 4 b AFB 87, AWB 87, AStB 87, 5 Nr. 3 b AERB nennen ausdrücklich
den Betrag des Guthabens. Nicht in den AERB, wohl aber in §§ 11 Nr. 3
Abs. 2 AFB 87, AERB 87, AWB 87, AStB 87 wird auch für die GeschäftsV
auf Entschädigungsgrenzen als Höchstbetrag des VWerts verwiesen. Daß die
Banken monatlich nur 2000 DM befreiend an den Dieb, Hehler oder Finder
auszahlen können (BGHZ 28, 368, 64, 278), mindert den möglichen Höchstschaden nicht, denn theoretisch kann auch das Abhandenkommen eines Sparbuchs
durch einen VFall mehr als einen Monat unbemerkt bleiben.

51   f) Sachlich zusammenhängend mit dem Unterschied zwischen VollwertV
und ErstrisikoV sowie mit den Überlegungen zum VWert muß entschieden
werden, in welchem **Zeitpunkt** dem VN die **Entschädigung** für abhandengekommene Wertpapiere zusteht. Kann Entschädigung erst verlangt werden,
wenn das Abhandenkommen des Wertpapiers nachweislich und endgültig zu

einem Vermögensschaden geführt hat, sei es durch Mißbrauch des Papiers oder durch Verlust einer Vollstreckungs- oder Beweismöglichkeit (Q II 32)? Oder soll die Entschädigung auch schon früher berechnet und verlangt werden können und soll es dabei auf den *Wahrscheinlichkeitsgrad* ankommen, mit dem ein *Vermögensschaden* zu erwarten ist? Der Wahrscheinlichkeitsgrad kann bei jeder Stufe zwischen nahezu 100% und fast Null liegen, man denke einerseits an leicht verwertbare Schecks oder Sparbücher, andererseits an Aktien oder gar an Hypothekenbriefe, bei denen ein Mißbrauch zwar nicht auszuschließen, aber sehr unwahrscheinlich ist. Für den Wahrscheinlichkeitsgrad macht es auch einen Unterschied, ob ein Wertpapier, z. B. ein Wechsel, gestohlen oder nur (z. B. durch Brand) zerstört worden ist, denn in letzterem Fall droht ein Vermögensschaden nur, wenn zugleich eine Beweismöglichkeit endgültig verloren gegangen ist und die Forderung bestritten wird.

Man wird zwischen der VollwertV und der ErstrisikoV unterscheiden 52 müssen. Bei **VollwertV** ist für die vom Schaden nicht betroffenen Papiere an einer Bewertung unter dem Nennbetrag gelegen, Q II 48. Folgerichtig ist umgekehrt der Nachweis des Vermögensschadens als Folge des Abhandenkommens der vom Schaden betroffenen Papiere auch dort zu verlangen, wo vielleicht steuerlich eine sofortige Abschreibung der abhandengekommenen Papiere möglich wäre. Aus § 17 Nr. 5 Abs. 2 AERB darf nicht geschlossen werden, Entschädigung könne schon vor Ende des Aufgebotsverfahrens verlangt und fällig werden, denn die Bestimmung regelt auch den Erfolg des Aufgebotsverfahrens schon vor Zahlung der Entschädigung, vgl. aaO Nr. 2. Das gleiche gilt für §§ **18 Nr. 5 und Nr. 2 AFB 87, AERB 87, AWB 87, AStB 87.** – Könnte vor endgültiger Klärung der Schadenhöhe bereits der Nennbetrag oder Marktpreis gefordert werden, so müßte dasselbe auch für den VWert zur Frage der UnterV gelten.

Umgekehrt wird der Vr bei **ErstrisikoV** – bei Banken und Sparkassen fast 53 ausnahmslos üblich – den Nennbetrag oder Kurswert sofort nach dem *Abhandenkommen* als Entschädigung auszahlen müssen. Der Vr ist auf einen Rückforderungsanspruch beschränkt, soweit die Schadenminderungsmaßnahmen Erfolg haben. Allerdings läßt sich die Unterscheidung zwischen der VollwertV und der ErstrisikoV nicht aus dem Wortlaut der AVB unter Verträge, sondern nur aus deren Sinn ableiten. Die ErstrisikoV soll eben eine Diskussion über den „Wert" von Wertpapieren und damit auch über Zeitpunkt und Höhe der Entschädigung bei deren *Abhandenkommen* soweit wie möglich ausschließen. Bei *Zerstörung* von Wertpapieren wird man freilich auch in der ErstrisikoV den vollen Schadennachweis verlangen dürfen. Hat also z. B. der betroffene Kunde der versicherten Bank für einen dort zerstörten Scheck noch keine Gutschrift, so kann Entschädigung nur verlangt werden, wenn der Bankkunde beweist, mit dem Scheck zugleich die Realisierungsmöglichkeit für seine Forderungs eingebüßt zu haben.

7. **Datenträger** sind Urkunden oder sonstige schriftliche Unterlagen oder 54 sonstige Sachen, deren Wert für den VN den Materialwert deshalb übersteigt, weil auf ihnen in Schrift oder sonstwie Daten festgehalten sind, die der VN benötigt. In den VHB 74 und in den VHB 84 sind *Urkunden,* z. B. Quittun-

gen, Schuldscheine, Ausweise, Garantieunterlagen, Baupläne, ausdrücklich erwähnt, Q II 28. Aber auch sonstige Datenträger, z.B. besprochene Tonbänder, geschäftliche Akten, kommen ausnahmsweise in Betracht. Für die GeschäftsV nennen §§ 2 Nr. 5e AERB, 3 Nr. 3d AFB 87, 3 Nr. 3e AERB 87, 3 Nr. 4c AWB 87, 3 Nr. 3c ASt 87 im Anschluß an Kl 242 zu den AFB 30 als **Beispiele** für Datenträger ausdrücklich *Akten, Pläne, Geschäftsbücher, Karteien, Zeichnungen, Lochkarten, Magnetbänder und Magnetplatten.* Insbesondere durch die elektronische Datenverarbeitung haben die nicht aus Papier bestehenden Datenträger im *engeren (technischen) Sinn* größere Bedeutung erlangt. Trotzdem gebrauchen die zitierten Bestimmungen den **Begriff** mit Recht **in einem weiteren Sinn** als § 2 Nr. 4b FBUB, vgl. dazu H III 28.

55   Datenträger weisen Besonderheiten auf, die es erschweren, den VWert zu bestimmen. Noch mehr als bei Wertpapieren empfiehlt sich daher jedenfalls für die Geschäfts- und die IndustrieV eine **V auf Erstes Risiko.** Soweit die Pauschaldeklaration in der GeschäftsV eine Erstrisikoposition vorsieht, bedeutet dies zugleich einen stillschweigenden Ausschluß von Datenträgern aus der Position Betriebseinrichtung, vgl. jetzt auch ausdrücklich Texte 40 Pauschaldeklaration für die GeschäftsV): „ohne Sachen gemäß Nr. III 1 bis 3". Ist die Erstrisikoposition ausdrücklich auf „Wiederherstellungskosten" beschränkt, so war schon früher allenfalls der Materialwert der Datenträger in der Position Betriebseinrichtung versichert, H III 21. Die in Q II 54 zitierten Bestimmungen schließen eine VollwertV zwar nicht ausdrücklich aus, erwähnen aber nicht den VWert, sondern regeln nur die Entschädigung. In der HausratV ist ebenfalls der VWert von Datenträgern theoretisch voll zu berücksichtigen, weil die Datenträger Teil der Position Hausrat sind.

56   Soweit es danach in der **VollwertV** auf den *VWert* vom Schaden nicht betroffener Datenträger ankommt, wird man vom durchschnittlichen Ablauf im Schadenfall ausgehen müssen. Daher ist zu unterstellen, daß nicht sämtliche Datenträger wiederhergestellt werden müßten, wenn sie zerstört würden, so daß die Wiederherstellungskosten nicht betroffener Datenträger nur anteilig zu berücksichtigen sind, ähnlich wie gemäß Q II 49 bei Wertpapieren.

57   Die **Besonderheiten der Datenträger** sind folgende: Ihr Wert existiert meist nur in der *Person des VN,* der an den Daten interessiert ist und sie verwerten kann. Von einen unbeachtlichen Liebhaberwert unterscheidet sich der Wert von Datenträgern dadurch, daß ein Vermögensschaden eintreten kann, wenn der Datenträger zerstört ist und die Wiederherstellung unterbleibt; allerdings ist dies, jedenfalls in der Geschäfts- und IndustrieV, mangels eines über den Materialwert hinausgehenden marktfähigen Substanzwertes kein Substanzschaden, sondern ein *BU-Schaden.* Die Höhe des Schadens hängt, ähnlich wie bei Wertpapieren, mindestens teilweise vom *Geschehensablauf nach dem VFall* ab. Der Vergleich dieses erst nachträglich festzustellenden Schadens mit den Kosten einer Wiederherstellung entscheidet über die *Notwendigkeit der Wiederherstellung* und damit über die Höhe der Entschädigung. Die Wiederherstellung selbst ist ein *individueller Vorgang,* vgl. z.B. Q IV 73 für Filme und Fotos, denn auf dem Markt wiederbeschafft werden kann in der Regel nur das Material. Zu entschädigen sind also überwiegend **Eigenleistungen** , Q I 12 und Q IV 83 bis 87.

Diese Besonderheiten sind in Q II 54 zitierten Bestimmungen berücksich- 58
tigt. Anders als bei Wertpapieren (Q II 51 bis 53) ist hier klar entschieden,
daß Entschädigung nur geleistet wird, soweit der VFall zu einem Schaden
führt. Daher wird zunächst nur der Materialwert (ähnlich Kl 638 zu den
AVFE 76, LG Aachen NJW-RR 88, 416), der Aufwand für die Wiederherstellung dagegen erst später entschädigt, wenn **Tatsache und Notwendigkeit
der Wiederherstellung** nachgewiesen sind. Die Bestimmungen gelten nicht
nur, soweit ausnahmsweise VollWertV besteht Q II 56, sondern auch und
gerade im Rahmen von Erstrisikopositionen der GeschäftsV (anders Ollick
VerBAV 82, 130), zumal in den Regelungen nicht von „VWert", sondern
nur von „Entschädigung" die Rede ist. Ist eine Wiederherstellung unmöglich, z. B. bei Verlust einer Kundenkartei, ohne die sich Kaufpreisforderun-
gen für bereits gelieferte Waren nicht mehr feststellen und realisieren lassen,
so ist im Rahmen der VSumme der Ausfall (Betriebsunterbrechungsschaden)
als Rettungskosten zu ersetzen, denn es wäre sinnwidrig, bei einer besonders teuren Wiederherstellung deren volle Kosten, bei einer noch teureren
und daher unrentablen Wiederherstellung dagegen überhaupt nichts zu entschädigen. Allerdings gehören Bemühungen des VN um anderweitige Realisierung seiner Forderungen hier bereits zum Nachweis des Schadens; unterläßt er sie, so entfällt die Entschädigung, ohne daß grobe Fahrlässugkeit
(wie nach § 62 VVG) festgestellt werden müßte.

Fotos, Negative, Positive (Dias) sowie Negativ- und Positivfilme können *Da-* 59
tenträger sein, soweit es auf die Kenntnis von Tatsachen oder technischen
Details ankommt, die festgehalten sind. Überwiegend sind Fotos dagegen
Betriebseinrichtung, weil nicht die festgehaltenen Ereignisse, Personen oder
Landschaften, sondern die Bilder als solche geschäftlich verwertbar sind. Der
Unterschied spielt nicht auch nach den VHB 74 und VHB 84 für die einheitliche Position Hausrat, sondern nur in der Geschäfts- und IndustrieV eine
Rolle. Als Extremfall in der GeschäftsV sei die V eines Pressearchivs erwähnt.
Es bedarf hier besonderer Vereinbarungen, denn weder der Begriff des Wie-
derbeschaffungspreises noch etwa eine analoge Anwendung der in Q II 54
zitierten Bestimmungen für Datenträger löst die Probleme. Einerseits enthält
ein Pressearchiv einen hohen Prozentsatz von Fotos, die nie wieder verwertbar sind. Andererseits kann eine Wiederherstellung der noch verwertbaren
Fotos oder auch eine Wiederbeschaffung durch Ankauf bei der Konkurrenz
so teuer sein, daß unter dem Gesichtspunkt der Schadenminderung von einer
Wiederherstellung oder Wiederbeschaffung abzusehen und im Extremfall bei
einem Totalschaden in den Grenzen der VSumme der Wert des Unternehmens zu entschädigen ist.

Wo es an besonderen Vereinbarungen fehlt, sind allerdings Wiederher- 60
stellungsmaßnahmen von einem bestimmten Grad der Individualität an
keinesfalls zu entschädigen. Es handelt sich um einen Ausschnitt aus dem
Gesamtproblem, welches **Maß an Gleichheit von Art und Güte** der Berechnung des VWerts und der Entschädigung zugrundezulegen sind, vgl. allgemein Q IV 11 bis 76 sowie Q I 21. Dem VN kann die Wiederbeschaffung
ähnlicher Fotos auf dem Markt auch dann zuzumuten sein, wenn deren
Ähnlichkeitsgrad geringer ist als bei gezielter (aber wesentlich teurerer)
Wiederherstellung. – Ergänzend sei auf die früheren **F-Kl 2.04 a und b** zu

den AFB 30 verwiesen. Sie sind aber nicht mehr in Gebrauch und waren unklar formuliert, und zwar schon hinsichtlich ihres Anwendungsbereichs.

61   Bei vielen Datenträgern liegt die Hauptschwierigkeit für beide Vertragspartner in der **Beweisführung** für die Notwendigkeit und die Kosten der Wiederherstellung, auf die es nach den in Q II 54 zitierten Bestimmungen für jeden einzeln zerstörten Datenträger ankommt. Der Vr muß zu niedrige und der VN zu hohe *Anforderungen an den Beweis* fürchten.

62   **Sondervereinbarungen** könnten daher in der Richtung getroffen werden, daß *einerseits* der *Beweis erleichtert* (auf bloße Glaubhaftmachung von Wiederherstellungskosten beschränkt, und zwar selbstverständlich unter Einschluß von Gemeinkosten), *andererseits* aber eine *Entschädigungsgrenze je zerstörter Einheit* vereinbart wird, z.B. in der Größenordnung von 1 DM für jedes zerstörte Foto oder Negativ (entsprechend höherer Betrag für Filme usw.) oder von 500 DM oder 1000 DM für jede zerstörte Akte eines Steuerberaters, Rechtsanwalts usw. Der erleichterte Beweis kann entweder – für den VN ungünstiger – für jeden zerstörten Datenträger oder nur für den Gesamtbetrag je VFall gefordert werden, der sich aus der Entschädigungsgrenze und der Zahl der (nachweislich) zerstörten Datenträger ergibt. Die Höhe des zweckmäßig zu vereinbarenden Betrages hängt vom durchschnittlichen Arbeitsaufwand und vom durchschnittlichen Honorar je Auftrag des VN ab, indirekt also von der Höhe des *Ertragsausfalls* durch jede zerstörte oder abhanden gekommene Akte, womit auch der in Q II 58 angesprochene Gedanke berücksichtigt würde. Dagegen werden *Schadenersatzansprüche des Mandanten* des VN für die Höhe der Entschädigungsgrenze seltener eine Rolle spielen müssen, weil solche Ansprüche oft bis zur Grenze des Vorsatzes vertraglich ausgeschlossen sind. Selbstverständlich wird im VFall der wirkliche Schaden durch jeden einzelnen betroffenen Datenträger unterschiedlich hoch und somit teils über und teils unter der Entschädigungsgrenze liegen. Die Chance, daß diese Fehler sich gegenseitig ausgleichen, wächst mit der Zahl der versicherten und mit dem Anteil der durch einen VFall betroffenen Datenträger.

63   **8. Muster, Anschauungsmodelle, Prototypen und Ausstellungsstücke** sind nach Nr. 4 der Positionen-Erläuterung für die Feuer-IndustrieV (Texte 38) als besondere Position versichert. Mit den Datenträgern haben sie gemeinsam, daß sie nicht zum Verkauf bestimmt sind und daß ihr Wert mindestens teilweise an den Betrieb des VN gebunden ist. Wegen dieser Gemeinsamkeiten und weil für Muster usw. keine NeuwertV geboten wird, Q II 65, werden diese Sachen neuerdings (Texte 40) auch in der GeschäftsV als besondere Position auf Erstes Risiko versichert, H III 22.

64   **Typengebundene Fertigungsvorrichtungen** (z.B. Schnitte, Prägewerkzeuge, Formen, Stehsätze, Stempel, Schablonen, vgl. auch Ollick VerBAV **82**, 129) werden hinsichtlich des VWertes wie Muster behandelt, soweit sie **für die laufende Produktion nicht mehr benötigt** werden. Die Regelung durch die in Q II 65 zitierten AVB soll den Streit vermeiden, der sich häufig ergäbe, wenn die allgemeinen Bestimmungen über den VWert der Betriebseinrichtung gemäß Q III 27ff auch anwendbar wären, soweit die Fertigungsvorrichtungen nicht mehr laufend verwendet werden. Es soll rechtlich *nicht* darauf ankom-

men, ob Vorrichtungen *endgültig* nicht mehr verwendet werden und daher nur noch zum gemeinen Wert versichert wären, oder aber ob die Verwendung lediglich *unterbrochen* ist, so daß die NeuwertV fortbestehen würde. Es bedeutet so etwas wie einen Mittelweg, wenn Vorrichtungen, die für die laufende Produktion nicht mehr benötigt werden (ansonsten NeuwertV), wie Muster behandelt und zum Zeitwert versichert werden.

§§ 4 Nr. 4 AERB, 5 Nr. 5 AFB 87, AWB 87, AStB 87, 5 Nr. 4 AERB 87 sehen **65** für Muster usw. ZeitwertV vor. Nicht nur für die **Entschädigung**, sondern auch für den **VWert** vom Schaden nicht betroffener Stücke ist die Notwendigkeit der Wiederherstellung zu berücksichtigen, wobei großzügig zugunsten des VN zu verfahren, Wiederherstellung also nur für einen Teil der Sachen zu unterstellen ist, ähnlich wie gemäß Q II 52 und 56 bei Wertpapieren und Datenträgern. Dies gilt entgegen dem redaktionell verfehlten Wortlaut und entgegen Ollick VerBAV **82**, 129 (FN 355) auch im Rahmen von § 4 Nr. 4 Abs. 2 AERB. Die Wiederherstellungsklauseln in §§ 10 Nr. 5 Abs. 3 AERB, 11 Nr. 6 AFB 87, AERB 87, 11 Nr. 7 AWB 87, AStB 87 sind auch für den VWert zu berücksichtigen.

NeuwertV wird für Muster usw. **nicht** geboten, um Bereicherungen des VN **66** zuverlässig zu vermeiden. Die Wiederherstellungsklauseln würden hierfür nicht ausreichen, denn gerade bei typengebundenen Fertigungsvorrichtungen ist die Wiederherstellung von Sachen genau „gleicher Art" oft nicht einmal möglich, jedenfalls aber nicht kontrollierbar. Fertigungsvorrichtungen, die für die laufende Produktion noch benötigt werden, sind dagegen stets als Teil der Betriebseinrichtung zum Neuwert versichert.

Die **ZeitwertV** wird dem VBedürfnis voll gerecht, denn für den Zeitwert **67** wird nach §§ 4 Nr. 4 AERB, 5 Nr. 5 AFB 87, AWB 87, AStB 87, 5 Nr. 4 AERB 87 nur der Zustand der Sachen berücksichtigt; es ist unerheblich, ob die Vorrichtungen noch modern sind und noch zu marktgerechten Produkten führen (Ollick VerBAV **82**, 129). Sogar die ZeitwertV ermöglicht daher oft eine gewisse (zulässige) *Bereicherung* des VN, zumal für den Vr die *„Notwendigkeit"* der Wiederherstellung nur *schwer zu widerlegen* ist.

Die in Q II 65 zitierten **Wiederherstellungsklauseln,** die sonst für die Diffe- **68** renz zwischen Neuwert und Zeitwert gelten, R IV 6, beziehen sich im Fall der Muster usw auf die Differenz zwischen dem Zeitwert und dem gemeinen Wert (des Materials). Die Worte „gleicher Art und Güte" erscheinen nicht, was dem VN einen gewissen Spielraum läßt. Immerhin muß es sich aber um eine *„Wieder-Herstellung"* handeln. Es genügt also z.B., wenn statt eines Mantelschnitts ein Schnitt für einen veränderten, moderneren Mantel hergestellt wird. Dagegen würde es eine Entschädigungspflicht über den gemeinen Wert (bei Altpapier gleich Null, vgl. Engels VP **78**, 184) nicht begründen, wenn statt eines Mantelschnitts ein Kostümschnitt hergestellt würde.

Bisweilen wird diskutiert oder sogar experimentiert, ob der Anwendungs- **69** bereich der Bestimmungen über den VWert von Mustern usw. sowie über typengebundenen Fertigungsvorrichtungen, die für die laufende Produktion nicht mehr benötigt werden, den wirtschaftlichen Gegebenheiten entpricht. Einerseits bejaht z.B. Engels VP **78**, 180 ein NeuwertVBedürfnis bei Mustern in Gießereien auch dann, wenn diese für die laufende Produktion noch benötigt werden, hält also dieselbe Unterscheidung für geboten, wie sie allgemein für sonstige typengebundene Fertigungsvorrichtungen gemacht wird. Umgekehrt versuchen die Vr bisweilen, **Fertigungsvorrichtungen** ganz allgemein aus der NeuwertV der Betriebseinrichtung herauszunehmen und nur zum Zeitpunkt zu versichern, soweit sie für die laufende Produktion nicht mehr benötigt werden. Zu diesem Zweck verwenden sie als Positionen-Erläuterung (Texte 38, vgl. dort Nr. 4.5) für die ZeitwertV geschäftsplanwidrig eine Aufzählung, die fast wortgleich den in Q II 65 zitierten AVB-Bestimmungen entspricht, jedoch **ohne das Adjektiv** „**typengebundene**" vor „Fertigungsvorrichtungen". Wegen der Bedenken gegen solche Versuche vgl. H III 5.

III. Gebäude und Gebrauchsgegenstände (Betriebseinrichtung, Hausrat)

1 Gebäude und sonstige Gebrauchsgegenstände des gewerblichen (Betriebseinrichtung) und des privaten (Hausrat) Bedarfs unterliegen einen **Wertverlust**, vor allem durch Abnutzung, (wegen „Alter" vgl. Q III 40), aber auch durch sonstige Einflüsse (z. B. mechanische Einwirkung von außen) auf den **Zustand der Sache.** Ein weiterer Wertverlust kann sich aus der allgemein geringern Wertschätzung gebrauchter Sachen und aus den jeweiligen speziellen **Marktverhältnissen** ergeben, und zwar in Form der Preise am *Gebrauchtwarenmarkt,* wobei zu unterscheiden ist zwischen dem *Ankaufspreis,* den der VN für eine Sache gleicher Art und Güte und in gleichem Abnutzungszustand aufwenden muß, und dem *Verkaufspreis,* den er für die Sache am Gebrauchtwarenmarkt erzielen könnte. Hierbei wird zunächst unterstellt, daß es für Gleicheit von Art und Güte keine Rolle spiele, in wessen Gebrauch sich die Sache befand, bis ihr gegenwärtiger Abnutzungsgrad erreicht wurde. Mindestens im privaten, oft aber auch im gewerblichen Lebensbereich spielt dieser Umstand indessen sehr wohl eine Rolle. Die Wertschätzung eines gebrauchten Kleidungsstücks durch den VN hängt z. B. ganz entscheidend davon ab, ob es sich um ein eigenes oder ein fremdes Kleidungsstück handelt, ob also der VN durch eigenen Gebrauch den tatsächlich erreichten Abnutzungsgrad herbeigeführt hat oder ob der Abnutzungsgrad durch den Gebrauch eines Dritten entstanden ist, vgl. Q III 3.

2 1. Der aus Abnutzungsgrad und Marktverhältnissen sich ergebende gemeine Wert (Q I 2 und Q III 30) am Gebrauchtwarenmarkt entspricht bei wirtschaftlicher Betrachtungsweise nur dann dem Wert, den die Sache für den VN persönlich verkörpert, wenn dieser beabsichtigt, die versicherte Sache in absehbarer Zeit auf dem Gebrauchtwarenmarkt zu veräußern. Gebrauchsgegenstände als versicherte Sachen der hier behandelten Zweige der SachV, also Gebäude, Betriebseinrichtungen und Hausrat, sind aber in aller Regel **langlebige Wirtschaftsgüter.** Anders als etwa bei Kraftfahrzeugen ist die Absicht eines alsbaldigen Verkaufs eine relativ seltene Ausnahme. In der Regel hätte der VN die Sache, wenn nicht der VFall eingetreten wäre, noch einige Zeit in Gebrauch gehalten. Der Austausch der versicherten Sache gegen eine andere Sache von etwa gleichem Abnutzungsgrad oder sogar gegen eine neue Sache (Q II 8) wird dem VN durch den VFall aufgezwungen. Diese Ausgangssituation ist das **Motiv für die Regelung des VWerts** durch die AVB der hier behan-

delten Zweige der SachV **im Sinn einer NeuwertV**, genauer im Sinn einer Kombination aus V des Neuwerts, des Zeitwerts und des gemeinen Werts.

a) Anders als bei Kraftfahrzeugen würde der **gemeine Wert** als VWert und **3** Totalschadenentschädigung dem **VBedürfnis** in der großen Mehrzahl der Fälle **nicht gerecht**, denn die meisten VN kaufen nicht am Gebrauchtwarenmarkt, sondern bedienen sich gebrauchter Sachen nur, soweit die Sachen durch eigenen Gebrauch zu gebrauchten Sachen geworden sind, vgl. schon Q III 1. Dies hat zunächst eine terminologische Folge. Die AVB der hier behandelten Zweige der SachV bezeichnen als Zeitwert nicht wie § 13 Nr. 1 AKB für Kraftfahrzeuge den gemeinen Wert, sondern einen höheren Betrag, nämlich den dem **Zustand** der Sache entsprechenden Teil des Neuwerts, Q III 38 und PM § 52 Anm. 4 B. In der Regel ist VWert entweder dieser „Zeitwert" oder aus den in Q III 8 bis 10 erörterten Gründen sogar der Neuwert. Dies gilt selbst dann, wenn der VN im Einzelfall einen alsbaldigen Verkauf der – noch brauchbaren, andernfalls vgl. Q III 4 – Sache zufällig schon vor dem VFall beabsichtigt hatte. Das Kriterium der *Verkaufsabsicht* darf für den VWert und die Entschädigungshöhe *nicht* den Ausschlag geben, weil dieses Kriterium zu wenig kontrollierbar wäre und Meinungsverschiedenheiten vorprogrammieren würde.

Der **gemeine Wert** („Verkehrswert", BGH VersR 82, 689), in § 13 Nr. 1 **4** AKB sowie in 4.2 AMB als Zeitwert bezeichnet und in der Regel für die Entschädigungshöhe in der Kfz-KaskoV und in der MaschinenV (vgl. ÖOHG VersRSch 88, 266 für Österreich) maßgebend, kommt in den hier behandelten Zweigen der SachV als VWert und Totalschadenentschädigung nur dann in Betracht, wenn die Sache **allgemein** (objektiv) oder **für den VN persönlich** (subjektiv) nicht mehr verwendbar ist. Beide Fälle werden in den AVB unter dem Oberbegriff „**Entwertung**" zusammengefaßt, Q III 56 ff. Durch das Bereicherungsverbot des § 55 VVG zwingend geboten ist die Beschränkung auf den gemeinen Wert freilich nur dann, wenn – auch oder nur – **VN persönlich** die Sache nicht mehr verwenden kann. Daher ist nach § 18 Nr. 2 VHB 84 der gemeine Wert nur dann VWert, wenn die Sache „im Haushalt des VN" nicht mehr zu verwenden ist, und zwar weder für ihren **ursprünglichen** noch für einen **anderen**, durch Umwidmung seitens des VN gewählten **Verwendungszweck**, vgl. Q III 66.

Die AVB der Geschäfts- und der WohngebäudeV sowie die VHB 74 auch **5** für die HausratV reduzieren den VWert hingegen schon dann auf den gemeinen Wert, wenn die Sache „**allgemein**" für ihren Zweck nicht mehr zu verwenden ist, also aus der Sicht der großen Mehrzahl der Benutzer von Sachen dieser Art, mag auch der VN persönlich sie bei Eintritt des VFalls noch in Gebrauch gehalten haben. Auch in derartigen Fällen bedeutet nämlich ein Zeitwert- oder gar ein Neuwertersatz eine erhebliche Bereicherung für den VN. Ob diese Bereicherung wenigstens in der HausratV nach den VHB 84 mit § 55 VVG vereinbar ist, wird in Q III 18 und 31 ff. erörtert.

Die **Terminologie** in der versicherungsrechtlichen Literatur für die in Q III **6** 1 geschilderten Ursachen des Wertverlustes versicherter Sachen ist uneinheitlich. So unterscheiden z. B. BL 44 zwischen *materieller und immaterieller Entwertung*, verstehen aber unter immaterieller Entwertung die in Q III 2 behandelte Entwertung für den VN persönlich, also insbesondere den Fall einer Verkaufsabsicht. Dem System der NeuwertV nach den geltenden AVB entspricht es besser, als immateriell die Entwertung durch Schwankungen der Mode und des Marktes zu bezeichnen, also die Wertschwankungen einer gebrauchten Sache, soweit sie auf *anderen* Faktoren als dem *Zustand* der Sache beruhen, vgl. dazu Blanck VersR 73, 900 und VW 74, 464. Auch das VVG trägt in §§ 86, 88 durch unterschiedliche Formulierungen für bewegliche Sachen und für Gebäude zu der bestehenden Verwirrung bei. Man wird aber § 86 VVG durch Auslegung dahin korrigieren dürfen, daß auch dort (ebenso wie in § 88 VVG) der Wertverlust nur angesprochen ist, soweit er auf dem Zustand der Sachen beruht, PM § 86 Anm. 3. Soweit AVB-Bestimmungen über den VWert unwirksam sind, hat die Auslegung von § 86 VVG als gesetzlicher Auffangregelung des VWerts beweglicher Sachen auch praktische Bedeutung, vgl. Q III 31 zur teilweisen Unwirksamkeit von § 18 Nr. 2 VHB 84. Im Folgenden werden die Begriffe der materiellen und der immateriellen Entwertung gänzlich vermieden und statt dessen immer unmittelbar die Faktoren genannt, die den Wert der gebrauchten Sache beeinflussen, also entweder ihr Zustand oder die Marktverhältnisse oder beides.

7   Verwirrung in der versicherungsrechtlichen Literatur stiftete auch das Wort *„Marktpreise"* in §§ 3 Nr. 2 Abs. 2 AFB 30, AEB. Entgegen Raiser 124 meint dieses Wort auch bei Gebäuden und Gebrauchsgegenständen nicht den Marktpreis für gebrauchte Sachen, sondern den'Marktpreis für *neuwertige* Sachen gleicher Art und Güte (im Ergebnis richtig BL 52). Die Frage ist aber bedeutungslos, denn die AFB 30 und AEB werden durch die NwIG 80 oder die NwSoBedIuG überlagert, Q III 25, in denen das Wort „Marktpreise" ebensowenig erscheint wie in den VHB 74, den VHB 84 oder den AFB 87, AERB 87, AWB 87, AStB 87. Im übrigen meint „Marktpreise" nicht einen „Markt" im engeren technischen Sinn, wie es ihn vor allem für Rohstoffe und Naturprodukte gibt, sondern allgemein das Spiel von Angebot und Nachfrage (BL 50).

8   b) NeuwertV für Gebäude und Gebrauchsgegenstände wird gewährt, weil der versicherte Totalschaden den VN meist in einem Zeitpunkt trifft, in dem er die Sache ohne den VFall trotz ihres bereits erreichten Abnutzungszustandes noch einige Zeit verwendet hätte, Q III 2. Würde an die Stelle des gemeinen Werts lediglich der dem Zustand der Sache entsprechende Zeitwert als VWert und Totalschadenentschädigung gesetzt, Q III 3 bis 5, so würde damit nur teilweise dem tatsächlich bestehenden VBedürfnis Rechnung getragen, nämlich nur dem Umstand, daß der VN die versicherte Sache nicht hatte verkaufen wollen. Berücksichtigt man darüber hinaus, daß dem VN im Schadenfall aus wirtschaftlichen oder persönlichen Gründen in aller Regel nicht der Kauf einer gebrauchten Sache zuzumuten ist, sondern er eine neue Sache kaufen muß, so entspricht bei langlebigen Wirtschaftsgütern nur die NeuwertV voll dem VBedürfnis.

9   Allerdings wird der VN bereichert, wenn er statt der zerstörten gebrauchten Sache Ersatz der Kosten einer neuen Sache gleicher Art und Güte erhält; besonders instruktiv ist der in Q IV 27 erwähnte Fall, daß für eine Sache anläßlich eines früheren VFall bereits einmal Wertminderungsentschädigung

geleistet worden war, gleichwohl aber anläßlich eines späteren Totalschadens der volle Neuwert entschädigt werden muß. Dieselben Überlegungen gelten bei Teilschäden für den reparaturbedingten Zeitwertzuwachs. Aber diese **Bereicherung** ist **gewohnheitsrechtlich** im Rahmen der SachV (A I 5) **zugelassen** (BGHZ 9, 195, Schirmer ZVersWiss 81, 642, PM § 55 Anm. 1 B) und wirtschaftlich gerechtfertigt (Braeß ZVersWiss 70, 12), weil sie dem VN nur Ersatz für ungeplante und ihm durch den VFall aufgezwungene Ausgaben (Schleswig NJW-RR 89, 280) verschafft. Die gewohnheitsrechtliche Ausnahme vom Bereicherungsverbot setzt allerdings grundsätzlich voraus (BGH VersR 81, 772 zu den AKB), daß – eventuell sogar im Wege einer ergänzenden Vertragsauslegung, vgl. BGH VersR 88, 463 zu englischen AVB Wassersportfahrzeuge) – durch eine sog. **Wiederherstellungsklausel** eine *Bereicherung in bar* in Fällen *ausgeschlossen* wird, in denen der VN die Wiederherstellung oder Wiederbeschaffung unterläßt und dadurch demonstriert, daß in seinem Fall der VFall eben gerade nicht einen Zwang zu ungeplanten Ausgaben in Höhe des Wiederbeschaffungspreises einer neuen Sache gleiche Art und Güte begründet. Ob wenigstens die HausratV gewohnheitsrechtlich auch ohne Wiederherstellungsklausel als NeuwertV gestaltet sein darf, wird in R IV 9 erörtert.

Theoretisch könnte zwar die Bereicherung durch einen **Zinsabzug** von der   10
Neuwertspanne beseitigt werden, wenn der Totalschaden nämlich wirtschaftlich nur als Anlaß für eine früher oder später ohnehin erforderliche und infolge des VFalls lediglich zeitlich vorgezogene Neubeschaffung verstanden würde. Aber über die Höhe dieses Abzugs wäre praktisch niemals Einigkeit zu erzielen (BL 224), denn schon die zu erwartende Lebensdauer jeder Sache läßt sich nicht in voraus fixieren, weil noch nicht das Maß der künftigen Inanspruchnahme und Pflege sowie unvorhergesehener Einwirkungen von außen feststeht. Außerdem ist die künftige Entwicklung der Zinssätze und der Kaufkraft nicht absehbar; schließlich wären bei der Schadenberechnung so viele zukünftige Umstände zu berücksichtigen (z. B. zukünftige Vergrößerung, Verkleinerung oder Aufgabe des Betriebes), daß die Schadenregulierung oft Jahre dauern wurde. Ähnliche Bedenken bestünden gegen die Möglichkeit (übersehen in Schleswig NJW-RR 89, 280), das VBedürfnis statt durch eine NeuwertV schon durch eine **V des Zeitwerts** zuzüglich **Darlehenszinsen** aus dem Betrag vollwertig zu befriedigen, den der VN infolge des Schadens für Wiederherstellung oder Wiederbeschaffung über den Zeitwert hinaus aufwenden muß.

An der nötigen *Rechtfertigung* für eine Bereicherung durch Neuwertent-   11
schädigung *fehlt* es bei Sachen, die bereits *entwertet* sind, Q III 4. Einen *Grenzfall* bilden freilich Sachen, die nur „allgemein" aus der Sicht der großen Mehrzahl der Benutzer, entwertet sind, durch den VN aber noch in Gebrauch gehalten werden. Gleichwohl bestehen Bedenken, wenn § 18 Nr. 2 VHB 84 den VWert solcher Sachen nicht auf den gemeinen Wert reduziert, denn mangels einer Zwischenstufe mit dem Zeitwert als VWert bedeutet dies nach den VHB 84 Neuwertentschädigung für „allgemein" nicht mehr zu verwendende Sachen, und dies gar noch ohne die in den VHB 84 ebenfalls nicht mehr enthaltene Wiederherstellungsklausel; vgl. zu diesen Bedenken Q III 5, 18 und 32.

12   Die mögliche Bereicherung des VN im Schadenfall **erhöht** bis zu einem
gewissen Grad das **subjektive Risiko,** und zwar sowohl unter dem Gesichtspunkt der vorsätzlichen wie auch der fahrlässigen Schadenverursachung. Am
längsten blockierten diese Bedenken bei landwirtschaftlichen Betrieben die
Einführung einer VMöglichkeit zum Neuwert. Auch gegenwärtig sieht § 10
Nr. 2 LZB 87 für **landwirtschaftliche Betriebseinrichtungen** nur den **Zeitwert**
als Wert vor, Q III 55. Für **landwirtschaftliche Gebäude** wäre nach §§ 11 LZB
87, 11 Nr. 2 AWB 87, AStB 87 ein **gestaffelter Abzug** von der Neuwertentschädigung vorzunehmen; wegen weiterer rechtlicher Bedenken gegen einen
solchen Abzug vgl. Q III 28 und S II 60. Entgegen VerBAV 68, 299 ist aber in
der Landwirtschaft die Gefahr betrügerischer Brandstiftungen als Folge einer
NeuwertV nicht größer als in anderen Wirtschaftszweigen, zumal angesichts
des allgemeinen Vordringens einer kurzlebigen Bauweise für Betriebsgebäude. Mit Recht wird daher § 10 Nr. 2 LZB 87 immer häufiger völlig (**Kl** 3502)
oder teilweise (**Kl** 3503) abgedungen. Auch die Bestimmungen über den *Staffelabzug* werden immer häufiger *vertraglich ausgeschlossen,* durch § 2 Nr. 2
SGlN 88 sogar generell für alle Verträge auf der Basis einer Gleitenden NeuwertV mit VSumme 1914, S IV 12. Somit besteht gegenwärtig für Gebäude
und Gebrauchsgegenstände nahezu aller Art eine VMöglichkeit zum Zeitwert. – Immerhin kann aber die Tatsache NeuwertV im Rahmen der Beweiswürdigung zugunsten vorsätzlicher oder fahrlässiger Verursachung des
VFalls durch den VN zu berücksichtigen sein.

13   c) Die **Art und Weise,** wie die **NeuwertV vertragstechnisch realisiert** wird, war
bis in die jüngste Vergangenheit von großer Schwerfälligkeit geprägt. Nach
wie vor blieb spürbar, daß die NeuwertV nicht in einem Zug, sondern seit
etwa 1930 in vielen kleinen Etappen eingeführt wurde. Dies geschah in unterschiedlichem Tempo einerseits für den beruflichen und gewerblichen (Indu-
strie- und Geschäftsgebäude; Betriebseinrichtung) und andererseits für den
privaten (Wohngebäude, Hausrat) Lebenbereich des VN. Auch in die AVB
hat die NeuwertV nur nach und nach Eingang gefunden, und zwar zunächst
teilweise nur in der Form von Sonder- oder Zusatzbedingungen. Erst wenn
die 1987 genehmigten AFB 87, AERB 87, AWB 87 und AStB 87 allen Verträgen zugrunde liegen werden, wird diese „Übergangsphase" von mehr als 50
Jahren beendet sein. Die **AFB 30, AEB, AWB 68** und **AStB 68** waren auf
Zeitwertbasis formuliert und liegen auch gegenwärtig noch zahlreichen Verträgen zugrunde. NeuwertV kann in solchen Verträgen nach den NwIG 80
oder nach noch älteren Neuwertsonderbedingungen vereinbart sein, vgl.
2. Aufl. Q III 14 und 15. Wegen der auch jetzt noch bestehenden Einschränkungen für landwirtschaftliche Betriebseinrichtungen und Gebäude vgl. Q
III 12 und 28.

14   Die **AFB 87, AERB 87, AWB 87 und AStB 87** sehen in § 5 Nr. 1 die
NeuwertV als Regelfall vor; ebenso wurde schon 1980 § 4 **Nr. 2** AERB formuliert. Die V zum Zeitwert oder zum gemeinen Wert wird nur für abgenutzte
(Grenze: 40% des Neuwerts) oder entwertete Sachen (Q III 18) sowie als
möglicher Gegenstand einer abweichenden vertraglichen Vereinbarung erwähnt. Für Geschäfts- und landwirtschaftliche Gebäude kann Gleitende
NeuwertV nach den **SGlN 88** vereinbart werden, S IV 1. Für industrielle

Gebäude sowie für gewerbliche Gebäude, die nicht Geschäfts- (Verwaltungs-, A III 30) Gebäude einfacher Gefahr sind, kommt hingegen nur NeuwertV mit fester GegenwartsVSumme in Betracht.

Für **Wohngebäude** geht schon § 6 Nr. 1 Satz 1 VGB 62 vom Neuwertprinzip 15 aus. Eine ZweitwertV wird in den VGB 62 nicht erwähnt, auch nicht als Folge eines bestimmten Abnutzungsgrades, kann aber nach **Kl 846** vereinbart werden. Dort wird nicht auch § 6 Nr. 1 Satz 2 VGB 62 abgeändert. Entwertete Wohngebäude sind daher stets nur noch zum gemeinen Wert versichert. **§§ 13, 14 VGB 88** gehen von Gleitender NeuwertV aus und ermöglichen daneben die Vereinbarung einer V zum Neuwert, zum Zeitwert oder zum gemeinen Wert, jeweils mit fester GegenwartsVSumme. Nach § 14 Nr. 2 VGB 88 besteht für entwertete Gebäude nur noch V zum gemeinen Wert. Daß dies auch bei Gleitender NeuwertV nach § 13 VGB 88 gelten soll, wird freilich nicht deutlich gesagt, kann aber bei richtiger Auslegung nicht bezweifelt werden, Q III 18 und 26.

Für **Hausrat** sieht § 4 Nr. 1 VHB 74, modifizierbar durch Kl 824, ebenfalls 16 NeuwertV vor. V zum Zeitwert kann dort geschäftsplanmäßig nicht vereinbart werden, sondern entsteht nur für Sachen mit einem Zeitwert von weniger als 50% des Neuwerts. § 18 Nr. 2 VHB 84 sieht ZeitwertV nicht einmal mehr als Zwischenstufe bei einem Abnutzungsgrad von mehr als 50% vor, vgl. wegen der Bedenken hiergegen Q III 31 bis 34. Entwertete Sachen des Hausrats sind sowohl nach den VHB 74 wie nach den VHB 84 nur noch zum gemeinen Wert versichert.

d) Das Wort „NeuwertV" bedeutet *nicht* nur die bloße Möglichkeit der 17 Neuwertentschädigung für Gebäude oder bewegliche Sachen, die tatsächlich zur Zeit des Schadens neuwertig sind. Diese Möglichkeit bestünde schon nach den AFB 30 usw., denn bei neuwertigen Sachen ist der Abzug neu für alt eben Null, jedenfalls wenn man nur den Zustand der Sachen und nicht auch die Marktverhältnisse berücksichtigt, Q III 5. Umgekehrt bedeutet NeuwertV aber auch *nicht*, daß stets ohne Rücksicht auf den Zustand (Q III 3) oder gar die völlige Entwertung (Q III 4) der Sache der Neuwert ersetzt würde. Vielmehr haben die dargelegten Bedenken gegen die NeuwertV, nämlich die Bereicherung des VN, Q III 9, und das erhöhte subjektive Risiko, Q III 12, in den AVB zu zwei wichtigen **Einschränkungen des Grundsatzes der Neuwertentschädigung** geführt.

Einmal ist der **Neuwert** nach den in Q III 14 bis 16 zitierten AVB **nicht ohne** 18 **weitere Voraussetzungen**, sondern nur dann VWert, wenn dies unter Berücksichtigung der allgemeinen Bedenken gegen die NeuwertV (subjektives Risiko, Q III 12) und angesichts des Abnutzungsgrades der versicherten Sache noch vertretbar ist. Insbesondere sind **entwertete Sachen** generell nur zum **gemeinen Wert** versichert; wegen des Begriffes der Entwertung, vgl. Q III 56 bis 97. Bei gewerblichen und industriellen Risiken sowie nach den VHB 74 auch für Hausrat besteht V nur zum **Zeitwert**, soweit dieser eine **bestimmte Grenze unterschreitet**. Die Grenze liegt jetzt überwiegend bei 40%, für Hausrat nach den VHB 74 bei 50% des Neuwertes. In den **Vertragsdeklarationen** ist zwar trotz dieser Einschränkungen pauschal von V „zum Neuwert" oder „zum Zeitwert" die Rege, Q III 15 und 36. Solche Formulierungen können

aber gegenüber den AVB keinen Vorrang beanspruchen, sondern sind im
Zusammenhang mit den AVB zu verstehen, Q III 26. Ob es mit den durch
das Bereicherungsverbot gezogenen Grenzen der NeuwertV vereinbar ist,
daß für Wohngebäude sowie nach den VHB 84 auch für Hausrat die ZeitwertV als Zwischenstufe zwischen Neuwert und gemeinem Wert weggefallen
ist, wird in Q III 31 bis 34 erörtert.

19   Soweit wegen des Zustandes der Sache oder durch ihre dauernde Entwertung nur noch die Voraussetzungen einer V zum Zeitwert oder zum gemeinen Wert erfüllt sind, entfällt der Neuwertschutz. Liegt die VSumme noch
über dem dadurch maßgebend gewordenen niedrigeren VWert, so ist **nachträglich ÜberV** entstanden. Der VN kann **Herabsetzung** der VSumme und der
Prämie nach § 51 VVG für die Zukunft verlangen. Soweit Gleitende NeuwertV nach den SGlN 79a oder nach den SGlN 88 vereinbart ist, würde
Herabsetzung der VSumme 1914 allerdings nicht ausreichen, sondern im
Gegenteil zu einer UnterV auf der Basis bloßer ZeitwertV führen. Der Anspruch aus § 51 VVG ist in diesem Fall auf nachträgliche **Streichung der SGlN**
79a oder **der SGlN** 88 gerichtet, vgl. PM 24. Aufl. § 2 SGlN 79a Anm. 5.

20   Sind die Voraussetzungen der NeuwertV **von Anfang an** nicht gegeben, so
führt eine VSumme in Höhe des Neuwerts schon bei Vertragsschluß zu einer
ÜberV. Erkennt der Vr oder dessen Agent bei Vertragsschluß diesen Sachverhalt oder hätte er ihn mindestens bei gebotener Sorgfalt erkennen müssen, so
haftet der Vr auf *Schadenersatz* wegen der nutzlos aufgewendeten Prämiendifferenz. Dergleichen kommt insbesondere bei Gebäuden in Betracht, wenn
diese entwertet sind oder wenn der Zeitwert eines landwirtschaftlichen Gebäudes unter der 50%-Grenze gemäß §§ 5 Nr. 1 b AFB 87, AWB 87, AStB 87
oder gemäß § 1 Nr. 2 NwSoBedlG liegt und nicht eine Wertverbesserung
durch Reparatur alsbald zu erwarten ist. Düsseldorf ZfS 84, 314 will in solchen Fällen sogar nach den Grundsätzen der *Vertrauenshaftung des Vr* den
Vertrag in eine NeuwertV ohne deren geschriebene Voraussetzungen umwandeln. Das ist freilich nur haltbar, soweit man eine NeuwertV von Sachen
mit einem Zeitwert von weniger als 50 oder 40% des Neuwerts mit § 55 VVG
für vereinbar hält, vgl. dazu Q III 33 (zu § 18 Nr. 2 VHB 84); die Vertrauenshaftung des Vr kann nämlich nicht zu einem Deckungsumfang führen, der
auch durch entsprechende Vereinbarungen nicht hergestellt werden könnte,
weil zwingendes Gesetzesrecht entgegensteht, PM 24. Aufl. § 43 Anm. 7 A a,
§ 1 NwIG 80 Anm. 2 und § 55 Anm. 1 B.

21   **Betriebseinrichtung** sowie **Hausrat** altern meist nicht als ganze gleichzeitig
und gleich schnell. Vielmehr sind einige Stücke bereits durch neue ersetzt und
wieder zum Neuwert versichert, während andere ältere Stücke stark abgenutzt und nur noch zum Zeitwert versichert sind. Die VSumme für die
gesamte **Position** berücksichtigt meist bereits das **Nebeneinander von älteren
und neueren Stücken;** getrennter VSummen für Sachen, die noch, und für
Sachen, die nicht mehr zum Neuwert versicherbar sind, bedarf es nicht. Die
dritte (in den VGB 62, VGB 88 und VHB 84: zweite) Alternative (gemeiner
Wert) erklärt sich daraus, daß der Zeitwert nach den AVB unter Ausschluß
der Marktverhältnisse allein aus dem Zustand der Sache berechnet wird, was
zu einem höheren Betrag als dem gemeinen Wert führt, Q III 3 und Q III 35
bis 55. Wo auch dieses Bedürfnis für eine V über den gemeinen Wert hinaus

nicht mehr besteht, weil die Sachen allgemein oder für den VN nicht mehr zu verwenden sind, greift die dritte Alternative ein, also die V nur zum gemeinen Wert, Q III 56.

Da Neuwert, Zeitwert und gemeiner Wert alternativ VWert sein können, **22** ist es genau besehen nicht richtig, wenn – und zwar sogar in VAntragsformularen und VScheinen, Q III 18, vgl. z.b. Texte 37 für industrielle Risiken – formuliert wird, Betriebseinrichtung oder Hausrat seien als ganze „zum Neuwert" versichert. Tatsächlich muß in jedem Zeitpunkt **jede einzelne Sache** (BL 234) des versicherten Inbegriffs bewertet werden, wenn die VSumme auf ihre Richtigkeit überprüft wird, sei es im VFall oder sei es zu einer sonstigen Zeit, um eine Über- oder UnterV zu vermeiden. Gewiß ist eine solche Bewertung schwierig und schon aus Kostengründen nur überschlägig möglich, wobei aber Fehler nach oben und nach unten sich gegenseitig ausgleichen. Jedenfalls muß bei Bildung einer VSumme berücksichtigt werden, daß die Sachen teils zum Neuwert, teils zum Zeitwert und teils zum gemeinen Wert versichert sind, zumal ein und derselben Position auch nebeneinander Sachen gehören können, die zum Neuwert, und solche, die von vornherein nur zum Zeitwert versichert sind, wie z.B. Muster usw., V. Q II 63.

Die Frage, ob der Neuwert oder der Zeitwert oder der gemeine Wert **23** VWert und für die Entschädigung maßgebend ist, muß bei jeder einzelnen Sache, darf aber **nicht** bei **Teilen von Sachen** gesondert gestellt werden. Eine Sache darf also nicht in weniger rasch und in *rascher abnutzbare Teile* zerlegt werden, mögen auch Billigkeitsgründe im Schadenfall dies manchmal nahelegen. Die in Q III 14 bis 16 zitierten Bestimmungen lassen eine solche Unterscheidung schon vom Wortlaut her nicht zu. Dies folgt aus dem *Wiederbeschaffungspreis* als Anknüpfungspunkt sowohl für den Neuwert wie für den Zeitwert. Zwar könnte der Wiederbeschaffungspreis für rasch abnutzbare *Teile* gesondert festgestellt werden, weil entsprechende Ersatzteile gewöhnlich gesondert gehandelt werden. Der Wiederbeschaffungspreis für den verbleibenden, sich langsamer abnutzenden *Rest* wäre dagegen oft ebenso hoch wie für die ganze Sache, weil das Torso *nicht* als solches gehandelt wird. Dann aber wäre (ähnlich wie gemäß Q I 39 bei zusammengehörigen Sachen) die Summe der Wiederbeschaffungspreise für die Bestandteile der Sache höher als der Wiederbeschaffungspreis für die ganze Sache, ein Ergebnis, das nur hingenommen werden könnte, wenn der Wortlaut der AVB einen Anhaltspunkt enthielte. Da es hieran fehlt, muß der über 50% hinausgehende **Abnutzungsgrad von Einzelteilen** für VWert und Entschädigung **unberücksichtigt** bleiben, solange die Sache als ganze noch die Voraussetzungen der NeuwertV erfüllt. Eine Regelung analog 1.3 AMB (MaschinenV), wo rasch abnutzbare Teile bei Teilschäden von der Entschädigung ausgeschlossen sind, gibt es in der klassischen SachV nicht und kann auch nicht hineingelesen werden. Ob § 6 Nr. 1 VGB 62 eine Ausnahme enthält oder ob es sich dort nur um eine Formulierungsschwäche handelt, wird in Q III 80 erörtert.

e) Die zweite Einschränkung des Grundsatzes der Neuwertentschädigung **24** (Q III 17) sind die **Wiederherstellungsvereinbarungen,** nach denen die Neuwertspanne nur entschädigt wird, wenn die Verwendung für die Wiederherstellung oder Wiederbeschaffung gesichert ist. Die *Bereicherung* des VN soll wenigstens nicht in Form von Bargeld, sondern *nur* in Form von *Sachwerten* eintreten und das subjektive Risiko nicht zu stark erhöhen, Q III 9 und 12. Allerdings ist dieses Wiederherstellungprinzip in den AVB nur schwer formulierbar und noch schwerer in der Praxis durchzusetzen. In den VHB 74 ist die Wiederherstellungsregelung stark abgeschwächt; in den VHB 84 fehlt sie sogar völlig, vgl. dazu Q III 31 und 32 sowie R IV 9 bis 13. Auch eine Wiederherstellungsvereinbarung kraft ergänzender Vertragsauslegung (BGH VersR 88, 463 zu englischen AVB Wassersportfahrzeuge) ist für die HausratV schwer vorstellbar. – Das Wiederherstellungsprinzip mindert jedenfalls nicht den VWert, sondern ist lediglich eine Voraussetzung für einen Teil der Neuwertentschädigung und wird daher zusammen mit der Höhe der Entschädigung in Abschnitt R IV behandelt.

25   f) **Rechtsgrundlage** für die Ermittlung des VWerts sind – neben den in Q III 14 bis 16 zitierten Bestimmungen – für ältere Verträge nicht die AFB 30, die AEB, die AWB 68 oder die AStB 68, sondern die Neuwertsonderbedingungen, zuletzt also die NwIG 80, für landwirtschaftliche Gebäude die NwSo-BedlG. Dies gilt nicht nur für die Neuwertdefinition, sondern auch für die **Zeitwertdefinition**, vgl. Q III 15 und 16 da 2. Aufl. Letztere findet sich z.B. in § 4 NwIG 80. Dies galt auch schon nach den NwSoBedlG und nach den NwSoBedIuG von 1968, in denen die Zeitwertdefinition nur in § 3 Nr. 2 formuliert war, formal also innerhalb der Wiederherstellungsklausel. Aber die Definition war auch in § 1 Nr. 2 aaO hineinzulesen, wo der Zeitwert als VWert festgelegt war. Die dargelegte Rechtslage wurde oft verkannt, z.B. bei BL 84 ff., wo lange Ausführungen über die Auslegung von § 3 Nr. 2 AFB 30 gemacht werden, obwohl es für diese Bestimmung im Bereich der NeuwertV wegen der hierfür vereinbarungsgemäß maßgebenden Sonderbedingungen an einem Anwendungsbereich fehlt. Irrig meinen BL 229, ohne Wiederherstellung erhalte der VN nur „die nach § 3 AFB 30 sich ergebende Zeitwertentschädigung". Tatsächlich enthalten jedoch die Neuwertsonderbedingungen eine abschließende Regelung des Zeitwertschadens. Auf den Wortlaut der AFB 30, AEB usw. darf daneben nicht zurückgegriffen werden (richtig Engels VP 75, 169). Anders liegt es nur bei ZeitwertV für landwirtschaftlichem Inventar, Q III 39 und 54.

26   2. Wann der **Neuwert** VWert ist, sagen §§ 1, 2 NwIG 80, 1 Nr. 1 bis 3 NwSoBedIuG, 4 Nr. 2 AERB, 6 Nr. 1 VGB 62, 13 Nr. 2, 14 Nr. 2 VGB 88, 4 Nr. 1 VHB 74, 18 Nr. 2 VHB 84 sowie §§ 5 AFB 85, AERB 85, AWB 85, AStB 85 nur *negativ*. Der Neuwert ist immer dann VWert, wenn nicht die Voraussetzungen gegeben sind, unter denen nur der Zeitwert oder nur der gemeine Wert versichert wäre. Daran ändern auch unklare **Vertragsdeklarationen** nichts, in denen nur von einer V „zum Neuwert" oder „zum Zeitwert" (Q III 38) die Rede ist. Deklarationen als Teil des Vertragstextes haben zwar als speziellere Regelung Vorrang vor den AVB. Sie bedeuten in diesem Fall aber nur eine Verweisung auf die AVB und einen Hinweis für die richtige Wahl der VSumme im Antragsformular. Nicht hingegen bewirken jene Formulierungen eine Abweichung von den AVB insofern, als der Neuwert etwa auch dann VWert bleiben sollte, wenn für einzelne oder alle versicherten Sachen die prozentualen Grenzen zur ZeitwertV unterschritten sind.

Der Vr trägt die **Beweislast**, wenn er weniger als den Neuwert entschädigen   27
will, Q III 50 sowie ÖOGH VersR 88, 643. Umgekehrt ist der VN beweispflichtig, wenn er als VWert geretteter Sachen weniger als den Neuwert
gelten lassen will, obwohl ansonsten der Vr die Voraussetzungen einer UnterV beweisen muß, S II 34. Die Beweislast spielt freilich keine große Rolle,
denn auskunftspflichtig ist der VN auch zum Wert der vom Schaden nicht
betroffenen Sachen, X II 98, und für diese Sachen lassen sich die maßgebenden Tatsachen in aller Regel aufklären, wenn auch unter Aufwand von Schadenermittlungskosten, die ihrerseits nach § 66 VVG entschädigungspflichtig
sein können, W IX 21.

Für **landwirtschaftliche Gebäude** gilt dasselbe. Der Neuwert ist solange   28
VWert, wie nicht der Zeitwert auf unter 50% des Neuwerts abgesunken ist.
Erst dann kann nach § 51 VVG gegebenenfalls Herabsetzung der VSumme
wegen ÜberV oder Streichung der SGlN 79a oder SGlN 88 verlangt werden,
Q III 19. Wegen ÜberV schon bei Vertragsschluß infolge Beratungsverschuldens des Vr vgl. Q III 20. Allerdings wird nach §§ 2 Nr. 2 NwSoBedlG 11
Nr. 2 AWB 87, AStB 87, 11 LZB 87 von der *Entschädigung* des Neuwerts ein
prozentualer Abzug schon dann vorgenommen, wenn der Zeitwert unter 80%
des Neuwerts abgesunken ist, vgl. S II 60 für Totalschäden und R I 6 für
Teilschäden. Aber dieser Abzug läßt den *VWert unberührt*, falls man darin
nicht etwa einen Verstoß gegen §§ 68a, 51 VVG sehen will, weil dem ver-
deckten Anstieg des Prämiensatz kein entsprechender Anstieg des Risikos
gegenübersteht, S II 60. Ohnehin wird aber der Staffelung immer häufiger
vertraglich abbedungen, Q III 12.

Für **Hausrat** sieht § 18 Nr. 2 VHB 84 eine **Zeitwertstufe** für Sachen mit   29
einem Zeitwert unter 50% des Neuwerts im Gegensatz zu § 4 Nr. 1 VHB 74
nicht mehr vor; wegen einer entsprechenden Klausel zu den VHB 74 vgl. Q
III 35. Außerdem bezeichnet § 18 Nr. 2 Abs. 2 VHB 84 als entwertet nur
noch Sachen, die für den VN persönlich in dessen Haushalt nicht mehr zu
verwenden sind, vgl. schon Q III 18. Nach dem Wortlaut der VHB 84 wäre
daher der Neuwert auch für Sachen zu entschädigen, deren Zeitwert weniger
als 40% des Neuwerts beträgt und die außerdem objektiv entwertet, also für
die große Mehrzahl der Benutzer solcher Sachen (Q III 5) bereits nicht mehr
zu verwenden sind, wenn nur der VN persönlich sie noch in „Gebrauch"
hält.

Man denke hierbei etwa an stark verschlissene Teppiche, an sehr alte Rund-   30
funk- oder Fernsehgeräte, mit denen nur noch ein einziges Programm zu
empfangen ist oder von denen gar nur noch einzelne Teile verwendbar sind,
an abgenutzte und aus der Mode geratene Kleidungsstücke usw. Als „Gebrauch" genügt gerade in der HausratV oft der bloße Besitz, Q III 89. Insbesondere würde also die (behauptete) Absicht des VN ausreichen, ein defektes
Gerät zu einem unbestimmten zukünftigen Zeitpunkt reparieren zu lassen
oder Teile davon in ein anderes Gerät einbauen zu wollen. Allenfalls wenn
eine Reparatur wirtschaftlich nicht mehr lohnen würde, wäre die behauptete
Absicht des VN, die Sache reparieren lassen zu wollen, auch nach dem Wortlaut von § 18 Nr. 2 VHB 84 unerheblich; sogar in solchen Fällen könnte der
VN argumentieren, die Reparatur würde sich schon allein wegen des besonderen Reizes funktionsfähiger „Oldtimer" gelohnt haben. Im übrigen wird

der Begriff der objektiven („allgemein") und subjektiven (aus der persönlichen Sicht des VN) Entwertung in Q III 83 ff. zu den VHB 74 näher erörtert, vgl. z. B. Q III 95 bis 97 zur Möglichkeit der „Umwidmung" von Sachen, die der VN im weitesten Sinn zwar noch „gebraucht", aber nicht mehr zu dem Zweck, für den sie ursprünglich bestimmt waren.

31   Zu prüfen ist, ob § 18 Nr. 2 VHB 84 nicht für einen Teil seines Anwendungsgebietes wegen Verstoßes gegen das Bereicherungsverbot des § 55 VVG unwirksam ist. Diese Frage liegt um so näher, als die VHB 84 nicht einmal mehr eine Wiederherstellungsvereinbarung enthalten, der VN also die Neuwertentschädigung und damit eine Bereicherung in bar auch dann verlangen könnte, wenn er erklärtermaßen nicht beabsichtigt, ein gleichartiges Ersatzstück anzuschaffen. Angesichts der Entstehung der VHB 84 im Anschluß an die VHB 74, die nur eine reduzierte Wiederherstellungsklausel enthalten hatten, versagt wohl auch der Versuch einer ergänzenden Vertragsauslegung, wie er in BGH VersR 88, 463 zu englischen AVB Wassersportfahrzeuge gemacht wird, vgl. R IV 10 und 11. Bejaht man einen Verstoß gegen § 55 VVG für bestimmte Gruppen von Sachen, so wäre § 18 Nr. 2 Abs. 1 VHB 84 nicht etwa vollinhaltlich, sondern nur **teilweise unwirksam, A V 31.** Die NeuwertV des Hausrats bleibt mithin als Grundsatz unberührt. An die Stelle des § 18 Nr. 2 VHB 84 würde für den Teilbereich, in dem die Regelung unwirksam ist, § 86 VVG als **gesetzliche Auffangregelung** gelten. VWert wäre der **Zeitwert,** wie er sich aus dem **Zustand** der Sachen ergibt, Q III 6. Das würde eine einheitliche Schadenregulierung nach den VHB 74 und den VHB 84 für objektiv entwertete Sachen ermöglichen, Q III 84.

32   Jedenfalls für **objektiv** („allgemein", Q III 5) **entwertete Sachen** ist eine Neuwertentschädigung mit § 55 VVG in der Tat unvereinbar, zumal eine Wiederherstellungsregelung fehlt. Zwar ist es jedermanns „Privatangelegenheit", in welchem Maß er sich mit „allgemein" nicht mehr als gebrauchsfähig angesehenen Hausratgegenständen umgibt. Aber dem Schadenbegriff und damit auch dem Begriff der verbotenen Bereicherung im Sinn von § 55 VVG liegt ein **objektiver Maßstab** zugrunde. Wenn ein VN persönlich den Verlust einer objektiv unbrauchbaren Sache in gleichem Umfang als „Schaden" empfindet wie den Verlust einer noch brauchbaren Sache, so kann er nicht erwarten, daß diese seine ganz persönliche Bewertung auch dem Schadenbegriff des § 55 VVG zugrunde gelegt wird.

33   Nicht ganz so eindeutig ist die Rechtslage für Sachen, deren **Zeitwert** zwar **unter 40% des Neuwerts** liegt, die aber noch nicht entwertet sind, weder objektiv noch subjektiv. Zwar gab es für bewegliche Sachen dieser Art bis zum Jahr 1984 noch keine NeuwertV. Eine gewohnheitsrechtliche Ausnahme von § 55 VVG konnte sich insoweit also vor Einführung der VHB 84 noch nicht gebildet haben. Andererseits ist aber gerade im privaten Bereich, nämlich bei Hausrat und Wohngebäuden, besondere Großzügigkeit geboten. Der Zeitpunkt von Neubeschaffungen wird hier nämlich nicht nach betriebswirtschaftlichen, sondern nach persönlichen Gesichtspunkten gewählt. Auch bei stark abgenutzten, aber objektiv wie subjektiv noch gebrauchsfähigen Sachen wird daher durch einen VFall dem VN der **Zeitpunkt für die Neubeschaffung** in der Regel (Q III 2) **aufgezwungen,** was eine Neuwertentschädigung rechtfertigt.

Man wird daher § 18 Nr. 2 VHB 84 für diese Sachen als mit § 55 VVG 34 vereinbar ansehen dürfen. Spätestens wird § 18 Nr. 2 VHB 84 für diese Sachen rechtswirksam, wenn er einige Zeit durch die Vr und auch in gerichtlichen Entscheidungen unangefochten praktiziert wird. Auch und gerade unrichtige Gesetzesanwendung ist nämlich Rechtsquelle für Gewohnheitsrecht, BGH 37, 322. Auch §§ 6 Nr. 1 VGB 62, 13 Nr. 2, 14 Nr. 2 VGB 88 für Wohngebäude kamen keine Zwischenstufe für eine V nur zum Zeitwert und sind spätestens durch laufende praktische Anwendung mit § 55 VVG gewohnheitsrechtlich vereinbar geworden zu den VGB 62 oder nach § 14 Nr. 1 b VGB 88.

3. Der **Zeitwert** als VWert ist für *Wohngebäude* usw. in den VGB 62 und in 35 den VGB 88 sowie für *Hausrat* in den VHB 84 überhaupt *nicht* vorgesehen, Q III 34. Diesen VN sollen ungeplante Ausgaben infolge eines schadenbedingten und daher aufgezwungenen Wiederaufbaus keinesfalls auferlegt werden. Die Gefahr einer Bereicherung wird hingenommen. Die Vereinbarkeit mit § 55 VVG ist bei Wohngebäuden zu bejahen; bei Hausrat bleibt die Frage ein wenig zweifelhaft, Q III 34. Trotzdem wurde gemäß VerBAV 88, 343 auch zu den VHB 74 eine Klausel genehmigt, welche auf den Zeitwert als VWert im Sinn einer Zwischenstufe zwischen Neuwert und gemeinem Wert verzichtet. Wo dem WohngebäudeVr das subjektive Risiko unerträglich erscheint, muß er entweder die V ablehnen (BL 234) oder eine ZeitwertV nach **Kl 846** zu den VGB 62 oder nach § 14 Nr. 1b VGB 88 abschließen. Für Videokassetten, die gewerbsmäßig vermietet werden, wurde gemäß VerBAV **88, 341** eine entsprechende **Kl 1512** genehmigt, die deklaratorisch (H III 15) den Zeitwert als VWert bezeichnet. Außerdem ist wegen der stark ausgedehnten NeuwertV bei Wohngebäuden § 6 Nr. 1 Satz 2 VGB sowie § 14 Nr. 2 VGB 88 (gemeiner Wert als VWert erst nach Entwertung und ohne Zeitwertzwischenstufe) weit auszulegen, vgl. Q III 80.

Für den Bereich Gewerbe und Industrie bezeichnen § **4 Nr. 2 AERB** sowie 36 §§ **5 Nr. 1 und 2 AFB 87, AWB 87, AStB 87, 5 Nr. 1 AERB 87** ebenso wie früher §§ **1, 2 NwIG 80, 1 Nr. 2 NwSoBedlG** als VWert den **Zeitwert** von Gebäuden und Betriebseinrichtungen, und zwar unter der (positiven) Voraussetzung, daß er weniger als 40% des Neuwerts beträgt. Das gleiche gilt nach § **4 Nr. 1 Satz 2 VHB 74** für Hausrat, „Negative") Voraussetzung für den Zeitwert als VWert ist außerdem, daß *nicht* wegen Entwertung nur noch der *gemeine Wert* VWert ist. An die Stelle von 40% treten bei Hausrat nach den VHB 74 sowie bei landwirtschaftlichen Gebäuden 50% als Grenze.

Das Absinken des Zeitwerts unter die in Q III 36 genannten prozentualen 37 Grenzen wird oft als „*Entwertung*" bezeichnet (BL 98, 103 usw.). Folgerichtig wird die Grenze, von der an der Zeitwert gilt, „Entwertungsgrenze" (BL 234 usw.) genannt. Die AVB sprechen hingegen von Entwertung nur dort, wo der gemeine Wert maßgebend ist, und zwar aus anderen Gründen als wegen des Zustandes der Sache, Q III 4 bis 6. An diesen Sprachgebrauch der AVB halten sich die folgenden Erläuterungen. Im Zusammenhang mit dem Zeitwert sollte von Entwertung und Entwertungsgrenze nicht die Rede sein. BGH VersR **82,** 689 spricht vom „betriebswirtschaftlichen Zeitwert", um den Gegensatz zum gemeinen Wert im Sinn von Q III 35 (BGH aaO: „Verkehrswert") zu verdeutlichen.

38   Der Zeitwert ist ferner dann VWert, wenn ausdrücklich nur **ZeitwertV** **vereinbart** wurde. In § 5 Nr. 1 b und 2 b AFB 87 usw. und in § 14 Nr. 1 b VGB 88 wird dies ausdrücklich gesagt. Die Worte „zum Zeitwert" in der Vertragsdeklaration bedeuten aber nicht, daß ZeitwertV unabhängig vom Zustand der versicherten Sachen bestehen solle. Vielmehr verweisen diese Worte auf die VWert-Regelung in den AVB und damit auch auf die in Q III 59 zitierten AVB-Bestimmungen über den gemeinen Wert als VWert „entwerteter" Sachen. Es gilt das gleiche wie für die Worte „zum Neuwert", vgl. Q III 18 und 26. Schließlich ist nach §§ 5 Nr. 5 AFB 87, AWB 87, AStB 87, 5 Nr. 4 AERB 87 der Zeitwertwert VWert aller „**sonstigen Sachen**", für die in den AVB eine abweichende Regelung nicht enthalten, also weder der Neuwert noch der gemeine Wert als VWert bezeichnet ist. Wegen der soeben zitierten Bestimmungen vgl. ergänzend Q II 63 bis 69.

39   Der Zeitwert ergibt sich durch einen **Abzug** vom Neuwert **entsprechend dem Zustand** der Sache, vgl. für Österreich ÖOGH VersRSch 88, 266. Diese Definition galt schon früher nach §§ 4 NwIG 80, 3 Nr. 2 NwSoBedIuG, NwSoBedIG, 4 Nr. 2 b AERB, 3 Nr. 1 a und 1 d AWB 68, AStB 68, 5 Nr. 3 b VHB 74 sowie Kl 118 und 846 und sie gilt gegenwärtig nach §§ 5 **Nr. 1 und 2 AFB 87, AWB 87, AStB 87,** 5 **Nr. 1** AERB 87, **14 Nr. 1 b** VGB 88. Anders als nach § 52 VVG bleibt also der Wertverlust durch immaterielle Faktoren, insbesondere durch die allgemein geringere Wertschätzung *gebrauchter* Sachen, durch *modische Veränderungen* und durch die *Marktverhältnisse* (Q III 1, 3 und 6) *außer Betracht*. Es kommt nur auf den Zustand der Sache an. Dies ergibt sich aus den zitierten AVB durch *Umkehrschluß*, weil *nicht* von einem Abzug neu für alt *schlechthin* die Rede ist. Besonders deutlich ist der Unterschied innerhalb von § 3 Nr. 2 a AFB 30, wo für bewegliche Sachen noch ein Abzug neu für alt schlechthin vorgesehen war, für Gebäude dagegen ein Abzug nur entsprechend dessen *Zustand*. Der analoge Unterschied zwischen § 86 VVG und § 88 VVG ist allerdings durch Auslegung zu korrigieren, vgl. Q III 6. Der Fehler in den AFB 30 (Engels VP **82,** 12 will auch diesen durch Auslegung korrigieren) ist im übrigen schon seit langer Zeit praktisch bedeutungslos, ebenso wie das Fehlen des Wortes „Zustand" in §§ 3 Nr. 1 AWB 68, AStB 68, denn die AFB 30, AEB AWB und AStB werden in den Verträgen durch die NwIG 80 oder NwSoBedIuG überlagert, Q III 25; wegen landwirtschaftlichem Inventar, vgl. Q III 54 und 55.

40   Als **Faktoren**, die den **Zustand** einer Sache bestimmen, hätten neben **Abnutzung** auch **sonstige Einwirkungen von** außen genannt werden sollen (Q III 1 und Engels aaO), nicht oder allenfalls an letzter Stelle hingegen das „Alter". In §§ 5 AFB 87 usw. wurde das Wort „Alter" mit Recht weggelassen, in § 14 Nr. 1 b VGB 88 allerdings inkonsequent wieder beigefügt. Bei sachgemäßer Lagerung führt das „**Alter**" für sich allein nur ausnahmsweise zu einem verschlechterten Zustand, nämlich nur bei Sachen, die ihrer Beschaffenheit wegen nur begrenzt lagerfähig sind. Abnutzung ist zwar ihrerseits mit Zeitablauf verbunden, verläuft aber nicht immer zeitproportional, sondern je nach Art der Sache und ihres Einsatzes unterschiedlich schnell, vgl. näher Q III 45. Ausnahmsweise wirkt das Alter einer Sache sogar *wertsteigernd;* die Sache ist dann wegen ihres Alters einer anderen Gruppe zuzuordnen, Q IV 78 bis 82. Das Alter wird zum Merkmal von Art und Güte.

Die **Gebrauchtmarktpreise** sind für die Höhe des Abzugs **nicht** maßgebend 41
(zu wenig deutlich in diesem Punkt Hamburg ZfS 89, 32 für gleichlautende
AVB in der CampingV). Sie bleiben selbst dann außer Betracht, wenn wegen
schlechter Konjunktur in größerer Zahl neuwertige Sachen gleicher Art und
Güte auf dem Gebrauchtwarenmarkt weit unter dem Neupreis ab Werk
angeboten werden, z. B. bei Baumaschinen. Eine andere Frage ist, ob der VN
die Voraussetzungen der Wiederherstellungsklausel erfüllt, wenn er nach einem Schaden Ersatz auf dem Gebrauchtwarenmarkt beschafft, vgl. dazu R IV
44 bis 46. Wieder eine andere Frage ist, ob es für den Wiederbeschaffungspreis zu berücksichtigen ist, wenn der VN die zu bewertende Sache oder
zukünftig anzuschaffende Sachen gleicher Art und Güte auf dem Gebrauchtwarenmarkt gekauft hat oder kaufen wird; hierbei geht es nicht um die Höhe
des Abzugs neu für alt, sondern um den Betrag (Wiederbeschaffungspreis),
von dem der Abzug vorgenommen wird, vgl. dazu Q IV 1.

Handels- und steuerrechtliche **Abschreibungsvorschriften** sind ebenfalls 42
nicht maßgebend, denn das Abschreibungstempo hängt dort nicht in erster
Linie vom wirklichen Abnutzungsgrad der Sache ab, auf den es aber wiederum nach den AVB allein ankommt. Die Abschreibungsvorschriften würden
meist zu einem zu niedrigen VWert führen.

Unerheblich ist ferner die bisherige Nutzungsdauer sowie die voraussichtlich 43
noch **zu erwartende Nutzungsdauer** und die zukünftig auf die Sache zu verwendende Sorgfalt und Pflege. Alle diese *individuellen Verhältnisse* bleiben *außer
Betracht,* zumal sie oft nur schwer feststellbar wären. Wann der Abzug dem
Zustand der Sache „entspricht", muß **objektiv** beurteilt werden, und zwar ohne
Ermessensspielraum, Q III 50. Es beeinflußt den Abzug nicht, wenn der VN
bisher oder voraussichtlich zukünftig seine Sachen etwa besonders lang (bis zu
einem besonders hohen Abnutzungsgrad) oder umgekehrt nur besonders kurz
(bis zu einem besonders geringen Abnutzungsgrad) in Gebrauch behält. Hieraus folgt, daß es theoretisch keinen Mindestprozentsatz des Neuwerts gibt, der
nicht unterschritten werden könnte, solange die Sache noch in Gebrauch ist.
Praktisch sind allerdings Sachen mit einem Zeitwert von weniger als 20 oder
gar weniger als 10% des Neuwerts meist nur noch zum gemeinen Wert
versichert, selbst wenn der VN sie noch in Gebrauch hat, denn sie sind dann
eben „allgemein" nicht mehr verwendbar, Q III 62.

Durch die AVB **nicht** gedeckt und unrichtig ist insbesondere die These, 44
jede noch gebrauchsfähige und tatsächlich noch gebrauchte Sache (insbesondere: Maschine) sei mindestens so hoch zu bewerten, daß VWert noch der
Neuwert ist, meist also mit 40%. Diese sog. **Goldene Regel** (Martens, Usch-
trin VW 70, 810, 1034, Engels VP **82,** 12) gibt es nicht (richtig: Beenken VW
70, 1597, PM 24. Aufl. § 3 AFB 30 Anm. 3 und 23. Aufl. § 4 VHB 74 Anm. 1;
im Ergebnis auch Stoltz VW 75, 1544). Werden – zerstörte oder gerettete –
Sachen durch ausdrückliche oder stillschweigende Bezugnahme auf die sog.
Goldene Regel im Sachverständigenverfahren zu hoch bewertet, so kann das
Gutachten im Sinn von § 64 VVG *offenbar unrichtig* sein (PM § 64 Anm. 8 a).
In vielen Bereichen hat sich überdies die *durchschnittliche Gebrauchsdauer
verkürzt,* weil der Hersteller oft sein wirtschaftliches Interesse an dem laufenden Absatz neuer Sachen gleicher Art berücksichtigt und auf lange Halt-
barkeit seiner Produkte kein Gewicht legt. Besonders auffällig ist dies etwa

bei Kraftfahrzeugen und vielen Hausratgegenständen, aber z. B. auch bei Büromöbeln usw. Dieser Umstand spricht in den betroffenen Bereichen noch zusätzlich gegen die sog. Goldene Regel.

45   Die Abnutzung verläuft *nicht* immer *zeitproportional*, Q III 51, sondern hängt auch von der Häufigkeit und Intensität des Gebrauchs und von der Pflege ab. Bei gewissen Arten von Sachen ist sogar nicht nur der Zeitablauf, also das „Alter" der Sachen, Q III 40, sondern bis zu einem gewissen Grad auch die *Abnutzung* auf den Zeitwert *ohne Einfluß*, so z. b. bei echten Teppichen und allgemein bei Sachen mit *Kunst- oder Seltenheitswert* (Gemälde, Manuskripte usw.), vgl. BL 103 und Q IV 78 bis 82. Derartige Sachen, die insbesondere im *Hausrat* eine Rolle spielen, können durch Alter und normale Abnutzung sogar wertvoller werden. Andererseits gibt es Fälle von Abnutzung (z. B. nicht voll reparierbare mechanische Beschädigungen), Alter (Wein, der die optimale Lagerdauer überschritten hat) oder unsachgemäßer Pflege (Lagerung bei ungeeigneter Temperatur oder bei einem ungeeigneten Luftfeuchtigkeitsgrad), die auch hier zu einem Zeitwert unter dem Neuwert führen können, Q IV 82, also unter dem Wiederbeschaffungspreis für Sachen gleicher Art und Güte.

46   **Richtig** ist es im Regelfall (ergänzend vgl. Q III 50 und 51), zunächst den *Abnutzungsgrad im Zeitpunkt der Bewertung* mit demjenigen Abnutzungsgrad zu vergleichen, bei dem im *Durchschnitt* Sachen dieser Art und Güte *außer Dienst* gestellt werden. Sodann wird der fiktive **gemeine Wert bei** diesem durchschnittlichen **Gebrauchsende** festgestellt, nämlich der Verkaufswert für die gebrauchte Sache oder für das Altmaterial; ausnahmsweise kann statt des gemeinen Werts bei Gebrauchsende auch der Zeitwert bei Gebrauchsende heranzuziehen sein, vgl. Q III 50. Als drittes Kriterium ist der *Zeitpunkt* des durchschnittlichen Gebrauchsendes zu ermitteln. Der gebotene Abzug vom Neuwert ist so hoch, daß sich der Wertverlust zwischen Neuwert und Gegenwartszeitwert zum Wertverlust zwischen Gegenwartszeitwert und gemeinem Wert bei durchschnittlichem Gebrauchsende verhält wie der Abnutzungsprozentsatz zwischen Neuzustand und Gegenwartszustand zum Abnutzungsprozentsatz (errechnet ebenfalls auf der Basis des Neuzustands) zwischen Gegenwartszustand und Zustand bei Gebrauchsende. Die **Abnutzung** verläuft also in aller Regel **linear**; ausnahmsweise kann sich aber auch ein degressiver oder ein progressiver Verlauf ergeben, Q III 51. Beispiel:

Wiederbeschaffungskosten im
Neuzustand: 1 000 DM
Gemeiner Wert im Abnutzungszustand
des durchschnittlichen Gebrauchsendes: 190 DM
Abnutzungsprozentsatz zwischen
Neuzustand und Gegenwartszustand: 66,7%
Abnutzungsprozentsatz zwischen
Gegenwartswert und Zustand bei
Gebrauchsende: 33,3%
Abzug vom Neuwert: 66,7% aus 810 DM = 540 DM
Gegenwartszeitwert: 460 DM

47   Maßstab für das durchschnittliche Gebrauchsende sind weder die individuellen Verhältnisse des VN (Q III 43) noch der durchschnittliche Erstbenutzer

der Sache, sondern der **Durchschnitt aller Benutzer,** also unter Einschluß derjenigen Benutzer, die gebrauchte Sachen kaufen und verwenden. Es ist kein Widerspruch, wenn als erzielbarer Verkaufspreis bei durchschnittlichem Gebrauchsende auch noch ein Gebrauchtwarenpreis in Betracht kommt, denn auch die Nachfrage derjenigen Benutzer, die Sachen einer bestimmten Art und Güte überdurchschnittlich lang zu benutzen pflegen, sowie die Nachfrage nach gebrauchten Ersatzteilen begründen noch eine gewisse Nachfrage und damit möglicherweise einen Preis am Gebrauchtwarenmarkt.

Das Gesagte gilt auch für **Gebäude.** Hier kann der *gemeine Wert* auch im **48** Abnutzungszustand des durchschnittlichen Gebrauchsendes *ausnahmsweise* noch *besonders hoch* liegen, z. b. weil die Baubarkeit des Grundstücks rechtlich am Gebäude haftet. Entsprechend höher liegt dann auch der Zeitwert in jedem früheren Abnutzungsstadium. Der gemeine Wert kann also nie höher sein als der Zeitwert, was mit System und Wortlaut der AVB auch nicht vereinbar wäre. Zu einem gemeinen Wert über dem Zeitwert könnte nur gelangen, wer abweichend von Q I 46 den gemeinen Wert im Stadium des durchschnittlichen Gebrauchsendes außer Betracht ließe und den Abnutzungsprozentsatz auf den gesamten Neuwert übertrüge (im Rechenbeispiel von Q III 46 auf 1000 DM statt auf 810 DM).

Oft ist bei Gebäuden der *Abzug* alt für neu entsprechend dem Zustand **49** des Gebäudes *verhältnismäßig niedriger* anzusetzen als bei beweglichen Sachen, denn das durchschnittliche Gebrauchsende wird durch Reparaturen oft immer wieder hinausgeschoben (BL 144), weil die notwendige Investition für Abbruch und Neubau bei Gebäuden besonders hoch ist. Dies gilt besonders bei Wohngebäuden, die allerdings nur ausnahmsweise zum Zeitwert versichert werden, Q III 35. Im gewerblichen und industriellen Bereich macht sich aber auch bei Gebäuden neuerdings im Gegenteil eine Tendenz bemerkbar, **Geschäftsgebäude** als relativ **kurzlebigere Wirtschaftsgüter** zu behandeln. Dabei spielt die Fertigbauweise für ganze Gebäude oder Teile davon eine Rolle, ferner das konjunkturelle Interesse der Bauwirtschaft und schließlich der häufigere Strukturwandel im Tätigkeitsbereich der Gebäudenutzer. Dieser letztere Gesichtspunkt war Anlaß, in § 1 Nr. 3 NwIG 80 die Definition der Entwertung von Gebäuden zu präzisieren, vgl. Q III 67.

Ausnahmen von der in Q III 46 bis 49 dargestellten Methode können in **50** zweifacher Hinsicht geboten sein. Einmal kann statt des gemeinen Werts der **Zeitwert** bei Gebrauchsende **als Endpunkt der Abnutzungskurve** anzusetzen sein. So liegt es, wenn die Mehrzahl der Benutzer die Sache nicht wegen deren Zustandes, sondern wegen optischer oder technischer Eigenschaften in Verbindung mit den Marktverhältnissen außer Dienst stellt. Dies trifft vor allem bei technischen Geräten zu, die sich in schneller Entwicklung befinden, z. B. bei gewerblich genutzten EDV-Anlagen, bei medizinisch-technischen Geräten oder bei Schach- und sonstigen Heimcomputern. Ferner trifft es bei Kleidungsstücken und sonstigen Gebrauchsgegenständen zu, die der Mode unterworfen sind. Durch den Zeitwert als Endpunkt ergibt sich ein langsamerer und flacherer Gesamtverlauf der Abnutzungskurve.

Zum anderen kann statt einer linearen ausnahmsweise eine **progressive oder** **51** **degressive Abnutzungskurve** die richtige Lösung sein. Kein Argument für eine degressive Kurve ist es freilich, daß neue Sachen sofort nach erster Auslieferung durch den Hersteller oder Fachhändler auf dem Gebrauchtwarenmarkt nur noch erheblich niedriger bewertet zu werden pflegen. Diese geringere Wertschätzung gebrachter Sachen betrifft nämlich nur den gemeinen Wert (übersehen in Hamburg ZfS 89, 32 für AVB CampingV) und ist für den Zeitwert als reinen Zustandswert nicht maßgebend, Q III 39 und 41. Eine degressive Kurve ist nur geboten, wenn durch intensiven Gebrauch und (oder) mangelhafte Pflege die Abnutzung in der Anfangsphase besonders intensiv ist, vgl. schon Q III 45. Die Kurve verläuft dann zunächst steiler und erst später nach und nach flacher. Außerdem kann der für den Kurvenverlauf maßgebende **Gesamtzeitraum** bis zum Gebrauchsende **kürzer** sein, was die Abnutzung beschleunigt. Umgekehrt kann sich bei anfänglich besonders geringer Abnutzung (seltener Gebrauch, gute Pflege) eine progressive Kurve ergeben, die anfänglich flacher und erst nach und nach steiler verläuft, und die möglicherweise auch bis zu einem späteren Endzeitpunkt zu ziehen ist.

52   Die **Beweislast** dafür, daß nicht mehr der Neuwert VWert ist, trägt jeweils, wer sich darauf beruft, Q III 27, also der Vr bei Entschädigung zerstörter Sachen und der VN bei Berücksichtigung geretteter Sachen im VWert. Das gleiche gilt für die in Q III 50 und 51 dargestellten Ausnahmen von der im Regelfall gebotenen Ermittlung der Abnutzungskurve nach der im Q III 46 bis 49 beschriebenen Methode. Für den **Sachverständigen** bedeutet diese Beweislastverteilung, daß er den Abnutzungsgrad im Zweifel geringer veranschlagen muß, denn der Sachverständige muß die Beweislast berücksichtigen (PM § 64 Anm. 7 B). Er darf nicht den wahrscheinlichsten Wert, also **nicht** einfach die **arithmetische Mitte** der Grauzone veranschlagen, sondern er muß so schätzen, daß mit an Sicherheit grenzender Wahrscheinlichkeit (§ 286 ZPO) der tatsächliche Zeitwert jedenfalls nicht höher als der geschätzte Zeitwert liegt, soweit § 287 ZPO hiervon nicht eine **Ausnahme zugunsten des Beweislastträgers** macht, Y I 44. Diese Folge der Beweislastverteilung darf allerdings nicht mit der sog. Goldenen Regel verwechselt werden, die es nicht gibt, Q III 44. Auch unter Berücksichtigung der Beweislastverteilung liegt der Zeitwert bei Sachen, die noch in Gebrauch sind, oft unter 40% des Neuwerts. Einen **Ermessensspielraum** bei der Schätzung gibt es **nicht**, zumal das Wort „billig", auf das sich BL 102 für ihre gegenteilige Ansicht berufen, in den geltenden AVB nicht mehr enthalten ist, Q III 25 und 39.

53   Für **Hausrat** kann auch schon auf der Basis der VHB 74 „erweiterte Neuwert**V**" nach **Kl 824** vereinbart werden. Die Rechtslage nähert sich dann derjenigen nach den VHB 84 (Q III 29 und 34) und nach den VGB 62 und VGB 88 für Wohngebäude (Q III 35), denn der Neuwert ist so lange VWert, bis wegen dauernder Entwertung nur noch der gemeine Wert in Betracht kommt. Für objektiv bereits entwertete Sachen ist Kl 824 allerdings unwirksam, Q III 85. § 4 Nr. 1 Satz 3 VHB 74 (Entwertung) wird nämlich in Nr. 3 der Kl wortgleich wiederholt. Kl 824 bedeutet übrigens für sich allein für den VN *keinen Vorteil*, denn sie erfordert zugleich eine höhere VSumme und damit höhere Prämie, wenn nicht UnterV bestehen soll, Q I 1 sowie S II 31 und 65. Von einem „Vorteil" kann man daher entgegen verbreiteter Werbeaussage nur sprechen, wenn man unterstellt, der Vr werde eine UnterV nicht immer oder nicht immer voll geltend machen und beweisen können, S II 67. –

Allerdings gilt nach Kl 824 Nr. 2 eine Ausnahme für technische Geräte, die ab Herstellung älter als fünf Jahre, und für Bekleidung und Wäsche, die ab Herstellung älter als drei Jahre sind. Für *technische Geräte* werden Beispiele aufgezählt, die aber keineswegs alle Zweifel ausräumen, wie sie z. B. bei Uhren, bei Lampen (gerade *teurere* Stücke sind meist *nicht* technische Geräte, weil der Wertanteil – vgl. U III 51 – der „Technik" zu gering ist), bei Öfen und sonstigen Heizgeräten oder bei Installationen gemäß § 2 Nr. 1 a VHB 74 bestehen. Die Eigenschaft als *Bekleidung und Wäsche* ist z. B. bei Hüten zu bejahen, bei Bettdecken dagegen zu verneinen. – Sind die genannten *Altersgrenzen* überschritten, so ist erst noch zu prüfen, ob der Zeitwert wirklich schon unter 50% abgesunken ist. Auch nach Überschreiten der Altersgrenze kann also im Einzelfall noch der Neuwert VWert sein. Die Altersgrenze pauschaliert nicht etwa den durch den Sachverständigen gemäß Q III 46 und 50 zu ermittelnden prozentualen Abzug in dem Sinn, daß während der ersten drei oder fünf Jahre ab Herstellung der Zeitwert stets auf 50% des Neuwerts absinken würde. Dergleichen wäre auch praxisfremd, weil die Abnutzung nicht immer zeitproportional verläuft, Q III 45.

Für **landwirtschaftliches Inventar** wird auch nach den Reformen von 1968 **54** und 1980 eine *NeuwertV* nach den AVB noch *nicht* geboten, und zwar aus denselben Gründen des subjektiven Risikos (BL 210), die bei landwirtschaftlichen Gebäuden (Q III 28) zu gestaffelter Entschädigung führen (BL 206). Tatsächlich ist aber jedenfalls unter gegenwärtigen Verhältnissen nicht mehr zu beweisen, daß speziell Landwirte durch eine NeuwertV stärker „in Versuchung geführt" würden als andere Bevölkerungskreise. Es handelt sich um eine nicht mehr gerechtfertigte Diskriminierung eines Berufsstandes, vgl. schon Q III 12.

Manche Vr wenden daher inzwischen § 10 Nr. 2 LZB 87, wo der Zeitwert **55** als VWert der Betriebseinrichtung festgeschrieben ist, nicht mehr an, vgl. die gemäß VerBAV 88, 342 genehmigten Kl 3502 **und** 3503. Die in Q III 36 zitierten AVB-Bestimmungen selbst brachten für landwirtschaftliches Inventar nur insofern eine Verbesserung, als jetzt abweichend von §§ 3 Nr. 2a AFB 30, AEB (Q III 39) für die Höhe des Zeitwerts nur noch der Zustand der Sachen berücksichtigt wird. Zum früheren Rechtszustand, der für ältere Verträge noch praktische Bedeutung behält, vgl. Q III 55 der 2. Aufl.

3. Der **gemeine Wert** ist VWert, wenn eine Sache ausnahmsweise von vorn- **56** herein **zum gemeinen Wert versichert** ist, insbesondere ein Gebäude zum Abbruchwert nach §§ 5 Nr. 1c AFB 87, AWB 87, AStB 87, 14 Nr. 1c VGB 88, oder wenn eine zum Neuwert oder zum Zeitwert versicherte **Sache** – zunächst pauschal formuliert – **dauernd entwertet** ist, was *beweisen* muß, wer sich darauf beruft, bei zerstörten Sachen also der Vr, bei geretteten Sachen der VN, Q III 27. Der gemeine Wert kommt als Ausnahme vom Neuwert wie auch vom Zeitwert als VWert in Betracht, denn dauernd entwertet kann eine Sache sowohl dann sein, wenn ihr Zustand noch gut (Zeitwert über 40 oder 50% des Neuwerts), wie auch dann, wenn ihr Zustand bereits weniger gut ist. Allerdings ist Entwertung trotz guten Zustandes ein Ausnahmefall, der sich im wesentlichen nur durch modische Veränderungen und Veränderungen der Marktsituation ergeben kann, Q III 39.

57   **Motiv** der Regelung sind das *Bereicherungsverbot* (vgl. für Maschinen Hamm VA **29**, 256) und das *subjektive Risiko* in der NeuwertV, das bei dauernd entwerteten Sachen naturgemäß am größten wäre und durch Wiederherstellungsvereinbarungen (Q III 9 und 17) allein nicht aufgefangen werden könnte. Für entwertete Sachen besteht für einen VSchutz über den gemeinen Wert hinaus kein Anlaß, Q III 4. Dem tragen die in Q III 58 zitierten sog. Entwertungsklauseln Rechnung. Überflüssig sind Entwertungsklauseln nur, soweit ohnehin nur zum Zeitwert versichert wird und die Zeitwertdefinition jede Art von Wertverlust berücksichtigt, weil ein Abzug neu für alt ohne Einschränkungen vorgesehen ist, wie in §§ 3 Nr. 2a AFB 30, AEB für bewegliche Sachen, Q III 39 und 55. Die dort zusätzlich – bei beweglichen Sachen allerdings nur für Maschinen – vorgesehene Entwertungsklausel ist überflüssig. Für Gebäude war dagegen die Entwertungsklausel schon in den AFB 30 konsequent, weil bei Gebäuden der Zeitwert nur aus dem Zustand des Gebäudes zu ermitteln ist. Das gleiche würde nach dem Wortlaut von § 88 VVG gelten, weshalb in einem früheren Entwurf zum VVG ebenfalls bereits eine Entwertungsklausel vorgesehen war (Raiser 115). Allerdings ist § 86 VVG gewohnheitsrechtlich analog § 88 VVG zu korrigieren, Q III 6 und 39.

58   **Rechtsgrundlage** für den gemeinen Wert als VWert sind neben den soeben erörterten §§ 3 Nr. 2a AFB 30, AEB („schon dauernd entwertet") §§ 1 Nr. 3 NwSoBedIuG, NwSoBedlG, 3 Nr. 1e AWB 68, AStB 68 („für den Zweck, für den sie bestimmt sind, nicht mehr verwendbar oder dauernd entwertet"), 4 Nr. 2c AERB, 2 Nr. 3 NwIG 80 (bewegliche Sachen: „für ihren Zweck allgemein oder im Betrieb des VN nicht mehr zu verwenden"), 1 Nr. 3 NwIG 80, 5 Nr. 1c AFB 87, AERB 87, AWB 87, AStB 87, 5 Nr. 2c AFB 87, AWB 87, AStB 87 („falls das Gebäude zum Abbruch bestimmt oder sonst dauernd entwertet ist; eine dauernde Entwertung liegt auch – § 5 AFB 87: „insbesondere" – vor, wenn das Gebäude für seinen Zweck allgemein oder im Betrieb des VN nicht mehr zu verwenden ist"; bewegliche Sachen: Formulierung wie im § 4 Nr. 2c AERB), 6 Nr. 1 Satz 2 VGB 62 („Sachen für den Zweck, für den sie bestimmt sind, nicht mehr verwendbar"), § 14 Nr. 2 VGB 88 („Gebäude zum Abbruch bestimmt oder sonst dauernd entwertet"; „dauernde Entwertung liegt insbesondere vor, wenn das Gebäude für seinen Zweck nicht mehr zu verwenden ist"), 4 Nr. 1 Satz 3 VHB 74 („nicht mehr zum Gebrauch bestimmt"), 18 Nr. 2 VHB 84 („Sachen für ihren Zweck im Haushalt des VN nicht mehr zu verwenden"). Über Jahrzehnte hinweg ist also immer wieder versucht worden, den Text zu verbessern, ohne daß jeweils genau geklärt war, ob durch die Textänderung auch eine sachliche Änderung beabsichtigt oder herbeigeführt wurde. Gerade wegen der Vielzahl der Formulierungen und ihrer Vorgeschichte spielt für deren Auslegung auch die Entwertungsklausel in den AFB 30 und AEB noch eine gewisse Rolle, obwohl es kaum noch Gebäude gibt, die zum Zeitwert nach den AFB 30 versichert sind.

59   *Gemeiner Wert*, auch genannt **Verkehrswert** (BGH VersR 82, 689, Wälder RuS 77, 40), ist der Betrag, der durch *Verkauf* der Sache durch den VN (Q I 4) zu erzielen wäre, sei es am Gebrauchtwarenmarkt oder sei es als Altmaterial. Bei Gebäuden ist das der Überschuß des Wertes der abzubrechenden Teile über die Abbruchkosten, wobei sich der VN gegebenenfalls darauf

berufen kann, daß er zu einem späteren günstigeren Zeitpunkt als dem ihm durch den Brand aufgezwungenen Zeitpunkt einen höheren Betrag erzielt hätte (Engels VP **82**, 14); wegen eines Zuschlags für mögliche Restnutzung vgl. Q III 68.

Der Begriff des gemeinen Werts wird in § 5 NwIG 80 ausdrücklich defi- 60 niert, ebenso in §§ 4 Nr. 2 c AERB, 5 Nr. 1 AFB 87, AERB 87, AWB 87, AStB 87, 18 Nr. 2 VHB 84, 14 Nr. 1 c VGB 88. Nichts anderes gilt aber nach den übrigen AVB, in denen meist nur von einem *„geringeren"* Wert die Rede war, geringer nämlich als der nur aus dem Zustand der Sache gemäß Q III 38 bis 51 ermittelte Zeitwert. Selbst in § 4 Nr. 1 Satz 3 VHB 74 ist der gemeine Wert (Verkehrswert) gemeint, obwohl dort irreführend (PM § 52 Anm. 4 B) von dem Zeitwert die Rede ist, für den aber wiederum nach §§ 4 Nr. 1 Satz 2, 5 Nr. 3 b VHB 74 nur der Zustand der Sache berücksichtigt werden darf, Q III 39, so daß er gerade nicht mit dem gemeinen Wert identisch ist. Daß der gemeine Wert *nicht höher als der Zeitwert* sein kann, auch nicht ausnahmsweise, ist in Q III 48 näher dargelegt.

a) Für **bewegliche Sachen** in der **GeschäftsV** setzen die NwSoBedIuG und 61 die NwSoBedIG (wortgleich mit den AWB 68 und AStB 68) voraus, daß die Sachen „für den *Zweck*, für den sie bestimmt sind, *nicht mehr verwendbar* oder *dauernd entwertet"* sind. Es handelt sich also um eine zweigliedrige Definition mit zwei Alternativen. Trotzdem wird man BL 234 darin folgen dürfen, daß die Definition den Inhalt von §§ 3 Nr. 2 a AFB 30, AEB erweitert, sondern mit dem dortigen Text sinngleich ist. Die in den AFB 30 allein verwendeten Worte „dauernd entwertet" klingen zwar rein objektiv, sollten aber wohl schon von jeher (BL 211) **objektive und subjektive Entwertungsgründe nebeneinander** zur Geltung bringen. Überdies drücken auch die Worte „Zweck, für den sie bestimmt sind" nicht klar aus, daß an die subjektive Zweckbestimmung durch den VN gedacht ist. Restlos deutlich wird dies erst in den NwIG 80 und in den AERB sowie in den AFB 87, AERB 87, AWB 87 und AStB 87 (Zitate: Q III 58), wonach die Sache „für ihren Zweck **allgemein oder im Betrieb des VN"** nicht mehr zu verwenden sein darf. Das Wort „oder" wird allerdings auch in dieser Definition oft nicht ganz richtig verstanden, vgl. z. B. Engels VP **82**, 12, 13.

Obwohl die Literatur (neben BL 234 wohl auch Raiser 115 und insbeson- 62 dere 118 für Gebäude) schon immer die objektive und die subjektive Entwertung als **Alternativen** behandelt hat, ist nicht ganz zweifelsfrei, auch nicht nach den zitierten neuesten Texten, ob es sich bei richtiger Auslegung der AFB 30 und AEB wirklich um Alternativen handelt. Soll es wirklich genügen, wenn *eine* der beiden Alternativen erfüllt ist? Soll der gemeine Wert schon dann maßgebend sein, wenn eine Maschine so sehr veraltet oder abgenutzt ist, daß die *große Mehrzahl der Benutzer* sie außer Dienst stellt (so Engels aaO)? Oder soll es immer nur darauf ankommen, ob (auch oder nur) der VN sie außer Dienst gestellt hat, wie § 18 Nr. 2 VHB 84 dies in der Tat vorsieht, vgl. Q III 29 und 83. Soll der VN, wenn er eine Maschine ungewöhnlich lange benutzt, nicht doch wenigstens noch den Zeitwert erhalten, der aus dem Zustand ermittelt wird? BL 121 und Raiser 116 zitieren das Beispiel eines Flickschneiders, dem eine stark veraltete Nähmaschine noch genügt.

63   Trotzdem wird man die Frage verneinen und es für die (objektive) Entwertung genügen lassen müssen, daß die **große Mehrzahl der Benutzer** die Sache außer Dienst stellen würde, vgl. schon Q III 5. Die Sache ist dann „allgemein" nicht mehr zu verwenden und objektiv entwertet. Gelegentlicher Gebrauch in veralteten Betrieben schließt die objektive Entwertung entgegen Ollick VerBAV 81, 42 und 82, 44 nicht aus. Die objektive Entwertung kann sogar auch aus Gründen eintreten, die **unabhängig vom Zustand der Sache** sind, vgl. die Beispiele in Q III 64. Schon Zeitwertentschädigung würde den VN unangemessen bereichern, denn die Überlegungen im Q III 2 treffen hier nicht zu. Das Problem wird entschärft, weil der Vr, wenn er nur den gemeinen Wert entschädigen will, *beweisen* muß, Q III 52, daß Sachen, die so abgenutzt oder veraltet sind wie die zerstörte, allgemein (im Durchschnitt) bereits nicht mehr benutzt werden. Solange der Sachverständige hiervon nicht völlig überzeugt ist, darf er nicht den gemeinen Wert, sondern muß einen höheren Betrag als Zeitwert ansetzen.

64   Ein Beispiel für **objektive Entwertung** beweglicher Sachen ist es, daß eine ganze Kategorie von Maschinen infolge einer *Konjunkturveränderung* entwertet wird, weil die Produkte dieser Maschine nicht mehr marktgängig sind, vgl. das Beispiel der Strickmaschinen bei BL 122. Man denke ferner an ältere Buchhaltungsmaschinen (Lochkartenanlagen), die durch EDV-Anlagen überholt sind. Im Verhältnis der „Generationen" von EDV-Anlagen ist dagegen meist nur subjektive, nicht objektive Entwertung möglich, denn ältere Ablagen bleiben oft für kleinere Betriebe noch brauchbar. Der für ausschlaggebenden Durchschnitt maßgebende Benutzerkreis, Q III 5 und 63, darf nicht zu eng abgegrenzt werden. Einzubeziehen sind auch die Benutzer vergleichbarer Anlagen mit geringerer Kapazität.

65   Bei **Fortschritt der Technik** wird oft dieselbe Leistungskapazität durch eine billigere Anlage erzielt. Dies wirkt sich dann oft schon durch einen geringeren Wiederbeschaffungspreis für Sachen gleicher Art und Güte aus (BL 94 und Q IV 11). Wenn nur noch Sachen höherer Kapazität marktgängig sind, aber zu denselben Preisen wie zuvor die schwächeren Anlagen, ist allerdings vom Wiederbeschaffungspreis kein Abzug vorzunehmen, Q IV 16. Gleichwohl stellt sich bisweilen noch die schwierige Frage, ob veraltete Sachen nur noch mit ihrem – meist besonders geringem – Gebrauchtmarkt- oder Materialwert zu veranschlagen sind, weil die große Mehrzahl der Benutzer auf modernere Anlagen übergegangen ist.

66   Wichtigster und unstreitiger Anwendungsfall der Entwertungsklausel für bewegliche Sachen ist die **subjektive Entwertung**. Die Sache wird im **Betrieb des VN** nicht mehr für ihren früheren Zweck genutzt, und zwar (ebenso wie bei objektiver Entwertung, Q III 63) mit oder **ohne Zusammenhang mit dem Zustand der Sache.** Maßgebend ist – ähnlich wie bei der Abbruchsabsicht bei Gebäude, Q III 73 – die subjektive Entscheidung des VN. Die Worte „nicht mehr zu verwenden" dürfen nicht im Sinn eines objektiven Maßstabs mißverstanden werden, weder bei vom Schaden betroffenen noch bei nicht betroffenen Sachen. Subjektive Entwertung liegt aber *nicht* schon vor, wenn eine Sache nur *vorübergehend* außer Betrieb ist, z.B. eine Maschine während einer Auftragsflaute oder Büromöbel nach einer Betriebsverkleinerung, wobei die Büromöbel aber sachgemäß eingelagert werden und später als Austausch-

stücke wieder verwendbar sind. Sachen, die der VN als **Reservestücke** hält, sind **nicht** entwertet. Um ein Reservestück handelt es sich, solange ein späterer Wiedereinsatz auch nur entfernt möglich ist und in Betracht gezogen wird. Dies wird durch die frühere F-Kl 2.06 a bestätigt, wo als *„ausrangiert"* nur die entsprechend gekennzeichneten Maschinen erwähnt werden; die Klausel ist allerdings neben dem klaren Wortlaut der in Q III 59 zitierten neueren AVB überflüssig und deshalb dort nicht mehr enthalten. Entwertet sind insbesondere Sachen, die sich nur noch deshalb im VOrt befinden, weil sie noch keine günstige Verkaufs- oder Abtransportmöglichkeit gefunden hat, z.B. nach *Vergrößerung oder Verkleinerung des Betriebs* oder nach *Neuanschaffung modernerer Sachen.*

b) Für **Geschäftsgebäude** (wegen landwirtschaftlicher Gebäude und § 1 **67** Nr. 3 NwSoBedlG vgl. Hamm VersR 87, 173), soweit sie nicht ausnahmsweise nach den VGB 62 oder VGB 88 versichert werden, A III 30, gelten §§ 1 Nr. 3 NwSoBedIuG, NwIG 80 sowie §§ 5 Nr. 1c AFB 87, AWB 87, AStB 87. Der gemeine Wert (Verkehrswert oder Abbruchwert) war VWert und den NwSoBedJuG, wenn das Gebäude für den Zweck, für den es bestimmt ist, nicht mehr verwendbar oder dauernd entwertet ist. In § 1 Nr. 3 NwIG 80 sowie in §§ 5 **Nr. 1c** AFB 87, AWB 87, AStB 87 heißt es ausführlicher, das Gebäude müsse „zum Abbruch bestimmt oder sonst dauernd entwertet" sein; die **dauernde Entwertung** wird dann ihrerseits wie bei beweglichen Sachen definiert, nämlich dahin, daß das Gebäude für seinen Zweck **allgemein oder im Betrieb des VN nicht mehr zu verwenden** sein darf. Unverständlich ist in § 1 Nr. 3 NwIG 80 das Wort „auch" („dauernde Entwertung liegt auch vor"), denn neben objektiver und subjektiver Entwertung (schon die Abbruchsabsicht ist hiervon nur ein Unterfall, Q III 71) gibt es keinen weiteren (ungenannten) Fall. – Liegen die *Voraussetzungen* der Entwertung *nicht* vor, so ist gegebenenfalls (Q III 26 und 36) der *Neuwert* sogar dann zu entschädigen, wenn der Aufbau an derselben Stelle wirtschaftlich nicht zu vertreten wäre und daher *an derer Stelle wiederaufgebaut* wird; wegen der Bedenken hiergegen vgl. R IV 50 bis 52.

Zu weit geht die Definition bei BL 151, wonach als Verkehrswert wegen **68** Entwertung jeder Betrag in Betracht kommen soll, der unter dem gemäß Q III 46 aus dem Bauwert ermittelten Zeitwert liegt. Damit wäre auch jede *teilweise* Entwertung des Grundstücks erfaßt, also z.B. die Fälle, daß ein Gebäude nur mit verminderter Rentabilität verwendet werden kann oder daß der VN nur einen Teil des Gebäudes für dessen ursprünglichen Zweck benutzt. Tatsächlich muß das Gebäude nach der zitierten Definition aber **völlig** und **dauernd** entwertet sein. Als gemeiner Wert kommt nur derjenige Verkehrswert in Betracht, der sich durch einen Verkauf trotz dauernder völliger Entwertung für den ursprünglichen Gebäudezweck noch ergibt. Das ist meist nur der **Abbruchwert**. Ein **Zuschlag** für die bis zum Abbruchzeitpunkt noch vorgesehene **Restnutzung** (BGH VersR 76, 577) ist nur ganz ausnahmweise möglich, wenn nämlich anderenfalls die Entwertung gerade wegen dieser Restnutzung gänzlich verneint werden müßte, Q III 72; grundsätzlich bleibt aber der Nutzungswert außer Betracht, Q I 7. *Ausnahmsweise* kann der gemeine Wert aber *aus baurechtlichen Gründen* wesentlich *höher* sein, wenn nämlich die Bebaubarkeit des Grundstücks auf der Existenz des entwerteten Gebäudes beruht und im Fall der Zerstörung eine Genehmigung zum Wiederaufbau nicht erzwingbar ist, vgl. schon Q III 48.

69   **Objektiv** ist ein Gebäude *nicht* schon dann entwertet, wenn sich nur der *Bauzustand* stark verschlechtert hat (vgl. aber zu der abweichenden Rechtslage in der WohngebäudeV Q III 77) oder wenn lediglich der Betrieb des VN zu einem *Verlustbetrieb* geworden ist, ein anderer Eigentümer oder Pächter in dem Gebäude aber noch rentabel arbeiten könnte. Noch weniger ist es entwertet, wenn es sich innerhalb desselben Betriebs noch für einen anderen Zweck rentabel verwenden läßt (z.B. Lagerung, Engels VP 82, 12) oder verwenden ließe, wenn der Betrieb ausgelastet wäre. Das Gebäude ist hier allenfalls subjektiv entwertet, Q III 71. Nur falls die *Gründe* für den dauernden Rentabilitätsverlust in **Eigenschaften des Gebäudes** liegen, ist es allgemein (objektiv) entwertet.

70   Je mehr das Gebäude durch seine Bauweise für einen bestimmten Betriebszweck ausgestaltet ist, um so leichter wird es durch Wegfall der Rentabilität gerade dieser Betriebsart entwertet. *Beispiele* bilden die Ableitung des Verkehrs von einem Übernachtungshotel durch *Straßenbau* (BL 151) oder umgekehrt die durch einen Fernstraßenneubau unmittelbar vor einem Ferienhotel entstandene Lärmbelästigung, ebenso bevorstehende Enteignung mit Abbruch (hier kann aber eine verbliebene lange Übergangsphase zu Bewertungsschwierigkeiten führen, vgl. Engels VP 82, 12, BGH VersR 76, 845 und Q III 68), ferner das Fehlen von zugehörigen Ländereien nach Verkauf (Köln JR 30, 421) oder Flurbereinigung (BL 152). – Wenn der VN das objektiv entwertete Gebäude tatsächlich noch mehr oder weniger notdürftig nutzt, so entsteht das Q III 62 für bewegliche Sachen erörterte Problem; schon wegen der Beweislastverteilung ist im Zweifel gegen Entwertung zu entscheiden.

71   **Subjektiv entwertet** ist ein Gebäude, wenn der VN es nicht mehr bestimmungsgemäß nutzt, sei es mit oder ohne Gründe im **Bauzustand** des Gebäudes. Es ist durchaus denkbar, daß weder eine objektive Entwertung noch Abbruchsabsicht besteht, das Gebäude aber subjektiv trotzdem entwertet ist, weil es tatsächlich nicht mehr verwendet wird, sondern der VN auf baurechtliche Änderungen oder auf eine günstige Verkaufsmöglichkeit wartet. Ob das Ende der Nutzung wirtschaftlich gerechtfertigt ist, darf ebensowenig wie bei beweglichen Sachen (Q III 66) geprüft werden.

72   Wichtigster Fall der subjektiven Entwertung bleibt aber die **Abbruchsabsicht** schon vor dem Schadentag. Allerdings trägt der **Vr** die **Beweislast** für die Voraussetzungen der Entwertung und damit insbesondere für die Abbruchsabsicht, Kulenkampff VersR 83, 413. Meist wird dem Vr der Beweis nur gelingen, wenn die Abbruchsabsicht schon **äußerlich in Erscheinung getreten** ist. Der Zeitpunkt des Abbruchs braucht noch nicht festzustehen, BGH VersR 76, 577. Daß bis zum Abbruch noch eine gewisse Nutzung möglich und vorgesehen ist, schließt die Entwertung nicht aus und kann ausnahmsweise (Q III 68) einen Zuschlag zum gemeinen Wert rechtfertigen (BGH aaO). Nachweise aus der älteren Rechtsprechung: Raiser 118. Ein Antrag auf Abbruchgenehmigung kann genügen, z.B. wenn bereits alle Mieter ausgezogen sind (BGH VersR 76, 845), ebenso die Abbruchsabsicht des noch nicht eingetragenen Käufers (BGH aaO), falls auch der Verkäufer das Gebäude

während der Übergangszeit nicht mehr bestimmungsgemäß verwendet. Ist wegen Hausbockkäferbefalls der Abbruchwert gleich Null, so kann man sogar mit LG Detmold VersR 57, 243 = VW 297 von Interessenwegfall gemäß § 68 Abs. 2 VVG sprechen.

Eine „Absicht" kann, solange sie nicht realisiert worden ist, theoretisch 73 stets auch wieder geändert werden. Subjektive Entwertung von Geschäftsgebäuden im Sinn der in Q III 58 zitierten Bestimmungen erfordert daher weitergehend eine jedenfalls **wirtschaftlich** gesehen nahezu **unwiderrufliche** Abbruchsabsicht, Hamm VersR 84, 151. Die in BGH VersR 84, 843 für Wohngebäude (Q III 76) gestellten strengen Anforderungen an die Unwiderruflichkeit gelten auch für Geschäftsgebäude. Der Abbruch muß so weitgehend vorbereitet sein, daß es für den VN ein erhebliches wirtschaftliches Opfer bedeuten würde, die Abbruchsabsicht fallen zu lassen.

Subjektiv entwertet ist ein Gebäude ferner, wenn der Abbruch auf Grund 74 einer rechtskräftigen **Abbruchverfügung** erzwungen werden kann, ÖOGH VersR 88, 643. Eine Ausnahme gilt nur, wenn der VN beweist, daß die Abbruchverfügung ohne Eintritt des VFalles nicht vollzogen worden wäre, ÖOGH aaO. An diesen Nachweis sind aber strenge Anforderungen zu stellen, denn es muß unterstellt werden, daß Behörden ihre Anordnungen in der Regel auch durchsetzen. Eine *nicht* rechtskräftige Abbruchverfügung, über die wegen des Brandes verwaltungsgerichtlich nicht mehr entschieden zu werden braucht, reicht *nicht* aus, Düsseldorf NJW-RR 89, 94.

c) **Nach § 6 Nr. 1 Satz 2 VGB 62** – wegen § 14 Nr. 2 VGB 88 vgl. Q III 76 – 75 ist nur noch der gemeine Wert versichert, wenn das **Wohngebäude** „für den Zweck, für den es bestimmt ist, *nicht mehr verwendbar* ist". Da nach den VGB 62 auch gewisse andere Gebäude einfacher Gefahr versichert werden, A III 30, muß es sich nicht immer nur um Wohnzwecke handeln. Ebenso wie die AFB 30 enthalten die VGB 62 nur eine eingliedrige Definition, wobei verglichen mit den NwSoBedIuG gerade derjenige Begriff weggeblieben ist, den § 3 Nr. 2a AFB 30 als einzigen gebraucht („dauernd entwertet"). Dadurch entsteht der unrichtige Eindruck, als meinten die VGB 62 etwas grundsätzlich anderes als die AFB 30 und vielleicht etwas anderes (und zwar weniger) als die in Q III 67 zitierten Bestimmungen für Geschäftsgebäude. Tatsächlich meinen alle drei Formulierungen **die objektive und die subjektive Entwertung** nebeneinander, wobei die Entwertungsklausel speziell der VGB 62 sogar *weiter auszulegen* ist, vgl. Q III 80. Die Eingliedrigkeit der Definition ist zurückzuführen, daß man in einer Massensparte wie der WohngebäudeV nicht mehrere Alternativen von Entwertung geschrieben nebeneinanderstellen wollte, der Unterschied zu den AFB darauf, daß man den Hinweis auf den „Zweck" analog den NwIG 80 für deutlicher und daher für unentbehrlich hielt. Die Gegenansicht wurde in Köln 5 U 151/81 v. 13. 5. 1982 sowie LG Köln VersR 80, 225 und PM 22. Aufl. S. 668 vertreten und hält subjektive Entwertung für unerheblich. Köln aaO deutet aber für den Fall klar erwiesener Abbruchsabsicht schon unmittelbar vor Schadeneintritt gewisse Zweifel an. Kulenkampff VersR 83, 413 wollte im Rahmen der Auslegung ebenfalls streng am Wortlaut der (aber auch sonst nicht überall konsequent formulierten) VGB 62 haften, um dann jedoch diese für den VN günstige Lösung nach §§ 55 VVG, 134 BGB als Verstoß gegen das Bereicherungsverbot für unwirksam zu erklären.

76 Vorzuziehen ist aber die in BGH VersR **84**, 843 entwickelte „Kompromißlösung": Einerseits genügt auch bei Wohngebäuden eine nur subjektive Entwertung, ohne daß dies gegen § 55 VVG verstieße. Andererseits sind an diese subjektive Entwertung sehr strenge Anforderungen zu stellen; die Abbruchsabsicht muß mindestens wirtschaftlich unwiderruflich sein. § 14 Nr. 1c VGB 88 bestätigt die durch den BGH aaO zu den VGB 62 gefundene Lösung. Allerdings wurde die Formulierung gemäß § 5 Nr. 1c AFB 87 für Geschäftsgebäude nicht wortgleich übernommen, schon deshalb nicht, weil „allgemein oder im Betrieb des VN" für Wohngebäude nicht passen würde. Zweckmäßig hätte „im Betrieb des VN" z.B. durch „für den VN persönlich" ersetzt werden sollen. Aber auch die tatsächlich gewählte und in Q III 58 zitierte Formulierung läßt erkennen, daß subjektive Entwertung als Alternative neben objektiver Entwertung steht. Die Worte „zum Abbruch bestimmt" sprechen nämlich einen Unterfall von subjektiver Entwertung an; dementsprechend ist „nicht mehr zu verwenden" so zu verstehen, als wären mögliche objektive und subjektive Gründe nebeneinander erwähnt.

77 **Objektiv** entwertet ist ein Wohngebäude nach den VGB 62 oder den VGB 88, wenn es aus Gründen, die in seiner *Umgebung* (z.B. Abgase oder Schadstoffe aus einer neu errichteten Industrieanlage nach veränderter *Städteplanung*) oder in seinem **Bauzustand** liegen, nicht mehr für seinen Zweck verwendbar ist. Es reicht also aus, wenn der Bauzustand so schlecht geworden ist, daß auch durch eine Reparatur die Bewohnbarkeit nicht jederzeit kurzfristig wiederhergestellt werden kann. Gerade weil es bei Wohngebäuden keinen Abnutzungsgrad gibt, von dem an nur noch der Zeitwert VWert wäre, Q III 34 und 35, muß deren **Abnutzungsgrad** hier anders (vgl. Q III 69) als bei beweglichen Sachen und bei Geschäftsgebäuden als möglicher **Entwertungsgrund** anerkannt werden. Nach den VGB 62 und den VGB 88 ist eben der gemeine Wert keine Alternative neben einer nur aus dem Bauzustand errechneten Zeitwert, so daß *kein Umkehrschluß* der Berücksichtigung des Bauzustandes im Rahmen der Entwertungsklausel entgegensteht. Im Sinn des allgemeinen Sprachempfindens gehört der Bauzustand ohnehin zweifelsfrei zu den Gründen, die der Verwendbarkeit für den Zweck eines Gebäudes entgegenstehen können.

78 Allerdings muß ein *erheblicher* Abnutzungsgrad gefordert werden, wenn der Bauzustand die Anwendung der Entwertungsklausel rechtfertigen soll. Die Notwendigkeit einer oder mehrerer – auch größerer – Reparaturen reicht für sich allein nicht aus, Hamm VersR 87, 397, Schleswig VersR 75, 751, Köln RuS 83, 103; besonders strenge Anforderungen sind an den Nachweis der Entwertung zu stellen, solange der VN das Gebäude noch bewohnt. Auch solange ein Gebäude noch vermietbar ist, wenn auch vielleicht erschwert und zu niedrigerem Mietzins, ist es in der Regel noch nicht dauernd entwertet, Hamm aaO. Andererseits geht es aber auch nicht an, den Neubauwert ausnahmslos solange als VWert anzuerkennen, wie eine Reparatur gerade noch sinnvoll und unter den Neubaukosten möglich ist. Dadurch würde nämlich das subjektive Risiko unverhältnismäßig stark erhöht.

Subjektiv entwertet ist das Gebäude besonders dann, wenn *Abbruchsabsicht* 79
besteht und äußerlich in Erscheinung getreten ist, Q III 72. In § 14 Nr. 1 c
VGB 88 wird die Abbruchabsicht sogar im Sinn einer pars pro toto als
einziger Fall von subjektiver Entwertung erwähnt, Q III 76. Entgegen LG
Berlin VersR **84**, 1162 ist mit BGH VersR **84**, 843 mindestens im wirtschaftlichen Sinn **Unwiderruflichkeit der Abbruchsabsicht** zu fordern, Köln RuS **86**,
74, Hamm NJW-RR **86**, 331 = 161 = VersR **87**, 148, Hamm VersR **87**, 173.
Die bloße Tatsache von Verhandlungen über einen Verkauf auf Abbruch
reicht daher nicht aus, ebenso *nicht* schon allein die Tatsache des *Leerstehens*,
denn es wäre leicht gewesen, in den VGB 62 oder vor allem (Q III 76) in den
VGB 88 eine bestimmte Zeitgrenze zu ziehen, von der an leerstehende Gebäude nur noch zum gemeinen Wert versichert sind. Da dies nicht geschehen
ist, genügt das Leerstehen eines Gebäudes nur, wenn eine nicht ohne weiteres
rückgängig zu machende Abbruchsabsicht oder ein schlechter Bauzustand
hinzukommt. Beispiel für manifestierte Abbruchsabsicht: Verkauf auf Abbruch und Antrag auf Abbruchgenehmigung (Hamm VersR **84**, 151).

§ 6 Nr. 1 Satz 2 VGB spricht von „**Sachen**", obwohl nur Gebäude und son- 80
stige Grundstücksbestandteile (H I 2) in Betracht kommen. Nun sind zwar
auch Gebäude begrifflich Sachen. Trotzdem ist etwas anderes gemeint, wenn
– abweichend von allen übrigen in Q III 58 zitierten Bestimmungen für
Gebäude und vor allem auch abweichend von § 14 Nr. 1 c VGB 88 – nicht das
Gebäude, sondern „Sachen" angesprochen sind, und zwar in der Mehrzahl,
obwohl je Position und sogar je Vertrag meist nur ein Gebäude versichert ist
(S I 18) und obwohl auch Satz 1 von „VWert eines Gebäudes" spricht. Die
Formulierung bezweckt, den VWert auch für **entwertete Einzelteile** auf deren
gemeinen Wert festzusetzen, obwohl der VWert sonst immer für ganze Sachen
zu ermitteln ist, Q III 23. Daß die Einzelteile im Sinn des BGB keine Sachen
sind, steht nicht entgegen, denn versicherungsrechtlich (PM § 86 Anm. 1,
§ 97 Anm. 1) ist auch sonst oft bedeutungslos, wo nach dem BGB die Grenze
zwischen den einzelnen (beweglichen oder unbeweglichen) Sachen verläuft,
vgl. z. B. R I 8, E I 28 sowie H II 3 und 7. Insbesondere werden oft Bestandteile von Sachen behandelt, als wären sie selbständige Sachen.

Für VWert und UnterV der versicherten *Position* ist aber *nicht* etwa die 81
Summe der Einzelwerte von Einzelteilen, sondern der Wert des ganzen Gebäudes maßgebend, denn dieses ist Gegenstand der Position, vgl. schon Q I 1
für mehrere bewegliche Sachen als Gegenstand einer Position. Auf den gemeinen Wert von Einzelteilen kommt es gemäß § 6 Nr. 1 Satz 2 VGB 62
ausschließlich für die **Entschädigungshöhe** an, und zwar bei Teilschäden, bei
denen zu den Reparaturkosten gemäß § 7 Nr. 1 b VGB 62 auch die Materialkosten des entwerteten Einzelteils gehören. Anstelle dieser **Materialkosten**
wird dann nur der gemeine Wert des Einzelteils gezahlt, praktisch also ein
Abzug neu für alt vorgenommen. Die *sonstigen Reparaturkosten*, insbesondere für die Arbeitsleistung des Einbaus des neuen Teils R I 18, werden dagegen
voll ersetzt und bleiben auch für die Feststellung des gemeinen Werts des
Einzelteils außer Betracht. Wenn § 6 Abs. 1 Satz 2 VGB sich auch auf Einzelteile bezieht, so soll letztlich nur eine Bereicherung vermieden werden, wie
sie eintreten würde, wenn aufgrund des Reparaturkostenersatzes ein neues
statt eines verrotteten Teils eingebaut würde. Da § 14 **Nr. 1 c VGB 88** eine

vergleichbare Vorsorge **nicht** mehr trifft, sondern nur noch das „Gebäude" anspricht, müssen dort die vollen Reparaturkosten ohne einen Abzug wegen Wertsteigerungen (R III 6) ersetzt werden, solange nicht das Gebäude als ganzes entwertet ist.

82   Getrennt entwertungsfähige Einzelteile sind alle *Gebäudebestandteile*, die *vor* ihrem Einbau oder Zusammenbau *selbständige* Sachen waren. Man denke an stark verrottete Türen oder Fenster, die einen Sturmschaden erleiden, an stark abgenutzte Fußbodenbeläge, die durch Leistungswasser durchnäßt werden, oder einen Brandschaden an einem einsturzgefährdeten Dachgebälk. In Betracht kommen auch korrodierte Rohre, N V 23, die einen Bruchschaden erleiden, E I 83. Die Entwertung des gebrochenen Rohrs führt zu einem Abzug allerdings nicht bei den für den Austausch notwendigen Vor- und Nacharbeiten (Öffnen des Mauerwerks usw.), sondern nur von den Kosten für das Material des neuen Rohrs. Darüber hinaus kann die Entschädigung nur gekürzt werden, soweit die Kosten nicht schadenbedingt sind, R III 25 und 30, weil auch ohne den Schaden Rohre hätten ausgewechselt werden müssen.

83   **d) Hausrat** ist nach § 4 **Nr. 1 Satz 3 VHB 74** (wegen § **18 Nr. 2 VHB 84** vgl. Q III 29 und 84) entwertet und nur noch zum gemeinen Wert versichert, wenn die Sachen *„nicht mehr zum Gebrauch bestimmt"* sind, wobei überdies „Gebrauch" weit auszulegen ist. Ebenso wie die VGB 62 bedienen sich also die VHB 74 nur einer eingliedrigen Definition. Anders als im Fall von § 6 Nr. 1 Satz 2 VGB 62 (Q III 75) hat dies aber sachliche Gründe. Zwar gibt es entgegen Q III 56 der 1. Aufl. begrifflich auch bei Hausratgegenständen eine objektive Entwertung im Sinn von Q III 5 und 63, denn es gibt durchaus Hausratgegenstände, die in der großen Mehrzahl aller Haushaltungen schon nicht mehr in Gebrauch gehalten werden. Die eingliedrige Definition in § 4 Nr. 1 Satz 3 VHB 74 soll aber den Fall einer nur *objektiven* und nicht auch subjektiven Entwertung *nicht* umfassen. Nur objektiv und nicht auch subjektiv entwertete Hausratgegenstände sollen zum Zeitwert versichert bleiben. § 4 Nr. 1 Satz 3 VHB 84 reduziert den VWert **nur bei subjektiver Entwertung.**

84   Anders als im Fall von § 18 Nr. 2 VHB 84 (Q III 32) ist § 4 Nr. 1 Satz 3 VHB 74 mit § 55 VVG voll vereinbar, denn die Bereicherung des VN wird durch § 4 Nr. 1 Satz 2 VHB 74 bei (nur) *objektiv* entwerteten Sachen mit einem Zeitwert von weniger als 50% des Neuwerts auf die Differenz zwischen dem gemeinen Wert und dem **Zeitwert** begrenzt. § 4 Nr. 1 Satz 2 VHB 74 führt also genau zu demselben Ergebnis, das sich zu § 18 Nr. 1 VHB 84 aus § 86 VVG als gesetzlicher Auffangregelung herleiten läßt, Q III 31, wenn man das Neuwertprinzip des § 18 Nr. 2 Abs. 1 VHB 84 als teilweise unwirksam ansieht, wofür die in Q III 32 dargelegten Gründe sprechen. Die hier vertretene Rechtsansicht ermöglicht eine **einheitliche Schadenregulierung nach den VHB 74 und den VHB 84:** Objektiv entwertete Sachen mit einem Zeitwert von weniger als 50% des Neuwerts werden nach beiden Bedingungswerken einheitlich mit dem Zeitwert entschädigt, (auch oder nur) subjektiv entwertete Sachen einheitlich mit dem gemeinen Wert.

85   § 4 Nr. 1 Satz 3 VHB 74 gilt auch, wenn **erweiterte NeuwertV** nach Kl 824 vereinbart ist, vgl. dazu Q III 53. Im Gegenteil ist Kl 824 aus den in Q III 32 dargelegten Gründen unwirksam, soweit die Sachen nicht nur einen Zeitwert

von weniger als 50% haben, sondern außerdem objektiv entwertet sind. Für Sachen dieser Art ist trotz Kl 824 nur der Zeitwert anzusetzen.

Gebrauchsbereitschaft steht bei Hausratgegenständen dem Gebrauch gleich. 86 Dies gilt zwar auch in der GeschäftsV, vgl. Q III 66 für Reserveteile usw., ist aber bei Hausrat besonders wichtig. Bekleidung, Sportgeräte, Fahrräder, Musikinstrumente, Möbelstücke, Bücher, Schallplatten usw. bewahrt der VN z.B. nur selten in dem Bewußtsein auf, sie nie wieder zu gebrauchen. Solange er aber immerhin noch entfernt, und sei es auch vernunftwidrig, mit der *Möglichkeit* eines erneuten Gebrauchs rechnet, sind die Sachen nicht subjektiv entwertet.

Bei Sachen, die nach dem *Ausscheiden von Wohngenossen* (durch Umzug 87 oder Tod) nicht mehr benutzt werden, genügt als Gebrauch die bloße **Möglichkeit,** die Sachen später **zu verschenken, zu verleihen** oder **zu vererben.** Durch die Entschädigung des Zeit- oder Neuwerts wird der VN nicht etwa bereichert, denn für den Empfänger und damit auch für den Schenker liegt der Wert der Sachen über dem gemeinen Wert, der am Gebrauchtwarenmarkt oder für das Altmaterial zu erzielen wäre. Auch die Möglichkeit etwas zu verschenken, ist Befugnis des Eigentümers, die für den VWert so veranschlagt werden muß, wie sich das Geschenk für den Beschenkten auswirken soll, also über den erzielbaren Verkaufspreis hinaus. Ferner genügt es als Gebrauch, wenn der VN entfernt mit der Möglichkeit rechnet, *künftig* wieder einen *Wohngenossen* zu haben, der die Sache benutzt, so z.B. bei *Damenschmuck* im Besitz eines geschiedenen oder verwitweten VN oder bei *Musikinstrumenten,* deren letzter Benutzer verstorben oder weggezogen ist.

Auch **private Geldanlage** ist eine Form des Gebrauchs. Von Geldanlage 88 kann man im weitesten Sinn bei allen Gegenständen sprechen, die früher oder später verkauft werden sollen. Es ist also nicht erforderlich, daß die **Verkaufsabsicht** schon im Zeitpunkt des Erwerbs bestand. Auch wenn die Verkaufsabsicht erst während des Besitzes oder anläßlich eines Erwerbs durch Erbfolge entsteht, bedeutet sie entgegen Q III 87 der 2. Aufl. keine subjektive Entwertung.

Mindestens (ansonsten vgl. Q III 90) bei allen in der Wohnung als Einrich- 89 tungsgegenständen *sichtbar aufbewahrten Sachen* ist das **bloße Vorhandensein in der Wohnung** bereits eine Form von Gebrauch, auch wenn die Sache nicht mehr (z.B. eine veraltete Mono-Musiktruhe) oder nicht mehr zu ihrem ursprünglichen Zweck (z.B. ein Klavier nur noch als Möbelstück und Ablageplatz) benutzt wird, sondern „umgewidmet" ist; vgl. aber zu diesen Fällen auch Q IV 11 bis 22 zur Wiederbeschaffung einer Sache „gleicher Art und Güte". Anders als bei Sachen in der GeschäftsV braucht der „Gebrauch" von Hausrat nicht wirtschaftlich vernünftig zu sein. Auch die Absicht, eine Sache zugunsten eines zukünftigen Erben aufzubewahren, bedeutet „Gebrauch".

Entgegen Q III 62 der 1. Aufl. ist daher die subjektive Entwertung auch bei 90 denjenigen Sachen zu verneinen, die nicht sichtbar als Teile der Wohnungseinrichtung, sondern in Schränken usw. und nur aus Gründen der **persönlichen Erinnerung** oder der **Pietät** aufbewahrt werden, z.B. ein Hochzeitskleid der Ehefrau des VN (Beispiel nach Dietz 3.7.3 zu § 18, der nur den gemeinen Wert als VWert ansehen möchte). Zwar wird hier durch eine Totalschadenentschädigung über den gemeinen Wert hinaus nicht die Wiederbeschaffung eines anderen Stücks mit gleichem „Erinnerungswert" ermöglicht, denn einem neu beschafften und neuwertigen Stück haftet jener Erinnerungswert nicht mehr an. Aber wer das bloße Vorhandensein von Hausratgegenständen grundsätzlich als Gebrauch durch den HausratVN gelten läßt, muß diese Konsequenz in Kauf nehmen. Insbesondere gilt dies auch für Sachen, die der HausratVN geerbt hat und weder zu verschenken noch über die Tatsachen ihres Vorhandenseins hinaus zu benutzen gedenkt.

91   Wo allerdings **Sachen** nur noch **als lästig empfunden** werden und nur mangels einer bequemen und günstigen Verkaufs- oder Abtransportmöglichkeit noch vorhanden sind, befinden sich diese Sachen nicht mehr in Gebrauch, sondern sind **subjektiv entwertet**. Dies gilt auch, wo eine unentgeltliche Abtransportmöglichkeit zwar besteht, insbesondere durch eine kommunale Sperrmüllabfuhr, der VN sich dessen aber nicht bewußt ist oder ganz einfach nicht daran denkt, daß die subjektiv entwerteten Sachen überhaupt noch in seiner Wohnung vorhanden sind und weggeschafft werden sollten. Hierauf kann sich indessen in aller Regel nur der VN berufen, wenn es sich um nicht vom Schaden betroffene Sachen handelt und er dem Einwand der UnterV begegnen möchte. Handelt es sich dagegen um die Höhe der Entschädigung für verbrannte Sachen usw., so trägt der Vr die Beweislast, wenn er behauptet, die Sachen seien subjektiv entwertet gewesen, vgl. für Gebäude Q III 72. Der Vr wird sich daher praktisch kaum je darauf berufen können, daß der VN die vom Schaden betroffene Sache noch als lästig empfunden habe.

92   Nachweisbar zum Verkauf bestimmt können versicherte Sachen insbesondere dann sein, wenn sie zum **Nachlaß** eines verstorbenen VN gehören und die Erben den Nachlaß verkaufen wollen. Allerdings muß die **Verkaufsabsicht** schon **im Schadenzeitpunkt** bestehen, so daß Todesfälle nach Schadeneintritt als Argument nicht in Betracht kommen. Auch bei Todesfällen vor dem VFall trägt der Vr die Beweislast für eine im Schadenzeitpunkt bestehende Verkaufsabsicht, Q III 91. Naheliegend ist eine solche Verkaufsabsicht insbesondere, wenn in den Fällen von § 10 Nr. 4 VHB 84 die Erben anderswo wohnen und auch nicht etwa in die Wohnung des Erblassers einziehen wollen. Da in den VHB 74 eine Regelung entsprechend § 10 Nr. 4 VHB 84 fehlt und daher bei Schäden zu Lasten anderswo wohnender Erben die Entschädigungspflicht schon im Grunde nach mindestens sehr zweifelhaft ist, G IV 99 bis 106, könnten an den Nachweis der Verkaufsabsicht als Voraussetzung für § 4 Nr. 1 Satz 3 VHB 74 etwas geringere Anforderungen gestellt werden (falls der VSchutz entgegen der hier vertretenen Ansicht dem Grunde nach bejaht wird).

93   Auch für Sachen, die dem **Beruf** oder **Gewerbe** dienen, H IV 29 bis 39, gelten §§ 4 Nr. 1 Satz 3 VHB 74, 18 Nr. 2 Abs. 2 VHB 84. Wer seinen Beruf wegen Alters oder sonstwie **aufgibt**, nimmt damit Sachen, die ausschließlich für diesen früheren Beruf verwendbar waren, oft endgültig außer Gebrauch. Wegen subjektiver Entwertung nur zum gemeinen Wert versichert sind daher z. B. die verbliebenen Instrumente oder das zum Verkauf bestimmte Zahngold eines ehemaligen Zahnarztes, das Spezialzubehör eines Taxiunternehmers usw. Was dagegen wegen seines Erinnerungswerts aufbewahrt oder im Einzelfall noch gebraucht werden soll (z. B. der Blutdruckmesser oder Medikamentenvorräte des pensionierten Arztes) oder was sich auch als Woh-

nungsinventar eignet (z. B. die Schreibmaschine des ehemaligen Journalisten), bleibt zum Neu- oder Zeitwert versichert.

Zusammenfassend ist daher festzustellen, daß **subjektive Entwertung** in der   94 HausratV nur **sehr selten** vorliegt und noch seltener durch den Vr zu beweisen ist. Für Sachen aber, die nur objektiv entwertet sind, gelten die Entwertungsklauseln der §§ 4 Nr. 1 Satz 3 VHB 74, 18 Nr. 2 Abs. 2 VHB 84 ihrem Wortlaut nach nicht. Der notwendige Schutz gegen Bereicherungen des VN wird nur dadurch erreicht, daß für **objektiv entwertete Sachen** jedenfalls nicht der Neuwert, sondern nur der **Zeitwert** entschädigt wird. Diese Begrenzung folgt für die VHB 74 aus deren § 4 Nr. 1 Satz 2. Soweit Kl 824 zu den VHB 74 oder soweit § 18 Nr. 2 Abs. 1 VHB 84 mangels Zeitwertzwischenstufe zu einer Neuwertentschädigung für objektiv entwertete Sachen führen würde, sind diese Bestimmungen wegen § 55 VVG unwirksam, vgl. Q III 32 und 85. § 86 VVG als gesetzliche Auffangregelung führt hier ebenfalls zu bloßer Zeitwertentschädigung.

Wer dieser Ansicht nicht folgen und die Neuwertregelung auch für (nur)   95 objektiv entwertete Sachen für rechtswirksam hält, kann die drohende Bereicherung des VN bei Entschädigung (**nur**) **objektiv entwerteter Sachen** lediglich dadurch in Grenzen halten, daß er in geeigneten Fällen annimmt, der HausratVN habe die Sache schon vor dem Schaden „**umgewidmet**". Zu entschädigen ist dann als Wiederbeschaffungspreis einer Sache „gleicher Art und Güte" im Sinn von Q IV 11 nicht der Neupreis einer Sache, die demselben Zweck dient, dem ursprünglich auch die objektiv entwertete Sache gedient hatte, sondern nur der Neupreis einer Sache, die demjenigen Zweck dient, dem die objektiv entwertete und durch den VN „umgewidmete" („umfunktionierte") Sache in der Gebrauchsphase unmittelbar vor Eintritt des VFalls gedient hatte.

Einige **Beispiele** mögen dies verdeutlichen: Der VN hatte einen aus der   96 Mode gekommenen Abendanzug als Arbeitsanzug beim Basteln oder im Garten verwendet. Der Abendanzug war dadurch in einen Arbeitsanzug umgewidmet worden. Der Abendanzug war zwar nicht subjektiv entwertet, weil der VN ihn noch in Gebrauch hatte. Aber der gegebenenfalls zu entschädigende Neuwert ist nicht der Wiederbeschaffungspreis eines Abendanzugs, sondern nur der Preis eines Arbeitsanzugs, und zwar sogar nur eines Arbeitsanzugs von unterdurchschnittlicher Qualität, denn ein ehemaliger Abendanzug ist naturgemäß als Arbeitsanzug wenig strapazierfähig. – Ein anderer VN hatte ein Klavier, dessen Rahmen verzogen und das somit nicht mehr auf den Kammerton gestimmt werden konnte, nur noch als Abstellplatz für Blumenvasen, Zeitungen, Fotos usw. in seinem Wohnzimmer stehen gelassen, vor allem um die Ecke eines Zimmers zu füllen, für die er sonst ein anderes Möbelstück hätte anschaffen müssen. Das Klavier war in diesem Fall zu einem Sideboard oder einem Bücherregal mit entsprechend niedrigerem Wiederbeschaffungspreis umgewidmet worden. Sind an dem Klavier freilich Verzierungen einer bestimmten Stilepoche angebracht, so ist auch für den Versicherungswert von einem ähnlich verzierten Möbelstück derselben Epoche auszugehen, das freilich auch in diesem Fall kein Klavier zu sein braucht und dessen Neuwert daher niedriger sein kann.

97 Ähnlich liegt es, wenn ein nicht mehr zu reparierender Kühlschrank nur noch als Abstellplatz in der Speisekammer oder ein ehemaliger Bücherschrank nur noch als Regal in einem feuchten Nebenraum verwendet wird usw. – Wer als Hobby oder in Nebenerwerbsabsicht unbrauchbare Fernsehgeräte (wegen Kraftfahrzeugen vgl. H IV 25) aufkauft, um aus den jeweils noch brauchbaren Teilen eine geringere Zahl von Geräten neu zusammenzubauen, besitzt vor diesem Umbau nicht „Fernsehgeräte", sondern eine Ersatzteilsammlung. Bei Schäden vor dem Umbau ist also der Neuwert der zerstörten Ersatzteile, bei Schäden nach dem Umbau allerdings der Neuwert eines neuwertigen (also nicht etwa nur eines gebrauchten, vgl. Q IV 80) Fernsehgeräts der jeweiligen Art und Güte zu ersetzen.

IV. Wiederbeschaffungspreis

1 Der Wiederbeschaffungspreis ist nach sämtlichen hier behandelten AVB, nämlich nach §§ 3 Nr. 2 AFB 30, AEB, 3 Nr. 1 AWB 68, AStB 68, 4 Nr. 1 und 2 AERB, 5 AFB 87, AERB 87, AWB 87, AStB 87, 4 Nr. 1 VHB 74, 18 Nr. 2 VHB 84, 6 Nr. 1 VGB 62, 13 Nr. 2, 14 Nr. 1 VGB 88 und für fast alle hier behandelten versicherten Sachen rechtlich bedeutsam als **Berechnungsgrundlage für den VWert** im Sinn von Q I 1 und 2, und zwar sowohl für die durch den Schaden betroffenen wie für die durch den Schaden nicht betroffenen Sachen. Sind **mehrere Sachen** in derselben **Position** versichert, so ist der VWert „der" (d.h.: aller) versicherten Sachen der Position nicht immer gleich der Summe der VWerte aller einzelnen versicherten Sachen, denn bei der Bewertung einer Mehrzahl von Sachen ist eine dadurch etwa erzielbare billigere Bezugsmöglichkeit zu berücksichtigen, vgl. auch Q I 1 und S II 32. Die Entschädigung für eine zerstörte **Einzelsache** kann daher höher sein als der „anteilige" VWert der Position, R II 1, vgl. auch Q IV 67 wegen des Einflusses sachbezogener Rabatte auf den VWert. – Soweit der Wiederbeschaffungspreis schwer festzustellen ist, z.B. bei Urkunden (Q II 45), Datenträgern (Q II 56), Fotos usw. (Q II 59), wird zwar meist ErstrisikoV vereinbart, damit wenigstens der Wert der vom Schaden *nicht betroffenen* Sachen unaufgeklärt bleiben kann, S II 20. Aber für die Höhe der Entschädigung (R I 2 und R II 1) kommt es auch in der ErstrisikoV auf den Wiederbeschaffungspreis an, nämlich auf den Wiederbeschaffungspreis der vom Schaden *betroffenen* Sachen. Dieser ist sowohl bei Sachen maßgebend, für die es *keine NeuwertV* gibt (Q II 2), wie im Bereich der *NeuwertV* (Q II 3 und Q III 8), mag auch im Einzelfall der Zeitwert VWert sein, denn letzterer ergibt sich durch einen Abzug vom Neuwert, also vom Wiederbeschaffungspreis. – Wegen der Rückrechnung des Wiederbeschaffungspreises (ortsüblichen Neubaupreises) von *Gebäuden* in der Gleitenden NeuwertV auf den VWert 1914 im Sinn von §§ 13 Nr. 2 VGB 88, 1 Nr. 1 SGlN 88 vgl. S IV.

2 Die **Terminologie** ist allerdings nicht einheitlich. Für eigene Erzeugnisse ist in den meisten AVB von den *Kosten der Neuherstellung* so die Rede, als handle es sich dabei um etwas anderes als um einen Wiederbeschaffungspreis. Lediglich § 4 Nr. 1 der AERB von 1980 spricht auch hier ausdrücklich von „Wiederbeschaffungspreis". Für Gebäude wird allgemein vom *ortsüblichen*

Neubauwert gesprochen, vgl. schon Q IV 1. Neuherstellung eigener Erzeugnisse und Neubau von Gebäuden sind aber eben die Form der Wiederbeschaffung bei Sachen dieser Art. **Wiederbeschaffungspreis** ist also der **Oberbegriff,** vgl. schon Q II 6, und zwar entgegen den allgemeinen Sprachgebrauch auch für den Teil des „Preises", der nicht für Fremdleistungen, sondern für Tätigkeiten im eigenen Betrieb oder gar in eigener Person des VN anfällt, Q IV 83.

Doppeldeutig und daher in vorliegendem Kommentar überhaupt zu vermei- 3 den ist das Wort „**Wiederherstellungskosten**". Es meint entweder die Teilschadenentschädigung bei beweglichen Sachen oder bei Gebäuden; diese lassen sich aber klarer als *„Reparaturkosten"* bezeichnen, R III 1. Ferner meint sie den VWert und die Totalentschädigung *bei Gebäuden;* im Folgenden wird auch hier vom Wiederbeschaffungspreis gesprochen, obwohl dieses Wort bei Gebäuden nicht so gut paßt wie „Neubauwert". Es dient aber der Klarheit, den VWert von beweglichen Sachen und von Gebäuden einheitlich zu bezeichnen. Außerdem bedeutet „Wiederbeschaffungspreis" für Gebäuden zutreffend an, daß auch der „Preis" solche Tätigkeiten gemeint ist, die nicht Bautätigkeiten sind.

Die Schwierigkeiten bei der Ermittlung des Wiederbeschaffungspreises rüh- 4 ren daher, daß großenteils die Kosten **fiktiver Handlungen** *des VN* festgestellt werden müssen, nämlich sowohl für die vom Schaden nicht betroffenen Sachen (soweit UnterV in Betracht kommt) und wie für die vom Schaden betroffenen, aber tatsächlich noch nicht wiederbeschafften (bei Gebäuden: wiederhergestellten) Sachen. **Nicht** maßgebend sind die **erstmalige** Beschaffung oder Herstellung oder der erstmalige Bau und deren tatsächliche Kosten, LG Köln VersR 89, 957 zu den VHB 74 zu Teppichen, die zur Zeit eines höheren Preisniveaus angeschafft worden waren. Der VN kann die versicherten Sachen geschenkt oder in gebrauchtem Zustand oder besonders vorteilhaft gekauft oder auch von einem Lieferanten bezogen haben, mit dem er jetzt nicht mehr arbeitet oder der nicht mehr existiert. All dies ist bedeutungslos (BL 91); wegen der Bedenken gegen die Frage der Vr in Schadenanzeigeformularen nach dem Preis im Anschaffungsjahr vgl. S II 36.

Maßgebend sind vielmehr die Wiederbeschaffungskosten einer fabrikneuen 5 Sache in dem **Zeitpunkt, in dem der VWert festzustellen ist,** insbesondere im *Zeitpunkt des Schadens,* vgl. näher Q I 53 bis 90. Dies gilt sowohl dann, wenn die Preise seit der Anschaffung durch den VN gestiegen, wie auch dann, wenn sie inzwischen gefallen sind (häufig zur Zeit bei elektronischen Anlagen), und zwar gleichermaßen dann, wenn der Neuwert und damit Wiederbeschaffungspreis selbst (Q III 20), wie auch dann, wenn der aus dem Wiederbeschaffungspreis zu errechnende Zeitwert (Q III 35) VWert ist.

Aber auch mit Bezug auf den Zeitpunkt des Schadens entscheiden meist 6 **nicht** die **tatsächliche** Wiederbeschaffung und deren tatsächliche Kosten. Ob der VN überhaupt wiederbeschafft, ob er neue oder gebrauchte, gleichartige oder andere Sachen und von welchen Lieferanten er sie bezieht, spielt allenfalls im Rahmen der Wiederherstellungsklauseln für die Frage eine Rolle, ob nur der Zeitwert oder auch die Neuwertspanne zu entschädigen ist, R IV 6 und 41, nicht aber für den VWert, der ja auch für unbeschädigte Sachen festgestellt werden muß, wenn sie in derselben Vollwertposition versichert sind.

Maßgebend für den VWert und für die jedenfalls bei Totalschäden gebotene 7 **abstrakte Schadenberechnung** (R II 4) ist die für diesen VN **typische** Art und

Weise einer **fiktiven Wiederherstellung**. Hierbei bleiben gewisse ganz persönliche Faktoren außer Betracht, Q IV 68, soweit auf sie nicht etwa auch bei Vertragsschluß erkennbar und abweichend von den AVB abgestellt worden ist; solche persönlichen Faktoren sind z.B. Verwandten- oder Werksangehörigenrabatte oder Kauf am Gebrauchtwarenmarkt. Schon bei *Teilschäden* ist nach herrschender Ansicht (R III 11) „konkrete Berechnung" des Schadens nicht einmal dann geboten, wenn der VN schon vor Fälligkeit verbilligt repariert, insbesondere in eigener Regie. Für die *Totalschadenentschädigung* kommt „konkrete Berechnung" keinesfalls in Betracht, weil die in R II 1 zitierten Bestimmungen hier ausdrücklich auf den VWert bei Eintritt des VFalls verweisen, der vom späteren wirklichen Wiederbeschaffungsvorgang unabhängig ist, R II 4.

8   Die Vorschriften über den VWert *begrenzen* bereits *objektiv* den versicherten Schaden; ein höherer Aufwand liegt außerhalb des versicherten Schadens und ist daher **nicht** Gegenstand einer **Schadenminderungspflicht**. Dies wird in Rechtsprechung und Literatur oft nicht beachtet, weil z.B. AG Mannheim VersR **82**, 59 zu den AKB. Spart also der VN, z.B. bei Auswahl von Lieferanten und Unternehmern, Wiederbeschaffungs- oder Reparaturkosten ein, so erfüllt er damit nicht eine Pflicht aus § 62 VVG. Vielmehr vermeidet er entweder die Entstehung nicht versicherter Kosten über die abstrakt berechnete Entschädigungshöhe hinaus, oder er versucht, den Kostenaufwand unterhalb der Entschädigung zu halten, um einen Teil der Entschädigung anderweitig zu verwenden.

9   Um **Schadenminderungsmaßnahmen** gemäß § 62 VVG und gegebenenfalls um Rettungskosten gemäß § 63 VVG handelt es sich allerdings, wenn der VN Maßnahmen ergreift, Kosten aufgewendet oder Betriebsausfälle in Kauf nimmt, um Hindernisse für Art, Ort und Zeit der beabsichtigten Wiederbeschaffung oder Reparatur zu beseitigen, vgl. Q IV 27 für Prozesse über Immissionsschutzansprüche und Q IV 43 für ein Verwaltungsstreitverfahren gegen kostensteigernde behördliche Anordnungen. Immer wenn der VN Hindernisse beseitigt, deren Existenz nach der VAB die Entschädigung für einen eingetretenen VFall auch bei abstrakter Berechnung erhöhen würde, so mindert er dadurch im Sinn von §§ 62, 63 VVG den versicherten Schaden.

10   Der **Wiederbeschaffungspreis** hängt von folgenden **Kriterien** ab: Welche Eigenschaften muß die Sache die wiederherzustellen oder wiederzubeschaffen ist, mindestens aufweisen (Q IV 11 bis 82)? Welche Tätigkeiten im Rahmen des Wiederherstellungsvorgangs dürfen in Rechnung gestellt werden (Q IV 83 bis 106)? Letzteres ist insbesondere im Hinblick auf Tätigkeiten in eigener Person oder in eigener Regie des eigenen Betriebes des VN und hier wiederum insbesondere bei Nebenarbeiten am Rande des eigentlichen Wiederherstellungsvorgangs oft schwer zu entscheiden, vgl. zusammenfassend Q I 10 bis 19. In welchem Umfang ist dem VN bei Auswahl zwischen mehreren Möglichkeiten der Wiederbeschaffung die Wahl der preisgünstigeren Methode zuzumuten (Q IV 107 bis 110)? Wie sind persönliche Tätigkeiten des VN oder Tätigkeiten in eigener Regie im eigenen Betrieb des VN in Geldbeträge umzurechnen, und welcher Betrag ist bei Fremdleistungen als Rechnungsbetrag maßgebend, wenn der Vertragspartner Rabatte oder Skonti gewährt (Q

IV 111 bis 127)? Welche Person ist als Träger des fiktiven Wiederherstellungsvorgangs zugrunde zu legen, wenn eine Sache zu bewerten ist, an der auch oder nur die Interessen anderer Personen als diejenigen des VN versichert sind (Q IV 128 bis 134)?

1. Eine **Sache gleicher Art und Güte in neuwertigem Zustand** ist als Ziel des **11** Wiederherstellungsvorgangs zu fingieren, und zwar „gleich" im Verhältnis zur Funktion der Sache im Zeitpunkt des VFalls, vgl. Q III 93 zur Möglichkeit der „Umwidmung" von Hausratgegenständen. In den NwIG 80, AERB, AFB 87, AERB 87, AWB 87 und AStB 87 wird dies für bewegliche Sachen ausdrücklich gesagt. Für Gebäude ergibt sich dasselbe jeweils aus der Maßgeblichkeit des Neubauwertes „des Gebäudes", denn damit kann nur ein Gebäude gleicher Zweckbestimmung und Güte wie das versicherte Gebäude gemeint sein. Die in R IV 6 zitierten Wiederherstellungsklauseln für Gebäude sprechen nebeneinander von „Art" und „Zweckbestimmung"; indessen würde der Begriff „Zweckbestimmung" schon für sich allein genügen, denn das Wort „Art" hat daneben keine zusätzliche Aussagekraft. Soweit bewegliche Sachen oder Baumaterial genau gleicher Art nicht mehr zu haben sind, entscheidet der Preis von Material oder Sachen möglichst ähnlicher, mindestens (Q IV 17) aber **gleichwertiger** (Q IV 17) **Art und Güte.**

a) Oft ist der Wiederbeschaffungspreis um so höher, je strengere Anforde- **12** rungen man an das zu erzielende **Maß an Gleichheit von Art und Güte** zwischen der bisher versicherten und der wiederzubeschaffenden Sache stellt. Insbesondere bei *zusammengehörigen Sachen*, also bei sog. komplementären Gütern, kann im Extremfall die Wiederbeschaffung einer einzelnen Sache oder eines einzelnen Gebäudeteils ebensoviel kosten, wie die Beschaffung der ganzen Gruppe zusammengehöriger Sachen, weil nämlich kein Einzelstück oder kein Material für ein Einzelstück zu haben ist, das sich genügend genau in die Gruppe der übrigen zusammengehörigen Sachen einfügen würde. Bis zu welchem Grad bei Schäden an Einzelstücken Wiederherstellung der Einheitlichkeit der ganzen Gruppe verlangt werden kann, ist eine Frage der Zumutbarkeit und findet sich in Q I 20 bis 52 näher erörtert. Dieselben Grundsätze gelten für die Frage, in welchem Maß der VWert erhöht wird, weil der VN aus *anderen Gründen* als wegen Zugehörigkeit der Sache zu einer Gruppe zusammengehöriger Sachen an möglichst vollkommener Gleichheit der Art und der Güte interessiert ist.

Die **Zumutbarkeitsprüfung** kann ganz allgemein (also nicht nur speziell bei **13** zusammengehörigen Sachen) zu dem Ergebnis führen, daß zwar ein bestimmtes kostensteigerndes Maß an Gleichheit von Art und Güte *nicht* verlangt werden kann, daß dem VN aber bei Totalschäden an solchen Einzelstücken das *geringere* Maß an Gleichheit von Art und Güte nur gegen einen **Wertminderungsausgleich** zugemutet werden kann, vgl. Q I 27. In diesem Fall ist neben dem Wiederbeschaffungspreis für die neue Sache nicht genau gleicher Art und Güte auch der Wertminderungsausgleich **Bestandteil des VWerts** dieser Sachen, gleichgültig ob sie vom Schaden betroffen sind oder nicht. Gehört zum versicherten Inbegriff oder zum versicherten Gebäude allerdings eine Gruppe zusammengehöriger Sachen oder zusammengehöriger Gebäudebestandteile, so ist der Wert dieser Gruppe für den Wert der vom Schaden nicht betroffenen Sachen insgesamt nur ein einziges Mal anzusetzen, vgl. Q I 38 bis 44.

14 b) Sind Sachen oder Baumaterial nicht mehr in gleicher, sondern **nur noch in besserer Art und Güte** zu haben, wäre also Wiederherstellung des früheren schlechteren(!) Zustandes wegen Veränderungen der Technik oder des Marktes nicht zu einem billigeren, sondern allenfalls noch zu einem höheren(!) Preis möglich, insbesondere durch Sonder- oder Einzelanfertigungen, so ist VWert der im Vergleich zu einer Einzelanfertigung niedrigere Preis der Sachen oder Materialien besserer Art und Güte. In Q IV 6 der 1. Aufl. war es als **zweifelhaft** bezeichnet worden, ob der VN sich von diesem Preis einer besseren Sache im Totalschadenfall einen **Abzug** gefallen lassen muß. Die Frage ist aus den nachfolgend dargestellten Gründen zu verneinen.

15 Die Verbesserung, die der wiederzubeschaffenden Sache anhaftet, kann sehr unterschiedlicher Art sein. Sie kann z.B. in dem optischen Erscheinungsbild der Sache, in ihrer Kapazität (Leistung), in ihrer Lebensdauer, in ihrer einfacheren Handhabung, in erhöhter Unfallsicherheit usw. liegen. Ob der VN diese Verbesserungen wirtschaftlich jeweils für sich verwerten kann und will und ob er sie persönlich für erstrebenswert hält oder nicht, hängt von den Umständen des Einzelfalles ab. Größere Kapazität oder längere Lebensdauer kommen dem VN bei Gegenständen der Betriebseinrichtung z.B. nur dann zugute, wenn die Auftragslage und die betrieblichen Planungen es erlauben, die Verbesserungen auszunutzen, oder wenn sie wenigstens den gemeinen Verkaufswert der Sache oder des ganzen Betriebes erhöhen, bei Handelsware usw. nur dann, wenn sich die Verbesserung auf den erzielbaren Verkaufspreis auswirkt usw. Oft ist im Schadenzeitpunkt nicht endgültig zu beurteilen, ob und in welchem Maß die Verbesserung auch für den VN oder dessen Betrieb einen verwertbaren Vorteil bedeutet, sondern ausschlaggebend hierfür sind zukünftige Umstände im Betrieb oder im privaten Lebensbereich des VN, vgl. ergänzend die Beispiele in R II 20 und 21, wo die Höhe der Totalschadenentschädigung erörtert wird.

16 Von derartigen Umständen kann indessen entgegen Q IV 6 der 1. Aufl. nicht auch die Berechtigung eines Abzuges vom Preis der „besseren" Sache für den VWert der versicherten Sache abhängen. Man muß vielmehr die Möglichkeit eines Abzuges generell und aus denselben Gründen **verneinen**, die zur Einführung der NeuwertV geführt haben, weil nämlich dem VN die Neuanschaffung (Q III 2 und 9), und zwar in den hier behandelten Fällen auch die Neuanschaffung in verbesserter Art und Güte usw., durch den VFall aufgezwungen wird. Mit Recht wird ein Abzug daher z.B. von BL 94 nicht erwähnt; wie hier Dietz 3.3.3 zu § 18 für Stereo- statt Monotechnik und für modernere statt altmodischer Kleidungsstücke.

17 Gegen die Möglichkeit eines Abzuges spricht insbesondere, daß der höhere Preis für die technisch oder sonstwie verbesserte Sache als Wert und Totalschadenentschädigung, gemessen am AVB-Wortlaut, nicht nur für den VN einen Vorteil bringt, nämlich die Verbesserung gegenüber Art und Güte der versicherten Sache, sondern auch für den Vr, nämlich die Einsparung des zusätzlichen Mehrbetrages, den die Einzelanfertigung einer Sache von genau gleicher Art und Güte erfordern würde. Die Worte „gleicher Art und Güte" bedeuten bei richtiger Auslegung *"mindestens gleichwertiger Art und Güte"*. "Gleichwertig" besagt, daß der VN sich in den Grenzen des Zumutbaren und eventuell gegen Wertminderungsausgleich mit einer minderen Art und Güte begnügen muß, vgl. Q IV 12 und 13. **"Mindestens"** drückt aus, daß in den soeben (Q IV 11 bis 16) erörterten Fällen der Preis einer Sache *besserer* Art und Güte maßgebend ist, ohne daß ein Abzug in Betracht käme.

Daß statt Sachen gleicher Art und Güte serienmäßig nur noch Sachen besserer 18 Art und Güte und nur noch zu einem höheren Preis erhältlich sind, ist ein Risiko, das dem Vr in den Grenzen von §§ 50, 56 VVG (VSumme, UnterV; vgl. hierzu Q IV 20) ebenso zuzumuten ist wie das Risiko sonstiger Veränderungen des Preisniveaus. Der V muß sich gegen dieses Risiko in dem gebotenen Umfang durch Bildung enger begrenzter Positionen und durch Zurückhaltung bei Vereinbarungen über ErstrisikoV und UnterVVerzicht schützen. Will der Vr Erhöhungen des VWerts ausschließen, so muß er etwa folgendes vereinbaren:

Führt Wiederbeschaffung oder Wiederherstellung eines versicherten Gegenstandes der Betriebseinrichtung zu einer Erhöhung des Versicherungswertes gegenüber dem Zustand unmittelbar vor Eintritt des Versicherungsfalles, so nimmt der Versicherer einen entsprechenden Abzug vor, soweit nicht die Verbesserung für den Betrieb des Versicherungsnehmers wirtschaftlich ohne Wert ist.

Die Gegenansicht müßte übrigens einen Abzug vom Preis der Sache **besse-** 19 **rer Art und Güte** auch dann vornehmen, wenn die Sache zu unverändertem oder gar zu **niedrigerem Preis** zu haben ist. Letzteres kommt insbesondere in Bereichen schneller technischer Entwicklung in Betracht, besonders bei Computern. Tatsächlich werden hier aber in der Schadenpraxis Abzüge nicht vorgenommen.

Artenschutzmaßnahmen zugunsten von Tier- oder Pflanzenarten, die vom 20 Aussterben bedroht sind, können ebenfalls dazu führen, daß die Wiederbeschaffungspreise für Sachen gleicher Art und Güte steigen oder fallen oder mangels eines legalen inländischen Marktes sogar überhaupt nicht mehr festzustellen sind. Als Beispiele seien Pelze und das Washingtoner Artenschutzabkommen genannt. Eine ähnliche Situation könnte in absehbarer Zeit bei Elfenbein eintreten.

Außer Betracht bleiben müssen Schwarzmarktpreise sowie Auslandspreise. 21 Auch ist unerheblich, ob es noch einen Markt für gebrauchte Sachen der betroffenen Arten gibt, denn auf die Gebrauchtmarktpreise kommt es für den VWert schon aus anderen Gründen nicht an. Wiederbeschaffungspreis für Sachen gleicher Art und Güte sind also insbesondere dann nicht mehr festzustellen, wenn der gewerbliche wie auch der private Handel sowie der Auktionshandel mit neuen Sachen der geschützten Art in der Bundesrepublik gesetzlich verboten ist.

Auch in diesen Fällen ist der Wiederbeschaffungspreis einer Sache *minde-* 22 *stens* (Q IV 11) gleicher Art und Güte maßgebend. Es ist dies der Preis von Sachen, die vor Wegfall des Marktes für Sachen von der Art der versicherten preislich mit der versicherten Sache übereinstimmten. Waren allerdings die Preise vor Wegfall des Marktes stark gestiegen, so kann es geboten sein, für die Feststellung der Gleichwertigkeit auf einen etwas früheren Zeitpunkt zurückzugreifen, also auf einen Zeitpunkt, zu dem es für die versicherten

Sachen noch einen im wesentlichen „normalen", durch Artenschutzüberlegungen noch unbeeinflußten Markt gegeben hatte.

23   c) Es beeinflußt den VWert auch, wenn eine Wiederbeschaffung oder Wiederherstellung **aus rechtlichen Gründen** nicht in unveränderter, sondern **nur in verbesserter Art und Güte** möglich ist, insbesondere bei Gebäuden, vereinzelt aber auch bei beweglichen Sachen. Man denke zunächst an den Fall, daß nach einem Wiederaufbau Nachbarn oder sonstige Dritte **kostensteigernde Immissionsschutzmaßnahmen** rechtlich verlangen können.

24   Allerdings erhöht eine derartige Rechtslage den Wert des bestehenden und versicherten Gebäudes nur dann, wenn dieselben Immissionsschutzmaßnahmen nicht auch schon für das bestehende Gebäude verlangt werden könnten und in absehbarer Zeit aus der Sicht des Zeitpunkts der Bewertung, Q IV 32 – auch tatsächlich verlangt würden. Bei einem bestehenden Gebäude und ohne VFall entstünden nämlich für das nachträgliche Anbringen solcher Schutzvorrichtungen mindestens gleich hohe oder meist sogar weit höhere Mehrkosten als im Fall eines Neubaus. Nur wenn der **Mehraufwand** gegebenenfalls eine **Folge des Totalschadens als VFall** ist, verkörpert das versicherte bestehende Gebäude auch ohne jene zusätzlichen technischen Eigenschaften bereits einen höheren Wert, und zwar gerade deshalb, weil (unterstellt) für das schon bestehende Gebäude die kostensteigernden Maßnahmen rechtlich nicht gefordert werden können.

25   Ob solche Immissionsschutzansprüche für einen Neubau tatsächlich bestehen und für das zerstörte Gebäude nicht bestanden haben, ist teils Tatsachen- und teils Rechtsfrage. Soweit es sich um Rechtsfragen handelt, sind diese nicht (Y I 46) in einem etwaigen Sachverständigenverfahren, sondern nur in einem Deckungsprozeß zu entscheiden, wenn Vr und VN sich nicht einigen können. Wird der Immissionsschutzanspruch des Nachbarn oder sonstigen Dritten im Ergebnis bejaht, so sind die dadurch anfallenden **Mehraufwendungen** für die Wiederbeschaffung oder Wiederherstellung bereits **Teil des VWerts der versicherten Sache**, obwohl und gerade weil für diese Sache selbst technische Änderungen und Kostenaufwand noch nicht hatten verlangt werden können.

26   Ein außergerichtlicher oder gerichtlicher Vergleich zwischen dem VN und dem Nachbarn oder dem sonstigen Inhaber des Immissionsanspruchs bindet den Vr nicht. Auch gegenüber einer rechtskräftigen **gerichtlichen Entscheidung zwischen dem VN und dem Nachbarn** kann der Vr einwenden, der VN habe den Prozeß schlecht geführt oder das Gericht habe ihn unrichtig entschieden. Die Rechtskraft gerichtlicher Entscheidungen wirkt nämlich nach § 325 ZPO nur zwischen den Parteien des Rechtsstreits. Anders liegt es nur, wenn der Vr dem VN als Streithelfer beigetreten war oder der VN ihm den Streit verkündet hatte, §§ 68, 74 ZPO. Der VN muß also auf Kosten des Vr (Q IV 27) alle rechtlichen Möglichkeiten ausschöpfen, um sich gegen ein Verbesserungs- oder Veränderungsverlangen eines Nachbarn, einer Behörde usw. zur Wehr zu setzen. Andernfalls handelt es sich um freiwillige Verbesserungen oder Veränderungen, deren Kosten in den VWert ebensowenig eingehen wie in die entschädigungspflichtigen Reparaturkosten, R III 18.

Die **Kosten eines Rechtsstreits** mit dem Nachbarn sind **Rettungskosten** im   27
Sinn von § 63 VVG und zugleich **Schadenermittlungskosten** im Sinn von § 66
VVG, soweit nicht der Prozeßgegner sie erstatten muß und auch tatsächlich
erstattet. Solche Kosten entstehen insbesondere, soweit der Prozeßgegner
Erfolg hat oder soweit er zwar unterliegt, aber zahlungsunfähig ist und daher
die Kosten nicht erstatten kann.

§§ 63, 66 VVG sind gegebenenfalls auch auf einen **Ertragsausfall** durch   28
verzögerten Wiederaufbau aufgrund solcher Prozesse anzuwenden, denn unter
„Aufwendungen" im Sinn jener Bestimmungen ist jeder adäquate Vermögensfolgeschaden durch Rettungs- oder Ermittlungsmaßnahmen zu verstehen;
soweit ein BU-Vr einzutreten hat, besteht DoppelV. Zwar handelt es sich im
allgemeinen nicht um Schadenminderungsmaßnahmen und um Rettungskosten, falls der VN bei der Wiederbeschaffung oder Wiederherstellung Kosten
spart, um innerhalb oder sogar unterhalb der abstrakt berechneten Entschädigungshöhe zu bleiben. Anders liegt es aber, wenn er Zeit und Kosten aufwendet,
um Hindernisse für die Wiederbeschaffung oder Wiederherstellung zu beseitigen, deren Existenz den VWert erhöhen würde, vgl. Q IV 9.

d) Häufiger als privat- und insbesondere nachbarrechtliche Gründe führen   29
öffentlichrechtliche Vorschriften dazu, daß bewegliche Sachen und vor allem
Gebäude aus Sicherheits- oder sonstigen Gründen nicht mehr in unveränder-
ter Art und Güte wieder errichtet werden dürfen. Man denke an Gründe der
Unfallsicherheit in Betrieben und für die Kunden des Betriebes, die zu schär-
feren Bestimmungen für elektrische Anlagen, für das zu verwendende Bau-
material, für die Stärke von Mauern, für den Belag von Fußböden, für den
Zugang zu Maschinen usw. führen können. Besonders häufig kommt dies bei
Gebäuden in Betracht, die dem Publikumsverkehr dienen, z.B. bei Stadt-,
Sport- oder Messehallen.

Dazu kommen Gründe des **regionalen oder überregionalen Umweltschutzes**.   30
Solche Gründe können bewirken, daß eine andere Art von Heizung eingebaut werden muß, daß Schornsteine höher aufzumauern sind als vorher, daß
Filteranlagen oder Brandmelde- oder Sprinkleranlagen eingebaut werden
müssen usw. Vereinzelt kommen strengere Sicherheitsanforderungen auch
bei beweglichen Sachen in Betracht, etwa bei Maschinen oder bei unfallträch-
tigen Spielsachen als Waren. Für den VN persönlich sind Verbesserungen
dieser Art meist wirtschaftlich nicht von Nutzen, vgl. schon Q IV 15. Aber
auch wenn sich ausnahmsweise doch ein derartiger Nutzen ergibt, ist ein
Abzug von den erhöhten Neubaukosten usw. abzulehnen, vgl. Q IV 16 sowie
R II 22 und 23.

In den Fällen gemäß Q IV 29 und 30 gilt das gleiche wie gemäß Q IV 23 bei   31
nachbarrechtlichen Einsprüchen. Der **VWert steigt um die Mehrkosten**, die im
Totalschadenfall entstehen, weil der Staat oder eine sonstige öffentliche Kör-
perschaft unter Hinweis auf die bestehenden gesetzlichen Grundlagen mit der
Bau- oder Betriebsgenehmigung entsprechende **Auflagen** verbinden. Auch hier
kommt es allerdings darauf an, daß die Auflage nur für Neubauten rechtlich
zulässig sind oder daß die Auflagen durch einen Totalschadenfall jedenfalls
zeitlich erheblich beschleunigt werden. Nur wenn dies zutrifft, sind die
Mehrkosten Teil des VWerts, Q IV 24.

32   Als **Beispiele** sind die schon erwähnten zusätzlichen Immissionsschutzvor-
richtungen, aber auch Mehraufwendungen für eine Fassade, deren Denkmal-
schutzwürdigkeit in dem durch den VersFall ausgelösten Genehmigungsver-
fahren „entdeckt" und festgeschrieben wird. Auch für die Entschädigungsfähigkeit von Mehrkosten durch behördliche Anordnungen bei Reparaturen
kommt es darauf an, daß die Änderungen nicht auch ohne den versicherten
Reparaturschadenfall hätten verlangt werden können, sondern dem VN gerade durch den VFall aufgezwungen wurden, R III 16 und 17. Gleichzustellen
ist der Fall, daß die Maßnahmen zwar rechtlich und theoretisch auch ohne
Schadenfall hätten verlangt werden können, tatsächlich aber mit an Sicherheit
grenzender Wahrscheinlichkeit nicht verlangt worden wären, Q IV 24.

33   Allerdings bleiben nach **§§ 2 Nr. 1 Abs. 2 Satz 2 NwSoBedIuG, NwSoBedIG,
6 Nr. 1 Abs. 2 Satz 2 NwIG 80** „behördliche Wiederherstellungsbeschränkungen unberücksichtigt". Aber dies gilt nur für die aaO jeweils in Satz 1 geregelte Anrechnung des Wertes von Resten. In § 7 Nr. 1 Abs. 2 VGB 62 („dabei")
wird dies sogar ausdrücklich gesagt. Als anzurechnender Wert der Reste
kommt nach allen diesen AVB nicht mehr deren Wiederverwendungswert, R
II 25, sondern nur deren *Verkaufswert* in Betracht, R II 24. Für diesen
Verkaufswert wiederum sind behördliche Wiederherstellungsbeschränkungen bedeutungslos. Daher haben die zitierten Bestimmungen **kein Anwendungsgebiet** und ändern selbst für behördliche Wiederherstellungsbeschränkungen nichts an der in Q IV 31 dargestellten Rechtslage. Noch weniger
haben die zitierten Bestimmungen Bedeutung für technische oder privatrechtliche Hindernisse der Wiederherstellung oder Wiederbeschaffung von
Sachen gleicher Art und Güte, Q IV 14 bis 28.

34   Innerhalb von **§§ 11 Nr. 1 AFB 87, AWB 87, AStB 87** wird die Berücksichtigung von **behördlichen Wiederherstellungsbeschränkungen** im Gegensatz zu
den zitierten älteren Bestimmungen in einem gesonderten **Abs. 3** verneint.
Die **Anrechnung von Resten** wird schon in einem vorausgehenden **Abs. 2** angeordnet. Trotzdem sind auch nach diesen AVB beide Absätze als **gedankliche
Einheit** anzusehen.

35   Andernfalls würde Abs. 3 speziell für die Entschädigungshöhe etwas vorschreiben, was für den VWert durch den Schaden nicht betroffener („geretteter") Sachen nicht gelten würde. Wäre gewollt gewesen, daß der VWert durch
die Möglichkeit behördlicher Anordnungen speziell für Neubauten nicht
steigt, so hätte dies schon in § 5 AFB 87 gesagt werden müssen, also für den
VWert gleichermaßen der vom Schaden betroffenen wie der geretteten Sachen. Außerdem hätte es dann nahegelegen, alle Mehrkosten zu erwähnen
und einheitlich zu behandeln, die speziell durch den VFall ausgelöst werden,
also z. B. auch zusätzliche nachbarrechtliche Immissionsschutzansprüche Q
IV 23. In den nur für bewegliche Sachen konzipierten AERB 87 fehlt in § 11
Nr. 1 ein Absatz für Wiederherstellungsbeschränkungen sogar völlig. Ferner
bezieht sich innerhalb von § 11 Nr. 1 AFB 87 usw. „Wiederherstellungs-..."
nur auf Gebäude, nicht dagegen z. B. auf Maschinen, weil bei beweglichen
Sachen im Totalschadenfall begrifflich nur von Wiederbeschaffung, nicht
aber von Wiederherstellung die Rede sein kann.

36   All dies spricht *dagegen,* aus § 11 AFB 87 eine ungeschriebene Änderung
von § 5 AFB 87 herauszulesen. Ohnehin wäre die systematische Trennung

von zwei Sätzen innerhalb von § 11 Nr. 1 AFB 87 durch einen zusätzlichen Absatz eine ganz ungewöhnliche Art und Weise, einen grundsätzlich neuen Gedanken zu den Bestimmungen über die Höhe des Versicherungswerts (§ 5 AFB 87) zum Ausdruck zu bringen. Die Bestimmungen dürfen nicht entgegen ihrem Wortlaut so ausgelegt werden, als lauteten sie:

> Für den Versicherungswert und die Entschädigungshöhe unberücksichtigt bleiben Mehrbeträge, die dadurch entstehen, daß aus tatsächlichen oder rechtlichen Gründen ein Gebäude oder eine bewegliche Sache von genau gleicher Zweckbestimmung, Art und Güte nicht mehr gebaut, wiederhergestellt oder wiederbeschafft werden kann.

Zu beachten war das Berücksichtigungsverbot für „behördliche Wiederaufbaubeschränkungen" lediglich nach § 3 Nr. 1 AFB 30. Dort war nämlich die Entschädigung zu berechnen als die Differenz zwischen dem VWert vor Schadeneintritt und dem Bau- oder Wiederverwendungswert der Reste, R I 7. Dieser Bau- oder Wiederverwendungswert wiederum wurde sehr wohl durch behördliche Wiederaufbaubeschränkungen beeinflußt, R II 22 und 25. **37**

Indessen sind die AFB 30 jedenfalls in der NeuwertV von Gebäuden und Betriebseinrichtung seit Jahrzehnten durch die Neuwertsonderbedingungen verdrängt, zuletzt durch die NwIG 80, vgl. Q III 25. Nur wenn Gebäude oder Betriebseinrichtung in Verträgen nach dem AFB 30 ausnahmsweise zum Zeitwert versichert sind, wird die Entschädigung nach § 3 Nr. 1 AFB 30 berechnet. Und auch für diese Verträge sowie in den AEB ungeregelt sind technische oder privatrechtliche Hindernisse einer Wiederherstellung oder Wiederbeschaffung von Sachen gleicher Art und Güte im Sinne von Q IV 14 bis 28. **38**

Wird die Notwendigkeit zusätzlichen Kostenaufwandes infolge behördlicher Auflagen durch den Totalschadenfall nur unwesentlich beschleunigt, weil nämlich z.B. auch für das versicherte bisherige Gebäude bereits eine behördliche Auflage bestand, jedoch mit einer noch nicht abgelaufenen Frist von einigen Monaten oder Jahren, oder weil mit einer solchen Auflage in absehbarer Zeit (Q IV 24) zu rechnen war, so könnte man daran denken, dem VWert nicht die vollen Mehrkosten, sondern nur die **Zinsen** aus diesem Betrag für den Zeitraum zuzuschlagen, um den die Investition wegen des VFalls vorgezogen werden muß. **39**

Indessen sind die AVB auch bei der Regelung der NeuwertV diesen theoretisch auch dort möglichen Weg nicht gegangen, vgl. Q III 10. Man wird daher auch für den Spezialfall der dem VN gesetzlich oder behördlich aufgezwungenen Verbesserungen in aller Regel die **vollen** Mehrkosten als Teil des VWerts berücksichtigen müssen. Einschlägige gerichtliche Entscheidungen gibt es allerdings noch nicht; der Fall VGH Baden-Württemberg VersR 83, 1170 gehört jedenfalls nicht hierher, denn die Mehrkosten beruhten dort nicht auf geänderten Vorschriften, sondern auf Veränderungen des Gebäudes, die der VN teils baurechtswidrig vor und teils nach dem Schadenfall freiwillig vorgenommen hatte. **40**

Besteht für eine behördliche Anordnung die erforderliche Rechtsgrundlage, sei es schon bei Vertragsschluß (Q IV 44) oder jedenfalls zur Zeit der Entscheidung der Behörde (Q IV 45), so ist die Anordnung rechtmäßig und erhöht in den dargelegten Grenzen den VWert. **Fehlt** die erforderliche **Rechts- 41**

grundlage, so ist die **Anordnung** zunächst **rechtswidrig.** Wird sie allerdings formell rechtskräftig, sei es durch ungenutzten Ablauf der Widerspruchs-, Klage- oder Rechtsmittelfrist, oder sei es durch letztinstanzliche verwaltungsgerichtliche Entscheidung, so ist sie für den VN verbindlich. In diesem Fall tritt die prozessuale Unanfechtbarkeit an die Stelle einer materiellen Rechtsgrundlage. Für den VWert ergeben sich dieselben Konsequenzen, wie wenn die materielle Rechtsgrundlage erst alsbald nach dem VFall geschaffen wird; nach der hier vertretenen Ansicht sind auch solche Anordnungen für den VFall zu berücksichtigen, Q IV 45.

42   Anders als im Fall eines Urteils in einem Streit zwischen dem VN und einem Nachbarn (Q IV 26) kann der VR nicht einwenden, die Rechtskraft der behördlichen Anordnung wirke nur gegenüber dem VN, und es fehle für die Anordnung an einer Rechtsgrundlage. Vielmehr entfaltet die **formell rechtskräftige Anordnung** eine sog. **Tatbestandswirkung** auch für das VVerhältnis und beeinflußt als Hindernis für den unveränderten Wiederaufbau den VWert des versicherten zerstörten Gebäudes. Der Vr kann nur einwenden, der VN habe seine **Schadenminderungspflicht** (§ 62 Abs. 1 VVG) verletzt, weil er Widerspruch, Klage oder Rechtsmittel nicht oder nicht rechtzeitig eingelegt oder das Verfahren schlecht geführt habe. Gelingt dann dem VN nicht der Entschuldigungsbeweis des § 62 Abs. 2 VVG, also die Entlastung von Vorsatz und grober Fahrlässigkeit, so ist der Vr für den auf der behördlichen Anordnung beruhenden Mehrbetrag leistungsfrei.

43   Soweit die **Kosten des Verwaltungsstreitverfahrens** nicht durch die Behörde erstattet werden, handelt es sich um **Rettungskosten** gemäß § 63 VVG. Das gleiche gilt für den **Ertragsausfall,** den der VN als adäquate Folge in Kauf nimmt, wenn er die behördliche Anordnung zunächst nicht befolgt, sondern mit Rechtsmitteln bekämpft, und wenn sich dadurch der Wiederaufbau verzögert. Im Verhältnis zu einer BU-V besteht DoppelV. § 3 Nr. 2b FBUB schließt zwar einen zusätzlichen BU-Schaden durch behördliche Wiederaufbaubeschränkungen aus, ist aber nur auf endgültige behördliche Anordnungen anzuwenden, nicht hingegen auf die bloße Verzögerung während eines Genehmigungs- und während des anschließenden Verwaltungsstreitverfahrens, soweit dort im Ergebnis der VN obsiegt (PM Teil II C, Anm. 5 zu den FBUB).

44   Besteht eine Rechtsgrundlage für behördliche Auflagen nur für Neubauten (nur dann beeinflussen sie den VWert, Q IV 24 und 31), so werden die Auflagen selbst naturgemäß erst nach dem VFall angeordnet, nämlich als Bestandteil der nach dem VFall zu beantragenden Bau- oder Betriebsgenehmigung. Gleichwohl ist der VWert schon im Zeitpunkt des VFalls erhöht, denn kostensteigernd wirkt *nicht erst* die behördliche Auflage, sondern *schon* die Tatsache der **Existenz einer gesetzlichen Grundlage** für solche Auflagen.

45   In Q IV 18 der 2. Aufl. war die Meinung vertreten worden, der VWert werde durch eine bereits bestehende gesetzliche Grundlage für behördliche Auflagen auch dann nicht erhöht, wenn das Gesetz es in das **Ermessen der Behörde** stellt, die Anordnung zu treffen oder nicht zu treffen. Dies kann so allgemein nicht aufrechterhalten werden. Geboten ist eine Unterscheidung entsprechend der bestehenden Verwaltungspraxis. Ist mit einer behördlichen Auflage aus der Sicht des Bewertungszeitpunkt auf absehbare Zeit nur im Fall

eines Schadens zu rechnen, dann aber mit hoher Wahrscheinlichkeit, so erhöht die Existenz der Gesetzesbestimmung bereits das Interesse am Ausbleiben des VFalles und damit den VWert.

Wird die **gesetzliche Grundlage** für eine kostensteigernde behördliche Auflage **46** **erst nach dem VFall** geschaffen, so stellt sich die Frage, ob auch in solchen Fällen der für die Entschädigung maßgebende VWert für den bereits eingetretenen VFall noch erhöht wird. Die Antwort hängt davon ab, was man allgemein unter dem VWert in einem bestimmten Zeitpunkt verstehen will, vgl. dazu ausführlich Q I 53 bis 85. Berücksichtigt man z. B. Tariferhöhungen und Materialpreissteigerungen während des für die Wiederbeschaffung notwendigen Zeitraums, so muß dies auch für behördliche Auflagen auf der Basis von gesetzlichen Grundlagen gelten, die erst während dieses Zeitraums geschaffen wurden.

Steigender VWert durch verschärfte Sicherheitsvorschriften kann den VN **47** in hohe **UnterV** treiben und den Vr bei Teilschäden zu Entschädigungen zwingen, die durch die VSumme als Prämienbemessungsgrundlage (S I 1) wirtschaftlich nicht gedeckt sind. Für den Vr besteht diese Gefahr vor allem dann, wenn sich die neuen Vorschriften bei Teilschäden speziell auf die zu Schaden gekommenen Anlageteile beziehen oder wenn der Vr die auch bei anderen Anlageteilen bestehende UnterV der Gesamtposition nicht beweisen kann. Bei Industrieanlagen mit rasch wechselnden Sicherheitsvorschriften (z. B. Kernkraftwerken) empfehlen sich *Sonderabreden,* die beide Seiten vor Überraschungen schützen.

Besonders hart können die Konsequenzen von Preissteigerungen durch **48** behördliche Auflagen für den Vr in der **Gleitenden NeuwertV** sein. Weder ist hier nämlich die VSumme 1914 Entschädigungsgrenze (S IV 5) noch kann sich der Vr auf UnterV berufen, falls die VSumme bei Vertragsschluß usw richtig war, S IV 22. Nur wenn die gesetzliche Grundlage für die behördlichen Auflagen schon bei Vertragsschluß bestand, muß also der VN sie für die Bildung der VSumme 1914 berücksichtigen.

Werden die gesetzlichen Grundlagen für kostensteigernde Auflagen erst **49** nach dem VFall geschaffen, so ist allenfalls zu überlegen, ob es sich nicht um eine anzeigepflichtige **Gefahrerhöhung** im Sinn von §§ 27ff. VVG handelt, nämlich um einen Umstand, der eine relativ größere Schadenhöhe wahrscheinlicher macht, vgl. allgemein zur Erhöhung der sog. Schadenauswirkungsgefahr die Nachweise bei PM § 23 Anm. 1 sowie zum Verhältnis zwischen §§ 23ff. VVG und § 56 VVG Martin VersRSchau 85, 3. Indessen wäre kaum zu begründen, warum gerade behördliche Auflagen außerhalb der in der Gleitenden NeuwertV durch den Vr zu tragenden Kostenänderungsrisiken liegen sollten. Unstreitig **nicht** um eine Gefahrerhöhung handelt es sich nämlich, wenn z. B. Baustoffe nicht mehr in der bisherigen, sondern nur noch in besserer Art und Güte zu haben sind, Q IV 14. – Indessen sind Mehrkosten durch behördliche Auflagen gerade dort am häufigsten, wo die Gleitende NeuwertV ohnehin nicht vereinbart wird, nämlich bei Industriebauten. Die zusätzlichen Rechtsprobleme nach den SGlB 79a haben daher nur geringe praktische Bedeutung.

e) **§ 15 Nr. 3 Abs. 1 VGB 88** bezeichnet für die WohngebäudeV nach dem **50** Vorbild der in Q IV 61 behandelten Klauseln 2302 und 2303 „**Mehrkosten** infolge behördlicher Auflagen" als mitversichert, und zwar sowohl bei Teilschäden wie bei Totalschäden. Wie die Worte „ersetzt werden auch" erkennen lassen, waren die Verfasser der Meinung, die Ersatzpflicht ergebe sich nicht schon aus § 15 Nr. 1 VGB 88. Nach der hier vertretenen Ansicht handelt es sich dagegen überwiegend nur um eine **Klarstellung** dessen, was schon aus § 15 Nr. 1 VGB 88 zu entnehmen ist, nämlich aus den Begriffen „VWert" und „notwendige Reparaturkosten", vgl. Q IV 31 und 32.

51 **Keinesfalls** darf aus § 15 Nr. 3 VGB 88 ein **Umkehrschluß** für die Auslegung anderer AVB gezogen werden, in denen eine vergleichbare Bestimmung nicht enthalten ist, insbesondere nicht für die Auslegung der AFB 87. Die Gesamtheit aller AVB der SachV stellt im Gegensatz zur Gesamtheit aller staatlichen Gesetze keine einheitliche Rechtsordnung dar. Bedingungswerke „gelten" vielmehr nur, soweit sie Vertragsbestandteil geworden sind. Schlüsse aus dem Inhalt eines Bedingungswerkes, das nicht Vertragsbestandteil ist, auf ein Bedingungswerk, das zum Vertragsbestandteil gemacht wurde, sind noch weniger zulässig als von einem Gesetz auf ein anderes, vgl. schon Q I 84 zu § 15 Nr. 2 VGB 88.

52 Auch vom hier vertretenen Standpunkt aus stellt § 15 Nr. 3 VGB 88 eine Erweiterung des VSchutzes insofern dar, als nicht verlangt wird, das Gesetz dürfe die behördlichen Auflagen nur für Neu-, Aus- oder Umbauten ermöglichen oder das behördliche Ermessen dürfe nach bestehender Verwaltungspraxis nur bei Neu-, Aus- oder Umbauten mit dem Ergebnis einer entsprechenden Auflage ausgeübt werden. Die Mehrkosten werden vielmehr abweichend von Q IV 24 auch dann entschädigt, wenn dieselben **Auflagen auch ohne Eintritt eines VFalles alsbald zu erwarten** gewesen wären. Diese Erweiterung ist indirekt Folge der Rechtsansicht der Verfasser, wonach die Entschädigungspflicht nicht eine Folgerung aus dem VWertbegriff und aus dem Reparaturkostenbegriff sei. Behördliche Auflagen, die auch ohne VFall zu erwarten sind, erhöhen nämlich den VWert keinesfalls, was aber die Verfassung nicht gehindert hat, § 15 Nr. 3 VGB 88 auch auf derartige Auflagen zu erstrecken.

53 **Nicht** anzuwenden ist § 15 Nr. 3 VGB 88 nach dessen Wortlaut auf behördliche **Auflagen, die bereits vor dem VFall erlassen** waren, und zwar auch dann nicht, wenn dem VN für die Erfüllung eine Frist gesetzt und diese im Zeitpunkt des VFalles noch nicht abgelaufen war.

54 Nicht anzuwenden ist § 15 Nr. 3 VGB 88 nach dessen Wortlaut ferner, wenn die **gesetzliche Grundlage** für die behördliche Auflage **erst nach dem VFall geschaffen** wurde. Diese Einschränkung ist kaum vereinbar mit der in § 15 Nr. 2 VGB 88 bestätigten Ersatzpflicht für Mehrkosten durch Preissteigerungen nach dem VFall, Q I 81 und Q IV 46. Da die VGB 88 sich in diesem Punkt aber klar ausdrücken und nicht gegen §§ 3, 9 AGBG verstoßen, ist die Einschränkung rechtswirksam.

55 Das gleiche gilt für die in § 15 Nr. 3 Abs. 2 VGB 88 enthaltene Einschränkung, wonach Abs. 1 aaO nicht anzuwenden ist, wenn und soweit Mehrkosten durch behördliche Auflagen dadurch entstehen, daß bei Reparaturschäden **Veränderungen an den durch den Schaden nicht betroffenen Gebäudeteilen** vorgenommen werden müssen, daß also die Wiederverwendbarkeit der „Re-

ste" des Gebäudes durch behördliche Auflagen gemindert oder gar völlig aufgehoben wird. Soweit die Auflagen nach Gesetz oder Verwaltungspraxis nur im Zusammenhang mit Neu-, Aus- oder Umbauten ergehen, ist die Einschränkung wirtschaftlich unlogisch. Verständlich wird die Einschränkung nur dadurch, daß die VGB 88 die Entschädigungspflicht auch dort vorsehen, wo dieselben Auflagen auch ohne den VFall hätten ergehen können und vielleicht alsbald ergangen wären, Q IV 52.

Außerdem ermöglicht **Kl 0931 Nr. 1 Satz 1** den **Einschluß** der durch § 15 **56** Nr. 3 Abs. 2 VGB 88 ausgeschlossenen Mehrkosten; wegen der mißlungenen Formulierung „bei der Anrechnung des Wertes ... zu berücksichtigen" vgl. Q IV 63 zu Kl 2302. Wird Kl 0931 vereinbart, so sind auch Mehrkosten durch solche behördlichen Auflagen versichert, die in mehr oder weniger zufälligem Zusammenhang mit dem VFall alsbald nach dessen Eintritt ergehen, und zwar auch dann, wenn es sich um einen geringfügigen Schaden handelt und die **Auflagen** ausschließlich **unbeschädigt gebliebene Gebäudeteile** betreffen. Daß die Grenzen des § 15 Nr. 3 Abs. 1 VVG – gesetzliche Grundlage aus der Zeit vor, behördliche Auflage aus der Zeit nach Eintritt des VFalles – auch für Kl 0931 gelten, versteht sich von selbst, wird aber dort in Nr. 2 nochmals bekräftigt.

Nach Kl 0931 Abs. 1 Satz 2 soll die **Entschädigung** auf den Betrag **begrenzt** **57** sein, „der sich vertragsgemäß ergeben würde, wenn die versicherte und vom Schaden betroffene Sache zerstört worden wäre, gekürzt um den Altmaterialwert abzüglich Aufräumungs- und Abbruchkosten". Nachvollziehbar und rechtswirksam ist diese Bestimmung nur insofern, als sie Vorrang vor § 15 Nr. 3 Abs. 4 VGB 88 hat. § 17 **Nr. 2** VGB 88 ist also auf Mehrkosten gemäß Kl 0931 **nicht anzuwenden;** dies wird auch durch den Umkehrschluß aus Kl 0931 Nr. 2 deutlich, wo der Inhalt von § 15 Nr. 3 Abs. 1 VGB 88 ausdrücklich wiederholt wird. Im übrigen ist jedoch Kl 0931 Nr. 1 Satz 2 nicht nachvollziehbar und unwirksam.

Nach dem Wortlaut soll fingiert werden, daß die technisch wiederver- **58** wendbaren, infolge behördlicher Auflagen aber trotzdem nicht mehr verwendungsfähigen Reste nicht mehr existieren, weil die versicherte Sache „zerstört" worden wäre. Zu fingieren ist mithin ein Totalschaden. Eine **Kürzung** **um einen Altmaterialwert** ist dann **nicht möglich.** Restwerte lassen sich nur bei einem konkreten Totalschadenfall feststellen, nicht aber bei einem fingierten Totalschaden. „Zerstört" ist nämlich eine Sache auch und nach dem Wortsinn sogar in erster Linie dann, wenn verwertbares Altmaterial überhaupt nicht anfällt. Da somit der fiktive Altmaterialwert Null beträgt, können von ihm auch nicht Aufräumungs- oder Abbruchkosten abgezogen werden.

Vielleicht wollten die Verfasser von Kl 0931 Nr. 1 Satz 2 etwas ganz ande- **59** res ausdrücken, daß nämlich höchstens der Neubauwert eines Gebäudes entschädigt werden solle, das den behördlichen Auflagen entspricht. Soweit darüber hinaus **Aufräumungs- und Abbruchkosten** entstehen, die höher sind als der Verkaufswert des durch Abbruch und Aufräumung gewonnenen Altmaterials, soll Entschädigung **nicht** geleistet werden, weder gemäß § 15 Nr. 1 VGB 88 noch gemäß §§ 2 Nr. 1, 17 Nr. 1 a VGB 88. Aufräumungskosten wären danach nur entschädigungspflichtig, soweit sie nicht mit dem Ziel der Wiederherstellung eines den behördlichen Auflagen entsprechenden Gebäudes anfallen, sondern z. B. nur zwecks Beseitigung von Trümmern neben der eigentlichen Baustelle. Aber Überlegungen, die sich so weit vom Wortlaut der Klausel entfernen, braucht der VN nicht anzustellen, besonders nicht im Hinblick auf § 5 AGBG (Unklarheitenregel).

60 § 15 Nr. 3 Abs. 3 VGB 88 – **Wiederaufbau nur an anderer Stelle** zulässig – stellt einen Unterfall von Abs. 2 aaO dar, nämlich einen Fall, in dem wegen einer behördlichen Auflage die Verwendung zerstörter Reste unmöglich wird. Der Ausschluß solcher Mehrkosten durch Abs. 2 aaO wird durch Abs. 3 aaO bekräftigt. VSchutz besteht nur, wenn Kl 0931 vereinbart ist, dann aber ohne Begrenzung durch § 15 Nr. 3 Abs. 4 VGB 88, Q IV 57.

61 f) **Kl 2302 Nr. 1 und 2** ermöglicht es, ergänzend zu § 11 Nr. 1 AFB 87, AWB 87, AStB 87 eine besondere VSumme für Mehrkosten infolge behördlicher Wiederherstellungsbeschränkungen bei gewerblichen und industriellen Risiken zu vereinbaren. Die Klausel war Vorbild für § 15 Nr. 3 VGB 88, so daß weitgehend auf Q IV 50 bis 60 verwiesen werden kann.

62 Dies gilt auch für die gesonderte Behandlung von Mehrkosten, die dadurch entstehen, daß **unbeschädigt gebliebene Reste** infolge behördlicher Auflagen für die Wiederherstellung nicht mehr zu verwenden sind. Ebenso wie bei Wohngebäuden nach Kl 0931 müssen auch bei gewerblichen Risiken solche Mehrkosten gegebenenfalls gesondert nach **Kl 2303** versichert werden, weil Kl 2302 Nr. 3 und Nr. 4 sie ausdrücklich ausschließen, vgl. Q IV 55 und 56.

63 Die Formulierung „... bei der Anrechnung des Restwertes ... zu berücksichtigen" ist mißlungen. Das gleiche gilt für Kl 0931, so lediglich eine geringfügige sprachliche Verbesserung durch Ersatz der Worte „des Restwertes" durch „des Wertes der wieder verwendbaren Reste" vorgenommen wurde, vgl. Q IV 56. Beide Formulierungen gehen unausgesprochen und irrig noch von der gedanklichen Situation des § 3 Nr. 1 AFB 30 aus, also vom Wiederverwendungswert der Reste als Rechengröße auch bei Reparaturschäden, R II 25. §§ 11 Nr. 1 AFB 87, AWB 87, AStB 87, 15 Nr. 1 VGB 88 verstehen jedoch unter „Restwerte" nur noch den Verkaufswert der durch Abbruch und Aufräumung vor Reparatur zu gewinnenden Reste. Dieser wiederum wird durch behördliche Wiederherstellungsbeschränkungen nicht beeinflußt, Q IV 33. Richtigerweise hätten in Kl 0931 und Kl 2303 die versicherten Mehrkosten etwa so beschrieben werden müssen, wie dies vorstehend in Q IV 62 geschehen ist.

64 Aus der Existenz von Kl 2302 und 2303, aus einer vorgedruckten Antragsmöglichkeit für diese Klauseln im Antragsformular des Vr und aus der etwaigen Vereinbarung einer MehrkostenV im Einzelvertrag darf kein Schluß auf die richtige Auslegung der AFB 87, AWB 87 und AStB 87 gezogen werden. Bei richtiger Auslegung besteht entsprechender **Schutz schon nach den AVB,** vgl. Q IV 31 und 32, allerdings mit den in Q IV 52 und 54 behandelten Abweichungen. Die Tatsache, daß eine entsprechende Klausel existiert und im Antragsformular angeboten wird, ändert nichts daran, daß der VN Entschädigung auch aus den AVB verlangen kann, so wie wenn er die Klausel nicht vereinbart hätte oder wie wenn die Klausel nicht existierte, vgl. allgemein K I 6 und 7.

Kl 2302 Nr. 5 stellt den notwendigen Zusammenhang mit der in Q I 70 bis 77 65
behandelten PreisdifferenzV her, vgl. dazu auch schon Q IV 46. In der WohngebäudeV gibt es dazu keine Parallele, denn § 15 Nr. 2 VGB 88 bestätigt dort
ausdrücklich den Einschluß von Preissteigerungen während der unvermeidlichen Wiederaufbauzeit. Wegen Betriebsbeschränkungen in der WohngebäudeV vgl. hingegen Q I 82 und Q IV 56.

Nach Kl 2302 Nr. 6 Satz 1 sollen die Mehrkosten nur im Verhältnis des 66
Zeitwertes zum Neuwert ersetzt werden, falls nur der **Zeitwert** VWert ist.
Abweichend von Kl 1301 Nr. 5 soll dies aber nicht nur bei Totalschäden,
sondern auch bei Teilschäden gelten, was als unlogisch und willkürlich erscheint, vgl. Q I 76. Folgerichtig ist hingegen die Kürzung der Mehrkostenent-
schädigung bei **UnterV** der Hauptposition nach Kl 2302 Nr. 7.

Wegen des Fehlers in Kl 2302 Nr. 1 Satz 2 – Kürzung der Entschädigungsbe- 67
grenzung in Höhe der Entschädigung für einen fiktiven Totalschaden – um
„den Altmaterialwert", vgl. Q IV 58. In einem nur fiktiven Totalschadenfall
gibt es keinen feststellbaren Wert des Altmaterials. Wegen des vielleicht gewünschten, aber mißlungenen Ausschlusses einer zusätzlichen Entschädigung
für Aufräumungs- und Abbruchkosten im Fall eines behördlich erzwungenen
Abbruchs und Wiederaufbaus an derselben oder an anderer Stelle vgl. Q IV 59.

2. Besondere Schwierigkeiten bereitet die Feststellung des Wiederbeschaf- 68
fungspreises beweglicher Sachen, für deren „Art" im Sinn der Wort „Art und
Güte" in den in Q IV 11 zitierten Bestimmungen es nicht nur auf den Endzu-
stand der Sache, sondern auch auf die Art und Weise ihrer Entstehung ankommt, Q IV 69 bis 72. Schwierigkeiten entstehen ferner, wenn der Wert der
Sache ausnahmsweise dadurch steigt, daß sie in bestimmter Art und Weise oder
in bestimmter räumlicher Position aufbewahrt wird, Q IV 73 bis 75, oder aber
dadurch, daß sie nicht mehr neu ist, sondern bereits ein gewisses Alter erreicht
hat, Q IV 76 bis 81.

a) Bei **Kunstgegenständen** oder **Sachen mit Seltenheitswert** sind Identität und 69
Herkunft der Sachen für deren Wert maßgebend. Völlige Gleichheit von Art
und Güte im Sinn von Q IV 12 würde Identität des Herstellungsvorgangs,
Identität der Herstellungszeit und Identität der Person des Herstellers verlangen, insbesondere also des Künstlers, der den Kunstgegenstand geschaffen hat.
Zum Begriff des Kunstgegenstandes sowie zu der unvollständigen Aufzählung
gewisser Kunstgegenstände in § 19 Nr. 1d VHB 84, vgl. Großer VersVermittlung 88, 22.

Identität des Künstlers ist für die Höhe des VWertes nur dann zugrunde zu 70
legen, wenn es sich um einen halbwegs berühmten Künstler handelt und dieser
im Zeitpunkt der Bewertung noch am Leben und noch bereit und in der Lage
ist, vergleichbare Kunstwerke neu zu schaffen. Liegen diese Voraussetzungen
nicht vor, so ist ein vergleichbares Werk eines anderen und ähnlich berühmten
Künstlers maßgebend. Ist der Künstler nachträglich noch berühmter geworden, so erhöht dies den VWert, gleichgültig ob im Schadenfall ein Kunstwerk
dieses Künstlers oder nur ein Werk eines vergleichbar berühmten anderen
Künstlers beschafft werden kann. Um die Schwierigkeit der Bewertung zu
reduzieren, wird gelegentlich vereinbart, daß für den VWert die Kosten der
Anfertigung einer qualifizierten Kopie maßgebend sind, vgl. die frühere Kl 119
(2. Aufl., Texte 33).

71 Bei Gegenständen, die für den VN nur **Affektionswert** verkörpern, kann nicht einmal Gleichheit des Herstellungsvorganges verlangt werden. Vielmehr kann **Serienanfertigung** zugrunde zu legen sein, obwohl die versicherte Sache einzeln angefertigt worden war. In diesem Sinn hat LG Köln VersR 79, 125 für eine Kommode mit Einlegearbeiten entschieden, die der VN als Meisterstück gefertigt hatte.

72 Die Beweislast für die Herkunft einer bestimmten versicherten Sache von einem bestimmten Künstler, also für die Echtheit eines Kunstwerks, trägt derjenige Vertragspartner, der sich darauf beruft, also der VN für die Höhe der Entschädigung und der Vr für die Höhe des VWertes geretteter Sachen. Zum Beweiswert von Expertisen vgl. Großer VP 80, 24 und Wehde VP 80, 91.

73 Wegen der Problematik bei **Fotos** und **Filmen** vgl. zunächst Q II 59. Soweit es nicht auf den Kunstwert, sondern auf den bloßen Informationsgehalt oder Erinnerungswert oder gar auf den bloßen Besitz (Urlaubfotos im Hausrat) ankommt, entscheiden die Wiederbeschaffungskosten für Fotos *etwa gleichen Inhalts*. Die Person dessen, der die Fotos aufgenommen hat, und die Personen, die darauf in bestimmter Umgebung dargestellt sind, spielen für das Merkmal der gleichen Art und Güte keine Rolle. Die Kosten einer Reise zum Ort der Aufnahme gehören jedenfalls nicht zum VWert, selbst dann nicht, wenn die im Handel erhältlichen Ersatzfotos oder Dias von den versicherten und zerstörten stark abweichen. Unter Umständen ist für „schlechte" Fotos oder Dias sogar nur der gemeine Wert zu ersetzen (Q III 90), also nicht einmal der Wert handelsüblicher Landschaftsdias oder der Wert verbrauchten Filmmaterials. – Will der VN den VWert für Fotos usw. höher bemessen, so muß er eine Sondervereinbarung anstreben. Für den DurchschnittsVN, insbesondere auch nach den VHB 74 und VHB 84, ist die hier vertretene Ansicht akzeptabel und im Hinblick auf die sonst nötige höhere VSumme und Prämie sogar wünschenswert.

74 b) **Gleiche Art und Güte** hat eine Sache nur und erst dann, wenn sie **am VOrt** in derselben Weise **aufgestellt** oder in eine andere bewegliche oder unbewegliche Sache (**ein-**)**gebaut** oder eingelagert, verpackt oder im Gegenteil ausgepackt, aufgestellt, aufgebaut usw. ist (R II 7) wie die zu bewertende Sache. Mit anderen Worten: der **Einbau-, Verpackungs- und Verwahrungszustand** einer Sache gehört zu deren Eigenschaften und zu den Merkmalen ihrer „Art" und Güte im Sinn der AVB-Bestimmungen über den VWert. Ob bei komplizierten technischen Anlagen (EDV usw.) die jeweilige *Feineinstellung* für bestimmte Arbeitsvorgänge gehört, ist zweifelhaft, entgegen Q IV 24 der 2. Aufl. aber wohl ebenfalls zu bejahen.

75 Nach einem Schaden sind die Kosten für Transport und Montage sowie für alle Tätigkeiten zu berücksichtigen, die nötig sind, um eine wiederbeschaffte neue Sache in den *früheren Zustand* der zerstörten früheren Sache zu versetzen, vgl. näher Q IV 99 für Handelsware, Q IV 100 für Betriebseinrichtung und Hausrat und Q IV 104 für Gebäude, ferner Ludolphy RuS 77, 42, Engels VP 80, 56 und PM § 86 Anm. 2 c. Anderer Meinung ist Boldt VW 80, 192, der diese Kosten zur Gewinnspanne (?!) rechnet.

Daß „Nebenkosten" in §§ 3 NwIG 80, 4 AERB, 5 AFB 87, AERB 87,   76
AWB 87, AStB 87 nicht erwähnt sind, ändert an der Rechtslage nichts. Aus
der Erwähnung von Architektengebühren und sonstigen Konstruktions- und
Planungskosten in § 1 Nr. 3 NwIG 80 und 10a ZFgA 81b (nur deklaratorisch, Q IV 105) darf ein Umkehrschluß nicht gezogen werden.

c) **Neuwertiger Zustand** der wiederzubeschaffenden Sache ist bei Ermittlung   77
des Wiederbeschaffungspreises zugrunde zu legen, Q IV 7. Darunter ist nach
dem Zweck der NeuwertV „fabrikneu" zu verstehen, also nicht etwa nur
„wenig gebraucht" oder „sehr gut erhalten". Deshalb entscheidet für den
VWert in der Regel der Preis, der für den Kauf einer **fabrikneuen Sache**
aufzuwenden ist, und zwar beim **Erstverkäufer.** Der Hersteller ist „Erstverkäufer" nur, falls er regelmäßig auch an Endverbraucher verkauft, und nicht
etwa nur an Wiederverkäufer als Zwischenhändler. Mit einem Kauf „fabrikneuer" oder gar nur „neuwertiger" Sachen aus anderer Quelle oder aus zweiter Hand braucht sich der VN im Totalschadenfall nicht zu begnügen, denn
mit einem solchen „Neukauf" sind immaterielle und eventuell auch materielle
Einbußen verbunden, vgl. Q IV 109.

Eine Ausnahme gilt nur für Sachen, bei denen ein gewisses **Alter** und ein   78
gewisser Abnutzungsgrad die Sachen nicht zu einer „gebrauchten", sondern
zu einer „anderen" macht. Dies trifft insbesondere bei Antiquitäten (U IV 6
und 34), handgeknüpften Teppichen (U IV 29), älteren Münzen usw. zu.
Hier gehören das **Alter** – soweit dieses für sich allein überhaupt den Zustand
der Sache beeinträchtigt, Q III 40 – und in gewissen Grenzen die **Abnutzung**
zu den **Merkmalen, welche die Art und Güte bestimmen.** Dies gilt für Sachen,
die gerade *wegen* ihres Alters oder *wegen* ihrer Herkunft aus einer bestimmten Epoche („Oldtimer") oder wegen ihrer zu einem späteren Zeitpunkt nicht
mehr wiederholbaren Art und Weise der Entstehung gehandelt werden. Abnutzung und selbst Spuren geringfügiger (sonst vgl. Q IV 82) mechanischer
Beschädigungen führen bei Sachen dieser Art **nicht** zu einem „Zeitwert" unter
dem Neuwert, sondern – allenfalls – zu einem niedrigeren Neuwert, weil die
Sache nun zwar von entsprechend minderer Art und Güte ist, aber immer
noch wie eine neue Sache gehandelt wird.

Das Gesagte läßt sich aber **nicht** etwa auf gebrauchte **Sachen aller Art** über-   79
tragen, für die es einen Gebrauchtwarenmarkt gibt. Nicht dürfen z.B. gebrauchte Fernsehgeräte, Filmkameras oder Kleidungsstücke je nach Abnut-
zugszustand als selbständige Gruppen von Sachen einer bestimmten Art und
Güte behandelt und so deren Gebrauchtmarktpreise in „Neuwerte" umgedeutet werden. Wo die Existenz von Gebrauchtwarenmärkten nicht speziell
auf einem besonderen Interesse an alten Gegenständen, sondern ausschließlich oder überwiegend auf der geringeren Wertschätzung gebrauchter Sachen
einerseits und dem Wunsch nach verbilligtem Erwerb andererseits beruht,
dort sind die Gebrauchtmarktpreise nicht Wiederbeschaffungspreise „anderer" Sachen, sondern Preise von nicht mehr neuwertigen Sachen, auf die es
für den VWert in der NeuwertV nicht ankommt. Andernfalls würde das
Prinzip der NeuwertV unterlaufen.

Es muß sogar in Kauf genommen werden, Q IV 4 und 109, daß bei Total-   80
schäden Neuwertentschädigung in Höhe des Preises einer fabrikneuen Sache
auch an solche VN geleistet wird, welche die Sachen schon gebraucht gekauft

hatten; das gleiche gilt selbst dann, wenn die Abnutzung ganz oder teilweise auf einem früheren VFall beruht, für den der VN oder dessen Rechtsvorgänger eine Wertminderungsentschädigung gemäß R I 20ff erhalten hatte. Die Unerheblichkeit des Einkaufspreises, einer früheren Entschädigungsleistung oder auch des Sachzustandes im Zeitpunkt des Einkaufes ist Folge des Grundsatzes der abstrakten Schadenberechnung, R II 4, die Bereicherung des VN Folge der Durchbrechung des § 55 VVG durch die NeuwertV, Q III 9.

81   Ein Beispiel für **Gebrauchtpreise als Neuwerte** bieten die in Münzenkatalogen je nach Abnutzungsspuren, Randkerben usw. üblichen Klassifizierungen für **Sammlermünzen.** So betrug z.B. um das Jahr 1980 der Neuwert einer prägefrischen Reichssilbermünze mit dem Kopf von Friedrich II. aus dem Jahr 1904 rund 2800 DM, wenn diese Münze „Sonderanfertigung für Sammler, absolut makellos geprägt, ohne Kratzer, Reibungsspuren oder Randschäden" (Gesamtklassifikation: „pp") war, hingegen nur 400 DM, wenn sie folgende Merkmale aufgewiesen hat: „schön, lang zirkulierte Münze, deutliche Abnutzungsspuren, Konturen deutlich erkennbar" (Gesamtklassifikation: „s" = „schön"). Zwischen diesen beiden genannten Extremklassifikationen gibt es noch drei weitere Abstufungen.

82   Von einem **Zeitwert** unter dem Neuwert entsprechend dem Zustand der Sache kann man in diesem Bereich (Q IV 78 bis 81) allenfalls im Hinblick auf **kleinere Schäden, Verschmutzungen und sonstige Beeinträchtigungen des Zustandes** sprechen, die der durchschnittliche Fachmann (Antiquitätenhändler) üblicherweise beseitigen läßt, ehe er die Sache verkauft. Insbesondere gilt dies bei antiken Möbelstücken, Waffen und sonstigen Holz- oder Metallgegenständen. Hier kommt auch der Besitzer von Antiquitäten in den Genuß der Vorteile einer NeuwertV. Entschädigt wird nämlich der Wiederbeschaffungspreis einer Sache, an der die vor einem Verkauf möglichen und üblichen Maßnahmen durchgeführt sind, auch wenn die Sache des VN sich nicht in einem Zustand befunden hatte, wie er durch solche Maßnahmen erreicht werden kann.. Eine **Restauration** mit höherem technischen oder künstlerischen Aufwand darf hingegen **nicht** zugrunde gelegt werden. Eine solche Restauration würde die Sache zu einer Sache von anderer Art und Güte machen und den Neuwert erhöhen.

83   3. Wiederbeschaffungspreis ist der Aufwand für einen Vorgang, nämlich für den **Vorgang der Wiederbeschaffung.** Dieser setzt sich zusammen aus **persönlichen Tätigkeiten des VN,** also aus Eigenleistungen im engeren Sinn, aus Tätigkeiten, die der VN in eigener Regie durch Arbeitnehmer eines eigenen Betriebes ausführen läßt, meist ebenfalls als **Eigenleistungen** bezeichnet, und endlich aus **Fremdleistungen** durch selbständige Dritte, die nicht Arbeitnehmer des VN sind.

84   Für jede einzelne schadenbedingte Tätigkeit ist zunächst zu klären, ob es sich wirklich um einen Teil des Wiederherstellungsvorgangs und damit des Sachsubstanzschadens oder aber um einen nicht entschädigungspflichtigen Vermögensfolgeschaden handelt. Danach ist wie dies z.B. in BGH VersR 86, 482 bei Beurteilung eines Sachverständigengutachtens zur Höhe von Reparaturkosten geschehen ist, zu klären, ob die Tätigkeit nicht etwa deshalb für den VWert unberücksichtigt bleiben muß, weil der VN die Tätigkeit persön-

lich ausgeführt hat oder es ihm jedenfalls zuzumuten gewesen wäre, die Tätigkeit persönlich und entschädigungslos auszuführen, statt Fremdleistungen in Anspruch zu nehmen, Q I 10 bis 16. Falsch wäre es, Tätigkeiten des VN schematisch schon deshalb unberücksichtigt zu lassen, weil sie den Hauptschaden mindern, also die Kosten des Wiederherstellungsvorgangs. Vielmehr ist zu prüfen, ob es sich nicht gerade deshalb schon um einen Teil des Wiederherstellungsvorgangs handelt. Dies wurde in LG Düsseldorf RuS 88, 175 übersehen, allerdings nicht bei Feststellung des VWerts nach einem Totalschaden, sondern bei Feststellung der zu entschädigenden Reparaturkosten in einem Teilschadenfall.

Soweit danach dem VN ein Anspruch zusteht, ist der Vr aufgrund des **85** versicherungsvertraglichen Vertrauensverhältnisses im Sinn einer rechtlichen **Nebenpflicht zur Beratung** gehalten, den VN auf die Entschädigungsfähigkeit auch der Eigenleistungen hinzuweisen, falls die entschädigungspflichtige Tätigkeit ganz offensichtlich angefallen ist (z. B. Schmutzbeseitigung bei Malerarbeiten), und der VN Entschädigung von sich aus ganz offensichtlich nur deshalb nicht verlangt, weil er solche Eigenleistungen rechtsirrig nicht für entschädigungspflichtig hält. Eigenleistungen, die der Vr entschädigt, wo sie geltend gemacht werden, darf er nicht in anderen Fällen nur deshalb unentschädigt lassen, weil der VN erkennbar die Rechtslage nicht voll überblickt; ganz besonders gilt dies in der V des privaten Lebensbereichs, also bei Hausrat und Wohngebäuden. Die *Verjährung* von Schadenersatzansprüchen gegen den Vr wegen Verletzung dieser Beratungspflicht beginnt bei richtiger Auslegung von § 12 Abs. 1 VVG und nach dem Grundgedanken von § 852 BGB erst dann, wenn der VN den Beratungsmangel erkennt.

Wie in Q I 10 bis 16 zusammenfassend dargelegt, dürfen dem VN jedenfalls **86** im privaten Lebensbereich, also in der **Hausrat- und WohngebäudeV**, persönliche Tätigkeiten in angemessenem Umfang entschädigungslos zugemutet werden. Im **gewerblichen Bereich** (Begriff Q I 10) gehen diese Tätigkeiten hingegen in die betriebliche Gemeinkostenabrechnung ein und sind nach Grund und Höhe ohne Rücksicht darauf zu entschädigen, ob der VN persönlich oder aber ein Arbeitnehmer sie ausgeführt hat. Die **betriebliche Gemeinkostenabrechnung** ist Grundlage für die Umrechnung betrieblicher Tätigkeiten im Rahmen des Wiederbeschaffungsvorgangs in DM-Beträge. Auf diesem Weg geht nicht nur eine etwaige schadenbedingte Tätigkeit des VN als des Betriebsinhabers in den Wiederbeschaffungspreis ein, sondern anteilig auch seine gesamte sonstige persönliche Tätigkeit im Betrieb und ebenso sein Eigenkapitaleinsatz, nämlich als **Unternehmerlohn** und als **Eigenkapitalzinsen,** vgl. BL 168 ff. Jeder Gemeinkostenbetrag für betriebliche Tätigkeiten, die im Rahmen des VWerts – oder für entschädigungspflichtige Reparaturkosten sowie für versicherte Kosten, R III 14 und 35 sowie W I 18 – zu berücksichtigen sind, umfaßt anteilig auch Unternehmerlohn und Eigenkapitalzinsen.

Die beiden in Q IV 84 skizzierten Fragen stellen sich besonders bei **Neben-** **87** **arbeiten** am Rande des eigentlichen Wiederherstellungsvorgangs, und zwar gleichermaßen bei Wiederbeschaffung durch Fremdleistungen wie bei Wiederbeschaffung durch Neuherstellung im eigenen Betrieb oder durch den VN persönlich. Im gewerblichen Lebensbereich spricht man hier treffend von **begleitenden Verwaltungsarbeiten.** *Nicht* richtig ist es, für solche begleitenden

Verwaltungsarbeiten einen – degressiven oder gar linearen – *prozentualen Zuschlag auf* die Fremdrechnungsbeträge anzusetzen, denn die Höhe der *Fremdrechnungen* ist für den Umfang der begleitenden Verwaltungsarbeiten zu wenig aussagekräftig. Die in § 11 Nr. 2 ABU für die AllgefahrenV von Bauleistungen getroffene Sonderregelung ist nicht analogiefähig. Zu berücksichtigen ist, soweit begleitende Verwaltungsarbeiten überhaupt als Teil des Wiederbeschaffungsvorganges anzuerkennen sind, ein angemessener Stundensatz aufgrund der betrieblichen Gemeinkostenaberechnung, multipliziert mit der Stundenzahl des Arbeitsaufwandes, Q IV 115.

88   Im Folgenden werden ohne Anspruch auf Vollständigkeit Fremd- und Eigenleistungen erörtert, die bei Wiederherstellungsvorgängen für verschiedene Arten von versicherten Arten **typischerweise** anfallen. *Ausgespart* und in R II 9 gesondert behandelt wird das Problem der *Bewegungs- und Schutzkosten* bei Gebäudeneubauten und Maschinenmontagen. Die Verkehrsansicht rechnet die an anderen Sachen vorgenommenen Arbeiten nicht zum Wiederbeschaffungspreis oder zum Neubauwert der zerstörten Sache, und zwar noch weniger als die ohne jeden Bezug zu bestimmten Sachen vorgenommenen Nebenarbeiten, vgl. R II 13. Diese Verkehrsansicht wird daher aber dem bestehenden VBedürfnis kaum gerecht.

89   a) Bei **eigenen Erzeugnissen** bezeichnen die älteren AVB (Q II 5) als Wert lediglich die **Kosten der Neuherstellung,** und zwar **im eigenen Betrieb.** Allerdings ist Neuherstellung nur ein Unterfall von Wiederbeschaffung, wie dies durch den Klammerzusatz „Wiederbeschaffungspreis" in § 4 Nr. 1 AERB zum Ausdruck kommt. An die Stelle der Kosten der Neuherstellung im eigenen Betrieb treten die Kosten der *Wiederbeschaffung am Markt,* falls diese niedriger sind. Dies folgt nicht etwa erst aus § 62 VVG, Q IV 8, sondern gilt auch für den VWert der vom Schaden nicht betroffenen Sachen. Es handelt sich um einen der Fälle, in denen der VN von mehreren Wiederherstellungsmöglichkeiten die preisgünstigste wählen muß, allerdings nur im Rahmen des Zumutbaren, vgl. zum speziellen Fall schon Q II 6 sowie allgemein Q IV 108 bis 110.

90   Wo der VN teurer produziert als die Konkurrenz, wird er in der Regel nicht voll ausgelastet sein; dann aber würde er bereichert, wenn er gerade wegen des VFalls seine Kapazität besser ausnützen dürfte. Ist der Betrieb des VN aber ausnahmsweise dennoch ausgelastet, so spricht gegen die Maßgeblichkeit der Kosten im eigenen Betrieb, daß dann auch Kosten für Überstunden und Nachtarbeiten anfallen würden. Wo der VN es für unzumutbar hält, bei der Konkurrenz zu kaufen, sollte er dies möglichst durch eine besondere Vereinbarung über den VWert festlegen. Das Problem wird übrigens dadurch entschärft, daß der erzielbare Verkaufspreis ohnehin Maximum für den VWert ist, Q II 7. Schon deshalb kann der VN in krassen Fällen die Kosten der Neuherstellung im eigenen Betrieb nicht als VWert ansetzen.

91   **Rohstoffe** (auch soweit sie in einem fremden Betrieb bereits zu Halbprodukten veredelt wurden, Engels VP 78, 104), die der VN für die eigene Produktion beschafft hat, sind in den AVB gesondert genannt, weil sie unter den Begriff der Ware erst fallen, nachdem sie in den Produktionsvorgang eingeschaltet worden sind (BL 156, 194). VWert der Rohstoffe ist ebenfalls

der Wiederbeschaffungspreis, Q II 27. Für den Gemeinkostenanteil innerhalb dieses Wiederbeschaffungspreises muß ein Schluß zunächst von den Halbprodukten auf die Rohstoffe und weiter von den Rohstoffen auf Handelsware gezogen werden, vgl. Q IV 96 und 98.

Für **Naturerzeugnisse** (z. B. auch Tiere, BL 194 gegen Raiser 122) ist eben- 92 falls der Wiederbeschaffungspreis VWert, Q II 27. Gemeint sind Naturerzeugnisse, die der VN selbst *herstellt,* denn andernfalls handelt es sich um Rohstoffe. Betrachtet man auch nach den älteren AVB Neuherstellung als Unterfall der Wiederbeschaffung, Q IV 89, so sind nicht immer die Wiederbeschaffungspreise auf dem Markt, sondern – falls diese niedriger sind – auch die Kosten der Neuherstellung im eigenen Betrieb maßgebend. Allerdings lassen sich letztere gerade bei Naturerzeugnissen wegen der Besonderheiten dieser Betriebe oft nur schwer feststellen (BL 195).

Halb- oder Zwischenprodukte werden wie fertige Erzeugnisse behandelt, Q 93 II 5. Nur spielt bei diesen der in den dort zitierten Bestimmungen vorgesehene **Abzug der noch nicht aufgewendeten Kosten** (ältere AVB sprechen von „ersparten" Kosten) vom Verkaufspreis als Maximum des VWerts eine größere Rolle. Letztlich ist dieser „Abzug" freilich selbstverständlich und müßten in den AVB nicht erwähnt sein, denn zu den Kosten der Neuherstellung eines Halb- oder Zwischenprodukts gehören eben nur die bis zu dem jeweiligen Prdouktionsstadium angefallenen Kosten. Stets notwendig ist aber der „Abzug" der **Vertriebskosten** (Raiser 119), und zwar einschließlich seiner festen Bestandteile (BL 166), mögen diese auch durch den Brand nicht eingespart werden. Sie sind nicht Teil der Kosten der Neuherstellung und können nur durch die Verkaufspreisklauseln (Q II 11 bis 23) oder durch eine BetriebsunterbrechungsV abgedeckt werden. Genau besehen handelt es sich bei den Vertriebskosten überhaupt nicht um einen „Abzug". – Der *Abzug* für noch nicht aufgewendete Kosten umfaßt nicht nur die *variablen,* sondern auch die *festen* Bestandteile. Der *Gemeinkostenanteil* ist bei Halb- oder Zwischenprodukten niedriger als bei Fertig- oder Endprodukten. Es ist also gleichgültig, ob bei Halb- oder Zwischenprodukten „von oben" mit einem Abzug, oder „von unten" mit entsprechend niedrigeren Einzel- und Gemeinkosten gerechnet wird (BL 180).

Die Kosten der Neuherstellung im eigenen Betrieb sind die **Selbstkosten** 94 ohne Gewinn. Sie setzen sich zusammen aus Einzelkosten und Gemeinkosten, vgl. BGHZ 54, 88 zu §§ 249 ff. BGB. Beide sind ihrer Art nach ganz überwiegend Kosten nicht für Eigen-, sondern für **Fremdleistungen,** wenn auch für Leistungen in „eigener Regie", nämlich im eigenen Betrieb:

Einzelkosten (Q IV 94) sind die Materialkosten und die Fertigungslöhne (zu 95 ermitteln aufgrund von Stücklisten, Arbeitsstundenzetteln usw., BL 167) jeweils einschließlich Gemeinkosten und anteiligen (ohne Vertrieb, BL 170) Verwaltungs- und Entwicklungsgemeinkosten. Ohne die im Betrieb anfallenden Verwaltungs- und gegebenenfalls Entwicklungstätigkeit könnte die Fertigung im Betrieb nämlich nicht stattfinden, jedenfalls nicht mit dem nach Art und Güte der versicherten Sache entsprechenden Ergebnis. Wegen des für die Gemeinkosten maßgebenen Zeitraums vgl. Q I 60 und 61 sowie BL 175.

Die **Materialkosten** (Q IV 95) umfassen ihrerseits die Wiederbeschaffungs- 96 preise der Rohstoffe (Q IV 91) einschließlich Transport-, Zoll-, Verpakkungs- und Einlagerungskosten sowie einschließlich (Ludolphy RuS 77, 42) *anteiligen Gemeinkosten* des Materialeinkaufs, der Eingangskontrolle und der Lagerbuchhaltung sowie einschließlich anteiliger sonstiger *Verwaltungsgemeinkosten,* weil die Betriebsverwaltung die Existenz der Fertigungsabteilung erst ermöglicht. Es wäre nicht richtig, nur gerade speziell Materialkosten ohne Gemeinkostenanteil anzusetzen, denn Materialeinkauf und Fertigung sind gleichrangige Teile des Vorgangs der Neuherstellung. Wegen der Schlüsse, die hieraus für den Wiederbeschaffungspreis von Handelsware zu ziehen sind, vgl. Q IV 91 und 98; zu pauschal (ohne Unterscheidung nach den zugrundeliegenden Arbeitsvorgängen, Q IV 84) gegen Ersatz von „Verwaltungsgemeinkosten" Ollick VerBAV 81, 42.

97   Die **Fertigungskosten** einschließlich Gemeinkosten und die **Verwaltungsgemeinkosten** enthalten den Verbrauch an Arbeitsleistungen, Arbeitsplatzkosten, Betriebsmitteln (Abschreibungen auf Gebäude, Maschinen usw.), Hilfs- und Betriebsstoffen, Instandhaltungsmaterial, Energie, Werkzeugen (genau besehen ein Teil der Betriebsmittel), fremden Dienstleistungen (Rechtsberatung, Versicherung, Reparaturen) und Wagniszuschlägen sowie kalkulatorische Zinsen auf fremdes und (str., Q IV 86) eigenes Kapital, ferner den Unternehmerlohn (Q IV 86) sowie z.B. eine kalkulatorische Miete für Räume in Wohngebäuden des VN und endlich die sog. Kostensteuern (Vermögens-, Grund-, Gewerbe-, Kfz-Steuer usw.). Innerhalb des Verbrauchs an *Arbeitsleistungen* sind nicht nur die Löhne für die Aufrechterhaltung des Betriebes im ganzen zu berücksichtigen, sondern auch gewisse Zuschläge auf die Fertigungslöhne für Sozialleistungen, Lohnfortzahlung im Krankheitsfall, bei Auftragsflaute usw., vgl. KG RuS 81, 150. Ebenso wie auf die Materialkosten ist also auch auf die Lohnkosten ein Gemeinkostenzuschlag geboten. Die *Verwaltungsgemeinkosten* gehören zu den Kosten der Neuherstellung nur, soweit sie *nicht* auf den *Vertrieb* entfallen, vgl. BL 170 sowie Q IV 93 und 96, weil ganz allgemein „Gemeinkosten" nie voraussetzungslos, sondern immer nur für bestimmte schadenbedingte und entschädigungspflichtige Tätigkeiten zu ersetzen sind, Q IV 84.

98   b) Bei **Handelsware** ist ebenfalls der **Wiederbeschaffungspreis** der VWert. Dabei sind die auf den **Einkauf** entfallenden *Gemeinkosten* ebenso Teil des Wiederbeschaffungspreises wie innerhalb der Kosten der Neuherstellung die auf den Einkauf des Materials entfallenden Gemeinkosten, Q II 42. Allerdings vertreten Raiser 119 und BL 188f. eine andere Ansicht. Aber die Wiederbeschaffung ist ein Vorgang im Betrieb des VN, der nicht nur aus der Erfüllung des Kaufvertrages mit dem Lieferanten durch Zahlung des vereinbarten Preises, sondern auch aus Eigenleistungen (Q IV 83) in Form von sonstigen Arbeiten besteht, die der Einkauf mit sich bringt (ebenso Ludolphy RuS 77, 42 und Engels VP 80, 56 gegen Boldt VW 80, 192, vgl. dazu R II 7). Ob die Handelsware tatsächlich wiederbeschafft wird, spielt nach dem Grundsatz der abstrakten Schadenberechnung keine Rolle, Q IV 7, weil es hier keine Wiederherstellungsklauseln gibt.

99   „*Wiederbeschaffungspreis*" bedeutet nicht nur den Preis für *Eigentumserwerb* des VN frei Werktor oder gar nur ab Werk des Lieferanten, sondern einen Preis unter Einschluß des **Entladens, Auspackens, Einlagerns, Ausstellens**

und Auszeichnens (in den Verkaufsräumen des VN) usw., also einschließlich der Kosten aller nötigen **Nebenarbeiten**. Erst durch diese Tätigkeiten entsteht für den Betrieb des VN wieder eine Sache (Handelsware) von gleicher Art und Güte wie die versicherte, Q IV 74. Wer dies nicht akzeptiert, muß die Zugehörigkeit jener Tätigkeiten zum Wiederbeschaffungsvorgang immerhin aus der Komponente „Wieder-" ableiten; im Ergebnis wie hier Engels VP 82, 12, 80, 53. Soweit der VN die Arbeiten in eigener Regie ausführt, sind die anfallenden Einzel- und die anteiligen Gemeinkosten Teil des VWerts und der Entschädigung, denn maßgebend ist der Wiederbeschaffungspreis der Sachen (Q IV 11; hier: Handelsware) in dem Zustand, in dem sie sich bei Schadenseintritt befanden.

c) Für die **Betriebseinrichtung** in der GeschäftsV und für **Hausrat** ist VWert **100** ebenfalls der Wiederbeschaffungspreis. Hier ist jedenfalls der Betrag anzusetzen, der an den Verkäufer (wegen dessen Auswahl vgl. Q IV 107) bei Wiederbeschaffung zu zahlen ist, und zwar zuzüglich der **Nebenkosten** für Transport, Zoll usw. (BL 92). Die Nebenkosten umfassen auch hier das *Entladen* und *Aufstellen* im VOrt, vgl. allgemein Q IV 74 sowie für Handelsware Q IV 98. Soweit die Kosten in der Rechnung des Verkäufers enthalten sind, weil der Möbel- oder Maschinenhändler usw. die Sachen üblicherweise auch aufstellt, wird dies ohnehin von keiner Seite bezweifelt. Nichts anderes gilt aber im Fall von Tätigkeiten im eigenen Betrieb des VN, die sich an die Lieferung der wiederbeschafften Sachen anschließen müssen. – Auch dem *Hausrat*VN kann nicht angesonnen werden, einen niedrigeren Wiederbeschaffungspreis durch persönliche Übernahme des Aufstellens usw. anzustreben, zumal dies oft seinen Gewährleistungsanspruch gefährden würde. Das Auspacken und Einräumen innerhalb der Wohnung von Büchern, Geschirr, Textilien usw., also von technisch unkomplizierten Sachen, muß hingegen der VN außerhalb des VWerts und der Entschädigung als persönliche Tätigkeit übernehmen, Q I 12.

Daß die vollen Kosten des VN anzusetzen sind, also z. B. dessen Verkaufs- **101** preise, soweit die Sachen (z. B. Möbel für das eigene Büro des Büromöbelherstellers, Elektrogeräte für den eigenen Haushalt eines Herstellers) oder Leistungen (z. B. Transport zum eigenen Büro des Frachtführers oder eines Betriebes mit Werkverkehr) zum **eigenen Sortiment des Geschäfts- oder HausratVN** gehören, ist im Regelfall selbstverständlich. Für den VWert wird dann ein Erwerb des VN aus dem eigenen Sortiment fingiert. Ist der VN in eigener Person zugleich der betroffene VN und der „Verkäufer", so handelt es sich um einen Verkauf nicht im rechtlichen, sondern nur im wirtschaftlichen Sinn. – Soweit allerdings dem VN bei Handelsware deren Bezug durch den Inhaber der Bezugsquelle nicht nur zum Wiederverkauf, sondern auch zum eigenen Gebrauch nicht verboten, sondern gestattet ist, darf nicht ein fiktiver Verkaufspreis des VN, sondern muß der Einkaufspreis des VN zugrunde gelegt werden, Q IV 128, also ohne Vertiebskosten.

d) Für **Gebäude** ist VWert der **ortsübliche Neubauwert** entsprechend dem **102** jeweiligen Ausbauzustand des Gebäudes, gegebenenfalls also nach Aus-, An- oder Umbauten, die vor dem für die Bewertung maßgebenden Zeitpunkt stattgefunden haben, R II 17, jedoch ohne Aufräumungs- und Abbruchkosten für das zerstörte Gebäude, R II 10. Es gelten dieselben Grundsätze wie für den Wiederbeschaffungspreis bei beweglichen Sachen, denn „Neubauwert" ist nur ein auf Gebäude bezogener Fachausdruck an Stelle des Oberbegriffes „Wiederbeschaffungspreises", Q IV 3. Das Wort „ortsüblich" vermindert allerdings ein wenig den in Q IV 108 erörterten Spielraum für die Rücksichtnahme auf persönliche Gewohnheiten des VN bei der *Auswahl* von Lieferanten (hier: *von Bauunternehmern*). Weder für die Frage der UnterV noch für die Totalschadenentschädigung darf also von den Preisen des teuersten Unternehmers ausgegangen werden, selbst wenn der VN ansonsten diesen besonders teuren Unternehmer zu beauftragen pflegt. Soweit allerdings technische Merkmale (Art und Güte!) des Gebäudes nicht durch alle Bauunternehmen in gleicher Weise realisiert werden können, beschränkt sich von vornherein der Kreis der für den ortsüblichen Neubauwert maßgebenden Unternehmen.

103   Was BL 136ff. als **Methoden" für die Ermittlung des Neubauwerts** bezeichnen, sind in Wirklichkeit nur Formen von Schätzungen, die erst durch ein förmliches Sachverständigenverfahren verbindlich werden, weil dann gegebenenfalls eine „erhebliche" Abweichung von der wirklichen Sachlage nachgewiesen werden muß, Y I 27. Weder der Vergleich mit anderen Gebäuden noch (überregionale oder regionale) Durchschnittssätze je qm Grundfläche und je cbm Rauminhalt ergeben zuverlässige Werte. Sowohl der Vr für die UnterV wie der VN für die Totalschadenentschädigung kann daher ein genaues **Leistungsverzeichnis** mit Kostenvoranschlag speziell für das zu bewertende Gebäude verlangen. Ebenso wie bei beweglichen Sachen (Q IV 101) darf der **VN,** soweit er **selbst Rohbau- oder Ausbauunternehmer** oder **Architekt** usw. ist, in den Grenzen des „Ortsüblichen" (Q IV 102) für seine in eigener Regie erbrachten Leistungen die **eigenen Endpreise oder Gebühren** ansetzen.

104   Im übrigen erleichert bei Gebäuden mehr als bei InbegriffsV beweglicher Sachen die **Höhe der VSumme** eine sachgerechte Entscheidung, da meist, je Gebäude eine besondere VSumme (Position) gebildet wird: Soweit die VSumme ausreicht, ist der Entschädigungsanspruch in Grenzfällen zu bejahen. Einer VSumme 1914 in der Gleitenden NennwertV können Anhaltspunkte für den Gegenwartsbauwert allerdings nicht entnommen werden. Das **Ausräumen** des schadenbedingt abzubrechenden und das **Wiedereinräumen** des wiederaufgebauten Gebäudes ist für den VWert des Gebäudes **nicht** zu berücksichtigen. Entschädigung aus der GebäudeV kann für solche Kosten allenfalls aus den Positionen für *Aufräumungs- und Abbruch-* sowie für *Bewegungs- und Schutzkosten* geschuldet werden, W IV und W V.

105   **Architektengebühren** sowie sonstige **Konstruktions- und Planungskosten** sind in §§ 3 Nr. 1 NwIG 80, 5 Nr. 1a AFB 87, AWB 87, AStB 87 als Bestandteile des VWerts von Gebäuden besonders erwähnt. Sie sind aber auch nach den übrigen AVB **Teil des ortsüblichen Neubauwerts.** Bei Architektengebühren kommt es auf die Art des Gebäudes und auf die baurechtlichen Vorschriften (Vorlagerecht nur für Architekten; nicht berücksichtigt bei BL 139) an, vgl. auch LG Hamburg ZfS 84, 154. Es handelt sich um Nebenkosten, vergleichbar z.B. den Transportkosten und den Kosten des Entladens, Auspackens usw. bei beweglichen Sachen, Q IV 74. Welche Teile der Planungskosten nach einem Totalschaden voraussichtlich oder tatsächlich erneut anfallen,

spielt nach dem Grundsatz der abstrakten Schadensberechnung keine Rolle, Q IV 7. Sie fallen insbesondere dann erneut an, wenn alle Exemplare der bisherigen Planungsunterlagen zerstört sind oder das zerstörte Gebäude in geänderter Form wieder aufgebaut wird. – Ausdrücklicher **Ausschluß** von Konstruktions- und Planungskosten ist im Einzelfall **möglich**, aber meist nicht zu empfehlen, denn der Wiederanfall der Kosten ist nur sehr selten für alle Zukunft wirklich zuverlässig auszuschließen.

Ob und zu welchem Preis *tatsächlich* wieder aufgebaut wird, spielt auch bei **106** Gebäuden für den VWert und die Entschädigungshöhe *keine* Rolle, vgl. schon Q IV 4 bis 7. Ein Abzug von dem **abstrakt** zu ermittelnden VWert ist nur möglich, soweit die in Abschnitt R IV behandelten Wiederherstellungs-vereinbarungen ihn vorsehen. Ansonsten gilt nicht nur für Reparaturkosten (R III 11), sondern auch für Totalschadenentschädigung der Grundsatz der **abstrakten Schadenberechnung.** Wenn der VN tatsächlich billiger wieder auf-baut, indem er z.B. Eigenleistungen in eigener Regie seines Betriebes (der kein Fachbetrieb im Sinn von Q IV 103 ist) oder in eigener Person als Wohn-gebäudeVN erbringt, kommt dies ihm selbst zugute, soweit nicht die Wieder-herstellungsvereinbarungen entgegenstehen. Hierher rechnet Engels VP 82, 11 mit Recht auch den Fall, daß der VN die gemäß Q IV 105 mitversicherten Konstruktions- und Planungskosten einspart, indem er alte Unterlagen er-neut verwendet.

4. Für den **Wiederherstellungsvorgang** bestehen häufig **verschiedene Möglich-** **107** keiten, zwischen denen der VN die **Auswahl** hat und die zu einem Kostenauf-wand in unterschiedlicher Höhe führen. Für den VWert kommt es dann nicht auf die Wahl an, die der VN tatsächlich trifft, vgl. RG JW 15, 790 für die Wiederbeschaffung von Gebrauchsgegenständen und Q IV 106 für Gebäude. Maßgebend sind nämlich *nicht* die Kosten der *tatsächlichen* Wiederbeschaf-fung, sondern nach dem Grundsatz der abstrakten Schadenberechnung eines fiktiven Wiederbeschaffungsvorgangs nach Maßgabe der AVB, Q IV 4 bis 7, denn eine Wiederbeschaffungs- oder Wiederaufbaupflicht besteht nicht. In der großen Mehrzahl der Fälle erfolgt freilich die Wiederherstellung tatsächlich in der Weise, die auch der Berechnung des VWerts zugrunde liegt. Außerdem kann nach den in R IV erörterten Wiederherstellungsvereinbarun-gen für Gebäude und für bewegliche Sachen als Gebrauchsgegenstände die Neuwertspanne ganz oder teilweise nicht geschuldet sein, wenn der VN ein Gebäude oder eine bewegliche Sache gleicher Art und Güte nicht wiederbe-schafft oder wieder errichtet.

Für den VWert zugrunde zu legen ist **im Rahmen des Zumutbaren** (PM § 86 **108** Anm. 2c) die **preisgünstigste Art und Weise** der Wiederbeschaffung. Hierbei handelt es sich aber nicht um einen Anwendungsfall der Schadenminderungs-pflicht gemäß § 62 VVG und den gleichlautenden AVB-Bestimmungen, son-dern nur um eine Frage der Berechnung des VWerts, Q IV 8. Bei eigenen Erzeugnissen des VN stellt sich die Frage insbesondere im Verhältnis zwi-schen Neuherstellung im eigenen Betrieb und Wiederbeschaffung auf dem Markt, vgl. näher Q II 6.

Bei beweglichen Sachen als Gebrauchsgegenständen der Betriebseinrich- **109** tung oder des Hausrats gibt den Ausschlag, wo der VN bei verständiger

Würdigung aller Umstände normalerweise kaufen würde (BL 92). Häufig ist das derjenige **Lieferant,** bei dem er in den Wochen, Monaten oder Jahren vor dem VFall zu kaufen pflegte (Raiser, 113). Bei Maschinen und technischen Geräten ist als Lieferant in der Regel der Hersteller oder dessen autorisierter Händler zugrunde zu legen, zumal auch die Qualität der Wartung während der Lebensdauer der Anlage zu berücksichtigen ist. Kauf „fabrikneuer" oder gar nur „neuwertiger" Sachen aus zweiter Hand ist dem VN kaum je zumutbar, Q IV 77, denn gegen einen Verkäufer aus zweiter Hand bestehen oft keine rechtlich und wirtschaftlich gleichwertigen Gewährleistungsansprüche. Auch würde die Inanspruchnahme solcher Einkaufsquellen oft ein immaterielles Minus für den VN bedeuten, insbesondere in den Augen seiner Kunden, Arbeitnehmer oder Wohngenossen. Das Gesagte gilt sogar dann, wenn die vom Schaden betroffene Sache ihrerseits als gebrauchte gekauft war, Q IV 80.

110   Bei Gebäuden liegt in dem Zusatz „ortsüblichen" zu „Neubaukosten" eine gewisse Einschränkung der soeben dargestellten Grundsätze, vgl. Q IV 102. Ferner spielt bei Gebäuden die Unabhängigkeit des VWerts von Einsparungen durch Eigenleistungen eine besondere Rolle, Q IV 106.

111   5. Nachdem geklärt ist, welche Tätigkeiten des VN oder in eigener Regie im Betrieb des VN und welche Fremdleistungen dem Wiederherstellungsvorgang zuzurechnen sind, müssen diese **Tätigkeiten in DM-Beträgen beziffert** werden. Das so ermittelte Ergebnis ist der Wiederbeschaffungspreis, vgl. die zusammenfassende Darstellung in Q IV 10.

112   a) Tätigkeiten in eigener Regie, also **im Betrieb des VN,** werden mit Hilfe der **betrieblichen Gemeinkostenabrechnung** beziffert. Dies gilt *ohne* Rücksicht darauf, ob durch die Tätigkeit eine *andere* Möglichkeit der Ertragserzielung eingebüßt wurde oder *nicht.* Nachweise aus der Rechtsprechung zum Schadenersatzrecht finden sich bei Palandt/Heinrichs § 249 BGB Anm. 2 b.

113   Unter Gemeinkostenabrechnung versteht man die anteilige Zuordnung der Kosten von betrieblichen Tätigkeiten, die nebeneinander mehreren Arbeitszielen zugute kommen, auf jedes einzelne dieser Arbeitsziele. Der VN benötigt die betriebliche Gemeinkostenabrechnung insbesondere für die Kalkulation seiner Verkaufspreise, für die Überwachung der Rentabilität einzelner Betriebsabteilungen oder einzelner Produkte, ferner für den handelsrechtlichen Jahresabschluß und für steuerliche Zwecke. Die Genauigkeit und Verwertbarkeit der betrieblichen Gemeinkostenabrechnung hängt selbstverständlich von der Größe des Betriebes ab. Für die Ermittlung des VWerts versicherter Sachen zugrunde zu legen ist die betriebliche Gemeinkostenabrechnung nur, soweit in ihr alle einschlägigen betriebswirtschaftlichen Grundsätze beachtet sind. Ob letzteres der Fall ist und in welcher Weise gegebenenfalls die betriebliche Gemeinkostenabrechnung korrigiert werden muß, ist nötigenfalls im förmlichen Sachverständigenverfahren (Y I 47) oder im Deckungsprozeß über die Entschädigungshöhe festzustellen.

114   Gedanklich unvollständig ist es, wenn oft pauschal nur gefragt wird, ob „Gemeinkosten zu berücksichtigen sind oder nicht?". Vielmehr muß immer *zuerst* gefragt werden, welche *Tätigkeiten* dem Wiederherstellungsvorgang unmittelbar oder wenigstens mittelbar zuzurechnen sind und welcher Art

diese Tätigkeiten waren. So gelten z.B. die in Q IV 96 und 97 erörterten Verwaltungsgemeinkosten innerhalb der Material- und der Fertigungskosten bei eigenen Erzeugnissen diejenigen Tätigkeiten der Betriebsverwaltung ab, die notwendig sind, um den Materialeinkauf und den Fertigungsvorgang erst einmal zu ermöglichen. Eine Stundenzahl für diese vor dem Materialeinkauf und vor der eigentlichen Fertigung liegenden Tätigkeiten braucht allerdings nicht ermittelt zu werden, sondern sie liegt der (unterstellt: korrekt aufgemachten) Gemeinkostenabrechnung bereits zugrunde.

Zu unterscheiden von den Verwaltungsgemeinkosten auf Material- und **115** Fertigungskosten sind aber die sog. **begleitenden Verwaltungsarbeiten**, die durch einen unterstellten Totalschaden verursacht werden, nämlich im Rahmen der Wiederbeschaffung einer versicherten beweglichen Sache oder des Wiederaufbaus eines versicherten Gebäudes, vgl. dazu bereits ausführlich Q I 11 und Q IV 87. Hier ist genau besehen nicht nur die Berücksichtigungsfähigkeit dem Grunde nach, sondern außerdem die je versicherter Sache anfallende Stundenzahl zu festzustellen.

Als begleitende Verwaltungsarbeiten kommen z.B. die Auswahl der Be- **116** zugsquelle, die Vorgänge der Bestellung, des Empfangs, der Prüfung und der Bezahlung der bestellten beweglichen Sache in Betracht, oder aber die innerbetriebliche Vorbereitung, Überwachung usw. des Wiederaufbaus eines Betriebsgebäudes. Soweit die Gemeinkostenabrechnung über die angemessene Stundenzahl für die an diesen begleitenden Verwaltungsarbeiten beteiligten Betriebsabteilungen keine Auskunft gibt, sind die angemessenen Beträge nötigenfalls im förmlichen Sachverständigenverfahren oder aber im Deckungsprozeß über den VWert der vom Schaden betroffenen Sache oder über den Umfang einer UnterV festzustellen. Prozentuale Zuschläge auf Fremdrechnungsbeträge sind keine geeignete Methode, begleitende Verwaltungsarbeiten in DM-Beträgen zu veranschlagen, Q IV 87.

Persönliche Tätigkeiten des VN in dessen Betrieb sind zunächst schon ganz **117** allgemein im Rahmen der Gemeinkostenzuschläge gemäß Q IV 113 insofern berücksichtigt, als die Zuschläge einen anteiligen sog. Unternehmerlohn enthalten, Q IV 86. Daneben können persönliche Tätigkeiten des VN auch im Rahmen der begleitenden Verwaltungsarbeiten gemäß Q IV 116 in Betracht kommen.

b) Im **privaten Lebensbereich** (Begriff: Q I 10, vgl. dort auch gegen LG **118** Düsseldorf RuS 88, 175) kann ebenfalls die Bewertung persönlicher Tätigkeiten des VN erforderlich sein. Soweit es sich um Tätigkeiten im Rahmen seines Berufs oder Gewerbes handelt, gelten die Überlegungen gemäß Q IV 111 bis 115. Schwierigkeiten entstehen bei Tätigkeiten, die außerhalb des beruflichen oder gewerblichen Arbeitsbereiches des Hausrat- oder WohngebäudeVN liegen. Allerdings bedarf es im Rahmen der Ermittlung des VWerts einer Bezifferung solcher persönlichen Tätigkeiten des VN weit seltener, als es auf den ersten Blick den Anschein hat. Soweit nämlich der VN Eigenleistungen erbringt, obwohl für denselben Arbeitserfolg normalerweise (Q IV 107) Fremdleistungen in Anspruch genommen werden, kommt es für den VWert allein auf den für diese Fremdleistungen anfallenden Betrag an. Einsparungen (oder eventuell umgekehrt Verteuerungen), die sich durch (eventuell: verunglückte) Eigenleistungen des VN ergeben, beeinflussen den VWert und die Entschädigungshöhe nicht, vgl. z.B. Q IV 106 für Eigenleistungen beim Wiederaufbau von Wohngebäuden.

119   Anfallende **begleitende Verwaltungsarbeiten** im Sinn von Q IV 87, die der VN persönlich durchführt, könnten als Teil des VWerts bezifferungsbedürftig sein. Aber diese Tätigkeit muß der VN im privaten Lebensbereich in aller Regel außerhalb des VWerts und entschädigungslos erbringen, Q I 12. Allenfalls sind kleine pauschale Zuschläge auf den VWert zu erwägen, Q I 15, wobei aber Stundensätze und Stundenzahlen nicht genau ermittelt zu werden brauchen.

120   Eine größere Rolle spielen persönliche Tätigkeiten des Hausrat- oder WohngebäudeVN im Rahmen der **versicherten Kosten,** insbesondere bei Rettungs- oder Aufräumungskosten sowie bei Bewegungs- und Schutzkosten, W IV 5, vgl. zusammenfassend W I 18. Allerdings muß auch hier jeweils zuerst gefragt werden, ob nicht üblicherweise Fremdleistungen in Anspruch genommen werden, z.B. geeignete Handwerker, Gebäudereinigungsunternehmen, Putzfrauen usw; in diesem Fall wären nach dem Grundsatz der abstrakten Schadenberechnung die geschätzten Fremdrechnungsbeträge zugrundezulegen. Nur soweit dies nicht der Fall ist, der VN für persönliche Tätigkeiten aber gleichwohl dem Grunde nach Ersatz im Rahmen der versicherten Kosten verlangen kann, müssen Stundensätze für persönliche Tätigkeiten des VN ermittelt und mit der jeweiligen Stundenzahl multipliziert werden.

121   Im allgemeinen werden die Stundensätze einschließlich Zuschläge für vergleichbare Fremdleistungen anzusetzen sein. Durch die in den Stundensätzen enthaltenen Zuschläge abgegolten ist auch das mit der Tätigkeit jeweils verbundene Wagnis. Der VN kann also bei „verunglückten" Tätigkeiten aller Art zusätzliche Stundenzahlen nicht ansetzen. Unberührt bleibt allerdings eine etwaige Entschädigungspflicht für Folgesachschäden im Rahmen der Hauptschadenentschädigung, soweit das für den Folgeschaden ursächliche Verhaltendes VN nicht etwa grob fahrlässig war, R III 44 und 45.

122   c) Bei **Fremdleistungen** ist im allgemeinen der für den VN oder den Versicherten (Q IV 1) **zu erwartende Rechnungsbetrag** maßgebend, und zwar der Nettobetrag nach Berücksichtigung von Preiszugeständnissen gemäß Q IV 67 bis 70, gegebenenfalls einschließlich Mehrwertsteuer, aber **ohne** eine etwaige **Skontodifferenz.** Wiederbeschaffungspreis ist also der **Nettobetrag** nach Abzug des Skonto. Die Skontodifferenz ist wirtschaftlich nur ein Zuschlag für eine abweichend vom Grundsatz der sofortigen Fälligkeit (§ 271 BGB) durch den Rechnungssteller einkalkulierte spätere Zahlung. VWert ist aber nur der Betrag, der bei sofortiger Fälligkeit und sofortiger Zahlung in dem gemäß Q I 53 bis 77 maßgebenden Zeitpunkt anfällt oder anfallen würde. Wegen §§ 284 BGB, 11 Nr. 4 und 5 AGBG ist sogar zweifelhaft, ob der VN die Skontodifferenz wirklich schuldet, wenn er im Zahlungszeitpunkt zwar die Skontofrist überschritten hatte, aber noch nicht gemahnt und in Verzug gesetzt war. Jedenfalls vermindert der VN nicht den wirklichen Schadenbetrag, wenn er innerhalb der Frist zahlt, sondern vergrößert ihn umgekehrt, wenn er die Frist verstreichen läßt und die Skontodifferenz zulegt, vgl. näher PM § 55 Anm. 2 e b mit Literaturzitaten.

Der zu erwartende Rechnungsbetrag (Q IV 122) deckt sich häufig, aber   123
nicht immer mit dem **Listenpreis.** Jedoch liegt der Wiederbeschaffungspreis
unter dem Listenpreis, wenn letzterer nur auf dem Papier steht, weil nahezu
jedermann **Nachlässe** erzielt, oder wenn jedenfalls der VN oder Versicherte
sie erzielen kann, und zwar nicht nur aus rein persönlichen, sondern aus
sachbezogenen Gründen, und noch in dem gemäß Q I 53 bis 77 maßgebenden Zeitpunkt, BGH VersR 79, 173. Die Beweislast für gebotene Abweichungen vom Listenpreis trägt die Partei, zu deren Gunsten sich die Abweichungen auswirken, also für die Entschädigungshöhe der Vr, für die Frage
der UnterV der VN.

Differnziert zu betrachten sind sog. **sachbezogene** Rabatte. Zu diesen gehö-   124
ren insbesondere Rabatte aufgrund längerer Geschäftsverbindung sowie
Mengenrabatte. Letztere **mindern den VWert** aber nur, wenn sie schon allein
bei Bezug der im VVertrag versicherten (maßgebend für den VWert der
Position, Q IV 1 und S II 32) oder durch den Schaden betroffenen (maßgebend für die Höhe der Entschädigung) Menge gewährt werden, nicht hingegen dann, wenn der VN sie lediglich dadurch erzielt, daß er mehr als die auf
dem VFall beruhende Menge bestellt. In letzterem Fall handelt es sich um
eine Verbilligung, die der VN durch die grundsätzlich nicht zu berücksichtigende Art und Weise des tatsächlich gewählten Wiederherstellungsvorgangs
erzielt, Q IV 106. Wegen der Auswirkungen von Preiszugeständnissen auf
den VWert 1914 in der Gleitenden NeuwertV vgl. S IV 26.

Personenbezogene Rabatte bleiben für den VWert **unberücksichtigt,** PM § 55   125
Anm. 2 vor A. Der tatsächlich in Rechnung gestellte Betrag ist in solchen
Fällen um die Rabattdifferenz zu vermehren, wenn der VWert ermittelt wird.
Es handelt sich um persönliche und freiwillige Zuwendungen an den VN. Ob
solche Zuwendungen gewährt werden, ist weder im Zeitpunkt des VFalls
noch gar schon bei Vertragsschluß und bei Bildung der VSumme genügend
sicher absehbar; auch dies spricht gegen eine Berücksichtigung des personen-
bezogenen Rabatts im VWert. – Wegen der Folgen von Rabatten im Rahmen
von Wiederherstellungsvereinbarungen, vgl. R IV 41.

Die **Unterscheidung** zwischen sachbezogenen Rabatten und personenbezo-   126
genen Rabatten ist schwerer durchzuführen als es zunächst scheint. Auch
Rabatte für Groß- und Dauerkunden werden nicht immer an alle Kunden mit
gleicher Abnahmemenge in genau demselben Umfang gegeben; vielmehr enthalten auch sachbezogene Rabatte oft personenbezogene Teile. Umgekehrt
werden personenbezogene Rabatte oft einer größeren Zahl von Kunden in
gleicher oder ähnlicher Weise gewährt, z.B. allen Werksangehörigen eines
Möbelgeschäftes, in dem der HausratVN arbeitet. Trotz dieser Schwierigkeit
ist eine andere Abgrenzung nicht möglich. *Verwandtenrabatte* müssen stets
unberücksichtigt bleiben, ebenso *Werksangehörigenrabatte* (vgl. zu den AKB
Hamm VersR 77, 735 gegen Mittelmeier VersR 78, 78).

Ob der **Rabatt** gerade **wegen des VFalls** oder ohne Rücksicht auf das Beste-   127
hen einer V gegeben wird, spielt keine Rolle. Im Fall OLG Stuttgart 2 U 110/
84 vom 28. 9. 84 war er wegen des VFalls gegeben worden. Würde der Rabatt
nicht gegeben, wenn der Verkäufer von dem VSchutz wüßte, und ist dies
auch dem VN bekannt, so darf der Rabatt noch weniger für den VWert und
die Entschädigung berücksichtigt werden, denn der VN schuldet dann meist

sogar eine Nachzahlung an den Lieferanten wegen Betruges (§ 823 Abs. 2 BGB).

128   6. Maßgebend für den VWert ist der Wiederbeschaffungspreis in der **Person des VN oder des Versicherten**, J I 21; wegen Kl 1502 – Verkaufspreis – vgl. näher Q IV 133, wegen Vorsteuerabzugsberechtigung und Mehrwertsteuer PM § 55 Anm. 2 A und § 86 Anm. 2 e. Kommen danach verschiedene Beträge in Betracht, so entscheidet, soweit nicht etwas anderes bestimmt ist, für den VWert in der Frage der UnterV der höhere Betrag, S II 41, für die Entschädigung das jeweils betroffene Interesse (PM § 86 Anm. 2 a; unklar Anonym VP 76, 39).

129   Auszugehen ist vom Wiederbeschaffungspreis auf der **Handelsstufe**, auf welcher der Interesseträger zu kaufen pflegt. Ein Teppichhändler muß sich z. B. auch in der HausratV seine gewerblichen Einkaufsmöglichkeiten entgegenhalten lassen, und zwar entgegen Hamm VersR 82, 327 nicht nur dann, wenn die Teppiche im Eigentum Dritter (z. B. einer Teppichhandels- GmbH) stehen. Anders läge es nur, wenn dem Hausrat- oder WohngebäudeVN der Einkauf für private Zwecke durch den Inhaber seiner gewerblichen Zwecke ausdrücklich verboten wäre. In diesem – aber auch nur in diesem – Fall wäre VWert der Betrag, den der VN seinen Kunden für dieselbe Sache in Rechnung stellen würde, Q IV 101.

130   Eine **Sonderregelung** enthalten die **Fremdeigentumsklauseln**, H III 61: Soweit das Interesse des VN dasjenige des Eigentümers übersteigt, bleibt es gemäß §§ **2 Nr. 5 Satz 2 AFB 87, AERB 87, AWB 87, AStB 87** unberücksichtigt. Damit soll insbesondere eine Bereicherung gewerblicher Leasing-Unternehmer mit Einstandspreisen unter denen der Leasing-Nehmer (J III 8) oder eine Bereicherung des Kommittenten durch „doppelten Umsatz" ausgeschlossen werden, der mit dem *Kommissionär* für den Fall des zufälligen oder verschuldeten Untergangs eine Haftung über den Wiederbeschaffungspreis des *Kommittenten* hinaus vereinbart hat (Ollick VerBAV 82, 48, Engels VP 75, 22), insbesondere Haftung in Höhe des Verkaufspreises.

131   Oft wird die weitergehende Haftung des Kommissionärs oder Leasing-Nehmers schon im Rahmen des Kommissions- oder Leasingvertrages unwirksam sein (anders die h. M. für Leasingsverträge, Palandt/Putzo vor § 535 BGB Anm. 4 f ee mwN, Sblowski ZfS 84, 618), insbesondere nach §§ 675, 667, 275, 280, 252 BGB, 390 HGB, 9 Abs. 2 Nr. 1 AGBG oder sogar nach § 138 BGB. Auch Kl 4201 Nr. 3 Satz 2 und Kl 1204 Nr. 2 Satz 2 gehen übrigens davon aus, daß *Pfandleiher* und *Lagerhalter* nicht über den Betrag des wirklichen Schadens des Eigentümers hinaus haften, H III 84.

132   „Sofern nicht etwas anderes vereinbart ist", gilt der in Q IV 130 zitierte Ausschluß eines weitergehenden Interesses des VN (Kommissionärs). Die hier vorbehaltene **Sonderabrede** kann aus aufsichtsrechtlichen Gründen allerdings nicht beliebig, sondern nur dahin lauten, daß der Hauptsatz der zitierten Regelung unanwendbar sein solle, denn der Nebensatz beginnt nicht mit „soweit", sondern mit „sofern". Eine weitergehende Entschädigung wird selbst nach einer solchen Sonderabrede nur in den Fällen geschuldet, in denen der VN dem Eigentümer weitergehend haftet, und zwar für einen wirklich eingetretenen Schaden, was wiederum einen Umsatzverlust des Eigentümers

voraussetzt. Für VWert und UnterV bedeutet eine solche Sonderabrede freilich, daß zum Nachteil des VN bei vom Schaden nicht betroffenen Waren der
Position stets der höhere Betrag zu berücksichtigen ist, Q IV 128.

Soll noch weitergehend der **Verkaufspreis des Eigentümers** auch ohne ent- 133
sprechenden Schaden in der Person des VN ersetzt werden, so ist Kl 1502
(Verkaufspreis für lieferungsfertige eigene Erzeugnisse) zu vereinbaren. Auch
dann ist freilich Entschädigung ausgeschlossen, soweit der Vr nachweist, daß
der versicherte Eigentümer keinen Schaden (Umsatzausfall) erlitten hat, Q II
22. Von dieser Einschränkung abgesehen kann jedoch in Kl 1502 auch (oder
sogar nur) fremde Ware einbezogen werden; „VN" in Kl 1502 meint dann
den Versicherten. Für den Hersteller als Versicherten eines Vertrages mit
einem Händler als VN können Diskussionen über die Tatsache des Umsatz-
ausfalls und über die Wiederherstellungskosten des Herstellers sehr lästig
sein, weil er dann dem VN (Händler) Betriebsgeheimnisse offenbaren muß.

Entsprechend ihrem Motiv sind die in Q IV 130 zitierten Bestimmungen 134
über die Obergrenze des VWerts nur auf Sachen anzuwenden, die nach den
Vorschriften über den generellen Einschluß fremden Eigentums mitversichert
sind, **nicht** dagegen auf **Sachen**, die der VN unter **Eigentumsvorbehalt** erworben oder **zur Sicherung übereignet** hat, vgl. schon H III 60. Hier besteht für
eine analoge Begrenzung des VWerts auch kein Bedürfnis, denn der Eigentumsvorbehaltskäufer und der Sicherungsgeber tragen schon nach der gesetzlichen Regelung jener Schuldverhältnisse das Zufallsrisiko. Der VSchutz wäre
hier unvollständig, wenn nicht mindestens der in der Person des VN anfallende Wiederbeschaffungspreis maßgebend wäre.

Leider fehlt eine entsprechende ausdrückliche Einschränkung in §§ 2 Nr. 5 135
Satz 2 AFB 87, AERB 87, AWB 87, AStB 87. Dieses **Redaktionsversehen** ist
dadurch entstanden, daß in früheren Entwürfen (2. Aufl. Texte 25) Nr. 5 als
Nr. 4 Abs. 2 eingeordnet war, so daß sich die Geltung von Satz 2 nur für die
Fälle der Nr. 4 von selbst verstand. Als später Nr. 5 als selbständige Nummer
beziffert wurde, hätte es einer Klarstellung bedurft, die aber versehentlich
nicht vorgenommen wurde.

R. Entschädigungshöhe; Wiederherstellungsklauseln

Übersicht

I. Allgemeines

1. Die Entschädigungshöhe hängt zunächst davon ab, ob versicherte Sachen (H) überhaupt von einem VFall (B bis G) zu Lasten versicherter Interessen (I) betroffen sind, ferner davon, ob der Vr nicht aus irgendwelchen Gründen ganz oder teilweise leistungsfrei ist oder nach dem VFall leistungsfrei wird. Außerdem kommt es darauf an, ob nicht UnterV besteht (S) oder eine Entschädigungsgrenze (U) oder ein Selbstbehalt (T) zu berücksichtigen ist. All dies wird an den zitierten anderen Stellen behandelt. Vorliegend geht es nur um die in einer durch den Schaden betroffenen Sache selbst liegenden Kriterien für die Entschädigungshöhe, also um die rechnerische Höhe der Totalschadenentschädigung (R II) oder der Reparaturkosten (R III) und um die Wiederherstellungsklauseln (R IV). Thema ist vorliegend auch nur die Entschädigungshöhe für den **Sachsubstanzschaden;** wegen des Ersatzes gewisser Vermögensfolgeschäden im Rahmen einer KostenV vgl. W I 4. **1**

Ebenfalls **nicht** hier erörtert wird der VWert. Er beeinflußt die Entschädigungshöhe nicht nur bei Totalschäden und durch die Abgrenzung zwischen Teil- und Totalschäden, sondern im Bereich der NeuwertV auch noch durch die gegebene falls zu berücksichtigende UnterV. Der VWert wurde daher vorab (Q) im Zusammenhang behandelt. Allerdings läßt sich diese Systematik nicht streng durchführen. Für bestimmte Sachen, deren VWert schwer zu ermitteln ist und die daher meist auf Erstes Risiko versichert werden, ist die Höhe der Entschädigung einschließlich der Wiederherstellungsfrage schon zusammen mit dem VWert erörtert worden, nämlich für Urkunden (Q II 51 und 53), für Datenträger im weitesten Sinn, also auch für Geschäftsunterlagen und Zeichnungen mit Datenträger-Charakter (Q II 58), und für Muster und nicht mehr laufend benötigte Fertigungsvorrichtungen (Q II 65). **2**

2. Die AVB regeln die Entschädigungshöhe vom systematischen Ansatz her unterschiedlich. §§ 3 Nr. 1 AFB 30, AEB bezeichnen als Entschädigungshöhe die **Differenz** zwischen dem VWert zur Zeit des (genauer: „unmittelbar vor", R II 17) Eintritt des VFalls und dem Wert der „Reste". Eine Unterscheidung zwischen Totalschäden und Teilschäden wird den Worten nach nicht gemacht. Allerdings ist von „beschädigten" Sachen die Rede, bei denen ein Wert der „Reste" anzurechnen ist. Aber diese Formulierung ist nicht korrekt und entspricht jedenfalls nicht der Unterscheidung zwischen Totalschäden und Teilschäden, denn Reste können auch bei nicht mehr reparaturfähigen **3**

(zerstörten) Sachen anfallen. Die AFB 30 und AEB sagen daher in § 3 Nr. 1 Satz 2 auch selbst, die (etwaige) Verwendbarkeit der Reste für die Wiederherstellung müsse berücksichtigt werden. Die AFB 30 und AEB sprechen also von beschädigten Sachen und von Resten auch dort, wo eine Wiederherstellung nicht möglich ist, im Sinn der neueren AVB also eine „Zerstörung" und ein Totalschaden vorliegen. Sie sprechen umgekehrt von „Resten" auch , wo Wiederbestellung möglich ist. Im Extremfall, nämlich bei einem Brandschaden in Höhe von 100 DM an einem Gebäude mit einem VWert von 1 Million DM stellt das zu reparierende Gebäude als ganzes die wiederverwendbaren Reste dar.

4   Als Kurzbezeichnung für den *„VWert zur Zeit des Eintritts des VFalls"* verwenden §§ 3 Nr. 1 AFB 30 und AEB etwas unglücklich das Wort „Ersatzwert". In §§ 3 Nr. 2 AFB 30, AEB wird dann in den Definitionen des VWerts nur noch von dem „Ersatzwert" gesprochen, obwohl der VWert doch zunächst einmal schon am Tag des Vertragsschlusses interessiert (für die VSumme und die Prämienbemessungsgrundlage) und obwohl zunächst nicht feststeht, ob jemals ein Schaden eintreten wird. Auch in älteren Verträgen, denen die AFB 30 oder die AEB noch zugrundeliegen, gelten die zitierten Bestimmungen nur für die V von Sachen, für die es keine NeuwertV gibt, Q II 2, also vor allem für eigene Erzeugnisse, Rohstoffe, Naturerzeugnisse und Handelsware sowie für landwirtschaftliches Inventar, Q III 55. **Für die NeuwertV** waren und sind §§ 3 Nr. 1 AFB 30, AEB von vornherein **unanwendbar**. Beide Bestimmungen setzen nämlich voraus, daß durch einen Schaden der VWert absinkt, was wiederum nur bei Warenvorräten sowie in der ZeitwertV von Gebrauchsgegenständen und Gebäuden in Betracht kommt, nicht dagegen bei V zum Neuwert. In der NeuwertV werden hingegen die AFB 30 und AEB auch in Verträgen, denen sie noch zugrundeliegen, durch die NwIG 80 usw. überlagert, Q III 25.

5   Indirekt haben §§ 3 AFB 30, AEB für die in R I 6 zitierten neueren AVB-Bestimmungen insofern Bedeutung behalten, als nur unter Berücksichtigung der Differenzmethode der AFB 30 und AEB verständlich wird, warum auch in den neueren AVB im Anschluß an die Berücksichtigung des Wertes der Reste gesagt wird, **behördliche Wiederherstellungsbeschränkungen** sollten unberücksichtigt bleiben. Diese aus §§ 3 Nr. 1 Satz 2 AFB 30 und AEB übernommene Passage ist nur mit Bezug auf den in den AFB 30 und AEB angesprochenen (R I 3) **Wiederverwendungswert der Reste** praktikabel, *nicht* hingegen mit Bezug auf den in den neueren AVB allein angesprochenen *Verkaufswert* der Reste, vgl. ausführlich R II 25 und Q IV 33 bis 38.

6   Alle nach 1959 formulierten AVB, nämlich §§ 4 Nr. 1 AWB 68, AStB 68, 2 Nr. 1 NwSoBedIuG, NwSoBedIG, 6 Nr. 1 NwIG 80, 10 Nr. 1 AERB, 7 Nr. 1 VGB 62, § 15 Nr. 1 VGB 88, 5 Nr. 1 VHB 74, 18 Nr. 1 VHB 84, 11 Nr. 1 AFB 87, AERB 87, AWB 87, AStB 87 nennen als Entschädigungshöhe für abhandengekommene oder zerstörte Sachen den *VWert*, für beschädigte Sachen die *Reparaturkosten* als Entschädigungshöhe. Die Staffel für *landwirtschaftliche Gebäude* gemäß § 2 Nr. 2 NwSoBedIG (Q III 28) gilt zwar nach ihrem Wortlaut auch bei *Teilschäden*, kann hier aber nach dem Zweck von § 2 Nr. 1b NwSoBedIG *höchstens* zu einem *Abzug* in Höhe von

der *Zunahme des Zeitwerts* führen, denn der VN darf, wenn der Neuwert VWert ist, nicht schlechter stehen als wenn der Zeitwert VWert wäre, R III 4.

Ein sachlicher Unterschied zwischen den AFB 30 und AEB einerseits und 7 den neueren AVB andererseits besteht nicht. Insbesondere ist die *Differenz der VWerte* vor und nach dem Schaden jedenfalls in der ZeitwertV, für welche die AFB 30 und AEB konzipiert sind, R I 4, identisch mit den Reparaturkosten, R II 25, falls durch die Reparatur der frühere Zustand wieder erreicht werden kann; wegen Wertsteigerungen durch Reparatur vgl. R III 4 bis 6. Das Wort „*Reparaturkosten*" ist für den Regelfall leichter verständlich und daher auch außerhalb der NeuwertV ein sprachlicher Fortschritt. Andererseits ist es ein Nachteil der neueren Formulierung, daß die Grenze zwischen Totalschaden und Teilschaden nicht definiert ist, obwohl die Begriffe Zerstörung und Beschädigung eine solche Definition voraussetzen. Außerdem hat mit dem Wegfall der Differenzmethode in den späteren AVB das wie in den AFB 30 und AEB unmittelbar im Anschluß an den Wert der Reste formulierte Berücksichtigungsverbot für behördliche Wiederherstellungsbeschränkungen seinen Sinn und seinen Anwendungsbereich verloren, vgl. R I 5.

3. Die Worte „**Totalschaden**" und „**Teilschaden**" erscheinen in keinem der 8 in R I 6 zitierten Bedingungswerke. Dafür gibt es zwei mögliche Motive. Einmal droht Verwechslung zwischen Totalschaden und **Vollschaden**, wobei unter Vollschaden das Abhandenkommen oder die Zerstörung sämtlicher in einer Position mit einer VSumme versicherten Sachen zu verstehen ist, vgl. S II 2; die Praxis zieht es daher vor, die Begriffe Totalschaden und Teilschaden entgegen ihrer eigentlichen Bedeutung (B III 30) für die Unterscheidung zwischen Zerstörung und Beschädigung zu reservieren, so wie sie in vorliegendem Kommentar auch durchgehend gebraucht werden. Außerdem werden versicherungsrechtlich oft **Teile von Sachen** wie Sachen behandelt und versichert, vgl. H II 3 und 7 sowie Q III 80, so daß ein und derselbe Schaden zugleich **Totalschaden** an der **kleineren** und **Teilschaden** an der **größeren** Sache sein kann, deren Bestandteil die kleinere Sache ist, vgl. näher R I 26 bis 34. In diesen Fällen gehören zum VWert und eventuell zu den Reparaturkosten nicht nur der Wert des Materials der kleineren Sache, sondern auch die Einbaukosten, Q IV 74. Solche Schwierigkeiten rechtfertigen indessen das Fehlen einer Definition in den AVB letztlich nicht. Diese Lücke macht es zu einer komplizierten Auslegungsfrage, wann der VN die Reparaturkosten eventuell zuzüglich eines Wertminderungsausgleichs und wann er den VWert abzüglich des Wertes der Reste als Entschädigung erhält, vgl. R I 14 bis 18.

Totalschaden liegt *zweifelsfrei* vor, wenn die Sache **abhandengekommen** 9 (B II 11) oder so **zerstört** ist, daß Reste, die für eine Wiederherstellung verwendet werden könnten, nicht mehr vorhanden sind. Ob die nicht verwendbaren Reste einen Altmaterialwert haben oder nicht (so z.B. bei Asche oder Trümmern aus Stein, Beton usw.), spielt dann nur für die Frage eines Abzugs bei der Entschädigungsberechnung, R II 26, nicht aber für die Grenze zwischen Totalschaden und Teilschaden eine Rolle. Ferner ist gleichgültig, ob die Reste schon rein *technisch* oder nur *wirtschaftlich* oder gar nur *rechtlich* für die Wiederherstellung nicht verwendbar sind. Ein sog. wirtschaftlicher Totalschaden liegt vor, wenn die Wiederherstellung unter Einbeziehung der Reste mehr oder mindestens ebensoviel kosten würde wie der VWert. Zu rechtlichen Hindernissen, die ganz oder teilweise der Verwendung der Reste für die Wiederherstellung entgegenstehen können, vgl. 2 IV 23 bis 67.

10   Ebenfalls noch zweifelsfrei Totalschaden liegt vor, wenn die **Wiederherstellungkosten** zwar niedriger sind als der VWert, aber **höher** als der **VWert nach Abzug des Wertes der** für die Wiederherstellung nicht mehr verwendbaren **Reste**. Die Bedeutung des Wertes der Reste wird in der Totalschadendefinition von 4.1.1 AMB für die MaschinenV (Martin VW 74, 1196, PM 2. AMB Anm. 2) ignoriert, weshalb diese Bestimmung auch für die hier erörterten Zweige der SachV, in deren **AVB** eine **Definition fehlt**, R I 8, nicht herangezogen werden kann. Maßgebend sind die Reparaturkosten, die ein geeigneter Unternehmer in Rechnung stellen würde. Bei komplizierten technischen Geräten wird der VN auf den **Reparaturpreisen des Herstellers** als Rechnungsbasis bestehen können (anders Karlsruhe RuS 90, 142 zu den AVFE 76), jedenfalls wenn der Hersteller im Fall einer Reparatur durch einen anderen Unternehmer den Abschluß eines Wartungsvertrages ablehnt.

11   a) Bei Sachen, für die es keine **NeuwertV** gibt, also bei eigenen Erzeugnissen, Rohstoffen, Naturerzeugnissen und Handelsware, Q II 2 bis 27, ferner bei landwirtschaftlichem Inventar, Q III 54, und bei Sachen, die vertraglich nur zum Zeitwert versichert sind, vgl. z.B. Q III 15 für Wohngebäude, bestehen keine weiteren Abgrenzungsprobleme. Totalschaden liegt immer dann vor, wenn die Reparaturkosten höher sind als der VWert unmittelbar vor Schadeneintritt nach Abzug des Wertes der Reste.

12   Bei eigenen Erzeugnissen (**Waren**), Rohstoffen, Naturerzeugnissen und Handelsware sind **Reparaturkosten** der Betrag, der nötig ist, um die Sache wieder **voll** in den **ursprünglichen Zustand** zu versetzen. Eine Reparatur, die eine – auch nur ganz geringe – **technische Wertminderung** bestehen läßt, kann **nicht** als Wiederherstellung gelten (Engels VP 83, 140). Die Kosten einer solchen Reparatur sind keine geeignete Grundlage für die Bemessung der Entschädigung bei Waren usw., denn bei Sachen, die zum Verkauf als (fabrik)- neu oder neuwertig bestimmt sind, kann unter „Wiederherstellung" nur diejenige eines Zustandes verstanden werden, der einen Verkauf als – jedenfalls technisch – neu und vollwertig ermöglicht (zu wenig beachtet bei BL 179). Die in R I 19 bis 34 erörterte abweichende Rechtslage – Zumutbarkeit einer nicht ganz vollwertigen Reparatur oder sogar eines völligen Unterbleibens der Reparatur – besteht nur bei Gebrauchsgegenständen, nicht dagegen bei Waren, Rohstoffen usw. Sind z.B. Textil- oder Lederbekleidungsstücke durch Staub oder Rauchgas auch nur **geringfügig verschmutzt,** so handelt es sich um einen **Totalschaden.** Entschädigt werden die Kosten der Neuherstellung abzüglich des Wertes der Reste, der wiederum von der Art des Verkaufs dieser Reste abhängen kann. Verkauf durch den VN mit (oder gar ohne) Hinweis auf die leichte Verschmutzung usw. zu Sonderpreisen oder als Sonderposten kann nur verlangt werden, wenn damit für den VN keine Nachteile im Verhältnis zu dessen Kunden (Umsatzausfälle bei Waren, die zum vollen Preis verkauft werden) oder im Verhältnis zum Hersteller verbunden sind. Letzteres kommt in Betracht, wenn der Hersteller den Verkauf angestaubter Markenartikel rechtlich verbieten oder wenigstens wirtschaft-

lich verhindern kann, z.B. indem er den Abbruch der Geschäftverbindung zum VN androht. Der Vr kann in solchen Fällen nicht verlangen, daß der VN die angestaubte Ware gleichwohl verkauft und dadurch den versicherten Schaden in einen nicht versicherten Schaden umwandelt.

Eine nur **merkantile Wertminderung** führt nicht einmal bei Waren zu einem 13 Anspruch des VN auf Totalschadenentschädigung, denn „Wiederherstellung" spricht nur den technischen Zustand an, während die merkantile Wertminderung den Verlust an erzielbarem Verkaufspreis bedeutet, der dadurch entsteht, daß der VN gegenüber seinen Kunden trotz voller technischer Wiederherstellung u.U. verpflichtet ist, auf die Tatsache der Reparatur hinzuweisen. Technisch vollwertige Reparaturen mit Hinweispflichten gegenüber Kaufinteressenten kommen vor allem bei Maschinen in Betracht. Daß der VN mit Rücksicht auf seinen Ruf als Hersteller, Händler usw. die reparierten Sachen manchmal nicht einmal mehr zu einem um die merkantile Wertminderung gekürzten und daher tatsächlich erzielbaren Verkaufspreis seinen Kunden anbieten darf, muß außer Betracht bleiben. Es handelt sich dann um einen bloßen Vermögensschaden. **Entschädigt** werden also die **Reparaturkosten zuzüglich der merkantilen Wertminderung**, falls dieser Betrag *niedriger* ist als der VWert abzüglich des Verkaufswertes der nicht reparierten Reste. Das Ausmaß der merkantilen Wertminderung wiederum ergibt sich aus dem *verminderten Verkaufspreis*, der bei den Kunden des VN für die reparierte Sache erzielt werden könnte, nachdem die Kunden pflicht- und wahrheitsgemäß informiert wurden.

b) Im Bereich der **NeuwertV** (Gebäude, Betriebseinrichtung, Hausrat) fragt 14 es sich, ob Totalschaden auch dann vorliegt, wenn die *Reparaturkosten* zwar niedriger sind als der VWert (Neuwert) abzüglich des Wertes der Reste, aber *höher als der gemeine Wert* im Sinn von §§ 3 Nr. 2a AFB 30, AEB (für bewegliche Sachen, Q III 61) oder jedenfalls *höher als der Zeitwert* im Sinn der in Q III 39 zitierten AVB-Definitionen. **Beispiel:** Eine Sache hat einen Neuwert von 100, einen Zeitwert von 60 und einen gemeinen Wert von 40. Der Verkaufswert der Reste nach dem VFall (als Schrott oder als Reserveteile für gleichartige Sachen) beträgt 5. Handelt es sich begrifflich um einen Totalschaden, der mit 95 zu entschädigen ist, wenn die Reparaturkosten 80 (Beispiel 1) oder wenn sie 50 (Beispiel 2) betragen, wenn sie also den Zeitwert (Beispiel 1) oder mindestens den gemeinen Wert (Beispiel 2) übersteigen? Dabei wird zunächst (ansonsten vgl. R I 18) unterstellt, daß durch die Reparatur wieder der Zeitwert unmittelbar vor dem Schaden (60) erreicht wird, daß also weder eine Wertsteigerung eintritt noch eine Wertminderung zurückbleibt.

Der **gemeine Wert**, der neben dem Abnutzungsgrad die Marktverhältnisse 15 berücksichtigt, Q III 1 und 2, insbesondere die generell geringere Wertschätzung gebrauchter Sachen sowie Schwankungen von Konjunktur und Mode in dem betroffenen Wirtschaftszweig, muß für die Grenze zwischen Totalschaden und Teilschaden **außer Betracht** bleiben. Der gemeine Wert spielt in den AVB der NeuwertV ausschließlich für dauernd entwertete Sachen eine Rolle, Q III 4. Bei sonstigen Sachen kann der VN auch für die Entschädigungshöhe nicht schon deshalb von Reparaturunwürdigkeit ausgehen, weil die Reparatur mehr kosten würde als der erzielbare Verkaufspreis abzüglich des Wertes der Reste. Der VN kann also im Beispiel 2 nur die Reparaturkosten von 50 verlangen, nicht dagegen die Totalschadenentschädigung von 95.

16   Anders liegt es aber wohl, wenn die **Reparaturkosten höher** sind **als der** nur aus dem Abnutzungsgrad ermittelten **Zeitwert abzüglich des Wertes der Reste.** Hier wird man **Totalschaden** annehmen müssen; zustimmend Engels VP 83, 139 und Karlsruhe RuS 90, 142 für eine NeuwertV nach den AVFE 76, anders wohl Boldt 137, der die Frage nicht ausdrücklich anschneidet, sondern nur den VWert als Vergleichsgröße nennt. Ganz zweifelsfrei ist dies jedoch nicht, denn die AVB sagen nicht, wann eine Sache „zerstört" ist, und zwar im Gegensatz etwa zu § 13 Nr. 4b AKB, wo 80 bzw. 70% des Neuwerts als Grenze genannt sind. Für eine Entschädigung nur der Reparaturkosten auch über den Zeitwert hinaus spricht vielleicht der Zweck der NeuwertV, der gemäß Q III 10 darin besteht, den VN vor aufgezogenen Ausgaben für eine Neuanschaffung nach dem Schaden zu bewahren. Wenn der VN, so könnte man zugunsten einer Teilschadenabrechnung argumentieren, vor einer Neuanschaffung bewahrt wird, indem der Vr die Reparaturkosten auch über den Zeitwert hinaus trägt, entfällt der wirtschaftliche Grund für eine Neuwertentschädigung. Auf dieser Linie liegt auch BGH VersR 70, 758 für die Kfz-KaskoV; aber diese Entscheidung war überwiegend auf den damaligen Wortlaut von § 13 AKB gestützt und läßt sich schon deshalb auf die vorliegend erörterten AVB nicht übertragen.

17   Andererseits wäre eine Reparatur mit einem Aufwand, der höher ist als der Zeitwert der Sache nach der Reparatur, im Sinn der für die Auslegung von AVB maßgebenden Verkehrsansicht „unrentabel". Dies wird deutlich, wenn man sich vorstellt, die betroffene Sache sei *nicht* versichert gewesen. Dann würde ein ordentlicher Kaufmann, wenn er nicht gerade unter Kapitalmangel leidet, die Sache als **reparaturunwürdig** (B III 28) und daher als „zerstört" ansehen, also von einem sog. **wirtschaftlichen Totalschaden** ausgehen. Er würde sie nicht reparieren, sondern eine neue Sache erwerben. Im erwähnten Beispiel 1 (R I 14) würde also ein nicht versicherter Kaufmann nicht 80 für eine Reparatur, sondern 95 (Neuwert abzüglich Wert der Reste) aufwenden, denn für einen Mehraufwand von 15 würde er einen Nutzen von 40 erzielen, nämlich die Differenz zwischen dem Neuwert der neu angeschafften Sache und dem Zeitwert der reparierten Sache. Diese Überlegung wird man wohl auch im Rahmen der Auslegung der Worte „beschädigt" und „zerstört" in den AVB der NeuwertV gelten lassen müssen.

18   **Anders** liegt es, wenn die erwähnte Differenz zwischen den Reparaturkosten und dem Zeitwert abzüglich des Werts der Reste infolge des Einbaus von Neuteilen insofern kompensiert wird, als sich durch die Reparatur eine **Zunahme des Zeitwerts** (nicht: des gemeinen Werts) ergibt. Wenn also in Beispiel 1 (R I 14) durch die Reparatur ein Zeitwert von 85 oder mehr erreicht wird, ist die Sache *nicht* reparaturunwürdig. Daß der VN statt einer Reparatur vielleicht doch eine neue Sache kauft und vielleicht sogar kaufen würde, wenn er nicht versichert wäre, ist eine Frage der Investitionsbereitschaft und ändert nichts daran, daß auf **Teilschadenbasis** abzurechnen ist.

19   4. Für den Fall von Teilschäden sehen die AVB neben dem Ersatz der Reparaturkosten auch den **Ersatz einer Wertminderung** vor, der nach der Reparatur

„verbleibt" (§ 18 Nr. 1 b VHB 84), „nicht ausgeglichen" ist (§§ 5 Nr. 1 b VHB 74, 4 Nr. 1 b AWB 68, AStB 68, 2 Nr. 1 NWSoBedIuG, NWSoBedIG) oder „nicht auszugleichen" ist (§§ 6 Nr. 1 NWIG 80, 10 Nr. 1 b AERB, 11 Nr. 1 b AFB 87, AERB 87, AWB 87, AStB 87, 15 Nr. 1 b VGB 88); nicht erwähnt wird die Wertminderung nur in § 7 Nr. 1 b VGB 62. Die unterschiedlichen Formulierungen sind ohne sachliche Bedeutung. Die Worte „nicht auszugleichen" bedont (deklaratorisch) besonders die Geltung der Regelung auch in Fällen, in denen eine Reparatur unterbleibt. Gedacht ist im Bereich von eigenen Erzeugnissen, Handelsware usw. nur an eine **merkantile Wertminderung**, R I 13, denn eine verbleibende technische Wertminderung führt zu Totalschadenabrechnung, R I 12. Dagegen ist im Bereich der NeuwertV (ebenso wenn landwirtschaftliches Inventar oder ausnahmsweise sonstige Gebrauchsgegenstände zum Zeitwert versichert sind, Q III 38 und 54) genau umgekehrt *nicht* an eine *merkantile*, sondern ausschließlich an eine **technische Wertminderung** gedacht, denn die NeuwertV gilt für Sachen, die nicht zum Verkauf bestimmt sind; der merkantile Minderwert bezieht sich dagegen auf den Verkaufswert (gemeiner Wert), der aber gerade nicht VWert ist. – Außerdem regelt der Hinweis in den AVB auf den Ersatz der Wertminderung nicht nur die Höhe der Teilschadenentschädigung, sondern trägt auch zur Abgrenzung zwischen Totalschäden und Teilschäden bei, vgl. R I 20 und 21.

a) Der Wertminderungsausgleich beweist, daß eine **Reparatur** begrifflich **20** nicht nur dann „**Wiederherstellung**" bedeutet und für die Entschädigungshöhe maßgebend ist, wenn sie den früheren technischen Zustand und damit den früheren Zeitwert wieder *voll* herstellt. Würde letzteres vorausgesetzt, so wäre bei manchen Schäden, die auf Anhieb als bloße Beschädigung erscheinen, eine Reparatur überhaupt nicht möglich; der Anteil der *Totalschäden* würde *zunehmen*. Es gibt nämlich Fälle, in denen nach der Reparatur die Lebensdauer, die Leistungsfähigkeit oder das Aussehen der **Sache noch beeinträchtigt** bleibt, die Verkehrsansicht aber trotz einer verbliebenen Wertminderung die Sache als „**repariert**" gelten läßt, weil die Beseitigung auch der noch verbliebenen Beeinträchtigung mit einem Kostenaufwand unterhalb der Totalschadenentschädigung entweder überhaupt nicht möglich wäre oder doch jedenfalls deutlich mehr kosten würde als den Betrag der Wertminderung, den diese Beeinträchtigung bewirkt. Es bedeutet also ein **Privileg für den Vr**, daß er **Wertminderungsausgleich** neben den Reparaturkosten statt der andernfalls fälligen Totalschadenentschädigung (oder der überproportional erhöhten Reparaturkosten) ersetzen „*darf*". Der Wertminderungsausgleich kommt freilich nur in Betracht, soweit er *dem VN* anstelle einer „vollständigen" Reparatur (oder anstelle der Totalschadenentschädigung) **zuzumuten** ist. Das kommt von vornherein nicht bei Waren und meist auch nicht bei Rohstoffen, R I 12, sondern nur bei Gebäuden und sonstigen Gebäudegegenständen in Betracht. Hier wiederum kommt es auf die Art der verbleibenden Beeinträchtigung an.

Die **Lebensdauer** kann nach der Reparatur insbesondere bei technischen **21** Anlagen (Maschinen usw.) noch beeinträchtigt bleiben, etwa dann, wenn die Reparatur Eingriffe (z.B. Abschleifen) in die Substanz von Teilen erfordert, die sich während der Lebensdauer des Teils nur eine beschränkte Zahl von

Malen wiederholen lassen. Trotzdem kann der VN in solchen Fälle nicht stets die überproportional erhöhten Reparaturkosten (oder gar Totalschadenentschädigung) verlangen, die der Austausch dieses Teils (R I 8) erfordern würde, sondern er wird eine verkürzte Lebensdauer in der Größenordnung von 10 bis 20% hinnehmen müssen, wenn Wertminderungsausgleich bezahlt wird.

22   Eine verminderte **Leistungskapazität** wird der VN allenfalls in sehr geringem Umfang und außerdem nur dann hinnehmen müssen, wenn er die ursprüngliche Leistungskraft in seinem Betrieb mit Sicherheit auch auf längere Sicht nicht ausschöpfen könnte. Fälle, in denen an die Stelle der vor dem Schaden bestehenden Leistungskapazität ein Wertminderungsausgleich treten kann, dürften daher sehr selten sein. Immerhin ist ein Anwendungsfall der *vorübergehende* Leistungsrückgang bei Tieren (Pferden, Rindern, Hühnern usw.), infolge von Brandwunden oder Rauch, den der VN hinnehmen muß, weil er nur vorübergehend ist, für den er aber Wertminderungsausgleich verlangen kann (Stöcklein VW 57, 297).

23   b) Das **Aussehen** von **beweglichen Sachen** kann nach der Reparatur ebenfalls beeinträchtigt bleiben. Begrifflich handelt es sich aber auch hier nicht etwa um merkantile, sondern um technische Wertminderung, denn beeinträchtigt ist nicht nur die Wertschätzung der Sache am Markt, sondern auch deren Substanz, wenn auch nicht wegen Mängeln der Brauchbarkeit der Sache, sondern wegen gewisser Mängel ihres Aussehens. Ob der VN dies hinnehmen muß oder aber überproportional erhöhte Reparaturkosten oder gar Totalschadenentschädigung verlangen kann, ist ebenfalls eine Zumutbarkeitsfrage und hängt teilweise von der Art der Sache ab, VerwG Sigmaringen RuS 88, 114.

24   Bei **Hausrat** (Bekleidung, Möbel, Teppiche, aber auch Haushaltsgeräte) gehört z. B. meist auch das Aussehen zur Funktion der Sache als Wohnungseinrichtung oder persönlicher Gebrauchsgegenstand. Ist etwa ein Anzug durch Feuer beschädigt, so braucht sich der VN nicht auf die Kosten einer Kunststopferei zuzüglich eines Wertminderungsausgleichs verweisen zu lassen, sondern kann den Preis eines neuen Anzugs verlangen. Ähnliches gilt meist bei Teppichen und sonstigen Einrichtungsgegenständen; auch ein sog. **Schönheitsschaden** ist hier Sachschaden, B III 19, dessen völlige Beseitigung der VN verlangen darf. Anders kann es sein, wenn die verbleibende Beeinträchtigung an einer nicht einsehbaren Stelle liegt (Rückwand eines Möbelstücks, Anzugfutter usw.).

25   In der **GeschäftsV** spielt das Aussehen beweglicher Sachen bei der *technischen* Betriebseinrichtung (Maschinen) eine geringere Rolle als bei der *kaufmännischen* (Büromöbel). Aber auch dies ist nur eine Faustregel. Es gibt einerseits Beeinträchtigungen, die auch bei der technischen Betriebseinrichtung unzumutbar sind, und andererseits Beeinträchtigungen, die selbst bei der kaufmännischen Betriebseinrichtung hingenommen werden müssen (gegen Wertminderungsausgleich). Wegen Schäden an einzelnen von mehreren zusammengehörigen Sachen vgl. Q I 27 bis 37.

26   c) Bei **Gebäuden** ist die Wiederherstellung des früheren Zustandes technisch fast immer möglich (Hasselmann VW 69, 321). Allerdings kann der Mehrbe-

trag der Reparaturkosten, den die Beseitigung jeglicher Beeinträchtigung erfordert, unverhältnismäßig hoch sein. Man denke an eine nach Reparatur verbleibende **Farbungleichheit** der erneuerten und der nicht erneuerten Gebäudeteilen. Dazu kommen die in B III 19 bis 31 sowie in R I 27 bis 34 erörterten Fälle bloßer **Schönheitsschäden.** Hier ist nicht oder nicht nur das Maß an Reparaturaufwand zweifelhaft, das der VN verlangen kann, sondern oft schon die Frage, ob überhaupt Reparatur oder ausschließlich Wertminderungsausgleich verlangt werden kann. Die Frage, ob es sich begrifflich um einen Totalschaden handelt, stellt sich hier meist nicht mit Bezug auf das Gebäude als Ganzes, sondern mit Bezug auf einzelne Gebäudebestandteile. Außerdem können Gebäudebestandteile ebenso wie bewegliche Sachen „zusammengehören" und die Problematik von Q I 27 bis 37 aufwerfen, allerdings nicht mit Bezug auf UnterV, Q I 38 bis 48, denn das räumliche Verhältnis der Gebäudebestandteile zueinander ist vorgegeben und bei der Prämienkalkulation zu berücksichtigen, sondern nur mit Bezug auf die Entschädigungshöhe. Auch hier hängt es von der Art und dem Zweck des Gebäudes ab, ob eine bezifferbare Wertminderung *überhaupt* vorliegt und ob der VN sie gegen eine Ausgleichszahlung hinnehmen muß.

Instruktive **Beispiele für Grenzfälle** zwischen unerheblichen Beeinträchtigungen, die entschädigungslos hingenommen werden müssen, Schönheitsschäden, die nicht oder nicht voll repariert zu werden brauchen, sondern durch bloßen Wertminderungsausgleich zu kompensieren sind, und endlich Totalschäden an einzelnen Gebäudebestandteilen können sich durch sturmbedingte Hagelschäden in der GebäudeV gegen Sturm ergeben, E II 9 und 38. Gehäuft sind solche Fälle im Jahr 1984 in Südbayern aufgetreten. Durch Hagel können z.B. Ecksprünge an Dachziegeln, Dellen und Absplitterungen in Holzvertäfelungen, Balkongeländern und sonstigen Holzbestandteilen, Dellen in Zink- oder Kupferblechen (Dächern, Regenfallrohren, Fenstersimsabdeckungen, Balkongeländerverkleidungen usw.) entstehen, vgl. schon B III 20. **27**

Soweit die betroffenen Gebäudebestandteile ihre Funktion nicht mehr voll oder nicht mehr mit unveränderter Lebensdauer oder nur noch mit erhöhtem Wartungsbedarf (z.B. Notwendigkeit häufigeren Streichens) erfüllen, kann der VN die Kosten für Austauschteile und deren Einbau (R II 8) verlangen, vgl. zu „Totalschäden" an Einzelteilen von Gebäuden schon R I 8. Da schon die Tatsache der Delle usw. als Sachsubstanzschaden den Tatbestand einer Beschädigung erfüllt, braucht nicht der VN zu beweisen, daß die Funktion oder die Lebensdauer oder der Wartungsbedarf negativ beeinflußt wurden. Vielmehr trägt der Vr die Beweislast, daß die **Funktionsfähigkeit,** die **Lebensdauer** und die **Wartungsbedürftigkeit** unverändert geblieben sind, wenn er nicht die Kosten eines Austausches der beschädigten Teile (zuzüglich Beseitigung oder Wertminderungsausgleich für die nach Reparatur verbleibenden Beeinträchtigungen), sondern entweder überhaupt keine Entschädigung oder lediglich Wertminderungsausgleich statt jeglicher Reparatur leisten will. **28**

Im Streitfall muß der Vr diesen **Nachweis** für die im Einzelfall versicherte und vom Schaden betroffene Sache führen, und zwar gegebenenfalls im förmlichen Sachverständigenverfahren oder im Deckungsprozeß. Ein „Generalgutachten" z.B. ganz allgemein für Holzverkleidungen oder ganz allgemein **29** für Zink- oder Kupferbleche genügt nur, wenn es entsprechend ausführlich gehalten und Übereinstimmung mit der einschlägigen technischen Literatur nachgewiesen ist. Unter dieser Voraussetzung kann es genügen, wenn für den konkreten Einzelfall lediglich die Art der Beschädigungen im förmlichen Sachverständigenverfahren festgestellt werden, z.B. Dellen in Blechen bis zu einer bestimmten Tiefe, Holzabsplitterungen bis zu einer bestimmten Tiefe und Ausdehnung, Ecksprünge in Dachplatten (wobei zwischen verschiedenen Materialien zu unterscheiden sein kann) bis zu einer bestimmten Größe usw. Die Folgerung, daß Funktion, Lebensdauer und Wartungsbedürftigkeit nicht beeinträchtigt sind, kann dann eventuell auf das erwähnte „Generalgutachten" gestützt werden.

30   Ist bewiesen, daß Funktionsfähigkeit, Lebensdauer und Wartungsbedürftigkeit der betroffenen Gebäudeteile nicht beeinträchtigt sind, so kann gleichwohl schon allein das **verschlechterte Aussehen** der Sache, z.B. einer gefliesten Wand (AG Warendorf RuS 90, 97), einen Sachschaden bedeuten, der dem VN Anspruch auf Austausch der betroffenen Teile gibt, R I 8. Auch sog. **Schönheitsschäden** können nämlich entschädigungspflichtige Sachschäden sein, B III 8. Bei Gebäuden gilt hier dasselbe wie gemäß R I 23 bis 25 bei beweglichen Sachen. Die Frage, ob der VN Ausgleich der (technischen, R I 23) Wertminderung **statt** einer Reparatur akzeptieren muß, ist ebenso eine **Zumutbarkeitsfrage** wie die in R I 20 erörterte Frage eines Wertminderungsausgleichs **neben** den Kosten einer nicht vollwertigen Reparatur.

31   Der **bisherige Zustand der betroffenen Gebäudeteile** ist nur einer von mehreren Gesichtspunkten, die für die Zumutbarkeitsfrage eine Rolle spielen. Einerseits kann auch bei einem einwandfreien Gebäudezustand nicht Ersatz der Reparaturkosten schon für ganz geringfügige Beeinträchtigungen des Aussehens verlangt werden. Andererseits ist auch eine schon stark gealterte und lange nicht gestrichene Holzverkleidung oder ein schon stark verschmutzter und brüchiger Außenputz noch „beschädigungsfähig" in dem Sinn, daß Dellen im Holz durch sturmbedingten Hageleinschlag oder brandbedingte Verrußungen eines Teilstücks der Fassade einen Sachschaden darstellen. Für dieses Ergebnis spricht in der NeuwertV zusätzlich, daß dort ein Abzug wegen Erhöhung des Zeitwerts durch eine Reparatur nicht vorgenommen wird.

32   Immerhin ist aber ein schlechter Zustand des Gebäudes, dem auch nicht etwa nachweislich alsbald durch Renovierung abgeholfen werden sollte, ein Indiz dafür, daß dem VN ein bloßer Wertminderungsausgleich zuzumuten sein kann. Als weiteres Indiz kommt vor allem die **relative Höhe des gegebenenfalls angemessenen Wertminderungsausgleichs** in Betracht. Je geringfügiger die dem VN zugemutete Beeinträchtigung des Aussehens und damit der angemessene Wertminderungsausgleich ist, z.B. weniger als 20% der Reparaturkosten, um so mehr spricht dafür, daß der VN auch als nicht versicherter Gebäudeeigentümer bei verständiger Würdigung von der im Verhältnis zur eingetretenen Zeitwertminderung unverhältnismäßig teureren Reparatur abgesehen haben würde. Ein gutes Beispiel für Schäden, die dem VN nur einen Anspruch auf Wertminderungsausgleich geben, sind *Dellen in Kupferblechen,* welche an der Lebensdauer des Materials nichts ändern und auch für unbeteiligte Dritte als unbedeutend und auf den Gebäudezeitwert nahezu ohne Einfluß erkennbar sind. Wegen der Höhe der Kosten einer Reparatur

der Kupferteile kommt hier in der Regel nur ein kleiner Bruchteil der Kosten einer hypothetischen Reparatur als Wertminderungsausgleich in Betracht.

Die **Höhe des angemessenen Wertminderungsausgleichs** hängt ihrerseits von 33 Art, Größe und örtlicher Lage der Schadenstelle ab, ferner von der Zweckbestimmung des Gebäudes. Auszugehen ist, und zwar auch in der NeuwertV, von der **Minderung des Zeitwerts** im Sinn von Q III 39. Bei *Wohngebäuden* sind optische Beeinträchtigungen weniger als bei Geschäftsgebäuden, bei Verwaltungsgebäuden weniger als bei Gebäuden zumutbar, die ausschließlich der Produktion dienen. Bei Wohngebäuden kommt nach den VGB 62 Wertminderungsausgleich anstelle eines Kostenersatzes für vollwertige Reparatur schon deshalb nur ganz ausnahmsweise in Betracht, weil § 7 Nr. 1b VGB 62 einen Wertminderungsausgleich im Gegensatz zu den übrigen AVB und auch zu § 15 Nr. 1b VGB 88 überhaupt nicht erwähnt. Aber auch im beruflichen und gewerblichen Bereich ist dem VN grundsätzlich ein berechtigtes Interesse an einwandfreiem Aussehen seiner Gebäude zuzubilligen, zumal andernfalls z.B. Schlüsse auf mangelnde Kreditwürdigkeit des VN gezogen werden könnten.

Denkbar sind auch Fälle, in denen **Teilbereiche** des betroffenen Gebäudes 34 repariert werden müssen, während für andere Teilbereiche ein Wertminderungsausgleich genügt, vgl. VerwG Sigmaringen RuS 88, 114 für Hageldellen in Aluminiumdach- und fassadenverkleidungen, die teils überhaupt nicht, teils nur bei sonnigen Wetter und wegen Stadtrandlage im wesentlichen nur für die Lehrer und Schüler der Schule einsehbar waren. Unterschiedliche Behandlung von Teilbereichen ein- und desselben Gebäudes kommt freilich nur in Betracht, wenn nicht die Teilreparatur ihrerseits eine zu starke optische Beeinträchtigung begründet. Unter dieser Voraussetzung ist die prozentuale Höhe des angemessenen Wertminderungsausgleichs für den Teilbereich Kriterium für oder gegen die Zumutbarkeit des Unterlassens der Reparatur nur in diesem Teilbereich.

5. Ob Totalschaden oder Teilschaden vorliegt, kann möglicherweise nur 35 durch **kostenträchtige Untersuchungen** oder durch **erfolglose Reparaturversuche** festgestellt werden. Beispiel für einen Reparaturversuch: Umsacken einer Ware wegen Schäden an der Verpackung, Hamburg VersR 82, 157.

Erweist sich der Schaden schließlich als *Teilschaden*, so sind die Kosten 36 schon als Bestandteil der notwendigen Reparaturkosten zu ersetzen, R III 38. Soweit die Kosten allerdings nur durch Verschulden des VN oder seines Repräsentanten oder eines Wertunternehmens entstanden sind, gehören sie nicht zu den abstrakt zu ermittelnden „notwendigen" Reparaturkosten und werden nicht ersetzt. Dabei genügt leichtes Verschulden, denn § 62 VVG ist nicht einschlägig, Q IV 8 und R III 34.

Erweist sich der Schaden hingegen als **Totalschaden,** so lassen sich die hier 37 erörterten Kosten *nicht* als Aufwand für den *Wiederherstellungsvorgang* und daher nicht als Teil des Wiederbeschaffungspreises und damit der Totalschadenentschädigung gemäß R II 1 ansehen. Maßnahmen, die nur dazu dienen, die Frage der Reparaturfähigkeit und Reparaturwürdigkeit zu klären, lassen sich nicht mit den in Q IV 83 bis 106 behandelten Tätigkeiten mit dem Ziel der Wiederbeschaffung vergleichen.

38 Gleichwohl sind die Kosten für die Feststellung des Total- oder Teilschadenfalles durch den Vr zu ersetzen, und zwar in der Regel sowohl nach § 66 VVG als **Schadenermittlungskosten** wie auch nach § 63 VVG als Rettungskosten. Ein Ersatz nach § 66 VVG kann auch nicht mehr an §§ 1 Nr. 6 AFB 30, 1 Nr. 5 AEB 10 Nr. 2 AERB scheitern, wo jeweils der Ersatz „weiterer Schäden" ausgeschlossen wird. Auf Verlangen des BAV wurde in jene Bestimmungen nämlich im Jahr 1987 jeweils eingefügt „§ 66 VVG bleibt unberührt", W I 15. Außerdem handelt es sich zugleich um **Rettungskosten**, W II 16, deren Ersatz die AVB nicht nur nicht ausschließen, sondern sogar ausdrücklich bekräftigen, W II 7. Die Kosten werden nämlich aufgewendet, um die für den Vr ungünstigere Totalschadenabrechnung möglichst zu vermeiden, Ollick VerBAV 80, 293 sowie Ollick und von Wick VerBAV 77, 28.

39 § 63 VVG als Rechtsgrundlage ist für den VN günstiger als § 66 VVG. Während nämlich § 66 VVG voraussetzt, daß der Aufwand objektiv geboten war (W IX 12 sowie PM § 66 Anm. 2 C), genügt es nach § 63 VVG, daß der VN die **Maßnahmen** subjektiv **für geboten halten durfte** oder (W II 24) sie sogar irrig infolge einer nur leichten Fahrlässigkeit für geboten hielt. Ansonsten gelten für die Ermittlung der hier erörterten Kosten die allgemeinen Grundsätze für die Ermittlung versicherter Kosten, Q I 120 und W I 17, die ihrerseits weitgehend mit den einschlägigen Grundsätzen für die Ermittlung des VWerts gemäß Q IV 83 bis 135 übereinstimmen.

II. Totalschadenentschädigung

1 Bei Totalschäden ist Berechnungsgrundlage für die Entschädigung nach §§ 3 Nr. 1 AFB 30, AEB, 4 Nr. 1 a AWB 68, AStB 68, 2 Nr. 1 NwSoBedIuG, NwSoBdlG, 6 Nr. 1 NwIG 80, 10 Nr. 1 a AERB, 7 Nr. 1 a VGB 62 15 Nr. 1 a VGB 88, 5 Nr. 1 a VHB 74, 18 Nr. 1 a VHB 84, 11 Nr. 1 a AFB 87, AERB 87, AWB 87, AStB 87 der VWert unmittelbar vor Eintritt des VFalls abzüglich des Wertes der Reste. Wie hoch die Entschädigung tatsächlich ist, hängt aber nicht nur vom VWert, sondern von vielen anderen Voraussetzungen ab, vgl. R I 1 und 2. Maßgebend ist nicht der auf die betroffene Sache entfallende Teil des VWertes der ganzen Position, sondern der **VWert** nur der **durch den Schaden betroffenen Sache(n)**. Dieser kann höher liegen, als der anteilige VWert der Position, nämlich immer dann, wenn die Wiederherstellung oder Wiederbeschaffung der durch den Schaden betroffenen Sache(n) relativ teurer ist als die Wiederherstellung oder Wiederbeschaffung aller Sachen der ganzen Position. So kann es liegen, wenn der VN bei Lieferung nur einzelner Sachen Mengenrabatt nicht in Anspruch nehmen kann oder wenn die Anfertigung einer *geringeren Stückzahl* zu einem *höheren Preis* führt, Q IV 1.

2 Ausnahmsweise kommt auch bei Totalschäden ein zusätzlicher **Wertminderungsausgleich** in Betracht, nämlich bei Totalschäden an *einzelnen* von mehreren *zusammengehörigen* beweglichen Sachen oder Gebäudebestandteilen, Q I 32 bis 34, wenn völlige Gleichheit der wiederbeschafften Sache oder des wiederhergestellten Gebäudeteils mit dem Zustand vor dem VFall notwendig wäre, aber nicht realisierbar ist, ferner immer dann, wenn es dem

VN gemäß R I 19 bis 34 zuzumuten ist, eine beschädigte Sache *nicht* oder nur *unzulänglich* zu *reparieren.*

1. Der VWert ist auch dann maßgebend, wenn die Totalschadenentschädi- 3 gung dadurch den Schaden übersteigt. Zu einer „zu hohen" Entschädigung führt der VWert insbesondere in der NeuwertV, wenn der Zeitwert der zerstörten Sache niedriger war als der Neuwert. Aber aus den in Q III 9 dargelegten Gründen verstößt die Bereicherung nicht gegen § 55 VVG, jedenfalls dann nicht, R IV 9, wenn für den Neuwertanteil die üblichen Wiederherstellungsklauseln vereinbart sind.

Verbilligt sich die Wiederherstellung eines Gebäudes oder Wiederbeschaf- 4 fung beweglicher Sachen nach einem *Totalschaden,* insbesondere durch **Eigenleistungen des VN in eigener Regie** oder in eigener Person oder durch verbilligten Fremdbezug, so beeinflußt dies die Entschädigung nur ausnahmsweise, Q IV 6 und 106, nämlich entweder nach den Wiederherstellungsklauseln oder *wenn* es sich um eine so naheliegende Möglichkeit handelt, daß diese schon den *VWert reduziert,* vgl. Q IV 123 für sachbezogene *Rabatte.* Nicht ganz so zweifelsfrei ist die Rechtslage bei *Teilschäden.* Hier könnte nach früher häufiger vertretener Ansicht eine schon vor Fälligkeit der Entschädigung erzielte Ersparnis durch Eigenarbeiten usw. dem Vr zugute kommen, vgl. R III 11. Ein Schluß aus der (nicht ausdrücklich geregelten) Berechnung der „Reparaturkosten" bei Teilschäden auf die Entschädigungshöhe bei Totalschäden („VWert") wäre aber keinesfalls möglich. Indem die in R II 1 zitierten AVB Zahlung des VWerts vorsehen, entscheiden sie sich jedenfalls bei Totalschäden eindeutig für den **Grundsatz der abstrakten Schadenberechnung,** vgl. schon Q IV 106 zum Begriff des VWerts.

Zu einer „**zu hohen**" Entschädigung führt der VWert insbesondere auch 5 dann, wenn ein Teil der dem VN durch den VFall und die Wiederbeschaffung aufgezwungenen *Aufwendungen nicht schadenbedingt* war, sondern auch ohne den Schaden alsbald angefallen wäre, weil die noch **zum Neuwert versicherte Sache** schon vor der Zerstörung **reparaturbedürftig** war. Da Reparaturbedürftigkeit zugleich den *Zeitwert* – entgegen Dietz 3.4.1 zu § 18 nicht auch den Neuwert, denn die beschädigte Sache ist keine Sache anderer Art und Güte – *mindert,* handelt es sich freilich nur um einen *Unterfall* der durch jede Neuwertentschädigung für eine nicht mehr ganz neue Sache eintretenden Bereicherung, jedoch mit der Besonderheit, daß mit Bezug auf ohnehin anfallende Reparaturkosten anders als bei sonstiger Abnutzung wie gesagt werden kann, die entsprechenden Aufwendungen seien dem VN durch den VFall aufgezwungen worden. Obwohl somit der wichtigste Grund für die Zulässigkeit der NeuwertV in Höhe der für eine Reparatur auch ohne den Schaden nötig gewordenen Aufwendungen fehlt, wird man die AVB ohne Verstoß gegen § 55 VVG so verstehen dürfen, daß ein **Abzug** für nicht schadenbedingte Kosten von der Neuwertentschädigung **nicht** vorzunehmen ist, zumal sonst unklar wäre, wo die zeitliche Grenze verläuft: In welchem zeitlichen Abstand nach dem Schaden hätten die Aufwendungen spätestens anfallen müssen, damit sie noch zu berücksichtigen wären? Es bewendet also in der NeuwertV bei der Berechnung aus dem VWert abzüglich der Reste. – Zu der analogen und dort schwierigen Frage bei der Teilschadenentschädigung vgl. R III 18 bis 31.

6   Wo der **Zeitwert VWert** ist, sei es kraft Vereinbarung (Q III 38) oder wegen des Abnutzungsgrades einer zum Neuwert versicherten Sache (Q III 36), mindert Reparaturbedürftigkeit ohnehin den VWert, so daß die Totalschadenentschädigung nicht schadenbedingte Kosten schon deshalb nicht enthalten kann. Gleiches gilt für *eigene Erzeugnisse, Waren* usw., für die es keine NeuwertV gibt. Da dort der erzielbare Verkaufspreis Höchstbetrag der Entschädigung ist, Q II 8, kann sich für Sachen, die bei Eintritt des VFalls reparaturbedürftig sind, sogar eine niedrigere Entschädigung ergeben, als wenn der Schaden erst nach fachgerechter Reparatur durch den VN eingetreten wäre.

7   2. Der „**Wieder**"-beschaffungspreis als VWert umfaßt auch alle **Nebenkosten** des Wiederherstellungsvorgangs, Q IV 83 bis 106, insbesondere Kosten für begleitende Verwaltungsarbeiten, Q IV 87, sowie für Nebenarbeiten, die erforderlich sind, um die Sache innerhalb des VOrts wieder(!) an Ort und Stelle zu bringen und wieder(!) in den **Zustand unmittelbar vor Eintritt des VFalls** zu versetzen, Q IV 74. Erinnert sei insbesondere an die **Transport- und Montagekosten** sowie an die **Kosten des Auspackens, Einlagern, Ausstellens, Auszeichnens usw. bei Waren**, Q IV 99, ferner an die Kosten der Überwachung des hierbei tätigen Fremdpersonals. Diese Kosten gehören zum VWert (richtig Ludolphy RuS 77, 42), und zwar entgegen Raiser 119 einschließlich Gemeinkosten für Arbeiten in eigener Regie, Q IV 97. Unhaltbar ist die Gegenansicht von Boldt VW 80, 192, der als VWert offenbar nur die Preise frei Fabriktor des VN anerkennt und die Nebenkosten der Wiederherstellung des früheren Zustandes der Sachen zur „Gewinnspanne"(?) rechnen will.

8   Das Gesagte gilt auch, wo als versicherte Sachen Gebrauchsgegenstände (Q IV 100) oder **Gebäudebestandteile** in Betracht kommen, z.B. in der Position 2 (Betriebseinrichtung) nach der Positionen-Erläuterung für die Industrie-FeuerV (H II 6) oder nach § 1 Nr. 2b VHB 84 (wasserführende Installationen und sonstige Mieterumbauten, H IV 58 und 59). Die **Einbaukosten** (R I 8) sind Teil des VWerts der Bestandteile. Sie bleiben es auch dann in voller Höhe, wenn VWert der Gebäudebestandteile ausnahmsweise nur noch der gemeine Wert ist, nämlich nach § 6 Nr. 1 Satz 2 VGB 62 bei entwerteten Bestandteilen von Wohngebäuden (Q III 80; anders nach § 15 Nr. 2 VGB 88), so daß es für das rechnerische Ergebnis gleichgültig ist, ob man Totalschaden an dem Bestandteil oder Teilschaden an dem ganzen Gebäude annimmt.

9   Zu den Nebenkosten und damit zum VWert und zur Totalschadenentschädigung gehören genau besehen auch **Bewegungs- und Schutzkosten**, die für Maßnahmen an Sachen aufgewendet werden müssen, um die Wiederbeschaffung der zerstörten versicherten Sache zu ermöglichen, Q IV 34. Man denke an Maschinen, die in einem Raum so montiert sind, daß einige davon im Fall ihrer Zerstörung nicht ausgetauscht werden können, ohne daß auch andere Maschinen entfernt und wieder montiert oder mindestens gegen mechanische Beschädigungen geschützt werden müssen. Entgegen R II 9 der 2. Aufl. nicht entscheidend ist hierbei die VMöglichkeit für Bewegungs- und Schutzkosten nach den in W IV 1 zitierten Bestimmungen in einer gesonderten Position sowie die Tatsache, daß diese Möglichkeit seit etwa 1980 in den VAntragsfor-

mularen aufgezeigt wird. Zum Teil wird in Pauschaldeklarationen ein Mindestbetrag von z.B. 3000 DM für Bewegungs- und Schutzkosten sogar ohne gesonderte Prämienberechnung mitversichert. Indessen muß der Begriff des VWerts in den AVB „objektiv", d.h. ohne Rücksicht auf Umstände des Einzelfalles ausgelegt werden, vgl. K I 6.

Eindeutig **nicht** zur Totalschadenentschädigung gehören dagegen die **Auf-** 10 **räumungs- und Abbruchkosten** für die Beseitigung der Reste der zerstörten Sache, die technisch erforderlich ist, bevor an derselben Stelle ein neues Gebäude errichtet, ein neuer Gebäudebestandteil eingebaut, eine neue Maschine montiert werden kann usw. Der „VWert" als Totalschadenentschädigung ist der Wiederbeschaffungs- oder Wiederherstellungspreis einer gleichartigen Sache, aber nur auf der Basis, daß die versicherte Sache und deren Reste hinweggedacht worden, also ohne Einschluß von Kosten der Beseitigung der Reste einer Vorgängerin, vgl. schon Q IV 102. Bei Teilschäden ist die Rechtslage allerdings anders, denn die Beseitigung nicht mehr verwendbarer Teile der beschädigten Sache gehört zur Reparatur, W V 20, und die Kosten der Beseitigung sind als Reparaturkosten entschädigungspflichtig. Daraus darf aber kein Schluß auf die Rechtslage bei Teilschäden gezogen werden. Rechnete man mögliche Aufräumungs- und Abbruchkosten zum VWert und zur Totalschadenentschädigung, so wäre die richtige Berechnung des VWerts nahezu unmöglich, denn die anfallenden Aufräumungs- und Abbruchkosten lassen sich nicht in voraus zuverlässig abschätzen, z.B. schon nicht wegen einer möglichen Verseuchung der Trümmer und Abbruchreste infolge der chemischen Beschaffenheit des jeweiligen und gegebenenfalls mitverbrannten Inventars.

Nicht wirtschaftlich befriedigend zu lösen ist das in R II 9 angesprochene 11 Problem für die Bewegungs- und Schutzkosten mit §§ 50, 56 VVG. Wollte man Bewegungs- und Schutzkosten zum VWert rechnen, so würden §§ 50, 56 VVG keineswegs immer dann zum Ausschluß der Kosten von der Entschädigung führen, wenn diese in der VSumme nicht berücksichtigt wurden, denn solche Kosten fallen meist nur bei einigen wenigen in einer Position versicherten Sachen an. Aber selbst eine geringfügige UnterV infolge von nicht berücksichtigten Bewegungs- und Schutzkosten bei einzelnen Sachen einer Position würde der VN schwerlich hinnehmen wollen, wenn Schäden an anderen Sachen der Position eintreten. Diese Schwierigkeiten bei der Bildung der richtigen VSumme sprechen – ähnlich wie bei Aufräumungs- und Abbruchkosten, R II 10 – eher dagegen, Bewegungs- und Schutzkosten in fiktiver Höhe zum VWert zu rechnen.

Deshalb müßte das Schweigen der AVB in den Definitionen des VWerts (Q 12 III 26 und 39) nach dem Willen der Verfasser wohl so verstanden werden, daß Bewegungs- und Schutzkosten **nicht** zum VWert gehören sollten, was aber überwiegend zu Lasten des VN (geringere Entschädigung) und nur ausnahmsweise auch zu Lasten des Vr (keine oder geringere UnterV) ginge. Dieses Ergebnis entspräche der *Verkehrsansicht*, vgl. auch R III 41 und W IV 13 wegen „Reparaturkosten", denn diese denkt bei dem Wert einer Sache nur an die unmittelbar auf die Sache zu verwendenden Kosten (Kaufpreis, Fracht, Einbau, Montage), nicht dagegen an die für *Arbeiten an anderen Sachen* nötigen Aufwendungen, zumal sich deren Betrag auch nachträglich und ohne eine Veränderung an der versicherten Sache selbst ändern kann.

13 Wird z.B. ein Treppenhaus so umgebaut, daß ein Konzertflügel von bestimmter Art und Größe als Teil des *Hausrats* nicht mehr ohne bauliche
Veränderungen in die *Wohnung* gebracht werden kann, so widerspräche es
der Verkehrsansicht, eine Zunahme des Wertes des bereits vorhandenen Flügels und damit des Werts des Hausrats um den Betrag anzunehmen, der
zusätzlich erforderlich wäre, um nach dessen Zerstörung einen gleich großen
Flügel dort wieder aufstellen zu können, z.B. mit Hilfe eines Gabelstaplers
und nach Durchbruch einer Außenmauer usw. im ersten Obergeschoß. Ähnlich liegt es, wenn durch Montagen in einer *Werkhalle* der Zugang zu einer
versicherten Maschine erschwert und verteuert wird. Daß Teil des Wiederbeschaffungspreises auch Kosten von Arbeiten sind, die überhaupt nicht an
Sachen vollzogen werden, wie z.B. begleitende Verwaltungsarbeiten, R II 7,
ändert an der Rechtslage bei Bewegungs- und Schutzkosten nichts, denn
gerade deren Vornahme an anderen Sachen spricht nach der Verkehrsansicht
gegen ihre Zugehörigkeit zum Wiederbeschaffungsvorgang. Gleichwohl
bleibt letztlich **zweifelhaft**, ob der Wille der Verfasser der AVB (R II 12)
genügend deutlich zum Ausdruck kommt, W IV 12.

14 3. Wie wird die Entschädigung berechnet, wenn für einen **Teil der zerstörten
Sache** ein **Ausschluß** eingreift, für die übrigen Teile der Sache aber nicht. Dies
kommt insbesondere bei *Betriebsschäden* vor, weil §§ 1 Nr. 2 AFB 30, 1
Nr. 5a AFB 87, 3 Nr. A 3a VHB 74, 9 Nr. 2a VHB 84, 3 Nr. 2 VGB 62, 9
Nr. 2a VGB 88 nur für die der Wärme ausgesetzten Teile der Sache gelten, F
II 24. Greift der Brand von den ausgesetzten auf die übrigen Teile über, so
gilt der Ausschluß für die übrigen Teile nicht. So kann z.B. der Ausschluß
nur für einen Teil einer völlig zerstörten Kühlanlage (Körner RuS 75, 237),
Waschmaschine (PM 30, 1 Nr. 5a AFB 87, § 1 24. Aufl. AFB 30 Anm. 2a),
Trocknungsanlage usw. eingreifen, F II 25. Auf Kurzschlußschäden an Sachen, die nur teilweise, nämlich nur in ihren stromführenden Teilen, begrifflich eine elektrische Einrichtung im Sinn von F II 67 darstellen, lassen sich die
folgenden Überlegungen möglicherweise nicht anwenden, weil der (ausgeschlossene) Kurzschlußschaden zeitlich vor dem (eingeschlossenen) Nachfolgebrand liegt, der wirtschaftliche Totalschaden also schon vor Beginn des
Brandes vorgelegen hatte. – Wohl aber betreffen die folgenden Überlegungen
auch Gebäudeschäden durch zuzurechnendes Fehlverhalten eines Repräsentanten, dessen Repräsentanteneigenschaft aber nur für einen Teil des Gebäudes besteht, falls man dergleichen entgegen Q II 88 und 89 begrifflich überhaupt für möglich hält.

15 Sollen in einschlägigen Fällen *sämtliche Kosten* nur abzüglich derjenigen
ersetzt werden, die erspart worden wären, wenn – technisch ohnehin undenkbar – gerade die ausgeschlossenen Teile der Sache verschont geblieben wären?
Praktisch wäre der *Abzug* dann *fast gleich Null*, denn abzuziehen wäre nur
der erhöhte Schrottwert der erwärmten, aber (theoretisch) verschont gebliebenen Teile. Damit würde der Betriebsschadenausschluß nur bei teilweise der
Wärme ausgesetzten Anlagen fast völlig ausgehöhlt, was nicht richtig sein
kann. Das andere Extrem wäre, nur diejenigen Kosten zu ersetzen, um die
sich der Schaden dadurch *erhöht* hat, daß außer den ausgeschlossenen auch
die nicht ausgeschlossenen Teile zerstört worden sind (so Boldt 29). Da die

nicht erwärmten Teile für sich allein, auch wenn sie nicht verbrannt wären, meist nur Schrottwert (ausnahmsweise vielleicht noch den Wert von Ersatzteilen) hätten, wäre die *Entschädigung* hiernach *fast gleich Null.*

Die richtige Lösung ist eine **proportionale Teilung** des aus dem VWert 16 abzüglich des Wertes der Reste errechneten Betrages im Verhältnis des Betrages, den nach der zweiten Extremlösung der VN zu tragen hätte, zu dem Betrag, den nach der ersten Extremlösung der Vr tragen müßte, vgl. PM 24. Aufl. § 1 AFB 30 Anm. 2 d. Für eine schematisierende Klausel zu den VHB 74 plädiert Sblowski ZfV 80, 304. – Wegen des umgekehrten Falles, daß nur ein *Teil einer Sache versichert* ist, z. B. Böden, Wände und Decken nach §§ 3 Nr. C 2 VHB 74, 2 Nr. 1 f VHB 84, vgl. R III 30 zur Höhe der Teilschadenentschädigung („Reparaturkosten").

4. Der VWert **unmittelbar vor Eintritt des VFalls** ist maßgebend, wie §§ 10 17 Nr. 1 a AERB, 11 Nr. 1 a AFB 87, AERB 87, AWB 87, AStB 87, 15 Nr. 1 a VGB 88 ausdrücklich sagen, R I 3. Die übrigen AVB, zuletzt § 18 Nr. 1 a VHB 84, vgl. Q I 57, sprechen dagegen nur vom VWert „zur Zeit des Eintritts „oder" „zum Zeitpunkt" des VFalles, also in derselben Formulierung wie bei den Reparaturkosten, R III 1 und 21. Ob damit genügend deutlich angeordnet ist, daß die **Preise** im Fall einer – praktisch unmöglichen – fiktiven Wiederbeschaffung in einem ganz bestimmten *Zeitpunkt,* statt während des wirklich erforderlichen *Zeitraums,* maßgebend sein sollen, wurde in Q I 57 bis 69 erörtert und verneint. Unabhängig davon besagen die AVB jedenfalls im Ergebnis übereinstimmend, daß der **Zustand der Sache unmittelbar vor Eintritt des VFalls** über den VWert entscheidet. Wurden also nach Vertragsschluß *Änderungen* an ihr vorgenommen, so kommt es auf den Wiederbeschaffungspreis der veränderten Sache an. In diesen Fällen muß, soweit nicht vertragliche Vorsorge gegen den UnterVEinwand getroffen ist, die VSumme angepaßt werden, um UnterV zu vermeiden. Dies gilt insbesondere für Um-, An- oder Ausbauten bei Gebäuden, vgl. N IV 21 bis 28 wegen der Gleitenden NeuwertV nach den SGlN 88 und nach den VGB 88.

Der Neubauwert von Gebäuden oder Maschinen usw. kann auch dadurch 18 steigen, daß zwar nicht das versicherte Gebäude **geändert** wird, wohl aber die **Vorschriften des Bau- oder Gewerberechts** oder gesetzliche **Sicherheitsvorschriften,** und zwar nicht für bestehende, sondern **nur** für **neu** zu errichtende oder für bei Teilschäden umzubauende Gebäude sowie für neu zu beschaffende bewegliche Sachen. Den Extremfall bilden Kernkraftwerke, deren Sicherheitsvoraussetzungen sich in rascher Fortentwicklung befinden. Es gibt keinen Rechtsanspruch auf Genehmigung des unveränderten Neubaus zerstörter Gebäude. Vielmehr sind Neubauten auch dann genehmigungspflichtig und den zur Zeit der Genehmigung geltenden Vorschriften unterworfen, wenn sie an die Stelle eines – sei es mit oder ohne Verschulden des Bauherrn oder Eigentümers – zerstörten anderen Gebäudes treten. Dadurch ergeben sich Abweichungen zwischen dem *versicherten* Gebäude und dem Gebäude, das *nach einer Zerstörung* errichtet werden könnte oder müßte. Oft erfordert deshalb ein Neubau **erhöhte Kosten.** Diese sind für im Wiederbeschaffungspreis im Sinn von Q IV 1 und für den ortsüblichen Neubauwert im Sinn von Q IV 102 als VWert und Totalschadenentschädigung maßgebend, vgl. ausführlich Q IV 29 bis 67.

19 Entgegen R II 14 und 15 der 1. Aufl. ist ein **Abzug** von dem wegen verschärfter bau- oder gewerberechtlicher Vorschriften erhöhten Wiederbeschaffungspreis auch dann **nicht** geboten, wenn infolge rechtlich erzwungener Änderungen der **Nutzungswert** der neuen Sache **höher** liegt. Nicht immer ist nämlich ein erhöhter Nutzungswert für den VN persönlich wirtschaftlich verwertbar; oft ist über die künftige Verwertbarkeit nicht einmal eine Prognose möglich. Außerdem wird der erhöhte Nutzungswert dem VN aufgezwungen. Die durch volle Entschädigung verursachte Bereicherung verstößt daher ebensowenig wie ganz allgemein die NeuwertV gegen § 55 VVG. Endlich wären durch die gegenteilige Ansicht (R II 14 der 1. Aufl.) Meinungsverschiedenheiten über die Höhe des Abzugs geradezu vorprogrammiert, gleichgültig ob dieser mit oder ohne Berücksichtigung der Verwertbarkeit des erhöhten Nutzungswertes für den VN persönlich ermittelt würde. Aus allen diesen Gründen ist für Gebäude ebenso wie für bewegliche Sachen, die nur noch in besserer Art und Güte erhältlich sind, jeglicher Abzug abzulehnen, vgl. schon Q IV 16.

20 Das einfachste **Beispiel** für erhöhten Nutzungswert eines Gebäudes wäre eine Zunahme des *umbauten Raums,* weil etwa der Neubau auf einer größeren Grundfläche oder mit größerer Geschoßzahl ausgeführt werden muß. Hier wäre ein Abzug von den Neubaukosten am ehesten sinnvoll; es handelt sich indessen nur um einen sehr seltenen Extremfall. Aber auch die Zunahme der *Nutzungsfläche* bei unverändertem Raum und verminderter Raumhöhe könnte den Nutzungswert steigern, wie überhaupt in vielen Fällen die Vor- und Nachteile der baurechtlich erzwungenen Änderungen gegeneinander aufzurechnen wären. Müßten etwa nach Zerstörung eines veralteten Mietwohnhauses Gemeinschaftstoiletten durch Einzeltoiletten je Wohnung ersetzt werden, so würde dies zwar die Wohnfläche im übrigen verkleinern, aber per Saldo gleichwohl den Nutzungswert des Gebäudes erhöhen. Auch durch geänderte Vorschriften über elektrische Installationen, Heizungsform, Wärmeisolierung oder dgl. kann der Nutzungswert steigen, insbesondere bei gewerblich genutzten Räumen. Insgesamt ist aber die Zunahme des Nutzungswerts eher die Ausnahme als die Regel.

21 Trotz erhöhter Neubaukosten **keine Zunahme des Nutzungswerts** und damit auch aus der Sicht von R II 14 der 1. Aufl. keine Abzugsmöglichkeit von den erhöhten Neubaukosten ergibt sich, wenn die geänderten Vorschriften nur dem *Aussehen* des Gebäudes (anderes Baumaterial) oder der Leichtigkeit des *Straßenverkehrs* (veränderte Toreinfahrt) oder der *Sicherheit* des Personals oder der Umgebung (z. B. anderes Material oder andere Stärke von Türen oder Trennwänden, geringere Neigung von Treppen usw.) dienen. In diesen Fällen bewendet es zweifelsfrei bei der in Q IV 29 bis 49 erörterten **Zunahme des VWerts** des versicherten Gebäudes durch die geänderte Vorschrift. Diese Lösung entspricht auch der Verkehrsansicht, denn das Interesse an der Erhaltung eines alten Gebäudes steigt, sobald die Neubaukosten durch geänderte Vorschriften zunehmen, obwohl das alte Gebäude seinen Zweck ebensogut erfüllt oder denselben Ertrag bringt wie ein nach den neuen Vorschriften errichtetes Gebäude.

22 Wenn nach § 3 **Nr. 1 AFB 30** behördliche Beschränkungen gemäß Q IV 37 und R I 5 auf die **Bewertung von Resten** ohne Einfluß bleiben, so kann dies im

Einzelfall die *Grenze zwischen Totalschaden und Teilschaden* verschieben.
Wird z. b. ein beschädigtes Gebäude nur wegen eines behördlichen Verbots
nicht an der ursprünglichen Stelle wieder aufgebaut, obwohl dies technisch
möglich gewesen wäre und auch kein wirtschaftlicher Totalschaden im Sinn
von R I 17 vorgelegen hatte, so wird auf Teilschadenbasis abgerechnet. Dies ist
auch der bei Raiser 134 geschilderte ursprüngliche Sinn der Bestimmung. Ein
Grenzfall liegt vor, wenn an der ursprünglichen Stelle Reste nur deshalb nicht
für den Wiederaufbau verwendet werden, weil das neue Gebäude aus Rechtsgründen und als Folge des Schadensfalles anders gestaltet werden muß; hier ist
einerseits der möglicherweise erhöhte VWert des geänderten Gebäudes, andererseits aber auch der volle Wert der Reste zu berücksichtigen.

Indessen ist § 3 Nr. 1 AFB 30 schon seit Jahrzehnten nur noch auf die 23
ZeitwertV von Waren usw. anzuwenden, nicht hingegen auf die NeuwertV, Q
III 25. In den AVB und Sonderbedingungen für die NeuwertV einschließlich
der AFB 87 usw. sind solche Bestimmungen zwar ebenfall enthalten. Sie haben
aber kein Anwendungsgebiet und erfüllen ihren Zweck nicht, denn im Gegensatz zum Bau- oder Wiederverwendungswert von Resten wird der Verkaufswert der Reste durch behördliche Wiederherstellungsbeschränkungen nicht
beeinflußt. Und nur der Verkaufswert wird in den neuen AVB durch die
Worte „Wert der Reste" angesprochen, R II 24 und 25. Außerdem besteht ein
VBedürfnis für die durch geänderte Vorschriften ausgelösten Mehrkosten. Zu
der Gefahr einer UnterV durch Anstieg des VWerts infolge der Änderung bau-
oder gewerberechtlicher Bestimmungen vgl. Q IV 24 und 49.

5. **Wert der Reste** gemäß den in R II 1 zitierten Bestimmungen mit Ausnahme 24
von §§ 3 Nr. 1 AFB 30, AEB ist der durch den Versicherungsnehmer erzielbare Verkaufspreis, also der **Verkaufswert der Reste**. Nicht gemeint ist hingegen
der Wiederverwendungswert von Resten, bei Gebäuden also der sog. Bauwert
der Reste. Soweit Reste nämlich bei der Wiederherstellung wieder verwendet
werden und dies die Wiederherstellungskosten vermindert, kommt der Bau-
oder Wiederverwendungswert der Reste bereits in einem entsprechend niedrigerem Betrag der zu entschädigenden Reparaturkosten zum Ausdruck und
kann nicht noch zusätzlich „angerechnet" werden.

Nur in §§ 3 Nr. 1 AFB 30, AEB war in erster Linie der **Bau- oder Wiederver-** 25
wendungswert der Reste gemeint, R II 22. Nach diesen Bestimmungen wurde
die Entschädigung nämlich stets als Differenz zwischen dem Wert vor und
dem VWert nach Schadenseintritt berechnet. Diese Differenz entspricht, wenn
vollwertige Reparatur möglich ist, dem Betrag der Reparaturkosten, R I 7. Bei
Bagatellschäden ist der (Bau- oder Wiederverwendungs-)Wert der Reste nahezu so hoch, wie der Wert vor Schadenseintritt. In §§ 3 Nr. 1 AFB 30, AEB war
es folgerichtig, wenn in demselben Absatz wie der Wert der Reste auch das
Berücksichtigungsverbot für behördliche Wiederaufbaubeschränkungen enthalten war. Erstmals in den VGB 62 („Dabei bleiben behördliche Wiederaufbaubeschränkungen ohne Einfluß") hat dieses Verbot hingegen seinen Sinn
und seinen Anwendungsbereich verloren, denn für den nach den VGB 62 und
allen späteren AVB einschließlich der AFB 87 usw. allein in Betracht kommenden Verkaufswert der Reste sind behördliche Wiederherstellungsbeschränkungen bedeutungslos, vgl. Q IV 33 bis 36.

26 Für den **Verkaufswert** (R II 24) **der Reste** ist der Betrag maßgebend, der durch Verkauf der Reste durch den VN zu erzielen ist. Es kommt darauf an, wie der VN als ordentlicher Kaufmann die Reste verwerten würde, wenn er nicht versichert wäre, nicht hingegen der durch die Verwertung tatsächlich erzielte, möglicherweise höhere oder niedrigere Betrag, vgl. den entsprechenden Grundsatz gemäß Q IV 4 für die Ermittlung des Wiederbeschaffungspreises. Nicht anzuwenden ist hierbei § 62 VVG, ebensowenig wie für den VWert, Q IV 8, zumal Verschulden und Verschuldensgrad keine Rolle spielen sollen. Zu unterstellen sind weder besondere Anstrengungen um einen möglichst hohen Erlös noch besondere Gleichgültigkeit. Es gilt in etwa dasselbe wie für die Auswahl des Lieferanten bei der Wiederbeschaffung, Q IV 108 und 109. Nicht immer maßgebend ist der Betrag, für den der Lieferant einer gleichartigen neuen Sache die Reste in Zahlung nimmt, denn ein Fabrikant oder Händler neuer Sachen will sich oft nicht mit dem Ankauf von Altmaterial beschäftigen; er wird die Reste daher entweder überhaupt nicht oder nur zu einem besonders geringen Preis in Zahlung nehmen. Bestehen die Reste in geringfügig **verschmutzter Ware,** so kann der Wert der Reste davon abhängen, ob dem VN ein Verkauf als Sonderposten oder zu Sonderpreisen zuzumuten ist, vgl. R I 12.

27 Sog. **Gewinnungskosten** fallen nicht an, wenn der VN die Reste ab Schadenstelle verkauft. Die notwendigen Arbeiten für das Sortieren, Zerkleinern und Abtransportieren der Reste mindern dann den erzielbaren Verkaufspreis. Allerdings kann es zweckmäßig sein, die „Gewinnung" der Reste nicht durch den Käufer der Reste, sondern durch einen Dritten ausführen zu lassen, wenn sich dadurch, selbst nach Abzug der Gewinnungskosten, ein höherer Erlös ergibt oder wenn dadurch ein Teil des unterversicherten Hauptschadens in ausreichend versicherte Aufräumungs- und Abbruchkosten verwandelt wird, W V 18.

28 Folgerichtig spielt es für die Höhe des abzuziehenden Wertes der Reste sowie für die Berücksichtigung der Gewinnungskosten keine Rolle, ob der Wert der Reste von einer Neuwert- oder von einer **Zeitwertentschädigung** abzuziehen ist. Letzteres trifft zu, falls die Sache nur zum Zeitwert versichert war oder falls wegen einer Wiederherstellungsklausel (R IV 14) die Zeitwertentschädigung zu berechnen ist. In beiden Fällen wirken sich die Gewinnungskosten in voller Höhe zugunsten des Versicherungsnehmers aus, sie vermindern jeweils den zugunsten des Versicherten abzuziehenden Wert der Reste. Die Zeitwertentschädigung muß zusammen mit dem nach Abzug der Gewinnungskosten verbleibenden Erlös aus den Resten den Betrag ergeben, der als Zeitwert zu entschädigen gewesen wäre, wenn die Sache ohne jegliche verwertbare Reste zerstört worden wäre.

29 6. Ist nur ein **Bruchteil eines Gebäudes** versichert, z.B. auch in einem Vertrag aller Miteigentümer als Prämieneinzelschuldner und Entschädigungseinzelgläubiger (vgl. R III 49 für Teilschäden), so betragen auch der VWert und die Totalschadenentschädigung nur einen entsprechenden Bruchteil. Wegen der Wiederherstellungsklauseln in der NeuwertV bei V eines Bruchteils vgl. R IV 62.

III. Teilschadenentschädigung

Liegt nach den Kriterien gemäß R I 8 bis 33 nicht ein „Totalschaden" (R I   **1**
8), sondern nur ein Teilschaden vor, so sind nach §§ 3 Nr. 1 AFB 30, AEB, 4
Nr. 1b AWB 68, AStB 68, 2 Nr. 1b NwSoBedIuG, NwSoBedIG, 6 Nr. 1b NwIG
80, 10 Nr. 1b AERB, 7 Nr. 1b VGB 62, 15 Nr. 1b VGB 88, 5 Nr. 1b VHB 74,
18 Nr. 1b VHB 84, 11 Nr. 1b AFB 87, AERB 87, AWB 87, AStB 87 Maßstab
für die Höhe der Entschädigung die **notwendigen Reparaturkosten**, R III 6 bis
54. Der Begriff „Wiederherstellungskosten" wird besser vermieden, Q IV 2.
In den AFB 30 und AEB wird der zu ersetzende Betrag als Differenz zwischen den VWerten vor und nach dem VFall umschrieben , R I 7. In den
NwIG 80, in den AERB, in den VHB 84, in den VGB 88 sowie in den AFB
87, AERB 87, AWB 87, AStB 87 ist ausdrücklich von den „notwendigen"
Kosten die Rede, während dieser Zusatz in den übrigen AVB fehlt; auch
dieser Unterschied ist aber sachlich bedeutungslos; auch z.b. nach den VGB
62, wo dies nicht eigens gesagt wird, müssen die Kosten „notwendig" sein
(BGH VersR 85, 780).

Abzuziehen ist auch bei Teilschäden der **Wert der Reste**, und zwar derjeni   **2**
gen Reste, die bei der Reparatur durch den Austausch von Altteilen gegen
Neuteile anfallen. Anders als in § 3 AFB 30 nicht gemeint ist hingegen der
Wert der wiederverwendbaren Reste, Q IV 33, R I 5 und R II 25, denn deren
Vorhandensein vermindert ohnehin den Betrag der Reparaturkosten. Die
schon in R II 1 für Totalschäden erwähnten und in R II 24 bis 28 näher
erörterten Vorschriften über den Abzug des Wertes der Reste gelten also
auch für Teilschäden. – Wegen weiterer allgemeiner Voraussetzungen der
Entschädigungshöhe vgl. R I 1 und 2.

1. Über die Reparaturkosten hinaus wird eine durch Reparatur nicht aus   **3**
zugleichende **Wertminderung** ersetzt, vgl. R I 13 für eigene Erzeugnisse, Waren usw. sowie R I 19 bis 26 für Gebrauchsgegenstände und Gebäude. Diese
in R I 19 zitierten AVB-Bestimmungen liegen im Interesse auch des Vr, weil
durch sie häufig Totalschadenabrechnung vermieden wird, R I 20, z.B. auch
bei Teil-(oder Total-)Schäden an einer von mehreren zusammengehörigen
Sachen, Q I 32. Die Wertminderung ist nach den AFB 30 und AEB in der in
R III 1 erwähnten Differenz zwischen den VWerten enthalten, jedenfalls
wenn man den Fall der NeuwertV außer Betracht läßt, R I 5. Überhaupt nicht
vorgesehen ist ein Wertminderungsausgleich lediglich in § 7 Nr. 1 VGB 62,
vgl. dazu R I 33 und R III 6.

2. Eine **Wertsteigerung** wird nach §§ 2 Nr. 1b Nr. 5c SoBedIuG, NwSoBe   **4**
dIG, 6 Nr. 1b NwIG 80, 10 Nr. 1b AERB, 11 Nr. 1b AFB 87, AERB 87, AWB
87, AStB 87 in der **gewerblichen und industriellen** NeuwertV von den zu entschädigenden Reparaturkosten **abgezogen**. Allerdings kommt es auf eine **Zunahme des VWerts** an, also in der Regel auf eine Zunahme des **Neuwerts**, was
sehr selten ist. Immerhin ist ausnahmsweise der Einbau von Ersatzteilen
denkbar, welche die Kapazität z.B. einer Maschine verbessern. In Betracht
kommen ferner bau- oder gewerberechtlich erzwungene Änderungen bei Gebäudereparaturen, R II 18. Die *Zunahme des Zeitwerts* kann aber im Rahmen

der NeuwertV (vgl. im übrigen R III 5) immerhin für die Ermittlung des Zeitwertschadens bedeutsam sein, der auch ohne Wiederherstellung zu entschädigen ist, R IV 38. Bei der NeuwertV *landwirtschaftlicher Gebäude* ist die Zunahme des Zeitwerts *Obergrenze des* in § 2 Nr. 2 NwSoBedlG auch bei Teilschäden vorgesehenen *Abzugs*, R I 6 und Q III 28.

5　　§§ 3 Nr. 1 AFB 30, AEB sehen den Abzug einer Wertsteigerung indirekt dadurch vor, daß sie die Differenz der VWerte als Entschädigung bezeichnen. Soweit nach den AFB 30, und AEB der **gemeine Wert** VWert war, also bei *beweglichen Sachen*, Q III 39, wird diese Differenz im allgemeinen auch dann nicht oder nur unwesentlich geringer sein als die Reparaturkosten, R I 7, wenn die Reparatur unvermeidlich zu einer verlängerten Lebensdauer führt. Bei *Gebäuden* gehen die AFB 30 vom *Zeitwert* aus, Q III 39. Soweit die Reparatur den Zeitwert erhöht, ist die entschädigungspflichtige Wertdifferenz niedriger als die Reparaturkosten. Wenn der **Zeitwert** VWert ist, führt eine Zunahme des Zeitwerts auch nach den in R III 4 zitierten AVB zu einem Abzug, ebenso nach § 4 Nr. 1 b AWB 68, AStB 68.

6　　§§ 5 Nr. 1 VHB 74, 18 Nr. 1 VHB 84, 7 Nr. 1 VGB 62, sehen einen **Abzug** von Wertsteigerung überhaupt **nicht** vor. Diese Lücke verstößt, wie aus der gewohnheitsrechtlichen Zulässigkeit (Q III 9) der NeuwertV abzuleiten ist, nicht gegen § 55 VVG, zumal Zunahme des Neuwerts (R III 4) bei Wohngebäuden und Hausrat besonders selten ist; wegen der verminderten Entschädigung für entwertete Einzelteile von Wohngebäuden vgl. § 6 Nr. 1 Satz 2 VGB 62 und Q III 80 bis 82. Die **VGB 88** sehen in § 15 Nr. 1 b Halbsatz 2 einen Abzug wegen Zunahme des VWertes vor, ermöglicht aber umgekehrt einen Abzug wegen Austausches entwerteter Einzelteile nicht mehr, Q III 80. – *Unberücksichtigt* bleibt nach den VHB 74, VHB 84 und VGB 62, selbstverständlich auch eine *Zunahme des Zeitwerts* (anders nach Kl 846 Nr. 3 für die ZeitwertV von Wohngebäuden, Q III 39), und zwar auch bei *Hausratsgegenständen*, die nur noch zum Zeitwert versichert sind, Q III 31, 36 und 84, sowie bei Schäden nach § 3 Nr. B 3 a und C 2 VHB 74 oder § 2 Nr. 1 e und f VHB 84, also bei *Gebäudebeschädigung* (W VI 9) und bei Schäden an *Bodenbelägen, Innenanstrichen oder Tapeten der Mietwohnung* (Wiederherstellungspflicht nach den VHB 74: R IV 58), ebenso bei Rohrbruchschäden nach §§ 4 Nr. 2 b VGB 62. Allerdings ist jeweils noch gesondert die Frage zu prüfen, ob nicht ein Abzug für nicht schadenbedingte Kosten geboten ist, R III 18 bis 30.

7　　3. Es besteht **kein Reparaturzwang**, obwohl die älteren AVB teilweise von „der" Reparatur sprechen, z.B. im Zusammenhang mit der durch „die" Reparatur nicht ausgeglichenen Wertminderung (statt „durch *eine* Reparatur" oder „durch Reparatur" nicht auszugleichenden Wertminderung") und im Zusammenhang mit der Verwendbarkeit der Reste für „die" Wiederherstellung in den AFB 30 und AEB. Es handelt sich hier nur um sprachliche Ungenauigkeiten. Weder der Entschädigungsanspruch bei Teilschäden insgesamt noch die Berechnung und Fälligkeit dieses Anspruchs hängt davon ab, daß die beschädigte versicherte Sache wiederhergestellt wird. AG Bremen VersR **89**, 1147 bezeichnet für die CampingV einen indirekten Reparaturzwang für Wohnwagen durch Beschränkung des Anspruchs auf Ersatz der technischen Wertminderung (falls Reparatur nicht innerhalb von zwei Jahren erfolgt) sogar als unwirksam wegen Verstoßes gegen § 9 Abs. 2 Nr. 2 AGBG. Daß kein Reparaturzwang besteht, ergibt sich durch **Umkehrschluß aus den** 8 sog. **Wiederherstellungsklauseln,** die ausdrücklich nur für den Neuwertanteil gelten, der über den Zeitwertschaden hinausgeht, wobei ein Unterschied zwischen Totalschäden und Teilschäden nicht gemacht wird. Die h. M. hatte einen Reparaturzwang aber auch schon für die reine ZeitwertV nicht angenommen (Raiser 134). Nach § 13 AKB (Kfz-KaskoV) gibt es ebenfalls keinen Reparaturzwang (BGH VersR 61, 723, 85, 354). In den NwIG 80, in den AERB sowie in den AFB 87, AERB 87, AWB 87 und AStB 87 (Zitate: R III 1) kommt überdies durch die Worte „notwendige Reparaturkosten" zum Ausdruck, daß Reparatur weder für den Grund noch für die Berechnung und Fälligkeit des Anspruchs vorausgesetzt wird, denn „notwendig" sind die Kosten auch schon vor einer Reparatur.

Erfolgt **überhaupt keine Reparatur,** weil der VN sie nicht wünscht oder gar 9 die beschädigte Sache schon veräußert hat, so kommen die in dem gemäß Q I 57 bis 69 maßgebenden Zeitpunkt notwendigen Kosten der Reparatur nur durch *Kostenvoranschläge* oder durch *Sachverständige* festgestellt werden. Der so ermittelte Betrag ist ohne Rücksicht auf die Höhe des Erlöses für die beschädigte Sache maßgebend; über den Erlös braucht der VN also gegebenenfalls keine Auskunft zu erteilen, wenn der Zustand der beschädigten Sache vor und nach dem VFall auch ohne Auskunft über den Erlös genügend genau rekonstruiert werden kann. Diese sog. **abstrakte Berechnung** (R III 11 und 36) der Entschädigung ist nicht nur für die Kosten einer fiktiven Reparatur, sondern auch für die durch eine solche Reparatur etwa eintretende *fiktive Zunahme des Zeitwerts* geboten; diese Zunahme ist sowohl in der NeuwertV (R IV 6, Wiederherstellungsklauseln!) wie in der ZeitwertV, R III 5, von der Entschädigung ausgeschlossen; wegen Ausnahmen für Hausrat und Wohngebäude vgl. R III 6.

Eine **Reparatur,** die erst **nach Feststellung der Entschädigungshöhe** stattfin- 10 det, ist für die Entschädigungshöhe in jedem Fall **bedeutungslos.** Der VN braucht *nicht* etwa einen Teil der Entschädigung *zurückzuzahlen,* wenn er eine vollwertige Reparatur billiger erhält; in solchen Fällen kann der Vr keinesfalls „konkrete" Schadenberechnung verlangen. Er kann umgekehrt aber auch nichts nachfordern, wenn sich die Reparatur später als teurer erweist. Ausnahme ist nur die offenbare Unrichtigkeit eines Sachverständigengutachtens, die auch nachträglich noch geltend gemacht werden kann (PM § 64 Anm. 10a). Von dieser Ausnahme abgesehen sind **Nachforderungen** aufgrund der tatsächlichen Kosten einer späteren Reparatur auch dann **nicht** möglich, wenn kein förmliches Sachverständigenverfahren stattgefunden hat, sondern aufgrund von Kostenvoranschlägen (R III 9) oder aufgrund einer einverständlichen Schätzung entschädigt wurde. Das Gesagte gilt auch dann, selbst wenn ein Vergleich im Sinn von § 779 BGB (gegenseitiges Nachgeben) nicht geschlossen wurde.

Aber auch bei Reparatur vor Feststellung der Entschädigungshöhe gilt der 11 Grundsatz der **abstrakten Schadenberechnung,** und zwar übereinstimmend mit der in Q IV 6 und 106 sowie R II 4 dargestellten Rechtslage bei Totalschäden. Dies wird seit KG RuS 81, 50 = ZfS 350 (zu den VGB 62) und vor allem

BGH RuS 85, 81 = VersR 85, 354 LG München I VersR 81, 183 (zu den AKB), AG Charlottenburg RuS 88, 306 (Malerarbeiten nach Leitungswasserschaden in der HausratV) kaum noch ernsthaft in Zweifel gezogen und gilt auch für die Mehrwertsteuer, obwohl sie nicht aufgewendet wurde. Die Darstellung des Für und Wider in R III 26 bis 30 der 1. Aufl. ist überholt. Allerdings darf der VN einer Diskussion um die Art und Weise der Schadenberechnung nicht durch unrichtige Angaben ausweichen, insbesondere nicht durch Vorlage einer fingierten Rechnung über eine angebliche Fremdreparatur. Ein derartiges Verhalten bleibt arglistige Täuschung, X III 10 und AG München ZfS 85, 186, mag der VN auch nur eine ihm objektiv zustehende Entschädigungshöhe erstrebt haben. Bei Reparatur durch *„Schwarzarbeit"* bedeutet die Vorlage der „Rechnung" eines anderen Unternehmens, das die Reparatur in Wirklichkeit nicht ausgeführt hatte, ebenfalls arglistige Täuschung (Bremen VersR 88, 585).

12   Entscheidendes Argument für die abstrakte Schadenberechnung ist der Umstand, daß der VN auch etwaige Mehrkosten über die abstrakt berechneten notwendigen Reparaturkosten hinaus nicht auf den Vr abwälzen kann, und zwar auch dann, wenn sie ohne Verschulden entstanden sind. Der Vr braucht insbesondere nicht einzutreten, wenn die Reparatur mißlingt und Gewährleistungsansprüche gegen den Reparaturunternehmer nicht realisierbar sind, vgl. auch R III 36 und 45 wegen Folgeschaden und Reparatur. Ebensowenig kann umgekehrt der Vr die Vorteile einer verbilligten Reparatur für sich in Anspruch nehmen. Hierbei ist es gleichgültig, ob die Verbilligung durch die Inanspruchnahme „billiger" Fremdleistungen, im Extremfall durch „Schwarzarbeit", oder aber durch Eigenleistungen entstanden ist, vgl. auch Q IV 106 und 107 für den VWert als Totalschadenentschädigung. Selbst die durch persönliche Tätigkeiten des VN ersparte Mehrwertsteuer steht dem VN zu, BGH aaO, PM § 55 Anm. 2 A, Trautmann ZfV 86, 288.

13   **4. Notwendige Reparaturkosten** im Sinn der in R III 1 zitierten Bestimmungen sind die notwendigen Kosten für notwendige **Maßnahmen mit dem Ziel einer Wiederherstellung** des früheren Zustandes. Welche Maßnahmen im einzelnen notwendig sind, kann bei technisch komplizierten Schäden (vgl. z.B. LG Köln VersR 80, 1025 für einen Gebäudeschaden) ebenso schwierig zu entscheiden sein wie die Frage, ob überhaupt ein Reparaturschaden oder aber ein Totalschaden eingetreten ist. Die Kosten für die Unterscheidung zwischen Reparatur- und Totalschäden sind nach §§ 63, 66 VVG zu entschädigen sind, R I 35 bis 39, gehören aber ebenso wie die notwendigen Kosten für die **Wahl der richtigen Reparaturmethode** als Kosten von **Nebenarbeiten** auch ihrerseits zu den Reparaturkosten.

14   Ebenso wie ein Wiederbeschaffungsvorgang (Q IV 83) kann sich ein **Reparaturvorgang** aus persönlichen Tätigkeiten des VN (**Eigenleistungen im engeren Sinn**), ferner aus Tätigkeiten, die der VN in eigener Regie durch Arbeitnehmer eines eigenen Betriebes ausführen läßt (**Eigenleistungen im weiteren Sinn**), und endlich aus **Fremdleistungen** durch Dritte zusammensetzen, die nicht Arbeitnehmer des VN sind. Entgegen Boldt 138 kann sich die Entschädigung nicht dadurch vermindern, daß der VN bisher gewohnt war, bestimmte **Arbeiten in eigener Person** auszuführen, E III 35. Entweder muß dem VN gestat-

tet werden, von dieser für ihn risikoträchtigen Gepflogenheit aus Anlaß des
Schadenfalles für die Zukunft abzurücken (und sei es auch nur fiktiv, wenn
nämlich die Reparatur unterbleibt), oder der VN darf entsprechende Fachkenntnisse in seiner Person voraussetzen und als „**Einmannbetrieb**" dieselben
Stundensätze und dieselben Zuschläge ansetzen wie ein Fremdbetrieb mit
mehreren AN; Dies wäre z.b. im Fall LG Düsseldorf RuS 88, 175 geboten
gewesen, Q I 9 und R III 36. – Welche Nebenarbeiten über den eigentlichen
Reparaturvorgang hinaus zu berücksichtigen sind, wird in R III 33 bis 43
erörtert. Soweit danach bestimmte Eigen- oder Fremdleistungen Teil des
Reparaturvorgangs sind, ist für sie jeweils ein DM-Betrag zu ermitteln. Hierfür gelten die in Q IV 111 bis 127 zum Wiederbeschaffungspreis entwickelten
Grundsätze.

Verbindet der VN mit der Reparatur **Änderungen an der Sache**, die nicht **15**
auch ihrerseits in einer Reparatur bestehen und die auch nicht durch die
schadenbedingte Reparatur technisch erzwungen sind, so bleiben dadurch
verursachte *Mehrkosten* schon deswegen außer Betracht, weil nicht der tatsächliche, sondern ein abstrakt ermittelter Reparaturvorgang für die Höhe
der entschädigungspflichtigen Kosten maßgebend ist, vgl. R III 12, 22 und 23
sowie LG Düsseldorf RuS 88, 83 für Verbesserungen an einem durch Brand
beschädigten Kamin; wegen rechtlich erzwungener Änderungen vgl. R III 16.
– Hingegen darf die Entschädigung der notwendigen Reparaturkosten *nicht*
durch einen *Abzug* von *Mehrzweckkosten* gekürzt werden, die sowohl der
Reparatur wie auch der durch den VN gewünschten Änderung dienen. So gut
der VN die Reparatur ohne Kürzung der Entschädigung gänzlich unterlassen
dürften, ebenso gut darf er sie ohne einen solchen Abzug mit einer Änderung
der versicherten Sache verbinden. Anders liegt es allenfalls, wenn nicht schadensbedingte Aufwendungen bereits vor dem VFall durch erteilte Aufträge
rechtlich festgeschrieben waren, R III 22.

Ist eine **Wiederherstellung** des früheren Zustandes zwar technisch, **nicht** **16**
aber **rechtlich möglich**, weil – insbesondere bei Gebäuden – *nachbarrechtlich*
oder *bau- oder gewerberechtlich* Änderungen verlangt werden oder Sicher-
heits- oder Umweltschutzvorschriften verschärft wurden, so stellen sich im
Rahmen der Reparaturkosten ähnliche Fragen wie zum VWert, vgl. ausführlich Q IV 23 bis 49 und R II 18 bis 23. Zu denken ist auch zur Höhe der
Reparaturkosten nur an Änderungen, die ausschließlich infolge des VFalls
erzwungen werden oder zeitlich vorverlegt werden müssen. In diesem Bereich darf zwischen baurechtlichen und gewerberechtlichen Auflagen (einschließlich verschärfter Sicherheitsvorschriften) ebensowenig unterschieden
werden wie bei Ermittlung des VWerts. Zwar wäre eine Reparatur und der
Verstoß gegen nur gewerberechtliche Auflagen technisch möglich, aber es
geht nicht an, die dadurch ausgelösten gewerberechtlichen Nutzungsbe-
schränkungen als bloßen Vermögensfolgeschaden zu qualifizieren.

Mehrkosten durch nachbar-, bau- oder gewerberechtlich aus Anlaß des **17**
VFalls erzwungene Änderungen sind grundsätzlich **zu entschädigen**. Ein Abzug gemäß R III 4 bis 6 ist nur möglich, soweit durch die Reparatur der
VWert erhöht wird, in der Regel also der Neuwert. Das trifft aber meist nicht
zu, denn Vorschriften, die zu Aufwendungen nur im Zusammenhang mit
einem VFall führen, hatten meist schon vor dem VFall den VWert entspre-

chend erhöht, Q IV 31. Im Ergebnis ist also ein Abzug von den Reparaturkosten meist ebensowenig möglich wie bei Totalschäden, und zwar sogar ohne Rücksicht auf Verbesserungen der Sache, die durch die erzwungene Änderung vielleicht eintritt, R II 19. – Einen bloßen Vermögensfolgeschaden und daher nicht einen Teil der notwendigen Reparaturkosten stellt es aber dar, wenn anläßlich des VFalls Änderungen an unbeschädigten Teilen des Gebäudes verlangt werden, die technisch nicht eine notwendige Folge der Reparatur des beschädigten Teils sind, sondern rechtlich auch ohne diese hätten verlangt werden können.

18   5. Einen **Abzug** von den notwendigen Reparaturkosten für **nicht schadenbedingte Teile der Kosten** sehen die in R III 1 zitierten AVB-Bestimmungen nicht vor. Die AVB enthalten insbesondere keine Spezialregelung wie etwa 4.1.5 AMB für die MaschinenV, vgl. dazu sowie zu Hamm VersR 81, 1150 näher R III 13 der 1. Aufl. Für die BauleistungsV lehnt BGH VersR 79, 859 es ab, einen Abzug ohne Grundlage in den damaligen AVB vorzunehmen, allerdings für einen sehr speziellen Sachverhalt.

19   Ein unmittelbarer Rückgriff auf das Bereicherungsverbot des § 55 VVG mit dem Ziel eines Abzugs für nicht schadenbedingte Teile der Reparaturkosten ist entgegen Boldt 139 nicht möglich, z. B. auch nicht in dem von Boldt aaO gebildeten Beispiel, daß eine beschädigte Maschine wegen einer Betriebsverlegung ohnehin de- und remontiert werden muß. Die NeuwertV ganz allgemein (vgl. R II 3 bis 6 zur Totalschadenentschädigung) sowie das Prinzip der abstrakten Schadenberechnung (R III 11) erlauben eine gewisse Bereicherung des VN in so vielen Fällen, daß sich kaum begründen ließe, warum gerade die Bestimmung über den vollständigen Ersatz aller notwendigen Reparaturkosten als Verstoß gegen § 55 VVG und teilweise unwirksam anzusehen sein sollte. Nicht auf teilweise Unwirksamkeit, sondern allenfalls auf die **Auslegung** des Wortlauts der in R III 1 zitierten Bestimmungen könnte also ein Abzug gestützt werden. Auch für abgenutzte oder bereits mangelhafte Sachen oder Sachteile ist also in den Grenzen der Wiederherstellungsklauseln Neuwertentschädigung zu leisten, unter Umständen sogar „zweimal", wenn nämlich auch der vorhandene Mangel Folge eines entschädigungspflichtigen VFalles gewesen war, R III 32 und B III 24.

20   Eine verbotene Bereicherung liegt in der NeuwertV keinesfalls schon in einem durch die Reparatur **erhöhten Zeitwert** der Sache, denn die AVB regeln abschließend und ohne Verstoß gegen § 55 VVG, wann *Wertsteigerungen* anzurechnen sind, vgl. R III 4 bis 6. Außerdem entspricht es dem **Grundgedanken der NeuwertV**, Q III 9, eine Bereicherung in *Sachwerten* zuzulassen, also bei Totalschäden durch den Neuwert der wiederbeschafften Sache, R II 3, bei Teilschäden durch den erhöhten Zeitwert der reparierten Sache, R III 6. Umgekehrt ist aber jener Grundgedanke auch kein Argument gegen einen Abzug nicht schadenbedingter Kosten, und zwar auch nicht in der NeuwertV. Die NeuwertV will den VN lediglich vor Kosten schützen, die ihm durch einen VFall aufgezwungen werden. Dies trifft aber auf die nicht schadenbedingten Kosten gerade *nicht* zu, denn sie wären auch ohne den VFall aufgewendet worden.

Will man durch Auslegung zu einem Abzug gewisser nicht schadenbeding- 21
ter Teile der Reparaturkosten gelangen, so muß man von dem Wort „notwendigen" in den Bestimmungen gemäß R III 1 ausgehen. Was schon vor dem
VFall als Aufwand notwendig war, ist nicht erst durch diesen VFall notwendig geworden und gehört deshalb nicht zu den „notwendigen" Reparaturkosten. Allerdings müssen die zu entschädigenden Reparaturkosten" zur Zeit
des Eintritts des VFalls" notwendig sein, vgl. die Zitate in Q I 57. Wer diese
Worte auf den VFall als *Zeitpunkt* bezieht, Q I 61, hat größere Schwierigkeiten, einen Abzug von den notwendigen Reparaturkosten zu begründen, als
wer den gesamten *Zeitraum* für maßgebend erklärt, den eine unverzüglich
eingeleitete Reparatur erfordert, Q I 60.

a) **Freiwillige Veränderungen** an der beschädigten Sache im Zusammenhang 22
mit der schadenbedingten Reparatur dürfen zu einem Abzug von den notwendigen Reparaturkosten (wegen Mehrkosten über diese Grenze hinaus vgl.
R III 15) allenfalls dann führen, wenn der **Kostenaufwand** schon *vor* dem
VFall **rechtlich festgeschrieben** und daher unvermeidlich war, insbesondere
weil bereits Kauf- oder Werkverträge mit Dritten abgeschlossen waren. **Beispiele:** Schon vor dem VFall waren Aufträge für einen *Umbau* des versicherten Gebäudes oder der versicherten Maschine oder für neue Tapeten oder
neue Polstermöbelbezüge erteilt. Erleiden nun das Gebäude, die Maschine,
die Wände oder die Polstermöbel einen entschädigungspflichtigen Reparaturschaden und wird die Reparatur mit der bereits vorher in Auftrag gegebenen
Maßnahme verbunden, so sind notwendige Reparaturkosten wohl nur noch
der durch den VFall hinzugekommene **Mehrbetrag.**

Dagegen genügt es für einen Abzug *nicht,* daß die freiwilligen Veränderun- 23
gen an der versicherten Sache lediglich durch den VN *„beschlossen"* und für
einen mehr oder weniger genau bestimmten und mehr oder weniger weit
entfernten Zeitpunkt *„vorgesehen"* waren. Trotz der Auskunftspflicht des VN
könnte der Vr den ihm obliegenden Beweis dieser Voraussetzungen meist auch
gar nicht führen, weshalb eine solche Auslegung unpraktikabel wäre. Vor
allem aber verbietet sie sich deshalb, weil der VN überhaupt nicht zu reparieren brauchte. Tut er es in Verbindung mit sonstigen Änderungen doch, gleichgültig wann diese beschlossen wurden, so kann sich die Reparatur nicht in
Form eines Kostenabzugs zu seinem Nachteil auswirken, vgl. schon R III 11
und 12. Dies gilt auch, wenn die Reparatur vor dem VFall für einen Zeitpunkt
„vorgesehen" war, der noch in den Zeitraum gemäß R III 21 und Q I 60 fällt.

b) **Unabweisbar notwendige Reparaturen** sollten nach R III 19 bis 22 der 24
1. Aufl. stets einen abzug ermöglichen. Diese These ist zunächst dahin einzuschränken, daß die unabweisbare Notwendigkeit innerhalb des gemäß R III
21 **maßgebenden Zeitpunktes** oder **Zeitraumes** bestehen oder eintreten muß.
Außerdem ist der Begriff der unabweisbaren Notwendigkeit noch etwas enger auszulegen, als dies in der 1. Aufl. geschehen war. Der durch § 6 Nr. 1
Satz 2 VGB 62 gebotene Abzug neu für alt vom Materialwert dauernd entwerteter Gebäudebestandteile (Q III 81) bestätigt als Ausnahme die Regel,
nämlich den ungekürzten Ersatz der notwendigen Reparaturkosten.

Zu bejahen ist die unabweisbare Notwendigkeit, wenn ohne die Reparatur 25
ein Folgeschaden drohen würde, also z. B. bei Einsturzgefahr für Gebäude

oder Gebäudeteile, vgl. E II 28 für die SturmV, oder bei korrodierten Rohrleitungen, ferner bei **Gefahr von Folgeschäden** an reparaturbedürftigen Maschinen, die sich in Betrieb befinden. Beispiel: Die Isolierschichten eines Ofens zur Stahlerzeugung oder zum Brennen von Kalk waren schon vor einem Sekundärbrand rissig und hatten eine brennbares Gemisch aus Koksgas und Luft zwischen die Isolierschichten gelangen und dort einen Sekundärbrand verursachen lassen, C I 42.

26 Dagegen darf unabweisbare Notwendigkeit **nicht** schon dann angenommen werden, wenn eine Sache wegen Reparaturbedürftigkeit *nicht mehr gebrauchsfähig*, andererseits aber noch nicht außer Dienst gestellt und daher noch nicht im Sinn von Q III 56f. entwertet war. Es ist nämlich Sache des VN, für welche Zeiträume er sich mit Gebrauchsunfähigkeit einzelner Sachen abfinden will. Auch nach einem Betriebsschaden an einem Transformator (R III 19 der 1. Aufl.), dem unmittelbar ein Brandschaden folgt, kommt nicht ein voller Abzug der schon allein durch den Betriebsschaden verursachten Kosten, sondern allenfalls proportionale Teilung gemäß R III in Betracht. Zweifelsfrei kein Abzug ist bei stark abgenutzten, aber noch gebrauchsfähigen Sachen möglich, vgl. schon R III 20 zur Zunahme des Zeitwerts durch eine schadenbedingte Reparatur. Insbesondere bei sog. Schönheitsreparaturen steht der Reparaturzeitpunkt ganz im Ermessen des VN.

27 **Kein Abzug** ist möglich, wenn der VN **zukünftige Arbeiten** anläßlich des VFalls **vorwegnimmt**, gleichgültig ob der Zeitpunkt der zukünftigen Arbeit bereits bestimmt (turnusmäßige Maschinenrevision) oder noch unbestimmt war (zukünftiger Tapetenwechsel). Hier wird der VN durch einen Ersatz der durch den VFall notwendig gewordenen Kosten der sofortigen Reparatur nicht bereichert. Erhöht wird auch hier lediglich der Zeitwert der reparierten Sache, was aber für einen Abzug nicht ausreicht, R III 4 und 20.

28 c) Unabweisbar notwendigen Reparaturen gleichzustellen sind **gesetzlich oder behördlich** (bau- oder gewerberechtlich) **angeordnete Änderungen**, insbesondere an Gebäuden und Maschinen durch geänderte Bau- oder verschärfte Sicherheitsvorschriften, vgl. R III 16 sowie Q IV 29 bis 49 und R II 17 bis 23 für Totalschäden. Entscheidend ist hier der Zeitpunkt des VFalls. Nur wenn schon *vor* dem VFall durch Verwaltungsakt die Änderung verlangt war, ist der Abzug möglich. Dagegen reicht es nicht aus, wenn nach behördlichem Ermessen eine Auflage auch schon vor dem VFall lediglich möglich gewesen wäre. Wird erst *nach* dem VFall oder gar aus Anlaß des VFalls eine Änderung verlangt, so stellt sich im Gegenteil die Frage, ob nicht auch die Mehrkosten zu ersetzen sind, vgl. R III 17.

29 d) Für die **Höhe des Abzugs** läge am nächsten derjenige Betrag, um den der VN durch vollen Ersatz der notwendigen Reparaturkosten bereichert würde. Indessen ist drohende Bereicherung des VN gerade nicht der ausschlaggebende Gesichtspunkt zugunsten eines Abzugs, R III 19. Der Vr brauchte danach nur den *Mehrbetrag zu entschädigen*, um den sich die ürbeiten durch den VFall gegenüber dem Zustand ohne den VFall verteuert hat.

30 Die bessere Lösung ist eine **proportionale Teilung**, ähnlich wie bei Totalschäden, wenn nur für einen Teil der zerstörten Sache ein Gefahrenausschluß eingreift, R II 16. Der Unterschied zeigt sich z. B. bei Bruchschäden an

korrodierten Rohrleitungen, E I 83. Ein voller Abzug der nicht schadenbedingten Kosten würde hier den Vr meist von jeder Entschädigungspflicht
befreien, während es bei proportionaler Teilung auf das Verhältnis des Betrages, der ohne den Bruch hätte aufgewendet werden müssen (z.B. 1000), zu
dem Betrag ankäme, der aufgewendet werden müßte, wenn nur das gebro-
chene Rohrstück ausgetauscht würde (z.B. 500). In diesem Verhältnis wären
die Gesamtkosten (z.B. 1000) aufzuteilen (Ergebnis im Beispiel: der VN
trüge 667, der Vr 333), und zwar einschließlich der „Nebenkosten" gemäß E I
75. Die Methode der proportionalen Teilung verdient den Vorzug. Das gleiche gilt, wenn gleichzeitig mit einer Rohrverstopfung auch ein Rohrbruch
entdeckt wird, z.B. durch eindringendes Baumwurzelwerk in ein Ableitungs-
rohr innerhalb des Gebäudes, E I 119; a.A. Bechert 71, der in diesem Fall
volle Entschädigung befürwortet. Wegen Ersatzes der Kosten für die Beseitigung einer Verstopfung unter dem Gesichtspunkt des § 63 VVG (Rettungskosten) vgl. W II 52.

Unter denselben Voraussetzungen wie bei Totalschäden (R II 14 bis 16)   31
kommt proportionale Teilung der Reparaturkosten auch in sonstigen Fällen
in Betracht, in denen ein **Ausschlußgrund** bei übergreifenden Teilschäden nur
einen Teil **des Schadens** betrifft. Zu denken ist z.B. an Durchnässungsschäden
gemäß §§ 3 Nr. C 2 VHB 74, 2 Nr. 1 f VHB 84, wenn unabhängig vom
VersFall Rohre ausgetauscht und auch deshalb die durchnäßten Bereiche
aufgebrochen werden müssen, ferner an übergreifenden Gebäudeschäden
durch Fehlverhalten von Personen, die nur für einen Teil des Betroffenen
Gebäudebereichs als Repräsentanten anzusehen sind, Q II 89 und an übergreifende Brandschäden, wenn für einen Teilbereich ein Betriebsschaden vorliegt, F II 29. Das Problem nicht erkannt und daher falsch entschieden wurde
in Köln RuS 88, 272 = VersR 1037 zu einem Kaminbrand, nach welchem
Reparaturarbeiten auch an benachbarten nicht erwärmten Gebäudeteilen notwendig waren.

e) Ist nach vorstehenden Überlegungen ein Abzug von den entschädigungs-   32
pflichtigen Reparaturkosten nicht möglich, so bleibt der vor Eintritt des
VFalles bereits vorhandene Mangel folgenlos. Dies gilt sogar dann, wenn der
vorhandene Mangel auch seinerseits **durch** einen **entschädigungspflichtigen V-
Fall entstanden** war. In diesem Fall wird der VN „zweimal" entschädigt, selbst
wenn er die Reparatur nur einmal oder sogar überhaupt nicht durchführt,
auch nicht nach dem zweiten Ereignis, vgl. das in B III 24 behandelte Beispiel
einer zunächst nur gesprungenen und erst durch den zweiten Brand in Scher-
ben gegangenen Glasscheibe. Anders liegt es nur dann, wenn der Zustand der
versicherten Sache oder des versicherten Gebäudebestandteil durch den zweiten Schaden bei verständiger Würdigung überhaupt nicht mehr weiter verschlechtert wird, vgl. auch hierzu das Beispiel in B III 24, daß nämlich der
fehlende Flächenanteil einer Glasscheibe durch den zweiten Brand nur noch
von 40 auf 55% ansteigt.

6. Viele weitere **Einzelfragen** zur Höhe der notwendigen Reparaturkosten   33
im Sinn von R III 1 und 13 sind nach den Grundsätzen zu entscheiden, die
schon zum Begriff des Wiederbeschaffungspreises und zu den Begriffen von
Teil- und Totalschaden behandelt wurden. Insbesondere gilt dies für den

Kreis der Arbeiten und Nebenarbeiten, die als **Teil des Reparaturvorgangs** einen Sachsubstanzschaden – im Gegensatz zu einem bloßen Vermögensfolgeschaden – begründen, vgl. dazu Q IV 83 bis 106, sowie für die **Auswahl zwischen verschiedenen Reparaturmöglichkeiten,** insbesondere für die Auswahl des Reparaturunternehmers, vgl. dazu Q IV 107 bis 110. Welches **Maß an Gleichheit von Art und Güte** im Verhältnis zu dem früheren Zustand der VN als Ergebnis des Raparaturvorgangs erwarten dar, oder umgekehrt, in welchem Umfang ihm eine durch Wertminderungsersatz in Geld auszugleichende Einbuße am Zustand der Sache zuzumuten ist, wurde bereits zusammenfassend in R I 19 bis 33 behandelt. Ergänzend ist zu bemerken:

34 a) Für die **Auswahl des Reparaturunternehmens,** dessen Preisniveau oder Kostenvoranschläge maßgebend sind, gilt dasselbe wie für die Auswahl des Lieferanten bei Ermittlung des VWerts, Q IV 109. Maßgebend ist nicht immer, wo der VN tatsächlich reparieren läßt, sondern es kommt darauf an, wo er bei verständiger Würdigung seiner Verhältnisse reparieren ließe, wenn er nicht versichert wäre. Im allgemeinen entscheidet weder die billigste noch die teuerste Reparaturmöglichkeit. Im Zweifel ist allerdings eine **Reparatur durch den Hersteller** auch dann zu veranschlagen, wenn sie die teuerste von mehreren Möglichkeiten ist, besonders wenn der VN auch sonst den Hersteller in Anspruch nimmt oder die Garantie eines anderen Reparateurs weniger zuverlässig oder weniger konkurssicher wäre. Die Rechtsprechung zu § 13 AKB (Reparatur in der AutokaskoV) kann herangezogen werden. Um eine Frage des § 62 VVG (Rettungspflicht) handelt es sich nicht (übersehen z.B. bei Engels VP 83, 140), ebensowenig wie bei Ermittlung der Totalschadenentschädigung, Q IV 8, oder des anzurechnenden Werts der Reste, R II 26, zumal es nicht auf den Verschuldensgrad gemäß § 62 Abs. 2 VVG in der Person des VN oder seines Repräsentanten ankommen darf.

35 Soweit dies bei verständiger Würdigung den Verhältnissen des VN entspricht, sind die Kosten einer **Reparatur in eigener Regie** zu veranschlagen. Auch hier gelten die für die Höhe des VWerts entwickelten Grundsätze entsprechend. Für die Höhe der abstrakt berechneten „notwendigen Reparaturkosten" bedeutet dies *Gemeinkostenersatz* in demselben Umfang wie bei Fremdaufträgen, also z.B. einschließlich Gewinnzuschlägen, Eigenkapitalzinsen und „Unternehmerlohn", vgl. Q IV 101 und 113, ferner Reichle VP 73, 179, Zapf VW 63, 514, 789, Boldt VW 70, 1594. Verfügt der VN über **Fachkenntnisse** und führt deshalb gewisse Arbeiten üblicherweise selbst aus, ohne aber ansonsten auf diesem Gebiet gewerblich tätig zu sein, so darf er, wie wenn er als **Einmannbetrieb** tätig wäre, dieselben Stundensätze und dieselben Zuschläge ansetzen, wie eine Fremdfirma sie in Rechnung stellen würde, R III 14 und 51. Nur unter dieser Voraussetzung ist es ihm zuzumuten, das zu seinen Lasten gehende Risiko der Reparatur in eigener Person zu tragen.

36 Die Reparatur kann auch lediglich **zu einem Teil** in eigener Regie durchgeführt werden, wie z.B. im Fall LG Düsseldorf RuS 88, 175. Ein VN hatte eine WohngebäudeV genommen, allerdings im Rahmen einer gewerblichen Verwaltertätigkeit und für (fremde) Rechnung des Gebäudeeigentümers, also im beruflichen Lebensbereich des VN, Q I 9. Der VN hatte vor Beginn des als Fremdleistung vergebenen Teils der Reparatur Vorarbeiten durchgeführt,

z. B. die Lage der betroffenen Rohre sowie der Schadenstellen lokalisiert. Zu Unrecht sah LG Düsseldorf RuS 88, 175 darin nur Rettungsmaßnahmen, die der VN – weil das Gericht den Vertrag irrig dem privaten Lebensbereich zuordnete – unentgeltlich habe verrichten müssen. Tatsächlich handelte es sich um einen Teil des Reparaturvorgangs, den der VN in eigener Person ausgeführt hatte, und zugleich um Maßnahmen der Schadenermittlung, W IX 13.

b) **Nebenarbeiten** (einfachstes Beispiel: **Transport** zum Hersteller oder zu 37 einem sonstigen Reparaturunternehmer) im Zusammenhang mit der Reparatur führen oft zu Zweifeln, was noch zu den notwendigen Reparaturkosten gehört. Dabei ist jeweils zuerst zu prüfen, ob die *Arbeiten* ihrer *Art* nach begrifflich Teil der „*Reparatur*" sind, und (soweit dies bejaht wird) dann die weitere Frage, welche Kosten für diese Arbeiten angesetzt werden dürfen. Ein Beispiel für Nebenarbeiten **nach Reparaturende** ist die Wiederherstellung der ursprünglichen räumlichen Lage der reparierten Gebrauchsgegenstände innerhalb des VOrtes; wegen der Überschneidung zwischen Reparaturkosten und Aufräumungskosten vgl. W V 40.

Soweit ohne wirtschaftliches Risiko für den VN und ohne Erhöhung der 38 Reparaturkosten möglich, also bei technisch einfachen Reparaturen, wird die **Entscheidung über die Art und Weise der Reparatur** durch Besichtigung seitens des Reparaturunternehmens kostenfrei getroffen werden können. Bei **technisch komplizierten Reparaturen** sind hingegen auch Kosten zu entschädigen, die **vor Reparaturbeginn** aufzuwenden sind, um die **Reparaturwürdigkeit** und die zweckmäßigste Art und Weise der Reparatur **zu ermitteln**, R I 36. Das können im Einzelfall auch *Reisekosten* zur Werkstätte des Herstellers, *Sachverständigenkosten*, Ausgaben für Kostenvoranschläge (Boldt 155), Kosten erfolgloser Reparaturversuche usw. sein, vgl. BGH VersR 85, 780 für Schäden in Höhe von rund 12 000 DM an schwer zugänglichen (Kamin, Dachrinnen) Stellen eines fünfstöckigen Wohngebäudes bei Architektenkosten von rund 3 000 DM. Zur Reparatur gehört auch bereits die **Ermittlung des Schadenumfangs**, W IX 3 und 6, also z. B. die Untersuchung, ob unbeschädigte Teile einer brandgeschädigten Sache durch Hitze, Dämpfe oder Ruß gelitten haben usw. Da es sich also um einen Teil des Hauptschadens handelt, kann offen bleiben, ob auch § 66 VVG („Kosten der Ermittlung und Feststellung des Schadens") eingreifen würde, zumal § 66 VVG durch die AVB ausdrücklich oder stillschweigend (W IX 15) und teilweise rechtswirksam (W IX 26) ausgeschlossen ist.

Zu den entschädigungspflichtigen Nebenarbeiten bei technisch komplizier- 39 ten Reparaturen gehören ferner die Kosten einer notwendigen **Überwachung von Bau- und sonstigen Arbeiten**, die Kosten der **Koordinierung der Arbeiten** mehrerer nebeneinander tätiger Unternehmer, BGH VersR 85, 780, sowie die Kosten einer **fachkundigen Überprüfung des Reparaturergebnisses**, insbesondere bei *Abnahme* von Fremdleistungen im Rahmen des Reparaturvorganges, LG Hildesheim VersR 85, 449. Nur so kann der VN seine etwaigen Gewährleistungsansprüche gegen Reparaturunternehmer wahren. Das ist für den VN um so notwendiger, als der Vr nach dem Grundsatz der abstrakten Schadenberechnung im Fall einer mißlungenen Reparatur nicht zu übernehmen braucht, R III 12. Der VN darf mit der Überprüfung des Reparaturergebnisses gegebenenfalls einen Sachverständigen beauftragen, z. B. einen Architekten. Oder aber es ist als Teil der Reparaturkosten eine Gemeinkostenabrechnung über entsprechende Tätigkeiten einer fachkundigen Abteilung des eigenen Betriebes des VN zu berücksichtigen, R III 14 sowie Q IV 86 und 113.

40   Zu den Reparaturkosten vor allem (aber nicht nur) bei Gebäuden gehören **Reinigungskosten** für die Beseitigung von Schmutz, der durch die Reparatur im VOrt anfällt. Stundenlöhne von *Putzfrauen* usw. sind mithin als Teil der Reparaturkosten zu ersetzen, und zwar sowohl in der GeschäftsV wie bei Hausrat und Wohngebäuden. Daß der VN die Arbeiten persönlich ausführt und dadurch die Kosten der Putzfrau einspart, ändert an der Entschädigungspflichtigkeit nichts, denn nicht der tatsächliche, sondern der abstrakt ermittelte Reparaturvorgang ist ausschlaggebend, R III 14 und Q IV 118; der Vr muß im Rahmen seiner *Beratungspflicht* gelegentlich sogar auf die Entschädigungspflicht von sich aus hinweisen, Q IV 85. Das gleiche gilt für den Abtransport des anfallenden Altmaterials. Dabei ergeben sich gewisse Überschneidungen mit der V von **Aufräumungs- und Abbruchkosten,** denn diese umfassen nicht nur die **Beseitigung des** unmittelbar durch den VFall, sondern auch des durch die Reparatur **anfallenden Schuttes,** W V 4, 16 und 20. Dieser doppelte VSchutz kommt dem VN auch im praktischen Ergebnis zugute, wenn z. B. die versicherten Aufräumungskosten nicht ausreichen oder wenn umgekehrt von den Reparaturkosten ein Abzug wegen UnterV vorgenommen wird, W IV 10 und W V 4.

41   **Bewegungs- und Schutzkosten** für Vor- und Nacharbeiten an *anderen* als der beschädigten Sache können ebenfalls zu den „notwendigen Kosten der Reparatur" gehören, soweit die AVB nicht etwas anderes sagen, W I 14 und W IV 13. Anders als bei dem Wort „Wiederbeschaffungskosten", vgl. R II 13 wegen der Totalschadenentschädigung, denkt der allgemeine Sprachgebrauch bei „Reparaturkosten" weit eher als bei „Wiederbeschaffungspreis" auch an die Kosten von Arbeiten, die im Rahmen der Reparatur an anderen als an der beschädigten Sache vorgenommen werden müssen. Außerdem sind an die Klarheit von AVB wegen § 5 AGBG hoheAnforderungen zu stellen. Daher umfassen z. B. §§ 3 Nr. C 2 VHB 74, 2 Nr. 1 f VHB 84 die Kosten für das Rücken oder für die De- und Remontage von Möbeln. – Für einen besonders wichtigen Fall, nämlich für die **RohrbruchV,** enthalten §§ 1 Nr. 2 AWB 68, 3 Nr. C 3 VHB 74, 4 Nr. 2 VGB 62 eine Sonderregelung: Die *Kosten von Nebenarbeiten* sowie des Auftauens sind ausdrücklich mitversichert. Darunter fallen auch eine Reihe von Kosten, die sonst nur als Bewegungs- und Schutzkosten versicherbar wären, E I 117.

42   c) Ebenso wie zu einem Wiederbeschaffungsvorgang nach einem Totalschaden (Q IV 87 und 115) fallen auch bei Reparaturvorgängen **begleitende Verwaltungsarbeiten** an, und zwar gleichermaßen bei Reparaturen in eigener Regie oder durch persönliche Tätigkeit des VN wie auch bei Fremdreparaturen. Dies gilt nicht nur bei technisch komplizierten (R III 38), sondern auch bei technisch einfachen Reparaturen. Stets muß nämlich der Reparaturunternehmer ausgewählt, beauftragt, bei Verzögerung gemahnt und während seiner Tätigkeit überwacht werden, letzteres schon zum Schutz anderer Sachen

(R III 43) vor Diebstahl oder Beschädigung. Außerdem müssen das Arbeitsergebnis besichtigt und abgenommen (R III 39), die Reparaturrechnung überprüft, verbucht und bezahlt sowie gegebenenfalls Gewährleistungsansprüche geltendgemacht und durchgesetzt werden.

Solche Arbeiten müssen zuerst ihrem zeitlichen und fachlichen Umfang 43 nach abgegrenzt und sodann mit Hilfe der betrieblichen **Gemeinkostenabrechnung** oder mit Hilfe entsprechender Stundensätze einschließlich Zuschlägen in einen DM-Betrag umgerechnet werden, R III 14. Im **privaten Lebensbereich** (Begriff: Q I 9) muß der VN die begleitenden Verwaltungsarbeiten in der Regel **entschädigungslos** als persönliche Tätigkeiten verrichten, Q IV 119 und Q I 12. Etwas anderes gilt gemäß Q I 13 bis 16 nur, wenn und soweit die Arbeiten wegen ihres Umfangs oder ihrer tatsächlichen, technischen, fachlichen oder rechtlichen Schwierigkeit dem VN unter seinen jeweiligen Lebensumständen unzumutbar sind, vgl. LG Hildesheim VersR 85, 449.

7. **Sachschäden** („**Zweitschäden**") **infolge von Reparaturarbeiten** oder **infolge** 44 **reparaturbedingter Transporte**, die – insbesondere bei Reparaturen und Transporten in eigener Regie – zu Lasten des VN gehen, eventuell sogar an nicht versicherten Sachen oder außerhalb des VOrts, bereiten Schwierigkeiten, denn ihre Entschädigungspflicht kann sich aus *drei* unabhängig voneinander zu prüfenden *rechtlichen Gesichtspunkten* ergeben. Es kann sich handeln um einen zweiten VFall (R III 45 und 46) oder aber um einen entschädigungspflichtigen Folgeschaden innerhalb des ersten VFalls (R III 47 und 48) oder endlich um ein unfreiwilliges Vermögensopfer als Teil der notwendigen Kosten der Reparatur des Erstschadens (R III 49 und 50).

a) Aus einem **zweiten VFall** kann sich aus den in B IV 10 dargelegten 45 Gründen die Entschädigungspflicht für den Zweitschaden in der **DiebstahlV** ergeben, soweit nämlich eine versicherte Sache innerhalb des VOrts betroffen ist und dem VSchutz dem Grunde nach auch sonst nichts im Wege steht, B IV 11. Allerdings ist für den zweiten VFall gesondert zu prüfen, ob nicht zu diesem Zeitpunkt der UnterVEinwand zu einer Kürzung führt, ob nicht der Vr aus einem sonstigen Grund ganz oder teilweise leistungsfrei ist usw. Gerade unter den Diebstahlschäden steht jedoch naturgemäß das Abhandenkommen im Vordergrund; Beschädigungen und daher auch Reparaturen sowie Sachschäden („Zweitschäden") infolge von Reparaturen sind entsprechend selten. Immerhin kann man z.B. an Sachschäden anläßlich der Reparatur mitversicherter Gebäudeschäden (W VI 1) denken.

Weit häufiger sind *schadenbedingte Reparaturen* und damit auch *repara-* 46 *turbedingte Zweitschäden* in der **Feuer- und LeitungswasserV**. Hier (B IV 5 bis 8) sowie in der Wohngebäude- und in der HausratV nach den VHB 74 (und zwar hier einschließlich Diebstahlschäden, B IV 13, jedoch ausschließlich Sturmschäden) können Sachschäden an versicherten Sachen infolge der Reparatur *nur dann* ein *zweiter VFall* sein, wenn sie auf einem zweiten Brand (oder Leitungswasseraustritt usw.) beruhen, also auf einer *versicherten Gefahr*, was zwar möglich ist, aber doch nur sehr selten vorkommt. Beispiel: Im Fall AG Kiel VersR 88, 1016 war an einem Teppich während der Reparatur nach brandbedingter Verrußung ein Loch entstanden, aber nicht durch eine versicherte Gefahr. Wegen der SturmV vgl. R III 47, wegen der VHB 84 vgl. B IV 14.

47   b) Um einen **Folgeschaden des ersten VFalls** kann es sich bei Zweitschäden durch die Reparatur oder den Transport zur Reparatur nur in der Feuer- und LeitungswasserV handeln, vgl. die Übersicht in B IV 15, nicht dagegen in der DiebstahlV, R III 45. Jeder Zweitschaden infolge der Reparatur ist zugleich adäquate und versicherte Folge der versicherten Gefahr des Brandes (C VI 1), Leitungswasseraustritts (E I 16) usw., die sich durch den ersten Schaden bereits verwirklicht hat. Wegen der SturmV vgl. E II 43 und 49.

48   Allerdings ist der VSchutz gegen Folgeschäden auf die versicherten Sachen, auf den VOrt, C VI 9, auf die VDauer usw. beschränkt. Für die Berücksichtigung einer UnterV, des Selbstbehalts usw. sind die Schadenposten aus dem Erst- und aus dem Zweitschaden zusammenzurechnen, während für die *Höhe* der VSumme, einer UnterV, des Selbstbehalts usw. der Vertragsinhalt im Zeitpunkt des Eintritts des Erstschadens maßgebend ist. Möglicherweise sind allerdings **Schäden durch Reparatur** oder Transport zur Reparatur auch dann **nicht** entschädigungspflichtig, wenn sie innerhalb des VOrts und an versicherten Sachen usw. eingetreten sind, denn sie führen bei Fremdreparaturen zu Gewährleistungsansprüchen (R III 12 und 36) und sind durch den Wagniszuschlag abgegolten, der in den bei abstrakter Berechnung maßgebenden Kosten einer Fremdreparatur enthalten ist, R III 51. AG Kiel VersR 88, 1016 hat daher Ort und Zeit des Eintritts eines Folgeschadens an einem Teppich offen gelassen, den der VN wegen brandbedingter Verrußung zur Reinigung gegeben hatte.

49   c) Unter „Kosten" – hier im Sinn der „notwendigen Reparaturkosten" als Teilschadenentschädigung gemäß R III 1, 13 und 33 – werden im allgemeinen auch **unfreiwillige Vermögensopfer** verstanden, wozu der Wert unfreiwillig aufgeopferter (zerstörter oder beschädigter) Sachwerte gehören kann, vgl. z. B. W II 17 für Rettungskosten. Während aber der Rettungskostenersatz die Kosten aller Maßnahmen umfaßt, die der VN ohne grobe Fahrlässigkeit für nötig halten darf, W II 16 bis 30, sprechen die in R III 1 zitierten AVB für die Teilschadenentschädigung ausdrücklich oder stillschweigend nur von den „notwendigen" Reparaturkosten. Darunter sind die *objektiv* notwendigen und abstrakt berechneten (R III 11) Kosten zu verstehen, also die Kosten, die auf dem objektiv besten Weg zum Reparaturerfolg anfallen.

50   Sachschäden während des Reparaturvorgangs liegen *außerhalb* dieses besten Weges und sind daher nicht eingeschlossen, vgl. schon R III 12 und 39 sowie AG Kiel VersR 88, 1016. Dies gilt ohne Rücksicht auf den Verschuldensgrad des beauftragten Unternehmers oder des in eigener Person reparierenden VN, denn die Vermeidung von Sachschäden während der Reparatur ist – ebensowenig wie etwa die Auswahl eines angemessen preiswerten Reparaturunternehmens, R III 34 – nicht erst Inhalt der Rettungspflicht, sondern solche Zweitschäden liegen schon nicht innerhalb der versicherten Kosten des Erstschadens, auf die sich die Rettungspflicht von vornherein nur beziehen könnte, W II 16.

51   Wohl aber gehören zu den Kosten einer Reparatur in eigener oder fremder (§ 632 Abs. 2 BGB) Regie sog. **Wagniszuschläge** auf die Stundenlöhne, Mate-

rialkosten und Gemeinkosten. Diese Wagniszuschläge decken unter anderem das Risiko von Sachschäden im Zuge der Reparatur ab. Die Wagniszuschläge entfallen nur, soweit das Wagnis durch VVerträge abgedeckt ist, deren anteilige Prämien dann aber ihrerseits (R III 52) zu den Reparaturkosten gehören. Verwirklicht sich ein Wagnis im Sinn der Wagniszuschläge, so gehen die Folgen dieses Zweitschadens nicht noch gesondert zu Lasten des Vr, sondern in Form von Gewährleistungsansprüchen (R III 12) zu Lasten dessen, der den Wagniszuschlag berechnet, also den VN oder des Reparatur- oder Transportunternehmers. Gerade wegen dieses Wagnisses kann ein VN, der sich nicht einschlägig gewerblich betätigt, aber gleichwohl den Schaden selbst behebt, dieselben Stundensätze und Zuschläge verlangen, wie sie bei Fremdreparatur anfallen würden, R III 14 und 35. – Zu den notwendigen Kosten einer Fremdreparatur würde wohl auch der *Mehrbetrag* gehören, der nötig ist, wenn der Werkunternehmer abweichend von §§ 631 ff. BGB oder von seinen Allgemeinen Geschäftsbedingungen das volle *Risiko des zufälligen Untergangs des Reparaturobjekts* übernehmen soll.

d) Soweit bei etwaigen Zweitschäden gemäß R III 45 bis 51 kein VSchutz **52** besteht, kann sich für den VN die Frage stellen, ob er eine *Transport- oder MontageV* abschließen solle, soweit im Zuge der Reparatur *Transporte in eigener Regie* anfallen oder soweit die *Reparatur in eigener Regie* an Objekten erfolgt, für die MontageV geboten wird, insbesondere an Maschinen. Die **Transport- und MontageVPrämie** ist zwar *nicht* als *Rettungsaufwand* zu ersetzen, denn der etwaige Transport- oder Montageschaden steht nicht unmittelbar bevor; außerdem läßt gerade der in R III 51 erörterte Ersatz Wagniszuschlägen und VPrämien den Zweitschaden selbst als unversichert und daher nicht als möglichen Gegenstand von Rettungsmaßnahmen gemäß § 62 VVG erscheinen.

Wohl aber ist diese Prämie bei Transporten und Reparaturen in eigener **53** Regie als **Teil der notwendigen Reparaturkosten** zu ersetzen. Es handelt sich nicht nur um einen Vermögensfolgeschaden, sondern um einen Teil der notwendigen Kosten der Reparatur. Dafür spricht insbesondere, daß beauftragte *fremde Reparaturunternehmen* (z. B. der Hersteller der durch einen Brand beschädigten Maschinen) eine Transport- oder MontageV bei Bedarf selbstverständlich ebenfalls abschließen und die Prämie in die als Fremdleistungen zu entschädigenden Reparaturkosten einbeziehen, ebenso wie als Alternative die Wagniszuschläge gemäß R III 51. In erhöhtem Maß gilt das bei Sonderkonditionen bezüglich der Gefahrtragung durch den Reparaturunternehmer.

8. Nicht geregelt ist auch bei den Reparaturkosten der Fall, daß nur ein **54** **Bruchteil eines Gebäudes** versichert ist. Ebenso wie bei Totalschäden (R II 29) steht dann dem VN nur ein entsprechender *Teilbetrag* der notwendigen Reparaturkosten zu. Dies gilt auch, wenn durch einen Vertrag zwar sämtliche Bruchteile versichert sind, aber durch die mehreren Miteigentümer ausnahmsweise nicht als Prämiengesamtschuldner, sondern als Prämieneinzelschuldner, H II 75 und O II 14. Wegen der Konsequenzen für die Wiederherstellungsklauseln in der NeuwertV vgl. R IV 89.

IV. Wiederherstellungsklauseln

1   1. Wiederherstellungsklauseln können nicht nur in der NeuwertV, sondern ganz allgemein vereinbart werden, und zwar sowohl für *Totalschäden* wie für *Teilschäden* (R IV 38) und sowohl für *Gebäude* wie für *bewegliche Sachen*. § 97 VVG gibt eine dispositive **Auslegungsregel** für unklar formulierte Wiederherstellungsklauseln bei Gebäuden, in denen lediglich gesagt wird, der Vr brauche nur „zur Wiederherstellung des versicherten Gebäudes" zu entschädigen. Nach § 97 VVG sind solche Klauseln dahin zu verstehen, daß schon zu zahlen ist, wenn die „bestimmungsgemäße Verwendung des Geldes gesichert ist"; der VN braucht also den Wiederaufbau nicht etwa zunächst aus eigenen Mitteln zu finanzieren. § 97 VVG ist bedeutungslos geworden, denn die AVB lassen inzwischen stets auch selbst schon die **Sicherstellung** der bestimmungsgemäßen Verwendung genügen.

2   a) Für den **Zeitwertschaden** werden Wiederherstellungsklauseln heute kaum noch vereinbart. Da aber der Zeitwert nur aus dem Zustand der Sache ermittelt wird, Q III 39, bedeutet bei entwerteten (Q III 56) und bei nach dem Schaden nicht ersetzten Sachen aus den in Q III 3 dargelegten Gründen schon die Zeitwertentschädigung eine gewisse Bereicherung, die das subjektive Risiko ungünstig beeinflussen kann. Bei *schweren Risiken in der GebäudefeuerV* wird daher bisweilen Kl 1716 vereinbart, und zwar auch außerhalb der Industrie V, für welche die Klausel vor allem gedacht ist. Die Klausel kommt *auch bei NeuwertV* und in diesem Fall neben den in R IV 6 zitierten Klauseln für die Neuwertspanne in Betracht. Gerade bei schon objektiv schweren Risiken muß das **subjektive Risiko gemindert** und der VN darüber hinaus möglichst angehalten werden, das erhöhte objektive Risiko durch Schutzmaßnahmen und besondere Vorsicht auszugleichen; daher ist Kl 1716 – früher Kl 1801 (5.04) – mit §§ 5, 9 AGBG vereinbar, Hamburg 11 U 105/81 vom 26. 2. 82. Allerdings ist Kl 1716 nicht so verbreitet und der Begriff des schweren Risikos nicht so geläufig, daß die Klausel ohne besonderen Hinweis *Antrags- und damit Vertragsbestandteil* werden könnte, vgl. dazu A IV 40 und K I 3, während jedoch Hamburg aaO nur die Voraussetzungen von § 2 AGBG prüft.

3   Die Kl ist nur für **Gebäude** gedacht, Engels VP 77, 195. Der Klauseltext spricht zwar neutral von „Sachen" und „wiederhergestellt" (also nicht nur speziell vom Wiederaufbau von Gebäuden), zugleich aber von Wiederherstellung „an der bisherigen Stelle" oder „an anderer Stelle desselben Ortsbezirks". – Nach Kl 1716 soll der Anspruch auf Ersatz **des Zeitwertschadens** zunächst nur zu **zwei Dritteln** und im übrigen erst dadurch entstehen, daß die Verwendung für die Wiederherstellung gesichert wird. Wegen des Motivs der Kl 1716 und ihrer Vereinbarkeit mit §§ 15 a, 6 Abs. 3 VVG vgl. auch noch R IV 18 bis 20.

4   b) Daneben enthalten §§ 17 Nr. 3 AFB 30, 16 Nr. 3 AWB 68, AStB 68, 19 Nr. 3 VGB 62 sog. **einfache Wiederherstellungsklauseln** für *Gebäude*. Diese Bezeichnung hat sich eingebürgert (PM § 97 Anm. 1), obwohl sie nicht ganz zutrifft. Voraussetzung des Fälligkeitsanspruchs ist alternativ, daß entweder

die Verwendung für die Wiederherstellung gesichert ist oder die Realgläubi-
ger der Auszahlung an den VN oder umgekehrt der VN der Auszahlung an
die Realgläubiger zugestimmt hat. Es handelt sich daher um eine **Schutzvor-
schrift für die Realgläubiger,** die ihrem Zweck entsprechend *auch für den
Zeitwertschaden* gilt. §§ 16 Nr. 6 AFB 87, AWB 87, AStB 87 und § 23 Nr. 6
VGB 88 beschränken sich dagegen auf eine Verweisung auf die gesetzlichen
Bestimmungen, wobei in dem hier behandelten Zusammenhang (wegen § 102
VVG vgl. R IV 5) vor allem an § 100 VVG zu denken ist. – Die Auslegungsfragen zu den einfachen Wiederherstellungsklauseln sind teilweise, vor allem
zu dem Merkmal „Verwendung gesichert", dieselben wie zu den Wiederherstellungsklauseln der NeuwertV, so daß auf die Erläuterungen in R IV 29 ff.
verwiesen werden kann. Allerdings ist im Zweifel eine eher *strengere Auslegung* geboten, denn dem Realgläubiger ist z. B. mit dem bloßen Abschluß
eines später wegen Zahlungsunfähigkeit des VN nicht erfüllbaren Bauver-
trags nicht gedient. Zum Schutz der Realgläubiger spricht also mehr als bei
den in R IV 6 zitierten sog. strengen Wiederherstellungsklauseln dafür, Fälligkeit jeweils nur im Umfang des Baufortschritts anzunehmen, R IV 33. Im
übrigen wird die zusätzliche Geltung („bleiben unberührt") der strengen
Wiederherstellungsklauseln jeweils ausdrücklich vorbehalten.

Die praktische Bedeutung der in R IV 4 zitierten **Verweisungen** auf „die   5
gesetzlichen Vorschriften über die Sicherung des Realkredits", beruht vor allem
auf **§ 102 VVG.** Danach bleibt der Vr gegenüber dem Realgläubiger leistungspflichtig, auch wenn er dem VN gegenüber leistungsfrei ist, z. B. nach § 61
VVG, wegen Gefahrerhöhung oder wegen Obliegenheitsverletzung. Allerdings gilt § 102 VVG nach BGH RuS 89, 294 = VersR 912 nur für die
„FeuerV", nicht hingegen analog auch für die „LeitungswasserV" oder
SturmV. §§ 16 Nr. 6 AWB 87, AStB 87 haben aber **konstitutive Bedeutung.**
Der Vr kann sich gegenüber diesen vertraglichen Verweisungen, nicht auf die
durch BGH aaO gezogenen engeren Grenzen des gesetzlichen Anwendungsbereiches der Schutzbestimmung des § 102 VVG berufen. § 23 Nr. 6 VGB 88
wird man hingegen nicht auf Leitungswasser- und Sturmschäden an Wohngebäuden anzuwenden haben, denn die Verweisung behält auch dann ihren
praktischen Sinn, nämlich die **Feuerschäden;** dies gilt selbst dann, wenn nach
den VGB 88 im Einzelfall nicht Feuerschäden, sondern nur die beiden anderen Gefahrengruppen (Leitungswasser und Rohrbruch; Sturm und Hagel)
versichert sind. Allerdings wird eine derartige Schlußfolgerung aus BGH aaO
ein wenig dadurch erschwert, daß die WohngebäudeV dort als „LeitungswasserV" bezeichnet wird, was sie aber doch ebensowenig ist wie eine „FeuerV"
jedenfalls dann nicht, wenn – wie auch im Fall von BGH aaO – in einem
einzigen „verbundenen" WohngebäudeVvertrag mehrere Gefahrengruppen
„kombiniert" (nicht „gebündelt"; dieser Begriff bezeichnet mehrere rechtlich
selbständige Verträge) versichert sind, vgl. zu diesem Urteil auch bereits A IV
43. – Soweit § 102 VVG anwendbar ist, schützt er den Realgläubiger übrigens
nicht auch für die *Neuwertspanne,* sondern nur bis zur Höhe des Zeitwerts.
Das ergibt sich aus dem Zusammenhang mit **§ 88 VVG** und wird in § 102
VVG nur deshalb nicht ausdrücklich gesagt, weil bei Formulierung seines
Wortlauts eine NeuwertV noch nicht gebräuchlich war. Auch ohne VFall ist
Kreditgrundlage für den Realgläubiger nicht der Neuwert, sondern nur der

Zeitwert; nur insoweit bedarf er des Schutzes. In diesem Sinn hat jüngst auch LG Koblenz RuS 89, entschieden.

6 2. Die **Wiederherstellungsklauseln der NeuwertV** für Gebäude und bewegliche Sachen finden sich in §§ 3 Nr. 1 NwSoBedIuG, NwSoBedIG, 7 NwIG 80, 10 Nr. 5 Abs. 1 AERB, 11 Nr. 5 AFB 87, AERB 87, 11 Nr. 6 AWB 87, AStB 87, 7 Nr. 3 VGB 62, 15 Nr. 4 VGB 88, 5 Nr. 3 VHB 74. Für die HausratV ist schon § 5 Nr. 3 VHB 74 wesentlich weniger streng als die übrigen Texte formuliert, vgl. R IV 84 bis 88. In § 18 VHB 84 fehlt eine Wiederherstellungsklausel erstmals völlig, vgl. R IV 9 bis 13 sowie auch schon Q III 24 und 31. Wegen der Wiederherstellungsregeln für Urkunden vgl. Q II 51 und 53, für Datenträger Q II 58 sowie für Muster usw. Q II 68. Statt des Zeitwerts wird danach mangels Wiederherstellung nur der gemeine Wert ersetzt.

7 Die Klauseln der NeuwertV werden „strenge **Wiederherstellungsklauseln**" genannt (PM § 97 Anm. 3), weil sie einen Teil des Entschädigungsanspruchs, nämlich den auf der NeuwertV beruhenden Mehrbetrag, von Voraussetzungen abhängig machen, die erst nach dem Schaden eintreten, nämlich davon, daß eine bestimmte Verwendung des Entschädigungsbetrages gesichert wird. Im Folgenden ist immer nur allgemein von „Wiederherstellungsklauseln" die Rede, wenn diejenigen der NeuwertV gemeint sind; wegen des Zusammentreffens mit Kl 1716 auch für den Zeitwertschaden vgl. R IV 2. Ferner wird das Wort „Wiederherstellung" unabhängig davon gebraucht, ob es sich um den Neubau von Gebäuden oder Wiederbeschaffung von beweglichen Sachen *(Totalschaden)* oder um Reparaturen *(Teilschaden)* handelt. Auch in den AVB selbst werden sprachliche Unterschiede in dieser Hinsicht nicht immer gemacht, was allerdings die Auslegungsschwierigkeiten vergrößert, vgl. R IV 57.

8 a) **Motiv der Wiederherstellungsklauseln** ist es, Q III 24, die Bereicherung durch Neuwertentschädigung auf den Bereich zu beschränken, der das Bedürfnis für die NeuwertV begründet, nämlich auf die *ungeplanten,* dem VN durch den VFall aufgezwungenen *Ausgaben,* Q III 2, die **Bereicherung** also nicht in Form von Bargeld, sondern möglichst **nur in Sachwerten** eintreten zu lassen und so das durch die NeuwertV erhöhte **subjektive Risiko** (Q III 12) zu vermindern; ebenso Hamm VersR 84, 176, 86, 331. Dieses Motiv muß in Auslegungsfragen herangezogen werden, die sich aus den unklaren Textfassungen ergeben. Allerdings verhilft auch jenes Motiv nicht immer zu einem klaren Ergebnis, denn wirtschaftlich ist eine Bereicherung in bar nicht generell vermeidbar, schon deshalb nicht, weil der VN auch nach der Wiederherstellung die Sache verkaufen und sich dadurch den Neuwert in bar verschaffen kann.

9 Das Bereicherungsverbot ist nicht nur Motiv der **Wiederherstellungsklauseln,** sondern die Klauseln sind zugleich rechtlich **Voraussetzung der Zulässigkeit der NeuwertV** als gewohnheitsrechtlicher Ausnahme von § 55 VVG (BGH VersR 81, 772), vgl. Q III 9. Nach den VHB 74 wird zwar nur mit dem Zeitwert entschädigt, falls dieser weniger als 40% des Neuwerts beträgt; für die VHB 84 ergibt sich dasselbe mangels einer ausdrücklichen Regelung unmittelbar aus § 86 VVG, jedenfalls für bereits objektiv entwertete Sachen, vgl. Q III 31 und 84. Darüber hinaus stellt sich aber die Frage, ob nicht auch

Hausratgegenstände mit einem Zeitwert von noch mindestens 40% des Neuwerts nur mit dem Zeitwert entschädigt werden dürfen, weil eine **NeuwertV des Hausrats nach den VHB 84 ohne Wiederherstellungsklausel** eine Bereicherung in bar ermöglicht und daher gegen § 55 VVG verstößt. § 18 VHB 84 enthält nämlich eine Wiederherstellungsklausel überhaupt nicht mehr.

Gegen die Zulässigkeit der NeuwertV von Hausratgegenständen ohne Wiederherstellungsklausel spricht der Widerspruch, der darin liegt, einerseits die Zulässigkeit der NeuwertV damit zu begründen, der Aufwand für die Wiederbeschaffung oder Wiederherstellung bedeute für den VN ungeplante, ihm durch den VFall aufgezwungene Aufwendungen, andererseits aber die Tatsache dieses aufgezwungenen Wiederherstellungsaufwendes nicht zur geschriebenen rechtlichen Voraussetzung des Anspruchs auf Neuwertentschädigung zu machen. Andererseits spricht **für** die Zulässigkeit der Regelung in den VHB 84 und zugleich gegen einen Versuch der ergänzenden Vertragsauslegung entsprechend BGH VersR 88, 463 (zu englischen AVB Wassersportfahrzeuge), daß der Vr in den AVB ganz allgemein nur solche Voraussetzungen für einen Entschädigungsanspruch aufstellen soll, die er wenigstens in der großen Mehrzahl der Fälle zu einem vertretbaren Kostenaufwand auch wirklich nachprüfen kann. 10

Die **HausratV** zeichnet sich durch eine besonders große Zahl von Verträgen und durch eine besonders große Zahl von Schäden aus, und zwar vor allem auch von Kleinschäden. Eine **streng formulierte Wiederherstellungsklausel** im Sinn von R IV 6 für jeden einzelnen Hausratgegenstand auch bei kleineren Schäden würde in der Praxis **nur auf dem Papier** stehen. Es würde einen unverhältnismäßig hohen Kostenaufwand verursachen, für jeden einzelnen Hausratgegenstand die Wiederbeschaffung einer Sache gleicher Art, Güte und Zweckbestimmung nicht nur zu fordern, sondern von ihr auch wirklich die Zahlung der Neuwertspanne abhängig zu machen. Die HausratV könnte bei einem solchen Verfahren kaum noch zu einer vertretbaren Prämie betrieben werden. Andererseits kann die Zulässigkeit der Neuwertentschädigung von Hausrat bei sinngerechter Auslegung des § 55 VVG auch nicht davon abhängen, daß eine bestimmte Voraussetzung, eben die Tatsache der Wiederbeschaffung, lediglich als geschriebener Vertragstext auf dem Papier steht, ohne in der Schadenpraxis im Regelfall auch wirklich geprüft zu werden. Dies spricht speziell in der HausratV dafür, eine Neuwertentschädigung für noch nicht entwertete Sachen auch **ohne** Wiederherstellungsklausel und ohne Zeitwertzwischenstufe zuzulassen, Q III 33. 11

Wer dem nicht folgen wollte, müßte zu demselben Ergebnis auch noch aus einem anderen Grund gelangen. Die Wiederherstellungsklausel in § 5 Nr. 3 VHB 74 und § 5 Nr. 3 der VHB von 1966 setzt nicht die Wiederbeschaffung einer Sache wie der vom Schaden betroffenen, sondern nur die Wiederbeschaffung eines beliebigen Hausratgegenstandes voraus. Die dort gestellten Anforderungen sind, wie in R IV 84 bis 88 näher dargelegt wird, so gering, daß wirtschaftlich gesehen **schon** durch die **VHB 74** und die **VHB von 1966** Neuwertentschädigung **ohne Wiederbeschaffungszwang** gewährt wurde. 12

Da diese Regelung über mindestens 20 Jahre hinweg unangefochten praktiziert wurde, hat sich die **gewohnheitsrechtliche Ausnahme von** § 55 VVG (Q III 9) auch dann **entsprechend erweitert,** wenn man jene abgeschwächte Wieder- 13 herstellungsklausel im Anfangsstadium als nicht ausreichend hätte ansehen wollen. Einer der Entstehungsgründe für Gewohnheitsrecht ist nämlich ganz allgemein die (zunächst) unrichtige Anwendung oder unrichtige Nichtanwendung gesetzlicher Bestimmungen, BGHZ 37, 222. Der **entscheidende Einbruch** in das Prinzip der Abhängigkeit der Neuwertentschädigung von einem nachgewiesenen Wiederherstellungsvorgang wurde nicht erst durch die VHB 84, sondern **schon durch die VHB von 1966** vollzogen. Groß war nicht der Schritt von den VHB von 1966 und den VHB 74 zu den VHB 84, sondern vielmehr der Schritt von den Neuwertsonderbedingungen für Hausrat (als Ergänzung der AFB 30 und der VHB von 1942, vgl. VerBAV 58, 163, 66, 250, 68, 299) zu den VHB von 1966 mit ihrer schon bis zur Bedeutungslosigkeit abgeschwächten Wiederherstellungsklausel. Jener große Schritt von 1966 ist aber inzwischen bereits gewohnheitsrechtlich sanktioniert.

14   b) Ihrer **Rechtsnatur** nach enthalten die Wiederherstellungsklauseln **Voraussetzungen** für einen Teil **des Entschädigungsanspruchs**, nämlich für die *Neuwertspanne* bei Totalschäden und für *Zeitwertzunahme* bei Teilschäden. Wegen der Gewinnungskosten für anzurechnende Reste vgl. R II 27. Die Klauseln sind also ein Teil der Risikoabgrenzung. Daß die Voraussetzungen zeitlich *nach* dem VFall zu erfüllen sind, ändert nichts, vgl. z.B. PM § 8 AUB Anm. 5 zur UnfallV. *Nicht* nur *Verzinsung* (Y V 2) und *Fälligkeit*, sondern schon die **Entstehung des Anspruchs** wird nach dem Wortlaut der in R IV 6 zitierten Bestimmungen aufgeschoben, vgl. Y V 3.

15   Dies würde dafür sprechen, eine **UnterV** auch schon auf den Zeitwertschaden proportional anzurechnen. Bei richtiger Auslegung der in R IV 6 zitierten Bestimmungen wird aber daß auch schon *vor* Sicherstellung der Entschädigung der Zeitwertschaden *voll* bis zum Betrag der wegen UnterV gekürzten Neuwertentschädigung ersetzt wird. Dies folgt aus dem uneingeschränkten Gebrauch des Begriffes „Zeitwertschaden" in den Wiederherstellungsklauseln, obwohl diese systematisch hinter den Bestimmungen über UnterV stehen, S II 28. In den VGB 62, VHB 74 und NwIG 80 war sogar ausdrücklich gesagt, daß UnterV bei Berechnung der Neuwertentschädigung, nicht aber für die Höhe des Zeitwertschadens zu berücksichtigen ist. Nur in Kl 1716 ist die Frage ungeregelt. Dasselbe muß analog für einen **Selbstbehalt** (dazu T II 5) **oder eine Entschädigungsgrenze** gelten: keine proportionale Berücksichtigung, sondern möglichst volle Zeitwertentschädigung bis zur vollen Entschädigungsgrenze oder bis zu der um den Selbstbehalt gekürzten Neuwertentschädigung.

16   Ist bei **Zusammentreffen von Unter- und DoppelV** nach § 59 Abs. 2 VVG abzurechnen, nachdem die *Wiederherstellung* endgültig oder vorläufig *unterblieben* ist, V III 4, so kommt als Gesamtbetrag des Schadens im Sinn von § 59 VVG nur der Zeitwertschaden in Betracht. Infolge des Vorrangs der Zeitwertentschädigung kommt die unterbliebene Wiederherstellung überproportional dem Vr ohne oder mit geringerer UnterV zugute. *Beispiel:* VSumme I 90, VSumme II 20, Neuwert 100, Zeitwert 80. Nach Wiederherstellung wäre die Totalschadenentschädigung von 100 im Verhältnis 90:20 aufzuteilen; ohne oder vor Wiederherstellung ergibt sich hingegen für die Zeitwertentschädigung von 80 ein Verhältnis von 80:20, Vr II mit der stärkeren UnterV wird also relativ stärker belastet, weil die UnterV gegenüber der Zeitwertentschädigung Nachrang hat, also in erster Linie in die Neuwertspanne verlagert wird.

Die in R IV 14 geschilderte Rechtsnatur der Wiederherstellungsklauseln – 17 Aufschub von Entstehung, Fälligkeit und Verzinsung des Anspruchs auf die Neuwertspanne – würde es begrifflich nicht ausschließen, einen Fall der Leistungsfreiheit des Vr im Sinn von §§ 15a, 6 Abs. 3 VVG darin zu sehen, daß der Vr die Neuwertspanne nicht zu entschädigen braucht, weil die Verwendung des Geldes nicht fristgerecht sichergestellt wurde. Auch Leistungsfreiheit wegen Obliegenheitsverletzung ist nämlich ein Teil der Risikoabgrenzung (PM § 49 Anm. 2 B c). Da die Voraussetzungen der Neuwertentschädigung im wesentlichen durch ein *Verhalten des VN* geschaffen werden, fragt es sich, ob nicht entgegen dem Wortlaut der Wiederherstellungsklauseln nicht das Verhalten des VN als positive Entschädigungsvoraussetzung im Sinn der **primären Risikoabgrenzung**, sondern umgekehrt das entgegengesetzte Verhalten (Fehlverhalten) als negative Voraussetzung und als Verletzung einer **verhüllten Obliegenheit** (Teil der **sekundären Risikoabgrenzung**) *nach* dem VFall gelten muß, ähnlich wie die Rechtsprechung (PM § 6 Anm. 3 B e aa) Verhaltensvoraussetzungen *vor* dem VFall vielfach umdeutet, um den Schutzzweck von §§ 15a, 6 Abs. 1 und 2 VVG zu gewährleisten, vgl. M III 4 für die sog. Verschlußvorschriften.

Die ältere Rechtsprechung (RG 133, 117; weitere Nachweise bei Raiser 18 458) hatte die Wiederherstellungsklauseln als Obliegenheit qualifiziert, die Entschädigung also auch ohne Wiederherstellung zugesprochen, wenn der VN die „Wiederherstellungspflicht" weder vorsätzlich noch grob fahrlässig verletzt hatte. Schon damals wurde diese Rechtsprechung überwiegend (vgl. Raiser aaO) abgelehnt, allerdings nicht immer mit der richtigen Begründung. Unzutreffend war z.B. die Meinung von Raiser (aaO), es habe sich um „Vereinbarungen über den Ersatzwert" (Begriff: R I 4) gehandelt; tatsächlich wurde – und wird nach Kl 1716 noch immer, vgl. R IV 3 – der Abzug in Höhe eines Drittels nicht vom VWert gemäß § 3 AFB 30, sondern von der Entschädigung vorgenommen. Richtig war dagegen schon damals Raisers (aaO) Hinweis, eine Obliegenheit mit dem Ziel, die Entschädigungspflicht des Vr zu vergrößern, sei schwer vorstellbar.

Indessen kann offen bleiben, ob eine verhüllte Obliegenheit nicht immer- 19 hin bei Kl 1716 in der ZeitwertV anzunehmen ist und ob die Rechtsprechung des Reichsgerichts nicht wenigstens für die damals behandelten Wiederherstellungsklauseln in der ZeitwertV zutreffend war. Jedenfalls auf die hier zu behandelnden Wiederherstellungsklauseln der NeuwertV ist weder jene Rechtsprechung übertragbar noch treffen die Argumente der neueren Rechtsprechung zur verhüllten Obliegenheit (R IV 17) zu.

Die „Wiederherstellungspflicht" in der **ZeitwertV** dient nicht dem Schaden- 20 nachweis und allenfalls teilweise (R IV 2) dem Ausschluß einer Bereicherung, denn der Zeitwertschaden ist größtenteils bereits unabhängig davon eingetreten, ob das Gebäude wieder aufgebaut wird. Wäre das Gebäude für den VN schon vor dem Schaden wertlos gewesen, so wäre für den VWert und die Entschädigung ohnehin nur der gemeine Wert maßgebend gewesen, Q III 57, 71 und 79. Den Wiederaufbau setzt der Vr für das letzte Drittel der Zeitwertentschädigung nur voraus, um das *subjektive Risiko* zu mindern (vgl. auch dazu schon R IV 2), dies aber nicht mehr mit Zielrichtung auf den Einzelfall des VN, der wieder aufbauen soll, denn dessen Gebäude ist bereits abgebrannt, sondern mit Zielrichtung auf das subjektive Risiko *bei allen übrigen VN.* Der vom Brand betroffene VN soll nach Kl 1716 nicht mit dem Ziel wieder aufbauen, den Zeitwertschaden erst noch nachzuweisen oder gar den Schaden zu vergrößern, sondern mit dem Ziel, im Sinn einer **Generalprävention** das subjektive Risiko aus allen übrigen VVerträgen zu mindern.

21 Ganz anders die Wiederherstellungsklauseln der **NeuwertV:** Hier entsteht der Schaden erst dadurch, daß der VN ungeplante Ausgaben hat. Darin liegt die Rechtfertigung für die NeuwertV im allgemeinen (Q III 9) und das Motiv der Wiederherstellungsklauseln im Besonderen, R IV 8, denn entschädigt werden darf nur der eingetretene Schaden, damit der VN nicht – oder wenigstens nur in Form von Sachwerten statt in Form von Bargeld – bereichert wird. Motiv der älteren Rechtsprechung war es erklärtermaßen (RG **133,** 123), den VN bei **endgültiger Unmöglichkeit des Wiederaufbaus** zu schützen, und zwar nicht nur dann, wenn der VN die Möglichkeit des Wiederaufbaus und damit ein Drittel der Entschädigung für den tatsächlich eingetretenen Zeitwertschaden **ohne** jedes **Verschulden** verloren hatte (hier hätte dem VN auch § 242 BGB geholfen), sondern schon bei nur **leichter Fahrlässigkeit** (RG **133,** 124). Dieses Schutzes bedarf der VN *nicht* für die *Neuwertspanne,* denn bei Unmöglichkeit der Wiederherstellung erleidet er eben auch nicht den Schaden durch ungeplante Ausgaben, der allein eine Entschädigung der Neuwertspanne rechtfertigen würde.

22 Die VGB 62, NwSoBedIuG, NwSoBedlG und NwJG 80 die Neuwertspanne daher ohne Verstoß gegen §§ 15a, 6 Abs. 3 VVG ohne Rücksicht auf den Grund, aus dem die Wiederherstellung unterbleibt *(„gleichviel aus welchem Grund").* Diese Formulierung berücksichtigt aber zu einseitig nur den Fall, daß die Wiederherstellung oder Wiederbeschaffung endgültig unterbleibt. Sie ignoriert hingegen den Fall, daß die Wiederherstellung oder Wiederbeschaffung sich lediglich verzögert, und zwar ohne Verschulden oder nur infolge leichten Verschuldens des VN. Dann bedarf der VN des Schutzes, weshalb die Worte „gleichviel aus welchem Grund" in den NwIG 80, AERB, AFB 87, AERB 87, AWB 87 und AStB 87 nicht mehr erscheinen. Dies zwingt aber nicht dazu, Wiederherstellung und Wiederbeschaffung als Gegenstand einer verhüllten Obliegenheit zu qualifizieren.

23 §§ 15a, 6 Abs. 3 VVG sind nämlich keineswegs die einzige rechtliche Möglichkeit, den VN in **krassen Härtefällen** vor Anspruchsverlust durch die Wiederherstellungskalauseln zu schützen, vgl. auch Z II 10 und 17 zu der ähnlichen Problematik bei Ablauf der Frist für die Wahlerklärung des VN bezüglich abhandengekommener und später wiederherbeigeschaffter Sachen. Vielmehr kann dem Vr nach der für alle Schuldverhältnisse geltenden Vorschrift des § 242 BGB („Treu und Glauben") die Berufung auf die Worte „gleichviel aus welchem Grunde" (R IV 22) als **unzulässige Rechtsausübung** versagt werden, vgl. Hamm RuS 89, 195 = VersR 1082 gegen einen Vr, der ohne Beweise und mit teilweise bewußt wahrheitswidrigen Indizienbehauptungen vorsätzliche Herbeiführung des Schadens eingewendet und so die Entschädigung verzögert hatte. Dasselbe Ergebnis läßt sich aus § 9 Abs. 2 Nr. 2 AGBG

herleiten, indem man die Wiederherstellungsklauseln als teilweise (zur generellen Möglichkeit einer unteilweisen Unwirksamkeit vgl. A V 31) unwirksam ansieht, soweit der Anspruchsverlust mit dem „Vertragszweck" unvereinbar wäre. Diese Begründung ist seit Inkrafttreten des AGBG vorzuziehen, denn das AGBG ist gegenüber § 242 BGB lex specialis, vgl. ausführlich Tönnies VersR **89**, 1023.

BGH VersR **79**, 173 hat mit Recht aus Gründen von Treu und Glauben **24** den Anspruchsverlust in einem Fall nicht eintreten lassen, in dem der VN die zerstörten Sachen (Inventar einer gepachteten Speisegaststätte) nur deshalb nicht wiederbeschafft hatte, weil die Entschädigungspflicht dem Grunde nach nicht innerhalb der **Frist von drei Jahren** (§ 5 Nr. 3a VHB 74 sieht nur zwei Jahre vor, vgl. aber wegen der geringen Bedeutung dieser Wiederherstellungsklausel bei Hausrat R IV 84), sondern in einem langwierigen Rechtsstreit erst wesentlich später festgestellt wurde, mag der Vr diese Verzögerung auch nicht verschuldet und sich nicht in Verzug befunden haben. Celle RuS **90**, 93 hat sich dem angeschlossen, und zwar ebenfalls ohne die Frage eines Verzuges des Vr anzuschneiden.

Diese Fälle zeigen zugleich den Vorzug der Lösung mit Hilfe von § 9 **25** Abs. 2 Nr. 2 AGBG oder von § 242 BGB gegenüber §§ 15a, 6 Abs. 3 VVG: Die Wiederherstellung unterbleibt meist mit Wissen und Willen des VN, also auf den ersten Blick „vorsätzlich", so daß es in Härtefällen auch schwierig wäre, Schuldlosigkeit oder nur leichte Fahrlässigkeit des VN rechtlich zu begründen. Nach § 6 Abs. 3 VVG müßte man z. B. auf die Annahme fehlenden Bewußtseins der Rechtswidrigkeit zurückgreifen, vgl. X I 24 zum „Vorsatz" bei folgenlosen Verstößen gegen Obliegenheiten (die unstreitig als solche zu qualifizieren sind) nach dem VFall. Bei Unklarheit über den Entschädigungsanspruch dem Grunde nach (BGH aaO) könnte sich der Grundgedanke von § 279 BGB als Hindernis erweisen, denn danach ist Kapitalmangel – subjektive Unmöglichkeit bei Geld- (Gattungs-)schulden – stets „zu vertreten". Allerdings ist der Wiederaufbau keine Obliegenheit und der VN daher nicht einmal im weiteren Sinn ein Geldschuldner im Sinn von § 279 BGB.

Zusammenfassend ist festzustellen: Nach den VGB 62, NwSoBedIuG und **26** NwSoBedlG sollten Wiederherstellung oder Wiederbeschaffung innerhalb der **Dreijahresfrist** *abgeschlossen* sein. Nach den NwIG 80, AERB, AFB 87, AERB 87, AWB 87, und AStB 87 genügt hingegen Sicherstellung innerhalb der drei Jahre, vgl. zu diesem Begriff näher R IV 33 bis 39. Genaue Zitate: R IV 6. Ist die jeweilige Voraussetzung nicht innerhalb der Frist erfüllt, so würde nach dem Wortlaut der AVB der **Anspruch** auf die Neuwertspanne **endgültig nicht mehr** entstehen. Der Vr würde indessen rechtsmißbräuchlich handeln, wenn er sich auf den Fristablauf berufen wolle, obwohl dem VN rechtzeitiges Handeln ohne dessen Verschulden nicht zuzumuten war oder obwohl dieser die Frist infolge nur leichter Fahrlässigkeit versäumt hatte. Stets setzt der **Einwand der Rechtsmißbräuchlichkeit** voraus, daß die Entschädigungspflicht für die Neuwertspanne nach Grund *oder* (R IV 27) Höhe noch nicht unstreitig und auch noch nicht rechtskräftig festgestellt war. Auf ein Verschulden des Vr, insbesondere auf Verzug, kommt es hingegen nicht an. Daß der VN nicht aus anderen Quellen rechtzeitig genügend Kapital zur

Verfügung hatte, schließt für sich allein den Einwand der Rechtsmißbräuchlichkeit in der Regel nicht aus.

27   In **Grenzfällen** sind gegeneinander abzuwägen das **Interesse des Vr**, über den endgültigen Umfang seiner Verpflichtung innerhalb angemessener Zeit Klarheit zu gewinnen, und das **Interesse des VN**, über die Verwendung der Entschädigung erst angemessene Zeit nach demjenigen Zeitpunkt entscheiden zu müssen, in dem die Entschädigungspflicht für die Neuwertspitze nach Grund *und* Höhe entweder unstreitig geworden oder gerichtlich rechtskräftig festgestellt ist. Köln RuS 89, 405 möchte es in der Regel genügen lassen, wenn der **Anspruch dem Grunde** nach **anerkannt** oder **rechtskräftig festgestellt** ist, mag auch noch über dessen Höhe gestritten werden. Dem ist zuzustimmen, wenn die Differenzen zur Höhe bei wirtschaftlicher Betrachtungsweise für die Zumutbarkeit der Wiederherstellung nicht ausschlaggebend sind und dem VN nach Feststellung dem Grunde nach hinreichend Zeit für die Wiederherstellung verblieben war. Entscheidend ist in solchen Fällen, wann und in welcher Höhe der Vr Abschlagszahlungen geleistet hatte, LG Köln RuS 89, 407.

28   In Hamm RuS 89, 195 wird erwogen, um welche Zeit der VN die Frist von drei Jahren ohne Anspruchsverlust überschreiten darf. Solange die Entschädigung nicht gezahlt und auch nicht rechtskräftig zuerkannt ist, kann die Frist nach Hamm aaO keinesfalls ablaufen. Hamm aaO unterstellt, daß in den meisten Fällen nach 18 Monaten die Entschädigung ausgezahlt oder doch wenigstens zuerkannt oder anerkannt ist, so daß dem VN weitere 18 Monate für Planung und Beginn des Wiederaufbaus zur Verfügung stehen. Auch Celle RuS 90, 93 bewilligt in einem vergleichbaren Fall eine **Nachfrist von 18 Monaten**. Diese Frist sollte nach Hamm aaO auch dann nicht kürzer sein, wenn der VN zwischenzeitlich geäußert hatte, er wolle ein gleichartiges Gebäude auch dann nicht wiederaufbauen, wenn er entschädigt werde.

29   3. Nach den neueren, seit 1980 formulierten AVB, nämlich **nach den NwIG 80, AERB, AFB 87, AERB 87, AWB 87 und AStB 87**, genügt fristgerechte **Sicherstellung** einer Verwendung der Entschädigung für Wiederherstellung oder Wiederbeschaffung, um den Anspruch auf die Neuwertspanne zu begründen und Anspruchsverlust durch ungenutzten Fristablauf zu verhindern. Wenn die VGB 62 sowie die älteren Neuwertsonderbedingungen darüber hinaus verlangen, Wiederherstellung oder Wiederbeschaffung müßten innerhalb der Dreijahresfrist bereits *abgeschlossen* sein, so verstößt diese weitergehende Voraussetzung entweder schon gegen §§ 9 Abs. 2 Nr. 1 AGBG, 97 VVG oder sie muß durch noch großzügigere Anwendung der Grundsätze gemäß R IV 26 und 27 kompensiert werden. – Hat der VN innerhalb der Frist auch bereis wiederhergestellt oder wiederbeschafft, so ist dies ein Mehr gegenüber der bloßen Sicherstellung und genügt in jedem Fall, obwohl die neueren AVB nur noch die Sicherstellung erwähnen.

30   Gegenstand der Sicherstellung ist bei zerstörten oder abhandengekommenen beweglichen Sachen deren Wiederbeschaffung, bei beschädigten beweglichen Sachen sowie **bei Gebäuden**, hingegen deren **Wiederherstellung**. Diese Unterscheidung kann jedenfalls mit Bezug auf Gebäude nicht durch „Auslegung" zugunsten des VN korrigiert werden. Es genügt nicht, statt eines beschädigten oder zerstörten Gebäudes ein anderes Gebäude (Hamm NJW-

RR 87, 217 = RuS 23 = VersR 88, 150) oder gar nur ein Dauerwohnrecht (LG Aachen VersR 76, 847) zu erwerben, das bei Eintritt des VFalles an anderer Stelle bereits errichtet ist. Ein derartiger **Erwerb** anstelle einer Wiederherstellung **genügt** selbst dann **nicht**, wenn ausnahmsweise die Voraussetzungen vorliegen, unter denen Wiederherstellung eines Gebäudes an anderer Stelle ausreicht. Als „Wiederherstellung" gefordert wird ein Vorgang, der den gesamtwirtschaftlichen Verlust durch Beschädigung oder Zerstörung eines Gebäudes rückgängig macht, und zwar auch technisch und gesamtwirtschaftlich, also nicht etwa nur mit Bezug auf die persönliche Vermögenslage des VN. Nur unter dieser Voraussetzung halten sie die mögliche Bereicherung durch Neuwertentschädigung sowie die Zunahme des subjektiven Risikos in tragbaren Grenzen.

Sind durch denselben VFall **mehrere Sachen betroffen**, so *genügt* es für den **31** Anspruch auf die *Neuwertspanne für jede einzelne Sache*, wenn *deren* Wiederherstellung oder Wiederbeschaffung sichergestellt ist. Der VN darf für eine bestimmte Sache nicht deshalb schlechter gestellt werden, weil durch denselben VFall auch noch andere Sachen beschädigt oder zerstört wurden. Die Neuwertspanne für *eine* Sache, deren Wiederherstellung oder Wiederbeschaffung gesichert ist, darf *nicht* deshalb versagt werden, weil der VN *andere* Sachen nicht oder noch nicht reparieren oder wiederbeschaffen will und er daher „zunächst die Zeitwertentschädigung für jene anderen Sachen zur Wiederbeschaffung der einen Sache verwenden solle". Vielmehr darf der VN die Zeitwertentschädigung für jene anderen Sachen beliebig verwenden, Martin VersR 86, 561, Köln VersR 84, 1084 = RuS 86, 214 (Hausrat nur teilweise wiederbeschafft), Koblenz VersR 86, 84 (Anspruch auf Neuwertspanne bei Gebäuden auch schon vor Verbrauch der gesamten Zeitwertentschädigung). Nicht erkannt wurde das Problem in AG Karlsruhe ZfS 87, 252, wo zu § 5 Nr. 3 VHB 74) verlangt wird, der VN müsse zunächst die gesamte Zeitwertentschädigung für alle betroffenen Sachen zu Neuanschaffungen verbraucht haben, bevor er die Neuwertspanne auch nur für einige (nämlich die tatsächlich bereits wiederbeschafften) Sachen verlangen könne.

Es bewendet auch hier bei dem Grundsatz, daß die **Entschädigung** für meh- **32** rere durch denselben Vertrag oder in derselben Position versicherte und durch denselben VFall betroffene Sachen diesen Sachen **proportional** und anteilig **zuzurechen** ist, S I 2, S II 25, V II 24, V III 17 und PM § 54 Anm. 3. Eine Ausnahme würde nur in einem ganz bestimmten Sonderfall gelten, der in R IV 61 erörtert wird, und zwar zugunsten des VN: Soweit neben der Gleichwertigkeit der Wiederherstellung auch gleiche Höhe des Wiederherstellungsaufwandes verlangt würde, könnte der Vr die Neuwertspanne solange nicht kürzen, wie dem geringeren Aufwand bei einer Sache ein entsprechend höherer Aufwand bei anderen, durch denselben VFall betroffenen Sachen gegenübersteht.

a) Unter welchen Voraussetzungen ist „**sichergestellt**", daß die Entschädi- **33** gung bestimmungsgemäßverwendet wird? Raiser 460 behandelt die Frage zu § 17 Nr. 3 AFB 30, also zu den in R III 4 zitierten Schutzvorschriften für **Realgläubiger**. Deren Interesse am Wiederaufbau ist noch stärker als das des Vr nach den Klauseln der NeuwertV, denn die Realgläubiger erleiden oft einen konkreten Schaden (Ausfall in der Zwangsversteigerung usw.), wenn die Entschädigung anderweitig verwendet wird und der Wiederaufbau unterbleibt. Daher müssen zugunsten der Realgläubiger *strengere Anforderungen* gestellt werden als zugunsten der Vr für die Neuwertspanne. Gegenüber den Realgläubigern ist insbesondere nicht schon die Verwendung des *Gesamtbetrages* gesichert, wenn ein *Teilbetrag* tatsächlich bestimmungsgemäß verwendet wird, z. B. für den Kauf von Baumaterial (LG Berlin JR 31, 214), sondern die Voraussetzungen der Auszahlung treten **etappenweise** ein, wenn (wie meist) auch die Baukosten etappenweise anfallen.

34   Für die **Neuwertspanne,** und zwar gesondert je betroffener Sache, R IV 31, genügt es dagegen nach den in R IV 6 zitierten Bestimmungen, wenn der VN die **Wiederherstellung oder Wiederbeschaffung** so **vorbereitet** hat, daß sie bei wirtschaftlich normalem Verlauf in vollem Umfang auch tatsächlich erfolgen werden. Es genügt auch ein **Ratenkauf beweglicher Sachen.** Nur die Sicherstellung muß innerhalb der Frist erreicht werden. Daß die Raten ganz oder teilweise erst nach Fristende fällig werden, schadet nicht. **Leasing** genügt, wenn die während der sog. Grundmietzeit unter Ausschluß einer ordentlichen Kündigung zu entrichtenden Raten die Anschaffungs- oder Herstellungskosten des Leasing-Gebers sowie alle Nebenkosten des Leasing-Gebers einschließlich Finanzierungskosten abdecken, Sblowski RuS 88, 56. Ansonsten genügt Miete nicht. Bei Gebäuden kann der Wiederaufbau weder durch den Erwerb eines an anderer Stelle zur Zeit des Brandes bereits bestehenden Gebäudes (Hamm NJW-RR 87, 217 = RuS 23 = VersR 88, 150) noch gar durch Erwerb eines Dauerwohnrechts in einem solchen Gebäude (LG Aachen VersR 76, 847) ersetzt werden, R IV 30.

35   Im übrigen genügt bei **Gebäuden** zwar *nicht* die bloße Bauplanung (Düsseldorf RuS 85, 225), insbesondere nicht ein Baugenehmigungsantrag und auch nicht eine erteilte *Baugenehmigung* (LG Köln RuS 89, 407), wohl aber in der Regel ein **Bauvertrag.** Allerdings muß der Vertrag mit einem leistungsfähigen Unternehmer geschlossen sein, damit eine gewisse Garantie gegen einen vereinbarten oder durch Konkurs des Unternehmers veranlaßten und für den VN folgenlosen Rücktritt besteht (LG Köln aaO). Die Anforderungen müssen so streng sein, daß Manipulationen des VN in der Regel nicht möglich sind. Statt eines Bauvertrages genügt auch ein entsprechender Kaufvertrag über ein Fertighaus, jedenfalls wenn der VN von dem Vertrag nicht ohne erhebliche wirtschaftliche Einbußen zurücktreten kann, Hamm VersR **84,** 176; für den VN unverbindliche bloße Angebote von Bauunternehmern genügen selbstverständlich nicht, Hamm VersR 84, 833.

36   Restlose Sicherheit dagegen, daß der Bau nicht vor Beginn oder während seines Verlaufs aus irgendwelchen Gründen noch unterbleibt oder abgebrochen wird, kann der Vr aber nicht verlangen. Insbesondere wird, je Gebäude (oder je sonstiger Sache), soweit nicht das Interesse der Realgläubiger entgegensteht, R III 26, der **Gesamtbetrag** fällig, wenn durch Verwendung eines Teils die Wiederherstellung gesichert erscheint, denn nach dem Wortlaut der AVB muß nur die Verwendung überhaupt sichergestellt sein, nicht aber die alsbaldige oder gar sofortige Verwendung. Allerdings muß der VN in Zweifelsfällen **geordnete wirtschaftliche Verhältnisse** nachweisen, denn nur unter dieser Voraussetzung entspricht die Verwendung des Gesamtbetrages dem

normalen Verlauf. Ohne einen solchen Nachweis braucht der Vr nur etappenweise entsprechend dem jeweiligen Baufortschritt zu zahlen, eventuell sogar nur direkt an die Bauunternehmer oder auf **Sperrkonten** usw. Andererseits genügt die Einrichtung eines Treuhandkontos bei einer Bank für sich allein nicht als „Sicherstellung", Koblenz RuS 86, 186, zumal dem Vr nicht zugemutet werden könnte, in der Folgezeit laufend zu überwachen, ob die vereinbarten Freigabevereinbarungen eingehalten werden, und gegebenenfalls auf Rückzahlung des Betrages an den Vr zu klagen.

Das Gesagte gilt nicht nur für Gebäude, sondern auch für **bewegliche Sachen.** Der Anspruch auf die Neuwertspanne entsteht im allgemeinen nicht erst nach Bezahlung oder nach Lieferung, sondern schon durch Bestellung der neuen Sachen durch rechtswirksamen Kaufvertrag ohne Rücktrittsvorbehalt, nicht aber durch einen bloßen Vertragsentwurf (LG Köln RuS 89, 405). Bei Hausrat nach den VHB 74 (R IV 84) genügt sogar schon eine halbwegs gesicherte Prognose (Köln VersR 84, 1084). Bezahlung darf der Vr keinesfalls abwarten, denn sonst wäre das in § 97 VVG vorgezeichnete Zugeständnis, daß bloße Sicherstellung genügt, R I 1, völlig ausgehöhlt. Aber auch die Lieferung darf der Vr im allgemeinen nicht abwarten, denn restlose Sicherheit für die bestimmungsgemäße Verwendung hätte der Vr selbst dann nicht, weil auch nach Lieferung der VN noch zahlungsunfähig werden und das Geld anderweitig verwenden kann. Anders liegt es aber selbstverständlich, wenn der VN auf Verlangen nicht *geordnete wirtschaftliche Verhältnisse* nachweisen kann.

Das Gesagte gilt auch bei **Teilschäden** und Reparaturaufträgen. Die Neuwertspanne besteht hier in der etwaigen **Zunahme des Zeitwerts** durch die Reparatur, der bei Zeitwertentschädigung stets abzuziehen ist, R III 5, während bei Neuwertentschädigung ein Abzug nur nach Maßgabe der hier erörterten Wiederherstellungsklauseln stattfindet. § 5 Nr. 3 VHB 74 gilt entgegen seinem Wortlaut **nur für Totalschäden;** da nämlich bei Hausrat selbst in der ZeitwertV eine Zunahme des Zeitwerts unberücksichtigt bleibt, R III 6, und zwar auch dann, wenn die Reparatur unterbleibt, R III 9, darf der HausratVN in der NeuwertV nicht schlechter gestellt werden.

Maßgebender **Beurteilungszeitpunkt** für die Wiederherstellung oder deren Sicherstellung ist der Zeitpunkt, in dem die Entschädigung für die Neuwertspanne verlangt ausgezahlt wird, in Deckungsprozessen der Zeitpunkt der letzten mündlichen Tatsachenverhandlung. Ist die Wiederherstellung bis zu diesem Zeitpunkt nicht sichergestellt, die Dreijahresfrist aber bereits abgelaufen, so kann der Anspruch auch später nicht mehr entstehen, Köln RuS 89, 405. Eine ganz oder teilweise bereits ausgezahlte Neuwertspanne kann **nicht** mit der Begründung **zurückgefordert** werden, die zunächst sichergestellte Wiederherstellung oder Wiederbeschaffung sei schließlich doch nicht erfolgt. Wenn der Vr die AVB so formuliert, daß er restlose Sicherheit nicht verlangen kann, R IV 36, dann muß er einen gewissen Prozentsatz von Fällen in Kauf nehmen, in denen die Wiederherstellung später schließlich unterbleibt. Umgekehrt kann der VN die Neuwertspanne grundsätzlich **nicht** mit der Begründung fordern, ein für die „Sicherstellung" ausreichender Wahrscheinlichkeitsgrad bestehe zwar gegenwärtig nicht mehr, habe aber zu einem **früheren** Zeitpunkt bestanden. Etwas anderes gilt möglicherweise, falls sich der Vr

37

38

39

in jenem früheren Zeitpunkt schon in **Verzug** befunden hatte; dann muß der Vr den VN nach § 286 BGB so stellen, als habe er vor Eintritt des Verzuges gezahlt.

40   b) Identität der gezahlten Entschädigung mit dem verwendeten Betrag in dem Sinn, daß dieselben Geldscheine oder dasselbe Bankguthaben aufgewendet werden müßten, kann selbstverständlich nicht verlangt werden. Es ist sogar zweifelhaft, ob der VN der Höhe nach die volle Entschädigung verbrauchen muß, vgl. dazu R IV 56 bis 62, 69, 70 und 81 bis 83. Zunächst soll aber untersucht werden, ob Identität der Person in dem Sinn nötig ist, daß der *Versicherungsnehmer* die Person sein muß, die den Vorgang der Wiederherstellung oder Wiederbeschaffung betreibt oder ihn wenigstens sicherstellt. Dem VN wäre gegebenenfalls der **Versicherte** gleichzustellen; zu § 13 Nr. 10 AKB wurde dies allerdings durch LG Köln NJW-RR 87, 1246 für den Fall eines Leasing-Gebers zu Unrecht mit der Begründung verneint, es sei nur dessen Schadenersatzanspruch gegen den Leasing-Nehmer versichert. – Bevor das Für und Wider eines Identitätserfordernisses im einzelnen erörtert wird, muß die **Fragestellung** in mehrfacher Hinsicht **präzisiert** werden:

41   Wird das Gebäude zwar erst nach dem VFall, aber aufgrund eines **Kaufvertrages** – oder eines sonstigen schuldrechtlichen Verpflichtungsverhältnisses – veräußert, der vor Eintritt des VFalles geschlossen worden ist, so genügt zweifelsfrei der Wiederaufbau durch den Käufer, dem das Grundstück nach dem Schadenfall in Erfüllung des Kaufvertrages veräußert wird. Schleswig NJW-RR 89, 280 begründet dieses Ergebnis unter anderem mit dem eigenen Interesse des Verkäufers und VN an der Wiederaufbaumöglichkeit durch den Erwerber. Wenn nämlich der Verkäufer dem Käufer nicht einen Neuwertanspruch gegen den Vr nach § 281 BGB abtreten könnte, müßte er befürchten, daß der Käufer den Kaufvertrag nach §§ 323 ff. BGB rückgängig macht.

42   Die Fragestellung bezieht sich also nur auf Fälle, in denen die versicherte Sache, insbesondere das Gebäude, ohne einen schon zur Zeit des VFalles bestehenden Rechtsgrund nach dem Schadenfall in das Eigentum eines Erwerbers übergeht, und zwar eine Einzelrechtsnachfolgers, Wiederherstellung oder Wiederbeschaffung durch **Erben** als **Gesamtrechtsnachfolger** eines nach dem VFall verstorbenen VN genügt nämlich stets, begründet also den Anspruch auf die Neuwertspanne in der Person der Erben, vgl. insoweit zutreffend Hamm VersR 86, 331 = RuS 100 zu den VHB 74 und Martin VersR 86, 562. Das Gesagte gilt auch, wenn das versicherte Interesse vor Sicherstellung des Wiederaufbaus und mit der Folge des § 68 Abs. 2 VVG weggefallen ist.

43   Wiederholung oder Wiederbeschaffung durch einen Erwerber genügt ferner zweifelsfrei dann, wenn der **Erwerber** im Zeitpunkt der Sicherstellung bereits als **neuer VN gemäß** § 69 VVG in den VVertrag eingetreten war, BGH VersR 88, 925 = RuS 274. Zwar verbleiben Entschädigungsansprüche aus VFällen vor dem Veräußerungszeitpunkt in der Hand des ursprünglichen VN (PM § 69 Anm. 4 m. w. N.). Aber Wiederherstellung oder Wiederbeschaffung oder auch schon deren Sicherstellung durch den Erwerber be-

deuten Sicherstellung durch den nunmehrigen VN und begründen den Anspruch auf die Neuwertspanne in der Person des Veräußerers. Ob der Anspruch an den Erwerber oder – wie im Fall BGH aaO – an einen Realgläubiger oder überhaupt nicht abgetreten wird, spielt keine Rolle.

Ein Übergang des VVertrages auf den Erwerber nach § 69 VVG tritt allerdings nur ein, wenn nicht durch den VFall das **versicherte Interesse weggefallen** war. Letzteres trifft insbesondere zu, wenn durch den VVertrag nur ein einziges Gebäude oder das Inventar eines einzigen Gebäudes versichert war und Totalschaden eingetreten ist. Dann wird der VVertrag nach § 68 Abs. 2 VVG gegenstandslos, und zwar entgegen BGH VersR 88, 925 = RuS 274 auch dann, wenn Reste vorhanden sind, deren gemeiner Verkaufswert die Totalschadenentschädigung mindert. Diese Reste waren und sind nicht Gegenstand des VVertrages und begründen kein versichertes Interesse. Auch die Tatsache, daß der Vertrag eine Wiederherstellungsklausel enthält, spricht nicht gegen die Anwendung von § 68 Abs. 2 VVG, zumal die Frage des Interessewegfalls ohne Berücksichtigung späterer Umstände allein aus der Sicht des Zeitpunkts des Eintritts des Totalschadens beurteilt werden muß. Die Gerichte dürfen nicht ihre Kenntnis der späteren Tatsache des Wiederaufbaus unausgesprochen schon als Argument gegen einen Interessewegfall im Zeitpunkt des Totalschadeneintritts verwerten. **44**

Wenn BGH aaO dennoch dazu tendiert, in der GebäudeV das Anwendungsgebiet des § 69 VVG im Zusammenhang mit der Frage eines Wiederaufbaus durch den Erwerber zu Lasten des Anwendungsgebiets des § 68 Abs. 2 VVG möglichst auszudehnen, so wird daraus die **Tendenz** sichtbar, einen **Wiederaufbau durch den Erwerber** auch dann für die Entstehung des Anspruchs auf die Neuwertspitze **genügen zu lassen**, wenn ein Vertragsübergang nach § 69 VVG nicht stattgefunden hat, also in den Fällen des § 68 Abs. 2 VVG sowie in denjenigen Fällen, in denen der Veräußerer VN geblieben ist, weil nur ein Reparaturschaden eingetreten war oder der Vertrag auch Sachen umfaßt, die durch den Schaden überhaupt nicht betroffen worden waren. In der Tat sprechen, wie die folgende Gegenüberstellung der Argumente zeigt, die **besseren Gründe dafür**, das Problem in einem für den VN günstigen Sinn zu lösen, die **Notwendigkeit einer Identität** des VN mit der Person desjenigen, der die Wiederherstellung sicherstellt, **zu verneinen**. **45**

Für die Notwendigkeit einer Identität spricht vielleicht das Motiv der NeuwertV und der Wiederherstellungsklauseln, eine Bereicherung durch Entschädigung über den Zeitwert hinaus nämlich nur zuzulassen, soweit dem VN durch den VFall ungeplante Ausgaben aufgezwungen werden, R IV 8. Letzteres ist – oberflächlich betrachtet – nicht der Fall, soweit die Aufwendungen für die Wiederherstellung durch einen Dritten getätigt werden. Die Veräußerung des Grundstücks erscheint im Gegenteil auf Anhieb eine besonders einfache Art und Weise, eine **Bereicherung** durch die Neuwertentschädigung **in bar** zu realisieren. Bei **beweglichen Sachen** kommt hinzu, daß das Erfordernis der Wiederbeschaffung praktisch völlig preisgegeben wird, wenn Neukauf durch beliebige Dritte genügt, vgl. R IV 54. Es wäre auch nicht viel gewonnen, wenn ein Aufwand speziell in der Person eines Erwerbers der Reste der versicherten Sache verlangt würde, denn mindestens bei Totalschäden ist der Verkauf des Altmaterials oder des Trümmergrundstücks ein wirt- **46**

schaftlich bedeutungsloser Vorgang: der VN könnte den Erwerber der Reste so wählen, daß das Wiederherstellungserfordernis wirtschaftlich eben doch umgangen würde.

47   Der **Wortlaut der AVB** (mit Ausnahme der VHB 74, vgl. R IV 84) verlangt, daß „er" (nämlich der VN) die Verwendung sichergestellt hat, und spricht somit eher *für* Notwendigkeit der Identität. Indessen dürfen solche grammatikalischen Details nicht überbewertet werden; sie können auch mehr oder weniger zufällig entstanden sein, Hamm RuS 87, 109. Zudem werden die aus dem Wortlaut hergeleiteten Argumente zu den NwSoBedIuG, NwIG 80 und VGB 62 neutralisiert, weil im Anschluß daran negativ und personenunabhängig gesagt wird, die Entschädigung beschränke sich auf den Zeitwertschaden, wenn „die Wiederherstellung oder Wiederbeschaffung unterbleibt"; letzteres ist auch dann nicht der Fall, wenn ein Dritter das Gebäude wieder aufbaut. In den AERB fehlt hingegen jener Nachsatz, ebenso in den AFB 87 usw.

48   **Gegen die Notwendigkeit einer Identität** des VN oder des Versicherten mit der Person, welche die Wiederherstellung oder Wiederbeschaffung sicherstellt, spricht andererseits, und zwar vor allem bei *Gebäuden,* daß das Erfordernis der Identität sehr leicht umgangen werden könnte. Der VN könnte z. B. zuerst wieder aufbauen und dann erst veräußern, vgl. schon R IV 8 sowie Hamm RuS 87, 109; dieser Prozeßkostenhilfebeschluß tendiert mit Recht gegen ein Identitätserfordernis. Dabei könnte der Kaufvertrag schon vor dem Wiederaufbau abgeschlossen werden. Der VN könnte sogar noch nach der Eigentumsübertragung als Bauherr auftreten, was wiederum im Kaufvertrag bereits vereinbart sein könnte. Dabei könnte der VN seine Entschädigungsansprüche an den Erwerber abtreten. Außerdem schließt der Wiederaufbau durch einen Dritten zwar nicht eine Bereicherung des VN aus und mindert auch nicht das durch die mögliche Bereicherung erhöhte subjektive Risiko; immerhin bewirkt der Wiederaufbau durch einen Dritten aber, daß die versicherte Bausubstanz erneut der, volkswirtschaftliche Minimaleffekt der NeuwertV also erreicht wird.

49   **Entscheidend gegen** ein **Identitätserfordernis** spricht, daß wirtschaftlich nahezu identische Tatbestände nicht aufgrund sinnwidriger AVB-Auslegung unterschiedlich behandelt werden dürfen. Die Auswirkungen eines Wiederaufbaus durch den Erwerber dürfen, wie schon in R IV 45 dargelegt, insbesondere nicht davon abhängen, ob auf den Erwerber nur das durch den VFall zerstörte Gebäude übertragen wird oder ob auf ihn nach § 69 VVG außerdem der VVertrag übergeht. Ebensowenig darf den Ausschlag geben, ob der Wiederaufbau durch den Erwerber nach dem Kaufvertragswortlaut „für Rechnung des Veräußerers" stattfindet; in Hamm VersR 81, 270 war die Möglichkeit eines solchen Erfordernisses angedeutet, letztlich aber offengelassen worden.

50   Endlich darf nicht entscheiden, ob der VN wegen des VFalles einen niedrigeren Verkaufspreis vereinbart und den Anspruch auf die Neuwertspanne behält, oder ob er einen höheren Kaufpreis vereinbart, dem Käufer aber als Ausgleich den Anspruch auf die Neuwertspanne überträgt und den Käufer vielleicht gar im Kaufvertrag verbal verpflichtet, den Wiederaufbau durchzuführen; **Abtretung** oder dergleichen kann entgegen den Andeutungen in Schleswig NJW-RR 88, 922 **nicht** gefordert werden.

Zusammenfassend zur Rechtslage bei **Gebäuden** ist festzuhalten, daß es für 51
den Anspruch auf Entschädigung der Neuwertspanne genügt, wenn die **Wie-**
derherstellung fristgerecht **durch** einen **Grundstückserwerber sichergestellt**
wird, an dem das Gebäude erst nach dem VFall veräußert wurde. Falls der
Anspruch nicht an den Erwerber abgetreten wurde, entsteht er in der Person
des Veräußerers, gleichgültig ob dieser noch VN ist oder ob der VVertrag
nach § 68 Abs. 2 VVG gegenstandslos geworden oder nach § 69 VVG auf den
Erwerber übergegangen ist.

In Rechtsprechung und Literatur wurde das Problem bisher nicht zusam- 52
menfassend untersucht, vgl. z.B. die unklaren Formulierungen bei Raiser 460
sowie in Koblenz RuS 86, 186, wo die Notwendigkeit einer Personenidentität
unterstellt, das Problem aber bei weitem nicht voll erkannt wird.

Zusätzliche Schwierigkeiten bestehen bezüglich der **Wiederbeschaffung** zer- 53
störter oder abhandengekommener **beweglicher Sachen.** Anders als bei Gebäuden und anders als bei lediglich beschädigten beweglichen Sachen kommt
eine Wiederbeschaffung durch „den Erwerber" naturgemäß nicht in Betracht,
denn es fehlt an der Möglichkeit einer Veräußerung, wie sie bei Grundstük-
ken besteht, auf denen ein durch den VFall zerstörtes Gebäude gestanden
hatte. Bei beweglichen Sachen lautet die Frage vielmehr, ob und unter welchen Voraussetzungen die Wiederbeschaffung durch **bestimmte Dritte** genügt,
falls der VN selbst die Sachen mit oder ohne ursächlichen Zusammenhang
mit dem VFall nicht mehr benötigt, z.B. weil das Gebäude zerstört wurde, in
dem sich die beweglichen Sachen befunden hatten. Besonders deutlich sichtbar wird das Problem aufgrund des Sachverhalts der schon in R IV 24 erwähnten Entscheidung BGH VersR 79, 173.

Das Berufungsgericht hatte dem *Pächter* einer *Gaststätte* die Neuwertspan- 54
ne für das versicherte Inventar unter der Voraussetzung zugesprochen, daß
„er" (!) eine vergleichbare *Betriebseinrichtung* binnen weiterer drei Jahre ab
Rechtskraft des Urteils anschaffe. Der BGH hat die Frist auf 18 Monate
reduziert, jedoch nicht erörtert, ob der Pächter persönlich (oder ein *beliebi-*
ger neuer Pächter derselben oder anderer Gasträume) den Erwerb sicherstellen müsse, obwohl er längst nicht mehr Pächter war und das abgebrannte
Gebäude durch den Eigentümer vielleicht gar nicht mehr als Gastwirtschaft
aufgebaut und (oder) vermietet wurde, vgl. BGH NJW 76, 1506 zu §§ 537,
323 BGB. Formal hatte in BGH VersR 79, 173 auch kein Anlaß bestanden,
sich mit der Frage zu befassen, denn weder hatte der Kläger in den Tatsacheninstanzen beantragt, die Frist so zu formulieren, daß sie auch durch den
Erwerb seitens eines Dritten gewahrt werden könne, noch war die Revision
überhaupt durch den Kläger (VN) eingelegt worden (sondern vielmehr durch
den beklagten Vr).

Trotzdem zeigt gerade der in BGH aaO entschiedene Fall eines Pächters als 55
VN die Problematik eines etwaigen Identitätserfordernisses bei *beweglichen*
Sachen: Strohmann-Kaufgeschäfte des VN mit sofortigem Weiterverkauf an
einen beliebigen Berufskollegen (Pächter oder Eigentümer derselben oder
anderer Betriebsräume) würden vorprogrammiert. Man muß abwarten, wie
sich die Gerichte weiter verhalten und ob sie insbesondere zwischen Gebäuden und beweglichen Sachen unterscheiden werden.

56   c) Die **Neuwertspanne** ist die Differenz zwischen der Neuwertenschädigung und der Entschädigung, die sich ergäbe, wenn der Zeitwert der VWert wäre. Bei *Totalschäden* handelt es sich um die Differenz zwischen dem Neuwert und dem Zeitwert, bei *Teilschäden* nur um die Differenz, die sich aus den unterschiedlichen Abzügen für Wertsteigerung ergeben kann, R IV 38. Diese Neuwertspanne ist der Betrag, dessen Zahlung nach den Wiederherstellungsklauseln von zusätzlichen Voraussetzungen abhängt. Eine schwierige Auslegungsfrage ist es, ob je betroffener Sache (oder wenigstens auch je Position oder je Vertrag, R IV 61) stets die *volle* Neuwertspanne auszuzahlen ist, wenn die Sache wiederhergestellt oder wiederbeschafft wurde(n) oder ob der Vr einen **Abzug** vornehmen kann, wenn die Wiederherstellung oder Wiederbeschaffung weniger gekostet hat (so ÖOGH VersR 85, 1152 für die österreichischen AVB). Gegebenfalls ist auch zu untersuchen, ob es auf die *Gründe* ankommt, aus denen der **Wiederherstellungsaufwand hinter der Neuwertentschädigung zurückbleibt,** vgl. insbesondere die in R IV 60, 63 bis 70 und 81 bis 83 behandelten praktisch häufigen Fälle.

57   Der **Wortlaut** der NwSoBedIuG, NwSoBedlG und VGB 62 spricht dafür, die Wiederherstellung auch dann für die volle Neuwertspanne genügen zu lassen, wenn sie weniger kostet als die Neuwertentschädigung. Das Wort „soweit" bezieht sich nämlich nur auf die durch den Schaden betroffenen Sachen, **nicht** dagegen auf die verwendeten Beträge. Die „Sonder-Bedingungen für die Neuwertversicherung industrieller Anlagen" von 1961 (VerBAV 60, 48) waren dagegen eindeutig anders formuliert: „Der Versicherungsnehmer erwirbt den Anspruch auf Zahlung des die Zeitwertentschädigung übersteigenden Teiles der Entschädigung nur insoweit, als dieser Teil zusammen mit der Zeitwertentschädigung den **Wiederherstellungsaufwand** nicht übersteigt und in dem Umfange, in dem er die Verwendung der Entschädigung zur Wiederherstellung an der bisherigen Stelle sichergestellt hat." Es war also damals darauf angekommen, in welchem Umfang „der Wiederherstellungsaufwand" die Entschädigung verbraucht, vgl. z. B. Hamm VersR 84, 833, wo offenbar noch jener ältere Text zugrunde lag. Die NwIG 80 und die AERB, AFB 87, AERB 87, AWB 87 und die AStB 87 sowie die VGB 88 („die Entschädigung") tendieren im Wortlaut wieder mehr zugunsten des Vr, ohne die Frage aber eindeutig zu entscheiden. Wegen der VHB 74 vgl. R IV 84.

58   **Gegen die Maßgeblichkeit des Wiederherstellungsaufwandes** spricht vor allem, daß insbesondere bei Gebäuden die Verwendung bereits zu einem Zeitpunkt „gesichert" sein kann, in dem noch nicht feststeht, welcher Betrag genau aufzuwenden sein wird. Ähnliches gilt für die Wiederbeschaffung von beweglichen Sachen mit längeren Lieferzeiten. Bauverträge und langfristige Kaufverträge werden nämlich meist nicht zu festen Preisen abgeschlossen. Trotzdem wird die Neuwertspanne schon mit Abschluß des schuldrechtlichen Vertrages fällig, vgl. R IV 34 bsi 37 sowie R IV 39 wegen des maßgebenden Beurteilungszeitpunktes.

59   Wenn der VWert und die Reparaturkosten, also die Entschädigungshöhe bei Totalschäden wie bei Teilschäden, nach den AVB ohne Rücksicht auf die wirklichen Kosten zu ermitteln sind, wenn also für den Gesamtbetrag der Neuwertentschädigung der Grundsatz der abstrakten Schadensberechnung gilt, vgl. Q IV 7, R II 4 und R III 11, so liegt die Möglichkeit von Differenzen zwischen dem abstrakt ermittelten und dem tatsächlich aufgewendeten Betrag sehr nahe. Hätten die AVB im Rahmen der Wiederherstellungsklauseln ausschließlich den tatsächlichen Aufwand gelten lassen wollen, so hätte dies mindestens so deutlich ausgedrückt werden müssen wie in den in R IV 57 zitierten Sonderbedingungen von 1961.

Da dies nicht geschehen ist, sprechen die besseren Gründe dafür, einen **60** besonders günstigen Einkauf oder einen besonders preisgünstigen Wiederaufbau dem VN zugute kommen zu lassen, so etwa bei Gelegenheitskauf einer gleichartigen neuwertigen Sache, bei Verwandten- oder Werksangehörigenrabatten (die den VWert nicht vermindern, Q IV 125), bei besonders günstigen Bauverträgen, bei Einsparungen durch Eigenleistungen (Q IV 106) usw. Andernfalls würde der VN, wenn er die Neuwertentschädigung in Höhe des VWerts, aus dem auch die Prämie berechnet wurde, tatsächlich erhalten will, geradezu zu einem unwirtschaftlich teuren Kauf genötigt, was auch nicht ohne weiteres mit Hilfe von § 62 VVG zu verhindern wäre, Q IV 8; wie hier Hasselmann VW 69, 323, vgl. auch noch Q IV 105 (beim Wiederaufbau nicht erneut anfallende Planungskosten).

Wer die Neuwertspanne generell und ohne Rücksicht auf die in R IV 58 bis **61** 60 sowie in R IV 65, 82 und 83 behandelten Gründe nur bis zur Grenze des Wiederherstellungsaufwandes entschädigen lassen wollte, müßte die weitere Frage klären, ob dies je Sache oder je Position oder je Vertrag gelten soll. Im Zweifel wäre letzteres anzunehmen, denn es wäre unbillig, dem VN innerhalb derselben Position oder innerhalb desselben Vertrages die Vorteile eines besonders günstigen Kauf- oder Bauvertrages für bestimmte Sachen vorzuenthalten, ihn aber gleichzeitig die Nachteile eines besonders ungünstigen Ersatzkaufs für andere durch denselben VFall betroffene und durch denselben VVertrag versicherte Sachen tragen zu lassen, vgl. schon R III 12 zur abstrakten Schadenberechnung sowie R IV 31 allgemein zur Wiederbestellungsklausel bei einer Mehrheit betroffener Sachen.

Das Bereicherungsverbot des § 55 VVG ist allerdings durch die gewohn- **62** heitsrechtliche Zulässigkeit der NeuwertV (Q III 9) nur insoweit durchbrochen, wie sich entsprechendes Gewohnheitsrecht tatsächlich gebildet hat, vgl. auch R IV 12 und 13 zur HausratneuwertV ohne Wiederherstellungsklausel. Zuverlässige Anhaltspunkte über die bisherige Regulierungspraxis zu der hier erörterten Frage in den 50 Jahren seit Einführung der NeuwertV gibt es nicht. Wenn aber schon wegen § 55 VVG die Entschädigung nicht höher sollte sein dürfen als der Schaden, so brauchte diese Vergleichsrechnung doch jedenfalls nicht je betroffener Sache, sondern nur je VFall angestellt zu werden, R IV 61. Es ist sogar fraglich, ob unter „Betrag des Schadens" (§ 55 VVG) nicht auch jeder adäquate Vermögensfolgeschaden aus dem VFall zu verstehen wäre, also z.B. auch ein nicht versicherter (§ 53 VVG) Betriebsunterbrechungsschaden. Zwingend ist das Bereicherungsverbot wohl nur, soweit der VN durch die Entschädigung auch unter *Berücksichtigung sämtlicher Vermögensfolgeschäden* bereichert würde. Nur mit dieser Einschränkung käme § 55 VVG entgegen den in R IV 58 bis 60 angestellten Überlegungen als Argument *für die Maßgeblichkeit des Wiederherstellungsaufwandes* in Betracht.

63   d) Soweit der Wiederherstellungsaufwand speziell deshalb unter der Neuwertentschädigung bleibt, weil der VN **gebrauchte Sachen** (gleicher Art und
Güte) statt neuer Sachen wiederbeschafft oder (selten) bei Gebäudereparaturen gebrauchte Bestandteile einbaut, kommt es zunächst auf den Wortlaut der
AVB an. § 7 Nr. 1 b NwIG 80 und § 10 Nr. 5 AERB sowie §§ 11 AFB 87, AERB
87, AWB 87, AStB 87 verlangen ausdrücklich den Kauf von Sachen „in neuwertigem Zustand". Damit ist jeder Zweifel ausgeschlossen, denn neuwertig
ist nur, was einen – und sei es auch nur geringen – Abzug neu für alt noch
nicht rechtfertigt, mag das Stück auch schon längere Zeit gelagert sein, vgl.
z.B. Thamm BB 71, 1543.

64   Der VN kann, wenn er nur gebrauchten Ersatz beschafft, nach den in R IV
63 zitierten Bestimmungen genau besehen nicht einmal den Betrag verlangen,
um den der Wiederbeschaffungspreis der gebrauchten Sachen vielleicht den
Zeitwert übersteigt, noch weniger die verbleibende Differenz zwischen dem
Anschaffungspreis und der Neuwertentschädigung. Reichte nämlich der Kauf
gebrauchter Sachen aus, so könnte der VN nach dem VFall statt einer *geringeren* Zahl *neuwertiger* eine *größere* Zahl *gebrauchter* Maschinen usw. erwerben
und dadurch die Kapazität seines Betriebes erweitern, wenn auch wegen der
geringeren Restlebensdauer gebrauchter Sachen vielleicht nur kurzfristig. Eine
solche Möglichkeit könnte das *subjektive Risiko* erhöhen. Immerhin ist aber
wegen der in R IV 67 behandelten, für den VN günstigeren Textfassung der
AFB 87 usw. Großzügigkeit in der Regulierungspraxis schon nach den NwIG
80 und nach den AERB geboten, wenn der VN den Vr vor der Wiederbeschaffung um Zustimmung zum Kauf gebrauchter Sachen bittet.

65   §§ 3 Nr. 1 NwSoBedIuG, NwSoBedlG, 7 Nr. 3 VGB 62, 15 Nr. 5 VGB 88
regeln die Frage des Kaufs gebrauchter Sachen oder des Einbaus gebrauchter
Gebäudebestandteile durch ihren Wortlaut nicht. Folgt aber nicht schon aus
dem Zweck der NeuwertV, Q III 9, daß die Neuwertspanne nur entschädigt
wird, soweit dem VN durch den VFall entsprechende Ausgaben aufgezwungen wurden, weil ihm der Ersatzkauf gebrauchter Sachen unzumutbar ist?
Dieser Gedanke und die in R IV 64 erörterte Rücksicht auf das subjektive
Risiko sprechen gegen eine „großzügige" Auslegung. Da andererseits das
Bereicherungsverbot nur beschränkt für die Auslegung der Wiederherstellungsklauseln herangezogen werden kann (R IV 62) und da dem VN zwar
möglichst eine Bereicherung in bar, R IV 8, nicht aber die Möglichkeit eines
günstigen Einkaufs (R IV 59) genommen werden soll, bleibt die Frage doch
ein wenig zweifelhaft.

66   Selbstverständlich kann aber der VN auch nach der für ihn günstigeren
Auslegung der in R IV 65 zitierten AVB nicht mehr als den gesamten **Wiederherstellungsaufwand für die gekauften gebrauchten Sachen** verlangen. Keinesfalls genügt die Anschaffung einer einzigen gebrauchten und daher billigeren
Sache für die Entschädigung des vollen Neuwerts der zerstörten Sache, und
zwar wohl auch nicht nach Hasselmann VW 69, 323, der an den Fall des
Kaufs gebrauchter Sachen kaum gedacht hat. Wenn der VN statt der zerstörten Sachen wieder gebrauchte Sachen erwirbt, so begibt er sich selbst des
entscheidenden Arguments, das für die Zulässigkeit einer Neuwertentschädigung spricht. Er zeigt, daß ihm durch den VFall nicht ein Aufwand in Höhe
des Wiederbeschaffungspreises einer neuen Sache aufgezwungen wird, son-

dern daß für seine Zwecke eine gebrauchte Sache und damit der Aufwand des Gebrauchtmarktpreises ausreicht.

Vorherige Zustimmung des VN bewirkt, daß auch die Anschaffung ge- 67 brauchter Sachen den Anspruch auf Entschädigung der Neuwertspanne begründet, soweit die gebrauchte Sache mehr kostet als den Betrag des Zeitwertes der zerstörten Sache. Dies versteht sich nach den Grundsätzen der Vertragsfreiheit von selbst. Wenn es trotzdem in §§ 11 Nr. 5b AFB 87, AERB 87, 11 Nr. 6b AWB 87, AStB 87 ausdrücklich gesagt wird, so kann dies nur bedeuten, daß dem VN ein **Rechtsanspruch auf die Zustimmung des Vr** eingeräumt werden soll, so wie die Rechtsprechung dies auch in einigen anderen Fällen anerkannt hat, in denen AVB die Zustimmung des Vr voraussetzen, vgl. z.B. PM § 3 AKB Anm. 4 wegen der Zustimmung zu einer Abtretung des Entschädigungsanspruchs. Gleichwohl läßt auch dieser AVB-Text einige Fragen offen. Kann der VN Zustimmung des Vr bis zum Betrag der Neuwertspanne auch dann verlangen, wenn er gebrauchte Sachen mit besserer Leistung oder in besserer Qualität oder in größerer Zahl anschaffen will, um die Neuwertspanne trotz der niedrigeren Preise für gebrauchte Sachen voll auszuschöpfen? Und wie ist die Rechtslage, wenn der VN die Zustimmung des Vr nicht einholt, sondern erst nachträglich geltend macht, er habe einen Rechtsanspruch auf die Zustimmung und die verspätete Geltendmachung dieses Rechtsanspruchs schade nicht?

Für einen Rechtsanspruch auf Zustimmung zur Wiederbeschaffung ge- 68 brauchter Sachen auch **besserer Leistung, besserer Qualität** oder **in größerer Zahl** spricht, daß gerade darin der wirtschaftliche Sinn des Kaufs gebrauchter Sachen liegt. Der Vr kann nicht unterstellen, der VN bemühe sich um Einsparungen durch Kauf gebrauchter Sachen nur mit dem Ziel, den Vr von der Entschädigungspflicht für einen Teil der Neuwertspanne zu entlasten, obwohl der Prämie aus einer VSumme in Höhe der vollen Neuwertspanne gezahlt hatte. Auch wenn man den Rechtsanspruch auf eine in diesem Sinn inhaltlich erweiterte Zustimmung des Vr bejaht, erreichen die Bestimmungen über die Zustimmung des Vr noch ihren in R IV 69 erörterten Zweck.

Motiv der Regelung ist es, dem Vr eine besonders sorgfältige **Prüfung des** 69 **subjekten Risikos** in den Fällen zu ermöglichen, in denen der VN Ersatz in Form gebrauchter Sachen beschafft. In dieser Fallgruppe liegt nämlich die Möglichkeit, der VN könnte den VFall vorsätzlich herbeigeführt oder den Umfang des Schadens nach oben beeinflußt oder zu hoch beziffert haben, ein wenig näher als bei Ersatzbeschaffung durch Erwerb neuer Sachen. Der VN könnte den Erwerb gebrauchter Sachen schon *vor* dem VFall in Erwägung gezogen haben und so auf die Idee verfallen sein, dem Eintritt des VFalls ein wenig „nachzuhelfen". Daraus folgt jedoch *nicht*, daß der Anspruch auf die Neuwertspanne stets dann zu verneinen sei, wenn der Vr die Zustimmung für den Erwerb gebrauchter Sachen nicht schon vorher einholt, sondern erst nachträglich im Streit um die Auszahlung der Neuwertspanne das Argument vorträgt, auf die Zustimmung bestehe ein Rechtsanspruch. Der Vr kann bei wirtschaftlicher Betrachtungsweise mit Recht so argumentieren, dann allerdings nur mit Bezug auf den Wiederbeschaffungspreis von gebrauchten Sachen gleicher Art und Güte sowie in gleicher Anzahl, und auch dies nur dann, wenn die Voraussetzungen des Entschädigungsanspruchs nach Grund und

Höhe im übrigen voll bewiesen sind. Da der Wiederbeschaffungspreis gebrauchter Sachen nur selten und nur geringfügig den Zeitwertschaden übersteigen wird, reduziert sich der Anspruch des VN auf die Neuwertspanne, wenn die Zustimmung des Vr erst nachträglich auf relativ geringe Beträge.

70   Beruft sich der VN zum Anspruchsgrund und zum Schadenumfang auf Beweiserleichterungen, weil ihm der Vollbeweis nicht gelingt, so steht ihm mangels vorheriger Zustimmung zum Erwerb gebrauchter Sachen nur die Zeitwertentschädigung zu. Der VN kann nur entweder Beweiserleichterungen zum Anspruchsgrund und zur Anspruchshöhe oder Neuwertentschädigung trotz Erwerbs gebrauchter Sachen ohne vorherige Zustimmung des Vr erwarten, nicht hingegen beides nebeneinander. Und selbst bei Vollbeweis des Anspruchsgrundes und des Schadenumfangs beschränkt sich **mangels vorheriger Zustimmung** des Vr der Anspruch des VN im Bereich der Neuwertspanne auf den **Betrag des tatsächlichen Aufwandes** für den Erwerb gebrauchter Sachen gleicher Art und Güte sowie in gleicher Anzahl, vgl. schon R IV 69. Auf Kosten des Vr durch Erwerb gebrauchter Sachen in *besserer* Art und Güte oder in *größerer* Zahl *voll* ausschöpfen kann der VN die Neuwertspanne nur, wenn er die Zustimmung des Vr entsprechend dem Wortlaut von §§ 11 Nr. 5 AFB 87, AERB 87, 11 Nr. 6 AWB 87, AStB 87 *vorher* einholt und so den Vr schon frühzeitig eine besonders sorgfältige Prüfung aller Anspruchsvoraussetzungen sowie eines etwaigen Einwandes nach § 61 VVG ermöglicht.

71   e) **Sachen gleicher Zweckbestimmung, Art und Güte** müssen wiederhergestellt oder wiederbeschafft werden. Der Erwerb *gebrauchter* statt neuwertiger Sachen (R IV 63 bis 70) ist *kein* Unterfall des Erwerbs von Sachen minderer Art und Güte, denn der Abnutzungsgrad ist ganz allgemein kein Merkmal von Art und Güte; etwas anderes gilt nur für Antiquitäten, Münzen und dgl., vgl. Q IV 78. Wegen beweglicher Sachen im allgemeinen vgl. R IV 78.

72   **Gebäude** müssen wiederhergestellt werden; Erwerb eines anderen Gebäudes genügt nur, wenn sich der Vr damit einverstanden erklärt hat, wie möglicherweise im Fall BGH RuS 89, 265, vgl. ausführlich R IV 30. Das wiederhergestellte Gebäude muß in etwa dieselbe Größe, Raumaufteilung, Ausstattung usw. haben, also für dieselben (Wohn- oder gewerblichen) Zwecke errichtet werden, und zwar grundsätzlich „wieder" an derselben Stelle (GB 69, 72 und für einen etwas abweichenden Wortlaut BGH VersR 75, 31; ältere Rechtsprechung: Raiser 459; Besonderheiten für landwirtschaftliche Gebäude: VA 73, 75, GB 72, 59); wegen Wiederaufbaus an anderer Stelle vgl. R IV 75 bis 77. Nach Schleswig NJW-RR 89, 280 soll aber annähernde Identität der Größe des alten und des neuen Gebäudes dann nicht erforderlich sein, wenn ein versichertes größeres durch mehrere kleinere Gebäude ersetzt wird, die demselben Zweck dienen und zusammen dieselbe Kapazität erreichen.

73   Entsprechend dem in R IV 72 formulierten Grundsatz darf z. B. nicht statt einer Lagerhalle ein Supermarkt oder statt eines landwirtschaftlichen Gebäudes ein Hotel oder auch nur ein sonstiges gewerblich zu nutzendes Gebäude errichtet werden, vgl. Celle VersR 79, 317 für eine Fremdenpension statt eines landwirtschaftlichen Wohn- und Betriebsgebäudes. Dagegen reicht nach Hamm VersR 81, 270 eine Eierlagerhalle statt eines Hühneraufzucht-

stalles aus. Daß ein Teil des neuen Gebäudes dem Zweck des früheren Gebäudes dient, genügt aber nicht, nicht einmal für einen teilweisen Ersatz der Neuwertspanne, vgl. BGH VersR 84, 843 für ein gemischt genutztes Gebäude mit mehreren Wohnungen und Gewerberäumen und Koblenz RuS 86, 186 ein Mietwohnhaus mit sechs Wohnungen jeweils anstelle eines Einfamilienhauses; unklar Braun VersR 85, 816. Daß ein Gebäude der bisherigen Art *unrentabel* und der Wiederaufbau wirtschaftlich nicht zu vertreten wäre, ändert nichts. Die in R IV 75 behandelten Ausnahmevorschriften dürfen nicht erweiternd ausgelegt werden, erlauben also nur den Wiederaufbau *an anderer Stelle,* nicht einen anderen Betriebszweck des Neubaus.

§ 7 Nr. 1 NwIG 80 und § 10 Nr. 5 AERB sowie §§ 11 Nr. 5 AFB 87, AERB **74** 87, 11 Nr. 6 AWB 87, AStB 86 und § 15 Nr. 4 VGB 88 verlangen ausdrücklich *„gleiche Art und Güte"* oder (bei Gebäuden) *„gleiche Art und Zweckbestimmung".* Genau besehen müßte für Gebäude neben Art und Zweckbestimmung auch die „Güte" genannt sein. Indessen läßt sich diese Lücke wohl durch „Auslegung" korrigieren, denn „Art" kann als Oberbegriff auch für „Güte" verstanden werden. Nach den NwSoBedIuG, NwSoBedIG und VGB 62 ergibt sich dieselbe Rechtslage aus dem Wortbestandteil „wieder" und aus dem Zweck der NeuwertV. Allerdings stehen die Wiederherstellungsklauseln dem **technischen Fortschritt** nicht im Wege (Engels VP 82, 14). Der VN darf also eine moderne Bauweise wählen oder technisch verbesserte bewegliche Sachen kaufen, gleichgültig ob dies zu einem höheren Preis führt oder nicht, vgl. auch Q IV 10 bis 16.

Für **Gebäude** machen die NwSoBedIuG, NwSoBedlG, NwIG 80, AFB 87, **75** AWB 87, AStB 87, VGB 62 und VGB 88 eine Ausnahme zugunsten des VN. Er darf entgegen der in R IV 72 aus dem Wortbestandteil „wieder" abgeleiteten Regel an anderer Stelle wieder aufbauen, wenn ein **Wiederaufbau an derselben Stelle rechtlich nicht möglich oder wirtschaftlich nicht zu vertreten** wäre. Rechtliche Unmöglichkeit ist auch anzunehmen, wenn zwar der Wiederaufbau, nicht aber der Betrieb des bisherigen Gewerbes in dem wieder aufgebauten Gebäude zulässig wäre. Schon wegen des Zusammenhangs mit der rechtlichen Unmöglichkeit, aber auch wegen der in R IV 76 erörterten Bedenken gegen den zweiten Teil der Bestimmung sind die Worte „an anderer Stelle" jedenfalls eng auszulegen. Wiederaufbau im *Ausland* genügt *nicht.*

Ist der Wiederaufbau wirtschaftlich aus Gründen nicht zu vertreten, die **76** erst **nach** dem VFall entstanden sind, so entspricht die Regelung den in R IV 8 und 23 erörterten Grundgedanken und Grenzen der Wiederherstellungsklausel. Hingegen steht die Möglichkeit eines Wiederaufbaus an anderer Stelle in einem **Wertungswiderspruch** zum Grundgedanken der Klausel, soweit die wirtschaftlichen Gründe für den Wiederaufbau an anderer Stelle bereits **vor** dem VFall bestanden hatten. Gerade in solchen Fällen werden nämlich durch den Wiederaufbau an anderer Stelle das subjektive Risiko und die Bereicherung des VN durch eine Neuwertentschädigung besonders stark erhöht. Entschädigt würde hier nicht ein Neuwertschaden durch Brand, sondern schon vor dem Brand entstandene Entwertung. Deshalb sehen die Landesgesetze für Monopolanstalten oft ausdrücklich oder wenigstens stillschweigend einen Abzug in Höhe des durch (einen veränderten oder) an anderer Stelle erfolgten Wiederaufbau erzielten Vorteils vor, VGH Baden-Württemberg

VersR 86, 500 mit Anm. Braun VersR 87, 337. Die in R IV 50 genannten AVB der privaten Vr ermöglichen hingegen nach ihrem Wortlaut keinen Abzug. Sie schaffen Abhilfe nur für die krassesten Fälle, indem nämlich nur der gemeine Wert entschädigt wird.

77   Zu erwägen ist, ob die in R IV 49 zitierten Ausnahmevorschriften nicht wegen Verstoßes gegen § 55 VVG als teilweise unwirksam angesehen werden muß. Anzuwenden wäre sie dann nur, falls die rechtlichen Gründe nur für Neubauten gelten, nicht hingegen für bestehende Gebäude (deren Wert also vielleicht sogar eher gestiegen als gesunken war, Q IV 31) oder falls sie rechtlichen oder wirtschaftlichen Gründe ausnahmsweise erst nach dem VFall entstanden sind, das subjetive Risiko und – bezogen auf den Zeitpunkt des VFalls – die Bereicherung des VN also nicht vergrößern. Hatten hingegen die Gründe schon vor dem VFall bestanden, so wäre bei Wiederaufbau an anderer Stelle nur der Zeitwert zu entschädigen. Gegen die Annahme einer teilweisen Unwirksamkeit spricht indessen, daß sich bereits ein **Gewohnheitsrecht** zugunsten des VN gebildet haben könnte, denn die Bestimmung wurde bisher wohl unangefochten angewendet.

78   Welche Anforderungen die Wiederherstellungsklausel an die Identität von Art und Güte bei **beweglichen Sachen** stellen, könnte eventuell durch **Umkehrschluß** aus einer Ausnahme zugunsten des VN, die in den NwSoBedIuG, NwIG 80, AERB AFB 87, AERB 87, AWB 87, AStB 87 für **Kraft- und Arbeitsmaschinen** entnommen werden. Danach dürfen andere Maschinen angeschafft werden, wenn sie „dem gleichen Betriebszweck dienen" oder so die etwas engere Wortfassung seit den NwIG 80 – wenn „deren Betriebszweck derselbe ist". Allerdings bereitet schon diese Spezialbestimmung Auslegungsschwierigkeiten. Wenn nämlich der *technische* Betriebszweck der Anlage losgelöst vom Einsatz im Betrieb des VN gemeint wäre, würde die Vorschrift praktisch kein Zugeständnis bedeuten. Sie würde nur bestätigen, daß technischer Fortschritt die Gleichheit von Art und Güte nicht ausschließt, ebenso wenig wie bei Gebäuden, R IV 74. Sollte aber der *„Betrieb" des VN* (als technische und organisatorische Einheit) angesprochen sein, so könnte praktisch jede beliebige „Maschine" (event. sogar eine EDV-Anlage) statt jeder anderen „Maschine" angeschafft werden. Hierzu tendiert in der Tat Köln RuS 89, 405. Dort wird aus der Spezialregelung für „Kraft- und Arbeitsmaschinen" kein Umkehr-, sondern ein Analogieschluß für alle beweglichen Sachen gezogen. Statt eines Karussells genügt danach die Anschaffung einer beliebigen anderen Anlage, die sich im Schaustellergewerbe verwenden läßt, z. B. eines Auto-Skooters.

79   Unabhängig von diesen Zweifeln erlauben die in R IV 78 zitierten AVB jedenfalls den Schluß, daß die Art der wiederbeschafften beweglichen Sachen ziemlich *genau* der Art der zerstörten entsprechen muß, wenn es sich *nicht* um Maschinen handelt. Es genügt also z. B. nicht, für Büromöbel wieder Büromöbel (oder gar Schreibmaschinen) anzuschaffen, sondern statt Regalen müssen Regale, statt Schreibtischen Schreibtische usw. beschafft werden. Nur dürfen die neuen Sachen aus Metall statt aus Holz bestehen, eine andere Größe und Form haben usw. Dasselbe Maß an **Gleichheit von Art und Güte** wie gemäß Q IV 11 und 12 wie für die Bemessung des VWert darf indessen nicht verlangt werden; anders Raiser 113, der für den VWert auf die Erläute-

rungen zur Wiederherstellungsklausel verweist und dadurch zum Nachteil des VN für den VWert das Maß der erforderlichen Gleichheit unterbewertet.

Unverzichtbar sind im Hinblick auf das subjektive Risiko *gleiche Kapazität* 80 *und Lebensdauer* der neuen Sachen. Kauft der VN *teuerere Sachen* von größerer Kapazität oder längerer Lebensdauer (**bessere Qualität**), so wird die Neuwertspanne nur dann zweifelsfrei geschuldet, wenn Sachen genau gleicher Art und Güte nicht mehr zu haben sind. Bei freiwilligem Kauf teurerer und besserer Sachen ist die Rechtslage dagegen ein wenig zweifelhaft.

Bleibt der Wiederbeschaffungspreis speziell deshalb hinter der Neuwertent- 81 schädigung zurück, weil der VN (nicht nur zu billigeren Preisen, vgl. dazu R IV 56 bis 62, sondern) **billigere Sachen** kauft, so ist wie folgt zu unterscheiden: Hat der *technische Fortschritt* allgemein zu Preissenkungen trotz **gleichbleibender Qualität** geführt, so beeinflußt dies schon den VWert, und die hier erörterte Frage stellt sich dann nicht, denn auch der VWert als Neuwertentschädigung im Totalschadenfall ist entsprechend niedriger, Q IV 11 und R II 1.

Hat der VN eine **billigere Ausführung** (einfachere Form, billigeres Material 82 usw.) gekauft, jedoch mit gleicher Kapazität und Lebensdauer, ohne daß also schon das Erfordernis der gleichen Art und Güte verletzt wäre, so wird man ihm zugestehen müssen, den „ersparten" Betrag durch die Anschaffung einer *größeren Zahl* von Sachen gleicher Art und Güte „auszugleichen" und die volle Neuwertentschädigung zu verlangen. Hierfür sprechen sogar noch bessere Gründe als im Fall des Kaufs gebrauchter Sachen (R IV 63 bis 66).

Hat der VN **schlechtere Qualität** gekauft, so liegt ein Verstoß gegen das 83 Erfordernis der „gleichen Güte" sehr nahe. In Grenzfällen wird man aber zugunsten des VN entscheiden müssen, weil er sonst den Anspruch auf die Neuwertspanne völlig (ähnlich wie im Fall von R IV 64 bei Kauf gebrauchter Sachen) verlieren würde, auch soweit im Wiederbeschaffungsaufwand für die schlechtere Qualität über den Zeitwert hinaus entsteht. Folgerichtig wird man dann aber auch hier *Kompensation* des ersparten Betrages durch Einkauf *zusätzlicher* Stücke erlauben müssen. Aber selbst wer hier anderer Ansicht wäre, dürfte doch mindestens nicht jede Sache, sondern müßte aus den in R IV 32 dargelegten Gründen *je Vertrag* abrechnen, müßte also wenigstens bessere Qualitäten und dadurch bedingte höhere Preise bei anderen zerstörten Sachen als Kompensation genügen lassen. Noch weiter geht Hasselmann VW 69, 323, der wohl nicht einmal eine Kompensation durch höheren Wiederherstellungsaufwand bei anderen Sachen derselben Position oder desselben Vertrages, sondern Bereicherung in bar zulassen will, ähnlich wie bei besonders günstigen Einkäufen des VN von Sachen gleicher Art und Güte (Qualität), R IV 60.

4. Eine stark eingeschränkte Wiederherstellungsklausel enthält § 5 **Nr. 3** 84 **VHB 74** für **Hausrat.** Danach genügt es, wenn „die Verwendung der Entschädigung für Wiederbeschaffung oder Wiederherstellung von Hausrat oder der sonst betroffenen Sachen sichergestellt ist". In der Praxis ist deshalb schon in Verträgen nach den VHB 74 die Wiederherstellungsklausel bei Hausrat wenig bedeutsam. In § 18 **VHB 84** fehlt eine Wiederherstellungsklausel sogar völlig. Ob Neuwertenschädigung für Hausrat ohne Wiederherstellungsklausel mit § 55 VVG vereinbar ist, wurde in R IV 9 bis 13 näher untersucht.

85 Nach den VHB 74 genügt die Wiederbeschaffung **beliebiger Sachen,** die nach § 2 Nr. 1 VHB 74 **Hausrat** sind, Köln VerwR 84, 1084 = RuS 86, 214. Aus dem Wortbestandteil „Wieder-" folgt nichts anderes, denn sonst hätte „Wiederbeschaffung der betroffenen Sachen" oder dgl. formuliert werden können. Da auch Bargeld Hausrat ist, würde es nach dem Wortlaut sogar genügen, die bargeldlos gezahlte Entschädigung durch Abhebung in Bargeld umzuwandeln. Diese Auslegung würde aber dem Begriff der „Beschaffung" nicht gerecht. Auch die Einzahlung auf Sparkonten, also die „Beschaffung von Sparbüchern", reicht nicht aus. Zweifelsfrei genügt es aber nach den VHB 74 z.B., wenn *Wertpapier* gekauft werden.

86 Trotzdem ist der Wortbestandteil „Wieder-" auch nach den VHB 74 nicht ganz bedeutungslos, sondern er verlangt immerhin einen **Ursachenzusammenhang** zwischen der Entschädigung und der Anschaffung. Es müssen Sachen angeschafft werden, die nachweislich nicht gekauft worden wären, wenn die Entschädigung nicht gezahlt worden wäre und nicht gezahlt würde (übersehen in Köln VersR 84, 1084). Der VN kann also z.B. *nicht* seinen *laufenden Bedarf* an Lebensmitteln, Bekleidung usw. während der folgenden zwei Jahre als Erfüllung der Wiederherstellungsklausel geltend machen. Daß die *Zahlung von Schulden* usw. *nicht* genügt, ist selbstverständlich. Sie genügt auch dann nicht, wenn es sich um Schulden aus Hausratkäufen vor dem VFall handelt. Der VN muß daher darlegen, was er im einzelnen angeschafft hat. Insoweit ist AG Karlsruhe ZfS 87, 252 zuzustimmen (vgl. gegen dieses Urteil aber R IV 25).

87 Neben Hausrat sind „sonst betroffene Sachen" besonders erwähnt, also vor allem Sachen gemäß § 2 Nr. 1 a bis 1 c VHB 74. Hier müssen nach dem Wortlaut wieder solche Sachen beschafft werden, also nicht beliebiger Hausrat. Zweifelhaft ist, ob bei Sachen gemäß § 3 Nr. C 2 VHB 74 (**Fußböden, Verputz, Anstrich und Tapeten in Mietwohnungen**) die Neuwertspanne nur in einer etwaigen Zunahme des Neuwerts läge (die kaum je eintritt) oder ob die *Zunahme des Zeitwerts* wie eine *Neuwertspanne* zu behandeln ist. Man wird letzteres annehmen, solche Schäden also wie Totalschäden an selbständigen Sachen behandeln dürfen, R I 8. Wenn nämlich schon die Zunahme des Zeitwerts keinen Abzug erlaubt, R III 6, so muß die Entschädigung in diesem Bereich doch wenigstens von der Durchführung der Reparatur abhängen, vgl. R III 9 und R IV 38, also von der „Wiederbeschaffung der sonst betroffenen Sachen".

88 Bei **Tod des Hausrat VN** nach dem VFall genügt Wiederbeschaffung durch die Erben als Gesamtrechtsnachfolger, und zwar selbst dann, wenn man ansonsten Wiederbeschaffung durch einen Erwerber unter Lebenden nicht genügen lassen wollte, vgl. R IV 42. Zwar entfällt entgegen Hamm VersR 86, 331 = RuS 100 mit dem Tod des VN das versicherte Interesse weg, falls zu dieser Zeit kein Erbe die versicherte Wohnung auch selbst in der vertraglich vereinbarten Weise als Wohnung benutzt hatte, G IV 99 bis 103. Aber dieser Interessewegfall wirkt nur für Zukunft (OLG Hamm aaO) und ändert an Ansprüchen aus bereits eingetretenen VFällen nichts.

89 5. Ob die Wiederherstellungsklauseln auch bei V nur eines **Bruchteils eines Gebäudes** (R II 29 und R III 54) gilt, ist zweifelhaft, denn der VN kann die Verwendung der Entschädigung nur sicherstellen, wenn die übrigen Mitei-

gentümer mitwirken. Aber der VN hat auf diese Mitwirkung meist einen Rechtsanspruch. Wo der Rechtsanspruch deshalb nicht besteht, weil der Wiederaufbau eines Gebäudes zu anderen Zwecken rentabler ist, und zwar trotz der dadurch verminderten VEntschädigung, erscheint der VN nicht schutzbedürftig. Man wird also die Wiederherstellungsklauseln wohl auch in diesen Fällen anwenden müssen.

S. Versicherungssumme; Unterversicherung; Summenanpassung; Gleitende Neuwertversicherung; Wertzuschlag; Stichtagsversicherung

Übersicht

1372

I. Versicherungssumme als Entschädigungsgrenze je Position

1   1. Je Vertrag wird eine oder werden mehrere **VSummen** vereinbart; wegen Verminderung und „Wiederauffüllung" von VSummen durch Zahlung einer Entschädigung vgl. L I 5, wegen beweglicher VSummen vgl. S II 117. Die VSumme ist **Prämienberechnungsgrundlage** (S I 3) und **Grenze der Entschädigung** (S I 32), außerdem Maßstab für eine **UnterV** in der sog. VollwertV von Sachen, S I 9 sowie S II 2 und 32. Gewöhnlich wird die **Prämie** als *Bruchteil (‰-Satz) aus jeder VSumme* berechnet. Möglich ist es aber auch, die Prämie nur aus einer von mehreren Summen für das „Hauptrisiko" zu berechnen und hierbei bereits den Prämienbedarf aus den übrigen sog. abgeleiteten VSummen für bloße „Nebenrisiken" zu berücksichtigen, die ihrerseits als

Festbeträge oder in Abhängigkeit von der Hauptsumme als Prozentsätze aus dieser Hauptsumme vereinbart werden, vgl. auch U I 5. So wird insbesondere bei den sog. Nebenrisiken in der pauschalen Form der gebündelten GeschäftsV verfahren, A II 29; aber auch die MitV von Aufräumungs- und Abbruchkosten sowie von Bewegungs- und Schutzkosten nach §§ 1 Nr. 2 c VGB 62, 2 Nr. 1 a und 1 b VGB 88, 1 Nr. 2 b VHB 74, 2 Nr. 1 a VHB 84 gehört hierher.

2. Zu jeder VSumme muß der **Umfang des VSchutzes** vereinbart werden, **2** und zwar mit Hilfe der üblichen Kriterien: versicherte Sachen, Interessen, Gefahren, Aufbewahrungsformen, VOrte usw. Man bezeichnet diese einzelnen Risikoabgrenzungen in Verbindung mit den zugehörigen VSummen als **Positionen** des VVertrags. Daß die Positionen *Teil eines einheitlichen Vertrages* sind, zeigt sich nur in der Einheitlichkeit der Vertragsdauer, der Unmöglichkeit gesonderter Kündigung usw. Für die **Berechnung der Entschädigung** wird dagegen jede Position *gesondert* behandelt, ebenso wie ein selbständiger VVertrag. *Innerhalb* einer Position wird die Entschädigung allerdings *proportional* (S II 25 und PM § 54 Anm. 3) den etwa vom VFall betroffenen *mehreren Sachen* zugeordnet, vgl. auch die in R IV 32 (Wiederherstellungsklausel) sowie V II 24 und V III 17 (DoppelV) erörterten Konsequenzen. Soweit die *Positionen sich überschneiden*, also für dieselben Schäden Schutz bieten, werden §§ 50, 56 VVG je Position gesondert angewendet. Außerdem gelten §§ 51, 58, 59, 60 VVG analog, ebenso wie bei mehreren Verträgen mit demselben Vr, V I 7 bis 9. Sind z.B. von drei Gebäuden im Wert von je 100000 DM die Gebäude A und B in einer Position zu 200000 DM und außerdem die Gebäude B und C in einer weiteren Position zu ebenfalls 200000 DM versichert (vgl. BM § 56 VVG Anm. 30 a. E.), so besteht Über- und DoppelV, die analog §§ 51, 60 VVG für die Zukunft beseitigt werden kann. – Die Bezeichnung „Position" hat die Bezeichnung „Gruppe" in der Praxis völlig verdrängt, vgl. die „Positionen-Erläuterung" (Texte 38) für die Industrie-FeuerV an Stelle der früheren „Gruppenerläuterung" und die Gleichstellung beider Begriffe in §§ 3 Nr. 4 AFB, AEB 30, 10 Nr. 3 AERB, 4 Nr. 2 b AWB 68, AStB 68 (nur „Position") sowie in Kl 1703, 1704 und 1703 und §§ 11 Nr. 3 AFB 87, AERB 87, AWB 87, AStB 87.

Wirtschaftlicher Grund für die **Bildung mehrerer Positionen** ist meist der **3** unterschiedliche Prämienbedarf, also der *unterschiedliche Prämiensatz* je Tausend DM VSumme. Daher kann durch eine zu hohe VSumme für eine Position mit niedrigerem Prämiensatz nicht die UnterV einer Position mit höherem Prämiensatz ausgeglichen werden, mangels besonderer Vereinbarung eines Summenausgleichs (S I 26) allerdings auch nicht umgekehrt, S I 11. Die **Prämiengerechtigkeit** würde theoretisch stets eine möglichst große Zahl von Positionen mit unterschiedlichen Prämiensätzen erfordern. Jedoch stößt die Positionsbildung wirtschaftlich an Grenzen: größere Positionen mit einem Durchschnittsprämiensatz vermindern den *Verwaltungs- und Kostenaufwand*, wenn auch auf Kosten der Prämiengerechtigkeit. Einen **Kompromiß** kann es darstellen, innerhalb größerer Positionen **Entschädigungsgrenzen** für die relativ höheren Risiken zu vereinbaren und dadurch die Bedarfsprämie für die ganze Position zu vermindern (U I 15); wegen der besonderen Situation in der BruchteilV und wegen der daraus erwachsenden Bedenken gegen die BruchteilV vgl. U II 4.

4   a) Bei der V von **Einzelsachen** kann je Sache eine *gesonderte* Position gebildet werden oder es können mehrere Sachen in *derselben* Position versichert sein (sog. **summarische V**, vgl. die Definition in der früheren Kl 151, Texte 33 der 2. Aufl., Raiser 159 und BM § 56 VVG Anm. 11). Als Einzelsachen werden oft *Gebäude* versichert, sonstige Sachen in den hier behandelten Zweigen der SachV (anders in der AllgfahrenV, z. B. von Valoren oder Maschinen) dagegen nur ausnahmsweise (z. B. ein bestimmter Kunstgegenstand). Mehrere *Wohngebäude* (S I 18) nach den VGB 62 und VGB 88 werden z. B. gewöhnlich mit getrennten VSummen versichert, also als getrennte Positionen, und zwar auch dann, wenn die Gefahrenklasse und der Prämiensatz für alle Gebäude dieselben sind. Bisweilen sind die Formulare allerdings unklar, vor allem in der Industrie-FeuerV, vgl. S I 15. Auch mehrere **Sachinbegriffe** können wahlweise in einer Position (z. B. Betriebseinrichtung und Vorräte in der pauschalen Form der GeschäftsV, S I 13) oder getrennt (z. B. Betriebseinrichtung und Vorräte in der Industrie-FeuerV) versichert werden.

5   b) Auch die **versicherte Gefahr** kann zur Bildung getrennter Positionen führen. Feuer, erschwerter Diebstahl einschließlich Raub, Leitungswasser und Sturm sind in der Industrie- (A II 16) und in der sonstigen GeschäftsV (A II 26) ohnehin Gegenstand getrennter Verträge. Aber auch *Einbruchdiebstahl und Raub*, die innerhalb des vereinbarten VOrts nach den AERB 87 oder den älteren AVB gemeinsam versicherbar wären, A III 22, sind in der Praxis (A III 14) meist Gegenstand getrennter Positionen; Konsequenzen: S I 41 bis 44. Die *Pauschaldeklaration* der gebündelten GeschäftsV sieht für *Raub innerhalb* des VOrts eine gesonderte Position vor, H III 30. Die VSumme hierfür gilt einerseits auf Erstes Risiko, S I 9 und S II 10, beträgt aber andererseits höchstens 10% der VSumme für erschwerten Diebstahl und höchstens 50 000 DM. Dabei sind Geld und Wertpapiere in der Position für Raub eingeschlossen, während bei Einbruchdiebstahl für Bargeld und Wertpapiere als versicherte Sachen (S I 4) wiederum eine gesonderte Position neben der Position für Betriebseinrichtung und Vorräte steht. Eine weitere gesonderte Position wird für *Außenraub* auf Transportwegen gebildet, vgl. ebenfalls H III 30; sie beträgt höchstens 10 000 DM und ebenfalls höchstens 10% der VSumme für Einbruchdiebstahl.

6   c) Die durch Verschlußvorschriften (G I 18) vorgeschriebene **Aufbewahrungsform** versicherter Sachen kann ein unterschiedliches Risiko und unterschiedlichen Prämienbedarf begründen und deshalb zu getrennten Positionen führen. Die Antragsformulare (Texte 37) und die **Positionen-Erläuterung** (Texte 38) für die **Industrie-FeuerV** sehen z. B. Positionen für Bargeld usw. in Behältnissen unterschiedlicher Feuerbeständigkeit vor. Auch die **Pauschaldeklaration** für die gebündelte GeschäftsV sieht für Bargeld, Wertpapiere usw. zwei getrennte Positionen (H III 27 und 42) je nach Sicherheit der Aufbewahrung vor; daneben (S I 5) steht für Raub eine Erstrisikoposition (S II 10) ohne Verschlußvorschriften (H III 52). In der **HausratV** treten an die Stelle getrennter Positionen bloße Entschädigungsgrenzen innerhalb einer einzigen Position, U I 7 und 15. Getrennte *Positionen einerseits* und *Entschädigungs-*

grenzen andererseits sind also lediglich verschiedene versicherungstechnische Mittel zu ein und demselben Zweck, nämlich den VSchutz je nach Risikoumfang abzustufen. Deshalb ist zweifelhaft, ob für die Frage der verhüllten Obliegenheit wirklich an einen „durchgehenden VSchutz" als Kriterium angeknüpft werden darf, wie die Rechtsprechung dies teilweise tut, vgl. M III 16 und U II 11.

d) Der VOrt ist ein besonders wichtiges Kriterium bei der Positionsbildung. Normalfall ist, daß eine Wohnung oder ein Betriebsgrundstück oder ein Komplex von Geschäftsräumen als VOrt und daneben eine selbständige oder abhängige AußenV vereinbart wird. Die **selbständige AußenV** begründet einen *zweiten* VOrt G V 5, und zwar nach Kl 3402 und 5402 (Ollick VerBAV 82, 178) die ganze Bundesrepublik unter *Ausschluß* des *ersten* VOrts (anders für einen Einzelfall OGH VersR 50, 100 und hierzu Frey VersR 50, 124 sowie BM § 56 VVG Anm. 39). Die **abhängige AußenV** ist ein Sonderfall, denn nach Kl 3401 und 5401 (Ollick VerBAV 82, 176) wird die Frage der UnterV doppelt geprüft, soweit der Prämiensatz für die AußenV höher ist als für den VOrt, vgl. G V 9. Es gelten also zwei VSummen nebeneinander, wobei allerdings gegebenenfalls nicht doppelt gekürzt wird, sondern nur eine Kürzung zum Zuge kommt, nämlich die stärkere Kürzung. Um getrennte *Positionen* handelt es sich nur bei der sog. selbständigen AußenV, nicht dagegen bei der abhängigen AußenV.

Auch können **mehrere Betriebsgrundstücke** Gegenstand getrennter Positionen sein. Man sprach hier früher unglücklich von V mehrerer *Komplexe* (BM § 56 VVG Anm. 40 mit Nachweisen aus der älteren Rechtsprechung). Ist zwischen mehreren VOrten *Freizügigkeit* vereinbart, G III 3 und 7, so haben die mehreren Teilsummen, wenn solche überhaupt ausgeworfen sind, keine rechtliche Bedeutung, sondern könnten ebensogut durch den Gesamtbetrag beider Teilsummen als *einheitliche VSumme* ersetzt werden. Die mehreren Betriebsgrundstücke sind dann, genau besehen, nicht mehrere VOrte (so aber Raiser 159), sondern nur ein einziger VOrt. Ist weder Freizügigkeit noch „summarische V" (S I 4) vereinbart, und sind neben einer *Gesamtsumme* für die mehreren Betriebsgrundstücke auch *Teilsummen* ausgeworfen, so können letztere entweder nur Entschädigungsgrenzen für die einzelnen Betriebsgrundstücke sein („**Abzweigung**", G III 5 und G V 7), oder aber die Gesamtsumme und die Teilsummen gelten unabhängig voneinander und können, ähnlich wie bei der in S I 7 erörterten selbständigen AußenV, jede für sich allein zu UnterV führen.

e) Trotz Gleichartigkeit der versicherten Sachen, Interessen, Aufbewahrungsformen und VOrte müssen getrennte Positionen stets dann gebildet werden, wenn § 56 VVG (UnterV) nur für einen Teil der Sachen gelten, also nur für sie eine sog. **VollwertV** vereinbart werden soll. Der Name erklärt sich aus der Notwendigkeit, eine VSumme in Höhe des *vollen Werts* in einer Position versicherter Sache zu bilden, wenn UnterV vermieden werden soll, S II 8. Für einen anderen Teil der versicherten Sachen kann § 56 VVG dagegen im Rahmen anderer Positionen *abgeändert* (z. B. durch die Wertzuschlags- oder Stichtagsklausel) oder ausgeschlossen sein. Letzterenfalls spricht man von **ErstrisikoV**, S II 10. Beispiele bieten vor allem die Industrie-

FeuerV, ferner §§ 10 Nr. 4 AERB, 11 Nr. 4a AERB 87, wonach gegen Raub auf Erstes Risiko versichert wird, so daß schon aus diesem Grund für die Gefahr des Raubes (S I 5) gesonderte Positionen gebildet werden müssen. Dies hat wichtige praktische Folgen vor allem dann, wenn ein VFall sowohl Diebstahl wie auch Raub darstellt, S I 41 bis 43.

10   f) Auch für jede versicherte Art von **Kosten** kann eine Position mit VSumme gebildet werden, A I 9, H III 31 und W I 7, soweit nicht Entschädigung im Rahmen einer Position für versicherte Sachen und begrenzt auf deren Höhe gewährt wird, W I 3, wie insbesondere nach §§ 63 Abs. 1 Satz 2, 66 VVG, 3 Nr. 1 Satz 2 AFB 87, AERB 87, AStB 87, 3 Nr. 2 Satz 2 AWB 87 sowie nach § 18 Nr. 6 VHB 84 (dazu W I 5) und § 15 Nr. 5 VGB 88 (dazu W I 4). Es können aber auch mehrere Arten von Kosten zu einer Position zusammengefaßt werden, z. B. Bewegungs- und Schutzkosten gemäß W IV 1 zitierten Bestimmungen. Aufräumungs- und Abbruchkosten werden manchmal getrennt, meist aber in einer einzigen Position versichert, zumal die Begriffe sich teilweise überschneiden, W V 1. Die Position „Feuerlöschkosten" steht künftig auch für sonstige Rettungskosten, die nicht Feuerlöschkosten sind, zur Verfügung, W II 8. – Allgemein bieten Kostenpositionen mit weit gefaßter Risikoabgrenzung dem VN Vorteile, wenn nur eine der Kostenarten anfällt. Der VN muß aber mit der Möglichkeit rechnen, daß sämtliche Kostenarten anfallen und die VSumme so hoch wählen, wie wenn für die einzelnen Kostenarten getrennte Positionen gebildet worden wären.

11   3. Oft ist es eine schwierige **Auslegungsfrage,** ob eine im Antrag und im VSchein genannte Zahl eine *VSumme* oder nur eine *Entschädigungsgrenze* (vgl. S I 8 wegen der „Abzweigung" und allgemein PM § 56 Anm. 3 B wegen „Maxima") oder eine bloße *Berechnungsgrundlage* für die VSumme oder endlich umgekehrt eine *Addition* mehrerer VSummen darstellt. In den beiden zuletzt genannten Fällen ist der Betrag ohne rechtliche Bedeutung; zusammenfassend zum Begriff der Position und der VSumme vgl. Wälder RuS 74, 1. Die Zweifel werden dadurch verstärkt, daß ein berechtigtes Interesse des Vr an getrennten Positionen nur insofern besteht, als VSummen mit niedrigerem Prämiensatz nicht zum Ausgleich einer UnterV bei Summen mit höherem Prämiensatz führen dürfen, S I 3. Im umgekehrten Fall sowie bei gleichen Prämiensätzen ist der Vr allenfalls im Hinblick auf aussagekräftige Schadenstatistiken an getrennten Positionen interessiert. Ausnahme: Positionen für verschiedene VOrte bewirken, daß die Werte nicht zu sehr in einem der beiden VOrte konzentriert werden, S I 7 und 30. Da aber die Frage „VSumme oder nicht?" nur einheitlich bejaht oder verneint werden kann, findet mangels entsprechender Vereinbarung (S I 26) ein *Summenausgleich* auch dann *nicht* statt, wenn die VSumme mit dem höheren Prämiensatz zu hoch und nur diejenige mit dem niedrigeren Prämiensatz zu niedrig ist.

12   Die im VVertrag gewählte Bezeichnung ist oft nicht entscheidend; bisweilen fehlt sie auch völlig, so daß nur von dem Neuwert oder Zeitwert der versicherten Sachen die Rede ist. In der Pauschaldeklaration der **gebündelten GeschäftsV** (Texte 39 der 2. Aufl.) wurden z. B. lange Zeit (korrekt jetzt Neufassung gemäß Texte 40 der vorliegenden 3. Aufl.) die **VSummen auf Erstes Risiko** als „**Entschädigungsgrenzen**" bezeichnet, vgl. U I 4 sowie L I 4 der

1. Aufl. Dies ist zwar insofern richtig, als jede VSumme nach § 50 VVG zugleich Entschädigungsgrenze ist und eine Erstrisikosumme sogar ausschließlich diese Bedeutung hat. Trotzdem sollte der Begriff der Entschädigungsgrenze nur im engeren Sinn des Wortes verwendet werden, nämlich dann, wenn innerhalb einer Position ein Betrag *unterhalb* der VSumme als Entschädigungsgrenze für bestimmte Arten von Schäden vereinbart ist, vgl. U I 3 sowie PM § 50 Anm. 2 c. Gegen diesen terminologischen Grundsatz verstoßen neuerdings wieder § 17 Nr. 1 VGB 88 und die zugehörigen Anträge für die WohngebäudeV (Texte 43), denn die Entschädigungsgrenzen für Bewegungs- und Schutzkosten sowie für Aufräumungs- und Abbruchkosten sind rechtlich VSummen für selbständige Positionen, W IV 1 sowie W V 2 und 3.

Die Antragsformulare und VScheine gliedern oft ein und dieselbe **Position** **13** **in Teilbeträge** auf, die nur dem VN helfen sollen, den VWert und damit die Soll-VSumme richtig zu wählen. So werden z. B. in der Pauschaldeklaration der gebündelten GeschäftsV Betriebseinrichtung und Ware gesondert beziffert. Die Summe der beiden Beträge wurde dann unglücklicherweise früher oft nicht als „VSumme", sondern als „GesamtVSumme" bezeichnet. Dieser Ausdruck führt nur deshalb nicht zu unrichtigen Schlüssen, weil gleichzeitig von „summarischer V" für Einrichtung und Vorräte die Rede ist. **VSumme** im rechtlichen Sinn ist also nur der Gesamtbetrag, wie dies in der Neufassung der Pauschaldeklaration (Texte 40) jetzt auch richtig gesagt wird. Dagegen war im Einzelfall Hamm VersR 84, 880 für Vorräte und für Betriebseinrichtung offenbar je eine gesonderte Position vereinbart. Hat der Agent Grund zur Annahme, der Antragsteller könne die Teilbeträge irrig für VSummen gesonderter Positionen halten, so muß er ihn aufklären. Vor allem gilt dies dann, wenn der Antragsteller den Gesamtbetrag der VSumme in die Spalte für einen der beiden Teilbeträge einsetzt, also entweder in die Spalte für Vorräte oder die Spalte für Betriebseinrichtung, und den anderen Teilbetrag durch einen Strich in der entsprechenden Spalte mit Null beziffert. Den Fall eines Beratungsverschuldens kann der Vr sich auf UnterV der Gesamtposition nicht berufen, wenn der Schaden an Sachen in dem zu hoch bezifferten Teilbereich eintritt und der hierfür beantragte Betrag für diesen Teilbereich ausreicht, LG Bochum RuS 89, 408 mit zust. Anm. Wälder. – Wegen gesonderter Positionen für besonders gefährdete Teile des Inbegriffs vgl. ebenfalls H III 11.

Die Verwirrung wird noch dadurch gesteigert, daß das Wort „GesamtV- **14** Summe" oder gar die Worte „**VSumme gesamt**" noch in einer weiteren, ebenfalls fehlerhaften Bedeutung gebraucht wird, nämlich für den **Gesamtbetrag mehrerer VSummen**, insbesondere in der Industrie-FeuerV (S I 15) und in der WohngebäudeV (S I 4 und 17). Eine solche Addition hat Aussagekraft allenfalls für den Provisionsanspruch des Agenten gegen den Vr, ist aber für den VVertrag mit dem VN wertlos und sollte entweder überhaupt unterbleiben oder das Additionsergebnis sollte korrekt als Gesamtbetrag der VSummen bezeichnet werden. Solche *Antragsformulare* können zusammen mit unterlassener Aufklärung durch den Agenten ein *Beratungsverschulden* des Vr in der entgegengesetzten als der in S I 13 behandelten Richtung bedeuten. Das Formular erweckt hier zu Unrecht den Eindruck, als seien die VSummen für die einzelnen Gebäude nur rechtliche bedeutungslose Teilbeträge einer für sämtliche Gebäude gebildeten Position im Sinn einer summarischen V, wobei eine Kompensation zu niedriger Beträge für einige Gebäude durch zu hohe Beträge für andere Gebäude möglich würde, obwohl ein solcher Summenausgleich in Wirklichkeit nicht vereinbart werden sollte. – Neuerdings wird auch dieser Fehler meist vermieden, vgl. Texte 37 für die Industrie-FeuerV („Gesamt"; korrekt wäre: „Gesamtbetrag der VSummen").

15 In verschiedener Hinsicht zu Auslegungsproblemen führten früher die „Gruppenerläuterung" sowie Anträge und VScheine in der **Industrie-FeuerV.** Schon die Überschrift der „**Gruppenerläuterung**" war irreführend, denn „erläutert" wurden nicht nur die „Gruppe A: Gebäude" und „Gruppe B: Gegenstände in Gebäuden und im Freien", sondern die einzelnen Positionen des VScheins. Mit Recht wurde in späteren Fassungen der „**Positionen-Erläuterung**" (Texte 36 der 2. Aufl.) bei den Abschnitten A und B das Wort „Gruppe" weggelassen, H II 5. In den jetzt gebräuchlichen Fassungen wird auf eine Untergliederung durch „A" und „B" mit Recht völlig verzichtet. Die Positionen werden nur noch durch arabische Ziffern oder Ziffergruppen im Dezimalsystem bezeichnet. Zusätzlich erscheinen als Zwischenüberschriften, jedoch ohne Aussagekraft für die Positionsbildung, der Begriff Gebäude, Betriebseinrichtung, weitere Sachen und Kosten verwendet, vgl. Texte 38 der vorliegenden 3. Aufl. – Der VVertrag der Industrie-FeuerV enthält *mindestens* (enger Ollick VerBAV 82, 50, Fußnote 211) so viele Positionen im rechtlichen Sinn, wie die *Antagsformulare* und VScheine *arabische Ziffern, Ziffergruppen* im Dezimalsystem oder *Buchstaben* aufweisen. Außerdem zeichnet die Positionen-Erläuterung die Positionsbildung in den Anträgen und VScheinen nur vor, soweit es sich um die versicherten *Sachen* und deren *Aufbewahrungsformen* (insbesondere bei Geld und Wertpapieren) handelt; die Bildung *weiterer* Positionen, etwa für einzelne versicherte Gebäude oder einzelne VOrte oder für getrennte Beträge für eine Vollwert- und eine ErstrisikoV, werden durch die Positionen-Erläuterung keineswegs ausgeschlossen. So ist z. B. die S I 6 erwähnte Positionsbildung für Bargeld je nach Aufbewahrungsform nicht in der Positionen-Erläuterung, sondern nur in den Antragsformularen (Texte 37) vorgesehen.

16 Die Antragsformulare und VScheine in der Industrie-FeuerV sind so gestaltet, daß innerhalb der Gebäude und der Betriebseinrichtung gesonderte **Positionen** für **NeuwertV** und für **ZeitwertV** gebildet werden, falls nicht ohnehin ausschließlich NeuwertV vereinbart wird, was die Regel ist. Getrennte Positionen für Neuwert und Zeitwert wären rechtlich nicht zwingend notwendig, denn die NeuwertV erfordert keine höhere Prämie. Es würde also genügen, die zum Neuwert und die zum Zeitwert versicherten Sachen innerhalb ein und derselben Position jeweils gesondert zu bezeichnen. Die Formulare sind aber so gestaltet, daß die Neuwertsumme und die Zeitwertsumme eindeutig selbständige Positionen begründen, damit der VN sich über die notwendigen VSummen genauere Gedanken macht. Außerdem werden innerhalb der NeuwertV getrennte Positionen einerseits für Gebäude gebildet, für die §§ 56, 50 VVG (UnterV) unverändert gelten, und andererseits für Gebäude, die nach einer *Wertzuschlagsklausel* (S V 1) versichert sind, S I 9. Das gleiche gilt bei Vorräten für Sachen mit fester Summe und für Sachen mit

Stichtagssumme, S VI 1, wobei nur die zugehörigen Sachen klar gegeneinander abgegrenzt werden müssen, worauf die gebräuchlichen Formulare nicht genügend Rücksicht nehmen.

Bei V **mehrerer Gebäude** ist oft *zweifelhaft,* ob nicht jedes einzelne Gebäude 17 als selbständige Position versichert ist. Die Addition der Summen für die einzelnen Gebäude hätte dann keine rechtliche Bedeutung, vgl. S I 14. Daß in einer früheren Fassung (Vorläufer von § 28 ZFgA 81 b, vgl. Kl 30 in Texte 8 der 1. Aufl.) der *Summenausgleichsklausel* für die Industrie-FeuerV die „Positionen Gebäude, Betriebseinrichtung, Vorräte, Kraftfahrzeuge und Sachen von Betriebsangehörigen" so aufgezählt waren, als handle es sich jeweils nur um eine einzige Position, war schon damals kein Argument, denn die schon erwähnten (S I 16) Fälle der ZeitwertV und der Wertzuschlagsklausel zeigen, daß für Gebäude auch mehrere Positionen bestehen können. Man kann auch nicht sagen, es sei wegen des vereinbarten Summenausgleichs gleichgültig, ob die Gebäude getrennt oder als Einheitsposition versichert seien, denn der Summenausgleich bezieht auch andere Positionen ein und kann daher zu einem anderen Ergebnis führen als die Behandlung nur der sämtlichen veränderten Gebäude als Einheitsposition. Celle RuS 75, 238 (hiergegen Löffler RuS 76, 41) hat sich in einem Einzelfall für eine Einheitsposition ausgesprochen.

Auch die Anträge (Texte 42) und VScheine in der **WohngebäudeV** waren 18 und sind oft nicht ganz klar gestaltet, wobei aber von Vr zu Vr Unterschiede bestehen können. Die Praxis betrachtet zwar jedes Gebäude als selbständige Position, S I 4 und 14, stellt dieses Ergebnis aber dadurch in Frage, daß die einzelnen Beträge ohne sachliche Notwendigkeit addiert und teilweise als „GesamtVSumme" oder gar (noch mißverständlicher) als „VSumme gesamt" (Texte 43) bezeichnet werden. Der VN darf solche Begriffe als Indiz für eine summarische V mehrerer Gebäude und als Hinweis auf die Möglichkeit eines Ausgleichs zu niedriger VSummen für ein Gebäude durch zu hohe VSummen für andere Gebäude verstehen. Auch § 15 Nr. 1 c VGB 62 (Verzeichnis der am Schadentag vorhandenen Sachen) paßt nur für eine InbegriffsV, S II 36.

4. **VorsorgeVSummen** (Literaturnachweise: BM § 56 Anm. 15) sind keine 19 VSummen im eigentlichen Sinn, denn sie begründen *nicht* eine selbständige *Position* im Sinn von S I 2. Von dem Sonderfall der Wertzuschlagsklausel 1709 (früher 1705 und 6.06) für Neuinvestitionen wird hierbei zunächst abgesehen, vgl. dazu S V 43. Die vereinbarten Beträge bilden vielmehr rechtlich einen Bestandteil der VSummen derjenigen (meist: mehreren) Positionen, zu denen sie vereinbart sind, mag auch die genaue Aufteilung von den VWerten am Schadentag abhängen, S I 22 und 23.

a) Ist ein **Vorsorgebetrag innerhalb** nur **einer einzigen Position** vereinbart, so 20 ist die Bezeichnung „Vorsorgesumme" oder „VorsorgeV" sachlich unrichtig, denn der Betrag ist dann ohne jede rechtliche Besonderheit Bestandteil der VSumme, in die er einbezogen ist, vgl. z.B. Dietz 4.3 zu § 16. Er kann z.B. ÜberV der Position und den Anspruch auf Reduzierung der VSumme gemäß § 51 VVG begründen. Auch ist er zu berücksichtigen, wenn im Rahmen von § 59 Abs. 2 VVG die sog. Einzelverpflichtung (V III 12) des Vr berechnet wird, der den Vorsorgebetrag vereinbart hat, vgl. S II 30. Prämienberechnungsgrundlage ist hingegen nach den Tarifen der Vr nicht die volle VSumme, sondern der im VSchein ausgewiesene niedrigere Betrag ohne den Vorsorgeanteil.

21   Die **Motive**, aus denen gleichwohl Vorsorgebeträge *innerhalb* einer einzelnen VSumme vereinbart werden, sind unterschiedlich. Durch die „VorsorgeV von 10 v.H. der VSumme" gemäß Kl 825 Nr. 3b sollte z.B. in der **Hausrat V** ein Anreiz geschaffen werden, die Summenanpassungsklausel 825 zu den VHB 74 überhaupt zu vereinbaren; wirtschaftlich handelt es sich um einen Nachlaß von 10% auf den ausgewiesenen Prämiensatz, der auf den ausgewiesenen Betrag der VSumme angewendet wird, S III 5. Durch den „**Vorsorgebetrag von 10 Prozent**" gemäß § 16 Nr. 1b VHB 84 soll der VN zur Wahl einer ausreichend hohen (im Fall von Kl 834: Erstrisiko-)VSumme dadurch veranlaßt werden, daß optisch der Eindruck einer geringeren VSumme erweckt wird, S III 5; das gleiche gilt für den „Vorsorgebetrag von 5 v.H." gemäß Kl 1701 (früher: 114) Nr. 5 für die GeschäftsV, S III 19. Der VN soll in dessen eigenem Interesse (Dietz 4.3.3 zu § 16) davon abgehalten werden, den Vorsorgebetrag bei Bildung der VSumme oder gar bei einer Herabsetzung der VSumme „einzukalkulieren". Gleichwohl besteht rechtlich der Herabsetzungsanspruch nach § 51 VVG wegen ÜberV schon dann, wenn die VSumme nur unter Einbeziehung des Vorsorgebetrages zu hoch ist, S II 83.

22   In der **GeschäftsV** soll schon durch eine in den Antragsformularen vorgesehene „Vorsorge zum Ausgleich einer etwaigen UnterV" (Texte 40) der Gefahr einer UnterV insbesondere durch unerwartet hohe Wareneingänge vorgebeugt werden. Dazu kommt der schon in S I 21 erwähnte Vorsorgebetrag von 5% für Verträge mit Summenanpassung gemäß Kl 1701 (früher: 114) Nr. 5, vgl. S III 19. In der **Wohngebäude V** ist ein Vorsorgebetrag am wenigsten „für Um- und Anbauten" sinnvoll, VerBAV 86, 157, denn hier genügt es, die VSumme vor deren Beginn zu erhöhen. Entgegen dem Wortlaut von Texte 45 der 2. Aufl. war aber der Vorsorgebetrag auch dort ohne jede Zweckbindung oder sonstige Besonderheit Teil der VSumme schlechthin, also z.B. mit dem Ergebnis des Ausgleichs einer UnterV, die bei V im Rohbauzustand durch unzulängliche Schätzung der Baukosten entstehen kann, vgl. S I 25.

23   b) Aber selbst Vorsorgesummen, die **zu mehreren Positionen** (VSummen) vereinbart sind, stellen keine VSummen im eigentlichen Sinn dar, sondern sie verteilen sich auf die Positionen, zu denen sie vereinbart und soweit diese unterversichert sind, vgl. Kl 1703, jeweils Nr. 1. Vorsorgesummen sind ein Mittel, die *zugehörigen VSummen variabel* zu machen, S II 123, wobei allerdings der Zuwachs bei jeder einzelnen Position von dem VWert sämtlicher beteiligten Positionen abhängt, so daß vor dem Schaden die genaue Höhe des VSchutzes meist nur überschlägig abschätzbar ist. Die Vorsorgesumme ermöglicht eine *Prämienersparnis*, weil sie für mehrere Positionen zusammen niedriger genommen werden kann, als dies notwendig wäre, wenn innerhalb jeder einzelnen (S I 21 und 22) Position ein Vorsorgebetrag berücksichtigt würde; ein gleichzeitiger maximaler Zuwachs des VWertes bei sämtlichen Positionen bleibt hierbei als unwahrscheinlich außer Betracht. Der Umfang der Prämienersparnis hängt einerseits von der Höhe des Prämiensatzes für die

Vorsorgesumme und andererseits von dem Maß an in Kauf genommener Unsicherheit ab.

Die **Aufteilung** erfolgt nach Kl 1703 (früher: § 27 ZFgA 81 b) auf sämtliche **24** unterversicherten Positionen, auch soweit diese *nicht vom Schaden betroffen* *sind*. Frühere Zweifel zu 21 ZFgA (Texte 8 der 1. Aufl. und Raiser 144) sind durch den neuen Wortlaut beseitigt. Klargestellt ist jetzt auch, daß nicht etwa die Prozentsätze der UnterV, sondern die *DM-Beträge der UnterV* maßgebend sind. Eine prozentual geringere UnterV bei einer betragsmäßig größeren Position kann einen größeren Teil der Vorsorgesumme verbrauchen als eine prozentual höhere UnterV bei einer betragsmäßig kleineren Position.

Beseitigt ist auch das Mißverständnis, das früher durch die Überschrift von **25** 21 ZFgA („für Wertsteigerungen, für Um-, An- und Neubauten sowie Neuanschaffungen") nahegelegt wurde. Diese Überschrift könnte den Irrtum provozieren, als könne eine *schon bei Vertragsschluß bestehende UnterV* durch die Vorsorge *nicht* kompensiert werden. Eine solche Auslegung war jedoch schon durch den alten Klauseltext *nicht* zu rechtfertigen, ebensowenig wie zu dem in S I 21 und 22 behandelten Antragsformular in der WohngebäudeV, einmal deshalb nicht, weil die Aufzählung in der Überschrift im Text selbst nicht wiederholt wurde und schon dadurch als bloße Orientierungshilfe für den Antragsteller (Hinweis auf die wichtigsten UnterVQuellen) gekennzeichnet war, ferner deshalb nicht, weil Neuanschaffungen oft Abgänge anderer Sachen derselben Position gegenüberstehen (vgl. zu demselben Problem bei der Wertzuschlagsklausel S V 13), so daß unklar wäre, ob nur ein etwaiger Überschuß der Neuanschaffungen oder der volle Wert der Neuanschaffungen durch die Vorsorge gedeckt wäre. Im Zweifel müßte man letzteres annehmen, wodurch mindestens bei beweglichen Sachen die Konservierung einer ursprünglich vorhandenen UnterV praktisch kaum noch in Betracht käme. Besser läßt man schon nach dem alten Klauseltext die Vorsorgesumme von vornherein zum **Ausgleich jeder beliebigen Art von UnterV** gelten, also z. B. auch bei Gebäuden, wo bauliche Maßnahmen nicht so häufig sind wie der Austausch von Gegenständen der Betriebseinrichtung.

5. Summenausgleich (Literaturnachweise: BM § 56 VVG Anm. 14) pflegt **26** nur in der Industrie-FeuerV ausdrücklich vereinbart zu werden. *Wirtschaftlicher Grund* für den Summenausgleich ist, daß der Vr an getrennten Positionen und VSummen nur in einer bestimmten Richtung ein berechtigtes Interesse hat, S I 11, nämlich in dem Sinn, daß zu hohe Summen mit niedrigerem Prämiensatz nicht zu niedrige Summen mit höherem Prämiensatz ausgleichen dürfen, während im umgekehrten Fall oder bei gleichem Prämiensatz dem Summenausgleich wirtschaftlich eigentlich nichts im Wege stünde, S I 3. Wo Summenausgleich nicht vereinbart ist, wie in der Vergangenheit oft für die Zeitwert-Position (H III 4) der Muster (Pos. 4.5 der Positionen-Erläuterung) in der Industrie-FeuerV oder wie für die Erstrisikosummen nach der Pauschaldeklaration der gebündelten GeschäftsV, S I 6 und 12, findet ein Summenausgleich gleichwohl nicht statt, BGH VersR 84, 453, Hamm VersR **84**, 880 sowie S II 29.

Der Vr braucht jedoch, wenn er keinen Grund zu der Annahme hat, die **27** beantragten VSummen könnten zu niedrig sein, **auf** die Vereinbarung von

Vorsorgesummen nicht **hinzuwirken,** Hamm aaO. Indessen bemüht sich der Vr in der Praxis dennoch oft von sich aus um entsprechende Vereinbarungen, schon im Interesse der dadurch erzielbaren Prämieneinnahme. Insbesondere bemüht sich der Vr durch die Gestaltung der Antragsformulare um eine vorsorglich zu hohe Wahl der einzelnen VSummen, vgl. näher S I 21 und 22.

28   **Rechtsgrundlage** für Summenausgleichsvereinbarungen war lange Jahre eine *ungenehmigte Klausel,* die meist (schwerfällig) wie folgt lautete:

> „In der Beschränkung auf ein Versicherungsgrundstück gehen innerhalb der Position 1 überschießende Versicherungssummen auf die Prämiengruppen mit gleichen oder niedrigeren Prämiensätzen über, und zwar im Verhältnis der bei den einzelnen Prämiengruppen ungedeckt gebliebenen Summen. Ein gleicher Summenausgleich gilt auch zwischen den Positionen 2, 3, 5 und 7. Hiervon ist die Position 5 ausgenommen, wenn für sie die Stichtagsklausel vereinbart ist ...".

Danach war der Summenausgleich zunächst innerhalb der Position 1 (Gebäude) und dann (aber schon zweifelhaft) innerhalb der weiteren genannten Positionen im Bereich einer der aufgezählten arabischen Ziffern durchzuführen. Nur soweit nach dieser ersten Stufe noch überschießende Beträge verblieben waren, standen diese für den Ausgleich zwischen Positionen mit anderen arabischen Ziffern zur Verfügung (vgl. zur Positionsbildung S I 16).

29   Diese zweistufige Berechnung des Summenausgleichs war umständlich und wurde (vgl. schon VP 78, 110) daher durch § 28 ZFgA 81 b und (wortgleich) Kl 1704 so geändert, daß die *überschießenden Beträge* sämtlicher – gleichgültig ob durch den VFall betroffen, BGH VersR 83, 1122 – in den Summenausgleich einbezogener Positionen *addiert* und dann **gleichrangig** für sämtliche einbezogenen unterversicherten Positionen verwendet werden. Die einbezogenen Positionen sind nicht mehr mit den (wenig aussagekräftigen, S I 15) arabischen Ziffern der Positionen-Erläuterung, sondern (negativ, vgl. Kl 1704 Nr. 4) nach Art der versicherten Sachen bezeichnet. Sind Sachen dieser Art nicht mehr vorhanden, so soll nach BGH aaO der vereinbarte Summenausgleich den sonst (PM § 68 Anm. 8) auch je Position möglichen Interessewegfall hindern (zweifelhaft). – Allgemein ist für den Summenausgleich von der Höhe der VSumme auszugehen, die sich durch die jeweilige Aufteilung der Vorsorgesumme ergibt (Engels VP 76, 8, 27), denn die Teile der Vorsorgesumme sind rechtlich jeweils Bestandteil der VSummen, denen sie zuzuschlagen sind, S I 19.

30   **Summenausgleichsfähig** sind auch diejenigen Positionen, zu denen eine Wertzuschlagsklausel vereinbart ist, Kl 1704 Nr. 3 und 4 b. *Ausnahme:* VSummen ausschließlich für Neuinvestitionen gemäß Kl 1709 (1705; 6.06; 117), weil nach Nr. 5 dieser Klausel Prämie nur zu zahlen ist, soweit die Vorsorgesumme durch Bestandserhöhung „in Anspruch genommen wird", die im Lauf des Jahres vorhanden waren, S V 44. Ausdrücklich vom Summenausgleich *ausgeschlossen* sind durch Kl 1704 Nr. 4 a VSummen im Sinn der Stichtagsklausel; Motiv: Die Prämie wird hier nicht aus der VSumme, sondern aus den gemeldeten Stichtagswerten berechnet. Schließlich erfolgt ein Summenausgleich gemäß Kl 1704 Nr. 5 auch *nicht* zwischen VSummen für verschiedene Betriebsgrundstücke, S I 8, weil sonst eine risikosteigernde Konzentration aller Werte auf einem von mehreren Betriebsgrundstücken ermöglicht würde, S I 11.

Für die **Aufteilung** des *Gesamtbetrags der überschießenden Summen* gilt   31
nach Kl 1704 Nr. 2 wortgleich dasselbe wie für die Aufteilung einer Vorsorgesumme, S I 25. Für den Summenausgleich ist zweifelsfrei, daß er jede
beliebige Art von UnterV beseitigen kann, S I 25.

6. Entschädigungsgrenze je VFall ist die VSumme gemäß § 50 VVG. Über den   32
Höchstbetrag der Entschädigung bei mehreren VFällen je VJahr vgl. L I 1, 2
und 5 (Verminderung der VSumme?) sowie P II 9 (Verbrauch der Jahresprämie). Allerdings gilt die Entschädigungsgrenze immer nur **je Position**; mehrere
Positionen sind für die Entschädigung grundsätzlich wie getrennte Verträge zu
behandeln, S I 2. Erfüllt also ein VFall die Risikobeschreibungen **mehrerer
Positionen**, so stehen deren Summen bis zur Höhe des Schadens **nebeneinander**
zur Verfügung. Wegen der Begrenzung der Gesamtentschädigung für versicherte *Sachen* und versicherte *Kosten* vgl. S II 12 und W I 3 bis 6.

Eine „**Addition**" kommt jedoch nur in Betracht, soweit der VFall in mehre-   33
re Positionen mit je einer **VSumme** fällt, *nicht* dagegen, wenn ein VFall die
Voraussetzungen mehrerer *Entschädigungsgrenzen* innerhalb *derselben* Position erfüllt. So sind z. B. Diebstahl und Raub in der HausratV stets nur in ein
und derselben Position versichert, S I 6 und U I 13. Entschädigungsgrenzen
besagen nur negativ, welcher Betrag nicht überschritten werden darf. Greifen
mehrere Entschädigungsgrenzen von unterschiedlicher Höhe ein, so ist, soweit die tatbestandlichen Voraussetzungen beider Entschädigungsgrenzen
durch ein und denselben Schaden erfüllt sind, die höhere Grenze gegenstandslos und die niedrigere maßgebend, vgl. U III 18 und 19 für die HausratV nach den VHB 74. Ein Entschädigungsbetrag, der schon die niedrigere
Entschädigungsgrenze übersteigt und daher nicht beansprucht werden kann,
braucht an der Höheren Grenze erst gar nicht mehr gemessen zu werden.

Soweit die *Schäden* im Bereich der verschiedenen Positionen zwar durch   34
denselben VFall entstanden, gleichwohl aber *wirtschaftlich nicht identisch*
sind, ist die **gesonderte Entschädigung je Position** wirtschaftlich sinnvoll und
vom Vertragswillen gedeckt. Die Positionsbildung hat Gründe der Prämien-
bemessung; sie soll die Entschädigung **verschiedener Schäden** nebeneinander
in verschiedenen Positionen nicht hindern. Sind z. B. die versicherten Sachen
auf verschiedene Positionen verteilt, wie in der Industrie-FeuerV, S I 4 und H
III 1, und werden durch einen VFall Sachen aus mehreren Positionen betroffen, so ist jede VSumme gesondert für die in der zugehörigen Position versicherten Sachen maßgebend.

Im allgemeinen *nicht gewollt* ist dagegen die Entschädigung **ein und dessel-**   35
ben Schadens in verschiedenen Positionen desselben Vertrages jeweils bis zu
der VSumme der Position. Soweit dadurch *mehr* als der gesamte Schaden
entschädigt würde, greifen allerdings schon §§ 55, 59 Abs. 1 VVG ein, vgl. S I
2. Aber auch *bis* zur Höhe des Schadens ist Entschädigung eines *identischen*
Schadens aus mehreren Positionen meist nicht gewollt, sondern nur unerwünschte Folge des Umstandes, daß es nicht gelungen ist, die Positionen so
abzugrenzen, daß sich *weder Lücken noch Überschneidungen* ergeben. Dieses Ziel gilt sowohl bei Vollwertpositionen, S I 9, aus denen Prämie berechnet
wird, denn Überschneidungen würden ÜberV und eine zu hohe Prämie ergeben, vgl. das Beispiel in S I 2, wie auch bei Erstrisikopositionen, S II 6, die im

Prämiensatz einer anderen Position desselben Vertrages berücksichtigt sind, also besonders bei den sog. Nebenrisiken der Pauschaldeklaration in der gebündelten GeschäftsV, A II 29 und S I 1. Nur bei Erstrisikopositionen, aus denen gesonderte Prämie berechnet wird, also vor allem bei den Kostenpositionen in der Industrie-FeuerV, S I 10, stören Überschneidungen nicht.

36 §§ 8 Nr. 4 AERB, 9 Nr. 2 VHB 74, 20 VHB 84, 9 Nr. 3 AFB 87, AERB 87, AWB 87, AStB 87 (Entschädigungsgrenze bei mehrfacher V) tragen **nicht** dazu bei, Überschneidungen zwischen Positionen ein und desselben Vertrages zu vermeiden. Die zitierten Bestimmungen gelten zwar nicht nur für Entschädigungsgrenzen im engeren Sinn, sondern auch für VSummen, U I 21 und 23, dies jedoch nur im Verhältnis zu *„anderen VVerträgen"*. Eine Analogie für mehrere Positionen innerhalb *desselben* Vertrages ist *nicht* möglich, U I 24, weil der Wortlaut der Bestimmungen die Rechtsfolge (Gesamtschädigungsgrenze, U I 33) ausdrücklich aus der Fiktion nur eines Vertrages (und nicht: nur einer Position) ableitet. Innerhalb ein und desselben Vertrages müssen die Vertragspartner durch richtig abgegrenzte Vertragspositionen das wirklich gewünschte wirtschaftliche Ergebnis anstreben und erreichen. Falsch abgegrenzte Positionen und deren unerwünschte Überschneidungen können schon wegen § 3 AGBG (Verbot überraschender Regelungen) nicht an anderer Stelle des Vertrags durch eine abstrakt formulierte Bestimmung korrigiert werden.

37 Bei Positionen, die an unterschiedliche **Sachinbegriffe** anknüpfen, S I 4, werden Überschneidungen bisweilen *ausdrücklich* ausgeschlossen. So enthielt z.B. die *Positionen-Erläuterung* schon früher Hinweise für Grundstücksbestandteile, die (nur) als Betriebseinrichtung versichert werden, H II 10, ferner für Muster und Datenträger, die teilweise nicht zur Position der Betriebseinrichtung gerechnet werden, H III 4, ferner für Kfz-Ersatzteile als Betriebseinrichtung usw. Über die ausdrücklich geregelten Fälle hinaus dürfen z.B. auch in der *Pauschaldeklaration* für die GeschäftsV *Urkunden* nicht als Betriebseinrichtung angesehen werden, H III 22, ebenso nicht *Datenträger,* weil sie gesondert versichert werden, H III 28. Die AERB enthalten in § 2 Nr. 3 einen ausdrücklichen *Negativkatalog,* H III 22, der aufgrund der Antragsformulare (einheitliche VSumme) im Zweifel auch für die übrigen gebündelten VZweige maßgebend ist. In §§ 2 Nr. 6 AFB 87, AWB 87, AStB 87, 2 Nr. 5 AERB 87 wurde diese Regelung übernommen.

38 Soweit die Positionen durch die **Art der Aufbewahrung** (S I 6) der Sachen als Kriterium abgegrenzt sind, insbesondere bei *Geld* und *Wertpapieren,* steht die Position mit den *strengeren* Anforderungen im Zweifel *auch* für Schäden an Sachen unter dem *einfacheren* Verschluß zur Verfügung, vgl. H III 50 für die Pauschaldeklaration. Zweifelsfrei ist dies, wenn die Werte auf *mehrere* qualifizierte Behältnisse aufgeteilt sind und in keinem Behältnis mehr als die VSumme der Position untergebracht ist. Man wird aber auch dann nicht anders entscheiden können, wenn in einem *einzigen* qualifizierten Behältnis Sachen im Wert des Gesamtbetrags der beiden Positionen für den qualifizierten und den einfachen Verschluß (oder für unverschlossen aufbewahrte Sachen) enthalten sind.

39 Allerdings wird das *Diebstahlsrisiko* durch *Konzentration von Werten* in einem einzigen Behältnis erhöht, weil der Dieb den Zeitverlust einer Suche

nach oder in mehreren verschlossenen Behältnissen vermeidet. Aber dies
kann durch die größere Mühe des Öffnens des qualifizierten Behältnisses
ausgeglichen werden. Außerdem hätte der Vr die „Addition" von Positionen
für verschiedene Verschlüsse durch einen entsprechenden Hinweis leicht eindeutig ausschließen können. Noch klarer ist die Rechtslage bei Bargeld und
Wertpapieren gemäß Pos. 4.1 der Positionen-Erläuterung in der Industrie-
FeuerV, S I 6: Für das *Feuerrisiko* wird der Nachteil der Konzentration von
Sachen durch den Vorteil der größeren Feuerbeständigkeit (H III 53) des
besseren Behältnisses mehr als ausgeglichen.

Eine **Korrektur** von Überschneidungen zwischen verschiedenen Positionen   **40**
im Weg einer entgegen dem klaren Wortlaut einschränkenden „Auslegung"
der Risikoabgrenzung ist **nicht** möglich, in objektiv auszulegenden AVB (A II
7) noch weniger als in Antragsformularen und VScheinen. Man kann z. B.
nicht den Begriff der Reparaturkosten enger auslegen, nur weil Aufräumungskosten in einer gesonderten Position versichert sind, vgl. R III 40 und
W V 2. Die Überschneidung von *Reparaturkosten* insbesondere in Form von
Reinigungskosten einerseits und *Aufräumungskosten* andererseits muß hingenommen werden, ebenso mögliche Überschneidungen zwischen Reparaturkosten und *Schadenermittlungskosten* nach § 66 VVG, R III 38.

Nicht korrekturfähig sind insbesondere die Umschreibungen der **versicher-**   **41**
ten Gefahr durch die AVB. Soweit für die versicherten Gefahren des **erschwer-**
ten Diebstahls und des **Raubes** gesonderte Positionen gebildet sind (nach der
Pauschaldeklaration für die **Geschäfts**V stets, S I 5, in der HausratV hingegen
niemals, A III 14), die versicherten Gefahren sich aber überschneiden, dürfen
die Risikoabgrenzungen nicht etwa deshalb enger ausgelegt werden, weil
sowohl erschwerter Diebstahl wie auch Raub versichert ist. Allerdings hatte
BGH VersR 71, 357 räuberischen Diebstahl nach den AEB letztlich wohl nur
deshalb als Raub behandelt, weil er nicht ausdrücklich in die DiebstahlV
eingeschlossen war, D XIII 4, was nach den AERB und AERB 87 nicht mehr
zutrifft, D XIII 7. Aber was geschehen ist, um zum Vorteil des VN eine
Lücke zu vermeiden, darf *nicht* umgekehrt auch mit dem Ziel geschehen, zum
Nachteil des VN Überschneidungen zwischen den gesonderten Positionen
für erschwerten Diebstahl (D II 20) oder Diebstahlsversuch (D II 36) und
Raub (D II 26) zu beseitigen.

Die Überschneidungen zwischen den Begriffen des erschwerten Diebstahls   **42**
und des Raubes sind in D II 20 bis 24 sowie D II 28 bis 32 erörtert. **Wichtig-**
ster Überschneidungsfall (Martin, Klingmüller-Festschrift 274) ist der, daß der
Täter zuerst einsteigt oder einbricht und dann im VOrt den VN oder einen
Wächter oder sonstigen Angestellten überfällt, gleichgültig ob der VN
mit dessen Anwesenheit gerechnet hatte oder davon überrascht wird, D II 28.
Ebenso liegt es, wenn der Täter zuerst den VN oder den Wächter überfällt
und dann ein Behältnis mittels falscher (§ 1 Nr. 2b AERB 87) oder richtiger
(§ 1 Nr. 2e AERB 87) Schlüssel öffnet.

Keine Überschneidung ergibt sich, wenn der Täter – ohne Einbruch oder   **43**
Einsteigen – den VN oder dessen Angestellten zwingt, verschlossene Räume
und Behältnisse zu öffnen und Sachen herauszugeben, D II 32; hier liegt *nur*
Raub vor (BGH VersR 77, 1144 gegen VN 48, 73 = VW 221). Anders – Raub
und erschwerter Diebstahl (BGH aaO) – war die Rechtslage nach § 2 Nr. 3

Abs. 3 AEB mit ED-Kl 8 Abs. 2, wenn der Täter innerhalb des VOrts die Herausgabe des Schlüssels und dann sofort auch die Duldung des Mißbrauchs des Schlüssels erzwingt. Die AERB und AERB 87 haben diese Überschneidungen beseitigt, und zwar sowohl für Behältnisschlüssel, D II 32 wie für Schlüssel zu einem verschlossenen Raum innerhalb des VOrts, D II 30. Nach § 1 Nr. 2 e cc AERB, AERB 87 ist nämlich Gebrauch des geraubten richtigen Schlüssels nur noch dann erschwerter Diebstahl, wenn der Schlüssel *außerhalb* des VOrts geraubt wurde.

44   Die beiden Positionen (S I 5) für Raub in der GeschäftsV, nämlich für **Raub im VOrt** und für **Transportraub**, D XII 77 und 96), überschneiden sich. Wird ein Transport in der Phase beraubt, in der er sich – kurz nach Beginn oder kurz vor Beendigung – noch oder schon innerhalb des VOrts bewegt, so kann Entschädigung bis zur Höhe des Schadens (S I 35) nebeneinander aus beiden Positionen verlangt werden, vgl. auch U III 11.

II. Unterversicherung und deren Bekämpfung; Erstrisikoversicherung

1   § 56 VGG ergänzt § 50 VVG. Die VSumme ist nicht nur gemäß § 50 VVG Entschädigungsgrenze, falls der Schaden die VSumme übersteigt, sondern sie führt nach § 56 VVG zu *proportinaler Kürzung der Entschädigung* immer dann, wenn der VWert der in der betroffenen Position versicherten Sache über der VSumme liegt. Dieser **Wert der Position** ist oft, aber nicht immer identisch mit der Summe der EinzelVWerte der versicherten Sachen. Er ist niedriger als jene Summe, wenn bei einigen oder allen versicherten Sachen der Wiederbeschaffungspreis mit der Anzahl der zu beschaffenden Sachen absinkt, vgl. Q I 1 und S II 32).

2   § 56 VVG entlastet den Vr bei **Teilschäden** in demselben Maß wie er durch § 50 VVG bei sog. Vollschäden entlastet wird, nämlich bei Totalschäden an sämtlichen versicherten Sachen der Position, R I 8. Gäbe es nur § 50 VVG und nicht auch § 56 VVG, so würde der Vr bei allen Schäden unterhalb des Vollschadens, also bei allen Schäden **unterhalb des möglichen Höchstschadens je Position**, weniger stark als bei Vollschäden entlastet, Wälder RuS 89, 409. Liegt ein Schaden auch nur geringfügig unter jenem möglichen Höchstschaden, so zeigt sich bereits die praktische Bedeutung von § 56 VVG neben § 50 VVG, also die praktische Bedeutung der aus § 56 VVG abzuleitenden Proportionalitätsregel **VSumme: Höchstschaden = Entschädigung: Schaden**, vgl. näher S II 22. Bei Schäden, die niedriger als die VSumme sind, würde der Vr durch § 50 VVG für sich allein überhaupt nicht mehr entlastet. Gäbe es § 56 VVG *nicht,* so würde der Vr gezwungen, nicht nur die Höhe der VSumme, sondern auch die *Höhe des VWerts* und den jeweils zu erwartenden Anteil an größeren und kleineren Schäden zum *Prämienberechnungskriterium* zu machen, was aber praktisch nicht durchführbar wäre, BM § 56 VVG Anm. 4.

3   Motiv des § 56 VVG ist also die in S I 1 erwähnte Prämienberechnung aus der vereinbarten VSumme. Das Schadenrisiko hängt nicht nur von der VSumme, sondern auch vom VWert ab. Da der VWert in der Prämienberechnung nicht berücksichtigt wird, würde die **Zunahme des VWerts**, falls es § 56 VVG

nicht gäbe, eine **Gefahrerhöhung** im Sinn von § 23 ff. VVG bewirken, RuS 90, 27. Diese gesetzliche Bestimmungen wären indessen für diesen Fall von ihrem Inhalt her ungeeignet, weil sie auf ein Verschulden des VN und auf Kausalität abstellen und überdies nach dem Alles-oder-Nichts-Prinzip immer nur entweder zur vollen Leistungspflicht oder zur vollen Leistungsfreiheit des Vr führen. Deshalb ersetzt § 56 VVG als gesetzliche **Sonderregelung** für den Fall der UnterV im Interesse der **Prämiengerechtigkeit** die allgemeinen Bestimmungen der §§ 23 ff VVG über Gefahrerhöhungen, vgl. dazu Martin VersRSch 85, 1. Wenn schon der VWert als Risikofaktor nicht in der Prämienberechnung berücksichtigt werden kann, dann soll er nach § 56 VVG wenigstens für die Höhe der Entschädigung berücksichtigt werden. Auf die Zunahme des Anreizes für Einbrecher durch Einlagerung zusätzlicher unversicherter Sachen bleiben hingegen §§ 23 ff VVG anwendbar, LG Hamburg RuS 90, 26.

Allerdings läßt § 56 VVG außer Acht, daß mit der Zunahme des VWerts **4** das **Risiko** von Schäden, die nicht Vollschäden im Sinn von S II 2 sind, meist nicht proportional, sondern meist **nur unterproportional ansteigt,** vgl. die Beispiele aus der Feuer- und DiebstahlV bei Martin VersRsch 85, 2. Die Proportionalitätsregel entlastet den Vr also meist ein wenig stärker als notwendig. **Genau** gesehen dürfte die Entschädigung nicht im Verhältnis des VWerts zur VSumme, sondern nur entsprechend dem **Verhältnis der Bedarfsprämie zur Ist-Prämie** gekürzt werden.

Aber die Bedarfsprämie wäre in der Regel nicht genau feststellbar. Mit **5** anderen Worten: Der Prämiensatz je 1000 DM VSumme müßte mit steigendem VWert der Position fast immer ein wenig fallen. Aber das Ausmaß dieser Degression wäre nur schwer exakt zu kalkulieren, weshalb der Vr oft (vgl. aber S II 8) von jeglicher Degression absieht, S II 3. Auch in § 56 VVG wäre der nur unterproportionale Anstieg des Teilrisikos kein praktikables Kriterium. Deshalb knüpft § 56 VVG schematisch an das Verhältnis zwischen VWert und V-Summe an. Außerdem wird die oft „zu starke" **Kürzung** nach § 56 VVG zugunsten des VN oft wieder dadurch **kompensiert,** daß der Vr den VWert und damit die UnterV oft entweder überhaupt nicht oder nicht in voller Höhe beweisen kann, S II 39 und 67.

Allerdings setzt die Proportionalitätsregel voraus, daß sich der **mögliche 6 Höchstschaden** theoretisch und praktisch auch wirklich ermitteln läßt. Daher steht § 56 VVG zwar in den Vorschriften für die gesamte SchadenV, knüpft aber an den *VWert von Sachen* als möglichen Höchstschaden an. § 56 VVG gilt nicht, wo sich schon *theoretisch* ein höherer Höchstschaden nicht beziffern läßt, also z. B. nicht in der HaftpflichtV und nicht in der sog. KostenV innerhalb der SachV, A I 9. Außerdem werden auch Sachen mit theoretisch feststellbarem VWert aus verschiedenen praktischen Gründen oft ohne UnterVRegeln versichert, vgl. zu dieser sog. ErstrisikoV S II 10 bis 20 und 76.

§§ 3 Nr. 4 AFB 30, 4 Nr. 2 AWB 68, AStB 68, 2 Nr. 2 NwSoBedIuG, 2 Nr. 3 **7** NwSoBedlG, 6 Nr. 2 NwIG 80, 10 Nr. 3 AERB, 7 Nr. 2 VGB 62, 16 Nr. 1 VGB 88, §§ 5 Nr. 2 VHB 74, 18 Nr. 3 VHB 84, 11 Nr. 3 AFB 87, AERB 87, 11 Nr. 4 AWB 87, AStB 87 übernehmen die sog. Proportionalitätsregel des § 56 VVG in die AVB. Hierbei wird in den neueren Bestimmungen, nämlich seit den

NwIG 80 und den AERB, im Verhältnis zu § 56 VVG klarer geregelt, welcher Betrag als „Schaden" zu kürzen ist und in welcher Reihenfolge gegebenenfalls UnterV, Selbstbehalt und Entschädigungsgrenzen nebeneinander zu berücksichtigen sind.

8 Da § 56 VVG ohnehin eine pauschalierende Regelung darstellt, S II 5, muß sie auch angewendet werden, wo die **Prämie** nur **degressiv** steigt, P III 2, und daher bei UnterV die *Prämieneinbuße* des Vr *geringer* ist *als* der *Abzug* von der Entschädigung. Eine Ausnahme kommt nur in Betracht, wo als Prämie wegen einer besonders niedrigen VSumme die tarifliche Mindestprämie vereinbart worden war, GB 86, 60; dann ist zugunsten des VN die höchstmögliche noch im Rahmen der Mindestprämie liegende VSumme als vereinbart anzusehen, zumal sonst meist auch der Einwand des Beratungsverschuldens erhoben werden könnte. Von diesem Sonderfall abgesehen ist aber für eine Korrektur des Gesetzes angesichts des klaren Wortlauts kein Raum. Auch eine Korrektur der AVB nach §§ 3, 9 AGBG kommt wegen § 6 Abs. 2 AGBG nicht in Betracht. Freygang VW 66, 1110 plädiert nur rechtspolitisch, nicht aber für das geltende Gesetzesrecht zugunsten einer Maßgeblichkeit des Verhältnisses zwischen der **Soll-Prämie** und der **Ist-Prämie**. Dieses Verhältnis ist bisher nur maßgebend, wo der Vertrag dies ausdrücklich vorsieht, also z. B. nach Glas-Kl 742 (PM Teil II D nach § 12 AGlB).

9 Die Proportionalitätsregel zwingt den VN zur Wahl einer VSumme in Höhe des vollen Werts der versicherten Sachen, wenn er volle Entschädigung erstrebt und daher UnterV vermeiden will. Wegen dieser Wirkung der Proportionalitätsregel wird deren Anwendungsbereich oft auch als **VollwertV** bezeichnet, vgl. schon S I 9. Selbstverständlich kann aber auch im Anwendungsbereich der VollwertV von Fall zu Fall **bewußt** eine **zu niedrigere VSumme** vereinbart werden. Dies kann aus der Sicht des VN den Zweck haben, **Prämienaufwand einzusparen,** aus der Sicht des Vr den Zweck, das Schadenverhütungsinteresse des VN zu stärken und das sog. **subjektive Risiko** zu **vermindern.** Letzteren Zweck kann auch ein prozentualer oder betragsmäßiger Selbstbehalt in Verbindung mit einer Abrede im Sinn von §§ 9 Nr. 2 AFB 30, 8 Nr. 2 AERB, 9 Nr. 2 AFB 87, AERB 87, AWB 87, AStB 87 für den Fall einer MehrfachV. Wegen der Überschneidung zwischen bewußter UnterV und prozentualem Selbstbehalt wird die sog. „vereinbarte Selbstversicherung" zusammenhängend in T II 10 bis 16 behandelt.

10 **2. Die Anwendung von § 56 VVG** kann vertraglich **von zusätzlichen Voraussetzungen,** z.B. von der Erfüllung vorvertraglicher (M III 65 bis 68) oder vertraglicher (M III 69) Anzeigepflichten, **abhängig gemacht** oder sogar völlig abbedungen werden; es kann eingeschränkter oder uneingeschränkter **UnterVVerzicht** vereinbart werden. – Von **Erstrisiko V** (Literaturnachweise bei BM § 56 VVG Anm. 58) spricht man, soweit § 56 **VVG** uneingeschränkt **abbedungen** ist, UnterV also nicht eingewendet werden kann und der Vr daher bei Schäden bis zum Betrag der VSumme das *„erste Risiko"* (so erklärt sich der gebräuchliche Name) trägt, während die VN erst in zweiter Linie ein Risiko trägt, nämlich in Höhe des Mehrbetrags bei Schäden, welche die VSumme als Entschädigungsgrenze gemäß § 50 VVG übersteigen, S II 2. Soweit § 56 VVG und die in S II 7 zitierten AVB-Vorschriften schon von

ihrem Tatbestand her nicht eingreifen, weil ein VWert als möglicher Höchstschaden nicht festgestellt werden kann, S II 6, handelt es sich auch ohne besondere Vereinbarung um eine ErstrisikoV.

Wo die **UnterVRegeln** von ihren Tatbestandsmerkmalen her anwendbar **11** sind, müssen sie vertraglich **ausgeschlossen** werden, wenn sie nicht gelten sollen. In § 3 Nr. 4 AEB war schon früher ausdrücklich gesagt, daß die UnterVRegeln im Rahmen der Bezeichnung einer Summe oder Position durch die Worte „auf Erstes Risiko" ausgeschlossen werden können. Dieselbe Regelung findet sich jetzt in §§ 10 Nr. 4 AERB, 11 Nr. 4 AFB 87, AERB 87, 11 Nr. 5 AWB 87, AStB 87. Über den dort vorgesehenen traditionellen Anwendungsbereich der ErstrisikoV hinaus ermöglicht neuerdings Kl 834 zu den VHB 84 auch eine ErstrisikoV des Hausrats, vgl. S II 76.

a) **Kosten** (A I 9 und W I 7) werden stets auf Erstes Risiko versichert. Bei **12** einem Kostenanfall unterhalb der vereinbarten VSumme kommt es auf die Höhe dieser VSumme nicht an. Dies folgt aus der Natur der Sache, denn der mögliche Höchstschaden ist nicht bezifferbar, die VSumme kann also nicht mit einem möglichen Höchstschaden verglichen werden, S II 6. § 10 Nr. 4 b AERB sowie §§ 11 Nr. 4 AFB 87, AERB 87, 11 Nr. 5 AWB 87, AStB 87 sprechen dies generell für alle Kostenpositionen aus. Ähnlich lautet § 3 B Nr. 3 VHB 74 für Gebäudeschäden und Schloßänderungen in der HausratV (dazu Martin VW 74, 355). Statt einer Erstrisikosumme kann auch, wie z. B. in §§ 18 Nr. 6 Abs. 1 VHB 84, 15 Nr. 5 VGB 88 für Hausrat sowie für Wohngebäude mit GegenwartsVSumme die **Gesamtentschädigung** für **Hauptschaden** und versicherte **Kosten** die SachVSumme nicht übersteigen dürfen, vgl. U I 2 und W I 3 bis 10 (dort auch zur Ausnahme des § 18 Nr. 6 Abs. 2 VHB 84 für HausratV). Die in beiden Bestimmungen gebrauchten Worte „versicherte Kosten" nehmen allerdings nur auf die in §§ 2 VHB 84, VGB 88 erwähnten Kosten Bezug. Dazu gehören zwar auch die Rettungskosten, nicht aber **Schadenermittlungskosten**. Kosten gemäß § 66 VVG sind daher nach den VHB 84 und VGB 88 entgegen der gesetzlichen Regelung **auch über die VSumme hinaus** zu entschädigen; wegen § 56 VVG vgl. S II 17.

Statt einer Anwendung von § 56 VVG auf die KostenVSumme ist es mög- **13** lich, **Kosten nur anteilig** in dem Verhältnis zu ersetzen, in dem bei einer **anderen** Position desselben Vertrages UnterV besteht, vgl. vor allem die gesetzlichen Regelungen in §§ 63 Abs. 2 (W II 1), 66 Abs. 3 (W IX 1) VVG. So verfahren z. B. § 3 Nr. C 2 VHB 74 bei Leitungswasserschäden an Fußböden, Wänden und Decken der gemieteten Wohnung, E I 65 und Kl 1301 Nr. 6 in der PreisdifferenzV, Q I 73. Dagegen ist z. B. für *Aufräumungskosten* (W V 1) in §§ 1 Nr. 2 b VHB 74, 1 Nr. 2 c VGB 62 eine *Kürzung* wegen UnterV des Hausrats oder des Wohngebäudes *nicht* vorgesehen (Analogie nicht zu § 14 VHB 74, sondern zu § 3 Nr. B 3 VHB 74). Eindeutig geregelt ist die Frage für alle Arten von versicherten Kosten in § 18 Nr. 3 und 4 VHB 84 und in § 16 Nr. 2 VGB 88: Das UnterVVerhältnis zwischen VSumme und VWert bei versicherten Sachen führt zu entsprechender Kürzung auch der Entschädigung für versicherte Kosten, vgl. zu dieser Regelung Ollick VerBAV 84, 359.

Rettungskosten (W II 1) werden schon nach § 63 Abs. 2 VVG und ebenso **14** nach §§ 14 AFB 30, AEB, 13 AWB 68, AStB 68, 12 AERB, 14 VHB 74, VGB

62, 18 VHB 84, 16 VGB 88, 3 Nr. 1 Abs. 1 Satz 3 AFB 87, AERB 87, AStB 87, 3 Nr. 2 Abs. 1 Satz 3 AWB 87 gekürzt, „wenn UnterV besteht" oder „bei einer UnterV". Allerdings wird in §§ 14 AFB 30, AEB, 13 AWB 68, AStB 68 nicht gesagt, auf welche von mehreren Positionen es bei der UnterV ankommt. In der HausratV spielt dies keine Rolle, weil nur eine einzige Position besteht. Mehrere Wohngebäude werden zwar oft als gesonderte Positionen versichert, S I 18, aber Probleme entstehen ebenfalls nur selten, weil sich die Rettungskosten in der Regel nur einem der mehreren Wohngebäude zuordnen lassen. Schwierigkeiten kann es dagegen in der Feuer-IndustrieV geben, wo sich Rettungskosten oft schon nicht klar im Verhältnis zwischen Gebäude und Inventar und noch weniger positionsweise zwischen den einzelnen Arten von beweglichen Sachen zuordnen lassen. In §§ 12 AERB, 3 AFB 87, AERB 87, AWB 87, AStB 87 wird gleichwohl ebenso wie für den Höchstbetrag der **Gesamtentschädigung für Hauptschaden und versicherte Kosten** (S I 10, S II 12 und W I 3) im Grundsatz nur auf die Position(en) abgestellt, zu denen die Rettungskosten angefallen sind.

15   Ob der UnterVEinwand auch für **Rettungskosten auf Weisung** gilt (PM § 63 Anm. 5 C a), sagt der Wortlaut von § 63 VVG nicht ausdrücklich. Man wird die Frage verneinen müssen. § 12 Nr. 1 Satz 3 AERB sowie §§ 3 Nr. 1 AFB 87, AERB 87, AWB 87, 3 Nr. 2 AStB 87 entscheiden die Frage jedoch im Gegenteil zum Nachteil des VN. Dies erscheint bedenklich im Hinblick auf **§ 9 Abs. 2 Nr. 1 AGBG.** Wenn schon die aus der Sicht des Vr wesentlich bedeutsamere Begrenzung der Gesamtentschädigung für Rettungskosten und Hauptschaden für Rettungskosten auf Weisung nach § 63 VVG nicht gilt, dann entspricht eine proportionale Kürzung der Entschädigung für niedrigere Kostenschäden noch weniger der richtigen Auslegung von § 63 Abs. 2 VVG und dem Grundgedanken der gesetzlichen Regelung im Sinn von § 9 AGBG, denn §§ 56, 63 II VVG sind wirtschaftlich nur eine Ergänzung des § 50 VVG, auf den stillschweigend § 63 Abs. 1 Satz 2 VVG Bezug nimmt, vgl. S II 2.

16   § 63 Abs. 1 Satz 2 VVG will dem VN ermöglichen, Weisungen des Vr risikolos zu befolgen. Dieses Bedürfnis besteht aber gerade auch in den Fällen der UnterV, denn für den unterversicherten Eigenanteil begründet die Kostenübernahme durch den Vr überhaupt erst die wirtschaftliche Existenzberechtigung des Weisungsrechts, will der Vr das Kostenrisiko vermeiden, so muß er sich auf eine **bloße Empfehlung** beschränken und ausdrücklich erklären, daß es sich **nicht** um eine Weisung handelt. Auch eine bloße Empfehlung hat, wenn sie erkennbar auf besonderer Fachkunde des Vr beruht, den gewünschten Einfluß auf die Beurteilung des Verschuldensgrades im Rahmen von § 62 Abs. 2 VVG, falls der VN die Empfehlung nicht befolgt. Allerdings bringen erfolgreiche Maßnahmen auf Weisung auch dem VN einen Vorteil, nämlich mit Bezug auf den unversicherten Teil des Schadens. Aber dies trifft ebenso in den Fällen von § 63 Abs. 1 Satz 2 VVG zu und blieb dort gleichwohl unberücksichtigt. Auch kann man *nicht* etwa innerhalb von § 63 Abs. 2 VVG durch „Auslegung" zwischen den Kosten *erfolgreicher* und den Kosten *erfolgloser* Maßnahmen auf Weisung *unterscheiden.* Daher aber ist es das kleinere Übel, den Vr die Kosten erfolgreicher Maßnahmen auf Weisung auch bei UnterV voll tragen zu lassen, als den VN bei UnterV mit anteiligen

Kosten erfolgloser Maßnahmen zu belasten, die er nur wegen der Weisung ergriffen hat.

Schadenermittlungskosten sind nach § 66 Abs. 3 VVG ein weiterer Fall, in 17 dem kraft Gesetzes UnterV der versicherten Sachen die Kostenentschädigung mindert. In den AVB wird diese Regelung nicht bestätigt. Die älteren AVB wollen den Ersatz von Schadenermittlungskosten als Fall eines „weiteren Schadens" sogar gänzlich ausschließen, vgl. dazu und zur Vereinbarkeit dieser Regelung mit § 9 Abs. 2 Nr. 1 AGBG W IX 16 bis 27. In den VHB 84 und in den VGB 88 fehlt auch weiterhin jeder Hinweis auf § 66 VVG. Hingegen enthalten §§ 3 Nr. 2 AFB 87, AERB 87, AStB 87, 3 Nr. 3 AWB 87 einen solchen Hinweis und nehmen damit stillschweigend auch auf die UnterVRegelung in § 66 Abs. 3 VVG Bezug. Der Ausschluß von Vermögensfolgeschäden in §§ 11 Nr. 2 AFB 87, AERB 87, 11 Nr. 3 AWB 87, AStB 87 umfaßt Schadensermittlungskosten selbstverständlich nicht mehr.

Auch in der **Klein-BU-V** wird nach § 4 Nr. 4 ZKBU 87 die Entschädigung 18 entsprechend einer UnterV der versicherten Sachen gekürzt. Da dort anders als nach den FBUB eine besondere BU-VSumme nicht gebildet wird, Q I 8, kommt als pauschaler UnterVMaßstab auch für die Klein-BU-V nur die SachVSumme – gegebenenfalls laufend nach Kl 1704 angepaßt, S III 4 – im Verhältnis zum SachVWert in Betracht. § 4 Nr. 1 Abs. 2 ZKBU 87 ermöglicht speziell für den BU-V eine **Erhöhung der maßgebenden SachVSumme**, insbesondere für Fälle, in denen die dem Betrieb dienenden Sachen nicht oder nicht mit ausreichender VSumme bei dem betroffenen SachVr versichert sind, z.B. weil noch ein anderer SachVVertrag mit einem anderen Vr besteht, dort jedoch ohne Einschluß des BU- Risikos. In diesen Fällen nimmt zwar nicht der Mehrbetrag gemäß § 4 Nr. 1 Abs. 2 ZKBU 87, wohl aber der **Grundbetrag der SachVSumme** auch mit Wirkung für die ZKBU 87 an einer vereinbarten laufenden **Anpassung der VSumme nach Kl 1701** teil. Der Vr muß möglicherweise den VN im Rahmen seiner **Beratungspflicht** darauf hinweisen, daß der Mehrbetrag gemäß § 4 Nr. 1 Abs. 2 ZKBU 80 laufend überprüft werden muß, weil Kl 1701 für ihn nicht gilt. Auch auf die Existenz von § 4 Nr. 1 Abs. 2 ZKBU 87 selbst wird der Vr den VN in einschlägigen Fällen hinweisen müssen, jedenfalls wenn Anzeichen dafür sprechen, daß der VN die Notwendigkeit der dort erwähnten Erhöhungsmöglichkeit nicht kennt.

b) Raubschäden werden nach §§ 10 Nr. 4a AERB, 11 Nr. 4a AERB 87 eben- 19 falls grundsätzlich auf Erstes Risiko versichert. Dies galt nach der Pauschaldeklaration und der sonstigen Vertragspraxis auch schon früher, obwohl es in den AEB und SBR noch nicht ausdrücklich gesagt war. Wirtschaftlicher Grund ist, daß gegen Raub für Geld, Wertpapiere und sonstige Sachen nur eine einzige Person (S I 5) gebildet werden soll, weil die Verschlußvorschriften auf Raub ohnehin nicht anzuwenden sind, H III 52. Außerdem wären Raubrisiko und Prämienbedarf für andere Sachen als Geld und Wertsachen verschwindend gering, was ebenfalls gegen VollwertV dieser Sachen (insbesondere der Betriebseinrichtung) spricht. Da sich überdies Wertpapiere für eine VollwertV besonders wenig eignen, Q II 48, wird die ganze Position auf Erstes Risiko versichert.

20   c) Ansonsten wird ErstrisikoV meist dort vereinbart, wo der **VWert** als
möglicher Höchstschaden **nicht** oder nur schwer **feststellbar** wäre, so insbesondere bei den in S II 19 schon erwähnten Wertpapieren, ferner bei Bargeld,
bei Datenträgern, Q II 54, bei Mustern (nur Zeitwert, Q II 63 und 65) und bei
Fremdeigentum, das verpackt und daher für den VN wertmäßig nicht zu
erfassen ist. So erklärt sich die ErstrisikoV nach **Kl 2702 (Spediteure)**. Allerdings ist der wesentlich höhere Prämiensatz für die ErstrisikoV für die Vr in
deren Wettbewerb oft nur schwer zu erzielen. Deshalb ist die DiebstahlV in
Kl 4201 (Fremdes Eigentum bei Lagerhaltern) bei der VollwertV für verpack-
te fremde Sachen geblieben; um Prämienberechnung und Schadenregulierung
zu vereinfachen, wird hier der VWert auf den in einem *Lagerbuch* eingetragenen Betrag taxiert, vgl. aber §§ 57, 87 VVG und Kl 4201 Nr. 3. – Rechtsprechungszitate zu Fällen, in denen streitig wurde, ob ErstrisikoV vereinbart
war: BM § 56 VVG Anm. 61.

21   Über den in S II 10 bis 20 skizzierten traditionellen Anwendungsbereich
der ErstrisikoV hinaus wird laufend geprüft, ob nicht die in S II 63 bis 75
geschilderten Nachteile der VollwertV – Enttäuschung des VN durch den
UnterVEinwand, Mehraufwand für Schadenregulierung und für unbegründete Schadenzahlungen mangels Nachweises der an sich bestehenden UnterV
– Anlaß sein könnten, § 56 VVG **für weitere Gruppen von VN oder versicherten
Sachen, Gefahren usw.** auszuschließen, vgl. S II 71. Bisher wichtigstes Ergebnis
dieser Überlegungen ist die ErstrisikoV des Hausrats nach Kl 834 zu den
VHB 84, vgl. S II 76 bis 112, sowie der weitgehende UnterVVerzicht in der
Gleitenden NeuwertV von Wohngebäuden nach den VGB 88, vgl. S II 73
und 124 und S IV 2 bis 60.

22   3. Die **Proportionalitätsregel** besagt, daß je Position der „Schaden" im Sinn
von § 56 VVG im Verhältnis des VWerts zur VSumme gekürzt wird, vgl. die
in S II 2 wiedergegebene Berechnungsformel. Diese Regelung gilt jetzt einheitlich auch für die NeuwertV, vgl. die oben S II 7 zitierten AVB und zur
früheren sog. gebrochenen Berechnung BMS C 9, PM § 56 Anm. 1 A sowie
BM § 56 VVG Anm. 36. Der aus dem Verhältnis des VWerts zur VSumme
ermittelte Kürzungsprozentsatz ist auch dann auf den Schadenbetrag und
nicht etwa nur auf die VSumme anzuwenden, wenn der Schadenbetrag die
VSumme übersteigt, Wälder RuS 89, 409 gegen LG Bochum RuS 89, 408.

23   a) „**Schaden**" ist der Betrag, der sich durch Anwendung der oben R II
(Totalschaden) und R III (Teilschaden) behandelten Vorschriften ergibt. Am
besten ist dies in §§ 6 Nr. 2 NwIG 80, 10 Nr. 3 AERB, 11 Nr. 3 AFB 87,
AERB 87, 11 Nr. 4 AWB 87, AStB 87, 18 Nr. 3 VHB 84, 16 Nr. 1 VGB 88
ausgedrückt, wo der *„gemäß … ermittelte Betrag"* angesprochen wird, während in älteren AVB im Anschluß an § 56 VVG jeweils von dem „Schaden"
die Rede war, in den AFB 30 und AEB sowie in den früheren (S IV 1)
Sonderbedingungen für die Gleitende NeuwertV sogar ohne Bezugnahme auf
die Berechnungsvorschriften. Gemeint ist der seiner Art nach versicherte
Schaden „Schaden" ohne Rücksicht auf Selbstbehalt und Entschädigungsgrenzen, S II 54. Nicht in die Berechnung nach der Proportionalitätsregel
einzubeziehen sind zweifelsfrei Schäden, die nach §§ 1 Nr. 6 AFB 30 AEB
usw. (W I 9 bis 15) *nicht* oder nur aus einem BU-VVertrag oder nur aus einer

anderen Position gemäß S I 10 sowie S II 12 (KostenV) zu entschädigen sind, S II 29, also z.b. entgangener Gewinn- und sonstige **Vermögensfolgeschäden,** Rettungs-, Schadenermittlungs- Aufräumungs- und Abbruch-, Bewegungs- und Schutz- sowie Feuerlöschkosten, soweit diese Kosten nicht ausnahmsweise zugleich Teil der Reparaturkosten sind, S I 40.

Terminologische Schwierigkeiten bestehen vor allem, wo **UnterVRegeln in** 24 **Sonderbedingungen oder Klauseln** erscheinen und daher die für die Berechnung des versicherten Schadens maßgebenden Bestimmungen nicht vollständig zitiert werden können. Die Worte „errechnete Neuwertentschädigung" in § 2 Nr. 2 SGlN 79a (S IV 6 der 2. Aufl.); drücken einerseits zutreffend aus, daß zunächst z.b. die Kürzung nach § 2 Nr. 2 NwSoBedlG (Neuwertstaffel für landwirtschaftliche Gebäude) vorzunehmen ist, lassen aber andererseits zu wenig erkennen, daß im Selbstbehalt oder eine Entschädigungsgrenze erst nach Anwendung der Proportionalitätsregel berücksichtigt wird, S II 54. Zu § 2 Nr. 3 SGlN 88 vereinfacht sich die Fragestellung, weil § 2 Nr. 2 SGlN 88 einen Staffelabzug ausdrücklich ausschließt. Auch Kl 1705 (StichtagsV, S VI 4) stand vor der Schwierigkeit, die für den Ausgangsbetrag maßgebenden Vorschriften aus verschiedenen AVB nicht vollständig zitieren zu können, und ist in Nr. 4 zu den Worten „ganzer Schaden" zurückgekehrt.

Da die Proportionalitätsregel an die *VSumme* anknüpft, ist der gesamte 25 Schaden zu berücksichtigen, der durch die **Position** (S I 2) versichert ist, zu der die VSumme vereinbart wurde. Sind durch denselben VFall **mehrere Sachen** oder Sachteile usw. betroffen, die in *derselben Position* versichert sind, so wird die Entschädigung für alle Sachen usw. gleichmäßig gekürzt, die **Entschädigung** also den betroffenen Sachen grundsätzlich (Ausnahmen: S II 26 und 27) **proportional zugeordnet.** Begründung: Wäre nur *eine* Sache oder *ein* Sachteil usw. vom Schaden betroffen, so ergäbe sich ein durch die UnterV *bestimmtes* Kürzungsverhältnis. Daran kann sich *nicht* deshalb etwas *ändern,* weil noch weitere Sachen oder Sachteile derselben Position betroffen sind (PM § 54 Anm. 3), mag auch im Einzelfall die proportionale Zuordnung *für den Vr* (z.b. weil eine der Sachen zum Neuwert versichert ist und nicht wiederhergestellt wird, R IV 32) *oder für den VN* (z.b. weil ein Teil der Sachen doppelt, der Rest dagegen unterversichert ist, V II 24 und V III 17, oder weil eine Entschädigungsgrenze für einen Teil des Schadens mit einem Selbstbehalt für den ganzen Schaden zusammentrifft) *nachteilig* sein. Proportional zu errechnen ist insbesondere der an einen fremden und mitversicherten Interesseträger herauszugebende Entschädigungsanteil, J IV 10, selbst wenn dann der eigene Schaden des VN teilweise unentschädigt bleibt (Ausnahme: Kl 4701 für Geldinstitute, vgl. V II 24).

Anders liegt es im Verhältnis zwischen **Zeitwert und Neuwertspanne** inner- 26 halb **ein und derselben Sache** bei NeuwertUnterV. Die gekürzte Neuwertentschädigung wird hier **nicht proportional** zugeordnet, sondern sie wird zugunsten des VN mit Vorrang der Neuwertspanne zugeordnet, und zwar nicht nur bei Zusammentreffen mit einer ZeitwertV, V II 16 bis 18, sondern auch im Fall von § 67 **Abs. 1 VVG,** Köln VersR 85, 631. Sind z.b. bei einem Neuwertschaden von 30000 DM an einer bestimmten Sache, der wegen UnterV in Höhe von 20% nur mit 24000 DM entschädigt wird, vom Schädiger 20000 DM Zeitwertersatz zu erlangen, so gehen diese 20000 DM weder voll (zutreffend LG Flensburg VersR 81, 423) noch zu 16000 DM (wie sich dies bei proportionaler Aufteilung der VLeistung auf Zeitwertschaden und Neuwertspanne ergäbe, Sblowski, RuS 85, 315; leider durch LG Flensburg aaO als Möglichkeit nicht erwogen), sondern nur zu 14000 DM nach § 67 Abs. 1 VVG auf den Vr über; 6000 DM erhält dagegen den VN, insgesamt also volle Neuwertentschädigung.

27   Das sog. **Quotenvorrecht** des VN ist hier aus denselben Gründen zu bejahen wie in BGHZ 47, 308 in Höhe des Selbstbehalts bei einer FahrzeugV nach den AKB. Da **Selbstbehalt** und (bewußte) **UnterV** sich wirtschaftlich nicht unterscheiden, bejaht Köln RuS 89, 1 für die NeuwertUnterV eines Gebäudes mit Recht erneut die bevorzugte Befriedigung des Eigentümers bis zur Höhe des Neuwertschadens aus dem Zeitwertschadenersatzanspruch gegen den Schädiger. Wirtschaftlich ebenso wie im Fall von § 67 Abs. 1 VVG durch das Quotenvorrecht muß der VN gestellt werden, wenn abhandengekommen **Sachen wiederherbeigeschafft** werden, vgl. ausführlich Z I 23 bis 28. Es darf insbesondere keinen Unterschied machen, ob vom Täter Schadenersatz erlangt wird oder ob die gestohlenen Sachen bei ihm noch vorhanden sind und beschlagnahmt werden. Ein Selbstbehalt, und zwar nicht nur ein betragsmäßiger, sondern auch ein prozentualer (vgl. T II 3 gegen 2. Aufl.), ist dann nicht proportional, sondern mit Vorrang den Sachen zuzuordnen, bei denen er den VN am wenigsten belastet, nämlich den wiederherbeigeschafften Sachen. Das Gesagte gilt gleichermaßen für den betragsmäßigen wie auch den prozentualen Selbstbehalt, für UnterV und für Entschädigungsgrenzen, T II 6 und Z II 2.

28   Die **Wiederherstellungsklauseln** der NeuwertV (R IV 6) bleiben für die Ermittlung des Ausgangsbetrags der Berechnung **außer Betracht.** Dies ist in §§ 3 Nr. 1 NwSoBedIuG, NwSoBedlG, 7 Nr. 1 NwIG 80, 7 Nr. 3a VGB 62, 5 Nr. 3a VHB 74 ausdrücklich, in §§ 10 Nr. 5 AERB, 11 Nr. 5 AFB 87, AERB 87, 11 Nr. 6 AWB 87, AStB 87 dagegen nur durch die Reihenfolge der Vorschriften gesagt. In § 15 Nr. 4 VGB 88 liefert nicht einmal mehr die Reihenfolge der Bestimmung, sondern nur noch deren wirtschaftlicher Zweck einen Anhaltspunkt für die Auslegung. Gemäß dem begrenzten Zweck der Wiederherstellungsklauseln, nämlich eine Bereicherung in bar auszuschließen, wird bei UnterV die gekürzte Entschädigung bis zum Zeitwertschaden voll ausgezahlt. Nur wenn trotz UnterV eine Entschädigung über den Zeitwertschaden hinaus in Betracht kommt, hängt der Mehrbetrag von den Voraussetzungen der Wiederherstellungsklausel ab, R IV 16, vgl. dort auch zu den Konsequenzen bei DoppelV. – In Kl 1716 (früher 1801 und 5.04) ist die Frage allerdings ungeregelt und daher entgegen Hamburg 11 U 105/81 vom 26. 2. 82 zweifelhaft.

29   b) **VSumme** im Sinn der Proportionalitätsregel gemäß S II 22 ist der als VSumme der Position vereinbarte Betrag, S I 1, gegebenenfalls nach Hinzurechnung (S I 20) oder Aufteilung (S I 23) einer VorsorgeVSumme und nach Durchführung des Summenausgleichs (S I 26). Die Proportionalitätsregel setzt also voraus, daß zuvor die Auslegungsfrage (S I 11) geklärt wird, welche im Antrag oder VSchein genannten Beträge auch wirklich VSummen sind; Alternativen: Teilbeträge von VSummen, Gesamtbeträge mehrerer VSummen, Entschädigungsgrenzen, S I 12 bis 14. In §§ 3 Nr. 4 Satz 2 Halbsatz 1

AFB 30, 3 Nr. 4 Abs. 3 AEB, 4 Nr. 2b AWB 68, AStB 68, 10 Nr. 3 Abs. 4
AERB, 2 Nr. 2b NwSoBedIuG, 2 Nr. 3b NwSoBedlG, 6 Nr. 2b NwIG 80,
11 Nr. 3 AFB 87, AERB 87, 11 Nr. 4 AWB 87, AStB 87 ist die **getrennte
Abrechnung nach Positionen** im Sinn von S I 2 ausdrücklich festgelegt. Damit
wird bekräftigt, daß ein Summenausgleich nur stattfindet, wo er vereinbart
ist, S I 26. Genau besehen ist der Hinweis in den AVB freilich überflüssig,
denn die Rechtslage ergibt sich bereits genügend deutlich aus der vereinbarten Unterscheidung innerhalb des Vertrages nach Positionen im Sinn von S I
2. Das Fehlen eines Hinweises in den VGB 62 und in den VGB 88 ist daher
bedeutungslos; vgl. allerdings S I 14 wegen der gerade in der WohngebäudeV
oft beträchtlichen Schwierigkeiten bei der Abgrenzung der Vertragspositionen.

Die in S I 23 bis 25 behandelten **Vorsorgebeträge** sind bei Anwendung der   **30**
Proportionalitätsregel immer dann in die VSumme einzubeziehen, wenn und
soweit ohne den Versorgebetrag die VSumme des *vorliegenen* Vertrages nicht
ausreichen würde. Die Vorsorgebeträge sind nicht etwa nur dann einzubeziehen, wenn die betroffenen Sachen auch unter Berücksichtigung weiterer
VVerträge für diese Sachen unterversichert wären. Eine solche Auslegung
würde im Ausgleichsverhältnis gemäß § 59 Abs. 2 VVG diejenigen von mehreren Vr benachteiligen, zu deren VSummen Vorsorgeteilbeträge nicht oder
nur in geringerer Höhe vereinbart sind. Für einen derartigen Subsidiärcha-
rakter von Vorsorgebeträgen bietet der Wortlaut der AVB-Bestimmungen
keinerlei Anhaltspunkt.

c) Der **VWert** (Q I 1) bietet bei Anwendung der Proportionalitätsregel (S II   **31**
22) die größten Schwierigkeiten, und zwar schon in tatsächlicher Hinsicht.
Der Vergleich zwischen dem VWert der Position als dem möglichen Höchstschaden (S II 2 und 6) aller versicherten Interesseträger (Q I 9 und Q IV 128)
und der VSumme soll schon **bei Vertragsschluß** angestellt werden, damit die
VSumme richtig gebildet wird. Der Vr bei der Antragsberatung und leider
auch der VN legen aber im Interesse eines raschen Vertragsschlusses auf die
richtige Feststellung des VWerts oft nicht genügendes Gewicht, S II 65.
Dadurch kann die VSumme zu niedrig sein (*anfängliche UnterV*). Später
kann sich eine *nachträgliche UnterV* ergeben, nämlich durch – reale oder
auch nur nominelle (Kaufkraftschwund!) – *Wertsteigerung* oder durch einen
Überschuß der Zugänge über die Abgänge sowie bei Gebäuden durch An-
oder Umbauten. **Im Schadenfall** tut der Vr für den Zeitpunkt des Eintritts des
VFalls (Q I 31) dasselbe, was der VN bei Vertragsschluß (S II 31) tun sollte:
Der VWert muß festgestellt werden, was erhebliche Schwierigkeiten bereiten
und für den Vr Anlaß sein kann, auf den UnterVEinwand zu verzichten und
ErstrisikoV zu vereinbaren, S II 71. Wenn und soweit letzteres nicht geschehen ist, müssen nämlich bei Sachinbegriffen zunächst Art und Anzahl der
insgesamt vorhandenen versicherten Sachen und dann der VWert festgestellt
werden.

Allerdings ist der VWert „der (**aller**) in einer Position versicherten **Sachen**"   **32**
(Plural!) *nicht* immer gleich der Summe der VWert aller *einzelnen* Sachen.
Vielmehr kosten z.B. 30 Webstühle oder 30 Straßenbahnwagen eines be-
stimmten Typs bei gleichzeitiger Bestellung deutlich weniger als das 30-fache

des Preises eines einzeln bestellten Webstuhls oder Straßenbahnwagens. Für den VWert einer Position ist aber nur der Betrag maßgebend, der nach einem Vollschaden (Begriff: R I 8) und bei **gleichzeitiger Wiederbeschaffung aller versicherten Sachen** anfallen würde, vgl. auch Q I 1 und Q IV 1. Eine besondere Rolle spielt diese Überlegung bei der Bewertung von Sachen, die zwar nicht genau gleicher „Art" sind, die aber im Sinn von Q I 20 zusammengehören und sich als sog. **komplementäre Güter** gegenseitig ergänzen, Q I 40.

33   Mindestens bei anfänglicher, oft auch bei nachträglicher UnterV, werden die Feststellungen noch dadurch erschwert, daß der VN dem Vr oder dessen Agenten (vgl. aber KG VA 22 Nr. 1263 und PM § 43 Anm. 7 A) nachträglich *Beratungsmängel* bei Vertragsschluß im Zusammenhang mit der Bildung der VSumme vorwirft. Dies und der hohe *Arbeitsaufwand für die Feststellung des VWerts* können Anlaß für einen **kulanzweisen Verzicht des Vr auf den Einwand der UnterV** sein (BM § 56 VVG Anm. 38), vor allem bei kleineren VSummen wie häufig in der HausratV. Eine weitere Schwierigkeit ist, daß, insbesondere bei Betriebseinrichtungen und Warenvorräten, der Bestand des versicherten Inbegriffs durch den normalen Geschäftsgang laufend *verändert* wird, so daß die notwendigen Feststellungen für den Schadenzeitpunkt in Nachhinein für einen bereits *vergangenen* Zeitpunkt getroffen werden müssen. Dieser Zeitpunkt kann weit zurückliegen, z. B. weil der Vr sachverständige Schadenregulierer einsetzen muß oder sogar ein förmliches Sachverständigenverfahren durchgeführt wird. Zur *Regulierungspraxis* bei Kleinschäden und zur buchmäßigen Wertermittlung bei Warenlagern vgl. Stiewi RuS 77, 128.

34   d) Die **Beweislast** für den VWert trägt der **VN** nur, soweit der VWert Berechnungsgrundlage für die Totalschadenentschädigung ist, R II 1, hingegen der **Vr**, soweit er den gemäß S II 23 ermittelten Betrag wegen UnterV kürzen will (BM § 56 VVG Anm. 54). Erforderlich ist jeweils der **Vollbeweis.** Überwiegende Wahrscheinlichkeit oder gar bloße Vermutungen genügen nicht. Insbesondere kann nicht aus qm-Fläche des VOrts, also der Betriebsräume oder der Wohnung, auf Mindestbeträge des VWert des Inventars geschlossen werden, Hamm RuS 87, 106. Daß die VSumme vor Jahren gebildet und später nie erhöht wurde, läßt ebenfalls nicht zwingend auf UnterV schließen, auch nicht im Umfang eines inzwischen eingetretenen Kaufkraftschwundes, denn die VSumme könnte anfänglich zu hoch gewesen oder der Bestand an versicherten Sachen könnte sich nachträglich vermindert haben, LG Köln RuS 86, 237. Daher gerät der Vr, auch wenn UnterV tatsächlich besteht, häufig in **Beweisnot**, S II 67, insbesondere in der HausratV. Weder kann er verhindern, daß der VN vor einer Besichtigung Sachen beiseite schafft noch kann er über stichprobenförmige Rückfragen hinaus ein ihm übergebenes Verzeichnis pauschal in Frage stellen. Auch läßt sich nicht zwingend aus dem Vorhandensein bestimmter Wertsachen (z. B. Bilder, Teppiche, Antiquitäten) auf ein seitens des VN bestrittenes Vorhandensein von Wertsachen auch anderer Art (z. B. Schmuck und Pelze) in bestimmtem Umfang schließen.

35   Auch soweit der VN die Beweislast trägt, also für die Entschädigungshöhe, darf der Vr **Abzüge** von den behaupteten Beträgen, also sog. **Schätzungsdifferenzen, nicht pauschal** und in gleicher prozentualer Höhe für alle Schadenpo-

sten (etwa weil „die VN" die *Einkaufspreise* „erfahrungsgemäß" *zu hoch*
schätzten oder angäben), sondern nur mit entsprechender Einzelbegründung
(warum es nämlich für jeden gekürzten Betrag genauerer Angaben oder Belege bedürfe) vornehmen (VerBAV 81, 275), mag auch nach Ausschöpfung
aller Beweismöglichkeiten sogar schon außergerichtlich oft eine **Schätzung des**
als bewiesen anzusehenden **Mindestschadens** analog § 287 ZPO unumgänglich
sein, X II 122. Abzüge wegen „**vermuteter UnterV**" (PM § 56 Anm. 1 D und
§ 9 AVBR 80 Anm. 3) darf der Vr als Beweislastträger nur insofern vornehmen, als er ab einem Monat nach Schadenanzeige jederzeit (Y III 16) oder auf
Verlangen (Y III 12) **Abschlagszahlungen** schuldet; er darf aber in Begleit-
schreiben, Scheckallongen usw. nicht den Eindruck erwecken, als sei der
Abzug endgültig und als könnten nicht die weiteren Erhebungen jederzeit zu
weiteren Zahlungen führen. Der Vr als Beweislastträger bei behaupteter UnterV braucht die Zahlung zwar nicht ausdrücklich als Abschlagszahlung zu
bezeichnen, muß aber den VN mindestens indirekt auffordern, den Vollbeweis der UnterV durch weitere Nachweise zum VWert zu ermöglichen, vgl.
GB 80, 65 und ausführlich Y III 22 bis 26). Das Wort „vermutete UnterVers"
darf nicht im Sinn einer unwiderleglichen Vermutung, sondern nur dahin
verstanden werden, daß der Vr eine UnterV zunächst nur „vermutet" (im
Sinn von „unterstellt") und sich im Rahmen der weiteren nötigen Erhebungen, insbesondere durch Auskunfts- und Untersuchungsverlangen im Rahmen der Aufklärungsobliegenheit, X II 75 und 66, um den ihm obliegenden
Beweis bemühen wird.

Zwecks **Erleichterung der dem Vr obliegenden Nachweise** des VWerts be- 36
gründen allerdings §§ 13 Nr. 1 c AFB 30, AEB, 12 Nr. 1 c AWB 68, AStB 68, 13
Nr. 1 f AERB 87, 13 Nr. 1 g AFB 87, AWB 87, AStB 87, 13 Nr. 1 d VHB 74, 15
Nr. 1 c VGB 62 eine **Obliegenheit** des VN, auf Verlangen des Vr innerhalb
einer angemessenen Frist von mindestens zwei Wochen ein **Verzeichnis** aller
bei Eintritt des VFalls *vorhandenen* Sachen zu liefern, und zwar getrennt
nach vom Schaden betroffenen und Schaden nicht betroffenen Sachen
und mit Angabe des VWerts, X II 90 und 98, vgl. wegen der Kosten dieses
Verzeichnisses auch W IX 15. Soweit allerdings der Vr, wie in § 21 Nr. 1 d
VHB 84 für vom Schaden betroffene Sachen ausdrücklich vorgesehen und in
der Praxis häufig, im **Schadenanzeigeformular** für die betroffenen Sachen nicht
nach dem rechtlich gemäß Q IV 3 allein maßgebunden Gegenwartswiederbe-
schaffungspreis, sondern nach dem *früheren Einkaufspreis* im Zeitpunkt der
Anschaffung der vom Schaden betroffenen und vom Schaden nicht betroffenen Sachen fragt (X II 64 und 90), müssen diese Beträge – ihre Richtigkeit unterstellt – erst einmal entsprechend den zwischenzeitlichen Preissteigerungen hochgerechnet werden, denn der Preis der Anschaffung durch den
VN ist rechtlich bedeutungslos, Q IV 3. In §§ 21 VHB 84, 20 VGB 88 fehlt
eine entsprechende Bestimmung, vgl. S II 38.

An **Art und Genauigkeit des Verzeichnisses** sind in der HausratV nach den 37
VHB 74 etwas *geringere* Anforderungen zu stellen als in der *GeschäftsV*.
Auch sind die Anforderungen etwas geringer als die Anforderungen an das
dem Vr und der Polizei zu übergebende Verzeichnis der vom Schaden *betrof-*
fenen Sachen, X II 75. Der HausratVN besitzt anders als der GeschäftsVN
über seine Habe naturgemäß keine Belege, aus denen Art, Individualität,

Neuwert und Abnützungsgrad der Sachen ohne Schwierigkeit herauslesen und in ein Verzeichnis für den Vr übernehmen könnte; in AG Dinslaken ZfS 88, 260 wird dies zu wenig berücksichtigt. Der HausratVN kann nicht verpflichtet sein, z. B. Wäsche, Geschirr, Werkzeuge, Bücher, Schallplatten, Kosmetika usw. unter unverhältnismäßigem Arbeitsaufwand einzeln zu erfassen und aufzulisten. Viemehr muß es genügen, wenn der VN **Sammelpositionen mit realistischen Schätzungen** der Zahl, des Durchschnittswerts usw. bildet und wenn er auf Verlangen des Vr einzelne dieser Sammelpositionen näher aufschlüsselt. Wer dieser großzügigen Auslegung des Begriffes „Verzeichnis" im Rahmen von § 13 Nr. 1 d VHB 74 nicht folgen wollte, müßte mindestens im Rahmen der Verschuldensprüfung großzügiger sein und dürfte mangels Bewußtseins der Rechtswidrigkeit gewisse zusammenfassende Pauschalierungen weder als vorsätzliche noch als grob fahrlässige Verstöße gegen die Obliegenheit mit der Folge einer Leistungsfreiheit behandeln.

38   § 13 Nr. 1 d VHB 74 erweist sich als *deklaratorische Präzisierung* dessen, was der Vr schon aufgrund der **allgemeinen Aufklärungsobliegenheit** vom VN fordern könnte, nämlich im Rahmen des Zumutbaren Auskünfte auf sachdienliche Fragen des Vr zu Punkten, die für Grund oder Höhe der Entschädigung unmittelbar oder mittelbar bedeutsam sind, X II 58 und 81. Folgerichtig wird in § 21 Nr. 1 d VHB 84 und in § 20 Nr. 1 f VGB 88 ein Verzeichnis nur noch der vom Schaden betroffenen Sachen gefordert. Zur Ermittlung der UnterV kann der Vr Fragen im Rahmen der allgemeinen Aufklärungsobliegenheit nach § 21 Nr. 2 b VHB 84 stellen. Eine angekündigte oder gar unangekündigte „Hausdurchsuchung" durch einen angestellten Schadenregulierer oder im förmlichen Sachverständigenverfahren kann der Vr **nicht** verlangen, X II 68 und 98, und zwar schon deshalb nicht, weil auch auf diesem Weg der VWert zum Schadenzeitpunkt nicht zuverlässig festzustellen wäre. Insbesondere ließe sich durch „Hausdurchsuchungen" nicht ermitteln, welche Werte der VN nach dem Schadenzeitpunkt veräußert oder aus der Wohnung geschafft hatte, welche Sachen im Rahmen der AußenV versichert sind usw. Unter diesen Umständen wäre das Verlangen einer „Hausdurchsuchung" ein unverhältnismäßig schwerer Eingriff. – Immerhin bestätigen die hier erörterten Auslegungsschwierigkeiten zur Aufklärungsobliegenheit des VN in der HausratvollwertV, daß gerade in der **Hausrat**V die Möglichkeit einer **ErstrisikoV** besonders **naheliegt**, vgl. näher S II 72 sowie S II 76 bis 112 wegen der Einzelheiten der ErstrisikoV nach Kl 834 zu den VHB 84. – Etwas günstiger ist die Ausgangssituation des Vr in der GeschäftsV, wo Einsicht in alle Geschäftsunterlagen und bei Bedarf auch eine Inventur verlangt werden kann, wenn auch wegen § 66 VVG (Schadenermittlungskosten) nur auf eigene Kosten des Vr, W IX 6.

39   **Ziel der Beweisführung** des Vr ist eine **an Sicherheit grenzende Wahrscheinlichkeit** für einen **bestimmten DM-Betrag des VWerts**, der über dem Betrag der VSumme liegt. Der Vr gerät daher insbesondere in der HausratV häufig in **Beweisnot**, vgl. ausführlich S II 34 und 67. Analog anwendbar zugunsten des Vr als Beweislastträger für eine UnterV ist allerdings § 287 ZPO; diese Möglichkeit einer **Schätzung des genauen Betrages** bedeutet für den Vr eine **Beweiserleichterung**. Zwar ist der VWert der vom Schaden nicht betroffenen Sachen nicht selbst „Schaden" im Sinn des Wortlauts dieser Vorschrift. Ebenso wie

ein Schaden ist aber der VWert eines versicherten Sachinbegriffs ein **aus vielen Einzelposten zusammengesetzter und von deren Bewertung abhängiger Gesamtbetrag**, so daß die Motive der gesetzlichen Regelung in gleicher Weise wie für einen zu beziffernden „Schaden" zutreffen. Auch wenn das Gericht oder (PM § 64 Anm. 7) im förmlichen Verfahren der Sachverständige den VWert schätzt, dürfen beide sich aber doch nicht völlig über die Beweislastverteilung und nicht über die soeben dargelegten und gegen einen ersten Anschein sprechenden Argumente hinwegsetzen.

Von der Frage der Beweislast für die Höhe des VWerts zu **unterscheiden** ist   **40** die Frage, ob **in der NeuwertV** für bestimmte Sachen ausnahmsweise gleichwohl **nur der Zeitwert** oder **nur der gemeine Wert** der VWert ist. Letzteres hat zu beweisen, wer sich darauf beruft, also für vom Schaden betroffene Sachen der Vr, für vom Schaden nicht betroffene Sachen der VN, Q III 27. Auch im Sachverständigenverfahren ist dies zu beachten, Y I 49. – **Prozessual** darf UnterV auch noch im **Betragsverfahren** gemäß § 304 ZPO berücksichtigt werden (anders Frankfurt VA 23 Nr. 1299; vgl. im übrigen BM § 56 VVG Anm. 54).

e) Für die Anwendung der Proportionalitätsregel im Sinn von S II 22 maß-   **41** gebend ist **je Position** die **VWert aller (S II 32) im Schadenzeitpunkt** versicherten Sachen. Genau besehen werden allerdings nicht Sachen, sondern Interessen an Sachen versichert, und zwar oft Interessen mehrerer Personen an derselben Sache nebeneinander, J I 2. Dann kann sich je Interesseträger ein anderer möglicher Höchstschaden ergeben, J I 22 und J II 9. Insbesondere kann der Wiederbeschaffungspreis als entscheidendes Merkmal des VWerts für die **verschiedenen Interesseträger** unterschiedlich hoch sein, Q IV 128, z. B. für einen *Kommissionär* als VN höher als für den *Kommittenten* als Eigentümer (Engels VP 75, 22). Maßgebend ist dann der **höhere** der verschiedenen Beträge (PM § 52 Anm. 4 A), auch wenn der Schaden im Einzelfall den Interesseträger mit dem niedrigeren Interesse betroffen hat, denn für das getragene Risiko und damit für die Frage einer UnterV kommt es auf den möglichen Höchstschaden an, S II 2. Kl 141 und 142, jeweils in Nr. 2, sowie §§ 2 **Nr. 5 AFB 87, AWB 87, AStB 87, 2 Nr. 4 AERB 87** enthalten hierzu allerdings **Sonderregeln.** Danach ist das versicherte Interesse des VN nicht höher als das des Eigentümers; ein weitergehendes Interesse des VN bleibt nicht nur für die Entschädigung, sondern auch für den VWert außer Betracht, vgl. näher Q IV 130.

§ 56 VVG ist so formuliert, daß er sowohl für die V von Einzelsachen (von   **42** der § 52 VVG sogar allein ausgeht) wie für die **V von Inbegriffen** gilt. Die größten Schwierigkeiten bei Anwendung der Proportionalitätsregel bereitet die Frage, **welche Sachen** bei der V eines Inbegriffs „versichert" sind, und zwar im maßgebenden Zeitpunkt (AG Bremen NJW-RR 86, 1413 für die ReisegepäckV).

Die Sachen müssen zum versicherten Inbegriff gehören. Sie müssen alle   **43** **Gattungsmerkmale** der zu der betroffenen Position vereinbarten (S I 2) Risikoabgrenzung erfüllen, vgl. z. B. RuS 75, 152 für Kessel-, Maschinen- und elektrische Kraftanlagen in der LeitungswasserV wegen §§ 2 Nr. 3b AWB 68, 4 Nr. 3b VGB 62; durch Kl 506 und 853 sowie durch das Fehlen entsprechender Ausschlüsse in den AWB 87 und VGB 88 hat sich die Frage allerdings erledigt, E I 104. Solche Gattungsmerkmale enthalten auch die Vorschriften über den VOrt, G I 6 und G II 10, sowie die sog. **Verschlußvorschriften**, soweit sie nicht verhüllte Obliegenheiten sind, ferner die Fremdeigentumsklauseln. §§ 3 Nr. 4 Satz 2 AFB 30, 3 Nr. 4 Abs. 3 AEB sagen z. B. ausdrücklich, daß Sachen außerhalb des VOrts nur „versichert" sind, soweit im Rahmen derselben Position (S I 7 und 8) AußenV vereinbart ist. Neuere AVB erwähnen dies nicht mehr, weil es selbstverständlich ist und weil es nicht die weitere Frage beantwortet, ob Sachen mit ihrem vollen Wert zu berücksichtigen sind, wenn für sie zwar gehaftet wird, aufgrund ihrer räumlichen Lage oder der Art ihrer Aufbewahrung jedoch nur mit einer vereinbarten Entschädigungsgrenze, vgl. dazu S II 49 bis 53.

44   **Verletzungen gefahrmindernder Obliegenheiten** welche zur Leistungsfreiheit geführt hätten, wenn auch die von der Obliegenheitsverletzung betroffene Sache einen Schaden erlitten hätte, vermindern den VWert *nicht*, obwohl es sich um Verstöße gegen Obliegenheiten handelt, die *vor* dem VFall zu erfüllen sind. Das gleiche gilt bei Verstößen, die im Fall eines Schadens § 61 VVG anwendbar machen würden. Daß derartige Obliegenheitsverletzungen einen „entschädigungspflichtigen" VFall im Sinn älterer AVB-Bestimmungen über die Kündigung im Schadenfall (L II 21) und einen DoppelVAusgleich nach § 59 Abs. 2 VVG (PM § 59 Anm. 4) ausschließen würden, spielt für den VWert keine Rolle.

45   Soweit also der VN Verschlußvorschriften verletzt, die **verhüllte Obliegenheiten** darstellen, G I 17 und M III 7, sind diese Sachen gleichwohl „versichert" gemäß § 56 VVG, wenn es wegen eines Schadens an anderen Sachen derselben Position auf die Frage der UnterV ankommt. Für dieses Ergebnis (Martin VersR 69, 587) spricht auch, daß die Leistungsfreiheit nach § 6 Abs. 1 Satz 3 VVG nachträglich wegfallen könnte und daß sie unter dem Vorbehalt des Entschuldigungsbeweises nach § 6 Abs. 1 Satz 1 VVG steht. Es überrascht zunächst, daß die Unterscheidung zwischen objektiver Risikoabgrenzung und verhüllter Obliegenheit nicht nur für die Entschädigung, sondern auch für den VWert der *nicht* betroffenen Sachen praktische Konsequenzen haben soll. Bei näherem Zusehen reduzieren sich diese Konsequenzen allerdings erheblich, und zwar aus zwei Gründen.

46   Einmal bleiben Sachen außerhalb des vereinbarten Verschlusses, auch wenn es sich um eine Risikoabgrenzung handelt, nur außer Ansatz, soweit die Verschlußvoraussetzungen für **sämtliche** in dem Vertrag oder der Position **versicherten Gefahren** gelten. Ist eine Sache mangels eines bestimmten Verschlusses nur gegen einige von mehreren nach den AVB versicherten Gefahren versichert, so ist sie doch immerhin insgesamt noch „versichert". Da innerhalb *eines* Vertrages oder *einer* Position nur ein *einheitlicher* VWert gelten kann (übersehen bei E. Prölss 142), ist der VWert einer Sache so lange zu berücksichtigen, wie sie wenigstens gegen eine Gefahr versichert ist (Martin Vers 73, 293). Da nach § 2 Nr. 5 der **VHB von 1966** die Verschlußvorschriften nicht für Raub galten, ebensowenig wie in der GeschäftsV, H III 52, waren diese Verschlußvorschriften für den VWert auch dort bedeutuungslos, wo es sich um objektive Risikoabgrenzungen handelt.

Außerdem werden Verschlußvorschriften meist für Bargeld und Wertpapie-   47
re vereinbart, die aber in der *gebündelten GeschäftsV* und in der *IndustrieFeuerV* ohnehin auf Erstes Risiko versichert werden, S II 20. Lediglich in der
HausratV nach den **VHB 74** betreffen Verschlußvorschriften, deren Qualifikation als objektive Risikoabgrenzung oder als verhüllte Obliegenheit bisweilen
zweifelhaft ist, M III 32 bis 47, nur Teile des *nicht* auf Erstes Risiko versicherten Inbegriffs „Hausrat". Gerade die **VHB 74** enthalten aber in § 9 Nr. 1 Abs. 1
Vorschriften über den VWert bei Entschädigungsgrenzen nach § 2 VHB 74.
Diese Vorschriften haben gegenüber den in S II 44 und 45 entwickelten
allgemeinen Regeln Vorrang, so daß es in den Fällen des § 2 VHB 74 für den
VWert gleichgültig ist, ob die Entschädigungsgrenzen als verhüllte Obliegenheiten zu behandeln sind. § 18 Nr. 5 VHB 84 entspricht § 9 Nr. 1 Abs. 1 VHB
74. Außerdem handelt es sich in § 19 Nr. 1 VHB 84 nach dem gegenwärtigen
Stand der Rechtsprechung nicht um verhüllte Obliegenheiten, sondern um
zulässige objektive Risikoabgrenzungen handelt, M III 49.

f) Sachen, für die eine Entschädigungsgrenze im Sinn von U I 6 gilt, sind   48
trotzdem mit dem *vollen VWert* zu berücksichtigen, mag auch dieser Betrag
den versicherten Höchstschaden (S II 2) übersteigen. Dieser Grundatz (Raiser 142, 148, Wälder RuS 74, 37) ist zwar nicht ganz zweifelsfrei und erleidet
vielleicht gewisse Ausnahmen. Für den Grundsatz spricht aber zunächst der
Wortlaut der in S II 43 zitierten AFB 30 und AEB, auch wenn dort die Frage
nicht ausdrücklich angesprochen wird. Ist eine Entschädigungsgrenze zu der
V einer bestimmten **einzelnen Sache** (S II 53) für alle Sachen einer Position
vereinbart, etwa für ein Gebäude oder ein Kunstwerk, so ist mangels besonderer Vereinbarung die Prämie so kalkuliert, daß der Vr bei Teilschäden nicht
nur die Entschädigungsgrenze, sondern zuerst (S II 54) gegebenenfalls auch
die Proportionalitätsregel anwenden darf. Wäre als VWert nur der Betrag der
Entschädigungsgrenze anzusehen, so wäre UnterV undenkbar, denn die
VSumme kann schon begrifflich nicht niedriger sein als die Entschädigungsgrenze; man hätte dann *ebensogut* den Betrag der Entschädigungsgrenze als
Erstrisikosumme oder als Taxe vereinbaren können.
   Bei Entschädigungesgrenzen für Teile eines **versicherten Inbegriffs** spricht   49
für den Grundsatz gemäß S II 48, daß das Hinzutreten zusätzlicher Sachen
trotz der Entschädigungsgrenze des **Risiko des Vr** erhöht (ebenso Celle VersR
88, 350 für die ReisegepäckV), nämlich das Teilschadenrisiko gemäß S II 2.
Wo dies eindeutig nicht zuträfe, könnte freilich auch der Grundsatz nicht
gelten. Als Beispiel für eine **Ausnahme** im Rahmen von § 6 Nr. 2 der VHB
von 1966 *(HausrataußenV)* wird in Martin VersR 73, 294 der Betrag genannt,
um den der Wert einer *einzelnen* Sache des Inbegriffs die Entschädigungsgrenze *übersteigt.* Soweit indessen – wie in der HausratV – Diebstahl und
Raub zu den versicherten Gefahren gehören, ist es durchaus möglich, daß der
höhere Wert eben doch auch bis zum Betrag der Entschädigungsgrenze das
Risiko des Vr erhöht, weil nämlich ein potentieller Dieb oder Räuber Kenntnis von der Existenz der Sachen und deren Wert hat. Ähnlich liegt es z.B. bei
der Entschädigungsgrenze nach der früheren Kl 507 zu den AWB 68 für
Leitungswasserschäden an Sachen in *Räumen unter Erdgleiche.* Es läßt sich
nicht ausschließen, daß wegen der zusätzlichen Konzentration von Sachen in

solchen Räumen durch ein und denselben Wassereinbruch die Entschädigungsgrenze zu einem höheren Betrag ausgeschöpft wird, als dies der Fall wäre, wenn nur Sachen im Wert der Entschädigungsgrenze gelagert würden.

50   In der HausratV erledigt sich die Frage nach den VHB von 1966 für die Entschädigungsgrenzen nach § 2 schon dadurch, daß diese Grenzen für Raub nicht gelten, S II 46; die Frage stellt sich nur zu § 6 Nr. 2 der VHB von 1966. **§§ 9 Nr. 1 Abs. 1 VHB 74, 18 Nr. 5 VHB 84** heben für die VHB 74 und für die VHB 84 den Grundsatz der vollen Berücksichtigung des VWerts für die Entschädigungsgrenzen des § 2 VHB 74 und des § 19 VHB 84 ausdrücklich auf (mag auch § 19 Nr. 2 VHB 84 keine „bestimmten Beträge", sondern nur einen Prozentsatz der VSumme nennen, Konsequenzen: U I 29 bis 32 sowie U IV 10), bestätigen ihn damit aber zugleich indirekt (*Umkehrschluß*) für die AußenV nach § 6 Nr. 2 VHB 74 und nach § 12 VHB 84, vgl. G V 11. In Satz 2 bekräftigt § 9 Nr. 1 Abs. 1 VHB 74 außerdem die in S II 46 behandelte These, eine Sache sei solange „versichert", wie auch nur die Voraussetzungen des Schutzes für eine von mehreren versicherten Gefahren gegeben sind. Die *zusätzlichen* Entschädigungsgrenzen für *Einzelstücke* bei Münzen, Briefmarken und Schmuck gemäß § 2 Nr. 6 und 8 VHB 74 sind daher entgegen Wälder RuS 75, 132 (Fußnote 12 Nr. 1) und RuS 75, 173) bedeutungslos, weil sie für Raub nicht gelten, U III 3 und 57. Zu § 19 Nr. 3 VHB 84 stellt sich die zuletzt erörterte Frage nicht, denn die dort vorgesehenen Entschädigungsgrenzen gelten auch für Raub.

51   In der **GeschäftsV** entspricht nach § 10 Nr. 3 Abs. 2 Satz 1 AERB die Rechtslage jener in der HausratV nach den VHB 74. Eine analoge Anwendung dieser Bestimmung im Rahmen der AFB 30, AWB 68 und AStB 68 verbietet sich allerdings aus den in S II 46 dargelegten Gründen, und zwar selbst dann, wenn die AERB einerseits und die AFB 30, AWB 68 und AStB 68 andererseits gebündelten Verträgen (A II 12 und 27) zugrunde liegen. **§§ 11 Nr. 3 Abs. 2 AFB 87, 11 Nr. 3 Abs. 3 AERB 87, 11 Nr. 4 Abs. 3 AWB 87, AStB 87** übernehmen den Inhalt von § 10 AERB einheitlich für alle Zweige der GeschäftsV. – Zum VWert bei abhängiger AußenV vgl. G V 10.

52   §§ 10 Nr. 3 Abs. 2 Satz 1 AERB, 11 Nr. 3 Abs. 3 AERB 87 gelten *nicht* für die Entschädigungsgrenzen bei Transportraub, U II 18, denn Transportraub wird auf Erstes Risiko versichert, S II 19, ferner nicht für die Grenzen gemäß §§ 11 Nr. 2 AERB, 12 Nr. 2 AERB 87 (Diebstahlschäden ohne Betreten des Gebäudes, U II 13), denn gegen die Gefahr des Diebstahls nach Einbruch in das Gebäude ist auch Schaufensterinhalt usw. unbegrenzt versichert.

53   Endlich wird in der DiebstahlVPraxis § 10 Nr. 3 Abs. 2 Satz 1 AERB im Einzelfall gelegentlich abbedungen, wo nämlich eine **Entschädigungsgrenze** für Diebstahlschäden an der **gesamten Position** für Betriebseinrichtung und Ware vereinbart ist, weil mit Diebstahlschäden *über* die vereinbarte Grenze hinaus ohnehin *kaum zu rechnen* ist. Der Vr will sich durch die Entschädigungsgrenze den Abschluß einer RückV erleichtern, benötigt aber den vereinbarten Prämiensatz aus dem vollen Wert der versicherten Betriebseinrichtung und Ware, wie ja auch ein BruchteilVRabatt dann nicht gerechtfertigt ist, wenn ein Schaden über die Grenze hinaus praktisch ohnehin so gut wie ausgeschlossen erscheint, vgl. U II 3. Indem der VN eine VSumme über der Entschädigungsgrenze vereinbart, bringt er auch seinerseits zum Ausdruck, daß

er eine ErstrisikoV nicht erwartet und sich daher auch nicht auf § 10 Nr. 3 Abs. 2 Satz 1 AERB berufen will; der Vr verstößt dann nicht gegen § 5 VVG, K I 36, wenn er im VSchein vermerkt, daß jene Vorschrift der AERB nicht gilt. Genau besehen ergibt sich schon aus dem Wortlaut des § 10 Nr. 3 Abs. 2 Satz 1 AERB, daß er **nicht** anzuwenden ist, wenn die „Entschädigungsgrenze" für **sämtliche** Schäden der Position gilt, die VSumme also nur die Funktion einer Prämienbemessungsgrundlage oberhalb des möglichen (versicherten) Höchstschadens hat, S II 62. Entschädigungsgrenzen im eigentlichen Sinn (U I 6) sind nämlich nur solche für *bestimmte Arten* von Schäden einer Position. § 11 Nr. 3 Abs. 3 AERB 87 stellt die Rechtslage eindeutig klar („für einen Teil der in einer Position versicherten Sachen").

g) Für den nach der Proportionalitätsregel gemäß S II 22 ermittelten Betrag 54 „haftet" gemäß § 56 VVG der Vr. Die in S II 7 zitierten AVB sagen, der so errechnete Teil des Schadens werde „ersetzt". Genau sind diese Formulierungen nicht, denn wo eine **Entschädigungsgrenze** oder ein **Selbstbehalt** vereinbart ist, werden *nach* Anwendung der Proportionalitätsregel erst noch diese Vereinbarungen berücksichtigt. Erst *daraus* ergibt sich dann die zu zahlende **Entschädigung** (ebenso Wälder RuS 74, 37, Martin VersR 73, 295, 297). **§§ 10 Nr. 3 Abs. 2 Satz 2 AERB, 9 Nr. 1 Abs. 2 VHB 74, 18 Nr. 5 Satz 2 VHB 84** sowie **§§ 11 Nr. 3 Abs. 2 Satz 2 AFB 85, 11 Nr. 3 Abs. 3 Satz 2 AERB 87, 11 Nr. 4 Abs. 3 Satz 2 AWB 87, AStB 87** bestätigen diese Rechtslage. Für ältere AVB darf daraus kein Umkehr-, sondern muß ein Analogieschluß gezogen werden. Nicht etwa darf als „Schaden" im Sinn der Proportionalitätsregel von vornherein nur der Betrag der Entschädigungsgrenze verstanden werden, was den sehr weiten Begriff „Schaden" (S II 14) unzulässig zum Nachteil des VN einengen würde. Vielmehr ist, wie das Wort „Entschädigungs-Grenze" schon sagt (ähnliches gilt für „Selbst-Behalt"), erst nach Anwendung der Proportionalitätsregel zu prüfen, ob der ermittelte Betrag nicht auch noch wegen eines Selbstbehalts oder einer Entschädigungsgrenze gekürzt werden muß. – In welcher *Reihenfolge* Selbstbehalt und Entschädigungsgrenze berücksichtigt werden, wenn beides nebeneinander vereinbart ist, wird in U I 12 bis 14 erörtert.

4. § 56 VVG kann nicht nur im Rahmen einer sog. (S II 8) VollwertV gelten 55 oder im Rahmen einer sog. (S II 10) ErstrisikoV nicht gelten, sondern § 56 VVG kann auch modifiziert werden. Zugunsten des VN gemildert wird § 56 VVG sogar sehr häufig, vgl. schon S II 10 sowie zusammenfassend S II 114 ff. **Verschärfungen der Proportionalitätsregel** sind dagegen selten:

a) **Kaum je** wird **völlige Leistungsfreiheit** für den Fall einer (mehr oder weni- 56 ger erheblichen) UnterV vereinbart. Eine solche Abrede wäre auch allenfalls im Sinn einer Vorbeugung gegen betrügerische UnterV (BM § 56 VVG Anm. 45) verständlich. Gegebenenfalls (BM § 56 VVG Anm. 55) würde es sich um Leistungsfreiheit wegen einer Obliegenheitsverletzung handeln, so daß dem VN für die UnterV der Entschuldigungsbeweis nach § 6 Abs. 1 Satz 1 VVG offenstünde. Zu prüfen wäre überdies die Vereinbarkeit mit §§ 56 VVG, 9 Abs. 2 Nr. 2 AGBG.

b) Denkbar wäre eine **Rechtspflicht zur VollwertV** (zum umgekehrten Fall 57 der „vereinbarten SelbstV" vgl. S. II 9) in dem Sinn, daß der VN bei Verstößen **Schadenersatz in Höhe der zu wenig entrichteten Prämie** schulden würde. Da daneben die Proportionalitätsregel anwendbar bliebe, ließe sich die *zusätzliche Sanktion* der *Schadenersatzpflicht* nur als Ausgleich für die Möglichkeit verstehen, daß der Vr die UnterV vielleicht auch überhaupt nicht bemerken könnte und daher Gefahr liefe, ungekürzte Entschädigung zu zahlen, ohne nachträglich die Prämiendifferenz zu erhalten. *Beispiele* für solche Regelungen gibt es allerdings nicht in den hier behandelten VZweigen und auch sonst nicht in der InbegriffsV, sondern in der *TransportV* und bei V bestimmt bezeichneter Sachen, z.B. bei *Bauleistungen:* § 5 Nr. 1 ABU verpflichtet den VN, sämtliche Bauleistungen eines bestimmten Bauvertrages zu versichern, um eine negative Auslese zu vermeiden, welche die Prämienkalkulation unterlaufen würde.

58 §§ 3, 4 LZB a.F. (Texte 7 der 2. Aufl.) „verpflichten" den VN, „die **gesamten Erntevorräte**" und „seinen **gesamten Tierbestand**" jeweils „zur V anzugeben". Entgegen BM § 56 VVG Anm. 33, 34 handelt es sich hier aber trotz des Wortes „verpfichtet" bei richtiger Auslegung *nicht* um eine *Rechtspflicht,* sondern nur um eine „Last": Der VN wird durch die Formulierung nur auf die Konsequenz der UnterV hingewiesen, ähnlich wie z.B. in der MaschinenV nach 3.1. AMB der jeweilige VWert für die VSumme „maßgebend" ist oder wie nach § 4 Nr. 1 ABMG die VSumme dem VWert „entsprechen soll". Derartige Formulierungen besagen nur, der VN müsse die VSummen entsprechend hoch wählen, wenn nicht UnterV bestehen und die Entschädigung gekürzt werden soll; sie ändern aber nichts daran, daß die VSumme eine einzelvertraglich vereinbarte Größe ist (S I 1) und der Vr auch eine *gewollte UnterV* (BM § 56 VVG Anm. 44) in Kauf nehmen kann (ohne schadenersatzpflichtig zu werden), um einen Teil des Schadens selbst zu tragen oder – falls nicht vertraglich ausgeschlossen (S II 9) – anderweitig zu versichern. §§ 4, 5 LZB 87 („Die V umfaßt jeweils die gesamten Bestände ...") stellt die Rechtslage klar, vgl. Texte 7 der vorliegenden 3. Aufl. – Wegen der Schwankungen des Werts der Erntevorräte im Lauf eines jeden Jahres vgl. S II 63.

59 c) Häufiger sind indirekte Verschärfungen der Proportionalitätsregel in der Weise, daß als **VWert** ein Betrag vereinbart wird, der den **möglichen Höchstschaden übersteigt**. Normalerweise wird die Prämie so kalkuliert, daß sie für volle Entschädigung ausreicht, wenn die VSumme den möglichen Höchstschaden erreicht. In S II 47, 50 und 53 wurden bereits Fälle behandelt, in denen der mögliche Höchstschaden wegen vereinbarter Verschlußvorschriften oder Entschädigungsgrenzen nur selten erreicht wird, gleichwohl aber für den VWert maßgebend bleibt. Darüber hinaus ist es **trotz** §§ 68a, 51 VVG in gewissen Grenzen zulässig, den Prämiensatz je 1000 DM VSumme so zu kalkulieren, daß der als **VWert** vereinbarte UnterVMaßstab **über dem möglichen Höchstschaden** liegen muß, vgl. S II 85 zur HausratErstrisikoV sowie PM § 50 Anm. 3 sowie § 51 Anm. 1 und 5.

60 Das beste Beispiel bietet die **MaschinenV**, wo nach 3.2 AMB der Neuwert als VWert für die UnterV (3.6 AMB) maßgebend ist, obwohl Totalschadenentschädigung und versicherter Höchstschaden nur der Zeitwert ist. Vtechnischer Grund: Das durch den Vr zu tragende Risiko nimmt bei einer V unter Einschluß sog. innerer Betriebsschäden – und anders als in einer KaskoV oder

in der FeuerV – bei sinkendem Zeitwert nicht proportional mit diesem Zeitwert ab. Als weiteres Beispiel sei Kl 742 Nr. 4 zu den AGLB in der **GlasV** (Text: PM 24. Aufl. Teil II D nach § 12 AGlB) erwähnt, wonach als Prämienbemessungsgrundlage mit der Möglichkeit einer entsprechenden UnterV (Kl 742 Nr. 2) der Gebäudewert in Betracht kommt, also ein Betrag, der naturgemäß weit über dem möglichen (Glas-)Höchstschaden durch Bruch sämtlicher versicherter Scheiben liegt. Kl 742 sagt in ihrer Überschrift („UnterV bei Positionen ohne VSumme"), daß es sich bei dem Gebäudewert nicht um eine VSumme handle. Aber auch wenn der Gebäudewert als VSumme bezeichnet würde, stünden §§ 68a, 51 VVG der gewählten Konstuktion nicht im Wege, weil – darauf kommt es an – die Prämie aus vernünftigen versicherungstechnischen Gründen nicht aus dem versicherten möglichen Höchstschaden, sondern aus einem höheren Betrag berechnet wird.

Nach den NwSoBedlG übersteigt der Neuwert als VWert auch bei **land-** 61 **wirtschaftlichen Gebäuden** den versicherten Höchstschaden, Q III 28, soweit der Zeitwert zwischen 50 und 80% des Neuwerts beträgt und daher nach der **Staffel** der §§ 11 Nr. 1 LZB 87, 11 Nr. 2 AWB 87, AStB 87, 2 Nr. 2 NwSoBedlG nur 80 bis 97,5% des Neuwerttotalschadens ersetzt werden. Ebenso wie z.B. auch in der KaskoV von Wassersportfahrzeugen (PM § 51 Anm. 1) ist hier freilich zweifelhaft, ob eine Prämienbemessungsgrundlage über der möglichen Höchstentschädigung wirklich versicherungstechnisch notwendig ist. Insofern ist die auf andere Gründe gestützte Zurückhaltung in Hamm ZfV 85, 467 = RuS 251 und AG Cloppenburg VersR 86, 339 bei der Anwendung der Staffel in der Gleitenden NeuwertV landwirtschaftlicher Gebäude jedenfalls im Ergebnis gerechtfertigt. Die Vr haben sich diesen Bedenken ebenfalls nicht verschlossen, sondern bedingen den Staffelabzug immer häufiger vertraglich ab, Q III 12, insbesondere durch § 2 Nr. 2 SGlN 88, S IV 12.

Ansonsten gibt es in den hier erörterten SachVZweigen **Prämienbemes-** 62 **sungsgrundlagen über dem möglichen** (versicherten) **Höchstschaden** nur, wo **für alle** (!) versicherten **Schäden** einer Position eine **Entschädigungsgrenze** unterhalb der als Prämienbemessungsgrundlage vereinbarten VSumme vorgesehen ist. Eine geschäftsplanmäßige Grundlage für Entschädigungsgrenzen für beliebige (also auch sämtliche) Schäden existiert allerdings nur in § 11 Nr. 1b **AERB** sowie in §§ **12 AFB 87, AERB 87, AWB 87, AStB 87.** Wird hiervon sämtliche Schäden einer Position Gebrauch gemacht, so sollten der Klarheit wegen §§ 10 Nr. 3 Abs. 2 Satz 1 AERB sowie §§ 11 Nr. 3 Abs. 2 AFB 87, AERB 87, AWB 87, AStB 87 ausdrücklich *abbedungen* werden, S II 53. Andeutungsweise folgt allerdings schon aus den Worten „der dort genannten Sachen", daß es sich um eine unbedacht zu wörtliche Übernahme von § 9 Nr. 1 Abs. 1 Satz 1 VHB 74 handelt, denn für die AERB in § 10 Nr. 3 Abs. 2 Satz 1 AERB ergeben die Worte „dort genannt" keinen Sinn; immerhin lassen jene Worte erkennen, daß gerade nicht an Entschädigungsgrenzen für sämtliche (!) Schäden einer Position gedacht ist, die doch nur den Sinn haben kann, eine Prämienbemessungsgrundlage über der Entschädigungsgrenze zu ermöglichen.

Nicht hierher gehört entgegen einigen Stimmen in der älteren Literatur 63 (Zitate: BM § 56 VVG Anm. 33) §§ **4 LZB, LZB 87** für *Ernteerzeugnisse* in der landwirtschaftlichen FeuerV. Zwar wird hier der VN verpflichtet, den möglichen **Höchstbestand,** der nur einmal jährlich erreicht wird, „**für die Zeit des ganzen Erntejahres"** zu versichern, vgl. den in Texte 7 abgedruckten Wortlaut der LZB 87. Das heißt aber **nicht,** daß für den VWert der Höchstbestand auch dann gelten würde, wenn er am Schadentag unterschritten wird. Der Vr will nur dem Vorwurf eines Beratungsmangels (S II 33) entgegenwirken, der erhoben werden könnte, wenn dem Landwirt nicht genügend deutlich die Notwendigkeit vor Augen geführt wird, bei der Wahl der VSumme den möglichen Höchstbestand zu berücksichtigen. Trotzdem wird nicht nur für die Höhe der Totalschadenentschädigung, sondern auch für die Frage der UnterV der *wirkliche* Bestand am Schadentag geprüft, wofür § 5 LZB und § 4 Nr. 3 und 4 LZB 87 sogar Berechnungshilfen gibt. Der Landwirt kann auch jederzeit während des VJahres mit Wirkung für die Zukunft eine vorhandene ÜberV nach §§ 68a, 51 VVG beseitigen; dies übersehen BM aaO, wo eine *Prämienzahlungspflicht* auf der Basis des Höchstbestandes für das ganze VJahr angenommen wird, vgl. hiergegen auch S II 58 und 60. Unvereinbar mit der hier vertretenen Auslegung wie auch mit §§ 68a, 51 VVG, 3, 9 AGBG sind allerdings die Worte „gleichviel ob die Sachen in die Gebäude gebracht werden oder nicht" in §§ 4 Nr. 2 LZB, 5 Nr. 2 LZB 87. Sachen, die zu keiner Zeit in den VOrt gelangen, können weder Gegenstand einer Deklarations- oder der Prämienzahlungspflicht noch für die Frage einer UnterV zu berücksichtigen sein.

64   5. Die **Proportionalitätsregel** des § 56 und der in S II 7 zitierten AVB ist aus der Sicht beider Vertragspartner **unerwünscht.** Die Möglichkeit des Einwandes der UnterV ist zwar aus den in S II 2 bis 5 dargelegten Gründen der Prämiengerechtigkeit und der Prämienkalkulation notwendig, aber sie ist gleichwohl ein Übel. Von jeher wurden daher Überlegungen über **Möglichkeiten der Bekämpfung der UnterV** angestellt, vgl. die Literaturnachweise bei BM § 56 VVG Anm. 56.

65   Die Proportionalitätsregel könnte ihren Zweck nur dann ohne Nachteile erreichen, wenn stets alle VSummen bei Vertragsschluß richtig gebildet und später bei Zunahme der versicherten Sachen oder ihres Wertes rechtzeitig erhöht würden, soweit der VN nicht etwa im Einzelfall UnterV bewußt herbeiführen will, S II 9. Nicht gekürzte Entschädigungen, sondern **richtige VSummen** und damit eine „richtige" Prämie für vollen VSchutz sind das wirtschaftliche Ziel der Proportionalitätsregel. Gekürzte Entschädigungen sollten mit diesem Ziel immer nur durch entsprechenden Vertragsinhalt angedroht, im Idealfall aber niemals realisiert werden. Jedoch erfordert es Mühe und – wenn einige Genauigkeit erstrebt wird – meist auch Kosten, den VWert bei Vertragsschluß richtig festzustellen und ihn während der VDauer laufend zu überprüfen (Dietz VW 84, 1547), um nötigenfalls die VSumme anzupassen. Bei Inbegriffen beweglicher Gebrauchsgegenstände (Hausrat, Betriebseinrichtung) sind die Schwierigkeiten am größten, während Warenvorräte und Gebäude meist mit Hilfe von Buchführungsunterlagen, Baukostenabrechnungen, Kaufverträgen usw. halbwegs genau zu bewerten sind. Vor allem bei Hausrat und Betriebseinrichtung, aber auch bei Warenvorräten und Gebäuden, muß also damit gerechnet werden, daß in der **Praxis** nahezu niemals die VSumme genau mit dem VWert übereinstimmt. Vielmehr ergeben sich fast

immer mehr oder weniger große **Abweichungen,** gelegentlich nach oben mit der Folge einer ÜberV, in der Regel aber nach unten mit der Folge einer UnterV.

Soweit die UnterV nicht ausnahmsweise (S II 9) durch den VN beabsichtigt 66 ist, führt sie im Schadensfall zu einer **Enttäuschung auf Seiten des VN,** und zwar insbesondere deshalb, weil die proportionale Kürzung anders als die Rechtsfolgen der §§ 23 ff. VVG ohne Rücksicht auf ein Verschulden des VN eintreten, S II 3. Besonders stark ist die Enttäuschung des VN naturgemäß dann, wenn er die UnterV auf mangelhafte Beratung durch den Vr glaubt zurückführen zu können, ohne daß aber ein Verschulden des Vr beweisbar wäre. **Auf Seiten des Vr** bewirkt die Proportionalitätsregel **Mehrkosten der Schadenregulierung,** denn der Vr muß einen behaupteten VWert über der VSumme ermitteln und beweisen, wenn er UnterV einwenden will, S II 34. Entweder muß dies durch Fragen an den VN aufgrund von dessen Aufklärungsobliegeheit und durch Angestellte des Vr als Schadenregulierer oder aber im förmlichen Sachverständigen geschehen. Auch in letzterem Fall trägt der Vr die durch die Feststellung der UnterV anfallenden Mehrkosten des Sachverständigenverfahrens allein, Y I 50.

Dazu kommt ein weiterer Nachteil des Instituts der UnterV. Der Vr als 67 Beweislastträger (S II 34) kann, auch wenn er Mehrkosten der Schadensregulierung in Kauf nimmt, die UnterV oft auch dann nicht beweisen, wenn sie tatächlich besteht, und zwar am wenigsten in der HausratV, S II 38 und X II 130, weil hier – anders als in der GeschäftsV – keine Buchführungsunterlagen zur Verfügung stehen, in die der VN im Rahmen seiner Aufklärungsobliegenheit Einblick gewähren müßte. Die häufige **Beweisnot des Vr** zur UnterV bedeutet einen Nachteil nicht nur für den Vr, der nicht geschuldete Entschädigungsbeträge leisten muß, sondern auch für die Gesamtheit der VN, denn der **Mehraufwand für nicht geschuldete Zahlungen** wie auch der Mehraufwand an Schadenregulierungskosten durch erfolgreiche oder auch erfolglose Versuche des Nachweises der UnterV gehen in die **Prämienkalkulation** ein. Diejenigen VN, die nicht unterversichert sind oder die im Schadenfall den VWert und gegebenenfalls die UnterV mit zutreffenden Zahlen außer Streit stellen, also die **korrekten VN,** werden **zusätzlich** mit Prämienaufwand zugunsten derjenigen VN **belastet,** die versehentlich oder gar in betrügerischer Absicht den VWert zu niedrig angeben und sich die Beweisnot des Vr zunutze machen. Aus diesen Gründen sucht der Vr nach Möglichkeiten, das Rechtsinstitut der UnterV einzuschränken, die Proportionalitätsregel des § 56 VVG also vertraglich entweder ganz auszuschließen oder sie wenigstens zu modifizieren.

Am nächsten liegt selbstverständlich die Möglichkeit eines **völligen Aus-** 68 **schlusses von** § 56 VVG, also die Möglichkeit einer ErstriksikoV auch über deren in S II 9 bis 20 dargelegten traditionellen Anwendungsbereich hinaus. Seit dem Jahr 1985 wird außerdem zunehmend mit Möglichkeiten eines **einge-schränkten UnterVVerzichtes** experimentiert, also mit zusätzlichen Voraussetzungen, von denen die Anwendung des § 56 VVG abhängig gemacht wird, vgl. schon S II 10. UnterV soll danach nur eingewendet werden, wenn der VN gewisse *Anzeigepflichten* vor Vertragsschluß und während der Vertragsdauer *nicht erfüllt,* sei es nur *objektiv* oder sei es darüber hinaus *schuldhaft,* vgl. die Klauseln gemäß VerBAV 85, 233, 316 für die LeitungswasserV von

Gebäuden öffentlicher Körperschaften, Kl 866 zu den VGB 62 (VerBAV 86, 157), die Klauseln gemäß VerBAV 89, 67 über einen UnterVVerzicht bei Umrechnung einer Anlagenkartei des VN durch den Vr sowie bei Wertfestsetzung durch den Vr (vgl. Texte 34 nach Kl 1717 sowie S II 131 bis 134) und vor allem § 16 Nr. 3 bis 6 VGB 88 (eingeschränkter UnterVVerzicht in der Gleitenden NeuwertV von Wohngebäuden). Gemeinsamer Ursprung aller dieser Regelungen sind Literatur und Rechtsprechung zur Gleitenden NeuwertV, wonach der Vr entgegen den Sonderbedingungen für die Gleitende NeuwertV teilweise die Verantwortung für die Richtigkeit der VSumme 1914 tragen sollte. In den SGlN 79a sowie in den jetzt für Geschäftsgebäude und landwirtschaftliche Gebäude gebräuchlichen SGlN 88 haben diese Überlegungen allerdings nur auszugsweise Eingang gefunden. Jedenfalls verstößt es entgegen S II 88 der 2. Aufl. nicht ohne weiteres gegen §§ 15a, 34a VVG, den **UnterVEinwand** nur noch **als Sanktion** für den Fall schuldhaft oder auch schuldlos unrichtiger oder unvollständiger Anzeigen des VN vor Vertragsschluß oder während der Vertragsdauer eintreten zu lassen, M III 66 bis 68.

69   Allerdings ist gerade das **Rechtsinstitut der UnterV** auch seinerseits ein **Gebot der Prämiengerechtigkeit**, denn der VWert als Risikofaktor kann nicht in der Prämienberechnung und soll daher wenigstens für die Entschädigungshöhe berücksichtigt werden, S II 3. Eine völlige Streichung von § 56 VVG, also eine ErstrisikoV, führt naturgemäß zu einem noch etwas höheren Mehraufwand durch Schadenzahlungen, die „eigentlich" – nämlich bei Anwendung von § 56 VVG – nicht geschuldet wären. Dieser Mehraufwand ist etwas höher als derjenige, der bei Geltung des § 56 VVG allein schon durch die Fälle der unbeweisbaren UnterV verursacht wird, S II 67.

70   Gleichwohl ist für alle VZweige durch die Vr immer erneut zu prüfen, ob nicht die – wenn auch betragsmäßig größere – **Prämienungerechtigkeit durch eine unverhüllte ErstrisikoV** dem Vertrauensverhältnis zwischen Vr und VN und damit dem VGedanken insgesamt weniger schadet als die – wenn auch betragsmäßig geringere – **Prämienungerechtigkeit durch eine VollwertV**, die diesen Namen aber für zahlreiche Schadenfälle zu Unrecht trägt, weil der Vr den VWert und die UnterV allzu oft nicht beweisen kann. Diese aus *Beweisnot* resultierende Prämienungerechtigkeit begünstigt speziell die inkorrekten VN und geht *zu Lasten der korrekten* VN, während die unverhüllte *ErstrisikoV* lediglich eine Prämienungerechtigkeit zugunsten *aller* Verträge mit zu niedrigen VSummen begründet. Überdies wird dieser der ErstrisikoV anhaftende Mangel ein wenig dadurch gemildert, daß die durch sie begünstigten VN immerhin das „zweite" (S II 10 und 71) Risiko eines Schadens über die VSumme hinaus wegen § 50 VVG selbst tragen müssen.

71   Je VZweig und für jede versicherungstechnisch abgrenzbare Gruppe von VN oder von versicherten Sachen ist also immer wieder von neuem zu prüfen, ob nicht die **ErstrisikoV** im Verhältnis zu einer durch zusätzliche Schadensregulierungskosten und unbegründete Schadenszahlungen belasteten VollwertV das **kleinere Übel** darstellt. Dies kommt vor allem in solchen VZweigen und für solche Gruppen von VN oder versicherten Sachen in Betracht, für die begründete Aussicht besteht, den *Anteil* an Verträgen mit erheblich *zu niedriger ErstrisikoVSumme* einigermaßen *gering* zu halten, sei es durch Aufklärung der VN über das Risiko von Schäden über die VSumme

hinaus, oder sei es durch eine gezielte Annahmepolitik des Vr, indem dieser Anträge auf Verträge mit offensichtlich unzureichender VSumme nicht annimmt. Allerdings sind die Möglichkeiten einer derartigen Annahmepolitik des Vr entgegen Dietz VW 84, 1551 gerade bei höheren VSummen mit entsprechend hohem Provisionsinteresse des VAgenten recht gering. Es kommt daher entscheidend darauf an, in welchen Bereichen es möglich ist, den **VN in dessen eigenem Interesse** auch auf der Basis einer ErstrisikoV **zur Bildung ausreichender VSummen** in Höhe des möglichen Höchstschadens **zu veranlassen.** Am ehesten erscheint dies in der **FeuerV** und in kombinierten VZweigen unter Einschluß von Feuer möglich, denn Brand führt relativ am häufigsten zu Vollschäden an einer Position (S II 2) oder jedenfalls zu Schäden über die Höhe einer zu niedrigen VSumme hinaus. Außerdem liegt eine ErstrisikoV am nächsten dort, wo die *Nachteile der VollwertV* – hohe Schadensregulierungskosten und hoher Schadenmehraufwand mangels Beweises der UnterV – am *größten* sind.

Beides – relativ beste Chancen für ausreichende VSummen im eigenen 72 Interesse des VN und relativ größte Nachteile der VollwertV – trifft bei der **kombinierten V des Hausrats gegen Feuer, erschwerten Diebstahl usw.** zusammen. Daher wurde zu den VHB 84 die Möglichkeit geschaffen, durch **Kl 834** die Proportionalitätsregel des § 56 VVG für unanwendbar zu erklären und somit eine **ErstrisikoV** zu vereinbaren, wenn auch mit gewissen Einschränkungen durch Nr. 2 der Klausel und mit dem Widerrufsvorbehalt in Nr. 3 der Klausel. Die Einzelheiten dieser Kl 834 werden in S II 76 bis 112 erörtert. Während Hausrat schon seit den VHB von 1942 kombiniert durch rechtlich einheitlichen Vertrag gegen Feuer, erschwerten Diebstahl usw. versichert wird, A II 3 und A III 27, gibt es eine *kombinierte* GeschäftsV für Betriebseinrichtung und Warenvorräte geschäftsplanmäßig bisher *nur* ganz *ausnahmsweise,* A II 25 und 26. Der Anreiz für den VN, die VSumme im eigenen Interesse ausreichend hoch zu wählen und während der Vertragszeit laufend zu überprüfen, besteht daher in der GeschäftsV *nur* für die FeuerV (hier allerdings sogar im besonders hohen Maße, A II 25), *nicht* hingegen für die übrigen Zweige der gebündelten GeschäftsV, also für die V gegen erschwerten Diebstahl, Leitungswasser und Sturm. Solange nicht auch in der GeschäftsV kombinierter VSChutz gegen sämtliche Gefahrengruppen der klassischen SachV geboten und dadurch der VN mittelbar auch außerhalb des Feuerrisikos zur Bildung ausreichender VSummen genötigt wird, gilt die **ErstrisikoV** für den Bereich der GeschäftsV mit Recht als **unzweckmäßig** (Dietz VW 84, 1547), jedenfalls für die V beweglicher Sachen gegen Diebstahl, Leitungswasser und Sturm. Trotzdem wird vereinzelt auch in der GeschäftsV mit den Möglichkeiten einer ErstrisikoV oder wenigstens eines eingeschränken UnterVVerzichtes experimentiert, vgl. schon S II 68. Die dort erwähnten Klauseln werden alternativ bei Betriebseinrichtung wie auch für Gebäude verwendet, vgl. zusammenfassend S II 131 bis 134.

In der **GebäudeV** sind die Schwierigkeiten bei der laufenden Überprüfung 73 der VSumme etwas geringer als bei beweglichen Sachen. Wertsteigerungen durch **Um-, An-** oder **Ausbauten** treten nämlich relativ selten ein. Um so leichter ist in diesen seltenen Fällen dem VN eine **Anzeige** an den Vr und eine Vertragsanpassung zumutbar. Die Schwierigkeiten während der Vertragslaufzeit sind also geringer als bei der V einer Betriebseinrichtung, deren Bestand und Wert sich laufend ändert. Wertsteigerungen bei Gebäuden durch **Anstieg der Baupreise** sind mit Hilfe des Baupreisindex des statistischen Bundesamtes leicht feststellbar. Dies war Anlaß für die Entstehung der sog. **Gleitenden NeuwertV** (S IV) mit einem **festen VWert 1914** und einer fest VSumme 1914 sowie einem Prämienanstieg entsprechend den Baupreisen. Die Vr haben diese Gelegenheit benutzt, in die Prämienanpassung auch den überproportionalen Anstieg der Lohnkosten einzubeziehen, was zu schwierigen Rechtsfragen führt, vgl. P IV 49 bis 61.

74   Allerdings gibt es einen **Baupreisindex** nur **überregional** für die ganze Bundesrepublik. Die dadurch entstehenden Fehler bei der Prämienanpassung sind aber gering und daher tragbar. Der überregionale Charakter des Baupreisindex erschwert indessen die Gleitende NeuwertV darüber hinaus und wesentlich nachhaltiger noch in einer anderen Weise: Der Gegenwartsbaupreis kann nicht einfach dadurch in den VWert 1914 und somit in die „richtige" VSumme 1914 umgerechnet werden, daß man ihn durch die jeweilige (überregionale!) Indexzahl dividiert, vgl. S IV 15 der 2. Aufl. Für den VN ist es daher nahezu unmöglich, den VWert 1914 zutreffend zu ermitteln, zumal hierbei auch der Preis solcher Materialien für 1914 fingiert werden muß, die es damals noch gar nicht gab. BGH NJW-RR 89, 410 = VerBAV 118 = RuS 58 = VersR 472 stellt daher sehr strenge Anforderungen an die **Beratung des Antragstellers durch den Vr** bei Bildung einer VSumme 1914, S IV 9. In den Sonderbedingungen für die Gleitende NeuwertV war die Verantwortung für die Richtigkeit der VSumme 1914 zunächst, nämlich bis zum Jahr 1979, völlig ungeregelt. Rechtsprechung und Literatur diskutieren lebhaft über die Frage, unter welchen Voraussetzungen der Vr wegen Beratungsfehlers Schadenersatz in der Weise solle leisten müssen, daß er sich nicht auf UnterV beruft. In § 2 Nr. 3 SGlN 79a und in § 2 Nr. 4 SGlN 88 ist die Frage jetzt immerhin für einen Teilbereich angesprochen: Der Vr kann sich auf UnterV nicht berufen, soweit ihm der Neubaupreis eines anderen Jahres, insbesondere der Gegenwartsneubaupreis, zutreffend bekanntgegeben wird.

75   Umfassende Regelungen für die Grenzen des UnterVEinwandes des Vr in der Gleitenden NeuwertV enthält erstmals § 16 Nr. 3 bis 6 VGB 88 für die Gleitende NeuwertV von **Wohngebäuden.** Ob der Vr UnterV einwenden darf, hängt danach, und zwar im Prinzip zulässigerweise (S II 68), davon ab, ob der VN **Anzeigepflichten** korrekt erfüllt hat, und zwar sowohl bei Vertragsschluß wie auch für Um-, An- oder Ausbauten während der Vertragslaufzeit. Soweit die Anzeigepflicht objektiv nicht erfüllt ist, kommt es teilweise darauf an, ob und in welchem Maß dem VN ein **Verschulden** trifft. Da es allerdings mindestens vier verschiedene Möglichkeiten gibt, die VSumme 1914 bei Vertragsschluß zu ermitteln, S IV 7 und 54, mußte die Regelung in den VGB 88 notwendig sehr kompliziert ausfallen. Auch weist sie noch zahlreiche Mängel auf, die sich erst nach Jahren der praktischen Anwendung werden beseitigen lassen. Dann wird auch der Zeitpunkt gekommen sein, eine entsprechende Regelung für Geschäftsgebäude und landwirtschaftliche Gebäude in die SGlN 88 aufzunehmen. Wegen der Einzelheiten zum UnterVVerzicht nach den VGB 88 und zur gegenwärtigen Fassung der SGlN 88 vgl. S IV 2 bis 60, wegen der SGlN 79a vgl. S IV der 2. Aufl.

6. Die **ErstrisikoV des Hausrats nach Kl 834 zu den VHB 84** dehnt den in S II   76
9 bis 20 dargestellten traditionellen Anwendungsbereich der ErstrisikoV erheblich aus. Motiv: In der HausratV sind sowohl die Nachteile der VollwertV wie auch die Chancen des Vr am größten, den VN auch im Rahmen
einer ErstrisikoV zur Bildung einer VSumme für sämtliche kombiniert versicherten Gefahrengruppen entsprechend dem wirklichen VWert zu bewegen,
und zwar wegen der Gefahr eines Feuertotalschadens, S II 72. Allerdings ist
die ErstrisikoV nicht in den VHB 84 selbst erwähnt, und zwar nicht einmal
als Möglichkeit einer besonderen Vereinbarung. Vielmehr soll Kl 834 schon
durch ihre äußere Form als besondere Klausel erkennbar machen, daß die
ErstrisikoV des Hausrats nicht oder nicht als Normalfall, sondern sie **nur in
bestimmten tariflichen Grenzen** vereinbaren möchte.

Allerdings kommt die **Wahlmöglichkeit** für den Antragsteller, eine Haus-   77
ratV mit oder ohne Kl 834 zu beantragen, nur in dem in Texte 44 abgedruckten **Antragsformular** für höhere VSummen – in der Regel ab 200000 DM –
zum Ausdruck, während in den kleineren sog. **Prospektanträgen für niedrigere
VSummen** Kl 834 bereits als **vorformulierter Text** eingearbeitet ist. Diese letzteren Anträge kann der Vr, wenn er Kl 834 nicht zugestehen will, nur entweder ablehnen oder mit einer gemäß § 5 VVG gekennzeichneten Änderung
annehmen, was nach § 150 BGB einen neuen VAntrag des Vr bedeutet. In der
Regel muß der Vr also versuchen, den Antragsteller zu einem Antrag auf
einem Formular für höhere VSummen und ohne Kl 834 zu veranlassen, wenn
er einen Antrag mit Kl 834, insbesondere also auf einem Prospektantragsfor-
mular, nicht annehmen will.

a) Eine **ErstrisikoV des Hausrats** begründet **Kl 834**, denn Nr. 1 der Klausel   78
erklärt § 56 VVG für unanwendbar. Gerade die Unanwendbarkeit von § 56
VVG ist das Erkennungsmerkmal einer ErstrisikoV, S II 9 und 10. Entgegen
Dietz VW 84, 1547 und 1.6 vor Kl 834 gibt es gedanklich sehr wohl ein
„zweites", durch den VN selbst zu tragendes Risiko, nämlich das von Dietz
aaO an anderer Stelle erwähnte Risiko, daß „die Höhe des Schadens die
VSumme übersteigt".

Daß die beantragte VSumme dem VWert (Neuwert) der versicherten Sa-   79
chen entsprechen „soll" (Dietz aaO), ist nicht (mißverständlich Dietz 3.2 vor
Kl 836: „Unter Verzicht soll unter der Voraussetzung gelten, daß ...") in
dem Sinn richtig, daß ein „Verstoß" zu einer Kürzung nach § 56 VVG führen
würde (nur dann handelte es sich nicht um eine ErstrisikoV), sondern nur in
dem Sinn, daß eine ausreichende VSumme den VN vor jenem „zweiten"
Risiko (S II 78) schützt und daß ein möglichst hoher Anteil an Verträgen mit
VSummen in Höhe des VWerts die Gefahren der ErstrsikokoV für die Prämiengerechtigkeit reduziert. Da der HausratVN auch an die **Möglichkeit von
Feuertotalschäden** denken muß, bestehen in der Tat halbwegs gute Aussichten
auf einen hohen Anteil an Verträgen mit ausreichender VSumme, S II 71.
Gerade deshalb eignet sich die HausratV relativ gut für den Ausschluß des
§ 56 VVG und für eine ErstrisikoV.

Durch die Annahmepolitik des Vr noch weiter erhöhen läßt sich der Anteil   80
an Verträgen mit VSummen in Höhe des VWerts kaum, und zwar entgegen
Dietz VW 84, 1551 jedenfalls nicht bei „**hochsummigen Verträgen**". Darunter

sind wegen der in S II 81 und 82 erörterten Tarifgestaltung Verträge zu verstehen, zu denen eine VSumme deutlich über 1000 DM je qm Wohnfläche beantragt wird. Ein Antragsteller dieser Gruppe würde nicht verstehen, warum gerade in seinem Fall „ein qualifizierter Mitarbeiter des Vr vor Ort überprüfen soll, ob die beantragte Summe dem VWert näherungsweise entspricht" (Dietz aaO). Der VN wird einwenden, der Vr solle solche Nachforschungen – wenn überhaupt – doch besser gerade umgekehrt bei Anträgen anstellen, deren Summe nicht wesentlich über, sondern ziemlich genau bei 1000 DM je qm Wohnfläche liegt. Aber selbst bei hochsummigen Verträgen, deren VSummen – mit oder ohne solche „Überprüfung" (wie soll eine solche praktisch aussehen?) – bei Vertragsschluß richtig sind, kann die VSumme während der Vertragslaufzeit durch Zukauf alsbald unzureichend werden.

81   Außerdem wollen die Vr nach Dietz VW 84, 1548 und nach den bei Dietz abgedruckten „Unverbindlichen Prämienrichtlinien" (Ziffer 4.3.2) des Verbandes der SachVr die Kl 834 nur zugestehen, wo die beantragte VSumme mindestens 1000 DM je qm Wohnfläche beträgt, vgl. zu dieser Annahmepolitik der Vr auch Ollick VerBAV 84, 363, Fußnote 167. Bei einer Durchschnittswohnfläche von 82 qm je Haushalt (Dietz VW 84, 1550) würde dies zu einer DurchschnittsVSumme von rund 80000 DM führen. Gleichwohl kann im Einzelfall der VWert niedriger als 1000 DM je qm Wohnfläche liegen, ausnahmsweise sogar bei kleinen, jedenfalls aber bei größeren Wohnungen. Wenn nämlich 1000 DM pro qm „erfahrungsgemäß im Durchschnitt der Haushalte zu einer dem Vollwert entsprechenden VSumme führt" und wenn es oberhalb dieses Durchschnitts „VN mit besonderen Wertanhäufungen" gibt (Ollick VerBAV 84, 363), dann muß es notwendig auch VN geben, bei denen ein geringerer Betrag je qm Wohnfläche ausreicht; dies liegt im Wesen eines jeden „Durchschnitts". Für diese Fälle will der Vr dem Antragsteller zwar nicht von vornherein UnterV unterstellen, wenn eine niedrigere VSumme auch tatsächlich beantragt wird. Er will dann nur nicht auf den UnterVEinwand verzichten, sondern den VN auch bei Teilschäden das Risiko tragen lassen, daß die beantragte VSumme von Anfang an unzureichend war oder später unzureichend geworden ist. – Manche Vr haben die tarifliche Grenze auf 800 DM herabgesetzt.

82   Die Prämie wird als Produkt aus der vereinbarten VSumme und dem Prämiensatz berechnet, vgl. § 16 Nr. 2a VHB 84 und das in Texte 44 abgedruckte Antragsformular. Eine „MindestVSumme" im Sinn von Dietz VW 84, 1547 gibt es nicht mit rechtlicher Wirkung gegen den VN, sondern nur als Inhalt des in S II 81 zitierten unverbindlichen Prämientarifs. Wo der Vr seinen Tarifprämiensatz sowie Kl 834 auch bei einer niedrigeren VSumme als 1000 DM je qm vereinbart oder sobald der VN seine VSumme gemäß § 51 VVG herabsetzt oder seine Wohnfläche vergrößert, ohne die VSumme zu erhöhen, muß der Vr den vereinbarten Prämiensatz auf eine niedrigere als jene angebliche „MindestVSumme" anwenden. Zum gleichen Ergebnis kann es auch führen, wenn der VN Anpassungen der VSumme durch eine Erklärung gemäß § 16 Nr. 1 c VHB 84 ausschließt, Dietz VW 84, 1553.

83   Die Möglichkeit der einstweiligen Herabsetzung der VSumme durch den VN wegen ÜberV wird durch § 16 Nr. 1 d VHB 84 ausdrücklich bestätigt und könnte wegen §§ 68 a, 51 VVG auch gar nicht rechtswirksam ausgeschlossen

werden. Der VN kann dieses Recht nach dem Wortlaut der zitierten Bestimmungen sogar dann ausüben, wenn die **VSumme** – und sei es auch nur wegen des Vorsorgezuschlages von 10% gemäß § 16 Nr. 1b VHB 84 (S I 21) – **schon bei Vertragsschluß zu hoch** und dies für ihn *erkennbar* oder sogar *beabsichtigt* war, um einen Vertragsschluß mit Kl 834 zu ermöglichen. Wenn die Vr die „MindestSumme" gemäß S II 81 zu tariflichen Voraussetzung einer Vereinbarung von Kl 834 machen, so akzeptieren sie dadurch nicht nur, sondern fördern sogar die Möglichkeit einer zunächst bewußt zu hohen VSumme.

Mit der Herabsetzung ist nach § 51 VVG eine **verhältnismäßige Herabset- 84 zung der Prämie** verbunden, bei einem linearen Prämientarif also eine Prämie, die aus einem **unveränderten Prämiensatz** berechnet wird, nämlich im Fall der VHB 84 aus dem Prämiensatz gemäß § 16 Nr. 2a VHB 84. Allerdings ist eine tarifliche Mindestprämie zu beachten, PM § 51 Anm. 4, soweit diese versicherungstechnisch zwingend erforderlich ist und nicht etwa nur §§ 51, 68a VVG umgehen soll. Ist also Ziffer 4.3.2 des bei Dietz Anhang A 4 abgedruckten Prämientarifs des Verbandes der SachVr als Fall eines *tariflichen Mindestprämiensatzes* im Sinn der herrschenden Auslegung von § 51 VVG anzusehen, der auf die neue (unter 1000 DM je qm liegende) VSumme angewendet zu derselben Prämie führt wie der vereinbarungsgemäß geltende Prämiensatz bei Anwendung auf die „MindestVSumme" im Sinne von S II 82?

Man wird die Frage verneinen müssen, denn der Fall des § 51 VVG ist nur 85 einer von mehreren Fällen, in denen nachträglich bei unverändertem Prämiensatz die „MindestVSumme" unterschritten werden kann, vgl. S III 15 wegen § 16 Nr. 1c VHB 84 sowie S II 90 wegen nachträglicher Vergrößerung der Wohnfläche. In allen drei Fällen kann und muß der Vr von der Widerrufsmöglichkeit gemäß Kl 834 Nr. 3 (S II 107) Gebrauch machen, wenn er den Vertrag wieder mit dem Tarif in Einklang bringen will. Man kann also im Verhältnis zwischen Vr und VN nicht nur nicht mit Dietz VW 84, 1547 von einer MindestVSumme, sondern auch **nicht** von einer **Mindestprämie** im Sinn der Literatur zu § 51 VVG sprechen.

Verträge mit tariflich unerwünschter Geltung von Kl 834 können nicht nur 86 durch nachträgliche Herabsetzung der VSumme oder durch Vergrößerung der Wohnfläche entstehen, also in den Fällen von S II 85, sondern auch dadurch, daß der VN die **Wohnfläche im Antragsformular objektiv zu niedrig angegeben** hatte. Ist dies nachweisbar absichtlich geschehen, um tarifwidrig die Vereinbarung von Kl 834 zu erreichen, so kann der Vr den Vertrag nach **§ 123 BGB** wegen **arglistiger Täuschung** anfechten. Der Vr wird dann nach § 142 BGB leistungsfrei, denn die Anfechtung wirkt auf den Zeitpunkt des Vertragsschlusses zurück (Wille VW 84, 1546).

Arglistige Täuschung liegt bei objektiv zu niedrigen Angaben über die 87 Wohnfläche um so *näher,* je mehr der VWert schon bei Vertragsschluß über der VSumme gelegen hätte, die in Höhe von 1000 DM je qm der zu niedrig angegebenen Wohnfläche vereinbart worden war. Hatte diese VSumme hingegen bei Vertragsschluß in etwa ausgereicht und war die UnterV später und unerwartet entstanden, so spricht dies im Zweifel *gegen* Arglist und für bloße Fahrlässigkeit des Antragstellers. Falls die arglistige Absicht des Antragstellers beweisbar ist, so schließt **vorsätzliche Mitwirkung des VAgenten** die Anfechtung nicht aus. Es ist bei erwiesener Arglist des VN auch unerheblich, daß der VAgent die zu niedrig angegebene Wohnfläche bei gehöriger Aufmerksamkeit vielleicht hätte beanstanden müssen.

88   Ist dem VN Arglist nicht nachzuweisen, kann er aber seinerseits nicht den Entschuldigungsbeweis gemäß § 16 Abs. 3 VVG führen, so kann der Vr wegen unrichtiger vorvertraglicher Anzeige den **Rücktritt gemäß § 20 VVG** erklären. Daß die Wohnfläche kein unmittelbar gefahrerheblicher Umstand ist (vgl. dazu S II 90), spielt keine Rolle, weil nach § 18 VVG Umstände, nach denen schriftlich gefragt war, im Zweifel als erheblich gelten (Wille, VW 84, 1543). Jedoch führt ein Rücktritt des Vr nach § 21 VVG nicht zur Leistungsfreiheit. Vielmehr wäre der Schaden, und zwar auch ein etwaiger Einbruchsdiebstahlschaden, entgegen Wille VW 84, 1544 mit an Sicherheit grenzender Wahrscheinlichkeit auch dann in gleicher Höhe entstanden, wenn die verschwiegene zusätzliche Wohnfläche nicht vorhanden (oder z.B. rein gewerblich genutzt) und derselbe Hausrat auf geringerer Fläche konzentriert gewesen wäre, vgl. die entsprechenden Überlegungen in M II 29 zum **Kausalitätsgegenbeweis** gemäß § 6 VVG.

89   Der Rücktritt führt also wegen § 21 VVG in der Regel nicht zur Leistungsfreiheit des Vr, denn die zahlenmäßige Größe der Wohnfläche hat *für sich allein* keinen Einfluß auf den Umfang der Leistungspflicht des Vr. Daß der Vr bei richtigen Angaben den Vertrag nicht oder nur mit höherer VSumme oder nur ohne Kl 834 abgeschlossen hätte, spielt im Rahmen von § 21 VVG keine Rolle, PM § 21 Anm. 1. Deshalb der Vr meist nicht zurücktreten, zumal kaum je in voraus feststünde, ob der Rücktritt nicht sogar mangels Verschuldens des VN unwirksam wäre. Noch unsicherer wäre ein Rücktritt „nur vom UnterVVerzicht" (Wille VW 84, 1544), denn dann bliebe jeweils über Monate oder Jahre ungewiss, ob das Gericht Wille aaO folgt und § 30 VVG anwendet oder nicht. Der Vr wird vielmehr lediglich für die Zukunft des UnterVVerzicht gemäß Kl 834 Nr. 3 widerrufen und eine etwaige Kündigung dem VN überlassen, S II 111.

90   Vergrößert sich die **Wohnfläche nachträglich**, sei es durch Umzug oder durch nachträgliches Anmieten weiterer Räume oder durch bauliche Veränderungen, so soll dies nach § 13 Nr. 3a VHB 84 eine **anzeigepflichtige Gefahrerhöhung** darstellen, denn die Wohnfläche gehört zu den Umständen, nach denen **im Antragsformular gefragt** wird. Indessen sieht nicht einmal der Tarif des Vr die Wohnfläche als solche, sondern nur einen steigenden VWert als Gefahrerhöhung an. Die **Wohnfläche** wiederum ist **nur Indiz** (Wille VW 84, 1546: „steigt die Wahrscheinlichkeit") für einen möglicherweise höheren VWert. Ein bloßes Indiz für eine Gefahrerhöhung darf aber nicht mit der Gefahrerhöhung selbst indentifiziert werden. Der Nachweis eines Indizes ersetzt nicht den Nachweis einer Gefahrerhöhung. Übersehen wurde dies in LG München I VersR 85, 678, und zwar sogar zu den VHB 74, also zur VollwertV, zu der z.B. auch Wille VW 84, 1543 betont, daß mit der Wohnfläche nicht die versicherte Gefahr wächst. § 13 Nr. 3a VHB 84 darf daher wegen § 34a VVG auf die nachträgliche Vergrößerung der Wohnfläche nicht angewendet werden, vgl. auch schon N IV 105.

91   Mit Recht verneint daher auch Dietz VW 84, 1550 sowie 4.1.5 zu § 13 und 3.2 vor Kl 834 die Möglichkeit einer Leistungsfreiheit wegen „schuldhafter" Nichtanzeige der Gefahrerhöhung. Dies gilt auch dann, wenn infolge Vergrößerung der Wohnfläche die vereinbarte VSumme nach dem Tarif die Geltung von Kl 834 nun nicht mehr rechtfertigen würde. Der Vr kann allenfalls die Geltung von Kl 834 nach deren Nr. 3 für die Zukunft widerrufen, S II 107. Das Unterlassen der Anzeige einer eingetretenen Wohnflächenvergrößerung führt jedenfalls nicht zu nachteiligen Rechtsfolgen für den VN, vgl. schon N IV 105. Als Gefahrerhöhung könnte freilich die **Zunahme des VWerts** als solche gelten, und zwar nicht nur mit, sondern auch ohne gleichzeitige Zunahme der Wohnfläche. Aber gerade weil ErstrisikoV vereinbart ist, handelt es sich um eine ihrer Art nach („qualitativ") **unerhebliche Gefahrerhöhung** im Sinn von § 29 Satz 2 VVG, vgl. N III 3 und N IV 78.

Eine Gefahrerhöhung kann mit dem Umzug in eine größere Wohnung **92** allerdings insofern verbunden sein, als die größere Wohnung mit **größerem Wohnkomfort** verbunden ist und **höhere Beuteerwartungen** für potentielle Täter ermöglicht. Man denke an einen Umzug aus einer Mietwohnung in einen konfortablen Bungalow. Aber der Wohnkomfort ist nicht Gegenstand einer Antragsfrage im Sinn von § 13 Nr. 3 a VHB 84 und die Gefahrerhöhung daher qualitativ unerheblich im Sinn von § 29 Satz 2 VVG. Ein Zusammenhang mit der Wohnfläche besteht nicht, denn der Wohnkomfort kann auch bei gleichbleibender oder geringerer Wohnfläche steigen.

b) Wenn der Vr Kl 834 überhaupt in Gebrauch nimmt, wird er sie in der **93** Regel zu **sämtlichen Verträgen** vereinbaren, bei denen die **tariflichen Voraussetzungen** gemäß S II 81 gegeben sind. Hierzu ist der Vr schon nach dem aufsichtlichen Grundsatz des Begünstigungsverbots verpflichtet, denn Kl 834 erfordert **keinen Prämienzuschlag** (Dietz VW 84, 1548 sowie 2.1 vor Kl 834) und bedeutet deshalb für den VN ausschließlich einen rechtlichen Vorteil. In den sog. Prospektanträgen für kleinere VSummen ist die Geltung von Kl 834 ohnehin bereits im vorformulierten Text berücksichtigt, S II 94.

Verneint hingegen ein Antragsteller in einem Antragsformular für höhere **94** VSummen (Texte 44) die Frage, ob Kl 834 gelten soll, so beruht dies in aller Regel auf einem **Irrtum des Antragstellers** über den Inhalt des Tarifs. Der Antragsteller glaubt dann, der UnterVVerzicht erfordere einen Prämienzuschlag. In solchen Fällen muß der VAgent den Antragsteller **aufklären.** Entgegen Dietz 1 zu Kl 834 darf der Antragsteller sehr wohl erwarten, durch den Agenten über die für ihn günstigste tarifliche VMöglichkeit, aufgeklärt zu werden, gegebenenfalls also auch darüber, daß die tariflichen Voraussetzungen für eine Vereinbarung von Kl 834 ohne Prämienzuschlag gegeben sind. Unterläßt er dies, so kann der Vr sich später nicht darauf berufen, daß Kl 834 nicht vereinbart worden sei. Vielmehr muß er den VN wegen **Verschuldens bei Vertragsschluß** so stellen, als wäre die Klausel vereinbart worden.

Das gleiche gilt, wenn die tariflichen Voraussetzungen für Kl 834 zwar bei **95** Vertragsschluß noch nicht gegeben waren, später aber **nachträglich** eingetreten sind, z.B. weil der VN die VSumme erhöht oder der Vr die tarifliche „MindestVSumme" (S II 83) herabgesetzt oder weil der VN seine Wohnfläche verkleinert hat. In allen diesen Fällen muß der Vr, sobald die tariflichen Voraussetzungen vorliegen, dem VN von sich aus Kl 834 anbieten.

c) Kl 834 begründet zwar einen „unbegrenzten" (Dietz VW 84, 1547) **96** UnterVVerzicht, wenn man darunter nur das Fehlen einer betragsmäßigen

Obergrenze des VWerts versteht. Auch wenn der VWert nicht nur um 3%, sondern um 30% oder gar um 300% über der VSumme liegt, gilt der UnterV-Verzicht. Gleichwohl würde es sich aber nach dem Wortlaut von Kl 834 Nr. 2 nur um einen inhaltlich beschränkten UnterVVerzicht handeln, nämlich unter der **aufschiebenden und** außerdem **auflösenden Bedingung,** daß ein **weiterer HausratVVertrag** desselben **VN** nicht von Anfang an besteht und auch nicht nachträglich geschlossen wird.

97   Kl 834 Nr. 2 verstößt nicht gegen § 9 Abs. 2 Nr. 1 AGBG, denn der Unter-VEinwand ist gemäß § 56 VVG Teil der gesetzlichen Regelung. Fraglich ist aber, ob Kl 834 Nr. 2 nicht ganz oder teilweise mit dem **Überraschungsverbot** des § 3 AGBG oder mit dem **Vertragszweck** im Sinn von § 9 Abs. 2 Nr. 2 AGBG unvereinbar ist. Der UnterVVerzicht ist nämlich ein in der Werbung und in der Antragsberatung erfahrungsgemäß besonders hervortretender Gesichtspunkt und damit Teil des Vertragszwecks im Sinn von A V 15. Kl 834 Nr. 2 bewirkt zu Lasten dieses Vertragszwecks ungerechtfertigte Differenzierungen zwischen wirtschaftlich gleichgelagerten Sachverhalten, die auch mit dem Grundgedanken von § 3 VVG (Überraschungsverbot) nur schwer zu vereinbaren wären, A V 6.

98   **Motiv** von Kl 834 Nr. 2 ist es in erster Linie (vgl. aber ergänzend S II 102), unausgewogene Ergebnisse zu Lasten des ErstrisikoVr und zugunsten des VollwertVr im **Ausgleichsverhältnis gemäß** § 59 Abs. 2 VVG zu vermeiden, Dietz VW 84, 1552. Da für die ErstrisikoV kein Prämienzuschlag genommen wird, S II 93, sollten bei gleicher VSumme der ErstrisikoVr und der Vollwert Vr möglichst in gleicher Höhe belastet werden. Dieses Ergebnis läßt sich indessen einfacher und ohne Nachteile für den Vr durch ein entsprechendes Abkommen zwischen den Vr erreichen. Dietz VW 84, 1553 befürwortet für mehrere Verträge mit Kl 834 auch seinerseits die Anwendung eines Verbandsabkommens, nämlich der in Texte 44 der 1. Aufl. wiedergegebenen Regelung für das „Zusammentreffen von Erstrisikodeckungen".

99   Dietz VW 84, 1552 und 3.1 zu Kl 834 bildet ein Beispiel, in dem Kl 834 Nr. 2 zum richtigen Ergebnis führt, und zwar ausnahmsweise ohne einen Nachteil für den VN: VSumme in Vertrag A ohne Kl 834 90 000; VSumme in Vertrag B mit Kl 834 ebenfalls 90 000; VWert 180 000; Schaden (ohne Wertsachen mit begrenzter Entschädigung): 6000. In diesem Fall wären aus Vertrag A, falls nur dieser allein bestünde, wegen UnterV nur 3000, und aus Vertrag B, falls nur dieser allein bestünde, die vollen 6000 zu ersetzen. Bei dem Nebeneinander beider Verträge hätte ohne Kl 834 Nr. 2 nach § 59 Abs. 2 VVG der Vr A 2000, der ErstrisikoVr B hingegen 4000 zu tragen. Kl 834 Nr. 2 führt in diesem Fall zu einer Aufteilung 3000 : 3000, und zwar hier ohne Nachteil für den VN, weil die beiden VSummen zusammen den VWert erreichen und keiner der beiden Vr leistungsfrei ist.

100   In der Regel führt jedoch Kl 834 Nr. 2 zu Nachteilen für den VN. Der einfachste Fall ist der, daß im Beispiel gemäß S II 99 der **VollwertVr** wegen § 39 VVG **leistungsfrei** ist. Nach Kl 834 Nr. 2 erhielte der VN vom ErstrisikoVr B 3000 statt 6000. Hierfür fehlt es jedoch an einem wirtschaftlichen Grund, denn warum soll der VN wegen des Prämienverzugs im Vertrag A in seinem Verhältnis zum Vr B schlechter stehen, als wenn Vertrag A überhaupt nicht geschlossen worden wäre oder als wenn der Vertrag A vor Eintritt des

Prämienverzugs oder des Schadens wirksam gekündigt worden wäre?
Wenn demgegenüber Dietz 3.2 zu Kl 834 meint, es könne nicht erwartet
werden, „daß vertragliche Regelungen getroffen werden, die es dem VN
ermöglichen, ohne wirtschaftliche Nachteile seine Vertragspflicht zur Prämienzahlung bei gleichartigen Verträgen nicht zu erfüllen", so ignoriert er
§ 42 VVG, wonach von § 39 VVG nicht zum Nachteil des VN abgewichen
werden darf. Die Rechtsfolgen des § 39 VVG treten nur zu demjenigen
Vertrag ein, zu dem sich der VN in Prämienverzug befindet, nicht dagegen
zu gleichartigen weiteren Verträgen, zu denen die Prämie gezahlt wurde.
Dies gilt sogar bei einem Nebeneinander mehrerer gebündelter Verträge
mit demselben Vr (PM § 39 Anm. 2e) und daher um so mehr bei mehreren
Verträgen mit verschiedenen Vr. Prämienverzug bei *einem* Vertrag kann
nicht Argument – auch nicht eines von mehreren Argumenten – für Leistungsfreiheit des Vr zu einem *anderen* Vertrag sein.

Ferner führt der Wegfall des UnterVVerzichts zu Nachteilen für den **101**
VN immer dann, wenn die durch diesen Wegfall verursachte **VLücke durch
die Entschädigung des anderen (Vollwert)Vr nicht voll geschlossen** wird. Unterstellt man in dem von Dietz gebildeten und in S II 99 wiedergegebenen
Beispiel einen VWert von 270000 statt von 180000, so beträgt die sog. Al-
leinverpflichtung des VollwertVr A nur 2000. Wollte man auf Vertrag B Kl
834 Nr. 2 anwenden und den UnterVVerzicht nicht gelten lassen, so hätte
auch Vr B nur 2000 zu entschädigen. Die restlichen 2000 des Gesamtschadens von 6000 blieben unentschädigt. Es ist aber nicht einzusehen, warum
ein VN im Schadensfall insgesamt weniger Entschädigung nur deshalb erhalten sollte, weil er besser vorgesorgt und neben dem Erstrisikovertrag B
auch noch einen Vollwertvertrag A abgeschlossen hat. Zusätzlicher Prämienaufwand würde wegen Kl 834 Nr. 2 zu einem Weniger an VSchutz
führen.

Was Dietz in 3.2 zu Kl 834 über **weitere** (wegen DoppelV vgl. S II 98) **102**
Motive von Kl 834 Nr. 2 ausführt, ist teils unzutreffend und teils nicht geeignet, die Bestimmung als rechtswirksam erscheinen zu lassen. Mittels
Aufteilung des Risikos auf mehrere Verträge kann nicht „die restriktive
Annahmepolitik des Vr bei hochsummigen Verträgen unterlaufen" werden.
Die tarifliche MindestVSumme je Quadratmehter Wohnfläche wird im Gegenteil leichter erreicht, wenn der VN nur einen einzigen Vertrag mit einer
einzigen VSumme abschließt. Daß „unerwünschte Fälle der MehrfachV"
durch Kl 834 Nr. 2 „verhindert" oder wenigstens reduziert werden, trifft
zwar zu, reicht aber **nicht** aus, um die Bestimmung **mit §§ 3, 9 AGBG vereinbar** zu machen. Es gibt kein Verbot des Abschlusses von Zweitverträgen, die zu MehrfachV führen, und daher auch keine „Sanktionen", mit
denen der VN für den Fall eines „Verstoßes" gegen ein derartiges „Verbot" zu rechnen hätte. Letztlich handelt es sich bei Kl 834 Nr. 2 ebenso
wie bei § 16 Nr. 6b VGB 88 (S IV 52) und bei Bestimmungen in AVB
öffentlicher FeuerVr über deren Leistungsfreiheit wegen Verstoßes gegen
ein dort vorgesehenes NachVVerbot (V I 38) um **Verschärfungen von § 59
Abs. 3 VVG**, also der gesetzlichen Sanktion wegen betrügerischer DoppelV.
Es bedeutet für den VN einen unangemessenen Nachteil im Sinn von § 9
Abs. 2 Nr. 1 AGBG, wenn Mehrfach- und DoppelV zur Leistungsfreiheit

führen sollen, obwohl betrügerische Absicht nicht nachgewiesen ist und obwohl vielleicht nicht einmal der Gesamtbetrag der mehreren VSummen den VWert überschreitet, vgl. zusammenfassend V I 44.

103 Das in S II 101 kritisierte Ergebnis wäre um so unverständlicher, als die **Existenz des Vollwertvertrages** für den ErstrisikoVr auch dann einen wirtschaftlichen Vorteil bedeutet, wenn man Kl 834 Nr. 2 nicht anwendet, sondern den UnterVVerzicht gelten läßt. Im Beispiel S II 101 müßte der ErstrisikoVr B, falls überhaupt kein weiterer Vertrag bestünde, die vollen 6000 allein tragen. Die Tatsache der MehrfachV reduziert die Belastung des ErstrisikoVr – und zwar auch ohne Kl 834 Nr. 2 – von 6000 auf 4500, denn entsprechend dem Verhältnis der Alleinverpflichtungen (6000 : 2000) entfallen nach § 59 Abs. 2 VVG 25% des Schadens auf den VollwertVr A; dies sind im Beispiel 1500. Warum aber sollte dann das Hinzutreten dieser VollwertV das für den VN Prämienaufwand und **für den ErstrisikoVr** ohnehin schon und **auch ohne Kl 834 eine Entlastung** (wenn auch nicht eine Entlastung in Höhe von 50%) **bewirkt,** nach Kl 834 Nr. 2 für den VN einen Nachteil, nämlich einen gänzlich unentschädigten Teil des Schadens, und für den Vr B noch einen zusätzlichen Vorteil nach sich ziehen?

104 Das in S II 98 geschilderte Motiv von Kl 834, nämlich eine Korrektur von § 59 Abs. 2 VVG für das Ausgleichsverhältnis zwischen den mehreren Vr. paßt nur für Verträge mit verschiedenen Vr. Nach Ihrem Wortlaut wäre Kl 834 Nr. 2 indessen auch bei **mehreren HausratVVerträgen mit demselben Vr** anzuwenden. Für ein und denselben Vr spielt es aber keine Rolle, ob nach § 59 Abs. 2 VVG bei (unterstellt!) Verschiedenheit der Vr mehr aus dem einen oder mehr aus dem anderen Vertrag zu entschädigen wäre.

105 Weitere Bedenken ergeben sich speziell für **Zweitverträge,** die **schon zur Zeit des Vertragsabschlusses** bestehen. Sowohl in den Antragsformularen für höhere VSummen (Texte 44) wie auch in den sog. Prospektanträgen für niedrigere VSummen wird nämlich nach dem Bestehen von Zweitverträgen ausdrücklich gefragt. Erlangt durch die hierauf gegebene Antwort der **Vr Kenntnis von dem Zweitvertrag** und vereinbart er dann Kl 834 trotzdem, so bedürfte es möglicherweise eines besonderen Hinweises darauf, daß Kl 834 Nr. 1 (UnterVVerzicht) nur im Fall eines späteren Wegfalls des Zweitvertrages gelten solle. Derartige Hinweispflichten können nicht immer schon deshalb verneint werden, weil sich die Rechtslage bei genauer Lektüre aus dem Wortlaut der AVB ergibt, vgl. BGH VersR 79, 343 zur ReisegepäckV und BGH VersR 85, 129 zur HausratV. Auch ermöglicht vielleicht sogar schon der Wortlaut von Kl 834 Nr. 2 („solange nicht" statt „wenn und solange nicht") die Auslegung, daß nur später abgeschlossene und dem ErstrisikoVr daher nicht aus dem Antragsformular bekannte Zweitverträge zum Wegfall des UnterVVerzichts führen sollten.

106 Schon nach ihrem Wortlaut nicht anzuwenden (Dietz VW 84, 1552 und 3.3 zu Kl 834) ist Kl 834 Nr. 2 auf **Zweitverträge von Wohngenossen des VN.** Auch dies spricht ein wenig gegen die Vereinbarkeit von Kl 834 Nr. 2 mit § 3 AGBG und mit § 9 Abs. 2 Nr. 2 AGBGB, S II 97. Warum sollte nämlich der VN gerade dadurch einen Nachteil erleiden, daß er sich bemüht, den gesamten Hausrat durch VVerträge ein und desselben VN abzudecken, obwohl doch gerade dies durch den Einschluß fremden Eigentums (§ 1 Nr. 3 VHB

84) nahegelegt und gefördert wird? Warum sollte derjenige VN am besten beraten sein, dem der VAgent bei Bedarf für einen Zweitvertrag den Rat erteilt, diesen Zweitvertrag durch einen anderen Wohngenossen abschließen zu lassen?

d) Einen einseitigen **Widerruf des UnterVVerzichts** können nach Kl 834 Nr. 3 107 beide Vertragspartner jeweils zum Ende des VJahres aussprechen. Solange für Kl 834 ein Prämienzuschlag nicht erhoben wird, begründet der UnterVVerzicht für den VN ausschließlich einen rechtlichen Vorteil, S II 93. Der VN wird daher von der Widerrufsmöglichkeit praktisch nie von sich aus Gebrauch machen. Das Widerrufsrecht ist für ihn wertlos. Es handelt sich um ein **einseitiges Vertragsänderungsrecht des Vr**, das die ErstrisikoV in eine VollwertV umwandelt. Die Erklärung des Vr muß dem VN mindestens drei Monate vor Ende desjenigen VJahres zugehen, von dem an der UnterVVerzicht nicht mehr gelten soll.

Eine Begründung braucht die Erklärung des Vr nicht zu enthalten. Meist 108 wird der Vr von dem Widerrufsrecht Gebrauch machen, wenn andernfalls die tarifliche „MindestVSumme" im Sinn von S II 82 unterschritten würde oder wenn sie ohne Wissen des Vr von Anfang an unterschritten war, vgl. die in S II 85 und 89 erörterten Fälle sowie Dietz VW 84, 1553 und 4 zu Kl 834. Des weiteren kommt aber ein Widerruf auch dann in Betracht, wenn der Versicherer Verluste durch hohen Schadensaufwand erleidet, weil er z. B. die Bedarfsprämie oder die tarifliche MindestVSumme zu niedrig angesetzt hatte, vgl. zu diesen Fragen der Tarifgestaltung Dietz VW 84, 1548.

Die Widerrufsmöglichkeit gemäß Kl 834 Nr. 3 ist jedenfalls **nicht** nach 109 §§ 34a, 23ff. VVG unwirksam. Gerade weil nämlich der Vr den Widerruf auch aus anderen Gründen als wegen Gefahrerhöhung aussprechen kann, insbesondere aus Gründen die erst nachträglich entstanden sind und vielleicht auch gar nicht in der Sphäre des VN liegen, ist das Widerrufsrecht keinesfalls eine vom Gesetz zum Nachteil des VN abweichende Rechtsfolge einer Gefahrerhöhung, N IV 93. Die Vergrößerung der Wohnfläche als solche darf übrigens auch gar nicht als Gefahrerhöhung angesehen werden, S II 91.

§ 10 Nr. 4 AGBG läßt Vereinbarungen in Allgemeinen Geschäftsbedingun- 110 gen, durch die sich der Verwender vorbehält, seine Leistungen zu ändern, nur dann zu, wenn die Änderung dem anderen Vertragsteil zumutbar ist. Ist die Änderung ihrer Art nach unzumutbar, so ist der **Änderungsvorbehalt** vollinhaltlich unwirksam. In einer Entscheidung zu den Flugförderungsbedingungen eines Luftfahrtunternehmens legt BGHZ 86, 284 den Begriff der Zumutbarkeit sehr eng aus, obwohl es sich dort nur um eine Änderung und nicht um eine Einschränkung der Leistungen des Verwenders gehandelt hatte.

Der **Widerrufsvorbehalt** in Kl 834 Nr. 3 ist nach Ollick VerBAV 84, 363 111 sowie Dietz VW 84, 1553 und 4.2 zu Kl 834 **dem VN zumutbar**, weil dieser seinerseits den gesamten HausratsVVertrag innerhalb eines Monats nach Zugang des Widerrufs des UnterVVerzichts zum Ende des VJahres kündigen kann. Der VN könnte dieser Argumentation allenfalls entgegenhalten, das **Kündigungsrecht** kompensiere den Änderungsvorbehalt in seinem konkreten Fall deswegen nicht, weil der VVertrag für ihn (den VN) z.B. wegen besonders günstiger Vertragsbedingungen oder wegen eines günstigen Prämiensatzes auch nach Umwandlung in eine VollwertV noch günstig bleibe und er deshalb nicht kündigen wolle, das Kündigungsrecht also für ihn keinen Wert verkörpere.

112   Ein solcher Einwand des VN käme vor allem dann in Betracht, wenn der Vr aus anderen Gründen als wegen Unterschreitung der „MindestVSumme" im Sinn von S II 81 kündigt, nämlich z.B. deshalb, weil er die Tarifprämie nicht bedarfsdeckend, sondern zu niedrig kalkuliert hatte, S II 108. Andererseits wäre gerade der in S II 111 skizzierte mögliche Einwand des VN ein Argument zugunsten der Zumutbarkeit des Widerrufsvorbehalts, weil nämlich der Vertrag für den VN trotz des Widerrufs vorteilhaft bleibt. Man wird deshalb der in S II 111 zitierten Ansicht beitreten und die Wirksamkeit des Widerrufsvorbehalts bejahen dürfen. Auch in Martin VersRSch 85, 17 (mißverstanden durch VerBAV 85, 199) wird die Wirksamkeit des Widerrufsvorbehalts nicht bezweifelt. Dort wird lediglich die in K IV 11 behandelte Frage angeschnitten, ob der Widerrufsvorbehalt zugunsten des Vr mit der mehrjährigen Vertragsbindung des Vr vereinbar sei. Gerade diese Frage stellt sich aber überhaupt nur dann, wenn man den Widerrufsvorbehalt als rechtswirksam ansieht.

113   7. Soweit ErstrisikoV nicht vereinbart wird, weil deren Nachteile gegenüber den Nachteilen einer VollwertV und einer möglichen UnterV überwiegen, wird auf verschiedene andere Weise versucht, die Nachteile des Instituts der UnterV zu mildern, insbesondere durch einen betragsmäßig partiellen UnterVVerzicht oder durch eine eingeschränktere, von Bedingungen abhängigen (S II 10 und 68) UnterVVerzicht oder durch bewegliche VSummen oder durch eine Kombination dieser Möglichkeiten. Die wirtschaftliche Grenze für derartige **Milderungen der Proportionalitätsregel** bildet der in S II 3 und 69 erörterte Gesichtspunkt der Prämiengerechtigkeit.

114   a) **Partieller UnterVVerzicht** innerhalb einer Position oder zu mehreren Positionen kommt in Betracht, wenn entweder der Schaden betragsmäßig geringfügig oder die UnterV prozentual geringfügig ist oder wenn beides nebeneinander zutrifft.

115   Kl 1702 (früher 155 und 1701) sieht einen UnterVVerzicht nur **für geringfügige Schäden** vor, und zwar geringfügig im Verhältnis zum Gesamtbetrag aller vereinbarten VSummen. Der Schaden darf **1% des Gesamtbetrages der VSummen** nicht übersteigen. Die Addition mehrerer VSummen ist hierdurch auch dann geboten, wenn der Schaden nur zu einem Teil dieser VSummen oder nur zu einer einzigen VSumme eingetreten ist. Allerdings bleiben nach Nr. 3 der Klausel AußenVSummen, StichtagsVSummen und ErstrisikoVSummen außer Betracht, so daß eine Addition von VSummen im wesentlichen nur in der Industrie-FeuerV möglich ist, nicht hingegen in der sonstigen GeschäftsV, wo summarisch für Betriebseinrichtung und Vorräte nur eine einzige Vollwertsumme vereinbart zu werden pflegt, S I 13. Obwohl Nr. 3 der Klauseln dem Wortlaut nach nur regelt, welche *VSummen* in die Addition nicht einzubeziehen sind, wird man bei sinngerechter Auslegung doch auch die auf solche VSummen entfallenden *Teile des Schadens* außer Betracht lassen müssen, wenn der Schadensbetrag mit der Grenze von 1% des Gesamtbetrages der VSummen verglichen wird.

Außerdem darf der Schaden einen gewissen **absoluten Betrag** nicht übersteigen. Motiv der Regelung ist, daß bei geringfügigen Schäden der Kostenaufwand für eine Feststellung des VWerts der vom Schaden nicht betroffenen Sachen und damit einer etwaigen UnterV am wenigsten lohnt, vgl. S II 66. Der Grenzbetrag war in Kl 155 auf 10000 DM festgesetzt. In Kl 1702 bleibt er der Einzelfallvereinbarung überlassen, weil der genehmigte Klauseltext dem Wettbewerb der Vr möglichst nicht vorgreifen soll. Auf die Vereinbarung eines absoluten Betrages kann daher auch gänzlich verzichtet werden.

b) Lediglich ein **Verzicht** auf den Einwand einer **prozentual geringfügigen** 117 UnterV war möglicherweise in § 7 Nr. 2c VGB 62 und ist ebenso jetzt wieder in § 2 Nr. 5 SGlN 88 (in der Gleitenden NeuwertV von Geschäftsgebäuden und landwirtschaftlichen Gebäuden) gewollt. Z.B. von BM § 56 VVG Anm. 60 werden die zitierten Vorschriften auch tatsächlich nur so verstanden („bedingte ErstrisikoV"). Indessen wirft der unklare Wortlaut Auslegungsprobleme auf, und zwar § 7 Nr. 2c VGB 62 schon durch das Wort „Positionen" (Mehrzahl); soweit allerdings zugleich die SGlN 79a vereinbart waren, hätte deren § 2 Nr. 4 (gleichlautender Vorläufer von § 2 Nr. 5 SGlN 88) als Sonderregelung Vorrang. § 16 VGB 88 enthält eine vergleichbare Regelung überhaupt **nicht** mehr.

Von dieser Sonderfrage abgesehen bieten §§ 7 Nr. 2 VGB 62, 2 Nr. 3 SGlN 118 79a für den Fall einer UnterV über 3% hinaus **drei** verschiedene **Lösungsmöglichkeiten.** Drei Prozent UnterV sind übrigens begrifflich nicht schon dann erreicht, wenn der VWert 103% der VSumme beträgt, sondern erst dann, wenn die VSumme nur 97% des VWerts erreicht, der VWert also etwa bei 103,1% der VSumme liegt.

Die erste (schon in S II 117 erwähnte) Lösungsmöglichkeit bestünde darin, 119 die UnterV **voll** zu berücksichtigen, falls sie die Grenze von 3% übersteigt. Für diese Möglichkeit spräche das Motiv der Regelung: Der Versicherer als Beweislastträger (S II 34) kann UnterV um so schwerer nachweisen, je geringer sie ist. Der Vr will den Kostenaufwand für solche wenig erfolgversprechenden Beweisversuche vermeiden und verzichtet daher auf den Einwand einer nur geringfügigen UnterV von vornherein. Gelingt ihm hingegen der Nachweis einer UnterV über die Grenze von 3% hinaus, so wäre es aus der Sicht des Vr rationell, die mit einem Arbeits- und Kostenaufwand nachgewiesene UnterV in voller Höhe einzuwenden. Andererseits verwenden die zitierten Bestimmungen nicht das Wort „wenn", sondern das Wort „soweit". Außerdem entspräche nach dieser Auslegung einem sehr geringen Unterschied auf der Tatbestandsseite (einerseits 3,0%, anderseits 3,1% UnterV) ein wesentlich stärkerer Unterschied auf der Rechtsfolgenseite.

Die zweite Möglichkeit wäre, die festgestellte UnterV **um 3 Prozentpunkte** 120 **zu kürzen.** Beträgt z.B. der VWert 100, die VSumme 95 und die UnterV also 5%, so verbleibe nach Abzug von 3% eine UnterV von 2%. Ein Schaden von 10 wäre als mit 9,8 zu entschädigen, während sich nach der ersten Lösung nur ein Betrag von 9,5 ergäbe. In S II 45 der 1. Aufl. war die Kürzung der festgestellten UnterV um 3 Prozentpunkte zu Unrecht in einen Gegensatz zu der Möglichkeit gebracht worden, zunächst die UnterV voll zu berücksichtigen und die so ermittelte Entschädigung dann um den Betrag zu erhöhen, der sich bei einer UnterV von nur genau 3% für den VN als Nutzeffekt des UnterVVerzichts ergeben hätte. Tatsächlich sind dies nur andere Worte für dieselbe Lösung, nämlich für die Kürzung des tatsächlichen UnterVProzentsatzes um 3 Prozentpunkte.

121   Die dritte Möglichkeit bestünde darin, die vereinbarte VSumme um einen **Vorsorgebetrag von 3%** im Sinn von S I 20 zu erhöhen. Die wirkliche VSumme läge dann um 3% über der (im Ergebnis unrichtig und daher möglicherweise unter Verstoß gegen § 3 Abs. 1 VVG) im VSchein ausgewiesene VSumme. Im Beispiel betrüge die VSumme 97,85 statt 95, die Entschädigung 9,785, mithin etwas weniger als nach der zweiten Alternative.

122   Welcher der drei bestehenden Möglichkeiten die Gerichte in einem Deckungsprozeß zuneigen würden, läßt sich kaum voraussagen. Der Grundgedanke von § 5 AGBG spräche wohl für die **zweite Lösung.** Allerdings würde es sich nicht um einen Anwendungsfall von § 5 AGBG, sondern um ein **Auslegungsergebnis** handeln, das eine Unklarheit im Sinn der zitierten Vorschrift erst gar nicht entstehen läßt.

123   c) Ein naheliegendes Mittel, die UnterV zu bekämpfen, sind **bewegliche VSummen.** Dabei kann deren jeweilige Höhe in das **Belieben des VN** gestellt sein, wie z.B. nach der in Texte 12 der 2. Aufl. abgedruckten früheren Kl 1702 (F-Kl 5.03) bei Nachzeichnung für Vorräte; danach kann der VN die VSumme einseitig erhöhen, aber nur für die *Zukunft* (vgl. aber S II 127) und aus Kapazitätsgründen nur bis zu einer vereinbarten Obergrenze. Es kann aber auch *von vornherein* vereinbart werden, daß sich die VSumme zu bestimmten zukünftigen Zeitpunkten um bestimmte Prozentsätze oder Beträge **automatisch** erhöht, so z.B. nach Kl 825 zu den VHB 74, nach § 16 Nr. 1 VHB 84 für **Hausrat** sowie nach Kl 1701 für die **GeschäftsV,** vgl. zu solchen Summenanpassungsklauseln S III 1 bis 27.

124   d) Wertsteigernde Um-, An- oder Ausbauten von **Gebäuden** sind ebenso wie Bestandserhöhungen bei beweglichen Sachen nicht vorhersehbar und daher nicht durch bewegliche VSummen und auch **nicht** (S I 22) durch einen Vorsorgebetrag sinnvoll abzudecken. Auch für nominelle Wertsteigerungen bei Gebäuden durch Kaufkraftschwund werden nicht bewegliche VSummen, sondern wird eine *abweichende Definition des VWerts* (S II 125) als Abhilfe gegen UnterV gewählt, vgl. zunächst die früheren Sonderbedingungen für die **Gleitende Neuwertversicherung** von Wohn-, Geschäfts- und landwirtschaftlichen Gebäuden in der Fassung von VerBAV 68, 302. Nach den **SGlN 79a** und den **SGlN 88** wie auch nach § 13 **VGB 88** der VWert 1914 – oder mindestens eine entsprechende Hilfsgröße eigener Art – aus den Gegenwartsneubaukosten so berechnet, daß sich derselbe Effekt wie bei einer (partiell) **beweglichen GegenwartsVSumme** ergibt. Für regionale Verschiebungen des Niveaus der Neubaukosten enthält § 2 Nr. 5 SGlN 79a zusätzlich einen UnterVVerzicht, der allerdings unklar formuliert ist, S II 117 bis 122. Die Gleitende NeuwertV nach den SGlN 79a wird in S im Zusammenhang behandelt.

125   Schon hier sei aber auf ein **Strukturproblem der Gleitenden NeuwertV** hingewiesen. Der in S II 124 erwähnte Effekt einer (partiell) beweglichen GegenwartsVSumme umschreibt nur das wirtschaftliche Ergebnis. Rechtlich wird dieses Ergebnis durch einen abweichend definierten und **partiell unveränderli-**

chen VWert erreicht, nämlich den **VWert 1914**. Dieser ändert sich nicht bei nominellen Wertschwankungen, sondern nur bei Wertveränderungen durch Um-, An- oder Ausbauten, so daß auch die VSumme 1914 nur bei Um-, An- oder Ausbauten geändert werden muß. Diese Regelung bedeutet einen partiellen UnterVVerzicht, den der VN allerdings durch eine nach dem sog. gleitenden Neuwertfaktor anzupassende und in der Regel **überproportional steigende Prämie** erkaufen muß, vgl. P IV 49 bis 61.

Außerdem ist der partiell unveränderliche VWert, nämlich der VWert **126** 1914, so schwierig zu ermitteln, daß sich von jeher die Frage der Verantwortlichkeit für die Richtigkeit der VSumme 1914 gestellt hatte, vgl. zusammenfassend Wälder ZfV 78, 383 sowie die weiteren Literaturnachweise bei PM 22. Aufl. § 52 Anm. 2a. BGH NJW-RR 89, 410 = RuS 58 = RuS 58 = VerBAV 118 = VersR 472 erklärt den Vr zu einer Altfassung der SGlN von 1973 für sehr weitgehend beratungspflichtig. De facto bedeutet dies eine **Teilverantwortung des Vr für die VSumme.** Wird er dieser nicht gerecht, weil er den Antragsteller ungenügend berät, so kann er sich auf UnterV nicht berufen, S IV 9 und 58.

Damit stellt der BGH zur Altfassung der SGlN den VN bereits in etwa **127** ebenso, wie § **16 Nr. 3 bis 6 VGB 88** ihn durch das technische Mittel eines eingeschränkten UnterVVerzichts in Abhängigkeit von der Erfüllung gewisser Anzeigepflichten bei Vertragsschluß und während der Vertragsdauer stellt, vgl. S II 75 und allgemein S II 10.

Die **SGlN 79a** und die **SGlN 88** kodifizieren den durch jene BGH-Ent- **128** scheidung vorgezeichneten UnterVVerzicht nur für eine von vier möglichen Methoden der Bildung der VSumme 1914, nämlich für die Umrechnung des richtig angegebenen Baupreises eines anderen Jahres (als des Jahres 1914), S II 74. § **16 Nr. 3 bis 6 VGB 88** erfaßt in der Regelung über den UnterVVerzicht drei der vier Methoden für die Bildung der VSumme 1914; völlig vollständig und rechtlich gelungen ist aber auch die Regelung in den VGB 88 noch nicht. Ergänzend sind daher die Grundsätze von BGH NJW-RR 89, 410 = RuS 58 = VerBAV 118 = VersR 472 auch zu allen neueren AVB anzuwenden, S IV 15. Dieser eingeschränkte UnterVVerzicht, der die Schwierigkeiten der Bildung der VSumme 1914 kompensieren soll, steht wirtschaftlich und rechtlich neben den in S II 125 behandelten partiellen UnterVVerzicht, der schon in dem Rechtsinstitut des partiell gleichbleibenden VWertes 1914 liegt.

e) Auch die **StichtagsV** bedient sich als Vergleichsbetrag im Rahmen der **129** Proportionalitätsregel überwiegend einer anderen Größe als des VWerts am Stichtag, nämlich des Stichtagswerts am vereinbarten monatlichen Stichtag. Außerdem wird die für die Prämienabrechnung und für eine UnterV maßgebende Größe, nämlich die gemeldete Stichtagssumme, nicht jährlich, sondern monatlich neu gebildet, um Bestands- und Wertschwankungen der Warenvorräte gerecht zu werden. Daneben gibt es zwar eine vereinbarte VSumme, aber nur als Grenze der Entschädigung, S I 32. Die StichtagsV bedient sich also einer **Kombination, der rechtstechnischen Möglichkeiten zur Bekämpfung der UnterV**, vgl. zusammenhängend S VI 1 bis 18.

Auch die sog. **Wertzuschlagsklauseln** sind eine solche Kombination, wobei **130** vor allem das rückwirkende NachVRecht des VN charakteristisch ist, welches praktisch einen Verzicht auf den Einwand der UnterV in bestimmten zeitlichen Grenzen bedeutet. Zu den Wertzuschlagsklauseln vgl. zusammenhängend S V 1 bis 51.

131   f) Eine Sonderstellung nehmen die schon in S II 68 und 72 erwähnten Klauseln über einen eingeschränkten UnterVVerzicht in der GeschäftsV für bewegliche Sachen und für Gebäude ein. Diese Klauseln werden nur von wenigen Vr verwendet und sind in ihrer Formulierung mißlungen. Eine nähere Erörterung lohnt sich nicht. Im Folgenden werden ohne den Versuch einer Antwort nur einige der Fragen aufgeworfen, die sich nach den Klauseltexten stellen. Der Wortlaut ist in VerBAV 89, 67 sowie in Texte 34 im Anschluß an Kl 1717 abgedruckt.

132   Die Kl „UnterVVerzicht bei Umrechnung der Anlagenkartei" beläßt dem VN nur die Verantwortung für Richtigkeit und Vollständigkeit der Kartei. Der Vr hingegen übernimmt die Verantwortung für die Richtigkeit der Umrechnung „zur Ermittlung der VSumme" und verzichtet insoweit auf den UnterVEinwand. Die Abhängigkeit des UnterVVerzichts von der Richtigkeit des Inhalts der Kartei ist zwar mit §§ 34 a, 15 a VVG vereinbar, M III 66 bis 68. Der Klauseltext regelt aber nicht, wie es sich rechnerisch auswirkt, wenn die VSumme teils wegen eines Fehlers des Vr bei der Umrechnung und teils wegen Unvollständigkeit des Inhalts der Kartei zu niedrig ist. Ungeregelt ist ferner, ob es hierbei auf ein Verschulden des VN ankommt. Ungeregelt ist weiterhin, ob die VSumme beweglich in dem Sinn sein soll, daß sie und die Prämie sich während der Vertragslaufzeit mit jeder Bestandserhöhung ebenfalls erhöhen, vgl. N IV 25 zu demselben Problem bei Wohngebäuden nach § 16 Nr. 6 a VGB 88. Nach dem Klauselwortlaut hat der VN nur „einen Ausdruck" der Kartei dem Vr zur Verfügung zu stellen, nicht aber „den jeweils neuesten Ausdruck".

133   Die soeben aufgeworfenen Fragen stellen sich auch für die Kl „UnterVVerzicht bei Umrechnung der vereinbarten Anlagenkartei". Der Unterschied besteht nur darin, daß es sich hier nicht um eine Kartei mit „Anschaffungskosten am Anschaffungstag" handelt wie in der in S II 132 behandelten Klausel, sondern um eine Kartei, für deren „Aufbau und Fortschreibung" ein durch den Vr „vorgegebenes System" vertraglich „vereinbart" wird. Aus dem Wort „fortschreiben" wird man entnehmen müssen, daß laufende Anpassungen von VSumme und Prämie wie bei einer laufenden V im Sinn von § 187 Abs. 2 VVG vorgenommen werden sollen.

134   Am schlechtesten formuliert ist die Kl. „UnterVVerzicht nach Wertfestsetzung durch Versicherer". Ob, wie oft und aufgrund welcher Anzeigen des VN die VSumme während der Laufzeit des Vertrages fortgeschrieben werden soll, wird hier im Klauseltext auch nicht andeutungsweise geregelt. Erwähnt wird nur, daß der Vr „eine körperliche Erfassung" vornimmt, also eine Besichtigung, und „Wertgutachten erstellt". Ob das Besichtigungsrecht des Vr nur bei Vertragsschluß oder auch während der Laufzeit des Vertrages ständig neu entsteht, wird nicht gesagt. Vielmehr werden ohne zeitliche Einschränkung die durch die Gutachten des Vr ermittelten Werte als „die VSumme" bezeichnet. Müßte man danach ein Recht des Vr auf laufende Anpassung von VSumme und Prämie verneinen, so könnten Bestandserhöhungen eine

Erhöhung der Schadenauswirkungsgefahr darstellen, S II 3, und den Vr zur Kündigung berechtigen.

III. Summenanpassung in der HausratV und in der GeschäftsV

UnterV kann eine Reihe von **Ursachen** haben, insbesondere eine schon *von* **1** *Anfang an* zu niedrige Wahl der VSumme, ferner den *Zuerwerb* versicherter Sachen ohne Korrektur der VSumme und endlich *Wertsteigerungen* der versicherten Sachen, sei es durch Erhöhung des Wiederbeschaffungspreises für *bestimmte* Arten von Sachen oder durch *allgemeinen* Kaufkraftschwund mit der Folge eines nur nominellen Wertzuwachses. Speziell die zuletzt genannte Art der UnterV, nämlich die UnterV durch Kaufkraftschwund, läßt sich durch eine in voraus vereinbarte, indexabhängige Anpassung der VSumme bekämpfen. Die vereinbarte **VSumme** ist dann nicht fest, sondern **variabel;** die angepaßte VSumme ist jeweils „die" VSumme für die Position. *Rechtlich* kann durch die Anpassung also uch eine von Anfang an bestehende oder durch Zuerwerb entstandene UnterV vermindert oder beseitigt werden, ähnlich wie durch Aufteilung einer VorsorgeV, S I 22 und 25. *Wirtschaftlich* sollte der VN mit einem derartigen Effekt aber besser nicht rechnen (S III 2), denn normalerweise wird der Mehrbetrag aus der Anpassung durch einen nominellen Wertzuwachs verbraucht und kann daher UnterV aus sonstigen Ursachen nicht verhindern oder beseitigen, S III 2.

Anders als eine ErstrisikoV vermeidet oder reduziert die Summenanpas- **2** sung nicht nur den UnterVEinwand aus § 56 VVG, sondern sie erhöht zugleich die VSumme auch in ihrer Funktion als Entschädigungsgrenze gemäß § 50 VVG, S I 32. Daher kommt Summenanpassung auch für eine ErstrisikoVSumme in Betracht und wird durch § 16 Nr. 1 VHB 84 folgerichtig auch tatsächlich **gleichermaßen für die VollwertV und für die ErstrisikoV** des Hausrats nach Kl 834 vereinbart. Andererseits wirkt eine Summenanpassung jedenfalls wirtschaftlich (vgl. aber S III 1) nicht gegen eine bei Vertragsbeginn bestehende oder durch Zuerwerb begründete UnterV. Außerdem gleicht sie nicht einmal den inflationsbedingten Wertzuwachs voll aus, falls der versicherte Inbegriff im Einzelfall von der Zusammensetzung des Warenkorbs, der dem Index zugrunde liegt, in einer Weise abweicht, daß der VWert des versicherten Inbegriffs schneller steigt als der Index, vgl. Dietz vor § 16 VHB 84 Anm. 1 a.

Die Schwierigkeiten des VN bei Bildung der VSumme wie auch die **3** Schwierigkeiten des Vr beim Nachweis einer tatsächlich vorhandenen UnterV sind in der HausratV am größten, S II 38. Deshalb war im Jahr 1977 die HausratV der erste VZweig, in dem versucht wurde, wenigstens den inflationsbedingten Teil der UnterV durch eine Summenanpassungsklausel zu bekämpfen, nämlich durch Kl 825 zu den VHB 74. Diese Klausel konnte der VN nach seiner Wahl vereinbaren oder auch nicht vereinbaren. Seit 1984 ist eine ähnliche Klausel **auch für die GeschäftsV** in Gebrauch, nämlich **Kl 114** zu den AFB 30, AEB 68, AWB und AStB 68. Seit 1987 ist **Kl 1701** zu den AFB 87, AERB 87, AWB 87 und AStB 87 in Gebrauch. Erstmals obligatorisch für alle Verträge ist die Summenanpassung in § 16 Nr. 1 VHB 84 vorgesehen, weil aus der Sicht des Jahres 1984 die HausratV mit ihren über 20 Millionen meist langfristigen Verträgen nur so vor Verlusten zu bewahren schien. Nachfolgend wird zunächst die Summenanpassung in der Hausrat V (S III 4 bis 17) und danach die Summenanpassung in der GeschäftsV (S III 18 bis 27) dargestellt.

4   1. Für die **HausratV** kann wegen Kl 825 zu den VHB 74 auf S III 1 bis 24 der 1. Aufl. verwiesen werden. Im Folgenden wird nur noch § 16 **Nr. 1 VHB 84** behandelt. Danach ändert sich zu Beginn eines jedes VJahres die vereinbarte VSumme nach oben oder unten, falls die dort festgelegten Voraussetzungen gegeben sind.

5   a) **Gegenstand der Anpassung** sind die am Ende des vorausgehenden VJahres geltenden Summen, also der **vereinbarte** und gemäß § 16 Nr. 1 b VHB 84 **um eine Vorsorge von 10% erhöhte** Betrag der **VSumme** und die von ihr abhängige prozentuale Entschädigungsgrenze gemäß § 19 Nr. 2 VHB 84. Während nach Kl 825 Nr. 3 a unklar war, von welchem und bis zu welchem Zeitpunkt die Vorsorge galt, erhöht sich nach § 16 **Nr. 1 b VHB 84** zweifelsfrei schon von Vertragsbeginn an und somit bereits vor der ersten Anpassung die vereinbarte VSumme um den sog. **Vorsorgebetrag** von 10%. VSumme im rechtlichen Sinn, vor allem im Sinn von §§ 50, 51, 56, 59 VVG, ist der um 10% erhöhte Betrag, S I 20 und 21. Im **VSchein** gemäß § 3 Abs. 1 VVG wird nach bisheriger Praxis allerdings nicht die um 10% höhere wirkliche VSumme beurkundet, sondern nur der vereinbarte Betrag **ohne** die **Vorsorge**. Nur auf diesen **Grundbetrag** wird auch der vereinbarte oder nach § 16 Nr. 2 VHB 84 angepaßte **Prämiensatz** angewendet. Bezöge man den Prämiensatz auf die höhere wirkliche VSumme, so würde sich die Vorsorge als Rabatt von knapp 10% auf den vereinbarten Prämiensatz erweisen.

6   § 16 Nr. 1 a Abs. 1, 2 und 3 VHB 84 bezeichnet als anzupassende „VSumme" nur den Grundbetrag ohne Hinzurechnung der Vorsorge von 10%. Zwar wird auch der angepaßte Betrag wiederum um 10% erhöht. Trotzdem wirkt es sich praktisch aus, daß nicht die wirkliche VSumme, sondern der geringere Grundbetrag angepaßt wird, denn das **Anpassungsergebnis** wird gemäß Abs. 2 aaO **auf volle 1000 DM aufgerundet**, S III 12. Dies und die **anschließende Erhöhung um 10%** kann zu einem anderen Ergebnis führen, als wenn der um 10% höhere Betrag angepaßt und erst dann das so gewonnene Ergebnis aufgerundet würde.

7   b) Zu Beginn eines jeden VJahres kann die VSumme angepaßt werden. Das VJahr kann an jedem beliebigen Tag eines Kalenderjahres beginnen. Für **alle in einem bestimmten Kalenderjahr beginnenden VJahre** ist die Indexveränderung von September des zuletzt abgelaufenen gegenüber September des davor liegenden Kalenderjahres maßgebend. Unrichtig formuliert ist § 16 Nr. 1 a VHB 84 insofern, als dort von einer Indexveränderung „im vergangenen Kalenderjahr" die Rede ist, obwohl es in Wahrheit nur auf einen Vergleich zwischen zwei September-Indizes ankommt, also gerade nicht auf die Gesamtentwicklung im Laufe (nur) eines (ganzen) Kalenderjahres.

8   Maßgebend ist für Kl 825 zu den VHB 74 wie auch für § 16 VHB 84 der Index für „Andere Verbrauchs- und Gebrauchsgüter ohne Nahrungsmittel und ohne normalerweise nicht in der Wohnung gelagerte Güter". Bis 1981

war der Index für „Andere Verbrauchs- und Gebrauchsgüter" maßgebend. Im Gegensatz zum gegenwärtigen Stand wurden bis 1981 also auch Elektrizität, Gas, Brennstoffe, Kraftfahrzeuge, Kraftstoffe, Gebrauchsgüter für Kraftfahrzeuge sowie sonstige Land- und Wasserfahrzeuge berücksichtigt. Der Austausch des maßgebenden Index hätte für bestehende Verträge nach Kl 825 allerdings der Zustimmung der VN bedurft, vgl. VP 81, 225 sowie S III 7 der 1. Aufl. Insgesamt kommt aber der jetzt maßgebende Index der wirklichen Zusammensetzung der Hausrate näher, vgl. Dietz 3.1 zu § 16. Völlige Übereinstimmung ist ohnehin nicht zu erzielen, weil die Zusammensetzung der Hausrate unterschiedlich ist, S III 2. Daher kann auch die zusätzliche Ungenauigkeit durch Ausschluß der Nahrungsmittel hingenommen werden.

Tendentiell führte die Herausnahme der Energiekosten usw. in den letzten   **9** Jahren zu einer geringeren Steigerung der VSumme, vgl. S III 10. „Zugunsten der VN" wirkt sich eine geringere Zunahme der VSumme allerdings nur insofern aus, als dann auch der Anstieg der Prämie geringer ausfällt und dies für den VN einen zwar kleinen, aber mit Sicherheit eintretenden Vorteil bedeutet. Andererseits kann ein geringerer Anstieg der VSumme auch zuungunsten des VN wirken, falls nämlich ein Schaden eintritt und dieser Schaden wegen § 50 VVG oder – außerhalb der ErstrisikoV – wegen § 56 VVG nicht voll zu ersetzen ist. Dieser Nachteil für den VN kann betragsmäßig bedeutend höher sein als der erwähnte Prämienvorteil, er tritt jedoch nur im Fall eines Schadens und auch dann nur ein, wenn entweder der Schaden die VSumme erreicht oder nachweisbar UnterV besteht.

Seit 1983 entwickelten sich die Indizes und die VSummen wie folgt: **10**

Sept.	Index	Veränderung Index	Veränderung VSumme (Folgejahr)
1983	113,8	+ 1,8 %	+ 1%
1984	115,4	+ 1,4 %	+ 1%
1985	117,8	+ 2,1 %	+ 2%
1986	119,4	+ 1,4 %	+ 1%
1987	119,7	+ 0,25%	–

Vorstehend bedeutet „Index" den Index nach der *zweiten* Fassung der Klausel, also ohne gewisse Energiekosten usw., S III 8, und zwar mit Basisjahr 1980, wobei der sog. Warenkorb in Abständen von 5 bis 10 Jahren aktualisiert wird.

Eine **Geringfügigkeitsgrenze** gibt es – anders als nach § 16 Nr. 2a VHB 84   **11** für die Anpassung des Prämiensatzes – für die Anpassung der VSumme nur insofern, als der **Veränderungsprozentsatz auf eine ganze Zahl abgerundet** wird. Bei Veränderungsprozentsätzen bis einschließlich 0,99 bedeutet dies, daß die VSumme unverändert bleibt. Bei Ermittlung des Veränderungsprozentsatzes wird analog § 16 Nr. 2b Abs. 1 Satz 2 VHB 84 auf zwei Stellen hinter dem Komma gerundet, also auf- oder abgerundet. Zum Beispiel führt also 0,995 zu einem aufgerundeten Satz von 1,00 und damit zu einer Anpassung der VSumme, während 0,994 zu 0,99 abgerundet wird, so daß jede Änderung unterbleibt.

12   Während der Veränderungsprozentsatz abgedrundet wird, ist die **angepaßte VSumme,** genauer der angepaßte Grundbetrag gemäß S III 6, auf volle 1000
DM **aufzurunden.** Im Durchschnitt der Fälle betragen die Abrundung des
Veränderungsprozentsatzes 0,5% und die Aufrundung des Grundbetrages
der VSumme 500 DM. Bei Grundbeträgen der VSumme von 100000 DM
hebt sich beides mathematisch auf, Dietz 4.2 zu§ 16. Bei niedrigeren Grundbeträgen überwiegt der Aufrundungseffekt, bei höheren Grundbeträgen der
Abrundungseffekt.

13   c) Die Prämie wird gemäß § 16 Nr. 1a VHB 84 aus der neuen VSumme
berechnet, und zwar aus dem **vereinbarten Prämiensatz** je 1000 DM Grundbetrag der VSumme gemäß § 16 Nr. 2a, vgl. S II 85 und S III 5. Die sog.
Tarifobergrenze gemäß § 16 Nr. 2d VHB 84 greift nur ein, falls sich der
Prämiensatz nach § 16 Nr. 2 VHB 84 ändert, *nicht* hingegen auch dann, wenn
der Prämiensatz **unverändert** bleibt und lediglich die VSumme – nach oben
oder gar nach unten – angepaßt wird, vgl. näher P IV 34.

14   Eine für den VN günstigere Regelung wie in Kl 1701 Nr. 4 für die GeschäftsV, wo nicht der Prämiensatz, sondern die Prämie als Vergleichsgröße
bezeichnet ist, wurde in § 16 Nr. 1 VHB 84 für die HausratV nicht getroffen.
Eine Anwendung von § 16 Nr. 2d VHB 84 über dessen Wortlaut hinaus
verbietet sich schon wegen der in P IV 33 dargelegten logischen Bedenken
gegen die gesamte Regelung. Ein für neue Hausratverträge niedrigerer Tarifprämiensatz wirkt sich also auf bestehende Hausratverträge nur aus, falls der
Prämiensatz nach § 16 Nr. 2 VHB 84 anzupassen ist. Wird hingegen in einem
bestimmten Jahr nur die VSumme oder gar weder der Prämiensatz noch die
VSumme angepaßt, so kann Anwendung des niedrigeren Tarifprämiensatzes
nicht verlangt werden.

15   d) Nach **§ 16 Nr. 1c** VHB 84 kann der VN die **Anpassung** der VSumme
durch einseitige Erklärung **außer Kraft setzen,** selbst wenn dadurch die tarifliche „MindestVSumme" gemäß S II 82 bis 85 zu Kl 834 unterschritten wird
(sog. **Zurückweisungsrecht**). Erhebliche ÜberV im Sinn von §§ 16 Nr. 2d
VHB 84, 51 VVG braucht nicht vorzuliegen. Der VN braucht die Zurückweisung überhaupt nicht zu begründen. Das Zurückweisungsrecht ist notwendig, um die Bestimmungen über die Anpassung der VSumme mit § 9
AGBG vereinbar zu machen, vgl. PM § 50 Anm. 2 Ef und BVerwG VersR
81, 221.

16   Die Erklärung des VN muß innerhalb eines Monats seit Zugang der Mitteilung über die angepaßte VSumme dem Vr zugehen. Im Streitfall hat der Vr
den rechtzeitigen **Zugang der Mitteilung über die VSumme,** der VN den rechtzeitigen **Zugang der Gegenerklärung** nachzuweisen. Verbindet der VN die
Mitteilung mit der Prämienrechnung auf der Basis der angepaßten VSumme,
so wird die Prämienrechnung durch die Erklärung des VN nachträglich gegenstandslos. Deshalb kann die angepaßte VSumme auch schon vor der Prämienrechnung mitgeteilt werden, was aber Mehrkosten verursacht, Dietz zu
§ 16.

17   Jedenfalls setzt nur eine inhaltlich richtige und vollständige Mitteilung des
Vr die **Frist für die Gegenerklärung des VN** in Lauf. Eine unrichtige Mitteilung
der angepaßten VSumme kann im Gegenteil den Vr schadenersatzpflichtig

machen. Hat er eine zu hohe VSumme mitgeteilt, so liegt darin eine unrichtige Auskunft, an die der Vr nach dem gewohnheitsrechtlichen Grundsatz der Vertrauenshaftung im Schadenfall gebunden bleibt, ohne sich auf ein Mitverschulden des VN berufen zu können. Teilt der Vr die angepaßte VSumme zu niedrig mit oder unterläßt er die Mitteilung der nach oben angepaßten VSumme überhaupt, so haftet er zwar auf Schadenersatz; jedoch wird der VN einen gerade durch diesen Fehler entstandenen Schaden nur selten nachweisen können.

2. Kl 1701 zu den AFB 87, AERB 87, AWB 87 und AStB 87 ermöglicht, **18** ebenso wie schon zuvor Kl 114 zu den AFB 30, AERB, AWB 68 und AStB 68, auch in der GeschäftsV eine variable VSumme, S III 3. Für welche Positionen Kl 1701 gelten soll, muß vertraglich vereinbart sein. Theoretisch ist die Vereinbarung auch zu Erstrisikosummen möglich. In der Regel wird sie aber nur für die Hauptsumme für Betriebseinrichtung und Vorräte im Sinn von H III 10 vereinbart. Kl 1701 bezweckt ebenfalls, den inflationsbedingten Teil einer möglichen UnterV zu bekämpfen. Erweiterungen der Betriebseinrichtung sowie Ausdehnungen des Warenstandes erfordern auch neben Kl 1701 eine vertragliche Anpassung der VSumme. Für stark schwankende Warenvorräte bietet sich eine StichtagsV an, die in Abschnitt S VI erläutert wird. Kl 1701 stimmt in vielen Punkten mit § 16 Nr. 1 VHB 84 überein, so daß auf S III 4 bis 17 verwiesen werden kann. Zu den abweichenden Passagen in Kl 1701 ist zu bemerken:

a) Maßgebend ist der Index der Erzeugerpreise für gewerbliche Produkte. **19** Der Veränderungsprozentsatz wird anders als nach § 16 Nr. 1 a VHB 84 nicht auf eine ganze Zahl abgerundet, sondern lediglich auf eine Stelle hinter dem Komma gerundet, also auf- oder abgerundet. Der Veränderungsprozentsatz wird im Sinn der gemäß S III 18 zu treffenden Vereinbarung auf den Gesamtbetrag der VSumme angewendet, gegebenenfalls also auf die VSumme einschließlich eines Vorsorgebestandteils im Sinn von S I 21. Der angepaßte Betrag wird auch hier auf volle 1000 DM aufgerundet. Die **Vorsorge von 5%** gemäß **Kl 1701 Nr. 5** wird auch hier – wie gemäß S III 6 in der HausratV – erst nach der Rundung hinzugerechnet, so daß die eigentliche VSumme in der Regel nicht durch 1000 teilbar ist. Abgeleitete VSummen im Sinn von A III 29 in der pauschalen Form der GeschäftsV werden nach der Anpassung aus der neuen VSumme berechnet und ihrerseits nicht gerundet.

b) Nach Kl 1701 Nr. 3 gilt eine **Geringfügigkeitsgrenze** von 3%. Der Ver- **20** gleich mit dieser Grenze ist vor der Rundung nach Kl 1701 Nr. 1 Satz 2 anzustellen. Ein Veränderungsprozentsatz von 2,98 darf also nicht aufgerundet werden, sondern führt wegen der Geringfügigkeitsgrenze überhaupt nicht zu einer Anpassung. Ein wegen der Geringfügigkeitsgrenze unberücksichtigt gebliebener Veränderungsprozentsatz darf in den folgenden Jahren als „Vortrag" berücksichtigt werden. Allerdings sind nicht wie nach § 16 Nr. 2b VHB 84 bei der Prämienanpassung für Hausrat (P IV 26) die beiden Prozentsätze zu addieren. Vielmehr ist in den folgenden Jahren der September-Index des Kalenderjahres vor Beginn des VJahres mit dem September-Index eines zwei, drei usw. Jahre zurückliegenden Kalenderjahres zu vergleichen.

21 In früheren Jahren hatten sich folgende Veränderungen ergeben:

September	Index	Veränderung	Veränderung einschließlich „Vortrag"
1983	116,6	–	–
1984	119,7	2,7	–
1985	122,1	–	4,7
1986	117,5	– 3,8	–
1987	115,6	– 1,6	–

Zuletzt waren also die VSummen im Jahr 1986 auf Grund der Indexzahl für September 1985 erhöht worden. Seither entwickelte sich – bei geänderter Basis – der Index wie folgt:

September	Index	Veränderung	Veränderung einschließlich „Vortrag"
1986	97,1	–	–
1987	95,1	–	–
1988	96,7	–	–
1989	99,6	–	–

22 **Auslegungsschwierigkeiten** bestehen bei Verträgen, die in einem Jahr neu abgeschlossen wurden, in dem wegen der Geringfügigkeitsgrenze die VSummen nicht erhöht wurden. Beispiel mit fiktiven Zahlen: Index September 1989 100,0; Index September 1990 102,0; Index September 1991 104,0. Im Jahr 1992 werden in diesem Beispiel die VSummen von Verträgen, die 1990 und früher abgeschlossen worden sind, um 4% erhöht. Soll aber auch die VSumme eines Vertrages, der z. B. am 1. 12. 1991 geschlossen wurde, um 4% steigen? Im Interesse der Vr müßte die Frage bejaht, die Worte „eine Summenänderung" in Kl 1701 Nr. 3 also auf die Summenänderungen im Gesamtbestand des Vr und nicht auf die Summenänderung im konkreten Vertrag bezogen werden. Für die gegenteilige Auslegung spricht jedoch, daß der Preisanstieg von September 1989 bis September 1990 in Verträgen, die 1991 geschlossen wurden, normalerweise bereits berücksichtigt sein müßte.

23 Die Schwierigkeit ist darauf zurückzuführen, daß der zitierte Wortlaut aus Kl 752 Nr. 2 Abs. 3 zu den AGlB in der GlasV übernommen wurde; Text: PM Teil II D, § 9 AGlB Anm. 2. Dort aber handelt es sich nicht um eine Summen-, sondern um eine Prämienanpassung, so daß zweifelsfrei der Nachholbedarf auch für neu abgeschlossene Verträge besteht, denn die Glasprämie für neue Verträge entspricht genau der angepaßten Prämie in bestehenden Verträgen. Für die Summenanpassung nach Kl 1701 gilt eine analoge Überlegung indessen nicht. Der Nachteil einer Rücksichtnahme auf diesen Unterschied liegt darin, daß der Vr die Prämie dann nicht jeweils für alle Verträge, denen Kl 1701 zugrunde liegt, zu den Fälligkeitsterminen innerhalb eines Kalenderjahres einheitlich erhöhen könnte, sondern die zulässigen Erhöhungen gesondert je nach Jahr des Vertragsschlusses ermitteln muß. Die Praxis scheint diese Schwierigkeit aber inzwischen akzeptiert zu haben, denn 1990 werden die Summen in Verträgen aus 1986 oder früher nicht erhöht, weil die in S III 21 zu „1989" genannte Veränderung von 2,6% unter der Geringfügigkeitsgrenze liegt, während die Summen in Verträgen aus 1987 um 4,7% er-

höht werden und die Summen in Verträgen aus 1988 wiederum unverändert
bleiben, weil die Veränderung nur 2,99% beträgt.

c) **Kl 1701 Nr. 4** wendet die sog. **Tarifobergrenze** auch auf Erhöhungen der   24
VSumme an. Ebenso wie bei Prämienanpassungen kommt aber die Tarifobergrenze auch nach Kl 1701 Nr. 4 nur dann zum Zuge, wenn überhaupt eine
Anpassung der VSumme stattfindet, sei es nach oben oder nach unten. Ein
Interesse des VN, an einem inzwischen niedrigeren Tarifprämiensatz trotz
langfristiger Vertragsbindung zu partizipieren, besteht indessen in genau
demselben Umfang, wenn die VSumme unverändert bleibt, weil der Index
sich nicht oder nur innerhalb der Geringfügigkeitsgrenze verändert hat. Das
genannte Interesse des VN ist bei unveränderter VSumme sogar größer als bei
einer fallenden VSumme, die ohnehin zu einer sinkenden Prämie führt. Da es
sich indessen um eine Regelung zugunsten des VN handelt, wird man sie
trotz ihrer Unausgewogenheit und trotz der unterschiedlichen Behandlung
gleichgelagerter Sachverhalte nicht als unwirksam ansehen dürfen, vgl. P IV
33 und 35.

d) Anders als in der HausratV nach den VHB 84 hat der Antragsteller in   25
der GeschäftsV die Wahl, ob er die Prämienanpassung nach Kl 1701 zum
Gegenstand seines Antrags machen will oder nicht, S III 18. Je mehr die
Betriebseinrichtung ihrer Zusammensetzung nach eine Preisentwicklung entsprechend dem Durchschnitt erwarten läßt, wie er in dem Index der Erzeugerpreise für gewerbliche Produkte erfaßt wird, um so näher liegt die Vereinbarung von Kl 1701. Da sich indessen die Zusammensetzung der Betriebseinrichtung während der Vertragslaufzeit auch ändern kann, räumt Kl 1701
Nr. 8 beiden Vertragspartner das Recht ein, **Kl 1701** durch **einseitige Erklärung** für die Zukunft **wieder außer Kraft** zu setzen. Diese Möglichkeit ist auch
geeignet, dem VN bei Antragstellung die Entscheidung für Kl 1701 zu erleichtern.

Die Erklärung ist mit einer Frist von drei Monaten zum Ende des laufen-   26
den VJahres abzugeben. Für das folgende Kalenderjahr findet dann eine Prämienanpassung nicht mehr statt. Durch die Länge der Frist soll der Vr über
die Fortgeltung von Kl 1701 für das folgende VJahr so rechtzeitig Klarheit
erlangen, daß eine Mitteilung über eine Summenanpassung für das laufende
VJahr schon gar nicht mehr versandt wird.

Außerdem sollen durch die Dreimonatsfrist gemäß Nr. 8 der Klausel nach   27
Möglichkeit Unklarheiten darüber vermieden werden, ob der VN lediglich
eine einzelne ihm mitgeteilte Summenanpassung für ein bestimmtes Jahr
durch **Gegenerklärung** gemäß **Kl 1701 Nr. 7** ausschließen oder aber von seinem Recht nach Nr. 8 der Klausel für alle zukünftigen VJahre Gebrauch
machen will. Letzteres ist nur dann anzunehmen, wenn es klar zum Ausdruck kommt, vgl. ausdrücklich Kl 1701 Nr. 7 Abs. 2. Die Möglichkeit der
Gegenerklärung für ein bestimmtes Jahr entspricht § 16 Nr. 2 d VHB 84, vgl. S
III 15, während es zu Kl 114 Nr. 8 ein Gegenstück in der HausratV nicht
gibt, weil dort die Summenanpassung in jedem Vertrag obligatorisch vorgesehen sein soll, S III 3.

IV. Gleitende Neuwertversicherung

1   Vor Genehmigung der SGlN 79 (VerBAV 79, 389) und der von den SGlN 79 nur geringfügig abweichenden SGlN 79 a (VerBAV 84, 174) hatten *nebeneinander* Sonderbedingungen für die Gleitende NeuwertV von *Geschäftsgebäuden* (VerBAV 68, 302), Sonderbedingungen für die gleitende NeuwertV von *landwirtschaftlichen Gebäuden* (VerBAV 68, 302) und Sonderbedingungen für die gleitende NeuwertV von *Wohngebäuden* (VerBAV 68, 303) existiert. Lediglich industrielle Gebäude und gewerbliche Gebäude, die nicht Geschäfts-(Verwaltungs-, A III 30) Gebäude sind, waren schon früher nicht Gegenstand einer gleitenden NeuwertV; für sie kommen nur Wertzuschlagsklauseln (S V) in Betracht. – Gemeinsamer **Zweck** aller Regelungen ist die **Bekämpfung der** bei Gebäudetotalschäden besonders folgenschweren UnterV, S II 63, 66 und 113. Die **früheren Sonderbedingungen** unterschieden sich von den SGlN 79 a vor allem in drei Punkten. Es *fehlte* an einer klaren *Definition* für den *VWert 1914*. Für die Prämie war nicht der Baupreisindex, sondern eine durch den Vr festgesetzte *Prämienrichtzahl* maßgebend, die zu höheren Prämien führte als bei einer NeuwertV mit fester Summe, auf welche aber derselbe tarifliche Prämiensatz je 1000 DM VSumme angewendet wurde; deshalb konnte nicht die richtige VSumme 1914 mittels Division der Gegenwartsbaukosten durch die Prämienrichtzahl ermittelt werden. Bei *Kündigung der gleitenden Form* wurde die feste Summe durch *Multiplikation* der VSumme 1914 mit der *Prämienrichtzahl* ermittelt, was ein Verlangen nach § 51 VVG wegen ÜberV und auf diesem Weg zu einer niedrigeren Prämie ermöglichte.

2   1. Die SGlN 79 a brachten zwar **keine Definition** für die Berechnung des VWertes eines Gebäudes „in Preisen des Jahres 1914, wie §§ 1 Nr. 1 SGlN 79 a, 88, 13 Nr. 2 VGB 88 sich ausdrücken, also **keine Definition des VWertes 1914**. Eine solche Definition wäre auch gar nicht möglich, denn die Preise entwickeln sich regional unterschiedlich und außerdem unterschiedlich je nach Arbeitsweise (manuell oder maschinell usw.) und verbautem Material; manche gegenwärtig gebräuchliche Materialien gab es 1914 noch nicht und umgekehrt. Ebenso gilt dies für mitversichertes **Zubehör** gemäß §§ 1 Nr. 3 SGlN 88, 1 Nr. 2 und 3 VGB 88. Immerhin leisten §§ 1 **Nr. 2, 2 Nr. 3** SGlN 79 a einen Beitrag zur Lösung des in S IV 6 skizzierten Strukturproblems der Gleitenden NeuwertV. Wenn nämlich der VN den Neubauwert irgendeines anderen Jahres, insbesondere den **Gegenwartsneubauwert**, nennt und der Vr ihn **durch den Gesamt-Baupreisindex** dieses Jahres **dividiert**, kann UnterV keinesfalls eingewendet werden.

3   **Derselbe Gegenwartsneubauwert** und dieselbe Totalschadenentschädigung führen danach immer zu **demselben VWert 1914**. Regionale Preisunterschiede bleiben aus Gründen der **Prämiengerechtigkeit** bei dieser Umrechnung unberücksichtigt, denn der Gesamt-Baupreisindex ist ein Durchschnittswert für das gesamte Gebiet der Bundesrepublik einschließlich des Landes Berlin. Dies führt für je ein gleich großes und gleich ausgebautes Gebäude in Städten und sonstigen „teuren" Gegenden zu relativ höheren VWerten 1914 und zu

entsprechend höheren Prämien. Ein bestimmter VWert 1914 wird nach §§ 1 Nr. 2, 2 Nr. 3 SGlN 79 a in „teuren" Gegenden schon bei geringerer „Größe" und einfacherem „Ausbau" (Begriffe: § 1 Nr. 1 SGlN 79 a) erreicht als in einer „billigen" Gegend. In einer „billigen" Gegend kann also für dieselbe Prämie ein weit „größeres" Haus errichtet werden als in einer „teuren" Gegend, vgl. ausführlich S IV 9 bis 15 der 2. Aufl.

Maßgebend sind die *„Meßzahlen für Bauleistungspreise und Preisindizes* 4 *für Bauwerke"*, die in der Mitte jedes Quartals für das vorausgegangene Quartal und jeweils in der Mitte des zweiten Quartals (Mitte Mai) für das vorausgegangene Jahr durch das *Statistische Bundesamt* veröffentlicht werden (Fachserie 17, Reihe 4), vgl. auch Kl. 1702 Nr. 2 Abs. 3 und S V 7. Die Indexreihe für Wohngebäude auf der Basis 1914 lautet auszugsweise:

1914	100,0
1947	199,4
1948	263,1
1975	884,4
1976	915,0
1977	959,3
1978	1018,6
1979	1108,0
1980	1226,8
1981	1299,0
1982	1335,5
1983	1363,7
1984	1397,4
1985	1404,5
1986	1425,3
1987	1453,8
1988	1485,7

Deshalb ist im Folgenden von „**Gesamt-Baupreisindex**" die Rede. Zugrunde-gelegt ist für 1914 das damalige *Reichsgebiet,* für die Gegenwart das *Bundes-gebiet* einschließlich des Landes Berlin. Daneben gibt es Preisindizes auf der Ebene der *Bundesländer,* die aber naturgemäß in der Vergangenheit ebenfalls nicht immer auf einem Durchschnitt desselben Gebiets beruhen können. Soweit im Folgenden von **Division** des Neubauwertes eines Gebäudes zwecks Ermittlung der VSumme 1914 (S IV 25) oder von **Multiplikation** zwecks Umwandlung in eine GegenwartsVSumme (S IV 81) die Rede ist, müßte eigentlich jeweils von „$\frac{1}{100}$ **des Baupreisindex**" statt kurz von „Baupreisindex" gesprochen werden.

In der Zeit vor 1979 hatte man hingegen versucht, möglichst ohne Rück- 5 sicht auf das regionale Preisniveau **denselben baulichen Effekt** immer densel-ben VWert 1914 zuzuordnen. Man hatte daher den Gegenwartsneubaupreis nicht durch einen Gesamt-Baupreisindex, sondern jeweils durch einen mög-lichst speziellen regionalen Index dividiert. Vom Standpunkt der **Prämienge-rechtigkeit** war dies **unbefriedigend**, denn die Prämie des Vr soll nicht Instru-ment zur Ausgleichung regionaler Kostenunterschiede sein, sondern sie soll dem Risiko entsprechen, das der Vr trägt. Dieses aber hängt allein von der im

Schadenfall fälligen Teil- oder Totalschadenentschädigung ab, nicht aber davon, welcher bauliche Effekt durch einen bestimmten Betrag erzielt werden kann. Freilich war dieses System zu keiner Zeit voll realisierbar, denn auch innerhalb des „Geltungsbereichs" regionaler Indizes gibt es weitere Preisunterschiede, insbesondere zwischen Städten und ländlichen Gebieten, die der Index nicht berücksichtigen kann.

6 Die in S II 2 bis 4 skizzierte Methode der Division des Gegenwartsneubaupreises durch den Gesamt-Baupreisindex ist allerdings auch nach den SGlN 79 a nicht die einzig zulässige Methode für die Ermittlung des VWertes 1914 und damit der richtigen VSumme 1914. Neben ihr stehen vielmehr drei weitere Methoden, die sich unter den Oberbegriff **originäre Ermittlung des VWertes 1914"** zusammenfassen lassen. Ihnen ist gemeinsam, daß sie von technischen Merkmalen des Gebäudes ausgehen und *regionale* Preisunterschiede *außer Betracht* lassen, also tendenziell im Sinn der in S II 5 skizzierten Methode aus der Zeit vor 1979.

7 Indem §§ 1 Nr. 2, 2 Nr. 3 SGlN 79 die Division durch den Gesamt-Baupreisindex nur als Beispiel erwähnen, deuten sie an, daß daneben weiterhin die Möglichkeit einer originären Ermittlung nur nach baulichen Merkmalen bestehen soll. Im einzelnen handelt es sich um **drei** verschiedene **Methoden,** nämlich um die Ermittlung mit Hilfe eines sog. **Summenermittlungsbogens des Vr,** der eine Auswahl der wichtigsten technischen Merkmale eines Gebäudes berücksichtigt, die Ermittlung durch **Gutachten eines Sachverständigen,** der theoretisch sämtliche Gebäudemerkmale einzubeziehen hat, und schließlich in Gebieten der Monopol-GebäudeV die **Übernahme der VSumme des Monopol-Vr** durch einen privaten Vr, wobei der Monopol-Vr in der Regel auch seinerseits ein Sachverständigengutachten zugrunde gelegt hatte.

8 Die SGlN 79 a machen also das **Strukturproblem der Gleitenden NeuwertV** zwar **sichtbar,** lösen es aber nicht. Wie schon in S II 73 und 125 bis 128 dargelegt, soll die Gleitende NeuwertV das Risiko einer UnterV dadurch bekämpfen, daß der **VWert 1914** als **partiell unveränderliche Größe** zugrunde gelegt wird. Er soll sich nur durch Um-, An- oder Ausbauten ändern. Wertsteigerungen aus anderen Gründen, insbesondere Kaufkraftschwund sowie Veränderungen am Grundstücks- und Gebäudemarkt, lassen den Wert 1914 unberührt. Der VN erkauft sich diese Sicherheit gegenüber dem UnterVEinwand allerdings durch eine „gleitende" Prämie, die schneller als der Gesamt-Baupreisindex ansteigt, falls die entsprechende Regelung mit §§ 34 a VVG, 9 Abs. 2 Nr. 1 AGBG vereinbar ist, vgl. dazu näher P IV 49 bis 61. So ist auch der Begriff „Gleitende NeuwertV" entstanden.

9 Indem der VWert 1914 als partiell unveränderliche Größe in bestimmter Hinsicht das Risiko der UnterV beseitigt, nämlich durch einen UnterVVerzicht mit Bezug auf Wertsteigerungen trotz unveränderter Größe, unverändertem Ausbau und ausveränderter Ausstattung des Gebäudes, schafft er zugleich ein **anderes UnterVRisiko,** nämlich das Risiko der falschen Ermittlung des VWertes 1914 und der VSumme 1914, vgl. dazu ausführlich Wälder, ZfV 78, 383. In BGHZ 102, 194 = BGH NJW-RR 89, 410 = RuS 58 = VerBAV 118 = VersR 472 wird Abhilfe durch eine sehr weitgehende **Beratungspflicht** des Vr geschaffen, die eine **Teilverantwortung des Vr für die VSumme 1914** begründet. Der Vr trägt sogar die **Beweislast** für die Erfüllung seiner

Beratungspflicht, BGH aaO. Soweit eine zu niedrige VSumme 1914 dadurch zustande gekommen ist, daß der Vr seine Beratungspflicht schuldhaft nicht erfüllt hat, kann er den Einwand der UnterV nicht erheben; ebenso im Grundsatz Köln RuS 79, 124, 126 in einem Fall, in dem ein Beratungsverschulden (z.b. bei Ausfüllung des Summenermittlungsbogens) aber nicht zu beweisen war.

In den SGlN 79a wird dieses Problem zwar angesprochen, weil nämlich **10** verschiedene Methoden der Wertermittlung wenigstens andeutungsweise als unabhängig voneinander richtig bezeichnet werden, obwohl sie nicht zu demselben Ergebnis führen müssen. Es fehlt aber eine klare Feststellung, daß **jeder** der nach den **verschiedenen** Methoden ermittelte VWert 1914 **ein richtiger VWert 1914** sei. Es wird nicht einmal gesagt, daß der Vr den Einwand der UnterV nicht erheben könne, wenn der VN alles getan hatte, was der Vr als nötig bezeichnet hatte, um die VSumme 1914 zu ermitteln, wenn er also insbesondere (S IV 7) entweder richtige und vollständige Angaben im Summenermittlungsbogen gemacht oder sich eines Sachverständigen bedient hatte, gegen den der Vr nichts einzuwenden hatte, oder indem er Einsicht in die VSumme 1914 des Monopol-Vr gewährt und Antragsfragen wegen nachträglicher Um-, An- oder Ausbauten zutreffend beantwortet hatte. Vielmehr muß dann aus § 249 BGB hergeleitet werden, daß der Vr sich wegen Beratungsverschulden auf UnterV ganz oder teilweise nicht berufen kann, S IV 16.

2. Die **SGlN 88** entsprechen in allen wesentlichen Punkten noch den SGlN **11** 79a. Bei beiden Bedingungswerken handelt es sich lediglich um Sonderbedingungen zu den „Allgemeinen VBedingungen", wie in der Präambel jeweils ausdrücklich gesagt wird. Die SGlN 79a und die SGlN 88 regeln im wesentlichen nur den UnterVEinwand abweichend, indem sie ihn stark einschränken, überlassen jedoch die **Berechnung der Entschädigung** im übrigen den **AVB**, im Fall der SGlN 88 also den AFB 87 sowie den – in § 2 Nr. 2 SGlN 88 ausdrücklich zitierten – AWB 87 und AStB 87. Dies gilt auch für die Totalschadenentschädigung, denn die **VSumme 1914** ist selbstverständlich **nicht Entschädigungsgrenze** im Sinn von § 50 VVG.

Die SGlN 79a hatten die Entschädigungsberechnung den AVB und den **12** vereinbarten sonstigen Sonder- und Zusatzbedingungen auch insofern überlassen, als trotz Gleitender NeuwertV der **Staffelabzug bei landwirtschaftlichen Gebäuden** gemäß § 2 Nr. 2 NwSoBedlG vorgenommen wurde. Dem hatten allerdings einige Gerichte widersprochen, vgl. Hamm ZfV 85, 467 = RuS 261 = VersR 86, 670, AG Cloppenburg VersR 86, 339. Daraufhin haben die Vr in § 2 Nr. 2 SGlN 88 die Anwendung der Bestimmungen über den Staffelabzug ausdrücklich **ausgeschlossen**, Q III 12, zumal gegen diesen Staffelabzug auch andere rechtliche Bedenken bestehen, S II 61.

Der **Anwendungsbereich** der SGlN 88 ist gegenüber den SGlN 79a stark **13** eingeschränkt worden. Da für Wohngebäude die Regeln über die Gleitende NeuwertV in die VGB 88 übernommen wurden, S IV 16, gelten die SGlN 88 nach ihrer Präambel nur noch für **Geschäftsgebäude** und **landwirtschaftliche Gebäude**. Trotzdem ist nach § 3 Nr. 2 SGlN 88 mangels eines besser zutreffenden Index auch weiterhin der Wohngebäudeindex für den Prämienfaktor maßgebend geblieben.

14 Eine Änderung ohne sachliche Bedeutung stellt es dar, daß der Prämienfaktor gemäß § 3 SGlN 79a in § 3 SGlN 88 nunmehr übereinstimmend mit den VGB 88 als **gleitender Neuwertfaktor** bezeichnet wird. An der Tatsache, daß der gleitende Neuwertfaktor und damit die Prämie schneller ansteigt als der Baupreisindex, hat sich nichts geändert. Der gleitende Neuwertfaktor erfüllt für die Gleitende NeuwertV die Funktion der Bestimmungen über die **Anpassung des Prämiensatzes** für Hausrat gemäß § 16 Nr. 2 VHB 84, vgl. ausführlich P IV 51 und 57.

15 Die folgenden Erläuterungen beschränken sich weitgehend auf die VGB 88. Nach einiger Zeit der praktischen Verwendung der VGB 88 werden Verträge nach den VGB 88 ohnehin auch zahlenmäßig die Mehrzahl aller Verträge mit Gleitender NeuwertV ausmachen. Außerdem sind die VGB 88 insofern auf dem neuesten Stand, als sie erstmals eine Reihe von notwendigen Folgerungen aus dem in S IV 8 und 9 skizzierten Strukturproblem der Gleitenden NeuwertV ziehen, nämlich in Form eines weitgehend in den AVB ausformulierten UnterVVerzichts des Vr für den Fall der korrekten Erfüllung gewisser Anzeigeobliegenheiten des VN, vgl. schon S II 10, 75 und 128. Allerdings hat die in S II 9 zitierte BGH-Entscheidung zur Teilverantwortung des Vr für die Richtigkeit der VSumme 1914 auch durch die VGB 88 ihre Bedeutung noch nicht völlig verloren, vgl. z.B. S IV 26, 27, 56, 58 bis 60 und 82.

16 Die Erläuterungen zu den VGB 88 lassen sich in ihren sachlichen Ergebnissen weitgehend auf Verträge mit Gleitender NeuwertV nach den SGlN 79a oder den SGlN 88 übertragen. Nur die rechtliche Begründung ist dort noch eine andere. Bildet nämlich der VN die VSumme nach den SGlN 79a oder nach den SGlN 88 unrichtig, obwohl er bei Antragstellung alle Fragen des Vr korrekt beantwortet hat, so ist die unrichtige VSumme 1914 in aller Regel auf ein **Beratungsverschulden** des Vr zurückzuführen. Der Vr muß dann Schadenersatz in Form der sog. **Naturalrestitution** gemäß § 249 BGB leisten. Der geschuldete Naturalersatz besteht darin, daß der Vr sich auf UnterV ganz oder teilweise nicht beruft.

17 3. Die VGB 88 regeln in §§ **16 Nr. 3 bis 6** den UnterVVerzicht für den Fall einer zu niedrigen VSumme 1914 ohne Verschulden des VN. Diese Bestimmungen werden nachfolgend in S IV 20 bis 53 näher behandelt. Im Anschluß daran wird in S IV 54 bis 60 näher dargelegt, in welchem Umfang der Vr darüber hinaus UnterV aus Gründen nicht einwenden kann, die auch in den VGB 88 noch ungeschrieben geblieben sind.

18 Weitere Bestimmungen über die Gleitende NeuwertV enthält § 13 VGB 88, und zwar im wesentlichen gleichlautend mit §§ 1, 3, 5 SGlN 88. Wegen **Umwandlung** eines Vertrages mit Gleitender NeuwertV in eine V mit fester **GegenwartsVSumme** gemäß §§ 13 Nr. 6 VGB 88, 5 SGlN 88 vgl. S IV 77 bis 82 sowie P IV 54 bis 57. Gemessen an §§ 13 Nr. 5 VGB 88, 3 SGlN 88 unrichtig ist die in § 13 **Nr. 4** VGB 88 programmatisch getroffene Feststellung, die Prämie ändere sich „entsprechend" der „an die Baupreisentwicklung angepaßten Haftung des Vr", S IV 79.

19 Tatsächlich berücksichtigt der **Tariflohnindex** als Komponente mit einem Gewicht von 20% innerhalb des **gleitenden Neuwertfaktors** die überproportional – also stärker als die „Baupreise" – steigenden Reparaturkosten. Deren Deckung durch die Vr bei Teilschadenentschädigungen gemäß § 15 Nr. 1 b VGB 88 ist indessen keine Besonderheit der Gleitenden NeuwertV, sondern besteht in gleicher Weise bei GegenwartsVSummen z. B. nach § 11 Nr. 1 b AFB 87 oder nach § 7 Nr. 1 b VGB 62. Wegen der etwaigen Bedeutung von § 13 Nr. 4 VGB 88 als Auffangregelung gegenüber der Prämiensatzanpassung entsprechend dem gleitenden Neuwertfaktor nach § 13 Nr. 5 VGB 88, vgl. P IV 60.

4. § 16 Nr. 3 a bis 3 c VGB 88 behandelt drei der vier gebräuchlichsten **20** **Methoden für die Bildung der VSumme 1914**, vgl. S IV 7. Unerwähnt geblieben ist die vierte Methode, nämlich die **Übernahme der VSumme eines MonopolVr** durch den privaten Vr, vgl. dazu S IV 39 bis 43. Ungeregelt sind ferner die Folgerungen aus dem Umstand, daß jede der vier Methoden für ein und dasselbe Gebäude zu unterschiedlichen VWerten 1914 führen kann und meist auch wirklich führt. Dabei hatten die Verfasser der VGB 88 das Problem durchaus erkannt, wie sich aus den Worten „gilt als richtig ermittelt" im Einleitungssatz von § 16 Nr. 3 VGB 88 ergibt. Die Verfasser vermieden dort bewußt die Feststellung, das Ergebnis der Summenermittlung sei „der" richtige VWert 1914, weil nämlich die mehreren Alternativen meist zu unterschiedlichen Ergebnissen führen. Der Vr muß den VN aber so stellen, als habe er ihn dahin beraten, jeweils diejenige Methode zu wählen, die in seinem Fall zu der **niedrigsten von mehreren „richtigen" VSummen 1914** und daher zur niedrigsten Prämie führt. Der Vr ist nämlich verpflichtet, den VN über die jeweils günstigste tarifliche VMöglichkeit aufzuklären, vgl. näher S IV 54 bis 60.

a) § 16 Nr. 3 a VGB 88 läßt es für den Wegfall des UnterVEinwandes genü- **21** gen, wenn die VSumme 1914 „aufgrund einer vom Versicherer anerkannten **Schätzung eines Bausachverständigen** festgestellt wird". Meist schätzt der Sachverständige die VSumme 1914 „originär", also ohne Rücksicht auf regionale Preisunterschiede, S IV 6 und 33. Für § 16 Nr. 3 a VGB 88 kommt es indessen weder auf die Methode noch auf die Richtigkeit der Schätzung an. Auch muß nicht die Person des Schätzers, sondern die Schätzung als solche durch den Vr anerkannt sein. Formelle Mindestanforderungen an die „Schätzung" werden nicht gestellt; insbesondere ist von einem „Gutachten" nicht die Rede. Derartige Anforderungen wären mit der in S IV 9 erwähnten BGH-Rechtsprechung auch nicht vereinbar, denn wenn der Vr einen Vertragsantrag mit einer durch einen Bausachverständigen ermittelten VSumme annimmt, bringt er zum Ausdruck, daß die VSumme 1914 nach seiner Ansicht dem VWert 1914 entspricht, wie dies nach § 13 **Nr. 3** VGB 88 der Fall sein soll. Daran ändert sich selbst dann nichts, wenn der Vr – wie z. B. in Texte 43 – im Antragsformular das Wort „**Gutachten**" gebraucht. – Unerheblich ist vor allem die Richtigkeit der Schätzung, denn der Antragsteller soll der Notwendigkeit enthoben sein, diese Richtigkeit zu überprüfen. Unerheblich ist daher, ob der Sachverständige das regionale Preisniveau berücksichtigt oder – wie meist seitens der Vr gewünscht, S IV 6 und 32 – außer Betracht gelassen hat.

Die „**Anerkennung**" durch den Vr wie auch die „**Festsetzung**" der VSumme **22** 1914 im Sinne von § 16 Nr. 3 a VGB 88 erfolgen dadurch, daß der Vr einen

entsprechenden **Antrag** in Kenntnis des Umstandes **annimmt, daß** die beantragte VSumme 1914 durch einen Bausachverständigen geschätzt wurde.
Selbst die bloße Behauptung des Antragstellers, ein Sachverständiger habe
den Betrag geschätzt, muß ausreichen, denn es wäre dann Sache des Vr, sich
vor Annahme des Antrags die Tatsache der Schätzung nachweisen zu lassen,
insbesondere durch Vorlage eines Gutachtens. Es spielt auch keine Rolle, in
welchem **Zeitpunkt** der Sachverständige das Gebäude besichtigt und die
Schätzung vorgenommen hat, denn es stünde dem Vr frei, eine zeitlich zu
weit zurückliegende Schätzung abzulehnen oder an den Antragsteller ergänzende Fragen zu richten, z. B. die **Frage nach zwischenzeitlichen An-, Um- oder
Ausbauten.** Werden solche Fragen gestellt und falsch beantwortet, so ändert
selbst dies nichts an dem vereinbarten UnterVVerzicht, sondern löst nur die
Rechtsfolgen gemäß §§ 16, 20, 21 VVG aus; vgl. aber auch S IV 41 bis 43
wegen entsprechender Antragsfragen im Zusammenhang mit der Übernahme
der VSumme 1914 eines MonopolVr.

23   Unerheblich ist auch, wer die Schätzung in **Auftrag** gegeben und wer die
Kosten getragen hat. War Auftraggeber der VN, so kann der Vr allerdings
nicht oder nur beschränkt kontrollieren, ob der Sachverständige mit der nötigen Sorgfalt gearbeitet, das Gebäude genügend genau besichtigt, an den Antragsteller die nötigen Fragen gestellt und von ihm alle nötigen Unterlagen
verlangt hat. Trotzdem kann der Vr gegenüber § 16 Nr. 3 a VGB 88 **nicht**
etwa einwenden, der Antragsteller habe schuldhaft eine Ursache dafür gesetzt, daß der Sachverständige den Wert zu niedrig geschätzt habe, denn der
Vr hätte den Antrag ja nicht anzunehmen brauchen. Anders als § 16 Nr. 3 c,
Nr. 5 und Nr. 6 a VGB 88 enthält Nr. 3 a keine Einschränkung für den Fall
von **Unrichtigkeiten** in der Schätzung, **die der Antragsteller verursacht** und
vielleicht auch verschuldet hatte. Vorbehalten bleibt für den Vr nur die Möglichkeit einer Anfechtung des Vertrages nach § 123 BGB wegen **arglistiger
Täuschung.** Beispiel: Der Antragsteller behauptet bewußt wahrheitswidrig, er
verfüge über eine Schätzung, oder er hatte dem Sachverständigen bewußt
falsche Angaben gemacht oder unvollständige Unterlagen vorgelegt.

24   Die Überlegungen in S II 21 bis 23 gelten auch zu § 2 **Nr. 3 SGlN 88.**
Dort wird die Schätzung durch einen Sachverständigen als Methode für die
Bildung der VSumme zwar nicht erwähnt. In der **ungeprüften Annahme eines Antrags** mit dem geschätzten Betrag liegt aber häufig ein Beratungsverschulden des Vr. Nach der in S IV 9 zitierten BGH-Entscheidung darf der
Vr UnterV dann nicht einwenden. Möglich ist allerdings ein Mitverschulden des VN gemäß § 254 BGB, falls diesen an der Unrichtigkeit der Schätzung ein Verschulden trifft oder er die Unrichtigkeit leicht hätte erkennen
können. Dann bleibt die Kürzung wegen UnterV wenigstens teilweise
möglich.

25   b) Nach § 16 Nr. 3 b VGB 88 und nach § 2 Nr. 3 SGlN 88 ist UnterV auch
dann ausgeschlossen, wenn der VN den **Neubauwert in Preisen eines anderen
Jahres** zutreffend angibt. Für Vr rechnet diesen Preis auf seine Verantwortung
um, und zwar mittels **Division durch den Baukostenindex für Wohngebäude,**
vgl. S IV 4 und 6. Diese Art und Weise der Umrechnung wird zwar in den
SGlN 88, nicht aber in den VGB 88 erwähnt. Das Schweigen der VGB 88 ist

korrekt, weil der VN die Umrechnung nicht nachzuprüfen braucht und der UnterVVerzicht von Methode und Richtigkeit der Umrechnung nicht abhängt. Das Motiv für das Schweigen der VGB 88 dürfte allerdings ein anderes sein: Es sollte weniger deutlich hervortreten, daß die „richtige" VSumme 1914 nach verschiedenen Methoden und mit verschiedenen Ergebnissen ermittelt werden kann, S IV 7, 10 und 20, wobei der niedrigste dieser Beträge der „wahre" VWert 1914 ist, S IV 56.

Das „andere Jahr" in dessen Preisen der Antragsteller den Neubauwert **26** „zutreffend" angeben muß, kann ein **beliebiges Jahr** zwischen der Errichtung des Gebäudes und der Antragstellung sein. Häufig wählt der VN das **Jahr des tatsächlichen Neubaus** (insbesondere bei Anträgen vor Fertigstellung, S IV 30), weil er hier den anzugebenden Betrag durch Addition der tatsächlich aufgewendeten Beträge leicht ermitteln kann. Soweit allerdings mit **Eigenleistungen** gearbeitet wurde, müssen diese, ausgedrückt in Fremdleistungspreisen, **zusätzlich berücksichtigt** werden, ebenso alle Planungskosten. Zweifelhaft und abweichend von Q IV 123 wegen § 5 AGBG eher zu verneinen ist die Frage, ob der VN die tatsächlich aufgewendeten Beträge hochrechnen muß, soweit er **Preisvorteile** erzielt hatte, die sich künftig voraussichtlich nicht wiederholen lassen, z. B. durch Zugehörigkeit des Neubaus zu einem Großprojekt, durch Großeinkauf oder dgl. Insbesondere das Wort „**angeben**" spricht gegen die Notwendigkeit einer Hochrechnung. Der unbefangene Leser darf annehmen, daß der (für sämtliche Bauleistungen einschließlich Planung) tatsächlich aufgewendete Betrag identisch ist mit dem Neubauwert in Preisen des Neubaujahres, zumal in § 16 Nr. 3 c VGB 88 anders als in § 1 Nr. 2 SGlN 88 das Wort „Neubauwert" nur indirekt erscheint, nämlich nur durch die Definition des Wortes „**Neuwert**" in § 14 Nr. 1 a VGB 88. Das Wort „**zutreffend**" spricht ebenfalls gegen die Notwendigkeit wertender Beurteilungen im Rahmen einer Hochrechnung und für eine bloße Addition der tatsächlich aufgewendeten Beträge als Methode für die Errechnung des „Neubauwertes in Preisen eines anderen Jahres", falls das andere Jahr das Neubaujahr ist.

Wählt der Antragsteller nicht das Jahr der Antragstellung, sondern ein **27** **früheres Jahr**, so muß er allerdings etwaige zwischenzeitliche Um-, An- oder Ausbauten berücksichtigen und den Neubauwert entsprechend den dadurch erreichten Gebäudezustand „zutreffend" hochrechnen. Beachtet der VN diesen Grundsatz nicht und nennt daher dem Vr einen zu niedrigen Betrag, so kann dieser sich auf UnterV jedoch nur dann berufen, wenn er den VN bei Bedarf durch seinen Agenten entsprechend belehrt hat. Das Wort „Neuwert" in den VGB 88 (oder „Neubauwert" in den SGlN 88) macht nämlich nicht genügend deutlich, daß der Antragsteller nicht den Gebäudezustand im Jahr der Neuerrichtung des Gebäudes, sondern den **Ausbau- und Ausstattungszustand nach den letzten wertsteigernden Um-, An- oder Ausbauten** zugrunde legen muß. Der richtige Betrag ist nicht durch bloße Addition der tatsächlichen Neubaukosten und der Kosten der späteren Maßnahmen zu ermitteln, sondern für die Herstellung des zuletzt erreichten Gebäudezustandes. Sofort bei Neuerrichtung des Gebäudes reicht in aller Regel ein Betrag aus, der *zwischen* dieser Summe und dem Neubauwert in früherem Zustand liegt.

Die **Jahre nach der Antragstellung** kommen für den Neubauwert als Ant- **28** wort auf eine Antragsfrage naturgemäß nicht in Betracht, denn weder kennt der VN bei Antragstellung die künftige Preisentwicklung, noch weiß er, welche Um-, An- oder Ausbauten künftig erfolgen werden. Wie schon in S II 26 der 2. Aufl. zu den SGlN 79 a dargelegt, muß es dem VN aber gleichwohl zugute kommen, wenn die Preisentwicklung so verläuft, daß die **vereinbarte VSumme 1914 in irgendeinem Jahr** zwischen Antragstellung und Eintritt des VFalles **ausgereicht** hätte, denn der einmal erreichte volle VSchutz kann nicht ohne Veränderung des Gebäudes durch Um-, An- oder Ausbauten wieder verloren gehen, S IV 56.

29	Das Wort „zutreffend" verlangt objektive Richtigkeit des Betrages. Ob die etwaige **Unrichtigkeit** des Betrages durch den Antragsteller **verschuldet** oder **unverschuldet** ist, würde nach dem Wortlaut keine Rolle spielen, M III 65. Beruht freilich die Unrichtigkeit allein oder teilweise auf einem Beratungsverschulden des Vr im Sinn von S IV 9, so kann dieser den Einwand der UnterV ganz oder teilweise nicht erheben, obwohl die geschriebenen Voraussetzungen des UnterVVerzichtes nicht vollständig gegeben sind. Ein **Beratungsverschulden des Vr** kann vorliegen, wenn für diesen **leicht erkennbar** ist, daß der Antragsteller nur eine **grobe und unsorgfältige Schätzung** zugrunde gelegt hat. Ein weiteres Indiz kann es darstellen, wenn der Antragsteller den Neubauwert für ein weit zurückliegendes Jahr der Errichtung des Gebäudes oder gar für ein anderes Jahr ohne Einsicht in schriftliche Unterlagen oder durch ungeprüfte Übernahme aus einem früheren VVertrag gewinnt. In solchen Fällen muß der Agent rückfragen und den Antragsteller über die Rechtslage sowie über das UnterVRisiko aufklären.

30	Unrichtige Schätzungen der Neubaukosten werden insbesondere deshalb oft zugrunde gelegt, weil die Vr **Anträge** schon **vor Fertigstellung** des Gebäudes entgegennehmen, um bis zum Tag der Fertigstellung eine **prämienfreie RohbaufeuerV** zu vereinbaren, und zwar sogar noch zusätzlich zu der höchst möglichen Festlaufzeit von zehn Jahren, vgl. F IV 15 sowie Ziffer 4.2 der Unverbindlichen Prämienrichtlinien des Sachverbandes. Lediglich der VSchutz gegen Leitungswasser, Rohrbruch, Sturm und Hagel tritt gemäß § 9 Nr. 3b VGB 88 erst mit Bezugsfertigkeit in Kraft, vgl. Antragsfrage 3 (Gebäude noch in Bau?) in Texte 43. Ab dem 7. Monat pflegt für die Verlängerung der RohbaufeuerV Prämie verlangt zu werden, vgl. unter „Zusätzliche Einschlüsse" in Texte 43.

31	Der Vr muß, wenn er einen Antrag für ein noch nicht bezugsfertiges Gebäude entgegennimmt, mit der Unrichtigkeit der geschätzten und beantragten VSumme 1914 rechnen und darf daher UnterV nicht einwenden. Die erforderliche **Rückfrage** nach **Fertigstellung** oder nach einer etwa gewünschten Verlängerung der RohbaufeuerV muß der Vr mit der Frage nach der **endgültigen Höhe der Neubaukosten** verbinden. Andernfalls kann er sich auf UnterV auch nach Fertigstellung nicht berufen. Allein die Tatsache, daß der VN nicht von sich aus einen Antrag auf Erhöhung der VSumme 1914 stellt, begründet selbstverständlich nicht etwa „rückwirkend" ein Mitverschulden schon im Zeitpunkt der Antragstellung, bedeutet aber auch nicht die Verletzung einer **Anzeigeobliegenheit**. Eine derartige Obliegenheit sowie deren Sanktion müßte nämlich in der Vereinbarung über die prämienfrei RohbaufeuerV vorgesehen sein, was aber in der Regel **nicht** der Fall ist. Selbst wenn später der GebäudeVVertrag aus anderen Gründen geändert wird, z.B. bei Umschreibung auf einen Erwerber gemäß §§ 69 ff. VVG, ist es in erster Linie Sache des Vr, auf die ihm bekannte Tatsache der nur geschätzten Neubaukosten zurückzukommen und auf eine Vertragsänderung hinzuwirken. Weist der VN ein solches Ansinnen zurück, obwohl der tatsächliche VWert höher ist, so setzt er sich dem UnterVEinwand aus. Die Überlegungen in N IV 26 und S IV 47 zur Werterhöhung wegen Um-, An- oder Ausbauten lassen sich auf die Korrektur unrichtiger Neupreisangaben nicht übertragen, denn es handelt sich vorliegend um die Folgen eines nun nicht mehr vorliegenden Beratungsverschuldens des Vr.

c) Nach § 16 Nr. 3 c und Nr. 5 VGB 88 ist der UnterVEinwand auch ausge- **32** schlossen, wenn der Antragsteller **Antragsfragen** nach Größe, Ausbau und Ausstattung des Gebäudes zutreffend beantwortet. Gedacht ist hierbei insbesondere an den sog. **Summenermittlungsbogen.** Die in Texte 47 wiedergegebene Fassung ist Teil der unverbindlichen Prämienrichtlinien des Verbandes der Sachversicherer. Einige Vr verwenden aber auch etwas andere Fassungen. In jedem Fall handelt es sich um eine Methode der sog. originären Ermittlung des VWerts, bei der ohne Rücksicht auf Prämiengerechtigkeit die regionalen Preisunterschiede unberücksichtigt bleiben, S IV 5 und 6, obwohl die Entschädigungshöhe und somit das getragene Risiko des Vr ganz entscheidend von den Baupreisen am Schadenort abhängen.

Gegenüber Schätzungen durch Bausachverständige, S IV 21, die meist **33** ebenfalls ohne Rücksicht auf regionale Preisunterschiede schätzen, jedenfalls wenn sie durch den Vr beauftragt und entsprechend instruiert sind, weist der Summenermittlungsbogen den **Vorteil** auf, daß er eine einheitliche Bewertung aller Gebäude ermöglicht, auf die er angewendet wird. Durch Sachverständige ist eine derartige **Einheitlichkeit** nur erzielbar, wenn diese nach Anweisungen des Vr arbeiten, wie z. B. die teilweise hauptberuflich und ausschließlich für bestimmte öffentliche FeuerVr tätigen Schätzer. An der Möglichkeit anderer „richtiger" VSumme 1914 im Fall einer Ermittlung nach einer anderen Methode ändert sich aber selbstverständlich nichts, S IV 10.

Dem Vorteil der Einheitlichkeit des Summenermittlungslogens stehen **34** schwerwiegende **Nachteile** gegenüber. Es handelt sich nur um ein sehr grobes Raster, das eine Reihe von wertbildenden **Faktoren unberücksichtigt** läßt oder nur in sehr verallgemeinerter Form anspricht, um nämlich die gewünschte einfache Handhabung nicht zu gefährden. So spielt es z. B. keine Rolle, ob in einem Gebäude mehrere Badezimmer (insbesondere in einem Zweifamilienhaus ein Badezimmer je Wohnung) oder nur eine einzige Dusche für mehrere Wohnungen des Gebäudes vorhanden sind. Im letzteren Fall darf der Antragsteller nicht etwa das Vorhandensein jener einzigen Dusche verschweigen, sondern muß eine Sonderabrede über den VWert 1914 oder über den Prämiensatz anstreben. Ob in einem *Einfamiliengebäude* nur ein Badezimmer oder deren mehrere vorhanden sind, bleibt nach dem Summenermittlungsbogen ebenfalls unberücksichtigt. Wegen der Folgerungen, die sich hieraus für die Anzeigepflicht bei werterhöhenden Um-, An- oder Ausbauten ergeben, vgl. S IV 48 und 49.

Einen weiteren Nachteil des Summenermittlungsbogens stellen die teilwei- **35** se **sehr allgemeinen Fragestellungen** dar. Der Antragsteller „darf" solche Fragen in gewissen Grenzen so verstehen, daß sich ein möglichst niedriger VWert 1914 und daher eine möglichst niedrige Prämie ergibt. Dies gilt um so mehr, als dem VN nach § 16 Nr. 5 VGB 88 in den Fällen einer unrichtigen Antwort gemäß Nr. 3 c nur **Vorsatz** und **grobe Fahrlässigkeit** schaden. Für Vorsatz und grobe Fahrlässigkeit trägt der Vr die **Beweislast**, wenn er sich auf UnterV berufen will. Schuldlose oder nur leicht fahrlässige Irrtümer (oder angebliche „Irrtümer") des Antragstellers beeinträchtigen den UnterVVerzicht hingegen nicht. Gegenüber §§ 16ff. VVG (vorvertragliche Anzeigepflicht) handelt es sich um eine abschließende und mit § 34a VVG zu vereinbarende Sonderregelung, M III 68.

36   **Beispiele:** Die Frage nach „hochwertigen" sanitären Einrichtungen wird der Antragsteller meist verneinen dürfen, ohne daß der Vr grobe Fahrlässigkeit wird nachweisen können. Der VN kann sich nämlich immer darauf berufen, es gebe noch weit hochwertigere Einbauten (z. B. „vergoldete Wasserhähne"), als sie in seinem eigenen Gebäude vorhanden seien. Auch die Kenntnis oder grob fahrlässige Unkenntnis des Begriffs *„Leichtmetall"* als Fenstermaterial wird einem Antragsteller, der diese Frage verneint hatte, oft nicht nachzuweisen sein. Grobe Fahrlässigkeit wird oft auch fehlen, wo Ungenauigkeiten in den Angaben des Antragstellers für den Vr oder dessen Agenten leicht erkennbar waren, ohne daß aber eine Rückfrage an den Antragsteller gerichtet oder der Antrag abgelehnt worden wäre. So liegt es z. B., wenn der Antragsteller durchwegs **(ab-) gerundete Quadratmeter-Angaben** über die Wohnfläche macht, deren exakte Richtigkeit von vornherein als sehr unwahrscheinlich erscheint, ohne daß aber der Vr den Antrag ablehnt oder zwecks Berichtigung zurückreicht.

37   Verbal setzt § 16 Nr. 3 c VGB 88 auch voraus, daß der Vr nach den Antworten im Summenermittlungsbogen die VSumme 1914 auf seine Verantwortung berechnet. Praktisch ist diese Voraussetzung aber gegenstandslos, denn sie ist stets schon dann erfüllt, wenn der Vr den Antrag mit einer entsprechend dem Summenermittlungsbogen berechneten VSumme 1914 annimmt. Berechnungsfehler im Rahmen des Schemas des Bogens gehen zu Lasten des Vr.

38   § 16 Nr. 5 VGB 88 setzt eine objektive **Abweichung** zwischen den Angaben im **Summenermittlungsbogen** und den **tatsächlichen Verhältnissen** voraus. Der Vr trägt für diese Abweichung ebenso die **Beweislast** wie für die schon in S II 35 behandelte Voraussetzung des Vorsatzes oder der groben Fahrlässigkeit. Es muß sich um eine Abweichung zur Zeit der Antragstellung handeln. Abweichungen, die erst *nach* Antragstellung durch Um-, An- oder Ausbauten entstehen, sind in § 16 Nr. 6a VGB 88 gesondert geregelt, und zwar nicht nur mit Bezug auf den Anwendungsbereich des Summenermittlungsbogens, sondern einheitlich für sämtliche Summenermittlungsmethoden im Sinn von S IV 7, vgl. S IV 48.

39   **d)** Die **Übernahme der VSumme 1914 eines MonopolVr** durch einen privaten Vr, insbesondere in einem Vertrag für Leistungswasser und Rohrbruch sowie für Sturm und Hagel nach den VGB 88, ist ebenfalls eine der vier S IV 10 genannten Methoden zur Ermittlung einer richtigen VSumme 1914, vgl. Methode „MZ" (für: „Monopol- oder ZwangsVr") in Texte 43. Da der Mono-

polVr die Summe meist seinerseits mit Hilfe eines Sachverständigen ermittelt, und zwar originär, d.h. ohne Rücksicht auf regionale Preisunterschiede, S IV 6 und 33, könnte man in der Übernahme der VSumme eine MonopolVr vielleicht sogar einen Anwendungsfall von § 16 Nr. 3a VGB 88 sehen, jedenfalls wenn der VN behauptet, dem Vertrag des MonopolVr liege eine Schätzung durch einen Sachverständigen zugrunde, S II 22.

Richtiger ist es aber wohl, den UnterVVerzicht für den Fall der Übernah- **40** me einer zu niedrigen VSumme 1914 eines MonopolVr nicht aus § 16 Nr. 3a VGB 88, sondern aus der in S IV 9 zitierten BGH-Entscheidung zur **Beratungspflicht des Vr** herzuleiten. Wenn der Vr durch seinen Agenten oder sogar schon durch das Antragsformular (vgl. dazu S II 42) den Antragsteller dazu ermuntert, die VSumme 1914 des MonopolfeuerVr zu übernehmen, so schafft er einen Vertrauenstatbestand. Der VN braucht mangels gegenteiliger Aufklärung mit dem UnterVEinwand nicht mehr zu rechnen.

Anders kann es liegen, wenn der Antragsteller wußte oder hätte wissen **41** müssen, daß die VSumme des MonopolVr zu niedrig war, sei es vom Anfang an oder sei es infolge zwischenzeitlicher Um-, An- oder Ausbauten. Dann steht dem Beratungsverschulden des Vr ein **Mitverschulden des Antragstellers** (§ 254 BGB) gegenüber, so daß der UnterVEinwand immerhin teilweise möglich bleibt. Nicht immer handelt allerdings der Antragsteller schuldhaft, wenn er Wertverbesserungen durch **nachträgliche Baumaßnahmen** am Gebäude nicht erwähnt. Beispiel: Der Antragsteller hatte das Gebäude durch **Erbschaft** oder **Kauf** erworben, und die wertsteigernden Baumaßnahmen waren durch den Erblasser oder den Veräußerer vorgenommen worden, ohne daß die VSumme 1914 des MonopolVr bedarfsgerecht erhöht worden wäre und ohne daß der Rechtsnachfolger und nunmehrige Antragsteller von diesen Vorgängen Kenntnis gehabt hätte oder hätte haben müssen.

Im **Antragsformular** gemäß Texte 43 wird nach zwischenzeitlichen Um-, **42** An- oder Ausbauten eigens gefragt. Außerdem wird durch eine Formulierung zum UnterVVerzicht versucht, dessen Umfang genau abzugrenzen. Der UnterVVerzicht soll davon abhängen, daß der Antragsteller „alle Fragen richtig und vollständig beantwortet hat", und außerdem davon, daß „die sonstigen Voraussetzungen gemäß § 16 Nr. 3 bis 6 VGB 88 vorliegen". Letzteres kann sich auf die Methode der Übernahme der VSumme eines MonopolVr nicht beziehen, weil diese Methode in den VGB 88 nicht erwähnt wird. Die danach verbliebene Voraussetzung einer objektiv richtigen Beantwortung aller Antragsfragen (soweit sie mit der Bildung der VSumme zusammenhängen) schränkt die Beratungspflicht des Vr gemäß S IV 9 zu stark ein. Schuldlos unrichtige Antworten des Antragstellers dürfen, wie aus § 254 BGB zu schließen ist, überhaupt nicht, **leicht fahrlässig unrichtige Antworten** nur anteilig zum UnterVEinwand führen. Bei **grober Fahrlässigkeit** des Antragstellers könnte man freilich analog § 16 Nr. 5 VGB 88 den UnterVEinwand voll zulassen.

Auf ein Mitverschulden des Antragstellers darf sich der Vr auch **ohne** einen **43** **Rücktritt** gemäß §§ 16ff., 20 VVG berufen. Anders als in den Fällen von § 16 Nr. 3a VGB 88 (Schätzung durch einen Bausachverständigen, vgl. dazu S IV 22) ist nämlich der UnterVVerzicht bei Übernahme der VSumme 1914 eines MonopolVr nicht Gegenstand einer vertraglichen Vereinbarung, sondern ergibt sich gemäß § 249 BGB aus der Beratungspflicht des Vr, S IV 9 und 16. Demgegenüber kann sich der Vr auf § 254 BGB wegen Mitverschuldens des Antragstellers berufen, und zwar ohne die Voraussetzungen der §§ 16 ff. VVG.

44 5. Nach § 16 Nr. 6a VGB 88 führt es zum nachträglichen **Wegfall des UnterVVerzichts** mit Wirkung für die Zukunft, wenn der VN **Veränderungen** des der Summenermittlung zugrunde liegenden Bauzustandes nicht unverzüglich anzeigt. Die Beweislast sowohl für die Veränderung wie für das erforderliche Verschulden („unverzüglich") mindestens in Form leichter Fahrlässigkeit trägt der Vr. Die Sanktion für Verstöße gegen diese **Anzeigeobliegenheit** ist mit §§ 15a, 34a VVG vereinbar, M III 69. Die **Nichterfüllung** der Anzeigeobliegenheit ist eine zulässige **auflösende Bedingung** für den UnterVVerzicht.

45 § 16 Nr. 6a VGB 88 nimmt auf Nr. 4 und Nr. 3 der Bestimmung Bezug. Die in S IV 39 bis 43 behandelte Methode der Übernahme der **VSumme 1914 eines MonopolVr** wird dort **nicht** erwähnt. Auch der Wegfall des UnterVVerzichts gemäß Nr. 6a trifft daher diese Fälle nicht unmittelbar. Trotzdem wird man auch hier **wertsteigernde Um-, An- oder Ausbauten** als **anzeigepflichtig** ansehen müssen, mindestens in analoger Anwendung von § 16 Nr. 6a VGB 88. Ein Verstoß ermöglicht allerdings entsprechend S IV 41 den **UnterVEinwand** nur **anteilig**, und zwar nur bezüglich der zusätzlichen UnterV durch die wertsteigernden Baumaßnahmen.

46 Für seinen eigentlichen Anwendungsbereich sieht § 16 Nr. 6a VGB 88 den **völligen** Wegfall des UnterVVerzichts vor, also auch für eine eventuelle UnterV, die etwa schon vor den wertsteigernden Baumaßnahmen bestanden hatte. Man wird darin aber trotzdem nicht eine übermäßige und daher nach § 9 Abs. 2 Nr. 2 AGBG 88 unwirksame Sanktion sehen dürfen. Es gibt nämlich Fälle, in denen nach Umbauten der frühere Bauzustand nicht mehr oder nur noch unter Schwierigkeiten zu rekonstruieren, die ursprüngliche von der hinzugekommenen UnterV also nicht mehr klar zu trennen ist.

47 Wie in N IV 25 und 26 dargelegt, erlangt der Vr durch Erfüllung der Anzeigeobliegenheit **keinen Rechtsanspruch auf** Änderung des VVertrags durch **Erhöhung der VSumme 1914** und der Prämie. Der UnterVVerzicht entfällt auch nicht etwa dadurch, daß der VN einer derartigen Vertragsänderung nicht zustimmt. Diese Lücke in den VGB 88 beruht wohl auf einem Reaktionsversehen ihrer Verfasser, bedeutet aber andererseits eine gewisse Kompensation für den völligen Verlust des Einwandes der UnterV schon bei leichter Fahrlässigkeit und auch mit Bezug auf eine bereits vorher vorhandene UnterV, S IV 46, falls der VN die Anzeigeobliegenheit verletzt. Im Hinblick auf Kündigungsmöglichkeiten zum Ablauftermin hat der Vr, auch wenn man einen Anspruch auf Prämienerhöhung verneint, ein berechtigtes Interesse an der Erfüllung der Anzeigeobliegenheit und am Wegfall des UnterVEinwandes für den Fall der Nichterfüllung, N IV 27.

48 6. Nicht alle Baumaßnahmen, auch nicht alle wertsteigernden Baumaßnahmen, muß der VN nach § 16 Nr. 6a VGB 88 anzeigen, sondern nur solche per Saldo (S IV 28 der 2. Aufl. zu § 2 Nr. 3 SGlN 79a) wertsteigernden Baumaßnahmen, die den „der Summenermittlung zugrunde liegenden Bauzustand verändert" haben. Es kommt also darauf an, ob nach der im Einzelfall gewählten

Methode der Summenermittlung die nachträglich durchgeführten Baumaßnahmen wenigstens möglicherweise das Ergebnis nach oben beeinflußt haben
würden, falls sie bereits vor Antragstellung durchgeführt worden wären.

Diese **Einschränkung** der **Anzeigeobliegenheit** kommt dem VN vor allem 49
dann zugute, wenn die VSumme 1914 mit Hilfe eines Summenermittlungsbogens beantragt worden war. Die Veränderung von Merkmalen, die in diesem
Bogen **nicht** berücksichtigt werden, S IV 34, brauchen nach Ende einschlägiger Baumaßnahmen **nicht** angezeigt zu werden. Das gleiche gilt, wenn ein
Kriterium, welches nach dem Bogen den VWert 1914 erhöht, bereits bei
Antragstellung zu bejahen war und auch tatsächlich bejaht wurde. Spätere
Baumaßnahmen, die zwar den Wert erhöhen, aber nur im **Rahmen eines
ohnehin bereits berücksichtigten Kriteriums**, sind **nicht** anzeigepflichtig. Beispiele: In einem mehrgeschossigen Einfamilienhaus werden zu einem bei
Antragstellung bereits vorhandenen Badezimmer zwei weitere Badezimmer
eingebaut. In einem Gebäude, in dem bereits bei Antragstellung die Frage
nach Leichtmetallfenstern bejaht wurde, weil ein Teil der Fenster schon damals aus Leichtmetall bestanden hatten, wird während der Vertragslaufzeit
auch der Rest der Fenster durch solche aus Leichtmetall ersetzt.

Nach einer Summenermittlung durch Bausachverständige oder durch 50
Übernahme der VSumme 1914 eines MonopolVr muß der VN hingegen alle
wertsteigernden Baumaßnahmen anzeigen, weil er die für den Schätzer maßgebenden Kriterien nicht kennt und weil der Schätzer im Zweifel sämtliche
Kriterien berücksichtigen muß. Das gleiche gilt, wenn der Neubauwert bei
Errichtung des Gebäudes oder in einem anderen Jahr angegeben und durch
den Baupreisindex dividiert worden war. Zu ermitteln ist dann der Betrag,
den eine Neuerrichtung des durch spätere Maßnahmen veränderten Gebäudes kosten würde, wenn es von vornherein mit diesem Ausbauzustand und
dieser Ausstattung errichtet würde. Soweit der VN beabsichtigt, sich im
Schadenfall auf eine für ihn günstigere, tatsächlich aber bei Antragstellung
nicht gewählte Summenermittlungsmethode zu berufen, S IV 56, muß er dies
auch bei der Erfüllung seiner Anzeigenobliegenheit berücksichtigen. Andernfalls verliert er jene Möglichkeit der Abwehr des UnterVEinwandes.

7. Nach § 16 Nr. 6b VGB 88 soll der UnterVVerzicht nach Nr. 3 bis Nr. 5 51
nicht gelten, wenn zur Zeit des VFalles ein **weiterer VVertrag** für **dasselbe
Gebäude** und für **dieselbe Gefahr** besteht. Keinesfalls ist diese Bestimmung
aber anzuwenden, wenn der Zweitvertrag mit **demselben Vr** besteht, denn
dieser hätte dann dem VN bei Abschluß des Zweitvertrages empfehlen müssen, die VSummen der beiden Verträge zu einer einzigen zusammenzufassen.
Aber auch bei Zusammentreffen mit dem Vertrag eines **anderen Vr** darf § 16
Nr. 6b VGB 88 **nicht** angewendet werden, und zwar aus dem in S II 96 bis
106 zu der entsprechenden Bestimmung für Hausrat in Kl 834 Nr. 2 näher
dargelegten Gründen.

Es bedeutet einen willkürlichen Nachteil und ist mit dem **Vertragszweck** im 52
Sinn von § 9 Abs. 2 Nr. 2 AGBG nicht vereinbar, wenn der Vr den UnterV-
Verzicht gerade für solche Verträge nicht gelten lassen will, die für ihn als Vr
sogar ein besonders geringes Risiko bedeuten, weil sie ihm nämlich im Schadenfall einen DoppelVAusgleich nach § 59 Abs. 2 VVG ermöglichen. § 16

Nr. 6 b VGB 88 könnte auch nicht etwa mit dem Wunsch nach Vorsorge gegen betrügerische DoppelV motiviert werden. § 59 Abs. 3 VVG legt nämlich dem Vr die Beweislast auf, wenn er Sanktionen an eine durch ihn behauptete betrügerische Absicht des VN knüpfen will, während es nach § 16 Nr. 6 b VGB 88 auf betrügerische Absicht rechtlich nicht ankäme. Darin läge eine unangemessene Abweichung vom Grundgedanken der gesetzlichen Regelung des § 59 Abs. 3 VVG, wie sie nach § 9 Abs. 2 Nr. 1 AGBG zur Unwirksamkeit der AVB-Bestimmung führt.

53   Überdies bedeutet § 16 Nr. 3 bis Nr. 5 VGB 88 nur eine ausdrückliche schriftliche Fixierung dessen, was sich speziell in der Gleitenden NeuwertV schon aus der gesteigerten Beratungspflicht des Vr im Sinn der in S IV 9 zitierten BGH-Entscheidung ergibt, S II 75 und IV 15. Diese gesteigerte Beratungspflicht kann der Vr nicht für eine Gruppe von Verträgen durch eine Bestimmung wie § 16 Nr. 6 b VGB 88 rechtswirksam außer Kraft setzen, ganz besonders nicht für eine Gruppe von Verträgen, die für ihn ein geringeres Risiko begründen als andere Verträge mit gleich hoher Prämie.

54   8. Wie in S IV 10, 20 und 25 bereits dargelegt, führen die **vier** gebräuchlichen **Summenermittlungsmethoden** in aller Regel für ein und dasselbe Gebäude zu **unterschiedlichen Ergebnissen**. Dies hat mehrere Ursachen. Vor allem führt die Division des Neubauwertes durch den Baupreisindex in Gebieten mit relativ hohen Baupreisen zu relativ höheren VSummen 1914, S IV 3, in Gebieten mit niedrigeren Baupreisen hingegen zu entsprechend niedrigeren VSummen 1914. Auch die Methoden der sog. originären Summenermittlung im Sinn von S IV 6 führen keineswegs immer zu denselben Ergebnissen. Bei Schätzung durch Bausachverständige und daher auch bei Übernahme der oft durch hauptamtliche Schätzer ermittelten VSumme 1914 eines MonopolVr kommt es auf die Ansichten und die Arbeitsweise des Sachverständigen sowie auf die ihm werkvertraglich erteilten Instruktionen an, S IV 33. Der Gebrauch des Summenermittlungsbogens schließlich führt schon deshalb zu abweichenden Ergebnissen, weil nicht sämtliche, sondern nur gewisse typische Ausbau- und Ausstattungsmerkmale berücksichtigt werden, S IV 34.

55   Der VWert 1914 hat rechtliche Bedeutung nach den VGB 88 und den SGlN 88 nur für die Frage, ob die Entschädigung wegen UnterV gekürzt werden kann. Ein höherer VWert liegt daher ausschließlich im Interesse des Vr, ein **niedrigerer** VWert ausschließlich **im Interesse des VN**. Eine dem VWert 1914 entsprechende VSumme 1914 ist abweichend von § 50 VVG nicht Grenze der Entschädigung, S IV 11. Von der Frage einer UnterV einmal abgesehen, kann der VN ungekürzte Entschädigung im Total- wie im Teilschadenfall auch mit einer besonders niedrigen VSumme 1914 erwarten.

56   Die im Einzelfall **günstigste tarifliche VMöglichkeit** besteht daher in der Wahl derjenigen Summenermittlungsmethode im Sinn von S IV 7 und 48, die zu dem **niedrigsten Betrag** als **VSumme 1914** führt. Da der Vr und dessen Agent den Antragsteller bei der Wahl der richtigen VSumme 1914 gemäß BGH NJW-RR 89, 410 = RuS 58 = VerBAV 118 = VersR 472 intensiv und optimal beraten müssen, und zwar naturgemäß im Sinn der jeweils günstigsten tariflichen VMöglichkeit, ist „der" VWert 1914 und „die" richtige VSumme 1914 für jedes Gebäude derjenige Betrag, der unter den mehreren

verschiedenen „richtigen" VSummen 1914 die geringste Höhe hat und daher zu der **niedrigsten Prämie** führt. VWert 1914 ist also die Untergrenze einer Bandbreite, eines Intervalls, von mehreren Beträgen, vgl. zu diesem sog. **Günstigkeitsprinzip** bereits S IV 29 der 2. Aufl. Hierbei sind im Sinn der Methode einer Division durch den Gesamt-Baupreisindex nicht nur die Jahre zwischen der Errichtung des Gebäudes und der Antragstellung, sondern auch die Jahre während der Vertragsdauer zu berücksichtigen, S IV 28.

Der Vr und dessen **Agent** müssen daher in Gebieten mit hohen Baupreisen 57 im Zweifel zu einer originären Ermittlung der VSumme 1914 mit Hilfe des Summenermittlungsbogens oder eines Sachverständigen raten, in Gebieten mit niedrigen Baupreisen hingegen zur Angabe des Neubauwertes in einem beliebigen Jahr und zu dessen Division durch den Gesamt-Baupreisindex. Dies gilt auch dann, wenn das **Antragsformular** ohnehin mehrere oder alle gebräuchlichen Methoden der Summenermittlung zur Wahl stellt, wie dies in dem Beispiel in Texte 43 der Fall ist. Der Antragsteller kennt nämlich normalerweise nicht die wirtschaftliche Bedeutung der Wahl einer von mehreren möglichen Summenermittlungsmethoden. Er weiß in der Regel nicht einmal, daß die verschiedenen Ermittlungsmethoden zu unterschiedlichen Ergebnissen führen, von denen jede „richtig" und die Methode mit dem niedrigsten Ergebnis die wirtschaftlich zweckmäßigste ist, weil die Entschädigungshöhe von der Höhe der VSumme 1914 nicht abhängt, soweit UnterVVerzicht vereinbart ist.

Unterläßt der Vr oder dessen Agent die nötige Aufklärung, so muß er nach 58 § 249 BGB im Wege der sog. **Naturalrestitution** den VN so stellen, als habe er ihn richtig beraten und als habe der Antragsteller die Empfehlung befolgt, indem er die für ihn günstigste Summenermittlungsmethode gewählt hätte. Der Vr trägt die **Beweislast für die Erfüllung seiner Beratungspflicht** und für das Fehlen eines Kausalzusammenhangs, falls er behaupten möchte, der Antragsteller würde der sachlich richtigen Empfehlung auch dann nicht gefolgt sein, wenn sie ihm zuteil geworden wäre; vgl. zu dieser Beweislastverteilung die in S IV 9 und 53 zitierte BGH-Entscheidung. Die weitgehende Belehrungspflicht bedeutet praktisch einen **ungeschriebenen UnterVVerzicht** weit über die Regelung des § 16 Nr. 3 bis Nr. 6 VGB 88 hinaus und hat zwei wichtige Konsequenzen:

Zum einen kann der Vr sich von Anfang an **nicht** auf UnterV berufen, wenn 59 die vereinbarte VSumme 1914 immerhin den Mindestbetrag gemäß S IV 53 erreicht. Dies gilt auch dann, wenn die **Voraussetzungen des § 16 Nr. 3 bis 5 VGB 88** im Einzelfall **nicht erfüllt** sind. Beispiel: Zwar macht der VN im Summenermittlungsbogen grob fahrlässig oder sogar vorsätzlich unrichtige Angaben, jedoch liegt die mit Hilfe des Summenermittlungsbogens errechnete VSumme 1914 trotzdem über dem Betrag, der sich bei einer Division des Neubauwertes durch den Gesamt-Baupreisindex ergeben hätte. Der Vr darf dann UnterV nicht einwenden. Einzige Ausnahme: **Anfechtung** wegen arglistiger Täuschung nach § 123 BGB. – Reicht die tatsächlich ermittelte und vereinbarte VSumme zwar auch gemessen an der im konkreten Fall günstigsten Berechnungsmethode nicht völlig aus, so ist für die Kürzung der Entschädigung nach § 16 Nr. 1 VGB 88 das Verhältnis zwischen der vereinbarten VSumme 1914 und dem Mindestbetrag gemäß S IV 53 maßgebend, nicht hingegen das Verhältnis zwischen der vereinbarten VSumme 1914 und dem VWert 1914 nach der tatsächlich gewählten ungünstigeren Berechnungsmethode, z. B. nach dem Summenermittlungsbogen.

60 Zum anderen kann sich der Vr auf **Verstöße gegen die Anzeigenobliegenheit** bei wertsteigernden Um-, An- oder Ausbauten nach § 16 Nr. 6 a VGB 88 **nicht berufen**, soweit selbst unter Berücksichtigung der Wertsteigerung der VWert 1914 nach der für den VN günstigsten Berechnungsmethode noch unter der VSumme 1914 läge. Reicht die VSumme 1914 nach der Wertsteigerung nicht mehr völlig aus, so ist – ebenso wie im Fall S IV 56 – für die Kürzung der Entschädigung das Verhältnis zwischen der vereinbarten VSumme 1914 und dem Mindestbetrag des VWertes gemäß S IV 53 maßgebend.

61 9. Bei ÜberV gilt auch in der Gleitenden NeuwertV § 51 VVG. In §§ 13 Nr. 6 Abs. 2 VGB 88, 5 Nr. 2 SGlN 88 wird auf § 51 VVG sogar ausdrücklich verwiesen, wenn auch nur für den durch Umwandlung in einen Vertrag mit fester GegenwartsVSumme ermittelten Betrag der VSumme. Aber durch diesen speziellen Zusammenhang wird eine Anwendung von § 51 VVG auf die VSumme 1914 nicht ausgeschlossen. Ein Ausschluß wäre wegen § 68 a VVG auch gar nicht rechtswirksam möglich.

62 ÜberV besteht immer dann, wenn die **VSumme 1914 „erheblich" über dem niedrigsten Betrag** im Sinn von S IV 56 liegt, den die VSumme mindestens haben muß, damit UnterV nicht eingewendet werden kann. Der VN kann also gemäß § 51 VVG jederzeit mit Wirkung für die Zukunft verlangen, daß die VSumme 1914 **nachträglich mit Hilfe einer anderen Methode** ermittelt wird, die zu einem niedrigeren Ergebnis führt. Dies kommt vor allem in Betracht, wenn in Gebieten mit relativ hohen Baupreisen die Methode der Division durch den Baukostenindex oder umgekehrt in Gebieten mit besonders niedrigen Baupreisen die VSumme 1914 nach einer der drei anderen Methoden originär ermittelt wurde. Ebenso kann der VN verlangen, daß innerhalb der Divisionsmethode ein anderes Jahr zugrunde gelegt wird. Letzteres wird freilich nur selten möglich sein, denn meist wird der VN den Neubauwert eines anderen als des bei Antragstellung zugrunde gelegten Jahres entweder nicht kennen oder nicht nachweisen können oder die sich ergebende Differenz wird zu gering sein, als daß von „erheblicher" ÜberV die Rede sein könnte.

63 Weitere Fälle von ÜberV können sich dadurch ergeben, daß der VN nach der Divisionsmethode den Neubauwert eines anderen Jahres oder im Summenermittlungsbogen eine qm-Zahl irrig zu hoch angegeben oder ein wertsteigerndes Ausbau- oder Ausstattungsmerkmal irrig bejaht hatte.

64 **Für die Vergangenheit** kann der VN eine Beseitigung der ÜberV sowie **Rückgewähr der Prämiendifferenz** in der Regel nicht verlangen. Die gesteigerte Beratungspflicht des Vr gemäß S IV 9 und 53 besteht nur im Hinblick auf die Gefahr einer UnterV, nicht hingegen auch zum Schutz einer ÜberV; im Fall einer ÜberV infolge Verstoßes gegen die erweiterte Beratungspflicht würde es an dem für einen Schadenersatzanspruch erforderlichen Rechtswidrigkeitszusammenhang fehlen. Was die Möglichkeit einer ÜberV betrifft, so darf seitens des Vr lediglich ein **Normalmaß an Beratungssorgfalt** erwartet werden. Nur wenn der Vr auch aus dieser weniger strengen Sicht Anlaß gehabt hätte,

den VN zur Wahl einer anderen Summenermittlungsmethode zu raten oder
wenn ein sonstiger Irrtum mit der Folge der Gefahr von ÜberV für den Vr
oder dessen Agenten klar zutage getreten war, muß der Vr unter dem Gesichtspunkt eines **Verschuldens vor Vertragsschluß** die wegen zu hoher VSumme 1914 „zuviel" gezahlte Prämie zurückgewähren.

10. Die **„Prämie für die VSumme 1914"** wird nach § 3 Nr. 1 SGlN 79 a mit 65
einem „bei Vertragsbeginn zugrundegelegten Prämienfaktor" multipliziert.
Die Prämie ist also das Produkt aus VSumme 1914, Prämienpromillesatz und
Prämienfaktor. Da der VWert 1914 und damit die VSumme 1914 in der
Gleitenden NeuwertV grundsätzlich stabil bleiben, S II 125, die Total- und
Teilschadenentschädigungen sich aber gleichwohl mit dem Gegenwartspreis-
niveau verändern, S IV 8, muß sich die Prämie ebenfalls verändern. Das
rechtstechnische Mittel hierzu ist ein **beweglicher Prämienfaktor.**

In §§ 3 SGlN 88, 13 VGB 88 tritt an die Stelle des Begriffes des Prämienfak- 66
tors der Begriff „gleitender Neuwertfaktor". Der neu gewählte Begriff ändert
nichts daran, daß der Baupreisindex nur zu 80% und daneben **zu 20%** auch
der **Tariflohnindex** berücksichtigt wird, und daß deshalb der gleitende Neuwertfaktor und mit ihm die Prämie schneller steigen als der mögliche Höchstschaden, nämlich die Totalschadenentschädigung. Der gleitende Neuwertfaktor erfüllt also zugleich die Funktion einer **Prämiensatzanpassung** analog § 16
Nr. 2 VHB 84 für die HausratV. Zur Frage der Rechtswirksamkeit der Regelung für die Gleitende NeuwertV vgl. ausführlich P IV 49 bis 61.

Eine weitere verbale Änderung liegt darin, daß nach § 3 Nr. 1 SGlN 88 die 67
Prämie nicht mehr aus dem vertraglich „zugrunde gelegten", sondern aus
dem „geltenden" Neuwertfaktor berechnet wird. Diese textliche Neufassung
ändert die Rechtslage aber nicht. Der VN kann sich auf einen im Antragsformular oder in der Vertragsannahme etwa enthaltenen niedrigeren Prämienfaktor gleichwohl berufen, denn speziellere Abreden haben Vorrang gegenüber den AVB. Der Prämienfaktor wird bei Vertragsschluß ebenso **frei vereinbart** wie der Prämiensatz, Ollick VerBAV 79, 403. In § 13 VGB 88 findet sich
eine Bestimmung entsprechend § 3 Nr. 1 SGlN 88 ohnehin nicht. In beiden
AVB erwähnt ist allerdings der 1988 geltende gleitende Neuwertfaktor von
18,1. Wegen der Entwicklung des gleitenden Neuwertfaktors in den folgenden Jahren, vgl. P IV 52, wegen des Prämienfaktors nach Verträgen aus der
Zeit vor 1979, vgl. S IV 36 der 2. Aufl.

Mangels abweichender Vereinbarung ist zunächst der bei **Vertragsschluß** 68
„geltende" Prämienfaktor maßgebend, und zwar auch nach den VGB 88. In
Grenzfällen, also bei Antragstellung gegen Jahresende, wird derjenige Prämienfaktor zugrundegelegt, der nach § 3 Nr. 2 SGlN 88 für den beantragten
und vereinbarten Beginnzeitpunkt gilt. Weder kommt es also auf den Tag des
Antrags noch auf den Tag der Annahme an, sondern entscheidend ist, ob der
vereinbarte **technische VBeginn** vor oder nach dem *Jahreswechsel* liegt. Unter
technischem VBeginn ist hierbei der Beginn der Prämienzahlungspflicht zu
verstehen (PM § 2 Anm. 1 b).

Abweichend von § 3 SGlN 79 und von § 13 VGB 88 enthalten §§ 3 Nr. 4 69
SGlN 79 a, 3 Nr. 3 SGlN 88 eine Bestimmung über die sog. **Tarifobergrenze**
für Prämien, die sich aus einem erhöhten Prämienfaktor ergeben. Dadurch

soll das Prämienanpassungsverfahren mit § 9 AGBG und BVerwG VerBAV 81, 80 = VersR 221 vereinbar gemacht werden. §§ 3 Nr. 4 SGlN 79a, 3 Nr. 3 SGlN 88 sind im Vergleich zu § 16 Nr. 2d VHB 84 und im Vergleich zu Kl 1701 Nr. 4 etwas weniger unlogisch formuliert, denn der Tarif als Obergrenze soll nach §§ 3 Nr. 4 SGlN 79a, 3 Nr. 3 SGlN 88 nur zu beachten sein, wenn der Prämienfaktor steigt, vgl. dazu P IV 33 und S III 24.

70 § 3 Nr. 2 Abs. 2 SGlN 79a hatte für Veränderungen des Prämienfaktors eine Geringfügigkeitsgrenze bei 3% enthalten. Wegen der Auslegungsschwierigkeiten zu der Frage, aus welcher Größe jene 3% zu berechnen waren, vgl. S IV 34 und 35 der 2. Aufl. Die SGlN 88 und die VGB 88 enthalten **keine Geringfügigkeitsgrenze** mehr.

71 11. §§ 4 SGlN 79a, SGlN 88 ergänzen die Vorschriften der AVB (S IV 12) über das **Sachverständigenverfahren.** Neben dem VWert 1914 muß in den Fällen von §§ 1 Nr. 2 SGlN 79a, SGlN 88 der Neubauwert in Preisen des „anderen Jahres" ermittelt werden. Die Feststellungen der Sachverständigen umfassen also in jedem Fall die Werte, die der Vr benötigt und beweisen muß, wenn er sich auf UnterV berufen will. Damit weichen §§ 4 SGlN 79a, 88 von den sonstigen AVB-Regelungen des Sachverständigenverfahrens und auch von § 22 VGB 88 zugunsten des Vr ab, vgl. Y I 45. Allerdings muß die **Vr die Kosten beider Sachverständiger tragen,** soweit diese auf die Feststellung des VWerts 1914 und damit auf die Feststellung einer etwaigen UnterV entfallen, Y I 48.

72 12. § 5 SGlN 79a gibt dem VN genau besehen entgegen dem Wortlaut kein Recht zur „Kündigung", sondern ein **einseitiges Gestaltungsrecht** des Inhalts, daß die V in eine solche mit gewöhnlicher **fester VSumme** nach den zugrundeliegenden (S IV 12) AVB umgewandelt wird. In den VGB 88 ist daher mit Recht nicht mehr von einer „Kündigung" die Rede, vgl. S IV 78. Die neue VSumme ist dann nicht mehr mit dem VWert 1914, sondern nach der Proportionalitätsregel der AVB mit dem **VWert nach den AVB** zu vergleichen, S II 22.

73 Macht der VN von seinem Recht nach § 5 SGlN 79a Gebrauch, so bleibt die *Prämie unverändert.* Die VSumme ergibt sich durch **Multiplikation** der *VSumme 1914* mit ¹/₁₀₀ des jeweils entsprechend § 3 Nr. 2 SGlN 79a maßgebenden **Gesamt-Baupreisindexes.** Dies bedeutet eine Änderung gegenüber den Sonderbedingungen aus der Zeit vor 1979, wo mit der *Prämienrichtzahl* multipliziert wurde, was zu einer entsprechend höheren VSumme und damit zunächst zu einer ÜberV mit Anspruch auf Prämienkorrektur gemäß § 51 VVG geführt hatte.

74 Wegen der unveränderten Prämienhöhe bewirkt § 5 SGlN 79a als Folge der „Kündigung" im wirtschaftlichen Ergebnis einen etwas (Größenordnung 10 bis 25%) **höheren Promillesatz der Prämie** aus der nunmehr festen VSumme. Dadurch steht der VN nach der „Kündigung" etwas schlechter als ein VN, der dieselbe VSumme nach den AVB von vornherein als feste Summe vereinbart hatte, denn der tarifliche Promillesatz für eine feste VSumme und für eine VSumme 1914 ist bisher meist identisch. Wegen dieses Nachteils, den der VN durch die Ausübung des Gestaltungsrechts erleidet, ist dieses Gestaltungsrecht kaum geeignet, die Bedenken gegen die Berücksichtigung auch des

Tariflohnindex bei der Prämienanpassung in der Gleitenden NeuwertV auszuräumen, P IV 49 bis 61. Überdies macht die „Kündigung" nach § 5 SGlN
79a nur sichtbar, was schon vor einer Kündigung gilt, nämlich die auf dem
Weg über den Prämienfaktor gemäß § 3 Nr. 2 SGlN 79a etwas höhere Prämie, mit welcher der VN der gleitenden NeuwertV belastet ist (Röhl VersR
79, 26).

Wirtschaftlich wurde der durch Ausübung des Gestaltungsrechts steigende 75
Prämiensatz mit dem Hinweis gerechtfertigt, dem VN werde als Totalschadenentschädigung immer der Neubauwert am Schadentag garantiert ist, und
zwar auch bei raschem Kaufkraftschwund. Der Anstieg des Prämienfaktors
gleiche für sich allein den Wert dieser Garantie nicht voll aus, denn die
Prämie hinke gemäß § 3 Nr. 2 SGlN 79a durchschnittlich um ein Jahr hinter
dem Kaufkraftschwund her. Außerdem werde der Arbeitsaufwand für die
laufende Anpassung der VSumme (S II 65) in der gleitenden NeuwertV auf
den Vr verlagert.

Obwohl nach § 5 SGlN 79 durch „Kündigung" eine ÜberV (zu hohe 76
VSumme) kaum noch entstehen kann, S IV 73, haben sich die Vr gemäß
VerBAV 79, 390 Nr. 4 geschäftsplanmäßig verpflichtet, den VN auf die eventuelle Zweckmäßigkeit einer **Überprüfung des Gesamtinhalts des VVertrags**
hinzuweisen. Weit näher als die Gefahr einer ÜberV liegt die Gefahr einer
UnterV, besonders in Gebieten mit relativ höheren Baupreisen und in Verträgen, zu denen die VSumme 1914 bei Vertragsschluß originär im Sinn von S IV
6 ermittelt worden war. Auf diese Gefahr muß der Vr gegebenenfalls hinweisen, wenn er nicht nach Vertragsumwandlung wegen Beratungsverschuldens
gehindert sein will, sich auf UnterV zu berufen.

a) § 5 SGlN 88 brachte gegenüber den SGlN 79a keine sachliche Änderung. 77
Weiterhin ist von „Kündigung" und „Kündigungsfrist" die Rede. Letztere
beträgt **drei Monate.** Die Umwandlung wird daher drei Monate nach Zugang
der Erklärung beim Vr wirksam, und zwar während des VJahres. Rückprä-
mie fällt nicht an, denn der Vertrag besteht „zur bisherigen Prämie" fort.
Einzige Rechtsfolge des Ablaufs der Dreimonatsfrist ist das Inkrafttreten der
relativ niedrigeren GegenwartsVSumme. Der Vr hat rechtzeitig vor Ablauf
dieser Frist die Belehrung gemäß S IV 76 zu erteilen.

b) § 13 Nr. 6 VGB 88 spricht mit Recht nicht mehr von „Kündigung", S IV 78
72. Die Umwandlung ist nur noch mit Wirkung für den Beginn eines VJahres
möglich, und auch dies nur noch dann, wenn für das beginnende VJahr eine
Erhöhung des gleitenden Neuwertfaktors errechnet und dem VN mitgeteilt
worden war. Die **Monatsfrist** beginnt mit der Mitteilung des erhöhten gleitenden Neuwertfaktors. Gegebenenfalls tritt die Umwandlung rückwirkend in
Kraft, und zwar auch für bereits eingetretene VFälle. Möglicherweise kann
sich aber der Vr auf die durch Umwandlung entstandene UnterV wegen
Beratungsverschuldens nicht berufen, S IV 82.

Der zeitliche und gedankliche **Zusammenhang** zwischen dem Umwand- 79
lungsrecht und der Erhöhung des gleitenden Neuwertfaktors ist hergestellt
worden, weil das Umwandlungsrecht einen Ersatz für das bei einer Prämiensatzerhöhung zu deren Wirksamkeit erforderliche Kündigungs- oder Widerspruchsrecht des VN (PM § 50 Anm. 1 E d f) bilden soll. Das Umwandlungs-

recht gemäß § 13 Nr. 6 VGB 88 soll Erhöhungen des gleitenden Neuwertfaktors mit § 9 AGBG vereinbar machen. Es ist aber sehr zweifelhaft, ob dieser rechtliche Effekt tatsächlich erreicht wird, vgl. ausführlich P IV 49 bis 58, oder ob Erhöhungen des Prämienfaktors nur entsprechend der „Baupreisentwicklung" zulässig sind, wie § 13 Nr. 4 VGB 88 sich ausdrückt, also entsprechend den Veränderungen des Baupreisindex für Wohngebäude, P IV 60.

80   **Durch die Umwandlung** in einen Vertrag mit fester VSumme erleidet der VN **mehrere Nachteile,** nämlich durch die Geltung der Entschädigungsgrenzen gemäß § 15 Nr. 5 VGB 88, die für die Gleitende NeuwertV nicht anzuwenden sind, W I 4 und W III 5, sowie durch die Reduktion der Entschädigungsgrenzen gemäß § 17 VGB 88. Multiplikation mit dem gleitenden Neuwertfaktor gemäß § 17 Nr. 1 a VGB 88 führt nämlich wegen der Komponente des Tariflohnindex zu einem höheren Resultat als § 17 Nr. 1 b VGB 88 in Verbindung mit § 13 Nr. 6 VGB 88, also die bloße Multiplikation mit dem Baupreisindex.

81   Vor allem aber ist die durch Multiplikation mit dem Baupreisindex errechnete **GegenwartsVSumme** trotz gleichbleibender Prämie **relativ niedriger** als zuvor die VSumme 1914. Die Differenz ergibt sich aus dem Unterschied zwischen dem gleitenden Gesamt-Baupreisindex (z.B. 18,1 für das Jahr 1988, P IV 52) und $\frac{1}{100}$ des gleitenden Neuwertfaktors (z.B. 14,538 für das korrespondierende Jahr 1987, S IV 4). Für den VN bewirkt die Umwandlung daher entweder **UnterV,** S IV 77 und P IV 56, oder **Verlust des Anspruchs auf Beseitigung einer ÜberV** mit entsprechender Herabsetzung der Prämie, S IV 61.

82   Der Vr muß den VN daher im Rahmen seiner **Beratungspflicht** im Zweifel **von** einer **Umwandlung** des Vertrages **abraten,** und zwar möglichst umgehend nach Kenntnisnahme von einer entsprechenden Absicht des VN oder nach Empfang der Umwandlungserklärung. Anders als nach den SGIN 88 (S IV 77) steht dem Vr für diese Beratung nicht eine Frist von drei Monaten zur Verfügung. Die Umwandlung wirkt im Gegenteil unter Umständen auf den Beginn des VJahres zurück, S IV 78. Der Vr muß den VN gegebenenfalls darauf hinweisen, daß eine **Wiederherstellung des bisherigen Vertragsinhaltes** für ihn **günstiger** ist als eine Erhöhung der durch Umwandlung entstandenen GegenwartsVSumme, P IV 56. Der VN erzielt in manchen Fällen durch Wiederherstellung des bisherigen Vertragsinhalts einen besseren VSchutz zu einer geringeren Prämie.

V. Wertzuschlagsklauseln

1   Auch die Wertzuschlagsklauseln 1707 bis 1709 – früher 6.00, 6.01 und 6.06 und danach 1707 bis 1709, 2. Aufl. S V 1 – dienen der Bekämpfung der UnterV, S II 130. Sie enthalten eine *Kombination* mehrerer rechtstechnischer Möglichkeiten, vgl. die Zusammenstellung in S V 3, freilich in unübersichtlicher Formulierung, die zu *Auslegungsschwierigkeiten* führt. Diese Schwierigkeiten liegen zum Teil auch in der Sache selbst begründet, vor allem in dem Unterschied zwischen anfänglicher und nachträglicher UnterV, S II 65, und innerhalb der nachträglichen UnterV in dem Unterschied zwischen (nominellen oder realen) Wertsteigerungen und Bestandserhöhungen, vgl. S III 18 für

die nichtindustrielle GeschäftsV. Während **Kl 1707** (1703; **6.**00) ausdrücklich „mit *Einschluß von Bestandserhöhungen*" gilt, läßt **Kl 1708** (1704; **6.**01) diese wichtige Frage leider offen, S V 39 und 47; der VN kann aber jedenfalls für die *Bestandserhöhungen* des laufenden Jahres nach **Kl 1709** (1705; **6.**06) *besondere Positionen* bilden.

　Die Wertzuschlagsklauseln sind, was die Stückzahl der Verträge betrifft, **2** nicht sehr verbreitet, weil sie nur für die **Feuer-IndustrieV** und für die **sonstige IndustrieV** gelten, also von tariflich festgelegten Grenzen an, wenn auch mit eher steigender Tendenz. Innerhalb dieses Anwendungsbereichs relativ häufiger ist **Kl 1707** (1703; **6.**00), die deshalb ausführlicher behandelt wird. Dagegen kann auf die zusätzlichen Auslegungsschwierigkeiten der verhältnismäßig wenig verwendeten **Kl 1708** (1704; **6**01) und **1709** (1705; **6.**02) nur kurz eingegangen werden, S V 39 bis 51. Ganz unerörtert bleiben die *früheren Fassungen* (VerBAV 70, 16) der Klauseln, obwohl sie den bestehenden Verträgen gelegentlich noch zugrundeliegen. Den Erläuterungen von Ollick in VerBAV 82, 41 liegen Kl 115, 116 und 117 zugrunde. Dies waren Texte für nichtindustrielle Risiken, die mit Kl 1703, 1704 und 1705 nahezu (S V 44) wörtlich übereinstimmten, gegenüber Kl 6.00, 6.01 und 6.06 (Texte 10 der 2. Aufl.) aber einige Änderungen enthielten, insbesondere geänderte Absatznumerierungen, die sich im einzelnen aus der Zusammenstellung in S V 3 ergeben. Während Ollick VerBAV 82, 41 von den in VerBAV 82, 6 mit den Nummern 115 bis 117 veröffentlichten Texten ausgeht, legen die Erläuterungen von Kuhn VW 80, 702 und Engels VP 80, 72 noch die ältere Fassung der neuen Klauseln zugrunde legen. Wegen Kl 115, 116 und 117 wird auf die Erläuterungen zu den nahezu (S V 44) gleichlautenden Kl 1707 (1703), 1708 (1704) und 1709 (1705) verwiesen.

1. Kl 1707 (1703; **6.**00; 115) enthält eine Kombination aus folgenden Ele- **3** menten:
1. Jederzeitiges, aber zeitlich begrenztes **rückwirkendes NachVRecht** (S II 130) für **Bestandserhöhungen** (Nr. 4; früherer Text gemäß VerBAV 80, 213: Nr. 2);
2. **indexabhängige Beweglichkeit des Wertzuschlags**, die der VN innerhalb der ersten drei Monate jedes VJahrs rückwirkend korrigieren kann (Nr. 2; früherer Text gemäß VerBAV 80, 213: Nr. 3);
3. einen **UnterVVerzicht** des Vr, soweit sich *Bewertungen durch Sachverständige* als *falsch* erweisen (Nr. 5 Abs. 1 Satz 2; früherer Text gemäß VerBAV 80, 213: Nr. 4 Abs. 1 Satz 2);
4. eine **prämienfreie VorsorgeVSumme**, die allerdings nur gilt, wenn die VSumme im Prinzip ohnehin ausreichend bemessen ist, also nur für die dann gleichwohl verbleibenden, rückwirkend nachversicherungsfähigen Wertsteigerungen bis zum Schadenzeitpunkt (Nr. 5 Abs. 1 Satz 1; früherer Text gemäß VerBAV 80, 213: Nr. 4 Abs. 1 Satz 1);
5. eine **gemilderte Proportionalitätsregel**, falls die Voraussetzungen der prämienfreien Vorsorge nicht erfüllt sind (Nr. 5 Abs. 2, früherer Text gemäß VerBAV 80, 213: Nr. 4 Abs. 2).

　Der **Anwendungsbereich von Kl 1707** (1703; **6.**00; 115) wird in **Nr. 1** gere- **4** gelt. Der neueste Text vermeidet den in S V 4 der 1. Aufl. erörterten Fehler, indem er nicht mehr auf bestimmte Positionen des Antrags der Industrie-FeuerV verweist, sondern von den „Positionen" spricht, „für die der Wertzuschlag besonders vereinbart ist".

5   Die Wertzuschlagsklauseln setzen eine *zweiteilige VSumme* voraus, bestehend aus einer **Grundsumme** in *Preisen des Jahres 1970* und einem **Wertzuschlag** für *Preissteigerungen seit 1970.* Die beiden Teilbeträge stellen aber zusammen eine **einheitliche VSumme** dar, und zwar sowohl für die Prämienberechnung wie für die Frage einer UnterV; auch handelt es sich um eine **einheitliche Position,** in der Altbestand und Bestandserhöhungen wie auch Preise des Jahres 1970 und spätere Werterhöhungen summarisch (S I 4) versichert sind, S V 9, 14, 40 und 42.

6   Da für eine Unter- oder ÜberV nach § 56, 51 VVG und Kl 1707 (1703; 6.00; 115) Nr. 5 nur die VSumme insgesamt maßgebend ist, also Grundsumme zuzüglich Wertzuschlag, S V 5, kann durch eine *zu hohe Grundsumme* ein *unzureichender Wertzuschlag* kompensiert werden und umgekehrt, S V 14, 40 und 42. Auch wird eine *zu niedrige Grundsumme* durch eine *zu hohe NachV* für angebliche Bestandserhöhungen kompensiert, soweit die Bestandserhöhungen tatsächlich nicht oder nur in geringerer Höhe eingetreten sind. Diese **Kompensationsmöglichkeit** wird übereinstimmend bejaht durch Kuhn VW 80, 702, Engels VP 80, 72 und Ollick VerBAV 82, (Fußnote 16).

7   Das Jahr 1970 wurde gewählt, weil die Indizes des Statistischen Bundesamts bei Abfassung des Textes VerBAV 80, 213 von 1970 als Basis = 100 ausgegangen sind. Gegen eine jeweils sofortige Anpassung der Texte an geänderte (spätere) Basisjahre (z. B. 1976) wird in VP 81, 28 argumentiert, daß dann der Wertzuschlag und die durch ihn gebotene Kompensationsmöglichkeit zu gering würden. Zur Rückrechnung von 1976 auf 1970 vgl. die Zitate bei Ollick VerBAV 82, 41 (Fußnote 76). Maßgebend sind Fachserie 17, Reihe 4, für *Bauwerke in konventioneller Bauart,* vgl. S IV 4 für die gleitende NeuwertV, und Fachserie 17, Reihe 2, für *Erzeugerpreise industrieller Produkte.* Wegen der Bedeutung der Wahl dieses Preisindex für die prämienfreie VorsorgeV vgl. S V 23. Die Veröffentlichungen des Statistischen Bundesamts sind schon als solche allgemein zugänglich und werden auszugsweise vierteljährlich u.a. in VP abgedruckt, vgl. dort z.B. 78, 107, wo auch erläutert wird, daß normalerweise der spezielle Index für *gewerbliche Arbeitsmaschinen* repräsentativ ist für die gesamte versicherte Betriebseinrichtung, wovon auch Kl 1707 (1703; 6.00; 115) Nr. 2 Abs. 3 ausgeht, S V 19, daß aber in Sonderfällen auch ein höherer oder niedrigerer Wertzuschlag geboten sein kann, Wälder ZfV 79, 26, Ollick VerBAV 82, 41 (Fußnote 81).

8   Der **Wertzuschlag** wird als **DM-Betrag** vereinbart, nicht als %-Satz aus der Grundsumme. Dies sagt die Klausel zwar nicht deutlich, ist aber schon deshalb notwendig, weil auch *Veränderungsanträge* (S V 17) zum Wertzuschlag gemäß Kl 1707 (1703; 6.00; 115) Nr. 2 Abs. 1 auf DM-Beträge gerichtet sind und indexabhängige Erhöhungen gemäß Nr. 2 Abs. 3 nur zum Zuge kommen, wenn und solange ein Antrag gemäß Nr. 2 Abs. 1 nicht gestellt ist. Die *Nachträge* und *Prämienerhöhungen* müssen für den Wertzuschlag von DM-Beträgen ausgehen. Auch NachVAnträge für Bestandserhöhungen müssen den DM-Betrag des Wertzuschlags einschließen. Entgegen Engels VP 80, 72, genügt Erhöhung allein der Grundsumme nicht als rechtzeitige und volle

Nach V gemäß Nr. 5; anders nur, soweit VSumme insgesamt zu hoch war
und daher Kompensation möglich ist, S V 6.

2. **Bestandserhöhungen** können nach Kl 1707 (1703; 6.00; 115) Nr. 4 rück- **9**
wirkend nachversichert werden, wenn der Antrag innerhalb von drei Monaten
gestellt wird. Der VN kann innerhalb der Frist auch *mehrere* Anträge stellen,
präjudiziert sich also durch einen bewußt oder versehentlich zu niedrigen
Antrag nicht. – Wie das Wort schon sagt, *kann der Vr den „Antrag"* auch
ablehnen. Es gibt **keine** einseitige **Option** des VN (unklar Engels VP 80, 72,
der abwechselnd von „Antrag" und „Meldung" spricht), zumal es dann an
einer betragsmäßigen Grenze fehlen würde, wie sie wegen der begrenzten
Kapazität jedes Vr notwendig wäre, vgl. auch die S II 123 der 2. Aufl. behandelte Kl 1702–5.03 (Nachzeichnung für Vorräte). Aber auch wenn der Vr den
Antrag **ablehnt**, bleibt der VN **trotzdem** die volle Dreimonatsfrist hindurch in
aller Regel **ausreichend versichert**, und zwar nach Kl 1707 (1703; 6.00; 115)
Nr. 5 Abs. 1 Satz 1 *(prämienfreie Vorsorge)*, S V 21. Deshalb sprechen die
Überschrift („Einschluß von Bestandserhöhungen" und § 3 AGBG (Verbot
von Überraschungsklauseln) entgegen Ollick VerBAV 82, 42 (Fußnote 86)
nicht zwingend für eine Option des VN; besonders rückwirkend für schon
eingetretene VFälle wäre eine betragsmäßig unbegrenzte Option des VN
untragbar, zumal sie auch mehrfach und z. B. speziell wegen eines eingetretenen Schadens rückwirkend ein zweites Mal ausgeübt werden könnte. – Um
auch ab dem vierten Monat ausreichend versichert zu sein, sollte der VN, wo
er auch nur entfernt mit Antragsablehnung durch den VR rechnen muß (z. B.
aus Kapazitätsgründen bei besonders hohen Zugängen oder bei bisher besonders günstiger Prämie), die *Dreimonatsfrist nicht voll ausnutzen,* sondern den
Antrag schon mehr als zwei Wochen (Bindefrist) vor deren Ablauf stellen. –
Das allgemein bei Anträgen mit beantragtem VBeginn während oder kurz
nach Ende der Bindungsfrist auftauchende Problem bei *Schäden während der
Bindefrist* ist hier praktisch kaum bedeutsam, denn Kl 1707 (1703; 6.00; 115)
Nr. 5 stellt den VN für die Grenze der Entschädigung und für die UnterV so,
als seien die Bestandszugänge, soweit für sie die NachVFrist bei Schadeneintritt noch nicht abgelaufen war, nicht vorhanden. Im übrigen wird auf K II 16
bis 43 verwiesen.

  Unklar sind die Worte **„innerhalb von drei Monaten".** Die Frist beginnt mit **10**
der „Bestandserhöhung". Erstreckt sich eine Bestandserhöhung über mehrere
Tage oder gar über einen längeren Zeitraum, so z. B. bei Um-, An- oder
Neubauten, wo täglich Bestandteile in das versicherte Gebäude eingebaut
werden, so beginnt die Frist mangels abweichender Vereinbarung für jeden
innerhalb eines Tages hinzukommenden *Wertsteigerungsteilbetrag* gesondert
(Engels VP 80, 71).

  Von „Bestandszugängen" ist bewußt nicht die Rede, denn gemeint ist der **11**
Saldo der Wertsteigerungen, also ähnlich wie in § 2 Nr. 3 SGlN 79 a (Gleitende
NeuwertV, S IV 48) der **Überschuß der Zugänge über die Abgänge** (Ollick
VerBAV 82, 42). Dadurch entstehen aber Schwierigkeiten bei der Fristbe-
rechnung. Einfach lösbar ist nur der Fall, daß Zugänge und Abgänge an *ein
und demselben Tag* liegen, daß also z. B. eine Maschine veräußert und sofort
durch eine neue ersetzt wird. Dann beginnt die Frist für den Saldo selbstver-

ständlich an diesem Tag. Wie wirkt es sich aber aus, wenn einer Wertsteigerung *an einem späteren Tag* ein *Abgang* gegenübertritt? Die Frage ist vor allem indirekt wegen ihrer Auswirkungen im Rahmen des Wortes „rechtzeitig" in Kl 1707 (1703; 6.00; 115) Nr. 5 Abs. 1 und im Rahmen von Nr. 5 Abs. 2 („letztmalig erforderliche Festsetzung") bedeutsam, S V 22 und 30.

12   Es gibt **drei Lösungsmöglichkeiten** für die Frage, wann der VN spätestens den NachVAntrag stellen muß, wenn dies noch „innerhalb von drei Monaten" (Kl 1707 Nr. 4), „rechtzeitig" (Nr. 5 Abs. 1) und zu dem „erforderlichen" (Nr. 5 Abs. 2) Zeitpunkt geschehen sein soll: Entweder bleiben *Zugänge*, soweit sie innerhalb von drei Monaten durch Abgänge *kompensiert* werden, endgültig *unberücksichtigt*, ähnlich wie nach § 217 BGB bei der Unterbrechung einer Verjährung. Oder – gegenteiliges Extrem – es bleiben umgekehrt die *kompensierenden Abgänge unberücksichtigt*, soweit sie ihrerseits noch innerhalb der durch den ersten Zugang in Lauf gesetzten Dreimonatsfrist durch neue Zugänge kompensiert werden. Oder – Mittellösung – der *Rest der drei Monate* läuft weiter, sobald ein kompensierender Abgang seinerseits durch einen neuen Zugang kompensiert wird, also ähnlich wie nach § 205 BGB bei der Hemmung einer Verjährung. *Rechnerischer Ausgangspunkt* bei einer Mehrzahl von Zugängen, Abgängen und NachVAnträgen ist immer der Zeitpunkt, in dem letztmalig die Grundsumme zuzüglich Wertzuschlag, also die VSumme als ganze, ausreichend war.

13   Beispiele:

Grundsumme	300
Wertzuschlag	200
VWert = VSumme	500

	a)	b)
Zugang 10. 2.	+ 100	+ 100
Abgang 15. 3.	− 100	− 90
Zugang 20. 4.	+ 60	+ 50
Saldo	+ 60	+ 60

Letzte NachVZeitpunkte
nach

Ansicht I	20. 7. (60)	10. 5. (10)
		20. 7. (50)
Ansicht II	10. 5. (60)	10. 5. (60)
Ansicht III	15. 6. (60)	10. 5. (10)
		15. 6. (50)

14   3. Auch **Kl 1707 (1703; 6.00; 115) Nr. 2 Abs. 1** ist als rückwirkendes NachVRecht formuliert, wobei allerdings neutral von *Veränderungen* die Rede ist. Der VN kann die **Wertzuschläge** und damit die *VSumme* insgesamt sowohl **erhöhen** wie **vermindern**. Gedacht ist nur an Änderungen des Preisniveaus, also daran, daß gegenüber dem Vorjahr ein anderer (un der Regel: höherer) Wertzuschlag gegenüber 1970 erforderlich ist, S V 7. Da jedoch für die Über- oder UnterV nach §§ 56, 51 VVG und Kl 1707 (1703; 6.00; 115) Nr. 5 nur die *VSumme insgesamt* (Grundsumme zuzüglich Wertzuschlag)

maßgebend ist, kann durch einen überhöhten Wertzuschlag auch eine unzureichende Grundsumme kompensiert werden und umgekehrt, S V 6, 8, 40
und 42.

Genau besehen steht in Kl 1707 (1703; 6.00; 115) Nr. 2 nicht Abs. 1, son-   **15**
dern Abs. 3 im Vordergrund, nämlich die **indexabhängige Beweglichkeit des
Wertzuschlags** und damit der VSumme (Ollick VerBAV 82, 41). Danach ist
maßgebend die letzte Veröffentlichung des Statistischen Bundesamts vor Beginn des neuen VJahres. Da dieses meist mit dem Kalenderjahr zusammenfällt, wird für gewerbliche *Betriebsgebäude* in der Regel der Mitte November
veröffentlichte September-Index mit dem September-Index des vorausgegangenen Jahres verglichen. Die Maßgeblichkeit eines **Index**, der zu Beginn des
VJahres bereits **einige Monate als** ist, bedeutet zusammen mit der prämienfreien Vorsorge und dem UnterVVerzicht gemäß Kl 1707 (1703; 6.00; 115)
Nr. 5 *einerseits* ein zusätzliches *Zugeständnis* des Vr; für Betriebseinrichtung
usw. ist dieses Zugeständnis allerdings geringer, denn die Indizes für *gewerbliche Arbeitsmaschinen* werden monatlich und rascher veröffentlicht, vgl. im
einzelnen Engels VP 80, 71. *Andererseits* kann der etwas veraltete Index für
den VN aber auch zu einem Nachteil werden, wenn nämlich die Proportionalitätsregel der Nr. 5 Abs. 2 anzuwenden ist und der veraltete Index zu einer
etwas höheren UnterV führt. – Um den indexabhängig ermittelten Prozentsatz steigt (oder fällt) der für das Vorjahr geltende Wertzuschlag, und zwar
gleichgültig ob die VSumme als ganze und die Aufteilung in Grundsumme
und Wertzuschlag (S V 6, 9 und 14) bis dahin den Wertverhältnissen entsprochen hatten oder nicht. Ist also die Grundsumme zu hoch und der Wertzuschlag zu niedrig, so führt der Index meist zu einer zu geringen Erhöhung,
und umgekehrt.

Kl 1707 (1703; 6.00; 115) Nr. 2 Abs. 1 ermöglicht dem VN eine **rückwir-**   **16**
kende Korrektur der Automatik, ohne daß der VN von seiner Möglichkeit
Gebrauch machen muß, die *Wertzuschlagsklausel* nach deren Nr. 5 zu *kündigen.* Der Hinweis in Nr. 3a, daß der VN zu Beginn eines jeden VJahres die
Wertzuschläge überprüft, begründet **keine Obliegenheit** (Ollick VerBAV 82,
41, Fußnote 82), sondern soll den VN nur indirekt auf §§ 56, 51 VVG hinweisen, wonach UnterV zu unzureichender Entschädigung und ÜberV zu
Prämienverlust führt. Die *Frist von drei Monaten* ab Beginn des VJahres für
die Korrektur verlängert sich auch dann nicht, wenn der VN sie „schuldlos"
versäumt; die rückwirkende Möglichkeit der Korrektur ist ohnehin schon ein
vom VVG abweichendes Zugeständnis, so daß der Wegfall dieses Zugeständ-
nisses nach Fristablauf nicht etwa als Rechtsfolge aus einem Verstoß gegen
eine verhüllte Obliegenheit verstanden werden kann.

Nr. 2 Abs. 1 der Klausel spricht von einem „Antrag" auf die Veränderung.   **17**
Soweit der VN eine **stärkere Erhöhung** des Wertzuschlags beantragt, als sie
sich aus dem Index ergäbe, kann der Vr den **Antrag** auch ablehnen, ebenso
wie bei NachV von Bestandserhöhungen (S V 9; dort auch zur Gegenansicht
von Ollick VerBAV 82, 42, Fußnoten 86 und 88). Beantragt der VN allerdings eine **geringere Erhöhung** oder gar einen gegenüber dem Vorjahr *unveränderten Wertzuschlag*, so wird diese Erklärung als **einseitiges Verlangen** auch
ohne Annahme durch den Vr wirksam. Ablehnen könnte der Vr nämlich
wegen § 51 VVG den Antrag ohnehin nur, soweit er rückwirkend gestellt ist

oder soweit der VN ÜberV nicht nachweisen kann. Nr. 2 Abs. 3 muß indessen dahin verstanden werden, daß der Vr auf diese beiden Einwände verzichtet, denn sonst würde die Wertzuschlagsklausel viel von ihrem praktischen Wert verlieren.

18 Besonderheiten gelten in dem theoretischen Fall, daß der VN den **Wertzuschlag vermindern** will. Ein einseitiges Verminderungsrecht ohne Nachweis einer ÜberV kann dem VN nur zugebilligt werden, soweit ausnahmsweise auch der Index gesunken ist, und nur bis zu dem Prozentsatz dieser Abnahme des Indexes. Im übrigen kann der Vr bei **Anträgen** auf Verminderung oder – im Extremfall – völligen Wegfall des Wertzuschlags zwischen Annahme und Ablehnung des Antrags wählen, soweit nicht der VN mit Wirkung für die Zukunft die Voraussetzungen des § 51 VVG (ÜberV) nachweist. Eine andere Auslegung würde praktisch auf ein fristloses und teilweise sogar rückwirkendes Teilkündigungsrecht des VN während des VJahres hinauslaufen.

19 Praktisch bedeutsam ist eine **Korrektur der Automatik** immer dann, wenn im Einzelfall der *Index* für gewerbliche Betriebsgebäude und für gewerbliche Arbeitsmaschinen *nicht* genügend *repräsentativ* ist für die Entwicklung des VWerts der vereinbarten Position (Gebäude, Betriebseinrichtung) im speziellen Fall des VN, S V 7. Mit fristgerechter (S V 16) Korrektur der Automatik werden die korrigierten VSummen maßgebend und die *indexabhängig berechneten Beträge bedeutungslos;* a. A. Ollick VerBAV 82, 41 für den Fall, daß der VN auch seine Korrekturbeträge aufgrund von – anderen (aber welchen?) – „Indizes des Statistischen Bundesamts" berechnet, wodurch Ollick dem VN offenbar trotz der vorgenommenen Korrektur das in S V 15 erörterte Zugeständnis des Vr erhalten will, was aber die Berechnungen gemäß S V 22 und 28 noch zusätzlich und erheblich erschweren würde.

20 4. Nach **Kl 1707** (1703; 6.00; 115) **Nr. 5 Abs. 1 Satz 2** „*gelten* Grundsumme und Wertzuschlag (und damit die *VSumme* insgesamt) *als richtig bemessen*", wenn sie auf einer dem Vr vorgelegten Schätzung durch einen **Sachverständigen** beruhen. Diese unklare Formulierung läßt eine Reihe von Fragen offen. Genügt jede beliebige sachkundige Person oder kann der Vr auch schon allein wegen der Person des „Sachverständigen" der Vorlage einer Schätzung widersprechen? Gegebenenfalls binnen welcher Frist? Kann der Vr auch die Bewertung einzelner Posten der Schätzung überprüfen und beanstanden? Wenn der VN die Schätzung nicht jährlich wegen der Zugänge und Abgänge sowie wegen der Wertsteigerungen ergänzen läßt, *entfällt* dann der Verzicht auf den Einwand der UnterV *völlig* oder kann der Vr den Einwand, Grundsumme oder Wertzuschlag seien unzureichend, nur mit Bezug auf *spätere* Zugänge und Wertsteigerungen (genauer: auf den Überschuß gegenüber Abgängen und Wertverlusten, S V 11) erheben, so daß die als richtig fingierte ursprüngliche Summe aufgrund der realen Zugänge und Wertsteigerungen fortzuschreiben wäre? Wie diese Fragen im Streitfall durch die Gerichte entschieden würden, läßt sich aufgrund der sehr pauschalen Formulierung nicht voraussagen. Mit Recht weist Ollick VerBAV **82**, 42 darauf hin, daß jedenfalls auch der VN ein *Risiko bei zu niedrigen Schätzungen* trägt, nämlich das Risiko, daß bei *Totalschäden* trotz Kl 1707 (1703; 6.00; 115) Nr. 5 die Entschädigungsgrenze nicht ausreicht, nämlich nach Nr. 5 Abs. 1 die Grundsum-

me zuzüglich doppeltem (S V 21 und Ollick aaO) und nach Nr. 5 Abs. 2 die Grundsumme zuzüglich einfachem (S V 29; unerwähnt bei Ollick aaO) Wertzuschlag.

5. Kl 1707 (1703; 6.00; 115) **Nr. 5 Abs. 1 Satz 1** gewährt dem VN eine 21 prämienfreie Vorsorge VSumme in Höhe eines Wertzuschlags. Die Worte „haftet bis" deuten zwar zunächst nur darauf hin, daß die VSumme (Grundsumme zuzüglich *einfacher* Wertzuschlag) ihre Funktion als **Entschädigungsgrenze** zugunsten des Gesamtbetrages aus der **Grundsumme und dem doppelten Wertzuschlag** verliert (Ollick VerBAV 82, 42, Fußnote 92). Da jedoch § 56 VVG die Rechtsfolge des § 50 VVG bereits einschließt, S II 2, kann Nr. 5 Abs. 1 Satz 1 der Klausel nur so verstanden werden, daß die **Grundsumme zuzüglich doppelter Wertzuschlag** zugleich als **VSumme** im Sinn von § 56 VVG gilt, und zwar zugunsten wie auch – ausnahmsweise – zuungunsten (S V 26) des VN. Wenn diese Ausdrucksweise („VSumme") vermieden wurde, so wohl nur deshalb, weil für die Prämie immer nur der einfache Wertzuschlag berücksichtigt wird; die Vorsorge ist prämienfrei. Außerdem sollte ein verbaler Widerspruch zwischen Nr. 1 und Nr. 4 der Kl vermieden werden.

Voraussetzung der prämienfreien Vorsorge ist, daß die VSumme (Grund- 22 summe zuzüglich einfacher Wertzuschlag, letzterer gegebenenfalls berechnet nach dem etwas veralteten Index gemäß S V 15) „bei **Beginn des VJahres"** richtig war. Auf Anhieb ist darunter das VJahr zu verstehen, in dem der VFall eintritt. Da aber der VN für die NachV von *Bestandserhöhungen* eine Dreimonatsfrist ausschöpfen darf, müssen für die Überprüfung der VSumme bei Schäden während der ersten drei Monate eines VJahres noch **gewisse Bestandszugänge** gegen Ende des vorangegangenen VJahres **außer Betracht** bleiben. Die genaue Abgrenzung der nicht zu berücksichtigenden Zugänge ist schwierig, da die Frist von drei Monaten in Nr. 2 ihrerseits unklar ist (S V 12 und 13). Weitere Unklarheiten ergeben sich, wenn der UnterVVerzicht des Vr aufgrund einer Sachverständigenschätzung eingreift, S V 20. Ollick Ver-BAV 82, 42, Fußnote 92, will nicht die noch nachversicherungsfähigen Bestandserhöhungen außer Betracht lassen, sondern statt dessen auch noch die entsprechenden NachVAnträge nach dem VFall berücksichtigen. Ollick kann sich hierfür aber nicht auf den Wortlaut („bei Beginn des VJahres"!) berufen. Außerdem müßte nach der Lösung von Ollick der VN bei seiner Nachmeldung nach dem VFall die Tatsache entsprechender Bestandserhöhungen beweisen, was schwierig und mit dem Grundsatz der Kompensationsmöglichkeit gemäß S V 6 unvereinbar wäre. Endlich würde die Lösung von Ollick den Vr verleiten können, NachVAnträge für Bestandserhöhungen, die nach einem Schaden eingehen, unter einem Vorwand abzulehnen, was freilich Ollick entgegen der in S V 9 vertretenen Ansicht aus anderen Gründen für rechtlich nicht möglich hält.

Noch in einer weiteren Hinsicht darf unter „Beginn des VJahres" nicht 23 immer der Beginn des VJahres des VFalls verstanden werden. Auch Wertsteigerungen, die über die indexabhängige Erhöhung des Wertzuschlags hinausgehen, darf der VN nämlich während der ersten drei Monate eines jeden Jahres rückwirkend nachversichern. Dieses Zugeständnis an den VN muß bei der Auslegung der prämienfreien Vorsorge berücksichtigt werden. Tritt der

VFall während der *ersten drei Monate* – in diesem Fall ist die Frist genau abgrenzbar – eines VJahres ein, so bleiben **Wertsteigerungen** auch des gesamten vorausgegangenen Jahres **außer Betracht** (auch hier anders Ollick VerBAV 82, 42, Fußnote 92, jedoch entgegen dem Wortlaut der Klausel, vgl. S V 22), soweit sie über die indexabhängige Erhöhung der VSumme hinausgehen.

24   Man kann die soeben genannten beiden Einschränkungen bei der Auslegung der Worte „bei Beginn des VJahres" nicht einfach dahin formulieren, daß es in diesen Fällen genüge, wenn die VSumme zu Beginn des vorangegangenen Jahres richtig gewesen sei. Einmal kommen hierbei nämlich für Bestandszugänge und Wertsteigerungen *unterschiedliche Zeitpunkte* in Betracht, so daß sich auch nicht ein eindeutig fixierbarer Betrag der VSumme als „richtig" ergeben kann, obwohl es andererseits rechtlich nur eine einzige VSumme gibt, S V 5, so daß Grundsumme und Wertzuschlag eine gegenseitige Kompensation erlauben, S V 6 und 14. Außerdem kann man nie positiv sagen, welcher Zeitpunkt für die Richtigkeit der VSumme maßgebend sei, sondern immer nur **negativ**, welche Bestandszugänge oder Wertsteigerungen für den VWert außer Betracht bleiben dürfen, denn **spätere Abgänge und Wertminderungen** sind **stets** zugunsten des VN **zu berücksichtigen**. Es gilt in diesem Punkt schon zu Kl 1707 (1703; 6.00; 115) Nr. 4 Abs. 1 das gleiche wie in S V 30 zu Nr. 4 Abs. 2 dargelegt wird.

25   Aus den *Voraussetzungen* der Vorsorge ergibt sich zugleich ihr **Anwendungsgebiet**, nämlich *Bestandszugänge und Wertsteigerungen,* für welche die *NachVFrist noch nicht abgelaufen* war. Die **Höhe** der Vorsorge, nämlich ein einfacher Wertzuschlag, ist bis zu einem gewissen Grad willkürlich, denn für die Wahl des Jahres 1970 waren ganz andere Gesichtspunkte als die Höhe der Vorsorge maßgebend, S V 7. Die Vorsorge wächst also mit zunehmendem Abstand gegenüber 1970 und unter der Voraussetzung zunehmender Wertsteigerungen.

26   Soweit bei besonders starken Bestandszugängen oder Wertsteigerungen die Vorsorge nicht ausreicht, ist der Gesamtbetrag aus Grundsumme und doppeltem Wertzuschlag nicht nur Entschädigungsgrenze, sondern zugleich **UnterV-Maßstab** (zu vergleichen mit dem Wert am Schadentag, S V 28), denn es gibt *keinen* Grund, die Entschädigung nur bei Totalschäden zu kürzen, Teilschäden dagegen auf Erstes Risiko zu versichern (unklar Ollick VerBAV 82, 42). Die Grundsumme zuzüglich *doppeltem* Wertzuschlag tritt also mit allen Konsequenzen an die Stelle der **VSumme**, S V 21. Einzige *Einschränkung:* Der VN darf nicht weniger erhalten, als wenn Nr. 5 Abs. 2 anzuwenden wäre, S V 28, denn er darf nicht deshalb schlechter gestellt werden, weil seine VSumme ausreicht. Die Einschränkung wirkt sich aber nur bei ganz besonders hohen Zugängen oder Wertsteigerungen aus, S V 35, zumal es an sich schon eine *Ausnahme* ist, wenn sich nach Nr. 5 Abs. 1 der Klausel trotz des doppelten Wertzuschlags noch eine UnterV ergibt, denn bei starken Bestandszugängen wird der VN im Zweifel ohnehin sofort einen NachVAntrag stellen, ohne die Fristen der Wertzuschlagsklausel voll auszuschöpfen. Diese Fristen sollen den VN nur bei „normalen" Bestandszugängen schützen. In jenen seltenen Fällen kommt nur Abhilfe unter dem Gesichtspunkt in Frage, daß der Vr Anträge auf RückwärtsV im allgemeinen nicht allein deshalb ablehnen wird, weil bereits ein Schaden eingetreten ist, S V 9 und K II 10, am wenigsten im

Bereich der Wertzuschlagsklauseln, wo dem VN das rückwirkende NachV-Recht ausdrücklich eingeräumt wird.

6. Ohne **Kl 1707** (1703; 6.00; 115) **Nr. 5 Abs. 2** würde der VN, wenn die **27** VSumme den nach Nr. 5 Abs. 1 erforderlichen Betrag auch nur ganz knapp nicht erreicht, mit einer unter Umständen sehr erheblichen UnterV belastet, weil Bestandszugänge und Wertsteigerungen, auch soweit für sie die NachV-Frist noch nicht abgelaufen ist, in den VWert einbeziehen und dieser VWert nach §§ 56 VVG, 3 Nr. 4 AFB mit der *VSumme* (Grundsumme zuzüglich *einfacher* Wertzuschlag) zu vergleichen wäre. Dadurch würde sich – ähnlich wie nach den früheren Fassungen der Klauseln, S V 2 – ein *Sprung* in den Rechtsfolgen aus der Höhe der VSumme in der Weise ergeben, daß bis zu einem bestimmten Punkt UnterV überhaupt nicht oder nur ausnahmsweise und in geringem Umfang, S V 26, bei auch nur geringfügigem Unterschreiten dieses Punktes aber in sehr erheblichem Umfang eingewendet werden könnte.

Deshalb enthält Kl 1707 (1703; 6.00; 115) Nr. 5 eine **modifizierte** (gemilder- **28** te **Proportionalitätsregel** für den Fall, daß die Voraussetzungen der prämienfreien Vorsorge nach Nr. 5 Abs. 1 nicht erreicht sind. *Grundgedanke* ist, den VN so zu stellen, als seien diejenigen Bestandszugänge und Wertsteigerungen, für die die NachVFrist noch nicht abgelaufen ist, noch gar nicht eingetreten; anders auch hier – wie S V 22 zu Nr. 5 Abs. 1; dort auch die Gegenargumente – Ollick VerBAV 82, 42, der NachVAnträge für (nachzuweisende?) Bestandszugänge und Wertsteigerungen auch berücksichtigen will, soweit sie *nach* dem VFall – jedoch fristgerecht – erfolgen. Während also in dem seltenen Ausnahmefall einer UnterV trotz Nr. 5 Abs. 1 die *erhöhte VSumme* (doppelter Wertzuschlag) mit dem vollen *VWert am Schadentag* verglichen wird, S V 26, wird nach Abs. 2 die normale VSumme (einfacher Wertzuschlag nach dem etwas veralteten – S V 15 – oder individuell korrigierten Index) als **UnterVMaßstab** mit einem noch *nicht* enthält, für die im Zeitpunkt des Schadens die NachVFrist noch nicht abgelaufen war. Allerdings ist der Text von Abs. 2 in mehrfacher Hinsicht unklar.

Während Kl 1707 (1703; 6.00; 115) Nr. 5 Abs. 1 verbal nur von einer **29** Entschädigungsgrenze, nicht von einem Kürzungsverhältnis spricht, S V 21 und 26, ist in Nr. 5 Abs. 2 genau umgekehrt nur die Kürzung, nicht aber die Entschädigungsgrenze erwähnt. Normalerweise, wenn nämlich die Proportionalitätsregel vom VWert im Schadenzeitpunkt ausgeht, führt die Anwendung der Proportionalitätsregel auf den möglichen Höchstschaden ohnehin zur VSumme als Entschädigungsgrenze, S II 3. Wo aber, wie in Nr. 5 Abs. 2 der Klausel, eine modifizierte Proportionalitätsregel von einem geringeren Wert ausgeht, könnte die Proportionalitätsregel auch zu einer Entschädigung über der VSumme führen. Gleichwohl muß angenommen werden (offen gelassen bei Ollick VerBAV 82, 42, 43), daß die VSumme nach Kl 1707 (1703; 6.00; 115) Nr. 1 maßgebend ist. Wenn nämlich Nr. 5 Abs. 1 unter gewissen Voraussetzungen eine erhöhte Entschädigungsgrenze gewährt, so muß in den Fällen von Nr. 5 Abs. 2 der Klausel, aus dem Fehlen jener Voraussetzungen der Umkehrschluß gezogen werden, daß dann die **VSumme** (Grundsumme zuzüglich *einfachem* Wertzuschlag) **Entschädigungsgrenze** ist. Damit wird allerdings bei Schäden, die ganz oder nahezu Totalschäden sind, der Effekt von Nr. 5 Abs. 2 der Klausel großenteils wieder aufgehoben.

30   Eine weitere Unklarheit enthalten die Worte „VSumme im Zeitpunkt ihrer gemäß Nr. 2 und 3 letztmalig erforderlichen Festsetzung". Hier gelten verstärkt die Einwände, die auch schon der Formulierung von Nr. 5 Abs. 1 entgegenstehen (S V 22 ff.). Es gibt **nicht** einen einheitlichen **Zeitpunkt der letztmalig erforderlichen Festsetzung,** schon deshalb nicht, weil *Bestandsabgänge* und *Wertminderungen* dem VN *bis zum Schadentag* voll zugute kommen müssen, ferner deshalb nicht, weil für Bestandszugänge und Wertsteigerungen *unterschiedliche Fristen* laufen. Der Zeitpunkt von Nr. 5 Abs. 2 wäre also dreigeteilt, nämlich in den Zeitpunkt des Schadens für Bestandsabgänge und Wertminderungen, den Zeitpunkt gemäß S V 12 und 13 für Bestandszugänge und den Zeitpunkt des letzten oder vorletzten Beginns eines VJahres für Wertsteigerungen gemäß S V 24. Für eine solche Lösung plädiert in der Tat Ollick aaO (S V 28), ignoriert dabei aber z. B. Bestandsabgänge nach Vertragsschluß, gibt die Einheit der VSumme (S V 6) preis usw.

31   Daher meint Kl 1707 (1703; 6.00; 115) Nr. 5 Abs. 2 bei richtiger Auslegung überhaupt nicht einen Zeitpunkt, sondern einen **DM-Betrag,** nämlich denjenigen Betrag von *Bestandserhöhungen* und *Wertsteigerungen,* die zugunsten des VN **für den Wert außer Betracht** bleiben, weil für sie bei Eintritt des VFalls die NachVFrist noch nicht abgelaufen war. Wertsteigerungen, die in der letzten indexabhängigen Steigerung der Wertzuschläge enthalten sind, darf der VN allerdings nicht eliminieren, denn für sie stand ihm kein NachVRecht mehr zu. Weder in Nr. 5 Abs. 1 noch in Nr. 5 Abs. 2 der Klausel kann also positiv gesagt werden, für welchen Zeitpunkt der maßgebende VWert zu berechnen sei, sondern nur *negativ,* welche Beträge außer Betracht bleiben müssen.

32   **Berechnungsbeispiele** zu Kl 1707 (1703; 6.00; 115) Nr. 5 Abs. 1 und 2 (S V 21 bis 31):

Vertragsbeginn	Anfang 78
VWert Anfang 78	500
VSumme	500
Grundsumme	300
Wertzuschlag	200
Wertsteigerungen 78 lt. Index September	20 (4% v. 500)
Wertsteigerung konkret (ohne Zugänge) bis Ende 78	50 (10%)
Zugang 27. 12. 78	100
Zugang 5. 1. 79	150
Wertsteigerungen konkret 79 bis zum Schaden	30

Schaden I (ohne vorherigen NachVAntrag) am 15. 3. 79	100 (oder 800)
VWert nach Kl 1707 (1703; 6.00; 115) Nr. 5 (also gekürzt)	
Gesamtwert am Schadentag	830
Wertsteigerungen	./. 60
Zugänge	./. 250 520

VSumme (nach automatischer indexabhängiger Korrektur) 520
Entschädigung I (S V 26)
 Grundsumme   300
 doppelter Wertzuschlag   440
 erhöhte VSumme   740

$$\frac{E\ I}{100\ (\text{oder } 800)} = \frac{\text{erhöhte Summe}}{\text{VWert am Schadentag}} = \frac{740}{830} = 89\ (\text{oder } 713)$$

Entschädigung I, wenn man S V 26 (UnterV) nicht folgt   100 (oder 740)

Schaden II (ohne vorherige NachVAntrag) am 2. 4. 79   100 (oder 800)
 – Schaden II nicht neben, sondern statt I –
VWert nach Kl 1707 (1703; 6.00; 115) Nr. 5 (also gekürzt)
 Gesamtwert am Schadentag   830
 Wertsteigerungen   . /. 30
 Zugänge   . /. 150 650
VSumme (nach automatischer indexabhängiger Korrektur) 520
 – Nr. 5 Abs. 1 der Klausel nicht erfüllt –
Entschädigung II (S V 29)

$$\frac{E\ I}{100\ (\text{oder } 800)} = \frac{\text{einfache VSumme}}{\text{gekürzter VWert}} = \frac{520}{640} \quad \begin{array}{l} 80\ (\text{oder } 520) \\ = \text{VSumme}) \end{array}$$

Entschädigung II,
wenn man S V 29 (Entschädigungsgrenze) nicht folgt   80 (oder 640)

Die Beispiele in S V 32 bestätigen, daß weder im Fall von Kl 1707 (1703; **33**
6.00; 115) Nr. 5 Abs. 1 genau der VWert zu Beginn des Schadenjahres noch
im Fall von Nr. 5 Abs. 2 der VWert in einem genau bestimmten Zeitpunkt
(nämlich am Tag der „letztmalig erforderlichen Festsetzung" der VSumme)
maßgebend ist. Vielmehr errechnet sich nach beiden Absätzen der maßgebende VWert durch gewisse **Abzüge vom tatsächlichen VWert** am Schadentag, S V
24 und 31. Nicht zum Ausdruck kommen in dem Beispiel die zusätzlichen
Schwierigkeiten, die bei einem Nacheinander mehrerer Zugänge und Abgänge entstehen, S V 12 und 13, denn in S V 32 wird nur ein einziger Zugang
unterstellt.

Ferner illustrieren die Beispiele in S V 32 die Auslegungsschwierigkeiten, **34**
die dadurch entstehen, daß Kl 1707 (1703; 6.00; 115) Nr. 5 Abs. 1 verbal nur
eine **Entschädigungsgrenze,** nicht aber eine **VSumme** erwähnt. Sähe man die
Grundsumme zuzüglich doppeltem Wertzuschlag wirklich nur als Entschädigungsgrenze und nicht als VSumme an, so wären nur Großschäden (die
ganz oder nahezu Totalschäden sind) zu kürzen (im Beispiel des Schadens I
von 800 auf 740), während im übrigen auf Erstrisikobasis abzurechnen wäre;
für eine Auslegung, die zu einem derartigen Unterschied zwischen großen
und kleinen Schäden führt, gibt es indessen keine vernünftigen Gründe, S V
26.

Zugleich zeigt Schaden I allerdings auch die Notwendigkeit der in S V 26 **35**
erwähnten Einschränkung: Der VN darf nicht deshalb schlechter stehen, weil
die Voraussetzungen von Kl 1707 (1703; 6.00; 115) Nr. 5 Abs. 1 erfüllt sind.

Er kann vielmehr *mindestens* den Betrag verlangen, der zu zahlen wäre, wenn Nr. 5 Abs. 2 angewendet werden müßte. Diese Einschränkung wird bei besonders starken Zugängen oder Wertsteigerungen bedeutsam. Beträgt z. B. in Schaden I der Zugang vom 5. 1. 1979 nicht 150, sondern 300, der Gesamtwert also 980, so wären nach Kl 1707 (1703; 6.00; 115) Nr. 5 Abs. 1 von einem Schaden von 100 nur 75,5 zu ersetzen (74 000 : 980). Der VN darf aber nicht schlechter als nach Nr. 5 Abs. 2 gestellt werden, müßte also mindestens 80 (52 000 : 650) erhalten.

36   Diese Rechnung zeigt des weiteren, wie selten **im Bereich von Kl 1707** (1703; 6.00; 115) **Nr. 5 Abs.** 1 (doppelter Wertzuschlag) noch eine **Unter V** in Betracht kommt (im Beispiel nur, wenn der tatsächliche Gesamtwert bei einer VSumme von 520 über 740 liegt). Noch viel seltener kommt die in S V 26 erwähnte Einschränkung zum Zuge (im Beispiel nur, wenn der tatsächliche Gesamtwert bei einer VSumme von 520 nunmehr über 925 liegt), nämlich nur, wenn sich der VWert gegenüber der VSumme auf nahezu das Doppelte erhöht hat. Nur in solchen Extremfällen reicht die Wertzuschlagsklausel nicht ganz aus; der VN darf hier nicht die NachVFristen ausnutzen, S V 9, sondern muß sofort einen **NachVAntrag** stellen, was sich aber, wenn sich der Wert der in einer Position versicherten Sachen nahezu verdoppelt hat, eigentlich von selbst verstehen müßte.

37   Beträgt Schaden I nicht 100, sondern 800, so kommt die hilfsweise Berufung auf Kl 1707 (1703; 6.00; 115) Nr. 5 Abs. 2 dem VN nur zugute, wenn man die normale VSumme dort entgegen der hier vertretenen Ansicht ausschließlich als *Kürzungsmaßstab*, nicht aber als *Entschädigungsgrenze* ansieht. Nur unter dieser Voraussetzung ergäbe sich nämlich bei einem Schaden von 800 nach Nr. 5 Abs. 2 eine höhere Entschädigung (640) als nach Nr. 1 Abs. 1 (592 000 : 980 = 604).

38   Schaden II verdeutlicht – jedenfalls in der Variante mit einer Schadenhöhe von 800 – die in S V 29 und zuletzt in S V 37 behandelte Problematik, ob nämlich nach Kl 1707 (1703; 6.00; 115) Nr. 5 Abs. 2 die Entschädigung die einfache VSumme überschreiten darf. Bejaht man dies entgegen der hier vertretenen Ansicht, so beträgt die Entschädigung nicht 520, sondern 640.

39   7. Kl 1708 (1704; 6.01; 116) – ebenso **Kl 116**, vgl. S V 2 – enthält in der Überschrift den Klammerzusatz *„ohne Einschluß von Bestandserhöhungen"*. Der Zusatz ist irreführend, denn die vereinbarten Positionen gelten für alle Sachen, die ihrer Art nach unter die Position fallen, gleichgültig ob sie schon bei *Vertragsschluß* vorhanden waren oder ob es sich um *Zugänge* handelt, sei es solche des laufenden (Kuhn VW 80, 702, str) oder eines früheren Jahres; wegen der Ausnahme zum Schutz vor UnterV in der Hauptposition bei gleichzeitiger ÜberV in der Vorsorgeposition nach Kl 1709 (1705; 6.06; 117) vgl. S V 46. Besonders deutlich in diesem Sinn äußert sich Ollick VerBAV 82, 43 (nach Fußnote 100): sogar eine WertzuschlagsnachV (noch mehr also die übrigen Bestandteile der bereits vereinbarten VSumme, S V 6) könne eine UnterV durch Bestandserhöhungen (Ollick aaO sagt zwar „innerhalb der ersten drei Monate eines VJahres", meint das aber kaum abschließend) kompensieren. Der Zusatz in der Überschrift soll nur auf den textlichen Unterschied gegenüber Kl 1707 (1703; 6.00; 115) hinweisen, der darin besteht, daß

Kl 1707 (1703; 6.00; 115) Nr. 4 (rückwirkendes NachVRecht für Bestandserhöhungen) in Kl 1708 (1704; 6.01; 116) **nicht** enthalten ist. Dem VN soll schon in der Überschrift nahegelegt werden, eine VorsorgeV für Bestandserhöhungen nach Kl 1709 (1705; 6.06; 117) abzuschließen, falls Bestandserhöhungen häufiger oder in wertmäßig zunächst schwer feststellbarer Höhe zu erwarten sind, also immer dann, wenn der VN befürchten muß, nicht rechtzeitig *vor* Eintritt einer Bestandserhöhung den **NachVAntrag** stellen zu können (wegen § 81 VVG – zwingend auch für die Diebstahl-, Leitungswasser- und SturmV, A IV 43 – vgl. Ollick VerBAV 82, 43, Fußnote 99). Manche Vr machen die Vereinbarung von Kl 1708 (1704; 6.01; 116) sogar von vornherein davon abhängig, daß zugleich Kl 1709 (1705; 6.06; 117) mit einer realistischen Vorsorgesumme für Gebäude und Betriebseinrichtung vereinbart wird.

Besteht allerdings im Einzelfall *keine* oder keine ausreichende *Vorsorgeposition nach Kl 1709 (1705; 6.06; 117)*, so sind die **Bestandserhöhungen** auch des **40** laufenden Jahres voll oder anteilig (vgl. dazu näher S V 47) der Grundposition zuzurechnen; wegen derjenigen Zugänge, für die die Vorsorgeposition nach Kl 1709 (1705; 6.06; 117) ausreicht, vgl. S V 45. Die *prämienfreie Vorsorge* gemäß Kl 1708 (1704; 6.01; 116) Nr. 4 ist zwar von den Verfassern der Klausel möglicherweise nur für Wertsteigerungen gedacht, wirkt sich dann aber wegen der Einheitlichkeit der VSumme und mangels genügender gegenteiliger Anhaltspunkte im Wortlaut auch für die Bestandserhöhungen des laufenden Jahres als Teil der Position für Gebäude oder für Betriebseinrichtungen aus, vgl. die Zitate in S V 39. *UnterV* entsteht nur, wenn der Altbestand zuzüglich Wertsteigerungen und zuzüglich Bestandserhöhungen des laufenden Jahres die um den zweiten Wertzuschlag *erhöhte VSumme* übersteigt. In diesem Fall ist die erhöhte VSumme dann nicht nur Entschädigungsgrenze, sondern analog S V 26 zugleich Basis für eine proportionale Kündigung von Teilschäden.

Allerdings bringt die **Überschrift von Kl 1708 (1704; 6.01; 116)** bis zu einem **41** gewissen Grad auch für den VN erkennbar zum Ausdruck, daß die prämienfreie Vorsorge gemäß Nr. 3 der Klausel für Bestandserhöhungen des laufenden Jahres nicht gedacht ist. Deshalb ist vielleicht auch die Rechtsansicht vertretbar, die Überschrift von Kl 1708 (1704; 6.01; 116) enthalte bei richtiger *Auslegung* eine „abweichende Vereinbarung" im Sinne der **Präambel zur Positionen-Erläuterung**, so daß Bestandserhöhungen des laufenden Jahres nicht Teil der Position wären, sondern ausschließlich nach Kl 1709 (1705; 6.06; 117) versichert sein könnten. Auf diese Auslegung könnte sich allerdings von vornherein nur derjenige Vr berufen, der die Kl 1708 (1704; 6.01; 116) nur zusammen mit Kl 1709 (1705; 6.06; 117) anbietet und vereinbart, S V 39. Und auch ein solcher Vr könnte die skizzierte Auslegung jedenfalls insoweit **nicht** aufrechterhalten, wie in der *Hauptposition* auch aufgrund der normalen VSumme (Kompensation zwischen Grundsumme und einfachem Wertzuschlag ist auch nach Kl 1708 möglich), also ohne zweiten Wertzuschlag, *ÜberV* besteht und damit noch Spielraum für den Einschluß von Bestandserhöhungen des laufenden Jahres verbleibt.

Im Rahmen von **Kl 1708 (1704; 6.01; 116)** Nr. 4 bleiben für den VWert am **42** Schadentag lediglich die **Wertsteigerungen außer Betracht**, für welche die **NachVFrist noch nicht abgelaufen** war, normalerweise also die Wertsteigerungen des laufenden VJahres, bei Schäden während der ersten drei Monate eines VJahres auch die Wertsteigerungen des Vorjahres (ebenso S V 23). *Bestandserhöhungen* werden dagegen bis zum Schadentag voll berücksichtigt. Die Möglichkeit der Kompensation im Sinn von S V 39 und 40 würde allerdings bedeuten, daß der VN eine UnterV infolge von Bestandserhöhungen durch einen *Antrag* nach Kl 1708 (1704; 6.01; 116) Nr. 2 Abs. 1 auf *rückwirkende Erhöhung des Wertzuschlags* kompensieren könnte. Nach der hier vertretenen Ansicht (S V 17) kann der Vr dies aber leicht verhindern, indem er den *Antrag ablehnt*, was ohne Begründung zulässig ist. Wer (wie Ollick VerBAV 82, 43, Fußnote 101) dem nicht folgen, sondern dem VN ein einseitiges Erhöhungsrecht zugestehen will, müßte mindestens den Nachweis verlangen, daß die indexabhängige Erhöhung des Wertzuschlags nicht ausreicht, S V 19, die rückwirkende Erhöhung also nicht dazu dienen soll, die durch eine nicht nachversicherte Bestandserhöhung entstandene UnterV nach dem Schaden rückwirkend zu beseitigen. Ollick aaO will hingegen umgekehrt dem Vr die Beweislast dafür aufbürden, daß dem Antrag Wertsteigerungen in gleicher Höhe *nicht* zugrunde liegen. Im Fall von Kl 1708 (1704; 6.01; 116) handelt der Vr jedenfalls nicht treuwidrig, wenn er sich auf eine UnterV infolge von Bestandserhöhungen beruft.

43   **8. Die VorsorgeV für Bestandserhöhungen** nach Kl 1709 (6.06; 117) ergänzt Kl 1708 (1704; 6.01; 116) für Fälle, in denen der VN bei Bestandserhöhungen voraussichtlich nicht in der Lage ist, jeweils schon in voraus NachV zu beantragen, S V 39. Kl 1708 und 1709 erfüllen, nebeneinander vereinbart, in etwa denselben Zweck wie Kl 1707 (1703; 6.00; 115), sind aber weniger verbreitet als letztere Kuhn 80, 700 bezeichnet allerdings Kl 1708 und 1709 sogar als Grundmodell und Normalfall. Der VN braucht nach Kl 1709 (1705; 6.06; 117) die Bestandserhöhungen nur einmal jährlich zu ermitteln (nicht laufend mit Dreimonatsfrist wie nach Kl 1707), muß dafür allerdings nach Kl 1709 (1705; 6.06; 117) Nr. 5 ein Drittel der Jahresprämie aus der VorsorgeVSumme in voraus entrichten und außerdem darauf achten, daß die gewählte VorsorgeVSumme ausreicht, denn die andernfalls entstehende UnterV (S V 47) kann nicht rückwirkend beseitigt werden.

44   Als **Prämie** für die VorsorgeVSumme muß der VN nach dem Wortlaut von Kl 117 (6.06) **Nr. 5 Satz 2** „die *halbe Jahresprämie*" für die „*endgültige VorsorgeVSumme des abgelaufenen Jahres*" entrichten. Diese Formulierung ist mißlungen, denn gemeint ist wohl die Hälfte des VWertes der Bestandserhöhungen, wobei aber die vereinbarte VorsorgeVSumme das Maximum darstellt. Eine „endgültige VorsorgeVSumme" gibt es jedenfalls nicht, denn eine nachträgliche Korrektur des vereinbarten Betrages ist nicht vorgesehen. Korrekter spricht daher **Kl 1709** (1705) **Nr. 5 Satz 2** von „den im abgelaufenen Jahr in Anspruch genommenen Teilen der VorsorgeVSumme". Begrifflich durch das versicherte Risiko „in Anspruch genommen" ist die VorsorgeV-Summe schon dann, wenn entsprechende Bestandszugänge eingetreten sind; von einem Schaden brauchen sie nicht betroffen worden sein. – Die pauschale Halbierung soll die im Einzelfall schwierige Rekonstruktion entbehrlich machen, in welchem Umfang die VorsorgeVSumme während des abgelaufenen VJahres jeweils ausgeschöpft war. Allerdings wird man nicht immer den Wert

der Bestandszugänge nach dem Sachstand am letzten Tag des VJahres zugrunde legen dürfen. Vielmehr kommt es auf den während des Jahres zu
irgendeinem beliebigen Zeitpunkt erreichten Höchststand an, mag dieser
auch nicht immer leicht festzustellen sein. Auch dies kommt in Kl 1709
(1705) deutlicher als in Kl 117 (6.06) zum Ausdruck. Vor allem aber spricht
für Maßgeblichkeit des Höchstbetrages, daß Schwankungen unterhalb des
Höchstbetrages bereits durch die pauschale Halbierung berücksichtigt sind.

a) Die VorsorgeV gilt nur für die **Zugänge des laufenden VJahres.** Das Wort   **45**
„*Bestandserhöhung*", das betriebswirtschaftlich einen Saldo (Überschuß der
Zugänge über die Abgänge) bezeichnet (S V 11), sagt hier wohl *nicht* das, was
gemeint ist. Für jede einzelne Sache muß nämlich feststellbar sein, ob sie
unter die Vorsorgeposition oder nur unter die Normalposition fällt. Dies
wäre nicht gewährleistet, wenn Abgänge von den (welchen?) Zugängen abzuziehen wären (anders Kuhn VW 80, 704). Nach der hier abgelehnten Ansicht
würde das Wort „Bestandserhöhungen" nicht seine Funktion als Bezeichnung der in der Vorsorgeposition versicherten Sachen gemäß § 2 Nr. 1 AFB
87 erfüllen. „Versichert" wären dann nicht bestimmte bewegliche Sachen
oder ein Gebäude im jeweils erreichten Entstehungsstadium, sondern Wertanteile dieser Sachen oder des Rohbaus, die durch Abzug der Wertanteile zu
errechnen wären. Auch die Unklarheitenregel des § 5 AGBG spricht für die
hier vertretene Ansicht, denn die Unklarheit hätte sich durch eine ausdrückliche Kurzdefinition der Bestandserhöhungen (Überschuß des Wertes aller
Zugänge je Position über den jeweils erreichten Gesamtwert der Abgänge)
leicht vermeiden lassen.

Solange die **Zugänge** des laufenden VJahres **nicht höher** sind als die **Vorsor-**   **46**
geVSumme, wird bei Schäden an den Zugängen aus der Vorsorgeposition voll
entschädigt. Daneben gehören die Zugänge des laufenden VJahres ihrer Art
nach auch zu den *Normalpositionen* für Gebäude und Betriebseinrichtung
gemäß Kl 1708 (1704; 6.01; 116), vgl. S V 39. Damit bestünde nach allgemeinen Grundsätzen (V II 24 bis 34) für die Zugänge des laufenden VJahres
DoppelV, und gleichzeitig würden die VSummen der Normalpositionen auch
durch die Zugänge des laufenden VJahres belastet. Die Konsequenz einer
UnterV der Normalposition bei gleichzeitiger DoppelV der Zugänge des
laufenden Jahres widerspräche aber dem Zweck der VorsorgeV nach Kl 1709
(1705; 6.06; 117). Man muß daher annehmen, daß die **Zugänge des laufenden**
VJahres bis zur Höhe der VorsorgeVSumme **für die Normalposition unberück-**
sichtigt bleiben.

Unklar ist der Klauseltext für den Fall, daß die Zugänge des laufenden   **47**
Jahres die VorsorgeVSumme **übersteigen;** hierher gehört auch der Fall, daß
versehentlich Kl 1709 (1705; 6.06; 117) ohne Kl 1709 (1705; 6.06; 117) vereinbart ist. Es gibt drei Lösungsmöglichkeiten. Man kann den Mehrbetrag der
Zugänge *ausschließlich der Vorsorgeposition* oder umgekehrt *ausschließlich*
der Normalposition oder aber beiden anteilig in der Weise zuordnen, daß *bei*
beiden Positionen dasselbe **UnterVVerhältnis** entsteht (welches auch nicht
rückwirkend beseitigt werden kann, S V 43). Die *zuerst* genannte Lösung
widerspricht dem Wortlaut von Kl 1708 und 1709 am meisten, denn ihrer Art
nach gehören auch die Zugänge zur Normalposition, S V 39. Die *zweite*

Lösung (für sie Ollick VerBAV 82, 43, Fußnote 104) würde praktisch eine ErstrisikoV für die Zugänge des laufenden Jahres bei verhältnismäßig stärkerer Belastung der Normalposition bedeuten. Den Vorzug verdient wohl die *zuletzt* genannte Mittellösung. Welche der drei Möglichkeiten für den VN die günstigste ist, läßt sich nicht allgemein sagen, sondern hängt davon ab, ob überwiegend Zugänge des laufenden Jahres oder überwiegend sonstige versicherte Sachen vom Schaden betroffen sind.

48 b) Da die VorsorgeVSumme nur für Zugänge des laufenden Jahres gilt, **erhöhen** sich nach Kl 1709 (1705; 6.06; 117) Nr. 2 Satz 1 die Summen der **Normalpositionen** mit Beginn eines jeden neuen VJahres **automatisch** um den Betrag der VorsorgeVSumme. So soll eine VLücke zwischen Beginn des neuen VJahres und der zahlenmäßigen Feststellung der *Zugänge der Vorjahre* vermieden werden. – Verteilung auf Grundsumme und Wertzuschlag: Kl 1709 (1705; 6.06; 117) Nr. 3.

49 Die **Korrektur** der erhöhten VSummen soll nach Kl 1709 (1705; 6.06; 117) Nr. 2 Satz 2 *„sobald als möglich"* erfolgen. Geschieht dies nicht unverzüglich, so wird die vorläufig erhöhte VSumme der Normalposition endgültig, Ollick VerBAV 82, 44, Fußnote 109, Kuhn VW 80, 704, jedoch vorbehaltlich § 51 VVG, S V 50. Der Text läßt freilich offen, ob die Korrektur rückwirkend (verneinend Ollick VerBAV 82, 44, Fußnote 107) möglich ist, ob der VN einen Antrag stellen muß oder ob seine Erklärung einseitig wirksam sein soll und ob eine ÜberV gegebenenfalls nachgewiesen werden muß. Man wird wie folgt zu unterscheiden haben:

50 In der Regel erfolgt die **Korrektur nach unten,** denn die VorsorgeVSumme wird zweckmäßig vorsorglich zu hoch gewählt. Wird die Erklärung *unverzüglich* („sobald als möglich") abgegeben, so wird man sie wegen § 51 VVG als *einseitig* wirksame Erklärung gelten lassen müssen, die keiner Annahme durch den Vr bedarf (vgl. auch S V 17). Nach dem Zweck der Wertzuschlagsklauseln wird man einen Nachweis der ÜberV *nicht* verlangen dürfen und außerdem *rückwirkende* Korrektur annehmen müssen, wofür auch Kl 1709 (1705; 6.06; 117) Nr. 6 Satz 2 (Prämenabrechnung) spricht. Geht die Erklärung dem Vr allerdings nicht unverzüglich, sondern *verspätet* zu, so wirkt sie *nur für die Zukunft* (§ 51 VVG), denn der Vr darf nicht zu lange im Ungewissen darüber bleiben, ob er die nach Kl 1709 (1705; 6.06; 117) Nr. 6 Satz 1 schon fällige Prämie behalten darf.

51 Erfolgt die **Korrektur** ausnahmsweise **nach oben,** so ist der *Antrag* erforderlich, der im Zweifel als rückwirkend gestellt gilt. Der Text von Kl 1709 (1705; 6.06; 117) ist allerdings sowohl in Nr. 2 Satz 2 wie in Nr. 6 Satz 2 („Aufgabe der endgültigen Versicherungssumme") unklar, weshalb hier – anders als in den Fällen S V 9 und 42 – auch vieles für die Gegenansicht von Ollick VerBAV 82, 44, Fußnote 108 spricht, wonach es sich nicht um einen Antrag, sondern um eine Option des VN handeln soll. Je später der VN den Antrag einreicht, um so näher liegt es für ihn, den Antrag ausdrücklich nur mit Wirkung ab Zugang beim Vr zu stellen. Zweckmäßig erbittet der VN dann außerdem *vorläufige Deckung,* um einen Streit bei Schäden zwischen Antrag und Annahme auszuschließen, S V 9.

VI. Stichtagsversicherung für Vorräte

Die StichtagsV für Vorräte ist ein Gegenstück zu den Wertzuschlagsklau- **1**
seln für Gebäude und Betriebseinrichtung und dient ebenfalls der Bekämpfung der UnterV, S II 129. Gerade bei Vorräten schwanken der vorhandene
Bestand und der VWert besonders stark. Es ist technisch unmöglich, so oft
eine Vereinbarung über eine andere VSumme herbeizuführen, wie sich der
Wert von Vorräten bei Industrie- oder Handelsunternehmen ändern kann.
Da aber der VN weder in UnterV geraten noch aus einer vorsorglich an der
oberen Grenze gewählten VSumme die volle Prämie bezahlen will, enthalten
die Stichtagsklausel Kl 1705 für Vorräte eine *Sonderregelung der UnterV und
der Prämienabrechnung.* Vorausgesetzt wird (Nr. 1 der Klausel), daß für
Vorräte eine besondere Position im Sinn der AFB 87, AERB 87, AWB 87,
oder AStB 87 vereinbart ist, also eine VSumme für die versicherten Vorräte.
Zum *Anwendungsbereich* der Klauseln – Art des Unternehmens, Höhe der
VSumme – vgl. näher Ollick VerBAV 82, 38. Vorläufer von Kl 1705 waren Kl
113 für nichtindustrielle Risiken und Kl 1601 (5.01) für Industrie-FeuerV.

1. Die **Proportionalitätsregeln** der AFB 87, AERB 87, AWB 87, AStB 87 **2**
gelten „neben Nr. 4 und Nr. 6" der Klauseln **nicht** (so ausdrücklich **Nr. 7** der
Klausel), was für frühere Fassungen der Stichtagsklausel bestritten war, vgl.
PM 21. Aufl. § 50 Anm. 1, BM § 56 VVG Anm. 47, Wussow 2. Aufl. § 3 AFB
Anm. 81, Raiser 145. Damit ist die allgemeine Proportionalitätsregel für die
StichtagsV allerdings nicht völlig, sondern nur für den Anwendungsbereich
von Kl 1705 Nr. 4 und Nr. 6 aufgehoben. **Anwendbar** bleibt die allgemeine
Proportionalitätsregel für die Zeit zwischen **VBeginn und erster Stichtagsmel-
dung.** Für Schäden *vor* Ablauf der Frist für die erste Meldung ist das Verhält-
nis zwischen dem *VWert am Schadentag* und der VSumme maßgebend. Bei
Schäden *nach* Ablauf der Frist für die erste Meldung (aber vor Eingang dieser
ersten Meldung) tritt nach Nr. 2 Abs. 2 Satz 2 der Klausel an die Stelle der
VSumme die *Hälfte der VSumme;* beginnt der V am ersten Stichtag mittags 12
Uhr (§ 7 VVG), so zählt trotzdem dieser Tag bereits als Stichtag. Ollick
VerBAV 82, 39, Fußnote 43 plädiert für **Erstrisikodeckung** bis zur vollen (oder
halben) VSumme bei VFällen vor der ersten (eventuell sogar: verspäteten)
Meldung, übergeht damit aber die zitierten Worte „neben Nr. 4 und Nr. 6"
und enthebt den VN des Risikos einer unrichtigen Meldung, denn eine noch
nicht abgegebene (wenn auch vielleicht verspätete) Meldung kann jedenfalls
nicht zu niedrig sein. Für die hier vertretene Ansicht spricht auch, daß das in
S VI 1 geschilderte Modifikationsbedürfnis für die UnterV in der hier erörterten kurzen Anlaufsphase noch nicht besteht. Ollick aaO ist aber zuzugeben,
daß der Klauselwortlaut nicht ganz deutlich ist und daher im Rechtsstreit
auch die Gegenansicht nicht chancenlos wäre.

Zwar ist in der StichtagsV die Feststellung des VWerts für andere Tage als **3**
den Stichtag unerwünscht, weil sie betriebstechnisch meist schwierig ist, S VI
4. Da aber bei Schäden vor der ersten Stichtagsmeldung wohl weder (S VI 2)
völlig auf UnterV verzichtet (die VSumme kann z. B. auch bewußt zu niedrig
gewählt sein) noch auf Meldungen *nach* dem Schadentag abgestellt werden

kann (weil der Wortlaut von Nr. 4 dies eigens ausschließt), muß Nr. 7 der Klausel entgegen Ollick aaO im Ergebnis doch dahin ausgelegt werden, daß die allgemeine Proportionalitätsregel anwendbar bleibt, soweit die Voraussetzungen für eine Anwendung von Nr. 4 und Nr. 6 der Klausel *noch nicht* gegeben sind. Die *„Hälfte der VSumme"* darf also auch *nicht* etwa als *fingierte* erste *Stichtagsmeldung* behandelt und mit dem Stichtagswert verglichen werden, was sich übrigens auch durch Umkehrschluß aus Nr. 4 der Klauseln ergibt, wo nur Satz 1 von Nr. 2 Abs. 2 zitiert ist. Gegen eine Anwendung von § 56 VVG usw. spricht jener Umkehrschluß jedoch nicht (a. A. Ollick aaO Fußnote 23).

4   **2. Kl 1705 Nr. 4** (und Nr. 6, vgl. S VI 15) enthält eine **modifizierte Proportionalitätsregel** für die StichtagsV. Vergleichsbasis ist statt des VWerts am Schadentag der *letzte Stichtagswert* (S II 9) und statt der VSumme die *zugehörige Stichtagsmeldung.* Als Stichtag wird ein bestimmtes Datum eines jeden Monats vereinbart, und zwar so, daß die Feststellung des versicherten Warenbestandes nach den betriebstechnischen Gegebenheiten (EDV-Anlagen des VN) möglichst einfach ist. Der VN stellt innerhalb einer Frist von in der Regel 10 Tagen monatlich den Stichtagswert fest und meldet ihn dem Vr.

5   Ob der **VN zu richtiger Meldung** rechtlich **verpflichtet ist oder** ob er bewußt **UnterV in Kauf nehmen** kann, ist trotz des Wortlauts von Kl 1705 Nr. 2 Abs. 1 und Nr. 5 Abs. 1 zweifelhaft. Ollick VerBAV 82, 40, Fußnote 54, verneint die Verpflichtung bei Fußnote 24 nur zu Nr. 5, S VI 13, läßt die Frage aber zu Nr. 2 offen. Für eine Verpflichtung spricht neben dem Wortlaut die Schwierigkeit, die dem Vr ein Nachweis (S II 34) des Stichtagswerts bereiten kann, also die Gefahr einer zu hohen (zu Unrecht nicht gekürzten) Entschädigung. Durch Nachweis einer *arglistigen Täuschung* durch den VN über den Stichtagswert in der *Schadenanzeige* wird der Vr allerdings auch dann leistungsfrei, wenn *vor* dem Schaden *keine* Rechtspflicht zu korrekter Meldung bestand. Ohne jenen Nachweis wiederum ist dem Vr auch durch die Konstruktion einer Rechtspflicht zu vollständiger Meldung praktisch kaum gedient. Das spricht eher gegen eine solche Rechtspflicht.

6   Der VN ist also voll versichert, wenn er die Stichtagsmeldung richtig abgibt; insofern hat die StichtagsV Erstrisikocharakter, vgl. aber S VI 8 und für frühere Fassungen der Stichtagsklausel die in S VI 2 zitierte Literatur. Der Sonderfall, daß die Stichtagsmeldung die VSumme übersteigt, wird in S VI 13 behandelt. Steigt *zwischen den Stichtagen* der VWert über die Stichtagsmeldung hinaus an, so entsteht dadurch *keine UnterV,* denn auf den VWert am Schadentag kommt es nur in den in S VI 2 und 3 behandelten Sonderfällen zu Beginn der VDauer an. Ist an einem bestimmten Monatstag der Bestand an Vorräten regelmäßig besonders niedrig, so kann der VN theoretisch sogar manipulieren, indem er gerade diesen Monatstag als Stichtag vereinbart, um Prämie zu sparen.

7   Maßgebend ist nicht die Absendung, sondern nach § 130 BGB der **Zugang** der Stichtagsmeldung. Der Zugang muß vor Schadeneintritt liegen; andernfalls ist nach Nr. 4 der Klausel die vorausgegangene Meldung zugrundezulegen. § 92 Abs. 1 Satz 2 VVG erklärt zwar bei Schadenanzeigen die Absendung für maßgebend, aber nur im Hinblick auf die in Satz 1 aaO vorgesehene

feste Anzeigefrist von drei Tagen, die nicht um die Postlaufzeit verkürzt werden soll. Für eine analoge Anwendung auf die Stichtagsmeldung ist kein Raum, zumal die Stichtagsmeldung über den Deckungsumfang für künftige VFälle entscheidet und Manipulationen daher zuverlässig ausgeschlossen sein müssen. Demgegenüber muß der Gedanke zurücktreten, daß § 92 Abs. 1 Satz 2 VVG vielleicht auch den Nachweis der Erfüllung der Schadenanzeigepflicht erleichtern soll (Martin RuS 88, 317) und dieses Motiv auch auf die Stichtagsmeldung passen würde.

Allerdings ist, wie Kl 1705 **Nr. 1** bekräftigt, die **VSumme** stets **Entschädi-** 8
gungsgrenze. Soweit der Schaden die VSumme übersteigt, bleibt auch dann eine VLücke, wenn die letzte Stichtagsmeldung richtig war. Der VN muß als Deckungslücken durch Anstieg des VWerts über die VSumme nach dem Stichtag durch rechtzeitigen *NachVAntrag* nebst *Antrag auf vorläufige Deckung* vorbeugen, vgl. K II 16.

Gemäß Kl 1705 **Nr. 4** maßgebender **letzter Stichtag** ist der Wert an dem 9 Stichtag, für den zuletzt eine rechtzeitige Meldung abgegeben oder fingiert (S VI 10) wurde. Bei **Schäden während der Meldefrist** kommt es also darauf an, ob die Meldung im Zeitpunkt des VFalls dem Vr bereits zugegangen war. Ist dies der Fall, so ist diese Meldung mit dem *jüngsten Stichtagswert* zu vergleichen, obwohl die Frist noch nicht abgelaufen war und die Meldung vertragsmäßig auch erst später hätte abgegeben werden können. War die Meldung bei einem Schaden während der Frist dem Vr dagegen im Zeitpunkt des VFalls noch nicht zugegangen, so ist die vorausgegangene Stichtagsmeldung mit dem Wert am zugehörigen **vorletzten Stichtag** zu vergleichen, denn die Fiktion gemäß Kl 1705 Nr. 2 Satz 2 (S VI 12) greift erst ein, wenn „trotz Fristablaufs" keine Meldung eingegangen ist. Die vereinbarte Frist sollte also immer unter 30 Tagen liegen, denn bei einer Frist von 30 Tagen oder gar noch mehr könnte der VN die Meldung eines besonders hohen Stichtagswerts theoretisch auch gefahrlos unterlassen, wenn er nur den folgenden, wieder niedrigeren Stichtagswert dann ausnahmsweise schon sofort zu Beginn der nächsten Frist meldet.

Fällt der Stichtag auf einen *arbeitsfreien Tag*, so ist er gleichwohl maßge- 10 bend. Praktische Schwierigkeiten entstehen dadurch nicht, denn der VN kann den Bestand am Ende des letzten vorausgegangenen Arbeitstages melden. Schwankt die Höhe des Bestandes *innerhalb des Stichtags*, so darf sich der VN auf den niedrigsten Betrag berufen. In dem Sonderfall, daß der Stichtag mit dem Tag zusammenfällt, an dem die V mittags um 12 Uhr erst beginnt, S VI 2, kommt jedoch nur der (niedrigste) Wert in Betracht, der nach 12 Uhr erreicht wurde.

Zu vergleichen mit dem letzten Stichtagswert ist die **letzte Stichtagsmeldung,** 11 die dem Vr vor Eintritt des VFalls zugegangen ist. **Berichtigungen** der Meldung sind *nach* dem VFall nur in den Grenzen der **Versehensklausel** (Kl 1705 Nr. 3) zulässig, vgl. BGH VersR 76, 425. Ob *vor* dem VFall eine bereits angegebene Meldung auch ohne Nachweis eines Versehens berichtigt werden kann, ist trotz des naheliegenden Umkehrschlusses aus Kl 1705 Nr. 3 Satz 2 nur für Berichtigungen *nach oben* zweifelsfrei zu bejahen, für Berichtigungen *nach unten* dagegen eher zu verneinen, weil der VN sonst Prämie sparen könnte, für VFälle zwischen der ersten Meldung und der Berichtigung aber gleichwohl der höhere Betrag maßgebend gewesen wäre.

12   Geht eine Meldung bis zum Fristablauf nicht ein, so wird die **Meldung durch Kl 1705 Nr. 2 Abs. 2 fingiert,** und zwar in derselben Höhe wie die vorausgegangene Meldung. Nun ist die fingierte Meldung im Schadenfall nicht mit dem vorletzten Stichtagswert zu vergleichen, für den sie tatsächlich abgegeben worden war, sondern mit dem letzten Stichtagswert, für den die Frist versäumt wurde. – Wegen des Sonderfalls, daß bereits die erste Stichtagsmeldung nicht richtig abgegeben wird, vgl. S VI 2 und 3.

13   3. Die *VSumme* bleibt gemäß Kl 1705 Nr. 1 auch dann *Entschädigungsgrenze*, wenn der VN gemäß Kl 1705 **Nr. 5** eine **Stichtagsmeldung über den Betrag der VSumme hinaus** abgibt. Der VN wird also zweckmäßig *vorläufige Deckung* (richtig Engels VP 78, 9 und Ollick VerBAV 82, 40, Fußnote 61) beantragen, S VI 8, sobald er feststellt, daß die Vorräte die VSumme übersteigen, gleichgültig ob an einem Stichtag (Nr. 5 der Klausel) oder auch nur zwischen den Stichtagen. Rechtlich verpflichtet ist er zu einem solchen Antrag aber nicht. Entgegen dem Wortlaut von Kl 1705 Nr. 5 Abs. 1 Satz 2 ist er nach Ollick VerBAV 82, 40, bei Fußnote 34, **nicht** einmal **zu richtiger Stichtagsmeldung** (vgl. dazu schon allgemein S VI 5) über die VSumme hinaus **verpflichtet,** sondern kann UnterV bewußt in Kauf nehmen, wenn er nur in der Schadenanzeige den Stichtagswert als UnterVGrundlage korrekt angibt. Gegen die Ansicht von Ollick spricht freilich, daß der VN UnterV auch bei korrekter Stichtagsmeldung herbeiführen kann, indem er nämlich ausdrücklich bestimmt, er wolle entgegen S VI 14 keine höhere VSumme beantragen. Damit enthebt er den Vr des S VI 5 erörterten Risikos unrichtiger Angaben zum VWert in der späteren Schadenanzeige.

14   Kl 1705 **Nr. 5** fingiert bei Meldungen über die VSumme hinaus einen **Antrag auf Erhöhung der VSumme,** wenn nicht der VN ausdrücklich etwas anderes bestimmt hat. Schweigen des Vr gilt als *Annahme,* und zwar mit Wirkung ab Zugang der Meldung. Für Total- wie für Teilschäden nach Zugang der (richtigen) Meldung besteht dann voller VSchutz. Wird der Antrag allerdings innerhalb der Bindefrist von zwei Wochen *abgelehnt,* so bleibt die bisherige VSumme als Entschädigungsgrenze unverändert. Dieser Fall tritt jedoch nur selten ein, praktisch nur dann, wenn entweder die Kapazität des Vr nicht ausreicht oder der Vr sich von einem Vertrag ohnehin trennen will.

15   Kl 1705 **Nr. 6** der Klauseln paßt die Proportionalitätsregel an den Sonderfall einer Meldung über die Versicherungssumme hinaus an. **Solange** der Vr **über den Antrag nicht entschieden** hat, wird die Stichtagsmeldung gemäß Nr. 4 der Klausel mit dem Stichtagswert verglichen. Der VN hat also, wenn die *Meldung richtig* war, ungekürzten VSchutz, allerdings nur bis zur bisherigen VSumme, wenn nicht der Vr den Antrag annimmt oder ausschließlich wegen des Schadens und daher treuwidrig (K II 13) ablehnt. War der **Antrag** vor dem Schaden dagegen **bereits abgelehnt** (selten, vgl. S VI 14), so wird nach 1705 Nr. 6 der Stichtagswert mit der (zu niedrigen) VSumme verglichen. Es besteht also trotz richtiger Stichtagsmeldung eine gewisse UnterV. Dies ist jedoch unvermeidlich, denn der Vr erhält, wenn er den Antrag ablehnt, gemäß Kl 1705 Nr. 8 aus dem Mehrbetrag auch keine Prämie. Insofern fehlt es sogar schon für den UnterVVerzicht bis zur Entscheidung über den Antrag an einer Gegenleistung. Liegt übrigens nach Ablehnung eines Antrags auch die nächste Stichtagsmeldung wieder über der VSumme, so wiederholt sich die Situation; bis zur erneuten Ablehnung gilt wieder Nr. 4 und erst nach erneuter Ablehnung Nr. 6 der Klausel. Auch wenn der VN einen **Antrag ausdrücklich nicht gestellt** hatte, S VI 13 und 14, gilt die modifizierte Proportionalitätsregel der Nr. 6.

4. Die **endgültige Jahresprämie** wird nach Kl 1708 Nr. 8 Abs. 1 Satz 2 der **16** Klauseln aus dem **Durchschnitt der gemeldeten Stichtagssummen** berechnet. Ollick VerBAV 82, 40, vor Fußnote 62, ist darin zuzustimmen, daß hierbei *auch fiktive Stichtagsmeldungen* nach Nr. 2 Abs. 2 Satz 1 der Klausel (S VI 10) in Betracht kommen. Dies ist zweifellos dann der Fall, wenn der fiktiven Stichtagsmeldung eine *echte Stichtagsmeldung* für denselben Stichtag *überhaupt nicht mehr* nachfolgt, sondern erst wieder eine Meldung für einen späteren Stichtag. Ebenso ist zu entscheiden, wenn eine echte Stichtagsmeldung zwar noch folgt, jedoch mehr als 30 Tage verspätet, so daß sie für denjenigen Stichtag, für den sie (verspätet) abgegeben wurde, überhaupt nicht mehr wirkt; auch hier ist (und bleibt) die fiktive Stichtagsmeldung für die Prämie maßgebend. Folgt hingegen die *echte Stichtagsmeldung weniger als 30 Tage verspätet* nach, und wird sie auch nicht durch eine etwa gleichzeitig bereits abgegebene nächste Stichtagsmeldung „überholt", kommt sie also wenigstens kurzzeitig noch zu rechtlicher Wirkung, so ist für diesen Stichtag nicht mehr die fiktive, sondern die echte Stichtagsmeldung im Rahmen der Prämienberechnung maßgebend. Eine *anteilige Berücksichtigung* der echten (weniger als 30 Tage verspäteten) und der fiktiven Stichtagsmeldung wäre zu kompliziert und wird vom Wortlaut *nicht* zwingend verlangt. Andererseits kann aber, wie dargelegt, nur die fiktive Meldung maßgebend sein, falls die echte Meldung mehr als 30 Tage verspätet ist: War nämlich die fiktive Meldung zu niedrig, so hat effektiv UnterV bestanden und der VN würde durch Abrechnung nach der mehr als 30 Tage verspäteten und wirkungslosen höheren Meldung benachteiligt; ebensowenig ist es umgekehrt dem Vr zuzumuten, sich mit der niedrigeren Prämie aus einer niedrigeren, jedoch mehr als 30 Tage verspäteten „echten" Meldung zu begnügen, obwohl er tatsächlich nach der höheren (fiktiven) Meldung gehaftet hatte.

5. Kl 1715 Nr. 1 ermöglicht es, eine **besondere VSumme** zugunsten des **17** **Sicherungsgläubigers** zu bilden, falls ein Teil der Vorräte zur Sicherung übereignet ist. Bis zu dieser Summe fließt die Entschädigung mit Vorrang an den Gläubiger, freilich begrenzt durch die Höhe seines Schadens, also des Schadens am Sicherungsgut, sowie durch den noch offenen Teil des Kredits. Kürzungen nach Kl 1705 Nr. 4 wegen zu niedriger Meldung wirken sich zunächst allein zu Lasten des VN aus. Erst wenn die Entschädigung gleichwohl nicht ausreicht, geht die Kürzung auch zu Lasten des Sicherungsgläubigers. Damit es hierzu nur in Extremfällen kommt, fingiert Kl 1715 Nr. 4 eine Stichtagsmeldung mindestens in Höhe der besonderen VSumme.

Die **Prämie** wird durch Kl 1715 Nr. 4 in Verbindung mit Kl 1705 Nr. 8 **18** allerdings überproportional nach oben beeinflußt, nämlich auch dann, wenn alle Stichtagsmeldungen unterhalb der VSumme den wirklichen

Stichtagswerten entsprochen hatten, Kl 1715 Nr. 4 also die Haftung des Versicherers nicht nach oben beeinflußt, weil auch dann in voller Entschädigung zu entschädigen wäre, falls nur Kl 1705 vereinbart wäre.

T. Selbstbehalt; vereinbarte Selbstversicherung

I. Selbstbehalt

1. Im weitesten Sinn muß der VN immer dann einen Teil des Schadens **1**
„selbst behalten", wenn sich der vereinbarte VSchutz aus irgendwelchen
Gründen nicht auf den ganzen Schaden erstreckt, so z.B. wenn auch nicht
versicherte Sachen betroffen werden, wenn ein Teil eines Schadens unter
einen Ausschluß fällt (z.B. bei Betriebsschäden in der FeuerV), wenn teilweise Leistungsfreiheit wegen Obliegenheitsverletzung oder Entschädigungsgrenzen (z.B. in Verbindung mit Verschlußvorschriften) eintritt, wenn ein
Teil eines Schadens weder Substanzschaden ist noch unter eine KostenV fällt,
sondern einen unversicherten Vermögensschaden darstellt usw. Ein besonders wichtiger Fall ist die UnterV, zumal der VN auf dem Weg über eine zu
niedrige VSumme UnterV bewußt eingehen kann, S II 9, um einen Teil des
Risikos selbst zu tragen und zugleich Prämie zu sparen.

Unter **Selbstbehalt im engeren Sinn** versteht man eine Abrede, wonach der **2**
Vr einen **prozentual** oder **betragsmäßig** oder sonstwie (vgl. den zeitlichen
Selbstbehalt in der BetriebsunterbrechungsV) **bestimmten Betrag** jedes versicherten Schadens oder einer bestimmten Art von Schäden (z.B. von Sturmschäden an Gebäuden) **nicht zu ersetzen** hat (BM § 56 VVG Anm. 69), und
zwar je **VFall** (B I 2 und B IV 2), mag auch der Schaden in Etappen eintreten,
insbesondere bei sog. Folgeschäden (B IV 2 und z.B. C VI 9) nach einem
Erstschaden. In § 5 **Nr. 4** VGB 62 (80 DM Selbstbehalt je Wohngebäude-
Sturmschaden, betragsmäßig durch die Kaufkraftentwicklung der DM seit
1966 längst überholt) besagen die Worte „an jedem Gebäude", daß mehrere
Schäden an *demselben* Gebäude durch *„denselben"* Sturm stets als nur ein
einziger VFall gelten, auch wenn sie während eines länger andauernden Sturmes in größeren zeitlichen Abständen eingetreten sind. – Der betragsmäßige
Selbstbehalt wird auch **Abzugsfranchise** genannt, und zwar im Gegensatz zu
der in der SachV ungebräuchlichen **Integralfranchise**, wonach der Schaden nur

1477

ersetzt wird, wenn er eine bestimmte Grenze übersteigt, dann aber in voller Höhe (Raiser 147).

3   **Selbstbehalt** ist also der Betrag, den der Vr aufgrund einer darauf gerichteten Abrede **nicht** zu **ersetzen** braucht, obwohl er nach dem übrigen Inhalt des VVertrages einschließlich der Vorschrift über UnterV (S II 54; wegen Entschädigungsgrenzen vgl. U I 12 bis 14) zu ersetzen wäre; Konsequenzen für Schäden, welche die VSumme gemäß § 50 VVG übersteigen: T II 3. Wegen eines Abzuges von der Entschädigung für Rettungskosten vgl. T I 12. Von einer bewußten UnterV (S II 9) unterscheidet sich der Selbstbehalt vor allem dadurch, daß er nicht durch sinkenden VWert eliminiert, also auch *nicht durch ÜberV kompensiert* werden kann, T I 13.

4   Dagegen besagt die Vereinbarung eines Selbstbehalts für sich allein noch **nichts** darüber, ob der VN den Schaden nicht auf einen *Dritten* abwälzen kann, z. B. auf einen Schadenstifter oder auf einen *anderen Vr* (T II 2 und 5) oder auch auf denselben Vr im Rahmen eines *anderen Vertrages;* im Gegensatz zur ÜberV ist also *DoppelV* grundsätzlich geeignet, einen Selbstbehalt abzudecken, T II 3. Sogar in einer *anderen Position* desselben Vertrages könnte theoretisch ein Selbstbehalt zu entschädigen sein, falls der Schaden unter mehrere Positionen fällt, weil diese sich überschneiden, S I 32, und falls der Selbstbehalt nur im Rahmen der Risikoabgrenzung (S I 2) einer der Positionen (was aber keineswegs die Regel ist) und nicht mit Bezug auf den ganzen Vertrag vereinbart ist. Im Zweifel nur für eine Position gilt der Selbstbehalt im Fall einer gekürzten VSumme nach Kl 1713.

5   Motiv eines Selbstbehalts ist es auch aus der **Sicht des VN** vor allem, *Prämie* zu *sparen* oder einen Zuschlag oder Sicherheitsauflagen zu vermeiden. Die Ersparnis ist möglich, weil die Schadenwahrscheinlichkeit und damit das *VBedürfnis* mit der Schadenhöhe *geringer* werden und der VN das Risiko von Kleinschäden selbst tragen kann. Bei prozentualen Selbstbehalten muß der VN allerdings ebenso wie bei einer bewußten UnterV den möglichen Höchstschaden in Betracht ziehen, S II 2 und 3, wenn er den Umfang des durch ihn selbst zu tragenden Risikos bewertet.

6   Aus der **Sicht des Vr** kommen mehrere Motive in Betracht, vor allem die **Verminderung des subjektiven Risikos,** wobei unter subjektivem Risiko entgegen einem verbreiteten Sprachgebrauch auch und sogar in erster Linie das Risiko von Schäden zu verstehen ist, die durch (auch leichte) **Fahrlässigkeit** verursacht werden. Bei *Sachschäden* (Beschädigungen und Zerstörungen) kann ein Selbstbehalt sogar das Risiko vorsätzlich herbeigeführter Schäden vermindern, woran trotz § 61 VVG auch der Vr interessiert ist, weil er den **Vorsatz** (ebenso wie die grobe Fahrlässigkeit) nicht immer beweisen kann, also wegen der als **Vertragsgefahr** bezeichneten Gefahr einer ungerechtfertigten Inanspruchnahme. Bei Schäden durch *Abhandenkommen* (DiebstahlV) kann durch einen Selbstbehalt das Interesse an der Schadenverhütung in ganz besonderem Maß geweckt oder vergrößert werden. Diesem Ziel dient am besten ein *prozentualer* Selbstbehalt, denn der VN hat dann ein eigenes Interesse daran, alle Sicherheitseinrichtungen gebrauchsfähig zu halten und stets einzusetzen.

7   Außerdem kann der Vr ein Interesse haben, **Kleinschäden** vom VSchutz gänzlich **auszuschließen,** weil sie unverhältnismäßig hohen Verwaltungsauf-

wand erfordern, so z. B. kleine Sturmschäden an Gebäuden. Dieses Ziel erreicht allerdings nicht ein prozentualer, sondern nur ein *betragsmäßiger* Selbstbehalt.

Der VN versucht gelegentlich, den Selbstbehalt durch **arglistig überhöhte** 8 **Angaben zur Schadenshöhe** zu „kompensieren". Daher erreicht ein vereinbarter Selbstbehalt seine soeben skizzierten Zwecke bei weitem nicht immer und nicht vollständig. Vielmehr versuchen VN häufig, besonders bei Diebstahlschäden an beweglichen Sachen, den Schaden um den Betrag des Selbstbehalts höher darzustellen. Deshalb wird z. b. in der HausratV ein Selbstbehalt nur in besonderen Einzelfällen nach Kl 827 vereinbart. Die VHB 74 sehen einen Selbstbehalt aus dem erwähnten Grund nicht vor, ebensowenig die VHB 84, obwohl es deren Ziel (Dietz vor § 1 VHB 84 Anm. I 3 vor a) war, den Schadenverlauf der HausratV zu sanieren.

2. **Rechtsgrundlage** des Selbstbehalts sind in der *GeschäftsV* und in der 9 *Industrie-FeuerV* Kl 1713 und 1714 (früher 153, 154 und 1706), in der *HausratV* Kl 827, vgl. Ollick VerBAV 81, 51. In den AVB selbst ist der Selbstbehalt aus den in T I 8 dargelegten lediglich in §§ 4 Nr. 3 AStB 68, 12 Nr. 2 AStB 87 (200 DM) und in § 5 Nr. 4 VGB 62 (80 DM) vorgesehen, und zwar jeweils für *Sturmschäden an Gebäuden* (Motiv: T I 5); jedoch kann dieser Selbstbehalt durch Kl 603 und 855 ausgeschlossen werden, vgl. F V 8. In der WohngebäudeV nach den **VGB 88** ist ein Selbstbehalt **nicht** mehr vorgesehen.

Ansonsten bleibt die Möglichkeit eines Selbstbehalts dem **Einzelvertrag** 10 überlassen, weil sowohl die Prämienersparnis wie auch das subjektive Risiko als Motive jeweils nur im Einzelfall oder in tariflich abzugrenzenden Gruppen von Einzelfällen hervortreten. Jedoch bedarf ein Selbstbehalt, wenn er – und sei es auch in wechselnder Höhe – häufiger vereinbart wird, als Abweichung von der bedingungsgemäßen Entschädigungsberechnung einer aufsichtlich genehmigten AVB-Bestimmung oder Klausel als **geschäftsplanmäßiger Grundlage.** Beispiel: § 12 Nr. 2 AStB 87, wo gesagt ist, daß auch ein anderer Betrag als 200 DM vereinbart werden kann. Die bloße Erwähnung eines Selbstbehalts in einer AVB-Bestimmung über vereinbarte SelbstV, wie z. B. in § 9 Nr. 2 AFB 87 usw. (T II 16) reicht als geschäftsplanmäßige Grundlage für sich allein wohl nicht aus.

Kl 1713 und 1714 – gleichlautend Kl 827 zu den VHB 74 und zu den VHB 11 84 – sehen einen **Abzug von dem bedingungsgemäß als entschädigungspflichtig errechneten Betrag** im Sinn von T I 3 „einschließlich Anwendungsersatz gemäß § 63 VVG" vor.

Durch den Hinweis auf die **Rettungskosten** wird nicht nur positiv gesagt, 12 daß Rettungskosten und Hauptschaden zu addieren und von der so errechneten Summe der Selbstbehalt abzuziehen ist, sondern zugleich negativ (PM § 63 Anm. 5 B vor a sowie 5 C d), daß nicht auch noch die Rettungskosten gesondert im Verhältnis der abwendbaren versicherten zu den anwendbaren nicht versicherten Schäden (W II 6) zu kürzen sind, wie dies z. B. bei UnterV geschehen muß. Die Regelung vermeidet die rechnerischen und sachlichen – soll es auf die Anteile des VN (Selbstbehalt) und des Vr (Entschädigungspflicht) an dem wirklich *abgewendeten* (so daß erfolgloser Aufwand stets voll zu ersetzen wäre) oder an dem vorausblickend und ohne grobe Fahrlässigkeit

(W II 24) betrachtet *abwendbaren* Schaden ankommen, was zwar nicht bei einem prozentualen (oder bei UnterV), wohl aber bei einem betragsmäßigen Selbstbehalt einen Unterschied machen würde? – Schwierigkeiten der erwähnten anderen Methode. Zu Unrecht gegen jede Kürzung der Rettungskosten wegen eines Selbstbehalts tendieren OLG Hamburg JR 35, 272 (zu § 32 ADS) und offenbar auch BM § 56 VVG Anm. 73.

13   Auf die Prämie wirkt sich der Selbstbehalt (BM § 56 VVG Anm. 72) durch einen **niedrigeren Prämiensatz** – z. B. auch in der Form, daß ein sonst nötiger Zuschlag nicht vereinbart wird – aus der ungekürzten VSumme (Kl 1714 und 827) oder (Raiser 147) durch eine gekürzte VSumme (Kl 1713) aus. **Gekürzte VSumme** ist allerdings nicht bei einem betragsmäßigen, sondern nur bei einem prozentualen Selbstbehalt möglich.

14   Kl 1714 und 827 machen schon durch ihren Wortlaut klar, daß der Selbstbehalt auch abzuziehen ist, wenn der VN nicht in den Genuß des Prämienvorteils gelangt, weil **gleichzeitig ÜberV** besteht. Aber auch nach Kl 1713 gibt es *keine Kompensation* des Selbstbehalts durch die ÜberV, weil sonst nicht das Ziel des Selbstbehalts erreicht würde, das subjektive Risiko zu vermindern (T I 6; ebenso BM § 56 VVG Anm. 71).

Beispiele:	1 (UnterV)	2 (ÜberV)
Versicherungswert	150	100
Summe ungekürzt	120	120
Summe gekürzt (25%)	90	90
Schaden	50	50
Entschädigung	30	37,5

15   Kl 1713 stellt das richtige Ergebnis indirekt dadurch sicher, daß die Berücksichtigung des *Selbstbehalts* sogar für den Fall einer gleichzeitigen UnterV (S II 54) als *selbständige Rechenoperation* dargestellt wird. Tatsächlich bedarf es bei UnterV nur einer einzigen Rechenoperation, denn für die Entschädigung maßgebend ist dann das Verhältnis zwischen dem VWert und der gekürzten VSumme. Dies kommt in Kl 1713 jedoch nicht zum Ausdruck, weil sonst auch hätte gesagt werden müssen, daß *mindestens* der prozentuale Selbstbehalt zu berücksichtigen ist, auch wenn die ungekürzte VSumme höher ist als der VWert und deshalb *ÜberV* besteht, die für die Zukunft nach 51 VVG beseitigt werden kann; außerdem hätte sonst die Wortgleichheit mit Kl 1714 und Kl 827 preisgegeben werden müssen.

II. Vereinbarte Selbstversicherung

1   Ist ein „Selbstbehalt" vereinbart, so besagt dies zunächst nur, daß Entschädigung für einen Teil des Schadens nicht verlangt werden kann, T I 3. Es besagt dagegen **nicht**, daß der VN den Schaden nicht auf einen Dritten abwälzen dürfe, insbesondere auf einen Regreßschuldner oder auf einen anderen Vr, und zwar selbst dann nicht, wenn formuliert ist, der VN habe einen Teil des Schadens „selbst zu tragen". Solche Formulierungen sind immer nur mit Bezug auf den *vorliegenden VVertrag* oder sogar nur mit Bezug auf eine bestimmte Position (S I 2) zu verstehen.

1. Mit Bezug auf **Regreßschuldner** ist dies allgemein anerkannt. Eine Ein- 2
schränkung wird in T II 4 behandelt. Ein Anspruch gegen Regreßschuldner
geht – Kongruenz (Identität des Schadens) vorausgesetzt – nur insoweit auf
den Vr über, daß dem VN ein Anspruch in Höhe des durch den VVertrag
wegen eines Selbstbehalts (oder wegen UnterV) nicht gedeckten Schadenteils
verbleibt, vgl. BGHZ 47, 308, BM § 56 VVG Anm. 71 und 51, PM § 67
Anm. 4 B a, OLG Stuttgart VersR 62, 1197, LG Flensburg VersR 81, 423 und
zu dieser Entscheidung S II 26. Der VN hat ein sog. **Quotenvorrecht,** S II 27,
was zwar nicht unmittelbar aus § 67 Abs. 1 Satz 2 VVG folgt, wohl aber aus
dessen Grundgedanken, vgl. kritisch und mit weiteren Nachweisen Sblowski
RuS 85, 315.

Man wird aus dieser Übereinstimmung der Ansichten zu § 67 VVG sogar 3
den allgemeinen Satz ableiten dürfen, daß der Selbstbehalt (wegen Entschädigungsgrenzen vgl. U I 13) innerhalb des eingetretenen Schadens **nicht proportional** im Sinn von S II 25, sondern mit Vorrang dem *Teil des Schadens*
zuzuordnen ist, der den VN *am wenigsten stark belastet,* sei es wegen der
Existenz eines Regreßschuldners oder eines zweiten VVertrages (DoppelV,
vgl. T I 4 und T II 9) oder sei es wegen einer Entschädigungsgrenze für nur
einen Teil des Schadens (dazu näher U I 13) oder sei es deshalb, weil dieser
Teil des Schadens alsbald wieder *wegfällt,* z.B. weil ein Teil der abhandengekommenen und unter Abzug eines Selbstbehalts entschädigten Sachen wiederherbeigeschafft wird. Der vereinbarte Selbstbehalt gilt dann rückwirkend
nicht für sämtliche durch den Schaden betroffenen Sachen gleichmäßig, sondern für einen Teil der Sachen, nämlich für die nicht wiederherbeigeschafften
Sachen, nicht oder nur unterproportional, für die wiederherbeigeschafften
Sachen hingegen in verstärktem Maß.

Übersteigt allerdings bei einem Totalschaden an allen in einer Position 4
versicherten Sachen der Schaden die VSumme als Entschädigungsgrenze gemäß § 50 VVG, so ist nur die **um den Selbstbehalt verminderte VSumme** zu
entschädigen. Dies folgt zwingend daraus, daß auch im Fall des § 56 VVG
bei Teilschäden zuerst die UnterV zu berücksichtigen und erst danach der
Selbstbehalt abzuziehen ist, T I 3. Von diesen Fällen abgesehen ist die Zuordnung des Selbstbehalts aber so vorzunehmen, wie dies **für den VN am
günstigsten** ist. Dies gilt z.B. auch im Fall von § 4 Nr. 3 FHB in der FeuerhaftungsV.

Solange der Wert **wiederherbeigeschaffter Sachen** den abgezogenen Selbstbe- 5
halt nicht erreicht, ist weder § 18 Nr. 3 AERB 87 oder § 18 Nr. 2 VHB 74
(volle Entschädigung) noch § 18 Nr. 4 AERB 87 oder § 18 Nr. 3 VHB (teilweise Entschädigung) anzuwenden, sondern die wiederherbeigeschafften Sachen sind wie Sachen zu behandeln, die nicht versichert waren oder für die
aus sonstigen Gründen überhaupt keine Entschädigung geleistet wurde; dem
VN steht ein **Quotenvorrecht** zu. Die wiederherbeigeschafften Sachen kommen also bis zum Betrag des Selbstbehalts **voll dem VN** zugute, zumal dies mit
dem in T I 6 skizzierten Motiven des Selbstbehaltes vereinbar ist. Für einen
bereits eingetretenen VFall, also für die Vergangenheit, läßt sich das subjektive Risiko nämlich nicht mehr vermindern. Es läge außerhalb des Motivs des
Selbstbehaltes, dem VN wiederherbeigeschaffte Sachen ganz oder teilweise
vorzuenthalten, solange nicht der Selbstbehaltsabzug voll zugunsten des VN

kompensiert ist. Jedenfalls wäre es unlogisch, den VN schlechterzustellen, wenn gestohlene Sachen wiederherbeigeschafft werden, als er stünde, wenn bei dem Täter statt der gestohlenen Sachen ein entsprechender Geldbetrag gefunden worden wäre, der bis zum Betrag des Selbstbehalts wegen des Quotenvorrechts voll dem VN zustünde, T II 2.

6   Entgegen T II 4 der 2. Aufl. gelten vorstehende Überlegungen nicht nur für den **betragsmäßigen**, sondern auch für den **prozentualen** Selbstbehalt, vgl. schon S II 27. Allerdings ist der prozentuale Selbstbehalt einer bewußten UnterV sehr vergleichbar, T I 3 und 5. An (unbewußte oder auch bewußte) **UnterV** wiederum hatten die Verfasser von §§ 18 Nr. 4 AERB 87, 18 Nr. 3 VHB 74 in erster Linie gedacht, als sie dort dem VN ein Quotenvorrecht versagten, sondern ihm an wiederherbeigeschafften Sachen oder deren Erlös nur anteilig partizipieren lassen wollten. Aber es ist schon sehr fraglich, ob diese Regelung nicht insgesamt als unangemessene Abweichung vom Quotenvorrecht gemäß § 67 VVG nach § 9 Abs. 2 Nr. 1 AGBG unwirksam ist, vgl. Z II 17. Aber selbst wenn man so weit nicht gehen will, darf man jene Bestimmungen doch jedenfalls nicht auf einen „Selbstbehalt" anwenden, auch nicht auf den prozenutalen Selbstbehalt.

7   Entgegen der in T II 4 der 1. Aufl. vertretenen Ansicht besteht das Quotenvorrecht des VN auch dann, wenn der **Regreß** schon **vor Zahlung** oder Fälligkeit der Entschädigung genommen oder die **Sachen** schon **vor** jenem Zeitpunkt **wieder herbeigeschafft** werden. Damit erledigt sich auch die Frage, ob die Fälligkeit von Abschlagszahlungen der Fälligkeit der endgültigen Entschädigung gleichstehen würde. Der Zufall, in welchem Zeitpunkt ein Teil des Schadens durch erfolgreichen Regreß usw. wegfällt, darf für das Ergebnis keine Rolle spielen. Der in der 1. Aufl. für die Gegenansicht zitierte Vergleich mit der Situation bei der konkreten Schadenberechnung ist kein Argument mehr, weil sich inzwischen der Grundsatz der abstrakten Schadenberechnung bei Totalschäden (Q IV 7 und 106 sowie R II 4) wie auch bei Teilschäden (R III 11) voll durchgesetzt hat.

8   Einen weiteren Anwendungsfall des Quotenvorrechts bieten die **Wiederherstellungsklauseln**. Ist danach vorläufig oder endgültig nicht die volle Entschädigung zu zahlen, insbesondere weil der VN nicht oder nicht neuwertig oder nicht in voller Menge oder nicht in der ursprünglichen Qualität wiederherstellt oder wiederbeschafft, so ist der Selbstbehalt in erster Linie dem schon nach den Wiederherstellungsklauseln nicht zu entschädigenden Schadenteilbetrag zuzuordnen. Hierfür spricht zusätzlich der in R IV 15 behandelte Zusammenhang mit der Regelung des Falles der UnterV.

9   2. Wie der Wegfall des Schadens nach Fälligkeit als Beispiel zeigt, garantiert ein vereinbarter Selbstbehalt dem Vr ganz allgemein nicht, daß der VN mit einem entsprechenden Teil des Schadens endgültig belastet wird. Schon deshalb kann ein **Selbstbehalt** im Zweifel **nicht** als **vereinbarte SelbstV** in dem in T II näher erörterten Sinn ausgelegt werden. BM § 56 VVG Anm. 73 folgen dem für den betragsmäßigen Selbstbehalt (Abzugsfranchise), wollen aber (§ 56 VVG Anm. 71) für den prozentualen Selbstbehalt darauf abstellen, ob das Prämieninteresse des VN oder das Interesse des Vr an einem verminderten subjektiven Risiko Hauptmotiv der Selbstbehaltabrede ist.

Allerdings würde das letztere Motiv mehr für vereinbarte SelbstV sprechen,   10
denn das subjektive Risiko wird nicht mehr vermindert, sobald der VN das
Risiko durch einen zweiten Vertrag auf einen anderen Vr abwälzt. Trotzdem
ist jenes Auslegungskriterium abzulehnen, denn danach wäre die Rechtsunsicherheit zu groß. Zu oft könnte man streiten, welches Motiv im Vordergrund
steht. „Selbstbehalt" ist ein Begriff in den AVB, bei deren objektiver Auslegung Umstände des Einzelfalles außer Betracht bleiben müssen.

Ferner sagen die in T II 15 und 16 zitierten AVB- Bestimmungen aus-   11
drücklich, daß jeder Selbstbehalt in Verträgen nach diesen AVB als vereinbarte SelbstV anzusehen ist. Diese Bestimmungen haben nicht nur deklaratorischen, sondern *konstitutiven* Charakter. Der Vr muß die vereinbarte
SelbstV, wo er sie wünscht, ausdrücklich zum Vertragsinhalt machen, sei es
durch die AVB oder sei es durch eine entsprechende Formulierung im Einzelfall. Dies gilt insbesondere für §§ 8 AWB 68, AStB 68, 11 VGB 62, die
inhaltlich nur der Nr. 1 der in T II 15 und 16 zitierten Bestimmungen entsprechen, während der Inhalt von Nr. 2 in den AWB 68, AStB 68 und VGB
62 (bewußt?) weggelassen wurde.

Nicht vorgesehen ist **vereinbarte SelbstV** vor allem bei den betragsmäßigen   12
Selbstbehalten für *Sturmschäden* an *Gebäuden* (T I 9), und zwar folgerichtig
nicht, weil hier nicht das subjektive Risiko, sondern der Ausschluß von
Kleinschäden das entscheidende Motiv ist, T I 7. Aber auch zu Kl 1713 und
1714, soweit sie in – auch: gebündelten, A II 27 – *Leitungswasser- und*
SturmVVerträgen vereinbart werden, sowie zu Kl 827 in der *HausratV* gibt
es keine aufsichtlich genehmigten Formulierungen, die den vereinbarten
Selbstbehalt mit einer vereinbarten SelbstV koppeln würden. Vielmehr müßte die vereinbarte SelbstV gegebenenfalls einzelvertraglich festgelegt werden.
Dies käme zwar gerade bei Selbstbehalten in der HausratV oft in Betracht,
weil das subjektive Risiko, genauer das Interesse des Vr an der Verhütung
von Diebstahlschäden (T I 6), eindeutig im Vordergrund steht. Jedoch fehlt
für solche Vereinbarungen bisher die erforderliche (T I 10) geschäftsplanmäßige Grundlage.

Soweit danach ein **Selbstbehalt ohne vereinbarte SelbstV** bedungen ist, kann   13
er **durch** einen **zweiten VVertrag aufgefangen** werden, vgl. schon T I 4 und
für die HausratV unten T II 12. Ein *prozentualer* Selbstbehalt wird voll
aufgefangen, wenn die VSumme des zweiten Vertrages mindestens denjenigen Prozentsatz des VWerts ausmacht, der im ersten Vertrag als Selbstbehalt
für dieselbe Sache oder für denselben Inbegriff vereinbart ist. Beispiel:
VWert 100, Selbstbehalt 20%, VSumme I 80 (gekürzt gemäß Kl 1713),
VSumme II (ohne Selbstbehalt) 20. Ein (zusätzlich oder ausschließlich) *be-*
tragsmäßiger Selbstbehalt kann durch eine ErstrisikoV oder durch einen
zweiten Vertrag mit voller VSumme aufgefangen werden, der aber im Interesse einer niedrigeren Prämie im Einzelfall mit Subsidiaritätsabrede ausgestattet sein kann, so daß im Ergebnis nur der Selbstbehalt des ersten Vertrages gedeckt wird.

Bei **Zusammentreffen zweier Selbstbehalte** im Fall einer Mehrfach-(Dop-   14
pel)V gilt ebenfalls der Grundsatz (T II 3), daß der Selbstbehalt mangels
abweichender Abrede jeweils auf den Teil des Schadens zu verrechnen ist,
der den VN am wenigsten belastet, hier also jeweils auf den durch den anderen

Vr gedeckten Teil des Schadens. „Betrag des Schadens", den die Entschädigung gemäß § 59 Abs. 1 VVG nicht übersteigen darf, ist also nicht etwa der um den beiderseitigen Selbstbehalt gekürzte, sondern der volle Schaden.

15 3. **Vereinbarte SelbstV** bedeutet nach dem Wortlaut von §§ 9 Nr. 2 AFB 30, AEB, daß der VN für den Selbstbehalt („für diesen Teil des Schadens") *keine andere V nehmen darf"*. Diese Formulierung war von Anfang an mißlungen, weil es eine „SelbstV" genau besehen begrifflich nicht gibt, und weil überdies der Klammerzusatz „SelbstV" fälschlich hinter dem ersten (wo nur vom Selbstbehalt die Rede ist) statt hinter dem zweiten Satzteil steht. Auch der Streit über die Rechtsnatur der vereinbarten SelbstV (Stand der Meinungen: BM § 56 VVG Anm. 71) wäre durch eine bessere Formulierung vermeidbar gewesen. Sinngerecht dürfte die Vorschrift überhaupt nicht ein Verbot, sondern nur eine Entschädigungsberechnungsregel enthalten und müßte etwa wie folgt lauten:

> Besteht mehrfache V, so wird ein vereinbarter Selbstbehalt mit Vorrang von dem Teil des Schadens abgezogen, der nicht durch eine andere V gedeckt ist.
>
> Oder:
>
> Besteht mehrfache V und ist ein Selbstbehalt vereinbart, so darf abweichend von § 59 Abs. 1 VVG die Entschädigung aus den mehrerenVerträgen den Schaden abzüglich des Selbstbehalts nicht übersteigen.
>
> Oder:
>
> Ist ein Selbstbehalt vereinbart und besteht mehrfache Versicherung, so kann abweichend von § 59 Abs. 1 VVG als Entschädigung aus den mehreren Verträgen nicht mehr als der Schaden abzüglich des Selbstbehaltes verlangt werden.

16 Diese Lösung wurde in § 8 Nr. 2 Satz 1 AERB verwirklicht, allerdings inkonsequent nur als Satz 2 im Anschluß an einen Satz 1, der wiederum ein „Verbot" wie §§ 9 Nr. 2 AFB, AEB ausspricht. Erstmals in §§ 9 Nr. 2 AFB 87, AERB 87, AWB 87, AStB 87 ist eine korrekte Formulierung gewählt und das Wort „Verbot" völlig vermieden worden. In den VHB 84 fehlt eine Regelung, so daß ein Selbstbehalt durch einen Zweitvertrag aufgefangen werden kann, T II 13.

17 Ein **Verbot**, sei es als echte Rechtspflicht oder als Obliegenheit, kann in den in T II 15 und 16 zitierten Bestimmungen der Sache nach schon deshalb **nicht** gewollt sein, weil für den Fall eines möglicherweise gestiegenen oder zukünftig steigenden VWerts der Sache oder des Inbegriffs der Abschluß eines weiteren Vertrags zulässig sein muß. Was als Verbot formuliert ist, könnte allenfalls ein **Gebot** sein, einen etwaigen Zweitvertrag nur mit einem bestimmten **Inhalt** abzuschließen, nämlich *entweder* so, daß die Summe der beiden VSummen stets so weit unter dem VWert liegt, daß der (prozentuale) Selbstbehalt des ersten Vertrages ungedeckt bleibt, *oder* aber so, daß im zweiten Vertrag ein gleich hoher (prozentualer oder betragsmäßiger) Selbstbehalt vereinbart wird, der jedoch abweichend von T II 14 mit der Abrede verbunden sein müßte, daß er mit Vorrang von dem Teil des Schadens abgezogen wird, der nicht durch den anderen (ersten) Vertrag gedeckt ist, was im Ergebnis der oben T II 15 an erster Stelle vorgeschlagenen Formulierung entspricht.

18 *Beide* Möglichkeiten der Auslegung des Verbots sind aber unpraktikabel und im Ergebnis *abzulehnen*, die erste Möglichkeit deshalb, weil der VWert von Sachen und Inbegriffen fast immer mehr oder weniger stark schwankt, die zweite deshalb, weil es sich bei der vorgeschriebenen Gestaltung des zweiten Vertrages um eine atypische, bisher in keinen AVB und in keiner genehmigten Klausel geschäftsplanmäßig vorgesehene Konstruktion handeln würde. Es geht nicht an, ein Verbot in AVB in ein Gebot mit einem so speziellen und schwer realisierbaren Inhalt umzudeuten.

Es handelt sich in §§ 8 Nr. 2 AERB, 9 Nr. 2 AFB 87, AERB 87, AWB 87, **19** AStB 87 und bei richtiger Auslegung auch in §§ 9 Nr. 1 AFB 30, AEB also lediglich um eine **Zuordnung des Selbstbehalts** zu einem bestimmten Teil des Schadens, und zwar abweichend von dem sonst geltenden genau entgegengesetzten Grundsatz (T II 3) zu dem **Teil des Schadens**, der den **VN am stärksten belastet**, weil er *nicht* durch eine *andere V* gedeckt ist. Dabei kann offen bleiben, ob sich diese Erkenntnis auch auf sonstige Fälle des Verbots einer mehrachen V übertragen läßt, insbesondere in der Hagel- und in der KrankenV (vgl. PM § 58 Anm. 6b und § 10 MBKK Anm. 2), denn in den hier behandelten VZweigen gibt es ansonsten nur Anzeigepflichten (§§ 9 Nr. 1 AFB 30, AEB, 8 AERB, AWB 68, AStB 87, 17 VGB 62), dagegen keine Verbote für mehrfache V. Für den Selbstbehalt handelt es sich entgegen den mißlungenen Formulierungen ebenfalls nicht um ein Verbot, sondern nur um eine Vorschrift über die Höhe der Entschädigung. – **Motiv:** Das durch den Selbstbehalt verminderte **subjektive Risiko** soll nicht durch einen zweiten Vertrag wieder auf die ursprüngliche Höhe gebracht werden.

Allerdings muß gefragt werden, ob nicht etwa auch eine Formulierung wie **20** die in T II 11 vorgeschlagenen eine **verhüllte Obliegenheit** darstellen würden und in § 8 Nr. 2 Satz 2 AERB sowie in § 9 Nr. 2 AFB 87 usw. tatsächlich darstellen. Die Frage ist jedoch **zu verneinen.** Zwar beruht die Existenz anderweitiger VVerträge meist auf einem Verhalten des VN oder eines seiner Bevollmächtigten, mindestens auf einem Unterlassen; letzteres z. B. in den Fällen des § 69 VVG (unterlassene Kündigung, etwa nach einem Zusammenziehen von Wohngenossen, vgl. G IV 8). Aber der Schutzzweck von §§ 15a, 6, 34a, 23 ff. VVG erfordert nicht, §§ 9 Nr. 2 AFB 30, AEB, 8 Nr. 2 AERB, 9 Nr. 2 AFB 87, AERB 87, AWB 87, AStB 87 als eine verhüllte Obliegenheit oder eine verhüllte Erweiterung der Gefahrstandspflicht anzusehen. Vielmehr ist hier nicht im Sinne von M III 3 eine Obliegenheit fälschlich als Risikoabgrenzung, sondern umgekehrt eine Risikoabgrenzung – dazu gehören auch alle Vorschriften über die Entschädigungshöhe – fälschlich als Obliegenheit formuliert. Man könnte geradezu von einer „verhüllten Risikoabgrenzung" sprechen.

Rechenbeispiele für eine Abrechnung bei vereinbarter SelbstV: **21**

VWert	100	80
VSumme I	40 (ungek. 50)	40 (statt 50)
Selbstbehalt also	20%	20%
VSumme II (kein Selbstbehalt)	50	50
Schaden	20	20
Entschädigung II	10	12,5
Entschädigung I ohne Vertrag II	8	10
Entschädigung I gekürzt wegen II	8	5

Teilungsverhältnis
für § 59 Abs. 2 VVG	8 : 10	10 : 12,5
Ohne Entschädigung	2 (20% aus 10)	2,5 (20% aus 12,5)

22 Wie die Beispiele in T II 21 zeigen, vermindert sich – und zwar auch dann, wenn die vereinbarte SelbstV gemäß T II 15 formuliert ist oder ausgelegt wird – das **Gewicht eines prozentualen Selbstbehalts**, soweit der VN *mehrfach* versichert ist und der *andere* Vertrag *keinen* Selbstbehalt vorsieht. Dies hat seinen Grund darin, daß der prozentuale Abzug nicht aus dem seiner Art nach entschädigungsfähigen Schaden, sondern aus dem nach dem übrigen Vertragsinhalt einschließlich der UnterVRegeln entschädigungspflichtigen Betrag berechnet wird, T I 3. Sollte jener Effekt vermieden werden, so müßte, dem Grundgedanken von §§ 8 Nr. 4 AERB, 9 Nr. 2 VHB 74, 20 VHB 84 9 Nr. 3 AFB 87, AERB 87, AWB 87, AStB 87 (U I 21) entsprechend, in den AVB oder im Einzelvertrag folgende ergänzende Regelung enthalten sein:

Ein prozentualer Selbstbehalt wird bei mehrfacher V aus dem Gesamtbetrag der Entschädigungen aus sämtlichen Verträgen berechnet. Dies gilt nicht, soweit auch nach den anderen Verträgen ein Selbstbehalt abzuziehen ist.

23 Die Einschränkung durch *Satz 2* der Formulierung in T II 22 wäre erforderlich, damit sich der Abzugseffekt nicht über den Zweck des Selbstbehalts hinaus verdoppelt. Beispiel: VWert 100; VSumme I und II jeweils gekürzt 40 und ungekürzt 50. Selbstbehalt jeweils 20%. Hier muß bei einem Teilschaden von 20 die Gesamtentschädigung 16 und nicht etwa nur 12 betragen. Würde Satz 2 fehlen, so dürfte *jeder* der beiden Vr einen Selbstbehalt von 4 abziehen, und zwar (T II 15) jeweils von dem Teil des Schadens, der *nicht* durch die anderen V gedeckt ist.

U. Entschädigungsgrenzen

Übersicht

1487

I. Begriff und Rechtsfolgen; Gesamtentschädigungsgrenzen

1 1. **Im weiteren Sinn** ist Entschädigungsgrenze je VFall und je Position auch **jede** – auf Erstes Risiko (U I 3) oder zum vollen Wert – vereinbarte **VSumme, S I 32**. In der Gleitenden NeuwertV tritt an die Stelle der VSumme 1914 teilweise das **Produkt aus VSumme 1914 und gleidendem Neuwertfaktor**, näm-lich nach § 17 Nr. 1a VGB 88 für versicherte Kosten, teilweise wird auf die betragsmäßige Grenze verzichtet, U I 2. Grundsätzlich gibt § 50 VVG in der gesamten SchadenV. Zwar ist § 50 VVG abdingbar (PM § 50 Anm. 2b). Die Entschädigungspflicht des Vr jedenfalls in der SachV muß aber stets in ir-gendeiner Form begrenzt sein, denn anders als in der HaftpflichtV nimmt das Risiko (die Schadenwahrscheinlichkeit) mit der gedachten Schadenhöhe nicht so sehr ab wie z. B. in der Kfz-HaftpflichtV, die neuerdings auch unbegrenzte Deckung kennt.

2 Bei versicherten *Inbegriffen* ist eine VSumme unentbehrlich. Bei *Einzelsa-chen* sowie bei V von *Kosten* oder *Vermögensschäden* kann auf sie verzichtet werden, wenn statt ihrer ein **anderes Kriterium** gewählt wird, das sich nur begrenzt nach oben entwickeln kann, so z. B. gemäß § 15 Nr. 5 (Umkehr-schluß für die Gleitende NeuwertV) und Nr. 1a VGB 88 der Neubauwert in der Gleitenden NeuwertV von *Gebäuden*, S IV 11, oder die Zeitdauer von sechs Monaten für *Mietverlust* nach § 3 Nr. 3 VGB 88, vgl. W VIII 2. In der KostenV kann die Entschädigung zusammen mit der Entschädigung aus einer zugehörigen SachV auf deren VSumme oder auf ein Mehrfaches derselben begrenzt werden, vgl. für Rettungskosten §§ 63 Abs. 1 VVG, 18 Nr. 6 VHB 84, 15 Nr. 5 VGB 88 (anders § 17 Nr. 1 VGB 88, wo nicht auf § 2 Nr. 1c VGB 88 verwiesen wird) und W II 3 und allgemein S II 12 und 14 sowie W I 3 und 5. Auch für § 66 VVG (Kosten der Schadenermittlung) bleibt je Position § 50 VVG zu beachten, W IX 1 und PM § 66 Anm. 1; anders nur in der

WohngebäudeV nach § 15 Nr. 5 VGB 88 (Umkehrschluß!), und zwar auch außerhalb der Gleitenden NeuwertV, S I 12.

Terminologisch sollte man VSummen *nicht* als Entschädigungsgrenzen be- 3 zeichnen (PM § 50 Anm. 2c gegen z.B. Wälder RuS 75, 16, 128), selbst dann nicht, wenn es sich um Erstrisikosummen handelt, bei denen § 56 VVG nicht gilt und aus denen auch keine Prämie berechnet wird, also abgeleitete VSummen für Nebenrisiken, U I 5, deren rechtliche Bedeutung vielmehr allein darin besteht, daß sie die Entschädigung begrenzen. Da indessen jede VSumme die Entschädigung begrenzt, S I 32, nicht aber umgekehrt jede Entschädigungsgrenze auch VSumme ist, sollte der Begriff der Entschädigungsgrenze denjenigen Beträgen vorbehalten bleiben, die nicht zugleich VSummen sind, vgl. schon S I 11 und 12.

Deutlich klargestellt wird dieser Unterschied bisher allerdings nur in § 11 4 AERB sowie in §§ 12 AFB 87, AERB 87, AWB 87, AStB 87. Auch §§ 18, 19, 20 VHB 84, 15, 17 VGB 88 sind korrekt formuliert. In älteren AVB und Klauseln sowie in den Deklarationen, insbesondere in älteren Fassungen (Texte 39 der 2. Aufl.; richtig jetzt Texte 40 der vorliegenden 3. Aufl.) der Pauschaldeklaration der gebündelten GeschäftsV, werden häufig VSummen als Entschädigungsgrenzen bezeichnet (S I 12) und umgekehrt. Daher muß bei älteren AVB-Bestimmungen über Rechtsfolgen von Entschädigungsgrenzen, insbesondere über Folgen eines Zusammentreffens von Entschädigungsgrenzen (U I 21ff), jeweils die Auslegungsfrage gestellt werden, ob die Vorschrift nicht auch für Erstrisikosummen gilt.

Nicht Entschädigungsgrenzen, sondern Erstrisikosummen sind z.B. § 1 5 Nr. 2b VHB 74 (Aufräumungskosten in der HausratV; anders §§ 2 Nr. 1a, 18 Nr. 6 VHB 84) und insbesondere die vereinbarten Beträge für sog. **Nebenrisiken in der Pauschaldeklaration** der gebündelten GeschäftsV, A II 29, vgl. schon H III 9 und S I 12. Die *Prämie* für diese Nebenrisiken ist in die Prämie aus der VSumme für Betriebseinrichtung und Waren einkalkuliert, S I 1. Trotzdem sind die Beträge für die Nebenrisiken selbständige Positionen und **selbständige VSummen**, denn ohne die zusätzlichen Positionen wären diese Schäden unversichert. So liegt es insbesondere bei der V von *Bargeld*, Wertpapieren und sonstigen Urkunden (Q II 28; vgl. aber U I 7 wegen der Entschädigungsgrenze für unverschlossen aufbewahrte Sachen), und zwar auch gegen Raub, sowie von *Datenträgern* nach den in Q II 54 zitierten Bestimmungen, ferner in der *KostenV* nach §§ 3 Nr. 3 AFB 87, AERB 87, AStB 87, 3 Nr. 6 AWB 87 (Aufräumungskosten usw.), in der *FeuerV* bei V von Sachen auf dem „VGrundstück" *im Freien* (G III 25), in der *DiebstahlV* bei der V für Vertrauensschäden nach § 1 Nr. 5 AERB, AERB 87 (D XIV 1) sowie für Schäden an Gebäuden, Schaukästen und Vitrinen nach § 2 Nr. 5c AERB, 3 Nr. 3 AERB 87 (W VI 1 und 3) und in der *SturmV* bei der V für außen angebrachte Sachen nach Kl 601 zu den AStB 68 (H II 15). Übrigens sind auch §§ 11 Nr. 1b AERB, 12 Nr. 1b AERB 87 inkonsequent im Sprachgebrauch, denn die VertrauensschadenV dürfte korrekt nicht als Fall einer Entschädigungsgrenze bezeichnet sein; es handelt sich dort um eine selbständige Position und VSumme.

6   2. Im eigentlichen und *engeren Sinn* ist **Entschädigungsgrenze** ein **unter der VSumme** der Position **liegender Betrag,** den die Entschädigung für bestimmte Arten der in dieser Position versicherten Schäden je VFall (Ausnahme: § 3 Nr. B 4 VHB 74 bei Mitwirkung von Wohngenossen usw, F III 4) nicht übersteigen darf; wegen „Entschädigungsgrenzen" für sämtliche (!) Schäden einer Position vgl. S II 53 und 62. Die Schäden, die der begrenzten Entschädigung unterliegen sollen, können mit Hilfe aller Kriterien abgegrenzt sein, die auch für die Bildung von Positionen (S I 2) in Betracht kommen. Statt eines absoluten Betrages kann auch ein Prozentsatz der VSumme gewählt werden, was im Interesse der Prämiengerechtigkeit liegen kann, U I 16; wichtigstes Beispiel ist die Begrenzung für Wertsachen auf 20% der VSumme durch § 19 Nr. 2 VHB 84. Entschädigungsgrenzen müssen klar *vereinbart* sein. Die bloße Antragsfrage der Vr nach der Zusammensetzung eines versicherten Inbegriffs wie in Texte 44 für Hausrat in Verbindung mit der Antwort des VN begründet noch keine Entschädigungsgrenze (wie aber irrig OLG Köln VerBAV 68, 13 für den Schmuckanteil in einem Hausrat angenommen hatte) und nicht einmal den Einwand der Gefahrerhöhung, falls die Grenze später überschritten wird, N III 36, N IV 106 und U III 5.

7   a) **Beispiele** für **Entschädigungsgrenzen in AVB und Klauseln** für die GeschäftsV bieten §§ 4 Nr. 5 AFB 87, AWB 87, AStB 87 (unverschlossenes Bargeld während der Geschäftszeit, U II 9 bis 12) in der *Feuer-, Leitungswasser- und SturmV,* § 11 Nr. 2 (Schaufensterinhalt usw, U II 13 bis 16) und Nr. 3 (Begleitzahlabhängigkeit bei Transportraub, vgl. U II 17 bis 31) AERB und ebenso § 12 Nr. 2 und Nr. 3 AERB 87 in der *Diebstahl- und RaubV* sowie § 12 Nr. 2 AWB 87 (Räume unter Erdgleiche, vgl. U II 32 und 33) in der *LeitungswasserV.* Auch die BruchteilV ist ein Beispiel, denn der Bruchteil ist Entschädigungsgrenze, U II 2. Die größte Rolle spielen Entschädigungsgrenzen für *Wertsachen* in der **HausratV,** vgl. vor allem §§ 2 Nr. 3 bis 9 VHB 74 und früher § 2 Nr. 3 bis 5 der VHB von 1966 sowie neuerdings § 19 Nr. 2 und 3 VHB 84. Daneben kennt die HausratV Entschädigungsgrenzen für die AußenV, G V 12 und S II 50, und bei Diebstahl unter Mitwirkung von Wohngenossen gemäß § 3 Nr. B 4 VHB 74, F IV 4. Die Entschädigungsgrenzen für die GeschäftsV sowie für Wertsachen im Hausrat werden in U II, III und IV näher behandelt, allerdings ohne die Fälle nach den VHB von 1966 (dazu ausführlich Martin VersR 73, 289), weil die Zahl der Verträge nach den VHB von 1966 laufend weiter abnimmt. Wegen der **WohngebäudeV** vgl. § 17 Nr. 1 a und 1 b VGB 88 (5% der VSumme) und 4 I 1 und 2.

8   **Grenzfälle** sind Vorschriften, in denen die Entschädigungspflicht bis zu einer bestimmten Entschädigungsgrenze auf Schäden *ausgedehnt* wird, die nach dem übrigen Vertragsinhalt unversichert wären, die aber gleichwohl *nicht* Gegenstand einer selbständigen *Position* und VSumme sind, weil der Einwand der UnterV aus einer anderen VSumme auch für die zusätzlich versicherten Schäden möglich sein soll. *Beispiele:* Kl. 4402 und Kl 4403 in der DiebstahlV (Sachen in Schaukästen, Vitrinen und Automaten, G III 20), § 3 Nr. B 5 (Kfz-Inhalt; D XV 58) und Nr. B 6 c VHB 74 (Fahrräder; D XV 40) sowie vor allem die AußenV (G V 12) nach §§ 6 Nr. 2 VHB 74, 12 VHB 84 in der HausratV sowie Kl 3102 (Betriebsschäden an Erhitzungsanlagen und

deren Inhalt; U II 7 und 8) in der FeuerV, Kl 4701 (Schließfachinhalt) in der DiebstahlV sowie § 3 Nr. C 2 VHB 74 (Leitungswasserschäden in Mietwohnungen nach den VHB 74) in der HausratV nach den VHB 74; § 2 Nr. 1f VHB 84 kennt keine Entschädigungsgrenze mehr. Ein Fall aus der HausratSturmV wird in F V 10 behandelt (außen angebrachte Sachen). Wegen Raub als Annexrisiko mit begrenzter Entschädigung in der DiebstahlV vgl. A III 23. – Eindeutig **nicht** um eine Entschädigungsgrenze, sondern um eine Abgrenzung des versicherten Risikos in der WohngebäudeV handelt es sich bei den sechs Monaten für den Mietverlustersatz gemäß § 3 Nr. 3 VGB 88, U I 2.

b) Angewendet werden Entschädigungsgrenzen in der Weise, daß **zunächst** 9 die Entschädigung nach dem **gesamten übrigen Vertragsinhalt** einschließlich der Regeln über die *UnterV* (S II 54) und über einen *Selbstbehalt* (U I 12) berechnet wird. Der so ermittelte **Betrag** wird mit der Entschädigungsgrenze **verglichen**. Ist der ermittelte Betrag niedriger, so wird dieser, ist er höher, so wird der Betrag der Entschädigungsgrenze gezahlt. Liegt bei Zusammentreffen mit einer *Wiederherstellungsklausel* der Zeitwertschaden unter, der Neuwertschaden aber über der Entschädigungsgrenze, so wird der Zeitwertschaden voll ersetzt; nur der Neuwertanteil wird gekürzt. Dies wird in § 7 Nr. 1 NwIG 80 und § 7 Nr. 3 VGB 88 schon durch deren Wortlaut, in den übrigen in R IV 6 zitierten Bestimmungen durch deren Systematik für die UnterV zum Ausdruck, R IV 15, und muß für Entschädigungsgrenzen, wie schon deren Name sagt, ebenfalls gelten.

Belasten einzelne Teile des Schadens den VN unterschiedlich stark, z.B. 10 wegen einer teilweisen Regreßmöglichkeit oder weil einige der abhandengekommenen Sachen wieder auftauchen, so ist es mit dem Motiv der Entschädigungsgrenzen (U I 15) vereinbar, die **Entschädigung** anders als gemäß S II 25 eine UnterV nicht proportional auf alle Teile des Schaden aufzuteilen, sondern sie mit **Vorrang** dem **am stärksten belastenden Teil des Schadens** zuzuordnen, ihm also z.B. wiederherbeigeschaffte Sachen bis zum Betrag des nicht entschädigten Schadenteils zurückzugeben, Z II 24, ohne daß der VN seinerseits einen Teil der Entschädigung zurückzahlen müßte, vgl. T II 3 für den betragsmäßigen Selbstbehalt, bei dem die Interessenlage ähnlich ist, sowie T II 6 für den prozentualen Selbstbehalt und für die UnterV.

Im **Verhältnis zwischen dem VN und sonstigen versicherten Interesseträgern** 11 zueinander bleibt es jedoch bei dem Prinzip der proportionalen Zuordnung der wegen einer Entschädigungsgrenze gekürzten Entschädigung zu allen durch den VFall betroffenen Interessen, S II 25. Die gekürzte Entschädigung darf also nicht etwa mit Vorrang dem eigenen Schaden des VN zugeordnet werden, sondern Versicherter und VN stehen einander gleich, vgl. J IV 10 und 19, V II 24 und V III 17. – Auch bei Zusammentreffen von Schadenteilen mit und Schadenteilen ohne Entschädigungsgrenze muß es wohl bei der proportionalen Zuordnung bleiben, U I 14.

Ein – in der SachV allerdings seltener – Sonderfall ist das **Zusammentreffen** 12 **von Entschädigungsgrenzen mit einem Selbstbehalt.** Sowohl eine Entschädigungsgrenze (U I 9) wie ein Selbstbehalt (T I 3) verlangt begrifflich, daß für die Ermittlung des Entschädigungsbetrags zunächst nur der gesamte übrige Vertragsinhalt herangezogen wird. Diese Regel muß nun aber entweder bei der Berücksichtigung des Selbstbehalts durchbrochen werden, also zugunsten des VN, oder aber bei der Berücksichtigung der Entschädigungsgrenze, und zwar dann zugunsten des Vr. Die Rede ist hier allerdings nur von „echten" Entschädigungsgrenzen im engeren Sinn des von U I 6. Im Verhältnis zwischen der VSumme als allgemeiner Entschädigungsgrenze (S I 32) ist zuerst die VSumme und erst dann der Selbstbehalt zu berücksichtigen, T I 14, denn § 50 VVG und § 56 VVG ergänzen einander, S II 1, und sind möglichst gleichförmig anzuwenden, vgl. z. B. auch S II 15 und 16 für Rettungskosten auf Weisung.

13   Für Entschädigungsgrenzen im engeren Sinn ist die zuerst genannte Auslegung richtig, also *zuerst den Selbstbehalt* und **zuletzt die Entschädigungsgrenze** zu berücksichtigen, denn der Vr hätte das Gegenteil (Selbstbehalt noch nach der Entschädigungsgrenze zu berücksichtigen) ausdrücklich sagen können und müssen, wenn er es gewollt hätte. Außerdem widerspräche es schon dem natürlichen Sprachgebrauch, wenn eine „Entschädigungsgrenze", falls daneben ein Selbstbehalt gilt, schon begrifflich niemals erreicht werden könnte. Bei der hier vertretenen Auslegung droht ein analoger logischer Fehler nicht, denn soweit schon die Entschädigungsgrenze zu einer Kürzung führt, ist auch der Zweck des Selbstbehalts erreicht, daß nämlich der VN einen Teil des Schadens selbst tragen soll, T I 4. Diese Argumentation aus dem Wort „Entschädigungsgrenze" ist allenfalls für die HausratV nicht ganz zwingend, weil die Entschädigungsgrenzen in den VHB 74 und VHB 84, der Selbstbehalt dagegen in einer Klausel geregelt ist, T I 9, also in einer spezielleren Vereinbarung, A IV 34.

14   Ein **zusätzliches Problem** entsteht, wenn ein VFall nicht nur zu einem seiner Art nach (U I 6) unter die Entschädigungsgrenze fallenden Schaden, sondern *außerdem* zu einem sonstigen **Schaden** führt, für den **nicht die Entschädigungsgrenze, wohl aber der Selbstbehalt** gilt, weil dieser auf den *Gesamtschaden* anzurechnen ist, wie z. B. nach Kl 827 in der HausratV nach den VHB 74. Beispiel: Wird nur Schmuck im Wert von 25.000 DM gestohlen, so wirkt sich ein Selbstbehalt von 5.000 DM neben der Entschädigungsgrenze gemäß § 2 Nr. 8 VHB 74 nach der in U I 13 dargelegten Ansicht überhaupt nicht aus, sondern der VN erhält 20.000 DM. Wurde jedoch zusätzlich ein Teppich im Wert von 25.000 DM gestohlen, so fragt es sich, ob der VN verlangen kann, daß der Selbstbehalt *vorrangig* auf den Teil des Schadens angerechnet wird, bei dem er den *VN so wenig wie möglich belastet*, U I 10, hier also vorrangig auf den Schmuck, der zwar seiner Art nach, wegen der Entschädigungsgrenze aber nicht in voller Höhe von 25.000 DM versichert ist, *oder* ob der Selbstbehalt *proportional* auf den begrenzt und den unbegrenzt entschädigungspflichtigen Schaden zu verteilen ist, vgl. den Grundsatz gemäß U I 11. Wenn man sich einerseits in der Frage zu U I 13 zugunsten des VN entscheidet, sprechen wohl in der vorliegenden weiteren Frage die **besseren Gründe für proportionale Verrechnung**, so daß der VN im Beispiel nicht 45.000 DM, sondern nur 42.500 DM erhält. Wer abweichend von U I 13 den Selbstbehalt zuletzt und daher mit Vorrang verrechnete, käme sogar nur zu einer Entschädigung von 40.000 DM.

15   **Motiv** und **Zweck** von Entschädigungsgrenzen ist es, die *innerhalb einer Position* relativ **höheren Risiken** betragsmäßig zu **begrenzen**. Die Alternative

wäre, eine gesonderte Position mit höherem Prämiensatz zu bilden und gleichzeitig den Prämiensatz für die verbleibende Hauptposition zu senken. Enschädigungsgrenzen haben gegenüber einer gesonderten Position den *Vorteil*, daß VVertrag und VSchein für den VN leichter verständlich und für den Vr mit geringerem Kostenaufwand auszufertigen sind.

Andererseits haben Entschädigungsgrenzen verglichen mit der Bildung ge- 16 sonderter Positionen den Nachteil **geringerer** Genauigkeit im Sinn der **Prämiengerechtigkeit**, denn diejenigen VN, bei denen sich das nur begrenzt entschädigungspflichtige höhere Risiko nicht oder nicht voll bis zum Betrag der vereinbarten Grenze verwirklichen kann, z.B. weil die stärker gefährdete Sachgruppe im Bestand des VN nicht vertreten ist oder weil die weniger sichere Art der Aufbewahrung bei ihm nicht praktiziert wird, haben als Teil des Prämiensatzes für die Gesamtposition auch jenen erhöhten Prämienbedarf mitzutragen. „Ungerecht" erscheint auf Anhieb auch, daß Entschädigungsgrenzen oft nicht (z.B. bei 2 VHB 74 oder § 19 Nr. 3 VHB 84) oder nicht nur (z.B. in der HausrataußenV nach §§ 6 Nr. 2 VHB 74, 12 Nr. 5 VHB 84 oder in der Pauschaldeklaration für die GeschäftsV nach §§ 11 Nr. 2 AERB, 12 Nr. 2 AERB 87 für Schaufensterinhalt usw oder nach § 12 Nr. 2 AWB 87 bei Lagerung unter Erdgleiche) als Prozentsatz der VSumme (U I 6), sondern (auch) als absoluter Betrag festgelegt sind. Dadurch entfällt auf das Risiko mit der begrenzten Entschädigung bei höheren VSummen eine höhere Prämie als bei niedrigeren VSummen, was nur zum Teil durch ein progressives Risiko gerechtfertigt wird und was zu der komplizierten Regelung für das Zusammentreffen von Entschädigungsgrenzen nötigt, die in U I 21 ff behandelt wird.

Aber Prämiengerechtigkeit ist eben immer nur in den durch das Gebot der 17 **Verwaltungskostenersparnis** gezogenen Grenzen realisierbar. Je größer die Positionen mit einheitlichem Prämiensatz sind, um so geringer wird einerseits die Prämiengerechtigkeit (S I 3). Je niedriger andererseits die absolute Höhe der Durchschnittprämie ist, um so weniger sind unter dem Gesichtspunkt der Verwaltungskosten gesonderte Positionen vertretbar, zumal mit der Zahl der Positionen auch die Zahl der Fälle steigt, in denen während der Vertragslaufzeit die VSummen nach oben oder unten geändert werden müssen. Daher tendiert neuerdings (H III 56) z.B. auch die FeuerV für landwirtschaftliche Betriebe zu einer summarischen V, so daß die positionsweise V eigentlich nur noch in der Industrie-FeuerV (H III 1) mit ihren hohen Durchschnittsprämien je Vertrag erhalten bleiben wird. Insbesondere in der HausratV würden gesonderte Positionen für die mit begrenzten Entschädigungen versicherten Sachen (Bargeld, Schmuck und Pelze usw.) wohl nicht den hierfür nötigen Aufwand lohnen.

3. Gezahlte Entschädigungen vermindern („verbrauchen") die Entschädi- 18 gungsgrenze für zukünftige VFälle desselben VJahres nur, wenn dies vereinbart wurde. Die in L I 2 erörterte Bestimmung des § 95 VVG gilt jedenfalls **nur für VSummen**, U I 18 der 2. Aufl.

In der Erstfassung aller AVB der hier behandelten Zweige der SachV aus 19 der Zeit vor 1980 war § 95 VVG nicht abbedungen, sondern im Gegenteil wiederholt und bekräftigt worden. Soweit die Frage nicht ausdrücklich geregelt war, blieb jeweils durch Auslegung zu klären, ob solche AVB-Bestimmungen auch auf Entschädigungsgrenzen im engeren Sinn anzuwenden waren, vgl. U I 18 bis 20 der 2. Aufl. Gegebenenfalls war die weitere Frage zu klären, wie die Nachprämie berechnet werden sollte, wenn nämlich in den AVB statt einer Verminderung der VSumme oder der Entschädigungsgrenze Zahlung einer Nachprämie vorgesehen war.

20   Inzwischen wird jedoch § 95 VVG in den hier behandelten Zweigen der SachV ausnahmslos **abbedungen**, L I 5. Damit sind die soeben skizzierten Fragen für Entschädigungsgrenzen gegenstandslos geworden.

21   4. **§ 8 Nr. 4 AERB**, und im Anschluß an Kl 241 auch **§§ 9 Nr. 3 AFB 87, AERB 87, AWB 87, AStB 87** für die GeschäftsV, **§ 9 Nr. 2 VHB 74** und **§ 20 VHB 84** für die HausratV sowie **§ 18 VGB 88** für die WohngebäudeV regeln die Entschädigung bei mehrfacher V derselben Sachen an demselben VOrt. In der **GeschäftsV** greifen die Bestimmungen sowohl bei **Zusammentreffen von VSummen**, aus denen keine Prämie berechnet wurde, also von sog. **abgeleiteten VSummen** im Sinn von A II 29 und U I 5, wie auch bei **Zusammentreffen von Entschädigungsgrenzen** ein, in der **HausratV** hingegen ausdrücklich nur bei Zusammentreffen von Entschädigungsgrenzen, denn abgeleitete VSummen gibt es in der HausratV jedenfalls nach den VHB 84 nicht mehr, U I 5. Entschädigungsgrenzen und abgeleiteten VSummen ist gemeinsam, daß aus ihnen Prämie nicht gesondert berechnet wird.

22   Die Regelung ist notwendig, damit nicht ungerechtfertigte Vorteile aus der Tarifgestaltung gezogen werden können, nämlich aus dem Umstand, daß **betragsmäßige** (U I 6) **Entschädigungsgrenzen** sowie abgeleitete VSummen bei niedrigerer (Haupt-)VSumme und geringerem Prämienaufwand ebenso hoch sind wie bei höherer (Haupt-)VSumme und entsprechend höherem Prämienaufwand, U I 16. Der VN könnte sonst versucht sein, statt eines Vertrages mit einer höheren VSumme mehrere Verträge mit niedrigeren VSummen abzuschließen, um dadurch ohne zusätzliche Prämie mehr VSchutz zu erhalten. Die Bestimmungen über Gesamtentschädigungsgrenzen sind aber auch anzuwenden, wo eine Umgehungsabsicht der beteiligten VN nicht in Betracht kommt, vgl. U I 35. **Beispiel zu § 18 VGB 88** und zum Wohngebäudeantrag gemäß Texte 43: Der BEtrag von 1.000 DM für Schäden gemäß Kl 0923, 0924 und 0925 stünde ohne § 18 VGB 88 je Vertrag gesondert, steht hingegen gemäß § 19 VGB 88 auch bei Abschluß mehrerer Verträge für dasselbe Gebäude insgesamt nur einmal zur Verfügung. – Bleibt der Gesamtschaden dagegen unter den absoluten Grenzbeträgen und werden nur die begrenzenden **Prozentsätze** aus der VSumme überschritten, so greifen die Vorschriften **nicht** ein, und es besteht dafür auch kein Bedürfnis, U I 32 und 49. Bestehen z.B. zwei GeschäftsVen mit je 20.000 DM VSumme und beträgt ein Schaufensterschaden 4.000 DM, so zahlt jeder Vr 10% seiner VSumme, nämlich 2.000 DM. Der VN erhält diese 4.000 DM ungekürzt, denn die vereinbarte absolute Entschädigungsgrenze von 5.000 DM ist nicht überschritten. Die Entschädigung wäre hier **nicht** niedriger, sondern ebenso hoch, „wenn der Gesamtbetrag der VSummen, aus denen Prämien errechnet wurde, nur in dem vorliegenden Vertrag in Deckung gegeben worden wäre".

Die zitierten Vorschriften regeln – wie schon in U I 21 erwähnt – nicht nur 23
das Zusammentreffen von Entschädigungsgrenzen, sondern auch das **Zusammentreffen von Erstrisikosummen**, aus denen keine Prämie berechnet wird.
Dies gilt – obwohl in § 9 Nr. 2 VHB 74 nicht erwähnt – z. B. für die VSumme
von 500 DM für Aufräumungskosten in der HausratV nach den VHB 74. Vor
allem aber gilt es in der GeschäftsV für die abgeleiteten VSummen für die
Nebenrisiken der Pauschaldeklaration. Bei den Erstrisikosummen für **Transportraub** (10% der HauptVSumme, höchstens 10.000 DM) in der ganzen
Bundesrepublik gelten die Vorschriften über das Zusammentreffen von Er-
strisikosummen auch bei getrennten VVerträgen für verschiedene (Filial-)
Betriebe desselben VN. Werden „Kettentransporte" mit Werten aus mehreren
Betrieben durchgeführt, so kann es nötig sein, die Vorschriften über das
Zusammentreffen speziell für Transportraubsummen gegen Mehrprämie aus-
zuschließen (Martin VW 72, 172), vgl. auch U II 30.

a) Die in U I 21 zitierten Bestimmungen begründen Gesamtentschädi- 24
gungsgrenzen nur, wo andernfalls *aus mehreren Verträgen* mehr gezahlt würde als bei demselben Prämienaufwand aus einem einzigen Vertrag. Für das
Verhältnis zwischen mehreren Positionen desselben Vertrages gelten die Vorschriften dagegen *nicht*, S I 36. Wo Entschädigung für denselben Schaden aus
mehreren Positionen anfällt, S I 35, hängt es von der Formulierung der Entschädigungsgrenze ab, ob diese nur je Position oder auch für den ganzen
Vertrag gilt, S I 37. §§ 8 Nr. 4 AERB, 9 Nr. 3 AFB 87, AERB 87, AWB 87,
AStB 87, Kl 241 sowie § 20 VHB 84 sprechen ausdrücklich von Entschädigung aus „anderen" oder aus „mehreren" VVerträgen. In § 9 Nr. 2 VHB 74
fehlen zwar solche Worte, aber die Entschädigungsgrenze wird aus der Fiktion abgeleitet, daß nur *ein* Vertrag bestehe, U I 36. Damit wird indirekt eben
doch das Zusammentreffen *mehrerer* Verträge als Gegenstand der Regelung
bezeichnet.

Nach §§ **11 Nr. 1 AERB, 12 AFB 87, AERB 87, AWB 87, AStB 87** gelten 25
Entschädigungsgrenzen nicht nur „je Position", denn diese Worte beziehen
sich nur auf VSummen als Entschädigungsgrenzen im weiteren Sinn gemäß U
I 1, sondern sie gelten **für den ganzen Vertrag**. Allerdings wird ein und dersel-
be Vertrag kaum je zwei Positionen nebeneinander enthalten, die derselben
Entschädigungsgrenze unterliegen.

Wohl aber können zwei Positionen *verschiedener* Verträge mit derselben 26
Entschädigungsgrenze dadurch zustande kommen, daß nach §§ 8 Nr. 4
AERB, 9 Nr. 3 AFB 87, AERB 87, AWB 87, AStB 87 Identität des Vertrages
fingiert wird, U I 38, so vor allem bei **Zusammentreffen** einer TransportraubV
eines **Bankkunden** mit einer FremdV der **Bank** für Raubfälle im Kassenraum,
vor Autoschaltern oder auf dem Weg zum Nachttresor nach Kl 4404, 4405
oder 4407. Die Entschädigungsgrenzen gemäß §§ 11 Nr. 3 AERB, 12 Nr. 3
AERB 87 und Kl 4407 Nr. 4 dürfen bei Raub an Nachttresorkunden auch dann
nicht überschritten werden, wenn (fiktiv) aus zwei Positionen desselben Vertrages entschädigt wird. Insbesondere muß die Entschädigung auf 50.000 DM
begrenzt bleiben, wo eine Einzelperson beraubt wird, mag auch der Schaden
höher sein und mag auch aus der eigenen V des Bankkunden und der V der
Bank ein höherer Gesamtbetrag von VSummen zur Verfügung stehen.

27   Die V der Bank nach Kl 4404, 4405 und 4407 ist nur **subsidiär.** Die V des
Bankkunden geht vor. Im Außenverhältnis gegenüber der Bank und deren
Kunden wirkt die Subsidiarität zweifelsfrei, soweit der volle Schaden ander-
weitig ersetzt wird. Darüber hinaus wirkt sie wohl auch, D XVII 17, soweit
ein Teil des Schadens wegen der **Begleitschutz-Entschädigungsgrenzen** unge-
deckt bleibt, V I 18. Da auch ohne Subsidiarität (U I 26) die Begleitschutz-
Entschädigungsgrenzen nicht nur je Position, sondern für die Gesamtent-
schädigung gelten, darf sich daran auch durch eine zusätzlich vereinbarte
Subsidiarität nichts ändern. Jedenfalls ist die Subsidiarität für den **Doppel-
VAusgleich** zwischen den beiden Vr zu beachten. Soweit die VSumme im
Vertrag mit dem Vr des Kunden ausreicht, haftet dieser allein.

28   b) Nur für die Entschädigungsgrenzen gemäß § 12 VHB 84 (**HausrataußenV**) und gemäß § 19 Nr. 3 VHB 84, also für die **betragsmäßigen und verschlußabhängigen Entschädigungsgrenzen für Wertsachen,** gilt seinem Wortlaut
nach § 20 VHB 84. Hingegen ist § 20 VHB 84 *nicht* anzuwenden auf die
prozentualen und *verschlußunabhängigen* Entschädigungsgrenzen für Wertsachen in Höhe von 20% der VSumme gemäß § 19 Nr. 2 VHB 84. In aller
Regel besteht hier auch kein Bedürfnis im Sinn von U I 22, denn prozentuale
Grenzbeträge steigen parallel mit dem Prämienaufwand, so daß es gerechtfertigt ist, wenn der VN die Entschädigungsgrenze bis zum Betrag des Schadens
aus jedem der mehreren Verträge gesondert ausschöpfen darf, Dietz 7.3.1 zu
§ 20, Variante C Beispiel 1.

29   In einem **Sonderfall** führt es allerdings zu einem unbilligen Ergebnis, daß
§ 20 VHB 84 im Bereich von § 19 Nr. 2 VHB 84 unanwendbar ist, nämlich
dann, wenn trotz gleichen Prämienaufwandes § 18 Nr. 5 VHB 84 (begrenzte
Berücksichtigung von Sachen mit begrenzter Entschädigung für den VWert)
bei Aufteilung der VSumme auf zwei Verträge zu einer geringeren UnterV
und daher zu einer höheren Entschädigung führt, als der VN sie aus einem
einzigen Vertrag über den Gesamtbetrag der VSumme erhielte.

30   Grundsätzlich ist § 18 Nr. 5 VHB 84 auch auf die Entschädigungsgrenze
gemäß § 19 Nr. 2 VHB 84 anzuwenden, obwohl dort ein „bestimmter Betrag" im Sinn von § 18 Nr. 5 VHB 84 erst einmal als Prozentsatz der VSumme errechnet werden muß, S II 50. Der Zweck des § 18 Nr. 5 erfordert diese
weite Auslegung der Bestimmung, wie folgendes Beispiel zeigt: VSumme
250000; Wertsachenentschädigungsgrenze gemäß § 19 Nr. 2 VHB 84 von
20% = 50000 auf 30% = 75000 erhöht. VWert von Wertsachen 100000.
VWert des Hausrats ohne Anwendung von § 18 Nr. 5 VHB 74 300000, bei
Anwendung von § 18 Nr. 5 275000. Schaden an Wertsachen 80000. Entschädigung im ersten Fall (80000 × 250000) : 300000 = 66667, im zweiten Fall
(80000 × 250000) : 275000 = 72727.

31   Ein weiteres Beispiel mag zeigen, daß die (unvermeidliche) Anwendbarkeit
von § 18 Nr. 5 VHB 84 auch auf die prozentualen Entschädigungsgrenzen
gemäß § 19 Nr. 2 VHB 84 eigentlich auch die Anwendung von § 20 VHB 84
erfordern würde: Vertrag A VSumme 100000, Vertrag B VSumme 150000.
Entschädigungsgrenze gemäß § 19 Nr. 2 VHB 84 in beiden Verträgen auf
40% erhöht, also auf 40000 im Vertrag A und auf 60000 im Vertrag B. VWert
des Hausrats ohne § 18 Nr. 5 VHB 84: Wertsachen (Antiquitäten und Teppi-

che, nicht verschlußbedürftig) 100 000 + sonstiger Hausrat 200 000 = 300 000. VWert des Hausrats bei Anwendung von § 18 Nr. 5 VHB 84 für Vertrag A 240 000, für Vertrag B 260 000. Schaden an Antiquitäten und Teppichen 80 000. Entschädigung A (80 000 × 100 000) : 240 000 = 33 333; Entschädigung B (80 000 × 150 000) : 260 000 = 46 154. Die Gesamtentschädigung A + B beträgt also 79 487, während aus einem einzigen Vertrag mit einer VSumme von 250 000 nur (80 000 × 250 000) : 300 000 = 66 667 zu entschädigen wären.

Da § 20 VHB 84 prozentuale Entschädigungsgrenzen generell nicht an- 32 spricht, darf er auch in den Fällen nicht angewendet werden, in denen die jetzt bestehende Regelungslücke wegen § 18 Nr. 5 VHB 84 zu einem auf Anhieb unbilligen Ergebnis führt. Eine **ausdehnende Anwendung** von Bestimmungen, die sich zum *Nachteil* des VN auswirken, über deren klaren Wortlaut hinaus kann durch wirtschaftliche Erwägungen und als Ergebnis einer „Auslegung" nicht gerechtfertigt. – Wohl kann aber umgekehrt zum Vorteil des VN ausnahmsweise die prozentuale Grenze des § 19 Nr. 2 VHB 84 an die Stelle einer an sich maßgebenden absoluten, aber betragsmäßig niedrigeren Grenze treten, nämlich bei Anwendung von § 9 Nr. 2 VHB 74, wonach der für den VN günstigere der beiden Vertragsinhalte für die Gesamtentschädigungsgrenze maßgebend ist, U I 66; ein Berechnungsbeispiel gibt Dietz 7.2. zu § 20 (Variante B zu „Mehrere Verträge nach VHB 84 und VHB 74").

c) **Rechtsfolge** der in U I 21 zitierten Bestimmungen ist die Geltung einer 33 **Gesamtentschädigungsgrenze** für den Gesamtbetrag der Entschädigungen aus den mehreren Verträgen. Es handelt sich um eine **Abweichung von § 59 Abs. 1 VVG**, denn im Normalfall darf jeder der mehreren VVerträge in Anspruch genommen werden, bis der Betrag des Schadens erreicht ist. Anwendbar bleibt § 59 Abs. 1 VVG im Bereich der Gesamtentschädigungsgrenzen nur insofern, als bis zum Betrag der Grenze der VN wählen darf, von welchem der mehreren Vr oder aus welchem der mehreren Verträge er Entschädigung verlangt.

Ebenso wie § 59 Abs. 1 VVG ist auch eine Gesamtentschädigungsgrenze 34 immer dann zu beachten, wenn durch mehrere Verträge **dasselbe Interesse** versichert ist. Auf die **Identität des VN** kommt es **nicht** an. Dies gilt auch im Fall von § 9 Nr. 2 VHB 74, obwohl es dort nicht eigens gesagt ist, LG Hamburg VersR 85, 379. Mehrere Wohngenossen als HausratVN könnten der Gesamtentschädigungsgrenze dadurch entgehen, daß sie jeweils die MitV des Eigentums der übrigen Wohngenossen abweichend von §§ 2 Nr. 2 VHB 74, 1 Nr. 3 VHB 84 ausschlössen. Gleichwertiger VSchutz würde so aber nur begründet, wenn nicht nur der Gesamtwert des Hausrats dem Gesamtbetrag der VSummen, sondern außerdem die Beteiligung der Wohngenossen an diesem Wert dem Verhältnis ihrer VSummen entspräche, und zwar auf Dauer. Da dies kaum je der Fall ist und daher in einem Teil der mehreren Verträge UnterV drohen würde, darf eine entsprechende Modifizierung des Einschlusses von fremdem Eigentum jedenfalls nicht stillschweigend in die **Verträge von Wohngenossen** hineingelesen werden, LG Hamburg aaO.

Nicht zweifelsfrei, aber im Ergebnis ebenfalls zu bejahen ist die Anwen- 35 dung der Gesamtentschädigungsgrenze bei **Zusammentreffen von Verträgen**

mit verschiedenen VOrten. Anders als bei Zusammentreffen mehrerer Verträge desselben oder verschiedener VN für denselben VOrt kommt hier freilich eine *Umgehungsabsicht* der beteiligten VN *nicht* in Betracht. Das Zusammentreffen von *Fremd- und AußenV* wird durch die beteiligten VN nicht mit dem Ziel herbeigeführt, die Entschädigungsgrenzen zu umgehen und deren mehrfache Ausschöpfung zu ermöglichen. Auch ist die Fiktion des Inhalts nur eines einzigen Vertrages im Sinn von U I 38 hier in erhöhtem Maß nur eine Fiktion, weil nämlich eine gemeinsame V der versicherten Interessen durch denselben Vertrag praktisch nicht möglich wäre. Aber die Gesamtentschädigungsgrenze soll den Vr nach dem Wortlaut und dem Sinn der in U I 21 zitierten Bestimmungen nicht nur in Umgehungsfällen, sondern auch dann schützen, wenn andernfalls das kalkulierte Risiko lediglich objektiv überschritten würde, U I 22.

36   Wird eine Gesamtentschädigungsgrenze auf einen VFall zu Lasten verschiedener versicherter Interessen angewendet, so ist zusätzlich zu beachten, daß ein **mitversicherter Dritter** seine **Ansprüche gegen den eigenen** (oft: Außen-) **Vr** durch eine Zahlung des fremden an dessen VN **nicht verlieren** darf, solange die Entschädigung nicht anteilig an ihn weitergeleitet wird, V II 6. Die Gesamtentschädigungsgrenze läßt deshalb den Anspruch des mitversicherten Dritten gegen dessen eigenen Vr in solchen Fällen ebensowenig erlöschen wie im Normalfall der DoppelV § 59 Abs. 1 VVG. Allerdings gilt dieser Schutz nur, soweit der VN der InbegriffsV unter Einschluß fremder Interessen zur Weiterleitung der Entschädigung verpflichtet und der mitversicherte Dritte daher schutzbedürftig ist. Zwar gilt § 9 Nr. 2 VHB 74 nur für Entschädigungsgrenzen gemäß § 2 VHB 74 und nicht für jene des § 6 Nr. 2 VHB 74. Wenn aber der Schaden wegen der Art der betroffenen Sachen zugleich einer Grenze nach § 2 VHB 74 unterliegt und diese Grenze durch ein Zusammentreffen mit einem Schaden des Inhabers der betroffenen Wohnung überschritten würde, so ist § 9 Nr. 2 VHB 74 auch gegenüber dem AußenVN zu beachten, sobald der Wohnungsinhaber die ihm zugeflossene Entschädigung anteilig weitergeleitet hat.

37   Durch die Leistung eines der Vr ermäßigt sich der Anspruch aus dem Vertrag, in dem die Bestimmungen gemäß U I 21 vereinbart sind, in dem Maß, daß die Gesamtentschädigungsgrenze nicht überschritten werden kann. Die Bestimmungen wirken also nicht schon im Zeitpunkt des VFalls und begründen *keine* völlige oder teilweise *Subsidiarität*. Vielmehr bewirken sie eine **nachträgliche Verminderung des Anspruchs**, der zunächst ohne Rücksicht auf das Zusammentreffen mehrerer Verträge mit mehreren abgeleiteten VSummen oder Entschädigungsgrenzen in voller Höhe entsteht.

38   Berechnet wird die Gesamtentschädigungsgrenze aus einem **fiktiven Vertragsinhalt.** Nach den in U I 21 zitierten Bestimmungen wird fingiert, daß der „Gesamtbetrag der VSummen" in einem einzigen Vertrag in Deckung gegeben worden wäre. Weniger korrekt spricht § 9 Nr. 2 VHB 74 von der „Gesamtversicherungssumme". Mit Bezug auf mehrere Verträge gibt es indessen keine „Gesamtversicherungssumme", sondern eben nur einen Gesamtbetrag mehrerer VSummen. Geboten ist jedenfalls die **Addition der mehreren VSummen.** Als Gesamtentschädigungsgrenze maßgebend ist dann

der Betrag, der nach dem Inhalt des übrigen Vertrages zu entschädigen wäre, falls der durch Addition ermittelte Gesamtbetrag als VSumme vereinbart worden wäre.

Für den **DoppelVAusgleich zwischen den Vr** nach § 59 Abs. 2 VVG kommt 39 es auf das Verhältnis der Einzelverpflichtungen im *Zeitpunkt des VFalls* an, V III 4 und 5 sowie PM § 59 Anm. 4. Die Gesamtentschädigungsgrenzen, also der völlige oder teilweise Wegfall des Anspruchs im Sinn von U I 34, bleiben außer Betracht. Bestehen also z.b. bei einem VWert von 100000 DM zwei Verträge nach der Pauschaldeklaration mit einer VSumme von je 50.000 DM, wird für 7.000 DM Schaufensterware gestohlen und werden aus dem einen Vertrag nach Anrechnung der UnterV 3.500 DM gezahlt, so vermindert sich der Anspruch aus dem anderen Vertrag von zunächst ebenfalls 3.500 DM auf 1.500 DM. Für die Aufteilung der Gesamtentschädigung von 5.000 DM bleibt aber gleichwohl das anfängliche Verhältnis von 5.000 : 5.000 maßgebend, so daß jeder Vr im Ergebnis 2.500 DM zu tragen hat. § 59 **Abs. 2 VVG** ist **auch anzuwenden,** wenn zwar **keine DoppelV** vorliegt, wegen einer Gesamtentschädigungsgrenze aber weniger als die Summe der Einzelverpflichtungen zu entschädigen ist, vgl. z.B. U I 50.

Im einzelnen wird in U I 45 bis 75 erörtert, wie die Höhe der Gesamtent- 40 schädigungsgrenze zu berechnen ist. Für die GeschäftsV kommt es insbesondere darauf an, aus welchen VSummen „Prämie berechnet wird", denn nur diese VSummen sind zur Ermittlung des maßgebenden fiktiven Vertragsinhalts zu addieren. In der HausratV speziell nach den VHB 84 ist zu beachten, daß deren § 20 die Gesamtentschädigungsgrenze ausdrücklich nur für Ansprüche im Sinn von § 12 (AußenV) und § 19 Nr. 3 (verschlußabhängige Entschädigungsgrenzen) vorsieht, während die prozentuale und verschlußunabhängige Entschädigungsgrenze gemäß § 19 Nr. 2 VHB 84 außer Betracht bleiben soll. § 19 Nr. 2 VHB 84 ist also aus dem maßgebenden fiktiven Vertragsinhalt trotz der in U I 28 bis 32 erörterten unbilligen Konsequenzen zu eliminieren.

d) Normalerweise sind § 8 Nr. 4 AERB oder Kl 241 oder §§ 9 Nr. 3 AFB 41 87, AERB 87, AWB 87, AStB 87 oder § 9 Nr. 2 VHB 74 oder endlich § 20 VHB 84 **wortgleich in sämtlichen zusammentreffenden Verträgen** enthalten. So liegt es immer dann, wenn beiden oder allen Verträgen dieselben AVB zugrunde liegen, im Fall der GeschäftsV aus der Zeit vor Ingebrauchnahme der AFB 87 usw gegen Feuer, Leitungswasser oder Sturm die AFB 30, AWB 68 oder AStB 68 jeweils einschließlich der Standardklausel 241, weil nämlich beide oder alle Verträge in einer zeitlichen Phase des Gebrauchs ein und derselben AVB abgeschlossen worden sind.

Die Bestimmung über die Gesamtentschädigungsgrenze ist aber auch dann 42 zu beachten, wenn sie dem **anderen Vertrag** oder einem Teil der übrigen Verträge oder allen übrigen Verträgen **nicht** zugrunde liegt oder wenn dort zwar eine ähnliche Bestimmung vereinbart ist, aber in einer **milderen Fassung.** Letzteres kommt im Verhältnis zwischen einer HausratV nach den VHB 84 und einer HausratV nach den VHB 74 in Betracht, denn § 9 Nr. 2 VHB 74 ist in einem wichtigen Punkt für den VN günstiger formuliert („in einem Vertrag") als § 20 VHB 84 („im vorliegenden Vertrag"), vgl. U I 64 und 66.

Allerdings kann die Entschädigungsgrenze, wenn sie *überhaupt* oder in einer schärferen Fassung nur in einem bestimmten Vertrag vorgesehen ist, niemals das Verhältnis des VN zu den Vr der anderen Verträge beeinflussen. Zu beachten ist die Bestimmung oder deren *schärfere* Fassung in solchen Fällen jeweils nur für die Ansprüche aus *demjenigen* Vertrag, dem sie zugrunde liegt.

43 Dietz § 20 Variante C (vor „Beispiel 1") meint, bei Zusammentreffen eines Vertrages nach den VHB 74 und eines Vertrages nach den VHB 84 setze sich § 20 VHB 84 gegenüber § 9 Nr. 2 VHB 74 schon deshalb durch, weil die Formulierung „in vorliegendem Vertrag" exakter sei als die Worte „in einem Vertrag". Diese Überlegung trifft nicht zu, denn für jeden Vertrag ist allein die in ihm gewählte Formulierung maßgebend, U I 42. Da aber, wie auch Dietz aaO erwähnt, die Entschädigungsgrenzen der VHB 84 in der Regel höher und daher für den VN vorteilhafter sind, ist die Gesamtentschädigungsgrenze bei dem hier erörterten Zusammentreffen in der Tat meist den VHB 84 zu entnehmen, auf die § 20 VHB 84 ohnehin ausschließlich verweist und die als die für den VN günstigere Lösung auch nach § 9 Nr. 2 VHB 74 maßgebend ist, vgl. auch U I 64.

44 Die rechtliche Geltung einer Gesamtentschädigungsgrenze, die nur für einen von mehreren Verträgen vereinbart ist, versteht sich von selbst, wenn *zuerst* der Vertrag ohne eine solche Bestimmung oder mit einer milder gefaßten Bestimmung (und entsprechend höherer Haftung) *in Anspruch genommen* wird. Die Gesamtentschädigungsgrenze ist aber auch in dem umgekehrten Fall zu beachten, daß zuerst der Vertrag mit (oder mit inhaltlich strengerer) Bestimmung über eine Gesamtentschädigung in Anspruch genommen wird. Dann muß zwar auch der zweite Vr bis zur Höhe des Schadens und seiner Entschädigungsgrenze voll zahlen, U I 40, aber der erste Vr kann so viel zurückfordern, daß die Gesamtentschädigungsgrenze nicht überschritten wird, denn es gibt keinen Grund, die Verminderung des Anspruchs nicht auch noch nach der Erfüllung und mit der Folge des § 812 BGB zuzulassen (ebenso schon Martin VW 74, 356). Der Grundsatz (vgl. z.B. V II 7 und 8), daß es bei mehrfacher V auf die Reihenfolge der Inanspruchnahme nicht ankommt, gilt auch hier. Fehlte in dem Beispiel gemäß U I 39 in Vertrag 2 die Bestimmung über das Zusammentreffen von Entschädigungsgrenzen und würden zunächst aus Vertrag 1 und dann aus Vertrag 2 je 3.500 DM gezahlt, so könnte Vr 1 zunächst 2.000 DM zurückfordern und schuldete dann an Vr 2 einen Ausgleich von 1.000 DM.

45 5. Die **Höhe der Gesamtentschädigungsgrenze** wird aus einem **fiktiven Vertragsinhalt** ermittelt, vgl. schon U I 38. Hierbei sind in der **GeschäftsV** nach § 8 Nr. 4 AERB, Kl 241 oder § 9 Nr. 3 AFB 87 usw diejenigen **VSummen zu addieren, aus denen Prämie berechnet wurde.** Der übrige Vertragsinhalt ist unverändert zugrunde zu legen. Diesem fiktiven Vertragsinhalt ist die für die Gesamtentschädigung aus beiden Verträgen geltende Gesamtentschädigungsgrenze zu entnehmen. In der Regel ist dies eine betragsmäßige, ausnahmsweise (U I 32) auch eine prozentuale Entschädigungsgrenze, die in einem der beiden Verträge vereinbart ist.

46 Irrig war in U I 25 der 1. Aufl. für die GeschäftsV der Tarif zur Zeit des Vertragsschlusses für die Gesamtentschädigungsgrenze als maßgebend an-

gesehen worden. Dies führte zwar in der Regel zum richtigen Ergebnis, weil der Tarif des Vr mit dem abgeschlossenen Vertrag und damit auch mit dem maßgebenden fiktiven Vertragsinhalt übereinstimmt, insbesondere in der Pauschaldeklaration der GeschäftsV. Dort werden die **abgeleiteten VSummen** für Nebenrisken im Sinn von A II 29 und U I 15 zwar in der Kalkulation des Prämiensatzes für die HauptVSumme berücksichtigt, jedoch wird **Prämie** nur für (!) diese Nebenrisiken, **nicht** aber aus (!) den abgeleiteten VSummen für Nebenrisiken **berechnet.** Entsprechend den in U I 22 skizzierten Motiven der Bestimmungen über die Gesamtentschädigungsgrenze werden diese abgeleiteten VSummen also nicht addiert. – Wegen des Verhältnisses zu §§ 7 Nr. 6 AERB, 8 Nr. 6 AERB 87 (Prämienprogression bei mehreren Verträgen gegen Transportraub) vgl. P III 5.

Für die **HausratV** sprechen §§ 9 Nr. 2 VHB 74, 20 VHB 84, ohne nähere **47** Erläuterung von dem Gesamtbetrag der VSummen, U I 38. Gemeint ist selbstverständlich die VSumme für den Hausrat ohne die etwa in einer besonderen Position gemäß Kl 832 versicherten Sachen.

a) Leicht festzustellen ist die Entschädigungsgrenze dann, wenn die zu- **48** sammentreffenden Verträge inhaltlich übereinstimmen, insbesondere **gleich hohe Entschädigungsgrenzen für gleiche Sachgruppen** vorsehen. Dies ist immer dann der Fall, wenn in der GeschäftsV eine gleichlautende Pauschaldeklaration im Sinn von A II 30 oder in der HausratV dieselben AVB vereinbart sind, und wenn in keinem der Verträge die Entschädigungsgrenze einzelvertraglich erhöht oder vermindert wurde oder wenn endlich die Entschädigungsgrenzen aller Verträge einvernehmlich erhöht wurden, und zwar auf denselben Betrag, U I 59. Entgegen Dietz 6.3 zu § 20 (Beispiel 3 zu „Mehrere Verträge nach den VHB 84") ist nämlich eine einzelvertraglich geänderte Entschädigungsgrenze für die Berechnung der Gesamtentschädigungsgrenze in gleicher Weise zu berücksichtigen wie der im Tarif (Pauschaldeklaration der GeschäftsV) oder in den AVB (HausratV) vorgesehene Normalbetrag der Entschädigungsgrenze, vgl. näher U I 60.

Zur GeschäftsV findet sich ein Zahlenbeispiel in U I 39. Betragen abwei- **49** chend von den dort zugrunde gelegten Zahlen die beiden VSummen nur je 20000, so greift die betragsmäßige Entschädigungsgrenze von 5000 DM nicht ein, denn die Entschädigung ist außerdem prozentual auf 10% der VSumme begrenzt, also jeweils auf 2000 DM, vgl. zu diesem Beispiel schon U I 22. Prozentuale Entschädigungsgrenzen führen im allgemeinen (Ausnahme: U I 32 und 66) nicht zu einer Gesamtentschädigungsgrenze, weil sie sich durch die Addition der HauptVSummen auch ihrerseits erhöhen.

Berechnungsbeispiel zu gleich hohen Entschädigungsgrenzen in der **50** HausratV: Zwei Erstrisikoverträge jeweils nach den VHB 84 und nach Kl 834; VSumme 1 100000 DM; VSumme 2 50000 DM; Schaden an Schmuck außerhalb von qualifizierten Behältnissen gemäß § 19 Nr. 3 c VHB 84 50000 DM. Die Entschädigung betrüge nach § 19 Nr. 2 VHB 84 aus Vertrag 1 20000 DM und Vertrag 2 30000 DM. Wegen §§ 20, 19 Nr. 3 c VHB 84 (Gesamtentschädigungsgrenze) beträgt jedoch die Entschädigung aus beiden Verträgen insgesamt nur 40000 DM. Aufteilung erfolgt analog (U I 39) § 59 Abs. 2 VVG im Verhältnis 20 : 30 = 16 000 DM : 24 000 DM.

51   b) **Unterschiedlich hohe Entschädigungsgrenzen** in den zusammentreffenden Verträgen erschweren die Berechnung der Gesamtentschädigungsgrenze. Dann muß nämlich zuerst geklärt werden, in welchem Vertrag die Addition der VSummen vorzunehmen ist. Diese Frage wiederum ist verhältnismäßig leichter zu beantworten, wenn wenigstens der Wortlaut der Bestimmungen über die Entschädigungsgrenze übereinstimmt, wenn also beiden Verträgen § 8 Nr. 4 AERB oder Kl 241 oder § 9 Nr. 3 AFB 87 usw (U I 52 bis 54) oder § 9 Nr. 2 VHB 74 (U I 57) oder endlich § 20 VHB 84 (U I 60) zugrunde liegt.

52   § 8 Nr. 4 AERB sowie Kl 241 und §§ 9 Nr. 3 AFB 87, AERB 87, AWB 87, AStB 87 verweisen auf „**vorliegenden Vertrag**". Danach ist für den Vertrag mit der niedrigeren Grenze diese niedrigere Grenze zugleich Gesamtentschädigungsgrenze, für den Vertrag mit der höheren Grenze hingegen jene höhere Grenze. Da durch den Inhalt eines Vertrages niemals die Entschädigungspflicht aus dem anderen Vertrag reduziert werden kann, U I 42, erhält der VN stets **mindestens den Betrag der höchsten Einzelverpflichtung** der mehreren Vr, vgl. schon U I 29 der 1. Aufl.

53   Unterschiedlich hohe Entschädigungsgrenzen in der GeschäftsV können z. B. darauf beruhen, daß die **Pauschaldeklaration in verschiedenen Fassungen** verwendet wird, sei es zeitlich nacheinander durch ein und denselben Vr oder sei es zu gleicher Zeit durch verschiedene Vr. So wurden und werden z. B. für Aufräumungskosten nach der Pauschaldeklaration für die GeschäftsV zunächst meist nur 1000 DM, später (Texte 39 und 40 der 2. Aufl.) allgemein 3000 DM und gegenwärtig (Texte 40 der vorliegenden 3. Aufl.) teilweise schon 10 000 DM vereinbart. Treffen ein Vertrag 1 mit 1000 DM und ein Vertrag 2 mit 3000 DM als Entschädigungsgrenze für Aufräumungskosten zusammen und werden bei einem Schaden von 3000 DM oder mehr zunächst aus Vertrag 1 1000 DM und sodann aus Vertrag 2 2000 DM gezahlt, so könnte theoretisch Vr 1 1000 DM zurückfordern, denn nach seinem (dem „vorliegenden") Vertrag gilt eine Gesamtentschädigungsgrenze von nur 1000 DM. Dadurch würde jedoch Vr 2 zu einer weiteren Zahlung von 1000 DM genötigt und könnte analog (U I 39) § 59 Abs. 2 VVG von Vr 1 Ausgleich in Höhe von 750 DM verlangen. Zweckmäßig werden sich also die Beteiligten auf eine Ausgleichszahlung von Vr 2 an Vr 1 in Höhe von 250 DM bei gleichzeitigem Verzicht auf den Rückforderungsanspruch des Vr 1 einigen. Beträge der Schaden nur 1500 DM, so wäre im Verhältnis 1000 DM : 1500 DM = 600 DM : 900 DM zu teilen.

54   Unterschiedlich hohe Entschädigungsgrenzen können ferner dadurch entstehen, daß **Entschädigungsgrenzen** der Pauschaldeklaration oder der AVB **einzelvertraglich erhöht oder vermindert werden.** Ändert man das in U I 39 erörterte Beispiel dahin ab, daß die absolute *Entschädigungsgrenze* für Schaufensterschäden im *ersten* Vertrag auf 4000 DM *reduziert* ist, im anderen Vertrag dagegen unverändert 5000 DM beträgt, so erhält der VN, wenn er zuerst den zweiten Vr auf 3500 DM in Anspruch nimmt, von dem ersten Vr zweifelsfrei nur noch 500 DM, insgesamt also 4000 DM. Bei umgekehrter Reihenfolge – Inanspruchnahme zuerst des **Vr mit erhöhter Entschädigungsgrenze** –

erhält der VN zwar zunächst 3500 DM zuzüglich 1500 DM, also 5000 DM, muß aber an den ersten Vr 1000 DM zurückgeben, weil die Minderung des Anspruchs (hier: von 3500 DM auf 2500 DM) auch noch nach dessen Erfüllung eintritt, eben mit der Folge einer **Rückzahlungspflicht.** Da die Einzelverpflichtungen je 3500 DM betragen, lautet das Ausgleichsverhältnis 2000 DM : 2000 DM. Beträgt der Schaden aber z.B. 10000 DM, so erhält der VN 5000 DM, weil dies trotz UnterV der Betrag der Einzelverpflichtung des zweiten Vr ist, Ausgleichsverhältnis: 2000 DM : 3000 DM.

Aus U I 35 der 1. Aufl. sei folgendes weiteres Beispiel zur GeschäftsV wie- 55 derholt: Zwei Verträge mit je 50000 DM VSumme. VWert 100000 DM. Entschädigungsgrenze für Schaufensterinhalt in Vertrag I gegen Mehrprämie auf 6000 DM erhöht, in Vertrag II unverändert 5000 DM gemäß Pauschaldeklaration. Beträgt der Schaden mehr als 5000 DM, so kommt auch nach Berücksichtigung einer UnterV eine Entschädigung durch Vr I in Höhe von mehr als 2500 DM in Betracht. Entgegen U I 32 bis 36 der 1. Aufl. ist aber der durch Vr I gezahlte Betrag in voller Höhe zu berücksichtigen, wenn danach Vr II in Anspruch genommen wird. Vr II braucht nur die Differenz zu der Gesamtentschädigungsgrenze seines Vertrages hinzuzuzahlen, also die Differenz zu 5000 DM. Beispiel: Schaden 6000 DM; Zahlung durch Vr I 3000 DM; Zahlung durch Vr II 2000 DM. Aufteilung analog § 59 Abs. 2 VVG im Verhältnis 3000 DM : 2500 DM, also 2727 DM : 2273 DM.

Daß der VN *nicht* in den Gemuß einer *höheren Gesamtentschädigung* 56 kommt, obwohl in Vertrag I Mehrprämie für eine erhöhte Entschädigungsgrenze aufgewendet wurde, beruht nicht nur auf der Gesamtentschädigungsgrenze gemäß § 8 Nr. 4 AERB, Kl 241 und §§ 9 Nr. 3 AFB 87 usw, sondern in erster Linie auf der in beiden Verträgen bestehenden **UnterV,** und ist daher entgegen U I 35 der 1. Aufl. ohne vertragliche Modifikation auch der Proportionalitätsregel nicht vermeidbar; ein Vorschlag für eine vertragliche Modifikation, der allerdings ein Zusammenwirken beider betroffener Vr voraussetzen würde, findet sich in U I 59 zur HausratV nach den VHB 74, wo die praktische Bedeutung der Frage noch weit größer ist. UnterV ist aus der Sicht des Vr ein unerwünschter Tatbestand, weil der Nachweis einer UnterV im Schadenfall Mehrkosten verursacht und oft gleichwohl nicht gelingt, S II 65 und 66. Es ist daher keine treuwidrige, sondern eine interessengerechte Auslegung, wenn entsprechend dem Wortlaut der Abrede über die Erhöhung der Entschädigungsgrenze die Bestimmungen über UnterV und über die Gesamtentschädigungsgrenze mangels ausdrücklicher Modifikation unberührt bleiben. Nur falls der Vr Grund zu der Annahme hatte, es bestehe noch ein weiterer VVertrag und der VN erwarte Vorteile aus der erhöhten Entschädigungsgrenze auch für den Fall einer UnterV, nur dann haftet der Vr dem VN auf **Schadenersatz wegen Beratungsverschuldens.**

In der **HausratV** können unterschiedliche Entschädigungsgrenzen bei über- 57 einstimmdendem Wortlaut der Bestimmung über die Gesamtentschädigungsgrenze nur dadurch entstehen, daß bei mehreren Verträgen nach den VHB 74 oder bei mehreren Verträgen nach den VHB 84 in einem der mehreren Verträge eine bedingungsgemäße Entschädigungsgrenze einzelvertraglich erhöht (oder vermindert) wird, in dem anderen Vertrag hingegen nicht. Da § 9 Nr. 2 VHB 74 („in **einem Vertrag**") nicht sagt, in welchem der mehreren Verträge die Addition vorzunehmen ist, muß zugunsten des VN der Vertrag mit der höheren Entschädigungsgrenze zugrunde gelegt werden, vgl. schon U I 28 der 1. Aufl. sowie Dietz zu § 20 (Variante A zu „Mehrere Verträge nach den VHB 84 und VHB 74").

58   Die **Enschädigungsgrenzen** gemäß § 2 und § 6 Nr. 2 VHB 74 können durch Vereinbarung **gegen Mehrprämie erhöht** werden, vgl. **Kl 820 bis 823.** Oft geschieht dies nur *in einem von mehreren Verträgen* oder in mehreren Verträgen in unterschiedlichem Umfang. Dadurch entsteht oft eine **Deckungslücke**, und zwar selbst dann, wenn der VWert den Gesamtbetrag der VSummen nicht übersteigt, UnterV also „nur" zu jedem der Einzelverträge besteht. Beispiel: VSumme I 100000 DM, Entschädigungsgrenze I für Schmuck und Pelze unverändert 20000 DM. VSumme II ebenfalls 100000 DM, Entschädigungsgrenze II für Schmuck und Pelze nach Kl 821 auf 60000 DM erhöht. VWert 200000 DM, davon 60000 DM Schmuck. Wird der Schmuck im Wert von 60000 DM gestohlen, so werden aus Vertrag II wegen UnterV nur 30000 DM ersetzt, aus Vertrag I wegen der Entschädigungsgrenze nur 20000 DM. Die Deckungslücke von 10000 DM beruht also nicht auf § 9 Nr. 2 VHB 74 und dem Zusammentreffen zweier Entschädigungsgrenzen, denn § 9 Nr. 2 VHB 74 würde zu einer Gesamtentschädigungsgrenze von 60000 DM führen und nur eingreifen, wenn der Schaden entsprechend höher wäre und nicht schon die UnterV dem Ersatz entgegenstünde. Die Deckungslücke beruht vielmehr, ebenso wie in dem Beispiel gemäß U I 55 und 56 zur GeschäftsV, auf dem Zusammentreffen der Entschädigungsgrenze in Vertrag I und der **UnterV** in Vertrag II.

59   Eine **mögliche Abhilfe** läge darin, daß der VN nach Beratung und Belehrung einer *Erhöhung* der Entschädigungsgrenze auf 60000 DM *in beiden Verträgen* beantragt, die Vr den Prämienzuschlag aber nicht jeweils aus dem vollen Erhöhungsbetrag, sondern nur anteilig entsprechend ihren Anteilen an der HausratVSumme erheben, weil ja auch ihre mögliche Höchstbelastung aus beiden Verträgen nur einem einmaligen Zuschlag entspricht. Nicht realisierbar ist diese Lösung nur dann, wenn sich der VN trotz Belehrung weigert, auch Vertrag I zu erweitern, z.B. weil der VN zu Vr I das Vertrauen verloren hat oder weil der *Zuschlagspromillesatz bei Vr I höher* ist und Vr I auf diesen höheren Satz auch im Streitfall besteht. Je nach Sachlage kann der Vr mit erhöhter Entschädigungsgrenze auch auf Schadensersatz wegen Beratungsverschuldens haften, wenn für ihn nämlich erkennbar war, daß UnterV bestand, daß der VN diese UnterV durch einen Vertrag bei einem anderen Vr für ausgeglichen hielt und den zusätzlichen VSchutz aus der erhöhten Entschädigungsgrenze erwartete, obwohl die Grenzen im anderen Vertrag nicht erhöht waren.

60   Nach § 20 VHB 84 ist zwar für die Gesamtentschädigungsgrenze in jedem Vertrag die „**in vorliegendem Vertrag**" geltende Grenze maßgebend. Da jedoch der Vertrag mit der niedrigeren Grenze nicht die Rechte des VN aus dem Vertrag mit der höheren Grenze beeinträchtigen kann, U I 42 und 52, erhält der VN auch hier mindestens den Betrag der Einzelverpflichtung des Vr mit der höheren Entschädigungsgrenze. Des gedanklichen Umwegs, mit dem Dietz 6.3 zu § 20 in Beispiel 3 zu „Mehrere Verträge nach den VHB 84" zu demselben Ergebnis gelangt, bedarf es nicht. Das von Dietz befürwortete

I. Begriff und Rechtsfolgen; Gesamtentschädigungsgrenzen

Ergebnis ist schon deshalb richtig, weil die niedrigere Entschädigungsgrenze und (!) Gesamtentschädigungsgrenze in Vertrag B nicht die Einzelverpflichtung des Vr A reduzieren kann. Für die Aufteilung analog (U I 39) § 59 Abs. 2 VVG ist allerdings entgegen Dietz aaO das Verhältnis 4000 DM : 1500 DM zugrunde zu legen, so daß die Entschädigung von 4000 DM im Verhältnis 2910 DM : 1090 DM aufzuteilen ist.

c) Treffen nicht nur **unterschiedlich hohe Entschädigungsgrenzen**, sondern **61** außerdem **unterschiedlich formulierte Bestimmungen** über die Gesamtentschädigungsgrenze zusammen, so ist ebenfalls zunächst je Vertrag gesondert die Gesamtentschädigungsgrenze zu ermitteln. Mindestens erhält der VN als Entschädigung den Betrag der höchsten Einzelverpflichtung als Entschädigung. Im Ergebnis setzt sich also die höhere Gesamtentschädigungsgrenze durch. Insbesondere gilt dies bei **Zusammentreffen von Verträgen nach den VHB 74 mit Verträgen nach den VHB 84** in der HausratV.

Theoretischer Grenzfall ist das Zusammentreffen von Verträgen nach den **62** VHB 74 und den VHB 84 bei Schadensfällen, für die nur in einem der beiden Bedingungswerke eine Entschädigungsgrenze vorgesehen ist. In Betracht kommt dies nur für die Entschädigungsgrenze nach § 1 Nr. 2b VHB 74 für Aufräumungskosten und nach § 3 Nr. C 2 VHB 74 für Leitungswasserschäden in Mietwohnungen. *Betragsmäßige* Entschädigungsgrenzen in den VHB 84 *ohne* Gegenstück in den VHB 74 gibt es dagegen *nicht*, vgl. Dietz 7.1 § 20 Variante A zu „Mehrere Verträge nach den VHB 84 und VHB 74". In den beiden erwähnten Fällen ist überhaupt keine Gesamtentschädigungsgrenze zu beachten.

Die Entschädigungsgrenzen nach den **VHB 74** einerseits und den **VHB 84 63** andererseits betreffen **unterschiedlich zusammengesetzte Sachgruppen**, vgl. die folgende, aus Dietz 7.3 zu § 20 entnommene Zusammenstellung:

	VHB 84	VHB 74
Außenversicherung	§ 12 Nr. 5	§ 6 Nr. 2
Bargeld	§ 19 Nr. 3a	§ 2 Nr. 3b
Urkunden und Wertpapiere	§ 19 Nr. 3b	§ 2 Nr. 4
Sparbücher	§ 19 Nr. 3b	§ 2 Nr. 5
Barrengold, Goldmünzen und -medaillen	§ 19 Nr. 3c	§ 2 Nr. 3b
(Sammlungen von) Münzen und Briefmarken	§ 19 Nr. 3c	§ 2 Nr. 6a bis c
Gold- und Schmucksachen	§ 19 Nr. 3c	§ 2 Nr. 8

Hinzu kommt die Entschädigungsgrenze für Gold-, Silber- und Schmucksachen einerseits sowie für Pelze, Teppiche, Kunstegenstände und Antiquitäten andererseits nach Kl 831 Nr. 3 zu den VHB 74. Falls keine Einzelfallvereinbarung getroffen ist, beträgt die Grenze gemäß Nr. 1 der Klausel 20 000 DM für beide Gruppen zusammen.

Schwierigkeiten durch die unterschiedlich zusammengesetzten Sachgrup-**64** pen der VHB 74 und VHB 84 entstehen allerdings nur, wenn durch den **Schaden** mehrere Gruppen von Sachen betroffen werden, von denen **eine Gruppe** nach einem der Bedingungswerke **nicht zu derselben Sachgruppe** gehört. *Keine* Schwierigkeiten entstehen hingegen, wenn der Schaden nur eine *einzige* Gruppe von Sachen betrifft, z. B. Bargeld außerhalb von qualifizierten Behältnissen gemäß § 19 Nr. 3 VHB 84 in Höhe von 5000 DM bei Zusammentreffen von Verträgen mit einer VSumme von je 50000 DM nach VHB 74 und VHB 84. Hier beträgt die Entschädigungsgrenze gemäß § 2 Nr. 3 b VHB 74 1000 DM und gemäß § 19 Nr. 3 a VHB 84 1500 DM. Die Gesamtentschädigungsgrenze beträgt 1500 DM, und zwar übereinstimmend nach beiden Verträgen, denn § 20 VHB 84 verweist auf den „vorliegenden" und § 9 Nr. 2 VHB 74 auf den für den VN hinsichtlich der Entschädigungsgrenze günstigeren der beiden Verträge, vgl. näher U I 43.

65   Ein weiteres Beispiel, in dem nur Sachen einer *einzigen* Gruppe vom Schaden betroffen werden, nämlich unverschlossener Schmuck ohne Einzelwerte über 1500, bietet Dietz 7.3.1 zu § 20, Variante C Beispiel 1. Dort bleibt der Gesamtbetrag der jeweils wegen UnterV gekürzten Entschädigung unterhalb der Gesamtentschädigungsgrenze von 40000 DM gemäß §§ 20, 19 Nr. 3 c VHB 84 und auch unter der Gesamtentschädigungsgrenze von 20000 DM gemäß §§ 9 Nr. 2, 2 Nr. 8 VHB 74. Daher greift im Einzelfall weder die niedrigere (U I 61) noch die höhere der beiden Gesamtentschädigungsgrenzen ein. Auf die prozentuale und verschlußunabhängige Entschädigungsgrenze gemäß § 19 Nr. 2 VHB 84 verweist § 20 VHB 84 ohnehin nicht, U I 28 und 32.

66   Während § 20 VHB 84 ausschließlich auf den „vorliegenden Vertrag" und in diesem wieder nur auf die betragsmäßigen Grenzen gemäß § 19 Nr. 3 VHB 84 verweist, ist nach § 9 Nr. 2 VHB 74 bei Zusammentreffen mit einem Vertrag nach den VHB 84 die Entschädigungsgrenze demjenigen der beiden Verträge zu entnehmen, der zu einem höheren Entschädigungsergebnis führt, U I 57. Mit Dietz 7.2 zu § 20 Variante B zu „Mehrere Verträge nach den VHB 84 und VHB 74" wird man annehmen dürfen, daß bei **Anwendung von** § 9 Nr. 2 VHB 74 auch die prozentuale (Dietz: „allgemeine") Entschädigungsgrenze gemäß § 19 Nr. 2 VHB 84 zur Gesamtentschädigungsgrenze im Sinn des Vertrages nach den VHB 74 werden kann. Dietz aaO liefert hierfür auch ein rechnerisches Anwendungsbeispiel.

67   Entsteht durch ein und denselben VFall ein **Schaden an mehreren Gruppen von Sachen**, die in Verträgen nach den VHB 74 und den VHB 84 den **Entschädigungsgrenzen für unterschiedliche Sachgruppen** zugeordnet sind, so kann es notwendig werden, die zunächst „vorläufig" (nämlich ohne Rücksicht auf die Gesamtentschädigungsgrenzen) für eine größere Gruppe von Sachen errechnete Gesamtentschädigung aus beiden Verträgen auf die betroffenen Untergruppen von Sachen aufzuteilen.

68   Am nächsten liegt es, für diese **proportionale Aufteilung** ebenso wie im Fall einer UnterV das **Verhältnis der Schadenbeträge** zugrunde zu legen, U I 11 und S II 25. Allerdings kann dann auf eine Sachgruppe mit niedriger Entschädigungsgrenze, z. B. Bargeld außerhalb von qualifizierten Behältnissen, mit steigender Schadenshöhe ein immer höherer Anteil der Entschädigung entfallen, U I 74. Dies wiederum kann zur Folge haben, daß dem VN dieser höhere Anteil wegen der niedrigeren Gesamtentschädigungsgrenze nicht zugute kommt, während gleichzeitig die anteilige Entschädigung für eine Sachgruppe mit höherer Gesamtentschädigungsgrenze gemindert wird, der VN also insgesamt weniger Entschädigung enthält, vgl. das Beispiel 3 bei Dietz 7.3.2

zu § 20 Variante C zu „Mehrere Verträge nach VHB 84 und VHB 74" sowie das Beispiel in U I 70 bis 75.

Dietz aaO will dadurch helfen, daß er die **proportionale Aufteilung** der 69 vorläufigen Entschädigung nicht entsprechend den Schadenbeträgen, sondern **entsprechend den vorläufigen** (zunächst ohne Rücksicht auf die Gesamtentschädigungsgrenzen errechneten) **Entschädigungsbeträgen** vornehmen will. Für Dietz aaO spricht, daß man bei Entschädigungsgrenzen für einzelne Sachgruppen anders als bei UnterV nicht ohne weiteres von einem für sämtliche Sachen des Inbegriffs gleichermaßen „verdünnten" VSchutz ausgehen kann. Gegen Dietz aaO spricht aber, daß es für eine Aufteilung nach den vorläufigen Entschädigungsbeträgen in den AVB keinerlei Anhaltspunkt und keinerlei Paralle gibt. Da es sich noch nicht um die endgültigen Entschädigungsbeträge handelt, erscheint dieser Maßstab für die proportionale Zuordnung als zu willkürlich gewählt. Außerdem wäre erst noch zu prüfen, ob es nicht andere Rechenbeispiele gibt, in denen umgekehrt die von Dietz aaO bevorzugte Methode zu einer niedrigeren Entschädigung führt, vgl. U I 73 und 75. Schließlich bleibt zweifelhaft, ob überhaupt der höhere Gesamtbetrag der Entschädigung ein Maßstab für die „richtige" Zuordnung bei jener Zwischenrechnung sein kann. Unterstellt man nämlich, daß die Sachen der nach Dietz aaO weniger stark zu berücksichtigenden Sachgruppe einem mitversicherten Dritten gehören, z. B. einem Logiergast des HausratVN, so entspricht eine schematische Aufteilung nach Schadenbeträgen am besten der in J IV 10 und V II 24 erörterten Interessenlage. Erhält nämlich ein mitversicherter Dritter nach Dietz aaO eine auch nur geringfügig verminderte Entschädigung, so bedeutet es für diesen wirtschaftlich keinen „Ausgleich", wenn andererseits der VN für den ihn treffenden Schadenteil überproportional besser entschädigt wird.

Ein weiteres Zahlenbeispiel möge die in U I 68 und 69 erörterte Problema- 70 tik der proportionalen Zuordnung verdeutlichen. In je einem Vertrag sind VSummen von 100 000 DM nach den VHB 74 und von 150 000 DM nach den VHB 84 vereinbart. Die Entschädigungsgrenze für Wertsachen gemäß § 19 Nr. 2 VHB 84 ist auf 30% = 45 000 DM erhöht. Neben sonstigem Hausrat im Wert von 211 000 DM sind für 10 000 DM Schmuck, für 10 000 DM Pelze, für 5000 DM Goldmünzen, für 15 000 DM sonstige Münzen, für 30 000 DM Orientteppiche, für 15 000 DM Antiquitäten sowie 4000 DM Bargeld vorhanden. Sämtliche genannten Wertsachen, nicht aber sonstiger Hausrat, kommen durch einen versicherten Diebstahl abhanden. Der Schmuck befand sich unter einfachem Möbelverschluß. Sieht man von den Gesamtentschädigungsgrenzen zunächst ab, so betrüge die Entschädigung nach den VHB 74 27 667 DM, nämlich 6667 DM für Schmuck und Pelze, 1000 DM (statt 3000 DM, wegen § 2 Nr. 3b VHB 74) für Goldmünzen und Bargeld, 5000 DM für die übrigen Münzen und 15 000 DM für Antiquitäten und Teppiche. Nach den VHB 84 beträgt die vorläufig und ohne Rücksicht auf Gesamtentschädigungsgrenzen ermittelte Entschädigung wegen § 19 Nr. 2 VHB 84 45 000 DM (statt 51 305 DM ohne Berücksichtigung dieser prozentualen Entschädigungsgrenze, wobei auf Bargeld statt 2344 DM wegen § 19 Nr. 3a VHB 84 nur 1500 DM entfallen würden).

71   In diesem Zahlenbeispiel gilt für Bargeld eine Gesamtentschädigungsgrenze gemäß § 19 Nr. 3 VHB 84 von 1500 DM. Diese Grenze gilt sowohl nach § 20 VHB 84 („im vorliegenden Vertrag") wie auch nach § 9 Nr. 2 VHB 74 („in einem Vertrag"). Für den VN am günstigsten wäre es, den **Anteil von 1000 DM nach den VHB 84** in voller Höhe den **Goldmünzen** zuzuordnen, denn dann wäre durch den verbleibenden Betrag von 1500 DM aus dem Vertrag nach den VHB 84 die Gesamtentschädigungsgrenze in beiden Verträgen überhaupt nicht überschritten. Die vorläufig berechnete Entschädigung aus beiden Verträgen gemäß U I 70 wäre dann nicht mehr zu kürzen, sondern als endgültige Entschädigung auszuzahlen. Umgekehrt wäre die Gesamtentschädigung zum Nachteil des VN am stärksten zu kürzen, nämlich um volle 1000 DM, wenn dieser Betrag in voller Höhe dem **Bargeldschaden** und überhaupt nicht den Goldmünzen zugeordnet würde. Selbstverständlich wäre indessen keine dieser beiden Extemlösungen richtig. Vielmehr ist zu ermitteln, welche Entschädigung nach jedem der beiden Verträge auf Bargeld entfällt. Soweit der Gesamtbetrag für Bargeld die Gesamtentschädigungsgrenze von 1500 DM übersteigt, ist die vorläufig errechnete Gesamtentschädigung aus beiden Verträgen zu kürzen. Wie schon in U I 68 und 69 dargelegt, ist aber unklar, wie die proportionale Aufteilung vorzunehmen ist:

72   Nach den VHB 74 beträgt der Bargeldanteil entweder $(27\,667 \times 4000) : 89\,000\,DM = 1243\,DM$ (konsequent durchgeführte Aufteilung nach **Schadensbeträgen**) oder $(1000 \times 4000) : 9000\,DM = 444\,DM$ (Aufteilung nach Schadenbeträgen, wobei aber inkonsequent nur der Schaden an Bargeld und Goldmünzen berücksichtigt würde) oder endlich $(1000 \times 1000) : 2000\,DM = 500\,DM$. Die rechnerisch zuletzt angedeutete Methode entspricht dem Vorschlag von Dietz, also einer Zuordnung nach dem Verhältnis der vorläufigen **Entschädigungsbeträge**, U I 69. Diese vorläufigen Entschädigungsbeträge sind hier für Bargeld und für Goldmünzen jeweils gleich hoch, nämlich jeweils 1000 DM. Deshalb entfallen nach Dietz je 500 DM auf Bargeld und Goldmünzen. Damit aber würde in vorliegendem Beispiel der VN entgegen der Absicht von Dietz nicht besser, sondern etwas schlechter als nach der zweiten Variante der Aufteilung nach Schadenbeträgen gestellt. Die Gesamtentschädigung wäre um 500 DM statt nur um 444 DM zu kürzen.

73   Gleichwohl verdeutlicht das Beispiel gemäß U I 70 auch die Berechtigung der Einwände von Dietz gegen die Aufteilung nach Schadenbeträgen. Die Berechtigung dieser Einwände wird deutlich, wenn man das Beispiel in U I 70 dahin abwandelt, daß von den vorhandenen 4000 DM Bargeld (VWert als unverändert) nur 2000 DM abhandengekommen sind. Der auf Bargeld entfallende Teil der vorläufigen Entschädigung nach den VHB 74 vermindert sich dann auf $(27\,667 \times 2000) : 89\,000\,DM = 622\,DM$ oder $(1000 \times 2000) : 9000\,DM = 222\,DM$. Dementsprechend vermindert sich auch der wegen der Gesamtentschädigungsgrenze für Bargeld gebotene Abzug, so daß der VN bei einem geringeren Gesamtschaden eine höhere Gesamtentschädigung erhält. Andererseits bewirkt der Vorschlag von Dietz aber ebenfalls nicht die von Dietz gewünschte Besserstellung des VN bei einem höheren Gesamtschaden, denn die vorläufige Gesamtentschädigung von 1000 DM verteilt sich auch bei einem verminderten Bargeldschaden von nur

2000 DM unverändert je zur Hälfte (also zu je 500) auf Bargeld und Gold-münzen. Die Gesamtentschädigung wäre also nach Dietz unabhängig von der Höhe des Bargeldschadens jeweils um 500 DM zu kürzen.

Betrüge im Beispiel gemäß U I 70 der Bargeldschaden nur 1500 DM, so 74 wäre der VN sogar nach beiden Methoden der Zuordnung nach Schadenbe-trägen besser gestellt als bei Zuordnung nach vorläufigen Entschädigungsbe-trägen. Dem Betrag von unverändert 500 DM im letzteren Fall stünden dann Beträge von 472 DM oder 167 DM gegenüber.

II. Entschädigungsgrenzen
in der Geschäfts- und Industrieversicherung

1. AFB 30, AEB, AWB 68 und AStB 68 erwähnen Entschädigungsgrenzen 1 nicht, ebensowenig wie das VVG selbst; wegen der Konzequenzen bei einem *Zusammentreffen von Entschädigungsgrenzen und Rettungskosten* vgl. W II 4. Erstmals die **AERB** bemühen sich in §§ 11 Nr. 1, 8 Nr. 4, 10 Nr. 3 **Abs.** 2 um eine zusammenfassende Regelung der in den AERB erwähnten und der sonst zu vereinbarenden Entschädigungsgrenzen. Der Sache nach hätte in § 11 Nr. 1 b AERB auch die **BruchteilV** gemäß § 10 Nr. 3 Abs. 1 Satz 2 AERB erwähnt werden müssen. Die BruchteilV wurde freilich schon in § 3 Nr. 4 Abs. 4 AEB und in Kl 509 und 602 nicht als Fall einer Entschädigungsgrenze verstanden und formuliert. §§ 12 AFB 87, AERB 87, AWB 87, AStB 87 sowie §§ 11 Nr. 3 AERB 87, AWB 87, AStB 87 übernehmen im Prinzip die Formu-lierungen der AERB.

In der **BruchteilV** wird wie der Name sagt, die Entschädigung auf einen 2 Bruchteil begrenzt. Dieser Bruchteil ist eine vereinbarte Entschädigungsgren-ze. Für den VN liegt eine solche Abrede nahe, wo die Wahrscheinlichkeit eines Schadens über die Entschädigungsgrenze hinaus so gering ist, daß er sie vernachlässigen kann. Dies kann in der *Leitungswasser- und SturmV* auf-grund der Bauart des Gebäudes und der Lagerungsweise des Inventars mit einiger Sicherheit prognostizierbar sein. In der *DiebstahlV* sind solche Schlüsse schon bedeutend schwerer zu ziehen, weil die Wahrscheinlichkeit eines Totalschadens nur durch die Transportierbarkeit und Verwertbarkeit des Inventars für den potentiellen Dieb begrenzt wird, also durch sehr sub-jektive Umstände, die überdies wegen der auch für Diebe besser werdenden technischen Möglichkeiten (Abtransport durch Lkw usw.) einem Wandel unterworfen sind. Immerhin sind z. B. Produktionsmaschinen und größere Möbelstücke kaum durch Diebstahl bedroht; auch werden größere Lager durch Diebe nur selten restlos geräumt. Andererseits ist auch das Vandalis-musrisiko zu berücksichtigen.

Je geringer allerdings die Wahrscheinlichkeit eines Schadens über die Ent- 3 schädigungsgrenze hinaus ist, um so geringer ist auch der **Rabatt,** den der Vr auf die *aus der ungekürzten VSumme berechnete Prämie* gewähren kann, denn ein Rabatt beruht wirtschaftlich nur darauf, daß der VN einen Teil des mit der tariflichen Prämie abgegoltenen Risikos selbst trägt. Ist dieser Teil sehr gering, so muß auch der Rabatt gering sein, und die BruchteilV lohnt schon deshalb nicht. Ist danach ein Rabatt überhaupt nicht möglich, so wird nicht BruchteilV, sondern eine Entschädigungsgrenze vereinbart, und zwar abweichend von U I 6 für *jeden* versicherten Schaden; gleichwohl muß der VN dann aber die volle Prämie aus dem vollen Wert der versicherten Sachen zahlen, vgl. S II 53 und 62. Ist die Wahrscheinlichkeit eines Schadens über die Entschädigungsgrenze hinaus relativ höher, so könnte zwar auch der Rabatt bei bloßer BruchteilV höher sein. Da aber die V gerade bei *Großschäden* schützen soll und aus der Sicht des VN allenfalls *Kleinschäden* unversichert bleiben dürfen, vgl. T I 7 zum Selbstbehalt, verwundert es auf den ersten Blick sogar, daß es überhaupt Fälle gibt, in denen von der Möglichkeit einer BruchteilV Gebrauch gemacht wird. In der **FeuerV** wird aus diesen Gründen **keine BruchteilV** angeboten.

4   **Terminologisch** enthalten §§ 3 Nr. 4 Abs. 4 AEB, 10 Nr. 3 Abs. 1 Satz 2 AERB sowie Kl 509 und 602 einen gemeinsamen **Fehler,** der leider auch in die Literatur eingegangen ist, vgl. z. B. BM § 56 VVG Anm. 64 und E. Prölss 144. Sie bezeichnen nämlich den Bruchteil nicht als Entschädigungsgrenze, sondern irrig als VSumme, obwohl nicht nur – wie jeweils ausdrücklich vorgeschrieben – für die Ermittlung einer UnterV von der vollen Summe auszugehen ist, sondern auch die (rabattierte, U II 3) Prämie aus dem vollen Wert berechnet wird. Gerade dies aber sind die Kriterien der VSumme S I 1. Die BruchteilV ist indessen nicht der einzige Fall, in dem Entschädigungsgrenzen und VSummen begrifflich verwechselt werden, U I 4. – Immerhin hat die Terminologie der AVB auch einen *Vorzug:* Die *Pauschaldeklaration* der gebündelten GeschäftsV (Texte 40) ist auch bei der BruchteilV verwendbar, denn die als *Prozentsätze* aus der Hauptsumme **abgeleiteten Erstrisikosummen** für Nebenrisiken (S I 1 und U I 5) werden im Gegensatz zur Prämie nicht aus dem vollen Wert, sondern **aus dem Bruchteil berechnet,** der nach dem bisherigen Sprachgebrauch in der Deklarationsspalte für die VSumme erscheint. Ein echtes Argument für die Terminologie der AVB ist dies letztlich aber doch nicht, denn BruchteilV wird nur bei so hohen (U II 3) Werten (etwa ab 500 000 DM) angeboten, daß die prozentualen Entschädigungsgrenzen meist auch dann über den absoluten Grenzen liegen, wenn man sie aus dem Bruchteil berechnet.

5   Bei frei formulierten Verträgen können die begrifflichen Unklarheiten auch zu *Auslegungsschwierigkeiten* führen, vgl. RG JR 25, 214 (BruchteilV oder ErstrisikoV?). Insbesondere ist die BruchteilV *keine ErstrisikoV,* auch nicht bis zu der „Bruchteilsumme", VA 20, 123, was sofort klar wäre, wenn jener Betrag korrekt als Entschädigungsgrenze bezeichnet würde. Im Fall KG JR 25, 194 trafen zwei BurchteilV (irrig E. Prölss 145: „BruchteilV und VollwertV") zusammen; im zweiten Vertrag sollte mit den Worten „voller Wert" ausgedrückt werden, daß bis zur Entschädigungsgrenze „voll" gehaftet wird, wenn der Betrag, aus dem der Bruchteil berechnet wurde, korrekt also die VSumme, mindestens der Entschädigungsgrenze entsprach. Ist für *mehrere VOrte* nur eine einzige *VSumme* vereinbart, G III 3 und S I 8, so liegt aus der Sicht des VN eine BruchteilV nahe, weil Schäden an jedem Ort als gesonderter VFall anzusehen wären, selbst wenn sie ganz oder nahezu gleichzeitig eintreten. Soweit also die vereinbarte Entschädigungsgrenze in jedem der VOrte niemals oder nur selten überschritten würde, trüge der VN praktisch kein Risiko. Dann wäre allerdings auch kein oder fast kein Rabatt gerechtfer-

tigt, weshalb in VW 59, 170 bei Freizügigkeit von einer BruchteilV abgeraten
wird.

Auch §§ 10 Nr. 3 Abs. 1 Satz 2 AERB, 11 Nr. 3 Abs. 1 Satz 2 AERB 87, AWB 6
87, AStB 87 gehen davon aus, daß fälschlich der **Bruchteil** als VSumme bezeichnet wird. Dieser Betrag ist Entschädigungsgrenze gemäß §§ 11 Nr. 1
AERB, 12 Nr. 1 AERB 87, AWB 87, AStB 87 sowie § 50 VVG. Für § 56
VVG und die AVB-Bestimmungen über UnterV tritt hingegen an die Stelle
der „VSumme" der **Betrag, aus dem der Bruchteil berechnet wurde.**

2. In der **FeuerV** sind **Betriebsschäden** ausgeschlossen, F II 4. In der Indu- 7
strie-FeuerV kann von diesem Ausschluß durch Kl 3102 (früher 1102 und
1.02) abgewichen werden, und zwar ohne bezifferte Entschädigungsgrenze.
Das zusätzliche Risiko des Vr ist aber naturgemäß dadurch begrenzt, daß der
Ausschluß nur für die der Wärme ausgesetzten Teile der Anlage und des
Inhalts gilt. Andere Sachen oder Teile, auf die das Feuer übergreift usw.,
F II 26, fallen schon nicht unter den Ausschluß und daher auch nicht unter
den Einschluß. Wegen des Begriffs der „**ähnlichen Erhitzungsanlagen**" vgl.
F II 62 bis 64. Der Umfang des Einschlusses ergibt sich im übrigen aus dem
Ausschluß, der durch den Einschluß beseitigt wird, also aus der Definition
des Betriebsschadens.

Kl 3102 trat an die Stelle von **Kl 313** für die nichtindustrielle FeuerV und 8
wurde sprachlich („Trocknungs-" usw.) ein wenig verbessert, inhaltlich aber
nur dadurch, daß eine bezifferte **Entschädigungsgrenze** vereinbart werden
kann. Die praktische Bedeutung dieser Möglichkeit liegt angesichts des auch
in der Industrie-FeuerV begrenzten Einschlußrisikos nur darin, daß der Vr
für die Prämienberechnung rechtzeitig Klarheit über den Umfang des zusätzlich übernommenen Risikos erlangt, ohne sich mit den technischen Gegebenheiten schon bei Vertragsschluß näher beschäftigen zu müssen. Als Entschädigungsgrenze wird in der Regel der Gesamtwert der Anlage und des Inhalts
gewählt. Von Kl 3101 unterscheidet sich die Rechtslage dann nur dadurch,
daß der VN die Gefahr einer zu niedrigen Bezifferung der Entschädigungsgrenze trägt. Ansonsten gilt das in U II 7 Gesagte.

3. **Bargeld, Wertpapiere** und sonstige **Urkunden** mußten früher nach Kl 211 9
sowie § 10 ZFgA 81 b und müssen gegenwärtig nach §§ 4 Nr. 3 AFB 87,
AWB 87, AStB 87 auch in der **FeuerV** sowie in der **Leitungswasser- und
SturmV** in verschlossenen Behältnissen befinden. Jedoch kann eine **Entschä-
digungsgrenze** oder eine *besondere* VSumme vereinbart werden, vgl. §§ 4 Nr. 5
AFB 87, AWB 87, AStB 87, bis zu der Bargeld *während der Geschäftszeit
auch* unverschlossen versichert ist, H III 54, weil dauernder Verschluß mit
dem normalen Betriebsablauf nicht zu vereinbaren wäre. Wegen der Art des
Behältnisses und des Verschlusses verweisen die Bestimmungen auf den
VVertrag, vgl. ergänzend H III 42 bis 54.

Zum Diebstahlrisiko in der GeschäftsV ist entschieden, daß es sich nicht 10
um eine **verhüllte Obliegenheit** handeln soll, wenn Bargeld usw. *nur* unter
Verschluß versichert ist. Nun kann aber in der FeuerV bis zu der vereinbarten
Entschädigungsgrenze Schutz auch *ohne* Verschluß bestehen, U II 9, so daß
immerhin mit Prölss in PM § 6 Anm. 3 B e aa die Frage gestellt werden muß,
ob der Verschluß nicht doch eine Obliegenheit darstellt, an deren Verletzung

als Rechtsfolge eben nur eine *teilweise Leistungsfreiheit* geknüpft ist, die aber dennoch nach §§ 15 a, 6 VVG behandelt werden muß, vgl. für die HausratV M III 13 und 27 sowie U III 9. Insbesondere könnte der VN dann im Schadenfall den **Kausalitätsgegenbeweis** gemäß § 6 Abs. 2 VVG antreten, den Beweis nämlich, daß der Schaden auch unter dem vorgeschriebenen Verschluß eingetreten wäre. Außerdem müßte der Vr **kündigen** um leistungsfrei zu bleiben, § 6 Abs. 1 Satz 3 VVG.

11   *Unbehelflich* (M III 16) ist das Kriterium gemäß BGH VersR 72, 575 zur GeschäftsV gegen Diebstahl, wonach es darauf ankommen soll, ob *„durchgehender VSchutz"* im Prinzip auch ohne den Verschluß gewollt ist, M III 16. Diese Frage müßte dann nämlich folgerichtig nicht je Vertrag, sondern je Position (S I 1 und 32) gestellt werden. Die in U II 9 zitierten Bestimmungen stellen nun aber die Möglichkeit einer besonderen Position für unverschlossenes Bargeld ausdrücklich zur Wahl („VSumme oder Entschädigungsgrenze"), so daß das Ergebnis von dem Zufall der Gestaltung des VVertrags abhinge, und zwar so, daß Obliegenheit anzunehmen wäre, wenn eine Position für Bargeld unter Verschluß, jedoch mit Entschädigungsgrenze für unverschlossenes Bargeld während der Geschäftszeit gebildet ist, während es sich um eine zulässige Risikoabgrenzung handeln würde, wenn Bargeld auch während der Geschäftszeit ausschließlich unter Verschluß versichert ist, vgl. auch S I 6.

12   Eine solche Unterscheidung könnte nicht richtig sein, zumal bei Entschädigungsgrenzen eine verhüllte Obliegenheit auf den ersten Blick ferner liegt als dort, wo eine Verschlußvorschrift für eine ganze Position gilt. Außerdem sind Entschädigungsgrenzen stets nur ein Mittel, die Verträge zu vereinfachen; auch wo die AVB es nicht sagen, könnte statt einer Entschädigungsgrenze eine gesonderte Position gebildet werden, U I 15. Allerdings kann man auch umgekehrt sagen, Entschädigungsgrenzen könnten schon aus diesen Gründen niemals als Leistungsfreiheit wegen Verstoßes gegen eine verhüllte Obliegenheit behandelt werden, M III 13. Nur ist dann eben das Kriterium des „durchgehenden VSchutzes" unbrauchbar. Vielmehr ist auf die in M III 7 bis 13 erörterten Gesichtspunkte zurückzugreifen. Für verhüllte Obliegenheit spricht, daß es außerhalb der Geschäftszeit und über den für die Geschäftszeit vereinbarten Betrag hinaus vernünftige Gründe für unverschlossene Aufbewahrung kaum gibt. Anders als bei Schmuck in der HausratV (BGH VersR 83, 573) kann man daher schwerlich sagen, die in U I 9 zitierten Bestimmungen forderten vom VN mehr als nur die Beachtung der ohnehin erforderlichen Sorgfalt im Sinn von § 276 BGB, zumal im Hinblick auf die den Sachen gleichzeitig drohende Diebstahlgefahr.

13   **4. § 11 Nr. 2 AERB** sieht eine Entschädigungsgrenze für Schäden durch Wegnahme oder Beschädigung von Sachen vor, die eintreten, **ohne daß der Täter das Gebäude betritt.** Nach älteren Vertragstexten hatte die Entschädigungsgrenze nur für Sachen „im Schaufenster" (LG Köln VersR 78, 124, LG Berlin VersR 69, 915) gegolten, wobei aber die Abgrenzung zweifelhaft war (Sochart VW 61, 222, LG Kassel RuS 78, 43), zumal durch die bautechnische Entwicklung vielfach nicht mehr ein Schaufensterbereich vom übrigen Verkaufsraum zu unterscheiden ist, vgl. D II 13. In diesem Fall gehört nach der Verkehrsauffassung zum Schaufensterinhalt, was nach Art und Ort der Prä-

sentation noch an der erhöhten Werbewirkung eines „Schaufensters" auf Passanten teilnimmt, vgl. BGH NJW-RR 88, 88 = RuS 87, 350 = VersR 1229 zur Juwelierdeklaration; das traf in diesem Fall auch noch für Objekte auf einem etwas hinter der Scheibe aufgestellten Tisch zu. – Zur Auslegung einer Sonderabrede, wonach das Schaufenster „genügend geschützt" sein mußte, vgl. LG Hanau ZfS 83, 153. Auch nach § 11 Nr. 2 AERB sowie nach § 12 Nr. 2 AERB 87 bleiben **Schaufensterschäden** der wichtigste Anwendungsfall, vgl. die Zahlenbeispiele in U I 21, 39, 49, 54 und 55.

Betreten wird ein Gebäude nicht schon dann, wenn der Täter lediglich auf **14** einen Mauervorsprung oder dergleichen steigt, um z.B. durch ein Erdgeschoßfenster greifen zu können, wohl aber dann, wenn etwa ein Fassadenkletterer einen auch sonst zum Betreten geeigneten Gebäudeteil erreicht, z.B. einen Balkon oder ein flaches Vordach, ferner dann, wenn der Schaufenstereinbrecher die Beine auf die Grundfläche hinter der Scheibenebene setzt. Dagegen gilt die Entschädigungsgrenze für alle Sachen, die der Täter nach Einbrechen der Scheibe erreicht, während er noch außerhalb der Scheibenebene steht, und zwar auch dann, wenn er durch geeignete Werkzeuge (Stangen) weit im Innenraum angelt. – Unabhängig von den Voraussetzungen der Entschädigungsgrenze ist zunächst selbstverständlich immer zu prüfen, ob der Täter im Sinn von D III und D IV in den Raum eines Gebäudes eingebrochen oder eingestiegen ist, ob also überhaupt ein *VFall* vorliegt. Ob aus § 12 Nr. 2 AERB 87 Schlüsse für die Frage gezogen werden können, wie der Täter speziell bei *Vandalismusschäden* „eingedrungen" sein muß, wird in D XI 35 bis 38 erörtert.

Die **Beweislast** dafür, daß der Täter das Gebäude nicht betreten hat, trägt **15** der **Vr,** der sich auf die Entschädigungsgrenze beruft. Ist also sowohl das Schaufenster als auch der Laden ausgeräumt, so muß der Vr beweisen, daß die ohne Betreten des Gebäudes gestohlenen Sachen die Entschädigungsgrenze übersteigen. Der Beweis des ersten Anscheins kommt ihm dabei insofern zu Hilfe, als anzunehmen ist, daß der Täter sich den Abtransport so bequem wie möglich macht, also die Sachen, die von außen gegriffen und verladen werden können, sofort von außen an sich nimmt, ohne sie auch nur vorübergehend in den Ladenraum zu bringen.

Um eine **verhüllte Obliegenheit** handelt es sich **nicht.** Weder ist Kündigung **16** durch den Vr nötig, noch kommt es auf Kausalität (wäre der Täter eingestiegen, wenn er von außen nichts hätte erreichen können?) oder Verschulden des VN (Personal versäumt das abendliche Ausräumen des Schaufensters oder schätzt die Werte falsch) an. Rechtliche Zweifel bestehen hier nicht. Zwar gelangen die Sachen letztlich immer durch ein *Verhalten des VN* (M III 4) in den Zugriffbereich des Diebes, aber im Vordergrund des Tatbestandes der begrenzten Entschädigung steht nicht dieses Verhalten und auch nicht einmal der dadurch geschaffene *Zustand der Sachen,* M III 15, sondern das *Verhalten des Täters.* Anders als bei den sog. Verschlußvorschriften im Sinn von G I 17 wird dem VN nicht ein genau bestimmtes Verhalten vorgeschrieben oder nahegelegt, denn es ist oft nicht genau voraussehbar, wie weit der Täter mit Hilfe von Werkzeugen Sachen „von außen" wegnehmen kann. In voraus ist nur „ungefähr" abzuschätzen, wo der VN die Sachen lagern muß, damit sie nicht von außen erreichbar sind.

17   5. Für die **TransportraubV** (zusammenfassend Martin VW 72, 167, allerdings zu der früheren D-Kl 28 zu den AEB) gelten eine Reihe von Sondervorschriften, vgl. G V 4 wegen des VOrts gemäß § 3 Nr. 7 AREB und § 4 Nr. 7 AERB 87, D XII 57 wegen Angestellter und Beauftragter als Begleitpersonen im Sinn von §§ 1 Nr. 4a AERB, AERB 87, N V 21 und F III 55 bis 59 wegen der Zahl der Transporte, die gemäß §§ 1 Nr. 6c AERB, 1 Nr. 7c AERB 87 gleichzeitig unterwegs sein dürfen, U I 23 wegen „Kettentransporten" sowie M III 55 bis 57 wegen der sog. Boteneigenschaft (verhüllte Obliegenheit?)

18   Vor allem aber gelten nach § 11 **Nr. 3** AERB und § 12 **Nr. 3** AERB 87 gestaffelte *Entschädigungsgrenzen*, die von der **Zahl der Transportpersonen** und von **sonstigen Sicherheitsmerkmalen** abhängen. *Ändern* sich die Zahl der Begleitpersonen oder die Sicherheitsmerkmale unterwegs, so kommt es auf den *Zeitpunkt des VFalls* an. In dem Katalog wird allerdings nicht – wie etwa in §§ 2 Nr. 8 Abs. 2 VHB 74, 19 Nr. 3 VHB 84 – jeweils gesagt, welche Entschädigungsgrenze gilt, wenn bestimmte Sicherheitsmerkmale *nicht* erfüllt sind, sondern es wird gesagt, wie die Sicherheitsvorkehrungen beschaffen sein müssen, wenn Entschädigung *über* einen bestimmten Betrag *hinaus* in Betracht kommen soll. Dies hat teils sprachliche Gründe, teils Gründe der Beweislastverteilung, U II 19. Die Rechtsnatur der Bestimmungen kann von der gewählten Formulierung ohnehin nicht abhängen.

19   Die **Rechtsnatur** der Entschädigungsgrenzen in der TransportraubV je nach der Zahl der Transportpersonen findet sich in M III 58 bis 63 eingehend erörtert. Die besseren Gründe sprechen wohl eher gegen verhüllte Obliegenheit und für zulässige objektive Risikoabgrenzung. Aber auch unabhängig davon (M II 13) trägt die **Beweislast** der VN, wenn streitig wird, wieviele Transportpersonen im entscheidenden Zeitpunkt bei Beginn des Überfalls Gewahrsam oder Mitgewahrsam gehabt haben. Das ergibt sich aus der Formulierung von § 11 Nr. 3 AERB, 12 Nr. 3 AERB 87 („über .... DM").

20   Eine Entschädigungsgrenze von 25 000 DM greift nur nach § 11 **Nr. 3a** AERB und nur dann ein, wenn eine **weibliche Person** den Transport *allein* ausführt. Zwar kann nicht, auch nicht im Durchschnitt, eine geringere Entschlußkraft oder Reaktionsgeschwindigkeit von Frauen unterstellt werden, zumal „Widerstand" ohnehin nicht geleistet werden soll. Wohl aber üben weibliche Transportpersonen auf potentielle Täter möglicherweise eine geringere abschreckende Wirkung aus, weil auch irrationale Erwägungen der Täter berücksichtigt werden müssen. Daher verstößt die niedrigere Entschädigungsgrenze weder gegen das Überraschungsverbot des § 3 AGBG noch gar gegen das Gleichbehandlungsgebot des Art. 3 GG. In § 12 Nr. 3 AERB 87 ist die Grenze von 25 000 DM nicht mehr enthalten.

21   Jedoch gilt nach § 12 AERB 87 eine **Entschädigungsgrenze von 50 000 DM** ganz allgemein **für Transporte durch weibliche Personen.** Jenseits dieses Betrages ersetzen nicht etwa jeweils zwei weibliche eine männliche Person. Auch steigt nicht etwa nach den AERB die Grenze bei gemeinschaftlichen Gewahrsam (U II 27) von zwei weiblichen Personen usw. auf 75 000 DM usw. an.

22   Ist freilich der **Betrag** auf mehrere weibliche Transportpersonen (vgl. wegen der entsprechenden Frage bei männlichen Transportpersonen U II 24) **aufgeteilt,** so muß mindestens so viel entschädigt werden, wie entschädigt werden müßte, wenn jede der drei weiblichen Transportpersonen als gesonderter

Transport angesehen würde. Tragen also z. B. zwei Frauen je 30 000 DM und eine weitere Frau 20 000 DM und werden die gesamten 80 000 DM bei einem einzigen Überfall geraubt, so beträgt die Entschädigung nach den AERB 70 000 DM und nach den AERB 87 80 000 DM. Sie kann *nicht* deshalb auf 50 000 DM reduziert werden, weil außerdem gemeinschaftlicher Gewahrsam der drei Frauen bestand, auch nicht unter dem Gesichtspunkt der Gefahrerhöhung. Trägt hingegen in dem Beispiel eine Frau 60 000 DM, die zweite 20 000 DM und die dritte nichts, so beträgt die Entschädigung nach den AERB 50 000 DM, denn bei *„getrennter"* Abrechnung ergäbe sich mit 45 000 DM ein niedrigerer Betrag. Nach den AERB 87 betrüge die Entschädigung in diesem Beispiel 70 000 DM.

Die Entschädigungsgrenze von 50 000 DM gilt nach § 11 Nr. 3 b AERB, **23** wenn eine männliche Person, mit oder ohne Begleitung durch beliebig viele weibliche Personen, den Transport allein ausführt. Ferner gilt die Grenze von 50 000 DM, und zwar sowohl nach § 11 Nr. 3 b AERB wie nach § 12 Nr. 3 a AERB 87, für Transporte durch eine beliebige Zahl weiblicher Personen, U I 21 und 22.

Die Entschädigungsgrenze von 100 000 DM greift ein, wenn **zwei männli- 24 che Personen** transportieren, jedoch *ohne Kfz,* § 11 Nr. 3 c AERB sowie § 12 Nr. 3 b AERB 87. Allerdings gilt hier das in U II 22 für weibliche Transportpersonen Gesagte entsprechend. Ist der *Betrag* also z. B. auf drei männliche Personen *aufgeteilt,* so können bis zu 150 000 DM zu entschädigen sein. Auch das Wort „mindestens" in § 11 Nr. 2 c AERB ist kein Gegenargument, denn es behält seinen Sinn immer dann, wenn das Geld nicht aufgeteilt war, sondern lediglich gemeinschaftlicher Gewahrsam an dem durch eine der drei Personen allein getragenen Geld bestand, U II 27.

Die Entschädigungsgrenze von **250 000 DM** gilt, wenn **zwei männliche 25 Personen mit Kfz** transportieren, § 11 Nr. 2 d AERB sowie § 12 Nr. 3 c AERB 87. Die Entschädigungsgrenze von **500 000 DM** gilt, wenn der Transport durch *drei* männliche Personen mit Kfz ausgeführt wird. Die Vereinbarung noch höherer Entschädigungsgrenzen bei noch besseren Sicherheitsvorkehrungen einschließlich polizeilichen Schutzes ist ausdrücklich vorbehalten, vgl. § 11 Nr. 3 e AERB sowie § 12 Nr. 3 d AERB 87.

Als Begleitpersonen zählen nur Personen, die unmittelbaren Besitz und **26 Gewahrsam** an den geraubten Sachen haben, D XII 11. Anders als bei Diebstahl (D II 7) genügt es nicht, wenn die Sache sich in einem Gebäude oder Raum oder Kfz befindet, zu dem der Beraubte allein Zugang hat. Kein Schutz besteht insbesondere, wenn Sachen aus einem solchen Raum oder Kfz an den Ort des Überfalls nachträglich herangeschafft werden, D XII 17. Der engere Gewahrsamsbegriff ergibt sich aus §§ 11 Nr. 4 Abs. 3 **AERB, 12 Nr. 4 Abs. 3 AERB 87,** wonach Gewahrsam an *Sachen im Kfz* nur hat, wer sich „unmittelbar bei" dem Kfz befindet. Bei einem entfernter stehenden Kfz genügen also Verschluß und Besitz sämtlicher Schlüssel nicht. Daraus folgt, daß auch an sonstigen Sachen in Gepäckstücken usw. Gewahrsam nur besteht, wenn der Beraubte sich in **unmittelbarer Nähe** befindet. Eine Höchstentfernung (z. B. 2 m oder 5 m) läßt sich nicht genau angeben, denn diese hängt z. B. auch von Zahl und Art der fremden Personen ab, die sich in der Nähe befinden oder in der Nähe gelangen können;

je dichter der Personenverkehr, um so geringer muß der *räumliche Abstand* sein, wenn noch Gewahrsam bestehen soll.

27   Soweit die Entschädigungsgrenze Transport durch *mehrere* Personen voraussetzt, muß **gemeinschaftlicher Gewahrsam** bestehen, §§ 11 Nr. 4 Abs. 1 AERB, 12 Nr. 4 Abs. 1 AERB 87. Trotz des Erfordernisses der unmittelbaren Nähe (U II 34) verlangt gemeinschaftlicher (sonst: D XII 26) Gewahrsam also keine unmittelbare körperliche Obhut (wie §§ 1 Nr. 5 c AERB, AERB 87 sie verlangen, D XIV 7), denn sonst wäre gemeinschaftlicher Gewahrsam schon begrifflich nicht möglich. Vielmehr kann Gewahrsam am Gepäck anderer auch haben, wer dieses Gepäck nicht selbst trägt, sondern nur „mitgeht". Allerdings müssen sich diese Personen nach Satz 2 aaO *„unmittelbar bei"* den Sachen befinden. Damit wird zwar nur ein Erfordernis des Gewahrsams im allgemeinen für den Fall des gemeinschafltichen Gewahrsams wiederholt. Aber es wird zugleich ausgedrückt, daß auch *kurzfristige Trennung* mehrerer Begleitpersonen den gemeinschafltichen Gewahrsam aufhebt oder unterbricht, so daß die entsprechend niedrigere Grenze gilt, wenn während der Trennung (U II 19) ein Überfall erfolgt.

28   *Kein* gemeinschaftlicher Gewahrsam besteht z. B., wenn eine der Personen 10 m voraus oder gar auf der anderen Straßenseite geht, z. B. nachdem das gemeinsame Überqueren einer Straße oder Kreuzung mißlungen ist, oder wenn eine der Personen einen Laden oder ein sonstiges Gebäude betritt, während der andere außerhalb wartet usw. In diesen Fällen hört die abschreckende Wirkung der Zusammengehörigkeit mehrerer Begleitpersonen auf potentielle Räuber auf. Ebenso (kein gemeinschaftlicher Gewahrsam) liegt es im Verhältnis zwischen zwei Fahrzeugen (Kfz, Motorrad); selbst wenn diese dicht hintereinander fahren, haben die Insassen nicht gemeinschaftlichen Gewahrsam am Inhalt beider Fahrzeuge.

29   **§ 11 Nr. 4 Abs. 2 AERB** und **§ 12 Nr. 4 Abs. 2 AERB 87** geben Spezialregeln für die Fälle, in denen **Transport mit Kfz** vorausgesetzt wird. Insbesondere zählt der Fahrer nicht als Begleitperson. Fahren zwei Personen mit Kfz, so beträgt die Entschädigungsgrenze 100 000 DM. Da bis zu dieser Grenze ein Kfz nicht verlangt wird, bleibt der Fahrer hier nicht etwa deshalb unberücksichtigt, weil er zugleich das Kfz lenkt. Die größere Sicherheit des Kfz-Transports kompensiert die Ablenkung des Fahrers durch den Straßenverkehr.

30   Kl 4406 vermindert die Anforderungen bei Transporten mit **Spezialfahrzeugen für Werttransporte**, wenn und solange das Fahrzeug und die Aufbewahrung der Sachen in dem Fahrzeug den dort genannten Erfordernissen entsprechen. Dann wird der *Fahrer mitgezählt*, so daß für Transporte durch zwei Personen einschließlich Fahrer bis 250 000 DM entschädigt werden. Die Grenze für drei Personen erhöht sich von 500 000 DM auf 1 000 000 DM. Für ordnungsgemäß im Fahrzeug verbleibende Sachen wird Fortbestand des Gewahrsams fingiert, solange sich ein Teil der Transportpersonen bei sog. *Kettentransporten* (U I 23) vom Fahrzeug entfernt und wenigstens ein Begleiter im Fahrzeug bleibt.

31   Kl 484 nennt für die V von **Nachttresorkunden** durch Banken und Sparkassen in Abhängigkeit vom Begleitschutz nur die Grenzen von 25 000 und 50 000 DM. Daneben soll nach Kl 484 Nr. 4 eine absolute Grenze von

100 000 DM je VFall gelten. Beträgt allerdings die vereinbarte VSumme 100 000 DM oder weniger, so kann die Entschädigung diesen Betrag ohnehin nicht übersteigen. Wird eine höhere VSumme vereinbart, so muß geprüft werden, ob nicht die Entschädigungsgrenze von 100 000 DM zugunsten der variablen Grenzen in § 11 Nr. 3 AERB abbedungen werden sollte; hierbei ist auch § 19 Nr. 1 Abs. 2 AERB (Nachprämie) zu berücksichtigen.

Kl 4404 und Kl 4405 erwähnen für die V von Kunden in **Geschäftsräumen** 32
und vor Autoschaltern von Banken und Sparkassen weder die Boteneigenschaft (§§ 1 Nr. 4 b AERB, AERB 87) noch die Begleitschutz-Entschädigungsgrenzen (§§ 11 Nr. 3 AERB, AERB 87), obwohl es sich für die versicherten Bankkunden um Transporte handelt. Vielmehr wird ausdrücklich auf §§ 1 Nr. 1 b (statt Nr. 1 c) AERB, AERB 87 verwiesen, so daß die Vorschriften über Transportraub unanwendbar sind und bis zur VSumme oder bis zu der einzelvertraglich vereinbarten Entschädigungsgrenze je VFall Schutz besteht.

6. In der **LeitungswasserV** kann nach **Kl 508** zu den AWB 68 und nach § 12 33
Nr. 2 **AWB 87** eine Entschädigungsgrenze für Sachen **in Räumen unter Erdglei-**
che vereinbart werden. Auch hier kämen als Alternative getrennte Positionen für die Sachen in den Räumen unter Erdgleiche und für die Sachen in den Räumen über Erdgleiche in Betracht. Dies spricht *gegen* die Konstruktion einer *verhüllten Obliegenheit* des Inhalts, unter Erdgleiche über die vereinbarte Wertgrenze hinaus Sachen nicht zu lagern, vgl. U I 12 und U II 11. – Wegen Sicherheitsvorschriften in Räumen unter Erdgleiche vgl. M I 90.

Der Begriff „**Erdgleiche**" kann Auslegungsschwierigkeiten bereiten. Unter 34
„Erde" ist die an das Gebäude des VOrts angrenzende Grundfläche zu verstehen, soweit auf ihr nicht ebenfalls ein Gebäude steht, so daß wiederum *dessen* Umgebung den Ausschlag gibt. Daß sich unter angrenzenden Grundflächen unterirdische Bauwerke (z. B. Tiefgaragen) befinden, schließt die Behandlung der Oberfläche über diesen unterirdischen Bauwerken als „Erde" nicht aus. Ist das Flächenniveau auf verschiedenen Seiten des Gebäudes des VOrts unterschiedlich, so ist der Vertrag im Zweifel dahin auszulegen, daß die Entschädigungsgrenze lediglich für die unter der *tieferen* Fläche liegenden Teile des VOrts gilt.

III. Entschädigungsgrenzen in der Hausratversicherung nach den VHB 74

1. Der nach § 2 Nr. 1 VHB 74 versicherte **Hausrat** bildet nur eine **einzige** 1
Position, obwohl zum Hausrat sehr verschiedene Sachen gehören, für die der Prämienbedarf jedenfalls im Bereich des Diebstahl- und Raubrisikos stark unterschiedlich ist. Leicht transportable und verwertbare Sachen sind stärker gefährdet als etwa Möbel oder Kleidung. Trotzdem wird Hausrat *summarisch* versichert, das heißt in nur einer einzigen Position im Sinne der früheren Kl 151 für die GeschäftsV, und zwar nach den **VHB 74** mit einem Durchschnittsprämiensatz von zuletzt meist 2,5‰, S I 3. Wegen der **VHB 84** vgl. den bei Dietz in Anhang A 4 abgedruckten Tarif sowie Abschnitt U IV. Soweit nicht Wertsachen durch besondere Vereinbarung ausgeschlossen sind, vgl. Ollick VerBAV 82, 436, insbesondere gemäß Kl 814 in nicht ständig bewohnten

Gebäuden oder in Zweitwohnungen (hier auch in ständig bewohnten Gebäuden), sind auch Wertsachen in den Grenzen von §§ 50, 56 VVG voll versichert, U I 6. Ohne Entschädigungsgrenzen entspräche dies der Prämiengerechtigkeit nur in Verträgen, in denen auch die *Zusammensetzung* des Hausrats aus stärker und weniger stark gefährdeten Sachen in etwa dem Durchschnitt entspricht.

2   Durch die Entschädigungsgrenzen nach § 2 Nr. 3 bis 9 VHB 74 – wegen der HausrataußenV nach § 6 Nr. 2 VHB 74 vgl. U I 8 und G V 12 – wird die **Prämiengerechtigkeit** auch dann gewahrt, wenn der **Anteil an stark gefährdeten Sachen besonders hoch** ist. Dieses auch sonst für Entschädigungsgrenzen maßgebende Motiv (U I 15) wird in der HausratV besonders deutlich. Gesonderte Positionen mit unterschiedlichen Prämiensätzen wären wegen der im Verhältnis zur GeschäftsV meist niedrigeren VSummen und wegen der Verschiedenartigkeit der möglichen Wertsachen im Hausrat kostenmäßig nicht vertretbar. Allerdings berücksichtigen die Entschädigungsgrenzen der in den VHB 74 bei weitem nicht alle Arten von stark gefährdeten Sachen, so z.B. nicht *Teppiche*, nicht Antiquitäten und nicht *Kunstgegenstände* (Gemälde usw., Muller-Gotthard ZVersWiss 82, 211), die ohne Rücksicht auf die Höhe ihres Anteils am Gesamtwert des Hausrats voll versichert sind, U I 6, wenn auch möglicherweise mit Prämienzuschlag, wenn der Vr durch Antragsfrage einen besonders hohen Anteil dieser Sachen feststellt. Seit 1981 bot die nachträglich formulierte Kl 831 die Möglichkeit vereinbarter Entschädigungsgrenzen auch für diese Sachen, vgl. schon U I 63 sowie U III 53. Sowohl durch Umkehrschluß aus § 2 Nr. 3 ff. VHB 74 wie aus allgemeinen Grundsätzen (N II 4) ist aber mangels Sondervereinbarungen anzunehmen, daß der VN vollen Schutz auch dann behält, wenn er es unterläßt, spätere Erhöhungen des Wertanteils besonders gefährdeter Sachen, nach denen im Antrag gefragt war, dem Vr jeweils anzuzeigen, PM § 54 Anm. 2a. **Verschlechterte Zusammensetzung** des Hausrats durch höheren Anteil an Wertsachen darf **nicht** als **Gefahrerhöhung** behandelt werden, N III 36 und N IV 106, weder mit Bezug auf Sachen, für die Entschädigungsgrenzen gelten, noch mit Bezug auf sonstige Wertsachen (Teppiche, Kunstgegenstände). Vielmehr müssen § 2 **Nr. 3 ff.** VHB 74 als **abschließende Sonderregelung** angesehen werden.

3   Die Entschädigungsgrenzen gelten für **sämtliche Gefahren**, also auch für Feuer, Leitungswasser und Sturm, obwohl dort die Risikolage anders ist als bei Diebstahl und Raub, vgl. H III 53 zur GeschäftsV. Die Entschädigungsgrenzen sind an Diebstahl und Raub orientiert, weil diese Gefahren im Schadenbedarf der HausratVr das größte Gewicht haben. Die allgemeine Geltung der Entschädigungsgrenzen ist indessen auch für den VN von Vorteil, weil sie es ermöglicht, den die Grenzen übersteigenden Teilbetrag des Gesamtwerts auch für die VSumme außer Betracht zu lassen, S II 50, wobei allerdings gegebenenfalls die nur für *Raub* geltende höhere Grenze (U III 57) zu berücksichtigen ist.

4   Weiteres Motiv der Entschädigungsgrenzen ist es, die Beteiligung des Vr an **Großschäden** bei *hohem Gesamtwert des Hausrats* zu **beschränken** (Martin VW 74, 294). Daher sind die Entschädigungsgrenzen in den VHB 74 nicht als Prozentsätze der VSumme, sondern als absolute Beträge festgelegt. So gilt etwa die Grenze von 20000 DM für Schmuck und Pelze auch bei VSummen

in der Größenordnung von 500000 DM, obwohl hier mit einem höheren Schmuck- und Pelzanteil zu rechnen ist. Was indessen auf Anhieb als Nachteil im Sinn der Prämiengerechtigkeit erscheint (U I 12), daß nämlich durch absolute Grenzen VN mit höheren VSummen überproportional belastet werden, rechtfertigt sich gerade bei Hausrat durch das mit dem Wert des Hausrats steigende Diebstahl- und Raubrisiko.

Der VN kann das infolge der Entschädigungsgrenzen *ungedeckte Risiko* 5 entweder *vermeiden,* indem er die Sachen in Verwahrung gibt, z.B. in einen Banksafe oder Pelze während der warmen Jahreszeit bei einem Kürschner, G V 41, oder *selbst tragen* oder durch eine *SpezialV* abdecken, z.B. durch eine *ValorenV* nach den AVB Schmuck und Pelze 1985 (abgedruckt und teilweise erläutert bei PM Teil II R, vgl. wegen dieses Zweigs auch schon A I 15) oder er kann die Entschädigungsgrenze durch Vereinbarung nach Kl 820 bis 822 gegen Mehrprämie erhöhen. *Keine* Lösung ist es dagegen, die VSumme auf *mehrere VVerträge* aufzuspalten. Vielmehr werden dann nach § 9 Nr. 2 VHB 74 die Einzelentschädigungsgrenzen je Vertrag zu Gesamtentschädigungsgrenzen für alle Verträge zusammen, U I 21 und 33, vgl. auch U I 51 sowie 61 bis 75 zu dem Fall, daß die Entschädigungsgrenzen der beiden Verträge unterschiedlich hoch sind.

Oft werden mit der Erhöhung von Entschädigungsgrenzen zugleich die 6 **Verschlußvorschriften verschärft,** und zwar nach Kl 820 Nr. 2 für Bargeld, Wertpapiere usw. in freier Vereinbarung, während nach Kl 821 Nr. 2 für Schmuck usw. sowie nach Kl 822 Nr. 2 für Münzen- und Briefmarkensammlungen in der Regel (abweichende Vereinbarung ebenfalls möglich) ein mehrwandiger Stahlschrank mit einem Mindestgewicht von 200 kg oder ein eingemauerter Stahlwandschrank mit mehrwandiger Tür verlangt wird, also entsprechend § 2 Nr. 3 a VHB 74, vgl. H III 42 bis 51. Wie der Wortlaut von Kl 820 und Kl 821 erkennen läßt, kann die Verschärfung im Einzelfall auch unterbleiben und wird von Vr zu Vr unterschiedlich gehandhabt. Gegebenenfalls gelten die verschärften Verschlußvorschriften nicht nur für den Erhöhungsbetrag, sondern *für den vollen Betrag der erhöhten Entschädigungsgrenze.* Der VN steht dadurch trotz Mehrprämie jedenfalls dann schlechter, wenn zur Zeit des Schadens insgesamt nur Sachen in Höhe der normalen Entschädigungsgrenze nach den VHB 74 vorhanden sind. Im Einzelfall kann sich die Frage eines Beratungsverschuldens des Vr stellen. Zusätzliche rechtliche Schwierigkeiten entstehen, wenn bei MehrfachV die beiden Vr die Verschlußvorschriften in unterschiedlicher Weise verschärfen, U I 51 sowie 61 bis 75.

Die **Höhe der Entschädigungsgrenzen** ist in den VHB 74 festgelegt, soweit 7 nicht höhere Beträge nach Kl 820 bis 822 vereinbart sind, U III 5. Die Entschädigungsgrenzen sind absolute Beträge und **unabhängig von der VSumme.** Wird die VSumme durch Nachtrag oder nach Kl 825 *(Summenanpassung)* erhöht, S III 4, also jährlich (S III 7 und 11 der 1. Aufl.) um einen indexabhängigen oder vereinbarten Prozentsatz, und außerdem um 10% „Vorsorge" (S III 13 der 1. Aufl.), so bleiben die *Entschädigungsgrenzen* trotzdem *unverändert* (Stuhldreier VW 76, 1268). Auf Anhieb überrascht dieses Ergebnis, denn soweit der Bedarf für eine erhöhte VSumme auf Wertsteigerungen der Sachen mit begrenzter Entschädigung beruht, ist die Summenanpassung wegen § 9 Nr. 2 VHB 74 geradezu überflüssig (S II 50) und führt zu ÜberV, wenn nicht gleichzeitig die Entschädigungsgrenzen steigen. Soweit die Entschädigungsgrenzen bereits nach Kl 820 bis 822 erhöht waren, ist dem Vr der steigende VBedarf des Kunden sogar bekannt, was ihn zu entsprechender Beratung verpflichtet.

8   Trotzdem kann man wohl nicht durch „Auslegung" zu dem Ergebnis kommen, die Entschädigungsgrenzen würden erhöht, wenn die VSumme erhöht wird. Es gibt auch wirtschaftlich keinen Grund, denjenigen VN, dessen VSumme durch Nachtrag oder durch gleitende oder vereinbarte Summenanpassung erhöht wird, besser zu stellen als denjenigen, der seine Summe von Anfang an höher wählt. Die stärkere Prämienbelastung bei steigender VSumme wiegt in beiden Fällen gleich schwer und ist überdies gerade bei Hausrat im Prinzip durch das mit dem Wert des Hausrats steigende Risiko gerechtfertigt, U III 4. Der VN muß sich helfen, indem er die Entschädigungsgrenzen bei Bedarf nachträglich erhöht (Stuhldreier VW 76, 1268).

9   Die **Rechtsnatur** der Entschädigungsgrenzen ist in M III 13 sowie 32 bis 47 im Zusammenhang erörtert. Ob es sich um **verhüllte Obliegenheiten** handelt, soweit die Entschädigungsgrenzen von der Art der Aufbwahrung der Sachen abhängen, ist für jede Entschädigungsgrenze gesondert zu prüfen. Seit BGH VersR 83, 573 wird die Antwort überwiegend zugunsten einer zulässigen Risikoabgrenzung lauten. Soweit verhüllte Obliegenheiten anzunehmen wären, könnte der VN sich auf den Ablauf der Kündigungsfrist oder auf einen Kausalitätsgegen- oder *Entschuldigungsbeweis* stützen, M II 3 und 4. Ein *Spezialfall* des Entschuldigungsbeweises wäre es, wenn der VN bei kuranten Münzen mit Sammlerwert die Verschlußvorschrift auf den Nennbetrag beziehen, die Entschädigung dagegen aus dem Sammlerwert (Wiederbeschaffungspreis) berechnen dürfte; indessen sprechen gute Gründe gegen eine solche Möglichkeit, vgl. M III 34 und U III 41.

10   Im Folgenden werden **nur die VHB 74 behandelt**, zumal die Verträge nach den VHB von 1966 durch Umstellungsaktionen und Haushaltsauflösungen laufend seltener werden. Neue Verträge werden ohnehin nur noch nach den VHB 74 oder nach den in U IV behandelten VHB 84 geschlossen, vgl. schon Ziffer 3 der Einleitung. Nach den VHB von 1966 waren nicht nur die Sachgruppen mit begrenzter Entschädigung und die Höhe der Entschädigungsgrenzen anders geregelt, sondern es war teilweise sogar zweifelhaft, wo Entschädigungsgrenzen und wo Risikoausschlüsse von einem bestimmten Wert einer Sachgruppe an gewollt waren, vgl. Martin VersR 73, 289 und VW 74, 294, vor allem Fußnoten 13 und 17.

11   2. Gilt je Vertrag oder je Position oder je versicherter Gefahr nur eine einzige Entschädigungsgrenze, so kann nur gefragt werden, ob diese für einen bestimmten Schaden eingreift oder nicht eingreift. Daneben ist allenfalls zu prüfen, ob Entschädigung aus den mehreren Verträgen oder Positionen nebeneinander zu leisten ist, vgl. S I 35. Sind dagegen **mehrere Entschädigungsgrenzen für Schäden in derselben Position** vereinbart, so können deren Anwendungsbereiche so abgegrenzt sein, daß ein und derselbe Schaden niemals den Tatbestand mehrerer Entschädigungsgrenzen erfüllen kann. So liegt es Überwiegend in der *GeschäftsV*. Zusammentreffen kann in der GeschäftsV allen-

falls die Entschädigungspflicht aus mehreren *Erstrisikosummen* (Positionen), so z. b. aus den Summen für unterschiedlich qualifizierte Behältnisse bei Schäden in dem besser qualifizierten Behältnis, H III 50 und S I 38, oder aus den Summen für Raub innerhalb des VOrts und für Transportraub, S I 44.

§§ 2 und 6 VHB 74 enthalten eine größere Zahl von Entschädigungsgren- 12 zen. Die Tatbestände sind so formuliert, daß sich auch **Überschneidungen** ergeben, denn die Tatbestände knüpfen an unterschiedliche und sich überschneidende **Kriterien** an, insbesondere an den **Verwendungszweck** der versicherten Sachen (Schmucksachen, Möbelstücke, Teppiche), an das **Material**, aus dem sie bestehen (Gold, Silber), an die **Art und Weise** (Beispiele aus den VHB 84: handgeknüpfte Teppiche, Zeichnungen) und den **Zeitpunkt** (VHB 84: Antiquitäten) ihrer **Herstellung**, vgl. U IV 36 zur Zuordnung von Uhren nach den VHB 84. So kann z. b. eine Silbermünze Teil einer Sammlung oder Bargeld sein, und sie ist außerdem „Silbersache". Ferner erfüllen z. b. Schäden an Sachen unter qualifiziertem Verschluß, etwa in einem mehrwandigen Stahlschrank, immer auch die Merkmale eines Schadens an unverschlossenen oder weniger qualifiziert verschlossenen Sachen. Hier entsteht das **Problem der Mehrfachzuordnung:** Die Höhe der Entschädigung hängt davon ab, welcher oder welchen Entschädigungsgrenzen der Gesamtschaden oder ein Teil davon zugeordnet wird.

Soll in diesen Fällen immer die *niedrigere* oder immer die *höhere* Entschä- 13 digungsgrenze gelten? Oder soll gar *Addition* möglich sein? Oder soll ein *Meistbegünstigungsprinzip* gelten? Oder soll durch Auslegung jeweils eine von mehreren Entschädigungsgrenzen als *Spezialregelung* mit Vorrang ermittelt werden?

a) **Addition** erscheint mit dem Wortlaut und Sinn von Entschädigungsgren- 14 zen **nicht** vereinbar, denn solche Vorschriften besagen nur negativ, S I 33, daß die gemäß U I 9 zunächst ohne Rücksicht auf die Grenze ermittelte Entschädigung die Grenze nicht übersteigen darf, U I 6. Dies wird am deutlichsten, wenn zwei Entschädigungsgrenzen *in gleicher Höhe* zusammentreffen, so z. b. bei einem Schaden von 50 000 DM an einer Sammlung von Silbermünzen (unter einfachem Verschluß), die nicht gesetzliche Zahlungsmittel sind. Hier besagen § 2 Nr. 6 (Sammlungen von Münzen) und Nr. 8 (Silbersachen) VHB 74 *übereinstimmend*, daß die Entschädigung 20 000 DM nicht übersteigen darf. Diese übereinstimmende Aussage beider Vorschriften kann sich inhaltlich nicht dadurch ändern, daß sie im Vertrag zweimal enthalten ist. Die Entschädigung beträgt nicht 40 000 DM, sondern 20 000 DM, denn sonst stünde der VN im Beispiel besser, als wenn etwa nur die Grenze für Sammlungen vereinbart, Silbersachen dagegen unerwähnt geblieben wären. Nichts anderes aber kann bei Zusammentreffen *unterschiedlich hoher* Entschädigungsgrenzen gelten. Ist im Beispiel die Grenze für Sammlungen auf 30 000 DM erhöht, so kann die Entschädigung allenfalls – vgl. aber U III 15 – 30 000 DM und keinesfalls 50 000 DM betragen.

Allerdings gibt es von diesem **Verbot der Addition** von Entschädigungsgren- 15 zen in der HausratV ebenso eine **Ausnahme** wie in der GeschäftsV (U III 11): Tritt ein Schaden an Sachen unter *Verschluß* oder unter besserem *Verschluß* ein, so darf der **Betrag für unverschlossene oder schlechter verschlossene Sachen** hinzugerechnet werden. Diese Addition ist möglich, wo die AVB nicht ausdrücklich sagen, daß der niedrigere Betrag in dem höheren Betrag bereits enthalten ist, so wie dies etwa in § 2 Nr. 3 b der VHB von 1966 der Fall war und wie auch § 2 Nr. 5 VHB 74 zu verstehen ist, U III 45. Fehlt ein solcher Hinweis, wie in § 2 Nr. 3, 4 und 6 VHB 74, so stehen beide Beträge jedenfalls dann zur Verfügung, wenn der Schaden tatsächlich an *unterschiedlich* verschlossenen Sachen eintritt, aber auch dann, wenn *beide* Verschlüsse den Anforderungen der *höheren* Grenze entsprechen, und daher schließlich wohl auch dann, wenn zwar nur *ein* Behältnis vorhanden ist, das jedoch auch den *strengeren* Anforderungen entspricht, vgl. H III 50 und S I 35 für die GeschäftsV.

16   Zwar benötigt ein Dieb etwas mehr Zeit, wenn er an verschiedenen Stellen oder unter mehreren Verschlüssen suchen muß, vgl. PM § 6 AVBSP 85 Anm. 4 zur SchmucksachenV. Aber der Nachteil der konzentrierteren Aufbewahrung wird durch die Chance kompensiert, daß der bessere Verschluß gänzlich unversehrt bleibt. Letzteres gilt jedenfalls bei mehrwandigen Stahlschränken (§ 2 Nr. 3 a und 4 VHB 74), aber wohl auch bei einfachem Verschluß gemäß § 2 Nr. 6 a VHB 74. Für Bargeld usw. oder Wertpapiere in Geldschränken werden also 11 000 DM ersetzt, ebenso für Sammlungen in verschlossenen Behältnissen 21 000 DM, soweit nicht der Betrag von 1000 DM bereits durch Schäden an unverschlossenen Sachen verbraucht ist.

17   Aus der **Möglichkeit der Addition** speziell **bei abgestuften Verschlußvorschriften** kann *nichts* gegen die in U III 14 angestellten Überlegungen und damit für eine Addition auch bei *sonstigen* Überschneidungen hergeleitet werden. Die Lösung gemäß U III 15 für *abgestufte Verschlußvorschriften* beruht darauf, daß der Vr erkennbar mit einer gleichzeitigen Entschädigung aus beiden Grenzen in demselben VFall rechnet und der VN nicht deshalb schlechter gestellt werden darf, weil er das Risiko vermindert, indem er die schlechtere Aufbewahrung gänzlich vermeidet. Wo sich dagegen bestimmte *Arten von Sachen* (z.B. Silbermünzen) mehreren Grenzen zuordnen lassen, weil sich die Gattungsmerkmale der Grenzen überschneiden, kann man nicht sagen, der VN müsse gestellt werden, wie wenn er z.B. im Fall von U III 4 statt für 50 000 DM Silbermünzen nur eine Sammlung im Wert von 30 000 DM und daneben für 20 000 DM sonstige Silbersachen angeschafft hätte. Zwar wäre letzteres in der Tat möglich gewesen, aber die durch den VN tatsächlich gewählte Alternative (im Beispiel nur Silbermünzen und keine sonstigen Silbersachen) diente nicht der Minderung des Risikos.

18   b) Bei wörtlicher Anwendung müßte bei Überschneidung **immer die niedrigere Grenze** gelten, falls nicht beide Grenzen gleich hoch sind. Für sich allein gelesen greift nämlich die Vorschrift mit der niedrigeren Grenze durch. Infolge Anwendung der niedrigeren Grenze übersteigt im Rahmen der gemäß U I 9 gebotenen Vergleichsrechnung die Entschädigung nicht den Betrag der höheren Grenze; die Bestimmung über die höhere Grenze greift von ihrem Tatbestand her nicht ein. Da Entschädigungsgrenzen nur negativ (S I 33) sagen, wieviel der VN *nicht* erhalten darf, kann aus der gleichzeitigen Verwirklichung des Tatbestandes einer höheren Grenze nicht positiv etwas für eine höhere Entschädigung hergeleitet werden.

Zweifellos richtig ist dies für das **Zusammentreffen** der Grenzen der Au- 19
ßenV mit Grenzen gemäß § 2 VHB 74. Wird also z. b. in der AußenV
Schmuck unter Verschluß gestohlen, so beträgt die Entschädigung nicht
höchstens 20 000 DM, sondern höchstens 10 000 DM, und bei einem
Schmuck-Einzelstück ohne Verschluß nicht höchstens 10 000 DM, sondern
nur höchstens 1500 DM. – Von der AußenV abgesehen kann aber wohl *nicht*
generell außer Acht bleiben, daß sich eine Sache gleichzeitig dem Tatbestand
einer höheren Entschädigungsgrenze zuordnen läßt. Mindestens für den un-
geübten Leser wird bei solchen Überschneidungen ein gewisser *Vertrauenstatbestand* geschaffen, dem der Vr hätte vorbeugen können, indem er entweder die Überschneidung vermieden oder den Vorrang der niedrigeren Grenze
ausdrücklich vermerkt hätte. Das muß sich nach § 5 AGBG zugunsten des
VN auswirken.

c) Allerdings kann man auch **nicht** umgekehrt schematisch **immer die höhere** 20
Grenze anwenden, so z. b. für Silbermünzen, die zugleich gesetzliche Zahlungsmittel sind, nicht immer die Grenzen gemäß § 2 Nr. 8 VHB 74 für
Silbersachen (20 000 DM oder 1500 DM je unverschlossenes Einzelstück);
vielmehr hat in diesem Beispiel § 2 Nr. 3 VHB 74 (10 000 DM im mehrwandigen Stahlschrank oder 1000 DM unverschlossen) Vorrang, vgl. U III 23.

d) Das Problem wird dadurch erschwert, daß sich nicht immer die Anwen- 21
dung der höheren Grenze für den VN auch wirklich günstiger auswirkt. Ist
nämlich der Betrag der höheren Grenze durch Schäden an anderen Sachen,
die nur dieser höheren Grenze zugeordnet werden können, bereits verbraucht, so ist dem VN umgekehrt an Entschädigung der mehrfach zuordnungsfähigen Sachen wenigstens bis zu der niedrigeren Grenze gelegen. Die
optimale Lösung für den VN wäre also ein **Meistbegünstigungsprinzip**, wobei
es auf die Situation in jedem Einzelfall ankäme. Werden z. b. für 2000 DM
Silbermünzen unter einfachem Verschluß gestohlen, die zugleich gesetzliche
Zahlungsmittel sind, so wäre dem VN an voller Entschädigung nach § 2 Nr. 8
VHB 74 (Silbersachen) gelegen, während eine Entschädigung nach § 2 Nr. 3 b
VHB 74 nur 1000 DM betragen könnte. Würde dagegen bei demselben Einbruch auch Schmuck im Wert von 20 000 DM gestohlen, so wäre der VN
daran interessiert, daß die Silbermünzen als Bargeld behandelt und wenigstens mit 1000 DM entschädigt würden, so daß die Entschädigung insgesamt
21 000 DM betrüge.

Das Meistbegünstigungsprinzip wird in Literatur und Rechtsprechung als 22
Lösung **nicht** vertreten, weil es im Text der VHB 74 dafür keinen Ansatz gibt.
Trotzdem kann dieses Prinzip unbewußt gerichtliche Entscheidungen beeinflussen. Die Gerichte könnten geneigt sein, als speziellere Vorschrift mit
Vorrang im Sinn von U III 23 jeweils die für den VN im Einzelfall günstigere
anzusehen. Dies würde nicht nur zu unrichtigen Einzelergebnissen, sondern
allgemein zu großer Rechtsunsicherheit führen, weil gerichtliche Urteile über
die Begriffe des § 2 VHB 74 kaum noch auf anders gelagerte Fälle übertragbar
wären.

e) Aus den Bedenken gegen die bisher erörterten Lösungsmöglichkeiten 23
ergibt sich bereits die einzig **richtige Lösung:** Soweit sich Sachen mehrfach
zuordnen lassen, muß ohne Rücksicht auf die Auswirkung im Einzelfall

diejenige Vorschrift Vorrang haben, welche die speziellere ist. Dabei kommt es nicht immer darauf an, an welche der mehreren Bezeichnungen das natürliche Sprachempfinden zuerst denken läßt. Vielmehr sind auch die den Entschädigungsgrenzen zugrunde liegenden Risikoüberlegungen gemäß U I 15 und U III 2 zu berücksichtigen. Für den **Vorrang der jeweils spezielleren Entschädigungsgrenze** spricht ferner der Zusammenhang mit der bisweilen unklaren Auslegungsfrage, ob für eine bestimmte Art von Sachen überhaupt eine Entschädigungsgrenze gilt. – Als Beispiel für die praktischen Konsequenzen dieser Ansicht wird in U IV 36 bis 43 die Zuordnung von Uhren nach den VHB 86 näher erläutert.

24 3. Im Folgenden werden die **Sachinbegriffe** und die sonstigen Merkmale (**Verschlüsse**, wobei aber weitgehend auf H III 32 bis 54 verwiesen werden kann) erläutert, für die nach § 2 Nr. 3 bis 8 VHB 74 Entschädigungsgrenzen unterhalb der für den ganzen Hausrat vereinbarten VSumme gelten. Hierher gehört bei Überschneidungen auch die Frage, welche Vorschrift als die speziellere Vorrang hat. Da Entschädigungsgrenzen den VSchutz einengen, sind die hierfür verwendeten Begriffe im Zweifel eher *eng* auszulegen, BGH VersR 84, 626, vgl. U III 30 und 31 für Münzen und Bargeld.

25 Die einzelnen Sachinbegriffe sind meist durch *mehrere Bezeichnungen* umschrieben. Die darunter fallenden Sachen bilden aber eine einheitliche „**Gruppe**" im Sinn der Entschädigungsgrenze. So ist das Wort „insgesamt" vor den einzelnen Entschädigungsgrenzen zu verstehen, und nur so ist auch zu erklären, daß Urkunden einschließlich Wertpapiere in § 2 Nr. 4 VHB 74 gesondert behandelt werden. Die Grenzbeträge sollen also für Bargeld usw. gemäß Nr. 3 und für Wertpapiere usw. gemäß Nr. 4 gesondert zur Verfügung stehen. Selbstverständlich ist „Gruppe" hier aber entgegen dem sonstigen Sprachgebrauch gemäß S I 2 und der früheren Kl 151 nicht im Sinn von „Position" zu verstehen, denn Entschädigungsgrenzen sind ein unter der VSumme einer Position liegender Betrag, U I 6, und sollen die Notwendigkeit der Bildung zusätzlicher Positionen mit abweichendem Prämiensatz aus Gründen der Verwaltungskostenersparnis gerade vermeiden, U I 15.

26 a) **Sammlungen von Münzen und Briefmarken** gemäß § 2 Nr. 6 VHB 74 bereiten die größten Auslegungsschwierigkeiten. Ein *weiter* Begriff der *Sammlung* ist bei Briefmarken und bei Münzen, die nicht inländische gesetzliche Zahlungsmittel sind (U III 31), für den VN *nachteilig*, weil für diese Sachen überhaupt keine Grenze gilt, soweit sie nicht zu einer Sammlung gehören. Umgekehrt wäre bei Münzen, die gesetzliche Zahlungsmittel sind, ein *weiter* Begriff der Sammlung für den VN *vorteilhaft*, wenn nicht die niedrigeren Entschädigungsgrenzen für Bargeld ohnehin Vorrang hätten, U III 20 und 31. Der Begriff der Sammlung muß aber gemäß U III 22 *unabhängig* von solchen Überlegungen mit Hilfe der Verkehrsansicht und des natürlichen Sprachempfindens bestimmt werden.

27 „**Sammlung**" erfordert wohl eine gewisse *Mindestanzahl* von Einzelstücken. Einige wenige Münzen oder Briefmarken sind selbst bei hohem Wert noch keine Sammlung. – Der *Zweck* der Sammlung (Leidenschaft, Geldanlage, Zeitpunkt eines beabsichtigten Verkaufs) ist *gleichgültig;* es genügt auch Geldanlagezweck. Daher schließt es den Sammlungsbegriff nicht aus, wenn

Einzelstücke mehrfach oder vielfach vorhanden sind. In Extremfällen (z. B. 50 gleiche Münzen) können aber Ausnahmen gelten, was zu kuriosen Ergebnissen führt: Niedrigere Grenzen für Goldmünzen und gesetzliche Zahlungsmittel, U III 29, überhaupt keine Grenze für sonstige Münzen, die nicht (mehr) gesetzliche Zahlungsmittel und keine Silbersachen sind. – Erstrebte oder erreichte *fachgerechte Zusammensetzung* oder *systematische Aufbewahrung* in bestimmter Reihenfolge in Alben, Kassetten usw. wird man für den Sammlungsbegriff nicht oder nur in sehr geringem Umfang fordern dürfen.

In Extremfällen ist es möglich, daß bestimmte Münzen (die z. B. in größe- **28** rer Zahl nur zwecks Geldanlage beschafft wurden) nicht zu einer Sammlung gehören, wohl aber die übrigen Münzen desselben VN eine Sammlung darstellen, ebenso wie nach dem Text der VHB 74 inländische gesetzliche Zahlungsmittel sowie Goldmünzen und Goldmedaillen nicht zu der Sammlung zählen, auch wenn sie in eine solche eingegliedert sind. Die Entschädigungsgrenze gemäß § 2 Nr. 6 VHB 74 gilt dann nur für die *zur Sammlung gehörigen Stücke*, ohne daß diese Stücke auch für sich allein den Sammlungsbegriff erfüllen müßten. Im übrigen stehen **Medaillen** den Münzen gleich, und zwar nicht nur Goldmedaillen (§ 2 Nr. 3 VHB 74), sondern allgemein auch im Rahmen von § 2 Nr. 6 und 8 VHB 74. Dagegen gibt es bei **Papiergeld,** das nicht mehr gesetzliches Zahlungsmittel ist, keine Entschädigungsgrenze, gleichgültig ob die Stücke Teile einer Sammlung sind und wie hoch ihr Wert ist.

Für **Goldmünzen** gilt § 2 Nr. 6 VHB 74 nicht, weil sie dort ausdrücklich **29** ausgenommen sind. Sie sind also nicht in den Schaden an der Sammlung einzurechnen, selbst wenn sie einen Bestandteil der Sammlung gebildet haben. Statt dessen gilt § 2 **Nr. 3** VHB 74. Danach bilden Goldmünzen *zusammen mit Bargeld* eine Gruppe mit begrenzter Entschädigung, U III 39. Begrifflich handelt es sich bei Goldmünzen außerdem um Goldsachen. Jedoch ist § 2 Nr. 3 VHB 74 für Goldmünzen und Goldmedaillen eine Spezialvorschrift, welche § 2 Nr. 8 VHB 74 ausschließt, U III 23.

Bei **Silbermünzen** (oder Silbermedaillen) ist zunächst zu prüfen, ob sie **ge- 30** **setzliche Zahlungsmittel** sind, und zwar nach BGH VersR 84, 628, Hamm VersR 83, 769 und entgegen U III 30 der 1. Aufl. gesetzliche Zahlungsmittel in der Bundesrepublik, denn jedenfalls für außereuropäische Länder kann schwer feststellbar sein, ob eine bestimmte Münze noch gesetzliches Zahlungsmittel ist. Darauf aber sollte es bei Schäden in der Bundesrepublik möglichst nicht ankommen; anders liegt es allenfalls bei AußenVSchäden für gesetzliche Zahlungsmittel des Staates, in dem der Schaden eingetreten ist. Nichts herzuleiten ist aber entgegen jenen Urteilen aus der unterschiedlichen Wortwahl in § 2 Nr. 3 („Bargeld") und § 2 Nr. 6 VHB 74 („gesetzliche Zahlungsmittel"), denn dieser Unterschied hat rein sprachliche Gründe: in Nr. 3 ist das Wort „Bargeld" für das Verständnis des Textes durch den VN unentbehrlich, während in Nr. 6 den Satz sprachlich verunstalten würde; gemeint ist beide Male dasselbe.

Soweit Silbermünzen **inländische gesetzliche Zahlungsmittel** sind, wobei es **31** auf den *Zeitpunkt des VFalls* ankommt, gilt ausschließlich § 2 Nr. 3 VHB 74, womit aber ein *VWert* über dem *Nennwert* keineswegs ausgeschlossen ist, U III 9 und 37 sowie M III 34. In den Schaden an der Sammlung sind kurante

Silbermünzen nicht einzurechnen, U III 30. Auch § 2 Nr. 8 VHB 74 (Silbersachen) wird verdrängt, U III 23. Der Ausschluß aus § 2 Nr. 6 VHB 74 („außer ...") bewirkt also nicht, daß überhaupt keine Grenze gilt; bisweilen wird im Antragsformular bei Bargeld erläuternd vermerkt, daß dazu alle Münzen gehören, die gesetzliche Zahlungsmittel sind, also auch Silbermünzen, und zwar gleichgültig ob sie zu einer Sammlung gehören oder nicht. Ein Umkehrschluß aus dem Wort „Goldmünzen", in § 2 Nr. 3 VHB 74 kann nicht gezogen werden. „Goldmünzen" sind nur deshalb gesondert erwähnt, weil sie im Gegensatz zu Silbermünzen (U III 32) dem Bargeld auch dann gleichstehen, wenn sie nicht gesetzliche Zahlungsmittel sind.

32   Bei Silbermünzen, die nicht inländische, wohl aber ausländische gesetzliche Zahlungsmittel sind, stellt sich die Frage, ob es sich dann wenigstens noch um Bargeld im Sinn von § 2 Nr. 3 VHB 74 handelt, wenn auch mit erhöhtem Sammlerwert. BGH VersR 84, 628 tendiert dazu, auch diese Frage zu verneinen. Soweit man dem folgt, sowie allgemein bei Silbermünzen, die **weder** im Inland **noch** im Ausland noch kurantes Geld sind, kommt es darauf an, ob sie im Zeitpunkt des VFalls zu einer *Sammlung* gehören. Trifft dies zu, so gilt § 2 Nr. 6 VHB 74; trifft es nicht zu, so gilt § 2 Nr. 8 VHB 74, denn auch Silbermünzen sind *Silbersachen*, U III 46.

33   Bei **sonstigen Münzen** (Kupfer, Nickel usw.) kommt es ebenfalls zunächst darauf an, ob sie gesetzliche Zahlungsmittel sind, so daß sie unter § 2 Nr. 3 VHB 74 fallen, die Möglichkeit eines VWerts über dem Nennwert auch hier vorbehalten, U III 38. Sind sie nicht Bargeld, so fallen sie unter § 2 Nr. 6 VHB 74, wenn sie zu einer Sammlung gehören. Trifft auch dies nicht zu, so gilt überhaupt keine Entschädigungsgrenze.

34   Bei **Briefmarken** kommt es nur darauf an, ob sie zu einer Sammlung gehören, U III 27. Ist dies nicht der Fall, so gilt keine Entschädigungsgrenze. *Ungestempelte* Briefmarken, die noch für den Postverkehr gültig sind, können Teil einer Sammlung sein (häufig bei Sondermarken), können aber auch nur für den Gebrauch auf Briefen usw. vorgesehen sein. Aufbewahrungsart, Stückzahl gleichartiger Marken und voraussichtliche Wertentwicklung sind hierbei Indizien. Im übrigen ist „Briefmarken" ein umfassender Begriff für Einzelmarken, Briefe, Briefstücke, Briefmarkenblöcke und Postkarten (soweit Teil von Sammlungen), gleichgültig ob gestempelt oder ungestempelt.

35   Die Entschädigung ist auf 20 000 DM begrenzt. Jedoch beträgt die Grenze nur 1000 DM für Sachen, die sich nicht in verschlossenen (H III 39) Behältnissen befinden, die erhöhte Sicherheit auch gegen Wegnahme des Behältnisses gewähren; Begriff: H III 34 bis 38. Anders als bei Bargeld genügt also der sog. *einfache Verschluß* im Sinn von H III 34, zumal Stahlschränke für Sammlungen oft schon von der Größe her nicht ausreichen. Allerdings wird bei vertraglich erhöhten Entschädigungsgrenzen (U III 5) meist doch ein qualifizierter Verschluß vereinbart, U III 6. Wegen Entschädigung bis zu 21 000 DM für Sachen unter Verschluß vgl. U III 15 und 42.

36   Daneben gilt für Briefmarken und Münzen eine Entschädigungsgrenze von 350 DM je Einzelstück. Ebenso wie bei Schmuck (U III 52) führt das Wort „Einzelstück" auch bei Briefmarken zu gewissen Auslegungsschwierigkeiten. Bei *„Blöcken"* wird die Grenze auf den Wert der Einzelmarken angewendet; liegt die Summe des Werts der Einzelmarken aber unter 350 DM, so ist – dies

jedoch begrenzt auf 350 DM – der Wert des Block zu entschädigen. Auch „Ersttagsbriefe" wird man nicht immer als Einzelstücke behandeln dürfen, sondern – wenn auch jeweils begrenzt auf 350 DM – die Werte der Einzelmarken berücksichtigen müssen, falls sich dann eine Gesamtentschädigung von mehr als 350 DM ergibt.

In seinem vorliegenden Wortlaut *unanwendbar* ist der *Ausschluß der Ent-* 37 *schädigung* für den „**Minderwert von Sammlungen durch Verlust von Einzelstücken**" in § 2 Nr. 6 letzter Absatz VHB 74 (ebenso Kl 1710 Nr. 2 für Briefmarken- und Münzenhändler). Gemeint ist die *Begrenzung des VWerts* (Q I 26 und 38) *und der Entschädigung* (Q I 26 und 27) auf den *anteiligen Wiederbeschaffungspreis,* der unter Berücksichtigung des Wertverhältnisses zwischen den Einzelmarken auf das betroffene Einzelstück bei *Wiederbeschaffung des ganzen Satzes* entfallen würde, Q I 30. Aber dies kommt nicht hinreichend zum Ausdruck, weil der Minderwert der Sammlung statt des Mehrwerts des vom Schaden betroffenen Stücks angesprochen wird, Q I 29 und 49. Außerdem müßte die Regelung korrekt auch und sogar vor allem dann gelten, wenn der VN nicht eine ganze Sammlung, sondern nur das Einzelstück besitzt und daher subjektiv einen relativ geringeren Schaden erleidet, Q I 49.

Eine für den VN nachteilige und wirtschaftlich unbefriedigende Regelung 38 müßte wegen § 5 AGBG besonders deutlich formuliert sein, wenn sie wirksam vereinbart sein sollte. Da dies vorliegend nicht der Fall ist, gilt der in Q I 35 erläuterte Grundsatz, daß die **Entschädigung** die vollwertige Wiederherstellung der Gruppe ermöglichen muß. Zu entschädigen ist also der **volle Wiederbeschaffungspreis** der vom Schaden betroffenen Briefmarke, gleichgültig ob dieser Preis durch die Zugehörigkeit der Marke zu einem Satz erhöht ist oder nicht. Es kommt auch nicht darauf an, ob der VN vor dem Schadenfall den ganzen Satz oder nur die einzelne Marke besessen hatte. Allerdings muß es folgerichtig auch für den **VWert** und eine etwaige **UnterV** bei den allgemeinen Grundsätzen gemäß Q I 38 bis 47 sein Bewenden haben: Wo die Teile eines Satzes von Briefmarken oder Münzen *räumlich* so weit voneinander *getrennt aufbewahrt* werden, daß die Möglichkeit von Schäden an Einzelstücken überwiegt und den Vr nennenswert belastet, muß der VN in der VSumme sogar die *Summe der Werte der Einzelstücke* berücksichtigen, insgesamt also sogar mehr als den Wert des ganzen Satzes.

b) Für **Bargeld, VMarken, Barrengold, Goldmünzen und Goldmedaillen** ist 39 die Entschädigung durch § 2 Nr. 3 VHB 74 begrenzt. **Bargeld** sind alle Banknoten oder Münzen, die im maßgebenden Zeitpunkt (VFall) inländisches oder (Hamm VersR 83, 769 läßt dies offen, vgl. auch U III 32) ausländisches gesetzliches Zahlungsmittel sind. Für *Papiergeld* kommt eine andere Entschädigungsgrenze nicht in Betracht, auch wenn das Papiergeld Sammlerwert hat. Bei *Münzen* hat die Vorschrift über Bargeld Vorrang gegenüber § 2 Nr. 6 und 8 VHB 74, vgl. U III 29 bis 33. Für den *VWert* ist der Begriff des Bargelds bedeutungslos. Stets entscheidet der inländische Wiederbeschaffungspreis von Sachen gleicher Art und Güte, wobei ausländische Devisenvorschriften außer Betracht bleiben. Soweit Münzen *Sammlerwert* haben, entscheidet der Wiederbeschaffungspreis eines Stücks von *genau* der Art des versicherten

Stücks; Konsequenzen: U III 9 und 41 sowie M III 34. VMarken gibt es nach geltendem inländischen SozialVRecht nicht mehr. In Betracht kommen nur noch ausländische VMarken.

40   **Barrengold** kann Gelbgold oder Weißgold sein. Auf die Form des Barrens kommt es nach dem Wortlaut nicht an. *Anders geformtes* Gold, z. B. Zahngold, unterliegt nicht der Entschädigungsgrenze, ebenso nicht *Platin*. Wegen Goldmünzen und Goldmedaillen vgl. U III 28 und 29. Der VSchutz kann aber entgegen U III 38 der 1. Aufl. bei Barrengold gegebenenfalls daran scheitern, daß es sich um Handelsware (z. B. eines Bankiers in dessen Privatwohnung) handelt, mag auch Barrengold neben Hausrat in § 2 Nr. 1 VHB 74 gesondert erwähnt sein, H IV 15 und 16.

41   Die Entschädigung ist auf 10 000 DM begrenzt. Jedoch beträgt die Grenze nur 1000 DM für Sachen, die sich nicht in verschlossenen (H III 39) *mehrwandigen Stahlschränken* mit einem Mindestgewicht von 200 kg (im Gegensatz zur GeschäftsV also nicht 300 kg, H III 47) oder in *eingemauerten Stahlwandschränken* (H III 48) befinden. Sachen unter anderem (einfachem) Verschluß (H III 34) stehen unverschlossenen Sachen gleich. Anders als bei Schmuck (U III 44) erhöht sich der Schutz also nicht durch Aufbewahrung in verschlossenen Möbelstücken. Motiv ist, daß unverschlossenes Bargeld an den verschiedensten Orten und einigermaßen versteckt in der Wohnung zu liegen pflegt und von Dieben meist nicht leichter aufzufinden ist als in einem der wenigen verschließbaren Möbelstücke. Schmuck hingegen pflegt, falls er nicht eingeschlossen ist, offen im Schlaf- oder Badezimmer zu liegen, was die Arbeit des Diebes zu sehr erleichtert und das Erfordernis eines einfachen Verschlusses rechtfertigt. In § 19 VHB 84 wird einfacher Verschluß der unverschlossenen Aufbewahrung sogar völlig gleichgestellt, U IV 2. – Die Frage, ob es im Fall einer Beurteilung der Verschlußvorschrift als verhüllte Obliegenheit (U III 9) das Verschulden ausschließt, wenn der VN die Grenze von 1000 DM auf den Nennbetrag statt auf den auch für die Entschädigung maßgebenden höheren VWert der Münzen mit Sammlerwert bezieht, ist in M III 34 behandelt.

42   Soweit die Entschädigungsgrenze von 1000 DM für unverschlossenen Schmuck nicht ausgeschöpft wird, kann sich die Grenze für Sachen in Stahlschränken auf 11 000 DM erhöhen, U III 15. „Ausgeschöpft" wird die Entschädigungsgrenze nur, soweit auch Sachen außerhalb von Stahlschränken vom Schaden betroffen und entschädigt werden, nicht schon dann, wenn sich zur Zeit des VFalls Sachen außerhalb befanden, die jedoch vom Schaden nicht betroffen werden.

43   c) Für **Wertpapiere** (Q II 28) und sonstige **Urkunden** (z. B. Personalausweise, Q II 54) ist die Entschädigung nach § 2 Nr. 4 VHB 74 ebenso begrenzt wie für Bargeld usw., nämlich auf 20 000 DM. Es handelt sich um eine selbständige Gruppe, U III 25, aus der jedoch Sparbücher (U III 44) ausgenommen und wiederum einer selbständigen Gruppe vorbehalten sind. Soweit Schutz über 1000 DM bestehen soll, gilt für Wertpapiere und sonstige Urkunden dieselbe Verschlußvorschrift (U III 41) wie für Bargeld usw.

44   d) Für **Abhebungen Unberechtigter auf Sparbücher** ist die Entschädigung durch § 2 Nr. 5 VHB 74 auf 5000 DM begrenzt, und zwar je VFall, also ohne

Rücksicht auf die Zahl der Sparbücher. Jedoch beträgt die Grenze nur 1000 DM für Sparbücher, die sich nicht in verschlossenen (H III 39) Behältnissen befunden haben, die erhöhte Sicherheit auch gegen Wegnahme des Behältnisses gewähren, also mindestens unter sog. einfachem Verschluß im Sinn von H III 34. Zur Entschädigungspflicht dem Grunde nach vgl. Q II 35. Ferner sind mögliche Schäden begrenzt, weil die Legitimationswirkung gemäß § 808 BGB nur im Rahmen der Kündigungsfristen des Kreditwesengesetzes gilt, Q II 50. Soweit also keine Kündigung erklärt ist, kann die Bank an Nichtberechtigte nur den Betrag (zur Zeit monatlich 2000 DM) mit befreiender Wirkung zahlen, der täglich kündbar ist, BGHZ 28, 368, 64, 278.

Werden nebeneinander verschlossen und unverschlossen aufbewahrte **45** Sparbücher gestohlen und mißbraucht, so beträgt die Grenze nicht 6000 DM, sondern nur insgesamt 5000 DM. Dies folgt aus dem Wort „jedoch" im Gegensatz zu den Gruppierungen in a und b in § 2 Nr. 3, 4 und 6 VHB 74, mag es für diesen Unterschied auch kein risikotechnisches Motiv geben. Daher ist auch keine Addition (U III 15) möglich, wenn ein Schaden von 6000 DM an Sparbüchern unter Verschluß entsteht, unverschlossene Sparbücher aber nicht vorhanden oder nicht betroffen sind.

e) Für **Gold-, Silber- und Schmucksachen** (zum Begriff: Großer VP 79, 176; **46** sowie für **Pelze** ist durch § 2 Nr. 8 VHB 74 die Entschädigung auf insgesamt 20 000 DM begrenzt. Platin (Großer VP 84, 124) ist Gold **nicht** gleichzustellen, denn es hätte unschwer besonders erwähnt werden können, vgl. U IV 26 zu den VHB 84. Zusätzlich gilt, ähnlich wie in § 2 Nr. 6c VHB 74 für Sammlungen, U III 36, eine Grenze für **Einzelstücke** im Sinn von U III 52, und zwar in Höhe von 1500 DM und nur für Sachen, die *nicht* in verschlossenen (H III 39) Behältnissen befinden, die erhöhte Sicherheit auch gegen Wegnahme des Behältnisses gewähren. Es genügt also einfacher Verschluß im Sinn von H III 34, wenn nicht verschärfte Verschlußvorschriften vereinbart sind, U III 6.

Goldsachen sind Sachen, die ganz oder teilweise (U III 51) aus Gold *gefer-* **47** *tigt* sind. Unverarbeitetes Gold, z. B. Zahngold, gehört nicht hierher, ebenso ist Barrengold oder unbegrenzt zu entschädigen, soweit es nicht als Handelsware unversichert ist, U III 40. *Goldauflage* bei „vergoldeten" Sachen macht die Sachen nicht zu „Goldsachen". Daß die Sache einem bestimmten Zweck dient (das tut jede Sache), schließt dagegen „Goldsache" begrifflich nicht aus, so daß z. B. goldene **Uhren** Goldsachen sein können, U III 51 und ausführlich U IV 37.

Ebenso ist der Begriff der **Silbersache** zu verstehen, vgl. für Uhren U IV 40. **48** Hierher können auch Silbermünzen gehören, aber nur dann, wenn (U III 20) sie weder inländische gesetzliche Zahlungsmittel noch Teil einer Sammlung sind, U III 32. Wegen Silberbestecken vgl. U III 49 und 50. *Dekorationsstücke* (sog. Korpusware) aus Silber, z. B. Leuchter, Krüge, Becher, Figuren usw., widerstreben von ihrem Zweck her einer Aufbewahrung unter Verschluß. Für sie ist die Entschädigungsgrenze von 1500 DM je Einzelstück eine gewisse Härte, so daß wegen § 9 Abs. 2 Nr. 2 AGBG die Entschädigungsgrenze nicht angewendet werden darf, M III 35.

Schmucksachen sind Sachen von einigem Wert, die dem Aussehen einer **49** Person dienen. Kombination mit anderen Zwecken schadet nicht. So können

z. B. auch *mit Brillanten besetzte* Manschettenknöpfe, **Uhren** (LG Mannheim RuS 89, 95 zu den VHB 84), Frackhemdenknöpfe (BGH VersR 75, 269) Schmucksachen sein, wenn die außerhalb des sonstigen Zwecks liegenden und nur dem Schmuck dienenden Bestandteile wertmäßig überwiegen. Nicht ist jede kleinformatige und sichtbar zu tragende Uhr schon allein deshalb „Schmucksache", weil der Hersteller sich stets auch um Formschönheit bemüht; einmal wäre es leicht gewesen, Uhren im AVB-Text besonders zu erwähnen, und zum anderen ist nach geläufigem Sprachgebrauch nicht alles „Schmucksache", was objektiv oder nach Meinung des Besitzers diesen „schmückt". Ein Gehäuse aus Platin macht die Uhr für sich allein ebenfalls nicht zu einer Schmucksache im Sinn der VHB 74, sondern nur zu einer Sache aus Platin im Sinn der VHB 84, vgl. U IV 26. Zusammenfassend zum Begriff der Uhren und ihrer Zuordnung nach den VHB 84 vgl. U IV 36 bis 43. – **Billigen Modeschmuck** wird man im Wege der Auslegung (Großer VP 79, 176 und Versicherungskaufmann 86, 393 zu den VHB 84) **ausnehmen** und gegebenenfalls neben dem Grenzbetrag von 20 000 DM gesondert entschädigen müssen, denn es widerspräche dem in U I 15 erörterten Zweck der Entschädigungsgrenze, billigen Modeschmuck einzubeziehen, vgl. Ollick Ver-BAV 80, 287 zur ReisegepäckV.

50   **Pelze** sind Kleidungs- oder Dekorationsstücke, die ganz oder teilweise (U III 51) aus Fell gefertigt sind. Leder mit behaarter Innenseite, also ein sog. „Lederpelz", fällt unter den Begriff, Hamburg NJW-RR 89, 930 = RuS 339, Großer VP 78, 200. Unverarbeitete Felle sind unbegrenzt zu entschädigen, soweit sie nicht als Handelsware unversichert sind.

51   Sind nur **Teile von Sachen** aus Gold, Silber oder Pelz, so treten Abgrenzungsschwierigkeiten auf. So besteht z. B. bei Bestecken die Klinge nicht aus Silber, bei Uhren das Räderwerk usw. nicht aus Gold, bei Mänteln oder Jacken oft nur das Futter oder der Kragen aus Pelz. Als Faustregel kann dienen, daß die Gold-, Silber- oder Pelzbestandteile etwa denselben Wert wie eine gleichartige Sache ohne solche Bestandteile haben müssen, daß also der *Gesamtwert* durch die Verwendung von Gold, Silber oder Pelz gegenüber einer Sache ohne solche Bestandteile ganz *wesentlich erhöht* sein muß. Es hängt mithin vom Wertverhältnis ab, ob z. B. **goldene Uhren** Goldsachen sind, vgl. dazu BGH VersR 83, 573 sowie zu den VHB 84 ausführlich U IV 37 bis 44. Härten bei Silberbesteck lassen sich vermeiden, wenn man den Begriff des Einzelstücks (U III 52) weit auslegt. Ob eine **künstlerische oder historische Verarbeitung** der Goldbestandteile dem Gold als Material gegenüberzustellen ist oder im Gegenteil den Wertanteil des (verarbeiteten) Goldes erhöht und daher für „Goldsache" spricht, bleibt zweifelhaft. Nur wenn man diese Frage bejaht, können Uhren gegebenenfalls als **Silbersachen** behandelt werden, denn Silber als Material ohne weitsteigernde Verarbeitung wird für sich allein den Wert einer Uhr meist nicht entscheidend erhöhen, U IV 40.

52   Da **Einzelstücke** bis 1500 DM auch unverschlossen versichert sind, U III 46, liegt es im Interesse des VN, diesen Begriff weit auszulegen. Bei paar- oder serienweise zu tragenden Schmuckstücken hat allerdings der BGH (VersR 75, 269) zu Frackhemdenknöpfen auf den Wert „des ganzen Satzes" abgestellt, weil die jeweiligen Einzelstücke nicht Schmuckstück seien. Bei Silber-

bestecken wird man aber auf den Wert des einzelnen Objekts abstellen dürfen, ebenso z. B. bei silbernen Bechern, Leuchtern usw. Letzteres gilt ganz allgemein bei **Gold- und Silbersachen, die bestimmungsgemäß dem Raumschmuck dienen** und daher nicht unter Verschluß gehalten werden können, so daß die verschlußabhängigen Entschädigungsgrenzen als unwirksam anzusehen sind, U III 48 und M III 35.

f) **Kl 831 vermindert** den VSchutz im Vergleich zum Wortlaut der **VHB 74** 53 nicht nur für die in Kl 831 zusätzlich genannten Teppiche, Kunstgegenstände und Antiquitäten, sondern auch für die schon in § 2 Nr. 8 VHB 74 genannten Gold-, Silber- und Schmucksachen sowie Pelze. Alle diese Sachen bilden nämlich zusammen eine *Gruppe* von Sachen im Sinn der Erläuterungen in U III 25, für die also der Betrag von 20 000 DM je VFall *insgesamt* nur *einmal* zur Verfügung steht, wenn nicht gemäß Kl 831 Nr. 3 zwei Sachgruppen mit gesonderten Entschädigungsgrenzen gebildet werden. – Unter „echten Teppichen" wird man nur handgeknüpfte Teppiche verstehen dürfen, möglicherweise unter Ausschluß von Knüpfungen durch Laien, vgl. auch § 19 Nr. 1 d VHB 84 und dazu U IV 29.

Es war beabsichtigt, die Klausel allen neu abzuschließenden VVerträgen 54 nach den VHB 74 zugrunde zu legen. **Vertragsbestandteil** wurde sie jedoch nur, wenn sie *im Antrag* des VN mit ihrem wesentlichen Inhalt *wiedergegeben* war, also entweder im Wortlaut oder im Rahmen einer Aufzählung aller Entschädigungsgrenzen, vgl. die Erläuterungen in K I 3.

Erhöhte Anforderungen an die Aufklärung des VN können sich ergeben, 55 wenn der Vertragsschluß mit Kl 831 auf Grund eines sog. **Ersatzantrags** zustande kommt, vgl. K I 12 bis 15, denn es handelt sich dann um eine Verschlechterung des VSchutzes gegenüber dem bisherigen Vertrag, mit dem der VN nicht ohne weiteres zu rechnen braucht, am allerwenigsten dann, wenn der Vorschlag, einen Ersatzantrag statt eines bloßen Vertragsänderungsantrag zu stellen, vom Vr ausgegangen ist.

Häufiger als bis dahin nach den VHB 74 mußte wegen Kl 831 die **Entschä-** 56 **digungsgrenze gegen Mehrprämie erhöht** werden, U III 5, wenn der VN vollen VSchutz erreichen wollte. Damit ist dann allerdings gemäß Kl 831 Nr. 4 eine weitere Verschlechterung des VSchutzes verbunden, nämlich insofern, als für Gold-, Silber- und Schmucksachen im Einzelwert von über 1500 DM nicht einfacher Verschluß gemäß den Erläuterungen in U III 46 und H III 39 genügt, sondern qualifizierter Verschluß (Geldschrank usw.) gemäß U III 41 erforderlich ist, und zwar auch dann, wenn verschlußbedürftige Sachen zur Zeit des VFalls nur im Wert von weniger als 20 000 DM vorhanden sind, U III 6. Wurde von der Möglichkeit gemäß Kl 831 Nr. 3 Gebrauch gemacht und für Gold-, Silber- und Schmucksachen eine gesonderte Entschädigungsgrenze vereinbart, die nicht über 20 000 DM liegt, so wurde in der Regel zugleich eine Vereinbarung im Sinn von Nr. 4 der Klausel getroffen, wonach abweichend von der Normalregelung der Klausel einfacher Verschluß ausreicht. Auf die Möglichkeit besonders vereinbarter höherer Entschädigungsgrenzen usw. mußte in den Antragsformularen hingewiesen werden, jedenfalls soweit die Formulare auch für Haushalte mit höherem VWert bestimmt waren.

57   g) Bei Schäden durch **Raub** gelten nach § 2 Nr. 9 VHB 74 dieselben Gruppen und dieselben Entschädigungsgrenzen wie gemäß U III 25 bis 56 bei sonstigen Schäden, jedoch *ohne* die besonderen Grenzen für unverschlossen oder nur unter einfachem *Verschluß* aufbewahrte Sachen und auch *ohne* die Grenzen für *Einzelstücke*. Das Wort „jeweils" bedeutet, daß der Grenzbetrag für Sachen gemäß Nr. 3, Nr. 4, Nr. 6 und Nr. 8 jeweils gesondert zur Verfügung steht, jedoch für sämtliche innerhalb einer Bestimmung genannten Sachgruppen nur „insgesamt" einmal. – Nach § 9 Nr. 1 Abs. 1 Satz 2 VHB 74 bestimmen die höheren Entschädigungsgrenzen bei Raub auch den VWert des Hausrats insgesamt, entscheiden also über die UnterV auch bei Schäden durch andere Gefahren, S II 50. Liegen die Voraussetzungen sowohl des Raubes wie des erschwerten Diebstahls vor, so ist trotzdem *keine Addition* möglich, denn anders als nach der Pauschaldeklaration in der GeschäftsV (S I 42) handelt es sich in der HausratV nicht um Erstrisikosummen, sondern nur um Entschädigungsgrenzen, S I 33 und U III 14.

IV. Entschädigungsgrenzen nach den VHB 84

1   1. § 19 Nr. 2 VHB 84 sieht **prozentuale und verschlußunabhängige** (Dietz § 19 vor Anm. 1: „allgemeine"), § 19 Nr. 3 VHB 84 sieht **betragsmäßige und verschlußabhängige** (Dietz aaO: „besondere") Entschädigungsgrenzen vor. Die Sachgruppen gemäß § 19 Nr. 1 c und 1 d VHB 84 sind so formuliert, daß Zweifel durch die Möglichkeit der **Zuordnung** ein und derselben Sache **zu mehreren Sachgruppen** (U III 12) seltener entstehen als nach den VHB 74. Erreicht wurde dieses Mehr an rechtlicher Deutlichkeit allerdings auf Kosten einer Verschlechterung des VSchutzes, denn der Betrag von 40 000 DM für Sachen gemäß § 19 Nr. 1 c VHB 84 liegt nicht so weit über den Grenzbeträgen gemäß § 2 Nr. 6 und Nr. 8 VHB 74, wie dies der Erweiterung der betroffenen Sachgruppen entsprochen hätte, U IV 20. Außerdem sind auch nach den VHB 84 einige Abgrenzungsprobleme offengeblieben, vgl. U IV 18 wegen kuranter Münzen sowie U IV 36 bis 43 wegen Uhren.

2   a) Sowohl die Höhe der Entschädigungsgrenzen wie auch die betroffenen Sachgruppen sind **anders als nach den VHB 74** festgelegt. Die **Verbesserungen** für den VN liegen überwiegend in § 19 Nr. 3 VHB 84, denn dort werden unverschlossene Sachen den Sachen unter sog. einfachem Verschluß gemäß H III 34 gleichgestellt. Allerdings wirken sich diese Verbesserungen nur aus, soweit nicht die zusätzlich anzuwendende (Berechnungsbeispiel: Dietz 7 zu § 19 Anm. 3) prozentuale Entschädigungsgrenze gemäß § 19 Nr. 2 VHB 84 eingreift. Diese prozentuale Grenze bewirkt wesentliche **Verschlechterungen** des VSchutzes gegenüber den VHB 74, denn die Gruppen von Sachen mit begrenzter Entschädigung wurden durch § 19 Nr. 1 VHB 84 wesentlich erweitert. Eine weitere Verschlechterung bedeutet der Betrag von nur 40 000 DM gemäß § 19 Nr. 3 c VHB 84, gemessen an der Erweiterung der betroffenen Sachgruppen, U IV 1.

3   Für VSummen unter 100 000 DM wirken sich die Verschlechterungen besonders stark aus, denn nach diesen Verträgen errechnen sich Entschädigungsgrenzen für die in der Praxis besonders wichtigen Schmucksachen und

Pelze in Höhe von weniger als 20000 DM, also weniger als den Grenzbetrag gemäß § 2 Nr. 8 VHB 74. Außerdem werden für die prozentuale Grenze nicht nur Schmucksachen und Pelze, sondern auch andere Wertsachen gemäß § 19 Nr. 1a bis 1e VHB 84 berücksichtigt, insbesondere die nach den VHB 74 unbegrenzt versicherten Teppiche, Antiquitäten, Teppiche und Kunstgegenstände. Zwar können die prozentualen Grenzen vertraglich erhöht werden, aber dies erfordert Mehrprämie (ausführlich Dietz 5.1.1 zu § 19) und außerdem eine rechtzeitige Beratung des VN, die bei Zuerwerb von Wertsachen während der Laufzeit mehrjähriger oder verlängerter Verträge naturgemäß nicht immer rechtzeitig realisierbar ist.

b) Für „Wertsachen" ist die Entschädigung gemäß § 19 Nr. 2 VHB 84 **4** prozentual sowie außerdem nach § 19 Nr. 3 VHB 84 betragsmäßig begrenzt. Die **Motive** sind dieselben wie für die Grenzen nach den VHB 74, vgl. U III 1 und U I 15. Da eine positionsweise V des Hausrats und unterschiedliche Prämiensätze je nach Gefährdungsgrad zu hohen Verwaltungskosten führen würden, soll in etwa derselbe Effekt durch Entschädigungsgrenzen erzielt werden, Dietz 2 zu § 19, wenn auch mit den in U I 16 skizzierten Nachteilen. Im Vergleich zu einer positionsweisen V handelt es sich um eine pauschalere Regelung, die zwar für den gesamten Vertragsbestand des Vr in etwa zu demselben wirtschaftlichen Ergebnis führt, für den einzelnen VN aber Härten begründen kann, die sich durch Beratung bei Vertragsschluß und während der Laufzeit des Vertrages nur teilweise vermeiden lassen, insbesondere nicht bei nachträglichem Zuerwerb von Wertsachen, von dem der Vr und dessen Vertreter naturgemäß oft keine Kenntnis erlangen.

Die betroffenen **Wertsachen** sind in § 19 Nr. 1a bis 1e VHB 84 abschließend **5** **definiert**, vgl. U IV 16. Soweit dort allerdings Begriffe gebraucht werden, unter die auch Sachen fallen würden, die offensichtlich keine Wertsachen im Sinn des allgemeinen Sprachgebrauchs im Sinn von BGH RuS 88, 244 = VerBAV 331 = NJW-RR 1050 („Sprachgebrauch des täglichen Lebens") sind, müssen diese Begriffe entgegen Dietz 4.3, 4.4 und 4.5 § 19 wegen § 9 Nr. 2 Abs. 2 AGBG einschränkend ausgelegt werden. Dies folgt schon aus dem Zweck der Entschädigungsgrenzen, vgl. U IV 4, ferner aus dem Umstand, daß die Entschädigungsgrenzen für sämtliche versicherten Gefahren gelten, obwohl das erhöhte Risiko im wesentlichen nur aus der Diebstahlsgefahr resultiert. Beispiele für die **Notwendigkeit einschränkender Auslegung** bilden billiger Modeschmuck, U IV 21 und U III 49, Lamm- oder Kaninchenfelle, U IV 28, Teppiche, die durch Hobbyknüpfer geknüpft wurden, U IV 29, sowie Sachen, die zwar über 100 Jahre alt, nach der Verkehrsansicht aber gleichwohl keine Antiquitäten und keine Wertsachen sind, U IV 34. Irrig meint Dietz 4 zu § 19, das Wort „Schmucksachen" gewähre anders als das Wort „Antiquitäten" keinerlei Auslegungsspielraum. Tatsächlich ist der Begriff „Schmucksachen" weit weniger präzise als die Erläuterung des Antiquitätenbegriffs durch die Worte „mehr als 100 Jahre alt".

Zwar führen diese Einschränkungen des Wertsachenbegriffs zu gewissen **6** Auslegungsschwierigkeiten. Aber derartige „Grauzonen" lassen sich auch sonst bei der Auslegung und Anwendung von AVB nicht ganz vermeiden. Im Fall der **Antiquitäten** verhelfen überdies die in Q IV 77 bis 82 angestellten

Überlegungen zum VWert zu einer zuverlässigen Abgrenzung. Wo jene Überlegungen nicht zutreffen, handelt es sich nicht um Antiquitäten. Kürzer und positiv ausgedrückt: Das mehr als 100jährige Alter der Sachen muß sich deutlich wertsteigernd auswirken, Dietz 5 zu § 19. Im Fall von Modeschmuck wird man eine betragsmäßige Grenze bei gegenwärtig etwa 50 DM je Einzelstück (U III 36) ziehen dürfen, U IV 21. Wegen Edelsteinen vgl. U IV 22.

7　　Allerdings darf durch diese einschränkende Auslegung die geschriebene Wertsachendefinition des § 19 Nr. 1 VHB 84 nicht über Gebühr ausgehöhlt werden. Sachen, welche die **Verkehrsansicht** auch bei Geringwertigkeit als Wertsachen gelten läßt, sind selbst dann den Entschädigungsgrenzen zuzuordnen, wenn das Einzelstück oder sogar die Gesamtmenge der im VOrt vorhandenen Sachen dieser Art nur einen „geringen" VWert verkörpert. Ausnahmslos Wertsachen sind daher Bargeld, Wertpapiere und sonstige **Urkunden** sowie Briefmarken. Bei Urkunden spricht für dieses Ergebnis auch, daß der allgemeine Sprachgebrauch sie als Wertsachen nicht nur wegen ihres geringen Volumens (welches es stets als zumutbar erscheinen läßt, sie unter Verschluß oder wenigstens sorgfältig und versteckt aufzubewahren), sondern auch wegen der Mühe ansieht, die eine Wiederbeschaffung über den Kostenaufwand hinaus dem VN bereitet. **Grenzfälle** sind hingegen geringwertige nicht mehr kurante Münzen sowie geringwertige Ölgemälde, Aquarelle, Zeichnungen, Grafiken und Plastiken. Gerade wegen des geringen Wertes dieser Sachen ist es aber praktisch nicht sehr bedeutsam, ob sie in die Entschädigungsgrenzen einbezogen werden. Wegen geringwertiger Pelze vgl. U IV 28, wegen Edelsteinen U IV 22 und wegen Perlen U IV 24.

8　　Folge der einschränkenden Auslegung des Begriffs der Wertsachen gemäß U IV 5 und 6 ist es, daß die nicht als Wertsachen anzusehenden Sachen auch dann entschädigt werden, wenn die prozentualen oder betragsmäßigen Grenzen für „echte" Wertsachen im Sinn der jeweils betroffenen Sachgruppen bereits ausgeschöpft sind. Wegen des verhältnismäßig geringen Werts der hier angesprochenen Sachen erhöht sich die Gesamtbelastung des Vr aber nicht wesentlich. Außerdem steht dem erweiterten Entschädigungsanspruch der Nachteil für den VN gegenüber, daß § 18 Nr. 5 VHB 84 nicht anzuwenden ist, sondern die Sachen voll für den VWert berücksichtigt werden, falls nicht Kl 834 vereinbart ist.

9　　Eine **erweiternde „Auslegung"** des Wertsachenbegriffs kommt hingegen **nicht** in Betracht. Dergleichen scheitert schon an der als erschöpfend formulierten Aufzählung von Sachgruppen. Wäre etwas anderes beabsichtigt gewesen, so hätte formuliert werden müssen „Wertsachen sind insbesondere . . .". Jugendstilobjekte, die gegenwärtig noch nicht 100 Jahre alt sind, können daher z. B. nicht den Antiquitäten gleichgestellt werden (ebenso Dietz 4.5 zu § 19). Ebensowenig können wertvolle Acrylgemälde als Ölgemälde behandelt werden, U IV 31.

10　　c) Obwohl § 18 Nr. 5 VHB 84 von „bestimmten Beträgen" spricht, sind dort nicht nur die betragsmäßigen, sondern auch die prozentualen Entschädigungsgrenzen gemäß § 19 VHB 84 gemeint, vgl. S II 50, mag dies auch in gewissen Fällen der MehrfachV zu ungerechtfertigten Vorteilen für die VN führen, weil § 20 VHB 84 zu eng formuliert ist, U I 29 bis 32. Wenn der VN

die prozentuale Grenze gemäß § 19 Nr. 2 VHB 84 nicht auf den eigentlich
notwendigen Betrag erhöht, braucht er nach § 18 Nr. 5 VHB 84 auch in der
VSumme nicht den vollen Wert der Wertsachen zu berücksichtigen, um sich
vor UnterV zu bewahren. Der VN gerät, falls nicht etwa die prozentuale
Entschädigungsgrenze durch Vereinbarung gemäß U IV 13 erhöht ist, vielmehr schon dann **nicht** in **UnterV,** wenn die **VSumme mindestens 125%** des
sonstigen Hausratswertes beträgt. Gleichbedeutend spricht Dietz § 19 Anm. 2
von einer Ist-VSumme in Höhe des Wertes des sonstigen Hausrats × 0,8 und
gibt hierfür mehrere instruktive Berechnungsbeispiele. Selbstverständlich
wirken sich eine zu niedrige Entschädigungsgrenze und eine zu niedrige
VSumme aber immer dann aus, wenn der Gesamtschaden die VSumme oder
der Wertsachenschaden die Entschädigungsgrenze für Wertsachen übersteigt,
insbesondere also im Totalschadenfall.

d) Wenn Behältnisse mit höherem Sicherheitsgrad vorhanden sind, darf der **11**
VN die **absoluten Grenzbeträge** für unverschlossen oder unter schlechterem
Verschluß aufbewahrten Sachen **nicht** immer **ausschöpfen.** Vielmehr muß er
vorhandene bessere Aufbewahrungsmöglichkeiten ausschöpfen, wenn er sich
nicht in krassen Fällen dem Vorwurf **grober Fahrlässigkeit** aussetzen will. Aus
den vertraglichen Entschädigungsgrenzen darf jedenfalls nicht geschlossen
werden, der VN handle niemals grob fahrlässig, solange jene Grenzen nicht
überschritten werden, O I 123.

2. **Abweichende Vereinbarungen** sind stets möglich, geschäftsplanmäßig al- **12**
lerdings aus aufsichtsrechtlichen Gründen nur in den im Wortlaut von § 19
Nr. 2 und Nr. 3 VHB 84 vorgezeichneten Grenzen. Die Vereinbarung von
Sicherungen für den VOrt als ganzen ist freilich schon nach §§ 14 Nr. 1a, 13
Nr. 1c VHB 84 durch entsprechende gefahrmindernde Obliegenheit als Sicherheitsvorschrift unbegrenzt möglich. Insoweit – „und über Sicherungsver-
besserungen" – ist Dietz 2 zu § 19 zuzustimmen.
Die prozentuale Entschädigungsgrenze für Wertsachen kann auf einen **an- 13
deren Prozentsatz als 20** erhöht oder – praktisch kaum vorstellbar – vermindert werden. Verschärfte Verschlußvorschriften können im Zusammenhang
mit einer erhöhten prozentualen Entschädigungsgrenze geschäftsplanmäßig
allerdings nur insoweit vereinbart werden, wie sich dies aus § 19 Nr. 3 VHB
84 ergibt, vgl. U IV 14. Aus § 14 Nr. 1a VHB 84 kann etwas anderes schon
deshalb nicht hergeleitet werden, weil es sich bei Verschlußvorschriften, die auf diese
rechtliche Grundlage gestützt würden, um verhüllte Obliegenheiten handeln
würde, was nicht der Rechtsnatur der Verschlußvorschriften des § 19 Nr. 3
VHB 84 entsprechen würde, U IV 16 und M III 48.
§ 19 Nr. 3 VHB 84 ermöglicht es durch die Worte „oder außerhalb beson- **14**
ders vereinbarter sonstiger verschlossener Behältnisse", an die Stelle der in § 14
Nr. 3 VHB 84 genannten Anforderungen an qualifizierte Verhältnisse andere
qualifizierende Merkmale zu setzen. Insbesondere kann dadurch der in H III
43 bis 49 skizzierten technischen Entwicklung Rechnung getragen werden.
Andere Grenzbeträge oder andere Sachgruppen als die in § 19 Nr. 3a, 3b und
3c VHB 84 vorgesehenen Beträge und Sachgruppen dürfen hingegen aus
aufsichtsrechtlichen Gründen nicht geschäftsplanmäßig, sondern nur in Einzelfällen vereinbart werden. Für die zivilrechtliche Wirksamkeit abweichen-

der Vereinbarungen sind diese aufsichtsrechtlichen Grenzen freilich bedeutungslos.

15 Einen **Formulierungsfehler** enthält § 19 **Nr. 3** VHB 84 insofern, als das erste der beiden dort gebrauchten „oder" als „und" zu verstehen ist. Da es sich um ein Redaktionsversehen zum Nachteil des VN handelt, ist die Korrektur dieses Versehens im Wege einer berichtigenden Auslegung und zugunsten des VN bedenkenlos möglich. Mangels abweichender Vereinbarung ist die Entschädigung nur dann auf 1500 DM für Bargeld begrenzt, wenn sich das Geld sowohl (!) außerhalb mehrwandiger Stahlschränke mit einem Mindestgewicht von 200 kg wie auch (!) außerhalb eingemauerter Stahlwandschränke mit mehrwandiger Tür befindet. Das Wort „oder" ist nur dort gerechtfertigt, wo es zum zweitenmal erscheint, nämlich bei Erwähnung der Möglichkeit einer abweichenden Vereinbarung im Sinn von U IV 14.

16 3. Im Folgenden werden die einzelnen **Gruppen von Wertsachen** im Sinn von § 19 Nr. 1a bis 1e VHB 84 kurz erläutert. Teilweise kann hierbei auf Erläuterungen in U III 24 bis 57 zu den VHB 74 verwiesen werden. § 19 Nr. 2 VHB 84 gilt für sämtliche versicherten Wertsachen, so daß es für die prozentuale Entschädigungsgrenze keine Rolle spielen kann, zu welcher von mehreren Gruppen von Wertsachen eine bestimmte Sache etwa gehört. Die verschlußabhängigen und betragsmäßigen Entschädigungsgrenzen gemäß § 19 **Nr. 3** VHB 84 (Rechtsnatur: objektive Risikoabgrenzung, M III 13 und 48 bis 51) gelten für Wertsachen gemäß § 19 Nr. 1d und 1e VHB 84 überhaupt nicht. Für Wertsachen gemäß § 19 Nr. 1a bis 1c VHB 84 kommt es auf die **Zuordnung** zu einer dieser drei Bestimmungen an. Die Möglichkeit von Mehrfachzuordnungen besteht vor allem noch bei kuranten Münzen und Uhren. Sie läßt sich durch Auslegung beseitigen, vgl. U IV 1, 18 und 36.

17 a) Auf 1500 DM ist die Entschädigung durch § 19 Nr. 1a und Nr. 3a VHB 84 für **Bargeld** begrenzt. Bargeld sind kurante Münzen und Banknoten, die irgendeinem Staat als gesetzliche Zahlungsmittel anerkannt sind, mag dies auch für gewisse ausländische Währungen nicht immer ganz leicht feststellbar sein. Die in BGH VersR 84, 628 geäußerten Bedenken gegen die Maßgeblichkeit ausländischer gesetzlicher Bestimmungen bestehen allenfalls zum Bargeldbegriff der VHB 74, U III 32, nicht hingegen für den Bargeldbegriff der VHB 84, weil in den VHB 84 nicht mehr die Worte „gesetzliches Zahlungsmittel" erscheinen. Ein Bedingungswerk, das als einzigen einschlägigen Begriff das Wort „Bargeld" gebraucht, meint damit zweifelsfrei nicht nur inländische, sondern **auch ausländische Banknoten und Münzen** (ebenso Dietz 4.1 zu § 19).

18 Kurante Münzen **ohne** zusätzlichen **Sammlerwert**, deren VWert also den Nennbetrag nicht übersteigt, sind Bargeld. Für sie ist § 19 Nr. 3a VHB 84, also die Entschädigungsgrenze für Bargeld, die speziellere und gemäß U III 23 sowie U IV 1 und 16 allein anwendbare Regelung. In die Entschädigungsgrenze von § 19 Nr. 3c VHB 84 von 40000 DM für Wertsachen gemäß § 19 Nr. 1c VHB 84 sind kurante Münzen ohne (sonst: U IV 25) zusätzlichen Sammlerwert nicht einzurechnen, obwohl der Wortlaut beider Bestimmungen für kurante Münzen keine Ausnahme macht (wie hier Dietz 6.4 zu § 19).

b) **Urkunden** einschließlich Sparbücher und sonstige Wertpapiere sind **19** Wertsachen gemäß § 19 Nr. 1b VHB 84, mag auch der Wiederbeschaffungspreis der einzelnen Urkunde gering sein, U IV 7. Gemäß § 19 Nr. 3b VHB 84 gilt eine betragsmäßige verschlußabhängige Entschädigungsgrenze von 5000 DM. Wegen des Urkundenbegriffs wird auf U III 43 und Q II 54, wegen Abhebungen Unberechtigter auf Sparbücher auf U III 44 verwiesen. Daß der Betrag der Abhebung Teil des Sachschadens ist, wird in den VHB 84 nicht mehr besonders erwähnt, vgl. dazu Q II 35 sowie Dietz 6.5 zu § 19.

c) § 19 Nr. 1c VHB 84 zählt eine Reihe von Sachgruppen auf, die für die **20** betragsmäßige und verschlußabhängige Entschädigungsgrenze von 40000 DM gemäß § 19 Nr. 3c VHB 84 zu berücksichtigen sind. Wegen des Umfangs der betroffenen Sachgruppen handelt es sich um eine Verschlechterung des Deckungsumfangs gegenüber den VHB 74, U IV 1.

Wegen **Schmucksachen** wird auf U III 49 verwiesen. Billiger Modeschmuck **21** gehört entgegen Dietz 4.3.1 zu § 19 nicht zu den Schmucksachen; wie hier Großer, Versicherungskaufmann 86, 393. Dies ergibt sich nicht nur aus den in U IV 6 dargestellten Überlegungen, sondern auch bereits unmittelbar aus dem Wort „Schmucksachen". Anders als die Worte „Schmuck" und „schmücken" verbindet der allgemeine Sprachgebrauch mit dem Wort „Schmucksachen" die Vorstellung von einer gewissen auch wirtschaftlichen Bedeutung der Sachen und ihres Besitzes. Ein junges Mädchen würde z.B. Arm- oder Beinreifen oder Ohrclips aus billigem Material (Aluminium, Holz, Bronze, Kunststoff, Leder, Glas usw.), deren Besitz und Gebrauch meist von vornherein nur als kurzfristig geplant sind, schwerlich als ihre „Schmucksachen" bezeichnen.

Edelsteine sind Mineralien, die durch Glanz, Lichtbrechung, Härte, Selten- **22** heit oder (und) Form einen gewissen Wert verkörpern, Dietz 4.3.2 zu § 19. Auch hier gehört also ein gewisser Mindestwert schon zum Begriff des Edelsteins, vgl. U IV 7.

Perlen sind durch Perlmuscheln erzeugte kugelförmige Gebilde aus Perlmut- **23** terschichten. Es kann sich auch um Zuchtperlen handeln. Ähnlich aussehende oder geformte andere Materialien dürfen nicht gleichgestellt werden, insbesondere nicht Kugeln aus Kunststoff, Glas, Elfenbein usw. Der Wert darf weder in der einen noch in der anderen Richtung den Ausschlag geben, U IV 9.

Wegen **Briefmarken** vgl. U III 34. Es braucht sich nicht um Sammlungen **24** oder Teile davon zu handeln. Auch Einzelstücke fallen unter die Entschädigungsgrenze. Andererseits gibt es, anders als nach § 2 Nr. 6c VHB 74, für Einzelstücke keine zusätzliche Entschädigungsgrenze mehr. Ob die Marken entwertet (gestempelt) sind oder nicht, spielt keine Rolle. Im letzteren Fall kommt es – anders als bei Münzen, U IV 19 – auch nicht darauf an, ob die Marken nach den Bestimmungen des Ausgabelandes noch gültig sind. Auch der Wert spielt keine Rolle, U IV 7.

Wegen **Münzen und Medaillen** vgl. zum VWert Q IV 77 bis 82. Münzen **25** ohne Sammlerwert, die noch inländische oder ausländische gesetzliche Zahlungsmittel sind, dürfen nicht für die Grenze nach § 19 Nr. 3c VHB 84, sondern nur für die Grenze nach § 19 Nr. 3a VHB 84 berücksichtigt werden, U IV 18. Umgekehrt fallen nicht mehr kurante Münzen sowie kurante Münzen mit einem Sammlerwert über dem Nennbetrag allein unter § 19 Nr. 3 c VHB 84.

26   Wegen **Sachen aus Gold oder Platin** vgl. U III 47. Allerdings ist der Begriff „Sachen aus Gold" etwas weiter als der Begriff „Goldsachen" und umfaßt auch **Barrengold.** Bei Sachen, die nur teilweise aus Gold bestehen, kommt es darauf an, ob der Goldanteil den Wert wesentlich erhöht, U III 51 sowie BGH VersR 83, 573. Sachen mit nur dünner Goldauflage„ also sog. **vergoldete Sachen,** werden danach meist nicht Goldsachen sein, Dietz 4.3.5 zu § 19 gegen Ollick VerBAV 82, 45. Wegen Uhren vgl. zusammenfassend U IV 39.

27   d) Sachen gemäß **§ 19 Nr. 1 d und 1 e VHB 84** unterliegen zwar nicht einer betragsmäßigen und verschlußabhängigen Entschädigungsgrenze, sind aber für die prozentuale und verschlußunabhängige Entschädigungsgrenze gemäß § 19 Nr. 2 VHB 84 zu berücksichtigen.

28   Wegen **Pelzen** vgl. U III 50 sowie Großer VP 78, 200. Kunstpelze (Webpelze) sind nicht als Pelze zu behandeln, Dietz § 19 Anm. 1 d, desgleichen nicht geringwertige Felle, wie Lamm, Kaninchen usw, bei denen im geläufigen Sprachgebrauch meist auch gar nicht von „Pelzen" die Rede ist. Hamburg NJW-RR 89, 930 = VersR 89, 1257 = RuS 339 (ReisegepäckV) läßt die Frage offen. Wegen Sachen, die nur teilweise aus Pelz bestehen, vgl. U III 51 und U IV 26. Nach Dietz aaO soll es schon genügen, wenn der Pelzanteil zwar nicht für den Wert, wohl aber für die übliche sprachliche Bezeichnung des Kleidungsstücks (z. B. der Pelzmütze) den Ausschlag gibt.

29   Wegen **Teppichen** vgl. U III 53 zu Kl 831 zu den VHB 74. Auf das Herstellungsland kommt es nicht an. Auch Bildteppiche sind Teppiche, Dietz § 19 Anm. 1 d. Dies gilt nicht nur für Gobelins (Wandteppiche), sondern auch für Bodenteppiche. Durch Hobbyknüpfer hergestellte Teppiche bleiben wegen ihres geringen Wertes entgegen Dietz 4.4.2 zu § 19 außer Ansatz, U IV 6. Es würde dem Zweck des § 19 Nr. 2 VHB 84 nicht entsprechen, wenn durch so geringwertige Stücke zu Lasten anderer zu Schaden gekommener Wertsachen die Entschädigungsgrenze gemäß § 19 Nr. 2 VHB 84 belastet würde.

30   Als **Ölgemälde, Aquarelle, Zeichnungen und Grafiken** sind manuell hergestellte zweidimensionale Darstellungen – eventuell auch im Entwurfsstadium – mit einem gewissen **künstlerischen Mindestanspruch** anzusehen. Zu verneinen wäre der künstlerische Mindestanspruch z. B. möglicherweise bei Darstellungen, die der VN oder ein Dritter im Rahmen eines ihm oder durch ihn erteilten Unterrichts oder dgl. zu vorübergehenden Zwecken hergestellt hatte, mögen die Objekte dann auch aus irgendwelchen Gründen doch länger erhalten geblieben sein. Maschinell erzeugte **Reproduktionen** (Öldrucke, Rotationsdrucke, Poster) gehören **nicht** zu den Wertsachen mit begrenzter Entschädigung, Dietz 4.3.5 zu § 19, wohl aber individuell hergestellte **Duplikate** oder **Fälschungen,** wenn bei Original und Duplikat das Merkmal eines künstlerischen Mindestanspruchs erfüllt ist.

31   Wegen der Techniken der Herstellung von Gemälden, Aquarellen, Zeichnungen und Grafiken vgl. näher Dietz § 19 Anm. 1 d. Acrylgemälde sind ohne Rücksicht auf ihren Wert keine Ölgemälde, U IV 9. Bei Zeichnungen bewirkt das Merkmal des künstlerischen Anspruchs, daß technische Zeichnungen (Bauzeichnungen, Verkehrsskizzen, Landkarten und deren Vorarbeiten usw.) nicht einzubeziehen sind.

Plastiken sind dreidimensionale Werke der Bildhauerkunst. Dazu und zum 32
Begriff der **Skulptur** vgl. ausführlich Großer, VersVermittlung 88, 22. Um die
Nachbildung menschlicher oder tierischer Körper braucht es sich nicht notwendig zu handeln. Reine Fantasiegebilde sind aber keine Plastiken. Es muß
sich um Nachbildungen irgendwelcher Gegenstände handeln, wobei der
nachgebildete Gegenstand, soweit es nicht um einen menschlichen oder tierischen Körper oder Körperteil handelt, über seine Existenz hinaus einen bestimmten Gebrauchszweck erfüllen muß.

Sachen aus Silber nennt § 19 Nr. 1 d VHB 84 ausdrücklich nur mit der 33
Maßgabe, daß es sich nicht schon um Sachen gemäß U IV 20 bis 26 handelt.
Insbesondere kommt sog. **Korpusware** in Betracht, also Gegenstände, die
entweder dem Raumschmuck oder einem sonstigen Gebrauchszweck dienen.
Wegen Sachen, die nur teilweise aus Silber bestehen, gelten entsprechende
Grundsätze wie für Goldsachen, U IV 26. Silber ist allerdings weniger wertvoll als Gold. Daher werden Sachen, die nur teilweise aus Silber bestehen,
durch diesen Materialanteil nur selten so sehr im Wert erhöht sein, daß sie als
Silbersachen zu behandeln sind; anders allenfalls, wenn man auch eine werterhöhende *Verarbeitung* des Silberanteils genügen läßt (zweifelhaft, U III
51). – Wegen Uhren vgl. zusammenfassend U IV 41.

Antiquitäten im Sinn von § 19 Nr. 1 e VHB 84 sind Sachen, die mehr als 100 34
Jahre alt und ihrer Art nach weder Möbel noch sonstige Sachen im Sinn von
U IV 17 bis 33 sind. Zum Begriff der **Möbel** vgl. Großer, VersVermittlung 89,
128, 135, der aber die erschwerte Transportierbarkeit für den Dieb als Kriterium nicht erkennt; Standuhren sind schwer transportabel und daher häufig
als Möbel einzustufen.

Um Antiquitäten handelt es sich begrifflich nur dann, wenn sich das Alter 35
wertsteigernd auswirkt, U IV 6. Ob dies der Fall ist, kann auch vom Abnutzungsgrad abhängen; von Antiquitäten kann nur bei Sachen die Rede sein,
deren Restaurierung sich noch lohnt. Die **Beweislast** für das Alter trägt der
Vr, wenn er die Entschädigung kürzen, der VN, wenn er zu einem geringeren
VWert gelangen will. Umgekehrt ist die Beweislastverteilung, wenn geltend
gemacht wird, eine Sache sei trotz ihres unstreitigen Alters von mehr als 100
Jahren aus den in U IV 6 erörterten Gründen keine Antiquität.

4. Uhren sind Gebrauchsgegenstände, die der Zeitmessung dienen, und sind 36
als solche in den VHB 84 nicht erwähnt. Jede Sache kann aber mehreren
Zwecken dienen. Außerdem knüpfen die Entschädigungsgrenzen der VHB
84 nicht nur an den Verwendungszweck (Schmucksachen, Möbelstücke, Teppiche) der versicherten Sachen an, sondern auch an das Material, aus dem sie
bestehen (Gold, Silber, Platin) sowie an die Art und Weise (Zeichnungen,
handgeknüpfte Teppiche) und dem Zeitpunkt (Sachen, die über 100 Jahre alt
sind) ihrer Herstellung. Uhren sind Gegenstände, auf die oder auf deren
Einzelteile mehrere dieser Kriterien zutreffen oder nicht zutreffen können.
Im Sinn von § 19 VHB 84 kann es sich handeln um **Schmucksachen** (Nr. 1 c),
Sachen aus Gold oder Platin (ebenfalls Nr. 1 c) oder **aus Silber** (Nr. 1 d) oder
um **Antiquitäten** (Nr. 1 e).

37   Einen guten Überblick über die Geschichte der Zeitmessung und über die Arten von derzeit gebräuchlichen Uhren gibt Großer, VersVermittlung 89, 128, in seinem Aufsatz „Die Versicherung von Uhren im Rahmen der Hausratversicherung nach den VHB 84". Er unterteilt die mobilen Uhren, die als Hausrat in Betracht kommen, in Boden- und Standuhren (meist mit Gewichtsantrieb), Wanduhren (die selbst oder deren Konsolen an einer Wand befestigt sind), Stutzuhren („gestutzte", d.h. im Vergleich zu einer Standuhr gekürzte Uhren, die z.B. auf Tischen oder Kaminen stehen) und Kleinuhren, die am Körper getragen werden.

38   Für die Zuordnung nach § 19 Nr. 1c bis 1e VHB 84 ist maßgebend, ob eines der dort genannten Kriterien so sehr im Vordergrund steht, daß die Entschädigungsgrenze angewendet werden muß, vgl. allgemein U III 23. Da Uhren als solche in § 19 VHB 84 überhaupt nicht erwähnt werden, sprechen in Grenzfällen die besseren Gründe gegen die Anwendung einer Entschädigungsgrenze.

39   Uhren können **Goldsachen** sein, obwohl niemals sämtliche Bestandteile aus Gold gefertigt sind. Das verwendete Gold muß aber den Wert im Vergleich zu einer ähnlichen Uhr ohne Goldbestandteile wesentlich erhöhen, vgl. U III 51, U IV 26 und BGH VersR 83, 573. Eine bloße Goldauflage genügt meist nicht.

40   **Silbersachen** sind Uhren nur dann, wenn sie größtenteils aus Silber bestehen (Gehäuse massiv Silber), und dadurch der Wert wesentlich erhöht wird. Entgegen Großer aaO, der allerdings sein eigenes rechtliches Ergebnis mißbilligt, wird dies bei einer silbernen Armbanduhr im Wert von insgesamt 500 DM meist nicht der Fall sein. Erhöht nicht das Silber als Material, sondern nur oder vor allem dessen **Verarbeitung** den Wert der Uhr, so reicht dieser Umstand im Zweifel **nicht** aus, um sie zu einer Silbersache zu machen, U III 51 (nicht beachtet bei Großer aaO). Allerdings kann durch hochwertige Verarbeitung von Silber die Uhr zu einer Schmucksache werden, falls es sich nicht um eine Uhr handelt, die ihrer Natur nach unsichtbar getragen wird (Taschenuhr).

41   **Schmucksache** ist eine Uhr nur, wenn die dem Schmuck dienenden Ausführungsmerkmale den Wert der Uhr wesentlich erhöhen. Dies kommt bei sichtbarer Verwendung von Diamanten oder sonstigen Edelsteinen oder bei hochwertiger Verarbeitung von Gold oder Silber in Betracht, U IV 40. Nicht aber darf, wie mindestens für den Fall einer VHB-Reform durch Großer, VersVermittlung 89, 136 empfohlen (Ausnahme: „ausgesprochene Billiguhren"), jede Armbanduhr oder sonstige Kleinuhr schon deshalb als Schmucksache angesehen werden, weil der Eigentümer sie auch oder nur aus „Schönheits- oder Repräsentationsgründen" trägt. Der allgemeine Sprachgebrauch bedient sich des Wortes „Schmucksache" nicht in einem so weiten Sinn.

42   Endlich können Uhren auch **Antiquitäten** sein, wenn sie nämlich mindestens 100 Jahre alt sind und wenn diese Tatsache den Wert der Uhr wesentlich erhöht, U IV 6. Die Beweislast hierfür trägt, wer sich auf die Entschädigungsgrenze beruft, für die Entschädigungshöhe also der Vr, für die Frage der UnterV der VN.

43   Falls es sich zugleich um **Möbelstücke** handelt, greift die Entschädigungsgrenze für Antiquitäten **nicht** ein. Dies kommt bei Standuhren in Betracht.

Entgegen der bei Großer aaO erörterten Definitionen ist für den Begriff der Möbelstücke im Sinn der VHB 84 weder allein die Beweglichkeit ausschlaggebend noch kommt es allein oder überwiegend auf die Verwendung von Holz als Werkstoff an. Eine entscheidende Rolle spielt vielmehr die erschwerte Transportierbarkeit von Gegenständen mit großem Volumen oder hohem Gewicht, also deren geringere Attraktivität für Diebe. Standuhren mit einem Alter von mehr als 100 Jahren sind daher im Zweifel (U IV 3) als Möbelstücke anzusehen, zumal sie für die versicherten Räume nach denselben Gesichtspunkten ausgewählt und in ihnen aufgestellt werden wie sonstige Möbelstücke.

V. Mehrfachversicherung und Doppelversicherung

Übersicht

I. Mehrfachversicherung („Nebenversicherung")

1. Der Begriff „**MehrfachV**" (§ 58 VVG) bedeutet die V desselben Interes- 1
ses gegen dieselben Schäden und Gefahren in demselben VOrt und zu derselben Zeit bei mehreren Vr. Daß die Entschädigung den Schaden übersteigt,
gehört *nicht* zum Begriff der MehrfachV, sondern begründet „DoppelV",
also den in V II und V III behandelten wichtigen Sonderfall der MehrfachV,
vgl. V II 1. Der Unterschied zwischen MehrfachV und DoppelV würde noch
deutlicher, wenn man von **NebenV** statt von MehrfachV spräche (Raiser 264),
vgl. z.B. PM § 58 Anm. 2. Da aber §§ AEB, AFB 30, AFB 87, AERB 87,
AWB 87, AStB 87, 8 AERB, AWB 68, AStB 68, 11 VGB 62, 18 VGB 88, 9
Nr. 2 VHB 74, 20 VHB 84, übereinstimmend von *„mehrfacher V"* sprechen,
ist im Folgenden stets von MehrfachV die Rede.

MehrfachV und DoppelV gibt es nicht nur in den hier behandelten, son- 2
dern in allen Zweigen der SachV, desgleichen auch in anderen Zweigen der
SchadenV, z.B. in der HaftpflichtV, und schließlich sogar in der SummenV
(BM § 58 VVG Anm. 5), dort freilich nur als Mehrfach- und nicht als DoppelV, weil dort das versicherbare Interesse nicht auf einen bezifferbaren
Höchstschaden begrenzt ist, PM vor § 51 Anm. 1 A und 4 A. Die vollständige Darstellung der Voraussetzungen und Rechtsfolgen der MehrfachV und
der DoppelV sind nicht Gegenstand dieses Kommentars, vgl. schon Ziffer 7
der Einleitung. Vielmehr muß auf die **Literatur zu §§ 58 bis 60 VVG** verwiesen
werden. Nur wo die AVB der hier behandelten VZweige §§ 58, 59 Abs. 3
VVG ergänzen (V I 35, 40, 41 und 44) oder wo § 59 Abs. 1 VVG (Bereicherungsverbot, V II 4) oder § 59 Abs. 2 VVG (Ausgleich zwischen den mehreren Vr, V III 1) gerade in der SachV zu praktisch wichtigen und aktuellen
oder zu streitigen Rechtsfragen führen, werden diese im Folgenden erörtert.

MehrfachV erfordert also nebeneinander **Identität** des *versicherten Interes-* 3
ses, J I 2, des *versicherten Schadens,* A III 3, der *versicherten Gefahr,* A III 2
und 5, des *VOrts,* G I 3, und der *VDauer* K II 3 und K III 3, K III 3 und K IV
3. Allerdings braucht diese Identität **nicht** bezüglich **sämtlicher VFälle** gegeben
zu sein, die die mehreren Verträge decken, sondern nur bezüglich eines Teils
der jeweils gedeckten VFälle. Die *Risikoabgrenzungen* der mehreren Verträge
brauchen also nicht übereinzustimmen, sondern es genügt, wenn sie sich
überschneiden; MehrfachV besteht dann für den Überschneidungsbereich, V
I 5.

Vollständige Identität der Risikoabgrenzung ist der praktisch seltenere Fall. 4
Sie kommt in Ausnahmefällen aufgrund eines Versehens und sonst vor allem
dann in Betracht, wenn der VN entweder das Risiko aufteilen will (vgl. aber
U I 21 ff. wegen des dann geltenden Verbots der Addition von betragsmäßigen Entschädigungsgrenzen) und daher statt einer höheren zwei niedrige
VSummen bei verschiedenen Vr in Deckung gibt, oder wenn er den Vr wechseln will, z.B. wegen günstigerer Prämiensätze und daher bei Zunahme des
VWerts (vgl. T II 17 zur vereinbarten SelbstV) den zusätzlichen Betrag bereits bei einem anderen Vr in Deckung gibt, obwohl die Kündigung des
älteren Vertrags bei dem ersten Vr noch nicht möglich ist, vgl. U I 58 zum
Sonderfall der MehrfachV des Hausrats nach den VHB 74 bei gleichzeitiger

Erhöhung von Entschädigungsgrenzen. Ein wichtiger **Sonderfall** der vollständigen Übereinstimmung der Risikoabgrenzung in mehreren Verträgen ist die sog. **offene MitV,** wo mit jedem Vr ein gesonderter Vertrag (PM vor § 58 Anm. 1 gegen BM § 58 VVG Anm. 52) über dessen anteilige Haftung besteht (Raiser 270), jedoch abweichend von § 3 Abs. 1 VVG nur ein einziger VSchein durch sämtliche Vr ausgestellt zu werden braucht.

5 Überschneidungen der Risikoabgrenzung, also nur **teilweise Identität des versicherten Risikos,** sind weit häufiger, so z. b. hinsichtlich des versicherten Interesses (einschließlich der versicherten Sachen), etwa bei Zusammentreffen einer InbegriffsV mit einer EinzelsachenV (z. b. Hausrat- und ValorenV) oder bei Überschneidungen zwischen mehreren versicherten Inbegriffen (z. b. Deckung verliehener versicherter Sachen des Betriebes A durch dessen FeueraußenV und zugleich durch die Fremdeigentumsklauseln in der FeuerV des Entleihers B), hinsichtlich der versicherten Gefahr (z. b. FeuerV eines Betriebes und AllgefahrenV für Schwachstromanlagen und Baumaschinen) oder hinsichtlich des VOrts (HausrataußenV und ReisegepäckV; zugleich Überschneidung hinsichtlich der versicherten Sachen und der VDauer). *MehrfachV besteht* dann *nur im Bereich der Überschneidung.* Dies führt zu praktischen Schwierigkeiten, wenn außerhalb der Überschneidung UnterV, im Bereich der Überschneidung hingegen DoppelV besteht, der VN also im Bereich der DoppelV zuviel Prämie aufgewendet hat, wegen der proportionalen Zuordnung der Entschädigung (S II 25) im Bereich der UnterV aber gleichwohl nicht voll entschädigt wird, vgl. dazu V II 24.

6 **Identität des VN** setzt die MehrfachV **nicht** voraus. Dies ergibt sich schon aus dem gesetzlichen Erfordernis des versicherten Interesses gemäß §§ 58 Abs. 1, 59 Abs. 1 VVG in Verbindung mit der Möglichkeit, fremdes Interesse zu versichern, J I 2 und 4. Auch die *Verträge verschiedener VN* begründen also MehrfachV, soweit neben der sonstigen Risikoabgrenzung auch das *versicherte Interesse übereinstimmt,* vgl. auch U I 34 für das Zusammentreffen von Entschädigungsgrenzen in der HausratV. Die Besonderheit dieser Fälle besteht darin, daß eine Entschädigung an denjenigen VN, der eigenes Interesse versichert hat, unter Umständen auch dann nicht an § 59 Abs. 1 VVG scheitert, wenn ein anderer Vr bereits für dasselbe Interesse an einen Dritten als VN geleistet hat, ohne daß die Entschädigung aber dem Interesseträger zugeflossen ist, V II 5 bis 8.

7 **Identität des Vr** schließt DoppelV nach dem Wortlaut von §§ 58, 59 VVG begrifflich aus. Dies hat seinen praktischen Grund darin, daß bei Identität des Vr ein Ausgleich nach § 59 Abs. 2 VVG und praktisch auch eine Anzeigepflicht nach § 58 VVG nicht in Betracht kommen. Hingegen stellt sich auch bei mehreren Verträgen mit demselben Vr die *Frage des Prämienschicksals:* Kann Vertragsänderung analog §§ 51, 60 VVG nur für die Zukunft oder kann auch Rückforderung für die Vergangenheit verlangt werden? Ebenso stellt sich auch bei Verträgen mit demselben Vr die schon oben V I 5 angedeutete Frage der UnterV eines Teils der Sachen bei gleichzeitiger ÜberV anderer Sachen.

8 Soweit ein zweiter Vertrag dasselbe Interesse deckt wie ein bereits bestehender Vertrag mit demselben Vr, ist er auf eine *rechtlich unmögliche Leistung* (PM § 58 Anm. 1 C gegen BM § 58 VVG Anm. 12) gerichtet, denn die

Entschädigung darf wegen des Bereicherungsverbots nicht doppelt gezahlt werden; § 59 Abs. 1 VVG gilt also schon wegen des Grundgedankens des § 55 Abs. 1 VVG mindestens analog. Das Prämienschicksal für den zweiten Vertrag mit demselben Vr regelt sich nicht nach §§ 16, 20, 40 Abs. 2 VVG, denn für einen Rücktritt des Vr bleibt bei einem nichtigen Vertrag selbst dann kein Raum, wenn der VN mit dem Verschweigen des ersten Vertrages schuldhaft eine vorvertragliche Anzeigepflicht verletzt hatte. Das **Prämienschicksal** für die vergangenen und für das laufende VJahr regelt sich vielmehr nach § 306 f. BGB. Danach macht sich schadenersatzpflichtig, wer die Nichtigkeit des zweiten Vertrages schon vor dessen Abschluß kennen mußte. Trifft dies im Einzelfall nicht auf den Vr oder dessen Agenten, sondern nur auf den VN zu, so schuldet dieser eine *Geschäftsgebühr* zum Ausgleich der Verwaltungskosten des Vr, vgl. X I 10 wegen des analogen Problems der Schadenregulierungskosten.

Für die Zukunft sind mehrere Verträge mit demselben Vr, soweit sie Dop- 9 pelV begründen, **analog §§ 51, 60 VVG** zu beseitigen oder zu reduzieren. Schon allein wegen unterschiedlicher Prämiensätze kann es sehr darauf ankommen, *welcher* von mehreren Verträgen aufgehoben oder reduziert wird, vgl. den praktisch wichtigen Fall des Zusammenziehens von Ehegatten oder sonstigen Wohngenossen, von denen jeder bereits eine HausratV abgeschlossen hatte (G IV 64 sowie H IV 72) und zwar vielleicht sogar mit demselben Vr, aber zu unterschiedlichen Zeitpunkten und zu unterschiedlichen Tarifprämiensätzen. Deshalb genügt entgegen BM § 58 VVG Anm. 12 nicht § 51 VVG, sondern ist § 60 VVG analog anzuwenden, denn proportionale Kürzung aller Verträge als Alternative wäre unrationell und unpraktikabel. Außerdem behandelt § 51 VVG nur die zu hohe VSumme, nicht dagegen sonstige Überschneidungen von VVerträgen. Nach 60 VVG kann der VN des jüngeren (Begriff: PM § 60 Anm. 3) Vertrages verlangen, daß ausschließlich dieser Vertrag aufgehoben oder so weit reduziert wird, daß der Gesamtbetrag der VSumme(n) den gesamten VWert des Hausrats der Wohngenossen nicht mehr übersteigt.

Auch § 60 VVG führt allerdings *nicht in jedem Überschneidungsfall* zu 10 einem *Anspruch auf verminderte Prämie* für die Zukunft, denn oft ist die Überschneidung so gering, daß es ohne tarifliche Folgen bleiben muß, wenn sie beseitigt wird. Beispielsweise kann nicht die HausrataußenV nach § 3 Nr. B 5, 6 Nr. 2 VHB 74, 12 VHB 84 bei gleichzeitiger Senkung des Prämiensatzes nur deshalb eingeschränkt werden, weil in gewissen VFällen DoppelV im Verhältnis zu einer ReisegepäckV besteht usw. Insoweit gilt bei Verträgen mit demselben Vr dasselbe wie bei echter DoppelV durch Verträge mit verschiedenen Vr, PM § 60 Anm. 4 B. – Unabhängig von der Rechtslage empfiehlt GB **69, 73** den Vr großzügige Mitwirkung, falls der oder die VN von mehreren Verträgen mit verschiedenen Vr nur noch einen Vertrag mit einem der Vr beizubehalten wünschen. Die Vr versuchen dem durch das in G IV 9 erwähnte und in Texte 44 der 1. Aufl. in ursprünglicher Fassung aus dem Jahr 1969 abgedruckte Sachverbands-Rundschreiben „Beseitigung einer DoppelV" gerecht zu werden. Die **Neufassung** aus dem Jahr **1989** lautet:

Beziehen sich infolge von Heirat oder Zusammenziehens von Familienangehörigen zwei Hausratversicherungsverträge nunmehr auf dieselbe Wohnung und weisen die Versicherungsnehmer nach, daß der Gesamtbetrag der Versicherungssummen den Versicherungswert übersteigt, so soll, wenn die Versicherungsnehmer damit einverstanden sind, wie folgt verfahren werden:

1. Lautet einer der Verträge auf eine Versicherungssumme unter 20 000 DM, so wird dieser Vertrag aufgehoben.
2. Lauten beide Verträge auf eine Versicherungssumme unter 20 000 DM, so wird der Vertrag mit der niedrigeren Summe oder bei gleichen Summen der zeitlich später abgeschlossene Vertrag aufgehoben.
3. In den übrigen Fällen wird eine anteilige Deckung bei beiden Versicherern im Verhältnis der bisherigen Versicherungssummen vereinbart.
4. Sind die Versicherungsnehmer mit den unter Nrn. 1–3 genannten Regelung nicht einverstanden, wird analog § 60 VVG verfahren, also der zeitlich später abgeschlossene Vertrag aufgehoben oder reduziert.
5. die Versicherer beraten die Versicherungsnehmer bei Bedarf über die bestehenden Regelungsmöglichkeiten.

11   2. **MehrfachV** und insbesondere **DoppelV** sind **unerwünscht**, und zwar *für den Vr* deshalb, weil er entweder mit Betrugsversuchen und Bereicherungen des VN (§ 59 Abs. 3 VVG) rechnen muß, falls ihm der Sachverhalt im Schadenfall unbekannt bleibt, oder sich bei der Schadenregulierung mit einem anderen Vr abstimmen muß. Wegen der **Anzeigepflicht** des VN bei MehrfachV vgl. V I 32, wegen der **unwirksamen** Bestimmungen in Kl 834 zu den VHB 84 und in § 16 Nr. 6b VGB 88 über einen **Wegfall des UnterVVerzichts** bei MehrfachV vgl. V I 44. *Für den VN* sind Mehrfach- und DoppelV ebenfalls im allgemeinen (anders nur, wenn der jüngere Vertrag günstigere Bedingungen oder Prämien bietet usw., vgl. V I 4) unerwünscht, und zwar MehrfachV deshalb, weil der VN dann im Schadenfall mit mehreren Vr korrespondieren muß, und DoppelV außerdem deshalb, weil der VN tatsächlich oder (nämlich bei nur geringfügigen Überschneidungen, V I 10) wenigstens möglicherweise oder dem optischen Eindruck nach mit vermeidbarer Prämiendoppelbelastung rechnen muß. DoppelV sollte daher bei Gestaltung der AVB und der Verträge möglichst vermieden werden. Dies ist freilich oft nur mit Schwierigkeiten oder überhaupt nicht möglich.

12   a) MehrfachV und DoppelV kommen nicht zustande, wenn die Risikoabgrenzungen sich nicht überschneiden. Solche *Überschneidungen* sind also möglichst zu *vermeiden,* wenn sich dies ohne die Gefahr sonstiger Nachteile ermöglichen läßt. Auch soweit die **Risikoabgrenzung** nicht in den AVB, sondern **im Vertrag** vorgenommen wird, insbesondere hinsichtlich des VOrts, G III 1, oder der versicherten Sachen, H III 1, läßt sich das genannte Ziel nicht immer erreichen, denn der *Vertragswortlaut* wird aus Gründen der Versicherungstechnik und der Kostenersparnis meist in *Formularen* vorformuliert, vgl. A IV 19 bis 27.

13   Charakteristisch für die Schwierigkeiten in diesem Bereich (**vorformulierte Verträge**) sind gewisse Unterschiede in den *Antragsformularen* einerseits der *Industrie-FeuerV* (Texte 37 und andererseits der *Gebündelten GeschäftsV* 40): Die Formulierungspraxis schwankte und schwankt noch immer sowohl im Lauf der Zeit wie auch von Vr zu Vr. Nur ein Teil der genannten Antragsformulare (Texte 36 und 40 der 2. Aufl., an versteckter Stelle – hinter „Feuer-haftungsV" – auch Texte 37 der vorliegenden 3. Aufl., nicht hingegen Texte 40 der 3. Aufl.) enthält z. b. eine Frage des Inhalts, ob der VN einzelne Sachen aus dem *Inbegriff* der versicherten Betriebseinrichtung *ausschließen* will, weil sie z. B. durch eine SchwachstromanlagenV (V I 5) versichert sind oder demnächst versichert werden und auch bleiben sollen. Selbstverständ-lich ist aber auch ohne vorformulierte Frage auf besonderen Wunsch eine entsprechende Ausschlußvereinbarung möglich. Der Agent des Vr sollte bei Antragsaufnahme auf diese Möglichkeit von Fall zu Fall auch hinweisen, wenn er nämlich Grund zu der Annahme hat, eine EDV-Anlage oder sonsti-ge Teile der Betriebseinrichtung seien anderweitig (z. B. auch durch eine sog. EinheitsV) ausreichend abgedeckt, sei es durch den VN selbst oder durch einen Dritten als Vermieter, Verleiher usw.

Wird durch einen solchen **Ausschluß** eine Überschneidung vermieden, so **14** ist der *Umfang der V* entsprechend *geringer*. Dies gilt dann **uneingeschränkt** und ohne Rücksicht auf das Motiv des Ausschlusses, also auch dann, wenn sich z. B. nachträglich herausstellt, daß der andere VVertrag nicht abgeschlos-sen oder wieder gekündigt worden war oder wenn im anderen Vertrag Un-terV besteht oder wenn der andere Vr im Einzelfall leistungsfrei ist oder wenn schließlich der andere Vertrag beendet wird. Aus diesen Gründen *ent-spricht* ein *Ausschluß*, mag sie auch den VWert vermindern und dadurch „Prämie sparen", *nicht immer* dem *Interesse des VN*. Man kann deshalb auch *nicht* sagen, der Vr verletze eine Beratungspflicht, wenn er die Möglichkeit des Ausschlusses im Antrag nicht formularmäßig vorsieht. Gerade die Inha-ber kleinerer Betriebe als VN, für die Texte 40 in Betracht kommt, können nicht genügend zuverlässig überwachen, daß der zur Vermeidung einer Dop-pelV vereinbarte Ausschluß nicht früher oder später zu einer Lücke im VSchutz führt. Das Dilemma des Vr bei der Formulargestaltung wird noch weiter durch einen Unterschied zwischen verschiedenen Formulierungen der Antragsfrage verdeutlicht: Zum Teil (so in manchen Industrie-FeuerVAnträ-gen) wird die anderweitige V als Motiv für einen zu beantragenden Ausschluß bestimmter Sachen erwähnt (um „Prämienersparnis" als alleiniges Motiv möglichst auszuschließen), zum Teil (Texte 40 der 2. Aufl.) dagegen nicht, damit nämlich der Antragsteller den uneingeschränkten Ausschluß nicht mit bloßer Subsidiarität verwechselt.

Noch mehr Schwierigkeiten bereitet die Vermeidung von Überschneidun- **15** gen, soweit die **Risikoabgrenzung** nicht im Vertrag, sondern **in den AVB** und damit grundsätzlich für alle VVerträge einheitlich vorgenommen wird. Dies trifft fast stets für die *versicherten Gefahren* zu. Man denke für den privaten Lebensbereich des VN an die AllgefahrenV von Reisegepäck und von Schmuck und Pelzen im Privatbesitz („ValorenV", A I 13) oder z. B. an die V von Fotoapparaten nach den AVB Fotoapparate 1985 (VerBAV 85, 241) einerseits und an die HausratV andererseits, ferner für den beruflichen und gewerblichen Lebensbereich des VN an die AllgefahrenV der technischen VZweige (MaschinenV, SchwachstromanlagenV) einerseits und die Feuer- und DiebstahlV andererseits. Für den privaten Lebensbereich des VN werden darüber hinaus oft auch die *versicherten Sachen* und der *VOrt* in den AVB vorformuliert, vgl. H I 1 für Hausrat.

16   Die AVB können Überschneidungen der Risikoabgrenzung mit derjenigen in anderen AVB meist schon deshalb *nicht* vermeiden, weil ein entsprechend *verminderter VUmfang nicht im Interesse aller VN* und aller mitversicherten Eigentümer (H III 69) läge, sondern nur im Interesse derjenigen VN, die tatsächlich einen Vertrag nach den anderen AVB abgeschlossen haben und aufrechterhalten. Ein gutes Gegenbeispiel bietet freilich 2.2.6 AMB mit dem Ausschluß von Feuerschäden aus der MaschinenV. Der MaschinenVr kann davon ausgehen, daß jeder größere Betrieb und damit jeder MaschinenVN auch eine FeuerV hat, weil dies existenznotwendig ist. Schon der Bestand einer Diebstahl- und LeitungswasserV ist dagegen in **Industrie- und sonstigen Gewerbebetrieben** keineswegs selbstverständlich, weshalb z.B. die SchwachstromanlagenVr diese Gefahren nicht generell in § 1 AVFE 76, sondern nur von Fall zu Fall auf Antrag durch Klausel ausschließen.

17   Im **privaten Lebensbereich des VN** kann der Vr, wenn er bestimmte AVB formuliert, noch viel weniger generell davon ausgehen, daß alle oder fast alle VN außerdem eine V nach bestimmten anderen AVB abgeschlossen haben, mit deren Risikoabgrenzung eine Überschneidung droht. Die AVB für Reisegepäck und Valoren dürfen nicht etwa alle Feuerschäden ausschließen, denn eine HausratV zum Schutz gegen Feuerschäden ist z.B. keineswegs für alle ReisegepäckVN selbstverständlich; außerdem ist der AußenVSchutz der HausratV betragsmäßig und räumlich begrenzt. Umgekehrt kann auch der HausratVr nicht schon allein deshalb auf AußenVSchutz verzichten, weil dieser Bereich durch eine ReisegepäckV abgedeckt werden könnte. Einmal bedarf es nämlich einer sog. Domizilklausel, wenn die ReisegepäckV auch am Wohnort des VN gelten soll; außerdem hat bei weitem nicht jeder HausratVN eine ReisegepäckV, und schließlich gelangt Hausrat oft auch ohne eine Reise des VN oder seiner Wohngenossen aus der Wohnung, z.B. wenn Sachen verliehen oder zur Reparatur gegeben werden. Noch mehr gilt das Gesagte für die Abgrenzung der als Hausrat versicherten Sachen: Ein völliger Ausschluß von Schmucksachen und Pelzen aus der HausratV widerspräche dem Interesse vieler VN, die keine ValorenV abgeschlossen haben. Auch durch Ausschlußmöglichkeiten auf Antrag wäre das Problem im sog. Massengeschäft nicht zu lösen, denn abgesehen von den hohen Verwaltungskosten, die zu höheren Prämien führen müßten, wäre das Risiko von VLücken (V I 14) bei geschäftsunerfahrenen HausratVN zu groß.

18   b) Trotz dieser Schwierigkeiten sind die Vr aus dem in V I 11 dargelegten Gründen bemüht, wenn nicht die MehrfachV, so doch wenigstens die *DoppelV* zu *vermeiden,* und zwar durch sog. **Subsidiaritätsabreden;** wegen des Begriffs und der Rechtsfolgen sowie wegen Literaturnachweisen vgl. BM § 59 VVG Anm. 48 und PM § 59 Anm. 6. Subsidiaritätsabreden lassen die sonstige Risikoabgrenzung unberührt und schließen den VSchutz nur aus, wenn *„Entschädigung aus einem anderen VVertrag beansprucht werden kann".* So sind jedenfalls §§ 2 Nr. 2 Abs. 2 AERB, 2 Nr. 7 Abs. 2 AFB 87, AWB 87, AStB 87, 2 Nr. 6 Abs. 2 AERB 87 (Gebrauchsgegenstände von Betriebsangehörigen), Kl 3401, Kl 3402, Kl 3501 und Kl 3502 (AußenV), Kl 2702 Nr. 4 und Kl 4201 Nr. 6 (V von Speditions- und Lagergütern), Kl 2202 (Gäste in Beherbergungsbetrieben) sowie Kl 4404, Kl 4405, Kl 4407 und Kl 4408 (Raub an Kunden von Geldinstituten) formuliert. Soweit wegen *Entschädigungsgren-*

zen nicht der volle Schaden zu ersetzen ist, greift die Subsidiaritätsabrede schon dann ein, wenn der begrenzte Schaden anderweitig gedeckt ist, vgl. das Beispiel in U I 40 (Transportraub an Nachttresorkunden).

Maßgebender Zeitpunkt für die Beurteilung des **Anspruchs aus dem anderen 19 VVertrag** ist der **Zeitpunkt des VFalls**. Ein späterer Wegfall des anderweitigen Anspruchs, z.B. wegen Obliegenheitsverletzung oder arglistiger Täuschung, begründet *nicht* noch *nachträglich* einen Anspruch aus dem subsidiären Vertrag. Da die Subsidiaritätsabrede DoppelV ausschließen soll, muß für den maßgebenden Zeitpunkt dasselbe gelten wie bei der Anwendung von § 59 Abs. 2 VVG, V III 4 bis 7. – Wegen des Sonderfalls der Abhängigkeit eines Teilanspruchs aus dem anderen Vertrag (auf die Neuwertspanne usw.) von einer Wiederbeschaffung oder Wiederherstellung nach den *Wiederherstellungsklauseln* vgl. R IV 16.

Trotz der in V I 11 erörterten Nachteile der durch sie verhinderten Dop- 20 pelV sind **Subsidiaritätsabreden keine Ideallösung**, und zwar aus mehreren Gründen. Insbesondere schwankt und schwankte schon in der Vergangenheit die *Formulierung* der Subsidiaritätsabreden von AVB zu AVB und von Einzelvertrag zu Einzelvertrag. Zum Teil sind die Abreden so formuliert, daß es dem Wortlaut nach nicht auf den Anspruch aus dem anderen VVertrag, sondern nur auf den Bestand des anderen Vertrages oder darauf ankommt, daß eine Sache „anderweitig versichert ist", vgl. die Formulierungsbeispiele bei BM § 59 VVG Anm. 50 bis 52 sowie neuerdings § 1 Nr. 4 e VHB 84 und dazu H IV 48 bis 52. Dadurch können sich erhebliche *Auslegungszweifel* ergeben, die auf dem Rücken des VN mit der Folge ausgetragen werden, daß sich die Entschädigung insgesamt und aus beiden Verträgen verzögert.

Außerdem können **Subsidiaritätsabreden** in zwei Verträgen **wechselseitig zu- 21 sammentreffen**, wobei streitig ist, ob dann beide Abreden als nicht geschrieben gelten (so zuletzt LG Hamburg VersR 78, 933) oder ob jeweils die sog. *qualifizierte* oder die *zeitlich spätere* Abrede *Vorrang* hat, vgl. ausführlich Martin VersR 73, 691 ff. und die Nachweise bei BM § 59 VVG Anm. 54. Eine Erörterung dieser Fragen würde den Rahmen des Kommentars sprengen.

Des weiteren sind **Subsidiaritätsabreden** optisch deshalb **unerfreulich**, weil 22 sie zwar DoppelV ausschließen, dem ersten Anschein nach aber nur auf Kosten des VN, der den Anspruch gegen einen der beiden Vr verliert. Eine *Prämienersparnis* zugunsten des VN tritt trotzdem oft *nicht* ein (wo nämlich die Subsidiarität nur eine geringfügige Überschneidung ausschließt, V I 10) oder wird für den VN jedenfalls *nicht sichtbar*, weil die Kalkulation des Prämiensatzes nicht offenliegt und weil selbst der Vr naturgemäß keine statistischen Unterlagen über die ihm wegen der Subsidiarität erst gar nicht gemeldeten oder von ihm abgelehnten Schäden besitzt. Nur wo Subsidiarität mindestens zeitweilig zu einem völligen *Ausschluß* (V I 14) *bestimmter Sachen* aus einer Position für die V eines *Inbegriffs* und auf diesem Weg zu einem **niedrigeren VWert** führt und der VN die *VSumme entsprechend niedriger* wählen kann, wird eine **Prämienersparnis** sichtbar. In diesen Fällen handelt es sich dann meist zugleich um sog. qualifizierte Subsidiaritätsabreden, die bei Zusammentreffen mit sonstigen Abreden Vorrang haben (Martin VersR 73, 692, 694, 695), weil nur so der gewünschte Effekt für den VWert erzielt werden kann.

23 Aus den Gründen gemäß V I 20 bis 22 waren und sind *Subsidiaritätsabreden aufsichtlich unerwünscht* (Raiser 281) und werden nur nach sorgfältiger Bedürfnisprüfung genehmigt, vgl. z.B. G V 56 wegen der ReisegepäckV. In den Subsidiaritätsabreden gemäß V I 18 ist dieses Bedürfnis zu bejahen, denn abgesehen von der AußenV handelt es sich um die Subsidiarität von Formen der FremdV, die der VN einem Vertragspartner (Kunden oder Arbeitnehmer) ganz oder teilweise *freiwillig* bietet. Ohne die Subsidiarität käme es oft zu DoppelV mit eigenen VVerträgen des Vertragspartners und damit zu höheren Prämien, was wiederum den VN veranlassen könnte, diesen Kundendienst oder diese Form der Arbeitgeber-Fürsorge künftig zu vermindern oder einzuschränken.

24 Die **rechtliche Wirksamkeit** von Subsidiaritätsabreden hängt allerdings von der aufsichtlichen Genehmigung nicht ab. Einzelvertragliche Abreden, soweit sie nicht geschäftsplanmäßig getroffen werden, bedürfen auch gar keiner Genehmigung. Insbesondere scheitern Subsidiaritätsabreden nicht an § 59 Abs. 2 VVG. Zwar kann der Ausgleichsanspruch nach § 59 Abs. 2 VVG im VVertrag nicht zu Lasten eines anderen Vr geändert oder ausgeschlossen werden, weil schuldrechtliche Verträge zu Lasten Dritter ganz allgemein nicht wirksam sind. Auch trifft es zu, daß einer der Zwecke der Subsidiaritätsabrede darin besteht, den anderen Vr mit dem vollen Schaden zu belasten. Diese Wirkung wird indessen nur auf einem zulässigen Umweg erstrebt und erreicht, nämlich dadurch, daß DoppelV, wie § 59 Abs. 2 VVG sie voraussetzt, erst gar nicht entsteht. § 59 Abs. 2 VVG wird also nicht durch den VVertrag ausgeschlossen, sondern es fehlt – wenn auch nur infolge des Inhalts dieses VVertrags – schon eine gesetzliche Voraussetzung, von der § 59 Abs. 2 VVG den Ausgleichsanspruch als Rechtsfolge abhängig macht.

25 Darin unterscheidet sich übrigens die Subsidiaritätsabrede von den sog. **Zessionsklauseln**. Diese lassen den Anspruch aus dem VVertrag und damit den Tatbestand der DoppelV unberührt. Deshalb scheitert die Abtretung des (vollen) Anspruchs gegen den anderen Vr an § 59 Abs. 2 VVG. Nur soweit dem Vr, der die Zessionsklausel vereinbart hat, nach § 59 Abs. 2 VVG im Einzelfall ein Ausgleichsanspruch zusteht, geht der Anspruch des VN gegen den anderen Vr nach § 426 Abs. 2 BGB auf ihn über. Abweichend wird allerdings bei BM § 58 VVG Anm. 21 die Leistung aus Verträgen mit Zessionsklausel als bloßes Darlehen qualifiziert, das DoppelV nicht ausschließen soll.

26 Die in V I 20 bis 22 erörterten Nachteile von Subsidiaritätsabreden werden in den in V I 18 zitierten Bestimmungen jeweils durch einen Nachsatz gemildert, der eine bedingte **Vorleistungspflicht aus dem subsidiären Vertrag** begründet, soweit (so ist das Wort „weil" auszulegen) „ohne Verschulden des VN oder des Versicherten die Entschädigungspflicht aus dem anderen VVertrag ganz oder teilweise noch nicht geklärt ist". Gegebenenfalls muß der Betrag der Vorleistung verzinst und zurückgezahlt werden. Soweit zugunsten eines Dritten vorzuleisten ist, dessen Interesse versichert und vom Schaden betroffen wurde, bleibt zweifelhaft, ob und in welchen Zeiträumen der VN oder der Versicherte oder beide die Zinsen schulden.

27 Die Worte **„noch nicht geklärt"** bedeuten, daß der andere Vr die nötigen Erhebungen gemäß § 11 Abs. 1 VVG (Y I 4) ohne Verschulden des VN noch nicht beendet hat. Die Vorleistungspflicht besteht also für die Dauer einer unverschuldeten **tatsächlichen Unklarheit** einschließlich einer an die dadurch erforderlichen Erhebungen des Vr sich anschließenden Überlegungsfrist für den Vr. Sobald dagegen nur noch **rechtliche Unklarheiten** über die Leistungspflicht aus dem anderen Vertrag bestehen, kann Vorleistung aus dem subsidiären Vertrag *nicht* mehr beansprucht werden: *Entweder* befindet sich dann der Vr des subsidiären Vertrags in einem rechtlichen Irrtum, weil er die Entschädigungspflicht des anderen Vr zu Unrecht bejaht; dann schuldet er aus dem subsidiären Vertrag die engültige Entschädigung einschließlich Verzugschadenersatz. *Oder* der andere Vr befindet sich im Irrtum und verweigert die Entschädigung zu Unrecht; dann schuldet jener andere Vr Erfüllung und Schadenersatz. Vor der Notwendigkeit, sich in solchen Fällen für Klage gegen einen der beiden Vr und eventuell Streitverkündung gegenüber dem anderen Vr zu entscheiden, schützt auch die zitierte zusätzliche Bestimmung in den hier erörterten neuen Subsidiaritätsabreden den VN nicht.

c) Soweit DoppelV weder durch Korrektur der Risikoabgrenzung (V I 12) **28** noch durch Subsidiaritätsabreden (V I 18) zu vermeiden ist, versuchen die Vr wenigstens der für sie unbequemsten Folge der DoppelV zu entgehen, nämlich einer Ausgleichsberechnung nach § 59 Abs. 2 VVG. Zu diesem Zweck haben sich die *Mitglieder des Verbandes der SachVr* auf „**Richtlinien über das Zusammentreffen von Fremd- und AußenV**" geeinigt, die in der Fassung von Januar 1979 in Texte 44 der 1. Aufl. abgedruckt sind und nach denen jeweils einer der Vr den Schaden bis zum Betrag seiner Einzelverpflichtung allein tragen muß. Allerdings handelt es sich hierbei und bei allen sonstigen Verbandsrundschreiben grundsätzlich nur um unverbindliche Empfehlungen an die Mitgliedsunternehmen. Wo aber, wie im Fall der Abweichung von § 59 Abs. 2 VVG, ein Rundschreiben seinem Inhalt nach naturgemäß nur durch Zusammenwirken aller Mitgliedsunternehmen realisierbar ist, muß *unwidersprochener Empfang* solcher Rundschreiben als *rechtsverbindliche Zustimmung* gegenüber allen übrigen Mitgliedsunternehmen verstanden werden. Die genannten Richtlinien sind daher für die Mitgliedsunternehmen des Verbandes der SachVr in deren Verhältnis zueinander rechtsverbindlich.

Freilich sind die Richtlinien vielfach ungenau und nicht nach dem neuesten **29** Stand der genehmigten AVB und Klauseln formuliert. Von einem erneuten Abdruck dieser Richtlinien wie auch sonstiger Verbandsrundschreiben wurde daher seit der 2. Aufl. abgesehen. Wegen einiger kritischer Einwände gegen die Texte nach dem Stand von 1979 vgl. V I 27 bis 32 der 1. Aufl.

3. Soweit der Vr weder durch Korrektur der Risikoabgrenzung (V I 12) **30** noch durch Subsidiaritätsabreden (V I 18) DoppelV in voraus ausschließen kann, ist er aus Gründen der Vertragsgefahr daran **interessiert**, V I 11 und V II 3, **von einer etwaigen MehrfachV** und damit von einer möglichen DoppelV rechtzeitig **Kenntnis zu erlangen**, also schon vor Eintritt eines Schadens. Deshalb begründet § 58 VVG eine entsprechende **Anzeigepflicht**, allerdings *ohne Sanktion* für den Fall von Verstößen. Ob Verstöße den *VN schadenersatzpflichtig* machen, ist schon theoretisch *zweifelhaft*, vgl. PM § 6 Anm. 4. Mindestens wäre ein Vermögensschaden des Vr „oft nicht leicht nachzuweisen" (Raiser 268), denn es müßte sich um einen Schaden handeln, der über die

Tatsache der unbegründeten – und nach Aufdeckung des Sachverhalts ohnehin erfolglosen – Inanspruchnahme hinausginge, also z. B. um Sonderkosten und anteilige Gemeinkosten für die Sachverhaltsaufklärung durch den Vr, vgl. X I 6 und 10 zum Parallelfall von Regulierungskosten nach unbegründeten Schadenmeldungen. In der Praxis sind derartige Schadenersatzansprüche in den Fällen des § 58 VVG bisher kaum geltend gemacht worden.

31   Für die **HausratV** enthalten die VHB 74 und die VHB 84 über § 58 VVG hinaus *keine Regelung*. Allerdings fragt jeder Vr in den *Antragsformularen* nach bereits bestehenden Verträgen und informiert bei positiver Antwort des Antragstellers den Vr des ersten Vertrages. Dies ist besonders dann bedeutsam, wenn der VN im zweiten Vertrag *Entschädigungsgrenzen erhöhen* will, was aber zu *Deckungslücken durch UnterV* führen kann, U I 58. Anzeigen seitens des HausratVN an den ersten HausratVr sind dagegen ganz unüblich, zumal der VN § 58 VVG kaum je kennt, vgl. z. B. den Tatbestand von BGH VersR 81, 625. – Anders als noch in § 11 VGB 62 wird in den **VGB 88** auch für die **WohngebäudeV** auf eine Anzeigepflicht verzichtet. – Allerdings enthalten §§ Kl 834 zu den VHB 84 sowie § 16 Nr. 6b VGB 88 für den Fall einer MehrfachV den **Wegfall des UnterVVerzichtes** vor, vgl. aber V I 44 zur Unwirksamkeit solcher Bestimmungen nach § 9 Abs. 2 Nr. 1 AGBG.

32   **§§ 9 Nr. 1 Satz 1 AFB 30, AEB, 8 Nr. 1 Satz 1 AERB, 8 Satz 1 AWB 68, AStB 68, 11 Satz 1 VGB 62** sowie **§§ 9 Nr. 1 Abs. 1 AFB 87, AERB 87, AWB 87, AStB 87** wiederholen die gesetzliche **Anzeigepflicht**. Das Interesse des Vr an dieser Anzeige beruht weniger auf dem Kündigungsrecht, das die genannten AVB mit Ausnahme der AERB und der AFB 87 usw. an die MehrfachV knüpfen, V I 34, sondern auf der durch die Anzeige erlangten Kenntnis. Der Vr möchte vermeiden, daß er vielleicht auch in einem künftigen Schadenfall von der dann bestehenden DoppelV nichts erfährt, der VN beide Vr unabhängig voneinander in Anspruch nimmt und dadurch über den Betrag des versicherten Schadens hinaus (§§ 55, 59 Abs. 1 VVG) bereichert wird.

33   MehrfachV bewirkt also **erhöhte Vertragsgefahr** und auch eine gewisse **Erhöhung des subjektiven Risikos** (Begriff: T I 6) vorsätzlich oder fahrlässig herbeigeführter Schäden. Der Chance des VN, sich durch eine entweder von Anfang an in betrügerischer Absicht genommene (§ 59 Abs. 3 VVG) oder jedenfalls nachträglich im Schadenfall verschwiegene DoppelV zu bereichern, soll deshalb das Risiko der Leistungsfreiheit des Vr auch für den wirklich eingetretenen Schaden gegenüberstehen, falls der VN die Anzeige unterläßt. Trotzdem bleibt die Sanktion der Leistungsfreiheit des Vr problematisch, V I 37.

34   **§§ 9 Nr. 1 Satz 2 AFB 30, AEB, 8 Satz 2 AWB 68, AStB 68, 11 Satz 2 VGB 62** geben dem Vr allein schon wegen der objektiven Tatsache einer *MehrfachV* ein **Kündigungsrecht**, auszuüben innerhalb eines Monats nach Zugang der Anzeige oder nach sonstiger Kenntnisnahme und mit einer Wirksamkeitsfrist von drei Monaten. Mangels Kündigung entfällt gemäß § 6 Abs. 1 Satz 3 VVG die in Satz 3 aaO für den Fall des *Verstoßes* gegen die Anzeigeobliegenheit (V I 32) vorgesehene **Leistungsfreiheit**, Oldenburg VersR 85, 977. Das Kündigungsrecht entsteht nicht nur bei DoppelV, sondern schon **bei MehrfachV**, also auch dann, wenn bei einem sofort eintretenden VFall die Summe der Einzelverpflichtungen den Schaden nicht übersteigen würde. Allerdings fehlt

es für dieses Kündigungsrecht entgegen Raiser 267 in der Masse der Fälle an einem wirtschaftlichen Motiv. Die Vr haben sich daher in Ziffer I 13 der geschäftsplanmäßigen Erklärungen für die Sach V (VerBAV 69, 302) verpflichtet, von dem Kündigungsrecht nur aus wesentlichen, insbesondere zwingenden versicherungstechnischen Gründen Gebrauch zu machen. Dazu gehört nicht, daß der Vr den vereinbarten Prämiensatz nicht mehr für ausreichend hält, wohl aber eine etwa bestehende besondere Unübersichtlichkeit der Vertragslage, z. B. im Hinblick auf § 59 Abs. 2 VVG (DoppelV).

§§ 8 Nr. 1 AERB, 9 Nr. 1 AFB 87, AERB 87, AWB 87, AStB 87 räumen dem **35** Vr das Kündigungsrecht nur bei **Verstößen gegen die Anzeigeobliegenheit** ein und sehen für diesen Fall außerdem **Leistungsfreiheit des Vr** vor, V I 40 und 41. Anwendungsbeispiel: LG Traunstein VersR 84, 549. Da der Vr sich hier gegen eine erhöhte Vertragsgefahr schützen will, ähnlich wie durch Obliegenheiten nach dem VFall, X II 2, wird man nur § 6 Abs. 1 VVG (zur **Kündigungspflicht** vgl. Oldenburg VersR 85, 977), **nicht** aber § 6 Abs. 2 VVG anwenden dürfen (offen gelassen in BGH VersR 86, 380 zu § 11 VGB 62). Andernfalls wäre der *Kausalitätsgegenbeweis* immer schon dann geführt und die Leistungsfreiheit immer schon dann ausgeschlossen, wenn der VN den Schaden nachweisen kann. Anders als bei Obliegenheitsverletzungen nach dem VFall (X II 8) würde es nicht genügen, lediglich die Anforderungen an den Kausalitätsgegenbeweis zu verschärfen. Selbst im Fall einer Umkehr der Beweislast zu § 61 VVG, wenn also wegen § 6 Abs. 2 VVG angenommen würde, der VN müsse die Möglichkeiten des Vorsatzes oder der groben Fahrlässigkeit seinerseits widerlegen, blieben doch die erhöhte Vertragsgefahr und das erhöhte subjektive Risiko (V I 33) insofern sanktionslos, als auch die Wahrscheinlichkeit nur leicht fahrlässig verursachter Schäden durch DoppelV erhöht wird.

Nach **§ 8 Nr. 1 AERB** in Verbindung mit § 6 Abs. 1 VVG bliebe der Vr **36** schon dann leistungsfrei, wenn der VN nicht den vollen **Entschuldigungsbeweis** führen kann, wenn der VN also mindestens leicht fahrlässig die Anzeige unterlassen hat oder jedenfalls das Gegenteil nicht beweisen kann. Dies geht weit über § 59 Abs. 3 VVG hinaus, wo Nichtigkeit wegen betrügerischer DoppelV nur vorgesehen ist, soweit Betrugsabsicht schon bei Abschluß des späteren Vertrages bestanden hat. Nach § 6 Abs. 1 VVG in Verbindung mit § 8 Nr. 1 AERB würde dagegen leichte Fahrlässigkeit bei der unterlassenen Anzeige vom Abschluß des zweiten Vertrages für die Leistungsfreiheit genügen, wobei *Unkenntnis der AVB und damit der Anzeigepflicht* meist bereits einen *Verschuldensvorwurf* begründet (Raiser 268).

Ob diese Verschärfung des § 59 Abs. 3 VVG mit § 9 Abs. 2 Nr. 1 AGBG **37** vereinbar ist, ist zweifelhaft (Oldenburg VersR 85, 977; verneinend Horn 65, der entgegen A V 30 auch eine geltungerhaltende Reduktion ablehnt), zumal die AVB – mit Ausnahme von § 6 Nr. 2 AERB – Leistungsfreiheit selbst bei einer meist wesentlich schwerwiegenderen Verletzung von Sicherheitsvorschriften erst bei grober Fahrlässigkeit eintreten lassen. Selbst wenn man aber die Leistungsfreiheit mit § 9 Abs. 2 Nr. 1 AGBG für vereinbar hielte, so wäre sie doch jedenfalls in **Analogie zu §§ 16 Abs. 3, 17 Abs. 2 VVG** zu verneinen, wenn der **Vr** vor dem VFall **Kenntnis** von der MehrfachV **auf andere Weise** erlangt hatte.

38   Nach § 9 Abs. 2 Nr. 1 AGBG wegen unangemessener Verschärfung des § 59 Abs. 3 VVG unwirksam sind die AFB und VGB einiger **öffentlicher FeuerVr**, soweit dort Leistungsfreiheit für den Fall des Abschlusses einer anderweitigen Vers ohne Zustimmung des öffentlichen Vr angeordnet wird, vgl. Wille ZfV 86, 244, PM § 192 Anm. 3 b und die die A IV 10 zitierte Rechtsprechung. Dies gilt auch für Schäden, die eintreten, bevor dem öffentlichen Vr die Tatsache der NachV bekannt wird, denn die Voraussetzungen, unter denen § 9 AGBG zu bloßer Teilunwirksamkeit führen kann, A V 30, liegen hier nicht vor.

39   Die Leistungsfreiheit tritt nach Satz 3 der in V I 34 zitierten älteren AVB-Bestimmungen **drei Monate nach dem Zeitpunkt** ein, in dem die **Anzeige dem Vr hätte zugehen müssen,** denn selbst eine postwendend erklärte Kündigung des Vr wäre nur mit einer Frist von drei Monaten zulässig gewesen (Raiser 269). Unzulänglich formuliert sind jene älteren AVB insofern, als die Leistungsfreiheit dort für den Fall begründet wird, daß die andere V „nicht angezeigt *oder* (richtig wäre: ‚*und*‘) dem Vr (zu ergänzen: auch) sonst nicht bekannt geworden" ist. In Satz 4 wird dieser Fehler teilweise korrigiert, indem dort die Leistungsfreiheit auch für den Fall des ungenutzten Ablaufs der Kündigungsfrist nach anderweitiger Kenntnisnahme des Vr verneint wird. Überflüssig ist in Satz 4 der in die AWB 68, AStB 68 und VGB 62 zusätzlich eingefügte Hinweis auf fehlendes Verschulden des VN, denn die Frist von drei Monaten vor Beginn der Leistungsfreiheit läuft ohnehin nur von der Zeit an, zu der die Anzeige dem Vr hätte zugehen „müssen", was Verschulden des VN begrifflich bereits voraussetzt.

40   **§ 8 Nr. 1 AERB** kennt einerseits nicht mehr das in V I 34 erörterte Kündigungsrecht schon allein wegen MehrfachV, gibt aber andererseits durch Verweisung auf § 6 Abs. 1 VVG ein Kündigungsrecht wegen unentschuldigter Anzeigepflichtverletzung und läßt **Leistungsfreiheit** sofort in dem *Zeitpunkt* eintreten, in dem die *Anzeige dem Vr hätte zugehen müssen,* wenn der VN sie unverzüglich gemacht hätte, V I 35. Was durch den Wegfall des Kündigungsrechts als Verbesserung des VSchutzes erscheint, erweist sich also durch den Wegfall der Dreimonatsfrist insgesamt sogar als Verschlechterung. Indessen ist die Regelung der AERB wohl mit § 9 AGBG vereinbar, denn nicht auf die Kündigungsmöglichkeit ist das Interesse des Vr gerichtet, sondern darauf, daß die Vertragsgefahr nicht durch eine dem Vr unbekannte MehrfachV erhöht wird, V I 33.

41   Da sich aber § 8 Nr. 1 AERB immerhin an der Grenze der Vereinbarkeit mit § 9 Abs. 2 AGBG bewegt, haben **§§ 9 Nr. 1 Abs. 2 AFB 87, AERB 87, AWB 87, AStB 87** Milderungen gebracht. Die Kündigung des Vr wirkt nicht fristlos, sondern nur mit **Monatsfrist.** Während das Kündigungsrecht schon dann entsteht, wenn der VN nicht seine Schuldlosigkeit beweist, tritt Leistungsfreiheit nur dann ein, wenn der VN weder Schuldlosigkeit noch einen nur leichten Grad von Fahrlässigkeit nachweisen kann, also nur bei **grober** Fahrlässigkeit.

42   Eine vollständige Darstellung des Umfangs der Anzeigepflicht und damit der Voraussetzungen von Sanktionen bei Verstößen ist vorliegend nicht möglich. Wegen des **Begriffs der MehrfachV, die angezeigt werden muß,** sei auf Raiser 265 und BM § 58 VVG Anm. 29 verwiesen. Die Anzeigepflicht ent-

steht nicht durch jede MehrfachV gegen „dieselbe Gefahr", sondern nur dann, wenn Versicherungen speziell gegen bestimmte Gefahren zusammentreffen. Dabei kann es sich zwar auch um eine kombinierte V gegen mehrere Gefahren handeln, A III 8, nicht aber um eine AllgefahrenV, A I 11. In § 9 Nr. 1 AFB 87, AERB 87, ANB 87, AStB 87 wird dies ausdrücklich gesagt. Wirtschaftlicher Grund: Die Überschneidungen zwischen der V gegen bestimmte Gefahren und einer AllgefahrenV sind geringfügig, nicht nur mit Bezug auf die Möglichkeit einer Prämienersparnis bei Wegfall der Überschneidung, V I 10, sondern auch mit Bezug auf das Risiko einer betrügerischen Bereicherung des VN im Schadenfall.

Wird eine weitere V nur gegen Vermögensfolgeschäden genommen, insbe- 43 sondere eine BU-V, so besteht die Anzeigepflicht nur nach den AFB 30, AEB, AWB 68, AStB 68, und VGB 62, in denen dies ausdrücklich gesagt ist („mittelbare Schäden"), nicht mehr dagegen nach § 8 Nr. 1 AERB und nach §§ 9 Nr. 1 AFB 87, AERB 87, AWB 87, AStB 87.

4. Ähnlich wie die Leistungsfreiheit nach einigen AVB öffentlicher Feu- 44 erVr wegen „unzulässiger" NachV, V I 38, sind auch Kl 834 Nr. 2 zu den VHB 84 und § 16 Nr. 6b VGB 88 wegen Verstoßes gegen §§ 9 Abs. 2 Nr. 1 AGBG, 59 Abs. 3 VVG unwirksam, vgl. S II 102 und S IV 52. Wenn der Gesetzgeber Leistungsfreiheit wegen betrügerischer DoppelV nur bei nachgewiesener Betrugsabsicht vorsieht, so dürfen die AVB eine solche **Leistungsfreiheit** nicht schon allein wegen des **objektiven Tatbestandes einer MehrfachV** vorsehen, und dies sogar in Fällen, in denen die mehreren VSummen den VWert nicht übersteigen. Auch die bloße Streichung des UnterVVerzichtes in den zitierten Bestimmungen, bedeutet begrifflich die Anordnung von „Leistungsfreiheit", wenn auch nur für einen Teilbetrag der Gesamtentschädigung nämlich für den wegen UnterV abzuziehenden Betrag.

II. Doppelversicherung und Bereicherungsverbot
(§ 59 Abs. 1 VVG)

DoppelV ist ein *Sonderfall der MehrfachV*, V I 1. Sie besteht, soweit „die 1 Summe der Entschädigungen, die von jedem einzelnen Vr ohne Bestehen der anderen V zu zahlen wären, also die **Summe der sog. Einzelverpflichtungen**, den **Gesamtschaden übersteigt**, § 59 Abs. 1 VVG. Nach dieser Voraussetzung einer DoppelV kann nur je VFall und je VFall wiederum nur **je versichertes Interesse** gesondert gefragt werden, V I 3, denn vollständige Identität der Risikoabgrenzungen mehrerer Verträge ist relativ selten, V I 4. Soweit sich die Risikoabgrenzungen mehrerer Verträge nur überschneiden, bestehen MehrfachV und gegebenenfalls DoppelV nur für die *VFälle im Bereich der Überschneidung*, V I 6.

Bis zum Jahr 1939 war in § 59 Abs. 1 VVG nur der Fall erwähnt, daß „die 2 *VSummen zusammen den VWert übersteigen"*. Dies war jedoch nicht korrekt. Die Summe der Entschädigungen kann den Gesamtschaden auch *„aus anderen Gründen"* (so die geltende Gesetzesfassung im Sinn der Definition gemäß V II 1; ein zu hoher Gesamtbetrag mehrerer VSummen ist jetzt nur noch zusätzlich als Beispiel erwähnt) übersteigen, nämlich in der ErstrisikoV, wenn es einen VWert begrifflich nicht gibt (wie in der KostenV, S II 12) oder wenn aus anderen Gründen (S II 19, 20 und 68) ErstrisikoV vereinbart ist. Andererseits kann die Summe der Einzelverpflichtungen auch einmal dann hinter dem Gesamtschaden an dem versicherten Interesse zurückbleiben, wenn die VSummen in einer sog. VollwertV (Begriff: S I 9 und S II 8) den VWert übersteigen z. B. weil in einem der mehreren Verträge (T II 13) oder in beiden Verträgen (T II 14, vgl. aber auch T II 15 wegen vereinbarter SelbstV) ein Selbstbehalt oder eine Entschädigungsgrenze (U I 6 und 21) vereinbart ist.

3   DoppelV ist unerwünscht, weil sie die Vr der Gefahr einer Bereicherung des VN im Schadenfall und den VN der Gefahr eines zu hohen Prämienaufwandes aussetzt, V I 4. Daher gibt das Gesetz beiden Vertragspartnern schon **vor Eintritt des VFalls** gewisse **Hilfsmittel, um DoppelV zu vermeiden,** zu beseitigen oder wenigstens rechtzeitig von ihr Kenntnis zu erlangen. Insbesondere erklärt § 59 Abs. 3 VVG bei einer in betrügerischer Absicht verursachten DoppelV sämtliche Verträge für nichtig. Außerdem kann der Vr nach § 58 VVG Anzeige jeder MehrfachV verlangen, V I 30 bis 43, und nach älteren AVB teilweise sogar schon allein wegen MehrfachV kündigen, V I 32 und 34. Endlich kann der VN nach § 60 VVG verlangen, daß eine DoppelV durch Korrektur der vertraglichen Risikoabgrenzung (V I 9) beseitigt und gegebenenfalls (V I 10) die Prämie für die Zukunft entsprechend vermindert wird. Wegen der Einzelheiten der Auslegung von §§ 49 Abs. 3, 60 VVG muß auf die Literatur zum VVG verwiesen werden, weil es sich nicht um Spezialprobleme der hier behandelten Zweige der SachV handelt, V I 2.

4   Für den **VFall** konkretisiert § 59 Abs. 1 VVG, was sich bereits aus § 55 VVG ergibt, daß nämlich die **Entschädigung** auf den eingetretenen versicherten Schaden begrenzt ist, daß also durch die *Zahlung eines der DoppelVr der andere DoppelVr befreit* wird, soweit andernfalls der VN bereichert würde. Zwar erzielen dadurch beide **DoppelVr** eine „**Ersparnis**" an Entschädigung und werden aus nachträglicher Sicht um einen Teil der doppelt empfangenen Prämie **bereichert.** Aber der Gesetzgeber sieht darin das *kleinere Übel* gegenüber einer Bereicherung des VN durch doppelt zu beanspruchende Entschädigung, zumal dadurch überdies das subjektive Risiko wesentlich erhöht und letztlich das Bereicherungsverbot und damit der Unterschied zwischen SchadenV und Wette preisgegeben würden. – **Ausnahmen** von § 59 Abs. 1 VVG zu ungunsten des VN gelten bei Zusammentreffen von Entschädigungsgrenzen und Erstrisikosummen, aus denen keine Prämie berechnet wurde, U I 33. – Die AVB der hier behandelten VZweige verweisen wegen der DoppelV teils (§ 10 **Nr. 2 AFB 30, AEB**) nur auf § 60 VVG (und setzen § 59 VVG stillschweigend voraus), teils (§ 8 **Nr. 3 AERB, 9 Nr. 2 AWB 68, AStB 68, 10 Nr. 2 VHB 74, 12 Nr. 2 VGB 62**) nebeneinander auf §§ 59, 60 VVG. Rechtlich notwendig ist die Verweisung nicht. In den VHB 84 und VGB 88 sowie in den AFB 87, AERB 87, AWB 87 und AStB 87 fehlt sie völlig; wegen des in Kl 834 Nr. 2 zu den VHB 84 und in § 16 Nr. 6c VGB 88 vorgesehenen, aber nach § 9 Abs. 2 Nr. 2 AGBG unwirksamen Wegfalls des UnterVVerzichtes für den Fall einer MehrfachV vgl. V I 44.

5   1. Wegen der rechtlichen Einzelheiten des Bereicherungsverbots muß auf die Literatur zu § 59 VVG verwiesen werden. Erwähnt sei aber die **Ausnahme**

von § 59 Abs. 1 VVG bei DoppelV durch Verträge verschiedener VN, von denen der eine sein eigenes Interesse und der andere das für ihn fremde Interesse des ersten VN versichert hat. Entgegen dem Wortlaut von § 59 Abs. 1 VVG und entgegen der Ansicht von Blanck VW 58, 740 (und wohl auch von BM § 59 VVG Anm. 27) darf bei einem solchen Zusammentreffen von Eigen- und FremdV der **VN der EigenV** seinen **Anspruch nicht** dadurch **einbüßen,** daß der **FremdVr** an den **FremdVN** zahlt, vgl. PM § 59 Anm. 2 C. Eine *Gegenausnahme* gilt allenfalls, wo der FremdVN die V für das fremde Interesse im „Auftrag des Versicherten" (§ 79 Abs. 3 VVG) genommen hat. Dies kommt jedoch praktisch kaum vor, denn fremdes Eigentum wird insbesondere in der InbegriffsV beweglicher Sachen nach den sog. Fremdeigentumsklauseln (H III 61 und J III 11) sowie nach § 2 Nr. 2 VHB 74 und § 1 Nr. 3 VHB 84 in aller Regel *anonym* für Rechnung wen es angeht (J I 2) versichert; gedeckt ist dann das Interesse namentlich nicht bezeichneter dritter Personen, J I 4, die bei Vertragsschluß noch gar nicht feststehen und naturgemäß auch keinen „Auftrag" erteilt haben. Es wäre unbillig, wenn der Träger dieses Interesses nach § 59 Abs. 1 VVG den Anspruch gegen ihren eigenen (meist: Außen-)Vr dadurch einbüßen könnten, daß dasselbe Interesse auch durch einen Dritten versichert wird und daß aus dieser FremdVr dann ohne Zustimmung des Interesseträgers Entschädigung geleistet wird. Der **EigenVr** wird vielmehr nur und erst dann gemäß § 59 Abs. 1 VVG **befreit,** wenn der **FremdVN** die **Entschädigung weiterleitet,** z. B. auch dadurch, daß er den Schaden zugunsten des Eigentümers beseitigt.

Der Schutz des mitversicherten Dritten gilt auch, wo nicht § 59 Abs. 1 6 VVG, wohl aber eine sog. **Gesamtentschädigungsgrenze** (Begriff: U I 33) gemäß §§ 9 Nr. 2 VHB 74, 20 VHB 84, 18 VGB 88, 8 Nr. 4 AERB, 9 Nr. 3 AFB 87, AERB 87, AWB 87, AStB 87 eine weitere Zahlung ausschließen würde, U I 36; zur Anwendbarkeit von § 9 Nr. 2 VHB 74 auf Verträge verschiedener VN und verschiedener Versicherter vgl. U I 34. Der Schutz besteht hier aber nicht in Höhe des ganzen Schadens, sondern nur in Höhe des Betrages, den der VN des anderen Vertrages unter Berücksichtigung der Gesamtentschädigungsgrenze anteilig herauszugeben hätte. *Beispiel:* Für A besteht nach den VHB 74 eine HausratV bei Vr I mit einer ausreichenden VSumme von 100 000 DM, für B eine solche mit einer ebenfalls ausreichenden VSumme von 70 000 DM bei Vr II, jeweils nach den VHB 74. Während eines Besuches des B bei A wird aus der Wohnung des A Schmuck im Wert von 34 790 DM gestohlen, davon Schmuck des B im Wert von 8 405 DM. Trotz Zahlung von 20 000 DM durch Vr I an A muß Vr II, solange A die Entschädigung nicht anteilig weiterleitet, zusätzlich 4 831,85 DM an B zahlen. Von Empfehlungen und Vereinbarungen zwischen den Vr (V I 7) hier abgesehen, ist für das Ausgleichsverhältnis der beiden DoppelVr nach § 59 Abs. 2 VVG das Verhältnis der Alleinverpflichtungen zugunsten des betroffenen Interesses des B (V III 18) maßgebend, also das Verhältnis 4 831,85 : 7 000 maßgebend. Dies ergibt eine Schadenteilung von etwa 1 973 DM zu 2 859 DM. Jeder Vr kann den zuviel gezahlten Betrag von seinem VN zurückfordern.

In einem Rundschreiben „**Ausgleichspflicht beim Zusammentreffen von** 7 **Fremd- und AußenV**" des Verbandes der SachVr (abgedruckt in Texte 44 der 1. Aufl.) wird die Rechtslage im vorletzten Absatz allerdings anders dargestellt. Indessen kann die Rechtsstellung des VN durch eine Vereinbarung zwischen den Vr auf Verbandsebene keinesfalls verschlechtert werden. Immerhin sind aber die in jenem Rundschreiben enthaltenen Empfehlungen beachtenswert, wonach der FremdVr entweder den FremdVN bitten sollte, einer direkten *Zahlung an den Interesseträger* zuzustimmen, oder die Auszahlung an den FremdVN gemäß §§ 12 AFB 30, AEB, VGB 88, VHB 74, 17 VHB 84, 9 AERB, 11 AWB 68, AStB 68, 14 VGB 62, AFB 87, AERB 87, AWB 87, AStB 87 (jeweils Nr. 1 Satz 3) von der *Zustimmung des Interesseträgers* abhängig zu machen. In beiden Fällen befreit dann die Zahlung des FremdVr den EigenVr.

8   Aber auch wenn der EigenVr unter Hinweis auf die dargelegte Ausnahme von § 59 Abs. 1 VVG in Anspruch genommen wird, bedeutet dies nicht etwa, daß die beiden DoppelVr rechtlich endgültig mehr als den „Gesamtschaden" im Sinn von V II 1 ersetzen müßten. Nur wird eben nicht der EigenVr durch die Zahlung des FremdVr befreit, sondern ausnahmsweise **entfällt** durch die geschuldete **zweite Zahlung des EigenVr** nachträglich der **rechtliche Grund für die Zahlung des FremdVr an den FremdVN.** Der FremdVr kann dann nach § 812 Abs. 1 Satz 1 BGB wegen ungerechtfertigter Bereicherung die Entschädigung zurückfordern; zur Abtretung dieses Anspruchs im Rahmen von § 59 Abs. 2 vgl. PM § 59 Anm. 4 a. E. Die dargelegte Ausnahme von § 59 Abs. 1 VVG bedeutet wirtschaftlich also nur, daß die beiden (§ 59 Abs. 2 VVG!) Vr das Risiko der Realisierbarkeit des Rückforderungsanspruchs gegen den FremdVN tragen müssen.

9   2. Auf den „Gesamtschaden" an dem **doppelt versicherten Interesse** begrenzt § 59 Abs. 1 VVG den Anspruch gegen die mehreren DoppelVr. Für die Höhe des Gesamtschadens bleiben daher Schäden durch denselben VFall *an anderen Interessen außer Betracht,* vgl. V II 24 bis 34, und zwar auch dann, wenn die anderen Interessen nicht voll entschädigt werden, z. B. wegen UnterV. Auch die Abrechnung nach § 59 Abs. 2 VVG beschränkt sich auf das doppelt versicherte Interesse, V III 1 und 18.

10   Ist der *Schaden* an einem doppelt versicherten Interesse *bei jedem DoppelVr in voller Höhe* gedeckt, so besteht kein Zweifel, daß dieser Betrag zugleich der Gesamtschaden im Sinn von § 59 Abs. 1 VVG ist und daß er nach § 59 Abs. 2 durch die DoppelVr zu gleichen Teilen getragen werden muß. Der Betrag des Schadens ist hier identisch mit dem Betrag jeder der beiden Einzelverpflichtungen. Voll befreit werden die übrigen DoppelVr nur dann, wenn ein DoppelVr voll zahlt. Aber auch schon jede Teilzahlung befreit die übrigen DoppelVr nach § 59 Abs. 1 VVG in Höhe des gezahlten Teilbetrages.

11   Schwierigkeiten entstehen, wenn mindestens **einer der DoppelVr** nur für einen **Teilbetrag des Gesamtschadens** an **ein und demselben Interesse** haftet. Dann kommt es darauf an, ob auch der durch diesen Vr nicht zu ersetzende Teilbetrag zum *Gesamtschaden* gemäß § 59 Abs. 1 VVG gehört. Dies wiederum ist zu bejahen, soweit es sich um einen Schaden an *ein und demselben Interesse* handelt. Allerdings befreit die Zahlung eines Vr den anderen DoppelVr erst dann (ganz oder wenigstens teilweise), wenn zuvor der durch den anderen DoppelVr nicht gedeckte Schadenteil voll ersetzt ist. **Beispiel:** Ein

Schaden von 1000 ist durch Vr A voll und durch Vr B nur zu 600 gedeckt. Eine Teilentschädigung des Vr A bis zu 400 befreit dann Vr B weder ganz noch teilweise, sondern ist zuerst dem durch B nicht versicherten Teil des Gesamtschadens zuzurechnen. Erst eine über 400 hinausgehende Zahlung des A befreit in Höhe des Mehrbetrages den DoppelVr B. Im folgenden werden Fallgruppen zusammengestellt, in denen ein durch einen (oder mehrere) DoppelVr nicht gedeckter Schadenteil dasselbe Interesse betrifft wie der gedeckte Schadenteil.

a) Unzweifelhaft und daher auch unstreitig ist die Rechtslage, wenn der 12 durch einen DoppelVr **nicht gedeckte Schadenteil** ausschließlich dadurch bestimmt wird, daß nach dem VVertrag für einen Teil des rechtlich und wirtschaftlich **homogenen Schaden** Entschädigung nur zu einem Teil verlangt werden kann, insbesondere wegen **UnterV, Selbstbehalt oder Entschädigungsgrenzen**, vgl. für den Fall des Selbstbehaltes bereits T I 4 und T II 13. Wird etwa im Zahlenbeispiel V II 11 aus einem Vertrag für den vollen Neuwertschaden von 1000 DM an einer bestimmten Sache gehaftet, aus dem anderen Vertrag dagegen wegen UnterV, Entschädigungsgrenze oder Selbstbehalt nur für 600 DM, so ist nicht etwa nur der Teilbetrag von 600 DM doppelt versichert, so daß jede Teilzahlung des Vr A in entsprechender Höhe den Vr B befreien würde (bei einer Teilzahlung von 600 DM sogar schon in voller Höhe). Vielmehr beträgt der doppelt versicherte „Gesamtschaden" gemäß § 59 Abs. 1 VVG 1000 DM, weil die betroffene Sache *ein und dasselbe Interesse* darstellt und DoppelV nach dem Wortlaut und Sinn von § 59 Abs. 1 VVG begrifflich nicht an Schadenbeträgen, sondern an versicherten Interessen besteht. Auch § 59 Abs. 2 VVG spricht dafür, die nur wegen UnterV usw. unversicherten Schadenbeträge gleichwohl als doppelt versichert anzusehen. Andernfalls hätte nämlich der Gesetzgeber nicht das Verhältnis der Einzelverpflichtungen für maßgebend erklärt, sondern sich mit der Teilung gemäß § 426 Abs. 1 BGB begnügen können, also nach gleichen Teilbeträgen.

b) Schwierigkeiten und Zweifelsfragen gibt es nur dort, wo der durch einen 13 der Vr **nicht gedeckte Schadenteil** durch **Kriterien außerhalb des VVertrages** bestimmt wird, auf die zwar der VVertrag verweist, die den **Gesamtbetrag** des Schadens aber anders als in den Fällen von V II 12 **nicht** als in sich rechtlich und wirtschaftlich **homogen** erscheinen lassen. Hier stellt sich die Frage: Begründet jedes außervertragliche Unterscheidungsmerkmal zwischen Teilen eines Schadens begrifflich ein anderes Interesse im Sinne von § 59 VVG oder kann man von einem „*anderen*" Interesse nur sprechen, soweit es sich um eine *andere Sache* oder – weil der Sachbegriff des BGB für die Abgrenzung versicherter Interessen nicht gilt, H II 1 – um einen anderen *realen Sachteil* oder um ein durch die Person eines *anderen Interesseträgers* rechtlich abgrenztes gesondertes Interesse handelt? Auch im Sinn der zuletzt skizzierten Ansicht müssen allerdings *verschiedene* Arten von versicherten *Kosten* stets als „andere" Interessen angesehen werden, vgl. das Rechenbeispiel in Martin VersRSch 85, 13 für den Fall des Zusammentreffen einer V von „Abbruchkosten" mit einer V von „Aufräumungskosten", wo allerdings die Homogenität des Schadens zu Unrecht bejaht wurde.

14   Für die *zuletzt* genannte Ansicht spricht der abwechselnde aber ohne klare
Linie häufig gleichbedeutende Gebrauch der Worte „Interesse" und „Sache"
im VVG, vgl. PM vor § 51 Anm. 2. Außerdem ist die zuletzt genannte Ansicht für den VN günstiger: Je *strengere* Anforderungen man an den Begriff
eines *gesonderten* Interesses stellt, um so weitergehend wird **zugunsten des VN**
die fehlende Entschädigungspflicht eines der DoppelVr durch eine der empfangenen Prämie entsprechende Haftung eines anderen DoppelVr kompensiert, und um so *kleiner* wird zugleich der Bereich, in dem *die beiden DoppelVr* zusammen gesehen durch wechselseitige Befreiung nach § 59 Abs. 1
VVG und Abrechnung nach § 59 Abs. 2 VVG etwas *„ersparen"*, obwohl sie
für das durch den Schaden betroffene Risiko Prämie erhalten haben. Die
Möglichkeit einer solchen „Ersparnis" ist zwar im Prinzip eine notwendige
Folge des § 59 Abs. 1 VVG, V II 4. Gleichwohl bleibt sie ein „Übel", das
durch teleologische Auslegung des Gesetzestextes in Grenzfällen möglichst
vermieden werden sollte.

15   Soweit die in V II 13 an erster Stelle genannte Ansicht zutreffen sollte, wäre
die Entschädigungspflicht des Vr, der für *beide* (durch außervertragliche Kriterien abgegrenzten) Schadenteile haftet, *proportional* dem auch durch den
anderen Vertrag gedeckten und dem durch den anderen Vertrag nicht gedeckten Schadenteil zuzuordnen, ebenso wie dies gemäß S II 25 in den Fällen gilt,
in denen ein VFall zu Schäden an mehreren versicherten Interessen führt,
z.B. an mehreren verschiedenen Sachen oder Sachteilen, von denen ein Teil
nur durch einen Vr (und unvollständig, z.B. wegen UnterV), ein anderer Teil
dagegen durch mehrere Vr (und insgesamt mehr als ausreichend) versichert
ist, vgl. V II 9 und 24 sowie V III 21.

16   Wichtigstes Anwendungsbeispiel für die in V II 13 bis 15 skizzierte Streitfrage ist die **Neuwertspanne** bei **Zusammentreffen von Neuwert- und ZeitwertV**,
vgl. auch Martin VersRSch 85, 12. Stellen der Zeitwert und die Neuwertspanne je ein gesondertes Interesse dar oder handelt es sich – wegen Identität des
versicherten Sache – um ein und dasselbe Interesse, mag auch die Neuwertspanne durch einen der mehreren VVerträge nicht gedeckt sein? Den Vorzug
verdient die auch in der Praxis überwiegend angewendete zweite, für den VN
günstigere Ansicht, vgl. PM § 59 Anm. 2 Ba. Auch Hamm VersR 86, 544
möchte, wie dem Ergebnis der Entscheidung klar zu entnehmen ist, zu dem
hier vertretenen Ergebnis gelangen, hat allerdings DoppelV für die Neuwertspanne verbal irrig verneint statt bejaht. Diese Ansicht vermeidet eine Entlastung („Ersparnis", V I 4) des ZeitwertVr, solange die Neuwertspanne – z.B.
wegen UnterV – nicht voll entschädigt ist.

17   **Beispiel I:** Aus einem erbrochenen Kfz im Freien wird eine Sache im Neuwert von 2000 DM gestohlen. Der Zeitwertschaden beträgt 1400 DM. Es
bestehen eine Zeitwert-ReisegepäckV und eine Neuwert-HausratV nach den
VHB 74, beide mit ausreichender VSumme, letztere jedoch mit einer Entschädigungsgrenze gemäß § 3 Nr. B 5 VHB 74 von 500 DM für Kfz-Einbruch. Hier steht die Hausratentschädigung von 500 DM bei richtiger Auslegung des § 59 Abs. 1 VVG voll für die Neuwertspanne zur Verfügung, weil
der Zeitwertschaden von 1400 DM schon allein durch die ReisegepäckV gedeckt wird. Die Gesamtentschädigung beträgt also 1900 DM. Falsch wäre es,
die Hausratentschädigung von 500 DM anteilig (V II 15) zu 350 DM als

Zeitwertentschädigung zu behandeln, so daß zwar der Zeitwert überversichert und mit 1400 DM voll zu entschädigen wäre, die Neuwertspanne jedoch nur mit 150 DM, wobei der VN durch DoppelV nur des Zeitwerts 350 DM an Neuwertentschädigung einbüßen würde.

Beispiel II: Bei einem Neuwert-Totalschaden von 10000 DM an einem Musikinstrument beträgt der Zeitwertschaden 5000 DM. Neben einer ausreichenden ZeitwertV für das Musikinstrument besteht eine Neuwert-HausratV, jedoch mit einer UnterV im Verhältnis 80000 : 100000. Hier beträgt die Gesamtentschädigung 10000 DM, weil der Zeitwert durch die Musikinstrumenten V voll gedeckt ist und wegen Identität des versicherten Interesses die Hausratentschädigung mit Vorrang auf die Neuwertspanne entfällt. Reicht also die Einzelverpflichtung des NeuwertVr wenigstens für die Neuwertspanne und reichen die beiden Entschädigungen zusammen für den ganzen Neuwertschaden aus, so erhält der VN volle Entschädigung und erleidet keinen Nachteil daraus, daß einer der Verträge nur für den Zeitwert geschlossen ist.

18

Ein weiteres Anwendungsbeispiel für die in V II 13 bis 15 skizzierte Streitfrage ist die **Gewinnspanne** bei **Zusammentreffen einer SachV mit und einer SachV ohne Verkaufspreisklausel.** Das sog. Gewinninteresse gemäß § 53 VVG ist ebenso zu behandeln wie die Neuwertspanne gemäß V II 16 bis 18. Der Ausdruck „Gewinninteresse" ist also insofern falsch, als es sich im Sinn von § 59 VVG nur um einen Teil des einheitlichen Interesses der versicherten Sache handelt, vgl. auch schon Q I 6. Reicht die Einzelverpflichtung aus dem Vertrag mit Verkaufspreisklausel wenigstens für die Gewinnspanne und reichen die beiden Entschädigungen zusammen für den ganzen Schaden einschließlich Gewinnspanne aus, so erhält der VN volle Entschädigung und erleidet keinen Nachteil daraus, daß einer der Verträge ohne Verkaufspreisklausel geschlossen ist.

19

c) Die in V II 19 zur Gewinnspanne vertretene Ansicht führt freilich zu schwierigen Fragen bei **Zusammentreffen einer SachV mit Verkaufspreisklausel mit einem gesonderten Klein-BU-Vertrag** gemäß A I 6 oder **mit einem gesonderten Groß-BU-Vertrag** nach den FBUB, vgl. die Literaturnachweise bei PM § 58 Anm. 4. Man wird der h. M. folgen und DoppelV verneinen müssen, weil die Entschädigung der Gewinnspanne aus der Verkaufspreisklausel als erwirtschaftete Kosten im Sinn der FBUB anzusehen sind und die BU-Entschädigung entsprechend mindern. Teilte man diese Ansicht nicht, so stellte sich die folgende Frage:

20

Welcher Teil des BU-Schadens wäre dann zur Abrechnung gemäß § 59 Abs. 2 VVG mit der durch den Sachvertrag gedeckten Gewinnspanne an jedem einzelnen Teil des Warenlagers zu einem Gesamtschaden im Sinn von § 59 Abs. 1 VVG zusammenzufassen? Normalerweise sind die versicherten **Interessen in der BU-V** nur entsprechend den **Entstehungszeiträumen** (Tagen, Wochen usw.) des Ertragsausfalls **teilbar;** Anwendungsfall: DoppelV nach FBUB und AMBUB nur für einen Monat, für einen weiteren Monat Deckung hingegen nur durch einen der beiden Verträge, dessen Schadenursache sich nämlich zeitlich als erste verwirklicht hatte (PM Teil II N, Anm. 2 zu den AMBUB). Bildet dann in dem hier erörterten Überschneidungsfall mit der FeuersachV die Verkaufspreisspanne – diese wohl ihrerseits untrennbar ver-

21

bunden mit dem Sachsubstanzschaden an der jeweils betroffenen Sache – ein
einheitliches Interesse mit dem gesamten BU-Schaden an den Tagen, an denen der Erlös aus den zerstörten Waren (je Einzelstück gegebenenfalls gesondert betrachtet) erzielt worden wäre, oder darf der entgangene Erlös aus den
zerstörten Waren als *gesondertes* Interesse neben dem übrigen Ertragsausfall
behandelt werden, der an denselben Tagen entstanden ist? Letzteres würde
sich bei der Abrechnung nach § 59 Abs. 2 VVG *zugunsten des SachVr* auswirken, V III 18.

22   Zahlenbeispiel: Durch einen Brandschaden wird ein Warenlager im Wert
von 100 000 DM zerstört, das bereits fest verkauft war und von dem in den
folgenden fünf Wochen jeweils Teilbestände im Wert von 20 000 DM ausge-
liefert worden wären. Die nach der Verkaufspreisklausel versicherte Gewinnspanne hätte wöchentlich 10 000 DM betragen. Außerdem wurde der Betrieb
(Produktion und Auslieferung) während der genannten fünf Wochen auch
sonst durch den Brand unterbrochen, wodurch über die erwähnte Gewinnspanne hinaus in jeder der fünf Wochen ein Ausfall von weiteren 70 000 DM
entstand.

23   Es bestehen vier Lösungsmöglichkeiten für die Abrechnung nach § 59
Abs. 2 VVG in jeder der fünf Wochen (falls man überhaupt DoppelV annimmt): 1. 10 000 DM werden im Verhältnis 1 : 1 geteilt, so daß der SachVr
insgesamt 25 000 DM, der BU-Vr insgesamt 75 000 DM zu ersetzen hat. Die
Gewinnspanne des Warenlagers würde danach sowohl im Verhältnis zum
Sachsubstanzschaden wie auch im Verhältnis zum sonstigen Ertragsausfall als
selbständiges Interesse und als gesonderter „Gesamtschaden" gemäß § 59
Abs. 1 und 2 VVG behandelt. – 2. Nur der Sachsubstanzschaden, nicht dagegen der sonstige Ertragsausfall wird als ein gesondertes Interesse angesehen.
Bei dieser für den BU-Vr günstigsten Lösung würden 80 000 DM im Verhältnis 1 : 8 geteilt, wonach der SachVr 8888 DM, der BU-Vr 71 112 DM zu
ersetzen hätte. – 3. Nur der sonstige Ertragsausfall, nicht dagegen der Sachsubstanzschaden wird als gesondertes Interesse neben der Gewinnspanne aus
dem Warenlager angesehen. Bei dieser für den SachVr günstigsten Lösung
wären 30 000 DM im Verhältnis 3 : 1 zu teilen, so daß der SachVr 22 500 DM,
der BU-Vr 75 000 DM zu tragen hätte. – 4. Das Nebeneinander der beiden
Verträge verklammert den Sach- und den BU-Schaden, bezogen auf die während der kleinstmöglichen Zeiteinheit (hier: Woche) abgesetzten Waren, zu
einem einzigen Interesse. Danach wären 100 000 DM als Gesamtschaden anzusehen und im Verhältnis 3 : 8 zu verteilen, wonach der SachVr 27 273, der
BU-Vr 72 727 DM zu tragen hätten. Für diese letzte Lösungsmöglichkeit
sprechen allerdings am wenigsten gute Gründe.

24   3. Soweit ein VFall zu **Schäden an mehreren versicherten Interessen** im Sinn
von V II 13 bis 23 führt, ist § 59 Abs. 1 VVG für jedes versicherte Interesse
gesondert anzuwenden. Soweit danach für ein Interesse keine DoppelV besteht und dieses Interesse überdies nicht voll entschädigt wird, z. B. wegen
UnterV, erhöht sich die Entschädigung für dieses einfach versicherte Interesse nicht durch die *DoppelV eines* durch denselben Vertrag versicherten und
durch denselben VFall betroffenen *anderen Interesses*. Dies gilt ohne Rücksicht darauf, ob das doppelt versicherte Interesse ein eigenes Interesse des VN

oder ein fremdes Interesse ist, also z.b. eine fremde Sache, die außerdem durch den Eigentümer versichert wurde, V I 6 und 28 sowie V II 27. Vielmehr ist die **Gesamtentschädigung** aus einem Vertrag oder einer Position sämtlichen versicherten Interessen **proportional zuzuordnen**, S II 25 und S I 2, und im Fall eines fremden Interesses anteilig an den mitversicherten Interesseträger herauszugeben, J IV 10 und U I 11. Anders ist die Rechtslage nur, wenn dies besonders vereinbart wurde, wie z.b. durch Kl 4701 für Banken und Sparkassen zum Nachteil der mitversicherten Kunden dieser Geldinstitute.

Die hier vertretene Ansicht wurde vor allem von Boldt VW 77, 308 und **25** Golinski RuS 76, 262 bekämpft, welche die proportionale Zuordnung nicht gelten lassen wollen, soweit sie den VN benachteiligt, bei den beteiligten Vr aber trotz „doppelter" Prämieneinnahme zu einer „Ersparnis" im Sinn von V II 4 führt, ferner von Stenzaly VW 77, 664, der überdies DoppelV auch der nur einfach versicherten Interessen (Sachen oder Sachteile) annimmt, vgl. hiergegen mit weiteren Nachweisen PM § 59 Anm. 2 Bb

Nicht haltbar ist indessen schon der **Grundgedanke der Gegenansicht**, der **26** sich dahin zusammenfassen läßt, § 59 Abs. 1 VVG konkretisiere nur das Bereicherungsverbot (insoweit richtig, V II 4) mit Bezug auf das **Vermögen des VN als ganzes** und ohne Rücksicht auf den Inhalt der bestehenden VVerträge. Das Bereicherungsverbot dürfe daher nicht bei einem Interesse zu Kürzungen führen, solange ein anderes Interesse in demselben VFall teilweise unentschädigt bleibt. Hier wird übersehen, daß auch im Rahmen des § 55 VVG immer nur das **je Position** des VVertrages versicherte Interesse Maßstab einer möglichen Bereicherung sein kann: So kann z.b. unstreitig aus der ÜberV einer Sache nicht Entschädigung über den versicherten Sachsubstanzschaden hinaus verlangt werden, weil durch denselben Sachschaden auch ein nicht versicherter BU-Schaden entstanden ist; auf den vermeidbaren Prämienaufwand durch ÜberV der Sache kann der VN sich demgegenüber nicht berufen. Das gleiche gilt im Verhältnis der VSummen mehrerer Positionen des Vertrages zu einander, S II 29, denn ein sog. Summenausgleich findet nur statt, wo er vereinbart ist, S I 26.

Ein gemeinsamer Fehler der Vertreter jener Gegenansicht liegt zudem dar- **27** in, daß sie die Entschädigung für die nur einfach versicherten Interessen (Sachen oder Sachteile) davon abhängen lassen, ob noch ein weiteres – nämlich ein doppelt versichertes – Interesse einer **anderen Person** als Interesseträger vom Schaden betroffen wurde. Dies läßt sich weder logisch noch wirtschaftlich rechtfertigen. Bei Stenzaly aaO kommt eine Diskrepanz gegenüber dem Wortlaut des § 59 Abs. 1 VVG hinzu; diese Vorschrift erlaubt die Frage nach einfacher V oder DoppelV nur je Interesse gesondert („ein Interesse ... bei demselben Vr versichert") zu stellen. In dem Wort „Gesamtschaden" bezieht sich „Gesamt-" *nicht* (wie die hier abgelehnte Ansicht aber irrig annimmt) auf die Gesamtheit der durch einen *VFall* verursachten Schäden zu Lasten des Gesamtvermögens einer Person, sondern (V II 1) auf die Gesamthöhe des Schadens an (je) *einem* versicherten Interesse, mögen durch den VFall auch mehrere versicherte Interessen betroffen sein.

Beispiele: Die VSumme einer V für Betriebseinrichtung einschließlich frem- **28** den Eigentums beträgt 180 DM, der VWert 200 DM; darunter sind fremde

Sachen im Wert von 10 DM, für die außerdem der Eigentümer eine AußenV genommen hat. Wird von einem Schaden I eine eigene Sache im Wert von 1 betroffen, so beträgt die Entschädigung wegen UnterV nur 0,9 DM. Betrifft ein Schaden II nebeneinander eigene Sachen im Wert von 1 und fremde Sachen im Wert von 2, so beträgt nach der hier vertretenen Ansicht die Entschädigung für die eigenen Sachen ebenfalls nur 0,9 DM, denn die Entschädigung von 1,8 DM für die fremden Sachen muß der VN voll weiterleiten, ohne davon seinen ungedeckten Schaden von 0,1 DM einbehalten zu dürfen. Ebenso liegt es, wenn ein Schaden III als Totalschaden von 200 eintritt; von der Gesamtentschädigung von 180 DM entfallen dann nur 171 DM auf den Schaden des VN, während 9 DM an den Eigentümer der fremden Sachen weiterzuleiten sind.

29   Die hier abgelehnte Gegenansicht führt zu einem für den VN günstigeren Ergebnis nur bei den Schäden II und III, obwohl zwischen den Schäden I und II aus der Sicht des VN kein Unterschied besteht. Eine weitere Inkonsequenz der Gegenansicht liegt darin, daß sie dem VN nicht auch dann hilft, wenn die doppelt versicherten Sachen nicht fremde, sondern eigene Sachen sind, insbesondere bei Zusammentreffen mit einer SpezialV für eine Einzelsache, V I 15, obwohl doch der Gesichtspunkt des zusätzlichen Prämienaufwandes für das doppelt versicherte Risiko auch bei eigenen Sachen gilt.

30   Eine wirtschaftlich befriedigende und rechtlich korrekte Lösung wäre möglicherweise nicht einmal durch besondere Vereinbarung erzielbar, wie die folgende Betrachtung eines Denkmodells für einen (in der Praxis nicht existierenden) Klauseltext zeigen möge:

> 1. Fremdes Eigentum bleibt für den VWert unberücksichtigt, soweit dadurch UnterV an sonstigen, durch den Schaden betroffenen Sachen entstehen würde. Die Entschädigung für die sonstigen Sachen erhöht sich nach Satz 1 jedoch höchstens um den Betrag, der als Entschädigung für das fremde Eigentum aus einem anderen VVertrag beansprucht werden kann oder beansprucht werden könnte, wenn das fremde Eigentum durch denselben VFall betroffen wäre.
> 2. Die Berechnung des Gesamtbetrages der Entschädigung für die sonstigen Sachen und das fremde Eigentum bleibt unberührt.
> 3. Vorstehende Bestimmungen geltend entsprechend für Sachen, die zwar nicht fremdes Eigentum sind, für die aber Entschädigung auch aus einem anderen VVertrag beansprucht werden kann oder beansprucht werden könnte, wenn diese Sachen durch denselben VFall betroffen wären.

31   Nr. 1 Satz 1 dieses Modelltextes erhöht die Entschädigung für die nicht doppelt versicherten Sachen durch *völligen oder teilweisen Verzicht auf UnterV*. Diese Konstruktion ist notwendig, weil § 59 Abs. 2 VVG nicht zu Lasten des anderen Vr abgeändert werden kann. Zulässig ist es nur, den Vertrag so zu gestalten, daß DoppelV erst gar nicht entsteht, V I 24. Daß die sonstigen (eigenen) Sachen durch denselben VFall betroffen sind, gehört zu den Voraussetzungen für die Anwendung des Textes, denn bei einem Schaden nur an fremden Sachen soll die UnterV voll eingewendet werden können; bei einem Schaden sowohl an eigenen wie an fremden Sachen wird die UnterV für die fremden Sachen durch Nr. 2 des Textes sogar verstärkt, V II 33.

32   Nr. 1 Satz 2 des Modelltextes verlangt, daß für die fremden Sachen DoppelV besteht, und zwar mindestens in dem Umfang, in dem sich die Entschä-

digung für die eigenen Sachen erhöhen soll. Daß die doppelt versicherten fremden Sachen auch tatsächlich einen entsprechenden gleichzeitigen Schaden erlitten haben, soll dagegen nicht erforderlich sein („beansprucht werden könnte"), denn der doppelte Prämienaufwand und das Schutzbedürfnis des VN für dessen eigene Sachen hängen hiervon nicht ab, V II 29. Besteht hingegen für die fremden Sachen keine DoppelV, so fehlt es auch an dem in V II 25 und 27 beschriebenen wirtschaftlichen Grund für einen teilweisen UnterVVerzicht des InbegriffsVr. Ohne DoppelV für die fremden Sachen könnte man allenfalls daran denken, die Entschädigung im Verhältnis zwischen dem VN und dem Eigentümer der fremden Sachen ähnlich wie durch Kl 4701 (V II 24) zugunsten des VN umzuverteilen, also mit Vorrang den eigenen Schaden des VN zu entschädigen, so daß nur ein verbleibender Mehrbetrag gemäß J IV 10 an den Eigentümer der fremden Sachen weiterzuleiten wäre. Damit würde aber der Modelltext noch länger und noch schwerer verständlich.

Nr. 2 des Modelltextes stellt sicher, daß Nr. 1 keinesfalls zu einer höheren 33 Entschädigung für die doppelt versicherten fremden Sachen führen kann, falls auch diese durch den Schaden betroffen sind. Im Gegenteil wird die Entschädigung für die fremden Sachen gekürzt, soweit sich die Entschädigung für die eigenen Sachen nach Nr. 1 erhöht. Nr. 3 des Modelltextes überträgt die Regelung auf doppelt versicherte eigene Sachen des VN, denn wenn der doppelte Prämienaufwand nicht durch den Aufwand eines Dritten, sondern sogar durch eigenen Aufwand des VN zustande kommt, ist letzterer um so mehr schutzwürdig.

Bei Schaden I des in V I 28 erörterten Beispiels würde der Modelltext 34 gemäß V II 30 die Entschädigung von 0,9 DM auf 0,947 DM erhöhen. Die Kompensation für den Vr für dessen teilweisen UnterVVerzicht müßte in der bloßen Möglichkeit einer Abrechnung nach § 59 Abs. 2 VVG im Fall von Schäden auch oder nur an den doppelt versicherten fremden Sachen gesehen werden. In Schaden II würde sich diese Kompensation durch Nr. 2 des Modelltextes auch praktisch bemerkbar machen; denn die Gesamtentschädigung wäre auf 2,7 DM begrenzt, die Entschädigung für die fremden Sachen würde sich also von 1,8 DM auf 1,753 DM vermindern, was sich auch im Rahmen von § 59 Abs. 2 VVG auswirken würde. In Schaden III würde die volle Entschädigung von 180 DM auf den eigenen Schaden entfallen; der Eigentümer der fremden Sachen könnte sich nur an dessen eigenen Vr halten.

III. Ausgleichspflicht zwischen Doppelversicherern (§ 59 Abs. 2 VVG)

Soweit die Leistung eines DoppelVr den anderen DoppelVr befreit, hatten 1 beide als **Gesamtschuldner** gehaftet, denn es ist nach §§ 421, 422 BGB entscheidendes Merkmal der Gesamtschuld, daß der Gläubiger sich nach seiner Wahl an beide halten kann, die Schuldner aber insgesamt nur einmal leisten müssen. Wird die Leistung erbracht, so sind die Gesamtschuldner einander zum **Ausgleich** verpflichtet, und zwar nach § 426 Abs. 1 BGB zu gleichen Anteilen, „soweit nicht ein anderes bestimmt ist". Eine solche abweichende

Bestimmung enthält für den Fall der DoppelV **§ 59 Abs.** 2 VVG, denn danach ist das **Verhältnis der** sog. **Einzelverpflichtungen** für den Ausgleich maßgebend. Analog anzuwenden ist § 59 Abs. 2 VVG, wenn zwar keine DoppelV besteht, die Leistung eines Vr den anderen Vr aber gemäß U I 33 abweichend von § 59 Abs. 1 VVG wegen einer Gesamtentschädigungsgrenze befreit, vgl. dazu V III 30.

2   Auch zu § 59 Abs. 2 VVG muß in erster Linie auf die **Literatur zum VVG** verwiesen werden, weil die Vorschrift nicht nur für die hier behandelten Zweige der SachV, sondern in gleicher Weise für die ganze SchadenV gilt. Daß die **Ausgleichspflicht** eines Vr nicht im VVertrag ausgeschlossen werden kann, sondern **unabdingbar** ist, wurde bereits in V I 24 und 25 sowie in V II 31 erörtert. Zulässig ist es jedoch, einen VVertrag so zu gestalten, daß DoppelV und damit die Voraussetzung für einen Ausgleich erst gar nicht entsteht, z. B. durch Subsidiaritätsabreden oder durch die in V II 24 erörterte Kl 4701 oder durch eine Vereinbarung gemäß dem Modelltext in V II 30, wonach bei mehreren versicherten Interessen, von denen (nur) ein Teil doppelt versichert ist, die Entschädigungspflicht mit Vorrang den nur einfach versicherten Interessen zugeordnet wird.

3   Im Folgenden werden ergänzend einige aktuelle Fragen zum Grund (V III 4 bis 11 und zur Höhe V III 12 bis 38) des Ausgleichs nach § 59 Abs. 2 VVG behandelt. Empfehlungen des Verbandes der SachVr (V III 17) bleiben hierbei unberücksichtigt.

4   1. Die **Ausgleichspflicht** entsteht **dem Grunde nach** durch **Eintritt eines entschädigungspflichtigen VFalls.** Jedoch können *einzelne Voraussetzungen* des Anspruchs auch noch *später* eintreten, so z. B. der Wegfall einer Leistungsfreiheit wegen Obliegenheitsverletzung vor dem VFall durch ungenutzten Ablauf der Kündigungsfrist gemäß M II 18 oder die für einen Teil der Entschädigung vorausgesetzte Sicherstellung im Sinn der Wiederherstellungsklauseln (R IV 16, vgl. dort auch zum vorläufigen DoppelV Ausgleich vor der Wiederherstellung).

5   Von diesen Ausnahmen abgesehen muß der VFall bei dessen Eintritt für den auf Ausgleich in Anspruch genommenen Vr entschädigungspflichtig sein. **Zweifel** bestehen allenfalls, wo der in Anspruch genommene Vr aus Gründen leistungsfrei ist, die nicht entweder das versicherte Risiko betreffen oder auf einem Fehlverhalten des VN mit Bezug auf dieses Risiko (z. B. Verstößen gegen die Anzeigepflichten gemäß §§ 58, 61 VVG) beruhen und die überdies den Prämienanspruch des in Anspruch genommenen Vr unberührt lassen. Insbesondere im **Fall von § 39 Abs. 2 VVG** könnte man sich auf den Standpunkt stellen, die Leistungsfreiheit könne nur dem VN oder dem Versicherten, nicht aber einem anderen Vr im Rahmen von § 59 Abs. 2 VVG entgegengehalten werden, jedenfalls dann nicht, wenn der VN oder für ihn gemäß § 267 BGB der andere DoppelVr die Prämie einschließlich Verzugsschadenersatzes nach Eintritt des VFalls schließlich doch noch zahlt, wozu § 40 Abs. 2 VVG ihn ohnehin verpflichtet.

6   Aus der in V III 4 erwähnten Möglichkeit der Entstehung einzelner Voraussetzungen der **Ausgleichspflicht** auch noch nach dem VFall darf **nicht** gefolgert werden, die Ausgleichspflicht könne nachträglich auch wieder **wegfallen,**

wenn der *in Anspruch genommene Vr nachträglich leistungsfrei* wird, z. B. durch eine Gesamtentschädigungsgrenze gemäß §§ 8 Nr. 4 AERB, 9 Nr. 3 AFB 87, AERB 87, AWB 87, AStB 87, 9 Nr. 2 VHB 74, 20 VHB 84, 18 VGB 88, vgl. zu diesem Fall bereits U I 39. Wie auch bei anderen Fällen der Gesamtschuld bleibt vielmehr die Ausgleichspflicht z. B. auch dann bestehen, wenn der Gläubiger mit einem der Gesamtschuldner einen Erlaßvertrag schließt (§ 423 BGB), gegenüber einem Gesamtschuldner eine Frist versäumt (BGH **11**, 174) usw.

Dieser Grundsatz gilt entgegen BM § 59 VVG Anm. 37, Raiser 285 und 7 Düsseldorf VersR 79, 639 mit ablehnender Anm. Zagel VersR 79, 904 auch im Rahmen von § 59 Abs. 2 VVG, PM § 59 Anm. 4 b. Andernfalls könnte der VN nach Belieben einen der Vr von der Ausgleichspflicht gegenüber dem anderen DoppelVr befreien, J IV 13, hätte also entgegen J IV 16 eben doch die freie Wahl, den FremdVr mit einem zu Lasten des fremden Interesses eingetretenen Schaden zu belasten oder nicht zu belasten, indem er nämlich einen Schaden bewußt nicht anzeigt und damit vorsätzlich eine Obliegenheit verletzt. Damit würde auf einem Umweg sogar noch nach dem VFall ermöglicht, was den Parteien des VVertrags vor dem VFall verwehrt ist, nämlich der Ausschluß des § 59 Abs. 2 VVG zu Lasten eines anderen Vr, V III 2.

Nur scheinbar eine Ausnahme gilt dann, wenn nicht nur der in Anspruch 8 genommene, sondern *auch* der *den Ausgleich fordernde Vr* zur Zeit der Zahlung *leistungsfrei* war. Ein Ausgleichsanspruch steht ihm dann nicht zu, weil es schon in seiner eigenen Person an den erforderlichen Voraussetzungen fehlt. Jedoch handelt es sich hier nicht um eine echte Ausnahme von dem Grundsatz gemäß V III 6. Vielmehr steht einem Vr, der **ohne Rechtsgrund leistet**, ein **Ausgleich** schon nach dem Wortlaut von § 59 Abs. 2 VVG **nicht** zu. Dies gilt keineswegs nur dann, wenn (auch) der in Anspruch genommene Vr nachträglich leistungsfrei geworden ist, sondern ganz unabhängig davon, denn weder Kulanz noch die irrtümliche Zahlung eines Vr darf einen anderen Vr belasten.

Nicht aus §§ 426 BGB, 59 Abs. 2 VVG (Ausgleich zwischen Gesamt- 9 schuldnern und insbesondere DoppelVr), sondern allenfalls aus allgemeinen Vorschriften (§§ 267, 812 BGB) kann ein Vr Ausgleich verlangen, wenn er ohne Rechtsgrund geleistet hat, und auch dies nur, wenn es wenigstens ein Nebenzweck seiner Zahlung war, sich selbst und den *anderen Vr von der Leistungspflicht zu befreien;* im Falle einer irrtümlichen Zahlung liegt dieser Nebenzweck vor. Im Fall einer ganz freiwilligen Zuwendung (aufsichtsrechtlich ohnehin verboten) besteht gegen den anderen Vr nicht einmal ein Anspruch nach § 812 BGB, denn von solchen Zuwendungen bleibt die Leistungspflicht des anderen DoppelVr unberührt (PM § 55 Anm. 2 vor A).

Zutreffend ist jedenfalls die Feststellung in BGH VersR 81, 625 (Revisions- 10 entscheidung zu Düsseldorf VersR 79, 639), wonach *keinesfalls Ausgleich geschuldet wird*, wenn im *Zeitpunkt der Zahlung* desjenigen Vr, der Ausgleich fordert, **weder dieser noch der andere Vr leistungspflichtig** war. §§ 267, 812 BGB setzen nämlich mindestens Leistungspflicht des in Anspruch genommenen Vr noch im Zeitpunkt der Zahlung voraus, weil sonst eine Bereicherung nicht eingetreten sein kann. § 59 Abs. 2 VVG hingegen setzt mindestens eine gesamtschuldnerische Haftung des zuerst leistenden Vr voraus.

Fehlt es an beidem, so kann ein Anspruch aus keinem der genannten rechtlichen Gesichtspunkte bestehen.

11 Die **Beweislast** für die Voraussetzungen eines behaupteten Anspruchs trägt, wer diesen geltend macht. Nach § 59 Abs. 2 VVG muß der Kläger sowohl die eigene DoppelVrStellung (und zwar noch im Zeitpunkt der Zahlung) wie jene des Beklagten beweisen. Allerdings erstreckt sich die Beweislast jeweils nur auf die Tatsachen, die im Deckungsprozeß der VN zu beweisen hätte, also z. B. nicht auf das Nichtbestehen von Leistungsfreiheit wegen Gefahrerhöhung usw. Die positiven Voraussetzungen eines Einwandes der Leistungsfreiheit der auf Ausgleich in Anspruch genommene beklagte Vr, die etwaigen Hinderungsgründe für die Leistungsfreiheit hingegen der Ausgleichskläger darzulegen und zu beweisen, vgl. BGH VersR 86, 380 einerseits für die Nichtanzeige des Abschlusses eines Zweitvertrages (§§ 58 VVG, 11 VGB 62) und andererseits für fehlendes Verschulden und für fehlende Kausalität der Obliegenheitsverletzung. Auf einen etwaigen späteren Wegfall seiner Haftung kann sich der Beklagte nach der hier vertretenen (V III 5; BGH VersR 81, 625, 86, 380 läßt die Frage offen) Ansicht ohnehin nicht berufen; auch nach der Gegenansicht müßte jedenfalls der Beklagte den Wegfall beweisen. – Macht der Kläger einen Anspruch aus § 812 BGB geltend, so muß er beweisen, daß er (auch) mit dem Ziel einer Befreiung des Beklagten gehandelt hat und daß dieses Ziel erreicht wurde.

12 2. „Nach Maßgabe der Beträge, deren Zahlung ihnen dem Versicherungsnehmer gegenüber vertragsmäßig obliegt", also im **Verhältnis der sog. Einzelverpflichtungen**, sind die „Vr im Verhältnis zueinander" nach § 59 **Abs. 2** VVG verpflichtet. Unerheblich ist, ob es sich um Vollwert- oder um Erstrisikosummen handelt; unerheblich ist ferner die Höhe der VSummen und der Prämiensätze.

13 Maßgebend sind die Beträge der Einzelverpflichtungen nach dem Sachstand im **Zeitpunkt** des Eintritts **des VFalls** zuzüglich einzelner tatsächlicher Voraussetzungen der Entschädigungspflicht, die erst später eintreten, jedoch ohne Berücksichtigung von Umständen, die nachträglich die Leistungspflicht einschränken oder beseitigen, V I 6, also z. B. ohne Berücksichtigung der nachträglich eintretenden Wirkungen einer Gesamtentschädigungsgrenze, U I 39. Die Vr können zwar den VN nicht darauf verweisen, sich an die einzelnen Vr von vornherein nur nach Maßgabe dieser internen Ausgleichspflicht zu halten, denn sie haften als Gesamtschuldner, V III 1. Soweit jedoch ein Vr auf einen höheren Betrag als auf seinen Anteil in Anspruch genommen wird, konkretisiert sich die gegenseitige Ausgleichspflicht in entsprechenden Ansprüchen gegen die übrigen Vr. Zur Abwicklung des Ausgleichs bei Zusammentreffen von Eigen- und FremdV, wenn ausnahmsweise die beiden VN zusammen mehr als den Gesamtbetrag des Schadens fordern können, vgl. V II 8.

14 Die Vr können ihre *Beteiligung* einverständlich *ändern*, und zwar sowohl für den Einzelfall wie auch in voraus durch Teilungsabkommen oder durch einverständliche Anwendung von **Verbandsempfehlungen**, vgl. V I 28 über die „Richtlinien über das Zusammentreffen von Fremd- und AußenV" sowie die ebenfalls in Texte 44 der 1. Aufl. abgedruckten Rundschreiben über „Aus-

gleichspflicht beim Zusammentreffen von Fremd- und AußenV", über „Zusammentreffen einer InbegriffsV mit einer V bestimmter Sachen", über „Zusammentreffen von Erstrisikodeckungen" und über „Zusammentreffen gleichartiger Verträge (NebenV)". Die Verbandsempfehlungen wurden jedoch nicht immer der Entwicklung der AVB- und Klauseltexte angepaßt und sind deshalb nicht überall auf dem neuesten Stand. Sie bleiben daher im Folgenden unberücksichtigt.

Zu den Einzelverpflichtungen der DoppelVr gehören auch die Ansprüche **15** auf **vertragliche Zinsen** gemäß den in Y IV 1 zitierten Bestimmungen. Mindestens gilt dies für Zinsen bis zum Zeitpunkt der Zahlung des zuerst in Anspruch genommenen Vr, soweit also die übrigen DoppelVr durch die Zahlung des zuerst in Anspruch genommenen DoppelVr befreit werden. Unterschiedliche Zinshöhe und unterschiedlicher Verzinsungsbeginn stehen nicht entgegen, ebensowenig wie z. B. die unterschiedliche Anspruchshöhe bei Zusammentreffen von Zeitwert- und NeuwertV die Anwendung von § 59 Abs. 2 VVG hindert. Vertragliche Zinsen und die übrigen Teile der Entschädigung sind begrifflich ein und dasselbe Interesse im Sinn von V III 18. Auch für die übrigen Teile der Entschädigung kann daher das maßgebende Teilungsverhältnis endgültig erst dann bestimmt werden, wenn der Zahlungszeitpunkt feststeht.

Für die vertraglichen Zinsen gilt das Gesagte auch dann, wenn gegenüber **16** dem VN bereits Verzug eingetreten war. Soweit die **Verzugszinsen** oder der zu ersetzende **Verzugsschaden** allerdings die vertraglichen Fälligkeitszinsen übersteigt, Y IV 13, gilt nicht § 59 Abs. 2 VVG, sondern ausschließlich § 426 BGB.

Ob vertragliche Zinsen nur bis zur Zahlung durch den ersten DoppelVr **17** oder darüber hinaus **bis zur Ausgleichszahlung** in das Verhältnis der Einzelverpflichtungen einzubeziehen und ausgleichspflichtig sind, ist zweifelhaft. Für die zweite Lösung spricht, daß andernfalls der ausgleichspflichtige DoppelVr wirtschaftlich unangemessen begünstigt würde, weil er bis zur Ausgleichszahlung die Beträge noch ertragsfähig anlegen könnte, während der zuerst in Anspruch genommene Vr diese Möglichkeit bereits im Zeitpunkt seiner eigenen Zahlung verliert. Ein weiteres Argument ist § 426 Abs. 2 BGB, der die Forderung gegen den zuletzt zahlenden Gesamtschuldner auf den zuerst zahlenden Gesamtschuldner übergehen läßt. Eine abschließende Sonderregelung stellt § 59 Abs. 2 VVG nur gegenüber § 426 Abs. 1 BGB, nicht auch gegenüber § 426 Abs. 2 BGB dar. Da die Forderung als verzinsliche übergeht, muß allerdings auch eine fiktive Zinspflicht des zuerst zahlenden und ausgleichsberechtigten DoppelVr in die Rechnung einbezogen werden, und zwar bis zur Ausgleichszahlung.

Soweit vorrangige Regelungen nicht eingreifen, ist nach § 59 Abs. 2 VVG **18** im Verhältnis der Einzelverpflichtungen abzurechnen. Dabei sind *nicht* die Einzelverpflichtungen *je VFall* maßgebend und festzustellen, sondern die **Einzelverpflichtungen je doppelt versichertes** Interesse, vgl. z. B. LG Köln VersR 82, 1165 für Parkplatz-(Zeitwert-) und Kfz-Kasko-(Neuwert-)V sowie V II 27. In den Beispielen V II 17 und 18 bedarf es nur einer einzigen Verhältnisrechnung für jeweils den ganzen Schaden, denn *Zeitwert und Neuwertspanne* an derselben Sache bilden nur ein einziges Interesse. Im Fall V II

18 ist also die Gesamtentschädigung von 10 000 DM im Verhältnis 5000 : 8000 aufzuteilen. Soweit dagegen die Entschädigungspflicht je VFall teilweise und anteilig auf **nicht doppelt versicherte Interessen** entfällt, ist sie aus der Berechnung **auszuschließen**, weil sonst der *geringer* beteiligte Vr *benachteiligt* würde. Modellrechnung: Schaden an einem Interesse im Wert 1 DM doppelt, an anderen Interessen im Wert von 99 DM dagegen nur einfach versichert. Richtige Aufteilung: –,50 DM : 99,50 DM; unrichtig wäre das Verhältnis $1/101$ zu $100/101$, also 0,99 DM : 99,00 DM.

19 **Beispiel:** Schaden in Höhe von 2 000 DM Reparaturkosten an versicherten Sachen und von 500 DM Bewegungs- und Schutzkosten. Es bestehen zwei Verträge, wobei die VSumme im ersten Vertrag 50%, im zweiten Vertrag 60% des VWerts der versicherten Sachen beträgt. Im ersten Vertrag sind Bewegungs- und Schutzkosten auf Erstes Risiko mitversichert, im anderen dagegen nicht. Hier ist der Reparaturkostenschaden von 2 000 DM im Verhältnis 1 000 : 1 200 = 5 : 6 aufzuteilen. Falsch wäre es, die nicht doppelt versicherten Bewegungs- und Schutzkosten in dem aufzuteilenden Schaden einzubeziehen und einen Gesamtschaden von 2 500 DM im Verhältnis 1 500 : 1 200 = 5 : 4 aufzuteilen. Vielmehr werden die 500 DM ohne Ausgleichung allein aus dem ersten Vertrag ersetzt.

20 Zu den nicht doppelt versicherten Interessen, die aus der Berechnung *ausscheiden,* gehören auch Interessen, für die MehrfachV ohne DoppelV („**NebenV**") besteht, wobei jedoch die Gesamtentschädigung den Schaden an diesem Interesse nicht übersteigt, V I 1. *Beispiel:* Es bestehen zwei GeschäftsV-Verträge, wobei die VSumme im ersten Vertrag 50%, im zweiten Vertrag 60% des VWerts aller versicherten Schaden beträgt. Aufräumungskosten sind auf Erstes Risiko im ersten Vertrag bis 1 000 DM, im zweiten Vertrag bis 3 000 DM versichert. Hauptschaden 10 000 DM, Aufräumungskosten 5 000 DM. Auch hier sind die 10 000 DM im Verhältnis 5 : 6 und nicht etwa 15 000 DM im Verhältnis 5 : 9 aufzuteilen. Die beiderseits entschädigten Aufräumungskosten nehmen am Ausgleich nicht teil.

21 Verläuft die **Grenze** zwischen doppelt und einfach versicherten Interessen **quer durch eine versicherte Position**, so nehmen gleichwohl nur die doppelt versicherten Interessen an der Abrechnung nach § 59 Abs. 2 VVG teil. Die Einzelverpflichtung des Vr der Position mit Bezug auf das doppelt versicherte Interesse ist durch *proportionale Aufteilung* der Gesamtverpflichtung dieses Vr aus der betroffenen Position auf das doppelt versicherte und auf die übrigen Interessen zu ermitteln, S II 25 und V II 24. Daß für das doppelt versicherte Interesse zuviel Prämie aufgewendet wurde, gleichwohl aber andere Interessen aus derselben Position wegen UnterV nicht voll entschädigt werden, läßt sich nicht vermeiden, V II 4 und 26. Vielmehr ist die Entschädigung für das doppelt versicherte Interesse schon im Rahmen von § 59 Abs. 1 VVG getrennt zu behandeln und die Entschädigung auf den Gesamtschaden aus *diesem* Interesse zu begrenzen, vgl. ausführlich V II 24 bis 34. Ebenso ist auch im Rahmen von § 59 Abs. 2 VVG zwischen einfach und doppelt versicherten Interessen zu unterscheiden.

22 In Schaden II des Beispiels V II 28 ist also nur für die fremden Sachen nach § 59 Abs. 2 VVG abzurechnen. Beträgt die Einzelverpflichtung des AußenVr 2, so haben der FremdVr jenes Beispiels und der AußenVr den Gesamtscha-

den von 2 an den fremden Sachen im Verhältnis 1,8 : 2 = 9 : 10 aufzuteilen. In Schaden III (Totalschaden) beträgt das Verhältnis ebenfalls 9 : 10. Daß der VN wirtschaftlich einen Verlust erleidet, ist nicht erst die Folge dieser Anwendung des § 59 Abs. 2 VVG, sondern schon Folge der in V II 24 erläuterten Kürzung der Entschädigung nach § 59 Abs. 1 VVG für das doppelt versicherte Interesse trotz unzureichender Entschädigung (UnterV der Position und proportionale Aufteilung der Entschädigung auf sämtliche Sachen dieser Position) für den Schaden an den übrigen Interessen.

Besteht **DoppelV für mehrere versicherte Interessen**, die durch *denselben VFall* **23** betroffen sind, so ist der Ausgleich nach § 59 Abs. 2 VVG für **jedes einzelne** doppelt versicherte Interesse **gesondert** durchzuführen. – Dies gilt auch, wenn die Summe der Einzelverpflichtungen den versicherten (!) Gesamtschaden je Interesse nur deshalb übersteigt und DoppelV also nur deshalb besteht, weil in beiden Verträgen eine *(Gesamt-)Entschädigungsgrenze* gilt.

Beispiel nach VHB 74: VWert des Hausrats 120 000 DM; VSumme bei Vr I **24** 80 000 DM, bei Vr II 40 000 DM; durch Einbruchdiebstahl entstehen ein Bargeldschaden an unverschlossenen Geldscheinen in Höhe von 3 700 DM und ein Schaden durch Verlust eines unverschlossenen Schmuckstücks im Wert von 3 600 DM. Die Entschädigung beträgt wegen § 9 Nr. 2 VHB 74 insgesamt nur 2 500 DM, nämlich 1 000 DM für das Bargeld und 1 500 DM für das Schmuckstück. Zwischen den Vr ist nach betroffenen Interessen (hier: Sachen) getrennt abzurechnen; auf das Verhältnis der VSummen darf nicht abgestellt werden, obwohl bei höheren VSummen auf Risiken mit begrenzter Entschädigung ein relativ höherer Prämienanteil entfällt (U I 16). Vielmehr wirkt sich die – bei beiden Vr unterschiedlich starke – UnterV bei dem Bargeldschaden infolge der Entschädigungsgrenze überhaupt nicht (Aufteilung also je 500 für jeden Vr) und bei dem Schmuckschaden nur geringfügig aus (Einzelverpflichtung Vr I: 1 500 DM, Einzelverpflichtung Vr II: 1 200 DM). Die Schmuckentschädigung von 1 500 DM ist im Verhältnis 1 500 : 1 200 = 5 : 4 aufzuteilen; Vr I trägt rund 833,30 DM, Vr II rund 666,70 DM.

Überflüssig ist die Trennung nach versicherten Interessen nur dann, wenn **25** bei jedem der DoppelVr das *rechnerische Verhältnis* zwischen dem vollen Schaden und den Einzelverpflichtungen für *sämtliche* betroffenen Interessen *das gleiche* ist. Dann ergibt sich nämlich bei gesonderter Abrechnung je Interesse und bei Gesamtabrechnung für die mehreren Interessen naturgemäß dasselbe rechnerische Ergebnis. So liegt es, wenn jeder Vr für den vollen Schaden an jedem der mehreren Interessen einzutreten hat (selten, V I 4), aber auch dann, wenn die Entschädigung jedes Vr für die mehreren Interessen um genau denselben Prozentsatz hinter dem vollen Schaden zurückbleibt, z. B. weil die betroffenen Sachen bei sämtlichen Vr zusammen in einer Position versichert sind und daher die UnterV für alle Sachen prozentual jeweils gleich hoch ist.

Ist hingegen der *entschädigungspflichtige Prozentsatz* des Schadens bei den **26** mehreren Vr für die mehreren doppelt versicherten und durch denselben VFall betroffenen Interessen *unterschiedlich hoch,* so dürfen die Schadenbeträge und die Einzelverpflichtungen **nicht addiert** werden, sondern die Verhältnisrechnung nach § 59 Abs. 2 VVG ist jeweils gesondert durchzuführen, was zu einem anderen Gesamtergebnis führt.

27   Weiteres **Beispiel nach den VHB 74:** Bei einem Einbruchdiebstahl entsteht
ein mitversicherter Gebäudeschaden von 1 000 DM. Außerdem werden durch
den Dieb Schmuck im Wert von 10 000 DM gestohlen und ein Fernsehgerät
beschädigt, das vier Jahre alt und stark abgenutzt und dessen Neuwert von
2 000 DM auf einen Zweitwert von 800 DM abgesunken war. Die VSumme
beträgt im ersten Vertrag 50%, im zweiten Vertrag 60% des VWerts des
versicherten Hausrats. Im ersten Vertrag ist erweiterte NeuwertV nach Kl
824 gemäß Q III 53 vereinbart, im zweiten Vertrag hingegen nicht. Daher
betragen die Einzelverpflichtungen für den Gebäudeschaden jeweils die vollen 1 000 DM, für den Schmuck aus dem ersten Vertrag 5 000 DM und aus
dem zweiten Vertrag 6 000 DM sowie für das Fernsehgerät aus dem ersten
Vertrag 1 000 DM und aus dem zweiten Vertrag 480 DM. Das Teilungsverhältnis zwischen den beiden Vr beträgt daher für 1 000 DM Gebäudeschaden
1 : 1, für 10 000 DM Schmuckschaden 5 : 6 und für den Schaden am Fernsehgerät 25 : 12. Selbstverständlich ergeben sich bei dieser getrennten Abrechnung andere Anteile der beiden Vr, als wenn zuerst die drei Gesamtschäden
und dann die drei Einzelverpflichtungen addiert und erst zum Schluß und nur
einmal ein Verhältnis ermittelt würde.

28   Möglicherweise wird in der *Praxis* gleichwohl oft *anders* verfahren und,
etwa in Beispiel V III 27, aber auch in den Beispielen V III 19 und 20, für die
mehreren Interessen nur eine *einzige Verhältnisrechnung* durchgeführt, weil
dies Rechenarbeit spart und meist zu einem nur recht *geringfügig abweichenden Gesamtergebnis* führt; außerdem würden sich die Vor- und Nachteile der
beiden Methoden im Rahmen einer längeren und einheitlichen Praxis bei
allen Vr gegenseitig ausgleichen. Indessen gibt es keine ausdrückliche Einigung zwischen den Vr über das angedeutete und vom Gesetz abweichende
Verfahren. Es ist naturgemäß nicht bekannt, wie oft tatsächlich auf die eine
oder auf die andere Weise verfahren wird.

29   Entscheidendes Argument für die hier vertretene Ansicht ist es, daß § 59
VVG für Abs. 1 und Abs. 2 in gleicher Bedeutung von „einem" Interesse
spricht, das bei mehreren Vr versichert ist, vgl. dazu V II 31. Mit diesem
Gesetzeswortlaut wäre es nicht vereinbar, für ein doppelt versichertes Interesse A zu einer anderen Schadenverteilung zwischen den beiden Vr nur deshalb zu gelangen, weil durch denselben VFall zufällig auch noch ein weiteres doppelt (oder gar nur mehrfach im Sinn bloßer NebenV, V III 20) versichertes Interesse B betroffen wurde. Vielmehr muß die Gesamtbelastung der
beiden Vr bei einem VFall, der sowohl Interesse A wie auch Interesse B
betrifft, genau so hoch sein wie bei zwei getrennt und nacheinander eintretenden VFällen, von denen der erste nur das Interesse A und der zweite nur
das Interesse B betrifft. Letzteres läßt sich aber – abgesehen von den Fällen,
in denen es rechnerisch nicht darauf ankommt, V III 25 – nur durch gesonderte Verhältnisrechnung je versichertes Interesse erreichen. Diese Methode
gewährleistet etwa in Beispiel V III 27, daß die Gesamtbeteiligung der beiden Vr dieselben ist, wie wenn im ersten VFall nur das Gebäude und das
Fernsehgerät beschädigt, die Diebe dann aber gestört worden und ohne weitere Beute abgezogen wären, und erst in einem zweiten VFall durch einen
Einsteigdieb ohne Eintritt weiterer Schäden der Schmuck gestohlen worden
wäre.

3. **Analog** anzuwenden ist § 59 Abs. 2 VVG, wenn DoppelV nur deshalb 30 nicht besteht, weil zwar die Summe der Einzelverpflichtungen den Gesamtschaden übersteigen würde, V II 1, weil aber wegen einer **Gesamtentschädigungsgrenze** im Sinn von U III 23 der Gesamtbetrag der Entschädigungen aus beiden Verträgen gleichwohl hinter dem Gesamtschaden zurückbleibt, V III 1, die Leistung des Vr also abweichend von § 59 Abs. 1 VVG den anderen Vr ganz oder teilweise befreit, obwohl der Gesamtbetrag des Schadens nicht erreicht wird, U I 33.

Beispiel nach de VHB 84: VSumme I 100000 DM, VSumme II 31 150000 DM. Es besteht jeweils ErstrisikoV nach Kl 834. Von einem VFall betroffen wird Schmuck außerhalb qualifizierter Behältnisse im Sinn von § 19 Nr. 3 VHB 84 im Wert von 50000 DM. Nach § 19 Nr. 2 VHB 74 beträgt die Einzelverpflichtung aus Vertrag I 20000 DM, aus Vertrag II 30000 DM. Jedoch gilt eine Gesamtentschädigungsgrenze gemäß §§ 19 Nr. 3, 20 VHB 84 in Höhe von 40000 DM. Nach § 59 Abs. 2 VVG trägt Vr I (40000 × 20000) : 50000 = 16000 DM, Vr II (40000 × 30000) : 50000 = 24000 DM.

Beispiel bei Zusammentreffen einer ErstrisikoV nach den VHB 84 und 32 Kl 834 mit einer VollwertV nach den VHB 74: Die VSumme beträgt 50000 DM, die Erstrisikosumme 84 ebenfalls 50000 DM. Von einem VFall wird Bargeld außerhalb qualifizierter Behältnisse gemäß § 19 Nr. 3 VHB 84 in Höhe von 5000 DM betroffen. Der Wert des sonstigen Hausrats beträgt 115000 DM. Der Tatbestand des § 9 Nr. 2 VHB 74 (Werte außerhalb der Entschädigungsgrenzen) wird durch die sonstigen Sachen nicht erfüllt. Die Einzelverpflichtung beträgt nach § 2 Nr. 3 b VHB 74 1000 DM, nach § 19 Nr. 3 a VHB 84 1500 DM. Die Gesamtentschädigungsgrenze beträgt sowohl nach § 9 Nr. 2 VHB 74 wie auch nach § 20 VHB 84 jeweils 1500 DM, vgl. U I 57 und 60. Nach § 59 Abs. 2 VVG tragen der Vr 74 (1000 × 1500) : 2500 = 600 DM, der Vr 84 (1500 × 1500) : 2500 = 900 DM.

Beispiel für das Zusammentreffen je einer VollwertV nach den VHB 74 und 33 nach den VHB 84: Die VSumme beträgt je 100000 DM. Die Entschädigungsgrenze gemäß § 19 Nr. 2 VHB 84 ist von 20% auf 40% erhöht. Von einem VFall werden die gesamten vorhandenen Wertsachen betroffen, und zwar Schmuck unter einfachem Möbelverschluß im Wert von 48000 DM und Orientteppiche im Wert von 40000 DM. Wert des sonstigen Hausrats: 130000 DM. Die vorläufig ohne Rücksicht auf Gesamtentschädigungsrenzen errechneten Entschädigungen betragen aus Vertrag 74 für Schmuck 20000 DM gemäß § 2 Nr. 8 VHB 74 und für Teppiche (40000 × 100000) : 190000 = 21053 DM. Aus Vertrag 84 beträgt die vorläufige Gesamtentschädigung für den Gesamtschaden wegen § 19 Nr. 2 VHB 84 40000 DM. Insgesamt ergibt sich ein vorläufiger Entschädigungsbetrag aus beiden Verträgen zusammen von 81053 DM.

Sowohl nach § 9 Nr. 2 VHB 74 („in einem Vertrag") wie auch nach § 20 34 VHB 84 („in vorliegendem Vertrag") ergibt sich eine Gesamtentschädigungsgrenze von 40000 DM für Schmuck, nämlich wegen § 19 Nr. 3 c VHB 84, vgl. dazu U I 57 und 60. Der Gesamtbetrag der vorläufigen Entschädigungen von 81053 DM muß daher auf Schmuck und Teppiche aufgeteilt werden, damit der auf Schmuck entfallende Teil festgestellt und gegebenenfalls auf 40000 DM gekürzt werden kann. Aus Vertrag 84 ergibt sich ein Schmuckanteil von (40 000 × 48 000) : 88 000 = 21 818 DM. Dazu kommen 20 000 DM für Schmuck aus dem Vertrag 74, vgl. dazu näher V III 38. Als Gesamtanteil für Schmuck ergeben sich somit 41 818 DM. Dieser Betrag ist um 1 818 DM auf 40 000 DM zu vermindern. Als Teppichanteil der Entschädigungen aus beiden Verträgen verbleiben 39 235 DM.

35   Die **Aufteilung** nach § 59 Abs. 2 ist **für jedes versicherte Interesse gesondert** durchzuführen, V III 14, 18, vorliegend also gesondert für Schmuck und für Teppiche. Zwischen den einzelnen Schmuckstücken und den einzelnen Teppichen braucht hingegen nicht mehr unterschieden zu werden, weil insoweit die rechnerischen Grundlagen gleich sind, V III 25. Maßgebend für § 59 Abs. 2 VVG ist das Verhältnis der Einzelverpflichtungen vor Anwendung der Gesamtentschädigungsgrenze für Schmuck, U III 39, jedoch nach Berücksichtigung von Einzelentschädigungsgrenzen je Vertrag, vorliegend also nach Berücksichtigung von Einzelentschädigungsgrenze von 20 000 DM für Schmuck nach § 2 Nr. 8 VHB 74 und nach Berücksichtigung der Entschädigungsgrenze für Wertsachen von 40 000 DM gemäß § 19 Nr. 2 VHB 84.

36   Für Schmuck beträgt die Einzelverpflichtung aus Vertrag 74 also 20 000 DM, aus Vertrag 84 (40 000 × 48 000) : 88 000 = 21 818 DM. Als Gesamtbetrag dieser beiden Einzelverpflichtungen ergeben sich 41 818 DM. Von der auf 40 000 DM gekürzten Gesamtentschädigung für Schmuck entfallen mithin auf Vertrag 74 (40 000 × 20 000) : 41 818 = 19 134 DM, auf Vertrag 84 (40 000 × 21 818) : 41 818 = 20 866 DM.

37   Für Teppiche beträgt die Einzelverpflichtung aus Vertrag 84 (40 000 × 100 000) : 190 000 = 21 053 DM, aus Vertrag 84 (40 000 × 100 000) : 170 000 = 23 529 DM. Als Gesamtbetrag dieser beiden Einzelverpflichtungen ergibt sich 44 582 DM. Von der Gesamtentschädigung für Teppiche in Höhe von 39 235 DM entfallen mithin auf Vertrag 84 (39 235 × 21 053) : 44 582 = 18 528 DM, auf Vertrag 84 (39 235 × 23 529) : 44 582 = 20 707 DM.

38   Der Gesamtbetrag der zunächst ohne Rücksicht auf die Gesamtentschädigungsgrenze errechneten Entschädigungen aus beiden Verträgen von 81 053 DM wurde in V III 34 entsprechend einem in U I 69 mitgeteilten Vorschlag von Dietz auf den Schmuckschaden und den Teppichschaden aufgeteilt. Entsprechend dem Vorschlag von Dietz wurde berücksichtigt, daß aus Vertrag 74 auf Schmuck nur 20 000 DM entfallen. Würde statt dessen entgegen der Ansicht von Dietz der Betrag von 81 053 DM schematisch im Verhältnis der Schadenbeträge von 48 000 DM und 40 000 DM auf Schmuck und Teppiche aufgeteilt, wie dies in U I 68 und 72 im Prinzip befürwortet wird, so entfielen (81 053 × 48 000) : 88 000 = 44 211 DM auf Schmuck und nur 36 842 DM auf Teppiche. Die Gesamtentschädigungsgrenze von 40 000 DM für Schmuck würde sich dann weit stärker zu Lasten des VN auswirken. Sowohl für den Gesamtbetrag der Entschädigung aus beiden Verträgen zusammen wie auch für die Aufteilung nach § 59 Abs. 2 VVG ergäben sich andere Zahlen.

W. Versicherte Kosten und sonstige Vermögensfolgeschäden

Übersicht

I. Sachsubstanzschaden und mitversicherte Vermögensfolgeschäden

1   In den hier behandelnden Zweigen der SachV wird in erster Linie der **Sachsubstanzschaden** entschädigt, A I 5 und A III 4. Dessen Berechnung wurde in den Abschnitten Q und R behandelt. Maßgebend sind grundsätzlich bei Totalschäden der VWert und bei Teilschäden die Reparaturkosten. Über den Substanzschaden hinaus verursacht der Sachschaden oft weitere Schäden. Man pflegt diese als Vermögensschäden zu bezeichnen, was aber nicht exakt ist, denn letztlich bedeutet auch der Substanzschaden einen Vermögensschaden, A I 4. Korrekter ist die Bezeichnung „**Vermögensfolgeschäden**". Mißverständlich ist dagegen auch die sprachliche Unterscheidung zwischen unmittelbaren und *mittelbaren Schäden,* vgl. z. B. E 23 denn unter mittelbaren Schäden werden teils die Vermögensfolgeschäden, teils aber auch Sachschäden verstanden, die als Folge eines ersten Sachschadens in mehr oder weniger großen zeitlichen Abstand zusätzlich als „Folgeschäden" eintreten, vgl. C VI 5 bis 9, D XI 9 bis 13 und E I 17 bis 22.

2   Eine **VMöglichkeit durch gesonderten Vertrag** für Vermögensfolgeschäden nach Sachschäden besteht – nach den FBUB und ZKBU 87 (A I 6 und 7) sowie (A I 8) nach den BVM (Texte 23 und W VIII 20 bis 23) oder nach den ABM 89 (Texte 25 und W VIII 23 bis 27) – nur für entgangenen Ertrag und sonstige *Betriebsunterbrechungsschäden*. Für kleinere Betriebe steht gegen Betriebsunterbrechungsschäden ein Einschluß in den SachVVertrag nach den ZKBU 87 zur Wahl, vgl. Texte 35 und A I 6. Für alle übrigen **Nebenrisiken** dieser Art ist im Rahmen des bestehenden VBedürfnisses und im Rahmen der Kalkulationsmöglichkeit ein **Einschluß in** den **SachVVertrag** in Form einer sog. KostV wirtschaftlich zweckmäßig, A II 28, im Fall der Rettungskosten sogar logisch geboten, W II 31.

1. Rechtsgrundlage für den Einschluß von Kosten in die SachV sind teils 3 Bestimmungen des VVG, teils die AVB nebst Klauseln. Das VVG als hilfsweise bereitliegende Vertragsordnung im Sinn von A IV 45 sieht für die gesamte SchadenV einheitlich in § 63 VVG die MitV von *Rettungskosten* und in § 66 VVG die MitV von *Kosten der Schadenermittlung und Schadenfeststellung* vor. §§ 63, 66 VVG bieten den Einschluß nur im Rahmen der vereinbarten Position für Hauptschaden und **nur bis zur Höhe der VSumme** dieser Position (§ 50 VVG). Dies verdeutlichen §§ 63 Abs. 2, 66 Abs. 3 VVG durch das Gebot gekürzter Entschädigung entsprechend einer *UnterV des Hauptschadens*, W II 4 und W IX 1 sowie S II 13.

a) Zweifelhaft ist, ob die VSumme als Entschädigungsgrenze für den Haupt- 4 schaden und für die Kosten gemäß §§ 63, 66 VVG auch in der **Gleitenden NeuwertV** zu beachten ist; jedenfalls § 56 VVG ist hingegen modifiziert auch in der Gleitenden NeuwertV und auch für Kosten gemäß §§ 63, 66 VVG anwendbar, S II 13 und 17. Für die VGB 88 (**Wohngebäude**) muß die Frage verneint werden, denn § 15 Nr. 5 VGB 88 sieht eine solche Grenze zwar vor, aber nur für Rettungskosten gemäß § 63 VVG, S II 12, und auch hier nur „in den Fällen des § 14 VGB 88", also nur für Verträge mit GegenwartsVSumme. Für Schadenermittlungskosten gemäß § 66 VVG und ganz allgemein für Verträge mit VSumme 1914 ist aus § 15 Nr. 5 VGB 88 ein Umkehrschluß zu ziehen. Kosten gemäß §§ 63, 66 VVG sind nach den VVG 88 in Verträgen zum gleitenden Neuwert **ohne betragsmäßige Grenze** zu entschädigen.

Für **Geschäftsgebäude** und **landwirtschaftliche Gebäude** fehlt in den SGlN 88 5 – ebenso früher in den SGlN 79a – eine Regelung, aus der ähnlich klare Schlüsse gezogen werden könnten, wie aus § 15 Nr. 5 VGB 88. Eine **Hochrechnung** analaog § 5 SGlN 88 durch Multiplikation mit 1/100 des Baupreisindex würde zu einem zu niedrigen Betrag führen, S IV 81 und P IV 56. Für eine Hochrechnung mit Hilfe des gleitenden Neuwertfaktors fehlt jeder Anhaltspunkt im AVB-Wortlaut. Es erscheint daher sogar als vertretbar, den Ersatz von Kosten gemäß §§ 63, 66 VVG in der gesamten Gleitenden NeuwertV als **unbegrenzt** anzusehen. Das gleiche müßte dann allerdings entgegen W V 3 oder 2. Aufl. auch für den Ersatz von Aufräumungskosten gemäß § 2 Nr. 1c VGB 62 gelten, soweit Gleitende NeuwertV vereinbart ist, denn die dort vorgesehene Begrenzung auf 1% der VSumme ist in der Gleitenden NeuwertV mangels GegenwartsVSumme nicht realisierbar, W V 3.

b) **Motiv** der Begrenzung des Kostenersatzes auf den Betrag der VSumme 6 sowohl durch §§ 63, 66 VVG wie auch vertragliche Regelung ist es vor allem, dem Vr die **RückV** der übernommenen Risiken dadurch zu erleichtern, daß die VSumme zugleich Höchstbetrag der Gesamtentschädigung je VFall ist. Der VN wird dadurch allerdings gezwungen, für **Kosten**, die auch **neben** einem **Totalschaden** anfallen können, durch Vereinbarung einer **gesonderten Position** vorzusorgen, vgl. W I 11 und z. B. W III 2 für Feuerlöschkosten. Insbesondere für den Fall einer Harmonisierung des VVertragsrechts auf EG-Ebene wird daher angestrebt, die Entschädigungsgrenze für Rettungskosten gesetzlich auf ein Mehrfaches der VSumme für den Hauptschaden zu erhöhen.

7   Die Begrenzung erreicht ihren Zweck um so weniger, je mehr Sachen summarisch in einer einzigen Position versichert sind, und je höher deshalb die VSumme gewählt wird. Bei Positionen, die z. B. mehrere Gebäude umfassen, insbesondere in der Industrie-FeuerV ein größeres Betriebsgelände mit einer Reihe von Gebäuden, wird nämlich ein Feuerschaden an sämtlichen versicherten Sachen immer unwahrscheinlicher. Völlig ausgeschlossen ist ein Vollschaden, wenn eine VSumme für mehrere räumlich voneinander getrennt liegende VOrte (Betriebsgrundstücke) mit den darauf befindlichen Gebäuden vereinbart wird, G II 3. Soweit nicht sämtliche in derselben Position versicherten Gebäude durch den Schaden betroffen werden und eine Totalschadenentschädigung daher nicht anfällt, haftet der Vr für Rettungskosten und Schadenermittlungskosten in Höhe der vollen **Differenz zwischen der Hauptschadenentschädigung und der VSumme.**

8   Das gleiche wird man annehmen müssen, wenn zwar gesonderte VSummen für **mehrere räumlich getrennt liegende VOrte** gebildet wurden, gleichzeitig aber **Freizügigkeit** zwischen diesen VOrten vereinbart ist, G III 7. Die Rechtslage bezüglich der Begrenzung im Fall von §§ 63, 66 VVG ist hier zwar nicht ganz zweifelsfrei. Für eine Gleichstellung auch dieses Falles spricht aber, daß der VN mit dem Begriff der Freizügigkeit die Erwartung verbinden darf, die Konzentration von Werten in einem der mehreren VOrte werde für ihn solange keinen Nachteil bedeuten, auch nicht mit Bezug auf mitversicherte Kosten, bis sämtliche VSummen ausgeschöpft sind. Gerade in der **Industrie-FeuerV** hat die hier erörterte Frage erhebliche praktische Bedeutung, denn zu den Rettungskosten gehört z. B. auch der Aufwand für die Beseitigung von **Umweltschäden,** die dadurch entstehen, daß durch Löschwasser Giftstoffe in das Erdreich des Betriebsgrundstücks oder in benachbarte Grundstücke oder Gewässer geschwemmt werden, W II.

9   Erstmals schon durch den AVB-Wortlaut und auch außerhalb der in W I 4 und 5 behandelten Gleitenden NeuwertV durchbrochen wird der Grundsatz der Begrenzung der Kostenentschädigung auf den Betrag der VSumme des Hauptschadens durch **§ 18 Nr. 6 Abs. 2 Satz 1 VHB 84,** und zwar nicht nur für Rettungs- und für Schadenermittlungskosten im Sinn von §§ 63, 66 VVG, sondern für alle Arten von Kosten, die gemäß § 2 VHB 84 versichert sind. Die Entschädigungsgrenze für den Hauptschaden zuzüglich versicherter Kosten wird auf **110% der VSumme** angehoben. Dadurch wird gewährleistet, daß der VN Entschädigung in Höhe von bis zu 10% der HauptVSumme auch bei Totalschäden erhält, ohne daß für die Kosten gesonderte Positionen gebildet werden müßten.

10   Nach § 18 Nr. 6 Abs. 2 Satz 2 VHB 84 gilt diese Erweiterung allerdings **nicht** für Kosten, für die der VN aus einem **anderen privaten oder öffentlichen** VVerhältnis Entschädigung verlangen kann. Nur HausratVVerträge sind von dieser Einschränkung ausgenommen, denn hier würde die Einschränkung auf

eine wechselseitige Subsidiarität im Sinn von V I 21 hinauslaufen, die den HausratVr insgesamt keinen Vorteil brächte. **Motiv der Gegenausnahme** in Satz 2 aaO sind vor allem Rettungskosten, die durch *Tod* oder infolge von *Gesundheitsschäden* in der Person des VN oder dritter Personen als Löschhelfer entstehen. Soweit für diese Aufwendungen ein SozialVträger eintritt, will der SachVr möglichst überhaupt nicht, W II 12, jedenfalls aber nicht über die HauptVSumme für Hausrat hinaus eintreten.

c) Soweit die **AVB nebst Klauseln** den Einschluß von Kosten vorsehen, wird **11** meist eine **gesonderte Position** mit einer VSumme auf Erstes Risiko gebildet, S I 10. Gleichwohl wäre es rechtlich möglich, UnterV entsprechend einer etwaigen UnterV in der Hauptschadenposition anzurechnen, S I 10 und S II 13. Nach dem Vorbild den §§ 63, 66 VVG begrenzen §§ 18 Nr. 6 Abs. 1 VHB 84, 15 Nr. 5 VGB 88 die Entschädigung für Hauptschaden und Rettungskosten (nicht: Schadenermittlungskosten, S II 12) auf die Hausrat- oder WohngebäudeVSumme; wegen einer erweiternden Ausnahme vgl. W I 9 und 10, wegen Besonderheiten in der Gleitenden NeuwertV W I 4 und 5. Ob aus der Kostenposition Prämie berechnet oder ob der Prämienbedarf für die KostenVSumme als abgeleitete VSumme in die Prämie aus einer sog. Basissumme für den Hauptschaden einbezogen wird, A II 29, ist ebenfalls eine Frage der Vertragsgestaltung.

Die gesetzlichen Bestimmungen der §§ 63, 66 VVG werden in der Feuer- **12** und DiebstahlV durch die AVB für die Rettungskosten (§ 63 VVG) **inhaltlich wiederholt,** wenn auch mit gewissen in W I 17 und W II 9 bis 15 behandelten Einschränkungen die Schadenermittlungskosten gemäß § 66 VVG wurden durch ursprüngliche Fassung der AFB 30, AEB und AERB als weitere Schäden ausgeschlossen, W I 13. In den AWB 68, AStB 68, VHB 74, VHB 84, VGB 62 und VGB 88 blieben die Schadenermittlungskosten unerwähnt. Letzteres war mindestens in den AWB 68 und AStB 68 ursprünglich ebenfalls als Ausschluß zu verstehen, denn die Aufzählung der entschädigungspflichtigen Kosten war als abschließende Regelung gedacht. Indessen war die Wirksamkeit dieses stillschweigenden Ausschlusses schon vor den nachfolgend in W I 18 behandelten AVB-Änderungen des Jahres 1987 zweifelhaft, vgl. W I 8 der 2. Aufl. Seit diesen Änderungen darf jedenfalls auch das Schweigen der AWB 68 und AStB 68 sowie der AVB für Hausrat und Wohngebäude nicht mehr als ein Versuch verstanden werden, § 66 VVG auszuschließen.

2. Die Ausschlüsse in §§ 1 Nr. 6 AFB 30, 1 Nr. 5 AEB, 10 Nr. 2 AERB betref- **13** fen „**weitere Schäden".** Daß ein Einschluß durch den Vertrag, insbesondere durch Klauseln oder Zusatzbedingungen, W I 11, jeweils ausdrücklich vorbehalten wird, ändert am Ausschlußcharakter der zitierten Bestimmungen nichts. Die *SachV* soll sich grundsätzlich *auf* den *Sachsubstanzschaden beschränken.* Entsprechend dem gewählten weiten Wortlaut bezog sich in der ursprünglichen Fassung der Ausschluß auch auf *Schadenermittlungskosten* gemäß § 66 VVG (a. A. BMS A 42), denn diese Kosten sind ein besonders typischer Fall eines Vermögensfolgeschadens außerhalb des Sachsubstanzschadens, vgl. dazu W IX 15.

Als Gegenstand des Ausschlusses in den in W I 9 zitierten Bestimmungen **14** besonders genannt sind „**insbesondere Aufräumungskosten".** Die zitierten

Formulierungen – einerseits „weitere Schäden", andererseits „Aufräumungskosten" – widersprechen sich, denn zwischen Aufräumungskosten einerseits und den Reparaturkosten einschließlich Nebenkosten für Vor- und Nacharbeiten gemäß R III 37 bis 41 als Hauptschadenentschädigung andererseits gibt es **Überschneidungen,** vgl. W V 20. Nach § 10 Nr. 2 AERB besteht derselbe Widerspruch (R III 41) auch für einen Teilbereich der **Bewegungs- und Schutzkosten,** die im Ausschluß der AERB ausdrücklich genannt werden. Bewegungs- und Schutzkosten können sich mit der Totalschadenentschädigung, W IV 11, vielleicht auch mit den Reparaturkosten als Teilschadenentschädigung (W IV 13) überschneiden.

15   Der skizzierte *Widerspruch* ist im Rahmen der **Auslegung** des Ausschlusses *zugunsten des VN aufzulösen:* Aufräumungs- und nach den AERB auch Bewegungs- und Schutzkosten sind nicht schlechthin ausgeschlossen, sondern sie sind es nur, soweit es sich um Beträge handelt, die begrifflich *nicht* Teil der Hauptschadenentschädigung, sondern ein „weiterer Schaden" sind, vgl. auch W IV 13 und W V 47. Für den Bereich der Überschneidung gilt der Ausschluß nicht. § 10 Nr. 2 AERB vermindert also nicht den Umfang der nach § 10 Nr. 1 AERB geschuldeten Hauptschadenentschädigung. Entsprechendes gilt für die AFB 30 und AEB sowie für §§ 11 Nr. 2 AFB 87, AERB 87, 11 Nr. 3 AWB 87, AStB 87. Auch dort bleibt der Umfang der Hauptschadenentschädigung ungeschmälert, auch soweit sie Kosten umfaßt, die begrifflich zugleich Aufräumungs- oder Bewegungs- und Schutzkosten sind.

16   Soweit die Ausschlüsse in §§ 1 Nr. 6 AFB 30, 1 Nr. 5 AEB, 10 Nr. 2 AERB oder stillschweigende (W T 12) Ausschlüsse oder Einschränkungen (z. B. bei Gesundheitsschäden, W II 11) sich auf Ansprüche aus §§ 63, 66 VVG beziehen sollten, waren diese Ausschlüsse oder Einschränkungen immerhin mit §§ 63, 66 VVG vereinbar, denn diese gesetzlichen Bestimmungen sind in § 68 a VVG nicht genannt und daher nicht unabdingbar.

17   Darüber hinaus stellte sich freilich die Frage, ob die **Ausschlüsse** nicht wegen **§ 9 Abs. 2 Nr. 1 AGBG** teilweise (A V 30) **unwirksam** waren, weil sie den VN im Vergleich zu den „Grundzügen der gesetzlichen Regelung" unangemessen benachteiligten. Für die Einschränkung des Rettungskostenersatzes durch die in W II 7 zitierten AVB-Bestimmungen ist Unwirksamkeit anzunehmen, soweit es sich um Tod und Gesundheitsschäden handelt, W II 11 bis 15, während in den Fällen von W II 9 und 10 Zweifel bestehen bleiben. Für den Ausschluß des Ersatzes von Kosten der Schadenermittlung und Schadenfeststellung hatte der BGH in der Grundsatzentscheidung BGHZ 83, 169 die Wirksamkeit verneint, soweit es sich um die Kosten eines durch den Vr verlangten förmlichen Sachverständigenverfahrens handelt, W IX 13 und Y I 51. Bezüglich sonstiger Kosten der Schadenermittlung und Schadenfeststellung war die Frage gerichtlich bisher nicht entschieden.

18   Seit VerBAV 87, 174 (A II 35) enthalten §§ 1 Nr. 6 AFB 30, 1 Nr. 5 AEB, 10 Nr. 2 AERB folgenden Satz 2: „§ 66 VVG bleibt unberührt." Eine AGBG-konforme Auslegung mit diesem Ergebnis war schon in A II 15 der 2. Aufl. befürwortet worden. Im Interesse der VN, die das VVG nicht kennen, wäre in dem eingefügten Text ein Hinweis auf den Regelungsgegenstand des § 66 VVG zu wünschen gewesen, also auf „Schadenermittlungskosten".

§§ 11 Nr. 2 AFB 87, AERB 87, 11 Nr. 3 AWB 87, AStB 87 trugen den 19
Einwänden aus § 9 Abs. 2 Nr. 1 AGBG von vornherein Rechnung und
schließen nur noch Kosten im Sinn von § 3 aaO aus, bei denen es sich *nicht*
um Rettungskosten oder um Schadenermittlungskosten handelt. Die (deklaratorisch) ausgeschlossenen sonstigen Kosten im Sinn von § 3 aaO sind **Vermögensfolgeschäden** und sollen nur im Umfang einer besonderen Vereinbarung ersetzt werden.

Die hiergegen gerichtete Kritik von Horn 38 ist unbegründet und kann 20
nicht auf § 83 VVG gestützt werden, denn auch dort sind bei richtiger Auslegung nur Sachsubstanzschäden gemeint, nicht hingegen z. B. Aufräumungskosten, Bewegungs- und Schutzkosten sowie Betriebsunterbrechungsschäden. In **§ 83 Abs. 1 Satz 2 Halbsatz 1 VVG** fehlt hinter dem Wort „Schaden"
der Hinweis auf die „versicherten Sachen" nur aus sprachlichen Gründen und
nicht etwa deshalb, weil hier als Vermögensfolgeschäden auch Schäden an
nicht versicherten Sachen hätten angesprochen werden sollen. Überdies entstehen Rettungs-, Aufräumungs-, Bewegungs- und Schutzkosten zwar häufig, aber nicht immer durch **„Löschen, Niederreißen oder Ausräumen"**. Auch
dieser Umstand spricht dagegen, § 83 Abs. 1 Satz 2 Halbsatz 1 VVG in Verbindung mit § 9 Abs. 2 Nr. 1 AGBG als gesetzliche Garantie der Haftung des
FeuerVr für die genannten Arten von Kosten anzusehen.

3. AVB, Klauseln und Zusatzbedingungen enthalten eine Reihe von Bestim- 21
mungen über den **Einschluß der Kosten als Nebenrisiken** in die SachVVerträge,
W I 7 und A II 28. In diesen Bestimmungen wird meist gesagt, daß es sich um
notwendige Kosten handeln muß, die **infolge eines VFalls** aufgewendet werden,
und zwar für eine der in den Bestimmungen ihrer Art nach beschriebene
Tätigkeit.

Für die **Berechnung der Höhe** der Kosten gelten ähnliche Grundsätze wie für 22
die Berechnung der Hauptschadenentschädigung, insbesondere des Wiederbeschaffungspreises und der Reparaturkosten. Anzuwenden ist auch der Grundsatz der abstrakten Schadenberechnung, vgl. z. B. Q IV 120. Jedem Kostenaufwand liegt ein Vorgang zugrunde, von dem zunächst seiner Art nach geklärt
werden muß, ob es sich um einen versicherten Vorgang handelt, vgl. Q IV 83)
für den Wiederherstellungsvorgang und R III 14 für den Reparaturvorgang.

Sodann ist der Vorgang aufzugliedern in **Fremdleistungen** und Eigenleistun- 23
gen, wobei Eigenleistungen wiederum zerfallen in **persönliche Tätigkeiten des
VN** außerhalb eines Betriebes und in Tätigkeiten im eigenen Betrieb des VN,
also in **eigener Regie.** Eine Tätigkeit in eigener Regie des VN ist z. B. der
Einsatz einer Werkfeuerwehr, W III 2. Persönliche Tätigkeiten des VN sind
bis zu einem gewissen Grad unentgeltlich zu erwarten, LG Düsseldorf RuS
88, 175 (im einzelnen unklar, vgl. die mit Recht kritische Anmerkung der
Schriftleitung), jedenfalls im privaten Lebensbereich, vgl. Q I 12 sowie
Q IV 84 und R III 43. Dieser Grundsatz ist bei der Auslegung aller Bestimmungen der KostenV zu berücksichtigen, vgl. insbesondere W IX 22. Tätigkeiten dieser Art werden auch nicht dadurch entschädigungspflichtig, daß der
VN ohne Not Fremdleistungen in Anspruch nimmt, obwohl er die Tätigkeit
auch persönlich verrichten könnte, Q I 16. Nur soweit ihm die Tätigkeit
wegen ihrer Schwierigkeit oder ihres Umfangs oder wegen des mit ihr ver-

bundenen Risikos oder wegen seiner persönlichen Verhältnisse nicht zuzumuten ist, kann er Entschädigung für die Kosten entsprechender Fremdleistungen verlangen, Q I 12.

24 Soweit danach eine entschädigungspflichtige Tätigkeit vorliegt, ist bei Fremdleistungen der **Rechnungsbetrag** maßgebend, vgl. im einzelnen Q IV 122 bis 127; neben Fremdleistungen kommen Eigenleistungen durch begleitende Verwaltungsarbeiten im eigenen Betrieb oder des VN persönlich in Betracht. Eigenleistungen im Betrieb des VN sind nach den Grundsätzen der betrieblichen **Gemeinkostenabrechnung** zu beziffern, vgl. im einzelnen Q IV 112 bis 121. Soweit ausnahmsweise persönliche Tätigkeiten des VN außerhalb eines eigenen Betriebes zu beziffern sind, dürfen hierfür die üblichen Kosten entsprechender Fremdleistungen angesetzt werden, deren Inanspruchnahme der VN freiwillig (Q I 14) unterlassen hat. Hierbei ist zu berücksichtigen, daß der VN, wenn er solche Tätigkeiten persönlich vornimmt, das Wagnis des Mißlingens sowie das Risiko von Folgeschäden trägt, keine Gewährleistungsansprüche gegen einen Fremdunternehmer erwirbt usw., vgl. Q IV 106 und R III 12 zur abstrakten Schadenberechnung bei verbilligter Wiederherstellung durch den VN sowie bei völlig unterbliebener Reparatur. Diese Überlegungen gelten für die KostenV entsprechend.

25 Entschädigungspflichtig sind **nur tatsächlich angefallene** versicherte **Kosten.** Für Rettungs- und Schadenermittlungskosten ergibt sich dies klar aus dem Wortlaut von §§ 63 („nach"), 66 („entstehen") VVG. Die AVB sind allerdings weniger deutlich formuliert, vgl. z.B. § 3 Nr. 1 AFB 87 („für geboten halten dürfte") für Rettungskosten, §§ 3 Nr. 3a AFB 87, 2 Nr. 1a VHB 84, VGB 88 („für das Aufräumen") und vor allem § 2 Nr. 1b VHB 84 („die aufzuwenden sind") für Bewegungs- und Schutzkosten sowie die in W VIII 15 zitierten Klauseln für die HotelkostenV.

26 Aus dem Unterschied an Deutlichkeit zwischen dem Gesetzestext und den AVB darf kein Umkehrschluß zugunsten des VN gezogen werden. Daß bei vielen VFällen durch Beschädigung versicherter Sachen kein Reparaturzwang besteht, sondern die notwendigen Reparaturkosten nach dem Grundsatz der abstrakten Schadenberechnung ohne Rücksicht auf deren tatsächlichen Aufwand festzustellen und zu entschädigen sind, erlaubt ebenfalls keine Schlüsse auf die KostenV. Durch die Beschädigung versicherter Sachen entsteht nämlich bereits ein Vermögensschaden. Dies läßt sich nicht in gleicher Weise sagen, wo lediglich ein Bedarf für den Aufwand bestimmter Kosten entstanden ist, z.B. für den Aufwand von Aufräumungskosten, Bewegungs- und Schutzkosten oder Hotelkosten, die Kosten dann aber nicht auch wirklich aufgewendet werden. Nicht einmal das Fehlen einer Wiederherstellungsklausel als Voraussetzung für die Entschädigung des Neuwertanteils bei zerstörten oder abhandengekommenen Sachen in den VHB 84 erlaubt einen Schluß auf die Rechtslage in den HotelkostenV nach den VHB 84, W VIII 18.

27 4. Im Folgenden werden zunächst die *Rettungskosten* behandelt, obwohl sie wirtschaftlich überwiegend nicht neben dem Substanzschaden, sondern an seiner Stelle ersetzt werden (W II). Danach werden behandelt die Feuerlöschkosten (W III), die Bewegungs- und Schutzkosten einschließlich der Kosten von Nebenarbeiten in der RohrbruchV (W IV), die Aufräumungs- und Abbruchkosten (W V), die Gebäudeschäden in der DiebstahlV (W VI), die

Schloßänderungskosten in der DiebstahlV (W VII), die Mietverlustentschädigung bei Wohngebäuden (W VIII) und schließlich die durch die älteren AVB ausgeschlossenen (W I 8 und 9) Kosten der Ermittlung und Feststellung des Schadens (W IX).

II. Rettungskosten

1. Nach § 63 Abs. 1 VVG trägt der Vr Rettungskosten, nämlich „Aufwendungen, die der VN gemäß § 62 macht", vgl. dazu W II 23, 24 und 33, Obergrenze der Entschädigungspflicht ist die VSumme derjenigen Positionen, die durch den Schaden betroffen sind oder ohne die Rettungsmaßnahmen betroffen worden wären, vgl. dazu sowie zu einer in § 18 Nr. 6 VHB 84 zugunsten des VN vorgesehenen Erweiterung W I 3 bis 6. Motiv der Begrenzung ist es, den möglichen Höchstschaden je Position überschaubar zu halten und die RückV zu erleichtern. Dieser Zweck wird um so weniger erreicht, je umfassender die Vertragspositionen gebildet und je höher die VSummen sind, insbesondere in der Industrie-FeuerV, W I 7 und 8. Unüberschaubar hohe Rettungskosten drohen insbesondere, wo durch Löschwasser Giftstoffe in Grund und Boden oder Gewässer geschwemmt werden, W II 18.

Daß die Obergrenze je Vertragsposition gesondert zu berücksichtigen ist, ist **2** § 63 Abs. 1 Satz 2 VVG durch Umkehrschluß zu entnehmen, wo Ersatz über die VSumme hinaus nur für Rettungskosten auf Weisung des Vr vorgesehen ist. §§ 12 Nr. 1 AERB, 3 Nr. 1 AFB 87, AERB 87, AStB 87, 3 Nr. 2 AWB 87 sehen die Begrenzung ausdrücklich vor. So kann z. B. für Gebäuderettungskosten nicht auch eine Vertragsposition für außerhalb dieses Gebäudes gelagerte und durch den Brand nicht bedrohte Kraftfahrzeuge herangezogen werden. Soweit allerdings Rettungskosten mehreren Vertragspositionen zugute kommen, kann der VN aus jeder dieser Positionen vollen Einsatz bis zum Betrag der VSumme verlangen. Eine proportionale Zuordnung, wie sie gemäß W I 6 in Betracht kommt, soweit ein Teil der geschützten Interessen überhaupt nicht oder nur durch einen anderen Vertrag versichert ist, darf im Verhältnis zwischen mehreren Vertragspositionen nicht vorgenommen werden.

Bei UnterV der Hauptposition wird nach § 63 Abs. 2 VVG auch der Ret- **3** tungskostenersatz entsprechend gekürzt, S II 13. Die in S II 14 zitierten AVB-Bestimmungen bekräftigen ausdrücklich die Anwendung der Proportionalitätsregel auch auf den Rettungskostenersatz. Es handelt sich um eine Konsequenz des in S I 1 und 2 erörterten Zusammenhangs zwischen § 50 VVG und § 56 VVG. Wegen dieses Zusammenhangs darf allerdings § 63 Abs. 2 VVG entgegen W II 4 der 1. Aufl. und entgegen PM § 63 Anm. 5 C a **nicht** auch **auf Kosten auf Weisung des Vr** angewendet werden, vgl. näher S II 15 und 16. Bei Auslegung von § 63 Abs. 2 VVG muß vielmehr die W II 1 erwähnte Regelung des § 63 Abs. 1 Satz 2 VVG berücksichtigt werden.

Soweit für bestimmte Entschädigungsgrenzen im Sinn von U I 6 vereinbart **4** sind, treten bei richtiger Auslegung von § 63 Abs. 1 Satz 2 VVG diese Entschädigungsgrenzen an die Stelle der VSumme. Das VVG erwähnt nämlich Entschädigungsgrenzen auch sonst nicht. § 63 Abs. 1 Satz 2 VVG will lediglich sicherstellen, daß Rettungskosten nicht schlechter versichert sind als der Hauptschaden, W II 29 und 31. Anders ist die Rechtslage nur, soweit ausschließlich die VSumme als Grenze des Rettungskostenersatzes in solchen AVB bezeichnet ist, in denen auch Entschädigungsgrenzen vorgesehen sind. Insbesondere trifft dies für § 14 Nr. 1c VHB 74 zu; wenn die Entschädigungsgrenzen gemäß §§ 2, 6 VHB 74 in 14 VHB 74 an die Stelle der dort erwähnten „Summe" treten sollten, dann müßte dies ausdrücklich gesagt sein. Hingegen will der Kurztext des § 2 Nr. 1c VHB 84 an Inhalt und Auslegung von § 63 VVG erkennbar nichts ändern, W II 7. Das Wort „VSumme" wird dort auch gar nicht gebraucht.

5   2. Wegen der Ersatzpflicht für Rettungskosten muß im wesentlichen auf die **Literatur zu** § 63 VVG verwiesen werden, denn die AVB der SachV verweisen mit nur geringen Abweichungen auf die auch für andere Zweige der SchadenV anwendbare gesetzliche Regelung, vgl. W II 7 bis 15. Im Folgenden etwas näher erörtert werden lediglich der Begriff der Rettungskosten, W II 16 bis 27, das Verhältnis der Entschädigungspflicht für Rettungskosten zu §§ 61, 62 VVG, W II 28 bis 31, sowie die sog. Vorerstreckung der Rettungspflicht und des Rettungskostenersatzes, W II 32 bis 35, insbesondere also deren Beginn für den VFall insgesamt wie auch für mögliche Folgeschäden im Rahmen dieses VFalls, W II 36 bis 57.

6   Die Verweisung auf die Literatur zum VVG gilt insbesondere für den Grundsatz, daß **Rettungskosten nur anteilig ersetzt** werden, soweit die **Maßnahmen zugleich zum Schutz vergleichbarer versicherbarer,** aber **nicht** oder nicht durch denselben Vertrag **versicherter Interessen** ergriffen wurden. Entgegen W II 4 der 1. Aufl. kann dieser Grundsatz allerdings nicht schon allein aus § 63 Abs. 2 VVG hergeleitet werden, wonach eine Kürzung wegen UnterV des Hauptschadens auch für den entschädigungspflichtigen Betrag der Rettungskosten vorzunehmen ist, W II 3. Denkbar wäre vielmehr auch eine Regelung, die zwar die Proportionalitätsregel auf Rettungskosten bezieht, die aber ohne Rücksicht auf sonstige Zwecke der ergriffenen Maßnahmen jeweils von dem vollen Betrag der Kosten ausgeht, wenn die Maßnahme auch nur zu einem kleinen Teil dem versicherten Interesse des Vertrages zugute kommen sollte. Eine analoge gedankliche Unterscheidung ist auch zur Berücksichtigung eines Selbstbehaltes bei Rettungskosten geboten, vgl. T I 12 einerseits zum Abzug eines Selbstbehaltes von den Rettungskosten und andererseits zur anteiligen Kürzung der Rettungskosten, weil die Maßnahme teilweise auf die Abwehr eines durch den VN wegen des Selbstbehalts, selbst zu tragenden Schadens gerichtet war.

7   3. §§ 14 AFB 30, AEB, 12 AERB, 13 AWB 68, AStB 68, 16 VGB 62, 14 VHB 74 enthalten im wesentlichen eine **Wiederholung des Gesetzestextes,** ebenso §§ 3 Nr. 1 AFB 87, AERB 87, AStB 87, 3 Nr. 2 AWB 87. Hingegen enthalten §§ 2 Nr. 1c VHB 84, VGB 88 nur eine textliche Kurzfassung. Indirekt wird hier auf § 63 Abs. 1 VVG verwiesen, also auch auf dessen Satz 2 (Kosten auf Weisung des Vr, W II 1) und Satz 3 (Vorschußanspruch). § 63 Abs. 2 VVG betreffend die Anwendung der Proportionalitätsregel auf Rettungskosten (W II 3) wird in §§ 18 Nr. 4 VHB 84, 16 Nr. 2 VGB 88 inhaltlich wiederholt. Im Folgenden werden einige Erweiterungen und Einschränkungen behan-

delt, die in den soeben zitierten AVB im Vergleich zu § 63 VVG enthalten sind.

a) Eine **Erweiterung** gegenüber § 63 VVG bedeutet § 3 Nr. 2b AFB 87. 8 Dort werden den **Feuerlöschkosten** diejenigen Rettungskosten **gleichgestellt,** die nach § 3 Nr. 1 AFB 87 zwar dem Grunde nach, im Ergebnis aber gleichwohl deshalb nicht entschädigungspflichtig sind, weil die VSumme ausgeschöpft ist, W II 1. Wirtschaftlich gesehen bedeutet dies eine Art von **Summenausgleich** im Sinn von S I 26, vgl. schon S I 10. Nicht nur steht nämlich die Position für Feuerlöschkosten zugleich für Rettungskosten, sondern auch umgekehrt die Hauptposition zugleich für Feuerlöschkosten zur Verfügung, denn letztere sind meist zugleich Rettungskosten, W III 2.

b) Eine Einschränkung gegenüber § 63 Abs. 2 VVG bedeutet es, wenn nach 9 § 12 Nr. 1 Satz 3 AERB und nach §§ 3 Nr. 1 AFB 87, AERB 87, AStB 87, 3 Nr. 2 AWB 87 im Fall einer **UnterV** entgegen W II 3 auch **Kosten auf Weisung des Vr** nur **anteilig** zu entschädigen sein sollen; ein Beispiel würde die Weisung darstellen, versicherte Sachen auf brandbedingte Beaufschlagung von Dioxinen zu untersuchen, B III 14. Ob diese Einschränkung mit § 9 Abs. 2 Nr. 1 AGB vereinbar ist, muß als sehr zweifelhaft angesehen werden, S II 15 und 16. Die besseren Gründe sprechen für Unwirksamkeit der Regelung.

§§ 14 Satz 5 AFB 30, 13 Nr. 2 AStB 68, 16 Nr. 2 VGB 62, 2 Nr. 3 VGB 88 10 14 Nr. 2 VHB 74, 2 Nr. 2 VHB 84 sowie §§ 3 Nr. 1 Abs. 2 AFB 87, AStB 87 schließen Leistungen der Feuerwehren und sonstiger Personen aus, die **im öffentlichen Interesse zur Hilfeleistung verpflichtet** sind. §§ 2 Nr. 2 VHB 84, 2 Nr. 3 VGB 88 verdeutlichen den Ausschluß dahin, daß es sich um Leistungen handeln muß, die im Einzelfall auch wirklich im öffentlichen Interesse erfolgen, was z.B. bei Leitungswasserschäden an Hausrat oder Wohngebäuden zu verneinen sein kann. Motiv des Ausschlusses ist es, daß die Feuerwehren usw. unentgeltlich tätig werden müssen und hieran durch die AVB nichts geändert werden soll, W III 3.

c) §§ 13 Nr. 2 AWB 68, AStB 68, 16 Nr. 2 VGB 62, 14 Nr. 2 VHB 74, 12 11 Nr. 2 AERB schließen ferner Rettungskosten aus, die durch **Gesundheitsschäden** oder Tod als Zwischenursachen verursacht werden. Dies ist die wichtigste Einschränkung, die in AVB der SachV gegenüber § 63 VVG enthalten ist. Gemeint sind, wie § 12 Nr. 2 AERB ausdrücklich sagt, sowohl Gesundheitsschäden in der **Person des VN** wie auch in der **Person Dritter,** die ihrerseits den VN in Anspruch nehmen können, insbesondere aus Geschäftsführung ohne Auftrag. §§ 14 AFB 30, 2 VHB 84, VGB 88 sowie §§ 3 AFB 87, AERB 87, AWB 87, AStB 87 enthalten einen entsprechenden Ausschluß nicht.

Der Ausschluß hat nicht etwa deklaratorische, sondern konstituive Bedeu- 12 tung, denn Aufwendungen infolge von Gesundheitsschäden, die ihrerseits adäquate Folge von Rettungsmaßnahmen sind, gehören begrifflich zu den Rettungskosten im Sinn von § 63 VVG, W II 22 sowie PM § 63 Anm. 2c mwN. **Motiv des Ausschlusses** ist es, daß der SachVr nicht den **SozialVträger** entlasten möchte, der einen großen Teil der aus Gesundheitsschäden erwachsenden Aufwendungen zu tragen hat, soweit es sich nämlich um Heilungskosten oder um Rentenansprüche wegen Erwerbsunfähigkeit handelt. Hingegen läßt sich der Ausschluß nicht aus dem „Wesen einer SachV" begründen, denn

Rettungskosten sind auch sonst ganz überwiegend keine Sachsubstanzschäden, sondern bloße Vermögensfolgeschäden, W I 1 sowie W II 20 und 21, oder sogar reine Vermögensschäden, letzteres nämlich immer dann, wenn einer versicherter Sachschaden überhaupt noch nicht eingetreten ist.

13   Gegen die Wirksamkeit des Ausschlusses bestehen durchgreifende Bedenken im Hinblick auf § 9 Abs. 2 Nr. 1 AGBG. Es ist unverständlich, warum das BAV zwar die Aufnahme eines Ausschlusses in die seit 1984 genehmigten neueren AVB verhindert, nicht aber die älteren Ausschlüsse in die Korrekturen durch VerBAV 87, 174 einbezogen und gestrichen hat. Der Rettungskostenersatz gemäß § 63 VVG gehört nämlich zu den Grundsätzen der gesetzlichen Regelung. Ohne Rettungskostenersatz könnte SachV wirtschaftlich sinnvoll nicht betrieben werden, W II 31. Konsequent hätte § 63 VVG vielleicht sogar in den Katalog des § 68a VVG aufgenommen werden sollen, W II 29. Der Ausschluß von Kosten infolge von Gesundheitsschäden kann im Einzelfall eine erhebliche Härte bedeuten, soweit es sich nämlich um Kosten handelt, für die nicht ein Sozialversicherungsträger einzutreten hat. Beispiele: Verdienstausfall; Betriebsunterbrechnungsschäden; Notwendigkeit des Einsatzes einer Hilfskraft im Haushalt des verletzten VN usw.

14   Härten drohen dem VN allerdings nicht, soweit ein SozialVTräger des VN die Kosten übernimmt. Wer mit A V 30 die Möglichkeit einer nur **teilweisen Unwirksamkeit** bejaht, muß daher zu dem Ergebnis gelangen, daß der **Ausschluß** nur insoweit unwirksam ist, wie er sich im Ergebnis **zu Lasten des VN** auswirkt. Soweit hingegen lediglich ein SozialVträger betroffen wird, liegt der Ausschluß sogar im wohlverstandenen Interesse aller VN, die naturgemäß nicht zwecks Entlastung der SozialVträger und ohne jeden Vorteil für sich selbst ein höheres Prämienniveau nehmen wollen.

15   Anders liegt es freilich bei Leistungen des SozialVträgers für Löschhelfer, denn deren Ansprüche aus Geschäftsführung ohne Auftrag gegen den VN hängen rechtlich nicht davon ab, ob der VN SachVSchutz genießt. Der VN wird unangemessen benachteiligt, wenn ihm abweichend von § 63 WG der VSchutz gegen solche Ansprüche versagt wird. Zwar wird auch in § 18 Nr. 6 Abs. 2 Satz 2 VHB 84 nicht zwischen öffentlich-rechtlichen VVerhältnissen des VN selbst oder Dritter unterschieden. Aber dort handelt es sich um eine bloße Einschränkung gegenüber einer in Satz 1 aaO festgelegten Erweiterung des § 63 VVG zugunsten des VN, W I 9 und 10. Erweiterungen des § 63 VVG können aber im VVertrag selbstverständlich ohne Verstoß gegen § 9 AGBG durch Gegenausnahmen wieder eingeschränkt werden.

16   **4. Rettungskosten** sind alle **adäquaten Folgen** von Maßnahmen, die im Sinn von W II 23 bis 27 den VFall oder dessen versicherten Folgen abwenden oder mindern sollen. Wegen Löschmaßnahmen, die nur noch dem Schutz fremder oder unversicherter eigener Sachen dienen, insbesondere dem Schutz benachbarter Gebäude, vgl. W II 25. Es genügt also, wenn die Maßnahmen gegen einen als Hauptschaden versicherten Vermögensfolgeschaden gerichtet sind. Daher gehören zu den Rettungskosten z. B. die Kosten von Untersuchungen der Reparaturwürdigkeit einer beschädigten versicherten Sache, eventuell auch in Form erfolgloser Reparaturversuche. Solche Untersuchungen dienen dazu, im Interesse des Vr eine Totalschadenabrechnung zu vermeiden, R I 37 und 38.

a) Die durch Rettungsmaßnahmen verursachten Kosten können ihrerseits 17
in einem Sachschaden an beweglichen von unbeweglichen Sachen – auch
Grund und Boden oder Gewässern, W II 18 – oder in einem Abhandenkommen von Sachen oder aber in einem reinen Vermögensschaden bestehen.
Sowohl freiwillige wie unfreiwillige (vorhergesehene wie unvorhergesehene)
Vermögensopfer kommen in Betracht, allerdings nur bis zur Grenze der groben Fahrlässigkeit im Sinn von W II 24. Rettungskosten sind auch die Kosten
einer Untersuchung, ob versicherte Sachen mit Dioxinen beaufschlagt sind,
die Folgeschäden verursachen können, B III 10 und 13.

Sachschäden an beweglichen Sachen, die als Rettungskosten zu ersetzen 18
sind, können z.B. an schlecht gepflegten Tieren, Waren oder Möbeln usw.
entstehen, wenn diese brandbedingt aus dem VOrt weggebracht werden
mußten, W II 45. Weiteres Beispiel: Schäden an Blasformen eines Hochofens
durch Windwegnahme, C I 63. Auch können brandbedingt aus dem VOrt
entfernte bewegliche Sachen als adäquate Folge dieser Maßnahme abhandenkommen, vgl. B II 8 und G II 1. Zum Unterlassen der Rettung nicht oder
anderweitiger versicherter Sachen zugunsten der Rettung versicherter Sachen
vgl. PM § 63 Anm. 2d. Ein Beispiel für Sachschäden an unbeweglichen Sachen
ist die Kontamination von Grund und Boden oder Gewässern durch Löschwasser, welches Giftstoffe aus einem brennenden Gebäude ausspült, vgl. ergänzend W II 25. Dadurch entstehen Rettungskosten für den VN, soweit dieser
entweder als Eigentümer oder Mieter an der Entseuchung interessiert ist, sei
es mit oder ohne behördliche Anordnung, oder soweit er dem betroffenen
Grundstücksnachbarn gegenüber zur Entseuchung verpflichtet ist. Zugleich
kann es sich um versicherte Aufräumungskosten handeln, W V 29.

Im Rahmen des Rettungskostenersatzes sind zerstörte geopferte Sachen 19
freilich nicht mit dem Neuwert abzugelten, sondern es ist ein Abzug neu für
alt im Sinn von Palandt § 251 BGB Anm. 4a vorzunehmen, was meist zu
einem Ergebnis unter dem Zeitwert im Sinn von Q III 39, aber über dem
gemeinen Wert im Sinn von Q III 60 führt. Die Notwendigkeit des Abzugs
folgt aus dem Begriff der „Aufwendungen". Deshalb ist es bei Abhandenkommen – auch außerhalb des VOrts, B II 8 – oder Beschädigung von versicherten Sachen für den VN vorteilhafter, wenn es sich zugleich um einen
versicherten Folgeschaden im Rahmen des Hauptschadens handelt, G II 1,
für den dann Neuwertentschädigung verlangt werden kann, vgl. insbesondere
C VI für Brandfolgeschäden, D XI für Diebstahlfolgeschäden und E I 16 bis
22 für Leitungswasserfolgeschäden.

Auch Vermögensfolgeschäden, die sich aus Sachschäden im Rahmen von 20
Rettungsmaßnahmen ergeben, sind Rettungskosten. Beispiele: Gewinnspanne aus einer im Rahmen von Rettungsmaßnahmen geopferten Sache, die nun
planwidrig nicht mehr verkauft werden kann; Ertragsausfall infolge der Beschädigung eines Glasschmelzofens, die in Kauf genommen werden mußte,
weil der Ofen abzukühlen war, um erhebliche Folgeschäden an versicherten
Sachen durch ausfließende Schmelze abzuwenden; Ertragsausfälle infolge
von Betriebsunterbrechungen aller Art, also Unterbrechungen von Produktion,
Versand, Verkauf usw., soweit die Unterbrechungen nicht schon allein durch
den Brand oder dem brandbedingten Sachschaden, sondern speziell durch
Lösch- und sonstige Rettungsarbeiten entstanden sind, z.B. durch Sperrung

von Zufahrtswegen oder -straßen zwecks unbehinderter Benutzung durch die Feuerwehr; Arbeitsaufwand im Betrieb, z. B. für die Mitwirkung bei der polizeilichen Sachfahndung (X II 109).

21   Reine **Vermögensschäden** als Rettungskosten können vor allem in Form vertraglicher oder gesetzlicher Ansprüche Dritter gegen den VN entstehen. Vertragliche Ansprüche ergeben sich, wenn der VN **Fremdleistungen** aller Art in Auftrag gibt. Daneben können gesetzliche Ansprüche auf Schadenersatz (z. B. aus § 836 BGB, wenn speziell durch Löschmaßnahmen Gebäudetrümmer auf das Nachbargrundstück fallen) oder auf Ersatz der Aufwendungen von **Beauftragten** (§§ 670, 675 BGB) oder von **Geschäftsführern** ohne Auftrag (§ 683 BGB) entstehen. Beispiel: An einem brennenden Nachbargebäude werden Lösch- oder Kühlmaßnahmen ausschließlich deshalb durchgeführt oder über das Stadium leicht erkennbarer Aussichtslosigkeit hinaus fortgesetzt um das noch nicht brennende eigene Gebäude des VN zu schützen, W II 25. Hierbei werden Giftstoffe aus dem brennenden Gebäude in das Nachbargrundstück geschwemmt und dadurch Grund und Boden kontaminiert, W II 18. – Weiteres Beispiel: Ansprüche von **Grundstücksnachbarn,** z. B. analog § 904 BGB, wegen Betriebsunterbrechungen speziell durch sonstige Lösch- und Rettungsarbeiten entsprechend den in W II 20 erwähnten Unterbrechungen des eigenen Betriebes des VN. – Eigenleistungen des VN in eigener Person oder im eigenen Betrieb können in den Grenzen von W I 18 und 19 zu beziffern und zu entschädigen sein. Wegen Vermögensfolgeschäden aus Gesundheitsschäden vgl. W II 22.

22   Bei BM § 63 VVG Anm. 7 wird eine Ersatzpflicht für „alle adäquaten Folgen" verbal zwar abgelehnt, jedoch nicht gesagt, welche adäquaten Folgen vom Ersatz ausgeschlossen sein sollten. Bei BM § 63 VVG Anm. 18 wird im Gegenteil z. B. die Frage nach der Ersatzpflicht für Aufwendungen infolge von **Gesundheitsschäden des VN** zugunsten des VN entschieden, und zwar mit Recht, denn Aufwendungen infolge von Gesundheitsschäden, die der VN bei der Abwehr von Sachschäden erleidet, stellen ebenso einen *Vermögensfolgeschaden* dar wie sonstige entschädigungspflichtige Kosten, W I 1 und 25. Noch offenkundiger ist dies bei der Haftung des VN für **Gesundheitsschäden Dritter,** die diese bei der Rettung versicherter Interessen des VN erlitten haben und den VN aus Geschäftsführung ohne Auftrag in Anspruch nehmen können. Wegen der Versuche, Folgen von Gesundheitsschäden in den AVB auszuschließen, vgl. W II 11 bis 15.

23   b) Die **objektive Eignung** als Rettungsmaßnahme reicht aus, um deren Kostenfolge als Aufwendungen erscheinen zu lassen, die im Sinn von § 63 VVG „der VN gemäß § 62 macht", also im Rahmen der Schadenabwendungs- und Minderungspflicht gemäß X II 102 bis 109; insbesondere die in X II 109 erörterte Mitwirkung des VN bei der polizeilichen Sachfahndung macht die Problematik sichtbar. Daß die Maßnahme objektiv und vielleicht auch subjektiv weiteren Zwecken dient, steht nicht entgegen. Das Bewußtsein, ein versichertes Interesse zu retten, sowie Kenntnis vom VVertrag sind nicht erforderlich. Wenn der VFall eingetreten ist oder unmittelbar bevorsteht, W II 33, entspricht die Entschädigung dem Zweck des VVertrags, W II 31. Die subjektive Situation des VN spielt keine Rolle, zumal der Rettungswille und die Kennt-

nis des VN z. B. auch dann fehlen, wenn Dritte als Helfer ohne Kenntnis des
VN eingreifen und von diesem Ersatz ihrer Aufwendungen aus Geschäftsführung ohne Auftrag verlangen können.

Ist umgekehrt **subjektiv** eine **Rettungsmaßnahme** gewollt, z. B. wegen **irriger** 24
Annahme eines eingetretenen oder unmittelbar bevorstehenden **VFalles** (vgl.
näher W II 33), *fehlt* es aber an der *objektiven Eignung* für diesen Zweck, so
kommt es darauf an, ob der VN schuldlos oder nur leicht fahrlässig gehandelt
hat (in diesen Fällen Ersatz der Rettungskosten) oder ob dem VN grobe
Fahrlässigkeit zur Last fällt. Nur **bei grober Fahrlässigkeit** ist die **Ersatzpflicht
zu verneinen**, BGH VersR 77, 711 gegen BGH VersR 73, 810. Die Formulierung „für geboten halten durfte" spricht zwar auch bei leichter Fahrlässigkeit
gegen eine Ersatzpflicht. Es wäre jedoch mit § 62 Abs. 2 VVG nicht zu
vereinbaren, an das Unterlassen jeglicher Rettungsmaßnahmen erst bei grober Fahrlässigkeit eine Sanktion zu knüpfen, bei falscher Beurteilung der
Eignung einer Maßnahme dagegen schon bei leichter Fahrlässigkeit. Macht
der VN geltend, weder vorsätzlich noch grob fahrlässig gehandelt zu haben,
so trägt er die Beweislast, Hamm RuS 87, 333, PM § 62 Anm. 4 und § 63
Anm. 3.

Schwierigkeiten kann die Frage bereiten, **welchem** von **mehreren** versicher- 25
ten **Gebäuden** eines VN oder verschiedener VN bestimmte Rettungskosten
zuzuordnen sind. Schwierig kann ferner die Frage sein, ob es sich auch oder
nur um Rettungskosten zu einem HaftpflichtVVertrag handelt. Erinnert sei
an den schon in W II 21 erwähnten Fall, daß Rettungsmaßnahmen (Löschen
oder Kühlen) an einem brennenden Gebäude A in einem Stadium durchgeführt oder fortgesetzt werden, in dem dieses Gebäude bereits eindeutig nicht
mehr zu retten, sondern ein Totalschaden unabwendbar ist. Ziel der Maßnahmen ist nur noch der Schutz eines benachbarten Gebäudes B desselben VN
oder eines benachbarten Gebäudes C eines Grundstücksnachbarn. Durch
solche Maßnahmen können Giftstoffe aus dem brennenden Gebäude in
Grund und Boden oder Gewässer geschwemmt werden, W II 18, die nicht
freigesetzt worden wären, wenn die Rettungsmaßnahmen wegen Aussichtslosigkeit mit Bezug auf das Gebäude A erst gar nicht mehr in Angriff genommen oder bei Aussichtslosigkeit sofort eingestellt worden wären.

Um Rettungsmaßnahmen mit Bezug auf Gebäude A handelt es sich nur 26
solange, wie der VN nicht positiv weiß oder nur infolge von grober Fahrlässigkeit nicht weiß, daß die Maßnahmen aussichtslos sind. Dient die Maßnahme gleichzeitig jedenfalls objektiv der Rettung eines anderen Gebäudes B
desselben VN, so sind die Rettungskosten zugleich (**DoppelV!**) aus dem Vertrag oder der Vertragsposition für das Gebäude B zu ersetzen, W II 23. Einer
Kenntnis der Aussichtslosigkeit gleichzustellen ist der Fall, daß der VN die
drohende **Versuchung** sowie deren Eigenschaft **als wirtschaftlich größeres
Übel** erkennt oder nur infolge von **grober Fahrlässigkeit** nicht erkennt. Soweit
nicht die Werkfeuerwehr des VN, sondern die **öffentliche Feuerwehr** tätig
wird, ist dem VN allerdings kaum je zuzumuten, dieser Feuerwehr eine
weitere Tätigkeit ausdrücklich zu untersagen. Er hat dann lediglich auf die
bestehenden Gefahren durch Giftstoffe hinzuweisen. – Soweit die Maßnahmen (auch oder) nur im Interesse des zu schützenden Nachbargebäudes C
durchgeführt oder fortgesetzt werden, kann der dadurch nachweislich zu-

sätzlich entstehende Verseuchungsschaden nicht (nur) dem FeuerVr des Gebäudes A, sondern (auch) als Anspruch auf Ersatz von Aufwendungen aus Geschäftsführung ohne Auftrag dem Eigentümer des Gebäudes C und auf diesem Weg dem FeuerVr des Nachbarn in Rechnung gestellt werden.

27   In Betracht kommt auch ein **Rettungskostenersatz** durch den HaftpflichtVr des Eigentümers des brennenden Gebäudes A, falls der Eigentümer dem Nachbarn gegenüber zu den Schutzmaßnahmen rechtlich verpflichtet ist (schwierige Tat- und Rechtsfrage) und falls noch außerdem entweder entgegen BGHZ 43, 93 eine Vorerstreckung der Rettungspflicht und des „Rettungsrechts" im Sinn von W II 30 auch in der HaftpflichtV bejaht oder falls man in dem Brennen des Gebäudes bereits das Ereignis im Sinn von BGH aaO sieht, das Ansprüche gegen Eigentümer des Gebäudes A als HaftpflichtVN zur Folge haben könnte. Eine *Rechtspflicht* zum Schutz benachbarter Gebäude im Eigentum Dritter durch Lösch- oder Kühlmaßnahmen und somit eine Schadenersatzhaftung bei Übergreifen des Brandes mangels hinreichender Schutzmaßnahmen besteht jedenfalls dann, wenn der VN den Brand verschuldet hat oder wenn er nicht für alle in Betracht kommenden Vernichtungsgehilfen den Entlastungsbeweis des § 831 BGB führen kann. § 836 BGB ist hingegen auf Schäden durch übergreifende Brände nicht anwendbar.

28   c) Entscheidend für Verständnis und richtige Auslegung des § 63 VVG ist dessen **Verhältnis zu § 61 VVG und § 62 VVG.** Die Rettungspflicht ist Fortsetzung der allgemeinen Schadenverhütungspflicht, die sich indirekt aus § 61 VVG ergibt, O I 61. Der Unterschied zwischen § 61 VVG und § 62 VVG liegt nur darin, daß der VN Kosten, die er aufwendet, um einer Leistungsfreiheit nach § 61 VVG entgegenzuwirken, als Schadenverhütungskosten selbst tragen muß, O I 78, während **Rettungskosten,** deren Aufwand einer Leistungsfreiheit des Vr nach § 62 VVG entgegenwirken soll, gemäß § 63 VVG den Vr treffen. Da sowohl § 61 VVG wie § 62 VVG die Entschädigung bei Vorsatz und bei grober Fahrlässigkeit ausschließt, besteht bei einem Verstoß – zum gegenteiligen Fall der korrekten Erfüllung der Rettungspflicht vgl. W II 30 – des VN in der SachV (anders wegen § 152 VVG in der HaftpflichtV) kein praktischer Unterschied. Entgegen BM aaO kann ab Beginn der Rettungspflicht begrifflich nicht mehr gegen den abdingbaren § 61 VVG, sondern nur noch gegen den halbzwingenden § 62 VVG verstoßen werden, Hamm RuS 87, 333 (zu den AKB, Weiterfahren bei Brandgeruch). Für die hier behandelten Zweige der SachV spielt die Frage aber keine Rolle, denn die AVB verschärfen den Maßstab des § 61 VVG (grobe Fahrlässigkeit) ohnehin nur in seltenen Ausnahmefällen, O I 69 bis 73. – Unanwendbar sind §§ 62, 63 VVG, wo schon die Situation, in der die Rettungspflicht entstand, auch ihrerseits durch grobe Fahrlässigkeit herbeigeführt worden war, denn die Maßnahmen richten sich dann nicht gegen einen versicherten Schaden, vgl. PM § 62 Anm. 5 und das Beispiel LG Köln VersR 80, 1018, in dem es auf all dies aber nicht ankam, weil es nicht um Rettungskosten, sondern nur um Leistungsfreiheit ging und auch die unterschiedliche Beweislastverteilung nach § 61 VVG einerseits und nach § 62 VVG andererseits keine Rolle spielte.

29   Inkonsequent erscheint, daß § 61 VVG verschärft und auf leichte Fahrlässigkeit ausgedehnt werden darf (BGH VersR 72, 85 zur Valoren-TransportV

sowie BM § 61 VVG Anm. 90; vgl. aber auch O I 69 bis 72 wegen § 9 Abs. 2 AGBG), während § 62 VVG halbzwingend ist (§ 68 a VVG). Wirtschaftlich richtiger hätte § 62 VVG für abdingbar und § 63 VVG für halbzwingend erklärt werden müssen. Soweit nämlich der Vr die Rettungskosten trägt, belastet die Rettungspflicht den VN nur unwesentlich. Der Gesetzgeber hat die Lücke in § 68 a VVG nachträglich durch die allgemeine Bestimmung des § 9 Abs. 2 Nr. 1 AGBB gemildert. § 63 VVG gehört nämlich aus den in W II 31 dargelegten Gründen zweifelsfrei zu den Grundzügen der gesetzlichen Regelung des VVertrages. Daher darf von § 63 VVG „im Zweifel" nicht zum Nachteil des VN abgewichen werden, vgl. Hamm NJW-RR 89, 416 = RuS 7 = VersR 907 und Knappmann VersR 89, 113 zu Ausweich- und Bremsmanövern bei Auftauchen von Wild in der Kfz-TeilkaskoV nach den AKB sowie die in PM § 63 Anm. 7 genannten weiteren Anwendungsbeispiele. § 9 Abs. 2 Nr. 1 AGBG bietet gegenüber einer Erwähnung von § 63 VVG in § 68 a VVG sogar den Vorzug größerer Flexibilität, denn die Worte „im Zweifel" belassen den Gerichten einen gewissen Beurteilungsspielraum.

d) Der entscheidende Unterschied zwischen § 61 VVG und § 62 VVG tritt 30 nicht bei Verstößen gegen diese Vorschriften, sondern vielmehr dann zutage, wenn der VN den Schaden pflichtgemäß abwendet oder mindert. Entstehen dadurch nämlich Kosten, so trägt sie im Fall von § 61 VVG der VN als sog. **Schadenverhütungskosten**, W II 28, in Fall von § 62 VVG der Vr als **Rettungskosten**. Die Schadenabwendungs- und Minderungspflicht bedeutet daher praktisch vor allem ein *Recht* des VN („**Rettungsrecht**"), nämlich das Recht, Maßnahmen gegen den Schaden auf Kosten des Vr zu ergreifen. Dieses Recht beginnt nach § 62 VVG „*bei dem Eintritt des VFalles*", bei richtiger Auslegung jedoch in der **SachV** (wegen der Haftpflicht vgl. W II 27) schon etwas früher, nämlich dann, wenn der VFall im Sinn von W II 33 bis 35 unmittelbar bevorsteht (sog. **Vorerstreckung**), BGH VersR 85, 656, PM § 62 Anm. 1 A; Literaturnachweise bei BM § 62 VVG Anm. 29.

Es wäre wirtschaftlich nicht zu vertreten und würde das *subjektive Risiko* 31 wesentlich erhöhen, den Vr nur solche Schäden tragen zu lassen, die entweder überhaupt nicht oder ohne Kostenaufwand abgewendet werden können, bei Schäden aber, die mit Kostenaufwand abwendbar sind, den VN mit den Rettungskosten zu belasten, obwohl doch die Rettungskosten wirtschaftlich nur eine andere Form des versicherten Hauptschadens darstellen. Eine solche Unterscheidung zwischen unabwendbaren und nur mit Kostenaufwand abwendbaren Schäden wäre willkürlich und sachwidrig. § 63 VVG zieht daraus die Konsequenzen und kann durch die AVB im allgemeinen nicht abbedungen werden, sondern gehört zu den Grundzügen der gesetzlichen Regelung im Sinn von § 9 Abs. 2 Nr. 1 AGBG, W II 29. Der Wert der Rettungspflicht für den Vr beschränkt sich also darauf, daß sie ihn entlastet, soweit die Rettung ohne Kosten möglich ist oder die Rettungskosten niedriger sind als der abgewendete Schaden, soweit also die *Rettungsmaßnahmen erfolgreich* sind. Diesem Wert für den Vr steht allerdings das Risiko gegenüber, daß der Vr auch die Kosten *erfolgloser Rettungsmaßnahmen* tragen muß, soweit der VN sie ohne grobe Fahrlässigkeit (W II 24) für geboten halten durfte.

32   Ab wann tritt an die Stelle des § 61 VVG die Rettungspflicht nach § 62 VVG? Wo liegt der **Beginn des „Rettungsrechts"** (im Sinne von W II 30) des VN auf Kosten des Vr nach § 63 VVG? Gelten bei mehrgliedrigen VFällen im Sinn von B IV 1 dieselben Kriterien *auch für Folgeschäden* oder beginnt gegenüber Folgeschäden das Rettungsrecht schon fröher? Kommt es hierbei, wenn *mehrere Sachen* durch denselben Vertrag versichert sind, darauf an, ob die vom Folgeschaden bedrohte Sache auch bereits durch den Erstschaden betroffen war und ob es sich gegebenenfalls um einen oder um mehrere VFälle handelt?

33   Der VFall braucht entgegen dem Wortlaut von § 62 Abs. 1 VVG noch nicht eingetreten zu sein, BGH VersR 85, 656 für die SachV und speziell für die BauleistungsV sowie Hamm RuS 89, 7 = NJW-RR 416 = VersR 907 (gegen Hofmann VersR 81, 108) für die FahrzeugV nach den AKB im Gegensatz zu BGHZ 43, 93 für die HaftpflichtV. Er muß nur **unmittelbar bevorstehen**, W II 30. Schon unter dieser Voraussetzung liegen die wirtschaftlichen Gründe gemäß W II 31 vor, aus denen der Vr die Rettungskosten trägt. Die Formulierung „unmittelbar" ist allerdings unscharf, weil eine genaue **zeitliche Abgrenzung** in ihr *nicht* enthalten ist. Je nach Art und Ursache des drohenden Schadens kann nach der Verkehrsansicht von Unmittelbarkeit nur im Bereich von Minuten oder auch noch im Bereich von Stunden oder gar Tagen die Rede sein. Bei bevorstehenden Feuer- oder Leitungswasserschäden wird man eher von kürzeren, bei Diebstahlschäden eher von längeren Zeitspannen als Grenze auszugehen haben, vgl. W II 48. Sogar die **irrige Annahme** eines eingetretenen oder unmittelbar bevorstehenden **VFalles** genügt, wenn er nicht auf grober Fahrlässigkeit beruht, denn es liegt im Interesse des Vr, daß der VN immer dann tätig wird, wenn er mit einem unmittelbar bevorstehenden VFall rechnet (PM § 63 Anm. 2 a), vgl. B III 13 zu Untersuchungskosten infolge des Verdachtes einer Beaufschlagung mit Dioxinen, die zu Folgeschäden führen können. BGH IV a ZR 270/86 vom 3. 6. 1987 (vgl. C V 6) hat daher in einem Nichtannahmebeschluß zu Hamburg VersR 87, 479 (C I 2 und 47) offen gelassen, ob der Löschwasserschaden durch Abwehrmaßnahmen gegen einen Brand oder gegen ein Feuer entstanden war, das den Brandbegriff nicht erfüllt hätte. **Irrige Annahme** eines VFalles, die den Rettungskostenersatzanspruch entstehen läßt (vgl. schon W II 24), kann darin bestehen, daß der VN irrig an einen Sachverhalt glaubt, der einen eingetretenen oder unmittelbar bevorstehenden VFall darstellen würde, oder daß er zwar den wahren Sachverhalt kennt, diesen aber rechtsirrig als VFall qualifiziert. Beispiel: In Hamm VersR 84, 175 hatte der VN Schäden durch einfachen Diebstahl an versichertem Hausrat nach einem Wohngebäudebrand abzuwehren versucht, die möglicherweise einen versicherten Folgeschaden dargestellt hätten, C VI 8.

34   Es kann für den Beginn der „Vorerstreckung" der Schadenabwendungspflicht *nicht* allein darauf ankommen, ob ohne ein Eingreifen des VN oder dritter Personen oder ohne ein Hinzutreten sonstiger Ereignisse der Schaden „unvermeidlich" (Nachweise: BM § 62 VVG Anm. 29) eintreten mußte. Ein solches Kriterium würde versagen, weil die Unvermeidlichkeit erst nachträglich beurteilt werden könnte und weil sie überdies davon abhinge, ob man den tatsächlichen Ablauf im Nachhinein als determiniert ansieht oder ob man annehmen wollte, das Geschehen habe auch anders ablaufen und der Schaden

habe auch ausbleiben können. Ungeeignet als Kriterium ist auch die Notwendigkeit des Eingreifens speziell des VN. Ein Schaden steht nicht deshalb unmittelbar bevor, weil speziell der VN persönlich eingreifen muß, um ihn abzuwenden. Auch in einem wesentlich früheren Stadium und allgemein nach § 61 VVG ist der VN oft zu einem Eingreifen und zum Aufwand von Schadenverhütungskosten gezwungen, W II 28 und 30. Die Notwendigkeit des Eingreifens gerade des VN besagt nichts darüber, ob die anfallenden Kosten als Rettungskosten zu ersetzen sind, vielmehr würde es sich dabei um einen *Zirkelschluß* handeln. Aus ähnlichen Gründen kann man auch nicht umgekehrt argumentieren, § 63 VVG greife nicht ein, weil der Schaden, wenn er nicht abgewendet würde, wegen § 62 Abs. 2 VVG kein versicherter Schaden wäre. Zwar gilt § 63 VVG in der Tat nur für die Abwendung versicherter Schäden, vgl. z.B. W II 44, aber für das Kriterium des versicherten Schadens muß § 62 Abs. 2 VVG außer Betracht bleiben.

Mit BM aaO und Raiser 341 wird man in die Zukunft gesehen hohe Wahr- 35 scheinlichkeit und außerdem zeitliche Nähe (W II 33) des wahrscheinlichen Schadeneintritts verlangen müssen, wobei der natürliche Sprachgebrauch und die Verkehrsansicht entscheiden. Daran fehlt es z.B. meist bei anonymen **Drohungen** oder „Mitteilungen" über **Bomben** im VOrt, so daß die Kosten des Ausräumens meist nicht zu ersetzen sind (Gefahrerhöhung durch Bombendrohungen: N V 19). Zweifelsfrei fehlt die zeitliche Nähe des drohenden Ereignisses, wenn ein Blindgänger aus dem Zweiten Weltkrieg aufgefunden wird. Bei *Folgeschäden* genügt es, wenn die betroffene Sache bereits einen sonstigen Schaden erlitten hatte; so liegt es insbesondere bei Gebäuden, W II 40 und 41. Betreffen allerdings der Erstschaden und die Folgeschäden rechtlich selbständige, wenn auch durch denselben Vertrag versicherte Sachen, so müssen die genannten Voraussetzungen für jeden Folgeschaden gesondert geprüft werden und gegeben sein, W II 42 bis 45 sowie W II 48.

5. Im Folgenden wird an Beispielen der **Beginn der Rettungspflicht** und 36 damit des Anspruchs auf Rettungskostenersatz erörtert. Die Verschiedenartigkeit des Problems sogar innerhalb der hier zu erörterten Zweige der SachV bestätigt die Schwierigkeit bei der Formulierung allgemeiner Kriterien. Was im Folgenden über die einzelnen Gefahren (Feuer usw.) gesagt wird, gilt auch dort, wo diese Gefahren nicht einzeln nach den AFB 87 usw., sondern in einer Kombination nach den VGB 62 oder VGB 88 oder nach den VHB 74 oder VHB 84 versichert sind.

Zur **Höhe des Kostenersatzes** im Rahmen der vorerstreckten Rettungspflicht 37 bereitet Schwierigkeiten bisweilen (Beispiel zur LeitungswasserV: W II 54) die Frage, ob der Vr gegebenenfalls nur den geringeren Betrag entschädigen muß, um aus der *unmittelbar* drohenden eine zeitlich *entferntere* Gefahr zu machen (während der Restbetrag dann als Schadenverhütungskosten zu Lasten des VN geht, W II 25), oder der höhere Betrag zu entschädigen ist, dessen es bedarf um die Gefahr *endgültig* zu bannen. AG Darmstadt RuS 88, 306 (instruktiv) hält nur die Kosten für die Abwendung der akuten Phase für ersatzpflichtig, ist bei deren Abgrenzung aber großzügig und verweist den VN bei verstopften Rohrleitungen nicht auf die Unterbrechung der Wasserzufuhr, W II 56.

38   a) **Gebäude** werden gegen **Feuer** nicht als Sachinbegriff, sondern nur als einzelne Sachen versichert, oft sogar jedes Gebäude als selbständige Position, S I 17. Das Inventar wird neben dem Gebäude stets in gesonderter Position (Industrie-FeuerV), meist sogar (einfaches gewerbliches Geschäft sowie Wohngebäude- und HausratV) durch gesonderten Vertrag versichert. Kosten für das Ausräumen von Inventar können niemals Rettungskosten für das Gebäude sein. Allenfalls kann die Reparatur eines Gebäudeschadens das Entfernen von Inventar erfordern, so daß es sich fragt, ob es sich bei den Kosten des Abtransports usw um Reparaturkosten oder um Bewegungs- und Schutzkosten für das Gebäude oder um beides zugleich handelt, R III 41, W I 14 und W IV 10. Im Folgenden werden zunächst nur die Rettungskosten für das Gebäude erörtert; wegen des Inventars vgl. W II 42 bis 45. Wichtigstes Beispiel sind die *Feuerlöschkosten,* W II 10, 18, 21 und 25 sowie W V 28. Das Rettungsrecht beginnt bereits, wenn es in der **Umgebung des versicherten Gebäudes** brennt und der Brand übergreifen könnte. Der Vr kann also auch für Löschhilfe bei einem Brand am Nachbarhaus des versicherten Gebäudes oder in einem nahe gelegenen Wald in Anspruch genommen werden, W II 26. Daß dieselben Löschkosten mehreren Gebäuden und dem Inventar der Gebäude zugute gekommen sind, mindert den Anspruch im Außenverhältnis nicht, sondern hat nur für den *Ausgleich zwischen den Vr* Bedeutung, vgl. schon W II 26 sowie W III 4. Auch im *Verhältnis* des FeuerSachVr zum Feuer-BU-Vr besteht **DoppelV** für die Rettungskosten, denn mit dem Brand ist auch der BU-VFall eingetreten (BGH VersR 57, 781, Zimmermann ZfV **64**, 991).

39   Beginnt die Rettungspflicht u. U. schon **vor einer Lichterscheinung** im Sinn der Feuer z. B. wenn sich ein *Heustock so erhitzt,* daß Ausbruch eines Brandes jederzeit möglich ist? Die Kosten für das Abtragen des Heustocks werden jedenfalls nicht ersetzt, falls der VN unter Verstoß gegen § 61 VVG schon den Erhitzungszustand durch grobe Fahrlässigkeit (dazu O I 104) verursacht hatte, denn dann handelt es sich nur noch um die Abwendung eines nicht versicherten Schadens, W II 28. Von vornherein abzuziehen sind ferner Kosten, die auch ohne Brandgefahr entstanden wären, weil das erhitzte Heu bereits unbrauchbar war oder unbrauchbar zu werden drohte. Für die dann noch verbleibenden Kosten, insbesondere für die Kosten einer besonderen Beschleunigung des Abbaus oder für Arbeiten nachts oder am Wochenende, stellt sich die Frage des Beginn der Rettungspflicht. In Österreich verpflichteten sich die Vr ausdrücklich zu einer wenigstens teilweisen Übernahme der Kosten, um die Bereitschaft der VN zu vorsorglichen Kontrollen der Heustöcke zu fördern und um zugleich indirekt für den Restbetrag die Ersatzpflicht zu verneinen. – Sind nach **Kl 3105** auch **Fermentationsschäden** versichert, so sind sowohl die Verderbschäden wie auch die Kosten für das Abtragen des Heustocks zweifelsfrei gedeckt, denn das Abtragen wirkt einer Vergrößerung des Verderbschadens entgegen.

40   Von **Folgeschäden** spricht man bei einem Gebäude, wenn es den Schaden in Etappen erleidet, sei es, daß bei größeren Gebäuden der Brand stunden- oder gar tagelang schwelt und bestimmte Teile erst nach einiger Zeit ergreift, oder sei es, daß die Folgeschäden nicht unmittelbar durch Brand, sondern vor oder nach Ende des Brandes durch Löschhelfer, Plünderer, Witterungseinflüsse,

reparierende Handwerker usw. verursacht werden, C VI 8. Solche Folgeschäden stellen in der FeuerV zusammen mit dem Erstschaden *ein und denselben*
VFall dar, B IV 5 bis 7. Die Ersatzpflicht für Rettungskosten verlangt nur für
den **VFall als ganzen,** *nicht* auch für *jedes Teilstück,* daß er bereits eingetreten
ist oder *unmittelbar bevorsteht.*

Mit Recht sehen daher die Praxis und z.B. Raiser 86 (bei Erörterung der **41**
Folgeschäden) den Ausbau eines Notdachs als Rettungsmaßnahme an, soweit
andernfalls die Witterungseinflüsse das Gebäude – wegen des Inventars vgl.
W II 42 – zusätzlich beschädigen würden. Schon infolge des *Beginns* eines
Brandschadens am versicherten Gebäude gehen sämtliche Kosten zu Lasten
des Vr, die sich aus witterungsbedingter oder sonstiger adäquater Vergrößerung des Gebäudeschadens ergeben. Auf die *zeitliche Nähe* der Folgeschäden
am Gebäude kommt es *nicht* an. Innerhalb dieser Kosten kann nicht zwischen Rettungskosten und Schadenverhütungskosten (genauer: Kosten der
Verhütung von Folgeschäden oder Schadenvergrößerungen) unterschieden
werden. Es kommt nicht darauf an, ob zur Zeit des Aufwandes von vorbeugenden Kosten der abzuwendende Folgeschaden bereits unmittelbar bevorgestanden hat. Andernfalls ergäben sich zu viele Meinungsverschiedenheiten
um die Frage, in welchem Umfang der VN auf Kosten des Vr die Reparatur
beschleunigen darf, Q I 59, um dadurch *Schadenverhütungskosten* einzusparen, die gemäß W II 30 zu seinen eigenen Lasten gingen. Letztlich handelt es
sich bei dieser großzügigen Behandlung von Rettungskosten mit Bezug auf
Folgeschäden an ein und derselben Sache um eine Konsequenz aus dem Grundsatz, daß die Ersatzpflicht nicht davon abhängen darf, ob ein Schaden unvermeidlich eintritt oder durch Kostenaufwand abgewendet werden kann,
W II 34.

b) Anders liegt es bei der V von **beweglichen Sachen** gegen Feuer. Zwar **42**
werden auch bei der V von Sachinbegriffen (Betriebseinrichtung, Hausrat)
Folgeschäden an anderen Sachen ein und demselben VFall zugerechnet, wenn
dieser auf ein und demselben Brandausbruch beruht, B IV 5 bis 7. Entstehen
also z.B. erst am Tag nach dem ersten Brand, der nur einen Teil des Gebäudes
und des Inventars ergriffen hatte, weitere Schäden am Inventar, weil der
Brand wider Erwarten nochmals aufgeflammt ist oder weil während des Ausräumens oder vor dem Abtransport unvermeidlich Witterungseinflüsse wirksam geworden sind oder weil Diebe in die nicht mehr verschließbaren Räume
eingedrungen sind (Hamm VersR 84, 176), so sind diese Folgeschäden zeitlich dem ersten VFall zuzurechnen. Die Grenze zwischen Rettungskosten
und Schadenverhütungskosten hängt aber für jeden einzelnen **Folgeschaden**
an einer anderen versicherten Sache davon ab, ob gerade *dieser* Folgeschaden
bereits unmittelbar bevorgestanden hatte.

Entschädigt werden also die **Kosten des Ausräumens** von Inventar aus dem **43**
brennenden, einsturzgefährdeten oder diebstahlgefährdeten Gebäude, wegen
Ausräumens nur zwecks Gebäudereparatur vgl. W II 37. Ferner sind für eine
angemessene Übergangszeit Bewachungskosten zu ersetzen (Hamm VersR
84, 176). Die **Kosten eines Abtransports** werden nur ersetzt, wenn *Witterungs-*
einflüsse durch Nässe, Sturm oder Kälte zur Zeit des Ausräumens *unmittel-*
bar bevorstehen. Schäden durch Ausräumen, die noch innerhalb des VOrts

eintreten oder kurz danach eintreten, C VI 9, z. B. in Form von Schockwirkungen bei Tieren, C VI 7, sind sowohl Teil des Hauptschadens, C V 7, als auch Teil der Rettungskosten; wegen der Unterschiede zwischen beiden Fällen bezüglich der Entschädigungshöhe (Neuwert oder Abzug neu für alt?) vgl. W II 19.

44   **Nicht entschädigt** werden – von dem in W II 43 genannten Ausnahmefall abgesehen – die Kosten eines *Abtransports* zu Ersatzbetriebsräumen, Ersatzwohnungen oder Lagerräumen und noch weniger die Kosten einer *Unterbringung* in solchen Räumen sowie die Kosten des *Rücktransports* (anders LG Hamburg VA Berlin 50, 65 = VersR 50, 164 und GB 74, 57)I. Die InventarV übernimmt *nicht* zugleich die Funktion einer *MietverlustV* für das *Gebäude.* Die Notwendigkeit, Betriebseinrichtung und Hausrat irgendwo unterzubringen, dient nicht der Abwehr eines unmittelbar bevorstehenden Schadens an diesen Sachen, sondern ist ein *Vermögensfolgeschaden* aus dem Brand, und zwar nicht aus dem Brand des versicherten Inventars, sondern vielmehr aus dem Brand des Gebäudes. Ein solcher Vermögensfolgeschaden ist schon aus der GebäudeV nicht zu ersetzen (sondern nur gegebenenfalls aus einer besonderen MietverlustV oder nach §§ 1 Nr. 3 b VGB 62, 3 VGB 88) und noch weniger aus der V beweglicher Sachen. Das gegenteilige Ergebnis kann nicht aus § 63 VVG hergeleitet werden. Anders ist die Rechtslage vielleicht (E I 117) im Rahmen des Ersatzes der Kosten für Nebenarbeiten in der RohrbuchV nach §§ 1 Nr. 2 AWB 68, 3 Nr. 1 AWB 87, 3 Nr. C 3 VHB 74, 4 Nr. 2 VGB 62.

45   Schwierigkeiten bereiten **Schäden an geretteten Sachen,** z. B. an Möbeln, Tieren usw., durch den Abtransport oder durch mangelhafte Unterbringung in Lagerhäusern (Feuchtigkeit), Notstallungen (Bakterien) usw. Soweit solche Schäden auf grober Fahrlässigkeit beruhen, also auf leicht vermeidbaren Fehlern des VN bei der Unterbringung der Sachen, sind sie schon nach §§ 61, 62 VVG nicht zu ersetzen. Soweit sie nur auf leichter Fahrlässigkeit (z. B. bei der Auswahl des Notquartiers) beruhen oder ohne jedes Verschulden des VN oder seiner Repräsentanten eintreten, scheitert eine Entschädigung im Rahmen des durch Brand und Ausräumen adäquat verursachten (C V 2) *Hauptschadens* an dem Erfordernis des Schadeneintritts innerhalb des VOrts, soweit der Schaden nicht mehr in unmittelbarem Zusammenhang (im Sinn von § 10 Nr. 1 Abs. 2 VHB 84 usw.) mit dem Ausräumen eintritt, C V 5 und C VI 9. Die Ersatzpflicht solcher Schäden als Teil der *Rettungskosten* wird man aber bejahen müssen, mag es auch auf Anhieb widersprüchlich erscheinen, das erzwungene bewußte Vermögensopfer der Transport- und Einlagerungskosten nicht zu ersetzen, W II 44, wohl aber die unbewußt in Form nicht erwarteter Sachschäden aufgewendeten „Kosten" (W II 18) des Abtransports und der Einlagerung. Selbstverständlich ersetzt werden Sachschäden *während* des Ausräumens aus dem brennenden Gebäude sowie unmittelbar danach, W II 43.

46   c) In der **DiebstahlV** nach den AEB, AERB, AERB 87, VHB 74 und VHB 84 sind Rettungskosten z. B. die Kosten für die dem VN obliegende polizeiliche Anzeige einschließlich Vorlage einer Stehlgutliste, Kosten für Bescheinigungen durch Polizei und Fundbüro nach Fahrraddiebstählen gemäß Kl 833

Nr. 5 zu den VHB 84, D XV 37, Aufgebotskosten, Q II 47, Belohnungen, die
für gestohlene oder geraubte Sachen ausgeschrieben oder gezahlt werden,
oder erfolgversprechende Privatdetektivkosten. Auch die anteiligen Gemeinkosten (W I 24), sowie etwaiger Überstundenaufwand für die Mitwirkung
von Betriebsangehörigen an polizeilicher Sachfahndung können Rettungskosten sein, X II 109. *Zweifelhaft* ist, ob dem VN ein *Rückkauf* vom Dieb
angesonnen werden kann, selbst wenn der Vr die Kosten übernehmen will.
Belohnungen, die der Vr als Geschäftsführer ohne Auftrag für Rechnung des
VN ausschreibt, sind ebenfalls Rettungskosten. Auch in diesen Fällen
braucht der Vr die Rettungskosten aber nur anteilig zu übernehmen, W II 6,
falls der Erfolg der Maßnahme anteilig auch dem VN zugute kommt. So liegt
es vor allem, wenn nur ein Teil der Sachen wiederherbeigeschafft wird und
diese Sachen proportional dem versicherten und dem nicht versicherten Schaden zuzuordnen sind, Z II 23. Erkennt man die wiederherbeigeschafften
Sachen ausschließlich dem VN zu, so trägt der VN die Rettungskosten allein.

Als **Schadensverhütungskosten** zu Lasten des VN gehen dagegen z.B. alle **47**
Kosten für Installation, Gebrauch, Wartung und Reparatur von *Sicherheits-
einrichtungen*, wie Schlössern, (Roll-)Gittern und *Einbruchmeldeanlagen*.
Kontrollen (Einsätze von Wachmannschaften usw.) nach Alarmen sind nicht
zu ersetzen, wenn es sich um einen *Fehlalarm* handelt. Bei einem „*echten*"
Alarm steht der VFall zwar unmittelbar bevor, aber die Kosten fallen ohne
Rücksicht darauf an, ob es sich um einen echten Alarm handelt und ob die
Täter noch angetroffen werden. Man wird die Entschädigungspflicht für sol-
che Mehrzweckkosten trotzdem bejahen müssen, W II 23.

Bei **Folgeschäden** nach Diebstahl oder Raub kommt es darauf an, ob diese **48**
ihrerseits unmittelbar bevorstehen. Es gilt im Ergebnis das gleiche wie in der
FeuerV beweglicher Sachen, W II 42 bis 45. Schäden durch *einfachen Diebstahl* mit Hilfe der bei einem Einbruchdiebstahl geschaffenen Öffnung sind
nicht in der HausratV nach den VHB 74, D XI 14 und 19, sondern nur nach
§§ 1 Nr. 1 AERB, AERB 87, nach § 3 Nr. 2 VHB 84 sowie nach den AEB
und D-Kl 10a zu ersetzen. Ob die Kosten für **provisorische Sicherungen oder
Reparaturen von Zugängen** usw. oder für **Bewachung** als Rettungskosten zu
ersetzen sind, hängt von der Wahrscheinlichkeit und der wahrscheinlichen
zeitlichen Nähe eines drohenden zweiten VFalles im Sinn von B IV 10 und 14
ab, W II 33 und 34. **Reisekosten** des VN oder beauftragter Personen **zum VOrt**
können zugleich nach § 66 VVG als Schadenermittlungskosten und als Rettungskosten nach § 63 VVG zu ersetzen sein, X IX 9, falls der VN nicht
Arbeitnehmer oder Familienangehörige beauftragen kann, die sich ohnehin
am Ort des Schadens aufhalten.

Soweit Folgeschäden nach Einbrüchen durch Schaufensterscheiben oder **49**
sonstige Scheiben drohen, kann gemäß § 1 AGIB aus einer **GlasbruchV** Ersatz der Kosten einer *Notverglasung* verlangt werden. Dabei bedeutet „Not"
nicht die Gefahr eines weiteren Glasschadens, sondern auch jede andere Art
der wirtschaftlichen Notwendigkeit einschließt, also z.B. die Fortsetzung
eines ungestörten Verkaufsbetriebs und die Abwehr von Diebstahlsfolge-
schäden bis zur endgültigen Glasreparatur. Soweit andere Maßnahmen (Bret-
terverschlag, ausnahmsweise auch Bewachung) ausreichen und billiger sind,
z.B. wegen der Kürze des bis zur endgültigen Glasreparatur zu überbrücken-

den Zeitraums, ersetzt der GlasVr nach § 63 VVG anstelle der Notverglasungskosten diese anderen Kosten.

50   Läßt sich der VN oder in dessen Interesse ein Dritter auf einen **Schußwechsel mit einem Räuber** ein, so werden die dadurch entstehenden Sachschäden (W II 17) mindestens subjektiv auch mit dem Ziel in Kauf genommen, die Wegnahme versicherter Sachen zu verhindern. Der Vr kann – von den Fällen des Vorsatzes und der groben Fahrlässigkeit abgesehen – nicht einwenden, der Räuber habe nur noch seine Flucht erstrebt. Als Rettungskosten zu ersetzen sind hiernach auch solche Gebäudebestandteile, die in § 2 Nr. 5 AERB, 3 Nr. 3 AERB 87 und Kl 22 zu den AEB von der KostenV ausdrücklich ausgeschlossen sind, nämlich Schaufensterverglasungen. Schießt ausschließlich der **Räuber**, und zwar weil der VN die Herausgabe der verlangten Beute verweigert, so ist der Schaden durch die Schüsse Rettungsaufwand. Schießt der Räuber, obwohl der VN offensichtlich herausgabebereit ist, so kommt nur Hauptschadenentschädigung in Betracht, allerdings nicht aus der Diebstahl-, F I 19, sondern aus der FeuerV, C III 7.

51   Als weitere adäquate Folgen (W II 16) eines Schußwechsels mit dem Räuber kommen körperliche Verletzungen oder Tod des VN oder seiner Helfer in Betracht, W II 22. Ausgeschlossen sind lediglich Verletzungn oder Tod von Polizisten, W II 10. Auch die Verletzungen oder der Tod von Räubern können zu Rettungskosten führen, zumal Ersatz seitens des Räubers meist nicht zu erlangen ist. Beispiel aus der Schadenpraxis: Der Teppichboden in einer Bankfiliale wird durch Blut des Räubers unbrauchbar. Ausnahmsweise kann sich sogar der VN gegenüber dem Räuber schadenersatzpflichtig machen, nämlich im Fall eines Notwehrexzesses. Der Vr haftet für Rettungskosten dieser Art freilich nur, wenn der Notwehrexzess nicht den Vorwurf grober Fahrlässigkeit gegenüber dem VN begründet, W II 24.

52   d) In der **LeitungswasserV** und in der **SturmV** sind Rettungskosten vor einem Leitungswasseraustritt oder Rohrbruch oder vor einem ersten Sturmschaden, also im Bereich der sog. *Vorerstreckung* gemäß W II 33, ziemlich selten. Insbesondere ist die Reparatur von Dächern oder die Erneuerung korrodierter Rohre immer Schadenverhütung im Sinn von W II 28 und 30 auf eigene Kosten des VN, selbst wenn bewiesen werden kann, daß z.B. der Rohrbruch alsbald eingetreten wäre.

53   Immerhin können in der **SturmV** Rettungskosten während eines Sturmes dadurch entstehen, daß versicherte Sachen aus einem räumlichen Bereich entfernt werden, in dem sie von **abstürzenden Gebäudeteilen** oder sonstigen Gegenständen unmittelbar bedroht waren, vgl. W II 57.

54   Das **Auftauen eingefrorener Rohrleitungen** bedeutet oft eine Rettungsmaßnahme im Sinn von §§ 62, 63 VVG. Ohne die Maßnahme würde nämlich ein Bruch durch Frost unmittelbar drohen, E I 121 und 122. Besonders bedeutsam ist dies nach den VHB 84 und den VGB 88, wo die Kosten des Auftauens nicht mehr gesondert erwähnt sind, E I 112. Nach AG Saarbrücken ZfS 88, 154 soll es nach den AWB 68 und nach den VGB 62 auf die Auslegung von § 63 VVG nicht ankommen, denn die Auftaukosten seien schon deshalb auch *ohne* Rohrbruch zu ersetzen, weil durch die §§ 3 Nr. 2 AWB 68, 6 Nr. 2 VGB 62 der VFall vorverlagert und die Vereinbarung über den Ersatz der

Auftaukosten als Teil der Hauptschadenentschädigung anwendbar sei. Dem ist nicht zuzustimmen, B I 17. Soweit die Auftaukosten *nach* einem *Rohrbruch* aufgewendet werden, ist deren Ersatzpflicht in den AWB 87, VHB 84 und VGB 88 nicht mehr erwähnt, E I 112. Es handelt sich aber häufig um einen Teil der entschädigungspflichtigen Reparaturkosten, E I 121.

Verstopfungen von Abwasserleitungen können die unmittelbar drohende 55 Gefahr eines Durchnässungsschadens begründen. Mindestens muß der Vr dann die Kosten einer **Unterbrechung der Wasserzufuhr** tragen. Solche Kosten werden freilich allenfalls bei Betriebsgebäuden und Mehrfamilienhäusern feststellbar sein, nämlich nach Gemeinkostengrundsätzen. Betriebsunterbrechungsschäden gehören ebenfalls zu den Kosten einer Unterbrechung der Wasserzufuhr, dies jedoch nur, soweit sie im Betrieb des VN oder zu dessen Lasten anfallen, weil der betroffene Mieter oder Pächter Mietminderung oder Schadenersatz vom VN verlangen kann.

Zweifelhaft ist, ob der VN sich auf die Unterbrechung der Wasserzufuhr 56 als billigere oder gar völlig kostenfreie Maßnahme verweisen lassen muß. Mit AG Darmstadt RuS 88, 306 wird man dies jedenfalls dann zu verneinen haben, wenn die weiteren Kosten sich in solche für die **vorläufige** Abwehr der Gefahr und in solche für die **endgültige** Schadenverhütung real **aufteilen** lassen. Der Vr braucht dann nicht die endgültigen Maßnahmen zu finanzieren, W II 37, soll aber immerhin mit den Kosten der vorläufigen Maßnahmen belastet werden, und zwar auch über eine bloße Unterbrechung der Wasserzufuhr hinaus. Problematisch ist die Rechtslage, wenn sich die Frage nur so stellt, ob der Vr ausschließlich die Kosten einer Unterbrechung der Wasserzufuhr oder aber die gesamten Kosten zu tragen hat, die aufgewendet werden, um die Verstopfung endgültig zu beseitigen.

Für das Ausräumen und Abtransportieren beweglicher Sachen *nach* Beginn 57 des Wasseraustritts gilt das gleiche wie in der FeuerV, W II 43 bis 45. Soweit Durchnässung von Sachen unmittelbar droht, wird das Wegräumen der bedrohten Sachen entschädigt, LG Saarbrücken RuS 88, 87 („Kosten einer Umzugsfirma"), bestätigt durch Saarbrücken RuS 88, 237. Im übrigen können Kosten des Ausräumens und des Abtransports von beweglichen Sachen Teil der Kosten der Gebäudereparatur und insbesondere Teil der bei Rohrbruch in der GebäudeV zu ersetzenden Nebenkosten sein, E I 117 und 118, sowie W IV 1. Soweit die Sachen, z. B. Teppiche, durch Leitungswasser bereits beschädigt sind, wird selbstverständlich auch der Transport und Rücktransport zur Reinigung oder Reparatur ersetzt, R III 37. Transporte und Einlagerungen, die nur auf die *vorübergehende Unbenutzbarkeit des Gebäudes* (und nicht auf dessen Reparatur) zurückzuführen sind, werden dagegen als Vermögensfolgeschäden *nicht* entschädigt, weder als Rettungskosten noch als Kosten von Nebenarbeiten.

III. Feuerlöschkosten

Feuerlöschkosten werden neben den Positionen für die versicherten Sachen 1 in einer zusätzlichen Position auf Erstes Risiko (S II 12) versichert. Zugrunde gelegt werden Kl 321, 8 ZFgA und § 7 ZFgA 81b zu den AFB 30 oder § 3

Nr. 3b **AFB** 87 in der GeschäftsV und in der Industrie-FeuerV sowie **Kl** 844 zu den VGB 62 in der WohngebäudeV. Oft werden die Feuerlöschkosten zusammen mit Aufräumungs- und Abbruchkosten sowie mit Bewegungs- und Schutzkosten in einer Position versichert, S I 10. Wegen der in § 3 Nr. 3b AFB 87 vorgesehenen Deckung auch sonstiger Rettungskosten aus der VSumme für Feuerlöschkosten vgl. W II 8. Wegen der Deckungslücke bei Feuerlöschkosten in Wohngebäudeverträgen mit GegenwartsVSumme nach § 14 VGB 88 vgl. W III 5. Wegen des Vorrangs der Entschädigung durch Monopolanstalten vgl. W IV 2 zu den Bewegungs- und Schutzkosten.

2   Feuerlöschkosten sind zwar die wichtigste Art von Rettungskosten in der FeuerV, W II 38. Da aber Rettungskosten zusammen mit dem Hauptschaden nicht über die VSumme hinaus ersetzt werden, W II 1 und 2, besteht bei Totalschäden ein zusätzliches **VBedürfnis** (Raiser 365), insbesondere wenn *Werkfeuerwehren* in eigener Regie bestehen, W I 23 und W II 25. Daß die Löschtätigkeit etwa auch Menschenleben rettet, hindert den Anspruch weder aus § 63 VVG noch aus der V von Feuerlöschkosten, vgl. PM § 63 Anm. 5 B: nur die Abwehr vergleichbarer versicherbarer, aber nicht versicherter Schäden führt zur Kürzung gemäß W II 6. Außerdem fehlt bei der V von Feuerlöschkosten der in W II 10 und W III 3 erörterte Ausschluß für Kosten von Feuerwehren, die im öffentlichen Interesse tätig sind, wie die AVB-Bestimmungen über Rettungskosten ihn enthalten. Die V von Feuerlöschkosten umfaßt daher auch die Tätigkeit der öffentlichen Feuerwehren, soweit diese ausnahmsweise das unentgeltlich zu leistende Maß überschreitet. (Raiser 366). Endlich fehlt auch ein Ausschluß von Gesundheitsschäden. Die in W II 12 bis 15 erörterte Frage, ob Gesundheitsschäden vom Rettungskostenersatz wirksam ausgeschlossen werden können, erledigt sich daher jedenfalls insoweit, wie eine unverbrauchte VSumme für Feuerlöschkosten zur Verfügung steht.

3   Soweit **öffentliche Feuerwehren unentgeltlich** tätig werden müssen, entsteht für deren Träger ein Anspruch auch *nicht* aus der V von Feuerlöschkosten, und zwar weder gegen den VN noch gegen den Vr direkt, insbesondere nicht etwa aus Geschäftsführung ohne Auftrag; zu dem Urteil BGH VersR 63, 1074 (zum Anspruch aus Geschäftsführung ohne Auftrag für die Feuerwehr gegen den Schädiger bei fahrlässiger Brandstiftung) vgl. Wussow § 14 AFB 30 Anm. 7 und 11. Soweit ein Anspruch aus Geschäftsführung ohne Auftrag dennoch zu bejahen wäre, würde dieser allenfalls im Umfang der V für Feuerlöschkosten zu befriedigen sein, denn darüber hinaus ist wegen §§ 14 AFB 30, 16 VGB 62, 2 VGB 88, 14 VHB 74, 2 VMB 84, 3 AFB 87 den Feuerwehrträgern der entgegenstehende Wille des Vr als des möglichen Geschäftsherrn (§ 678 BGB) bekannt.

4   Feuerlöschkosten können Sachen (Gebäuden und Inventar) zugute kommen, die bei *verschiedenen Vr* versichert sind, W II 25 und 38. So liegt es z.B., wenn ein vermietetes oder verpachtetes Gebäude gelöscht wird und das Inventar dem Pächter gehört oder die Löscharbeit zugleich dem Nachbargebäude zugute kommt. In solchen Fällen haftet jeder betroffene Vr seinem VN auf den vollen Betrag, soweit dem VN Aufwendungen entstanden sind; im Ergebnis besteht **DoppelV.** Da der Gebäudeeigentümer gegenüber Dritten als Löschhelfern mindestens aus Geschäftsführung ohne Auftrag meist auch

dann haftet, wenn der Pächter den Brand verschuldet hat, muß zunächst auch der GebäudeVr eintreten. Ob die Vr im Verhältnis zueinander den Schaden anteilig zu tragen haben (§ 59 Abs. 2 VVG) oder ob ein Vr wegen Verschuldens seines VN allein haftet, hängt auch von der *Beweislastverteilung* im Verhältnis der versicherten Interesseträger zueinander ab. Soweit gegen einen der Interesseträger nach §§ 61, 67 VVG Regreß genommen werden soll, muß immer grobe Fahrlässigkeit nachgewiesen werden, denn selbst wo § 282 BGB anwendbar ist, wird doch jedenfalls nur Verschulden schlechthin, nicht aber speziell grobe Fahrlässigkeit vermutet.

In der **Gleitenden NeuwertV** von Wohngebäuden nach § 13 VGB 88 wird   5 für **Rettungskosten unbegrenzt** gehaftet. Da Feuerlöschkosten in aller Regel zugleich Rettungskosten darstellen, werden die Feuerlöschkosten in den VGB 88 nicht erwähnt. In Verträgen mit **GegenwartsVSumme** ist die Entschädigung für Hauptschaden und versicherte Kosten jedoch gemäß § 15 Nr. 5 VGB 88 insgesamt auf die VSumme begrenzt, W I 4. Hierdurch entsteht für Feuerlöschkosten ein zusätzliches VBedürfnis im Sinn von W III 2; die VGB 88 lassen dieses VBedürfnis jedoch unbefriedigt und sehen eine Deckungsmöglichkeit für Feuerlöschkosten nicht vor. Es ist dies einer der Nachteile, welche die VGB 88 mit der Vereinbarung einer GegenwartsVSumme verbinden, um die VN zum Ausschluß von Verträgen zum gleitenden Neuwert zu veranlassen und um spätere Umwandlungen in Verträge mit Gegenwartssumme nach § 13 Nr. 6 VGB 88 möglichst wenig attraktiv zu machen, S IV 80. Gerade deshalb ist das Umwandlungsrecht allerdings wenig geeignet, den im Vergleich zum GegenwartsVWert überproportionalen Anstieg des gleitenden Neuwertfaktors und damit des Prämiensatzes mit § 9 AGBG als vereinbar erscheinen zu lassen, P IV 54.

IV. Bewegungs- und Schutzkosten

VMöglichkeit für **Bewegungs- und Schutzkosten** als Vermögensfolgeschaden   1 im Sinn von W I 1 wird geboten, und zwar in Form einer gesonderten Position im Sinn von W I 11 auf Erstes Risiko im Sinn von S II 12, die oft auch andere Kostenarten umfaßt, S I 10 und W III 10. Zugrunde gelegt wurden früher 7a ZFgA und § 8 ZfgA 81b in der IndustriefeuerV, Kl 222 zu den AFB 30, AWB 68 und AStB 68 sowie § 2 Nr. 5b AERB. In der gesamten GeschäftsV. §§ 3 Nr. 3c AFB 87, 3 Nr. 3b AERB 87, AStB 87, 3 Nr. 4b AWB 87 stimmen mit den früheren Bestimmungen inhaltlich überein und gelten für die gesamte GeschäftsV einschließlich IndustrieV. Für die WohngebäudeV gelten Kl 843 zu den VGB 62 und § 2 Nr. 1b VGB 88, für die HausratV § 2 Nr. 1b VHB 84. Wegen der Entschädigungsgrenzen gemäß § 15 Nr. 5 VGB 88 und 18 Nr. 6 VHB 84 vgl. S II 12, W I 5 und W V 2. Entschädigungsgrenze nach § 17 Nr. 1a und 1 VGB 88: 5% der VSumme, wobei die VSumme 1914 in der Gleitenden NeuwertV mit dem gleitenden Neuwertfaktor hochgerechnet wird; rechtlich handelt es sich freilich ebenso wie bei Aufräumungskosten um eine VSumme, vgl. W V 2 und 3 sowie S I 12.

Kein Schutz besteht nach § 3 Nr. 3 AFB 87 wie auch nach den älteren   2 Regelungen in der FeuerV, soweit die Kosten „durch eine **Monopolanstalt**

entschädigt werden". Da private VVerträge landesgesetzlich verboten und unwirksam sind, soweit ein Monopol eines öffentlichen SachVr im Sinn von A IV 3 bis 11 besteht, kommt es im Bereich der Monopole nicht auf die „Entschädigung", sondern auf die „V" durch die Monopolanstalt an. Die Landesgesetze sagen aber meist nicht klar, ob das Monopol auch für Vermögensfolgeschäden gelten soll, insbesondere für Kosten von Vor- oder Nacharbeiten, nämlich von Bewegungs- und Schutzkosten oder von Aufräumungs- und Abbruchkosten. Soweit das Monopol bei richtiger Auslegung *nicht* gilt, die Monopolanstalt aber gleichwohl eine VMöglichkeit bietet (vgl. für Bayern § 2 Nr. 5 d der AVB der BLVA) und der VN von ihr Gebrauch macht, wirkt der Ausschluß als eine *Subsidiaritätsabrede*. Macht der VN von der Möglichkeit keinen Gebrauch, so betrifft ihn auch der Ausschluß nicht.

3   1. In der **Definition** der Bewegungs- und Schutzkosten wird verlangt, daß sie **infolge eines VFalls** notwendig werden, weil andere Sachen bewegt, verändert oder geschützt werden müssen, um die durch den VFall betroffenen versicherten Sachen wiederherzustellen oder wiederzubeschaffen. Da die Monopolanstalten in der GebäudeV den Einschluß nicht immer ermöglichen, kann durch **Kl 1303** (früher 1.11 und 1302) der Einschluß von Bewegungs- und Schutzkosten in der Weise erweitert *werden,* daß ein VFall aus einem *anderen* Vertrag und die Wiederherstellung nur durch den *anderen* Vertrag versicherter Sachen genügen. Insbesondere kann diese Erweiterung zu einer InventarV mit Bezug auf Gebäudeschäden im Monopolbereich vereinbart werden (empfohlen schon von Dhonau VW 71, 1198).

4   Die Worte „**andere Sachen**" in den Definitonen gemäß W IV 1 beziehen sich auf die durch den Schaden betroffene Sache: Die Kosten für Bewegung und Schutz *nicht* betroffener Sachen sollen nicht eingeschlossen werden. Gleichwohl sind nach den in W IV 1 zitierten Bestimmungen auch Kosten zu ersetzen, die durch Schutz oder Bewegung von Sachen entstehen, die auch ihrerseits durch denselben oder einen anderen VFall einen Schaden erlitten haben. Es wäre willkürlich, gerade die Bewegung oder den Schutz solcher Sachen von der MitV der Kosten auszunehmen. Gleichgültig ist, ob die bewegten oder geschützten anderen Sachen ihrerseits versichert oder nicht versichert oder anderweitig versichert sind.

5   Zweifelhaft ist, ob unter „**Bewegung**" auch deren **Zwischenstadien** zu verstehen sind, ob also z.B. neben dem Ausräumen und Zurückstellen von Inventar, das die Reparatur eines versicherten Gebäudes oder versicherter beweglicher Sachen hindert, auch die **Auslagerung** (vorübergehende *Einlagerung*) in einem anderen, weiter entfernten Raum oder Gebäude sowie *Abtransport* nach dort und *Rücktransport* von dort ersetzt werden; wegen des entsprechenden Problems bei Rettungskosten vgl. W II 44, bei Nebenarbeiten nach Rohrbruchschäden E 117. Bei Transport mit *eigenen* PKWs oder Lagerung in *eigenen Gebäuden* und bei sonstigen *Arbeiten in eigener Regie* im Sinn von W I 23 ist gegebenenfalls auch Gemeinkostenersatz zu leisten.

6   **Gegen** einen Ersatz spricht auch vorliegend, daß die Bewegungs- und SchutzkostenV eine MietverlustV für Gebäude nicht ersetzen soll. Für die WohngebäudeV regeln §§ 1 Nr. 3b VGB 62, 3 VGB 88 den Umfang des Ersatzes für Mietverlust und Mietwert erschöpfend. In W IV 6 der 2. Aufl.

war gegen eine Ersatzpflicht dem Grunde nach auch gesagt worden, es sei reiner Zufall, ob der VN eigene Räume für die Einlagerung zur Verfügung habe oder fremde Räume anmieten müsse. Diese Feststellung ist aber nur dann ein Argument, wenn man nicht in Betracht zieht, eine Entschädigung sogar für die Einlagerung in nicht anderweitig benötigten eigenen Räumen für geschuldet zu halten, vgl. W IV 7. – Für den Ersatz spricht allerdings, daß es willkürlich und wirtschaftlich sinnlos wäre, nur speziell das Ausräumen der Sache bis zu einer für die Reparatur unerläßlichen Mindestentfernung zu entschädigen.

Vielleicht ist es die richtige Lösung, die Ersatzpflicht dem Grunde nach 7 zwar zu bejahen, das Wort „notwendig" jedoch streng auszulegen und überdies Abzüge für Vorteile zu machen, die der VN durch den Abtransport zusätzlich erlangt, also analog den Grundsätzen gemäß W II 6 für Rettungskosten. Ein Abtransport ermöglicht unter Umständen nicht nur die Reparatur des versicherten Gebäudes, sondern zugleich die weitere Nutzung der abtransportierten Sache in einem anderen Gebäude. Der VN verzögert überdies vielleicht den Rücktransport länger, als es allein wegen der Gebäudereparatur notwendig wäre usw. – Bejaht man die Entschädigungspflicht für Auslagerungen dem Grunde nach, so stellt sich zur Höhe dieser Entschädigung mindestens für die Geschäfts- und IndustrieV die weitere Frage, ob der VN nicht auch für die Einlagerung in anderen Räumen des *eigenen* Betriebs Entschädigung verlangen kann, und zwar analog der Gemeinkostenabrechnung für Tätigkeiten in eigener Regie ohne Rücksicht darauf, ob durch die Belegung der Räume durch die eingelagerten Sachen meßbare Ertragsausfälle eingetreten sind.

„Bewegung" kann auch *Zerstörung und Wiederaufbau* bedeuten, insbeson- 8 dere bei **Gebäudeteilen** (irrig anders Rein ZfV 77, 123 und Anonym VP 77, 196) oder **Grundstücksbestandteilen.** Dies wird durch die *Beispiele* im letzten Absatz der Definition (Durchbruch, Abriß oder Wiederaufbau von Gebäudeteilen) bestätigt, würde aber auch sonst gelten. Ein weiteres Beispiel ist das Aufgraben und Wiederherstellen von Grundstücksflächen, die zwecks Reparatur versicherter Erdkabel „bewegt" oder durch die Zufahrt mit schweren Lkw zur Schadenstätte „verändert" werden müssen.

„Schutz" bedeutet Schutz vor den Auswirkungen der Wiederherstellung 9 oder Wiederbeschaffung der durch VFall betroffenen Sachen. Oft wird Schutz eine Alternative zu Bewegung (vorübergehende Entfernung) sein. Die „notwendigen" Aufwendungen für die kostengünstigste Lösung sind versichert. Dies ergibt sich nicht erst aus § 62 VVG, so daß es auf (grobes) Verschulden nicht ankommt, vgl. schon Q IV 9 für den VWert und R III 34 für die Reparaturkosten sowie W VIII 5 für Mietverlust. *Nicht* gemeint ist selbstverständlich der Schutz verbliebenen Inventars vor Dieben durch *Wächter,* weder nach Gebäudeschäden gemäß § 3 Nr. 3c AERB 87 noch gar nach Brandschäden am Gebäude, denn solcher Schutz durch Wächter wird nicht „zwecks Wiederherstellung oder Wiederbeschaffung" benötigt. Auch hier darf die V von Bewegungs- und Schutzkosten nicht zur MietverlustV für das Gebäude werden, vgl. schon W IV 6 für Einlagerungskosten.

10   2. Können Bewegungs- und Schutzkosten auch noch anderen rechtlichen Gesichtspunkten entschädigungspflichtig sein? Welche **Überschneidungen** gibt es? Sind Bewegungs- und Schutzkosten nicht oder nicht ausreichend versichert, so stellt sich die Frage, ob die Kosten oder Teile davon von der Hauptschadenentschädigung umfaßt werden können. Umgekehrt stellt sich die Frage einer Überschneidung auch, wenn für den *Hauptschaden* UnterV besteht, vgl. z.B. E I 115 wegen Nebenarbeiten in der RohrbruchV. Soweit die Überschneidung reicht, kann eine solche UnterV durch die zusätzliche (W IV 1) ErstrisikoV der Bewegungs- und Schutzkosten ausgeglichen werden, denn grundsätzlich kann Entschädigung für den VFall bis zur Höhe des Schadens auch aus mehreren Positionen desselben Vertrages nebeneinander verlangt werden, S I 32 und 40; es besteht DoppelV.

11   a) Mit dem **VWert** als **Totalschadenentschädigung** gemäß R II 1 können sich die Bewegungs- und Schutzkosten zweifelsfrei überschneiden, denn selbst bei beweglichen Gebrauchsgegenständen gehören in gewissem Umfang zum VWert auch Nebenkosten, Q IV 74 bis 76 und 100, also Transport- und Montagekosten, die auf die versicherte Sache selbst aufgewendet werden müssen, sowie Bewegungs- und Schutzkosten für Sachen, die der Wiederherstellung oder der Montage im Wege stehen. Es fragt sich allerdings, ob nicht vielleicht gar schon die bloße *Möglichkeit der gesonderten KostenV* für eine engere Auslegung der für den VWert maßgebenden Begriffe spricht, vgl. bereits W I 14 sowie R II 9 und 13 und PM § 55 Anm. 2 Db.

12   Auf die *Kenntnis des VN* von jener gesonderten VMöglichkeit dürfte es jedenfalls *nicht* für die Auslegung der AVB, die objektiv und unabhängig vom Einzelfall sein muß, sondern allenfalls für die Frage eines Beratungsverschuldens des Vr ankommen. Außerdem würde die Rechtsansicht, die einen Rückschluß aus gebotenen VMöglichkeiten für Kosten auf die Höhe der Hauptschadenentschädigung zulassen wollte, zu unterschiedlichen VWerten je nach dem Zeitpunkt des Vertragsschlusses oder der letzten Korrektur der VSumme führen. Sie wäre auch unvereinbar mit dem Grundsatz der „objektiven" AVB-Auslegung im Sinn von K I 6; gesonderte VMöglichkeiten gehören letztlich zu den Umständen des Einzelfalles, von denen die objektiv (!) richtige AVB-Auslegung nicht abhängen kann. Deshalb sprechen für die Gegenansicht (Engels VP 77, 163) durchaus gute Gründe. Diese Gegenansicht will unabhängig von der MitVMöglichkeit **gewisse Bewegungs- und Schutzkosten in den VWert** sowie in die Totalschadenentschädigung und damit allerdings auch in die Prämien-Bemessungsgrundlage und gegebenenfalls in eine UnterV der Position **einbeziehen.** Selbst § 10 Nr. 2 AERB sowie § 11 Nr. 2 AFB 87, AERB 87, 11 Nr. 3 AWB 87, AStB 87 (Ausschluß gesondert versicherbarer Kosten) schließen Überschneidungen nicht eindeutig aus, denn diese Vorschriften sagen nicht, daß gesondert versicherte Kosten keinesfalls unter § 10 Nr. 1 AERB oder § 11 Nr. 1 AFB 87 usw fallen könnten, vgl. näher W I 15.

13   b) Mit den **Reparaturkosten** als *Teilschadenentschädigung* (R III 1) können sich die Bewegungs- und Schutzkosten ebenfalls überschneiden, vgl. R III 41 und z.B. Boldt 140. Die Verkehrsansicht und der Sprachgebrauch des täglichen Lebens verstehen allerdings unter Reparaturkosten vielleicht manchmal nur Kosten, die auf die Sache selbst aufgewendet werden, also Material-,

Montage- und Transportkosten innerhalb des VOrts wie auch in fremden
Werkstätten, nicht dagegen Kosten, die nur der Vorbereitung der Reparatur
durch Maßnahmen an anderen Sachen dienen; letztere werden als bloße Vermögensfolgeschäden im Sinn von W I 1 empfunden. Dazu kommt, daß der
Vr im allgemeinen keine Antragsfragen nach dem Standort der versicherten
beweglichen Sachen oder nach dem Inventar der versicherten Gebäude stellt.
Die Nebenkosten im Reparaturschadenfall beeinflussen also weder den Prämiensatz noch gehen sie in die VSumme ein.

Trotzdem sprechen auch hier durchaus gute Gründe für eine Überschnei- 14
dungsmöglichkeit, und zwar §§ 10 Nr. 2 AERB und § 11 Nr. 2 AFB 87,
AERB 87, 11 Nr. 3 AWB 87, AStB 87, denn für die „Reparatur" „notwendig" und durch sie adäquat verursacht sind auch die Kosten für vorbereitende
Maßnahmen an anderen Sachen. Wer allgemeine Geschäftsbedingungen verwendet, zu denen begrifflich auch AVB gehören, muß sich wegen § 5 AGBG
am Wortsinn des Textes selbst dann festhalten lassen, wenn er sich nicht voll
mit den wirtschaftlichen Gegebenheiten deckt. – Wegen der Sonderregelung
für Kosten von Nebenarbeiten und des Auftauens bei Rohrbruchschäden vgl.
E I 115; die VMöglichkeit für Bewegungs- und Schutzkosten durch § 11
Nr. 3 AWB 87 nimmt dem Begriff der Nebenarbeiten nichts von seiner umfassenden Bedeutung.

c) Im Verhältnis zu **Rettungskosten** sind Überschneidungen jedenfalls nicht 15
in dem Sinn unmöglich, daß Entschädigung aus der Position für Bewegungs-
und Schutzkosten etwa schon deshalb nicht geschuldet würde, weil es sich
zugleich um Rettungskosten handelt. Das Aufräumen von Inventar kann
zwar zugleich der Reparatur des Gebäudes und der Rettung des Inventars
dienen, W II 43. Aber das Inventar ist durch einen anderen Vertrag oder
wenigstens in einer anderen Position als das Gebäude versichert, W II 38, so
daß gegebenenfalls aus beiden Positionen zu entschädigen ist, W IV 10, also
auch aus der Position für Bewegungs- und Schutzkosten im GebäudeVVer-
trag. Umgekehrt wird auch der Anspruch aus § 63 VVG auf Rettungskostenersatz durch § 11 Nr. 2 AFB 87 usw nicht eingeschränkt, zumal im Hinblick
auf § 9 Abs. 2 Nr. 1 AGBG, W II 29.

d) Mit den **Aufräumungskosten** können sich die Bewegungs- und Schutzko- 16
sten ebenfalls überschneiden, denn „Aufräumung" ist die Beseitigung von
Hindernissen auch der Reparatur, W V 15 und 40. Beispiel: Schäden an
gärtnerischen Anlagen oder Betriebsstraßen durch die Beseitigung eines
Brandschadens und deren Vorbereitung (Rein ZfV 78, 164). Gegebenenfalls
ist aus beiden Positionen zu entschädigen, W IV 10. Allerdings geht die
Überschneidung nicht so weit, daß die V von Aufräumungskosten die V von
Bewegungs- und Schutzkosten voll ersetzen könnte. Aufräumung meint
nämlich in der Regel nur die Beseitigung ganz oder nahezu wertloser Sachen
(W V 15) als Hindernisse der Reparatur oder der Wiederbeschaffung oder die
Wiederbeschaffung oder Wiederherstellung von Sachen, deren Beschädigung
im Rahmen der Hauptschadenreparatur notwendig ist oder aus Kostengrün-
den in Kauf genommen wird, W V 10 und 13.

Im Verhältnis zu den **Abbruchkosten**, ohnhin nur ein Unterfall der Aufräu- 17
mungskosten, W V 20, gilt ähnliches. Insbesondere der notwendige Abriß

von Gebäudeteilen, im Beispielskatalog der Definition für Bewegungs- und Schutzkosten besonders erwähnt, fällt unter beide Positionen und ist gegebenenfalls aus beiden Positionen zu entschädigen, W IV 10.

V. Aufräumungs- und Abbruchkosten

1   Aufräumungs- und Abbruchkosten als Vermögensfolgeschaden im Sinn von W I 1 werden versichert nach **6 und 7 ZFgA**, **§ 6 ZFgA 81 b** und **Kl 221** zu den AFB 30, AWB 68 und AStB 68, **§§ 2 Nr. 5 a AERB, 3 Nr. 3 a AFB 87, AERB 87, AStB 87, 3 Nr. 4 a AWB 87** (*Geschäfts V*), **§§ 1 Nr. 2 c VGB 62, 2 Nr. 1 a VGB 88** (*Wohngebäude*) sowie **§ 1 Nr. 2 b VHB 74** und **§ 2 Nr. 1 a VHB 84** (*Hausrat*). Soweit nur bewegliche Sachen versichert werden, entfällt die Alternative „Abbruch". Wegen des Verhältnisses zu der Entschädigung durch einen MonopolVr vgl. W IV 2. Wegen *persönlicher Tätigkeit des VN* und wegen *Arbeiten in eigener Regie* vgl. W I 23.

2   Stets handelt es sich um eine **gesonderte Position** neben den Positionen für die versicherten Gebäude und beweglichen Sachen (Martin VersR 73, 290 zu den VHB von 1966), und zwar auf Erstes Risiko, S II 12 und W I 11. Nach § 18 Nr. 4 **und 6 VHB 84** darf die Kostenentschädigung zusammen mit der Hauptschadenentschädigung die VSumme nicht übersteigen. Auch ist gegebenenfalls UnterV des Hausrats zu berücksichtigen, vgl. S II 13 sowie W VI 3 für Gebäudeschäden. Das gleiche gilt gemäß **§ 15 Nr. 5 VGB 88** für Verträge mit GegenwartsVSumme. Außerdem gilt die „Entschädigungsgrenze" von 5% der VSumme gemäß **§ 17 Nr. 1 a VGB 88**, wobei die VSumme 1914 mit dem gleitenden Neuwertfaktor multipliziert wird. Rechtlich handelt es sich allerdings um eine VSumme für eine selbständige Position, W V 3 und S I 12. In der Industrie- und GeschäftsV umfaßt die Position auch die *Feuerlöschkosten*, W III 1. Abbruchkosten sind eine Unterfall der Aufräumungskosten und daher jetzt stets in derselben Position versichert, W V 2 der 2. Aufl. und W V 20.

3   Die **VSumme** wird in der *IndustrieV* frei vereinbart. In der sonstigen Geschäfts V beträgt sie nach der Pauschaldeklaration teils 1000 DM, teils 3000 DM und teils 10000 DM, vgl. auch U I 53 über das Zusammentreffen zweier Verträge mit unterschiedlicher VSummen. Für **Wohngebäude** beträgt die VSumme nach **§ 1 Nr. 2 c VGB 62** 1% der VSumme. Im Fall der *Gleitenden NennwertV* sollte nach S V 3 der 2. Aufl. sowie Böcker VW 79, 264 und Blanck VW 71, 483 die GegenwartsVSumme maßgebend sein, in die der VN die VSumme nach §§ 5 SGlN 79 a, SGlN 88 umwandeln kann. Inzwischen beweist aber § 15 Nr. 5 VGB 88, der die Entschädigung ausdrücklich nur in Verträgen mit GegenwartsVSumme begrenzt, daß jedenfalls für Rettungs- und Schadenermittlungskosten auch eine unbegrenzte Entschädigungspflicht über die VSumme 1914 hinaus nicht von vornherein versicherungstechnisch unmöglich ist. Da die VSumme 1914 in § 1 Nr. 2 c VGB 62 offensichtlich nicht „gemeint" ist, spricht § 5 AGBG *gegen jegliche Begrenzung* der Entschädigungspflicht für Aufräumungs- und Abbruchkosten in der Gleitenden NeuwertV von Wohngebäuden auch nach den VGB 62. Bei **Hausrat** beträgt die VSumme nach den VHB 74 nur 500 DM, während die VHB 84 lediglich

die Grenzen gemäß § 18 Nr. 4 und 6 kennen, S II 12, W I 7 und W V 2. Außerdem beschränken §§ 1 Nr. 2 c VGB 62, 2 Nr. 1 a VGB 88, 1 Nr. 2 b VHB 74, 2 Nr. 1 a VHB 84 den Ersatz auf die Trümmer des versicherten Gebäudes oder Hausrats, vgl. dazu W V 16.

Motiv für die gesonderte V und Maßstab für die VSumme ist, daß bei 4 *Gebäude-Totalschäden* VWert nur die Neubaukosten „auf der grünen Wiese" ersetzt werden, dies zwar einschließlich Planungskosten (Architektengebühren usw.), Q IV 105, aber ohne Kosten für die Beseitigung von Trümmern oder für den Abbruch der Ruine eines früher vorhandenen Gebäudes oder gar für die *Dekontamination* brandbedingt verseuchten Erdreichs oder brandbedingt verseuchter Gewässer; an Verseuchung und Dekontamination wurde allerdings auch bei Einführung der VMöglichkeit für Aufräumungskosten zu Beginn des 20. Jahrhunderts noch in keiner Weise gedacht, was bis heute nachwirkt, W V 30. Motiv ist ferner, daß bei *Gebäude-Teilschäden* die Beseitigung von Trümmern, soweit sie von Inventar (Maschinen usw.) herrühren, nicht zu den Reparaturkosten gehört. Nur die Beseitigung von Gebäudetrümmern, die während der Reparatur anfallen, sind Teile des Reparaturvorganges, R III 37. Aus dem Motiv, durch die KostenV eine Lücke zu füllen, kann indessen nicht geschlossen werden, daß die V der Aufräumungs- und Abbruchkosten auch wirklich nur eine Lücke füllte. Vielmehr ergeben sich aufgrund der gewählten Definition **Überschneidungen**, W V 20, die dem VN einerseits bei unzureichender VSumme für Aufräumungskosten und andererseits umgekehrt bei UnterV der Positionen des Hauptschadens zugute kommen, also ebenso wie bei Bewegungs- und Schutzkosten, vgl. W IV 10.

1. Im **Zusammenhang** – nicht notwendig: Kausalzusammenhang, W V 8 bis 5 11 – mit einem VFall müssen die Aufräumungskosten entstehen. Nach einem bei Raiser 93 abgedruckten sehr alten Klauselwortlaut genügte der Zusammenhang mit „einem *Schadenereignis,* gegen das die V genommen ist". Nur nach diesem früheren Text wäre die Ansicht von Engels VP 76, 40 richtig, wonach z. B. das durch Kl 3107 (früher 1103 und 1.04) dem Brand gleichgestellte Ereignis des Ausbrechens glühendflüssiger Schmelzmassen im Sinn von C I 53 zum Ersatz der Aufräumungskosten – Beseitigung der erstarrten Massen – auch dann verpflichtet, wenn die Schmelzmassen mit versicherten Sachen nicht in Berührung gekommen und daher keinen weiteren Schaden angerichtet haben. Im Bereich von Kl 3107 hat die Streitfrage aber nur geringe Bedeutung, denn ausbrechende Schmelzmassen führen nur recht selten *nicht* zu einem VFall. Oft tritt ein VFall mindestens insofern ein, als die auslaufenden Schmelzmassen das Behältnis über den Schaden an der Durchbruchstelle hinaus von außen beschädigen.

Die geltenden AVB verlangen jedoch für den Ersatz von Aufräumungsko- 6 sten nicht nur eine versicherte Schadenursache im Sinn der FeuerV, sondern einen VFall. Am deutlichsten sagen dies § 6 ZFgA 81 b und Kl 221 zu den AFB 30 sowie §§ 3 Nr. 3 a AFB 87, AERB 87, AStB 87, 3 Nr. 4 AWB 87, nämlich mit den Worten *infolge eines VFalles".* Auch § 2 Nr. 5 a AERB erfordert Kosten *„nach einem VFall".* § 2 Nr. 1 a VHB 84 erwähnt zwar nicht den VFall, sondern nur das Schadenereignis, deckt aber nur Kosten für das Aufräumen von Trümmern – (durch den VFall!) zerstörter oder beschädigter –

versicherter Sachen, was eine noch stärkere Einschränkung bedeutet, W V 16 (vgl. dort auch wegen §§ 1 Nr. 2 c VGB 62, 1 Nr. 2 b VHB 74). In § 2 Nr. 1 a VGB 88 werden sogar nebeneinander Zusammenhang mit einem VFall und Trümmer versicherter Sachen vorausgesetzt. Umgekehrt war 6 ZFgA zu den AFB 30 am wenigsten deutlich. Anders als in 7 ZFgA, wo sich die Frage aber ohnehin nicht stellte, weil Abbruchkosten ohne VFall kaum denkbar sind, fehlen in 6 ZFgA die Worte „im Schadenfall". Aber die Notwendigkeit des Zusammenhangs mit einem VFall ergibt sich auch aus dem Wort „*Schaden-stätte*" sowie aus den Worten „*weiteren Schaden*" (W I 13) in § 1 Nr. 6 AFB 30.

7   In der **Diebstahl**V wird man entgegen dem Wortlaut von §§ 2 Nr. 5 a AERB, 3 Nr. 3 a AERB 87 einen VFall auch weiterhin nicht voraussetzen dürfen, sondern ebenso wie bei Gebäudeschäden nach §§ 2 Nr. 5 AERB, 3 Nr. 3 c AERB 87 einen **Einbruchdiebstahlsversuch** genügen lassen müssen, vgl. ausführlich W VI 13 und 14 zu der entsprechenden Frage bei Gebäudeschäden. Andernfalls wären z. B. Aufräumungskosten nicht gedeckt, die dem VN entstehen, nachdem Einbrecher ein Warenlager durchwühlt hatten, dann aber gestört wurden und ohne Beute geflohen sind.

8   Ein **Kausalzusammenhang** zwischen VFall und Aufräumungskosten darf jedoch **nicht** verlangt werden, und zwar bei richtiger Auslegung auch nicht nach § 6 ZFgA 81 b, Kl 221 und § 3 Nr. 3 a AFB 87, AERB 87, AStB 87, 3 Nr. 4 a AWB 87 („infolge eines VFalls"). Vielmehr genügt es entgegen dem Wortlaut, daß VFall und Aufräumungskosten auf einer **gemeinsamen Dritturssache** beruhen, daß also ein zeitlicher und wirtschaftlicher Zusammenhang mit dem VFall besteht.

9   **Beispiel:** Ausgebrochene glühendflüssige Schmelzmassen beschädigen den Ofen, aus dem sie ausgetreten sind, von außen her, oder sie verursachen einen Sachschaden an sonstigen versicherten Sachen, C I 54. Hierbei ist gleichgültig, ob der Sachschaden an Gebäuden oder an beweglichen Sachen eingetreten ist, denn die Position der Aufräumungskosten wird **zu sämtlichen** übrigen **Positionen** vereinbart. Der erforderliche Zusammenhang kann nicht mit dem Hinweis verneint werden, die Aufräumung der erkalteten Massen wäre mit demselben Aufwand auch dann erforderlich geworden, wenn der Ausbruch nicht zu einem versicherten Sachschaden und daher nicht zu einem VFall geführt hätte, weil entweder die Durchbruchstelle anderswo gelegen hätte oder aber die betroffenen versicherten beweglichen Sachen anderswo gelagert worden wären.

10   Daß es genügt, wenn VFall und Aufräumungskosten auf einer gemeinsamen Dritturssache beruhen, folgt zunächst aus der oben W V 7 im Zusammenhang mit den AERB und AERB 87 dargelegten redaktionellen Ungenauigkeit der Worte „infolge eines VFalles". Ein weiteres Argument ist die Entstehungsgeschichte der Vorschrift. In der Industrie- und GeschäftsV fallen seit einer Textänderung im Jahr 1953 nicht mehr nur Trümmer und Reste versicherter Sachen, sondern auch sonstige Trümmer und Reste unter die V, W V 16; der Hinweis auf die versicherten Sachen wurde damals gestrichen. Die Entstehung von Trümmern *nicht* versicherter Sachen beruht nun aber meist nicht auf dem VFall (Beschädigung oder Zerstörung versicherter Sachen), sondern nur auf dem Brand als gemeinsamer Drittursache der Sachschäden an

den versicherten und der Sachschäden an den betroffenen nicht versicherter Sachen.

Aus dem Gesagten folgt, daß in der **IndustrieV** und in den sonstigen Ge- **11** schäftsV bis zur VSumme (W V 3) nicht nur der Abtransport *„gemischter"* Trümmer aus versicherten und nicht versicherten Sachen, sondern auch der Abtransport von **Trümmern** gedeckt ist, die **ausschließlich von nicht versicherten Sachen** herrühren, so z. B. der Trümmer eines abgebrannten fremden Nachbargebäudes, wenn das versicherte eigene Gebäude des VN nur Rußschäden an der Außenfassade erlitten hat. Die hier vertretene Auslegung – kein Ersatz ohne VFall, umfassender Ersatz nach VFall – kann zu etwas willkürlichen Ergebnissen führen; dergleichen wäre aber auch dann nicht vermeidbar, wenn man nach den zitierten und abgelehnten Gegenansichten entweder Kausalzusammenhang jedes einzelnen Aufräumungskostenbetrages mit dem VFall oder umgekehrt überhaupt keinen VFall voraussetzen wollte.

2. Die in W V 1 zitierten Bestimmungen gebrauchen in den Definitionen **12** der Aufräumungskosten das Wort „Schadenstätte". Daß als **Schadenstätte** etwa nur das versicherte Gebäude oder der vereinbarte VOrt für bewegliche Sachen oder nur das VGrundstück, G III 31 in Betracht kommen soll, auf dem das Gebäude oder der VOrt liegt, sagen jene Bestimmungen aber nicht. Schadenstätte können vielmehr **auch Bereiche außerhalb des VGrundstücks** sein, und zwar ohne eine Begrenzung auf grundbuchrechtlich unmittelbar angrenzende Grundstücke oder auf bestimmte Entfernungen vom VOrt oder auf das Gebiet der politischen Gemeinde, in dem der VOrt liegt. Gegen eine Auslegung des Begriffes „Schadenstätte" im Sinn von „VOrt" spricht auch, daß **für Gebäude kein VOrt** vereinbart zu werden pflegt, vgl. den Wortlaut von § 4 Nr. 1 AFB 87. Außerdem: Soweit die Umrisse eines Gebäudes mit dem Betriebsgrundstück übereinstimmen, wäre eine Beschränkung der Deckung für Aufräumungskosten auf den VOrt oder auf das „VGrundstück" im Sinn von G III 31 mit dem Vertragszweck im Sinn von § 9 Abs. 2 Nr. 2 AGBG nicht vereinbar, denn dann bestünde schon dann kein VSchutz für Aufräumungskosten, wenn durch Brand Trümmer oder Inventarreste auf eine unmittelbar angrenzende öffentliche **Straße** fallen. Jedenfalls kann nicht schon die bloße Tatsache, daß der Vr Vereinbarungen nach Kl 3301 anbietet, zu einer engeren Auslegung des Begriffes der Aufräumungskosten gemäß § 3 Nr. 3 a AFB 87 führen, K I 6 und W V 38.

Aufräumung kann daher auf dem gesamten VGrundstück und in dessen **13** Umgebung stattfinden, z. B. in Hofräumen, Werkstraßen, Park- und Gartenflächen des betroffenen Gebäudes sowie der Nachbargebäude. Bei sog. **Umweltschäden** (W V 25) kommen auch **weiter entfernte Grundstücke** in Betracht. Es kann sich sowohl um Grundstücke im Privateigentum wie auch z. B. um öffentliche Verkehrsflächen oder um Gewässer (Flüsse oder Seen) oder um eine Kanalisation (in die z. B. geschmolzenes Fett oder sonstige schwer zu entfernende Stoffe gelangt sind) – jeweils einschließlich Grundwasser – handeln. Da der VN Aufräumungsmaßnahmen außerhalb seines Betriebsgrundstücks nur durchführen wird, soweit er dazu rechtlich verpflichtet ist, sei es vertraglich oder nach §§ 823, 836 ff, 1004 BGB, kann DoppelV mit einer HaftpflichtV bestehen, vgl. W V 29.

14   3. „Aufräumung" enthält vom Wortsinn her zwei Komponenten. Es müssen Sachen oder Sachteile **räumlich verändert** („geräumt") werden, und zwar in der Regel **endgültig** („auf-"). Eine mehrfache räumliche Veränderung innerhalb des VOrts begründet nicht Aufräumungs-, sondern allenfalls Bewegungs- und Schutzkosten im Sinn von W IV 1, vgl. näher W V 41 zu den möglichen Zwecken des Aufräumungsvorgangs. Von dieser Einschränkung abgesehen darf es sich aber um Bewegungsvorgänge sowohl innerhalb des VOrts wie auch nach außerhalb oder von vornherein außerhalb des VOrts handeln. Auch über die Art der aufzuräumenden Sachen oder Sachteile sagen die AVB nichts. Grundsätzlich kommen daher als Objekt eines Aufräumungsvorganges sowohl **unbeschädigte Sachen,** W V 40, wie auch **beschädigte oder zerstörte Sachen** oder Teile davon in Betracht, und zwar in letzterem Fall sowohl versicherte Sachen (W V 16; wichtigstes Beispiel: Abbruch unbrauchbarer Teile versicherter Gebäude oder Maschinen usw, W V 20) wie auch nicht versicherte Sachen, vgl. W V 25 wegen verseuchten Erdreichs und verseuchter Grundstücksbestandteile.

15   a) **Objekt der Aufräumung** sind meist Schutt (Trümmer) oder sonstige Reste, die als unbrauchbar in einem anderen Teil des VGrundstücks oder in eine Deponie gebracht oder als Altmaterial verkauft oder innerhalb oder außerhalb des VOrtes anderswo verwendet werden sollen. „Aufräumung" läßt sich allerdings nicht allein durch das Objekt des Vorganges definieren, sondern muß auch den **Zweck** des Vorganges berücksichtigen, W V 39. Insbesondere die mehrfache Bewegung ein- und desselben Objektes innerhalb des VOrtes oder des VGrundstückes ist meist nicht Aufräumung, W I 41, sondern dient von ihrem Zweck her allein der Reparatur und verursacht daher lediglich Reparaturkosten als Teil des Hauptschadens oder allenfalls Bewegungs- und Schutzkosten im Sinn von W IV 1. Ein Ersatz als Aufräumungskosten scheitert dann aber nicht am Objekt, sondern am Zweck des Bewegungsvorgangs.

16   Schutt oder sonstige Reste, die aufgeräumt werden, können von beschädigten versicherten Sachen oder von **nicht versicherten** Sachen im Bereich der Schadenstätte herrühren. Dieser Grundsatz gilt aber nur in der IndustrieV sowie in der sonstigen GeschäftsV, wo entsprechende Einschränkungen in den AVB- und Klausel-Definitionen im Jahr 1953 gestrichen worden waren, W V 10. Für die **HausratV** und die **WohngebäudeV** beschränken **§ 2 Nr. 1 a VHB 84, VGB 88** den Begriff auf Kosten des Transportes von Trümmern und Resten **versicherter Sachen.** Diese Beschränkung ist allerdings wegen § 9 Abs. 2 Nr. 2 AGBG großzügig auszulegen, weil sonst der Vertragszweck nicht erreicht würde. Untrennbar **vermischte Trümmer** versicherter und nicht versicherter Sachen sind auch in der Hausrat- und WohngebäudeV Gegenstand des Aufräumungskostenersatzes; ein proportionaler Abzug darf nicht gemacht werden. – Weniger deutlich sind die Worte „......-kosten, soweit sie die versicherten Sachen betreffen" in §§ 1 Nr. 2c VGB 62, 1 Nr. 2b VHB 74. Diese Worte sind gemäß § 5 AGBG dahin auszulegen, daß sie nur Zusammenhang mit einem VFall im Sinn von W V 6, nicht aber Herkunft der Trümmer von versicherten Sachen verlangen. Wirft also Sturm einen entwurzelten Baum auf ein Gebäude, so kann nach dem VGB 62 (anders nach dem VGB 88) Ersatz der Aufräumungkosten für das Zersägen und den Abtransport verlangt werden.

Keine der in W V 1 zitierten AVB-Bestimmungen sagt etwas über die 17
chemische oder physikalische Beschaffenheit der Objekte der Aufräumung aus.
Insbesondere wird eine Mindestgröße oder ein Mindestgewicht nicht verlangt. Es kann sich daher nicht nur um Sachen oder Sachteile handeln, die
eine Person mit bloßem Auge wahrnehmen und mit Händen greifen kann,
sondern auch um kleine und kleinste Partikelchen, also insbesondere um feste
oder flüssige Giftstoffe, mit denen andere Sachen und insbesondere Grund und
Boden beaufschlagt oder von denen Erdreich durchdrungen ist. In letzterem
Fall wird das Erdreich insgesamt zu einem Objekt der Aufräumung.

Hatten die Giftstoffe vor dem Brand zu den versicherten Sachen gehört 18
oder sind die Giftstoffe durch chemische Vorgänge aus versicherten Sachen
entstanden, so besteht nach dem Brand das durchdrungene Erdreich immer-
hin zum Teil aus Überresten versicherter Sachen im Sinn von W V 16. Die
Voraussetzungen des Aufräumungskostenersatzes sind dann auch in der
HausratV und in der WohngebäudeV erfüllt. Rühren die Giftstoffe allerdings
ausschließlich von nicht versicherten Sachen her, z. B. von nicht versichertem
Inventar, so könnte – im Beispiel aus einem WohngebäudeVVertrag – für die
Aufräumung durch Dekontamination Entschädigung nicht verlangt werden.
In der IndustrieV und der sonstigen GeschäftsV kommt es auf die Herkunft
der aufzuräumenden Sachen oder Sachteile ohnehin nicht an, W V 16.

b) Der Begriff der Aufräumung steht nach dem maßgebenden (BGH NJW- 19
RR 88, 1050 = RuS 244 = VerBAV 331) Sprachgebrauch des täglichen Lebens in einem gewissen Gegensatz zu dem Begriff der Reparatur. Daraus darf
jedoch nicht geschlossen werden, Reparaturkosten als Hauptschadenentschädigung gemäß § 11 Nr. 1 b AFB 87 usw. einerseits und Aufräumungskosten
andererseits könnten sich begrifflich niemals überschneiden. Im Gegenteil.
Die Beseitigung (räumliche Veränderung) nicht wieder verwendbarer Teile
einer beschädigten Sache ist ein besonders charakteristischer und häufiger
Fall von Aufräumung, W V 14. Andernfalls wäre der in der Hausrat- und
WohngebäudeV gemäß W V 16 sogar ausdrücklich auf versicherte Sachen
begrenzte Aufräumungskostenersatz nahezu wertlos und würde dem Vertragszweck nicht gerecht.

Abbruchkosten – jedenfalls soweit sie als Folge eines bloßen Teilschadens 20
im Zuge einer Reparatur anfallen – sind ein besonders typisches Beispiel für
die begriffliche Überschneidungsmöglichkeit zwischen den Vorgängen der
Reparatur und der Aufräumung, denn ein Abbruch ist ein bloßer Unterfall von
Aufräumung. Der Abbruch stehengebliebener Teile im Sinn der AVB-Definitionen der Abbruchkosten gemäß W V 1 bedeutet die Beseitigung von Repa-
raturhindernissen und damit auch im Sinn des Zweckes des Vorgangs „Aufräumung", W V 40, zugleich aber auch bereits einen Anfang der Reparatur.

Unter stehengebliebenen Teilen im Sinn der AVB-Definitionen dürfen je- 21
doch nur Teile von versicherten Gebäuden oder Maschinen usw. verstanden
werden. Andernfalls würde nicht nur der Kausalzusammenhang, sondern
auch der gemäß W V 8 stets erforderliche wirtschaftliche Zusammenhang mit
dem VFall fehlen. Ist in einem Vertrag nur Inventar versichert, so wird der
Abbruch von Gebäudeteilen nicht ersetzt. Solange Abbruchkosten als gesonderte Position versichert wurden, W V 2, geschah dies von vornherein nur in

Verträgen, durch die auch oder nur Gebäude oder große Maschinen usw. versichert waren. Wegen Abbruchkosten bei Teilschäden vgl. unter dem Gesichtspunkt des Zweckes dieses Vorganges W V 42 und 43.

22   c) Obwohl sich Aufräumungs- und Reparaturkosten mit Bezug auf versicherte Sachen überschneiden können, W V 19, besteht dennoch ein Gegensatz zwischen den Begriffen in der Aufräumung und der Reparatur, und zwar mit Bezug auf nicht versicherte Sachen. Die **Reparatur nicht versicherter Sachen**, die durch den VFall einen Folgeschaden erlitten haben, bedeutet begrifflich **nicht Aufräumung.** Auch der Abtransport von versicherten Sachen zum Schutz gegen weitere Schäden oder zur Reparatur ist nicht Aufräumung, sondern begründet allenfalls Rettungskosten oder einen Teil des Hauptschadens mit Bezug auf einen etwaigen anderen VVertrag, durch den jene nicht versicherten Sachen ihrerseits versichert sind. Dieses Ergebnis ist auch wirtschaftlich gerechtfertigt, denn der VN hat die Möglichkeit, die nicht versicherten Sachen in den VVertrag einzubeziehen oder für sie einen gesonderten VVertrag abzuschließen.

23   Nicht versicherte Sachen oder Teile von nicht versicherten Sachen können allerdings **Gegenstand der Aufräumung** werden, soweit sie einen **Totalschaden** erlitten haben oder soweit im Fall einer Reparatur **nicht wieder verwendbare Teile** zurückbleiben. Der Abtransport der Trümmer durch einen Folgeschaden total zerstörter nicht versicherter Sachen oder Sachteile kann Aufräumung mit Bezug auf den bestehenden VVertrag begründen, wenn die Voraussetzungen des Aufräumungskostenersatzes gegeben sind. Im Verhältnis zu einem etwaigen *anderen* VVertrag für die *nicht* versicherten Sachen besteht dann *DoppelV.*

24   Ein instruktives Beispiel bietet Grund und Boden sowie die mit ihm verbundenen **Grundstücksbestandteile**, insbesondere Tiefbauwerke, z. B. Hofbefestigungen oder Werkstraßen, sowie gärtnerische Anlagen. Sind diese ihrerseits nicht versichert, erleiden aber durch einen VFall, der versicherte Sachen betroffen hat, einen **Folgeschaden,** so ist deren Reparatur grundsätzlich **nicht** aus der Aufräumungskostenposition desjenigen Vertrages zu entschädigen, in dem diese Sachen eingeschlossen oder aus dem sie sogar ausdrücklich ausgeschlossen worden sind. Das Gesagte gilt aber auch für nicht versicherte Gebäude und beweglichen Sachen. Deren Entseuchung begründet keine Aufräumungskosten, selbst wenn die Giftstoffe von versicherten Sachen herrühren; anders wenn die Entseuchung nicht lohnt und es sich daher um die Entsorgung verseuchter und unbrauchbarer Reste nicht versicherter Sachen oder Sachteile handelt, W V 25.

25   Anders ist die Rechtslage, wie bereits in W V 24 erwähnt, mit Bezug auf nicht wieder verwertbare **Trümmer nicht versicherter Sachen,** zumal diese sich oft untrennbar mit Trümmern versicherter Sachen vermischen. Die Beseitigung der Trümmer – nicht aber der Neubau oder die sonstige Wiederherstellung der Sachen, W V 27 – begründet dann Aufräumungskosten, falls die AVB nicht eine Beschränkung enthalten, W V 16. Eventuell besteht DoppelV mit dem anderen VVertrag, durch den die Grundstücksbestandteile gegen dieselbe Gefahr versichert sind. Besonders bedeutsam sind diese Feststellungen mit Bezug auf **Umweltschäden** durch **Beaufschlagung von Grund und Bo-**

den oder **Durchdringung von Erdreich** mit Giftstoffpartikeln, die von versicherten Sachen herrühren.

Das Abtragen oder der Aushub kontaminierten Erdreichs oder kontami-   26
nierter Reste von Grundstücksbestandteilen ist nicht nur Hauptschaden zu
demjenigen Vertrag, durch den die Grundstücksbestandteile vielleicht ihrerseits versichert sind, sondern begründet zugleich **Aufräumungskosten** mit Bezug auf denjenigen Vertrag, durch den die Sachen versichert sind, von denen
die Kontamination herrührt. Dieses Ergebnis ist Folge davon, daß das Wort
„Schadenstätte" den Ersatz von Aufräumungskosten nicht auf den VOrt begrenzt, W V 12 und daß auch kleinste Partikelchen der versicherten Sachen –
selbst wenn sie erst infolge des VFalles durch einen chemischen Vorgang
entstanden sind – ihre Eigenschaft als Überreste der versicherten Sachen nicht
verlieren, W V 17. Auch das wirtschaftliche Motiv der Aufräumungskostenposition, nämlich die Entschädigung von Kosten, die über den VWert der
versicherten Sachen hinaus anfallen, W V 4, spricht für diese Auslegung des
Begriffs der Aufräumung.

Zweifelhaft und eher **zu verneinen** ist jedoch die Entschädigungspflicht für   27
die Kosten der **Wiederherstellung des früheren Zustandes** von Grund und Boden nach einer Dekontamination durch Abtragen oder Aushub. Zwar bilden
die Kosten des Wiederauffüllens ausgehobener Vertiefungen oder abgetrage-
ner Flächen wirtschaftlich mit den Dekontaminationskosten eine Einheit.
Während aber Abtragen, Aushub und Abtransport der kontaminierten Massen als Wiederherstellung der „Ordnung" (Freiheit der Schadenstätte von
wertlosen und unerwünschten Überresten, W V 40) und damit als Aufräumung im Sinn des Sprachgebrauchs des täglichen Lebens verstanden werden
können, gilt dies für das Wiederauffüllen usw. nicht. Das **Wiederauffüllen**
stellt vielmehr einen Wiederherstellungsvorgang dar, gegen den VSchutz nur
durch einen VVertrag für Grund und Boden, Grundstücksbestandteile usw.
erlangt werden kann, W V 25. Eine weitere Möglichkeit besteht im Abschluß
einer besonderen Vereinbarung im Sinn des Entwurfes einer Kl 3301, W V 32.

Die in W V 24 bis 27 behandelten Umweltschäden können auf unterschied-   28
liche Art und Weise verursacht werden. Insbesondere können Behälter durch
Brand beschädigt werden und auslaufen. Durch Verbrennung, Erhitzung
oder Durchnässung können sich giftige Giftstoffe entwickeln und durch Winde oder
Witterungsniederschläge auf umliegendes Gelände geleitet werden. Durch
Löschwasser können Chemikalien in das Erdreich und das Grundwasser
umliegender Grundstücke gespült werden. In letzterem Fall, also bei der
Beseitigung von **Schäden durch Löschwasser**, sind die entstandenen Kosten
zugleich als **Rettungskosten** zu entschädigen, vgl. W II 18 und 21.

d) Gerade weil der Begriff „Aufräumungskosten" keine räumliche Begren-   29
zung enthält, darf gemäß der Zweifelsregel des § 80 Abs. 1 VVG durch die
Aufräumungskostenposition **nur eigenes Interesse des VN** als **versichert** angesehen werden. Der Vr braucht also Aufräumungskosten nur zu entschädigen,
soweit mangels Deckung durch einen VVertrag der VN die Kosten selbst
tragen müßte. Bei eigenen Grundstücken des VN versteht sich die Belastung
des VN mit den Kosten von selbst. Bei gemieteten oder gepachteten Grundstücken kann sich die Haftung des VN aus dem Miet- oder Pachtvertrag

ergeben. Bei benachbarten Grundstücken in fremdem Eigentum oder Besitz besteht ein versichertes **Sachersatzinteresse** des VN immer dann, wenn dieser dem Eigentümer oder Besitzer gegenüber zum Schadenersatz in Form einer Dekontamination verpflichtet ist. Dadurch entsteht gegebenenfalls **DoppelV** zwischen der Aufräumungskostendeckung aus dem SachVVertrag und einer etwaigen **HaftpflichtV** desselben VN. Ansprüche gegen mithaftende Dritte gehen entweder nach § 67 VVG auf den Versicherer über, oder der Vr kann die Entschädigung von der Abtretung solcher Ansprüche abhängig machen.

30   4. Die SachVr verstehen die Begriffe der Aufräumung und der Schadenstätte vielfach enger, W V 4, und zwar insbesondere mit Bezug auf Umweltschäden. Sie wollen entgegen W V 12 unter Schadenstätte nur das Grundstück im grundbuchrechtlichen Sinn verstehen, auf dem das versicherte Gebäude oder eines von mehreren versicherten Gebäuden oder der VOrt für bewegliche Sachen liegt. Giftstoffe werden entgegen W V 17 nicht als Teile der versicherten Sachen anerkannt, soweit sie sich mit anderen Sachen vermischt oder diese beaufschlagt haben. Ob durch den Brand eine chemische Umwandlung stattgefunden hat oder nicht, ist auf diese Betrachtungsweise ohne Einfluß.

31   Da es sich gerade bei den Kosten durch Umweltschäden um hohe Beträge handeln kann, benötigt der VN möglichst absolute rechtliche Sicherheit. Mit der bloßen Mögichkeit eines Erfolges in einem Deckungsprozeß über den streitigen Begriff der Aufräumungskosten ist dem VN meist nicht hinreichend gedient. Teilweise werden daher Umweltschäden bereits jetzt ausdrücklich mitversichert, sei es durch erweiternde Definition des Begriffes der Aufräumungskosten gegen **Prämienzuschlag** oder sei es durch eine **gesonderte Vertragsposition** für Dekontaminationskosten, deren Prämiensatz über demjenigen der Aufräumungskosten im herkömmlichen Sinn des Verständnisses der SachVr liegt.

32   Ein einheitlicher Text für den Einschluß von Dekontaminationskosten hat sich noch nicht entwickelt und wird wegen der Genehmigungsfreiheit von wiederkehrend zu verwendenden Texten für Industrierisiken vielleicht auch in Zukunft nicht zustande kommen.[1]

33   Solche und ähnliche Klauseltexte werfen auch ihrerseits Rechtsprobleme auf. Zu den **Kosten der Ablagerung** gemäß Nr. 1 b gehören je nach Tarifgestaltung der Deponie nicht nur **Einmalkosten**, sondern auch wiederkehrend zu zahlende Beträge. Überraschend wirkt die Beschränkung durch Nr. 3 Abs. 1 der Klausel auf **Mehrkosten**, die **durch den VFall verursacht** werden, denn im Bereich der versicherten Sachen kennen die AVB der SachV eine entsprechende Beschränkung sowie den Abzug nicht schadenbedingter Kosten grundsätzlich nicht, R II 18, weil ein solcher Abzug insbesondere mit den Grundsätzen der NeuwertV von Gebäuden und Gebrauchsgegenständen nicht vereinbar wäre. Problematisch ist auch die **Beweisführung**. Die Tatsache einer vorhandenen **Altlast** für den Vr als Beweislastträger sowie die Höhe der **Mehrkosten** infolge des VFalles für den VN als Beweislastträger sind gleichermaßen schwer zu beweisen. Möglicherweise soll Nr. 2 b dem Vr

---

[1] Die Klausel Nr. 3301 zum Einschluß von Dekontaminationskosten wurde 1990 genehmigt und ist in Texte 34 abgedruckt.

je nach Formulierung der behördlichen Anordnung einen Teil seiner aus Nr. 3 Abs. 1 abzuleitenden Beweislast abnehmen.

Zweifelhaft ist, ob die Beschränkung auf Kosten infolge von **behördlichen** 34 **Anordnungen** mit § 9 Abs. 2 Nr. 2 AGBG („Vertragszweck") vereinbar ist, denn sie benachteiligt denjenigen VN, der besonders korrekt handeln oder der den Wiederaufbau beschleunigen will und deshalb behördlichen Anordnungen durch Dekontaminationsmaßnahmen zuvorkommt. Aus den gleichen Gründen erscheint auch die Beschränkung auf solche behördlichen Anordnungen angreifbar, die innerhalb einer **Frist von sechs Monaten** ergehen. Es ist weitgehend Zufall, ob die Behörde zuerst eingehend mit dem Betroffenen verhandelt und deshalb die Anordnungen relativ spät erläßt oder ob die Behörde die Anordnungen rasch erläßt und die Diskussion in das Widerspruchs- und Rechtsmittelverfahren verlagert.

Die **Dreimonatsfrist** für die „Meldung" **gegenüber dem Vr** gemäß Nr. 2 c 35 könnte trotz der verbalen Übereinstimmung mit § 7 Nr. I 1 Abs. 1 Satz 2 AUB 88 eine **verhüllte Obliegenheit** darstellen, jedenfalls außerhalb des Bereichs der Industrierisiken, für den § 15 a VVG außer Kraft gesetzt werden soll. Es ist zweifelhaft, ob die Rechtsprechung dem FeuerVr ein ähnlich übergeordnetes Interesse am Ausschluß von Spätschäden (genauer: von spät gemeldeten Schäden) zubilligen würde wie dem UnfallVr. Allerdings wird nur selten zu beweisen sein, daß die verspätete Meldung nicht auf einem Verschulden des VN oder eines seiner Repräsentanten beruht oder daß die Verspätung ohne Einfluß auf den Umfang der Entschädigungspflicht geblieben ist.

Rechtlich von besonderem Interesse ist Nr. 8 des in W V 32 wiedergegebe- 36 nen Entwurfs einer Kl 3301. Dort wird der in W V 30 wiedergegebene Standpunkt der SachVr zur **Auslegung von** § 3 Nr. 3 a AFB 87 über Aufräumungskosten **zum Vertragsinhalt** gemacht. Nr. 8 schließt „Kosten gemäß Nr. 1" aus. Weiter als Nr. 1 der Klausel reicht der Ausschluß keinesfalls. Er bezieht sich z. B. nur auf Erdreich und nicht schlechthin auf Grund und Boden einschließlich Tiefbauwerken und gärtnerischer Anlagen, W V 24 bis 26, und nicht auf benachbarte, sondern nur auf eigene oder gepachtete Grundstücke des VN. Auf die Einschränkungen in Nr. 2 und Nr. 3 der Klausel wird in Nr. 8 nicht Bezug genommen. Damit würde der Ausschluß, haftete man streng am Wortlaut, sogar weiter reichen als die Wirkung durch Kl 3301. Die so entstehende Lücke in der VMöglichkeit, vielleicht sogar Nr. 8 der Klausel insgesamt, könnte als überraschend empfunden werden, denn sie stellt einen VN, der gegen Mehrprämie eine zusätzliche Vertragsposition für Dekontaminationskosten vereinbart, schlechter als denjenigen, der eine solche Mehrprämie nicht aufwendet.

Gegen eine Anwendung von § 3 AGBG spricht indessen, daß man Nr. 8 37 neben der Prämie für die zusätzliche Vertragsposition als Teil der Gegenleistung des VN für die partielle Deckung von Dekontaminationskosten ansehen könnte. Allerdings wäre dieser Teil der Gegenleistung des VN relativ um so höher, je niedriger die VSumme für die zusätzliche Vertragsposition gewählt wird. Vielleicht wäre es daher ein angemessener Mittelweg, im Wege der **AGBG-konformen Auslegung** nur solche Aufwendungen aus dem VSchutz gemäß § 3 Nr. 3 a AFB 87 ausgeschlossen anzusehen, die nicht durch Nr. 2 und Nr. 3 von Kl 3301 auch aus der Zusatzdeckung ausgeschlossen werden.

38   Soweit sich der Antragsteller bei Abschluß der Vereinbarung gemäß Kl 3301 der durch Nr. 8 der Klausel ausgeschlossenen Auslegungsmöglichkeiten zu § 3 Nr. 3a AFB 87, also der Substanz dieses Teils seiner Gegenleistung im Sinn von W V 37 für die vereinbarte Zusatzdeckung, erkennbar nicht bewußt ist, besteht eine entsprechende **Beratungspflicht des Vr.** Wird freilich der VN durch einen erfahrenen Makler vertreten, so darf der Vr mangels gegenteiliger Anhaltspunkte meist unterstellen, der Makler werde den Antragsteller (VN) als seinen Auftraggeber rechtzeitig entsprechend aufklären. Eine Schadenersatzpflicht des Vr wegen unzureichender Beratung wird daher nur selten in Betracht kommen. Wo sie dennoch zu bejahen wäre, hätte der Vr Nr. 8 der Klausel im Wege der Naturalrestitution im Sinn von § 249 BGB als nicht geschrieben anzusehen und sich mit dem VN nach einem einschlägigen VFall über die richtige Auslegung von § 3 Nr. 3a AFB 87 auseinanderzusetzen. Jedenfalls kann nicht schon die bloße Tatsache, daß der Vr Vereinbarungen nach Kl 3301 anbietet, zu einer engeren Auslegung des Begriffes der Aufräumungskosten gemäß § 3 Nr. 3a AFB 87 führen, K I 6 und W V 12.

39   5. Der **Zweck** der Aufräumung kann **beliebig** sein. Der Begriff der Aufräumung beschreibt bereits für sich allein Nahziel jeder Aufräumungsmaßnahme, nämlich die Veränderung einer unerwünschten räumlichen Lage von Sachen oder Sachteilen, W V 14. Zu diskutieren bleibt daher nur, ob eine Maßnahme den Charakter einer Aufräumungsmaßnahme durch ihr Fernziel verlieren kann. Häufigster Zweck ist Wiederaufbau oder Reparatur eines beschädigten Gebäudes. Entgegen Raiser 92 kommt es nicht darauf an, ob die Aufräumung auch ohne Wiederaufbau nötig gewesen wäre. Raiser versucht hier ohne genügenden Anhalt im Wortlaut Überschneidungen mit der Hauptschadenentschädigung zu vermeiden, vgl. hiergegen W V 4, 19 und 47 Trümmerbeseitigung vor und wegen Wiederaufbau ist sogar der wichtigste Fall von Aufräumungsmaßnahmen. Wegen Überschneidungen zwischen den Bewegungs- und Schutzkosten, den Aufräumungskosten und den Abbruchkosten vgl. W V 40 und 41.

40   Weiterer möglicher Zweck des Aufwandes von Aufräumungskosten ist es, den räumlichen Bereich der Schadenstätte wieder bestimmungsgemäß als Geschäfts- oder Wohnbereich oder als Verkehrsgrund usw. brauchbar zu machen, also **Hindernisse** für *andere Vorgänge* (als für Wiederaufbau oder Reparatur) zu **beseitigen.** Ein Zusammenhang mit der Behebung des Hauptschadens schließt also Aufräumungskosten zwar nicht aus, W V 43, ist aber andererseits auch nicht erforderlich. Unter Aufräumen fällt z.B. das Beseitigen von Schmutz, der durch den VFall oder durch die Reparatur entsteht, R III 40. Hierher gehört ferner das **Ordnen, Einräumen, Zurechtrücken usw.** **unbeschädigter Sachen,** W V 14, sowie die Wiederherstellung der **ursprünglichen räumlichen Lage** reparierter versicherter Gebrauchsgegenstände innerhalb des VOrtes, R III 37.

41   Bei räumlichen Veränderungen unbeschädigter Sachen kann sich **DoppelV** sowohl im Verhältnis zur Hauptschadenentschädigung wie auch im Verhältnis zur Position für Bewegungs- und Schutzkosten im Sinn von W IV 4 ergeben. Im Hinblick auf die gesonderte VMöglichkeit sowohl für den Hauptschaden wie für Bewegungs- und Schutzkosten darf der **Begriff** der **Aufräu-**

mung in diesem Punkt **nicht zu weit** ausgelegt werden. Insbesondere wenn unbeschädigte Sachen im Zusammenhang mit dem VFall und der anschließenden Reparatur *mehrmals hintereinander* bewegt werden müssen, handelt es sich überhaupt nicht um Aufräumung, sondern ausschließlich um versicherten Hauptschaden und (oder) um Bewegungs- und Schutzkosten.

Möglicher Zweck ist ferner der **Verkauf von Resten** versicherter Sachen als 42 Altmaterial an Schrott- und sonstige Gebrauchswarenhändler. Dies gilt zweifelsfrei für den *Abbruch* stehengebliebener Teile, W V 20, denn es macht nach dem Wortlaut keinen Unterschied, ob für die abzubrechenden Teile noch ein Erlös erzielt werden kann. Ebenso gilt es zweifelsfrei für das *Aufladen* auf Fahrzeuge an der Schadenstätte. Weniger klar ist, ob auch die Kosten für den *Abtransport* bis zum Betrieb des Käufers gedeckt sind, was z. B. Böcker VW 79, 263 verneint. Es wäre aber willkürlich, den Abtransport von Teilen nur zu decken, wenn sie wertlos sind, dagegen schon dann nicht, wenn auch nur ein ganz geringer Erlös (bei Lieferung frei Grundstück des Schrotthändlers) erzielt werden kann. Daher ist die Frage mit Engels VP 77, 161 zu bejahen.

Konsequenz ist allerdings, daß der VN einen Teil des *Hauptschadens* in die 43 Aufräumungskosten *verlagern* kann, indem er nämlich höhere Abbruch- und Abtransportkosten (**Gewinnungskosten**) in Kauf nimmt, um dadurch auf einen höheren Betrag anrechenbarer Reste zu kommen, R II 27. Daran ist er interessiert, wenn für den *Hauptschaden UnterV* besteht, die versicherten Aufräumungskosten aber nicht voll ausgeschöpft sind. Dies gilt gleichermaßen bei Totalschäden wie bei *Teilschäden*. Die **Beseitigung von Gebäudetrümmern** (W V 4 und 15) gehört sowohl zu den Reparaturkosten nach einem Teilschaden wie zu den Aufräumungs- und Abbruchkosten, vgl. Engels VP 79, 103 und zur Berechnung Neurohr RuS 79, 62.

Aufräumung ist in erster Linie ein Bewegungsvorgang. Bei bloßer Reini- 44 gung sowie bei unbeschädigten Sachen, die geordnet, eingeräumt oder zurechtgerückt werden, W I 40, beschränkt sich die Bewegung ohnehin auf den VOrt. Im Regelfall, nämlich bei Schutt und Resten, ist der *Abtransport* zur nächsten Ablagerungsstätte versichert. Überwiegend sind in den Bestimmungen gemäß W V 1 auch die – einmaligen oder wiederkehrenden, W V 33 – **Ablagerungskosten** erwähnt; diese Kosten waren jedoch sinngemäß auch schon nach 6 ZFgA gedeckt, und zwar unabhängig von ihrer Höhe bis zum Betrag der VSumme. Insbesondere bei *umweltschädlichen Stoffen* können die Ablagerungskosten hoch sein. Welches die „nächste" (zulässige) Ablagerungsstätte ist, kann von der Art der Stoffe abhängen. Ist ausnahmsweise unter Berücksichtigung der Ablagerungskosten und trotz höherer Transportkosten die entferntere Ablagerungsstätte die billigere, so sind nur deren Kosten gedeckt, ohne daß es auf § 62 VVG und auf Verschulden ankäme.

6. **Überschneidungen** mit anderen Vertragspositionen sind möglich und 45 bewirken DoppelV. Der VN kann den Vr bis zur Höhe des Schadens aus beiden Positionen in Anspruch nehmen, S I 32 und 40. Dies ist praktisch bedeutsam, wenn eine der VSummen nicht ausreicht oder für den Hauptschaden UnterV besteht.

Auf Anhieb scheinen §§ 1 Nr. 6 AFB 30, 1 Nr. 5 AEB, 10 Nr. 2 AERB 46 dieser Ansicht entgegenzustehen und Überschneidungen auszuschließen.

Nach diesen Vorschriften wird ein „*weiterer Schaden*" nur nach besonderer Vereinbarung ersetzt, wobei als Beispiel „insbesondere Aufräumungskosten" erwähnt werden. Dieselben Überlegungen gelten zu §§ 11 Nr. 2 AFB 87, AERB 87, 11 Nr. 3 AWB 87, AStB 87, wo zwar nicht schlechthin „weitere Schäden", wohl aber alle gemäß § 3 aaO versicherbaren Kosten ausgeschlossen werden.

47   Tatsächlich schließen diese Vorschriften Überschneidungen aber *nicht* aus. Die Hauptschadenentschädigung nach den AFB 30, AFB 87 usw. hat einen bestimmten sachlichen Umfang. Dieser wird nicht dadurch kleiner, daß der VN Aufräumungs- und Abbruchkosten *versichert*, die so definiert sind, daß sich eine Überschneidung ergibt. Wer gegen zusätzliche Prämie eine zusätzliche Position bildet, will dadurch nicht den Schutz aus einer anderen Position vermindern. Das Gegenteil müßte deutlicher gesagt sein, wenn es gewollt wäre, W I 15. Folgerichtig darf auch gegen diejenigen VN, die Aufräumungskosten *nicht versichert* haben (praktisch ohnehin kaum vorstellbar) kein Schluß im Sinn einer engeren Begrenzung des Hauptschadens gezogen werden. Der Umfang der Deckung aus einer Position kann nicht von der V einer anderen Position abhängen. Ein Schluß, der sich im Fall einer zusätzlichen Position verbieten würde, kann auch nicht ohne diese zusätzliche Position richtig sein.

48   Wichtigster Überschneidungsfall ist der **Gebäudeteilschaden**. Ein etwa nötiger Teilabbruch sowie die Beseitigung von Trümmern und Resten begründen sowohl entschädigungspflichtigen Hauptschaden wie auch Aufräumungskosten. Gewinnungskosten für Reste als Überschneidungsfall wurden bereits in W V 43 behandelt. Für solche Gewinnungskosten ergeben sich Überschneidungen auch bei Gebäudetotalschäden.

49   Überschneidungen sind auch mit anderen Positionen möglich, z. B. mit **Bewegungs- und Schutzkosten**, W IV 16. Allerdings ist der Begriff der Aufräumungskosten nicht so weit, daß die V von Bewegungs- und Schutzkosten daneben überflüssig wäre, vgl. W V 41. Überschneidungen mit dem Anspruch auf Ersatz von **Rettungskosten** (§ 63 VVG) ergeben sich, wenn bei Beseitigung des Hauptschadens gewisse Folgeschäden an Gebäuden oder sonstigen Grundstücksbestandteilen in Kauf genommen werden, um dadurch die Wiederherstellung insgesamt zu verbilligen. Zu Rettungskosten infolge von Löschwasserschäden vgl. W V 28.

VI. Gebäudeschäden in der Diebstahlversicherung

1   Nach §§ 2 Nr. 5 c AERB, 3 Nr. 2 c AERB 87 und D-Kl 22 Nr. 1 a zu den AEB können in der DiebstahlV Kosten für die Reparatur von **Gebäudeschäden** im Bereich des VOrts versichert werden. Dies geschieht in der Pauschaldeklaration der gebündelten *Geschäfts*V meist (Texte 40) mit einer VSumme auf Erstes Risiko (S II 12 und W I 11 in Höhe von 10 000 DM, höchstens 10% der VSumme für Betriebseinrichtungen und Ware. Es handelt sich um eine selbständige Position, die auch die Schloßänderungskosten im Sinne von W VII 2 umfaßt, vgl. S I 10.

In der **HausratV** nach den VHB 74 besteht Schutz nach § 3 **Nr. B 3 a** 2
VHB 74, und zwar ebenfalls auf Erstes Risiko. Es handelt sich hier aber nicht
um eine gesonderte Position, sondern die Entschädigung darf zusammen mit
der Hauptschadenentschädigung nach § 50 VVG die VSumme nicht übersteigen (Martin VersR 73, 290 zu den VHB von 1966). Diese Begrenzung kann
nur bei erheblicher UnterV und sehr großen Gebäudeschäden praktische
Bedeutung erlangen, insbesondere bei Gebäudeschäden durch Brand oder
Explosion, weil der Täter Feuer legt oder Sprengstoff einsetzt. Solche Schäden fallen aber ohnehin in den Bereich nicht der Diebstahl-, sondern der
FeuerV, selbst wenn sie durch Diebstahl verursacht werden, vgl. C III 7 zu
Explosionen durch Schußwaffengebrauch usw. sowie F I 19 und 20 zum Ausschluß von Brand und Explosion aus der Diebstahl- und RaubV.

§ 2 Nr. 1 e VHB 84 deckt ebenfalls Gebäudeschäden, und zwar nicht nur 3
nach Diebstahl, Raub oder Versuch des Diebstahls oder Raubes, sondern auch
nach Vandalismus an versicherten beweglichen Sachen gemäß § 3 Nr. 3 und
§ 6 VHB 84. Für Vandalismus als Haupttat wird die Deckung ausdrücklich
auf (fahrlässige oder auch vorsätzliche, W VI) Gebäudebeschädigungen „innerhalb der Wohnung" begrenzt. Mutwillige Beschädigungen des Gebäudes
von außen sollen auch im Zusammenhang mit Vandalismus nicht versicherbar sein, W VI 7 und 18. § 18 Nr. 6 Abs. 1 VHB 84 sagt ausdrücklich, daß die
Kostenentschädigung zusammen mit der Hauptschadenentschädigung die
VSumme nicht übersteigen darf, W I 9. Außerdem ist die Kostenentschädigung nach § 18 Nr. 4 VHB 84 gegebenenfalls wegen UnterV des Hausrats zu
kürzen, vgl. schon W IV 1 für Bewegungs- und Schutzkosten sowie W V 2
für Aufräumungskosten. Dies bedeutet eine Verschlechterung gegenüber den
VHB 74.

1. Gedeckt sind nur Schäden an Gebäudeteilen, die zum VOrt gehören. 4
Man vergleiche dazu AG Düsseldorf VersR 80, 761: Ein Schild an der Außenwand ist nicht versichert; dort fehlte überdies ein VFall im Sinn der AEB.
§§ 2 Nr. 5 e AERB, 3 Nr. 3 c AERB 87 zählen **abschließend** die **Gebäudebestandteile** auf, um die es sich handeln kann: Dächer, Decken, Wände, Fußböden,
Türen, Schlösser, Fenster, Rolläden, Schutzgitter, Schaukästen und Vitrinen,
die beiden letzteren ausdrücklich auf dem ganzen Grundstück, auf dem der
VOrt liegt sowie in dessen vermittelbarer Umgebung, G III 31. Eingeschlossen sind auch Glasscheiben in Fenstern und Türen, nicht jedoch Schaufensterverglasungen.

Bei den einzelnen Begriffen und bei der Zugehörigkeit zum VOrt muß man 5
großzügig sein, also z.B. auch noch den Estrich und die darunter liegende
Isolierung zum Fußboden rechnen, mag dieselbe Frage auch zu § 3 Nr. C 2
VHB 74 (Leitungswasserschäden an Fußböden usw. in der Mietwohnung des
HausratVN, E I 41 der 2. Aufl. sowie E I 70) zweifelhaft sein. „Wände"
meint auch deren Kern, also die Mauern, nicht etwa nur Anstriche, Tapeten
und Verputz. Die Beschränkung auf bestimmte Bestandteile hat nämlich nur
den Sinn, Gebäudebestandteile auszuschließen, die eindeutig nicht zum VOrt
gehören, insbesondere die zentrale Eingangstür und deren Schlösser, wenn
VOrt nur eine einzelne Etage des Gebäudes ist. *Schaukästen und Vitrinen*
sind auch dann eingeschlossen, wenn sie sich zwar außerhalb des VOrts

befinden, aber innerhalb des Grundstücks, auf dem der VOrt liegt, oder in dessen unmittelbarer Umgebung. Gemeint sind hier vor allem die *Außenwand* des Gebäudes und der *Gehsteig* vor diesem Gebäude.

6   § 3 Nr. B 3 a VHB 74 spricht von Beschädigungen der VRäume, § 2 **Nr. 1 e** VHB 84 von Gebäudebeschädigungen im Bereich der Wohnung. Beides bedeutet einen ebenso weitreichenden VSchutz, wie er sich gemäß W VI 4 und 5 aus § 3 Nr. 2 c AERB 87 ergibt. Einzige Ausnahme: Bei **Vandalismus** an den versicherten beweglichen Sachen des Hausrats sind Schäden ausgeschlossen, die eindeutig nur an der Außenseite des Gebäudes verursacht wurden, W VI 3 und 18, insbesondere am Außenputz durch Steinwürfe, Farbbeutel, Sprüdosen usw. Auch im Fall von Vandalismus als „Haupttat" nicht ausgeschlossen sind jedoch Schäden, die zwar von außen verursacht werden, die aber die Außenhaut des Gebäudes bis in den Bereich „**innerhalb der Wohnung**" durchschlagen. Beispiel: Die Täter werfen vor dem Betreten oder nach dem Verlassen der Wohnung, in der sie Vandalismusschäden an versicherten Sachen verursacht haben, einige Fenster ein. Für diese Fenster besteht VSchutz auch dann, wenn die Täter nicht durch das Fenster eingestiegen sind, sondern den Glasschaden mut- oder böswillig verursacht haben.

7   VSchutz für den Gebäudeschaden gemäß § 2 Nr. 1 e VHB 84 besteht trotz der Worte „innerhalb der Wohnung" auch dann, wenn der **Vandalismus-Täter** die **Wohnung** überhaupt **nicht betritt**, sondern die Öffnung von außen gewaltsam zu dem Zweck schafft, mit Hilfe dieser Öffnung Hausrat durch Einwirkung von außerhalb zu beschädigen. Das gleiche gilt, wenn durch ein und dieselbe Handlung gewaltsam die Öffnung geschaffen und außerdem der Hausrat beschädigt wird, z. B. mittels Steinwurfs durch eine Fensterscheibe, der zugleich eine hinter dem Fenster stehende wertvolle Vase treffen sollte und auch tatsächlich trifft, vgl. zu diesem Fall D XI 37. Kein VSchutz besteht hingegen, wenn der Täter lediglich ein Fenster einwirft, ohne durch die so geschaffene Öffnung eindringen oder wenigstens Hausrat beschädigen zu wollen. Wegen der Beweislast für diese Absicht des Täters vgl. W VI 15 bis 18.

8   Versichert ist das **Interesse des VN** und – bei gemieteten Räumen – das **Interesse des Gebäudeeigentümers**. Der Vr kann also nicht die Abtretung von mietvertraglichen Ansprüchen gegen den Eigentümer fordern, um gegen diesen Regreß zu nehmen. Der VN soll vor Auseinandersetzungen – und zwar auch vor indirekten Auseinandersetzungen auf dem Weg über Regresse des Vr – mit dem Gebäudeeigentümer bewahrt werden. Wegen der analogen Streitfrage im Parallelfall des § 3 Nr. C 2 VHB 74 und des § 2 Nr. 1 f VHB 84 vgl. E I 74 sowie PM 23. Aufl. § 3 VHB 74 Anm. 4 B mit Rechtsprechungs- und Literaturnachweisen.

9   **Gebäudeschaden** im Sinn von §§ 3 Nr. B 3 a VHB 74, 2 Nr. 1 e VHB 74 ist in der **HausratV** jeder Sachschaden an **beliebigen Gebäudebestandteilen** „der VRäume". Eine abschließende Aufzählung „versicherter" Gebäudebestandteile wie die AERB und AERB 87 für die GeschäftsV (W VI 49 enthalten die VHB 74 und VHB 84 nicht. Beispiel zur HausratV: ein Einbrecher schaltet aus Furcht vor einer Alarmanlage alle Elektrosicherungen aus, wodurch nach Heizungsausfall Frostschäden an Badezimmerinstallationen entstehen. Ein Diebstahl des Schlüssels einer Zentralschlüsselanlage ist aber kein Sachscha-

den an den Schlössern als Gebäudebestandteilen, weshalb Schloßänderungskosten zusätzlich versichert werden, W VII 2, 3 und 8. – Die Grenze zwischen Gebäudebestandteilen und **beweglichen Sachen** ist praktisch nicht wichtig; bewegliche Hausratgegenstände innerhalb des VOrt sind nämlich meist auch versicherte Sachen, so daß Schäden an ihnen ohnehin gedeckt sind, D XI 20.

2. In **Zusammenhang** mit einer versicherten **Haupttat** müssen die Gebäude- 10
schäden stehen. D-Kl 22 Nr. 1 und 2 sowie § 3 Nr. B 3 a VHB 74 verlangen Gebäudeschäden „bei" einer versicherten Haupttat, §§ 2 Nr. 5 c, 3 Nr. 3 c AERB 87 sowie § 2 Nr. 1 e VHB 84 Gebäudeschäden „durch" die Haupttat. Da nach § 3 Nr. 3 VHB 84 auch Vandalismus zu den versicherten Gefahren gehört, nennt § 2 Nr. 1 e VHB 84 als Ursache von Gebäudeschäden neben Versuch des erschwerten Diebstahls auch „innerhalb der Wohnung durch Vandalismus nach einem Einbruch", vgl. näher unten VI 12. Das Wort „bei" geht potentiell ein wenig weiter als „durch" und bedeutet gegenüber „durch" jedenfalls keine Einschränkung, vgl. schon D XI 20 für Sachschäden an versicherten beweglichen Sachen. Daher besteht z.B. VSchutz nach den VHB 74, wenn nach einem Wohnungseinbruch Kälte durch die Öffnung eindringt, die der Dieb geschaffen hatte, und dadurch Heizkörper platzen. Umgekehrt ist die Voraussetzung „durch" auch noch erfüllt, wenn ein Dieb oder Räuber im Zeitpunkt des Gebäudeschadeneintritts nicht mehr die Wegnahme von Sachen, sondern nur noch seine Flucht erstrebt, vgl. auch D XII 2 für Schäden an versicherten beweglichen Sachen und W II 50 für Rettungskosten.

Bei Schäden, die der Täter nach Eindringen in den VOrt am Gebäude von 11
innen verursacht, entfällt der notwendige Zusammenhalt nicht dadurch, daß der Täter die **Gebäudeschäden** oder einen Teil davon **vorsätzlich** verursacht. Dies versteht sich nach dem Wort „bei" von selbst, gilt aber auch, wo der Gebäudeschaden „durch" die Haupttat verursacht sein muß. **Gebäudevandalismus „von innen"** ist also gedeckt; wegen Gebäudevandalismus „von außen" vgl. W VI 7 und 18. Ob daneben auch versicherte Sachen gestohlen wurden oder – vgl. W VI 13 wegen versuchter Haupttat – gestohlen werden sollten oder vorsätzlich zerstört wurden oder werden sollten, spielt keine Rolle. Bei vorsätzlicher Brandstiftung durch den Dieb gelten aber die Ausschlüsse gemäß F I 19 bis 21.

Nach **§ 2 Nr. 1 e VHB 84** steht Vorsatz des Täters der Entschädigungs- 12
pflicht schon deshalb nicht entgegen, weil als Haupttat auch Vandalismus gemäß §§ 3 Nr. 3, 6 VHB 84 genannt ist, und zwar sprachlich in einer Weise, daß mit „Vandalismus" auch die vorsätzliche Einwirkung auf das Gebäude (und nicht nur auf versicherte bewegliche Sachen) gemeint sein könnte. **§ 3 Nr. 3 c AERB 87** verlangt zwar als Haupttat einen VFall, also Diebstahl oder vorsätzliche Beschädigung versicherter beweglicher Sachen. Es wäre aber mit § 5 AGBG (Unklarheitenregel) nicht vereinbar, nur solche verursachten Gebäudeschäden als gedeckt anzusehen, die der Täter „zwangsläufig" (vgl. D XI 25) beschädigen mußte, um die ebenfalls beabsichtigte vorsätzliche Beschädigung versicherter beweglicher Sachen zu ermöglichen. Das Wort „durch" darf nicht so eng ausgelegt werden, wie dies dem Wortlaut nach möglich wäre. Wenn es für die Ersatzpflicht genügt, daß neben Gebäudebe-

standteilen auch versicherte Sachen vorsätzlich zerstört wurden, so wird man den VSchutz auch bejahen müssen, wenn ausschließlich Gebäudebestandteile vorsätzlich zerstört, also z.B. Tapeten oder Fußböden beschmiert oder herausgerissen wurden. Das gleiche gilt nach § 2 **Nr. 5 c AERB**, falls Kl 412 vereinbart ist.

13 Der **Versuch** eines erschwerten Diebstahls oder Raubes **reicht als Haupttat aus.** Dies wird im D-Kl 22, in § 2 Nr. 1 e VHB 84 und in § 3 Nr. 3 c AERB 87 ausdrücklich gesagt. In § 3 Nr. B 3 a VHB 74 kommt es durch die Worte „Einbruch oder Beraubung" zum Ausdruck, denn das Wort „Diebstahl" erscheint dort nicht. Ebenso ist entgegen dessen Wortlaut auch § 2 Nr. 5 c AERB auszulegen. Die Worte „durch einen VFall" erklären sich aus dem Bestreben nach einer einheitlichen Formulierung für sämtliche Fälle des Katalogs der versicherten Kosten, vgl. vor allem W V 7 wegen Aufräumungskosten, die nur im Zusammenhang mit einem VFall ersetzt werden sollen. Eine Verschlechterung gegenüber D-Kl 22 war nicht beabsichtigt.

14 Versucht haben muß der Täter allerdings eine Haupttat, die – mindestens: auch – zu einem **versicherten Schaden** an versicherten Sachen geführt hätte, wenn sie vollendet worden wäre. Sind z.B. Kraftfahrzeuge nicht versichert, stiehlt der Dieb jedoch nur ein Kfz und durchbricht mit diesem gewaltsam ein Garagentor von innen, so besteht kein VSchutz für diesen Gebäudeschaden. Ebenso liegt es, wenn der Dieb aus einer Wohnung trotz entsprechender Möglichkeit nicht Hausrat, sondern ausschließlich nicht versicherte Handelsware (z.B. Vorführstücke eines Handelsvertreters, H IV 39) stiehlt oder wenn er den VOrt nur als „Durchgang" für einen Diebstahl in benachbarten unversicherten Räumen benutzt, D II 39. Hingegen genügt die bloße Möglichkeit, versicherte Sachen zu stehlen, wenn der Täter gestört wird und das Gebäude ohne Beute wieder verläßt; der Vr kann sich dann nicht auf den Einwand zurückziehen, der Täter habe vielleicht ausschließlich nicht versicherte Sachen stehlen wollen, W VI 16.

15 3. Die **Beweislast** für die Voraussetzungen der Entschädigungspflicht trägt der VN. Er muß also insbesondere eine **Haupttat** oder den **Versuch** einer solchen Haupttat sowie den notwendigen **Zusammenhang** mit dem Gebäudeschaden beweisen. Ist der **Täter** in das Gebäude **eingedrungen** und hat auch nur einige wenige Sachen gestohlen, so spricht in aller Regel ein erster Anschein für die notwendige Haupttat und den notwendigen Zusammenhang mit dem Gebäudeschaden. Selbst wenn der Täter nichts oder fast nichts mitgenommen ist, ist dieser erste Anschein für einen Diebstahl oder Diebstahlsversuch im allgemeinen noch zu bejahen, vgl. D XI 41 und 42 für Schäden an versicherten beweglichen Sachen. Oft ist dann nämlich der Täter lediglich gestört worden, ehe er die gewünschte Beute mitnehmen konnte.

16 Ist der **Täter nicht** in das Gebäude **eingedrungen,** sondern hat nur Zugangstüren oder Fenster des Gebäudes beschädigt, so ist der Vollbeweis eines Diebstahlsversuchs oder – W VI 7 – den Versuch einer Vandalismus-Tat oft nicht zu führen. Dem VN stehen dann aber Beweiserleichterungen zu. Es genügt, wenn nach der Art der vorgefundenen Beschädigungen der Täter überwiegend wahrscheinlich in das Gebäude hatte eindringen wollen, weil er eine etwaige bloße Zerstörungsabsicht auf andere Weise einfacher und wir-

kungsvoller hätte realisieren können (LG Düsseldorf MDR 88, 413 = VersR 732). Nur wenn die Art des Schadens völlig offen läßt, ob dieser für den Täter Selbstzweck oder Mittel zum Zweck war, ist der Beweis des Diebstahlsversuchs gescheitert. Entgegen Düsseldorf MDR 88, 781 = VersR 89, 472 (nur Leitsatz) muß auch bei einem Einbruchsversuch in eine Garage der Vr den ersten Anschein entkräften, der für eine Diebstahlsabsicht mit Bezug auf versicherte Sachen spricht; es darf nicht zugunsten des Vr unterstellt werden, der Täter habe ausschließlich das Kfz und nicht auch Hausrat stehlen wollen, der sich in der Garage oder vielleicht sogar teilweise auch im Kfz befand.

Ist der **Beweis** auch unter Berücksichtigung dieser Überlegungen **nicht zu　17 führen**, so besteht für Schäden, die der Täter des Hausfriedensbruchs nur *fahrlässig* verursacht hat, *kein* VSchutz. Wohl aber besteht auch ohne Zusammenhang mit einem Diebstahl(-sversuch) für Schäden, die der Täter am Gebäude von innen *vorsätzlich* verursacht hat, W VI 12 (unklar 2. Aufl.).

Nicht versichert sind **Vandalismusschäden**, die der Täter **am Gebäude von　18 außen** vorsätzlich verursacht hat, vgl. schon W VI 7. Insbesondere kommt dergleichen bei Personen in Betracht, die im Blickfeld potentieller Täter stehen, wie z.B. bei Wohnungen von Richtern oder Polizeibeamten, ferner bei Wohnungen oder Lokalen von Personen, die beruflich oder gewerbsmäßig häufig mit potentiellen Tätern umgehen, z.B. bei Betreibern oder bei Personal von Diskotheken. Gerade bei Schäden an Wohnungen oder Gebäuden solcher Personen müssen an einen Nachweis eines Versuchs der Haupttat eher strenge Anforderungen gestellt werden. Es kommt entscheidend darauf an, ob der Gebäudeschaden nur durch Versuche eines Täters entstanden sind, in das Gebäude einzudringen, mag er von dem Versuch auch schließlich abgelassen haben, sei es weil er gestört wurde oder sei es aus sonstigen Gründen. Kann der VN dies nicht beweisen, so besteht kein VSchutz.

4. Die **Höhe der Gebäudeentschädigung** wird nach §§ 10 Nr. 1b AERB, 11　19 Nr. 1b AERB 87, 18 Nr. 4 VHB 84 ebenso berechnet wie bei versicherten beweglichen Sachen. Im allgemeinen kann der VN also Neuwertentschädigung verlangen, und zwar ohne einen Abzug neu für alt; ein solcher Abzug ist nur bei Zunahme des Neuwerts möglich, R III 4. Dieselben Grundsätze gelten nach den VHB 74, obwohl es dort nicht ausdrücklich gesagt wird.

Die in W VI 19 zitierten Bestimmungen sehen Entschädigung in Geld für　20 eine durch die Reparatur nicht voll ausgeglichene **Wertminderung** vor, R III 19. In analoger Anwendung dieser Bestimmungen kann der VN bei geringfügigen Schäden oft überhaupt keine Reparatur, sondern *ausschließlich* Wertminderungsausgleich verlangen. Bei größeren Schäden kann er zwar Reparatur verlangen, aber oft *nicht* eine ganz *vollwertige* Reparatur, sondern er muß z.B. gewisse Farbabweichungen hinnehmen oder er muß es akzeptieren, daß nach der Reparatur eine vorher bestehende Gleichheit des Aussehens verschiedener Gebäudebestandteile nicht wieder voll erreicht wird. Man denke etwa an eine vorher bestehende Gleichheit von Tapeten in mehreren verschiedenen Räumen, von denen nur ein Teil durch den Schaden betroffen wurde; der VN wird hier neue Tapeten für die nicht betroffenen Räume meist auch dann nicht verlangen können, wenn dasselbe Muster nicht mehr erhältlich ist. Die Überlegungen in R I 26 bis 33 zur Höhe der Teilschadenentschädigung für Gebäude als versicherte Sachen gelten entsprechend.

VII. Schloßänderungskosten

1   Zu unterscheiden ist zwischen zwei Arten von Schloßänderungskosten, die auf Erstes Risiko oder nach Maßgabe einer bei der SachVSumme bestehenden UnterV (S II 13) versichert werden können. *Zum einen* kommen in Betracht Kosten für Schlösser von Türen zu **Gebäuden** oder Räumen, soweit die Kosten auf einem **VFall** beruhen, diese Kosten werden in der GeschäftsV stets zusammen mit Gebäudeschäden als gemeinsame Position versichert, vgl. schon W VI 9, in der HausratV hingegen zusammen mit dem Hausrat, und zwar nach den VHB 84 nur nach Maßgabe einer etwa bestehenden UnterV des Hausrats, W VI 2 und 3. Lediglich für Gemeinden und gemeindliche Einrichtungen gibt es eine SchlüsselverlustV für Schließanlagen von Gebäuden, die nicht auf SachVFälle als Verlustursache beschränkt ist, vgl. den AVB-Text in VerBAV 89, 163. – *Zum anderen* kommen in Betracht Kosten für Schlösser zu **qualifizierten Behältnissen**. Diese sind für **jeden Fall** des Abhandenkommens des Schlüssels versicherbar; es muß eine gesonderte Position gebildet werden, die vor allem für Geldinstitute üblich ist, W VII 9. – Ausblick auf andere VZweige: Knaths VersR 83, 1015 („Schlüsselverlust im VRecht").

2   1. **Türschloßänderungen an Gebäuden** sind stets notwendig, wenn ein Schlüssel gestohlen wird oder sonst abhandenkommt, §§ 5 Nr. 3 e AERB, 6 Nr. 4 e AERB 87, weil sonst die Gefahr erhöht würde, N VI 71. Versichert sind aber nur Schloßänderungskosten durch erschwerten Diebstahl oder Raub, vgl. §§ 2 Nr. 5 d AERB, 3 Nr. 3 d AERB 87 sowie D-Kl 22 Nr. 1 c zu den AEB. Auch nach § 3 Nr. b 3 b VHB 74 und nach § 2 Nr. 1 d VHB 84 sind in den genannten Grenzen Schloßänderungskosten aus erschwertem Diebstahl und Raub versichert, und zwar hier zusammen mit dem Hausrat und nach den VHB 84 gegebenenfalls nur anteilig, nämlich bei UnterV des Hausrats W VI 3. Ein wenig zweifelhaft war nach den VHB 74, ob „Einbruch" auch das Erbrechen eines Kfz gemäß § 3 Nr. B 5 VHB 74 meinte. Jedenfalls war dort nicht ausdrücklich nur von Ereignissen nach Nr. B 1 die Rede.

3   Aus der Beschränkung des VSchutzes auf erschwerten Diebstahl und Raub darf der VN nicht schließen, ein sonstiger Verlust verpflichte nicht zu Schloßänderungen. VSchutz für sonstigen Verlust wird nur deshalb nicht gewährt, weil es sich dort nicht um Vermögensfolgeschäden aus einem VFall im Sinn von W I 1, sondern um Schadenverhütungskosten im Sinn von W II 28 und 30 handelt. Eine Übernahme durch den Vr würde diesen erheblich belasten, ohne die Vertragsgefahr (angeblicher Nachschlüsseldiebstahl!) im gleichen Maß zu mindern.

4   Zweckwidrig ist es hingegen, daß § 2 Nr. 5 d AERB einen VFall voraussetzt, also **Diebstahl oder Raub des Schlüssels innerhalb des VOrts**. Wegnahme der Schlüssel zur versicherten Wohnung aus dem Geschäft oder umgekehrt zum versicherten Geschäft aus der Wohnung würden danach nicht genügen, theo-

retisch nicht einmal dann, wenn mit demselben Vr für das Geschäft und für die Wohnung je ein VVertrag besteht, vgl. auch W VII 8. Mit Recht wird daher in §§ 3 Nr. B 3 b VHB 74, 3 Nr. 3 d AERB 87 auf dieses Erfordernis verzichtet. Auch § 2 Nr. 1 d VHB 84 führt zum richtigen Ergebnis, weil ein Schlüsseldiebstahl im Bereich der HausrataußenV genügt; „vorübergehend" ist hier besonders großzügig auszulegen.

Ob die AERB nach § 9 Abs. 2 Nr. 2 AGBG korrigiert werden können, ist 5 aber zweifelhaft, denn die vollständige Deckung von Nebenrisiken durch Vermögensfolgeschäden ist nicht ohne weiteres Vertragszweck im Sinn von A V 87 – Opfer eines Schlüsselraubes als Vortat kann jedenfalls nach den VHB 74 und den AERB 87 wohl jeder berechtigte Schlüsselbesitzer sein, denn auf Bestimmungen über Mindesteigenschaften der Transportpersonen wie § 1 Nr. 4 a AERB (Beauftragte des VN) oder auf § 6 Nr. 2 Satz 4 VHB 74 (Personen in häuslicher Gemeinschaft mit dem VN) wird weder unmittelbar noch durch das Erfordernis eines VFalles verwiesen.

Nur Schlüssel zu **Türen**, die den Zugang zum VOrt ermöglichen, kommen 6 nach den in W VII 2 zitierten Bestimmungen in Betracht, *nicht* auch *Zwischentüren*, die nur von einem Raum des VOrts zu einem anderen führen, und *nicht* auch *Behältnisse*. Zwischentüren sind nicht eingeschlossen, weil sie für die versicherte Gefahr belanglos sind, mag es sich auch, wenn man streng am Wortlaut haftet, um Türen „der als VOrt vereinbarten Räume" handeln. Das gleiche gilt für Behältnisschlüssel, weil der VN dann im allgemeinen ein anderes Behältnis benutzen kann und wird, N IV 73, zumal für Mißbrauch des verlorenen oder durch einfachen Diebstahl gestohlenen Schlüssels kein Schutz besteht, D IX 2.

Allerdings ist diese Auslegung nicht ganz zweifelsfrei, weil sie zum Nach- 7 teil des VN abweicht, W VII 6, und zwar schon im Fall von § 2 Nr. 5 d AERB. Im Fall von § 3 Nr. 3 d AERB 87 kommt hinzu, daß dort die Worte „um eine Gefahrerhöhung abzuwenden" nicht mehr erscheinen. Gleichwohl kann der VN bei verständiger Würdigung jene Bestimmung nur auf Türen beziehen, die zugleich den **Gesamtbereich „der als VOrt vereinbarten Räume"** abgrenzen, weil sonst der VSchutz vor allem dort unverhältnismäßig stark ausgeweitet würde, wo größere Gebäude als ganze VOrt sind. Man kann endlich auch nicht sagen, der Wert der Substanz des Schlüssels als einer mit dem Schloß „zusammengehörigen Sache" umfasse generell die Schloßänderungskosten im Verlustfall, also auch dann, wenn sich ein genau gleicher Schlüssel wiederbeschaffen oder herstellen läßt, vgl. dazu näher Q I 52, mag auch die in W VII 4 erörterte oder kritisierte Beschränkung auf Schlüsseldiebstähle innerhalb des VOrts einen solchen Gedanken ein wenig nahelegen. Man kann es nicht als Merkmal von Art und Güte des gestohlenen Schlüssels ansehen, daß der VN über den Verbleib aller gleichartigen Ersatzschlüssel Bescheid weiß und verfügen kann, denn solche Umstände liegen außerhalb der Eigenschaften des Schlüssel als verischerter Sache.

Die Beschränkung auf Türen des VOrts gilt auch bei **Zentralschlüssel-** 8 **anlagen:** Schloßänderungen an Räumen, die keinesfalls versichert sind, fallen keinesfalls unter die Ersatzpflicht. Besteht aber für jeden der mehreren betroffenen Räume (z.B. mehrere Bankfilialen mit Zentralschlüsselanlage) je ein VVertrag mit demselben Vr, so sollte Schlüsseldiebstahl bei Einbruch in einen der VOrte (W VII 4) zum Ersatz der Schloßänderungskosten für sämtliche Orte führen, weil ebenso gut alle VOrte in denselben Vertrag einbezogen sein könnten.

9   2. Versicherbar sind aber nach D-Kl 12 und Kl 4301 **Schloßänderungskosten bei qualifizierten Behältnissen** nach jedem Fall des Abhandenkommens. Man spricht hier von **SchlüsselverlustV**. Der Vr will dadurch die Vertragsgefahr mindern. Auch wird der VN trotz der V der Schloßänderungskosten die Schlüssel schon wegen der in den Behältnissen verwahrten Sachen sorgfältig behandeln, so daß die V hier abweichend von W VII 3 zu einer tragbaren Prämie möglich ist. Die Behältnisse müssen sich innerhalb des VOrts befinden. Daß Gefahrenerhöhung vorliegt, wenn das Schloß nicht unverzüglich ersetzt wird, war früher in D-Kl 11 und wird jetzt in § 5 Nr. 3 e AERB und § 6 Nr. 4 e AERB 87 besonders erwähnt, N IV 74. Dabei wird jeweils, insbesondere durch Verweisung auf §§ 1 Nr. 2 e AERB, AERB 87 klargestellt, daß Schutz nur unter den Voraussetzungen der eingeschränkten Schlüsselklausel für qualifizierte Behältnisse besteht, D X 3.

VIII. Mietverlustversicherung

1   Der Verlust an **Mietzins** sowie an **Mietwert** eigengenutzter Räume durch einen versicherten Brand-, Leitungswasser- oder Sturmschaden an dem *versicherten Gebäude* ist kein Substanz-, sondern ein *Vermögensfolgeschaden* im Sinne von W I 1, der jedoch nach § 1 Nr. 3 VGB 62 und § 3 VGB 88 in gewissen Grenzen auf Erstes Risiko (S II 12) mitversichert ist, W I 20. Zu GebäudesachVVerträgen nach den AFB 30, AWB und AStB für industrielle und sonstige gewerbliche Risiken kann ein zusätzlicher Vertrag nach den ABM 89 – früher: BVM, vgl. W VIII 1 der 2. Aufl. – geschlossen werden. Soweit zu den VHB 84 durch Klausel ohne Nr. gemäß VerBAV 89, 5 **Hotelkosten** im Anschluß an Feuer- und Leitungswasserschäden versichert sind, ist DoppelV auch zwischen der HausratV und der Wohngebäude-MietwertV möglich, W VIII 15 bis 19. Bei Überschneidung mit einer BetriebsunterbrechungsV nach den FBUB oder ZKBU 87 besteht DoppelV.

2   1. Für **Wohngebäude** bieten § 1 Nr. 3 VGB 62 und § 3 VGB 88 eine *gesonderte Position* ohne VSumme (PM § 50 Anm. 2 b). Diese Auslegung ist geboten, weil sonst der Mietverlust bei Totalschaden fast immer ohne Entschädigung bliebe. Entschädigungsfähig ist nur der Schaden innerhalb von **sechs Monaten** nach den VGB 62 oder innerhalb von **zwölf Monaten** nach den VGB 88, gerechnet jeweils ab Eintritt des VFalles. Dabei handelt es sich nicht um eine Entschädigungsgrenze, die erst nach, U I 9, sondern um eine Abgrenzung des versicherten Schadens, die bei UnterV des Hauptschadens nach der Proportionalitätsregel zu berücksichtigen ist, PM § 50 Anm. 2 c und U I 8. Auch endet die Entschädigungspflicht nicht, wenn während der sechs Monate der Vertrag endet; vielmehr ist auch der dann noch verbleibende Teil des Schadens während der sechs Monate dem zuvor eingetretenen (vgl. BGH VersR 57, 781 zu den FBUB) VFall zuzurechnen.

In § 1 Nr. 3 VGB 62 ist bei vermieteten wie bei eigengenutzten Räumen 3
von „**Wohnräumen**" die Rede. Die Entschädigung wird aber auch bei *aus-schließlich gewerblich genutzten Gebäuden* geschuldet, gleichgültig ob die
aufsichtsrechtliche Grenze (A III 30) des Anwendungsgebiets der VGB
(VerBAV 77, 20) beachtet ist oder nicht. Der Unterschied der Gefahr kann
nur im Prämiensatz, nicht in einer am Wortlaut haftenden Anwendung
von § 1 Nr. 3 VGB 62 zum Ausdruck kommen. Wer nach den VGB 62 ein
Gebäude versichert, das keine Wohnräume enthält, will die Vorschriften
der VGB, soweit sie „Wohnräume" voraussetzen, entsprechend abändern
(Anonym VP 84, 74). Dagegen besteht bei *gemischt genutzten Gebäuden*
für die gewerblich genutzten Räume entgegen W VIII 3 der 1. Aufl. *kein*
Anspruch, denn der Wortlaut der VGB 62 behält in solchen Verträgen immerhin für die Wohnräume en Anwendungsgebiet; ebenso Celle VersR 87,
373. Köln RuS 90, 60 will hingegen mit der 1. Aufl. den Schutz für gewerbliche Räume mindestens dann gewähren, wenn insgesamt die Wohnnutzung überwiegt. – In § 3 Nr. 2 VGB 88 ist die Frage ausdrücklich geregelt. Ohne Rücksicht auf die Art der Nutzung des ganzen Gebäudes bedarf es für **gewerblich genutzte Räume** stets einer besonderen Vereinbarung,
wenn VSchutz bestehen soll.

Innerhalb der sechs oder zwölf Monate ist die Entschädigung auf die **er-** 4
forderliche Wiederherstellungszeit begrenzt, **§ 3 Nr. 3 Satz 1 VGB 88.** Etwas
großzügiger stellt **§ 1 Nr. 3 Abs. 2 Satz 1 VGB 62** auf den Schluß des Monats ab, in dem die Wohnung wieder benutzbar wird. Praktische Bedeutung hat dieser Unterschied nur für Fälle, in denen dem VN das Mietverhältnis wegen des VFalles endet, W VIII 10, oder in denen dem VN fahrlässige Verzögerung des Wiederaufbaus vorgeworfen wird, W VIII 5. Eine solche
Verzögerung bleibt nach den VGB 62 für die Dauer des Restmonats folgenlos. Im Normalfall hat jene Besserstellung des VN durch die VGB 62
keine praktische Bedeutung, denn der VN kann die Mietzinszahlung nur
bis zum Wiederherstellungszeitpunkt – und nicht noch darüber hinaus bis
zum Ende des laufenden Monats – verweigern oder kürzen. Wegen der
Berechnung des Mietwerts der eigenen Wohnung vgl. W VIII 14.

Wird die **Wiederherstellung** auch nur **leicht fahrlässig verzögert,** so endet die 5
Entschädigungspflicht. Dies verstößt wohl nicht gegen §§ 61 VVG, 9 Abs. 2
Nr. 1 AGBG (O I 71) und nicht gegen §§ 62, 68a VVG. Der VSchutz für
Mietverlust ist nämlich ein für die SachV untypisches Risiko. Wäre der Vr
nur bei grober Fahrlässigkeit leistungsfrei, so wäre er nicht hinreichend geschützt, zumal die Beweissituation des Vr gerade bei dieser Art von Schäden
besonders schwierig ist, wenn er dem VN vorwerfen will, er habe sich zu
wenig um den Fortgang der Wiederherstellungsarbeiten bemüht.

Verzögert der VN den Beginn des Wiederaufbaus wegen Geldmangels, so 6
liegt darin nicht schon wegen § 279 BGB ein fahrlässiges Verhalten, Hamm
VersR 88, 795. Der VN darf die Entscheidung über den Wiederaufbau jedenfalls dann bis zu einer (Abschlags-) Zahlung des Vr aufschieben, wenn
er andernfalls Kredit aufnehmen müßte, Hamm aaO. Auch einen Wiederaufbau aus eigenen Mitteln braucht der VN nicht in allen Fällen ohne
Rücksicht auf die noch streitige Entschädigungspflicht in Angriff zu nehmen. Ein Verschulden des VN liegt allerdings dann vor, wenn er es ist, der

den Aufschub der Entscheidung über die Entschädigungspflicht zu vertreten hat, z. B. weil infolge seines Verschuldens ein staatsanwaltschaftliches Ermittlungsverfahren eingeleitet wurde, Hamm aaO.

7   Leichte Fahrlässigkeit des VN bei der *Entstehung* des Schadens schließt den VSchutz *nicht* aus, gleichgültig ob der VN Vermieter ist oder das versicherte Gebäude selbst bewohnt. Es bewendet vielmehr bei §§ 18 VGB 62, 9 Nr. 1a VGB 88, 61 VVG, also bei dem Ausschluß der großen Fahrlässigkeit. Daß der VVertrag des Vermieters gleichwohl nicht auch den Mieter schützt, der den Schaden leicht fahrlässig verursacht hat, ist Folge der Beschränkung auf das Interesse des VN, W VIII 12, und erlaubt nicht den Schluß, daß auch die leichte Fahrlässigkeit des VN selbst zum Ausschluß führe.

8   Die „**Zahlung verweigern**" kann der Mieter wegen eines Gebäudeschadens entweder nach §§ 537, 472 BGB (Minderung oder Unterbrechung der Mietzinszahlung) oder weil der Vertrag nach § 323 BGB (Unmöglichkeit) oder § 542 BGB (außerordentliche Kündigung) infolge des Brandes endet. Schuldet der Vermieter nach dem Vertrag noch weitere Leistungen, so ist nur der auf die Raumgewährung entfallende Teil zu entschädigen. Hingegen stehen **Mietnebenkosten** dem Mietzins gleich. § 3 Nr. 1a VGB 88 sagt dies ausdrücklich („fortlaufende Mietnebenkosten"). Nach § 1 Nr. 3 VGB 62 gilt aber richtiger Auslegung nichts anderes.

9   Sind die **Räume** im Zeitpunkt des VFalles **unvermietet** und werden auch nicht durch den VN oder unentgeltlich durch einen Dritten benutzt, sondern **stehen leer**, oder endet der Mietvertrag aus anderen Gründen als wegen des VFalles vor Wiederherstellung der Räume, so wird nach den ABM 89 keine Entschädigung geleistet, selbst wenn der Abschluß eines Mietvertrages nachweislich allein wegen des VFalles scheitert oder verzögert wird. Dies folgt durch Umkehrschluß zwingend aus § 9 **Nr. 2 ABM 88**, wo die Entschädigungspflicht ausdrücklich auf die Fälle beschränkt ist, in denen das Mietverhältnis *infolge* des VFalles *endet* und der Neuabschluß sich ohne auch nur leichte – wegen §§ 62, 68a VVG vgl. V VIII 7 – Fahrlässigkeit des VN verzögert.

10   § 1 Nr. 3 VGB 62 und § 3 VGB 88 sprechen die Frage des Neuabschlusses eines Mietvertrages hingegen nicht an. Auch die leichte Fahrlässigkeit des VN wird nur mit Bezug auf die „Möglichkeit der Wiederbenutzung" erwähnt, was entgegen W VIII 4 der 2. Aufl. nicht die Bemühungen um einen neuen Mieter, sondern nur die Bemühungen um den Fortgang der Wiederherstellungsarbeiten betrifft. Da andererseits VSchutz auch besteht, wenn der Mietvertrag infolge des VFalles endet, W VIII 9, muß bei wirtschaftlich orientierter Auslegung auch der Fall einbezogen werden, daß ein Mietvertrag **bei Eintritt des VFalles** nicht besteht oder daß der Mietvertrag ohne Zusammenhang mit dem VFall vor Wiederherstellung endet und der Neuabschluß nachweislich infolge des VFalles verzögert wird. Allerdings sind an diesen Nachweis strenge Anforderungen zu stellen, denn in den **Schwierigkeiten der Beweiswürdigung** dürfte der Grund für die enge Begrenzung des VSchutzes durch § 9 Nr. 2 ABM 89 liegen, W VIII 9.

11   Wenn der Mieter sich nicht gehörig um den **raschen Neuabschluß** eines Mietvertrages bemüht, kann der Vr nach §§ 62 Abs. 2 VVG, 15 Nr. 3 VGB 62, 20 Nr. 3 VGB 88 wegen Verstoßes gegen die **Schadenminderungspflicht**

leistungsfrei sein. Zwar schadet dem VN leichte Fahrlässigkeit mit Bezug auf den Neuabschluß enes Mietvertrages nicht, W VIII 10. Hieraus darf aber nicht umgekehrt geschlossen werden, daß insoweit auch **grobe Fahrlässigkeit** oder gar **Vorsatz** folgenlos blieben. Vielmehr gelten die allgemeinen Regeln über die Rettungspflicht und über Verstöße gegen sie. Freilich ist der Nachweis eines objektiven Verstoßes des VN sehr schwierig, denn der Verstoß kann nicht nur in Untätigkeit, sondern auch darin liegen, daß der VN sich zwar sehr bemüht, aber nur um den Abschluß eines Mietvertrages zu für ihn besonders günstigen Bedingungen, auf die sich kein Mietinteressent einlassen möchte. Trotzdem trifft die Beweislast für einen Verstoß gegen die Obliegenheit der Schadenminderung den Vr, denn die Obliegenheit ist nicht auf ein hinreichend bestimmtes positives Tun des VN im Sinn von X II 7 ff. gerichtet.

Versichert ist nur das **Interesse des VN**, nicht auch das Interesse des Mieters. 12 Soweit der Mieter aufgrund besonderer Vertragsgestaltung oder aus sonstigen Gründen das Risiko trägt und trotz des Schadens Mietzins schuldet, ergibt sich kein Ausfall und keine Entschädigungspflicht. Beruht der Schaden ganz oder teilweise darauf, daß der Mietvertrag *zugunsten des Mieters vom Gesetz abweicht*, so kommt es darauf an, ob die Abweichung den Rahmen des Üblichen überschreitet. Trifft dies zu, so ist der Vr nach §§ 25 Abs. 1, 67 Abs. 1 Satz 3 VVG unter den dort genannten Voraussetzungen wegen Gefahrerhöhung leistungsfrei, vgl. J I 18 und 19 auch zur Frage, ob § 67 Abs. 1 Satz 3 VVG als Rechtsgrund der Leistungsfreiheit ebenso wie § 25 Abs. 2 VVG gegebenenfalls rechtzeitige Kündigung durch den Vr voraussetzt.

Nicht verweigern kann der **Mieter** den Mietzins, wenn er oder seine Erfül- 13 lungsgehilfen (Mitbewohner usw.) den **VFall schuldhaft verursacht** haben. Dann erleidet der Eigentümer und Vermieter als VN keinen Mietausfall und erhält keine Entschädigung. Dieses Ergebnis überrascht aus der Sicht des Mieters, soweit ansonsten das Sachersatzinteresse des Mieters an den versicherten Sachen eingeschlossen ist, also mindestens bei Einfamilienhäusern bis zur Grenze der groben Fahrlässigkeit des Mieters, J II 15. Das Ergebnis läßt sich aber auch mit Hilfe von § 3 AGBG kaum korrigieren, denn der Mieteinschluß ist ein für die SachV ohnehin untypische Erweiterung auf Vermögensfolgeschäden und ein Teil der primären Risikoabgrenzung im Sinn von A V 21 bis 23.

Bei Schäden an der **eigenen Wohnung des VN** werden nicht die Kosten der 14 Anmietung gleichwertigen Ersatzwohnraums, sondern wird der ortsübliche Mietwert der beschädigten Wohnung ersetzt. Wohnt der VN bei Freunden oder Verwandten, so ist die Mietwertentschädigung aus dem ortsüblichen Monatsmietwert zeitanteilig *nach Tagen* zu ermitteln, und zwar ohne Rücksicht auf die Kosten des Ersatzwohnraums. Kann allerdings der VN den Ersatzwohnraum nur erhalten, wenn er ihn besonders teuer (Hotel!) oder aber für die Dauer von vollen Monaten oder bis zum Ende eines bestimmten Kalendermonats mietet, so sollte nach W VIII 7 der 2. Aufl. in den Grenzen der Maximierung durch § 1 Nr. 3 Abs. 2 Satz 1 VGB 62 auch die Entschädigung für den Mietwert der eigenen Wohnung nicht nach Tagen, sondern *nach Monaten* zu ermitteln sein. Diese Ansicht ist zu den VGB 88 ohnehin nicht realisierbar, denn dort wird nicht mehr auf den Schluß des Monats nach Wiederherstellung, sondern auf den Zeitpunkt der Wiederbenutzbarkeit abgestellt, W VIII 4. Auch zu den VGB 62 spricht gegen jene Ansicht, daß sie sich zu weit vom Wortlaut entfernt, zumal Hotelkosten inzwischen in die HausratV einbezogen werden können, W VIII 15 bis 19.

15   2. Einzelne Vr bieten neuerdings eine **HotelkostenV** an, und zwar teilweise zu den VGB 88 **in der WohngebäudeV** (VerBAV 89, 304) und teilweise zu den VHB 74 (VerBAV 89, 190) sowie zu den VHB 84 (VerBAV 89, 5) **in der HausratV**, vgl. Texte 34 hinter Kl 835 zu den VHB 84, hinter Kl 831 zu den VHB 74 und hinter Kl 0931 zu den VGB 88. Soweit die Klauseltexte „Entschädigungsgrenzen" vorsehen, handelt es sich bei richtiger Auslegung um VSummen für eine **gesonderte Position**. Das Wort „Entschädigungsgrenze" läßt aber immerhin erkennen, daß eine UnterV der Hauptposition für das Gebäude oder für den Hausrat ohne Folgen für die Kostenentschädigung bleiben soll. Ganz allgemein sind die Klauseltexte nicht ausgereift. Nachfolgend können bei weitem nicht alle durch die mißlungenen Texte aufgeworfenen Fragen behandelt werden.

16   Ungeklärt ist zunächst das **Verhältnis zu** § 1 Nr. 3 VGB 62 und § 3 **VGB 88.** „Zusätzlich zu § 3 Nr. 1 b VGB 88 . . ." sollen nach der Klausel zu den VGB 88 die Hotelkosten versichert sein. Dieser Wortlaut spricht dafür, daß an einen Ersatz unabhängig von der gemäß W VIII 14 zu berechnenden **Mietwertentschädigung** gemäß § 3 Nr. 1 b VGB 88 gedacht ist, also **ohne gegenseitige Anrechnung.** Es ist aber zweifelhaft, ob dem nicht das Bereicherungsverbot der §§ 55, 59 Abs. 1 VVG entgegensteht, so daß Entschädigung für Hotelkosten nur zu zahlen wäre, soweit diese die Entschädigung aus § 3 VGB 88 übersteigen.

17   Entsprechend ist zu den Klauseln zu den VHB 74 und zu den VHB 84 **zweifelhaft,** ob **DoppelV** besteht, soweit der Hauseigentümer oder Wohnungseigentümer die Klausel zu seiner HausratV vereinbart. Gegen DoppelV spricht, daß die Hotelunterkunft das Interesse an der Benutzbarkeit der eigenen Wohnung in aller Regel nicht voll befriedigen kann: Der VN muß sich mit geringerer Wohnfläche begnügen, hat keinen Zugriff auf den größten Teil seines Hausrats, muß hohe zusätzliche Kosten für Verpflegung aufwenden, weil er sich im Hotelzimmer keine Mahlzeiten zubereiten darf usw. Meist werden die Klauseln nur zu HausratVVerträgen von Mietern vereinbart werden. Dann besteht keinesfalls DoppelV, denn die VGB 62 und VGB 88 decken nur das Interesse des WohngebäudeVN, nicht auch das Interesse des Mieters, W VIII 12 und 13. Ein Abzug der ersparten Mietzinsbeträge von der Hotelkostenentschädigung entfällt aus denselben Gründen, die bei Eigentümern als HausratVN gegen DoppelV mit der Mietwertentschädigung nach den VGB 62 oder VGB 88 sprechen.

18   Ferner ist **zweifelhaft,** in welchem **Umfang** der VN Hotelkosten entstehen lassen darf, welche räumlichen Beschränkungen ihm und seinen mitbewohnern also im Hotel zuzumuten sind. In welchem Umfang müssen sich z. B. **mehrere Familienangehörige** des VN mit einem **gemeinsamen Hotelzimmer** begnügen? Jeder Hinweis im Klauselwortlaut fehlt. Nicht einmal durch den Begriff „notwendig" wird das Wort „Hotelkosten" eingeschränkt. Allerdings würde auch dieser Begriff nicht wesentlich weiterhelfen. Das gleiche gilt für eine analoge Anwendung des Passus über die Zumutbarkeit einer Beschrän-

kung auf den Rest der Wohnung. Leider wird expressis verbis in den Klauseltexten meist auch nicht gesagt, daß die Hotelkosten tatsächlich angefallen sein
und nachgewiesen werden müssen, vgl. dazu aber allgemein W I 25.

Man wird daher annehmen müssen, der VN dürfe Hotelkosten bis zur 19
Grenze des § 62 VVG entstehen lassen, also bis zur **Grenze** der **groben Fahrlässigkeit** bei Erfüllung seiner Schadenminderungsobliegenheit. In diesem Fall
wird sich freilich der Grundsatz, der VN dürfe sich nur so verhalten, wie er
dies auch täte, wenn er unversichert wäre, nicht voll anwenden lassen, denn
der Vr muß sich bei Vertragsschluß darüber klar sein, daß der VN in den
Grenzen der vereinbarten VSumme („Entschädigungsgrenze") Hotelunterkunft auch wählen wird, wo es ihm ohne den VSchutz durch die Klausel
vielleicht möglich wäre, unentgeltlich oder preiswerter bei Verwandten oder
Bekannten unterzukommen.

3. Die BVM (Texte 19 der 2. Aufl.) galten nach deren § 8 nur zusammen 20
mit den AFB 30 und in der Regel nur für **Brand, Blitzschlag und Explosion.**
Die BVM waren bloße Zusatzbedingungen und enthalten nur Sondervereini-
gungen zu den AFB 30. Sie wurden aber einem **gesonderten Vertrag** zugrunde
gelegt, zumal § 5 BVM eine UnterVRegel enthält, die nicht von der SachV-
Summe, sondern vom jahresmietzins des versicherten Gebäudes ausgeht.

Die V nach den BVM konnte durch Vereinbarung einer Klausel (Texte 20 21
der 2. Aufl. und VerBAV 78, 159) auf Schäden durch **Leitungswasser** und
Sturm ausgedehnt werden. § 7 BVM galt daneben dann nicht. Es handelt sich
gegebenenfalls um eine **kombinierte V,** wie es sie sonst nur für Hausrat und
Wohngebäude gibt. Soweit der Mietverlust ausschließlich auf Behinderung
durch Inventar beruht, das durch Brand, Leitungswasser oder Sturm beschädigt wurde, besteht auch nach der Klausel kein Schutz, denn sie setzt ausdrücklich Mietverlust durch Gebäudeschaden voraus.

Der Mietwert **eigengenutzter Gebäude oder Räume** ist nach § 2 BVM nur 22
eingeschlossen, wenn dies besonders vereinbart wurde. Motiv: Bei nur teilweise eigengenutzten Gebäuden wird der Mietwert der eigenen Räume oft
nicht oder zu niedrig angesetzt. Der Vr muß aber bei der Vertragsberatung
oder mindestens durch dan Antragsformular den VN auf die Möglichkeit
mittels besonderer Vereinbarung und auf die drohende Lücke hinweisen,
wenn er nicht wegen Beratungsverschuldens haften will. Unklar ist, ob gegebenenfalls für die eigengenutzten Räume eine gesonderte Position mit getrennter Berechnung einer etwaigen UnterV besteht oder nicht.

Durch VerBAV 89, 245 wurden die soeben skizzierten und bisher unüber- 23
sichtlichen Vertragsgrundlagen für die MietverlustV bei gewerblichen Risiken durch neue **ABM 89** vereinheitlicht, vgl. Texte 25. Die Formulierung
schließt sich an die AFB 87, AWB 87 und AstB 87 an. Den Verträgen braucht
nur noch ein einziges Bedingungswerk beigefügt zu werden, nämlich die
ABM 89, und zwar unabhängig davon, ob V gegen eine oder gegen mehrere
Gefahrengruppen (Brand usw.; Leitungswasser oder Rohrbruch; Sturm) gemäß § 1 Nr. 1 ABM 89 genommen wird. Entsprechend den Klausel zu den
AFB 87 kann auch der MietverlustV durch Klauseln modifiziert werden, und
zwar durch Klauselgruppe 8800, vgl. Texte 34. Beispiel: Einschluß von Hagel
durch Kl 8811 oder Erweiterung auf 24 Monate durch Kl 8851.

24   Versichert wird gemäß § 1 Nr. 1 ABM 89 Mietverlust durch **Schäden an Gebäuden** oder sonstigen **Grundstücksbestandteilen,** die im Vertrag bezeichnet sind. Die Grenze zwischen Gebäudebestandteilen und beweglichen Sachen ist oft zweifelhaft. Dann entscheidet ohne Rücksicht auf die tatsächlich zutreffende rechtliche Qualifikation der Vertragswortlaut. Selbst wenn dort Sachen aufgezählt sind, die eindeutig bewegliche Sachen sind, ist diese Abweichung von den ABM 89 rechtswirksam. In § 2 ABM 89 (nicht versicherte Gefahren) wird der Einschluß mancher beweglichen Sachen geradezu vorausgesetzt, vgl. z.B. in § 2 Nr. 1 d ABM 89 den Ausschluß von Schäden an Verbrennungskraftmaschinen. Da Folgeschäden als solche gemäß § 2 Nr. 2 Abs. 1 ABM 89 nicht ausgeschlossen sind, soweit sie zu einem Mietausfall führen, hätte es des Ausschlusses von Schäden an Verbrennungskraftmaschinen wohl gar nicht erst bedurft.

25   Eine zu weite vertragliche Ausdehnung des Kreises der „versicherten Sachen" droht nicht, weil die Entschädigung stets davon abhängt, daß der Mieter wegen des Schadens nach dem Gesetz oder dem Mietvertrag die **Zahlung des Mietzinses verweigern** kann. Hierbei wird gemäß § 1 Nr. 1 ABM 89 ein Mietvertrag über Gebäude oder Räume von Gebäuden vorausgesetzt.

26   Bei **eigengenutzten Gebäuden oder Räumen** tritt an die Stelle des Mietzinses der **Mietwert** der Räume, soweit die Räume unbenutzbar sind. Die Benutzbarkeit von Räumen eines Gebäudes hängt indessen in der Regel nicht davon ab, ob Schäden an beweglichen Sachen eingetreten sind oder nicht eingetreten sind. Die Tatsache des Vorhandenseins von *Trümmern beweglicher Sachen* begründet für sich allein in der Regel *nicht* diee Unbenutzbarkeit der Räume, in denen die Trümmer liegen. Pachtverträge und der Ausfall von Pachtzins wird wegen dieser Problematik in den ABM 89 bewußt nicht angesprochen.

27   Der Umfang der Entschädigung ist in § 9 ABM 89 ähnlich geregelt wie in § 3 VGB 88. Auf die Erläuterungen in W VIII 2 bis 19 und speziell wegen der **Neuvermietung nach Mietvertragsauflösung** infolge eines VFalles insbesondere auf W VIII 9 wird verwiesen. Abweichend von den VGB 62 und von den VGB 88 (W VIII 1) wird für gewerbliche Risiken nicht eine Erstrisikodeckung geboten, sondern § 9 Nr. 4 ABM 89 enthält eine **Proportionalitätsregel** für den Fall einer unzureichenden VSumme, und § 4 ABM 89 regelt den **VWert,** dem die VSumme entsprechen soll: Vereinbarter Jahresmietzins oder ortsüblicher Jahresmietwert, jeweils einschließlich „fortlaufender Nebenkosten".

IX. Kosten der Schadenermittlung und Schadenfeststellung

1   1. Hauptinhalt der SachV ist der Ersatz von *Sachsubstanzschäden,* A I 5. Daneben werden in gewissem Umfang **Vermögensfolgeschäden** ersetzt, A III 4, und zwar in der Regel aufgrund ausdrücklichen Einschlusses in den AVB oder Klauseln, W I 11. Auch das VVG, das eine Vertragsordnung für VVerhältnisse bereithält, A IV 45, die nicht oder nicht voll durch den Einzelvertrag oder durch AVB ausgestaltet sind, regelt den Ersatz gewisser Vermögensfolgeschäden („Kosten") neben dem versicherten Hauptschaden, nämlich in § 63 VVG den Ersatz von Rettungskosten und in § 66 VVG den Ersatz der **Kosten der Schadenermittlung und der Schadenfeststellung**, W I 3. Die MitV gilt auf Erstes Risiko, S II 12, jedoch gemäß § 66 Abs. 3 VVG mit Kürzung bei UnterV des Hauptschadens, S II 13, und gemäß § 50 VVG begrenzt auf die VSumme der Position, S II 12. Im Folgenden wird „**Schadenermittlungkosten**" als Oberbegriff auch für Kosten der Schadenfeststellung im Sinn von W IX 5 gebraucht.

Die VVG-Kommentare, auf die wegen der Rettungskosten im wesentli- 2 chen verwiesen werden konnte, W II 5, behandelten die Kosten der Schadenermittlung und Schadenfeststellung über Jahrzehnte hinweg nicht sehr gründlich. Das hat seinen Grund darin, daß die praktische Bedeutung dieser Kosten und ihres Ersatzes in den einzelnen VZweigen unterschiedlich ist, und vor allem darin, daß die AVB den Ersatz der Kosten gemäß § 66 VVG früher oft ausdrücklich oder stillschweigend ausschlossen, insbesondere in den hier erörterten Zweigen der SachV, W I 12 und 16. Erst seit die Rechtswirksamkeit solcher Ausschlüsse wegen § 9 Abs. 2 Nr. 1 AGBG in Zweifel gezogen werden mußte und die erwähnten Ausschlüsse durch AVB-Änderungen eingeschränkt wurden, W I 18, haben sich die VVG-Kommentare verstärkt mit § 66 VVG befaßt, vgl. z. B. seit der 23. Aufl. PM § 66 Anm. 1 bis 7. Wegen der Wirksamkeit oder Unwirksamkeit jener ausdrücklichen (§§ 1 Nr. 6 AFB 30, 1 Nr. 5 AEB, 10 Nr. 2 AERB) oder stillschweigenden Ausschlüsse in den ursprünglichen AVB-Texten wird auf W IX 15 bis 26 der 2. Aufl. verwiesen.

In den geltenden Fassungen (W I 18) von §§ 1 Nr. 6 AFB 30, 1 Nr. 5 AEB, 3 10 Nr. 2 AERB sowie (W I 19) in §§ 11 Nr. 2 AFB 87, AERB 87, 11 Nr. 3 AWB 87, AStB 87 wird **auf** den Anspruch auf Ersatz von Schadenermittlungskosten gemäß § 66 VVG ausdrücklich **verwiesen**. In den AWB 68 und AStB 68 sowie in den VHB 74, VHB 84, VGB 62 und VGB 88 bleiben die Schadenermittlungskosten unerwähnt. Jedoch darf darin kein stillschweigender Ausschluß mehr gesehen werden, W I 12. Das Schweigen der VGB 88 erweitert sogar den gesetzlichen Anspruch auf Ersatz von Schadenermittlungskosten, denn aus § 15 Nr. 5 VGB 88 ist ein *Umkehrschluß* dahingehend zu ziehen, daß Schadenermittlungskosten nicht nur in der Gleitenden NeuwertV, sondern auch in Verträgen mit GegenwartsVSumme abweichend von § 66 VVG zu ersetzen sind, ohne daß die Begrenzung für Hauptschadenentschädigung und Kosten auf insgesamt den Betrag der VSumme für das Gebäude zu beachten wäre, W I 4.

Im Folgenden soll kurz der **Begriff der Schadenermittlungskosten** im Sinn 4 von § 66 VVG erläutert werden, W IX 5 bis Ergänzend muß auf die Literatur zum VVG verwiesen werden.

2. „Ermittlung" des Schadens meint eine Tätigkeit, die erforderlich ist, um 5 den Schaden als **technischen Sachverhalt** zu „ermitteln", also den Zustand der betroffenen versicherten Sache und ihrer Bestandteile. Das Nebeneinander der Begriffe „Ermittelung" und „Feststellung" im Wortlaut von § 66 VVG spricht für diese Auslegung, vgl. auch X II 93. Dem Gesetzgeber darf nicht unterstellt werden, er habe ohne sachlichen Grund „Ermittelung" und „Feststellung" als zwei inhaltsgleiche Begriffe nebeneinander gestellt.

6   Obwohl Zweifel und Irrtümer über technische Sachverhalte theoretisch auch zur Frage eines Abhandenkommens möglich sind, Z I 3, entstehen Schadenermittlungskosten doch meist nur für **Sachschäden** durch *Beschädigung* oder *Zerstörung,* insbesondere an Gebäuden, Maschinen und Warenvorräten, also an technisch differenzierten versicherten Sachen. Man denke etwa an den Umfang von Durchnässungsschäden in der LeitungswasserV oder an die Beurteilung des Umfangs von PVC-Schäden oder an die Frage, R I 12, ob Warenvorräte durch Brandgeruch unbrauchbar oder aber noch voll verkäuflich sind. Eine *andere* Frage ist, in welchem *Umfang* der VN Fremdleistungen in Anspruch nehmen darf, W IX 15 bis 18, insbesondere zwecks Begutachtung durch Sachverständige, und inwieweit er Ersatz für Arbeiten in eigener Person oder in eigener Regie (im eigenen Betrieb) beanspruchen kann, W IX 20 bis 23.

7   **Überschneidungen** mit anderen Rechtsgründen der Entschädigungspflicht, insbesondere mit **Reparaturkosten** als Teilschadenentschädigung, sind entgegen W I 14 der 1. Aufl. durchaus möglich. Technisch komplizierte Reparaturen erfordern gewisse Vorbereitungen. Insbesondere muß der Umfang des Schadens und die zweckmäßigste und preisgünstigste **Art und Weise der Reparatur** ermittelt werden. Diese Begutachtung ist bereits Teil des Reparaturvorgangs und damit Gegenstand der Hauptschadenentschädigung, R III 38 und W IX 15. Zugleich handelt es sich um Schadenermittlungskosten. Aber selbst wenn die in W I 13 bis 17 erörterten Ausschlüsse von Schadenermittlungskosten und sonstigen Vermögensfolgeschäden in der inzwischen geänderten (W I 18) Erstfassung von §§ 1 Nr. 6 AFB 30, 1 Nr. 5 AEB, 10 Nr. 2 AERB voll wirksam wären, würde sich am Umfang der Hauptschadenentschädigung nichts ändern, W I 15.

8   Unter § 66 VVG fallen ferner **Kosten für Untersuchungen oder Reparaturwürdigkeit,** eventuell auch in Form von Reparturversuchen, denn durch solche Untersuchungen soll erst einmal ermittelt werden, ob ein versicherter Totalschaden oder ein versicherter Reparaturschaden vorliegt. Indessen sind solche Kosten zugleich **Rettungskosten** und deshalb in jedem Fall unter dem Gesichtspunkt des § 63 VVG und der entsprechenden AVB-Bestimmungen zu ersetzen, R I 37 und W II 16. – Auch mit **Aufräumungskosten** können sich die Schadenermittlungskosten überschneiden. Wer etwa die Reste eines geplünderten Warenlagers ordnet, einräumt und dabei auflistet, räumt das Warenlager auf, W V 14 und 40, ermittelt dabei aber zugleich im Sinn von § 66 VVG den Schaden.

9   3. **„Feststellung des Schadens** darf nicht mit „Ermitttelung" gleichgestellt werden, denn sonst wäre in § 66 VVG dieser zusätzliche Begriff überflüssig, W IX 5. Zu denken ist bei „Feststellung" vielmehr an **kaufmännische, buchhalterische** und **organisatorische** (Reisen, Korrespondenzen, Telephonate) **Tätigkeiten.** Diese können vor allem bei Abhandenkommen von Sachen anfallen, wenn deren Art und Menge rekonstruiert werden muß, insbesondere bei Abhandenkommen einer Vielzahl von Sachen, z. B. aus einem Warenlager oder aus einer größeren Betriebseinrichtung oder einem größeren Hausrat.

10   Es gibt auch **Überschneidungen** zwischen den beiden Arten von Tätigkeiten im Sinn von § 66 VVG, also Maßnahmen, die sowohl der technischen **Ermitt-**

lung wie der betragsmäßigen **Feststellung** des Schadens dienen. Insbesondere gilt dies für die Kosten notwendiger Reisen des VN zu einem VOrt, an dem sich nicht ohnehin Arbeitnehmer oder Familienangehörige aufhalten, die der VN beauftragen kann. Man denke an Schäden in Zweitwohnungen, in dauernd oder vorübergehend stillgelegten Betriebsräumen oder in Betriebsräumen, die nur durch untergeordnetes Personal besetzt sind. Zweck der Reise kann es sein, den Schaden nach Art und Höhe festzustellen, um ihn eventuell von gleichzeitig oder nachträglich entstandenen nicht versicherten Schäden abzugrenzen sowie Beweismittel zu sichern. VSchutz kann zugleich nach § 63 VVG bestehen, wenn mit Hilfe der Reise ein wirklich oder (bis zur Grenze der groben Fahrlässigkeit) vermeintlich drohender und mitversicherter Folgeschaden abgewendet werden soll.

„Feststellung" bedeutet die **Herstellung subjektiver Gewißheit** von jedem   **11** einzelnen Schadenposten nach Grund und Höhe, und zwar von subjektiver Gewißheit zunächst *für den VN selbst* und daneben *für den Vr*. Damit fallen unter „Schadenfeststellung" bei weiter Auslegung letztlich alle sog. **begleitenden Verwaltungsarbeiten**, Q IV 87 und R III 42 insbesondere die **Beschaffung und Aufbereitung von Beweismitteln** sowie die gesamte Korrespondenz des VN mit dem Vr zwecks **Nachweis von Grund und Höhe des Schadens**; vgl. z. B. E II 22 wegen des Nachweises von Windstärke 8 in der SturmV. Daß die Schadenfeststellungstätigkeit teilweise zugleich Folge der Beweislast des VN ist und teilweise zugleich Erfüllung einer Obliegenheit des VN bedeutet, schließt den Anspruch aus § 66 VVG nicht aus, PM § 66 Anm. 2 B c. Dies gilt z. B. für den nach §§ 13 Nr. 1 e AFB 87, AWB 87, AStB 87, 15 Nr. 1 c VGB 62, 20 Nr. 1 d VGB 88 bei Gebäudeschäden durch den VN auf Verlangen zu beschaffenden **Grundbuchauszug**, X II 101, sowie für das **Verzeichnis der** durch den Schaden **betroffenen** und in der VollwertV auch der durch den Schaden **nicht betroffenen Sachen**, X II 168.

4. § 66 Abs. 2 VVG enthält einen **Ausschluß** für die **Kosten eines Sachverstän-   12 digen oder Beistandes.** Der VN darf insbesondere *nicht* auf Kosten des Vr einen *Rechtsanwalt* als Rechts-„Sachverständigen" mit den Regulierungsverhandlungen betrauen. Nur wenn der Vr den Vertrag verletzt, z. B. indem er falsche Rechtsansichten vertritt, oder wenn er in Verzug gerät, schuldet er unter dem Gesichtspunkt des Schadenersatzes die Kosten eines durch den VN beauftragten Anwalts, vgl. X I 3 sowie PM § 66 Anm. 5 a mit Rechtsprechungsnachweisen. Auch dies gilt nur, soweit der Anwalt nicht etwa schon vor der Vertragsverletzung durch den Vr beauftragt war, soweit also zwischen der Vertragsverletzung und den Anwaltskosten ein Ursachenzusammenhang besteht.

„Zur Zuziehung eines Sachverständigen **verpflichtet"** werden kann der VN   **13** insbesondere durch die in Y I 50 zitierten Bestimmungen, in denen ein **förmliches Sachverständigenverfahren** gemäß § 64 VVG vorgesehen ist, BGHZ 83, 169. Hier soll nach § 66 Abs. 2 VVG der Vr die Kosten der Sachverständigen tragen. Die in Y I 50, 52 und 55 zitierten AVB-Bestimmungen sehen jedoch vor, daß jeder Vertragspartner die Kosten des durch ihn ernannten Sachverständigen trägt und daß die Kosten des Obmanns geteilt werden. Zur Vereinbarkeit dieser Regelung mit § 9 AGBG vgl. Y I 50 bis 65.

14   Zur Zuziehung des Sachverständigen verpflichtet war der VN früher besonders dann, wenn der Vr das Sachverständigenverfahren nach der Erstfassung der in Y I 50 zitierten AVB-Bestimmungen einseitig verlangt hatte. Dies kommt gegenwärtig nicht mehr in Betracht, denn die Vr haben diese Möglichkeit aus den AVB gestrichen, Y I 52. Verlangt umgekehrt der VN seinerseits das Verfahren, so begründet dies nicht den in § 66 Abs. 2 VVG vorgesehenen Ausnahmetatbestand der Zuziehungspflicht, sondern die in den AVB vorgesehene Kostenteilungspflicht ist mit § 9 AGBG vereinbar voll wirksam. Wohl aber ist das **vereinbarte Sachverständigenverfahren** im Sinn der in Y I 52 und 55 zitierten Bestimmungen ein Fall der Zuziehungspflicht gemäß § 66 Abs. 2 VVG, mag diese auch erst zeitlich nach dem VFall entstehen; wenn der Vr das vermeiden möchte, so kann er mit dem VN nach entsprechender Aufklärung eine individuelle Kostenvereinbarung treffen. Auf die in den AVB vorgesehene schematische Kostenteilung kann sich der Vr nur nach Maßgabe von Y I 54 bis 61 berufen.

15   Allerdings ist der **Ausschluß** in § 66 Abs. 2 VVG entsprechend seinem Motiv, nämlich vermeidbare Kosten vom Vr fernzuhalten, ohne den Vr über Gebühr zu belasten, **eng auszulegen;** Er hindert **nur** den Ersatz der Kosten eines **Versicherungs-, Buchführungs-** (Beispiel: Düsseldorf RuS 88, 24) **oder Rechtssachverständigen,** PM § 66 Anm. 5 a. Die Kosten eines *technischen* Sachverständigen oder eines *Bewertungssachverständigen* für die vom Schaden betroffenen Sachen sind dagegen zu *ersetzen,* soweit diese Sachverständigen objektiv notwendig sind. Der Einsatz von Aufwendungen für technische Sachverständige in der Maschinen- oder GebäudeV ist sogar der wichtigste Anwendungsbereich des § 66 Abs. 1 VVG. Bei Reparaturschäden bilden die Kosten eines technischen Sachverständigen überdies oft schon einen Teil des entschädigungspflichtigen Hauptschadens, W IX 7.

16   Daß der Ausschluß von Sachverständigenkosten durch § 66 Abs. 2 VVG eng auszulegen ist, ergibt sich schon aus dem Zweck von § 66 Abs. 1 VVG. Die **Hauptschadenentschädigung soll nicht durch Schadenermittlungskosten aufgezehrt werden,** wie dies mehr oder weniger weitgehend der Fall wäre, wenn es § 66 Abs. 1 VVG nicht gäbe, vgl. dazu näher BGHZ 83, 169. Zum anderen spricht für eine enge Auslegung das in § 66 Abs. 2 VVG gewählte sprachliche Nebeneinander der Begriffe des Sachverständigen und des Beistandes. Der VN soll zum Vr als seinem Vertragspartner zunächst ein gewisses Vertrauen haben und sich daher nicht von vornherein auf Kosten des Vr eines Beistandes bedienen dürfen, und zwar eines, wie der Gesetzgeber unterstellt, überflüssigen Beistandes.

17   5. Wo dagegen ein **technischer Sachverständiger** oder ein **Bewertungssachverständiger** bei verständiger Würdigung objektiv notwendig ist, und zwar zwecks richtiger Feststellung der Schadenhöhe letztlich auch aus der Sicht des Vr, dort soll nicht § 66 Abs. 2 VVG, sondern § 66 Abs. 1 VVG angewendet werden, der Vr die Kosten also auch übernehmen, soweit sie in Sachverständigenkosten bestehen. Man denke etwa an die Bewertung gestohlener Briefmarken, Kunstgegenstände, Antiquitäten, Teppiche usw., die den VN persönlich überfordert, Q I 12, oder an ein gerichtliches Beweissicherungsverfahren über den Zustand eines Gebäudes nach einem Brand- oder Leitungswasserschaden. Die Zulassung eines Beweissicherungsantrags nach § 485 ZPO präjudiziert allerdings nicht auch im Verhältnis zum Vr die Frage, ob das Verfahren im Sinn von § 66 Abs. 1 VVG „den Umständen nach objektiv geboten" war.

In BGHZ 83, 169 werden die Grenzen des Ausschlusses von Sachverstän- **18** digenkosten nicht unmittelbar erörtert. Wohl aber folgt aus den Überlegungen des Urteils zu den Motiven von § 66 Abs. 1 und Abs. 2 VVG, daß auch aus der Sicht des BGH der **Ausschluß eng auszulegen** ist. Das Motiv von § 66 Abs. 2 VVG liegt nach BGH aaO („aus diesem Grund") darin, daß Sachverständigenkosten des VN meist „nicht geboten", sondern „überflüssig" sind. Soweit der VN Sachverständige aber ausnahmsweise doch benötigt, um den Sachschaden bewerten zu können, will BGH aaO den Ausschluß offenbar nicht anwenden, insbesondere nicht in den in W IX 17 behandelten „Grenzfällen". Kosten für die „Bewertung des Sachschadens" hält BGH aaO ohne Rücksicht darauf für entschädigungspflichtig, ob es sich begrifflich um Aufwendungen für die Tätigkeit von „Sachverständigen" handelt.

Durch **Umkehrschluß** folgt aus § 66 Abs. 2 VVG, daß die Kosten der Tätig- **19** keit sonstiger beauftragter oder angestellter Personen, die nicht unter den Begriff des Sachverständigen fallen, entschädigungspflichtig sind, soweit die Tätigkeit für die Feststellung des Schadens im Sinn von W IX 9 erforderlich wird. „Erforderlich" bedeutet „objektiv erforderlich". Die schuldlose oder gar leicht fahrlässige irrige Annahme der Erforderlichkeit reicht – anders als im Fall des § 63 VVG (Schadenminderungskosten) – nicht aus, PM § 66 Anm. 2 C. Was die Höhe der Entschädigung bei **Arbeiten in eigener Regie** betrifft, also im eigenen Betrieb durch eigene Angestellte, so gilt das gleiche wie für den Wiederbeschaffungspreis von eigenen Erzeugnissen, Q IV 89 bis 97, oder von Betriebseinrichtungsgegenständen des eigenen Sortiments, Q IV 101 bis 128. **Anteilige Gemeinkosten** sind auch dann zu ersetzen, wenn dem VN durch den Einsatz eigener Angestellter kein Gewinnausfall entstanden ist, Q IV 112. Beispiel: Reisen eigener Angestellter des VN im Kfz des eigenen Betriebes zwecks Ermittlung oder Feststellung des Schadens.

6. Schwierig ist – wie auch sonst bei versicherten Kosten, vgl. allgemein **20** W I 23 – die Beurteilung von **Eigenleistungen** in Form von **persönlichen Tätigkeit des VN**. Man wird BM § 66 VVG Anm. 16 darin folgen müssen, daß für die grundsätzlich **kein Ersatz** geschuldet wird, Q I 12. Eine praktisch sehr weitreichende **Ausnahme** gilt aber wohl, soweit die Tätigkeit in den **gewerblichen oder beruflichen Bereich** des VN fällt, W IX 19. Diese Ausnahme umfaßt zunächst den Fall, daß der VN schadenbedingte Arbeiten im eigenen Betrieb oder in eigener Person im Rahmen seines Berufs oder Gewerbes (Q I 10) ausführt. Die Ausnahme umfaßt ferner den Fall, daß der VN als Privatperson im Bereich seines besonderen persönlichen Fachwissens tätig wird, und zwar infolge eines Schadens im privaten Lebensbereich (Haushalt, Wohngebäude), so z. B. wenn ein Architekt als VN einen Schaden am eigenen Wohngebäude (LG Hildesheim VersR 85, 449, wenn auch mit berechtigten Abstrichen zur Anspruchshöhe) oder der Buchsachverständige einen besonders komplizierten Schaden am eigenen Hausrat aufnimmt („ermittelt und feststellt"). In beiden Fallgruppen werden entweder die betrieblichen Gemeinkosten einschließlich Unternehmerlohn (Q IV 32 und 61) oder vergleichbare Stundensätze einschließlich Zuschlägen entschädigt.

21   *Kein Ersatzanspruch* besteht jedoch für *persönliche Tätigkeiten,* die der VN normalerweise auch *ohne besondere berufliche oder gewerbliche Fachkenntnisse* selbst erledigen könnte und daher auch ohne Entschädigung selbst erledigen muß. Folgerichtig wird man bei solchen Arbeiten auch einen Kostenersatz für Fremdleistungen ablehnen müssen, wenn ein VN solche Arbeiten ohne zwingenden Grund (W I 23 sowie Q I 13 und 14) auf Dritte überträgt.

22   Die in W IX 19 bis 21 dargelegten Grundsätze erscheinen auf den ersten Blick als angreifbar insofern, als sie den VN des privaten Lebensbereichs ein wenig benachteiligen. Da er die für die Schadensfeststellung nötigen Tätigkeiten überlicherweise persönlich ausführt, soll er sie dem Vr nicht anlasten dürfen, während in der GeschäftsV die Kosten der Schadenermittlung und Schadenfeststellung im Rahmen des Betriebs anfallen und dem Vr in Höhe der entsprechenden Gemeinkosten nach § 66 VVG in Rechnung gestellt werden können. Dies gilt nicht für Tätigkeiten von Angestellten, sondern auch für die persönliche Tätigkeit des VN, die ebenfalls eine Tätigkeit im Betrieb darstellt und durch den Vr gegebenenfalls unter Einschluß eines Unternehmerlohns auf Gemeinkostenbasis nach § 66 VVG zu ersetzen ist, W IX 18.

23   Die Diskrepanz im Verhältnis zu einer V des privaten Lebensbereichs wurde wohl auch durch BGH VersR 86, 482 = RuS 135 nicht gemildert. Zwar braucht danach der VN Freizeit nicht für schadenbedingte Tätigkeiten zu opfern. Aber dies gilt wohl (Q I 13) nur für solche Tätigkeiten, die besondere Fachkunde voraussetzen. Der VN soll Freizeit nicht deshalb opfern müssen, weil er solche Fachkunde „zufällig" besitzt. Im privaten Lebensbereich ergibt sich diese Konstellation nur ausnahmsweise, z. B. bei Schäden an privaten Sammlungen des Kunst-, Antiquitäten- oder Briefmarkenhändlers in der HausratV.

X. Obliegenheiten nach dem Versicherungsfall; arglistige Täuschung

Übersicht

I. Begriff und Rechtsfolgen

1   1. Der Vr kann das vertraglich übernommene Risiko nur tragen, wenn der VN vor und nach dem VFall bestimmte Mindestanforderungen an sein Verhalten beachtet. Vor dem VFall muß er insbesondere *Anzeigepflichten* erfüllen, M I 2 und N II 1, sowie *Gefahrerhöhungen vermeiden* oder mindestens *anzeigen*, N III 1. Außerdem muß er in gewissem Umfang zur *Schadenverhütung* beitragen, O I 61. Diese ganz allgemeine Verhaltensanforderung für die Zeit der VDauer kann durch *Sicherheitsvorschriften als Obliegenheiten* vor dem VFall *konkretisiert* werden, M I 5. Nach dem VFall muß der VN den Schaden möglichst *abwenden* oder *mindern*, W II 25 und X II 177, und außerdem zur *Aufklärung* des Sachverhalts beitragen, X II 93 wozu auch bereits die *Schadenanzeige* gehört, X II 32. Ohne die Erfüllung solcher Anforderungen durch den VN würden sowohl die durch den Vr übernommene Schadengefahr wie auch die sog. Vertragsgefahr der unberechtigten Inanspruchnahme übermäßig anwachsen.

2   Wenn Vertragspartner gegenseitig voneinander ein bestimmtes Verhalten erwarten, werden im allgemeinen – außerhalb des VRechts – in schuldrechtlichen Verträgen ausdrücklich oder konkludent entsprechende Rechtspflichten vereinbart, sei es als Haupt- oder als Nebenpflichten, die auf das gewünschte Verhalten gerichtet sind. Jeder Vertragspartner kann auf *Erfüllung* der Rechtspflichten klagen oder (und) bei Nichterfüllung Schadenersatz verlangen oder vom Vertrag zurücktreten. Grundsätzlich anders verfährt der *VVertrag*. Als *pauschalierte Sanktion* für gewisse Verstöße gegen Verhaltensanforderungen an den VN wird Leistungsfreiheit für denjenigen VFall vereinbart, der mit dem Verstoß im Zusammenhang steht. Die Verhaltensforderungen (Obliegenheiten) werden im VVertrag also *nicht als Rechtspflichten*, sondern

nur als *Lasten* in dem Sinn konstruiert, daß der VN die Anforderungen in seinem eigenen Interesse beachten muß, um nicht seinen Entschädigungsanspruch zu verlieren. Der Vr ist nicht an einem bestimmten Verhalten des VN und letztlich nicht einmal am Ausbleiben der Schäden, sondern nur daran interessiert, für eintretende Schäden nicht leisten zu müssen, M I 6.

2. Allerdings können grundsätzlich auch im VWert sog. **positive Vertrags-** 3 **verletzungen** zu **Schadensersatzansprüchen** führen. Dies gilt uneingeschränkt für **Verstöße des Vr** gegen vertragliche Nebenpflichten, insbesondere gegen die *Beratungspflicht des Vr* in den im Sachverzeichnis unter diesem Stichwort zusammengestellten Fällen. Weitere Beispiele: Der Vr lehnt einen Schaden zu Unrecht ab; die Schadenersatzpflicht ist hier meist schon aus § 286 BGB (Verzug) abzuleiten, und zwar insbesondere auch für die Kosten der Tätigkeit von Anwälten, die der VN infolge des Verzuges beauftragt, W IX 12. Oder: Der Vr verzögert schuldhaft die nötigen Erhebungen im Sinn von Y I 1 und damit die Fälligkeit, oder er wirkt im förmlichen Sachverständigenverfahren nicht hinreichend auf seinen Sachverständigen ein, um dessen Arbeit angemessen zu beschleunigen, Y I 22, oder der Vr vertritt, ohne den Schaden bereits endgültig abzulehnen, zu einer für Grund oder Höhe des Anspruchs rechtserheblichen Frage eine *falsche Rechtsansicht,* oder er fordert Auskünfte, die nicht sachdienlich im Sinn von X II 153 bis 155 sind. Auch hier kommen neben Porto- oder ausnahmsweise Reisekosten des VN auch Anwaltskosten als Schaden in Betracht, W IX 12, bei Kaufleuten als VN und entsprechend dem Umfang der durch den Vr zu Unrecht veranlaßten Arbeiten eventuell auch anteilige Betriebsgemeinkosten. – Verzugszinsen als pauschalierter Schadenersatz: Y IV 16 bis 20.

Bei **Verstößen des VN** gegen vertragliche Nebenpflichten ist die Schadener- 4 satzpflicht wegen positiver Vertragsverletzung hingegen nur wenig bedeutsam. Der Vr will und muß sich in den meisten Fällen darauf beschränken, die **völlige oder teilweise Leistungsfreiheit** für den zugehörigen VFall einzuwenden, wie diese in den AVB als **pauschale Sanktion** vorgesehen ist. Im einzelnen gilt je nach der *Art des Schadens, den der Vr erleidet,* folgendes:

a) Soweit der Schaden darin besteht, daß – von den Rechtsfolgen des Ver- 5 stoßes zunächst abgesehen – die **vertragliche Leistungspflicht** des Vr **ausgelöst** oder der Höhe nach **erweitert** wird, bedeutet die vertraglich vorgesehene Leistungsfreiheit einschließlich ihrer Begrenzung durch das VVG eine *abschließende Sonderregelung.* Wo bei **Verstößen vor dem VFall** weder §§ 16 ff. noch §§ 23 ff. noch § 61 VVG noch die entsprechenden AVB-Bestimmungen zu Leistungsfreiheit führen, kann die Leistungsfreiheit auch nicht aus Verschulden bei Vertragsschluß oder aus positiver Vertragsverletzung hergeleitet werden. Das gleiche gilt für Schäden, die infolge von **Verstößen nach dem VFall** nicht abgewendet oder der Höhe nach vergrößert werden.

b) **Ausscheidbare Sonderkosten der Schadenregulierung** werden in den AVB 6 und im VVG nicht behandelt. Auch § 66 VVG erwähnt sie nicht, sondern regelt nur die Schadenermittlungskosten des VN, W IX 1. Zu denken ist bei den ausscheidbaren Sonderkosten der Schadenregulierung vor allem an Porto- oder Reisekosten, an Kosten einer Beratung durch beauftragte Sachverständige, ausnahmsweise auch durch Anwälte, sowie vereinzelt an Materialkosten, nicht dagegen (dazu unten X I 8) an anteilige Personal- und sonstige Gemeinkosten. Es fragt sich, welche Schlüsse aus dem Schweigen der AVB und des VVG zu ziehen sind.

7   Auch das BGB erwähnt die Schadenersatzansprüche wegen Verschuldens bei Vertragsschluß und wegen positiver Vertragsverletzung nicht. Trotzdem werden solche Ansprüche aus den Parallelvorschriften über Verzug und zu vertretende Unmöglichkeiten heute ganz allgemein hergeleitet. Werden Sonderkosten der Schadenregulierung in den AVB nur deshalb nicht angesprochen, weil es sich um praktisch seltene Fälle und um – gemessen an dem gesamten Schadenaufwand des Vr je Sparte – verhältnismäßig geringe Beträge handelt? Oder bedeutet das Schweigen des VVG, daß der Vr Schadenersatz nicht soll verlangen können? Man wird unterscheiden müssen:

8   Bei **Verstößen vor dem VFall** wird man eine *Schadenersatzpflicht* des VN *nur bei Vorsatz* annehmen können, nicht schon bei Fahrlässigkeit, und zwar auch dann nicht, wenn diese Fahrlässigkeit nach §§ 16 ff., 23 ff., 61 VVG (oder z. B. nach § 39 VVG) zur Leistungsfähigkeit geführt hat. Der Aufwand von Schadenregulierungskosten wird vom Vr bei Vertragsschluß vorausgesetzt und in die vereinbarte Prämie einkalkuliert. Der Vr weiß von vornherein, daß er Regulierungskosten möglicherweise auch mit dem Ziel und mit dem Ergebnis aufwenden wird, seine Leistungsfreiheit wegen eines Fehlverhaltens des VN geltend zu machen. Der *Schutzzweck* der Normen, die den Vr wegen falscher vorvertraglicher Anzeige usw. leistungsfrei machen, ist *nicht* darauf gerichtet, den Vr auch von ausscheidbaren Regulierungskosten zu befreien. Nur wer vorsätzlich gegen Obliegenheiten verstößt oder gar vorsätzlich den VFall herbeiführt, kann sich auf solche Überlegungen nicht berufen, sondern schuldet Ersatz der ausscheidbaren Sonderkosten, vgl. z. B. LG Hannover VersR 81, 928 zu den AVB Wassersportfahrzeuge. Die Beweislast für den behaupteten Vorsatz des VN trägt der Vr, W Beispiel: Wer in betrügerischer Absicht das versicherte Gebäude in Brand setzt, muß die Reisekosten für die Besichtigung ersetzen, die der Vr in Unkenntnis des Sachverhalts oder in Beweisnot durchführt.

9   Bei **Verstößen nach dem VFall** ist die Ausgangslage auf den ersten Blick anders. Der VN weiß, daß die Risikotragung des Vr in ein akutes Stadium getreten ist und daher eine *Rettungspflicht* besteht. Alle Obliegenheiten nach dem VFall dienen letztlich entweder dieser Rettungspflicht, X II 22, oder sie dienen dazu, die Vertragsgefahr zu vermindern, X II 24. Der VN weiß, daß der Vr die Folgen eines Verstoßes gegen diese Obliegenheiten von einem bestimmten Verschuldensgrad an – nämlich von grober Fahrlässigkeit an, W II 24 – nicht übernehmen will, Das spricht für eine Schadenersatzpflicht des VN bei solchen Verstößen. Trotzdem bleibt sehr zweifelhaft, ob ein Vr, der einen Schaden wegen Verletzung der Aufklärungspflicht ablehnen kann, darüber hinaus berechtigt sein soll, dem VN z. B. die Portokosten über die gesamte wegen des Schadens geführte Korrespondenz in Rechnung zu stellen. Man wird die Frage verneinen und die Schadenersatzpflicht des VN auch hier auf Fälle vorsätzlichen Handelns beschränken müssen.

10   c) **Anteilige Gemeinkosten der Schadenregulierung** kann der Vr wohl nur bei *vorsätzlichen* Verstößen des VN *nach* dem VFall verlangen. Wer das VGe-

schäft betreibt und VVerträge abschließt, muß auch mit der Möglichkeit unbegründeter Entschädigungsansprüche rechnen, also mit der sog. Vertragsgefahr. Zwar könnte der Personalbestand usw. jedes Vr geringer sein, wenn unbegründete Ansprüche generell nicht erhoben würden. Aber selbst wenn es auf einem Fehlverhalten des VN vor oder nach dem Schaden beruht, daß sich dessen Anspruch als unbegründet erweist, wird man keinen Schadenersatz des Vr konstruieren dürfen, sondern die Gemeinkosten als durch die Prämie abgegolten ansehen müssen. Auch der vorsätzliche Brandstifter schuldet keinen Ersatz anteiliger Gemeinkosten.

Eine Ausnahme gilt allerdings für **vorsätzliche Verstöße nach dem** (angeblichen oder wirklichen) VFall, vgl. z.B. Celle ZfS 82, 367 und LG Hannover VersR 81, 928 sowie PM § 66 Anm. 4. Wer einen fingierten Schaden meldet oder zu einem wirklichen Schaden vorsätzlich, also in Kenntnis auch der Rechtswidrigkeit, falsche Angaben macht, würde treuwidrig handeln, wenn er argumentieren wollte, die auf sein eigenes vorsätzliches Fehlverhalten entfallenden Gemeinkosten seien mit der gezahlten Prämie abgegolten. Ein solcher VN würde sich einen unzulässigen Vorteil vor den redlichen VN verschaffen, die von ihrem angeblich mit der Prämie erkauften „Recht", den Vr „kostenlos" zu betrügen, keinen Gebrauch gemacht haben. Allenfalls kann der VN einwenden, der Vr habe seinerseits den Vertrag sogar noch gröblicher verletzt (vgl. BGH NJW 89, 2472 = VersR 842 = RuS 296) oder den Vr treffe ein Mitverschulden, letzteres besonders bei sehr hohen Kosten wie im Fall Hamburg VersR 88, 482 (123 000 DM Detektivkosten wegen es vorgetäuschten Diebstahlschadens). – In BGHZ 75, 230 wird allerdings ein vergleichbares Argument gegenüber Ladendieben schon dem Grunde nach nicht anerkannt. Diese sollen sich an den Gemeinkosten der gegen sie gerichteten Maßnahmen nicht beteiligen müssen.

Zweifelhaft ist von dem hier vertretenen Rechtsstandpunkt aus, ob der Vr **12** nur für das Verschulden des VN die **Beweislast** trägt oder auch speziell für die Schuldform des Vorsatzes. Trotz des Zusammenhangs mit der Leistungsfreiheit und entgegen X I 12 der 2. Aufl. wird man das Letztere annehmen müssen, vgl. schon X I 8. Der VVertrag ist im Prinzip auf Geldleistungen des Vr gerichtet, die der VN durch Prämienzahlungspflicht erkauft. Soll umgekehrt der VN Geldersatz leisten müssen, so hat der Vr die Voraussetzungen eines solchen Anspruchs zu beweisen. Für eine Analogie zu § 282 BGB fehlt jede Rechtfertigung. Und selbst wenn Vorsatz einschließlich Kenntnis der Rechtswidrigkeit erwiesen ist, wird man dem VN – wie bei der Leistungsfreiheit, vgl. X I 20, 30 und 32 – ermöglichen müssen, sich von der Schadenersatzpflicht durch den Nachweis zu befreien, daß der vorsätzliche Verstoß jedenfalls nicht ein schweres Verschulden bedeutet hat.

Der Anspruch auf Ersatz anteiliger Gemeinkosten ist somit an noch stren- **13** gere Voraussetzungen geknüpft wie die Leistungsfreiheit wegen vorsätzlicher folgenloser Obliegenheitsverletzung nach dem VFall, vgl. X I 19 bis 34. Schon aus diesem Grund ist die praktische Bedeutung der Frage gering. Die Vr haben bisher kaum je versucht, den VN wegen falscher Auskünfte usw. mit anteiligen Gemeinkosten der Schadenregulierung zu belasten, zumal die Berechnung des „Anteils" für den Einzelfall sehr schwierig wäre. Weder ist nämlich bekannt, welcher Teil der Verwaltungsgemeinkosten eines Vr auf die

Vorkehrungen gegen das Fehlverhalten der VN nach dem VFall beruht, noch steht die Gesamtzahl der einschlägigen Fälle fest, noch der für die Aufteilung richtige Maßstab (Zahl der Fälle mit oder ohne Rücksicht auf die jeweilige Schadenhöhe usw.?).

14 3. **Motiv für die** schon in X I 4 erwähnte **pauschale Sanktion** bei Verstößen gegen Verhaltensanforderungen an den VN, nämlich Leistungsfreiheit statt Anspruch auf Ersatz des nachgewiesenen Schadens des Vr, sind vor allem die andernfalls drohenden *Beweisschwierigkeiten* des Vr, wenn er Verstöße des VN gegen Schadenverhütungs-, Rettungs- und Aufklärungspflichten und gar das Verschulden in allen diesen Fällen sowie den Ursachenzusammenhang zwischen dem Fehlverhalten und der Leistungspflicht beweisen müßte. Am Beispiel des § 61 VVG wird dies für Verstöße *vor* dem VFall sofort klar: Nur weil in den AVB und teilweise schon im Gesetz selbst § 61 VVG durch Obliegenheiten einschließlich der vorvertraglichen Anzeigepflicht und der Gefahrstandspflicht konkretisiert, M I 5 und 10, und hierbei die Beweislast weitgehend auf den VN verlagert wird, M I 11 und O I 5, gelingt es dem Vr, die Schadenbelastung und den Verwaltungskostenaufwand in tragbaren Grenzen zu halten. Das gleiche gilt für die hier zu behandelnden Obliegenheiten *nach* dem VFall.

15 Hiergegen wird oft eingewendet, auch im Geschäftsleben außerhalb des VWesens könne ein Vertragspartner in Beweisnot geraten und könnten Schadenersatzansprüche zu einem gewissen Bruchteil nicht realisiert werden; es sei daher nicht zu rechtfertigen, daß gerade der Vr sich dieser auch sonst unvermeidlichen Konsequenz der geschäftlichen Verbindung mit einer Vielzahl von Vertragspartnern entziehen wolle. **Pauschale Leistungsfreiheit** sei ein Fall von **Übersanktionierung,** soweit den VN kein oder kein „erhebliches" Verschulden treffe oder soweit kein Ursachenzusammenhang mit erhöhter Leistungspflicht des Vr beweisbar sei. Teilweise ist dieser Einwand *gerechtfertigt,* und zwar vor allem für Verstöße *nach* dem VFall, so daß das Gesetz (X I 17) und die Rechtsprechung (X I 20 und 21) ihm Rechnung tragen mußten. Seit Geltung des AGBG ist sogar zu erwägen, ob nicht § 11 Nr. 5 AGBG eingreift, wonach die Pauschalierung von Schadenersatzansprüchen nur beschränkt und nur mit der Möglichkeit eines Schadens- oder Kausalitätsgegenbeweises zulässig ist, vgl. X I 25.

16 Teilweise ist jener *Einwand* freilich auch *unberechtigt,* denn volle Beweislast des Vr für Verhaltensverstöße des VN, für dessen Verschulden und für die Kausalität würden nicht nur zu erhöhten *Schadenaufwendungen,* sondern außerdem zu *wesentlich höherem Verwaltungsaufwand* führen. Um dem zu begegnen, müßten die Vr praktisch in noch höherem Maß als bisher auf den Einwand der Leistungsfreiheit ohne Prüfung verzichten oder auf Schadenanzeigen hin ohne oder ohne genaue Sachprüfung regulieren, wie dies in gewissen VZweigen in Ansätzen ohnehin geschieht, man denke an die Kfz-Haftpflicht oder an die GlasbruchV. In jedem Fall würden dann redliche VN durch eine erhöhte Prämie im Übermaß mit Schaden- oder Verwaltungsaufwand *belastet,* den nachlässige oder unredliche VN verursachen. Daher kann dem Vr auch im Interesse der redlichen VN nicht *gänzlich verwehrt* sein, vertraglich (insbesondere in den AVB) Leistungsfreiheit pauschal ohn jene

Nachweise vorzusehen. Umvermeidlich bleiben dann allerdings in gewissen Ausnahmefällen redliche VN objektiv zu Unrecht ohne Entschädigung, damit nicht sämtliche VN mit den wirtschaftlichen Folgen einer Vielzahl ungerechtfertigter Entschädigungen oder aufwendiger Nachprüfungen belastet werden. Selbstverständlich müssen jedoch VVG und Rechtsprechung dafür sorgen, daß dies, nämlich die Fälle objektiv ungerechtfertigten Anspruchsverlusts, seltene Ausnahmen bleiben, die Übersanktion der Leistungsfreiheit also wirklich nur in engen Grenzen vereinbart wird. Es gilt hier, die **richtige Mitte** zu finden zwischen dem Schutz vor *ungerechtfertigtem Verlust von Entschädigungsansprüchen* einerseits und *ungerechtfertigt hoher Prämie* durch fehlgeleiteten Schaden- und Verwaltungsaufwand andererseits.

4. Der Gesetzgeber hat im Jahr 1939 in das **VVG §§ 15 a, 68 a** neu einge- 17
fügt. Danach sind **§§ 6 Abs. 3, 62 Abs. 2 VVG** halbzwingend. Von ihnen darf nicht zum Nachteil des VN abgewichen werden. §§ 6 Abs. 3, 62 Abs. 2 VVG bestimmen, und zwar speziell für die hier zu erörternden Obliegenheiten *nach* dem VFall, daß die vertraglich vorgesehene Leistungsfreiheit nur bei *grob* fahrlässigen oder vorsätzlichen Verstößen eintritt, wobei allerdings den *Entschuldigungsbeweis* gegen diese Schuldformen der VN führen muß; fehlt Vorsatz mangels Kenntnis der Rechtswidrigkeit so hängt die Schuldform vom Grad der Fahrlässigkeit dieser Unkenntnis ab. Sie bestimmen ferner, daß bei grober Fahrlässigkeit Leistungsfreiheit nicht eintritt, *soweit* der VN den *Kausalitätsgegenbeweis* führen, also nachweisen kann, daß die Leistungspflicht des Vr nicht auf dem Verstoß beruht.

Diese Vorschriften gelten zwar auch, aber nicht nur für die hier behan- 18
delten VZweige. Sie betreffen vielmehr die gesamte SchadenV und können daher hier nicht im einzelnen erläutert werden. Vielmehr ist auf die Kommentare zum VVG zu verweisen, vgl. insbesondere PM § 6 Anm. 6 bis 8, 9 C, 12 bis 14 und § 62 Anm. 4.

5. In den Jahren zwischen 1960 und 1975 hat sich die Überzeugung 19
durchgesetzt, die gesetzlichen Vorschriften gewährleisteten noch nicht die richtige Mitte zwischen den oben X I 16 skizzierten Übeln des ungerechtfertigten Anspruchsverlusts im Einzelfall und der Belastung des Prämienniveaus mit fehlgeleitetem Schaden- und Verwaltungsaufwand. *Kritisiert* wurde (vgl. z. B. Fischer VersR **65**, 197, 202) insbesondere der völlige Anspruchsverlust (sog. **Alles- oder Nichts-Prinzip**) auch **bei vorsätzlichen, aber folgenlosen Verletzungen der Aufklärungsobliegenheit**, zumal dann, wenn *Vorsatz* nicht unstreitig oder bewiesen, sondern *lediglich nicht widerlegt* ist. Die Kritik bezog sich zunächst vor allem auf die HaftpflichtV, wo beschönigende falsche Angaben oft „nur" dem Geschädigten schaden, so Vr dagegen oft sogar „nützen", so daß der VN durch den Einwand der Leistungsfreiheit besonders überrascht und hart getroffen wird.

Daher hat der BGH die Leistungsfreiheit bei vorsätzlichen, aber folgen- 20
losen Obliegenheitsverletzungen davon abhängig gemacht, daß
a) der VN hierüber eindeutig **belehrt** war, und zwar über den AVB-Text hinaus, insbesondere im Schadenanzeigeformular (BGHZ **47**, 101, **48**, 7; nach Hamm VersR **81**, 970 soll gegenüber nicht deutschkundigen Aus-

ländern sogar zusätzliche mündliche Belehrung nötig sein, bedenklich), und daß *außerdem*

b) der Verstoß objektiv (*generell geeignet, berechtigte Interessen* des Vr *ernsthaft zu gefährden*) und subjektiv (*erhebliches Verschulden*) von einigem Gewicht („relevant"; daher das Wort „Relevanzrechtsprechung") war (BGHZ 53, 160). Dies gilt sowohl für **vorsätzlich unrichtige** wie auch für **verweigerte** oder **vorsätzlich verzögerte Auskünfte.**
Der BGH hat diese zunächst auf die Kfz-HaftpflichtV bezogene Rechtsprechung alsbald auf die Kfz-KaskoV erweitert, also auf einen Zweig der SachV, vgl. VersR 73, 174 für die Belehrung und VersR 75, 752, 76, 850 für die Relevanz.

21   In den Jahren zwischen 1975 und 1980 wurden die Rechtsprechung zur Belehrungspflicht und zur Relevanz auch auf die hier behandelten Zweige der **SachV** ausgedehnt, vgl. allgemein Hoegen in Hauß-Festschrift 119. Wegen der *Belehrung* wird auf BGH VersR 78, 122 für die *DiebstahlV* und LG Köln VersR 79, 464 für die *HausratV* verwiesen, wegen der *Relevanz* auf BGH VersR 78, 77 zur *FeuerV.* Auch zu der verwandten Sparte der *ReisegepäckV* wird bei vorsätzlichen, aber folgenlosen Obliegenheitsverletzungen ebenfalls immer häufiger die Relevanz geprüft, vgl. z.B. Köln VersR 84, 1086, München VersR 77, 539, 86, 31, Hamm VersR 81, 454 m. Anm. Honsel 715, LG Aachen RuS 84, 85, LG Nürnberg-Fürth VersR 74, 78, LG Hagen RuS 76, 109 (gegen Belehrungspflicht noch LG Stuttgart VersR 74, 541).

22   6. Eine vollständige **Diskussion der zitierten Rechtsprechung** ist hier nicht am Platz, zumal deren Hauptbedeutung nicht in der SachV liegt. Immerhin sei auf einige Gesichtspunkte kurz eingegangen, insbesondere auf die Frage, ob es nicht möglich wäre, den Effekt dieser Rechtsprechung auch mit Hilfe geschriebener gesetzlicher Vorschriften zu erreichen.

23   Nach § 343 BGB können **Vertragsstrafen** durch richterliches Gestaltungsurteil ermäßigt werden. Dies gilt nicht nur für Vertragsstrafen, die der Vertrag als solche bezeichnet, sondern auch für andere nachteilige Rechtsfolgen, die in der Sache eine Vertragsstrafe darstellen, vgl. jetzt auch § 11 Nr. 6 AGBG. Indessen wäre erhebliche Rechtsunsicherheit entstanden, wenn die völlige oder teilweise Leistungspflicht trotz vorsätzlicher folgenloser Obliegenheitsverletzungen immer nur nach diesen Vorschriften beurteilt worden wäre. Der Prozeßausgang wäre dann in den meisten Fällen im voraus nicht abschätzbar. Dies haben die (wenigen) Fälle deutlich gezeigt, in denen tatsächlich § 343 BGB angewendet wurde, vgl. die Nachweise bei PM § 6 VVG Anm. 9 C a.

24   Wenn der VN sich durch die Leistungsfreiheit überrascht fühlen muß, X I 19, so wird ihm bei der Obliegenheitsverletzung oft das **Bewußtsein der Rechtswidrigkeit** fehlen. Da Vorsatz Bewußtsein der Rechtswidrigkeit erfordert (Palandt-Heinrichs § 276 BGB Anm. 3b), hat der VN den nach § 6 Abs. 3 VVG erforderlichen Nachweis des fehlenden Vorsatzes geführt, wenn er beweist, daß ihm das Bewußtsein der Rechtswidrigkeit gefehlt hat, X I 17. Warum hat die Rechtsprechung die für nötig gehaltenen Einschränkungen der Leistungsfreiheit bei folgenlosen Obliegenheitsverletzungen dann nicht durch schärfere Anforderungen an das Bewußtsein der Rechtswidrigkeit her-

beigeführt? Die Ursache dürfte wohl in der danach drohenden Rechtsunsicherheit und in der drohenden Abhängigkeit des wünschenswerten Härteschutzes von der Qualität der Prozeßführung im Einzelfall liegen. Verbotsirrtum, der den Vorsatz ausschließt, wäre nämlich eine (innere) *Tatsache* in der Person des VN, die jeweils *behauptet* und *bewiesen* werden müßte. Die fehlende Relevanz des folgenlosen Verstoßes sowie das „geringe Verschulden" wären nicht mehr selbst rechtserhebliche Tatsachen, welche die Leistungsfähigkeit ausschließen würden, sondern bloße Hilfstatsachen im Rahmen der Beweisführung für den Verbotsirrtum. Begünstigt würden allzu einseitig nur diejenigen VN, welche außerprozessual und in den Tatsacheninstanzen im Rahmen des auf die Widerlegung des Vorsatzes gerichteten Entschuldigungsbeweises gezielt die nötigen Tatsachenbehauptungen aufstellen würden. Auch diese Lösung würde also zwar mehr „Gesetzestreue", jedoch weniger Rechtssicherheit bedeuten.

Offen bleibt danach nur die schon oben X I 15 angesprochene Frage, ob **25** nicht die Relevanzrechtsprechung seit Inkrafttreten des AGBG (1976) wenigstens teilweise auf dessen § 11 Nr. 5 b gestützt werden könnte. Danach darf bei *pauschalierten Schadenersatzansprüchen* nicht der Nachweis abgeschnitten werden, daß im Einzelfall kein Schaden entstanden ist, vgl. auch die Argumentationen zu dieser Bestimmung in LG Frankfurt VersR 85, 777 zur ReisegepäckV und in AG Haßfurth NJW-RR 86, 654 = VersR 859, AG Kaiserslautern RuS 80, 23, AG Lahr 2 C 163/89 vom 15. 6. 89 zu § 40 Abs. 2 VVG (P II 6). Nun führt jedoch eine Lüge, die der Vr durchschaut, ohnehin nicht zu einer höheren Entschädigung. Die einschlägige Rechtsprechung befaßt sich daher vielmehr gerade im Gegenteil mit der Leistungsfreiheit bei Verstößen, die in diesem – engeren – Sinn „folgenlos" bleiben.

Als pauschalierten Schadenersatz könnte man die Leistungsfreiheit daher **26** allenfalls – BGH VersR 77, 272 verneint eine solche Möglichkeit sogar völlig – mit Bezug auf die *Verwaltungskosten* ansehen, die der Vr *generell* für die Kontrolle von Schadenanzeigen und sonstigen Angaben seiner VN auf deren Richtigkeit hin aufwendet, X I 10. Bis zu einem gewissen Anteil an den *Gemeinkosten des Vr* könnte daher der Nachweis, es fehle an einem Schaden des Vr im Sinn von § 11 Nr. 5 b AGBG, durch den VN nicht geführt werden. Die Leistungsfreiheit wegen vorsätzlicher Obliegenheitsverletzung wäre dann bei kleineren Schäden voll gerechtfertigt, während mit zunehmender Schadenhöhe die Leistungspflicht zu einem wachsenden Bruchteil bestehen bliebe. Die Art und Weise der Aufteilung der einschlägigen Verwaltungskosten des Vr wäre aber sehr schwierig und würde ebenfalls zu erheblicher Rechtsunsicherheit führen, X I 13. Daher ist anzunehmen, daß die Rechtsprechung zur vorsätzlichen „folgenlosen" Obliegenheitsverletzung auch in Zukunft Belehrung, Relevanz und erhebliches Verschulden verlangen, § 11 Nr. 5 b AGBG hingegen nicht heranziehen wird.

7. Im Folgenden soll kurz die **praktische Bedeutung** der Kriterien der bishe- **27** rigen Rechtsprechung für die SachV skizziert werden. Diese Bedeutung ist nicht sehr groß. Obliegenheitsverletzungen, bei denen es dem VN nicht einmal gelingt, die Möglichkeit vorsätzlichen Handelns auszuräumen, sind in der Praxis ohnehin selten, denn schon die Unkenntnis der AVB und der

Obliegenheit schließt den Vorsatz aus, X I 17 und 24. Trotz ihrer für die SachV nur geringen praktischen Bedeutung wird die Relevanzrechtsprechung neuerdings bisweilen auch ausdrücklich in den AVB erwähnt, und zwar in §§ 21 Nr. 4 VHB 84, 20 Nr. 3 VGB 88, 13 Nr. 3 AFB 87, AERB 87, AWB 87, AStB 87. Allerdings bleiben diese Bestimmungen hinter den in X I 20 skizzierten Voraussetzungen der Relevanzrechtsprechung insofern zurück, als der Vr nach den AVB-Texten nur dann leistungspflichtig bleiben würde, wenn der vorsätzliche Verstoß objektiv nicht geeignet war, berechtigte Interessen des Vr ernsthaft zu gefährden, „und wenn *außerdem*" den VN kein erhebliches Verschulden trifft. Tatsächlich genügt es für eine Leistungspflicht des Vr, wenn eine dieser beiden Voraussetzungen nachgewiesen wird. Die AVB-Formulierung ist *nicht* geeignet, die Relevanzrechtsprechung rechtswirksam einzuschränken, denn die Grundsätze der Rechtsprechung sind aus halbzwingenden (§ 15a VVG) Gesetzesrecht (§ 6 VVG) abgeleitet.

28 Daß die Leistungspflicht mangels **Belehrung** des VN durch den Vr entfällt (X I 20, Buchstabe a) ist kaum noch denkbar, denn die Vr erteilen diese Belehrung inzwischen fast ausnahmslos durch einen entsprechend hervorgehobenen Hinweis im *Schadenanzeigeformular*.

29 Auch die **Relevanz** liegt bei unrichtigen Angaben in der Schadenanzeige und sonstigen unrichtigen Auskünften in der Regel vor. Es genügt nämlich die *generelle Eignung* der falschen Angaben, das Aufklärungsinteresse des Vr zu gefährden. Diese generelle Eignung ist meist gegeben, weil der VN in der Regel Angaben macht, die – wenn sie richtig wären – die Rechtsstellung des SachVr verschlechtern könnten. Daß sie tatsächlich nicht verschlechtert haben, spielt keine Rolle. Das Erfordernis der Relevanz bedeutet nicht zugunsten des vorsätzlich handelnden VN dasselbe wie die Möglichkeit eines Kausalitätsgegenbeweises nach § 6 Abs. 3 Satz 2 VVG bei grober Fahrlässigkeit, sondern weit weniger, vgl. X II 5. Dies hat der BGH in VersR 77, 1022 zu § 16 der VHB von 1966 bei falschen Angaben über den letzten Gebrauch des unverschlossen aufbewahrten Schmucks nachdrücklich betont.

30 Die große Bedeutung der Rechtsprechung für die HaftpflichtV beruht darauf, daß dort beschönigende Angaben meist nicht zum Nachteil des HaftpflichtVr (sondern vielleicht sogar zu seinem „Vorteil", X I 19, man denke an Verkehrsflucht als Extremfall) wirken. In der SachV ist dies anders. Die Relevanz – oder gar der durch den VN zu widerlegende Vorsatz – fehlt in der SachV entgegen Hamburg 9 U 171/85 vom 2. 7. 86 z. B. nicht schon deshalb, weil der VN subjektiv einen verschwiegenen Vorschaden für irrelevant gehalten hat. Allein die objektive Relevanz entscheidet, vgl. auch X II 160. Werden Angaben gänzlich verweigert, so beruht die Relevanz z. B. bei gestohlenen Sachen auf der Beeinträchtigung der Fahndungschance, LG Passau VersR 81, 745. Nicht leistungsfrei war der Vr aber z. B. in Frankfurt VersR 89, 474 (MaschinenV), weil die Ermittlungen des Vr überhaupt nicht beeinträchtigt waren und der VN die Schadenanzeige nur deshalb vorsätzlich verzögert hatte, um Schadenersatz von anderer Seite zu erlangen und den Vr nicht in Anspruch nehmen zu müssen.

31 Die eigentliche Bedeutung der Rechtsprechung für die SachV liegt darin, daß kumulativ neben der Relevanz ein „**erhebliches Verschulden**" des Vorsatztäters verlangt wird, wenn der Einwand der Leistungsfreiheit möglich sein

soll. Es darf sich nach BGH aaO nicht um ein *Verhalten* handeln, das auch einem *redlichen* VN *leicht unterlaufen* kann und für das deshalb ein einsichtiger Vr *Verständnis* aufzubringen vermag, vgl. BGH VersR 76, 384 für die HaftpflichtV. Dieses Merkmal bewirkt eine gewisse *Rechtsunsicherheit*, die freilich nicht so groß ist, wie sie es nach den oben X I 13 bis 16 behandelten rechtlichen Konstruktionen wäre. Ganz allgemein wirkt sich auf die Beurteilung auch hier der Unterschied zwischen Sach- und HaftpflichtV aus. Wenn der VN schon vorsätzlich handelt und überdies das Interesse des Vr gefährdet, so wird sich nur selten sagen lassen, ein solches Verhalten könne jedermann unterlaufen und erfordere Verständnis. Als Beispiel mag der in K I 62 erörterte Fall dienen, daß der Antragsteller einen vor Annahme seines Antrags auf RückwärtsV eingetretenen VFall nicht anzeigt, um den Vr von der Antragsannahme nicht „abzuhalten". Nähert sich das Verhalten des VN einer arglistigen Täuschung, so ist das Verschulden keinesfalls gering, Hamm ZfS 88, 294 und X I 34.

Die **Beweislast** für die von der Rechtsprechung zugelassenen *Ausnahmen* **32** von der Regel der Leistungsfreiheit bei vorsätzlicher Obliegenheitsverletzung trägt der VN. Dies mindert die praktische Bedeutung der Ausnahmen für die SachV noch weiter. Insbesondere muß der VN entsprechende Indiztatsachen behaupten und beweisen, wenn er sich darauf beruft, ihn treffe trotz Vorsatzes kein erhebliches Verschulden (BGH VersR 77, 1022).

Folgenlos im Sinn der Rechtsprechung (vgl. z.B. BGH VersR 81, 625) ist **33** eine Obliegenheitsverletzung allerdings jedenfalls **teilweise** schon dann, wenn für einen **Teilbetrag** des versicherten Schadens feststeht, daß der Vr ihn ohne die Verletzung hätte entschädigen müssen. Ebenso wie es für den Kausalitätsgegenbeweis nach § 6 Abs. 3 Satz 2 VVG bei grober Fahrlässigkeit genügt, wenn er wenigstens für einen Teilbetrag geführt werden kann (der VN soll nur den von ihm verschuldeten Mehrschaden nicht ersetzt erhalten, X II 4 und 100 sowie PM § 6 Anm. 9 Cb mit Nachweisen), ebensowenig können dem VN die Vergünstigungen der Rechtsprechung zur vorsätzlichen Obliegenheitsverletzung schon dann völlig untersagt werden, wenn für einen Teilbetrag der Beweis der Folgenlosigkeit nicht geführt werden kann, z.B. weil der VN durch anfänglich falsche Angaben über den Umfang eines Diebstahls in einem Warenlager eine unentbehrliche Beweismöglichkeit endgültig vereitelt hat. In solchen Fällen ist im Umfang der durch die Obliegenheitsverletzung herbeigeführten Beweisnot keine Entschädigung zu leisten; wohl aber sind auf den unstreitigen *Restbetrag* des Schadens die *Kriterien der Rechtsprechung* anzuwenden.

Bei vorsätzlicher Obliegenheitsverletzung liegen oft zugleich die Voraus- **34** setzungen der völligen Leistungsfreiheit wegen **arglistiger Täuschung** vor, vgl. X II 144 und X III 3. Wo dem Vr der Nachweis der Arglist gelingt, wird der VN für ein und denselben Tatbestand nur selten den Nachweis geringen Verschuldens führen können, vgl. BGH VersR 78, 77 zu §§ 13, 16 AFB 30. Zu denken ist allenfalls an Fälle, in denen die vorgetäuschten Tatsachen für den VN nicht vorteilhaft oder sogar nachteilig sind, X III 16 und 17. Ansonsten kann der VN sich gegenüber dem Einwand der Leistungsfreiheit wegen vorsätzlicher Obliegenheitsverletzung (verwirklicht durch dasselbe Verhalten, das auch arglistige Täuschung bedeutet) gegebenenfalls auf die Rechtsprechung berufen, nach der es unter ganz besonderen Umständen trotz arglistiger Täuschung treuwidrig wäre, wenn der Vr gänzlich leistungsfrei wäre, X III 34 bis 49. Köln RuS 88, 337 will diese Rechtsprechung zur arglistigen Täuschung sogar ganz allgemein auf vorsätzliche Obliegenheitsverletzungen beziehen. Dem ist nicht zu folgen, denn dadurch würde das gesetzliche Alles- oder Nichts-Prinzip bei vorsätzlichen Verstößen nicht nur wie durch die Relevanzrechtsprechung für eine bestimmte Fallgruppe, sondern generell aufgehoben und durch ein richterliches Gestaltungsrecht betreffend den Umfang der Sanktion der Leistungsfreiheit ersetzt, und zwar auf Kosten der Rechtssicherheit.

II. Die einzelnen Obliegenheiten nach dem Versicherungsfall

1　　Nachfolgend werden die in den AVB der klassischen SachV vorgesehenen Obliegenheiten nach dem VFall einzeln erörtert, und zwar jeweils mit ihrem Inhalt einschließlich der Frist für ihre Erfüllung sowie mit den Voraussetzungen und Hindernissen der Leistungsfreiheit, die sich aus § 6 Abs. 3 VVG und der in X I 20 bis 33 behandelten sog. Relevanzrechtsprechung ergeben.

2　　1. Im Gegensatz zu § 62 Abs. 2 VVG für die Schadenminderungspflicht ordnet § 6 Abs. 3 VVG für sonstige Obliegenheiten nach dem VFall die Leistungsfreiheit des Vr als Sanktion im Sinn von X I 2 und 4 nicht an, sondern setzt voraus, daß sie vertraglich und insbesondere in den AVB vereinbart wurde. § 6 Abs. 3 VVG bestimmt lediglich die Grenzen, die der Vr bei solchen Vereinbarungen beachten muß. Wenn die Leistungsfreiheit nicht sogar positiv von Kausalität des Verstoßes für die Leistungspflicht des Vr und von einem bestimmten Verschuldensgrad in der Person des VN abhängig gemacht ist, also von Voraussetzungen, die der Vr zu beweisen hat, so muß doch mindestens negativ dem VN ein **Entschuldigungsbeweis** und ein **Kausalitätsgegenbeweis** vorbehalten sein, vgl. schon M II 1 für Obliegenheiten vor dem VFall. Kann der FN einen diesen beiden Nachweise führen, so tritt Leistungsfreiheit wegen § 6 Abs. 3 VVG nicht ein. Verschärfungen zum Nachteil des VN, sei es einzelvertraglich oder sei es durch die AVB, erklärt § 15 a VVG für unwirksam. Gelingt der Kausalitätsgegenbeweis nur für **Teilbeträge** des Schadens, so entfällt die Leistungsfreiheit für diese Teilbeträge.

3　　§§ 13 Nr. 2 AFB 30, AEB, 12 Nr. 3 AWB 68, AStB 68, 13 Nr. 2 AERB, AFB 87, AERB 87, AWB 87, AStb 87, 13 Nr. 3 VHB 74, 21 Nr. 3 VHB 84, 15 Nr. 3 VGB 62, 20 Nr. 2 VGB 88 machen in den Grenzen von § 6 Abs. 3 VVG von der Möglichkeit Gebrauch, Leistungsfreiheit des Vr als Sanktion für Obliegenheitsverletzungen vertraglich zu vereinbaren. Für den Fall eines Verstoßes gegen die Schadenminderungspflicht wird § 62 Abs. 2 VVG inhaltlich in den AFB wiederholt. Anders als bei Obliegenheiten vor dem VFall (M II 8) schöpfen die AVB den gesetzlichen Spielraum für die Anordnung von Leistungsfreiheit voll aus.

4　　Undeutlich formuliert ist lediglich § 21 Nr. 3 VHB 84, und zwar insofern, als dort nur gesagt wird, daß der Vr nach Maßgabe von § 6 Abs. 3 VVG wegen Obliegenheitsverletzung leistungsfrei sein „kann". Dieses Wort will andeuten, daß die Leistungsfreiheit nicht eintritt, wenn der Verstoß zu denjenigen Fallgruppen gehört, für die §§ 6 Abs. 3, 15a VVG Leistungsfreiheit als Sanktion verbieten. Nach Hamm RuS 88, 113 könnte die Formulierung allerdings auch lediglich einen Hinweis auf die Möglichkeit darstellen, Leistungsfreiheit (einzel-)vertraglich zu vereinbaren, vgl. M II 7 zu § 14 Nr. 2 VHB 84.

In anderen veröffentlichten Urteilen sind solche Bedenken bisher nicht 5 geäußert worden. Vielmehr betrachten alle diejenigen Urteile, in denen Leistungsfreiheit des HausratVr nach den VHB 84 wegen Obliegenheitsverletzung des VN nach dem VFall unter anderen tatsächlichen oder rechtlichen Aspekten erörtert wird, § 21 Nr. 3 VHB 84 stillschweigend als ausreichende vertragliche Grundlage für die Sanktion der Leistungsfreiheit.

Wegen der Einzelheiten zu den Begriffen der Obliegenheitsverletzung, der 6 Kausalität und des Verschuldens sowie zu Beweislast und Beweiswürdigung muß auf die **Literatur zum VVG** verwiesen werden, denn es handelt sich nicht um Probleme speziell nur der SachV. Im Folgenden werden nur einige wenige Aspekte näher behandelt, nämlich die **Beweislast** für den objektiven Tatbestand einer Obliegenheitsverletzung oder umgekehrt für den objektiven Tatbestand der „Erfüllung" der Obliegenheit (X II 7 bis 15) sowie der Entschuldigungsbeweis durch Nachweis schuldloser oder nur leicht fahrlässiger **Unkenntnis der Rechtswidrigkeit** in der Person des VN (X II 16 bis 20).

a) Vereinbarte Leistungsfreiheit des Vr wegen Obliegenheitsverletzung 7 durch den VN nach dem VFall ist ein Teil der vertraglichen Risikoabgrenzung, und zwar der sog. **sekundären Risikoabgrenzung** (Schaefer VersR 78, 12; PM § 49 Anm. 1 B c), denn es handelt sich um eine Ausnahme von der Regel, daß der Vr leisten muß, wenn die vereinbarten positiven Voraussetzungen des VFalles erfüllt sind. Dies spricht dafür, dem **Vr** die **Beweislast** aufzuerlegen, wenn er den **objektiven Tatbestand einer Obliegenheitsverletzung** behauptet und hieraus Leistungsfreiheit ableitet.

Der Wortlaut der in X II 3 als vertragliche Rechtsgrundlagen der Lei- 8 stungsfreiheit zitierten AVB-Bestimmungen scheint die Richtigkeit dieser These zu bestätigen, denn jene Texte beginnen durchwegs mit Worten wie „verletzt der VN eine der vorstehenden Obliegenheiten, so ist der Vr... leistungsfrei". Nicht etwa heißt es umgekehrt, der Vr sei nur dann leistungspflichtig, wenn der VN seine Obliegenheiten erfüllt habe. Da im allgemeinen die positiven Voraussetzungen einer Norm (hier: der Anordnung der Leistungsfreiheit) durch diejenige Partei zu beweisen sind, die sich auf sie beruft, scheint auch der AVB-Wortlaut für Beweislast des Vr zu sprechen.

Rechtsprechung und Literatur sind bisher ohne nähere Begründung in der 9 Regel ebenfalls von einer Beweislast des Vr ausgegangen. Insbesondere gilt dies entgegen X II 1 der 2. Aufl. für BGH RuS 83, 176 = VersR 674 zu § 13 VHB 74. Danach hat der Vr den objektiven Tatbestand einer Obliegenheitsverletzung zu beweisen, im Fall BGH aaO die *Unrichtigkeit* einer durch den VN im Rahmen von dessen Aufklärungsobliegenheit *erteilten Auskunft*. Zwar wird aaO an anderer Stelle dem VN der Nachweis für die Echtheit einer vorgelegten Urkunde abverlangt, dies aber nicht als Nachweis für die Erfüllung seiner Obliegenheiten, sondern zwecks Nachweises der Zugehörigkeit bestimmter Teppiche zum Hausrat des VN, also im Rahmen der primären Risikoabgrenzung.

10 Vereinzelt wurden allerdings dem Vr gewisse **Beweiserleichterungen** zuerkannt, insbesondere dadurch, daß seitens des VN im Anschluß an dessen Aufklärungsobliegenheiten auch prozessual ein *qualifiziertes Bestreiten* verlangt wurde, wenn der Vr Obliegenheitsverletzungen nach dem VFall behauptete. Beispiel: Hamburg VersR 84, 978 erleichtert dem beklagten Vr den Nachweis einer verspäteten Einreichung der Stehlgutliste an die Polizei erst nach 13 Tagen dadurch, daß seitens des VN ein qualifiziertes Bestreiten mit Angaben über Inhalt, Verfasser und Art der Übermittlung der angeblich schon früher eingereichten Liste verlangt wurde. Dadurch ermöglicht Hamburg aaO es dem Vr als Beweislastträger, die beteiligten Angestellten des VN seinerseits als Zeugen für die Richtigkeit der Behauptung über die verspätete Einreichung der Liste zu benennen. Wegen weiterer Beispiele vgl. die in X II 12 zitierten Fundstellen.

11 Der h.M. ist im Grundsatz zuzustimmen. **Ausnahmen** müssen aber für Fälle gemacht werden, in denen die Erfüllung der Obliegenheit seitens des VN ein ganz **bestimmtes positives Tun** erfordert. Dann darf nicht vom Vr der Nachweis eines Negativums verlangt werden, nämlich der Nachweis der Tatsache, daß der VN das ihm obliegende Verhalten nicht erfüllt habe. Vielmehr hat entsprechend der in Rechtsprechung und Literatur (Palandt/Heinrichs § 363 BGB Anm. 1) zu §§ 362, 284 BGB herrschenden Ansicht der **VN** die **Erfüllung zu beweisen,** selbst wenn der Vr aus der Nichterfüllung weitergehende Rechte herleiten will, nämlich Leistungsfreiheit. Es gelten dieselben Erwägungen wie im Fall einer Klage des Gläubigers auf Ersatz eines Verzugsschadens. Zwar leitet auch dort der Gläubiger seinen Anspruch aus dem objektiven Tatbestand der Nichterfüllung ab. Jedoch hat der Schuldner die Erfüllung zu beweisen, wenn er einer Verurteilung auf Zahlung von Verzugsschadenersatz entgehen will. Zu dieser Parallele zwischen allgemeinem Schuldrecht und VVertragsrecht vgl. PM § 49 Anm. 3 D, Martin RuS 88, 317 sowie M II 12 bis 15 zu der entsprechenden Frage bezüglich Obliegenheiten, die vor dem VFall zu erfüllen und auf ein bestimmtes positives Tun gerichtet sind.

12 Vereinzelt sind die Gerichte der hier vertretenen Ansicht gefolgt, allerdings meist nicht ausdrücklich, sondern nur indirekt dadurch, daß gesagt wird, der VN habe diese oder jene Tatsache, aus der sich die Erfüllung seiner Obliegenheit ergeben hätte, nicht beweisen können. Gelegentlich wird der hier vertretenen Ansicht auch nur dadurch Rechnung getragen, daß entsprechend dem in X II 10 zitierten Beispiel dem Vr Erleichterungen beim Nachweis der Nichterfüllung einer Obliegenheit zugestanden werden. Im einzelnen vgl. X II 40 und 41 für die Schadenanzeige, X II 60 für die Anzeige gegenüber der Polizei, X II 71 für die Stehlgutliste und X II 162 für die Aufklärungsobliegenheit sowie allgemein PM § 49 Anm. 3 D.

13 Ausdrücklich abgelehnt wurde die hier vertretene Ansicht durch Hamm RuS 88, 302, und zwar für die **Absendung der Schadenanzeige** durch den VN, vgl. hiergegen Martin RuS 88, 317. Gerade im Fall der Schadenanzeige wird der Vr durch die Beweislast überfordert, denn § 92 Abs. 1 Satz 2 VVG beschränkt den Inhalt der Obliegenheit auf die **rechtzeitige Absendung** einer Schadenanzeige. Wenn, wie im Fall Hamm aaO, der VN behauptet, er habe die Anzeige persönlich und rechtzeitig zur Post gebracht, kann der Vr das

Gegenteil kaum je beweisen. Umgekehrt könnte der VN eine ihm obliegende Beweisführung leicht dadurch sicherstellen, daß er die Anzeige per Einschreiben absendet. Ergänzend zum Sachverhalt der Entscheidung Hamm aaO vgl. X II 41.

Ob es zulässig wäre, § 92 Abs. 1 Satz 2 VVG vertraglich auszuschließen, ist **14** wegen § 9 Abs. 2 Nr. 1 AGBG zweifelhaft. **In den AVB** wird aber § 92 Abs. 1 Satz 2 VVG ohnehin nicht ausgeschlossen, sondern in den meisten Fällen ausdrücklich **bestätigt**, nämlich in §§ 13 Nr. 1 a AFB 30, AEB, 12 Nr. 2 AWB 68, AStB 68, 13 Nr. 1 a AFB 87, AERB 87, AWB 87, AStB 87, 13 Nr. 2 VHB 74, 15 Nr. 2 VGB 68. Lediglich die AERB, die VHB 84 und die VGB 88 lassen diesen Punkt ungeregelt.

Die in Hamm aaO zur Beweislast vertretene Ansicht läßt sich auch **nicht** **15** durch eine andere Auslegung von § 92 Abs. 1 Satz 2 VVG entschärfen, nämlich durch die These, § 92 Abs. 1 Satz 2 VVG regle nur die Frage der Rechtzeitigkeit der Anzeige, ändere aber nichts am **Inhalt der Obliegenheit**, die nicht nur auf das bestimmte positive Tun der Absendung der Anzeige, sondern auf deren **Zugang** gerichtet sei. Hamm aaO zieht eine solche Auslegung mit Recht auch gar nicht in Betracht. Anders als im Parallelfall des § 270 Abs. 3 ZPO (verzögerte Zustellung einer Klage nach Ablauf der Verjährungsfrist) ist die Obliegenheit der Schadenanzeige nicht schon dann erfüllt, wenn der Schaden dem Vr auf irgendeine Weise „demnächst" oder gar zu einem beliebigen späteren Zeitpunkt bekannt wird, so daß die Absendungszeit nur für die Verschuldensfrage rechtserheblich und schon deshalb durch den VN zu beweisen wäre, nämlich im Rahmen des Entschuldigungsbeweises gemäß § 6 Abs. 3 Satz 2 VVG.

b) Der **Entschuldigungsbeweis** des § 6 Abs. 3 Satz 1 VVG ist geführt, wenn **16** der VN die Obliegenheit weder vorsätzlich noch grob fahrlässig verletzt hat. **Unkenntnis der Rechtswidrigkeit**, also ein sog. **Verbotsirrtum**, schließt Vorsatz aus, vgl. auch X I 24 und X II 160. Unkenntnis der Rechtswidrigkeit kann darauf beruhen, daß der VN entweder den VVertrag als Ganzen oder die verletzte Obliegenheit nicht gekannt, also weder gelesen noch auf sonstige Weise zur Kenntnis genommen hat. Unkenntnis der Rechtswidrigkeit kann auch darauf beruhen, daß der VN eine ihm dem Wortlaut nach oder in ihrem Kerninhalt bekannte Obliegenheit nicht richtig auslegt oder trotz richtiger Auslegung für rechtsunwirksam hält.

All dies muß der VN aber im Rahmen seines Entschuldigungsbeweises **17** nachweisen, wenn er der Leistungsfreiheit wegen Obliegenheitsverletzung entgehen will. An den **Nachweis eines Verbotsirrtums** sind **strenge Anforderungen** zu stellen, Martin RuS 88, 185, vgl. insbesondere aaO 188 sowie X II 160 zu dem Fall, daß ein VN gewisse Aufklärungsfragen des Vr für nicht sachdienlich oder für unzumutbar hält. Wenn der VN lediglich der Ansicht ist, eine bestimmte Obliegenheit sei versicherungstechnisch unzweckmäßig oder „nicht notwendig" oder „zu hart", so stellt dies schon begrifflich keinen Verbotsirrtum dar.

Gelingt der Nachweis einer Unkenntnis der Rechtswidrigkeit, so ist weiter **18** zu prüfen, ob nicht der **Verbotsirrtum** seinerseits **auf grobe Fahrlässigkeit zurückzuführen** ist. In diesem Fall begründet die Obliegenheitsverletzung auch

als solche den Vorwurf grober Fahrlässigkeit; der Vr bleibt dann leistungsfrei. Im Rahmen seines Entschuldigungsbeweises muß der VN daher diejenigen Tatsachen darlegen und im Streitfall beweisen, aus denen sich ergibt, daß
die Unkenntnis der Rechtswidrigkeit nicht ihrerseits grob fahrlässig war.

19   **Gegen** grobe Fahrlässigkeit können insbesondere geschäftliche Unerfahrenheit, Krankheit oder fortgeschrittenes Alter des VN sprechen. Umgekehrt
legen einschlägige **Erfahrungen aus früheren VFällen** den Vorwurf grober
Fahrlässigkeit nahe, vgl. LG Köln RuS 90, 25 für einen rechtskundigen HausratVN, der dem Vr die Besichtigung seiner Wohnräume nach anfänglicher
Zustimmung trotz besonders niedriger VSumme doch noch hatte verweigern
wollen, X II 131. Auch ohne besondere Vorkentnnisse und Erfahrungen handelt der VN meist grob fahrlässig, wenn er nach einem VFall **nicht** die **AVB**
und insbesondere die Bestimmungen über Obliegenheiten genau **liest,** PM § 6
Anm. 12 mit vielen Rechtsprechungsnachweisen. Hat der VN eine Obliegenheit lediglich **zu eng ausgelegt,** so ist neben den genannten **Umständen in der
Person des VN** die **Deutlichkeit der auszulegenden AVB-Formulierung** das entscheidende Kriterium, vgl. instruktiv Hamm RuS 90, 27 zu einem unrichtigen
Verständnis des Begriffes des unbenutzten Gebäudes im Sinn von § 9 Nr. 2b
VGB 62, Hamm RuS 90, 86 zum Umfang der Obliegenheit, Untersuchungen
durch den Vr zu dulden (vorzeitige Vernichtung eines Beweismittels, X
II 139), BGH RuS 90, 96 (falsche Beratung durch Anwalt, O II 11) und
Hamburg NJW-RR 89, 930 = RuS 339 zur ReisegepäckV; dort hatte der VN
ohne grobe Fahrlässigkeit nicht erkannt, daß unter „Pelz" auch Lederbeklei-
dung mit behaarter Innenseite zu verstehen ist. Je mehr sich andererseits die
Obliegenheit von selbst versteht, und zwar sogar ohne Lektüre der AVB, um
so weniger wird der VN Unkenntnis der Rechtswidrigkeit beweisen und die
Möglichkeit grober Fahrlässigkeit ausräumen können, vgl. X II 55 für die
Obliegenheit der Anzeige gegenüber dem Vr.

20   Hamm RuS 88, 23 äußert zur DiebstahlV Zweifel an grober Fahrlässigkeit
eines Gastwirts, der sich nach einem geringfügigen Einbruchschaden auf Unkenntnis von der Pflicht zur Vorlage einer *Stehlgutliste* bei der Polizei berufen hatte. Nach Hamm aaO war möglicherweise der Agent gehalten, den VN
bei Entgegennahme der Schadenanzeige gerade auf diese Obliegenheit besonders hinzuweisen. In Koblenz VersR 87, 25 wurde eine solche Belehrungspflicht des Vr allerdings für den Regelfall verneint. Weitere Beispiele zur
SchadenV finden sich in X II 35 (Anzeige des „Schadens"), X II 43 (Anzeigepflicht auch noch nach Ablauf der Dreitagefrist).

21   2. Auslegungsschwierigkeiten zum Tatbestand der Obliegenheiten und vor
allem zum Kausalitätsgegenbeweis müssen aus dem Motiv und dem **wirtschaftlichen Zweck** der Obliegenheiten gelöst werden. Ihr gemeinsamer
Zweck ist es, den **Schadenaufwand** des Vr **möglichst gering zu halten.** Schadenaufwand entsteht durch Erfüllung *begründeter* oder *unbegründeter* Entschädigungsansprüche; zu den unbegründeten Ansprüchen gehören teilweise
auch solche, deren positive Voraussetzungen aufgrund dem VN zugebilligter
Beweiserleichterungen (D XVI 11) als bewiesen angesehen werden oder für
deren negative Voraussetzungen (z.B. Gefahrenausschlüsse) der Vr den ihm
obliegenden Beweis nicht führen kann. Insgesamt zerfallen die Obliegenhei-

ten in solche, die nur oder überwiegend den tatsächlich eingetretenen **Schaden mindern** sollen, und in solche, die nur oder überwiegend einer unberechtigten Inanspruchnahme des Vr entgegenwirken und damit die sog. **Vertragsgefahr vermindern** sollen.

a) Zur **ersten** **Gruppe** gehört die **allgemeine Rettungspflicht** gemäß § 62 22 Abs. 1 VVG und den in X II 177 zitierten AVB-Vorschriften, desgleichen die spezielle Obliegenheit, nach §§ 13 Nr. 1 d AERB, AERB 87 für abhandengekommene Wertpapiere das *Aufgebotsverfahren* einzuleiten, abhandengekommene Sparbücher und andere sperrfähige Urkunden *sperren* zu lassen. Letzteres ist nur ein besonders erwähnter Spezialfall der allgemeinen Rettungspflicht, X II 183, wie sich besonders deutlich daraus ergibt, daß in den AEB ein entsprechender Hinweis gefehlt hatte, die Rechtslage aber dieselbe war. Entsprechend gehören die *Kosten des Aufgebotsverfahrens* usw. auch ohne besondere Erwähnung zu den Rettungskosten, W II 46. Wegen der Anzeigenpflicht für wiederherbeigeschaffte Sachen vgl. X II 24 und Z III 4, wegen der Stehlgutliste X II 85 und 89; diese Obliegenheiten dienen sowohl der Schadensminderung wie auch der Minderung der Vertragsgefahr.

Der **Kausalitätsgegenbeweis** gemäß § 62 Abs. 2 Satz 2 VVG wie auch gemäß 23 § 6 Abs. 3 Satz 2 VVG (X II 174) ist geführt, sobald für den **Gesamtschaden** oder für einen **Teilbetrag** feststeht, daß der Schaden auch bei gehöriger Erfüllung der Rettungspflicht oder der verletzten sonstigen Obliegenheit eingetreten wäre. Der Beweis ist sogar schon geführt, soweit der Schaden auch bei einem Verhalten des VN eingetreten wäre, das zwar ebenfalls noch einen Verstoß bedeutet hätte, der aber gerade noch nicht den Vorwurf grober Fahrlässigkeit im Sinn von W II 24 gerechtfertigt hätte, vgl. auch M II 30 zu ähnlichen Fragen im Bereich von Sicherheitsvorschriften und § 6 Abs. 2 VVG.

b) Überwiegend gehören die nachfolgend behandelten Obliegenheiten da- 24 gegen zur **zweiten Gruppe,** denn sie sollen vor allem die **Vertragsgefahr** und nur in zweiter Linie **auch** den **Betrag des** bereits eingetretenen **Schadens** vermindern. In erster Linie sollen sie eine unberechtigte Inanspruchnahme des Vr verhindern. Insbesondere gilt dies für die Anzeige- und Aufklärungsobliegenheiten, X II 47, 64 und 156, ebenso für die Einreichung einer Stehlgutliste bei der Polizei, die sowohl der Sachfahndung wie auch der Minderung der Vertragsgefahr dient. Auch die Pflicht des VN, die Wiederherbeischaffung abhandengekommener Sachen dem Vr anzuzeigen, gehört hierher, vgl. näher Z III 4. Entsprechend schwieriger ist hier die Frage des Kausalitätsgegenbeweises gemäß § 6 Abs. 3 Satz 2 VVG, ob nämlich ein Verstoß „auf die Feststellung oder den Umfang der dem Vr obliegenden Leistung Einfluß gehabt" hat.

Grundsätzlich ist der Kausalitätsgegenbeweis bei grob fahrlässigen Oblie- 25 genheitsverletzungen nach dem VFall schon dann geführt, wenn jedenfalls die Entschädigungshöhe als **Feststellungsergebnis** mit Sicherheit nicht beeinflußt wurde, mag auch vielleicht das **Feststellungsverfahren** des Vr beeinflußt worden sein (PM § 6 Anm. 9 C b). Gegenteilige Entscheidungen (z.B. AG München VersR 86, 760 zur ReisegepäckV) verwechseln die Relevanz im Sinn von X I 29 mit der Kausalität im Sinn von § 6 Abs. 3 Satz 2 VVG.

26   Bisweilen wird die Meinung vertreten, der **Kausalitätsgegenbeweis** gemäß **§ 6 Abs. 3 Satz 1 VVG** sei bei Verstößen gegen Obliegenheiten, die nur oder überwiegend die Vertragsgefahr mindern sollen, gänzlich ausgeschlossen, vgl. PM § 10 MBKK Anm. 2 d aa. Sobald nämlich dem VN der Nachweis der Voraussetzungen des behaupteten Entschädigungsanspruchs gelinge, stehe damit zugleich fest, daß der Vr nicht zu Unrecht in Anspruch genommen werde, die Vertragsgefahr sich also nicht verwirklicht habe. Der Kausalitätsgegenbeweis sei, so wird eingewendet, bei Verstößen gegen solche Olbiegenheiten allzu leicht zu führen und beraube im Ergebnis grob fahrlässige Obliegenheitsverletzungen jeglicher Sanktion.

27   Von dieser Ansicht hat sich indessen BGHZ 79, 6 zum Verstoß gegen das Verbot der MehrfachV in der KrankenV ausdrücklich distanziert, vgl. näher PM § 10 MBKK Anm. 2 d bb. Was in BGHZ 79, 6 zugunsten einer **analogen Anwendung** von § 6 Abs. 2 VVG, bei Verstößen vor dem VFall gesagt wird, gilt entsprechend für § 6 Abs. 3 Satz 2 VVG bei Verstößen gegen Obliegenheiten nach dem VFall.

28   Allerdings müssen die **Anforderungen an den Kausalitätsgegenbeweis** sämtliche Motive berücksichtigen, die der Obliegenheit jeweils zugrunde liegen, also z. B. auch das Motiv der Minderung der Vertragsgefahr, vgl. X II 21 und 24. Der VN muß beweisen, daß
– der tatsächliche Schaden durch die Obliegenheitsverletzung nicht vergrößert wurde, daß also z. B. weder der Vr noch die Polizei bei rechtzeitiger Schadenanzeige und rechtzeitiger Vorlage einer Stehlgutliste erfolgreiche Maßnahmen gegen den Schaden hätten ergreifen können, daß ferner
– der Vr auch bei rechtzeitiger Schadenanzeige und entsprechend frühzeitiger Besichtigungsmöglichkeit nicht die Voraussetzungen eines Ausschlußtatbestandes oder einer Entschädigungsgrenze hätte beweisen können, und daß endlich
– der VN auch bei rechzeitiger Anzeige und rechtzeitiger Vorlage der Stehlgutliste dieselben Behauptungen über den Schadenumfang hätte aufstellen und beweisen können, wie dies auf der Basis der verspäteten Anzeige und der verspäteten Vorlage der Stehlgutliste der Fall war.

29   Der Kausalitätsgegenbeweis gemäß § 6 Abs. 3 Satz 2 VVG ist also bei Verletzung von Obliegenheiten, die überwiegend die Vertragsgefahr mindern sollen, zwar nicht von vornherein ausgeschlossen. Jedoch müssen an diesen Beweis strenge Anforderungen gestellt werden. Die Situation des Vr darf sich durch die Obliegenheitsverletzung in keiner Weise verschlechtert haben. Im Ergebnis bedeutet dies meist **erhöhte Anforderungen an den Schadennachweis** durch den VN, X II 51 und 88, und umgekehrt **verminderte Anforderungen an den Beweis** des Vr **für Ausschlußtatbestände** soweit sich durch die Obliegenheitsverletzung die Beweissituation des Vr verschlechtert hat. Dies wird im Folgenden zu den einzelnen Obliegenheiten des SachVN nach dem VFall näher darzulegen sein.

30   Auch wer dieser Auslegung von § 6 Abs. 2 VVG bei Verstößen gegen Obliegenheiten zum Schutz vor erhöhter Vertragsgefahr nicht folgen wollte, müßte bei solchen Verstößen auch aus allgemeinen Erwägungen zu erhöhten Beweisanforderungen für Grund und Höhe des Entschädigungsanspruchs gelangen, vgl. z. B. LG Berlin VersR 86, 591 für VN, der entgegen X II 149

statt mündlicher nur schriftliche Fragen beantworten will. Wegen einer praktischen Konsequenz hieraus in den Fällen von § 33 Abs. 2 VVG vgl. X II 49.

Dieselben strengen Anforderungen müssen übrigens auch gestellt werden, 31 wenn der Vr zwar nicht den Kausalitätsgegenbeweis nach grob fahrlässiger Obliegenheitsverletzung führen, wohl aber die **Folgenlosigkeit** einer Obliegenheitsverletzung beweisen will, die mit Sicherheit oder möglicherweise vorsäztlich begangen wurde, vgl. zum Beweis der Folgenlosigkeit allgemein XI 33. Die **Relevanzrechtsprechung** darf dem VN bei vorsätzlichen Verstößen nur unter ebenso strengen Voraussetzungen zugute kommen wie die Möglichkeit des Kausalitätsgegenbeweises bei einem grob fahrlässigen Verstoß.

3. Anzeige des VFalls gegenüber dem Vr verlangen §§ 13 Nr. 1a AFB, 30, 32 **AEB, AERB, 12 Nr. 1a AWB 68, AStB, 13 Nr. 1a VHB 74, 21 Nr. 1a VHB 84, 15 Nr. 1a VGB 62, 20 Nr. 1a VGB 88 sowie §§ 13 Nr. 1a AFB 87, AERB 87, AWB 87, AStB 87).** Eine so allgemein formulierte Obliegenheit für sich allein wäre fast inhaltslos, denn jeder VN macht die Anzeige, spätestens wenn und sobald er Entschädigung verlangt. Eigentlicher Gegenstand der Obliegenheit kann also nur sein, vom VN Anzeige in bestimmter Form, X II 33, oder mit bestimmten Inhalt, X II 34 und 35 oder innerhalb einer mehr oder weniger genau bestimmten Frist, X II 36 bis 46, zu verlangen. Darin liegt der rechtserhebliche Inhalt der zitierten AVB.

a) §§ 13 AFB 30, 12 AWB 68, AStB 68, 13 VHB 74, 15 VGB 62, 20 VGB 88 33 sowie §§ 13, 20 AFB 87, AERB 87, AWB 87, AStB 87; lassen **mündliche Anzeige** genügen. Das ist für den Vr (Anzeige wird vielleicht nicht registriert) wie auch für den VN (Beweis der Anzeige gemäß X II 13 ist vielleicht nicht zu führen) gleichermaßen gefährlich. **Schriftform** verlangen daher mit Recht §§ 20 AERB, 21, 28 VHB 84. Besondere Beschleunigung, nämlich **fernmündliche, fernschriftliche oder telegraphische Anzeige**, verlangen bei Schäden ab 10000 DM §§ 13 AERB, AFB 87, AERB 87, AWB 87. AStB 87; sogar schon ab 2000 DM Schadenhöhe verlangt § 13 AEB beschleunigte Anzeige. Indessen handelt es sich hierbei ausdrücklich („sollte") nur noch um Soll-Vorschriften, und zwar wegen § 11 Nr. 16 AGBG seit VerBAV 84, 392 auch im Fall von § 13 AEB. Ab den genannten Grenzen ersetzt eine solche *qualifizierte Anzeige* die einfache schriftliche Anzeige. Auch bei niedrigeren Schäden (zumal deren Höhe in voraus oft nicht abzusehen ist) wird man mindestens das Verschulden verneinen müssen, wenn der VN neben der nachweislich unverzüglich erstatteten qualifizierten Anzeige nicht außerhalb noch schriftliche Anzeige macht.

Inhalt der Anzeige braucht nur zu sein, daß ein näher bezeichnetes Ereignis 34 eingetreten ist, das der VN als VFall ansieht. Die *Schadenhöhe* braucht noch *nicht* angegeben zu werden. Insbesondere brauchen die zerstörten, beschädigten oder abhandengekommenen Sachen nicht bezeichnet zu werden; dies folgt durch Umkehrschluß aus den Vorschriften über die Vorlage eines solchen Verzeichnisses, X II 70, sowie aus den Bestimmungen über die Auskunftsobliegenheit des VN, X II 146. Wenn die Schadenanzeigeformulare der Vr Angaben zur Schadenhöhe (wegen „Preis im Anschaffungsjahr" vgl. X II 123) verlangen, so nehmen sie damit jene weiteren Obliegenheiten vorweg; die Anzeigepflicht ist auch ohne die Angaben zur Schadenhöhe erfüllt. Allerdings kann sich umgekehrt der VN bei verspäteter Anzeige auch nicht damit entschuldigen, er habe die genaue Schadenhöhe noch nicht gekannt und deshalb noch mit der Anzeige gewartet. Die Anzeige eines Kfz-Teilkasko-Brandschadens bei demselben Vr ersetzt z.B. nicht die Anzeige eines später behaupteten HausrataußenVSchadens durch Brand bei demselben Ereignis, LG Tübingen VersR 84, 479.

35 Während nach den AWB 68, AStB 68, VHB 74 und VGB 62 jeweils nur der „VFall" anzuzeigen ist, bezieht sich die Anzeigepflicht nach den AFB 30, AEB, AWB 87, AERB 87, AWB 87, AStB 87, VHB 84 und VGB 88 jeweils auf den „Schaden". Entgegen X II 34 hat AG Amberg VersR 88, 149 zu den AFB 30 den Begriff „Schaden" wortgetreu angewendet und bei Nichtanzeige auch nur einzelner durch den VFall betroffener Sachen schon die Schadenanzeigepflicht als verletzt angesehen. Im konkreten Fall hatte der VN bei Rauchvergiftungsschäden an Pferden zunächst nur einige und erst später einige weitere Tiere als angeblich betroffen angezeigt. Selbst wenn man dieser strengen Auslegung folgt, wird dadurch der Bereich der Leistungsfreiheit des Vr nur unwesentlich ausgeweitet. Eine Korrektur zugunsten des VN ergibt sich nämlich mindestens dadurch, daß häufig grobe Fahrlässigkeit zu verneinen sein wird, wenn der VN unter „Schaden" nur den VFall als ganzen und nicht die einzelnen betroffenen Sachen versteht, X II 20.

36 b) Wo in erster Linie *Diebstahl* versichert ist, soll der VN die Anzeige **unverzüglich** machen, §§ 13 Nr. 1a AERB, VHB 74, 21a VHB 84, und zwar abweichend von § 33 Abs. 1 VVG und einigen älteren AVB (X II 42) nicht erst unverzüglich nach Kenntnisnahme von dem VFall, sondern unverzüglich **nach Eintritt des VFalles**; ähnlich aber deutlicher lauten §§ 13 Nr. 1a AFB 87, AERB 87, AWB 87, AStB 87, X II 46. Die Anzeigepflicht beginnt **objektiv** also *sofort* mit dem Eintritt des VFalls. Das Wort „unverzüglich" bedeutet nach §§ 121, 276 BGB, daß die *Verschuldensgrade* der leichten Fahrlässigkeit (rechtlich ohne Folgen), der groben Fahrlässigkeit (Leistungsfreiheit vorbehaltlich des Kausalitätsgegenbeweises nach § 6 Abs. 3 Satz 2 VVG) oder des Vorsatzes (Leistungsfreiheit vorbehaltlich des Beweises der Folgenlosigkeit, X I 32 und 33, und gegebenenfalls nur nach Maßgabe der Relevanzrechtsprechung) erst mehr oder weniger lange Zeit *nach dem VFall* eintreten.

37 Da die – gegebenenfalls schriftliche, X II 33 – Schadenanzeige immer erst mehr oder weniger lange Zeit nach dem VFall dem Vr zugeht, muß nachträglich entschieden werden, ob überhaupt ein Verschulden und gegebenenfalls welcher **Verschuldensgrad** vorliegt. Maßgebend ist, ob der VN früher oder anders hätte tätig werden müssen, als er tatsächlich tätig geworden ist. Hiervon hängt ab, ob überhaupt und gegebenenfalls abhängig von welchen weiteren positiven und negativen Voraussetzungen Leistungsfreiheit des Vr wegen verspäteter Schadenanzeige in Betracht kommt.

38 Daß die Anzeigepflicht schon vor Kenntnisnahme des VN von dem VFall beginnt, X II 36, verstößt entgegen BGH VersR 67, 56 (zu § 5 AHB, wonach ebenfalls „der VFall" ohne Rücksicht auf den Zeitpunkt der Kenntnisnahme anzuzeigen ist) nicht gegen § 34a VVG. Auch ist entgegen BGH aaO **nicht** etwa aus § 33 **Abs. 1** VVG das Erfordernis einer vorherigen Kenntnisnahme

des VN zu ergänzen. Das VVG verbietet es nicht, Obliegenheiten über die im Gesetz aufgezählten Obliegenheiten hinaus zu vereinbaren. Auch § 9 Abs. 2 Nr. 1 AGBG in Verbindung mit § 33 Abs. 1 VVG steht nicht entgegen, denn das VVG enthält keine Anhaltspunkte dafür, daß die dort statuierten Obliegenheiten eine erschöpfende Aufzählung bedeuten sollten und vertraglich nicht sollten erweitert werden können. Endlich kann auch eine Parallele zum Verbot der vertraglichen Vereinbarung zusätzlicher Gefahrerhöhungstatbestände (N IV 30) nicht gezogen werden, denn § 33 VVG enthält im Gegensatz zu §§ 23 ff. VVG keine mit § 29 Satz 1 und Satz 2 VVG vergleichbare Regelung, wonach „unerhebliche" Umstände (hier: VFälle, von denen der VN noch nicht Kenntnis genommen hat) nicht zum Gegenstand einer Anzeigeobliegenheit gemacht werden durften.

Immerhin sind aber an die Pflicht des VN, sich gelegentlich vom Zustand 39 der versicherten Sachen und auf diesem Weg auch von möglicherweise eingetretenen VFällen zu überzeugen, nur sehr geringe Anforderungen zu stellen. **Grobe Fahrlässigkeit** mit Bezug auf eine verzögerte Schadenanzeige gegenüber dem Vr darf in der Phase zwischen Eintritt des VFalles und Kenntnisnahme von dem VFall nur ganz ausnahmsweise bejaht werden.

Aus dem in die Umschreibung der Obliegenheit aufgenommenen Wort 40 „unverzüglich" kann **nicht** hergeleitet werden, daß der **Vr** das **Verschulden** und den Verschuldensgrad gegebenenfalls **beweisen** müsse, vgl. z.B. zutreffend LG Hagen 150442/82 vom 1. 3. 83. Vielmehr sollen lediglich die mit einer bestimmten Frist verbundenen rechtlichen Unklarheiten (X II 42) vermieden werden. Für die **Beweislast des VN** spricht schon der Grundgedanke des § 282 BGB. Aber selbst den **objektiven Tatbestand von Obliegenheitsverletzungen** braucht der Vr nicht ausnahmslos, sondern nur dann zu beweisen, wenn der VN gegen eine sehr unbestimmt formulierte oder gegen eine bloße Unterlassungsobliegenheit verstoßen haben soll, vgl. allgemein X II 11 sowie M II 13 bis 15 für Obliegenheiten vor dem VFall, X II 60 für die Anzeige bei der Polizei, X II 71 für Verspätung der Stehlgutliste und X II 162 für die Aufklärungsobliegenheit. Ist die Obliegenheit dagegen, wie im Fall der Schadenanzeige, auf ein bestimmtes positives Tun des VN gerichtet, so hat die Erfüllung auch dann der VN zu beweisen, wenn der Vr aus der Nichterfüllung weitere Rechte (wie hier die Leistungsfreiheit) herleitet, PM § 49 Anm. 3 d (offen gelassen aaO § 6 Anm. 14).

Zutreffend legt daher z.B. AG Düsseldorf VersR 87, 63 die Beweislast für 41 die Rechtzeitigkeit und Vollständigkeit seiner Schadenanzeige an der Vr auf, ebenso AG Amberg VersR 88, 149. Zusätzlich sprechen § 92 VVG und die ihm nachgebildeten AVB-Bestimmungen für Beweislast des Vr, Martin RuS 88, 317. Andernfalls hätte der Vr nicht nur zu beweisen, daß ihm eine Anzeige nicht zugegangen ist (schon dieses Negativeum kann schwer zu beweisen sein), sondern er müßte darüber hinaus beweisen, daß der Vr keine Anzeige zur Post gegeben hat, X II 14. Ein solcher Beweis ist jedenfalls dann nahezu unmöglich, wenn der VN behauptet, er habe die Anzeige persönlich geschrieben und abgesendet, also ohne Beteiligung von Arbeitnehmern oder Mitbewohnern, die als Zeugen in Betracht kämen. Trotzdem hat Hamm RuS 88, 302 von einem WohngebäudeVr einen derartigen Beweis verlangt, X II 13, und an diesen Beweis überdies strenge Anforderungen gestellt. Es sollte nicht für das Gegenteil genügen, daß die beiden VN – zwei VKaufleute! – die Anzeige während sechs Monate nicht wiederholten, obwohl sie während dieser Zeit entgegen der jedenfalls Fachleuten sehr wohl bekannten allgemeinen Übung ohne Reaktion des Vr auf die angeblich abgesendete Schadenanzeige geblieben waren.

42   **Innerhalb dreier Tage nach Kenntnisnahme** muß der Schaden dem Vr nach §§ 13 Nr. 1 a AFB 30, 12 Nr. 1 a AWB 68, AStB 68, 15 Nr. 1 a VGB 62 angezeigt werden, wobei im Anschluß an § 92 Abs. 1 Satz 2 VVG die *Absendung der Anzeige* genügt. Die Bestimmung ist mindestens in der Formulierung mißlungen, denn sie läßt nicht erkennen, daß die Obliegenheit *auch nach Ablauf der drei Tage* fortbesteht, falls sie bis dahin ohne grobe Fahrlässigkeit nicht erfüllt war. Die Formulierung könnte vielmehr den unbefangenen Leser verleiten, X II 19, sich als VN nach Ablauf der drei Tage nicht mehr zu beeilen, besonders dann, wenn während der drei Tage ein klarer Entschuldigungsgrund vorgelegen hatte.

43   Bei richtiger Auslegung bedeuten die „drei Tage" jedoch nur, daß ein (grobes) **Verschulden** gemäß § 6 Abs. 3 VVG **nicht vor Ablauf von drei Tagen** seit Kenntnisnahme von dem Schaden bejaht werden darf, wobei Kenntnisnahme durch den *Repräsentanten* ebenso genügt wie auch sonst bei Verstößen gegen Obliegenheiten, jedenfalls wenn der Repräsentant dem VN gegenüber rechtlich verpflichtet ist, diesen zu unterrichten. Ein *Verschuldensgrad*, der bei Ablauf der drei Tage noch nicht erreicht ist, kann bei weiterer Verzögerung der Anzeige *auch noch später* erreicht werden und zur Leistungsfreiheit führen, weil die Obliegenheit fortbesteht, bis sie erfüllt wird.

44   Ein Zeitraum von sechs Tagen kann bereits grobe Fahrlässigkeit begründen, besonders bei hohen Schäden, BGH NJW-RR 88, 728. Diese Entscheidung betrifft § 13 Nr. 1 a der **AEB** von 1938. Auch danach beginnt die Anzeigeobliegenheit erst mit **Kenntnisnahme** des Vr; jedoch verlangen die AEB auf dieser Basis nur „**unverzügliche**" Anzeige und verzichten auf die mißverständliche Frist von drei Tagen. Für ein gestohlenes Wassersportfahrzeug bezeichnet Hamburg VersR 90, 304 eine Verzögerung von 12 Tagen bis zur Absendung der Anzeige als grob fahrlässig.

45   Andererseits wirkt eine verspätete Anzeige nicht zurück. Es gibt **keine Nachholung der Anzeige** in dem Sinn, daß dadurch eine wegen verspäteter Anzeige schon eingetretene Leistungsfreiheit nachträglich wieder wegfallen könnte. Nach einigen älteren AVB anders liegt es für die Nachholung einer Anzeige bei der Polizei, vgl. X II 62 sowie X II 73 und 74 für die Einreichung der Stehlgutliste bei der Polizei.

46   §§ 13 Nr. 1 a AFB 87, AERB 87, AWB 87, AStB 87 verlangen **unverzügliche Schadenanzeige** gegenüber dem Vr und stellen klar, daß Verschulden bei Anzeigen innerhalb von drei Tagen stets zu verneinen ist, wobei es auf die Absendung der Anzeige ankommt. Diese Bestimmungen sagen deutlicher, was sich bei richtiger Auslegung auch aus den in X II 42 zitierten Bestimmungen ergibt. Ein Verstoß gegen §§ 92 VVG, 9 AGBG wird durch diese Formulierung zuverlässig vermieden. Für den Beginn der Frist von drei Tagen ist bei richtiger Auslegung auch hier die Kenntnisnahme durch den VN oder seinen Repräsentanten maßgebend.

c) *Zweck* der Anzeigeobliegenheit ist fast ausschließlich die **Minderung der** 47 **Vertragsgefahr,** X II 24. Zwar geht es auch darum, sog. *Spätschäden* vom Vr *fernzuhalten,* weil andernfalls die Unbestimmtheit der für solche Spätschäden nötigen Rückstellungen den Geschäftsbetrieb und die Kalkulationsmöglichkeiten des Vr zu sehr belasten würde. Zum großen Teil dient aber die Abwehr der Spätschäden ihrerseits nur dazu, ungerechtfertigte Inanspruchnahmen zu vermeiden. Der Minderung der *Höhe des eingetretenen Schadens* kann die Anzeigepflicht nur ganz *ausnahmsweise* dienen, z. b. bei technisch schwierigen Feuer- oder Leitungswasserschäden, denn außerhalb der technischen VZweige hat kaum jemals der Vr bessere Kenntnisse über Schadenminderungsmöglichkeiten als der VN und die durch diesen beauftragten Fachbetriebe. Der Vr verliert also durch verspätete Schadenanzeigen kaum jemals eine unentbehrliche Weisungsmöglichkeit nach § 62 Abs. 1 VVG. Ganz vereinzelt wird der Vr auch bei Diebstahlschäden zur Schadenminderung beitragen können, nämlich mit Hilfe von Kenntnissen, die er aus anderen Schadenfällen erworben hat, z. B. über Personen, die als Täter oder Hehler in Betracht kommen.

Soweit der **Kausalitätsgegenbeweis** gemäß § 6 **Abs.** 3 Satz 2 VVG also darauf 48 gerichtet ist, jeglichen Einfluß der verspäteten Schadenanzeige auf den **Schadenumfang** und Entschädigungshöhe auszuschließen, X II 25, läßt er sich im allgemeinen leicht führen. Der VN kann sich darauf beschränken, die Möglichkeit einer etwa behaupteten Schadenminderungschance des Vr auszuräumen, z. B. durch Nachweis rechtzeitiger anderweitiger Kenntnisnahme des Vr gemäß § 33 Abs. 2 VVG. Wegen eines Sonderfalles in der WassersportV, wo der Kausalitätsgegenbeweis bei einer Verzögerung von 12 Tagen nicht zu führen war, vgl. Hamburg VersR 90, 304.

Aber damit ist der Kausalitätsgegenbeweis noch nicht vollständig geführt. 49 Der VN muß vielmehr auch und vor allem den Verdacht ausräumen, daß infolge der verspäteten Anzeige die sog. **Vertragsgefahr** realisiert worden sein, der Vr also unberechtigt in Anspruch genommen werden könnte. Der VN muß beweisen, daß durch die verspätete Anzeige weder die Beweisführung des VN für Grund und Höhe der Entschädigungspflicht erleichtert noch umgekehrt die Beweissituation des Vr für mögliche Ausschlußtatbestände verschlechtert wurde. Er muß letztlich beweisen, daß trotz erhöhter Vertragsgefahr der Vr auch ohne den grob fahrlässigen Verstoß in gleicher Höhe mit Erfolg in Anspruch genommen worden wäre. Dies gilt trotz § 33 Abs. 2 VVG sogar dann, wenn der Vr frühzeitig auf andere Weise von dem Schaden Kenntnis erlangt hatte, denn die verschärften Beweisanforderungen ergeben sich nicht nur aus § 6 Abs. 3 Satz 1 VVG, sondern auch aus allgemeinen Überlegungen, X II 30.

Der Kausalitätsgegenbeweis kann insbesondere daran scheitern, daß wäh- 50 rend der durch verspätete Schadenanzeige „gewonnenen" Zeit **Beweismittel verlorengegangen** oder gar durch den VN selbst beseitigt worden sind. So liegt es, wenn der VN während dieser Zeit den Brandschutt weggeräumt (KG VersR 51, 50) oder einen Rohrbruchschaden reparieren läßt (AG München RuS 84, 172). Ähnlich lag es im Fall LG München I VersR 83, 531, wo der VN zwar nicht durch verspätete Anzeige des „Schadens", X II 35 wohl aber durch zu niedrige Schadenschätzung „Zeit gewonnen" hatte. Entscheidend ist in solchen Fällen, daß der Vr durch das grob fahrlässige Fehlverhalten des VN eine **Besichtigungsmöglichkeit** verloren hat. Der VN muß im Rahmen des Kausalitätsgegenbeweises die Möglichkeit ausräumen, daß der Vr sich bei früherer Besichtigungsmöglichkeit erfolgreicher hätte verteidigen können. – Hingegen ist die **Veränderung des Schadensbildes** nicht schon als solche ein Verstoß gegen eine (ungeschriebene) Obliegenheit, X II 138 bis 142.

51   Die Beweislast für Tatsachen im Bereich der **primären Risikoabgrenzung**, also für Grund und Höhe des Entschädigungsanspruchs, trägt ohnehin der VN. Gleichwohl ist der Kausalitätsgegenbeweis nicht bereits geführt, wenn nach verspäteter Schadenanzeige das Vorbringen und die Beweismittel des VN auf der Basis derjenigen Beweisanforderungen ausreichen, die normalerweise nach rechtzeitiger Schadenanzeige gestellt werden. Vielmehr muß der VN beweisen, daß er auch im Fall rechtzeitiger Schadenanzeige den vollen Beweis hätte führen können. Im Ergebnis bedeutet dies eine gewisse **Verschärfung der Anforderungen an den Beweis** der für Grund und Höhe des Anspruchs entscheidungserheblichen Tatsachen **durch den VN.**

52   In X II 49 bereits behandelt ist der Fall, daß der Vr durch die verspätete Schadenanzeige eine Besichtigungsmöglichkeit und damit mögliche Einwände gegen das Vorbringen des VN verliert. Die Beweissituation des VN kann sich durch eine verspätete Schadenanzeige aber auch in vielfältigen anderen Formen unzulässig verbessern. Besonders strenge Anforderungen müssen gelten, wenn der VN nicht nur die Schadenanzeige, sondern zugleich die Anzeige gegenüber der Polizei (X II 59) und die Vorlage der Stehlgutliste (X II 70) grob fahrlässig verzögert hatte. Hier liegt der Verdacht besonders nahe, daß der VN im Falle rechtzeitiger Anzeige gegenüber dem Vr und der Polizei z.B. einen geringeren Umfang eines Diebstahlschadens geltend gemacht hätte. Einen derartigen **Verdacht** muß der VN zuverlässig **ausräumen.** Nur dann und nur für diejenigen Schadenteilbeträge, X I 33 und X II 23, für die ihm dies gelingt, ist der Kausalitätsgegenbeweis geführt. Oft wird sich der VN in solchen Fällen *nicht* oder nur in vermindertem Umfang auf *die Beweiserleichterungen* im Sinn von D XVI 11 bei Diebstahlschäden *berufen* können.

53   Die Beweissituation kann sich durch verspätete Schadenanzeige auch für Tatsachen verändert haben, die der Vr beweisen muß, also für die **sekundäre Risikoabgrenzung,** z.B. für grobe Fahrlässigkeit des VN (§ 61 VVG) oder z.B. bei einem Rohrbruch außerhalb des Gebäudes für eine Erdeinsenkung als ausgeschlossene Ursache (Frankfurt RuS 84, 172) oder bei Verdacht der Verletzung von Sicherheitsvorschriften (Frostschaden infolge fehlender Frostvorsorge, Koblenz RuS 90, 132) oder bei Verdacht des Schadeneintritts zu einer Zeit, als der Vr nach § 39 VVG leistungsfrei war (Koblenz aaO). Hier gibt es dann zwar *keine Umkehr der Beweislast* in dem Sinn, daß der VN etwa den vollen Gegenbeweis gegen jede Möglichkeit eines haftungsausschließenden Umstandes führen müßte, denn damit stünde der Vr besser als bei rechtzeitiger Schadenanzeige. Immerhin muß der VN aber dann, wenn Tatsachen im Bereich der sekundären Risikoabgrenzung streitig bleiben, den Beweis führen, daß dem Vr der Beweis auch nach rechtzeitiger Schadenanzeige nicht gelungen wäre. Dies ist etwas weniger als Umkehr der Beweislast, wird dem VN aber in manchen Fällen vielleicht dennoch nicht gelingen und damit zur Leistungsfreiheit führen.

d) Als **Entschuldigungsgründe** gegenüber den zur Leistungsfreiheit führen- 54
den Schuldformen des groben Fahrlässigkeit und des Vorsatzes gemäß § 6
Abs. 3 Satz 1 VVG (dazu PM § 6 Anm. 12 und 13) kommen zunächst die
Gründe in Betracht, die auch bei anderen Anzeigepflichten – auch solchen
vor dem VFall – gegeben sein können: Abwesenheit des VN vom VOrt,
Unkenntnis vom Schadeneintritt oder vom VVertrag, die nicht auch ihrerseits
auf grober Fahrlässigkeit beruht, Versäumnisse von Angestellten oder Familienangehörigen, die nicht selbst wieder auf grobes (Organisations-)Verschul-
den des VN oder seiner Repräsentanten zurückzuführen sind usw. Unkenntnis vom Schadeneintritt hindert nach einigen älteren AVB sogar schon die
Entstehung der Anzeigeobliegenheit, so daß die Verschuldensfrage nicht zu
stellen ist, X II 42. Anders als bei gefahrmindernden Obliegenheiten vor dem
VFall, M I 6, und anders als in den Fällen von § 61 VVG, O I 64, gibt es bei
Obliegenheiten zur Verminderung der Vertragsgefahr *keine* Gründe, die Leistungsfreiheit auch trotz schuldloser oder nur leicht fahrlässiger *Unkenntnis
von der Existenz des VVertrages* eintreten zu lassen. – Rechtsprechungsbeispiele: KG JR **27**, 245 (kein Verschulden wegen irriger Annahme eines nach
§ 1 Nr. 6b AEB nicht versicherten Hausdiebstahls), RG **127**, 367 (Verschulden bei verlegtem VSchein), KG JR **32**, 246 (Verschulden bei Berufung auf
Untätigkeit eines Familienangehörigen).

Unkenntnis von der Anzeigeobliegenheit im Sinn von X II 16 kann der VN 55
meist *nicht* einwenden, denn wer vom VVertrag Kenntnis hat (was zu unterstellen ist, X II 54), muß sogar ohne Kenntnis des Wortlauts der AVB wissen, daß
der Vr auch von Schäden möglichst rasch unterrichtet werden will, X II 19.
Ausnahmen könnten allenfalls bei hochbetagten VN in Betracht kommen. In
der Regel wird es dem VN also nicht einmal gelingen, den Verdacht des Vorsatzes auszuräumen. Wo ihm ausnahmsweise geglaubt werden kann, daß er an die –
obschon ihm bekannte – Existenz des VVertrags und des Vr nach dem Schaden
zunächst einmal „nicht mehr gedacht habe", hat er doch mindestens grob
fahrlässig gehandelt. Ausnahmsweise kann aber im Stadium zwischen einem
Antrag auf RückwärtsV und dessen Annahme die Behauptung des Antragstellers glaubwürdig sein und entschuldigend wirken, weil er den Vr nicht durch
eine Schadenanzeige habe „abhalten" wollen, K III 13 und vor allem K II 42.

Wo der VN **Vorsatz** nicht ausschließen kann oder sogar zugesteht, muß er 56
zunächst die *Folgenlosigkeit* seines Verstoßes für den gesamten Schaden oder
einen Teil davon beweisen, X I 32 und 33, und zwar im Sinn von X II 31
sowie X II 50 bis 53 (Kausalitätsgegenbeweis). Außerdem muß er *entweder*
fehlende Relevanz (in der SachV nur selten möglich, X I 30) *oder* geringe
Schuld im Sinn von X I 31 nachweisen. „Gering" ist die Schuld des Vorsatztäters nur dann, wenn er ausnahmsweise plausible Gründe gehabt hat, die
ihn haben annehmen lassen, der Vr bedürfe gerade in seinem Fall der sofortigen Anzeige nicht. Der Gedanke, daß die Anzeigepflicht „nur" die Vertragsgefahr vermindern soll, X II 47, macht für sich allein das Verschulden eines
Vorsatztäters noch nicht „gering", weil sonst die Anzeigepflicht praktisch
völlig aufgehoben und der VN die Anzeige bis zur Grenze der Verjährung
(§ 12 VVG) nach Belieben verzögern dürfte.

Praktisch ist **Leistungsfreiheit** wegen verspäteter Schadenanzeige **selten**. So- 57
wohl außergerichtlich wie auch bei gerichtlicher Würdigung des Verschul-

dens spielt mindestens unbewußt oft doch eine gewisse Rolle, daß die Anzeigepflicht den Versicherer („nur") vor unberechtigter Inanspruchnahme schützen soll. Wenn und soweit also offenkundige Anhaltspunkte für unberechtigte Inanspruchnahme nicht gegeben sind, wird man geneigt sein, schon das Verschulden des VN milde zu beurteilen, so daß es eines Kausalitätsgegenbeweises erst gar nicht bedarf.

58   Immerhin sind vorsätzliche Verstöße gegen die Anzeigepflicht und Leistungsfreiheit hierwegen in gewissen Ausnahmefällen auch praktisch denkbar, etwa wenn der VN mehrere Leitungswasserschäden durch Korrosion „zusammenkommen" läßt, um sie erst später und gehäuft anzuzeigen. Dieses Beispiel macht allerdings auch seinerseits deutlich, daß Leistungsfreiheit wegen Verstoßes gegen die Anzeigepflicht selten ist. Im Beispiel wird mindestens der Verdacht bestehen, der VN habe durch die verspätete Schadenanzeige seiner Schadenverhütungspflicht (O I 141) oder dem Einwand der Gefahrerhöhung (E I 85) entgehen wollen, mit denen er aber mindestens für die späteren Schäden konfrontiert worden wäre, wenn der Vr sofort nach dem ersten Schaden von dem schlechten Zustand der Leitungen oder dgl. erfahren hätte. Entscheidend ist hier, ob der VN diesen Verdacht nach Maßgabe von X II 53, durch Kausalitätsgegenbeweis ausräumen kann.

59   4. **Anzeige gegenüber der Polizei** wird in den AVB verlangt, und zwar
– nach §§ 13 Nr. 1a AFB 30, AEB, AERB, AERB 87 für jeden Schaden;
– nach §§ 13 Nr. 1a VHB 74, 21 Nr. 1b VHB 84 nur für Schäden durch Brand, Explosion, Diebstahl, Vandalismus oder Raub;
– nach § 15 Nr. 1a VGB 62 nur für Schäden durch Brand oder Explosion sowie für Abhandenkommen;
– nach §§ 12 Nr. 1a AWB 68, AStB 68, 13 Nr. 1a AFB 87, AWB 87, AStB 87, 20 Nr. 1a VGB 88 nur für Schäden durch Abhandenkommen versicherter Sachen oder Gebäudebestandteile; in den AWB 68 und AStB 68 kommt die Anzeigepflicht gegenüber der Polizei nur indirekt zum Ausdruck, nämlich durch die Obliegenheit, der Polizei eine Stehlgutliste einzureichen.

60   Die Obliegenheit gemäß X II 59 ist auf ein ganz bestimmtes positives Tun des VN gerichtet. Daher trägt, wenn der Vr sich auf Leistungsfreiheit wegen Verstoßes gegen die Obliegenheit beruft, der **VN die Beweislast für Tatsachen und Rechtzeitigkeit der Anzeige** gegenüber der Polizei, vgl. näher X II 11.

61   Da die Anzeige nach § 13 Nr. 3 Satz 2 VHB 74 zu beliebiger Zeit nachgeholt werden kann, führt ein Verstoß nicht zu endgültiger Leistungsfreiheit, sondern nur zu einem auflösend bedingten Zurückbehaltungsrecht des Vr; anders liegt es nicht einmal dann, wenn infolge der grob fahrlässig verspäteten Anzeige usw zuverlässige Angaben nicht mehr möglich sind, insbesondere nicht mehr über das Stehlgut, X II 72 und 73, vgl. dort auch zur Nachholbarkeit der Vorlage der Stehlgutliste nach den VHB 74. § 21 VHB 84 enthält eine vergleichbare Bestimmung nicht mehr. Anzeige bei der Polizei und Vorlage der Stehlgutliste bei der Polizei sind nach den VHB 84 also nicht mehr nachholbar, ebensowenig wie nach dem AERB usw.

62   Gegenstand der Anzeige ist nach allen, auch nach den in X II 35 zitierten AVB der „Schaden". Nähere Bestimmungen über **Form und Inhalt** der Anzei-

ge enthalten die AVB nicht. Sie bringen aber durch eine gesonderte Obliegenheit der Vorlage einer Stehlgutliste gemäß X II 70 indirekt zum Ausdruck, daß die Anzeige noch *nicht* die genaue *Schadenhöhe* und noch *nicht* eine Liste der *abhandengekommenen Sachen* zu enthalten braucht. Entsprechend strenger ist die Verschuldensfrage zu beruteilen, wenn die Anzeige verzögert wird, denn der VN kann sich nicht darauf berufen, die genaue Schadenhöhe noch nicht gekannt zu haben, X II 66. Strafantrag gemäß § 247 StGB gegen Angehörige braucht der VN **nicht** zu stellen, weder im Rahmen der Anzeigeobliegenheit noch im Rahmen der allgemeinen Rettungspflicht, X II 177, und zwar entgegen E. Prölss 208 auch dann nicht, wenn die Polizei Nachforschungen mangels Strafantrags ablehnt, und selbst dann nicht, wenn der VN Entschädigung nach § 3 Nr. B 4 VHB 74 bis zu 1000 DM für einen Diebstahl durch Angehörige als Wohngenossen verlangt.

Die **Fristen** für die polizeiliche Anzeige stimmen weitgehend mit den oben 63 X II 36 bis 46 behandelten Regeln für die Anzeige gegenüber dem Vr überein. Eine Abweichung ergibt sich nach §§ 12 Nr. 1 a AWB 68, AStB 68. Die dort nur vorgesehene Einreichung einer Liste der abhandengekommenen Sachen wird häufig nicht schon innerhalb von drei Tagen nach Kenntnisnahme von dem Schaden (X II 42) erstellbar sein, muß dann aber unverzüglich nachgereicht werden, X II 43. Nach § 13 VHB 74 entfällt wegen der Nachholbarkeit der Anzeige jegliche zeitliche Grenze, X II 61.

Zweck der Anzeigepflicht gegenüber der Polizei ist sowohl die **Minderung** 64 **des Schadens** mit Hilfe der polizeilichen Fahndung, X II 22, wie auch die **Minderung der Vertragsgefahr,** X II 24, vgl. auch X II 85 zur Stehlgutliste. Die **Hemmschwelle** gegenüber der Anzeige einer nur vorgetäuschten Straftat soll dadurch **erhöht** werden (AG Osnabrück VersR 85, 79, LG Berlin VersR 87, 503 und LG Bochum VersR 85, 443, jeweils zur ReisegepäckV), daß der VN mit einer alsbaldigen Besichtigung des Schadenorts durch die Polizei rechnen muß. Der VN soll veranlaßt werden, gegenüber der Polizei und gegenüber dem Vr die gleichen, und zwar wahrheitsgemäße Angaben zu machen. Minderung des tatsächlich eingetretenen Schadens kommt nur am Rand und nur insofern als Motiv in Betracht, als die Anzeige zugleich Voraussetzungen der Vorlage einer Liste der abhandengekommenen Sachen an die Polizei ist.

Der **Kausalitätsgegenbeweis** gemäß § 6 Abs. 3 Satz 2 VVG erfordert den 65 Beweis, daß die Inanspruchnahme des Vr berechtigt ist, X II 28 bis 31. Der Beweis kann auch für Teilbeträge geführt werden, X II 23. Anders als die verspätete Anzeige gegenüber dem Vr oder die verspätete Vorlage einer Stehlgutliste (X II 39) verschlechtert die verspätete Anzeige gegenüber der Polizei im allgemeinen nicht die Beweissituation des Vr, sondern mindert allenfalls bis zu einem gewissen Grad die *Glaubwürdigkeit des* VN (Beispiel: AG München VersR 81, 774 zur ReisegepäckV). Die Überlegungen in X II 48 bis 53 gelten also für die polizeiliche Anzeige nur abgeschwächt. Bei grob fahrlässig oder vorsätzlich verspäteter oder gar endgültig (X II 68) unterbliebener Anzeige gegenüber der Polizei sind also – etwa vereinfacht gesagt – an Beweise zum Anspruchsgrund und zur Anspruchshöhe, die dem VN ohnehin obliegen, ein wenig *höhere,* umgekehrt an Beweise, die dem Vr obliegen (Ausschlußtatbestände usw.), ein wenig *geringere* Anforderungen zu stellen. Soweit danach aber der VN die Anspruchsvoraussetzungen beweisen und der

Vr nicht umgekehrt Anspruchshindernisse nachweisen kann, ist der Kausalitätsgegenbeweis geführt; dies übersieht Baumgärtel VersR 77, 77 in seiner Kritik an Prölss VersR 76, 427.

66 Als **Entschuldigungsgründe** kommen weitgehend dieselben wie für die Anzeige gegenüber dem Vr in Betracht, X II 54 bis 58, nicht aber Unkenntnis des genauen Schadenumfangs, denn dieser braucht in der Anzeige noch nicht genannt zu werden, X II 62 Unkenntnis von der Obliegenheit der polizeichen Anzeige ist als Einwand nicht (anders AG Aachen VersR 81, 1146 für Liste der abhandengekommenen Sachen) von vornherein unglaubwürdig, insbesondere nicht bei Brand- und Explosionsschäden, die nach neueren AVB überhaupt nicht mehr angezeigt werden müssen, X II 59. Immerhin muß der VN nach einem VFall grundsätzlich die AVB lesen, vgl. X II 19 und z.B. KG JR 41, 171. Die Beurteilung des Verschuldens hängt von *Art und Höhe des Schadens* und den sonstigen Umständen des Einzelfalls ab. Je kleiner ein Brandschaden oder je geringer der Wert gestohlener Sachen oder je eindeutiger der Tatbestand des qualifizierten Diebstahls ist, um so ferner liegt der Vorwurf des Vorsatzes oder der groben Fahrlässigkeit.

67 Wo die Anzeige bei der Polizei **vorsätzlich** unterblieben ist, vielleicht sogar trotz wiederholter Mahnungen des Vr, aber der Kausalitätsgegenbeweis geführt wurde, X I 33 sowie X II 31, dort darf im Sinn der **Relevanzrechtsprechung** die Beeinträchtigung der Interessen des Vr nicht etwa mit der Begründung verneint werden, der Vr habe die Polizei ja auch selbst verständigen können, wenn er dies für so dringend gehalten habe, statt immer wieder den VN dazu aufzufordern. Andererseits wird gerade hier jedenfalls bei kleineren *Feuerschäden* auch für Vorsatztäter fast immer die „schwere Schuld" zu verneinen sein, denn der – wenn auch rechtlich unzutreffende – Standpunkt, die Anzeige bei der Polizei sei unwichtig und unzumutbar, zumal sie ein Strafverfahren wegen fahrlässiger Brandstiftung auslösen könne, sie in vielen Fällen „menschlich verständlich" im Sinn der Relevanzrechtsprechung. Bei *Diebstahlschäden* ist eine analoge Argumentation natürlich nicht möglich, zumal hier immer zugleich gegen die Obliegenheit verstoßen wird, der Polizei im Interesse der Fahndung nach dem Stehlgut eine Liste der abhandengekommenen Sachen vorzulegen.

68 Ausnahmsweise kann die Anzeige bei der Polizei bewußt verspätet erstattet werden oder sogar gänzlich unterbleiben, weil der VN **Repressalien des Täters befürchtet.** Im allgemeinen kommt dies jedoch nur in Betracht, wo der VN eine bestimmte Person verdächtigen müßte, von der Repressalien zu befürchten sind, z.B. im ländlichen Bereich eine renommierte Person mit Wohnsitz in der Nähe des VN oder eine Person aus dessen eigenem Bekanntenkreis. In solchen Fällen kann das „erhebliche Verschulden" im Sinn von X I 31 fehlen. Bloße **Rücksichtnahme auf einen Täter** im Bekanntenkreis des VN steht der Furcht vor Repressalien jedoch **nicht** gleich und rechtfertigt das Unterlassen der Anzeige auch dann nicht, wenn der Tatbestand der strafbaren Begünstigung nicht verwirklicht ist. – Anzeige gegen *Unbekannt* darf kaum je aus angeblicher Furcht vor Repressalien unterbleiben. Der erste Anschein spräche hier gegen die Richtigkeit der Behauptung eines solchen Motivs, denn der „Durchschnittsdieb" wird von

polizeilichen Übermittlungen nicht überrascht, und er wird wegen solcher Ermittlungen im allgemeinen keine weiteren Aktionen gegen den bestohlenen Anzeigerstatter einleiten.

Der VN muß, wenn er sich auf **Furcht vor Repressalien** beruft, wenigstens 69 diejenigen Tatsachen exakt beweisen, aus denen sich gemäß X II 68 sein „geringes Verschulden" ergeben soll, also das naheliegende Risiko von Repressalien. Ferner sind, wie auch sonst, X II 31, strenge Anforderungen an den Nachweis der Folgenlosigkeit des Unterlassens der polizeilichen Anzeige zu stellen. Der VN muß also besonders exakt die klagebegründenden Tatsachen nachweisen, insbesondere die Höhe eines behaupteten Diebstahlschadens. Es muß feststehen, daß der VN sich das Ausbleiben der polizeilichen Ermittlungen in keiner Weise zunutze gemacht hat, um den Schaden höher darzustellen, als er tatsächlich ist. In manchen Fällen wird sich dies nur für Teilbeträge des behaupteten Schadens feststellen lassen, denn die Versuchung, einen Schaden dem Umfang nach vergrößert darzustellen, weil mit polizeilichen Ermittlungen nicht gerechnet zu werden braucht, kann im Einzelfall sehr groß sein. In solchen Fällen beschränkt sich die Entschädigungspflicht auf den Teilbetrag, X I 33.

5. **Vorlage einer Liste der abhandengekommenen Sachen,** also einer sog. 70 **Stehlgutliste,** bei der **Polizei** durch den VN verlangen §§ 13 Nr. 1 a AFB 30, AEB, AERB, 12 Nr. 1 a AWB 68, AStB 68, 13 Nr. 1 a AFB 87, AERB 87, AWB 87, AStB 87, VHB 74, 21 Nr. 1 b, VHB 84, 15 Nr. 1 a VGB 62, 20 Nr. 1 b VGB 88. Motiv dieser Obliegenheit: X II 85.

Die **Beweislast** für rechtzeitige Erfüllung der Obliegenheit trägt der VN, 71 vgl. II 11, PM § 49 Anm. 3 D, LG Köln VersR 83, 1026 sowie M II 12 bis 15 für Obliegenheitsverletzungen vor dem VFall. Hamburg VersR 84, 978 hält zwar an der Beweislast der Vr fest, stellt aber an die prozessuale Beachtlichkeit eines Bestreitens des VN so hohe Anforderungen, daß im praktischen Ergebnis kaum ein Unterschied zu der hier vertretenen Ansicht besteht.

Wurde die Obliegenheit durch Unterlassen der fristgerechten Anzeige 72 schuldhaft verletzt, X II 63, so führt dies zu endgültiger Leistungsfreiheit für die nicht rechtzeitig angezeigten Sachen, während für etwa **rechtzeitig angezeigte andere Sachen** keine Leistungsfreiheit vorgesehen ist, 13 Nr. 2 AFB 30, AEB, AERB, 12 Nr. 2 AWB 68, AStB 68, 13 Nr. 2 AFB 87, AERB 87, AWB 87, AStB 87, 21 Nr. 3 VHB 84, 13 Nr. 3 VHB 74, 15 Nr. 3 VGB 62, 20 Nr. 2 VGB 88. Der **Kausalitätsgegenbeweis** für die rechtzeitig angezeigten anderen Sachen wird also nicht verlangt, sondern **als geführt unterstellt.** Die Leistungsfreiheit wird zwar in den AVB-Texten aus der Zeit vor 1980 (korrekt lauten die AERB und alle späteren AVB) an die Voraussetzung geknüpft, daß die Sachen nicht rechtzeitig angezeigt „sind"; jedoch handelt es sich hier nur um einen Redaktionsfehler (gemeint ist: „wurden"), so daß nicht (anders nur nach den VHB 74, X II 73) etwa die Anzeige jederzeit nachgeholt und dadurch die Leistungsfreiheit wieder beseitigt werden kann. Dies folgt aus dem Wort „rechtzeitig". Unberührt durch den Verstoß gegen die Obliegenheit der Anzeige des Abhandenkommens bleibt selbstverständlich auch die etwaige Entschädigungspflicht des Vr für versicherte Kosten, Hamm RuS 88, 22 (für Gebäudeschäden durch Gaststätteneinbruch).

73   a) Die Obliegenheit, der Polizei eine Stehlgutliste einzureichen, X II 70, enthält auch § 13 Nr. 1a VHB 74. Ebenso wie die Anzeige bei der Polizei, X II 61, kann der VN nach den VHB 74 aber auch die **Vorlage** der Liste **jederzeit nachholen**. So ist gegen München VersR 76, 427, Hoenicke VersR 76, 923 und Baumgärtel VersR 77, 77, aber mit BGH VersR 84, 429, 85, 557, Hamm VersR 83, 1171, RuS 84, 252 und Prölss VersR 76, 427 die Bestimmung des § 13 Nr. 3 Satz 2 VHB 74 auszulegen. Zweifelsfrei ist dies für Fälle, in denen nicht nur die Vorlage der Liste, sondern auch die Anzeige selbst bereits vorsätzlich oder grob fahrlässig verzögert worden war; da nämlich eine vorgelegte Stehlgutliste immer zugleich eine Anzeige darstellt, hätte § 13 Nr. 3 Satz 2 VHB 74 vom Standpunkt der Gegenansicht aus keinen Sinn. Ist dem aber so, dann kann auch derjenige VN, der nicht die Anzeige, sondern nur die Einreichung der Liste grob fahrlässig verzögert hatte, nicht schlechter gestellt werden; auch er muß die Vorlage der Liste jederzeit mit Wirkung für den Entschädigungsanspruch nachholen können, nach Prölss aaO theoretisch sogar noch nach rechtskräftigem Abschluß eines Deckungsprozesses.

74   Nach Köln RuS 83, 60 soll sich der HausratVN auf die Nachholbarkeit ausnahmsweise dann nicht berufen können, wenn die später nachgereichte Liste gerade wegen der mindestens grob fahrlässigen Verzögerung inhaltlich weniger zuverlässig ist. Dem ist nicht zuzustimmen, denn § 13 Nr. 3 Satz 2 VHB 74 macht eine derartige Ausnahme nicht und kann nicht zum Nachteil des VN entgegen dem klaren Wortlaut ausgelegt werden. Die Erwägung des OLG Köln aaO hätte nur im Rahmen des Kausalitätsgegenbeweises angestellt werden dürfen. Der VN kann eben in solchen Fällen den gesteigerten Anforderungen an den Nachweis der Schadenhöhe mindestens für einen Teilbetrag nicht führen. Die Entschädigung ist entsprechend niedriger, weil der Kausalitätsgegenbeweis im Sinn von X II 29 und 85 für einen Teilbetrag mißlungen ist.

75   b) „Liste" bedeutet begrifflich eine systematische Zusammenstellung in schriftlicher Form, LG Hanau VersR 83, 358. Telefonische Durchsagen, welche die Polizei zurückweisen kann, genügen selbst dann nicht, wenn die Polizei sie ausnahmsweise entgegennimmt, z. B. weil es sich nur um wenige Gegenstände handelt. Hingegen **kann** die Angabe genau bezeichneter Gegenstände zu Protokoll bei der **Anzeige** oder gegenüber dem Beamten am Tatort **genügen**, Hamm RuS 88, 113. Ergänzend wird auf die Rechtsprechung zu § 10 AVBR 80 (ReisegepäckV) verwiesen.

76   Über den **Inhalt der Liste** wird nichts weiter gesagt. Bis zu einem gewissen Grad sind *Sammelbezeichnungen* zulässig (z. B. „10 Hemden, 20 Hosen", nicht aber „100 Kleidungsstücke"). Je höher der *Wert,* um so genauer muß die Sache im Interesse der Fahndung der Polizei beschrieben werden, LG Berlin VersR 89, 741. Beispiel: Bei elektronischen Geräten sind neben der Typenbezeichnung möglichst auch die Gerätenummern anzugeben, BGH NJW-RR 88, 728. *Vollständigkeit* der Liste muß und darf der VN nicht abwarten. Er muß unter Umständen die wertvollsten Stücke gesondert und in voraus melden, und er muß bei längeren Inventuren *Teillisten* vorlegen, um die Fahndung zu beschleunigen. Läßt der VN anderseits eine Liste vorsätzlich oder grob fahrlässig unvollständig, so kann er sie nach sämtlichen AVB

mit Ausnahme der VHB 74 nicht ergänzen, falls bereits Leistungsfreiheit
eingetreten ist.

Unrichtige oder unvollständige Angaben in der Liste bedeuten ebenfalls ob- 77
jektiv einen *Verstoß* bereits gegen die Oberliegenheit der Vorlage einer Stehlgutliste bei der Polizei, AG Aachen VersR 81, 1146. Das gleiche gilt bei *zu
pauschalen* Angaben in der Liste; zutreffend wird in Stuttgart NJW-RR 86,
828 nur die grobe Fahrlässigkeit verneint, der objektive Verstoß hingegen
bejaht.

Die Frist für die Vorlage der Liste ist unterschiedlich und teilweise inkonse- 78
quent geregelt. *Unverzügliche* Vorlage verlangen die AERB, die VGB 88 und
die VHB 84 sowie die AFB 87, AERB 87, AWB 87 und AStB 87. Frühestens
drei Tage nach *Kenntnisnahme von dem VFall*, danach aber jeweils ebenfalls
unverzüglich, muß die Liste nach den AWB 68, AStB 68, und VGB 62
vorgelegt werden. AFB 30 und AEB gewähren drei Tage ab *Kenntnisnahme
von dem Verlust*, was ebenfalls unverzügliche Vorlagepflicht in der Folgezeit
bedeutet, vgl. X II 43 (zur Schadenanzeige) und LG München VersR 59, 63.
Die AFB 30 gehen davon aus, daß bei Feuerschäden nur ausnahmsweise
etwas abhandenkommt, ein Verlust also oft erst mehr oder weniger zufällig
„festgestellt" wird. Die Verfasser der AEB haben diese Formulierung unbedacht übernommen. Die AEB sollen daher nach X II 44 der 2. Aufl. strenger
„auszulegen" sein, denn der VN müsse sich nach einem Diebstahl sofort um
die Feststellung der Schadenhöhe bemühen; ein grob fahrlässiger oder vorsätzlicher Verstoß gegen die Obliegenheit solle auch darin liegen können, daß
er die „Feststellung" nicht unverzüglich betreibe. Eine derartige Auslegung"
entgegen dem klaren Wortlaut und zum Nachteil des VN wird sich aber nicht
aufrechterhalten lassen. – Wegen der Notwendigkeit der Vorlage auch unvollständiger Listen bei schwierigen Schadenfeststellungen vgl. X II 76.

c) Wegen der Anforderungen an den Entschuldigungsbeweis des VN gemäß 79
§ 6 Abs. 3 Satz 1 VVG sowie wegen des Nachweises eines geringen Verschuldens (X I 31) im Sinn der Relevanzrechtsprechung bei vorsätzlichen, aber
folgenlosen (X II 31) Verstößen kann zunächst auf X II 66 bis 69 zur polizeilichen Anzeige verwiesen werden. Bei V im gewerblichen Lebensbereich gelten strengere Anforderungen als bei Hausrat und Wohngebäuden, Köln
VersR 85, 462, Hamm VersR 85, 461. Daß der Sachbearbeiter oder ein Regu-
lierungsbeauftragter des Vr die Übergabe einer Schadenaufstellung an den Vr
als endgültig ausreichend bezeichnet, kann den VN entlasten, Hamm RuS 88,
113. Eine Pflicht zur Belehrung des VN besteht aber nicht, Koblenz VersR
88, 25, am wenigsten gegenüber Kaufleuten. Der Vr muß den VN nicht
spontan belehren, sondern nur wenn ein Irrtum erkennbar wird. Durch Berufung auf ein großzügigeres Verhalten eines früheren Vr kann sich der VN
im allgemeinen nicht entschuldigen, LG Hamburg VersR 89, 956.

Daß die Polizei bei Entgegennahme einer mündlich erstatteten Anzeige die 80
gestohlenen Gegenstände nicht einzeln hatte aufführen wollen, LG Bochum
RuS 89, 162 oder daß die Polizei die Entgegennahme der Liste verweigert
habe, z.B. weil Übersendung der Liste an den Vr genüge (LG Köln VersR 90,
154; gegen den VN sprachen hier zusätzlich seine Spezialkenntnisse als VAngestellter) oder weil sie bei Brand- oder Leitungswasserschäden nicht an

einen Zusammenhang des Abhandenkommens mit einem Diebstahl geglaubt habe, B II 19, muß klar bewiesen sein und reicht selbst dann als Entschuldigung oft nicht aus, denn der VN kann der Polizei die Liste auch per Post übersenden. Daß die Polizei die Liste nicht ausdrücklich erbittet, entschuldigt in aller Regel nicht, am wenigsten einen Kaufmann, LG Berlin VersR 84, 1057. Umgekehrt verschärft aber eine vergebliche polizeiliche Vorladung den Verschuldensvorwurf, Hamm VersR 85, 461. Mehrfache polizeiliche Aufforderungen zur Vorlage der Stehlgutliste können sogar eine Widerlegung des Vorsatzvorwurfes ausschließen, LG Berlin RuS 87, 321.

81   In welchen Fällen und gegebenenfalls wie lange der VN unter dem Gesichtspunkt des **Schadenminderungszwecks** der Obliegenheit schuldlos oder doch jedenfalls noch nicht grob fahrlässig handelt, wenn er die Vorlage der Stehlgutliste oder einer ergänzenden Liste verzögert, läßt sich kaum allgemein abschließend formulieren, insbesondere **nicht** in Form von **festen Zeit- oder Wertgrenzen.** Im allgemeinen spricht höherer Wert für das Gebot größerer Eile, vgl. etwa Düsseldorf RuS 86, 289 für Textilien und Sanitärartikel im Wert von 24 000 DM, LG Detmold VersR 84, 249 für Sachen einer Metzgerei im Wert von 17 000 DM. Wichtiger als der Wert sind aber oft die Art und die Individualisierbarkeit der gestohlenen Sachen, denn von ihnen hängen die Fahndungschancen der Polizei ab. Die Erwägungen, die im Rahmen des Kausalitätsgegenbeweises anzustellen sind, X II 90, spielen also auch bereits für den Entschuldigungsbeweis eine Rolle, denn der VN muß, sich um so mehr beeilen, je günstiger die Fahndungschancen der Polizei sind. Die Polizei muß auch Zufallsfunde richtig zuordnen können, LG Berlin VersR 89, 77 und NJW-RR 89, 227; daher müssen auch Gegenstände näher bezeichnet werden, bei denen die Fahndungsaussichten gewöhnlich gering sind, z. B. Fotoapparate.

82   Andererseits ist auch für die Schuldfrage das Motiv der **Minderung der Vertragsgefahr** zu berücksichtigen. Auch wenn wegen des geringen Wertes oder wegen geringer Individualisierbarkeit der Sachen die Fahndungsaussichten von vornherein gering sind, darf sich der VN nicht bedenkenlos oder gar bewußt über die Obliegenheit der Vorlage einer Stehlgutliste hinwegsetzen. Er muß akzeptieren, daß der Vr die Vertragsgefahr reduzieren und deshalb den VN zwingen will, sich zur Schadenhöhe „festzulegen", X II 64 und 85, und zwar auch dort, wo nur geringe Fahndungschancen bestehen. Wenn allerdings der Vr bei früheren Schäden desselben VN besonders großzügig gewesen war, kann schon daran der Vorwurf der groben Fahrlässigkeit scheitern, LG Regensburg ZfS 86, 26.

83   Zu berücksichtigen sind auch die **persönlichen oder betrieblichen Verhältnisse und Möglichkeiten des VN.** Nervliche Erregung schließt grobe Fahrlässigkeit bei Unvollständigkeit einer Stehlgutliste aber meist auch im privaten Lebensbereich (Hausrat) nicht aus, besonders dann nicht, wenn es für die nachgemeldeten Teile des Schadens keine zuverlässigen Beweismittel gibt, AG Aachen VersR 81, 1146. Will der VN bei der unvollständigen Abfassung der Stehlgutliste geglaubt haben, die dort nicht verzeichneten, angeblich aber ebenfalls gestohlenen Sachen hätten sich außer Hauses befunden, z. B. in einer Reparaturwerkstätte oder „bei Verwandten" (LG Hanau VersR 83, 358), so muß er wenigstens für diese irrige Annahme ausreichende Beweise

und Entschuldigungsgründe anbieten. Wenn der VN in der GeschäftsV behauptet, er habe die Inventur nur deshalb nicht sofort durchgeführt, um nicht auch dadurch noch den Ertragsausfall weiter zu vergrößern, muß er wenigstens diesen Zusammenhang exakt beweisen, zumal er die Kosten der Stehlgutliste nach § 66 Abs. 1 VVG dem Vr als Kosten der Schadenfeststellung und vielleicht auch nach § 63 VVG als Schadenminderungskosten in Rechnung stellen kann.

Ist eine Inventur sofort möglich, so können 13 Tage Verzögerung bei **84** Radio- und Fernsehgeräten (Hamburg VersR 84, 978) oder gar zwei Monate bei einer Großmetzgerei (LG Detmold VersR 84, 249) bereits den Vorwurf grober Fahrlässigkeit begründen. Bei allen größeren Schäden ist ein Monat bereits eine sehr lange Zeit, vgl. Köln VersR 85, 462 für einen Schaden von 86 000 DM. Keinesfalls darf der VN den Schaden der Polizei gegenüber „aus Vergeßlichkeit" erst später als dem Vr gegenüber beziffern, vgl. Hamburg VersR 82, 742 zu einem Warenschaden von 25 000 DM.

d) Die Anforderungen an den **Kausalitätsgegenbeweis** im Sinn von § 6 Abs. 3 **85** Satz 2 VVG hängen von dem Zweck der Obliegenheit ab. Entgegen X II 30 der 1. Aufl. steht die **Vertragsgefahr** als Schutzobjekt mindestens **gleichrangig** neben dem Schadenminderungszweck. Nach AG Bremen VersR 85, 881 (zur ReisegepäckV) stehen die „*Gewissensprobe*" für den VN und damit die Vertragsgefahr sogar im Vordergrund. Der VN soll sich nicht nur zum Hergang bei Schadeneintritt (X II 64 sowie AG Osnabrück VersR 85, 79 zur ReisegepäckV), sondern auch zum Schadenumfang gegenüber der Polizei „festlegen" (Frankfurt RuS 90, 134 zur ReisegepäckV) und zwar zu einer Zeit, da seine Eindrücke und Erinnerungen noch am frischesten und daher am stärksten aussagekräftig sind. Spätere Korrekturen der Schadendarstellung zu Grund und Höhe sollen nur möglich sein, soweit der VN hierfür plausible Gründe anführen und beweisen kann.

Auch Rechtsprechung und Literatur erkennen die Vertragsgefahr neben **86** dem Schadenminderungszweck mehr und mehr als gleichrangiges Motiv der Obliegenheit der Vorlage einer Stehlgutliste an, vgl. nachdrücklich LG Essen VersR 82, 991, LG Verden VersR 88, 262 (beide zu den AEB) und BaumgärtelVersR 77, 77, sowie zur ReisegepäckV z.B. LG Berlin VersR 89, 77, AG Hamburg VersR 89, 743. Zum Kausalitätsgegenbeweis gehört auch der Nachweis der Aussichtslosigkeit eines früheren Beginns der Ermittlungen des Vr durch dessen Regulierungsbeauftragte in Form von Nachfragen bei dem VN, LG Duisburg VersR 89, 1146. Kursorisch tendieren in dieselbe Richtung Köln RuS 83, 60 und LG Köln ZfS 82, 250. Unter dem Gesichtspunkt erhöhter Vertragsgefahr als nicht geführt angesehen wurde der Kausalitätsgegenbeweis z.B. in LG Essen VersR 82, 991 (zu den AEB), AG Wilhelmshaven VersR 88, 1146 (zu den AVBR 80).

Allerdings liegt es in der Natur der Sache, daß eilig gemachte Angaben zum **87** Schadenumfang oft unvollständig sind und daher später korrigiert werden müssen. Bei verständiger Würdigung zu erwarten sind **Korrekturen** aber **nur innerhalb gewisser prozentualer und betragsmäßiger Grenzen**, vgl. für die Reisegepäckv instruktiv LG Berlin VersR 89, 77 (79) und NJW-RR 89, 227. Nur in diesen Grenzen muß der Vr z.B. für die Schockwirkung Verständnis haben, unter der ein VN unmittelbar nach Schadenfeststellung noch stehen kann. Das gleiche gilt für gewisse Ungenauigkeiten, die sich bei einer eilig und alsbald nach Schadenentdeckung durchgeführten Inventur einschleichen können. Bei eingehender Tatortuntersuchung durch die Polizei in Gegenwart des VN ist ein „Übersehen" des Fehlens voluminöser Hausratgegenstände äußerst unwahrscheinlich, LG Duisburg VersR 89, 1146.

88   Wenn sich hingegen der behauptete Schadenumfang später mehr als ver-doppelt *oder* um Beträge in der Größenordnung von 20 000 DM und mehr erhöht, dann ist Mißtrauen gegenüber dem VN am Platze, vgl. LG Frankfurt VersR 83, 364 zur ReisegepäckV. Genaue prozentuale oder betragsmäßige Grenzen lassen sich freilich nicht ziehen. Mißtrauen ist um so mehr ange-bracht, je genauere Feststellungen die VN schon vor seiner ersten polizeili-chen Anzeige oder vor Abfassung der ersten Stehlgutliste nach den Umstän-den des Falles hatte treffen können. Auch kann es eine Rolle spielen, ob der VN schon in der ursprünglichen Stehlgutliste plausible (!) Vorbehalte hin-sichtlich der Genauigkeit und Vollständigkeit gemacht hatte. Im Ergebnis führt die Notwendigkeit eines Kausalitätsgegenbeweises wegen Verstoßes gegen die Obliegenheit bezüglich der Stehlgutliste zu **verschärften Anforde-rungen an den Nachweis der Schadenhöhe**, vgl. LG Verden VersR 88, 282 sowie allgemein oben X II 28.

89   Die zweite Komponente des Kausalitätsgegenbeweises besteht in der Fest-stellung, daß die **Fahndung** der Polizei auch dann insgesamt oder wenigstens für einen Teilbetrag **mit Sicherheit erfolglos** gewesen wäre, falls ihr die Liste in dem Zeitpunkt zugegangen wäre, von dem an die weitere Verzögerung min-destens grob fahrlässig war. Das Gericht entscheidet hierüber gemäß § 286 ZPO in freier Beweiswürdigung. Es reicht aber jedenfalls nicht aus, daß die Fahndung schon zu jener Zeit nur „geringe" Chancen gehabt hätte, Koblenz VersR 88, 25, AG Aachen VersR 81, 1146. Notwendig ist vielmehr eine an Sicherheit grenzende Wahrscheinlichkeit, also ein für das praktische Leben ausreichender Grad von Gewißheit, für den Mißerfolg der Fahndung. Daß die Polizei trotz Besitzes einer Stehlgutliste untätig geblieben wäre, darf je-denfalls dann nicht unterstellt werden, wenn die Polizei mehrfach an die Vorlage der Liste erinnert hatte, LG Berlin RuS 87, 322.

90   Läßt sich die Aussichtslosigkeit einer polizeilichen Fahndung nicht exakt beweisen, so kommt es auf **Art, Menge und Individualisierbarkeit der gestohle-nen Sachen an**, vgl. ausführlich Martin VersR 78, 756 sowie z.B. LG Frank-furt aaO (zur ReisegepäckV) und LG Hanau ZfS 82, 345. Die Gerichte stellen aber an den Kausalitätsgegenbeweis oft sehr hohe Anforderungen und sind trotz geringer Aufklärungsquoten der Polizei nicht geneigt, die Fahndungs-aussichten pauschal zu verneinen. So wurde der Kausalitätsgegenbeweis z.B. nicht als geführt angesehen in Düsseldorf RuS 86, 289 für sanitäre Waren im Wert von 7100 DM, in LG Berlin RuS 87, 322 für Modelleisenbahnteile im Wert von 12 000 DM, in LG Bochum RuS 89, 162 für je ein Lederkoffer, Kosmetikkoffer, Abendkleid und Kofferradio im Gesamtwert von 4300 DM (Zeitwert, weil Reisegepäck), in LG Hamburg VersR 89, 956 für Textilien im Wert von 40 000 DM, in LG Detmold VersR 84, 249 für Fleischereiwaren und -maschinen, in Köln VersR 85, 462 für Kundeneigentum in einer Färbe-rei und Wäscherei (zweifelhaft), in Hamburg VersR 84, 978 für Radio- und

Fernsehgeräte, die durch Gerätenummern hätten individualisiert werden können, in LG Hanau VersR 83, 358 für die Musikeinrichtung einer Gaststätte, in LG Berlin VersR 79, 366 für diverse Hausratgegenstände und in Hamm VersR 85, 461 für Baustoffe.

Der **Beweis** ist jedenfalls dann **geführt**, wenn sich feststellen läßt, daß **Sachen 91** der gestohlenen Gattungen im **örtlichen und zeitlichen Umfeld der Tat** überhaupt **nicht** als Stehlgut **aufgetaucht** sind, vgl. Hamm RuS 86, 235 für Zigaretten. Allerdings kommt ein solcher Vollbeweis mit zunehmendem Wert des Diebesguts immer weniger in Betracht, denn das „örtliche und zeitliche Umfeld" muß umso weiter gezogen werden, je mehr sich für Diebe und Hehler ein weiter Transport der Sachen lohnt, Frankfurt RuS 90, 134 (Reisegepäck im Wert von 8600 DM). Auch in Hamm RuS 88, 22 Spirituosen für 181 DM war der geringe Wert ausschlaggebend dafür, daß der Beweis als geführt angesehen wurde.

Möglicherweise fließen in die gerichtliche Beweiswürdigung zu den Fahn- **92** dungschancen der Polizei unausgesprochen oft auch die in X II 85 bis 88 erörterten Überlegungen zur ersten Komponente des Kausalitätsgegenbeweises ein, also zur Vertragsgefahr, besonders wenn auch die Angaben des VN zur Schadenhöhe schon auf Anhieb kein Vertrauen verdienen; ein Beispiel bietet Köln VersR 58, 597. Die Gerichte betonen in solchen Fällen verbal die „unwiderlegbaren" Fahndungschancen der Polizei, „meinen" aber die Unglaubwürdigkeit des VN. Korrekt müßte zwischen beiden Gesichtspunkten freilich scharf unterschieden werden. Wo nämlich die Fahndungschancen der Polizei zu verneinen sind, kann das Gericht den Kausalitätsgegenbeweis unter dem **Gesichtspunkt der Vertragsgefahr** auch für einen gemäß § 287 ZPO zu schätzenden **Teilbetrag** als geführt ansehen und dadurch zu einer **Teilentschädigung** als „Kompromißlösung" gelangen, die dem wirklichen Sachverhalt oft am besten gerecht wird.

6. Jede sachdienliche Auskunft zu erteilen, nach Möglichkeit Belege beizu- **93** bringen und zumutbare Untersuchungen durch den Vr zu gestatten hat der VN nach §§ 13 Nr. 1c AFB 30; AEB, 13 Nr. 1e AERB, 12 Nr. 1c AWB, 68, ASTB 68, 13 Nr. 1e AEB 87, AWB 87, AStB 87 Nr. 1d VHB 74, 21 Nr. 2b VHB 84, 15 Nr. 1c VGB 62, 20 Nr. 1d VGB 88. Diese sog. **Aufklärungsobliegenheit** soll es dem Vr ermöglichen, zu behaupteten Tatsachen, die der VN zu beweisen hat, Einwendungen vorzubringen, sowie gegebenenfalls den Beweis von Tatsachen zu führen, die den Entschädigungsanspruch ausschließen und durch den Vr zu beweisen sind. Zu gewissen Einschränkungen der Leistungsfreiheit bei Verstößen gegen die Aufklärungsobliegenheit analog der Rechtsprechung zur Leistungsfreiheit wegen arglistiger Täuschung vgl. X I 34 und X II 144.

Die Vorlage von Belegen wird in X II 115 bis 124, die Duldung von Unter- **94** suchungen in X II 125 bis 137, und die Auskunftsobliegenheit in X II 143 bis 164 behandelt. Insgesamt sind die einschlägigen Bestimmungen in **Grenzfällen** eher **zugunsten des Vr** auszulegen. Alle entscheidungserheblichen Tatsachen liegen nämlich in der Sphäre des VN. Daher hat der Vr ein berechtigtes Interesse an weitreichendem Zugang zu Beweismitteln aller Art. Geheimhaltungs- und Datenschutzinteressen des VN wiegen demgegenüber eher gering, zumal solche Interessen oft nur als Vorwand dienen und zumal der Vr die Weitergabe von Tatsachenkenntnissen, die er im Rahmen seiner Erhebungen über den Entschädigungsanspruch erlangt, rechtlich verboten ist. Auch § 93 ZPO spricht für weite Auslegung der Aufklärungsobliegenheit; der VN muß dem Vr schon vorprozessual Kenntnisnahme und Einwendungen gegenüber allen Beweismitteln ermöglichen, die im Deckungsprozeß eine Rolle spielen könnten. Hierzu kommt, daß die Erfüllung der Aufklärungsobliegenheit einem **redlichen VN nichts Unbilliges abverlangt.** Wer falsche Angaben nicht gemacht hat und auch nicht machen will, braucht die Aufklärungsobliegenheit nicht zu fürchten, auch nicht in der Zeit nach Deckungsablehnung oder Zahlung der Entschädigung, zumal nach zunehmendem Zeitablauf zwischen dem VFall und der Erfüllung der Aufklärungsobliegenheit der Entlastungsbeweis gegenüber den Schuldformen des Vorsatzes und der groben Fahrlässigkeit immer leichter gelingen wird. Zunächst (X II 95 bis 114) wird daher im Folgenden die Frage der zeitlichen Grenzen der Aufklärungsobliegenheit erörtert.

95   a) Die **Aufklärungsobliegenheit** besteht nach dem Wortlaut der in X II 93 zitierten AVB-Bestimmungen **zeitlich unbegrenzt.** Auch die Leistungsfreiheit tritt ohne Rücksicht darauf ein, in welchem Zeitpunkt der vorsätzliche oder grob fahrlässige Verstoß begangen worden ist, vgl. Y III 3 für eine Rückforderung von Abschlagszahlungen. § 6 Abs. 3 VVG verbietet die Sanktion der Leistungsfreiheit nicht etwa für solche Verstöße, die erst nach Zahlung der Entschädigung oder nach Ablehnung einer Entschädigung durch den Vr begangen worden sind.

96   Zur **HaftpflichtV** hatte der BGH allerdings wiederholt (VersR 59, 499, 60, 505, 66, 625, 67, 27, 70, 169, 81, 321) eintschieden, daß die Aufklärungsobliegenheit durch eine **Deckungsablehnung** seitens der Vr ende und daß jedenfalls Verstöße des VN nach diesem Zeitpunkt nicht mehr zur Leistungsfreiheit führen, obwohl §§ 5 AHB, 7 AKB eine zeitliche Begrenzung ebenfalls nicht enthalten. Diese Ansicht hat auch in der Literatur Zustimmung gefunden, vgl. PM § 6 Anm. 5 mwN. Sie rechtfertigt sich zur HaftpflichtV durch die untrennbare Verbindung zwischen Sachverhaltsdarstellung gegenüber dem aufklärungsberechtigten HaftpflichtVr sowie Abwehr oder Erfüllung der unbegründeten oder begründeten Schadenersatzansprüche des Geschädigten.

97   Lehnt der HaftpflichtVr die Deckung ab, so ist der VN gegenüber dem Geschädigten auf sich allein gestellt. Der VN muß nun entscheiden, ob und mit welchen Argumenten er die Ansprüche abzuwehren versuchen soll oder ob er sie erfüllen will. Gegenüber dem Geschädigten besteht für den VN als Schädiger eine wesentlich weniger weitgehende Wahrheitspflicht als gegenüber dem HaftpflichtVr als Vertragspartner. Bestünde trotz Deckungsablehnung die Aufklärungsobliegenheit gegenüber dem HaftpflichtVr fort, so wären **Interessenkonflikte** zu Lasten des VN unvermeidlich. In der HaftpflichtV lebt daher die Aufklärungsobliegenheit nicht einmal dann in vollem Umfang wieder auf, wenn der Vr nachträglich erneut in die Prüfung seiner Deckungspflicht eintritt. Jedenfalls kann der HaftpflichtVr nicht schon dadurch leistungsfrei werden, daß der VN seine zwischenzeitlich gegenüber dem Geschädigten in den Grenzen der prozessualen Wahrheitspflicht formulierte

Sachverhaltsdarstellung auch dem HaftpflichtVr gegenüber auf dessen Aufklärungsfragen hin beibehält.

BGH VersR 89, 842 = RuS 296 will die Rechtsprechung zur HaftpflichtV **98** auf die SachV übertragen. Mit dem Wortlaut von § 13 AFB 30, zu denen die Entscheidung ergangen ist, und von § 6 Abs. 3 VVG, wo irgendwelche zeitlichen Grenzen nicht gezogen sind, setzt BGH aaO sich nicht auseinander. Zitiert wird im Gegenteil nur § 16 AFB 30, und zwar insofern zutreffend, als im konkreten Fall der Kläger aus eigener Initiative eine arglistige Täuschung begangen hatte, ohne daß der Vr zuvor unter Hinweis auf die Aufklärungsobliegenheit Fragen gestellt hätte, die das Verhalten des VN zugleich als Verletzung der Aufklärungsobliegenheit hätten erscheinen lassen.

BGH aaO faßt jedoch die **Aufklärungsobliegenheit** und die „**Rechtspflicht, 99 arglistige Täuschung zu unterlassen**" in Teil 2 b der Entscheidungsgründe unter dem Oberbegriff „**Wahrheitsgebot**" zusammen. Der Begriff „Aufklärungsobliegenheit" erscheint hingegen in den Entscheidungsgründen überhaupt nicht, sondern ausschließlich in dem Leitsatz, den das Gericht seiner Entscheidung vorangestellt hat. Die Rede ist in den Entscheidungsgründen im Anschluß an das Berufungsurteil des OLG Köln immer nur von der „Obliegenheit gemäß § 16 AFB 30", obwohl dort wiederum nicht von Obliegenheiten gesprochen, sondern nur Leistungsfreiheit wegen einer arglistigen Täuschung angeordnet wird, wie der Kläger sie im Fall BGH aaO in der Tat begangen hatte. Trotzdem wird in BGH aaO in Teil 2 b der Entscheidungsgründe gesagt, durch die Leistungsablehnung des Vr ende „die Obliegenheitsgebundenheit" des VN, dies aber „unabhängig von der fortbestehenden Rechtspflicht, arglistige Täuschungen zu unterlassen", vgl. dazu X III 9 und 14.

Angesichts dieser Unklarheit ist anzunehmen, daß auch seitens des BGH **100** das letzte Wort noch nicht gesprochen ist. Dies um so weniger, als BGH aaO selbst **Ausnahmen vom Wegfall der Obliegenheitsgebundenheit** andeutet. Die Obliegenheit mit Sanktion der Leistungsfreiheit soll wieder aufleben, sobald der Vr „seinem Vertragspartner unmißverständlich zu erkennen gibt, daß er wieder (etwa aufgrund nachträglich bekannt gewordener Umstände) in der Prüfung seiner Leistungspflicht eintreten und zu diesem Zweck die Verhandlungen über die Schadenablehnung erneut aufnehmen will".

Vielleicht entspricht es sogar der unausgesprochenen Grundtendenz der **101** Entscheidung BGH aaO, nicht nur etwaige außerprozessuale wie auch prozessuale Vergleichsverhandlungen, sondern den **Deckungsprozeß** insgesamt als einen derjenigen Fälle anzusehen, in denen der Vr erneut seine Deckungspflicht prüfen und erneut verhandeln will. Dem stehen zunächst allerdings diejenigen Passagen in BGH aaO entgegen, in denen der (uneingeschränkte) **Klageabweisungsantrag** als Leistungsablehnung mit der Folge des Erlöschens der „vertraglichen Obliegenheitsgebundenheit" bezeichnet wird.

Schon vor BGH aaO hatten Karlsruhe RuS 87, 262 zur ReisegepäckV **102** (ohne nähere Begründung) sowie Hamm RuS 89, 108, zur FahrzeugV nach den AKB den Fortbestand der Aufklärungsobliegenheit nach Schadenablehnung auch für die SachV verneint. Hamm aaO hatte versucht, diese These sachlich näher zu begründen. Sobald der Vr es durch Schadenablehnung auf einen Deckungsprozeß ankommen lasse, müsse der VN ohnehin seinen Anspruch im Prozeß auf der Basis **prozessualer Waffengleichheit** beweisen. Der Vorsprung des VN, den dieser durch seine größere Sachnähe dem Vr gegenüber nach Eintritt des VFalles zunächst gehabt habe, bestehe im Deckungsprozeß nicht mehr und brauche daher auch nicht mehr durch eine Aufklärungsobliegenheit des VN kompensiert zu werden.

103   Diese Begründung träge nur dann zu, wenn der VN im Deckungsprozeß für sämtliche Tatsachen die Darlegungs- und Beweislast trüge, die zuvor Gegenstand der Aufklärungsobliegenheit gewesen waren. Tatsächlich trägt aber der Vr die **Darlegungs- und Beweislast** für alle Tatsachen der sog. **sekundären Risikoabgrenzung.** Um überhaupt prozeßrechtlich beachtliche Tatsachenbehauptungen aufstellen und um Beweismittel anbieten zu können, benötigt der VN auch in dieser Phase Antworten des VN im Sinn der Aufklärungsobliegenheit und somit einen Rechtsanspruch auf solche Antworten. Nur durch die benötigten Antworten auf entsprechende Aufklärungsfragen wird der Vr in die Lage versetzt, auch im Bereich der durch ihn zu beweisenden Tatsachen von der Ausgangslage der Waffengleichheit im Deckungsprozeß Gebrauch machen zu können. Insbesondere benötigt der SachVr nach Deckungsablehnung die Aufklärungsobliegenheit, um Tatsachen erkunden und im Deckungsprozeß vortragen zu können, durch die vereinbarte **Gefahrenausschlüsse** einschließlich § 61 VVG oder AVB-Bestimmungen über Leistungsfreiheit wegen Obliegenheitsverletzung oder Gefahrerhöhung oder die **Proportionalitätsregel** des § 56 VVG wegen UnterV erfüllt werden.

104   BGH VersR 89, 842 = RuS 296 argumentiert, „das Gesetz räume dem Vr die gleichen Möglichkeiten und Befugnisse ein wie jedem anderen Beteiligten eines schuldrechtlichen Vertrages, aber auch nicht mehr". Dieser Vergleich berücksicht zu wenig die **Besonderheit des VVertrages,** die darin besteht, daß die Leistungspflicht des Vr fast ausschließlich von **Tatsachen** abhängt, die **in der Sphäre des VN** eintreten, aber gleichwohl im Umfang gemäß X II 103 (sekundäre Risikoabgrenzung) durch den Vr darzulegen und zu beweisen sind. Daran müssen sich die „Möglichkeiten und Befugnisse" des Vr bei der Tatsachenermittlung orientieren.

105   Außerdem lautet die Fragestellung nicht, ob das Gesetz dem Vr die mit der Aufklärungsobliegenheit verbundene Möglichkeiten „einräumt", sondern ob § 6 Abs. 3 VVG die **vertragliche Vereinbarung** solcher Möglichkeiten und Befugnisse **verbietet,** und zwar entgegen dessen Wortlaut, denn § 6 Abs. 3 VVG enthält keine zeitliche Begrenzung, X II 95. Die vertragliche Vereinbarung einer Aufklärungsobliegenheit mit der Sanktion der Leistungsfreiheit ohne zeitliche Begrenzung müßte, wenn die in der Rechtsprechung vertretene Ansicht zutreffen sollte, einen mit dem Rechtsgefühl schlechthin nicht zu vereinbarenden Mißbrauch der Vertragsfreiheit darstellen, so daß es geboten wäre, mit BGH aaO und Hamm aaO in § 6 Abs. 3 VVG durch „Auslegung" eine zeitliche Grenze für die vereinbarte Leistungsfreiheit wegen vorsätzlicher oder grob fahrlässiger Verletzung der Aufklärungsobliegenheit hineinzulesen.

106   In verstärktem Maß gilt das Gesagte, wenn der VN nach Ablehnung der Deckung nicht nur die Antworten auf Aufklärungsfragen des Vr verweigert, sondern sogar selbst die Initiative in Form von **Täuschungshandlungen** ergreift, um seinen abgelehnten Anspruch doch noch durchzusetzen. Nicht der

Vr, sondern der VN handelt rechtsmißbräuchlich, wenn er Täuschungshandlungen begeht, sich aber gleichzeitig darauf berufen möchte, diese Täuschungshandlungen müßten ohne die Sanktion der Leistungsfreiheit bleiben,
weil sie **gegenüber einem nicht mehr** „prüfungsbereiten Vr" (BGH aaO) begangen worden seien. BGH aaO spricht denn auch an einer Stelle der Entscheidung von „Fortbestand der Rechtspflicht, arglistige Täuschungen zu unterlassen", X II 99.

Derselbe Grundgedanke trifft indessen nicht nur auf Täuschungshandlun   107
gen, sondern auch auf „einfache" Verletzungen der Aufklärungsobliegenheit
zu, falls der VN sich mit der Ablehnung der Deckung durch den Vr nicht
oder nicht mehr abfindet, sondern Feststellungs- oder Leistungsklage erhebt.
Durch **Aufnahme eines Deckungsprozesses** wird die **erneute Prüfungsbereitschaft des Vr erzwungen.** Die Rechte aus der Aufklärungsobliegenheit stehen
daher dem Vr im Deckungsprozeß in demselben Umfang (wieder) zu, wie der
BGH dies allgemein für den Fall erneuter Prüfungs- und Verhandlungsbereitschaft des Vr andeutet.

Die hier vertretene Ansicht liegt überdies im wohlverstandenen **Interesse**   108
auch des VN. Würde wirklich die Aufklärungsobliegenheit erlöschen, sobald
der Vr den VSchutz endgültig versagt hatte, so wäre der Vr gezwungen, seine
endgültige Entscheidung stets solange aufzuschieben, bis alle Aufklärungsfragen auch zu solchen Tatsachen gestellt und durch den VN beantwortet sind,
auf die es nach Meinung des Vr nicht ankommt, weil bereits ein anderer und
näherliegender Ablehnungsgrund durchgreift. Der Vr müßte stets **alle denkbaren Gesichtspunkte aufklären,** und zwar **rein vorsorglich** für den Fall, daß der
nach Meinung des Vr zweifelsfrei erfüllte Ablehnungsgrund im Deckungsprozeß nicht anerkannt wird.

Beispiel: Ehe der Vr nach § 39 VVG wegen Prämienverzugs und qualifi   109
zierter Mahnung ablehnen würde, müßte er alle nötigen Aufklärungsfragen
zu Grund und Höhe der nach seiner Ansicht ohnehin nicht geschuldeten
Entschädigung stellen, alle nötigen Untersuchungen durchführen und alle
nötigen Belege des VN einfordern. Ehe der Vr nach § 61 VVG wegen grober
Fahrlässigkeit des VN die Entschädigung ablehnen würde, müßte er durch
Aufklärungsfragen auch feststellen, ob nicht darüber hinaus gegen Sicherheitsvorschriften verstoßen worden sein könnte. Ein derartiges Verfahren
würde die **Zeit bis zur Entscheidung des Vr** zu Lasten des Betroffenen und an
baldiger gerichtlicher Klärung interessierten VN **verlängern.** Außerdem würden die **Schadenregulierungen** des Vr zu Lasten des Prämienniveaus **erschwert
und verteuert.**

§ 66 VVG verpflichtet den Vr zum Ersatz von Schadenermittlungskosten   110
nur nach einem entschädigungspflichtigen VFall. Würde der Vr gezwungen,
vorsorglich die Erfüllung aller Aufklärungsobliegenheiten auch zu nach seiner Ansicht unbeachtlichen Punkten zu verlangen, so müßte der Vr z.B. bei
Gebäudeschäden einen **Grundbuchauszug** oder generell in den VollwertV die
nötigen Tatsachen für die **Feststellung des VWerts** bereits einfordern, ehe er
eine Schadenablehnung dem Grunde nach erklärt.

Mangels eines VFalles könnte den VN jedoch **nicht** nach § 66 VVG Ersatz   111
der Kosten verlangen, die ihm zwecks Schadenfeststellung entstehen, also
z.B. weder die Kosten eines Grundbuchauszuges, W IX 11, noch die Auf-

wendungen für die Anfertigung einer Liste aller durch den Schaden betroffenen und aller durch den Schaden nicht betroffenen versicherten Sachen im Sinn von X II 121. Sieht man von der in X II 98 und 102 zitierten Rechtsprechung zunächst einmal ab, so würde der Vr geradezu **treuwidrig** und **schikanös** handeln, wenn er vom VN unter Hinweis auf die Aufklärungsobliegenheit „rein vorsorglich" Belege und Auskünfte einforderte, obwohl er weiß, daß er die Deckung aus anderen Gründen ohnehin ablehnen wird. Folgte man hingegen der hier abgelehnten Ansicht der Rechtsprechung, so wäre der Vr zu einem derartigen Verhalten geradezu gezwungen. Er müßte vom VN mit hoher Wahrscheinlichkeit unnötige und außerdem arbeits- und kostenaufwendige Informationen vor endgültiger Schadenablehnung einholen und den VN auf den Posten der Erfüllung seiner Aufklärungsobliegenheit „sitzenlassen".

112   Selbst **nach rechtskräftigem Leistungsurteil** zugunsten des VN besteht die Aufklärungsobliegenheit fort, allerdings nur mit Bezug auf solche Tatsachen, die der Vr trotz Rechtskraft des Urteils gemäß §§ 332, 579, 580, 767 Abs. 2 ZPO prozessual ausnahmsweise noch geltend machen kann, nämlich durch Vollstreckungsgegenklage oder in einem Wiederaufnahmeverfahren. Nur insoweit hat der Vr noch ein berechtigtes Aufklärungsinteresse. Nach einem rechtskräftigen Feststellungsurteil zugunsten des VN beschränkt sich die Aufklärungsobliegenheit auf Fragen zur Anspruchshöhe, die gerichtlich oder außergerichtlich noch geklärt werden muß.

113   Nach vollständiger **Entschädigungszahlung ohne gerichtliches Urteil** besteht die Aufklärungsobliegenheit jedenfalls dann fort, wenn der Vr nur unter **Vorbehalt** geleistet hatte, Hamm VersR 87, 1129. Nach einer Zahlung ohne Vorbehalt kommt es darauf an, ob der Zahlung ein **Anerkenntnis** (PM § 55 Anm. 4) oder ein **Vergleich** im Sinn von § 779 zugrunde gelegen hatte. Trifft eines von beiden zu, so besteht die Aufklärungsobliegenheit nur fort, soweit der Vr geltend machen will, Vergleich oder Anerkenntnis seien wegen arglistiger Täuschung gemäß § 123 BGB anfechtbar. Greift die Anfechtung durch, so trägt nun zwar der Vr die **Beweislast** auch im Bereich der primären Risikoabgrenzung (PM § 55 Anm. 3); gerade deshalb erstreckt sich die Aufklärungsobliegenheit aber auch auf rechtserhebliche Tatsachen zur primären Risikoabgrenzung.

114   Liegt der Zahlung *weder* ein Anerkenntnis *noch* ein Vergleich zugrunde, so ist zweifelhaft, ob die Aufklärungsobliegenheit mit dem Ziel der Durchsetzung eines **Rückforderungsanspruchs gemäß § 812 BGB** fortbesteht. Man wird die Frage im allgemeinen **verneinen** müssen. Es kann dem Vr nicht freistehen, nach Belieben eine schon beendete Schadenregulierung mit dem Ziel einer Rückforderung erneut aufzurollen und dem VN Fragen zum Sachverhalt zu stellen. Eine **Ausnahme** erscheint aber geboten, soweit der Vr geltend machen will, der VN habe die empfangene **Zahlung durch vorsätzliches Fehlverhalten erschlichen,** also entweder für einen vorsätzlich herbeigeführten oder für einen fingierten Schaden oder trotz Leistungsfreiheit wegen arglistiger Täuschung bei den Regulierungsverhandlungen usw.

115   b) Die Obliegenheit der **Vorlage von Belegen** dient ausschließlich der **Minderung der Vertragsgefahr** und hat, soweit es sich um Vorlage für das Vorhan-

densein und den Wert abhandengekommener oder zerstörter Sachen handelt, lediglich **deklaratorische Bedeutung.** Wer als VN unter Verstoß gegen die Obliegenheit z. B. Einkaufsbelege nicht vorlegt, obwohl er solche zu besitzen behauptet, kann zwar den Beweis der Folgenlosigkeit (X II 31) oder den Kausalitätsgegenbeweis (X II 28 bis 30) in der Form führen, daß er Vorhandensein und Wert der Sachen, also die Schadenhöhe, durch andere Beweismittel nachweist, wobei jedoch besonders strenge Anforderungen gelten; solange der VN die Belege nicht vernichtet hat, sondern sie noch zu besitzen behauptet, muß eventuell sogar ein erhebliches Verschulden im Sinn von X I 31 bejaht und trotz anderweitigen Nachweises die Entschädigungspflicht verneint werden. Ähnlich strenge Anforderungen ergäben sich aber auch ohne die Obliegenheit zur Vorlage von Belegen. Insbesondere kann der VN Beweiserleichterungen im Sinn von D XVI 11 bei Diebstahlschäden nur erwarten, soweit sich die Beweisnot aus der Natur der Sache und nicht aus grundloser Verweigerung der Vorlage von Belegen ergibt.

Beweiskräftige **Belege aus der Zeit nach dem VFall** darf der VN dem Vr nicht **116** vorenthalten, soweit dieser sie rechtzeitig verlangt, vgl. instruktiv Köln RuS 88, 337 für Rapportzettel über Monteurstunden. Der Grundsatz der abstrakten Schadenberechnung ändert an der Sachdienlichkeit des Verlangens jedenfalls dann nichts, wenn die Rapportzettel geeignet sind, die umstrittene Entschädigungspflicht dem Grunde nach zu klären. Im Fall Köln aaO ging es um die Abgrenzung zwischen nicht versicherten Schäden und versicherten Sturmschäden an einem Gebäude.

Die Vorlage von Kopien der Belege reicht im allgemeinen nicht aus, denn **117** sie erschwert dem Vr ohne berechtigten Grund die Prüfung der Echtheit. Der VN muß dem Vr vielmehr die **Orginale** zur Einsicht vorlegen. Normalerweise wird er dem Vr die Belege kurzfristig übersenden oder übergeben. Da die AVB aber nur vorsehen, daß Belege „beizubringen" sind, kann der VN auch verlangen, daß der Vr sie im VOrt durch einen Regulierungsbeauftragten lediglich **einsehen** läßt. Soweit allerdings die Prüfung der gemäß X II 11 durch den VN zu beweisenden Echtheit der Belege – wegen Vernichtung erst nach dem Schadenfall vgl. X II 147 – geboten erscheint, kann der Vr auf Übergabe bestehen, und zwar unter denselben Voraussetzungen, unter denen der VN auch sonst „Untersuchungen" zu gestatten hat, X II 125. Der Vr muß aber auch in solchen Fällen die geprüften Belege nach angemessener Zeit **zurückgeben,** Hamm VersR 85, 1093 = RuS 86, 131, LG Düsseldorf VerR VerBAV 84, 415.

Eine schon **vor dem VFall** zu erfüllende Obliegenheit des VN im Sinn von **118** § 6 Abs. 1 VVG wird durch die in X II 93 zitierten Bestimmungen **nicht** begründet. Es verstößt daher nicht gegen eine Obliegenheit, wenn der VN schon vor dem Schadenfall **Belege vernichtet** hat und nun nicht mehr besitzt. Gleichwohl können strengere Anforderungen an den Schadennachweis am Platze sein, wo Belege vernichtet wurden, die üblicherweise aufbewahrt werden, insbesondere über den Kauf von Sachen, deren Gewährleistungsfrist noch nicht abgelaufen ist, oder über Sachen mit hohem Einzelwert.

Bei Kleidungsstücken und sonstigen Gegenständen des allgemeinen Le- **119** bensbedarfs ohne hohen Wert ist die Aufbewahrung von Belegen unüblich, Stuttgart NJW-RR 86, 828; lückenlose Aufbewahrung von Belegen für Sachen ohne hohen Wert kann sogar umgekehrt ein Indiz für die Vortäuschung eines VFalles sein. Wann der Wert „hoch" ist, kann auch vom Gesamtwert des Hausrats oder des sonstigen versicherten Inbegriffs abhängen, wobei jedoch zu beachten bleibt, daß *Wohlhabenheit* des VN *kein* Privileg bei der Beurteilung der Glaubwürdigkeit bedeutet. – Bei **Geschenken** kann aus dem Fehlen von Einkaufsrechnungen oder Echtheitszertifikaten selbst bei höheren Werten nichts hergeleitet werden, vgl. Karlsruhe VersR 82, 259 für Pelz als Geschenk von der Mutter einer VN. Hierauf kann der VN sich freilich nur berufen, wenn feststeht, daß die Sache existiert hatte und ihm tatsächlich als Geschenk überlassen worden war.

120 *Steuererklärungen,* insbesondere Voranmeldungen und Jahreserklärungen für die Umsatzsteuer, sind nach BGH VersR 76, 821 begrifflich keine Belege, offenbar weil dort keine für die Beurteilung des behaupteten VFalles rechterheblichen Einzelvorgänge beurkundet sind. Nach diesen Überlegungen wären vielleicht auch die *Bilanzen des Betriebes* des VN begrifflich keine Belege. In BGH VersR 89, 395 bleibt die Frage offen; bejahend BM § 34 VVG Anm. 23. Der **Begriff des Beleges** ist im Ergebnis oft **nicht sehr bedeutsam,** denn der Vr kann Einsicht in Unterlagen, die keine Belege sind, unter Umständen auch im Rahmen seines Untersuchungs- und seines Auskunftsanspruches verlangen.

121 Unmöglich oder **unzumutbar** kann es für den VN insbesondere sein, schriftliche Betätigungen von Dritten oder Behörden usw zu beschaffen, vgl. Hamm VersR 82, 990 für eine verlangte Bescheinigung einer Justizvollzugsanstalt über die dortige Anfertigung bestimmter Waren durch den VN. Der Einwand der Unzumutbarkeit kann aber nicht auf Kostengesichtspunkte gestützt werden, denn ganz allgemein gehören die **Kosten für die Beschaffung** notwendiger Beweismittel zu den **Kosten der Schadenfeststellung,** die nach § 66 VVG der Vr zu ersetzen hat. Beispiele: Kosten des bei Gebäudeschäden erforderlichen Grundbuchauszugs, W IX 11; Kosten des Verzeichnisses der durch den Schaden betroffenen und eventuell der durch den Schaden nicht betroffenen versicherten Sachen, X II 168 und 172. Das gleiche gilt auch für Belege zum Anspruchsgrund, z.B. für Auskünfte eines Wetteramtes über die Windstärke am Schadenort der SturmV oder für Gutachten über den Zustand von Elektrogeräten, die von einem Blitzschlag betroffen worden sein sollen.

122 Soweit Belege ohne Vorsatz und ohne grobe Fahrlässigkeit (sonst vgl. X II 116) nicht vorgelegt werden können, ist der **Schaden** im Deckungsprozeß wie auch schon vorprozessual oder im förmlichen Sachverständigenverfahren (Y I) gemäß § 287 ZPO **zu schätzen.** Wenn der Vr pauschale Abzüge von dem behaupteten Schaden vornimmt, darf er dies nicht mit einem Hinweis auf § 287 ZPO ohne Mitteilung des Inhalts dieser Vorschrift begründen, denn diese Vorschrift erschwert nicht, sondern **erleichtert** den **Beweis der Schadenhöhe.** Der Vr kann **Abzüge einer Schätzungsdifferenz** nur auf fehlenden Nachweis stützen und muß dies entsprechend zum Ausdruck bringen, vgl. S II 34 sowie ausführlich Y III 22 bis 26. VerBAV 81, 275 und PM § 12 AVBR 80 Anm. 2c zur ReisegepäckV. Zu Abzügen wegen „vermuteter UnterV", für die der Vr beweispflichtig wäre, vgl. ebenfalls S II 35 und PM § 9 AVBR 80 Anm. 3.

In **Einkaufsbelegen** ist naturgemäß der **Anschaffungspreis im Anschaffungs-** 123
jahr genannt. Aus diesem Grund fragen viele Vr auch in Schadenanzeigeformularen oft nach dem Preis im Anschaffungsjahr; § 21 Nr. 1 d VHB 84 verlangt die Angaben über Anschaffungsjahr und Anschaffungspreis sogar ausdrücklich als Teil des Verzeichnisses der durch den Schaden betroffenen
Sachen, X II 165. Andernfalls könnten Belege nämlich nur schwer den im
Verzeichnis des VN genannten Sachen zugeordnet werden. Rechtlich maßgeblich ist jedoch allein der Wiederbeschaffungspreis nach dem VFall, Q I 54
und 57 sowie R II 1. Zu den nachgewiesenen oder geschätzten Preisen des
Anschaffungsjahres muß daher bei steigender Preistendenz ein **Zuschlag** berechnet werden. Wo dies nicht geschieht, liegt schon darin der Abzug einer
gewissen „Schätzungsdifferenz" im Sinn von X II 122, der aber korrekt als
solcher bezeichnet werden muß.

Nur soweit der Vr ausnahmsweise **Belege** für andere Tatsachen als für die 124
Schadenhöhe verlangt, insbesondere **für anspruchshindernde Tatsachen**, für
die er selbst die Beweislast trägt, hat die Obliegenheit der Vorlage von Belegen **konstitutive Bedeutung.** Man denke etwa an Belege für die Wartung von
Sicherheitseinrichtungen oder für die rechtzeitige Erneuerung von Rohren, mit deren Hilfe der Vr grobe Fahrlässigkeit, Gefahrerhöhung oder Verstöße gegen Sicherheitsvorschriften nachweisen will. Soweit
der VN Belege vorsätzlich oder infolge grober Fahrlässigkeit nicht vorlegt,
führt dies im Ergebnis zu Beweiserleichterungen für den Vr, vgl. X II 53 zum
Kausalitätsgegenbeweis bei Verstößen gegen die Obliegenheit der Schadenanzeige.

c) **Jede zumutbare Untersuchung** hat der VN nach den in X II 93 zitierten 125
Bestimmungen zu gestatten. Die Untersuchung muß **sachdienlich** in dem Sinn
sein, daß sie dem Vr entweder Einwendungen gegen Tatsachen ermöglicht,
die der VN zu beweisen hat, oder aber Beweismittel für Tatsachen verschaffen kann, für die der Vr die Beweislast trägt, vgl. näher X II 153 bis 155 zur
Sachdienlichkeit von Aufkärungsfragen. Besichtigung einer Einbruchmeldeanlage kann der Vr z. B. nur verlangen, wenn eine Obliegenheit zu deren
Installation oder Betätigung vereinbart war, LG Mannheim RuS 89, 95 (im
konkreten Fall verneint). Der für den Vr günstigstenfalls zu erwartende Erfolg der Untersuchung muß nach dem Grundsatz der Verhältnismäßigkeit die
dem VN zugemutete Belästigung oder Beeinträchtigung „lohnen".

Insbesondere die **Einsichtnahme in Buchführungsunterlagen,** die wegen ihres 126
Umfangs nicht mehr als „Belege" im Sinn von X II 115 und 120 zu bezeichnen sind, kann Gegenstand von Untersuchungen sein, die der VN zu gestatten hat. Soweit die abschließende Prüfung der Unterlagen an Ort und Stelle
nicht möglich ist, muß der VN für den Vr Kopien fertigen oder auf dessen
Kosten (§ 66 VVG) fertigen lassen.

Ein Fall einer zumutbaren Untersuchung ist ferner die **Einnahme von Augen-** 127
schein durch den Vr an versicherten Sachen im Eigentum oder in der Obhut des
VN oder an den Gebäuden, in denen sich diese befunden haben. Unter
besonderen Umständen oder nach Vereinbarung muß der VN Augenscheins-
einnahme durch den Vr in bestimmten Zeitpunkten oder in bestimmten Phasen der Aufräumarbeiten dulden, Düsseldorf RuS 90, 25. Bei Bedarf muß

der VN auch nicht versicherte Sachen besichtigen lassen, z. B. zwecks Feststellung eines Blitzeinschlages auch Gebäudebestandteile bei einer bloßen InventarV, AG Köln RuS 89, 229. Gegenstand der Obliegenheit ist es aber *nicht,* das *Schadenbild unverändert* zu lassen und so eine durch den Vr vielleicht erst später zu fordernde Untersuchung zu ermöglichen, X II 139.

128 Besonders unentbehrlich sind die Aufklärungsobliegenheit und insbesondere das Recht, Untersuchungen durchzuführen, für den Vr mit Bezug auf Tatsachen, für die er die Darlegungs- und Beweislast trägt, insbesondere als mit Bezug auf den **VWert** aller versicherten Sachen der betroffenen Postitionen **in der VollwertV** zwecks Feststellung einer UnterV. Zweifelsfrei darf daher der Vr ein versichertes **Gebäude besichtigen** oder durch einen Sachverständigen besichtigen lassen. **Streitig** ist hingegen der Umfang des Besichtigungsrechts des Vr bei V von **Sachinbegriffen.** In der **GeschäftsV** bei kaufmännischen und technischen Betriebseinrichtungen sowie bei Vorräten usw. wird man das Besichtigungsrecht selbst dann **bejahen** müssen, wenn gleichzeitig Belege über Ein- und Verkauf zur Verfügung stehen. Der Vr darf sich durch Besichtigung von deren Zuverlässigkeit und Vollständigkeit überzeugen. In BGH NJW-RR 88, 728 (für eine Videothek) wird die Frage angesprochen, aber nicht entschieden.

129 **Zweifelhaft** ist das Besichtigungsrecht des Vr mit Bezug auf **Hausrat.** Eine **Hausdurchsuchung** mit Öffnung aller Möbelstücke und sonstigen Behältnisse in der Wohnung steht dem Vr **keinesfalls** zu, auch nicht nach vorheriger Anmeldung, LG Köln RuS 90, 25. Eine solche Durchsuchung würde den Grundsatz des Verhältnismäßigkeit verletzen, zumal der VN nach dem VFall Sachen veräußert oder sonstwie beiseite geschafft haben kann. Selbst eine Hausdurchsuchung würde deshalb ohnhin kein zuverlässiges Ergebnis mit Bezug auf den VWert im Zeitpunkt des VFalles ermöglich.

130 Gelegentlich wird aber der Vr als berechtigt angesehen, **sämtliche Räume der Wohnung** durch einen Beauftragten **betreten** zu lassen, damit dieser sich einen Eindruck über den Lebensstandard und die Vermögensverhältnisse des VN verschaffen und den Gesamtwert des Hausrats schätzen kann. LG Köln RuS 86, 237 (kursorisch) bejaht dies auf der Basis einer gezielten vorherigen Anmeldung, AG Lübeck ZfS 86, 220 sogar weitgehend für jeden beliebigen Reguliererbesuch. Für ein derartiges Recht des Vr spricht die besondere Schwierigkeit des HausratVr bei dem Versuch des Nachweises einer UnterV, S II 67. *Gegen* ein Besichtigungsrecht mit Bezug auf sämtliche Räume der Wohnung spricht indessen *entscheidend* und noch mehr als im Fall von X II 129 die geringen Erfolgsaussichten einer solchen Maßnahme. Keinesfalls steht dem Vr ein Besichtigungsrecht zu, wenn dessen Regulierer zu mehr und zu viel gefordert hatte, nämlich eine Hausdurchsuchung mit Behältnisöffnung (anders LG Köln RuS 90, 25).

131 **Schlüsse** aus Umfang und Qualität der Wohnungseinrichtung, soweit sie sich *ohne* das Öffnen von Behältnissen feststellen lassen, auf den Gesamtwert der Wohnung sind **nicht** zuverlässig **möglich.** Die Schätzung eines Mitarbeiters des Vr hätte im Deckungsprozeß bei Streit über die Höhe des VWerts keine Beweiskraft. Nur **in Sonderfällen** ist ein **Besichtigungsrecht** des Vr für alle Räume der Wohnung zu bejahen, wenn diese Besichtigung nämlich ausnahmsweise zuverlässige Schlußfolgerungen ermöglichen könnte, insbeson-

dere bei ganz besonders niedrigen VSummen sowie bei VN, die rechtskundig sind und eine Besichtigung zunächst vielleicht bereits einmal geduldet hatten. LG Köln RuS 90, 25. Von solchen Sonderfällen abgesehen gibt es aber VN, die sich „gut" einrichten, aber wenig Wertsachen besitzen. Umgekehrt gibt es VN, die sich auf den Besitz gewisser Wertsachen (Briefmarken, Münzen, Schmuck, Waffen usw.) spezialisiert haben, deren Vorhandensein und Wert aber durch eine bloße Besichtigung der Räume ohne das Öffnen von Behältnissen nicht festgestellt werden kann. Mit zunehmender Verbreitung der ErstrisikoV des Hausrats nach Kl 834 zu den VHB 84 verliert das Problem des Nachweises einer UnterV des Hausrats und damit auch der Umfang der Aufklärungsobliegenheit des HausratVN an Bedeutung, S II 72.

Den **Zeitpunkt** einer Augenscheineinnahme, die der Vr nach vorstehenden 132 Überlegungen verlangen kann, kann weder der Vr noch der VN einseitig bestimmen. Vielmehr muß der Vr mehrere Termine zur Auswahl vorschlagen oder den VN auffordern, seinerseits mehrere Termine vorzuschlagen. Allgemein zu den zeitlichen Grenzen der Aufklärungsobliegenheit vgl. X II 95 bis 114.

Ausnahmsweise kann der Vr auch die **Vornahme von Handlungen** durch den 133 VN verlangen, z. B. Teilnahme an einer *Gegenüberstellung* mit Zeugen oder potentiellen Tätern oder die Anfertigung der *Unterschrift* eines Dritten in der Handschrift des VN, wenn nämlich die Echtheit einer früheren Unterschrift dieses Drittten auf andere Weise zuverlässig nicht festgestellt werden kann, z. B. weil der Dritte verstorben oder unbekannten Aufenthalt ist oder seine Mitwirkung an einem Unterschriftenvergleich verweigert.

Die **Befragung Dritter** muß der VN ebenfalls dulden. Der Vr kann z. B. 134 Nachbarn über Art, Zeitpunkt und Umfang der Benutzung eines Gebäudes durch den VN befragen in dem es zu einem Rohrbruchschaden durch Frost gekommen ist. Ferner kann der Vr die Aussteller von Einkaufsbelegen nach deren Echtheit und nach Einzelheiten des durch den VN angeblich getätigten Kaufes befragen. Der Vr kann zwar Auskünfte durch Dritte selbstverständlich nicht erzwingen. Der VN kann aber auch seinerseits die Einholung und Verwertung freiwillig erteilter Auskünfte nicht durch Unterlassungsklage verbieten, sondern hat sie im Rahmen der Sachdienlichkeit als „Untersuchungen" zu dulden. Zweifelhaft ist, ob der Vr verlangen kann, daß der VN sich dem Dritten gegenüber mit dessen Aussagebereitschaft einverstanden erklärt oder ihn sogar darum bittet. Wegen Arbeitnehmern des VN als „Dritten" vgl. X II 136.

Arbeitnehmer des VN darf der Vr ebenfalls nach seiner Wahl befragen. Der 135 VN kann den Vr nicht auf schriftliche Fragen oder auf mündliche Fragen an sich selbst oder an Vorstandsmitglieder, Geschäftsführer usw. oder an sonstige durch ihn ausgewählte Mitarbeiter verweisen. Arbeitnehmerbefragungen sind eine Art von „Untersuchung", die über eine bloße Auskunfterteilung durch den VN hinausgeht und die der VN dulden muß. Er muß insbesondere die **Befragung** von Angestellten oder Arbeiter **an deren Arbeitsplatz** und speziell am Ort des Schadeneintritts dulden. Der Vr kann an Ort und Stelle z. B. nach der Einhaltung von Sicherheitsvorschriften, nach der Richtigkeit von Buchführungsunterlagen, nach Indizien für Brandstiftung durch den VN oder in dessen Auftrag, nach den Gewohnheiten bei der Benutzung und

Beheizung von Gebäuden, nach dem genauen Ablauf eines später beraubten Geldtransportes usw. fragen. – Zu der umgekehrten Frage, wann sich der VN durch Arbeitnehmer oder Familienangehörige bei einer mündlichen Befragung vertreten lassen darf, vgl. X II 150.

136   Der Vr darf den Arbeitnehmern des VN grundsätzlich sämtliche Fragen stellen, die er selbst gemäß X II 145 ff. dem VN zu stellen berechtigt wäre. Der Vr kann auch verlangen, daß der VN die dazu ausersehenen Arbeitnehmer anweist, die Fragen des Vr überhaupt sowie wahrheitsgemäß und vollständig zu beantworten. Ob der Arbeitnehmer antwortet, darf also nicht dessen Belieben überlassen bleiben. Hingegen kann der Vr nicht verlangen, daß der VN seine Arbeitnehmer zu schriftlichen Antworten verpflichtet. Diese ginge über den Pflichtenkreis der Mitarbeiter und über den Rahmen dessen hinaus, was der Vr billigerweise erwarten darf. Ausnahmen sind allenfalls denkbar, nämlich dort wo es so sehr auf Einzelheiten und auf Fachwissen ankommt, daß mündliche Antworten der Arbeitnehmer nicht voll verwertbar wären.

137   Ebenso wie die Obliegenheit der Vorlage von Belegen und ebenso wie die Auskunftsobliegenheit dient die Obliegenheit der Gestattung von Untersuchungen fast ausschließlich der **Minderung der Vertragsgefahr**. Der Kausalitätsgegenbeweis oder (X II 31) der Beweis der Folgenlosigkeit ist nur geführt, wenn feststeht, daß kein denkbares Untersuchungsergebnis dem Vr bei der Feststellung von Grund und Höhe des Entschädigungsanspruchs hätte von Nutzen sein können, X II 28 und 29. An diesen Beweis sind strenge Anforderungen zu stellen. Der VN muß jeglichen Verdacht ausräumen, seine Weigerung, die Untersuchung zu gestatten, könne den Zweck oder Nebenzweck verfolgt haben, die eigene Beweissituation zu verbessern oder diejenige des Vr zu verschlechtern.

138   d) Einige neuere AVB enthalten die Obliegenheit, das **Schadenbild** möglichst **unverändert** zu lassen, bis der Versicherer Veränderungen zustimmt. Diese Bestimmung findet sich in §§ **13 Nr. 1f AFB 87, AWB 87, AStB 87, 20 Nr. 1e VGB 88.** Das Wort „möglichst" schwächt die Obliegenheit zwar ab, stellt ihre Erfüllung aber nicht in das Belieben des VN, sondern erlaubt es nur, den Schuldgrad milder zu beurteilen. Bei vorsätzlichen Verstößen muß der VN die Folgenlosigkeit sowie entweder fehlende Relevanz oder geringes Verschulden beweisen, X I 32. Auch hier ist einige Großzügigkeit angebracht. Die Schadenminderungspflicht hat selbstverständlich Vorrang.

139   Veränderung des Schadenbildes können dem VN die Erfüllung der Aufklärungsobliegenheit erschweren. Insbesondere können Untersuchungen durch den Vr, die der VN zu dulden hat, X II 125, vereitelt werden. Auch kann der VN Auskünfte nach Veränderungen des Schadenbildes bisweilen nicht mehr oder noch weniger zuverlässig erteilen. Trotzdem dürfen Veränderungen des Schadenbildes **nicht** als **vorweggenommene Verstöße gegen die Aufklärungsobliegenheit** behandelt werden; wie hier Hamm RuS 88, 339 (Beseitigung von Durchfeuchtungsschäden in einem Wohngebäude) und LG Hamburg 17 S 182/89 vom 22. 12. 89 (Austausch und Beseitigung eines angeblich durch Leitungswasseraustritt beschädigten Teppichbodens). Die gegenteilige Ansicht (BGH VersR 61, 497 = VerBAV 204 = NJW 1404; AG Amberg VersR

88, 149; Köln 5 U 157/84 für die Beseitigung von Rolläden, die der Vr noch hätte auf ihren Sicherheitsgrad und auf Einbruchspuren hätte untersuchen wollen) entfernt sich zum Nachteil des VN vom Wortlaut der in X II 93 zitierten AVB-Bestimmungen. Danach muß der VN lediglich Auskünfte erteilen und Untersuchungen dulden, nicht aber sich schon im Vorfeld so verhalten, daß die Möglichkeit von Auskünften und Untersuchungen auch für die Zukunft optimal gewährleistet bleibt. Aus den X II 138 zitieren sowie aus ähnlichen AVB-Bestimmungen zu den technischen VZweigen, z.B. 7.1.3 AMB, ist eher ein Umkehrschluß als ein Analogieschluß zu ziehen. – Ein Grenzfall ist es, wenn der VN ausgebaute Gebäudebestandteile nach der Reparatur aber vor Besichtigung durch den Vr vernichtet oder vernichten läßt, Hamm VersR 90, 86 (objektiver Verstoß bejaht, grobe Fahrlässigkeit verneint, X II 19).

Praktische Bedeutung hat die soeben erörterte Frage vor allem für Vanda- **140** lismusschäden und für mitversicherte Gebäudeschäden in der GeschäftsV gegen erschwerten Diebstahl sowie in der HausratV, z.B. für die Abgrenzung zwischen mitversicherten Gebäudeschäden durch Einbruchsversuch und nicht versicherten Schäden durch Gebäudevandalismus von außen, W VI 7 und 18. In den AEB, AERB, AERB 87, VHB 74 und VHB 84 fehlen Bestimmungen über die Beibehaltung des Schadenbildes, weil die Verfasser dieser AVB in erster Linie an Diebstahlschäden und weniger an Gebäudeschäden und Vandalismus gedacht hatten.

Hatten der Vr und der VN nach Schadeneintritt **vereinbart,** der VN werde **141** das Schadenbild nicht verändern, so kann es sich entweder um die nachträgliche Vereinbarung einer Obliegenheit im Sinn von § 6 Abs. 3 VVG oder sogar um die Vereinbarung einer Rechtspflicht handeln; in Hamm VersR 87, 1003 wird zwischen diesen beiden Möglichkeiten nicht unterschieden. Im ersteren Fall schadet dem VN nur grobe Fahrlässigkeit; im zweiten Fall schuldet er Naturalrestitution im Sinn von § 249 BGB schon bei leichter Fahrlässigkeit. In Düsseldorf RuS 90, 25 hatten „klare Abmachungen" des VN mit einem Regulierungsbeauftragten des Vr vorgelegen. Düsseldorf aaO ging daraufhin von einem Verstoß des VN gegen die Obliegenheit aus, „Untersuchungen" des Vr im Sinn von X II 125 zu dulden, im konkreten Fall bestehend in der Anwesenheit des Beauftragten bei bestimmten Aufräumungsarbeiten.

Ist der **VN an Beweissicherung interessiert,** sei es wegen verzögerter Besich- **142** tigung durch den Vr oder sei es deshalb, weil der VN dem Beauftragten des Vr mißtraut, so kann er ein **gerichtliches Beweissicherungsverfahren** gemäß § 485 ZPO beantragen. Die Kosten können durch den Vr als Kosten der Schadenermittlung und Schadenfeststellung nach § 66 VVG zu ersetzen sein, W IX 17.

7. Wichtigster Bestandteil der Aufklärungsobliegenheit nach den in X II 93 **143** zitierten Bestimmungen ist die **Auskunftsobliegenheit** des VN. Der VN muß sachdienliche Fragen des Vr beantworten, wie dies auch in § 34 VVG vorgesehen ist, dort jedoch ohne Sanktion für den Fall von Verstößen. Über die Schadenanzeigeobliegenheit gemäß X II 32 geht die Auskunftsobliegenheit z.B. insofern hinaus, als auch nach Indiztatsachen gefragt werden darf, X II 154.

144   **Leistungsfreiheit** wegen Verstoßes gegen die Auskunftsobliegenheit tritt allerdings nur mit den **Einschränkungen** ein, welche die Rechtsprechung für die Leistungsfreiheit wegen **arglistiger Täuschung** entwickelt hat, vgl. näher X III 34 bis 49. Arglistige Täuschungen enthalten nämlich meist zugleich einen Verstoß gegen die Auskunftsobliegenheit, vgl. X II 99 (wegen etwaiger zeitlicher Grenzen der Rechtspflicht, arglistige Täuschungen zu unterlassen, sowie der Aufklärungsobliegenheit) und z. B. BGH VersR 78, 77, so daß jene Einschränkungen nicht ralisierbar wären, wenn sie nicht auch für die Auskunftsobliegenheit beachtet werden müßten. Ganz besonders gilt dies für Fälle, in denen Vorsatz des VN nicht bewiesen, sondern lediglich nicht widerlegt ist, BGH VersR 69, 411, Hamm VersR 78, 811. Der VN, dem weder Vorsatz noch gar Arglist nachgewiesen werden kann, darf nicht schlechter stehen als ein VN, dessen vorsätzliche Verletzung der Aufklärungsobliegenheit zugleich die Voraussetzungen der (nachgewiesenen) Arglist und der arglistigen Täuschung erfüllt.

145   a) Begrifflich „**Auskunft**" können alle Angaben des VN auf sachdienliche Fragen des Vr sein. Die Fragen können ausdrücklich oder konkludent, formularmäßig oder für den Einzelfall sowie schriftlich oder mündlich gestellt sein. Das in den AVB erwähnte „Verlangen" des Vr bezieht sich zwar nicht auf die Auskunft als solche, sondern nur auf deren schriftliche Form, X II 148. Aber „Auskunft" **setzt** nach allgemeinem Sprachgebrauch bis zu einem gewissen Grad eine **Frage** desjenigen **voraus**, dem die Auskunft erteilt wird, BGH VersR 76, 821 zu § 12 AFB.

146   Deshalb dürfen nicht alle falschen oder unvollständigen Angaben des VN in der Schadenanzeige oder in Regulierungsverhandlungen begrifflich als **Auskunft** angesehen werden, vgl. BGH VersR 76, 821 zu den AFB 30, VersR 78, 122 zu den AEB sowie Hamm VersR 79, 49 zu den AFB 30 für „Schadenaufstellungen". Wo der VN eigenes Verhalten nicht ohne weiteres als „Auskunft" empfindet, nämlich als geschuldeten Beitrag zur Erfüllung seiner Aufklärungspflicht, dort kann auch der Vr sie nicht einseitig als solche qualifizieren, um die Rechtsfolge der Leistungsfreiheit schon aus grober Fahrlässigkeit oder einfachem Vorsatz herzuleiten, also ohne Nachweis der Arglist im Sinn der Bestimmungen über die arglistige Täuschung, X III 10 und 22. Nennt allerdings der GebäudeVN auf Fragen des Vr eine erheblich zu niedrige (Leitungswasser-) Gebäudeschadenhöhe, so kann darin eine (unrichtige) Auskunft liegen, wenn für den VN erkennbar ist, daß nur die niedrige Bezifferung den Vr davon abhält, das Schadenbild vor späteren Veränderungen zu besichtigen, vgl. LG München I VersR 83, 531 zu § 15 VGB 62.

147   Zweifelhaft ist, ob der VN gegen die Auskunftsobliegenheit oder gegen die Aufklärungsobliegenheit als ganze verstößt, wenn er vorsätzlich oder aus Nachlässigkeit **Beweismittel oder Erkenntnisquellen vernichtet,** oder verlorengehen läßt, obwohl er mit einschlägigen Fragen oder Untersuchungen des Vr oder mit dem Wunsch nach Vorlage von Belegen rechnen muß. Am ehesten wird man die Frage bejahen dürfen, wenn der VN nach dem VFall – sonst vgl. X II 118 – Belege vernichtet, mag der Vr diese Belege bis zu diesem Zeitpunkt auch noch nicht angefordert haben. Hingegen reicht es als Verstoß gegen die Auskunftsobliegenheit nicht aus, wenn der VN das Sachverständigenverfahren verzögert, indem er z. b. den Vorschuß für den Obmann nicht rechtzeitig überweist, BGH VersR 84, 1161. Falsche Angaben gegenüber der Polizei (Hamm RuS 89, 108 zur FahrzeugV nach den AKB) oder gegenüber einem Sachverständigen im **förmlichen Sachverständigenverfahren** (BGH VersR 76, 821) verletzen **nicht** die Aufklärungsobliegenheit. Diese soll nämlich nur die Möglichkeit eigener Ermittlungen des Vr gewährleisten. Das förmliche Sachverständigenverfahren liegt außerhalb dieser eigenen Ermittlungen (BGH aaO). Allenfalls kann der Vr später eigene Ermittlungen anstellen, um die Ergebnisse des förmlichen Sachverständigenverfahrens gegebenenfalls nach Maßgabe von § 64 VVG anzugreifen. Nur was der Vr für eigene Ermittlungen verlangt, ist Gegenstand eines Auskunftsverlangens im Sinn der Aufklärungsobliegenheit, BGH VersR 89, 395. Zu den eigenen Ermittlungen gehören allerdings auch Ermittlungen eines Sachverständigen, der außerhalb eines förmlichen Verfahrens als „Berater" allein für den Vr tätig wird, Y I 5.

Soweit dies die Schadenregulierung fördert, darf die **Form** der Auskunftser- **148** teilung **durch den Vr bestimmt** werden. Der Vr darf in der Regel nach seiner Wahl **schriftliche** oder **mündliche** Fragen oder beides nacheinander stellen, LG Berlin VersR 86, 591 (rechte Spalte unten) zu den AVBSP 76. Daß die Auskünfte „**auf Verlangen schriftlich**" zu erteilen sind, sagen die in X II 93 zitierten AVB ausdrücklich. Aus dem Fehlen des Zusatzes „oder mündlich" darf nicht geschlossen werden, der VN dürfe mündliche Fragen zurückweisen und auf schriftlichen Fragen bestehen. Die richtige Lösung besteht darin, dem Vr einen **Anspruch** auf **mündliche Antworten** immer dann zu geben, wenn diese Form der Befragung im Einzelfall **sachdienlich** ist, insbesondere weil spontane Antworten des VN ohne Kenntnis der jeweils folgenden weiteren Fragen eine größere Chance auf wahrheitsgemäße Auskünfte bieten. Nicht sachdienlich sind hingegen mündliche Fragen, wenn die Antwort auf Seiten des VN Einsichtnahme in schriftliche Unterlagen erfordert oder wenn es auf rechnerische oder technische Genauigkeit der Antworten besonders ankommt, oder wenn der Vr die Antworten des VN in ihrem genauen Wortlaut aktenkundig machen möchte, X II 150.

Auf Wunsch des Vr muß der VN einen Regulierungsbeauftragten im **VOrt** **149** empfangen oder durch einen mit dem Sachverhalt vertrauten Arbeitnehmer empfangen lassen, LG Aurich VersR 84, 753. Zum Erscheinen in einem Büro des Vr kann der VN nicht gezwungen werden. Der Vr muß sich bei mündlicher Befragung damit begnügen, daß sich ein sachkundigerer und mit dem Sachverhalt besser vertrauter Arbeitnehmer oder Familienangehöriger des VN zur Verfügung hält. Soweit dies sachdienlich ist, kann der Vr sogar verlangen, bestimmte Arbeitnehmer des VN in dessen Gegenwart unmittelbar befragen zu dürfen. Der VN muß diese „Untersuchung" dulden, X II 135, und die Arbeitnehmer anweisen, die Fragen überhaupt sowie wahrheitsgemäß und vollständig zu beantworten, X II 136.

Auf einen **Beauftragten** des VN als Adressaten, insbesondere auf einen **150** Anwalt oder Makler, braucht der Vr sich jedenfalls dann **nicht** verweisen zu lassen, wenn er **mündliche Fragen** stellen darf und will. Andernfalls könnte der VN den in X II 148 erörterten Anspruch des Vr umgehen, die Fragen mündlich zu stellen, soweit dies sachdienlich ist. Der VN kann aber darauf bestehen, daß während seiner mündlichen Befragung sein Anwalt oder eine sonstige Person seines Vertrauens als **Zeuge** anwesend ist oder daß eine **Tonaufnahme** gefertigt wird. Der Vr kann eine Tonaufnahme hingegen nicht erzwingen. Wünscht der Vr, daß die Antworten des VN im Wortlaut aktenkundig bleiben, so muß er die Fragen schriftlich stellen.

151   Soweit die **Fragen schriftlich** gestellt werden oder gestellt werden müssen, kann sich der VN **Schreibhilfe** leisten lassen, sei es durch Arbeitnehmer oder sei es durch selbständige Dritte, also Anwälte, Makler, Freunde oder Verwandte. Der VN muß aber für die Richtigkeit der schriftlichen Antwort durch seine **Unterschrift** persönlich die Verantwortung übernehmen. Mit der schriftlichen Antwort eines **Bevollmächtigten** des VN braucht sich der Vr in der Regel **nicht** zu begnügen, O II 13. Daher genügt Antwort durch ein Anwalts- oder Maklerschreiben oder einen Anwaltsschriftsatz im Deckungsprozeß nicht.

152   Hat sich der VN einer Schreibhilfe bedient, so muß er auf Verlangen des Vr erklären, die durch den Dritten formulierte Antwort persönlich gelesen zu haben, O II 14. Dies gilt jedenfalls dann, wenn es auf die persönliche Sachkunde des VN oder des Organs des VN ankommt. In der GeschäftsV kann der Vr auf Unterschrift des Ranghöchsten mit dem Sachverhalt vertrauten Mitarbeiters in der betrieblichen Hierarchie bestehen. Stets muß zuverlässig **ausgeschlossen** sein, daß der VN sich nachträglich auf **Übermittlungsfehler** oder auf einen **Formulierungsfehler** seines „Schreibhelfers" beruft, der bei der Unterschrift unbemerkt geblieben sei, Martin VersR 86, 140.

153   **b) Der Begriff der Sachdienlichkeit** im Sinn von X II 145 ist weit auszulegen, vgl. schon X II 94. Die Fragen des Vr dürfen sich auf alle für *Anspruchsgrund* und *Anspruchshöhe* rechtserheblichen Tatsachen sowie auf Zeugen aber nicht unaufgefordert benannt zu werden, Hamm RuS 87, 169) für solche Tatsachen erstrecken, auch auf die, für die der Vr die Beweislast trägt, weil sie gegebenenfalls die Entschädigung ausschließen würden, z. B. Ausschlußtatbestände, Obliegenheitsverletzungen vor dem VFall, Gefahrerhöhungen, Verstöße gegen die Schadenverhütungspflicht gemäß § 61 VVG usw.; wegen Nachweis einer UnterV durch den Vr vgl. X II 128 bis 131 und 172. Nach einer *NebenV* darf schon wegen § 58 VVG gefragt werden, V I 30 und 32. Außerdem muß der Vr die Frage einer betrügerischen Über- oder DoppelV prüfen können, sowie eines Ausgleichs nach § 59 Abs. 2 VVG prüfen können, BGH VersR 81, 625; Verstöße gegen die Auskunftspflicht sind daher schon dann nicht irrelevant im Sinn von X I 29 und 30, wenn der Vr auch nur zeitweilig an der Prüfung der Frage der DoppelV gehindert wird.

154   Darüber hinaus darf nach **Indiztatsachen für die Glaubwürdigkeit** des VN gefragt werden, soweit ein Sachzusammenhang mit dem Vertrag besteht, der vom Schaden betroffen wurde. Hierher gehören vor allem Fragen nach einer **VorV** (LG Verden ZfS 90, 30) oder nach **Vorschäden,** vgl BGH VersR 79, 343 zu § 34 VVG in der ReisegepäckV; anders LG München I VersR 86, 37. Unrichtige Antworten auf die Frage nach Vorschäden mindern die Glaubwürdigkeit des VN, PM § 49 Anm. 3 B und § 10 AVBR 80 Anm. 5 b. Der Vr darf die Frage schon im Schadenanzeigeformular stellen, mag er auch noch keine Anhaltspunkte gegen die Redlichkeit des VN besitzen (anders Hamm VersR 85, 469 für Fragen nach Zweitverträgen in der UnfallV, TM § 15 AUB

Anm. 3). Gefragt werden darf nach Vorschäden sowohl bei demselben wie bei anderen Vr; jedoch kann bei falschen Angaben zu Umständen, die der Vr bereits positiv kennt, z. b. bei Vorschäden, die von der Datenbank des Vr abgerufen werden können, die Relevanzrechtsprechung dem Einwand der Leistungsfreiheit entgegenstehen, X II 164.

Als Indizien gegen die Glaubwürdigkeit kommen keineswegs nur unrichti- 155 ge Angaben über die Vorschäden sowie unrichte Angaben bei den früheren Schadenregulierungen in Frage; vielmehr kann auch die **Häufung einer bestimmten Art von Schäden** als solche die Glaubwürdigkeit des VN für den vorliegenden Schaden in Zweifel ziehen (Verdacht vorgetäuschter oder vorsätzlich herbeigeführter Schäden), vgl. näher Martin VP 86, 49 mwN. Zweifelhaft ist, bis zu welcher Grenze der Vr nach Vorschäden in *anderen VZweigen* fragen darf. Man wird das Fragerecht auf verwandte VZweige begrenzen müssen. Der HausratVr nach den VHB 74 wird z. B nach Vorschäden gemäß den AFB 30 oder den AGIB fragen dürfen, also auch in Bereich der GeschäftsV, der FeuerVr eines Betriebes nach Vorschäden gemäß den AMB oder nach Reisegepäckschäden des Betriebsinhabers aber z. B. nicht der WohngebäudeVr nach Vorschäden in der KrankenV.

c) Der **Kausalitätsgegenbeweis** gemäß § 6 Abs. 3 Satz 2 VVG setzt, nachdem 156 der VN seine Glaubwürdigkeit durch verweigerte Antworten auf mündliche (LG Berlin VersR **86**, 591 und X II 148) oder schriftliche Fragen oder durch grob fahrlässig oder gar vorsätzlich falsche Angaben in Frage gestellt hat, strengste Anforderungen an die dem VN obliegenden Nachweise voraus, X II 29. Die Ausführungen zur Schadenanzeige in X II 48 bis 53 und 64 gelten in verstärktem Maß. Je wertvoller z. B. die Sachen sind, die der VN nachträglich als abhandengekommen, zerstört oder beschädigt geltend macht, um so plausibler muß er darlegen und beweisen, weshalb er diese Sachen früher nicht genannt hat. Ähnliches gilt bei zu niedriger Bezifferung eines Gebäudeschadens, die den Vr von rechtzeitiger Besichtigung abhält, LG München I VersR **83**, 531 und X II 146. Besteht der Verstoß in einem bloßen Unterlassen, so können die Anforderungen an den Kausalitätsgegebeweis entsprechend geringer sein, Hamm VersR **82**, 990.

d) Die schwierigsten Probleme bei Verstößen gegen die Auskunftsoblie- 157 genheit ergeben sich aber im Rahmen des **Entschuldigungsbeweises** nach § 6 Abs. 3 Satz 1 VVG, wenn der VN Vorsatz und grobe Fahrlässigkeit widerlegen will. **Vorsatz** kann der VN *nicht* schon dadurch **widerlegen,** daß er behauptet, er habe einen Vorschaden „vergessen", vgl. die Rechtsprechungsnachweise zur ReisegepäckV bei PM § 10 AVBR 80 Anm. 5 b. Vielmehr spricht bei Verschweigen größerer Vorschäden die Lebenserfahrung für Vorsatz, vgl. LG Köln VersR **78**, 1154, **79**, 464 zu den VHB 74.

Hat der **Agent** des Vr das **Schadenanzeigeformular ausgefüllt** und entweder 158 eine Frage mündlich nicht gestellt oder die Antwort des VN nicht oder nicht richtig niedergeschrieben, so kommt es darauf an, ob es auf Vorsatz oder grober Fahrlässigkeit beruht, daß der VN vor der Unterschrift die Fragen und Antworten sowie den vorgedruckten Hinweis auf die persönliche Verantwortung des VN für die Richtigkeit der Antworten nicht gelesen hat. LG Aachen RuS **86**, 107 hat in einem einschlägigen Fall die Leistungsfreiheit eines UnfallVr verneint. Zur Möglichkeit einer zu engen Auslegung jenes vorgedruckten Hinweises (meint Ausfüllung durch „andere Person" auch den Agenten des Vr?) vgl. LG Hamburg VersR 85, 329 sowie A V 3.

159 **Grobe Fahrlässigkeit** bezüglich **unrichtiger Auskünfte** kann der VN um so leichter **widerlegen,** je geringfügiger die im Schadenanzeigeformular nicht oder nicht richtig angegebenen betroffenen Sachen oder sonstigen Tatsachen bei objektiver Betrachtung erscheinen, je unübersichtlicher die Situation zur Zeit der früheren (falschen) Angaben gewesen ist usw. Daß der VN sich mit den Auskünften „wenig Mühe" gemacht habe, reicht als Tatsachenfeststellung gegen den Entlastungsbeweis zwar für sich allein nicht aus, kann aber als verkürzte Ausdrucksweise für den Verdacht vorsätzlichen Handelns zu verstehen sein und bedeutet dann, daß der VN mindestens sehr leichtfertig, also grob fahrlässig, gehandelt hat, BGH RuS 83, 126 = VersR 674. Beispiel für grobe Fahrlässigkeit: Vorlage eines Belegs über den Kauf eines anderen als des gestohlenen Pelzes (LG Frankfurt RuS 89, 337).

160 Auch ein **Verbotsirrtum** des VN kann Vorsatz begrifflich ausschließen, X I 24 und X II 16 bis 19. Jedoch sind hohe Anforderungen an den Nachweis zu stellen, daß dem VN tatsächlich das Unrechtsbewußtsein fehlte, daß er also die unrichtige oder unvollständige Antwort für erlaubt hielt. Es genügt entgegen Hamburg 5 U 171/85 vom 2. 7. 86 nicht, daß der VN lediglich meint, ein Vorschaden sowie ein Zweitvertrag seien „irrelevant", z. B. (Hamburg aaO), weil inzwischen nicht mehr der VN, sondern dessen geschiedener Ehegatte Prämie für den Zweitvertrag entrichtet, zu dem der verschwiegene Vorschaden angefallen war, vgl. auch X I 29. Auch die **fehlende Sachdienlichkeit** oder die Unzumutbarkeit einiger von mehreren Fragen des Vr begründet im allgemeinen **keinen** Verbotsirrtum. Unzumutbare Fragen des Vr bedeuten zwar eine schuldhafte positive Vertragsverletzung und geben dem VN ein außerordentliches Kündigungsrecht, ändern aber nichts an der Aufklärungsobliegenheit mit Bezug auf die übrigen gestellten Fragen.

161 Ist ausnahmsweise gleichwohl ein Verbotsirrtum des VN erwiesen, so schließt dieser zwar den Vorsatz aus, kann jedoch seinerseits auf **grober Fahrlässigkeit** beruhen. Dann treten die Folgen einer grob fahrlässigen Verletzung der Aufklärungsobliegenheit ein. So kann es z. B. liegen, wenn ein beauftragter Anwalt den VN objektiv zu Unrecht dahin berät, er brauche bestimmte Fragen oder gar sämtliche Fragen des Vr nicht zu beantworten. Dem VN ist das **Verschulden eines Anwalts,** der im Zusammenhang mit der Erfüllung von Obliegenheiten nach dem VersFall zugezogen wird, wie eigenes Verschulden zuzurechnen, O II 8. Der VN muß also zunächst beweisen, daß sich der Anwalt in einem Irrtum über die Aufklärungsobliegenheit befand und nicht etwa wieder besseres Wissen beraten hat. Gelingt dieser Nachweis, so kommt es darauf an, ob nicht wenigstens in der Person des Amwalts grobe Fahrlässigkeit vorgelegen hatte, was bei objektiv unrichtigen Rechtsauskünften sehr nahe liegt.

162 e) Ist schon streitig, ob die Auskünfte des VN überhaupt falsch waren, so bedarf es zwar keines Entschuldigungsbeweises, denn zunächst trägt der *Vr* die **Beweislast** für den *objektiven Verstoß* gegen die Aufklärungspflicht, insbesondere für die objektive Unrichtigkeit von Angaben des VN, X II 10.

Unberührt bleibt jedoch der übergeordnete Rechtssatz, daß die **Erfüllungs-handlung** bei Pflichten zu einem ganz bestimmten positiven Tun stets **durch den Schuldner zu beweisen** ist, auch wenn der Gläubiger aus dem Unterlassen Rechte herleitet (Palandt/Heinrichs § 363 BGB Anm. 1). Der VN muß also beweisen, daß er dem Vr ein Schadenanzeigeformular überhaupt übersandt hat, und zwar gegebenenfalls mit einem Beiblatt mit Angaben über Vorschä-den (anders Hamm VersR 82, 695; im konkreten Fall war der Beweis aber geführt), daß er es etwa später berichtigt hat (insoweit übereinstimmend Hamm aaO) usw., vgl. allgemein X II 11.

Für die inhaltliche **Unrichtigkeit** erteilter Auskünfte bleibt es bei der **Beweis-** 163 **last des Vr**, wenn er Obliegenheitsverletzung behauptet, denn es geht um mehr als nur um die Erfüllung der Pflicht zu einem ganz bestimmten positi-ven Tun. Aber auch wenn dem Vr der Nachweis der Unrichtigkeit nicht gelingt, wirken sich verbleibende Unklarheiten dennoch zum Nachteil des VN aus. Sie können dazu führen, daß der VN den ihm obliegenden **Beweis für den Schaden** oder für einzelne Posten des Schadens **nicht geführt hat** oder daß der Schaden jedenfalls niedriger zu schätzen ist, X II 122. Beweisfällig bleibt der VN z.B., wenn er behauptet, ein angeblich gestohlener Teppich, für dessen Existenz es auch sonst keine zuverlässigen Zeugen gibt, sei ihm von einem Schenker zugewendet worden, dessen Namen zu nennen er sich weige-re.

Gelingt dem VN der Beweis, er habe nur leicht oder überhaupt nicht 164 fahrlässig gehandelt, so kann er Entschädigung des im Sinn von X II 116, 122 und 163 nachgewiesenen Schadens beanspruchen. Kann er nur Vorsatz aus-schließen, so muß er den Kausalitätsgegenbeweis führen, X II 156. Kann er auch Vorsatz nicht widerlegen, so kann er sich nur auf die **Relevanzrechtspre-chung** berufen, dies jedoch nur bei geringfügigen und für den Vr ganz unerheb-lichen Abweichungen von der Wahrheit, X II 31 sowie X I 29 und 30, oder bei unrichtigen Antworten auf Fragen nach Tatsachen, die der Vr bereits kennt (anders allerdings noch Düsseldorf VersR 78, 916 zur ReisegepäckV, wo eine Fangfrage zugelassen wurde), z.B. nach Vorschäden, die der Vr auf seiner Datenbank gespeichert hat, LG Wiesbaden VersR 86, 55, Martin VP 86, 49 (Verwertung der falschen Angaben bleibt aber im Rahmen der Beweis-würdigung zu Grund und Höhe des Anspruchs zulässig). Man darf jedenfalls „geringe Schuld" im Sinn der Relevanzrechtsprechung nicht immer schon dann annehmen, wenn Arglist nicht beweisbar (X III 22) ist. Vielmehr gibt es auch Fälle, in denen zwar der Vr nicht Arglist, aber auch der VN nach vorsätzlicher Obliegenheitsverletzung nicht geringe Schuld im Sinn der Rele-vanzrechtsprechung beweisen kann.

8. Ein **Verzeichnis** mit Angabe des VWerts unmittelbar vor Eintritt des 165 VFalls über alle **vom Schaden betroffenen** – zerstörten, beschädigten oder abhandengekommenen – Sachen kann der Vr §§ 13 Nr. 1c AFB 30, AEB, 13 Nr. 1f AERB, 12 Nr. 1c AWB 68, AStB 68, 13 Nr. 1d VHB 74, 21 Nr. 1d VHB 84, 15 Nr. 1c VGB 62, 20 Nr. 1f VGB 88 sowie nach §§ 13 Nr. 1g AFB 87, AERB 87, AWB 87, AStB 87 verlangen, und zwar „nach Möglichkeit" (nach § 13 Nr. 1f AERB sogar stets) mit Angabe des VWerts im Schadenzeitpunkt. In den AERB und den AFB 87 usw. fehlt der Zusatz „nach Möglichkeit". In

den VHB 84 wird Angabe des Anschaffungspreises oder des Anschaffungsjahres zur Wahl gestellt, vgl. X II 123. In den VGB 88 ist nicht von beschädigten oder zerstörten, sondern nur von abhandengekommenen Sachen die
Rede.

166   „Verzeichnis" erfordert **Schriftform**, X II 75. Der Begriff „Sachen" ist mit
Rücksicht auf den Zweck des Verzeichnisses auszulegen, also auf die Ermittlung der Entschädigung. Ähnlich wie in der Liste der abhandengekommenen
Sachen für die Polizei, X II 76, dürfen bis zu einem gewissen Grad Sammelbezeichnungen verwendet werden. Andererseits meint „Sachen" bei *Gebäu-*
den, insbesondere also in § 15 Nr. 1c VGB 62, bei wörtlicher Anwendung
(vgl. aber X II 176) auch deren einzelne *Bestandteile*, wobei statt des Wertes
die Reparaturkosten mit Einbau eines neuen Teils in Betracht kommen. Welches Maß an **Genauigkeit** verlangt werden kann (Beschreibung einzelner Stük-
ke), ist eine Frage der Zumutbarkeit im Einzelfall. LG Passau VersR 81, 745
verlangt bei Diebstahl von angeblich 6570 Platten mit Recht genaue Daten für
„einige hundert" dieser Platten. AG Dinslaken ZfS 88, 260 (zu § 13 Nr. 1d
VHB 74) geht zu weit und bezeichnet die Schätzung des VWerts als unmöglich, wenn nicht der VN zu jeder vom Schaden betroffenen Sache „mitteilt,
wie sie genau beschaffen und wie alt sie war". AG Dinslaken aaO übersieht
die Möglichkeit einer Schätzung nach § 287 ZPO, X II 122.

167   Innerhalb einer **angemessenen Frist** soll das Verzeichnis eingereicht werden.
Sie beträgt nach den AERB sowie nach den AFB 87, AERB 87, AWB 87 und
AStB 87 und nach den VGB 88 *mindestens 14 Tage;* frühestens nach deren
Ablauf kann ein grob fahrlässiger oder vorsätzlicher Verstoß gegen die Obliegenheit angenommen werden. Die übrigen AVB mit Ausnahme der VHB 84
sagen, daß die Frist mindestens 14 Tage „betragen muß", womit angedeutet
wird, daß der Vr eine Frist einseitig setzen könne. Dies trifft aber nicht zu,
denn letztlich kommt es immer darauf an, von welchem Zeitpunkt an im
Deckungsprozeß der notwendige Verschuldensgrad bejaht wird. Der Unterschied gegenüber den kürzeren Fristen für die Liste der abhandengekommenen Sachen bei der Polizei bedeutet keinen Widerspruch, denn gegenüber der
Polizei kommt es mehr auf die Schnelligkeit an, X II 78, mag auch die Liste
ergänzungsbedürftig bleiben, während gegenüber dem Vr von Anfang an
mehr die Vollständigkeit der Liste im Vordergrund steht. Die VHB 84 verlangen lediglich „unverzügliche" Vorlage der Liste. Für die Leistungsfreiheit
kommt es nach sämtlichen AVB auf den Zeitpunkt an, von dem an die
weitere Verzögerung auf grober Fahrlässigkeit beruht, vgl. X II 37 zur Schadenanzeige.

168   „Auf seine Kosten" sollte der VN nach der Erstfassung von §§ 13 AFB 30,
AEB, AERB, VHB 74, 12 AWB 68, AStB 68, 15 VGB 62 das Verzeichnis
anfertigen und dem Vr übersenden, also ebenso wie den Grundbuchauszug
bei Gebäudeschäden, X II 121. Tatsächlich gehören aber die **Kosten für die**
Erstellung des Verzeichnisses zu den Kosten der Schadenfeststellung, die gemäß **§ 66 Abs. 1 VVG** der Vr tragen muß, W IX 11. Deshalb hatte die zitierte
Regelung gegen § 9 AGBG verstoßen, X II 95 und W IX 21 der 2. Aufl., und
wurde durch VerBAV 87, 174 aus den AVB gestrichen. In den VHB 84, AFB
87, AERB 87, AWB 87, AStB 87 und VGB 88 war die von § 66 VVG
abweichende Regelung von vornherein nicht enthalten.

II. Die einzelnen Obliegenheiten

Schwierigkeiten bereitet bei Anwendung von § 66 VVG die Frage, ob der **169**
Vr die Kosten des Verzeichnisses nur in der **Geschäfts V** und nach den Grundsätzen der Gemeinkostenabrechnung oder auch in der **Hausrat- und Wohngebäude V** tragen muß. Besteht ein Entschädigungsanspruch nur, wenn der
Hausrat VN aus zwingenden Gründen entgeltliche Hilfe Dritter in Anspruch
nimmt, oder ist § 66 VVG auch ohne solch zwingende Gründe oder gar auch
bei persönlicher Tätigkeit des Hausrat VN anzuwenden, um diesen nicht gegenüber dem Geschäfts VN zu benachteiligen? Auf W IX 20 bis 22 wird
verwiesen.

Soweit nicht nur gestohlene Sachen festgestellt, sondern zugleich die vom **170**
Schaden nicht betroffenen Sachen geordnet werden müssen, weil die Täter sie
in Unordnung gebracht haben, kann der Kostenaufwand insoweit auch als
Aufräumungskosten entschädigungspflichtig sein, vgl. W V 14 und 40. Dagegen ist Unordnung, also veränderte Lage versicherter Sachen und veränderte
gegenseitige Lage der Teile eines versicherten Inbegriffs, kein Sachschaden in
dem Sinn, daß auch die in Unordnung geratenen Sachen „beschädigt" und die
Kosten des Zurückräumens als Hauptschaden zu ersetzen wären. Auch bei
Ersatz von Aufräumungskosten wiederholt sich freilich die in X II 169 erörterte Benachteiligung der VN des privaten Lebensbereichs, weil die nach Art
und Umfang unentgeltlich zu erwartenden persönlichen Tätigkeiten des VN
ganz allgemein in der Kosten V nicht entschädigungspflichtig sind, W I 23.

Zweck der Obliegenheit ist die **Minderung der Vertragsgefahr**. Früher oder **171**
später müßte der VN die betroffenen Sachen und ihren Wert gerichtlich oder
außergerichtlich nämlich ohnehin genau bezeichnen, um den Entschädigungsanspruch durchzusetzen, vgl. schon X II 32 zur Schadenanzeige. Wenn
der Vr beschleunigt (X II 167) ein vollständiges Verzeichnis verlangt, so will
er damit den VN „festlegen", ähnlich wie durch die Anzeige bei der Polizei,
X II 64, oder durch die Stehlgutliste, X II 85. Behauptet der VN später, das
Verzeichnis sei unvollständig und der Entschädigungsanspruch entsprechend
höher, so muß er nach § 6 Abs. 3 VVG entweder den **Entschuldigungsbeweis**
(vgl. z.B. Köln VersR 62, 1075 zu unrichtige Beratung durch Agenten) oder
den **Kausalitätsgegenbeweis** führen und bei Vorsatz gegebenenfalls außerdem
die Voraussetzungen der *Relevanzrechtsprechung* beweisen. Dies wird um so
schwieriger sein, je zahlreicher, betragsmäßig auffälliger usw. die nachträglich
geltend gemachten Schäden sind; um so plausibler und beweisbarer müssen
jedenfalls die Begründungen für die verzögerte Meldung einiger Sachen sein,
vgl. X II 87 und 88 zur Stehlgutliste.

9. Das **Verzeichnis** gemäß X II 165 muß nach den dort zitierten AVB mit **172**
Ausnahme der VHB 84 und VGB 88 – dazu vgl. X II 176 – auf Verlangen des
Vr auch die zur Zeit des Eintritts des VFalls („am Schadentag") vorhandenen
versicherten und vom Schaden nicht betroffenen Sachen umfassen, soweit nicht
etwa Erstrisiko V vereinbart ist, X II 173. Zweck dieser Obliegenheit ist es,
den Vr gegebenenfalls den *Beweis einer Unter V* zu ermöglichen, LG Kaiserslautern ZfS 85, 314. Der Vr könnte diesen ihm obliegenden (S II 34) Beweis
niemals führen, wenn der VN ihn dabei nicht mit entsprechenden Angaben
unterstützen müßte. In der Geschäfts V kommt das Recht des Vr auf Buchein-
sicht hinzu, X II 126. Da dergleichen demgegenüber in der Hausrat V aus-

scheidet und es auch kein Recht des HausratVr auf Hausdurchsuchungen gibt, X II 129, gerät der HausratVr trotz des Anspruchs auf das Verzeichnis sehr oft in Beweisnot, S II 67 und 72.

173   Aus dem Zweck der Obliegenheit folgt die richtige Auslegung der unzulänglich formulierten Vorschriften. Bei Gebäuden (§ 15 Nr. 1c VGB 62, und gegebenenfalls §§ 13 Nr. 1c AFB 30, 12 Nr. 1c AWB 68, AStB 68 sowie §§ 13 Nr. 1e AFB 87, AWB 87, AStB 87) müssen zwar die beschädigten, *nicht* aber alle unbeschädigten *Gebäudebestandteile*, sondern muß nur der Gesamtwert des Gebäudes angegeben werden. Ganz allgemein brauchen nur versicherte Sachen genannt zu werden, und zwar nur Sachen, die durch eine *Position* des Vertrages versichert sind, zu der mindestens ein kleiner Teilschaden eingetreten ist. § 13 Nr. 1f AERB sowie §§ 13 Nr. 1g AFB 87 usw. nehmen Positionen auf **Erstes Risiko** im Sinn von S II 10 ausdrücklich aus. Dies gilt aber ungeschrieben auch nach den übrigen AVB (RG JR 25, 214), ebenso wenn ein UnterVVerzicht eingreift, S II 113, der die **Feststellung des VWerts** im Einzelfall **entbehrlich** macht.

174   Stellt der Vr einen Verstoß gegen die Obliegenheit fest, die nicht betroffenen Sachen vollständig aufzuzählen, so kann der VN den **Entschuldigungsbeweis** des § 6 Abs. 3 Satz 1 VVG führen. Gelingt ihm dies nicht, so kommt der **Kausalitätsgegenbeweis** gemäß § 6 Abs. 3 Satz 2 VVG in Betracht. Entgegen X II 100 der 2. Aufl. bedeutet § 6 Abs. 3 Satz 2 VVG hier praktisch eine Umkehr der Beweislast im Rahmen von § 56 VVG. Der VN muß, gegebenenfalls mit Hilfe einer gerichtlichen Schätzung gemäß § 287 ZPO, den Nachweis führen, daß der VWert einen gewissen Höchstbetrag keinesfalls übersteigt. Dann entfällt die Leistungsfreiheit für den Entschädigungsteilbetrag, der sich nach § 56 VVG ergibt, wenn jener Höchstbetrag zugrundegelegt wird. Aus diesem Grund wäre die Schätzung des VWerts durch AG Lübeck ZfS 86, 220, mag dort auch § 6 Abs. 3 Satz 2 VVG als Rechtsgrundlage nicht gesehen und zitiert worden sein, wenigstens im Ergebnis richtig, falls tatsächlich eine Obliegenheitsverletzung vorgelegen hätte (vgl. hiergegen aber X II 130). Ganz allgemein kann der Kausalitätsgegenbeweis auch für einen **Teilbetrag** der verlangten Entschädigung geführt werden, X I 33 und X II 23.

175   Der *Vorsatztäter* – bezogen auf das unvollständige Verzeichnis – muß neben dem Kausalitätsgegenbeweis auch den Beweis der Voraussetzungen der **Relevanzrechtsprechung** führen, wenn er der Leistungsfreiheit entgehen will. Wer vorsätzlich und *endgültig* Angaben über die versicherten Sachen und deren Wert verweigert, kann sich auf die Relevanzrechtsprechung nicht berufen und Entschädigung überhaupt nicht erwarten, denn es besteht dann der Verdacht einer besonders hohen UnterV.

176   Die Obliegenheit der Vorlage eines Verzeichnises der durch den Schaden *nicht* betroffenen Sachen hat nur **deklaratorische Bedeutung**, denn der Anspruch auf das Verzeichnis ergäbe sich auch schon aus der Auskunftsobliegenheit gemäß X II 143 und 153. Daraus wurden in §§ 21 **VHB 84,** 20 **VGB 88** die Konsequenzen gezogen. Der Anspruch auf das Verzeichnis der *nicht* betroffenen Sachen ist dort nicht mehr erwähnt. Für die GebäudeV, insbesondere also in § 15 VGB 62, waren die Bestimmung über ein Verzeichnis der nicht betroffenen Sachen und (X II 166) sogar die Bestimmung über beschädigte oder zerstörte „Sachen" (Gebäudebestandteile) von jeher besonders

deplaziert. Allerdings hätte folgerichtig auch der Anspruch auf das Verzeichnis der durch den Schaden betroffenen Sachen im Sinn von X II 165 nicht mehr erwähnt werden sollen, damit nicht ein unrichtiger Umkehrschluß gezogen wird.

10. Die wichtigste Obliegenheit nach dem VFall ist die **allgemeine Rettungs-** 177 **pflicht** gemäß § 62 Abs. 1 VVG, genauer die Obliegenheit der Schadenabwendung und Schadenminderung. Sie wird in §§ 13 Nr. 1 b AFB 30, AEB, VHB 74, 13 Nr. 1 c AERB, 12 Nr. 1 b AWB 68, AStB 68, 13 Nr. 1 c AFB 87, AERB 87, AWB 87, AStB 87, 15 Nr. 1 b VGB 62, 20 Nr. 1 c VGB 88, 21 Nr. 2 a VHB 84 mehr oder weniger wortgleich wiederholt. Auch die spezielleren und in X II 59 bis 92 behandelten Obliegenheiten (der Anzeige gegenüber dem Vr und der Polizei sowie der Vorlage einer Stehlgutliste) dienen mittelbar dem Ziel, den Schadenaufwand des Vr zu vermindern, X II 21, indem entweder der Schaden selbst oder die Vertragsgefahr vermindert wird. Diese Obliegenheiten sind in den AVB neben § 62 Abs. 1 VVG zunächst deshalb vorgesehen, weil sie in einem besonders großen Teil aller Schadenfälle praktisch bedeutsam sind und dem VN der Einwand genommen werden soll, er habe ohne grobe Fahrlässigkeit im Sinn Von § 62 Abs. 2 VVG und W II 24 die Notwendigkeiten oder Möglichkeiten schadenmindernden Handelns nicht erkannt. Außerdem dienen jene spezielleren Obliegenheiten zugleich der Verminderung der Vertragsgefahr, weil der VN gezwungen wird, sich zu Hergang und Umfang des Schadens frühzeitig „festzulegen", X II 64 und 85.

Die Rettungspflicht ist eine spezielle Form der Schadenverhütungspflicht, 178 wie sie sich für die gesamte VDauer aus § 61 VVG ergibt, O I 61. Sobald sich die versicherte Gefahr zu verwirklichen beginnt, so daß ein VFall unmittelbar bevorsteht, W II 30, tritt an die Stelle der auf eigenen Kosten des VN zu erfüllenden Schadenverhütungspflicht die Rettungspflicht gemäß § 62 VVG, Hamm RuS 87, 333, deren Kosten gemäß § 63 VVG zu Lasten des Vr gehen. Wegen der Kostentragungspflicht des Vr ist also die Rettungspflicht aus der Sicht des VN zugleich ein „Rettungsrecht". Zum Verhältnis zwischen § 61 VVG und § 62 VVG vgl. im übrigen W II 28 bis 35, zum Kausalitätsgegenbeweis X II 23.

Für den Vr ist die Rettungspflicht immer dann von Wert, wenn die Ret- 179 tungsmaßnahmen *erfolgreich* sind und entweder keine oder jedenfalls geringere Kosten erfordern, als sie an Rettungserfolgen einbringen. Bei *erfolglosen* Rettungsmaßnahmen erweist sich dagegen die Rettungspflicht als ein „Rettungsrecht", weil dann dem VN trotz der Erfolglosigkeit bis zur Grenze der groben Fahrlässigkeit Rettungskostenersatz zusteht, W II 31. Daher sind die Voraussetzungen der Rettungspflicht und des Rettungskostenersatzes identisch, W II 30, was in § 63 VVG durch ein Zitat des § 62 VVG und in den in W II 7 zitierten AVB-Bestimmungen durch Wiederholung der Worte „Abwendung oder Minderung des Schadens" zum Ausdruck kommt.

Zum **Inhalt der Rettungspflicht** muß auf die Literatur zu § 62 VVG verwie- 180 sen werden. Dies gilt z. B. für die *Weisungsfolgepflicht* (RG VA 27 Nr. 1698: Rückfragepflicht bei vermeintlich unzweckmäßigen Weisungen; KG JR 28, 26: keine Weisungsfolgepflicht, wenn der Vr Rettungskostenersatz zu Unrecht ablehnt) und für die Frage, in welchem Umfang dem VN Rettungsmaß-

nahmen ohne *Rücksicht* auf *nicht versicherte* sonstige *Interessen* zugemutet
werden können. Diese Frage stellt sich z. B., wenn der VN etwa während
eines Brandes nur noch entweder versicherte Sachen oder nicht versicherte
Sachen retten kann; in welchem Umfang kann er im ersteren Fall den Wert
der aufgeopferten nicht versicherten Sachen als Rettungskosten verlangen
oder muß umgekehrt im zweiten Fall mit dem Einwand der Leistungsfreiheit
rechnen, weil er die versicherten Sachen hat verbrennen lassen? Man vergleiche dazu PM § 63 Anm. 2 e. Zweifelhaft kann ferner z. B. sein, wann der VN
mit Rettungsmaßnahmen warten darf, bis der Vr deren Zweckmäßigkeit (insbesondere durch Weisung) und damit die Rettungskostenersatzpflicht anerkannt hat, vgl. für Diebstahlschäden KG VA 26 Nr. 1644.

181   In W II 37 bis 57 finden sich für alle Gefahren der klassischen SachV auch
bereits Beispiele für den Anspruch auf Rettungskostenersatz und damit **Beispiele für Rettungsmaßnahmen,** zu denen der VN verpflichtet ist, allerdings
ausgewählt speziell im Hinblick auf die Probleme der Folgeschadenabwehr.
Hier noch einige allgemeine Beispiele für Rettungsmaßnahmen:

182   Bei **Brand** muß der VN möglichst selbst und durch eigene Werksfeuerweh-
ren und sonstige Angestellte löschen, die öffentliche Feuerwehr und sonstige
Helfer zuziehen, bedrohte Gegenstände wegschaffen, W II 44, durchnäßte
Sachen trocknen, Sachen durch Verkauf vor dem Verderb schützen usw.
Wegen der Wahl zwischen Rettung versicherter und Rettung nicht- oder
anderweitig versicherter Sachen vgl. X II 180.

183   **Nach Diebstählen** muß der VN im Sinn seiner speziellen Obliegenheiten die
Polizei verständigen, X II 59 bis 63, und ihr eine Stehlgutliste vorlegen, X II
70 bis 92, für Wertpapiere das Aufgebot betreiben (§§ 13 Nr. 1 d AERB,
AERB 87 sowie Q II 43 und 47), je nach Sachlage durch Anzeigen vor
Ankauf der gestohlenen Sachen warnen, sich um die Identifizierung von
Diebesgut bemühen, Z III 6, einen Erfolg dieser Bemühungen dem Vr anzei-
gen, Z III 10, eventuell einen Detektiv beiziehen oder auf Wunsch des Vr
instruieren, Belohnungen über die Polizei anbieten usw.

184   Dagegen kann man z. B. nicht einen Strafantrag gegen Familienangehörige
(X II 31 und 37) oder und in der Regel wohl auch nicht einen Rückkauf vom
Dieb (PM § 62 Anm. 2 a und § 63 Anm. 3) verlangen, auch nicht auf dem
Umweg über das Aussetzen von Belohnungen an V-Männer; auf derartige
Möglichkeiten muß der VN allenfalls den Vr hinweisen, damit gegebenenfalls
dieser entsprechend verfahren kann, vgl. W II 46 und PM § 63 Anm. 5 B vor a
zu dem Fall, daß die Maßnahmen des Vr Erfolg haben und bei UnterV usw.
anteilig oder sogar mit Vorrang dem VN zugute kommen.

185   Eine Rettungsmaßnahme kann es auch darstellen, wenn der VN über die
Anzeige bei der Polizei und über die Stehlgutliste hinaus die **polizeiliche
Sachfahndung fördert,** z. B. indem er genaue Spurensuche duldet oder polizeiliche Vernehmungen von Betriebsangehörigen während der Arbeitszeit ermöglicht. Nicht von einer „Maßnahme" könnte freilich die Rede sein, soweit
die Polizei den VN nach den Polizeiaufgabengesetzen der Bundesländer zur
Duldung ihrer Ermittlungen zwingen kann; so liegt es jedoch nur selten,
denn die Polizei darf im Interesse der Strafverfolgung in Rechte Dritter in der
Regel nicht eingreifen. Für die Entschädigungspflicht der anteiligen Gemeinkosten bei *langwierigen polizeilichen Vernehmungen* von Betriebsangehöri-

gen *während der Arbeitszeit* kommt es darauf an, ob der Aufwand des VN objektiv geeignet war, die Erfolgsaussichten der Sachfahndung angemessen zu erhöhen, oder ob der VN dies wenigstens ohne grobe Fahrlässigkeit annehmen durfte, W II 33. Für die Beurteilung des Fahrlässigkeitsgrades kann es eine Rolle spielen, ob der VN Anlaß gehabt hätte, eine Weisung des Vr einzuholen, wie die in X II 177 zitierten AVB dies vorsehen.

Nach **Leitungswasseraustritt** muß der VN die Zeitdauer der Wassereinwir- 186 kung auf versicherte Sachen möglichst abkürzen. Daher muß er z.b. Möbel von einem durchnäßten Teppichboden entfernen oder durch ein Umzugsunternehmen entfernen lassen. In LG Saarbrücken RuS 88, 87 (bestätigt durch Saarbrücken RuS 88, 238) wurde hierbei allerdings nicht geprüft, ob der VN vom Vorwurf der groben Fahrlässigkeit nicht dadurch entlastet war, daß er befürchten durfte, der Vr werde die Rettungskosten nicht ersetzen wollen.

III. Leistungsfreiheit wegen arglistiger Täuschung

Nach §§ 16 AFB 30, AEB, 14 Nr. 2 AERB, AFB 87, AERB 87, AWB 87, AWB 1 88, 15 Nr. 2 AWB 68, AStB 68, 16 Nr. 2 VHB 74, 22 Nr. 1 VHB 84, 18 Nr. 2 VGB 62, 21 Nr. 1 VGB 88, AWB 85, AStB 62, 21 Nr. 1 VGB 88 ist der Vr auch dann für leistungsfrei, wenn der VN oder einer seiner Erfüllungsgehilfen (O II 6 sowie LG Traunstein VersR 84, 549) versucht hat, den Vr **arglistig** über Tatsachen zu täuschen, die für den Grund oder die Höhe der Entschädigungspflicht von Bedeutung sind. Mit § 9 AGBG ist die Regelung vereinbar (Karlsruhe 12 II 135/79 vom 16. 4. 81), jedenfalls wenn man sie im Sinn von X III 34 bis 49 einschränkend und damit AGBG konform auslegt.

Die Formulierung in X III 1 entspricht im Wortlaut den AERB, AFB 87 2 AERB 87, AWB 87, AStB 87, VHB 84 und VGB 88, dem Sinne nach aber auch den früheren AVB. Das Wort „versucht" fehlt zwar in jenen früheren AVB, jedoch führt auch dort unstreitig schon der **Versuch einer Täuschung** zur Leistungsfreiheit (RGZ 124, 343), zumal bei vollendeter Täuschung, wenn diese nicht etwa noch nachträglich entdeckt wird, der Vr oft gerade keine Möglichkeit hat, die Leistung zu verweigern oder zurückzufordern. Bloßer Versuch der Täuschung ist also sogar der wichtigste Anwendungsfall der Vorschriften.

1. In den AFB hat die Leistungsfreiheit wegen arglistiger Täuschung nur 3 vorbeugenden und demonstrativen Charakter, rechtlich also nahezu nur **deklaratorische Bedeutung.** Der Vr wäre bei arglistiger Täuschung fast immer auch schon nach § 13 Nr. 2 AFB leistungsfrei; deshalb gelten die durch die Rechtsprechung entwickelten Einschränkungen der Leistungsfreiheit wegen arglistiger Täuschung auch für die Leistungsfreiheit wegen vorsätzlicher Obliegenheitsverletzungen, X I 34 und X II 144. Die in X III 1 zitierten AVB-Bestimmungen über arglistige Täuschung sollen dem VN nur noch zusätzlich in leicht verständlichen und durch Rechtsbegriffe (wie Obliegenheit und Obliegenheitsverletzung) unbelasteten Worten auf den drohenden Einwand der Leistungsfreiheit hinweisen, ähnlich wie z.B. auch § 11 Nr. 1 AVBR 80. Außerdem kann der Vr den VVertrag bei nachweisbarer arglistiger Täuschung in aller Regel **fristlos kündigen,** AG Bensheim RuS 86, 212. – Die

Beweislast des Vr (X III 21) für die arglistige Täuschung ändert an der Beweislastverteilung bei Obliegenheitsverletzung nichts; der VN muß dort Vorsatz widerlegen, vgl. X II 157 sowie PM § 11 AVBR 80 Anm. 1.

4   Konstitutive Bedeutung hätten die in X III 1 zitierten AVB-Bestimmungen über Leistungsfreiheit wegen arglistiger Täuschung nur dann, wenn auch Täuschungshandlungen mit Bezug auf die Entschädigung aus **anderen Verträgen** über dieselbe Gefahr zur Leistungsfreiheit aus dem vorliegenden Vertrag führen könnten. Die Worte „aus diesem Schadenfall" in §§ 16 AFB 30, AEB rechtfertigen es aber jedenfalls nicht, die Leistungsfreiheit auch auf andere Verträge als denjenigen zu erstrecken, zu dem die Täuschungshandlung begangen wurde, vgl. X III 3 der 2. Aufl. sowie RG VA 33 Nr. 2602 und LG Stade VersR 51, 102. „Schadenfall" ist nämlich mit „VFall" gleichzusetzen. Von **Identität** des VFalls aber kann nur mit Bezug auf ein und denselben VVertrag die Rede sein, B IV 3 sowie OGH VersR 88, 503 und Hamm RuS 89, 229.

5   Nun enthalten freilich §§ 16 AFB 30, AEB, 15 AWB 68, AStB 68, 18 VGB 62, 16 VHB 74, 22 VHB 84 jeweils eine Passage, wonach die Leistungsfreiheit auch dann eintreten soll, „wenn die arglistige **Täuschung** sich auf einen **anderen zwischen den Parteien über dieselbe Gefahr abgeschlossenen VVertrag**" oder „auf Sachen bezieht, die durch einen anderen zwischen den Parteien über dieselbe Gefahr abgeschlossenen Vertrag versichert sind". Diese Erweiterungen der Sanktion ändern aber schon ihrem Wortlaut nach nichts daran, daß die Täuschungshandlung Tatsachen betreffen muß, die für die **Ermittlung „der" Entschädigung** bedeutsam sind. Damit wiederum kann nur die Ermittlung der Entschädigung für die – mindestens: auch – durch vorliegenden Vertrag versicherten Sachen oder Interessen gemeint sein, BGH VersR 86, 540 = NJW-RR 827.

6   Täuschungshandlungen zu **anderen** als den – mindestens: auch – durch vorliegenden Vertrag versicherten **Sachen** können daher **nicht** zur Leistungsfreiheit führen, ebenso **nicht** Täuschungshandlungen zu einem VVertrag gegen Betriebsunterbrechungsschäden, die sich allein auf die Höhe des BU-Schadens beziehen. Zwar steht dieses Ergebnis in einem gewissen Widerspruch zu den in X III 5 zitierten AVB-Passagen über Täuschungen zu anderen Verträgen. Aber dieser Widerspruch muß wegen § 5 AGBG zugunsten des VN aufgelöst werden, BGH aaO. Die Überlegungen in X III 4 der 2. Aufl. über den Begriff „dieselbe Gefahr" sind daher gegenstandslos.

7   In §§ 14 AFB 87, AERB 87, AWB 87, AStB 87, 21 VGB 88 sind jene Passagen nicht mehr enthalten. Da nämlich einerseits die Rechtsprechung die Leistungsfreiheit wegen arglistiger Täuschung sogar **innerhalb** ein und desselben Vertrages durch ungeschriebene Regeln **einschränkt**, X III 35, z. B. auf die durch die Täuschungshandlung betroffenen **Positionen** oder sogar auf einen **Prozentsatz** des mit Hilfe der Täuschungshandlung geltend gemachten Anspruchs, wäre eine Erweiterung der Leistungsfreiheit auf **andere Verträge**, auf die sich die Täuschungshandlung nicht bezogen hatte, mit § 9 Abs. 2 Nr. 2 AGBG „Vertragszweck" auch dann **nicht** vereinbar, wenn die Einschränkung eindeutig und widerspruchsfrei formuliert wäre.

2. „Bei den Verhandlungen über die Ermittlung der Entschädigung" muß der 8
VN nach den älteren AVB getäuscht haben. §§ 14 Nr. 2 AERB, 14 Nr. 2 AFB
87, AERB 87, AWB 87, AStB 87, 22 Nr. 1 VHB 84, 21 Nr. 1 VGB 88
sprechen deutlicher von *„Tatsachen, die für* den Grund oder die Höhe der
Entschädigung von Bedeutung" sind; „von Bedeutung" ist mehr als „rechtserheblich" und umfaßt auch Indiztatsachen, so daß beide Texte etwa dasselbe
besagen. Genau besehen ist dieses Merkmal *selbständig neben der Arglist* zu
prüfen, obwohl sich beides oft nur schwer trennen läßt. Je enger der Bezug
der vorgetäuschten oder verschwiegenen Tatsache zur Entschädigung, um so
mehr spricht für Arglist; je klarer die Arglist erwiesen ist, um so leichter wird
man auch den Zusammenhang mit den Entschädigungsverhandlungen bejahen können.

An den Vr muß sich die Täuschung richten. Selbstverständlich kann sie 9
gegenüber *Angestellten* oder *Agenten* (RGZ 124, 343) geäußert werden oder
auch auf dem Umweg über die *Polizei* (BGH VersR 82, 689); es kommt
darauf an, ob der VN den Vr auf die Angaben bei der Polizei verweist oder
mindestens arglistig davon ausgeht, der Vr werde die unrichtigen Angaben
gegenüber der Polizei durch Einsichtnahme in die Ermittlungsakte oder
durch Beiziehung der Akte im Deckungsprozeß verwerten, X III 14. Auch
falsche Angaben gegenüber einem Sachverständigen können Arglist gegenüber dem Vr bedeuten, Hamm VersR 78, 811. Hiervon zu unterscheiden ist
die Frage, ob das *Schmieren* eines Sachverständigen genügt, vgl. KG VA 30
Nr. 2144: Hier geht es um die Frage, ob der VN die Absicht hatte, der
Sachverständige des VN möge den Vr zugunsten des VN täuschen; ist dies
beweisbar, so steht nicht entgegen, daß der VN die Einzelheiten der Tä-
schung nicht bestimmt, sondern ausdrücklich oder stillschweigend der „Sachkunde und Geschicklichkeit" des Sachverständigen überlassen hat. Falsche
Angaben gegenüber dem *Gericht* im Deckungsprozeß reichen selbstverständlich aus und sind sogar ein praktisch besonders häufiger Fall der arglistigen
Täuschung, X III 14.

Auf **Fragen des Vr** oder aus eigener **Initiative des VN** kann getäuscht werden. 10
Täuschung durch **Unterlassen** (Verschweigen) kommt in der Regel nur auf
Fragen, darüber hinaus nur dann in Betracht, wenn der VN aufgrund seines
eigenen früheren Verhaltens, aufklärungspflichtig geworden ist. Beispiel: der
VN erlangt Sachen zurück, für die er bereits entschädigt wurde, unterläßt
aber die Anzeige an den Vr, Z III 4 und 10. Ein **Widerruf** entlastet den VN
nur, wenn er spontan (LG Kleve VersR 84, 253) und vor Aufdeckung der
Unrichtigkeit erklärt wird. Diese zeitliche Reihenfolge hat der VN zu beweisen (BGH VersR 84, 453).

Durch Vorlage unvollständiger oder sonst **irreführender Belege** wird ge- 11
täuscht, wenn der VN einen unrichtigen Eindruck beim Vr hervorrufen will.
Beispiel: Vorlage von Preislisten und einer Expertise, aus denen sich nicht
ergibt, daß der Händler stets einen Rabatt gewährt, welcher gemäß Q IV 10
den VWert vermindert, KG RuS 86, 45.

RG VA 36 Nr. 2948 verneinte die Täuschung, als eine für den VFall nicht 12
ursächliche Gefahrerhöhung verschwiegen wurde. Dies erscheint bedenklich,
weil der VN auch einen wirklich bestehenden Anspruch nicht mit dem Mittel
der Täuschung durchsetzen darf, X III 16, und die Frage nach gefahrerhöhen-

den Umständen ganz allgemein sachdienlich ist. Der Vr will und darf sich über die Ursächlichkeit selbst ein Bild machen wollen. Ganz allgemein ist die **Sachdienlichkeit der Fragen** des Vr **unerheblich**, denn auf nicht sachdienliche Fragen darf der VN nicht mit einer arglistigen Täuschung als Antwort, sondern nur mit der Gegenfrage nach dem Sinn der Frage oder mit der Verweigerung einer Antwort reagieren. Anders liegt es nur, wenn Fragen geradezu mit dem Ziel gestellt werden, den VN zu einer unrichtigen Antwort zu drängen, RG JR 29, 236.

13   Selbstverständlich kommen nicht nur *anspruchsbegründende*, sondern auch *anspruchshindernde* Tatsachen (mit **Beweislast des Vr**) als Gegenstand einer Täuschung in Betracht, ebenso *Indiztatsachen* und *Beweismittel*, BGH RuS 85, 302 (verschwiegene Beziehungen zum Lieferanten von Ersatzstücken). Im Hinblick auf § 61 VVG (Brandstiftungsverdacht) und im Hinblick auf die Möglichkeit vorgetäuschter VFälle (insbesondere vorgetäuschter Diebstähle) darf der VN nicht nur auf Fragen nach Vorschäden und sonstigen Indizien für seine Glaubwürdigkeit (anders Hamburg JR 35, 335 für die Höhe früherer Entschädigungen), sondern z.B. auch auf Fragen nach seinen *Vermögensverhältnissen* (anders KG JR 35, 295 zu früheren Pfändungen) nicht lügen, X II 154 und 155. In Grenzfällen der Sachdienlichkeit muß der VN die Frage zurückweisen, statt zu lügen, X III 12, selbst wenn der Vr die Zurückweisung in einem für den VN nachteiligen Sinn auslegen könnte. Daß wahrheitsgemäße Angaben den *Verdacht strafbarer Handlungen* des VN verstärken, hindert eine Täuschung begrifflich ebenfalls nicht (RG VA 36 Nr. 2918, anders Köln VersR 62, 1075). In Grenzfällen kann es aber gerechtfertigt sein, die Leistungsfreiheit wegen „relativ geringer Schuld" einzuschränken, vgl. X III 37.

14   Arglistige Täuschungen mit der Folge einer Leistungsfreiheit des Vr sind zeitlich **in jeder Phase der Entschädigungsverhandlungen** möglich, solange auch nur eine Partei Entschädigungsbeträge fordert (VN) oder zurückfordert (Vr). Täuschung ist also z.B. noch möglich, nachdem der Vr Entschädigung oder weitere Entschädigung endgültig abgelehnt hatte, X II 99. Arglistige Täuschungen im schriftsätzlichen oder mündlichen Vortrag während eines Deckungsprozesses reichen aus, vgl. schon X III 9. Das Verhalten seines Anwalts ist dem VN zuzurechnen, O II 11. Beruft sich der Anwalt auf Informationsirrtum, so bedeutet dies ein Bestreiten der Arglist, die der Vr zu beweisen hat.

15   Nach dem AVB-Wortlaut tritt volle Leistungsfreiheit auch ein, falls ein Teil der **Entschädigung schon gezahlt** war, sei es als vermeintlich endgültiger Betrag oder sei es als Abschlagszahlung, X III 25, und der VN lediglich einen zusätzlichen Betrag fordert, z.B. die Neuwertspanne, weil nachträglich die Voraussetzungen der Wiederherstellungsklausel erfüllt seien X III 48; das gleiche gilt, wenn der Vr lediglich einen Teil der schon gezahlten Entschädigung zurückfordert. Eine andere Frage ist, ob in solchen Fällen die Leistungsfreiheit unter den in X III 34 bis 47 erörterten Voraussetzungen auf den noch oder wieder in Streit befindlichen Teilbetrag oder gar auf einen Teil dieses Teilbetrags zu beschränken ist, vgl. X III 33.

16   Besonders schwerwiegend ist die Täuschung, wenn der VN sich **bereichern** will und Tatsachen vortäuscht, die zu einer höheren als der nach Ansicht des VN wirklich geschuldeten Entschädigung führen würden, oder wenn er Tatsachen arglistig verschweigt, die zu einer niedrigeren Entschädigung führen

würden. Die ständige Rechtsprechung (RGZ 124, 343, mit Einschränkungen RGZ 146, 221, ferner RGZ 150, 147, BGHZ 40, 387, BGH VersR 78, 74, BGH 96, 88, alle zu § 16 AFB, BGH VersR 87, 149 zu § 16 VHB 74, Düsseldorf VersR 60, 553 zu § 16 Nr. 2 der VHB von 1942, Hamm VersR 56, 123, München VersR 62, 605, beide zu § 16 AFB, Frankfurt VersR 78, 833 zu § 16 AEB, LG Essen VersR 68, 193 zur ReisegepäckV, LG Köln VersR 78, 911 zu § 16 Nr. 2 VHB 74) bejaht die arglistige Täuschung aber auch dann, wenn der VN einen **berechtigten** oder vermeintlich berechtigten **Anspruch** mit dem *Mittel einer Täuschung* durchsetzen will, z. B. durch Vortäuschung eines Beweismittels (LG Kleve VersR 84, 253 für einen Beleg über einen nicht vollzogenen Kauf; LG Itzehoe ZfS 88, 261 für eine gefälschte Rechnung) oder einer Indiztatsache (AG München ZfS 85, 186: vorgetäuschte Fremdreparatur statt abstrakter Schadenberechnung, R III 12).

Der VN darf auch **befürchteten Beweisschwierigkeiten** oder Verzögerungen 17 der Regulierung nicht durch Täuschungen entgegenwirken. Dies gilt auch, wenn die vorgetäuschten Beweismittel sich nachträglich als völlig überflüssig erweisen, im Extremfall sogar bei vorgetäuschten Tatsachen, die dem VN nachteilig sind (ÖOGH VersR 79, 560 zur UnfallV).

Ausgedrückt in den Kategorien von § 6 Abs. 3 Satz 2 VVG bedeutet dies 18 letztlich nichts anderes als den *Ausschluß des Kausalitätsgegenbeweises.* Der VN entgeht der Leistungsfreiheit nicht durch den Nachweis der Folgenlosigkeit seiner Täuschungshandlung. Das Gesetz läßt den Kausalitätsgegenbeweis schon bei vorsätzlicher Obliegenheitsverletzung nicht zu. Noch weniger steht dieser Nachweis dem VN offen, wenn zusätzlich das Merkmal der Arglist erfüllt ist. Möglich bleibt dann nur eine Beschränkung des Einwandes der Leistungsfreiheit auf einen Teilbetrag, X III 45. Da der VFall in der Sphäre des VN eintritt, muß der dem Geschehen ferner stehende Vr sich auf die Richtigkeit sämtlicher Angaben verlassen können, Bremen VersR 89, 585. Eine „Vorprüfung" seiner Fragen usw. auf ihre Entscheidungserheblichkeit und auf die Notwendigkeit wahrheitsgemäßer Angaben braucht der Vr sich nicht gefallen zu lassen; X III 12 und 13.

Anders liegt es allenfalls dann, wenn der Vr die Täuschung *ganz ausnahms-* 19 *weise* „gleichsam herausgefordert" hat, indem er den Anspruch mit schlechthin unvertretbarer Begründung abgelehnt hatte, BGH VersR 76, 135, BGH RuS 85, 302, Köln VersR 88, 706. Auch darf Vr den VN nicht geradezu zu falschen Angaben verleiten, RG JR 29, 236; bedenklich daher Düsseldorf VersR 78, 916 für Reisegepäck. Nicht nur an einem Verhalten des Vr, das die arglistige Täuschung des VN „herausfordert", sondern auch durch ein **Fehlverhalten des Vr** zeitlich *nach* der arglistigen Täuschung durch den VN kann zur **Verwirkung des Einwandes der Leistungsfreiheit** führen, BGH VersR 89, 843. Der Vr handelt arglistig, wenn er sich auf den Einwand der Leistungsfreiheit berufen will, obwohl auch ihm selbst ein vergleichbar gravierendes oder gar ein noch schlimmeres Verhalten zur Last fällt. Im Fall BGH aaO hatte der Vr einem Zeugen größere Geldsummen als Gegenleistung dafür zugewendet oder versprochen, daß der Zeuge den VN wahrheitswidrig beschuldigte, den Brand selbst gelegt zu haben.

20 3. **Arglistig** muß der VN handeln; wegen der Abgrenzung gegenüber dem Kriterium „bei den Verhandlungen über die Ermittlung der Entschädigung" vgl. X III 8. Bei FremdV genügt auch Täuschung durch den Versicherten (offen gelassen in Karlsruhe VersR 82, 259). Der Begriff der Arglist ist derselbe wie in §§ 123 BGB, 22 VVG. Der VN muß beabsichtigen oder (Hamm ZfS 88, 294) zumindest erwarten und billigend in Kauf nehmen, auf die Entscheidung des Vr einzuwirken (RGZ 146, 221, 150, 147, BGHZ 40, 387; etwas abweichend die schon in X III 12 zitierte Entscheidung RG VA 36 Nr. 2948 sowie KG VA 34 Nr. 2737), wobei es, wie in X III 16 bis 18 dargelegt, nicht darauf ankommt, ob der VN einen rechtswidrigen Vermögensvorteil und damit einen Nachteil für den Vr erstrebt oder nicht.

21 Die **Beweislast** für Arglist des VN trägt der Vr. Zu den Beweisanforderungen vgl. die zahlreichen Nachweise bei PM § 16 AFB 30 Anm. 4. Steht die Unrichtigkeit (BGH VersR 84, 453) oder technische Unmöglichkeit (BGH VersR 81, 446) von Behauptungen des VN fest, so braucht der Tatrichter schwachen Anhaltspunkten für fehlende **Kenntnis des VN** solange nicht nachzugehen, wie dieser nicht eine plausible und zusammenhängige Gegendarstellung zum Kernpunkt der unrichtigen Angaben vorträgt, LG Hamburg VersR 85, 631.

22 **Arglist** ist erwiesen, wenn **nicht einmal ansatzweise** (BGH VersR 84, 453) **andere Motive** für die erwiesenermaßen bewußt unrichtigen Angaben erkennbar sind (Bremen VersR 89, 585), mag es auch nicht einen allgemeinen Erfahrungssatz geben, wonach ein VN durch bewußt unrichtige Angaben regelmäßig die Willensbildung des Vr beeinflussen wolle (BGH VersR 57, 351 = NJW 988 zu § 22 VVG). Die *Widersprüchlichkeit* von Angaben reicht als Beweis für das Bewußtsein von deren Unrichtigkeit und für Arglist *nicht* immer aus, Karlsruhe VersR 82, 259. Das Verschweigen von *Vorschäden* trotz klarer Fragen im Schadenanzeigeformular kann aber als Beweisanzeichen für Kenntnis und Arglist ausreichen, LG Köln VersR 83, 1073, besonders wenn der Geschehensablauf bei dem Vorschaden und bei dem neuen Schaden ähnlich ist.

23 Nach §§ 15 Nr. 3 AWB 68, AStB 68, 16 Nr. 3 VHB 74, 22 Nr. 1 VHB 84, 18 Nr. 3 VGB 62, 21 Nr. 1 VGB 88, 14 Nr. 2 AFB 87, AERB 87, AWB 87, AStB 87 sowie nach einigen AFB öffentlicher FeuerVr (vgl. BGH VersR 82, 81) gilt der Beweis der vorsätzlichen Herbeiführung des VFalles oder der Arglist als geführt, wenn der VN wegen vorsätzlicher Brandstiftung, Betruges oder Betrugsversuches rechtskräftig **strafgerichtlich verurteilt** ist. Nur in § 14 AERB fehlt eine derartige **Beweisvermutung.** Gegen ihre Rechtswirksamkeit ist nichts einzuwenden, insbesondere nicht wegen § 9 AGB (ebenso Hamm VersR 86, 1177 für Betrugsversuch; anders für Österreich ÖOGH VersR 82, 988). Selbstverständlich muß der strafgerichtlich festgestellte Sachverhalt alle Merkmale des versicherungsrechtlichen Ausschlußgrundes umfassen. §§ 15 Nr. 3 AWB, AStB sprechen dies für den zweiten Aufwendungsfall der Beweisvermutung ausdrücklich aus, nämlich für die **vorsätzliche Herbeiführung des VFalls,** O I 47. Auf Repräsentanten, deren Verhalten dem VN zuzurechnen ist, sind auch die Vorschriften über die Beweisvermutung entsprechend anzuwenden, obwohl dies in den AVB nicht gesagt wird.

4. Leistungsfreiheit für den VFall ist in den in X III 1 zitierten AVB-Bestim- 24
mungen vorgesehen, und zwar für **sämtliche Positionen** des Vertrages und
teilweise sogar auch für andere Verträge über dieselbe Gefahr, X III 5. Dieser
Versuch einer Ausdehnung der Leistungsfreiheit über den durch die Täuschung unmittelbar betroffenen Vertrag hinaus ist aber unwirksam, X III 6
und 7.

Ob die **Entschädigung** zur Zeit der Täuschung **ganz oder teilweise schon** 25
gezahlt war, spielt keine Rolle. Wird eine arglistige Täuschung nach Zahlung
der Entschädigung aufgedeckt, so kann der Vr diese zurückfordern. Das
gleiche gilt, wenn die Voraussetzungen der Leistungsfreiheit erst nach einer
Zahlung eintreten, sei es *nach* einer *Abschlagszahlung* oder *nach* einer Zahlung, die als *endgültige Entschädigung* gedacht war. Könnte Leistungsfreiheit
nicht auch für schon gezahlte Teilbeträge eintreten, so könnte der VN sich
zugunsten eigener **Nachforderungen** und gegenüber **Rückforderungsansprü-
chen** des Vr risikolos des Mittels der arglistigen Täuschung bedienen.

Deshalb ist BGHZ 96, 88 nicht zuzustimmen, soweit dort ganz allgemein 26
Leistungsfreiheit für bereits gezahlte Beträge oder Teilbeträge als Möglichkeit
verneint wird. Besonders deutlich wird dies in dem schon erwähnten, in
BGHZ aaO nicht diskutierten Fall, daß der Vr aus anderen Gründen eine
schon gezahlte Entschädigung als ungerechtfertigte Bereicherung zurückfordert (vgl. dazu näher PM § 55 Anm. 3) und der VN in der außergerichtlichen
oder gerichtlichen Auseinandersetzung hierüber zu dem Mittel der arglistigen
Täuschung greift. Entgegen BGHZ aaO und Schleswig NJW-RR 89, 1113
(zu den AKB) ist dem bürgerlichen Recht auch keineswegs generell der Gedanke fremd, daß empfangene Leistungen, auf die zur Zeit der Leistung
Anspruch bestand, nachträglich wegen Vertragsverletzung zurückgewährt
werden müssen. Vielmehr kann Rücktritt gemäß § 326 BGB häufig zu Rück-
gewährpflichten führen, vgl. im einzelnen §§ 327, 346 ff BGB.

Gleichwohl ist die Zurückhaltung der Gerichte gegenüber Rückforde- 27
rungsansprüchen des Vr unter Berufung auf eine nachträglich begangene arglistige Täuschung verständlich, dies freilich weniger aus Gründen des allgemeinen Schuldrechts, als vielmehr im Gegenteil aus Gründen, die in den
Besonderheiten des VVertrages liegen. Wie der Vr weiß, verwendet der VN
die Entschädigung in der Regel dazu, eine **versicherte Sache wiederherzustellen
oder Ersatz** für sie zu **beschaffen.** Dies gilt gleichermaßen für Abschlagszahlungen wie für endgültige Entschädigungen. In den Wiederherstellungsklauseln im Sinn von R IV wird die Entschädigung für die Neuwertspanne sogar
davon abhängig gemacht, daß die bestimmungsgemäße Verwendung der Zeitwertentschädigung sichergestellt ist.

In einer derartigen Verwendung liegt indessen **kein Wegfall der Bereicherung** 28
im Sinn von § 818 Abs. 3 BGB. Soweit daher der Bereicherungsanspruch
gegen den VN auf Rückzahlung einer Entschädigung grundsätzlich bejaht
wird, bleibt der VN dem Anspruch trotz bestimmungsgemäßer Verwendung
des Betrages ausgesetzt, was zu Härten führen kann. Hier dürfte der Grund
liegen, warum die Gerichte einen **Wegfall des rechtlichen Grundes** im Sinn von
§ 812 Abs. 1 Satz 2 VVG in Grenzfällen eher verneinen als bejahen. Ein Beispiel bietet der Fall einer arglistigen Täuschung nach Empfang von Abschlagszahlungen, wie er BGHZ 96, 88 zugrunde lag.

29   Nun enthält freilich BGHZ aaO den Satz, die Abschlagszahlung habe
„nicht unter Vorbehalt" gestanden. Diese Passage in den Urteilsgründen ist
nach ihrem Zusammenhang keineswegs zwingend so zu verstehen, daß sich
der Vr durch einen geeigneten Vorbehalt stets eine Rückforderungsmöglich-
keit für den Fall arglistiger Täuschungen nach Empfang einer Abschlagszahlung verschaffen könnte.

30   Trotzdem werden die Vr künftig Abschlagszahlungen möglicherweise in
diesem oder jenem Fall mit etwa folgendem Vorbehalt versehen wollen:

Solange unsere Ermittlungen zum Anspruchsgrund nicht abgeschlossen sind, insbesondere mangels Einsicht in die behördlichen Ermitt-
lungsunterlagen, kann eine Entschädigung oder eine Abschlagszahlung für vorbezeichneten VFall rechtlich noch nicht verlangt werden.
Wenn wir Ihnen gleichwohl bereits einen Teilbetrag überweisen, so ist
dies nur mit dem Vorbehalt der Rückforderung für den Fall möglich,
daß die Anspruchsvoraussetzungen nach Grund und Höhe nicht voll
bewiesen werden oder daß durch uns Tatsachen bewiesen werden,
welche den Anspruch ausschließen oder ihn künftig erlöschen lassen.

31   Nun braucht allerdings der Gläubiger eines fälligen Anspruchs eine Zahlung unter Vorbehalt nicht anzunehmen, sondern darf sie zurückweisen, Palandt-Heinrichs § 362 BGB Anm. 4b mwN. Dies wiederum weiß in der
Regel nur der Vr, nicht aber auch der VN. Daher werden die Gerichte einen
Vorbehalt dieser Art allenfalls dann anerkennen, wenn der Vr beweist, daß
zur Zeit der Zahlung unter Vorbehalt auch wirklich noch kein Rechtsanspruch
auf Abschlagszahlung bestanden hatte, weil der Anspruch dem Grunde nach
oder in einer der Abschlagszahlung entsprechenden Höhe noch nicht festgestellt war. Allenfalls unter dieser Voraussetzung werden die Gerichte arglistige Täuschungen nach Empfang der Abschlagszahlung als „Tatsachen" anerkennen, „welche den Anspruch künftig erlöschen lassen".

32   Vielleicht werden die Gerichte den Rückforderungsanspruch sogar schon
dann verneinen, wenn eine Abschlagszahlung zwar erst nach der tatsächlich
geleisteten Zahlung, aber zeitlich vor der später begangenen arglistigen Täuschung fällig geworden wäre. Oder die Gerichte werden einen Vorbehalt
entsprechend X III 29 sogar gänzlich als nicht geschrieben ansehen, weil es
dem VN nicht zuzumuten sei, begründete und unbegründete Vorbehalte
gegeneinander abzugrenzen und sein späteres Verhalten, also die Verwendung des geleisteten Betrages, von dem Ergebnis dieser Prüfung abhängig zu
machen. BGHZ 96, 88 hatte in der Tat ein Fall zugrunde gelegen, in welchem
mit der Verwendung der überwiesenen Abschlagszahlung für den VN Entscheidungen von großer wirtschaftlicher Tragweite über Fortbestand und Führung
seines Betriebes verbunden waren.

33   Aber auch wenn man die Rückforderung von Abschlagszahlungen wegen
später begangener arglistiger Täuschungen unter gewissen Voraussetzungen
grundsätzlich zuläßt, stellt sich die weitere Frage, ob bei arglistigen Täuschungen während einer Auseinandersetzung nur über Nachforderungen
oder nur über Teilbeträge, die der Vr zurückfordert, die Leistungsfreiheit
nicht nach §§ 242, 343 BGB betragsmäßig zu begrenzen sei. Maßgebend hierfür sind die durch die Rechtsprechung entwickelten und nachfolgend in X III

33 bis 49 näher dargelegten Grundsätze. Bei arglistigen Täuschungen, die sich inhaltlich allein auf einen noch im Streit befindlichen Mehr- oder zurückgeforderten Teilbetrag beziehen, liegt es besonders nahe, die Leistungsfreiheit unter dem Gesichtspunkt von §§ 242, 343 BGB auf den noch umstrittenen Teilbetrag zu begrenzen. Insoweit ist BGHZ 96, 88 (95) jedenfalls zuzustimmen. – Zu Täuschungshandlungen speziell bei Nachforderung einer Neuwertspann vgl. X III 48 und 49.

5. Leistungsfreiheit für den VFall, und zwar für sämtliche Positionen des **34** Vertrages und in der vollen Höhe des tatsächlich entstandenen Schadens gibt dem Vr in aller Regel mehr als nur Schadenersatz für die in der arglistigen Täuschung liegende grobe Vertragsverletzung durch den VN. Dies gilt in aller Regel auch dann, wenn man die Schadenregulierungskosten unter Einschluß anteiliger Gemeinkosten berücksichtigt, die bei vorsätzlichem oder gar arglistigem Fehlverhalten des VN zu dessen Lasten gehen müssen, X I 10. Es handelt sich um eine bewußte **Übersanktionierung** mit dem Ziel, den VN von einem derartigen Verhalten möglichst von vornherein abzuhalten, und mit dem weiteren Ziel, die Zahlungen des Vr, die aufgrund erfolgreicher und auch später nicht aufgedeckter Täuschungen geleistet werden, möglichst zu kompensieren.

Obwohl Arglist die schwerste Form der Vertragsverletzung darstellt, hat **35** die Rechtsprechung dennoch von Anfang an versucht, die **Leistungsfreiheit** entgegen dem AVB-Wortlaut **einzuschränken.** In den Entscheidungsgründen solcher Urteile spielten allerdings weniger die Bedenken gegen die Übersanktionierung und die mögliche „Bereicherung" des Vr als vielmehr Gesichtspunkte in der Person des VN eine Rolle. Aus § 242 BGB (Treu und Glauben) und § 343 BGB (Herabsetzung von Vertragsstrafen, mag auch Leistungsfreiheit formal keine Vertragsstrafe sein) wurde hergeleitet, daß der VN selbst bei Arglist nicht immer jeglichen Anspruch verlieren dürfe, und zwar im wesentlichen aus zwei Gruppen von Gründen:

a) Auch innerhalb der Arglist, also bei gesteigertem Vorsatz des VN, gibt **36** es **Abstufungen der Vorwerfbarkeit,** also Fälle relativ geringerer und relativ höherer Schuld des Täters. Letztlich hat die Rechtsprechung, wenn auch ohne einheitliche Linie, hier bereits seit rund 100 Jahren das Kriterium der „geringen Schuld" im Sinn der Relevanzrechtsprechung (X I 31) vorweggenommen, obwohl man bei Arglist eigentlich nicht von „geringer", sondern von *„relativ geringerer Schuld"* und umgekehrt von *„relativ größerer Schuld"* sprechen kann, letzteres z.B. dann, wenn der VN besonders hartnäckig und auch noch im Prozeß (RGZ 157, 67) oder wenn er besonders weitgehend täuscht (z.B. in der gewerblichen FeuerV seine ganzen Vermögensverhältnisse falsch darstellt, RG VA 36 Nr. 2918), nach LG Essen VersR 68, 193 auch dann, wenn er die Frage nach früheren Anträgen, VVerträgen und Schäden pauschal und erheblich wahrheitswidrig verneint.

Relativ geringe Schuld ist in einigen der oben X III 13 angesprochenen **37** Grenzfälle anzunehmen, z.B. wenn sich der VN unberechtigtem Verdacht einer strafbaren Handlung entziehen möchte und die Wahrheitswidrigkeit seiner Angaben gegenüber dem Vr ihm gleichsam als nebensächlich erscheint (Bremen VersR **89,** 585), vor allem aber dann, wenn die Täuschung sich bei einem hohen Schaden nur auf *verhältnismäßig geringe Beträge* bezieht (BGH VersR 69, 411; BGH RuS 85, 303; KG VersR 51, 18), insbesondere weil die vorgetäuschten Tatsachen nur für kleinere Teilbeträge entscheidungserheblich sind.

38 Ein Bereicherungsversuch bezüglich 24 600 DM bezieht sich bei einem tatsächlichen Gesamtschaden von 213 000 DM nach BGH VerBAV 87, 157 = VersR 149 = RuS 49 (zu den VHB 74) schon nicht mehr auf einen unerheblichen Teilbetrag, sondern kann, soweit nicht andere Milderungsgründe (X III) entgegenstehen, bereits den völligen Anspruchsverlust rechtfertigen. Zu demselben Ergebnis gelangt Hamm VersR 86, 1177 ab einer Grenze von etwa 10% des Gesamtschadens. Nach BGH VersR 86, 77 kann auch die absolute Betragshöhe („mehrere 100 000 DM") für sich allein und ohne Rücksicht auf die Höhe des Gesamtschadens gegen Unerheblichkeit der Täuschung sprechen. Wesentlich weiter zugunsten des VN geht Hamburg VersR 87, 873 (zu den VHB 74). Dort wird der Anspruchsverlust auf 50% reduziert, obwohl sich die Täuschung auf 40% des Wertes der Teppiche bezog, die ihrerseits fast den gesamten Schaden ausmachten, und weitere Milderungsgründe nicht gegeben waren.

39 Aus dem Gesagten darf man freilich *nicht* den weitergehenden Schluß ziehen, der Schuldgrad sei stets dann noch geringer, wenn der VN überhaupt *keinen Vermögensvorteil* erstrebt, sondern „nur" Schwierigkeiten im Sinn von X III 17 bei der Durchsetzung berechtigter oder vermeintlich berechtigter Ansprüche ausweichen will, vgl. Köln VersR 88, 706, Frankfurt NJW-RR 88, 34. Die Täuschung „bezieht" sich hier nicht etwa immer auf „Null", sondern auf den Betrag, den der VN schneller oder sicherer oder mit weniger Schwierigkeiten ausgezahlt erhalten will, oft also auf den gesamten Schaden. Immerhin ist die Schuld aber geringer, wenn der VN nur einen berechtigten Anspruch durchsetzen, als wenn er aus Gewinnsucht (BGH VersR 84, 453) Entschädigungen erschwindeln will.

40 b) Neben dem Grad der Schuld spielt für die Einschränkung der Leistungsfreiheit die **Härte der Sanktion im Einzelfall** eine Rolle. Das ist vom Grundgedanken her berechtigt, denn Leistungsfreiheit bedeutet eben bei einem hohen Schaden eine schwere Sanktion, bei einem geringen Schaden dagegen eine geringe Sanktion. Die Härte der Sanktion hinge also bei voller Anwendung der AVB überhaupt nicht vom Schuldgrad, sondern allein von der Höhe des Schadens ab, was dem Grundgedanken von § 343 BGB nicht entspricht.

41 Nach BGHZ 40, 387, VersR 85, 875, RGZ 150, 147, RG JW 36, 2978 tritt insbesondere dann keine volle Leistungsfreiheit ein, wenn der **VN** dadurch seine **Existenz verlieren** würde. Das ist nicht der Fall, wenn der VN ohnehin schon den Offenbarungseid geleistet hatte und die betroffenen Sachen nicht zu den lebensnotwendigen gehören, Hamm RuS 87, 139. BGH VersR 69, 411 will darüber hinaus sogar das *Interesse der Kreditgeber* eines schon vor dem VFall ohnehin nicht mehr zu rettenden Betriebes berücksichtigen. Dem ist nicht zuzustimmen, denn der Gläubiger ist nicht schutzwürdiger als der Vr, Hamm RuS 87, 139.

42 c) Zum **gegenseitigen Verhältnis** der Gesichtspunkte der **geringen Schuld** und der **Härte der Sanktion** hat sich der BGH noch nicht abschließend geäußert.

Nach Hamburg VersR 87, 873 reicht entsprechend X I 20 und 27 (Relevanzrechtsprechung) *geringe Schuld* für sich allein aus, um den Einwand der
Leistungsfreiheit zu reduzieren, auch wenn nicht zugleich die Existenz des
VN bedroht ist. Freilich wird dann die Leistungsfreiheit in der Regel nicht
auf den geringen Betrag zu reduzieren sein, auf den sich die Täuschung
bezogen hatte, sondern der Vr wird zu einem größeren Teil leistungsfrei
bleiben. Im Fall aaO blieb er zu 50% leistungsfrei, vgl. auch unten X III.

Wirkt sich umgekehrt zwar die Sanktion der völligen Leistungsfreiheit für **43**
den VN existenzgefährdend aus, kann aber von geringer Schuld keine Rede
sein, insbesondere weil die falschen Angaben mehr als nur einen geringen Teil
des Schadens betroffen hatten, so ist nach Frankfurt VersR 88, 1145 für eine
Milderung der Sanktion kein Raum, sondern der Vr bleibt in vollem Umfang
leistungsfrei.

6. Die **Art und Weise** der Einschränkung der Leistungsfreiheit läßt sich **44**
naturgemäß nicht so allgemein formulieren, daß für jeden Einzelfall eine
sichere Prognose des Prozeßergebnisses möglich wäre. §§ 242, 343 BGB stellen eben auf den Einzelfall ab, vgl. zu diesen Schwierigkeiten schon X I 23
und z.B. BGHZ 40, 387, 44, 1, 10, Düsseldorf VersR 60, 553, Hamburg
VersR 60, 783 sowie Raiser VersR 64, 421 und Sieg ZVersWiss 73, 445.

Eine auch sonst bei § 343 BGB (**Kürzung von Vertragsstrafen**) praktizierte **45**
Möglichkeit besteht darin, die Leistungsfreiheit *auf feste Teilbeträge* oder
Prozentsätze (im Fall Frankfurt VersR 78, 833 z.B. ein Drittel) zu beschränken. Für die Kürzung **innerhalb einer Position**, insbesondere bei Verträgen mit
nur einer einzigen Position, verweist Hamm VersR 86, 1177 ausdrücklich auf
§ 343 BGB. Wegen einer Beschränkung der Leistungsfreiheit speziell bei
Täuschungshandlungen, die erst nach Zahlung eines Teils der Entschädigung
begangen werden, vgl. X III 32.

Bei VVerträgen nach **Positionen** könnte man daran denken (RGZ 150, 147, **46**
RG VA 36 Nr. 2917; a.A. E. Prölss JW 36, 2981, Hamm VersR 56, 123,
München VersR 62, 605), die Leistungsfreiheit nur für die Positionen eintreten zu lassen, auf die sich auch die Täuschung bezieht, eventuell auch nur für
einen von mehreren in derselben Position versicherten **Sachinbegriffen** (Bamberg 3 U 61/72 vom 8. 2. 1974). Beispiel: Leistungsfreiheit nach § 13 AFB 30
erstreckt sich unter Umständen nicht auch auf FBU-Schäden, die nach dem
ZKBU 87 mitversichert sind (BGH VersR 84 453). Für diese Lösung spricht
gerade in der FeuerV, daß es nur Zweckmäßigkeitsgründe sind, und zwar am
allerwenigsten Zweckmäßigkeitsüberlegungen in einem Zusammenhang mit
arglistiger Täuschung durch den VN, aus denen ein Vertrag mit mehreren
Positionen statt mehrerer getrennter Verträge geschlossen wird.

Außerhalb der AFB 30 (X III 4) widerspricht Leistungsfreiheit nur nach **47**
Positionen freilich dem erklärten Willen der AVB, die gerade umgekehrt die
Leistungsfreiheit auch auf andere Verträge gegen dieselbe Gefahr erstrecken
wollen, X III 5, wenn auch vielleicht zeitlich gesondert als Nachforderung (X
III 9a und 15a). Aber dieser Wille muß gegenüber dem Zweck der einschrän-
kenden Rechtsprechung zurücktreten, und zwar gerade auch dann, wenn der
Vr Leistungsfreiheit auch aus anderen Verträgen einwendet, zu denen nicht
getäuscht wurde, X III 7.

48   Soweit sich die arglistige Täuschung auf die *Voraussetzungen einer Wieder-*
herstellungsklausel gemäß R IV 6 bezieht, stellt sich die Frage, ob die Leistungsfreiheit auf die Neuwertspanne zu beschränken ist. Zwar entsteht der
Anspruch auf die Neuwertspanne erst mit Eintritt der zusätzlichen Voraussetzungen, R IV 14. Das ändert aber nichts daran, daß es sich um einen
Anspruch aus demselben VFall im Sinn von X III 4 handelt, wenn auch
vielleicht zeitlich gesondert als Nachforderung, X III 15 und 25. Eine Beschränkung der Leistungsfreiheit könnte daher nicht aus dem Wortlaut der
AVB, sondern nur aus der in 35 bis 47 zitierten Rechtsprechung hergeleitet
werden.

49   Für den Verschuldensgrad bei der Täuschung wird es vor allem darauf
ankommen, ob der VN durch seine falschen Angaben, gefälschten oder nicht
einschlägigen Belege usw. lediglich die Auszahlung der Neuwertspanne zeitlich beschleunigen oder aber sich die Zahlung verschaffen wollte, ohne die
Wiederherstellung oder Wiederbeschaffung jemals beabsichtigt zu haben.
Der VN muß gegebenenfalls seine „geringe Schuld" beweisen, also die Tatsache der später wirklich erfolgten und von Anfang an geplanten Wiederherstellung usw.; nur dann kann er wenigstens die Zeitwertentschädigung ganz
oder teilweise behalten, X III 32. Die in X III 26 bis 31 zitierte Rechtsprechung ist allerdings wesentlich großzügiger zugunsten des VN.

Y. „Nötige Erhebungen"; Sachverständigenverfahren; Fälligkeit, Zahlung und Verzinsung der Entschädigung

I. Fälligkeit nach Beendigung der „nötigen Erhebungen" des Versicherers; Sachverständigenverfahren

1. Beendigung der nötigen Erhebungen des Vr zur Feststellung des VFalls **1**
und der Entschädigung führt zu deren **Fälligkeit** gemäß § 11 Abs. 1 VVG.
Diese Regelung weicht zugunsten des Vr von § 271 Abs. 1 BGB ab, wonach

Leistungen im Zweifel „sofort" verlangt werden können, Ansprüche also im Zweifel sofort fällig sind, nämlich „sofort" nach **Entstehung** des Anspruchs durch Eintritt seiner materiellen Voraussetzungen. Zu diesen materiellen Voraussetzungen gehören bei Entschädigungsansprüchen aus VVerträgen die Erhebungen des Vr nicht. Der Anspruch entsteht daher grundsätzlich bereits mit dem VFall; anders liegt es nur, soweit der Anspruch noch materielle Voraussetzungen hat, die erst nach dem VFall eintreten, insbesondere die Sicherstellung der Wiederherstellung oder Wiederbeschaffung, R IV 7, oder bei Wertpapieren möglicherweise (Q II 51 bis 53) der wirtschaftliche und rechtliche Verlust der verbrieften Forderung.

2   Andererseits weiß der Vr bei Eintritt des VFalls naturgemäß nicht sofort, ob (**Grund des Anspruchs**) und wieviel (**Höhe des Anspruchs**) er zahlen muß. Er muß erst einmal von dem Eintritt des VFalls Kenntnis erlangen, sich die nötigen Beweismittel vorlegen lassen und sich gegebenenfalls **Tatsachenkenntnis** und **Beweismittel** für Rechtsgründe verschaffen, die den Anspruch ausschließen würden; zur Beweiswürdigung bei nicht voll aufgeklärter Schadenhöhe vgl. S II 34 und X II 122. Außerdem benötigt der Vr angemessene Bearbeitungs- und Überlegungsfristen. Wäre der Anspruch trotzdem gemäß § 271 Abs. 1 BGB sofort fällig, gäbe es also weder § 11 Abs. 1 VVG noch entsprechende AVB-Vorschriften, so müßte dem Vr die nötige Zeit für seine Erhebungen rechtstechnisch mit Hilfe von § 285 BGB verschafft werden: Der Anspruch wäre zwar fällig, Verzug könnte aber nicht eintreten, weil die verzögerte Zahlung dem Vr nicht vorzuwerfen, von ihm nicht im Sinn von § 285 BGB zu vertreten wäre. Die Lösung wäre jedoch gekünstelt und würde unbegründete Mahnungen des VN und entsprechende Meinungsverschiedenheiten provozieren. Daher schiebt § 11 Abs. 1 VVG die **Fälligkeit** hinaus. Daß es sich hierbei nicht um einen materiell, sondern um einen nur formal begründeten Aufschub handelt, wird aus der in § 94 VVG und in den AVB vorgesehenen Verzinsung deutlich, welche den Nachteil der späteren Fälligkeit ausgleichen soll, Y IV 6. Während sonst Zinspflicht kraft Gesetzes erst bei Verzug (§ 288 Abs. 1 BGB) oder frühestens – und auch dies nur im kaufmännischen Verkehr – bei Fälligkeit (§ 352 HGB) eintritt, wird die Verzinsung hier zum Ausgleich der verzögerten Fälligkeit gesetzlich und vertraglich vorverlagert.

3   Da § 11 Abs. 1 VVG Meinungsverschiedenheiten mit dem VN vermeiden soll, wird sein Inhalt in den AVB mit unterschiedlichem Wortlaut wiederholt, allerdings mit der Maßgabe, daß sich an die nötigen Erhebungen noch eine Zweiwochenfrist bis zur Fälligkeit (genauer: für die Auszahlung der Entschädigung, Y II 4) anschließt. §§ 17 Nr. 1 Satz 1 Halbsatz 1 AFB 30, AEB, 16 Nr. 1 Satz 1 Halbsatz 1 AWB 68, AStB 68, 17 Nr. 1 Satz 1 Halbsatz 1 VHB 74, 19 Nr. 1 Satz 1 Halbsatz 1 VGH 62 verlangen *vollständige Feststellung* der Entschädigung. §§ 16 Nr. 1 AERB, AFB 87, AERB 87, AWB 87, AStB 87, 24 Nr. 1 Satz 1 VHB 84, 23 Nr. 1 Satz 1 VGB 88 verlangen, daß *Grund und Höhe* der Entschädigung festgestellt sind. Beides bedeutet dasselbe, denn die „Entschädigung" setzt auch den Anspruchsgrund voraus. Daß das Wort „vollständig" in den zuletzt genannten neueren AVB fehlt, macht ebenfalls keinen Unterschied, denn der Anspruch auf Abschlagszahlung macht die Vollständigkeit der Feststellung jedenfalls für Teilbeträge eben doch auch nach den älteren

AVB grundsätzlich entbehrlich, Y III 2. Nur vor dem frühestmöglichen Zeitpunkt für die Entstehung eines Anspruchs auf Abschlagszahlung, nämlich während des ersten Monats nach Anzeige des Schadens, wirkt sich die Unvollständigkeit der Feststellungen nach den älteren AVB zum Nachteil des VN aus, weil er während dieser Zeit auch nicht eine Teilentschädigung (und außerhalb der AFB 87, AERB 87, AWB 87, AStB 87 sowie der VHB 84 und der VGB 88 auch keine Zinsen, Y IV 1 und 9) verlangen kann. Dies gilt jedoch in gleicher Weise auch nach zitierten neueren AVB-Bestimmungen, wie dem Umkehrschluß aus Satz 2 aaO zwingend entnommen werden muß: Könnten Teilzahlungen schon nach Satz 1 aaO beansprucht werden, so hätten Satz 2 und die dort vorgesehene Monatsfrist keinen Sinn. Trotz der Bedeutungslosigkeit der Textunterschiede haben einige Vr die älteren an den Wortlaut der neueren AVB angeglichen.

a) Zum **Begriff der** „nötigen Erhebungen" und damit auch zur „vollständigen   **4** Feststellung" vgl. ausführlich BM § 11 VVG Anm. 6 bis 9 und PM § 11 Anm. 3. Zu den nötigen Erhebungen gehören insbesondere die *Beauftragung eines selbständigen* (d.h. nicht bei dem Vr angestellten) *Sachverständigen* durch den Vr auf dessen Kosten (oder ausnahmsweise bei vereinbarter Kostenteilung, Y I 29 und 76) sowie die Vorbereitung und Erstattung eines Gutachtens durch den Sachverständigen, wobei allerdings der Vr zur Eile drängen muß und einen besonders überlasteten Sachverständigen gar nicht erst beauftragen darf. Der Vr geht diesen Weg von einer bestimmten Schadenhöhe an (Größenordnung 100000 DM) häufig, darunter nur bei Schäden, die besondere Buchführungs- oder sonstige – z.B. technische – Fachkenntnisse im Sinn von Y I 53 erfordern. Gebräuchlich ist die Bezeichnung „Beraterverfahren", was Verwechslungen mit dem förmlichen Sachverständigenverfahren gemäß Y I 16 und 26 ausschließt.

Zweck des Beraterverfahrens ist nicht nur der Einsatz von Sachkenntnissen,   **5** die dem angestellten Schadenregulierer des Vr fehlen, sondern zugleich die durch das Gutachten eines unabhängigen Sachverständigen *verbesserten Aussichten*, mit dem VN zu *einer vergleichsweisen Einigung* über die Schadenhöhe zu gelangen oder bei dennoch verbleibenden Meinungsverschiedenheiten in einem *Deckungsprozeß* das Gericht für die Ansicht des Vr zu gewinnen. Vor einem Deckungsprozeß kann sich an das Beraterverfahren aber auch noch ein förmliches Sachverständigenverfahren gemäß Y I 16 und 26 anschließen. Der Vr wird dann denselben Sachverständigen meist auch im förmlichen Verfahren einsetzen, sollte ihn freilich auffordern, nicht schematisch am ersten Gutachten zu haften, auch auf die Gefahr zusätzlicher Kosten im zweiten Verfahren. – Einen *Rechtsanspruch* auf eine *Kopie des Gutachtens* hat der VN nur dann, wenn er sich ausnahmsweise an den Kosten beteiligt hatte. § 810 BGB führt nicht zu einem Anspruch auf Urkundeneinsicht, AG Köln VersR 88, 258. Allerdings darf der Vr in seiner schriftlichen Ablehnung des geforderten Mehrbetrags der Entschädigung gegenüber dem VN nicht auf ein diesem unbekanntes Gutachten verweisen, sondern der Vr muß die Ablehnung in sich schlüssig und nicht zu pauschal (PM § 64 Anm. 6 F sowie X II 122) begründen.

6   Die praktische Bedeutung von Gutachten aufgrund eines Beraterverfahrens hat bei Vergleichsverhandlungen und in Deckungsprozessen zuletzt sogar noch zugenommen, weil nämlich BGHZ 83, 169 und BGH VersR 88, 682 = RuS 207 die in den AFB 30, AERB, AWB 68, AStB 68, VHB 74 und VGB 62 (Y I 62) enthaltene Kostenregelung für das **förmliche Sachverständigenverfahren** teilweise für unwirksam erklärt, Y I 63 sowie W IX 13 und es dem Vr unmöglich gemacht haben, Vergleichsabschlüsse durch Hinweis auf die Kostenfolgen eines durch den Vr verlangten förmlichen Sachverständigenverfahrens zu erleichtern. Nach BGHZ 83, 169 hatte wegen §§ 66 Abs. 1 und 2 VVG, 9 Abs. 2 Nr. 1 AGBG der Vr die Kosten eines von ihm einseitig verlangten Verfahrens selbst zu tragen. Das gleiche galt für die Mehrkosten der durch den Vr einseitig zu einem vereinbarten oder vom VN verlangten Verfahren geforderten Feststellung des VWerts und einer UnterV, vgl. Y I 38 der 2. Aufl. Solche **einseitigen Verlangen des Vr** im Rahmen der „nötigen Erhebungen" sind daraufhin **unüblich** geworden. In einseitig zugestandenen Änderungen der genannten AVB haben die Vr auf das Recht zu einem solchen einseitigen Verlangen sogar völlig verzichtet, Y I 26, desgleichen von vornherein in §§ 15 AFB 87, AERB 87, AWB 87, AStB 87, 23 VHB 84, 22 VGB 88, Y I 64.

7   **b)** Beendet werden die nötigen Erhebungen insbesondere durch einen sog. **Schadenfeststellungsvertrag** oder durch ein **einseitiges Anerkenntnis des Vr** über den vollen geforderten Betrag. Der Schadenfeststellungsvertrag beendet die Erhebung freilich nur, wenn er sich nicht nur auf die Höhe, sondern auch auf den Grund des Anspruchs bezieht, Y I 10. Das einseitige Anerkenntnis beendet die Erhebungen nur, bis der VN etwaige Zusatzforderungen stellt und dadurch weitere Erhebungen auslöst. Nach einem Schadenfeststellungsvertrag sind Zusatzforderungen des VN oder Rückforderungen des Vr nur möglich, wenn der Vertrag unwirksam ist oder wirksam angefochten wird. Wegen Rechtsprechungs- und Literaturnachweisen zum Schadenfeststellungsvertrag vgl. PM § 64 Anm. 1 A, zum Anerkenntnis des Vr PM § 55 Anm. 4.

8   In Rechtsprechung und Literatur ungeklärt ist insbesondere, ob ein **einseitiges Anerkenntnis des Vr dem Grunde nach** schon darin liegt, daß er die Schadenhöhe einseitig ermittelt oder sich gar mit dem VN durch Vereinbarung über sie einigt, ohne zu betonen, daß die nötigen Erhebungen über den Anspruchsgrund noch nicht beendet sind. Einerseits haben beide Vertragspartner ein Interesse daran, daß die Ermittlungen zur Schadenhöhe auch schon vor Klärung des Anspruchsgrundes durchgeführt werden, weil sich sonst die Beweislage verschlechtern kann. Andererseits weckt der Vr ungerechtfertigte Erwartungen, wenn er über Verhandlungen mit dem VN zur Schadenhöhe Formulare unterzeichnen läßt, in denen ohne entsprechenden *Vorbehalt* bereits von Zahlungsmodalitäten für den „festgestellten" oder „ermittelten" (Y I 11) Entschädigungsbetrag die Rede ist oder gar bereits eine Abschlagszahlung im Sinn von Y III 4 angekündigt wird, obwohl der Vr die Prüfung des Anspruchs dem Grunde nach noch nicht abgeschlossen hatte. Entscheidend sind letztlich die Umstände des Einzelfalles, wobei der VN die **Beweislast** für diejenigen Tatsachen trägt, aus denen sich das stillschweigende Anerkenntnis dem Grunde nach ergeben soll.

Der umgekehrte Fall eines rechtswirksamen einseitigen (**negativen Schuld-**) 9
Anerkenntnisses des VN, er habe mehr als einen bestimmten Betrag nicht zu
fordern, ist selten. Zu denken ist an Formulare, in denen der Schadenregulierer
des Vr und der VN die Entschädigungshöhe *gemeinsam* „ermitteln" und
unterschriftlich bestätigen, in denen *aber* formularmäßig noch „*Prüfung durch
den Vr*" (dessen „Direktion") *vorbehalten* ist. Indessen wird man solche
formularmäßigen (§ 1 Abs. 1 AGBG) Vorbehalte des Vr als *unwirksam* ansehen müssen, jedenfalls soweit nach dem übrigen Inhalt des Formulars und nach
dem Gesamteindruck, den es erweckt, eine rechtliche Bindung des VN gewollt
ist; daß demgegenüber der Vr gleichwohl noch nicht gebunden sein will, ist
„überraschend" im Sinn von § 3 AGBG. Die aufsichtsrechtlichen Bedenken
gegen versteckte Abfindungserklärungen (vgl. Y I 12) verdichten sich hier bis
zur privatrechtlichen Unwirksamkeit. Privatrechtlich zulässig und wirksam
sind aber offen als solche formulierte Abfindungserklärungen des VN.

Konsequenz der Unwirksamkeit solcher Vorbehalte ist entweder die recht- 10
liche Bindung beider Seiten im Sinn eines Schadenfeststellungsvertrages (Y I
11) oder nach § 139 BGB die **Unwirksamkeit** auch **der Bindung des VN**. In der
Regel wird das Letztere die richtige Lösung sein, zumal nach § 139 BGB der
VN zu beweisen hätte, daß der Vr sich im Interesse einer Bindung des VN
auch dann gebunden hätte, wenn er die Unwirksamkeit des Vorbehalts
durchschaut hätte. Allerdings bleibt selbst im Fall der völligen Unwirksamkeit der Bindung beider Partner der Höhe nach zu prüfen, ob der Vr nicht
wenigstens dem Grunde nach durch sein Gesamtverhalten die Entschädigungspflicht anerkannt hat, Y I 8. In Düsseldorf RuS **86**, 289 wird dies
verneint; jedoch fehlt dort eine aussagekräftige Sachverhaltsdarstellung.

Ein **Schadenfeststellungsvertrag** nur über die **Höhe** der Entscheidung kann 11
zustande kommen, wenn die Entschädigungshöhe in Verhandlungen zwischen dem Schadenregulierer („Regulierungsbeauftragten") des Vr und dem
VN in einer Weise „festgestellt" oder „ermittelt" wird, die so sehr den Eindruck der Endgültigkeit und Verbindlichkeit erweckt, daß daraus bei objektiver Würdigung (§ 133 BGB) auf beiderseitigen **Bindungswillen** geschlossen
werden muß. Entscheidend ist weniger die Wortwahl auf dem Formular, als
der Gesamteindruck, den dieses Formular erweckt, in Verbindung mit sonstigen Umständen des Einzelfalls. Ob der Vr aufsichtsrechtlich sich auf eine
privatrechtlich wirksame Bindung des VN auch zu berufen berechtigt wäre,
spielt für die privatrechtliche Auslegungsfrage keine Rolle. Ob der Vr gegebenenfalls nicht nur die Höhe, sondern auch dem Grunde nach gebunden ist,
muß gesondert geprüft werden, Y I 8.

Auch durch **Vergleich** oder durch Zahlung des Vr gegen **Abfindungserklä-** 12
rung des VN können die nötigen Erhebungen beendet werden. Auf die Literatur zu § 779 BGB und zu § 397 BGB muß verwiesen werden, vgl. insbesondere Palandt/Thomas § 779 BGB Anm. 1 ff. sowie Palandt/Heinrichs § 397
BGB Anm. 6. Die Abfindungserklärung ist ein **negatives Schuldanerkenntnis**,
das nach Nr. 7 Abs. 2 der geschäftsplanmäßigen Erklärungen für alle Sachversicherungszweige (VerBAV **69**, 300, **70**, 188) *nicht in Quittungsformularen*
enthalten sein darf, weil der VN die Erklärung dort übersehen oder zu dem
irrigen Schluß gelangen könnte, er sei rechtlich zur Abgabe der Erklärung
verpflichtet, könne also ohne diese Erklärung keine Entschädigung verlan-

gen. Zu Abfindungserklärungen, die *in Schadenfeststellungsvertragsformularen* „verhüllt" und deshalb unwirksam sind, vgl. Y I 10. Der Vr darf die Zahlung der Entschädigung jedenfalls nicht von einer Abfindungserklärung abhängig machen, weder privatrechtlich (eine solche Erklärung ist nicht Fälligkeitsvoraussetzung) noch aufsichtsrechtlich (VA **26**, 148).

13   2. Nach §§ 17 Nr. 2b AFB 30, AEB, 17 Nr. 2b AWB 68, AStB 68, 17 Nr. 2b VHB 74, 19 Nr. 2b VGB 62 ist der Vr „berechtigt, die Zahlung aufzuschieben, wenn eine polizeiliche oder strafgerichtliche Untersuchung aus Anlaß des Schadens gegen den VN eingeleitet ist, und zwar bis zur Erledigung dieser Untersuchung". §§ 16 Nr. 5b AERB, 24 Nr. 4b VHB 84, 23 Nr. 5b VGB 88, 16 Nr. 5b AFB 87, AERB 87, AWB 87, AStB 87 sagen etwas genauer: „wenn gegen den VN oder einen seiner Repräsentanten aus Anlaß des VFalls ein behördliches oder strafgerichtliches Verfahren aus Gründen eingeleitet worden ist, die auch für den Entschädigungsanspruch rechtserheblich sind, *bis zum rechtskräftigen Abschluß* dieses Verfahrens". Das Wort „rechtserheblich" bedeutet kaum eine Einschränkung, denn auch Indiztatsachen, insbesondere für oder gegen die Glaubwürdigkeit des VN, D XVI 26, sind in diesem Sinn rechtserheblich. Ausführliche Erläuterungen zum **Fälligkeitshindernis der behördlichen Ermittlungen**: PM § 17 AFB Anm. 4.

14   Solange der Vr die „Zahlung aufschieben" darf, ist der **Anspruch nicht fällig.** Damit stellt sich die Frage nach dem Verhältnis zu § 11 Abs. 1 VVG und den in Y I 13 zitierten AVB. Wird die Fälligkeit gegenüber § 11 Abs. 1 VVG wesentlich hinausgeschoben? Träfe dies zu, so wäre zu prüfen, ob die Regelung mit § 9 Abs. 2 Nr. 1 AGBG vereinbar ist oder ob der VN unangemessen benachteiligt wird. Tatsächlich handelt es sich aber nicht um einen zusätzlichen Aufschub der Fälligkeit. Entgegen LG Frankfurt VersR **85**, 977 sind die Bestimmungen über das behördliche oder strafgerichtliche Verfahren lediglich eine deklaratorische Regelung, die nur wiederholt, was sich schon aus dem Begriff der nötigen Erhebungen im Sinn von § 11 Abs. 1 VVG ergibt, AG Hamburg VersR **87**, 755. Solange behördliche Ermittlungen einen Sachverhalt ergeben können, der jede Entschädigung ausschließt, kann Fälligkeit nicht eintreten, auch nicht Fälligkeit einer Abschlagszahlung, Hamm RuS **87**, 107. Allerdings hat die Rechtsprechung oft nicht klar zwischen Fälligkeit und Verzug unterschieden und im Hinblick auf ein Strafverfahren oft nur den Verzug des Vr verneint, PM § 11 Anm. 6 B.

15   Der Vr braucht sich bei den „nötigen Erhebungen" gemäß § 11 Abs. 1 VVG nicht damit zu begnügen, Y I 2, die Tatsachenbehauptungen des VN sowie dessen Auskünfte auf ergänzende Fragen im Sinn von X II 143 entgegenzunehmen und auf ihre Schlüssigkeit zu prüfen, d.h. ihre Richtigkeit zu unterstellen und dann nur noch rechtlich zu klären, ob die aufgestellten Behauptungen den Entschädigungsanspruch rechtfertigen. Der Vr darf vielmehr in den Grenzen des Zumutbaren **Beweismittel** („Belege", X II 115 und 120) verlangen, „**Untersuchungen**" (X II 125) an Ort und Stelle vornehmen und sich durch **Rückfragen** bei Dritten, Behörden und Gerichten um etwaige zusätzliche Anhaltspunkte für die Richtigkeit oder Unrichtigkeit der Angaben des VN, Hamm RuS **88**, 31 (behaupteter Fahrzeugdiebstahl bei Kfz-TeilkaskoV). Ebenso darf der Vr sich um Anhaltspunkte für Tatsachen be-

mühen, welche die Entschädigung ausschließen würden, z. B. in der LeitungswasserV um Anhaltspunkte für eine der nach §§ 1 Nr. 5 AWB 87, 9
Nr. 4 und 5 VGB 88 ausgeschlossenen Ursachen eines Leitungswasseraustritts oder für Verstöße gegen Sicherheitsvorschriften, vgl. X II 134. Daß die
in Frage kommenden Dritten, Behörden oder Gerichte zu Auskünften nicht
verpflichtet, sondern nur berechtigt sind, hindert den Vr nicht, sich um freiwillige Auskünfte zu bemühen, schließt also die Zugehörigkeit solcher Bemühungen zu den „nötigen Erhebungen" nicht aus.

Daher darf der Vr **behördliche Ermittlungsakten** auch dann einsehen, wenn **16**
das Verfahren sich *nicht* gegen den VN oder einen Repräsentanten richtet
(Martin VersR 78, 395). Für die Prüfung einer Einstellungsentscheidung der
Staatsanwaltschaft steht dem Vr je nach Komplexität des Sachverhalts ein
Zeitraum von bis zu einem Monat zur Verfügung, LG Bonn VersR 90, 303.
Wenn die Behörde die Akten als vorübergehend unentbehrlich bezeichnet,
darf der Vr auch *auf die Einsichtmöglichkeit warten* soweit nicht wenigstens
die Akteneinsicht am Dienstsitz der Behörde sofort möglich ist, vgl. unten Y
I 18. Der Vr braucht auf die Akteneinsicht grundsätzlich auch dann nicht zu
verzichten, wenn sonst alle Ermittlungen zu Grund und Höhe bereits abgeschlossen wären, wenn die *Zahlung* also durch dieses Zuwarten *verzögert*
wird. Dies gilt insbesondere bei Schäden durch Brand oder Diebstahl.

Daraus folgt, daß die in Y I 13 zitierten AVB für ein Verfahren gegen den **17**
VN nur etwas sagen, was selbstverständlich ist (LG Münster VersR 78, 395).
Auch die in §§ 16 AERB, AFB 87, AERB 87, AWB 87, AStB 87, 23 VGB 88
bestätigte Gleichstellung von **Repräsentanten** des VN galt schon früher (KG
JR 36, 377, 37, 40), ebenso die Gleichstellung sonstiger „Behörden" (Staatsanwaltschaft) mit der „Polizei". Die Gleichstellung aller volljährigen **Mitbewohner** durch § 24 Nr. 4b VHB 84 ist hingegen mit §§ 11 VVG, 9 Abs. 2
Nr. 1 AGBG unvereinbar, und zwar aus ähnlichen Gründen wie Erweiterungen des Repräsentantenbegriffes zu § 61 VVG, O II 61 und 64. Der VN oder
dessen Repräsentanten brauchen nicht ausdrücklich als Beschuldigter benannt zu sein (Oldenburg VersR 79, 513). Unter „Erledigung" des Verfahrens ist, wie die neueren AVB ausdrücklich sagen, die *rechtskräftige Erledigung* zu verstehen.

Andererseits muß der Vr versuchen, die **Akteneinsicht** möglichst zu be **18**
schleunigen, Hamm RuS 86, 132 = VersR 87, 602, besonders wenn er als
öffentlicher SachVr glaubt, einen Rechtsanspruch auf die Akteneinsicht zu
haben. Insbesondere kann Beschleunigung in der Weise geboten sein, daß
nicht ein verzögerter Versand der Akten durch die Behörde abgewartet wird,
sondern ein Beauftragter der Vr die Akten an Ort und Stelle einsieht, Frankfurt VersR 86, 1009 = NJW-RR 87, 666.

Auch darf das Zuwarten des Vr *nicht praktisch aussichtslos sein;* die nur **19**
theoretische und ganz entfernte Möglichkeit zukünftiger neuer Erkenntnisse
rechtfertigt ein Zuwarten nicht. Dies folgt letztlich aus § 11 Abs. 1 VVG, den
die AVB lediglich näher ausgestalten. Das **Interesse des VN** an baldigem Abschluß der Erhebungen zu Grund und Höhe des Anspruchs und das **Interesse
des Vr** an der Vermeidung rechtsgrundloser Zahlungen sind gegeneinander
abzuwägen. Dabei können zugunsten des Vr ein im Einzelfall gegebenes Risiko der Realisierbarkeit eines Rückforderungsanspruchs gegen den VN, zu

gunsten des VN die etwa erkennbaren Verzögerungen auch bei sofort möglichen Erhebungen des Vr zu berücksichtigen sein. Die behauptete Aussichtslosigkeit der Einsichtnahme in Strafakten, auf die der Vr wartet, hat als Ausnahmetatbestand wohl der VN zu beweisen, LG Hamburg VersR 86, 803.

20   Ein **Strafverfahren gegen Unbekannt** oder gegen Dritte, die nicht Repräsentanten des VN im Sinn von Y I 17 sind, reicht als Hinderungsgrund für den Abschluß der „nötigen Erhebungen" (LG Hamburg VersR 86, 803), nicht immer und vor allem nicht auf unbeschränkte Zeit aus. Wenn die Behörde erklärt, daß in der den Vr interessierenden Richtung nicht mehr ermittelt werde (sondern z.B. nur noch gegen Handwerker usw., die lediglich als Regreßschuldner in Betracht kommen), darf der Vr unter Umständen die rechtskräftige Erledigung nicht mehr abwarten (Braunschweig VersR 77, 418). Er darf dies auch dann nicht, wenn nur noch er selbst das Verfahren betreibt, aber ohne irgendwelche neuen Tatsachen oder Beweismittel (LG Frankfurt VerBAV 62, 219). Er muß dann vielmehr entweder zahlen oder den Anspruch ablehnen und es auf einen Deckungsprozeß ankommen lassen.

21   Ob die „nötigen Erhebungen" des Vr beendet sind, muß bei verständiger Würdigung aus der **Sicht des jeweiligen Zeitpunkts** entschieden werden. *Fälligkeit* oder Verzug des Vr können also *nicht „rückwirkend"* eintreten, wenn sich später zeigt, daß die weiteren Ermittlungen von einem bestimmten Punkt an zwecklos waren, z.B. weil ein durch den Vr sinnvollerweise verlangter Pachtvertragszusatz tatsächlich nicht existierte, Hamm VersR 84, 673. Wohl aber kann sich *später* „rückwirkend" erweisen, daß die zunächst **vermeintlich beendeten** Erhebungen **objektiv nicht beendet** waren; hierher gehört entgegen LG Frankfurt VersR 85, 977 (dazu Y I 14) der Fall, daß behördliche Ermittlungen später (nach vermeintlichem Ende der Erhebungen des Vr) neu oder ein zweites Mal aufgenommen werden (LG Bonn VersR 90, 303, Martin VersR 78, 392).

22   Hamm RuS 89, 25 = VersR 584 meint, **Fälligkeit** und **Verzug** entfielen in solchen Fällen nicht „rückwirkend", sondern nur für die Zukunft. Ein bereits eingetretener Verzugsschaden bleibe ersatzpflichtig. Tatsächlich war aber der Anspruch von Vornherein nicht fällig gewesen. Irrige Annahme von Fälligkeit und Verzug infolge objektiv verfrühter Einstellung oder verspäteter Aufnahme behördlicher Ermittlungen darf nicht mit dem wirklichen Eintritt von Fälligkeit und Verzug verwechselt werden. Der Begriff „rückwirkend" ist in diesem Zusammenhang irreführend.

23   War die Fälligkeit dadurch eingetreten, daß der Vr die **Entschädigung endgültig abgelehnt** hatte, sei es mit oder ohne Frist nach § 12 Abs. 3 VVG, so *bleibt* die *Fälligkeit* auch dann *bestehen*, wenn sich die Ablehnung als falsch erweist oder der Vr sie wenigstens überprüfen will und neue Erhebungen aufnimmt. Hingegen kann die Fälligkeit durch Beginn neuer Erhebungen auch dann wegfallen, wenn die **Entschädigung** oder eine Abschlagszahlung **bereits geleistet** war; allerdings kann der Vr die Entschädigung nicht allein deshalb zurückfordern, weil die Voraussetzungen der Fälligkeit später nicht mehr gegeben erscheinen (§ 813 Abs. 2 BGB), und der **Vr** trägt nun die volle **Beweislast** für eine behauptete Rechtsgrundlosigkeit der Zahlung (Martin aaO, PM § 55 Anm. 3 mwN), also auch dafür, daß anspruchsbegründende

Tatsachen nicht vorgelegen hatten (nicht klar gesehen in AG Leer VersR 79, 1119). **Beweiserleichterungen** stehen dem Vr hierbei **nicht** zu, und zwar entgegen Saarbrücken NJW 89, 1679 = VersR 953, Hamm RuS 88, 67 auch nicht in VZweigen, in denen umgekehrt dem VN Beweiserleichterungen zum VFall zustehen, Köln VersR 89, 1073 und Köln RuS 90, 107 (offen lassend Hamm RuS 89, 346).

3. §§ 17 Nr. 2a AFB 30, AEB, 16 Nr. 5a AERB, 17 Nr. 2a AWB 68, AStB 16   24
Nr. 5a AFB 87, AERB 87, AWB 87, AStB 87 17 Nr. 2a VHB 74, 24 Nr. 4a VHB 84, 19 Nr. 2a VGB 62, 23 Nr. 5a VGB 88 bedeuten ebenfalls keine Abweichung von §§ 11 Abs. 1 VVG, 372 Satz 1 BGB. Der Vr darf die Zahlung nach den zitierten Bestimmungen aufschieben, wenn **Zweifel an der Empfangsberechtigung** des VN bestehen. Dies ist selbstverständlich, denn die Empfangsberechtigung des VN (im Deckungsprozeß genannt Aktivlegitimation) ist materielle Anspruchsvoraussetzung. Zwar kann nach § 372 Satz 1 BGB der Schuldner hinterlegen, wenn der Anspruch als solcher zweifelsfrei besteht und nur die Person des Gläubigers unklar ist. Aber dies bedeutet für den Schuldner nur ein Recht, nicht eine Pflicht. Die AVB stellen den VN also nicht schlechter.

Anwendungsfälle für die Vorschriften ergeben sich vor allem bei einer   25
Mehrheit von VN, bei Pfändungen und Überweisungen, in Erbfällen usw. Dagegen bedeutet das Fehlen der Zustimmung des Vr nach § 76 Abs. 3 VVG und den entsprechenden AVB genau besehen keinen Anwendungsfall, denn solange diese Zustimmung aussteht, ist die Empfangsberechtigung des VN nicht zweifelhaft, sondern zweifelsfrei nicht gegeben.

4. Nach §§ 15 AFB 87, AERB 87, AWB 87, AStB 87, 23 VHB 84, 22 VGB 88   26
können die Parteien ein **Sachverständigenverfahren vereinbaren**, in dem die Höhe des Schadens festzustellen ist. Der VN kann das Verfahren nach diesen Bestimmungen auch **einseitig** verlangen. Gemäß der Erstfassung von §§ 15 AFB 30, AEB, AERB, 14 AWB 68, AStB 68, 15 VHB 74, 17 VGB 62 hatte auch der Vr das Verfahren einseitig verlangen können, was praktisch weit häufiger war als ein Verlangen des VN. Das vereinbarte Sachverständigen war in der Erstfassung jener AVG hingegen nicht erwähnt. Gemäß VerBAV 84, 389 wurden jene älteren AVB an den Text der neueren AVB angeglichen, die *Möglichkeit eines einseitigen Verlangens des Vr* also überall *gestrichen.*

Daß ein Sachverständigenverfahren nach dem VFall vertraglich vereinbart   27
werden kann, versteht sich nach dem Grundsatz der Vertragsfreiheit von selbst. Wenn diese Möglichkeit jetzt in sämtlichen AVB der SachV besonders erwähnt wird, so hat das praktische Bedeutung insofern, als die weiteren Regelungen in den zitierten Bestimmungen nicht nur für das einseitig verlangte, sondern auch für das einvernehmlich vereinbarte Verfahren gelten. Insbesondere trifft dies für die **Kostenregelung in Nr. 5** der zitierten Bestimmungen zu, wonach jede Partei die Kosten ihres Sachverständigen trägt und die Kosten des Obmannes geteilt werden, und zwar mangels abweichender Vereinbarung auch im Fall eines einvernehmlich vereinbarten Sachverständigenverfahrens, Y I 64 und 67.

Hingegen hätte es für das durch den Vr einseitig verlangte Sachverständi-   28
genverfahren einer anderen Kostenregelung bedurft, denn die Kostenteilung

hätte hier gegen § 9 Abs. 2 Nr. 1 AGBG verstoßen, Y I 63 sowie BGHZ 83, 169 und BGH VersR 88, 682 = RuS 207. Die Vr haben es indessen vorgezogen, nicht die Kostenregelung zu ergänzen, sondern die Möglichkeit eines einseitigen Verlangens des Vr zu streichen. Nach der Neuregelung kommt es nahezu ausschließlich **nur noch** zu **vereinbarten** Sachverständigenverfahren, während ein einseitiges Verlangen des VN nahezu niemals ausgesprochen wird. Die Vereinbarung eines Sachverständigenverfahrens wird meist formularmäßig getroffen. Wegen der wiederkehrenden Verwendung dieser **Formulare der Vr** hat deren Wortlaut AGB-Charakter, ist also der Inhaltskontrolle nach §§ 3, 5, 9, 10, 11 AGBG unterworfen; wegen einer möglichen Konsequenz vgl. Y I 61.

29 Das VVG enthält in §§ 64, 66 Abs. 2 gewisse **gesetzliche Rahmenvorschriften** für das Sachverständigenverfahren. Diese sind teilweise zwingend, nämlich § 64 Abs. 1 Satz 1 und Abs. 3 VVG über die Unverbindlichkeit offenbar von der wirklichen Sachlage erheblich abweichender Feststellungen des Sachverständigen. Im übrigen sind die gesetzlichen Bestimmungen vertraglich abdingbar. Sie gelten nicht nur für das (kaum noch vorkommende, Y I 28) einseitig verlangte, sondern **auch für das einvernehmlich vereinbarte Verfahren.** Hingegen gelten sie im Zweifel nicht, wenn die Parteien einen **gemeinsamen Sachverständigen** beauftragen; vielmehr bedarf dann die Verbindlichkeit des Gutachtens dieses gemeinsamen Sachverständigen und die etwa abweichend von § 66 Abs. 1 und 2 VVG gewollte Kostenteilung einer **besonderen Vereinbarung,** Y I 76.

30 Die **Literatur zu § 64 VVG** behandelt nicht nur die gesetzlichen Rahmenvorschriften, sondern auch den in den verschiedensten SachVZweigen weitgehend übereinstimmenden Inhalt der AVB-Vorschriften über das Sachverständigenverfahren. Auch insoweit muß auf die Literatur zum VVG verwiesen werden, so insbesondere zur Auswahl und Ernennung der Sachverständigen, zur fehlenden Fähigkeit oder Bereitschaft der Sachverständigen für ihre Tätigkeit, zur Überschreitung ihres Auftrags und ihrer Zuständigkeit, zur Unvollständigkeit und offenbaren Unrichtigkeit des Gutachtens (vgl. z. B. instruktiv BGH VersR 86, 482 zur Berechnung eines Wohngebäudeschadens durch Leitungswasser), zu Verfahrensmängeln (vgl. z. B. PM § 64 Anm. 6 c und LG Bremen RuS 84, 62 sowie Engels VP 84, 102 zu den Grenzen der Zulässigkeit eines gemeinsamen Gutachtens beider Sachverständiger, ferner PM § 64 Anm. 6 f zu den Mindestanforderungen an die Nachvollziehbarkeit der Berechnungen und Begründungen in den Gutachten), zur **Bindungswirkung der Gutachten** und zu den Grenzen dieser Bindungswirkung, also zu der ersatzweisen Feststellung der Höhe des Anspruchs durch das Gericht im Deckungsprozeß, insbesondere im Fall **offenbar erheblicher Abweichungen** der Feststellungen der Sachverständigen **von der wirklichen Sachlage** im Sinn von § 64 Abs. 2 VVG und Y I 59. Im Folgenden werden nur die Besonderheiten des Sachverständigenverfahrens in der SachV sowie einige in der Literatur bisher vernachlässigte Fragen behandelt.

31 a) Wird ein Sachverständigenverfahren wirksam einseitig verlangt oder wird es vertraglich vereinbart, so ist es **Teil der nötigen Erhebungen des Vr** im Sinn von Y I 1 und 4. Es schiebt mit der in Y I 33 näher erörterten Einschrän-

kung im Hinblick auf Abschlagszahlungen die Fälligkeit des Anspruchs auf, vgl. z. b. Hamm VersR 82, 1091 zur Hemmung der Verjährung gemäß § 202 BGB. Etwas anderes gilt nur, wenn der Vr schuldhaft einen stark überlasteten Sachverständigen gewählt hat oder sonstwie das Sachverständigenverfahren vertragswidrig behindert (BGH NJW 71, 1455 = VersR 536 zu § 15 AFB 30), vgl. auch Y I 80. Eine danach verfrüht erhobene **Leistungsklage** des VN wird als **zur Zeit unbegründet** abgewiesen, PM § 64 Anm. 3 A. Zur Zulässigkeit einer **Feststellungsklage** vgl. Hamm VersR 82, 641.

Fälligkeitshindernis ist das vereinbarte Sachverständigenverfahren auch **32** dann, wenn es erst nach endgültiger Ablehnung der verlangten Entschädigung oder Restentschädigung durch den Vr vereinbart wird. Die abweichenden Ausführungen in Y I 23 der 2. Aufl. hatten nur das einseitige Verlangen des Vr betroffen. Durch Vereinbarung unter Mitwirkung des VN kann hingegen auch eine bereits eingetretene Fälligkeit nachträglich wieder beseitigt werden, und zwar selbst dann noch, wenn bereits ein Deckungsprozeß anhängig ist.

Unberührt durch ein Sachverständigenverfahren bleiben Ansprüche auf **33** **Abschlagszahlungen** nach den in Y III 1 zitierten Bestimmungen. Der Spielraum für die Beurteilung der Schadenhöhe durch die Sachverständigen reicht in aller Regel nicht von Null bis zu einem gewissen Höchstbetrag, sondern nur von einem gewissen Mindestbetrag bis zu einem gewissen Höchstbetrag. Allerdings ist das Sachverständigenverfahren selbst Teil der nötigen Erhebungen des Vr, Y I 31. Gleichwohl ersetzt es nicht uneingeschränkt, sondern nur bis zu einem gewissen Grad sonstige eigene Erhebungen des Vr, insbesondere solche durch eigene Angestellte. Der Vr muß während des Sachverständigenverfahrens nicht nur die Prüfung dem Grunde nach fortsetzen, sondern er muß gegebenenfalls auch von denjenigen Tatsachen Kenntnis nehmen, die einen gewissen Mindestbetrag des Schadens außer Zweifel stellen.

Das vereinbarte oder durch den VN verlangte Sachverständigenverfahren **34** befreit den Vr also nicht von jeglicher eigener Tätigkeit zwecks Ermittlung der Schadenhöhe, sondern nur von demjenigen Teil dieser Erhebungen, die besondere Sachkunde voraussetzen, Y I 53. Soweit die Schadenhöhe bei einem Mindestmaß an eigener Tätigkeit des Vr auch ohne solche besondere Sachkunde feststeht, muß der Vr Abschlagszahlungen leisten. Dies gilt nicht nur dann, wenn die Beschädigungen oder Zerstörungen oder das Abhandenkommen einer *Anzahl* von Sachen nach Grund und Höhe *unstreitig* oder *nachgewiesen* ist, sondern auch dann, wenn z. B. nur ein einziges Schmuckstück gestohlen wurde, der *Wert* dieses Stücks aber in jedem Fall über einen bestimmten *Mindestbetrag* liegen wird. In diesem Rahmen ist auch eine **Leistungsklage** begründet, sobald die nötigen Erhebungen beendet sind. Allerdings handelt der VN auf eigenes Kostenrisiko, wenn er in bestimmter Höhe klagt, denn letztlich entscheidet erst das Gericht, welcher Teilbetrag ohne sachkundige Beurteilung als Abschlagszahlung fällig ist (RG JW 17, 414).

b) Die Ausführungen in Y I 30 und 31 der 2. Aufl. über die **zeitlichen Grenzen** **35** **für ein einseitiges Verlangen** des Verfahrens sind gegenstandslos geworden, soweit sie das Verlangen des Vr betroffen hatten, Y I 28. Vereinbarungen eines Sachverständigenverfahrens sind sofort ab Eintritt des VFalles möglich.

Daß der Vr an einer solchen Vereinbarung mitwirkt, kann je nach Sachlage ein Anerkenntnis zum Anspruchsgrund bedeuten, PM § 55 Anm. 4. Ähnlich wie bei Schadenfeststellungsverträgen (Y I 8) sollte der Vr Mißverständnissen in geeigneten Fällen durch einen Vorbehalt der weiteren Prüfung des Anspruchsgrundes vorbeugen.

36   Der VN verliert seinerseits die Möglichkeit eines einseitigen Verlangens, sobald er eine **Entschädigung** oder Restentschädigung als endgültig – und nicht etwa nur als Abschlagszahlung – **entgegengenommen** hat. Für spätere Nachforderungen des VN kann es zu einem Sachverständigenverfahren nur durch vertragliche Vereinbarung kommen. Ob über die gezahlten Beträge ein Vergleich oder ein einseitiges Anerkenntnis des VN in Form einer „Abfindungserklärung" (Y I 12) oder keines von beiden zustande gekommen war, spielt für das später vereinbarte Sachverständigenverfahren keine Rolle.

37   Durch eine **Ablehnung der Entschädigung** seitens des Vr verliert der VN die Möglichkeit eines einseitigen Verlangens nicht. Der VN hat dann vielmehr die Wahl, Leistungsklage zu erheben oder aber ein Sachverständigenverfahren zu vereinbaren oder sogar einseitig zu verlangen und daneben **Feststellungsklage** zum Anspruchsgrund zu erheben, BGH VersR 86, 675, Hamm VersR 82, 641.

38   c) **Nicht Rechtsfragen**, sondern **nur Tatfragen** dürfen die Sachverständigen entscheiden, vgl. z. B. Hamm 89, 25 wegen UnterV. Gehen die Sachverständigen von einer objektiv **unrichtigen AVB-Auslegung** aus, was sich vielleicht erst im Deckungsprozeß ergibt, so haben sie außerhalb ihrer Zuständigkeit gehandelt, wenn auch vielleicht schuldlos, weil nämlich die VVertragspartner als Auftraggeber es versäumt hatten, sich zuvor über die richtige AVB-Auslegung zu einigen und diese dem Sachverständigen genau bekanntzugeben.

39   Feststellungen aufgrund einer unrichtigen AVB-Auslegung sind **unverbindlich**. Hierbei kommt es auf die absolute oder prozentuale des durch die unrichtige Auslegung verursachten Fehlers im Endergebnis ausnahmsweise *nicht* an. Der Sachverständige muß auf ergänzende Fragen hin angeben, von welchen Rechtsansichten er ausgegangen ist; sind solche Ansichten ganz oder teilweise falsch, so ist eine Korrektur auch schon wegen betragsmäßig und prozentual geringfügiger Differenzen möglich.

40   Wo allerdings die AVB Fach-Begriffe verwenden, deren Kenntnis auch selbst schon besondere Sachkunde voraussetzt, dürfen die Sachverständigen die Zuordnung vornehmen, mag diese auch letztlich eine Rechtsfrage sein. – Bei **anteiligen Gemeinkosten** von Reparaturen und sonstigen Arbeiten in eigener Regie, Q IV 83, z. B. von begleitenden Verwaltungsarbeiten neben Fremdleistungen, Q IV 87 und 115, ist die **Höhe der Kosten** der Feststellung durch die Sachverständigen zugänglich. Hingegen ist die Frage, welche Arten von Gemeinkosten *überhaupt* (Q IV 84) berücksichtigt werden dürfen, eine reine Rechtsfrage im Sinne von Y I 38.

41   Die **Beweislastverteilung** für die Schadenhöhe beruht ebenfalls auf materiellem Recht, dessen richtige Anwendung durch den Sachverständigen voll nachprüfbar ist. Die Schadenhöhe muß grundsätzlich der VN beweisen. Die Folgen einer sog. Beweislosigkeit gehen zu Lasten des Beweislastträgers. Daher dürfen die Sachverständigen bei Schätzungen *nicht* einfach den *Durch-*

schnitt zwischen dem obersten und dem untersten möglichen Betrag ansetzen.

Sie dürfen allerdings auch *nicht* immer an der *untersten Grenze* des mögli-   **42**
chen Schadens bleiben (zu weitgehend LG München I ZfS 83, 345), denn
§ 287 ZPO erleichtert im Prozeß ganz allgemein die Beweisführung des Be-
weislastträgers für die Schadenhöhe, BGH VersR 88, 75 = NJW-RR 342 =
RuS 53, PM § 64 Anm. 7 B. Fehlt es allerdings für den Gesamtbetrag oder für
einzelne Schadenposten an jeglichem gesichertem Anhaltspunkt für eine
Schätzung, so ist diese nicht möglich und von einem Betrag Null auszugehen,
Hamm RuS 88, 22. – Die **Beweiserleichterung durch** § 287 ZPO im Sinn von Q
III 52 und X II 122 muß auch schon außergerichtlich und insbesondere im
Sachverständigenverfahren berücksichtigt werden, denn das Sachverstän-
digenverfahren soll zwar Prozesse vermeiden, Y I 25 und 26, aber nicht zu
anderen sachlichen Ergebnissen führen als der hypothetische und vermiedene
Prozeß.

Speziell bei der Schätzung des Zeitwerts, von der es abhängt, ob für eine   **43**
gebrauchte Sache noch *Neuwert V* besteht, darf sich der Sachverständige
allerdings *nicht* zu weit von jener Untergrenze entfernen, die sich aus der
Beweislast des VN für die Schadenhöhe und des Vr für die UnterV ergibt, S
II 34. Die NeuwertV schränkt schon als solche den Grundsatz des Bereicherungsverbots stark ein, Q III 5. Dieser Effekt würde sich potenzieren, wenn
auch noch Beweiserleichterungen für die Beurteilung der Frage zugestanden
würden, ob die **prozentualen Untergrenzen der NeuwertV** (S II 40) noch erreicht sind. § 287 ZPO wird bei Gebrauchsgegenständen hinreichend Rechnung getragen, wenn der Sachverständige diese Beweiserleichterung für die
Anzahl und die Art und Güte der betroffenen Stücke berücksichtigt.

d) Alle „Voraussetzungen des Anspruchs aus der V" können Gegenstand   **44**
eines Sachverständigenverfahrens im Sinn der gesetzlichen Rahmenvorschriften (Y I 29) des § 64 VVG sein. Es kann sich um positive oder negative
Voraussetzungen des Entschädigungsanspruchs handeln, also um beliebige
Tatsachen im Sinn der primären, sekundären usw. Risikoabgrenzung durch
den VVertrag. Auch die „Höhe des Schadens" gehört zu den tatsächlichen
Voraussetzungen des Entschädigungsanspruchs, stellt also einen Unterfall
innerhalb des zitierten gesetzlichen Oberbegriffs dar. Gleichwohl wird die
Höhe des Schadens als praktisch besonders wichtig schon im Gesetzestext
gesondert erwähnt.

Die in Y I 26 zitierten AVB-Bestimmungen nehmen in **Nr. 1 Abs. 1 Satz 1**   **45**
(§§ 15 AFB 87, AERB 87, AWB 87, AStB 87, 22 VGB 88) oder in **Nr. 1 Satz 1**
(§§ 15 AFB 30, AEB, AERB, 14 AWB 68, AStB 68, 15 VHB 74, 17 VGB 62,
23 VHB 84) nur die **Höhe des Schadens** als Gegenstand des vereinbarten
Sachverständigenverfahrens.

Daß aber auch die „**sonstigen tatsächlichen Voraussetzungen des Entschädi-**   **46**
gungsanspruchs" zum Gegenstand des Verfahrens gemacht werden können,
versteht sich bei einem vereinbarten Verfahren nach dem Grundsatz der Vertragsfreiheit ohnehin von selbst. Trotzdem wird dies in **Nr. 1 Abs. 1 Satz 2**
aaO bzw. **Nr. 1 Satz 2** aaO eigens gesagt; wenn dort die „Höhe der Entschädigung" (gedacht wird an die Feststellung des Abzugs wegen einer etwaigen

UnterV, Y I 48) noch gesondert erwähnt wird, so wäre dies nicht nötig gewesen, denn die Höhe der Entschädigung ist Element des „Entschädigungsanspruchs". Die getrennte Behandlung einerseits der Höhe des Schadens und andererseits der sonstigen tatsächlichen Voraussetzungen des Entschädigungsanspruchs hat rechtlich insofern Konsequenzen, als bei **formularmäßiger** (Y I 28) **Vereinbarung** eines Verfahrens **im Zweifel nur** das Verfahren gemäß Nr. 1 Abs. 1 **Satz 1** aaO oder **Nr.** 1 **Satz 1** aaO gemeint ist, also das Verfahren über die Höhe des Schadens, Y I 52 und 60.

47   In **Nr. 1 Abs. 2** aaO oder in **Nr.** 1 **Satz 3** aaO wird dem **VN** das Recht eingeräumt, ein Sachverständigenverfahren auch **einseitig zu verlangen**, Y I 26. Gemeint ist das Verfahren im Sinn von Nr. 1 Abs. 1 Satz 1 aaO oder Nr. 1 Satz 1 aaO, also über die Höhe des Schadens. Für die Erweiterung auf andere tatsächliche Voraussetzungen des Entschädigungsanspruchs bedarf es einer „Vereinbarung" im Sinn von Nr. 1 Abs. 1 Satz 2 aaO oder Nr. 1 Satz 2 aaO auch dann, wenn das Verfahren zur Höhe durch den VN ausnahmsweise (Y I 28) einseitig verlangt wurde. Der **Unterschied im äußeren Aufbau** der AVB-Bestimmungen mit nur einem einzigen Absatz innerhalb von Nr. 1 und den AVB-Bestimmungen mit zwei gesonderten Absätzen innerhalb von Nr. 1 bleibt für den sachlichen Inhalt der Regelung **folgenlos.**

48   Höhe des Schadens ist nicht gleichbedeutend mit **Höhe der Entschädigung,** also mit der nach einem etwaigen Abzug wegen UnterV geschuldeten Entschädigungszahlung. Lediglich nach der Erstfassung einiger älterer AVB hatte der Vr nicht nur das Verfahren über die Höhe des Schadens einseitig verlangen, sondern überdies dieses Verfahren einseitig auf die Höhe der Entschädigung und damit auf die **Frage der UnterV** (Beispiel: Hamm RuS 89, 25) ausdehnen können, vgl. Y I 39 der 2. Aufl. Diese AVB-Texte sind daher nicht mehr in Gebrauch, sondern wurden im Anschluß an VerBAV 84, 389 auch mit Wirkung für bestehende Verträge zugunsten der VN geändert. Nach den geltenden AVB bedarf es einer Vereinbarung gemäß Y I 46, wenn die Sachverständigen auch den VWert und damit eine etwaige UnterV feststellen sollen. Der VN wird an einer solchen **Vereinbarung** aber naturgemäß nur mitwirken, wenn der Vr die dadurch entstehenden Mehrkosten allein übernimmt, denn als Beweislastträger (S II 34) ist allein der Vr an der Feststellung einer UnterV interessiert. Unterläßt es der Vr, den VN über die Beweislastverteilung und über die Kostenfolgen einer Zusatzvereinbarung zu unterrichten, so trägt er die Mehrkosten unter dem Gesichtspunkt des Schadensersatzes wegen positiver Vertragsverletzung, Y I 70 und 71. – Wegen der Gleitenden NeuwertV vgl. S IV 71.

49   e) Entgegen Y I 33 der 2. Aufl. fällt nach BGH RuS 89, 261 = VersR 395 auch der **Umfang des Schadens,** also Art und Anzahl der durch den Schaden betroffenen Sachen oder Gebäudebestandteile, **nicht** unter den Begriff der Höhe des Schadens. Vielmehr ist ähnlich wie im Rahmen einer Schadenschätzung nach § 287 ZPO (Q III 52, X II 122 und Y I 42) zwischen Umfang und Höhe des Schadens begrifflich zu unterscheiden, Martin RuS 89, 239.

50   Entgegen BM § 64 VVG Anm. 15, RG VA 14 Nr. 815 und KG VA 32 Nr. 2548 steht dieser Entscheidung auch nicht entgegen, daß **Nr. 3 a** der in Y I 26 zitierten AVB-Bestimmungen ein **Verzeichnis der zerstörten, beschädigten und abhandengekommenen Gegenstände** als notwendigen Inhalt der Feststel-

lungen der Sachverständigen bezeichnet. Nr. 3 a aaO soll lediglich die Sachverständigen zwingen, ihr Gutachten in nachvollziehbarer Weise zu begründen, nicht aber ihre Zuständigkeit und Entscheidungsbefugnis auf den Umfang des Schadens ausdehnen, wenn nur dessen Höhe als Verfahrensgegenstand vereinbart wurde.

BGH RuS 89, 261 = VersR 395 hatte allerdings einen AVB-Text betroffen, 51
demzufolge der Vr das Sachverständigenverfahren einseitig hatte verlangen
können und auch tatsächlich verlangt hatte. Gegenwärtig überwiegen die
vereinbarten Sachverständigenverfahren, die ihre **Rechtsgrundlage** also nicht
mehr unmittelbar im VVertrag, sondern in der nach dem VFall getroffenen,
meist formularmäßigen (Y I 28) **Vereinbarung des Verfahrens haben.**

Wenn aber in einer solchen Vereinbarung lediglich auf die in Y I 26 zitier- 52
ten AVB-Bestimmungen ohne Angabe von Nummer, Absatz und Satz verwiesen wird, so ist die Vereinbarung dahin auszulegen, daß nur ein Sachverständigenverfahren in **Minimalumfang** gemäß Satz 1 jener AVB-Entscheidung
vereinbart werden sollte, Y I 45 und 46, also nur ein Verfahren über die Höhe
des Schadens. Anders liegt es selbstverständlich, wenn das Formular ausdrücklich auch den Schadenumfang oder Art und Anzahl der gestohlenen
Sachen usw. als Gegenstand der gewünschten Feststellungen bezeichnet,
Martin RuS 89, 239 (241). Dann haben die Parteien von der ihnen durch die
AVB eingeräumten Möglichkeit im Sinn von Y I 46 Gebrauch gemacht, auch
„sonstige Voraussetzungen des Entschädigungsanspruchs" zum Gegenstand
des Verfahrens zu machen. Der VN ist daran allerdings nur gebunden, wenn
der Vr ihn über die bestehenden Möglichkeiten aufgeklärt hatte, Y I 60 und
61.

f) BGH RuS 89, 261 = VersR 395 hat die enge Auslegung des Gegenstan- 53
des des Sachverständigenverfahrens nicht nur aus dem Begriff der Höhe des
Schadens, sondern auch aus den Motiven der AVB-Regelung hergeleitet. Die
Zuständigkeit der Sachverständigen soll nur soweit reichen, wie deren **beson-**
dere Sachkunde für Feststellungen mit bindender Wirkung **erforderlich** und
ausreichend ist. Zweifelsfrei war diese Beschränkung geboten, soweit der Vr
das Verfahren einseitig hatte verlangen können, vgl. Y I 40 der 2. Aufl. Ein
solcher Fall hatte auch BGH aaO noch zugrunde gelegen. Indessen müssen
auch vertragliche Vereinbarungen eines Sachverständigenverfahrens, soweit
der Wortlaut dies zuläßt, auf jener Basis ausgelegt werden. Soweit nämlich
die besondere Sachkunde des Sachverständigen nicht erforderlich oder nicht
ausreichend ist, wollen die Parteien sich seinen Feststellungen im Zweifel
nicht mit bindender Wirkung unterwerfen und die Kosten des Verfahrens
nicht tragen.

Dem entspricht es, daß die **Ursache des Schadens** nach Satz 1 der in Y I 26 54
und 45 zitierten AVB-Bestimmungen im Zweifel **nicht** Verfahrensgegenstand
ist. Vielmehr bedarf es einer zusätzlichen Vereinbarung im Sinn von Y I 46,
wenn sich das Verfahren auch auf die Schadenursache beziehen soll, z. B. auf
Tatsachen, von denen es abhängt, ob es sich bei einem Brandschaden um
einen ausgeschlossenen Betriebsschaden handelt oder ob ein Original- oder
ein Nachschlüssel verwendet wurde (Kratzspuren in Zylinderschlössern
usw.) oder ob ein Rückstau von Niederschlagswasser zum Leistungswasser-

schaden geführt hat oder ob vor dem Sturm der Zustand des Gebäudes in Ordnung gewesen war usw. Ein gemeinsames Sachverständigenverfahren für Höhe und Ursache des Schadens ist – anders als in den technischen VZweigen – in den Zweigen der klassischen SachV nur ausnahmsweise sinnvoll. Selbst wenn nämlich für beide Fragenkreise besondere Sachkunde erforderlich ist, so doch oft nicht Sachkunde von ein und derselben Art, die in der Person ein und desselben Sachverständigen anzutreffen wäre.

55   Was den **Umfang des Schadens** betrifft, so reichen oft die Kenntnisse und rechtlichen Möglichkeiten des Sachverständigen, der die Höhe des Schadens festzustellen hat, **nicht aus, um alle Erkenntnisquellen** betreffend Art und Anzahl der durch den Schaden betroffenen Sachen auszuwerten. Insbesondere kann der Sachverständige im Gegensatz zu einem Gericht im Deckungsprozeß **nicht** die etwa vorhandenen und erforderlichen **Zeugen** zum Schadenumfang **vernehmen.** Daher hatte schon BGH VersR 84, 429 in einer richtungweisenden Entscheidung die Zuständigkeit des Sachverständigen für den Umfang eines Schadens verneint. In der **GeschäftsV,** zu der die BGH RuS 89, 261 = VersR 395 ergangen ist, kann zwar der Schadenumfang oft aus Belegen und sonstigen **Geschäftsunterlagen** des VN rekonstruiert werden. Oft bedarf es aber auch hier **zusätzlich** oder sogar ausschließlich einer **Zeugenvernehmung,** auf die durch Vereinbarung eines Sachverständigenverfahrens im Zweifel **nicht** von vornherein dadurch **verzichtet** werden soll, daß den Feststellungen des Sachverständigen bindende Wirkung zuerkannt wird. Dies spricht für die in Y I 52 vertretene enge Auslegung von vertraglichen Vereinbarungen eines Sachverständigenverfahrens; ergänzend vgl. Y I 60 und 61.

56   g) Nun pflegen allerdings die Sachverständigen den ihnen erteilten Auftrag, die Höhe eines Schadens festzustellen, oft auch dann auf den Umfang des Schadens zu beziehen, wenn die in der Vereinbarung und im Sachverständigenauftrag gewählte Formulierung (Y I 52) dies nicht rechtzeitig. Die Sachverständigen pflegen nämlich die **Höhe des Gesamtschadens** „zu ermitteln", auch wenn über den Umfang des Schadens Streit zwischen den VVertragsparteien besteht. Damit aber bewegen sich die Sachverständigen **außerhalb** ihrer Zuständigkeit. Genau besehen müßten die Sachverständigen vor Beginn ihrer Tätigkeit auf einer Klärung des Schadenumfangs durch die VVertragsparteien als ihre Auftraggeber bestehen. Sie müßten den Auftrag als unausführbar zurückweisen, solange sich die Parteien nicht über den Schadenumfang einigen und auch nicht eine gerichtliche Klärung herbeigeführt haben. Dies freilich widerspräche den wirtschaftlichen Interessen der Sachverständigen, denn in vielen Fällen käme es dann überhaupt *nicht* zu einem vereinbarten Verfahren im Sinn von § 64 VVG mit *mehreren* Sachverständigen, sondern zu einem Deckungsprozeß, in welchem nicht nur über den Umfang, sondern auch über die Höhe des Schadens entschieden wurde, und zwar durch (nur!) einen *einzigen* gerichtlich beauftragten Sachverständigen.

57   Daher ist anzunehmen, daß die Sachverständigen auch künftig häufig ihre **Zuständigkeit überschreiten** und neben der Höhe auch den Umfang des Schadens „feststellen" werden, selbst wenn ihr Auftrag dazu keine Grundlage bietet. Dies wirft die schwierige Frage des **Umfangs der Bindungswirkung** eines derartigen Gutachtens auf, denn grundsätzlich sind Feststellungen der Sachverständigen unverbindlich, und zwar ohne Rücksicht auf offenbare Erheb-

lichkeit der Abweichung von der wirklichen Sachlage, wenn die Sachverständigen ihre Zuständigkeit überschritten haben, Y I 38 und 39 sowie PM § 64 Anm. 6 B. BGH RuS 89, 261 = VersR 395 deutet eine Lösung an, weil in dieser Entscheidung nicht die Bindung an ein derartiges Gutachten mangels Zuständigkeit der Sachverständigen schlechthin verneint, sondern lediglich gesagt wird, die Parteien würden „an die Feststellungen der Sachverständigen nur in **beschränktem Umfang** gebunden sein".

Darunter wird man verstehen müssen, daß die Bindung uneingeschränkt **58** nur zur Höhe des Teils des Schadens eintritt, der dem Umfang nach unstreitig oder gerichtlich festgestellt war. Mit Bezug auf Sachen oder Gebäudebestandteile hingegen, von denen streitig ist, ob sie durch den Schaden betroffen (zerstört, beschädigt oder abhandengekommen) waren, besteht die Bindung nur hilfsweise. Sobald das Gericht im Deckungsprozeß die Betroffenheit der durch die Sachverständigen bewerteten Sachen bejaht haben, sind die Parteien zur *Höhe* des Schadens im Umfang des § 64 VVG an das Gutachten gebunden. Hingegen ist der VN nicht gehindert, *weitere* Sachen oder Gebäudebestandteile betroffen *geltend zu machen*. Ebenso kann umgekehrt der Vr die Betroffenheit *einiger* derjenigen Gegenstände, die der Sachverständige bewertet hat, auch weiterhin *bestreiten*, vgl. näher Martin RuS 89, 239 (242).

Die Frage der offenbar erheblichen Abweichung des Gesamtergebnisses **59** des Gutachtens von der wirklichen Sachlage im Sinn von Nr. 6 der in Y I 26 und 45 zitierten AVB-Bestimmungen darf also zunächst nur für den – bei Bedarf nachträglich durch Ergänzungsgutachten herauszurechnenden – Teilbetrag des Gesamtergebnisses des Gutachtens gestellt werden, der sich auf die unstreitig durch den Schaden betroffenen Sachen oder Gebäudebestandteile bezieht. Das betragsmäßige Gesamtergebnis des Gutachtens darf in jenem Kriterium hingegen erst gemessen werden, wenn zwischen den Parteien Einigkeit besteht oder gerichtlich geklärt ist, daß der Schadenumfang mit der Annahme übereinstimmt, von der die Sachverständigen ausgegangen sind.

h) Schwierigkeiten bereitet der Umfang der Bindungswirkung, wenn dem **60** Auftrag der Sachverständigen ein Formular des Vr (Y I 28) zugrunde liegt, in dem **eindeutig** von der Möglichkeit einer **Ausdehnung des Verfahrens auf den Umfang des Schadens** Gebrauch gemacht wird, Y I 46 und 52. Jedenfalls der Vr ist dann an das Gutachtenergebnis bis zur Grenze der offenbar erheblichen Abweichung auch zum Schadenumfang gebunden. Für den **VN** ist dieselbe Bindung jedoch nur dann zu bejahen, wenn der Vr ihn vor der formularmäßigen Einigung entsprechend **aufgeklärt** hatte, Martin RuS 89, 239 (241, rechte Spalte unten).

Der Vr muß deutlich machen, daß die Feststellung auch des Schadenum- **61** fangs gemäß Nr. 1 Abs. 1 Satz 2 oder Nr. 1 Satz 2 der in Y I 45 zitierten AVB-Bestimmungen über den Minimalumfang eines Sachverständigenverfahrens hinausgeht und daß der VN damit möglicherweise auf einen Teil der für den Schadenumfang nötigen Beweismittel verzichtet, insbesondere auf die Vernehmung von Zeugen, BGH RuS 89, 261 = VersR 395. Läßt der Vr es an dieser Belehrung fehlen, so ist die Erweiterung des Verfahrens auf den Schadenumfang entweder nach § 5 AGBG (Überraschungsverbot) unwirksam, denn das verwendete Formular hat AGB-Charakter, Y I 28, oder sie beruht auf einem **Beratungsfehler,** der den Vr zwar seinerseits an das Gutachtenergebnis gebunden hält, ihn aber zum Schadenersatz durch **Naturalrestitution** gemäß § 249 BGB in der Weise verpflichtet, daß er sich auf die **Bindung des VN** nur zur Höhe und **nicht auch zum Umfang des Schadens** berufen darf.

62   5. Die **Kosten des Sachverständigenverfahrens** werden nach dem ursprünglichen Text von §§ 15 Nr. 2 c AFB 30, AEB, 15 Nr. 2 f AERB, 14 Nr. 2 e AWB 68, AStB 68, 15 Nr. 2 e VHB 74, 17 Nr. 2 e VGB 62 in der Weise **geteilt, daß** jede Partei die Kosten ihres eigenen Sachverständigen und beide Parteien je zur Hälfte die Kosten des etwa nötigen Obmanns zu tragen haben. Abweichend von § 14 Nr. 5 AKB (dazu PM § 66 Anm. 6 a) gilt dies ohne Rücksicht auf das Ergebnis des Sachverständigenverfahrens, also gleichgültig, ob die festgestellte Schadenhöhe hinter der Forderung des VN zurückbleibt oder umgekehrt das Angebot des Vr übersteigt. Ferner galt die Regelung nach ihrem Wortlaut ohne Rücksicht darauf, ob der VN oder der Vr das Verfahren verlangt hatte. Auf ein vertraglich **vereinbartes** Sachverständigenverfahren hatte sich die Kostenregelung hingegen **nicht** bezogen, Y I 65, denn die Möglichkeit einer solchen Vereinbarung war in der Erstfassung nicht erwähnt, Y I 24.

63   a) Praktisch weitaus häufiger als ein Verlangen des VN war bis zum Jahr 1983 ein Verlangen des Vr. Für diesen Fall weichen die zitierten AVB von **§ 66 Abs.** 1 und 2 VVG ab, denn nach diesen Vorschriften hat, wenn der VN durch das Verlangen des Vr rechtlich verpflichtet wird, einen Sachverständigen zuzuziehen, der Vr die dadurch entstehenden Kosten als Kosten der Schadenfeststellung zu tragen, W IX 13. Nach BGHZ 83, 169 benachteiligen die AVB hier unangemessen den VN, W I 17 und Y I 28. Dies macht die zitierte **Regelung** für einen Teil (AV 30) ihres Anwendungsbereichs **unwirksam,** nämlich für das Sachverständigenverfahren auf einseitiges Verlangen des Vr. Eine noch weitergehende „Teilung" der Unwirksamkeit der Kostenregelung ist nicht möglich, W IX 22 der 2. Aufl. Insbesondere kann die in den AVB vorgesehene Kostenübernahme durch den VN nicht etwa auf Fälle reduziert werden, in denen der VN in Sachverständigenverfahren Unrecht behält, in denen also die Sachverständigen die Mehrforderung des VN nicht bestätigen, sondern verneinen. So hatte es im Fall BGH aaO auch tatsächlich gelegen; gleichwohl hat der BGH den VN nicht an den Kosten seines Sachverständigen beteiligt, eine nur teilweise Unwirksamkeit der Regelung also indirekt abgelehnt.

64   Im Anschluß an BGHZ 83, 169 haben die Vr dem größten Teil der Verträge nach jenen AVB einseitig eine **Neufassung** von §§ 15 AFB 30, AEB, AERB, **VHB 74, 14 AWB 68, AStB 68, 17 GVB 62** zugrunde gelegt. Soweit die Neufassung auch die Kosten eines vereinbarten Sachverständigenverfahrens regelt, konnte sie nur mit Zustimmung des VN Bestandteil bestehender Verträge werden, Y I 67. Hinsichtlich der Kosten eines einseitig verlangten Verfahrens stellt die Neufassung den VN hingegen ausschließlich günstiger. Allerdings hat die **Kostenregelung** in Nr. 5 der Neufassung **unverändert** den in Y I 62 wiedergegebenen Inhalt. Die Änderung liegt nur darin, daß nach **Nr. 1 Satz 1 und 3** der Neufassung das Sachverständigenverfahren nur noch einvernehmlich (Satz 1) oder durch Verlangen des VN (Satz 3) in Gang gesetzt werden kann, Y I 45. Der Tatbestand, für den die Kostenregelung unwirksam ist, also das **durch den Vr einseitig** verlangte Verfahren, kann danach **nicht mehr** eintreten. §§ 23 Nr. 1 und 5 VHB 84, 22 Nr. 1 und 5 VGB 88, 15 Nr. 1 und 5 AFB 87, AERB 87, AWB 87, AStB 87 entsprachen von vornherein der Neufassung der genannten älteren AVB.

b) Ein **vereinbartes Sachverständigenverfahren** war auch schon **vor** der in Y   65
I 64 erwähnten Neuregelung **möglich,** Y I 27. Entgegen Kuhn VersR 83, 316 konnte die **bisherige Kostenregelung** jedoch auf solche Fälle **nicht** bezogen werden. Vielmehr mußte sich die Vereinbarung gegebenenfalls auch auf die Frage erstrecken, wie die Kosten zu verteilen seien. Da ein einseitiges Verlangen des Vr wesentlich häufiger war als ein solches des VN, konnte die von §§ 66 Abs. 1 und 2 VVG abweichende AVB-Regelung (Y I 62 und 63) nicht ohne Anhaltspunkte im Wortlaut auch auf das einvernehmlich beschlossene Verfahren bezogen werden, denn auch im Falle eines solchen Einvernehmens überwog in der großen Mehrzahl der Fälle das Interesse des Vr an dem vereinbarten Verfahren, Frankfurt RuS 87, 106.

Eine ausdehnende Anwendung der Kostenregelung konnte daher auf deren   66
„Auslegung" nicht gestützt werden. Mangels einer Regelung in der getroffenen Vereinbarung war vielmehr § 66 Abs. 1 und 2 VVG anzuwenden, denn jedenfalls infolge der Vereinbarung war der VN nunmehr vertraglich *verpflichtet*, den Sachverständigen *zuzuziehen*, W IX 14. Wollte der Vr diese Konsequenz vermeiden, so konnte er eine ausdrückliche Vereinbarung über die Kosten erstreben. Wo er sie nicht erreicht hätte, wäre es an ihm gewesen, das Verfahren einseitig zu verlangen und damit die Übernahme der vollen Kosten zu akzeptieren.

Die ausdrückliche Regelung der Kosten des vereinbarten Verfahrens in den   67
Neuregelungen gemäß Y I 64 weicht zwar von § 66 Abs. 1 und 2 VVG ab, Y I 66, jedoch **nicht unangemessen** im Sinn von § 9 Abs. 2 Nr. 1 AGBG. Die Regelung belastet den VN nur dann, wenn er sich durch eine auf das Sachverständigenverfahren gerichtete Vereinbarung nach dem VFall freiwillig in den Anwendungsbereich der Bestimmung begibt. Daß der VN die Kostenregelung hierbei vielleicht nicht kennt oder vielleicht irrig glaubt, der Vr könne wie früher (Y I 62) auch durch einseitiges Verlangen ein Verfahren bei geteilten Kosten herbeizuführen, ist im Grundsatz kein Gegenargument. Die Unkenntnis von AVB hat der VN sich vielmehr im allgemeinen selbst zuzuschreiben und daher auch deren Folgen zu tragen. **Bestandteil bestehender Verträge** kann diese von § 66 VVG abweichende (Y I 66) Neuregelung allerdings nicht durch einseitiges Informationsschreiben des Vr im Sinn von A V 47 sondern nur durch **Zustimmung des VN** werden, A V 51.

c) Der Vr braucht den VN **über die Kostenfolgen der Vereinbarung** eines   68
Sachverständigenverfahrens schriftlich (z.B. im Formular für die Schadenanzeige oder für die Niederschrift über eine Regulierungsverhandlung) oder mündlich (durch den angestellten Schadenregulierer) nicht in jedem Fall und spontan aufzuklären. Er muß **den VN** vielmehr nur dann **aufklären,** wenn Anhaltspunkte für einen Irrtum des VN erkennbar sind. Letzteres kommt vor allem in Betracht, wenn dem Vertrag ursprünglich ein Bedingungstext im Sinn von Y I 62 zugrundegelegen hatte, wonach der Vr ein Sachverständigenverfahren auch einseitig hatte erzwingen können, Y I 72, oder wenn an dem

vereinbarten Sachverständigenverfahren ganz oder für abgrenzbare Teile dieses Verfahrens **ausschließlich der Vr interessiert** ist, für den VN also kein wirtschaftlicher Grund besteht, sich an den Kosten zu beteiligen.

69   Ein Beispiel für ein überwiegendes Interesse des Vr an der bietet die Begutachtung technisch komplizierter Teilschäden an Gebäuden, Maschinen oder dgl. vor Beginn oder bei Abnahme der Reparatur. Die **Begutachtung** ist hier **Teil des Wiederherstellungsvorgangs.** Die Kosten der Begutachtung sind Teil der Hauptschadenentschädigung in Höhe der „Reparaturkosten", R III 38 und 39. Aus der Sicht des VN besteht hier kein Anlaß, einen Teil des entschädigungspflichtigen Reparaturvorgangs in ein Sachverständigenverfahren zu verlangen, an dessen Kosten er sich zu beteiligen hat.

70   Ferner fehlt ein Interesse des VN an einem Sachverständigenverfahren im allgemeinen insoweit, wie die Sachverständigen gemäß einer Vereinbarung gemäß Y I 46 auch den VWert und damit eine **etwaige UnterV festzustellen** haben. Verstärkt gilt dies, Y I 48, wo die dem VN ausgehändigten AVB so formuliert, als könne der Vr sogar die Feststellung einer etwaigen UnterV einseitig, jedoch gleichwohl anteilig auf Kosten des an dieser Feststellung nicht interessierten VN verlangen. Der Vr muß einkalkulieren, daß der Vr von der nachträglichen Streichung jener AVB-Passage keine Kenntnis genommen hat, denn es ist im allgemeinen nicht grob fahrlässig, wenn der VN Informationsschreiben über AVB-Änderungen nicht genau liest, besonders dann nicht, wenn die Information mit einer „Prämienrechnung" verbunden ist, A V 46.

71   Da der Vr für eine behauptete UnterV die Beweislast trägt, S II 34, ist die Einbeziehung des VWerts in ein vereinbartes Sachverständigenverfahren aus der Sicht des VN nur dann sinnvoll, wenn dieser mit alleiniger Übernahme der Mehrkosten durch den Vr rechnet oder wenn er aus besonderen Gründen des Einzelfalls Anlaß hat, dem Vr entgegenzukommen, z.B. im Gegenzug für ein anderes Entgegenkommen des Vr, etwa in der rechtlichen Beurteilung des Anspruchsgrundes. Die hieraus sich ergebende **Aufklärungspflicht** des Vr ist insbesondere zu beachten, wenn dieser das vereinbarte Sachverständigenverfahren vielleicht sogar formularmäßig auf die Frage der UnterV ausdehnen möchte.

72   Aber auch von den Sonderfällen gemäß Y I 69 bis 71 (technisch komplizierte Reparaturschäden sowie Feststellungen einer UnterV) abgesehen, muß der Vr ganz allgemein bei der Vereinbarung eines Sachverständigenverfahrens mit einem Irrtum des VN über die Kostenfolgen der Vereinbarung rechnen, wo **dem VN** noch eine **AVB-Fassung** mit teilweise **unwirksamer Kostenregelung** im Sinn von Y I 62 und 63 **vorliegt.**

73   Wie Frankfurt RuS 87, 106 zutreffend betont; darf Kenntnis von BGHZ 83, 169 (vgl. Y I 51) nicht vom VN, sondern nur vom Vr erwartet werden. Deshalb muß der Vr den VN darüber aufklären, daß er entgegen dem „Wortlaut" (Frankfurt aaO) der ursprünglich vereinbarten, wenn auch nach § 9 AGBG insoweit unwirksamen AVB einer Belastung mit Sachverständigenkosten entgehen kann, indem er an der Vereinbarung eines Sachverständigenverfahrens nicht mitwirkt. BGH VersR 88, 682 = RuS 207 hat die Entscheidung mit dem Hinweis bestätigt, daß nicht der VN, wohl aber der Vr die höchstrichterliche Rechtsprechung über die Unwirksamkeit von AVB nach

dem AGBG kennen muß. Da die Neufassung der AVB zwar die Kosten auch des vereinbarten Sachverständigenverfahrens regelt, die für diese AVB-Änderung nötige (Y I 67) Zustimmung des VN jedoch meist nicht eingeholt wird, behalten die zitierten Entscheidungen auch künftig für alle diejenigen Verträge Bedeutung, die nach AVB aus der Zeit vor Änderung der Bestimmungen über das Sachverständigenverfahren abgeschlossen wurden.

Dieser Gesichtspunkt bleibt selbst dann zu beachten, wenn der Vr inzwi-   74 schen ein **Informationsschreiben** im Sinn von A V 46 an den VN gerichtet hatte. Von sorgfältiger Lektüre eines dem VN zusammen mit der – wegen eines vereinbarten Abbuchungsverfahrens vielleicht praktisch ohnehin bedeutungslosen – Prämienrechnung übersandten Informationsschreibens kann wohl nicht ohne weiteres ausgegangen werden, zumal der Vr selbst es gewesen war, der durch die Aushändigung teilweise unwirksamer AVB-Bestimmungen den Irrtum des VN ausgelöst hatte. Erst wenn dem VN wieder ein **vollständiger und in allen Punkten rechtswirksamer Text** der AVB vorgelegt wurde, besteht wieder die „Normalsituation" gemäß Y I 68, in der Unkenntnis von AVB zu Lasten des VN geht und der Vr nur dort aufzuklären braucht, wo sich der VN im Einzelfall erkennbar im Irrtum befindet.

d) Statt zweier verschiedener Sachverständiger können die Parteien auch   75 **einen gemeinsamen Sachverständigen** bestimmen. Dem Sachverständigen gegenüber haften dann beide Auftraggeber als Gesamtschuldner jeweils auf den vollen Kostenbetrag. Zwischen den Vertragsparteien gilt nicht die in Y I 5 zitierte AVB-Regelung, sondern § 66 Abs. 1 und 2 VVG, denn es handelt sich begrifflich **nicht** um ein **Verfahren im Sinn von § 65 VVG**. Auch eine etwa gewünschte Verbindlichkeit des Gutachtens des gemeinsamen Sachverständigen bedarf besonderer Vereinbarung, Y I 29. Andernfalls ist das Gutachten für die Parteien nur unverbindliche Entscheidungsgrundlage.

An einer **Vereinbarung über die Teilung der Kosten des gemeinsamen Sachver-**   76 **ständigen** (als Möglichkeit erwähnt z.B. bei Engels VP 82, 6) wird der VN nur dann mitwirken, wenn auch er eine solche Entscheidungsgrundlage benötigt, weil er den VWert der durch den Schaden betroffenen Sachen anders nicht beziffern und beweisen kann und weil die AVB den Ersatz der Kosten eines einseitig durch den VN beauftragten Sachverständigen ausschließen, W IX 12, mag auch dieser Ausschluß einschränkend auszulegen sein, W IX 15. Ist hingegen nur der Vr an der Tätigkeit eines Sachverständigen interessiert, so muß er auf eigene Kosten den Weg des in Y I 4 erwähnten Beraterverfahrens gehen.

Bei Verträgen, deren AVB zunächst ein einseitiges Verlangen des Vr für das   77 förmliche Sachverständigenverfahren vorgesehen hatten, muß der Vr überdies den VN zunächst wie in Fall von Y I 72 und 73 über den *Wegfall* (Y I 28 und 64) jener Möglichkeit eines einseitigen Verlangens *aufklären*. Der VN darf zu der Mitwirkung an der Ernennung eines gemeinsamen Sachverständigen und an einer Vereinbarung über die Kostenteilung nicht durch die irrige Annahme verleitet werden, der Vr könne ihn ja ohnehin durch einseitiges Verlangen mit den Kosten eines Sachverständigen belasten, so daß die Teilung der Kosten eines gemeinsamen Sachverständigen als Vorteil für den VN erscheinen würde, den sie aber in Wirklichkeit nicht darstellt. Unterläßt der

Vr oder sein Agent die gebotene Aufklärung schuldhaft, so trägt der Vr als **Schadenersatz wegen Beratungsfehlers** auch den vertraglich durch den VN übernommenen Kostenanteil.

78   Auch außerhalb der Fälle von Y I 70 muß der Vr den VN vor Abschluß einer Vereinbarung über die Teilung der Kosten eines gemeinsamen Sachverständigen angemessen aufklären, wenn erkennbar wird, daß sich der VN in einem Irrtum befindet, insbesondere also eine Kostenbelastung durch einseitiges Verlangen des Vr für möglich hält. Grundsätzlich gehen aber die Folgen der Unkenntnis von AVB zu Lasten des VN, Y I 67. Der VN bleibt an eine Kostenteilungsvereinbarung auch dann gebunden, wenn deren Abschluß nachweislich durch einen Irrtum beeinflußt wurde, denn bloßer Motivirrtum außerhalb der Fälle des § 119 Abs. 2 BGB berechtigt nicht zur Anfechtung von Willenserklärungen.

79   e) Die in Y I 62 und 64 zitierten AVB regeln die Kostentragung nur im Verhältnis zwischen dem VN und dem Vr. Im jeweiligen **Verhältnis zum beauftragten Sachverständigen** ist Werkvertragsrecht des BGB maßgebend. Auch wenn das Sachverständigenverfahren einvernehmlich vereinbart und die beiderseitigen Sachverständigen in demselben Formular einvernehmlich benannt und beauftragt werden, besteht ein Werkvertrag zu jedem Sachverständigem im Zweifel nur jeweils mit demjenigen Vertragspartner, der diesen Sachverständigen als den seinen benannt hat. Jeder Sachverständige hat Honorar- und Vorschußansprüche also nur gegen denjenigen Vertragspartner, der ihn benannt und beauftragt hat. Lediglich mit dem Obmann besteht ein gemeinsamer Vertrag des VN und des Vr, der beide zu Honorargesamtschuldnern macht. Ebenso wie im Fall des Obmanns liegt es bei einem gemeinsamen Sachverständigen gemäß Y I 68.

80   Die Zahlung des geschuldeten Vorschusses, von dem die Tätigkeit des Sachverständigen abhängt, ist zwar nicht Gegenstand der Aufklärungsobliegenheit des VN, BGH VersR 84, 1162. Wohl aber handelt es sich um eine positive Vertragsverletzung, die zum Schadenersatz verpflichtet, wenn der VN oder der Vr das Sachverständigenverfahren verzögert Y I 31, indem er einen geschuldeten angemessenen Vorschuß nicht unverzüglich zahlt. Der Vr wird in solchen Fällen meist keinen Schaden erleiden, denn die Verzögerung durch den VN schiebt auch die Fälligkeit auf, und die durch den Vr zusätzlich aufzuwendenden Zinsen aus dem Entschädigungsbetrag (Y IV 1) werden als Vermögenserträge erwirtschaftet. Wohl aber kann der Vr auf Verzugsschadenersatz nach Maßgabe von Y IV 16 bis 18 haften, wenn er es ist, der durch verzögerte Vorschußzahlung das Verfahren verzögert.

81   Durch Schadenersatzansprüche gegen den Sachverständigen wegen angeblich schuldhaft unrichtiger Feststellungen darf nicht die Bindung an das Gutachten bis zur Grenze der offenbar erheblichen Abweichung von der wirklichen Sachlage unterlaufen werden, LG Stade MDR 76, 582 = VersR 1080. Daher sind Schadenersatzansprüche nur bei erheblicher Abweichung und nur gegen Abtretung der Ansprüche gegen den Vr zu bejahen, wenn der VN sie geltend macht, Hamm NJW-RR 89, 681. Bei verspäteter Geltendmachung durch den VN gegen den Vr kann außerdem § 254 BGB (Mitverschulden) eingreifen, Schleswig RuS 89, 335 (dort auch zu einem etwaigen Verlust des

Honoraranspruchs wegen Unbrauchbarkeit des Gutachtens; vgl. dazu ferner AG Essen ZfS 89, 341).

II. Zweiwochenfrist zwischen Beendigung der Erhebungen und „Fälligkeit"

Eine **Zweiwochenfrist** nach vollständiger Feststellung der Entschädigung **1** billigen §§ 17 Nr. 1 Satz 1 Halbsatz 1 AFB 30, AEB, 16 Nr. 1 Satz 1 Halbsatz 1 AWB 68, AStB 68, 17 Nr. 1 Satz 1 Halbsatz 1 VHB 74, 19 Nr. 1 Satz 1 Halbsatz 1 VGB 62, sowie §§ 16 Nr. 1 Satz 1 AFB 87, AERB 87, AWB 27, AStB 87, 24 Nr. 1 Satz 1 VHB 84, 23 Nr. 1 Satz 1 VGB 88 dem Vr zu. Während die ursprünglichen Fassungen der zunächst genannten älteren AVB sagen, die Entschädigung sei erst nach Ablauf der zwei Wochen „fällig", verlangen die zuletzt zitierten neueren AVB sowie die Neufassungen der älteren AVB gemäß VerBAV 84, 392 *„Auszahlung binnen zwei Wochen".* Verzögert sich die Auszahlung länger, so gerät der Vr in. der Regel in **Verzug** und schuldet Verzugszinsen gemäß § 286 BGB oder Ersatz eines nachgewiesenen höheren Verzugsschadens gemäß § 288 BGB. Durch Rechtsirrtum ausgeschlossen wird Verzug nicht schon dann, wenn der Vr nach gewissenhafter Prüfung zu der Überzeugung gelangt, er schulde nicht, sondern nur dann, wenn er mit der Möglichkeit eines Unterliegens im Deckungsprozeß nicht ernsthaft zu rechnen braucht, vgl. BGH VersR 90, 151 = NJW-RR 160 = RuS 58 zum Irrtum eines FeuerVr über den Repräsentantenbegriff.

Normalerweise braucht der **Zahlungsvorgang** erst eingeleitet und durchge- **2** führt zu werden, wenn der Anspruch bereits fällig ist. Zahlung bedeutet bei einer Schickschuld (§ 270 Abs. 1 BGB), daß der Schuldner die nötigen Schritte für die Zahlung unternimmt. Er muß also entweder Bargeld oder einen Scheck vorbereiten und dem VN übergeben oder übersenden oder die Überweisung von Konto zu Konto vorbereiten und seine eigene Bank entsprechend anweisen, damit diese ihrerseits die Bank des Empfängers anweist. Diese Vorgänge dürfen normalerweise **nach** Eintritt der **Fälligkeit** liegen, im Fall des entschädigungspflichtigen Vr also jedenfalls nach Ablauf der zu den nötigen Erhebungen zählenden Überlegungsfrist von zwei bis drei Wochen, vgl. hierzu die Nachweise bei Palandt/Heinrichs § 270 BGB Anm. 2c und bei PM § 11 Anm. 3. Die Überlegungsfrist ist nicht eine Frist für die Vorbereitung der Zahlung, sondern in ihr braucht der Vr nur zu entscheiden, ob er sich überhaupt für zahlungspflichtig hält.

Wollte man das Wort „fällig" in der Erfassung der älteren AVB wörtlich **3** nehmen, so würde der Vr während der in Y II 1 bezeichneten Zweiwochenfrist gar nichts zu tun brauchen. Die Überlegungen zum Anspruchsgrund und zur Anspruchshöhe lägen zeitlich *vorher* und innerhalb der Zeit der „nötigen Erhebungen" im Sinn von Y I 1, die nötigen Schritte für die Zahlung lägen hingegen erst zeitlich *nachher*, nämlich nach Eintritt der Fälligkeit. Damit würden jene älteren AVB aber unangemessen von § 11 Abs. 1 VVG abweichen und gegen § 9 Abs. 2 Nr. 1 AGBG verstoßen. Ollick VerBAV 77, 396, 79, 419.

4   Trotzdem ist ein Schluß auf die Nichtigkeit der älteren AVB-Vorschriften über die **Zweiwochenfrist** nicht zwingend. Man kann nämlich jene AVB auch **gesetzeskonform** so **auslegen**, daß einerseits das soeben skizzierte untragbare Ergebnis vermieden wird, andererseits aber gleichwohl nicht allein auf § 11 Abs. 1 VVG zurückgegriffen zu werden braucht. Dabei ist vom Zweck der AVB-Vorschriften auszugehen. Sie sollen die VN von vorzeitigen Mahnungen abhalten, sei es von persönlichen Mahnungen oder gar von kostenträchtigen Mahnungen durch Anwälte, W IX 12. Dieser Zweck wird auch erreicht, wenn man annimmt, der Vr und dessen Bank als Erfüllungsgehilfe (§ 278 BGB) müßten bereits innerhalb der Zweiwochenfrist alles tun, um die Zahlung oder Überweisung auszuführen. Innerhalb der Zweiwochenfrist muß also bei Überweisungen die Bank des Vr den Auftrag an die Bank des Empfängers abgesandt haben; Hamm VersR 84, 175; nach Martin VersR 77, 659 muß außerdem die Abbuchung erfolgt sein, vgl. dazu Y II 8. Geschieht dies, so wird unwiderleglich vermutet, daß der Vr nicht in Verzug ist (§ 285 BGB). Die abweichende Formulierung der AVB („fällig") erklärt sich aus den anders gearteten Praktiken des Zahlungsverkehrs zur Zeit der Formulierung jener älteren AVB. Die AVB enthalten einen **Mindestaufschub des Verzuges** zugunsten des Vr nach Eintritt der Fälligkeit.

5   §§ 16 Nr. 1 Satz 1 AERB, 17 Nr. 1 Satz 1 AFB 87, AERB 87, AWB 87, AStB 87, 23 Nr. 1 VGB 88 sagen nur ein wenig deutlicher, was sich bei richtiger Auslegung auch aus den in Y I 1 eingangs zitierten älteren AVB ergibt. Trotzdem haben die Vr die ohnehin nötige Anpassung der AVB an das AGBG dazu benutzt, auch jene **älteren AVB** an § 16 Nr. 1 Satz 1 AERB wortgleich anzupassen, wobei der frühere Halbsatz 1 jeweils in einen Satz 1 umgewandelt wurde, vgl. zu diesen **Neufassungen der älteren AVB** schon Y II 1 sowie VerBAV 84, 392. Da es sich ausschließlich um eine Verbesserung zugunsten des VN handelt, wurde der **neue Text** Vertragsbestandteil, wo der VN dem nicht etwa ausdrücklich widersprochen hatte, A V 49.

6   Auch in dieser Auslegung oder Neufassung weichen die AVB allerdings noch geringfügig zum Nachteil des VN von § 11 **Abs. 1** VVG ab, denn in der Regel wäre die nach einem Wegfall der Zweiwochenfrist dem Vr gemäß § 285 BGB zustehende Zeit für die Überweisung wohl etwas *kürzer als zwei Wochen.* Allerdings macht die Differenz höchstens einige Tage aus, denn betriebsorganisatorische Vorkehrungen für eine stärkere Beschleunigung von Zahlungen würden über die Prämie letztlich wieder die VN belasten, und zwar stärker, als die beschleunigte Zahlung der Entschädigungen für den VN von Nutzen wäre. Daher ist die **Abweichung** zwischen der Rechtslage nach § 11 VVG und nach den gesetzeskonform ausgelegten AVB-Vorschriften gemäß Y II 1 sehr gering und **nicht unangemessen** im Sinne von § 9 Abs. 2 Nr. 1 AGBG, vgl. PM § 17 AFB 30 Anm. 1 (dort auch zur Geschichte der einschlägigen AVB-Reform außerhalb der SachV im Anschluß an das 1976 in Kraft getretene AGBG).

7   Ausnahmsweise, nämlich bei Häufung arbeitsfreier Tage unmittelbar nach Ende der nötigen Erhebungen gemäß § 11 Abs. 1 VVG, insbesondere um Weihnachten, sind die zwei Wochen vielleicht sogar kürzer als die Zeit, die dem Vr nach §§ 11 Abs. 1 VVG, 270 Abs. 4, 285 BGB zustünde.

Dann darf die Vr die ihm nach dem Gesetz zustehende *längere Zeit* in Anspruch nehmen, ohne in Verzug zu geraten, denn die AVB enthalten nur einen Mindestaufschub des Verzuges, Y II 4.

„Auszahlung binnen zwei Wochen bedeutet, daß der Vr und dessen Erfül- 8 lungsgehilfen alles tun müssen, was sie innerhalb dieser Frist von zwei Wochen mit dem Ziel des Leistungserfolges tun können. Innerhalb der Frist muß daher nicht nur der Zugang des Überweisungsauftrages an die Bank des Vr, sondern auch noch die Abbuchung vom Konto des Vr liegen. Zwar wird Letzteres aus dem Begriff „Fälligkeit" von Geldschulden im allgemeinen nicht hergeleitet, vgl. Palandt/Heinrichs § 270 BGB Anm. 2b sowie Hamm VersR 84, 175 (zu den VHB 74, wo ebenfalls von Fälligkeit die Rede ist, Y II 1). Aber die in Y II 5 zitierten AVB sprechen eben nicht von Fälligkeit, sondern von Auszahlung innerhalb von zwei Wochen. Ollick VerBAV 81, 43 möchte hieraus sogar noch weitgehend herleiten, auch die Gutschrift auf dem Konto des VN müsse innerhalb der Frist erfolgen.

Dieses Ergebnis wird bestätigt durch die Vorschriften in §§ 17 Nr. 1 Satz 3 9 AFB 30, AEB, 16 Nr. 3 AERB, 16 Nr. 1 Satz 3 AWB 68, AStB 68, 16 Nr. 3 AFB 87, AERB 87, AWB 87, AStB 87, 17 Nr. 1 Satz 3 VHB 74, 19 Nr. 1 Satz 3 VGB 62, 23 Nr. 3 VGB 88. Danach wird die Frist von zwei Wochen „gehemmt", d. h. verlängert, soweit die VN die Zahlung durch den Vr verzögert, z. B. weil er sein Konto falsch angibt oder dgl. Brauchte der Vr innerhalb der zwei Wochen nicht bereits tätig zu werden, so müßte auch die Hemmung nicht vorgeschrieben sein. Dieselben Vorschriften gelten auch für die Monatsfrist bei Abschlagszahlungen, Y III 7, und für die Verzinsung, Y IV 10 und 12; wegen der abweichenden Formulierungen („Frist") in den AWB 68 und AstB 68 vgl. Y III 8. Für die Zweiwochenfrist sind die genannten Bestimmungen wegen § 11 Abs. 3 VVG nur deklaratorisch. Nach § 24 Nr. 3 VHB 84 ist daher die Rechtslage dieselbe, obwohl die Zweiwochenfrist dort nicht erwähnt ist.

Anders als bei der mit der Schadenanzeige beginnenden Frist für Ab- 10 schlagszahlungen und Verzinsung stellt sich für die hier behandelte Zweiwochenfrist nicht die Frage, wie es sich auswirkt, wenn der Zeitraum des schuldhaften Fehlverhaltens des VN außerhalb der Frist liegt. Das Verschulden kann dann nämlich nur vor Beginn der Zweiwochenfrist und mithin noch innerhalb der nötigen Erhebungen des Vr liegen, deren Ende dann eben entsprechend verzögert wird.

III. Abschlagszahlung

Abschlagszahlungen („Teilzahlungen") kann der VN nach §§ 17 Nr. 1 1 Satz 1 Halbsatz 2 AFB 30, AEB, 16 Nr. 1 Satz 1 Halbsatz 2 AWB 68, AStB 68, 17 Nr. 1 Satz 1 Halbsatz 2 VHB 74, 19 Nr. 1 Satz 1 Halbsatz 2 VGB 62, „verlangen", ebenso nach §§ 16 Nr. 1 Satz 2 AERB, 24 Nr. 1 Satz 2 VHB 84, 23 Nr. 1 Satz 2 VGB 88, 16 Nr. 1 Satz 2 AFB 87, AERB 87, AWB 87, AStB 87. An die Stelle des Wortes „verlangen" ist in den zuletzt genannten AVB „beanspruchen" getreten, vgl. hiergegen Y III 6 und 17. Frühestens kann Abschlagszahlung einen Monat nach Schadenanzeige verlangt werden, Y

III 16 bis 18, und zwar jeweils in Höhe des Betrages, der nach Sachlage und bei gebührender Beschleunigung der Erhebungen des Vr zweifelsfrei (Y III 4) zu zahlen ist.

2   Die zitierten AVB-Bestimmungen wiederholen im wesentlichen den Inhalt von §§ 11 Abs. 2, 15 a VVG, wo der Anspruch auf Abschlagszahlung im Gesetz **zwingend** verankert ist. Es soll für den Vr kein Vorteil und für den VN kein Nachteil sein, daß die „nötigen Erhebungen" (§ 11 Abs. 1 VVG) nur für Teile der geforderten Entschädigung noch nicht beendet sind, Y I 3. Insbesondere soll auf den VN kein Druck dahin ausgeübt werden, Mehrforderungen nicht mehr geltend zu machen, weil andernfalls etwa auch die Zahlung des unstreitigen Teils der Entschädigung verzögert würde (RG JW 17, 474). Auch wenn der Vr für den Restanspruch ein Sachverständigenverfahren verlangt, schuldet er gegebenenfalls Abschlagszahlung, Y I 33.

3   **1.** Die Abschlagszahlung unterscheidet sich rechtlich in nichts von der endgültigen Entschädigung, BGH RuS 85, 303 = NJW 86, 1103. Insbesondere muß der Vr, wenn er eine Abschlagszahlung zurückfordert, ebenso das **Fehlen des Rechtsgrundes** beweisen, wie wenn er eine endgültige Entschädigung zurückverlangte, Y I 23. Rückforderung ist nicht nur möglich, wenn der Rechtsgrund von Anfang an gefehlt hatte (§ 812 Abs. 1 Satz 1 BGB), sondern auch bei **nachträglichem Wegfall des Rechtsgrundes** im Sinn von § 812 Abs. 1 Satz 2 BGB, z. B. durch eine **arglistige Täuschung**, die nach Empfang der Abschlagszahlung begangen wird, X III 15. Allerdings ist diese Frage sehr bestritten, vgl. ausführlich X III 25 bis 33. Das gleiche gilt für eine Rückforderung der Abschlagszahlung wegen einer nach deren Empfang begangenen **Obliegenheitsverletzung** des VN, vgl. ergänzend X II 95 bis 114. – Bloße Zweifel zu Grund oder Höhe des Anspruchs und die Notwendigkeit einer Wiederaufnahme der Erhebungen des Vr rechtfertigen die Rückforderung auch bei Abschlagszahlungen nicht (§ 813 BGB).

4   Daraus folgt freilich umgekehrt, daß an die Voraussetzung „nach **Lage der Sache mindestens zu zahlen**" dieselben Anforderungen zu stellen sind, wie wenn es sich um die endgültige Entschädigung handelte, vgl. LG Frankfurt und LG Münster RuS 84, 278 zum Aufschub der Fälligkeit durch noch nicht rechtskräftig abgeschlossene behördliche Ermittlungen. Insbesondere muß der Anspruchsgrund unstreitig oder – nach Leistungsklage des VN (RG JW 17, 474) – bewiesen sein, vgl. die Nachweise bei PM § 11 Anm. 4. Ob aber die Abschlagszahlung ein *Anerkenntnis* des Vr *dem Grunde nach* auch mit Wirkung für die weitergehenden Ansprüche enthält oder nicht, hängt von den Umständen des Einzelfalles ab, vgl. Y I 8 und die Nachweise bei PM § 55 Anm. 4.

5   Oft werden **Abschlagszahlungen nicht** ausdrücklich **als solche bezeichnet**, insbesondere dann nicht, wenn der Vr mangels exakten Nachweises des Schadensumfangs (z. B. Anzahl der betroffenen beweglichen Sachen) oder der Schadenhöhe (VWert der betroffenen Sachen, Höhe der Reparaturkosten) eine sog. Schätzungsdifferenz abzieht, vgl. X II 80 und PM § 12 AVBR 122 Anm. 2 c, oder wenn er die verlangte Entschädigung wegen „vermuteter UnterV" kürzt, S II 35 sowie PM § 9 AVBR 80 Anm. 3 **Unverlangte Abschlagszahlungen** dieser Art kann der VN nach seiner Wahl auch **zurück-** (über-)

weisen, damit sich der Streitwert einer beabsichtigten Deckungsklage nicht unzumutbar reduziert, vgl. näher Y III 17 und 19.

2. Die **Monatsfrist ab Anzeige des Schadens** hat den Zweck, einen Mindest- 6 zeitraum für die Schadenbearbeitung des Vr von Meinungsverschiedenheiten über die Fälligkeit einer Abschlagszahlung freizuhalten und dem Vr die Chance zu geben, den Schadenfall während dieser Zeit ohne vorherige Abschlagszahlung bereits endgültig zu erledigen. Die Frist wird durch Kl 1901 auf drei Wochen verkürzt. Zweifelhaft ist, ob der Vr, wenn die Feststellungen schon vor Fristablauf beendet sind, analog Y II 4 schon während der Frist den Überweisungsvorgang einleiten muß. Man wird die Frage mindestens für §§ 16 Nr. 1 Satz 2 AERB, AFB 87, AERB 87, AWB 87, AStB 87, § 24 Nr. 1 Satz 2 VHB 84, 23 Nr. 1 Satz 2 VGB 88 bejahen müssen, weil der Vr die herannahende Fälligkeit positiv kennt, Y III 18. Nach den übrigen AVB braucht er dagegen erst ab Zugang des „Verlangens" tätig zu werden. Allerdings fördert diese strenge Auslegung – Pflicht zur Einleitung des Überweisungsvorgangs schon während der Frist – gelegentlich vielleicht Streitigkeiten über die Rechtzeitigkeit einer geleisteten Abschlagszahlung, vgl. auch noch Y III 20 und 21 über die Fälligkeit der Abschlagszahlung.

Die Frist wird andererseits nach § 11 Abs. 3 VVG „**gehemmet**", d. h. verlän- 7 gert, solange die Beendigung der Erhebungen infolge **Verschuldens des VN** gehindert ist, z. B. durch Untätigkeit oder (Hamm VersR 82, 1091) durch mißverständliche Äußerungen. In den AVB wird diese Vorschrift wiederholt in §§ **17 Nr. 1 Satz 3 AFB 30, AEB, 16 Nr. 3 AERB, 16 Nr. 1 Satz 3 AWB 68, AStB 68, 16 Nr. 3 AFB 87, AERB 87, AWB 87, AStB 37, 17 Nr. 1 Satz 3 VHB 74, 24 Nr. 3 VHB 84, 19 Nr. 1 Satz 3 VGB 62, 23 Nr. 3 VGB 88,** und zwar in Formulierungen, die neben der Frist für den Anspruch auf Abschlagszahlungen zugleich die Zweiwochenfrist für die Auszahlung (Y II 9) und die Monatsfrist für den Beginn oder (im Fall von §§ 23 VGB 88, 24 VHB 84, 16 AFB 87, AERB 87, AWB 87, AStB 87) den Wegfall der Verzinsung (Y IV 10 und 12) betreffen.

In §§ **16 Nr. 1 Satz 3 AWB 68, AStB 68** ist zwar nur von „Frist" (Singular) 8 die Rede, was sich in erster Linie auf die Frist für die Verzinsung nach § 16 Nr. 1 Satz 2 AWB 68, AStB 68 bezieht. Dies ist jedoch nur ein *Redaktionsversehen.* Zwar kann für die Auslegung von AVB nicht ohne weiteres auf andere AVB zurückgegriffen werden. Gleichwohl läßt sich das Redaktionsversehen im Wege der Auslegung berichtigen, nämlich aus dem Zweck der „Hemmung", der gleichermaßen für die Fristen gemäß §§ 16 Nr. 1 Satz 1 AWB 68, AStB 68 (Zahlung und Abschlagszahlung) und für die Fristen gemäß §§ 16 Nr. 1 Satz 2 AWB 68, AStB 68 (Verzinsung) gilt. Der Vr soll die Möglichkeit haben, die große Mehrzahl der Schäden *ohne* Abschlagszahlung und ohne Verzinsung sowie ohne Meinungsverschiedenheiten zu diesen Fragen zu erledigen, Y III 6, weil damit die Schadensregulierung beschleunigt und verbilligt wird, was über die Prämie letztlich dem VN zugute kommt.

Sowohl § 11 Abs. 3 VVG wie auch die in Y III 7 zitierten AVB (wegen 9 §§ 16 Nr. 3 AFB 27, AERB 87, AWB 87, AStB 87, 24 Nr. 3 VHB 84, 23 Nr. 3 VGB 88 vgl. Y III 15) lassen Zweifel über die **zeitliche Lage** bestehen, **die das schuldhafte Fehlverhalten des VN haben muß,** wenn es ihm schaden, also die

Monatsfrist verlängern soll, vor deren Ablauf Abschlagszahlung nicht verlangt werden kann.

10   Insbesondere bleiben folgende Fragen offen:
- Muß das schuldhafte Fehlverhalten noch zu der Zeit andauern, zu der andernfalls die „Beendigung der Erhebungen" (§ 11 Abs. 3 VVG) eintreten würde oder genügt es, daß ein inzwischen bereits wieder beendetes schuldhaftes Fehlverhalten die Beendigung der Erhebungen hinausgezögert hat?
- Kommt es für die Dauer der Fristhemmung auf die Dauer des Fehlverhaltens des VN oder auf die Dauer der Auswirkungen dieses Fehlverhaltens an?
- Genügt ein Beginn des **schuldhaften Fehlverhaltens nach Ende des Monats** wenn dieses die (ohnehin erst nach Ende dieser Frist mögliche) Beendigung der Erhebungen beeinflußt, oder ist das Wart „solange" dahin zu verstehen, daß der Hemmungsgrund nicht mehr nach Fristablauf eintreten kann?

11   Die erste jener beiden Fragen muß mit Y III 7 der 1. Aufl. auch weiterhin zuungunsten des VN im Sinn der zuletzt genannten Alternative beantwortet werden. Auch wenn der VN z. B. nur während der zweiten und dritten Woche der Frist untätig ist, sich dadurch aber die Beendigung der Erhebung vom Ende der 6. auf das Ende der 9. Woche nach Schadenanzeige verschiebt, verlängert sich die Frist. Sie verlängert sich in diesem Beispiel nicht nur um zwei, sondern um drei Wochen, denn auch die zweite Frage ist zuungunsten des VN zu entscheiden. Es kommt also auf den Umfang des negativen Effektes an, den ein, wenn auch vielleicht zeitlich kürzeres und im Zeitpunkt des hypothetischen Endes der Erhebungen bereits wieder beendetes Fehlverhalten des VN verursacht hat. Ausnahmsweise kann der Effekt auch zeitlich geringer sein als die Dauer des Fehlverhaltens; dann wirkt sich die gefundene Lösung zugunsten des VN aus.

12   Hingegen ist die dritte der in Y III 10 genannten Fragen zugunsten des VN dahin zu entscheiden, daß das Fehlverhalten des VN mindestens noch während der Monatsfrist beginnen muß, wenn die Frist gehemmt werden soll, vgl. auch Y IV 11 zur Verzinsung. Zwar mag das Wort „solange" anders gemeint sein. Wie aber die **abweichende Regelung in § 24 Nr. 3 VHB 84** zeigt, läßt sich das wirklich Gewollte ohne Komplizierung des Textes auch ganz deutlich sagen. Die Unklarheiten müssen daher hier zugunsten des Vr gehen.

13   Dies gilt um so mehr, als es rechtlich ungewöhnlich ist, wenn ein bereits entstandener **Anspruch** auf Abschlagszahlung (und auf Verzinsung, Y IV 15) nachträglich wieder **wegfallen** sollte, wie § 24 Nr. 3 VHB 84 dies vorsieht. Jedenfalls für bereits *gezahlte* Abschlagszahlungen (und für bereits gezahlte Zinsen, Y IV 15) wäre dies mit §§ 11 Abs. 3 VVG, 9 Abs. 2 Nr. 1 und 2 AGBG *nicht* vereinbar. Allenfalls der Anspruch auf noch nicht gezahlte Abschlagszahlungen könnte nach § 24 Nr. 3 VHB 84 durch ein späteres Fehlverhalten des VN wieder wegfallen.

14   Das in Y III 9 bis 12 Gesagte bezieht sich nur auf den Fall, daß ein Fehlverhalten des VN die Leistungspflicht des Vr unberührt läßt und lediglich ein Aufschub des Anspruchs auf Abschlagszahlung (und Verzinsung, Y IV 15) in Betracht kommt. Entfällt hingegen unter den strengeren Voraussetzungen des § 6 Abs. 3 VVG (Kündigung des Vr, keine Entlastung von Vorsatz und grober Fahrlässigkeit, kein Kausalitätsgegenbeweis) die Leistungspflicht

schlechtin, so entfällt damit selbstverständlich auch der Rechtsgrund für alle bereits geleisteten Abschlagszahlungen und Zinsen, mögen sie noch nicht gezahlt oder sogar bereits gezahlt sein. Auf den Zeitpunkt des Fehlverhaltens des VN kommt es für die **Leistungsfreiheit nach § 6 Abs. 3** VVG nicht an, vgl. zu dieser Streitfrage Y III 3). § 24 Nr. 3 VHB 84 ist zu weitgehend formuliert. Nach dem Wortlaut der 15 Bestimmung würde nicht nur die Monatsfrist verlängert, vor deren Ablauf die Abschlagszahlung keinesfalls fällig werden kann. Vielmehr würde die Fälligkeit jedes Anspruchs auf Abschlagszahlung verzögert, also auch dann, wenn der Anspruch ohnehin erst mehr oder weniger lange nach Ablauf der Monatsfrist entsteht. Hierfür gäbe es indessen kein tragfähiges Motiv. Vielleicht ist eine derartige Änderung auch gar nicht gewollt gewesen. Der Formulierungsfehler ist Folge der Notwendigkeit, die Bestimmung neu zu fassen, weil sich die Bedeutung der Monatsfrist für die Verzinsung in den VHB 84 insgesamt geändert hat, 2 und 12. In §§ 16 Nr. 3 AFB 87, AERB 87, AWB 87, AStB 87, 23 Nr. 3 VGB 88 findet sich ein analoger Fehler nicht mehr. § 24 Nr. 3 VHB 84 ist **nach § 9 Abs. 2 Nr. 1 AGBGB unwirksam**, soweit er über § 11 Abs. 3 VVG hinausgeht; vgl. allgemein zur Möglichkeit nur **teilweise** Unwirksamkeit A V 30 sowie Y IV 14 zur teilweisen Unwirksamkeit von § 24 Nr. 3 VHB 84 auch für den Aufschub des Beginns der Verzinsung.

3. „Verlangen" kann der VN die Abschlagszahlung nach der ersten Grup- 16 pe der in Y III 1 zitierten AVB, also nach den älteren Texten aus der Zeit vor 1980. Das bedeutet in der Gesetzessprache einen sog. verhaltenen Anspruch, der nicht fällig wird und den Schuldner auch nicht in Verzug geraten läßt, bevor der Gläubiger nicht das Verlangen als *einseitige empfangsbedürftige Willenserklärung* ausspricht. Die Regelung hat ihren Ursprung in den AFB 30, also vor allem in der gewerblichen und industriellen FeuerV und in der Gebäude-FeuerV, die es mit verhältnismäßig geschäftsgewandten VN zu tun hat. Die Abschlagszahlung sollte nicht die selbstverständliche Regel, sondern auch nach Ablauf der Monatsfrist die Ausnahme sein und in das Ermessen des VN gestellt werden.

Allerdings dürfen an das „Verlangen" *keine hohen Anforderungen* gestellt 17 werden. Insbesondere kann das Verlangen schon *vor* Ablauf der Monatsfrist ausgesprochen werden. Es ist im Zweifel in jedem Zahlungsverlangen oder in der Übersendung von Schadengutachten usw. (LG Essen VersR 73, 558) enthalten, vielleicht sogar schon in einer bloßen Schadenanzeige. **Unverlangte Abschlagszahlungen**, insbesondere bei Abzug einer sog. Schätzungsdifferenz durch den Vr, Y III 5, kann der VN **ablehnen** oder – wenn dies unverzüglich geschieht – auch **zurücküberweisen**, denn Abschlagszahlungen können für den VN nachteilig sein, weil sie für den Restbetrag das Kostenrisiko erhöhen und gleichzeitig die Intensität der Bearbeitung durch einen erst jetzt zu beauftragenden Anwalt des VN wegen des nunmehr geringeren Streitwerts vermindern, vgl. ausführlich PM § 12 AVBR 80 Anm. 3 zur ReisegepäckV.

Nach **§§ 16 Nr. 1 Satz 2 AERB, 24 Nr. 1 Satz 2 VHB 84, 23 Nr. 1 Satz 2** 18 **VGB 88, 16 Nr. 1 Satz 2 AFB 87, AERB 87, AWB 87, AStB 87** kann der VN die Entschädigung nicht mehr nur „verlangen", sondern „**beanspruchen**". Sie wird also auch *ohne* ein *Verlangen* fällig, sobald und soweit die Sach- und Rechtslage für einen Teilbetrag geklärt ist (Ollick VerBAV 82, 41).

19   Wegen §§ 11 Abs. 2, 15 a VVG wird man dem VN aber auch hier das Recht geben müssen, **unverlangte Abschlagszahlungen** abzulehnen oder zurückzuüberweisen, vgl. seit der 45. Aufl. auch Palandt-Heinrichs § 266 BGB Anm. 4 d; auch hat der SachVr dann trotz der unzulässigen Teilleistung „Anlaß zur Klage" auf den vollen Betrag gegeben, vgl. seit der 14. Aufl. Thomas/Putzo § 93 ZPO Anm. 3 a. Man wird hier ausnahmsweise nicht zu fragen brauchen, ob für den VN per Saldo die Vorzüge oder die Nachteile des Wortes „beanspruchen" überwiegen, sondern die Vorschrift in einen wirksamen (Wegfall der Notwendigkeit des Verlangens) und einen unwirksamen (Wegfall des Rechts auf Zurückweisung unverlangter Abschlagszahlungen) aufspalten dürfen. Dafür sprechen auch die nach Anwendung von § 15 a VVG hilfsweise eingreifenden §§ 266 BGB, 9 Abs. 2 Nr. 1 und 2 AGBG, vgl. allgemein zur Möglichkeit der Teilunwirksamkeit von AVB-Bestimmungen A V 30.

20   **4. Fällig** wird die Abschlagszahlung mit Eintritt ihrer Voraussetzungen, also sobald wenigstens für den Teilbetrag die „nötigen Erhebungen" (Y I 1) beendet sind und außerdem die Monatsfrist (Y III 6) abgelaufen, gegebenenfalls auch das Verlangen (Y III 17) gestellt ist. Dies ist nicht der Fall, solange behördliche Ermittlungen gemäß Y I 13 bis 20 in einer Weise laufen, die es als möglich erscheinen läßt, daß überhaupt keine Entschädigung zu zahlen ist, Hamm RuS 87, 107. Die *Zweiwochenfrist* nach den Vorschriften gemäß Y II 1 gilt für die Abschlagszahlung *nicht*, weder ausdrücklich noch analog, denn dies würde die Monatsfrist entgegen §§ 11 Abs. 2, 15 a VVG verlängern. Statt dessen kann und muß sich der Vr auf § 285 BGB (kein Verzug ohne Verschulden) berufen, solange die Vorbereitung und Durchführung der Auszahlung unvermeidlich noch nicht abgeschlossen ist; danach stehen dem Vr in der Regel etwas weniger (Y II 6), ausnahmsweise aber auch etwas mehr (Y II 7) als zwei Wochen zur Verfügung.

21   Steht schon vor Ablauf der Monatsfrist oder der Frist von drei Wochen nach Vl 1901 fest, daß nach Sach- und Rechtslage ein bestimmter Teilbetrag zu zahlen ist, so stellt sich sogar die Frage, ob der Vr den für die Auszahlung nötigen Zeitraum nicht ganz oder teilweise, in die letzten Tage jener Frist verlagern, die Zahlung also so veranlassen muß, daß im äußersten Fall die Anwendung der Bank des Vr an die Bank des VN schon am letzten Tag jener Frist erfolgt, vgl. Y III 6.

22   **5. Objektiv nur um eine Abschlagszahlung** handelt es sich auch dann, wenn der Vr einen **vermeintlichen Gesamtbetrag der Entschädigung** überweist, der VN in Wirklichkeit aber noch mehr zu beanspruchen hat. Auch in einem solchen Fall kann der VN die (wenn auch nicht als solche bezeichnete) Abschlagszahlung im Hinblick auf den Streitwert eines Deckungsprozesses gemäß § 266 BGB zurückweisen, Y III 17 und 19. Gerade weil der Vr die Zahlung zu Unrecht als endgültig ansieht, ist dem VN die Annahme der Teilleistung und damit die Reduzierung des etwaigen Streitwerts einer Deckungsklage gegen seinen Willen noch weniger zumutbar. Der Vr hat im Sinn von § 93 ZPO Anlaß zur Klageerhebung auf den Gesamtbetrag gegeben.

Erscheint es zwar als unwahrscheinlich, aber doch *nicht* als völlig *ausge-* 23
schlossen, daß der Vr noch *weitere Beweismittel* vorlegt und daß sich dadurch
die geleistete Zahlung später als bloße Abschlagszahlung erweist, so darf der
Vr die geleistete Zahlung nicht als endgültig und die Erhebungen nicht als
unwiderruflich abgeschlossen bezeichnen. Er braucht zwar nicht gegen seine
Überzeugung das Wort „Abschlagszahlung" zu gebrauchen, wenn er einen
weitergehenden Anspruch für sehr unwahrscheinlich hält. Aber er muß doch
im Rahmen seiner **Aufklärungspflicht** in einem Begleitbrief oder wenigstens
auf einer Scheckallonge die Möglichkeit oder – aus der Sicht des VN – Notwendigkeit der Vorlage weiterer Beweismittel andeuten, X II 122.

Andernfalls würde es sich um eine positive Vertragsverletzung des Vr han- 24
deln. Diese führt allerdings nur selten zu einem realisierbaren Schadenersatzanspruch, denn wenn der VN sich mit der Zahlung nicht begnügt, wird er
in aller Regel rechtzeitig entweder weitere Beweismittel vorlegen oder aber
den Mehrbetrag einklagen, so daß ihm durch das Verfahren des Vr kein
Schaden entsteht. Nur wenn ausnahmsweise der VN infolge irreführender
Äußerungen des Vr eine Frist (§ 12 Abs. 2 VVG oder Verjährung) verstreichen läßt, kommt ein Schadenersatzanspruch in Betracht, dessen Verjährung
entsprechend später beginnt. Dann ist allerdings auch die Frage eines (vielleicht sogar überwiegenden) Mitverschuldens des VN zu prüfen.

Aufsichtlich (VerBAV 81, 275) ist der Vr ebenfalls gehalten, die Höhe der 25
geleisteten Zahlung und die Ablehnung eines geforderten Mehrbetrags genügend genau zu begründen. Zwar kann der Abzug einer sog. **Schätzungsdifferenz** nicht generell verboten werden, denn § 11 Abs. 2 VVG und die in Y III 1
zitierten AVB verpflichten den Vr sogar dazu, Zahlungen jeweils in der Höhe
zu leisten, in der er den versicherten Schaden für bewiesen hält usw. Dies
kann sowohl bezüglich des *Schadenumfangs* (Art und Anzahl der betroffenen
Sachen) wie auch bezüglich des *Wertes* der Sachen nur bis zu einem prozentualen *Teilbetrag* der Fall sein (PM § 12 Anm. 2d AVBR 80). Auch der
UnterVEinwand, für den der Vr beweispflichtig ist, kann zu einem pauschalen Abzug führen, wenn nämlich der Vr den UnterVEinwand bis zu einer
gewissen Grenze für keinesfalls beweisbar, darüber hinaus hingegen im Zuge
weiterer Erhebungen noch für beweisbar hält, S II 35 und PM § 9 AVBR 80
Anm. 3. Nach der in Y III 18 zitierten AVB darf der Vr nicht einmal ein
„Verlangen" der Abschlagszahlungen abwarten.

Der Vr darf aber Bezeichnungen wie „Schätzungsdifferenz" oder „vermu- 26
tete UnterV" nicht in einem irreführenden sprachlichen Zusammenhang gebrauchen. Der Vr darf nicht den Eindruck der Endgültigkeit der Höhe der
geleisteten Zahlung erwecken. Er muß vielmehr dem VN die Vorlage weiterer Beweismittel mindestens indirekt anheimstellen, vgl GB 80, 65 zu einer
Kürzung wegen **vermuteter UnterV**. Im Fall der vermuteten UnterV muß
sogar zusätzlich zum Ausdruck kommen, daß weitere Zahlungen nur dann
unterbleiben, wenn dem Vr im Zuge der weiteren Erhebungen der nötige
Nachweis der bisher nur „vermuteten" UnterV gelingt, z.B. in einem sogenannten Beraterverfahren gemäß Y I 4 oder durch Ausdehnung eines einvernehmlich in Gang gesetzten Sachverständigenverfahrens auf die UnterVFrage
gemäß Y I 48 vgl. aber wegen der Kosten auch Y I 68 und 71.

IV. Verzinsung

1   Nach §§ 17 Nr. 1 Satz 2 AFB 30, AEB, 16 Nr. 2 AERB, 16 Nr. 1 Satz 2 AWB 68, AStB 68, 17 Nr. 1 Satz 2 VHB 74, 19 Nr. 1 Satz 2 VGB 62 muß der Vr die noch nicht gezahlte Entschädigung nach Ablauf einer *Frist* von *einem Monat* ab Anzeige des Schadens verzinsen. Nach den genannten AVB ist die **Monatsfrist** sowohl für die Verzinsung dem Grunde nach wie auch für den **Verzinsungsbeginn** maßgebend, vgl. auch Y IV und 2.

2   Nach §§ 16 Nr. 2 AFB 87, AERB 87, AWB 87, AStB 87, 24 Nr. 2 VHB 84, 23 Nr. 2 VGB 88 hängt dagegen von der Zahlung innerhalb der Frist nur noch die **Verzinsung dem Grunde nach** ab, die dann gegebenenfalls rückwirkend ab der Schadenanzeige erfolgt, vgl. zu diesen neueren AVB näher Y IV 12. Als „Zahlung" genügt es, wenn die seitens des Vr erforderliche Leistungshandlung rechtzeitig erfolgt, vgl. Y II 4 und 8.

3   Verzinst wird in **Höhe** von mindestens 4% und höchstens 6%. In diesem Rahmen ist ein Satz von 1% unter dem jeweiligen Diskontsatz der Deutschen Bundesbank maßgebend. Eine höhere oder zusätzliche Verzinsung ab Fälligkeit können auch nicht etwa Kaufleute nach §§ 352, 353 HGB verlangen, selbst dann nicht, wenn auch der Vr Kaufmann ist, denn § 94 VVG ist lex specialis (PM § 94 Anm. 2), und eine Besserstellung von Kaufleuten als VN wäre hier unmotiviert. **Fällig** sind die Zinsen nach §§ 17 Nr. 1 letzter **Satz** AFB 30, AEB, VHB 74, 16 Nr. 2 AERB, 16 Nr. 1 AWB, AStB, 19 Nr. 1 VGB, 16 Nr. 2 Abs. 3 AFB 87, AERB 87, AWB 87, AStB 87, 24 Nr. 2 Abs. 2 VMB 84, 23 Nr. 2 Abs. 3 VGB 88 zusammen mit der Entschädigung. Wegen der Beträge, die unter den Voraussetzungen einer Wiederherstellungsklausel verlangt werden können, vgl. Y V 1 und 9.

4   § 94 VVG sieht eine Verzinsung mit 4% vor. Die Vorschrift war zwar ursprünglich nicht zwingend. Jedoch dürfen die AVB wegen § 9 AGBG jetzt nicht mehr hinter § 94 VVG zurückbleiben. § 94 VVG ist auf alle hier behandelten Zweige der SachV anzuwenden, A IV 43 und z.B. L I 3, denn eine ausführliche Regelung der DiebstahlV usw. fehlt im VVG nur deshalb, weil es diese Zweige im Jahr 1908 überhaupt noch nicht oder nur vereinzelt gegeben hat, PM vor § 81 Anm. 3 b.

5   Nicht einmal die **Betriebsunterbrechungs**V schließt der Wortlaut des § 94 VVG („FeuerV") aus, vgl. schon X III 4 der 2. Aufl. sowie L II 26. Der Ausschluß in **§ 15 Nr. 4 FBUB** und in der ursprünglichen Fassung von § 6 **BVM** (Texte 19 der 1. Aufl.) erklärt sich durch die Praxis der BetriebsunterbrechungsVr, Abschlagszahlungen nach Vorliegen eines Sachverständigengutachtens auch über § 11 Abs. 2 VVG hinaus zu leisten, nämlich auch für die voraussichtliche zukünftige Unterbrechungsdauer innerhalb der Haftzeit und damit teilweise für einen noch nicht entstandenen Schaden. Beide Bestimmungen wurden aber durch die Vr inzwischen als Verstöße gegen § 9 Abs. 2 Nr. 1 AGBG erkannt und einseitig durch eine für die VN günstigere Regelung ersetzt, vgl. VerBAV 84, 389 (400) sowie die in Texte 23 abgedruckte Neufassung von § 6 BVM. Um Berechnungsschwierigkeiten durch einen vielfach – nämlich entsprechend dem Entstehungszeitpunkt je BU-Schaden-Teilbetrag – gestaffelten Zinsbeginn zu vermeiden, lassen die Neufassungen

die Verzinsung erst mit dem Ende des Bewertungszeitraums mit dem Zeitpunkt beginnen, von dem an ein versicherter Schaden überhaupt nicht mehr entstehen kann. Ähnlich lautet § 13 Nr. 2 **ABM 88**, vgl. Texte 25.

Motiv der Verzinsung: Der Vr soll keinen Vorteil und der VN keinen 6 Nachteil davon haben, daß die *Fälligkeit der Entschädigung nicht sofort* eintritt, sondern vom Abschluß der nötigen Erhebungen abhängt, Y I 1 und 2. Andererseits soll die *Monatsfrist* den Vr in der Masse der Fälle, die nämlich innerhalb dieses Monats abschließend erledigt werden, von der Mühe der Berechnung von Zinsen ebenso freihalten wie von möglichen Meinungsverschiedenheiten über die Fälligkeit einer Abschlagszahlung, Y III 6.

Abgesehen von der Monatsfrist und abgesehen von den besonderen Vor- 7 schriften über die Verzinsung von Teilen der Entschädigung, die erst nach Sicherstellung der Wiederherstellung oder Wiederbeschaffung fällig werden, Y V 1, unterstellen § 94 VVG und die AVB mit Recht, daß in der SachV anders (Y IV 5) als in der BetriebsunterbrechungsV der **Schaden** des VN **sofort** mit dem VFall eintritt und daß die **Zeitdifferenz** zwischen dem VFall und der Zahlung der Entschädigung durch **Zinsen** ausgeglichen werden muß.

Allerdings wird nie sofort im Zeitpunkt des VFalls wiederhergestellt oder 8 wiederbeschafft, weil nämlich die Wiederherstellung oder Wiederbeschaffung nicht sofort möglich ist (Lieferzeiten, nötige Reparaturdauer), oder weil der VN erst einmal die Entschädigung abwartet, um nicht mit Kreditzinsen belastet zu werden. Aber damit wird der Schaden nicht verzögert oder verkleinert, sondern nur verlagert und umgewandelt, und zwar von einem Sachschaden in einen Vermögensfolgeschaden, weil nämlich der VN während dieser Zeit die beschädigten oder zerstörten oder abhandengekommenen Sachen nicht oder nur verschlechtert besitzt und nicht oder nur beschränkt nutzen kann. Der Geldbedarf im Sinn von A I 4 entsteht daher erst mehr oder weniger lange nach dem VFall. Nun ist zwar ein *Nutzungsfall* grundsätzlich *nicht* versichert, Q III 6. Soweit aber der Nutzungsausfall nur als *Surrogat* eines Substanzschadens und als Folge der Dauer der nötigen Erhebungen des Vr entsteht, darf der Vr diese *Umschichtung des Schadens* wirtschaftlich nicht als Argument gegen eine Entschädigung ansehen: andernfalls wäre der SachV-Schutz unvollständig.

Das in Y IV 6 bis 8 geschilderte Motiv der Verzinsung gilt auch, wenn 9 zwischen Eintritt des VFalls und Zahlung der Entschädigung *kein Kaufkraftschwund* eintritt. Daraus folgt, daß die Verzinsung in Zeiten, in denen zusätzlich die Kaufkraft schwindet, **nicht** dem **Ausgleich des Kaufkraftschwundes** dient. Die Verzinsung ist daher auch *nicht* (Q I 66) ein Argument für eine einschränkende Auslegung der Worte „Versicherungswert" oder „Reparaturkosten *zur Zeit des Eintritts des VFalls"* in den in Q I 57 zitierten AVB-Bestimmungen.

1. Die **Monatsfrist** für den Beginn (Y IV 1) der Verzinsung wird **gehemmt"**, 10 also verlängert, solange die Entschädigung infolge Verschuldens des VN nicht festgestellt oder nicht gezahlt werden kann, **§§ 17 Nr. 1 Satz 3 AFB 30, AEB, 16 Nr. 3 AERB, 16 Nr. 1 Satz 3 AWB 68, AStB 68, 17 Nr. 1 Satz 3 VHB 74, 19 Nr. 1 Satz 3 VGB 62.** Wie bereits zu den entsprechenden Vorschriften bezüglich der Abschlagszahlung dargelegt, wird die Frist um den Zeitraum

verlängert, um den durch ein – zeitlich vielleicht etwas längeres oder etwas kürzeres – schuldhaftes Fehlverhalten des VN das Ende der nötigen Erhebungen des Vr im Ergebnis verzögert wird, vgl. Y III 11 zur Abschlagszahlung und Hamm VersR 82, 1091. § 94 Abs. 2 VVG enthält eine entsprechende gesetzliche Vorschrift, wo übrigens abweichend von § 11 Abs. 3 VVG nicht von „Beendigung" der Erhebungen, sondern von „Festsetzung" des Schadens die Rede ist.

11   Entgegen Y III 6 der 1. Aufl. kann daraus aber **nicht** hergeleitet werden, die Frist könne rückwirkend verlängert werden, ein dem Grund nach bereits entstandener Zinsanspruch also rückwirkend erlöschen, wenn **nach** Ende der Monatsfrist ein schuldhaftes Fehlverhalten des VN beginnt. Dieses Auslegungsergebnis ist im Fall der Verzinsung noch wesentlich eindeutiger als bei der Abschlagszahlung (Y III 12), denn der Vr hatte ungeschmälert die ihm zustehende Chance, durch Zahlung innerhalb eines Monats der Verzinsung gänzlich zu entgehen. Wenn er sie nicht nutzen konnte, und sei es auch ohne eigenes Verschulden, so wurde er daran doch jedenfalls nicht durch Verschulden des VN gehindert. Dann aber rechtfertigt sich aus den Gründen gemäß Y IV 7 und 8 der Zinsbeginn, BGH VersR 84, 1137, 86, 961 = NJW-RR 1470. Wird die Verzinsung infolge späteren schuldhaften Fehlverhaltens des VN verlängert, so wird dieser Nachteil für den Vr durch dessen Vermögenserträge aus der entsprechend später zu zahlenden Entschädigung in aller Regel mindestens kompensiert. Ist das Fehlverhalten des VN so gravierend, daß der Vr nach § 6 Abs. 3 VVG leistungsfrei wird, so entfallen stets auch der Zinsanspruch sowie der Rechtsgrund für etwa bereits gezahlte Zinsen.

12   2. §§ 16 Nr. 2 Abs. 2 AFB 87, AERB 87, AWB 87, AStB 87, 24 Nr. 2 Abs. 2 VHB 84, 23 Nr. 2 Abs. 2 VGB 88 die Bedeutung der Monatsfrist so, wie dies dem in Y IV 7 bis 9 geschilderten Motiv der Zinspflicht entspricht. Die **Verzinsung entfällt** für den schon gezahlten Teil der Entschädigung **völlig,** wenn und soweit der Vr **Entschädigung innerhalb des ersten Monats** zahlt. Geschieht dies ganz oder teilweise *nicht*, muß der Vr also ohnehin Zinsen aus einem nicht getilgten Betrag berechnen, so besteht wirtschaftlich kein Grund, die **Verzinsung** erst nach Ablauf jenes Monats beginnen zu lassen. Sie **beginnt** daher nach zitierten AVB-Bestimmungen **schon mit der Schadenanzeige.**

13   Dadurch nimmt allerdings die Bedeutung der Frage zu, ob bei Ablauf der Monatsfrist schon „gezahlt" war, denn hiervon hängt nun nicht mehr nur ein Zinsanspruch für ein oder zwei Tage, sondern immerhin ein solcher für einen ganzen Monat ab. „Zahlung" ist, wie schon in Y IV 2 erwähnt, auch hier mit fristgerechter Leistungshandlung des Vr und seiner Bank gleichzusetzen, mag auch der Zahlungserfolg, nämlich die Gutschrift bei der Bank des VN, erst nach Fristende eintreten, Y II 4 und 8. Nachträgliche Zahlungen nach Fristende sind auch dann zu verzinsen, wenn die während der Monatsfrist geleistete Zahlung zunächst für endgültig gehalten wurde, sich dann aber aufgrund neuer Beweismittel eine zusätzliche Entschädigungspflicht ergibt.

14   Nach § 24 Nr. 3 VHB 84 würde die Verzinsung ganz allgemein später beginnen, wenn der VN die nötigen **Erhebungen** des Vr **durch schuldhaftes Fehlverhalten behindert** hat, vgl. auch Y III 15 für die Abschlagszahlung. Dies geht schon deshalb zu weit, weil die verzögerten Erhebungen oft schon als solche

zu späterer Fälligkeit führen. Der VN würde in diesen Fällen doppelt „bestraft", wenn auch noch die Verzinsung später begänne. Gleichwohl ist die Vorschrift nicht in vollem Umfang unwirksam, sondern nur, soweit sie über § 94 Abs. 1 und 2 VVG hinausgeht. Sie ist also wirksam, soweit sie den Verzinsungsbeginn höchstens um in 4 Abs. 1 VVG vorgesehenen Zeitraum von einem Monat zuzüglich einer Verlängerung dieser Monatsfrist gemäß § 94 Abs. 2 VVG hinausschiebt. Soweit allerdings § 24 Nr. 3 VHB 84 über diesen Effekt hinausgeht, ist die Bestimmung gemäß § 9 Abs. 2 Nr. 1 AGBG i. V. m. § 94 VVG unwirksam. Handelt der VN nur leicht fahrlässig, so führen auch §§ 15 a, 6 Abs. 3 VVG zu demselben Ergebnis.

Da somit ein Fehlverhalten dem VN hinsichtlich des Verzinsungsbeginns **15** nur im Rahmen des § 94 VVG schaden darf, sind für die zeitliche Lage des Fehlverhaltens und für den **Umfang der Verlängerung der Monatsfrist** trotz des abweichenden Wortlauts von § 24 Nr. 3 VHB 84 die Ausführungen in Y IV 10 und 11 sowie die dort gegebenen Hinweise auf die Erläuterungen zum Aufschub der Fälligkeit einer Abschlagszahlung (Y III 9 bis 14) heranzuziehen). Die übrigen in Y IV 12 zitierten AVB-Bestimmungen sind ohnehin korrekt formuliert.

3. Gerät der Vr in **Verzug,** X I 3, so schuldet er nach § 288 Abs. 1 BGB **16** **Verzugszinsen,** und zwar normalerweise 4% (§ 246 BGB), gegenüber Kaufleuten 5% (§ 352 HGB). Sie sind *neben den vertraglichen Zinsen* (aber selbstverständlich nur aus dem Grundbetrag der Entschädigung) zu zahlen, denn § 288 Abs. 1 BGB gibt dem Gläubiger einen *pauschalen* Anspruch, der einen Schadennachweis nicht voraussetzt (ebenso RGZ 92, 284 gegen die Anrechnung von Darlehenszinsen); wie hier Prölss in PM § 11 Anm. 7 unter Berufung auf RG VA 23 Nr. 1302 c, wo aber nicht speziell von den Verzugszinsen, sondern nur von „Verzugsschaden" die Rede ist.

Die in Y IV 1 zitierten Bestimmungen schließen den Verzugszinsenanspruch **17** weder ausdrücklich noch stillschweigend aus, zumal der Eintritt des Verzuges sonst für den Vr im Normalfall – kein Nachweis eines individuellen Schadens gemäß §§ 288 Abs. 2, 286 Abs. 1 BGB – ohne nachteilige Folge bleibe. Ein Ausschluß durch die AVB wäre überdies bedenklich wegen § 11 Nr. 8 b und § 9 Abs. 2 Nr. 1 AGBG. Man könnte nicht argumentieren, es handle sich um eine bis zur Grenze des § 11 Nr. 7 AGBG zulässige bloße Beschränkung des Verzugszinsenanspruchs, weil der VN doch immerhin die vertraglichen Zinsen erhalte. Letzteres trifft auch ohne Verschulden des Vr und somit ohne Verzug zu.

Fordert der VN allerdings *mehr* als die vertraglichen Zinsen zuzüglich **18** Verzugszinsen gemäß Y IV 16, so muß er einen solchen **individuellen Verzugsschaden** gemäß §§ 288 Abs. 2, 286 Abs. 1 BGB voll nachweisen und sich die vertraglichen Zinsen anrechnen lassen (BGH VersR 84, 1137; offen geblieben in OGH VersR 50, 100 = VerBAV 53, 50). In Höhe der vertraglichen Zinsen fehlt es an einem Schaden. Der Versuch des Nachweises eines individuellen Verzugsschadens – gleichgültig, ob wiederum in Form eines Zinssatzes (z. B. bei Inanspruchnahme von teurem Bankkredit) oder in sonstiger Form (z. B. Kapitalertrag als Ersatz entgangenen Gewinns aus einem wegen der verspäteten Entschädigung nicht abgeschlossenen Geschäft) – ist somit aus der Sicht des VN nur sinnvoll, wenn der nachweisbare Schaden die Summe aus vertraglichen Zinsen und gesetzlichen Verzugszinsen übersteigt.

19   Entgegen Hamburg NJW-RR 89, 680 – ebenso möglicherweise LG Köln RuS 90, 97 („abschließend geregelt") und Celle RuS 90, 93 (obwohl dort verbal der hier vertretenen Ansicht zugestimmt wird) – ist es keineswegs „absurd, daß derjenige, der seinem (individuellen) Verzugsschaden geltend macht (und nachweist), sich die Anrechnung der vertraglichen Zinsen gemäß § 94 VVG gefallen lassen muß, während derjenige, der nur die gesetzlichen Verzugszinsen fordert, diese kumulativ (neben den Zinsen aus § 94 VVG) beanspruchen kann". Dies ergibt sich aus nachfolgender Tabelle. In dieser Tabelle bedeuten
- Spalte a den Prozentsatz der Zinsen gemäß § 94 VVG und den in Y IV 1 zitierten AVB-Bestimmungen;
- Spalte b den Prozentsatz der Verzugszinsen gemäß §§ 288 Abs. 1, 352 HGB;
- Spalte c den nachweisbaren individuellen Verzugsschaden in Prozent, berechnet ohne Berücksichtigung der Zinsen gemäß § 94 VVG und der Verzugsszinsen;
- Spalte d den nach Ansicht vom OLG Hamburg NJW-RR 89, insgesamt zu zahlenden Prozentsatz an Zinsen;
- Spalte e den nach der hier vertretenen Ansicht insgesamt zu zahlenden Prozentsatz an Zinsen:

a)	b)	c)	d)	e)
4	5	–	5	9
4	5	3	5	9
4	5	7	7	9
4	5	10	10	10

20   Jede Pauschalierung führt zu einem Bruch insofern, als der Nachweis eines bestimmten Betrages erst von einer bestimmten Grenze an wirtschaftlich sinnvoll wird. Zwischen den beiden Ansichten besteht hinsichtlich der Folgen der Pauschalierung, wie vorstehende Tabelle zeigt, kein grundsätzlicher, sondern nur ein gradueller Unterschied. *Irgendeine* Grenze, bis zu welcher der *Nachweis* eines individuellen Verzugsschadens *ohne Wirkungen* bleibt, ergibt sich nach *beiden* Rechtsansichten. Nur liegt diese Grenze nach der hier vertretenen Ansicht entsprechend höher, nämlich bei der Summe aus vertraglichen Zinsen und Verzugszinsen, während sie nach der Ansicht OLG Hamburg NJW-RR 89, 680 bei der Höhe der gesetzlichen Verzugszinsen liegt.

V. Insbesondere Verzinsung und Wiederherstellungsklauseln

1   Nach §§ 17 Nr. 1 Satz 5 AFB 30, 16 Nr. 4 Abs. 3 AERB, 16 Nr. 1 Satz 4 AWB 68, AStB 68, 17 Nr. 1 Satz 2 VHB 74, 19 Nr. 1 Satz 2 VGB 62 beginnt die *Zinspflicht* für diejenigen Teile der Entschädigung *später*, deren Entstehung und Fälligkeit von der Sicherstellung der Wiederherstellung oder Wiederbeschaffung abhängt. Im wesentlichen sind das Neuwertspanne, R IV 6, die Wiederherstellungskosten für Datenträger Q II 58 sowie die Differenz zwischen Zeitwert und gemeinem Wert bei Mustern, Q II 68. Die VHB 84

enthalten Wiederherstellungsklauseln (R IV 9) und daher in § 24 VWB 84 auch eine Sonderregelung für die Verzinsung nicht mehr, Y V 11. Wegen §§ 16 Nr. 4 AFB 87, AERB 87, AWB 87, AStB 87 und § 23 Nr. 4 VGB 88 usw vgl. Y V 9 und 10.

§ 94 VVG (Y IV 3 bis 8) macht zwar keine Ausnahme zugunsten des Vr für   2 den Beginn der Zinspflicht aus den von einer Wiederherstellung usw. abhängigen Teilen der Entschädigung, aber wohl nur deshalb nicht, weil die Verfasser des VVG die NeuwertV überhaupt noch nicht und daher die Wiederherstellungsklauseln nur als seltenen Fall gekannt hatten. Deshalb verstoßen die AVB mit ihrer für den VN nachteiligen **Abweichung von § 94 VVG** wohl auch nicht gegen § 9 Abs. 2 Nr. 1 AGBG.

Im Gegensatz zum Zeitwertschaden (Y IV 4) entstehen der Neuwertscha-   3 den und der Neuwertentschädigungsanspruch (R IV 14) nicht schon im Zeitpunkt des VFalls, sondern erst mit der Sicherstellung der Verwendung für die Wiederherstellung. Daher beginnt die Zinspflicht für die Neuwertspanne sogar nach den AEB erst später, obwohl deren § 17 Nr. 1 Satz 1 im Wortlaut keinen Unterschied macht. Während der vorausgehenden Zeit würde es an einem wirtschaftlichen Grund für die Verzinsung der Neuwertspanne fehlen; die Verzinsung würde den VN entgegen § 55 VVG bereichern. Folgerichtig sind die AVB einschließlich der AEB auch dahin auszulegen, daß sich der Aufschub auch auf die Zinsen gemäß § 94 VVG erstreckt, LG Bremen VA 48, 15 gegen VA 48, 14. Der VN kann sich nicht über die AVB hinaus auf § 94 VVG als Anspruchsgrundlage für einen früheren Beginn der Verzinsung der Neuwertspanne berufen.

Nach § 17 Nr. 1 Satz 1 AEB beginnt also die Verzinsung der Neuwertspan-   4 ne mit der **objektiven Tatsache der Sicherstellung** der Wiederherstellung usw. Dies folgt daraus, daß der Anspruch auf die Neuwertspanne erst mit diesem Zeitpunkt entsteht, Y V 3, mag auch in der Verzinsungsvorschrift der AEB zwischen Zeitwertschaden und Neuwertspanne nicht unterschieden sein. Daß der VN einen entsprechenden Betrag bereits aufgewendet, die Entschädigung also „verwendet" hat, wird nicht gefordert (Hamm VersR 84, 176).

Nach §§ 16 Nr. 1 Satz 4 AWB 68, AStB 68, 19 Nr. 1 Satz 2 VGB 62, 17 Nr. 1   5 Satz 2 VHB 74 beginnt die Verzinsung der Neuwertspanne **zwei Wochen nach Eintritt der objektiven Tatsache der Sicherstellung**, mag auch die Feststellung dieser Tatsache durch den Versicherer noch länger dauern. Dies folgt aus dem gesonderten Hinweis auf die Verzinsung der Neuwertspanne in den genannten AVB. Der einschlägige Satz verweist zwar nur auf „Satz 2" des maßgebenden Absatzes, dies jedoch nur für die Höhe der Verzinsung und für die Einschränkung, daß jedenfalls nicht vor Ablauf eines Monats ab Schadenanzeige zu verzinsen sei. Von diesen beiden Punkten abgesehen ist nach diesen AVB *wie* für die *Fälligkeit,* so auch für den Zinsbeginn der Ablauf von „zwei Wochen nach Eintritt dieser Voraussetzung" maßgebend.

Nach §§ 16 Nr. 4 Abs. 3 AERB, 17 Nr. 1 Satz 5 AFB 30 gibt es zwar keine   6 Zweiwochenfrist speziell für die Verzinsung der Neuwertspanne, aber es entscheidet von vornherein nicht die objektive Tatsache, sondern erst die *vollständige Feststellung der Sicherstellung usw.* Diese Regelung ist für den Vr am günstigsten, denn „vollständige Feststellung" schließt neben der Zeit für die Vorlage der Nachweise durch den VN die dem Vr im Rahmen seiner

„nötigen Erhebungen" generell zuzubilligende angemessene Frist im Sinn von Y I 2 für die Prüfung eingereichter Unterlagen (hier: über die Sicherstellung usw.) ein. Die Verzinsung wird daher nach den AERB und AFB 30 in der Regel erst etwas später als zwei Wochen nach Eintritt der objektiven Tatsache der Sicherstellung beginnen; anders mit ungenauer Begründung und für einen etwas abweichenden Text der AFB 30 LG Münster VersR **89**, 844.

7   Die Ausdrucksweise in den Bedingungen ist speziell in § **17 Nr. 1 Satz 5** AFB 30 deshalb besonders schlecht, weil nach dem Wortlaut nicht die Zinspflicht, sondern die Ermäßigung des Zinssatzes erst in dem genannten Zeitpunkt beginnt. Da es indessen ganz unsinnig wäre, vor jenem Zeitpunkt sogar höher zu verzinsen, kann der Wortlaut der AFB 30 im Rahmen einer noch zulässigen Auslegung als „Redaktionsversehen" korrigiert werden.

8   Leider sind übrigens auch die AERB nicht ganz korrekt formuliert. Genau müßte es in § **16 Nr. 4 Abs. 3 AERB** heißen: „. . . wenn die *dort* (nämlich in Abs. 1 und Abs. 2 des § 16 Abs. 4) *genannten zusätzlichen* Voraussetzungen der Entschädigung vollständig festgestellt sind". Nähme man die tatsächlich gewählte und nicht ganz zutreffende Formulierung wörtlich, so würde z. B. bei einem zweijährigen Streit um die Ersatzpflicht dem Grunde nach (Nachweis eines erschwerten Diebstahls? Frage der Obliegenheitsverletzung oder der groben Fahrlässigkeit) die Zinspflicht für den Zeitwertschaden einen Monat nach Schadenanzeige, für die Neuwertspanne dagegen auch dann erst nach Ende jener zwei Jahre beginnen, wenn die Teilfrage der „Sicherstellung" schon weit früher geklärt war, z. B. nach sechs Monaten. Dies ist natürlich nicht gemeint.

9   §§ **16 Nr. 4 Abs. 3 AFB 87, AERB 87, AWB 87, AStB 87** entsprechen § 16 Nr. 4 Abs. 3 AERB insofern, als sie auf die vollständige Feststellung abstellen, jedoch ausdrücklich und korrekt auf die vollständige Feststellung der „zusätzlichen Voraussetzungen" gemäß den Wiederherstellungsklauseln. Regelungsgegenstand ist hier aber anders als in den oben Y V 1 zitierten älteren Bestimmungen **nicht** mehr ein **aufgeschobener Verzinsungsbeginn,** sondern nur noch die Fälligkeit der Zinsen für die Neuwertspanne. Die Regelung weicht inhaltlich von § 16 Nr. 2 Abs. 3 AFB 87, AERB 87, AWB 87, AStB 87 nicht ab und ist daher neben jenen allgemeinen Bestimmungen über die **Fälligkeit** der Zinsen eigentlich überflüssig, vgl. Y IV 4. In § **23 Nr. 4 Abs. 2** VGB 88 wurde die fehlerhafte Formulierung wortgleich übernommen. Vermutlich entgegen den Absichten der Verfasser **beginnt** also nach diesen fünf Bedingungswerken die **Verzinsung der Neuwertspanne** ebenso wie die Verzinsung des Zeitwertschadens schon **mit der Schadenanzeige.**

10   Das gleiche wie für die NeuwertV gilt auch dort, wo *ohne Wiederherstellung* nur der *gemeine Wert,* nach Wiederherstellung dagegen der Zeitwertschaden ersetzt wird, vgl. §§ 16 Nr. 4 Abs. 2, 10 Nr. 5 Abs. 3 AERB, 16 Nr. 4 Abs. 2 AFB 87, AERB 87 (*Muster,* Anschauungsmodelle, typengebundene und für die laufende Produktion nicht mehr benötigte *Fertigungsvorrichtungen,* Q II 68), ebenso wo ausnahmsweise zunächst nur zwei Drittel des Zeitwertschadens ersetzt werden, nämlich nach Kl 1801 (5.04), vgl. R IV 2, sowie endlich für die Wiederherstellungskosten für *Datenträger,* Q II 58.

In § 24 VHB 84 brauchte weder der Verzinsungsbeginn noch die Fälligkeit   **11**
der Zinsen für die Neuwertspanne gesondert geregelt zu werden, denn die
VHB 84 enthalten eine Wiederherstellungsklausel überhaupt nicht mehr.

Z. Entschädigungsanspruch und Entschädigungsrückforderung nach Wiederherbeischaffung abhandengekommener Sachen

Übersicht

I. Rechtslage nach den VHB 84 (und anderen AVB ohne Spezialregelung)

1   *Zerstörte* oder *beschädigte* Sachen muß der VN in der Regel *wiederherstellen* oder *wiederbeschaffen*, was Kosten verursacht, so daß durch diese Maßnahmen jedenfalls nicht der Schaden nachträglich wieder wegfallen kann. Allenfalls stellen sich Probleme aufgrund der Wiederherstellungsklauseln, wenn nämlich Wiederherstellung oder Wiederbeschaffung geringere Kosten verursachen, als die Entschädigung nach den AVB betragen kann, vgl. R IV 56 bis 62. **Abhandengekommene Sachen** dagegen können **zurückerlangt** werden, und zwar entweder vor oder nach Zahlung der Entschädigung und entweder vor oder nach Wiederbeschaffung von Sachen gleicher Art und Güte. Dann stellt sich die Frage, ob dadurch der Entschädigungsanspruch erlischt oder eine schon gezahlte Entschädigung zurückzuzahlen ist, insbesondere nach § 812 BGB als ungerechtfertigte Bereicherung. Dabei machte es zwar nicht wirtschaftlich, wohl aber rechtlich einen entscheidenden Unterschied, ob die Sachen *innerhalb oder außerhalb des Machtbereichs des VN*

wieder auftauchen, denn im ersteren Fall waren sie in Wirklichkeit meist (Z I 3) erst gar nicht abhandengekommen.

1. Erweist sich die **Annahme eines VFalls** als ein **Irrtum,** so hat ein Entschä- 2 digungsanspruch von Anfang an nicht bestanden, vgl. aber auch L II 16 wegen Kündigung aufgrund eines irrig angenommenen Falls. Die Rechtslage ist bei vermeintlich zerstörten oder beschädigten und bei vermeintlich abhandengekommenen Sachen die gleiche. In solchen Fällen war mit oder ohne Verschulden des VN die Schadenanzeige oder die Schadenaufstellung unrichtig. Ein Entschädigungsanspruch hat dann gleichwohl von Anfang an nicht bestanden. Eine gezahlte **Entschädigung** ist mangels Rechtsgrundes gemäß § 812 Abs. 1 Satz 1 BGB **zurückzuzahlen,** vgl. allgemein PM § 55 Anm. 3.

Ein *Irrtum* ist die Annahme des Abhandenkommens einer Sache, wenn der 3 VN den unmittelbaren Besitz an der Sache nicht verloren hatte, denn dies gehört zum Begriff des Abhandenkommens als VFall, B II 11. So liegt es z. B. immer dann, wenn sich später zeigt, daß der VN eine als abhandengekommen gemeldete Sache tatsächlich gar *nicht besessen* hatte, jedenfalls nicht zur Zeit des vermeintlichen VFalls, ferner immer dann, wenn die Sache zu jener Zeit lediglich *nicht auffindbar* war. Dies ist vor allem dann der Fall, wenn der VN die Sache „verlegt" und dann ihre Unauffindbarkeit versehentlich mit dem VFall in Zusammenhang gebracht hatte. Ferner gehört hierher der Fall, daß der Dieb oder ein sonstiger Dritter die Sache lediglich **innerhalb des Machtbereichs** (Wohnung oder Betriebsstätte) des VN an einen anderen Ort gebracht hatte. Grundsätzlich erstrecken sich nämlich *Besitz* und Besitzwille des VN auf *alle Sachen innerhalb der von ihm genutzten Räume,* gleichgültig ob er die Existenz und genaue örtliche Lage der Sachen jeweils kennt oder nicht. Nur ganz ausnahmsweise wird man in solchen Fällen annehmen müssen, die Sache sei abhandengekommen, so etwa dann, wenn ein Täter ein Schmuckstück im Haus des VN absichtlich so versteckt, daß der VN keine Chance mehr hat, es in absehbarer Zeit wiederzufinden, z. B. unter ein loses Brett im Dachboden usw.

Daß die gezahlte Entschädigung schon verbraucht war, ehe sich die Annah- 4 me des Abhandenkommens als Irrtum erwiesen hat, spielt jedenfalls so lange keine Rolle, wie dadurch nicht die Bereicherung des VN weggefallen ist, § 818 Abs. 3 BGB. Sie ist insbesondere dann nicht weggefallen, wenn der VN Ausgaben getätigt hat, die er auch ohne den Empfang der geschuldeten Entschädigung getätigt hätte. Ist die **Bereicherung** ausnahmsweise **weggefallen,** so entfällt der Rückzahlungsanspruch. Anders (§§ 818 Abs. 4, 819 Abs. 1 BGB) ist es nur dann, wenn der VN spätestens zur Zeit des Wegfalls der Bereicherung positiv wußte, daß er die Entschädigung zu Unrecht empfangen hatte; fahrlässige Unkenntnis der Unrichtigkeit der Schadenaufstellung schadet ihm dagegen nicht. Die Beweislast für Kenntnis des VN zur Zeit des Wegfalls der Bereicherung trägt der Vr, wenn er Rückzahlung verlangt.

Ein praktisch wichtiger Fall ist der, daß der VN **neue Sachen** schon **gekauft** 5 hatte, ehe er erfährt, daß die vermeintlich zerstörten oder abhandengekommenen Sachen tatsächlich von einem VFall nicht betroffen waren. Schwierigkeiten entstehen freilich nur, wenn zur Zeit des Neukaufs die **Entschädigung** bereits gezahlt war; war sie **noch nicht gezahlt,** so ändert der Neukauf nichts an der Tatsache, daß der Entschädigungsanspruch mangels eines Schadens von Anfang an nicht bestanden hatte. Die irrige und selbst schuldlose Annahme eines VFalls gibt dem VN nicht das Recht, Entschädigung zu verlangen, auch nicht (Z I 21) gegen Herausgabe der vermeintlich zerstörten oder abhandengekommenen oder der neu beschafften Sachen.

6   Schwierigkeiten bereitet der Fall, daß die Rechtsgrundlosigkeit der **gezahlten Entschädigung** erst erkannt wird (fahrlässige Unkenntnis schadet nach § 819 Abs. 1 BGB keinesfalls, Z I 4), nachdem der Neukauf getätigt war. Der VN muß dann trotzdem grundsätzlich die Entschädigung zurückzahlen. Anders liegt es nur, wenn und soweit durch den Neukauf die Bereicherung weggefallen ist (§ 818 Abs. 3 BGB), weil die *gekaufte Sache* für den VN *nicht denselben Wert* verkörpert wie die empfangene und zurückzuzahlende Entschädigung. Dabei spielt es keine Rolle, ob der Neukauf zeitlich nach oder in Erwartung der Entschädigung bereits zeitlich vor deren Empfang gelegen hat. In beiden Fällen besteht der für den Wegfall der Bereicherung nötige Ursachenzusammenhang.

7   *Nicht weggefallen ist die Bereicherung* z. B., wenn ein Groß- oder Einzelhändler Ersatz für vermeintlich abhandengekommene *Waren* anschafft, seine Auftragslage jedoch einen Ausgleich in der Weise ermöglicht, daß er den nächsten nach Aufdeckung des Irrtums anstehenden Neukauf unterläßt. Das Gegenstück *(Bereicherung weggefallen)* bildet der Fall, daß ein wenig begüteter HausratVN Ersatz für ein ihm gehörendes und vermeintlich gestohlenes Schmuckstück beschafft, sich dann aber ergibt, daß das Schmuckstück nur innerhalb der Wohnung verlegt war, sei es durch den VN selbst oder durch den Dieb oder auf sonstige Weise. Hier ist die Bereicherung nur in Höhe des *Verkaufswerts des Ersatzstücks* noch vorhanden, also in Höhe des Betrages, den der VN als Privatmann für das Ersatzstück erzielen kann. Dasselbe gilt ganz allgemein bei Anschaffung von *Gebrauchsgegenständen* nach Empfang einer Neuwertentschädigung. Der Vr kann nur Rückzahlung in dieser Höhe verlangen. Einen Anspruch auf Herausgabe des Ersatzstücks (oder gar des vermeintlich gestohlenen Stücks) hat er nicht, selbst wenn er es nachweislich günstiger verkaufen könnte, denn erlangt hat der VN nur Geld, vgl. näher Z I 20. Zwar kann der VN meist (zumal bei bargeldloser Zahlung) nicht den Originalbetrag zurückgeben; § 818 Abs. 2 und Abs. 3 BGB verpflichtet ihn aber nur zur Rückzahlung eines Geldbetrages in Höhe der noch vorhandenen Bereicherung.

8   2. Tauchen abhandengekommene **Sachen** *außerhalb des Machtbereichs des VN* wieder auf, werden sie also **wiederherbeigeschafft,** und gelangen im Sinn von Z III 2 und 10 wieder in dessen Besitz, so erweist sich dadurch *nicht etwa* nachträglich die Annahme des VFalls als Irrtum. Es ändert sich (anders als in dem oben Z I 2 erörterten Fall) nichts daran, daß die Sache zunächst einmal abhandengekommen und der Entschädigungsanspruch entstanden war. Vorausgesetzt wird hierbei selbstverständlich, daß die Sache sich nach den Umständen des Falles objektiv so eindeutig außerhalb des Machtbereichs des VN befunden hatte, daß von einem Abhandenkommen begrifflich überhaupt hatte die Rede sein können, B II 12.

a) **Erlischt** der **Entschädigungsanspruch oder entfällt** der **Rechtsgrund** für eine **9** schon **gezahlte Entschädigung** dadurch, daß der VN die Sache später in einem bestimmten Zeitpunkt wiedererlangt? Eine ausdrückliche Regelung hierzu enthalten nur §§ 17 Nr. 2 AERB, 18 Nr. 2 AFB 87, AERB 87, AWB 87, AStB 87, Z II 7, für eine bereits voll gezahlte Entschädigung auch §§ 17 Nr. 3 Abs. 2 AEB, 18 Nr. 2 VHB 74, Z II 18. Diese Regelungen lassen sich jedoch nicht auf andere AVB übertragen, in denen entsprechende Bestimmungen fehlen, also insbesondere nicht auf die **AFB 30, AWB 68, AStB 68, VGB 62** und **VGB 88** und nicht auf die **VHB 84**. – Wegen der § 13 Nr. 7 AKB entsprechenden Sonderregelung in Kl 833 Nr. 5 für einfachen Diebstahl von Fahrrädern vgl. D XV 35.

Vor allem in den **VHB 84** handelt es sich um eine störende **Regelungslücke, 10** denn anders als nach den übrigen genannten AVB ohne einschlägige Bestimmungen ist das Risiko des Abhandenkommens (durch erschwerten Diebstahl) in der HausratsV die wichtigste aller versicherten Gefahren. Um so unverständlicher ist es, daß die als Vorbild geeignete Regelung des § 17 Nr. 2 AERB nicht in die VHB 84 übernommen wurde, wo statt dessen in § 25 lediglich eine Anzeigepflicht des VN vorgesehen ist, Z III 2. Aus §§ 812 ff. BGB läßt sich eine mit § 17 Nr. 2 AERB genau übereinstimmende Rechtslage für die übrigen VZweige keinesfalls ableiten, denn das in § 17 Nr. 2 AERB dem VN eingeräumte Wahlrecht ist eine ganz spezielle Rechtsfolge, die in §§ 812 ff. BGB schon ihrer Art nach unter keinen wie auch immer gearteten Voraussetzungen vorgesehen ist.

Die in der 1. Aufl. vertretene Ansicht zu den Folgen der Wiederherbeischaf- **11** fung abhandengekommener Sachen kann nicht aufrechterhalten werden. Dort (ebenso offenbar Ollick VerBAV 80, 296 zu den AVBR 80 in der ReisegepäckV, wo eine ausdrückliche Regelung ebenfalls fehlt) war in Z I 9 angenommen worden, der Entschädigungsanspruch erlösche durch das Wiedererlangen einer versicherten Sache, soweit er noch nicht erfüllt war; ein Anspruch bestehe jedenfalls von diesem Zeitpunkt an ebensowenig, wie wenn die Sache von Anfang an nie abhanden gekommen wäre. Inkonsequent war dann in Z I 11 ein Wegfall des Rechtsgrundes für eine teilweise oder voll bereits gezahlte Entschädigung verneint, gleichwohl aber angenommen worden, der mit der Zahlung bezweckte Erfolg im Sinn von § 812 Abs. 1 Satz 2 BGB sei entfallen. Als Erfolg bezweckt war indessen die Erfüllung des gegen den Vr entstandenen Entschädigungsanspruchs. Die entscheidende Frage in beiden Fällen – Entschädigung gezahlt oder noch nicht gezahlt – ist also, ob der durch Abhandenkommen der Sache eingetretene VFall rückwirkend ungeschehen gemacht wird, falls die Sache später wieder zum VN zurückgelangt.

Weggefallen ist aber **nicht** der **VFall**, sondern weggefallen ist nur der Scha- **12** den, und auch dies nur in Höhe des gemeinen Werts der wiederherbeigeschafften Sache, Z I 13. Nachdem der Entschädigungsanspruch aus dem VVertrag durch das versicherte Abhandenkommen einmal entstanden ist, könnte er als ganzer nur dann (sei es für die Zukunft oder sei es gar auch rückwirkend) wieder wegfallen, wenn dieser Wegfall in einer sog. anspruchsvernichtenden Gegennorm vorgesehen wäre, welche der anspruchsbegründenden Norm gegenüberstünde. Eine solche Norm ist indessen weder im VVG noch im VVertrag enthalten, denn in den hier erörterten AFB 30, AWB

68, AStB 68, VGB 62, VGB 88 und VHB 84 ist die Frage gänzlich ungeregelt. Wie hier argumentiert auch Karlsruhe VersR 84, 635 für die ReisegepäckV.

13   Wohl aber findet sich bei richtiger Auslegung in § 55 VVG, also im gesetzlichen Bereicherungsverbot, eine Gegennorm für den Fall eines **völligen oder teilweisen Wegfalls des Schadens.** Abzuziehen ist der weggefallene Schaden allerdings nicht vom Betrag der geschuldeten Entschädigung, sondern von dem Betrag des versicherbaren Sachschadens, wie er sich ohne UnterV, ohne Selbstbehalt und ohne Entschädigungsgrenzen errechnen würde, vgl. zu diesem sog. **Quotenvorrecht des VN** näher Z I 23 bis 28. Soweit danach ein Schaden von Anfang an nicht eingetreten ist oder nachträglich wieder wegfällt, besteht kraft Gesetzes kein Entschädigungsanspruch. § 3 Nr. 1 Satz 1 AFB 30, bekräftigt diese Rechtslage. Nach den AWB 68, AStB 68, VGB 62, VGB 88 und VHB 84 gilt aber nichts anderes. Insoweit hat der VN eine schon gezahlte Entschädigung nach § 812 Abs. 1 Satz 2 Alternative 1 BGB wegen Wegfalls des rechtlichen Grundes zurückzuzahlen.

14   Wegfall des Schadens kann indessen nur in Höhe des **gemeinen Werts der wiederherbeigeschafften Sache** im Zeitpunkt der Wiederherbeischaffung angenommen werden. Nur in dieser Höhe steht das Bereicherungsverbot des § 55 VVG einer Zahlung der Entschädigung an den VN oder dem Verbleib der gezahlten Entschädigung bei dem VN entgegen. Daß §§ 2 Nr. 1 und 2 NwIG 80, 7 Nr. 1 a VGB 62, 15 Nr. 1 a VGB 88, 18 Nr. 1 a VHB 84 für die Höhe der Entschädigung an die Stelle des gemeinen Werts im Sinn von § 52 VVG den versicherungsrechtlichen *Zeitwert* (Q III 35) oder den *Neuwert* (Q III 26 und Q IV 1) setzen, bleibt auf die Auswirkungen eines Schadenwegfalls *ohne Einfluß*, denn die AVB regeln aaO nur die *Höhe der Entschädigung*, nicht auch den Umfang der Anrechnung eines Schadenwegfalls.

15   Man kann **nicht** sagen, nach Wiedererlangung der Sache sei oder werde der VN durch die gezahlte oder noch zu zahlende Entschädigung auch in Höhe der **Differenz zwischen Zeitwert oder Neuwert** einerseits **und** dem **gemeinen Wert** anderseits ungerechtfertigt **bereichert,** wie § 55 VVG dies gerade verbiete. Läßt man (gewohnheitsrechtlich, Q III 9) die V des versicherungsrechtlichen Zeitwerts oder des Neuwerts über den gemeinen Wert hinaus überhaupt zu, so tritt diese *zulässige* und vertraglich durch die Normen über die Entschädigungshöhe fixierte *Bereicherung* bereits *durch den VFall* und nicht erst durch die Wiedererlangung der Sache ein. Die Wiedererlangung der Sache würde den VN bei unverändert bleibender Entschädigung nur in Höhe des Wertes dieser wiedererlangten Sache *zusätzlich* bereichern. Nur *insoweit* entfällt daher der Anspruch auf die Entschädigung oder der Rechtsgrund für die bereits gezahlte Entschädigung.

16   Für den Mehrbetrag, also für die Differenz zwischen dem versicherungsrechtlichen Zeitwert oder dem Neuwert einerseits und dem gemeinen Wert anderseits, kommt es nicht darauf an, ob der VN – sei es vor oder nach Empfang der Entschädigung – bereits Ersatz für die abhandengekommene Sache beschafft oder wie er sonst die Entschädigung verwendet oder über den Entschädigungsanspruch verfügt hat. Auch wenn er dies noch nicht getan hat (anders Ollick VerBAV 80, 256 zu den AVBR 80 in der ReisegepäckV), behält er im Umfang jenes Mehrbetrags den Entschädigungsanspruch, oder der Empfang der Entschädigung behält seinen Rechtsgrund. Im Gegenteil

steht dem VN zusätzlich ein Quotenvorrecht in der Weise zu, daß der gemeine Wert der wiederherbeigeschafften Sachen zugunsten des VN zunächst denjenigen Schadenteil abdecken, der wegen UnterV, Selbstbehalt oder Entschädigungsgrenzen unversichert ist, Z I 23 bis 28.

b) Die Frage des **Wegfalls der Bereicherung** gemäß §§ 818 Abs. 2, 819 Abs. 1 **17** BGB (vgl. schon Z I 4 bis 7) stellt sich nur, wenn eine **Entschädigung** bereits **gezahlt** war, und auch dann nur in **Höhe des gemeinen Werts der wiederherbeigeschafften Sache** und nach Berücksichtigung des Quotenvorrechts des VN gemäß Z I 23 bis 28. Muß der VN den so ermittelten Betrag an den Vr gegebenenfalls auch dann zurückzahlen, wenn er ihn nicht für einen Neukauf, sondern sonstwie in einer Weise ausgegeben (z. B. verschenkt oder auch verloren) hat, zu der es ohne den Empfang der Entschädigung einen vergleichbaren Tatbestand nicht gegeben hätte? Gerade nach den VHB 84 ist dies auch praktisch bedeutsam, denn die VHB 84 enthalten eine Wiederherstellungsklausel nicht mehr; der VN darf die Entschädigung auf beliebige Weise verwenden. Selbst nach Anschaffung einer Sache gleicher Art und Güte könnte sich die Frage des Wegfalls der Bereicherung noch stellen, wenn nämlich der VN das Ersatzstück alsbald auf nicht versicherte Weise wieder einbüßt.

Der Wegfall der Bereicherung und damit des Bereicherungsanspruchs des **18** Vr ist in den genannten Fällen zu bejahen. §§ 819 Abs. 1, 818 Abs. 4 BGB verschärfen die Haftung des VN als des Empfängers der Bereicherung nur, soweit er zur Zeit des Wegfalls bereits wußte, daß die Zahlung ohne Rechtsgrund erfolgt war, vgl. Z I 4 zu einer von Anfang an rechtsgrundlosen Zahlung. Nur unter dieser Voraussetzung schuldet der VN Rückzahlung unter Umständen trotz Wegfalls der Bereicherung. § 820 BGB ist hingegen nicht anzuwenden. Eine unsichere Aussicht auf Rückerlangung der Sache begründet die verschärfte Haftung noch nicht. Zu beachten bleibt aber § 826 BGB für den Fall eines nachweislich arglistigen Verhaltens des VN.

Hingegen kann der Vr dem Einwand des Wegfalls der Bereicherung nicht **19** entgegenhalten, der VN besitze jedenfalls noch die wiederherbeigeschaffte Sache und müsse diese oder deren gemeinen Wert in Geld ohne Rücksicht auf den Verbleib der gezahlten Entschädigung zurückgeben. Hierbei würde verkannt, daß nicht die wiederherbeigeschaffte Sache, sondern die gezahlte Entschädigung (genauer in der Regel nur ein Teil davon, Z I 14 und 16) den *Gegenstand der Bereicherung* bildet, auf deren Wegfall es nach § 818 Abs. 3 BGB allein ankommt. Die Wiedererlangung der Sache begründet nicht eine Bereicherung, sondern läßt nur den Rechtsgrund für die Zahlung des Betrages wegfallen, Z I 13, durch dessen Empfang der VN rückblickend gesehen in Wahrheit bereits bereichert wurde.

Gegenstand des Bereicherungsanspruchs ist nicht die wiederherbeigeschaffte **20** Sache, sondern die gezahlte Entschädigung (oder ein Teil davon) oder die an ihrer Stelle noch vorhandene Bereicherung (§ 818 Abs. 3 BGB). Weder kann der VN den Vr gegen dessen Willen durch Herausgabe der wiedererlangten Sache abfinden, noch kann der Vr diese Sache statt einer Zahlung in Höhe ihres gemeines Werts verlangen. Der Vr kann dies auch dann nicht, wenn er die Sache nachweislich günstiger als für den Betrag ihres gemeinsamen Wertes verkaufen könnte. Aus der in Z I 10, Z II 3 sowie Z III 2, 7 und 10 erwähnten Anzeigepflicht ist etwas anderes nicht abzuleiten. Der Vr soll durch die Anzeige nur in die Lage versetzt werden, die Frage eines Bereicherungsanspruchs zu prüfen. Nicht wird in den Normen über die Anzeigepflicht etwas am Gegenstand des Bereicherungsanspruchs gemäß §§ 812 ff. BGG geändert.

21   Allenfalls kann der Vr die Zahlung der ungekürzten Neuwertentschädigung von einer **Übereignung** (§ 931 BGB) **der gestohlenen Sache** durch Abtretung des Anspruchs gegen den Besitzer abhängig machen, wenn auch nicht nach den AVB, so doch jedenfalls nach § 55 VVG, denn genau besehen wird der VN schon durch die Zahlung der ungekürzten Neuwertentschädigung ohne Übereignung der gestohlenen Sache ein wenig bereichert, nämlich um den – wenn auch meist geringen – Wert des Herausgabeanspruchs gegen den Dieb oder den sonstigen Besitzer in Verbindung mit dem fortbestehenden Eigentum an der gestohlenen Sache. Nur wenn der Vr diesen Weg gegangen ist, steht ihm später gegebenenfalls die wiederherbeigeschaffte Sache zu; der Vr braucht dann nicht mit dem Einwand des Wegfalls der Bereicherung zu rechnen. Allerdings steht der beschriebene Weg dem Vr nur dann offen, wenn die Sache voll mit ihrem Neuwert entschädigt wird, wenn also keine UnterV besteht, kein Selbstbehalt vereinbart ist und keine Entschädigungsgrenze zu beachten ist, die zu einem Quotenvorrecht des VN an der wiederherbeigeschafften Sache führen würden.

22   c) Ebenso kann der Vr die wiedererlangte Sache in Anspruch nehmen, wenn die **Entschädigung noch nicht gezahlt** war. In den AFB 30, AWB 68, AStB 68, VGB 62, VGB 88 und VHB 84 ist zwar keine Bestimmung entsprechend §§ 17 Nr. 3 Abs. 1 AEB, 18 Nr. 1 VHB 74 enthalten, wonach der VN dem Vr auf Verlangen schon vor (sonst vgl. Z I 21) Zahlung der Entschädigung seine Rechte an der Sache abzutreten hätte, sobald deren Verbleib ermittelt ist, Z II 3. Der Vr kann jedoch gegen Zahlung der ungekürzten Neuwertentschädigung **Herausgabe und Übereignung der Sache** verlangen, Z I 21. Sobald die bedingungsgemäße Entschädigung hingegen auch nur geringfügig hinter dem Neuwert der Sache zurückbleibt, entfällt jene Möglichkeit für den Vr.

23   d) Wird ein Dritter als Schädiger für einen Teilbetrag des versicherbaren Sachschadens mit Erfolg auf **Schadenersatz** in Anspruch genommen, so steht dem VN bei richtiger Auslegung von § 67 **Abs. 1 VVG** ein sog. **Quotenvorrecht** in der Weise zu, daß die Zahlung des Dritten in erster Linie dem wegen UnterV, Selbstbehalt oder Entschädigungsgrenzen nicht gedeckten Schadenteil zugeordnet, dem VN also im Umfang der Deckungslücke vorab und ohne Verlust seines Entschädigungsanspruchs gegen den Vr zusteht, vgl. T II 2 für den Selbstbehalt sowie allgemein PM § 67 Anm. 4 B a. Speziell für den Selbstbehalt läßt sich dieser Grundsatz auch umgekehrt so formulieren, daß der Selbstbehalt vorrangig dem Teil des Schadens zugeordnet wird, der den VN am wenigsten belastet, z. B. weil ein zahlungsfähiger Regreßschuldner vorhanden ist, T II 3. Der **Grundsatz der proportionalen Zuordnung** jeder Entschädigung auf sämtliche betroffenen Sachen und Interessen (S II 25) wird durch dieses Quotenvorrecht **durchbrochen**, S II 27.

Es wäre willkürlich und sinnwidrig, dem VN das Quotenvorrecht nur 24
dann einzuräumen, wenn der Schädiger Schadenersatz leistet, nicht hingegen
dann, wenn sich ein Schadenersatz erübrigt, weil bei einem Dieb als Schädiger
noch die **abhandengekommenen Sachen selbst** sichergestellt werden können,
T II 5. In beiden Fällen ist der durch den Schädiger gezahlte oder bei ihm
vorgefundene Betrag **zunächst dem** seiner Art nach versicherbaren, wegen
UnterV, wegen eines Selbstbehalts oder wegen einer Entschädigungsgrenze
im Einzelfall jedoch **unversicherten Teil des Schadens zuzurechnen.** Hierbei ist
es *gleichgültig*, ob die Leistung des Schädigers oder die wiederherbeigeschafften Sachen dem VN *vor* oder *nach* Empfang der Entschädigung sowie *vor*
oder *nach* Ersatzbeschaffung zufließen.

Beispiel: Geraubt werden 20 000 DM versichertes Bargeld. Wegen eines 25
Selbstbehalts oder einer Entschädigungsgrenze hat der Vr jedoch nur
10 000 DM zu entschädigen. Bei dem Täter werden 12 000 DM sichergestellt
und fließen dem VN zu. Sind die Geldscheinnummern des geraubten Betrages
nicht bekannt und läßt sich auch sonst nicht zuverlässig feststellen, ob der
sichergestellte Betrag aus dem versicherten Raub oder aus einer sonstigen
Straftat herrührt, so steht dem VN das Quotenvorrecht nach der Rechtsprechung zu § 67 VVG zweifelsfrei zu, weil der VN nicht sein Eigentum zurückerlangt, sondern es sich um eine Schadenersatzleistung handelt. Der Betrag von
12 000 DM kommt zu 10 000 DM dem VN und nur zu 2000 DM dem Vr
zugute. Das gleiche muß gelten, wenn die beschlagnahmten 12 000 DM nachweislich im Eigentum des beraubten VN stehen, es sich also um wiederherbeigeschaffte Sachen handelt. Hierbei wird zunächst unterstellt, daß dem Vertrag
nicht eine der in Abschnitt Z II behandelten AVB-Regelungen zugrunde liegt.
Zur Frage der Wirksamkeit dieser abweichenden Regelungen vgl. Z II 24.

Nicht anders liegt es, wenn nicht Bargeld, sondern z. B. ein nach den 26
VHB 84 als Hausrat versicherter Teppich im Neuwert von 20 000 DM durch
erschwerten Diebstahl abhandenkommt. Hat der Vr wegen UnterV in Höhe
von 50% nur 10 000 DM zu entschädigen und wird der Teppich mit einem
gemeinen Verkaufswert von 12 000 DM wiederherbeigeschafft, so kann der
Vr die Entschädigung nur um 2000 DM kürzen oder – falls sie schon gezahlt
ist – nur 2000 DM zurückfordern, ebenso wie wenn der Dieb in Höhe von
12 000 DM mit Erfolg auf Schadenersatz in Anspruch genommen worden
wäre. Der **Abzug** gemäß Z I 13 und 14 in Höhe **des gemeinen Wertes** der
wiederherbeigeschafften Sachen ist also nicht vom Betrag des Entschädigungsanspruches, sondern **vom Betrag des** seiner Art nach **versicherbaren Sach-**
schadens vorzunehmen, so wie er sich ohne UnterV, Selbstbehalt und Entschädigungsgrenzen ergäbe.

Dieselbe Rechtslage ergibt sich, wenn nicht ein Teppich im Neuwert von 27
20 000 DM, sondern zwei Teppiche im Wert von je 10 000 DM gestohlen
werden und die Entschädigung ebenfalls wegen UnterV nur insgesamt
10 000 DM beträgt. Werden in einem solchen Fall beide Teppiche mit einem
gemeinen Verkaufswert von je 6000 DM wiederherbeigeschafft, so darf der
Vr die Entschädigung nur um 2000 DM auf 8000 DM kürzen.

Weniger klar erscheint auf Anhieb die Rechtslage, wenn im Beispiel Z I 27 28
nur *einer* der *beiden* Teppiche mit einem Verkaufswert von 6000 DM *wieder-*
herbeigeschafft wird. Kann der Vr dann immerhin die Entschädigung für

diesen einen Teppich von 5000 DM auf 4000 DM kürzen, so daß er insgesamt nur 9000 DM zu leisten hätte? Der Vergleich mit dem Quotenvorrecht im Rahmen von § 67 VVG spricht dafür, diese Frage zu verneinen, also gegen jegliches Kürzungsrecht des Vr. Wäre nämlich keiner der beiden Teppiche wiederherbeigeschafft worden, wäre aber der Schadenersatzanspruch gegen den Dieb in Höhe von 6000 DM realisierbar gewesen, so hätte dieser Betrag in voller Höhe dem VN zugestanden. Die Entschädigungspflicht des Vr beliefe sich dann unverändert auf 10000 DM. Wirtschaftliche Gesichtspunkte sprechen für dieselbe Auslegung, wenn statt einer Schadenersatzzahlung von 6000 DM einer der gestohlenen Teppiche mit einem Verkaufswert von ebenfalls 6000 DM wiederherbeigeschafft wird. Der Schaden an den zwei Teppichen darf ebensowenig wie im Fall der geraubten Geldscheine im Beispiel gemäß Z I 25 in getrennt zu beurteilende Einzelschäden je betroffener Sache aufgespalten werden.

29   3. Zwanglos löst sich nach der hier vertretenen Ansicht auch der Fall, daß die versicherte Sache zwar **wiederherbeigeschafft** wird, aber **in beschädigtem Zustand.** Die Beschädigung vermindert dann um den gemäß Z I 14 für die Höhe des Bereicherungsanspruchs des Vr maßgebenden gemeinen Wert der wiederherbeigeschafften Sache. Die in Z I 14 der 1. Aufl. befürchteten Schwierigkeiten der rechtlichen Konstruktion bestehen nicht.

30   Wirtschaftlich vergleichbar mit einer beschädigt wiederherbeigeschafften Sache ist die **Kraftloserklärung oder Wiederherbeischaffung von Wertpapieren,** nachdem der VN einen **Zinsverlust durch Verzögerung fälliger Leistungen** aus dem Papier erlitten hatte. Hierfür kann der VN einen entsprechenden Teil der Entschädigung in jedem Fall einbehalten (Ollick VerBAV 82, 126, Sblowski VW 82, 247), §§ 18 Nr. 5 Abs. 2 Satz 2 AFB 87, AERB 87, AWB 87, AStB 87. In § 17 Nr. 5 Abs. 2 AERB ist der Zinsverlust (offenbar versehentlich) nicht erwähnt.

II. Rechtslage nach den AEB, AERB, AERB 87 und VHB 74

1   1. Auch in den AERB, AEB und VHB 74 sowie in den AFB 87, AERB 87, AWB 87 und AStB 87 *nicht geregelt,* und zwar auch nicht indirekt, ist der in Z I 1 bis 7 behandelte Fall, daß sich die Annahme des VFalls für bestimmte Sachen nachträglich als *Irrtum* erweist, daß diese Sachen also in Wirklichkeit nie abhandengekommen waren. So liegt es insbesondere, wenn die Sache schon bei Eintritt des vermeintlichen VFalls nicht vorhanden oder aber nicht aus dem Machtbereich des VN gelangt ist, wenn also die Sachen nur „verlegt" waren und nachträglich wieder auftauchen. Die AERB, AEB und VHB 74 setzen nämlich ausdrücklich „abhandengekommene" (AERB 87, AERB, VHB 74, AFB 87, AWB 87, AStB 87) oder „entwendete" (AEB) Sachen voraus. Die nur vermeintlichen VFälle müssen also auch in den hier behandelten VZweigen gemäß Z I 1 bis 7 gelöst werden.

2   Im übrigen ist zwischen den AERB, AERB 87, AFB 87, AWB 87 und AStB 87 einerseits und den AEB und VHB 74 andererseits insofern zu unterscheiden, als nicht die AEB und VHB 74, wohl aber §§ 17 Nr. 2 AERB, 18 Nr. 2 AERB 87, AFB 87, AWB 87, AStB 87 auch den Fall behandeln, daß die

Sachen abhandengekommen waren, aber wiederherbeigeschafft wurden, als die *Entschädigung* noch nicht oder *noch nicht* voll *gezahlt* war, vgl. wegen der AEB und VHB 74 unten Z II 3 bis 6 und wegen der genannten übrigen AVB unten Z II 7 bis 11. Die Worte „bevor die volle bedingungsgemäße Entschädigung gezahlt worden ist" in §§ 17 Nr. 2 AERB, 18 Nr. 2 AERB 87, AFB 87, AWB 87, AStB 87 schließen den Fall ein, daß überhaupt noch keine Entschädigung gezahlt war. Der Zusammenhang mit §§ 17 Nr. 4, 18 Nr. 4 aaO bestätigt die Richtigkeit dieser Auslegung. Hauptinhalt sowohl der AERB wie der AEB und VHB 74 ist allerdings der Fall (Z II 18 bis 26), daß die Sachen wiederherbeigeschafft werden, nachdem die Entschädigung *bereits gezahlt* war. In der VHB 84 ist unglücklicherweise weder der eine noch der andere Fall geregelt, vgl. Z I 10 und 17.

2. Wie wirkt es sich nach den **AEB und VHB 74** auf den Anspruch auf die 3
ganz oder teilweise **noch nicht gezahlte Entschädigung** aus, wenn die Sachen wiederherbeigeschafft werden? §§ 17 Nr. 3 Abs. 2 und 3 AEB, 18 Nr. 2 und 3 VHB 74 befassen sich nur mit der bereits voll gezahlten bedingungsgemäßen Entschädigung. Der Fall, daß die bedingungsgemäße Entschädigung erst teilweise gezahlt ist, wird ebenfalls nicht erwähnt und ist insbesondere in §§ 17 Nr. 3 Abs. 3 AEB, 18 Nr. 3 VHB 74 nicht gemeint. Lediglich §§ 17 Nr. 3 Abs. 1 AEB, 18 Nr. 1 VHB erwähnen die gezahlte Entschädigung nicht, sondern sagen allgemein, der VN müsse *wiederherbeigeschaffte* Sachen dem Vr *anzeigen* und ihm „auf Verlangen seine **Rechte** daran **abtreten**". Entgegen Z II 3 bis 6 der 1. Aufl. setzt diese Abtretungspflicht aber den mindestens teilweisen **Fortbestand des Entschädigungsanspruchs** gedanklich voraus. Verlöre der VN den Entschädigungsanspruch, wenn die Sache wiederherbeigeschafft wird, so könnte von ihm nicht die Abtretung seiner Rechte an der Sache verlangt werden.

§§ 17 Nr. 3 Abs. 1 AEB, 18 Nr. 1 VHB 74 bestätigen also die Rechtslage, 4
die sich auch nach denjenigen AVB ergibt, in denen überhaupt nicht geregelt ist, wie es sich auswirkt, wenn abhandengekommene Sachen wiederherbeigeschafft werden, bevor die Entschädigung gezahlt ist: Der VN behält seinen Anspruch auf Ersatz des Zeit- oder Neuwerts. Er muß sich lediglich den **gemeinen Wert der wiederherbeigeschafften Sache anrechnen** lassen, denn insoweit ist der Schaden weggefallen, und der VN würde durch ungekürzte Zahlung der Entschädigung entgegen § 55 VVG ungerechtfertigt bereichert, vgl. ausführlich Z I 12 bis 15. Bei UnterV, Selbstbehalten oder Entschädigungsgrenzen hat der VN ein Quotenvorrecht gemäß Z I 23 bis 28.

Abweichend von der in Z I 20 bis 22 dargestellten Rechtslage nach den 5
AFB 30, AWB 68, AStB 68, VGB 62, VGB 88 und VHB 84 hat aber der Vr nach den AEB und den VHB 74 ein Wahlrecht, die ungekürzte Entschädigung zu zahlen und im Gegenzug Herausgabe und Übereignung der wiederherbeigeschafften Sache zu verlangen oder aber die Entschädigung um den gemeinen Wert der Sache zu kürzen (gegebenenfalls diesen Betrag zurückzuverlangen) und die Sache dem VN zu überlassen. Das **Wahlrecht des Vr** ergibt sich aus den Worten „**auf Verlangen**" in §§ 17 Nr. 3 Abs. 1 AEB, 18 Nr. 1 VHB 74. Ähnlich wie im umgekehrten Fall eines Wahlrechts des VN (Z II 9) wird man dem Vr auch gestatten müssen, von seinem Wahlrecht für jede

einzelne wiederherbeigeschaffte Sache gesondert und eventuell unterschiedlich Gebrauch zu machen, und zwar auch dann, wenn die mehreren Sachen in demselben Zeitpunkt wiederherbeigeschafft wurden. – **Unverzüglich** muß der Vr sein Wahlrecht ausüben, sobald die Anzeige des VN ihm dies ermöglicht, Z III 7 und 8. Andernfalls bleibt die Sache beim VN und die Entschädigung wird nur um deren gemeinen Wert gekürzt.

6   **§§ 17 Nr. 2 AERB, 18 Nr. 2 AERB 87, AFB 87, AWB 87, AStB 87** – vgl. zu diesen Bestimmungen Z II 7 – können auf Verträge nach anderen AVB schon deshalb nicht angewendet werden, weil AVB stets nur für Verträge gelten, in denen sie vereinbart sind. Außerdem weichen die soeben genannten neueren Bestimmungen von der Rechtslage nach den AEB und VHB 74 nicht zugunsten, sondern *zuungunsten des VN* ab. Zwar steht ein Wahlrecht nach § 17 Nr. 2 AERB, 18 Nr. 2 AERB 87, AFB 87, AWB 87, AStB 87 nicht dem Vr, sondern dem VN zu. Aber die Alternativen sind gemäß §§ 17 Nr. 2 AERB für den VN ungünstiger als nach den AEB und VHB 74. Wird Herausgabe und Übereignung der Sache an den Vr gewählt, so behält der VN in beiden Fällen den ungekürzten Entschädigungsanspruch in Höhe des Zeitwerts oder Neuwerts. Wird hingegen Verbleib der Sache bei dem VN gewählt, so steht dem VN nach den AERB keinerlei Entschädigung zu, nach den AEB und VHB 74 hingegen (ebenso wie nach den VHB 84 usw., Z I 14) die vereinbarte Zeitwert- oder Neuwertentschädigung, gekürzt lediglich um den gemeinen Wert der wiederherbeigeschafften Sache. Der VN kann mithin gemäß §§ 17 Nr. 2 AERB, 18 Nr. 2 AERB 87, AFB 87, AWB 87, AStB 87, gleichgültig wie er sein Wahlrecht ausübt, keinesfalls besser, sondern allenfalls schlechter gestellt sein als nach sämtlichen übrigen AVB.

7   3. **§§ 17 Nr. 2 AERB, 18 Nr. 2 AERB 87, AFB 87, AWB 87, AStB 87** regeln die in Z I 9 bis 16 für die AFB 30, AWB 68, AStB 68, VGB 62, VGB 88 und VHB 84 sowie in Z II 3 bis 6 für die AEB und für die VHB 74 behandelte Frage abweichend, und zwar abweichend zuungunsten des VN, Z II 6. Der VN behält den noch nicht erfüllten (Z II 2) Entschädigungsanspruch in Höhe des Zeitwerts oder Neuwerts nur dann, wenn er „**die Sache innerhalb von zwei Wochen dem Vr zur Verfügung stellt**", dem Vr also Besitz und Eigentum überträgt, vgl. Nr. 6 der zitierten AVB-Bestimmungen. Wirtschaftlich handelt es sich um ein **Wahlrecht des VN**. Die Zweiwochenfrist **beginnt** abweichend von Z II 18 ohne Aufforderung seitens der Vr in dem Zeitpunkt, in dem der VN den Besitz oder wenigstens die Möglichkeit erlangt, sich den Besitz wieder zu verschaffen, Z III 6, gleichgültig ob der VN zuvor die Anzeige gemäß Z III 2 rechtzeitig erstattet hatte oder aus welchen Gründen dies etwa unterblieben war.

8   War nur ein **Teil der Entschädigung** für die wiederherbeigeschaffte Sache **noch nicht gezahlt**, so sind §§ 17 Nr. 2 AERB, 18 Nr. 2 AERB 87, AFB 87, AWB 87, AStB 87 nach dessen Wortlaut („volle") ebenfalls anzuwenden. Stellt der VN die Sache rechtzeitig zur Verfügung, so kann er den offenen Rest nachfordern. Läßt er die Frist verstreichen, so kann er jedenfalls diesen Restbetrag nicht mehr nachfordern. Für den bereits gezahlten Teil der Entschädigung ist der Rechtsgrund im Sinn von § 812 Abs. 1 Satz 1 BGB weggefallen. Zweifelhaft ist, ob er sich gegenüber dem Bereicherungsanspruch des

Vr darauf berufen kann, die Bereicherung sei bereits nicht mehr vorhanden gewesen, als er die Sache wiedererlangt habe (§ 818 Abs. 3 BGB). Während diese Frage im Fall der in Z II 18 erörterten Wahlerklärung gemäß § 17 Nr. 3 AERB eindeutig zu verneinen ist, weil die Wahlerklärung sonst treuwidrig und unwirksam gewesen wäre, ist die Frage im Falle von §§ 17 Nr. 2 AERB, 18 Nr. 2 AERB 87, AFB 87, AWB 87, AStB 87 nicht so klar zu beantworten, denn der Bereicherungsanspruch beruht auf bloßer Untätigkeit des VN.

Auch in §§ 17 Nr. 2 AERB, 18 Nr. 2 AERB 87, AFB 87, AWB 87, AStB 87   9 nicht geregelt ist die Frage, ob der VN rechtswirksam auch nur **einige von mehreren** wiederherbeigeschafften **Sachen** zur Verfügung stellen, den Rest dagegen unter Verzicht auf Entschädigung behalten darf. Die Frage ist selbstverständlich für Sachen zu bejahen, die zu verschiedenen Zeitpunkten wiederherbeigeschafft wurden, darüber hinaus aber wohl auch für jede von mehreren *gleichzeitig* wiederherbeigeschafften Sachen, zumal die zitierten Bestimmungen im Singular von „einer abhandengekommenen Sache" sprechen.

Stellt der VN die Sache dem Vr fristgerecht zur Verfügung, so behält er den   10 Entschädigungsanspruch. Der VN hat dann sein Wahlrecht in diesem Sinn ausgeübt, Z II 7. Bleibt der **VN bis zum Fristablauf untätig,** so wäre nach dem Wortlaut von §§ 17 Nr. 2 AERB, 18 Nr. 2 AERB 87, AFB 87, AWB 87, AStB 87 auch dieses Verhalten als Wahlerklärung zu behandeln, und zwar ohne Rücksicht auf die tatsächliche Willensrichtung des VN und auf Hinderungsgründe in seiner Person, die ihn vielleicht davon abgehalten haben, die Sache rechtzeitig zur Verfügung zu stellen. Es fragt sich, ob der VN geschützt werden soll, wenn er die Frist verstreichen läßt, ohne zu wissen, daß er dadurch seinen Entschädigungsanspruch verliert. Es fragt sich ferner, ob er nur dann geschützt werden soll, wenn seine Unkenntnis schuldlos war, oder schon dann, wenn ihm nur leichte Fahrlässigkeit zur Last fällt. Es fragt sich schließlich, wie die Abweichung vom Wortlaut des § 17 Nr. 2 AERB rechtlich zu begründen ist.

a) Man könnte daran denken, die Zweiwochenfrist ganz allgemein unter   11 den **Vorbehalt von Treu und Glauben** (§ 242 BGB) zu stellen, ähnlich wie die Frist von drei Jahren in den Wiederherstellungsklauseln (R IV 23, PM § 97 Anm. 3 a und 5). Dies würde bedeuten, daß der VN die Erklärung gegenüber dem Vr immer dann noch nachholen kann, wenn es eine „Härte" wäre, den Vr auf den Ablauf der Frist sich berufen zu lassen. Allerdings wäre dies ein sehr allgemeines Kriterium und würde zu ähnlich großer *Rechtsunsicherheit* führen wie bei den erwähnten Wiederherstellungsklauseln.

Insbesondere wäre nach dieser „Lösung" unklar, ob es auf einen bestimm-   12 ten Schuldgrad ankommen sollte und ob zusätzlich oder gar ausschließlich die Höhe des Betrages berücksichtigt werden müßte, den der VN einbüßt, wenn er an den Folgen seiner Untätigkeit festgehalten wird. § 242 BGB würde es theoretisch sogar ermöglichen, den Verlust des Entschädigungsanspruches nur teilweise eintreten zu lassen, also ähnlich wie nach der Rechtsprechung zur Verwirkung der Entschädigung wegen arglistiger Täuschung, X III 34 bis 48. Das würde zwar vielleicht in einzelnen Fällen „gerechtere" Ergebnisse ermöglichen, gleichzeitig aber die Rechtsunsicherheit noch weiter erhöhen.

13   b) Eine weitere Möglichkeit bestünde darin, den Verlust des Entschädigungsanspruchs nach Ablauf der Frist von zwei Wochen gemäß §§ 17 Nr. 2 AERB, 18 Nr. 2 AERB 87, AFB 87, AERB 87, AStB 87 nur als Rechtsfolge des Verstoßes gegen eine **Obliegenheit nach dem VFall** anzusehen. Der *Inhalt* dieser Obliegenheit ergibt sich aus dem Zusammenwirken von Nr. 1 und Nr. 2 der zitierten AVB-Bestimmungen. Der VN muß Sachen, deren Verbleib ermittelt wurde, nach Nr. 1 *unverzüglich anzeigen* und er muß, wenn er den Besitz oder jedenfalls die Möglichkeit des Rückerwerbs erlangt hat und den Entschädigungsanspruch behalten will, außerdem innerhalb von zwei Wochen *erklären*, daß er die Sache *zur Verfügung stellt.*

14   Konstruiert man eine Obliegenheit dieses Inhalts, so verliert der VN durch ungekürzten Fristablauf den Entschädigungsanspruch nach § 6 Abs. 3 VVG nur, soweit

– entweder der Vn **vorsätzlich** gehandelt hat und die Voraussetzungen der Relevanzrechtsprechung vorliegen, also kein erhebliches Verschulden des VN sowie Belehrung durch den Vr analog §§ 17 Nr. 3 und 4 AERB, 18 Nr. 3 und Nr. 4 AERB 87, AFB 87, AWB 87, AStB 87 durch schriftliche Aufforderung,

– oder der VN mindestens **grob fahrlässig** gehandelt hat und der Vr dadurch einen Nachteil erlitten hat, insbesondere bezüglich der Verwertung der gestohlenen Sachen.

Diese Betrachtungsweise hätte dann allerdings auch Konsequenzen für die Rechtsnatur des ausdrücklich so bezeichneten „Wahlrechts" in §§ 17 Nr. 3 und 4 AERB, 18 Nr. 3 und Nr. 4 AERB 87, AFB 87, AWB 87, AStB 87; vgl. dazu Z II 18 und 20; der VN darf im Rahmen eines ausdrücklich so bezeichneten Wahlrechts nicht schlechter gestellt werden als im Rahmen eines ihm nur in umschriebener Form (Z III 7) eingeräumten Wahlrechts.

15   Die Entschädigung hängt gemäß § 6 Abs. 3 VVG insbesondere vom **Schuldgrad** der Untätigkeit des VN ab. Hat der VN die wiederherbeigeschaffte Sache weder gemäß §§ 17 Nr. 2 AERB, 18 Nr. 2 AERB 87 zur Verfügung gestellt noch wenigstens gemäß §§ 17 Nr. 1 AERB, 18 Nr. 1 AERB 87 dem Vr angezeigt, so kann sich der VN allenfalls auf persönliche Hinderungsgründe berufen, wie etwa eine unvorhergesehene Abwesenheit oder Krankheit. Behauptete **Unkenntnis von §§ 17 Nr. 1 und Nr. 2 AERB, 18 Nr. 1 und Nr. 2 AERB 87, AFB 87, AWB 87, AStB 87** entlastet ihn hingegen **nicht** vom Vorwurf der groben Fahrlässigkeit, sondern begründet bisweilen im Gegenteil den Verdacht, der VN habe die Widererlangung der Sache verschweigen und die zusätzliche Zahlung der Entschädigung abwarten wollen, Z III 4.

16   Hat der VN immerhin die *Wiedererlangung fristgerecht angezeigt*, weil er dies auch ohne Lektüre von §§ 17 AERB, 18 AERB 87, AFB 87, AWB 87, AStB 87 mit Recht für seine Pflicht hielt, so kann es je nach den Umständen des Einzelfalls schuldlos oder auch nur leicht fahrlässig gewesen sein, wenn der VN nicht außerdem die AVB liest und zur Kenntnis nimmt, daß die Zweiwochenfrist zu laufen begonnen hatte, und zwar sogar schon im Zeitpunkt der Wiedererlangung, also vor der Anzeige an den Vr, Z II 7. Der VN kann hier solange entschuldigt sein, wie er mit einer Reaktion des Vr auf die Anzeige rechnen darf, insbesondere mit einer **Belehrung über die Zweiwochenfrist** und die Folgen ihres Ablaufs, mag eine solche Belehrung in §§ 17 Nr. 2

AERB, 18 Nr. 2 AERB 87, AFB 87, AWB 87, AStB 87 auch nicht ausdrücklich vorgesehen sein. Ganz besonders gilt dies, wenn die Anzeige im Fall von §§ 17 Nr. 5 AERB, 18 Nr. 5 AERB 87, AFB 87, AWB 87, AStB 87 sogar schon vor Wiedererlangung zu erstatten war, nämlich schon infolge der bloßen Möglichkeit, die Sache wiederzuerlangen (z. B. nach Identifizierung bei einer weiter entfernten Polizeidienststelle), oder gar schon allein deshalb, weil ihr Verbleib ermittelt war, Z III 2. In diesem Ausnahmefall kann der VN, der die Frist versäumt hat, vom Vorwurf der groben Fahrlässigkeit sogar auch dann entlastet sein, wenn außerdem die Anzeige nicht rechtzeitig erstattet wurde. Allerdings gilt dies nur in gewissen zeitlichen Grenzen. Der VN darf auch hier nicht längere Zeit untätig bleiben.

c) Die dritte Möglichkeit bestünde darin, die in §§ 17 Nr. 2 AERB, 18 Nr. 2   **17** AERB 87, AFB 87, AWB 87, AStB 87 abweichend von §§ 81 ff. VVG vorgesehene **Rechtsfolge** des Verlustes des Entschädigungsanspruchs **nach § 9 Abs. 2 Nr. 1 AGBG** als **teilweise unwirksam** anzusehen. Wegen der Möglichkeit einer nur teilweisen Unwirksamkeit von AVB-Bestimmungen nach § 9 AGBG, vgl. allgemein A V 30. § 55 VVG führt nämlich zum Verlust des Entschädigungsanspruchs nur in Höhe des gemeinen Werts der wiederherbeigeschafften Sache, Z I 9 bis 16, so daß §§ 17 Nr. 2 AERB, 18 Nr. 2 AERB 87, AFB 87, AWB 87, AStB 87 eine Abweichung zum Nachteil des VN darstellen. Die Lösung nach § 9 Abs. 2 Nr. 1 AGBG böte abweichend von § 6 Abs. 3 VVG die Möglichkeit, dem VN nur bei schuldloser Untätigkeit den Entschädigungsanspruch zu belassen, den Verlust also schon bei **leichter Fahrlässigkeit** eintreten zu lassen.

4. Ist die **Entschädigung bereits gezahlt**, und zwar **in voller** vertragsgemäßer   **18** (AVB: „bedingungsgemäßer") Höhe (sonst: Z II 8), so geben §§ **17 Nr. 3 AERB, 18 Nr. 3 AERB 87, AFB 87, AWB 87, AStB 87** ebenso wie annähernd wortgleich schon §§ **18 Nr. 2 VHB 74, 17 Nr. 3 Abs. 2 AEB** dem VN ein **Wahlrecht** zwischen der Entschädigung und der wiederherbeigeschafften Sache. Entscheidet der VN sich dafür, die **Sache** zu **behalten**, so kann er sich gegenüber dem Anspruch auf Rückzahlung der Entschädigung selbstverständlich nicht darauf berufen, seine Bereicherung sei bereits vor der Wahlerklärung weggefallen gewesen, denn in diesem Fall wäre die Wahlerklärung treuwidrig gewesen. *In aller Regel* wird der VN aber ohnehin die **Entschädigung behalten** und die Sachen dem Vr „zur Verfügung zu stellen". Ganz besonders gilt dies naturgemäß, wenn Neuwertentschädigung verlangt werden kann, der Wert der Sache aber bereits deutlich unter dem Neuwert liegt. Die **Zweiwochenfrist** beginnt abweichend von Z II 7 zu §§ 17 Nr. 2 AERB, 18 Nr. 2 AERB 87, AFB 87, AWB 87, AStB 87 erst mit dem Zugang einer *schriftlichen Aufforderung des Vr.* Diese Aufforderung darf wiederum erst ergehen, wenn der VN den Besitz zurückerlangt hat; verfrühte Aufforderungen setzen die Frist nicht in Lauf. Wegen der Folgen einer schuldlosen Fristversäumung vgl. Z II 25.

Bei wiederherbeigeschafften oder gemäß §§ 17 Nr. 5 Abs. 2 AERB, 18 Nr. 5   **19** Abs. 2 AERB 87, AFB 87, AWB 87, AStB 87 bei für kraftlos erklärten **Wertpapieren** bedeutet das Wahlrecht im Ergebnis eine Belastung des Vr mit dem Kursrisiko, Sblowski VW 82, 248. Wegen **Zinsverlustes** durch Verzögerung fälliger Leistungen vgl. Z I 30 und Z II 27.

20 a) §§ 17 Nr. 4 AERB, 18 Nr. 4 AERB 87, AFB 87, AWB 87, AStB 87 und §§ 18 Nr. 3 VHB 74, 17 Nr. 3 Abs. 3 AEB ergänzen die Regelung für den Fall, daß für die wiederherbeigeschaffte Sache (vgl. zu diesem Erfordernis Z II 23) die bereits gezahlte **Entschädigung niedriger ist als der VWert.** Wenn der VN hier die Sache zurücknimmt, muß er selbstverständlich die Entschädigung zurückgeben, und es entstehen keine Sonderprobleme. Wählt der VN aber die **Entschädigung,** so steht ihm *darüber hinaus* noch ein **Anteil am Wert der Sache** zu. Nach Ansicht der Verfasser der zitierten AVB soll dieser Anteil dem Prozentsatz entsprechen, zu dem für die Sache wegen **UnterV, Selbstbehalt** oder **Entschädigungsgrenzen** keine Entschädigung geleistet wurde. Ein Quotenvorrecht im Sinn von Z I 23 bis 28, wie es dem VN mangels abweichender Regelung nach den VHB 84 zusteht, wollten die Verfasser der hier behandelten AVB dem VN nicht gewähren. Die Frage der Wirksamkeit dieses Ausschlusses des Quotenvorrechts wird in Z II 24 behandelt. Zunächst wird im Folgenden (Z II 21 bis 23) die Rechtslage behandelt, die sich nach dem Wortlaut der AVB ergäbe.

21 Damit über den Wert der Sache nicht immer ein Sachverständigengutachten eingeholt werden muß, sehen die in Z II 20 zitierten AVB den **öffentlichen Verkauf** durch einen Gerichtsvollzieher oder einen Auktionator vor. Von dem Erlös werden zuerst die Kosten des Verkaufs abgezogen. Der Resterlös wird in dem Verhältnis geteilt, in dem die Entschädigung zu dem Betrag steht, um den die Entschädigung bedingungsgemäß hinter einer ungekürzten (gegebenenfalls: Neuwert-) Entschädigung zurückbleibt. *Beispiel:* Ein Pelz hat einen Neuwert von 4000 DM, einen Zeitwert von 3500 DM und einen gemeinen Wert von 2500 DM, der im Verkauf auch als Erlös erzielt wird. Verkaufskosten: 500 DM. Betrug die Neuwertentschädigung hier wegen UnterV nur 3000 DM, so behält der VN 25% des um die Kosten gekürzten Erlöses, also 500 DM. Die nach dem AVB-Wortlaut verbleibende Einbuße des VN betrüge 500 DM.

22 Je höher die UnterV oder der Selbstbehalt und je niedriger die bedingungsgemäße Entschädigung ist, um so mehr geht nach dem AVB-Wortlaut die *Einbuße durch den Verkauf* auch zu Lasten des VN, so daß er von einer bestimmten Grenze an wirtschaftlich günstiger die Sache zurücknimmt und die Entschädigung herausverlangt. Betrug in obigem Beispiel die UnterV 75% und die Entschädigung also nur 1000 DM, so würde der VN neben der Entschädigung von 1000 DM zwar 75% des Resterlöses („unversicherter Wertanteil" der Sache) behalten, also 1500 DM. Insgesamt hätte er aber, verglichen mit dem Neuwert von 4000 DM, nach dem AVB-Wortlaut eine Einbuße von 1500 DM erlitten. Von Fall zu Fall könnte es sich empfehlen, daß der VN selbst *mitbietet.* Selbstverständlich können VN und Vr auch einen *fiktiven Erlös* vereinbaren und dadurch zum beiderseitigen Vorteil die Verkaufskosten einsparen.

23 b) Die in Z II 20 zitierten **AVB-Bestimmungen schließen** ein **Quotenvorrecht des VN** aus. Der Vr soll den **Erlös** der wiederherbeigeschafften Sache nicht im Sinn von Z I 26 mit Vorrang für die Deckung seines wegen UnterV, Selbstbehalt oder Entschädigungsgrenzen unversicherten Teils des Neuwertschadens an dieser Sache verwenden dürfen, sondern **proportional** im Sinn von S II 25

dem versicherten und dem unversicherten Teil des Neuwertschadens zuordnen. Noch weniger soll dem VN ein Quotenvorrecht sachübergreifend in der
Weise zustehen, daß er den Erlös wiederherbeigeschaffter Sachen solange im
Sinn von Z I 28 und 25 voll für sich in Anspruch nehmen dürfte, bisher auch
wegen der ungedeckten Schadenteile aller übrigen durch denselben VFall
betroffenen und nicht wiederherbeigeschafften Sachen voll befriedigt wäre.

Allerdings ist fraglich, ob der Ausschluß des Quotenvorrechts mit dem   24
Vertragszweck im Sinn von § 9 Abs. 2 Nr. 2 AGBG zu vereinbaren ist. Man
wird die Frage verneinen müssen, jedenfalls solange die in Z II 20 zitierten
AVB nicht auch das Quotenvorrecht des VN im Rahmen von § 67 VVG
ausschließen. Ob ein solcher Ausschluß seinerseits mit § 9 AGBG vereinbar
wäre, braucht nicht erörtert zu werden, denn der AVB-Wortlaut schließt das
Quotenvorrecht im Rahmen von § 67 VVG nicht aus. Jedenfalls aber ist es
versicherungstechnisch nicht sinnvoll, sondern willkürlich und mit dem Vertragszweck nicht vereinbar, den VN schlechter zu stellen, wenn abhandengekommene Sachen wiederherbeigeschafft werden, als wenn der Dieb für diese
Sachen Schadenersatz leistet, T II 5 und Z I 24. Die Rechtslage ist daher nach
den **AERB, AERB 87, AFB 87, AWB 87** und **AStB 87** sowie nach den **AEB** und
nach den **VHB 74** ebenso wie gemäß Z I 23 bis 28 nach den VHB 84, in denen
jegliche Regelung fehlt.

c) Ebenso wie gemäß Z II 10 im Fall von §§ 17 Nr. 2 AERB, 18 Nr. 2   25
AERB 87, AFB 87, AWB 87, AStB 87 stellt sich zu §§ 17 Nr. 3 und Nr. 4
AERB, 18 Nr. 3 auch 4 AERB 87, AFB 87, AWB 87, AStB 87 die Frage, ob
der VN das Wahlrecht auch dann verliert, wenn er die **Zweiwochenfrist unbeabsichtigt und schuldlos oder nur leicht fahrlässig** verstreichen läßt. Allerdings
ist die Frage in den hier erörterten Fällen von geringerer Bedeutung, weil die
Zweiwochenfrist erst läuft, wenn der Vr den VN zu einer Wahlerklärung
aufgefordert hat, Z II 18. Daran ändert sich nicht einmal dann etwas, wenn
der VN seinerseits zuvor die Anzeigeobliegenheit gemäß Z III 2, 7 und 10
schuldhaft verletzt und dadurch den Vr gehindert hatte, die Aufforderung
zur Wahlerklärung alsbald abzufassen. Wenn die Sanktion für Verstöße gegen die Anzeigepflicht in einem früheren Beginn der Zweiwochenfrist für die
Ausübung des Wahlrechts hätte bestehen sollen, so hätte dies in den AVB
ausdrücklich gesagt werden müssen, Z III 5.

Schuldlos oder nur leicht fahrlässig versäumen kann der VN nach den hier   26
erörterten AVB die Zweiwochenfrist jedenfalls nicht mangels Kenntnis seines
Wahlrechts oder der Folgen des Fristablaufs. In Betracht kommen vielmehr
nur sonstige *Hinderungsgründe* für eine rechtzeitige Wahlerklärung, wie
Vergeßlichkeit, Abwesenheit oder Krankheit. Als rechtliche Lösungsmöglichkeiten bieten sich auch hier § 242 BGB (Z II 11 und 12), § 6 Abs. 3 VVG
(Z II 13 bis 16; Übergang des Wahlrechts erst bei grober Fahrlässigkeit) und
§ 9 Abs. 1 Nr. 2 AGBG (Z II 17; Übergang des Wahlrechts schon bei leichter
Fahrlässigkeit) an.

5. §§ 17 Nr. 7 AERB, 18 Nr. 7 AERB 87, AFB 87, AWB 87, AStB 87 regelt   27
die Folgen einer Wiederherbeischaffung von **Sachen in beschädigtem Zustand.**
Auf die übrigen AVB ist die Regelung nicht übertragbar. Im Fall der AEB
und VHB 74 vermindert die Beschädigung den Anreiz für den Vr (Z II 5)

oder den VN (Z II 18), die (beschädigte) Sache zu verlangen oder zu behalten. – Wegen des **Zinsverlustes** durch Verzögerung fälliger Leistungen aus später für kraftlos erklärten oder wiederherbeigeschafften Wertpapieren vgl. Z I 30.

III. Anzeigepflicht bei „Wiederherbeischaffung"

1   Während in §§ 17 AERB, 18 AERB 87, AFB 87, AWB 87 und AStB 87 (Z III 2 bis 6) das Wort „**Wiederherbeischaffung**" nur noch als *Oberbegriff* erscheint und im übrigen zwischen Ermittlung des Verbleibs (Nr. 1), Möglichkeit des Rückerwerbs des Besitzes (Nr. 5) und tatsächlichem Rückerwerb des Besitzes (Nr. 2 bis 4 und Nr. 6) unterschieden wird, differenzieren §§ 25 VHB 84 (Z III 2 bis 6), 18 Nr. 1 VHB 74, 17 Nr. 3 AEB (Z III 7 bis 9) weniger scharf, während die AFB 30, AWB 68, AStB 68, VGB 62 und VGB 88 (Z III 10 und 11) überhaupt keine Regelung enthalten.

2   1. Nach §§ 17 Nr. 1 AERB, 18 Nr. 1 AERB 87, AFB 87, AWB 87, AStB 87, 25 VHB 84 besteht eine **Anzeigepflicht** schon dann, wenn der **Verbleib** abhandengekommener Sachen **ermittelt** ist. Hier wird Besitz des VN oder auch nur die Möglichkeit der Besitzerlangung eindeutig nicht vorausgesetzt. Vielmehr können sich die Sachen z.B. im Ausland oder bei einer Person, von der nur der Name, nicht aber der Aufenthalt bekannt ist, oder bei einer Polizeibehörde befinden und dort beschlagnahmt sein. Die Sachen können auch in die Hand eines Gutgläubigen gelangt sein, der trotz § 935 BGB die Herausgabe verweigert, z.B. weil es sich um Bargeld handelt oder weil er glaubt, er sei durch Verarbeitung (§ 951 BGB) Eigentümer geworden. In allen diesen Fällen ist der „Verbleib" der Sachen „ermittelt". – Anzeigepflichtig ist es auch, wenn zwar nicht die Sachen, wohl aber ein für sie erzielter Erlös ermittelt wird, denn der VersNehmer kann (und muß unter Umständen nach § 62 VVG) die Veräußerung genehmigen und den Erlös beanspruchen, nämlich nach § 816 Abs. 2 BGB (BGH VersR 71, 658).

3   Oft erlangt der *Vr* die *Kenntnis* über den Verbleib von Sachen ebenso schnell oder schneller als der VN, weil er nämlich laufenden Kontakt mit der Polizei hat. Wo jedoch der VN zuerst Kenntnis erlangt, soll er die Anzeige machen. *Motiv* ist letztlich die Abwendung oder Minderung der Entschädigungspflicht des Vr; die Sachen sollen an den VN zurückgelangen oder der VN soll jedenfalls möglichst rasch sein Wahlrecht (Z II 18) zwischen der Rücknahme und der Entschädigung ausüben, oder dieses Wahlrecht soll auf den Vr übergehen.

4   Eine **Sanktion** für Verstöße gegen die Anzeigepflicht ist zwar nicht in §§ 17 Nr. 1 AERB, 18 Nr. 1 AERB 87, AFB 87, AWB 87, AStB 87, 25 VHB 84 vorgesehen, ergibt sich aber aus §§ 13 **Nr. 2 AERB, AERB 87, AFB 87, AWB 87, AStB 87, 21 Nr. 3 VHB 84**, denn die Anzeigepflicht ist ein Spezialfall der *Aufklärungsobliegenheit* (nach E. Prölss 232 auch der Rettungspflicht), X II 24, die nur wegen des Zusammenhangs mit dem Wahlrecht des VN nicht in §§ 13 Nr. 1e AERB, AERB 87, AFB 87, AWB 87, AStB 87 und in § 21 Nr. 2a VHB 84, sondern gesondert geregelt ist. Allerdings wird dem VN grobe Fahrlässigkeit oft nicht schaden, weil ihm der Kausalitätsgegenbeweis gelingen wird. Entscheidend ist daher oft, ob das Schweigen auf Vorsatz

beruht (X II 157) und vielleicht sogar **arglistige Täuschung** (X III 10) bedeutet, insbesondere nämlich den Versuch, die wiederherbeigeschafften Sachen endgültig zu verschweigen und sie neben der Entschädigung zu behalten, Z II 15. Aber auch schon der bloße Aufschub der Wahl gemäß Z II 7 und 18 kann das Ziel einer verzögerten Anzeige und damit einer arglistigen Täuschung sein, die zur Leistungsfreiheit führt. Nach §§ 14 Nr. 2 AERB, AERB 87, AFB 87, AWB 87, AStB 87, 22 Nr. 1 VHB 84 entfallen bei arglistiger Täuschung ein noch nicht erfüllter Entschädigungsanspruch sowie der Rechtsgrund für eine schon gezahlte Entschädigung.

Auch außerhalb der in Z III 4 zitierten AVB-Bestimmungen und ohne   5 Nachweis einer arglistigen Täuschung kann die schuldhaft verspätete Anzeige durch den VN nach den AERB (nicht auch nach den VHB 84) Rechtsfolgen haben, nämlich dann, wenn der VN später außerdem die Frist für die Ausübung eines Wahlrechts versäumt, vgl. Z II 23 bis 25. Hatte der VN schon die Anzeige grob fahrlässig schuldhaft verzögert, so wird er Schutz nach § 242 BGB oder nach § 6 Abs. 3 VVG gegen den Verlust des Wahlrechts in der Regel nicht mehr in Anspruch nehmen können. Allerdings darf man nicht so weit gehen, als Sanktion für die Verletzung der Anzeigeobliegenheit die Zweiwochenfrist für die **Wahlerklärung des VN** schon vor einer Aufforderung des Vr beginnen zu lassen, vgl. Z II 25.

§§ 17 Nr. 2 bis 5 AERB, 18 Nr. 2 bis 5 AERB 87, AFB 87, AWB 87, AStB 87   6 setzen voraus, daß der VN den **Besitz zurückerlangt** oder für ihn wenigstens die **Möglichkeit** hierzu besteht. Letzteres ist eng auszulegen, denn nach § 17 Nr. 2 AERB, 18 Nr. 2 AERB 87, AFB 87, AWB 87, AStB 87 läuft dann schon die Frist für die Wahl zwischen der Sache und der noch nicht gezahlten Entschädigung. Diese Wahl wiederum ist dem VN erst zuzumuten, wenn es nur noch von ihm abhängt, sich die Sachen sofort wiederzuverschaffen. Muß er zu diesem Zweck z.B. Reisen oder sonstige Aufwendungen machen, X II 183, so sind dies Schadenminderungskosten gemäß §§ 12 Nr. 1 AERB, 3 Nr. 1 AERB 87, AFB 87, AWB 87, AStB 87, 2 Nr. 1 c VHB 84.

2. **§ 17 Nr. 3 AEB** bereitet Auslegungschwierigkeiten (E. Prölss 230), weil   7 dort nur von wiederherbeigeschafften Sachen die Rede ist, und zwar auch als Voraussetzung der *Anzeigepflicht*. Mit E. Prölss 230 und gegen RG VA 13 Nr. 776 wird man für die Anzeigepflicht die AEB entgegen deren Wortlaut schon so auslegen müssen, wie jetzt die AERB formuliert sind; die Anzeige ist bereits geboten, wenn der *Verbleib* der Sachen *ermittelt* ist. Allerdings braucht man E. Prölss 230, 233 nicht notwendig auch darin zu folgen, daß der VN schon vor Ausübung seines Wahlrechts sein Eigentum an den Sachen zu übertragen habe. Der Vr kann vielmehr die im gemeinsamen Interesse nötigen Rettungsmaßnahmen meist auch ohne Eigentum betreiben, vgl. schon Z II 4.

In **§ 18 Nr. 1 VHB 74** ist die Formulierungsschwäche der AEB bereits   8 teilweise korrigiert. Die Anzeigepflicht beginnt nach dem Wortlaut der VHB 74 schon, wenn der *Verbleib* der Sachen *ermittelt* ist. Im übrigen gelten die Überlegungen in Z III 4 bis 6 entsprechend; auch nach den VHB 74 genügt die bloße Möglichkeit, daß der VN den Besitz zurückerlangen kann.

9 AEB und VHB 74 erwähnen die Wiederherbeischaffung vor Zahlung der Entschädigung nicht. Entgegen der in der 1. Aufl. vertretenen Ansicht verliert in diesen Fällen aber der VN seinen Entschädigungsanspruch nicht, sondern er muß sich lediglich den gemeinen Wert der wiederherbeigeschafften Sache anrechnen lassen (Z II 4) oder aber dem Vr nach dessen Wahl die Sache herausgeben und übereignen oder ihm seine Rechte daran abtreten. Der Vr muß dieses Wahlrecht unverzüglich ausüben, was er jedoch erst nach Kenntnisnahme von der Wiederherbeischaffung der Sache tun kann, Z II 5. Diese Kenntnis wiederum erlangt er in der Regel erst durch Anzeige des VN, so daß deren Verzögerung den Schwebezustand bezüglich der Entschädigungshöhe verlängert.

10 3. In den AFB 30, AWB 68, AStB 68, VGB 62 und VGB 88 fehlt jede Regelung. Trotzdem muß der VN Sachen, die er als gestohlen gemeldet hat, dem Vr *anzeigen,* sobald sie wieder auftauchen oder etwas über ihren Verbleib bekannt wird. Andernfalls kann dem VN oft auch hier (vgl. schon Z III 4) arglistige Täuschung vorgeworfen werden. Die Pflicht des VN folgt aus der Tatsache der vorangegangenen Schadenmeldung. Auch die Aufklärungsobliegenheit nach den AVB (X II 93 und Z III 4; die nötige Auskunftsfrage enthält in der Regel schon das Schadenanzeigeformular) oder die Rettungspflicht (§ 62 VVG) kann den VN zu einer Anzeige an den Vr verpflichten, z. B. weil der Vr die besseren Einwirkungsmöglichkeiten gegenüber der Polizei hat. Bei Verstößen kann Leistungsfreiheit nach § 62 Abs. 2 VVG oder den AVB eintreten, X II 177 und Z III 4.

11 Nach den in Z III 10 zitierten AVB gibt es nach Empfang einer Entschädigung kein Wahlrecht, sondern der Entschädigungsanspruch vermindert sich um den gemeinen Wert der wiederherbeigeschafften Sache, vgl. Z I 14. Die bloße Möglichkeit, daß die Sache zurückgelangen könnte, vermindert den Anspruch allerdings noch nicht. Auch die verschärfte Bereicherungshaftung tritt in diesem Stadium noch nicht ein; § 820 BGB ist nicht anwendbar, denn bei Zahlung der Entschädigung wurde der Erfolg dieses Rechtsgeschäfts nicht als zweifelhaft angesehen, Z I 18. Versucht der VN allerdings geradezu arglistig, kurz vor Wiedererlangung der Sache den Rückzahlungsanspruch des Vr durch Wegfall der Bereicherung (§ 818 Abs. 3 BGB) zu Fall zu bringen, so haftet er nach § 826 BGB.

Sachverzeichnis

Mehrere Fundstellen zu demselben Stichwort oder Unterstichwort sind nicht nach Wichtigkeit, sondern nach den Großbuchstaben, römischen und arabischen Zahlen der Fundstellen (Randnummern) geordnet. Bei Weiterverweisung auf Stichworte mit Unterstichworten steht vor der Klammer das Hauptstichwort, in der Klammer das Unterstichwort.

Verzeichnis

Verzeichnis

Verzeichnis

Verzeichnis

Verzeichnis

Verzeichnis

Verzeichnis

Verzeichnis

Verzeichnis

Verzeichnis

Verzeichnis

Verzeichnis

Verzeichnis

Verzeichnis

Verzeichnis

Verzeichnis

Verzeichnis

Verzeichnis

Verzeichnis

Verzeichnis

Verzeichnis

Verzeichnis

Verzeichnis

Verzeichnis

Verzeichnis

Verzeichnis

Verzeichnis

Verzeichnis

Verzeichnis

Verzeichnis

Verzeichnis

Verzeichnis

Verzeichnis